中华人民共和国审计署主办
《中国审计年鉴》编委会编

2017 中国审计年鉴

中国时代经济出版社

图书在版编目(CIP)数据

中国审计年鉴. 2017 / 《中国审计年鉴》编委会编著. —北京 : 中国时代经济出版社, 2018.7
ISBN 978-7-5119-2707-1

Ⅰ. ①中… Ⅱ. ①中… Ⅲ. ①审计-中国-2017-年鉴 Ⅳ. ①F239.22-54

中国版本图书馆CIP数据核字(2017)第183942号

书　　名: 中国审计年鉴2017
Zhongguo Shenji Nianjian 2017
作　　者: 《中国审计年鉴》编委会

出版发行: 中国时代经济出版社
社　　址: 北京市丰台区玉林里25号楼
邮政编码: 100069
发行热线: (010) 63508271 63508273
传　　真: (010) 63508274
网　　址: www.icnao.cn
电子邮箱: shenjinianjian@163.com
经　　销: 各地新华书店
印　　刷: 北京日报印务有限责任公司
开　　本: 787×1092 1/16
字　　数: 2028千字
印　　张: 正文74印张 彩插2印张
版　　次: 2018年7月第1版
印　　次: 2018年7月第1次印刷
书　　号: ISBN 978-7-5119-2707-1
定　　价: 280.00元

6月29日，受国务院委托，审计署审计长刘家义在第十二届全国人民代表大会常务委员会第二十一次会议上做《国务院关于2015年度中央预算执行和其他财政收支的审计工作报告》

12月23日，受国务院委托，审计署审计长刘家义在第十二届全国人民代表大会常务委员会第二十五次会议上做《国务院关于2015年度中央预算执行和其他财政收支审计查出问题整改情况的报告》

2月19日至25日，审计署领导班子和干部队伍建设专题研讨班在审计署审计干部教育学院举行

3月31日，审计署党组书记、审计长刘家义为全国审计机关党员干部讲“两学一做”专题党课

4月13日，审计署召开领导干部自然资源资产离任审计试点工作研讨会

5月4日，审计署召开纪念“五四”青年节座谈会

6月29日，中央第二巡视组专项巡视审计署党组工作动员会召开

7月1日，审计署隆重召开纪念中国共产党成立95周年大会

7月19日，“审计数据采集”国际标准部际工作协调小组成立大会在北京召开

10月28日，审计署召开视频会议，向全署党员干部传达党的十八届六中全会精神

11月29日至30日，中国内部审计协会赴台北参加第十六届海峡两岸内部稽核交流研讨会

12月29日至30日，全国审计工作会议在北京召开

2月1日，湖南省召开全省审计工作会议，省委副书记、省长杜家毫（主席台左二）出席会议并做重要讲话

2月4日，西藏自治区审计工作会议在拉萨召开，区党委副书记、政府主席洛桑江村（主席台左二）出席会议并讲话

2月24日，北京市召开审计工作电视电话会议，市长王安顺（中）、常务副市长李士祥（右二）、市政府秘书长李伟（左二）出席

3月3日，浙江省审计厅召开全省审计信息化工作会议

7月27日，山东省委、省政府召开全省审计机关人财物管理改革试点部署工作电视会议

12月21日，深圳市人大常委会首次就《深圳市2016年度绩效审计工作报告》反映的问题进行专题问询

2月27日至28日，审计署党组书记、审计长刘家义（左二）到贵州省丹寨县调研

5月16日，审计署党组成员、中央纪委驻审计署纪检组组长郑振涛（右四）到审计署驻重庆特派员办事处国家重大政策措施落实情况跟踪审计现场指导工作

6月27日，审计署党组成员、中央经济责任审计工作联席会议办公室主任张通（右）在北京会见香港华人会计师公会会长甘耀成（左）

12月14日，审计署党组成员、副审计长袁野（左）在北京会见来访的澳门特别行政区审计署审计局局长梁焕庚（右）

5月24日，审计署党组成员、副审计长孙宝厚（右）会见来访的国际会计师联合会会长奥莉薇亚·柯特丽（左）

6月24日，金砖国家最高审计机关领导人第一次会议在北京举行。中国审计长刘家义（中）、印度主计审计长夏尔马（左二）、巴西审计法院院长赛德拉斯（右一）、南非审计长马奎图（右二）、俄罗斯联邦审计院审计委员玛努洛娃（左一）等参加会议

6月30日，“一带一路”沿线国家审计官员研修班的国际审计同仁到审计署驻南京特派员办事处交流

7月11日，中国审计署为老挝审计署官员举办的审计研修班在北京开班。审计署党组成员、总审计师李晓钟（左三）出席开班仪式

7月26日至28日，第十二届中日韩最高审计机关工作层会议在沈阳举行

9月6日至7日，以“社会保障政策实施效果审计”为主题的第三届中美审计研讨会在北京举行。中国审计长刘家义（前排中）出席开幕式并发表主旨演讲，副审计长秦博勇（前排左二）主持开幕式

9月26日至30日，审计署党组成员、法规司司长刘正均率代表团赴马其顿斯科普里参加欧洲审计组织环境审计工作组第14次年度会议。会议期间，刘正均（右）会见马其顿审计署审计长塔奈夫斯卡（左）

9月27日至29日，审计署党组成员、副审计长陈尘肇（右）应邀率中国审计代表团访问罗马尼亚审计院

10月27日，审计署副审计长秦博勇（前排中）出席非洲英语国家部级审计官员研讨班

1月11日，老挝、马尔代夫和坦桑尼亚等国参加国际审计培训班代表一行5人到访江苏省审计厅

1月25日，审计署驻长春特派员办事处审计人员利用周末休息时间参观防川爱国主义教育基地和国防教育基地

6月24日，审计署党组书记、审计长刘家义（左）和教育部党组书记、部长袁贵仁（右）就合作设立“中国政府审计奖学金”项目签署谅解备忘录

6月25日，审计署驻重庆特派员办事处中石油经济责任审计新疆组临时党支部开展纪念中国共产党成立95周年主题支部活动

7月1日，审计署驻南京特派员办事处召开优秀共产党员、优秀公务员表彰大会暨先进事迹报告会

8月24日，审计署举行党章党规知识竞赛

8月31日，审计署金融审计司落实“以审代训”要求，吸收地方审计机关骨干力量参与审计项目

10月1日起，审计博物馆举办《铭记——全国地方审计机关初建时期实物展》

10月30日，审计署驻成都特派员办事处古蔺县扶贫跟踪审计组临时党支部组织参观中国工农红军四渡赤水太平渡陈列馆

11月28日，审计署驻武汉特派员办事处开展党的十八届六中全会精神知识竞赛

11月26日，审计署驻哈尔滨特派员办事处组织举行首次新任处级干部宣誓仪式

12月26日，审计署驻上海特派员办事处青年干部参加东方财经·浦东频道《我们正青春——审计追梦人》节目

12月2日，审计署驻昆明特派员办事处志愿者参加云南省文明办开展的志愿服务活动

2月25日，新疆维吾尔自治区审计厅第三批“访惠聚”工作组踏上征程

3月1日，内蒙古自治区审计厅组织干部职工到内蒙古展览馆参观“三严三实”专题教育展

3月4日，河北省审计厅邀请专家指导健身活动，强健体魄，增强队伍凝聚力

4月29日，海南省审计厅举办保密知识教育培训班

5月15日，辽宁省审计厅以“推进政务公开，保障改善民生”为主题开展宣传活动

6月14日，云南省审计厅与云南大学签署合作框架协议，共建审计研究中心

6月25日，新疆生产建设兵团第六师五家渠市审计局到山西省审计厅参加业务培训

12月4日，贵州省审计厅开展以扶贫资金审计条例为重点的法制宣传活动

7月，审计署驻济南特派员办事处审计人员在煤矿火区拍照取证

9月，审计署驻太原特派员办事处审计人员深入一线，实地调查了解山西省大气污染防治情况

12月，审计署驻郑州特派员办事处青海省国家重大政策措施落实情况跟踪审计组深入农村饮水工程现场查看管网铺设情况

4月，安徽省合肥市审计局跟踪审计组在轨道交通3号线审计现场勘察

4月，天津市滨海新区审计局应用无人机低空遥感测绘技术开展工程审计

5月，江苏省无锡市审计人员实地调查“美丽乡村”建设情况

11月，湖北省京山县审计人员从水库取水样分析化验水质污染情况

12月，山东省审计厅开展省管企业境外投资绩效专项审计调查，赴澳大利亚对铝土矿项目进行实地核查

《中国审计年鉴 2017》 编辑委员会

庄　军（审计署党组驻太原特派办分党组书记、特派员）

马文辉（审计署党组驻沈阳特派办分党组书记、特派员）

尹树伟（审计署党组驻哈尔滨特派办分党组书记、特派员）

鲍朔望（审计署党组驻上海特派办分党组书记、特派员）

周敦祥（审计署党组驻南京特派办分党组书记、特派员）

程　光（审计署党组驻武汉特派办分党组书记、特派员）

章　轲（审计署党组驻广州特派办分党组书记、特派员）

赵继旺（审计署党组驻郑州特派办分党组书记、特派员）

王志伟（审计署党组驻济南特派办分党组书记、特派员）

洪承旭（审计署党组驻西安特派办分党组书记、特派员）

马晓方（审计署党组驻兰州特派办分党组书记、特派员）

杨宁生（审计署党组驻昆明特派办分党组书记、特派员）

吴兆军（审计署党组驻成都特派办分党组书记、特派员）

赵保林（审计署党组驻长沙特派办分党组书记、特派员）

段大波（审计署党组驻深圳特派办分党组书记、特派员）

常　利（审计署党组驻长春特派办分党组副书记、副特派员）

吕劲松（审计署党组驻重庆特派办分党组书记、特派员）

马学斌（审计署外交外事审计局局长）

蔡　峰（审计署发展统计审计局局长）

罗　键（审计署教育审计局副局长）

涂　莹（审计署科学技术审计局局长）

丁仁立（审计署工业审计局局长）

刘晓梅（审计署民族宗教审计局局长）

李秀才（审计署政法审计局局长）

贾有长（审计署民政社保审计局局长）

茅东萍（审计署资源环保审计局局长）

李树廷（审计署建设审计局局长）

矫　强（审计署交通运输审计局局长）

娄　仲（审计署农林水利审计局局长）

许永利（审计署贸易审计局副局长）

姜跃山（审计署文化体育审计局局长）

张宣波（审计署卫生药品审计局局长）

朱登云（审计署国资监管审计局局长）

梁丽军（审计署经济执法审计局局长）

秦　洁（审计署广电通讯审计局副局长）

张广春（审计署旅游侨务审计局局长）

李志民（审计署地震气象审计局局长）

杨蕴毅（审计署计算机技术中心主任）

姜江华（审计署审计科研所所长，中国审计学会副会长、秘书长）

彭华彰（审计署审计干部教育学院院长）

华海峰（审计博物馆副馆长）

黄　峥（中国审计报社副社长）

董维明（中国时代经济出版社社长、总编辑）

王家新（南京审计大学书记）

马兰霞（北京市审计局党组书记、局长）

刘　健（天津市审计局党组书记、局长）
杨晓和（河北省审计厅党组书记、厅长）
王　亚（山西省审计厅党组书记、厅长）
靳素平（内蒙古审计厅党组书记、厅长）
邢恩先（辽宁省审计厅党组书记、厅长）
赵振民（吉林省审计厅党组书记、厅长）
李广智（黑龙江省审计厅党组书记、厅长）
王建平（上海市审计局党组书记、局长）
顾树生（江苏省审计厅党组书记、厅长）
朱忠明（浙江省审计厅党组书记、厅长）
刘大群（安徽省审计厅党组书记、厅长）
杨　红（福建省审计厅党组书记、厅长）
辜华荣（江西省审计厅党组书记、厅长）
马青山（山东省审计厅党组书记、厅长）
汪中山（河南省审计厅党组书记、厅长）
周德刚（湖北省审计厅党组书记、厅长）
胡章胜（湖南省审计厅党组书记、厅长）
何丽娟（广东省审计厅党组副书记、厅长）
苏海棠（广西审计厅党组书记）
张震华（海南省审计厅党组书记、厅长）
袁天长（重庆市审计局党组书记、局长）
陶志伟（四川省审计厅党组书记、厅长）
卢　伟（贵州省审计厅党组书记、厅长）
吴绍吉（云南省审计厅党组书记、厅长）
孙秀春（西藏审计厅党组副书记、厅长）
李　健（陕西省审计厅党组书记、厅长）
马自学（甘肃省审计厅党组书记）
王继卿（青海省审计厅党组书记、厅长）
胡仲秋（宁夏审计厅党组书记、厅长）
李　成（新疆审计厅党组副书记、厅长）
梅新顺（新疆生产建设兵团审计局党组书记、局长）

《中国审计年鉴2017》编辑部

总 编 辑： 魏　强

副总编辑： 董维明　武晓晨

编辑部主任： 孙慧雯

责任编辑： 高　山

美术编辑： 张　戈

《中国审计年鉴2017》特邀编辑

编辑说明

一、《中国审计年鉴 2017》是由中华人民共和国审计署主办并组织编纂的第二十一部年鉴，具有较强的权威性、资料性、实用性、前瞻性和馆藏价值。

二、本卷年鉴全面、系统、集中地反映了我国 2016 年审计工作发展的总体状况，起讫时间为 2016 年 1 月 1 日至 2016 年 12 月 31 日。

三、本卷年鉴基本保持了以往的编纂体例和风格。文字部分由“特载”“审计署工作概况”“地方审计机关”“科研、培训、出版、学术团体”“审计理论与科研”“重要财经审计法规文件”“审计结果公告”“审计署领导重要活动大事记”“审计工作统计”“附录”共十部分组成。

图片部分有“特载”“会议回放”“领导调研”“港澳台交流”“国际交往”“基础建设”“一线风采”等栏目，形象直观地反映审计工作风貌。

本卷年鉴没有收录解放军审计署的内容。

四、本卷年鉴采用栏目、类目、条目、统计表等体例分类排列，栏目下设类目和条目。各类目和条目在字号、字体及编排上有所区别，以便读者阅读。

五、本卷年鉴所收集的资料来源于审计系统和相关部门。在编辑过程中得到各级审计机关的大力支持和协助，在此深表谢意。由于编辑人员水平有限，缺点和遗漏在所难免，敬请广大读者批评指正。

《中国审计年鉴》编辑部

2017 年 12 月

目　录

特　载

审计署工作概况

地方审计机关

科研、培训、出版、学术团体

审计理论与科研

重要财经审计法规文件

审计结果公告

审计署领导重要活动大事记

审计工作统计

附　　录

Table of Contents

Special Issues

Overview on the Work of CNAO

Local Audit Institutions

Scientific Research, Training, Publication and Academic Institutions

Audit Theories and Researches

Major Laws and Regulations for Financial and Economic Audit

Audit Findings Announcements

Chronicle of Events

Audit Statistics

Appendix

特 载

国务院关于2015年度中央预算执行和其他财政收支的审计工作报告

——在第十二届全国人民代表大会常务委员会第二十一次会议上

审计署审计长 刘家义

（2016年6月29日）

全国人民代表大会常务委员会：

我受国务院委托，向全国人大常委会报告2015年度中央预算执行和其他财政收支的审计情况，请审议。

根据审计法及相关法律法规，审计署对2015年度中央预算执行和其他财政收支情况进行了审计。按照党的十八届五中全会精神和党中央、国务院关于经济工作的部署，审计工作以推动重大政策措施落实为主线，坚持依法审计、客观求实、鼓励创新、推动改革，审慎区分无意过失与明知故犯、工作失误与失职渎职、探索实践与以权谋私，严肃揭露重大损害群众利益、重大违纪违法和重大履职不到位问题，及时揭示重大风险隐患，着力反映结构性、体制机制性问题，主要审计了中央财政管理、预算执行和决算草案，地方政府债务、扶贫等重点资金和项目，重大政策措施落实，以及金融机构和中央企业等方面情况。

2015年，各部门、各地区在党中央、国务院的坚强领导下，认真落实十二届全国人大三次会议各项决议，积极应对复杂形势，克服多重困难，经济建设和社会事业发展取得新成就。总体上看，中央预算执行情况较好。

——经济发展稳中有进、稳中有好。面对经济下行压力，创新调控方式，加快结构调整和创新驱动，推进区域协调发展和新型城镇化，国内生产总值增长6.9%，居民可支配收入增长快于经济增速，城镇新增就业1312万人，农村贫困人口减少1442万。

——积极的财政政策加力增效。着力优化结构，盘活存量、用好增量，加大减税降费力度，扩大有效投资，中央一般公共预算收入和支出分别增长7.1%、8.4%。深化简政放权、放管结合、优化服务改革，取消或暂停征收57项中央级行政事业性收费，工商登记前置审批精简85%。

——财税改革稳步推进。研究推进中央与地方事权和支出责任划分改革，完善转移支付制度。推进营改增试点，扩大资源税从价计征范围，出口退税增量全部由中央财政负担。建立规范的地方政府举债融资机制，将债务分类纳入预算，实行限额管理。

——预算管理不断规范。推动实行中期财政规划管理，制定政府综合财务报告编制办法，完善国有资产管理体制机制，改进基本支出定额标准和项目支出管理。厉行节约，严控一般性支出，中央本级“三公”经费预算下降 11.7%。

——整改问责进一步强化。国务院专门部署 2014 年度审计查出问题的整改工作，纳入了督办事项。有关部门、单位和地方把整改纳入“三严三实”专题教育，审计署按国务院要求加强了跟踪督促，整改效果历年最好。2015 年 12 月，全国人大常委会听取了国务院关于整改情况的报告，提出了审议意见。有关部门、单位和地方认真落实，进一步加强整改，对历史遗留问题，深入核查、落实责任、妥善处置；对体制机制性问题，加快推进改革、完善制度。目前基本整改完毕，促进增收节支和挽回损失等增加到 6083 亿元，制定完善制度 5947 项，处理 5500 多人。

从今年审计情况看，有关部门、单位和地方财经法纪观念、深化改革意识进一步增强，能够贯彻落实党中央、国务院决策部署，推进改革创新，财政管理水平和资金使用绩效明显提高，但一些领域仍存在违纪违法和管理不规范问题，特别是有些方面体制机制尚不完善、法规制度和运行规则未及时调整，出现信息传导不畅、措施配合不够、监管不适应等问题，影响相关政策措施落地落实和充分发挥作用。

一、中央决算草案和预算执行审计情况

（一）中央决算草案审计情况。根据预算法的规定，审计署对财政部编制的中央决算草案在上报国务院前进行了审计。财政部编制的中央决算草案表明，中央一般公共预算收入 69267.19 亿元，支出 80639.66 亿元；政府性基金收入 4118.19 亿元，支出 4363.42 亿元；国有资本经营收入 1613.06 亿元，支出 1362.57 亿元。与向全国人大报告的执行数相比，一般公共预算收入决算数多 33.2 亿元，支出决算数少 90.34 亿元；政府性基金收入（含地方上解收入）决算数多 12.29 亿元，支出决算数多 7 亿元；国有资本经营收入决算数多 0.14 亿元，支出决算数多 2.9 亿元。上述收支差异主要是根据决算整理期清理结果做出的调整。审计发现的主要问题：

1. 未报告预算级次变化情况。包括：将中央本级支出 101.24 亿元调剂为对地方转移支付支出，将对地方转移支付支出 262.52 亿元调剂为中央本级支出。审计指出后，财政部已在决算草案中对主要科目的预算级次调剂情况做了报告。

2. 部分收入列报不够全面。主要是对已按规定向软件、资源综合利用企业等退增值税、消费税等 937.48 亿元，在决算草案中没有体现。审计指出后，财政部已在决算草案中增加了补充说明。

3. 据实结算事项处理不够规范。主要是适用范围和标准不明确，有的清算期过长或清算不及时，有些用以前年度超拨资金抵顶当年支出，如 2015 年直接使用上年超拨的 25.2 亿元农林业保险保费补贴抵顶当年应安排的支出。

4. 未按要求报告财政资金绩效情况。主要是预算中未报告相关政策内容和绩效目标，决算草案中未报告相关绩效目标的实现情况。

（二）财政管理审计情况。重点审计了预算分配和管理、资金安全和绩效、财政政策实施和财税改革推进情况。2015 年，财政部、发展改革委等部门认真组织实施积极的财政政策，加大财政资金统筹使用力度，创新投融资体制，加快预算执行进度，预算和投资管理进一步规范。审计发现的主要问题：

1. 预算安排统筹协调还不到位。

一是预算分配与项目确定衔接不够，有些项目确定滞后。近年一般公共预算年初细化比例不断提高，但 2015 年中央本级项目支出和专项转移支付分别有 2052.75 亿元（占 13%）、6778.3 亿元（占 38%），年初仍未落实到部门或地区；中央预算内投资年初细化到地区的比例也有待提高。预算执行中，有 120.61 亿元预算下达时项目尚未确定或不具备实施条件，影响资金及时使用，其中追加 3 个部门的 10.2 亿元至年底全部结存；支持 900 个传统村落保护的 27 亿元于 2015 年 4 月下达 30 个省（自治区，直辖市，以下简称省），当年仅确定 491 个村落（占 55%）。

二是预算分配与专项规划衔接不够，有些专项规划之间也缺乏统筹协调。抽查 18 个省实施重点流域水污染防治“十二五”规划情况发现，地方在具体确定项目时，9 个省纳入规划的 1684 个项目（占 44%）未得到中央补助，而 7 个省不属于规划范围的 2135 个项目（相当于其规划项目数的 63%）获得了补助。有些预算依据多个规划分配资金，这些规划目标要求不尽一致，不利于项目有序推进，如中央财政 9 个专项安排有高标准农田建设相关补助，预算分配依据的规划中仅全国性规划就有4个。

三是预算分配与制度规定衔接不够，有的专项没有管理办法或相关规定不够明确。发展改革委分配85个补助地方投资专项时，有32个依据管理办法，33个依据专项规划，8个依据实施方案，其他的依据内部签报、通知等；财政部分配的农村义务教育薄弱学校改造等3个专项的管理办法仅有原则性规定，实际分配时一事一议。有的制度执行不严格，发展改革委在地市级文化设施建设等3个投资专项中，超范围、超申请、超标准等安排补助7848万元。

四是几本预算划分不够清晰，对有些项目交叉安排支出。其中：对3个部门的53个项目，政府性基金预算和一般公共预算分别安排268.06亿元、29.46亿元；对电信普遍服务、未成年人校外活动场所改造2个事项，政府性基金预算、一般公共预算分别安排54.19亿元和3.8亿元。

2. 转移支付制度亟待完善。

一是部分一般性转移支付仍有指定用途。2015年对地方转移支付中，一般性转移支付占57%，比上年下降2个百分点，其中1.35万亿元有指定用途，地方实际可统筹的仅占52%，特别是均衡性转移支付中有25%也指定了用途。财政部应加快推进转移支付改革，防止一般性转移支付“专项化”。

二是专项转移支付多头管理状况还需加大力度改进。有52项专项转移支付实际又分解为301个具体事项，大多仍按原事项渠道、原管理办法分配。抽查的农业综合开发专项实际分解成13个具体事项，其中3个由财政部分配，10个由财政部分别会同其他5个部门分配；引导地方科技发展专项整合了财政部两个司分配的2个专项，实际仍由这两个司按原有的两个管理办法分别分配。

三是专项转移支付管理薄弱。主要是分配环节多、管理链条长，“小、散、乱”状况长期得不到改变。抽查发展改革委向25个省安排的5806个乡镇卫生院周转宿舍建设专项补助中，单个项目仅5万元；抽查中央投资补助的41个项目中，有13个用虚假资料、违规多头申报等获得补助8637万元；抽查对69个县的农林水事务补助中，有13.83亿元（占5%）被骗取、侵占或损失浪费，如湖南省澧县一家保险公司与29个乡镇政府串通，通过虚假投保、虚假报案、虚假理赔，在2013年至2015年间骗取种植业保险保费补贴4061.03万元，乡镇政府通过“返还”获利1673.25万元。

3. 财政管理绩效还需进一步提高。

一是有的预算安排未充分考虑结转结余。财政部对连续2年执行率低于60%的可再生能源发展等3个项目继续代编预算10.06亿元，年底结转8.89亿元（占88%）；在国税系统管理等5个项目上年结转1.42亿元的情况下，又安排预算1.31亿元，年底结转增至1.96亿元。

二是部分预算执行进度慢。一般公共预算、政府性基金预算、国有资本经营预算安排的转移支付中，分别有2934.7亿元（占6%）、959.01亿元（占71%）、124.3亿元（占100%）未按规定时限下达。有的项目推进迟缓使大量资金结转，中央文化产业发展专项补助的18个项目年底结存1.99亿元（占补助总额的83%）；抽查的42个中央部门中，有6个部门和3家所属单位年底项目结转结余26.95亿元，还有1.77亿元通过以拨代支转入项目单位。

三是部分关税和进出口环节税征缴入库不及时。由于海关、银行和国库未全面联网，实行纸质税单核销，滞压税款规模逐年增长，2015年有194.68亿元税款滞压15天以上。抽查23个关区发现，有281户企业应转为税款的保证金7.09亿元超期未转，平均超期38天，其中1070.71万元超期3个月。

四是财政授权支付范围划分不够明细。主要是财政部将基本支出中的货物和服务类支出、项目支出中货物和服务的非政府采购支出全部划分为授权支付，不仅增加手续费支出，也不利于保障资金安全。抽查其中834.86亿元授权支付发现，给代理银行的手续费相当于直接支付方式下手续费的22倍；有68.45亿元财政资金被预算单位违规转入实有资金账户，脱离财政监管。

（三）中央部门预算执行审计情况。审计了42个中央部门及241家所属单位，审计财政支出预算1891.62亿元，占这些部门支出预算总额的36%。总的看，这些部门能够认真执行预算，严格控制和压缩“三公”经费，加强结转结余资金管理，完善财务和预算管理制度，着力提高财政资金使用绩效，预算执行情况较好。审计发现的主要问题：

1. 违规套取和使用资金问题还时有发生。主要是：司法部和国土资源部环境监测院、核与辐射安全中心等 6 家所属单位通过重复申报项目或多报人数等方式取得财政资金 6694.59 万元；教育部、发展改革委、人民银行等 7 个部门和中国水利水电科学研究院、中国国际电子商务中心等 37 家所属单位有 9.24 亿元未纳入部门预算管理，如昆明海关将走私物品处置收入 1197.95 万元存放账外，用于业务经费、发放福利等。此外，还发现未及时办理竣工决算、政府采购不规范等问题，涉及金额 61.33 亿元。

2. 事业单位预算保障办法不够明确。主要是基本支出挤占项目支出、人员经费挤占公用经费问题较普遍，抽查的卫星环境应用中心、工商总局市场研究中心等 19 家事业单位，2014 年至 2015 年挤占项目支出和公用经费等 2.36 亿元补充人员经费，有的单位人员经费超出财政拨款近 4 倍。

3. 有的部门和所属单位利用部门权力或影响力取得收入。主要是：民政部、中国环境科学学会、老年人才信息中心违规开展评比达标或资格考试等活动，从中收费 1351.48 万元；中国交通通信信息中心、中国建筑业协会、中环联合（北京）认证中心等 17 家所属单位在受部门委托开展评审、评比、达标等活动的同时，又从参评单位取得咨询等服务收入 5.78 亿元，其中交通运输部科学研究院在受托开展“公交都市”称号评审、技术指导、验收审查工作时，以技术服务名义取得收入 1630.9 万元。

4. 有的部门和单位执行“三公”经费和会议费等管理制度未完全到位。各部门重视加强“三公”经费和会议费管理，违规问题明显减少。此次审计发现的主要问题：

一是因公出国（境）方面。主要是：教育部留学服务中心、中国机电产品进出口商会等 8 家单位违规组织跨地区跨部门团组 5 个，存在变更路线或延长时间问题的团组 8 个；4 个部门和 11 家所属单位无预算、超预算列支或转嫁出国（境）费用 384.42 万元，其中银监会 114.07 万元、全国妇联 92.46 万元。

二是公务用车方面。主要是：商务部机关服务局、中日友好环境保护中心、中国人口宣传教育中心等 4 家所属单位长期无偿占用其他单位车辆 9 辆，国资委等 3 个部门未及时清理上缴公务用车 10 辆；20 家所属单位存在公务用车运行费超预算、超标准购置公务用车等问题，涉及金额 623.27 万元，其中国土资源部的 3 家所属单位 125.56 万元、民政部的 2 家所属单位 59.8 万元。

三是公务接待方面。主要是海关总署等 3 个部门和中国青旅集团公司、民族文化宫等 16 家所属单位超标准列支、转嫁接待费等 240.98 万元。此外，对中央八项规定等文件出台前购买的酒水等消费品的处置方式也不明确。

四是会议费方面。主要是：3 个部门和 21 家所属单位超预算、超标准列支会议费 1651.1 万元，其中中国有色金属工业协会 1081.84 万元、中国农业科学院 57.79 万元；4 个部门和 20 家所属单位在京外或非定点饭店召开会议 263 个，其中交通运输部的 18 家所属单位 248 个；3 个部门和 3 家所属单位由其他单位承担会议费 92.47 万元，其中国家图书馆 32.46 万元、住房城乡建设部 19.08 万元。

对上述问题，有关部门正在积极整改，已上缴国库 8496.84 万元，追回或退还 8916.92 万元，调整账目 23.13 亿元。

二、重点专项审计情况

（一）地方政府债务审计情况。重点审计了 11 个省本级、10 个市本级和 21 个县。从审计情况看，有关部门和地方建立健全举债融资和风险预警机制，完善了相关制度，政府债务管理得到进一步加强。至 2015 年底，11 个省本级政府债务余额 8202 亿元，或有债务余额 10970 亿元。审计发现的主要问题：

1. 部分地方发债融资未有效使用。抽查发现，至 2015 年底，黑龙江、山东、湖南、北京、内蒙古和广东等 6 个省发行的置换债券中，有 138.4 亿元（占 2%）未及时使用，主要是未达成提前还款协议或偿还手续办理滞后等所致；湖南、山东、河南和广东等 4 个省使用的置换债券融资中，有 112.57 亿元（占 2%）未按规定的优先顺序偿债；内蒙古、浙江和湖南等 3 个省新增债券融资中，有 24.23 亿元（占 4%）因项目未落实等尚未使用。

2. 有的地区仍违规或变相举债。抽查发现，至2015年底，浙江、四川、山东和河南等4个省通过违规担保、集资或承诺还款等方式，举债余额为153.5亿元。有的地方出现一些隐性债务，内蒙古、山东、湖南和河南等4个省在委托代建项目中，约定以政府购买服务名义支付建设资金，涉及融资175.65亿元；浙江、河南、湖南和黑龙江等4个省在基础设施建设筹集的235.94亿元资金中，不同程度存在政府对社会资本兜底回购、固化收益等承诺。

对上述问题，有关部门正在研究强化债务管理，相关地方正在积极整改。

（二）扶贫资金审计情况。审计了扶贫资金分配管理使用情况，重点抽查了17个省的40个县。这40个县2013年至2015年收到财政扶贫资金109.98亿元，审计了50.13亿元（占45%），涉及364个乡镇、1794个行政村和3046个项目。从审计情况看，这些地方认真贯彻扶贫工作有关要求，大力实施精准扶贫、精准脱贫，不断加大扶贫开发投入力度，加强扶贫资金管理，扶贫项目有序推进，取得积极成效。审计发现的主要问题：

1. 部分资金分配未充分考虑建档立卡贫困人口情况。有的扶贫资金分配尚未与建档立卡贫困人口数据建立有效衔接机制，在具体扶贫项目实施中，有的地方也未严格按规定条件筛选扶贫对象，抽查云南省寻甸县2015年发放的1339笔扶贫到户贴息贷款6560万元中，仅有711笔3433万元（占52%）发放给了建档立卡贫困户。

2. 有1.51亿元扶贫资金被虚报冒领或违规使用。其中：29个县的59个单位和28名个人通过伪造合同、编造到户补贴发放表、重复申报、假发票入账等，虚报冒领或骗取套取扶贫资金5573.13万元；14个县的财政、扶贫等部门和乡镇政府、村委会等违规将6091.35万元用于平衡预算、市政建设、宾馆改造等非扶贫领域；17个县的25个单位将2194.78万元用于弥补业务经费和发放福利等；7个单位在扶贫工作中违规收取项目推广费等1249.36万元，主要用于弥补经费。

3. 有8.7亿元扶贫资金闲置或损失浪费。由于统筹整合不到位等，抽查的贫困县每年收到上级专项补助200多项，单个专项最少的仅4800元；抽查的50.13亿元扶贫资金中，至2016年3月底有8.43亿元（占17%）闲置超过1年，其中2.6亿元闲置超过2年，最长逾15年；17个县的29个扶贫项目建成后废弃、闲置或未达预期效果，形成损失浪费2706.11万元。

审计指出问题后，有关地方已追回资金1422.6万元，收回闲置资金6981.59万元。

（三）保障性安居工程跟踪审计情况。从全国审计情况看，2015年，各级财政对城镇保障性安居工程和农村危房改造的投入分别比上年增长17%、40.6%；享受住房保障待遇家庭和完成改造农村危房户数分别增长17%、62%，有效改善了城乡居民居住条件。审计发现的主要问题：

1. 有关政策落实不到位。补助和待遇分配方面，有4.85万户非贫困或已享受补助家庭获得农村危房改造补助4.24亿元；有5.89万户不符合条件的城镇家庭享受保障性住房补贴6046.25万元、住房3.77万套。财税金融支持政策方面，有891个项目未按规定享受税费减免22.49亿元；棚改贷款等融资有258亿元被加收中间费用或未享受优惠利率。此外，审批绿色通道政策执行不到位，加之监管不严格，1339个市县有4287个项目（占抽查项目的29%）存在未批先建、非法占地、未依法招投标等问题。

2. 有140多个单位和180多户补偿对象骗取套取财政资金。其中：41个基层经办机构和一些村镇干部以虚报冒领、截留克扣或收取“保证金”等方式骗取侵占农村危房改造补助1448.38万元；184户家庭和3个单位通过编造产权资料等骗取征地拆迁补偿9617.88万元；102个单位采取多报户数、重复申报、编造农户花名册等套取财政资金4.55亿元。

3. 有866个市县存在资金闲置或住房利用不充分等问题。审计发现，至2015年底，有748个市县结存结转专项资金共计603.55亿元（相当于其当年投入的3%），其中478.6亿元闲置逾1年；有19万套保障性住房因配套基础设施建设滞后等不能及时交付使用，还有6544套住房被违规销售或出租经营等。

审计指出问题后，有关地方已统筹使用资金9.33亿元、追回1.18亿元，退还多收税费1.06亿元，取消或调整保障对象资格1.5万户，清理收回和分配使用住房7231套，处理352人。

（四）工伤保险基金审计情况。审计的17个省能够贯彻执行国家相关要求，不断扩大参保覆盖面，努力维护职工权益，但一些地方落实政策还不到位，基金发放和管理还有薄弱环节。抽查发现，有17万个单位未按规定为114.95万名职工办理工伤保险，6个省的10.36万名“老工伤”人员尚未纳入工伤保险；有1.41亿元基金被骗取套取、违规发放和使用，其中17个医疗康复机构和441人编造资料骗取或冒领基金6847.76万元，63个经办机构及有关单位向809人违规发放保险待遇1662.08万元，还将5596.71万元用于人员和办公经费等。此外，还发现财务管理不规范等问题2.45亿元。

审计指出问题后，有关地方追回资金等6030.6万元，纠正财务管理不规范问题涉及1107万元。

（五）水污染防治及相关资金审计情况。审计的18个省不断加大投入，积极推动水污染防治项目建设，5年间区域内重点国控和省控断面水质达到三类及以上的增加33个百分点，五类及以下的减少32个百分点。审计发现的主要问题：

1. 区域性水环境保护压力较大。抽查长江经济带沿江区域的23个市县，城市生活污水有12%（年均4亿吨）未经处理直排长江；沿江373个港口中，有359个（占96%）未配备船舶垃圾接收点，260个（占70%）未配备污染应急处理设施。抽检89个市县的231个城乡集中式饮用水源地中，有124个（占53%）水质监测指标不达标；72个地下水水源中有27个（占37%）超采。

2. 有397个项目未达到预期效果。至2015年底，抽查的883个水污染防治项目中，有276个（占31%）因前期准备不充分、配套设施不完善等未按期开（完）工；有121个（占13%）已完工项目未及时发挥效益。

3. 有176.21亿元财政资金未能有效使用。至2015年底，抽查的财政资金中，中央专项补助有143.59亿元结存在地方财政部门，其中4.22亿元滞留超过2年；项目资金中有29.28亿元闲置在地方主管部门和项目单位，其中9.4亿元闲置3年以上；还有3.34亿元被违规套取或损失浪费。

对上述问题，有关地方推动77个项目加快了实施进度，拨付资金23.45亿元，盘活和统筹使用8.02亿元，归还2.6亿元。

（六）矿产资源开发利用保护及相关资金审计情况。从审计6个省1724宗矿业权及相关资金情况看，有关部门和地方不断加强矿产资源管理，规范相关资金征管，资源保障程度和资源开发利用水平有所提高。审计发现，一些地方监管执法不严，有391宗矿业权在审批、出让转让或开发管理中存在违法违规问题，其中：国土资源部门违规审批出让88宗矿业权；国有矿业企业违规转让或收购92宗矿业权及相关股权；国有地勘单位或个人利用掌握的地勘资料等内部信息介入104宗矿业权申报或交易，从中牟取私利；有关地方违规批准在禁采区内设立矿业权63宗，对自然保护区设立前已存在的44宗矿业权也未做退出安排。此外，还发现违规征缴使用矿业权相关资金35.81亿元，其中6.28亿元被用于对外投资、出借或人员经费等。

审计指出问题后，有关地方通过追缴、没收违法所得等整改问题金额9.9亿元。

三、政策措施落实跟踪审计情况

组织各级审计机关持续开展跟踪审计，重点检查各部门、各地区落实稳增长促改革调结构惠民生防风险政策措施情况。审计署直接跟踪审计29个省本级和36个中央部门单位，通过对23个方面80多项政策涉及的5200多个单位的审计，促进新开工、完工项目9408个，加快审批或实施进度项目9454个；促进财政资金加快下达5288.22亿元，收回结转结余资金1144.25亿元，整合和统筹使用资金732.1亿元；促进取消、合并、下放行政审批事项等134项，取消职业资格、企业资质认定等241项，停止或取消收费111项；促进完善制度50多项，出台风险防范措施20多项；有2138人受到撤职、停职检查等处理，有90多人被移送纪检监察和司法机关查处。审计发现，政策措施落实中存在一些值得关注的问题：

（一）一些领域的制度规则需加快建立完善。制度方面，有关影响专项资金清理整合规范、要求重点事项支出挂钩安排等法律法规未及时调整，支出的领域间、结构性失衡较为突出，预算执行中资金缺口大与部分资金趴在账上“睡大觉”并存的矛盾仍然存在。标准方面，涉农工程投资标准偏低，特别是在征地拆迁补偿和移民安置方面，一些涉农工程的补偿标准不足铁路、公路工程补偿标准的一半，导致征地难、拆迁难、移民安置难。考核方面，相关激励考核机制还不适应发展要求，下达的农村饮用水安全、农村土地整理、节能减排等目标任务与地方实际情况不完全相符。

（二）重大项目审批管理改革需加快推进。抽查11个省的172个高速公路建设项目，平均需办理审批手续26项、涉及9个部门，还需聘请中介机构进行可研报告、行业咨询等前置服务平均22项，有的事项由多部门重复审批或同一部门多次审批，审批周期平均为3年半。

对审计反映的问题，相关部门进行了专题研究，已清理规范审批中介服务事项81项，但一些制约项目推进的因素仍未根除，有的建前建后重复审批；有的审批、评审互为前置陷入循环困局；有的审批改备案后未明确办理时限，反而影响进度。

（三）财政资金统筹整合相关政策措施亟须落实。国务院多次要求加大财政资金统筹整合力度，有关部门和地方积极采取措施，审计持续推动盘活存量和统筹整合，对不适应的具体制度规定多次提出修改或废止建议。审计发现，由于专项资金管理权限分散在不同部门，按项目下达、分条线考核，主管部门对统筹整合存在“三不愿”：担心失去行政管理权不愿整合、担心职能被调整不愿整合、担心机构人员编制缩减不愿整合；基层政府存在“三不敢”：怕失去专项支持不敢整合、怕得罪主管部门不敢整合、怕影响业绩不敢整合，导致财政资金统筹整合要求难以完全落实，也使大量财政资金无法发挥效益。

（四）政府投资基金支持创新创业的作用尚未得到有效发挥。至2015年底，中央财政出资设立的13项政府投资基金募集资金中，有1082.51亿元（占30%）结存未用。抽查创业投资引导基金发现，通过审批的206个子基金中，有39个因未吸引到社会资本无法按期设立，财政资金13.67亿元滞留在托管账户；已设立的167个子基金募集资金中有148.88亿元（占41%）结存未用，其中14个从未发生过投资。地方政府投资基金也存在类似现象，抽查地方设立的6项基金发现，财政投入187.5亿元中，有124亿元（占66%）转作了商业银行定期存款。

（五）科研投入管理机制与科技创新要求不适应。跟踪审计创新型国家建设、大众创业万众创新等政策落实情况发现，科研项目和经费管理制度还不完善，科研经费管得过死，有形成本占比大，智力成本补偿不够，科研成果转化率低。从抽查11个中央部门单位科技资金使用情况看，仅扩大开支范围、利用假发票报账等问题金额就达3.17亿元，其中既有为保障必要支出不得不到处“凑”发票来报账的情形，也有个别人员借机骗取套取科研资金的问题。对此，近年审计持续关注，着力推动建立符合科研规律、有利于调动和保护科研人员积极性、鼓励创新和多出成果的相关制度。审计还发现，对科研单位和科研项目的检查繁多，加重了科研单位负担，如中科院所属85个院所2013年至2015年共接受各类检查评审3500多次，其中以“审计”之名进行的有760多次，在此期间审计署对中科院部门预算执行审计中仅重点延伸审计了15个院所。

对这些问题，需要进一步健全完善体制机制，逐步加以解决。

四、金融机构审计情况

对农业银行等5家金融机构进行了审计，持续跟踪8家重点商业银行贷款投放情况。这些金融机构能够贯彻执行国家宏观调控政策，加强经营管理和风险控制，保持稳健运行，金融创新和服务能力有所提升。审计发现的主要问题：

（一）实体经济融资难、融资贵和融资慢的问题仍未有效解决。2015年，实体经济融资困难总体上有所缓解，但抽查的8家重点商业银行在全部贷款增速为9.48%的情况下，法人贷款、涉农贷款、小微企业贷款的增速分别为3.64%、6.23%、8%。据调查，小微企业为获得信贷支持，不仅需要在利息之外承担其他费用，而且往往需增加担保和评估环节，延长了审核时间，不利于保证生产经营的资金需求。

（二）商业银行不良贷款处置和金融创新相关风险防控机制尚不健全。2015年，8家银行不良贷款余额和不良率呈双升趋势，由于这些商业银行风险偏好和信贷投向趋同，不良贷款发生领域趋于集中；不良贷款处置工作还需加强，新发生的不良贷款仅有33%批量转让给资产管理公司，而且8家银行拨备覆盖率有所下降，增加自身核销压力。金融创新相关风险防控不足，金融监管有待加强。

（三）违规经营问题仍较突出。此次审计发现，金融机构一些工作人员存在违规放贷、违规办理保险或债券、股票业务等问题，有18起涉嫌重大违纪违法；部分信贷业务风险防控需进一步加强，发现向已列入国家淘汰落后和过剩产能名单的部分企业等新增融资120多亿元；中央八项规定出台后，光大集团、农业银行、人保集团、国寿集团、太平保险5家金融机构存在超标准购车、在风景名胜区开会等问题7262.3万元。

对上述问题，有关金融机构已整改207.53亿元，修订完善制度103项，追责问责219人次。

五、中央企业审计情况

主要审计了中国石化、南航集团、中铝公司等10户中央企业，并抽查了中央企业部分境外业务管理情况。这些企业不断完善制度、加强管理、开拓市场，资产和收入规模持续增长。审计发现的主要问题：

（一）企业经营成果不实，有的存在违反廉洁从业规定问题。审计发现，10户企业资产、收入和利润不实分别为64.06亿元、585.82亿元和71.96亿元；工程建设、物资采购和投资中不规范问题涉及808.76亿元，造成损失浪费等20.84亿元。中央八项规定出台后，中国电子、中国海油、港中旅集团等7户企业所属的8家单位违规发放津补贴等591.23万元，涉及64名单位领导班子成员；10户企业所属的70家单位存在违规购建楼堂馆所、超标准办会购车、公款旅游、打高尔夫球等问题涉及11.16亿元。

（二）对企业追责问责制度机制不健全，违规决策等问题较为突出。对近年审计发现的企业失职渎职、违反相关政策规定和“三重一大”决策制度等造成损失问题，监管部门履行督促整改、追责问责、报告公告等职责不到位，也未明确企业重大损失确认和追责问责标准，主要依靠企业自行追责问责，造成约束薄弱，使一些问题屡审屡犯甚至积聚。此次审计抽查10户企业的284项重大经济决策中，有51项存在违规决策、违反程序决策、决策不当等问题，造成损失浪费等126.82亿元；发现47起重大违纪违法问题线索涉及295.02亿元，其中16起涉及金额均超过亿元，94名责任人员中有26名为企业负责人。

（三）企业境外业务管理薄弱。抽查的93项境外业务中，有62项（占67%）不同程度存在论证不充分、未按程序报批，以及对关键岗位人员监管和佣金支付等关键业务环节管控薄弱问题，其中的10起重大违纪违法问题线索，造成国有权益损失风险142.7亿元。

对上述问题，10户企业已追回资金27.43亿元，建立健全规章制度609项，处理453人次。

六、审计移送的重大违纪违法问题线索情况

上述审计查出并移送的重大违纪违法问题线索主要特点有：

（一）滥用行政审批和国有资产资源管理等公共权力谋取私利问题仍较突出。此类问题线索有287起，主要是有关领导干部直接或变相干预、违规审批、暗箱操作，向亲友或其他特定对象输送利益，并从中收受钱款、房产、股权等。上述线索移送纪检监察和司法机关后，已有270多人受到处理。

（二）基层管理人员内外勾结，“一条龙”式造假骗取套取财政专项资金。此类问题线索有55起，主要是县乡有关部门管理人员主动参与或协助企业、个人造假，通过伪造公文和印章、伪造银行资信证明、伪造合同或经营资料、盗用农户身份信息等方式，骗取农业综合开发、拆迁安置、扶贫等财政补助。如江苏省赣榆农村商业银行通过编造贷款台账、还款单据等虚增扶贫贷款规模，骗取套取扶贫贷款财政贴息补助、贷款奖励共计2000多万元，当地扶贫、财政等主管部门从中获取400多万元。有的还专门设立“基金”，用于“打点”项目申报审核和验收结算等环节工作人员。

（三）金融机构和有关企业工作人员非法利用内幕信息牟利。此类问题线索有59起，主要是利用掌握的债券发行、股票交易、停牌复牌、企业并购等内幕信息，直接或借用他人名义进行投机买卖，或者组织关联账户实施趋同交易，甚至推动特定股票价格波动从中获利。

（四）借助网络技术手段，有组织、规模化、跨区域实施非法集资、洗钱等活动。此类问题线索有32起，其中10起是通过注册系列空壳公司、建立专门网络平台、承诺高额回报，以会员互助、公益投资等名义进行非法集资；另外22起是利用虚构交易，通过轮替作业的银行账户链条，接受多地转入资金，实施账户间高频快速划转、反复切分整合，最后转给指定的境内外账户，涉嫌非法洗钱。

以上审计发现的问题，对违反财政财务收支法规的，已依法下达审计决定，要求有关单位予以纠正；对重大违纪违法问题线索和应当追究责任的，已依法移送有关部门查处；对管理不规范的，已建议有关部门建章立制，切实加强内部管理；对涉及政策、制度和法规的重要问题，已建议结合相关改革统筹研究解决。本报告反映的是审计发现的主要问题，具体情况通过单项审计结果公告向社会公布。下一步，我们将继续督促有关部门、单位和地方认真整改，整改的全面情况将于今年年底前报告。

七、审计建议

（一）强化问责和公开，健全审计查出问题整改长效机制。建议：一是有关部门和地区应将整改纳入督查督办事项，特别是主管部门应加强监管，把审计结果及整改情况作为考核和奖惩的重要依据。对未按期整改和整改不到位的，实行追责问责。二是被审计单位主要负责人应切实履行整改第一责任，及时纠正违纪违规问题，完善相关制度，防止同类问题再次发生；对审计反映的体制机制性问题和提出的审计建议，应及时组织研究，积极推动清理不适应的制度规定。三是被审计单位应将整改结果向同级政府或主管部门报告，及时向社会公告。

（二）加快推进改革，保障重大政策措施落地落实。建议：一是加快清理修订相关制度，既应修订废止不符合当前实际的政策规定，又应尽快建立健全适应改革发展要求的制度机制，完善相关配套政策法规。二是加快制定修订相关产业、行业、产品、网络及服务标准，建立健全梯次合理的企业标准、行业标准和国家标准体系，为创新发展、转型升级创造良好环境。三是加快完善相关考核激励机制，确保考核目标与重大发展规划协调衔接，中央与地方各级各层次考核指标协调衔接。四是加强对探索性做法的规范提升和总结推广，建立完善正向激励和容错免责机制。

（三）进一步优化财政资源配置，切实盘活存量、用好增量。建议：一是结合政府职能转变，进一步明确中央与地方的事权和支出责任，理顺部门在预算管理中的权责，健全配置合理、职责清晰、运转高效的财政管理体系。二是优化支出结构，着力支持去产能、去库存、去杠杆、降成本、补短板，从严控制一般性支出，对没有准备好的项目不安排预算。三是转变财政管理方式，破除影响资金统筹的制度藩篱，增强吸引社会投资相关支持措施的协调性和有效性，更多地利用贷款贴息、政府采购等方式支持实体经济。

（四）积极采取措施缓解收支矛盾，防范和化解各种风险隐患。建议：一是加强财政收支的统筹协调，更加有效地发挥积极财政政策的作用。在继续减税降费的同时，依法加强税收征管，确保应收尽收，为重点支出提供财力保障，坚决遏制骗取套取、虚报冒领财政资金问题。二是继续强化地方政府债务管理，通过严格问责促进消化债务存量、严控增量，密切关注“明股暗债”、兜底回购、固化收益等可能增加政府债务的潜在风险点。三是密切跟踪金融业务创新情况，强化金融监管协作，严厉打击非法集资、网络诈骗、地下钱庄、内幕交易等犯罪活动，防范金融风险。

委员长、各位副委员长、秘书长、各位委员，我们将更加紧密地团结在以习近平同志为总书记的党中央周围，全面贯彻落实党的十八大和十八届三中、四中、五中全会精神，诚恳接受全国人大常委会的指导和监督，按照党中央、国务院的决策部署，依法履行审计监督职责，为推动经济社会持续健康发展做出应有贡献！

国务院关于2015年度中央预算执行和其他财政收支审计查出问题整改情况的报告

——在第十二届全国人民代表大会常务委员会第二十五次会议上

审计署审计长　刘家义

（2016年12月23日）

全国人民代表大会常务委员会：

我受国务院委托，向全国人大常委会报告2015年度中央预算执行和其他财政收支审计查出问题的整改情况，请审议。

一、关于整改工作的部署推进情况

2016年6月30日，十二届全国人大常委会第二十一次会议审议了《国务院关于2015年度中央预算执行和其他财政收支的审计工作报告》，要求高度重视审计查出问题的整改工作，严肃对违法违规问题进行追责和问责，着力加强制度建设，年底前向全国人大常委会报告整改情况。7月7日，李克强总理主持召开国务院常务会议专题研究部署整改工作，要求以整改审计查出的问题倒逼改革，针对一些年年审、年年存在的“顽疾”，抓住体制机制深化改革，从根子上解决问题；对以各种方式骗取财政资金、违反财政收支规定等行为严肃追责问责，铲除滋生腐败的土壤；强化对整改工作的督促检查，有关地方、部门和单位要对照审计查出问题，倒排时间表，按要求逐项、逐条整改，整改结果要于10月底前报国务院，并在向全国人大常委会报告后向社会公开。国务院办公厅将审计查出问题整改情况纳入督查督办事项。有关地方、部门和单位认真落实全国人大常委会和国务院要求，狠抓整改工作。

（一）着力落实整改主体责任。被审计的有关地方、部门和单位认真组织开展整改，及时制订整改方案和整改台账，实行定期检查和通报制度。有的召开党委（党组）会议或部务会议等专题部署整改；有的成立机构专门负责组织整改；有的将整改与“两学一做”学习教育结合，作为落实全面从严治党和党风廉政建设主体责任的重要抓手；有的将整改纳入绩效考核和内部巡视等工作，确保整改到位。

（二）着力强化整改督促检查。有关地方将整改纳入政府督查督办事项，有关主管部门也加强了对相关领域问题整改的督促检查。按照国务院要求，审计署向被审计单位下达专门整改通知，将审计工作报告反映的问题逐条分解，逐项明确整改单位、整改要求和完成时限，并将检查审计发现问题的整改落实情况纳入后续审计内容，持续跟踪督促。

（三）着力强化整改追责问责。有关地方、部门和单位在整改工作推进中，建立健全通报批评和追责问责机制，并不断强化审计结果运用，将审计结果和整改情况作为对相关单位及领导干部考核、奖惩的重要依据。对审计移送的违纪违法问题，有关部门及时组织查处，依纪依法追究有关人员责任。

（四）着力健全整改长效机制。有关地方、部门和单位在及时纠正违纪违法违规问题的同时，注重举一反三，通过规范管理、堵塞漏洞、完善制度等方式，不断提高预算和管理水平，力求从根本上遏制同类问题再发生。同时，认真研究审计反映的典型性、普遍性、倾向性问题和提出的审计建议，积极创新体制机制，完善了有关制度和风险防范措施。

二、关于整改落实的具体情况

从整改结果看，审计工作报告反映的问题大部分得到了纠正，对有关责任人员依纪依法进行了处理处分；对体制机制性问题，进一步完善了相关制度规范；对一些情况相对复杂、整改难度较大的问题，也落实了整改责任和进度安排。截至2016年10月底，整改问题金额共计1605亿元，整改率为84.5%，处理处分3229人次；通过整改，促进增收节支和挽回损失等共计976亿元，制定完善制度2116项，有力地促进了国家重大政策措施贯彻落实，推动了依法行政和反腐倡廉建设，推进了深化改革和规范管理。

（一）聚焦规范财政管理，着力提升财政资金绩效。

1. 关于中央决算草案编报方面的问题。财政部研究改进了决算草案编制管理，一些问题在决算草案报请全国人大常委会审议前已整改完成。具体情况：一是对未报告预算级次变化情况、部分收入列报不够全面的问题，财政部已在决算草案中对主要科目的预算级次调整、按规定向部分企业退税等情况做了说明和披露。二是对据实结算处理不规范的问题，财政部将相关专项补助办法由“当年预拨，到期清算”改为事后“据实结算”，目前已完成部分资金的清算，有4项还在进一步清算，将于本年度完成。三是对未按要求报告财政资金绩效情况的问题，财政部在2016年度预算中加强了绩效管理，对部门项目支出和部分专项转移支付设定了绩效目标，明确了绩效要求。

2. 关于中央部门预算执行方面的问题。截至2016年10月底，有关部门整改违反财经制度规定问题金额共计76.4亿元，整改率为98.6%，制定完善财务预算、经费管理、内部监督等方面制度64项。具体情况：

一是关于违规套取和使用资金等问题。主要通过将资金上缴国库、归还原资金渠道、退还费用、调减预算、完善制度等方式进行整改，并调整了相关账目。对重复申报项目或多报人数等取得财政资金的问题，通过将资金上缴国库、归还原资金渠道、调减预算等方式整改6205.43万元，并全面清理和规范了部门预算项目。对财政资金未纳入部门预算管理的问题，通过收回借款、归还原资金渠道、上缴国库等方式整改2.43亿元，并规范了预算管理范围和项目资金来源渠道，调整了有关账目。对未及时办理竣工决算、政府采购不规范等问题，通过归还原资金渠道、加快竣工决算等方式整改59.47亿元，完善制度27项。对利用部门权力或影响力取得收入的问题，停止违规评比、违规考试活动，取消了违规收费项目，清退收费1034.04万元，完善制度9项。

二是关于“三公”经费和会议费等问题。主要采取归还车辆、停止违规活动、退还费用、完善手续等措施进行整改。因公出国（境）方面，退回多收取的团组费用35.06万元和由企事业单位承担的费用104.5万元，调整账目涉及30.61万元，完善制度5项。公务用车方面，长期无偿占用的其他单位车辆已全部归还，将超标准购置的车辆拍卖、清退或封存，并严格公务用车运行费用预算管理，避免超预算问题再发生。公务接待方面，退回超标准列支、转嫁其他单位的接待费63.66万元，完善制度4项。会议费方面，退回超预算、超标准及由其他单位承担的会议费65.24万元，完善制度15项，并严格会议计划和费用报销等管理。

3. 关于财政资金绩效方面的问题。主要涉及预算安排、预算执行、税款征收和国库支付等方面，有关部门单位通过整改，加快了预算执行进度，提高了预算管理和财政资金使用绩效。具体情况：

一是关于预算执行进度慢、项目推进慢、资金结转多的问题。财政部在2016年度预算执行中，严格按规定时限下达一般公共预算，提前下达了政府性基金预算转移支付指标，国有资本经营预算部分转移支付采取“预拨加清算”方式管理。目前，一般公共预算等三本预算的执行进度均有所加快。同时，财政部督促有关部门和地方加强预算执行的监督检查，通过调减预算额度、加快项目执行、强化绩效管理等，已将2015年底结转结余的26.95亿元全部安排使用。

二是关于关税和进出口环节税征缴入库不及时、应转为税款的保证金超期未转的问题。海关总署通过推动“财关库银”横向联网工程建设运行，进一步加强了海关、银行和国库间的信息沟通，据海关总署统计，2016 年 8 月银行滞压税款额较前 7 个月月均水平下降超过 80%。相关关区对企业保证金进行核实清理，按规定解除担保或将保证金及时转税入库，并优化了作业流程，加强了日常监控。

三是关于财政授权支付范围划分不够明细的问题。财政部统一了基本支出和项目支出、政府采购支出和非政府采购支出的支付方式划分标准，加强大额资金支出审核和授权支付动态监控，并比照商业银行市场化收费标准修订国库集中支付银行代理手续费计付标准；在 39 个部门推行“基层预算单位＋科目”的用款计划控制机制。

四是关于预算安排未充分考虑结转结余的问题。财政部印发《中央部门结转和结余资金管理办法》（财预〔2016〕18 号），改进了结转结余资金管理模式，并核减 3 个部门有关项目的年度预算，明确从 2016 年起不再代编文化体制改革等项目预算。

（二）聚焦体制机制问题，促进加快形成适应深化改革要求的制度体系。

1. 关于中央财政管理方面的问题。主要涉及预算安排统筹协调和转移支付制度改革情况，有关部门采取了以下整改措施：

一是关于预算安排与项目安排衔接不够、多本预算间支出划分不够清晰、交叉安排项目支出的问题。财政部积极推进中央本级项目库建设，督促主管部门及早确定项目名单，完善相关资金管理办法，加强项目预算绩效管理，对在规定期限未确定具体项目的资金予以收回，并明确将对年底仍未使用的资金予以收回；取消了一般公共预算中与其他预算安排交叉重复的电信普遍服务资金。发展改革委在中央经济工作会议确定年度投资规模后，加快中央预算内投资计划下达，加大相关方面资金的统筹力度，并强化了事中和事后监管。

二是关于预算安排与专项规划衔接不够的问题。财政部会同有关部门以高标准农田建设为平台，在湖南省开展涉农资金整合试点，将根据试点情况及时总结经验予以推广、完善政策，促进与相关规划做好衔接。环境保护部在编制“十三五”重点流域水污染防治规划中，将进一步突出规划的统揽和引领作用，协调做好预算安排与规划衔接。

三是关于预算安排与制度规定衔接不够的问题。发展改革委按照“一专项一办法”的要求加快制定专项管理办法，已出台 60 多项办法，督促有关地方严格管理、完善手续、加快实施，并从 2016 年起不再安排农户科学储粮专项。财政部完善了相关专项资金管理办法，并在 2016 年预算安排中严格执行。

四是关于转移支付制度方面的问题。对一般性转移支付具有指定用途、专项转移支付多头管理的问题，财政部在提高一般性转移支付资金比例的同时，不再强调专款专用，清理取消“政策产业技术研究与开发”等已到期、外部形势发生变化的专项转移支付，要求农业综合开发专项做到分配主体统一、分配办法一致、申报审批程序唯一。对专项转移支付管理薄弱的问题，财政部进一步优化支出结构、规范资金分配管理；发展改革委对确需安排资金但分布范围广、单项资金少的项目，以及涉及补助县级的项目，原则上均采取“切块”或“打捆”方式下达，交由地方具体安排，并会同相关部门加强事中事后监管。对用虚假资料、违规多头申报等获得中央投资补助的问题，发展改革委在清理收回 2340 万元上缴国库的同时，采取列入“黑名单”等方式，对相关项目单位和企业予以惩戒；对农林水事务补助资金被骗取、侵占或损失浪费的问题，通过追回或盘活相关资金、严肃追责问责、建立健全制度等方式进行了整改，涉及金额 13.11 亿元。其中，湖南省已对澧县骗取种植业保险保费补贴问题中的 8 名责任人给予撤职、降职等处分，对其他有关人员的调查处理正在进行中。

2. 关于政策措施落实方面的问题。审计工作报告重点反映了制度规则、重大项目审批管理、财政资金统筹整合、政府投资基金、科研投入管理等方面制约政策落实的制度机制情况，提出了加快推进改革、进一步优化资源配置、加强财政收支统筹协调等建议。有关部门主要采取以下措施进行整改：

一是转变管理方式。对一些领域的制度规则需要完善的问题，财政部在教育、农业、科技等重点事项预算支出实际安排中，对挂钩要求做了适当调整，防止资金运用低效、沉淀，正在组织研究修订与此相关的制度规定。对政府投资基金支持创新创业的作用未得到有效发挥的问题，财政部与发展改革委联合发文，要求基金管理机构定期清查，明确对至少30支基金进行清退处理，并研究制定绩效评价办法，通过对基金管理机构加强正向激励等，促进投资基金加快运用，截至10月底，中央和地方创业投资基金已向有关项目新增投放62.45亿元，结存的资金正按项目协议约定依进度投放。对落实转变财政管理方式、加强财政收支统筹协调的建议，财政部会同有关主管部门加大力度推进项目资金、重点科目资金及有关部门资金统筹使用，并通过民族贸易和民族特需商品生产企业贷款贴息、创业担保贷款财政贴息奖补等措施，支持发展实体经济。

二是深化简政放权。对重大项目审批管理改革中存在的问题，有关部门认真落实国务院要求，将高速公路审批前置要件减至7项，其中5项改为开工前并联审批，具备条件的推行报建手续“先建后验”，取消9项指定由地方实施的审批事项；清理规范中介服务81项，对确有必要保留的实行清单管理，并采取允许申请人自行编制或改由审批部门委托有关机构编制等方式，减轻申请人费用负担；建设在线审批平台，加快纵向贯通，推行网上并联审批，采取提前告知相关审批要求等方式提高办理效率。

三是修订完善制度。对科研投入管理机制与科技创新要求不适应的问题，有关部门贯彻落实中共中央办公厅、国务院办公厅印发《关于进一步完善中央财政科研项目资金管理等政策的若干意见》的要求，采取了简化相关预算编制、下放管理权限、加大激励力度、加强制度建设、形成协同监督检查机制等措施，以避免重复检查、多头检查和过度检查。对健全财政管理体系的审计建议，《国务院关于推进中央与地方财政事权和支出责任划分改革的指导意见》（国发〔2016〕49号）提出了改革的总体要求、划分原则、改革任务、保障措施以及改革时间表路线图等，选取国防、外交等基本公共服务领域率先启动改革。对加强财政收支统筹协调的审计建议，《国务院办公厅关于支持贫困县开展统筹整合使用财政涉农资金试点的意见》（国办发〔2016〕22号）提出，试点地区要以重点扶贫项目为平台，统筹整合各级财政安排用于农业生产发展和农村基础设施建设等方面资金，撬动金融资本和社会帮扶资金投入扶贫开发，提高资金使用的精准度和效益，形成“多个渠道引水、一个龙头放水”的扶贫投入新格局；财政部加快完善影响财政资金统筹整合的法律法规和相关制度，从严控制设立专项转移支付项目，并在门户网站增设“中央对地方转移支付管理平台”，集中公开专项转移支付的主要内容，提高预算分配透明度。

四是完善配套措施。对实体经济融资等问题和优化财政支出结构的审计建议，财政部、银监会等部门结合落实“三去一降一补”任务出台一系列配套政策措施。去产能、去库存、去杠杆方面，设立工业企业结构调整专项奖补资金，印发资金管理办法，出台支持钢铁煤炭企业重组破产、化解过剩产能的财税会计和金融支持政策，有序开展市场化债转股，对商品房库存较大地区提高棚改货币化安置比例。降成本方面，全面推开营改增试点，阶段性降低企业职工基本养老保险和失业保险费率、住房公积金缴存比例，扩大日用消费品降税范围，取消、停征和整合部分政府性基金项目，扩大政府性基金、行政事业性收费免征范围，建立了收费基金、进出口环节收费等目录清单。补短板方面，全面实施农业三项补贴改革，积极推广农业信贷担保体系建设，推进棉花目标价格改革，实施农业种植结构调整和休养生息改革、玉米生产者补贴制度和大豆目标价格改革试点。银监会牵头制订《进一步加强小微企业金融服务工作方案》，出台改进小微企业金融服务的20条具体措施，加强“三个不低于”目标完成情况的监测、通报和考核，并督促银行业采取续贷、循环贷款等方式支持实体经济发展，推动利用应收账款融资服务平台、银税互动工作机制等，提高小微企业融资便利度。

（三）聚焦民生资金及项目绩效，积极推进惠民政策落实。

对审计工作报告反映的扶贫、农林水、保障性安居工程、工伤保险、水污染防治等资金违规分配、使用和相关项目推进慢、绩效不高等问题，有关地方主要采取以下措施进行整改：

一是追回或盘活相关资金。通过上缴国库、归还原资金渠道、收回贷款或借款等方式，追回被套取、侵占或损失浪费等资金 12 亿元，其中扶贫资金 1.15 亿元、保障性安居工程资金 8.23 亿元、工伤保险基金 7529.95 万元、农林水资金 2.2 亿元，并腾退收回住房、调整取消保障资格 10.58 万户（套）；通过收回后重新安排、加快项目实施、完善手续、加快下拨、调整计划等方式盘活闲置资金 333.29 亿元，其中扶贫资金 7.88 亿元（占 93.5%）、保障性安居工程资金 325.41 亿元（占 68%）；通过退回多征收保险费等方式，整改工伤保险基金财务管理不规范问题 1.21 亿元（占 49.4%）。其余相关问题资金已做出清理、拨付或清收计划，正在抓紧实施。

二是推进加快政策落实和项目实施。对部分扶贫资金分配未充分考虑建档立卡贫困人口情况的问题，国务院扶贫办和财政部正在研究修订财政扶贫资金管理和分配办法，2016 年在分配扶贫资金中，已将签订责任书的扶贫人口脱贫任务数和计划搬迁建档立卡贫困人口数作为分配依据，云南省寻甸县已收回向非建档立卡贫困户发放的贴息贷款等 2724.48 万元。通过完善配套设施，促进保障性安居工程交付使用 17.35 万套（占 91%），并对存在未批先建、非法占地、未依法招投标等问题的 3653 个项目（占 85.2%），采取完善手续或终止合同等方式进行了整改。对未按规定为职工办理工伤保险的问题，已为 21 万名在职职工和 6.54 万名"老工伤"人员补充办理了参保手续。对保障性安居工程项目未按规定享受税费减免、优惠利率或被加收中间费用等，通过退还费用、补充安排资金等整改 261.72 亿元（占 93%）。

三是加大生态环境保护力度。对区域水环境压力大的问题，开展河湖专项治理等执法行动，规范中心城区岸线管理，搬迁沙石场、养殖船等污染源，依法实施涉水工程审查审批，推进加快污水处理厂和污水管网建设进度，提高城市污水收集率。对矿产资源开发及矿山环境恢复治理等方面问题，通过补办手续、注销采矿权、完善制度等方式整改 347 宗，处理 15 人。通过整改，盘活水污染防治资金 92.9 亿元（占 53.7%），追缴入库矿业权相关资金 10.68 亿元，归还原资金渠道 6.29 亿元。

四是严肃追责问责。各地针对民生资金及项目审计查出的违纪违法问题，组织深入核实，依纪依法处理。截至 2016 年 10 月底，有 1965 人次受到党纪政纪处分，其中保障性安居工程涉及 1591 人，扶贫资金涉及 153 人次，农林水资金涉及 211 人次。

（四）聚焦重点领域和关键环节，及时化解经济运行中的风险隐患。

审计工作报告重点反映了地方政府债务、商业银行不良贷款、国有资产管理等领域存在的问题，提出继续强化地方政府债务管理，强化金融监管协作，防范财政金融风险等审计建议。有关部门主要采取以下措施进行整改：

1. 加强财政领域相关风险防范。具体措施：一是加强监督检查和协调。对地方发债融资未有效使用问题，财政部要求有关地方与债权人提前协商，及时掌握债务到期和存量债务提前置换协议签订情况，合理安排发债计划，对债务资金使用和偿还情况及时报备；对违规或变相举债问题，财政部组织开展专项核查、整改，督促严格落实地方政府债务限额管理要求，并进一步明确了地方政府不得担保承诺的相关要求。二是强化重点地区风险防控。财政部等部门加强了风险评估和预警，督促重点地区多渠道筹集资金，加快推进融资平台公司市场化转型和规范化运营，促进化解和严控地方政府性债务风险。三是健全风险防范预案。《国务院办公厅关于印发地方政府性债务风险应急处置预案的通知》（国办函〔2016〕88 号）提出，明确地方政府的偿债责任，实现债权人、债务人依法分担债务风险，中央实行不救助原则，按照风险事件性质、影响范围和危害程度等将风险事件划分为四个等级，实行分级响应、分类处置，加强应急政策储备，推进风险防控科学化、精细化。

2. 加强金融领域相关风险防范。具体措施：一是拓宽不良资产处置渠道。银监会先后印发《关于规范金融资产管理公司不良资产收购业务的通知》（银监办发〔2016〕56 号）、《关于适度调整地方资产管理公司有关政策的函》（银监办便函〔2016〕1738 号），有序扩大化解不良资产批量转让受让的主体范围，强化金融资产管理公司的作用，适度引入地方资产管理公司参与不良资产处置；财政部印发《关于加快金融企业不良资产处置有关问题的通知》（财金〔2016〕88 号），完善金融企业不良资产批量转让支持政策。二是引导规范处置方式。银监会研究制订防范理财和信托业务跨市场、跨业态风险传播的应对预案，发布《关于规范银行业金融机构信贷资产收益权转让业务的通知》（银监办发〔2016〕82 号）。人民银行指导银行间市场交易商协会制定《不良贷款资产支持证券信息披露指引（试行）》，促进规范不良资产证券化信息披露。三是强化监管措施。银监会进一步规范了商业银行代理销售业务，明确了业务范围及与其他业务之间的风险隔离要求；制定《银行业金融机构创新业务后评估工作规程》，加强对潜在苗头性、趋势性风险的研判和应对，进一步明确对创新产品的监管标准；商业银行对符合条件的贷款进行重组和加固抵押、落实担保；相关金融机构采取冻结授信额度、诉讼清收、加强监控等措施整改违规经营问题 457.42 亿元，通过拍卖、封存、退赔等方式分类整改违反中央八项规定精神的问题，修订完善制度 190 项，处理 485 人次。

3. 加强国有资产领域相关风险防范。具体措施：一是《国务院办公厅关于建立国有企业违规经营投资责任追究制度的意见》（国办发〔2016〕63 号）明确了资产损失、经营投资责任的认定标准和责任追究范围、处理等规定，对国有企业内部建立相应的责任追究制度提出了要求。二是国资委、人民银行、外汇局等 8 个主管部门对境外国有资产管理中存在的问题，开展专项检查，采取针对性措施加强风险管控，并督促企业建立健全境外资产管理制度，完善工程建设、物资采购和投资等方面的规章制度。三是对企业经营成果不实和造成国有资产重大损失、违反中央八项规定精神和廉洁从业规定的问题，基本得到整改，追缴违法所得、违规发放的津补贴、公款消费支出以及挽回或避免损失共计 50.9 亿元，处理 763 人次。

三、关于部分问题未完成整改的原因及下一步工作安排

从有关地方、部门和单位反映的情况看，有些问题尚未得到全面纠正，未完成整改的原因比较复杂，归纳起来主要有以下几种情况：

（一）相关重大改革正在统筹推进，整改工作需随着改革逐步深化。具体情况：一是涉及中央与地方财政事权和支出责任划分改革。财政领域中央与地方事权和支出责任改革已经启动，对转移支付管理、专项资金整合、中央预算内投资管理等方面存在问题的整改工作正在逐步推进，需要进一步明确部门职能、中央和地方责任，进一步规范管理；对政府性基金预算和一般公共预算交叉安排支出、涉农工程补偿标准低、相关激励考核机制不完善的问题，也需要在事权和支出责任划分等改革过程中逐步加以解决。二是涉及机构调整和政府职能转变。如事业单位分类改革正在积极推进或试点，与之密切相关的经费保障制度正在研究制定中，杜绝变相违规收费等问题也有赖于分类改革深入推进。三是涉及债务监管体系建设方面。预算法明确对地方政府债务实行限额管理，且只能通过发行地方政府债券的方式举借债务，但在债务监管体系尚不够完善、处理处罚机制尚不够健全的情况下，从根本上遏制地方政府债务管理中发生的违规问题，需要不断健全债务监管体系，完善与预算法要求相配套的政策措施。

（二）相关问题产生的历史背景或外部条件比较复杂，整改工作需要持续推进。具体情况：一是有些问题涉及前期相关发展规划未及时调整，或目标实现条件已不完全具备，调整安排预算资金需要审慎区分情况，并遵循一定的规范程序，如年度有关预算安排与“十二五”有关专项规划衔接不够、以前年度存量资金清理不到位等问题。二是有些问题涉及不可控的外部条件，简单或机械纠正容易造成较大损失或其他不利影响，如有关境外项目投资方面问题的整改，需要与有关方面充分沟通、协调，达成共识后方可进一步实施。三是有些问题涉及难以追溯调整的事项，时过境迁后纠正具体事项已无实际意义，而建立完善相关制度和问责机制需要深入研究，如对预算分配与制度规定衔接不够、预算下达不及时、执行慢等问题，有关部门将在以后年度预算分配与执行中予以改进。

（三）相关问题全面整改面临一些特殊困难。具体情况：一是涉及历史遗留问题，整改难度大，如对未及时办理竣工决算、政府采购不规范等问题，由于有关单位债权或往来款形成较久，有的还涉及机构改革、经办人员屡经变更、相关资料缺失等，清理核实难度大，目前仍在梳理落实中。二是涉及特定阶段的特殊困难，如对部分矿业企业欠缴矿业权相关资金的问题，由于行业发展严重不景气，企业资金压力大，同时考虑落实去产能、去杠杆等重大任务要求，有的难以如期如数催收，只能要求企业明确缴款计划、承诺分期缴纳。

同时，对涉嫌违纪违法的事项，审计机关将查出的问题线索移送纪检监察部门或司法机关后，由于涉及履行有关法定程序，对责任单位、人员的处理处分，有关部门正在依纪依法调查处理。

对以上问题，有关地方、部门和单位对进一步整改做出了安排和承诺。下一步，将加强以下几方面工作：一是进一步加大整改推进力度。对尚未整改到位的问题，分类梳理、深入分析原因，制定切实有效的措施，确保整改落实。对历史遗留问题和特殊困难事项，加强与有关方面的沟通协调，积极稳妥推进。二是进一步加大改进管理、完善制度力度。对已经整改的问题，深入查找管理漏洞和制度根源，积极建章立制，巩固整改成果，推动整改的制度化、长效化。三是进一步加大改革创新力度。按照中央全面深化改革的相关部署和要求，积极推进相关重大改革举措落实，健全完善配套措施，切实建立健全适应新形势新要求的体制机制。审计署将按照国务院的要求，继续加强对整改的跟踪督促等工作，推动整改取得实效，切实提高预算管理和绩效水平。

适应新常态　践行新理念
更好地履行审计监督职责

——在全国审计机关深入学习贯彻党的十八届五中全会精神电视电话会议上的讲话

审计署党组书记、审计长　刘家义

（2016年1月28日）

同志们：

今年是“十三五”开局之年。如何做好新形势下的审计工作，不久前召开的全国审计工作会议已经做出全面的安排部署。能不能实现“十三五”审计工作目标，完成安排部署的各项工作任务，更好地发挥审计作用，关键在于能不能把中央的精神吃准吃透，把审计工作面临的形势任务搞清搞明，把中央的要求落实落靠。这次电视电话会议的主要任务，就是对进一步深入学习领会、贯彻落实五中全会精神、习近平总书记系列重要讲话精神、中央经济工作会议精神和李克强总理对审计工作的重要指示，提高认识、创新理念、转变思维、聚焦重点，进行再动员、再部署。重点讲三个方面的意见：

一、深入学习、深刻领会，更好地认识新形势新任务新要求

我们常说，明大势才能谋大事。我国经济经历了30多年的高速增长，特别是跨过新世纪的第一个10年后，经济发展的环境、特征、动力都发生了深刻变化。党的十八大召开后不久，中央做出我国经济发展处于增长速度换挡期、结构调整阵痛期、前期刺激政策消化期“三期叠加”的重要判断。2014 年 5 月，习近平总书记在河南考察时首次提出我国经济发展进入新常态的科学论断。随后，总书记在亚太经合组织（APEC）工商领导人峰会和中央经济工作会议上，对经济发展新常态作了进一步阐释。在 2015 年 10 月召开的党的十八届五中全会上，总书记论述了经济发展新常态的科学内涵，提出了五大发展新理念；在年底召开的中央经济工作会议上，又明确要加快供给侧结构性改革、落实五大重点任务。最近，习近平总书记在省部级主要领导干部专题研讨班上发表了重要讲话，就学习贯彻五中全会精神提出明确要求，并对经济发展新常态、五大发展新理念、供给侧结构性改革等重大问题做了系统、全面、深入的阐释。从“三期叠加”到新常态，到五大发展理念，再到供给侧结构性改革，构筑起一个紧密衔接、一脉相承的逻辑体系，是对我国当前所处历史方位的新认识，是对我国经济发展规律的新把握，是对我国经济发展路径的新探索。这个逻辑体系不仅体现了从理论到实践、从认知到行动的有机统一，更是马克思主义中国化的最新成果，是中国特色社会主义理论体系的最新发展，是 21 世纪中国版的马克思主义政治经济学。我们一定要深入学习领会，把学习贯彻五中全会和习近平总书记系列重要讲话精神与贯彻落实中央下发的《关于完善审计制度若干重大问题的框架意见》及相关配套文件结合起来，把落脚点放到充分发挥审计在党和国家监督体系中的重要作用上，做到认识到位、行动自觉、步调一致。

（一）认识新常态、适应新常态、引领新常态是当前和今后一个时期我国经济发展的大逻辑。经济发展新常态是基于我国发展阶段的科学判断，具有丰富而深刻的内涵，绝不是一句口号、一个标签。我们必须深刻认识经济发展新常态新在哪里、常在何处、有何特征，才能使我们的各项工作有的放矢、更有针对性，才能更好地发挥审计作用。

一是对新常态怎么看？这是一个基本问题，也是一个重大问题。通过对新常态的深刻认识，理性把握，辩证分析，准确判断，要看出自信心，充分看到我国经济发展长期向好的基本面没有变，经济韧性好、潜力足、回旋余地大的基本特征没有变，经济持续增长的良好支撑基础和条件没有变，经济结构调整优化的前进态势没有变，我国仍然处于大有可为的战略机遇期，我们对中国经济的未来要充满信心。要看出危机感，新常态下经济发展面临速度换挡、结构深度调整、新旧动能转换的若干节点，潜在增长率下降趋势短期难以避免，有些新矛盾新问题和潜在的风险会逐渐浮出水面，难免会有“短痛”和“阵痛”。要看出定力，这些重大的阶段性特征是波浪前进中的新曲面、螺旋上升中的新弯道，完全符合事物发展规律，我们要保持战略上的平常心，不能乱了阵脚。要避免认识误区，新常态不是一个偶然事件，而是一个客观状态，是我国经济发展向形态更高级、分工更优化、结构更合理的阶段演进的必经过程，不能简单地以“好”或“坏”来评价认识；新常态不是一个箩筐，不能把所有的问题都往里装，不能把所有负面的东西都归因于新常态；新常态更不是一个“避风港”，不能把它当作不作为、不想为、不能为的借口和挡箭牌。

二是新常态下干什么？对这个问题，一些同志可能感到很迷茫。那么，新常态下到底要干什么？就是要贯彻落实中央系列重大决策部署。具体地说，党的十八届三中全会提出了 336 项改革任务和举措，四中全会提出 180 多项，五中全会又提出了若干项。根据这些任务和措施，中央陆续出台了一系列改革性制度文件。这些都是审计机关和审计人员要学习的重要内容，是审计工作的根本遵循，也是审计监督要全力促进和保障落实的重点。我们必须准确把握这些新变化，加紧锻造新能力，尽快适应新常态，努力实现新作为。

三是新常态下怎么干？认识、适应、引领新常态，关键是解决“怎么干”的问题。经济发展进入新常态，党领导经济工作的观念、体制、方式方法也在与时俱进。中央经济工作会议提出的“十个更加注重”，可以说是引领新常态的方法论、实践论，包括：推动经济发展，要更加注重提高发展质量和效益；稳定经济增长，要更加注重供给侧结构性改革；实施宏观调控，要更加注重引导市场行为和社会心理预期；调整产业结构，要更加注重加减乘除并举；推进城镇化，要更加注重以人为核心；促进区域发展，要更加注重人口经济和资源环境空间均衡；保护生态环境，要更加注重促进形成绿色生产方式和消费方式；保障改善民生，要更加注重对特定人群特殊困难的精准帮扶；进行资源配置，要更加注重使市场在资源配置中起决定性作用；扩大对外开放，要更加注重推进高水平双向开放。落实到审计工作中，我们就要以“十个更加注重”为标尺。对不符合“十个更加注重”标尺的，要切实纠正；对符合这个标尺的，要大力促进。比如，对放水漫灌强刺激、盲目扩建新城区、行政过多干预资源配置等现象，我们要客观揭示和反映，坚决查处、推动问责；对适时变通、千方百计地促进科技创新、发展实体经济、推动精准扶贫脱贫、保护生态环境等行为，要积极鼓励和促进。

四是新常态下怎么办？能不能遵循大逻辑，能不能进入新状态，能不能有新作为，关键在于能不能迅速适应和转变思维方式，这对广大审计干部是一个重大考验和严峻挑战。目前，我们对传统的审计思路和模式都很熟悉了，使用起来也得心应手，但对于新常态下的新要求，有些审计人员可能会觉得比较陌生，老办法不能用，新办法不会用，不会为、不善为；有的面对新的形势迷惘、畏难，不愿为、不敢为；还有的在行动上自觉不自觉地与新常态的要求逆向而行、背道而驰，自己却还浑然不知。大家一定要认识到，审计是监督和检查别人的，如果审计人员的理念、思路和方法不对，不仅会把审计工作带进死胡同，更可怕的是可能影响审计对象去创新、去发展，不利于改革发展。我们一定要转变思维、改变观念、及时充电、补课补脑，切不可坐着等、站着看、总抱怨、慢吞吞、“庸懒散”。

（二）五大发展理念是适应经济发展新常态的重大理论和实践创新。在我们党的历史上，每一次思想的解放、每一次发展理念的创新，都推动了发展的新跨越、开拓了发展的新境界。五中全会提出的创新、协调、绿色、开放、共享的发展理念，凝聚着我们党对经济社会发展规律的深入思考，是面向未来的深远谋划。我们必须准确理解把握，切实树立和践行。

一是要全面完整地理解五大发展理念。五大发展理念是一个有机完整的体系，是新常态下解决我国调结构、转方式进程中的主要矛盾、根本问题和发展短板的本质要求，是实现“十三五”时期发展目标、全面建成小康社会的根本要求。五大发展理念系统回答了新常态下实现什么样的发展、怎样发展的重大命题，是破解当前和今后一个时期发展难题的总钥匙，一定要全面理解和把握，切不可割裂开来，偏废任何一方。

二是要深刻准确地把握五大发展理念的内在逻辑。五大发展理念是相互贯通、相互促进的具有内在联系的集合体。创新发展为首，着眼于解决发展动力问题，是牵动发展全局的“牛鼻子”；协调发展是制胜要诀，着眼于解决发展不平衡的问题，既是发展手段又是发展目标，还是评价发展的标准和尺度，是发展两点论和重点论的统一，是发展平衡和不平衡的统一，是发展短板和潜力的统一；绿色发展着眼于解决人与自然和谐问题，核心在于推动形成绿色发展方式和生活方式，协同实现人民富裕、国家强盛、中国美丽；开放发展着眼于解决发展的内外联动问题，是主动顺应经济全球化潮流、更好把握国内国际两个大局的必然要求；共享发展着眼于解决社会公平正义问题，是坚持以人为本、践行发展以人民为中心、走共同富裕道路的重要体现，也是社会主义的本质要求。

三是要深学笃用、贯彻落实五大发展理念。五大发展理念集中体现了今后五年乃至更长时期我国的发展思路、发展方向和发展的着力点，深刻揭示了实现更高质量、更有效率、更加公平、更可持续发展的必由之路。我们要以新理念把握引领新常态，真正做到崇尚创新、注重协调、倡导绿色、持续开放、推进共享。我们要善学善用、深学笃行，不仅要运用五大发展理念来指导审计事业发展，更要通过发挥审计的监督和保障作用，推动五大发展理念在经济社会发展各个领域落地生根，变成普遍实践。

（三）推进供给侧结构性改革是贯彻五大发展理念的着力点。当前，贯彻五大发展理念，就是要推进供给侧结构性改革。理解供给侧结构性改革，应把握好以下三点：

一是供给侧结构性改革的本质内涵是什么？具体到我们国家来看，供给侧结构性改革不仅是一个经济学术语，还是一个政治经济学术语，具有深刻的思想内涵。我们可以从“供给侧”＋

"结构性"＋"改革"这样一个公式来理解，其切入点和着力点是供给侧，其内容特征是结构性，其核心是改革。简而言之，供给侧结构性改革就是要从供给侧入手，用改革的办法矫正供需结构错配和要素配置扭曲，提高供给结构对需求变化的适应性和灵活性，使供给和需求在更高水平、更深层次实现新的平衡。其精髓在于用改革的办法推进结构调整，用创新的力量打造动力引擎，让各种生产要素的活力竞相迸发，提高全要素生产率，其基本逻辑就是要"创造新供给，培育新需求"。可以说，供给侧结构性改革既强调供给又关注需求，既突出发展社会生产力又注重完善生产关系，既注重发挥市场的决定性作用又要求更好发挥政府作用。

二是为什么要搞供给侧结构性改革？观察问题，要看全貌，更要看到矛盾的主要方面；要看到病症，更要找准病因病根。当前，我国经济发展面临的不仅有总量性、周期性问题，更有结构性、长期性矛盾，两者交织并存、相互掣肘，其中结构性矛盾更为突出，主要矛盾就是供给与需求不匹配、不协调、不平衡，且矛盾的主要方面不在需求侧，而在供给侧，矛盾的根源则在于体制和机制障碍。供给体系总体上呈现中低端产品过剩、高端产品供给不足的状况，或者说是在新的需求状态下的产品供给不足，同时不少消费品供给规模有余而品质不足。只有在适度扩大总需求和调整需求结构的同时，着力加强供给侧结构性改革，才能实现由低水平供需平衡向高水平供需平衡的跃升。可以说，推进供给侧结构性改革是抓住了问题的关键，扭住了发展的重点，拎起了"衣领子"、牵住了"牛鼻子"。

三是怎么推进供给侧结构性改革？供给侧结构性改革是个新课题，必须坚持系统思维，用好辩证法。简言之，就是要从供给侧和需求侧两端发力推进结构性改革，释放新需求，创造新供给，形成供给与需求良性互动、高效对接的增长动力机制。一方面要加快培育新动能，打造新引擎；另一方面，要用好市场倒逼机制，改造提升传统动能，加快经济发展新旧动能的转换。从根本上来说，就是向改革要动力，向结构调整要助力，向创新要潜力。推进供给侧结构性改革，还要配套实施好"五大政策支柱"，即宏观政策要稳、产业政策要准、微观政策要活、改革政策要实、社会政策要托底。宏观政策要稳，就是要为结构性改革营造稳定的宏观经济环境；产业政策要准，就是要准确定位结构性改革方向；微观政策要活，就是要完善市场环境、激发企业活力和消费者潜力；改革政策要实，就是要加大力度推动改革落地；社会政策要托底，就是要守住民生底线。这五大政策是整体融合、有机结合、相互配合的统一体，目的就是为供给侧结构性改革的顺利推进营造良好的环境和条件。

（四）五大任务是针对当前经济形势和发展需要的重要举措。中央经济工作会议提出，贯彻落实五大发展理念，推进供给侧结构性改革，就是要在适度扩大总需求的同时，抓好"去产能、去库存、去杠杆、降成本、补短板"五大重点任务，提高供给体系的质量和效率。

一是要深刻认识五大任务的重要性和艰巨性。五大任务是推进供给侧结构性改革的具体体现，就是要扩大有效供给、去除无效供给，消化无效产能、培育崭新动能，盘活过剩产能沉淀的劳动力、资本、土地等生产要素，淘汰"僵尸企业"，让生产要素从低效率领域转移配置到高效率领域，让经济发展获得新的动能。这五大任务可以说是五块"硬骨头"，但都必须啃下来，因为只有化解产能过剩，才能为优化供给结构腾挪空间；只有化解房地产库存，才能稳定房地产市场、形成良好预期；只有降低杠杆，才能防范金融风险，坚决守住不发生系统性和区域性风险的底线；只有降低企业成本，才能让企业轻装上阵、激发活力；只有补短板，才能做到让发展惠及全体人民，增强发展的协调性。

二是要充分看到五大任务的整体性和特殊性。五大任务是一个系统设计，要着力在"优化存量、引导增量、主动减量"上下功夫。从长期看，各项任务都有利于增强发展的动力和后劲；但从短期看，不同任务之间又具有"对冲"作用或掣肘，关键在于把握好"度"。因此，五大任务总体上应全面推进，但落实到一个地区一个部门，就要因地制宜，聚焦重点。这个思路也适用于审计工作，就全国而言，这五大任务都是我们审计中必须全面关注的，同时也要注意根据不同地区经济社会的实际情况、发展条件，不同部门的法定职责、事权和责任清单，把握好不同的重点，更好发挥审计实效。

三是要注重把握五大任务的针对性和操作性。抓好五大任务，要高度重视战略与战术、治标与治本的结合，战略上要坚持稳中求进、把握好节奏和力度，做好打持久战的准备，敢于经历痛苦的磨难，适当提高换挡降速容忍度，先筑底、后回升；战术上要抓住关键点，抓好五大任务的关键环节，精准发力，逐个突破，既要有绵绵用力、久久为功的韧劲，也要有立说立行、立竿见影的狠劲，确保有效供给能力不断提高，财政金融风险得到释放。

二、适应形势、突破框框，切实形成新理念新方式新机制

审计机关认识新常态、适应新常态、引领新常态，关键是要把五中全会和中央经济工作会议精神，特别是习近平总书记系列重要讲话精神、李克强总理对审计工作的重要指示学习好、理解好、贯彻好，真正落实到审计工作中，真正成为审计工作的标准和尺子。在去年底召开的全国审计工作会议上，我们提出，审计机关要适应新形势新任务新要求，牢固树立创新、协调、绿色、开放、共享的发展理念，加大改革创新力度，自觉服从经济社会发展大局，围绕党和国家工作中心开展工作。强调要切实把握好依法审计、鼓励创新、推动改革 3 大原则，明确了坚持 15 个“凡是”和完成好 8 项任务的要求。

总体上看，近年来特别是党的十八大以来，各级审计机关能够按照审计署的统一部署要求，积极适应经济社会发展变化需要，适时调整工作思路和审计重点，取得了积极成效。2013 年，在深入学习贯彻党的十八大精神基础上，我们提出审计工作要紧扣科学发展这一主题主线，围绕提高经济增长的质量和效益这个中心，全面履行审计监督职责，更加注重反映总体情况，揭示深层次问题，分析根本原因，从体制机制制度层面提出建议，为深化改革、制定政策、完善决策、强化管理、健全制度提供及时准确的信息和依据，着力推进改革、促进发展、维护民生、揭示风险、查处案件、强化问责，更好适应我国发展战略机遇期条件和内涵的根本变化，推动中央政策措施的贯彻落实和国家治理的完善，在更高层面发挥审计监督的作用，为经济持续健康发展和社会和谐稳定做出更大贡献。2014 年，深入学习贯彻党的十八大和十八届三中全会精神，我们提出审计工作要紧紧围绕反腐、改革、发展，以监督检查财政财务收支的真实合法效益为基础，着力反映公共资金使用、公共权力运行和公共部门履职尽责情况，促进理好财、用好权、尽好责；着力揭露重大违法违纪问题，促进党风廉政建设和反腐败斗争；深入揭示体制机制制度性问题，推动深化改革和制度创新；及时反映经济社会发展中的突出矛盾和风险，维护国家经济安全和服务可持续发展，充分发挥国家利益捍卫者、经济发展“安全员”、公共资金守护者、权力运行“紧箍咒”、反腐败“利剑”和深化改革“催化剂”的作用，为推动完善国家治理和实现可持续发展做出积极贡献。2015 年，深入学习贯彻党的十八大和十八届三中、四中全会精神，我们提出要从审计财政财务收支的真实性、合法性、效益性入手，紧紧围绕“反腐、改革、法治、发展”，突出审计重点，加大审计力度，提高审计实效，坚持一手抓重大违纪违法、重大损失浪费、重大风险隐患、重大履职尽责不到位等问题的查处，一手抓促进深化改革、推进法治、提高绩效，切实做到“六个贯穿始终”，即把维护人民群众根本利益贯穿始终，把推动依法治国贯穿始终，把促进深化改革贯穿始终，把推动政策落实贯穿始终，把维护国家经济安全贯穿始终，把推进反腐倡廉建设贯穿始终，用“反腐”“改革”的双引擎，驱动“发展”这艘巨轮在“法治”的航道上行稳致远。特别是自 2014 年 8 月以来，按照国务院部署要求，我们先后印发《关于切实发挥审计监督作用促进经济平稳健康运行的若干意见》《关于进一步加大审计力度促进稳增长等政策措施落实的意见》等 6 个文件，国务院办公厅专门下发稳增长促改革调结构惠民生防风险政策措施落实跟踪审计工作方案，审计署在中央预算执行审计和其他财政收支审计工作报告以及其他审计报告中，向国务院等有关方面提出促进经济平稳健康运行相关建议 20 多次。各级审计机关认真履行审计监督职责，在推动中央重大政策措施贯彻落实、推动财政资金统筹使用、加强对权力运行的制约监督、维护国家经济安全、推动保障和改善民生、推动资源环境保护、促进反腐倡廉和推进深化改革等方面发挥了积极作用。

但从近期各地、各单位上报的审计报告、审计信息材料以及调研了解的情况看，仍然有少数审计机关和部分审计人员陷在老套路、老框框中，工作思路陈旧、思维方式僵化、审计方法落后，能力不足、作风不实、效果不好等问题较为突出，与强化审计监督、推动改革发展的目标不相符。归纳起来，这些问题主要表现在：一是有的处理问题不科学，思维方式不适应。主要是有的审计人员没有做到历史地、辩证地、发展地看待和处理问题，看问题停留在表象，就事论事，或者延续惯性思维、死抠条文，没有深入分析条文符不符合改革的大趋势、是不是有利于创业创新。二是有的学习研究不到位，业务素质不适应。主要是有的审计人员对改革的新精神新进展不学习、不了解、不研究，有的对被审计单位的创新性做法认识不到位、不适应，有的不深入研究政策措施出台的背景和目的，审计反映问题、提出建议的角度与改革方向不完全相符。三是有的审计实施不深入，履职能力不适应。主要是有的审计人员不认真执行审计工作方案和指导意见，也不认真研究分析被审计地区、部门的实际情况和特点，审计切入点不准确，反映问题的角度不准确、力度和深度不够。四是有的举止言行不文明，工作作风不适应。主要是有的审计人员不注重与被审计单位和有关方面沟通协调，不注重多方面了解情况，不能依法依纪依规、依事依情依理地与被审计单位交换意见，还有个别人员口大气粗。习近平总书记多次强调，“权力是人民赋予的”。审计的权力也一样，是人民赋予的，党中央、国务院把职责授予我们，我们一定要心存敬畏，依法独立行使审计监督权力。要认识到，权威不是靠文件写出来的，也不是靠上级领导给我们树起来的，更不是靠要出来、横出来，靠口大气粗说出来的。权威来自于哪里？权威来自于我们个人的修身养性，是靠人格魅力建立起来的；权威来自于工作实践，是靠实干拼出来的。

理念决定思路，思路决定出路。上述这些问题，归根到底是审计理念不适应。在当前形势下，审计机关必须认识新常态、适应新常态，树立科学审计理念，转换思维方式，革新思想方法，因势而谋、因势而动、因势而进，才能更好地依法履行审计监督职责。

（一）坚持依法审计，做到应审尽审、凡审必严。依法审计是审计机关必须坚持的基本原则。依法审计，也就是我们反复强调的审计职责权限法定、审计程序法定、审计方式法定、审计标准法定、审计保障法定。我理解，依法审计包括三个层面。第一，审计监督权是法律规定的，审计对象和审计范围必须依法确定。第二，接受审计监督是法律要求的，属于审计监督范围的单位、项目和资金必须依法接受监督。第三，审计行为是受法律约束的，审计人员履行审计监督职责必须依法独立。依法审计又是一个动态过程，在保持本质和内核稳定的前提下，更要适应形势和实践的发展变化，做到依法审计与实事求是、客观公正的统一。当前，坚持依法审计，应当解决好以下几个问题：

一是解决好依什么法的问题。党的十八届四中全会决定指出，坚持党的领导，是社会主义法治的根本要求，是党和国家的根本所在、命脉所在，是全国各族人民的利益所在、幸福所在，是全面推进依法治国的题中应有之义。执行党的路线方针政策是坚持党的领导的根本要求。当前，在经济发展新常态和全面深化改革的大背景下，我国经济社会各领域正处于深度变革之中，实现党的政策和国家法律的互联互动，使党的主张成为国家意志，不断健全完善各项法律法规是深化改革的重要目标。相对于经济社会发展形势变化和党中央、国务院做出的重大决策部署，法律法规通常具有滞后性，其健全完善需要一个过程。目前有些法规特别是部门规章已经不适应经济社会发展需要，如与盘活存量、加强财政资金统筹的要求相比，有关预算收入专款专用、法定挂钩事项、专项转移支付等制度规定未及时调整，有些方面还存在简政放权给地方“松了绑”、专款专用对发展“留着绊”的矛盾现象；有些法规和部门规章本身就“埋着钉子”“留着尾巴”。因此，审计机关和审计人员一定要处理好严格依法与实事求是的关系，在遵循宪法和基本法律法规的基础上，要以是否符合中央决定精神和重大改革方向作为定性判断事物的标准。对于行政法规、部门规章、地方性法规，符合十八届三中、四中、五中全会精神，符合习近平总书记系列重要讲话精神的，我们要坚决依照执行。反之，不仅不能生搬硬套，而且要提出意见建议，促进及时修改完善，切不能拿着一些不符合改革发展要求的法规制度去条条对比、斤斤计较，更不能片面地以一些不合时宜的规章为审计的依据。

二是解决好怎么依法的问题。坚持问题导向是审计的基本要求。我们坚持“两手抓、两手硬”，发现问题、揭示问题是基础。审计中，要围绕权力运行和责任落实两个重点，严肃查处重大损害国家和人民利益、重大违纪违法、重大履职不到位、重大损失浪费、重大环境污染和资源毁损、重大风险隐患等问题。对重大违纪违法问题，要重点查处以权谋私、贪污腐败、行贿受贿、化公为私，为特定关系人输送利益，骗取国家财政资金等问题；对重大履职不到位问题，要重点查处对党中央、国务院重大政策措施落实不力，上有政策、下有对策，有令不行、有禁不止，阳奉阴违等问题，特别是对一些领导干部违反中央八项规定精神和国务院“约法三章”，违反廉洁从政、廉洁从业规定，徇私舞弊、中饱私囊、失职渎职等，要始终坚持“零容忍”，坚决查处。

具体到审计项目来看，也要坚持依法审计、突出重点。如，在财政审计中，要重点揭示政府债务方面存在的重大风险隐患，以及可能导致的区域性财政、金融风险；重点查处骗取、套取、贪污、侵占国家财政资金，权钱交易，为特定关系人谋利，其中在查处骗取、套取国家财政资金的问题时，既要把着力点放在骗取、套取的单位或个人上，更要放在揭示管理部门、公职人员不作为、严重失职渎职甚至内外勾结、相互串通上；还要重点查处违反中央八项规定精神、违规列支“三公”经费和会议费，以及不作为、慢作为、乱作为造成财政资金长期闲置以及重大损失浪费、低效无效、侵害人民利益等问题，对任何地方或单位以“打酱油的钱不能买醋”等为借口拒不整合财政资金的，也要坚决查处、坚决曝光，坚决推进改革、整合，发挥财政资金的使用效益。在金融审计中，要重点查处非法集资、地下钱庄，内外勾结骗取银行贷款、转移信贷资金，以及借创新产品、创新工具之名进行非法活动，包括操纵市场、欺诈上市、内幕交易等违法犯罪行为；要关注金融资产质量，维护金融市场安全，包括信贷外汇、票据证券、互联网金融等。在企业审计中，要重点查处国有企业资产负债损益不真实问题；重点查处执行“三重一大”制度中的重大违纪违法问题，包括境内外重大投资决策、重大股权交易、重大资本运营等存在的问题；重点揭示企业运营中的风险隐患，以及企业领导人员廉洁从业方面存在的问题。在资源环境审计中，要重点查处土地、矿产资源等国有资源出让、使用过程中，管理部门、公职人员滥用职权、权力寻租、搞权钱交易，以及倒买倒卖、为不法分子大开绿灯，谋取非法利益等问题；重点查处矿产资源等国有资源开发利用过程中的重大安全隐患、破坏生态环境、造成环境污染等危及人民利益问题；重点查处在资源环境整治等项目中，骗取国家财政补贴等各种专项资金、克扣征地拆迁补偿资金问题。

三是解决好怎么用法的问题。对审计而言，发现问题只是第一步，还要查源头、查原因、查责任、查后果，对发现的问题进行由表及里、由点到面的综合分析，审慎做出结论和处理。要注意处理好几个关系：首先，要处理好故意与过失的关系。对审计发现的问题，要在落实责任主体的基础上，认真分析是主观故意，还是工作上的过失。对主观故意引致的，要毫不姑息、坚决查处；对工作过失造成的，应当具体问题具体分析，谨慎处理；如果是上级规定不明确或制度过时、不符合实际，被审计单位不得已采取变通举措产生的问题，应当针对这些制度规定重点揭示和反映。其次，要处理好不会与不为的关系。比如，对贯彻落实中央重大政策措施中的不作为、慢作为问题，要分析是被审计单位和人员主观上消极松懈、不愿作为，还是认识和适应新常态有个过程、不会作为，或者是受到不符合改革发展要求的旧的法规制度等客观因素的限制、阻碍而不能作为，不能一概而论，把不作为的帽子一扣了之。第三，要处理好个人与集体的关系。比如，对审计发现的重大违纪违法问题线索应当查深查透，同时要分析判断是个人问题还是集体违纪违法违规，不能因为一些个人的违纪违法问题就对被审计单位全盘否定，也不能因为查处违纪违法问题而影响单位正常运转、企业正常生产经营等，要用法律的手段为经济社会健康发展提供有力保障。

（二）坚持鼓励创新，促进培育发展新动力。习近平总书记指出，抓住了创新，就抓住了牵动经济社会发展全局的“牛鼻子”；抓创新就是抓发展，谋创新就是谋未来。我们讲审计坚持鼓励创新，一方面是审计自身在思想观念、技术方法、组织方式等方面不断开拓创新；另一方面是审计要解放思想、与时俱进，大力支持、促进和推动改革发展中的积极探索与创新举措。

一是要有保护新生事物的强烈意识。新生事物的出现，必然是对习惯做法、传统模式、现有制度的突破、超越甚至是颠覆。面对新生事物，一般有两种态度，一种是一句“不合规矩”，便不问青红皂白、一棍子打死；一种是细心观察、谨慎研判，对符合改革总体方向的，小心呵护其成长壮大。我们应当如何选择？答案是显而易见的。当前，经济社会发展进程中新生事物层出不穷。对待新生事物，审计人员切不可固守老思路、老办法，不能简单套用原有的制度规定来衡量判断。

二是要有认识发现创新的战略眼光。我们讲，对发展中的积极探索和创新举措，凡是有利于调结构、补短板、化解产能过剩的，凡是有利于降低企业成本、提质增效的，凡是有利于化解房地产库存的，凡是有利于扩大有效供给的，凡是有利于防范化解金融风险的，要坚决促进总结完善，大力推进形成新的制度规范。这几句话应该说得很明白，但实际执行中需要审计人员多方考量。这是因为，新举措、新办法有很多还处于实施或试行中，结果和效果尚未完全显现，怎么才知道是否有利于这个、有利于那个呢？这就需要我们加强学习研究，提高分析研判的能力。一方面，要加强对政治、经济、科技、文化等领域最新知识的学习，加快知识更新储备，提升专业素养；另一方面，更重要的是要深入学习贯彻习近平总书记系列重要讲话精神，深入学习研究中央重大政策措施的内容、背景和目的，深刻领会和把握改革方向，了解相关改革的最新进展等。只有这样，才能真正辨别和支持那些符合改革方向的创新举措。比如讲到的 PPP 模式，如果审计人员对 PPP 是什么、为什么、怎么搞都不了解，是不可能客观公正地做出判断的。

三是要有包容创新试错的良好心态。习近平总书记讲到，在经济高速增长时期，大家习惯于一种干法，很适应，很顺手；进入新常态了，一些同志不知道怎么干为好了，就像改革开放初期，大家习惯于旧的计划经济套路，对农村联产承包责任制、乡镇企业异军突起、扩大对外开放等一度也无所适从，经过一段时间探索实践，我们的同志就适应了。同样，创新也有一个探索尝试、厚积薄发的过程，可能会产生一些不可预知的风险乃至失败。中央指出，要激发基层首创精神，鼓励和允许地方对中央改革方案进行差别化探索，鼓励干事，宽容失误。我们要按中央要求，把先行先试与明知故犯的违纪违法行为区分开来，把探索性试验中的失误同我行我素的违纪违法行为区分开来，把推动发展的无意过失同谋取私利的违纪违法行为区分开来。对审计中发现的一些创新事项，尽管成效预期还不是很明朗，甚至出现一些暂时性的失误或失败，只要不违背改革的大原则、大方向，就要推动改进完善，推动形成容错机制，千万不能轻率下结论、打板子。

（三）坚持推动改革，促进体制机制制度完善。在经济发展新常态下，我们要更加深刻地理解改革、把握改革，更加主动地适应改革、服务改革。

一是要正确理解和把握深化改革的基本特征。30 多年来，我国改革开放由浅入深、由易到难、逐步深化，破解了许多影响和制约发展的重大难题，但仍有一系列深层次矛盾和问题尚未得到根本解决。而且，随着国际国内形势深刻变化，我国发展又面临一系列新问题和新挑战。老问题新问题相互交织，国内国际因素相互影响，利益格局深刻调整，权利诉求纷繁复杂，迫切需要攻克体制机制上的顽瘴痼疾，突破利益固化的藩篱，系统性、整体性、协同性是新一轮改革的主要特征。面对这样一场深刻庞大、艰巨繁重的改革，中央提出了一系列新思想、新论断、新举措，明确了全面深化改革的指导思想、目标任务、重大原则，合理布局了深化改革的战略重点、优先顺序、主攻方向、工作机制、推进方式和时间表、路线图。我们要及时更新理念、调整思路、摆脱思维定式，学习好当代中国马克思主义政治经济学，以五大发展理念为引领，着力推进改革不断深化。

二是要围绕制度创新聚焦发力。当前，很多问题归根到底是体制机制制度跟不上形势发展变化需要造成的，创新完善体制机制制度是新一轮深化改革的焦点所在。审计机关要把促进制度创新作为各项审计的重要内容和目标，狠下功夫，及时揭示和反映不合时宜、制约发展、阻碍改革的制度规定，凡是制约和阻碍中央重大政策措施贯彻落实的，凡是制约和阻碍结构性改革推进的，凡是制约和阻碍创新创业、激发活力的，凡是制约和阻碍简政放权、政府职能转变的，凡是制约和阻碍转型升级、提高绩效的，要坚决推动改进和完善。比如，审计中发现，中央财政对地方的专项转移支付实际包括300多个明细项目，适用300多项管理办法，其中超过一半管理办法中明确要求必须专款专用，同一类专项划分出的明细项目间资金也不得进行调剂，由此造成专项资金大量结余结转、长期闲置，不能统筹安排。对此，我们不仅提出了改革专项管理办法的总体建议，还以上述5个凡是为标尺，对每项管理办法进行深入分析，提出了立改废的建议，产生了积极效果。

三是要促进增强改革的系统性、整体性和协同性。要充分利用审计工作涉及面广、专业性强的优势，依托审计项目开展研究型审计。要以中央重大政策措施落实跟踪审计为主线，密切关注改革推进的力度和效果，加强对审计成果的综合利用和分析，重点关注各领域改革措施不配套、不衔接甚至相互矛盾、抵消等问题，及时揭示制约发展、阻碍改革的环节和方面，深入分析影响改革推进的根本性和深层次原因，积极提出对策建议，推动各项改革相互促进、整体推进、形成合力。比如，审计中发现，部分商事登记调整为后置审批所涉及的多部法律尚未修订，实行“先照后证”“注册资本实缴改认缴”“年检改年报”后，仍有数十部规章制度要求办理行业准入时提交验资、年检证明文件等。针对审计指出的问题，国务院明确2015年底前在全国全面推行“一照一码”登记模式，工商总局在完成涉及本部门法规规章修订的同时，进一步梳理出160多个需要其他部门修订或废止的规章和规范性文件，目前已完成修订80多个。

三、完善机制、提高效率，更好地履行审计职责

适应新常态，践行新理念，必须进一步完善审计工作机制，加大审计力度，提高工作效率，确保各项工作顺利推进。在全国审计工作会议上，我们提出要强化队伍建设、制度建设、监督制约、统筹管理等几个方面。这里，再重点强调以下四点：

（一）加强学习领会，吃透中央精神。当前和今后一个时期，深入学习贯彻五中全会和习近平总书记系列重要讲话精神，是审计机关的首要政治任务。各级审计机关要高度重视，主要负责同志要率先垂范，先学一步，带动审计人员深入学、反复学。要认真组织开展“学党章党规、学系列讲话，做合格党员”学习教育，坚持学深学透、融会贯通、学以致用，切实领会中央重大决策部署的战略意图和精神实质，更加有针对性地谋划和改进审计工作。

（二）突出审计重点，务求工作实效。要围绕去产能、去库存，促进传统产业升级改造；围绕改善民生和补短板，促进精准扶贫、精准脱贫等惠民富民政策落实；围绕降低企业成本，促进实体经济发展；围绕去杠杆和保安全，促进防范系统性和区域性风险。要继续加大对不作为、慢作为、假作为问题的揭示和反映力度，促进政令畅通，维护中央权威。要继续推动各级财政存量资金的盘活利用和合理配置，消除阻碍财政资金统筹使用的制度障碍，促进资金整合和有效使用。要继续加大对重大违纪违法问题的揭露和查处力度，促进反腐倡廉和惩治腐败。

（三）依法文明审计，维护审计形象。要把依法文明作为一项重要事项来抓、来整顿，始终谦虚谨慎、依法审慎、文明规范。在执行审计任务时，一言一行都要依法、文明，以理服人，千万不能以监督者自居、听不进不同意见；要讲究方法、讲究技巧，以相互平等的姿态、相互尊重的态度，多沟通、多商量，千万不能说话蛮横、瞧不起人；要加强自身道德修养，拿出点儒雅、亮出点风度、腾出点肚量、带出点气场，让审计结论更公允，让审计人员更有公信力。

（四）坚持从严从实，更加认真用心。毛主席讲，世界上怕就怕认真二字，共产党就最讲认真。习近平总书记多次讲，要踏石留印、抓铁有痕，要盯着办、马上办，这就是认真。我们讲坚定理想信念，应当从做事认真用心开始，做什么事只要认真用心了，就一定能做成、做好。我最近看了一些审计简报、审计报告和一些单位报的文稿，质量不是很高，有的甚至还有错字别字，这反映出的就是作风问题，反映出有些同志还存在应付了事、得过且过、敷衍塞责的情形。我已经向各位署领导、各位司局长提出了要求，以后报上来的任何文稿，达不到质量要求，第一次退回，第二次黄牌警告，第三次全署通报。各地上报的报告、信息等材料也要按这个要求执行。希望我们每一个环节都认真负起责任来。

同志们，我国正处在改革创新的伟大时代，我们必须深入学习领会中央精神，适应新常态、践行新理念，在以习近平同志为总书记的党中央领导下，更加有效地发挥审计在党和国家监督体系中的重要作用，推动审计事业在新时期取得新的更大发展！

充分发挥国家审计在促进经济和社会发展中的作用

——在金砖国家最高审计机关领导人第一次会议上的讲话

审计署党组书记、审计长　刘家义

（2016年6月24日）

尊敬的各位来宾，女士们，先生们：

大家好！今天，我们相聚在美丽的北京，举行金砖国家最高审计机关领导人第一次会议。首先，我代表中国审计署对会议的召开表示热烈祝贺，对各位同仁、各位朋友的到来表示热烈的欢迎和诚挚的问候！

作为世界新兴经济体组成的国际政治实体，自2009年建立合作机制以来，金砖国家在许多重大国际和地区问题上共同发声、贡献力量，为推动世界经济增长、完善全球经济治理、推动国际关系民主化发挥了重要作用。2015年7月9日，金砖国家元首在俄罗斯乌法成功举行了第7次会晤，并颁布了涵盖政治、经济和金融等多领域合作的《乌法宣言》。当前，金砖国家正积极落实会晤成果，按照确定的议程开展各个领域合作。作为国家治理体系的重要组成部分，各国最高审计机关的交流合作是加强金砖国家间合作的重要方面，也是促进金砖国家实现良治的重要保障。

物类之起，必有所始。今天，是金砖国家最高审计机关值得铭记的日子。我们将围绕“审计如何促进经济和社会发展”这个主题，深入研讨、相互交流，增进了解、共谋发展。我想，在当前国际经济形势下，畅谈这一主题更具现实意义。一方面，五国经济发展保持良好势头。据统计，2015年金砖五国的GDP总量达17.52万亿美元，占全球的21%，GDP增量已占世界经济的30%。另据世界银行测算，2015年金砖五国购买力平价的GDP总和已经与七国集团（G7）的GDP规模等量齐观。另一方面，制约全球经济复苏的消极因素远未消除，世界经济仍处于国际金融危机后的深度调整期，不稳定不确定因素增多，金砖国家发展面对消除贫困、保护环境、增进人民福祉等诸多挑战。这种背景下，我们彼此学习和借鉴国家审计促进经济发展、改善民生、反腐倡廉、完善国家治理等方面的做法和经验，更加有效发挥国家审计在国家治理中的基石和重要保障作用，促进国家良治，推动经济社会可持续发展，就显得尤为迫切和重要。

女士们，先生们：

国家审计促进经济和社会发展的职责和使命，是由其本质所决定的。国家审计是适应国家治理的客观需要产生和发展的，是国家治理大系统中一个内生的具有预防、揭示和抵御功能的“免疫系统”，是国家治理的基石和重要保障。在推进国家良治的进程中，国家审计通过对治理过程的良好监控、对治理绩效的实时跟踪、对治理问题的及时揭示，促进治理制度机制的改革和治理现代化，进而促进经济和社会健康发展。世界审计组织《北京宣言》明确将促进良好的国家治理作为最高审计机关的共同目标。

国家审计是推进国家治理现代化的基石。首先，国家审计作为以权力监督制约权力的一项制度安排，地位独立、职责法定，能够不受利益羁绊，对公共资金、国有资产、国有资源分配、使用和管理进行审计监督，当好国家利益的捍卫者和公共资金的守护者。其次，国家审计作为一种专职和专门监督，客观公正、专业权威，能够从宏观全局、前瞻视角，对被审计事项的资金流、业务流、物资流、信息流进行审计监督，反映真实情况、揭示风险隐患、查找突出问题、对症下药地提出建议，为国家治理现代化提供重要决策信息和依据。第三，国家审计结果为社会公众提供了对公共部门进行监督问责的基础，并通过审计公开促进公共部门的决策、预算、绩效等治理信息公开，有力地推动公共部门诚信、透明、负责、高效地运行。

国家审计是国家治理现代化的重要保障。健康有效的国家治理体系必须要形成和维护良好的治理秩序、有效抵御治理中的各种风险、实现良好的治理绩效，审计在这三个方面都有明显作用。第一，国家审计通过监督和制约行政权力运行状况、市场经济规则执行状况，查错纠弊，促进依法行政、依法管理国家事务，保障国家治理秩序。第二，国家审计以其独有的地位优势、组织制度优势、技术方法优势，通过跟踪审计，把风险防控的关口前移，能够及时发现问题，揭示潜在风险，防控国家治理风险。第三，国家审计通过对政府预算、行政部门运行绩效等的监督，促进提高财政资金绩效和行政运行效率，保障提升国家治理效能。

女士们、先生们：

发展是人类社会的永恒主题。当前，中国经济发展进入新常态，中国政府提出树立创新、协调、绿色、开放、共享的发展理念，协调推进全面建成小康社会、全面深化改革、全面依法治国、全面从严治党的战略布局，以提高发展质量和效益为中心，以供给侧结构性改革为主线，加快形成引领经济发展新常态的体制机制和发展方式，推动经济社会可持续发展。围绕如何更好发挥国家审计在促进经济社会发展中的作用，中国审计署也做出了许多积极探索和有益尝试，不断完善审计制度，保障依法独立行使审计监督权，大力推进对公共资金、国有资产、国有资源和党政领导干部履行经济责任情况审计全覆盖。在此，我愿同各位分享几点经验和体会。

一是开展政策落实跟踪审计，促进政令畅通。近年来，中国政府围绕稳增长调结构促改革惠民生防风险出台了一系列重大政策措施。中国审计署持续跟踪审计这些政策的贯彻落实情况，聚焦政策、资金、项目、风险四个重点，紧盯简政放权和各项产业政策的落实情况，紧盯公共财政资金运转全过程，紧盯农业、水利、铁路、节能环保、城市基础设施、社会事业等领域重大建设项目的审批、立项、开工、资金到位等情况，及时查处有令不行、有禁不止等行为，促进政策及时落地和发挥实效。

二是开展资源环保审计，促进绿色发展。近年来，中国审计署抓住“资源开发、污染防治、生态修复、责任落实”等重点环节，不断加强对土地资源、矿产资源、水污染防治、节能减排等方面审计监督，在防止资源破坏和环境污染、促进资源节约集约利用和可持续发展等方面发挥了积极作用。我们还积极关注领导干部自然资源管理和环境保护责任履行情况，开展了领导干部自然资源资产离任审计试点。

三是开展民生专项审计，促进共享发展。近年来，中国审计署加大对扶贫、“三农”、教育、医疗、社保、就业等公共资金和民生项目的审计力度，重点监督检查政策执行、资金使用、项目实施等情况，坚持从政策制度、资金分配、项目建设一直追踪到公民个人是否真正得到实惠，切实维护人民利益、增进人民福祉，有力促进了共享发展。

四是开展经济责任审计，促进依法治国。对党政领导干部和国有企业领导人员履行经济责任情况进行审计是中国特有的审计类型。近年来，中国审计署围绕加强对权力运行的制约和监督，加大了经济责任审计力度，推动建立完善制度，有力促进了领导干部守法守纪守规尽责。2015年，全国共审计领导干部2万多人。通过审计，查出领导干部负有直接责任的问题金额2500多亿元，101名被审计领导干部和220名其他人员被移送司法、纪检监察机关处理。

五是反映经济运行中的薄弱环节和风险隐患，维护国家安全。近年来，中国审计署一直将维护国家安全作为一项重要任务，各项审计都高度关注相关领域的薄弱环节及风险发生演化趋势，重点关注了财政金融运行、金融机构内部治理和监管、国有资产安全、能源和环境保护等领域，先后开展了全国政府债务审计、社会保障基金审计、土地出让收支和耕地保护情况审计等大型审计项目，及时提出防范和化解风险的建议。

六是严肃揭露和查处重大违纪违法问题，推动反腐倡廉建设。在审计中，中国审计署坚持问题导向，注重揭露和查处重大违纪违法问题，打击腐败。同时，选派审计人员参与巡视、专案及专项调查工作，协助查处了一批重特大腐败案件。

七是大力推动体制机制创新，促进深化改革。在各项审计中，中国审计署始终关注制约经济社会发展的体制机制性问题，根据国家出台的重大政策措施，跟踪检查有关部门规章和地方性法规的修订完善情况，促进及时建立健全与新政策新要求相适应的新办法、新规则；对不合时宜、制约发展的法律和行政法规，推动及时清理完善；对政策措施不衔接、不配套等问题，及时反映、提出建议，促进增强改革的系统性和协调性。

女士们，先生们：

互利、合作、共赢是时代的主旋律。随着全球化不断深入，世界各国经济越来越成为命运共同体，一国经济发展越来越受到其他国家的影响，任何一个国家都很难独善其身。2015年中国经济实现6.9%的增长，但进出口同比下降，一个很大的原因是国际市场需求萎缩。当前，金砖国家面临增长减速、货币贬值、大宗商品价格下降、潜在金融风险加大等问题，亟须各国优化国家治理，共同面对处置，实现经济社会健康发展。同时，我们还要看到金砖国家加强合作释放的巨大潜力。五国的国土总面积占世界的29.6%，总人口占世界的42.6%，过去10年对全球经济增长的贡献率超过50%。这意味着五国间自然资源、人力资源和国内市场等领域的合作能够形成强大的发展动能。金砖国家合作对各国最高审计机关加强交流合作提出了更高要求，需要我们在促进国家良治方面更好地发挥作用。本次会议将根据大家讨论情况，形成几点共识，对外发布。在此，我提出以下倡议：

一是聚焦促进国家良治。金砖国家最高审计机关应高度关注国家可持续发展战略和政策措施执行情况及其效果，推动各项政策措施贯彻落实到位；高度关注公共资金资源的配置和使用效果，促进提高公共部门运行绩效；高度关注公共权力配置和运行，防止权力滥用，促进惩治和预防腐败；高度关注经济社会运行中的薄弱环节和风险，维护国家安全；高度关注民生保障和改善情况，维护人民利益。

二是创新审计方式方法。金砖国家最高审计机关应适应国家治理发展变化需要，加强顶层设计和战略规划，以审计方式方法创新，提升审计效能，更好发挥审计作用。在这个方面，中国审计署的规划是：在审计组织模式上，努力实现由单点离散审计向多点联动审计转变、由单纯的局部审计向全覆盖审计转变、由单纯的静态审计向静态与动态审计相结合转变、由单纯的事后审计向事后与事中审计相结合转变、由现场审计向现场与非现场审计相结合转变、由单纯的微观审计向微观与宏观审计相结合转变；在审计技术方法上，加强大数据技术运用，积极应用“云计算”、数据挖掘、智能分析等新兴技术，提高审计效率和质量。希望能与其他国家最高审计机关加强交流学习，共同发展进步。

三是加强审计能力建设。中国有句俗语，打铁先要自身硬。审计机关监督别人，不仅要提升自身业务能力，还要用更高的标准来约束自己，成为典范机构。金砖国家最高审计机关应适应不同国家政治体制和治理环境，不断完善审计管理体制和工作机制，维护审计机关的独立、客观、公正的形象和信誉，确保审计工作和审计结果的独立、高效和可信；持续加强审计专业能力建设，始终保持审计工作的活力，激发审计工作的创造力，确保审计工作质优精良；坚持阳光法则，加大审计工作的公开透明度，树立公共部门透明运作的典范；强化对审计机关和人员的外部监督与问责，接受独立的外部检查；强化高标准的审计职业道德建设，努力树立公共部门遵守道德的标杆。

四是建立务实高效的合作交流机制。金砖国家最高审计机关面临的国情社情尽管不同，但在促进国家良治的目标上是高度一致的。中国古语说，求木之长者，必固其根本，欲流之远者，必浚其泉源。在金砖国家框架下，不断深化最高审计机关的国际交流合作，当务之急就是建立和完善金砖国家最高审计机关的定期交流和合作机制，共同分享知识经验，这是最高审计机关实现共赢发展的根本和源泉。

各位同仁、各位朋友：

志合者亲，心齐者强。我们之所以共称为“金砖国家”，是因为在经济社会发展方面具有许多相似之处，都拥有丰富的自然和人力资源、广阔的国内市场、相同的发展阶段和巨大的发展潜力，这些要素既是推动各国持续发展的动能之源，也是国家审计促进经济社会可持续发展的着力点。五指握拳聚合力，五声协律奏华音。让我们五国最高审计机关在金砖国家合作框架下一起互通有无、携手共进，更好地发挥审计作用，努力促进经济和社会健康持续发展。

谢谢大家！

铭记历史　开创未来

——在审计署纪念中国共产党成立95周年大会上的讲话

审计署党组书记、审计长　刘家义

（2016年7月1日）

同志们：

今天，我们在这里隆重集会，庆祝中国共产党成立95周年。今天上午，党中央召开庆祝中国共产党成立95周年大会，习近平总书记发表了非常重要的讲话，全面回顾了我们党95年来团结带领中国人民不懈奋斗，所走过的波澜壮阔的历史进程和做出的伟大历史贡献；深刻阐述了面向未来、面对挑战必须牢牢把握的八方面要求，对全党在新的历史起点上统筹推进“五位一体”总体布局、协调推进“四个全面”战略布局，做好党和国家各项工作，具有十分重要的指导意义。总书记的讲话是我们党历史上一个十分重要的纲领性文件，我们要深入学习、认真领会，不忘初心、继续前进，始终坚定共产党人应有的理想信念，坚定不移走中国特色社会主义道路，坚持党的基本路线，把对党的赤诚和忠贞融入审计工作中去。

我们这次大会，就是学习贯彻落实习近平总书记的重要讲话精神，回顾我们党成立以来的光辉历程和丰功伟绩，总结审计事业在党的领导下取得的巨大成就和宝贵经验，表彰近年来我署各单位涌现出的先进基层党组织和优秀共产党员、优秀党务工作者，激励全署各基层党组织、全体共产党员坚定信念、实践宗旨、求真务实、奋发有为，认真落实全面从严治党要求，扎实开展好“两学一做”学习教育，打造坚强的战斗堡垒，做合格的共产党员。这次受到表彰的先进集体和先进个人，代表了我署基层党组织的良好形象，体现了我署共产党人的时代风貌。在此，我代表署党组向受到表彰的单位和同志们表示热烈祝贺！向奋战在审计战线的全体党员致以节日的问候和崇高的敬意！

同志们！

近代思想家龚自珍曾经说过：“欲知大道，必先为史。”在纪念党的生日的特殊日子里，让我们一起来追忆我们党走过的一段段峥嵘岁月，重温我们党奋斗的一幕幕光辉历程。

随着俄国十月革命的一声炮响，马克思主义真理之光照亮了军阀混战、列强肆虐、人民苦难的黑暗中国。95年前，上海法租界内13位革命先驱怀着共同的理想信念走到了一起，共同探讨中国的前途和命运，从此以后，一支用先进思想武装的新生政治力量，担当起了改变中国人民和中华民族前途命运的历史使命，这支新生力量就是——中国共产党。中国共产党的成立，是20世纪中华民族开天辟地的大事，犹如闪烁的启明星，点亮了中国人民争取民族独立、人民解放的光明道路，开启了实现国家富强、人民富裕的壮丽征程。

95年来，从石库门和“红船”出发，中国共产党人的足迹遍及广州、南昌、瑞金、延安、西柏坡……。在艰难的岁月里和世界风云激荡中，中国共产党始终与国家同呼吸、共命运，始终与人民同荣辱、共进退，创造了一个不可思议的传奇，谱写了一部壮丽恢宏的史诗，铸就了一座永垂不朽的丰碑。95年来，中国共产党在艰难困苦中奋起、在艰辛探索中前行，虽然饱受磨难、历经曲折、充满坎坷，但却坚韧不拔、历久弥坚、铸就辉煌，从最初只有50多名党员，发展成为拥有8800多万名党员的大党！

我们不能忘记，在硝烟弥漫的革命战争时期，我们党带领广大人民群众浴血奋战，用28年时间把一个四分五裂、四处战乱的国家，从饥饿、混乱和死亡的边缘拉回来，实现了民族独立、人民解放，开启了中华民族发展的新纪元；我们不能忘记，在意气风发的社会主义建设时期，我们党带领广大人民群众艰苦奋斗，完成了社会主义革命，确立了社会主义基本制度，一个一穷二白、长期面对封锁的国家，在30年间取得了旧中国几百年、几千年所没有取得的进步；我们不能忘记，在波澜壮阔的改革开放新时期，我们党带领广大人民群众不懈探索，进行了改革开放新的伟大革命，开创、坚持、发展了中国特色社会主义，中国发生了人类发展史上的惊天巨变，现代中国重返世界舞台的中央。

特别是党的十八大以来，以习近平同志为总书记的党中央接过历史的“接力棒”，毫不动摇地坚持和发展中国特色社会主义，不断深化对“三大规律”的认识，以对党、对人民、对历史、对民族高度负责的精神，总揽全局、运筹帷幄，励精图治、奋发有为，使马克思主义中国化取得了新的伟大成就，确立了“中华民族伟大复兴的中国梦”“两个一百年”奋斗目标、“四个自信”“四个全面”战略布局、“五位一体”总体布局、“五个发展新理念”，形成一系列治国理政新理念新思想新战略，带领全党全军全国各族人民开创了党和国家事业发展的新局面，推动中国特色社会主义事业迈上新台阶。尤其是以“抓铁有痕、踏石留印”的坚强意志，坚持全面从严治党，以雷霆万钧之势铁腕反腐，坚决查处周永康、薄熙来、郭伯雄、徐才厚、令计划等严重违纪违法案件，清除了一批害群之马，同时加强制度建设，使不敢腐的震慑作用充分发挥，不能腐、不想腐的效应初步显现，党风进一步改善，党的凝聚力、战斗力进一步增强，汇聚起实现中华民族伟大复兴的强大力量。

95年间，中国告别了封闭、贫穷、落后，走向了开放、富裕、进步，从20世纪初的山河破碎、民不聊生，到如今跃居为世界第二大经济体，成为全球主要货物贸易大国和主要对外投资大国。实现中华民族伟大复兴的中国梦，我们曾经离它如此之远，如今我们从未离它如此之近。沧海桑田，筚路蓝缕，我们党95年的光辉历程和辉煌成就让我们得出一个更加清晰的结论：没有共产党，就没有新中国，就没有中国特色社会主义。只有共产党才能救中国，才能发展中国，才能引领中国实现民族独立、人民解放、国家富强。

正像习近平总书记强调的那样：历史和人民选择中国共产党领导中华民族伟大复兴的事业是正确的，必须长期坚持、永不动摇；中国共产党领导中国人民开辟的中国特色社会主义道路是正确的，必须长期坚持、永不动摇；中国共产党和中国人民扎根中国大地、吸纳人类文明优秀成果、独立自主实现国家发展的战略是正确的，必须长期坚持、永不动摇。

同志们!

我们党历来重视审计事业的发展，始终把审计事业作为党的事业的重要组成部分，始终把审计监督作为党和国家监督体系的重要组成部分。在党的领导下，审计在我们党建立政权和巩固政权过程中发挥了积极作用，取得了巨大成就。

党在建立政权过程中，为确保武装斗争所需的大量经费能够真正有效用于革命和战争，根据不同时期的特点，建立了适合不同时期的审计制度。为保障反“围剿”军事需要，促进苏维埃政权建设，我们党建立了由苏区中央人民委员会直接领导的中央审计委员会；为保障抗日战争的需要，促进边区政权建设，我们党围绕发展经济、克服短缺、保障供给的财政经济制度建立了“三级三审”等审计制度；为保障解放战争的需要，迎接党在全国执政的曙光，我们党在团以上各级均设立审计委员会，强化对预决算的审计，审计法规制度逐步成熟完善，有效服务了解放区的经济建设。这段时期，审计紧紧围绕一切为了革命、一切为了战争，在支持革命战争、防止贪污浪费、赢得人民拥护等方面发挥了积极作用。

党在巩固政权过程中，社会主义审计制度逐步建立和完善，并发挥了积极作用。中华人民共和国成立初期，我国虽然没有设立独立的审计机关，但审计工作从来没有停止过。随着改革开放大幕的拉开，党和国家工作重心转移到经济建设上来，建立独立的审计监督制度逐步被提上日程，以 1982 年宪法确立独立的审计监督制度为标志，中国特色社会主义审计制度迎来了大发展的春天。30 多年来，我们对国家审计的本质和规律有了更加深刻的认识，建立了由审计署、地方各级审计机关及其派出机构构成的审计组织体系，构建了由政策落实、财政、金融、企业、民生、资源环境、经济责任和涉外审计等构成的审计业务工作格局，推进了对公共资金、国有资产、国有资源和领导干部履行经济责任情况的审计全覆盖，推广了“总体分析、发现疑点、分散核实、系统研究”的数字化审计方式，形成了以宪法为统领、审计法及其实施条例为核心、部门规章及审计指南体系为补充的中国特色社会主义审计法规制度体系。党中央、国务院对审计越来越重视，广大人民群众对审计越来越认可，审计在党和国家监督体系中的作用不断提升，审计在国际舞台上的影响日益增强。

30 多年来，我们始终坚持把促进完善国家治理作为重要战略目标，认真履行审计监督职责，为中国特色社会主义建设做出了应有贡献。一是推动国家重大政策措施贯彻落实，促进政令畅通。我们努力当好政策落实的“督查员”和“先遣队”，围绕党和国家工作中心，加强对中央重大政策措施和宏观调控部署贯彻落实情况的跟踪审计，切实担负起推进国家政策落实的责任。二是加强对重点民生资金项目和资源环境的审计，切实维护人民群众根本利益。我们努力当好人民利益的“守护者”，牢牢盯住重点民生资金、民生项目和资源环境领域，及时揭示和纠正严重影响人民利益和破坏环境等问题，维护了人民群众的根本利益。三是加大经济责任审计力度，强化对权力运行的监督制约。我们努力念好权力运行的“紧箍咒”，开创世界审计领域先河，加强对各级各类领导干部的经济责任审计，促进各级领导干部切实守法守纪守规尽责。四是反映经济运行中的薄弱环节和风险隐患，维护国家安全。我们努力当好经济运行“安全员”，多次整合全国审计力量开展了全国政府债务审计、财政存量资金审计、社会保障基金审计、土地出让收支和耕地保护情况审计、彩票资金审计等大型审计项目，揭示经济社会运行中存在的薄弱环节和潜在风险，为维护国家安全提供了可靠信息。五是揭示重大违纪违法问题，打击和预防腐败。我们努力当好反腐败的“尖兵”和“利剑”，严肃揭露和查处重大违纪违法问题线索，为国家挽回了巨额经济损失，有效震慑了腐败分子。30 年多来，审计机关共向司法、纪检监察等部门移送违纪违法问题线索 3 万多件。六是大力推动体制机制创新，促进深化改革。我们努力当好深化改革的“催化剂”，及时跟踪检查改革措施的实施进度和协调配合情况，促进增强改革的系统性和协调性，推动清理完善不合时宜、制约发展、阻碍政策落实的法律和行政法规，有力地保障了各项改革的顺利进行。

30多年来，审计事业在取得巨大成就的同时，也积累了十分宝贵的历史经验，在新的历史起点上认真总结并充分运用这些经验，对于把审计事业推向前进具有重大现实意义和深远历史意义。一是必须始终坚持党的领导。审计工作始终离不开党的正确领导、高度重视和大力支持。没有党的领导，审计工作就寸步难行。二是必须始终坚持“四个意识”。我们的一切工作都必须坚守政治意识、大局意识、核心意识、看齐意识，否则就会失去方向、没有目标。三是必须始终坚持创新理念。审计事业发展取得的每一次重大突破，都离不开理念上的创新和认识上的提高。只有不断创新理念，才能保证审计事业永不懈怠、永不僵化、永不落后、永立潮头。四是必须始终坚持围绕中心、服务大局。只有自觉地把审计工作融入党和国家工作大局，审计才能有效发挥作用，才能有效实现自身的科学发展。五是必须始终坚持实事求是、与时俱进。只有在审计组织方式、技术方法、结果利用、管理体制、职业化建设等各个方面与时俱进、大胆探索，才能使审计永葆生机活力。六是必须始终坚持从严管理干部队伍。审计事业的不断发展壮大，得益于我们始终坚持从严管理队伍，坚持不懈地打造政治强、业务精、作风优、纪律严的审计铁军。这些宝贵经验是一代一代审计人集体智慧的结晶，是通过艰苦奋斗、努力拼搏换来的，来之不易、弥足珍贵，我们要永远铭记、倍加珍惜，并创造性地运用，使之不断丰富和发展！

回顾审计工作取得的成绩，我们不能忘记开辟审计事业发展的老领导、老同志，是他们在十分艰难困苦的条件下，战胜困难和挑战，开创了坚实的基业，打下了牢固的基础，建立了不朽的功勋；我们不能忘记一代代审计工作者，为审计事业无怨无悔、尽责担当，立下了汗马功劳；我们不能忘记全体审计人员家属对审计事业默默地支持、无私地奉献，付出了很多的牺牲。在这里，我代表署党组，向为审计事业做出贡献的审计署老领导、老同志、全体审计人员以及家属，致以崇高的敬意、衷心的谢意和诚挚的问候！

同志们！

回顾党的光辉历程和伟大成就，总结审计事业的巨大贡献和成功经验，我们倍感自豪，深受鼓舞；展望未来，我们使命光荣，责任重大。习近平总书记指出，治国必先治党，治党务必从严。如果管党不力、治党不严，我们党迟早会失去执政资格，不可避免被历史淘汰。深刻警醒我们管党治党，必须严字当头，把严的要求贯彻全过程，做到真管真严、敢管敢严、长管长严。面对新形势、新机遇、新挑战、新目标，审计事业要取得更大的发展，需要我们更加深入贯彻落实全面从严治党要求，按照政治强、业务精、作风优、纪律严的要求，继续从严管理，努力锻造一支对党绝对忠诚、尽责担当、干净干事的审计干部队伍。

一要强化思想武装。全面从严治党，首要的是思想武装。要始终坚持用马克思主义中国化的最新理论成果武装广大党员干部头脑，凝聚共识，坚定中国特色社会主义道路自信、理论自信、制度自信、文化自信，按照“四个全面”战略布局，切实践行创新、协调、绿色、开放、共享的发展理念，补足精神之“钙”，筑牢思想之“魂”。党组要坚持中心组学习、专题学习制度，发挥好示范带头作用；各特派办分党组、各基层党组织要结合党员的思想和工作实际，探索行之有效、喜闻乐见的学习方式，经常性、有效性地学习。要坚持学用结合、学以致用，通过学习激发党员干部干事创业的激情，努力使党员干部在改革上做尖兵，在落实上当能手，在业务上争一流。

二要强化制度执行。要把各项制度要求落实到位，提高制度执行力，坚持做到执行制度不走样，并根据制度的执行情况以及出现的新情况、新问题，及时进行修订和完善。特别是要结合审计工作实际，贯彻执行好署党组关于落实全面从严治党要求的系列规章制度，把党组书记、党组成员、各级党组织领导班子成员的全面从严治党责任落实落靠，形成横向到边、纵向到底的全面从严治党工作格局。

三要强化责任落实。要树立“抓好党建是本职，抓不好党建是失职，不抓党建是不称职”的责任意识，切实肩负起全面从严治党的主体责任，以党建工作统帅业务工作。书记要有政治担当，强化身份意识、岗位意识，切实履行好第一责任人职责，把全面从严治党作为一项长期的政治任务牢牢扛在肩上，时刻抓在手中。班子成员要牢记党员是第一身份、党内职务是第一职务，认真履行“一岗双责”，既抓好分管业务工作，更要担起分管单位党的建设责任。

四要强化作风建设。作风建设是攻坚战，也是持久战。抓作风建设，贵在坚持、难在坚持、成也在坚持。要以钉钉子精神，抓常抓细、久久为功，立足当前、着眼长远，标本兼治，推动作风建设由解决面上问题向解决深层次问题延伸，由集中整治向常态治理深入。要进一步巩固和运用党的群众路线教育实践活动、“三严三实”专题教育中积累的宝贵经验，持续抓好“四风”整治，紧盯重点问题、重点环节，防止作风问题反弹。

五要强化执纪问责。要把纪律和规矩挺在前面，严守政治纪律，严防“七个有之”，切实增强“四个意识”，坚持做到“五个必须”，在思想上政治上行动上始终与以习近平同志为总书记的党中央保持高度一致，自觉维护党中央权威；严守组织纪律，切实做到“四个服从”，有组织观念、懂组织程序，任何时候都与党和组织同心同德、同向同行；严守廉洁纪律，时刻绷紧廉政建设这根弦，慎重对待审计权力，慎重对待亲情友情，慎重对待社会交往，坚决守住“底线”；严守群众纪律，尊重、联系、服务、爱护群众，真心实意地帮助群众解决一些最关心、最直接、最现实的问题，把维护人民群众的根本利益作为审计工作的出发点和落脚点；严守工作纪律，从遵守最基本的作息纪律、会场纪律、请假纪律、请示报告纪律等做起，避免纪律松弛、自由散漫、工作拖拉等“庸懒散、骄娇暮”现象，切实提高工作效率，还要坚持文明审计，树立良好的机关文明礼仪；严守生活纪律，注重自身修养，讲操守、重品行，择善而从，保持健康生活方式，培养高雅向上的兴趣爱好，管得住小节，广交益友、诤友。

同志们！

全面从严治党、从严管理队伍，从方法手段上看，要时时刻刻绷紧学习教育这根弦，就是要扎实深入开展“两学一做”学习教育。按照中央部署要求，今年 3 月我署正式启动了“两学一做”学习教育，各单位掀起了一轮学习党章党规和习近平总书记系列重要讲话精神的热潮。下一步，一要突出重点。当前，要把学习习近平总书记在庆祝中国共产党成立 95 周年大会上的讲话作为重点，深刻理解三个“伟大历史贡献”、三个“必须长期坚持、永不动摇”、八个“不忘初心、继续前进”的历史渊源、现实地位和深远影响，切实用讲话精神武装头脑，用讲话精神指导工作，把讲话精神学习好、贯彻好、落实好，把“两学一做”学习教育不断引向深入。二要持之以恒。学习必须持之以恒，只能坚持往前走、不能松懈向后退。要自觉学、积极学、主动学，把党章党纪党规结合起来学，带着信念学，带着感情学，带着使命学，带着问题学，把学习当成一次充电、一项义务、一种习惯。三要内化于心。绝不能走形式，不能只动嘴、动手、动耳，却不动心，不触及思想和灵魂。要警惕和防止“学在表面、做在表面”，把目标锁定在学、思、践、悟上，多“走心”，真正使学习内化于心、外化于行。四要务求实效。学习教育不能“蜻蜓点水”“隔山打牛”，必须紧密结合现实，联系思想、工作、生活实际，把自己摆进去、把问题查出来，按照党章党纪党规和习近平总书记系列重要讲话要求及时加以改正。

“两学一做”，学是基础、是前提，做是重点、是关键。要通过“两学一做”学习教育，使我们的理想信念更加坚定，党性修养更加增强，宗旨意识更加强烈，使我们更加强化政治意识、大局意识、核心意识、看齐意识。党是中国特色社会主义事业的领导核心，党中央是党的领导核心。这个核心是历史的选择、时代的选择、人民的选择，是党的选择、事业的选择。我们要更加强化党的领导，更加强化党的建设，更加强化从严治党，更加强化党的纪律。

今天，我们隆重表彰了优秀共产党员、优秀党务工作者、先进基层党组织，受到表彰的同志，是审计系统党员干部的优秀代表。今天你们所取得的成就和获得的荣誉，是党组织对你们在各自岗位上辛勤耕耘、默默奉献的充分肯定。但是，从此刻开始，一切都成为过去，一切都重归于零，因为一时合格不代表永远合格，过去优秀不代表永远优秀，这次优秀更不代表没有差距。希望你们能够珍视这份荣誉，不要辜负党组织对你们的信任，要让合格党员的榜样立得住，先锋模范的形象树得牢。

其他党员干部要向受到表彰的同志学习，学习他们身上的闪光之处，找到自身与他们的差距，不断完善自我、超越自我，不断提升境界、提升形象，做真正合格的共产党员。

要学习他们坚定信念、不忘初心的精神，做讲政治、有信念的共产党员。理想信念是一个人的精神内核，是一个人的灵魂，是支撑一个人坚定事业信心的动力源泉。今天受到表彰的同志正是由于他们对理想信念的坚守，对党员初心的坚守，才获得了同志们的认可。全体党员干部要学习这种坚定信念、不忘初心的精神，经得起风浪考验，把好理想信念总开关，保证理想不滑坡、信念不动摇，切实增强“四个自信”，始终站在党和国家的全局立场上来想问题、干工作，坚决服从党中央的集中统一领导，坚决维护党中央的权威，做政治上的明白人，确保政治方向不跑偏，做一名讲政治、有信念的共产党员。

要学习他们遵章守纪、廉洁奉公的精神，做讲规矩、有纪律的共产党员。讲规矩、有纪律，是中国共产党自成立之初就确立并一直遵循的基本原则，是我们党的光荣传统。不讲规矩、没有纪律，8000多万名党员就是一盘散沙。讲规矩、有纪律，是共产党员的基本素养，是对每一个共产党员最起码的要求，是对党员党性的重要考验，更是对党员忠诚度的重要检验。今天受到表彰的同志在规矩意识、纪律意识上经受了组织的考验。全体党员干部要学习这种遵章守纪、廉洁奉公的精神，时刻牢记自己是党的人，把对党绝对忠诚作为基本政治素养，把遵守政治纪律和政治规矩作为必须遵守的行为规范和规则，始终保持忠于党、忠于国家、忠于人民的政治品格，做一名讲规矩、有纪律的共产党员。

要学习他们道德高尚、品行端正的精神，做讲道德、有品行的共产党员。道德品行是一个共产党员党性的基础、力量的源泉、勇气的后盾、纯洁的保证、抗腐的良药、服务的动力。今天受到表彰的同志注重道德品行修养，自重、自省、自警、自励，洁身自好，存正祛邪，为大家树立了榜样。全体党员干部要学习这种道德高尚、品行端正的精神，以社会主义核心价值观塑造自身道德品行，严于律己、以身作则、言行一致，讲党性、重品行、做表率，镜子要经常照，衣冠要随时正，有灰尘就要洗洗澡，出毛病就要治治病，始终保持党员的先进性和纯洁性，做一名讲道德、有品行的共产党员。

要学习他们勤奋敬业、奋发有为的精神，做讲奉献、有作为的共产党员。讲奉献、有作为是党章党规的明确要求。每一代共产党人都在他们所处的历史阶段，勇于奉献、敢于作为，承担历史使命，为中华民族的复兴贡献了共产党人的力量。今天受到表彰的同志应该说是几十年来为审计事业奉献出努力、汗水乃至牺牲的千千万万审计人中的优秀代表，全体党员干部要学习这种勤奋敬业、奋发有为的精神，有“衣带渐宽终不悔，为伊消得人憔悴”的情怀，有“春蚕到死丝方尽，蜡炬成灰泪始干”的品质，时刻不忘肩上扛着的那份沉甸甸的责任和信任，甘于用奉献来充实自己的人生，面对大是大非敢于亮剑，面对矛盾敢于迎难而上，面对危机敢于挺身而出，面对失误敢于承担责任，面对歪风邪气敢于坚决斗争，做一名讲奉献、有作为的共产党员。

同志们，国家审计工作“十三五”规划的蓝图已经绘就，我们要更加紧密地团结在以习近平同志为总书记的党中央周围，始终坚持一个中心、两个基本点的基本路线，紧紧围绕“五位一体”总体布局和“四个全面”战略布局，牢固树立五大发展理念，以更加饱满的热情、更加振奋的精神、更加昂扬的斗志，解放思想、迎难而上、开拓创新、真抓实干，在新的征途上，再接再厉、再创辉煌，更好地发挥审计在党和国家监督体系中的重要作用，为实现中华民族伟大复兴的中国梦做出新的贡献！

转变方式　尽责担当
继续搞好保障性安居工程跟踪审计工作

——在2016年全国保障性安居工程跟踪审计视频培训班上的讲话

审计署党组成员、副审计长　孙宝厚

（2016年12月2日）

同志们：

大家好！连续五个年度，就安居工程审计，在每年审计实施开始前，我们都要组织一次视频培训。今天是第五次。在前两次视频培训班上，我都发了言。大家是否还记得我发言的题目，第三次视频培训班上发言的题目是：取得三连胜、实现三级跳，在第四次视频培训班上发言的题目是：严查实报，四年更上一层楼。第五年度的安居工程审计，是前四个年度工作的继续，我这次发言的题目是：转变方式、尽责担当，继续搞好安居工程审计工作。

一、先说题目的后半截，“继续搞好安居工程审计工作”。

之所以说“继续搞好”，这句话本身就表明，我们过去包括第四年度的工作做得是好的，而且是越来越好，否则搞好何来“继续”。这绝对不是应景的恭维话。在去年的视频培训班上，我曾经和大家讲，第三次安居工程审计查处问题线索超过了前两年的总和，希望大家要严查实报，更上一层楼。经过大家的辛苦努力，去年的安居工程审计，成效更加显著，共查处了套取、挪用和闲置专项资金627亿元，违规享受住房保障待遇家庭10多万户，建设管理不合规项目4000多个，移送违纪违法问题线索是上一年审计的近3倍，大家做到了严查实报，圆满地实现了更上一层楼的目标。今年国务院组织开展的第三次大督查，根据我们的审计结果，把配套基础设施建设滞后、保障房空置等问题作为督查的重点内容，并且把保障房审计经验作为加大民生资金和项目审计力度的典型经验进行表彰和推广。这就是我今天要说的“继续搞好”的基本前提和坚实基础。这些成绩来之不易，与各级审计机关的高度重视和精心组织密不可分，与每一位参加审计人员的辛勤耕耘、倾情奉献密不可分。在此，向大家表示祝贺和诚挚的感谢！（同时，对在刚刚结束的医保审计中成绩卓著的江西、湖北、云南等审计机关也表示祝贺和感谢！）

二、接下来，再说如何能够做到“继续搞好”，也就是题目的前半截——“转变方式、尽责担当”。进而分解开来，先说怎样转变方式，为什么转变方式。

根据审计署已经印发的审计工作方案，今年的安居工程审计，与往年相比，在组织方式上作了重大调整，即审计署各特派办不再参加，由各省级审计机关具体组织实施辖区内所有安居工程审计。

为什么做这样的转变？绝对不是这项工作不重要了，更不是搞得不好也关系不大。而是为了进一步确保这项工作搞得更好，才决定转变审计组织方式。主要是三点考虑。

第一点考虑，审计实践已经证明，各省及省级以下审计机关，一直发挥着主力军作用，具备很强的实现转变的胜任能力。仅从部分审计成果看，2015年被国务院办公厅组织核查问责的套取挪用保障房资金问题中，特派办审计查出的问题金额占8.3%；地方审计机关查出的问题金额占91.7%。2015年保障房审计发现的问题线索中，特派办审计查出的占8.42%；地方审计机关查出的占91.58%，其中，江西、山东、河南、四川、山西等省查出的问题线索都比较多。90%以上的审计成果是各省级及以下审计机关提供的，进而转变方式、拿下全部任务当然不在话下。

第二点考虑，做出这种转变的安排，是贯彻落实中共中央办公厅、国务院办公厅《关于完善审计制度若干重大问题的框架意见》及相关配套文件（中办发〔2015〕58号）、《国务院关于加强审计工作的意见》（国发〔2014〕48号）的具体行动。这两份文件都强调，要实现公共资金、国有资产、国有资源审计监督全覆盖，要强化上级审计机关对下级审计机关的领导和监督，要探索省以下审计机关实行人财物统一管理。安居工程审计，不再由审计署特派办参加，而直接由省级审计机关组织对辖区内的所有安居工程进行审计，正是贯彻这两份文件要求、实现全覆盖、上级审计机关对下级审计机关的领导及人财物统一管理改革的需要。也可能有同志要问，这好像与人财物统一管理改革关系不大。其实不然。省以下人财物统一管理改革，不仅仅是人财物。人财物只是一个方面，是保障，更重要的是另一方面，要管“事”，即审计业务。省级审计机关，要统一管理审计项目计划、审计计划实施、审计成果出具及其使用等等。有7个省市按照中央要求及批复的方案，正在进行省以下人财物统一管理改革试点。安居工程审计方式转变，不仅有利于这7个省市，对其他省市随后开展相关工作，也是一种很好的尝试或预演。

第三点考虑，有利于省级审计机关有效组织开展审计工作，全面地掌握本辖区的情况，并及时全面向当地党委、政府及受托向人大常委会报告审计工作及结果。以往由审计署特派办对省本级及省会城市安居工程进行审计，省级审计机关不容易及时、深入掌握这些情况；把这些情况与省级及以下审计机关有关安居工程审计情况进行整合，汇总到审计署，需要一个过程，效率上也会受到影响。转变方式完全由省级审计机关组织实施，不仅能够全面把握、有效实施审计全覆盖，工作效率、成果汇总会进一步加快，成果利用、问题处理及线索移送也将更为便捷。谈到有效组织实施审计，还有一个类比。军事上有一句话，要想打胜仗，应当由听得见炮声的人指挥战斗。由省级审计机关组织辖区内所有安居工程审计，地利、人和的优势更为明显。根据当地实际情况，省级审计机关，除自身直接审计外，作为能“听得见炮声者”，直接“指挥战斗”，更是打赢安居工程审计战斗的重要保证。

三、说完了“转变方式”及做出这种安排的考虑，再说一下如何实现好这种转变，也就是大家必须做到“尽责担当”。

首先，适应新方式，采取新举措。审计署调整方式，特派办不再参加安居工程审计，省级审计机关不能“照葫芦画瓢”，简单地也将方式一转了之，交由所属市县各行其是。近年来的安居工程审计中，有的省级审计机关，已经探索不少有效举措，积累了一些很好的做法和经验。根据当地实际情况，省级审计机关，除自身直接审计外，要更多地组织市县审计机关进行交叉审计、异地审计。在具体操作上，也要进一步创新和优化。比如，统一下达审计通知书，统一制订本省审计工作方案，统一组织审计实施，统一出具审计报告，统一制定审计处理问题应当掌握的基本要求等等，以保证审计过程及审计成果的质量。

其次，有权必有责，尽责要担当。转变方式，首先意味着是一种审计权力，即由省级审计机关组织对辖区内的所有安居工程进行审计。同时，也必须明白，权力就是责任，必须尽到责任，必须敢于担当。尽到责任涉及很多方面，突出强调一点。省级及以下审计机关，与被审计安居工程距离不远，对当地情况比较熟悉，一定要做到离得近、看得清、查得出。至于敢于担当，也要特别强调，要牢固树立和切实践行“四个意识”包括政治意识、大局意识、核心意识、看齐意识，特别是核心意识、看齐意识，要从维护党中央权威、保障中央政令畅通的高度看问题，要从向党中央看齐、向党的理论和路线方针政策看齐、向党中央决策部署看齐的高度看问题，要从全面建成小康社会、全面深化改革、全面依法治国、全面从严治党以及补短板、惠民生、维护社会公平正义、维护广大人民群众特别是困难群众利益的高度看问题，要自觉做到在思想上政治上行动上同以习近平同志为核心的党中央保持高度一致，要严格依法履职尽责，坚决克服地方利益、局部利益、人情关系的羁绊，勇于秉公办事、排除一切干扰，切实做到站得高、看得齐、报得出。即去年已经特别强调过的，要真查实报，依法履职尽责把问题查出来，敢于担当把问题报上来。如果该审计的没审计，该发现的没发现，该报告的没报告，该处理的没处理，那可能就是失职，甚至是渎职。这是绝对不能允许的。一旦发现，必须严格按规定做出相应处理。

第三，要认真用心，为担当负责的同志担当负责。毛主席说，世界上怕就怕“认真”二字，共产党就最讲认真。习近平总书记指出，既严以修身、严以用权、严以律己，又谋事要实、创业要实、做人要实。《关于新形势下党内政治生活的若干准则》也要求：“党的各级组织和领导干部必须牢记空谈误国、实干兴邦，践行正确政绩观，发扬钉钉子精神，力戒空谈，察实情、出实招、办实事、求实效，做到守土尽责。各级领导干部要无私无畏，做到面对矛盾敢于迎难而上，面对危险敢于挺身而出，面对失误敢于承担责任。党的各级组织要旗帜鲜明地为敢于担当的干部担当，为敢于负责的干部负责。对不担当、不作为、敷衍塞责的干部要严肃批评，必要时给予组织处理或党纪处分；对失职渎职的要严肃问责，造成严重后果的要严肃追责，依纪依法处理。”近年来，刘家义审计长多次强调，做什么事都要认真用心。在安居工程审计中，所有参加审计的人员，都要做到认真用心，以“严”字当头，以“实”字托底，积极作为、倾情奉献，依法办事、无私无畏；相关领导同志要发挥表率作用、以上率下，同时为敢于担当的审计人员担当，为敢于负责的审计人员负责。我们应该这样，也必须这样。我相信，以这样的状态，安居工程审计，今年及以后，也一定能够继续搞得更好。

在继续搞好、不断取得新成绩的同时，还要确保绝不能“出事”。必须再次强调，与其他审计一样，在安居工程审计中，一定要严格依法审计，文明审计，保持清正廉洁，严格保守秘密，使我们自身永远立于不败之地。

说了反面再说正面，说到后边再返回前边，不要忘记再回到今天的题目特别是题目的后半截上来——继续做好安居工程审计工作。寄希望于大家去做，更相信大家能够做到。让我们共同期待，要在审计署组织的中期审计进展情况交流时看进展，更要在审计工作结束之后看审计成果、看各方面评价、看实际产生的社会效果。我们的审计及其成果，要经得起法律的检验，经得起时间的检验，经得起实践的检验，经得起我们自己以后跟踪审计的检验。我们一起努力。

谢谢大家！

聚焦重点　精心组织　做好领导干部自然资源资产离任审计试点工作

——在2016年领导干部自然资源资产离任审计试点工作审前培训班上的讲话

审计署副审计长　秦博勇

（2016年7月20日）

同志们：

上午好！

按照审计署2016年审计项目计划安排，今年继续组织开展领导干部自然资源资产离任审计试点工作。署党组对这项工作高度重视，刘家义审计长多次做出指示和批示，《2016年领导干部自然资源资产离任审计试点工作方案》经署审计业务会议审议通过，已于6月4日印发。为落实好试点工作方案，搞好审计试点工作，我们举办这期培训班，进行审前培训和动员，同时解决“怎么看”和“怎么干”的问题。下面我讲三方面意见，供大家工作中参考。

一、准确把握工作定位，谋划好审计试点工作

党的十八届三中全会提出对领导干部实行自然资源资产离任审计，这是加快推进生态文明建设的一项重要工作，是生态文明体制改革的一项重要内容，也是中央部署由审计署牵头负责的一项重要改革任务。署党组高度重视审计试点工作，根据中共中央、国务院关于《生态文明体制改革总体方案》《京津冀协同发展规划纲要》，以及中办、国办《开展领导干部自然资源资产离任审计试点方案》等文件要求，党组研究确定了2016年审计试点工作任务的具体安排，由审计署组织18个特派办对呼伦贝尔市等8个地区、组织32个省级审计机关对秦皇岛市等32个地区共40个地区实施审计试点。同时，各省级审计机关要组织地市审计机关实施2个审计试点项目。

这两年的审计试点能否顺利推进、能否摸索出路子和经验，对于完善和规范领导干部自然资源资产离任审计工作具有非常重要的意义。为此，我们首先需要解决认识和定位问题，也就是“怎么看”的问题，只有思想认识到位了，才能保证审计试点工作朝着正确的方向发展。

（一）从服从生态文明建设大局、绿色发展理念的高度，认识审计试点工作的重要意义。2012年11月召开的党的十八大，把“美丽中国”作为生态文明建设的目标，把生态文明建设摆上了中国特色社会主义“五位一体”总体布局的战略位置。党的十八大以来，习近平总书记在国内的重要会议、考察调研和国外访问、出席国际会议活动中，多次强调要建设生态文明、维护生态安全，有关重要讲话、论述和批示据不完全统计超过70次。下面我想先与大家一起学习这些讲话。

2013年5月24日，习近平总书记在主持中共中央政治局第六次集体学习时指出：“生态兴则文明兴，生态衰则文明衰”，“生态环境保护是功在当代、利在千秋的事业”。2014年3月的全国人大两会期间，总书记在参加贵州代表团审议时指出："小康全面不全面，生态环境质量是关键"。"我们追求人与自然的和谐、经济与社会的和谐，通俗地讲就是要'两座山'：既要金山银山，又要绿水青山，绿水青山就是金山银山"。2015 年 3 月的全国两会期间，总书记在参加江西代表团审议时强调，环境就是民生，青山就是美丽，蓝天也是幸福。"生态环境没有替代品，用之不觉，失之难存"。2016 年 3 月的全国两会期间，总书记在参加黑龙江代表团审议时，强调为子孙后代留下天蓝地绿水清的家园；在参加青海代表团审议时指出，"在生态环境保护建设上，一定要树立大局观、长远观、整体观，坚持保护优先，坚持节约资源和保护环境的基本国策，像保护眼睛一样保护生态环境，像对待生命一样对待生态环境，推动形成绿色发展方式和生活方式。"

近期，习近平总书记在庆祝中国共产党成立 95 周年大会上指出："全面建成小康社会，是我们党向人民、向历史做出的庄严承诺，是 13 亿多中国人民的共同期盼……'五位一体'和'四个全面'相互促进、统筹联动，要协调贯彻好，在推动经济发展的基础上，建设社会主义市场经济、民主政治、先进文化、生态文明、和谐社会，协同推进人民富裕、国家强盛、中国美丽。"

今年是我们实施《中华人民共和国国民经济和社会发展第十三个五年规划纲要》的第一年，也是关键的一年。规划纲要确定的"十三五"时期经济社会发展 25 项主要指标中有 10 项为资源环境领域的指标，而且这些指标全部是约束性指标，占 13 项约束性指标的 76%。生态文明建设是各级党委和政府的重要职责，要求领导干部切实履行自然资源资产管理和生态环境保护责任，树立正确的政绩观，合理开发和节约集约利用自然资源资产，维护资源安全，促进生态文明建设。审计工作特别是领导干部自然资源资产离任审计工作，要贯彻落实党中央国务院的安排部署，认真落实"十三五"规划的相关任务，在这个过程中，倡导绿色发展要成为大家的共识，成为自觉的行动，取得实实在在的成效。

（二）从推进生态文明体制改革的高度认识审计试点工作的重要意义。生态文明体制改革是全面深化改革的应有之义。2015 年 4 月，《中共中央国务院关于加快推进生态文明建设的意见》将开展领导干部自然资源资产离任审计作为"健全生态文明制度体系"的一项重要工作。2015 年 9 月，中共中央、国务院《生态文明体制改革总体方案》将领导干部自然资源资产离任审计作为"完善生态文明绩效评价考核和责任追究制度"的一项重要工作内容。这个总体方案是生态文明领域改革的顶层设计和部署，核心目标是搭建好基础性制度框架，全面提高我国生态文明建设水平。

在生态文明体制改革的总体思路中，对破坏自然资源、破坏生态环境的约束机制体现得更为明显。要完善充分反映资源消耗、环境损害、生态效益的生态文明绩效评价考核和责任追究制度。这将对地方政府和相关部门产生很大约束力，对生态文明体制改革取得实实在在的成效具有重要意义。在生态文明建设中，各级党委和政府要承担主体责任，这些责任是由领导干部来承担的，这也是领导干部考核中的一项内容。如果通过审计发现了问题，有关领导干部是会受到责任追究的。所以，在审计试点中，审计机关要站在科学进行政绩评价的高度，主动与有关部门加强沟通，加强联系，特别是在责任界定和审计结果运用方面，多进行探索，多听取意见，科学界定责任。

（三）从服务审计工作发展大局认识审计试点工作的重要意义。党的十八届三中、四中全会从全面深化改革、全面推进依法治国的高度，对新形势下加强审计监督、完善审计制度、保障依法独立行使审计监督权提出了明确要求。2015 年 11 月，中共中央办公厅、国务院办公厅《关于完善审计制度若干重大问题的框架意见》及相关配套文件，明确了新时期新阶段国家审计的新定位，为改革创新审计制度指明了方向，提出"要对国有资源实行审计全覆盖"。在 2015 年底的全国审计工作会议和全国审计机关电视电话会议上，署党组对适应新常态、践行新理念，更好履行审计监督职责提出了明确要求。2016 年 5 月印发的《"十三五"国家审计工作发展规划》，明确提出审计工作要着力推动生态文明建设，要围绕加快推进生态文明建设的重大部署，始终关注资源节约集约循环利用和环境保护政策落实情况，推动绿色发展，同时对领导干部自然资源资产离任审计工作做出了具体部署。这些部署和安排要求我们以领导干部自然资源资产离任审计试点工作为抓手，促进尽快建立这项审计制度，推动领导干部切实守法守纪守规尽责，充分发挥资源环境审计在生态文明建设中的重要作用。

二、聚集重点，积极创新，为规范工作开展奠定良好基础

领导干部自然资源资产离任审计是一片全新的审计工作领域，国际环境审计中也没有现成的可供借鉴的工作经验。各地开展审计试点的时间不长，都在边摸索边总结边提高。希望大家在审计试点中能积极探索、大胆创新，及时总结审计试点中好的经验和做法。按照这项工作的总体部署和要求，审计署要在2016年底起草形成领导干部自然资源资产离任审计暂行规定的初稿，2017年修改完善正式发布。这是中央交给我署的重要改革任务，时间紧、任务重，需要探索总结的内容很多。希望大家能够聚焦重点，对关键问题、关键方法进行重点突破。2016年的审计试点工作，必须牢记"问题导向"，紧紧围绕查找问题开展审计试点。这次试点选择了40个地方，就全国而言占比依然很小。各地特点各不相同，试点内容也有差异，但是在试点的推进过程中要注意发现问题，聚焦重点，聚焦关键环节，总结规律，为制度建设奠定坚实基础。

从最近两年审计试点情况来看，各地做了一些探索，积累了一些经验，在此次培训班上，资源环境审计司（以下简称资环司）安排浙江省审计厅、山东省胶州市审计局、福建省宁德市审计局、广州特派办、长春特派办等单位介绍他们的经验和做法。希望大家积极借鉴，更重要的是，要学习这些单位勇于实践、勇于创新的精神，本着立足实际、因地制宜的原则，在接下来的审计试点工作中围绕重点资源、重点问题，积极探索创新，为规范领导干部自然资源资产离任审计工作打下坚实基础。

（一）围绕重点资源、重点问题，聚焦审计重点。从这次审计试点确定的区域范围看，特派办负责审计试点的8个地区考虑了省市县行政区域的差别，突出了8个地区的资源禀赋差异和资源类型的代表性、典型性。各省级审计机关在选择审计试点地区时，也考虑了资源禀赋情况。在此基础上，建议大家在审计重点的把握上，一定要突出重点资源，聚焦审计试点地区有代表性、典型性或者是管理上问题最为突出的自然资源开展审计试点，切忌把本地区所有的资源类型都审计一遍。关键是抓住重点资源类型，既把发现的问题查深查透，也把需要探索的技术方法用足用活。

从审计试点关注的问题看，要根据不同的资源类型突出重点问题。对审计试点中发现的问题，要按照署党组提出的"四大原则"进行把握，即坚持依法审计、坚持客观求实、坚持鼓励创新、坚持推动改革。在工作方法上要把握好"三个区分"：把推进改革中因缺乏经验、先行先试出现的失误和错误，同明知故犯的违法违纪行为区分开来；把上级尚无明确限制的探索性试验中的失误和错误，同上级明令禁止后依然我行我素的违法违纪行为区分开来；把为推动发展的无意过失，同为谋取私利的违法违纪行为区分开来，审慎做出结论和处理。对审计试点中发现的一些创新事项，可能成效预期还不是很明朗，就要依据中央改革发展的政策要求，审慎地进行分析和把握，积极推动改进完善，千万不能轻率下结论、打板子。我认为"三个区分"是解决"怎么看"和"怎么办"的一个总的原则，在具体审计工作中进行具体衡量时，特别是考量一些问题是否违规时，一定要实事求是，深入分析，把"三个区分"原则领会到位、落实到位。对拿不准、看不清、把握不好的问题要及时向署汇报。资环司要对各审计组反映的问题认真进行研究，及时提出意见。

加快推进生态文明建设是当前的一项重点工作，资源环境领域的改革事项也非常多。大家在审计试点过程中，要及时反映各地在推进资源环境改革举措方面的好做法和存在的困难，要注重从机制体制方面反映存在的问题和不足，积极提出解决突出问题和推动长远发展的建议，促进形成有利于创新的体制机制，推动改革发展。

（二）创新审计组织方式，合理整合配置审计资源。在这两年开展的调研中，发现各级审计机关普遍面临同时组织开展多个审计项目、审计人员少、资源环境审计专业知识相对欠缺的情况。为了合理整合配置审计资源，各级审计机关要积极创新审计组织方式。一是要积极探索各种审计方式的结合。根据各地审计对象特点和审计力量状况，以开展领导干部自然资源资产离任审计为主，积极探索离任审计与任中审计、与领导干部环境保护责任离任审计、与领导干部经济责任审计、与耕地保护政府领导干部离任审计、与国有林场森林资源离任审计相结合，搞好离任审计与资源环境审计及其他专项审计相结合的方式。二是聘请专业人才和专家参加试点审计，就专项内容提出专业意见。《2016 年领导干部自然资源资产离任审计试点工作方案》明确提出，审计署建立与中国科学院等单位的协调机制，邀请资源环境等领域的专家对审计试点工作方案、审计技术方法等提出意见建议，各参审单位也要积极探索聘请外部专家为审计试点工作提供专业技术支持和组织保障。此前各级审计机关在试点中尝试邀请测绘、国土资源、林业资源管理等方面的专家，取得了较好效果，希望在总结经验的基础上，继续探索如何运用好外部专家，在遵守审计工作纪律和保密纪律的前提下，充分发挥其专业优势。

（三）创新审计技术方法，提高审计试点工作效率。审计试点时间紧、任务重，大家务必在审计技术方法上多钻研，探索运用大数据审计模式，提高审计试点工作效率和质量。从近年来经济社会发展和审计工作发展的情况看，大数据在经济社会发展中发挥着越来越重要的作用，大数据审计模式在聚焦审计重点、提高审计工作效率方面的优势越来越明显，成为审计技术方法创新的重要抓手，从一定意义上说，也会对将来整个审计工作模式的变革产生重大影响。资源环境审计要积极适应大数据审计这个新常态，在审计试点中积极探索大数据审计，提高审计能力、质量和效率。为此，建议在即将开始的审计试点中，首先，要按照大数据审计的要求，掌握被审计地区重点资源环境管理的全面数据以及其他相关数据，主要是自然资源领域和生态环境保护、污染防治等的业务数据和管理数据；其次，要开展数据的总体分析和关联分析，特别是财务数据与业务数据之间、上下级数据之间、不同部门之间、部门与企业、金融单位之间的关联分析，从总体分析中锁定重点，从关联分析中找出疑点，然后再对这些重点和疑点进行分散核查，关注破坏自然资源和生态环境典型案件，加大查处力度；第三，要充分利用地理信息系统软件技术，结合实地检查，对主要自然资源资产的实物量和质量情况等任务完成情况进行核实。

三、精心组织，全力以赴做好 2016 年领导干部自然资源资产离任审计试点工作

领导干部自然资源资产离任审计是一项重要的改革举措，审计试点的对象是被审计地区党委和政府主要领导干部，审计的重点是领导干部履行自然资源资产管理和生态环境保护职责情况。从各地开展审计试点的情况来看，要推进这项审计试点工作深入开展，加强统筹协调配合尤其重要。今年的审计试点工作，至少在以下三个层面上精心组织，做好协调配合。

（一）从外部看，各省级审计机关要积极争取省委省政府的支持。各地要站在推进改革的高度上谋划本地审计试点工作，主动向地方党委和政府主要负责同志汇报工作，取得他们的重视和支持。从近期资环司调研的情况看，云南、北京、福建、内蒙古等地以省级党委、政府办公厅的名义出台实施意见，强化了审计试点工作的组织领导，明确强调了各级党委和政府的领导责任和各部门的责任分工。具体实施中，审计机关要积极争取各地党委和政府对审计试点工作的重视和支持，积极向他们汇报工作进展情况，要在他们的支持下把本地开展的审计试点工作上升到省级党委和政府、市级党委和政府工作部署的层面上。同时，要积极争取组织部门、纪检监察等部门的支持，加强与财政、统计、国土资源、环境保护、农业、林业、水利等部门的密切配合，为审计试点工作提供专业支持和保障。

（二）各审计组内部要增强合作，树立大局意识，形成工作合力。2016 年的审计试点工作，由审计署统一部署省级审计机关和特派办具体实施，特派办审计试点的 8 个地方是中央交办的改革任务，省级审计机关审计试点的 32 个地方，也纳入了审计署 2016 年度的审计项目计划，这 40 个地方是审计署统一组织的审计项目，各参审单位要按照“统一部署、统一方案、统一组织实施、统一处理标准和统一审计报告”的“五统一”要求开展审计。

各特派办对 8 个地方开展审计试点，每个地方有一个牵头办，牵头办一定要有大局意识和服务意识，参审办也要牢牢树立责任意识和大局意识，搞好协调配合。审计试点过程中，大家一定要充分做好沟通和协调，整合调配审计力量，加强信息共享，紧密协作，拧成一股绳，形成一支分工合理、紧密配合的战斗团队。各牵头办的主要负责同志一定要进一步负起责任，增强敏感性，针对审计发现的问题线索和具体审计情况变化，及时调整审计思路，统一调配审计力量，并在审计质量上做到严格把关。各审计组之间也要加强沟通，互相支持和借鉴学习，努力做到共同进步。最近两年审计署组织的很多审计项目，包括资环司组织的矿产资源审计项目，都是采用这样的组织模式，各办都有很好的实践经验。在2016年的领导干部自然资源资产离任审计试点工作中，希望各特派办继续发扬团结协作、乐于奉献的工作作风，以审计试点工作目标为指导，以审计工作质量为基本标准，踏实工作，推进审计试点工作深入开展。

各省级审计机关在实施审计署总体部署的审计试点项目时，一定要按照“五统一”的要求进行，要按照审计署的部署要求及时报送相关工作资料。根据审计署2016年度审计项目计划要求，各省级审计机关原则上至少要自行组织开展2个审计试点项目，一定要根据各地实际，灵活组织实施，进一步扩大试点面，积累更广泛更全面的工作经验。据了解，湖北省委、省政府决定在全省开展审计试点。各省级审计机关对于自行组织的审计试点项目，还要在工作的规范性、工作程序、审计技术方法等方面加强指导和协调，注重及时总结审计经验，积累审计技术方法。

（三）审计署、特派办和省级审计机关要精心做好组织协调工作。资环司要精心组织指导做好2016年领导干部自然资源资产离任审计试点工作，各特派办和省级审计机关也要精心组织实施、有序推进。为做好这次审计试点工作，资环司为大家准备了相关评价指标、操作指引、数据审计指引、审计要点、法规汇编等内部资料，供大家在审计试点工作中参考使用；审计试点开始后，进一步做好服务工作，要更主动地提前介入、及时跟进，给予大家有力支持。一方面要加强工作指导，将署领导对审计试点工作的要求、资环司研究提出的各项具体工作要求和掌握了解的相关信息及时传递给各审计组；另一方面要努力做好协调服务工作，积极协调各审计组之间、领导干部自然资源资产离任审计试点项目与署里其他审计项目之间的协同配合。

以上是我对领导干部自然资源离任审计试点工作的一些思考。

谢谢大家！

落实全面从严治党政治责任
做忠诚干净担当的党员领导干部

——在党的十八届六中全会精神集中专题学习讨论时的讲话

审计署党组成员、副审计长　陈尘肇

（2016年11月10日）

党的十八大以来，以习近平同志为核心的党中央坚持党要管党、从严治党，坚定推进全面从严治党，采取一系列重要举措加大管党治党力度，着力解决党内存在的突出问题，党内政治生活出现许多新气象，党内政治生态明显好转，全党全社会高度认同。党的十八届六中全会高度评价全面从严治党取得的成就，全面分析党的建设面临的形势和任务，系统总结近年来特别是党的十八大以来全面从严治党的理论和实践，就新形势下加强党的建设做出新的重大部署，充分体现了党中央坚定不移推进全面从严治党的坚强决心和历史担当，对确保党始终成为中国特色社会主义事业的坚强领导力量，对统筹推进“五位一体”总体布局和协调推进“四个全面”战略布局意义重大、影响深远。

全会审议通过的《关于新形势下党内政治生活的若干准则》（以下简称《准则》）和《中国共产党党内监督条例》（以下简称《条例》），坚持继承和创新的有机统一，既深入总结了我们党在加强自身建设方面的经验和教训，继承、发扬了我们党在长期实践中形成的制度规定、优良传统，又全面总结了党的十八大以来党中央推进全面从严治党的生动实践，对全面从严治党的理论和实践创新成果进行了集纳。《准则》和《条例》深入分析了新形势下党的建设面临的新情况新问题，直面当前党内政治生活和党内监督存在的突出问题，聚焦党员领导干部特别是高级干部这个“关键少数”，形成了新的制度安排，为推进全面从严治党、提高党的创造力凝聚力战斗力提供了更加有力的制度保障。

全会正式提出“以习近平同志为核心的党中央”，反映了全党全军全国各族人民的共同心愿，是党和国家的根本利益所在，是坚持和加强党的领导的根本保证，是进行具有许多新的历史特点的伟大斗争、坚持和发展中国特色社会主义伟大事业的迫切需要。明确习近平总书记的领导核心地位，对维护党中央权威、维护党的团结和集中统一领导，对全党全军全国各族人民更好凝聚力量、抓住机遇、战胜挑战，具有重大而深远的意义。

学习全会精神，落实全面从严治党要求，执行《准则》《条例》，必须从领导干部做起，牢固树立“四个意识”，特别是核心意识、看齐意识，自觉在思想上政治上行动上同以习近平同志为核心的党中央保持高度一致。特别是高级干部要清醒认识自己岗位对党和国家的特殊重要性，切实发挥带头示范作用，把学习贯彻落实全会精神转化为实际行动，做到忠诚干净担当，把党中央各项决策部署落到实处。

一、要坚守绝对忠诚的政治品格，坚决维护党中央权威

《准则》强调，坚决维护党中央权威、保证全党令行禁止，是党和国家前途命运所系，是全国各族人民根本利益所在。维护党中央权威，必须坚持党的领导，对党绝对忠诚。习近平总书记指出，对党绝对忠诚要害在“绝对”两个字，就是唯一的、彻底的、无条件的、不掺任何杂质的、没有任何水分的忠诚。我体会，绝对忠诚是党员领导干部必具的政治品格，是党员领导干部的灵魂和生命。做到绝对忠诚，要做到以下几点：

（一）坚定理想信念，做到忠诚信仰。习近平总书记强调，心中有信仰、脚下有力量。理想信念是共产党人精神上的“钙”，理想信念不坚定，精神上就会“缺钙”，就会得“软骨病”。这深刻揭示了坚定理想信念的极端重要性。作为党员领导干部，我们必须把对马克思主义的信仰、对社会主义和共产主义的信念作为毕生追求，在改造客观世界的同时不断改造主观世界。要用马克思主义中国化的最新理论成果武装头脑，学好《党章》《准则》《条例》，学好习近平总书记系列重要讲话，读原著、学原文、悟原理，学习、思考和实践相结合，用马克思主义立场、观点、方法分析和解决问题。要发挥领学促学作用，抓好分管部门党员干部学习，承担好组织学习的领导责任。

（二）强化核心意识，做到忠诚于党。习近平总书记作为党中央的核心、全党的核心，是实践和历史的选择，是全党和人民的选择。维护好习近平总书记这个领导核心，维护好党中央的权威，是党和国家根本利益所在。党员领导干部要严守党的政治纪律和政治规矩，进一步强化核心意识，旗帜鲜明，把维护习近平总书记的核心地位作为首要的政治纪律和党性原则，思想上高度信赖，政治上衷心维护，组织上自觉服从，感情上深刻认同，行动上坚决有力。在听党指挥上表里如一，在落实党中央要求上言行一致，决不能自行其是、各自为政，有令不行、有禁不止，上有政策、下有对策。

（三）服务中心大局，做到忠诚使命。习近平总书记指出，凡是有利于党和人民事业的，就坚决干、加油干、一刻不停歇地干；凡是不利于党和人民事业的，就坚决改、彻底改、一刻不耽误地改。作为审计机关的党员领导干部，我们要自觉把审计工作放在党和国家工作全局去考量，始终围绕中心、服务大局，用审计监督的实际行动诠释对党的绝对忠诚，进一步促进政令畅通、促进提高资金绩效、维护国家经济安全、推进民生保障、促进深化改革、推进依法行政、促进廉政建设，发挥好审计工作在党和国家监督体系中的重要作用。

二、要保持清正廉洁的政治本色，干干净净做人做事

《准则》强调，建设廉洁政治，坚决反对腐败，是加强和规范党内政治生活的重要任务。习近平总书记反复强调，要持续保持高压态势，有案必查、有腐必惩，“老虎”“苍蝇”一起打。我体会，作为一名党员领导干部，清正廉洁是政治本色，干干净净是从政底线，任何时候都不能放松，而这其中自律是基础、他律是保障、律他是责任。

（一）管好自己，严格自律。小节不保、大节难守。党员领导干部必须防微杜渐，从小事、小节做起，任何时候都要时刻检点自己、自觉约束自己。要常怀律己之心、常思贪欲之害、常修为政之德，心存敬畏、手握戒尺，筑牢思想防线，恪守法纪底线，做到为政清廉。要自觉同特权思想和特权现象做斗争，严格落实中央八项规定精神，坚决反对形式主义、官僚主义、享乐主义和奢靡之风，经得起权力、金钱、美色考验，用党和人民赋予的权力为人民服务。作为党的高级干部，更要在廉洁自律上做出表率，拒腐蚀、永不沾，始终做到位高不擅权，权重不谋私，始终清醒地认识到，当官就不要发财，发财就不要当官。

（二）接受监督，习惯他律。党员干部在强化自律意识的同时，要自觉主动接受党内外监督，习惯于在监督下做工作，在制度笼子里办事情。要清醒地认识到党员领导干部不管职位有多高、权力有多大，都必须接受党组织的监督，党内决不允许有不受监督的特殊党员，接受党组织监督是党员领导干部的义务；要自觉接受有关方面的监督，要有接受监督的勇气、胸怀和自觉，绝不能只把监督当作手电筒，只照他人不照自己；要自觉接受党员干部和群众监督，落实党员领导干部双重组织生活制度，防止高高在上，脱离组织、脱离群众。

（三）担起责任，勇于律他。党员领导干部要切实强化责任意识。党组要担起全面从严治党和党风廉政建设主体责任，党组成员要按照“谁主管、谁负责”的原则落实责任体系，履行“一岗双责”义务，做到党的建设、廉政建设和审计工作一起谋划、一起部署，确保管党治党任务落到实处。要坚持开展批评与自我批评，相互监督。要注重家庭、家教、家风，带头树立良好家风，加强对亲属和身边工作人员的教育和约束。要自觉净化社交圈、生活圈、朋友圈，决不能把商品交换那一套搬到党内政治生活和工作中来。

三、要永葆尽责担当的政治自觉，真正做到尽心尽力

《准则》强调，各级领导干部要无私无畏，做到面对矛盾敢于迎难而上，面对危险敢于挺身而出，面对失误敢于承担责任。习近平总书记指出，是否具有担当精神，是否能够忠诚履责、尽心尽责、勇于担责，是检验每一名领导干部身上是否真正体现了共产党人先进性和纯洁性的重要方面。在经济发展新常态下，迫切需要党员领导干部日常工作能尽责、难题面前敢负责、出现过失敢担责，努力创造经得住实践、人民和历史检验的工作业绩。

（一）强化责任意识，做到自觉担当。我们每一名党员领导干部都要认清自身工作的重要意义，把高标准履职尽责作为基本要求，既不能因为取得一点成绩就沾沾自喜，也不能因为遭遇一点挫折就妄自菲薄。要增强危机感、紧迫感，不断强化责任意识，始终保持高昂的斗志，勤奋敬业，夙夜在公。要善于抓落实，团结带领分管部门和单位，把党和国家的决策部署转化为实际行动，把每一个审计任务实施好，把党员干部积极性发挥调动好。

（二）提升素质能力，做到善于担当。做到善于担当，必须不断学习、不断实践、不断总结。要具备所从事领导职级必备的专业技能，特别是审计机关领导干部，应既有宏观视野，又有实践基础，学会运用战略思维、创新思维、辩证思维、底线思维、法治思维来观察和解决问题。要坚持从群众中来到群众中去，加强与一线党员干部的联系，避免高高在上、脱离实际、盲目指挥。要善于总结工作经验和教训，正确对待成绩和失误，有容人的雅量、纠错的勇气，推进各项工作不断深入。

（三）坚持无私无畏，做到敢于担当。看一名党员领导干部称不称职，要看敢不敢负责、有没有担当精神，看在难题面前敢不敢抓、在矛盾面前敢不敢管、在风险面前敢不敢闯。作为审计机关的党员领导干部，更需要敢于担当的精神。自身要行得正、坐得端，不为名利所累，不为物欲所惑，不为人情所扰，堂堂正正做人，老老实实做事，决不能前怕狼后怕虎、畏首畏尾。还要旗帜鲜明地支持和保护担当者，为敢于担当的干部担当，为敢于负责的干部负责，使敢担当、善作为在审计队伍中蔚然成风。

适应新常态　践行新理念
全面推进公共投资审计工作新发展

——在投资审计前沿理论和热点问题研讨班上的讲话

审计署党组成员、中央经济责任审计工作联席会议办公室主任　张　通

（2016 年 4 月 27 日）

同志们：

当前，全国审计机关正在全面贯彻落实党的十八届三中、四中、五中全会精神，认真学习习近平总书记系列重要讲话，深入开展“两学一做”专题教育活动；学习贯彻李克强总理对审计工作的重要指示，贯彻落实国务院下发的《关于加强审计工作的意见》和中办、国办下发的《关于完善审计制度若干重大问题的框架意见》及相关配套文件精神和要求。在这个大背景下，我们举办公共投资审计前沿理论和热点问题研讨班，主要目的就是认真学习、总结经验、探索规律、谋划未来，更好地适应新常态，践行新理念，全面提升公共投资审计服务国家经济社会健康发展的能力和水平，更好地依法履职尽责，不辱使命。

刚才，听了大家的发言很受启发，明显感觉到，同志们精气神十足，想干事、多干事、干好事的愿望强烈。投资审计工作在“十二五”时期，尤其是党的十八大以来，在署党组的坚强领导下，贯彻落实党中央、国务院的决策布署，取得了很大的成绩。全国各级审计机关共审计投资项目 28 万多个，审计项目总投资 13.9 万亿元，核减投资 5100 亿元，查出招投标管理不到位、资金管理不规范等问题金额 1.12 万亿元，报送和移送重大案件线索近千起，得到了党中央、国务院和全社会的高度认可。这些成绩的取得，离不开党中央、国务院的正确领导，离不开署党组和各级党委政府的高度重视，离不开各级审计机关坚持正确的投资审计方向，离不开广大投资审计干部的群策群力、顽强拼

搏，更离不开我们坚持从实际出发，大胆创新，锐意进取的开创精神。刚才几位同志提了一些意见和建议，请投资司抓紧研究，认真吸纳。下面结合大家发言的情况，我讲三个方面的意见。

一、公共投资审计面临的新形势、新机遇

党的十八大以来，我国经济发展的环境、特征、动力均发生了深刻变化。党中央统筹国际、国内两个大局，审时度势，做出我国经济发展处于增长速度换挡期、结构调整阵痛期、前期刺激政策消化期“三期叠加”的重要判断，提出我国经济发展进入新常态的科学论断。习近平总书记在2015年10月召开的党的十八届五中全会上，提出了“创新、协调、绿色、开放、共享”五大发展理念，在2015年底召开的中央经济工作会议上明确提出加快供给侧结构性改革，落实“去产能、去库存、去杠杆、降成本、补短板”五大重点任务。从“三期叠加”到新常态，到五大发展理念，再到供给侧结构性改革，这是对当前我国经济社会的新形势和所处历史方位的新认识，是对我国经济发展规律的新把握，是对我国经济发展路径的新探索。这些都离不开公共投资发挥作用，离不开公共投资审计监督作用。公共投资审计面临新的形势、新机遇。

(一) 什么是公共投资。

公共投资是现代经济学的一个基本概念。现代经济学把全社会投资分为公共部门投资和私人部门投资两大领域。向社会提供公共产品和服务为目的的政府资本性支出，使用公共资金和公共资源，以及政府与社会资本合作建设的社会经济建设项目，包括涉及国家战略安全和公共利益的重大公共工程和基础设施项目等，均属于公共投资的范畴。我国对公共投资的认识和实践有一个不断深化的过程。在计划经济体制下，政府投资与企业投资融于一体，全社会投资统称为基本建设投资。改革开放和社会主义市场经济体制建立后，随着公共财政体制和投融资体制改革不断深入，形成了投资主体多元化、资金来源多渠道、投资方式多样化的格局。单一的政府投资主体发生了分化，政府、企业、社会、个人、外资等均成为市场投资主体。

投资与经济的正相关关系表明投资对于经济发展十分重要。公共投资对经济增长的意义表现在：一是作为总需求的一个重要组成部分，其扩张本身就意味着总需求的扩张，在总供给大于总需求的态势下，对经济增长具有重要意义。二是为经济增长带来累积效应。公共投资主要投向公共基础设施，它通过先期扩张，继而带来私人投资的繁荣，进而促进经济增长。三是公共投资的投向主要是特殊领域，包括科技、教育等，促进科技进步，促进经济增长。公共投资在总供给与总需求中发挥双向调节的作用。

当前，我国经济下行压力很大，这既有世界经济形势周期变化的因素，也有我国发展方式转型和结构深度调整的原因，但不论情况如何变化，我国仍然处于大有可为的战略机遇期，经济发展长期向好的基本面没有变，经济持续增长的良好支撑基础和条件没有变，公共投资促进和拉动经济增长的大趋势没有变，也不会变。党的十八届五中全会审议通过的《中共中央关于制定国民经济和社会发展第十三个五年规划的建议》明确指出：“要发挥投资对增长的关键作用，深化投融资体制改革，优化投资结构，增加有效投资。发挥财政资金的撬动功能，创新融资方式，带动更多社会资本参与投资。创新公共基础设施投融资体制，推广政府和社会资本合作模式”。公共投资政策和公共投资在国民经济发展中的重要地位和作用，决定了公共投资审计的根本任务和方向，公共投资审计面临前所未有的新形势和新机遇。

(二) 什么是公共投资审计。

我理解公共投资审计是以公共投资项目为审计对象，根据一定的审计目的和审计方法，采取一定的审计程序，取得审计证据，对审计项目做出经济性、效率性和效果性的评价、监督和鉴证。

审计机关开展公共投资审计就是要促进公共资金安全高效使用、公共资源合理配置、公共政策贯彻落实、公共权力合法行使，这是世界各国审计机关的共同职责和重要任务，也是市场经济发达国家的通行做法。欧美等国早已开展对公共投资项目的审计监督，都采用“公共投资审计”的概念。20世纪60年代，在“向贫困宣战”规划中，美国联邦政府为新建一批大型公益项目投入了巨额资金。为监督与制约政府的行为，美国审计总署对联邦开支项目的绩效进行了审计。德国联邦审计院的公共投资审计包括对高速公路和水路建设、航空安全以及机场建设的基础设施、对外发展援助项目、国防领域的设备采购和基建项目、现代信息技术的引进进行审计监督。韩国监察院近年已把大部分审计资源投入到问题多、影响大的公共投资项目领域。

我国的公共投资审计是国家审计的重要组成部分，是公共投资和公共工程项目监督的主力军。目前各级地方审计机关中省、市、县的公共投资审计工作量分别占本单位同期工作量的 20%、20%～40%和 40%～60%。审计人员的数量也在审计机关中占较大比重，有些审计机关甚至成立了两个投资处。投资审计工作者们勤奋工作，奋发进取，在促进科学发展，深化投融资体制改革、推进法治建设、遏制腐败、提高投资绩效、规范建设管理和市场秩序等方面发挥了巨大作用。

（三）公共投资审计面临的发展机遇。

一是拓展五大发展空间为公共投资审计开辟了广阔天地。党中央在“十三五”规划建议中提出拓展区域发展空间、产业发展空间、基础设施建设空间、网络经济空间、蓝色经济空间五大发展空间。拓展区域发展空间以“一带一路”建设、京津冀协同发展、长江经济带建设为引领，加强城市群建设及基础设施互联互通。拓展产业发展空间要求经济转型和产业结构调整，支持传统产业发展升级和节能环保产业发展。拓展基础设施建设空间要求实施重大公共设施和基础设施工程，完善公路、铁路、水利、民航等基础设施网络建设。在拓展经济社会发展空间和转换新动能的过程中，公共投资审计监督维护公共资产安全有效，促进宏观政策措施落实和目标实现的职责和任务将会更加突出。

二是工业化、城镇化、现代化建设规模巨大，为公共投资审计提出了新的、更高的要求。当前，我国经济增长放缓，但公共投资建设仍是经济增长的重要动力。据统计，2015 年全社会投资为 56 万亿元，其中基础设施投资为 10 万亿元，比上年增长 17%。随着我国经济的发展，公共投资建设将成为供给侧和需求侧两端发力的重要引擎和最佳结合点。“十三五”时期，国家将充分发挥政府投资的杠杆撬动作用，加大对公共产品和公共服务的投资力度，启动实施一批全局性、战略性、基础性重大投资工程。为贯彻五大发展理念，确保巨额公共资金合规、合法、绩效，审计监督必须主动作为，积极作为，为科学发展、转型发展保驾护航，这些都为公共投资审计大显身手提供了广阔的用武之地。

三是稳增长调结构等投资政策的出台，为公共投资审计确定了方向。确保一定的经济发展速度是实现“两个百年”宏伟目标的必然要求。投资政策从来就是国民经济宏观调控的重要手段和工具。为确保经济预期增长，传统的投资拉动宏观调控措施会继续发挥重要作用。当前经济进入新常态后，稳增长促改革调结构惠民生转方式、补短板、防风险等调控政策措施竞相出台，这些调控政策不仅直接影响未来的经济结构，也为公共投资审计确定了方向，宏观调控政策贯彻落实和执行情况成为公共投资审计的重要内容。

四是投融资体制改革不断深化，进一步拓宽了公共投资的范围和需求。拓展政府和社会资本合作模式，畅通市场化融资渠道是成熟市场经济的通行做法，加强对 PPP 模式等公共建设领域的审计监督是适应新形势、新要求的大势所趋。今年 3 月，中央全面深化改革领导小组第二十二次会议审议通过了《关于深化投融资体制改革的意见》，强调确立企业投资主体地位，放宽放活社会投资，发挥政府投资的引导作用和放大效应，完善政府和社会资本合作模式，激发市场主体投资活力。这不仅明确了公共投资范围，也为公共投资审计监督确定了新的任务和要求，我们必须转变局限在财政拨款和政府投资范围内做文章的习惯思维，树立全新的公共投资审计新观念，即将涉及国家战略和公共安全、公共利益的公共投资项目均纳入公共投资审计范畴。因此，我们既要有开阔的视野，树立大投资审计观念，又要适应新变化，把握新机遇，迎接新挑战。

党中央、国务院非常重视公共投资审计工作，在多项文件中要求审计机关加强对公共资金、公共资源、公共政策、公共权力的审计监督。李克强总理在国务院第三次、第四次廉政工作会议的讲话中均指出，审计机关要对所有纳入预算的公共资金、重大投资、重点工程执行进度和效果进行全过程监督。党中央、国务院关于加强审计监督和审计全覆盖的若干文件和指示，是公共投资审计重要的理论和法治基础，也是我们加强公共投资审计的力量源泉。希望大家要把思想统一到中央精神要求上来，统一到公共投资审计上来，坚持公共投资审计方向，不断深化对公共投资审计重要性的认识。

二、公共投资审计的优势、存在的主要问题和当前工作重点

在新形势下，公共投资审计工作要抓住历史性机遇，适应新常态、践行新理念，在推动完善国家治理中发挥重要作用。公共投资审计要自觉服从经济社会发展大局，围绕党和国家工作中心开展工作，有效开展国家重大建设项目审计，持续开展抗震救灾和恢复重建审计、援疆援藏跟踪审计，以及建设项目资源环境保护等一系列审计，从资金和项目的真实性、合法性、效益性入手，紧紧围绕五大发展理念，贯彻落实好公共投资审计发展、法治、改革、绩效、绿色的新要求，持续坚持"两手抓、两手硬"，一手抓重大违纪违法案件线索、重大损失浪费、重大风险隐患、重大履职尽责不到位等问题的查处，一手抓促进深化改革、推进法治、提高绩效，推进公共投资审计转型发展和现代化，反映突出问题和体制机制性障碍，并推动及时有效解决。

（一）公共投资审计的优势。

推进公共投资审计的新跨越，必须充分认识和把握优势，扬长避短，实现超常发展。经过几十年的发展和积淀，公共投资审计具有以下优势：一是党中央国务院高度重视，具有政策优势。近几年，党中央、国务院要求审计机关对所有纳入预算的公共资金、重大投资、重点工程进行全过程监督，要求对公共资金、国有资产、国有资源和领导干部履行经济责任情况进行全覆盖，加强公共投资审计是我们必须履行的政治任务。二是人民群众期盼，具有基础优势。随着我国公共投资项目越来越多，重复建设、损失浪费、贪污腐败等现象突出，社会高度关注，客观上需要加强公共投资审计监督。三是专业性强，具有专业优势。公共投资审计从工程预决算审计到全程跟踪审计、绩效审计和工程质量审计，都有一些独特的审计方法和手段，专业性强。四是积累了丰富的经验，具有传统优势。审计署曾先后组织对长江三峡、南水北调、京沪高铁等重大项目审计和汶川地震灾后恢复重建、北京奥运会跟踪审计等，有大兵团作战和多方面协同作战经验，查处了一批有重大影响的大案要案，地方审计机关也不同程度地开展了工作，积累了丰富经验。五是人才济济，具有人才优势。绝大多数公共投资审计干部能打硬仗、大仗，勇于奉献、敢于担当，不少干部有能力、有思路、有见解。这些都是公共投资审计的发展动力和源泉，是我们的宝贵财富。

（二）当前存在的主要问题。

我们要正确认识公共投资审计存在的一些突出问题。

一是审计理论研究落后于时代发展。适应能力、创新能力不足。部分同志观念陈旧，视野不开阔，未能因时而变，顺势而为，观念还停留在计划经济时代，看不到也感受不到改革发展带来的新环境、新变化，不能与时俱进；理论创新气氛不浓，与实际联系不紧密，思考不深入。现行投资审计理论落后于公共预算改革和投融资体制改革，不能适应当前投资主体多元化、融资渠道多样化的发展。公共投资审计理论还不完善，审计方法尚未成熟，在审计实践运用中不自觉、不全面，理论牵引作用不够突出。

二是审计资源配置不够合理。一些地方审计机关搞"每投必审"，审计任务严重超出审计资源的承受能力，审计质量难以保证。有的公共投资审计偏离审计监督的基本职能，攻其一点，不及其余，将审计重点放在核减工程造价上面，越位承担投资项目管理职能，混淆监督与管理职能。对"两手抓"和工程建设领域易发多发的重要问题和关键环节没有重点关注，投入的力量和精力也不够，审计成果比较片面，有的审计报告没有揭示出实质性问题，成了被审计单位的"护身符"和"挡箭牌"；一些审计机关长期偏离公共投资审计主战场，审计计划和任务安排不饱和，甚至空白，造成公共投资审计人员脱离投资审计业务、脱离工作实际，甚至造成队伍凝聚力不强的严重后果，不利于公共投资审计事业的可持续和长远发展。

三是审计人员的能力、素质还不适应新形势、新任务、新要求。部分审计人对先进审计理论、技术与方法的研究、总结、推广、应用不够，审计方法和手段不能适应工程建设现代化和大数据时代特点；审计队伍专业单一，缺乏有专业背景的人才，计算机、会计、审计方面的复合型人才更少，许多审计机关甚至不能开展工程财务审计。这些都严重制约了公共投资审计人员的创新能力和工作水平的提升。

四是审计层次、深度还不够。一些单位对公共投资审计特点、公共投资规律、公共工程和重要基础设施建设特点及技术应用研究不够，全面、系统、宏观把握不到位，对重大公共投资政策、重大项目背景、进展、政策目标实现情况研究不够深入，对公共投资审计工作中遇到的深层次问题，缺乏深入的思考和研究，有些重大问题线索没能突破，重大问题没有及时揭露，存在一定的审计风险和审计质量隐患。

五是廉政风险防控还有待加强。从中纪委驻审计署纪检组调查情况看，公共投资审计成为近年来审计腐败案件易发的领域。公共投资审计部门直接参与施工单位结算金额的确认和审核，审计意见和审计决定直接影响施工单位的经济利益，投资审计人员成为被“公关”和“围猎”的对象。有的审计机关缺乏公开透明的制度规范，公共投资审计部门和人员拥有较大的自由裁量权，存在严重的廉政风险隐患，特别在聘请中介机构和管理上，有的已经付出了沉痛代价。

（三）当前公共投资审计的工作重点。

当前，公共投资审计工作的主要目标是坚持以十八届五中全会精神和科学审计理念为指引，牢固树立公共投资审计发展、法制、改革、绩效、绿色新理念，推进公共投资审计转型发展和现代化，创新公共投资审计理论和实践、技术与方法，更好地履行党中央、国务院赋予公共投资审计监督的新职责和新任务。为此，我们要重点开展以下几项工作。

——加大对公共投资领域国家重大政策措施落实情况的跟踪审计。重点对“一带一路”、京津冀一体化、“长江经济带”等涉及国家战略、公共安全、公共利益的重大公共投资项目开展跟踪审计；对投融资创新、扩大有效投资、促进结构调整和转型升级、推进新型城镇化等政策措施的贯彻落实情况和效果进行审计。

——加强对公共投资的绩效审计。关注国家重点公共投资项目及重大水利、交通、能源等基础设施项目，紧紧抓住工程概算、决算、造价、质量、工期，以及政策目标实现等重大关键环节，挤压投资水分，揭示重大问题；重点检查项目建设过程中损失浪费、低效闲置问题，违反总体规划和环保政策问题；尤其要关注违反中央八项规定精神建楼堂馆所和脱离群众，搞面子工程、形象工程、政绩工程的问题；促进公共工程资金效益和效果最大化，为社会提供更多的公共物品和公共服务，满足广大人民群众的精神、物质需要，让改革发展成果更多地惠及广大人民群众。

——加强对改善民生和资源环保项目的审计。重点检查精准扶贫、社会保障等民生项目在政策执行、资金使用、项目实施等阶段存在的问题，促进国家惠民、富民政策落实，推动共享发展；关注资源节约、循环利用和环境保护政策落实情况，关注公共工程项目对环境的影响，促进形成绿色发展和生活方式。

——加大对公共投资领域重大违法违纪问题和体制机制问题的揭示。重点对权力集中、资金密集、资源富集、资产聚集的重点部门、重点岗位、重点环节进行审计，加强对腐败案件发生规律的剖析，促进廉政建设；分析产生问题的体制机制性原因，对推进公共投资领域改革中出现的政策措施不衔接、不配套等问题，要及时反映、提出建议。

三、推进公共投资审计工作的几点要求

（一）统一思想，提高认识。

当前公共投资审计的首要政治任务是全面学习贯彻党的十八大和十八届三中、四中、五中全会精神，深入学习贯彻习近平总书记系列重要讲话精神，深入开展“两学一做”，认真学习贯彻李克强总理对审计工作的重要指示，进一步认真贯彻落实国务院下发的《关于加强审计工作的意见》精神和要求，依法严格履行审计监督职责，加大审计力度，立足公共投资审计工作实际，立足各地实际改进审计方式方法，自觉服从和服务于经济社会发展全局。

（二）依法审计，客观求实。

公共投资审计要严格遵循国家法律法规，以是否符合中央决定精神和重大改革方向作为审计定性判断的标准，审慎做出结论和处理，适时总结经验，推动有关方面建立容错机制；要注重保护改革发展中的新生事物，对符合中央决定精神和重大改革方向的举措，要坚决给予支持鼓励，积极促进规范和完善。

（三）改革创新、提高效率。

坚持先进的理念引领和正确的理论指导，往往会带来思维习惯和行为方式的重大转变，产生巨大的实践效果。各级审计机关要高度重视投资审计创新的推动作用，加强公共投资审计的理念创新、理论创新、技术创新，把创新作为公共投资审计工作的第一动力，把创新作为灵魂贯穿公共投资审计监督的始终。工作中要创新审计思路，推进中央政策措施的贯彻落实，促进公共投资项目的财政资金整合，提高资金使用效益；揭示项目审批环节多、效率低等突出问题，重点查处不作为、慢作为行为，推进建设项目审批体制改革。

（四）努力实现公共投资审计全覆盖。

在新时期，各级审计机关要实现公共投资审计全覆盖，把握“十三五”时期公共投资审计工作的目标任务，有重点、有步骤、有深度、有成效地推进审计全覆盖，加快公共投资审计理念思路创新，实现审计对象的全覆盖和审计作用的全覆盖；各级审计机关要加强计划统筹，科学编制中长期审计项目计划和年度计划。要加强资源整合，信息共享，建立各级审计机关、不同审计项目之间的审计成果和信息共享机制，提高审计成果利用水平。

（五）加强队伍建设和作风建设。

队伍建设和作风建设永远在路上。各级审计机关要高度重视公共投资审计，加强公共投资审计队伍建设，结合当前“两学一做”学习教育活动，持续推进作风建设，坚持文明审计，在工作交往中要谦虚谨慎、平等待人，查找问题要客观求实、以理服人，时时刻刻维护审计机关和审计人员形象，把公共投资审计队伍打造成一支政治强、业务精、作风优、纪律严的队伍，成为审计铁军中的模范部队和突击部队。

同志们，公共投资审计工作前景广阔，大有作为，同时任务艰巨，责任重大。我相信，在审计署党组的领导下，全体公共投资审计工作者一定能够紧紧围绕协调推进“四个全面”战略布局，聚焦五大发展理念，承前启后，奋发图强，创造进取，勇于担当，切实推进公共投资审计事业的新发展，为实现中华民族伟大复兴的中国梦做出应有的贡献！

在大数据环境下
审计技术方法研讨会上的讲话

审计署党组成员、副审计长 袁 野

（2016 年 7 月 22 日）

各位代表、同志们：

大家上午好！非常高兴能够参加大数据环境下审计技术方法研讨会。

看到大家的研讨成果，我非常高兴，提交的这些论文反映出了目前我们审计信息化的进程，大家对信息和数据运用的进程，也反映出了大家在推动信息化过程中取得的一些成果。可以看出大家在信息化的意识，尤其大数据意识，相关信息化技术的应用等方面，确实取得了很大的进步。这些论文让我回想起国家审计在信息化建设、数据分析与应用过程中所走过的历程，借此机会我想跟大家一起回顾一下审计信息化的发展历程，并谈一下我自己对当前大数据审计工作的几点看法。

一、审计信息化的发展历程

自 20 世纪 80 年代末、90 年代初，审计机关开始将计算机技术用于审计工作、开展数据分析。审计的信息化和对数据的分析，是伴随着整个社会的信息化发展，尤其被审计单位在信息化方面的发展而发展的。在这个过程中，在署党组的领导下，在历任审计长的大力推动下，我们积极推进了金审一期、二期工程，为审计信息化的建设打下了坚实的基础。现在金审三期工程马上要启动了。我相信金审三期工程启动以后，将对审计信息化有进一步的促进。

审计信息化的发展历程可以分为三个阶段。第一个阶段是跟跑阶段。随着被审计单位广泛使用计算机进行管理和财务核算，如果不懂计算机、不掌握信息化技术，审计面临着打不开账本、难以开展工作、不能依法履职尽责的困境。为了解决这一难题，我们进行了广泛的探索和实践，审计技术开始了由手工审计向信息化应用的转变，有效地推动了审计工作的发展。这一阶段，我们较多采取的是借助计算机来实现手工审计方式，通过运用计算机模仿审计、运用相关审计软件工具提高审计工作效率，或者称之为模拟手工。在这个过程中，不仅锻炼了队伍，也使我们逐步认识了审计信息化发展的规律和途径。但是随着党中央、国务院对审计工作的要求越来越高，被审计单位信息化程度和数据运用范围越来越高，仅仅依靠模拟手工的方式已经不能适应审计工作发展的要求。因为单纯的模拟手工审计往往审查的只是一个“点”，难以展现“面”上的情况，同时，模拟手工审计中，数据应用是模拟手工账，不能完全体现数据的特性，无法发挥数字的优势。由此，我们开始了在审计中对一个企业、一个单位的整体数据进行分析的尝试，也就进入到了审计信息化的第二个阶段。

第二个阶段是紧追阶段。在这个阶段，我们积极探索了“总体分析、发现疑点、分散核查、系统研究”的审计工作模式，同时创新了相关的审计组织方式。例如，在金融审计中大力推进信息化条件下以总行（总公司）为龙头来开展审计工作、建立数据分析体系和大数据分析平台。这种组织方式在社保审计、财政审计、企业审计中得到了应用，使得在数据分析中锁定的不仅仅是财务数据，还将被审计单位的业务管理和经营活动全部都纳入其中，对整体数据进行分析。在建立数据平台和开展数据分析过程中，随着数据采集技术的广泛应用，我们感觉到，要实现政策落实情况的监督、履行好维护国家经济安全的责任，要在审计中能够及时地发现经济社会运行的重大问题和突出风险，如果只是单一地对一个部门、一个企业进行审计是远远不够的，还需要搭建更广阔的平台，更好地整合经济社会运行的相关数据，这样审计信息化工作进入到了第三个阶段。

第三个阶段是并行阶段。针对大数据条件下的信息化实现方式，刘家义同志对审计数据集中和分析工作提出了“五个关联”的要求，即：从中央财政到省市县乃至每个乡镇的资金使用、从部门到项目具体执行单位的资金使用的纵向关联；从财政部门、发展改革部门到一级、二级预算单位的各种专项资金的横向关联；财政、金融和企业三方面的数据关联；财政部门与其他多部门、多行业的数据关联；财政数据与业务数据、宏观经济数据的关联。但目前要实现这“五个关联”，我们面临着巨大挑战。

首先是海量的数据，单一的一个企业、一个机构的数据对审计数据的采集、挖掘、应用而言已经是很大挑战了，而要把审计所涉及的不同领域的、不同系统的、大量的、结构多样复杂的数据再加以整合是我们所面临更大的难题，需要我们攻坚克难，提升能力。而要回答好我们应该在什么样的思想指导下、采用什么样的思路整合这些数据信息，最终实现什么样的目标等问题，不单需要依靠技术，还需要我们对国家审计的定位、本质和规律有更为准确、到位的认识。我们不仅要能够掌握数据采集、挖掘、运用的技术方法，更重要的是要掌握相关的专业理论和知识，要深刻理解国家审计在国家经济社会运行中的重要地位，准确把握审计人员所承担的职责。只有这样，我们才能很好地思考怎么运用这些数据，要实现什么样的目标，取得什么样的成果，最终实现国家审计在党和国家监督体系中重要组成部分的监督定位，充分发挥国家审计在国家治理体系中基石和重要保障作用。这是从更高层面上对我们提出的更高要求。

其次，“五个关联”的实现，必然会给审计工作带来全方位的变化，也就是如何实现创新审计组织管理模式的“六大转变”“七个一体化”。对于“六大转变”和“七个一体化”，我的理解是，它们是在大数据的环境下，对审计组织架构在信息化推进过程中提出的新要求。比如，如何从单点离散审计向多点联动审计转变。过去我们审计项目是单一的，企业审计就是对企业的审计、金融审计就是对金融机构的审计。而面对整体数据，单点离散审计向多点联动审计转变，实际上就是要把财政审计、企业审计和金融审计的数据整合到一块。又如，如何由过去的现场审计向现场审计与非现场结合，尤其是以非现场为主的审计转变。这应该是信息化条件下的审计组织方式。怎么样实现现场审计与非现场结合、以非现场为主？现场审计的前台和非现场审计的后台如何一体化？这些必然需要适当的审计组织方式加以保证。

再次，在这个过程中，我们还需要加强相关制度的建设，例如信息化条件下如何实现质量控制。以前审计取证都有被审计单位的签字，而现在数据都取到了，数据与数据的关联和碰撞所产生的审计成果，由谁来签字确认呢？质量控制应该如何适应信息化发展呢？例如，对于通过这种方式发现的重大问题线索应该怎么样审理和审核？现场和非现场之间关系发生了转变，应该如何提高信息化条件下现场和非现场的管理？如何对P量级的数据进行存储，基于这种存储下如何强化数据管理、保障数据安全和保证数据高效地运行，在什么样的管理路径上、运用什么样的工具和技术对数据进行深度的挖掘呢？以上都是目前这个阶段我们在制度建设上所面临的难题，有些是我们自己能解决的，有些则需要进行服务外包，这些难题都需要我们去研究、去攻关。

第四，目前各级审计机关在开展数据分析工作中，使用的数据挖掘工具是五花八门的，下一步，能不能开发使用国产自主可控的数据分析工具呢？在运用国产数据分析工具基础上，还要研究如何对数据进行深度挖掘；在现场和非现场之间建立数据联网高速公路时，安全防护如何实现；信息化需要的是扁平化管理，扁平化管理是点对点的，在点对点方式下，如何确保数据安全、在远程访问数据时如何安全地运用数据。这些问题都是我们在技术上需要突破的领域与方向。这些问题所涉及的硬件设备、软件系统和运行维护技术都是最前沿的。我想，未来我们在数据集中到更高量级的情形时，并实现大数据运行目标时，审计机关在信息化技术应用方面在某种程度上一定会是领跑者，但这需要付出极大的努力。

二、当前大数据审计工作存在的不足

从这次研讨会的内容看，大家聚焦于大数据环境下对数据的运用，尤其是比较关注数据与数据之间关联与整合的方法和相关技术运用，取得了一定的成果。其中有不少论文紧贴了审计所关注的重点领域和目前开展的重点工作。例如，有的论文研究了在政策跟踪审计中如何将政策跟踪和信息化结合起来，我觉得这是比较好的一种尝试。有的论文紧跟财政资金的流向，探索了专项资金在大数据环境下应该怎样深入地核查，尤其是对过去依靠手工审计中难以覆盖的那些领域，如涉农、民生等相关资金如何开展审计。但是，面对着党中央国务院对审计署的要求和人民群众对审计机关的期盼，还是存在着不小的差距。2008年，审计长刘家义就提出，审计的未来在信息化，信息化的关键在数字化。这些年我们加大力度推动信息化工作，包括提出总体分析、发现疑点、分散核实、系统研究的数字化审计组织方式，但当前大数据审计工作还是存在着不小的差距和不足。

一是审计理念方面存在不足。审计工作在适应信息化的要求，发挥好在党和国家监督体系中的重要作用，推动国家治理体系现代化方面还存在很大的差距。而这些差距关键体现在理念上，理念影响到我们掌握信息化的本质、信息的本质，以及进一步探索实践的力度和工作进度，因此在把握信息化的本质和源头的基础上，如何用科学的审计理念来指引和推动信息化建设工作，需要我们进一步深化研究。

二是数据融合关联方面存在不足。审计工作要推动经济社会健康发展，发挥经济社会免疫系统的功能，首先要能够率先地感受到、发现风险隐患。比如说对银行信贷资产质量的判断，以前我们对银行信贷资产质量的判断往往与能够按时还本付息挂钩，侧重长期没有按时归还本息，或者是借新还旧的问题。如果是能够和企业向工商上报的财务数据、向税务上报的财务数据进行关联，那么有可能从外部信息来进一步地验证它的信贷资产质量，甚至我们还可以引用一些其他相关部门的实物量的数据进行关联分析，包括企业用电的数据、用水的数据，这种多视角或全维化的视角，使得我们在分析中可以更加接近客观事实。这样我们就要考虑，在审计一个单位的时候怎么样综合地、更广泛地采集数据。但这些还都是微观视角，中央关于完善审计制度若干重大问题的框架意见要求，更好地发挥审计在保障国家重大决策部署贯彻落实、维护国家经济安全、推动深化改革、促进依法治国、推进反腐倡廉建设中的重要作用。这就要求我们更加牢固树立“四个意识”和提升政治站位，从促进经济社会健康运行的高度，以更加宏观、系统的视野把握、揭示经济社会运行中的一些风险隐患，经济社会运行中的一些突出矛盾、突出问题。这样就更需要有更大范围的数据做支撑，这里面最关键的是我们要怎么样强化数据的碰撞、数据与数据之间的关联。今天大家介绍了这方面的情况，有很多有益的尝试。但是站在更大的范围下，整体上来把握这些数据，我感觉这方面还有较大的差距。在下一阶段，需要按照“五个关联”的要求再进一步强化。

三是前沿技术探索方面存在不足。这是我和数据司、计算机中心经常交流的问题，就是关于大数据技术的运用，我们怎么样把握最前沿的一些技术，来对我们现在采集到的信息加以深度分析。比如说当前我们大数据分析中，机器学习成为智能分析的核心技术，那么我们如何在对审计数据进行整合之后，运用人脑和智能技术相结合的技术，实现机器的自学，再进一步深度提高我们分析的效率。又比如说如何运用多学科、多专业和技术的融合，尤其是在前沿上的融合，使得我们更深入地分析数据，解决业务和技术两张皮的问题。再比如，现在我们数据的实时性越来越强，很多报送的间隙期越来越短，那么我们怎么样用流计算这种模式，来对大规模的这种流动性的数据进行实时的分析，使得我们的分析结果时效性增强等等。我们现在使用的技术很多还是传统的，如关联技术和筛选技术等。对于一些大数据运算中更前沿的技术，我们怎么样能更好地应用，这方面还做得不够。因此需要加强对新技术的探索，用先进的技术，深化我们的应用。

四是信息化工作与其他工作整体推进不够。信息化工作和相关工作的整体推进，包括组织方式、队伍建设还有一些不足、一些差距。汇报中有的同志谈到，要解决业务技术两张皮的问题。对此，我也有切身感受。刚才大家在谈分工时，在讲很多案例的时候都还在讲我们计算机人员怎么分析，分析结果审计人员怎么配合延伸，其实这本身就是一个很大的问题。面对信息化，我们每一位审计人员都应该是信息兵，每一位审计人员都应该掌握数据分析技术和手段，我们每一位指挥人员都应该是信息化条件下的指挥人员，不应该再有任何拐杖，也不应该再借助任何计算机人员等来做技术辅助工作。信息化条件下的作战模式，就相当于部队打仗，沙盘画出来了，从审计角度来说，指挥员你知不知道掌握了多少信息，这一信息就像沙盘一样，地形地貌什么关系，河流山川是什么情况，怎么样掌握得非常清晰、全面，在这个情况下，我提出指挥的方案，然后引导大家进行深化审计。在信息化条件下，每一位指挥人员都是信息化指挥人员，每一位审计人员都是信息化的兵。所以说，要在意识和技术上进一步强化，来解决两张皮的问题。在信息化条件下，非常重要的组织方式就是扁平化，现有的模式适不适应扁平化的要求，如何提高效率，一旦管理层次多了，信息就会不对称，分析起来就会出现差错和问题。

再有信息化和相关基础性工作还需进一步整合。比如在信息化条件下，质量控制、法规审理应该如何跟进。数据分析的结果，有些是精准的，有些必须去现场验证，需要建立一个更严密的质量控制体系。从审计反映出的很多情况来看，还需要强化信息化条件下的质量控制意识。比如精准识别扶贫，我们用建档立卡的数据与社保数据、房管数据、汽车信息等等进行关联，筛选出来线索，是疑似，它们是不是真的，必须验证。如，几个贫困农户合资买一辆车，汽车挂在某一人名下，并没有解决脱贫的情况。又如农民将身份证卖给了别人，别人拿去开户炒股票，或者是办公司，那么怎么样把这些信息精准地识别出来，确保分析结果符合实际情况。因此，数据分析过程中的质量控制，必须强化。

五是安全意识需要不断加强。安全是我们信息化的一个前提。这些年，署党组高度重视信息安全，安全是我们推动信息化建设的一个重中之重，是我们进行数据运用和分析的唯一前置条件，一定要把这个立在信息化建设最前面。我们从互联网信息中揭示出来的案例看，安全问题不仅在我国，在国际上，也是非常突出的。最近，我在互联网上看到这样一些信息，今年年初到现在为止，全球私密数据被盗取的情况占据了全球数据的百分之十五；今年5月，谷歌、微软、雅虎两亿多的邮箱信息被黑客盗取；今年6月，美国国家安全局的一个系统也被黑客闯入，把他搜集到的一些黑客的工具和手段公布出来。所以说，信息的安全性，时时刻刻是一个警钟，我们必须将其作为信息化的一个前提，信息的安全意识要始终放在最重要的位置，所以数据安全方面的相关课题需要我们加强研究。

今天跟大家一起回顾了一下审计信息化发展的三个阶段，并对当前大数据审计工作存在的不足以及需要解决的问题发表了我个人的看法。总之，我希望大家以这次研讨会为新的起点，研究当前信息化条件下审计面临的挑战，探究如何应对这些挑战的对策，攻克一个个“拦路虎”，真正实现审计数据集中分析的“五个关联”，在推进审计组织管理模式的“六个转变”和“七个一体化”方面发挥审计信息化应有的支撑、保障作用。希望大家在这些方面能进行深入的交流和碰撞，使审计信息化技术研究能够上一个新台阶。

发扬党的光辉传统　践行民主集中制

——在参加审计署党组学习贯彻党的十八届六中全会精神专题学习讨论会上的发言

审计署党组成员、总审计师　李晓钟

（2016年11月16日）

民主集中制是党的根本组织原则，是党内政治生活正常开展的重要制度保障，是中国共产党的优良传统。十八届六中全会通过的《关于新形势下党内政治生活的若干准则》深刻总结历史经验，坚持问题导向，就新时期加强党内政治生活，特别是民主集中制提出了许多新的要求，意义重大。

一、民主集中制的含义、发展历程及地位

（一）民主集中制的含义。

党的十八大修订的党章规定：“民主集中制是民主基础上的集中和集中指导下的民主相结合。”民主集中制具体包括“四个服从”、党的领导机关的产生、党的领导机关与党的代表大会的关系、党的上下级组织之间的职责与关系、党的各级领导机关的领导制度、禁止个人崇拜等六大原则。

十八届六中全会通过的《准则》，把民主集中制单独列为一章，明确了民主集中制的地位，并从各级党委要坚持集体领导，领导班子成员要增强全局观念和责任意识，主要负责同志要发扬民主、善于集中、敢于担责，班子成员要坚决执行党组织决定，领导班子工作分工，组织与个人的关系等六个方面做了阐释。这些最新的规定，是党对马克思主义建党理论、政党学说和民主集中制理论的重大制度创新和发展，意义重大。

（二）民主集中制的发展历程及地位。

民主集中制是无产阶级政党的根本组织原则和领导制度。以毛泽东同志为代表的中国共产党人，在领导中国革命与建设的长期实践中，把马克思主义党建理论与中国具体实践相结合，形成了具有中国特色的民主集中制思想。

1927 年，中共五大首次将民主集中制写入党章，规定“党部的指导原则为民主集中制”。1928 年，中共六大党章，第一次规定了民主集中制的原则。

1945 年 4 月，毛泽东同志在《论联合政府》一文提出了“在民主基础上的集中和在集中指导下的民主”的思想。1945 年 6 月，七大党章提出了“民主集中制，即是在民主基础上的集中和在集中领导下的民主”，并明确了“四个服从”的原则。1956 年，八大党章提出：“民主集中制，是在民主基础上的集中和在集中指导下的民主。”

“文革”后，党的十二大、十三大通过的党章恢复了“在民主的基础上实行高度的集中”的表述，没有恢复“集中指导下的民主”这一提法。十四大党章将民主集中制表述为“民主基础上的集中和集中指导下的民主相结合”，至此民主集中制在党章中的表述保持了稳定。

以习近平同志为核心的党中央把民主集中制归纳为四大重要法宝之一，并在十八届六中全会通过的准则中对民主集中制有了最新的规定，实现了从实践到理论的飞跃。

二、坚持正确地认识和理解民主集中制原则

运用民主集中制原则，需要正确地理解民主，正确地理解集中，正确的理解民主与集中相结合，既需要防止由于民主不够所导致的个人专断，又要防止由于集中不够所导致的极端民主化。

（一）大力发展“民主集中制”中的“民主”。

民主集中制的民主就是党员和党组织的意愿、主张的充分表达和积极性创造性的充分发挥，是制度化、规范化、程序化的要求。

中国共产党是追求民主的政党。党内民主是解放思想的重要条件，是坚持正确思想路线的保证，党内如果不能营造民主讨论的氛围，就会陷于僵化，就不能制定正确的路线、方针、政策，就不能实行正常的党内监督。

需要指出的是，我们要的民主是民主集中制之下的民主，是广开言路、“言者无罪闻者足戒”、从善如流从谏如流，是“从群众中来、到群众中去”，是集体领导与个人分工负责相结合，以此来最大限度调动党员积极性和党的活力。不受约束的民主，不属于党内民主的科学范畴。发展民主绝不是认同软弱涣散、议而不决决而不行、各行其是、各自为政、各取所需，更不是有令不行、有禁不止、尾大不掉、搞“上有政策、下有对策”，要坚决反对“无政府主义”并与之做坚决的斗争。

（二）正确地进行“民主集中制”的“集中”。

民主集中制的集中，就是全党意志、智慧的凝聚和行动的一致。在党内，党员享有充分的自由，可以通过正常渠道，讨论党内事务，批评党的任何组织和个人。但是，任何自由都不是绝对的，不是想干什么就干什么，想怎样干就怎样干，必须以遵守党的纪律为基本前提条件。有的党组织和党员只讲民主，不讲集中；只讲地方困难，不讲中央大局；只讲自由，不讲纪律；只要组织照顾，不要组织约束。这些显然有悖于民主集中制的要求，不利于党和国家的集中统一，应当坚决抵制并进行纠正。

集中不等于专制，党员和党组织负责人在人格上是平等的，在党内政治生活中是平等的。正确的集中绝对不是“一言堂”“一支笔”、暗箱操作、“顺我者昌、逆我者亡”，更不是“家长制”“个人专制”。我们需要的是民主集中制下的正确的集中，是豁达大度、集思广益，是议而有决决而必行，是从大局出发，顾全大局，服从大局，维护党和国家的整体利益的集中。

（三）正确地运用民主集中制。

我个人理解，运用好、实践好民主集中制的重点和难点就是做好“相结合”这篇文章，把党员的需求和意志归纳、整合为党的意志，保障民主讨论的思想成果和制度成果转化为实践成果。

毛主席曾用“多谋善断”来解释怎样做到民主集中。多谋，就是民主；善断，就是集中。1959 年，在中央政治局郑州扩大会议上，毛主席讲道："多谋善断这句话，重点在'谋'字上。要多谋，少谋是不行的。要与各方面去商量，反对少谋武断。商量又少，又武断，那事情就办不好。谋是基础，只有多谋，才能善断。谋的目的就是为了断。要当机立断，不要优柔寡断。"

习近平总书记曾用乐队比喻民主集中制。他指出："由于人们观察问题的视角不同，个人阅历和知识结构不一，认识事物的能力和水平也不尽相等，在讨论问题、做出决策时，自然会见仁见智，发出'多种声音'。这'多种声音'，正是坚持集体领导、形成科学决策的基础。""这好像一个乐队，只能有一个指挥，离开了指挥，乐队的演奏不协调，大家各自的声音变成了'杂音'，就不成完美的乐曲了。""乐队指挥的高超技艺，就表现在他能巧妙精致地指挥乐队，吹拉弹唱，丝竹和谐，或是轻柔委婉，或是激越雄壮，齐奏一曲悦耳动听的交响乐。"

综上所述，党的民主集中制是民主基础上的集中和集中指导下的民主相结合的制度。征求意见、表达党员和各级党组织的诉求，是民主；协调利益关系、整合具体矛盾与分歧，形成党的正确决议，是集中，而且是更高层面的集中，二者绝不可偏废，在纠正一种错误倾向时也要注意避免另一种错误倾向。

三、学习新准则，更好践行民主集中制原则

对民主集中制原则，新准则既提出了希望与要求，也明确了底线，划出了红线，特别是针对当前全党突出的几个问题，在三个方面提出了坚决反对或防止，应引起我们高度重视。我个人认为，落实民主集中制原则，要把握好以下几个重点。

一是要牢固树立"四个意识"，坚决维护党中央的权威。贯彻民主集中制最重要的就是要维护中央权威，邓小平同志指出："只有全党严格服从中央，党才能够领导全体党员和全国人民为实现现代化的伟大任务而战斗。"在当前，就是要做到"四个服从"，牢固树立"四个意识"，特别是核心意识和看齐意识，做到经常、主动向党中央看齐，向习近平总书记看齐，向党的理论和路线方针政策看齐，在思想上政治上行动上始终同以习近平同志为核心的党中央保持高度一致。

二是坚持遵守集体领导的规则和程序。准则提出："坚决反对和防止独断专行或各自为政，坚决反对和防止议而不决、决而不行、行而不实，坚决反对和防止以党委集体决策名义集体违规。"凡属重大问题，都要按照"十六字"原则，由集体讨论、按少数服从多数做出决定，不允许用其他形式取代党委（党组）的领导。大力推行主要领导末位发言和党组讨论任用重要干部票决制。要把集体领导与个人分工负责有机结合起来，正确处理班长和班子成员之间的关系，充分发挥每个成员的积极性和责任心，使领导集体能够依靠集体的智慧实现正确领导。

三是增强党性原则和规矩意识。新准则提出："坚决反对和纠正当面不说、背后乱说，会上不说、会后乱说，当面一套、背后一套等错误言行。"上述行为是自由主义的具体表现，不仅反映了政治品格不高，也是一种道德素养低下的行为。共产党员道德上要正大光明、光明磊落，有话讲在当面，有意见摆在桌面上，不能做口是心非的"两面人"；政治上要坚持党性原则，要严明党的组织原则和党内政治生活准则，懂规矩、守纪律，集体讨论时可以畅所欲言，党的政策也鼓励讲真话、讲实话、讲心里话，广泛听取各个方面的意见和建议，但党委（组）会按照民主集中制的原则一旦做出决定，就必须无条件执行，不能说一套做一套，更不能公开发表不同意见。

四是作风民主、勇于担当。新准则指出："坚决防止和克服名为集体领导、实际上个人或少数人说了算，坚决防止和克服名为集体负责、实际上无人负责。"我个人理解，作为领导干部，"一把手"要有容人的气度、纳谏的雅量，让大家能够畅所欲言，善于吸收不同的意见，凝聚集体的智慧和力量，确保决策的民主化和科学化，确保领导集体意志上的统一和行动上的一致。作为班子成员，要不断加强自身组织纪律修养，要坚决维护好班子的团结和权威，要有敢言和尽言的勇气与担当，主动作为，强化责任意识，领导集体一旦做出决定，就要按照自己的职责狠抓贯彻落实，不能推诿扯皮。

保持清正廉洁的政治本色

——在参加审计署党组学习贯彻党的十八届六中全会精神专题学习讨论会上的发言

审计署党组成员、中央纪委驻审计署纪检组组长　郑振涛

（2016 年 11 月 15 日）

党的十八大以来，以习近平同志为核心的党中央始终把清正廉洁作为对党员干部的基本要求，把拒腐防变作为加强党的建设的重大课题。习近平总书记强调，“必须把反腐倡廉当作政治必修课来认真对待，决不能把权力变成牟取个人或少数人私利的工具，永葆共产党人政治本色”。十八届六中全会通过的《关于新形势下党内政治生活的若干准则》（以下简称《准则》），把建设廉洁政治，坚决反对腐败，作为加强和规范党内政治生活的重要任务，对保持清正廉洁的政治本色提出了一系列新要求新举措，是新形势下推进全面从严治党，加强党风廉洁建设和反腐败斗争的行动指南。做一名合格党员、领导干部特别是高级干部，就要不断提高拒腐防变和抵御风险能力，永葆清廉本色。

一、筑牢拒腐防变的思想防线和制度防线

《准则》提出，必须筑牢拒腐防变的思想防线和制度防线，着力构建不敢腐、不能腐、不想腐的体制机制，保持党的肌体健康和队伍纯洁。

一要把好思想“闸门”，筑牢思想防线。习近平总书记指出，“一个人能否廉洁自律，最大的诱惑是自己，最难战胜的敌人也是自己”。可见，能不能保持清廉本色，个人的思想道德修养是内因，起决定性作用。广大党员干部要按照党章要求，加强主观世界改造，坚定理想信念，强化宗旨意识，把对马克思主义的信仰、对社会主义和共产主义的信念作为毕生追求。有了这样的理想、信仰和觉悟，工作和生活中自然站位就高了，眼界就宽了，心胸就开阔了，就能经受住各种风险和困难的考验，自觉抵御各种消极腐朽思想的侵蚀。

二要扎紧制度的“笼子”，筑牢制度防线。面临严峻复杂的党风廉洁建设和反腐败斗争形势，探索党长期执政条件下强化自我监督的有效途径，完善党内监督制度，是习近平总书记管党治党思路中非常重要的一环。十八大以来，在作风建设驰而不息、“打老虎”“拍苍蝇”的同时，廉洁自律准则、党纪处分条例、巡视工作条例、问责条例，再加上六中全会通过的党内政治生活准则和党内监督条例等党内法规陆续出台，反腐行动与立规矩同步，治标与治本并行，取得了举世瞩目的成效。

二、落实《准则》要求，做到“四个者”

一是做“三严三实”的坚定实践者。“三严三实”是全面从严治党的必然要求，为党员领导干部从政树立了标杆，是清正廉洁政治本色要求的具体化。刘家义审计长说过：“‘严’和‘实’始终是审计职业的内在要求。如果审计人员缺乏应有的职业素养，不能履行应有的职责，发挥应有的作用，不能有效地维护国家和社会公众的利益，失去了社会公众的信任，势必会影响审计职业的健康发展，损害政府形象，审计职业也就失去了其存在的价值和意义。”能不能始终做到“严”和“实”，关系到我们审计事业的兴旺发达，也关系到每个审计干部的成长进步。

"严"和"实"的要求不是空的虚的，而是要体现在日常，落实在细节；不是一时的，而是要管一辈子，永远在路上。每一项具体工作做到了"严"和"实"，就会逐渐形成高度自觉，养成终身习惯。要做到这一点，最根本的是要经常想一想，自己手中的权力是从哪里来的，应该做到为谁所用？答案很明确，我们手中的权力是党和人民赋予的，必须而且只能用来为人民群众谋利益。时刻牢记这一点，就会对权力怀有敬重之心、敬畏之心，就会在从政生涯中时刻如临深渊、如履薄冰，在履行职责时兢兢业业、不敢懈怠，就不至于在成绩和功劳面前"飘飘然"自我膨胀，也不至于在各种诱惑和考验面前"昏昏然"迷失方向。

二是做社会主义核心价值观的忠诚践行者。十八大以来，习近平总书记在系列重要讲话中强调弘扬中华民族优秀传统文化，并赋予新的时代内涵。社会主义核心价值观就充分体现了对中华优秀传统文化的传承和升华。优秀传统文化已经成为中华民族的基因，植根在我们每一个人的内心，潜移默化影响着我们的思想方式和行为方式。

文化是社会的灵魂，价值观是文化的精髓。积极培育和践行社会主义核心价值观，对于引领社会思潮、凝聚社会共识、推动社会前进意义重大，也充分展现了我们党高度的文化自觉和价值自信。核心价值观体现在国家社会是共同理想和民族精神，体现在家庭中间是家风，体现在个人身上则是品行。我们共产党人更应该强化自我修养、自我约束、自我锻造，提升道德境界，追求高尚情操，争做社会主义道德的示范者、诚信风尚的引领者、公平正义的维护者，保持高尚品格和廉洁操守。

三是做中央八项规定精神和廉洁自律准则的贯彻执行者。落实中央八项规定精神，不论是改进文风会风，还是厉行勤俭节约，不论是遏制"舌尖上的腐败""车轮上的腐败"，还是严禁公款赠送月饼、贺卡，不论是狠刹"会所中的歪风"，还是清理会员卡、"红顶中介""吃空饷"等，根本的一条，就是要从党的群众路线和群众观点上来理解。《准则》提出，"各级领导干部是人民公仆，没有搞特殊化的权利"。这跟党章的要求是一致的。反对腐败，加强党风建设和廉洁建设，其根本目的就在于防止党员干部脱离群众、凌驾于群众之上，坚持党的群众路线，时刻保持党同人民群众的血肉联系。这样才能赢得人民群众的高度信任，巩固党的执政基础。也正是从这个意义上讲，党风廉政建设和反腐败斗争关乎人心向背和党的生死存亡，是一场输不起的斗争。

今年，中央第二巡视组指出了我们在作风建设方面的一些问题，包括落实中央八项规定精神方面的问题。在巡视期间，署党组也举一反三，清理了一些干部超标准乘坐交通工具问题。这些问题虽然不是非常严重，但也要引起足够的警觉。既要"就事论事"，严格按照规定、实事求是地做出处理和整改；也不能满足于"就事论事"，要站在事关审计形象、事关干群关系的高度来认识这些问题，进而积极改进作风，以永远在路上的劲头，加强作风建设，严格廉洁自律，带头执行廉洁自律准则，自觉同特权思想和特权现象做斗争。

四是做家属亲友的真正爱护者。习近平总书记深刻指出，"领导干部的家风，不是个人小事、家庭私事，而是领导干部作风的重要表现"，"要把家风建设摆在重要位置，廉洁修身、廉洁齐家"。管好亲属、子女和身边工作人员，不仅是对领导干部廉洁自律的要求，也是对党员干部党性原则的考验。因放松对亲属、子女和身边工作人员的教育、管理和约束，而使自己深陷腐败的案例比比皆是。这些年查处的高级干部违纪违法案件，很多都跟亲属有关。去年查处的几十个中管干部，超过六成有亲属牵涉其中，其中有的牵涉到几十个亲属，教训十分深刻。滥用公权为家属谋利，贪污受贿为子女敛财，看似爱，实为害。我们应当牢记"国计已推肝胆许，家财不为子孙谋"的古训，切实明白什么是亲情、什么是关心，亲属子女应当干些什么，自己应当给子女、家庭留点什么；切实牢记，亲情再深也有"界"，这个"界"就是公权不能私用。

三、担负起反腐倡廉政治责任，永葆党的先进性和纯洁性

保持清正廉洁的政治本色，其落脚点就在于永葆党的先进性和纯洁性。它既要求每一个党员干部认真履行党员义务，坚决同消极腐败现象做斗争，也要求各级党组织切实履行政治责任，严肃查处违纪违法问题，及时清除"害群之马"。

一是党员干部要自觉抵制消极腐败现象。我

们处在复杂的社会环境中，面对错综复杂的考验和形形色色的诱惑，要做到拒腐蚀、永不沾，必须以坚定的理想信念，坚定的党性，练就“金刚不坏之身”。党性是党员干部立身、立业、立言、立德的基石，必须在严格的党内生活锻炼中不断增强。要不断强化党的意识。牢记自己的第一身份是共产党员，第一职责是为党工作，时刻不忘自己应尽的义务和责任，时刻用党章、用共产党员标准要求自己。党员的行为要按照党性原则来规范，决不能把社会经济生活中的等价交换、讨价还价、个人利益最大化等原则，搬到党内政治生活和工作中来。要始终坚持公私分明。在工作中讲党性、讲原则，决不能把私人交情带到工作中来。在生活中也要有所为、有所不为。要保持心存戒惧，要有敬畏之心，守住底线。大家看到，这几年查处了这么多腐败分子，那些人一旦犯事，什么都没了，倾家荡产，甚至家破人亡。到那时候，敛了再多的财又有什么用呢？还不是要还给国家，还搞得自己身败名裂，实在是划不来。

二是各级党组织要严肃查处腐败问题。党的先进性和纯洁性同一切腐败现象是根本对立的，能不能坚定不移反对腐败，敢不敢动真碰硬，考验着我们各级党组织，各级领导干部特别是主要领导干部的政治意志和品格。在坚决惩治腐败方面，党中央以壮士断腕、刮骨疗毒的决心和勇气，为我们做出了示范。我们一定要在思想认识、责任担当、方法措施上，跟上中央部署，对腐败问题露头就打，决不姑息，保持反腐败的高压态势。

在全面从严治党的进程中，一级党组织有一级组织的责任，每个领导干部也都有自己的责任。党章中讲，党领导一切，总揽全局、协调各方。党的领导本身就包含着管理和监督。各级党组织要以高度的历史使命感和政治责任感，担负起自己职责范围内的管理和监督责任，敢于担当，敢于较真，严格管理，严格监督，不要只想着当“太平官”“老好人”，到头来反倒会被问责。

加强对权力运行的制约和监督
忠诚履行审计监督职责

——在参加审计署党组学习贯彻党的十八届六中全会精神专题学习讨论会上的发言

审计署党组成员　刘正均

（2016 年 11 月 23 日）

党的十八届六中全会审议通过的《关于新形势下党内政治生活的若干准则》（以下简称《准则》）和《中国共产党党内监督条例》（以下简称《条例》），对权力运行的制约和监督提出了明确的要求，强调监督是权力正确运行的根本保证，这是新形势下加强和规范党内政治生活的重要举措。贯彻落实好十八届六中全会精神，必须切实加强对权力运行的制约和监督，围绕这个主题，我从四个方面谈一下我的学习体会。

一、充分理解权力运行的制约和监督的含义

（一）什么是权？在古代汉语中，“权”具有多种含义。据《广雅・释器》的解释“锤谓之

权"，"权"指测定物体重量的器具，后被引申喻为"权势""权贵""权柄"等能够制约他人的某种政治、经济方面的优势力量。《孟子·梁惠王上》中有这样一句话："权，然后知轻重；度，然后知长短"，我们常说的"权衡"，就是这个意思。现代意义上的"权"通常被称为"权力"，是指法律法规赋予公共组织的强制和支配力量，掌权者行使权所具有的力量，把自己的意志、要求施加于他人，表现为影响、支配、制约等行为方式。无论是制约还是监督，我们所说的权力指的是公权力，公权力与私人权力相区别，具有公共性、强制性、合法性、民主性、服务性和扩张性（也称为变异性）的特点。

（二）权从何来，为谁用权？毛主席早就说过："我们的权力是谁给的？是人民给的。"革命战争年代，中国共产党领导人民夺取政权将权力赋予人民，新民主主义革命胜利后，建立了人民民主专政的社会主义国家，党的执政地位是由广大人民共同奋斗得来的。我国宪法也明确规定中华人民共和国的一切权力属于人民，因此，在我国，权力来源于人民。邓小平曾说"我是中国人民的儿子，我的一切都是为了我的祖国和人民"，这体现了党的领导人全心全意为人民服务的赤子情怀，也体现了为民用权的理念。既然权力来源于人民，因此权力也必须始终用来服务于国家与人民，民之所望即施政之所向，以实现好、维护好、发展好最广大人民的根本利益为根本目的。

（三）什么是权力运行的制约和监督？由于权力具有扩张性的特点，权力存在的地方，制约与监督就必须相伴而行，否则就会产生腐败等问题。权力运行的制约可以理解为对权力行使的边界、范围、规则、过程等进行限制和约束，使其运行更加规范。"监督"体现的是监察和督促之意，可以理解为在旁边监视察看，防止错误的产生。权力运行的监督可以理解为监察和督促权力运行的整个过程，包括协调、纠正与控制等。

二、深刻认识加强对权力运行的制约和监督的重要意义

（一）加强对权力运行的制约和监督是权力运行的内在要求。孟德斯鸠曾说过："一切有权力的人都容易滥用权力，这是万古不易的一条经验。"国家权力的直接行使者，既有为国家、为民谋利的责任与义务，又存在为己谋私的机会和可能。如果权力行使者无法克制私心，就可能会滥用权力、以权谋私，损害国家和人民的利益。这就要求在公与私的矛盾面前，加强对权力运行的制约和监督，坚持用严格的法律、制度管事管权管人，有效遏制权力行使者的私欲膨胀，避免出现权钱交易等问题。

（二）加强对权力运行的制约和监督是保持党的先进性，巩固党的执政地位的重要手段。邓小平指出："如果我们不受监督，不注意扩大党和国家的民主生活，就一定要脱离群众，犯大错误。"有着70多年执政史的苏共衰亡表明，增强党的执政能力，为人民掌好权、用好权，是无产阶级政党执政后应当高度重视的问题。党长期执政的合法性，靠党的良好形象支撑；党的公信力，靠公平公正的权力运行塑造。权力只有得到有效的制约和监督，才能有序健康地运行，才能朝着有利于巩固党的执政地位的方向发展。

（三）加强对权力运行的制约和监督是解决权力运行中存在突出矛盾和问题的现实需要。权力是一柄"双刃剑"，用得好，利国利民；用得不好，就会伤人伤己，甚至祸国殃民。党的十八大以来，以习近平同志为核心的党中央，把全面从严治党紧紧抓在手上，采取了一系列的新举措，加大管党治党力度，党内政治生态明显好转，得到全党全社会的高度认同。但一个时期以来，在权力的运行中仍然存在一些亟待解决的突出矛盾和问题，如，有的领导干部法治意识淡薄，存在一把手"一言堂"的现象；权力运行中的公开透明程度不够，存在官商勾结、以权谋私、暗箱操作的"潜规则"；存在为官不为，懒政怠政，对中央方针政策和重大决策部署阳奉阴违，有令不行、有禁不止；极少数高级干部政治野心膨胀、权欲熏心，搞结党营私、团团伙伙、拉帮结派、谋取权位等政治阴谋活动，严重影响着党内正常的政治生活。要把权力运行中存在的这些突出矛盾和问题解决好，有效化解重大挑战和危险，很重要的一条就是要加强对权力运行的制约和监督，坚持用制度管权、管事、管人，建立健全决策权、执行权、监督权既相互制约又相互协调的权力结构和运行机制。

（四）加强对权力运行的制约和监督是新形势

下履行好审计监督职责的必然要求。审计机关通过加强对权力运行的审计监督，可以有效促进被审计单位依法执政、文明执法、依法用权，推动国家治理体系和治理能力现代化进程。加强对审计权力运行的制约和监督也是努力打造审计铁军的必然要求。没有昨天的严，就没有今天的审计队伍；没有今天的审计队伍，就没有明天的审计事业。将加强对审计权力运行的制约和监督，贯穿于审计队伍建设的始终，不断提高科学决策的能力和依法审计的能力，坚决杜绝以权谋私等现象，才能最终将我们的队伍打造成一支忠诚、干净、担当的审计铁军。

三、准确把握加强对权力运行的制约和监督的要求

《准则》在第十一部分，对加强对权力运行的制约和监督提出了明确的要求，强调监督是权力正确运行的根本保证，是加强和规范党内政治生活的重要举措。要准确理解和把握要求的丰富内涵，必须做到以下五个方面：

（一）必须坚持在宪法和法律范围内使用权力。党的各级组织和领导干部必须在宪法法律范围内活动，自觉按法定权限、规则、程序办事，决不能以言代法、以权压法、徇私枉法，决不能违规干预司法。对党组织和党员、干部行使权力进行监督，必须依纪依法进行。纪检监察、司法机关严格依纪依法按程序对涉嫌严重违纪违法行为进行调查。任何组织和个人不得自行决定或受指使对党员、干部采取非法调查手段。对违反规定的，要严肃追究纪律和法律责任。

（二）必须建立健全权责统一的权力运行机制。完善权力运行制约和监督机制，形成有权必有责、用权必担责、滥权必追责的制度安排。实行权力清单制度，公开权力运行过程和结果，健全不当用权问责机制，把权力关进制度笼子，让权力在阳光下运行。

（三）必须坚持对权力运行进行全面监督。必须加强对领导干部的监督，党内不允许有不受制约的权力，也不允许有不受监督的特殊党员。营造党内民主监督环境，畅通党内民主监督渠道。党的各级组织和全体党员要增强监督意识，既履行监督责任，又接受各方面监督。坚持授权者要负责监督，发现问题要及时处置。强化上级组织对下级组织特别是主要领导干部行使权力的监督，防止权力失控和滥用。

（四）必须坚持领导干部以上率下。党内监督必须突出党的领导机关和领导干部特别是主要领导干部。领导干部要增强法治意识、弘扬法治精神，正确对待监督，主动接受监督，习惯在监督下开展工作，决不能拒绝监督、逃避监督。领导干部特别是高级干部必须加强自律、慎独慎微，自觉检查和及时纠正在行使权力、廉政勤政方面存在的问题，做到可以行使的权力按规则正确行使，该由上级组织行使的权力下级组织不能行使，该由领导班子集体行使的权力班子成员个人不能擅自行使，不该由自己行使的权力决不能行使。

（五）必须正确对待党员干部反映问题。党员、干部反映他人的问题，应该出于党性，通过党内正常渠道实名进行，不准散布小道消息，不准散发匿名信，不准诬告陷害等。对通过正常渠道反映问题的党员，任何组织和个人都不准打击报复，不准擅自进行追查，不准采取调离工作岗位、降格使用等惩罚措施。对涉及违纪违法行为的举报，对党员反映的问题，任何党组织和领导干部都不准隐瞒不报、拖延不办。涉及所反映问题的领导干部应该回避，不准干预或插手组织调查。

四、认真贯彻落实好十八届六中全会精神，切实加强对权力运行的制约和监督

（一）坚定理想信念，牢固树立“立党为公、执政为民”的用权理念。理想信念是共产党人安身立命的根本，是共产党人的精神之“钙”，是共产党人经受住任何考验的精神支柱。只有坚定的理想信念，牢固树立“四个意识”，特别是核心意识和看齐意识，始终在思想上政治上行动上与以习近平同志为核心的党中央保持高度一致，才能抵御各种腐朽思想的侵蚀，经受住各种诱惑的考验，始终牢记全心全意为人民服务的宗旨，不断夯实践行立党为公、执政为民的思想基础。

（二）强化法治思维，增强法治意识，将遵循宪法和法律变为用权自觉。党员领导干部，行使着人民赋予的权力，必须不断强化法治思维，增强法治意识，将党章要求的“必须在宪法和法律的范围内活动”作为执政的根本遵循，秉持权由法定、权依法用等基本法治观念，心中高悬法律明镜，手中紧握法律戒尺，知晓为官做事的尺度，牢记法律红线不可逾越、法律底线不可触动，防止权力行使的随意性，真正从源头上防止权力滥用和权力异化。

（三）强化监督执纪问责，把权力关进制度的笼子。制度的生命在于执行，制度的笼子扎得紧不紧，很大程度上取决于监督严不严。六中全会通过的《条例》既是党内法规，也是监督党内法规贯彻落实的重要依据，通过监督保证党规党纪和各项要求行之有效、落地生根，为全面从严治党锻造了新的制度利器。要坚决维护制度的严肃性和权威性，坚决纠正有令不行、有禁不止的行为，使制度真正成为硬约束，对敢于触碰“高压线”者，坚决严肃查处。

（四）坚持党内监督与外部监督相结合，让权力在阳光下运行。习近平总书记要求各级领导干部自觉接受监督，乐于接受监督，做到为民用权、公正用权、依法用权、廉洁用权。要把党内监督和外部监督作为自身茁壮成长不可或缺的阳光，坚持公开是原则、不公开是例外的要求，大力推进党务、政务公开，自觉置身于监督之下，习惯于在“聚光灯”下行使权力，在“放大镜”下开展工作，切实推进权力运行规范化。要拓宽群众监督渠道，保障群众监督权利，完善群众监督机制，确保让权力在阳光下运行，保证领导干部做到位高不擅权、权重不谋私。

（五）依法履行审计监督职责，加强对权力运行的审计监督。进一步加大审计力度，创新审计方式，提高审计效率，坚持一手抓查处重大违法违纪、重大履职尽责不到位等问题，促进依法行政和党风廉洁建设；一手抓揭示体制机制制度不完善甚至阻碍发展的问题，促进政令畅通和深化改革。深化领导干部经济责任审计，开展好领导干部自然资源资产离任审计，着力检查领导干部守法守纪守规尽责情况，重点关注关键领域、关键岗位和关键环节的权力行使与责任落实，促进理好财、用好权、尽好责；持续开展中央重大决策部署的跟踪审计，依法依纪反映不作为、慢作为、乱作为问题，主动作为当好“督查员”，促进政策落地生根和不断完善。

（六）进一步提高法治意识，依法行使审计监督权。李克强总理曾指出：“审计机关是执法者，要监督别人，自己就不能出问题。正人必须先正己。要不为各种诱惑所迷，不为各种压力所屈，站得直、腰杆硬，做到监督不缺位、履职不越位、用权不错位。”审计机关必须带头尊法学法守法用法，做严格依法履职尽责的典范。以更高的标准、更严的要求加强自身权力运行的制约和监督，严格执行审计法及其实施条例等法律法规，沿着审计计划、现场实施、复核审理、报告处理、结果公告全过程，构建起环环相扣的审计权力监督制约机制，做到审计职责权限法定、审计程序法定、审计方式法定、审计标准法定、审计保障法定。进一步加强对审计人员的思想教育和审计法治宣传，引导审计人员树立正确的政绩观，强化审计质量是审计工作“生命线”的观念，增强审计人员的质量、责任和风险意识，严格执行审计质量责任追究制度和廉政责任追究制度，实行“一案双查”，规范审计权力运行，努力营造不想腐、不能腐、不敢腐的审计权力运行环境，打造政治强、业务精、作风优、纪律严的审计铁军，充分发挥审计在党和国家监督体系中的重要作用。

审计署工作概况

审计署党组成员·署领导

党组书记：刘家义
党组成员：孙宝厚
陈尘肇
张　通
袁　野
李晓钟
郑振涛
刘正均

审　计　长：刘家义
副审计长：孙宝厚
秦博勇（3月—）
陈尘肇
袁　野
总审计师：李晓钟
中央纪委驻审计署纪检组组长：郑振涛
中央经济责任审计工作联席会议办公室主任：
张　通

审计署机关

【审计工作简述】　2016年，在党中央、国务院以及地方各级党委、政府的坚强领导下，全国各级审计机关牢固树立“四个意识”，特别是核心意识和看齐意识，紧紧围绕统筹推进“五位一体”总体布局和协调推进“四个全面”战略布局，以对党和人民、对历史和法律高度负责的精神，依法审计、尽责担当，深入落实全面从严治党要求，全力推动审计制度改革，大力创新审计方式方法，着力打造审计铁军，各项工作都取得明显成效。

主动适应新常态、践行新理念，更加有效地履行审计监督职责　坚持把审计工作自觉融入经济社会发展大局，坚持审慎区分无意过失与明知故犯、工作失误与失职渎职、探索实践与以权谋私，坚持一手抓揭露重大违纪违法问题、一手抓揭示体制机制制度性问题，在促进政令畅通、维护国家安全和人民利益、推动深化改革和科学发展、推进民主法治建设和反腐败斗争等方面发挥重要作用。2016年，全国共审计近14万个单位，提交审计报告和专题报告16万多篇，促进增收节支和避免损失4100多亿元，促进建立健全制度4600多项，移送重大违纪违法问题线索5600多件，还协助有关方面查处一批重特大案件。

加大政策落实跟踪审计力度。各项审计都聚焦重大决策部署的落实情况，并全力搞好跟踪审计，按季度报告和公告审计结果，做到边搞审计、边督整改，推动供给侧结构性改革和“三去一降一补”任务落实，促进政令畅通。

加大财政审计力度。组织预算执行和决算草案、税收征管等审计，持续对转移支付、财政收支质量、存量资金和中央八项规定精神落实等情况进行审计，促进深化财税体制改革、优化支出结构和提高资金绩效。

加大对风险隐患的揭示力度。及时反映财政、金融、政府性债务、国有资产资源、境外投资、房地产、信息、民生等方面的薄弱环节和风险隐患，推动防范和化解，切实维护国家安全。

加大国有企业审计力度。推动健全国有企业和国有资本审计监督制度，强化对企业执行国家政策措施、运营国有资本以及境外投资业务等情况的审计，促进国有企业深化改革和提质增效。

加大对民生资金和项目的审计力度。制定审计促进精准扶贫精准脱贫政策落实的相关措施，对国家扶贫开发工作重点县实行审计全覆盖，还组织粮食补贴、农林水、工伤保险和医疗保险基金、保障性安居工程等专项审计，切实维护人民群众利益。

加大资源环境审计力度。组织领导干部自然资源资产离任审计试点，积极探索审计方式方法，研究建立相关审计制度，还组织水污染防治、矿产资源开发利用等专项审计，促进资源环境保护。

加大经济责任审计力度。坚持党政同责、同责同审，全国共审计领导干部 2 万多名，查出领导干部负有直接责任的问题金额 300 多亿元，73 名被审计领导干部和 838 名其他人员被移送司法、纪检监察机关处理。

积极服务国家外交战略，认真履行世界审计组织主席职责，积极引领世界审计组织重塑战略定位和创新发展，主持修订制定世界审计组织章程和战略规划；推动设立“中国政府审计奖学金”，每年资助 50 至 100 名亚非拉及太平洋地区部分发展中国家审计人员来华，进行为期两年的审计专业硕士学习；通过举办培训班或派专家出国授课等方式，培训“一带一路”沿线和非洲国家审计人员 350 人次。各国高度评价中国审计署所做的突出贡献，审计长刘家义担任世界审计组织主席 3 年来，先后被授予联合国维持世界和平奖、美洲监督荣誉勋章、奥地利共和国国家功勋大金质绶带勋章和阿拉伯联合酋长国一级独立勋章。

积极适应新形势、落实新要求，更加有序地推动完善审计制度机制 坚持把创新作为事业发展的坚强引领，以实践创新推动制度创新，以制度创新规范实践创新，全力推进中央关于完善审计制度各项任务的落实，始终保持审计工作的旺盛活力。

科学规划谋长远。各级审计机关结合实际制定“十三五”审计工作发展规划，编制推进审计全覆盖的实施方案和计划，工作目标和思路更加明确。

深化改革增活力。扎实推进省以下地方审计机关人财物管理改革试点，建立健全对下级审计机关的计划管理、综合考核和干部管理等机制，各级审计机关按要求退出各类议事协调机构 2 万多个，切实维护审计的独立性。

健全制度立规范。启动审计法修订相关工作，各级审计机关根据自身实际，积极完善审计权力运行、机关内部管理、审计现场管理、审计质量控制、审计结果运用、整改报告和公告等制度，审计规范化水平进一步提高。

改进方式提效能。加强全国审计工作的统筹和管理，整合各专业各层级审计资源，着力推动审计组织管理模式“七个一体化”和“六大转变”，加快推进以大数据运用为核心的审计信息化建设，数字化审计和大数据关联分析能力大幅提升，中国特色社会主义审计理论体系也不断丰富和发展。

扛起主体责任、强化“四个意识”，更加有力地打造审计铁军 坚持把全面从严治党要求落到实处，严格遵守政治纪律和政治规矩，更加强化“四个意识”，特别是核心意识、看齐意识，自觉在思想上政治上行动上同以习近平同志为核心的党中央保持高度一致。

扎实开展“两学一做”学习教育。坚持以上率下、严格制度、搭建平台、创新方式，始终保持学习教育的韧度和力度。在中共审计署党校对党员干部进行轮训，在审计一线与其他单位开展主题联学，运用网络、微信等拓展学习渠道，开展“两优一先”评选表彰等活动，激励做“四讲四有”的合格党员。

深入学习贯彻党的十八届六中全会精神。召开全国 6.4 万多名审计人员参加的视频会议进行学习动员，审计署党组中心组学习会扩大到全体司局级干部，集中开展 12 个专题学习，分 3 期培训审计署副处级以上干部近 1600 人。地方各级审计机关也加强组织，掀起学习宣传贯彻落实党的十八届六中全会精神的热潮。

层层压实主体责任。完善责任体系，进一步健全书记负总责、分管领导分工负责、党组织推进落实、领导干部“一岗双责”的党建工作格局，形成明责、督责、追责的责任链条，切实抓好思想、组织、作风、反腐倡廉和制度建设。

积极做好巡视工作。自觉接受上级党组织的

巡视，认真抓好对下巡视。审计署党组积极配合中央专项巡视，接受中央全面深入的“政治体检”，受到深刻的党性锻炼和思想洗礼，更加强化“四个意识”，更加强化主体责任，更加强化党性修养，更加强化按照好干部标准打造审计铁军的坚定信心。已经或正在接受专项巡视的地方各级审计机关党组都能认真配合，不遮掩、不护短；领导干部主动把自己摆进去，承担责任，带头整改，积极完善长效机制。

加强干部队伍建设。严格按照“信念坚定、为民服务、勤政务实、敢于担当、清正廉洁”的好干部标准选人用人，从严管理审计队伍，完善干部选拔任用和激励机制。强化干部教育培养，加大交流力度，审计署培训8200多人次，各地也加强培训工作。

持续改进作风。严格遵守党章党规党纪，严格落实中央八项规定精神和国务院“约法三章”要求，严格执行审计“八不准”工作纪律，完善廉政风险防控机制，有效运用监督执纪“四种形态”，严肃执纪问责。（撰稿人：黄文静）

【办公厅】 2016年，办公厅人员编制65人，实有62人。设有办公室、审计长办公室、督查处、计划统计处、财务一处、财务二处、秘书处、保密办、新闻处、档案处、举报中心办公室。主要职责是：负责文电、会务、值班、机要、档案、举报、督办等机关日常运转工作；承担统计、审计结果公告、新闻宣传、政务公开、门户网站等工作；承担审计署部门预算、国有资产、基建投资、政府采购、机关事务的管理和本级财务核算，以及保密、保卫、扶贫等工作；研究拟订年度审计工作计划；组织办理人大代表建议和政协提案；联系审计署特约审计员；负责与中央纪委等相关部门协调重大案件查处工作；承办审计署交办的其他事项。

领导成员

主　　任：周维培（—2月）
　　　　　魏　强（2月—）
副 主 任：和　杰（—7月）　文华宜
　　　　　武晓晨（9月—）
　　　　　吴旭东（6月—7月）
巡 视 员：陈遥征（5月—）
副巡视员：许荣荣　赵素琴

工作综述　2016年，办公厅在署党组的正确领导下，认真学习贯彻党的十八大和十八届三中、四中、五中、六中全会精神，认真学习习近平总书记系列重要讲话精神和治国理政新理念新思想新战略，坚持全面从严治党，牢固树立“四个意识”，深入开展“两学一做”学习教育，不断巩固“三严三实”专题教育成果，全面落实全国党委政府秘书长会议精神，自觉做到“五个坚持”，认真履行“调研、参谋、协调、综合、管理、服务”职责，努力做好“三服务”工作。

服务大局　抽调精干人员参加署党组配合巡视工作联络组、综合组、材料组工作，协助做好巡视进驻动员会、专题汇报和个别谈话、档案整理等具体工作，建立并严格执行承办事项处理单制度，建立资料移交和台账登记制度，做到资料及时安全完整。结合内外部巡视、检查中指出的问题，结合贯彻落实《关于新形势下党内政治生活的若干准则》和《中国共产党党内监督条例》，按照署党组的要求牵头成立8个专题组，分别对审计署的党建、业务、内部管理等制度进行全面系统的修订。贯彻落实《国务院关于加强审计工作的意见》和中央《关于完善审计制度若干重大问题的框架意见》（以下简称中办发58号文），沟通协调相关业务司，在初步摸清审计对象底数情况的基础上，牵头起草《审计署2016年至2020年审计全覆盖实施方案》，为围绕统筹推进“五位一体”总体布局和协调推进“四个全面”战略布局，推进审计全覆盖奠定基础。以此为依据，在广泛征求意见的基础上，提出2017年度审计项目计划草案建议，为领导决策提供参考。牵头起草《2017年地方审计机关应重点抓好的主要工作任务》等文件，加强审计署对地方审计机关的领导，进一步推进全国审计工作统筹发展。履行中国内部审计协会脱钩工作组办公室的职责，组织会议22次，对规定的23项工作进行督办，并细化为44项具体工作要求，倒排时间表，明确责任人和完成时限，共编写脱钩工作速报和月报15期，保证中国内部审计协会与审计署脱钩试点工作按时完成。

预算执行和财务管理　为满足审计工作的需要，积极争取财政拨款，较好地保障一线审计经费。进一步加大对各单位预算财务工作的监督检查力度，组织 28 个二级单位开展全面的资产清查工作。切实保障职工利益，主动办理住房公积金手机短信服务，将派出局年度办公经费年初一次性核拨到驻在部门，做好老干部药费报销服务工作。2016 年，审计署预算绩效管理连续第 4 年获得中央部门和地方预算绩效管理评比一等奖。

审计宣传 进一步推进构建审计结果公告为核心，涵盖重大审计政策、审计大事记、国际审计交流交往信息发布、具有审计工作特点的全方位政策解读和舆情回应机制。全年发布审计结果公告 31 期，主动公开信息 2 万余条。围绕审计工作报告、重大政策发布、重要工作事项等开展专题解读宣传 30 多次，召开座谈会或吹风会近 20 次，深入一线报道 10 多次。组织多家媒体采访和专家解读 100 多次，与《经济日报》合作组织完成在线系列访谈。完成音视频节目 100 多条。配合媒体撰写刊发稿件 5000 多篇（次），经网站转载 5 万多篇（次）。编发舆情动态等 100 多期，及时处置突发舆情事项。协调完成审计署网站整合工作，由原有 16 家网站整合成审计署门户网、中国审计数字在线网 2 家。编辑出版《国家审计案例故事》《创业者足迹——与老一辈审计人面对面》《2016 年度审计工作报告舆情》等书籍。制作“审计署绩效报告”“五分钟读懂国家审计”“审计人员贺中秋”等动漫视频，启动视频节目《审计新闻》。组织在办公楼大厅布置中国共产党审计人物、中国古代审计、近现代审计、新中国审计等 4 个专题 130 多张展板，扩大审计影响力。

保密工作 认真贯彻落实中央关于加强和改进保密工作的意见精神，认真学习贯彻习近平总书记关于保密工作的重要讲话精神，严格遵守保密法律法规，以查促改强化保密管理。坚持每月开展保密抽查，全年累计抽查 750 余人次，涉及 840 台计算机，通过抽查有效推动保密责任制的落实。审计署机关办公楼迁址期间，办公楼内全部 26 家单位组织开展保密综合检查，避免失泄密风险。制定《审计署“十三五”时期保密工作指导意见》《审计署保护国家秘密应急预案》《审计署“七五”保密法治宣传教育工作计划》等制度文件。全年共召开 6 次署保密委员会会议，举办 2 期保密培训班，邀请国家保密局局长来署授课。

协调和督办 全年组织承办各类会议、研讨 80 余次，按照中央相关规定控制精减会议，召开会议数量同比下降 17.1%。开展特约审计员工作，协调组织特约审计员参加各类审计工作会议，参加调研 3 次和专题调研 7 个课题。办理人大建议和政协提案 33 件。积极联系财政部、国务院机关事务管理局等部门，完成署内外议事协调机构调整和退出工作。履行督促检查职能，对以前年度结转的 141 项及 2016 年新增的 478 项重要事项进行督办，确保重点工作的推进实施。

内部管理 夯实基础，加强内部管理。公文运转稳中有进，做好各类文件、信息、会议材料的上传下达、沟通协调工作，严格审核把关，确保公文质量，进一步精简文件。全年处理各类文件、信函 68000 多件。其中，完成各类机要交换件 13300 多件；收发各类电子件 7786 件；收到中央、国务院、各部门单位、地方审计机关和署派出机构各类文件信函 14500 多件，及时按规定进行处理；全年共制发各类文件 2068 件，其中署发文件 855 件，署办公厅发文 495 件，署机关各单位自发文 645 件，各类信息简报 73 件，署发文件和署办公厅文件分别较上年减少 28%和 14.65%；全年共完成发文 30040 份，较上年减少 17.16%。档案管理稳中有新，认真做好建署以来首次国家级档案课题“新形势下审计档案信息资源开发利用研究”研究工作。完成建署以来最大规模档案迁移工作，涉及档案资料 2500 节柜（箱）、100 车次安全入库无丢失、损毁。全年累计接收各单位 2015 年度审计工作档案 3228 卷、5921 件。信访举报稳中向好，共办理信访举报 3302 件、回复率 100%，在国家信访局网站上登录办理 1510 件，接待人民群众来访 2650 人次。妥善处置各种来访事项，耐心细致做好群众思想工作，确保机关正常工作秩序。

（撰稿人：罗鑫鑫）

【政策研究室】 2016 年，政策研究室人员编制 19 人，实有 15 人。设有一处、二处、三处、四处。主要职责是：组织对审计工作相关重要问题进行调查研究，提出对策建议；组织对审计工作全局性、战略性、前瞻性问题进行理论研究；承担署党组、审计署重要政策措施、全局性工作部署等重要文稿的起草；牵头起草审计结果报告、审计工作报告，参与重要审计报告的起草；承担审计信息、审计结果公告的审核工作；组织对审计成果进行整理研究和综合利用；承办审计署交办的其他事项。

领导成员

主　　任：郭彩云

副 主 任：尚　锐　胡治海

工作综述　2016 年，政策研究室全年起草、修改和整理重要讲话、重要报告、重要理论文章等综合性文稿 500 余篇，编发和审改重要审计信息、重要专题报告和审计结果公告等专业类文稿 300 余篇，整理、编撰和对外提供有关资料 60 余万字，较好完成各项工作任务。

完成审计署交办的任务　配合全面从严治党相关工作。起草和修改署党建工作相关会议讲话、上报中央的贯彻措施和总结报告、下发审计机关的通知意见、在中央有关座谈会上的党建经验交流等材料 90 多篇。

配合中央专项巡视相关工作。起草和修改相关材料 60 多篇。其中，按署党组要求，起草和修改巡视动员讲话、全面情况汇报、专题调研报告、整改部署讲话、整改情况报告等材料 30 多篇；按巡视组要求，提供贯彻落实中央领导同志重要指示批示情况、贯彻落实中央重大部署情况、贯彻落实中央关于审计改革举措的成效等材料 20 多篇；深入研究起草审计职责履行、整合审计资源等 6 篇专题调研报告供巡视组参考，并派专人配合巡视组的调研等工作。

配合做好中央有关单位领导同志来署的调研、督查等工作，起草和修改相关报告材料 10 多篇。其中，在国家安全委有关领导同志来署调研中，系统梳理和研究审计机关贯彻总体国家安全观的思路、做法、成效和下一步工作措施，形成署党组相关报告材料；在中央深改办有关领导同志来署调研中，会同资源环境审计司系统梳理党的十八大以来资源环境审计有关工作情况和成果、领导干部自然资源资产离任审计试点情况，形成署党组相关报告材料。

配合做好国务院常务会议等相关工作。组织起草国务院相关会议材料，按季度报送审计署拟提交国务院常务会议审定的专题题目，日常办理国务院相关会议报告、参考资料及修改意见等 90 多篇。

推进承担的审计相关改革任务　完成审计署改革领导小组办公室工作，加强对相关改革任务的谋划和落实。

细化任务分工。按署党组要求，将中央涉及审计的改革部署和中办发 58 号文的改革要求，细化分解为 52 项具体任务，明确各项任务的责任单位、目标要求、进度安排和重要时间节点。

加大督查和协调力度。制订改革举措落实情况督查工作方案，2 次组织对审计署牵头的重点改革事项进行全面督查，向中央深改办等报送相关材料。

起草企业审计相关文件。会同企业审计司等起草《关于深化国有企业和国有资本审计监督的若干意见》，已由中办、国办印发。

协助完成领导干部自然资源资产离任审计试点相关材料。会同资源环境审计司，归纳分析提炼开展领导干部自然资源资产离任审计试点的经验做法，其中 2 份经验总结被《中央改革情况交流》采用。

协助推进强化对下级审计机关领导相关改革事项。配合人事教育司等部门，参与研究 7 个试点地区人财物管理改革试点方案，跟踪改革进度效果、难点重点，起草专题材料报中央深改办。

汇总报送审计推动改革的有关情况报告。起草关于当前改革推进中存在问题的综合报告，会同企业审计司等司局起草近年国有企业和国有资本审计情况的综合报告，供中央全面深化改革领导小组办公室参考。

保障重要文稿质量和水平　积极适应新常态、践行新理念，按照署党组的部署，深入研究审计工作面临的新形势新任务新要求，起草相关会议材料和文件等重要文稿 80 多篇。

一是重要会议材料。围绕中央重大决策部署，认真领会署党组的理念思路，深入研究审计实践需要，起草全国审计工作会议、学习贯彻十八届六中全会精神视频会议等会议材料 30 多篇。

二是贯彻上级精神相关文件。制定《关于适应新常态践行新理念更好地履行审计监督职责的意见》《关于审计工作更好地服务于创新性国家和世界科技强国建设的意见》，并配合有关司局制定审计服务于扶贫、营改增、政策落实等工作的指导性文件。

三是相关规划部署。围绕未来5年审计工作部署，制定《“十三五”国家审计工作发展规划》，并配合做好审计全覆盖计划相关工作。制定《审计署2016年度工作要点》。

四是相关总结和文章。起草并发布《审计署绩效报告（2015年度）》，牵头或参与对党的十八大以来审计工作的多份专题总结报告，参与完成中美两国审计长合作文章、世界审计组织主席履职总结报告、世界审计组织章程修订、《欧洲审计组织杂志》卷首文章等工作。

与时俱进做好“两个报告”和整改报告相关工作 研究新预算法和人大监督的新要求，不断改进和完善相关工作。

着力提高“两个报告”质量。在起草《审计署关于2015年度中央预算执行和其他财政收支的审计结果报告》和《国务院关于2015年度中央预算执行和其他财政收支的审计工作报告（代拟稿）》时，将建议意见与重大政策要求和改革任务紧密结合，力求推进重点领域深化改革、规范管理、综合治理和源头反腐。

创新性地做好审计查出突出问题整改情况报告相关工作。制定《关于落实审计查出突出问题整改情况报告机制改进意见的若干措施》。配合国务院办公厅做好整改专项督查，组织下发对31个省区市、42个中央部门和15家中央企业审计查出问题清单。汇总相关整改情况，起草《国务院关于2015年度中央预算执行和其他财政收支审计查出问题整改情况的报告（代拟稿）》。

研究落实全国人大审议意见的措施。研究全国人大常委会、财经委对审计工作报告的审议意见、对整改情况报告的审议意见，起草《审计署关于十二届全国人大常委会第二十一次会议对2015年度中央预算执行和其他财政收支的审计工作报告审议意见落实情况的报告》，经国务院审定后报全国人大常委会，并向社会公开。

深化审计成果开发利用 全年共编发审计要情、重要信息要目等重要专题280多篇，转送审计信息400多份，编发审计工作通讯19期，起草和修改审计综合报告和专题报告40多份，上报中央的报告和信息大部分得到采用和中央领导同志批示，其中重要信息要目采用批示率为94%。

加大综合分析力度。坚持问题导向、决策站位，综合归纳提升反映问题的层次，研究提出有针对性的改革体制、健全法制、完善制度、规范机制的建议，重要信息要目比上年增长50%，审计署简报增长230%，审计署值班信息是上年的4倍。

拓宽重要审计信息报送渠道和范围。将审计署简报等资料向中办信息综合室、国务院研究室、国办秘书二局、全国人大预算工委等单位报送，以便更加及时、全面地反映审计工作情况。

改进审计成果管理机制。制定完善审计成果和信息共享的相关办法，适当扩大重要信息要目等的分送范围，进一步完善审计成果考核内容；按季度督促并向署领导报告重要审计情况办理情况，配合做好当年度审计信息后续处理工作。

做好审计结果公告工作。全年审改和发布审计结果公告30期，在公告审计查出问题整改情况报告时，发布47个部门单位整改结果，并公开审计署部门预算执行相关问题整改情况。

做好相关解读和宣传稿件的把关。在审计工作报告、全国审计工作会议、审计发现突出问题整改、中央专项巡视及整改等重大事项宣传中，撰写多篇深度解读文章和评论，加强舆论引导。

加强对审计规律和理论的研究工作 紧密结合党的十八大以来审计工作的新进展，注重总结和提炼审计工作经验，完成《中国特色社会主义审计制度》的统稿工作；参与编写《国家审计学》《中外审计比较研究》《中国共产党审计工作史》等重点课题；牵头审计署“依法履行审计监督职责”专题研究，起草关于依法履行审计监督职责及主管全国审计工作情况的专题报告；研究中外审计发展与经济社会发展的脉络和规律、供给侧结构性改革下财政开源节流等专题。

（撰稿人：黄文静）

【法规司】 2016年，法规司人员编制28人，实有25人。设有法规准则处、审理一处、审理二处、审理三处、检查指导处、法律事务处。主要职责是：承担审计法律、行政法规、规章制度、审计准则和指南的起草工作；参与起草财政经济相关法律法规草案工作，负责有关协调事项；承担机关有关规范性文件的合法性审核工作；审理有关审计业务事项；监督检查审计署派出机构及地方审计机关的审计业务质量，依法纠正或责成纠正地方审计机关违反国家规定做出的审计决定；承担指导和监督内部审计工作；承担组织协调对社会审计机构出具的相关审计报告核查工作；组织实施审计机关普法依法治理工作；依法办理行政复议、行政诉讼或国务院裁决中的有关事项；负责与公安部等相关部门对重大案件（事项）的移送协调；指导地方审计机关的法制工作；承办审计署交办的其他事项。

领导成员

司　　长：刘正均

副 司 长：季怀银　张　琦

副司级审计员：庞淑芬（—11月）　程　军

工作综述　2016年，法规司在署党组和分管署领导的正确领导下，贯彻落实党的十八大和十八届三中、四中、五中、六中全会精神，深入学习贯彻习近平总书记系列重要讲话精神，认真履行全面从严治党主体责任，扎实开展“两学一做”学习教育，认真履职尽责，完成全年各项工作任务。

审计立法　成立审计法修订工作领导小组及其办公室，起草形成审计法修订稿。印发施行《审计署办公厅关于进一步重申严格依法履职尽责的通知》《审计署办公厅关于修改主要审计文书参考格式有关内容的通知》《审计署办公厅关于审计机关与被审计单位主要负责人约谈办法（试行）的补充通知》等规范性文件。

完成《保障性安居工程审计指南》等5项审计指南的合规性审核，完成《企业审计指南》等5项审计指南的专家委员征求意见，完成《财产保险公司审计指南》等3项审计指南的评审。配合资源环境审计司修订完善《审计常用定性表述及适用法规向导——资源环境审计（试行）》。

审计项目审理　全年审理、审核、会审各类审计业务文书868份，出具审理审核意见书403份、会审意见书342份。其中，审理审计报告和审计决定书133份、审计事项移送处理书139份，审核审计情况批转信息89份、审计要情165份，会审审计业务文书和信息342份。做好与中央纪委、最高人民检察院、公安部的会商工作。

规范审计权力运行　对2008年以来审计署审计监督权力运行总体情况进行梳理，起草署党组《关于审计监督权力运行制约情况》专题材料。配合机关党委做好署内巡视方案和指南中关于“审计监督权力运行方面”内容的起草和培训工作。梳理审计权力运行涉及的各环节事项，对《审计署制度（2015版）》相关条款提出35项修订建议。研究完善审计质量控制制度，对《审计业务内部管理规定》涉及审计结果文书和优秀审计项目评选等制度提出91项修订完善建议。为贯彻落实中办、国办《关于完善审计制度若干重大问题的框架意见》要求，切实保障审计机关依法独立行使审计监督权，组织地方审计机关和特派办对参与的议事协调机构或工作进行全面清理。

普法依法治理　组织开展“六五”普法总结验收等工作。起草并印发《审计机关开展法治宣传教育的第七个五年规划》。编发2期《审计法治工作动态》，对审计机关完善审计干部学法用法制度、强化审计质量控制的经验做法进行宣传推广。会同审计干部教育学院组织2016年度审计质量控制突破能力提高班，提高审计人员依法审计能力。

贯彻落实党中央、国务院关于法治政府建设和推行法律顾问制度的要求。起草并印发《审计署贯彻落实〈法治政府建设实施纲要（2015—2020年）〉实施方案》。起草《审计署关于落实法律顾问制度和公职律师制度的工作方案（送审稿）》。依法依规聘请法律顾问团队，参与审计署相关法律事务工作，初步探索形成对法律顾问工作的评估机制。

办理自然人向审计署提起的行政诉讼案件40起，其中审计署胜诉32起，法院正在审理8起。办理自然人、法人申请行政复议案件75件、信访事项10件、自然人申请政府信息公开答复审核38件（次）、合法性审核113件（次）。向国务院法制办报送2016年度行政复议、应诉情况统计报表和分析报告。应最高人民法院行政庭邀请，就行政诉讼法实施问题提出4条意见建议。

质量检查　对6个省（区、市）审计厅、24个市县（区）审计局进行检查，抽查2015年度实施的审计项目档案109个、审计决定书995份和审计移送处理书373份，同时检查上述地方审计机关清理退出议事协调机构工作、2016年以来登记报告干预审计工作行为等情况。

组织对署机关业务司、特派办、派出局和地方审计机关2016年推荐的115个审计项目（4531卷档案）进行评选，共评选出审计署优秀审计项目10个，审计署表彰审计项目16个；地方优秀审计项目15个，地方表彰审计项目30个。

其他工作　办理人大议案1件、政协提案1件、人民来信回复1封和省级审计机关请示事项3件，会同相关司局办理征求意见答复事项129件，对审计行政法规和审计署部门规章进行梳理，形成《审计署现行有效的规章目录》，报国务院法制办备案。配合人事教育司完成业务司和特派办2015年度量化考核工作，派出5人次参加审计署系统7个单位2015年度现场考核、9个省级审计机关领导班子2016年度考核等工作。派出4人次配合中央巡视组巡视和参加审计署内巡视工作。参与《国家审计学》《中国共产党审计工作史》和《境外审计研究》等课题研究。配合录制《审计报告质量控制案例》课件。会同相关部门完成审计移送办理情况统计分析系统的开发及验收等工作。

（撰稿人：王海滨）

【电子数据审计司】　2016年，电子数据审计司人员编制25人，实有20人。设有一处、二处、三处、四处、五处。主要职责是：负责审计业务电子数据的归口管理；组织开展审计业务电子数据的采集、验收和整理工作；组织开展跨行业、跨部门、跨地区的数据分析工作，对电子数据进行综合分析和利用；协助各单位开展相关数据分析工作；组织审计政府和国有企业电子政务工程和信息化项目以及信息系统；开展相关专项审计调查；督促被审计单位整改；承担审计署信息化建设工作；对计算机技术中心进行业务指导；指导地方审计机关电子数据审计业务；承办审计署交办的其他事项。

领导成员

司　　长：刘　星

副 司 长：张海燕（—12月）

　　　　　王　忠（6月—）

副司级审计员：薛　亮（—11月）

数据集中管理　总结两年来数据管理的经验，升华到审计署制度层面；在对数据进行清理、分类的基础上，对《审计署电子数据管理规定》进行修订完善，补充授权管理内容、细化安全保密规定。改革不合理的流程和弊端，根据数据报送、使用的实践经验和一线审计人员意见，针对审计业务电子数据总量迅猛增加、结构纷繁复杂的局面，运用新的方法和技术手段，对数据管理、现场维护的流程进行细分、再造，提高数据入库速度。2016年接收数据比2015年增长110%，为大数据审计奠定基础。电子数据审计司与计算机技术中心一起组织开发数据综合应用平台，为构建“国家审计云”做好准备工作。

大数据分析　围绕总体国家安全观，从维护国家经济安全、资源安全等多个角度，对宏观经济形势数据进行热点研判、分析，寻找经济社会中存在的风险因素，发挥大数据在维护国家安全中的作用。按照“横向到边、纵向到底”的财政数据分析要求，电子数据审计司与财政审计司、有关派出局合作，以2个部委为试点，改革财务数据取数模式，形成新的数据标准表和“中央部门预算——核算——决算草案”的全过程分析方法，初步实现程序计算、批量处理和图形展现，形成“一套标准表、一本数据采集指南、一个数据检验工具、一组分析模型”的“四个一”工作成果；选取3个省、1个计划单列市，试点运用中央、省、市、县4级财政拨付、使用贯通的方式，理清基本的贯通途径。

新技术推广　夯实全维化和智能化模式的基础，把应用大数据技术，形成对重点领域、重点群体的全景式扫描作为重要任务，综合采用社会网络分析等技术，开发多个具备自动化、智能化功能的分析模型。与资源环境审计司合作，在多个审计项目中，尝试运用遥感卫星影像叠加分析技术开展比对分析。电子数据审计司组织特派办、地方审计机关共92名学员参加的审计数据分析能力提高班，由北航、人大等高校教师讲授大数据管理和大数据分析技术，行业著名专家介绍大数据在电子政务和电子商务中的应用情况，提高学员的数字化审计能力。组织举办审计系统大数据审计研讨班，10个单位发言，交流介绍在审计项目中践行现代综合审计模式，对大数据进行“五个关联”分析，探索实现审计全覆盖的经验做法。

信息化工作协调指导　对《“十三五”国家信息化规划》《“十三五”国家政务信息化工程建设

规划》《国家电子政务总体方案》《关于加快推进“互联网+政务服务”工作的指导意见》《“互联网+政务服务”技术体系建设指南》《国家电子文件管理“十三五”规划》《政务信息资源共享管理暂行办法》《关于稳步推进公共信息资源开放的若干意见》等10余个文件的征求意见稿进行研究并组织讨论，草拟反馈意见。会同计算机技术中心和办公厅，按照公安部要求，对审计署重要信息系统和政府网站安全进行自查，并报送自查报告；按照保密局要求，进行保密自查，迎接检查；接待国务院办公厅电子政务办公室等单位到审计署调研。

履行组织协调、指导管理、监督审计系统信息化建设的责任。制定《审计署“十三五”信息化发展指导意见》；了解掌握地方信息化建设进展情况，指导、支持地方审计机关信息化建设；会同计算机技术中心，指导地方金审工程三期项目可行性研究报告编制并进行审核；给予西部地区审计机关信息化技术支持指导。

金审工程三期项目 会同计算机技术中心，组织完成《金审工程三期项目（中央本级建设部分）初步设计方案和投资概算报告》的编制，配合国家发展改革委进行评审，按评审意见进行修改完善、报送补充材料。8月，国家发展改革委批复三期工程初步设计方案和投资概算报告。

相关工作 派员参加审计署组织的全国医保资金审计、扶贫资金审计等重大审计项目，协助其他业务司完成方案制订、数据采集、分析和问题查核等工作。协助国际合作司全程参与世界审计组织大数据审计工作组的筹建，12月世界审计组织大会批准成立该工作组，中国审计署任组长。参与国际交流4次，向世界介绍我国大数据审计的理念和相关实践。（撰稿人：熊宛皎）

【财政审计司】 2016年，财政审计司人员编制26人，实有26人。设有一处、二处、三处、四处、五处。主要职责是：负责财政审计的归口管理；组织审计中央预算执行情况和其他财政收支情况；牵头组织审计中央部门及下属单位的预算执行情况、决算（草案）和其他财政财务收支；组织审计省级人民政府预算执行、决算和其他财政收支情况；组织审计省级人民政府管理的中央转移支付资金；组织审计国家发展改革委、财政部、国家农业综合开发办公室及上述部门（单位）下属单位的预算执行情况、决算和其他财政财务收支；开展相关专项审计调查；具体组织对中央部门、事业单位和人民团体等单位党政主要领导干部的经济责任审计；具体组织对省级党委和人民政府主要领导干部实施经济责任审计；协助起草审计结果报告、审计工作报告及审计发现问题的纠正和处理结果报告；联系协调派出审计局的审计业务工作；督促被审计单位整改；指导地方审计机关财政审计业务；承办审计署交办的其他事项。

领导成员

司　　长：郝书辰

副 司 长：常　利　彭新林　陈　磊

审计成果 2016年，财政审计司共组织完成9类审计项目，分别是：重大政策措施贯彻落实情况跟踪审计、财政部具体组织2015年中央预算执行情况和编制决算草案情况审计、发展改革委组织分配2015年度中央财政投资等情况审计、中央和地方财政存量资金审计、42个中央部门2015年度预算执行和其他财政收支情况以及决算草案审计、地方政府性债务审计（2次）、9省市2015年地方财政收支审计、15名省级党政主要领导干部和10名部长经济责任审计等，并对部分城市房地产市场风险防控开展专项审计调查。工作中，围绕树立和践行五大发展理念、协调推进“四个全面”战略布局的新要求，加大审计力度，创新审计方式，改进审计方法，突出审计重点，探索经济发展新常态下财政审计的发展思路和方式方法，在稳步推进财政审计全覆盖的同时，进一步聚焦改革发展的重大任务，突出审计重点，加大对权力运行的监督和制约力度，深入分析和揭示体制机制制度政策方面的问题，实现“促反腐”和“促改革”齐头并进。

国家重大政策措施贯彻落实跟踪审计 按照国务院部署，从2014年8月起，各级审计机关对稳增长促改革调结构惠民生防风险政策措施贯彻落实情况进行跟踪审计，按季度上报审计情况，并督促及时整改。2016年审计查出一些领域存在着政策措施落实不到位的情况。

一是推进脱贫攻坚工作方面。审计抽查30个贫困县（区、市，以下统称县），涉及项目1320个、资金50.13亿元，发现5个县贫困人口数据信息不准确、不完整，涉及19703人；23个县教育扶贫、健康扶贫、金融扶贫、易地扶贫搬迁、以工代赈等扶贫政策落实不到位，涉及资金1.08亿元；16个县涉农资金统筹整合使用试点工作推进不力，5.65亿元涉农资金闲置1年以上，其中2.56亿元闲置2年以上；7个省的44个单位或个人违规使用资金3693.38万元；7个县的34个扶贫项目未实现预期扶贫效果，涉及资金1687.62万元；个别县脱贫成效不实，涉及3602人；14个县的190个扶贫项目管理不到位。

二是去产能、去杠杆方面。黑龙江省1家企业化解煤炭过剩产能任务未达到国家规定的去产能标准；内蒙古自治区部分地方违规为4个未落实产能置换指标的在建电解铝项目办理备案手续；浙江省1个县开发区管委会虚增项目投资额，违规举借政府性债务8亿元。

三是推进“放管服”改革、降低企业成本方面。湖北、四川、甘肃、广西4省（区）的17家单位违规预留或未及时清退工程建设领域保证金1.32亿元；上海市、国家文物局的3家单位和中机技术车辆服务中心依托行政权力或履职便利开展业务取得收入1.15亿元；河北省秦皇岛市园林局拖欠企业工程款3.38亿元，黑龙江省桦南县国家税务局应退未退税款6985.03万元；上海市、江西省的3家单位存在未按规定取消行政审批或职业资格、重复备案的问题；质检总局部分所属检疫处理单位依托部门权力开展经营活动，检疫处理收费利润较高；质检总局所属中国质量认证中心等事业单位转企改制工作推进缓慢。

四是推进重点领域项目建设方面。44个涉及铁路建设、振兴东北地区等老工业基地、城市基础设施、环境污染治理、社会福利、教育等领域的项目存在未按时开工或完工以及资金未到位等问题。黑龙江省、吉林省20个涉及振兴东北地区等老工业基地项目未按时完工，涉及投资15.39亿元；云南省、江西省6个水污染、土壤污染治理项目延期1年多未完工，涉及投资4.09亿元；弥勒至蒙自铁路项目推进缓慢，涉及投资92亿元；北京市、云南省2个基础设施建设项目建设进度滞后，涉及投资15.29亿元；重庆市、辽宁省、广东省15个福利院、养老院、农村学校项目进展缓慢，涉及投资2.37亿元。

财政部具体组织中央预算执行和编制决算草案情况审计 主要审计2015年中央预算执行情况和编制决算草案总体情况，并关注政府债务、政府投资基金等重点事项，揭示的主要问题有：

一是中央决算草案审计情况。未报告预算级次变化情况，包括：将中央本级支出101.24亿元调剂为对地方转移支付支出，将对地方转移支付支出262.52亿元调剂为中央本级支出；部分收入列报不够全面，主要是对已按规定向软件、资源综合利用企业等退增值税、消费税等937.48亿元，在决算草案中没有体现；据实结算事项处理不够规范，主要是适用范围和标准不明确，有的清算期过长或清算不及时，有些用以前年度超拨资金抵顶当年支出，如2015年直接使用上年超拨的25.2亿元农林业保险保费补贴抵顶当年应安排的支出；未按要求报告财政资金绩效情况，主要是预算中未报告相关政策内容和绩效目标，决算草案中未报告相关绩效目标的实现情况。

二是财政管理审计情况。在审计预算分配和管理、资金安全和绩效、财政政策实施和财税改革推进情况中发现：预算安排统筹协调还不到位。预算分配与项目确定衔接不够，有些项目确定滞后；预算分配与专项规划衔接不够，有些专项规划之间缺乏统筹协调；预算分配与制度规定衔接不够，有的专项没有管理办法或相关规定不够明确；几本预算划分不够清晰，对有些项目交叉安排支出。转移支付制度亟待完善。部分一般性转移支付仍有指定用途；专项转移支付多头管理状况还需加大力度改进。财政管理绩效还需进一步提高。有的预算安排未充分考虑结转结余；部分预算执行进度慢；财政授权支付范围划分不够明细。

三是地方政府债务审计情况。重点审计11个省本级、10个市本级和21个县。审计发现的主要问题有：部分地方发债融资未及时使用；有的省在使用置换债券融资中，未按规定的优先顺序偿债；有的地区仍通过违规担保、集资或承诺还款等方式违规或变相举债；有的地方以政府购买服务名义支付建设资金、存在政府承诺对社会资本兜底回购、固化收益形成隐性债务。

四是财政改革推进情况。审计发现，由于专项资金管理权限分散在不同部门，按项目下达、分条线考核，主管部门对统筹整合存在“三不愿”：担心失去行政管理权不愿整合、担心职能被调整不愿整合、担心机构人员编制缩减不愿整合；基层政府存在“三不敢”：怕失去专项支持不敢整合、怕得罪主管部门不敢整合、怕影响业绩不敢整合，导致财政资金统筹整合相关政策措施难以完全落实，大量财政资金无法发挥效益。至2015年底，中央财政出资设立的13项政府投资基金募集资金中，有1082.51亿元（占30%）结存未用，政府投资基金支持创新创业的作用尚未得到有效发挥。

发展改革委组织分配2015年度中央财政投资等情况审计　重点对发展改革委组织分配2015年中央投资情况，特别是预算安排统筹协调情况进行审计，发现的主要问题有：预算分配与项目确定衔接不够，中央预算内投资年初细化到地区的比例有待提高。预算分配与制度规定衔接不够，有的专项没有管理办法或相关规定不够准确，发展改革委分配85个补助地方投资专项时，有32个依据管理办法，33个依据专项规划，8个依据实施方案，其他的依据内部签报、通知等。有的制度执行不严格，在地市级文化设施建设等3个投资专项中，超范围、超申请、超标准等安排补助7848万元。几本预算划分不够清晰，有些项目交叉安排支出。专项转移支付管理薄弱，分配环节多、管理链条长，“小、散、乱”状况长期得不到改变。转移支付制度亟待完善，抽查中央投资补助的41个项目中，有13个用虚假资料、违规多头申报等获得补助8637万元。

中央部门预算执行审计　审计42个中央部门及241家所属单位，审计财政支出预算1891.62亿元（占这些部门支出预算总额的36%）。审计揭示的主要问题有：

一是违规套取和使用资金问题时有发生。主要是司法部和国土资源部环境监测院、核与辐射安全中心等6家所属单位通过重复申报项目或多报人数等方式取得财政资金6694.59万元；教育部、发展改革委、人民银行等7个部门和中国水利水电科学研究院、中国国际电子商务中心等37家所属单位有9.24亿元未纳入部门预算管理。此外，还发现未及时办理竣工决算、政府采购不规范等问题，涉及金额61.33亿元。

二是事业单位预算保障办法不够明确。主要是基本支出挤占项目支出、人员经费挤占公用经费问题较普遍，抽查的卫星环境应用中心、工商总局市场研究中心等19家事业单位，2014年至2015年挤占项目支出和公用经费等2.36亿元补充人员经费，有的单位人员经费超出财政拨款近4倍。

三是利用部门权力或影响力取得收入。主要是民政部、中国环境科学学会、老年人才信息中心违规开展评比达标或资格考试等活动，从中收取费用；中国交通通信信息中心、中国建筑业协会、中环联合（北京）认证中心等17家所属单位在受部门委托开展评审、评比、达标等活动的同时，又从参评单位取得咨询等服务收入。

四是执行“三公”经费和会议费等管理制度未完全到位。在各部门重视加强“三公”经费和会议费管理，违规问题明显减少的同时，也发现：因公出国（境）部分团组存在变更路线或延长时间问题，有的部门和单位无预算、超预算列支或转嫁出国（境）费用；有的单位长期无偿占用其他单位车辆作为公务用车，有的部门未及时清理上缴公务用车，有的存在公务用车运行费超预算、超标准购置公务用车等问题。公务接待超标准列支、转嫁接待费现象依然在个别单位存在。仍有一些部门和单位超预算、超标准列支会议费，在京外或非定点饭店召开会议，由下属单位承担会议费。

2015年地方财政收支审计　组织9个特派办对北京、黑龙江等9个省（市）2015年地方财政收支进行审计，在全面摸清财政收支总体情况的基础上，围绕国务院出台的稳增长促改革调结构惠民生防风险一系列政策措施，结合新预算法，揭示在经济下行压力较大情况下，地方政府在组织财政收入、安排财政支出、加强预算管理等方面存在的突出问题，分析原因、提出建议，促进依法组织财政收入、优化财政支出结构，提高财政资金使用绩效，维护财政和经济安全，更好发挥审计在推动积极财政政策落实和服务“四个全面”战略布局中的重要作用。

审计整改　根据全国人大常委会办公厅意见

和国务院要求，会同发展改革委、民政部、财政部、人民银行、体育总局、国务院扶贫办等部门认真研究，加强对审计查出问题整改情况的跟踪检查。包括：着力落实整改主体责任，严肃问责追责，以各种方式骗取财政资金、违反财政收支规定等行为，严肃追踪问责，铲除自身腐败的土壤；持续跟踪检查审计查出问题的整改工作，将审计发现问题的整改情况纳入后续审计内容，有关地方、部门和单位将审计查出问题纳入政府督查督办事项，持续跟踪督查；健全完善有关体制机制制度，以整改审计查出的问题倒逼改革，针对一些年年审年年存在的顽疾，深入分析体制机制原因，积极采取措施，从根子上解决问题。12月，受国务院委托，审计长刘家义向第十二届全国人民代表大会常务委员会报告2015年度中央预算执行和其他财政收支审计查出问题整改情况，从整改结果看，审计工作报告反映的问题大部分得到纠正，对有关责任人员依法依纪进行处理处分，对体制机制性问题，进一步完善相关制度规范，对一些情况相对复杂、整改难度较大的问题，也落实整改责任和进度安排。

财政审计工作领导小组办公室相关工作 审计署财政审计工作领导小组办公室设在财政审计司。财政审计司有效整合审计资源，探索预算执行审计、政策落实跟踪审计、经济责任审计三类审计项目实施的有机结合。在审计人员安排上，打破司局限制，统筹配置审计力量；在审计节点上，综合设定审计的实施步骤、完成阶段；在审计内容上，统筹谋划三类审计项目的着力点和侧重点；在审计成果上，一事多用、多角度分析，充分实现对预算执行分阶段审计成果和政策落实跟踪审计成果的充分利用和不断深化。将10位部长经济责任审计与相应中央部门预算执行审计同步实施，实现现场审计时点、审计人员、审计内容和审计成果的“四贯通”，提高审计查处问题的精准性和深入性，提升审计成果质量和层次。

常规审计与风险提示紧密结合，加大对经济运行中苗头性、倾向性问题和风险隐患的揭示力度。在财政部审计中重点关注地方政府债务管理，揭示一些地方政府通过违规担保、集资或承诺还款等方式举债，政府对社会资本兜底回购、承诺固化收益等方式形成隐形债务风险，提出规范管理、防范风险的政策建议。针对中国大城市房价快速上涨的情况，在9月组织开展对28个城市房地产市场风险防控开展专项审计调查，并将调查结果及时上报国务院，为调控房市提供决策参考。

审计宣传与舆论引导 任务落实与舆论引导紧密结合，配合完成审计工作报告中财政审计相关内容舆论宣传引导工作。完成《经济日报》全媒体“审计促进深化改革专题”访谈节目录制，组织召开“国家审计：适应新常态，践行新理念”专家座谈会，从稳增长等政策措施落实跟踪审计、存量资金审计、财政管理、预算改革等角度，组织对审计工作报告修改内容的评论和解读，多次被媒体、审计署官网、审计署微信平台等采用。司长郝书辰还就“审计坚决不当财政资金统筹使用的绊脚石”“审计要揭示束缚科研人员的条条框框”等内容做客中国政府网、人民网，及时答疑解惑、回应社会关切。 （撰稿人：刘 琳）

【税收征管审计司】 2016年，税收征管审计司人员编制20人，实有18人。设有一处（综合处）、二处（税务审计处）、三处（海关审计处）、四处（数据审计处）。主要职责是：组织审计中央预算收入执行情况；组织审计国家税务总局、海关总署及上述部门下属单位的预算执行情况、决算（草案）和其他财政财务收支；开展相关专项审计调查；督促被审计单位整改；指导地方审计机关税收征管审计业务；承办审计署交办的其他事项。

领导成员

副 司 长：王爱梅（主持工作）
丁德明（赴地方挂职）
何世海（3月—）

工作综述 2016年，税收征管审计司深入贯彻党的十八大和十八届三中、四中、五中、六中全会以及习近平总书记系列重要讲话精神，牢固树立五大发展理念，自觉适应新常态、践行新理念，围绕推进供给侧改革等国家重大政策措施，落实《关于完善审计制度若干重大问题的框架意见》《国务院关于加强审计工作的意见》和全国审计工作会议要求，讲政治、抓业务、带队伍、强管理，在“规范、提高、深化”上下功夫，厘清思路、创新方法、逐步提升税收审计层次和水平，初步形成“聚焦重点、持续跟进”和“查案件线索、堵制度漏洞”的工作思路和“政策＋数据”的大数据审计方法。组织完成国家税务总局和海关总署预算执行审计、国家重大政策措施贯彻落实跟踪审计、关税和进出口环节税征管审计、部长经济责任审计等6个审计项目。

国家重大政策措施贯彻落实跟踪审计 持续跟踪国家税务总局和海关总署落实国家“降成本”等重大政策措施落实情况，共向两个部门出具8份审计报告，其中3个案例被审计署综合报告采用上报国务院。如按季上报海关所属单位实体利用行政资源在通关环节收费问题，推动海关总署先后取消6项收费，至2016年底，海关系统收费比上年同期减少70%。

财政审计 对国家税务总局、海关总署2015年预算执行和决算（草案）情况进行审计，加大对贯彻落实中央八项规定精神和“三公”经费的审计力度。通过审计，揭示和反映国税、海关部门不同程度存在违规扩大支出范围，超范围、超标准或自定标准发放津补贴，办公用房清理和公务用车管理不到位，基本建设和招投标管理不规范，部分退休干部违规兼职取酬，存量资金未有效盘活，非税收入未按规定实行“收支两条线”管理等问题。相关审计结果纳入审计工作报告汇总反映。

关税和进出口环节税征管审计 紧扣海关法定职责，全面梳理海关业务流程和信息系统运行情况，深入剖析海关税收征管运行中的薄弱环节和风险隐患，组织实施关税和进出口环节税征管审计，揭示和反映海关税收征管过程中存在的不严格不规范等履职不到位问题，推动海关切实依法行政、把好国门。相关审计结果纳入审计工作报告汇总反映。如部分关税和进出口环节税征缴入库不及时；由于海关、银行和国库未全面联网，实行纸质税单核销，滞压税款规模逐年增长，2015年有190多亿元税款滞压15天以上；应转为税款的保证金7亿多元超期未转。

（撰稿人：宋　歌）

【行政政法审计司】 2016年，行政政法审计司人员编制20人，实有19人。设有一处、二处、三处、四处。主要职责是：组织审计中共中央纪律检查委员会（监察部）、中央组织部、中央宣传部、中央统战部、中央对外联络部、中央机构编制委员会办公室、中共中央直属机关事务管理局、最高人民法院、最高人民检察院、国家机关事务管理局、全国人大常委会办公厅、政协全国委员会办公厅、审计署和中国人民武装警察部队等单位及上述部门（单位）下属单位的预算执行情况、决算（草案）和其他财政财务收支；开展相关专项审计调查；督促被审计单位整改；指导地方审计机关行政政法审计业务；承办审计署交办的其他事项。

领导成员

司　　长：鲍朔望（—10月）

司主要负责人：胡家俊（10月—）

副 司 长：丁伏圣　陈　峰

工作综述 2016年，行政政法审计司深入学习贯彻党的十八大和十八届三中、四中、五中、六中全会精神及习近平总书记系列重要讲话精神，切实落实全面从严治党主体责任，着力整改巡视发现问题，加强领导班子和干部队伍建设，不断提升内部管理水平，积极践行科学审计理念，认真履行审计监督职责，把深化中央部门预算执行审计和稳增长政策措施跟踪审计作为工作重中之重，着力推动中央重大决策部署贯彻落实，办理和编发审计要情、重要信息要目等重要审计信息10篇，向有关部门移送多起违纪违法问题线索，促进发挥审计在党和国家监督体系中的重要作用。组织实施的国务院机关事务管理局2014年度预算执行和其他财政收支情况以及决算（草案）审计项目被评为审计署表彰审计项目。

中央部门预算执行审计 牵头组织对10个中央党群和政法部门单位2015年度预算执行情况进行审计。组织实施过程中，始终坚持依法审计、文明审计，严守纪律规矩。严格纪律要求，认真执行请示报告制度。在组织实施上述10个部门单位预算执行审计过程中，严格执行审计发现问题的外调延伸、审计报告及审计结果公告的拟稿办理等重大事项报告制度；严格执行各项纪律，严格遵守各项规矩，展现审计队伍的过硬素质、过硬作风，维护审计署的良好形象。强化过程管理，工作中加强组织协调，成立预算执行审计综合组，做到司与审计组、审计组与审计组以及审计组内各小组之间无缝衔接、信息共享，共性问题揭示反映到位。突出部门特点，着力揭示反映共性问题。与各审计组加强综合分析，重点围绕党群和政法部门工作特点和财务预算管理薄弱环节，揭示并通过信息反映部门缺乏制度规范等共性问题。加强沟通协调，把好公告起草、沟通关，确保公告平稳进行，维护依法审计、依法公告的权威，得到被审计单位的理解和支持。

国家重大政策措施贯彻落实跟踪审计 在持续开展的国家电网公司和南方电网公司2016年贯彻落实国家重大政策措施情况跟踪审计中，把握项目落地、资金保障、简政放权、政策落实、风险防范、民生改善“六个抓手”，较好地发挥政策落实“督查员”、深化改革“催化剂”作用。审计中紧盯重大电网建设项目，持续跟踪项目规划立项、投资审批、项目建设、竣工验收等重要环节，每月提出整改意见函，每个季度出具审计报告。推动两家电网企业新报送核准项目21项，新开工项目33项，加快重大投资项目落地。通过深入开展计算机审计和大数据分析，利用电网公司购电、用电业务数据和财务数据，重点关注供给侧结构性改革“三去一降一补”淘汰落后产能、促进清洁能源发展、控制污染物违规排放、节约用户用电成本等问题，跟踪了解电网企业参与国有企业改革、开展集体企业整合情况，形成多篇信息全力推动问题解决。全面梳理电网涉企收费，切实减轻企业用电成本。结合电网企业职能特点，运用大数据分析方法全面梳理、逐项排查违规涉企收费事项，揭示电力接入工程建设管理不规范、电网企业违规收取负荷管理装置费、自行设立电力作业资格准入条件并收取考试费用等问题，引起电网企业和地方政府高度重视，部分省市在审计期间即废止原有收费文件。切实把维护人民群众根本利益贯穿审计工作始终，着力关注电力用户用电报装、光伏扶贫政策效果等情况，揭示地下综合管廊建设推进缓慢、西南水电弃水、企业业扩报装受限影响生产经营等问题，编发多篇信息推动促进公共服务升级提质、民生短板有效解决、精准扶贫政策落实到位。

队伍建设 以领导班子建设为龙头，着力强化“四个意识”。司领导班子带领全司同志以学习贯彻党的十八届六中全会精神和习近平总书记系列重要讲话精神为重点，落实署党组各项学习安排和要求，突出学习重点，深化学习内容，始终在思想上政治上行动上同以习近平同志为核心的党中央保持高度一致，坚决贯彻落实署党组各项决策部署。

以品格为核心、作风为基础，着力提升素养、改进作风。通过深入开展“两学一做”教育活动，全面抓实做好党支部各项学习。结合巡视发现问题整改，以问题为导向强化作风建设，坚持把“实、高、新、严、细”要求落实到司内管理和审计业务全过程、各环节，以扎实工作作风堵塞管理漏洞、防范审计风险。

以审代培、以老带新，着力提升干部实战能力。从组织协调、业务突破、攻坚克难和成果审核等方面全面提升干部能力，通过实行审计项目双主审制，选派年轻干部参加扶贫审计等方式，使年轻干部在项目实施中成长成才。

以研促审，着力拓宽干部知识眼界。组织开展“省级法院检察院主要领导干部经济责任审计研究”工作，围绕省级法检两院主要负责人经济责任审计工作重点、组织实施等内容深入研究，为审计全覆盖提前布局谋划，提高能力素质。

用制度管人管事，促进干部队伍健康成长。修订完善司规章制度汇编，规范内部管理、党务、业务、保密和廉政建设等工作，夯实各层级岗位责任。严格落实现场审计各项制度，严格遵守廉政、保密、财经和工作纪律，严格执行中央八项规定精神和“八不准”审计纪律，切实筑牢拒腐防变的思想防线和制度防线，确保党员干部清清白白做人，踏踏实实干事。（撰稿人：李光辉）

【教科文卫审计司】 2016年，教科文卫审计司人员编制20人，实有20人。设有一处、二处、三处、四处。主要职责是：组织审计国务院相关部门及直属单位、地方人民政府管理的教科文卫专项资金；开展相关专项审计调查；督促被审计单位整改；指导地方审计机关教科文卫审计业务；承办审计署交办的其他事项。

领导成员

司　　长：崔振龙

副 司 长：周　晖　崔　明（3月—）

审计成果 2016年，教科文卫审计司完成审计项目5个，其中组织实施审计项目1个，参与实施审计项目4个。审计发现被审计单位在预算执行、其他财政收支管理、国家重大政策措施贯彻落实、重大经济决策制度制定执行、对所属单位监管等方面的问题93个，涉及金额106.16亿元。全年共出具审计报告14篇；提交重要信息要目等审计信息11篇，被批示、采用10篇，2个案例被“两个报告”采用。

国家重大政策措施贯彻落实跟踪审计　对中国电信、中国移动、中国联通3家电信运营商进行政策跟踪审计。紧扣“宽带中国”建设、“互联网+”行动等方面政策措施确定要点，围绕供给侧结构性改革和“三去一降一补”五大任务开展审计。结合跟踪审计阶段性、持续性的特点，及时对审计方案进行动态调整，增强审计方案的针对性和指导性。与财政审计司统筹审计力量，共同组织特派办，采取上下联动的方式，对通信行业重点项目进展、营改增政策效果等情况进行专项审计。审计揭示部分试点县“宽带乡村”中小城市基础网络完善工程项目推进缓慢等问题；针对发现的问题和情况提出审计建议48条，编发重要信息要目2篇。

财政审计　组织实施中国科协2015年度预算执行审计项目。审计重点关注资金分配、资产管理、政策目标实现等内容，以推动科协事业发展为主线，围绕部门核心职能和社会热点，关注机制体制问题。结合中国科协和所属单位业务数量众多、层级复杂、资金小散的特点，顺着资金流有重点地抽选项目资金使用单位进行延伸，把查处重大违法违规案件线索摆在突出位置，选派精干人员对重点单位进行核查，形成查处问题与促进发展一体化、惩治腐败与促进廉政一体化。审计发现的问题形成2篇重要信息要目上报国务院。

经济责任审计　组织审计署驻成都特派员办事处、卫生药品审计局、教育审计局等单位，对四川大学党政主要领导干部经济责任履行情况进行审计。采取条块结合、上下联动的方式，发挥派出审计局在相关领域的专业审计优势，在重点环节、重要问题突破上调动特派办的积极性，安排科教文卫审计司相关处室结合项目实际分头开展专题调查，协调各方力量相互配合，关注与被审计领导干部履行经济责任相关的对外投资、国有资产处置、重大基本建设等重大经济事项决策流程，以是否符合中央决定精神和重大改革方向、是否利用自身影响力进行牟利等作为审计定性判断标准，区分责任。针对审计中发现创业孵化机构和职业病防治等方面存在问题，编发重要信息要目2篇。

相关工作　先后对教育部、中国科协、科技部、卫生计生委等相关部委进行走访调研，摸清专项资金预算安排的总体情况以及科技、卫生等领域的改革举措；对甘肃、上海、广州等地有关专项资金审计情况进行调研，探索研究适合教科文卫领域的审计技术方法。研究起草《教科文卫审计司审计全覆盖五年规划》，系统谋划教科文卫审计发展蓝图。参与起草制定《关于审计工作更好地服务于创新型国家和世界科技强国建设的意见》，指导全国的科技审计工作。举办2016年度教科文卫政策落实与科目审计研讨班，将各地报送的典型案例进行梳理汇编，编辑《教科文卫审计案例选编》；对近年来教科文卫领域政策法规梳理编辑出版《教科文卫审计法规汇编》。派员参加国务院政策贯彻落实情况督导、财政办政策跟踪审计组、医保基金试审和扶贫审计等工作。

党建工作　以建设“学习型、务实型、廉洁型”党支部为目标，落实支部学习制度，深入开展“两学一做”学习教育，通过支部书记讲党课、党建专题讲座、“每月一读”、主题联学等学习活动，坚持每月集中学习，引导党员干部坚定理想信念、加强党性修养。深入推进作风建设，司领导班子充分发挥表率作用，深入审计现场进行工作指导，以上率下带出好风气，针对审计工作中存在的作风不实问题，带领全司查原因、找差距、表决心、促整改。配合中央巡视组、署党组巡视组工作，针对中央专项巡视提出的9项整改任务和署党组巡视发现的9个问题，开展整改和“回头看”。制定教科文卫审计司《审计职权目录》《权力运行流程图》及《廉政风险点及防控措施一览表》，提出廉政风险点及防控措施，抓牢廉政责任落实。全年召开支部党员大会14次、支部委员会议9次，各党小组按月召开会议，司局级领导干部讲党课2次，召开“三严三实”专题民主生活会1次、巡视整改情况专题组织生活会1次。严格落实党建制度各项要求。

队伍建设 坚持“一岗双责”，切实承担从严治党主体责任。司长作为第一责任人，逢会必讲廉政建设、经常听取各审计组廉政建设工作汇报。将年轻同志全部充实到审计一线担任主审，丰富一线审计工作经验。选送18人次参加审计署组织的各类培训班，丰富审计理论、提升审计能力。继续举办“大师面对面”系列讲座，邀请中国科协创新战略研究院院长罗晖、中宣部文化体制改革和发展办公室主任黄志坚以及科技部资源配置与管理司副司长吴学梯等专家学者，讲授相关领域前沿理论和研究成果，拓展审计人员知识面。

（撰稿人：郑莉娜）

【农业审计司】 2016年，农业审计司人员编制20人，实有18人。设有一处、二处、三处、四处。主要职责是：组织审计国务院相关部门和省级人民政府管理的农业、林业、水利专项资金；开展相关专项审计调查；督促被审计单位整改；指导地方审计机关农业审计业务；承办审计署交办的其他事项。

领导成员

司　　长：李珊珊（—5月）

副 司 长：和　杰（5月—，主持工作）

张新芳

副司级审计员：胡安明

审计成果 2016年，农业审计司完成审计项目4个，其中组织实施审计项目3个，参与实施审计项目1个。查出主要问题金额71.6亿元，其中违规金额17.17亿元、损失浪费金额4.12亿元、闲置金额13.23亿元、管理不规范金额37.08亿元；审计促进整改落实有关问题金额51.84亿元，其中通过上缴国库、归还原资金渠道、追缴资金等方式，追回被骗取套取、侵占或损失浪费资金3.77亿元，统筹使用和盘活财政资金8.45亿元，通过调整会计账目、核减工程款、避免或挽回损失等2.73亿元，发放未到位资金2.3亿元，通过出台制度、加强管理、规范资金发放等方式整改资金34.59亿元。严肃追责问责455人次，移送司法机关、纪检监察机关和有关部门处理事项58件，涉及金额4.16亿元。推动完善规章制度101项。出具专题报告3篇，被批示、采用3篇；提交审计信息9篇，被批示、采用9篇。向社会公告审计结果2篇。

国家重大政策措施贯彻落实跟踪审计 起草制发《关于进一步加强扶贫审计促进精准扶贫精准脱贫政策落实的意见》等文件，对“十三五”时期全国审计机关开展扶贫审计的工作原则、审计重点、工作要求等做出全面部署。建立脱贫攻坚政策落实和重点资金项目跟踪审计机制，组织精准扶贫政策措施落实和重点资金项目跟踪审计，审计覆盖70个贫困县的570个乡镇、2200多个村、4200多个项目，审计扶贫资金74.56亿元。在肯定和总结各地扶贫工作成果和经验的同时，揭示易地扶贫搬迁、教育扶贫、金融扶贫、产业扶贫等精准扶贫政策措施落实不到位、扶贫对象识别不精准、扶贫项目效果差等问题，助力脱贫攻坚目标如期实现。

农业审计 根据中共中央办公厅、国务院办公厅《关于完善审计制度若干重大问题的框架意见》及相关配套文件的有关要求，结合农业审计工作实践，制定《农业审计全覆盖实施办法总体框架》，科学谋划实现农业审计全覆盖的方法路径。国务院办公厅下发《关于支持贫困县开展统筹整合使用财政涉农资金试点的意见》之后，及时部署各级审计机关进一步加大对扶贫资金统筹整合使用情况的审计力度。组织18个特派办开展农林水专项资金资金，揭示农林水专项资金在分配、管理和使用中存在的突出问题，严肃查处涉农领域的重大违法违纪问题。根据国务院部署，组织9个特派办开展粮食补贴专项资金审计，摸清粮食补贴专项资金的管理使用情况，揭示和反映在粮食收储和相关补贴政策执行中损害农民利益的突出问题，提出完善粮食收储政策措施的建议，切实保障农民利益。

信息化建设 在扶贫政策跟踪审计、农林水专项资金审计中推动运用云审计APP平台，与审计署计算机技术中心沟通协作，对审计日志审阅批示等模块加以完善。

相关工作 派出业务骨干参加中央办公厅调研室联合审计署、国务院扶贫办开展的扶贫资金筹集、分配、使用和监管工作专题调研；参加农工党中央赴云南开展脱贫攻坚民主监督专题调研；陪同特约审计员赴贵州省丹寨县、石阡县开展扶贫情况调研。农业审计司会同财政审计司，通过司领导带队上门沟通、寄送书面材料等方式，先后向民进、民盟等8个民主党派中央宣传审计署加强扶贫审计和推动财政资金统筹整合所采取的措施、开展的工作和取得的成效。配合审计长刘家义代表国务院向全国人大常委会做审计工作报告以及40个县扶贫审计结果公告之后的舆情应对，农业审计司负责保障民生专题宣传工作，完成民生专题访谈节目的录制，审核《经济日报》《南方都市报》《焦点访谈》《四川日报》等媒体的多篇新闻报道、案例报道文字。会同办公厅新闻处，与《中国青年报》《北京青年报》《南方都市报》《中国审计》杂志、《中国审计报》5家媒体的记者，赴甘肃省国家级贫困县环县进行实地采访。

党建和内部管理 学习党的十八届六中全会精神，开展“两学一做”学习教育，落实全面从严治党主体责任，全年开展集中学习14次，支部书记讲党课1次，专题研讨暨司领导班子成员讲党课4次，提交心得、感言10余篇。组织开展“向实行计划生育的贫困母亲献爱心”活动，党员领导干部带头捐款；与办公厅党支部联合开展“学党章谈体会，诵读红色经典”主题联学，参加署机关党委开展的纪念建党95周年系列活动，开展党员承诺践诺活动。落实巡视整改，党支部先后召开专题组织生活会、民主生活会部署整改工作；增补支部委员，健全支部组织机构，研究制定《农业司党支部关于严肃党的组织生活制度的规定》，加强党支部建设。全年派出10名干部参加中央党校培训班、中央组织部司局级干部培训班、中央国家机关会计领军人才培训班、审计署党校培训班的学习；建立书屋，购买审计业务、财经管理、政治法律、社会科学等书籍150多册。支持和鼓励审计人员外出讲课，配合中央专项巡视组工作、参加“一带一路”国际研讨班介绍中国农业审计、参加国务院第三次大督查、为中央纪律检查委员会农业系统纪检监察干部培训班讲课、到信访局挂职锻炼等工作。梳理制定《农业审计司内部管理制度》，加强内部综合管理，全年共登记、分发、传阅、办理各类文件2200多份，下发、转发各类通知、办件等260多份，上报签报30份，办理督查事项33件，报送相关部委及署内其他各司局的回复意见72件，办理政协提案2件。档案工作受到办公厅通报表扬。开展保密培训4次，开展保密、软件正版化检查7次，参与审计署保密办组织的知识测试，获得优异成绩；9月，通过国家保密局的保密检查。

（撰稿人：冯　志）

【固定资产投资审计司】 2016年，固定资产投资审计司人员编制24人，实有21人。设有一处、二处、三处、四处、五处。主要职责是：组织审计中央投资和以中央投资为主的建设项目的预算执行情况和决算以及其他关系到国家利益和社会公共利益的重大建设项目；开展相关专项审计调查；督促被审计单位整改；指导地方审计机关固定资产投资审计业务；承办审计署交办的其他事项。

领导成员

司　　长：许　亚

副 司 长：卢华胜　潘述功（—5月）

　　　　　吴旭东（7月—）

副司级审计员：余宁琪

审计成果 2016年，固定资产投资审计司（以下简称投资司）认真落实全面从严治党主体责任，贯彻署党组决策部署，完成各项审计业务工作，并积极研究新情况、把握新趋势、探索新路径。组织或派人参加收费公路资金管理使用情况审计等4个审计项目，指导地方审计机关开展灾后恢复重建跟踪审计。移送各类案件线索12件。累计编发审计要情等各类审计信息11篇。参与实施的中国石油化工集团公司法定代表人任职期间经济责任履行情况审计被审计署评为2015年度优秀审计项目；组织实施的长江三峡水利枢纽工程地下电站竣工财务决算情况审计被审计署评为2015年度表彰审计项目。

组织和参加审计项目 组织或派人参加收费公路资金管理使用情况审计、水利部2015年度预算执行等情况审计、水利部2016年稳增长促改革调结构惠民生防风险政策措施落实情况进行跟踪审计、中国建筑工程总公司原法定代表人任职期间经济责任履行情况审计，指导地方实施云南鲁甸、景谷和芦山地震灾后恢复重建跟踪审计，开展“灾害管理审计”国际合作。移送各类案件线索12件，涉及厅局级干部6人。累计编发审计要情1篇，重要审计信息要目等审计信息10篇。

投资审计三大创新　组织行业专家学者和审计业务骨干，结合具体审计项目，分别开展公共投资审计基础理论、公共投资审计新技术和大数据运用等课题研究，并应用于实践。在水利部预算执行审计中发现的盗采河沙屡禁不止、部分边界界河亟待治理等资源环境和民生问题，现行招标投标制度存在缺陷不利于提高项目绩效和推动改革等问题，得到国务院重视。在收费公路资金管理使用情况审计中，采集、梳理、分析全国收费公路相关业务数据信息，重点关注收入支出结构、定价机制、养护成本、物流成本等内容，充分发挥集中分析、发现疑点、分散核查、系统研究的数字化审计作用。

北京冬奥会跟踪审计前期调研　根据《“十三五”国家审计工作发展规划》要求，投资司联合北京市审计局、河北省审计厅，先后赴北京冬奥组委、国家体育总局、中国铁路总公司、北京市重大项目办、河北省冬奥办、张家口市政府等单位和重大建设项目现场进行调研，了解北京冬奥会在组织运行、筹办规划、预算管理、场馆及基础设施建设等方面的具体情况。在此基础上，结合2008年北京奥运会跟踪审计工作经验，起草《审计署关于北京2022年冬奥会和冬残奥会跟踪审计总体安排的请示》，提出北京冬奥会跟踪审计的总体目标和总体工作安排，并征求北京冬奥会跟踪审计领导小组成员意见，为编制冬奥会整体审计方案奠定基础。

国际交流　参加世界审计组织发展培训委员会（IDI）与亚洲审计组织联合开展的“灾害管理审计”国际合作项目，按国际审计组织的标准撰写《鲁甸县灾后恢复重建学校项目效益性审计报告》中英文审计报告，史小明、陈丙欣等人两次受邀在国际会议上介绍我国在灾害管理审计方面的做法和经验，得到世界审计组织、亚洲审计组织的认可和高度肯定。针对国外一些审计机关对我国投资审计成就、经验的浓厚兴趣和主动提出学习了解的愿望，在审计署国际合作司的安排下，投资司派出副司长卢华胜等3人先后分别向泰国、老挝等外国培训班讲解我国公共投资审计做法和成效。

投资审计行业指导　组织各省（自治区、直辖市）审计机关、审计署特派办分管投资审计工作的领导和固定资产投资审计处负责人等110余人，在南京举办全国投资审计前沿理论和热点问题研讨班。中央经济责任审计工作联席会议办公室张通主任到会做题为《适应新常态　践行新理念　全面推进公共投资审计工作新发展》的重要讲话。研讨班明确提出坚持公共投资审计主战场、加快推进投资审计三大创新、加强和改善全行业投资审计的业务领导等新观点、新思路，对基层审计机关普遍存在的片面追求审减额、“凡投必审”、偏离审计基本职能等审计风险和廉洁问题进行纠偏和校正。培训结束以后，各地审计机关以此为契机，召开会议传达、研讨，并在审计实践中积极贯彻公共投资审计理念。云南、福建等多地以省政府、省人大的名义先后出台加强公共投资审计制度办法，促进投资审计的规范和发展。

PPP项目审计研究　成立专题研究小组，从投融资体制改革、公共投资审计视角出发，以PPP（政府与社会资本合作）方式在公共投资领域广泛应用对审计带来的挑战和机遇为出发点，探索回答对于PPP项目，国家审计机关应该“审什么”“怎么审”，并将有关论点形成《公共投资审计视角下的PPP模式研究》。投资司还与南京审计大学共同举办第二届公共投资审计前沿理论与实务研讨会，加强与学术界、高校的联系与合作，吸收最新理论成果、实践经验，进一步深入研究。

党建和内部管理　深入学习党的十八届六中全会精神，扎实推进“两学一做”学习教育。组织参加审计署党组传达学习十八届六中全会精神和专题讨论会，累计派出17人到审计署党校参加相关集中学习。按计划开展“两学一做”学习教育，结合审计业务，与水利部财务司党支部开展主题联学活动。结合纪念中国共产党成立95周年开展系列活动，参加“中华魂”红色文化经典学习诵读活动、中央国家机关党章党规知识测试等。全司党员干部严格执行党风廉政承诺制度和审计纪律，未发现有违反廉政纪律的行为。

严格党的组织生活制度，夯实党支部基础建设。落实“三会一课”制度，召开支部大会和支委会18次，党小组会30次，讲党课5人次。组织召开民主生活会和组织生活会，赴红色爱国主义基地开展红色教育，增强党支部的凝聚力和战斗力。加强司党支部基础管理，完善支部班子，做好入党积极分子工作，归纳总结出支部建设“四步凝心”典型工作法。

接受中央、署党组巡视，整改落实存在的不足。对于中央和署党组巡视发现涉及投资司的问题，按照审计长“照单全收，认真整改”的要求，采取建立整改台账的方法，逐项落实整改。

通过群团活动加强人文关怀，参与审计署工会、妇工委等上级群团组织的各项活动。树立典型，将优秀共产党员张明的先进事迹在投资司内外宣传。（撰稿人：王　涛）

【社会保障审计司】 2016 年，社会保障审计司人员编制 19 人，实有 18 人。设有一处、二处、三处、四处。主要职责是：组织审计国务院相关部门、省级人民政府管理和其他单位受国务院及其部门委托管理的社会保障基金、社会捐赠资金以及其他有关基金、资金的财务收支；开展相关专项审计调查；督促被审计单位整改；指导地方审计机关社会保障审计业务；承办审计署交办的其他事项。

领导成员

司　　长：陈太辉

副 司 长：余　林

正司级审计员：曾　黎　杨　明

审计成果 2016 年，社会保障审计司组织开展工伤保险基金审计、2015 年保障性安居工程跟踪审计、全国基本医疗保险基金审计等 3 个大型审计项目，参与人力资源社会保障部预算执行审计。编发审计要情 2 期、重要信息要目 5 篇。社会保障审计司组织开展的工伤保险基金审计和保障性安居工程跟踪审计的经验做法被国务院列入第三次大督查中发现的典型经验做法进行表扬和宣传推广。组织地方审计机关实施的常德市本级城镇保障性安居工程跟踪审计项目被审计署评为地方优秀审计项目。

保障性安居工程跟踪审计 牵头组织全国各级审计机关近 2 万名审计人员，连续第 4 次在全国范围组织开展保障性安居工程跟踪审计。重点审计安居工程项目 1.48 万个，并首次把农村危房改造实施情况纳入审计范围，着力推进安居工程跟踪审计的城乡全覆盖。为确保审计工作顺利推进，坚持推动安居工程目标任务落实和提高保障效果并重，坚持查处违法违规问题和揭示管理不到位、损失浪费等绩效问题并重，坚持揭示问题和推动完善制度并重，对安居工程进行全方位审计。在查处违法违规问题的同时，注重发现安居工程建设管理和资金筹集使用中的违法违纪问题线索，并分别移送纪检监察、公安、检察等机关，依法依纪追究相关人员责任。注重发挥审计的建设性作用，突出揭示体制性障碍和管理漏洞，促进有关地方和部门完善制度，加强管理。加大督促整改力度，各级审计机关建立审计发现问题的整改台账，督促被审计单位逐笔逐项整改。截至 2016 年 10 月，相关地方和部门出台或调整政策 1000 多项。

保障性安居工程跟踪审计报告用翔实的数据反映保障性安居工程建设管理总体情况和工作成效。从审计情况看，地方各级政府和相关部门认真贯彻落实党中央、国务院决策部署，积极推进城镇棚户区改造、农村危房改造等安居工程及配套基础设施建设，取得显著的经济效益和社会效益。审计揭示出部分地区安居工程资金被套取挪用、部分地区安居工程建设管理监督不够严格、10.74 万户不符合条件家庭享受农村危房改造补助或城镇住房保障资源等违法违规问题。

工伤保险基金审计 按照国务院部署和审计署的工作安排，牵头组织 18 个特派办，对 17 个省（直辖市）工伤保险政策执行情况和工伤保险基金的筹集、管理、使用情况进行审计。审计结果表明，35 个抽审地区认真贯彻落实国家工伤保险有关政策规定，较好地保障职工权益，工伤保险基金总体安全。此次审计揭示出工伤补偿和康复政策未完全落实到位、工伤预防费和浮动费率制度建设滞后、骗取挪用工伤保险基金等突出问题。经过整改，截至 10 月底，已有 21 万名未参保职工办理参保手续，6.54 万名“老工伤”人员被纳入工伤保险，收回被骗取套取、违规发放等资金 7000 余万元。

医疗保险基金审计 5 月，社会保障审计司赴江苏省开展医疗保险基金试点审计。通过试点审计，测算全国医疗保险基金审计工作量，检验审计工作方案关注审计重点和内容的可行性，调整完善审计工作方案及附表，探索医疗保险基金审计的思路和审计方法。8月至9月，牵头组织特派办和地方审计机关，对基本医疗保险和城乡居民大病保险等医疗保险基金进行专项审计，抽查28个省本级（含新疆生产建设兵团）、166个市本级和569个县（市、区）2015年和2016年上半年的基金管理使用情况，抽查金额3433.13亿元，延伸调查定点医疗机构3715个、定点零售药店2002个以及其他相关单位。审计结果表明，审计地区各级政府及所属相关部门认真贯彻落实党中央、国务院决策部署，积极推进全民医保体系建设，在保障群众病有所医等方面发挥出显著作用。审计也揭示部分地区和单位医保基金筹集不到位、基金支出使用不规范和制度衔接不到位等问题，向相关部门移送违法违纪问题线索421件。截至10月，已追回收回被套取骗取、挤占挪用及扩大范围支出等资金11.46亿元。

相关工作 把案例引导作为指导各级审计机关开展审计的一个重要手段，向各地征集各类社会保障审计案例200多个，从中精选50个编辑形成案例汇编，并将其中有关案例发送各级审计机关参考，在全国基本医疗保险基金审计和保障性安居工程跟踪审计中发挥较好的指导作用。

牵头编写的《社会保障审计知识读本》正式印发；《重大突发公共事件救助资金审计指南》《保障性安居工程审计指南》已提交合规性审查；编撰形成《2012年至2015年保障性安居工程跟踪审计工作总结》《2016年至2020年住房保障审计项目五年安排规划》《江苏省医疗保险基金试点审计工作总结》《医疗保险基金审计报告49问》《审计研究报告——论医保制度的深化改革》等总结性和研究性材料。

在工伤保险基金、全国基本医疗保险基金审计准备和审计实施期间，社会保障审计司通过到相关部委调研、听取相关领域专家意见、深入基层调研等方式，加强对有关政策及执行情况的研究，为组织开展好审计工作奠定坚实基础。全国医保基金审计期间，社会保障审计司派员赴福建省三明市，对该市深化医药卫生体制改革、实施“三医联动”情况进行调研，掌握三明医改模式的第一手资料，为研究医改思路、提出高质量的审计建议提供重要信息参考；同时派出督导组，对江西、云南、山西等7个省医保基金审计工作进行调研督导，根据了解的情况及时调整工作思路，加强对审计的过程控制，保障医保基金审计顺利实施。

（撰稿人：宋治微）

【资源环境审计司】 2016年，资源环境审计司人员编制20人，实有19人。设有一处、二处、三处、四处。主要职责是：组织审计自然资源资产、生态环境保护情况；开展相关专项审计调查；督促被审计单位整改；承担亚洲审计组织环境审计委员会秘书处工作；指导地方审计机关资源环境审计业务；承办审计署交办的其他事项。

领导成员

主要负责人：王本强（—9月）
李　锋（11月—）
副　司　长：丁　雁　刘　峰

审计成果 2016年，资源环境审计司直接实施2个审计项目，组织实施3个审计项目，持续3个以前年度审计项目的后续工作。移送中央纪律检查委员会、最高人民检察院、国务院国有资产监督管理委员会（以下简称国资委）、地方政府及纪委等部门问题线索27篇。向国务院报送汇总审计报告2篇，审计要情3篇。编发重要信息要目等信息32篇。

资源环境审计司组织的矿产资源开发利用保护及相关资金征管情况审计项目中，有2个被审计署评为优秀表彰项目。

财政审计 实施环境保护部2015年度预算执行等情况审计，完成2015年对国土资源部预算执行审计后续工作，汇总编发重要信息要目3篇、移送事项1件。

自然资源资产离任审计试点 组织18个特派办、31个省（自治区、直辖市）审计厅（局）和新疆生产建设兵团审计局对全国40个地区实施领导干部自然资源资产离任审计试点。形成重要信息要目等审计信息3篇。对特派办实施8个地区的审计试点报告进行复核，出具8份审计意见和3份审计决定。提交40个地区审计试点报告，与2016年开展的其他审计项目涉及资源环境审计的内容汇总形成审计报告报国务院。

了解地方审计机关开展审计试点工作的情况，向全国审计机关推广山东省胶州市、浙江省安吉县、福建省光泽县开展审计试点的好做法、好经验。多次向中央改革领导小组办公室、中央财经工作领导小组办公室、国家发展改革委员会提供“对领导干部实行自然资源资产离任审计”改革任务完成情况汇报材料。向中央改革领导小组办公室报送自然资源资产离任审计情况报告，从“马上审、怎么审、差异审、高效审、开门审、深化审”六个方面，总结审计署组织全国审计开展审计试点的情况，被中央改革领导小组办公室《改革情况交流》采用。

审计署聘任10名资源环境审计工作咨询专家。审计署印发《审计署关于加快推进领导干部自然资源资产离任审计工作的通知》，有力推进地方自然资源资产离任审计工作的开展。组织《领导干部自然资源资产离任审计暂行规定（送审稿）》的起草工作，先后4次征求署内相关单位意见，3次征求地方审计机关、特派办及专家的意见，征求国务院法制办、中央组织部、中国科学院等部门和环保、国土、农林水等外部专家的意见。

水污染防治资金审计　组织18个特派办完成对18个省的水污染防治相关资金的审计，形成重要信息要目等审计信息12篇。审计结束后发布审计结果公告，揭示和反映区域性水环境保护压力较大；预算分配与专项规划衔接不够；397个水污染防治项目没有达到预期效果；176.21亿元财政资金未能有效使用；一些地区环保相关执法不严格等问题。组织31个省（自治区、直辖市）审计厅（局）开展水污染防治相关资金审计，编发审计工作方案和报表。

中央节能环保资金审计　组织18个特派办对河北、山西等18个省（自治区、直辖市）2015年至2016年节能减排重点专项资金的管理使用情况进行审计。

矿产资源审计　完成2015年矿产资源审计项目后续工作，编发审计要情1篇，重要信息要目等审计信息36篇。审核出具6个省的分报告、下达审计决定，完成审计结果公告和审计结果解读稿。审计结果公告揭示和反映矿业权审批和管理制度落实不到位，违规审批出让行为多发；违规转让或收购矿业权，违规利用勘查资料获取矿业权，造成国有权益损失或相关企业个人获取不正当利益；环境保护责任不落实，存在生态环境安全隐患；矿产资源收入征缴使用不规范仍然存在等问题。

土地出让收支和耕地保护情况审计　完成2014年全国土地出让收支和耕地保护情况审计项目的后续工作。编发审计要情2篇，形成其他审计信息4篇。配合中央纪律检查委员会、最高人民检察院、解放军军事检察院等办理审计信息10余件。

国际交流　承担亚洲审计组织环境审计委员会秘书处日常工作。派员到印尼雅加达参加世界审计组织环境审计工作组第17届大会，起草亚洲审计组织环境审计委员会的工作报告，在会上介绍中国开展能源节约审计的情况。派员赴印度参加第23届中印审计研讨会，出席亚洲审计组织环境审计委员会第6次研讨会暨第5次工作会议，提交工作报告和4篇交流论文。派员赴马其顿参加欧洲审计组织环境审计工作组第14次年会，在会上介绍中国审计署开展扶贫资金审计、服务可持续发展的情况。派员参加中越环境审计交流和中法环境审计视频交流会。（撰稿人：陈基湘）

【金融审计司】　2016年，金融审计司人员编制26人，实有23人。设有一处（中央银行和中国投资有限公司审计）、二处（商业银行审计）、三处（信托证券审计）、四处（保险和金融资产管理公司审计）、五处（政策性银行和全国社会保障基金理事会审计）。主要职责是：组织审计中央国有金融机构和国务院规定的中央国有资本占控股或主导地位金融机构的资产、负债、损益；组织审计中国人民银行、国家外汇管理局的财务收支；组织审计中国银行业监督管理委员会、中国证券监督管理委员会、中国保险监督管理委员会和全国社会保障基金理事会及上述单位下属单位的预算执行情况、决算（草案）和其他财政财务收支；开展相关专项审计调查；具体组织对中央国有金融机构和国务院规定的中央国有资本占控股或主导地位金融机构的领导人员的经济责任审计；督促被审计单位整改；指导地方审计机关金融审计业务；承办审计署交办的其他事项。

领导成员

副 司 长：王志成（主持工作）

胡尊锴（—10月）

赵圣伟（10月—）

审计成果 2016年，金融审计司组织实施审计（调查）项目25个，包括人民银行财务收支情况审计和中国银行业监督管理委员会（以下简称银监会）、中国证券监督管理委员会（以下简称证监会）、中国保险监督管理委员会（以下简称保监会）、全国社保基金理事会预算执行情况审计；银监会、证监会、保监会领导人员经济责任审计；按照审计署统一部署对中国人民银行、银监会、证监会、保监会、国家开发银行、中国农业发展银行、中国进出口银行开展贯彻落实稳增长促改革调结构惠民生政策措施情况跟踪审计；对地方政府开展财政存量资金审计和债务审计。此外，还对8家重点商业银行开展跟踪审计。查出各类违法违规问题金额1300多亿元。全年共上报审计要情48篇，重要信息要目23篇。

在2016年审计署优秀审计项目评选中，获得优秀项目5个；金融审计司获得中央国家机关先进基层党组织等表彰，“审计署金融审计司鹿鸣讲堂”被评为中央国家机关十大学习品牌。

国家重大政策措施贯彻落实跟踪审计 坚持聚焦中央重大决策部署和政策措施的落实，利用跟踪审计模式，对准问题持续发力。在人民银行的跟踪审计中，围绕货币工具有效性、资本外流新趋势等议题给予持续关注，对贸易项下和资本项下的资金跨境流动问题提出针对性建议，并向中央上报专题材料；在证监会的跟踪审计中，针对债券市场去杠杆效果不佳的问题予以持续追踪，连续编发重要信息要目；在政策性金融机构的跟踪审计中，对专项建设基金在供给侧改革中的作用发挥进行持续考察，连续3个季度形成重要审计成果，显著提升专项基金的使用效益。

财政审计 加大“一行四会”财务收支和预算执行审计力度，与财政存量资金审计工作有效衔接、紧密融合。审计中一方面揭露其财务收支及预算管理中存在的突出问题，有效发挥审计在促进建立科学规范透明的预算管理体制、规范财务工作等方面的重要作用；另一方面关注金融监管部门在科学制定政策、细化落实措施，以及提高监管绩效等方面存在的薄弱环节，探索在全国社保基金理事会预算执行审计中对社保基金管理绩效进行考察。

重点商业银行跟踪审计 继续对8家重点商业银行年度信贷投放和经营管理情况进行跟踪审计调查，保障宏观政策落实。探索尝试多个特派办混编为组的组织模式和定期汇总、定期考核的管理模式，项目意图得到有效落实。跟踪审计调查以信贷投放为抓手，促进货币信贷政策落实到位，有效维护政令畅通；促进金融机构更好地支持实体经济，服务中小企业，积极反映、努力缓解融资难融资贵问题；促进银行信贷结构调整，密切关注信贷资产质量风险，提高防范和抵御经济波动风险的能力。持续关注去库存政策的落实效果，及时揭示和反映商业银行信贷资金一段时期内过快流入部分城市房地产市场的问题，为中央及时出台调控政策提供决策依据。

经济责任审计 探索尝试按照经济责任“经济决策——发现问题——责任认定”的传导模式设置审计组，加强上下协同作战的能力；探索以重点板块、重点事项、重点“决策流”和领导人员经济责任的重点“事项群组”来划分审计范围和审计分工，引导审计资源有效服务于审计目标。

查处金融大要案 查办金融领域案件线索60件，其中大要案线索48件，涉案金额1300多亿元。其中，发现金融机构内部人员采取各种手段侵占挪用国有资产、输送巨额利益以及证券领域“老鼠仓”、内幕交易、操纵市场、欺诈上市等重大经济问题线索10余件；发现多户民营企业利用关联企业担保骗取贷款、非法经营票据，涉嫌犯罪；查出5件120户企业涉嫌向境外非法转移资金460亿元等重大案件线索；发现4个涉嫌电信诈骗的犯罪团伙，冒充司法机关等公职人员骗取群众上万人涉及资金达7亿元，被骗人员多数为在校学生、青少年和老人等群体。问题线索揭示后得到国务院领导重要批示，移交公安机关立案查处，同时也引起支付结算、网络信息技术等监管部门的重视，陆续出台相关制度，进一步加强市场监管。

地方金融审计 将地方金融机构的风险纳入关注视野，加大对地方金融机构的数据集中和分析力度，新领域的审计成果不断涌现。通过重要信息要目，连续反映地方金融机构信贷资产质量不实情况突出、地方政府隐性举债脱离监管等问题，提出针对性建议。通过专题调研、现场支持等形式，加强对地方审计机关金融审计工作的指导。落实“以审代训”要求，吸收地方审计机关骨干力量参与司内项目，传导技能，强化意识，督促和帮助地方审计机关全面履行职责。

信息化建设 金融审计数据分析平台完成中国银行、招商银行子模块的验收，实现8家重点商业银行验收全面“收官”。组建大数据分析团队，吸收商业银行、监管部门和金融审计实践对数据治理的成熟经验，综合汇总和提炼50多家大中小银行的数据库设计方案，提出商业银行审计数据标准，拟申报成为国家标准。完善和固化涉众金融犯罪、证券市场典型违法犯罪活动数据分析模型，将数据分析视角逐步延伸至外汇市场、期货市场、票据市场、黄金市场，大数据技术服务审计实践的能力进一步提高。

理论研究和规范化建设 加强对金融审计理论研究小组的组织领导，充实小组成员，营造研究氛围；推进国家自然科学基金会项目“基于云架构的商业银行审计大数据标准体系构建研究”课题研究，《对中国金融监管体制改革的几点思考》等理论文章在《国际金融研究》等权威媒体、核心期刊发表；《财产保险公司审计指南》《商业银行审计知识读本》《审计取证技巧丛书》等书的编纂工作有序推进；制定《金融司重要事项重大决策议事制度》《金融审计司审计业务信息办理流程及跟踪管理规定》《八行跟踪审计项目管理制度》等近10项规章制度，推进金融审计规范化建设。

国际交流 用好世界审计组织金融工作组这一平台，积极宣传中国审计发展成果，认真履行工作组分小组组长的职责，推动经验分享、引领工作走向、服务全球治理。同时，积极参加对外交流活动，赴美国与国际金融监管和审计同仁交流经验、向老挝审计友人宣传中国金融审计成就，进一步在世界审计舞台发出中国金融审计声音、展现中国金融审计元素。

队伍建设 提出并践行以“五个一工程”为核心的金融审计能力倍增计划，并扩展至特派办金融审计队伍。区分层次、优选内容，举办首次商业银行审计基础培训班和首次金融审计高级研讨班，邀请知名专家传道授业，将基础理论和高端经验分别传授至不同群体，提升金融审计队伍的理论素养和履职能力。持续巩固和提升“鹿鸣讲堂”建设成果，探索形成“党建”“名家”“菁华”“金英”四大核心板块和主体演讲、辩论研讨等多种形式，打造成为全署知名、全国评优的精品品牌。

（撰稿人：熊景伟）

【企业审计司】 2016年，企业审计司人员编制26人，实有25人。设有一处、二处、三处、四处、五处。主要职责是：组织审计中央国有企业和国务院规定的中央国有资本占控股或主导地位企业的资产、负债、损益；开展相关专项审计调查；具体组织对中央国有企业和国务院规定的中央国有资本占控股或主导地位企业的领导人员的经济责任审计；督促被审计单位整改；指导地方审计机关企业审计业务；承办审计署交办的其他事项。

领导成员

司　　长：魏　强（—2月）
　　　　　郑新举（2月—）
副 司 长：周树大（—9月）
　　　　　赵喜林
　　　　　梁璐璐（9月—）

审计成果 2016年，企业审计司围绕“反腐、改革、法治、发展”的工作思路，学习和贯彻落实供给侧结构性改革和国有企业改革有关部署，以“三去一降一补”五大任务为重要抓手，注重查处重大违纪违法、重大履职尽责不到位、重大损失浪费、重大损益不实、重大风险隐患、重大环境污染和资源损毁等问题，揭示体制性障碍、制度性缺陷和重大管理漏洞，取得一批有深度、有影响的审计成果。全年发现各类重大违纪违法问题线索40多件，涉及问题金额数百亿元，移送有关部门处理。上报重要信息要目和各类专报近20篇，为推动有关问题的整改发挥积极作用。组织开展的中国石油化工集团公司等4户中央企业经济责任审计项目分别被评为审计署优秀审计项目和表彰审计项目。

经济责任审计 在以往每年10户审计中央企业的基础上，组织实施20户中央企业的经济责任审计项目。审计中加大中管企业之外的中央企业的比例，以中央企业总部和关键二级单位为主，针对重大事项和重点资金对三级及以下单位进行延伸；紧扣企业领导人员经济责任履行情况，聚焦贯彻落实中央重大政策措施、经营业绩真实性、决策和管理规范性、企业发展后劲和风险，以及重大违纪违法、违反中央八项规定精神和廉洁从业规定等方面。

牵头组织实施国资委预算执行和国资委主任任期经济责任审计，对照领导人员分工，逐项梳理领导人员做出的决策事项，严格按照两办规定对审计发现的问题界定责任。结合国资委职能，核查被审计人在推进深化国有企业改革、简政放权、履行出资人职责等方面所做工作；发现在国资委内部重大经济决策、财政财务收支活动中存在的决策制度不完善、内部控制制度不健全、国家有关法律法规执行不到位的问题；审计国资委时充分获取资料，为企业经济责任审计和提质增效专项审计做准备、打基础，在对企业进行审计时，揭示监管部门履职不到位、追责不到位的问题。

审计公告与审计整改 企业审计司对中国石油化工集团公司等10户中央企业的审计结果进行公告并对审计公告进行解读，获得较好的社会舆论影响。审计结果公告主要反映企业在贯彻落实国家宏观经济政策与决策部署、重大决策、内部管理、财务收支、风险管控、落实中央八项规定精神遵守廉洁从业规定、以前年度审计整改落实情况等方面存在的问题。10户企业高度重视审计发现问题的整改工作，召开有关专题会议研究部署，分解整改任务，明确整改责任和时限。

专项审计 按照党中央、国务院的重大决策部署要求，组织实施中央企业提质增效、涉及中央企业收费情况等专项审计，并对社会审计机构审计质量进行核查。审计结果汇总形成多篇重要信息要目和专题报告，反映在落实供给侧结构性改革、提质增效、“瘦身健体”过程中，部分企业存在债务负担沉重风险较大、“三供一业”分离、房地产去库存推进缓慢、清产核资不规范、粉饰经营业绩等多个方面的问题；在涉及中央企业收费中存在收费主体和类型名目繁多、中介机构高额收费与其提供服务价值不相称、企业制度性交易成本高企以及违规收费和垄断性、强制性收费仍然较多、标准偏高等问题。

信息化建设 坚持“数据先行”，强化数据分析，企业审计司数据分析团队对本年实施经济责任审计的20户企业的财务数据、业务数据进行集中采集和全维度、智能化数据分析，在审前调查阶段发现重大问题线索，在现场审计阶段实施“跟踪分析”，有力地支撑审计实施。数据分析中形成重大物资采购、重大股权投资等15个专题数据分析方法，编写企业审计典型案例（含大数据审计）90多个。在《中央企业审计分析和预警软件系统单机版功能改进升级》研发中，嵌入九大类审计事项的相关方法720个，审计经验得到延伸与拓展。

党建工作 制定《企业司党支部贯彻落实全面从严治党工作分工与责任落实措施》，明确支部书记、支部委员、党小组长、党员的职责，层层压实责任。贯彻落实民主集中制，严格执行民主生活会、组织生活会、“三会一课”、谈心谈话和思想汇报等各项制度，不断加强基层党组织和思想作风建设，夯实支部战斗堡垒作用。扎实推进“两学一做”学习教育，以读原著、学原文、悟原理为要求，采取集中学习、党员领导干部指导学习、个人自学和组织考试测评等多种方式开展学习，形成“我讲案例大家评”“我学我思”两个相对成熟的学习品牌，先后报送“两学一做”学习感言21篇（次）。自觉接受中央、署党组巡视，对照中央第二巡视组巡视反馈的问题，深入开展对照检查，及时建立整改台账，制定整改措施。

队伍建设 通过以老带新加强干部队伍的建设，给年轻同志压担子，使其在现场一线、项目复核等方面快速成长。在国资委审计项目中，企业审计司年轻同志全部进入审计现场，根据分工承担具体问题的查核任务；在企业经济责任审计项目中，重点工作大部分由年轻同志担负；审计业务文书的第一步审核把关先由年轻同志负责，通过处、司各级的层层复核，及时总结不足，不断学习提高。通过完善制度提升审计工作及审计管理水平，会同署内相关单位，对出资人审计、内部审计管理体制、整合监督资源、境外国有资产审计等重大问题展开研究，完成《关于深化国有企业和国有资本审计监督的若干意见》文稿的修改，制定完善《企业审计司工作规则》《企业审计司业务文书流程操作指南》等8项制度。

（撰稿人：郭晋红）

【外资运用审计司】 2016年，外资运用审计司人员编制15人，实有14人。设有一处、二处、三处。主要职责是：组织审计国际组织和外国政府援助、贷款项目的财务收支；开展相关专项审计调查；督促被审计单位整改；对审计署国外贷援款项目审计服务中心进行业务指导；指导地方审计机关外资运用审计业务；承办审计署交办的其他事项。

领导成员

司　　长：李凤雏

副 司 长：王　成

审计成果 2016年，全国审计机关共审计国外贷援款项目300个，出具审计报告300份。外资运用审计司（以下简称外资司）完成共青团中央2015年度预算执行等情况审计、中国铁路总公司贯彻落实稳增长等政策措施情况跟踪审计，以及组织特派办完成世亚行贷款铁路项目审计任务。发现并移送案件线索4件。全年编发重要信息要目等审计信息11篇。审计发现的问题被“两个报告”作为案例采用1个。

外资运用审计 组织完成世亚行贷款铁路项目审计，在做好财务报表审计的基础上加大监督力度，着力揭露项目执行中存在的各类突出问题。审计发现建设资金管理、设备物资采购与工程建设招投标、工程施工管理与铁路运营安全、环境保护、民生保障等方面问题53个，涉及金额26.75亿元。全年出具审计报告12份。

财政审计 完成共青团中央2015年度预算执行等情况审计，查出违法违规和管理不规范等问题22个，涉及金额3.25亿元。审计报告反映的1个案例和问题被“两个报告”单独采用。

国家重大政策措施贯彻落实跟踪审计 持续对中国铁路总公司贯彻落实稳增长等政策措施情况开展跟踪审计，出具季度审计报告3份，揭示重点铁路项目推进、财政资金管理使用以及简政放权、政策落实等方面问题32个，其中有5个问题被审计署报送国务院报告和向社会的公告采用。

外资审计业务指导 加强对地方审计机关的外资审计业务指导，在深入研究制定加强外资审计工作措施的基础上，制发全国国外贷援款项目审计总体工作方案，明确外资审计的总体指导思想、目标任务、主要内容和措施办法。使用审计现场管理系统，推动各地方国外贷援款项目审计的实时沟通与管理。组织开展国外贷援款项目质量检查，加强审计质量控制。组织抽查6个省级审计机关外资项目审计质量，发现国外贷援款项目审计规范化操作普遍较弱、部分审计发现问题未如实披露、个别项目审计师意见不恰当、部分事项取证不充分、个别事项审计定性表述不准确未查深查透，以及部分伞形项目审计管理有待加强等问题。

审计科研 组织编写国外贷援款项目财务报表审计技术方法研究课题报告，紧密结合国外贷援款项目履约审计实践，全面系统梳理具有借鉴、复制和推广意义的审计技术方法，推动进一步提高国外贷援款项目审计质量和效率。组织开展世行贷援款项目后审采购合同检查课题研究，就后审采购合同进行检查的政策要求、技术方法和成效，分析存在的困难，提出下一阶段稳步扩大开展检查的项目范围，确保检查质量和效果的建议。组织编写外商直接投资情况审计调查研究报告，在分析我国利用外商直接投资总体规模、变化趋势、区域产业分布等情况的基础上，结合利用外商直接投资相关政策规定，总结提出就外商直接投资相关政策措施贯彻落实情况以及准入、日常监管等方面开展审计调查的主要内容、重点及审计技术方法等。组织编撰《外资资讯》（第一期），介绍我国利用外资情况、国际金融组织动态、我国利用外资相关政策措施与项目动态等内容。

队伍建设 举办外资审计师资培训班，为各省级审计机关提供外资审计师资力量，提升外资审计人员查处问题意识和查办案件能力。针对利用外资项目工程建设比较多的实际情况，设置特色培训课程，成功举办第二期外资审计人员工程投资审计基础班。编制外资司2016年至2018年人员培养计划，鼓励和推动干部全面参与外资审计工作发展规划、重要工作部署等重大事项研究，加强对外资司每位干部的培养。推动多岗位交流，锻炼干部综合能力，派1人到企业挂职、1人到特派办挂职。

（撰稿人：李　双）

【境外审计司】 2016 年，境外审计司人员编制 12 人，实有 11 人。设有一处、二处、三处。主要职责是：负责境外审计的归口管理；组织和协调对国家驻外非经营性机构的财务收支的审计工作；组织和协调以适当方式对中央金融机构和国有企业的境外资产、负债和损益的审计工作；组织开展受托对国际组织的相关审计工作；开展相关专项审计调查；督促被审计单位整改；指导地方审计机关境外审计业务；承办审计署交办的其他事项。

领导成员

司　　长：陈达时

副 司 长：胡学文

工作综述 2016 年，在署党组的正确领导下，境外审计司认真贯彻落实党的十八大和十八届三中、四中、五中、六中全会精神，深入学习贯彻习近平总书记系列重要讲话精神，扎实开展“两学一做”学习教育，忠实履行境外国有资产审计监督职责，切实加强领导班子和干部队伍建设，完成各项工作任务。

境外审计 中国自 2016 年 1 月起履行国际核聚变能源计划组织理事会财务审计委员会主席职责，全面协调对该机构的外部审计，任期 2 年。境外审计司具体负责实施该项工作。为履行好国际义务，展示中国审计形象，境外审计司派出国际组织审计经验丰富的骨干人员，充分借鉴已有的联合国审计经验，顺利实施对该组织的两次财务审计工作。

其他审计项目 按照审计署的统一安排，完成对中央对外联络部 2015 年度预算执行情况的审计，审计结果得到该部门的高度重视，并积极予以整改。参与中石油集团公司原领导人员经济责任审计，负责牵头组织对中石油集团所属海外勘探开发业务的审计。通过参与审计，在实践中对境内与境外审计一体化的组织方式、技术方法等进行深入研究和探索。

审计科研 加快构建境外审计监督长效机制，配合政策研究室、企业审计司等相关单位，参与修改完善《关于深化国有企业和国有资本审计监督的若干意见（送审稿）》。研究提出“十三五”期间境外审计工作的思路、目标和重点等，写入《“十三五”国家审计工作发展规划》。结合境外审计工作实际，对境外审计对象进行系统梳理，研究提出境外审计实现全覆盖要求的实施方案。开展审计署 2015—2016 年度重点科研课题“境外审计研究”的相关研究，起草课题研究报告，在审计署内外征求意见，进行反复修改完善后结题上报，研究成果得到专家评审组的充分肯定，审计署《审计研究报告》刊发该课题研究报告的压缩文稿。根据审计署统一安排，参与《中国共产党审计工作史》的编写，系统回顾近年来特别是党的十八大以来，党和国家对境外审计工作的要求，梳理境外审计的开展情况，总结境外审计发挥的作用。

党建工作 按照审计署党组要求，及时制订学习计划，组织全司党员干部认真学习领会十八届六中全会精神。先后组织 2 次集体学习讨论；安排全司 6 名处级以上干部，分 3 期到中共审计署党校参加专题培训；组织全司在京党员干部，参加 12 次署党组集中专题学习讨论会，司党支部书记在署党组第八次专题学习讨论会上发言；全司党员干部都撰写学习心得体会，在司内部网页“学习园地”中互相交流。

按照中央和署党组要求，研究制订“两学一做”学习教育计划，组织全司党员干部学习习近平总书记系列重要讲话精神和党章党规党纪，重点学习习近平总书记在庆祝中国共产党成立 95 周年、纪念红军长征胜利 80 周年、纪念孙中山先生诞辰 150 周年等大会上的讲话精神，以及党章、《关于新形势下党内政治生活的若干准则》《中国共产党党内监督条例》等党内法规。全司党员开展承诺践诺活动，签订《境外审计司党员“两学一做”承诺书》；先后组织 6 次专题研讨学习；组织和参加 3 次专题党课、2 次主题联学；选派 5 名党员干部到中共审计署党校参加专题学习培训。

加强党支部建设，不断创新活动方式，多措并举推进经常性学习教育，促进党员干部学用结合、知行合一，立足岗位做贡献，充分发挥党支部战斗堡垒和党员先锋模范作用。认真执行“三会一课”、民主生活会和组织生活会等制度；开展读书活动，自学《胡锦涛文选》等优秀书籍；集中观看全国“两优一先”典型事迹专题节目《榜样》；开展主题党日活动，组织参观纪念中国工农红军长征胜利 80 周年主题展。

自觉接受和积极配合中央、署党组的巡视，采取有效措施，认真整改巡视反馈问题，根据整改措施、责任分工和整改时限，定期向署巡视整改工作领导小组办公室报送整改报告和整改台账。对全司党员 2008 年 4 月以来的党费缴纳情况进行清理审核，补缴党费，补全、规范党费收缴记录，进一步修订完善党建工作制度。

队伍建设 以提升能力为重点，在审计实践中锻炼干部，加强审计实战训练，着力提升审计业务能力，注重让年轻同志多参加审计项目并担任主审，通过参加不同类型、不同领域的审计项目实践，多岗位、多任务的历练，拓宽审计视野和知识面，提高审计专业素养，锤炼干部综合能力。在人手少、任务重的情况下，选派多名干部参加各种培训。

从严管理干部队伍，加强廉政建设。组织全司党员签订《2016 年度遵守党风廉政建设规定承诺书》，注重做实做细重要时间节点的廉政防控，根据审计署新颁布、修订的各项制度，结合巡视反馈的意见，对司内原有制度进一步清理、修订和完善；加强文件流转、档案管理和安全管理等内部工作，责任到人、落实到位；健全完善司内保密工作制度和机制，组织全司人员签订保密责任书，把保密责任落实到每个人和每个工作环节，开展保密培训和警示教育，增强全司人员的保密意识和保密技能。强化干部守规意识，全司党员干部认真执行个人有关事项报告制度，检查漏填错填问题；加强对处级以上干部因私出国（境）管理，加大事前审查力度；严格考勤制度、会议纪律等各项纪律制度的执行。境外审计司全年未发生违反廉政纪律和审计工作纪律的问题。

（撰稿人：梁　晶）

【经济责任审计司】 2016 年，经济责任审计司人员编制 19 人，实有 17 人。设有一处、二处、三处、四处。主要职责是：负责经济责任审计的归口管理；承担经济责任审计行政法规草案、规章制度的起草工作；组织和协调经济责任审计工作；组织对审计署直属单位和驻地方特派员办事处以及省级审计机关主要负责人实施经济责任审计；指导地方审计机关的经济责任审计业务；承担中央经济责任审计工作部际联席会议有关工作；承办审计署交办的其他事项。

领导成员

主要负责人：胡利民（—5 月）
司　　长：胡利民（5 月—）
副 司 长：庞淑芬（11 月—）
　　　　　吴旭东（—6 月）
　　　　　荣昌平（3 月—）

工作综述 2016 年，经济责任审计司深入贯彻党的十八大和十八届三中、四中、五中、六中全会精神，认真落实全国审计工作会议精神、《“十三五”国家审计工作发展规划》要求，以履行好中央经济责任审计工作部际联席会议办公室和审计署经济责任审计工作领导小组办公室（以下简称“两个办公室”）职责和提高经济责任审计质量为抓手，坚持“全面推进、突出重点、健全制度、规范管理、提高质量、深化发展”的工作思路，勤勉履职，积极创新，不断推动经济责任审计工作深化发展。

“两个办公室”工作 充分发挥“两个办公室”的作用，提升经济责任审计工作整体合力。精心组织会议。组织召开中央经济责任审计工作部际联席会议办公室会议和第六次全体会议，认真总结工作成绩和存在不足，研究确定工作重点和主要任务。与联席会议成员单位充分沟通，组织走访部分联席会议成员单位，听取成员单位的工作要求和意见建议，科学、及时制订经济责任审计项目计划。推动将经济责任审计整改情况纳入领导干部年度考核和任职考核范畴，提升审计结果运用的层次和水平。牵头对十八大以来经济责任审计覆盖情况进行分析，研究推进经济责任审计全覆盖，提出相关意见建议。

参与审计项目 参与 2016 年审计署组织经济责任审计项目的审计方案制订和文书审核；参加经济责任审计报告的复核、会审；派员参与部分经济责任审计项目，共同制订审计实施方案，参加项目现场审计。经济责任审计司牵头组织实施的 1 个项目被审计署评为表彰项目；经济责任审计司与其他部门联合组织实施的 1 个项目被审计署评为优秀审计项目、1 个项目被审计署评为表彰项目。完成对 1 个部门的预算执行审计，相关审计建议得到被审计单位的高度重视。

组织实施对审计系统领导干部的经济责任审

计，完成对6个特派办、2个直属事业单位、5个省审计厅（局）主要负责人的经济责任审计。审计中关注审计监督职责履行、重要经济决策事项、“三公”经费、执行审计署重大事项报告制度等内容，在此基础上，积极督促审计整改，建立整改问题台账，实行销号制管理，增强审计实效。

完善经济责任审计制度体系 按照地方党委政府主要领导干部、党政工作部门主要领导干部和国有企业领导人员经济责任审计的工作内容，分类编写领导干部经济责任审计指南、经济责任审计操作办法。着手编写省级党委政府主要领导干部、中央部门主要负责人、中央企业领导人员的经济责任审计操作办法，以指导规范经济责任审计工作。

调研总结 赴5个省市开展调查研究，召开专题座谈会，了解地方的经验做法及存在的问题，听取地方对审计署2017年经济责任审计工作指导意见的建议。总结宣传各地工作经验，编发《经济责任审计工作通讯》4期，推荐部分地方省（市）审计厅（局）经济责任审计的经验做法在《中国审计》杂志发表。完成《领导干部经济责任审计100问》的初稿，着手进行《经济责任审计读本》的研究编写。

党支部建设和内部管理 以“两学一做”活动为平台，加强和改进支部建设。制定《“两学一做”学习教育活动计划表》，编写印发教育学习材料，按计划完成专题学习讨论、党课和主题联学。配合巡视工作，对巡视发现的问题高度重视，抓好整改。对行政管理和党支部工作两类内部管理制度进行修订完善，为提高工作质量和效率打下基础。

（撰稿人：赵振华）

【国际合作司（港澳台办公室）】 2016年，国际合作司（港澳台办公室）人员编制19人，实有17人。设有一处、二处、三处、四处。主要职责是：组织开展与世界审计组织、区域审计组织的交流和合作，承担国际审计组织的相关工作；组织开展与外国审计机关的交流和合作，协调实施与外国审计机关的合作项目；开展审计涉外宣传工作；开展国际政府审计动态研究；负责审计署机关及所属单位的港澳台事务和日常外事工作；承办审计署交办的其他事项。

领导成员

司　　长：姜海鹰

副 司 长：周文华　朱伟定

副司级巡视员：赵　兵

工作综述 2016年，国际合作司坚持以党建为抓手，通过党建促业务，着力加强“四个意识”，开拓进取，努力做好审计外事工作，审计外交全方位拓展，水平不断提高，中国审计的国际地位继续加强，影响力不断扩大。中国审计对外交流呈现出更加主动、更加自信、更加成熟的大国特色。全年共审批因公出国（境）团组60个，因公出国（境）235人次；接待来访团组14个（正式访问10个），人数393人（正式访问102人），其中接待部级以上代表团8个（部级以上国外审计机关领导人21人）。

履行世界审计组织理事会主席职责 中国审计署审计长刘家义作为世界审计组织理事会主席，依据《世界审计组织章程》及相关工作要求，主持世界审计组织第68次理事会会议及领导层会议，协调理事会成员人选事宜，通过新修订的《世界审计组织章程》及《世界审计组织战略规划（2017—2022年）》；协调确定世界审计组织在国际会计师联合会国际公共部门审计准则理事会等国际组织和机构的授权代表事宜；派出主席代表参加亚洲审计组织、加勒比地区审计组织和欧洲审计组织举行的大会或研讨会，参加世界审计组织四大战略目标委员会的会议，以及世界审计组织与捐助机构合作指导委员会的会议；领导世界审计组织突发事宜监督委员会的工作，向理事会报告工作。在圆满完成世界审计组织主席三年任期后，刘家义于12月5日至11日在阿联酋阿布扎比举行的世界审计组织第二十二届大会上顺利向阿联酋审计长移交世界审计组织主席职责。

刘家义作为世界审计组织章程修订特别工作组主席，领导特别工作组先后在中国南京和美国华盛顿召开两次会议，研究章程修订工作。在中国审计署工作组提出的章程初稿基础上，在特别工作组成员、理事会成员以及世界审计组织成员中进行四轮意见征询，五次修订，各方对章程总体框架及刘家义提出的“独立性、良治和知识分享”的核心修订原则均表示充分认同。修订后的《世界审计组织章程》提交世界审计组织理事会第

68次会议批准，世界审计组织第二十二届大会通过。新章程确立世界审计组织在新时期的战略定位和愿景目标，完善世界审计组织的治理机制和治理架构，将成为指导世界审计组织未来工作的核心大纲。履行世界审计组织理事会主席职责，使中国在世界审计组织中的话语权和影响力得到充分体现，也为今后深度参与国际组织工作积累经验，锻炼队伍。

多双边审计交流 审计外事工作积极践行中央外交方针和理念，通过国际审计多双边舞台，引领审计发展和全球治理的前进方向，在亚洲审计组织、世界审计组织等国际组织发挥重要的建设性作用。审计长刘家义赴泰国出席国家审计与廉政高级别会议，赴哈萨克斯坦出席上合组织成员国最高审计机关领导人第3次会议，赴奥地利参加全球审计领导人会商机制活动，赴阿联酋出席世界审计组织第二十二届大会并主持理事会；副审计长孙宝厚赴亚美尼亚出席世界审计组织国家关键指标工作组第9次会议，并应邀访问伊朗审计法院；副审计长秦博勇赴印度出席中印双边审计研讨会和亚洲审计组织环境审计第6次研讨会暨环委会第5次工作会议；副审计长陈尘肇率团访问罗马尼亚；审计署党组成员、中央经济责任审计工作联席会议办公室主任张通赴俄罗斯出席俄中审计研讨会，并应邀访问蒙古审计署；副审计长袁野率团赴巴西出席世界审计组织IT工作组第25次会议；总审计师李晓钟率团出席在印度尼西亚举行的世界审计组织环境审计工作组第17届大会；纪检组长郑振涛出席世界审计组织反腐败反洗钱工作组第8次会议。在各次出访期间，大力推动审计领域各种机制建设，总结发展经验，坦诚交流，积极引导国际审计领域增进对中国特色社会主义道路、理论、制度、文化的理解和认同。

6月24日至25日，金砖国家最高审计机关领导人第一次会议及相关活动在北京和南京举行，国务院副总理张高丽会见出席会议的主要代表，会议取得圆满成功。此次会议以“审计如何促进经济社会发展”为主题进行交流并通过成果文件，决定在开放、团结、平等、合作、包容、共赢的基础上，建立和完善金砖国家最高审计机关定期交流和会商机制，共同分享知识经验，深化金砖国家最高审计机关的合作，并呼吁各国最高审计机关更好地发挥国家审计在国家治理中的基石和重要保障作用，促进国家治理，推动经济社会可持续发展。

作为国际标准化组织“审计数据采集”国际标准项目负责机构，中国审计署继续履行“审计数据采集”项目委员会（ISO/PC295）主席和秘书处的职责。5月在南京举行委员会第二次会议，11月在美国纽约召开委员会工作组会议和中美双边标准草案协商会议，讨论会计数据各模块的数据元素及格式要求，初步形成标准草案全文。

切实执行已有双边协议。中国审计署继续开展中俄、中印、中蒙等传统双边审计研讨项目；有计划地接待伊朗、越南、印度尼西亚等国审计机关高级代表团；与科威特签署2017—2019双边协议实施计划，确定未来3年中科最高审计机关合作方向和方式。

审计对外援助 中国审计署作为世界审计组织的核心领导成员，根据国家外交政策的重点和援外工作的需要，继续开展审计对外援助，彰显大国担当。6月27日至7月6日，审计署和商务部共同举办“一带一路”沿线国家审计官员研修班，审计署党组成员、副审计长陈尘肇受审计长刘家义委托，出席开幕式并致辞。来自14个国家的33名审计官员参加。审计署派出专家就审计组织管理、预算执行审计、国际组织审计、大数据审计、外资审计、农业审计等专题授课，并与各国代表开展研讨。10月18日至27日，面向非洲英语国家最高审计机关举办部级审计研讨班，14个非洲国家的33名审计官员参加，其中部级官员15人。刘家义就“中国审计理论与实践”发表主题演讲，研讨班期间，孙宝厚、秦博勇、陈尘肇、张通、李晓钟等署领导分别出席研讨活动，并同非洲同行就社保审计、环境审计、企业审计、经济责任审计以及审计准则等内容开展深入交流。

在教育部和江苏省政府的支持下，审计署委托南京审计大学面向世界各国最高审计机关开设审计专业硕士项目，设立“中国政府审计奖学金”，资助各国最高审计机关符合条件的人员来华学习。2016年共招收35个国家的50名学员，在国际审计领域产生巨大影响。

此外，中国审计署还应各国最高审计机关请

求，派出专家赴泰国、坦桑尼亚、马尔代夫等国开展审计培训授课，介绍中国审计署在审计工作方面的成功经验。为蒙古10名审计人员开展外国政府/国际组织贷援款审计培训。与老挝签署双边协议，并根据协议在7月11日至21日，对20名老挝审计官员开展培训，得到老方高度评价。

港澳台审计交流 国际合作司认真履行港澳台事务办公室职能，继续做好对港澳地区审计交流，妥善处理好在一个中国原则下的对台审计交往。6月6日至7日，刘家义审计长赴澳门访问，并发表题为《切实发挥国家审计在促进完善国家治理中的作用》专题演讲。澳门特别行政区行政长官崔世安、全国政协副主席何厚铧、澳门立法会主席贺一诚以及特区政府主要官员、行政会委员、全国人大代表、全国政协委员和第四届行政长官选举委员会委员等300多人出席专题演讲会。澳门各界对演讲给予积极反响和高度评价，认为演讲激发澳门同胞对祖国内地经济社会发展和国家治理现代化的信心，增进澳门各界对祖国内地特别是审计情况的了解。

审计署接待澳门审计长何永安一行来京拜会；组织澳门审计署2名审计人员参加审计署的计算机中级培训班；配合审计署计算机技术中心做好AO澳门版第二期开发工作。接待香港华人会计师公会访京团。协助中国审计学会在郑州举办2016年海峡两岸及港澳地区审计理论与实务研讨会。

对外宣传 配合中国时代经济出版社，完成《中国特色社会主义审计制度研究》一书英文版的校对工作，并于该书出版后在国际审计领域宣传推广。组织《世界审计组织第21届大会会议实录》的翻译校对和编纂、《最高审计机关国际准则》部分准则和指南的翻译工作。完成对《中国政府审计概览》的改版、修订工作，对文字内容、图片、新的词汇翻译、新设司局等进行更新。配合重大项目审计结果公告开展境外舆情监测，加强对审计署外文网站的更新和维护，重要政策信息、重大审计事项、重要审计成果及时翻译上网，增强信息的针对性和实效性。

因公出国（境）管理 严格根据工作需要安排因公临时出国，务实节俭安排因公临时出国活动，实行因公临时出国信息公开与成果共享、严格行前公示和经费开支多重审核制度。加强廉政和保密教育，强化出国纪律教育工作。全年办理护照152本，签证117份，各因公出国团组无违规违纪情况发生。（撰稿人：高天宇）

【人事教育司】 2016年，人事教育司编制32人，实有28人。设有办公室、干部一处、干部二处、干部三处、工资调配处、教育职称处和干部监督处。主要职责是：承担署机关、派出机构和直属单位的干部人事、机构编制、人才队伍建设、教育培训、对外引智和审计专业技术职称考评等工作；对地方审计机关人事教育有关工作进行业务指导；承办协管省级审计机关负责人的有关事项；承办审计署交办的其他事项。

领导成员

司　　长：孙晓岩

巡视员兼副司长：刘小丽

副 司 长：俞国庆（—4月）

　　　　　张　俊（4月—）

副巡视员：王雅静

工作综述 2016年，人事教育司在审计署党组的领导下，全面贯彻党的十八大和十八届三中、四中、五中、六中全会以及全国组织部长会议精神，深入学习贯彻习近平总书记系列重要讲话精神，落实全面从严治党主体责任，加大改革创新力度，以加强领导班子和干部队伍建设为主线，按照信念坚定、为民服务、勤政务实、敢于担当、清正廉洁的好干部标准，着力打造政治强、业务精、作风优、纪律严的审计铁军，为更好发挥审计在党和国家监督体系中的重要作用提供坚实保障。

干部选拔任用 遵照《党政领导干部选拔任用工作条例》，按照审计署党组要求，把政治上靠得住、工作上有能力、作风上过得硬、群众信得过的优秀干部，及时推荐给审计署党组，经过选拔任用程序安排到各级领导班子及相关岗位。在选任过程中，严格程序，注重考察，重视监督，坚决杜绝“带病提拔”。2016年，共选拔任用司局级领导干部和直属单位班子成员31人，组织对任职试用期满的15名司级干部进行考核并正式任职。在署机关和派出局范围内选拔任用处级干部75人，并对88名处级及以下干部进行平级轮岗交流。为进一步充实特派办处级干部队伍，指导特派办完成对152名处级干部选任工作。通过岗位竞聘聘任事业单位中层管理人员23人。及时总结审计署在培养、选拔干部方面的经验，开展优化干部成长路径课题研究，研究成果得到中央组织部的肯定。

干部交流锻炼 定期汇总分析各单位领导班子主要特点、存在的主要问题和班子成员的主要优缺点等情况，根据领导班子年龄、专业结构和工作需要，适时提出调整配备建议。全年调整交流司局级领导班子成员72人，处级干部88人。优化特派办处级干部队伍结构，开展特派办之间处级干部交流试点工作。选派53名有发展潜力的优秀年轻干部到贫困落后地区、国企和金融机构等基层单位进行挂职交流锻炼。积极帮助中西部地区审计机关培养审计人才，接收新疆、西藏、四川等6个中西部地区审计机关和南京审计大学36人到特派办参加审计实践锻炼。

机构编制管理 根据中央编办批复，在审计干部教育学院加挂中国共产党审计署党校牌子，以加强党员干部教育培训，提升党员干部党性修养和能力素质；在机关党委加挂巡视工作办公室牌子，增加司局级领导职数1名，以加强审计署内部巡视工作；在审计干部培训中心加挂审计宣传中心牌子，以适应新形势下进一步加强审计宣传工作的需要。根据国家分类与分行业改革的政策要求，完成中国内部审计协会与审计署脱钩工作；完成审计署山东烟台培训基地划转山东省审计厅交接工作。制订《审计署特派办机关党委、机关纪委、人事教育处机构职责调整方案》，组织开展相关工作。

人员招录招聘 联合国家公务员局制定《审计机关招录审计人员加试相关专业知识和技能暂行办法》；在2016年公务员录用和接收军转干部工作中，按照规定加试相关专业知识和技能，以提高考录工作的科学化水平，提升审计队伍专业能力。审计署机关和特派办全年新录用公务员138人，接收军转干部5人，统一组织事业单位招聘17人。

教育培训 组织安排审计干部培训中心（审计宣传中心）和审计干部教育学院（中国共产党审计署党校）举办培训项目77期，培训审计人员8215人次；通过网络培训18115人次。按照中央组织部要求安排司局级以上干部58人参加调训，组织30名司局级干部完成专题研修。推动与西藏自治区人民政府、教育部联合发布《关于委托南京审计大学为西藏审计机关定向培养审计相关专业本科生的工作方案》。履行审计署引进国外智力办公室职责，完成2016年境外培训项目的立项、报批，根据需要选拔、审批培训人员，共派出短期团4个、培训学员约100人；监督、检查培训项目计划的执行和落实情况。推动与教育部签订《关于合作设立“中国政府审计奖学金”项目的谅解备忘录》，将在2016年至2020年间，依托南京审计大学每年为100名留学生提供连续两年的中国政府全额奖学金资助，支持经费总额度达到4000万元。2016年南京审计大学已经招收亚非拉等发展中国家留学生50名。

专业队伍建设 起草《关于推进国家审计职业化建设的实施方案》；起草《正高级审计师资格评审办法（试行）》，联合人力资源社会保障部完成征求意见程序；完成审计署重点科研课题《推进审计职业化研究》并顺利结题；与审计干部教育学院和南京审计大学深入研讨，形成《审计职业教育与国民教育深度融合发展对策研究》报告。组织完成2016年度审计初、中、高级专业技术资格考试，共计5.05万人报考；组织完成对39家单位79人的高级审计师资格评审工作，36人获得高级审计师资格。研究制定审计硕士专业学位授权点基本条件，为依托高校培养能够创造性从事审计工作的高层次、应用型审计专业人才奠定基础。完成政府特殊津贴专家、青年拔尖人才、会计领军人才和博士服务团等人才人选的推荐。

干部考核和监督 实行奖惩分明的公务员考核，将审计工作质量、廉政建设、保密管理、社会治安综合治理等情况作为影响考核等次的重要因素，出现问题“一票否决”。按照中央要求，对4个司局开展公务员平时考核试点；严格领导干部个人有关事项报告，按照中央组织部要求，对领导干部个人有关事项报告开展随机抽查，对所有拟提拔人选、拟列入后备人选及拟转任重要岗位人选，进行重点抽查核实，共抽查657人次，对认定为漏报和瞒报的人员进行依规处理。收到、办结信访举报41件；开展执纪问责，给予行政撤职处分3人，记过1人，警告4人，降低退休待遇1人，诫勉20人。清理退休干部在企业兼职，要求相关单位严格按照规定认真清理规范；对发现的2名“裸官”进行处理。根据中央组织部《中央单位选人用人“一报告两评议”工作方案》要求，对有选人用人权的特派办和直属单位开展选人用人“一报告两评议”；派出检查组对3名特派员履行干部选拔任用工作职责情况进行检查。

地方审计机关工作 落实党中央和审计署党组的要求和部署，谋划江苏、浙江、山东、广东、重庆、贵州、云南7省（市）审计机关人财物管理改革试点，与中央组织部、中央编办、人力资源社会保障部、财政部和国家公务员局等部门沟通协调，指导7省市制订试点实施方案。按照《中共审计署党组关于进一步做好省级审计机关领导干部协管工作的实施意见》，完善对省级审计机关领导班子的协管，建立32个省级审计机关领导班子信息台账，办理省级审计机关领导班子成员任免59人次。制定出台《审计署对省级审计机关考核办法（试行）》，并对山东等7个试点地区和黑龙江、内蒙古审计厅开展考核。

其他工作 对审计署所属70个司局级单位全体在职人员的3455卷干部人事档案进行专项审核。根据审核结果，1524人补充5471件档案材料，组织认定923名在职人员的相关信息项。中央巡视组发现应由人事教育司整改的24项任务，已整改完毕13项，其余11项进行持续性整改；审计署党组派出巡视组发现应由人事教育司整改的12项任务，已整改完毕3项，其余9项采取修订完善内部制度、规范工作流程、加强调研和分析等多项措施予以落实。制定《中国时代经济出版社负责人经营业绩考核评价办法（试行）》，对出版社2015年度经营业绩实施考核，按规定向社会披露出版社负责人有关薪酬情况。全年完成审计署945人次的工资调整；晋升工资档次504人次，晋升级别工资141人次，根据工资变动情况，制作1623份《工资变动审批表》存入个人档案。为647人发放年终一次性奖金；为138人出具收入证明，为35人办理困难补助手续；办理近300人的因私出国（境）备案，为161人次办理因私出国备案审批手续；为81名司局级干部办理医疗证件，向人力资源社会保障部报送50人的京外调干、夫妻两地分居、留学生落户等户口变更材料。

（撰稿人：王　雷）

【机关党委】 2016年，机关党委人员编制17人，实有13人，另有交流干部3人。设有办公室、组织部、宣传部、机关纪委办公室。署巡视工作办公室（以下简称巡视办）设在机关党委，编制2人安排在组织部，由组织部承担相应职责。

领导成员

常务副书记：胡大华

副书记兼机关纪委书记：王　刚

巡视办副主任：刘　贝

工作综述 2016年，机关党委在署党组和中央国家机关工委领导下，紧密结合审计工作实际，落实全面从严治党各项要求，为打造政治强、业务精、作风优、纪律严的审计铁军，切实发挥审计在党和国家监督体系中的重要作用提供坚强的政治、思想和组织保证。

宣传贯彻落实党的十八届六中全会精神 按照署党组要求抓好全会精神的学习贯彻。具体负责组织召开全署党员干部参加的视频会议，传达全会精神。制定下发学习宣传和贯彻落实全会精神的通知，对相关工作做出全面部署。做好署党组中心组学习扩大会服务工作，组织全署司局级干部集中自学、分组讨论、交流发言。面向全国审计机关党员干部视频直播党组书记、审计长刘家义就贯彻落实全会精神的动员部署。举办12次专题学习讨论，全体党组成员做主题发言，24个单位主要负责同志和12名党员代表参加讨论并发言，并面向全署党员干部视频直播。

连续举办3期学习贯彻党的十八届六中全会精神专题培训班，全署副处级以上干部近1600人分期分批参加。引导学员通过原原本本学习文件、同步观看署党组专题学习讨论、联系审计工作深入交流学习心得等，在学深悟透上狠下功夫。

通过制作宣传展板、开辟学习专栏、刊发学习体会文章等，大力宣传全会重大意义和重要内容，共享学习成果。督促指导各基层党组织利用“三会一课”等方式，组织党员干部原原本本学习全会文件，交流学习心得，分享学习体会，把思想和行动统一到中央精神上来。

坚持推动思想理论学习规范化常态化。坚持

做好署党组中心组学习服务工作。加强和改进党校教育，在审计署党校开办了首期处级党员干部进修班。坚持开展读书活动，向全署基层党组织推荐配发《胡锦涛文选》《中国共产党的九十年》等学习书籍。继续推动学习型党组织建设，参加中央国家机关工委组织的“中央国家机关第二届十大学习品牌”评选展示活动。

扎实推进“两学一做”学习教育 按照署党组要求研究制订实施方案，多次印发深化学习教育通知，组织专题学习讨论和党课教育。督促指导基层党组织制订学习计划，明确学习内容和方式，做出严格的时间进度安排。组织成立12个“两学一做”学习教育督导组，对全署69个司局级单位和驻署纪检组基层党组织学习教育情况进行督导。抓住审计组临时党组织这个平台，推动党支部之间开展主题联学，切实做到党章党规、习近平总书记系列重要讲话学在一线，做“四讲四有”合格党员体现在一线。

组织开展党费缴纳专项检查、组织关系排查、基层党组织按期换届检查、抓党建促脱贫等7项工作。举办基层党组织书记培训班，进一步强化“一岗双责”意识。

连续举办7期党员干部“两学一做”学习教育示范班，全署各级党员干部560多人参加培训。开展审计署2014—2016年度优秀共产党员、优秀党务工作者和先进基层党组织评选表彰活动，104名优秀共产党员、54名优秀党务工作者、28个先进基层党组织受到表彰，另有2人被评为中央国家机关优秀共产党员、1人被评为中央国家机关优秀党务工作者标兵、1个党支部被评为中央国家机关先进基层党组织。

开展中国共产党成立95周年系列活动。组织撰写“两学一做”学习感言。开展“我眼中的共产党员”学习宣传活动。参加中央国家机关工委组织的“中华魂”红色文化经典学习诵读、党章党规知识网上答题等活动。在《中国审计报》连续推出专版，就相关活动进行全方位报道展示。

强化纪律意识和规矩意识 多措并举，强化党章党规党纪教育。按照署党组要求，组织召开全国审计机关党风廉政建设工作视频会议，贯彻落实十八届中央纪委六次全会和国务院第四次廉政工作会议精神，总结2015年党风廉政建设工作并对2016年工作做出安排。编发《全面从严治党学习资料选编》。邀请中央国家机关立德立规宣讲团成员与审计署立足本职建功立业先进代表同台宣讲。做好廉政提醒工作，组织观看党风廉政教育警示教育片。

强化监督，切实规范审计权力运行。组织召开派驻纪检组长向署党组述职会议。审核分析派驻纪检组长工作报告，提出改进建议。组织派驻纪检组长开展廉政巡查和廉政回访，做好廉政提醒工作。指导解决派驻纪检组长在监督执纪中遇到的困难和问题，对履职尽责不到位导致驻在单位出现廉政问题的坚决予以问责。

实践“四种形态”，认真开好专题民主生活会。按照署党组要求，组织研究起草《中共审计署党组关于贯彻落实监督执纪“四种形态”的指导意见》。坚持谈心谈话、民主评议、函询等制度，对苗头性问题坚持早发现、早指出、早纠正。督促指导各单位开好“三严三实”专题民主生活会，推动改进工作。

严肃执纪问责，保持违规违纪问题的高压态势。通过署门户网站、《中国审计报》等途径公布举报电话和举报信箱，对反映审计机关、审计干部的问题进行认真核查，对查实的问题依纪依规严肃处理。梳理2008年以来的执纪问责情况。对十八大以来违反党纪政纪的案件进行整理并建立台账。对十八大以来相关问题线索进行复核，重点审查违反中央八项规定精神和“四风”问题。

党内巡视工作 配合中央巡视组做好对署党组的专项巡视工作。巡视期间，按照中央巡视组要求，及时提供机关党建方面的各项材料。中央巡视组向署党组反馈巡视发现问题及意见后，逐条研究、逐项分析，理出问题清单，细化整改内容、整改措施、整改时限，明确责任人和责任单位，抓好整改落实。

组织开展署党组巡视工作。以党的领导、党的建设、党的观念等8个方面作为巡视重点内容，组织开展巡视工作。针对履行全面从严治党和党风廉政建设主体责任、基层党组织建设、选人用人及干部人事管理等方面存在的问题，坚持追根溯源，聚焦责任，提出整改要求，推进整改。

健全完善巡视工作制度。组织修订2015年颁布实施的《中共审计署党组巡视工作规定》。制定

《审计署2016年巡视工作指南》。起草完成《审计署党组巡视工作领导小组办公室组织协调巡视组工作规程》《审计署巡视工作规程》等12项制度。初步建立巡视组组长备选库。

群团组织 充分发挥工会"职工之家"的作用。与有关部门协调解决干部职工子女入托入学问题；为部分职工申请阳光助学补助和大病困难补助；坚持组织开展为工会会员发放生日蛋糕、组织观看电影等活动；继续指导各协会和兴趣小组开展丰富多彩的日常文体活动。组织广大工会会员参加中央国家机关工会联合会举办的第三届中央国家机关公文写作技能大赛活动并取得好成绩。

强化对青年干部的引领和激励。组织青年同志分赴署对口支援的江西省会昌县、定点扶贫的贵州省丹寨县，开展"根在基层"重大政策落实调研活动。在2013—2015年度中央国家机关优秀共青团员、优秀共青团干部和五四红旗团委（团支部）评选中，2人被评为优秀共青团员，2人被评为优秀共青团干部，2个基层团组织被评为五四红旗团支部。

组织妇女干部职工活动。开展"第四届巾帼建功先进个人、五好文明家庭、妇女之友"评选活动，制作宣传展板，进行大会表彰。开展家庭助廉活动，推动家庭、家教、家风建设。对署干部职工残疾子女和生大病做手术的同志进行慰问，及时送去组织的关怀。 （撰稿人：刘 刚）

【离退休干部办公室】 2016年，离退休干部办公室人员编制15人，实有15人。设有综合处、服务一处、服务二处。主要职责是：负责署机关、派出审计局离退休干部工作；指导驻地方特派员办事处和审计署直属单位的离退休干部工作；承办审计署交办的其他事项。

领导成员

主　任：陈　音

副主任：宫雁军

工作综述 2016年，离退休干部办公室（以下简称离退休办）坚持以党的十八大和十八届三中、四中、五中、六中全会精神以及习近平总书记系列重要讲话精神为指导，认真贯彻落实全国老干部局长会议精神和署党组各项决策部署，深入学习贯彻中办、国办《关于进一步加强和改进离退休干部工作的意见》，紧紧围绕审计工作中心，服务审计事业大局，以加强离退休干部基层党组织建设为抓手，以落实离退休干部"两项待遇"为主线，扎实推进2016年各项工作任务的落实。

基层党组织建设和思想政治建设 加强离退休干部基层党组织建设和思想政治建设。深入学习贯彻党的十八届六中全会精神。离退休办召开党支部和党小组学习会，分专题交流研讨，全体干部紧密联系思想和工作实际谈体会、找差距，开展批评与自我批评；组织全体离退休干部参加审计长刘家义关于学习贯彻六中全会精神专题辅导报告会。扎实推进"两学一做"学习教育，全年组织"两学一做"学习教育18次、专题研讨4次，在职干部5人次、离退休干部7人次分别讲党课，党员干部撰写学习体会、学习感言24篇。组织纪念建党95周年系列活动，先后组织习近平总书记"七一"重要讲话精神专题学习讨论、与教育审计局主题联学、纪念建党95周年党章党规知识竞赛、"中华魂"红色文化学习诵读、全员撰写"两学一做"学习感言、协助各司局走访慰问困难老党员等系列活动。通过制度机制创新，改进选举办法，保证党总支和9个党支部的换届改选工作顺利完成。结合实际研究制定《审计署机关离退休干部党支部及书记、委员、党小组长工作职责》，并编印成册下发各离退休干部党支部；严格按规定落实"三会一课"制度。主动对照署党组巡视发现的7个问题和中央巡视组反馈意见中涉及的两个方面6个问题，以及本单位和个人查找出的问题，严格按要求建立整改台账，开展监督检查，组织"回头看"。对全体在职和离退休干部党员的组织关系逐一进行排查、核实，经过排查未发现有与党组织失去联系的党员；对极个别长期不参加组织活动、不按期缴纳党费、不主动与党支部联系的退休党员干部，加强教育和管理，从根本上消除极少数退休党员游离于党组织监督之外的情况。完成对审计署311名离退休干部党员和13名在职干部党员的党费专项检查工作。在审计署2014—2016年度"两优一先"评选活动中，21名离退休干部党员和1名在职干部党员被评为"优秀共产党员"和"优秀党务工作者”，离退休干部第二、第五党支部获得“先进基层党组织”荣誉称号；在第一届“桑榆金辉杯”中央国家机关老年大学教学成果展暨庆祝中国共产党成立95周年和中国工农红军长征胜利80周年书画摄影作品展活动中，4名退休干部的书画、摄影作品人选为参展作品。

学习宣传贯彻两办《意见》 中共中央办公厅、国务院办公厅《关于进一步加强和改进离退休干部工作的意见》（以下简称《意见》）印发之后，离退休办党总支多次召开离退休干部党支部书记、委员会议，举办离退休干部党务工作人员培训班，及时传达学习贯彻文件精神，着重讲解《意见》的精髓要义，进行研讨交流；将《意见》学习辅导提纲编印成小册子，发给署机关和特派办1000余名离退休干部人手一册，供离退休干部学习。利用第三季度例会举办学习贯彻《意见》精神交流会，7个离退休干部党支部的书记和委员围绕主题做交流发言。根据署领导指示，依据《意见》精神，离退休办对《审计署制度（2015版）》中审计署机关离退休干部工作制度进行重新修订。

开展增添正能量活动 在离退休干部中开展为党和人民事业增添正能量活动。举办审计精神宣讲会，先后邀请审计署老领导、原纪检组长王道成做《审计署发展沿革》专题报告，邀请经济执法审计局副局长张进做《春华秋实——南审往事》专题讲座，邀请审计博物馆副馆长鹿云飞做《审计博物馆发展》专题讲座，邀请科研所专家为全体离退休干部做《中国共产党领导下的审计工作史》专题讲座。组织各党支部开展“保持良好心态，发挥余热，用镜头展示国家风貌”“不忘初心，发挥离退休党员作用”等主题活动。采取逐步探索、改进、完善的办法，改革离退休干部活动方式，使活动有主题，务实、节俭、安全，既符合中央八项规定精神，又满足离退休干部的特殊精神需求。

服务管理 根据署领导指示精神，在广泛调查研究的基础上，编印《审计署离退休干部服务管理工作手册》400余册，为离退休干部需要服务时提供便利。召开离退休干部征求意见座谈会，收集汇总意见建议33条。积极为离退休干部提供医疗和生活服务保障，全年全室干部走访、慰问、探视离退休干部800多人次；巡诊离休干部58人次；办理相关困难补助19人次；为33名70岁以上的离退休干部祝寿；协助家属妥善办理4位去世离退休干部的丧葬善后工作；为13名年满75周岁的离退休干部申请“一键通”安装服务；配合专业康复医疗机构青松公司完成青松护理的前序工作，开展青松护理共计115人次。

队伍建设 加强离退休办领导班子和干部职工队伍建设。在实际工作中，领导班子成员认真执行班子建设工作规则，坚持重大问题和重要工作集体讨论、充分酝酿，班子成员之间团结协作、坦诚相见，勇于开展批评与自我批评。加强干部学习培训，定期组织开展业务交流会，对所负责工作的难点问题进行分析交流，改进工作，与科技部离退休干部局、商务部离退休干部局开展业务交流。派员参与审计署党组巡视，参加派出局审计实践，到人事教育司、机关党委、机关服务局等部门帮助工作等，增长实践阅历和工作能力。离退休办起草的信息、文章被中央组织部、中央国家机关工委、国务院机关事务管理局职能部门、紫光阁老龄和老干部工作网站等采用18篇。在2016年中央组织部老干部局召开的中央单位正能量推进会上，审计署作为“聚焦主题，精心设计载体”的典型受到宣传推荐。（撰稿人：姜千辉）

【机关服务局】 2016年，机关服务局人员编制79人，实有62人。设有办公室、基建办公室、保卫处、机关事务管理处、事业单位财务处、医疗保健处、服务一部、服务二部、怀柔机构管理处、文印室等。主要职能是：为署机关、双榆树办公区的职工提供就餐、卫生保洁、饮用水、报纸信件收发、理发等服务；为署机关办公楼、双榆树办公楼和自管宿舍楼提供维修服务；为署机关职工提供医疗保健和职工子女统筹医疗服务；为署领导提供专用车、为署机关提供公用车服务；为署内各种会议提供后勤保障服务；为审计署干部培训提供住宿、就餐和培训场地等服务；负责对独立法人服务机构的财务管理和监督。

领导成员

局　　长：张　力（审计署总经济师兼任）

副 局 长：姜跃山（—1月）

　　　　　许新琦（—3月）

潘述功（5月—）
熊国威（5月—）

工作综述 2016年，机关服务局围绕审计中心工作，学习贯彻党的十八大和十八届三中、四中、五中、六中全会精神，以及习近平总书记系列重要讲话精神，落实全面从严治党主体责任，扎实开展“两学一做”学习教育，忠实履行“服务、保障、管理、监督”职责，较好地完成署机关后勤服务保障工作任务。

署机关搬迁 搬迁前，按照署党组要求，机关服务局组织开展新办公楼满负荷运行调试工作，提前对物业、餐饮服务人员进行新办公楼运行前各种设备设施专业技能培训；在坚持公开、公平、公正、合规原则的前提下，做好新办公楼办公业务用房调配方案；主动协调丰台区政府相关职能部门，加快新办公区周边道路、通信等市政施工进度。搬迁中，24小时不间断工作，共计搬运1220余车次。在署机关各单位的全力配合下，仅用短短一周时间安全、有序、节约、高效地完成署机关搬迁任务。搬迁完成15天后，将原办公区和相关档案资料等全部交付国务院机关事务管理局，受到国务院机关事务管理局领导的好评。

新办公楼运行 按照署领导的安排，机关服务局会同办公厅、机关党委、人事教育司等部门，制定印发《新办公楼使用指南》《管理手册》《服务手册》等新办公楼运行管理制度，细化新办公楼出入、会议室及审计业务用房使用、餐卡充值交费、电梯空调使用、院区环境等多项管理流程。对新办公楼及区域内各项设备设施逐一梳理，对其性能、安装位置、维修保养的程序及时间节点等逐项登记；建立电梯、空调、消防等重要设备运行巡检制度。组建专业绿化队伍，对园区绿化出现的问题，完善设计，及时整改。成立冬季大楼运行应急小分队，每天坚持开展公共区域设备设施巡视检查，督促物业公司履职尽责，确保大楼设备设施安全运行。

创建平安单位 组织审计署71家单位与分管署领导签订《2016年度审计署社会治安综合治理工作目标管理责任书》；举办综合治理工作培训班，对各单位兼职安全员和服务中心主任进行应急管理、火灾、防震相关知识技能培训。每逢节日和重大活动前，均组织全审计署各单位开展安全隐患排查，对查出的问题立整立改，消除各类安全隐患。对物业、餐饮、车队在审计署服务的临时用工人员进行身份核查，登记、核查人员来访，配合信访部门妥善应对上访人员，积极协调警力及武警人员化解群体上访事件。对涉密重点部门文印室每半月检查1次，确保不发生失泄密问题。

机关保障服务 在重大审计项目开始前，在署机关办公楼内配合落实现场办公场所以及相应的设备、用品配备，保障重大项目审计人员日常和夜间所需餐饮、医疗等服务。提供全年署机关公务员招录、选调、大型会议等各类会务保障；完善机关会议室日常调配机制，对会议服务人员进行定期培训，保障各类会议服务未出现差错。坚持“高效、及时、高质量”的文印服务理念，保质保量完成机关文件资料的录入、扫描和印制工作，保障署公文有序高效运转。严格落实食品卫生法，认真执行署机关和双榆树办公区食堂餐饮服务工作职责，保证署机关干部职工吃得安全、营养、健康、舒心。做好署机关一般性医疗保健门诊服务，主动到审计一线提供医疗服务，开展职工健康教育，有效地做好各种疾病防治工作。为出差审计干部提供上门物业服务，切实解决审计干部后顾之忧。

党建工作 机关服务局深入学习习近平总书记系列重要讲话精神，落实全面从严治党主体责任，扎实开展“两学一做”学习教育，通过集中讲授、个人自学、集体研讨、对照查摆等方式，落实党总支季度学习会制度，引导党员干部充分认识全面从严治党的极端重要性。落实“三会一课”、民主生活会、领导干部双重组织生活、谈心谈话等制度。全年召开党总支全体党员大会6次、党总支委员会议8次，局领导班子专题民主生活会2次；各支部均按照规定分别召开支委会9次，各支部组织生活会2次，局领导与党员干部累计谈话60多人次。机关服务局党总支编印下发《党建基础知识册》，组织全体党员参加党章党规知识网上答题活动，设立党建宣传板报，促进党员加深对党章党规和习近平总书记系列重要讲话的学习理解，相关党支部还与金丰餐饮公司、万科物业公司、首汽公司派驻审计署党员代表一道开展主题联学活动。把署党组巡视发现问题和中央专项巡视涉及服务局职责范围问题整改落实、解决问题贯穿学习教育始终，结合后勤工作实际，有针对性地制定整改措施，年内已经全部整改完毕。

队伍建设 抓好队伍建设，为忠实履行“服务、保障、管理、监督”职责提供人力资源保障。贯彻民主集中制，坚持重大事项报告制度，“三重一大”事项均通过集体研究决定决策，全年共召开局长办公会38次、局业务工作会49次。狠抓纪律建设，建设严守政治纪律和政治规矩的队伍，机关报务局班子成员按期向上级和领导如实报告遵守党风廉政纪律、抓党风廉政建设责任的情况，同时教育引导党员干部切实维护政治纪律、廉政纪律的严肃性、权威性。加强后勤干部队伍建设，审计署党组为机关服务局调整充实局领导班子，在全审计署范围内组织开展中层管理岗位人员竞聘上岗，面向社会公开招聘工作人员。按照审计署党组的决策部署，健全岗位目标责任制，建立绩效工资考核分配机制，调动后勤干部职工的积极性。针对年轻职工多和军转干部多的特点，机关服务局有针对性地加强学习和培训，选派职工参加国务院机关事务管理局、财政部等部门和署机关组织的各类培训，提升员工专业技能和综合素质。 （撰稿人：尹 珂）

审计署派出审计局

【审计署外交外事审计局】 2016年，审计署外交外事审计局人员编制15人，实有15人。设有一处、二处、三处。主要职责是：按照审计署统一部署开展工作；负责审计外交部、中央人民政府驻香港特别行政区联络办公室、中央人民政府驻澳门特别行政区联络办公室、中国人民对外友好协会及上述部门（单位）下属单位预算执行、决算（草案）和其他财政财务收支，开展相关专项审计调查，承办审计署交办的其他事项。

领导成员

局　　长：马学斌

副 局 长：郝云松（—9月）

副局级审计员：刘　洁（10月—）

审计成果 2016年，审计署外交外事审计局完成审计项目3个。查出主要问题金额12.89亿元；审计发现非金额计量问题6个。出具审计报告1篇，向社会公告审计结果1篇。提交审计要情1篇；提交重要审计信息5篇，其中交办事项专报1篇；重要信息要目4篇，被中办采用2篇（次），国办采用2篇（次）。提出审计建议3条。

审计项目 完成外交部2015年度预算执行审计。在审计中探索构建外交部境内外一体化全覆盖审计监督体系，以预算执行审计为龙头，推进横向到边全覆盖，将外交部驻外机构全部纳入预算执行审计范围，实现审计对象全面覆盖；坚持境内外审计一盘棋，推进纵向到底深覆盖；将外交部所属单位的事务管理职能与项目组织以及驻外机构相应项目执行、目标完成情况相衔接，逐步实现程序、管理、责任履行情况全覆盖。审计项目结束后总结形成《外交外事审计局关于推进政府驻外机构境内外审计一体化相关情况的报告》和《驻外非经营性机构境内与境外审计一体化工作方案》。参与某中央部门部长经济责任审计、中铁物资总公司的涉企收费审计，选派4人参加发展改革委和水利部实施国务院重大政策措施情况审计、发展改革委预算执行审计和经济责任审计。

审计创新 创新技术方法，逐步完善财务数据定期回传机制，实行外交部预算执行审计分阶段组织实施方式。搭建外交部部门预算执行审计平台和政府驻外机构数字化审计平台，推动驻外机构数字化审计，实现两个平台间双向联动。创新审计理念，搭建政策绩效安全三位一体审计架构，审计中关注国家重大涉外政策措施贯彻落实情况、关注公共资金使用绩效情况、关注影响外交事业发展的体制性障碍和制度性缺陷，提出针对性和可操作性强的审计建议，促进防范风险，完善制度机制，切实发挥审计建设性作用。外交外事审计局在署国际合作司、政策研究室及办公厅的帮助下提交的《从审计外交看我领域外交的广阔前景》一文，被外交部上报中办、国办。

党建工作 以“两学一做”学习教育为载体，深入学习党章党规和习近平总书记系列重要讲话，贯彻落实党的十八届六中全会精神，完成署专项巡视和中央巡视整改。全年召开党员大会22次，支委会4次和党小组会数次，局、处领导干部讲党课6次；组织全局干部参加署党章党规知识测试、紫光阁网站在线答题、“两学一做”征文活动和学习贯彻十八届六中全会精神专题培训班，学习感言获得审计署“两学一做”优秀奖励、“七一讲话”学习体会演讲二等奖。巡视工作中发现的11项问题已全部整改落实。

队伍建设 将全面从严治党要求落到实处，以“凝心聚力、提速发展、争创‘好队伍、好支部、好管理、好成果’的四好派出局”为发展目标，强作风促能力，切实打造审计铁军。加强平时考核，通过周记实、月评鉴、季度量化打分的形式，建立日常工作管理的长期监督机制，逐步形成工作前有计划、工作中有监督、工作完成后有总结的制度。以提升实战能力和成果提升能力为出发点，以培养复合型人才为目标，加强人才梯队培养力度，充分发挥处级干部和业务骨干对青年干部的“传帮带”作用。拓宽干部队伍培养渠道，鼓励本局人员以借调方式参与到业务司和特派办组织的项目中实战锻炼，开阔审计视野，先后派出2人赴特派办和地方交流锻炼，1人参加扶贫审计试点，派出5人参加审计署重大项目审计。

（撰稿人：王　琛）

【审计署发展统计审计局】 2016年，审计署发展统计审计局人员编制15人，实有15人。设有一处、二处、三处。主要职责是：按照审计署统一部署开展工作；负责审计国家统计局、国家粮食局、国家能源局、国家物资储备局、国家信息中心、国务院发展研究中心及上述部门（单位）下属单位预算执行、决算（草案）和其他财政财务收支，开展相关专项审计调查，承办审计署交办的其他事项。

领导成员

副 局 长：蔡　峰（主持工作）　丛　娜

正局级审计员：李　捷

副局级审计员：杨　辉

审计成果 2016年，审计署发展统计审计局完成审计项目4个，其中组织实施审计项目2个，参与实施审计项目2个。查出主要问题金额1.93亿元，其中违规金额4180万元、管理不规范金额1.52亿元；审计处理处罚金额1.07亿元，其中应归还原渠道资金42万元、应调账处理金额1.07亿元；审计发现非金额计量问题20个；审计促进整改落实有关问题金额8485万元，其中增收节支31万元、已调账处理金额8454万元；审计后挽回（避免）损失31万元。出具审计报告和专项审计调查报告10篇，15个问题纳入“两个报告”，21个问题纳入审计公告。形成重要信息要目5篇。提出审计建议14条，被采纳14条；推动完善规章制度3项。向社会公告审计结果1篇。

2016年度，与财政审计司等联合实施的发展改革委2014年度组织分配中央财政投资等情况审计，被评为审计署优秀审计项目。

国家重大政策措施贯彻落实跟踪审计 继续对国家能源局贯彻落实国家重大政策措施情况开展跟踪审计，上报报告9份，查出问题24个。其中：国家能源局向部分投资项目出具“路条”、未及时清理“国家能源研发（实验）中心认定”事项、华东监管局未按规定对4家企业的8台违建发电机组并网运行进行有效监管、部分行政许可事项未实行“一个窗口”受理及网上办理和所属行业协会违规涉企收费等5个问题分别被纳入“两个报告”和审计公告。发展统计审计局还参与中国建筑工程总公司涉企收费专项审计项目。

财政审计 实施全国妇联2015年度预算执行等情况审计、国家能源局2016年贯彻落实国家重大政策措施情况审计。在全国妇联2015年度预算执行审计项目中，预算资金审计覆盖率达到100%，查出违规问题金额4180万元，11个问题被公告。其中本级及所属中国妇女儿童博物馆无预算、超预算列支因公出国（境）费92万元被单独纳入“两个报告”。

经济责任审计 完成某部委领导同志任职期间经济责任履行情况审计，审计重点突出“两单一述”，即重点审计权力清单、责任清单，重点核实领导同志述职报告内容。审计发现在咨询领域和基金管理中存在的问题，形成2篇审计成果上报国务院；有关单位原正司级干部违规取酬的信息，批转部委领导处理；对下属单位延伸审计后撰写的审计信息被审计署采用并转送相关部委。

（撰稿人：闫北方）

【审计署教育审计局】 2016年，审计署教育审计局人员编制15人，实有15人。设有一处、二处、三处。主要职责是：按照审计署统一部署开展工作；负责审计教育部、国家行政学院、中央党校及上述部门（单位）下属单位预算执行、决算（草案）和其他财政财务收支，开展相关专项审计调查，承办审计署交办的其他事项。

领导成员

副 局 长：罗 键 张跃挺

审计成果 2016 年，审计署教育审计局完成审计项目 2 个。查出违法违规和管理不规范问题金额 764.61 亿元，其中违法违规金额 41.62 亿元、管理不规范金额 722.99 亿元。向司法机关、主管部门移送处理案件线索 4 件。提交审计报告 5 篇，编发的审计简报、重要审计情况被审计署采用 14 篇（次）。审计署向全国人大常委会所做的审计工作报告中 10 多次引用教育审计局查出的问题；政策跟踪审计中查处的 5 个典型案例被审计署专题报告采用。

审计署教育审计局牵头组织的教育部部长经济责任审计项目被评为表彰审计项目。

国家重大政策措施贯彻落实跟踪审计 审计署教育审计局对教育部贯彻落实相关政策措施情况进行审计，发现的主要问题有：教育部就业指导中心、学位与研究生教育发展中心、留学服务中心 3 家所属事业单位经教育部授权办理国内高等学校学历认证、学籍学历信息查询、学位证书及相关材料的认证鉴定、国外学历学位认证等事宜时，收取费用未纳入行政事业性收费管理；存在学前教育生师比未达到规定标准，差距较大；部分省区“全面改善贫困地区义务教育薄弱学校基本办学条件”中央专项实施进展缓慢；现代职业教育体系建设规划目标部分未实现；教育部直属高校学生资助政策不明确，部分学校未足额安排资助资金等问题；中国教育国际交流协会违规开展中外合作办学质量认证，自行设定英国留学咨询顾问专业能力证书职业资格考试；考试中心未经批准开展销售管理水平考试等 3 项水平评价类职业资格考试；基础教育课程教材发展中心未经批准进行中小学图书馆（室）推荐书目评选。

财政审计 对教育部的预算执行审计项目包括分阶段预算执行审计、年度预算执行审计和决算草案审签三部分内容，发现的主要问题有：教育部本级收到国家留学基金管理委员会上缴的合作项目款、违约赔偿收入未纳入年初非财政拨款收入预算编制范围；教育综合协调工作专项等 4 个项目申报材料不完整；留学服务中心违规组织营利性双跨团组，无预算购置公务用车；基础教育课程教材发展中心召开的普通高中课程标准修订工作启动会，超标准开支会议费；中国药科大学全国临床药学教学基地建设工作研讨会等 8 个会议，选择在非定点饭店召开；西安交通大学等 3 所高校有个别党员领导干部成立私人公司或存在兼职取酬；高等教育教学评估中心与北京航空航天大学合作的工程教育年度质量报告及相关研究课题已经结题验收，但结余资金未清理；国家教育行政学院承担的国家教育体制改革工作经费项目执行 3 年后，结存资金仍未纳入结余资金核算；教育部未按照政府采购程序，直接委托相关公司承担教育舆论引导、新媒体宣传工作；不规范地采用询价方式委托南京大学承担“教育资源馆”及技术支持和服务平台部分研发；国家汉语国际推广领导小组办公室购买公务机票方式不规范；教育部向人民教育出版社拨付中华诵经典资源库建设专项经费，资金尚未使用，教育部决算（草案）已全部列为支出。 （撰稿人：吴 松）

【审计署科学技术审计局】 2016 年，审计署科学技术审计局人员编制 15 人，实有 13 人。设有一处、二处、三处。主要职责是：按照审计署统一部署开展工作；负责审计科学技术部（以下简称科技部）、国家知识产权局、国家自然科学基金会、中国科学院、中国社会科学院、中国工程院、中国科学技术协会及上述部门（单位）下属单位预算执行、决算（草案）和其他财政财务收支，开展相关专项审计调查，承办审计署交办的其他事项。

领导成员

局　　长：韩大川（—3 月）

副 局 长：涂 莹

副局级审计员：彭碧莲

审计成果 2016 年，审计署科学技术审计局完成审计项目 3 个，其中组织实施审计项目 2 个，参与实施审计项目 1 个。查出主要问题金额 13.38 亿元，其中违规金额 9856 万元、管理不规范金额 12.39 亿元；审计处理处罚金额 12.50 亿元，其中应归还原渠道资金 143 万元、应调账处理金额 874 万元、应上缴财政 12.39 亿元、应缴纳的其他资金 46 万元；审计发现非金额计量问题 12 个；审计促进整改落实有关问题金额 12.47 亿元，其中增收节支 5.30 万元、已调账处理金额 12.39 亿元、其他整改落实金额 812 万元。移送司法机关、纪检监察机关和有关部门处理事项 3 件，涉及 3 人，金额 55 万元。出具审计报告和专项审计调查报告 5 篇。提出审计建议 13 条，被采纳 13 条；推动完善规章制度 2 项。向社会公告审计结果 1篇。

国家重大政策措施贯彻落实跟踪审计 审计署科学技术审计局对科技部 2016 年贯彻落实国家重大政策措施和宏观调控部署情况进行跟踪审计。在 2015 年已审计 111 项的基础上，重点审计其他 32 项政策措施落实情况，具体包括深化科技体制改革分工任务完成情况、国家重大科研基础设施和大型科研仪器开放共享情况、科技成果转化相关政策落实情况以及财政专项资金统筹使用情况等。审计共出具审计报告（代拟稿）4 份，提交审计整改建议函 4 份。审计抽查资金总量 21.47 亿元，其中存量资金 14.78 亿元。查出财政资金管理使用方面问题 4 个，涉及问题金额 13.19 亿元，主要包括：科技部未对国家科学技术学术著作出版基金采取措施进行有效整合、统筹使用，导致财政资金大量闲置，不能发挥应有效益；科技部未按规定将 2013 年及以前年度预算安排的项目未列支的资金清理为结余资金上缴财政部等。查出简政放权方面的问题 2 个，主要包括：科技部所属中国分析测试协会自行设立全国分析检测人员技术能力考核并收取考试费、行政审批事项取消后规范性文件清理不到位等问题。查出科技部政策落实方面的问题 5 个，涉及政策领域 5 个。此外，科学技术审计局反映的“科技部对专项资金进行优化整合，统筹使用，提高财政专项资金使用效益方面取得的成效”的情况，被审计署作为审计结果公告正面案例采纳。截至年底，报告反映的问题多数已经整改，促进加快财政资金下达 30.10 亿元，收回财政结转结存资金 19.33 亿元；促进出台相关管理办法 3 项，推动部门修改制度 2 项。

财政审计 对科技部 2015 年预算执行等情况进行审计。重点审计科技部本级和所属机关服务中心、中国科学技术信息研究所（以下简称中信所）等 8 个单位，审计科技部本级及所属单位 2015 年度财政拨款共计 288.83 亿元，占部门财政拨款总额的 81.75%。审计主要发现科技部在预算执行方面存在的问题包括：2015 年，科技部本级将 2 个项目的资金列支后拨付到所属单位，实际并未全部支出，造成决算支出不实；2013 年至 2015 年，所属中信所违规发放职工福利费，在项目招标中违规确定中标单位；2015 年，所属中信所未按规定将出借办公楼事项在财务会计报告和决算草案中予以反映；至 2015 年底，所属服务中心 320 平方米房产未纳入法定账簿核算；2015 年，所属火炬高技术产业开发中心违规支付职工学费，在会议经费管理中违规将相关会议支出和部分差旅费转由地方单位承担；科技部办公用房未统筹有效使用。

（撰稿人：王　阳）

【审计署工业审计局】 2016 年，审计署工业审计局人员编制 15 人，实有 15 人。设有一处、二处、三处。主要职责是：按照审计署统一部署开展工作；负责审计工业和信息化部、国家国防科技工业局、中国人民武装警察部队黄金指挥部、中国人民武装警察部队交通指挥部、中国人民武装警察部队森林指挥部、中国人民武装警察部队水电指挥部及上述部门（单位）下属单位预算执行、决算（草案）和其他财政财务收支，开展相关专项审计调查，承办审计署交办的其他事项。

领导成员

局　　长：丁仁立

副 局 长：周树大（10月—）

副局级审计员：傅少军

审计成果 2016 年，审计署工业审计局完成审计项目 7 个，其中组织实施审计项目 5 个，参与实施审计项目 2 个。查出主要问题金额 65.78 亿元，其中违规金额 670 万元、管理不规范金额 65.71 亿元；审计处理处罚金额 670 万元，其中应调账处理金额 670 万元；审计发现非金额计量问题 21 个。移送司法机关、纪检监察机关和有关部门处理事项 1 件，涉及 1 人，金额 40 万元。出具审计报告和专项审计调查报告 5 篇；提交审计信息 2 篇，被批示、采用 2 篇。提出审计建议 11

条，被采纳11条。向社会公告审计结果1篇。

2016年度，审计署工业审计局参与实施的国家海洋局原局长任期经济责任审计项目被评为审计署表彰项目。

国家重大政策措施贯彻落实跟踪审计 实施对工业和信息化部2016年度稳增长等重大政策措施落实情况的跟踪审计。通过建立政策跟踪台账，确定季度跟踪审计重点等方式，分阶段、有步骤、有重点地进行跟踪审计，有效地促进工业和信息化部将中央的各项决策部署落到实处。审计查出管理不规范问题金额38.15亿元；查出各类问题17个，其中部分问题被国务院综合报告采用，作为典型案例并向社会公告。

财政审计 完成工业和信息化部2015年度预算执行审计项目。围绕部门职责履行情况开展，突出数据分析的导向性作用，通过对预算、财务、国库等数据的交叉分析核查，确定审计重点、提高审计效率，实现部门本级与所属单位审计“上下联动”。审计查出违规及管理不规范金额1.25亿元。

其他工作 参与对新闻出版广电总局局长任职期间经济责任履行情况的审计、对中国建材集团公司涉企收费情况的审计调查。参与审计署立项的“中央部门稳增长等政策措施落实情况跟踪审计”“省部长经济责任审计”“境外国有企业审计”3项审计理论研究项目，独立完成课题报告1篇，参与完成课题报告2篇。

党建和队伍建设 将党建作为第一要务，探索党建工作与审计业务相融合、同部署、同落实、同检查。深入开展学习贯彻党的十八届六中全会精神和“两学一做”学习教育；及时开展支部换届选举，完善组织建设；采取支部书记讲党课、举办主题党日活动等形式加强党性修养。落实巡视整改工作。坚持以能力建设和作风建设为抓手进行班子建设，严格管理队伍。找差距定措施，解决班子不会抓、不敢抓、不想抓等问题，解决队伍不会为、不善为、不愿为、不敢为等问题；坚持政治纪律和政治规矩、廉政和保密纪律逢会必讲，局领导带头执行。鼓励审计人员参加各类学习培训和理论研究，定期组织开展学习交流活动，“一人学习、全局受益”，发挥参训效能，促进队伍综合素质提升。 （撰稿人：李 颖）

【审计署民族宗教审计局】 2016年，审计署民族宗教审计局人员编制15人，实有15人。设有一处、二处、三处。主要职责是：按照审计署统一部署开展工作；负责审计国家民族事务委员会（以下简称国家民委）、国家宗教事务局、中央档案馆（国家档案局）、国家保密局、中国国民党革命委员会中央委员会、中国民主同盟中央委员会、中国民主建国会中央委员会、中国民主促进会中央委员会、中国农工民主党中央委员会、中国致公党中央委员会、九三学社中央委员会、台湾民主自治同盟中央委员会及上述部门（单位）下属单位预算执行、决算（草案）和其他财政财务收支，开展相关专项审计调查，承办审计署交办的其他事项。

领导成员

局　　长：刘晓梅（7月—）
副 局 长：车列武（—11月）
　　　　　山军辉（11月—）

审计成果 2016年，审计署民族宗教审计局完成审计项目3个。查出违纪违规及管理不规范问题金额10.03亿元。办理移送案件线索1件。提交审计报告、专题报告、审计信息等共计11篇。预算执行审计发现的3类7个问题被审计署“两个报告”采用，审计署报国务院的扶贫资金审计专题报告单独采用1个案例。

财政审计 完成对国家民委的部门预算执行审计。审计中对部门预算总体变化情况进行分析，关注追加预算的合理性，查出财政部自行追加国家民委所属二级单位项目预算3000万元，并批准将其中1301万元调整用于基本支出的问题；从审计财政财务收支的真实性、合法性、效益性入手，查出所属单位部分项目存在管理不善、造成项目资金损失浪费的问题；以贯彻执行中央八项规定精神为重点，查出国家民委本级及所属单位公务存在接待不规范、将财政资金用于餐费支出等问题。

结合国家民委预算执行审计，对少数民族发展资金分配和使用管理情况进行专项审计调查，撰写《少数民族发展资金审计调查情况的报告》。报告反映少数民族发展资金分配管理不够规范，与其他中央部门管理分配的资金在支持内容上有交叉重复，缺乏有效监管。报告通过对问题原因的分析，提出以国家脱贫攻坚总体规划为统领，在中央层面加强部门专项工作规划与总体规划的衔接，改革资金管理体制机制，改革部门专项规划考核验收方式等建议。报告中的部分观点、案例，被审计署报送国务院的扶贫审计专题报告、重要信息要目引用、采用。

其他审计项目 对交通运输部所属事业单位承担交通运输部委托事项进行延伸审计，查出交通运输部下属单位利用行政权力违规收费1013万元、违规招投标等问题。与长沙特派办一起完成中国船舶重工集团公司及下属445家单位2015年至2016年6月涉企收费情况审计，审计查出内蒙古自治区锡林郭勒盟、江苏省如东县政府未经批准，擅自设立项目向船舶重工企业收费，涉及金额1.98亿元；浙江省杭州市富阳经济技术开发区管理委员会对明令禁止的项目仍然违规向船舶重工企业收费等。民族宗教审计局先后派出4人参加政策措施落实、扶贫资金、农村饮水安全和地方财政收支等4个项目的审计，抽调2人参加预算执行审计汇总等工作。

队伍建设 开展“两学一做”学习教育，通过集中学习、自学、专题讨论等多种方式组织全局党员干部学习党章党规和习近平总书记系列重要讲话精神。学习十八届六中全会精神，落实从严治党主体责任，党风廉政建设与从严治党的总要求相结合，通过开展廉洁自律教育等活动，营造尊廉崇廉的氛围。对照中央巡视组和审计署党组巡视组专项巡视发现的问题，逐条梳理具体问题和不足，制定整改措施，形成整改台账。

强化内部管理，修订《民族宗教审计局处室工作职责及分工》，落实岗位责任，采取AB角制，保证有条不紊地完成各项任务；开展审计项目总结，提升全局同志审计能力；加大对办文办事督办力度，按照“一登记、三落实”原则，进行全过程的监督落实，提高办事效率；将保密工作与审计业务同研究、同部署、同落实、同检查，加强保密管理，落实保密责任；完成健全支部组织、补缴党费、排查党员组织关系等党建工作。

（撰稿人：何洁芸）

【审计署政法审计局】 2016年，审计署政法审计局人员编制15人，实有14人。设有一处、二处、三处。主要职责是：按照审计署统一部署开展工作；负责审计公安部、司法部、安全部、中国人民武装警察部队边防局、中国人民武装警察部队警卫局、中国人民武装警察部队消防局及上述部门（单位）下属单位预算执行、决算（草案）和其他财政财务收支，开展相关专项审计调查，承办审计署交办的其他事项。

领导成员

局　　长：李秀才

副 局 长：赵京琳

审计成果 2016年，审计署政法审计局完成审计项目4个，参与审计项目3个。查出主要问题金额2.21亿元，其中违规金额982万元、管理不规范金额2.11亿元；审计处理处罚金额442万元，其中应归还原渠道资金359万元、应调账处理金额83万元；审计发现非金额计量问题2个。截至年底，审计查出的问题已全部整改完毕。移送司法机关处理案件线索1件，转送移交有关部门查处违法案件线索2件。出具审计报告2篇；提交审计信息3篇。提出审计建议10条，被采纳10条。向社会公告审计结果2篇。

2016年，审计署政法审计局参与实施的2015年教育部部长任期经济责任审计项目被评为审计署表彰项目。

财政审计 组织完成公安部、司法部2015年度预算执行审计项目。通过做好审前调查摸底，掌握所辖部门权力点、管理薄弱环节和风险隐患，突出重点审计事项，深化部门预算执行审计。审计发现公安部预算编报不完整、部分费用核算不真实、未履行政府采购程序采购货物和服务以及违规发放津补贴等问题；审计发现司法部重复申请预算、超范围列支“三公”经费和非税收入征缴不及时等问题。

经济责任审计 参与实施国家新闻出版广电总局局长任期经济责任审计项目，审计中发现存在专项资金预算执行进度缓慢、社团违规聘用在职和退休干部等问题。派员参加国家发展改革委主任任期经济责任审计。

其他审计项目 参与实施中国华能集团公司涉企收费审计，发现地方政府变相摊派、应退未退企业税金、未及时拨付企业可再生能源补贴款等问题。派员参加国家发展改革委 2016 年贯彻落实国家重大政策措施情况跟踪审计、甘肃省环县等 4 县 2016 年扶贫政策落实情况跟踪审计。

党建工作 扎实推进“三严三实”专题教育、“两学一做”学习教育，落实全面从严治党的要求，支部书记签订承诺书，自觉履行全面从严治党主体责任和党风廉政建设第一责任人的责任，全体干部与支部书记签订承诺书，层层传导压力。除集中学习之外，还通过支部书记讲党课、重温入党誓词、参加演讲和征文比赛、诵读红色经典、聆听英模先进事迹报告会和“政法苑”微信群每日推送等多种形式，开展党建活动，使政治理论学习入脑入心。认真执行“三会一课”制度，召开党员大会和党小组会议 32 次；积极加强党内民主和监督，召开民主生活会和组织生活会 3 次，提出意见建议 100 多条，落实基层党组织建设。积极配合中央专项巡视、署党组专项巡视工作，对巡视中指出政法审计局存在的问题，逐条分析，建立整改台账，年内已整改完毕。加强制度建设，制定《政法审计局考勤和请（休）假规定》《政法审计局关于规范管理开拓创新的工作方案》。党建工作保障业务工作的顺利进行，在人员较少的情况下，统筹安排，保证 2 个预算执行审计项目与 1 个经济责任审计项目同时实施。选派 1 人到审计署定点扶持贫困县挂职锻炼，其先进事迹在审计署微信公众号“扶贫路上的审计人”专栏上报道。

（撰稿人：任　勇）

【审计署民政社保审计局】 2016 年，审计署民政社保审计局人员编制 15 人，实有 15 人。设有一处、二处、三处。主要职责是：按照审计署统一部署开展工作；负责审计民政部、人力资源社会保障部、国家外国专家局、中国残疾人联合会、中国宋庆龄基金会、中国红十字会总会及上述部门（单位）下属单位预算执行、决算（草案）和其他财政财务收支，开展相关专项审计调查，承办审计署交办的其他事项。

领导成员

局　　长：贾有长

副 局 长：李　伟（—9 月）

　　　　　俞　立（10 月—）

副局级审计员：张东华（9 月—）

审计成果 2016 年，审计署民政社保审计局完成审计项目 4 个，查出违法违规、损失浪费及管理不规范问题金额 6.80 亿元。编发重要信息要目等审计信息 11 篇。

国家重大政策措施贯彻落实跟踪审计 完成民政部和人力资源社会保障部重大政策措施落实情况跟踪审计，从项目落地、资金保障、简政放权、政策落实、防范风险 5 个方面入手，紧盯政策流、业务流、资金流、信息流，深入分析两个部门贯彻落实中央决策的各项举措，先后出具审计报告（代拟稿）16 份，查出问题金额 2.16 亿元。其中民政部问题金额 4612 万元，主要发现民政部中国康复辅助器具协会自行设置假肢与矫形器（辅助器具）制作师执业资格注册前置条件，应缴未缴存量资金，低保资金结余较大，医疗费长期挂账，在项目预算中编报、列支基本支出，文化产业项目进展缓慢，文化产业发展专项资金闲置等问题；人力资源社会保障部问题金额 1.70 亿元，主要发现人力资源社会保障部涉企收费清理不到位，未有效统筹盘活财政存量资金，向已去世专家发放政府特殊津贴，行政审批事项清理进展缓慢，结余资金清理不到位，全国人才流动中心未及时上缴行政事业性收费、未按规定取消行政事业性收费项目等问题。

财政审计 完成民政部 2015 年度预算执行审计。重点审计民政部本级及全国老龄工作委员会办公室（以下简称全国老龄办）等 4 个二级预算单位，涉及资金 13.78 亿元，查出问题金额 4.35 亿元。主要发现民政部本级无依据自设权力事项、未经招标程序购买物业服务、预算编报不完整、决算支出不实、往来款未及时清理等问题；全国老龄办所属单位未经批准对外投资，违规购置公务用车，违反规定将公款借给私人企业，以办公用品等名义购买购物卡、红酒及礼品等问题；中国老龄事业发展基金会捐赠资金被套取用于非公益用途、账外存放名人字画等问题。提出审计建议 3 条，推动国务院出台《关于加快发展康复辅助器具产业的若干意见》。撰写的全国老龄办 1 名原副主任严重违纪违规向私人企业输送利益的审计信息送交民政部后，相关人员受到降低退休待遇处分。

经济责任审计 参与新闻出版广电总局局长

经济责任审计。对新闻出版广电总局所属新闻出版研究院、新闻出版传媒集团、新闻出版总署信息中心（以下简称信息中心）3个单位进行审计，查出问题金额2918万元，包括信息中心培训班收入未纳入其法定账簿、传媒集团用编造的劳务费名单和因私火车票等虚假事项发放业务人员奖金和提成等问题。

计算机审计 通过采集某部门保存人事档案信息及缴费情况的业务系统数据，与财务系统记录的档案费实际收缴数据进行对比分析，发现二者之间存在较大差异，进而揭示该部门截留应向财政上缴的行政事业性收费问题；通过将被审计单位发放津贴的人员信息与民政部门掌握的人口殡葬数据进行关联对比，发现向已故人员发放津贴的违规问题。

内部管理 制定标准化审计业务模板，选取典型性文体错误示例，供全体干部学习借鉴，做好文稿起草和复核工作，提高办文水平。由综合处将署领导、业务司交办事项、会议通知、重大活动安排等事项登记督办，明确责任处室和责任人，规定时间节点和完成时限，紧跟进度，按时完成各项工作部署。从组织领导、制度建设、教育引导和监督检查等方面入手，盯紧定密解密、涉密人员、秘密载体、保密要害部位、信息系统和信息设备、宣传报道和信息公开、涉密会议和活动等管理环节，牢固树立“保密工作无小事”的责任意识。以严谨细致的态度做好档案工作，业务人员熟悉业务档案模板，取证资料达到归档标准，项目结束迅速启动立卷归档工作，共计完成42卷审计档案和12件文书档案的立卷归档，一次性通过署档案处的检查。全年编发《工作动态》9期，在《中国审计报》发表新闻稿件10余篇。

（撰稿人：曹　盾）

【审计署资源环保审计局】 2016年，审计署资源环保审计局人员编制15人，实有15人。设有一处、二处、三处。主要职责是：按照审计署统一部署开展工作；负责审计国土资源部、环境保护部、国家海洋局、国家测绘地理信息局及上述部门（单位）下属单位预算执行、决算（草案）和其他财政财务收支，开展相关专项审计调查，承办审计署交办的其他事项。

领导成员

局　　长：茅东萍

副 局 长：文卫国（—9月）

副局级审计员：马受仁　黄树平（10月—）

审计成果 2016年，审计署资源环保审计局完成审计项目6个，其中组织实施审计项目4个，参与实施审计项目2个。查出主要问题金额22.58亿元，其中违规金额3752万元、管理不规范金额22.20亿元；损益（收支）不实金额5684万元；审计处理处罚金额2546万元，其中应上缴财政2509万元、应归还原渠道资金37万元；审计促进整改落实有关问题金额1114万元，已调账处理金额1114万元。办理审计移送处理案件线索2件。出具审计报告和专项审计调查报告12篇；撰写重要信息要目等审计信息16篇。多个问题被审计结果报告和报国务院专项报告以单独案例或汇总等形式采用。

2016年，审计署资源环保审计局获得2014—2016年度审计署先进基层党组织的荣誉称号。国家海洋局局长经济责任审计被评为审计署表彰项目。

国家重大政策措施贯彻落实跟踪审计 组织实施国土资源部和环境保护部2016年度稳增长等政策跟踪审计项目，聚焦资源环保领域重大问题，践行绿色发展理念，围绕项目落地、资金保障、简政放权、政策落实、风险防范等方面，揭示自然保护区开发管理制度不够完善，部门间工作重复交叉；核废物处置有突出问题亟待解决；京津冀核心区域洁净型煤推广不力、固体危险废物处置不力等问题。聚焦重大民生问题，践行共享发展理念等方面，揭示高标准农田建设统筹协调机制不健全、资金整合不到位、黄标车淘汰工作推进不力、水污染防治资金大量留存在地方财政部门、因审查环节多导致中央农村环境综合整治资金60亿元不能及时发挥效益、国土资源部未及时盘活财政存量资金1.40亿元等问题。

财政审计 组织实施国土资源部、环境保护部2015年预算执行情况审计项目。按照“四个坚持”和“三个区分”的要求，转变思路，将审计重点放在财政支出绩效和积极财政政策的实施效果方面，查出国土资源部未按规定上报财政结余资金3000余万元、参与分配的“矿产资源节约与综合利用专项”资金闲置3.42亿元、1.10亿元未统筹盘活，以及高价采购的专业设备长期闲置等问题。继续关注中央八项规定精神贯彻落实情况，发现国土资源部下属单位领导公车私用并报销个人费用、超标准配置公务用车及公务车运行费超预算等问题。审计中发现的国土资源部下属单位某领导违规决策转让国有矿权给民营企业问题已经移送相关部门进行查处。

经济责任审计 参与某部委领导同志经济责任审计项目，在负责的审计事项中，重点审查相关税费的分配程序、依据的科学性和合规性，发现存在重大经济决策程序不规范、决策依据不充分，部门利用资金分配权限定中介服务机构，所属单位利用行政权力收费等一些问题，客观地提出评价和界定责任意见。（撰稿人：王中杰）

【审计署建设审计局】 2016年，审计署建设审计局人员编制15人，实有14人。设有一处、二处、三处。主要职责是：按照审计署统一部署开展工作；负责审计住房城乡建设部、中华全国总工会、中国共产主义青年团中央委员会、中华全国妇女联合会、中央国家机关工作委员会及上述部门（单位）下属单位预算执行、决算（草案）和其他财政财务收支，开展相关专项审计调查，承办审计署交办的其他事项。

领导成员

局　　长：李树廷

副 局 长：李　丹

副局级审计员：张春雷

审计成果 2016年，审计署建设审计局实施住房城乡建设部2015年度预算执行和决算（草案）审计，2015年度、2016年度稳增长等政策跟踪审计，交通部部长任期经济责任4个审计项目。共查出各类违纪违规和管理不规范问题金额1.48亿元。提交审计报告11篇。上报的重要审计情况、审计简报等审计信息，被重要信息要目等采用7次。

国家重大政策措施贯彻落实跟踪审计 组织实施住房城乡建设部政策措施落实情况跟踪审计项目，审计以项目落地、资金保障、简政放权、政策落实和风险防控为重点，聚焦检查权力运行、政策落实，出具审计报告9篇，揭示各类问题21个。在推进简政放权方面发现住房城乡建设部自立依据设立中国历史文化街区认定等评审项目；国家级风景名胜区内重大建设工程项目选址核准事项未下放到位；开展绿色建材评价标识工作未履行审批程序问题，农村危房改造、城市危桥加固、城市地下管网普查、建筑节能改造等重大项目进展缓慢，未达到预期效果等问题。

财政审计 组织实施2015年度住房城乡建设部预算执行审计项目，审计查出部本级和14个所属单位各类问题31个，主要有：所属部门4名退休党员领导干部在社团兼职违规取酬244万元；部属事业单位利用有偿新闻谋利、违规发放节日补贴、违规持因私护照出国；部机关有关司局主办培训班未经批准收费3538万元，住房城乡建设部主管社团利用举办评比达标表彰活动违规收费3634万元；部机关主管社团工作人员投资成立民营企业经营协会相关业务获利1035万元等。审计发现的问题引起被审计单位高度重视，已经采取停止违规项目、收回违规发放资金、对违纪人员给予党纪政纪处分的措施。

其他审计项目 对住房城乡建设部有关司局、所属55家事业单位和社团设立的行政许可和审批、评比表彰达标、职业资格培训证书发放等权力事项进行审计调查。通过梳理，发现住房城乡建设部及所属单位共有各种权力事项253项，存在自定依据设立权力事项较多、行政职能向所属单位转移、变相收费等情况。建设审计局据此起草的审计调查报告，经署领导批示，被财政审计司作为范例，转发中央部门预算执行各审计组参考。该审计调查项目还发现住房公积金分散化管理，上千亿元资金闲置，管理体制亟待理顺；全国建筑业企业上万亿元应收账款难以收回，影响行业发展等问题。

党建工作 学习贯彻六中全会和习近平总书记系列重要讲话精神，通过局领导带头领学、全体处以上党员干部参加审计署党校集中学，深入思考领会全面从严治党、规范党内政治生活、加强党内监督的重要意义。开展“两学一做”学习教育，牢固树立“四个意识”，落实基层党建各项任务，坚持问题导向，抓好问题查摆和巡视问题整改。加强党纪教育，严格执规执纪，坚持问题导向，发挥教育警示作用，始终把廉政问题作为不可逾越的红线。落实党内各项组织生活制度，领导班子成员和优秀党员代表以全面从严治党等为主题讲党课 4 次；召开民主生活会 3 次，党员领导双重干部坚持参加组织生活，认真执行审计署关于临时党组织管理规定。

队伍建设 落实一岗双责，推进党风廉政建设，教育党员干部始终牢记自身使命，筑牢思想道德防线。强化第一责任人的责任，健全责任清单，层层分解责任，从思想教育、监督检查以及重要时点、关键人员、审计现场和内部管理等重点环节抓紧抓牢，持续传导压力，落实责任。以“三严三实”为标尺转变工作作风，领导班子带头讲真话、干实事、敢作为、勇担当，成员之间加强团结，分工负责，密切合作；审计人员比思想看行动，比能力看业绩，比作风看表现，学典型、树正气、讲奉献。组织有针对性的学习，扩宽财政财务等专业知识储备，引导审计人员在发现问题基础上，深挖产生问题的深层次原因，提高综合素质和业务能力。（撰稿人：赵海斌）

【审计署交通运输审计局】 2016 年，审计署交通运输审计局人员编制 15 人，实有 14 人。设有一处、二处、三处。主要职责是：按照审计署统一部署开展工作；负责审计交通运输部、国家铁路局、国家邮政局、中国邮政集团公司、中国民用航空局及上述部门（单位）下属单位预算执行、决算（草案）和其他财政财务收支，开展相关专项审计调查，承办审计署交办的其他事项。

领导成员

局　长：矫　强

副 局 长：周子祥

副局级审计员：余其汉

审计成果 2016 年，审计署交通运输审计局完成审计项目 6 个，其中组织实施审计项目 4 个，参与实施审计项目 2 个。查出主要问题金额 49.05 亿元，其中违规金额 5891 万元、管理不规范金额 48.46 亿元；审计处理处罚金额 2.98 亿元，其中应归还原渠道资金 1.18 亿元、应调账处理金额 1.80 亿元；审计发现非金额计量问题 313 个；审计促进整改落实有关问题金额 2.98 亿元。出具审计报告和专项审计调查报告 12 篇，被批示、采用 12 篇；提交审计信息 9 篇，被批示、采用 5 篇。提出审计建议 12 条，被采纳 7 条。向社会公告审计结果 1 篇。

国家重大政策措施贯彻落实跟踪审计 按照审计署《进一步加大审计力度促进稳增长等政策措施落实意见》要求，围绕项目落地、资金保障、简政放权、政策落实、风险防范五个抓手，对交通运输部和中国民用航空局落实稳增长促改革调结构惠民生防风险等政策措施的具体部署、执行进度、实际效果等情况进行审计。审计反映的交通运输部推动国家高速公路“断头路”进展缓慢、北京新机场建设部分关键工作未达到进度要求、车购税投资公路水路建设项目资金结转 640 亿元未能及时消化等 17 个案例，被审计署稳增长等政策贯彻落实跟踪审计结果报告采用。其中部分内容被审计署纳入《重要审计要目》上报，得到国务院领导批示。

财政审计 组织实施交通运输部 2015 年度预算执行审计。审计围绕工作方案确定的内容和重点，对交通运输部部门预算和参与分配专项资金的分配、执行、调整、决算编制等进行全环节覆盖和全流程监控的检查，揭示出交通运输部预算决算管理、参与分配的中央专项转移支付资金、结转结余资金分配和管理使用中的 4 大类 24 个问题。其中交通运输部科学研究院以技术服务名义取得收入 1631 万元、交通运输部 18 家所属单位在京外或非定点饭店召开会议 248 个等问题，被《国务院关于 2015 年度中央预算执行和其他财政收支的审计工作报告》引用。

经济责任审计 牵头组织 6 个派出局组成审计组，开展对交通运输部部长的经济责任审计。确立交通行业落实京津冀一体化、“一带一路”建设、长江经济带、长江危险化学品整治等国家宏观政策措施责任情况，履行规划外公路项目重大决策责任情况，交通专项资金分配情况，海事机构改革和重大资产处置情况，内部管理责任情况等审计重点，揭示交通运输部履职不到位、审核把关不严等与部长履行经济责任相关的 20 多个问题，编报的 5 篇重要审计情况，得到署领导的批示，其中 1 篇上报国务院。

其他审计项目 根据审计署工作安排，交通运输审计局抽调 3 人与济南特派办组成审计组，对中国中化集团公司本部及相关所属单位 2015 年至2016年6月涉企收费情况进行审计，审计发现向中化系统企业不合规收费1220万元、不合理收费1259万元。派出2人参加重庆市石柱土家族自治县、陕西省合阳县、河北省丰宁满族自治县扶贫政策落实跟踪审计。安排2人参加国务院第三次大督查工作。（撰稿人：汪　伟）

【审计署农林水利审计局】 2016年，审计署农林水利审计局人员编制15人，实有14人。设有一处、二处和三处。主要职责是：按照审计署统一部署开展工作；负责审计农业部、水利部、国家林业局、国务院三峡工程建设委员会办公室、国务院南水北调工程建设委员会办公室、国务院扶贫开发领导小组办公室（以下简称国务院扶贫办）及上述部门（单位）下属单位预算执行、决算（草案）和其他财政财务收支，开展相关专项审计调查，承办审计署交办的其他事项。

领导成员

局　　长：娄　仲

副 局 长：山军辉（—11月）

孔繁杰（11月—）

副局级审计员：刘　洁（—10月）

乔红兵（10月—）

审计成果 2016年，审计署农林水利审计局组织实施审计项目5个，参与审计项目1个。查出主要问题金额57.07亿元，其中违规金额2.44亿元、管理不规范金额54.63亿元；审计处理处罚金额3.13亿元，其中应上缴财政6963万元、应归还原渠道资金80万元、应调账处理金额24265万元；审计发现非金额计量问题27个；审计促进整改落实有关问题金额3.13亿元；审计后挽回（避免）损失7204万元。出具审计报告和专项审计调查报告10篇；提交审计信息1篇，被批示、采用1篇。提出审计建议22条，被采纳6条。

国家重大政策措施贯彻落实跟踪审计 组织实施对农业部、水利部、国务院扶贫办3个部门国家重大政策措施贯彻落实情况跟踪审计。结合中央1号文件、政府工作报告及部门工作分工情况，坚持“三个区分”，聚焦“三农”，把政策措施落实情况跟踪审计作为农林水利审计局重点工作。审计发现部分土地确权登记颁证工作政策措施不到位、进展缓慢；有的省建档立卡“回头看”工作未完成；扶贫资金管理使用中分配不科学不规范；发展资金提前下达部分未按规定方法分配，导致分配结果偏差大。审计中注意改进审计组织方法，根据以往审计发现的问题，细化审计重点和审计内容；将扶贫专项资金、特色产业扶贫政策等审计内容与农业专项资金管理分配、发展现代农业相联系；强化数据先行，利用国务院扶贫办扶贫业务管理系统数据，关注精准识别、易地搬迁、产业扶贫、资金分配等内容，把业务数据和财务数据、外部数据进行综合分析，为评估扶贫决策提供可靠数据；建立业务例会、分工优化、项目限时、责任到人和质量检查等工作制度和机制，及时研究解决审计出现的新情况新问题，保证项目有条不紊地进行；固定专人负责农业、扶贫审计，保持工作连续性和稳定性。

财政审计 完成农业部、国务院扶贫办2015年度预算执行审计项目。针对农林水利部门所属单位多、财政项目种类繁多、资金规模庞大等特点，农林水利审计局采用突出重点领域、重点资金、重点事项和持续关注重大体制、机制方面问题的策略，与政策落实跟踪审计有机结合。审计中发现部门及下属单位违规列支会议费、借助行政权力垄断渔业保险市场、保持高费率增加渔民负担、违规使用互保费等问题。农林水利审计局还对农业部2016年度预算进行分阶段审计。

其他审计项目 参与某部委领导同志任职期间经济责任审计，按照分工对下属单位进行延伸审计，发现违规支付地方政府补偿费、违规发放施工现场补贴、违反中央八项规定支付招待费等问题。按照署领导要求，赴重庆市云阳县等7个县的扶贫审计现场开展调研。通过调研，发现各地建档立卡“回头看”进展缓慢，扶贫资金整合使用出现的新情况对扶贫资金审计产生影响等，提出相应意见和建议。（撰稿人：米春云）

【审计署贸易审计局】 2016年，审计署贸易审计局人员编制15人，实有14人。设有一处、二处、三处。主要职责是：按照审计署统一部署开展工作；负责审计商务部、中国国际贸易促进委员会、中华全国供销合作总社及上述部门（单位）下属单位预算执行、决算（草案）和其他财政财务收支，开展相关专项审计调查，承办审计署交办的其他事项。

领导成员

局　　长：徐　露（—11月）

副 局 长：许永利（11月—，主持工作）

　　　　　王　磊

审计成果　2016年，审计署贸易审计局完成审计和审计调查项目3个，与其他司局共同完成审计项目2个。共出具审计报告10篇；编发《重要审计情况》等审计信息17篇。此外，派出1人参加审计署预算执行审计报告审核汇总工作，5人次参加财政部预算执行审计、扶贫资金审计等项目。

国家重大政策措施贯彻落实跟踪审计　按照审计署的安排，开展商务部2016年稳增长等政策措施贯彻落实情况跟踪审计、商务部财政存量资金审计、预算安排合理性审计调查。审计中以党中央、国务院推动改革部署为引领，关注简政放权和政府职能转变，反映的酒类行业流通环节存在重复监管问题被署综合报告采用；关注对原油进口配额审批和分配权力运行的制约和监督，向审计署反映石油进口存在政策扭曲和申报企业造假骗取配额等问题；关注“一带一路”等政策落实，反映的对外援助打捆项目进展缓慢、部分援外结余资金未及时清理盘活、公益性农产品批发市场和农产品流通基础设施建设工作进展缓慢等存在的问题，以及商务部积极推进“一带一路”规划项目“中白工业园”建设、发挥境外经贸合作区的载体作用推动中国企业走出去的正面案例被署综合报告采用。通过审计实践总结，梳理外贸、内贸等板块政策，将跟踪审计关注点梳理为27个，编制任务清单落实到处室和人员，保证政策跟踪审计的时效性和持续性。

财政审计　完成商务部2015年度预算执行审计。审计以权力运行和公共资金使用为主线，推进部门预算管理规范化。审计前，贸易审计局组织开展《商务部预算执行审计监督全覆盖研究》课题研究，对商务部历史沿革、职能变化等情况进行梳理，围绕审计工作方案，分析重点单位和项目定位。在中央八项规定精神落实情况方面，发现所属二级单位组织跨地区跨部门团组多收取费用、长期无偿占用其他单位车辆、收入未纳入部门预算管理3个问题，被审计工作报告作为典型案例采用。在对食糖储备、对外经贸发展专项和对外援助专项资金的检查中，提出我国现行食糖储备制度难以调控国内市场价格、调控决策机制影响调控作用的发挥等问题，被审计署重要信息要目采用。审计中发现的某公司以进口加工糖作为国产糖交储获利近亿元、国际资质认证扶持资金数千万元被某省近百家企业骗取、援外项目资金管理不规范、大量无外贸业绩等不符合条件企业获得补贴等问题以各种审计信息形式上报审计署。结合预算执行审计，贸易审计局安排专人对商务部近百个信息管理系统进行分类分模块研究，提出整合信息系统的建议得到商务部高度重视。

其他审计项目　参与配合国务院某部部长任期经济责任审计和广东省涉企收费审计项目。揭示某单位依托部门权力对外提供经营服务取得收入、相关部门应退未退土地使用税等问题。开展联网审计，向供销合作总社发出联网审计询问函3份，发现的3个问题得以及时纠正。全年协调开展部门预算数据标准化试点调研等8次，实现审计资源统筹、信息数据共享。支持各业务司、特派办、兄弟局之间“上下联动”和“横向联动”的要求，与所驻部委联络对接，配合工作。

党建工作　开展“两学一做”学习教育，制订党员全年学习教育计划，为每位党员配发《全面从严治党学习资料汇编》等书籍，局党支部书记集中讲党课3次。学习贯彻六中全会精神，安排处以上党员干部8人次参加学习贯彻六中全会精神专题培训班；组织召开“三严三实”专题教育民主生活会，参加“三严三实”征文活动；集中参加审计署组织的准则和条例专题学习研讨班，组织廉政警示教育学习3次，全员参加中央国家机关党章党规学习和知识测试。与庆祝建党95周年活动相结合，组织全体党员撰写“两学一做”学习感言和红色文化经典学习朗读活动。开展多种形式的党员活动，与审计署财政司党支部、中科院物理所党支部开展主题联学，组织祭扫李大钊烈士陵墓主体党日活动，缅怀烈士、重温入党誓词，向“贫困母亲”捐款。贸易审计局党支部接受署组织的查找解决不严不实问题的全面检查和审计署党组2016年巡视。

队伍建设 全年派员参加审计组组长案例研讨班等脱产培训 14 人次，自行开展业务培训 6 次。1 人荣立三等功，3 人获得嘉奖，2 人被评为优秀党员和先进党务工作者，1 人获得巾帼先进个人。组织保密教育培训 7 次，开展密网等检查 13 次，提交报告 8 份。按照要求和标准，完成审计项目及文书档案归档、审计统计报表和台账填报、审计项目电子数据和联网审计数据收集上传等工作。（撰稿人：曾贤善）

【审计署文化体育审计局】 2016 年，审计署文化体育审计局人员编制 15 人，实有 13 人。设有一处、二处、三处。主要职责是：按照审计署统一部署开展工作；负责审计文化部、国家文物局、国家体育总局、中国对外文化集团公司、全国哲学社会科学规划办公室、中国文学艺术界联合会、中国作家协会及上述部门（单位）下属单位预算执行、决算（草案）和其他财政财务收支，开展相关专项审计调查，承办审计署交办的其他事项。

领导成员

副 局 长：姜跃山（主持工作） 宋 波

正局级审计员：虞伟萍

副局级审计员：孙宏慧

审计成果 2016 年，审计署文化体育审计局完成审计项目 4 个，其中组织实施文化部 2015—2016 年度政策跟踪审计、文化部 2015 年度预算执行等情况审计项目 2 个，参与新闻出版广电总局局长经济责任审计和中国石油天然气集团公司涉企收费审计项目 2 个。查出主要问题金额 18.56 亿元，其中应上缴财政 7846 万元；审计发现非金额计量问题 34 个。出具审计报告 12 篇，被批示、采用 8 篇。反映的问题被重要信息要目等审计信息汇总采用 6 篇，被审计工作报告和国务院综合报告采用 1 篇。向社会公告审计结果 1 篇。此外，派出 2 人参加国务院第三次大督查、财政扶贫资金专项审计工作。

国家重大政策措施贯彻落实跟踪审计 组织实施对文化部的国家重大政策措施贯彻落实跟踪审计。将上期审计发现问题整改落实情况作为本期审计的重点内容，逐项检查核对，督促整改落实，围绕深化国有文化单位改革和促进文化产业健康发展等政策措施的落实，发现文化部所属 5 家国有文化企业发展缓慢、部分企业经营亏损严重、没有发挥出示范引领作用等问题，相关审计信息报国务院后，国务院领导做出重要批示。审计中发现文化部主管的中国演艺设备技术协会未经批准，自行设立年度演艺设备行业优质工程评选、年度演艺设备行业强企评选等问题，得到文化部高度重视，文化部积极督促整改，停止违规自行举办的评选活动，被审计署作为典型案例纳入 2016 年第二季度国家重大政策措施贯彻落实跟踪审计结果公告。

财政审计 完成文化部 2015 年度预算执行等情况审计。以促进财政资金安全规范高效使用为重点，重点审计使用财政资金较多的中国艺术研究院、国家图书馆、国家艺术基金管理中心、文化部机关服务中心等二级预算单位和国家图书馆一期维修改造工程等项目，贯彻中央八项规定精神和国务院“约法三章”的要求，查出部分项目执行缓慢导致大量资金结存、结余资金清理不到位、所属单位违规使用财政资金和违规收费等问题，涉及金额 10.78 亿元。文化部在 2015 年度预算执行等情况审计后陆续建立健全行业和部门规章制度 12 项。审计反映的文化部所属单位违规收取会议费问题被审计署 2016 年审计工作报告作为单独案例采用。

其他审计项目 在参与国务院某总局局长经济责任审计中，紧扣经济责任履行，以重大经济政策、重大财政项目实施情况和效果为切入点，查出部分重大项目未达预期目标、简政放权不够到位、专项资金未按规定用途使用、对所属单位监管不到位等问题。在参与的中国石油天然气集团公司涉企收费审计项目中，围绕中央降低企业成本相关政策措施落实，发现营改增政策全面实施后，油气勘探劳务增值税预征政策不配套，导致异地作业预缴增值税难以抵扣加重企业负担等问题，被审计署重要信息要目汇总采用。

党建工作 贯彻落实全面从严治党主体责任，扎实开展“两学一做”学习教育，全面加强党员干部思想政治建设，推进党建工作向前发展。深入学习贯彻党的十八届六中全会精神，组织全体党员干部参加审计署 12 个专题学习，切实增强“四个意识”特别是核心意识、看齐意识，在思想上政治上行动上同以习近平同志为核心的党中央保持高度一致；开展“两学一做”学习教育，与政法审计局开展主题联学，组织党员干部参观《复兴之路》和纪念红军长征胜利主题展览，撰写“两学一做”学习感言，开展党员承诺践诺，努力做“四讲四有”合格党员等活动。局领导班子坚持以上率下，发挥表率作用，贯彻民主集中制原则，重大事项均经过集体讨论决定，引导带领党员干部转作风，提精神，干事业。抓好中央和审计署党组巡视发现问题的整改，制定巡视整改台账并抓好整改落实，做到即知即改，立行立改。层层传导压实责任。始终把纪律和规矩挺在前面，建立局、处负责人为党风廉政建设第一责任人、其他局处级干部分工负责的党风廉政建设联动责任机制，明确廉洁从审规范。加强队伍能力建设，倡导学习研究之风，给青年干部压担子、引路子，加强审计项目总结交流，搞好传帮带。

（撰稿人：余永平）

【审计署卫生药品审计局】 2016年，审计署卫生药品审计局人员编制15人，实有15人。设有一处、二处、三处。主要职责是：按照审计署统一部署开展工作；负责审计国家卫生和计划生育委员会（以下简称卫生计生委）、国家食品药品监督管理总局（以下简称食品药品监管总局）、国家中医药管理局及上述部门（单位）下属单位预算执行、决算（草案）和其他财政财务收支，开展相关专项审计调查，承办审计署交办的其他事项。

领导成员

局　　长：李珊珊（—1月）

张宣波（1月—）

副局级审计员：胡　华

审计成果 2016年，审计署卫生药品审计局组织完成卫生计生委2015年度预算执行等情况审计、卫生计生委和食品药品监管总局重大政策措施落实情况跟踪审计、存量资金审计，参与完成四川大学校长任期经济责任审计、扶贫资金审计等。查出主要问题金额55.45亿元，其中违规金额4742万元、管理不规范金额54.98亿元；审计处理处罚金额5424万元，其中应上缴财政1182万元、应归还原渠道资金683万元、应调账处理金额3559万元；审计发现非金额计量问题13个；审计促进整改落实有关问题金额4085万元，其中增收节支679万元、已调账处理金额3406万元。移送卫生计生委处理事项1件，涉及2人。出具审计报告和专项审计调查报告7篇，被批示、采用1篇；提交审计信息10篇，被批示、采用10篇。提出审计建议27条，被采纳27条；推动完善规章制度12项。

国家重大政策措施贯彻落实跟踪审计 重点围绕“放管服”改革措施落实、重大项目落地、财政存量资金盘活使用、分解落实党中央、国务院重大政策措施等情况开展审计。实施卫生计生委国家重大政策措施落实情况跟踪审计，抽查单位19个，抽查资金总量31.75亿元。反映卫生计生委积极作为并取得明显成效的案例3个；发现问题23个，其中财政资金管理使用方面问题15个、简政放权政策落实方面问题4个、国家重大政策落实方面问题4个。至2016年底，审计报告中反映的问题，卫生计生委整改完毕20个。

实施食品药品监管总局国家重大政策措施落实情况跟踪审计，抽查单位11个，涉及资金总量18.46亿元。发现重点项目推进、财政资金盘活及统筹使用、经济领域风险防范等方面的问题8个。至2016年底，审计报告中反映的问题，食品药品监管总局整改完毕7个。

财政审计 组织实施对卫生计生委2015年度预算执行审计项目。通过审计发现5大类共27个问题，涉及金额53.93亿元，主要有：结余资金未及时清理、专项补助资金分配未与绩效考核结果挂钩、决算草案编制中存在决算收支不实等问题；政府采购预算编报不完整、项目未按规定报批等预算编制不规范问题；未经报批出租出借资产、未按规定实行政府采购、未经批准采购进口设备等资产管理和政府采购不规范问题；会议费支出超预算、违规发放节日补贴和超标准配备办公用房等有违中央八项规定精神问题。

队伍建设 深入开展“两学一做”学习教育，结合实际，组织党小组学习26次、集中学习和专题研讨24次，采取撰写心得、主题发言等方式，多层次、多途径地将学习引向深入。在“两优一先”评选表彰、“多读书、读好书、善读书”等活动中，撰写观后感、学习体会30篇。严格党内组织生活，探索建立组织生活内部检查和报告制度，由纪委委员定期对“三会一课”、组织生活会、党费缴纳、执行“八不准”等廉政纪律情况进行检查，发现问题及时督促整改。探索支部日常工作轮值制度，在支委会领导下，每个处室（党小组）承担一个季度的支部日常工作，激发党员的责任心和工作热情，把各项支部活动搞好。与所联系部门先进党支部开展主题联学活动，互相启发和借鉴；先后邀请卫生计生委规划信息司、药政司，食品药品监管总局药品注册管理司、医疗器械注册管理司等6个司局领导就卫生医疗改革、食品药品监管政策、健康中国2030规划纲要等进行讲座和研讨，了解情况，开阔视野。全年共安排24人次参加审计署举办的各类业务、党建知识培训。

（撰稿人：靖　伟）

【审计署国资监管审计局】　2016年，审计署国资监管审计局人员编制15人，实有14人。设有一处、二处、三处。主要职责是：按照审计署统一部署开展工作；负责审计国务院国有资产监督管理委员会（以下简称国资委）、国家安全生产监督管理总局（以下简称安监总局）及上述部门（单位）下属单位预算执行、决算（草案）和其他财政财务收支，开展相关专项审计调查，承办审计署交办的其他事项。

领导成员

局　　长：朱登云

副 局 长：张世雯（10月—）

副局级审计员：孔繁杰（—11月）

审计成果　2016年，审计署国资监管审计局共实施或参与9个审计项目，其中独立完成国资委稳增长跟踪审计和全国总工会2015年度预算执行审计，配合企业审计司、审计署驻太原特派员办事处分别完成国资委2015年度预算执行审计、中国通用技术（集团）控股有限责任公司涉企收费审计等项目；抽调人员参加财政部2015年度预算执行、安徽临泉县和河北丰宁满族自治县扶贫政策措施落实跟踪审计等项目。查出问题金额36.20亿元，其中违规金额1852万元、管理不规范金额36.02亿元；损益不实金额1.45亿元；审计处理处罚金额6608万元，其中应上缴财政175万元、应缴纳其他金额1354万元、应调账处理金额5079万元；审计发现非金额计量问题33个；审计促进整改落实有关问题资金6289万元，其中已调账处理金额4996万元；审计期间整改金额116万元。出具审计报告和专项审计调查报告（分报告）14篇。提出审计建议6条，其中建议制定修改部门规定4条；被审计单位制定整改措施12项，促进被审计单位建立健全规章制度8项。

国家重大政策措施贯彻落实跟踪审计　围绕审计工作方案和国资委的主要职责，将中央企业国有资本经营预算执行情况、营改增对建筑企业税负影响、盘活部门存量资金、化解中央企业钢铁煤炭产能、“放管服”落实情况等作为国资委稳增长政策跟踪审计的重点。在对中央企业国有资本经营预算执行情况的审计中，经报请分管署领导同意，在企业审计司和特派办协助下，对18个国有资本经营预算项目进行延伸审计，查出16.46亿元国有资本经营预算资金长期结存未按计划使用、国资委所属协会仍存在对国务院已取消的职业资格继续组织认证和培训等问题。

财政审计　开展对全国总工会2015年度预算执行审计，对其收缴的工会经费进行延伸审计，查出问题17个，违规和管理不规范问题金额17.90亿元。审计发现的部分司局级干部违规兼职取酬、所属单位购置超标准车辆、未批先建国际交流中心以及未将39个所属单位报表纳入统一管理等问题，引起全国总工会的重视。

通过与相关单位协调，实现与国资委和安监总局的24小时审计联网，其中安监总局实现本级及所属行政、事业共246家单位的财务数据实时联网，为开展联网审计数据分析创造有利条件。

队伍建设　组织开展党的十八届六中全会精神深入学习和讨论，推进“两学一做”学习教育，将学习教育与专题活动相结合，采取年计划、季调整、月安排方式实施开展。对党员干部开展革命传统教育、法治教育和职业道德教育，参观纪念中国工农红军长征胜利80周年主题展览，参加法制专题讲座、网上答题和法制宣传教育活动。按期进行党支部换届改选、增选，完善基层党组织机构；制定健全支部工作规程、严肃党内政治生活实施意见等制度；全年召开9次支委会，32次支部大会，14次党小组会，2次民主生活会，2

次组织生活会，3次党课教育，开展4次党日活动，谈心谈话50余人次。落实党风廉政建设主体责任，建立处级干部廉政档案，开展廉政警示教育，在重大节假日、审计现场和干部休假等时点进行廉政提醒20次；全年形成3份审计项目廉政工作总结并上报审计署机关党委纪委。自觉接受并全面落实中央巡视和审计署党组巡视要求，开展对照检查和巡视整改落实。

研究修订国资监管审计局岗位职责、局领导工作分工和局领导班子议事规则等12项行政管理制度和2项党务管理制度，梳理、细化各处室职责分工，促进处室负责人履行职责。结合年度审计项目，开展点评式总结培训和案例培训；按照“干部走出去，经验带回来”的要求，干部外出工作回局后要汇报情况、总结经验，以此为平台，拓宽思路，增进交流。完成保密培训、自查和检查工作，严格管理，强化监督，确保全年无涉密失误。

（撰稿人：籍秀红）

【审计署经济执法审计局】 2016年，审计署经济执法审计局人员编制15人，实有14人。设有一处、二处、三处。主要职责是：按照审计署统一部署开展工作；负责审计国家工商行政管理总局（以下简称国家工商总局）、国家质量监督检验检疫总局（以下简称国家质检总局）、国务院法制办公室、中国法学会、中华全国工商业联合会及上述部门（单位）下属单位预算执行、决算（草案）和其他财政财务收支，开展相关专项审计调查，承办审计署交办的其他事项。

领导成员

局　长：刘　丹（—7月）

副局长：梁丽军　张　进（10月—）

副局级审计员：丁　玎

审计成果 2016年，审计署经济执法审计局完成审计项目5个，其中组织实施审计项目4个，参与实施审计项目1个。查出主要问题金额18.38亿元，其中违规金额6.31亿元、损失浪费金额8.92亿元、管理不规范金额3.15亿元；审计处理处罚金额4.60亿元，其中应上缴财政4.08亿元、应调账处理金额3931万元；审计促进整改落实有关问题金额1.12亿元，其中增收节支6009万元、已调账处理金额3931万元；审计后挽回（避免）损失9.06亿元。出具审计报告和专项审计调报告11篇，被批示、采用10篇。提出审计建议34条，被采纳34条；推动完善规章制度3项。向社会公告审计结果5篇。

国家重大政策措施贯彻落实跟踪审计 组织实施国家工商总局和国家质检总局两个部门的中央政策措施落实情况跟踪审计项目，对2016年度国务院部署、两个部门牵头或配合的100余项任务的分解落实情况进行跟踪审计。审计紧盯商事制度改革和贸易便利化等国务院重大决策部署的落实推进情况，反映以信用信息为核心的后续市场监管机制尚不健全、关检合作“三个一”政策措施落实缓慢和违规进出口环节涉企收费等问题；跟踪检查国务院有明确时间要求的政策任务完成情况，反映国家质检总局推广中国（上海）自由贸易试验区改革试点经验等任务未按期完成，存在不作为、慢作为现象的问题；围绕简政放权，深化行政审批改革，发现国家质检总局对其批准发布的部分工业产品生产许可证目录内行政审批事项设置的前置条件未及时清理、部门所属事业单位或协会未经批准颁发资质证书并收取违规费用的问题。审计还反映部门在贯彻落实“放管服”改革深化情况取得成效。审计查出的部分问题和反映的正面案例被审计署上报国务院综合报告采用。

财政审计 完成审计署统一安排的中直机关2015年度预算执行审计项目，包括对部门本级和所属机关服务中心等5家所属单位。审计发现被审计单位超编制配置公务用车、自行设置补贴项目，以健身费等名义滥发津补贴以及高档消费接待等贯彻落实中央八项规定不到位等问题，被审计署汇总报告采用。

经济责任审计 参与国务院侨务办公室主任任职期间经济责任履行情况审计项目，按照审计分工，经济执法审计局具体负责华侨大学的审计。审计发现华侨大学存在教育发展“十二五”规划部分指标落实不到位，超范围编报住房改革支出预算，获取财政资金国有资产使用、处置未履行法定程序等问题。

队伍建设 高度重视班子自身和队伍建设，确定“转作风，提能力，履职尽职创佳绩”的工作目标。严明纪律，营造风清气正的团队氛围，以作风建设年为契机，针对作风建设中出现的一些不良倾向和苗头，出台《关于加强改进作风建设的实施意见》，采取一系列整顿治理措施。出台加强学习、审计成果登记以及局内职责分工等制度，建立制度长效保障，持续推进能力建设，明确约束激励机制，形成进取有为的工作局面。审学结合，以审代培，给年轻同志压担子分重任，轮流担任主审，锻炼年轻同志综合能力。

（撰稿人：付新红）

【审计署广电通讯审计局】 2016年，审计署广电通讯审计局人员编制15人，实有15人。设有一处、二处、三处。主要职责是：按照审计署统一部署开展工作；负责审计国家新闻出版广电总局、新华通讯社、中国外文出版发行事业局、中华全国新闻工作者协会、中国日报社、人民日报社、求是杂志社、光明日报社、经济日报社及上述部门下属单位预算执行等情况，开展相关专项审计调查，承办审计署交办的其他事项。

领导成员

局　　长：廖金梅

副 局 长：秦　洁

副局级审计员：厉从斌

审计成果 2016年，审计署广电通讯审计局完成审计项目8个，其中组织实施审计项目6个，参与实施审计项目2个。查出主要问题金额367.07亿元，其中违规金额1.98亿元、损失浪费金额297万元、管理不规范金额365.06亿元；损益（收支）不实金额187万元；审计处理处罚金额71.53亿元，其中应归还原渠道资金187万元、应调账处理金额71.52亿元；审计发现非金额计量问题18个；审计促进整改落实有关问题金额8454万元。移送司法机关、纪检监察机关和有关部门处理事项6件，涉及11人，金额20460万元。出具审计报告和专项审计调查报告5篇，被批示、采用4篇；提交审计信息5篇，被批示、采用5篇。提出审计建议11条，被采纳9条；推动完善规章制度3项。向社会公告审计结果2篇。

2016年，审计署广电通讯审计局党支部被授予2014—2016年度审计署先进基层党组织荣誉称号。

财政审计 组织完成国家新闻出版广电总局预算执行审计项目。审计中密切跟踪新闻出版广播电视报刊行业重大政策措施落实情况，抓住项目落地、简政放权和公共文化服务推进等重点，坚持深挖细查贪污侵占、以权谋私等违纪违法线索，发现一些领导干部谋取私利、公款旅游吃喝、转移收入等问题；同时关注改革发展、职能转变中的体制机制问题，揭示职能整合和业务融合存在差距，分析“三网融合”推进、电影专项资金管理等存在的问题。组织完成新华通讯社、中国外文出版发行事业局、人民日报社预算执行联网审计，推进审计全覆盖，发现并纠正财政专项执行进度缓慢、政府采购不规范、对外投资事项未经审批、往来款长期未清理、下属企业虚列成本、决算编制不准确等问题，涉及金额7.27亿元。

经济责任审计 牵头组织6个派出局共同完成新华通讯社原社长、国家新闻出版广电总局局长经济责任审计。在项目组织中，事先调查确定需要重点突破的业务领域，按业务重点部署审计力量；确定在新闻采编、节目制作、广告经营等工作中有否利用自身影响力、掌握的舆论话语权进行谋利、寻求利益输送为审计重点。审计发现一些单位违规开展有偿新闻宣传、采编和经营不分、清理停建楼堂馆所不到位、部分项目未达预期目标、“三重一大”决策制度不健全、对所属企业监管不到位、利用评选为个人谋利、设置“小金库”、未按规定招投标和政府采购、以虚假发票套取现金等问题，涉及金额85.97亿元。

其他审计项目 参与审计署驻昆明特派员办事处组织的云南省元阳县财政扶贫资金审计，查出套取违规使用扶贫资金、扶贫资金未统筹整合、扶贫资金长期闲置、多支付扶贫贷款贴息资金等问题，涉及金额1.63亿元。参与审计署驻深圳特派员办事处组织的中国化工集团涉企收费情况审计，发现不合规收费、不合理收费等问题，涉及金额1.13亿元。

相关工作 开展“两学一做”学习教育，采用集中学习、审计现场自学、专题研讨、讨论交流、重温入党誓词、坚持“三会一课”、阅读优秀书刊、组织参观等多种形式，开展理想信念教育。落实全面从严治党“两个责任”，局党支部书记担起党风廉政建设主体责任和监督责任，班子成员履行分管责任，局领导班子成员在工作和生活中以上率下，坚持民主集中制，依法依规制约权力运行，规范党内政治生活，改进思想工作方法。对照中央巡视组反馈意见和审计署巡视组指出的问题，成立整改机构，召开专题民主生活会，开展批评和自我批评，建立整改台账，督促逐项整改。严格执行保密规定、工作程序和廉政纪律，全年没有出现违反廉政纪律等问题。参与学术研究，向审计署提交《部门预算执行审计与部门主要负责人任期经济责任审计相结合研究——以新华通讯社和中央电视台审计为例》的研究成果。

（撰稿人：廖金梅　刘　欢）

【审计署旅游侨务审计局】　2016 年，审计署旅游侨务审计局人员编制 15 人，实有 14 人。设有一处、二处、三处。主要职责是：按照审计署统一部署开展工作；负责审计中央台湾工作办公室（国务院台湾事务办公室）、中华全国台湾同胞联谊会、国家旅游局、国务院侨务办公室、国务院港澳事务办公室、中华全国归国华侨联合会及上述部门（单位）下属单位预算执行、决算（草案）和其他财政财务收支，开展相关专项审计调查，承办审计署交办的其他事项。

领导成员

局　　长：张广春

副 局 长：黄致敏

审计成果　2016 年，审计署旅游侨务审计局完成审计项目 5 个，其中组织实施审计项目 3 个，参与实施审计项目 2 个。查出主要问题金额 2.13 亿元，其中违规金额 2471 万元、管理不规范金额 1.89 亿元；损益（收支）不实金额 5135 万元；审计处理处罚金额 1.75 亿元，其中应减少财政拨款或补贴 78 万元、应归还原渠道资金 600 万元、应调账处理金额 1.68 亿元；审计发现非金额计量问题 17 个；审计促进整改落实有关问题资金 1.74 亿元，其中增收节支 600 万元、已调账处理金额 1.68 亿元。出具审计报告 3 篇，被批示、采用 3 篇。提出审计建议 9 条，被采纳 9 条。向社会公告审计结果 3 篇。

国家重大政策措施贯彻落实跟踪审计　旅游侨务审计局负责对中国质量检验认证集团公司实施国家重大政策措施贯彻落实情况进行跟踪审计。审计坚持以供给侧结构性改革、建立我国市场信用体系等政策措施落实情况为主要内容，发现中国质量认证中心存在未按机构改革、职能转变的要求如期完成转企改制整合，导致国务院确定的机构整合及形成优势品牌企业的发展战略的部分内容无法实现等问题。所提出的尽快出台相关政策，妥善解决整合重组过程中遇到的人事安排、资产划转和财政税收等具体困难和问题的审计建议，得到有关部门的重视。

财政审计　完成中央纪委机关事务管理局、国务院侨务办公室（以下简称国务院侨办）等单位的预算执行审计。根据被审计单位的具体情况和特点，对中央纪委机关的预算执行审计基本实现对其管理的资金和单位的全覆盖，在促进其改进内部管理、提高财政资金使用效率和效果等方面发挥建设性作用，受到中央纪委领导的肯定。对国务院侨办的审计中，发现某领导同志违反中央八项规定精神，公车私用，发生重大交通事故造成损失 200 多万元的问题，移送国务院侨办和相关纪检机构处理；发现国务院侨办所属某培训中心未经批准租用无产权的集体土地且经营管理不善导致连年亏损的问题。

其他审计项目　在审计署经济执法审计局的配合下，对国务院侨办所属中国新闻社、北京华文学院、暨南大学、华侨大学等单位进行延伸审计，审计共发现 5 类 12 个问题，涉及金额 3.22 亿元。发现的主要问题有：国务院侨办所属单位不同程度地存在“三重一大”决策的相关规章制度不健全；中国新闻社国际传播能力建设的 2 项目标未完成；暨南大学和华侨大学科技成果转化率低；暨南大学存在部分建设工程未完成验收即投入使用，部分项目超概算、超工期且未及时办理竣工财务决算等。与审计署驻重庆特派员办事处协同，查出中国新闻社有关人员违规造成国有资产流失的问题。审计结果在国务院侨办及其所属单位引起震动，有效促进被审计单位加强管理和领导干部守法守规履职尽责。

队伍建设　结合“两学一做”专题教育，开展“补短板，提素质”主题年活动，根据工作岗位特点，给每位同志提出急需补足的短板。输送年轻同志参加审计署组织的审计数据分析、财政审计培训班等学习培训；有针对性地安排当项目主审、安排重要审计任务等措施压担子，帮助其提升素质；邀请被审计单位的专家学者介绍新常态下行业发展现状、存在的困难问题和发展趋势，了解行业情况；开展读书活动，鼓励大家多读书，读好书；组织开展“部门预算执行审计与部长经济责任审计相结合研究——基于旅游侨务审计局审计项目分析”课题研究，关注前沿热点，适应新常态、践行新理念。

相关工作 抓实抓好党风廉政建设，坚持把党的政治纪律和规矩挺在前面，加强思想教育，筑牢拒腐防变思想防线。落实主体责任，规范审计行为，紧抓关键风险点，防控廉政风险，将廉政工作作为党建工作和行政工作的双重点。梳理旅游侨务审计局内部日常管理工作，进行精细分工，规范办事流程，实行重要事项全流程追踪。落实保密管理责任，定期组织全局开展保密检查，确保不出现失密泄密问题。 （撰稿人：汪照全）

【审计署地震气象审计局】 2016年，审计署地震气象审计局人员编制15人，实有14人。设有一处、二处、三处。主要职责是：按照审计署统一部署开展工作；负责审计中国气象局、中国地震局、国务院参事室、国家信访局、国家人民防空办公室及上述部门（单位）下属单位预算执行、决算（草案）和其他财政财务收支，开展相关专项审计调查，承办审计署交办的其他事项。

领导成员

局　　长：李志民（11月—）

副 局 长：李志民（—11月）

　　　　　张　进（—10月）

　　　　　班东启（11月—）

副局级审计员：乔红兵（—9月）

审计成果 2016年，审计署地震气象审计局完成审计项目3个，其中组织实施审计项目1个，参与实施审计项目2个。查出主要问题金额1.12亿元，其中违规金额1.01亿元、管理不规范金额1082万元；审计处理处罚金额3170万元，其中应上缴财政200万元、应归还原渠道资金22万元、应调账处理金额2947万元；审计发现非金额计量问题35个；审计促进整改落实有关问题金额1.02亿元，其中增收节支257万元、已调账处理金额2913万元。移送司法机关、纪检监察机关和有关部门处理事项1件，涉及20人，金额5017万元。出具审计报告和专项审计调查报告1篇；提交审计信息9篇，被批示、采用6篇。提出审计建议3条，被采纳3条。向社会公告审计结果1篇。

财政审计 完成对最高人民法院2015年度预算执行情况审计，查出因公出国团组超标准列支费用、部分会议未在定点饭店召开、未按规定清理上报财政存量资金、违规在部门机动费中列支地方法院经费、未按规定上缴房屋出租收入、部分收入未在决算中反映等问题。4篇审计信息转送、移交有关部门处理。

经济责任审计 根据审计署统一部署，参与交通运输部部长任职期间经济责任审计，完成国家高速公路网“断头路”、公交“一卡通”等相关审计工作，参与编写并提交审计简报2篇。

专项资金审计 根据审计署统一安排，完成中国五矿集团公司涉企收费审计调查项目，发现地方财政部门向企业大量收取保证金并长期闲置的问题。派出2人参与贵州省石阡县、湖南省汝城县扶贫资金审计。

信息化建设 选派年轻同志参与审计署财政审计司、电子数据审计司组织的数据分析团队，通过实战化的工作，切实提升信息化审计能力，为审计署大数据审计贡献出力量。探索信息化环境下审计组织方式、实施方法和创新，通过利用联网信息资源，扩展数据分析手段，审计效率和效果得到明显提升。

相关工作 强化党支部建设，落实“三会一课”制度，扎实推进“两学一做”学习教育，深入学习党的十八届六中全会精神，牢固树立政治意识、大局意识、核心意识、看齐意识，自觉在思想上政治上行动上同以习近平同志为核心的党中央保持高度一致。落实党风廉政建设责任制和各项审计纪律，层层传导压力，层层落实责任，全年未发生廉政风险。加强审计干部队伍建设，通过让年轻同志担任项目主审压担子，与兄弟单位审计业务骨干同组工作结对子，请兄弟单位专家授课等多种方式，提升审计人员的业务能力和水平。 （撰稿人：杜良平）

审计署驻地方特派员办事处

审计署驻地方特派员办事处根据审计署的授权，依据法律法规和审计署的规定，履行下列职责：

审计省级人民政府的预算执行情况、决算和其他财政收支，中央财政转移支付资金；审计海关总署、国家税务总局等中央单位驻地方分支机构或派出机构的预算执行情况和其他财政收支情况；审计中国人民银行、国家外汇管理局驻地方分支机构的财务收支；审计中央所属驻地方的事业单位和社会团体的财务收支；审计中央投资和以中央投资为主的建设项目的预算执行情况和决算；审计中央国有企业、中央国有资本占控股地位或主导地位的企业的资产、负债和损益；审计中央金融机构、中央国有资本占控股地位或主导地位的金融机构驻地方分支机构的资产、负债和损益；审计省级人民政府管理和其他单位受国务院及其部门委托管理的社会保障基金、社会捐赠资金及其他有关基金、资金的财务收支；审计国际组织和外国政府援助、贷款项目的财务收支；对国家财经法律、法规、规章、政策和宏观调控措施执行情况、财政预算管理或国有资产管理使用等与国家财政收支有关的特定事项进行专项审计调查；承办审计署交办的其他事项。

【审计署京津冀特派员办事处】 2016年，审计署京津冀特派员办事处人员编制177人，实有159人。设有办公室、法规处、财政审计一处、财政审计二处、行政事业审计处、资源环保审计处、固定资产投资审计处、金融审计一处、金融审计二处、企业审计一处、企业审计二处、社会保障审计处、外资运用审计处、计算机审计处、人事教育处、机关党委。审计署京津冀特派员办事处（以下简称京津冀特派办）审计范围：北京、天津、河北。

领导成员

副特派员：胥连碧（主持工作）
李占维（—1月）
蔡　峰（—1月）
苑宝良（—9月）
李伟光
梁璐璐（—9月）
丛　娜（9月—）
胡尊锴（9月—）

纪检组长：赵　萍（—9月）
孙雅琴（9月—）

副司级审计员：苑宝良（9月—）
王俊升
孙志明（—2月）

审计成果 2016年，京津冀特派办共完成审计署下达的审计项目19个。查出违规问题金额120.65亿元、管理不规范金额3430.22亿元。审计促进整改落实有关问题金额2082.21亿元，促进拨付资金到位12.97亿元。向司法机关、纪检监察机关或有关部门移送案件线索11件。审计信息累计被采用182篇（次）；促进被审计单位制定整改措施和建立健全规章制度243项。

2016年度，3个项目被审计署评为表彰项目。

国家重大政策措施贯彻落实跟踪审计 组织实施北京、天津、河北三地中央政策措施落实情况跟踪审计。审计立足于推动京津冀协同发展战略稳步实施，围绕促进财政资金统筹使用和简政放权、推进重大政策落地和工程建设进度等目标开展，审计反映的北京市朝阳、海淀、丰台、石景山部分公租房建设进展缓慢，天津市本级基础教育信息化“三通两平台”建设项目进展较慢以及河北省石家庄市高产优质苜蓿示范建设项目中央资金720万元闲置未用等7个问题，被审计署国家重大政策措施贯彻落实情况跟踪审计结果公告作为典型事例引用。

财政审计 完成北京市财政收支审计项目。审计以提高财政资金使用效益为目标，重点关注影响财政资金使用效益的原因，所反映的多个问题被审计署重要信息要目采用，为堵塞管理漏洞、提高资金使用效益发挥出积极作用。

经济责任审计 在京津冀特派办所开展的地方党政和国有企业领导干部任期经济责任审计中，围绕被审计领导干部任职期间的履职尽责情况，客观地评价领导干部在权力运行和经济责任履行过程中所做的工作和存在的主要问题，促进被审计领导干部推动本地区、本单位科学发展和守法守纪守规尽责，推进中央各项重大经济方针政策和决策部署的贯彻落实。

民生资金（项目）审计 在全国医疗保险基金审计项目中，围绕医疗保险基金的筹集、管理和分配使用情况开展调查，注重各项医疗保险政策的执行情况，审计查出的天津市胸科医院超过规定加价率销售耗材、天津泰达足球俱乐部有限公司等817户参保单位通过少报缴费基数的方式少缴医疗保险费、天津市艾玛客服务产业（中国）有限公司等154户参保单位的4351名本地户籍劳务派遣公司员工未参保等问题，被医疗保险基金审计结果公告作为典型事例采用。

（撰稿人：谷　婧）

【审计署驻太原特派员办事处】 2016年，审计署驻太原特派员办事处实有140人。设有财政审计处、行政事业审计处、农业审计处、资源环保审计处、固定资产投资审计处、金融审计处、企业审计处、社会保障审计处、外资运用审计处、法规处、计算机审计处，以及办公室、机关党委（人事教育处）和机关纪委（纪检监察处）。审计署驻太原特派员办事处（以下简称太原特派办）审计范围：山西、内蒙古。

领导成员

分党组书记、特派员：庄　军

分党组成员、副特派员：张晓霞　杨卫东
刘　宇　安志蓉

分党组成员、纪检组长：王　华

正司级审计员：刘文杰

副司级审计员：康俊廷（—9月）

审计成果 2016年，太原特派办共完成审计项目19个，其中组织实施审计项目17个，牵头实施审计项目1个，参与实施审计项目1个。查出主要问题金额2810.95亿元，其中违规金额4.07亿元、损失浪费金额50.65亿元、管理不规范金额2756.22亿元；损益（收支）不实金额21万元；审计处理处罚金额45.01亿元，其中应归还原渠道资金552万元、应调账处理金额44.96亿元；审计发现非金额计量问题362个；审计促进整改落实有关问题金额303.35亿元，其中增收节支1.67亿元、已归还原渠道资金2995万元；审计促进拨付资金到位26.69亿元；审计后挽回（避免）损失226万元。移送司法机关、纪检监察机关和有关部门处理事项11件。出具审计报告和专项审计调查报告31篇；提交审计信息32篇，被批示、采用59篇（次）。提出审计建议99条，被采纳96条；推动完善规章制度17项。

国家重大政策措施贯彻落实跟踪审计 持续开展山西省、内蒙古自治区贯彻落实中央重大政策措施情况跟踪审计，审计反映财政、政府性债务、房地产、信息等方面的薄弱环节和风险隐患。通过审计共推动山西、内蒙古两省（区）完善政策6项，推动拨付资金上亿元，落实配套资金近6000万元，促进加快工程建设项目实施进度。审计中重点关注“三去一降一补”任务的落实，其中关于山西省煤炭行业化解过剩产能的审计成果得到山西省省长的充分肯定。

财政审计 开展山西省、内蒙古自治区债务专项资金审计、存量资金审计，太原海关预算执行、关税及进出口环节税征管等情况审计等项目。审计中重点关注财政收支的真实合法效益、营改增政策效果、地方政府性债务管理、重大投资项目落地和重点专项资金绩效，以及贯彻中央八项规定精神和国务院“约法三章”要求情况，涉及中央及地方各类财政资金，发现各类问题金额上亿元，以审计报告、综合报告典型案例、审计简报等各类审计信息形式予以反映，有力推动山西省、内蒙古自治区相关单位积极完善政策，加快推动拨付资金使用，促进落实配套资金，加快项目实施进度，取得较好效果。

经济责任审计 开展内蒙古自治区主要党政领导干部经济责任审计，查出部分重大经济政策贯彻落实不到位、部分重大经济政策推进较慢等问题。在中国通用技术集团和中国铁道建筑总公司法定代表人经济责任审计中，查出企业部分所属单位违反决策程序，可行性研究论证不充分造成损失；部分企业在制度、资产、工程项目、物资采购、销售、资金和信息化建设方面管理不到位造成损失和风险隐患等问题。开展内蒙古自治区呼伦贝尔市领导干部自然资源资产离任审计试点，以“摸清情况、揭示问题、分析原因、界定责任”的总体思路，通过深入分析自然资源资产实物量和生态环境质量相关指标的变化情况，科学评价领导干部任职前后所在地区自然资源资产开发利用和生态环境保护状况，发现部分工程项目违规建设、财政补贴申领不规范等问题。通过审计，进一步促进地方政府加大自然资源资产管理力度，领导干部切实履行管理责任，维护资源安全，促进生态文明建设。

金融审计 开展八大银行新增贷款跟踪审计和“一行三会”稳增长审计项目。通过审计，发现部分银行违规开展票据业务、个别银行票据业务部总经理涉嫌挪用资金的重大违规问题线索。审计中坚持问题导向，牢固树立成果意识，突出抓住典型案例，通过审计监督促进金融机构加强管理、规范运营，稳定金融秩序，有效防范和化解金融风险。

民生资金（项目）审计 开展山西省农林水专项资金审计，发现部分专项资金分配拨付不及时、资金使用存在套取挪用、使用效益不佳等问题。在山西省扶贫专项资金审计中，发现部分地区和部门实施精准扶贫政策基础薄弱、易地扶贫搬迁项目存在违规现象、金融扶贫项目管理混乱等问题。在山西省工伤保险、医疗保险基金审计以及安居工程审计中，查出工伤保险基金先行支付制度未落实、农村危房改造实施未达到政策效果等多项问题，审计督促山西省相关住建部门核查不符合农村危房改造政策 3000 多户，追回资金近千万元。

审计质量检查 强化审计实施方案的执行管理，建立审计任务清单，定期跟踪落实，实时动态反映审计发现问题查证和处理情况。规范银行账户查询、延伸调查等程序。与纪检、检察、公安等部门建立联席会议制度，加强日常沟通协调，推动审计成果的实现。强化审理复核工作，明确“创新理念、依法审理、全面把握、客观准确”的审理指导思想，加强审计报告质量管理，强化审计实施方案执行管理，推动扎实开展三级复核工作；强化审计项目全过程嵌入式跟踪审理，建立审理委员会审核制度，对审计报告质量量化考评，业务会议对审计报告反映问题逐一研究审定，尤其对审计报告中重大问题、被审计单位争议较大的事项进行重点研究，切实防范审计风险。

信息化建设 依据审计署关于开展特派办数据分析网建设的相关要求，克服技术难关，成功接入中国联通 300M 数据分析网专用光纤，提前完成网络设备的配置、上架和调试工作，在审计署的统一部署调试下实现数据分析网的互联互通。研究开发电子数据管理平台和计算机硬件资产管理平台，实际应用取得较好成效。加大数据归集力度，为开展大数据审计提供保障，搭建数据分析平台，开展大数据分析。在内蒙古自治区党政主要领导干部经济责任审计中，搭建分级授权管理的两级数据综合查询分析平台，构建安全、便捷、高效的数据查询分析环境，确保数据查询分析的安全保密，通过数据分析精准发现大量问题线索。在山西省重大政策跟踪审计项目中，把山西省贫困人口精准识别作为扶贫资金审计重点，运用大数据技术，深入开展多维关联分析，发现部分扶贫建档立卡人员问题线索，引起山西省政府高度重视。在审计署科研所组织开展的第三次全国审计机关审计技术创新情况专题调研活动中，太原特派办报送的《SAP 财务数据标准化导入现场审计实施系统的方法》被评为审计技术创新案例。

党建工作 学习贯彻党的十八届六中全会和习近平总书记系列重要讲话精神，特派办分党组研究制订 21 项学习和宣传计划，组织开展集体讨论等系列活动，并对各党支部贯彻落实情况进行监督检查。以学促做开展“两学一做”学习教育，制订学习教育实施方案和 6 大项 19 个主题的学习计划表，全年组织 15 次中心组学习、专题学习和专题研讨。获得“中华魂”红色文化经典学习诵读活动二等奖，材料入选审计署“两学一做”优秀学习感言和“我眼中的共产党员”宣传活动先进事迹材料。配合审计署党组第七巡视组开展巡视工作，认真总结、主动查找并积极整改存在的问题；对于中央第二巡视组反馈的问题采取具体措施，全部整改完毕，建立起长效机制，进一步加强规范和管理。制订党风廉政建设工作计划和《落实党风廉政建设主体责任台账》，完善落实全面从严治党责任清单等制度，开展审计现场综合检查，坚持组织年度审计回访，强化审计项目督查，实现对审计项目全过程跟踪监督；创新工作方式，建设党建和党风廉政建设信息化监督管理平台，对各党支部（临时党支部）进行全流程实时管理和监督，该平台已被中央国家机关工委宣传部等单位评选为全国 30 个“党建信息化优秀案例”之一。

队伍建设 加强领导班子建设，认真贯彻民主集中制原则，2016 年共组织召开办分党组会议、特派员办公会议和审计业务会议 40 余次，进一步完善和明确分工协作机制，充分发挥领导核心作用和引领示范作用。加强处级干部队伍建设，严格按照程序组织处级干部选拔任用工作，开展干部轮岗交流，全办总体轮岗 45 人。加强青年干部队伍建设，进一步完善审计实务导师制，选派 94 名干部参加专业培训和 3 名优秀干部交流锻炼等。加强思想作风建设，继续开展“塑造新形象、进位勇争先”主题实践活动，着力解决单位阶段性发展遇到的突出矛盾和问题，强化优良作风的养成，营造干事创业、攻坚克难的浓厚氛围。

（撰稿人：张羽非）

【审计署驻沈阳特派员办事处】 2016 年，审计署驻沈阳特派员办事处人员编制 150 人，实有 145 人。设有办公室、法规处、财政审计处、行政事业审计处、农业审计处、资源环保审计处、固定资产投资审计处、金融审计处、企业审计处、社会保障审计处、外资运用审计处、计算机审计处、机关党委（人事教育处）、机关纪委（纪检监察处）。审计署驻沈阳特派员办事处（以下简称沈阳特派办）审计范围：辽宁、大连。

领导成员

分党组书记、特派员：章　轲（—5 月）
李珊珊（5 月—）

分党组成员、副特派员：冷奎英　孙玉花
王晓东

分党组成员、纪检组长：刘　仲（—7 月）
宋　民（9 月—）

副司级审计员：常　力（—9 月）
李正辰

审计成果 2016 年，沈阳特派办完成审计项目 13 个。查出问题金额 4696.57 亿元，其中违规金额 158.86 亿元、损失浪费金额 33.40 亿元、管理不规范金额 4504.31 亿元；审计处理处罚金额 89.44 亿元，其中应上缴财政金额 88.62 亿元、应归还原渠道资金 8200 万元；审计发现非金额计量问题 158 个；审计促进整改落实有关问题金额 46.63 亿元。移送司法机关、纪检监察机关和有关部门处理事项 36 件。出具审计报告和专项审计调查报告 17 篇；提交审计信息 62 篇，被审计署采用 111 篇（次）；被审计署工作报告采用典型事例 13 个，被审计署综合报告、专题报告采用典型事例 41 个。提出审计建议 35 条。

2016 年度，沈阳特派办被评为辽宁省（中）直部门（单位）驻村扶贫工作先进集体、辽宁省（中）直单位档案工作行政执法检查优秀单位。2 个审计项目被审计署评为优秀项目，1 个项目被审计署评为表彰项目。

国家重大政策措施贯彻落实跟踪审计 沈阳特派办将促进国家重大政策措施贯彻落实作为一条主线，贯穿于各个审计项目中。全年出具审计报告 4 篇、整改建议函 7 篇，反映各类问题及典型事例 125 个，被审计署审计结果公告、审计署专题报告采用案例 22 个，3 篇审计信息被重要信息要目采用；审计促进养老服务中心建设和湿地保护工程建设等 5 个事例被中央电视台等 8 家主流媒体报道。针对东北振兴重大项目推进、营改增试点成效、扶贫资金管理使用等方面存在的问题，指出未建立区域联动机制、地方政府与央企协调不畅等制约东北振兴政策落实的深层次原因，提出科学建议。

财政审计 完成对某省的财政收支审计、政府性债务审计、财政存量资金审计以及某海关审计等项目。在对某省财政收支审计中，查出该省部分地区虚增巨额财政收入及导致宏观数据失真问题；在某省财政存量资金审计中，推动清理财政支出专户中的某项结转资金 10 余亿元；在某海关审计中，发现进口农产品税收征管制度漏洞，查出多家民营企业涉嫌虚假抵扣增值税数亿元等重大问题线索。

经济责任审计 在某市党政主要领导干部自然资源资产离任审计试点项目中，结合实际情况，梳理领导干部职责、重大决策事项，摸清自然资源实物量变化情况、资金规模以及当地资源环境突出特点，找准切入点，探索出一套草原资源审计的方式方法，揭示与查实多家企业违法占用草地、某地监管不力导致草场大面积被开垦成耕地、专项资金大量结余和被骗领等问题。

金融审计 在商业银行跟踪审计等项目中，

查出2起民营企业涉嫌巨额非法集资和某银行原行长涉嫌违法放贷并造成巨额资金损失等重大问题线索。通过综合分析非法集资、地下钱庄等金融重大问题，对制约我国反洗钱工作的机制问题做出研判，相关结果促进人民银行修订相关制度，提升我国反洗钱工作水平。

农业与资源环保审计 在某省农林水专项资金审计中，在摸清专项资金总体情况的基础上，查出未按规定承担配套资金、项目申报不实及质量不达标等问题，移送违法违纪问题线索4件。在某省水污染防治资金审计中，关于水源地环境保护、再生水利用等多篇审计信息被采用，审计整改工作进展顺利，推动该省水污染防治工作取得成效。

固定资产投资审计 在收费公路资金审计中，利用互联网收集收费公路政策文件及相关网络舆情，提出数据采集的思路，对数据进行多角度分析和筛选，在审计正式开始前就发现通行费征收和管理、收费公路权益转让情况等5个方面16项问题的线索。在审计开始后，围绕体制机制、投融资、政策落实等方面挖掘信息要点，为业务司推出审计信息提纲提供思路。沈阳特派办利用高速公路收费站车辆出入数据核实高速公路养护成本真实性的经验做法被审计署推广。

民生资金（项目）审计 在保障性安居工程审计中，揭示建筑安装工程劳动保险费对施工企业的负担；在工伤保险基金审计中，查出部分工伤保险定点医院骗取巨额工伤保险基金等系列重大问题线索。通过审计，促进某省及所属地市出台工伤保险基金管理制度8项，某市出台保障房管理制度4项。

企业审计 在某集团法定代表人经济责任审计中，结合企业经责审计项目的特点，编制审计指引，查出该集团未如实上报清产核资损失、相关领导人员违规决策致使企业背上沉重包袱等重大问题，揭示企业经营风险。

信息化建设 统筹谋划大数据审计建设发展，按审计署要求完成数据收集、整理，全年向审计署报送数据共近6TB，恢复数据库近15TB。建设沈阳特派办数据分析室，入库数据10TB，建设数据库20TB，重点研究整理工商、国税、地税、财政、社保、民政等具有较高通用审计价值的公共类数据；针对重点数据，编写并优化、固化常用的SQL查询语句，为数据分析工作标准化、规范化奠定基础。开通中国知网账户，为审计干部开展理论研究提供海量资料和便捷检索。独立编写的《数据获取技巧》一书已经出版。

党建工作 沈阳特派办将管党治党、抓好党建作为牵动和促进各项工作的“牛鼻子”，坚决落实全面从严治党主体责任。成立“两学一做”学习教育领导小组，制订学习教育实施方案及学习宣传和贯彻落实党的十八届六中全会精神的实施意见，强化基层党组织建设，守政治纪律和政治规矩，严肃党内政治生活，落实“三会一课”制度，异地大型审计项目均设立临时党组织。全年组织办分党组中心组学习和专题学习11次，办领导班子成员讲党课10次，党的基础知识测试3次，处室交流2次，组织开展中国共产党成立95周年纪念活动。编发资料摘编12期、专题展板12期。沈阳特派办有1人被评为中央国家机关优秀共产党员，1个党支部被评为审计署先进基层党组织，5人被评为审计署优秀共产党员。

队伍建设 沈阳特派办坚持教育、制度与监督并重，分解落实责任，加强廉政建设；抓住“审前”“节前”等关键节点，采取正面引导与反面案例对比等形式，构筑拒腐防变思想防线；实践“一册、三查、两档案”工作法，即编制《廉政手册》，在审计项目实施期间组织对现场巡查、审计组在项目结束后自查和项目结束后到被审计单位回访核查，建立审计项目廉政档案和审计人员廉政档案，构建拒腐防变的长效机制，建设廉洁从政的审计队伍。沈阳特派办领导成员坚持靠前指挥、坚持民主集中制、坚持“三重一大”事项集体决策，吸收处室负责人参加办分党组中心组学习，开好办处两级领导班子民主生活会，建设坚强、干事的领导班子。将2016年确定为“能力强化年”，制订能力倍增计划，创新开展“全员讲、全员学、全员考”活动，选派处级及以上干部75人次参加审计署培训，建设具有“学、干、研、说、写、律”6种能力的审计队伍。鼓励审计人员申报课题、撰写论文，成功承办第十二届中日韩三国最高审计机关工作层会议并派出代表做主题发言，与中国审计学会合作开展“政策措施落实情况跟踪审计理论与实务研究”课题研究，征集“大数据环境下审计技术方法”论文17篇；开展研究式审计，建设具有一定理论水平的审计队伍。

（撰稿人：郭红岩）

【审计署驻哈尔滨特派员办事处】 2016年，审计署驻哈尔滨特派员办事处人员编制150人，实有134人。设有办公室、法规处、财政审计处、行政事业审计处、农业审计处、资源环保审计处、固定资产投资审计处、金融审计处、企业审计处、社会保障审计处、外资运用审计处、计算机审计处、机关党委（人事教育处）和机关纪委（纪检监察处）。审计署驻哈尔滨特派员办事处（以下简称哈尔滨特派办）审计范围：黑龙江。

领导成员

特 派 员：尹树伟

副特派员：范东军 董耀文 孙亚男

纪检组长：汪春贵

副司级审计员：连鸿裕 朱志义

审计成果 2016年，哈尔滨特派办共组织完成审计项目18个。查出违规问题金额9.69亿元、管理不规范金额1151.00亿元。移送司法、纪检等部门问题线索10件，督促办结以前年度移送问题线索25件。18起违纪违法案件被审计署公告采用。28个典型案例被审计署综合报告采用，17个典型案例被审计结果公告采用。推动有关部门处理问责127人，其中13人获刑。提交的审计信息共被审计署采用76篇，其中审计要情11篇、重要信息要目55篇，中办、国办共采用99篇（次），领导批示28篇。

国家重大政策措施贯彻落实跟踪审计 继续开展中央政策措施贯彻落实情况的跟踪审计，反映正面案例6个，揭示问题53个，审计信息被重要信息要目等采用19篇，13个典型案例被审计结果公告采用，促进项目审批建设和财政资金下达。审计过程中，系统梳理某省落实国家东北振兴政策情况及审计发现的典型问题，提出审计思路和方法。

财政审计 在某省财政收支审计中，揭示年初预算不细化、国有资本预算不完整等问题；在某专项资金审计中，发现部分单位违规获取财政资金等问题得到地方主要领导高度重视，审计报告反映的问题全部整改完毕，56名责任人受到党纪政纪处分。在税收审计中，反映个别企业虚假抵扣增值税进项税额等问题线索，被审计要情采用4篇。在投资审计中，揭示收费公路财务收支、运营管理等方面存在的42个问题，反映的某企业骗取建设资金问题被审计要情采用。

经济责任审计 在党政主要领导干部经济责任审计中，聚焦领导干部职责履行情况，聚焦国务院工作报告确定的工作任务、国家“十二五”规划明确的约束性指标，聚焦本地区经济社会发展的主要特点和重要风险隐患，确定8方面25个重点审计事项，共反映定责问题38个，上报审计信息8篇，被审计要情采用1篇、重要信息要目采用3篇。在央企领导人员经济责任审计中，重点反映企业在财务收支、重大经济决策等方面存在的66个问题。

自然资源资产离任审计试点 在重点流域水污染防治资金审计和领导干部自然资源资产离任审计试点中，查出资源环境违规问题56个，其中某县多个部门虚构工程量套取资金问题线索以重要审计情况上报，反映的6个问题被重要信息要目采用。

民生资金（项目）审计 在某省医疗保险基金审计中，发现政策落实、改革措施推进、基金使用管理等方面存在的43类问题，揭示骗取医保资金等违法违纪问题线索10余件，上报重要审计情况3篇。

党建工作 把全面从严治党要求落到实处，严格遵守政治纪律和政治规矩，强化“四个意识”特别是核心意识、看齐意识，自觉在思想上政治上行动上同以习近平同志为核心的党中央保持高度一致。深入学习贯彻党的十八届六中全会精神，组织收看审计署专题学习视频转播，派出51名司处级干部参加审计署党校培训，组织开展集中研讨等活动；扎实开展“两学一做”学习教育，成立领导小组，落实学习要求，制订工作方案，形成计划表和路线图，各党支部、临时党支部定期组织学习；谋划特色活动，办领导带头开展党建活动，组织党建知识测试和擂台赛，开展“重温党史、不忘初心”和“四问四促”活动，印发党建基础知识手册，开展纪念建党95周年系列活动；制定全面从严治党主体责任清单，逐级签订责任书，层层压实责任、传导压力、承诺践诺；

加强基层党组织建设，创新支部工作方法，完善相关台账，规范党建基础工作；在关键环节和重要时间节点突出强调廉政纪律，认真执行相关制度规定，监督制约权力运行；认真落实巡视整改要求，研究整改措施，年内完成整改任务。

队伍建设 加大干部培养力度，派出100余人次参加署培训，开办“月月讲坛”，开展案例教学，鼓励青年审计干部参加审计业务会，全面提升能力。规范干部选拔任用，严格按照“信念坚定、为民服务、勤政务实、敢于担当、清正廉洁”的好干部标准，选拔任用处级干部；举行新任处级干部宪法宣誓仪式；对39名干部进行轮岗。坚持严字当头，强化管理，在全办开展“振奋精神、强化作风，消除暮气、增加朝气，忠诚担当、认真用心”改进作风系列活动；开展信息报告点评，狠抓公文质量，培养细致认真作风，弘扬“工匠精神”。鼓励引导干部开展审计研究，共有2项课题入选中国审计学会联合课题，7篇案例入选署审计教学案例，4篇案例入选业务司审计案例集。

机关管理 加强审计质量管理，严格执行任务清单、责任清单、问题清单和成果清单4个清单制度，从审计底稿取证、审计程序履行等4个方面归纳总结质量控制注意事项19条，提高审计质量，防控审计风险。加强审计报告管理，严格执行审计报告征求意见稿预上会制度，审计报告在征求被审计单位意见前，必须召开会议研究定性、核实证据，确保审计报告反映的问题定性准确、表述清晰，审计评价恰当，审计决定适当。加强问题整改管理，与有关部门建立联系、加强沟通，推动审计发现问题整改落实和审计移送事项及时得到处理，促使以前年度移送事项结案25件。加强督办管理，对重要事项挂牌督办，定期公开进度和执行效果，对制度执行、办分党组决策部署落实等情况加大通报问责力度，强化执行力建设。加强财务和后勤管理，细化相关管理制度，开展资产清查和办公用房调整工作，推动解决历史遗留问题，进一步摸清家底、优化配置。完成公车改革，强化对保留车辆的管理；加强人文关怀，尽力协调解决职工子女入托、就医等困难，持续开展发送生日祝福、慰问走访等送温暖活动，凝聚人心、提振士气。加强保密管理，制订“十三五”保密工作计划和“七五”保密法治宣传教育工作方案，开展涉密人员审查、保密检查，组织保密答题等活动，被评为黑龙江省保密工作先进集体。加强社会治安管理，层层签订社会治安综合治理目标责任书，制订社会治安综合治理及安全工作方案，做好办公楼消防、用水、用电管理，每月检查，全年没有发生安全事故。

（撰稿人：朱　晶）

【审计署驻上海特派员办事处】 2016年，审计署驻上海特派员办事处人员编制150人，实有139人。设有办公室、法规处、财政审计处、行政事业审计处、资源环保审计处、固定资产投资审计处、金融审计一处、金融审计二处、企业审计处、社会保障审计处、外资运用审计处、计算机审计处、机关党委（人事教育处）和机关纪委（纪检监察处）。审计署驻上海特派员办事处（以下简称上海特派办）审计范围：上海、浙江。

领导成员

分党组书记、特派员：胡家俊（—9月）
鲍朔望（9月—）

分党组成员、正司级审计员、纪检组长：
陈顺华

分党组成员、副特派员：倪志伟　徐　勇
邵永春　王小霞

副司级审计员：王俊豪　夏明东

审计成果 2016年，上海特派办共开展审计和审计调查项目13个。查出主要问题金额1516.50亿元；审计处理处罚金额21.62亿元；发现非金额计量问题1588个。提出审计建议34条，被采纳11条；被审计要情采用10篇，重要信息要目等审计信息采用46篇。被中办、国办分别采用26篇（次）和42篇（次），党和国家领导同志批示32篇（次）。

2016年度，上海特派办实施的1个独立项目被审计署评为表彰审计项目；参与实施的2个联合项目被审计署评为优秀审计项目。

国家重大政策措施落实情况跟踪审计 坚持以推动国家重大政策措施贯彻落实为主线，以五大发展理念为指引，围绕供给侧结构性改革的重点任务，从改革发展的大趋势出发，开展国家重大政策措施落实情况跟踪审计。共抽查沪浙两地82家政府部门和企事业单位，涉及工程项目44

个，查出和反映的21个案例被审计署审计结果公告采用，推进各项改革任务落地生根。跟踪国家简政放权、放管结合、优化服务各项改革措施落地情况，从企业视角关注营改增政策推进实效，切实减轻实体经济负担，让企业轻装上阵。

财政审计 在沪浙两地财政存量资金审计等项目中，重点关注各单位以非财政资金性质列结余结转的资金，发现部分单位历史结余的专项资金、所属机构裁撤留存资金长期应作未作财政存量资金统筹使用等问题。其中上海市两部门集中收入资金沉淀多年、宁波市廉租住房补充资金未按规定管理等2个问题被审计结果公告作为案例采用。组织实施多地政府性债务审计，重点揭示地方政府通过各种“创新”方式违规举债的重大风险隐患，反映债务资金改变用途、大量债务未纳入系统监管、置换债务资金闲置等突出问题，客观评价地方政府的风险管控水平，就规范债务管理、防范和化解财政金融风险、加快政府融资平台转型等方面提出建议。

经济责任审计 开展某央企法定代表人经济责任审计，紧扣境内外重大投资决策、重大股权交易、重大资本运营等重点，把握“三个区分”，聚焦责任履行、关注重大风险、盯住重大损失，查出领导人员违规决策问题6项。同时，围绕“三去一降一补”，揭示企业提质增效、产业结构调整、去产能方面存在的突出问题。加大对国有资本境外投资的审计覆盖力度，就该央企10项境外业务进行抽查，揭示个别项目投产2个月即遭严重亏损的典型问题。

金融审计 在金融审计中关注新业务、新市场、新动向，高度关注长三角发达地区的区域性金融风险。利用大数据平台，分析线索、排查隐患，查出多个非法集资上百亿元的重大案件线索，相关成果被审计要情采用。某资产管理公司通过发售高息理财产品，吸收上海、浙江、江苏等全国各地超过4万人的巨额存款，以虚假协议的形式将资金转入200多家公司，涉嫌非法吸收公众存款。通过及时做出预警并提出解决问题的建议，有效化解集聚的巨大兑付风险，维护人民群众切身利益。

自然资源资产离任审计试点 开展领导干部自然资源资产离任试点审计，围绕重点资源和重点领域，关注领导干部切实履行自然资源资产管理和生态环境保护责任情况，揭示某市水资源数据缺失、缺少监测资料、无法准确核算等自然资源资产负债表编制中存在的突出问题和薄弱环节，在领导干部对资源环境问题所负责任的定性、定责，以及完善生态文明绩效评价考核和责任追究制度方面，进行有益探索。在某市重点流域水污染防治资金审计中，着重揭示在资源、环境等生态文明建设领域存在的问题和短板，反映该市污水处理厂全面达标排放和城乡河道水质消除黑臭等目标未能按期实现、污泥处置不规范存在二次污染隐患等问题。在某市领导干部自然资源资产离任试点审计中，揭示该市未完全按照要求将氮氧化物及氨氮纳入排污权有偿使用和交易主要污染物指标、未经审批将河道拓浚疏浚产生的重金属超标淤泥加以堆填存在环境风险隐患等突出问题，提出整改建议。

民生资金（项目）审计 在医疗保险基金审计、工伤保险基金审计、保障性安居工程跟踪审计等项目中高度重视人民群众的获得感，充分发挥审计保障民生、服务共享的作用，着力推动实现惠及全体人民的发展，补齐“短板”。在某市医疗保险基金审计中，发现7大类60多项问题，其中包括某区公立医疗机构向药品供应商收取“供应链优化成本分摊”近亿元收入未让利于民等典型问题，推动医药行业深化改革，保障人民群众分享改革红利。在某市工伤保险基金审计中，发现并上报人员应保未保、资金应缴未缴、先行支付、先亡后保等多方面典型问题，推动工伤保险各项政策目标落实到位。在某市保障性安居工程跟踪审计中，发现资金管理、税费政策、房源分配管理、工程建设、土地供应和以前年度问题整改情况等方面存在的7大类50多项问题，促进保障房建设分配管理体制的进一步完善。在扶贫审计工作中，抓住发达地区扶贫工作特点，围绕“六个精准”的要求，持续关注扶贫政策落实的进展和效果，重点反映扶贫项目效益低下、资金使用效率不高等问题，先后发现某县用于无房低收入农户的20套救助房闲置2年以上未能发挥效益、经济薄弱村集体经济物业项目2000万元未能为52个集体经济收入薄弱村实现有效增收的政策目标等问题。

信息化建设 持续探索大数据审计工作模式，以数据先行理念搭建地方金融机构审计数据平台。在沪浙两地重大政策措施落实情况跟踪审计中，通过与金融机构技术人员密切协作，在沪浙两地初步搭建起 3 家地方金融机构的审计数据平台，完成 17 家金融机构的业务调研，形成数据下载和转换需求，为现场审计的深入开展奠定良好基础，课题《上海地方金融审计数据平台初步建构与应用》申报 2016 年上海市金融创新推进奖。以关联化审计方式推进大数据审计，加强金融、社保、企业等领域审计项目的数据关联分析，为准确及时发现问题提供有力保障。深入挖掘金融、财政、税务等多个数据平台的数据价值，关注异常业务数据流指标，较好地克服数据体量大、关系复杂、时间有限的难点。数据分析团队以计算机审计业务骨干为主要力量，在多个审计项目中集中开展大数据综合分析，发挥信息中枢与分析中心的作用。

审计科研 完成审计署重点课题“党政主要负责同志和国有企业领导人经济责任审计研究”，与中国审计学会合作课题“领导干部自然资源资产离任审计策略和实现路径研究”“国家审计监督全覆盖途径探究”入选中国审计学会合作课题报告选编并出版；选派骨干参加铭记“审计优良传统、作风与精神”系列访谈，参与编写《创业者的足迹》一书，撰写的 4 篇文章被《中国审计》采用；2 篇论文入选《审计研究》杂志，其中 1 篇被人大复印报刊转载。

审计质量管理 围绕审计实施方案的编制和实施情况、审计现场组织管理情况、审计人员开展外部调查情况等 8 个方面，制订审计现场质量检查方案，对 6 个项目开展现场跟踪检查，提高审计组现场审计质量控制的能力和水平，有效防范审计风险。将实质性审理作为审理复核的基本要求，严把审计质量关。在审理复核中，将“三个区分”和“十五个凡是”精神作为实质性审理的重要标准，处理好依法审计与推动改革、鼓励创新的关系。

党建工作 开展“两学一做”学习教育。上海办分党组把“两学一做”学习教育作为协调推进“四个全面”战略布局、推动全面从严治党向基层延伸的有力抓手。组织开展 3 次中心组（扩大）学习会、6 次专题学习和 3 次集中研讨；各党支部因地制宜地采取集中学、分组学、自学、网上学、审计现场学和主题联学等多种学习方式，严格落实“两学一做”学习教育各项计划；多层次多途径开展经常性学习教育，开展丰富多样的理想信念教育活动，培育和践行社会主义核心价值观；加强法治和职业道德教育，严明规矩严守法律，组织党员承诺践诺，表彰先进宣传先进，发挥党员先锋模范作用。以高度的政治责任感全面配合署机关党委及时、完整地提供中央巡视需要的材料，对署巡视组指出的问题逐级逐项制定整改措施。

着力改进思想政治工作方式方法，有效强化干部队伍作风。通过讲党课、革命传统教育、青年演讲比赛等多种渠道加强理想信念教育，班子成员通过“三会一课”和谈心谈话制度，深入支部参加组织生活、带头讲党课，开展谈心谈话，稳定干部特别是青年干部的心态。将先进事迹汇编成册，树立良好的职业操守，持续改进作风。

全面落实党风廉政建设主体责任。新增、修订办分党组工作规则、落实全面从严治党责任清单、党风廉政建设责任清单、意识形态工作责任清单等重要制度和规定，强化内部管理。就审计现场纪律执行、审计权力运行等 6 个方面，梳理归纳 30 多条风险防控点和要求，一并列入监督检查内容。纪检组长带队对一年来组织实施的审计项目进行 23 次廉政检查，基本实现监督检查、廉政回访全覆盖。

以基层党建作为着力点，加强基层党组织日常管理，加强党支部基础工作，进一步规范临时党支部成立审批、开展活动、工作总结等程序，严格党员发展管理工作，落实“三会一课”制度、各项组织生活制度，开好专题民主生活会，定期报送党建工作相关台账，规范开展各项党内生活。

队伍建设 加强班子建设。上海特派办分党组推动党建工作与班子建设有机融合，办分党组书记切实负起抓党建第一责任，坚持民主集中制，对全办的发展战略和“三重一大”事项等充分酝酿、论证和沟通，集体研究、民主决策。班子成员通过批评和自我批评相互提醒、相互补台，建设一个信念坚定、尽责担当、开拓创新、团结协作、清正廉洁的坚强领导集体。坚持按季度开好分党组中心组学习会，及时将署党组的要求与上海办的实际紧密结合并形成具体措施。班子成员加大到审计一线的频率和时间，现场发现问题、分析问题、解决问题，增强靠前指挥及时突破的能力。

加强人才队伍建设。上海特派办着力建设政治强、业务精、作风优、纪律严的审计铁军，为可持续发展夯实基础。在全面调研各级干部的发展需求的基础上，量身定制个性化的培养计划和职业规划，安排审计干部参加审计署组织的各类审计业务、在职在岗等培训班 39 期 89 人次，自行组织实施 AO（现场审计实施系统）和数据库常用功能培训 14 人次。注重构建选贤任能机制，优化绩效管理体系，选拔充实处级领导干部岗位。加强综合能力建设，建立政策综合研究团队、数据集中分析团队、专业核查突破团队、思想政治工作团队、廉政监督团队、审计质量控制团队 6 支队伍，发挥骨干引领作用。

加强思想政治建设。上海特派办办处两级干部、机关党委和机关团总支加大对青年审计干部的关注、培养、宣传力度。落实导师责任制，充分发挥业务骨干“传帮带”的作用。与东方财经浦东频道联合录制《我们正青春——审计追梦人》专题青年电视演讲节目，集中反映青年审计干部的精神面貌。

培养创新精神。上海特派办成立创新发展领导小组，着力推进“理念创新、制度创新、业务创新、管理创新、技术创新”，大力倡导探索新的审计领域，运用新的审计技术方法，定期总结汇编审计创新案例并进行评议评比，使创新成为上海特派办的核心竞争力。

注重机关文化建设，构建以人为本的服务保障机制，切实发挥群团组织密切联系群众的优势，营造团结和谐、健康向上的工作氛围。组建读书、摄影、健步走等 6 个机关兴趣小组，塑造审计干部职工的良好精神风貌。机关团总支被中央国家机关团工委评选为 2013—2015 年度中央国家机关五四红旗团支部（总支）。

制度建设 抓住制度建设。上海特派办将落实制度规范作为保障依法审计的重要抓手，加强对审计权力运行的制约和监督。根据审计署新修订的有关内部管理制度，对督办工作办法等 8 项制度进行修订。

贯彻制度规范管理。举行相关法规和制度知识测试 2 次，推动审计干部学制度、守制度、用制度；通过编制审计实务操作手册和审计业务内部管理规定要点、组织参加全国百家网站微信公众号法律知识竞赛活动、制作法制宣传展板等方式，继续做好法制宣传教育，使法治意识融入审计人员的血液。（撰稿人：史吉乾）

【审计署驻南京特派员办事处】 2016 年，审计署驻南京特派员办事处人员编制 150 人，实有 137 人。设有办公室、法规处、财政审计处、行政事业审计处、农业审计处、金融审计处、资源环保审计处、企业审计处、固定资产投资审计处、社会保障审计处、外资运用审计处、计算机审计处、机关党委（人事教育处）、机关纪委（纪检监察处）。审计署驻南京特派员办事处（以下简称南京特派办）审计范围：江苏、安徽。

领导成员

分党组书记、特派员：周敦祥

分党组成员、副特派员：钱夫中（6 月—）
刘　军　王平凡

分党组成员、纪检组长：张文莉

正司级审计员：刘　利

副司级审计员：刘步龙（5 月—）

审计成果 2016 年，南京特派办完成审计项目 17 个，报送审计报告（含专题报告）19 篇、信息简报 64 篇，共被署信息、署移送、办移送采用 110 篇（次），被中办、国办采用和领导人批示 120 篇（次）。办结且有处理结果的办移送事项共计 24 起，共处理 59 人。独立查证的某重大违纪违法问题线索，审计署上报后得到中央主要领导的批示；江苏省重大政策措施贯彻落实情况跟踪审计中揭示的连云港市 204 国道改扩建项目滞工 3 年案例，由中央电视台、《北京青年报》、《南方都市报》进行专题报道；揭示的江苏赣榆农村商业银行套取 2000 多万元扶贫贷款贴息和奖励资金案例，被审计长受国务院委托向全国人大常委会所做的审计工作报告采用，并被中央电视台《焦点访谈》栏目专题报道。

国家重大政策措施贯彻落实跟踪审计 苏皖两省政策跟踪审计项目紧紧围绕推进财政资金统

筹使用、促进提高财政资金使用绩效、简政放权和精准扶贫等方面开展工作，建立并实时更新政策库、资金库、项目库，强化对3个数据库的关联分析，推动国家重大政策措施贯彻落实，促进中央政令畅通。该项目上报审计信息25篇，涉及招投标、营改增、科技创新等专题。

财政审计 组织实施浙江省地方财政收支审计、江苏及安徽两省存量资金审计、洛阳及伊川地方政府性债务审计及财政收入质量调查等审计项目。审计中探索创新财政审计工作思路，紧扣热点和风险两条主线，抓好财政问题的综合分析研究。围绕财政资金安全和绩效，深入揭示当前财政运行和管理中粗放、低效等问题，促进盘活存量、用好增量、优化结构、深化改革、提高绩效，推进公共资金高效使用，其中反映的浙江省本级政府投资基金大部分转作商业银行定期存款形成财政资金二次沉淀问题，被向全国人大所做的审计工作报告作为典型案例采用；围绕防范化解财政运行风险隐患，着重关注地方政府违规及变相举债等问题，被审计署重要信息成果采用3篇。

经济责任审计 组织实施东部沿海某省党政主要领导干部经济责任同步审计、某省某市党政领导干部自然资源资产离任审计试点。在某省党政主要领导干部经济责任同步审计中，围绕五大发展理念和供给侧结构性改革，把住发展和省情两大特征，突出审查该省产业转型升级实施情况、长江经济带建设、海洋经济示范区建设、某地金融综合改革等国家战略推进实施情况、简政放权质量及对市场活力激发情况、重点民生资金和项目实施情况等内容。南京特派办理论研究会牵头开展课题研究，将试点审计中的步骤方法加以总结提炼研究，形成对审计实践工作具有一定指导意义的理论研究成果。

金融审计 组织实施交通银行股份有限公司2016年信贷投放和经营管理情况专项审计调查、中国银行江苏省分行2016年信贷投放和经营管理情况专项跟踪审计调查。在对交通银行的专项审计调查中，充分发挥大数据分析优势，突出对经济热点现象及社会民生问题的重点关注，查核电信诈骗案件线索2件、地下钱庄线索1件、某公司虚构贸易背景跨境套汇套利线索1件，被审计署审计要情采用2篇。

农业与资源环保审计 组织实施江苏省农林水事务专项资金审计、江苏省重点流域水污染防治相关资金审计。在江苏省农林水专项资金审计中，创新审计思路，围绕2016年中央一号文件等涉农政策文件中关注的重点内容、涉及损害人民群众利益、危害人民群众安全的事项以及涉及资金总量较大的专项资金开展审计。审计组按照2016年中央一号文件关于大规模推进高标准农田建设的要求，从省级层面落手，上下结合进行检查，在审阅项目资料和现场核查的基础上，综合利用Google Earth、CAD、ArcGis等软件工具对项目资料及项目区影像数据进行多角度分析比对，发现高标准农田统筹整合工作不到位、建设质量不高、建设进度缓慢等一系列值得关注的问题，及时编写信息，取得较好的审计效果。

固定资产投资审计 组织实施2016年某省收费公路资金管理使用情况审计。在项目实施过程中，围绕收费公路投入、收入和支出、运营管理、资金管理、投融资和运营体制改革等开展审计，促进管理，推动改革。审计中关注收费公路收支等常规问题，重点关注收费公路管理中存在的体制性、制度性问题，将绿色通道、节假日、PPP、治超、ETC等事项作为审计的重点内容，通过对收费公路的建设、升级改造、收费管理、运营管理、优惠政策等管理环节的检查，揭示收费公路管理各环节存在的体制机制问题，促进政策调整与改进。

民生资金（项目）审计 组织实施2015年保障性安居工程跟踪审计、工伤保险基金审计、扶贫资金审计和基本医疗保险基金和医疗救助资金审计。在某省医保基金审计中，充分研究大数据审计工作特点，在项目前期约三分之一的时间，到审计现场采集数据、了解政策和业务、收集材料等；中间约三分之一时间在驻地分析数据、聚焦疑点；剩余约三分之一时间开展调查取证以及报告撰写等收尾工作，着力推行现场审计与非现场审计相结合工作模式。该项目全程仅20多人参与，设1个综合组、1个政策分析组、3个数据分析核查小组，审计组工作地点常设办内，充分依靠数据分析、检索，精准定位、延伸核查，延伸核查时间仅占用三分之一项目时间。在人员精干、外调延伸时间短的情况下，挖掘出某医疗器材供应商向某医院科室主任输送利益等3件重大违纪违法问题线索，移送相关单位进一步审查。

外资运用审计 组织实施世界银行贷款淮河流域平原洼地重点治理项目审计，作为跟踪多年的外资审计项目，对水利部淮河水利委员会外资项目办公室世界银行贷款项目每年提款报账以及资金的使用情况进行公证审计，借助社会审计力量共同参与，顺利完成相关审计工作。

企业审计 组织实施中央企业法定代表人任期经济责任审计项目2个。审计中，突出问题导向，坚持严肃查处重大违法违规问题，维护国有资金安全，严肃税收法纪；注重揭示企业重大风险隐患，促进企业不断完善制度，堵塞漏洞，加强管理，实现可持续发展，取得很好的成效。

信息化建设 以数据分析中心的成立为契机，加大数字化审计分析力度，以财政税收审计、医保审计、金融审计等审计项目为依托，加大数据收集力度，着力“三个突破”。一是探索有重点的全覆盖审计模式，突破审计对象面窄的局面，审计中注重探索各部门间数据的纵向、横向关联，以“跑数据”代替跑地区、跑部门，有效扩大审计覆盖范围。二是探索现场、非现场相结合审计模式，突破常驻审计现场工作的局面，充分研究大数据审计工作特点，以问题为导向进行数据分析，将数据分析发现的疑点交问题核实组进行分散核查，及时了解核查人员经办流程，添加筛选条件，得出更精准的数据分析结果供现场审计人员使用。三是探索扁平化管理模式，突破处室和专业的限制，在大数据审计环境下，开展数据分析实现全面突破和精确制导。

相关工作 南京特派办以十八届六中全会精神、准则、条例和署党组关于全面从严治党的各项部署和要求为纲领，结合实际制定贯彻落实全面从严治党要求的实施意见，列出责任清单，一级抓一级落实责任，形成主要领导负总责、分管领导具体抓、机关党委组织实施、各支部书记“一岗双责”的全面从严治党责任联动机制。在持续推进“两学一做”学习教育的基础上，与学习贯彻落实十八届六中全会精神相结合，采取在办局域网设立“学习十八届六中全会精神”专栏，编发《党建工作动态》等措施促进学习。对照审计署整改台账逐条梳理，聚焦薄弱环节，制定落实中央巡视整改台账，明确3大类17项重点任务和措施，有的放矢予以整改，把严的要求、严的标准、严的措施贯穿于管党治党全过程。

（撰稿人：江　江）

【审计署驻武汉特派员办事处】 2016年，审计署驻武汉特派员办事处人员编制150人，实有143人。设有办公室、法规处、财政审计处、行政事业审计处、农业审计处、资源环保审计处、固定资产投资审计处、金融审计处、企业审计处、社会保障审计处、外资运用审计处、计算机审计处、人事教育处、机关党委。审计署驻武汉特派员办事处（以下简称武汉特派办）审计范围：湖北、江西。

领导成员

分党组书记、特派员：程　光

分党组成员、副特派员：夏循福　余远华
郝云松（9月—）
俞　立（—9月）
张海燕（12月—）

分党组成员、纪检组长：杨选留（5月—）

副司级审计员：罗旭光　曹　山（—5月）

审计成果 2016年，武汉特派办共组织实施审计项目（含跨年度项目）21个。查出违规问题金额51.04亿元、损失浪费金额1.94亿元、管理不规范问题金额561.06亿元。向司法、纪检、监察机关移送案件线索和事项10件，被审计署各类审计信息采用66篇，各类报告采用典型案例44个。

2016年度，联合实施的发展改革委2014年度组织分配中央财政投资等情况审计、中国人民保险集团股份有限公司法定代表人任期经济责任审计2个项目被审计署评为优秀审计项目；武汉特派办实施的中国铝业公司原法定代表人任期经济责任审计项目被审计署评为表彰审计项目。

国家重大政策措施贯彻落实跟踪审计 对湖北、江西2省2016年国家重大政策措施贯彻落实情况实施跟踪审计，在深化“放管服”改革和减轻企业负担方面，重点关注有关部门清理规范行政审批中介服务不到位、乱收费增加企业负担的现象；在推进重大项目建设方面，揭示因审批环节多时间长、配套不到位导致部分铁路、水利等重大项目进展缓慢、效益未发挥等问题；在推动资金统筹盘活方面，对存量资金的规模、结构、结存状态、变动情况及沉淀成因进行摸底调查；在防范风险方面，揭示有关单位违规举债、债务监控和风险化解机制不够完善等问题。

财政审计 完成武汉海关 2015 年度预算执行审计和关税征管审计项目；参加财政部 2015 年中央预算执行审计、国家发展改革委 2015 年度组织分配中央财政投资情况审计项目。在审计中揭示预算分配与制度规定衔接不够、专项转移支付分配环节多、管理链条长等问题，部分单位存在收取不当费用、违规发放津补贴等问题；发现部分企业违规申报抵扣增值税等案件线索。

经济责任审计 实施河北省领导干部自然资源资产离任审计试点，审计中注重做好资料收集分析，利用对土地利用现状数据库、生态公益林分布图斑数据库、耕地地力调查数据库等数据资源的分析比对，反映河北省草原资源底数不清、管理权责归属不明确，京津风沙源治理项目资金分散、进度缓慢，钢铁去产能数量不实，采煤塌陷区威胁人民群众生命财产安全以及部分湿地和鸟类自然保护区被违规占用等问题。

金融审计 完成人民银行武汉分行和证监会湖北监管局 2015 年度预算执行和财务收支情况审计、光大银行武汉分行和招商银行武汉分行 2016 年贷款投放和经营管理情况审计调查等项目。在审计中，通过分析商业银行对产能过剩的信贷支持情况，查出和揭示违规发放土地储备贷款、利用通道业务向房地产企业提供融资、部分企业以“去产能”为由逃废银行债务等突出问题；从个人银行卡境外取现数据入手，深入分析数据特征，通过对资金来源、去向的双向追踪，摸清某电信诈骗活动的资金运动轨迹，查实一些不法分子涉嫌冒充司法机关工作人员骗取群众个人存款的案件线索。案件线索被审计要情采用，由公安部立案查处。

农业与资源环保审计 实施湖北省重点流域水污染防治资金审计项目，检查湖北省及相关地市贯彻执行《重点流域水污染防治规划（2011—2015）》和《丹江口库区及上游水污染防治和水土保持“十二五”规划》情况，抽查宜昌市和十堰市多个水污染防治项目，反映涉及流域环境污染、水源地保护、海绵城市推进、再生水推广等方面的情况，揭示部分市县财政部门结存水污染防治资金、部分项目未按期建成或未及时发挥效益等问题。实施湖北省农林水专项资金审计项目，揭示虚报冒领、挤占挪用农林水资金，以及资金使用效益不佳造成损失浪费等问题。相关政府部门积极开展整改工作，依法严肃追究相关责任人的责任，并对涉事农机企业进行处理。

固定资产投资审计 完成湖北省收费公路资金管理使用情况审计项目，抽查 3 条收费公路，并对其投入、收入、支出及债务余额等基本情况进行全面摸底，揭示统计口径不合理、收支缺口不实、违规捆绑收取专项费用、运营管理体制不顺及车辆管理等方面存在的问题，同时还揭示收费定价机制不完善、推行 PPP 模式进展缓慢、车辆超限超载治理困难以及绿色通道政策执行中存在的问题。

民生资金（项目）审计 实施保障性安居工程跟踪审计，揭示安居工程目标任务未完成、棚户区改造货币化安置政策落实不到位、配套设施建设滞后影响安置回迁、违规获取农村危房改造补助等问题，上报某城中村主任签订虚假拆迁协议，获取巨额拆迁补偿资金的案件线索。对湖北、江西 2 省的扶贫资金进行审计，客观评价地方政府实施“金融服务网格化战略”等经验做法，揭示部分地区扶贫资金闲置、部分农业龙头企业扶贫专项贷款投放不够精准、个别企业以虚假资料骗取民族贸易企业贷款贴息等问题。实施的湖北工伤保险基金和医疗保险基金审计，揭示扩大范围支出“工伤三费”、违规发放工伤保险待遇等问题，上报民营医院采取虚报药价等方式骗取医保基金的案件线索，有效挽回医保资金损失。

企业审计 实施东风汽车公司原法定代表人任职期间经济责任审计。审计中围绕领导人员权力运行轨迹，评价企业发展，揭示商用车板块产能利用率低、处置低效无效资产进度缓慢、销售费用支出大、自主创新能力不足和新能源汽车核心技术缺乏等制约公司可持续发展的问题，发现部分企业为获取政府补贴盲目生产汽车造成大量闲置，车辆未真正进入运输市场形成有效运力，造成巨大资源浪费的问题。参加中国铁路工程总公司法定代表人任职期间经济责任审计。

信息化建设 结合金审工程三期项目建设计划，完成特派办审计数据分析室建设。全年向电子数据司上报数据量累计 12.1T，完成国家审计数据中心数据资源的常规化归集工作。探索数字化审计方式，在武汉海关 2015 年度预算执行审计和关税征管审计中，联系结合“大通关”背景下我国海关信息化程度不断提高的实际，将传统审计方法与计算机审计方法相结合，取得较好成效。成功组织武汉特派办首届大数据审计交流论坛，《结构化数据分析技巧》等 3 项课题顺利完成。

队伍建设 坚持办分党组中心组学习制度，及时将中央重大决策部署、重大理论热点纳入中心组学习内容，坚持民主集中制，严格遵循班子议事规程和决策机制，形成坚强有力的领导班子。出台《关于加强领导班子和干部队伍建设的意见》《关于规范审计监督权力运行的意见》等文件，加强干部队伍培养锻炼，深入开展干部培训需求调查，明确从加强作风、能力、思想建设等 6 个方面打造审计铁军。严格审理审核程序，明确 8 个重点控制时间节点，对所有审计项目实行全程跟踪审理，保证项目质量。严格按照《党政领导干部选拔任用工作条例》规定的程序，坚持好干部标准选拔任用干部，做到公正、公平、公开。

（撰稿人：熊　莹）

【审计署驻广州特派员办事处】 2016 年，审计署驻广州特派员办事处人员编制 150 人，实有 139 人。设有办公室、法规处、财政审计处、农业审计处、行政事业审计处、资源环保审计处、投资审计处、金融审计处、企业审计处、社会保障审计处、外资运用审计处、计算机审计处、机关党委（人事教育处）、机关纪委（纪检监察处）。审计署驻广州特派员办事处（以下简称广州特派办）审计范围：广东、福建。

领导成员

特 派 员：章　轲（5 月—）

副特派员：朱惠红　刘　丹

漆江梅　张冬霁

纪检组长：纪　兵

副司级审计员：李钢锋

审计成果 2016 年，广州特派办完成审计项目 15 个。查出主要问题金额 499.18 亿元，其中违规金额 1119 万元、损失浪费金额 1014 万元、管理不规范金额 489.97 亿元；损益（收支）不实金额 4.80 亿元；审计处理处罚金额 8.17 亿元，其中应上缴财政 6.69 亿元、应归还原渠道资金 436 万元、应调账处理金额 1.44 亿元；审计发现非金额计量问题 1313 个。提交的审计信息被审计署采用 73 篇（次），被中共中央办公厅和国务院办公厅采用 81 篇（次），被党和国家领导人批示 30 篇（次）。

国家重大政策措施贯彻落实跟踪审计 按照审计署的统一安排，开展中央政策措施落实情况跟踪审计。审计中关注重点项目开工建设、财政资金统筹使用、“三去一降一补”和精准扶贫等方面的政策措施落实情况，并对农林水专项资金和节能环保专项资金管理使用情况进行审计，查找制约和影响稳增长等政策措施落实的机制体制性障碍，针对性地提出审计建议，推进整改落实。

财政审计 从推动统筹安排财政资金的角度出发，对财政存量资金情况进行审计，查出非税收入滞留财政专户、违规出借财政资金、财政资金长期闲置等常见问题，揭示盘活措施不到位造成存量资金二次闲置、政府投资基金使用效益不高等新型问题，督促财政存量资金尽快形成有效支出。

经济责任审计 按照审计署的统一安排，组织实施党政主要领导干部任职期间履行经济责任情况审计。审计中关注中央重大经济决策部署落实、重大规划执行、财政管理、自然资源资产开发利用及环境保护和区域性财政金融风险，以及领导干部主动作为、依法履职尽责、正确行使职权的情况。在某领导的经济责任审计中，结合审计项目的特点，探索构建纵向到底、横向到边、科学高效、运作流畅的“1＋1＋1＋1＋X”项目组织管理模式，即“1 个临时党支部、1 个领导协调小组、1 个综合组、1 个数据分析团队和 7 个专业审计小组”，有效地推进审计项目开展。

金融审计 广州特派办在实施地方金融审计项目时，主动适应新要求、创新开展新探索，紧扣“四聚焦”：聚焦区域金融风险，服务风险预防和化解，维护区域金融稳定；聚焦民生问题，服务弱势群体；聚焦经济犯罪，维护公平正义；聚焦机制体制问题，服务改革发展大局。根据审计实践形成的理论文章《经济发展新常态下的金融审计工作》在《中国审计》杂志上发表。关注社会焦点，利用相关数据分析查出某跨国犯罪团伙对数千名在校大学生进行电信诈骗的案件线索。信息上报后，得到国务院领导批示，有关部门迅速采取措施侦破案件。

农业与资源环保审计 广州特派办与武汉特派办、郑州特派办、重庆特派办联合组织实施某省党政领导干部自然资源资产离任审计试点，对某省党政主要领导履行自然资源资产管理和生态环境保护相关责任情况进行审计。审计以大气污染防治为主线，根据中央对该省生态环境保护的部署和要求，对压煤减钢、淘汰落后产能、秸秆焚烧、露天矿山环境恢复治理开展检查，取得良好效果。

固定资产投资审计 组织实施收费公路审计，审计中加大数据分析和挖掘力度，将广东省通行费数据、粤通卡信息系统数据、相关银行数据、收费公路统计报表数据以及全省各路段公司财务数据进行关联分析、总量分析和结构分析，采用“业务数据—公报数据—财务数据”三方对账的方法和思路，对抽选的公路收支情况的完整性、真实性进行核查。

民生资金（项目）审计 组织实施医疗保险基金审计，审计中以促进医保政策落地、深化医保制度改革、强化医保基金管理、更好地保障和改善民生为目标，把关注医保基金安全进一步拓展到关爱生命安全，把关注药品流通环节药品价格虚高进一步拓展到虚开增值税发票审计，发现利用扩大范围支出医保资金、以死亡人员名义骗取医保资金、虚构住院人次以及虚报患者用药量等手段骗取医保基金的问题线索。

信息化建设 根据审计署信息化发展战略总体要求，完成以“大数据”为核心的审计信息化建设任务，推进数据分析网建设和数据中心的治理工作，改善数据分析环境，建成可同时满足 40 人开展数据处理分析的 7 个工作间。进一步优化数据分析中心的存储管理，对存储阵列扩容至 230TB。按照“多专业融合、多视角分析、多方式结合”的审计工作思路，组建跨专业、跨处室、跨项目的数据分析团队，创新数据分析思维，构建审计模型分析问题，提高计算机审计运用水平。

党建工作 学习贯彻党的十八届六中全会精神，牢固树立“四个意识”特别是核心意识、看齐意识，自觉在思想上政治上行动上与以习近平同志为核心的党中央保持高度一致。深入开展“两学一做”学习教育，全面履行从严治党主体责任；组织干部认真学习党章党规、习近平总书记系列重要讲话，办分党组中心组每季度均进行专题学习讨论，党支部和临时党支部开展 8 次支部间主题联学；开展党员承诺践诺、纪念建党 95 周年、重温入党志愿书和作风建设讨论等活动。组织党员干部以各种形式讲党课；组织 5 次全办学习交流会，不同职级干部在全办交流发言；特派办分党组书记和分管办领导全程参加各支部以“联系实际学、针对问题改、党员互评议、积极主动做”为主题的组织生活会。严格执行民主集中制、民主生活会、组织生活会、“三会一课”等制度。加强思想政治工作，开展谈心谈话，完善慰问探访制度和帮扶机制，为干部特别是出差干部解决后顾之忧。成立中央专项巡视整改工作领导小组，特派办分党组召开 3 次专题会议，按时报送整改工作报告和整改台账，按照时限要求完成巡视整改。

队伍建设 发挥领导班子引领示范作用，班子成员长期深入一线、靠前指挥，充分发挥表率作用。从严管理干部，严格执行个人有关事项报告制度，加强涉密人员因私出国（境）管理。加强干部专业化培养，加强青年干部多岗位锻炼，不定期邀请业务骨干对青年干部进行专题授课，缩短青年干部成长周期，全面提升特派办审计人员依法履职能力。

相关工作 将督办通报作为推动重大事项办理的助推器，每月印发《工作督办通报》，制作光荣榜，表彰取得突出成绩的先进处室和先进个人，充分发挥光荣榜鼓舞士气、激励斗志的正面导向作用。出台《审计署广州特派办审计备查资料归档管理办法》，共接受审计备查资料 38 份。建立预算和重大财务事项审查小组，进一步加强预算和财务工作的监督管理。加大政务公开力度，在审计专网设置《办事指南》平台，充分利用制度废改立成果，从机构职能、业务规范、政策法规等方面详细展现政务信息，除保密事项外，会议纪要全部公示，推动全办各项决策管理公开透明，促进行政权力运行廉洁公正。以内外检查为契机发现问题，堵塞机关管理漏洞，开展内部审计，排查盲点、发现问题，完善措施、规范管理。

（撰稿人：甄　晖）

【审计署驻郑州特派员办事处】 2016 年，审计署驻郑州特派员办事处公务员编制 150 人、事业编制 4 人，实有 142 人。设有办公室、法规处、财政审计处、行政事业审计处、农业审计处、资源环保审计处、固定资产投资审计处、金融审计处、企业审计处、社会保障审计处、外资运用审计处、计算机审计处、人事教育处、机关党委。审计署驻郑州特派员办事处（以下简称郑州特派办）审计范围：河南、青海。

领导成员

特 派 员：赵继旺

副特派员：王彦斌

李　伟（10 月—）

郭　西（10 月—）

张世雯（—10 月）

杨任杰　刘士华（—2 月）

纪检组长：邓海仪（—10 月）

薛　亮（12 月—）

副司级审计员：康俊廷（10 月—）

夏明东（—7 月）

审计成果 2016 年，郑州特派办完成审计项目 20 个，其中组织实施审计项目 17 个，参与实施审计项目 3 个。查出主要问题金额 2227.28 亿元，其中违规金额 314.12 亿元、损失浪费金额 2.55 亿元、管理不规范金额 1910.61 亿元；损益（收支）不实金额 81.15 亿元；审计处理处罚金额 78.86 亿元，其中应上缴财政 52.15 亿元、应归还原渠道资金 11.45 亿元、应缴纳其他资金 8.92 亿元、应调账处理金额 6.34 亿元；审计发现非金额计量问题 244 个；审计促进整改落实有关问题金额 195.69 亿元，其中增收节支 1.36 亿元、已调账处理金额 6.35 亿元；审计促进拨付资金到位 12.59 亿元；审计后挽回（避免）损失 900 万元。移送司法机关、纪检监察机关和有关部门处理事项 9 件，涉及金额 2.01 亿元。出具审计报告 11 篇；提交的审计信息被批示、采用 58 篇（次）。

2016 年度，郑州特派办参与实施的中国石油化工集团公司原法定代表人任期经济责任审计、中国人寿保险（集团）公司法定代表人任期经济责任审计项目，被审计署评为优秀审计项目。

国家重大政策措施贯彻落实跟踪审计 继续开展河南、青海两省政策中央政策措施落实情况跟踪审计项目。审计中围绕深化“放管服”改革、重大项目落地、减轻企业负担等方面跟踪政策执行情况和效果，反映营改增配套措施不到位、部分行业税负不减反增、有关部门未按规定取消收费、行政部门下属企业依托行政审批事项和垄断地位收费等问题；关注列入国家重大工程、战略规划和省级重点工程的交通、水利、市政建设等项目，反映长期应开工未开工、应完工未完工问题。

财政审计 完成 2015 年河南省财政收支审计和地方政府性债务审计，实现财政数据横向和纵向贯通，摸清系统结构，掌握总体情况，直击审计重点，反映预算编制不完整、调整不公开，地方债置换资金和财政存量资金沉淀等问题，查出部分单位存在的违规坐支非税收入、地方政府以虚假土地发行债券等问题，提出规范预算执行、盘活财政资金、健全债务风险管理和化解机制等建议。

经济责任审计 立足权力运行与责任落实，以“三重一大”事项为抓手，聚焦重大决策和重要批示，突出省情特点，完成地方党政领导干部经济责任审计，反映地方政府主要领导推进国家重大战略规划项目不力、推动产业转型升级、履行自然资源资产管理职责不到位等问题。

金融审计 完成重点商业银行新增贷款及经营管理情况的跟踪审计，反映信贷资产质量不实、商业银行违规出借同业账户数亿资金面临损失、民营企业非法办理票据贴现、非法集资案件逐年攀升等影响金融稳定、安全的情况和问题。对银行同业创新等展开研究，形成典型案例和专题报告。

农业与资源环保审计 以促进专项资金合规有效使用为目标，完成农林水和水污染防治资金审计，反映重要水源地水环境存在安全隐患，已淘汰黄标车、老旧车继续运行，未按期完成河道治理任务，有关部门不作为、慢作为造成高铁桥梁影响河道泄洪等问题。参与完成河北省领导干部自然资源离任审计。

固定资产投资审计　完成收费公路资金管理使用情况审计，重点审计2条高速公路的投资、运营维护和管理情况，通过对收费公路运营管理体制的分析，反映虚报项目缺口、挪用收费公路资金、收费期满后继续收费，以及公路以罚代管的超限治理模式未能从根本上治理超载、绿色通道政策标准不统一、联网收费收入拆分结算管理制度不完善等机制性问题。

民生资金（项目）审计　完成与人民群众生活密切相关的保障性安居工程、工伤和医疗保险等领域的审计项目，反映保障房项目配套不完善、农村危房改造财政补贴偏低、医疗卫生资源配置不均衡等问题；围绕扶贫政策和扶贫任务，反映扶贫数据不准确、部分民营企业和村干部骗取扶贫资金等问题。

外资运用审计　完成世界银行贷款石郑客专项目、亚洲开发银行贷款中广核德令哈光热发电项目财务收支和执行情况审计项目。审计以促进外资合理有效利用，提高投资效益为目标，反映项目征地手续不完备、部分物资设备采购和施工项目未招标、部分项目未按合同执行或实施问题。

企业审计　完成2家中央企业法定代表人经济责任审计，审计以“强化管理、推动改革、反腐倡廉、维护安全、促进发展”为目标，查出国有企业高管滥用职权造成国有资产损失、领导干部违规决策向民营企业输送利益、中央八项规定精神执行不到位等问题。

信息化建设　充实数据分析中心力量，搭建数据分析网，实现与国家审计数据中心互联互通，制定数据采集标准，定期采集或依托审计项目采集、完善数据；对设备扩容升级，清理整合数据，规范数据管理，研究总结数据分析方法52项；将集中与日常分析相结合，发现多件问题线索，有力支持现场审计工作。

党建工作　健全党建工作责任制，出台关于加强机关党的建设的实施意见等，签订落实党风廉政建设责任承诺书，把党建作为年度目标任务的重要内容，开展党支部书记述职评议考核，逐级分解、层层压实全面从严治党责任。严肃党内政治生活，办领导班子成员带头过好双重组织生活，各支部落实“三会一课”制度；严格执行民主集中制，遵循班子议事规程和决策机制，用好批评和自我批评的利器。严格执行中央八项规定精神，大额支出均提交办分党组或特派员会议审定，办内会议均安排在办公楼或审计现场召开，内部活动全部安排在职工食堂；定期公布预算执行情况，署派驻纪检组长带队进行内部审计，配合审计署财经纪律执行情况检查，如实全面反映问题。以审计组临时党组织为抓手，按照“五个一线”党建工作理念，落实“一个基础、四个重点”工作目标，探索党建与审计业务深度融合；完成党支部改选、预备党员转正等日常党务工作。落实重要情况通报和报告、述职述廉、信访事项核实处理等党内监督制度，坚持党风廉政建设“一票否决”；强化对审计组和审计人员执行廉政纪律情况的监督检查，回访被审计单位40多个，检查审计现场16个；组织对办公楼加装电梯、数据分析中心建设、干部选拔任用等重大人财物事项进行全过程跟踪监督。抓好巡视整改，问题照单全收，研究制定整改措施40项，明确责任人和责任单位。开展创建省级文明单位标兵活动，举办道德讲堂6期，举办“讲家风故事、树家规家训”活动，参加河南省直机关运动会并获得优秀组织奖和多个单项奖；赴贫困地区开展捐献书籍等爱心活动，帮扶困难职工、走访慰问离休和生活困难老干部80人次。

队伍建设　发挥领导干部表率作用，组织召开中心组学习4次、专题学习8次，并多次扩大到处级干部；办领导深入一线跟班作业，坚持事前沟通、事中碰头、上会决策，提升指挥决策、组织协调的能力和水平。组织参加审计署培训277人次，3人获高级职称资格，选派5名干部到审计署机关综合部门、边远地区、扶贫点交流、挂职，抽调2名干部参加中央巡视。全办开展“强作风、固基础、提能力、促发展”年活动，按照好干部标准组织选拔处级干部，从严管理干部队伍。加强对党纪法规的学习，始终将党的纪律和规矩挺在前面，通过警示教育、廉政教育等，拉起“高压线”、绷紧“安全弦”。建立激励机制，将审计理论研究纳入年度考核，申报并完成国有企业领导人员经济责任审计法规知识等4个省部级科研课题，组织撰写的审计案例有4篇入选2016年审计培训案例库甲等案例、5篇被相关业务司采用或入选审计指南。

相关工作　严格审计业务管理，细化审理规程，前移审理关口，做好质量审查；严格公文流转，坚持多级复核，按季通报公文质量，2 篇公文在中央国家机关第三届公文写作技能大赛中获奖。严格督办管理，健全审计业务重要事项督办制度，签订目标管理责任书，按季度通报督办事项完成情况，按月通报目标管理完成情况和审计项目开展情况，倒逼目标任务完成。加强保密管理，严格定密程序，完成涉密人员审查、备案，开展自查、接受检查，在河南省保密自查自评督查中获得优秀等级。加强财物管理，及时公开预算执行，财务人员、项目主审和经费管理员保持沟通，实行审计外勤打卡报销和财务报销提醒；对全办资产信息进行核对，确保账实相符；维修职工周转住房及综合楼，改善干部职工生活工作环境。加强安全管理，以预防化解为支撑、以"三防"建设为抓手、以考核评比为引擎，系统做好综治和平安建设工作。完成 358 卷档案和 231 件文书档案归档。（撰稿人：潘小苏）

【审计署驻济南特派员办事处】 2016 年，审计署驻驻济南特派员办事处人员编制 150 人，实有 140 人。设有办公室、法规处、财政审计处、行政事业审计处、农业审计处、资源环保审计处、固定资产投资审计处、金融审计处、企业审计处、社会保障审计处、外资运用审计处、计算机审计处、人事教育处和机关党委。审计署驻济南特派员办事处（以下简称济南特派办）审计范围：山东。

领导成员

特 派 员：王志伟（11 月—）

正司级审计员兼副特派员：

王志伟（—11 月，主持工作）

副特派员：许永利（—11 月） 李 菁

左东明（5 月—）

纪检组长：黄 涛

副司级审计员：李进良（—7 月）

审计成果 2016 年，济南特派办完成审计项目 14 个。查出主要问题金额 1261.73 亿元；损益（收支）不实金额 99.34 亿元；审计处理处罚金额 47.06 亿元，其中应上缴财政 1.57 亿元、应归还原渠道资金 35.16 亿元、应调账处理金额 10.26 亿元；审计发现非金额计量问题 176 个；审计促进整改落实有关问题金额 152.96 亿元，其中增收节支 45.72 亿元；审计促进拨付资金到位 61.36 亿元。移送司法机关、纪检监察机关和有关部门处理事项 5 件，涉及 5 人，金额 19.9 亿元。上报审计报告和审计信息 76 篇，被审计署各类重要信息采用 80 篇（次），被中办、国办采用和中央领导同志批示 97 篇（次）。提出审计建议 84 条，被采纳 84 条；推动完善规章制度 18 项。

2016 年度，济南特派办实施的 1 个项目被审计署评为优秀审计项目，2 个项目被审计署评为表彰审计项目。被中宣部、司法部评为 2011—2015 年全国法治宣传教育先进单位。

国家重大政策措施贯彻落实跟踪审计 完成对某省 2016 年一季度至四季度国家重大政策措施贯彻落实情况的跟踪审计，审计单位 284 个和项目 210 个，出具审计报告 4 篇、整改函 2 篇。审计成果中反映积极主动作为事例 6 个，反映在政策落实、财政资金盘活等方面存在的问题 93 个，涉及资金总额 405.77 亿元。典型事例被审计署报国务院综合报告采用 7 个，推动完成整改 52 个，部分整改或正在整改 41 个。

财政审计 完成某省 2015 年财政收支、某省 1 个市本级和 1 个县本级政府性债务等审计项目，反映部分县（区）虚增公共财政收入、部分财政收入未及时入库和征缴、出借财政资金未及时清理、政府部门通过发行工会信托理财产品方式融资、存量资金规模未进行有效消化、政府引导基金未充分发挥引导作用等问题。

金融审计 完成重点商业银行跟踪审计项目，反映某省 2 家国有银行服务供给侧结构性改革方面存在的问题及经营管理存在的违规情况，查出某互联网公司以 P2P 名义进行非法集资、某公司通过信托产品操作"老鼠仓"操纵股市、某基金经理利用未公开信息从事股票交易非法获利等重大案件线索。

农业与资源环保审计 完成某省 2015 年农林水专项资金、水污染防治资金审计项目，反映部分市未及时分解下达农林水专项上级转移支付资金 6.36 亿元、部分项目后续维护不到位形成损失，水污染防治相关资金结存财政未拨付 9.10 亿元、闲置 8992 万元等问题。

固定资产投资审计 完成某省收费公路资金管理使用情况审计项目，反映挪用通行费、违规减免通行费、未经交通运输部批准将政府还贷公路变更为经营性公路等问题。

民生资金（项目）审计 完成某省本级及部分市县2015年保障性安居工程跟踪、某省2016年财政扶贫资金、工伤保险基金和医疗保险基金审计等项目，反映虚报城市棚户区改造开工任务3122套、个别公共租赁住房项目已竣工无法交付使用6793套，扶贫资金长期闲置912万元、被套取435万元，冒领工伤保险待遇、扩大开支范围支出工伤保险基金，公立医院销售药品和医用耗材违规加价、少缴和欠缴医疗保险费、国有破产企业退休人员职工医疗保险费未筹集到位等问题。

企业审计 完成2户中央企业原法定代表人经济责任审计，反映在贯彻落实国家重大政策措施、财务收支、重大经济决策和境外业务、内部管理、风险隐患、廉洁从业等方面的问题，上报国企提质增效方面的审计简报12篇。

信息化建设 调整济南特派办数据分析领导小组，创新审计组织方式和数据分析模式，开展全行业全方位数据采集和分析，每个项目都成立数据组，突破项目、行业间的数据界限，建立跨部门的数据关联，多维度进行比对分析，做到“五个精准”，即需求把握精准、数据采集精准、技术分析精准、延伸落实精准、成果利用精准。在某审计项目中通过数据分析，发现重大案件线索7件；在对某电信企业审计中，分析近2亿条垃圾短信拦截数据，反映行业监管漏洞，被审计署重要信息要目独立采用。

审计科研 组织实施审计学会、审计科研所“政策措施落实情况跟踪审计研究”“计算机审计法规知识”等研究课题3个，山东省党建研究会机关党建课题1个，征集理论文章35篇，其中：入选中国审计学会研讨会论文集1篇、在审计科研所《审计研究报告》刊登1篇、在《中国审计》《中国审计报》等渠道公开发表13篇。

党建工作 开展“两学一做”学习教育，确保“两个主体责任”落地生根。特派办分党组中心组学习11次，带头学方案、讲党课、谈体会，每名党员干部认真撰写学习体会；组织参加审计署组织的“两学一做”示范教育班和处以上党员干部六中全会精神培训班；邀请中央组织部、山东省党建专家讲党课，与航天科技集团等单位开展主题联学，以纪念建党95周年和长征胜利80周年为契机组织学习党史。健全基层组织，及时进行党支部换届选举，审计组设立临时党支部，分党组成员参加所在党支部组织生活会15次。各支部召开支部党员大会42次、支委会122次、讲党课42次。召开专题会议，学习贯彻《关于新形势下党内政治生活的若干准则》以及其他廉政、纪律等党内法规；特派办分党组成员对分管处室和审计组加强廉政教育，做到逢会必讲；特派办主要负责人与各处室负责人、处室负责人与处内干部、审计组长与审计人员分别签订党风廉政建设责任承诺书，层层传导压力。

队伍建设 以作风和能力为重点抓好队伍建设，全年召开办分党组会议、特派员会议、审计业务会议50次，坚持一线工作法，靠在审计现场，融入审计人员中。推行处室“一把手”素质提升工程，通过特派办领导传帮带、列席中心组学习会、业务督促指导等多种方式，提高处长贯彻执行署党组决策部署和抓业务、带队伍的能力。成立审计业务指导小组，发挥领军和骨干人才库的集体智慧，确保该查的问题查深查透，审计风险化解在萌芽状态。派出130余人次平均参加各类学习培训12天，加强数据审计、金融审计、企业审计等担重任、善攻坚、能创新专业化团队建设，提高全员业务素质。坚持把廉政建设摆在首位，参与审计署“家庭助廉”活动，对2016年审计项目全部进行廉政检查或回访，打造廉洁队伍。开展“年代·人物”系列宣传活动，由身边人讲述身边事，对特派办内部不同年龄段的13名优秀党员干部进行集中宣传；举办道德讲堂，宣讲济南特派办9名处以下干部立足审计岗位做贡献的先进事迹。（撰稿人：解甜甜）

【审计署驻西安特派员办事处】 2016年，审计署驻西安特派员办事处人员编制150人，实有141人。设有办公室、法规处、财政审计处、行政事业审计处、农业审计处、资源环保审计处、固定资产投资审计处、金融审计处、企业审计处、社会保障审计处、外资运用审计处、计算机审计处、人事教育处、机关党委。审计署驻西安特派员办事处（以下简称西安特派办）审计范围：陕西、宁夏。

领导成员

办分党组书记、特派员：洪承旭

办分党组成员、正司级审计员兼副特派员：张全廉

办分党组成员、副特派员：姚洪敏　刘占波

办分党组成员、纪检组长：张晓青

副司级审计员：罗湘萍

审计成果　2016年，西安特派办完成审计项目17个，其中组织实施审计项目14个，参与实施审计项目3个。查出主要问题金额2353.08亿元，其中违规金额55.63亿元、损失浪费金额1800万元、管理不规范金额2297.27亿元；损益（收支）不实金额51.97亿元；审计处理处罚金额3.85亿元，其中应归还原渠道资金7724万元、应调账处理金额1.01亿元；审计发现非金额计量问题226个；审计促进整改落实有关问题金额46.89亿元，其中增收节支9394万元、已调账处理金额388万元；审计促进拨付资金到位14.71亿元；审计后挽回（避免）损失371万元。移送司法机关、纪检监察机关和有关部门处理事项5件，涉及22人，金额422万元。出具审计报告和专项审计调查报告19篇；提交审计信息88篇，被批示、采用199篇（次）。提出审计建议40条，被采纳40条；推动完善规章制度7项。

2016年度，西安特派办独立实施的陕西省党政主要领导干部任期经济责任审计项目、参与实施的中国人寿保险（集团）公司法定代表人任期经济责任审计项目获得审计署优秀审计项目。

国家重大政策措施贯彻落实跟踪审计　对陕西、宁夏两省区重大政策措施落实情况实施跟踪审计，审计以推动中央重大政策措施贯彻落实、促进经济平稳运行、健康发展和转型升级、推进供给侧结构性改革为目标，围绕项目落地、资金保障、简政放权、政策落实、风险防范5个方面，揭示和查出不作为、慢作为、假作为、乱作为等典型问题和典型事例。审计发现宁夏回族自治区吴忠市存量资金1.32亿元长期“趴窝”效益低下的典型案例，在中央电视台焦点访谈节目中播出。

财政审计　完成西安海关2015年预算执行及2013年至2015年关税和进出口环节税征收管理情况审计项目，探索海关征管业务与税收征管业务在出口退税领域的审计方法。开展税收征管审计，在查处医药企业虚开增值税专用发票取得重大成果之后，总结出手机经销行业等虚开增值税发票的审计方法，进而发现民营企业虚开增值税发票偷逃巨额税款等案件线索。

经济责任审计　牵头组织实施银监会2015年度预算执行审计、银监会主席任期经济责任审计，“紧盯”行业性、系统性问题，查找银行业及监管中存在的风险点，揭示其背后存在的制度缺陷和管理漏洞，提出审计建议。牵头组织实施延安市领导干部自然资源资产离任审计试点项目，审计中与陕西省测绘地理信息局合作，开展地理信息系统在自然资源资产离任审计项目中的应用探索，创新方法，拓宽思路，取得丰富的审计成果。

金融审计　参加8家商业银行跟踪审计项目，审计中一手抓重大案件线索的查处，揭示金融领域违法犯罪线索，一手抓查找金融业存在的体制、机制和制度不完善的问题，查出涉及上海、深圳、香港等多地涉案金额合计超过百亿元的3件“地下钱庄”和7件电信诈骗、非法集资等案件线索。

农业与资源环保审计　组织实施陕西省农林水专项资金审计，陕西省人民政府高度重视审计报告反映的问题，进行不同程度的整改，省政府对项目的申报、实施及招投标工作进一步加强管理。审计移送的骗取套取农林水资金问题，相关部门立案调查，对涉案资金依规收缴，对部分责任人进行责任追究。组织实施陕西省水污染防治资金审计，上报5篇审计信息被审计署审计要目采用。

固定资产投资审计　完成对陕西省收费公路资金管理使用情况的审计，发现收费公路政策执行中存在偏差、地方财政投入严重不足、通行费收入增长缓慢、收费公路整体债务规模逐年递增存在潜在风险等一些突出问题，共6大类41个。

民生资金（项目）审计　组织实施2015年度和2016年度陕西省城镇保障性安居工程跟踪审计、陕西省工伤保险基金审计、陕西省基本医疗保险基金审计等项目。审计中坚持问题主导，注重重大违法违规问题线索的挖掘，总结利用以往年度社保资金审计中有关基本医疗保险基金方面的专家经验和审计方法，多方收集数据，多维度进行筛选分析，锁定需要延伸的单位，结合工商、税务系统进行数据比对，准确确定审计重点。组织实施陕西省扶贫资金审计，针对审计提出的问题，陕西省政府建立健全相关制度，陕西省扶贫办和涉及的地市各级政府及扶贫部门，逐项核查，整改到位，已纠正违规问题10个，涉及金额2218万元。

企业审计　对中国船舶工业集团公司原法定

代表人进行任职期间经济责任审计，审计在了解和掌握国家政策法规、行业规划、企业历史沿革、组织架构、业务板块、业务流程、规章制度、经营状况基础之上，紧扣经济责任履行，利用相关资料和数据，对重大政策落实、收入利润构成、重大决策事项、内部管理和风险隐患等方面进行逐项逐户逐笔梳理分析。该项目共形成经济责任审计报告、提质增效专题报告等5份审计结果类报告。

信息化建设 建成数据分析网和数据分析室，为开展大数据审计和数据综合分析提供数据平台。利用这一平台，能够实现数据远程访问，有效利用大数据资源，优化整合全办资源，加强数据分析团队建设，组织开展计算机审计和信息系统审计。依托审计项目和数据分析室，西安特派办以干带训，以战代培、以战促培，增强实战能力，发现一批问题线索，审计成效明显。

党建工作 开展"两学一做"学习教育，学习贯彻党的十八大和十八届三中、四中、五中、六中全会以及习近平总书记系列重要讲话精神，紧紧围绕审计中心工作，履行全面从严治党主体责任。组织党员干部参加系统培训、加强法治和职业道德教育，实现学习教育常态化，强化理想信念和社会主义核心价值观；组织开展年度先进党支部、优秀共产党员及党务工作者、精神文明先进集体和个人评选工作，营造干事创业的良好氛围。坚持"三会一课"、组织生活会和民主生活会、党员领导干部参加双重组织生活等有关党内生活制度，发挥审计组临时党支部作用，加强基层党组织建设，切实发挥战斗堡垒作用。狠抓纪律执行、作风养成和能力提升，不断加强和规范党内政治生活，加强对办处两级班子的思想引领和组织领导，弘扬"责任、忠诚、清廉、依法、独立、奉献"的审计要求，牢固树立"实、高、新、严、细"的工作作风。配合中央巡视组、署党组巡视组开展工作，认真查找自身不足，抓好专项巡视反馈意见整改落实，建立整改台账，明确责任单位和完成时限，整改工作落实到位。

（撰稿人：侯青杨）

【审计署驻兰州特派员办事处】 2016年，审计署驻兰州特派员办事处人员编制150人，实有140人。设有办公室、法规处、财政审计处、行政事业审计处、农业审计处、资源环保审计处、固定资产投资审计处、金融审计处、企业审计处、社会保障审计处、外资运用审计处、计算机审计处、人事教育处、机关党委；11月，根据《审计署特派办机关党委、机关纪委、人事教育处机构职责调整方案》（审党发〔2016〕129号）要求，机关党委与人事教育处合署办公，设置机关党委（人事教育处），设置机关纪委和纪检监察处，并合署办公，机构名称为机关纪委（纪检监察处）。审计署驻兰州特派员办事处（以下简称兰州特派办）审计范围：甘肃、新疆。

领导成员

分党组书记、特派员：马晓方

分党组成员、副特派员：景东华

钱夫中（—6月）

张燕飞（5月—）

赵旭东

分党组成员、纪检组长：宋　民（—9月）

邓海仪（9月—）

副司级审计员：张新勇　赵祥顺（—8月）

审计成果 2016年，兰州特派办完成审计项目17个。查出主要问题金额2753.49亿元，其中违规金额22.16亿元、损失浪费金额143.39亿元、管理不规范金额2587.94亿元；损益（收支）不实金额117万元；审计处理处罚金额2068.75亿元，其中应上缴财政800万元、应归还原渠道资金7000万元、应缴纳其他资金3.24亿元、应调账处理金额2064.73亿元；审计发现非金额计量问题395个；审计促进整改落实有关问题金额75.59亿元；审计促进拨付资金到位90.72亿元。移送司法机关、纪检监察机关和有关部门处理事项5件。出具审计报告和专项审计调查报告17篇；提交的审计信息被中办、国办采用及国家领导人批示105篇（次）。被审计单位制定整改措施69条；推动完善规章制度3项。

2016年度，兰州特派办参与实施的2个审计项目被评为审计署表彰审计项目。

国家重大政策措施贯彻落实跟踪审计 实施甘肃省国家重大政策措施贯彻落实情况跟踪审计。针对精准扶贫、公路建设、丝绸之路国际文化博览会基础设施建设等甘肃省承担的重点工作任务，坚持点面结合、反映总体情况与揭示典型事例并重的审计思路，共抽查单位77家、项目101个。

通过审计反映问题69个，14个典型事例被审计署公告采用。审计促进推动下放行政审批事项2项，加快推进109个项目的审批、建设进度，促进财政资金拨付到位5.12亿元，12名不作为、慢作为的责任人受到问责。

经济责任审计 在某企业原法定代表人经济责任审计和某金融机构负责人经济责任审计中，紧紧围绕“核实业绩、揭示问题、推动改革、维护安全、促进发展”的总体工作思路和被审计单位特点，注重领导干部权力运行关键环节，确定审计重点关注事项，落实责任，揭示多项领导人员负有直接责任的问题。与西安特派办通力合作，实施某市领导干部自然资源资产离任审计试点，探索自然资源资产离任审计的范围、内容、组织方式及定责方式，反映某市部分指标未达到“十二五”环境保护目标责任书要求等问题。

民生资金（项目）审计 实施对某省2015年保障性安居工程的跟踪审计、2016年工伤保险基金审计和医疗保险基金审计。反映在工伤保险基金先行支付制度、创业孵化政策、招投标管理制度、营改增相关配套政策等执行中存在的问题，向相关部门移送侵占、套取、挪用财政资金等方面的案件线索5件。

外资运用审计 在新建某铁路亚洲开发银行贷款项目审计中，抓住资金流、业务流两条主线，把项目建设进度、质量效益、环境安全等问题作为审计重点，发现土地综合开发项目进展缓慢、合资铁路亏损、因项目建设标准不确定造成损失浪费、民营企业非法占地施工造成安全隐患等问题。上报的审计信息被审计结果公告等采用。

信息化建设 充实数据分析团队，成立10个数据分析小组，由单兵作战向团队整体分析转变、由在审计现场短期分析向在办内经常性分析转变，提高数据分析质量，全面提升数据分析水平。实现省、市、县三级财政数据纵向贯通，以及省本级业务数据横向贯通，提高数据标准化水平。

党建工作 将“两学一做”学习教育与学习贯彻党的十八届六中全会精神相结合，采取多种方式促进学习教育常态化，并通过开展丰富的活动，提高学习的系统性、针对性和实效性。制定办分党组落实全面从严治党责任实施办法，结合中央和审计署巡视发现的问题整改梳理不足和问题，加强督导检查，抓紧、压实主体责任，2次巡视共97项整改措施均已按时限要求落实到位。规范党内政治生活，认真落实“三会一课”制度，按时开展支部换届选举，在审计组建立临时党组织。修订完善审计组审计现场廉政管理办法、规范审计自由裁量权管理实施办法等制度，细化完善检查内容，在重大节庆前开展廉政提醒，全年没有发生违反廉政纪律和制度的问题。

队伍建设 研究出台关于进一步加强处级干部队伍建设的意见，采取举办支部书记（处长）培训班、召开处长座谈会、吸纳处室负责人参加办分党组中心组学习会等方式，加强处级干部队伍建设，提升处级干部抓班子、带队伍、强管理的能力。加大干部培训力度，选派150人次参加审计署组织的45期专题培训班；举办1期计算机中级培训班，7人通过计算机中级考试；各处室通过审前培训、业务培训、案例教学等形式开展培训30次。征集教学案例18篇，其中5篇被审计署培训中心评为甲等优秀案例。

相关工作 对审计质量控制制度逐项梳理，7项需要修订或新增的制度已完成初稿；坚持重大项目跟踪审理和集中审理审核，试行审理建议书制度。构建机关事务管理平台，优化功能，提高机关事务管理信息化水平，提升工作效率。加强对保密、财务管理的督促检查，做好文书、计划统计、档案、信访等基础工作，提高内部管理规范化水平。

（撰稿人：吴建卓）

【审计署驻昆明特派员办事处】 2016年，审计署驻昆明特派员办事处人员编制150人，实有137人。设有办公室、法规处、财政审计处、行政事业审计处、农业审计处、固定资产投资审计处、金融审计处、企业审计处、社会保障审计处、外资运用审计处、资源环保审计处、计算机审计处、机关党委（人事教育处）、机关纪委（纪检监察处）。审计署驻昆明特派员办事处（以下简称昆明特派办）审计范围：云南、贵州。

领导成员

分党组书记、特派员：杨宁生

分党组成员、副特派员：周应良
杜光宇（—9月）
文卫国（9月—）
郭　西（—9月）

分党组成员、纪检组长：哈耀卿

副司级审计员：程一平

审计成果 2016年，昆明特派办完成署统一组织的审计项目14个。查出主要问题金额3638.35亿元；审计发现非金额计量问题4817个。提交审计信息被审计署采用66篇，其中被审计要情采用6篇、重要信息要目采用42篇。

2016年度，与济南特派办、兰州特派办联合实施的新疆维吾尔自治区2013年至2014年矿产资源开发利用保护及相关资金征管情况审计等2个审计项目被评为审计署表彰审计项目。

国家重大政策措施贯彻落实跟踪审计 完成云贵两省全年贯彻落实国家重大政策措施情况跟踪审计。出具跟踪审计季度报告8篇、专项审计报告2篇；提交或派员参与核查、起草的审计信息被审计要情采用2篇，被重要信息要目采用10期；四个季度政策跟踪审计报告共被审计署公告采用34个典型案例。审计揭示和反映贵州省镇宁县农村饮水安全工程水质检测中心建成后未能充分发挥作用、全县182个涉及农村饮水安全人口约23万人的集中饮水点检测工作未开展，贵州省2006年自行设立的贵州省建设工程监理员、贵州省省级监理工程师等2个准入类职业资格应清理未清理等问题。

财政审计 完成昆明海关2015年度预算执行、保监会2015年度预算执行等审计项目，揭示昆明海关所属12个单位未将走私物品处置收入1198万元纳入单位会计账簿管理核算、某公司擅自销售免税进口货物涉嫌走私偷逃增值税、云南省未制定绿色通道补贴政策导致运营企业负担成本重等问题。

金融审计 完成中国建设银行总行、光大银行总行重大政策措施跟踪落实审计以及光大银行昆明分行、交通银行云南省分行的延伸审计，国家开发银行云南省分行支持“一带一路”建设情况、国家开发银行和农业发展银行专项建设基金使用情况、异地扶贫搬迁贷款使用情况的审计调查；组织云南省金融扶贫、云贵两省国库现金管理及贵阳市政府性债务情况审计。揭示一些地方房地产去库存中出现市场过热，地王频出背后隐藏的房地产企业融资不规范问题和风险较为突出等典型案例，反映云南省专项建设资金使用存在的问题。

农业与资源环保审计 完成云南省农林水资金、云南省扶贫资金、云南省元阳县和贵州省石阡县扶贫政策跟踪审计、云南省水污染防治资金审计、赤水市领导干部自然资源资产离任审计试点等项目。揭示云南省寻甸县2015年发放的1339笔扶贫到户贴息贷款6560万元中，仅有711笔3433万元发放给建档立卡贫困户；石阡县27个扶贫项目未与贫困户建立利益联结机制不利于贫困户脱贫，涉及财政扶贫资金1045万元；赤水市政府擅自调整公益林区划，违规占用林地砍伐公益林建设旅游地产项目；在国家级珍稀鱼类自然保护区违规建设旅游设施等项目，赤水市珍稀鱼类增殖放流管理不规范，珍稀鱼类种群数量下降等问题。

民生资金（项目）审计 实施云南省保障性住房、工伤保险、医保基金等审计项目。在云南省本级及昆明市保障性安居工程审计项目中，发现违规问题近30个；在云南省医保基金审计项目中，提交重要审计情况1个、审计简报2个，向云南省公安厅移送1件重大问题线索。《工伤保险基金先行支付制度落地难有关配套政策措施亟待完善》等3篇审计信息被审计署重要信息要目等采用，揭示某厅原总工程师配偶在其管辖业务范围内经商，某厅厅长、某管委会副厅级干部涉嫌严重违纪等问题。

经济责任审计 完成中国石油天然气集团公司原法定代表人、中国电力建设集团有限公司原法定代表人任职期间经济责任审计项目。查出问题线索9件，提交的审计信息被审计署重要信息要目采用5篇。审计揭示某交易所及其综合会员变相进行石油期货交易涉嫌非法经营，造成个人会员巨额损失；中石油股份某分公司原总经理涉嫌利用职权违规低价向亲属的公司销售油品造成上市公司遭受损失；某公司原总经理据国有股权为已有非法获利等问题。完成中国保险监督管理委员会主席的经济责任审计。

信息化建设 实现通过网络与审计署机关互联互通并成功上传数据包。运用数据分析技术，发挥数据分析在审计全覆盖和发现重大问题线索中的作用，在中石油领导人员经济责任审计项目中，采用“五个关联”分析，发现某交易所违规开展非法期货业务造成数万名群众损失数十亿元等多起重大问题线索。完成中国审计学会计算机分会发布的“党政领导干部经济责任审计法规知识”课题研究。

党建工作 按照全面从严治党要求，制定昆明特派办全面从严治党责任清单，进一步健全分党组负总责，分党组书记带头抓、分管领导协助抓、职能部门具体抓的责任体系。进一步完善党的基层组织，完成机关党委、机关纪委机构职责调整和机关党委书记、专职副书记、机关纪委书记增补，及时批复任期内支部委员、书记出缺的6个处室党支部的补选结果，批复成立2个处室党支部委员会，配齐党支部书记和委员，批复各审计组设立临时党总支1个、临时党支部19个。在审计现场组织开展一系列的学习教育活动，以党建促业务、以业务促党建，实现党建工作与审计业务工作的良性互动。严格履行党风廉政建设和纪检监察职责，在机关财务、后勤服务中心和原金审酒店机构职责调整前，进行内部审计；对原金审酒店修缮工程、处级干部选拔任用进行全过程监督；对处级党员领导干部操办子女婚宴事项进行提醒。做好挂钩扶贫工作，全年有14个处室（党支部）126人次到挂钩点会泽县以礼社区走访贫困户，对特殊贫困户进行慰问，直接投入以礼社区帮扶项目资金及对特殊贫困户慰问金20余万元。协调下达以礼社区石漠化治理工程项目专项资金200万元、2000亩高稳产农田水利配套设施项目专项资金250万元、8.1公里新建（修）乡村道路专项资金243万元。

队伍建设 按照民主、公开、竞争、择优的原则，经过民主推荐、确定考察对象、组织考察、讨论决定等环节，选拔任用处级干部。对20名在职干部进行岗位调整，安排133人次参加审计署组织的境外培训、审计业务培训、管理培训、技能补充和更新知识等各类培训，组织开展全办干部参加“两学一做”专题讨论、审前业务培训等。

相关工作 制定完善《审计重大问题线索查证管理暂行办法》《机关职工食堂管理办法》《机关办公楼暂行管理办法》《会议室使用管理暂行办法》《机关职工机动车辆停放管理办法》等多项内部管理制度，为审计业务有序开展和机关规范运行提供保障。加强机关财务精细化管理，编制预决算管理流程图、固定资产管理流程图、审计外勤经费报账流程图，设计审计项目有关交通费台账模板等，以简明直观的形式对财务工作流程进行展示，实现对预算总额和进度的有效控制。在信息审核、文稿起草过程中注重加强分析研究，提高文稿质量和层次，提升政策分析团队业务水平；加强保密工作的监督检查；昆明特派办档案室通过云南省档案局组织的规范化管理示范单位的复查，审计档案工作受到云南省人力资源和社会保障厅、云南省档案局的表彰，获得2015年度云南省档案工作先进集体荣誉称号。

（撰稿人：高怀荣）

【审计署驻成都特派员办事处】 2016年，审计署驻成都特派员办事处实有136人。设有办公室、法规处、财政审计处、行政事业审计处、资源环保审计处、固定资产投资审计一处、固定资产投资审计二处、金融审计处、企业审计处、社会保障审计处、外资运用审计处、计算机审计处、人事教育处、机关党委。审计署驻成都特派员办事处（以下简称成都特派办）审计范围：四川、西藏。

领导成员

分党组书记、特派员：吴兆军

分党组成员、副特派员：王端述　吕建伟
　　戴华虎（9月—）
　　赵圣伟（—9月）

分党组成员、纪检组长：陈顺华（—5月）
　　屠红梅（5月—）

正司级审计员：王永红

审计成果 2016年，成都特派办完成审计和审计调查项目15个，发现主要问题金额2061.26亿元，促进增收节支和挽回损失16.46亿元。出具审计报告、专题报告21份；提交重要审计情况19篇、审计简报54篇。上报的审计信息、报告、简报等成果被审计结果报告或审计工作报告典型事例采用5个，被综合报告、专题报告典型事例采用32个；审计信息被审计署审计要情采用13篇、重要信息要目采用54篇、《审计工作通讯》采用4篇，中办采用44篇、国办采用62篇、中央领导同志批示45篇。经审计署同意，由成都特派办直接办理移送事项15件。

2016年度，参与实施的光大集团法定代表人任期经济责任审计等3个项目被评为审计署优秀审计项目或表彰审计项目。

国家重大政策措施贯彻落实跟踪审计 实施四川省贯彻落实国家重大政策措施情况跟踪审计，

从政策落地、资金进度、项目推进、简政放权、风险防范5个方面入手，发现简政放权等9个方面的85项问题，出具审计报告4篇、审计整改建议函5篇。在被审计单位整改过程中，39人受到党纪政纪处分，其中2人被刑事拘留，3人被免职或解聘，2人受到党内严重警告和免职处分，4人受到党内警告处分，28人被诫勉谈话。

财政审计 完成对四川省2015年地方财政收支的审计。审计发现的主要问题有：年初代编预算规模较大、预算编制不细化、预算执行中未及时分解下达；非税收入未及时缴入国库；虚列财政支出、超范围支出教育费附加；部分政府性债务未纳入债务系统管理，脱离财政监管；超规模设立预算稳定调节基金、连续结转超过两年的专项资金未收回统筹使用等。

经济责任审计 完成四川大学党委书记和校长经济责任审计，发现四川大学在贯彻执行国家教育工作方针政策和决策部署，重大经济决策制度制定、执行和效果，预算执行和其他财政财务收支，内部管理和对所属单位履行监管职责以及落实廉政建设责任制和执行有关廉政规定等方面存在的问题。参与完成赤水市2016年领导干部自然资源资产离任试点审计，审计发现赤水市在落实生态文明建设相关政策措施及效果、自然资源资产管理和生态环境保护、相关资金征收管理和项目建设、自然资源资产管理和生态环境保护基础工作等方面存在的问题。完成中国建筑材料集团有限公司法定代表人经济责任审计，审计发现公司在贯彻落实国家重大政策措施、财务收支、重大经济决策、内部管理、企业发展风险隐患以及遵守廉洁从业规定落实中央八项规定精神等方面存在的问题。

金融审计 派员参加8家重点商业银行2016年贷款投放和经营管理情况审计调查以及其他金融专项审计。审计发现中国工商银行、招商银行等商业银行在服务供给侧结构性改革、服务实体经济发展、风险防控以及落实中央八项规定精神等方面存在的问题。

农业与资源环保审计 完成四川省重点流域水污染防治资金审计，发现四川省在水污染防治相关资金管理使用、水污染防治项目实施、水污染防治规划编制实施和水环境保护等方面存在的问题。

民生资金（项目）审计 完成达州市宣汉县、凉山彝族自治州越西县等2个国家扶贫开发工作重点县的扶贫资金审计，发现扶贫资金统筹整合不到位、超范围列支和发放扶贫资金、安排扶贫资金用于乡村风貌塑造等“形象工程”建设、未按规定将扶贫资金纳入专户管理、非法转包和个人挂靠承包扶贫项目、违反合同约定支付工程价款、个体承包人虚报工程费用等问题。完成2015年四川省保障性安居工程审计，审计范围包括四川省本级、成都市本级及中心城区、宣汉县、南江县、遂宁市船山区，审计的内容是各类棚户区改造、农村危房改造和廉租住房、公共租赁住房、经济适用住房、限价商品住房等保障性住房的计划、投资、建设、分配、运营等情况，以及配套基础设施建设情况。发现的主要问题有：保障性安居工程目标任务未能完成、保障性安居工程政策落实不到位、部分单位虚报套取保障性安居工程专项资金、保障性住房分配管理不合规、安居工程运营管理不规范等。完成对四川省2013年至2015年工伤保险政策执行和基金的筹集、管理、使用情况的审计，重点审计四川省本级和广元市，审计发现冒领工伤保险基金、违规发放工伤保险待遇、部分单位和职工未纳入工伤保险保障范围、应征未征工伤保险费、欠缴工伤保险费、工伤保险基金财务管理不规范、基金统筹共济作用弱、工伤预防试点工作进展缓慢、“先行支付”政策执行不到位等问题。完成对四川省医疗保险基金的审计，审计的范围包括四川省本级、成都市本级及所属都江堰市、龙泉驿区，审计的内容是2015年和2016年上半年医疗保险（含城镇职工基本医疗保险、城乡居民基本医疗保险、城乡大病保险）政策制度落实和改革措施推进情况、基金筹集管理使用情况，审计发现医保政策制度落实不到位、医保改革措施推进不力、医保制度整合进度较慢、医保基金管理使用不合规等问题。

外资运用审计 完成世界银行贷款国家铁路Ⅴ期（贵阳至广州铁路）项目审计，发现部分概算清理文件未扣除应由施工单位承担的费用造成多计道砟调差、未按规定招标、超批复工资总额发放职工工资、未按要求编制土地综合开发方案等问题。

专项资金审计 完成四川省收费公路资金管理使用情况审计，延伸调查与收费公路建设运营有关的政府部门、企业和事业单位，审计发现部分高速公路项目未按政府还贷性公路项目进行管理、违规减免通行费、违规审批收费公路项目、违规招标投标，以及收费高速公路基价政策不完善、定价方式不统一等问题。完成四川省 2013 年至 2015 年中央和地方财政安排的农业支持保护补助资金、农机具购置补贴资金等 5 项专项资金以及新增千亿斤粮食生产能力规划田间工程建设项目资金的分配、管理和使用情况的审计，重点抽审中江县和宣汉县，审计发现的主要问题有：违规发放农业支持保护补贴资金，违规发放林业油补专项资金，超比例发放农机购置补贴资金，未及时发放良种补贴和种粮补贴资金；违规为民营合作社购置农机并支付农机购置补贴资金；工程维护和后期管理不善造成工程受损，项目进展缓慢，涉农项目未按设计施工，存在质量缺陷；粮食主产县未及时组建农业信贷担保机构，农机购置补贴资金大量结存，资金效益难以发挥等。

信息化建设 建成数据分析网和数据分析室，采集各专业领域审计数据，实现远程数据报送和远程数据共享，为大数据环境下的审计打下基础。在各专业审计领域分别成立以审计业务骨干为主体、计算机技术专家为支撑的数据分析团队，一线作业与后台数据分析相结合，协调联动，取得成效。发挥数据分析平台作用，对采集的数据深入挖掘、深刻关联、深度解析和深层应用。

相关工作 组织业务人员对有代表性的审计案例进行总结提炼，编制“审计宝典”，在重大审计项目中打造可复制的标准化系列审计精品。探索“初审＋复审＋集体审理”三级审理模式的基础上，不断加大跟踪审理力度，加强重要问题遗留线索管理，对由于人力、时间等条件所限未能形成最终成果的，在分析研究基础上安排人员对重要事项进行审计查证，防范审计风险，保证审计质量。通过不定期举行理论研究征文活动，组织青年审计干部撰写理论研究文章等形式，完成与中国审计学会“领导干部自然资源资产离任审计研究”的合作课题，所撰写的《多领域数据整合查询系统架构设计刍议》一文在“大数据环境下审计技术方法专题研讨会”上被评为优秀论文。

队伍建设 履行全面从严治党主体责任，扎实开展“两学一做”学习教育，制定《关于进一步加强领导班子建设的意见》，从加强理论学习、履行管党治党责任、持续改进作风、严守党规党纪等四大方面明确 16 项具体要求，加强特派办党组领导。通过建立基层党组织台账、制定党支部活动管理办法、完善党建工作考核办法等措施，规范支部组织建设。及时传达上级精神、认真组织学习文件、用典型事件教育引导、实现审计项目回访全覆盖、严格落实中央八项规定精神，搞好廉政建设。完善“进办 1 年基础培养、进办 5 年职业规划、5 年后分类梯队培养”的跟踪培养模式，培养拼搏奋进的青年干部队伍，提升处级干部的组织管理能力和执行力。组织开展“晒公文”、审计报告评分等活动，锤炼审计人的“工匠精神”。

（撰稿人：赵洪超）

【审计署驻长沙特派员办事处】 2016 年，审计署驻长沙特派员办事处人员编制 150 人，实有 142 人。设有办公室、法规处、财政审计处、行政事业审计处、农业审计处、资源环保审计处、固定资产投资审计处、金融审计处、企业审计处、社会保障审计处、外资运用审计处、计算机审计处、机关党委（人事教育处）、机关纪委（纪检监察处）。审计署驻长沙特派员办事处（以下简称长沙特派办）审计范围：上海、浙江。

领导成员

分党组书记、特派员：赵保林

分党组成员、正司级审计员兼副特派员：
车列武（12 月—）

分党组成员、副特派员：李　锋（—9 月）
谢岳山　黄建宇
辛　风（9 月—）

分党组成员、纪检组长：孙雅琴（—9 月）

副司级审计员：周　矫（—9 月）

审计成果 2016 年，长沙特派办完成审计项目 18 个。查出问题金额 813.44 亿元，其中违规金额 95.83 亿元；审计整改金额 38.51 亿元。出具审计报告和专项审计调查报告 21 篇；编报正式审计信息 61 篇，含重要审计情况 26 篇、审计简报 35 篇，被审计署采用信息 61 篇（次），被党和国家领导人批示 28 篇（次）。提出审计建议 42 条。

2016 年度，长沙特派办独立实施的中国海洋石油总公司原法定代表人任期经济责任审计项目，与其他单位联合实施的发展改革委 2014 年度组织分配中央财政投资等情况审计项目、中国农业银行股份有限公司原法定代表人任期经济责任审计（总行）项目，被审计署评为优秀审计项目。长沙特派办牵头实施的辽宁省2013年至2014年矿产资源开发利用保护及相关资金征管情况审计项目，被审计署评为表彰审计项目。长沙特派办被中共中央宣传部、司法部评为全国法治宣传教育先进单位。

国家重大政策措施贯彻落实跟踪审计 承担对湖南、广西两省区的政策落实情况跟踪审计。审计组围绕“三去一降一补”、“放管服”改革、重大项目落地和推进、脱贫攻坚、财政资金统筹整合5项重点内容开展审计，16个案例被审计署审计结果公告采用。在财政收支审计中，关注政府性债务和债券资金安排情况，5个债务典型事例被审计署审计结果公告采用，推动相关改革措施的贯彻落实。

经济责任审计 实施湖南省党政主要领导经济责任审计，以及中船重工和中国铁建总公司法定代表人经济责任审计。在湖南省党政主要领导经济责任审计中，审计组重点关注主要领导的尽责履职情况，紧盯“三重一大”决策事项、突出地域特色，围绕贯彻落实“一带一路”、长江经济带国家发展战略，对湘江流域污染治理、洞庭湖生态经济区建设及生态保护、粮食安全、精准扶贫、地方政府性债务等重大经济决策实施审计监督，上报各类审计信息总计12篇。在中船重工原法定代表人经济责任审计中，审计组从分析集团总体状况和业务特点入手，围绕资产处置、物资采购、对外合作等高风险领域和管控薄弱环节揭示问题，有力推动领导干部权力规范运行。

农业与资源环保审计 在湖南省农林水专项资金审计中，审计组深入查处小官贪腐，查出的骗取农业保险补助资金案，被移送司法、开除党籍、撤职等处理或问责111人。该项目受到审计署领导多次表扬，相关问题被中央电视台《焦点访谈》栏目予以曝光，同时被《人民日报》《中国青年报》等64家主流媒体加以报道转载，社会反响强烈。在扶贫资金审计项目中，审计组揭露骗取中央财政扶贫资金的问题线索，涉事副县长等14名有关人员被党纪政纪处理或刑事立案。

审计揭示抚顺市采煤沉陷区严重威胁居民生命财产安全的重大风险，经国务院领导批示后，中央有关部委、地方党委和政府积极推动风险化解，六千多户居民完成异地搬迁安置工作，人民群众的生命财产安全得到最大限度的保障。《光明日报》《辽宁日报》等多家媒体对此进行专题报道，对国家审计发挥的作用给予高度评价。

民生资金（项目）审计 实施湖南省保障性安居工程审计和湖南省医保基金审计。审计组查出湖南省医保政策落实、医保政策改革措施推进、医保基金筹集、使用和管理等方面存在的问题，发现多起涉嫌骗保的违法问题线索，移送处理后取得良好的反响。

外资运用审计 完成世界银行贷款南广铁路审计项目。审计组重点围绕高铁安全运营情况、环境保护工作情况等开展审计，加大重大问题线索的查处力度，最终揭示铁路桥梁螺栓脱落影响列车运行安全、铁路建设临时用地大量未复垦、闲置荒废严重等多个重大问题。

党建工作 长沙特派办分党组将学习贯彻党的十八大和十八届三中、四中、五中、六中全会精神，学习习近平总书记系列重要讲话精神作为首要政治任务，强化“四个意识”，严守“六项纪律”。同时，结合实际，扎实推进“两学一做”学习教育；强化责任担当，认真履行全面从严治党主体责任，以审计权力行使为监督重点，对9个审计项目进行20次综合检查；严肃党内政治生活，认真落实“三会一课”制度，开展2次自查自纠。长沙特派办金融审计处党支部获得审计署、中央国家机关“先进基层党组织”称号。

队伍建设 出台长沙特派办2016年至2018年领导班子和干部队伍建设规划，坚持正确选人用人导向。开展干部轮岗交流，选派7名干部到审计署、西藏、巡视组借调交流，接收3名干部交流锻炼。全年选派干部参加审计署各类培训班40期，累计培训干部82人次。坚持发挥审计实务导师传帮带作用，为8名新录用公务员指定实务导师。

机关工作 严格贯彻审计署党组工作部署，坚持严格管理、巩固提高、稳中求进、争创一流，取得较好成绩。推进基础工作清理整顿，全面查找在审计业务建设、队伍建设、机关建设等基础管理方面存在的19项突出问题，制定49条针对性强的整改措施，夯实特派办管理基础。继续开展规章制度废改立工作，形成58项规章组成的制度体系。开展全办范围内的资产清查，组织对长沙特派办工程建设项目进行招投标评审和竣工决算审计。强化保密制度执行，强化社会治安综合治理，规范管理，切实防范各类风险隐患。务实做好审计研究与审计宣传。长沙特派办申报“创新审计技术方法与组织方式研究”等审计署重点科研课题和审计学会合作课题共2项；成立政策研究小组，组织理论研究沙龙，在《中国审计》《中国审计报》上发表理论文章13篇，发表审计宣传文章17篇。营造健康积极机关文化，举办“审计文化沙龙”，开展“映像·审计”主题摄影比赛、女性读书月、雷锋家乡学雷锋、创建文明机关争做人民满意公务员、争创湖南省文明单位等主题活动。（撰稿人：刘　亮）

【审计署驻深圳特派员办事处】 2016年，审计署驻深圳特派员办事处人员编制120人，实有108人。设有办公室、法规处、财政审计处、固定资产投资审计处、金融审计处、企业审计处、社会保障审计处、外资运用审计处、境外审计处、计算机审计处、机关党委（人事教育处）、机关纪委（纪检监察处）。审计署驻深圳特派员办事处（以下简称深圳特派办）审计范围：海南、深圳；港澳中资机构。

领导成员

办分党组书记、特派员：段大波

办分党组成员、正司级审计员兼副特派员：张在银

办分党组成员、副特派员：赖汉雄　郝士坤

办分党组成员、纪检组长：杨恒田

正司级审计员：王淡浓

副司级审计员：陈彦钊

审计成果 2016年，深圳特派办实施审计（调查）项目23个。查出问题金额800多亿元；促进整改落实金额30多亿元。移送重大违法违纪问题线索10余件。全年编发简报信息27篇，被审计要情采用11篇，被重要信息要目等审计信息采用48篇，被中办、国办和领导人批示共计78篇（次）。

国家重大政策措施贯彻落实跟踪审计 实施对深圳、海南两省市的重大政策措施贯彻落实情况跟踪审计。审计中充分利用大数据跟踪审计平台的优势，抽查单位和项目278个，抽查资金3082.42亿元。审计发现重点项目推进、财政资金管理使用等方面存在的问题67个，涉及资金242.49亿元。累计报送跟踪审计报告或整改函21篇。完成深圳市和海南省财政存量资金、贵州省毕节市和黔西县地方政府性债务审计任务。

经济责任审计 实施中国化工集团公司领导干部的经济责任审计，坚持把查处重大问题和揭示重大风险作为特色和亮点，坚持数据先行、分析导向，极大地提高审计工作的效率和效果。审计报告反映的各类问题50余个，涉及金额4782亿元，其中应负直接责任和主管责任问题16个。参与审计署直接组织的中国证券监督管理委员会、财政部等经济责任审计项目。

农业与资源环保审计 实施深圳市水污染防治资金审计，揭示出饮用水安全隐患等问题。在湖南省娄底市自然资源资产离任审计试点中，从自然资源资产集约利用和生态环境保护的角度提出审计建议。在深圳市农林水资金审计中，发现渔业油补资金拨付不及时等问题。

固定资产投资审计 对江西省收费公路资金管理使用情况进行审计，审计中认真研究江西省收费公路特点，严格核实抽查路段的“收、支、余”，有效解决方案附表填报过程中数据拆分对比等问题，提高数据填报的质量和效率，被审计署固定资产投资审计司以独立工作动态形式采用并推广该经验。审计发现统计公告数据不实、部分收费公路项目收不抵支债务风险大等问题。

民生资金（项目）审计 在海南省扶贫资金审计中，发现国家扶贫信息系统存在部分功能不完善等问题。在深圳海关审计中，开展比对分析，发现涉嫌非法抵扣进口增值税等问题线索。在深圳市医疗保险资金审计中，发现骗取医疗保险资金等问题线索。

信息化建设 加强审计数据综合利用，加强对审计获取数据的归集、积累、整理、使用工作，提升审计项目数据分析效能。在深圳市医保资金审计中，利用外部数据进行比对，进而发现问题线索。在江西省收费公路资金使用情况审计中，对通行费收入、拆分、划拨进行分析，为审计组提供疑点线索。注重创新审计管理信息化，完成电子数据综合利用平台软件的开发，规范基于服务器虚拟化技术的数据综合利用模式，加强数据的安全使用和规范管理，提高数据综合分析的质

量和效率。

审计质量控制 加强现场审理，坚持重点项目现场跟踪审理，对审理过程中发现的问题进行通报，不断强化规范意识。优化审理管理信息化系统，将审理过程中需重点关注的19项共性任务固化到系统中。规范介绍信的开具和银行账户查询审批事项等，堵塞漏洞，切实做到依法审计。加强法治宣传，通过企业微信号“深圳审计法规通”推送法律法规213期，制作法治展板13期，促进依法依规审计。

党建工作 通过全办党员大会、支部会议、集中学习培训、视频研讨等多种形式，组织全办干部深入学习党的十八届六中全会精神。扎实开展“两学一做”学习教育，切实抓好巡视整改。牢固树立“抓好党建是最大政绩”的政治意识，一把手认真履行全面从严治党第一责任人的责任，班子成员强化“一岗双责”意识。坚持办分党组每月一次的专题学习和每季度一次的中心组学习制度。坚持抓好党支部“三会一课”制度常态化规范化建设。坚决贯彻中央八项规定精神，研究制定深圳办《深入贯彻落实中央八项规定精神的实施意见》。办领导和各支部书记先后在全办党员大会或支部大会上讲党课共36次。对17个审计项目开展廉政检查和回访，与近30个被审计单位人员进行廉政座谈，组织开展个别谈话90余人次。全年有3人和1个基层党支部受到审计署表彰，2篇先进事迹或学习感言被审计署评为优秀或表彰。

队伍建设 以加强领导班子和干部队伍建设为重点，打造政治强、业务精、作风优、纪律严的审计铁军。进一步加强领导班子的思想建设、作风建设和能力建设，提高专业素养，增强决策能力，提升领导水平。优化干部队伍结构，坚持好干部标准选拔正副处级干部。以全面提升能力为目标，加强干部能力建设，选派100余人次参加署党校、审计业务培训班，探索开展3场分组开放式审计教学案例培训，邀请外部专家开展金融和保密知识讲座。先后有12人通过中、高级审计师考试，1人被评为全国会计领军（后备）人才。

相关工作 完善保密制度，加强保密知识学习，加大保密检查力度，集中开展2次全面检查，配合完成国家保密局联网检查，未发生失泄密事件；严守财经纪律，规范预算执行。坚持严暖结合，在政策许可范围内解决干部的实际困难。

（撰稿人：黄　娟）

【审计署驻长春特派员办事处】 2016年，审计署驻长春特派员办事处人员编制110人，实有103人。设有办公室、法规处、财政审计处、行政事业与资源环保审计处、固定资产投资审计处、金融审计处、企业审计处、社会保障审计处、外资运用审计处、计算机审计处、机关党委（人事教育处）、机关纪委（纪检监察处）。审计署驻长春特派员办事处（以下简称长春特派办）审计范围：吉林。

领导成员

办党组书记、特派员：马文辉

办党组成员、副特派员：张宣波（—1月）

王　波

戴华虎（—9月）

刘险峰（6月—）

办党组成员、纪检组长：李雪斌

副司级审计员：周　娇（9月—）　王玉芳

审计成果 2016年，长春特派办完成审计项目16个。查出主要问题金额2799.91亿元，其中违规金额143.47亿元、损失浪费金额54.05亿元、管理不规范金额2602.39亿元；损益（收支）不实金额440.12亿元；审计处理处罚金额231.82亿元，其中应上缴财政2250万元、应归还原渠道资金537.99万元、应调账处理金额230.07亿元、应缴纳的其他资金1.47亿元；审计发现非金额计量问题289个；审计促进整改落实有关问题资金101.69亿元，其中增收节支2.57亿元、已调账处理金额26.64亿元；审计促进拨付资金到位16.97亿元；审计后挽回（避免）损失26万元。移送司法机关、纪检监察机关和有关部门处理事项18件，涉及23人，金额23.72亿元。出具审计报告和专项审计调查报告15篇；提交审计信息52篇，被批示、采用63篇（次）。提出审计建议67条。

2016年，长春特派办实施的中石化集团原法定代表人经济责任审计等3个项目分别被审计署评为优秀项目和表彰项目；长春特派办机关党委被审计署评为“2014—2016年度审计署先进基层党组织”；长春特派办被审计署授予集体三等功。

国家重大政策措施贯彻落实跟踪审计 对某省实施贯彻国家重大政策措施跟踪审计项目，结合“三期叠加”大背景下该省经济的严峻形势，以振兴东北老工业基地为切入点，查出该省各类项目进展缓慢等问题60余个，出具整改函8份。审计结果得到省委省政府高度重视，成立调查组督促完成整改问题57项，占审计反映问题的91%，促进中央重大政策措施落实到位。

财政审计 开展对某省财政存量资金的审计，围绕“摸清底数、盘活存量、优化支出、提高绩效”目标展开工作，推动统筹安排财政资金，促进财政存量资金尽快形成有效支出。开展对某市地方政府性债务审计，把握政策界限和地方政府性债务法规要求，确保地方政府性债务数据的真实、准确、完整。

经济责任审计 开展对某县领导干部自然资源资产离任审计的试点，应用地理信息技术，比对不同资源管理部门的图斑信息，准确锁定疑点区域，审计反映该县相关领导干部在落实生态文明建设、落实“放管服”改革等国家重大政策措施、自然资源资产管理和生态环境保护等5个方面存在的26个突出问题。审计发现的2个典型案例被审计署综合报告采用，1个问题被审计署重要信息要目采用。

金融审计 对某银行开展财务收支情况审计，审计中发现部分民营企业利用实物黄金循环买卖套取并虚开增值税发票等问题，查处违规和管理不规范金额110.89亿元，根据审计结果编发的审计要情被国办采用。开展对重点商业银行贷款投放和经营管理情况专项审计调查，审计发现互联网非法集资、跨境非法转移资金、电信诈骗等问题，根据审计结果编发的审计要情被国办采用。

农业与资源环保审计 在某省重点流域水污染防治资金审计中，长春特派办提出审计工作思路、信息框架被审计署相关司局采用并在全国推广；审计发现的3个问题被审计署重要信息要目采用并被中办或国办采用，审计反映的中央预算内投资计划与专项规划衔接不够影响规划项目顺利推进问题被审计结果公告采用。

固定资产投资审计 对某省收费公路资金管理使用情况进行审计，以收费公路融资、公路安全隐患、超限超载问题等作为审计重点和突破口，审计发现的4个问题被审计署重要信息要目采用并被中办或国办采用；审计反映的某大桥存在重大安全隐患威胁京哈铁路大动脉和人民群众生命财产安全的问题，由审计署进而上报国务院，交通运输部派专人督办该事项的解决、落实。

外资运用审计 完成世界银行贷款某铁路项目财务收支和项目执行情况审计项目，坚持摸清底数、掌握总体，坚持立足全省、研究问题，坚持沉得下去、报得上来，坚持钻得进去、走得出来，坚持两手抓、力促稳增长，推动铁路行业在落实供给侧结构性改革、拉动区域经济增长等方面发挥作用。

企业审计 牵头组织实施对某中央企业领导人经济责任及财务收支的审计。审计中以数据采集分析为手段，聚焦责任，深入排查，揭示该国有企业在重大经济决策、内部管理、风险隐患等7个方面存在的56个问题，涉及金额714.14亿元，其中4个问题被审计署重要信息要目采用，3个问题同时被中办和国办采用。

党建工作 把全面从严治党要求落到实处，严格遵守政治纪律和政治规矩，强化“四个意识”特别是核心意识、看齐意识，扎实开展“两学一做”学习教育，深入学习贯彻党的十八届六中全会精神。进一步健全“一把手”为第一责任人负总责、分管领导分工负责、党组织推进落实、办处两级领导班子成员“一岗双责”的党建工作格局和制度体系，层层压实全面从严治党责任。继续做实支部的稳心、警心、暖心、塑心、聚心工作，机关党建和基层组织凝聚力、战斗力得到加强。接受中央专项巡视和审计署内部巡视，抓好反馈意见的整改落实工作，并以此为契机进一步提高全办党建工作和综合管理水平。

队伍建设 把领导班子和干部队伍建设放在首要位置，通过“四抓、四切实”措施，打造政治强、业务精、作风优、纪律严的审计铁军。坚持抓住“关键少数”，提高班子成员带队伍、抓业务、管事务的能力。加大青年干部培养力度，采取分层次审计人才培养办法，重点解决人员素质与审计发展要求不相适应的问题，同时坚持正确选人用人导向，按照好干部标准开展处级选拔任用。严明审计工作纪律，组织审计干部签订廉政和保密承诺书，坚持廉政检查全覆盖，确保党风廉政建设和保密工作规定在审计一线落地。梳理常见风险管控节点，创新审计质量标准控制体系，明确审计质量管控“优、良、中、差”评定等级，提高审计人员审计业务规范化的能力和水平。

（撰稿人：纪　楠）

【审计署驻重庆特派员办事处】 2016 年，审计署驻重庆特派员办事处人员编制 114 人，实有 102 人。设有办公室、法规处、财政审计处、行政事业与资源环保审计处、固定资产投资审计处、金融审计处、企业审计处、社会保障审计处、外资运用审计处、计算机审计处、机关党委（人事教育处）、机关纪委（纪检监察处）。审计署驻重庆特派员办事处（以下简称重庆特派办）审计范围：重庆。

领导成员

分党组书记、特派员：吕劲松

分党组成员、副特派员：王　斌　籍吉生　宋　晖

分党组成员、纪检组长：杨恒田（—5 月）　吴正恩（5 月—）

副司级审计员：代　斌　赵田录

审计成果 2016 年，重庆特派办共实施完成审计项目 15 个。查出主要问题金额 750.94 亿元，其中违规金额 300 万元、损失浪费金额 3.12 亿元、管理不规范金额 747.79 亿元；损益（收支）不实金额 19.06 亿元；审计处理处罚金额 837 万元，其中应上缴财政 211 万元、应调账处理金额 620 万元；审计发现非金额计量问题 149 个；审计促进整改落实有关问题金额 69.18 亿元，其中增收节支 3795 万元、已调账处理金额 14.40 亿元；审计促进拨付资金到位 11.45 亿元；审计后挽回（避免）损失 316 万元。移送司法机关、纪检监察机关处理事项 4 件。出具审计报告和专项审计调查报告 13 篇；提交审计信息 147 篇，被批示、采用 105 篇。提出审计建议 61 条，被采纳 36 条；推动被审计单位制定整改措施 58 项、建立健全规章制度 6 项。相关工作经验做法被《审计工作通讯》采用 7 篇。

2016 年度，重庆特派办实施的发展改革委 2014 年度组织分配中央财政投资等情况审计、中国农业银行股份有限公司原法定代表人任期经济责任审计（总行）被审计署评为优秀审计项目；重庆市 2015 年贯彻落实稳增长促改革调结构惠民生防风险政策措施跟踪审计、长江三峡水利枢纽工程地下电站竣工财务决算审计被审计署评为表彰审计项目。

国家重大政策措施贯彻落实跟踪审计 实施审计项目过程中，注重资源整合和方法创新，持续关注政策措施落实情况。针对中央经济工作会议部署的“去库存”任务，深入调查城市车位去库存的现状、问题及其体制机制原因；编发的反映中欧班列运营管理情况的信息，得到中央领导同志批示，推动中欧班列统一品牌建设；反映的“考培挂钩”违规收费问责整改、整合涉农扶贫资金用于高山生态搬迁等正面案例被中央电视台深入报道。

财政审计 组织实施地方政府性债务审计，密切关注经济社会运行中的薄弱环节，紧扣“去杠杆”，揭示某国家级贫困区县违规举借巨额债务存在的较大财政风险，引起地方政府高度重视，对该区主要负责人等相关责任人做出严肃处理，对负有直接责任的财政局局长给予行政撤职处分。该处分是新修改的《中华人民共和国预算法》正式实施后对地方政府违规举债行为的首次处罚。组织实施财政存量资金审计调查，围绕“摸清底数、盘活存量、优化支出、提高绩效”目标，掌握地方政府国库库款余额的规模、结构及其变动趋势以及财政存量资金盘活消化、政府投资基金管理运营等有关情况，推动统筹安排财政资金，促进财政存量资金尽快形成有效支出。参与部门预算执行审计，发现部门及下属单位依托行政权力收取企业服务费等问题。

经济责任审计 开展领导干部自然资源资产离任试点审计项目，发现地方政府集中供热燃煤锅炉煤改气年度目标任务未完成、洁净型煤和配套炉具推广缓慢等问题，反映重金属污染和大气污染防治、钢铁“去产能”、秸秆综合利用、永久基本农田划定、国家级自然保护区管理等方面的体制机制性问题，推动地方政府及有关部门整改。

金融审计 组织实施商业银行审计项目，在深入研究银行年度报表、信息系统改造情况、审计平台数据建设情况的基础上，对其不良资产核销和批量转让、房地产信贷、信托等相关业务进行重点分析，对土地交易、房地产市场、商业保险理财等热点问题进行专题研究，揭示涉及非法集资、虚拟币、地下钱庄、证券内幕交易、利益输送等方面的违规违法问题线索。

农业与资源环保审计 在农林水专项资金审计中，核查发现地方政府主管部门履职不严、农机购置补贴标准过高、造成财政资金未有效发挥效益，个别区县部分农业综合开发、水土保持项目招投标不规范、主要工程措施不到位、影响实施效果等问题。在水污染防治资金审计中，抓住地区特色，揭示区县部门专项资金闲置、某企业违规获取专项资金等问题，反映长江经济带水环境治理、水源地保护情况、再生水厂和海绵城市建设，以及垃圾焚烧飞灰污染等体制机制方面的问题，提出有针对性的审计建议。

固定资产投资审计 组织实施收费公路资金管理审计项目。审计围绕核算统计真实性、财务收支合规性、政策执行严格性展开，发现少报投资总额、多报债务余额、少报收入、项目资本金核算不规范、超标准建设绿化项目增加投资等财务收支问题，调查分析投融资体制改革与中央惠民政策落实中存在的问题与障碍，揭示“绿色通道”和节假日优惠通行补偿机制不完善、多种因素影响民间资本参与高速公路 PPP 项目、收费公路超载运输问题仍然突出等问题。

民生资金（项目）审计 开展财政扶贫资金审计，发现相关区县部分扶贫项目弄虚作假、一些项目未按期完工、管护不力、未有效发挥扶贫政策效果，农村交通及饮水安全资金整合不到位，部分扶贫资金闲置等问题，查出某县多名乡镇领导干部涉嫌在扶贫等项目管理中违规操作并收受不当钱款的问题线索，被中央纪委将其作为扶贫领域侵害群众利益的腐败典型案例，在中央电视台公开曝光。开展城镇保障安居工程审计项目，重点关注农村危房改造任务完成的真实性和资金的安全性，城市棚户区改造项目投资建设的合规性，以及公租房和廉租房并轨运行后住房分配管理的合法性，审计发现城镇廉租住房保障家庭收入线标准不合理、资金管理不到位、招投标不规范等问题，提出有针对性的审计建议。开展工伤保险基金审计，发现部分单位或个人编造虚假资料骗取工伤保险基金、经办部门内外勾结为小集体或个人谋利等侵蚀工伤保险基金的问题。开展医疗保险基金审计，对医保基金政策执行、资金筹集、管理及使用情况进行检查，发现骗取套取医保资金等违法违规问题线索。

企业审计 组织实施央企领导人经济责任审计，从梳理领导干部任期内重大决策事项入手，抓住源头、围绕权力、紧扣责任，运用大数据审计方式，多角度多方式、跨领域跨行业开展交叉比对、综合分析，揭示海外项目资产减值、汇兑损失等重大风险，反映产能过剩且压减措施效用未完全发挥、低效无效资产清理和科技成果转化慢等存在的问题。

信息化建设 按照《“十三五”国家审计信息化发展指导意见》的要求，抓好以大数据为核心的审计信息化建设，提高运用信息化技术发现问题、评价判断、宏观分析的能力。完成数据分析网络搭建和数据分析室建设工作，实现与国家审计数据中心的互联互通。拓宽渠道，充分采集相关领域、行业电子数据，形成定期更新的常用审计分析标准数据库。应用“总体分析、发现疑点、分散核实、系统研究”的数字化审计方式，提高审计精准制导能力。加强数据安全管理，严格查询审批，规范数据管理运用。切实抓好信息系统及网络安全运行维护，加强机房日常巡检。

第七届中印青年审计人员交流活动 按照审计署国际合作交流活动的统一安排，重庆特派办牵头协办第七届中印青年审计人员交流活动，具体承担活动筹备的各类事务性工作。重庆特派办确定统筹推进、分工负责的原则，制订工作方案，设立筹备组和文秘、会务、后勤、联络小组。与重庆市政府办公厅、财政局、经信委、两江新区管委会以及互联网产业园、京东方、果园港等 10 余个部门单位联系，取得支持，沟通细节，确保参观访问的顺利进行。坚持将筹备工作细化到项、节点安排到天、责任落实到人，切实加强执行进度管理，共梳理出待办事项 80 余项，采取清单销号的办法，逐项扎实推动完成。交流活动取得较好成效，协办工作得到中印双方代表团和审计署国际合作司的充分肯定。

党建工作 深入推进“两学一做”学习教育，组织传达学习和贯彻落实党的十八届六中全会精神，综合运用听专题报告、分专题研讨、讲专题党课、搞主题联学、编学习手册、写学习感言、发每日微信、设网站专栏等形式，开展纪念建党 95 周年、重温入党志愿书、红色文化经典诵读、“铭记党史、砥砺前行”征文、观看《榜样》宣传片等活动，增强学习教育的韧度、力度和实效。严肃党内政治生活，落实“三会一课”等组织生活制度，做好思想政治工作，切实发挥临时党支部的战斗堡垒和监督保障作用，持续加强基层党组织建设。设置机关纪委（纪检监察处），进一步增强监督执纪力量。配合中央巡视，接受署党组巡视，按时完成巡视整改。

队伍建设 重庆特派办领导班子全面落实从严治党主体责任和党风廉政建设主体责任，在开展学习、遵规守纪、改进作风等方面当好表率，严格执行党员领导干部述职述廉、报告个人有关事项制度和保密工作责任制。严格程序标准，选拔任用处级干部；安排干部 110 人次参加各类培训，选派 7 人参加境外短期培训，组织参加 3 期网络专题培训班，邀请有关专家做国企改革、营改增等专题知识讲座，强化审计人员队伍建设。组织审计人员深入学习审计法等法律法规，开展专题知识讲座、案例教学互动、知识竞赛等活动，提高审计理论水平；紧盯实施方案编制，抓住任务清单落实，开展质量检查通报，落实“四会”制度，召开项目总结点评会等措施，提高审计实操水平；通过抓好项目审理，实行“退回补办制”，分析研判相关审计事项的准确性等措施，提升审计质量水平，全面提高审计人员实战能力。重庆特派办顺利通过重庆市级文明单位复审，计算机审计处创建“青年文明号”成功，全办“青年文明号”处室增至 9 个。多种形式展开思想政治工作，特派办领导经常与干部职工谈心交心，关心关爱干部，改进后勤保障，解决职工困难。发挥群团组织的桥梁纽带作用，开展工会文体活动，成立健步走、健身操等兴趣小组，组织亲子游园、职工篮球赛、“重庆办好声音”评选及才艺展示等活动，活跃氛围，增强活力，促进和谐重庆特派办的建设。

（撰稿人：赵　拓）

地方审计机关

北京市

【北京市审计局】　2016年，北京市审计局共有干部职工562人，其中研究生学历172人，本科学历339人，大专学历31人；高级职称51人，中级职称257人。设有办公室、行财处、综合处、研究室、法制处、人事处、机关党委、离退休干部处、机关工会、监察处（派驻）、审理处、内部审计指导处、经济责任审计办公室（分局）、经济责任审计一处、经济责任审计二处、财政审计处（分局）、行政事业审计处（分局）、农业与资源环保审计处（分局）、固定资产投资审计一处（分局）、固定资产投资审计二处（分局）、经贸审计处（分局）、社会保障审计处（分局）、金融审计处、第一派出局、第二派出局、第三派出局、第四派出局、第五派出局、第六派出局、第七派出局、第八派出局、第九派出局、第十派出局、宣传教育中心、审计项目绩效考评中心、计算机中心、机关服务中心、审计数据中心。

领导成员

局　　长：吴素芳

副 局 长：张祝华（—8月）

　　　　　徐　涓　李拥军（—7月）

　　　　　郭　彤　王　涛（11月—）

　　　　　曾晓冬

总审计师：石　铝

纪检组长：徐纪铭

副巡视员：郑善民（—11月）

审计成果　2016年，北京市区两级审计机关共完成审计项目815个。查出主要问题金额2158.07亿元，其中违规金额172.09亿元、损失浪费金额4.99亿元、管理不规范金额1981.00亿元；损益（收支）不实金额47.93亿元；审计处理处罚金额51.05亿元，其中应上缴财政1.41亿元、应减少财政拨款或补贴15.69亿元、应归还原渠道资金7.60亿元、应调账处理金额25.75亿元；审计发现非金额计量问题2552个；审计促进整改落实有关问题金额367.64亿元，其中增收节支54.41亿元、已调账处理金额23.96亿元；审计促进拨付资金到位1400万元；审计后挽回（避免）损失2.64亿元。移送司法机关、纪检监察机关和有关部门处理事项91件，涉及5人，金额177.75亿元。出具审计报告和专项审计调查报告1037篇，被批示、采用84篇；提交审计信息1148篇，被批示、采用866篇。提出审计建议2647条，被采纳1917条；推动完善规章制度154项。向社会公告审计结果282篇。

广渠路二期道路工程调研工作体制机制创新项目，获得北京市2016年度市级行政机关创新创优项目评审执法监管类第一名。

国家重大政策措施贯彻落实跟踪审计　在各项审计中聚焦中央和市委市政府重大政策和决策部署的落实情况，并积极开展跟踪审计，涉及京津冀协同发展、创新创业、大气污染治理、水污染防治、积极财政政策落实、“放管服”改革等方面重点政策44项、重点任务79项、重点工程85个，做到边审计、边督促整改，促进重大政策和决策部署落地生根。

财政审计　实施全口径预算审计监督，扩大市区两级预算单位审计覆盖面，持续对转移支付制度执行、政府债务管理、存量资金盘活利用、财政资金使用绩效等情况进行审计，促进深化财税改革，做大增量、盘活存量、优化结构，保障财政资金安全高效使用。

经济责任审计　坚持党政同责、同责同审，以领导干部守法、守纪、守规、尽责情况为重点，全市审计机关对220名领导干部进行经济责任审计。通过审计揭示问题、界定责任、做出评价，促进领导干部依法履职尽责。持续加大对贯彻中央八项规定精神和国务院“约法三章”情况的审计力度，促进党风廉政建设。开展领导干部自然资源资产离任审计试点，促进领导干部履行自然资源资产管理和环境保护责任。

专项资金审计 完成冬奥会跟踪审计方案、玉树灾后重建工程造价审定、广渠路二期道路工程建设等专题调研，服务决策，促进解决重大项目推进中的体制机制性问题；对新机场和城市副中心建设、“高峰论坛”、轨道交通等重大项目和活动加强审计服务保障。对保障性安居工程、医疗保险基金、文物及历史文化保护等重点资金进行审计，切实维护人民群众利益。对大气和水污染治理、城市环境综合整治、平原生态林保护、中小河道治理、环境监测能力建设等领域开展审计监督，促进提升治理效果。

信息化建设 市审计局以金审工程成果利用为重点，抓好北京审计信息管理系统（京 OA 系统）应用、大数据环境下的审计分析等工作。9 月印发《北京市审计局审计业务电子数据管理办法（试行）》的通知，进一步加强审计业务电子数据集中管理，规范各单位审计业务电子数据采集、存储、使用和标准化等工作，加大数据综合分析利用力度。在部门预算执行审计中推广“总体分析、发现疑点、分散核实、系统研究”的数字化审计方式，审计覆盖单位比 2015 年提高 50%。以提高系统运行的可靠性、安全性、便捷性为抓手，全面开展京 OA 系统的升级改造，实现系统设备的国产化，完成京 OA 系统三级等级保护的复测。实施审计档案系统、人事系统、信访系统、预算执行管理系统和固定资产管理等子系统的升级开发。以现有服务器及存储设备为基础，开展虚拟化建设，初步搭建市审计局审计云，满足目前审计数据存储及运用的需要，创新审计大数据的技术支撑方式方法。谋划北京审计信息化长远建设，研究提出北京市审计局金审工程三期项目的可研报告，完成立项前期的各项准备，制定北京市审计局“十三五”期间审计信息化建设的实施意见。

制度建设 推进完善审计制度，形成具有北京特点的审计制度框架体系。落实市委、市政府《关于加强新形势下审计工作的意见》，推动出台《关于深化领导干部自然资源资产离任审计试点工作的意见》和《关于进一步加强审计整改工作的意见》；研究制定《“十三五”北京市审计工作发展规划》、北京市审计局审计全覆盖实施意见、北京审计信息化发展指导意见等；全市审计机关共制定、修订涵盖党建工作、队伍建设、行政管理、审计业务管理等方面的 183 项制度办法；市区两级审计机关按要求退出各类议事协调机构 271 个，进一步加强依法独立行使审计监督权。北京审计的目标、方向、发展战略和主要业务领域的制度框架基本建立。审计改革任务落实取得重要突破。对 2 个区开展全面试点领导干部自然资源资产离任审计，组织 14 个区针对区域自然资源特点深化试点；推进健全完善审计整改联动机制，推动落实审计整改责任，加强审计整改跟踪检查，落实审计整改对账销号，依法首次向市人大常委会报告审计整改情况、公告整改结果，市级预算执行审计查出问题整改落实率达到 95%。加大审计结果公开力度，全市审计机关共向社会公告各类审计结果 292 项，首次向社会公告 7 个专项资金审计结果，审计结果公开形成体系。

内部审计 进一步推动北京市内部审计立法工作，市政府已将《北京市内部审计规定》作为 2016 年立法调研论证项目，正式列入立法工作计划。起草制定《北京市审计局关于 2016 年度内部审计工作的指导意见》，同时起草制定《2016 年度全市内部审计指导工作要点》，对内部审计进行分类指导。开展 2015 年度对区政府和行政事业单位内部审计工作的考核；开展分层次、分行业的内部审计培训；开展理论研讨和宣传工作，提升内部审计科研水平，扩大内部审计影响。

（撰稿人：孙 波）

【东城区审计局】 2016 年，东城区审计局人员编制 78 人（公务员编制 67 人、机关工勤编制 4 人、事业编制 7 人），实有 68 人。党组书记、局长侯立华，副局长李辉良、刘立新、田熙娟。设有办公室、人事科、监察科、综合科、复核法制科、信息管理办公室、内部审计指导科、固定资产投资审计科、经贸审计科、行政事业审计科、财政审计科、街道财政审计科、社保环保审计科、经济责任审计科和东城区审计事务中心。

审计成果 2016 年，东城区审计局完成审计项目27个。查出违规金额86万元，管理不规范金额2.49亿元。移送纪检监察机关1人。出具审计报告和专项审计调查报告42篇，审计报告得到领导批示7篇；提交审计信息164篇。提出审计建议58条，被采纳58条，被审计单位制定整改措施71项，健全规章制度10项。向社会公告审计结果13篇。

国家重大政策措施贯彻落实跟踪审计 围绕推进供给侧结构性改革和“三去一降一补”五大任务落实，开展重大政策措施落实情况跟踪审计。重点关注生态环境建设及城市精细化管理任务的落实情况、京津冀协同发展任务的落实情况，关注项目执行进度、存在的问题和推进中遇到的困难。加大对不作为、慢作为、假作为问题的揭示力度和对重大违纪违法问题的查处力度，及时反映新情况新问题，促进政策措施落到实处。

财政审计 开展东城区2015年度预算执行情况和其他财政收支情况以及12个一级预算单位部门预算执行和决算草案的审计，查出管理不规范金额1.93亿元、违规金额76万元。通过审计，强化预算执行效率效果、政策和制度的落实，促进财政财务管理更加规范。预算执行审计结果得到区委、区人大和区政府的充分肯定，区领导对预算执行审计报告做出批示，责成相关单位对发现的问题认真进行整改。对东城区2015年度预算执行情况和其他财政收支情况的审计工作报告及审计发现问题整改报告、区级部门单位的预算执行审计结果（涉密单位除外）全部进行公开。

完成北京市东城区职业大学财务收支的审计，查出管理不规范金额1053万元。通过审计，强化对职业教育资金的监督，规范教育资金的管理。

经济责任审计 接受区委组织部委托，完成7个单位的领导干部经济责任审计，首次开展党政领导干部同步经济责任审计，探索“同步审计、分别实施、分别评价、科学定责”的审计理念，查出管理不规范金额4467万元、违规金额10万元。为强化监督，加大经济责任审计工作力度，3月29日，东城区召开2016年经济责任审计工作领导小组会议，审议通过《北京市东城区经济责任审计整改监督工作办法（试行）》。

固定资产投资审计 完成宝华里回迁住宅货币收购及置换异地现房事项审计、前门历史文化保护区东城区旧城保护整治项目资金审计和纳入征收居民搬迁项目实施情况的审计调查共计3个审计项目。为加大资金的审计监督力度，审计人员定期深入工程项目现场，协调相关部门，推动东城区基础设施改造工作顺利开展。

专项资金审计 完成17个街道残疾人专项资金管理使用情况的审计调查，审计查出管理不规范金额100万元。通过审计调查，促使街道残联认真梳理划分资金支出方向和标准，规范街道残疾人事业资金财务核算。

审计业务管理 全局审计项目计划、预算执行审计方案、经济责任审计计划报区政府批准组织实施，实现审计工作与全区中心工作有机结合。完善京OA与署AO两系统的数据交互机制，实现所有审计项目100%应用京OA系统的目标。完善财政审计分析模型、建立新的审计方法模型、扩展数据种类和规模。配合区政府出台《东城区加强审计监督协调工作机制和整改联动工作机制的意见》。

审计科研 信息管理办公室与固定资产投资审计科人员共同撰写的《决算报表计算机审计案例》和信息管理办公室与财政审计科人员共同撰写的《利用大数据分析财政预算区级财力执行情况审计案例》，在北京市审计机关2016年度计算机案例审计评选中获得鼓励奖。北京审计学会组织的“纪念《中华人民共和国审计法》实施二十周年”征文评选中，张玫撰写的论文《区县级数字化平台在预算执行审计中的应用探讨》获得二等奖；王清撰写的论文《浅析国家治理视角下政府投资审计风险》获得三等奖。

依法审计 制定行政执法岗位目录工作，加大审计处罚力度，将行政处罚裁量基准在门户网站首页上进行公示，规范审计机关对违法行为的行政处罚自由裁量权。开展行政处罚裁量基准的动态管理修订工作，全面梳理本局行政职权事项，明确本局行政职权。

党建工作 成立本局落实党风廉政建设责任制党组主体责任办公室，搭建落实党风廉政主体责任框架，研究出台党组主体责任工作机制，制定责任清单，明确责任制分工，层层传导压力，逐级签订党风廉政责任书。审计过程中严格落实审前廉政提醒、审计公示、审计回访制度。局党组定期听取各科室汇报党风廉政主体责任落实情况，推动党风廉政建设的落实。组织审计干部学习廉洁自律准则和纪律处分条例。组织全局参观区廉政画展，组织科级以上干部观看《永远在路上》警示教育片，开展“为官不为，为官乱为”问题和“侵害群众利益不正之风和腐败问题”专项治理工作。

队伍建设 以理论中心组学习、党校培训、专题辅导、集中学习、个人自学、在局域网开设党员教育学习专栏的形式，组织党员干部学习习近平总书记系列重要讲话、十八届六中全会精神。编纂党员教育学习材料12期，制作宣传教育橱窗6期、学习园地5期。以专题学习研讨、组织生活会、民主评议党员、评树典型、道德讲堂、书记讲党课、召开“两学一做”学习教育推进会的形式，开展“两学一做”学习教育活动，达到学习教育全覆盖。运用“三会一课”、民主生活会、谈心谈话的方式引导干部，使广大党员干部受到思想政治洗礼，作风建设持续好转。组织14人参加审计执法证件资格考试，并考取行政执法证，10人次参加东城区行政执法资格继续教育。制定《北京市东城区审计局党组意识形态工作责任制实施办法》，修订完善《东城区审计局干部教育培训工作管理办法》《东城区审计局绩效管理考核办法(试行)》制度。加强对审计干部的绩效考核和管理，激励审计干部提高履职能力。首次以全脱产方式，与区委党校合作举办科级干部综合素质培训班，召开军转干部、青年干部交流座谈会，4名干部轮岗交流，14人次参加署、市、区组织的处级、科级脱产培训班，18人参加三期审计署审计系统网络学院网络专题培训班，提升干部综合素质和审计实战能力。

内部审计 组织区属56个一级预算单位开展预算执行审计自查自纠工作，区属单位233名内审人员参加市内审协会网络教育平台培训。56名内审人员参加在区委党校举办的内部审计工作人员岗位培训。召开街道系统内审工作交流会，会上结合近年来开展街道审计工作中关注的重点、发现的问题、整改落实情况进行提示和剖析，对加强全区内审工作提出新的要求。

（撰稿人：肖雅莉）

【西城区审计局】 2016年，西城区审计局人员编制71人，实有67人。局长佟丽萍，党组副书记、调研员赵敬书，副局长耿兵、周春青、张博威、朱岩，总审计师姜宏杰，纪检组长李玉萍（—6月）。设有综合办公室等16个科室。

审计成果 2016年，西城区审计局共开展审计项目56个，完成审计项目47个。查出违规金额3058万元、管理不规范金额124.44亿元，核减工程款5846万元；应上缴财政金额1842万元，已上缴财政1842万元。提出审计建议意见128条，被采纳128条。

国家重大政策措施贯彻落实跟踪审计 重点对西城区财政存量资金统筹盘活情况、简政放权政策执行情况、“放管服”政策落实情况、“双随机、一公开”工作开展情况和服务基层群众创业办事政策落实情况等进行审查，持续跟踪检查政府重大政策措施的具体部署、执行进度、实际效果等。通过审计，及时反映经验成效，推动相关政策落实到位，促进中央和市委市政府、区委区政府决策部署和政策措施落地生根和有效执行。

财政审计 对区财政局和15个区级部门开展预算执行审计，重点关注全口径预算管理、存量资金消化与统筹、财政资金使用绩效、国有资本预算支持项目实施及运行情况，以及“三公”经费、会议费管理使用等内容，促进政府预算管理水平不断提升。通过检查部门的主要职责和重点任务的完成情况，延伸资金使用绩效，推动财政资金合理配置、高效安全使用。首次将大数据分析运用到预算执行审计中，系统采集财政电子数据，通过法规指标和专家经验进行数据分析，形成疑点，下发审计现场核实，汇总后统一定性处理。

固定资产投资审计 对北京四中高中部住宿楼加固改造工程等16个项目进行竣工决算审计。在工程决算审计中，深入施工现场，加大现场踏勘力度，通过多方询价的方式取得参考价格，确定材料价格。对重点项目提前介入，提前监督，实施全过程跟踪审计，使工程管理逐步规范，存在的问题及时整改。从项目立项的科学性、工程设计的深入性、施工合同的严谨性、工程洽商的必要性等环节入手，从关注造价审计向关注立项决策、项目审批、工程招投标、物资采购、资金管理使用、工程质量管理和投资绩效等重要环节转变，揭示工程合同管理、项目现场管理、工程财务管理等方面存在的问题，确保政府投资项目管理规范，资金高效使用。

经济责任审计 对13名处级领导干部开展经济责任审计。首次尝试街道党政主要领导干部同步审计，探索新形势下党政主要领导干部经济责任同步审计的思路、方法。联合区纪委、区委组织部共同组织进点会，促进审计工作得到被审计领导重视、理解和支持。选取区教委、区卫生局、区国资委等资金量大、下属单位多的单位，从机构设置、制度建设、工作流程等方面对近3年经济责任审计工作开展调研总结。

专项资金审计 开展公共文明引导员工作经费、促进就业政策及配套资金、中小学生特长兴趣培训资金、群众体育类项目资金、军人抚恤优待资金等专项审计调查。聚焦资金来源，深入摸清专项资金金额、用途、使用范围等，审查政策执行是否到位，措施是否合理，内部控制制度建立及执行是否有效，促进民生项目政策目标的实现。针对发现的问题，从宏观层面进行综合分析和深度挖掘，研究解决问题的建议，为区政府宏观决策提供参考。

内部审计 贯彻落实中央、北京市加强内部审计工作精神，结合西城区发展实际，西城区内审协会制定《2016年内部审计工作的指导意见》《内部审计优秀项目评比办法》，加强内部审计工作指导力度，表彰、交流优秀内部审计案例，发挥其示范和导向作用。采用全面走访、集中座谈、统一培训、书面反馈，以及线上与线下相结合等多种方式，开展街道内部审计调研。内审协会组建全区内审工作交流群，及时交流沟通、相互学习。组织业务骨干利用审计局后续教育平台参加集中培训，与审计局干部共同编组，提高内审人员的能力和水平。（撰稿人：宋　楠）

【朝阳区审计局】 2016年，朝阳区审计局人员编制83人，实有76人。局长田峡，副局长苗洪、文晓辉、杜云超、付秀莲，总审计师韩淑文，纪检组长张福祥，副调研员王信增、尹建华。设有办公室、综合科、法制科、信息化办公室、监察科、经济责任审计指导科、经济责任审计科、财政金融审计科、行政事业审计科、固定资产投资审计一科、固定资产投资审计二科、经贸审计科；下设审计指导中心。

审计成果 2016年，朝阳区审计局完成审计项目51个。查出问题金额23.90亿元，其中违规金额9800万元、管理不规范金额22.92亿元；审计发现非金额计量问题110个。出具审计报告和专项审计调查报告51篇，被批示43篇；提交审计信息159篇，被采用212篇（次）。提出审计建议151条，被采纳151条；推动完善规章制度42项。向社会公告审计结果17篇。

2016年，朝阳区审计局获得首都精神文明建设委员会表彰，被评为“2015年度群众性精神文明创建工作规范化建设文明单位”荣誉称号。朝阳区信息化工作办公室原党支部书记、主任经济责任审计项目，朝阳区温榆河走廊建设管理委员会2013年度和2014年1月至4月预算执行及其他财政收支情况审计项目获得北京市审计局优秀（表彰）项目。

国家重大政策措施贯彻落实跟踪审计 按照审计署、北京市审计局统一安排，按季度开展重大政策措施落实情况跟踪审计。

财政审计 完成朝阳区财政局组织本级预算执行及其他财政收支情况审计项目，对17个单位的部门预算执行和其他财政收支情况进行审计。

经济责任审计 完成18个单位29名领导干部经济责任审计和1个领导干部自然资源资产离任审计试点项目。

固定资产投资审计 完成坝河南岸截污工程等9个固定资产投资审计项目。

企业审计 完成朝阳区国有资本经营管理中心2013—2015年度资产、负债及损益情况等2个企业审计项目。

专项审计调查 完成朝阳区道路建设情况等4个专项审计调查工作。

内部审计 开展对相关单位和部门的内部审计工作的指导、检查和培训。（撰稿人：赵慧敏）

【丰台区审计局】 2016年，丰台区审计局人员编制60人（其中公务员编制46人、事业编制12人、工勤编制2人），实有56人（其中公务员编制42人、事业编制12人、工勤编制2人）。

局长段德珍，副局长刘树东、刘月梅、刘海梅，总审计师郭凤芝。设有办公室、人事监察科、综合科、行政事业审计科、财政金融审计科、固定资产投资审计科、经济责任审计一科、经济责任审计二科、内部审计指导科、经贸社保审计科、农林环保审计科；下设园区审计办事处。

审计成果 2016 年，丰台区审计局完成审计项目 55 个。查出主要问题金额 36.77 亿元，其中违规金额 3.89 亿元、管理不规范金额 32.88 亿元；审计处理处罚金额 3871 万元，其中应上缴财政 30 万元、应减少财政拨款或补贴 28 万元、应缴纳其他资金 7 万元、应调账处理金额 3806 万元；审计发现非金额计量问题 99 个；审计促进整改落实有关问题金额 6336 万元，其中增收节支 793 万元、已调账处理金额 2627 万元，审计后挽回（避免）损失 2916 万元。移送司法机关、纪检监察机关和有关部门处理事项 1 件，涉及金额 39 万元。出具审计报告和专项审计调查报告 57 篇，被批示、采用 10 篇；提交审计信息 139 篇，被批示、采用 110 篇。提出审计建议 257 条，被采纳 257 条；推动完善规章制度 203 项。向社会公告审计结果 15 篇。

2016 年，丰台区审计局被评为全国审计信息宣传先进单位。

国家重大政策措施贯彻落实跟踪审计 按照审计署和北京市审计局的统一工作部署，分别对财政存量资金统筹盘活情况、地方债券资金使用情况以及“放管服”政策落实情况进行跟踪审计。审计中做到边审计、边督促整改，促进重大政策和决策部署落地生根。

财政审计 加强全口径预算监督，将一般公共预算、国有资本经营预算、政府性基金预算和社保基金预算的编制和执行纳入审计，审计资金量涉及 825.53 亿元，揭示违规问题金额 25.95 亿元。将一级单位部门预算执行审计数增加至 15 家，相比上年增长 40%。同时，加大审计结果公开力度，将部门预算执行审计结果 100%公开。

固定资产投资审计 开展对中小学教学楼装修改造工程、道路改造等 5 项重点民生资金和项目的审计，审计资金量涉及 9328 万元，揭示违规问题金额 3974 万元。审计促进被审计单位规范政府投资建设项目程序履行，严格把控工程实施关键环节，确保工程建设资金合法、安全使用。同时，加强对中介机构审计管理及审计过程控制，提高政府投资审计监督成效。

经济责任审计 对 21 名处级领导干部进行经济责任审计，审计资金量涉及 33.35 亿元，查出管理不规范金额 2.32 亿元，审计内容突出监督权力运行和落实中央八项规定精神。促进丰台区经济责任审计工作领导小组制定出台《丰台区经济责任审计责任追究办法（试行）》，对加强领导干部权力运行的制约与监督，提高审计结果利用水平具有重大的意义。对 1 个审计项目中发现的重大问题依法移送丰台区纪检检察机关。

专项资金审计 完成对区卫计委、区水务局、区园林绿化局等 6 个部门涉及民生、具有社会影响的重点专项资金审计（调查）项目，审计资金量涉及 100.41 亿元，查出管理不规范问题金额 4.23 亿元。在专项资金审计（调查）中，紧紧围绕部门所承担的职能职责，重点从专项资金的使用经济性、效益性、效果性等方面评价项目执行效果，促进专项资金提质增效。

内部审计 举办内审继续教育培训班 4 期，参训人员 546 人。采取“以会代培”的形式，组织全区内审单位召开网络组长会 3 期，参训人员 326 人。抓好内审工作理论研究和探讨，整理上报内审信息 53 篇。 （撰稿人：刘 勇）

【石景山区审计局】 2016 年，石景山区审计局有公务员编制 36 人，事业编制 12 人，机关工勤编制 1 人。局长王亚兰，副局长庞晨潮、孙元林、张凯。设有办公室、审计综合科（信息管理科）、财政金融审计科、固定资产投资审计科、经济贸易审计科、行政事业审计科、经济责任审计科；下设区审计指导中心和区审计局经济责任审计中心。

审计成果 2016 年，石景山区审计局开展审计项目 35 个。查出管理不规范金额 3.05 亿元。应调账处理金额 3327 万元，核减投资额 2140 万元。审计报告被区领导批示 19 篇，被市、区信息主管部门采用信息 130 篇（次）。提出审计建议 165 条。

2016 年，区审计局组织实施的石景山区体育局党组书记、石景山区体育局局长任职期间经济责任审计项目被评为2016年北京市审计机关优秀审计项目；石景山区国有企业经营性房产管理情况专项审计调查项目获得2016年北京市审计机关表彰审计项目；地方财政资金使用情况计算机审计案例被市审计局评为鼓励奖。连续第20年被首都精神文明建设委员会评为“首都文明单位”；连续第9年被评为北京市审计系统信息工作先进单位，1人被评为北京市审计系统信息工作先进个人。

国家重大政策措施贯彻落实跟踪审计　按季度开展重大政策措施落实情况跟踪审计，重点关注存量资金统筹盘活、地方债券资金使用情况和重点项目推进情况。跟踪审计结果表明，石景山区在贯彻落实财政、重点投资项目等多项政策方面运行良好。

财政审计　开展区级预算执行和决算草案审计，重点审计区级财政预算管理情况，对区级全口径预算进行审查；对区地税局、区国资委等13个部门的预算执行和决算草案进行审计，重点关注部门存量资金的规模、结构及变动情况，国有资产收益上缴财政情况，会议费、培训费相关支出情况，部门现金使用情况等。首次采用集中交叉审理模式对项目进行复核。继续公开全部部门预算执行审计结果，进一步推动审计结果公开。

固定资产投资审计　结合石景山区“八个高端体系建设”的战略目标，开展对石景山国家保险园建设、区园林绿化“西绿东引”工程、石府路建设工程、国际雕塑公园园林景观提升工程等项目的审计监督；结合人民群众关心的热点，开展对中小河道治理、棚户区改造等全过程跟踪审计监督；继续开展对区保险产业服务平台、苹果园交通枢纽拆迁、永乐西小区1207煤气爆燃事故政府救助资金跟踪审计等项目，提前介入北辛安棚户区改造等2016年重点项目的前期研讨。固定资产投资重点审计监督项目，坚持边指出问题边督促整改，共为财政节约5.45亿元。

经济责任审计　落实《党政主要领导干部和企业领导人员经济责任审计规定》及其实施细则，对区民防局、区司法局等4个行政事业单位的5名处级领导干部开展经济责任审计，其中对广宁街道的2名处级领导干部开展党政同审；对万商投资、宏润、国资公司3个区属国有企业的3名领导人员进行经济责任审计。审计围绕被审计领导干部履行法律法规赋予的重要职责以及“三定”方案规定的主体责任开展。

专项资金审计　围绕区委、区政府中心工作，开展区行政事业单位国有资产收益及处置资金、区民生家园建设专项资金、区住宅专项维修资金、区园林绿化美化资金、区教委采购资金等5项专项审计调查，揭示在政策落实、资金分配、管理和使用效益等方面存在的问题。

自然资源资产离任审计试点　继续开展自然资源资产审计试点工作。在前期充分调研的基础上，结合区域功能、发展定位和资源禀赋，开展对石景山区水资源开发、利用、管理以及资金使用情况的审计，重点关注相关政策贯彻落实效果、水资源费的管理和使用、资源保护等内容。起草《石景山区财政资金、国有资产和国有资源审计监督协调办法（试行）》。

信息化建设　完成对区审计局机房设备、内部办公系统的更新升级，改进和完善办公平台内现有流程，清理核查计算机类固定资产，首次在审计局门户网站上公开2个专项审计调查结果。

相关工作　持续开展“两学一做”学习教育活动，围绕职责以学促做；起草《关于进一步加强审计整改工作的意见（试行）》；依托审计统计软件对审计发现的问题实行问题清单和整改清单对接制度；完成对行政职权的梳理并形成权力清单，完成行政执法岗位目录的编制、系统录入、岗位人员关联并进行公示；完成清理退出议事协调机构、公车制度改革等多项重要工作。

内部审计　区审计局发布石景山区年度内部审计工作要点，推动各单位建立健全内部审计制度，加强审计结果和审计整改结果运用，促进内部审计更好地发挥作用。对全区各单位发放内部审计调研问卷，并对10个重点单位的内部审计工作开展情况进行实地调研走访，调研情况在区长办公会上进行通报。组织全区9个街道（社区）的主要领导及分管内部审计或财务工作的主管领导进行审计相关工作培训，有力促进各单位内部审计工作的有效落实。　（撰稿人：邵建设）

【海淀区审计局】　2016年，海淀区审计局人员编制68人（公务员编制58人、机关工勤编制1人、事业编制9人)，实有58人。局长兼党组书记王彩霞，副局长段敬德、薛为民、郇斌锋、苏立杨（12月—），总审计师蔡文，纪检组长曹建平。设有办公室、人事科（监察科)、行政科、财政金融审计科、行政事业审计科、经济贸易审计科、经济责任审计科、固定资产投资审计一科、固定资产投资审计二科、审计项目复核科、审计督察科和海淀审计信息中心。

审计成果 2016年，海淀区审计局组织开展审计及专项审计调查项目33个。查出管理不规范问题金额199.14亿元；非金额计量问题42个；审计期间整改金额1953万元。出具审计报告和专项审计调查报告44篇，被批示、采用5篇，被采纳审计建议175条，被审计单位制定整改措施115项，促进建立健全规章制度5项。提交审计专题、综合性报告和信息简报162篇，被批示、采用审计信息119篇。向社会公告审计结果及整改情况17项。

2016年，在北京市审计系统评选优秀审计项目活动中，海淀区社区卫生服务机构建设管理及运营情况专项审计调查项目被评为优秀审计项目，海淀区总工会2014年度部门预算执行和决算草案审计项目被评为表彰审计项目。

国家重大政策措施贯彻落实跟踪审计 按照北京市审计局的统一部署，持续组织对全区重大政策措施落实情况开展跟踪审计。跟踪审计工作与市审计局共同开展，重点审查财政存量统筹盘活、“放管服”政策落实、地方债券资金使用等情况，按照时间节点上报审计结果。通过政策跟踪审计，保障中央重大政策措施在海淀区落地生根发挥实效，推动市区政府相关工作要求落实到位，促进财政存量资金盘活，“放管服”政策执行，审计工作在促进区域经济健康运行方面发挥积极作用。

财政审计 组织实施17个审计项目，重点推进对政府全口径预算的全覆盖监督，重点检查预算执行效果、存量资金管理等方面的情况，推动财政资金更加合理配置、高效使用。审计揭示部分预算支出进度不快、部分存量资金未及时盘活使用等方面的问题，提出进一步规范预算管理、盘活存量资金、全面落实整改责任等建议。

经济责任审计 安排经济责任审计项目13个，被审计领导干部9人。重点关注领导干部贯彻执行重大决策部署、决策制定、遵守法律法规、遵守廉洁从政规定等情况，并把机构设置、编制使用、“三公”经费等作为重要内容。

自然资源资产离任审计试点 起草《海淀区贯彻落实〈关于深入推进领导干部自然资源资产离任审计试点工作的意见〉的实施意见》，确定土地资源审计、森林资源审计、水资源审计及大气污染防治审计四个方面的审计重点，开展全区自然资源资产基础情况调查，摸清森林、土地、大气、水资源四类资源底数。对西农公司及苏家坨镇2个单位3位正处级领导干部开展自然资源资产离任审计试点，促进自然资源资产有效利用，推动领导干部切实履行自然资源资产管理责任。

固定资产投资审计 政府投资项目跟踪审计涉及无煤化改造、棚户区改造等465项建设任务。对无煤化项目、户外电网建设、户内设施改造等进行全程审计监督。配合北京市审计局对海淀地域内南旱河防洪排水一期项目的18个中小河道工程开展审计，重点审查招投标程序履行等工程建设管理情况、资金筹集管理使用情况、工程建设进度及竣工验收情况以及河道工程的治理效果，揭示工程实施中存在的其他问题。组织社会中介审计机构完成政府投资建设项目跟踪审计50个，通过审减投资节约建设资金4.57亿元，平均审减率12%，对工程价款结算中多报工程量、多报材料价格等问题进行纠正处理，确保工程价款结算的准确性。

专项资金审计 按照《海淀区新型农村合作医疗管理机构管理机构移交接收工作方案》要求，对全区新农合基金的收支余等情况进行重点审计，对移交的会计资料、资产、债权债务进行认真核实，保障新农合工作由卫生部门向人力社保部门的顺利移交。开展生活垃圾分类资金管理使用效益情况审计，了解掌握海淀区生活垃圾处理现状，审查财政资金投入的使用管理、政策规定的执行等情况，分析评价运用绩效，揭示资金管理和使用中违规问题。

审计公开 公开预算执行审计工作报告、15家单位部门预算执行审计报告以及审计查处问题整改情况报告，完善审计整改联动机制，加大审计整改督办、报告、通报工作力度，进一步推动审计整改的闭环管理，确保审计整改取得实效。

内部审计 发挥审计机关对内审的指导职能，组织2016年度内部审计理论文章评选、内审项目质量检查、内审工作交流与考察等活动。分行业组织开展乡镇系统、卫生系统内审人员后续教育培训共4期，培训人数达300多人次。

（撰稿人：乔　捷）

【门头沟区审计局】 2016年，门头沟区审计局公务员编制31人，实有29人；机关工勤编制1人，实有1人。局长王培训，副局长吴海臣、邢世悦、张胜、王青。设有经济责任审计科、行政事业审计科、固定资产投资审计科、经贸审计科、财政金融审计科、人事教育监察科、综合法制科、办公室；下设全额事业单位门头沟区审计指导服务中心，编制7人，实有6人。

审计成果 2016年，门头沟区审计局共完成审计和审计调查项目36个，指明纠正管理不规范金额34.12亿元。提出审计建议113条。

财政审计 预算执行审计取得明显成果，审计项目18个，指明纠正金额22.05亿元。提出审计建议60条。审计揭示在区域财政管理、大额专项资金管理、部门预算执行方面存在的问题，提出相应审计建议。相关区领导就审计结果报告召开工作专题会，研究审计发现的问题并落实解决措施。根据审计结果，财政部门完善镇街管理体制，重新梳理大额专项资金并细化各类资金管理办法，促进区域财政管理体制的健全。

经济责任审计 完成对16个单位的领导干部的审计，指明纠正金额12.06亿元。提出审计建议52条。审计采取由门头沟区审计局人员担任项目负责人，聘请社会审计力量担任项目组成员的方式，统一组织、监督和指导社会审计力量开展审计。经济责任审计与预算执行审计密切结合，充分利用预算执行审计成果，对项目进行延续安排，重点关注职权行使、财务资产、工程管理、专项资金、合同法务、“三重一大”6个方面的内容。为保证在5年内全面轮审覆盖，将经济责任审计情况纳入审计对象资源库和经责审计成果数据库。加强审计通报工作，重要单位的审计报告由主管区领导带队到该单位进行通报，并责成被审计单位3个月内完成问题整改，向区委、区政府、区审计局提交整改报告；对于问题严重的，经区审计局建议，由区经济责任审计工作领导小组领导带队，协同主管区领导到被审计单位进行通报。

（撰稿人：刘皓楠）

【房山区审计局】 2016年，房山区审计局人员编制56人，实有52人。局长马俊怀，党组书记陈建民（10月—），副局长李亮、范江梅、刘志勇、隗永强，总审计师许春成，纪检组长姜品英。设有办公室、综合科、人事教育科、行政财政审计科、工商基建审计科、干部经济责任审计科、农业环保审计科和内部审计指导中心（事业编制）。

审计成果 2016年，房山区审计局完成审计项目63个。查出主要问题金额24.87亿元；审计处理处罚金额15.76亿元，其中应上缴财政227万元、应减少财政拨款或补贴12.14亿元、应归还原渠道资金1.06亿元、应调账处理金额2.54亿元。出具审计报告和专项审计调查报告110篇；提交审计信息21篇。提出审计建议162条。

国家重大政策措施贯彻落实跟踪审计 围绕项目落地、资金保障、简政放权、政策落实、风险防范“五大抓手”，对进展缓慢的3个市级重点项目按季度进行督促整改，效果显著。

财政审计 突出全口径和决算草案编制，重点加强对公共财政预算、基金预算及国有资本经营预算安排和使用情况，以及决算草案编制的真实性、合法性的审计监督，完成对区交通局、区教委等10个部门预算执行情况的审计。房山区七届人大常委会第三十二次会议审议通过区审计局受政府委托所做的《关于2015年度房山区预算执行及其他财政收支情况的审计工作报告》。

经济责任审计 对9名处级领导干部开展经济责任审计，根据发现的问题收回应缴财政款及税收款184万元。向被审计单位提出审计建议26条。撰写的审计调研报告《领导干部自然资源资产离任审计初探》分别被《北京审计》及《中国内部审计》采用。

自然资源资产离任审计试点 研究确定“积极推进、实用为先、明确责任、方法为主”的工作思路，抽取山区乡镇开展自然资源资产离任审计试点，并将党政正职经济责任审计与任职期间土地资源资产审计合并进行。审计中利用地理信息系统（GIS）、Google Earth 等软件，结合国土部门的地籍资料，对数据进行计算机辅助分析，提高审计的效率。通过审计，梳理出乡镇土地管理职责的法规库，建立适合乡镇领导干部的评价指标体系，为全面开展自然资源资产离任审计打下良好基础。

农业与资源环保审计 完成对房山区防汛抗旱指挥部办公室 2012 年至 2015 年防汛物资储备管理情况的审计工作。审计发现管理不规范金额 38 万元。提出审计建议 3 条，并对该项目的审计结果进行公开。

固定资产投资审计 完成固定资产投资审计项目 42 个，审计资金 99.94 亿元。其中工程审计 40 个，核减工程款 12.3 亿元，核减率为 15.12%；财务资金审计项目 2 个，发现问题金额 10.46 亿元。在兰花大会项目和土地开发项目审计过程中发现的违法违纪案件线索 2 件，移送有关部门处理。

民生资金（项目）审计 按照市区整合城乡居民医疗保险制度工作要求，实现城镇职工医保、城镇居民医保、新农合“三保”统筹管理，对新型农村合作医疗由卫生部门向社保部门的交接工作进行审计。

完成对 2013—2015 年度农村地区“减煤换煤清洁空气”项目的审计。此次审计项目与区纪委专案组调查工作结合，采取联合作战的方式同步进行，审计中将涉嫌违纪违法的问题线索及时移交区纪委专案组进一步调查处理。审计组提出审计建议 3 条，撰写《审计纪检联手，揭开骗取财政资金内幕》的审计案例一篇。

制度建设 坚持一手抓重大违纪违法问题揭露，一手抓揭示体制机制性问题，以制度创新提升审计规范，相继研究制定起草《关于加强审计整改的实施意见》《审计问题移送处理的规定》等制度，有力地提升审计工作成效。

领导调研 房山区委常委、区纪委书记高云峰就深化纪检监察机关与审计机关协调机制建设，形成反腐败工作合力到区审计局调研，并对审计工作给予充分肯定，同时提出要求：创新深化协调配合机制，案件线索移送要坚定不移，扩大纪检监督与审计监督联动的社会影响，开创全区党风廉政建设和反腐败工作的新局面。

房山区委常委、组织部长于波到审计局调研，对审计各项工作取得的成绩给予肯定，要求提升审计工作的大局意识，围绕绩效抓审计，围绕监督抓审计，立足权力运行和责任落实，深入研究违法违纪问题的发展态势，紧盯财政资金管理、公共基础设施建设、国有资产处置等重点环节，发现和查处滥用职权、贪污受贿、奢侈浪费、损害群众利益等问题。

党建工作 以“两学一做”教育活动为契机，教育引导机关干部牢固树立“四个意识”，认真落实党风廉政建设“两个责任”，完善职权责任清单以及审计质量管理、队伍建设等多项制度。开展以“对党忠诚做合格党员”为主题的微体会交流活动，组织全体党员到狼牙山五勇士纪念馆重温入党誓词，激励审计干部在平凡的审计工作岗位上，为党旗争辉，为党的事业奋斗不息。

内部审计 房山区审计局举办乡镇、区直部门内部审计负责人及内部审计人员审计业务知识培训班，参加培训的有 390 人。论文《新常态下做好内部审计工作的思考》获北京市内部审计协会 2016 年内部审计理论研讨三等奖。

（撰稿人：李晓鹏）

【通州区审计局】 2016 年，通州区审计局人员编制 39 人，实有 36 人。局长盛亚荣，党组书记石国辉，副局长曹温华（—10 月）、赵静、周丰、黄海青、梁红梅（8 月—），纪检组长王文选，助理调研员唐传军、姜东升。设有办公室、人事教育科、内审指导科、监察科、综合指导科、行政事业审计科、经济责任审计科、财政金融审计科、经贸投资审计科；下设北京市通州区专项审计工作中心。

审计成果 2016 年，通州区审计局共完成审计项目 37 个。查出违规金额 271 万元、管理不规范金额 4444 万元；审计发现非金额计量问题 43 个。出具审计报告和专项审计调查报告 63 篇；提交审计信息 95 篇，被采用 98 篇（次）。提出审计建议 58 条。向社会公告审计结果 17 篇。

国家重大政策措施贯彻落实跟踪审计 根据审计署和市审计局的工作安排，对 2016 年区政府财政存量资金统筹盘活、实施“放管服”相关政策的落实和地方债券资金使用等情况进行跟踪审计。就加快财政存量资金的清理、加强对债券资金和部门存量资金使用的跟踪检查、加强对优化公共服务流程等相关“放管服”政策执行的跟踪检查，提出审计意见和建议。

财政审计 审计一级预算单位16个。揭示预算编制不科学、预算执行不规范、政府采购程序执行不到位、存量资金消化不及时等问题，从机制、制度和管理层面分析问题产生的原因，提出科学编制预算、规范预算程序、严格落实政府采购程序等意见和建议，审计期间清理上缴存量资金510万元。

经济责任审计 完成经济责任审计项目19个。查出问题金额1189万元。审计重点关注领导干部贯彻执行重大经济方针政策、重大经济决策、国有资产的管理、履行有关党风廉政建设第一责任人以及本人遵守有关廉洁从政规定等情况，发现专项资金管理不规范、固定资产管理不规范等主要问题。

固定资产投资审计 开展包括一级开发、安置房建设、征地拆迁、房屋征收和其他建设项目在内的政府投资项目审计113个，全年审计总金额146.40亿元。揭示未按规定履行基本建设程序、财务管理不到位、成本核算不规范、概算执行不严格等问题，涉及金额15.68亿元。

内部审计 通州区内部审计机构完成审计项目1447个，提出审计意见和建议1143条，培训内部审计人员363人次。对完善单位财务管理，规范经济运行活动，提高资金使用效益起到促进作用。 （撰稿人：张硕楠）

【顺义区审计局】 2016年，顺义区审计局人员编制56人，实有55人。局长范士永，副局长西连仲、绳桂华、侯健，副处级调研员王惠芳、田学光。设有办公室、综合业务科、监察科、财政金融审计科、行政事业审计科、经济贸易审计科、经济责任审计科、固定资产投资审计科、社会保障审计科；下设顺义区内部审计指导所。

审计成果 2016年，顺义区审计局完成审计项目38个。查出主要问题金额149.57亿元，其中违规金额109万元、管理不规范金额149.57亿元；审计处理处罚金额109万元，其中应上缴财政金额109万元，已上缴财政6604万元（含上年查出违规金额6495万元）；审计发现非金额计量问题28个；审计促进整改落实有关问题金额4.83亿元，其中增收节支109万元。出具审计报告和专项审计调查报告56篇；提交审计信息6篇。提出审计建议45条，被采纳33条；被审计单位制定整改措施28项，推动完善规章制度2项。向社会公告审计结果17篇。

国家重大政策措施贯彻落实跟踪审计 对顺义区2016年稳增长促改革调结构惠民生防风险政策措施落实情况进行跟踪审计，关注实施非首都功能疏解，交通、生态、产业领域重点项目实施和清洁空气行动计划等领域政策措施的贯彻情况和效果。

财政审计 开展2015年度本级预算执行和其他财政收支情况审计以及部门预算执行审计，对区财政局2015年度预算执行情况、16家单位部门预算执行情况及7个二级预算单位进行审计。审计查出管理不规范金额148.78亿元、违规金额61万元。

经济责任审计 开展38个单位的处级干部经济责任审计工作，完成18个。查出管理不规范金额2952万元、违规金额49万元。主要问题集中在固定资产处理不及时、使用大额现金结算及欠缴税收等方面。开展领导干部自然资源资产离任审计试点工作，在对顺义区水务局局长离任审计中，重点审计顺义区地下水资源资产情况，研究探索自然资源资产离任审计的范围、内容和审计方式方法。

民生资金（项目）审计 对新型农村合作医疗基金筹集、管理和使用情况进行审计，重点审计新农合政策调整、参合人数及报销人次、定点医疗机构实时结算、新农合医疗基金筹集和使用4项内容。对顺义区2015年城镇保障性安居工程的投资、建设、分配、运营等情况进行审计，重点审计顺义区所属住房城乡建设、财政、国土资源、民政等部门，延伸调查17个村的20户农村危房改造家庭，对22个安居工程项目的建设管理情况进行检查，查出管理不规范金额4827万元，揭示在安居工程目标任务管理、政策落实、资金管理和使用方面的问题。配合北京市审计局完成2016年全国医疗保险基金审计。

专项资金审计 配合北京市审计局对顺义区中小河道治理工程（一至四阶段）进行审计，重点审计中小河道治理工程项目的建设任务实施推进、资金筹集管理使用、工程项目建设程序履行、项目实施治理效果等情况。

信息化建设 做好署AO软件的应用及督促、服务、保障，着重对业务数据和财务数据的关联进行分析；对京OA系统中的审计事项进行总结提炼，形成顺义区审计局的标准事项；对处理处罚涉及的依据进行署指标和局指标的维护；做好网站内容的更新以及系统安全监测和维护工作。

相关工作 以"两学一做"学习教育为主线，扎实推进思想政治建设，通过理论中心组学习、党小组学习、党规党纪专题讲座等形式深入学习党章党规和习近平总书记系列重要讲话精神，切实提升党员干部的政治意识。强化基层党组织战斗堡垒作用，严格落实"三会一课"等组织生活各项制度，积极开展主题党日等党员教育活动。通过脱产培训、网络学习、挂职锻炼等形式，着力提升审计人员业务水平。扎实开展廉政教育、制度建设、执纪监督和作风建设，推进依法审计、廉洁审计。

内部审计 组织召开顺义区内部审计协会第三届理事会第八次会议和第四届理事会第一次会议，审议协会各项工作报告，分析经济发展新常态对内部审计工作提出的新挑战以及深化改革对内部审计工作提出的新任务，确定内部审计协会近期工作目标。顺义区内部审计协会到会员单位实地调研，与其他区内部审计机构开展广泛交流。制定《关于2016年内部审计工作的指导意见》，进一步推进内部审计工作健康发展。

（撰稿人：王一康）

【昌平区审计局】 2016年，昌平区审计局人员编制55人（公务员编制31人、机关工勤编制5人、事业编制19人），实有51人。局长陈玉起，副局长张爱平、刘会春、田希玲、王立军，纪检组长孙仲国。设有办公室、综合法制科、经济责任审计科、财政金融审计科、农林行政文教审计科、经贸审计科、固定资产投资审计科；下设重点工程审计中心和内部审计指导所。

审计成果 2016年，昌平区审计局全年完成审计项目102个。查出问题金额1.54亿元，其中违规金额2万元、管理不规范金额1.54亿元；审计发现非金额计量问题131个；审计促进整改落实有关问题金额18万元，其中增收节支1万元；审计后挽回（避免）损失1.30亿元。出具审计报告和专项审计调查报告102篇；提交审计信息107篇，被采用63篇。提出审计建议193条，被采纳142条。向社会公告审计结果11篇。

国家重大政策措施贯彻落实跟踪审计 开展2016年度昌平区重大政策措施落实情况跟踪审计。二、三季度重点审计财政存量资金统筹盘活情况和"放管服"政策落实情况，对昌平区财政存量资金、支出、政府债券情况以及国库库款余额进行摸底调查。

财政审计 完成2015年度昌平区区级预算执行和其他财政收支情况审计。完成对昌平区发展改革委员会、昌平区统计局等12个单位的2015年度部门预算执行和决算草案审计，对审计结果进行公开。代区政府向人大常委会报告2015年度区级预算执行和其他财政收支的审计情况。

经济责任审计 受昌平区委组织部委托，开展领导干部经济责任审计15个，已完成6名领导干部经济责任审计，其中书记镇长同步审计1个。共提出审计建议24条。开展区水务局原党委书记、局长任职期间水资源资产审计，继续对领导干部自然资源资产离任审计进行探索。

固定资产投资审计 完成政府投资工程结算审计项目79个，送审金额11.37亿元。查出主要问题金额1.30亿元，其中核减工程款1.30亿元。指导和协调中介审计机构对未来科技城、平原造林、中小河道治理等88个区域重点工程项目开展跟踪审计，其中沙河巩华城及北区土地一级开发项目定向安置房跟踪审计，送审金额49亿元，核减工程建设款9.40亿元；未来科技城（南区、北区回迁楼和中小学幼儿园建设项目）送审金额34亿元，核减工程建设款9.2亿元。开展对北京振邦承基开发建设有限公司2013年7月至2015年12月开发建设资金来源及使用情况审计。

专项审计调查 完成对昌平区小汤山镇地热资源资产的专项审计调查，摸清小汤山镇地热资源资产权属、规模、开发利用等基本情况。完成对民政局等12家试点单位公有住房出售情况的专项审计调查，摸清公有住房售房结余的真实性、准确性，确保有效使用结余发放住房补贴。

相关工作 昌平区政府印发《昌平区财政资金国有资产和国有资源审计监督协调暂行办法》，从源头规范管理，统筹计划安排，注重监督实效，提升财政资金等资源资产的使用效益。首次尝试由区政府督察部门下发督察单的形式，面向全区涉及2014年至2016年的部门预算执行审计及经济责任审计的19家单位进行督办整改，由区审计局根据各单位反馈的情况进行汇总，并将情况上报区政府。

内部审计 昌平区内部审计协会积极发挥“管理、服务、宣传、交流”的职能，搭建交流平台，加强对会员单位的日常指导，组织180余名内审人员的培训。北京市昌平区审计局制定《关于2016年昌平区内部审计工作的指导意见》。

（撰稿人：樊明茹）

【大兴区审计局】 2016年，大兴区审计局人员编制61人，实有56人。局长李建国，副局长张强、于洁，总审计师王亚男，纪检组长刘刚，调研员梁萍。设有人事教育科、财政金融审计科、行政事业审计科、企业经济审计科、经济责任审计科、投资审计科、内部审计指导科、审计综合科、监察科、办公室、内部审计指导所和审计事务管理中心。

审计成果 2016年，大兴区审计局共完成审计（调查）项目55个。查出主要问题金额3.25亿元，其中违规金额1421万元、管理不规范金额3.11亿元；审计发现非金额计量问题15个；审计期间整改金额1629万元；审计处理处罚金额2.14亿元，其中应上缴财政1273万元、应减少财政拨款或补贴264万元、应缴纳其他资金2040万元、应调账处理金额1.78亿元；审计促进整改落实有关问题金额1.98亿元，其中已上缴财政344万元、已减少财政拨款或补贴1.64万元、已缴纳其他资金1879.99万元、已调账处理金额1.76亿元；核减投资额3.42亿元。出具审计报告和专项审计调查报告67篇；提交审计信息85篇，被采用33篇。提出审计建议60条。向社会公告审计结果15篇。

2016年，大兴区审计局获得中国时代经济出版社、《中国审计》编辑部表彰，被评为审计宣传工作先进单位；获得中国审计报社表彰，被评为先进单位。大兴区天宫院街道办事处领导任职期间经济责任审计项目获得北京市审计机关优秀审计项目表彰。

财政审计 完成财政部门具体组织本级预算执行和其他财政收支情况审计、市政市容等14个重点单位的部门预算执行情况审计、便民商业服务体系建设审计调查、供热燃料补贴资金审计调查等项目，查出违规金额870万元、管理不规范金额5987万元。加大对外公告力度，通过政府信息公开网站和大兴区审计局网站，向社会公告14个重点单位2015年度预算执行和决算草案情况审计结果、供热燃料补贴资金专项审计调查结果。

经济责任审计 完成经济责任审计项目6个，涉及9名领导干部，查出违规金额551万元、管理不规范金额2.01亿元。审计项目以加强权力运行和制约为落脚点，贯彻执行中央两办规定及北京市实施两办规定的办法，紧紧围绕“权力”与“责任”，以领导干部履职情况为主线，把贯彻执行中央八项规定、《党政机关厉行节约反对浪费条例》、重要经济决策等经济管理监督活动等情况作为审计重点。

固定资产投资审计 完成政府投资项目审计32个，核减投资额3.42亿元，查出管理不规范金额4978万元。审计项目以规范政府投资管理、提高投资效益、促进宏观投资政策的落实为目标，坚持促进投资领域“依法规范、优质高效、廉洁透明”的工作思路，重点关注投资项目征地拆迁、工程招投标、物资设备采购、建设资金管理等环节，注重揭示体制机制层面存在的问题。

联动项目 按照北京市审计局统一部署，大兴区审计局抽调业务骨干，完成重大政策落实跟踪审计、北京市中小河道治理工程审计、2016年全国医疗保险基金审计、北京新机场征地拆迁工程跟踪审计等4个联动项目。

内部审计 大兴区内部审计机构完成审计项目871个，其中财务收支审计390个、效益审计33个、经济责任审计16个、内部控制评审87个、信息系统审计1个、基本建设审计285、其他审计59个；审计资金量350.35亿元；提出审计意见

建议被采纳1116条。（撰稿人：高旱雨）

【怀柔区审计局】 2016年，怀柔区审计局人员编制63人；实有55人，另有编外人员4人，在岗59人。党组书记杨封伟，党组副书记、局长周榕立，副局长张文龙、宋卫东、李建华，纪检组长张俊峰（—5月）、张艳萍（5月—），副处级调研员徐淑霞。设有办公室、监察科、综合科、财金科、行财科、固定资产审计科、农林科、社保科；下设内审业务指导所、经济责任审计事务所、计算机中心、审理中心。

审计成果 2016年，怀柔区审计局完成区部门预算执行和决算草案审计14个、23个部门单位领导干部经济责任审计38个。上报市审计局完成项目52个，查出违规及管理不规范金额10.58亿元，其中管理不规范金额10.53亿元、违规金额529万元；审计促进整改落实问题金额3.17亿元，其中上缴国库3.04亿元、调账处理金额941万元、其他整改落实金额429万元。移送地税、纪检等部门有关事项7件，金额548万元。提出审计建议241条，被审计单位采纳审计建议124条；制定整改措施29项，建立健全规章制度4项。延伸审计16个单位和项目，出具审计报告80篇（其中固定资产专题审计报告1篇）；提交审计信息8篇。向社会公告审计结果报告12篇。完成区政府委托重点工程建设项目同步跟踪审计项目13个，报审金额3.20亿元，审定金额2.92亿元，审减金额2592万元。

财政审计 完成区本级部门预算执行及其他财政收支审计1个和13个部门单位预算执行及决算草案审计。查出管理不规范金额4.32亿元，其中落实整改金额2.91亿元、其他整改落实金额257万元、应缴已缴财政2.91亿元、调账处理金额264万元。提出审计建议87条，被审计单位采纳77条。揭示一级预算单位预、决算编制不实，虚列预算支出，未按照规定使用公务卡结算，会计基础工作不规范；财政部门将应纳入预算管理资金在财政专户挂账，预算支出不均衡；非税收入未编入预算收入计划；扩大项目资金使用范围和改变资金用途；购置固定资产未能及时入账，处置固定资产未经相关部门审批等问题，提出整改建议。

经济责任审计 完成经济责任审计项目38个，其中2015度结转项目11个，2016年度开展的27个。共查出违规及管理不规范金额6.26亿元，其中管理不规范金额6.14亿元、违规金额1242万元，应缴已缴财政金额1242万元。提出合理化审计建议154条，被采纳47条。被审计单位对以前年度存在问题，进行整改的有32个单位，未全部整改的有6个单位。审计局针对财务管理不规范、超现金限额支出、使用假发票入账、固定资产不入账、违反政府采购标准、重点项目招投标不规范、编制预算不实、重大事项未经党委会党组会研究决定等问题，提出整改建议，对领导干部应当承担的经济责任给予评价。

固定资产投资审计 开展政府委托重点建设项目同步跟踪审计51个。怀柔区审计局审计人员与聘请的社会中介机构合作，对怀柔区雁栖生态示范区南北环湖路拆迁工程项目、雁栖镇栈道拆迁工程项目、111国道沿线商户腾退项目、会都110千伏输变电站址征地拆迁补偿项目、怀柔北220千伏变电站站址征地拆迁补偿项目、怀长路改建工程35KV改迁等红线外占地增加费用涉及拆迁补偿项目、怀柔区园林绿化局桥梓森林公安派出所新建装修工程等重点建设项目实施同步跟踪审计。

联动项目 配合北京市审计局完成2015年城镇保障性安居工程和稳增长促改革调结构惠民生防风险政策落实情况跟踪审计2个联动审计项目，出具审计报告，上报北京市审计局。

交办任务 完成政府安排的怀柔区新型农村合作医疗基金移交接收情况审计项目、怀柔区2015年度“减煤换煤清洁空气”专项资金审计项目、怀柔区新型农村合作医疗基金移交接收项目。

领导调研 8月，北京市审计局局长吴素芳在区长的陪同下调研怀柔区审计工作。11月，区长带队对区审计局2016年度落实党风廉政建设主体责任和纪委监督责任情况工作进行专项检查。

审计普法宣传 12月4日，区审计局党组书记和主管业务副局长参加宪法日普法宣传活动，现场向群众讲解审计法律法规知识，发放审计法实施条例等宣传册500余份。

内部审计 怀柔区现有内部审计单位60个，专职兼职内部审计人员150人。完成内部审计

(调查）项目60个，其中财务收支审计20个、效益审计2个、经济责任审计16个、专项审计4个、基本建设审计13个、其他审计5个。查出违规及管理不规范金额300万元，增加效益300万元，提出合理化意见25条。培训内部审计人员200人次，征订各种审计刊物208份，网络教育500学时。 （撰稿人：于江明）

【平谷区审计局】 2016年平谷区审计局人员编制55人，实有47人。党组书记、副局长王凤兰（—2月），党组书记曹玉敏（2月—)，局长陈亮（—2月）、曹玉敏（3月—），调研员、副局长秦东英（—10月），副局长于长松、王海顺、梁景文（11月—)，副调研员陈静梅，纪检组长王立国（—9月）。设有政办室、综合科、行政事业审计科、财政金融审计科、经贸投资审计科、经济责任审计科；下设北京市平谷区经济责任审计所和北京市平谷区项目投资审计中心。

审计成果 2016年，平谷区审计局完成审计项目51个。查出主要问题金额17.97亿元，其中违规金额2613万元、管理不规范金额17.71亿元；损益（收支）不实金额1.10亿元；审计处理处罚金额3.62亿元，其中应上缴财政金额405万元、应减少财政拨款或补贴1.13亿元、应调账处理金额2.33亿元、应缴纳其他资金1104.万元；审计发现非金额计量问题76个；审计促进整改落实有关问题资金6.92亿元，其中增收节支6062万元、已调账处理金额1.13亿元、已缴纳其他资金592万元。移送纪检监察机关和有关部门处理事项3件，移送处理金额9379万元。出具审计报告51篇；提交审计信息95篇，被采用47篇(次)。提出审计建议164条，被采纳154条；推动完善规章制度3项。向社会公告审计结果16篇。

财政审计 开展2015年度区级财政预算执行、15个一级预算单位年度部门预算执行和地方税收征管审计。揭示部分预算项目经济类科目编制不细化、财政性往来资金清理不及时和财政对预算单位综合监管不到位、预算单位普遍存在的收入计入往来科目、未按规定落实单位内部会计监督制度、部分支出未实行政府采购等问题，提出审计建议；针对一些单位使用不合规票据入账、应补缴税款等，出具审计移送处理书。预算执行审计及其他项目的审计结果，向区人大常委会、区委、区政府做专题报告。

经济责任审计 对22名处级领导干部开展经济责任审计。以审查领导干部贯彻执行党和国家、上级党委和政府重大经济方针政策及决策部署、本人廉洁从政情况为重点，对审计发现的问题，督促各相关单位积极进行整改。结合经济责任审计，开展领导干部自然资源资产离任审计试点。

固定资产投资审计 完成政府投资建设项目审计7个，审计项目投资总额6.65亿元，核减投资额1.13亿元。年初即对全区已开工建设项目进行前期摸底，确定要审计的重点工程；审计中坚持工程结算审计与阶段性跟踪审计相结合，监督关口前移，重点审查工程建设程序履行情况、工程造价情况及相关费用，及时纠正项目建设中存在的问题。

专项资金审计 开展2014年度“优质煤替代、炉具更换和煤改电采暖设备”资金使用效益审计、2015年度村级公益事业建设一事一议财政奖补项目实施情况审计、区环保局2013年至2015年大气污染防治专项资金管理使用及效益审计。审查资金收支及管理情况的真实性、合法性，查找其在资金使用管理中存在的问题，客观评价其产生的经济效益和社会效益，提出审计建议，督促相关单位进行整改。

联动项目 根据审计署统一安排，按照“市区联动、分级实施”的方式组织实施重大政策措施落实情况跟踪审计、保障性安居工程跟踪审计、中小河道治理等重点水务工程审计，审计情况上报区政府和市审计局。参与完成全国基本医疗保险基金和医疗救助资金审计、北京市审计局组织开展的领导干部自然资源资产离任审计试点。

审计培训 区审计局在区委党校举办审计业务知识培训，区属单位、包括乡镇和街道共93家的行政正职、财务主管和会计人员共500余人次参加。区审计局邀请市审计局3位业务处处长到区审计局讲课，区审计局全体人员参加培训。

党风廉政建设 创新宣传教育手段，在机关走廊打造廉政文化长廊，悬挂27张廉政和审计文化宣传板，新设2块电子显示屏播放廉政警句，立体化加强党风廉政建设宣传。建立区审计局

“审计先锋”手机微信群，全体党员加入区委“平谷纪委”“共产党员”微信群，让党风廉政教育移动化。

协作与服务 区审计局加强与纪检监察、财政、国税和地税等单位的协作，信息共享，建立健全审计移送处理协作配合机制，及时移送相关案件线索3件。区审计局坚持将服务贯穿于整个审计过程中，坚持服务于被审计单位的建设，审计期间整改金额1161万元。年内抽调7名业务骨干参加区党风廉政责任制检查。

（撰稿人：刘兰兰）

【密云区审计局】 2016年，密云区审计局人员编制64人（公务员编制34人、行政工勤编制4人、事业编制26人），实有60人。党组书记、局长孙绍志，副局长王明如、任双喜、谢卫东、黄达，纪检组长王铁军，党组成员王立新。设有办公室、综合科、经济责任审计科、财政金融审计科、行政事业审计科、农业与资源环保审计科、经贸审计科、固定资产投资审计科、社会保障资金审计科；下设经济责任审计中心、政府投资审计中心。

审计成果 2016年，密云区审计局组织开展审计项目78个，其中组织实施审计项目72个、参与实施审计项目6个，完成审计项目26个。查出主要问题金额16.48亿元，其中管理不规范金额16.48亿元；审计处理处罚金额1385万元，其中应上缴财政1385万元；审计发现非金额计量问题26个。移送司法机关、纪检监察机关和有关部门处理事项1件。出具审计报告和专项审计调查报告22篇；提交审计信息44篇，被批示、采用32篇。提出审计建议39条，被采纳27条。向社会公告审计结果17篇。

国家重大政策措施贯彻落实跟踪审计 持续进行政策落实跟踪审计，对2015年政策落实跟踪审计发现问题的整改、统筹盘活财政存量资金、落实“放管服”政策、政府债务筹集使用管理情况进行跟踪审计。通过审计促进财政存量资金的规范消化、重大项目的及时落地和政府债务的规范管理，打通政策落实的最后一公里。

财政审计 对区财政局具体组织2015年度区本级财政预算执行和其他财政收支情况进行审计。对区发改委、区教委、区农委等15个部门2015年度预算执行和决算草案情况进行审计，延伸审计所属单位33个，审计预算资金31.26亿元，审计中坚持审深查透，横向扩展和纵向延伸相结合，达到横到边、纵到底，消除审计盲区，实现公共资金全过程监督，并向社会公告审计结果。

经济责任审计 配合北京市审计局实施对密云区委书记和原县长的经济责任审计，成立以局长任组长，主管领导、综合科和经济责任审计科科长为成员的领导小组，抽调7名审计业务骨干参与审计。开展18个乡镇36名党政领导干部经济责任审计，在审计部署会参加范围、审计进点会规格、谈话比例、审计公示、被审计领导干部述职报告和审计项目考核6个方面实现审计创新。完成对北京密云供销合作社原任领导的任期经济责任审计。

固定资产投资审计 开展檀营乡居住区储备开发项目土地一级开发成本跟踪审计、京沈铁路客运专线密云段征地拆迁跟踪审计、密云区房地产开发总公司下辖6个供暖企业经营情况审计、长安新村和南菜园新村旧城改建项目征收拆迁部分审计等5个重大项目专项审计；开展密云区南更大街长安小区东区地块、密东广场北侧宾阳旧村改造等7个土地一级开发成本核实审计，坚持“尊重历史、实事求是、依法合规、合情合理”的原则，解决历史遗留问题。

自然资源资产离任审计试点 以密云区石城镇为试点，探索开展自然资源资产离任审计试点。重点对镇域内森林资源资产的权属、开发利用和保护等内容进行审计，重点抽查2013年风沙源治理、2014年国家公益林管护和2014年密关路垂直绿化3个项目。通过对领导干部自然资源资产责任的审计，评价森林资源管理的有效性，对审计发现的问题提出建议。

信息化建设 结合密云区审计局的实际，以推进数字化审计平台建设为目标，加大硬件投入，更新办公设备，推进审计署AO软件应用。组织密云区各部门、各单位和各镇街财会人员用友财务软件操作培训12批次，共有164个单位的174名会计人员参加，提高财务软件的使用覆盖率，进一步夯实数字化审计环境。

内部审计 对全区内部审计会员单位强化培

训，涉及镇街、行政事业单位及企业146家，内部审计人员240人。召开全区镇街财政科长座谈会，交流镇街财政财务管理中的苗头性、倾向性问题及解决办法，促进财政科长依法履职。

（撰稿人：时兴芬）

【延庆区审计局】 2016年，延庆区审计局人员编制62人，实有57人。局长张景军（—2月）、焦万宏（6月—），副局长焦万宏（—6月）、马海林（—4月）、鲁亚军（—12月）、丁继玲（7月—）、刘银燕（11月—），党组副书记张平利（7月—）、杨喜元（—11月），纪检组长许继红，调研员马海林（4月—），副调研员杨喜元（11月—）。设有办公室、综合科、企业审计科、行政事业审计科、财政金融审计科、经济责任审计科、基建审计科、信息中心、内审指导中心和委托审计管理中心。

审计成果 2016年，延庆区审计局完成审计项目46个。查出主要问题金额4.60亿元，其中违规金额1.06亿元、管理不规范金额3.52亿元；审计发现非金额计量问题64个；促进增收节支1.04亿元。出具报告60篇；提交审计信息9篇，被批示、采用79篇（次）。提出审计建议133条。向社会公告审计结果14篇。

财政审计 完成对区财政局、区地税局、国库延庆支库本级的预算执行情况审计，重点审计区级预算管理、预算收入完成、财政资金分配、财政专户管理、税收征管和预算资金收纳划解情况。完成区园林绿化局等14个一级预算单位预算编制及执行、“三公”经费等审计。对预算管理、资金使用、项目管理和财务管理等方面存在的问题进行纠正和处理，并提出规范预算管理的审计意见和建议。7月，受区政府委托，向区第一届人大常委会第四次会议报告本级预算执行审计工作情况。10月，通过延庆政府网将本次预算执行审计结果及区园林绿化局等14个部门预算执行结果向社会公告。

经济责任审计 受区委组织部委托，对区文委、区住房城乡建设委、区财政局、区投资促进局、区城管执法监察局、区农业局、张山营镇、四海镇、千家店镇、井庄镇、大庄科乡、珍珠泉乡、儒林街道办事处、北京绿富隆农业股份有限公司、区科协、八达岭特区办事处、延庆开发区管理中心和八达岭开发区管理中心18个单位26名党政领导干部开展经济责任审计。通过审计，揭示部分单位存在的重大经济事项决策制度内容不完善或执行不规范、专项资金结存、固定资产管理不规范等问题，提出完善会议记录内容、加强会计基础工作等审计建议和改进意见。

自然资源资产离任审计试点 根据北京市审计局工作安排，按照“一区一试点”方式，对沈家营镇2013年至2015年水资源资产的管理、开发、利用情况进行审计试点。通过审计，提出加强村级管水员和村级污水处理站管理的审计建议和意见。

专项资金审计 开展专项资金审计项目4个，包括政策措施落实跟踪审计、保障性安居工程审计、中小河道治理工程审计和京津风沙源治理工程审计。通过审计，对工程管理方面部分项目进度较为缓慢问题，提出审计整改建议和意见。

固定资产投资审计 对区第二小学综合教学楼工程开展竣工决算审计，送审金额6994万元，认定金额6938万元，核减工程造价56万元。开展世界园艺博览会围栏区、世界园艺博览会周边环境绿化、南山环线、城西再生管网、市政道路、兴延高速公路等6项工程征地拆迁情况实施跟踪审计。对南菜园1—5巷棚户区改造项目实施全过程跟踪审计。对大榆树镇yt—0400—001等地块安置房建设项目建设成本进行审核。

其他审计项目 协助北京市审计局开展延庆区审计局原局长任职期间经济责任审计、医疗保险基金审计、水污染防治专项资金审计；对北京夏都信达国有资产经营管理中心2015年度资产负债损益情况和延庆区新型农村合作医疗管理机构移交接收工作开展审计。

（撰稿人：刘宝生）

【房山区燕山审计分局】 2016年，燕山审计分局人员编制21人，实有19人。局长夏辉，副局长王冬卉、黄国威。设有财政金融审计科、行政事业审计科、经济贸易审计科、综合法制指导科、办公室、经济责任审计所、行政事业经贸审计所。

审计成果 2016年，燕山审计分局完成各类审计项目17个，配合交办项目88个。查出主要问题金额4457万元。提交审计信息14篇。提出审计建议114条。

财政审计 对燕山地区2015年度财政预算执行和其他财政收支情况进行审计，重点关注全口径预算管理、预算编制的科学性及规范性、预算执行进度情况、非税收入的征收管理情况，盘活存量资金，提高财政资金使用绩效。

经济责任审计 开展任中经济责任审计项目7个、离任责任审计项目2个。通过关口前移，加大任中审计力度，坚持任中审计和离任审计相结合，确保重点部门、关键岗位的领导干部任期内至少审计一次。审计中将经济责任审计与专项审计统筹结合，提高审计工作效率，整合审计成果资源。

财务收支审计 对燕山社保所和燕山养老院2个单位开展财务收支审计。从"防早、防小"着眼，重点审计各单位在内部控制、财务管理等方面存在的问题，促进被审计单位规范财政、财务收支行为，加强内部管理。

其他审计项目 根据市局统一安排，定期完成地方财政部门信息化建设情况审计调查；配合燕山纪委、监察分局开展重要惠民资金使用情况专项督查项目；参加审计署统一组织的医保基金审计项目；配合燕山教委开展2016年秋季教育收费检查；开展燕山办事处区域调整跟踪审计项目。

内部审计 制定印发《2016年内部审计工作指导意见》，从建立预算执行和财务收支审计的常态化工作机制、深化内管干部经济责任审计等方面，就具体审计内容和审计方法提出指导性意见和要求。燕山审计分局通过政府购买服务的形式，购买北京市内部审计人员后续教育平台的使用权，82名专兼职干部共计学习1665学时。

（撰稿人：许 安）

2016年北京市本级及所辖区、县(市)级审计工作统计表

金额单位:万元

审计机关	完成审计项目(个)	审计查出主要问题金额	审计处理情况					出具审计报告和审计调查报告(篇)	提出审计建议(条)	提交审计信息(篇)
			审计处理处罚				移送处理事项(件)			
			应上缴财政	应减少财政拨款或补贴	应归还原渠道资金	应调账处理金额				
北京市本级	128	15260232	4723	6218	63393	15495	78	135	413	202
东城区审计局	27	24963					1	42	58	164
西城区审计局	47	1258479	1842	10840		164504		40	128	71
朝阳区审计局	51	239019	9772					51	210	162
丰台区审计局	55	367725	37	28		3806	1	57	257	139
石景山区审计局	35	31220	16	266	1981	3327		34	165	130
海淀区审计局	25	1991445	1912		24	2646		22	196	162
门头沟区审计局	36	341174						36	113	
房山区审计局	63	248733	227	121400	10613	25394	1	110	162	21
通州区审计局	37	4715						63	58	95
顺义区审计局	38	1495669	109					56	45	6
昌平区审计局	102	15420						102	193	103

（续表）

审计机关	完成审计项目（个）	审计查出主要问题金额	审计处理情况					出具审计报告和审计调查报告（篇）	提出审计建议（条）	提交审计信息（篇）
			审计处理处罚				移送处理事项（件）			
			应上缴财政	应减少财政拨款或补贴	应归还原渠道资金	应调账处理金额				
大兴区审计局	55	32512	1272	264	2040	17840		67	60	85
怀柔区审计局	52	105799	30356			941	7	52	241	35
平谷区审计局	51	179705	405	11327		23334	3	51	164	95
密云区审计局	26	164789	1385				1	22	39	44
延庆区审计局	46	46046						60	133	9
房山区燕山审计分局	105	4457		3992	4	267		105	114	14

天津市

【天津市审计局】 2016 年，天津市审计局人员编制 410 人，实有 330 人。设有办公室、行政财务处、法规处（执法监督处）、综合处、内部审计指导监督处、财政审计一处、财政审计二处、行政事业审计一处、行政事业审计二处、行政事业审计三处、行政事业审计四处、金融审计处、企业审计一处、企业审计二处、社会保障审计处、固定资产投资审计一处、固定资产投资审计二处、联网审计处（数据管理处）、经济责任审计处、农业与资源环保审计处、信息化处、人事教育处、老干部处、机关党委、监察室，下设审计科研培训中心。

领导成员

局　长：刘　健

副局长：王　砉　项文卫（—8 月）

谢津秋　卢　博

管兴桥（8 月—）

总审计师：管兴桥（—8 月）

纪检组长：白　山（—8 月）

郑若冰（9 月—）

天津市经济责任审计工作联席会议办公室主任：庞茂明（—8 月）　王志楠（8 月—）

审计成果 2016 年，天津市审计机关共实施审计项目 600 个，促进增收节支 47 亿元，提交报告、信息 2132 篇，审计意见建议被采纳 669 条，各级党委、政府主要领导同志对审计工作批示 116 次。开展政策跟踪审计，累计抽查相关单位 460 余家，一批政策不落实、项目未落地的问题得到揭示和反映。实施联网实时审计，累计核查疑点单位 331 家，及时纠正 131 家单位的违规行为。对全市 328 名各级党政领导干部和企业领导人员履行经济责任情况进行审计。进一步完善案件线索移送和跨部门联动协同办案机制，加强各环节协作配合；全市审计机关选派骨干参与巡视、专案工作 180 余人次；向纪检、检察、公安等部门移送违纪违法案件线索 76 件。

国家重大政策措施贯彻落实跟踪审计 按照审计署统一要求，围绕国家重大政策措施和天津市经济工作重点，把促进政策措施落地、资金保障到位、加快项目推进、盘活存量资金、防范风险隐患作为审计重点，组织市区两级审计机关持续开展跟踪审计，按季度上报跟踪审计报告 4 篇。全市审计机关累计抽查相关单位 460 家，抽查项目计划总投资额 79.3 亿元、区政府债务 2368 亿元、财政资金 15.6 亿元，查出各类问题 39 个，其中 3 起涉嫌违纪案件已移交纪检机关处理。通过跟踪审计，及时反映 38 个建设项目未批先建、16 个建设项目超计划 2 年以上未开工以及 2 个项目超计划 1 年以上未完工、部分区县政府债务利率较高、部分科技资金预算安排与项目衔接不紧密、资金未拨付等问题。促进西青区3600余套已建成保障性安居住房交付使用；加快下达和统筹使用财政资金累计13.14亿元；促进国有资本经营预算安排的企业改革发展基金1亿元、资本性支出3000万元拨付到位；促进相关主管部门本着盘活控制楼宇、发展楼宇经济的原则，对天津市空置楼宇重新摸底，夯实各类空置载体面积865.5万平方米，制定相关考核办法；推动一批前期手续不全的在建工程加紧完善各类相关建设手续，加快实施进度。

财政审计 重点关注财税政策执行、预算管理职责履行、全口径预算实施、预算资金分配、财政存量资金、政府性债务管理等情况，完成对天津市市级财政预算执行和其他财政收支情况审计和天津市地方税务局税收征管情况审计。重点关注预算编制、调整、执行、账户管理、项目评审、政府采购、存量资金和中央八项规定、“六项禁令”、“约法三章”落实情况，完成对天津市第二中级人民法院、市文化市场行政执法总队、市无线电管理委员会办公室、市民委、市文联、市仲裁办、市金融局、市农科院、市水务局9个部门和单位的预算执行审计。依托联网实时审计构建的大数据环境，对100个市级预算部门开展全覆盖审计。区财政决算审计重点关注稳增长促改革调结构惠民生防风险等政策措施落实、财政收支管理、政府性债务管理、市级转移支付资金使用、存量资金等情况，揭示区财政运行中存在的问题和风险，提出有针对性的对策建议。开展对河西区、武清区、宝坻区、静海区4个区的审计。针对审计发现的问题，市审计局依法下达审计决定书25份，纠正和处理各类违规问题资金229亿元，提出审计意见和建议449条；向纪检部门、公安和检察机关移送违法违纪案件线索35件，已立案审查8件，其中3件涉罪案件已审结，对1人给予党纪政纪处分；移交有关主管部门处理25件。有关部门和单位已整改违规问题资金226亿元，审计整改落实率98.7%；落实审计意见和建议406条，审计意见和建议落实率90.4%。

联网实时审计 在2015年已有149家联网单位基础上，新增二、三级联网单位662家，丰富联网数据资源。按照采集周期，持续将市区两级联网的财务、业务数据，进行接收、还原、分析、清洗、转换和验证，纳入“一张网”规划库。截至年底，入库25个业务数据，财务账套3256家，其中国企2412家、部门预算844家。16个区局财政数据和1571个部门预算单位。利用联网数据辅助业务部门查询移送案件线索12件。推动各区一级单位联网，并向二级单位延伸。16个区一级单位已联网962家，联网率达93%，二级单位已联网816家。

经济责任审计 以促进领导干部推动本地区（本部门、本系统）科学发展和守法守纪守规尽责为目标，重点关注贯彻执行中央和市委重大决策部署、遵守法律法规、目标责任完成、重大经济决策、重大投资项目、自然资源资产开发利用和保护、生态环境保护和民生改善以及遵守廉洁从政、从业规定等情况。根据市委组织部委托，对50名市管党政领导干部和企业领导人员经济责任审计，涉及34个单位。拟定《区级审计机关党政领导干部经济责任审计实施办法》，规范对区级审计机关领导干部的经济责任审计行为。配合市委组织部研究拟定《市管领导干部经济责任问责暂行办法》。

自然资源资产离任审计试点 拟定天津市自然资源资产离任审计试点工作实施意见，进一步规范经济责任审计和自然资源资产离任审计行为。完成对中共天津市宝坻区委员会书记、天津市宝坻区区长2016年领导干部自然资源资产离任审计试点，审计中重点关注在任职期间履行水、林资源资产管理相关责任情况。通过审计发现落实生态文明建设相关政策措施及其效果方面、自然资源资产管理和生态环境方面、自然资源资产管理和生态环境保护相关资金征收管理使用和项目建设运行方面、自然资源资产管理和生态环境保护基础工作等方面存在的问题，并有针对性地提出审计建议。

农业与资源环保审计 完成对天津市宝坻区和武清区“十二五”期间（2011年至2015年）财政投入水污染防治资金管理使用情况审计。抽查水污染防治项目和国控市控断面，延伸审计区水务局、区财政局、区环境保护局等部门和单位。通过审计发现水污染防治相关资金滞留、水环境保护工作中存在污泥处置不规范，以及规划编制、实施方面存在的问题。完成对天津市提前淘汰黄标车补贴资金政策落实及管理情况的专项审计，涉及天津市环境保护局、天津市财政局、天津市商务委员会、天津市公安交通管理局、天津市交通运输委员会5个单位，延伸审计天津市国联报废机动车回收拆解有限公司、天津安盛津安报废机动车回收拆解有限公司、天津新能再生资源有限公司、格林美（天津）城市矿产循环产业发展有限公司4家拆解企业及浦发银行天津分行等单位。通过审计，发现有个别申领补贴的单位不符合文件规定的情况。

固定资产投资审计 重点关注项目征地拆迁、工程招投标、物资设备采购、工程质量管理、建设资金管理等重点环节，完成对塘承高速公路二期工程项目资金管理使用及建设实施情况的审计。通过审计发现部分切改施工合同应招标未招标、土地实际征收补偿面积超过勘界报告面积、已通车部分路段沥青路面厚度及桥梁钢筋保护层厚度不符合设计要求、项目资本金和建设融资利息成本长期挂账形成潜亏等问题。完成对天津市工程建设交易服务中心2013年至2015年财务收支情况的审计。通过审计发现房租、利息等收入未结转收益、应缴未缴各项税金、成本费用开支未按照规定执行、应缴未缴企业所得税、拨付的相关区分中心建设专项资金未按照规定使用等问题。完成对2016年天津市对口支援新疆和田地区东三县资金和项目情况的审计。通过审计发现资金管理和项目管理方面存在的问题。完成对天津海河教育园区建设项目资金管理使用和项目实施情况的审计。通过审计发现海河教育园区职业院校建设资金未到位、部分建设项目未及时办理初步设计审批手续、部分道路个别点位工程质量不符合质量标准、未按相关规定对工程项目分包进行有效监督管理等问题。完成对天津市胸科医院迁址新建项目资金管理使用及项目实施情况的审计。通过审计发现重大方案调整未经科学论证且未经民主决策程序、违反规定以未经审查的建筑及安装图纸进行施工、违规使用无资质单位进行设计且未签订合同等问题。

民生资金（项目）审计 以促进健全社会保障制度、保障公共资金（基金）安全完整、改善人民群众生产生活环境为目标，重点关注政策执行、制度完善和资金（基金）筹集管理使用情况，揭示存在的问题和风险，从政策层面分析原因，提出相应的对策建议，推动相关政策健全完善。完成对社会保险基金收支和管理情况的审计。通过审计发现城镇职工基本养老保险、城镇职工基本医疗保险基金借支其他保险基金，居民养老保险基金财政专户未执行定期利率，养老保险基金收入户月末余额未及时上缴财政专户，基本医疗保险基金预算赤字，社保缴费基数低于个人所得税收入额且低于公积金缴费基数，注册企业成为法人代表或股东且有稳定高收入人员享受社保补贴等问题，提出进一步完善相关政策规定、完善社会保险信息系统和完善社保基金管理等建议。完成对天津市住房公积金管理中心住房公积金归集管理使用情况的审计。通过审计发现资产管理费以计提金额结转业务支出，与当年实际支出不符；房产未办理权证和入固定资产账；注册资本在1亿元以上的企业未建立公积金账户；市公积金中心与其直属派出机构部分缴存政策未统一等问题，提出加强与有关部门的沟通，加强最低生活保障金、社会救助、失业信息、死亡殡葬等数据核查能力，增强工作人员责任意识，严格审核程序，持续加大扩面执法力度，着力减少新成立企业不缴、欠缴公积金的审计建议。完成对城乡最低生活保障资金审计。通过对津南区和宁河区2015年至2016年9月城乡最低生活保障资金筹集、管理和发放情况的专项审计，发现部分人员违规领取城乡低保金、城乡低保金发放不及时、从事救助工作的人员数量不符合规定比例和未执行行政单位会计制度等问题，提出加强低保申请人的资格认定、复核和审批工作，全面核查核算城乡低保金的银行账户，加大从事社会救助工作人员力量和做好新老会计制度衔接等审计建议。开展困难职工及困难劳模帮扶救助资金审计。

外资运用审计 以促进积极合理有效利用国外贷援款为目标，重点关注建设资金到位和使用、项目设备采购、提款报账以及项目投资整体效益等情况。根据审计署的委托，完成对亚洲开发银行贷款海河河口地区污染控制与生态恢复项目执行情况的公证审计、全球环境基金赠款中国—新加坡天津生态城项目执行情况的公证审计。

企业审计 以促进完善国有资产运营决策机制、维护国有资产安全、促进企业发展为目标，重点关注对外投资、股权管理、资产处置等重要经济事项，完成对天津市供销合作总社 2013 年至 2015 年国有资产使用（运营）管理情况的专项审计调查。通过审计发现长期股权投资、资产处置管理、项目建设、会计信息质量、资产安全及风险控制 5 个方面存在的问题，并有针对性地提出审计意见建议。完成对天津中环电子信息集团有限公司 2013 年至 2015 年国有资产使用（运营）管理情况的专项审计调查。通过审计发现对外投资管理、大额资金管理、财务核算及经营管理和委托放款等方面存在的问题，并依据有关规定提出审计意见及建议。开展天津百利机械装备集团有限公司 2013 年至 2015 年国有资产使用（运营）管理情况审计。开展天津物产集团有限公司 2013 年至 2016 年 4 月国有资产使用（运营）管理情况审计。

信息化建设 推进联网实时审计“一张网”系统建设，完成天津自贸区联网实时审计监控模块软件开发和审计数据分析及跟项目审计服务，并进行项目验收；招标采购 2016 年数据分析服务项目，对 317 家国企子公司和 162 家部门预算单位财务账套电子数据采集、清洗、转换，纳入“一张网”系统规划库；编制完成《“一张网”管理系统优化完善建设方案》，招标采购第三方评估机构进行价格评估；编制完成《“一张网”管理系统提升改造建设思路》。按照审计署金审工程总体建设方针和工程项目前期建设要求，结合天津审计工作实际，就建设内容、投资规模等重点事项深入调研、反复研究，形成天津市金审工程（三期）可行性研究报告，经审计署审核同意后报送天津市发改委申请立项。完成局域网网站升级改造，提升门户网站安全、运维管理水平，强化网站管理。出台《天津市审计机关联网实时审计电子数据安全保密管理办法（试行）》《天津市审计局信息系统突发事件应急预案（试行）》《天津市审计机关网络安全管理办法》《天津市审计局关于非涉密计算机移动存储介质保密管理的暂行规定》等制度，完善审计信息化制度体系。

审计科研 完成中国审计学会“政策措施落实情况跟踪审计理论与实务研究”课题，内容涉及组织方式、审计组组成、审计思路、取证方式、审计内容、技术方法 6 个方面。完成审计署科研所下达的联网审计课题，课题成果编写入审计署科研所出版的《全面深化改革背景下审计策略研究》一书，将研究成果申报参加天津市政府行政管理学会组织的“天津市第五届行政管理科研课题成果”评选活动，经过专家组评审，该课题成果获市级二等奖。组织全市审计人员参加中国审计学会组织的“大数据审计”论文征集活动，共收集论文 14 篇，天津市审计局袁正撰写的论文《大数据深度挖掘方法的探索与研究》入选参加中国审计学会组织的全国研讨会。开发、整理审计机关及内审单位 2013 年至 2015 年征集的优秀论文及优秀案例，编辑出版《优秀审计课题及论文集》及《优秀审计案例集》。开展全市联网审计百佳案例征集评选活动，天津市审计局因此被评为市级劳动竞赛“十大创新示范单位”。

相关工作 深入学习党的十八届三中、四中、五中、六中全会和习近平总书记系列重要讲话精神，贯彻落实天津市委、市政府重要决策部署，围绕审计中心工作，抓严抓实机关党的建设，落实党建工作责任制，落实组织生活制度，规范“三会一课”。召开中共天津市审计局第五次代表大会，选举产生中共天津市审计局机关纪律检查委员会。开展以审计组为单位，以学习《审计“八不准”工作纪律》为主要内容，以“审前”为主要形式的审计组审前廉政教育，抓严抓实监督责任。加强干部队伍建设，通过选送基层锻炼，派驻帮扶困难村，借调组织部、纪检委、市委巡视组帮助工作等渠道选派 43 名干部进行多岗位锻炼；有计划地开展部门间轮岗交流，对外交流干部 3 人。制订 2016 年公务员招录计划和面向基层公开遴选公务员计划，补充人才。采取案例教学、课件学习、集中强化、业务指导等多种方式，有序开展多种形式的培训。选派 19 名局、处级干部参加市委组织部调训和市公务员局的任职培训，选派 27 名新录用公务员参加初任培训，选派 16 名处级和人事干部参加市委组织部的专题研修班。选派 47 人参加审计署干部教育学院和南京审计大学组织的审计案例教学师资培训班、会计与经济基础培训班、外资司外资援助审计培训班、商业银行审计基础培训班等 12 批次审计业务培训。组织全市审计机关处级以上干部 91 人参加审计署网络学院网上在线业务专题学习，不断提升审计人员的职业能力和综合素质。组织处级以上干部80多人参加“天津干部在线学习移动端学习系统”的学习。推进制度体系建设，起草制定《审计业务会议规定》《区级审计机关审计项目质量检查办法》《审计结果公告暂行办法》《审计执法责任过错追究办法》等制度文件。

内部审计 2016年，天津市共有内部审计机构725个，其中专职机构242个；内部审计人员2297人，其中专职人员785人。开展财务收支审计、经济效益审计、经济责任审计、基本建设审计等各类审计项目6301个，审计总金额13665.17亿元，促进增收节支70.53亿元。提出审计意见被采纳3229条。组织内部审计人员参加中国内部审计协会组织的“内部审计控制”“新形势下内部审计如何发挥作用”征文，共收到全市内审人员论文63篇，上报中国内部审计协会5篇，其中2篇获二等奖。组织内部审计人员参加中国内部审计协会组织的“内部审计信息化优秀成果展示”活动，中国工商银行天津分行和国网电力天津公司上报的成果获中国内部审计成果奖并在全国交流。开展内部审计工作亮点征集活动，共征集到各单位报送的管理创新、内容创新和技术创新3个领域的工作亮点32篇，取得预期成效。

（撰稿人：张雁森）

【和平区审计局】 2016年，和平区审计局人员编制43人，实有40人。局长赵强，副局长杨士军、马洪新。设有办公室、人事教育科、法制科、内部审计指导科、经济责任审计科、财政审计科、行政事业审计科、企业审计科、固定资产投资审计科和联网审计科。

审计成果 2016年，和平区审计局共完成审计项目55个。查出主要问题金额16.95亿元，其中违规金额860万元；审计处理处罚金额1448万元，其中应调账处理金额1224万元、应上缴财政金额223万元；核减政府投资建设项目工程造价2690万元；审计发现非金额计量问题13个；审计促进整改落实有关问题金额1026万元，其中增收节支89万元。移送司法机关、纪检监察机关和有关部门处理事项3件。出具审计报告和专项审计调查报告55篇，出具审计结果报告40篇，被批示9篇；向天津市审计局报送贯彻落实稳增长措施审计报告4篇、重大事项9篇；提交审计信息125篇。提出审计建议92条。

财政审计 以财政资金运行为重点，除对本级财政预算执行和其他财政收支情况进行审计外，重点延伸审计教育、卫生、文化等7个单位管理和使用的专项资金，涉及资金40.14亿元。审计结果表明，和平区预算执行和其他财政收支情况总体较好，全年预算收支平衡，但部分单位存在政府投资建设项目超概算、非税收入未上缴财政、其他应付款长期挂账、项目资金当年未使用或使用率偏低预算支出不实等问题。

联网实时审计 综合利用联网数据，围绕财务管理、政策执行、资金使用三条主线开展联网实时审计监督，发现审计疑点184个，下发审计疑点自行核查通知117份。通过疑点核查发现54个单位存在违规行为，查出管理不规范和违规金额1.09亿元，上缴财政资金8140万元。通过联网数据为立项审计工作提供相关电子财务账套57个，涉及管理不规范问题金额16.19亿元。

经济责任审计 受区纪检委、区委组织部委托，对和平区19个单位27名党政领导干部和企业领导人员的任期经济责任情况进行审计，查出违规及管理不规范金额1.36亿元，提出审计意见和建议82条。

固定资产投资审计 加强对政府投资项目的审计监督，重点关注工程招投标、政府采购手续、施工现场监理签证、工程量丈量等方面，对32个区财政投资建设项目实施审计调查，发现超批准概算未重新审批、高估冒算、虚报工程量、损失浪费等问题，核减工程造价2690万元。

（撰稿人：李　晓）

【河东区审计局】 2016年，河东区审计局人员编制42人，实有39人。局长张大勇，副局长彭承荣、杨城，纪检组长吴海龙。设有办公室、人事科、财务科、法制科、财政事业审计科、社会保障审计科、经济责任审计科、投资审计科、联网审计科、内部审计指导科、纪检科。

审计成果 2016年，河东区审计局完成审计项目25个。查出主要问题金额1.01亿元；审计处理处罚金额1.01亿元，其中应上缴财政3877万元、应减少财政拨款或补贴24万元，应归还原渠道资金5395万元、应调账处理金额821万元；审计发现非金额计量问题1个；审计促进整改落实有关问题金额4665万元，其中增收节支3843万元、已调账处理金额821万元。出具审计报告和专项审计调查报告25篇。提交审计信息31篇，被批示、采用26篇。

2016年，河东区审计局被评为《中国审计报》审计宣传工作先进单位、中国时代经济出版社审计宣传工作先进单位。

国家重大政策措施贯彻落实跟踪审计 重点对河东区贯彻落实中央和天津市经济工作会议精神的有关情况，创业、创新等财政保障性资金支出安排和使用情况，天津市降低实体经济企业成本第一批政策措施落实情况和盘活空置楼宇有关情况等六大类政策措施落实情况进行跟踪审计。

财政审计 调整预算执行审计工作重心，以财政存量资金作为审计重点，全年共收缴入库财政存量专项资金9272万元。

联网实时审计 利用全市审计监督"一张网"平台，对全区已联网单位2014年至2016年8月数据中涉及"房租收入""残值收入""往来科目核算利息收入"等内容进行筛查，查出各类数据疑点416条，涉及一、二级联网单位36家。下发《联网审计监督疑点核查通知书》35份，实地核查单位1个，下发《联网审计监督整改通知书》1份，核查整改共上缴财政入库资金92万元。

经济责任审计 召开2016年经济责任审计联席会议，讨论通过《河东区2016年度经济责任审计项目计划》。受组织部委托，对14名处级领导干部进行任期经济责任审计。全区各有关单位严格执行《河东区处级领导干部离任经济事项交接办法》，对交流离任的21名处级领导干部进行离任经济事项的交接工作。

民生资金（项目）审计 加大对低保、教育、再就业等民生资金的审计力度，抽调力量完成2015年度保障性安居工程跟踪审计和工会经费使用情况专项审计，确保国家各项惠民政策落到实处。

专项资金审计 围绕河东区经济发展，安排力量对棚户区改造、市级第一批下放地块土地平整拆迁项目的专项资金进行全程跟踪审计。

交办任务 按照天津市区两级政府和市审计局的要求，抽调人力，制订周密细致工作方案，做好市政府主要领导任期经济责任审计审前自查工作。

相关工作 以"两学一做"专题教育为依托，履行党建工作的主体责任和党风廉政的监督责任，以强化党风廉政建设、提高专业能力为核心，紧密结合政策法规、廉政教育、业务知识等内容，进一步加大审计人员教育培训力度，努力提高全局干部依法审计、认真履职、干净担当的思想意识。

内部审计 组织召开全区资金量较大、基层单位较多的大系统单位负责人座谈会和全区内部审计工作会议。按照《河东区开展二、三级基层单位内部定期审计工作的安排意见》，启动全区第二轮内部定期审计工作。抓好对内部审计人员的培训工作，开展内部审计专业培训，进一步提高全区内部审计人员的综合素质。

（撰稿人：王敬军）

【河西区审计局】 2016年，河西区审计局人员编制40人，实有37人。局长陈丁，副局长王国学、赵艳、张钟、丰珊（7月—）。设有办公室、法规科、社会保障审计科、财政审计科、行政事业审计科、经济责任审计科、固定资产投资审计科、资源环保审计科、企业审计科、联网审计科、内部审计指导科、审计执行监督科；下设河西区审计咨询服务中心。

审计成果 2016年，河西区审计局开展8大类48个审计项目，延伸审计145个单位。查出主要问题金额2.58亿元。发现4个单位存在违规及超标准发放津补贴问题，已累计退回97万元，并依法移送相关部门处理；发现7个单位存在漏缴税金问题，已累计补缴29万元。完成7项工程造价审计，综合审减率9.74%，累计节约财政性资金449万元。向区主要领导报送审计专报9篇，向区委及市审计局报送专题调研2篇。提交审计信息104篇，被采用、批示126篇（次）。提出审计建议66条。

2016年河西区审计局报送的关于河西区科技发展资金管理使用情况审计调查项目被天津市审计局评为表彰项目。

国家重大政策措施贯彻落实跟踪审计 按照

天津市审计局统一部署，持续开展政策落实跟踪审计。围绕河西区有关创业、创新、精准扶贫等财政保障性资金支出安排和使用情况、河西区落实降低实体经济企业成本情况、落实盘活楼宇工作情况等6项主要内容，对河西区政府办、区发展改革委、区财政局等9个主要职能部门进行审计，延伸审计2个国有企业、4个事业单位，同时对7个国有企业和7个民营企业进行实地走访。审计发现楼宇盘活效果不明显、优质企业较少等问题，提出利用京津冀协同发展的辐射带动作用，精准对接优势企业，创新楼宇招商机制，拓宽外部招商引资渠道的审计建议。

财政审计 完成区级预算执行及其他财政收支审计、区教育局等7个部门预算执行审计，项目资金审计覆盖率达到94.73%，客观反映区推进全口径预算情况、市财政转移支付情况、政府性债务情况、财政性资金专户管理情况和全覆盖审计情况，反映审计中发现的实际预算执行率偏低、“三公”经费超支、项目资金违规回补基本户和公务卡户等行业性、体制性问题，提出进一步加强预算管理、加快推进财政改革、强化财政资金监管的审计建议。

联网实时审计 推进联网实时审计平台建设，初步解决联网实时审计中心的办公用房问题，实现国库集中支付系统、总预算会计系统以及65个一级预算单位、162个二级预算单位财务数据24小时传送。修订《河西区审计局联网实时审计操作规程》，制定《河西区联网实时审计监督办法》等相关办法。

经济责任审计 推动落实河西区党政主要领导干部和国有企业领导人员年度经济责任自查制度。受组织部门委托对全区18个单位（部门）18名领导人员开展经济责任审计。建立经济责任审计资料库，实现经济责任审计信息的实时性、动态化管理。

专项资金审计 对陈塘科技商务区建设专项资金、医疗卫生专项资金、建筑节能改造资金、科技发展资金、旧楼区居住功能提升专项资金、义务教育现代化建设专项资金、居委会改造专项资金等重点项目进行全程跟踪审计或全时段覆盖审计。

内部审计 召开全区推进行政事业单位内部控制建设工作会议。按照审计“全覆盖”要求，推动设立党委的部门（单位）成立或完善内部审计机构，配备专职、兼职审计人员，组织实施部门单位领导干部经济责任自查工作。

（撰稿人：郎　玲）

【南开区审计局】 2016年，南开区审计局人员编制48人，实有42人。局长黑学刚（—6月）、张金刚（6月—），副局长王允昌、张慧、张同强（—6月）、魏丽娟（6月—）。设有办公室、人事教育科、法制科、内部审计指导科、行政事业审计科、经济责任审计科、企业审计科、财政金融审计科、固定资产投资审计科、联网审计科。

审计成果 2016年，南开区审计局完成审计项目22个，其中组织实施审计项目17个，参与实施审计项目5个。查出主要问题金额6.69亿元；损益（收支）不实金额67万元；审计发现非金额计量问题1个。出具审计报告和专项审计调查报告22篇；提交审计信息27篇，被采用15篇。

国家重大政策措施贯彻落实跟踪审计 选取存量资金盘活、保障性安居工程建设、环境保护政策措施落实、棚户区改造、空置楼宇盘活及创业、创新等财政保障性资金支持安排和使用情况及政府（国有企业）投资重大项目开展情况、政府负债情况及营改增、产业扶持、小微企业税费优惠等政策措施落实情况等专题开展跟踪审计，推动相关领域问题整改和制度完善。

财政审计 着力推进对政府全口径预算的全覆盖监督，强化对重点领域、重点部门、重点资金、重大政策执行情况的审计，在对区本级财政和税收管理、预算执行等监督的基础上，对区民政局等6个单位进行审计，揭示预算执行和财务收支管理面上共性问题和突出问题。

联网实时审计 实现区2015年、2016年财政收支，预算管理及一、二级预算单位财务数据进入“一张网”规划库。利用金税系统发票数据，对餐饮、旅游、娱乐等方面较大金额支出、整数金额支出、大额现金支出情况进行疑点筛查。利用总预算会计数据和集中支付数据，对“三公”经费支出情况和落实中央禁令情况进行疑点筛查，下达疑点核查函 26 份。针对部分单位存在原始凭证不全、超标准大额使用现金及财政供养人员办企业等情况，下达整改通知书 7 份。

经济责任审计 举办全区各部门及单位主要领导、负责财务工作分管领导及财务人员审计及财务专题讲座。部门预算执行审计与经济责任审计有效结合，完成经济责任审计项目 16 个，向南开区纪委监察局移送问题线索 1 个。

专项资金审计 对南开区民政局 2015 年 1 月至 2016 年 9 月城市最低生活保障资金筹集、管理和发放进行专项审计调查，涉及 4 个街道办事处的 27 个居委会、37 户家庭，针对 13 户违规领取低保资金 14.89 万元问题提出整改意见。按照天津市审计局统一部署，对天津市西青区 2016 年城镇保障性安居工程进行跟踪审计，涉及审计资金量 24.60 亿元，对项目建设未严格执行立项可研程序、桩基工程未按规定招标、项目监理串标等问题，提出审计建议。对天津市河东区总工会等 4 家工会 2014 年至 2016 年 4 月经费收支及管理情况进行专项审计，延伸审计基层工会 37 个，针对工会经费拨缴收入不足、随意扩大经费收入范围及其他财务管理不规范问题，提出审计建议。

机关建设 将 2016 年定位为作风建设年，扎实开展“两学一做”学习教育。组织集体学习 18 次，举办专题党课 6 次、专题研讨会 7 次；组织观摩天津市审计局联网审计、参观红军长征胜利 80 周年纪念馆；按照中央、市委巡视组巡视“回头看”整改任务要求，逐项落实“党建七项重点任务”和“六项专项整治”，并制定相关制度。

内部审计 加强对区属单位内部审计工作的分类指导，建立与重点单位定期联系，有针对性地解决薄弱单位存在的问题，促进全区内部审计工作整体发展。（撰稿人：马少波）

【河北区审计局】 2016 年，河北区审计局人员编制 49 人，实有 46 人。局长李文涛，副局长景建（—12 月）、张凤荣、刘金贵。设有办公室、人事教育科、法制科、经济责任审计科、财政审计科、行政事业审计科、固定资产投资审计科、企业审计科、内部审计指导科、联网审计科、审计督查科。

审计成果 2016 年，河北区审计局完成审计项目 30 个，其中组织实施审计项目 20 个、审计调查项目 2 个、交办配合事项 8 个。查出主要问题金额 6.07 亿元，其中违规金额 6669 万元、损失浪费金额 50 万元、管理不规范金额 5.40 亿元；损益（收支）不实金额 4498 万元；审计处理处罚金额 5750 万元，其中应上缴财政 162 万元、应归还原渠道资金 3329 万元、应调账处理金额 2260 万元；审计发现非金额计量问题 20 个；审计促进整改落实有关问题金额 5.73 亿元，其中增收节支 3474 万元、已调账处理金额 2260 万元；审计促进拨付资金到位 81090 万元。移送司法机关、纪检监察机关和有关部门处理事项 2 件。出具审计报告、审计结果报告和专项审计调查报告等共计 33 篇（其中审计结果报告 13 篇），被批示、采用 5 篇；提交审计信息 176 篇，被批示、采用 236 篇（次）。提出审计建议 87 条。

国家重大政策措施贯彻落实跟踪审计 完成审计项目 3 个，促进资金拨付到位 8109 万元，促进民生资金、经济转型专项资金落实到位。

财政审计 查出主要问题金额 1.71 亿元，其中损失浪费金额 20 万元、管理不规范金额 1.71 亿元；审计发现非金额计量问题 1 个。区人大常委会及区委、区政府对预算执行审计工作给予充分肯定。

联网实时审计 利用河北区政务网络系统完成与一级预算单位的硬件连接，联网数据网络版正式运行，实现全区一级预算单位财政与财务数据资源的实时传输。开展天津市河北区部分预算单位银行账户备案情况的无项目审计调查，涉及 142 个一、二级预算单位及 49 个下属单位，发现非金额计量问题 8 个。提出审计建议 2 条。

经济责任审计 完成经济责任审计项目 13 个，查出主要问题金额 4.35 亿元，其中违规金额 6627 万元、损失浪费金额 30 万元、管理不规范金额 3.69 亿元；审计发现非金额计量问题 7 个，提出审计建议 55 条。审计结果为组织部门考核、任用领导干部提供参考。

专项资金审计 开展河北区低保资金专项审计调查，审计专项投资金额 2.84 亿元，查出违规金额 42 万元；审计发现非金额计量问题 4 个。移送司法机关处理事项 1 件，涉及金额 26 万元。提出审计建议 4 条。

其他审计项目 完成2015年城镇保障性安居工程跟踪审计、区属国有资金主要经济指标调查、河北区棚户区改造资金核查、北宁公园绿化资金使用情况审核调查、盐坨公园绿化资金使用情况审核调查、河北区低保救助资金使用情况专项检查、工会经费收支及管理情况专项审计、全国医疗保险基金审计等交办任务。参加河北区委组织的党风廉政建设主体责任检查，重点关注河北区内各单位“三公”经费和“三重一大”制度中大额度资金使用情况。指导开展全区内部审计工作，加大服务培训力度，推动内部审计转型发展。

（撰稿人：李仲渊）

【红桥区审计局】 2016年，红桥区审计局人员编制38人，实有33人。局长李萍，副局长纪耀章、王凤英、吴彦龙。设有办公室、财政审计科、行政事业审计科、企业审计科、固定资产投资审计科、经济责任审计科、联网审计科、内审指导科、法制科、人事教育科。

审计成果 2016年，红桥区审计局完成审计及调查项目29个，其中组织实施审计项目25个，参与实施审计项目4个。查出主要问题金额5.78亿元，其中违规金额73万元、管理不规范金额5.77亿元；损益（收支）不实金额1058万元；应调账处理金额607万元；审计发现非金额计量问题5个；审计促进整改落实有关问题金额48万元，其中已调账处理金额23万元。出具审计报告和专项审计调查报告32篇，被批示、采用9篇（次）；提交审计信息87篇。提出审计建议21条。

国家重大政策措施贯彻落实跟踪审计 以促进稳增长政策落实为目标，按季度对红桥区贯彻落实中央和天津市重大政策措施情况、创业创新资金和楼宇经济发展专项资金拨付使用情况、降低实体经济企业成本第一批政策措施落实情况、2013年以来政府投融资1000万以上的建设项目情况及政府债务情况进行审计。审计涉及区建委、区发展改革委、区审批局等40余个单位，针对审计查出的各类问题，以书面形式向政府报告，并提出相应对策和建议，积极推动重点工作的落实。

财政审计 围绕预算编制、审批、执行、调整各环节内容，重点关注资金使用的规范性和效益性以及推进财政改革、建立公共财政制度各项措施的落实情况，完成对财政预算执行情况以及区人力社保局、区招商局、西于庄街道办事处等部门预算执行情况审计，查出主要问题金额1615万元。

联网实时审计 以“审计一张网”为平台，通过实时采集、在线审计，实现对全区52个一级预算单位和19个二级预算单位的实时监督，对全区40多个单位进行疑点排查和预警核查；对全区9个街道办事处的社保专户资金以及一级预算单位执行“公务卡”报销制度情况进行查询，并对存在问题单位发出整改意见函；针对区民政局拨付各街道办事处社保专户资金中的某些项目资金存在使用率低的情况，发出审计疑点自行核查函和联网实时审计建议函。

经济责任审计 开展对区房管局、区人力社保局、区委党校、团区委等18个单位18名主要领导干部经济责任审计，对被审计领导干部履行经济责任过程中存在的问题进行责任认定。与区纪委、区委组织部、区委巡查办建立审前沟通、审中协作、审后通报协同联动工作机制。

专项审计 按照天津市审计局部署，开展2015年保障性安居工程跟踪审计，完成对武清区东蒲洼示范小城镇农民安置用房建设项目的异地交叉审计。开展对渤海证券股份有限公司、天津银行工会等4个局级工会以及下属近40余户基层工会专项审计。选派审计干部参加审计署和天津市审计局开展的基本医疗保险基金和医疗救助资金审计。对红桥区低保资金使用情况开展专项审计调查。完成潞河环境建设有限公司、红桥区商业国有资产投资经营公司的资产负债损益审计。

固定资产投资审计 结合重大政策落实情况跟踪审计，对全区投资1000万元以上的5个建设项目进行审计，审计内容涉及基本建设程序、工程项目实施进展、项目资金监管等方面。在对街道办事处实施的经济责任审计项目中，将居委会改扩建项目资金使用情况及履行政府采购和招投标程序执行情况作为重点审计内容。派员参加天津市审计局对天津援疆项目的跟踪审计。建立红桥区重大公共投资工程项目资料库，摸清红桥区公共投资项目底数。

内部审计 结合纪检监察工作中查办的案例，为全区50多个单位内部审计人员解读中央八项规定，重点讲解发现和查处违反八项规定行为的内容和方法。举办审计专题培训，邀请天津市审计局为全区各单位一把手、分管财务领导、财审人员进行“加强资金审计和财政监管，促进红桥区经济社会健康发展”的专题讲座；邀请天津市审计局专业处室负责人解读《天津市党政主要领导干部和国有企业领导人经济责任审计实施办法》。开展以“经济新常态下内部审计如何更好地发挥作用”为主题的内部审计理论研讨。对红桥区内部审计工作开展情况进行调查。

（撰稿人：李　妍）

【东丽区审计局】　2016 年，东丽区审计局人员编制 35 人，实有 31 人。局长时卷林，副局长魏金凤。设有办公室、法制科、财政审计科、行政事业审计科、固定资产投资审计科、经济责任审计科、国有企业审计科、内部审计指导科、信息化科、联网审计科、村居审计科。

审计成果　2016 年，东丽区审计局完成审计及审计调查项目 79 个，延伸审计单位 135 个。审计总金额 686.82 亿元，查出管理不规范金额 1.63 亿元、违规金额 3789 万元；核减工程造价 1177 万元，上缴财政资金 2739 万元。提出审计建议 28 条，提交审计信息 124 篇，被《中国审计报》刊发 12 篇。

财政审计　对全区公共财政预算、政府性基金预算和社会保障预算等全口径预算实施情况，政府所有收支纳人预算管理及从预算到执行全过程各环节资金运行的真实、合法和效益情况，行政运行成本和管理绩效，“三公”经费和会议费管理使用情况，“小金库”、大额采购情况，以及涉及广大人民群众切身利益的教育、文化、医疗卫生、扶贫、最低生活保障、就业等重点民生资金的管理使用情况等进行审计，延伸审计单位 19 个，审计总金额 109.63 亿元。审计发现专项资金沉淀未使用、预算项目资金未及时支出在暂存款挂账、财政资金闲置等问题，查出管理不规范金额 7475 万元，上缴财政 194 万元。提出细化预算编制、提高预算的到位率；及时拨付预算资金，提高财政资金的预算执行力；强化项目资金管理，提高财政资金使用效益等 3 条建议。完成东丽区残疾人联合会、东丽区体育局、东丽区建设管理委员会等 6 个部门预算执行情况审计，延伸审计单位 21 个，审计总金额 5.69 亿元，发现房屋出租资金未上缴财政等问题，查出管理不规范金额 75 万元、违规金额 1234 万元，上缴财政 68 万元。提出审计建议 7 条。完成东丽湖温泉度假旅游区管理委员会、丰年村街道办事处、新立街道办事处、张贵庄街道办事处 4 个辖属街道及功能区财政决算审计，延伸审计单位 35 个，审计总金额 30.99 亿元，审计发现专项资金滞留、应收账款长期挂账等问题，审计查出管理不规范金额 1204 万元、违规金额 305 万元，上缴财政 227 万元。提出审计建议 13 条。

经济责任审计　完成 38 名领导干部经济责任审计，延伸审计单位 60 个，审计总金额 460.06 亿元。审计发现占用专项资金、土地出让金未上缴国库、未实行政府采购等问题。审计查出管理不规范金额 954 万元、违规金额 2250 万元。上缴财政金额 2250 万元。提出审计建议 6 条。

固定资产投资审计　完成广电大厦弱电工程竣工决算审计，完成程春里等 14 个小区旧城改造工程、军粮城示范小城镇一期农民还迁住宅建设项目（起步区）、金钟街示范小城镇农民还迁住宅建设项目等 11 个项目审计，审计总金额 80.45 亿元，发现应招标未招标、损失浪费、后补程序、高估预算等问题，查出管理不规范金额 6613 万元，核减工程造价 1177 万元。提出审计建议 16 条。

其他审计项目　按照天津市审计局“促改革、保稳定”重大政策落实情况跟踪审计的要求，完成 2016 年度的跟踪审计。按照区委、区政府要求，派出检查组分别对天津东方财信投资集团有限公司、天津市东丽城市基础设施投资集团有限公司、天津市滨丽建设开发投资有限公司及其所属子级公司 2014 年至 2015 年新市镇建设资金、债务融资管理使用情况、“三重一大”决策制度执行情况、工程项目管理情况、财务管理情况、人力资源管理情况等方面进行全面检查，对重大事项延伸检查到以前年度情况，分别出具资金大检查报告向检查小组进行专项汇报。按照天津市审计局要求，分别派出得力审计人员，配合相关单位参加津南河西两区保障房建设情况审计、滨海新区涉农资金审计、市委巡视工作、东丽区委纪检委检查工作、东丽区委巡查工作。

内部审计 对区教育局、区卫生局等22个单位内部审计进行业务指导，对其开展内部审计准则落实情况检查49次，规范内部审计行为。

（撰稿人：王 凯）

【西青区审计局】 2016年，西青区审计局人员编制29人，实有26人。局长王凤清，副局长魏奎成、魏津元。设办公室、法制科、财政金融审计科、行政事业审计科、经济责任审计科、固定资产投资审计科、内部审计指导科、联网实时审计科。

审计成果 2016年，西青区审计局完成审计项目16个，其中组织实施审计项目11个，参与实施审计项目5个。查出主要问题金额40.47亿元，其中违规金额439万元、管理不规范金额40.43亿元；已上缴财政金额439万元。出具审计报告和专项审计调查报告16篇；提交审计信息78篇，被《中国审计报》、天津市审计局等采用93篇（次）。提出审计建议48条。

国家重大政策措施贯彻落实跟踪审计 根据天津市审计局的要求，按季度组织开展稳增长促改革调结构惠民生防风险政策措施落实情况跟踪审计，重点关注中央和市重大决策部署贯彻落实、重大建设项目、市级转移支付资金统筹使用、楼宇经济发展等目标任务的完成情况，揭示部分重大项目进展、工程项目履行程序和市级专项资金拨付到位等方面存在的问题，提出审计建议。

财政审计 以防范财政风险、提高管理绩效、构建公开透明的预算制度为目标，关注财政资金分配、管理和使用，预算公开，财政存量资金，政府性债务以及“三公”经费、会议费、培训费支出情况等内容，对重点部门、重点项目、重点资金的使用、管理和效益情况进行审计，提出盘活存量资金、加强预算公开等审计意见和建议10条，监督上缴国库资金434万元。

经济责任审计 对区工业和信息化委员会、区人力资源及社会保障局、区旅游局、区档案局、区文化广播电视局、区新闻中心6个单位的6名处级领导干部开展经济责任审计。在财政财务收支真实性合法性审计的基础上，重点关注部门职责是否切实履行，重大经济决策是否合规，中央八项规定精神执行情况等内容。

固定资产投资审计 对杨柳青镇御河两岸绿化提升工程和区妇幼保健中心工程进行审计，以程序合法性、管理规范性、造价准确性、核算真实性为重点，针对存在问题提出加强工程项目管理、严格履行审批手续等审计建议，促进规范建设行为，堵塞漏洞，防范建设项目风险。

专项审计调查 对“十二五”期间出台的《西青区进一步促进科技型中小企业加快发展的若干政策》和《西青区促进文化旅游业发展的扶持意见（试行）》落实情况开展专项审计调查，提出加大政策执行监管力度，简化申报、审批、贴补流程，防范风险隐患和提升资金使用效益的意见建议，为区委、区政府决策提供参考依据。

交办任务 参与2015年保障性安居工程跟踪审计、城乡最低生活保障资金专项审计调查、帮扶等涉农资金管理使用情况专项审计和工会经费收支及管理情况专项审计等5个项目，出具审计报告。完成市区两级党委、政府及其工作部门交办的非审计项目11个。

内部审计 结合全区街镇实际，整合审计资源，统一组织街镇内部审计人员开展城镇（农村）管理补助资金专项审计项目，按照统一方案、统一时间、统一报告模板的形式进行，提升内部审计人员能力，增加审计覆盖面。

（撰稿人：王 晔）

【津南区审计局】 2016年，津南区审计局人员编制35人，实有32人。局长王玉爱，副局长王会芬。设有办公室、财政金融审计科、行政事业审计科、固定资产投资审计科、工业商业审计科、经济责任审计科、联网实时审计科、法规科、内部审计指导科。

审计成果 2016年，津南区审计局完成审计项目23个。查出主要问题金额21.47亿元，其中违规金额6149万元、管理不规范金额20.85亿元；损益不实金额5.93亿元；发现非金额计量问题45个；审计处理处罚6.33亿元，其中应上缴财政4561万元、应归还原渠道资金251万元、应调账处理资金5.85亿元；促进整改落实有关问题金额1.36亿元，其中增收节支4366万元、已缴纳其他资金589万元、已调账处理金额8626万元。出具审计报告和专项审计调查报告 24 篇，被批示、采用 54 篇（次）。提出审计建议 104 条，被采用 104 条。

2016 年，津南区审计局获得中国审计报社审计宣传工作先进单位称号，获得中国时代经济出版社审计宣传工作先进单位称号。

财政审计 完成审计项目 9 个，查出违规及管理不规范金额 9.22 亿元，非金额计量问题 14 个；审计处理应上缴财政 375 万元，已全部上缴。出具审计报告 7 份、审计专题报告 1 份、审计决定 3 份。提出并被采纳审计建议 16 条。

联网实时审计 采集部门预算单位账套 216 个（其中部门账套 122 个，教育账套 94 个），覆盖全部 66 个一级预算单位，48 个二级预算单位及 35 个教育系统数据。累计分析数据 6913 条，初步分析金额 34.53 亿元。推送疑点 1266 条，疑点金额 9.05 亿元。下达联网实时审计监督核查通知 9 份，核实疑点 66 条，涉及金额 602 万元。下达整改通知 4 份，涉及金额 45 万元。发现结余资金未及时上缴、向个人账户划款、财务管理不规范等 5 类问题

经济责任审计 完成对 14 名领导干部的经济责任审计，其中任中审计 5 人、离任审计 9 人。审计查出主要问题金额 2.29 亿元，其中违规金额 4094 万元、管理不规范金额 1.88 亿元。出具审计报告 13 份，审计提出建议 72 条，全部被采纳。

固定资产投资审计 完成审计项目 6 个，查出违规及管理不规范金额 3.69 亿元，已上缴财政 189 万元，清退违规金额 99 万元。出具审计报告 6 份、审计决定书 3 份。提出审计意见及建议 20 余条。

内部审计 全区有内部审计机构 87 个，其中专职内部审计机构 1 个；内部审计人员 201 人，其中专职内部审计人员 5 人。培训内部审计及财会人员 201 人次。 （撰稿人：宋元昊）

【北辰区审计局】 2016 年，北辰区审计局人员编制 43 人，实有 40 人。局长吴佩立（—6 月）、张柏林（6 月—），副局长季建虎、刘妍、李军。设有办公室、法制综合科、行政事业审计科、财政审计科、固定资产投资审计科、经济责任审计科、工商企业审计科、内部审计指导科、联网审计科；下设农村集体经济组织审计中心。

审计成果 2016 年，北辰区审计局完成审计项目 37 个。查出主要问题金额 151.62 亿元，其中违规金额 1.60 亿元、损失浪费金额 4693 万元、管理不规范金额 149.56 亿元；审计处理处罚金额 1.70 亿元，其中应上缴财政 257 万元、应归还原渠道资金 1.66 亿元、应调账处理金额 142 万元；审计发现非金额计量问题 113 个；审计促进整改落实有关问题金额 14 万元。移送有关主管部门处理事项 5 件，涉及 3 人，金额 23 万元。出具审计报告和专项审计调查报告 56 篇，被批示、采用 16 篇；提交审计信息 97 篇，被批示、采用 107 篇。提出审计建议 128 条。

北辰区审计局在天津市审计系统 2016 年度考核中被评为优秀档次，并被天津市审计局授予工作创新奖。被评为北辰区 2015 年度平安单位、区级“六五”普法先进单位、2011—2015 年度北辰区档案工作先进单位等。

国家重大政策措施贯彻落实跟踪审计 开展跟踪审计 4 轮，主要涉及贯彻落实经济工作会议精神，财政保障性资金安排、使用情况，空置楼宇盘活情况，重大建设项目，政府性债务情况等。

财政审计 完成预算执行情况审计，延伸调查重点资金 179 万元，重点关注执行新预算法、预算管理职责履行、预算资金分配和存量资金盘活、政府债务管理等情况。

联网实时审计 利用审计模型对财政局管理的一级预算单位开展国库集中支付整数支出、固定资产残值收入未上缴财政等无项目审计。配合区纪检委，开展元旦、春节期间“三公”经费支出审计；配合开展 2015 年度财政同级审项目。年内完成联网审计演示系统工程项目，投入资金 31 万元。对全局干部进行联网审计培训 2 次。

经济责任审计 完成对 15 名领导干部的离任经济责任审计和 4 名领导干部任中经济责任审计。制定并实施《北辰区党政主要领导干部离任经济事项交接办法（试行）》，对 19 个单位领导离任组织现场交接工作。

固定资产投资审计 开展京津城际铁路综合提升改造、城中村改造等重点项目专项审计，促进投资项目依法规范建设，保障民生资金安全规范使用。配合天津市审计局，完成对武清区梅厂

示范小城镇农民还迁住宅小区项目跟踪审计。

农村审计　对9个镇农村审计工作开展分类指导。完成村集体及下属企业公车购置使用情况、区村级财务人员现状、村级招待费、2013年至2015年村级福利费开支及可持续性等4个专项审计调查。对在2015年开展的村级固定资产审计中发现的整改结果纳入对各镇农审工作的考核，聘请中介机构进行评估。制定下发《固定资产审计操作指南》。

专项资金审计　与社会审计合作，对区属56家国有企业基本情况及非流动性资产情况开展审计调查。对北辰区城乡低保资金开展专项审计调查。配合天津市审计局，完成对西青区涉农资金及工会经费的交叉审计。

内部审计　对各单位内部审计工作进行指导，协助其解决问题。组织北辰区内部审计协会成员单位开展“经济新常态下内部审计如何更好地发挥作用”的理论研讨活动，指导撰写审计论文。

（撰稿人：卢丽娜）

【武清区审计局】　2016年，武清区审计局人员编制38人，实有35人。局长雷永良（—6月）、沈书奎（6月—），副局长谢万俊、张亚东、顾韵洁（—7月）。设有办公室、法制科、行政事业审计科、财政金融审计科、经济责任审计科、固定资产投资审计科、企业审计科、建设工程审计科、联网审计科、整改督查科。

审计成果　2016年，武清区审计局完成审计项目37个，查出主要问题金额40.93亿元，其中违规金额172万元、管理不规范金额40.91亿元；审计处理处罚金额40.71亿元，其中应上缴财政38万元、应归还原渠道资金38.70亿元、应调账处理金额2.01亿元；审计发现非金额计量问题7个；审计促进整改落实有关问题金额39.62亿元，其中增收节支19.20亿元、已上缴财政38万元、已归还原渠道资金19.20亿元、已调账处理金额1.21亿元。出具审计报告和专项审计调查报告40篇；提交审计信息52篇，被批示、采用43篇（次）。提出审计建议30条，被采纳24条。

2016年，武清区审计局被中国审计报社评为审计宣传工作先进单位。

国家重大政策措施贯彻落实跟踪审计　按照上级审计机关的统一安排对5项政策措施落实情况、政府投资重大建设项目、政府性债务进行审计，出具审计报告4篇。

财政审计　对财政存量资金的消化使用情况、政府债务转贷资金的收支使用情况、部门预决算的审批使用情况以及中央和市级专项资金的申报使用情况开展审计，加强对“三公”经费、会议费使用、“小金库”等的检查力度，对发现的问题提出意见建议，并督促整改落实。

联网实时审计　完成94家一级预算单位和一级企业单位的数据导入工作。通过联网实时监督，下达联网实时审计监督核查通知6份、整改通知1份。

经济责任审计　坚持任中审计与离任审计相结合，完成对23名处级领导干部离任经济责任审计，对查出的违规问题依法提出改进建议，为纪检监察部门和组织部门运用经济责任审计结果，评议和任免干部提供重要依据。

民生资金（项目）审计　按照天津市审计局的统一部署，对宝坻区涉农资金收支及管理使用情况，东丽区空客二期及配套基础设施的计划、投资、建设、分配、运营等情况进行审计。对武清区城乡最低生活保障资金筹集、管理和发放情况进行专项审计调查。

企业审计　对区属重点国有企业及其下属公司财务收支情况进行审计，摸清区属国有企业的现状及问题，提出审计建议。审计结果得到区领导的高度重视，将问题进行梳理形成责任清单，由各分管副区长牵头整改，列入区委区政府的督查督办工作。

（撰稿人：付立新）

【宝坻区审计局】　2016年，宝坻区审计局人员编制39人，实有38人。局长杨有生，副局长陈建波、王洗强、付建军。设有办公室、法制综合科、财政金融审计科、行政事业审计科、企业审计科、固定资产投资审计科、经济责任审计科、农业与资源环保审计科、内部审计指导监督科、联网审计科。

审计成果　2016年，宝坻区审计局完成审计项目46个，其中组织实施审计项目41个，参与审计项目5个。查出主要问题金额2.80亿元，其中违规金额3408万元、管理不规范金额2.46亿元；损益（收支）不实金额2046万元；审计处理处罚金额1.76亿元，其中应上缴财政3618万元、应减少财政拨款或补贴99万元、应归还原渠道资金24万元、应调账处理金额1.39亿元；审计发现非金额计量问题56个；审计促进整改落实有关问题金额1.52亿元，其中增收节支1712万元、已调账处理金额1.35亿元；审计促进拨付资金到位6347万元；审计后挽回（避免）损失705万元。移送司法机关、纪检监察机关和有关部门处理事项14件，涉及3人，金额1245万元。出具审计报告和专项审计调查报告66篇（含专报5篇），被批示、采用31篇。提交审计信息105篇，被批示、采用74篇。提出审计建议19条，被采纳19条。推动完善规章制度5项。

国家重大政策措施贯彻落实跟踪审计 完成政策落实跟踪审计项目4个，由天津市审计局统一组织实施。审计发现7万元专项资金未拨付到位；发现非金额计量问题3个，已经整改1个，正在整改2个。

财政审计 以深化财政预算管理改革、调整优化支出结构和提高财政资金绩效为目标，以联网审计为依托，统筹安排各类财政审计项目。重点关注涉农资金管理使用、国有资产管理使用、财政存量资金化解等情况。查出主要问题金额1.18亿元，其中违规金额591万元、管理不规范金额1.12亿元。审计项目对提高预算管理水平，落实财政政策，推进财政制度改革起到促进作用。

经济责任审计 完成15个单位21名领导干部经济责任审计，揭示套取专项资金、应收未收土地出让金、无依据收费、应缴未缴预算款以及财务管理和资产管理不规范等问题43个，涉及主要问题金额7482万元，其中违规金额2671万元、管理不规范金额4811万元。3个单位套取专项资金问题已移送纪检机关进行处理，1个单位缴费不到位问题已移送主管部门处理。

固定资产投资审计 完成对房屋建设、市政道路、造林绿化等19项政府投资重点工程的跟踪审计。查出主要问题金额8679万元，其中违规金额133万元、管理不规范金额8546万元，促进增收节支279万元，促进拨付资金到位6347万元，查处偷工减料、未按图纸设计施工及未办理施工许可证即开工建设等非金额计量问题24个，现场发现并纠正重要质量问题86个，下达审计移送处理书13份，向区委区政府上报审计专报2篇，挽回直接经济损失705万元。

专项资金审计 对宝坻区城乡最低生活保障资金的筹集、管理和发放情况进行专项审计调查，查出主要违规问题金额13万元，非金额计量问题2个，已全部整改到位。

交办任务 完成区委、区政府、区发改委等5个部门交办任务14项，涉及村务公开、信访案件、专项资金等事项的审查、核查。

（撰稿人：唐亚楠）

【滨海新区审计局】 2016年，滨海新区审计局人员编制79人，实有79人。局长李向前，副局长沐伟、张文军（8月—）。设有办公室（法规处）、财政审计处、行政事业审计处、企业审计处、投资审计处、资源环保审计处、综合业务处、经济责任审计处。

审计成果 2016年，滨海新区审计局完成审计项目33个。向有关部门移送违纪违法案件线索4件。出具审计报告和专项审计调查报告42篇；提交审计信息53篇，被采用97篇（次）。

国家重大政策措施贯彻落实跟踪审计 在审计署和天津市审计局的部署下，先后对滨海新区政府所属功能区、街镇和职能部门贯彻落实国家重大政策，促进稳增长促改革调结构惠民生防风险总体调控目标实现情况实施3轮次跟踪审计。审计发现部分空置楼宇盘活后出现空置情况反弹、部分项目进展缓慢未能及时发挥效益等问题。

财政审计 对新区本级预算执行进行审计，根据财政资金的流向，延伸审计服务业引导资金、科技创新资金等9类资金，查出收入缴库不及时、沉淀资金清理不到位、会计核算不规范等问题，提出加强预算管理，提高精细化水平，严格监督控制，规范单位预算执行等建议。完成区委办公室、区政府办公室、区委组织部、区委老干部局、区编办、区人大机关、区政协机关、区公安局等部门预算执行审计，查出应缴未缴财政资金、乱发津贴补贴、账外资金等问题，督促相关单位进行整改。完成高新区管委会预算执行及其他财政财务收支审计，揭示在预算管理、专项资金管理、项目建设、资产管理、政策兑现等方面存在的问题，提出审计建议8条，督促高新区管委会整改。完成塘沽一中、大港一中财务收支审计，揭示在财务收支、资产管理、办学管理、食堂管理等方面的问题，提出审计建议9条。

联网实时审计 依据天津市审计局“一张网”的实施要求，先后对自贸区3个片区以及滨海新区财政局进行实地调研，配合天津市审计局完成“一张网”自贸区监管平台的建设。完成与滨海新区财政局、东疆保税港区、中心商务区等单位《联网审计监督数据采集通知书》《数据采集承诺书》《保密协议》等签订工作，重点加强对自贸区3个片区的数据采集及日常监控，保证每月10日采集数据并向天津市审计局报送。截至年末，滨海新区审计局联网单位已达63个，占全部一级预算单位92个的68%。

经济责任审计 受滨海新区组织部委托，完成9名处级领导干部的经济责任审计，审计过程中与财政财务收支审计、专项资金审计、效益审计相结合，揭露具有苗头性、倾向性问题，在预防贪污腐败行为的同时，不断深化经济责任审计内容。

固定资产投资审计 推进政府投资项目审计全覆盖进程，建立健全投资审计业务制度，探索和应用GPS定位、红外线测距仪、无人机等审计技术手段，开展审计项目30个，审计投资额30.80亿元，为滨海新区节约财政资金6.97亿元。审计发现投资存在虚报、重复申报，隐蔽工程申报不实，利用变更或擅自变更增加投资，基本建设程序不规范，个别项目存在重建轻管，工程完工后管理不到位、土地出让收支管理不规范等问题。

专项资金审计 按照计划开展保障房安居工程审计，对塘沽区域2010年至2015年污水处理费征缴情况进行审计。审计发现保障性住房租金收入未执行“收支两条线”管理、享受廉租住房租赁补贴家庭财产发生变化未按规定及时退出、污水处理费代征未上缴财政、用水单位拖欠污水处理费、超范围减免用水单位污水处理费、截留挪用污水处理费等问题。督促被审计单位整改，并向区政府报送专题报告。 （撰稿人：李兰英）

【宁河区审计局】 2016年，宁河区审计局人员编制33人，实有33人。局长吴凤友，副局长刘玉恒、张维众，调研员周春芬、王治轩（5月—）。设有办公室、财务人事科、综合法制科、行政事业审计科、经济责任审计科、金融基建审计科、财政审计科、农业环境保护审计科、内部审计指导科、联网审计科。

审计成果 2016年，宁河区审计局完成审计项目45个。查出主要问题金额20.28亿元，其中违规金额2726万元、管理不规范金额20.01亿元；审计发现非金额计量问题46个；审计期间整改1332万元；审计处理处罚1778万元，其中应上缴财政1570万元、应归还原渠道资金61万元、应调账处理金额129万元、应缴纳其他资金16万元；审计促进整改落实有关问题金额1580万元，其中增收节支1574万元、已缴纳其他资金6万元。出具审计报告和专项审计调查报告68篇；提交审计信息、宣传、简报11篇，被天津市审计局采纳9篇（次）。提出审计建议38条。

宁河区审计局获得中国审计报社颁发的2016年度全国审计宣传工作先进单位；获得宁河区委宣传部、区司法局表彰颁发的2016年度“六五”普法依法治区先进单位荣誉称号。

国家重大政策措施贯彻落实跟踪审计 以推动中央重大政策措施贯彻落实，促进经济平稳运行、健康发展和转型升级为目标，对区财政局、区发展和改革委员会、区行政审批局、区人民政府合作交流办4个单位，贯彻落实中央及市经济工作会议精神和2016年市政府工作报告中确定的重点任务的安排部署情况，以及创业、创新、精准扶贫等财政保障性资金使用情况等进行审计调查。

财政审计 以维护国家财政经济秩序，促进规范财政管理为目标，对区级预算执行和其他财政收支进行审计；对区卫生局、区计划生育委员会、区教育局、区人民检察院、区人民防空办公室、区国土资源分局、区文化广播电视局7个单位年度部门预算执行情况进行审计，查出主要问题金额14.97亿元。

以规范单位财务管理，促进被审计单位完善内部控制制度，提高资金使用效益为目标，对区医院、区中等专业学校2015年度财务收支情况进行审计，查出管理不规范金额7940万元。

以促进乡镇建立健全内部控制制度，提高财政决算管理水平为目标，对俵口乡、七里海镇、大北镇、板桥镇、淮淀乡、廉庄乡、丰台镇乡镇2015年度财政决算情况进行审计，查出管理不规范金额2.27亿元。

经济责任审计 以促进领导干部守法守纪守规尽责，提高财政资金使用效益和确保国有资产保值增值，维护国家财经法纪，加强廉政建设为目标，对俵口乡、丰台镇、大北镇、板桥镇、廉庄乡、区计划生育委员会、区卫生局、区规划局、区文化广播电视局、区教育局、区粮食局、区物价局、区行政审批局等单位23名党政领导干部经济责任履行情况进行审计，查出管理不规范金额1.54亿元。

固定资产投资审计 完成桥北新区第一小学竣工决算审计，查出管理不规范金额7106万元。

交办任务 配合审计署实施对南开区第三市政工程公司地块定向安置经济适用房项目审计。配合天津市审计局完成天津市东丽区2013年至2015年帮扶等涉农资金管理使用情况专项审计、东丽区2014年1月至2016年4月工会经费收支及管理情况专项审计。派员参加天津市审计局组织的天津援疆资金审计。完成区委、区政府和区纪委等部门临时交办的区供销合作社联合社违规发放补贴、区医院2005年以来职工集资情况、区商品市场建设服务中心2010年4月至2016年5月收支情况3个项目的审计。

内部审计 以规范内部审计单位的财务管理为目标，完成内部审计项目123个，审计总额1.24亿元，促进增收节支42万元，提出审计建议38条。

（撰稿人：李宏秋）

【静海区审计局】 2016年，静海区审计局人员编制30人，实有28人。局长周俊明，副局长陈军、刘树发，纪检组长魏立军。设有办公室(人事教育科)、综合法制科、行政事业审计科、财政金融审计科、企业审计科、固定资产投资审计科、经济责任审计科、农业和资源环保审计科、联网审计科、内审指导科；下设天津市静海区审计事务中心。

审计成果 2016年，静海区审计局完成审计项目33个，涉及175个单位。查出主要问题金额2.25亿元；审计处理处罚金额1.27亿元；增收节支8230万元。移送案件线索5件，得到相关部门查处，对部分人员给予处分。提交信息宣传稿件69篇，被《中国审计报》《中国审计》杂志和相关媒体采用141篇（次）。提出审计建议63条。

财政审计 对本级财政预算执行及其他财政收支情况进行审计，涉及部门（单位）32个，延伸审计部门（单位）143个。查出违规金额193万元、管理不规范金额2.23亿元。区政府高度重视审计结果，要求相关部门严格按照审计意见进行整改。静海区人大常委会审议通过区级财政预算执行和其他财政收支的审计工作报告，对审计工作给予充分肯定。

经济责任审计 受区委组织部委托，对17个单位25名领导干部任期经济责任进行审计，重点关注贯彻执行中央、市委和区委重大决策部署，遵守法律法规，目标责任完成，重大经济决策，重大投资项目，生态环境保护和民生改善以及遵守廉洁从政、从业规定等情况，查出违规金额1761万元、管理不规范金额1.14亿元。提出审计建议25条，并向区领导及有关部门进行情况汇报和通报。

交办任务 选派审计干部19人次，配合审计署和天津市审计局统一组织实施的保障性安居工程、全国医疗保险基金、涉农资金及工会资金、国家重大政策措施落实情况跟踪审计和城镇低保资金审计等项目，发现并取消7户不符合低保资格家庭、国家政策落实不到位的情况。受区委、区政府委托，对独流镇尚庄子平房改造建设项目续建工程资金投入，废酸处置企业核实，京广和加盟店、善林门店非法集资整治和查处农村“两补”中“微腐败”专项检查等24个项目实施审计。审计结果为区委、区政府解决焦点问题，出台具体政策规定提供重要参考依据。

内部审计 各级内部审计机构完成审计项目182个，审计总金额3.44亿元，促进增收节支98万元，提出合理化建议意见86条。区审计局组织理论研讨；定期走访内审机构；促进区医院建立内审机构；举办两期警示教育培训，参加培训300余人，促进提高内部审计工作质量和成效，充分发挥内部审计的指导和监督作用。

（撰稿人：王永强）

【蓟州区审计局】 2016年，蓟州区审计局人员编制38人，实有33人。局长夏景泽，副局长张士海、邹双谊、张维东。设有办公室、法制综合科、行政事业审计科、财政金融审计科、农业资金审计科、基建审计科、经济责任审计科、企业审计科、联网审计科、内审指导科（挂靠法制综合科）。

审计成果 2016年，蓟州区审计局完成审计项目49个，其中组织实施审计项目42个，参与实施审计项目7个。查出主要问题金额4.37亿元，其中违规金额1.72亿元、损失浪费金额7万元、管理不规范金额2.66亿元；损益（收支）不实金额262万元；审计处理处罚金额1.77亿元，其中应上缴财政1.68亿元、应归还原渠道资金343万元、应调账处理金额568万元；审计发现非金额计量问题24个；审计促进整改落实有关问题资金1.69亿元，其中增收节支1.67亿元、已调账处理金额241万元；审计促进拨付资金到位2299万元。移送纪检监察机关处理事项1件，涉及1人；移送有关部门处理事项5件，涉及4人，金额341万元。出具审计报告和专项审计调查报告61篇；提交审计信息1篇。提出审计建议147条。区领导对相关审计工作做出5次重要批示。

国家重大政策措施贯彻落实跟踪审计 按照审计署、天津市审计局的统一安排部署，完成蓟州区一至四季度稳增长政策落实跟踪审计项目4个。

财政审计 完成预算执行和其他财政收支情况审计，向区政府和区人大常委会分别提交审计结果报告和审计工作报告。完成5个主管预算单位预算执行情况审计。完成3个镇乡财政收支审计，规范镇乡财政预算管理，关注“三农”资金使用效益。完成14个行政事业单位财务收支审计，严肃财经纪律，规范收支行为。

经济责任审计 受区委组织部委托完成对14个单位14名主要领导干部的经济责任审计。

农业与资源环保审计 完成蓟州区于桥水库水源保护工程跟踪审计调查。

企业审计 完成对3个企业的审计，促进企业提高经营管理水平。

固定资产投资审计 完成蓟州区特勤消防站项目工程审计，延伸审计相关建设单位，确保工程合规运营。

民生资金审计 按照天津市审计局统一部署，完成北辰区2015年保障性安居工程项目；完成蓟州区2015年至2016年9月城乡最低生活保障资金专项审计。

专项资金审计 按照天津市审计局统一部署，完成宁河区帮扶等涉农资金管理和使用情况专项审计。

交办任务 完成县政府交办的储备林项目土地流转资金管理使用情况审计、对全县60个单位转嫁支出乱摊派及乱发补贴福利专项审计检查；开展广成集团对上仓园区、经济开发区土地收储和项目建设投入情况以及两个园区资产负债损益情况专项调查工作；抽调人员参加市委县委巡视巡察工作。

信息化建设 完善局机关计算机网络，更新计算机设备。在区级财政预算执行审计中，运用大数据联网审计，创建11个适合蓟州区情况的审计模型，提高审计效率。

相关工作 抓好党组理论中心组学习，履行好党风廉政建设主体责任和监督责任。扎实开展“两学一做”学习教育。狠抓制度落实，突出党建工作专项整治，按时按质完成整改。建设机关“五好党支部”，推动党风廉政建设深入发展。

内部审计 按照区委工作部署，对协会会员单位内部审计人员进行清查，完成蓟州区内部审计协会换届。

（撰稿人：王大为）

2016 年天津市所辖区、县(市)级审计工作统计表

金额单位：万元

审计机关	完成审计项目(个)	审计查出主要问题金额	审计处理情况					出具审计报告和审计调查报告(篇)	提出审计建议(条)	提交审计信息(篇)
			审计处理处罚				移送处理事项(件)			
			应上缴财政	应减少财政拨款或补贴	应归还原渠道资金	应调账处理金额				
和平区审计局	55	169547	223		1	1224	3	55	92	125
河东区审计局	25	10119	3877	24	5395	821		25	48	31
河西区审计局	48	25757	314		5		4	48	66	104
南开区审计局	22	66938					1	22	14	27
河北区审计局	30	60699	162		3329	2260	2	33	87	176
红桥区审计局	29	57849				607		32	21	87
东丽区审计局	79	21285	2739		1566	1282		79	28	124
西青区审计局	16	404735	439					16	48	78
津南区审计局	23	214688	4561		251	58453		24	104	
北辰区审计局	37	1516225	257		16583	142	5	56	128	97
武清区审计局	37	409252	38		386988	20091		40	30	52
宝坻区审计局	46	28015	3618	99	24	13897	14	66	19	105
滨海新区审计局	33						4	42	38	53
宁河区审计局	45	202834	1570		61	129		68	38	11
静海区审计局	33	22487	88		8141	4507	5	32	63	69
蓟州区审计局	49	43743	16769		343	568	6	61	147	1

河北省

【河北省审计厅】 2016 年，河北省审计厅人员编制 135 人，实有 142 人。设有办公室、机关党委、法规处、人事处、离退休干部处、财政审计处、金融审计处、行政事业审计处、社会保障审计处、固定资产投资审计处、农业与资源环保审计处、外资运用审计处、企业审计处、经济执法派出审计处、贸易交通派出审计处、文体卫派出审计处、科教派出审计处、农林水派出审计处、发展建设派出审计处、内部审计管理处、经济责任审计局（下设综合处、省直部门经济责任审计处、省属院校及国有企业经济责任审计处、市县经济责任审计处）。

领导成员

厅　　长：葛梦彬（—10 月）

杨晓和（10 月—）

副 厅 长：李树森

总审计师：段　宁

纪检组长：梁宝卿

经济责任审计局局长：赵建护

副巡视员：刘　军　刘西春

审计成果　2016 年，在审计署和河北省委、省政府的正确领导下，全省审计机关紧紧围绕中心、服务大局，依法履行审计监督职责，切实加强审计机关自身建设，各方面工作取得明显成效，充分发挥审计在推动完善国家治理体系、保障经济社会健康运行等方面的重要作用，得到省委、

省政府的高度评价。河北省各级审计机关共完成审计项目2750个。查出主要问题金额3340多亿元，已上缴财政、减少财政拨款或补贴40多亿元，已归还原渠道资金80多亿元；向司法、纪检监察以及其他部门移送处理事项410多件，提出并被采纳审计建议3280条。

国家重大政策措施贯彻落实跟踪审计 围绕中央和省重大政策部署，加强对重大项目推进、财政资金统筹整合使用、深化“放管服”改革等情况进行监督检查，全年共抽查4770多个单位及部门、3670多个项目，审计发现问题390多个，促进政令畅通、落地生效。

财政审计 全省审计机关审计预算执行单位1130多个，查出问题金额1030多亿元。省审计厅搭建数据分析平台，首次将116家一级预算单位业务、财务等相关数据采集入库，加大行业问题数据分析核查力度。全省审计财政决算项目330多个，开展存量资金审计调查，省审计厅分别对4个市本级和部分县区进行审计调查，审计结果上报省委、省政府后，河北省委书记和省长分别做出重要批示。

经济责任审计 全省审计机关对699名党政领导干部及国有企业领导人员进行经济责任审计，其中任期审计276人，离任审计423人。查出直接责任问题金额1.69亿元。建立审计成果分析制度、审计结果落实整改报告制度和警示预防制度，审计结果运用明显，促进领导干部依法行政、守规尽责。

金融审计 开展对沧州、邯郸、秦皇岛3家地方城市商业银行风险状况专项审计调查，查出违纪违规金额169亿元。移送有关部门涉嫌违纪违规问题线索8件，反映地方金融行业存在的风险隐患，促进地方银行稳健发展。

农业与资源环保审计 按照中央和审计署要求，开展自然资源资产离任审计试点工作。省审计厅在秦皇岛市开展领导干部自然资源资产离任审计试点，并组织邯郸、石家庄市审计局开展县级试点工作，探索自然资源资产离任审计的新路子，积累经验。开展对全省“十二五”期间水污染防治资金审计，共审计工程项目390多个，涉及财政资金70多亿元。移送案件线索3件。揭示在专项资金管理使用、项目建设进展、水环境安全等方面存在的问题和风险隐患。提出有针对性的建议，督促相关部门整改落实。

固定资产投资审计 全省审计和审计调查固定资产投资项目单位306个，延伸审计580多个单位，核减投资额（工程款）38亿元。跟进冬奥会资金使用管理情况审计，提出加强跟踪审计力度、建立奥运项目黑名单制度等建议，张家口市政府针对问题和建议，研究改进意见并迅速落实到位。

民生资金（项目）审计 对全省各级政府2015年度保障性安居工程进行跟踪审计，发现5方面14类问题。对省本级和部分设区市、县区的医疗保险基金使用管理情况进行审计，审计资金总量216亿元。向纪检监察、公安等移送案件线索8件。各单位积极进行整改，规范完善内部管理，维护人民群众的根本利益。

外资运用审计 对9个利用外资项目进行审计，涉及城镇基础建设、林业、水利、能源、环境治理等行业，对外出具无保留意见的中英文审计报告。

企业审计 全省对45家企业进行审计；省审计厅对河北信息产业投资集团有限公司和河北机场管理集团有限公司进行审计，从源头上防止国有资产流失，推动国有资产管理改革。

灾后重建跟踪审计 按照河北省委、省政府要求，开展“7·19”特大洪水灾害灾后重建跟踪审计。制定跟踪审计问效办法，搭建灾后重建跟踪审计平台，建立灾后重建资金跟踪审计台账和报告制度。相关市审计局加大督导灾后重建跟踪审计工作力度，促进当地政府完善工作机制和社会稳定。

信息化建设 构建大数据审计工作模式，初步建立起以“一个系统、三个平台”为依托的审计信息化运行管理机制，即改造一个移动办公系统，建立大数据分析平台、审计项目管理平台、审计指挥平台。审计署、《中国审计》杂志先后介绍推广河北省审计厅信息化建设的经验做法，多家省直单位以及蒙、湘、津、黔等省级审计机关到河北省审计厅对标学习。由河北省审计厅编写的《审计数据技巧》一书，被审计署作为教材在全国审计机关推广。

队伍建设 开展重温入党誓词、党课教育、红色教育、“戴党徽、亮身份”和志愿者等活动，强化党员的宗旨意识、党性意识；实行“每周一课”制度，厅领导和各处室负责人轮流讲党课；开展建设学习型机关、争做学习型干部和读书抄书活动，利用审计厅官方网站《学习园地》栏目和审计专网深化学习。深入开展机关作风整顿和“一问责八清理”，完善“两个清单”，规范权力运行。每名审计干部建立个人问题台账和整改台账，建立“马上办”跟踪督办制度。河北省审计厅面向全省175家单位征求意见和建议，在省级机关作风公开评议工作中被评为“优秀”等次。严格按照审计署好干部标准，坚持正确的选人用人导向，完善干部选拔任用机制，规范干部选拔任用程序，充分发扬民主，公开、公平、公正选拔任用一批审计干部，树立风清气正的良好环境。调整完善网上审理的流程设计、运行规范等内容，初步建立符合实际的网上审理制度，制定审计执法过错责任追究、审计业务文书质量考核、审计现场管理等办法，规范完善审计业务管理制度。

内部审计 通过电话调查、走访和开展座谈会等形式对各设区市内部审计机构、各设区市内部审计协会机构以及管理对象等单位的机构设置、人员配备、工作开展情况进行摸底调研，对各市内部审计工作进行督导。设计内审平台管理系统，包括会员管理、法律法规、内审动态、内审培训、咨询服务、内审论坛、网络调查、统计平台、年度考核等板块，建成后将实现信息共享，在国家审计和内部审计之间形成链接纽带。对全省省直行政机关、企事业单位的内审人员进行精准内部审计业务培训，提高内审人员业务水平。

（撰稿人：刘　颖）

【石家庄市审计局】 2016年，石家庄市审计局人员编制136人，实有154人。局长刘桂江，副局长张建国、赵英然、钱国伟、尹建明，总审计师刘建新，纪检组长牛胜辰，园区审计分局局长李国辉，经济责任审计分局局长李强平，调研员李景海。设有办公室、人事处、法规处、机关党委、监察室、财政审计处、金融审计处、固定资产投资审计处、社会保障审计处、企业审计处、农业与资源环保审计处、企业审计处、行政事业审计处、外资运用审计处、内部审计管理处、高新技术产业开发区审计分局、经济责任审计分局、驻建设局特派办、驻市国资委特派办、驻市商务局特派办、计算机信息中心、培训中心。

审计成果 2016年，石家庄市县两级审计机关完成审计项目244个。查出主要问题金额263.28亿元，其中违规金额83.22亿元、管理不规范金额180.07亿元；损益（收支）不实32.72亿元；审计处理处罚金额130.76亿元，其中应上缴财政64.95亿元、应减少财政拨款或补贴8498万元、应归还原渠道资金17.48亿元、应调账处理金额46.41亿元；审计发现非金额计量问题523个；审计促进整改落实有关问题资金51.76亿元，其中增收节支46.39亿元、已调账处理金额5.36亿元。移送司法机关、纪检监察机关和有关部门处理事项57件。出具审计报告和专项审计调查报告312篇，被批示、采用22篇；提交审计信息539篇，被批示、采用98篇。提出审计建议374条。向社会公告审计结果1篇。

2016年，石家庄市审计局获得绩效考核优秀单位、全市文明单位、普法先进单位、依法行政先进单位、公共机构节能先进单位、节水型机关等荣誉称号。石家庄市审计局实施的无极县财政决算审计项目、新华区审计局实施的新华区城区建设管理局经济责任审计项目被评为河北省审计厅优秀审计项目。石家庄市审计信息宣传工作继续名列全省第一。

国家重大政策措施贯彻落实跟踪审计 通过建立审计台账制度，及时掌握各阶段进度，跟踪动态成果，重大政策跟踪审计取得明显审计成效。全年共投入269人次，抽查555个单位及部门和285个项目，审计资金255亿元，审计查出问题35个。市政府主要领导多次批示，明确整改单位。及时将督导成果汇总上报政府，保障各项政策措施落到实处。

财政审计 结合新预算法要求，探索实现“有深度、有重点、有步骤、有成效”的预算执行审计全覆盖。建立财政预算执行审计分析平台，通过数据分析确定财政审计重点，提高审计效率。代市政府向市人大做2015年度市本级财政预算执行审计报告和审计整改情况报告，顺利通过审议；首次接受市人大组织召开的审计专题询问。

经济责任审计 完成对19名领导干部的经济责任审计。对井陉县、井陉矿区、无极县和晋州市4个生态环境问题较多的县（市、区）开展自然资源资产责任审计调查，向市委提交调研报告。在灵寿县经济责任审计中增加自然资源资产责任审计的内容。完成河北省审计厅确定的新乐市2016年度自然资源资产责任试点审计项目。与市编办合作承担《石家庄市机构编制责任审计的理论与实践》课题研究。

金融审计 按照石家庄市领导的指示，对非银行金融机构及相关行业情况进行审计调查，报告得到领导的批示。

农业与资源环保审计 配合省审计厅完成对无极、赵县、平山、栾城、赞皇、鹿泉、新乐、灵寿等县（市、区）的2011年至2015年中央及省级水污染防治资金进行审计。

固定资产投资审计 完成对第一医院、新客站工程、轨道交通、西柏坡高速、校安工程等20个竣工决算或结算审计项目。市政府为进一步强化投资项目的概算、预算、决算、绩效审计工作，支持购买投资审计服务，通过协调财政局向社会公开招标，完成市审计局委托造价中介机构的"换库"工作。新建立30家甲级、15家乙级造价的中介机构库，完善对中介机构的管理，制定年度考核、末位淘汰的办法。

民生资金（项目）审计 按照上级审计机关和市委、市政府的要求，市审计局配合审计署和省审计厅完成石家庄市本级和21个县（市、区）的保障性安居工程跟踪审计和整改审计工作；组织开展市政府交办的市本级和17个县（市、区）新型农村合作医疗保险基金和居民医疗保险基金整合审计和汇总。

专项任务 配合"一问责八清理"专项行动，对石家庄全市56个市直部门和21个县（市、区）开展专项清理工作。经过梳理共发现8个市直部门和20个县（市、区）存在的130件乱摊派问题线索，经清理核查后，119个问题整改到位，32人受到批评教育，15人接受诫勉谈话，9人受到警告处分，1人被移送相关部门处理。

信息化建设 制订网站"整改整合"方案，提高网站管理水平；实施部署移动审计支撑系统，满足审计人员外出审计办公、现场取证和机关领导随时、随地的日常管理、决策指挥需求，形成审计人员专有的审计作业环境，提高工作效率；配合全市165个审计项目，对1183个账套进行数据处理。

相关工作 积极开展"两学一做"学习教育，紧紧围绕中心工作，充分发挥职能优势，得到社会各界和百姓群众的好评，中组部、省委巡视组多次到市审计局调研、督导，给予充分肯定。坚持每月第一个星期六开展"党员志愿活动日"，持续开展两个社区的志愿服务活动，增强党员干部的宗旨意识和群众观念。市审计局及时向全市审计机关发出倡议书，组织各县（市、区）向5个重点受灾县区对口援建，组织全市审计系统进行募捐活动，捐献救灾款物等共计价值60余万元；组织市、县两级审计党员志愿者到重灾区开展"三清"工作；市审计局主要领导7次赶赴灾区协调救灾事项，把局党组会开到救灾一线，局机关协调相关单位帮助设计重建项目；3人被评为省、市抗洪救灾先进个人。市审计局坚持"抓党建促扶贫"，选优配强驻村"第一书记"，谋划"两沟一河一土坡"发展思路，在对口扶贫村秘家沟开展项目26个，涉及资金600多万元；中层以上干部与53个贫困户结对，一对一帮扶；扶贫工作以100分的好成绩顺利通过市扶贫办的验收。在全市入企帮扶交流会上印发典型经验材料。

（撰稿人：王　涛）

【唐山市审计局】 2016年，唐山市审计局人员编制131人，实有123人。局长王洪江，副局长李桐、葛庆学、易敏、李富，总审计师方文亮（5月—），纪检组长刘树元，副调研员李建华、赵宗文、邢瑶。设有办公室、法制处、财政审计处、金融审计处、行政事业审计处、社会保障审计处、固定资产投资审计处、农业与资源环保审计处、经贸外资审计处、经济责任审计一室、经济责任审计二室、内部审计管理处、机关党委、监察室和高新技术产业开发区审计局、海港开发区审计局；下设教育培训中心、政府投资审计中心和计算机审计中心。

审计成果 2016年，唐山市审计机关共完成审计项目392个。查出主要问题金额1176.05亿元，其中违规金额205.37亿元、损失浪费金额625万元、管理不规范金额970.62亿元；损益（收支）不实54.62亿元；审计处理处罚金额97.08亿元，其中应上缴财政9.04亿元、应减少财政拨款或补贴21.08亿元、应归还原渠道资金24.94亿元、应缴纳其他资金7459万元、应调账处理金额41.28亿元；审计发现非金额计量问题277个；审计促进整改落实有关问题金额75.35亿元，其中增收节支48.86亿元、已缴纳其他资金62万元、已调账处理金额26.49亿元；审计后挽回（避免）损失19.61亿元；核减投资额20.04亿元。移送司法机关、纪检监察机关和有关部门处理事项22件。出具审计报告和专项审计调查报告409篇，被批示、采用9篇；提交审计信息45篇，被批示、采用15篇。提出审计建议789条。向社会公告审计结果13篇。

2016年，唐山市审计局被市委、市政府评为2011—2015年度全市法治宣传教育先进集体荣誉称号；获得市政府通报表彰，被考核评定为全市依法行政优秀级次单位。

国家重大政策措施贯彻落实跟踪审计 全市审计机关每个季度紧紧抓住财政存量资金盘活情况、政府性债务风险化解情况、简政放权情况等重点事项，对市本级及14个县（市）区进行跟踪审计，共抽查单位178个、项目293个，涉及财政资金近67亿元，查出问题16个。提出整改意见建议16条，推动各项重大政策措施有效落实。

财政审计 对127个预算执行单位进行重点审计，查出主要问题金额102.17亿元；对50个单位开展财政决算审计，查出主要问题金额156.20亿元，促进财政资金规范管理和有效使用。市审计局进一步拓展审计广度和深度，利用数据平台加强计算机审计分析，共审计一级预算单位15个，延伸审计二、三级预算单位和项目147个，揭示出8个方面51个问题，查出主要问题金额20.15亿元。对99个行政事业单位进行财务收支审计，查出主要问题金额7.10亿元。市审计局对15个行政事业单位进行审计，延伸审计单位44个，查出主要问题金额4.39亿元。

经济责任审计 市审计局结合市委组织部研究出台《唐山市党政主要领导干部和国有企业领导人员经济责任审计结果运用办法》，印发全市执行。全市审计机关共对138名领导干部和国有企业领导人员进行任期经济责任审计，查出涉及领导责任违规金额192.68亿元，纠正管理不规范金额803.08亿元，促进增收节支21.66亿元。市审计局通过对22名县级领导干部和国企领导人员开展经济责任审计，查出涉及领导责任违规金额191.82亿元，纠正管理不规范金额799.15亿元，促进增收节支21.63亿元。

固定资产投资审计 全市审计机关审计和调查项目91个，涉及项目投资额88.40亿元，查出主要问题金额22.98亿元，核减投资额（工程款）20.04亿元。市审计局通过对50个重点项目78.40亿元建设资金的审计，查出主要问题金额21.39亿元，核减投资额（工程款）19.01亿元。依据《唐山市政府重点投资项目跟踪审计办法》，对华北理工大学新校园、南湖国际会展中心等5个全市重点建设项目实施跟踪审计，揭示出4大类10个方面问题，及时堵塞漏洞、促进强化管理，保证项目建设规范实施。

专项资金审计 组织开展全市2015年保障性安居工程审计，重点审计住建、发改、国土、规划等部门，延伸调查137个村258户农村危房改造家庭，对25个安居工程项目进行检查，揭示出25个突出问题。按照省审计厅部署，市审计局对保定市2015年和2016年上半年医保基金收支运行、政策落实执行情况等进行审计，查出违规金额近3亿元。市审计局对市本级行政机关、事业单位2015年"三公"经费及会议费、培训费管理开支情况进行审计，对推动各单位部门认真落实中央八项规定和上级有关要求起到积极促进作用。

（撰稿人：孙亚东）

【秦皇岛市审计局】 2016年，秦皇岛市审计局人员编制73人，实有64人。局长刘忠全，副局长王海堂、唐继华、殷建兵，总审计师刘勇，纪检组长张桂琴。设有办公室、党总支、监察室、法制科、金融外资审计科、科教卫审计科、投资审计科、经贸审计科、行政事业审计科、农业与资源环保审计科、财政审计科、经济责任审计办公室、社保资金审计科；下设基本建设审计中心。

审计成果 2016年，秦皇岛市县两级审计机关完成审计项目113个。查出主要问题金额98.88亿元，其中违规金额3.58亿元、管理不规范金额95.30亿元；损益（收支）不实9.98亿元；审计处理处罚金额16.03亿元，其中应上缴财政4801万元、应减少财政拨款或补贴286万元、应归还原渠道资金2.69亿元、应调账处理金额12.83亿元；审计发现非金额计量问题280个；审计促进整改落实有关问题资金7463万元，其中增收节支5065万元、已调账处理金额2279万元；审计促进拨付资金到位1.08亿元。移送司法机关、纪检监察机关和有关部门处理事项22件。出具审计报告和专项审计调查报告113篇，被批示、采用3篇；提交审计信息170篇，被批示、采用115篇。提出审计建议188条。

2016年，秦皇岛市审计局被评为年度审计通联宣传工作先进单位，2个审计项目被河北省审计厅评为优秀项目。

国家重大政策措施贯彻落实跟踪审计 聚焦重大决策部署的贯彻落实情况，全年有计划、季度有重点，努力做到边审计、边督促整改，以跟踪审计促进政令畅通。全年累计抽查312个部门或单位、92个项目，涉及公共资金183.28亿元，提出整改意见31条。

财政审计 审计预算、决算单位55个。查出违纪违规金额8182万元、管理不规范金额78.67亿元；发现非金额计量问题91个；税收征管审计涉及地产、建筑、金融保险等117家单位，查出欠缴各种税费5036万元；开展财政存量资金专项审计调查，发现部门预算单位应上缴财政存量资金1.04亿元，部门预算单位可盘活的存量资金1.77亿元，至年底收缴入库或回收资金1.49亿元。着重审查财政部门资金分配情况和科技部门项目、资金管理情况，延伸调查4个县区、7家企业，揭示科技创新资金投入不足、使用分散等突出问题。

经济责任审计 对70名党政领导干部及国有企业领导人员进行经济责任审计，查出违纪违规金额7655万元、管理不规范金额7.14亿元。秦皇岛市研究制定《关于进一步加强经济责任审计工作的意见》《领导干部离任经济事项交接办法(试行)》，以市委、市政府两办文件印发执行。以秦皇岛市经济责任领导小组或领导小组办公室名义，出台《党政主要领导干部和国有企业领导人员经济责任审计结果运用办法（试行）》等3个配套文件。在北戴河区开展自然资源市级审计试点，重点对辖区土地资源、水资源管理、大气污染防治、水污染防治及生态环境保护情况进行审计，查出北戴河区生态及环境保护方面部分约束性指标未完成，大气污染治理方案落实不到位等3类24项问题，涉及金额1.26亿元。

固定资产投资审计 完成大小汤河河道治理工程、抚南连接线BT工程等固定资产投资审计项目，对市引青三期工程、北戴河新区污水处理厂等建设项目进行跟踪审计，查出各类违规违纪金额2.17亿元，审减工程价款1683万元，查出管理不规范金额2.97亿元，揭示部分建设项目审批手续不健全、签证量虚高、投资超概算、招投标不规范等问题。

民生资金（项目）审计 持续开展保障性安居工程跟踪审计。重点审计棚户区改造及配套基础设施建设项目、保障性住房分配和管理情况，对32个安居工程项目进行检查，延伸调查33个村166户农村危房改造家庭，揭示国开行贷款闲置率较高、部分项目未完成开工任务等5类37个问题。

专项资金审计 对全市“十二五”期间各级财政投入水污染防治资金管理使用情况进行审计，共抽查79个项目，涉及资金总额14.27亿元，查出项目进展迟滞、建设程序不规范、资金及设备设施闲置等突出问题，涉及资金1.80亿元。集中开展北戴河近岸海域环境综合整治攻坚战项目审计调查，审计35个项目，延伸审计单位34家，涉及资金33.09亿元，查出违规金额2.07亿元，配套不到位金额1.93亿元，滞留未拨付金额1363万元。揭示问题78个，提出整改建议70余条。适时开展“7·19”灾后重建审计，核实受灾人口，对救灾款项管理使用情况进行跟踪审计。提早启动精准扶贫资金专项审计，为跨年度开展的全国扶贫审计奠定基础。

信息化建设 加快实施金审三期工程建设，升级办公计算机和视频会议硬件设备，安装使用计算机审计数据管理系统，实现四级审计机关审计专网互联互通。着眼创新审计技术手段，招聘专业技术人员，组建电子数据审计中心，构建审计数据综合分析平台，加大数据采集、分析力度，建立健全审计信息数据库，探索实施“数据联网审计”，加快审计数据管理、数据分析、应用软件和调度指挥一体化进程，利用计算机辅助和大数据分析技术，提高审计质量和效率。

相关工作 组织开展“两学一做”学习教育，

党员干部集中学习20余次，开展3次专题研讨，组织“学党章党规、守基准底线”、“两学一做”知识竞赛活动，并结合建党95周年开展书法摄影展、重温入党誓词、“两优”评选、党组书记讲党课、学习李保国先进事迹、集中学习党章、组织研讨交流、参观纪念中国工农红军长征胜利80周年主题展览8项系列活动。深入开展“解放思想大讨论”，制订下发工作实施方案，成立专门领导机构及办公室，开展集中学习9次，组织3次专题研讨，领导干部讲党课2次，撰写心得体会46篇，调研报告6篇。落实主体责任，推进党风廉政建设，建立一把手负总责，其他班子成员负责分管业务科室，各科长、审计组长在其职责范围内负责的四级责任体系，逐级签订《廉政责任状》，按照谁主管、谁负责，谁出事、追究谁的原则，层层抓落实。纪检组深入一线督导检查执行廉政纪律、审计纪律落实情况，促进基层审计干部增强廉政意识。（撰稿人：李　卓）

【邯郸市审计局】 2016年，邯郸市审计局人员编制78个，实有78人。局长沙启峰，副局长张文玲、郭兴元、李文灿，总审计师刘九思，纪检组长张许生，经济责任审计办公室主任张大鹏，调研员冯伟力，副调研员王金全、戴笑丛。设有办公室、人事处、法规处、财政审计处、行政事业审计处、农业与环保审计处、固定资产投资审计处、金融审计处、企业审计处、社会保障审计处、外资运用审计处、审计信息处、机关党委、监察室、经济责任审计办公室综合处、经济责任审计办公室审计一处、经济责任审计办公室审计二处、政府投资审计中心和内审指导中心。

审计成果 2016年，邯郸市县两级审计机关完成审计项目179个。查出主要金额194.1亿元；审计促进整改落实有关问题金额11.53亿元，其中增收节支1.19亿元、已调账处理金额10.33亿元；审计促进拨付资金到位1800万元。向司法、纪检监察及有关部门移送案件线索9件。提出审计建议被采纳260余条。

2016年，邯郸市审计局实施的全市新农合基金审计项目、涉县审计局实施的财政预算执行审计项目，被审计署评为地方审计机关表彰项目。

国家重大政策措施贯彻落实跟踪审计 全市共抽查单位及部门397个，发现问题资金6亿元。

财政审计 市本级预算执行及其他财政收支情况审计，共查出预算执行到位率低等6个方面43项问题，直接查补税款1871万元，促进盘活存量资金1.1亿元，推进6个重点项目开工建设，启动闲置资金1.8亿元。

经济责任审计 全市对47名领导干部进行经济责任审计，其中对5名县级主要领导干部实施任中经济责任审计，查出违规和管理不规范金额44.4亿元。

农业与资源环保审计 对11个县及市直部分项目开展水污染防治专项资金审计，查出违纪违规金额3.2亿元。对涉县党政主要领导开展自然资源资产离任审计试点，揭示典型问题20余个，查出各类违法违规金额1.3亿元。

固定资产投资审计 全市实施政府投资建设项目审计30多项，审计投资额110多亿元，审减工程造价近2亿元。

民生资金（项目）审计 开展全市保障性安居工程跟踪审计，查出17类136个问题，取消343户不符合条件家庭的住房保障资格并追回住房99套。移送案件线索3件，5名责任人受到刑事或党政纪处理。

企业审计 完成8户破产企业及退城进郊企业职工安置费用审计，参与市主城区内“煤改气”验收等工作，促使891万元遗留资金收缴财政，2000多万元滞留资金加快拨付使用。

信息化建设 自行研发的医疗机构数据分析与应用计算机审计模型，被河北省审计厅作为重点科研课题立项支持。研发新农合医保基金审计系统，对新农合基金筹集、管理和使用全过程进行监督，实现快速锁定套取医保资金问题的目标。（撰稿人：郭运强）

【邢台市审计局】 2016年，邢台市审计局人员编制79人，实有75人。局长关峰，副局长刘孟起、颜住山、刘金锋、李永泽，总审计师宋万达，纪检组长刘兴泉，正处级干部张少川（—12月）、赵兰云、董书星，副调研员董瑞强。设有办公室、人事教育科、机关党委、纪检监察室、法规科、财政审计科、金融审计科、行政审计科、事业审计科、农业与资源环保审计科、固定资产投资审计科、企业审计科、社会保障审计科、经济责任审计局（下设经济责任审计综合科、经济责任审计一科、经济责任审计二科）、外资审计科、高新技术开发区办事处、政府投资审计中心。

审计成果 2016年，邢台市审计局完成审计项目68个。查出主要问题金额120.58亿元，其中违规金额1.44亿元、管理不规范金额119.14亿元；审计促进整改落实有关问题金额300万元；促进拨付资金到位546万元。移交案件线索11件。

经济责任审计 开展威县、任县、柏乡县、内丘县、邢台县等县委书记4人、县长5人、公检法三长11人的任期或离任经济责任审计，完成市房产公司、邢台银行、水业集团、顺德集团、市发改委、市工信局、市农业局等单位的领导干部任期经济责任审计。移交案件线索8件，在维护财经秩序，促进廉政建设等方面发挥积极作用。

国家重大政策措施贯彻落实跟踪审计 按照“七个围绕”要求，进一步摸清存量资金、重大建设项目、简政放权、政策措施落实等底数，揭示并反映问题63个，其中36个已经整改到位，27个正在整改中。特别是对省管重点项目审计调查，为政府决策提供依据，受到市政府主要领导表扬。

财政审计 完成2015年度市本级预算执行及其他财政财务收支审计，地税税收征管及企业税费缴纳、营改增和税费减免情况审计，清河县2014年度和2015年度财政收支决算审计，市发改委、卫计委、安监局、人防办、旅游局、水务局、建设局7个单位2015年度预算执行审计。移交案件线索3件。

灾后重建跟踪审计 成立“7·19”特大洪水灾害灾后重建跟踪审计领导小组和办公室，统一组织领导跟踪审计工作，采取“上审下”形式，对7个重灾县灾后重建资金分配使用和项目建设情况进行跟踪。

农业和资源环保审计 重点审计17个水污染防治资金项目，涉及12个县（区）的财政、环保、发改、住建等主管部门及项目承担单位和建设单位。从审计结果看，污染物的排放可控，呈逐年递减趋势；财政投入逐年递增，水污染防治效果将逐渐显现。存在的主要问题是项目普遍不能及时开工，县级财政配套资金跟不上。

固定资产投资审计 采取“上审下”模式组织19个县市区开展跟踪审计，包括廉租住房、公共租赁住房、经济适用住房、限价商品住房和各类棚户区改造的投资、建设、分配、运营等情况的审计，重点对棚户区改造安置、保障性住房分配和管理情况进行审计。

其他审计项目 完成31所中小学幼儿园经济责任和财务收支审计、2016年美丽邢台绿色太行国际公路自行车比赛经费收支审计、“一问责八清理”专项行动乱摊派问题审计、世界银行贷款林业综合发展项目审计、儿童福利院新建项目竣工决算审计、邢衡高速和大广高速竣工决算审计等项目。完成省审计厅和市委、市政府临时交办的各项审计任务。配合纪检监察、巡视、检察院等部门完成多项工作中的查账任务。

（撰稿人：贯杨博）

【保定市审计局】 2016年，保定市审计局人员编制70人，实有70人。党组书记、局长方砚烽，副局长温丽娜、范国庆、陈仕强、安清林，纪检组长朱春友，总审计师梁丽卿，市经济责任审计办公室主任刘栓乔，副调研员张建波、苏海彬。设有办公室、法制处、人事处、财政审计处、金融审计处、行政事业审计处、经贸审计处、农业与资源环保审计处、社会保障审计处、固定资产投资审计处、外资运用审计处、内部审计处、开发区派出审计处、计算机信息审计处、业务审理处、经济责任审计一处、经济责任审计二处、机构编制审计处。设总经济师、机关党委专职副书记、妇委会专职主任、工会专职主席、纪检监察专职干部。

审计成果 2016年，保定市县两级审计机关共审计单位336个。查出违规金额13.47亿元、管理不规范金额66.83亿元，上缴财政资金2.62亿元、归还原渠道资金10.00亿元、调账处理金额5.34亿元、促进资金拨付到位1.78亿元。移送纪检、司法机关案件线索22件。提出审计建议261条。

2016年，保定市审计局领导班子被市委评为优秀，纪检组被市纪委评为案件检查工作实绩突出单位。

财政审计 保定市审计局对市财政局组织市本级预算执行情况、市地税局税收征管情况、市发改委组织分配财政投资情况、市粮食局、商务局、残联等14个部门预算执行情况进行审计，并延伸审计部分所属单位。审计发现财政总预算结转下年支出资金规模偏大、部门预算未完全执行，部分预算部门应缴未缴预算资金、滞留经费和违反财经纪律等问题，提出进一步加强预算管理、严格预算刚性约束、增强预算执行的规范性等意见。市审计局代市政府向市人大常委会做《关于2015年度市本级预算执行和其他财政收支情况的审计工作报告》，得到市人大常委会的充分肯定。

国家重大政策措施贯彻落实跟踪审计 根据审计署、省审计厅的统一安排部署，全市审计机关密切关注稳增长促改革调结构惠民生防风险政策措施情况，持续开展政策落实跟踪审计，共投入审计人员456人次，审计单位366个，抽审资金760.27亿元，其中存量资金64.28亿元。审计发现问题154个，涉及重大项目推进、财政资金管理使用、简政放权、政策落实等11个领域。

经济责任审计 按照保定市五部门联席会议制定的《领导干部经济责任审计对象分类及计划管理暂行办法》，对23名领导进行经济责任审计，其中县（市、区）委书记和县（市、区）长7人、市直部门主要负责同志9人、公检法三长6人、高新区管委会主任1人，任中审计比例达到70.8%，强化对权力的事中制约。保定市审计局按照中共中央办公厅、国务院办公厅《党政主要领导干部和国有企业领导人员经济责任审计规定》，结合保定市的实际情况，制定《保定市经济责任审计综合报告制度》《保定市经济责任审计问题整改制度》《保定市经济责任审计信息管理办法》《保定市内管干部经责审计暂行办法》等文件，使两办《规定》中有关原则性、指导性的内容更具操作性。

固定资产投资审计 全市审计机关贯彻落实《河北省国家建设项目审计条例》和《保定市政府投资项目管理办法》，开展政府投资建设项目审计，完成跟踪审计项目335个，审计计划投资4146亿元。发现进展缓慢项目118个、问题项目48个，制发整改函25件，推进项目进展8个，整改问题17个，提出意见建议21条。根据省审计厅的统一安排部署，保定市审计局组织全市审计机关采用交叉审计的方式，共对24个水污染防治项目（涉及全市16个县区）进行审计，审计揭示项目进展缓慢、骗取专项资金、专项资金滞留闲置、逾期效益难以实现等多方面的问题，各项目单位针对问题进行认真整改。

民生资金（项目）审计 围绕推动安居工程依法有序建设和管理，全市审计机关对保障性安居工程进行跟踪审计。审计发现的问题有：上级财政补助安居工程专项资金未及时分配使用；市县安排的安居工程专项资金闲置未用；已竣工验收的保障性住房空置超过一年；保障对象虚报资料骗取住房保障待遇等。市、县两级政府对跟踪审计揭示的问题高度重视，召开专门会议研究落实，在分析问题产生的原因基础上，责成相关部门采取措施积极整改。（撰稿人：张　皓）

【张家口市审计局】 2016年，张家口市审计局人员编制59人，实有60人。局长刘全文（2月—），副局长李家富、胡学渊、孟贤君，总审计师孙维跃（—7月）、赵乃竽（7月—），纪检组长林平，调研员宁存英，副调研员贺培峰。设有办公室、党委办公室、人事科、监察室、法规科、离退休干部科、财政审计科、行政事业审计科、固定资产投资审计科、企业审计科、农业和资源环保审计科、金融审计科、社会保障审计科、经济责任审计一科、经济责任审计二科；下设电子数据分析中心、公共投资项目审计中心。

审计成果 2016年，张家口市县两级审计机关完成审计项目226个。查出主要问题金额74.78亿元，其中违规金额724万元、管理不规范金额74.71亿元；损益（收支）不实金额35.30亿元；审计处理处罚金额6.92亿元，其中应上缴财政65万元、应减少财政拨款或补贴251万元、应归还原渠道资金1.61亿元、应调账处理金额4.64亿元；审计发现非金额计量问题127个；审计促进整改落实有关问题金额6.58亿元，其中增收节支343万元、已调账处理金额5.90亿元；审计后挽回（避免）损失432万元。出具审计报告和专项审计调查报告277篇；提交审计信息74篇，被批示、采用6篇。提出审计建议317条。

国家重大政策措施贯彻落实跟踪审计 围绕

全市重大建设项目推进、财政资金统筹使用等情况，跟踪抽查单位 113 个、项目 123 个、资金 193.90 亿元，其中财政资金 38.70 亿元，有力推动国家重大政策措施的贯彻落实。

财政审计 以促进财政增收节支为核心，以张家口市本级及重点部门 2015 年度预算执行、税收征管为重点，对 18 个市直单位预算执行情况进行审计，并延伸审计相关单位 43 个、专项资金 27 项，为财政增收 1.48 亿元。实施康保县、万全区财政决算审计。各县区也按照年初计划组织实施县级财政预算执行审计。完成张家口市第一医院财务收支审计；参与市“一问责八清理”专项治理及乱收费、乱摊派专项清理工作。

经济责任审计 受市委组织部委托，结合预算执行审计，对市科技局等 8 个部门主要领导实施任中审计，对万全、蔚县两个县区主要领导实施任期党政同步审计。

民生资金（项目）审计 按照省审计厅统一安排，抽调人员完成承德市保障性住房审计和秦皇岛市医保基金审计，在秦皇岛市医保基金审计中查出违纪违规金额 4800 万元，移送案件线索 2 件。

企业审计 完成张家口市建发集团有限公司资产负债损益情况审计。

专项资金审计 以张北县造林绿化工程审计为典型指导规范全市造林工作，抽调 150 余人组成 19 个审计组，对全市造林绿化工程实施交叉审计，抽验工程近 14 万亩，审计金额 43.00 亿元，发现问题金额 5.80 亿元、管理不规范金额 2.20 亿元，上缴财政 2200 万元。推进全市造林绿化工作的全面开展。

信息化建设 完成审计业务支撑系统建设，安装最新的服务器和网络集成设备，搭建起 OA（审计管理系统）无纸化办公平台，目前已经实现审计业务动态管理、数据资料查询及公文事项审批流转、日常考勤等功能，提高机关管理水平。

机关工作 制定《市审计局机关干部职工绩效考核办法》《机关财务管理办法》《机关考勤制度》等，做到用制度管人、管物、管事；制定《市审计局聘用社会中介机构参与政府投资项目审计管理试行办法》，加强投资审计质量风险管控。加强干部培训，邀请审计署、国防大学、省审计厅、市纪委、市委组织部领导和专家给审计人员授课，全市有 155 名干部参加培训；开设审计论坛，开展业务骨干成熟审计经验“传帮带”活动，该做法在“一个单位一项创新突破”专项活动中被市委组织部评选为全市五个成果之一。机关扶贫工作组履职尽责，为村民谋思路、制规划、上项目，扶贫取得阶段性成果，两个工作组被所在县考核为优秀驻村单位，正合台村工作组被评为 2016 年度全省精准脱贫先进驻村工作组。加强审计宣传，在国家、省、市党政信息和报纸杂志上供稿 70 余篇，其中 6 篇信息受到市委、市政府领导批示。

内部审计 建立内部审计统计报表制度，组织开展对民营企业内部审计情况的调研，基本摸清全市内部审计工作的情况。按照省内部审计协会的要求，对现有内部审计人员持证上岗情况进行调查，健全内部审计人员持证上岗制度和后续教育制度。（撰稿人：刘建胜　叶庆红）

【承德市审计局】 2016 年，承德市审计局人员编制 77 人，实有 77 人。局长王允昌，副局长周晓燕、王双清、陈宝春，总审计师谷锦川，纪检组长房宝轩。设有办公室、人事科、经济责任审计一科、经济责任审计二科、经济责任审计三科、法规科、财政审计科、金融审计科、行政事业审计科、农业与资源环保审计科、固定资产投资审计科、企业审计科、社会保障审计科、外资运用审计科、政府投资项目审计科、机关党委、离退休干部科、纪检监察室；下设计算机审计办公室、政府投资项目审计中心。

审计成果 2016 年，承德市县两级审计机关完成审计项目 260 个。查出主要问题金额 68.94 亿元，其中违规金额 8387 万元、管理不规范金额 68.10 亿元；损益（收支）不实金额 6.95 亿元；审计处理处罚金额 2.98 亿元，其中应上缴财政 757 万元、应减少财政拨款或补贴 967 万元、应归还原渠道资金 2769 万元、应调账处理金额 2.53 亿元；审计发现非金额计量问题 248 个；审计促进整改落实有关问题金额 2.96 亿元，其中增收节支 4341 万元、已调账处理金额 2.53 亿元；审计后挽回（避免）损失 1767 万元。移送司法机关、纪检监察机关和有关部门处理事项 36 件。出具审计报告和专项审计调查报告360篇，被批示、采用22篇；提交审计信息597篇，被批示、采用289篇。提出审计建议474条。向社会公告审计结果1篇。

2016年，承德市审计局被河北省委、省政府评为河北省第七届人民满意的公务员集体。承德市审计局组织实施的丰宁满族自治县人民政府2013—2014年度财政收支决算和税收征收管理情况审计项目被河北省审计厅评为表彰项目。

国家重大政策措施贯彻落实跟踪审计 围绕重大建设项目、财政资金统筹使用、“放管服”改革措施落实情况、风险防范、救灾资金管理等方面开展跟踪审计工作，共延伸审计单位262个、项目218个，涉及财政资金66.90亿元。发现问题46个，已纠正或整改21个，正在整改25个。

财政审计 对87个单位的预算执行情况展开审计，查出主要问题金额46.69亿元。承德市审计局在审计财政局具体组织的市本级预算执行情况和地税局税收征管情况的同时，重点延伸38户企业的税费缴纳、工会经费和残疾人就业保障金等代征业务的政策执行情况。审计市水务局、文物局等21个部门预算执行情况，查出违规及管理不规范金额27.29亿元，向有关部门制发移送处理书3份，市人大常委会给予充分肯定。

全市审计机关审计财政决算项目27个。承德市审计局审计围场满族蒙古族自治县人民政府和承德市高新技术产业开发区管理委员会2014—2015年度财政收支决算情况，共查出违规和管理不规范金额39.06亿元，向围场满族蒙古族自治县纪检、公安、财政等部门制发移送处理书9份。组织全市审计机关开展的财政存量资金审计调查项目，得到省审计厅领导的肯定。

经济责任审计 对78名领导干部进行任期经济责任审计，查出主要问题金额13.05亿元。受市委组织部委托，承德市审计局完成兴隆县原县长、承德县原县长等13名主要领导干部任期经济责任审计，查出违规及管理不规范金额12.77亿元，向有关部门制发移送处理书1份。

金融审计 对承德银行股份有限公司2015年度风险状况进行专项审计调查，根据审计发现的问题和经营管理中存在的漏洞，提出14条审计建议。

农业与资源环保审计 开展水污染防治资金审计，共查出违规金额744万元、管理不规范金额1.83亿元，向有关部门制发移送处理书12份。市长对审计报告做出批示。

固定资产投资审计 完成投资审计项目52个，项目投资额99.99亿元，查出有问题金额1.26亿元。其中，承德市审计局共完成审计工程决（结）算项目16个，核减投资额1.46亿元，向有关部门制发移送处理书8份；跟踪审计双峰寺水库大型水利设施建设、承德民用机场建设等项目2个；完成承德市中心区2013年至2014年住房维修资金、承钢铁路专用线市区段拆迁安置购房款情况专项审计调查项目2个。

民生资金（项目）审计 对各县（区）和市本级2015年保障性安居工程及配套基础设施的计划、投资、建设、分配、运营等情况进行审计，共查出违规及管理不规范金额1311万元。向市政府呈报《全市保障性安居工程建设管理中存在的问题及产生的原因和建议》的审计专报，市政府领导做出重要批示。运用数据审计模式，完成张家口市医疗保险基金审计，采集财务数据、业务数据，筛查出疑点数据50000余条，通过对50余家定点医疗机构进行核实取证，共查出违规及管理不规范金额668万元。按照市委常委会安排，对承德市2016年市级自然灾害救助资金开展跟踪审计，共涉及资金600万元，涉及宽城、兴隆、隆化、滦平和鹰手营子5个县区。

专项任务 组织开展“转作风抓落实”暨“一问责八清理”专项行动，对乱摊派问题进行清理，共查出乱摊派问题线索142件，涉及问题金额4825万元，督促整改到位137件、对全市公费出国情况进检查。对滞留截留挪用财政专项资金问题进行梳理汇总，形成专项资金审计情况报告。

信息化建设 完成承德审计网站建设工作；成立数据分析团队，完成财政、地税、医疗保险、房产信息等相关业务部门的数据采集和整理工作，累计数据量达500G。加强数据分析平台相关软硬件的配套建设，开辟10T存储空间，升级服务器，搭建网络环境。完成联通专线升级和视频光纤专线升级建设工程，组织实施县区审计局域网的重建工作。制定完善《承德市审计局软件正版化管理规定》《承德市审计局机房管理制度》等多个制度办法。

相关工作 推进“两学一做”学习教育，开展多次专题党课教育及系列学习讨论、纪念活动。组织审计人员重点学习新修订的《中国共产党廉洁自律准则》《中国共产党纪律处分条例》《河北省信访条例》及相关廉政会议精神，通过邀请市纪委工作人员为全体人员进行学习辅导、播放纪录片、举办廉政专题讲座、到上板城监狱参观、节假日开展廉政短信提醒等活动，对干部职工进行警示教育。召开全市审计机关党风廉政建设工作会议，制定印发《廉政责任谈话实施办法》，所有审计项目在进点时都由纪检组人员到现场宣布廉政纪律，对重大审计项目派驻监督检查员全程跟踪监控，进行廉政回访，并建立廉政档案。

内部审计 组织县区内部审计协会及会员单位参加中国内部审计协会内部审计信息化优秀成果展示活动；完成河北省内部审计师协会2016年“双优双先”推荐工作；在承德市审计局网站开辟内部审计专栏并编辑相关内容。

（撰稿人：焦红煜）

【沧州市审计局】 2016年，沧州市审计局人员编制48人（含工勤编制4人），实有45人（含工勤编制3人）；另有投资审计中心（事业单位编制26人，实有9人）、教育培训中心（事业单位编制10人，实有9人）。局长梁治国，副局长郑瑞强，总审计师刘根常，纪检组长张勇军，副调研员李振义。设有办公室、法规科、财政审计科、金融社保审计科、行政事业审计科、农业外资审计科、经贸审计科、投资审计科、沧州市经济责任审计局、人事科；下设政府投资审计中心和计算机信息审计中心。

审计成果 2016年，沧州市县两级审计机关完成审计项目204个。查出主要问题金额106.52亿元，促进财政收缴资金4.55亿元，核减投资金额1.85亿元。提交审计信息、简报、专题报告等251篇，被市委、市政府和省审计厅批示、采用124篇。提出审计建议462条，被采纳342条。

2016年，沧州市审计局实施的东光县本级财政收支审计项目被河北省审计厅评为优秀审计项目。

国家重大政策措施贯彻落实跟踪审计 累计抽审被审计单位332个，抽查项目342个，项目总投资额406.92亿元。审计抽查资金总量143.75亿元，发现问题24个，促进建设完工项目35个，加快实施进度项目21个，推动市政府相关部门出台文件10余个，促进有关政策措施落实和重大建设项目推进工作。

财政审计 开展财政预算执行审计项目和财政决算审计项目197个，延伸审计单位192个。查出主要问题金额82.49亿元，其中未按规定征收缴纳收入3.40亿元、未按规定纳入预算管理6.59亿元、未按规定征提基金5827万元、违规改变项目计划和资金用途2460万元、资金滞留闲置2.39亿元、虚列支出15.18亿元。

经济责任审计 审计领导干部43人，查出主要问题金额7.01亿元，其中违规金额5566万元、管理不规范金额6.45亿元。

固定资产投资审计 完成政府投资建设项目20个，核减投资额（工程款）1.81亿元；查出主要问题金额2.82亿元，其中工程结算款不实1.71亿元、超规模超标准项目1.06亿元，有力促进财政资金使用效益的提高。

企业和金融审计 完成企业和金融审计项目7个，查出主要问题金额16.94亿元，其中违规经营7.95亿元、资产质量不实2.85亿元、财务收支核算不实5.77亿元。

专项资金审计 全年完成专项资金审计项目21个，查出主要问题1.65亿元，其中未按规定纳入预算收入6194万元、人为调节收入进度5899万元、资金滞留闲置2651万元；违规征地654亩、违规占地203亩。

信息化建设 开发建设网络服务中心，建立标准化视频会议室与数据分析室，部署数据分析平台、协同办公平台和综合信息上报平台，建设完善电子数据集中管理系统、审计人才管理系统、审计计划管理系统、审计项目管理系统，全面推进金审工程的建设。

（撰稿人：贾孟玥）

【廊坊市审计局】 2016年，廊坊市审计局人员编制84人，实有63人。局长韩少奇，副局长薛冬、万茂才、赵志生，总审计师施文河，纪检组长马立东。设有办公室、人教科、法制科、财政审计科、金融审计科、行政事业审计科、社会保障审计科、经贸审计科、固定资产投资审计科，纪委、监察派驻机构1个；下设政府投资审计中心、经济责任审计局。

审计成果　2016年，廊坊市县两级审计机关完成审计项目142个。查出主要问题金额100.28亿元，其中违规金额2.83亿元、损失浪费金额1万元、管理不规范金额97.45亿元；损益（收支）不实金额1.64亿元；审计处理处罚金额8.77亿元，其中应上缴财政3860万元、应归还原渠道资金7万元、应调账处理金额8.33亿元；审计发现非金额计量问题201个；审计促进整改落实有关问题金额5.85亿元，其中增收节支574万元、已调账处理金额5.77亿元。移送司法机关、纪检监察机关和有关部门处理事项6件。出具审计报告和专项审计调查报告156篇，被批示、采用38篇；提交审计信息582篇，被批示、采用366篇。提出审计建议343条。

2016年，廊坊市审计局获廊坊市政府表彰，在全市依法行政工作考核中，被评为优秀等次；被《中国审计》杂志、《中国审计报》评为审计宣传先进单位。

国家重大政策措施贯彻落实跟踪审计　建立跟踪审计台账制度，完成并上报四个季度的稳增长跟踪审计报告。审计发现640套保障房空置未分配、2个项目用地手续办理缓慢、2个中心卫生院改造及附属设施建设项目存在开工竣工时间均延误、7个县中央转移支付的燃煤锅炉治理补助资金使用管理中存在的问题，还发现4个到达整改期限尚未整改到位的问题，存在问题单位已根据审计提出的意见进行整改。

财政审计　完成预算执行审计项目87个。在廊坊市农业开发办公室预算执行审计中，从立项是否科学、申报是否真实、实施是否到位、资金是否发挥效益、管理是否惠民五个方面重点开展审计，效果明显。预算执行审计结果得到市人大常委会批示和肯定。

经济责任审计　完成经济责任审计项目81个。在审计中，注重加大对领导干部贯彻落实中央、省、市委市政府重要决策部署执行情况的审计力度，重点关注领导干部的经济决策权、政策执行权、经济管理权和资金使用权；加大民生资金审计比重，使审计评价更加全面。

固定资产投资审计　审计资金总量44.42亿元，审减工程款9.80亿元。在天堂河（廊坊段）新机场改线工程项目征迁安置资金审计中，将审计查出的问题与广阳区政府进行讨论，引起广阳区领导的高度重视，区政府表示要对审计查出的问题认真整改，对以往的工作开展回头看，全面复查，按审计要求完善相关手续。

民生资金（项目）审计　开展沧州地区医疗保险基金审计，审计发现18个问题，移送案件线索1件。开展保障性安居工程审计，对全市155个村、215户的农村危房改造情况和36个安居工程项目的建设管理情况进行检查，发现四方面29个问题，完成问题整改12个。

专项资金审计　廊坊市审计局开展全市2015年专项资金使用及绩效情况审计，审计对象为50个部门、单位，涵盖大气污染治理、教育、医疗、文体、科技等13类，涉及资金总额43.60亿元，审计总金额31亿元，占资金总额的71%。审计查出项目、资金、管理方面3大类16项问题。

信息化建设　先后投资300万元，加强软硬件建设，提高工作效能。按照审计署要求，全年采集报送数据16G。搭建审计数据分析平台，部署市本级及10个县级财政分析模块，年内进入试运行阶段。编写《数字化审计系统操作手册》印发全市审计机关，组织视频会议进行全员业务培训，提高全市大数据审计水平。

相关工作　认真开展“两学一做”专题教育活动，党组书记带头讲党课，党总支发挥战斗堡垒作用，共产党员发挥先锋模范作用，实现“养成好作风、提振精气神、聚集正能量”的目标。加强党风廉政建设、惩治和预防腐败体系建设，审计队伍廉洁从审和拒腐防变能力得到进一步提高。扎实开展机关作风整顿活动，机关作风明显好转，工作效率显著提高。廊坊市审计局总结的《抓早抓小　防患未然　把审计监督权力关进纪检监察的“笼子”里》一文，被《中国审计报》刊发，还得到市委书记和市纪委书记的批示。经市直机关工委批复成立市审计局机关党委，增设机关纪委，相应增加领导职数。（撰稿人：孟　楷）

【衡水市审计局】　2016年，衡水市审计局行政编制42人，实有39人；事业编制26人，实有25人。局长葛殿朋，副局长赵春峰、许世红、骆卫华、潘振兴、刘毓韬，纪检组长赵志强，调研员高振华。设有办公室、法制科、财政审计科、经贸审计科、行政事业审计科、农业外资与资源环保审计科、固定资产投资审计科、经济责任审计办公室、市经济技术开发区审计特派员办公室、社保金融审计科、监察室、计算机辅助审计中心、重点项目建设审计监督中心。

审计成果 2016年，衡水市审计局完成审计项目52个。查出主要问题金额29.10亿元，其中违规金额12.38亿元、管理不规范金额16.72亿元；审计发现非金额计量问题106个；审计促进增收节支1164万元。向有关部门移送案件线索17件，16人受到党政纪处分或组织处理。提出审计建议178条，被采纳173条；促使被审计单位建立健全规章制度416项。

2016年，衡水市审计局实施的衡水银行股份有限公司2013年度资产负债损益审计项目被河北省审计厅评为表彰项目。驻阜城县霞口镇大皇庄村工作组被评为“全省精准脱贫先进驻村工作组”。衡水市审计局被市法制办评为依法行政优秀单位。

国家重大政策措施贯彻落实跟踪审计 开展财政存量资金、扶贫专项资金、政府性债务、“放管服”、营改增、大众创业万众创新、大气污染防治和重大项目建设等政策措施落实情况跟踪审计，完善5大类11个台账的基础数据，全年共抽查350多个单位及部门、190多个项目，发现问题25个，通过审计促进46个重大项目加快进度。

财政审计 审计预算执行单位20个，查出主要问题金额3.97亿元。审计中，针对财政局制定的机关差旅费管理办法中“市内出差补助”标准不科学、部分一级预算单位未实行电算化的问题，提出4条审计建议；将审计中发现的涉嫌公款旅游、会计信息严重失真等问题向主管部门进行移送，7人受到诫勉谈话、行政记过处分。在市人大五届第二十二次会议上，代市政府所做的《关于衡水市2015年度市本级预算执行和其他财政收支的审计工作报告》受到一致好评，并首次将预算执行审计工作报告全文在《衡水日报》上登载公开。开展对冀州、深州等市的财政决算审计，重点关注盘活财政存量资金清理行政事业单位往来账项、落实中央八项规定等问题，在深州的财政决算审计清理往来款项2.2亿元，促使有关单位建立健全内控制度120项，废止2013年制定的财税奖励办法，规范招待费、会议费、培训费报销手续。

衡水市审计局作为“三公”经费清理、“乱摊派”问题清理的牵头单位，认真组织实施各阶段的工作，市委常委、市纪委书记前来调研时，对衡水市审计局的做法给予充分肯定，并要求审计部门发挥自身优势，为整改阶段的建章立制早谋划、早打算。按照市领导指示精神衡水市审计局组成3个调研组，提交4份专题调研报告，制定《衡水市审计局“三公”经费审计监督办法（试行）》，将“三公”经费治理纳入常态化。

经济责任审计 以市经济责任审计领导小组名义印发关于加强领导干部履行经济责任工作的10条意见，召开由市纪委、市委组织部、市编办、市审计局、市人社局、市工信局联席会议成员单位参加的市经济责任审计局际联席会议，完善市直部门领导干部经济责任审计评价指标。完成7个部门领导人的经济责任审计，查出主要问题金额20.82亿元。首次对地方党委、政府领导人开展同步审计。

固定资产投资审计 衡水市审计局完成南部新区供水管网工程、科技工程学校体育场工程、永兴路中心街绿化工程、滏阳生态文化公园项目阶段性审计收尾等7个项目的审计，核减投资3575万元。对3个县市区政府投资项目执行国家政策情况进行审计调查，重点关注应招标未招标、围标串标等违反建设程序的问题，根据调查结果，向市政府提交建设项目违规操作存在多重隐患的要情，市委主要领导做重要批示。

民生资金（项目）审计 连续五年对保障性安居工程进行跟踪审计，在对重点部门进行审计的同时，延伸调查149个村的281户农村危房改造家庭，检查55个安居工程项目的建设管理情况，揭示保障性安居工程在政策落实、分配管理、资金管理和使用及安居工程运营管理方面存在的5大类13个问题。针对存在的问题，市政府召开全市保障房整改调度会，下发整改督办函，分门别类，逐条督促整改落实。各级政府及有关部门出台相关制度13个，补充安排资金1151万元，分配拨付资金3103万元，统筹整合财政资金6381万元，将空置保障性住房投入使用1554套，取消保障资格或调整享受待遇20户，腾退收回保障性住房9套，补办完善2个基本建设项目的审批手续，6人受到党政纪处分。

信息化建设 开发财政数据分析平台，建立电子数据报送机制，收集市本级一级预算单位的电子数据，开展数据关联分析，在保障房审计、医保资金审计、医院审计中发挥作用，提高审计质量和效率。（撰稿人：袁瑞倩）

【辛集市审计局】 2016年，辛集市审计局有行政编制20人，事业编制10人，实有25人。局长温荣波，副局长王荣俊、李树中、赵燕。设有办公室、法制科、财金审计科、行政事业审计科、经贸审计科、基建审计科、农业与资源环保审计科和经济责任审计分局。

审计成果 2016年，辛集市审计局完成审计项目54个，其中政府投资审计项目21个。审计资金59.70亿元，查出各类违规违纪金额3583万元，增加财政收入224万元，为财政节约建设资金1595万元，为被审计单位增收节支360万元。出具专题审计报告46篇。提合理化审计建议103条。

国家重大政策措施贯彻落实跟踪审计 对辛集市贯彻落实国家重大政策措施和宏观调控部署情况进行跟踪审计。重点审计简政放权、棚户区改造、铁路建设、城市基础设施建设、生态环保和节能环保产业发展、推进现代农业发展等9项政策措施的落实情况，抽查市编办、房管、市铁路建设工程指挥部办公室、财政、国土等12个政府部门，调查25个项目的实施进度。通过审计，促进项目加快推进，纳入财政投资台账项目74个，总投资28.93亿元，财政投资5.31亿元。督促河北煜泰热能科技有限公司升级改造项目建设完成并通过验收，加快两个棚户区改造项目完善开工手续，收回3个未开工项目财政投资1870万元。促进市财政共收回存量资金6896万元，消化往年存量3.80亿元，加快资金支出进度2.41亿元。建立简政放权和政策落实审计台账，跟踪地方出台文件9个、政策措施45项，促进各有关部门积极落实地方有关政策。

财政审计 对辛集市2015年度本级财政预算执行和其他财政收支情况进行审计，涉及财政局系统19个部门36套账目，审计资金总额30亿元，发现预算编制不细化、财政存量资金较大，预算暂付款清理不到位等问题，提出整改要求和改进建议。对辛集市地税局2015年预算执行情况及税收征管情况进行审计，审计发现预算编制不规范、少计固定资产2.15万元、会统信息与减免资料不一致98万元的问题。对辛集市公安局、法院、教育局、城管局、卫计局、工商局和检察院等7个单位的预算执行情况和辛集镇、马庄乡、和睦井乡的2014—2015年度财政决算情况进行审计。

经济责任审计 对辛集市农业综合开发办公室、市总工会、位伯镇、中里厢乡等6个单位和乡镇主要领导进行任期经济责任审计，客观公正地评价其工作实绩，针对存在的10个方面的问题提出整改要求和审计建议。

固定资产投资审计 完成对辛集市润泽湖公园建设工程、市区道路挖补、看守所及武警办公楼维修改造、大士庄中学教学楼、张古庄中学宿舍楼等19项竣工决算审计，审计资金1.64亿元，为市财政节约建设资金1595万元。

交办任务 按照辛集市委、市政府要求，配合相关部门完成制革企业环境治理情况调查；牵头清理“乱摊派”问题，共查实问题11项，包括违规集资、无偿借调学校教师、向村和企业摊派费用等，督促有关单位清退有关款项126万元。

（撰稿人：陈玉茂）

【定州市审计局】 2016年，定州市审计局人员编制20人，实有20人。局长张大为，副局长张建峰、李国民，纪检组长赵晨光。设有办公室、行政事业审计股、财政审计股、金融与社保审计股、固定资产投资审计股、经济责任审计股、综合法制股、农业与资源环保审计股，下设定州市基本建设审计服务中心、定州市内部审计协会。

审计成果 2016年，定州市审计局完成审计项目9个。查出主要问题金额32万元，审计处理应调账处理金额137万元。出具审计报告和专项审计调查报告10篇。提出审计建议28条。

国家重大政策措施贯彻落实跟踪审计 围绕

促进稳增长促改革调结构惠民生防风险政策落实，派出审计组对全市重大项目建设、重大政策落实、简政放权等工作落实情况跟踪审计，促进健全制度，强化管理，推动政策落地生根和不断完善。

财政审计　开展财政管理和预算执行情况审计，审计突出关注预算的完整性，拨入拨出（支出）的真实性，以资金为主线，延伸审计 10 多个单位。在对市地税局的审计中，从市地税局各处室履行职责入手，对涉及税收征管、减、免、缓税、法规政策的制定、执行和管理等情况进行审计。市审计局总结预算执行成果，代表市政府向市人大做专题汇报，受到市人大常委会的高度肯定。

经济责任审计　按照市委组织部委托开展领导干部经济责任审计项目 8 个，重点关注领导干部贯彻落实法律法规和宏观经济政策情况、重大经济决策情况、履行国有资产管理职责及廉洁自律情况等。

交办任务　参与“一问责八清理”专项行动，牵头乱摊派专项清理工作，严格按照定州市委、市政府要求，多措并举在全市范围内开展专项清理行动。按照市政府整合定州市高级技工学校和保定机电高级技工学校教育资源的实施方案的要求，抽调多名骨干力量组成审计组，对 2 所学校进行账务审计和经济责任审计，核实资产物资和债权债务的真实性和完整性，揭示其在财政财务收支、资产管理等方面存在的违纪违规问题，为职业教育资源的整合提供第一手资料。根据市政府城乡居民基本医疗保险一体化改革实施方案部署，由定州市审计局牵头，市财政局、市人社局、市卫生计生局等部门参加，联合组成资产、基金审计小组，对定州市城镇居民医保所和新农合经办机构资产、基金进行移交审计。完成卫生局、计生委合并的清产核资工作。对新一中建设搬迁补偿工作进行审计。派出 3 名业务骨干参加省审计厅组织的审计工作，受到省审计厅领导高度评价。

党建工作　扎实开展“两学一做”学习教育活动，制订学习计划，明确学习形式，通过召开机关党支部党员大会集体学习、党小组自选题目研讨，抓好集中学习和分散学习，达到“入脑入心”。学习中，审计局局党组带头学习，自觉做到先学、多学、深学；普通党员要坚持逐篇研读，逐句琢磨，在学习中深刻领悟，提高理论水平，指导提升审计业务能力。紧密结合党的“两学一做”学习教育实践活动，认真抓好挂乡扶贫、后进村转化、美丽乡村建设等工作，局班子经常到挂钩单位了解情况，走访困难党员和群众，帮助解决实际问题，发挥较好的促进作用。抽调 3 名业务骨干参加省委巡视组巡视工作，受到省委巡视组领导好评。

（撰稿人：陈　鹏）

2016 年河北省所辖区、县(市)级审计工作统计表

金额单位:万元

审计机关	完成审计项目(个)	审计查出主要问题金额	审计处理情况					出具审计报告和审计调查报告(篇)	提出审计建议(条)	提交审计信息(篇)
			审计处理处罚				移送处理事项(件)			
			应上缴财政	应减少财政拨款或补贴	应归还原渠道资金	应调账处理金额				
石家庄市										
石家庄市本级	86	2196223	623359	8231	106543	391252	47	105	172	350
长安区审计局	7	23856	10249					10	13	
桥西区审计局	5	27597	3168	0	22087	2331		6		
新华区审计局	8	2774					4	12	3	

（续表）

审计机关	完成审计项目（个）	审计查出主要问题金额	审计处理情况					出具审计报告和审计调查报告（篇）	提出审计建议（条）	提交审计信息（篇）
			审计处理处罚				移送处理事项（件）			
			应上缴财政	应减少财政拨款或补贴	应归还原渠道资金	应调账处理金额				
井陉矿区审计局	8	20441			2			10	19	
裕华区审计局	5	14160						7	3	4
藁城区审计局	6	1946				1771		6		6
鹿泉区审计局	5	18393	5					5	22	
栾城区审计局	5	10774	458		510	7672		7	7	
辛集市审计局	54	3583	224	1595	6896			56	103	18
晋州市审计局	7	14836	1662			603	4	11	24	
新乐市审计局	13	54713	72		2092	34801		17		
井陉县审计局	4	3565	1					3	3	65
正定县审计局	9	37066	309			1		12		
行唐县审计局	3	81726	7022		39631	120		3	7	
灵寿县审计局	7	15819	61		10	55	2	7	10	
高邑县审计局	7	26246	603					9		118
深泽县审计局	9	17640			3840	13883		10	19	
赞皇县审计局	9	1430	15			318		13	25	
无极县审计局	10	1115		267	72	17		17		
平山县审计局	7	4482				4317		8	5	
元氏县审计局	7	8775	8			6515		7	15	
赵县审计局	17	49249	2456		32	477		27	27	
唐山市										
唐山市本级	107	10887012	57272	201160	239742	113921	22	113	242	31
路南区审计局	12	47736	2514		1	45078		12	42	
路北区审计局	14	34763	22399			10712		14	7	
古冶区审计局	20	75154	500					20	57	
开平区审计局	9	15444				6		9	24	
丰南区审计局	52	158047	770	4378		12		52	78	
丰润区审计局	22	91006	11	1548				23	43	
曹妃甸区审计局	24	23422	4117	1091		275		30	65	
遵化市审计局	11	93177	173		6344	86411		15	24	
迁安市审计局	19	1212	849	260				17	4	
滦县审计局	15	30414	2	47				13	33	
滦南县审计局	13	41099	155			8935		15	38	
乐亭县审计局	28	154026	1535		3270	147403		28	18	

（续表）

审计机关	完成审计项目（个）	审计查出主要问题金额	审计处理情况					出具审计报告和审计调查报告（篇）	提出审计建议（条）	提交审计信息（篇）
			审计处理处罚				移送处理事项（件）			
			应上缴财政	应减少财政拨款或补贴	应归还原渠道资金	应调账处理金额				
迁西县审计局	16	13752	48	2310	90	3		18	21	14
玉田县审计局	30	94261	10					30	93	
秦皇岛市										
秦皇岛市本级	34	793967	3674	286	23550	27848	16	34	86	129
海港区审计局	5	12004						5	6	5
山海关区审计局	6							6	18	3
北戴河区审计局	6	81						6		4
抚宁区审计局	11	48559	44		3311	42	6	11	30	9
青龙满族自治县	15	825	3		1	9		15		2
昌黎县审计局	16	31533	642		8			16	28	13
卢龙县审计局	11	851	8			3		11	7	3
开发区审计局	9	100952	428			100418		9	13	2
邯郸市										
邯郸市本级	57	756321	48358		434	8669	9	57	157	3
邯山区审计局	6	4344	3					6	14	
丛台区审计局	5	20637						5	11	
复兴区审计局	4	2665	57			1		4	13	
峰峰矿区审计局	8	25074	3					8	16	
肥乡区审计局	7	42218	2		2400	39434		6	6	
永年区审计局	7	719809	26					6	16	
武安市审计局	8	16338	140		13482	189		9	22	3
临漳县审计局	8	74607	33	29		63831		8	16	
成安县审计局	47	6586	45					47	57	25
大名县审计局	4	398	1					4	4	
涉县审计局	5	59135	32		46546	13		5	8	4
磁县审计局	8	59207	9687			1		11	19	2
邱县审计局	5	1241	904		135	5		4	5	
鸡泽县审计局	13	6732	10					17	31	
广平县审计局	8	55408	5					8	14	
馆陶县审计局	6	13990	5529					6	13	
魏县审计局	5	18042	2					5	11	
曲周县审计局	8	10371	7					8	14	

（续表）

审计机关	完成审计项目（个）	审计查出主要问题金额	审计处理情况					出具审计报告和审计调查报告（篇）	提出审计建议（条）	提交审计信息（篇）
			审计处理处罚				移送处理事项（件）			
			应上缴财政	应减少财政拨款或补贴	应归还原渠道资金	应调账处理金额				
邢台市										
邢台市本级	68	1205835	3884			111632	11	68		
桥东区审计局	158	1200	11			450		158	300	45
桥西区审计局	95	7516					3	102	110	56
南宫市审计局	7	244	9		20	140	1	7		
沙河市审计局	14	48257	13		752	47484		14	28	49
邢台县审计局	132	14532	73	1449	5689	3281		133	37	14
临城县审计局	25	15738	4	15	2244	12697		25	75	
内丘县审计局	8	43072	6					8	33	
柏乡县审计局	8	40255	4			39132		8	23	28
隆尧县审计局	16	8104	1213		260	2760		16	27	65
任县审计局	10	2968	2968			50		10	25	50
南和县审计局	10	8656	3					10	26	30
宁晋县审计局	149	182000	135	2676	1216	2163		149	140	26
巨鹿县审计局	12	22983	47			12		12		
新河县审计局	29	2207		200				29	72	12
广宗县审计局	43	7860	20	3780	4060			43	30	20
平乡县审计局	8	2391				1120		8	15	
威县审计局	19	137990	36		55196	82794		19	72	12
清河县审计局	12	4477	8		2	7		12	22	48
临西县审计局	53	15943	4					53	83	62
大曹庄管理区审计局	106	47						5	10	2
保定市										
保定市本级	65	360570	41559		54211	27410	21	89	90	
竞秀区审计局	25	10957	20			1325		25		
莲池区审计局	8	1754	188			204		8		
满城区审计局	10	50874	1754		2201	47047		10	3	
清苑区审计局	20	12397	2174		25	1847		36		
徐水区审计局	27	334	2		16	238		44		3
涿州市审计局	6	60960	9		13789	74		6	17	
定州市审计局	9	32				137		10	28	5
安国市审计局	25	3253	2					41		

（续表）

审计机关	完成审计项目（个）	审计查出主要问题金额	审计处理情况						出具审计报告和审计调查报告（篇）	提出审计建议（条）	提交审计信息（篇）
			审计处理处罚				移送处理事项（件）				
			应上缴财政	应减少财政拨款或补贴	应归还原渠道资金	应调账处理金额					
高碑店市审计局	7	11237	208			1169			7	4	
涞水县审计局	11	40827	1954		2	38758			13		
阜平县审计局	7	70838	58		3	17603			8	8	
定兴县审计局	8	25044	6						8	12	
唐县审计局	12	1601	1						12	28	
高阳县审计局	9	10612	6218		15	2350			10	7	
容城县审计局	8	185	2						8		7
涞源县审计局	20	2474	14		2	118			24	64	
望都县审计局	5	20598	39	1050	15544	3648			5	7	
安新县审计局	6	15941	1				1		6	2	
易县审计局	9	11120							10		
曲阳县审计局	13	25629	5						13		
蠡县审计局	11	17272							11	4	
顺平县审计局	9	12298	145		4				12	15	
博野县审计局	9	26988	10		18976	2437			9		
雄县审计局	6	9246	5322		106	3813			6		
张家口市											
张家口市本级	50	252834	27		348	10240			62	82	43
桥东区审计局	4	42482	4			26			6	11	4
桥西区审计局	9	3881	7						11		
宣化区审计局	9	273832	8			1900			10	26	
下花园区审计局	4	2410	2		1788				4	4	2
万全区审计局	12	3407	1						14	17	
崇礼区审计局	4	35242	7						4	16	
张北县审计局	13	7850							13	20	1
康保县审计局	9	211	1						11	18	2
沽源县审计局	9	2529				2494			11	19	8
尚义县审计局	16	1513	6	251	52	237			17	31	1
蔚县审计局	11	15				9			13		1
阳原县审计局	10	2852	1			124			12	15	
怀安县审计局	5	15055							5		3
怀来县审计局	13	634			613	21			15		4
涿鹿县审计局	15	57047	1						27	41	3
赤城县审计局	17	43342			13300	30029			21	3	1
察北管理区审计局	6	1080				1059			7		1

（续表）

审计机关	完成审计项目（个）	审计查出主要问题金额	审计处理情况					出具审计报告和审计调查报告（篇）	提出审计建议（条）	提交审计信息（篇）
			审计处理处罚				移送处理事项（件）			
			应上缴财政	应减少财政拨款或补贴	应归还原渠道资金	应调账处理金额				
塞北管理区审计局	6	727				280		8	2	
高新区审计局	4	836						6	12	
承德市										
承德市本级	69	3483005	225	670	2678	24870	31	83	178	138
双桥区审计局	25	32151	157		91	25	3	37	106	31
双滦区审计局	14	31022	7					21	46	44
鹰手营子区审计局	8	911						13	8	16
承德县审计局	11	14122						16	3	64
兴隆县审计局	45	58	6					70		67
平泉县审计局	19	4743						29	36	36
滦平县审计局	15	1608	5			32		22	50	53
隆化县审计局	8	299	28	239				9	24	32
丰宁满族自治县审计局	17	48008	326	58		6	2	19		39
宽城满族自治县审计局	17	19872	1			377		22	22	44
围场满族蒙古族自治县审计局	12	9402	2					19	1	33
沧州市										
沧州市本级	48	430786	27465	16699	9956	62216	36	48	178	47
新华区审计局	14	12822						14	38	
运河区审计局	9			300				8	51	
泊头市审计局	9	9119	25	1		39		11	27	14
任丘市审计局	25	6218	40	132	80	2845		31	16	18
黄骅市审计局	8	51757						7	8	
河间市审计局	15	147276	15		12	37143		19	22	57
沧县审计局	10	118669	4					10		
青县审计局	9	2760	554	106		820		9	26	40
东光县审计局	7	130460	1					10	18	
海兴县审计局	9	730	2		6	663		8	15	
盐山县审计局	6	57309	25	2				6	12	51
肃宁县审计局	8	89986	37					7	24	
南皮县审计局	4	5331		23		5307		4		
吴桥县审计局	8	922						8	12	
献县审计局	8	459				454		8		
孟村回族自治县审计局	7	546	40	1		428		6	15	24

（续表）

审计机关	完成审计项目（个）	审计查出主要问题金额	审计处理情况					出具审计报告和审计调查报告（篇）	提出审计建议（条）	提交审计信息（篇）
			审计处理处罚				移送处理事项（件）			
			应上缴财政	应减少财政拨款或补贴	应归还原渠道资金	应调账处理金额				
廊坊市										
廊坊市本级	38	564559	3285		7	25447	6	41	73	282
安次区审计局	8	55726				55648		8	27	29
广阳区审计局	8	2799	3					8	18	11
霸州市审计局	11	11829						11	34	11
三河市审计局	18	12222						26	39	6
固安县审计局	13	17308	19					13	28	51
永清县审计局	9	127025	27					10	25	44
香河县审计局	5	18407	2					5	26	19
大城县审计局	10	8837	445					12	27	50
文安县审计局	10	22054	79			2227		10	13	8
大厂回族自治县审计局	12	162052						12	33	71
衡水市										
衡水市本级	52	291005	1235		31	5884	17	54	178	86
桃城区审计局	29	21388	31					32	111	62
冀州区审计局	27	30810	110	261	47	11497		34	35	13
深州市审计局	18	3398	1144			282		28	47	21
枣强县审计局	21	89363	5903	4016		79153		23	35	11
武邑县审计局	20	824	24					26	58	17
武强县审计局	22	24609	134	39	913	20717		27	91	14
饶阳县审计局	6	1360	4						25	14
安平县审计局	16	6539	14			5414		19	53	14
故城县审计局	26	105875	67		30	375		34	93	16
景县审计局	21	634	67						59	13
阜城县审计局	16	4069	1048			1847		20	44	12

山西省

【山西省审计厅】　2016 年，山西省审计厅人员编制 366 人（公务员 195 人，事业单位 171 人），实有 316 人（公务员 178 人，事业单位 138 人）。设有办公室（政策研究室）、人事教育处（派出机构管理处）、法规处（审计复核处）、财政审计处（政府采购审计处）、行政事业审计处、农业与资源环保审计处、固定资产投资审计处、金融审计处、企业审计处、社会保障审计处、外资运用审计处、党政领导干部经济责任审计处、事业单位领导人员经济责任审计处、国有企业领导人员经济责任审计处、计划管理处、督查处、机关党委、离退休人员工作处、内部审计监督指导处、综合处、电子数据审计处、发展计划审计处、经济贸易审计处、政法审计处、经济执法审计处、农林水审计处、科技文化审计处、建设交通审计处、人劳民政审计处、旅游外事审计处、党群审计处、资源环保审计处、教育卫生审计处、税费征管审计处；下设直属事业单位 7 个：机关后勤服务中心、计算机技术中心、审计科学研究所、审计干部培训中心、审计人力资源中心、审计业务指导中心、政府投资项目审计中心。

领导成员：

厅　　长：王　亚

副 厅 长：姚安政　南春林（3 月—）

张红谱（11 月—）

李建国（10 月—）

总审计师：王银燕（3 月—）

纪检组长：闫建科

巡 视 员：杨光照（—9 月）

高爱平（10 月—）

副巡视员：马建中（3 月—）

审计成果　2016 年，山西省各级审计机关共审计和调查单位 5259 个。查出违规金额 1027.24 亿元，促进增收节支 165.57 亿元。移送案件线索 609 件 174 人，涉及金额 61.81 亿元。提交审计报告和信息 6351 篇。提出审计建议 8800 条；促进建立健全制度措施 312 项。

国家重大政策措施贯彻落实跟踪审计　按照国务院要求和审计署统一部署，组织市县审计机关持续开展对 11 个市本级和 119 个县（市、区）贯彻落实国家和省重大政策措施情况的跟踪审计，对 474 个单位和项目涉及的财政资金统筹使用、扶贫任务落实、深化“放管服”改革、涉企收费清理、重大项目建设等方面情况进行审计，涉及资金 164.77 亿元。

财政审计　开展对 14 个省级部门 2015 年预算执行和 20 个部门单位 2014 年、2015 年财务收支情况的审计，延伸审计二、三级预算单位 133 个，着力反映结构性、体制机制性问题，促进拨付到位 20 多亿元，提高财政资金使用绩效。向省人大常委会报告 2015 年度省本级预算执行和其他财政财务收支的审计情况，审计结果向社会公告。

经济责任审计　对 45 名省管领导干部进行经济责任审计，任中审计占 94%。对朔州、长治 2 市的市委书记与市长开展经济责任同步审计，监督、评价“一把手”经济责任履行情况，促进领导干部依法行政、履职尽责。开展对朔州市市长和清徐、沁源县县长自然资源资产离任审计试点，促进领导干部依法履行自然资源资产管理和环境保护责任。

金融审计　对晋商银行以及市属国有金融机构 2014 年、2015 年资产负债损益进行审计，关注资产负债损益、经营管理、业务创新、法人治理及内部控制等情况，促进金融机构提高管理水平、依法合规经营。

固定资产投资审计　开展对高速公路、城镇基础设施建设等政府重点投资建设项目竣工决算审计，对山西科技创新城、援疆工程、大水网建设等重点项目进行跟踪审计，揭示部分项目投资超概算、虚报冒领骗取建设资金、损失浪费、违规招投标等工程建设领域的突出问题，促进优化经济结构、提高投资绩效。

民生资金（项目）审计　持续开展城镇保障性安居工程跟踪审计，延伸审计 556 个保障性安居工程项目和 3730 户农村危房改造家庭，促进追回和归还资金 630 多万元，整改违规分配使用住房等 510 多套。

外资运用审计　开展对世界银行贷款中国农村卫生发展等 11 个外资项目的公证审计，提高外资利用水平。

企业审计　对国新能源、省经贸集团、省投资集团等 3 户企业 2014 年、2015 年资产负债损益进行审计，重点关注企业国有资产的真实、完整和保值增值情况，资产负债损益情况，重大投资决策和投资绩效情况，发展潜力和风险隐患情况，以及遵守国家法律法规情况，促进国有企业深化改革、提质增效。

专项资金审计　组织对农业综合开发、城乡低保补助、水污染防治、水利基础设施建设、工伤保险基金、抚恤救助等 20 项专项资金的审计，延伸审计单位 995 个，抽查项目申报资料 920 多个，涉及专项资金 28.71 亿元。重点揭示反映部分专项资金分配不规范、超范围分配中央转移支付资金、向不符合条件的项目单位和低保家庭分配专项资金、项目进展缓慢造成资金闲置，以及虚报冒领、骗取套取专项资金或损失浪费和部分民生工程推进缓慢、绩效不高等问题。

审计科研 向山西省审计系统发布2016—2017年度公开招标重点科研课题13个；组织完成并通过山西省科技厅验收课题任务6项，其中研究课题《政府投资建设项目跟踪审计方法研究》被评为优秀；组织完成2017年重点软科学课题申报，3项列入省软科学重点项目研究课题；《山西审计》杂志整体改版，从期刊封面、封底、目录、编排，形式到内容进行改版升级，全年出刊6期，每期约10万字，共60余万字。

交办任务 贯彻落实改革任务，山西省省委办公厅、省政府办公厅出台《关于实行审计全覆盖的实施意见》，召开新闻发布会，扩大审计影响力。山西省政府出台《关于进一步加强内部审计工作的意见》，全面加强对内部审计工作的指导监督。聚焦主责主业，清理退出与法定职责无关的各类协调机构。全面推进数字化审计方式，加快实施金审工程三期，运用大数据技术进行审计和宏观分析的能力进一步提升。

相关工作 扎实开展"两学一做"学习教育，进一步把学习贯彻六中全会精神和重要讲话精神引向深入，同以习近平同志为核心的党中央保持高度一致。坚持正确的用人导向，完善干部选拔任用、考核激励和培养培训等制度。健全完善党风廉政建设主体责任落实情况报告、廉政承诺等制度，为120名处级以上干部建立廉政档案。积极配合省委专项巡视，制定整改措施21项。

（撰稿人：宁红伟　宁丽丽）

【太原市审计局】 2016年，太原市审计局人员编制128人（其中行政编制117人，工勤人员11人），实有117人（含工勤人员7人），下属事业单位人员编制20人，实有6人。局长连金会，副局长苗五保、李德明、杨玲，总审计师何茜，纪检组长马晋达，调研员李贵生，副调研员徐国强。设有办公室、人事教育处、法规处、财政审计处、金融审计处、行政事业审计处、企业审计处、农业与资源环保审计处、社会保障审计处、外资运用审计处、机关党委、离退休人员管理处、纪检监察室、经济责任审计分局、政府投资项目审计分局、开发区审计分局、园区审计分局、党群审计处、社会和经济发展审计处、政法审计处、文教科卫审计处、城建审计处、经贸审计处；下设后勤服务中心、计算机技术中心。

审计成果 2016年，太原市县两级审计机关共审计及延伸审计单位355个。查出违规、损失浪费和管理不规范金额207.03亿元；非金额计量问题478个；收缴及原渠道上缴金额6.44亿元。移送案件线索57件。提出审计建议307条；被省、市有关领导批示报告、信息30件。

2016年，太原市审计局对晋源区2013和2014年度财政决算审计、对太原市木材总公司资产负债损益审计项目分获山西省审计厅优秀审计项目和表彰审计项目。太原市审计局连续四年获得山西省审计系统目标责任考核第一名，连续四年被评为"太原市目标责任考核优秀单位和好班子"，保持"山西省省级精神文明单位"和"太原市双拥标兵单位"，被太原市劳动竞赛委员会荣记集体一等功。

国家重大政策措施贯彻落实跟踪审计 抽查市、县两级315个政府部门、497个项目（单位），涉及财政资金119.43亿元，促进130个重大建设项目加快推进，促进财政资金统筹使用和重点资金到位15.54亿元，切实发挥"重大政策督察员"作用。

财政审计 开展预算执行和财政财务收支审计项目19个，以及太原市5县区和经济园区的财政决算审计。按照审计全覆盖的要求，对多年未审的工会、党校、市委部门和民主党派进行审计和审计调查，对事关民生的慈善总会、残联等部门进行审计。

经济责任审计 开展清徐县县长任中自然资源资产试点审计，查出4大类30个小项的问题，涉及违规金额6169万元。提出建议9条。促进清徐环保部门取缔非法涉煤企业66家、"十小企业"50家。配合省审计厅开展朔州市原市长自然资源资产离任试点审计；参与山西省审计厅对朔州市委书记、原市长经济责任审计。

固定资产投资审计 开展市经济区清徐县拓展区政府投资情况审计，为全省转型示范区整合工作提供部分依据；开展小店区法院审判法庭建设项目在建审计，规范项目工程管理和财务管理，促进项目进度。

民生资金（项目）审计 按照审计署统一要求，对三县一市 2015 年度保障性安居工程进行跟踪审计，揭示问题 11 类，涉及金额 9097 万元。提出审计建议 4 条。配合审计署驻太原特派办对太原市 2015 年工伤保险基金和医保基金进行审计。

专项资金审计 配合太原市政府民生工作和生态环境建设，开展民用洁净焦炭补贴专项资金审计；对 2015 年万柏林区城中村改造土地出让金管理使用情况进行审计，推动全市城中村改造工作；对古交钢铁厂破产工作有关情况开展专项审计调查。

交办任务 开展对市政府驻外办事机构的财务收支情况审计，对整顿、规范市政府驻外机构管理发挥重要作用。配合市委组织部开展干部"六查"工作 600 多人次；先后派出近 30 人次配合省、市纪检委巡查组进行重要案件调查及节日期间明察暗访工作。

相关工作 认真贯彻十八届六中全会和省、市党代会精神，扎实开展"两学一做"学习教育，狠抓作风纪律建设，开展新提干部和 45 岁以下干部"四个意识"和"五种能力"的强化培训。加强被审计单位的审计法规知识培训，进一步规范审计自由裁量权；以"质量效益年"活动为主题，开展优秀项目评选、业务质量考核、审计项目跟踪督导、全员岗位练兵月和法律法规培训周等一系列质量提升工作。（撰稿人：韩翠峰　韩文俊）

【大同市审计局】 2016 年，大同市审计局人员编制 110 人，实有 106 人。局长于雅丽（4 月—），副局长曹锦、李毓智、李江涛，纪检组长李军（5 月—）。设有办公室、政策法规科、财政审计科、金融审计科、行政事业审计科、企业审计科、经济责任审计科、社会保障审计科、固定资产投资审计科、农业环保审计科、外资运用审计科、编制人事教育科、离退休人员工作科、机关党委办公室、监察室、政法审计科、经济执法审计科、发展经济贸易审计科、农林水审计科、科教文卫审计科、城建交通审计科、党政群审计科；下设大同市审计复审中心、大同市审计局计算机技术中心。

审计成果 2016 年，大同市审计局对 297 个审计项目进行审计和审计调查，审计及延伸审计单位 518 个。查出主要问题金额 51.56 亿元，其中违规金额 25.80 亿元、损失浪费金额 36 万元、管理不规范金额 25.76 亿元；审计发现非金额计量问题 251 个。移送案件和问题线索 26 件。上报各类信息 141 篇，领导批示 14 篇。提出审计建议 415 条。

国家重大政策措施贯彻落实跟踪审计 大同市审计局对市本级和 12 个县（区）重大政策措施落实情况开展跟踪审计。重点围绕全面深化改革、节能环保、脱贫攻坚、基础设施建设、采煤沉陷区治理搬迁任务等有关政策措施的落实情况，跟踪审计财政、环保、发改、经信、扶贫等部门。

财政审计 对 10 个单位预算执行情况进行审计，延伸审计 33 个二级预算单位，查出问题金额 38.83 亿元。对广灵、灵丘、浑源、大同、南郊、矿区 6 个县（区）2014、2015 年度财政决算进行审计，查出问题金额 17.13 亿元。

经济责任审计 完成对 67 名领导干部的经济责任审计，包括 40 名党政领导干部和 11 个县（区）的 27 名公检法三长（公安局局长 9 人、检察院检察长 10 人、法院院长 8 人）的审计。审计发现大同市市管干部离任职交接规定执行不力等问题，大同市委组织部及时采取措施，进行督察。

金融审计 完成对阳泉市商业银行 2014、2015 年度资产负债损益情况的审计，查出涉及财务收支、业务经营等方面的各类违纪违规金额 65.01 亿元。

农业与资源环保审计 对大同市人民政府"十二五"期间各级财政投入的水污染防治专项资金管理使用情况进行审计，抽查大同市及所属县（区）水污染防治项目 130 个，审计财政资金 14.51 万元。

固定资产投资审计 大同市审计局移交市财政投资评审中心审定复核 2008 年以来政府投资项目 31 个，送审金额计 1.13 亿元，核减金额 3606 万元，平均核减率为 32.04%。完成对大同机场 T1 航站楼竣工决算审计。

民生资金（项目）审计 对市本级政府所属 11 个部门和 8 家建设单位以及同煤集团、山西省桑干河杨树丰产林实验局、大同市吴官屯煤业公司进行审计，延伸调查29户廉租住房分配情况，对26个安居工程项目的建设管理情况进行检查。审计总金额110.27亿元，查出违纪违规行为金额3.80亿元。

制度建设 研究制定《关于加强扶贫审计有效促进精准脱贫政策落实的措施》，编制《审计项目作业流程图》《审计风险防控流程图》和《审计手册》，制定《现场督查办法》，出台《审计项目复核审理制度》。研究提出落实精准扶贫的12345操作方法，即一个平台、两条主线、三个结合、四项制度、五项措施。

相关工作 开展党员学习、“四讲四有”集中学习专题讨论、“身边人讲身边事”主题演讲等丰富多彩的党建活动，深入贫困村和革命老区慰问老党员和困难户。设立“同审清风”平台，注册“大同审计”“同审之窗”两个微信公众平台。

内部审计 大同市审计局加强对内部审计工作的指导，在实施经济责任审计、财政预决算审计中将被审计单位内部审计工作开展情况的调查作为重要内容之一。（撰稿人：田　河）

【阳泉市审计局】 2016年，阳泉市审计局人员编制74人，实有67人。局长李润萍，副局长彭乃良、陈锋、郭海天（12月—）、张东明（—12月），总审计师李军，纪检组长李燕飞，调研员郭海天（—12月）、张东明（12月—）。设有办公室、人事教育科、法制科、计划管理科、财政审计科、行政事业审计科、农业与资源环保审计科、固定资产投资审计科、金融审计科、企业审计科、社会保障审计科、外资运用审计科、经济责任审计科、政策研究室、纪检组（监察室）；下设机关后勤服务中心、审计信息中心、固定资产投资审计中心。

审计成果 2016年，阳泉市县两级审计机关完成审计或审计调查项目402个。查出违规金额8.47亿元、管理不规范金额35.84亿元；核减政府投资1.5亿元，上缴财政8250万元。向有关部门移送案件线索及处理事项42件。出具审计结果公告3篇，报送要情及专报4篇；提交审计信息122篇，被批示、采用29篇。提出审计建议369条，被采纳250条；推动完善规章制度14项，被市级领导批示审计报告及建议9个。向社会公告审计结果4篇。

2016年，阳泉市审计局连续5年被阳泉市人民政府评为市目标责任考核优秀等次，被山西省文明办授予“省级精神文明单位标兵”，获得“全省审计工作目标责任考评先进单位”“山西省巾帼文明岗”“市直机关先进党组织”“全市实施妇女儿童发展十二五规划先进集体”等称号。

国家重大政策措施贯彻落实跟踪审计 对84个部门单位、118个重大项目进行跟踪审计，揭示工程建设、生态环保、脱贫攻坚、创新创业等政策落实中前期手续不完善、资金到位不及时、项目推进缓慢等34个问题，促进下拨资金1.60亿元。

财政审计 完成42个单位预算执行审计，查出主要问题金额22.88亿元。揭示预算管理方式与要求不适应、转移支付制度不完善等问题，清理沉淀资金和漏征税费，促进盘活市级财力2.14亿元，促进出台《阳泉市2016年政府债务化解规划》，督促核减虚增债务3.20亿元，归还搁置贷款4.3亿元，可扩大债券融资规模7.50亿元。

经济责任审计 强化权力运行监督与制约，完成16名领导干部的经济责任审计，查出问题金额6.59亿元。向有关部门移送案件线索和处理事项39件。提出审计建议47条。

固定资产投资审计 完成155个投资项目审计，核减资金1.5亿元，促进清理投资项目61个，推动立项开工14个，督促拨付工程款21.50亿元，加大对17个重点领域和标志性工程的全程跟踪。通过政府投资审计监督平台对生态新城等5个项目采取无缝隙适时监督，查出违规问题50个，收缴财政资金2500万元，节约投资7.43亿元。

民生资金（项目）审计 对文化、体育、残联、水污染防治、涉农资金及保障性住房、阳泉职业技术学院、阳大铁路等重大民生项目和资金进行审计，促进出台和完善保障房退出机制，督促取消73户违规享受廉租房的补贴资格。对全市2013年至2016年涉农资金及精准扶贫政策落实情况进行审计调查，揭示部分县区涉农资金下拨不及时、易地扶贫搬迁工作推进缓慢、资金分配与使用不够精准等问题，针对性提出审计建议，为全市脱贫攻坚任务如期完成发挥积极作用。

信息化建设 开展联网审计，建立阳泉市政府投资审计监督平台，实现与项目主管部门的互联互通与信息共享，计算机联网审计取得突破性进展。

相关工作 开展“两学一做”学习教育，推动实现一审多果、一审多效与审计全覆盖，落实容错纠错新机制。通过《阳泉日报》和阳泉电视台宣传“十二五”和阳泉市十一次党代会以来全市审计工作发展、六权治本工作成效、政府投资、精准扶贫等审计的成绩。组织参加审计署网络培训 84 人次、省审计厅培训 11 人次、市级培训 13 人次，举办专题讲座、专题学习、观看专题片等 41 次。连续四年开展审计方案点评、审计质量检查与优秀项目评选。（撰稿人：张大鹏）

【长治市审计局】 2016 年，长治市审计局人员编制 120 人，实有 106 人。局长段秀平，副局长赵治兴、张国庆、江宏凌、车建科，总审计师苏庆吉，纪检组长赵建文（—2 月）、季平（2 月—），调研员马宏斌、侯成、吕双河（8 月—），副调研员李秋生。设有财政审计科、金融审计科、行政事业审计科、固定资产投资审计科、经济责任审计科、企业审计科、农业与资源环保审计科、外资运用审计科、社会保障审计科、办公室、计划管理科、人事教育科、老干部管理科、法制科、纪检监察室、督查科、党总支；下设经济责任审计分局、固定资产投资审计中心、计算机信息管理中心、后勤服务中心、业务指导中心。

审计成果 2016 年，长治市审计局完成审计项目 65 个。查出主要问题金额 15.00 亿元，其中违规金额 29.97 亿元、管理不规范金额 120.01 亿元；损益（收支）不实金额 24.98 亿元；审计处理处罚金额 24.10 亿元，其中应上缴财政 6.07 亿元、应归还原渠道资金 2.33 亿元、应调账处理金额 15.70 亿元；审计发现非金额计量问题 129 个；审计促进整改落实有关问题资金 1693 万元，其中增收节支 1255 万元、已调账处理金额 437 万元；审计促进拨付资金到位 9900 万元。移送司法机关、纪检监察机关和有关部门处理事项 93 件。出具审计报告和专项审计调查报告 65 篇；提交审计信息 30 篇。提出审计建议 196 条。

2016 年，长治市审计局连续第六次被山西省精神文明建设指导委员会授予“文明单位标兵”荣誉称号；被长治市委宣传部、长治市司法局、长治市普法依法治理办公室三部门联合授予“2011—2015 年度法治宣传教育先进单位”荣誉称号；被长治市人民政府评为 2015 年度全市目标责任考核优秀单位。

国家重大政策措施贯彻落实跟踪审计 对全市落实中央重大政策措施情况进行跟踪审计，反映和揭示各职能部门在政策措施贯彻落实过程中存在的项目进度缓慢、推进不及时、部分项目资金未到位等问题。通过持续跟踪、及时反映、督促整改，切实发挥审计促进国家重大决策部署落实的保障作用，推动国家稳增长等各项重大政策措施落地生根。

财政审计 开展预算执行、财政决算、财务收支审计项目，揭示一些部门存在的滞留专项资金、违规收费、政府采购政策监管不严、超预算支出、违规发放奖金补助、超编制配置公务用车、“三公”经费超支等问题。

经济责任审计 长治市审计局共组织实施 26 名县处级领导干部的离任经济责任审计，并探索实施 1 名领导干部自然资源资产离任审计试点。审计查出各类违纪违规金额 29.52 亿元，其中被审计经济责任人应负直接责任金额 77 万元，应负主管责任金额 16.13 亿元，应负领导责任金额 13.39 亿元。

金融审计 长治市审计局对晋城银行股份有限公司 2014、2015 年度资产、负债、损益情况进行就地审计调查，揭示晋城银行在财务、信贷和中间业务三方面存在贷款五级分类划分不实、向不良客户发放贷款等问题 24 个。

固定资产投资审计 长治市审计局对 2015 年度安排尚未完成的审计项目继续进行审计。对市十七中、市职业技术学院、10 个市政建设项目等进行竣工决算审计，对两个经济适用房建设项目进行成本审计，发现有超概算、违规招投标、多列建设成本、挪用建设资金、违规虚列支出、违反建设程序等问题，共核减金额 1.63 亿元。

民生资金（项目）审计 完成 2015 年度城镇保障性安居工程跟踪审计，揭示城镇安居工程建设部分任务未完成、资金统筹安排和税费减免政策落实不到位、挪用专项资金、部分不符合条件的家庭违规享受住房保障待遇等问题，发现各类问题金额2.08亿元。移送违法违纪案件线索19件，13人被追究党纪、政纪责任。

企业审计 长治市审计局对4家国有企业2014、2015年度资产、负债、损益情况进行审计，揭示在财务管理、执行财经法纪方面存在的25类主要问题，涉及金额10.12亿元。通过对问题产生原因的深入分析和提出的审计建议，推动国企规范经营管理。

相关工作 派出30多人次配合协助山西省纪委、长治市纪委开展大要案的查办和“三公”经费的检查工作。开展“两学一做”学习教育，助推基层党建，所有外出审计小组均在审计点上建立临时党小组。加大培训力度，共组织300余人次参加审计署、省审计厅各类专项培训和全市审计系统集中培训；开展以“忠诚担当，廉洁从审”为重点的系列警示教育活动，加强思想道德建设，严明审计纪律。 （撰稿人：李建玲）

【晋城市审计局】 2016年，晋城市审计局人员编制79人，实有66人。局长郭彦明，副局长王瑞祥、王建芳、程晋鹏（—10月），总审计师曹和生，纪检组长尚海根，副调研员付敏。设有办公室、人事教育科、法规审理科、督查科、财政预决算审计科、金融外资审计科、国有资产及企业审计科、民生及社会保障审计科、固定资产审计管理科、行政事业审计科、农林水审计科、经济责任审计科、资源环境审计科、内部审计管理科、重点项目审计科、计划数据信息科、晋城经济开发区审计科和审计稽查一所、二所、三所、四所、五所及审计信息中心等职能科（室、所、中心）。

审计成果 2016年，晋城市审计局完成审计项目127个。查出主要问题金额166.02亿元，其中违规金额22.33亿元、损失浪费金额100万元、管理不规范金额143.67亿元；损益（收支）不实金额3500万元；审计处理处罚金额14.26亿元，其中应上缴财政12.29亿元、应缴纳其他资金8800万元、应调账处理金额1.08亿元；审计发现非金额计量问题383个；审计核减投资额8800万元。移送有关部门处理事项5件。提出审计建议234条，被采纳174条；推动完善规章制度4项。

国家重大政策措施贯彻落实跟踪审计 按照审计署统一部署，继续组织全市审计机关对稳增长促改革调结构惠民生防风险等政策措施的贯彻落实情况进行每季度一轮的跟踪审计，重点审计21项政策措施落实情况，跟踪市直30个部门和6个县（市、区）的55个项目，揭示政策落实不到位、改革力度亟待加强等问题，提出整改要求和时限，着力推动资金落实、项目实施和政策落地。

财政审计 对市本级17个部门和单位2015年度预算执行情况进行审计，对所属3个县（区）2014年和2015年财政决算进行审计，提出进一步完善政府预算管理体系、健全政府债务管理制度、深化国库集中支付改革、盘活财政存量资金等审计建议。按照省政府、省审计厅统一部署，组织全市180多名审计人员，对朔州市经济社会发展情况开展审计和审计调查。

金融审计 按照省审计厅交叉审计安排，抽调精干力量，对晋中银行股份有限公司2014年和2015年资产负债损益情况进行审计，查出财务收支问题金额5.34亿元、信贷业务问题金额51.15亿元、非金额计量问题6个。

民生资金（项目）审计 对2015年全市城镇保障性安居工程进行跟踪审计，促进2785套空置保障房投入使用，加快棚改居民回迁216户，规范资金使用4501万元。根据山西省审计厅交叉审计安排，对长治市及其所属3个县2015年至2016年上半年医疗保险基金征管使用等情况进行全面审计，移送公安机关查处骗取新农合医保基金线索2件2人。 （撰稿人：史晋雷）

【朔州市审计局】 2016年，朔州市审计局人员编制64人，实有73人。局长王勇（—1月）、刘彪（1月—），副局长张富新、谷如发、李华，总审计师韩杰，纪检组长雷占虎，副处级调研员高志勇、谭国栋。设有办公室、财政审计科、金融审计科、经贸审计科、行政事业审计科、农业外资审计科、法规科、社会保障审计科、资源环保审计科、固定资产审计科、督查科、经济责任审计科；下设审计信息中心、建设项目审计监督中心、审计听证中心。

审计成果 2016年，朔州市审计局完成审计项目76个，其中组织实施审计项目73个，参与实施审计项目3个。查出主要问题金额26.03亿元，其中违规金额9700万元、损失浪费金额1700万元、管理不规范金额24.89亿元；审计处理处罚金额1.16亿元，其中应上缴财政1108万元、应减少财政拨款或补贴1273万元、应归还原渠道资金1581万元、应调账处理金额7638万元；审计发现非金额计量问题38个；审计促进整改落实有关问题金额26.03亿元，其中增收节支2381万元、已调账处理金额7638万元；审计促进拨付资金到位7751万元；审计后挽回（避免）损失2.41亿元。移送司法机关、纪检监察机关和有关部门处理事项32件，涉及23人。出具审计报告和专项审计调查报告86篇，被批示、采用25篇；提交审计信息88篇，被批示、采用11篇。提出审计建议225条，被采纳56条；推动完善规章制度11项。

2016年，朔州市审计局被评为省级精神文明单位、全市“六五”普法先进单位、机关党委被评为朔州市先进基层党组织。

国家重大政策措施贯彻落实跟踪审计 对贯彻落实稳增长促改革调结构惠民生情况进行跟踪审计，共查出6方面52个问题，促进问题整改48项。

财政审计 审计中监督检查预决算管理法律法规和财经纪律执行情况，关注财政支出绩效和积极财政政策的实施效果，促进整合专项、盘活存量、用好增量、优化结构、深化改革、提高绩效。全年共盘活资金4.23亿元。完成住建管理系统2014年、2015年财务收支审计，查出各类违规及管理不规范金额3.50亿元。

经济责任审计 完成经济责任审计项目29个，查出领导干部负有直接责任的问题金额1238万元、负有领导责任的问题金额1.34亿元；揭示制度体制性问题8项。

固定资产投资审计 完成政府投资审计项目6个，送审金额14.8亿元，核减工程价款3.59亿元，平均核减率为24.25%。

社会保障审计 持续开展全国城镇保障性安居工程跟踪审计，查处虚报冒领、骗取套取、截留侵占资金等行为，审计移送相关部门处理5人。

交办任务 对全市14家煤炭企业开展税费专项审计和审计调查，涉及煤矿20多家，煤站、煤场、电厂等单位15个，煤矿税费管理部门6个，共涉及数据7000多条，出具报告15个，发现涉税问题8个，督促整改问题22项，督促收回欠缴税金8.67亿元、欠交规费9.86亿元、欠交“五险一金”5.04亿元。

审计科研 印发《朔州市审计局关于加强审计理论研究的意见》。论文《浅谈农业综合开发审计》《大数据背景下审计工作模式的创新与发展》在省级以上刊物发表。

相关工作 开展审计职业化培训，市县审计机关共120余人参加；审计资格考试通过率全省第一。成立大数据审计筹备组。

内部审计 10月，召开全市内部审计工作会议，强调要加强内部审计建设，对各单位内部审计人员培训，实现朔州市内部审计从无到有的突破。

（撰稿人：伊建业）

【晋中市审计局】 2016年，晋中市审计局人员编制73人，实有68人。局长荣贵（—9月）、李保安（9月—），副局长张海涛、石红红，总审计师吕建萍，纪检组长赵立群，调研员贾建华、杨彦红。设有办公室、法制科、人事教育科、信息管理科、财政审计科、金融外资审计科、行政事业审计科、社会保障审计科、经贸审计科、农业审计科、固定资产投资审计科、经济责任审计科、监察室；下设后勤服务中心、经济责任审计中心、投资审计中心、金审中心。

审计成果 2016年，晋中市审计局完成审计项目129个。查出违规违纪及有问题金额185.33亿元，工程决算核减金额5862万元，催缴财政27.93亿元，收缴款1055万元。向有关部门移送处理事项14件。出具审计报告129篇；提交审计信息50篇，被采用8篇。提出审计建议139条，被采纳64条。

国家重大政策措施贯彻落实跟踪审计 以对国家和省市稳增长促改革调结构惠民生防风险等重大政策措施贯彻落实情况的全面了解和监督检查为目的，开展重大政策措施落实情况跟踪审计，推动政策落实、政令畅通。

财政审计 完成晋中市财政局、地税局等18个市直部门（单位）2015年度预算执行情况及其他财政收支情况审计。对太谷县等6个县（市）2014—2015年度财政决算开展审计。对晋中市人大机关、市纪委等7个领导机关2014—2015年财务收支审计和晋中市中级人民法院财务收支情况进行审计。

经济责任审计 完成2名县（市）长、13名市直部门领导干部和国有企业领导人员的经济责任审计。

金融审计 完成省审计厅安排的对大同银行2014—2015年资产负债损益情况的交叉审计。

农业与资源环保审计 配合省审计厅完成全市"十二五"期间重点流域水污染防治规划执行及水污染防治资金投入、管理、使用情况审计。

固定资产投资审计 完成晋中市体校多功能看台灯光球场工程项目、市城区第二污水处理厂二期工程建设项目、市城区污泥处置试点工程项目、晋中市汽车客运总站工程建设项目和龙城高速公路建设项目5项竣工决算审计；完成晋中市老年养护院项目、晋中市第一人民医院迁建项目及科技馆、博物馆、图书馆建设项目等3项跟踪审计；完成晋中市荣复军人精神病院门诊住院综合楼及外网配套工程项目的复审。

民生资金（项目）审计 完成全市2015年城镇保障性安居工程跟踪审计和阳泉市医保资金专项审计。

企业审计 完成晋中市公用基础设施投资建设有限责任公司、平遥县九成文化旅游有限公司和晋中市瑞纳绿洲园林绿化工程有限公司3个企业2014—2015年度财务收支情况审计。

相关工作 组织开展以"提升工作绩效、提升审计质量，服务党委政府中心工作、服务被审计单位"为主要内容的"两提升、两服务"集中攻坚行动，全面推行"清单式明责、台账式管理"工作制度，提升审计质量。发挥基层党建工作的积极作用，切实以制度管人管事，加强廉政建设，防范审计风险。

内部审计 省政府《关于进一步加强内部审计工作的意见》通知下发后，晋中市审计局经认真调查研究，向市政府递交《关于进一步加强我市内部审计机构建设的请示报告》。

（撰稿人：闫　蕙）

【运城市审计局】 2016年，运城市审计局人员编制57人，实有61人。局长任永吉，副局长祁全保、马丽娟、张卫宏，总审计师任兴龙，纪检组长杨平，调研员董焕朝、牛永贵，副调研员姚向国。设有办公室、综合科、人事教育科、法制科、监察室、党委办、财政审计科、党政领导干部经济责任审计科、企事业领导干部经济责任审计科、行政事业审计科、教科文卫审计科、农业审计科、固定资产投资审计科、企业审计科、社会保障审计科、外资运用审计科、金融审计科，内部审计指导科、资源与税务审计科、审计数据管理科；下设固定资产投资审计中心、开发区审计中心、审计信息中心、经济责任审计中心、计算机审计中心。

审计成果 2016年，运城市县两级审计机关完成审计项目648个。查出主要问题金额120.61亿元，其中违规金额32.56亿元、损失浪费金额448万元、管理不规范金额88.00亿元；损益（收支）不实金额12.43亿元；审计处理处罚金额7.37亿元，其中应上缴财政7096万元、应减少财政拨款或补贴33万元、应归还原渠道资金1.86亿元、应调账处理金额2.95亿元；审计发现非金额计量问题734个；审计促进整改落实有关问题资金2.70亿元，其中增收节支1.15亿元、已调账处理金额9017万元；审计促进拨付资金到位6317万元；审计后挽回（避免）损失213万元。移送司法机关、纪检监察机关和有关部门处理事项145件。出具审计报告和专项审计调查报告741篇，被批示、采用95篇；提交审计信息466篇，被批示、采用79篇。提出审计建议1099条。

国家重大政策措施贯彻落实跟踪审计 组织对城投公司、运城机场公司财政资金使用和航线补贴情况以及科技重大专项、扶贫、社保、环境保护等项目的审计，揭示和反映财政、民生、资源环境、社会稳定等方面的薄弱环节及风险隐患，提出堵塞漏洞、妥善处置和规避风险的建议，取得较好的社会效益。

财政审计 完成财政收支（预算执行）审计项目219个，其中包括专项审计调查1个，延伸审计71个。审计专项资金5.76亿元，查出主要问题金额108.11亿元。

固定资产投资审计 运城市审计局建立参与

政府投资审计的社会中介机构库，以政府采购方式完成政府投资审计项目21个，累计审计投资总额44.47亿元，核减工程投资3.56亿元，提高建设资金使用效益。对运城市市民服务中心、文化艺术中心等4个PPP项目前期论证提出建议50余条，提高政府决策科学水平。

经济责任审计 完成对158名领导干部的经济责任审计，其中任中审计65人、离任审计93人；县处级审计14人、乡科级审计134人。审计查出主要问题金额2.25亿元。出具审计报告和审计结果报告316篇；提交审计信息和信息简报63篇，被批示、采用9篇。提出审计建议452条，被采纳265条。运城市经济责任审计工作领导组研究通过《运城市经济责任审计实施办法》《运城市党政领导干部离任经济责任事项交接办法》《运城市经济责任审计工作联席会议议事规则》《经济责任联席会议办公室工作规则》等制度。对市委调整的11名市直机关主要领导干部实施离任审计和离任交接。（撰稿人：李珊珊）

【忻州市审计局】 2016年，忻州市审计局人员编制75人，实有70人。局长魏广才（—8月）、韩计才（9月—），副局长顾连宽、李月文、陈建忠，总审计师韩建柱，纪检组长郭海英，调研员李进明，副调研员陈诚。设有办公室、人事教育科、财政审计科等14个职能科室、4个派驻审计科、3个下属事业单位。

审计成果 2016年，忻州市县两级审计机关完成审计项目809个。查出主要问题金额224.76亿元，其中违规金额3.23亿元、损失浪费金额18万元、管理不规范金额192.44亿元；损益（收支）不实金额8.59亿元；审计处理处罚金额44.70亿元，其中应上缴财政14.63亿元、应减少财政拨款或补贴1.50亿元、应归还原渠道资金4.84亿元、应调账处理金额18.98亿元；审计发现非金额计量问题414个；审计促进整改落实有关问题资金1.22亿元。移送司法机关、纪检监察机关和有关部门处理事项46件。出具审计报告和专项审计调查报告777篇，被批示、采用95篇；提交审计信息252篇，被批示、采用56篇。提出审计建议982条。

国家重大政策措施贯彻落实跟踪审计 组织市县两级审计机关对市本级及市属14个县（市、区）贯彻落实国家重大政策措施情况进行跟踪审计，涉及财政资金33.91亿元，发现主要问题27个。

财政审计 对忻州市9个部门与单位的预算执行情况和5个县（区）的财政决算进行审计，推进公共资金、国有资产、国有资源审计监督的全覆盖，揭示财政预决算管理、财政支出绩效和财政政策实施效果等方面存在的突出问题。同步实施“三公”经费、会议费、培训费和楼堂馆所建设维护费的审计，“三公”经费等公务支出持续下降。

经济责任审计 综合考虑审计力量与年度计划，安排并实施37名市管干部的经济责任审计。

固定资产投资审计 开展2016年忻州城区基础设施建设（道路）工程、新建长征小学实验幼儿园工程等重点工程项目的跟踪审计，共提交跟踪审计简报44篇，市政府领导批示38篇；反映质量、进度和安全等方面的问题364个，向被审计单位或有关单位提出审计建议84条。忻州市城建总指挥部及各项目部根据审计简报所反映的问题，处罚施工、监理单位18万元。累计核减投资5995万元，其中征迁补偿资金5726万元、其他工程造价269万元。

民生资金（项目）审计 对14个县（市、区）2015年保障性安居工程及配套基础设施的计划、投资、建设、分配、运营等情况进行审计，共涉及136个部门、200个项目，涉及财政资金33.9亿元，发现问题72个，形成问题清单。开展对朔州市基本医疗保险基金的审计，查实8起9人涉嫌以虚假票据重复报销医保基金27.84万元的案件线索并移送公安机关。（撰稿人：康　晓）

【临汾市审计局】 2016年，临汾市审计局公务员编制42个、工勤编制5个、全额事业编制6个、自收自支事业编制20个；实有公务员41人、工勤人员7人、全额事业人员6人、自收自支事业人员21人、公益性岗位人员19人，共94人。局长陈焕成，副局长祁全保（—2月）、毛志中、焦宗宁（2月—）、张临萍（2月—），总审计师张百管（—2月）、孙成选（2月—），纪检组长周宁康，调研员张百管（2月—9月）、祁全保（2

月—）。设有办公室、人事教育科、监察室、法制科、综合科、财政审计科、经济责任审计科、金融审计科、农业环保审计科、社会保障审计科、固定资产投资审计科、外资运用审计科、行政事业审计科、工商企业审计科；下设经济责任和固定资产投资审计中心、审计信息中心、审计职教中心。

审计成果 2016年，临汾市审计局完成审计项目109个，其中组织实施审计项目108个，参与实施审计项目1个。查出主要问题金额92.21亿元，其中违规金额4.49亿元、管理不规范金额87.71亿元；损益（收支）不实金额149万元；审计处理处罚金额3.29亿元，其中应上缴财政3.11亿元、应减少财政拨款或补贴1129万元、应归还原渠道资金97万元、应调账处理金额2379万元；审计发现非金额计量问题149个；审计促进整改落实有关问题金额3.02亿元，其中增收节支126万元、已调账处理金额2379万元；审计后挽回（避免）损失1573万元。移送司法机关、纪检监察机关和有关部门处理事项133件，涉及138人，金额1.91亿元。出具审计报告和专项审计调查报告109篇，被批示、采用47篇；提交审计信息56篇，被批示、采用33篇。提出审计建议240条，被采纳240条；推动完善规章制度13项。

2016年，临汾市审计局获得山西省审计厅2015年度目标责任考核优秀单位、临汾市2015年度目标责任考核优秀单位、临汾市电子政务工作先进单位等荣誉称号。临汾市公安局财务收支情况审计项目、曲沃县财政决算审计项目被评为全省表彰审计项目。

国家重大政策措施贯彻落实跟踪审计 完成每季度一轮的稳增长促改革调结构惠民生防风险等政策措施的贯彻落实情况跟踪审计，查出各类问题94个，促进问题整改50个，正在积极整改44个，有效促进国家重大政策的落实。

财政审计 对25个部门进行预算执行审计，延伸审计单位60个，查出违规问题138个，促进盘活资金8.60亿元。开展尧都、洪洞等7个县区的财政决算审计，查出违规金额9.51亿元，移送处理事项64件，进一步规范财政资金管理。

经济责任审计 完成32名领导干部的经济责任审计，其中市直部门负责人17人，县市区长4人，县市区公检法、部分中学主要负责人11人。开展古县、安泽县自然资源资产离任审计试点。

固定资产投资审计 完成临汾新医院、第二污水处理厂综合楼等政府投资决算审计项目29个，完成政府投资核查项目23个，累计发现问题65个，提出建议50条，核减投资2.53亿元。

专项审计 城镇保障性安居工程跟踪审计查出各类问题18个，移送处理事项14件；水污染防治审计主要查出违规使用水污染防治资金317.46万元、结存和闲置资金8038万元等16类问题，受到山西省审计厅的表彰。完成临汾市热力公司2014年度采暖期亏损情况、市自来水公司2014—2015年度亏损情况两项专项审计，为政府节约资金4167万元。

信息化建设 完成金审一期、二期工程，全面推行AO软件辅助审计，探索审计计划、审计结果、审计整改情况公开等工作，建立审计整改台账在线监管软件，有效促进审计工作的快速发展。

相关工作 开展“两学一做”学习教育，强化干部职工思想政治建设；实施廉政约谈制度，建立科级以上干部廉政档案，强化主体责任落实；邀请南京审计大学3名教授对全市300多名干部进行集中培训，强化干部职工业务能力。

内部审计 全市15个内部审计机构完成财务收支审计、经济责任审计、基本建设审计、效益审计等980项任务，促进增收节支451万元，审计建议被采纳689条。

（撰稿人：郭迎建　张小强）

【吕梁市审计局】 2016年，吕梁市审计局人员编制65人，实有60人。局长卫成印（—2月）、赵学安（2月—），副局长贾桥、高博、张林生、赵晓岗，总审计师高树泽，纪检组长秦华敏，调研员王荣金、王建平。设有办公室、人事教育科、法制科、财政审计科、金融经贸审计科、行政事业审计科、社会保障审计科、固定资产投资审计科、经济责任审计科、农业与资源环保审计科、外资运用审计科、督查科；下设审计复核审理中心、网络管理中心、财政审计中心、投资审计中心。

审计成果 2016年，吕梁市县两级审计机关完成审计项目 1099 个，其中组织实施审计项目 1097 个，参与实施审计项目 2 个。查出主要问题金额 320.78 亿元，其中违规金额 44.53 亿元、损失浪费 1265 万元、管理不规范金额 276.11 亿元；审计处理处罚金额 8.48 亿元，其中应上缴财政 1.69 亿元、应归还原渠道资金 3.57 亿元、应调账处理金额 3.22 亿元；审计发现非金额计量问题 3600 个；审计促进整改落实有关问题金额 132 万元，其中增收节支 52 万元；审计后挽回（避免）损失 33 万元。移送司法机关、纪检监察机关和有关部门处理事项 87 件，涉及 5 人，金额 1.60 亿元。出具审计报告和专项审计调查报告 1102 篇；提交审计信息 314 篇。提出审计建议 1502 条，被采纳 340 条。

2016 年，吕梁市审计局被吕梁市委、市政府评为 2015 年目标责任制考核优秀单位，被山西省审计厅评为 2015 年度全省审计工作目标责任制考评先进单位，获得吕梁市直属机关工作委员会评选的先进基层党组织、吕梁市精神文明建设指导委员会评选的“文明单位标兵”等荣誉称号。

国家重大政策措施贯彻落实跟踪审计 共发现和反映 308 个问题，督促各级各部门盘活财政资金 5150 万元，拨付资金到位 8.86 亿元，加快项目实施进度 22 项，承接行政审批事项 57 项，出台相关制度 14 项，落实其他重大政策 32 项。

财政审计 完成预算执行审计项目 156 个，财政决算审计项目 75 个，共延伸审计单位 153 个，查出各类问题金额 244.30 亿元。

经济责任审计 完成领导干部经济责任审计项目 223 个，涉及县处级 52 人，乡科级 171 人。查出违规金额 2.70 亿元、管理不规范金额 7.42 亿元。

固定资产投资审计 完成竣工决算（造价）审计项目 598 个，送审金额 25.32 亿元，核减工程决算金额 2.83 亿元。

专项资金审计 完成专项资金审计和审计调查项目 41 个，查出各类问题金额 26.57 亿元。

交办任务 根据山西省审计厅批转办理意见，将反映汾阳市某村粮食直补、低保问题的举报件批转至汾阳市审计局，责成其进行调查。调查完毕后，汾阳市审计局向山西省审计厅提交调查结果报告。（撰稿人：王维蓉）

2016 年山西省所辖区、县(市)级审计工作统计表

金额单位:万元

审计机关	完成审计项目(个)	审计查出主要问题金额	审计处理情况					出具审计报告和审计调查报告(篇)	提出审计建议(条)	提交审计信息(篇)
			审计处理处罚				移送处理事项(件)			
			应上缴财政	应减少财政拨款或补贴	应归还原渠道资金	应调账处理金额				
太原市										
太原市本级	37	680884	53749	25	3386	13278	57	38	99	44
小店区审计局	9	190347	1937		264			9		
迎泽区审计局	9	51471	2312					9	21	1
杏花岭区审计局	6	126862						6	12	
尖草坪区审计局	6							6	13	5
万柏林区审计局	16	29206	3			31		16		
晋源区审计局	10	11866						10	104	
古交市审计局	13	57258	7					17	31	7
清徐县审计局	8	10653			2655	165		8	18	10

（续表）

审计机关	完成审计项目（个）	审计查出主要问题金额	审计处理情况					出具审计报告和审计调查报告（篇）	提出审计建议（条）	提交审计信息（篇）
			审计处理处罚				移送处理事项（件）			
			应上缴财政	应减少财政拨款或补贴	应归还原渠道资金	应调账处理金额				
阳曲县审计局	9	3625	51			620		9	9	
娄烦县审计局	8	64737				64061		8		
大同市										
大同市本级	90	375349	12964	4	59351	7187	8	90	151	97
城区审计局	20	13458	64	580	80	2625	2	20	19	12
矿区审计局	15	15489	1782	673	1289	21	1	15	28	14
南郊区审计局	23	16523	6251	1189	2347	289	2	23	26	17
新荣区审计局	15	3791	809	54	108	24	2	15	12	21
阳高县审计局	21	2653	207	124	245		1	21	42	12
天镇县审计局	24	12459	1189	628	1291	6238	3	24	28	14
广灵县审计局	17	12966	297	352	2438	277	1	17	13	26
灵丘县审计局	26	19479	547	459	6259	2232	2	26	15	14
浑源县审计局	8	11977	412	234	3854	71	1	8	24	11
左云县审计局	21	20335	823	1189	9123	6287	1	21	22	21
大同县审计局	17	11144	871	47	6278	957	2	17	35	18
阳泉市										
阳泉市本级	70	484414	4536		182	113032	41	75	129	122
城区审计局	128	5017		3				134	15	9
矿区审计局	60	5834	30		7			52	34	14
郊区审计局	36	30163	7122				4	41	32	37
平定县审计局	99	5496	2570		640		4	97	33	34
盂县审计局	68	21380	10471	268	171	6609		80	138	26
长治市										
长治市本级	65	1499710	60721		23347	156978	93	65	196	30
城区审计局	18	463			27	174	5	18	34	5
郊区审计局	46	47233	13					46	81	68
潞城市审计局	26	70373	3607		962	42818	11	26	71	14
长治县审计局	16	264148					7	16	28	14
襄垣县审计局	27	68416	19	2	61400	6995		27	13	3
屯留县审计局	55	27049	3736		1045		19	55	184	
平顺县审计局	15	10899	10				3	15	44	16
黎城县审计局	28	6565					5	28	30	34
壶关县审计局	28	77386	9		11934	52504		28	37	

（续表）

审计机关	完成审计项目（个）	审计查出主要问题金额	审计处理情况					出具审计报告和审计调查报告（篇）	提出审计建议（条）	提交审计信息（篇）
			审计处理处罚				移送处理事项（件）			
			应上缴财政	应减少财政拨款或补贴	应归还原渠道资金	应调账处理金额				
长子县审计局	19	107805	11983		11943	27868	6	19	61	25
武乡县审计局	34	90787					9	34	89	3
沁县审计局	21	1323	258	125	54	985		21	92	13
沁源县审计局	33	98908	40938		3	880		33	99	
晋城市										
晋城市本级	127	1660186	122917	6	1	10805	5	127	234	11
城区审计局	50	82979	45363		3027			50	106	5
高平市审计局	34	196330			1221	515		34	80	12
沁水县审计局	99	15254	590	2817	1138	9	1	99	174	14
阳城县审计局	76	191008	109198			24637	1	76	141	19
陵川县审计局	65	12446	7		61	60		65	156	10
泽州县审计局	94	18320	43		12018	724		94	220	7
朔州市										
朔州市本级	76	26030	1108	1273	1581	7638	32	86	225	88
朔城区审计局	32	8922	230	245	311	2118	3	41	23	40
平鲁区审计局	58	7332	191	278	325	1845	2	63	30	38
山阴县审计局	27	5607	175	255	289	1216	1	35	20	15
应县审计局	31	4349	165	140	194	995	3	39	11	23
右玉县审计局	29	4125	273	273	308	891	1	37	16	30
怀仁县审计局	39	9320	330	399	435	2544	3	45	15	40
晋中市										
晋中市本级	129	1853265	279255				14	129	139	50
榆次区审计局	55	108846	31					58	105	
介休市审计局	31	86086	91					31	43	37
榆社县审计局	74	5076	36					74	92	3
左权县审计局	77	36666	35				4	77	149	24
和顺县审计局	30	23622			10498	1	15	49	65	42
昔阳县审计局	75	38407	1264		107	515	15	75	175	21
寿阳县审计局	62	25526	3					62	199	5
太谷县审计局	44	548142	2	904		74		50	78	20
祁县审计局	104	31715	109	406		319		122	137	5
平遥县审计局	180	49635	5					180	140	
灵石县审计局	76	76092	144				13	76	217	13

（续表）

审计机关	完成审计项目（个）	审计查出主要问题金额	审计处理情况					出具审计报告和审计调查报告（篇）	提出审计建议（条）	提交审计信息（篇）
			审计处理处罚				移送处理事项（件）			
			应上缴财政	应减少财政拨款或补贴	应归还原渠道资金	应调账处理金额				
运城市										
运城市本级	78	888460	3546	33	11557	9502	23	80	225	235
盐湖区审计局	64	59556	117			166	5	64	67	42
永济市审计局	42	5970	3188		1628	3620	3	147	256	40
河津市审计局	20	35958	346				8	20	100	60
临猗县审计局	31	5250	1590		76	242	15	51	120	51
万荣县审计局	42	21980	43		8863	47	9	64	68	30
闻喜县审计局	54	37329	17		16889			65	131	30
稷山县审计局	8	12740	43		2	319	1	49	68	45
新绛县审计局	83	1667	11		307	145	4	90	54	20
绛县审计局	46	3865	24		2758			46	96	198
垣曲县审计局	36	7850	7					36	92	42
夏县审计局	58	36973	64		393	1728		61	76	27
平陆县审计局	53	84503	13				4	53	150	46
芮城县审计局	64	7993	20		1	3	13	76	143	50
忻州市										
忻州市本级	61	1476027	142920	11413	41327	142714	34	61	141	55
忻府区审计局	66	20982	38	381	7			66	73	
原平市审计局	44	399902		2581	155	1024		44	38	15
定襄县审计局	100	91839	9		103		2	99	248	30
五台县审计局	47	1123	22					47	67	24
代县审计局	12	79122						12	18	
繁峙县审计局	42	5564	155		925	177		42	31	
宁武县审计局	144	43236	51				10	144	91	
静乐县审计局	14	314	325		10			14	12	
神池县审计局	88	14841	9		3582	31		84	21	
五寨县审计局	65	1968	258	437	80	952		64	73	1
岢岚县审计局	20	42583	2		87	109		14	36	62
河曲县审计局	33	21644	2128		4	1		33	39	48
保德县审计局	34	45834	8	182		44811		31	56	17
偏关县审计局	39	2587	418	25	2127	4		22	38	0
临汾市										
临汾市本级	108	922148	31068	1129	97	2379	133	109	240	56

（续表）

审计机关	完成审计项目（个）	审计查出主要问题金额	审计处理情况					出具审计报告和审计调查报告（篇）	提出审计建议（条）	提交审计信息（篇）
			审计处理处罚				移送处理事项（件）			
			应上缴财政	应减少财政拨款或补贴	应归还原渠道资金	应调账处理金额				
尧都区审计局	32	25004					4	32	35	30
侯马市审计局	36	76439	3		87	2196	1	31	92	40
霍州市审计局	27	18197	552		300		1	38	42	67
曲沃县审计局	54	18004	630		117	151	11	54	126	54
翼城县审计局	18	56908	2				2	18	34	36
襄汾县审计局	68	173708		1277	5		41	68	168	50
洪洞县审计局	45	315214	15				4	45	87	38
古县审计局	29	72845	2				3	30	84	30
安泽县审计局	47	14792	816		2700	25	20	52	107	68
浮山县审计局	49	14491	251				1	49	12	28
吉县审计局	61	16739	1595	207		236	16	61	113	89
乡宁县审计局	60	6335	3009		654		3	60	92	61
大宁县审计局	72	10447	251		3	17	2	72	170	35
隰县审计局	45	16289	111		480	2178	11	45	115	5
永和县审计局	18	3625	14				1	18	38	32
蒲县审计局	25	6059	1836				7	25	9	51
汾西县审计局	23	9344	317		1			23	48	38
吕梁市										
吕梁市本级	99	1876833	15790		19191	19554	30	94	145	20
离石区审计局	56	225885	3		870	61	19	56	165	54
孝义市审计局	67	634370	5					69	170	48
汾阳市审计局	36	24713	27		5006	10417	1	39	57	20
文水县审计局	59	32929	44					59	135	42
交城县审计局	31	13417	5					31	85	2
兴县审计局	10	69509	624		534	2207	1	10	30	
临县审计局	93	63700	44				3	91	94	36
柳林县审计局	246	19040	23				3	246	86	12
石楼县审计局	28	22059	7			8	1	28	24	2
岚县审计局	88	54302	31				9	88	259	48
方山县审计局	80	97389	30		3		6	85	196	4
中阳县审计局	16	39978	249		10137		14	16	31	11
交口县审计局	190	33676	23					190	25	15

内蒙古自治区

【内蒙古自治区审计厅】 2016年，内蒙古自治区审计厅及所属机构人员编制219人，实有177人。设有办公室、综合处、人事处、机关党委、机关纪委、法规处、行政政法审计处、金融审计处、财政审计处、农业审计处、经贸审计处、固定资产投资审计处、政府投资审计处、社会保障审计处、党政领导干部经济责任审计处、企事业单位领导经济责任审计处、外资审计处、教科文卫审计处、资源环境审计处、审理处、离退休人员工作处、自治区审计厅驻海拉尔审计处、自治区审计厅驻赤峰审计处；下设自治区审计科研宣教中心、自治区审计厅机关事务服务中心、自治区计算机审计管理中心、自治区内部审计管理中心、内蒙古自治区经济责任审计局。

领导成员

党组书记：王月胜（—12月）
　　　　　靳素平（12月—）
厅　　长：王月胜（兼）
副 厅 长：吕靖原　靳素平（兼）
　　　　　郭少华　刘文磊
总审计师：张洪甫（8月—）
副巡视员：张洪甫（—8月）
自治区纪委驻人大机关纪检组组长：田雅丽
经济责任审计局局长：靳素平（兼）

审计成果 2016年，内蒙古自治区审计机关共审计单位3013个。查出主要问题金额959.9亿元，其中违规金额237亿元、损失浪费金额3000万元、管理不规范金额722.6亿元；审计为国家增收节支64.0亿元；审计后挽回（避免）损失6.0亿元；审计核减投资额27.9亿元。移送司法、纪检监察机关和有关部门处理事项555件，涉及88人。出具审计报告、提交审计信息共6234篇，被批示、采用1676篇。提出审计建议4350条，被采纳3029条。对367名科级以上干部进行任中审计，对583名科级以上干部进行离任审计，对15名盟市厅局领导干部进行经济责任审计，出具审计报告和审计结果报告1104篇。

2016年度，自治区审计厅被自治区直属机关评为全区文明标兵单位。自治区阿拉善盟审计局实施的内蒙古雅布赖盐化集团有限公司原任董事长任期经济责任审计项目获得审计署地方优秀审计项目；自治区审计厅外资审计处实施的内蒙古日报社原党委书记（社长）、党委委员任期经济责任审计项目获得审计署地方表彰审计项目。

国家重大政策措施贯彻落实跟踪审计 以推动中央重大政策贯彻落实、促进经济平稳运行健康发展和转型升级为目标，围绕项目落实、资金保障、简政放权、政策落实、风险防范5个方面，重点关注创业创新、扩大有效投资、促进转型升级、推进新型城镇化、电子商务、节能环保等重点领域政策措施的贯彻情况和效果，揭示和查处不作为、慢作为、假作为、乱作为等问题。全年先后开展自治区加快发展养老服务业政策措施的落实情况、各盟市（旗、县、区）地方性金融机构支持实体经济政策措施的落实情况、各盟市及旗县市区减轻企业负担政策措施落实情况、自治区和盟市（旗、县、区）促进高校毕业生就业创业政策措施落实情况等审计项目，取得很好的效果，受到审计署的肯定。

财政审计 以规范财政管理，促进深化财税体制改革，推动财政提质增效为目标，加强对财政管理和预算执行情况的审计，重点关注财政支出绩效和积极财政政策的实施效果，关注财政资金沉淀和长期闲置问题，审查财政收支的真实性、合法性、效益性，促进整合专项、盘活存量、用好增量、优化结构。3月28日，受自治区政府委托向自治区第十届人大常委会第二十四次会议做的《关于2015年度自治区本级预算执行和其他财政收支的审计工作报告》受到各方的好评。代自治区政府起草《内蒙古自治区人民政府贯彻落实自治区人大常委会2015年度预算执行审计工作报告审议意见的报告》。2016年，全区财政预算执行审计697个单位，查出主要问题金额370.3亿元，提交审计报告和专项审计调查报告746篇。

经济责任审计 以客观评价被审计领导干部任职期间经济责任履行情况，促进领导干部守法、守纪、守规、尽责为目标，持续关注中央和自治区重大决策部署、债务管理、环境治理、生态效益、节能减排等情况，关注机构设置、编制使用情况、取消和下放行政审批权限等情况。2016

年，全区对 367 名科级以上干部进行任中审计，对 583 名科级以上干部进行离任审计。审计查出领导干部直接责任金额 62419 万元，提交审计报告和审计结果报告 1104 篇。

自然资源资产离任审计试点 在 2015 年试点审计工作的基础上，以“摸底数、揭问题、促履责”为总体思路，推动领导干部自然资源资产离任审计工作扎实开展，研究探索自然资源资产离任审计的范围、内容和审计方式方法等，构建自然资源资产责任考核评价体系，开展对阿尔山市、伊金霍洛旗领导干部自然资源资产责任的审计。向自治区政府上报 5 份审计试点工作情况报告，得到自治区主席等领导的批示。自治区党委、政府印发《内蒙古自治区党政领导干部生态环境损害责任追究细则（试行）》。4 月，自治区党委、政府印发《开展领导干部自然资源资产离任审计试点实施方案》，并成立由自治区党委副书记、政府主席为组长，自治区党委常委、组织部部长和自治区党委常委、常务副主席为副组长，相关厅局主要负责人为成员的自治区领导干部自然资源资产离任审计领导小组。审计厅编写的《领导干部自然资源资产离任审计试点（草原资源审计）操作指引》，上报审计署后被作为草原资源资产离任审计的指导性文件印发全国审计机关试行。中央深改办督查组对内蒙古开展此项工作给予高度肯定，并将内蒙古探索开展领导干部自然资源资产离任审计试点的经验和做法，在 2016 年第 186 期中央《改革情况交流》上刊登。

专项资金审计 开展审计署统一组织的基本医疗保险基金和医疗救助资金审计、水污染防治专项资金审计，统一组织实施“十个全覆盖”及扶贫专项资金审计（调查）等项目。自治区党委书记在扶贫资金审计报告上做出重要批示：“继续对扶贫资金管理使用问题加强审计监督，保证资金用到实处。对违纪违规违法的人和事必须严惩，务必确保事要办好、干部廉洁、仗要打赢”。审计后移送司法机关和纪检监察部门案件线索 13 件，移送主管部门处理事项 10 件。

审计整改 3 月 29 日，时任自治区党委书记、自治区人大常委会主任王君主持召开自治区人大常委会联组会议，对自治区本级预算执行和其他财政收支 2015 年度审计查出问题整改情况进行专题询问，财政厅、发改委等 8 个部门的负责同志答复询问。这是内蒙古首次对审计查出问题整改情况进行专题询问，也是自治区人大常委会继上年首次听取审计厅做审计查出问题整改报告后，加大审计整改力度的又一创新举措，促进审计整改，整改率达到 94.6%。

信息化建设 完成金审工程三期的可行性研究报告修改工作，编制金审工程三期的初步设计和投资概算。完成全区三级财政数据的采集、整理和还原工作，并按时上报审计署。加大计算机审计培训力度，截至 2016 年底，全区审计机关已有 167 人通过审计署计算机审计中级水平考试。

审计科研 内蒙古自治区审计学会被确定为领导干部自然资源离任审计研究合作单位，提交《试论领导干部自然资源资产离任审计——基于内蒙古森林、矿产、耕地等自然资源资产试点审计的视角》的研究报告，得到中国审计学会的认可，并入选中国审计学会将出版的《2016 年度合作课题研究报告》一书。自治区审计学会课题组提交的《领导干部水资源资产离任审计研究》课题，被中国审计学会作为中国审计学会与内蒙古自治区审计学会合作课题的阶段性成果在国家核心期刊《审计研究》上予以采用。以内蒙古领导干部自然资源资产离任审计研究为对象，参加内蒙古自治区社会科学 2016 年度重点课题招标的申报及应标答辩工作，最终被确定为内蒙古自治区 2016 年度十大社会哲学科学重点课题并予以立项。该课题分别从内蒙古的耕地、矿产、水、草原、森林等五大代表性资源以及领导干部环境保护责任等六个方面对内蒙古自治区领导干部自然资源资产离任审计做较为系统的研究，以“良好”的成绩顺利通过课题结项评比。为更好地指导审计实践，注重对审计成果的总结与归集，全年出版《内蒙古审计》7 期、《审计参考资料》21 期，编纂出版《内蒙古地方志・审计志（2003—2012）》《内蒙古审计年鉴 2013》《内蒙古审计年鉴 2014》，还以内部资料的形式编辑出版全区首部《内蒙古审计教学案例选编》。此外，自治区审计厅在科研方面加大交流力度，与内蒙古农业大学签署合作协议书，就双方在审计科研课题研究、干部岗位培训、后续教育及教学等方面全面合作，积极促进自治区审计事业科学发展。

制度建设 起草制定《内蒙古自治区审计工作2016—2020年发展规划》，为自治区“十三五”时期审计工作勾画行动指南和工作蓝图。起草《内蒙古自治区审计厅关于贯彻〈法治政府建设实施纲要（2015—2020年）〉实施方案》，汇集整理《内蒙古自治区审计厅常用审计法规汇编》和党建有关学习资料，为审计人员依法审计和进一步加强党建工作提供制度保障。在推进省以下审计机关人财物管理改革方面，对审计机构、编制、人员、职数等情况进行摸底调查和汇总分析。深入部分盟市和旗县（区）审计机关进行调研，到试点省市参观学习，并向自治区深化改革领导小组提交调研报告。

党建工作 全区审计机关始终把党的建设摆在机关建设的首位，坚持思想建党、制度治党，履行全面从严治党主体责任和“一岗双责”，开展“两学一做”学习教育。组织党员开展重温入党誓词和入党申请书、党课教育、红色教育、“戴党徽、亮身份”、撰写心得体会等活动，系统学习党章党规、习近平总书记系列重要讲话特别是考察内蒙古重要讲话、自治区第十次党代会、十届二次全会精神、党的历史、革命先辈的先进事例和《中国共产党廉洁自律准则》《中国共产党纪律处分条例》《关于新形势下党内政治生活的若干准则》《中国共产党党内监督条例》。利用审计专网和门户网站进行宣传交流，对意识形态工作抓早、抓小、抓细，防患于未然，提高“两学一做”学习教育成效。厅机关按照直属机关工委印发的《落实基层党建重点工作任务书》要求，组织开展基层党建7项重点任务落实的排查工作；结合审计工作实际，组织开展“责任担当、服务圆梦”活动、基层党组织晋位升级和“三带三创”工作。同时，抓好审计一线党建工作，把支部建在审计现场，切实发挥基层党组织战斗堡垒作用，获得自治区直属机关工委党建工作特色三等奖。全区审计机关党组坚持把党风廉政建设作为一件大事列入党组议事日程，落实党组主体责任，履行好党组书记“第一责任人”职责，支持纪检组落实监督执纪问责职能，印发《党风廉政建设和反腐败工作要点》《内蒙古自治区审计厅落实党风廉政建设责任分解表》，并建立纪律监督卡制度和回访制度。结合审计工作实际，适时召开全区党风廉政建设工作电视电话会议，组织开展廉政教育，学习领会廉政建设有关精神，观看警示教育片，强化对审计人员的监督管理和内部防控工作，确保审计系统内部不发生违纪违法问题。

队伍建设 坚持正确的选人用人导向，按照干部选拔考录任用程序，充实审计力量。审计厅借调4名和调训22名基层审计人员分配到各处室，参加审计实践和综合工作锻炼，提升能力素质。制订《内蒙古审计厅2016年度干部培训项目计划》，进一步加大干部教育培训力度，举办领导能力与审计案例培训、审计法律法规与审计业务培训、综合业务与党务工作培训、计算机软件应用与计算机中级培训等5类26期培训班，培训2350人次。

内部审计 组织召开全区第四届内部审计师协会换届大会暨理事会工作会议，盟市内部审计师协会会长、秘书长和部分内部审计机构负责人工作座谈会议。完成《内蒙古自治区审计厅关于加强内部审计工作的调研报告》，上报自治区人民政府后，得到自治区领导的批示，自治区人民政府办公厅以内政办字〔2016〕73号文进行转发，要求各盟市行署、政府及自治区直属机关和各企事业单位认真研究做好新形势下的内部审计工作，进一步推动内部审计在促进规范管理、提高资金效益、加强风险防范和廉政建设等方面发挥建设性作用。 （撰稿人：于小满　狄智荟）

【呼和浩特市审计局】 2016年，呼和浩特市审计局人员编制97人，实有91人。局长郭瑞成，副局长王丽萍、戎志军、郭厚成，总审计师郭厚成、王晓燕，纪检组长么红霞，调研员戎志军。设有办公室、人事科、法规科、督查执行科、固定资产投资审计科等18个职能科室；下设信息中心、机关事务服务中心、内部审计管理中心和经济责任审计办公室。

审计成果 2016年，呼和浩特市审计机关完成审计项目168个。查出主要问题金额40.74亿元，其中违规金额5.08亿元、管理不规范金额35.66亿元；损益（收支）不实金额1480万元；审计处理处罚金额32.28亿元，其中应上缴财政2506万元、应归还原渠道资金3.23亿元、应调账处理金额22.40亿元；审计促进整改落实有关问题金额 2029 万元，其中增收节支 1726 万元、已调账处理金额 301 万元；审计后挽回（避免）损失 218 万元。移送司法机关、纪检监察机关和有关部门处理事项 10 件，涉及 8 人，金额 465.43 万元。出具审计报告和专项审计调查报告 179 篇，被批示、采用 4 篇；提交审计信息 141 篇，被批示、采用 40 篇。提出审计建议 270 条，被采纳 134 条；推动完善规章制度 3 项。向社会公告审计报告 1 篇。

国家重大政策措施贯彻落实跟踪审计 重点跟踪审计呼和浩特市地方性金融机构支持实体经济相关政策措施落实情况、减轻企业负担政策措施落实情况和促进高校毕业生就业创业政策措施落实情况。

财政审计 完成 11 个部门的预算执行审计，延伸审计 23 个单位，对发现的问题，依照有关法律法规分别进行处理并提出建设性建议 34 条。受呼和浩特市政府委托，8 月，向呼和浩特市人大专题报告呼和浩特市本级预算执行和其他财政收支的审计情况并获高票通过。

经济责任审计 完成 83 名科级以上领导干部的经济责任审计，其中任中审计 19 人、离任审计 64 人；出具审计报告和审计结果报告 85 篇；提出审计建议 92 条，被采纳 65 条。按照呼和浩特市经济体制和生态文明体制改革任务部署，完成对武川县矿产资源资产责任履行情况的试点审计任务。

固定资产投资审计 完成对呼和浩特市棚户区资金管理情况、改造及配套基础设施建设审计项目；完成对呼市快速路工程项目审定工程结算情况的抽审任务，完成呼和浩特市 96 个新农村 20 个竣工决算项目审计工作，抽取 23 个新农村建设项目实施工程造价审计，审计总金额 5.2 亿元。

民生资金（项目）审计 完成土默特左旗及呼和浩特市四区医疗保险基金审计、呼和浩特市儿童探索博物馆建设项目跟踪审计。

农业与资源环保审计 按照呼和浩特市人民政府交办，完成水污染防治资金审计。

企业审计 配合内蒙古自治区审计厅完成内蒙古森工集团和乌兰察布市民丰集团公司财务收支审计，移送纪检监察部门案件线索 6 件。

交办任务 组织力量完成“十个全覆盖”工程跟踪、老旧小区综合整治项目跟踪审计等交办及协办任务。

信息化建设 不断加大两级审计机关信息化建设投入，呼和浩特市远程审计监控、指挥系统已建成投入使用，满足审计监控中心室与 10 个分审计组实现远程可视化指挥、协作、沟通、监控。

（撰稿人：陈振华）

【包头市审计局】 2016 年，包头市审计局人员编制 129 人，实有 105 人，其中公务员 60 人、工勤人员 6 人、事业编制人员 39 人。局长李平，副局长崔虎虎、白有明，总审计师史晓红（9 月—），纪检组长郭建祥（9 月—），调研员王成虎，副调研员任长武。设有 10 个业务科室，6 个行政科室；下设包头市政府投资审计中心（审计培训中心）、计算机审计管理中心、内部审计管理中心。

审计成果 2016 年，包头市审计机关完成审计项目 265 个。查出主要问题金额 80.77 亿元；审计处理处罚 19.36 亿元；审计促进增收节支和挽回损失 3.10 亿元，核减投资额 6814 万元。移送司法机关、纪检监察机关和有关部门处理事项 34 件，移送金额 8670 万元。

国家重大政策措施贯彻落实跟踪审计 根据审计署和自治区审计厅的统一部署，围绕去产能、去库存、去杠杆、降成本、补短板这五大重点任务，开展重大政策措施跟踪审计。抽调业务骨干 48 人次，完成养老服务业、地方性金融机构支持实体经济、减轻企业负担、促进高校毕业生就业创业政策落实的跟踪审计。发现和纠正上有政策、下有对策，有令不行、有禁不止的行为，在资金到位、项目落地、政策执行方面，发挥督察员的作用。

财政审计 完成对包头市本级财政局、地税局和市环保局、市科技局、市文新广电局、包头日报社 4 个部门、单位的预算执行审计。代市政府向包头市人大常委会做专题报告，审计报告在《包头日报》向全社会公告。4 月，首次代市政府向市人大常委会做整改工作报告，2015 年审计报告中的 75 个问题，整改落实 73 个，整改率达到 97%。组织开展对九原区、石拐区的财政决算审计。

经济责任审计 落实《党政主要领导干部和国有企业领导人员经济责任审计规定实施细则》，科学制订经济责任审计计划，做到尽力而为、量力而行，保证质量、确保效果。坚持任中与离任审计相结合，增加任中审计的比重，实施对17名县级领导干部的经济责任审计，任中审计的比重达到70%。通过审计，促进领导干部守法守纪守规尽责，为客观公正地评价和使用干部提供依据，在严肃财经纪律、促进党风廉政建设等方面发挥积极作用。

自然资源资产离任审计试点 按照上级审计部门和市委、市政府深化改革的要求，包头市成立工作领导小组，包头市审计局成立资源环境审计科。研究制订《包头市开展领导干部自然资源资产离任审计试点实施方案》，以市委办公厅、市政府办公厅的名义，印发全市执行。坚持先行先试，编制森林资源资产指标评价体系，在昆都仑区、九原区相继开展森林资源资产离任审计试点。

固定资产投资审计 对北梁棚改项目进行持续跟踪审计，先后出具审计报告7份，提出审计建议30余条，推动整改问题金额6.36亿元，得到市委、市政府主要领导的批示和肯定。组织实施对党政机关综合办公楼、服务中心项目的竣工决算审计。总结审计经验，编印《包头市政府投资建设项目跟踪审计操作指南》。

民生资金（项目）审计 重点检查政策执行、资金使用、项目实施等情况，促进惠民富民政策的落实，推动共享发展。完成对全市保障性安居工程、基本医疗保险基金和医疗救助资金、扶贫资金、水污染防治专项资金的审计。对全市“十个全覆盖”工程进行跟踪审计，审计资金40多亿元，走访农牧民1000余户，审计报告得到包头市委、市政府主要领导的批示与肯定。

信息化建设 积极顺应“互联网＋”的发展趋势和大数据审计的要求，先后投入资金1300余万元，在自治区审计系统率先引入云计算技术，实施信息化综合改造一期、二期工程，建成现代化审理室、电教室和数据分析室。时任自治区审计厅厅长王月胜和包头市长杜学军对包头审计给予高度评价。在对数据量较大单位的审计项目中，运用计算机汇总分析数据，查找问题线索，有效提升审计质量和效率。加大计算机人才培养力度，17人通过审计署计算机中级培训。

相关工作 在抓好审计业务工作的同时，机关的基础建设、队伍建设和作风建设都取得新的进展。深入开展“两学一做”学习教育，修订完善《机关党建工作责任制》和《关于开展规范化党支部建设的实施办法》，推进机关党建工作制度化、规范化、常态化发展。针对党员干部外出审计、远离机关的实际，建立“党支部＋审计组”的组织模式，在外派审计组建立临时党支部或党小组，为审计项目的圆满完成提供有力保障。严格落实中央八项规定及自治区、包头市的配套规定，审计人员严格执行审计纪律“八不准”规定，保持“零投诉”“零违纪”的廉政纪录，在全市民主评议政风行风中排名前列。梳理行政权力清单和责任清单，进一步规范行政执法行为，获得包头市“六五”普法先进单位表彰。制定新的《干部教育培训五年规划》，对全体干部的学历、职称、计算机等级水平提出目标要求，建立成长台账，纳入考核内容。继续推行“行动学习法”，各科室围绕重点工作任务，由分管领导牵头，组成学习小组，确定研究课题，在学中干、干中学，形成一批理论成果，编印年度论文集。

（撰稿人：黄传喜）

【乌海市审计局】 2016年，乌海市审计局人员编制49人，实有46人。局长傅庭琳，副局长韩文生、王卫东、薛峰，副调研员白永耀、张丽坪。设有办公室、法规科、经济贸易审计科、固定资产投资审计科、行政事业审计科、农业资源审计科、财政金融外资审计科、社会保障审计科、经济责任审计局；下设内部审计管理中心。

审计成果 2016年，乌海市审计局完成审计项目39个。查出违规金额4.03亿元、管理不规范金额7.41亿元；损益（收支）不实金额3642万元；审计处理处罚金额5.15亿元，其中应上缴财政3213万元、应减少财政拨款或补贴1.04亿元、应归还原渠道资金826万元，应调账处理金额3.71亿元；审计发现非金额计量问题32个；审计促进整改落实有关问题资金3134万元，其中增收节支3115万元、已调账处理金额18万元；审计后挽回（避免）损失3099万元。移送司法机关、纪检监察机关和有关部门处理事项8件，涉及1人，金额1107万元。出具审计报告和专项调查报告43篇；提交审计信息39篇，被批示、采用8篇。提出审计建议77条，被采纳29条。

国家重大政策措施贯彻落实跟踪审计 完成2016年稳增长促改革调结构惠民生防风险政策措施落实情况跟踪审计，查出违规金额504万元、管理不规范金额6092万元，揭示挪用专项资金、拨付不及时和专户管理不规范等问题。开展对乌海市2个区“十个全覆盖”工程跟踪审计，查出管理不规范金额1402万元。

财政审计 对市本级、市地税局等8个预算单位进行审计，查出主要问题金额5.72亿元；查出乌海市财政国库集中支付局1名工作人员涉嫌贪污挪用公款1107万元，案件线索及涉案人员移送司法机关和纪检监察部门。

经济责任审计 完成乌海日报社、市委党校等6名领导干部经济责任审计，查出管理不规范金额4.04亿元。

固定资产投资审计 完成17个投资项目审计，审计项目投资额21.03亿元，查出主要问题金额1.18亿元，核减投资额1.04亿元。

民生资金（项目）审计 开展2015年保障性安居工程跟踪审计、全市2016年医疗保险基金和红十字会2013年至2014年捐赠款物的接收、分配管理情况等专项资金审计，查出违规金额755万元、管理不规范金额3214万元。

审计整改 完成内蒙古自治区审计厅《关于乌海市本级及海勃湾区、乌达区2013—2014年度水利专项资金的审计决定》中查出的5585万元问题金额的全部整改工作；对《关于乌海市本级2013年和2014年财政决算的审计决定》中查出的154.89亿元问题金额进行督促整改落实，已完成整改金额151.06亿元。 （撰稿人：徐晓園）

【赤峰市审计局】 2016年，赤峰市审计局人员编制64人，实有51人。局长曹熙，副局长寇国安（—8月）、于宝珠、程秀明、杨树友，总审计师曹立新，纪检组长张丰英，调研员李志杰、寇国安（8月—）。设有办公室、法制科、监察室、财政审计科、外资审计科、固定资产投资审计科、社会保障审计科、经贸审计科、金融审计科、行政事业审计科、农业与资源环保审计科、经济责任审计办公室；下设计算机审计管理中心。

审计成果 2016年，赤峰市审计机关共完成审计项目535个，其中审计调查36个。查出并纠正各类违规金额26.75亿元、管理不规范金额37.84亿元；审计处理应归还原渠道资金10.53亿元、应上缴财政14.90亿元、核减基本建设投资额2.86亿元；审计促进增收节支45.79亿元。移送司法机关、纪检监察机关和有关部门处理事项43件。提交专题报告、综合报告和审计信息621篇，被采用211篇。赤峰市审计局共完成各类审计项目90个、审计调查5个，查出并纠正各类违规金额26.35亿元、管理不规范金额37.17亿元；应归还原渠道资金10.11亿元、应上缴财政14.74亿元、核减基本建设投资额424万元；审计促进增收节支45.63亿元。移送司法机关、纪检监察机关和有关部门处理事项37件。提交专题报告、综合报告和提交审计信息187篇，被采用85篇。

2016年，赤峰市审计局组织实施的宁城县2013—2014年财政决算审计项目获得自治区审计厅优秀项目表彰。

国家重大政策措施贯彻落实跟踪审计 组织全市审计机关对加快发展养老服务业、金融支持实体经济政策、企业减负、高校毕业生就业创业等一系列政策落实情况进行跟踪审计。查处并纠正违规建设项目资金756万元，促进各项政策措施落实28项，完善各项制度措施20项。通过审计，有效地促进国家稳增长等政策的贯彻落实。

财政审计 认真开展2015年度市本级财政预算执行审计和下级政府财政决算审计，延伸审计10个预算执行单位和6个旗县区政府财政决算。以维护财政运行安全、规范财政管理、促进深化财政体制改革、提高财政资金使用效益为目标进行审计。从审计结果看，由于受到经济下行压力的影响，市本级财政运行仍然面临一定困难，主要是民生资金刚性支出加大，财政收入增长放缓的矛盾愈加突出，预算执行过程中还存在预算管理不够规范的问题。审计发现存在未按合同及时收回航班履约保证金、违规返还税款、往来款清理不及时、未及时收回未使用的出借资金、部门预算执行不严格、国有资产管理有待加强等问题。对部分旗县区存在的预算编制、批复、调整不规范、财政收支不实、挤占滞留专项资金、向非本级预算单位拨款、罚没款未及时入账和上缴国库、部分企业欠缴煤炭价格调节基金的问题进行查处并进行整改。6月6日，赤峰市第六届人大常委会第49次主任会议听取《关于2014年度赤峰市本级预算执行及其他财政收支查出问题整改情况的报告》；6月27日，受市政府委托向市六届人大常委会第二十六次会议做2015年预算执行审计和其他财政收支审计工作情况的审计工作报告，市人大常委会对市审计局的工作给予充分肯定，全票通过审计报告。市人大常委会向市政府出具审计报告审议意见，要求市人民政府责成有关部门和单位对审计查出的问题认真分析原因，切实进行整改，依法追究责任。

组织力量对部分行政事业单位的财务收支情况进行审计，完成对赤峰市中级人民法院、赤峰市红十字会的审计，针对人民法院存在的超限额、超范围使用现金1058万元，诉讼费、申请费、罚金等应缴国库款967万元未缴国库等问题依法进行处理处罚。

经济责任审计 根据市委组织部委托，对市直部门、单位和旗县区党政主要负责人开展经济责任审计项目13个，审计经济责任人13人，审计查出主要问题金额8594万元。审计中坚持边审计、边整改，注重从体制机制上查找领导干部履行管理职责存在的漏洞，促进被审计单位完善管理制度24项。对审计发现部分被审计单位存在滞留财政资金、国有资产收益未按规定上缴财政、国有资产未纳入账内核算等问题，依法做出处理处罚，有效促进领导干部依法行政能力的提高。

根据赤峰市经济生态及社会领域改革2016年工作安排，探索领导干部自然资源资产离任审计工作试点。结合对松山区委、区政府主要领导任期经济责任审计，在松山区开展水资源资产离任审计试点。通过试点审计，探索并逐步形成一套比较成熟、符合实际的审计规范，明确审计对象、审计内容、审计评价标准、审计责任界定、审计结果运用等，推动领导干部守法守纪、守规尽责，促进自然资源资产节约集约利用和生态环境安全。

农业与资源环保审计 根据审计署的统一组织，对市本级、中心城区和元宝山区水污染防治资金的管理使用及项目建设情况进行审计，审计发现部分企业（单位）自备水源井污水处理费9494万元征收不到位、批准建成的德润排水有限公司污水处理厂及污泥处理项目至审计日仍未运行，项目没有发挥应有效益。针对审计发现的问题，提出加快配套污水管网的建设，充分发挥污水处理设施的效益的审计建议。

民生资金（项目）审计 根据审计署安排部署，开展城镇保障性安居工程跟踪审计，促进保障性安居工程顺利实施。针对审计发现的保障性安居工程建设任务未完成、部分地区棚户区改造及配套基层设施建设规划和落实不到位等问题向市政府和审计厅报送审计结果报告，并向相关部门移交移送案件线索13件，报告引起市委、政府领导高度关注，及时督促问题单位认真整改。

根据审计署统一安排，赤峰市审计局统一组织7个审计组对市本级和6个旗县区开展医疗保险基金审计，审计发现并纠正部分困难群体未参加基本医疗保险、财政对部分困难群体参保资助不到位、相关医疗保险制度未执行、部分公立医院违规加价销售药品等重点问题，向相关业务管理部门移送案件线索5件。通过审计有效地推进医保体系建设，加强医疗保险资金管理，促进医疗保险政策制度落实和改革措施落实。

企业审计 以促进国有企业提高经营管理效益为目标，完成对市直21家国有及国有控股企业、市直行政事业单位所办经济实体的国有资产及企业经营状况的专项审计调查，审计发现部分国有资产管理分散、政资不分、政企不分、企业国有资产划转、产权界定不清、部分国有资本经营预算制度不完善、企业未缴国有资本收益3138万元等问题，并向市政府做专题汇报。

专项资金审计 组织全市审计机关对全市涉农、涉牧及各类民生资金分配、管理和使用情况进行审计，审计发现全市12个旗县区社保、民政等部门不同程度存在审核把关不严、违规发放养老保险金、城乡低保金和报销大病救助等补贴资金4806万元，部分旗县区存在虚报工程量、虚报人数、虚假资料套取国家相关补助资金1159万元、个别地区单位挤占挪用专项资金4450万元等问题，针对发现的问题提出建议，要求旗县区政府及时清退不符合条件享受待遇人员，追回被冒领的资金，将挤占挪用资金归还原资金渠道，依法追究责任人责任。

根据自治区审计厅的安排部署，市审计局组织开展对阿鲁科尔沁旗和敖汉旗的“十个全覆盖”和扶贫专项资金审计。

信息化建设 大力加强信息化建设和审计业务培训，不断提高新形势下适应审计工作的能力。审计管理系统（1拖N版）已经建设完成并投入使用。5月31日至6月3日邀请4位计算机审计专家对市审计局进行为期4天的计算机审计案例和实务培训。选派优秀年轻审计人员赴审计署、自治区审计厅参加计算机中级培训，着力提高审计人员计算机审计应用能力与水平，共有13人通过审计署计算机中级资格考试，9人通过自治区审计厅计算机中级资格考试。

相关工作 制定出台《赤峰市审计局审计发现问题整改工作制度》。建立聘任特邀监督员制度，聘请7名党代表、人大代表和政协委员、内部审计人员为特邀督察员，监督审计人员在审计工作期间、社会活动中遵守政治纪律、审计纪律、廉政纪律情况和依法审计、文明审计、廉洁审计情况。局党组把2016年作为全市审计机关的“审计质量提升年”进行专项推进，努力打造“审计精品”，推动全市审计机关审计工作提档次、审计管理上水平、审计质量再提升。选派市和旗县区审计局分管业务局长和财政审计、经济责任审计干部29人参加在南京审计大学举办的审计业务培训班，组织全市审计业务骨干57人赴厦门国家会计学院进行为期6天的审计业务培训。

（撰稿人：刘金超）

【通辽市审计局】 2016年，通辽市审计局人员编制64人，实有52人。局长张青，副局长王志刚、马砚春、刘庆林，纪检组长李显芳，调研员杜金山。设有办公室、审理法制科、财政税务审计科、行政事业审计科、农业审计科、固定资产投资审计科、金融外资审计科、经贸审计科、社会保障审计科、经济责任审计科、政府投资审计科、计算机审计科、环境资源审计科、开发区审计分局；下设政府投资评审中心、计算机信息服务中心。

审计成果 2016年，通辽市审计机关完成审计项目720个，其中组织实施审计项目685个，参与实施审计项目35个。查出主要问题金额162.35亿元，其中违规金额66.42亿元、管理不规范金额69.89亿元；损益（收支）不实金额26.05亿元；审计发现非金额计量问题26个；审计促进整改落实有关问题金额28.77亿元，其中增收节支1286万元、已调账处理金额28.64亿元；审计促进拨付资金到位35.39亿元；审计后挽回（避免）损失6.80亿元。移送司法机关、纪检监察机关和有关部门处理事项32件，涉及2人。出具审计报告和专项审计调查报告766篇，被批示、采用156篇；提交审计信息542篇，被批示、采用358篇。提出审计建议348条，被采纳256条；推动完善规章制度15项。

2016年，通辽市扎鲁特旗审计局实施的对扎鲁特旗人力资源社会保障局预算执行及其他财政收支审计项目获得内蒙古自治区审计厅表彰项目表彰。

国家重大政策措施贯彻落实跟踪审计 按照审计署的统一安排，每个季度一个重点项目，第一季度完成全市加快发展养老服务业政策措施落实情况跟踪审计，查出资金滞留闲置、配套设施不完善等10个问题，问题金额441万元。第二季度对通辽市落实金融支持实体经济政策措施情况进行跟踪审计，发现专项资金配套不到位、保证金管理使用不规范等19个问题，问题金额3462万元。第三季度对通辽市减轻企业负担相关政策措施落实情况进行跟踪审计，发现个别行政事业性收费项目落实“取消政策”不到位、财政扶持政策落实不到位等8个问题，问题金额264万元。第四季度对通辽市促进高校毕业生就业创业政策措施落实情况进行跟踪审计，发现社会保险补贴未兑现、大学生孵化基地管理办法落实不到位等11个问题，问题金额738万元。上述问题已经全部整改完毕。

财政审计 对通辽市财政、地税和7个预算部门15个二级单位预算执行和其他财政收支情况进行审计。发现预算编制不完整和规范、财政资金管理不规范等问题24个，涉及资金35.39亿元，向相关部门移送问题1个，并要求有关地区和部门认真整改。已整改问题11个，整改金额8.57亿元。受政府委托向市人大常委会做《2015年度市本级预算执行及其他财政收支审计工作报告》《2014年度市本级预算执行及其他财政收支审计发现问题整改情况报告》，人大常委会审议并通过两个报告。按照预算法的规定，对通辽市本级2015年度财政决算（草案）进行审计，代市政府向市人大常委会做《市本级2015年度财政决算（草案）情况的审计报告》，人大常委会审议并通过该报告。完成对科尔沁左翼后旗、科尔沁左翼中旗2014—2015年度财政决算审计，发现公共预算收入不高没有形成财力、专项资金未按规定下拨使用等问题21个，问题金额34.49亿元。

经济责任审计　通辽市审计机关共对243名县处级以下领导干部进行经济责任审计，其中旗县市区审计局审计科级领导干部222人（离任审计154人、任中审计46人、同步审计22人），通辽市审计局审计处级领导干部21人（离任审计14人、任中审计7人）。查出各类违规金额合计1.45亿元、管理不规范金额合计31.80亿元。其中应负直接责任金额5万元、应负主管责任金额7645万元、应负领导责任金额6844万元。

农业与资源环保审计　按照审计署的统一安排，对市本级及科尔沁区2011年至2015年（“十二五”期间）水污染防治资金进行审计和审计调查。发现中水回用率低、重点控制断面水质变化不稳定等问题2个。

民生资金（项目）审计　通辽市审计局统一组织对奈曼旗、科尔沁左翼中旗、扎鲁特旗、开鲁县、库伦旗、霍林郭勒市6个旗县市区2014年至2016年7月底扶贫专项资金的筹集、管理及使用情况进行审计，审计发现，旗县市区财政滞留项目资金、改变项目资金用途、项目管理不规范等18个问题，查出各类违纪违规金额1.48亿元。通辽市审计局统一组织对扎鲁特旗、开鲁县、库伦旗、科尔沁左翼中旗、奈曼旗、霍林郭勒市、通辽经济技术开发区7个旗县市区2015年7月至2016年7月底实施的“十个全覆盖”工程进行跟踪审计，审计发现滞留专项资金、配套资金不到位等问题46个，问题金额6.80亿元。自治区审计厅组成审计组对通辽市科尔沁区、科尔沁左翼后旗2个旗县的“十个全覆盖”和扶贫资金进行审计。对2015年市本级、9个旗县市区（含开发区）的保障性安居工程项目进行审计。审计查出城镇保障性安居工程目标任务未完成、2015年农村危房改造任务未完成等27个问题，查出各类违纪问题金额28.59亿元，向相关部门移送问题11个，其中向纪检部门移送案件线索8件，已有2人受到党政纪处分。按照审计署的统一安排，通辽市审计局对市本级和8个旗县（市、区）2015年和2016年上半年医疗保险（含城镇职工基本医疗保险、城镇居民基本医疗保险、新型农村合作医疗保险、城乡大病医疗保险）政策制度落实和改革措施推进情况，以及基金筹集管理使用情况进行审计。审计发现未实现应保尽保、相关医疗保险制度未执行等问题13个，问题金额1.81亿元。

企业审计　完成对通粮集团2015年度财务收支审计。

专项资金审计　开展自然资源资产责任试点审计工作。通辽市审计局对科尔沁左翼中旗原旗长任职期间草原资源资产责任进行离任审计，查出未批先建占用草原、未办理征占用手续占用草原、本级草原生态保护和建设资金投入不足等问题14个。涉及违规面积2046亩、违规金额4489万元。完成对新世纪大桥、河道整治、科技馆、图书馆、四校合一和老年人体育文化活动中心6个项目中期评估；完成新世纪大桥南北两侧连接线招标控制价审计工作，审计核减投资811万元。继续对僧格林沁王府修缮工程进行跟踪审计，审计核减475万元。开展对铁路医院康复大楼竣工决算审计。

交办任务　完成对全市2015年至2016年5月末新型农村牧区合作医疗基金资产、负债、结余及新农合管理办公室资产、负债、结余情况的审计，为市政府农村合作医疗改革提供支持。

信息化建设　通辽市建成全市审计机关“1拖N”审计管理系统。并在管理使用上加大培训力度，提高审计内网的使用率。加快推进本市财政审计数据库建设，为下一步开展大规模静态和动态数据分析应用打下坚实基础。完成212家市直行政事业单位的财务预算审计数据采集整理工作。

党风廉政建设　开展“两学一做”专题教育。组织中心组学习、党员干部集中学习23次。并通过党小组自学、专题党课、专题研讨等多种形式学习领会党章党规及习近平总书记重要讲话精神，加强干部职工思想政治教育。始终把党的建设摆在机关建设的首位，坚持思想建党、制度治党，认真履行全面从严治党主体责任，学习贯彻自治区党委“1+3”制度体系，教育和引导全体党员干部牢固树立“四个意识”，增强“四个自信”，自觉在政治上思想上行动上与以习近平同志为核心的党中央保持高度一致，切实把全面从严治党要求落实到位。结合扶贫包联、“双城同创”等工作，以党支部活动为载体，组织扶贫义诊、与包扶村党员共庆建党95周年等活动，增强学习教育的实效性。结合在审计组设立党小组及廉政监督员等制度，抓好廉政党课、观看警示教育片等常规教育，切实把学习教育贯穿审计工作的各个环节，不断拓展“做”的平台和载体。制定《通辽市审计局党组关于履行党风廉政建设主体责任实施办法》《审计项目现场审计报备工作制度》《在审计组成立临时党小组和设置廉政监督员制度》《通辽市审计局意识形态“七不准”工作纪律》等一系列制度性文件。把党风廉政建设作为审计工作的“高压线”和“生命线”，坚持把党风廉政建设列入党组议事日程，认真落实党组主体责任，履行好党组书记“第一责任人”职责，支持纪检组落实监督执纪问责职能。通过审前廉政教育、审中纪律检查、审后廉政回访等方式，将党风廉政建设“镶嵌”于审计工作过程中；了解掌握旗县市区审计机关及市局审计组遵守勤政廉政和审计“八不准”工作纪律情况，走访回访8个旗县市区60多个单位，未发现审计人员有违纪行为。

队伍建设 推行“集体决策，正职监管，副职分管，科室承办，专门监督和群众监督相结合”的权力运行机制，严格执行“三重一大”“一把手五个不直接分管”等相关制度，制定下发《关于进一步加强财务管理的通知》，明确20条财务管理纪律。利用春节后政治业务培训、审计“大讲堂”等多种形式，结合优秀案例评比等活动，强化审计业务培训。选派7人到审计署、审计厅及南京审计大学培训。推进审计信息化建设，完成全市财政数据的采集、整理工作；加大审计人员掌握计算机水平能力的培训力度。选派2人到审计署参加计算机中级培训、11人次参加自治区审计厅计算机人员培训班，1人通过审计署计算机审计中级水平考试。（撰稿人：江飞雨）

【鄂尔多斯市审计局】 2016年，鄂尔多斯市审计局人员编制98人，实有75人。局长王苏和，副局长蔺海英、武占才（—2月）、杨敏（5月—），总审计师董政华，市纪委派驻市审计局纪检组长陈骏驰，调研员武占才（2月—），副调研员杨文亮（2月—）。设有办公室、法规科、财政审计科、行政事业审计科、农业与资源环保审计科、固定资产投资审计科、金融外资审计科、经贸审计科、社会保障审计科、经济责任审计办公室；下设政府投资项目审计中心、审计信息网络中心、审计干部教育培训中心。

审计成果 2016年，鄂尔多斯市审计局完成审计项目60个，其中组织实施审计项目57个，参与实施审计项目3个。查出主要问题金额128.96亿元，其中违规金额16.42亿元、损失浪费金额18万元、管理不规范金额112.54亿元；损益（收支）不实金额1.51亿元；审计处理处罚金额27.81亿元，其中应上缴财政10.51亿元、应减少财政拨款或补贴2389万元、应归还原渠道资金16.20亿元、应调账处理金额7960万元；审计发现非金额计量问题70个；审计促进整改落实有关问题金额14.77亿元，其中增收节支14.67亿元、已调账处理金额924万元。移送司法机关、纪检监察机关和有关部门处理事项61件，涉及6人，金额11.01亿元。出具审计报告和专项审计调查报告37篇；提交审计信息62篇，被批示、采用43篇。提出审计建议63条，被采纳56条。

2016年，鄂尔多斯市审计局实施的准格尔旗党政主要领导任期经济责任审计项目获得内蒙古自治区审计厅优秀项目表彰。

国家重大政策措施贯彻落实跟踪审计 重点对全市地方性金融机构支持实体经济、减轻企业负担、大学生就业创业政策落实情况进行跟踪审计，推动政策措施的贯彻落实。

财政审计 完成鄂托克旗、东胜区、乌审旗2014—2015年度财政决算审计，以及2015年度市本级预算执行情况和其他财政收支审计及市政协办公厅等10个部门的预算执行情况审计。受市人民政府的委托，向市人大常委会做《2015年度市本级预算执行情况和其他财政收支审计的工作报告》，并在《鄂尔多斯日报》予以公开。

经济责任审计 印发《鄂尔多斯市经济责任审计联席会议议事规则（试行）》《鄂尔多斯市经济责任审计对象分类管理暂行办法》。完成鄂托克旗、乌审旗和鄂托克经济开发区管委会党政主要领导干部任期经济责任审计，以及市教育局等6个部门主要领导任期经济责任审计工作。草拟的《领导干部自然资源资产离任审计试点实施方案》经市委、市政府审议通过，并印发实施。完成鄂托克旗、乌审旗领导干部草原资源资产离任审计试点工作，在审计中积极探索地理信息系统（GIS）应用。

农业与资源环保审计 按照审计署、自治区审计厅的安排部署，边学习边审计，并邀请市环保局专业人员参与，完成2011年至2015年市本级及东胜区水污染防治资金审计。通过审计，进一步促进专项资金管理，提高资金使用效益，推动各项惠民政策落到实处。

固定资产投资审计 完成市党校新校区工程、空港物流园区至东康连接线（横十一路）等12项工程竣工决算审计以及部分精品移民项目工程审计，进一步提高投资资金使用效益，推动全市“扩大有效投资、推进城镇化建设”项目的实施。

民生资金（项目）审计 统一组织开展全市2015年城镇保障性安居工程审计；市、旗区两级审计局对2015年至2016年6月底全市医疗保险基金进行审计；自治区审计厅组织鄂尔多斯市审计机关人员对杭锦旗、鄂托克前旗“十个全覆盖”工程和扶贫专项资金进行审计。同时，鄂尔多斯市审计局统一组织审计人员，对全市其余的6个旗区“十个全覆盖”工程和扶贫专项资金进行审计。

信息化建设 加大资金投入，申报金审工程三期建设。24人通过审计署计算机中级资格考试。在审计中充分发挥人才优势，探索运用计算机审计技术和方法，总结提炼形成计算机审计案例20个。 （撰稿人：王栓忠）

【呼伦贝尔市审计局】 2016年，呼伦贝尔市审计局人员编制67人，实有65人。局长刘建国，副局长包宝龙、胡长珍、秦远飞、常雅君，纪检组长任建龙，经济责任审计办公室主任黄恩国。设有办公室、法制科、审理科、财政审计科、行政事业审计科、农业审计科、资源环保审计科、固定资产投资审计科、金融外资审计科、经贸审计科、社会保障审计科、经济责任审计一科、经济责任审计二科、机关党总支、离退休人员管理科、固定资产投资审计中心、审计信息中心。

审计成果 2016年，呼伦贝尔市两级审计机关共完成审计项目292个。查出主要问题金额230.87亿元，其中违规金额79.04亿元、管理不规范金额151.72亿元；审计处理处罚应上缴财政4.34亿元、应减少财政拨款3.30亿元、应归还原渠道6532万元、应调账处理金额4.17亿元；核减投资额4.32亿元。移送司法机关、纪检监察机关和有关部门处理事项64件，涉及7人。提交审计报告和信息368篇，被采用、转发和批示90余篇。提出审计建议493条，被采纳394条。

国家重大政策措施贯彻落实跟踪审计 重点对市本级及旗市区加快发展养老服务业政策措施落实、呼伦贝尔市地方性金融机构支持实体经济政策措施落实、呼伦贝尔市减轻企业负担等政策措施落实和全区促进高校毕业生就业创业政策措施落实等情况进行审计。共派出审计组52个、审计人员156人次，审计抽查293个政府部门、12个旗市区、86个单位、61个具体项目，查出主要问题金额9亿余元。

财政审计 完成审计调查项目272个。审计查出主要问题金额217.14亿元。受市政府委托向市人大常委会提交《市本级预算执行和其他财政收支的审计工作报告》，得到呼伦贝尔市人大常委会的高度评价。

经济责任审计 完成115名领导干部的经济责任审计。查出主要问题金额131.99亿元，其中违规金额29.56亿元、损失浪费金额572万元、管理不规范金额102.38亿元。审计中紧扣党政领导履职特点，聚焦经济责任，突出监督重点，加强审计针对性，取得显著效果。

固定资产投资审计 完成投资审计项目32个，审计单位356个，核减投资额4.32亿元。呼伦贝尔市审计局按照比价招投标办法，向全国公开招标22家审计中介机构，建立中介机构库。根据审计工作需要，以摇号的方式确定聘用中介机构，有效降低风险，确保审计任务高质量完成。

专项资金审计 根据审计署统一部署，对全市2015年城镇保障性安居工程的投资、建设、分配、运营情况，市本级及6个旗市区2015年和2016年上半年医疗保险基金筹集、管理、使用情况进行审计。审计查出未严格履行基本建设程序、未按规定进行招投标、以前年度审计发现问题整改不到位等问题，提出审计整改建议，向有关主管和职能部门移送违规违纪问题3项，向纪检监察部门和司法机关移送违纪违法线索5件。根据自治区审计实施方案，呼伦贝尔市审计局组织力量对2011年至2015年中央财政安排和地方财政配套的市本级及海拉尔区水污染防治资金、水资源费等8类资金进行审计和审计调查。通过审计，发现滞留项目资金、超范围使用水资源费、欠缴水资源费等问题。（撰稿人：王莹莹）

【巴彦淖尔市审计局】 2016年，巴彦淖尔市审计局人员编制69人。局长杜振荣，副局长杨胜、常泉亮、王秉璋，总审计师聂玉梅。设有办公室、政策法规科、财政审计科、金融贸易审计科、行政事业审计科、社会保障审计科、农业与资源环保审计科、资源环境审计科、固定资产投资审计科、政府投资审计科、经济责任审计分局；下设计算机审计中心。设有局机关党委，下设4个党支部。

审计成果 2016年，巴彦淖尔市两级审计机关完成审计项目232个。查出主要问题金额48.21亿元，其中违规金额8.70亿元、管理不规范金额39.51亿元；损益（收支）不实金额1.45亿元；审计处理处罚金额2.55亿元，其中应上缴财政4795万元、应减少财政拨款或补贴180万元、应归还原渠道资金6228万元、应调账处理金额6171万元；审计发现非金额计量问题211个；审计促进整改落实有关问题金额1.63亿元，其中增收节支6647万元、已调账处理金额5686万元；审计促进拨付资金到位697万元；审计后挽回（避免）损失1.74亿元。移送司法机关、纪检监察机关和有关部门处理事项89件，涉及38人、金额2.55亿元。出具审计报告和专项审计调查报告235篇，被批示、采用8篇；提交审计信息888篇，被批示、采用889篇。提出审计建议497条，被采纳311条；推动完善规章制度8项。向社会公告审计结果15篇。

2016年，巴彦淖尔市审计局有1个课件入选审计署优秀课件；被中国时代经济出版社评为审计宣传工作先进单位。被内蒙古自治区党委宣传部评为“学习型党组织示范基地”；档案工作晋升为自治区一级单位；有2个项目获得自治区审计厅优秀审计项目。

国家重大政策措施贯彻落实跟踪审计 开展地方政府养老服务业政策执行、金融部门落实支持实体经济、减轻企业负担和促进高校毕业生就业创业政策等内容的审计。

财政审计 组织完成对市财政局、农牧业局等10个政府相关部门预算执行情况的审计，揭示市本级预算执行等方面存在的10类突出问题，受到市人大常委会肯定。完成乌拉特前旗、巴彦淖尔经济技术开发区和磴口县的财政决算审计，查出未按规定将政府性基金收支纳入预算管理、向非预算单位拨款等36类问题，移送纪检监察机关问题线索2件，移送有关部门处理事项4件。完成乌拉特中旗和五原县2012年至2015年财政决算现场审计。

经济责任审计 完成市经信委主任、环保局局长等14个单位和2个旗县党政主要领导经济责任审计。其中，乌拉特后旗公安局原局长和原政委的经济责任审计，查出公款私存、财务人员涉嫌贪污、挪用公款等20类问题，涉及金额1.85亿元，移送市检察院案件线索2件、涉案2人，移送有关部门处理问题5个。乌拉特前旗旗委书记、旗长任期经济责任审计，查出违规抵押国有资产、隐匿“三公”经费开支和挪用专项资金等问题，移送前旗旗委、派驻单位纪检组及相关部门共计12个问题，审计反映的固定资产数据不实、国有资产处置未收回等问题，引起前旗旗委、政府等相关单位的高度重视。

自然资源资产离任审计试点 结合乌拉特中旗旗委书记、旗长经济责任审计，将矿产资源资产列为试点审计。印发《关于开展领导干部自然资源资产离任审计的通知》，统一部署各旗县区自然资源资产离任审计试点工作。提交的领导干部矿产资源资产离任审计研究课题，被自治区社科联评为全区十项重点研究课题成果之一。

固定资产投资审计 完成投资审计项目98个，核减项目投资额3.25亿元，移送相关部门处理违规事项11件。开展对双河区城市建设投资有限公司开发建设双河区所形成的资产及相关工程的审计。重新修订发布《巴彦淖尔市政府投资项目审计监督办法》和《巴彦淖尔市政府重大投资建设项目跟踪审计实施办法》。

专项资金审计 完成2015年保障性安居工程跟踪审计、基本医疗保险基金和医疗救助资金审计、水污染防治资金审计、"十个全覆盖"工程跟踪审计和扶贫资金审计5个上级统审项目。其中,2015年全市保障性安居工程跟踪审计查出滞留上级财政补助资金等5类87个方面问题,移送纪检监察机关问题线索2件;市本级基本医疗保险基金和医疗救助资金审计查出重复参保等10类问题,涉及金额1683万元,涉及人数160名,查出的扩大范围支出医保基金1031万元问题被列入本年度审计署医保审计结果公告典型事例。同时,完成乌梁素海渔场资产负债损益审计,查出涉嫌渎职、贪污、挪用和私分公款等21类45个方面问题,移送市检察院、纪检监察机关案件线索3件。完成全市2015年度住房公积金管理使用情况的审计,查出多缴存公积金、房产部门提供虚假信息等4类问题,涉及金额5802万元,移送市纪检委2人,移送有关部门处理问题2个。

相关工作 围绕审计队伍职业化,在培训内容上、建设途径上和实现保障上下功夫。围绕党风廉政建设,打造党建工作一体化格局,制定《2016年机关党建安排意见》。开展"两学一做一评"学习教育,制定"学党章党规、学系列讲话,做合格共产党员、评优秀共产党员"("两学一做一评")学习教育实施意见。加强"三带三创"工作,制定《"三带三创"实施意见》《中心组学习制度》和《党组中心组学习安排意见》等制度意见,加强机关微信工作群管理、审计大讲堂建设和宣讲员队伍建设。加强机关廉政建设,构建道德高线、纪律底线、廉政防线。积极开展扶贫工作,帮助杭锦后旗三道桥黎一村、临河东旺社区等办实事好事。 (撰稿人:王 宇)

【乌兰察布市审计局】 2016年,乌兰察布市审计局共有干部职工66人。局长陈明,副局长吕君亮、林永青、刘永宽、周济生,总审计师严立新,纪检组长朱玉,调研员董鹏飞,副调研员兰志军。设有办公室、法规科、固定资产投资审计科、财政金融审计科、行政事业审计科、社会保障审计科、经贸审计科、农业与资源环保审计科、经济责任审计科、外资审计科、建设项目预算审计中心、建设项目决算审计中心、建设项目审理中心和机关事务服务中心。

审计成果 2016年,乌兰察布市审计机关共审计单位331个。查出主要问题金额19.4亿元,审计处理应归还原渠道资金1.55亿元、应调账处理金额8.28亿元。审计报告和审计调查报告348篇,被批示、采用46篇;提出审计建议527篇,被批示、采用168篇。

国家重大政策措施贯彻落实跟踪审计 按照审计署、自治区审计厅的要求,完成由审计署组织的水污染防治专项资金审计、基本医疗保险与救助资金审计以及保障性安居工程跟踪审计、国家重大政策措施落实情况的跟踪审计等7项审计任务;完成自治区审计厅组织的"十个全覆盖"建设项目和扶贫资金的审计,并就整改落实情况进行督办;按照市委指示,完成对全市2014年至2016年上半年的扶贫专项资金的审计,摸清资金的使用情况,发现存在的问题。

财政审计 实施市财政局等164个部门2015年度预算编制、执行情况的审计工作。结合党政主要领导干部经济责任审计对察哈尔右翼中旗、兴和县和集宁区人民政府,各旗县审计局对40%的乡镇人民政府2014年度和2015年度财政决算情况进行审计。6月,乌兰察布市审计局代表市政府向市人大常委会做审计发现问题整改情况的专题报告。审计结果得到各级党委、人大和政府的高度重视,所涉及的被审计单位认真落实审计决定,审计报告所涉及问题整改率达到95%。

完成乌兰察布医学高等专科学校、市接待办、市驻京办、市林业局、区域合作交流办政策跟踪落实的审计,针对存在问题,提出审计处理处罚意见。

经济责任审计 完成对察哈尔右翼中旗、兴和县和集宁区党政主要领导干部的经济责任审计,开展察哈尔右翼中旗、兴和县领导干部自然资源资产经济责任审计工作,并在察哈尔右翼前旗、卓资县、凉城县开展领导干部任期内森林资源资产责任审计。按市委组织部的安排,对市接待办、市发改委、市信访局等单位 7 名领导干部进行离任审计；对市水利局、林业局和扶贫办主要领导进行任中审计。通过审计，加强对领导干部权力运行的监督管理，促进依法行政和党风廉政建设，为组织、人事部门考核任用干部提供参考依据。

固定资产投资审计 完成 112 个单位的投资项目审计，包括集宁机场等项目。通过审计，揭露和纠正管理不善、高估冒算等问题，对工程质量和效益做出客观评价，提出完善投资计划，规范建设管理，提高投资效益的建议。

专项资金审计 按照年度计划，开展保障性安居工程政策、资金专项审计调查、重点资金的审计。在对全市保障性安居工程进行跟踪审计中，检查上年审计查出问题的整改情况，对新出现的问题提出整改意见；发现未足额安排安居工程建设资金，出借、占用专项资金，目标未完成等问题，责成被审计单位认真落实审计决定，保证专项资金的使用效益。

信息化建设 基本完成全市金审工程信息化改造工程，实现与华为大数据中心的对接联网，市、县光纤扩容分别达到 20 兆、4 兆。为适应金审工程建设，对局机关的办公楼进行改造，建成大数据审理会议室、视频会议室、送达审计室，并对局机关的硬件设备进行更新，改善机关办公条件，为办公自动化奠定基础。同时，指导旗县推动此项工作的开展。在审计署组织的医保审计中，充分利用审计大数据平台开展医保等多项计算机审计，实现大数据的对比和多维分析，多角度发现审计线索，多维度提升审计质量。报送的《违规享受廉租住房补贴》《高额住院费下的一般专项护理费》被内蒙古审计教学案例选编收录。

交办任务 在全面深化改革和依法治市工作中，代政府草拟《关于开展领导干部自然资源资产离任审计试点的指导意见》，并根据《中共乌兰察布市委全面深化改革领导小组印发〈乌兰察布市全面深化改革 2016 工作台账〉的通知》要求，落实领导干部自然资源资产离任审计情况通报、结果公告、整改落实、结果运用等制度并及时向有关方面反映审计结果；完成对《地方审计机关人财物统一管理的实施方案》的摸底工作；出台《关于实行审计全覆盖的实施意见》；完成市委组织部交办的重点课题《旗县市区党政主要领导干部和国有企业领导人员经济责任审计评价研究》的调研报告。

（撰稿人：冀　龙）

【兴安盟审计局】 2016 年，兴安盟审计局人员编制 73 人，实有 68 人。局长孙静波，副局长梁喜发、高明喜，总审计师包书明，纪检组长朱晓咏，兴安盟经济责任审计工作联席会议办公室主任朱永林，副调研员于景友。设有办公室、法制科、财政税务审计科、行政政法审计科、农业审计科、固定资产投资审计科、金融外资审计科、经贸审计科、社会保障审计科、审理科、经济责任审计办公室、资源环境审计科、科教文卫审计科、兴安盟纪检委派驻纪检组；下设兴安盟内部审计管理中心。

审计成果 2016 年，兴安盟审计机关完成审计项目 163 个。查出主要问题金额 108.11 亿元，其中违规金额 6.48 亿元、管理不规范金额 101.64 亿元；审计处理处罚金额 23.27 亿元，其中应上缴财政 1.83 亿元、应减少财政拨款或补贴 232 万元、应归还原渠道资金 17.87 亿元、应调账处理金额 1.37 亿元；审计发现非金额计量问题 1121 个；审计促进整改落实有关问题金额 2.14 亿元，其中增收节支 2.06 亿元、已调账处理金额 32 万元、已缴纳其他资金 421 万元；审计后挽回（避免）损失 265 万元。移送司法机关、纪检监察机关和有关部门处理事项 24 件。出具审计报告和专项审计调查报告 12 篇；提交审计信息 313 篇，被批示、采用 112 篇。提出审计建议 262 条。向社会公告审计结果 8 篇。

2016 年，兴安盟审计局获内蒙古自治区总工会颁发的“五一劳动奖状”。兴安盟审计局党支部被评为兴安盟优秀基层党组织。乌兰浩特市审计局实施的乌兰浩特市 2014 年城镇保障性安居工程的跟踪审计项目被自治区审计厅评为优秀审计项目。

财政审计 集中调动 7 个科室的力量延伸审计兴安盟人大办公厅、兴安盟政协办公厅、兴安盟直属机关工委等 13 个部门（单位）。审计揭示编制赤字预算、预算编制不完整、超预算支出、非税收入及政府性基金应缴未缴国库、未按规定征收税费及水利建设基金等 15 类问题，做出相应处理，提出针对性建议。兴安盟人大工作委员会对审计工作报告的评价是“审计工作报告对2015年审计工作成果做全面总结，内容丰富，实事求是，重点突出，结论清楚。充分体现审计部门认真履职，坚持问题导向，敢讲真话，思路清晰，工作扎实有效，在促进全盟经济健康发展、维护财政资金安全有效运行方面发挥很好的作用”。

经济责任审计 采取经济责任审计与预算执行、财政决算审计相互结合的审计模式，以任中审计为主，任中与离任审计相结合，实现经济责任审计的常态化、制度化。实施领导干部自然资源资产责任试点审计，开展对科尔沁右翼前旗旗委、政府主要领导自然资源资产离任审计试点。

审计整改 落实内蒙古自治区人民政府《审计发现问题整改工作办法》，严格审计发现问题整改机制，着力加强审计整改，提高审计成果利用水平。审计保障性安居工程、“十个全覆盖”跟踪审计项目，已促进项目资金到位2.06亿元，已取消保障资格或调整享受待遇58户，追回住房补贴补助金额72.92万元，腾退收回保障性住房2套，通过补缴差价方式整改的保障性住房3套，将空置住房投入分配使用239套，追缴租金2.50万元。2015年度本级财政预算执行和其他财政财务收支情况审计项目整改后，兴安盟财政局已收回兴安盟本级部门2014年度结转资金1.35亿元，缴入国库非税收入1.20亿元；农业开发办滞留资金已拨207万元；清缴税收7855万元。

信息化建设 兴安盟审计局全面启动审计管理系统（OA）建设部署工作。为保障审计管理系统建设，兴安盟审计局对原有机房进行整体迁移改造，并于年内对该系统部署完毕。

（撰稿人：刘继连）

【锡林郭勒盟审计局】 2016年，锡林郭勒盟审计局人员编制45人，实有44人。局长包海山，副局长钱文会、托雅（—9月）、刘兴友、陈金旺，总审计师韩淑华，纪检组长张淑琴（—6月）。设有办公室、法制审理科、财政审计科、金融外资审计科、农牧审计科、资源环保审计科、固定资产投资审计科、行政事业审计科、经贸审计科、社会保障审计科、经济责任审计办公室、内部审计管理办公室。

审计成果 2016年，锡林郭勒盟审计机关共完成审计和审计调查项目223个。查出主要问题金额87.80亿元，其中违规金额14.80亿元、管理不规范金额73亿元；促进增收节支6.50亿元，促进拨付资金到位1900万元；上缴财政2.30亿元，核减投资额1400万元。向纪检、公安及有关部门移送处理事项23件，涉及8人。出具审计专题报告、综合性报告和提交信息简报397篇，被批示、采用23篇。向被审计单位或有关单位提出审计建议71条，被采纳41条。

国家重大政策措施贯彻落实跟踪审计 一季度重点审计加快发展养老服务业政策措施的落实情况，对上年贯彻落实稳增长等政策措施情况跟踪审计发现问题的整改落实进行督促检查。二季度开展金融支持集体经济政策跟踪审计。三季度开展减轻企业负担政策跟踪审计。四季度开展促进高校毕业生就业创业情况审计。

财政审计 全面审计盟、旗县两级财政预算执行和其他财政收支，查出违纪违规金额2.52亿元。同时对全盟2012年至2015年中央、自治区财政专项转移支付资金管理使用情况进行审计调查。盟行政公署领导在两个审计报告上分别签批意见。11月，代表盟行政公署向盟人大工委十二届一次会议做盟本级预算执行和其他财政收支情况的审计工作报告，并首次以专题形式同时报告上年度审计查出问题的整改情况。完成正镶白旗、镶黄旗2个旗财政决算审计。

经济责任审计 全盟对46名科级以上干部进行任中审计，59名科级以上干部进行离任审计。查出违规金额5400万元、管理不规范金额19亿元。其中，应负主管责任金额3700万元、应负领导责任金额19.20亿元。盟审计局完成盟教育局等8个盟直机关事业单位主要领导，锡林浩特市市长，东乌珠穆沁旗、苏尼特右旗主要党政领导干部经济责任审计。

民生资金（项目）审计 派出12个审计组、47名审计人员，完成全盟2015年保障性安居工程审计，调查42个村的206户农村危房改造家庭，对36个安居工程项目的建设管理情况进行检查。12月中旬开始，盟审计局代表自治区审计厅对乌兰察布市本级及集宁区2016年保障性安居工程进行跟踪审计。

专项资金审计 完成审计署统一组织的基本

医疗保险基金审计，充分运用大数据技术，加大业务数据与财务数据的综合比对和关联分析，查出定点医疗机构（民营医院）和个人3起涉嫌骗保犯罪线索，移送公安机关。水污染防治专项资金审计，查出水资源费使用违规、违规协议征收水资源费、未按规定及时收缴水资源费等问题。盟审计局受自治区审计厅委托统一组织实施阿巴嘎旗、太仆寺旗“十个全覆盖”工程项目及扶贫专项资金审计（调查）。

队伍建设 全盟两级审计机关扎实开展“两学一做”学习教育，通过组织党员重温入党誓词、撰写学习心得体会、集中讨论、谈心谈话等方式，系统学习党章、习近平总书记系列重要讲话精神等。认真落实党风廉政建设“两个责任”，健全审计机关落实主体责任体系，持续深入改进作风。主动配合自治区巡视组、盟委巡查组、盟纪检委查办工作，提供查阅相关被审计单位审计结果报告，较好地发挥审计在反腐倡廉中的职能作用。贯彻落实《党政领导干部选拔任用工作条例》，提任4名正科级干部，5名科长轮岗，考录4名公务员。

（撰稿人：刘国宾）

【阿拉善盟审计局】 2016年，阿拉善盟审计局人员编制33人，实有31人。局长李东亮，副局长王继平、杨信华，总审计师韩燕，副调研员黄庭国。设有办公室、法制审理科、财政审计科、行政事业审计科、金融外资审计科、社会保障审计科、农牧业与资源环保审计科、经贸审计科、固定资产投资审计科、经济责任审计科；下设阿盟审计信息化科研中心。

审计成果 2016年，阿拉善盟审计机关完成审计和审计调查单位129个。查出主要问题金额35.69亿元，其中违规金额2.93亿元、管理不规范金额32.73亿元、损失浪费金额256万元；促进增收节支1.08亿元；核减工程投资额2.96亿元。移送司法、纪检监察机关及有关部门处理事项24件。提交审计专题、综合性报告和审计信息303篇，被采用105篇。提出审计建议119条。

2016年，阿拉善盟审计局实施的内蒙古雅布赖盐化集团公司原任董事长离任经济责任审计项目，分别被审计署、自治区审计厅评为2016年度优秀审计项目，并在全国、全区审计系统中通报表彰。

国家重大政策措施贯彻落实跟踪审计 根据自治区审计厅的统一安排，做好稳增长促改革调结构惠民生防风险等政策措施落实情况跟踪审计。组织盟、旗两级审计机关完成全盟2016年国家重大政策措施落实情况跟踪审计；组织完成全盟截至7月底“十个全覆盖”工程跟踪审计工作，并及时汇总上报全盟“十个全覆盖”工程审计情况。对2015年度全盟“十个全覆盖”跟踪审计查出的问题进行整改落实。

财政审计 主要开展盟本级2015年度预算执行情况审计，阿拉善右旗2014—2015年度财政决算审计。

经济责任审计 全盟对27名领导干部履行经济责任情况进行审计（其中离任11人、任中16人）。查出主要问题金额1.43亿元，其中违规金额7010万元、管理不规范金额7262万元。

自然资源资产离任审计试点 探索自然资源资产离任审计试点工作，促进自然资源资产保护和使用效益。坚持扎实有效、稳步推进的原则，开展对阿拉善右旗旗委书记、旗长矿产资源资产离任试点审计。通过审计，对矿产资源保护管理开发利用中存在的3个方面突出问题提出具体的整改措施。

固定资产投资审计 全盟完成投资项目审计和审计调查单位35个，查出主要问题金额5.57亿元，核减工程款2.96亿元；移送有关部门处理问题22个，涉及金额8144万元。其中，盟本级完成审计和审计调查单位9个，查出主要问题金额5.53亿元，核减工程款1.06亿元；移送有关部门处理问题15个，涉及金额7557万元。

民生资金（项目）审计 根据自治区审计厅的统一安排，阿拉善盟审计局对阿拉善左旗扶贫专项资金进行审计。根据自治区审计厅的统一安排，组织实施盟本级及阿拉善左旗2011年至2015年水污染防治资金审计。按期完成2016年全盟医疗保险基金审计。根据审计署的安排，阿拉善盟审计局派出2个审计组，对盟本级和阿拉善左旗2015年和2016年上半年医疗保险政策制度落实和改革措施推进情况，以及基金筹集管理使用情况进行审计。根据盟行署的要求，为配合盟医保中心和盟新农合办的整合工作，对盟医疗保险管理中心2014年至2016年上半年财务收支情况进行审计。组织完成全盟2015年度城镇保障性安居工程跟踪审计工作，落实跟踪审计查出问题的整改工作。

其他审计项目 完成对盟住房公积金管理中心2015年度住房公积金管理及机关经费财务收支情况的审计调查。完成对盟红十字会2015年度捐赠款物接收、分配、管理和使用以及2015年度经费收支情况审计。

信息化建设 落实《自治区审计厅关于加强审计信息化工作的意见》，提升计算机辅助审计的水平，在财政预算执行审计、财政决算审计、领导干部自然资源资产离任审计、投资审计等多个领域和审计项目中推广运用计算机辅助审计方法。同时，加大计算机审计人员培训，全盟已有10人取得审计署计算机审计中级资格，盟、旗两级审计机关实现计算机审计中级资格人员全覆盖。

（撰稿人：胡　杰）

【满洲里市审计局】 2016年，满洲里市审计局人员编制25人，实有24人。局长程义峰，副局长陈文春（6月—）、李惠忠、周晓玲，总审计师李艳（—6月）。设有办公室、法制科、行政事业金融审计科、经济责任审计科、经贸审计科、固定资产投资审计科、农业与社保审计科、资源环境审计科、政府投资项目审计中心。

审计成果 2016年，满洲里市审计机关共完成审计项目69个。查出违规和管理不规范金额9.24亿元。出具审计报告27篇；提交审计信息17篇。提出审计建议26条。

国家重大政策措施贯彻落实跟踪审计 根据自治区审计厅相关部署，重点对养老服务业政策措施落实情况（包括地方政府养老服务业政策执行、民政部门履行职责和养老机构建设运营），落实减轻企业负担相关政策以及地方性金融机构支持实体经济政策措施（包括地方农信社系统、财政部门、经信部门等单位落实相关政策和业务开展等情况）进行跟踪审计。通过审计，对满洲里市落实相关政策措施方面提出意见建议，就落实小微企业贷款“三个不低于”政策和“三无”人员档案材料管理等方面提出整改完善建议。

财政审计 围绕新预算法的实施，关注本级预算编制的合理性、完整性、真实性和预算执行的有效性开展审计工作，共查出违规和管理不规范金额8.36亿元。针对预算编制管理、社保资金管理、专项资金使用和零余额账户使用等方面存在的问题提出审计整改意见。对满洲里市委组织部、宣传部、市委办公厅、政府办公厅、财政局、交通局、旅游局、接待办、驻京办、外事处以及中小企业信用担保中心共11家单位进行财务收支审计，查出管理不规范金额6661万元。经过审计，揭示被审计单位在预算编制和执行、零余额账户资金使用、固定资产管理、现金使用、政府采购和公车管理等环节存在的普遍性问题，通过及时总结汇报，有效促进整改工作的落实。

经济责任审计 对满洲里市体育局、卫生局、计生局、工商联、住房公积金管理中心和质监局共6家单位进行领导干部任期经济责任审计，查出管理不规范金额3822万元。审计坚持问题导向原则，以对地方党委、政府负责，对被审计单位负责，对审计结果负责的态度，客观揭露问题，提出合理建议。

固定资产投资审计 完成政府投资项目审计42个，报审金额2.56亿元，审定资金2.07亿元，核减额5000万元，核减比例为19.32%。其中，2010年至2013年满洲里市新政府周边绿化种植及养护工程、公路口岸国际贸易综合体土方工程回收土地补偿项目、体育场周边土方工程的核减比例均超过40%。

民生资金（项目）审计 完成保障性安居工程建设跟踪审计，审计发现的主要问题是未完成廉租房租赁补贴任务。满洲里市审计局在深入分析原因后向满洲里市委、市政府汇报工作情况，提出加快实施公租廉租并轨的意见建议，相关整改工作得到积极推进。

专项资金审计 按照满洲里市政府要求，重点对城市绿化项目、城市棚户区改造、两违拆迁、市婚俗宫等项目进行跟踪审计。针对拆迁补偿过程中存在的方案执行不严格、补偿标准计算有误、财务人员履职不到位等情况及时提出审计意见，确保工作规范真实、顺利进行。同时，按自治区审计厅要求，完成水污染防治专项资金审计、扶贫专项资金审计以及基本医疗保险资金审计等工作。

（撰稿人：朝鲁门）

【二连浩特市审计局】 2016年，二连浩特市审计局人员编制18人，实有14人。局长裴智汇，副局长刘桂荣、布和。设有办公室、经济责任审计科、财税行政事业审计科、审计内审管理中心。

审计成果 2016年，二连浩特市审计机关完成审计和审计调查项目69个。查出主要问题金额2.01亿元，其中违规金额76万元、管理不规范金额2.00亿元。移送有关部门处理金额2万元。提交审计工作报告及信息45篇，被采用3篇。

国家重大政策措施贯彻落实跟踪审计 根据自治区审计厅统一安排，二连浩特市审计局对贯彻落实国家重大政策措施落实情况进行审计。通过对审计查出问题的整改落实，加快财政资金下达5089万元，促进财政存量资金盘活276万元，查出管理不规范金额245万元。

财政审计 预算执行审计工作结合市政府安排对二连浩特市2012年至2015年中央和自治区财政专项转移支付资金的管理使用情况专项审计调查同时进行，审计目标和重点是本级预算和部门预算编制、执行情况，检查预算编制的完整性、准确性和精细化程度，评价预算对财政收支的规范和约束作用，财政收支的真实性、合法性、效益性，专项资金的立项、分配和管理情况等，通过审计查出管理不规范金额2286万元。

经济责任审计 完成经济责任审计项目9个，查出违规金额1315万元、管理不规范金额2933万元。通过经济责任审计明确领导干部的主管责任和直接责任，进一步促进廉政建设，同时为干部考核、使用和提任提供客观依据。

农业与资源环保审计 根据自治区审计厅统一安排，对二连浩特市2011年至2015年水污染防治专项资金的征收、管理、使用情况进行审计，审计单位12个，审计专项资金总额1.56亿元，通过审计查出违规金额50万元、管理不规范金额7277万元。

民生资金（项目）审计 根据自治区审计厅统一安排，对二连浩特市2015年保障性安居工程及配套基础设施的计划、投资、建设、分配和运营等情况进行审计，查出违规金额26.7万元，移送住房和城乡建设部门处理金额2万元，住房和城乡建设部门对移送问题已整改落实。对二连浩特市2014年至2016年7月底扶贫资金进行审计，共审计单位9个，审计总金额8126万元，通过审计查出管理不规范金额3621万元。对二连浩特市“十个全覆盖”工程项目及资金进行跟踪审计，审计单位12个，走访农牧户6户，审计总金额1.20亿元，查出管理不规范金额2646万元。对二连浩特市基本医疗保险基金和医疗救助资金进行审计。

交办任务 根据市委、市政府安排，对二连浩特市2015年度环境保护资金管理使用情况进行审计，查出管理不规范金额17万元。对二连浩特市2012年至2015年中央和自治区财政专项转移支付资金的管理使用情况进行专项审计调查，通过二连浩特市财政局要求市直各预算部门单位对专项资金的管理使用进行自查自纠，市直各预算部门单位共对专项资金6.27亿元进行自查自纠。二连浩特市审计局共对15个项目实施管理部门单位的6.42亿元专项转移支付资金管理使用情况进行审计调查，审计金额占全部专项资金的33.30%，通过审计共查出管理不规范金额1.73亿元。对二连浩特市文化体育新闻出版广电局2014年专项资金支出情况、二连浩特市民族艺术团2013年至2015年资金拨付情况、二连浩特市区内街路指示牌广告展示近几年盈亏情况进行审计。对二连浩特市农牧林业局2014年、2015年资金使用情况进行审计。 （撰稿人：金 晶）

2016年内蒙古自治区所辖区、县(市)级审计工作统计表

金额单位:万元

审计机关	完成审计项目(个)	审计查出主要问题金额	审计处理情况					出具审计报告和审计调查报告(篇)	提出审计建议(条)	提交审计信息(篇)
			审计处理处罚				移送处理事项(件)			
			应上缴财政	应减少财政拨款或补贴	应归还原渠道资金	应调账处理金额				
呼和浩特市										
呼和浩特市本级	19	362541	487		32251	223436	8	23	34	141
新城区审计局	15	1344	30		5			21		47
回民区审计局	13	3540	1		4			13	25	
玉泉区审计局	13	132				49		18	20	19
赛罕区审计局	17	4545	1759		67	280	1	17	63	23
土默特左旗审计局	16	255	205		7	8		17	9	
托克托县审计局	27	4782	8				1	27	31	41
和林格尔县审计局	13	520	4			6		15	22	
清水河县审计局	29	26635	9					27	66	32
武川县审计局	6	3105				241		6		
包头市										
包头市本级	34	377477	52185	20	10943	25134	15	34	13	490
东河区审计局	27	46284	24			211		27	25	13
昆都仑区审计局	22	8653	538	1143		43	4	22	10	49
青山区审计局	32	43201	54	1806		33094		32	55	56
石拐区审计局	12	8996	18				6	12	11	13
白云鄂博矿区审计局	24	27733	2936	2374	1732	3669	2	24	120	42
九原区审计局	22	3301	2447	2	45	720		22	48	32
土默特右旗审计局	22	248187	1111		7037	135		22		41
固阳县审计局	12	7884	5870		1840			12	27	32
达尔罕茂明安联合旗审计局	51	16991	1700	918	3390		7	51	17	40
稀土高新技术开发区审计局	7	19014					1	7		17
乌海市										
乌海市本级	39	114424	3213	10386	826	37092	8	43	77	39
海勃湾区审计局	10	468		409		16		10	6	16
海南区审计局	42	9920	6163	934	2443		1	44		79
乌达区审计局	12	539		404	50			22		38

（续表）

审计机关	完成审计项目（个）	审计查出主要问题金额	审计处理情况					出具审计报告和审计调查报告（篇）	提出审计建议（条）	提交审计信息（篇）
			审计处理处罚				移送处理事项（件）			
			应上缴财政	应减少财政拨款或补贴	应归还原渠道资金	应调账处理金额				
赤峰市										
赤峰市本级	90	635125	147442	80507	101140	345085	37	90	270	105
红山区审计局	50	3358	3	2088	640	13		50	67	
元宝山区审计局	22	2302			1	2302		22	24	35
松山区审计局	35	81		57		24		38	11	8
阿鲁科尔沁旗审计局	19	2011	627	388				56	45	
巴林左旗审计局	74	1999	86	219	356	631		74	203	49
巴林右旗审计局	49	7159	184	6948				49	92	1
林西县审计局	13	2782		1	286	45	1	13	11	
克什克腾旗审计局	36	2968	85		1652	272	4	36	83	38
翁牛特旗审计局	20	49	25			22		20	20	
喀喇沁旗审计局	33	1885	79		214	28		33	18	14
宁城县审计局	42	2137	107		180	1825	1	42	36	23
敖汉旗审计局	52	2186	399		797	852	2	52	95	
通辽市										
通辽市本级	65	1101036					31	65	132	98
科尔沁区审计局	463	28	5		10	13	1	463		8
霍林郭勒市审计局	29	9959						29	10	13
科尔沁左翼中旗审计局	78	41031						2	105	56
科尔沁左翼后旗审计局	4	20150						50	82	52
开鲁县审计局	36	3429						36	43	12
库伦旗审计局	36	92345						26	32	367
奈曼旗审计局	23	1700						23	46	23
扎鲁特旗审计局	15	30642						57	30	34
鄂尔多斯市										
鄂尔多斯市本级	60	1289627	105056	2389	161954	7960	61	37	63	62
东胜区审计局	39	856424	9445	1409	960	8401	30	39	62	104
达拉特旗审计局	422	25835		4971			2	422	67	34
准格尔旗审计局	47	308100	29		239	823	10	47	65	17
鄂托克前旗审计局	52	10376		2706			11	52	134	118
鄂托克旗审计局	29	33483	21591	3645	1170	17	13	29	6	223

（续表）

审计机关	完成审计项目（个）	审计查出主要问题金额	审计处理情况						出具审计报告和审计调查报告（篇）	提出审计建议（条）	提交审计信息（篇）
			审计处理处罚				移送处理事项（件）				
			应上缴财政	应减少财政拨款或补贴	应归还原渠道资金	应调账处理金额					
杭锦旗审计局	86	179507	45	4678	36930	2133	14		86	93	96
乌审旗审计局	45	31377	3874	4814	11133	415	37		54	235	78
伊金霍洛旗审计局	121	132781	1943	93986	1433	34	80		121	458	102
呼伦贝尔市											
呼伦贝尔市本级	56	892324	38506	31760	2638	21789	45		56	161	86
海拉尔区审计局	17	152019	1		48	2293			17	3	69
满洲里市审计局	69	92394	2333						27	26	17
牙克石市审计局	35	4938	776	1244	1428	330			35	29	54
扎兰屯市审计局	46	264944	3654		483	16917	16		46	141	8
额尔古纳市审计局	13	5820	5		12	13	1		13	11	46
根河市审计局	21	3774				185			21	30	12
阿荣旗审计局	27	2740	326		1502	93			27	3	30
莫力达瓦达斡尔族自治旗审计局	20	36637	31				1		20	12	
鄂伦春自治旗审计局	6	25354	24			12			6	5	
鄂温克族自治旗审计局	10	8387							10	9	
陈巴尔虎旗审计局	13	1225			45				13	11	
新巴尔虎左旗审计局	11	135669	2		11	43			11	46	
新巴尔虎右旗审计局	17	45986	35	7	361		1		17	32	27
巴彦淖尔市											
巴彦淖尔市本级	32	254271	3766		3841	1824	37		42	89	237
临河区审计局	19	19729					7		15	13	133
五原县审计局	41	26139	335	1	27	1017	19		40	58	90
磴口县审计局	49	34607	49		1550	858	12		49	65	168
乌拉特前旗审计局	16	101885	25		18	3	6		16	84	94
乌拉特中旗审计局	20	6518	152	178	354	1939			20	40	41
乌拉特后旗审计局	32	33098	16		75	528	8		32	62	
杭锦后旗审计局	23	5879	449		360				21	86	125
乌兰察布市											
乌兰察布市本级	64	157608	27		13822	81165	111		78	81	112
集宁区审计局	10	14355			1299	2			10	11	43

（续表）

审计机关	完成审计项目（个）	审计查出主要问题金额	审计处理情况					出具审计报告和审计调查报告（篇）	提出审计建议（条）	提交审计信息（篇）
			审计处理处罚				移送处理事项（件）			
			应上缴财政	应减少财政拨款或补贴	应归还原渠道资金	应调账处理金额				
丰镇市审计局	26	342	2			3		26	19	12
卓资县审计局	8	465						8	8	6
化德县审计局	49	1626		1460	45	121		50	41	104
商都县审计局	50	1002						50		12
兴和县审计局	2	114						2	3	
凉城县审计局	28	7601			115			29	21	60
察哈尔右翼前旗审计局	20	369			238	106		20	25	28
察哈尔右翼中旗审计局	31	8155	25		20	1413		31	12	95
察哈尔右翼后旗审计局	8	240	20	27				9	12	26
四子王旗审计局	35	2608	18					35	54	29
兴安盟										
兴安盟本级	33	519089	10255		21920	7446	11	55	81	261
乌兰浩特市审计局	19	212091			11		5	20	50	
阿尔山市审计局	13	20551	10	232		332		16	32	3
科尔沁右翼前旗审计局	13	19155	8017		50	4030	3	13	15	33
科尔沁右翼中旗审计局	34	124003	29		2	1682	4	40	43	16
扎赉特旗审计局	31	53288	5		45000		1	42	41	
突泉县审计局	20	132942	6		111668	172		19		
锡林郭勒盟										
锡林郭勒盟本级	17	217231			3371		2	17	42	18
二连浩特市审计局	69	2106	2333				3	45		3
锡林浩特市审计局	37	308232	20		64805	4403		40	8	
阿巴嘎旗审计局	30	50701			2453	88		30	26	32
苏尼特左旗审计局	6	42						6	1	
苏尼特右旗审计局	34	63869	1206		11257	50677	4	34	21	156
东乌珠穆沁旗审计局	13	75723				75723		13	13	59
西乌珠穆沁旗审计局	12	16637	1			16637			35	27
太仆寺旗审计局	12							12	20	20
镶黄旗审计局	7	13595				19		7	5	

（续表）

审计机关	完成审计项目（个）	审计查出主要问题金额	审计处理情况					出具审计报告和审计调查报告（篇）	提出审计建议（条）	提交审计信息（篇）
			审计处理处罚				移送处理事项（件）			
			应上缴财政	应减少财政拨款或补贴	应归还原渠道资金	应调账处理金额				
正镶白旗审计局	7							7		2
正蓝旗审计局	30	83910	451		564	192		30	52	45
多伦县审计局	10	21871	21871					10	18	16
乌拉盖审计局	8	25571			1			8	20	27
阿拉善盟										
阿拉善盟本级	44	104310	5035	10557	6546	3188	17	35	52	176
阿拉善左旗审计局	33	10832	3225		4848	304	7	32	6	
阿拉善右旗审计局	5	17833						8	17	89
额济纳旗审计局	27	129461				100		25	18	101
阿拉善经济开发区审计局	20	94431	1					20	26	10
阿拉善盟腾格里经济技术开发区监察审计局										

辽宁省

【辽宁省审计厅】 2016年，辽宁省审计厅人员编制182人，实有171人。设有办公室、政策研究处、法制处、经济责任审计一处、经济责任审计二处、财政审计处、金融审计处、行政政法审计处、教科文卫审计处、人事教育处、经贸审计处、农业与资源环保审计处、社会保障审计处、固定资产投资审计一处、固定资产投资审计二处、外资运用审计处、联网审计处、交通运输派出审计处、农林水派出审计处、经济管理派出审计处、教育派出审计处、卫生派出审计处、国资监管派出审计处、科技文化派出审计处、老干部处、机关党委、监察室和审计科研所、信息中心、审计干部培训中心。

领导成员

厅　　长：付中伟（—8月）

　　　　　邢恩先（10月—）

副 厅 长：孙东克（—8月）　段君明

　　　　　周　强　刘建亭

　　　　　陆小平（2月—）

　　　　　张　勇（8月—）

总审计师：郑希超（2月—）

　　　　　陆小平（—2月）

纪检组长：姜长全

审计成果 2016年，辽宁省各级审计机关完成审计项目3980个。查出主要问题金额3925.54亿元，其中违规金额290.44亿元、损失浪费金额6.89亿元、管理不规范金额3628.21亿元；损益（收支）不实金额644.75亿元；审计处理处罚金额413.27亿元，其中应上缴财政76.14亿元、应减少财政拨款或补贴15.15亿元、应归还原渠道资金85.05亿元、应调账处理金额215.50亿元；审计发现非金额计量问题26002个；审计促进整改落实有关问题金额111.17亿元，其中增收节支69.07亿元、已调账处理金额18.73亿元；审计促进拨付资金到位1.21亿元；审计后挽回（避免）损失13.36亿元。向司法、纪检监察机关及有关部门移送处理事项199件，120人被移送，目前已有20人受到党纪政纪处分或被追究责任。

出具审计报告和专项审计调查报告 4760 篇，被批示、采用 469 篇；提交审计信息 1662 篇，被批示、采用 718 篇。提出审计建议 6377 条。

2016 年，省审计厅被命名为省直文明机关、获得省直先进党委称号，有 2 个项目被评为最佳实事。锦州市审计局 1 个项目被审计署评为地方表彰项目。

适应新常态践行新理念 省审计厅提出“统筹＋创新”审计工作思路，所起草的《辽宁省关于完善审计制度若干问题的实施意见》，经省政府常务会议和省委常委会议审议通过，以省两办名义印发。省审计厅落实审计署《适应新常态、践行新理念，更好地履行审计监督职责的意见》的主要措施，进一步明确在辽宁经济转型发展振兴的特殊时期辽宁审计工作的重点任务，辽宁省委书记在报告上做出重要批示，对审计工作给予充分肯定，期望审计切实当好经济社会发展的“重器”和反腐倡廉的“利剑”，为辽宁老工业基地新一轮全面振兴做出新的贡献。全省审计机关主动作为，积极面对遇到的困惑，始终坚持“三个区分”，坚持实事求是，对新情况、新问题的定性处理进行综合研判；对有改革预期或可能有争议的审计事项，在制订审计计划时暂时搁置、适当延后安排审计；保护被审计对象的创新积极性，为形成创新的阶段性成果留出必要的试错时间。沈阳、大连及海城等审计机关坚持问题导向，按照新理念要求，不断推进审计管理和成果运用创新，提升审计工作水平。

国家重大政策措施贯彻落实跟踪审计 紧密结合政府中心工作，围绕重大建设项目推进、财政资金管理使用和“放管服”改革，省审计厅组织全省审计机关开展重大政策落实情况跟踪审计，及时发现问题，提出建议，促进政令畅通和各项重大政策措施发挥实效。丹东、锦州、阜新等市审计局提交的审计结果，纳入到省审计厅综合报告，推动振兴发展战略的有效落实。

财政审计 全省审计机关深入开展财政管理、部门预算执行和专项资金审计，关注中央八项规定、国务院“约法三章”落实情况，社保基金和省产业（创业）投资引导基金的资金筹集情况，揭示财政收支、预算管理、专项资金管理、社保基金管理以及政策落实等方面的问题，审计工作报告和整改报告得到各级人大常委会的高度评价。省审计厅首次开展的“四大机关”财政财务收支审计，省政府常务会议和省委常委会分别进行专题审议，省长陈求发、书记李希分别给予高度评价，并对审计整改工作提出明确要求，为省直机关服务保障部门的统一管理改革打下坚实基础。全省各级审计机关全面反映一般公共预算、政府性基金预算、国有资本经营预算和社保基金预算情况，深入剖析政府性债务、结余资金等问题，并跟踪整改工作，进行分类指导、逐项落实，得到各级党委、政府和人大的充分肯定。

经济责任审计 全省各级审计机关认真贯彻落实中央两办《规定》及其《实施细则》，共对 735 名领导干部进行经济责任审计，促进增收节支 8600 万元。审计中，主动转变审计理念和思维方式，探索经济责任审计工作模式的新发展，把握被审计人的从政轨迹，将审计的落脚点以及重点关注领域定位在其决策权、管理权、执行权和监督权层面，促进领导干部守法守纪守规尽责。省审计厅在省文化厅原厅长经济责任审计过程中，坚持“数据先行＋集中分析＋分散核查”的数字化审计工作模式，多角度调用数字化审计平台数据，精准确定问题，用很短的时间完成现场取证核实，查明被审计单位将专项资金拨付至与项目无关的私营企业等问题，并将案件线索移送至相关部门，有效地提高审计效率和质量。大连市审计机关继续深化“五位一体”新机制，辽阳市审计机关推行任期内轮审制度，葫芦岛市审计机关完善“四责联审”实施办法，鞍山、本溪、朝阳等市审计机关采取同步审或“一拖 N”审计方式，进一步推动经济责任审计工作的创新发展。

固定资产投资审计 围绕新一轮辽宁振兴主线和稳增长促发展主题，全省审计机关紧盯中央和省委、省政府关于辽宁振兴的政策举措，开展高速公路、公路绿化工程、国外贷援款等项目审计。省审计厅针对全省经济增速放缓的实际，主动追加审计项目计划，关注全省国有企业固定资产投资、民间投资、政府与民间资本合作（PPP）、产业（创业）投资引导基金，促进稳增长调结构转方式政策措施有效落实。省审计厅开展对丹通等 4 条高速隧道工程的审计，发现施工单位偷工减料，挽回经济损失近亿元，移送案件线索，省委书记和省长分别做出重要批示。抚顺的城镇化设施、铁岭的饮水工程审计，推动项目顺利实施，促进经济发展。

民生资金（项目）审计 组织开展保障性安居工程、重点民生实事、脱贫攻坚政策措施落实、企业职工基本养老保险等专项审计或审计调查，推动惠民政策落地生根，为政府科学决策提供重要参考依据。沈阳的治理黄标车、营口的基础教育、盘锦的宜居乡村等调查，移送多件案件线索，维护群众利益。

企业审计 省审计厅以及沈阳、大连等市开展多项企业审计调查或经营性事业单位审计，以及中小微企业经营环境、省水资源集团和省交建投集团接收企业清产核资、省教育厅及省直院校所属企业经营情况等审计或审计调查，提出推进资本运作、加快企业转型发展、完善国有企业监督机制等审计建议，促进“三去一降一补”任务目标在辽宁的有效落实。其中，全省审计机关开展中小微企业经营环境审计调查后，省政府召开全省电视电话会议专题研究整改，促进软环境建设。

交办任务 各级审计机关配合巡视或案件查办工作，完成党委、政府交办的审计任务，充分发挥审计的专业性作用。特别是在对某矿业公司矿业权纠纷的紧急调查任务中，省审计厅排除审计过程中的各种干扰和障碍，快速取得突破，提前完成任务，审计调查结果扭转政府可能应诉的被动局面。

信息化建设 行业审计应用子系统建设按进度顺利推进，进一步完善财政审计子系统，更新2015年省级财政数据；对鞍山市、营口市、锦州市的市本级财政数据进行采集和整理，并建立市本级财政审计系统，逐步实现省本级和市本级财政电子数据的全覆盖。按计划开发社保审计子系统，实现对养老、医疗、失业、工伤、生育等几大险种在征收、管理和使用等方面的数据积累和数字化审计。完成审计业务基础资料库二期的验收工作，并增加审计成果文档的结构化功能。根据《辽宁省审计厅　审计署驻沈阳特派员办事处关于定期报送审计电子数据的通知》中关于定期报送电子数据的范围和内容的要求，完成2015年省以下财政数据、社会保障资金相关电子数据、基本医疗保险基金，以及省财政厅、省民政厅、省地税局、省工商局、省人社厅等部门相关数据的采集工作，并形成定期报送机制。在开展的审计项目过程中，审计组以“大数据”为核心，以数字化审计平台为技术手段，对审计项目的前期和中期进行数据采集、整理和分析。运用统计分析、聚类分析、关联分析和空间分析等方法，锁定审计疑点，做到精确定位，精准发力，取得较好的效果。

审计科研 实施《辽宁老工业基地新一轮振兴经济政策执行研究》项目。该项目系省财政科研基金项目，以辽宁老工业基地新一轮振兴政策贯彻执行中存在的主要问题为出发点，以振兴政策贯彻落实为落脚点，围绕贯彻落实新一轮振兴政策中存在的重点、难点与突破点，通过揭示东北地区经济持续下行、深层次体制机制和结构性矛盾凸显等问题，从审计的视角提出意见和建议。《新常态下依法审计的实践研究》课题在省法制办顺利结项，该课题重点研究在经济发展新常态和全面深化改革的大背景下，通过开展依法审计研究，探索并总结新时期依什么法、怎么依法、怎么用法等带有根本性、方向性的重大问题，对于完善审计法规体系，促进审计转型发展，建立与新形势变化相配套的审计工作体系，具有积极的推动作用。“国家审计职业化的推进与建议”课题入选中国审计学会研讨会交流论文，并获得全国优秀论文一等奖，该课题从审计职业化建设的顶层设计与协调推进、审计职业权责的刚性化和审计组织与人员执行力的效能化3个方面，对国家审计职业化的推进与建设做思考和探讨，建设性地提出推行分类管理、界定职业权责、强化职业保障等思路。《东北振兴重大政策措施落实情况跟踪审计的调查与思考》课题获得中国审计学会全国优秀论文三等奖，并被《审计研究》杂志全文刊登。

队伍建设 围绕全省审计工作中心，开展审计干部教育培训工作，助力高素质审计队伍建设。举办审计系统领导干部、审计组长（主审）、新任领导干部、初任审计人员和投资审计培训5期培训班，累计培训360多人次。组织编撰全省优秀审计案例集，共征集到审计案例336篇，总结、共享近年来的审计工作成果、成功经验，为审计人员提供业务学习范例。

机关建设 全省各级审计机关始终坚持党的领导，不断强化“四个意识”，自觉维护以习近平同志为核心的党中央权威；加强基层党组织建设，落实“三会一课”制度，严肃党内政治生活；扎实开展“两学一做”专题教育，坚定理想信念，增强责任感和使命感。围绕“讲政治、有信念”等四个专题开展讨论，激发创先争优的工作热情；认真反思辽宁拉票贿选案，保持政治警醒，提升严守政治纪律和政治规矩的自觉性；加大教育培训、上挂下派力度，提高队伍的综合能力和水平。不断强化“实、高、新、严、细”工作作风，积极整改巡视发现的问题，改进工作作风；不断加强监督执纪“四种形态”，尤其是前两种形态的宣传、运用，提升廉洁从审意识；坚决贯彻落实中央八项规定，加大廉政警示教育力度，组织审计回访和监督检查，促进依法审计、文明审计。同时，完善业务组织架构，加强厅机关内部与各市审计局的联合，在横向上，厅机关各业务处加强组织合作，突出发挥牵头处室的统合作用，纵向上，统筹各市、县审计局的审计力量和审计成果，促进审计资源在审计项目整体布局中优化组合，提升大型审计项目组织方式的系统性、整体性和协调性效能。改进审计方式方法，大力开展研究式审计，将审计过程作为对理论思考的现实求证过程，分析研究业务流程的关键控制点，形成一批高质量、高层次的审计业务成果；大力提升数据审计能力，利用现有数据平台，强化数据归集和审计前数据分析，为审计实践提供数据支持，实现精准定位疑点，为现场审计导航。

（撰稿人：乔鹏程）

【沈阳市审计局】 2016 年，沈阳市审计局人员编制 182 人，实有 159 人。党组书记、局长韩力，副局长陈玉涛、高洪光、刘宝石、周成铀，总审计师康健，纪检组长张秋艳，经济责任审计联席会议办公室主任石静华，副巡视员刘济民。设有办公室、法规处、行政管理处、经济责任审计处、审计信息化管理处、财政审计处、金融审计处、行政政法审计处、教科文卫审计处、农业审计处、固定资产投资审计一处、固定资产投资审计二处、地铁建设审计处、经贸审计处、社会保障审计处、资源环境审计处、外资运用审计处、案件审计处、人事编制处、离退休干部处及机关党委，纪检组、监察处合署办公（负责纪检和行政监察工作）。

审计成果 2016 年，沈阳市县两级审计机关完成审计项目 476 个。查出违规和管理不规范金额 741 亿元，经审计处理应上缴财政 2.45 亿元。移送有关部门处理事项 11 件。出具审计报告和报送审计调查报告 511 篇，被市领导批示 77 篇（次）。提出审计建议 765 条。

2016 年，沈阳市审计局获得市政府绩效考评执法类第二名。

财政审计 完成 2015 年度市本级预算执行情况审计，揭示年初部分专项资金预算未落实到具体项目等 29 个问题。受沈阳市政府委托，在沈阳市第十五届人大常委会第三十一次会议上做《关于 2015 年度沈阳市本级预算执行和其他财政收支的审计工作报告》，受到充分肯定。为加强预算执行审计整改工作，沈阳市政府出台《关于进一步做好 2015 年度沈阳市本级预算执行和其他财政收支审计整改工作的通知》，对被审计单位整改责任、整改任务等提出要求，实行整改销号制度，预算执行审计整改率达到 98.7%。

经济责任审计 沈阳市审计局对全市 22 个单位 35 名领导干部开展经济责任审计。在审计中，围绕领导干部权力运行这条主线，以关注宏观政策落实、重大决策程序、重点建设项目、重要资金资产管理等内容为重点，揭示存在的问题并提出有针对性的审计建议。审计查明的问题及整改建议都得到纠正和落实。审计结果报告被市领导批示 35 篇（次）。

农业与资源环保审计 首次开展对辽中区委区政府主要领导自然资源资产管理和生态环境保护责任履行情况审计，为探索领导干部自然资源资产离任审计工作奠定基础。开展治理黄标车情况专项审计调查，揭示淘汰黄标车未实现预期目标等问题，沈阳市政府和相关部门根据审计建议，出台《关于印发沈阳市淘汰黄标车补贴管理暂行办法的通知》等政策规定。（撰稿人：陈新平）

【大连市审计局】 2016 年，大连市审计局人员编制 156 人，实有 144 人。局长李尔恭（—10

月)、于保和（10月—)，副局长包广平、宫本胜、张学贵、刘文辉，总审计师于雷，纪检组长黄忠河。设有办公室、法制处、电子数据审计处、财政审计处、税收征管审计处、经济责任审计一处、经济责任审计二处、行政政法审计处、教科文卫审计处、农业审计处、资源环境审计处、固定资产投资审计一处、固定资产投资审计二处、企业审计处、社会保障审计处、金融审计处、外资运用审计处、内部管理审计处、人事处（机关党委)、纪检组（监察室)。

审计成果 2016年，大连市县两级审计机关完成审计项目305个。查出违规金额40.64亿元，审计促进增收节支32.41亿元。移送司法机关、纪检监察机关和有关部门处理事项38件。

2016年，大连市卫生局原局长任职期间经济责任履行情况及2014年预算执行情况审计项目获得辽宁省审计厅2016年度优秀审计项目。

国家重大政策措施贯彻落实跟踪审计 对中小微企业经营环境、国有和国有控股24户企业经营管理情况等项目开展专项审计（调查)。其中在对简政放权政策措施落实情况审计调查中，揭示制约城市创新发展的相关问题，大连市政府召开专门会议，全面部署发现问题的整改工作。

财政审计 组织开展市级财政预算管理和高新区、保税区、长兴岛、花园口4个先导区以及市地税局税收征管等市本级部门预算执行情况审计，揭示政策执行不到位、财政资金被挤占挪用等问题，向相关部门移送处理事项16件。

经济责任审计 对111名领导干部进行经济责任审计，上缴财政金额1760万元，提出并被采纳审计建议256条。市委组织部将领导干部履行经济责任情况纳入年度考核，进行民主测评，上报年度报告。

固定资产投资审计 开展农村公路建设管理情况，交通系统项目政府性投资分配、管理及建设情况，重大项目推进情况等42个审计和审计调查项目，核减投资额5404万元，在促进提升投资管理水平和财政资金的使用效益等方面取得积极成果。

民生资金（项目）审计 开展保障性安居工程、水资源开发保护、农民工权益保障等7个审计项目，揭示建筑业企业农民工权益保障政策及资金方面存在的突出问题，推动国家、省、市有关农民工权益保障政策措施落到实处，切实保障农民工权益。

信息化建设 推进审计技术革新，财税联网审计项目实现动态数据采集、视窗模块查询和市县两级联动，入选大连市“工作创新年”十大创新项目。制定《审计整改督查工作实施办法（试行)》，上线运行审计整改督查管理系统，实现整改事项挂号、统一整改流程、挂号事项分类、两级审计机关整改情况交互等功能的有机整合。

（撰稿人：蔡丹丹)

【鞍山市审计局】 2016年，鞍山市审计局机关行政编制99人，实有94人；审计信息中心人员编制50人，实有48人。局长刘依椿（—12月)，党组书记原丹（12月—)，副局长付德成（—12月)、原丹（—12月)、张小川，总审计师李岩，纪检组长吕世涛。设有办公室、法规处、领导干部经济责任审计处、财政审计处、行政政法审计处、教科文卫审计处、农业与资源环保审计处、固定资产投资审计处、金融审计处、经贸审计处、社会保障审计处、外资运用审计处、审计督查与经济案件审计处、审计指导科研处、计算机审计处、人事处及机关党委。

审计成果 2016年，鞍山市县两级审计机关完成审计项目545个。查出主要问题金额79.54亿元；审计处理处罚金额3.62亿元；审计促进整改落实有关问题金额2046万元。向相关部门移送处理事项21件。出具审计报告、专项审计调查报告659篇。

2016年，鞍山市审计局获得辽宁省人民满意公务员示范单位。

财政审计 完成财政审计项目103个，重点关注预算编报情况、预算执行情况、财政存量资金管理情况、预算绩效管理情况，查出主要问题金额64.05亿元，出具审计报告和审计调查报告116篇。完成行政事业单位审计项目181个，查出主要问题金额6.47亿元，出具审计报告和审计调查报告236篇。

经济责任审计 完成128名领导干部经济责任审计，对领导干部任职期间财政收支、财务收支的真实性、合法性、效益性和重要经济指标的完成情况以及重大经济事项的决策情况进行审计，查出主要问题金额 4.58 亿元；促进增收节支 1567 万元。出具审计报告和专项审计调查报告 196 篇。提出审计建议 171 条，被采纳 113 条。在一定范围内通报审计结果 4 篇。

固定资产投资审计　完成固定资产投资审计项目 232 个，组织开展城镇保障性安居工程跟踪审计、客运站建设及运营情况审计调查、援疆审计等项目。查出主要问题金额 4.11 亿元，出具审计报告专项审计调查报告和评审结果 278 篇。

民生资金（项目）审计　完成社会保障审计项目 3 个，查出主要问题金额 8700 万元，出具专项审计报告 3 篇。

企业审计　完成企业审计项目 4 个，查出主要问题金额 3.27 亿元，出具审计报告 4 篇。

专项资金审计　组织开展稳增长促改革调结构惠民生防风险政策措施落实情况跟踪审计、脱贫攻坚政策措施落实情况跟踪审计、中小微企业经营环境审计调查、市政府为民办实事项目审计、城乡环境保护资金专项审计调查等项目，查出主要问题金额 7726 万元，出具审计报告和专项审计调查报告 21 篇。　（撰稿人：李依峰）

【抚顺市审计局】　2016 年，抚顺市审计局人员编制 118 人，实有 99 人。局长胡乃涛，副局长陈亚文、杨玉利（6 月—）、房文冬、张弘毅（—4 月）、邓国臣（—10 月），总审计师杨一凡，纪检组长于国田，经济责任审计联席会议办公室主任孔祥禄。设有办公室、监察室、综合处、人事处、法规处、电子数据审计处、经济责任审计一处、经济责任审计二处、财政审计处、审计整改督察处、行政政法审计处、教科文卫审计处、经贸审计处、农业审计处、资源环境审计处、社会保障审计处、固定资产投资审计一处、固定资产投资审计二处、固定资产投资审计三处、外资金融审计处。

审计成果　2016 年，抚顺市审计局开展审计项目 97 个。查出主要问题金额 32.82 亿元；审计处理应上缴财政金额 2421 万元、应减少财政拨款或补贴 1.18 亿元。被市领导批示的审计报告和审计要情 10 件（次）。

国家重大政策措施贯彻落实跟踪审计　开展稳增长调结构促改革惠民生防风险、脱贫攻坚等政策措施贯彻执行和亿元以上重点建设项目落实情况跟踪审计，揭示和反映存在的问题，提出有较强针对性和操作性的审计意见和建议并得到有效落实。

财政审计　预算执行审计项目重点关注化解财政收支矛盾、优化财政支出结构、深化财税制度改革，审计揭示的问题及其整改得到抚顺市人大、政府的充分肯定和高度评价。预算执行审计报告及其整改报告在抚顺市审计局门户网站向社会全文公开。

经济责任审计　开展领导干部经济责任审计项目 42 个，查出违规金额和管理不规范金额 13.90 亿元，为组织部门考察任用干部提供依据。以抚顺市政府名义召开《党政主要领导干部和国有企业领导人员经济责任审计规定实施细则》贯彻情况新闻发布会。

固定资产投资审计　完成全市项目增量存量储备、棚改房屋维修和基础设施改造、抚顺大剧院、振兴大厦等 26 个审计项目，揭示和反映项目库管理不规范、城区内工业园区现有资源要素利用不充分、部分工程项目高估冒算等问题。

交办任务　完成审计署和省审计厅安排的保障房建设、医疗保险基金、重点民生实事项目落实情况、援疆建设等项目审计。完成市政府交办的 6141 户采沉区居民避险搬迁情况、三大机关和五个部门搬迁房产情况核实认定、东洲区滨河城建设情况等审计项目。

队伍建设　开展"两学一做"学习教育，在完成"规定动作"的同时，增加参观百姓学雷锋纪念馆、凤城市大梨树村等"自选动作"。选派审计干部参加审计署、辽宁省审计厅等组织的各类培训 152 人次。　（撰稿人：唐东宏）

【本溪市审计局】　2016 年，本溪市审计局人员编制 78 人，实有 78 人。局长魏增嘉，副局长富国义、李明远（—4 月）、丁吉忠（5 月—）、田伟（5 月—），纪检组长杨占伟（—12 月）。设有办公室、机关党委、综合处、法规处、经济责任审计一处、经济责任审计二处、财政金融审计处、行政政法审计处、科教文卫审计处、农业与资源环保审计处、固定资产投资审计一处、固定资产投资审计二处、经贸审计处、社会保障审计处、外资运用审计处、经济案件审计处、电子数据处、离退休干部处；下设政府投资审计中心（审计干部培训中心）。

审计成果 2016年，本溪市审计局完成审计项目52个。查出主要问题金额9.22亿元；审计处理处罚金额4.75亿元；审计促进整改落实有关问题金额7717万元。移送司法机关、纪检监察机关和有关部门处理事项19件，涉及10人、金额5569万元。出具审计报告和专项审计调查57篇，被批示1篇；提交审计信息86篇，被批示、采用48篇（次）。提出审计建议141条，被采纳115条。向社会公告审计结果2篇。

2016年，本溪市审计局社会保障审计处被评为全省人民满意公务员示范岗，财金处获得省总工会授予的“模范职工小家”、本溪市三八红旗集体、本溪市直机关先进基层党组织称号。本溪市审计局关于全市2012—2014年度残疾人保障金征收管理使用情况审计调查项目获得全省优秀审计项目表彰；“助力两个体系建设切实服务全市8万残疾人”被评为市直机关最佳服务成果奖。本溪市审计局获得“市综治（平安）和信访稳定先进单位”称号。

国家重大政策措施贯彻落实跟踪审计 创新组织方式，整合资源，对本溪市城市基础设施建设、生态环境保护、交通运输、健康养老服务等民生实事中的27项重点内容实施跟踪审计。

财政审计 把本溪市委等四大机关以及行业协会首次纳入审计范围，列入审计项目；把财务收支审计、专项资金审计（调查）、经济责任审计项目统筹整合，纳入到预算执行审计报告中。

自然资源资产离任审计试点 通过审计，澄清自然资源资产的数量和质量的原貌，摸清家底，揭示落实生态文明建设相关政策措施等方面存在的问题，提出加强基础管理，出台规范化标准和评价指标体系建议。

交办任务 本溪市审计局借调协查配合审计署、省委、市委等领导和部门完成各类交办事项28件，累计43人次、近1400个工作日。对民生资金、政府重点投资工程项目的审计，查出多件重大案件线索，为本溪市政府解决历史遗留问题提供有力的审计依据，得到省、市主要领导的高度肯定。

（撰稿人：唐荣海）

【丹东市审计局】 2016年，丹东市审计局人员编制65人，实有61人。局长康冰，副局长李圣稙、张作群、李殿卉（12月—），总审计师张爱兵，纪检组长徐激扬。设有办公室、计划与督察处、法制处、财政审计处、行政事业审计处、经贸与金融审计处、农业与资源环保审计处、社会保障审计处、固定资产投资审计处、经济责任审计一处、经济责任审计二处、计算机信息化建设处、人事教育处和直属机构丹东市政府投资项目审计中心。

审计成果 2016年，丹东市县两级审计机关完成审计项目194个。向有关单位和部门移送问题线索3件，涉及15人；配合纪检监察等部门查处有关案件线索10件。提出审计建议257条，被采纳182条。市本级财政预算执行、市医疗保险基金管理使用等5份审计报告得到丹东市委市政府主要领导批示；市国有及国有控股粮食企业管理运营情况审计调查项目被市委评为优秀咨询调研成果；重大政策落实情况跟踪审计和扶贫专项资金审计两项工作，获市季度“最佳实事”；代市政府起草的《丹东市人民政府关于加强审计工作的实施意见》正式印发并实施。

国家重大政策措施贯彻落实跟踪审计 以季度为周期，采取市县两级审计机关联动的方法，先后对宽甸和振安、振兴、元宝“一县三区”落实国家重大政策措施情况进行跟踪审计，对审计发现问题整改进行持续督导。

财政审计 对63个单位进行预算执行审计，延伸审计单位51个，查出主要问题金额88.99亿元。出具审计报告55篇。对30个单位进行财政决算审计，查出主要问题金额4.08亿元。出具审计报告26篇。审计行政事业单位74个，延伸审计单位21个，查出主要问题金额7.91亿元。

经济责任审计 审计领导干部103人，其中任中审计43人，离任审计60人。查出主要问题金额8.32亿元，审计促进增收节支199万元；出具审计报告和审计结果报告101篇；提交审计信息17篇。提出审计建议125条，被采纳92条。

固定资产投资审计 审计单位10个，延伸审计单位31个。查出主要问题金额3473万元；核减投资额（工程款）256 万元。

民生资金（项目）审计 按照审计署和省审计厅统一部署，组织开展全市医疗保险基金管理使用情况专项审计调查。审计调查单位 2 个，延伸审计单位 8 个，查出主要问题金额 4.79 亿元。

企业金融类审计 审计单位 2 个，查出主要问题金额 1.15 亿元。

专项资金审计 审计单位 13 个，延伸审计单位 52 个；审计专项资金总额 36.01 亿元，查出主要问题金额 13.29 亿元。

（撰稿人：崔锦波 张开元）

【锦州市审计局】 2016 年，锦州市审计局人员编制 139 人，实有 141 人。局长郑希超（—5 月）、马志军（5 月—），副局长李犁、李春利、牛继强（6 月—），纪检组长王辉（6 月—）。设有办公室、机关党委、人事处、法制处、信息审计处、审计督察处、内审指导处、行政管理处、财政审计处、社会保障审计处、金融审计处、行政政法审计处、教科文审计处、农业与资源环保审计处、经贸审计处、经济责任审计办公室、经济责任审计一处、经济责任审计二处、经济责任审计三处、投资审计一处、投资审计二处、新区分局；下设锦州市建设项目审计中心。

审计成果 2016 年，锦州市审计局完成审计项目 77 个，其中组织实施审计项目 71 个，参与实施审计项目 6 个。审计促进整改落实有关问题金额 6.56 亿元，其中增收节支 3.08 亿元。移送司法机关、纪检监察机关和有关部门处理事项 28 件。

2016 年，锦州市审计局获得政绩考核优胜单位、市直机关先进党委、首批模范职工之家等 20 余项荣誉。事业单位绩效管理审计调查项目获得审计署地方表彰项目奖。

国家重大政策措施贯彻落实跟踪审计 组织市县两级审计机关对锦州地区 140 个亿元以上项目、127 个政府投资项目进行排查，督促 3 个项目资金及时到位，2 个项目竣工决算，4 个项目及时开工，1 个项目上缴存量资金，促进简政放权、项目落地、资金落实。

财政审计 开展市本级、部门以及滨海新区、松山新区预算执行审计，揭示存在的问题，规范资金管理，提高资金使用效益。代表市政府向市人大常委会做市本级预算执行和其他财政收支的审计工作报告，受到市人大高度评价。

经济责任审计 对 30 名领导干部进行经济责任审计，针对经济决策、政策执行、编制使用、廉政建设等方面存在的问题，提出针对性、操作性强的审计建议，全部被采纳。

固定资产投资审计 开展锦凌水库、锦凌水库供水、“两河”治理、南山公园、锦州湾机场、市养老综合服务中心等 15 个工程项目审计，审减资金 7984 万元，提高建设资金使用效益，确保“项目安全、资金安全、干部安全”。

民生资金（项目）审计 开展保障性安居工程跟踪审计，揭示专项资金统筹管理不到位等问题，促进政策落实。开展医疗保险基金和养老保险审计，完成对 50 个单位、54 个定点医疗机构、13 个定点零售药店以及 13 户企业的审计，维护群众利益。

专项资金审计 开展市属粮食企业资产负债损益情况专项审计调查，揭示企业在储备、经营、工程建设等方面存在的问题，挪用公款、私设“小金库”等违规问题移交纪检部门。开展养殖业保险保费补贴资金审计，发现案件线索 15 件，向纪检、公安、检察院等部门移交。

（撰稿人：宋子辉）

【营口市审计局】 2016 年，营口市审计局人员编制 54 人，实有 51 人。局长刘元印，副局长张丽杰、王世强、许林，总审计师徐仁彪，纪检组长王建伟，经济责任审计工作办公室主任李鑫。设有办公室、经济责任审计工作办公室、财政审计科、金融与外资运用审计科、行政政法审计科、法制科、教科文审计科、社会保障审计科、固定资产投资审计一科、固定资产投资审计二科、农业与资源环保审计科、经贸审计科、信息化科。

审计成果 2016 年，营口市县两级审计机关完成审计项目 197 个，其中组织实施审计项目 190 个，参与实施审计项目 7 个。查出主要问题金额 63.38 亿元，审计促进增收节支 7.64 亿元。移送司法机关、纪检监察机关和有关部门处理事项 6 件。

2016 年，营口市审计局被评为辽宁省审计通联宣传工作优秀单位、营口市依法行政工作优秀单位、营口市保密工作先进集体。

国家重大政策措施贯彻落实跟踪审计 全市审计机关着重对美丽乡村建设、产业集群项目建设、环保项目建设及专项资金使用等情况进行跟踪审计，加快项目建设进度，促进企业技术改造、扶贫、公路建设等专项资金的及时拨付。

财政审计 预算执行和财政收支项目审计，全面把握财政资金分配、管理和使用的总体情况，客观、准确地反映预算执行和财政收支中存在的问题，对规范预算管理、提高财政资金使用效益起到积极作用，审计报告得到两级人大的充分肯定。对营口大学园、营口市引航站等行政事业单位及企业化管理事业单位开展财政财务收支审计，提高资金使用效益。

经济责任审计 对132名领导干部进行经济责任审计，查出被审计对象负直接责任问题金额1.10亿元，增强被审计单位和领导干部依法行政、依法理财的意识和水平。

固定资产投资审计 开展营口城投公租房装修工程竣工决算审计、营口民用机场专项审计调查、营口市城投公司债务资金情况专项审计调查、营口市部分客运站建设及运营情况专项审计调查、对口援疆项目跟踪审计等项目，规范基本建设项目程序，提高资金使用效益。

民生资金（项目）审计 开展丹东市2015年保障性安居工程跟踪审计、盖州市脱贫攻坚政策措施落实情况跟踪审计、营口地区医疗保险政策制度落实情况审计、营口地区基础教育专项资金和教育经费拨付使用情况的审计调查、营口地区14所职业教育学校2013年至2015年教育资源及利用情况的审计调查、营口市中小微企业经营环境审计调查等项目，保障惠民政策的贯彻落实。

交办任务 营口市审计局完成市水务集团清产核资审计及资产负债权益分割工作；制定出台《营口市审计局关于加强公务用车制度改革审计工作的实施意见》等文件；完成对老边区某镇信访人关于征地补偿款发放不合理的诉求的审计调查。

（撰稿人：栾洪勋）

【阜新市审计局】 2016年，阜新市审计局人员编制71人，实有61人。局长于国忠，副局长张百平、金长起、张文，总审计师马丽娟，纪检组长刘勇，经济责任审计办公室主任谭玉民。设有经济责任审计办公室、财政金融审计科、固定资产投资审计一科、固定资产投资审计二科、行政政法审计科、教育科学文化审计科、经贸审计科、农业与资源环保审计科、社会保障审计科、计算机审计指导管理科、法制科、综合科、人事科、办公室、机关党委和审计信息中心。

审计成果 2016年，阜新市审计局完成审计项目56个。查出主要问题金额45.85亿元，审计促进增收节支2867万元。

2016年，阜新市审计局获得阜新市先进党组织称号，被评为市（省）直部门优秀理论学习中心组、阜新市驻村帮扶工作先进单位。9人次分别被授予优秀共产党员、优秀党务工作者、阜新市三八红旗手等荣誉称号。

国家重大政策措施贯彻落实跟踪审计 重点审查取消和下放行政审批事项、推进简政放权政策措施落实情况、在建项目执行情况、地方政府债券管理和使用情况，以及脱贫攻坚政策措施落实情况，推动振兴发展战略的有效落实。

财政审计 在预算执行审计项目中，对阜新市财政支出绩效、积极财政政策贯彻落实、存量资金盘活、专项资金整合和统筹安排使用情况进行重点关注，针对审计查出的问题提出有效的整改建议，促进政府预算体系建设，规范财政资金管理。

经济责任审计 共完成31户领导干部经济责任审计，审计项目从监督领导干部权力运行入手，将执行党委政府重大决策情况、被审计单位决策程序执行情况、被审计单位内部控制制度的健全有效情况和廉洁自律等情况作为审计重点，审计结果有效促进领导干部的勤政廉政。

固定资产投资审计 完成对口援疆工程、客运站建设及运营情况等6个审计和审计调查项目。阜新市中心医院病房楼工程项目跟踪审计，审减工程价款7695万元，审减率为27.68%。铁岭市保障性安居工程跟踪审计，查出专项资金私存私放等问题金额8.96亿元。移送案件线索12件，6人受到党纪政纪处分。

民生资金（项目）审计 重点对城市及农村低保资金管理使用情况、企业职工基本养老保险基金收支管理情况、医疗保险基金、住房维修基金以及养殖业保险保费补贴资金进行审计和审计调查，组织开展阜新蒙古族自治县脱贫攻坚政策措施落实情况跟踪审计，推动民生政策落实。

企业审计 开展阜新市热力总公司、阜新市政兴机动车安全技术检测有限公司财务收支审计，重点关注企业盈利能力、资产管理水平、资产结构状况等，注意发现和揭露企业经营管理方面存在的问题，推动企业提质增效。

（撰稿人：王　丹）

【辽阳市审计局】 2016 年，辽阳市审计局人员编制 76 人，实有 74 人。党组书记杨挺，局长张迎胜，副局长于兆东、王永华，总审计师姜铁男，纪检组长戴有胜。设有办公室、综合研究室、法规科、经济责任审计办公室、财政审计科、财政收入征管与金融审计科、行政政法审计科、科教文卫审计科、经济贸易审计科、农业审计科、资源环境审计科、社会保障审计科、政府投资绩效审计科、城市建设管理审计科、电子数据审计科、人事教育科、河东新城审计分局、信息中心。

审计成果 2016 年，辽阳市县两级审计机关完成审计项目 428 个。查出主要问题金额 49.52 亿元，审计后挽回（避免）损失 3.88 亿元。

2016 年，辽阳市审计局被市总工会授予五一劳动奖状，被中国时代经济出版社和《中国审计》杂志评为审计宣传工作先进单位。辽阳市审计局财政科被省委组织部等部门评为全省人民满意公务员示范岗，机关党委被市直机关工委评为先进党委。

国家重大政策措施贯彻落实跟踪审计 全市组成 23 个审计组，抽查单位（项目）82 个，抽查资金 75.13 亿元，及时发现问题，提出建议，促进重大政策措施落到实处、发挥实效。

财政审计 针对政府公共财政收支的真实性、合法性和效益性进行审计监督，盘活存量资金 1054 万元，有效促进厉行节约，推动财政资金合理配置、高效使用。市人大常委会全票通过代政府做的 2015 年度市本级预算执行和其他财政收支审计工作报告。

经济责任审计 全年完成对 37 名县级领导干部的经济责任审计，查出问题金额 21.05 亿元。审计项目采取“一拖 N”模式，坚持党政同责、同责同审，整合资源，强化成果共享。

固定资产投资审计 借助社会中介机构审计力量参与政府投资项目审计工作，提高效率和专业效果，全年平均审减率 23.53%，挽回资金损失 2.49 亿元。

民生资金（项目）审计 对 18 项重点民生工程开展专项审计。循着资金流向，从政策要求、预算安排、资金拨付一直追踪到项目、实施单位或个人，挖掘问题，分析原因，提出建议。

审计科研 在省级报纸杂志上发表科研文章 5 篇，3 篇论文（课题）获得表彰。

机关建设 清理清退各类议事协调机构成员单位 37 项；出台《审计项目进度控制办法》、购买服务和外聘人才管理办法；持续推进党风廉洁建设，切实履行“一岗双责”，坚持审计纪律监督卡、审计回访、现场检查、廉洁责任追究等制度；开展精准扶贫工作，为帮扶共建对象协调各类资金 270 万元。

（撰稿人：曲妹繁）

【盘锦市审计局】 2016 年，盘锦市审计局人员编制 45 人，实有 45 人。局长王贺广，副局长闫志刚、王钧、郭克敏。设有办公室、法制综合科（计算机审计科）、经济责任审计办公室、经济责任审计科、财政金融审计科、文教行政审计科、农业与社保审计科、固定资产投资审计一科、固定资产投资审计二科。

审计成果 2016 年，盘锦市县两级审计机关完成审计项目 157 个。查出违规金额 5623 万元，促进增收节支 17.46 亿元。移送司法机关、纪检监察机关和有关部门处理事项 38 件。

2016 年，盘锦市审计局获得中国时代经济出版社、《中国审计》编辑部表彰，被评为 2016 年度全国审计通联宣传工作先进单位。

财政审计 重点审计市财政部门具体组织的本级预算执行情况、学前教育等专项资金，督促有关单位整改审计查出的问题。促进调减建设工程结算款 17.25 亿元，清理收回借出的财政资金 5500 万元，追回被侵占的资金 139 万元，对重复参加医疗保险人员进行退保处理 773 人。

经济责任审计 完成组织部门委托的 53 名领导干部经济责任审计，发现领导干部所在单位主要存在超限额使用现金、购入固定资产不入账、超范围列支、虚列支出、不合规票据入账等问题，查出违规及管理不规范金额400余万元。

固定资产投资审计 对盘锦市体育中心工程项目、辽东湾新区基础设施建设项目进行决算审计，发现工程项目结算中存在多计取工程量、高套定额、工程取费高等问题，核减工程造价17.25亿元。

民生资金（项目）审计 开展基本医疗保险基金、基本养老保险基金、最低生活保障资金和教育费附加资金审计，市政府主要领导对审计结果做出批示，要求有关部门认真整改审计查出的问题，建立长效机制。完成全市宜居乡村建设长效管理跟踪审计，重点揭示专项资金被套取、挤占、挪用等问题。纪检监察机关根据审计提供的案件线索，立案22起，处理涉案人员30人。

审计整改 根据市政府部署，市审计局对以前年度署、省、市三级审计机关审计盘锦查出问题开展督促整改。根据市政府主要领导对《审计查出问题整改情况报告》的批示，督促有关部门对自身存在的问题进行严肃的责任追究。有关部门对在工作中责任心不强、审核把关不严不实造成工作过失的相关工作人员142人进行追责，其中免除职务1人、党内警告9人、行政警告12人、调离工作岗位3人、诫勉谈话51人、通报批评53人、书面检查13人。（撰稿人：赵庆举）

【铁岭市审计局】 2016年，铁岭市审计局人员编制63人，实有54人。局长王长生（—4月）、张波（4月—），副局长杨占荣、李化山、邵荣、赵国东（12月—），总审计师王晓光（—4月），纪检组长赵玉杰。设有办公室、人事教育科、机关党委、法制科、综合科、经济责任审计办公室、固定资产投资审计一科、固定资产投资审计二科、财政审计科、金融审计科、教科文卫审计科、行政政法审计科、经贸审计科、农业与资源环境审计科、外资运用与社会保障审计科、电子数据审计科；下设审计培训中心、计算机信息中心、铁岭市政府投资审计中心。

审计成果 2016年，铁岭市审计局共完成审计和审计调查项目46个。查出主要问题金额69.80亿元，其中违规金额5.20亿元、管理不规范金额64.60亿元。移送纪检监察机关和有关部门处理事项13件。出具审计报告和专项审计调查报告56篇；提交审计简报和审计要情33篇，被批示、采用32篇（次）。提出审计建议99条，被采纳95条。向社会公告审计结果2篇。

国家重大政策措施贯彻落实跟踪审计 审计农村饮水安全工程资金管理使用情况和铁岭县脱贫攻坚政策落实情况，抽审铁岭县人民政府、银州区人民政府、市发展和改革委员会、市工商行政管理局的简政放权政策措施落实情况，按季度上报全市地方政府债务情况，对发现的问题督促整改，促进各项政策措施的贯彻落实。

财政审计 重点审计或者调查市级财政管理及8个市直部门预算执行、贯彻中央八项规定、“三公”经费支出等情况。对调兵山市财政决算进行审计。审计工作报告和审计整改情况报告均获得市人大常委会好评。

经济责任审计 完成经济责任审计项目18个，首次尝试党政同责同审和自然资源资产离任审计试点。统一组织各县（市）区审计局共同对42个村57名村党组织及村委员会主要负责人进行经济责任审计。

固定资产投资审计 完成2016年度保障性安居工程审计，对全市客运站建设及运营情况进行审计调查。

民生资金（项目）审计 对市本级和昌图县、铁岭县、调兵山市人民政府2015年和2016年上半年医疗保险政策制度落实和改革措施推进情况，以及基金筹集管理使用情况进行审计。

专项资金审计 对中小微企业经营环境、学前教育发展专项资金、退役安置资金、2015年全市农村饮水安全工程资金进行审计或审计调查。

交办任务 按照铁岭市纪检委要求，完成西丰县交通局2012年度客运场站建设专项资金和西丰县政协2013—2015年度财政收支审计。

（撰稿人：杜剑一）

【朝阳市审计局】 2016年，朝阳市审计局人员编制82人，实有79人。局长崔林（—9月）、薛鹏达（9月—），副局长李文华（—12月）、谭立波（2月—）、周军昌（4月—），总审计师佟宝钧（3月—），纪检组长姚文卿。设有办公室、人事教育科、法制综合科、经济责任审计办公室、财政审计科、行政政法审计科、教科文卫审计科、经贸审计科、农业审计科、资源环境审计科、社会保障审计科、固定资产投资审计一科、固定资产投资审计二科、信息化管理与应用科、机关党总支、朝阳市固定资产投资审计中心。

审计成果 2016年，朝阳市县两级审计机关共完成审计项目446个。查出主要问题金额97.75亿元；促进增收节支和挽回损失13.1亿元；审减政府投资工程造价2.82亿元。向纪检、公安等部门移送处理事项64件。

2016年，朝阳市审计局被评为依法行政先进单位、朝阳市政府系统信息工作先进单位，朝阳市审计局驻村扶贫工作队被评为全市先进驻村工作队。

国家重大政策措施贯彻落实跟踪审计 完成稳增长审计，查出项目推进、简政放权、政策落实等问题30余个，促进下放行政审批事项19项，收回结余结转资金5567万元。完成全市重大项目建设、全市公车制度改革审计调查，促进项目落地和政策落实。出台《全面支持项目建设的十二条意见》，建立审计工作的容错机制。

财政审计 完成2015年市本级和26个部门的预算执行及其他财政收支情况审计、双塔区财政决算审计及部门财政财务收支审计。仅市本级预算执行审计就盘活结余结转存量资金1.53亿元，上缴财政资金1001万元，促进有关单位安排使用1.43亿元。

经济责任审计 完成朝阳市242名领导干部的经济责任审计，其中任中审计111人、离任审计131人，为党委、政府管理和使用干部提供重要依据。

固定资产投资审计 完成燕都新城商务大厦、城市集中供热改造等140余个政府投资项目审计，审减政府工程造价2.82亿元，有效发挥审计监督促进财政“节流”的作用。

专项资金审计 完成全市社保基金、全市医保基金等61个专项资金审计项目。根据审计建议，市政府在全市范围内实行城镇企业职工“五险合一”新政策。全市医保基金审计共移送案件线索19件。

交办任务 完成上级审计机关组织的保障性住房、重点民生实事、援疆审计等12个审计调查项目；配合上级审计机关完成在朝阳市开展的固定资产投资审计调查、职业教育专项资金审计等项目；完成当地党委、政府交办的全市脱贫攻坚等审计项目。

审计整改 推进审计发现问题的整改，以市委、市政府名义印发《关于落实完善审计制度若干问题的意见》，明确被审计单位为审计整改工作的责任主体。

（撰稿人：韩秀仙）

【葫芦岛市审计局】 2016年，葫芦岛市审计局行政人员编制43人，实有41人；事业人员编制18人，实有17人。局长梁成栋，副局长董伟健（—11月）、赵素芝、蒋晓东，总审计师王丽君，纪检组长段宇征。设有办公室、人事监察科、综合法规科、经济责任审计科、财政金融审计科、行政事业审计科、社会保障审计科、经济贸易审计科、农业资源环保审计科、固定资产投资审计科、教科文审计科；下设有国家建设项目审计中心、计算机审计中心。

审计成果 2016年，葫芦岛市县两级审计机关完成审计项目261个。查出违规金额4089万元；促进增收节支403万元。出具审计报告和专项审计报告288篇，被批示、采用1篇；出具审计信息31篇，被批示、采用12篇。提出审计建议310条，被采纳212条。

国家重大政策措施贯彻落实跟踪审计 对7个项目进行跟踪审计，提出21条审计建议。

财政审计 实施审计项目145个，发现问题13个，查出主要问题金额79.73亿元。

经济责任审计 审计领导干部106人，查出主要问题金额20.69亿元，提交审计报告和审计结果报告125篇，提出审计建议185条。

固定资产投资审计 完成工程项目审计49个，报审金额15.20亿元，审计核减金额1.56亿元，向建设单位和组织实施的项目单位提出合理化建议37条，被批示审计信息1条。

专项资金审计 完成医疗保险基金、城市居民最低生活保障资金、脱贫攻坚政策措施落实、市属国有企业职工基本养老保险基金收支管理和缺口情况等4个项目的审计或审计调查，查出主要问题金额4079万元。

交办任务 完成葫芦岛市属117户国有企业的财务状况及经营情况的专项审计调查，梳理出9类问题，提出7条建议，为市委、市政府决策提供科学依据，为国有企业改制奠定基础。

（撰稿人：李卫东）

2016年辽宁省所辖区、县(市)级审计工作统计表

金额单位:万元

审计机关	完成审计项目(个)	审计查出主要问题金额	审计处理情况					出具审计报告和审计调查报告(篇)	提出审计建议(条)	提交审计信息(篇)
			审计处理处罚				移送处理事项(件)			
			应上缴财政	应减少财政拨款或补贴	应归还原渠道资金	应调账处理金额				
沈阳市										
沈阳市本级	55	3089254	4470	420		650	9	60	131	33
和平区审计局	31	3959	164			811		31	8	
沈河区审计局	27	50845	453		3	262		36	84	
大东区审计局	13	75454	172					19	63	
皇姑区审计局	24	48431	4068	272	2	36739		23	36	33
铁西区审计局	22	906	906					22	10	
苏家屯区审计局	59	14888	216				1	59		8
浑南区审计局	35	3219870						35	25	
沈北新区审计局	29	237011	107					36	54	85
于洪区审计局	24	405	41		30	7		24	6	7
辽中区审计局	51	86678	13339		22	11		68	61	24
新民市审计局	21	3992	39		54	168		34	53	41
康平县审计局	37	4233	6	484	197			37	79	4
法库县审计局	21	573094	315		58586	36570	1	36	74	1
开发区审计局	27	1042	229			1619		27	81	1
大连市										
大连市本级	45	10079473	288533		51852	5591	30	66	218	260
中山区审计局	15	191						28	20	1
西岗区审计局	18	2155						33	56	
沙河口区审计局	23	56096	1				1	36	97	35
甘井子区审计局	24	309527	1225				2	33	69	72
旅顺口区审计局	21	241633					2	34	44	9
金州区审计局	28	569427	3122		449	6832		34	77	189
普兰店区审计局	31	677785						36	18	2
瓦房店市审计局	26	62701						43	90	81

（续表）

审计机关	完成审计项目（个）	审计查出主要问题金额	审计处理情况					出具审计报告和审计调查报告（篇）	提出审计建议（条）	提交审计信息（篇）
			审计处理处罚				移送处理事项（件）			
			应上缴财政	应减少财政拨款或补贴	应归还原渠道资金	应调账处理金额				
庄河市审计局	41	48622	86	984		1480		60	112	26
长海县审计局	33	4549	208			4017	3	35	52	112
鞍山市										
鞍山市本级	87	286233	1040		1375	23807	21	98	228	
铁东区审计局	41	74270	20		165			40	115	
铁西区审计局	34	693				621		34	32	
立山区审计局	38	7035						38	17	
千山区审计局	5	89						5	12	
海城市审计局	57	136301	11		8	589		75		
台安县审计局	82	269396						100	207	
岫岩满族自治县审计局	201	21333	204		10	8105		269		
抚顺市										
抚顺市本级	97	328194	2421	11788	3160	1018	15	101	144	28
新抚区审计局	9	7091				276		16	4	
东洲区审计局	4	268	132		7		3	4	6	
望花区审计局	4	10690	100					4	16	20
顺城区审计局	20	1262	194	21		29		32	33	
抚顺县审计局	15	16570	160		535	1		12	11	
新宾满族自治县审计局	115	1421	44		12			114	79	
清原满族自治县审计局	56	5762	373	646	170	2913	1	69	42	
抚顺经济开发区审计局	12	30273						23	34	2
本溪市										
本溪市本级	52	92181	3868	14304	736	27082	19	57	141	86
平山区审计局	26							37		
溪湖区审计局	7							7	27	
明山区审计局	69	1143		665		351		74	116	
南芬区审计局	8	1166		521	34			13	52	
本溪满族自治县审计局	17	2247						17	16	
桓仁满族自治县审计局	34	3913		222	447	2947	1	34	2	

（续表）

审计机关	完成审计项目（个）	审计查出主要问题金额	审计处理情况					出具审计报告和审计调查报告（篇）	提出审计建议（条）	提交审计信息（篇）
			审计处理处罚				移送处理事项（件）			
			应上缴财政	应减少财政拨款或补贴	应归还原渠道资金	应调账处理金额				
丹东市										
丹东市本级	38	1039226	37202		168156	26234	1	38	45	10
元宝区审计局	14	77						12	19	16
振兴区审计局	18	965						18	40	
振安区审计局	17	69	21					13	29	
东港市审计局	35	107101	30261			54055		35	33	
凤城市审计局	49	42480	950	1	71	1449		48	68	23
宽甸满族自治县审计局	13	1235	36	1034	18	146	1	13	23	
边境经济合作区审计局	10	14526	27		11150	3342	1	9		
锦州市										
锦州市本级	77	427362	20579	14	100	44148	28	77	256	110
古塔区审计局	2	2627						2	7	
凌河区审计局	35	6658						37	62	27
太和区审计局	21	1664		512				21	40	9
凌海市审计局	29	104529	9		110	19909		35	85	8
北镇市审计局	38	40506			850	6760		38	62	
黑山县审计局	10	41317				9		18	19	2
义县审计局	31	2813	21	189	844	897		50	50	38
松山新区审计局	50	1989		1989				13	28	
营口市										
营口市本级	74	560178	1225		67	8705	6	132	71	67
站前区审计局	18	26455						33	1	
西市区审计局	14	32383						17	12	
营口经济技术开发区（鲅鱼圈区）审计局	21	6363						42	81	
老边区审计局	22	869						22		
盖州市审计局	37	5464						50		
大石桥市审计局	11	2093						11	23	
阜新市										
阜新市本级	56	458457	1043		21804	43001	15	87	162	53
海州区审计局	13	11105			422	168	1	23	12	24
新邱区审计局	10	4619	198		595	2099		10	29	

（续表）

审计机关	完成审计项目（个）	审计查出主要问题金额	审计处理情况					出具审计报告和审计调查报告（篇）	提出审计建议（条）	提交审计信息（篇）
			审计处理处罚				移送处理事项（件）			
			应上缴财政	应减少财政拨款或补贴	应归还原渠道资金	应调账处理金额				
太平区审计局	10	3763	3					15	29	
清河门区审计局	13	6045	3		1284	27		25	26	
细河区审计局	17	73618	63		7	3		17	41	
阜新蒙古族自治县审计局	42	190955	42					75	247	
彰武县审计局	24	2550	22					38	54	
辽阳市										
辽阳市本级	77	405635					1	77	161	100
白塔区审计局	18	21215			645	13999		18	4	
文圣区审计局	17	1098						17	33	
宏伟区审计局	40	2799				2799		40	13	6
弓长岭区审计局	95	10355						95	28	26
太子河区审计局	92	41643						80	18	
灯塔市审计局	59	9884			246	485		59	52	
辽阳县审计局	30	2585						30	7	
盘锦市										
盘锦市本级	60	242128	482	172549	400	2516	38	60	218	33
双台子区审计局	30	246				246		30	29	20
兴隆台区审计局	19	48675			235	1389		19	45	18
大洼区审计局	27	676	4			7		27	40	23
盘山县审计局	21	979	979					21	23	21
铁岭市										
铁岭市本级	46	697524	105	43	16889	109	13	56	99	33
银州区审计局	11	46966	10					15	28	46
清河区审计局	19	65393						19	61	
调兵山市审计局	38	6375	24			3		63	48	
开原市审计局	17	527440	664		95159	28574		17	35	13
铁岭县审计局	52	6041	58		1029	671		77	36	21
西丰县审计局	12	129	81		31	9		9	15	2
昌图县审计局	34	2070	5	84	716	405		50	85	13
经济技术开发区审计局	11	89	23		1			12	11	
朝阳市										
朝阳市本级	119	790083	5756	1136	96213	3310	34	140	263	78

（续表）

审计机关	完成审计项目（个）	审计查出主要问题金额	审计处理情况					出具审计报告和审计调查报告（篇）	提出审计建议（条）	提交审计信息（篇）
			审计处理处罚				移送处理事项（件）			
			应上缴财政	应减少财政拨款或补贴	应归还原渠道资金	应调账处理金额				
双塔区审计局	14	600	60		220	320		14	55	28
龙城区审计局	53	5600	14		1530	9200	10	53	140	24
北票市审计局	66	39217	7396	713	16239	13464	2	74	76	34
凌源市审计局	53	31128	596	420	434	42	12	70	83	71
朝阳县审计局	26	29816	147		5	26404	5	28	50	41
建平县审计局	41	3682	7	21	8		1	68	57	35
喀喇沁左翼蒙古族自治县审计局	74	77400	10		116	585		88	145	55
葫芦岛市										
葫芦岛市本级	77	629463	1506		5476	77797	1	83	104	27
连山区审计局	51	53308	12	320	341	204		52	12	
龙港区审计局	46	10622		590	4415	5594		66		
南票区审计局	2	49711	7053	146		42511		2		
兴城市审计局	43	50386	314	8	211	46224		43	108	
绥中县审计局	27	20782				210		27	43	4
建昌县审计局	13	722	185	1	210	296		15	43	

吉林省

【吉林省审计厅】 2016年，吉林省审计厅人员编制134人，实有119人。设有办公室、法规处、财政处、税收处、行审处、党群处、农业处、资环处、投资处、金融处、经贸处、社保处、外资处、经责处、人事处、政法处、文卫处、科教处、高校处、计算机审计处、审计整改督查处、稳增长审计处、基层工作处；下设经济责任审计中心、重大项目审计中心、审计研究和计算机技术中心、机关服务中心。

领导成员

厅　长：刘庆恒

副厅长：徐彦夫　赵振民

邹积新　高玉红（11月—）

总审计师：金顺爱（6月—）

纪检组长：程　柯（11月—）

省经济责任审计联席会议办公室主任：李茹宝

副巡视员：潘恒仁　于文国

审计成果　2016年，吉林省审计机关完成审计项目3584个。查出主要问题金额855.96亿元，其中违规金额168.18亿元、损失浪费金额1.37亿元、管理不规范金额686.41亿元；损益（收支）不实金额21.43亿元；审计处理处罚金额322.16亿元，其中应上缴财政36.25亿元、应减少财政拨款或补贴9.09亿元、应归还原渠道资金97.25亿元、应调账处理金额173.69亿元；审计发现非金额计量问题442643个；审计促进整改落实有关问题金额106.44亿元，其中增收节支49.30亿元、已调账处理金额53.76亿元；审计促进拨付资金到位7.58亿元；审计后挽回（避免）损失46.38亿元。移送司法机关、纪检监察机关和有关部门处理事项121件。出具审计报告和专项审计调查报告4500篇，被批示、采用870篇；提交审计信息1200篇，被批示、采用720篇。提出审计建议2769条，被采纳1430条；推动完善规章制度106项。

2016年，吉林省审计厅在2016年度省直机关绩效评估考核中被评为优秀等次，被省精神文明办评为精神文明先进单位。被审计署中国时代经济出版社、中国审计报社评为全国审计宣传工作先进单位。

国家重大政策措施贯彻落实跟踪审计　对全省7个市（州）（不含长春市、吉林市）、长白山管理委员会，58个县（市、区）（不含农安县、桦甸市）开展稳增长等重大政策措施落实情况跟踪审计。发现项目未按计划开工完工、滞留闲置资金、政策措施落实不到位等违规和管理不规范问题金额13.58亿元，其中12.5亿元得到纠正，占问题金额的92%。

财政审计　对省发改委、省交通厅、省林业厅、省司法厅等29个省级一级预算管理部门，184个所属单位的预算执行和财务收支进行审计，审计资金总金额188亿元。发现无预算超预算支出、滞留闲置财政资金、决算不实、应缴未缴财政收入等违规和管理不规范问题金额19.6亿元，占审计总金额的10.4%。提出审计建议79条。

对长春大学、北华大学、长春理工大学等6所高校2015年度财务收支和资金管理情况进行审计，发现应收未收联合办学学费、超预算超范围支出、往来清理不及时、违规集资等管理不规范问题金额4.3亿元。

对吉林市、白城市、辽源市、洮南市等13个政府2015年度政府决算进行审计，发现超支挂账、财政国库集中支付系统结余结转资金数额较大、非税收入上缴不及时、政府采购未按预算执行、应收未收城市基础设施配套费等违规和管理不规范问题金额98.6亿元。

7月27日，省审计厅向省人大常委会做《关于2015年度省级预算执行和其他财政收支的审计工作报告》，得到充分肯定。

经济责任审计　安排对4名党政领导干部、9名行政事业单位领导干部、8名省属高校领导人员、12名市州审计局领导干部共33人进行经济责任审计。依据省委组织部委托，临时增加对311名党政领导干部及企业负责人进行经济责任审计，超计划完成842%，发现负有主管责任和领导责任的违规和管理不规范问题金额35亿元。省审计厅与省委组织部联合出台《省管干部经济责任审计结果运用会商研判办法（试行）》。

金融审计　对全省政策性担保公司服务中小企业开展担保融资情况进行审计调查，发现担保公司信用杠杆作用发挥不充分、难以打破中小企业融资困境、政策性担保职能弱化等问题，提出审计建议5条。

对省担保公司和四平市、辽源市、白城市中小企业投资担保有限公司2015年度资产负债损益审计情况进行审计，发现掩盖资产风险、超范围使用客户保证金、部分短期委托贷款担保项目收费过高、委托贷款协议之外自行收取贷款利息等问题。

农业与资源环保审计　对敦化市、梨树县、通化县、乾安县、大安市等5县市开展2013—2015年度退耕还林专项资金的管理使用及绩效情况进行审计。抽查资金量占全省资金总量的20%以上，发现虚列退耕还林专项资金、滞留退耕还林政策补助专项资金、将采伐迹地纳入退耕还林地违规取得完善退耕还林政策补助资金、资金拨付手续不合规、资金监管弱化等违规和管理不规范问题金额1亿元。对辽源市党委和政府主要领导干部自然资源资产管理和生态保护责任履行情况进行审计试点，发现林地确权未完成、辽源市水务规划未报同级人民政府批准、25度以上坡耕地存在未退耕还林现象等问题。10月12日，省审计厅与吉林省测绘地理信息局共同签署《促进审计事业和测绘地理信息事业合作升级框架协议》，建立领导干部自然资源资产离任审计数据库。

固定资产投资审计　重点对吉林省援疆项目和第五批援藏项目资金1.74亿元进行审计，发现部分资金使用效益较低、多计工程价款、未按规定单独建账核算、未使用资金等违规问题，提出审计建议2条。对营城子至松江河高速公路的决算审计，发现招投标不合规、多结工程价款、概算外列支、施工图预算批复超概算、工程管理、财务管理等违规和管理不规范问题。对嫩丹高速项目进行跟踪审计，发现多结价款、应提未提印花税、挪用建设资金等违规和管理不规范问题。对长春工业大学北湖校区和吉林工商学院学校建设项目进行跟踪审计，发现存在违反基本建设程序、违规招投标、多结工程价款等违规和管理不规范问题。对中部城市引松工程进行跟踪审计，发现多结算工程价款、延迟扣回预付款、概算外列支规划报告费用等违规和管理不规范问题金额7178万元，提出审计建议3条。

民生资金（项目）审计 省审计厅对松江河梯级水电站征地移民安置资金使用管理情况进行审计，发现移民办部分工程及设备采购未招标、无依据支付购置工程设备款、工程款支付依据不充分、重复支付征地移民安置设计费、概算外列支等违规和管理不规范问题。组织全省审计机关对8个市（州）、长白山管委会和47个县（市、区）开展2014年至2015年财政专项扶贫资金管理使用和政策措施落实情况专项审计调查，发现违法违规和管理不规范项目838个，涉及问题金额6.74亿元，移交违法违纪问题线索5件，相关部门依据问题线索对13人分别给予开除党籍、严重警告、警告、行政记过等党纪政纪处分，1人被追究刑事责任。对全省棚户区改造、农村危房改造等各类保障性安居工程进行跟踪审计，发现未完成城镇保障性安居工程建设任务、未完成农村危房改造任务、配套设施建设项目未开工或未按时竣工等违法违规问题。对公主岭市、梅河口市等12个县市2014年度和2015年度全面改善贫困地区义务教育薄弱学校基本办学条件项目资金进行专项审计调查，抽查项目358个，涉及资金6.04亿元，占全省总资金20.11亿元的30%，发现虚报资金需求、资金闲置未及时安排使用、“全面改薄”规划时排查摸底不全面、工程进展缓慢、建设项目未履行招投标程序、设备采购进展缓慢等违规和管理不规范问题。

外资运用审计 省审计厅对处理日本遗弃化学武器项目、吉林市环境综合治理项目、吉林农产品质量安全项目、松花江流域生态林项目、吉林农业综合开发项目进行审计，发现用项目结余资金冲减事务费支出、库存材料管理使用不规范、已完工项目未进行竣工决算、项目资金核算不完整等违规和管理不规范问题金额3.75亿元，其中2.98亿元得到纠正，占问题金额的80%。

企业审计 对省酒精工业集团有限公司2015年度资产负债损益情况进行审计，发现部分项目不符合引导资金支持方向、已批复的资金未落实到项目单位等违规和管理不规范问题。采取购买服务方式，对吉林银行等6个省属国有企业和省财政厅等35个省直部门所属国有企业428户进行国企改革专项审计，发现企业注册资金不合规、固定资产权属不清、无偿占用主管部门资产等问题。

专项资金审计 对第十届中国—东北亚博览会专项资金进行审计，发现违规减免展位费、少记库存等违规和管理不规范问题。组织全省审计机关对长春市、白山市等8个市、15个县（市）开展2014年至2015年就业专项资金管理、使用和绩效情况审计，发现滞拨专项资金、虚列支出、就业项目执行缓慢、资金闲置等违规和管理不规范问题金额2693万元，其中2666万元得到纠正，占有问题金额的99%。对11所省属高校2014—2015年度中央财政支持地方高校发展专项资金和省级高等教育强省专项资金管理、使用和效益情况进行审计调查，抽查资金总量9.31亿元，发现项目执行结果达不到预期效果、部分专项资金下拨时间较晚、项目执行过程时间长、设备闲置等违规和管理不规范问题。

信息化建设 完成全省71个单位271台专网办公设备安装调试，依托电子政务外网实现署、省、市、县四级互联。完成17个功能模块的开发，建成“两网一平台双支撑”的专网办公系统。聘请专业机构重新编写金审工程三期项目可研报告，获省发改委审批通过。开通吉林省审计厅政务微信平台，手机和计算机终端都能够访问。采集2012年至2015年全省70个地市县区财政总决算报表、部门预算报表、财政收支月报等业务报表数据约2000份。

审计科研 组织完成的《审计机关防范经济社会运行风险的实现路径》《吉林省审计与治理研究》两项成果，分别被吉林省社会科学界联合会评为吉林省第六届社会科学学术年会优秀论文二等奖和三等奖。撰写的《适应新常态，推进审计监督全覆盖》《全覆盖环境下经责审计组织管理模式探析》《践行新理念，当好助推器服务地方经济社会发展》《适应新常态，践行新理念，推动新发展》《大数据环境下的基层审计：制约因素、机制建立与方法选择》等10余篇论文在省级以上报刊发表。

相关工作 开展“两学一做”学习教育，严格“三会一课”制度，发挥基层党组织战斗堡垒作用和党员先锋模范作用。召开全省审计机关党风廉政建设工作视频会议、市级审计局长及纪检组长座谈会，定期调度部署党风廉政建设工作。全年累计参加审计署、省委组织部、省公务员局等部门举办的各类培训班140人次；选派县级审计机关新任职局长参加审计署培训14人次；组织全省审计机关300多名业务骨干参加重大政策落实跟踪审计、经济责任审计培训班；依托审计署培训网站组织全省750余人次参加“稳增长政策跟踪审计”等网络专题培训班。

内部审计 颁布实施《吉林省内部审计工作规定》。向各市州内部审计协会及省直各主管部门发放《内部审计调查问卷》200份，摸清全省各会员单位机构设置、制度建立、审计人员配备等情况。举办3期培训班，共培训全省内部审计人员600多人；协助辽宁省内部审计协会在南京审计大学工程学院举办基本建设项目业务培训。辽宁省内部审计协会组织会员单位及个人参加全省理论研讨，从92篇论文中，推荐5篇参加全国理论研讨评比活动；组织完成800人次的CIA年检、500多人次的国际注册内部审计师报考。

（撰稿人：徐仰辉）

【长春市审计局】 2016年，长春市审计局人员编制107人，实有101人。局长李志刚，副局长吴焕军、孔维进（—3月）、赵力彦、孙忠林，总审计师李贵军。设有办公室、机关党委、法制处、人事监察处、财政金融审计处、教科文卫审计处、行政政法审计处、社会保障审计处、经贸外资审计处、农业与资源环保审计处、固定资产投资审计处、经济责任审计处、派出审计一处、派出审计二处、派出审计三处；下设审计学会和机关服务中心。

审计成果 2016年，长春市审计局完成审计和审计调查项目113个。查出主要问题金额40.69亿元，其中违规金额12.04亿元、管理不规范金额28.65亿元；审计处理处罚金额23.26亿元，其中应上缴财政3.21亿元、应减少财政拨款或补贴1.53亿元、应归还原渠道资金6100万元、应缴纳其他资金1800万元、应调账处理金额17.73亿元；审计促进整改落实有关问题金额1.49亿元，其中已上缴财政3900万元、核减固定资产投资额1.1亿元。移送司法机关、纪检监察机关和有关部门处理事项21件。出具审计报告和专项审计调查报告113篇；提交审计信息64篇，被批示、采用51篇。提出审计建议229条。

2016年，长春市审计局4个项目获得吉林省审计厅优秀项目表彰。

国家重大政策措施贯彻落实跟踪审计 组织督导各县（市）、区审计机关跟踪检查近年来地方政府落实政策措施的具体部署、执行进度、实际效果等情况，采取点面结合的方式，分期侧重不同政策、不同项目、不同资金进行跟踪审计。

财政审计 对市财政局组织市本级预算执行情况、市地税系统税收征管情况、市体育局等11个重点部门预算执行情况以及1个下级政府财政决算情况开展审计，查出主要问题金额13.02亿元。

经济责任审计 根据年初计划、组织部临时委托和吉林省审计厅授权，组织对59名领导干部开展任期及任前经济责任审计，查出主要问题金额6.13亿元，其中应负领导责任的违规金额2.31亿元、应负主管责任的管理不规范金额0.71亿元、应负领导责任的管理不规范金额3.10亿元。

固定资产投资审计 完成16个审计项目，审计投资额74.6亿元，涉及单项工程299个，查出主要问题金额1.74亿元，核减项目投资额1.10亿元。

民生资金（项目）审计 根据审计署统一安排和部署，开展保障性安居工程跟踪审计，审计德惠、农安、榆树3个县（市），揭示当前住房保障工作中存在的6大类12个问题。向纪检部门移送案件线索4件，1人被给予党内严重警告处分，5人被给予党内警告处分，1人给予行政警告，3人被诫勉谈话，4人被提醒谈话，1人被调离原工作岗位。

专项资金审计 按照吉林省审计厅统一组织，对就业专项资金、中小企业和民营经济发展引导资金等开展专项资金审计（调查），重点关注政策执行、资金使用、项目实施和效益效果等情况。

（撰稿人：杨冬玲）

【吉林市审计局】 2016年，吉林市审计局人员编制86人，实有77人。局长姜亚男，副局长赵世海、李英华、尹永全，总审计师孙江旭，纪检组长尹绍群，副调研员常平、徐宇飞。设有办公室、法规处、财政审计处、金融审计处、行政事业审计处、经贸审计处、农业与资源环保审计处、社会保障审计处、固定资产投资审计处、外资运用审计处、经济责任审计处、派出审计工作处、人事处、机关党委；下设吉林市审计中心。

审计成果 2016年，吉林市审计局完成审计项目67个。查出主要问题金额2.43亿元，其中违规金额3344万元、管理不规范金额2.09亿元；审计处理处罚金额3371万元，其中应上缴财政3366万元、应归还原渠道资金13万元，应调账处理金额390万元；审计促进整改落实有关问题金额3371万元，其中增收节支3366万元、已调账处理金额390万元。移送司法机关、纪检监察机关和有关部门处理事项34件。提交审计信息427篇，被采用232篇。提出审计建议300条。

2016年，吉林市审计局实施的吉林市铁路投资开发有限公司资产负债损益情况审计项目、吉林市水资源政策措施落实情况跟踪审计项目被吉林省审计厅评为优秀审计项目。

财政审计 完成对吉林市地税局的审计，发现提前征收税款、少征税款及滞纳金等问题。完成对6个市直部门（单位）预算执行及其他财政收支情况审计。完成对40户行政事业单位财务收支审计，发现非税收入287万元未及时入库、结余资金229万元未上缴财政、在往来账中列收列支专项资金785万元、应缴未缴国资产（源）有偿使用收入252万元、账外房屋资产未纳入固定资产管理110万元、应缴未缴结余资金119万元、未履行政府采购手续56万元、结余2年以上专项资金20万元、财政存量资金6万元超过两年等问题。

经济责任审计 完成33名领导干部经济责任审计。

企业审计 完成1户企业效益审计，发现截留财政收入458万元等问题。

交办任务 配合完成审计署国家重大政策措施落实情况跟踪审计。

专项资金审计 完成吉林省审计厅统一组织的全省保障性安居工程跟踪审计、全省部分市县农村危房改造资金审计、吉林市舒兰市领导干部自然资源离任审计、支持新疆西藏发展资金和项目审计、部分县市就业专项资金管理使用绩效情况审计调查、全省扶贫资金管理使用和扶贫政策措施落实情况审计调查、全省中小企业担保融资情况审计调查、省级中小企业和民营经济发展引导资金管理使用绩效情况审计调查等项目。

内部审计 2016年，吉林市共注册登记内部审计机构228个，其中专职机构91个；内部审计人员654人。完成审计项目和审计调查项目共4725个，查出违纪违规金额1.12亿元，促进增收节支9085万元；提出建议意见并被采纳1313条。

（撰稿人：王明辉）

【四平市审计局】 2016年，四平市审计局人员编制73人，实有61人。局长郭玉文（—6月）、孟宪国（6月—），副局长吴琳（6月—）、马冀（12月—），纪检组长张崇（—6月），调研员郑斯忠（8月—）。设有办公室、人事科、法制科、财政审计科、金融审计科、行政事业审计科、经贸审计科、农业与资源环保审计科、社会保障审计科、固定资产投资审计科、经济责任审计科、外资运用审计科、政法审计科、科教文卫审计科、商粮审计科、稳增长审计科、计算机审计科、督查整改审计科和审计中心，另设有机关党委。

审计成果 2016年，四平市审计局完成审计项目48个，查出违规金额335万元、管理不规范金额5.62亿元、损失浪费金额26万元；审计处理应上缴财政371万元、应归还原渠道资金2.57亿元、应调账处理金额2.38亿元。向纪检委和有关部门移交案件线索1件。出具审计报告和专项审计调查报告48篇；提交审计信息24篇，被批示、采用15篇。提出审计整改建议86条。

财政审计 完成2015年度四平市本级预算执行及其收支情况审计，发现用省级专项资金平衡预算、超支挂账、超范围支出、挪用专项基金等问题。完成对地税系统、市财政局等13个重点预算执行单位的审计，通过对地税系统的审计，查出截留挪用省级资金、应缴未缴财政资金等违规问题。

经济责任审计 四平市县两级审计机关完成经济责任审计项目105个，查出主要问题金额7943万元。其中市审计局完成经济责任审计项目31个，查出违规问题金额7253万元。

固定资产投资审计 对旭日立交桥、城市规划馆、东南生态新城回迁楼、体育馆、图书馆、城市地下综合管廊、东南生态新城中央绿地（植物园）等8个重点建设项目进行跟踪审计。项目中专业性较强的事项，采取政府购买社会中介服务方式。

专项资金审计 实施保障性安居工程、重大政策措施落实情况跟踪审计和扶贫资金管理及政策落实情况、就业专项资金管理及绩效情况的审计调查，促进相关政策措施落实和资金使用发挥效益。

（撰稿人：李　林）

【辽源市审计局】 2016年，辽源市审计局人员编制32人，实有32人。局长王少宏，副局长姜元东、王彦明、吴海燕，纪检组长吴宝华，副巡视员刘永为、武国臣。设有财政审计科、金融审计科、行政事业审计科、经贸审计科、农业与资源环保审计科、固定资产投资审计科、社会保障审计科、经济责任审计科、内部审计科、审计监督科、办公室（信息中心）、法制科、纪检监察室、机关党委；下设2个事业单位，其中审计中心编制6人，实有6人，政府投资审计中心编制14人，实有13人。

审计成果 2016年，辽源市审计局完成审计项目147个。查出主要问题金额15.44亿元，其中违规金额5.22亿元、管理不规范金额10.19亿元；审计处理处罚金额8.15亿元，其中应上缴财政1586万元、应归还原渠道资金7.45亿元、应调账处理金额4044万元；审计发现非金额计量问题14个；审计促进整改落实有关问题金额7.77亿元，其中已调账处理3840万元、已上缴财政1094万元、已归还原渠道资金7.17亿元；审计后挽回（避免）损失273万元，审计期间整改问题金额4714万元。移送司法机关、纪检监察机关和有关部门处理事项4件，涉及金额5041万元。出具审计报告和专项审计调查报告85篇，被批示、采用85篇；提交审计信息175篇，被采用171篇。提出审计整改建议77条，被采纳73条。

2016年，辽源经济开发区财政决算审计等3个项目被省审计厅评为优秀审计项目和表彰审计项目。市审计局被市委、市政府表彰为全市“六五”普法先进集体，被市直机关评为全市先进基层党组织，连续5年被市政府评为绩效考核优秀单位，审计宣传工作在全省审计机关排名第三。

国家重大政策措施贯彻落实跟踪审计 开展重大政策措施落实情况跟踪审计，审计部门和单位26个，对涉及贯彻落实现代农业、工程建设等国家相关政策措施方面存在的问题及时督促纠正，有效地保证和促进国家政策和措施的落实。

财政审计 对辽源市本级2015年度预算执行和其他财政收支情况进行审计，通过对财政和10个预算部门及17个单位的财政收支审计，查出预算执行中存在的突出问题，财政等部门积极落实整改；对上年预算执行审计查出的问题进行跟踪检查，主要问题已得到纠正。对地税部门税收征管情况进行审计，延伸审计10户涉税企业，查出应缴税款273万元，审计后已全额上缴国库。对辽源经济开发区财政决算审计，对审计中查出的财政隐形赤字等主要问题，开发区政府召开专题会议落实整改措施。

经济责任审计 对全市58名党政领导干部进行经济责任审计，查出扩大开支范围、不合规票据列支等主要问题金额5770万元，客观地认定领导干部经济责任，依法对违纪违规问题做出处理，相关经济责任人认真落实整改建议，规范财务管理。开展辽源经济开发区经济责任审计，查出在资产处置、资金使用等方面突出问题；开发区对违规出借的2038万元，六次向市委巡视组上报整改情况，出台《国有企业资产管理办法》等6项管理制度。

农业与资源环保审计 对农产品质量安全项目资金、水利资金等专项资金进行审计。水利部门根据审计建议向市政府提交关于“成立辽源供水公司”的请示，经市政府常务会研究决定，成立辽源市辽河供水公司，推动水管单位体制改革。

固定资产投资审计 对农产品监测建设、食品安全检测建设、矿山湿地公园、残疾人康复中心建设等政府重点投资项目进行审计。对农产品监测体系建设项目开展审计，查出工程管理和资金管理中存在的 11 个问题，问题金额 366 万元，已责成项目单位及时整改。

民生资金（项目）审计 对保障性安居工程、就业资金、危房改造资金、扶贫资金、残疾人保障资金、医院收费、工会经费等专项资金和项目进行审计或者审计调查。在就业资金审计中，发现龙山区、西安区社保补贴未及时发放 860 万元、未给 474 公益岗缴纳社保等问题，得到两区政府高度重视，予以及时补发和缴纳。对全市扶贫开发专项资金审计调查结果上报后，市长批转县区政府，要求逐一落实整改。

交办任务 完成省审计厅和市委、市政府临时交办审计项目 53 个，非审计项目 4 个。

信息化建设 辽源市审计局、东丰县审计局、东辽县审计局、龙山区审计局、西安区审计局均设立计算机房，开通远程视频会商系统，实现网上无纸化办公，有重点地开展计算机现场审计。在保障性安居工程项目审计中，辽源市审计局利用计算机技术整合房产、社保、工商等 12 个部门的业务数据链，跨行业搭建审计平台，通过数据对比、筛选、分析，查出 94 户违规享受廉租补贴。

内部审计 2016 年，全市内部审计机构完成审计项目 23 个，提交有价值的内部审计调查报告 8 篇；查出违纪违规问题 20 余个，避免国有资产流失 36 万余元；提出合理化建议 76 条，促进增收节支 1000 万元。组织 60 名内部审计人员参加审计业务培训班，提高内部审计人员整体素质。建立辽源市内部审计人员数据库，发展内部审计单位会员和个人会员，截至年末，全市有会员单位 156 个，会员 460 人。 （撰稿人：刘红军）

【通化市审计局】 2016 年，通化市审计局人员编制 68 人，实有 49 人。局长杨希文（—8 月）、杨辉（8 月—），党组书记杨希文（—8 月，兼）、董德恩（10 月—），副局长董德恩（兼）、陈卿、蒋辉，纪检组长梁秀。设有办公室、人事教育科、监察室、法制科、财政审计科、行政事业审计科、政法审计科、经贸金融审计科、农业与资源环保审计科、固定资产投资审计科、社会保障审计科、执行科、经济责任审计科；下设审计中心、审计信息中心。

审计成果 2016 年，通化市审计局完成审计项目 109 个。查出主要问题金额 11.45 亿元，其中违规金额 2353 万元、管理不规范金额 11.22 亿元；损益（收支）不实金额 1090 万元；审计处理处罚金额 2.97 亿元，其中应上缴财政 1.57 亿元、应归还原渠道资金 9492 万元、应调账处理金额 2796 万元；审计发现非金额计量问题 24 个；审计促进整改落实有关问题金额 2.02 亿元，其中增收节支 1.61 亿元、已调账处理金额 992 万元；审计促进拨付资金到位 1.16 亿元；审计后挽回（避免）损失 265 万元。出具审计报告和专项审计调查报告 148 篇；提交审计信息 150 篇；推动完善规章制度 77 项。

2016 年，通化市审计局被吉林省通化市绩效办评为年度绩效考核一档部门；2016 年 4 季度通化市水资源政策措施落实情况跟踪审计项目被吉林省审计厅评为优秀项目奖。

国家重大政策措施贯彻落实跟踪审计 确定 6 项重大政策和 10 项重点工程作为审计重点，加大工作力度，合理配置审计资源，促进宏观调控政策措施落实到位。

财政审计 完成对市财政局等 11 个单位的预算执行审计和市地税局、所属县区审计局等 15 个单位的财政财务收支审计，促进被审计单位加强管理，提高财政资金使用效益。

经济责任审计 审计中关注领导干部推动地区经济发展、贯彻执行方针政策和决策部署、重大经济决策、履行党风廉政建设职责及廉洁从政等情况，客观评价领导干部任职期间经济责任履行情况，引导领导干部树立正确的权力观和政绩观，为加强干部监督和管理提供真实可靠的参考依据。

固定资产投资审计 组织实施通化市保障性安居工程跟踪审计和农村危房改造资金审计，查出未履行政府采购手续等违规问题金额 150 多万元。对通化市红旗桥立交工程、城市综合管廊建设项目和西昌、五月花互通立交工程等重点项目进行跟踪审计，确保项目资金安全和项目建设顺利实施。

民生资金（项目）审计 组织实施扶贫资金、中小企业和民营经营发展引导资金等民生资金专

项审计。完成就业专项资金管理使用及绩效情况专项审计调查，发现管理不规范问题金额近千万元。（撰稿人：杜国鹏）

【白山市审计局】 2016年，白山市审计局机关编制37人，实有32人；工勤编制5人，实有4人，员额管理1人。局长赵靖，副局长纪秉华、杨志刚、田成鹏，总审计师胡长顺，纪检组长迟云兰。设有办公室、综合科、人教科、法制科、固定资产投资审计科、财政审计科、经贸审计科、行政事业审计科、文教审计科、农业与资源环保审计科、政法审计科、外资金融审计科、监察室；下设2个直属事业单位：白山市审计中心，核定编制14人，实有11人；白山市审计信息中心，核定编制11人，实有11人。

审计成果 2016年，白山市县两级审计机关完成审计项目224个。查出主要问题金额36.6亿元；出具审计报告和专项审计调查报告337篇，提出审计意见建议229条。其中，白山市审计局完成审计项目77个，查出主要问题金额8.50亿元；出具审计报告和专项审计调查报告153篇，提出审计意见建议105条。

国家重大政策措施贯彻落实跟踪审计 对全市中小企业担保公司贯彻落实中央重大政策措施，为中小企业融资贷款发挥作用情况进行审计调查，揭示未按要求制定相关的财政支持政策、未将融资担保机构接入金融信用信息基础数据库等问题。对全市基础配套设施项目政策措施落实情况进行审计调查，发现部分项目施工手续不健全、建设单位未单独建账核算等问题。对2015年至2016年水资源重大政策措施落实情况进行审计调查。通过审计发现超许可证范围取水、违规审批取水许可证、取水许可证超期未及时收回等问题。

财政审计 白山市县两级审计机关完成预算执行及其他财务收支审计项目28个，通过审计发现财政部门存在一般预算占用省级专项转移支付、应缴未缴国有资产处置收入等问题，市（县）直部门存在挪用专项资金、违规扩大开支范围、固定资产账实不符等问题。

经济责任审计 白山市县两级审计机关完成经济责任审计项目175个，发现个别单位领导重视程度不够，财务管理失之于宽、失之与软、相关制度落实不到位等问题；极个别单位还存在固定资产不入账、坐收坐支等问题。

固定资产投资审计 白山市县两级审计机关完成固定资产投资审计项目6个，发现部分项目存在工程造价审核把关不严、多计工程款问题，共审减244万元；部分项目存在资金管理不规范造成挤占挪用建设资金问题。

民生资金（项目）审计 白山市县两级审计机关完成2015年保障性安居工程跟踪审计。重点审计全市53个安居工程项目，并延伸调查60个村193户农村危房改造家庭，审计资金14亿多元。发现部分地区未完成建设任务、资金统筹安排不到位及已建成保障性住房长期空置等问题。

脱贫攻坚帮扶工作 市审计局帮助引导贫困户谋划产业项目，共发展蓝靛果、蓝莓200余亩，带动贫困户30户；61户发展大榛子、贝母、养牛等种养殖项目；其他91户都根据自己的资金、土地、技术等条件发展生产项目。解决危房改造的难题，全年协调专项资金100多万元，为25户贫困户进行危房改造，当年全部建成并入住，其中1户特困户、1户抗联遗属全额扶持资金建房。开展基础设施建设，协调投入资金170多万元，当年完成建设项目4个，其中投入资金10万元，完成村水井房、蓄水池、村部厕所改造项目；投入资金15万元，新增太阳能路灯30盏；协调争取资金96万元，修建农田机耕路17公里；协调争取资金50万元，为40户贫困户建设园田地日光温棚。

队伍建设 落实“一岗双责”责任制，构建党、政、纪齐抓共管，干部积极参与的工作机制，结合“两学一做”学习教育，把党风廉政建设摆在更加突出的位置，与审计工作同研究、同部署、同落实、同检查、同考核，推进反腐倡廉各项工作的深入开展。强化对审计干部的日常管理和监督，以纪律为戒尺，加强对审计现场，尤其是重点审计项目的实地检查，对一些苗头性、倾向性问题早提醒、早帮助、早纠正。灵活运用检查、约谈、批评教育、诫勉谈话等方式，防患于未然，治病于初起。（撰稿人：董立夫）

【松原市审计局】 2016年，松原市审计局机关行政编制29人，实有29人；机关工勤编制4

人，实有2人；事业编制14人，实有14人。局长王凤文，副局长吕龙、张伟、吕俊忠，总审计师宋国范，纪检组长吴国权。设有办公室、法制科、财政金融审计科、行政事业审计科、科教文卫审计科、农业与社会保障审计科、经贸审计科、经济责任审计科、内部审计学会、松原市审计学会和机关党办；下设松原市审计中心。

审计成果 2016年，松原市县两级审计机关完成审计和审计调查项目510个。查出主要问题金额264.2亿元，其中违规金额7.80亿元、损失浪费金额817万元、管理不规范金额256.30亿元；审计处理处罚金额7.40亿元，其中应上缴财政和减少财政拨款3.37亿元、应归还原渠道资金6449万元、应调账处理金额3.39亿元；审计期间整改金额1240万元。移送纪检监察机关和有关部门案件线索10件，已办结移交手续5件，其余5件移交相关资料。

国家重大政策措施贯彻落实跟踪审计 按照市委、市政府和省审计厅的工作部署，结合地方实际，突出松原特色，明确聚焦各季度主攻方向。市审计局采取与市政府2016年重点工作目标同步、与其他专项审计衔接配合的方式开展跟踪审计，推动审计及其整改工作。有关部门挪用的9490万元专项资金已归还原渠道，2家单位承接的国家、省共23项行政审批事项得到有效落实，按时完成省政府重点督查任务。

财政审计 市县两级审计机关以促进规范预算管理、提高公共资金使用绩效为目标，开展财政审计，重点审查预算编制和分配、预算执行、财政资金管理情况以及“三公”经费支出情况，针对存在的普遍性问题，查源头、查原因、查责任、查后果，深入揭示在资金拨付、管理、支出中存在的突出问题，审计工作报告得到当地人大政府的充分肯定。

经济责任审计 按照“揭露问题、规范管理、促进改革、提高绩效”的思路，坚持党政同责、同责同审，积极开展各类别党政主要领导干部的经济责任审计，市县两级审计机关完成经济责任审计项目287个，查出违规问题金额1.56亿元。市审计局移交纪检监察机关和有关部门案件线索2件，1人因严重违纪受到党纪处理。

固定资产投资审计 转变审计方式，前置审计关口，对政府投资亿元以上的松原查干湖机场、市中心医院办公楼的民生项目实施全过程跟踪审计。全年开展政府投资审计项目33个，工程报审造价7.77亿元，审定工程造价6.58亿元，审减工程造价1.19亿元，综合审减率达到15.33%。

民生资金（项目）审计 围绕社会关注的热点问题，开展对涉及广大人民群众切身利益的保障性安居工程、新农村合作医疗、扶贫资金等重点领域和重点资金的审计和审计调查。通过审计，揭示专项资金拨付不到位、项目管理欠规范等问题，有针对性地提出改进建议。对全市保障性安居工程跟踪审计中发现48户骗取租赁补贴7.38万元的问题下达审计决定，已追缴29户租赁补贴4.5万元。

相关工作 举办六中全会精神专题学习月活动，采取党组理论中心组研讨、党员大会学习、民主生活会、组织生活会、党小组学习会等方式，以全会公报、《准则》《条例》为主要内容，学原文、谈体会、查不足、明方向。开辟“两学一做”学习交流园地、开展六中全会精神知识测试等形式，推动广大党员、干部全面准确掌握中央精神。在精准扶贫党员活动日组织党员为贫困村捐款1.43万元，筹资50万元为村集体建成两栋1080平方米大棚，修建8.29公里的水泥路。

（撰稿人：张庆海）

【白城市审计局】 2016年，白城市审计局人员编制48人，实有44人。局长沈雪松，副局长陈桂侠、于长水、刘志新，总审计师郑国华，纪检组长杨威。设有12个科（室）和1个审计中心。

审计成果 2016年，白城市审计局完成审计项目122个，其中组织实施审计项目122个。查出主要问题金额6.20亿元，其中违规金额6433万元、管理不规范金额5.55亿元；审计处理处罚金额2.91亿元，其中应上缴财政2998万元、应减少财政拨款或补贴1776万元、应归还原渠道资金9563万元、应调账处理金额1.42亿元；审计发现非金额计量问题131个；审计促进整改落实有关问题资金1.76亿元，其中增收节支6101万元、已调账处理金额1.10亿元、已缴纳其他资金619万元。移送司法机关、纪检监察机关和有关部门处理事项 2 件。出具审计报告和专项审计调查报告 200 篇；提交审计信息 76 篇，被批示、采用 7 篇。提出审计建议 181 条。

国家重大政策措施贯彻落实跟踪审计 完成 2016 年白城市重大政策措施落实情况跟踪审计、洮北区推进现代农业发展产业政策措施落实情况跟踪审计、大安市城市基础设施建设政策措施落实情况跟踪审计、全市水资源政策措施落实情况跟踪审计，配合省审计厅开展白城城市基础设施建设政策措施落实情况跟踪审计等项目。上报的第二季度重大政策措施落实情况跟踪审计报告、第二季度重大政策措施落实情况跟踪审计整改报告、第四季度水资源政策措施落实情况跟踪审计报告得到市主要领导批示。

财政审计 对市财政局、市地税局、白城工业园区等部门预算、决算情况进行审计，审计发现预算编制不规范、应征未征税款等问题，查出问题金额 5365 万元，查补税款 468 万元，上缴财政金额 23.4 万元。

经济责任审计 对市县两级 101 名领导干部实施任中和离任审计。2016 年是全市党委、政府换届之年，市审计局按照市委的要求，围绕“权力运行”和“责任落实”两个重点，对涉及换届领导干部的重大经济决策、项目资金使用、经费支出、与其他单位经济往来、个人廉洁自律等情况实施任前和离任审计，客观公正、真实全面地评价领导干部履行经济责任和工作绩效情况。查出问题金额 3.87 亿元，其中违规金额 5416 万元、管理不规范金额 3.35 亿元。

农业与资源环保审计 对白城市芦苇局 2015 年度预算执行情况实施审计，重点对预算执行、“三公”经费、其他收入、所属单位经营收支、财政补贴进行检查，查出财政存量资金 13 万元、挪用林业成品油价格补助资金 48 万元、扩大开支范围 1.98 万元、应缴未缴防洪和价调基金 0.45 万元等违规问题，收缴财政存量资金 13 万元。提出可行建议 2 条。

固定资产投资审计 对保障性安居工程、海绵城市建设（老城区改造工程）、白城中心医院建设项目、农村危房改造等项目实施重点审计和跟踪审计，发现问题金额 2.38 亿元，审计整改纠正金额 1.30 亿元，促进增收节支金额 507 万元，查补税款 373 万元，核减工程结算价款 3788 万元。

民生资金（项目）审计 组织对全市 2015 年农村危房改造工程、保障性安居工程等重点民生项目和资金的跟踪审计，发现保障性安居工程中未完成开工和基本建成任务 484 套、农村危房改造工程未完成 1495 套户、228 套已竣工验收保障性住房空闲超过一年等问题。市委、市政府主要领导对市审计局上报的《白城市区保障性安居工程跟踪审计发现问题应引起重视》的审计要情专报，分别签批整改要求，促进市政府出台《白城市企事业单位公共租赁住房分配管理工作实施方案》和《白城市 2016 年公共租赁住房工作实物配租分配方案》。

外资运用审计 协助省审计厅完成世界银行贷款——农产品质量安全项目，分别对洮南市利用世界银行贷款项目管理办公室、镇赉县利用世界银行贷款项目管理办公室项目资金管理及运用进行审计，审计发现没有完成计划投资额 77 万元，其中洮南市 41 万元、镇赉县 36 万元。

专项资金审计 围绕市委、市政府确定的“四个重点”工作和省审计厅明确的审计试点任务，安排市属国有可利用自然资源资产情况、全市农村电子商务项目、全市科技三项费用、白城市和洮南市扶贫资金和扶贫政策措施落实等 7 个项目实施专项审计调查。

信息化建设 先后派出 4 人参加南京审计教育学院计算机审计培训；投资 30 多万元资金，为全局审计干部更换笔记本电脑，购买 2 套工程造价审计软件；在全市保障性安居工程跟踪审计、全市扶贫资金管理审计、财政和医疗保障资金数据采集等大数据审计中，充分利用 AO 现场审计系统，发挥计算机审计效能。（撰稿人：蒋玉民）

【延边朝鲜族自治州审计局】 2016 年，延边朝鲜族自治州审计局人员编制 50 人，实有 48 人。局长文金哲，副局长朴红花、曲立军、赵卫民，总审计师金昌赫。设有办公室、法制处、财政金融审计处、经济贸易审计处、农业与环境保护审计处、行政事业审计处、固定资产投资审计处、社会保障审计处、政法审计处和经济责任审计处；下设经济责任审计中心。

审计成果 2016 年，延边朝鲜族自治州（以下简称延边州）审计局完成审计项目 80 个。查出主要问题金额 6.32 亿元，其中违规金额 2.45 亿元、损失浪费金额 120 万元、管理不规范金额 3.85 亿元，移送纪检等部门处理事项 1 件，涉案人员 1 人。向州委、州政府上报 4 篇《审计要情》，其中《加强扶贫资金管理，提升扶贫资金使用效益》得到延边州委书记和州长的重要批示。

2016 年，延边州审计局被评为吉林“全省六五普法先进单位”。敦化牡丹江防洪治理工程项目、珲春市给水工程净水厂建设项目被省审计厅评为优秀审计项目；延边州住房公积金管理中心原主任任职期间经济责任履行情况审计项目被省审计厅评为表彰审计项目。

国家重大政策措施贯彻落实跟踪审计　重点审计延边州现代服务业和现代农业、城市基础设施建设和水资源政策措施落实等方面政策措施落实情况。全年累计抽查政府部门 81 个、单位 96 个、工程项目 143 个，涉及财政资金 46.61 亿元。

财政审计　完成州财政局 2015 年度“同级审”审计、全州地税系统 2015 年度税收征收管理及财务收支审计。“同级审”从政府年初预算入手，检查年初预算编制的科学合理性。

经济责任审计　完成州直部门单位领导干部经济责任审计和全州 8 个县（市）审计局长的经济责任审计及预算执行情况审计。按照省审计厅经济责任审计安排，统一组织调度，完成 16 个省审计厅交办的经济责任审计项目。

固定资产投资审计　开展珲春净水厂工程结算审计、敦化牡丹江流域治理工程结算审计和汪清县四中异地新建工程结算审计，共核减工程款 1386 万元，核减率 6%，向纪检部门移送案件 1 件，向有关部门移送案件 4 件。

民生资金（项目）审计　开展全州保障性安居工程跟踪审计、农村危房改造审计、扶贫资金管理使用和扶贫政策措施落实情况审计调查。

企业审计　开展中小企业和民营经济发展引导资金管理使用绩效情况审计调查和全州中小企业担保融资情况审计调查。（撰稿人：慕元婷）

【长白山管委会审计局】　2016 年，长白山管委会审计局人员编制 21 人，实有 13 人。局长姜万生，纪检组副组长都志强（—7 月）、郑世君（7 月—）。设有综合科、业务一科、业务二科、经济责任审计科、长白山保护开发区政府投资项目评估审计中心（长白山保护开发区经济责任审计中心）。

审计成果　2016 年，长白山管委会审计局完成审计（调查）项目 40 个、政府投资评审项目 6 个。查出主要问题金额 2.05 亿元，其中违规金额 5002 万元、管理不规范金额 1.55 亿元；损益（收支）不实金额 3537 万元；审计处理处罚金额 2.04 亿元，其中应上缴财政 5402 万元、应归还原渠道资金 2791 万元、应调账处理金额 1.21 亿元；政府投资评审项目共计核减投资额 234 万元；审计发现非金额计量问题 143 个；审计促进整改落实有关问题资金 264 万元。提出审计建议 74 条，被采纳 58 条。

2016 年，长白山管委会审计局被长白山管委会评为 2016 年度先进集体荣誉称号。2016 年 3 季度长白山管委会城市基础设施建设重大政策措施落实情况跟踪审计项目获省审计厅优秀项目，长白山开发建设（集团）有限公司 2015 年度资产负债损益情况审计、长白山管委会文化广电新闻出版局 2015 年度预算执行审计项目获省审计厅表彰项目。

国家重大政策措施贯彻落实跟踪审计　完成再就业财政贴息资金情况的审计。对辖区 2016 年投资额超过 1000 万元的重大建设项目进行跟踪审计。完成水资源政策措施落实情况跟踪审计。

财政审计　完成长白山地方税务局 2015 年度税收征管及财政收支情况审计、住房与城乡建设局 2014 年度财政收支审计；完成长白山管委会所属 15 个机关事业单位财务收支和预算执行审计。

固定资产投资审计　完成池北区 7 号服务站工程、池北区园池路工程预算控制价、池北区西出口路灯安装工程结算、池北区西出口场地平整和绿化工程结算、池西区警官公寓结算、长白山第二高级中学宿舍楼和食堂工程结算等政府投资项目审计评审。

经济责任审计　对长白山管委会所属 5 个机关企事业单位 6 名领导干部进行经济责任审计，重点审计领导干部履行“三权一廉”情况，为干部管理和监督部门提拔、任免领导干部提供依据。

民生资金（项目）审计　完成全省扶贫资金

管理使用及扶贫政策措施落实情况审计调查；完成对长白山保护开发区松花江源头生态环境综合整治资金管理使用情况的审计；完成池南区漫江防洪工程审计；完成全省中小企业和民营经济发展引导资金管理和使用情况审计调查；完成长白山保护开发区基层就业和社会保障服务中心项目跟踪审计。

企业审计 完成长白山开发建设（集团）有限责任公司等7个子公司2015年度资产负债损益情况的审计。通过审计，揭露企业在财务管理、成本控制、管理能力等方面存在的问题，提出审计建议和整改措施，对完善企业内部控制管理，增强企业核心竞争力，规范企业经济运行，提高经济效益起到促进作用。 （撰稿人：乔文奇）

【梅河口市审计局】 2016年，梅河口市审计局人员编制32人，实有32人。局长孟庆库(—8月)、刘成业（8月—），副局长赵晓东、刘佩琴、陈树梁。设有综合法制科、行政科、人事财务科、经济责任审计科、财政与经贸审计科、固定资产投资审计科、农业资源与环保审计科、行政事业审计科、社会保障审计科、政法审计科、投资审计中心。

审计成果 2016年，梅河口市审计局完成审计项目49个、政府临时交办任务26个。查出主要问题金额1119万元，其中管理不规范金额1119万元；审计处理处罚金额160万元，其中应上缴财政160万元。出具审计报告和专项审计调查报告60篇；提交审计信息20篇。提出审计建议66条。

2016年，梅河口市审计局被评为梅河口市普法依法治市一等部门。2015年保障性安居工程跟踪审计和2016年第四季度水资源政策措施落实情况跟踪审计被评为吉林省审计厅优秀审计项目；工信局中小企业担保中心2016年融资情况审计被评为吉林省审计厅表彰项目。

国家重大政策措施贯彻落实跟踪审计 把重大政策落实跟踪审计作为审计工作的重中之重，统一谋划、统一布局，形成跟踪审计与其他审计项目计划一体化安排、项目一体化实施、成果一体化运用。组织开展扶贫资金管理使用及扶贫政策措施落实情况、省级中小企业和民营经济发展引导资金使用绩效情况、城镇基础设施建设情况以及水资源政策落实情况等审计项目，查出未批先建、工程项目前期手续不完备等12个问题。

固定资产投资审计 按政府工作安排，对山城镇政府2016年镇区绿化工程、梅河口市2013年千亿斤粮食工程等18个项目进行工程预决算审计，通过审计核减金额974万元，促进提高工程建设管理水平和投资效益。

经济责任审计 针对“换届年”的特点，采取提前谋划、及时沟通、共同预测等办法，做好党政正职任前的党政同责审计。全年完成经济责任审计项目45个，通过审计，查出国有资产收益未上缴财政、原始凭证不符合规定、未经政府采购等问题，完成市委组织部委托的审计任务。

交办工作 完成市政府交办的城市管道天然气成本核查、城市供热成本检查、自来水公司收入支出等3个审计调查项目，对天然气成本、城市供热成本等企业盈亏情况进行客观公正地分析，提出建设性意见6条。与相关部门一道开展“三公”经费专项检查、市直机关及乡镇财务大检查，有效规范财务秩序。

相关工作 落实“一岗双责”主体责任，制定审计廉政风险控制点，层层签订责任书，定期调查调度。开展“两学一做”学习教育，共安排21个理论学习日、1次专题党课辅导、2次专题研讨，结合审计业务，每名业务科长分别承担1个审计课题讨论。推进脱贫攻坚工作，精准帮扶特困户，包保3个村共46户，下派第一书记2人，投入24.3万元用于帮扶包保贫困户，同时帮助贫困户纳入社会兜底保障20人、就医减免大病救助26人、危房改造3户，完成脱贫计29户、51人，脱贫攻坚工作取得阶段性成果。

（撰稿人：马宏飞）

【公主岭市审计局】 2016年，公主岭市审计局人员编制42人，实有41人。局长孙延平，副局长田凤彩、李梅，纪检组长郑士仁。设有人秘科、综合科、法制科、经责办、财政金融科、行政司法审计科、经贸科、投资科、乡镇科、农林水审计科、专项资金审计科、文教卫审计科。

审计成果 2016年，公主岭市审计局完成审计项目27个。查出主要问题金额11.43亿元，其中违规金额8万元、管理不规范金额11.43亿元；审计处理处罚金额11.43亿元，其中应归还原渠道资金3052万元、应调账处理金额116万元。出具审计报告和专项审计调查报告29篇；提交审计信息28篇。提出审计建议44条。

国家重大政策措施贯彻落实跟踪审计 依据审计署和省审计厅要求，对2016年国家重大政策措施落实情况进行跟踪审计，重点审计公主岭市18项国家重大政策措施的落实情况，抽查14个单位14个具体项目，涉及财政资金3741万元。公主岭市2016年基础设施建设PPP项目“三横三纵”和新建道路工程政策措施的落实情况审计项目，抽查5个政府部门和市政道路改建、翻建、排水及污水处理等，分别及时上报相关情况。

财政审计 审计单位23个，其中预算执行单位3个，行政事业单位20个。审计查出主要问题金额11.43亿元，其中未按规定征收缴纳收入2.97亿元、违规改变项目计划和资金用途18万元、扩大开支范围或提高开支标准列支1346万元、擅自处理国有资产10万元、会计核算不实77万元。

经济责任审计 审计领导干部15人，其中乡镇党委书记6人、政府部门局长9人；任中审计项目4个、离任审计项目11个。审计查出主要问题金额83万元，其中违规金额8万元，管理不规范金额75万元。提交审计报告和审计结果报告17篇，被批示、采用8篇；审计建议被采纳26条。

专项资金审计 完成审计署和吉林省审计厅统一安排的地方税务局2015年度税收征管和财政收支情况审计、城镇保障性安居工程项目跟踪审计、农村危房改造资金审计、扶贫资金管理使用及扶贫政策措施落实情况审计调查、省级中小企业和民营经济发展引导资金管理使用和效益情况审计调查、基本医疗保险基金和医疗救助资金数据采集情况审计调查等项目。

交办任务 按照省委第三巡视组相关反馈意见整改落实要求，参与市委巡查办公室组织的对全市行政事业单位购买虚假发票违反中央八项规定精神和“四风”问题的检查；参与公主岭市脱贫攻坚工作领导小组办公室开展的扶贫工作、纪检委组织的对扶贫惠民领域专项资金使用管理情况的抽查。选派干部到秦家屯韩家泡子村任第一书记；抽调优秀干部到上级审计机关学习锻炼。

党建和廉政工作 开展“两学一做”活动，通过学习党章，学习习近平系列重要讲话，增强贯彻落实党的路线方针政策的自觉性和主动性，促进学习型党组织和学习型机关建设。学习贯彻落实中纪委、国务院和省政府廉政工作会议、省纪委和审计署、省审计厅党风廉政建设工作视频会议以及市纪委会议精神，把党风廉政建设和反腐败工作纳入重要议事日程，做到警钟长鸣。集中开展深化“三严三实”专题教育活动，着重解决干部不作为乱作为等损害群众利益的问题，建立教育活动的长效机制。

内部审计 组织召开公主岭市内部审计工作座谈会，组织传达和学习《国务院关于加强审计工作的意见》《关于完善审计制度若干重大问题的框架意见》《吉林省内部审计工作规定》。组织会员参加吉林省内部审计协会组织的各项学习培训活动。

（撰稿人：李树和）

2016 年吉林省所辖区、县(市)级审计工作统计表

金额单位:万元

审计机关	完成审计项目(个)	审计查出主要问题金额	审计处理情况					出具审计报告和审计调查报告(篇)	提出审计建议(条)	提交审计信息(篇)
			审计处理处罚				移送处理事项(件)			
			应上缴财政	应减少财政拨款或补贴	应归还原渠道资金	应调账处理金额				
长春市										
长春市本级	113	406927	32131	15287	6106	177319	21	113	229	64
南关区审计局	41	7636	7		356		3	41	46	35
宽城区审计局	9	8813	8370		31	386		9	18	
朝阳区审计局	9	26968	2					9	34	56
二道区审计局	15	2902	1182			6		15	20	
绿园区审计局	28	12959	45			2		28	33	1
双阳区审计局	13	12868	6	783				13	13	2
九台区审计局	92	37409	529			35540		92	62	
榆树市审计局	17	1709	71	29	67	130		17		
德惠市审计局	45	101962	5808			195		45	128	
农安县审计局	38	10334	1612		186	4337		38	75	
吉林市										
吉林市本级	67	24280	3366		13	390	34	56	300	427
昌邑区审计局	19	2126						19	39	11
龙潭区审计局	16	27815						28	35	2
船营区审计局	23	15091	19			15072		23	1	4
丰满区审计局	24	6552				377		28	33	
蛟河市审计局	61	23019	367	104	24	42	5	60	128	105
桦甸市审计局	57	124271	734	326		26152	2	57	67	5
舒兰市审计局	28	27312	51		107	1		28	40	
磐石市审计局	5	284	42					5	12	8
永吉县审计局	58	19244	659		732			56	96	17
四平市										
四平市本级	48	56606	371		25697	23756	1	48	86	24
铁西区审计局	6	23	2			21		6	18	24
铁东区审计局	17	290	65			225		17	28	
公主岭市审计局	27	114349			3052	116		29	44	28
双辽市审计局	45	4826						45	5	
梨树县审计局	60	50846	12		105	9249	2	60	82	

（续表）

审计机关	完成审计项目（个）	审计查出主要问题金额	审计处理情况					出具审计报告和审计调查报告（篇）	提出审计建议（条）	提交审计信息（篇）
			审计处理处罚				移送处理事项（件）			
			应上缴财政	应减少财政拨款或补贴	应归还原渠道资金	应调账处理金额				
伊通满族自治县审计局	50	2788	121			2443	2	50	36	
辽源市										
辽源市本级	147	154357	1586		74500	4044	4	85	77	175
龙山区审计局	18	1045						18	36	
西安区审计局	14	1391	242			41		14	23	
东丰县审计局	46	262357	106		32332	178520	1	70	82	8
东辽县审计局	29	9536	268		2453	6815		36	75	3
通化市										
通化市本级	109	114535	15657	9492	2796			148	131	150
东昌区审计局	21	7487						21	36	35
二道江区审计局	16	9993			3386			19	16	
梅河口市审计局	49	1119	160					60	66	20
集安市审计局	37	2795	51		93	2216	1	37	32	11
通化县审计局	87	7534	38		629	7606		87	36	5
辉南县审计局	37	3467	14					35	59	34
柳河县审计局	61	4356	2593		13	1745		61	142	106
白山市										
白山市本级	77	84953	6			7502		153	105	
浑江区审计局	20	2013	4		9	208		38	25	
江源区审计局	36	47502	1523		12	18165		50	38	
临江市审计局	20	154799	386		1077	153326		20	11	
抚松县审计局	41	20809						72	42	
靖宇县审计局	7	351	1			1		7	29	
长白朝鲜族自治县审计局	14	3068		419				21	25	
松原市										
松原市本级	132	2520930	761	10184	5292	2310	6	132	36	
宁江区审计局	48	20038	14383			5654		48		
扶余市审计局	109	54218				129	1	109	113	11
前郭尔罗斯蒙古族自治县审计局	101	6533	4100		60	1702	3	101	58	30
长岭县审计局	34	28275	2325	1778	57	24097		34		
乾安县审计局	86	12257		32	1040			86		

（续表）

审计机关	完成审计项目（个）	审计查出主要问题金额	审计处理情况					出具审计报告和审计调查报告（篇）	提出审计建议（条）	提交审计信息（篇）
			审计处理处罚				移送处理事项（件）			
			应上缴财政	应减少财政拨款或补贴	应归还原渠道资金	应调账处理金额				
白城市										
白城市本级	122	61970	2998	1776	9563	14159	2	200	181	76
洮北区审计局	53	1117			27	1089		59		
洮南市审计局	85	19300	1021		151			85	127	
大安市审计局	92	31576	75		620	40		92	186	
镇赉县审计局	74	27714	5		4364	520		92	81	80
通榆县审计局	59	4279	56		5	6		91	10	2
延边朝鲜族自治州										
延边朝鲜族自治州本级	80	63165	7618	590	2310	15923	11	153	18	1
延吉市审计局	36	57111	27376	18569	249	10137	1	66	13	6
图们市审计局	24	6217		8	3302	687		41	8	43
敦化市审计局	40	12101	317		137	2427		73	71	
珲春市审计局	45	93199	276		2000			83		
龙井市审计局	40	34620	14					66	62	96
和龙市审计局	41	4998	1200	896	8	2839		72	140	14
汪清县审计局	38	127						73		
安图县审计局	31	31	170157	88	33689	22936		48	8	31
长白山管委会审计局	40	20530	5402		2791	12131		40	74	5

黑龙江省

【黑龙江省审计厅】 2016 年，黑龙江省审计厅人员编制 240 人，实有 225 人。设有办公室、法规与审理处、综合计划处、财政审计一处、财政审计二处、行政事业审计处、农业与资源环保审计一处、农业与资源环保审计二处、固定资产投资审计局一处、固定资产投资审计局二处、金融审计处、企业审计处、社会保障审计处、外资境外审计处、经济责任审计局一处、经济责任审计局二处、审计督察处、绩效审计处、人事教育处、机关党委、离退休干部工作处、派出经济管理审计处、派出经济执法审计处、派出农林水审计处、派出交通运输审计处、派出资源环保审计处、派出公检法司审计处、派出科技文化审计处、派出教育审计处、派出社保审计处、派出卫生医疗审计处、派出社会管理审计处；下设省审计厅机关服务中心、省政府投资审计中心（省审计科学研究所）、省审计信息中心、省内部审计服务中心等事业单位。

领导成员

厅　　长：史青衿（—8 月）

副 厅 长：王学文　舒沫南

总审计师：孙景山

纪检组长：董　秀

巡 视 员：伞宏晶

副巡视员：王　皎（6月—）

审计成果　2016年，黑龙江省审计机关完成对3700个单位的审计。查出主要问题金额1392.31亿元，其中违规金额72.93亿元、损失浪费金额1.31亿元、管理不规范金额1318.07亿元；损益（收支）不实金额14.69亿元；审计处理处罚金额700.13亿元，其中应上缴财政37.49亿元、应减少财政拨款或补贴6.82亿元、应归还原渠道资金97.33亿元、应缴纳其他资金5.54亿元、应调账处理金额552.94亿元；审计发现非金额计量问题5124个；审计促进整改落实有关问题金额95.63亿元，其中增收节支60.87亿元；审计促进拨付资金到位23.22亿元；审计后挽回（避免）损失5.87亿元；核减投资额9.16亿元。移送司法机关、纪检监察机关和有关部门处理事项253件，涉及117人，金额17.02亿元。出具审计报告和专项审计调查报告5780篇，被批示、采用146篇；提交审计信息721篇，被批示、采用299篇。提出审计建议4630条，被采纳4082条；推动完善规章制度32项。向社会公告审计结果26篇。

2016年，黑龙江省审计厅被中共中央宣传部、司法部、全国普法办公室评为2011—2015年全国法治宣传教育先进集体。黑龙江省审计厅实施的龙江银行股份有限公司原董事长离任经济责任审计项目被评为审计署地方表彰审计项目。

国家重大政策措施贯彻落实跟踪审计　按照审计署要求和省审计厅党组安排，以“三去一降一补”为主要任务，以政策落实、项目落地、简政放权、资金保证和优化发展环境为抓手，采取重点内容统一组织与各地结合实际自定项目相结合的方式，由财政审计处牵头，在相关责任处室和各级审计机关的配合下，完成四个季度的国家重大政策措施贯彻落实跟踪审计组织汇总任务，按期向省政府提交跟踪审计报告4份。审计报告得到省领导重视，省长在省审计厅提交的二季度跟踪审计报告上做出重要批示。

财政审计　完成15个省直部门预算执行情况审计组织汇总工作，汇总的部门预算执行审计结果纳入省政府向人大的审计工作报告。组织全省审计机关对地税部门税收征管情况开展审计，揭示征管和稽查不到位、小微企业优惠税收政策未落实、小排量汽车减半征收车船使用税政策未执行等共性问题，省领导批示后，地税部门积极整改，促进税收政策进一步落实。组织市县审计机关开展全省财政存量资金审计，通过审计促进各地、各部门进一步清理盘活财政存量资金，确保存量资金尽快落实到项目并发挥效益。

经济责任审计　全省审计机关对2136个单位的2207名领导干部进行经济责任审计。审计查出主要问题金额742.68亿元。其中违规金额43.01亿元，属应负直接责任金额2308万元、属应负主管责任金额23.03亿元、属应负领导责任金额19.75亿元；管理不规范金额698.14亿元，其中应负直接责任金额8.12亿元、应负主管责任金额93.87亿元、其中应负领导责任金额596.15亿元。审计促进增收节支4.45亿元，其中已上缴财政9410万元、已归还原渠道资金3.51亿元。提交审计报告和结果报告4164篇，被批示、采用117篇；提交审计信息112篇，被批示、采用16篇。提出审计建议2415条，被采纳2165条。向社会公告审计结果3篇。

金融审计　审计金融单位2个，查出主要问题金额575万元。对黑龙江省农村信用社联合社党委书记、理事长、主任的经济责任审计，以领导干部守法、守纪、守规、尽责情况为重点，以财政财务收支以及有关经济活动的真实、合法和效益为基础，审计省联社以及所属5个地市联社、4个农商行和16个县级经营法人单位。对黑龙江省投资总公司党委书记、董事长、总经理的离任经济责任审计，重点审计公司经营发展、执行经济法规政策、重大经济决策、财务收支、内部管理以及领导干部个人遵守财经纪律和廉政规定等内容。对哈尔滨市龙投小额贷款有限责任公司、黑龙江远东房地产开发有限公司、黑龙江华脉房地产开发有限公司、黑龙江省油田开发股份有限公司等国有全资、国有控股公司进行审计。

农业与资源环保审计　对省统计、环保、国土、矿产、农业、林业、水利、畜牧等部门进行调查，了解黑龙江省相关自然资源的总体情况，以及有关部门管理自然资源的职责、权限，为开展自然资源资产离任审计工作奠定基础。完成水污染防治项目审计及其全省地市该项目的指导、审核、汇总上报工作。完成全省19个贫困县扶贫审计项目的指导、审核、审计、汇总上报及扶贫相关工作。

固定资产投资审计 对第五批援藏工作队进行竣工审计，对第六批援藏工作队进行跟踪审计，两个项目同时开展。通过跟踪审计，揭示第五批工作队在建设管理项目和使用资金中存在的计量不严格、政府采购不规范和概算执行不严格等问题；对第六批工作队提出加快项目前期储备、制定项目管理及资金监督办法的建议。开展省医院二期工程、宁安复兴高速公路、加白公路、加嫩公路、抚远东极机场、黑龙江省畜牧兽医局基础设施建设等建设项目的竣工决算审计。按照省政府部署，组织相关地市审计局及农垦、森工审计局完成全省 157 个病险水库除险加固建设项目审计。完成长寿山国家森林公园旅游服务中心投资情况审计复核，根据审计建议减少政府投资 402 万元，常务副省长在审计报告上做出批示。按照省长在牡丹江市调研工作时的部署要求，对镜泊小镇房屋完善所需资金进行专项审计。

民生资金（项目）审计 完成黑龙江省 12 个市地及 60 个县 2015 年度保障性安居工程跟踪审计，共发现问题 157 个，问题金额总计 8.07 亿元，涉及保障家庭 31027 户，涉及保障性安居住房套数 85885 套；审计中发现 3 起提供虚假资料骗取保障房待遇、造假骗取棚改房及拆迁补偿等违法违纪问题线索，7 人被移送司法、纪检等机关处理，涉及问题金额 129 万元、保障房 15 套。完成黑龙江省监狱管理局失业保险基金审计，审计发现该单位失业保险基金存款未执行规定利率及少缴失业保险等问题，涉及问题金额 3.9 万元。

外资运用审计 组织省本级及部分市县审计人员和聘请专家 52 人次，对全省执行的 8 个国外贷援款项目 2015 年度财务收支和项目执行情况进行公证审计，涉及世界银行贷款项目 2 个、亚洲开发银行贷款项目 4 个、国际组织赠款项目 1 个和德国复兴信贷银行贷款项目 1 个。8 个国外贷援款项目查出违纪违规及管理不规范问题金额 4570 万元（配套资金未到位 2130 万元、虚列设备投资完成额 2440 万元），以及未设立专职会计机构进行独立核算、已交付使用未办理竣工交付使用手续和固定资产管理不够规范等问题。省审计厅于 2016 年 10 月 28 日对本年度审计的 8 个国外贷援款项目汇总发布审计结果公告。

企业审计 完成对 43 个企业的审计和 1 个企业的审计调查，查出主要问题金额 35.58 亿元，其中违规经营问题金额 3896 万元、违规出借资金 250 万元、账外经营金额 3646 万元、资产质量不实金额 97 万元、虚报或隐瞒转移收入 4619 万元、少计或虚列成本费用 2762 万元、少计少缴税费 4573 万元、账外资产 2732 万元、损失浪费金额 8313 万元。向省监察厅、省纪检委驻省国资委纪检组、企业主管部门和企业纪检部门发送审计移送处理书 10 件，涉及问题 29 个。

信息化建设 完成省审计厅机房改建和迁移。根据省政府软件正版化办公室的要求，对厅机关软件正版化工作整改情况进行自检，完成省审计厅内人员办公软件 WPS 正版化更新。制定并印发《黑龙江省审计业务电子数据应用管理办法》，规范全省审计机关的审计业务电子数据的应用和管理工作，从应用角度进行界定，为明确各相关职能部门职责，更好开展计算机审计及数据审计提供保障。完成财政收支电子数据报送工作。完成包括联网审计管理平台、审计数据中心和审计分析平台等建设内容的《黑龙江省数字化审计监督平台》开发、部署。

审计科研 完成重大政策措施落实情况审计研究，审计监督全覆盖研究，高校党委书记、校长经济责任同步审计研究等 3 个课题。其中，重大政策措施落实情况审计研究课题，被中国审计学会列为 2016 年度合作课题，参加中国审计学会举办的“政策措施落实情况跟踪审计理论与实务”合作研究课题成果汇报交流会议进行交流。组织开展 2016 年度全省优秀审计论文评选活动，共收到各级审计机关、审计学会、行业审计学会、高校审计理论研究者报送论文 74 篇，共评选出 30 篇获奖论文，其中一等奖 3 篇、二等奖 7 篇、三等奖 9 篇、优秀奖 11 篇。

党风廉政建设 省审计厅党组于 8 月印发《关于加强基层党组织建设的决定》，从 5 个方面对加强基层党组织建设做出明确规范。按照创建“星级党支部”标准，省审计厅党组研究制定《基层党组织考评办法》，进一步健全和落实基层党支部工作规则，切实增强各党支部书记履行“一岗双责”的意识和能力。制定《在审计现场成立临时党支部的办法》，明确在外执行审计任务超过20天的审计组均要成立临时党支部，要求临时党支部认真抓好外派审计组党员干部的思想政治工作，加强教育管理，以“三创”精神圆满完成各项审计工作任务。建立健全党风廉政建设领导体制和工作机制，做到审计业务工作管到哪里，党风廉政建设就抓到哪里。

队伍建设 组织全省审计项目主审（组长）、计划统计、固定资产投资审计等5个培训班培训，全省各级审计机关有437人参加培训；组织选送全省各级审计机关65人，前往审计署参加各类培训班22班次；组织选送省审计厅机关68人，参加省委党校、省委组织部等部门组织的培训班17班次。

内部审计 全省共有内部机构1243个，其中专职机构419个；内部审计人员3273人，其中专职人员1496人。全年完成审计项目8364个，审计总金额551.63亿元，增收节支1.40亿元。向司法机关移送案件1件，建议给予行政处分并实际给予行政处分1人。提出审计建议被采纳7351条。 （撰稿人：赵文艳）

【哈尔滨市审计局】 2016年，哈尔滨市审计局人员编制164人，实有142人。局长王晓春（—10月）、马有伟（10月—），副局长吕刚（—4月）、金瑞生、王耀发、周守民（9月—），总审计师贾洪涛（9月—），副巡视员柳春英（9月—）。设有办公室、法制处、财政处、金融处、行政事业处、经贸处、农业处、社保处、外资处、投资处、经责处、经开分局、高新分局、人事处、老干部处、机关党委、计算机处、综合处；下设哈尔滨市审计培训中心。

审计成果 2016年，哈尔滨市县两级审计机关完成审计项目733个，其中组织实施审计项目730个，参与实施省审计厅审计项目3个。查出主要问题金额280.05亿元，其中违规金额11.91亿元、损失浪费金额6万元、管理不规范金额268.13亿元；损益（收支）不实金额1.89亿元；审计处理处罚金额79.17亿元，其中应上缴财政11.29亿元、应减少财政拨款或补贴1.65亿元、应归还原渠道资金46.37亿元、应调账处理金额19.84亿元；审计发现非金额计量问题671个；审计促进整改落实有关问题金额35.58亿元，其中增收节支29.74亿元、已调账处理金额5.17亿元；审计促进拨付资金到位17.12亿元；审计后挽回（避免）损失1.66亿元。移送司法机关、纪检监察机关和有关部门处理事项45件，涉及70人。出具审计报告和专项审计调查报告1152篇，被批示、采用1篇；提交审计信息140篇，被批示、采用11篇。提出审计建议436条，被采纳416条。

哈尔滨市审计局本级完成审计项目147个，其中组织实施审计项目144个，参与实施省审计厅项目3个；配合省、市有关部门工作派出人员35人次，完成工作事项23个。查出主要问题金额216.67亿元，其中违规金额10.99亿元、损失浪费金额6万元、管理不规范金额205.68亿元；损益（收支）不实金额1.79亿元；审计处理处罚金额69.24亿元，其中应上缴财政10.59亿元、应减少财政拨款或补贴1.09亿元、应归还原渠道资金41.93亿元、应调账处理金额15.63亿元；审计发现非金额计量问题376个；审计促进整改落实有关问题资金27.63亿元，其中增收节支26.24亿元、已调账处理金额1.39亿元；审计促进拨付资金到位14.76亿元；审计后挽回（避免）损失1.10亿元。移送司法机关、纪检监察机关和有关部门处理事项41件，涉及69人。出具审计报告和专项审计调查报告230篇，被批示、采用1篇；提交审计信息11篇，被批示、采用11篇。提出审计建议167条，被采纳161条。

2016年，哈尔滨市审计局被重新命名为“黑龙江省文明单位标兵”，获得“全省保密工作先进集体”表彰，被授予“市直机关目标考核优秀单位”荣誉称号，被市委、市政府授予信息工作先进单位。哈尔滨市2014年度市本级财政预算执行及其他财政收支情况审计和哈尔滨经济技术开发区2012—2014年度经济发展状况专项审计调查两个审计项目被省审计厅评为2016年度优秀审计项目。 （撰稿人：倪晓光）

【齐齐哈尔市审计局】 2016年，齐齐哈尔市审计局人员编制95人，实有79人。局长王立刚，副局长段芃、刘强、赵焕成，总审计师张蕊，副调研员郝胜哲、左玉东、闫晓光。设有机关党委、办公室、财政审计处、固定资产投资审计处、经济责任审计一处、经济责任审计二处、人事编制科、综合督察科、法制科、社会保障审计科、行政事业审计科、教科文卫审计科、农业审计科、资源环境审计科、经贸审计科、金融外资审计科、绩效审计科、信息化管理审计科、审计学会；下设固定资产投资审计中心。

审计成果 2016年，齐齐哈尔市县两级审计机关完成审计项目659个。查出主要问题金额68.56亿元，其中违规金额7.72亿元、损失浪费金额4217万元、管理不规范金额60.42亿元；损益（收支）不实金额4.81亿元；审计处理处罚金额35.48亿元，其中应上缴财政4.87亿元、应减少财政拨款或补贴613万元、应归还原渠道资金4.61亿元、应调账处理金额25.41亿元；审计发现非金额计量问题690个；审计促进整改落实有关问题金额10.55亿元，其中增收节支1.12亿元、已调账处理金额5.31亿元；审计后挽回（避免）损失591万元。移送司法机关、纪检监察机关和有关部门处理事项76件，涉及6人，金额4253万元。出具审计报告和专项审计调查报告1111篇，被批示、采用89篇；提交审计信息157篇，被批示、采用76篇。提出审计建议472条，被采纳253条；推动完善规章制度4项。向社会公告审计结果10篇。

齐齐哈尔市审计局完成审计项目112个。查出主要问题金额34.29亿元，其中违规金额6.01亿元、损失浪费金额4217万元、管理不规范金额27.85亿元；损益（收支）不实金额1219万元；审计处理处罚金额22.46亿元，其中应上缴财政3.88亿元、应减少财政拨款或补贴429万元、应归还原渠道资金1.73亿元、应调账处理金额16.55亿元；审计发现非金额计量问题457个；审计促进整改落实有关问题金额7.72亿元，其中增收节支8929万元、已调账处理金额2.80亿元；审计后挽回（避免）损失368万元。移送司法机关、纪检监察机关和有关部门处理事项45件，涉及金额3063万元。出具审计报告和专项审计调查报告175篇，被批示、采用88篇；提交审计信息80篇，被批示、采用73篇。提出审计建议85条，被采纳17条；推动完善规章制度4项。向社会公告审计结果10篇。

2016年度，龙江县审计局获“全省十佳和谐机关提名奖”。甘南县人民政府县长经济责任离任审计、建华区法院2013年至2014年财务收支审计项目被评为黑龙江省审计厅优秀项目，富裕县法院院长经济责任离任审计被评为黑龙江省审计厅表彰项目。

国家重大政策措施贯彻落实跟踪审计 完成市本级及9县（市）7区2015年末财政存量资金情况审计，盘活财政资金1.99亿元、调整用途金额1.79亿元。完成市地税局2015年度税收征管情况审计，追缴应征未征税款1505万元；开展两大平原涉农整合奶牛场补助资金审计和齐齐哈尔市完善排水设施建设、氧化塘深度处理改造等审计项目。

财政审计 完成市本级预算执行及决算草案审计、财政结转结余资金审计等项目，对15家单位预算执行情况、37家单位专项资金使用情况进行延伸审计。

经济责任审计 加大对“权责”的监督和制约力度，重点关注政策落实、优化发展环境、重点项目建设和资金使用、固定资产管理以及中央八项规定执行、“三公”经费支出等情况，全年完成68个领导干部经济责任审计项目。

农业与资源环保审计 完成精准扶贫、精准脱贫政策落实情况跟踪审计，依托大数据、全球定位系统、遥感等新技术开展讷河市领导干部自然资源资产离任审计试点。

固定资产投资审计 开展对28个重点病险水库消险加固建设项目的竣工决算审计，加大审计问题整改督查跟踪力度，避免财政资金损失300多万元。完成老旧散小区管网改造工程、园林绿化工程等231个政府投资项目招标控制价及结算的评审，审核总金额21.96亿元，审减1.71亿元，审减率7.79%。

民生资金（项目）审计 对齐齐哈尔市8个县2015年保障性住房建设、分配和管理情况进行审计，开展社区卫生服务中心审计调查，组织实施27家民营定点医院新农合基金支出使用情况专项审计调查。

企业审计 开展齐齐哈尔齐一机工业产品有限公司高端数控多功能专用机床产业化项目资金使用情况审计。

交办任务 跟进全市重点产业项目建设情况，服务党政中心工作。完成装备整机制造等7个重点产业审计调查。以《审计专送》形式报送市委、市政府主要领导，得到市委书记的肯定。对市高新技术开发区管委会、市信用担保有限责任公司进行财政收支审计，对崔门垃圾处理场项目资金使用及投资完成情况进行审计调查。

（撰稿人：张乃晨）

【鸡西市审计局】 2016年，鸡西市审计局人员编制54人，实有47人。局长董玉玲，副局长孙永宏、邴荣利（—10月）、舒全（10月—）、杨阵，总审计师李俊峰，纪检组长王有良，经济责任审计办公室主任凌宗风，调研员高晶（—7月），副调研员杨丽萍、刘巍（3月—）。设有办公室、综合科、法制科、财政审计科、行政事业审计科、农业与资源环保审计科、金融审计科、经贸审计科、社会保障审计科、外资运用审计科、审计督察科、固定资产投资审计办公室、经济责任审计办公室、监察室（市纪检委、监察局派出机构）；下设审计培训中心。

审计成果 2016年，鸡西市县两级审计机关完成审计项目257个。查出主要问题金额9.94亿元；审计处理处罚金额3.31亿元，其中应上缴财政2389万元、应减少财政拨款或补贴2174万元，应归还原渠道资金1.10亿元、应调账处理金额1.75亿元。出具审计报告和专项审计调查报告375篇。提出审计建议432条。

鸡西市审计局完成审计项目55个，其中组织实施审计项目48个，参与实施审计项目7个。查出主要问题金额6.46亿元，其中违规金额2091万元、管理不规范金额6.25亿元；损益不实金额323万元；审计处理处罚金额2.62亿元，其中应上缴财政1323万元、应减少财政拨款或补贴521万元、应归还原渠道资金7885万元、应调账处理金额1.65亿元；审计发现非金额计量问题213个；审计促进整改落实有关问题金额1.69亿元，其中增收节支1080万元、已调账处理金额1.58亿元；审计后挽回损失501万元。出具审计报告和专项审计调查报告75篇，被批示1篇；提交审计信息11篇，被批示、采用2篇。提出审计建议148条，被采纳148条；推动完善规章制度2项。

2016年，鸡西市审计局获得全市行政执法责任制先进单位、全市目标考核优胜单位、全市法治宣传教育先进集体等荣誉称号。城子河区区长离任审计项目获得省审计厅优秀项目。

国家重大政策措施贯彻落实跟踪审计 重点审计农村人畜饮水工程建设情况、精准扶贫精准脱贫落实情况、水利工程项目建设情况、城市最低生活保障资金情况。

财政审计 对市本级预算执行情况、地税部门税收征管情况进行审计，开展整改落实情况跟踪督查工作。

经济责任审计 开展经济责任审计项目17个，查处违纪违规金额2.65亿元。

农业与资源环保审计 完成水污染防治资金审计。

固定资产投资审计 完成市一中新址建设项目、建鸡高速工程项目、龙煤荣华立井恢复建设项目竣工决算审计和6个城区的采煤沉陷棚户区改造项目跟踪审计、6个病险水库除险加固项目审计。

民生资金审计 完成3个县（市）城镇保障性安居工程跟踪审计、采煤沉陷区棚户区改造审计以及40个扶贫项目资金使用、建设完成和效益情况审计。

专项资金审计 对鸡冠区、滴道区住宅专项维修资金交存、使用、管理情况进行审计和审计调查。

相关工作 以抓好党建为保障，展“两学一做”学习教育，推动审计工作健康开展，组织集体学习26次，理论研讨8次，专题党课3次。开展重温入党誓词、民主评议党员、向贫困村捐书、军民共建、党员进社区报到等活动。以能力建设为基础，提升干部队伍综合素质，制定《干部教育培训工作要点》，对审计理论和实务、计算机应用和有关审计法律法规进行培训。实行廉政承诺制、审计公示制、审计现场廉政监督员制和廉政检查和回访制，共深入41个被审计单位进行回访，发放并回收征求意见卡174张。对39名干部进行诫勉谈话。

内部审计 组织内部审计人员上报3篇理论文章。上报全市内部审计工作情况。

（撰稿人：王国斌）

【鹤岗市审计局】 2016年，鹤岗市审计局人员编制61人，实有57人。局长王喜，副局长于长生、武春荣、高永强，纪检组长成泉，副调研员杨晓光。设有办公室、法制科、人事教育科、固定资产投资审计科、经济责任审计办公室、财政金融审计科、行政事业与社会保障审计科、经贸审计科、农业与资源环保审计科、国家建设项目评审中心、计算机审计科、区级审计办公室、派出科教文审计科、派出公检法审计科、派出公共事业审计科。

审计成果 2016年，鹤岗市县两级审计机关共完成审计和审计调查项目111个。查出主要问题金额17.4亿元，其中应归还原渠道资金4亿元。提交审计报告和信息220篇。提出审计建议113条。

鹤岗市审计局本级完成审计和审计调查项目、单位32个。查出主要问题金额13.4亿元，其中应归还原渠道资金3.7亿元。提交审计报告和信息69篇。提出审计建议65条。

2016年，鹤岗市审计局2014年城镇保障性安居工程跟踪审计项目被评为省审计厅优秀项目；鹤岗市医疗中心综合楼建设项目竣工决算审计项目被评为省审计厅表彰项目。

财政审计 通过对市县全部政府性资金、地税征管、非税收支等情况审计和审计调查，初步厘清部分政府性资金的收支情况及其结构状况。

经济责任审计 通过对领导干部履行经济责任情况和党政机关、事业单位“三公”经费的审计和审计调查，为全面贯彻落实中央、省市委“八九十”项规定和党风廉政建设起到助推作用。

民生资金（项目）审计 市审计局抽调人员组成专项审计工作组，完成保障性安居工程、萝北县医保资金、萝北县精准扶贫资金、水污染防治资金等重点民生资金、民生项目的审计，对审计中发现的问题已提出整改意见和建议。

机关建设 扎实深入地开展“两学一做”学习教育，以局党组开展的“人人上讲台”“三个零”（零犯罪、零违纪、零差错）学习教育为载体，教育干部职工讲政治、守纪律、懂规矩，实现遵守党纪国法零犯罪、执行规章制度零违纪、审计执法零差错。深入开展“手拉手、师傅带徒弟”、“老带新、专带非”、计算机审计大练兵、“年轻干部当主审”等活动，干部业务能力和综合素质明显提高。履行主体责任，实行“一岗双责”，制发《市审计局落实“两个责任”制度手册》，进一步健全完善回访督查、AB角审计等制度，促进审计工作纪律“八不准”和局机关工作纪律“八条禁令”落实。 （撰稿人：孙跃明）

【双鸭山市审计局】 2016年，双鸭山市审计局人员编制58人，实有53人。局长孟钰（7月—），副局长周绍东、汝兴华，总审计师赵雅莉，纪检组长杨鸿雁，经济责任办公室主任杨瑞红，调研员邸栋梁，副调研员梁望秋。设有经济责任办公室、固定资产投资审计中心、财政税务审计科、金融审计科、农业与资源环保审计科、企业审计科、行政事业审计科、社会保障审计科、外资运用审计科、计算机审计科、办公室、人事科、法制科、督查科和监察室。

审计成果 2016年，双鸭山市县两级审计机关共完成审计项目222个。查出违规金额1.52亿元、管理不规范金额14.79亿元。市本级完成审计项目62个。查出违规金额1749万元、管理不规范金额8.21亿元；审计促进财政增收节支3161万元，减少财政拨款或补贴1660万元。提交审计报告、信息145篇。向被审计单位提出合理化建议58条。

财政审计 对市直6个部门2015年度预算执行和其他财政收支情况进行审计，审计发现决算不实、预算收入未上缴财政、滞拨财政专项资金、未按规定取得原始凭证等7个问题；对税收征管审计，揭示出延缓征收税款、应征未征税费、小微企业税收优惠政策落实不到位等4个问题；对市本级2013年至2015年扶贫资金使用及项目管理情况进行专项审计调查，揭示出扶贫资金投入没有形成规模效应、个别扶贫项目资金长期沉淀等问题。

经济责任审计 贯彻落实中办、国办《党政主要领导干部和国有企业领导人员经济责任审计规定》，坚持以促进领导干部守法、守纪、守规、尽责为重点，全年完成经济责任审计项目29个。查出违纪违规金额47877.32万元，出具审计结果报告14篇，提出审计建议26条，提出改正意见

51条，依法下达审计处理决定。开展集贤县党政领导同步试点审计，对2个乡镇财政收支试点开展审计调查，确立“突出决策、关注民生”的工作思路，采取周密审计调查、查阅会议纪要、细致盘点资产和广泛发动群众等方法，掌握县、乡、村自然状况和经济总体运行情况，总结分析经济运行中的成绩和问题，提出从体制上、机制上解决问题的意见和建议。

固定资产投资审计 完成安邦河流域综合治理工程结算审计、检察院办公楼竣工决算审计、棚户区改造工程审计等12个政府投资审计项目。对安邦河治理改造工程、人民医院建设项目、第十八中学、九年一贯制学校、滨水北城幼儿园等5项在建工程项目进行跟踪审计，提出规范招投标程序、完善审批手续、规范资金管理等9条审计建议。

民生资金（项目）审计 对集贤县医疗保险政策制度落实和改革措施推进情况及医保基金筹集管理使用情况进行审计，揭示医保政策制度落实不到位、医保改革措施推进缓慢、医保基金管理不规范等10个问题，涉及违规问题金额110万元。提出审计意见建议4条。持续开展安居工程跟踪审计，对22个安居工程项目的建设管理情况进行检查，延伸调查33个村的206户农村危房改造家庭，揭示建设管理、住房保障分配管理、资金筹集管理等方面存在的问题，涉及整改问题金额301.8万元。提出审计建议6条，问题整改率达到100%，有效促进保障性安居工程政策的落实。 （撰稿人：田杨勇）

【大庆市审计局】 2016年，大庆市审计局人员编制51人，实有46人。局长卢志刚，副局长徐丽艳、梁家祥、王文忠，总审计师王文忠（兼），纪检组长赵明日，调研员徐丽艳（兼），副调研员李甲宝、陶秀杰、孙继春。设有办公室、综合计划科、法制督察室、计算机审计科、财政审计科、金融与企业审计科、行政事业审计科、农业与资源环保审计科、社会保障审计科、绩效与外资运用审计科、固定资产投资审计科、国家建设项目审计中心、经济责任审计科（市经济责任审计工作联席会议办公室与其合署办公）。

审计成果 2016年，大庆市县两级审计机关完成审计项目492个。查出主要问题金额47.81亿元，其中违规金额4.02亿元、管理不规范金额43.79亿元；损益（收支）不实金额512万元；审计处理处罚金额14.23亿元，其中应上缴财政3.53亿元、应减少财政拨款或补贴1.95亿元、应归还原渠道资金1.80亿元、应调账处理金额6.58亿元；审计发现非金额计量问题1010个；审计促进整改落实有关问题金额5.10亿元，其中增收节支4.58亿元、已调账处理金额4902万元；审计促进拨付资金到位1.35亿元；审计后挽回（避免）损失1.95亿元。移送司法机关、纪检监察机关和有关部门处理事项15件，涉及1人，金额178万元。出具审计报告和专项审计调查报告745篇；提交审计信息65篇，被批示、采用34篇。提出审计建议867条，被采纳867条。向社会公告审计结果4篇。

大庆市审计局本级组织实施审计项目84个。查出主要问题金额33.95亿元，其中违规金额2.00亿元、管理不规范金额31.96亿元；损益（收支）不实金额424万元；审计处理处罚金额9.10亿元，其中应上缴财政1.55亿元、应减少财政拨款或补贴1.52亿元、应归还原渠道资金6483万元、应调账处理金额5.03亿元；审计发现非金额计量问题281个；审计促进整改落实有关问题金额3.10亿元，其中增收节支2.86亿元、已调账处理金额2296万元；审计促进拨付资金到位6134万元；审计后挽回（避免）损失1.53亿元。移送司法机关、纪检监察机关和有关部门处理事项11件，金额50万元。出具审计报告和专项审计调查报告130篇；提交审计信息46篇，被批示、采用19篇。提出审计建议224条，被采纳224条。

2016年，大庆市审计局被评为2011—2015年度全省法治宣传教育先进单位、全市先进基层党组织。全市有7个审计项目被省审计厅评为优秀项目和表彰项目，其中市本级有2个项目被省审计厅评为优秀项目。

国家重大政策措施贯彻落实跟踪审计 全市审计机关先后投入196人次（审计450天次），抽查单位290家（次）、项目225个、资金总量206.70亿元，完成一季度存量资金审计、二季度税收征管审计、三季度水污染防治专项资金审计和四季度精准扶贫专项资金审计等稳增长跟踪审计任务。同时，组织开展“三公”经费、高校毕业生就业资金、电商资金等审计事项，审计揭示重大项目推进、财政资金管理使用、简政放权等方面问题，并督促有关单位进行整改。

财政审计 组织实施2015年市本级、高新区预算执行审计和15个部门预算执行审计（含6个部门决算审查）以及税收征管审计。审计查出主要问题金额10.06亿元，如实揭示预算编制不规范、小微企业减免税政策落实不到位等16类问题。提出审计建议并持续督查整改，整改率达95%，促进财政预算规范管理，提高财政资金使用绩效。

经济责任审计 对市管48名党政领导干部和国有企业领导人员开展离任经济责任审计，查出违规金额8308万元、管理不规范金额20.29亿元，实事求是地评价领导干部经济责任履行情况，为市委正确选人用人提供审计依据。

固定资产投资审计 坚持自行审计与委托社会机构审计相结合，组织实施政府投资项目审计15个，审计资金额26.09亿元，核减工程款1.53亿元，查出应缴未缴税费2619万元，在有效控制工程造价、节约政府投资、规范建设项目管理等方面，较好地为政府投资建设项目把好审计监督关。

专项资金审计 分别组织教育资金、医保资金、保障性安居工程和促进优化发展环境等专项审计，组织开展市城管委、排水公司、热力公司、工商业投资担保有限公司和农业投资担保有限公司财务收支情况审计调查，深入分析问题产生原因，提出审计建议并持续督促整改，为全市深化改革、优化发展环境、改善民生提供必要的审计支持。

（撰稿人：朱华岭）

【伊春市审计局】 2016年，伊春市审计局人员编制59人，实有44人。局长岳宏伟，副局长陈玉林、李玉玲、李庆涛，总审计师赵瑞林，纪检组长商立明，调研员马庆，副调研员崔卓军、刘立涛。设有经济责任审计科、办公室、法制审理科、行政事业审计科、固定资产投资审计科、农业资源环保审计科、社会保障审计科、经贸审计科、财政（金融）审计科、林业审计科、计算机审计科、人事科、资源审计科、党总支、督察科、监察室。

审计成果 2016年，伊春市县两级审计机关共审计146个单位，查出各类违纪违规金额和管理不规范金额11.71亿元。提交审计报告、审计专报以及反映审计理论、审计方法、审计建议等综合成果380篇，被国家、省、市各类载体采用及领导批示100篇（次）。提出审计建议248条。市本级共完成审计项目56个，查出违纪违规和管理不规范金额7.05亿元。移送重大违纪违法问题线索4件。提交审计报告、审计专报以及各类信息165篇，被采用及领导批示47篇，提出审计建议130条。

2016年，伊春市审计局组织实施的2014年国土资源局预算执行审计被评为全省优秀审计项目。

国家重大政策措施贯彻落实跟踪审计 完成嘉荫县精准扶贫精准脱贫政策落实情况和西山水库净水厂工程、市污水处理厂二期工程等重大建设项目的跟踪审计，并配合省审计厅完成水污染防治资金审计。

财政审计 完成2015年市本级预算执行审计和市委办、市政府办等部门预算执行审计，揭示部门预算追加不规范，专项资金未按预算进度执行、扩大基金支出范围，应征未征各项税费、税收征管管理不到位等问题，追缴税款和其他财政收入入库2624万元。

经济责任审计 对31名领导干部进行经济责任审计，提出审计建议89条。通过审计，客观评价领导干部任期经济责任履行情况，为组织、纪检监察等部门选人用人提供参考。进一步健全审计评价体系，研究制定《伊春市经济责任问责暂行办法》等相关制度，深化审计成果运用，促进领导干部更好践行新发展理念，依法作为、主动作为、有效作为。

固定资产投资审计 组织开展病险水库除险加固项目竣工决算审计、回龙湾大街道路跟踪审计、伊翠铁路改线项目跟踪审计等政府投资审计项目27个。揭示出多计工程造价、招投标管理不规范、资金拨付不及时、违规出借资质、工程进度缓慢、施工图设计文件未经审查等问题，并提出意见和建议，促进项目规范管理。

民生资金（项目）审计 完成铁力市、嘉荫县2015年度保障性安居工程跟踪审计项目，揭示保障性安居工程资金筹集不到位、招投标管理不够严格、开竣工项目手续办理滞后等问题，同时对以前年度安居工程审计发现问题进行督办整改，促进整改到位。组织开展铁力市、嘉荫县基本医疗保障基金审计，联合市卫计委对全市基本公共卫生服务项目执行情况和专项补助资金管理使用情况进行专项调查。

信息化建设 推广应用各类计算机审计软件或利用数据库开展审计项目，对具有财务电子数据或业务电子数据的项目，必须应用计算机开展审计。2016年采集纳入审计报送管理的已实行电算化被审计单位电子数据199家，其中市直党政机关事业单位98家、伊春区核算中心52家、西林区核算中心49家。

普法工作 按照《2016年全市普法依法治理工作要点》的要求设立普法依法治理工作领导小组，根据全市审计工作实际情况，制定《2016年全市审计机关普法依法治理工作要点》，使普法工作有序开展。

队伍建设 开展“两学一做”学习教育。通过中心组、支部组织学习、邀请市委党校知名教授讲座、局主要领导和班子成员讲党课、自学、集中讨论等多种形式，在全体干部职工中开展大讨论、撰写学习体会、党员“抽签讲党课”等活动，进一步提高党员干部主动学习和做合格党员的自觉性，实现“以讲促学、以评促学、以考促学”的目的。通过开展学习教育，使审计干部坚定理想信念，加强党性修养，增强“四个意识”和宗旨观念。切实加强党组织建设，党组织生活逐步实现制度化、规范化。深入落实党风廉政建设的主体责任和监督责任，通过学习党章党规、习近平总书记系列重要讲话、观看警示教育片、廉政约谈、深入审计现场检查、审计回访、建立审计项目廉政档案等形式，切实加强对党员干部的教育和监督，促进审计人员依法审计、文明审计，增强党员干部加强廉政建设的自觉性，审计干部严谨的工作作风得到被审计单位和社会各界的好评。在“向人民报告、请人民监督”大会上，伊春市审计局获得全场第一名的好成绩。

（撰稿人：吴玉文）

【佳木斯市审计局】 2016年，佳木斯市审计局行政人员编制核定61人，实有50人；下属事业单位固定资产投资专业审计局，核定编制18人，实有17人。局长周亚，副局长关胜超、李纲、蒋红军，总审计师安宝昌，市纪委派驻市财审纪检组副组长辛艳春。设有办公室、法制审理科、机关党委、财政审计科、社会保障审计科、经济责任审计办公室、农业与资源环保审计科、固定资产投资审计科、行政政法审计科、金融审计科、外资运用审计科、企业审计科、文教卫生综合派驻审计科、计算机管理科、督查科、内审协会。

审计成果 2016年，佳木斯市县两级审计机关完成审计（调查）项目212个。查出主要问题金额5.01亿元，其中违规金额4141万元、管理不规范金额4.59亿元；审计处理处罚金额7037万元，其中应上缴财政1720万元、应减少财政拨款或补贴234万元、应归还原渠道资金2266万元、应调账处理金额2817万元；审计发现非金额计量问题56个；审计促进整改落实有关问题金额2685万元，其中增收节支158万元、已调账处理金额2521万元；审计促进拨付资金到位519万元；审计后挽回（避免）损失1万元。移送处理事项1件。出具审计报告和专项审计调查报告266篇，被批示、采用207篇；提交审计信息104篇，被批示、采用35篇。提出审计建议225条，被采纳291条。

佳木斯市审计局本级完成审计（调查）项目22个。查出主要问题金额2.88亿元，其中违规金额1486万元、管理不规范金额2.73亿元；审计处理处罚金额3669万元，其中应上缴财政1269万元、应归还原渠道资金1万元、应调账处理金额2398万元；审计发现非金额计量问题13个；审计促进整改落实有关问题金额2215万元，其中增收节支108万元、已调账处理金额2106万元。出具审计报告和专项审计调查报告17篇，被批示、采用17篇。提出审计建议41条，被采纳41条。

2016年，佳木斯市审计局被命名为2011—2015年全国法制宣传教育先进单位；被市委、市政府评为佳木斯市2015年度美丽乡村建设先进帮建单位。

国家重大政策措施贯彻落实跟踪审计 完成全省统一组织的稳增长等政策跟踪审计。按照自定项目计划安排，先后开展土地整治、高标准基本农田建设、市本级跨年度预算平衡机制和财政资金支付全程动态监控机制建立情况审计。按照市委主要领导的要求，开展规范性制度执行情况审计调查，先后对重要新立规范性制度执行、征收拆迁合规性、规划执行、房地产业合规性、政府投资项目运行流程执行等情况进行审计调查，推进规范政府建设。

财政审计 受市政府委托做《关于 2015 年度市本级预算执行和其他财政财务收支审计工作的报告》，得到市人大常委会的充分肯定和高度评价。督促被审计单位主要负责人按照市政府下发的《佳木斯市人民政府关于认真做好 2015 年度市本级预算执行和财政收支审计发现问题整改工作的通知》要求，依法依规履行审计发现问题整改工作第一责任人职责，逐条逐项制订整改方案，按时公开整改结果，有效促进审计发现问题整改落实。

固定资产投资审计 完成龙海大厦项目效益情况审计调查、供水公司与市政府债务认定工作；开展 2014 年以来实施的政府性投资项目情况、棚户区改造等重点建设项目跟踪审计，完成对口援疆建设项目跟踪审计；完成吴广巷、烈士纪念馆等 16 个项目的工程造价审计，送审金额 17.41 亿元，审减 3.66 亿元，审减率 21.02%。

民生资金（项目）审计 开展富锦市医疗保险审计、汤原县精准扶贫和脱贫政策落实情况跟踪审计。对同江市、桦南县、汤原县和桦川县扶贫办等单位组织实施的整村推进扶贫项目进行交叉专项审计。市委对审计结果高度重视，市委办下发《关于整村推进扶贫项目审计情况的通报》，要求各县（市）党委、政府要高度重视扶贫开发工作，对整村推进扶贫工作中存在的问题，采取有效措施，积极进行整改。

信息化建设 按照连续 3 年验收要求，全市行政事业单位使用的网络版用友软件财务数据采集软件通过最后验收，已经应用于部门预算、经济责任审计、“三公”经费和其他审计工作中，共采集 30 多个单位的财务数据。在医保基金审计中，对采集到的全市医保数据进行整理后及时上传到省审计厅服务器，为医保基金审计提供技术支持。

普法工作 开展行政权力清单（目录）上报审核、落实行政权力清单（责任清单）相关、“两随机一公开”工作机制落实工作。推荐参评省审计厅 2015 年度优秀审计项目评选 3 个，获得优秀审计项目 1 个、表彰项目 2 个。

（撰稿人：王进兴）

【七台河市审计局】 2016 年，七台河市审计局人员编制 34 人，实有 30 人。局长崔玉平，副局长王宝山、张玉星、迟宗祥，总审计师高英，副调研员吕利。设有法制科、办公室、财政审计科、金融审计科、行政事业审计科、企业审计科、固定资产投资审计科、农业与资源环保审计科、经济责任审计科、社会保障审计科、外资运用审计；下设国家建设项目审计中心。

审计成果 2016 年，七台河市县两级审计机关完成审计项目 77 个。查出主要问题金额 30.54 亿元，其中违规金额 1.31 亿元、管理不规范金额 29.23 亿元；审计处理处罚金额 4.54 亿元；发现非金额计量问题 278 个；促进整改落实有关问题金额 1.83 亿元；审计后挽回（避免）损失 232 万元。出具审计报告和专项审计调查报告 77 篇，被批示、采用 18 篇；提交审计信息 43 篇，被批示、采用 30 篇。提出审计建议 139 条，被采纳 139 条；推动完善规章制度 4 项。

七台河市审计局完成审计项目 48 个。查出主要问题金额 24.28 亿元，其中违规金额 5099 万元、管理不规范金额 23.77 亿元；审计处理处罚金额 3.69 亿元；审计发现非金额计量问题 245 个；促进整改落实有关问题金额 1.67 亿元；审计后挽回（避免）损失 232 万元。出具审计报告和专项审计调查报告 48 篇，被批示、采用 8 篇；提交审计信息 24 篇，被批示、采用 20 篇。提出审计建议 102 条，被采纳 102 条。

国家重大政策措施贯彻落实跟踪审计 开展公路、棚改、水利和电子商务及互联网等政策措施落实情况跟踪审计，监督检查重大经济政策相关配套制度制定情况、执行情况、项目和资金的总体情况，推动各项政策措施落实到位，促进经济平稳运行、健康发展和转型升级。

财政审计 完成市本级预算执行和水资办、市教育研究院、种子管理处等8个部门预算执行审计以及财政存量资金审计；加大税收征管审计力度，重点审计税收政策执行情况、税收征管制度执行情况、税收计划情况；完成区级人民政府决算审计，提出细化预算编制、加大国有资产监督力度等审计建议。

经济责任审计 重点关注被审计领导干部贯彻执行经济法律法规情况、党和国家关于经济工作的方针政策和决策部署情况，贯彻落实中央八项规定、厉行节约反对浪费、“约法三章”相关要求情况，开展市委党校等9名领导干部经济责任审计。

固定资产投资审计 完成饶盖公路向阳至大个领段、依宝公路依兰至大个领段、水利专项工程、金沙新区2013年农村公路、逸安园殡仪服务中心工程等项目竣工决算审计，提出合理化建议，进一步促进建设项目加强管理和财政资金节约高效使用。

民生资金（项目）审计 完成勃利县2015年城镇保障性安居工程审计、采煤沉陷区棚户区改造情况审计、勃利县医疗保险基金审计。提出进一步加强棚改工程建设项目检查、抓好招投标政策落实和安居工程审批、建立健全保障性住房信息共享机制、保障性住房退出机制、加大医保参保力度等审计建议。

机关建设 履行管党治党责任，开展“两学一做”学习教育，抓好党员干部思想理论和政治纪律教育，推进学习教育经常化、制度化，树立政治责任感和大局意识。加强机关党组织建设，落实局党组党建工作责任制，规范民主生活会、“三会一课”、民主评议党员和党员领导干部双重组织生活制度。落实党风廉政建设责任制，构建主体明确、责任清晰、担责有力、问责有效的履责体系，将党风廉政建设责任层层分解，把党风廉政建设工作任务进行量化细化，树立审计人员良好形象。加强领导班子建设，提高领导科学发展水平，健全完善审计人员教育培训、业绩考评、激励约束等机制，综合运用以会代训、以审代训、以评代训等多种方式，加大对审计人员的教育培训力度。（撰稿人：金　成）

【牡丹江市审计局】 2016年，牡丹江市审计局人员编制87人，实有70人，其中博士1人、研究生学历6人、本科学历56人、大专学历7人。局长吴庆兰（3月—），副局长刘佳祥、杨国安、田方、姜涛，纪检组长尹明霞，副调研员郭占英、李淑莲、张少亮。设有办公室、法制审理科、计算机审计科、人事教育科、党委办、监察室、总务科、财政审计一科、财政审计二科、固定资产投资审计办公室、项目跟踪审计办公室、行政事业审计科、农业审计科、社保审计科、经贸审计科、外资审计科、经济责任审计一科、经济责任审计二科、经济责任审计三科和综合科。

审计成果 2016年，牡丹江市县两级审计机关完成审计项目179个。查出主要问题金额17.49亿元；应上缴财政3.81亿元、应减少财政拨款或补贴2536万元、应归还原渠道资金1.39亿元、应调账处理金额1.77亿元。向有关部门移交处理事项14件。出具审计报告和审计调查报告207篇；提交审计信息238篇。提出审计建议368条。

牡丹江市审计局本级完成审计项目54个。查出主要问题金额10.92亿元；应上缴财政3.62亿元、应减少财政拨款或补贴2536万元、应归还原渠道资金7148万元、应调账处理金额1.55亿元。向有关部门移交处理事项12件。出具审计报告和审计调查报告74篇；提交审计信息103篇。提出审计建议175条。

财政审计 对市本级预算执行和税收征管进行审计，向市政府提交规范财政资金、加强税收征管、推行项目代建制等各类专报9期，提出促进经济发展建议175条。

固定资产投资审计 完成固定资产投资项目14个，审计投资额13.25亿元，节约建设资金8753万元。针对近年来项目资金投入越来越大，投资审计力量明显不足的现状，筹备成立固定资产投资评审中心，以加强政府投资项目审计。

经济责任审计 进一步完善制度，改变过去“逢离必审”的做法，以任中审计为主，任中审计与离任审计相结合，修订《经济责任审计对象分类管理办法》。对审计对象进行分类管理，根据审计对象的岗位性质、履行经济责任的重要程度、掌握资源（资产、资金）大小等因素，将216个审计对象分为三类，其中一类单位（部门）98个、二类59个、三类59个。颁布《牡丹江市党政主要领导干部和国有企业领导人员经济责任审计实施办法》。

自然资源资产离任审计试点 在林口县进行自然资源资产离任审计试点。以领导干部任职期间所在地区土地、矿产、森林等主要自然资源资产实物量和生态环境质量状况变化为基础，以任职期间履行自然资源资产管理和生态环境保护责任情况为主线，从自然资源资产和环境保护基本情况，相关法规政策措施执行情况及效果，约束性指标和有关目标责任制完成，生态环境保护重大决策情况和相关资金的征收、管理和分配使用情况5个方面入手。起草《牡丹江市领导干部自然资源资产离任审计试点方案》。

（撰稿人：张春艳）

【黑河市审计局】 2016年，黑河市审计局人员编制47人（行政编制39人，工勤编制2人，事业编制6人），实有38人。局长白树生，副局长王鹏锐、仲建彬、姚富利，纪检组长韩萍，市经济责任审计工作联席会议办公室主任胡铁军，副调研员张世杰。设有经济责任审计科、财政金融审计科、经贸审计科、农业与资源环保审计科、固定资产投资审计科、政府项目资金管理监督审计科、社会保障审计科、行政事业审计科、计算机审计科、法制审理科、人事教育科、办公室；下设黑河市固定资产投资审计中心、边境经济合作区审计分局和五大连池风景名胜区自然保护区审计分局。

审计成果 2016年，黑河市县两级审计机关完成审计项目137个。查出主要问题金额11.00亿元；审计处理应上缴财政2.08亿元、应归还原渠道资金1405万元、应调账处理金额2.01亿元。出具审计报告和审计调查报告207篇；提交审计信息34篇。提出审计建议307条。

黑河市本级共完成审计项目32个。查出主要问题金额6.65亿元；审计处理应上缴财政1.96亿元、应归还原渠道资金1325万元、应调账处理金额1.83亿元。出具审计报告和审计调查报告42篇。提交审计信息1篇。提出审计建议85条。

国家重大政策措施落实跟踪审计 开展3次跟踪审计工作，涉及财政政策、重大工程项目等方面重点内容，揭示出项目未按时完工、未实行分户管理等问题，促进国家稳增长等政策落地生根和不断完善。

经济责任审计 黑河市本级共完成经济责任审计项目11个，其中离任审计3个、任期经济责任审计8个，揭示出虚列支出、财务核算不规范、应计未计收入、不合规发票列支、往来账长期不清理和固定资产管理等方面的问题。

固定资产投资审计 开展8个病险水库的竣工决算审计、“节水增粮行动”工程项目竣工决算审计等10个政府投资项目审计，揭示出多计多结工程价款、不合规票据列支、应缴未缴印花税、自筹资金未到位等问题。

民生资金（项目）审计 开展医疗保险基金审计，揭示出医疗保险报销政策执行不到位、困难群体参保资助不到位、医疗保险基金未实现即时结算、项目启动缓慢等问题。

（撰稿人：胡铁军）

【绥化市审计局】 2016年，绥化市审计局人员编制53人，实有51人。党组书记、局长吴云峰，副局长田学斌、李永志、张立君（5月—），总审计师杨旭，纪检组长刘凤军，调研员赵德河（5月—），副调研员刘平录、贾广灵、周则朴。设有办公室、法规科、审计督察科、财政审计科、行政事业审计科、农业与资源环保审计科、固定资产投资审计科、金融审计科、经贸审计科、社会保障审计科、信息化科、人事教育科、经济责任审计一科、经济责任审计二科、经济责任审计三科、绩效审计科、开发区审计分局。

审计成果 2016年，绥化市县两级审计机关完成审计调查项目270个。查出主要问题金额15.48亿元；审计处理应上缴财政资金5075万元、应减少财政拨款或补贴537万元、应归还原渠道资金1.88亿元、应调账处理金额10.54亿元。出具审计报告和审计调查报告共计372篇。提出审计建议123条。

绥化市审计局完成审计及审计调查项目计49个。查出主要问题金额12.00亿元，审计处理应上缴财政1761万元、应归还原渠道资金1.65亿元、应调账处理金额9.33亿元。出具审计报告和审计调查报告67篇。提出审计建议51条。

国家重大政策措施贯彻落实跟踪审计 开展保障性安居工程审计，重点审查目标任务完成、资金筹集与使用、工程建设、保障性住房分配和后续管理等情况，查出滞拨城镇保障性安居工程专项资金，违规向保障性安居工程项目收取行政事业性收费等问题。开展稳增长促改革调结构惠民生政策落实情况跟踪审计，分析被审计单位落实政策措施与地方经济发展实际相结合方面好的经验和取得的实际效果，分清各项政策措施落实不到位的责任主体，揭示不作为、不到位、打折扣等问题，督促被审计单位将沉淀资金下拨，发挥资金的最大效益，缓解经济下行压力。

财政审计 完成财政审计项目、审计调查项目152个。查出主要问题金额13.75亿元，其中未按规定征收缴纳收入4261万元、资金滞留闲置1.60亿元、违规使用发票16万元、虚列支出2178万元、扩大开支范围或提高开支标准列支568万元、违规采购164万元、资金不到位不落实166万元、项目工程质量存在问题1万元、账外资产1万元、未按规定建成污染防治项目1万元、其他问题金额12.86亿元。出具审计报告133篇。

经济责任审计 审计经济责任人118人，其中任中经济责任审计23人、离任经济责任审计95人，审计单位118个。查出主要问题金额6873万元、管理不规范金额6824万元。出具审计报告和审计结果报告223篇；提交审计信息1篇。提出建议27条，被采纳20条。

固定资产投资审计 完成投资审计项目16个，项目投资额3922万元，完成投资额3503万元。查出主要问题金额554万元，其中未按规定征收缴纳收入99万元、违规采购18万元，工程结算不实125万元，其他问题金额310万元，出具审计报告16篇。

信息化建设 推进“互联网+审计”，实现审计管理数据库主机、笔记本电脑应用终端、手机应用移动终端即时联网，随时随地传输业务信息和数据。成立由主要领导任组长的计算机审计与绩效审计创新工作小组，全力培养计算机审计骨干团队。

相关工作 在外县现场审计时间超过15天的审计组，全面实施重大审计项目“三组模式”，即在实施审计大型项目时派出审计组；在审计组中成立临时党小组和廉政监督组，推进党建工作、党风廉政建设与审计业务工作有机融合。采取填写备案登记表、发放纪律告知单、填写检查记录单、发放执行纪律调查表、填写审计现场廉政谈话记录单等“三单两表”方式加强审计组廉政建设。与绥化学院经济管理学院建立战略合作关系，选派优秀业务骨干到该院以审计案例方式授课。与南京审计大学公共经济学院签署战略合作框架协议，依托南京审计大学的审计科研、审计教学优势，推进审计队伍建设。

内部审计 完成内部审计项目5个，审计总金额1.93亿元。提出建议意见被采纳2条。

（撰稿人：李　勋）

【大兴安岭地区行署审计局】 2016年，大兴安岭地区行署审计局机关行政编制36人、工勤编制2人、自收自支事业编制4人，实有37人，其中大专学历2人、本科学历30人、研究生学历5人。局长解学民，副局长孙庆俊、戴新竹、朱立成、郭银杉，纪检组长丁子良，副调研员马树声、王玉红。设有办公室、法制审理科、经济责任审计科、财政审计科、农林资源环保外资审计科、行政事业社会保障审计科、固定资产投资审计科、金融与企业审计科、审计督察科、重点投资项目监督科；下设大兴安岭地区投资审计中心。

审计成果 2016年，大兴安岭地区审计机关完成审计和审计调查项目97个。查出主要问题金额14.60亿元，其中违规金额6435万元、管理不规范金额13.96亿元；核减工程造价1564万元。提出审计建议125条，被审计单位采纳115条。地区本级审计局完成审计和审计调查项目34个。查出主要问题金额11.33亿元，其中违规金额2201万元、管理不规范金额11.11亿元；核减工程造价1453万元。

2016年，大兴安岭地区行署审计局被大兴安岭地委目标责任制办公室评为优秀单位，被大兴安岭机关工委评为党风廉政建设先进单位，被大兴安岭地区行署评为优秀执法单位。大兴安岭原加格达奇区医院外立面改造工程竣工决算审计项目获得黑龙江省审计厅优秀项目表彰。

国家重大政策措施贯彻落实跟踪审计 根据《国务院办公厅关于印发稳增长促改革调结构惠民生政策措施落实情况跟踪审计工作方案的通知》和审计署、黑龙江省政府、黑龙江省审计厅的要求，完成地区本级及三县四区4个季度稳增长促改革调结构惠民生政策措施落实情况跟踪审计。通过审计发现存在未按规定清理盘活存量资金、决算结余资金未纳入2016年预算安排使用、应缴未缴税款等问题。

财政审计 完成2015年地本级财政预算执行审计，通过审计发现存在应缴未缴预算收入、违规截留所属区财政资金、偿还企业贷款担保损失、资金长期挂账等问题。对查出的问题依照有关法律法规进行处理处罚。就地本级财政预算执行情况及其他财务收支审计情况，向地区人大常委会做专题报告。以促进税务部门依法治税，提高税收征管质量为目标，完成2015年度税收计划完成及税收征管审计，发现存在应缴未缴税款问题。

经济责任审计 加强经济责任审计的组织领导，健全完善经济责任联席会议工作机制，与纪检委、组织部等部门联合制定出台《大兴安岭地区党政主要领导干部和国有企业领导人员经济责任实施细则》和《大兴安岭地区经济责任审计对象分类和计划管理办法》。行署审计局完成年初计划的经济责任审计项目13个，发现账实不符、虚列支出、违反规定接受企业赞助费、超范围列支费用、挤占事业费、购置固定资产未入账、收入在往来中核算等问题。

固定资产投资审计 完成呼玛县西山水库除险加固工程建设项目竣工决算审计项目。开展加格达奇区外环东路（景观大道东延新建工程）竣工决算审计、地区武警支队新建营房项目（迁移）竣工决算审计、大兴安岭地区中小学实践学校（实践学校）建设项目竣工决算审计、大兴安岭地区技师学院改扩建及实训基地建设项目竣工决算审计等投资审计项目。通过审计核减工程造价1564万元，规范资金管理程序，促使项目资金发挥应有的作用。

民生资金（项目）审计 完成保障性安居工程项目跟踪审计。通过审计发现存在未及时收缴廉租房租金收入、不符合条件人员享受廉租房补贴、地方政府应匹配未匹配资金、公务员及参公管理人员违规享受危房改造资金、未按规定补助对象发放农村危房改造补助资金的问题。

内部审计 按照省审计学会、省内部审计协会要求开展审计理论研究工作和其他各项工作。促进全区审计系统内部审计及审计理论研究工作的开展，全力推进审计成果转化及审计理论研究工作，大兴安岭地区内部审计及审计学会各项工作得到进一步深入开展。（撰稿人：孙春云）

【绥芬河市审计局】 2016年，绥芬河市审计局人员编制17人，实有15人。局长时晓城，副局长舒巍，经济责任审计委员会办公室副主任刘振昌，主任科员刘莹。设有办公室、法制审理科、财政金融审计科、行政事业审计科、固定资产投资审计科；下设经济责任审计中心。

审计成果 2016年，绥芬河市审计局完成审计项目23个，其中组织实施审计项目20个，参与实施审计项目3个。查出主要问题金额4.03亿元，其中违规金额498万元、管理不规范金额3.98亿元；损益（收支）不实金额171万元；审计处理处罚金额2096万元，其中应上缴财政498万元、应归还原渠道资金1589万元、应调账处理金额9万元；审计发现非金额计量问题19个；审计促进整改落实有关问题金额1976万元，其中增收节支1968万元、已调账处理金额9万元；审计促进拨付资金到位1589万元。出具审计报告和专项审计调查报告39篇，被批示、采用3篇。提出审计建议20条，被采纳14条。

国家重大政策措施贯彻落实跟踪审计 对财政资金存量资金、税收征管、机场前期建设进行全面审计，揭示项目推进缓慢致使资金无法拨付、资金滞留闲置、未按规定纳入预算管理、应征未征税金等问题。

财政审计 查出管理不规范金额1.14亿元、违规金额339万元，重点揭示和反映预算追加调整较多、未按规定纳入预算管理、资金滞留闲置、专项资金挂账、预算进度不科学、应征未征税金等问题。

经济责任审计 完成经济责任审计项目16个，查出管理不规范金额2.64亿元、违规金额111万元。

（撰稿人：王东生）

【抚远市审计局】 2016年，抚远市审计局共有干部职工19人。局长孔宪海，副局长张军山、张永胜、韩凤玲、尹作勇，纪检员马铭午。设有办公室、法规审理室、财政金融审计室、行政事业审计室、固定资产投资审计室、社会保障审计室、农业与资源环保审计室、经济责任审计室、经贸审计室、督察室等部门。负责全市9个乡镇和161个县直部门及企事业单位的审计。

审计成果 2016年，抚远市审计局完成审计项目23个。查出违纪违规金额3804万元、管理不规范金额264万元、调账处理金额36万元、归还原渠道资金105万元。审计决定落实率达100%，建议得到积极采纳，整改涉及资金总额233万元，纠正不规范会计行为6项，相关单位出台管理制度3个，制定整改措施12条。

财政审计 重点审计财政存量资金、小南山污水处理厂、抚远市垃圾处理和抚远市综合福利院工程项目建设情况，针对财政存量资金部门预算结余结转资金未按规定由财政收回统筹使用问题，督促有关单位及时返还存量资金。

经济责任审计 从以往过多关注领导干部在任期间财政财务收支等情况，向干部履行职责、实施重大决策、落实政策措施、资金管理使用和廉洁自律等综合性审计转变。全年完成经济责任审计项目8个，针对发现的问题，提出28条整改建议，促进被审计单位加强财务管理，严格财金秩序。

信息化建设 在部门预算执行、“三公”经费审计中改进联网审计方式，在运用联网审计查找分析审计疑点的基础上，采用由被审计单位送达审计资料的形式，减少审计组赴各被审计单位的实施时间，提高工作效率，扩大重点抽查的覆盖面，确保审计质量和审计重点。加大审计信息化建设整体推进力度，在加强基础硬件建设的同时，拓展计算机审计的应用领域，加强复合型人才培养。

（撰稿人：马铭午）

2016年黑龙江省所辖区、县(市)级审计工作统计表

金额单位:万元

审计机关	完成审计项目(个)	审计查出主要问题金额	审计处理情况					出具审计报告和审计调查报告(篇)	提出审计建议(条)	提交审计信息(篇)
			审计处理处罚				移送处理事项(件)			
			应上缴财政	应减少财政拨款或补贴	应归还原渠道资金	应调账处理金额				
哈尔滨市										
哈尔滨市本级	144	2166720	105929	10947	419276	156263	41	230	167	11
道里区审计局	21	4894	929					40		2
南岗区审计局	22	59354			2	14595	2	39	3	
道外区审计局	18	33540			4431			34		
平房区审计局	8	420	11			1		14		
香坊区审计局	18	54890	75			240		35	22	1
呼兰区审计局	104	17096	7	631	8076	31		127	12	29
阿城区审计局	44	159898	69	4020	202	26738		75	11	1
双城区审计局	29	35962	640		4	31	1	51	24	
尚志市审计局	22	19448	649		49	1		28		
五常市审计局	52	45305	880		15	16		85	5	28
依兰县审计局	36	6388	679			9		53	2	

（续表）

审计机关	完成审计项目（个）	审计查出主要问题金额	审计处理情况					出具审计报告和审计调查报告（篇）	提出审计建议（条）	提交审计信息（篇）
			审计处理处罚				移送处理事项（件）			
			应上缴财政	应减少财政拨款或补贴	应归还原渠道资金	应调账处理金额				
方正县审计局	34	74772	1391					59	20	
宾县审计局	29	66841	429	514	15898	68		38	85	
巴彦县审计局	38	27754	477	379	12973			60	31	68
木兰县审计局	24	10886	329		2751			41		
通河县审计局	68	5075	314			278	1	122	39	
延寿县审计局	19	11205	82			85		21	15	
齐齐哈尔市										
齐齐哈尔市本级	112	342877	38830	429	17287	165528	45	175	85	80
龙沙区审计局	27	20850	36			20369		48	7	3
建华区审计局	6	1012	2					12	2	
铁锋区审计局	19	230				230		19	13	5
昂昂溪区审计局	13	535	45					10	51	
富拉尔基区审计局	15	3401						31	11	
碾子山区审计局	14	171	4					14	3	
梅里斯达斡尔族区审计局	19	4350	212		504	1814	1	28	15	
讷河市审计局	51	35612	2865		811	2668	1	93	123	3
龙江县审计局	57	108654	181		112	1231	27	81	36	32
依安县审计局	59	14648						59	31	
泰来县审计局	45	9884	52		1000	1672		44	7	
甘南县审计局	37	5805	3		3224	133		65	27	11
富裕县审计局	51	77638	215		12			51	36	
克山县审计局	40	9559	219		8003	1074		40	36	
克东县审计局	50	16462	274	11	1876	132	2	93	57	
拜泉县审计局	72	43245	16		240	23215		111	59	23
鸡西市										
鸡西市本级	55	64581	1323	521	7885	16474		75	148	
鸡冠区审计局	7	2080			1720	203		12	15	
恒山区审计局	3	1706				25			21	
滴道区审计局	4	6530			2				7	
梨树区审计局	2	60			18	42			3	
城子河区审计局	4	9942			1214	12		6	13	
麻山区审计局	7	524			126			13	21	

（续表）

审计机关	完成审计项目（个）	审计查出主要问题金额	审计处理情况					出具审计报告和审计调查报告（篇）	提出审计建议（条）	提交审计信息（篇）
			审计处理处罚				移送处理事项（件）			
			应上缴财政	应减少财政拨款或补贴	应归还原渠道资金	应调账处理金额				
虎林市审计局	27	6666	549					41	15	
密山市审计局	39	2688	149			566		69	90	
鸡东县审计局	109	4582	368	1653		218		159	90	
鹤岗市										
鹤岗市本级	32	133711	4922	95	36528	5667		45	65	24
萝北县审计局	12	4976	388		3723	38		19	17	31
绥滨县审计局	67	35333	527	4	6	1439		91	31	10
双鸭山市										
双鸭山市本级	62	1749	926	3955	7189	41583		105	58	40
尖山区审计局	5	64						5	8	
岭东区审计局	12	1800				75		12	32	
四方台区审计局	5	46						5	11	12
宝山区审计局	10	107						10	25	
集贤县审计局	39	4313	542			674	1	75	8	1
友谊县审计局	28	7101	85	2		71		28	32	57
宝清县审计局	54	54825	4613		32026	101		54	102	25
饶河县审计局	24	11089	261		3704			24	52	10
大庆市										
大庆市本级	84	339548	15503	15198	6483	50314	11	130	224	46
萨尔图区审计局	64	3425	606	193		272		52	133	8
龙凤区审计局	40	4912	135	340				52	20	6
让胡路区审计局	89	8417	183	2599	3415	554		94	96	5
红岗区审计局	29	812	28		500			25	14	
大同区审计局	18	493	350			62		32	17	
肇州县审计局	54	15836	3322	1248	499	8369		70	25	5
肇源县审计局	144	11411	11296		3114	3065	4	213	238	5
林甸县审计局	35	17141	3501	82	23	35		57	58	8
杜尔伯特蒙古族自治县审计局	58	13152	395		4000	3095		100	35	
伊春市										
伊春市本级	56	70487	4971	250	3413	716	4	85	130	80
伊春区审计局	24	9648	2	4	5079			42	13	17
西林区审计局	12	8						23	21	

（续表）

审计机关	完成审计项目（个）	审计查出主要问题金额	审计处理情况					出具审计报告和审计调查报告（篇）	提出审计建议（条）	提交审计信息（篇）
			审计处理处罚				移送处理事项（件）			
			应上缴财政	应减少财政拨款或补贴	应归还原渠道资金	应调账处理金额				
铁力市审计局	17	32478						17	53	37
嘉荫县审计局	37	4449	21					64	31	15
佳木斯市										
佳木斯市本级	22	28813	1269		1	2398		17	41	
向阳区审计局	9	1449						16	15	
前进区审计局	11	203				189		24	14	1
东风区审计局	11	204	1					11	14	14
郊区审计局	13	138	25			17		25	10	
同江市审计局	3	2304	4		39	462		10	21	6
富锦市审计局	37	2376	40	224	3			43	3	8
抚远市审计局	23	2804	37		105	36		26	81	6
桦南县审计局	53	11434	47	10		91		63	80	
桦川县审计局	14	2353	122		1691	114	1	25	26	18
汤原县审计局	39	780	216		571	8		39	17	63
七台河市										
七台河市本级	48	242834	3764		11379	15236		48	102	24
新兴区审计局	3	14625	6180		826	4		3	6	
桃山区审计局	2	1298						2	5	
茄子河区审计局	4	1200				1200		4	6	2
勃利县审计局	33	15800	453		33	337		37	45	
牡丹江市										
牡丹江市本级	54	109223	36193	2536	7148	15457	12	74	175	103
东安区审计局	10	879						10	36	26
阳明区审计局	13	37						7	13	
爱民区审计局	15	2068				1103		12	17	
西安区审计局	4	746						4	3	
绥芬河市审计局	23	40317	498		1589	9		39	20	
海林市审计局	33	10540	159		5243	981		33	25	10
宁安市审计局	10	36764	661		15	115		14	34	
穆棱市审计局	11	5073	637		1	10		16	3	80
东宁市审计局	15	6266	241		83		2	15	24	17
林口县审计局	14	3269	183		1434	2		22	38	2

（续表）

审计机关	完成审计项目（个）	审计查出主要问题金额	审计处理情况					出具审计报告和审计调查报告（篇）	提出审计建议（条）	提交审计信息（篇）
			审计处理处罚				移送处理事项（件）			
			应上缴财政	应减少财政拨款或补贴	应归还原渠道资金	应调账处理金额				
黑河市										
黑河市本级	32	66469	19589		1325	18330	1	42	85	1
爱辉区审计局	32	1565	577			56		31	37	11
北安市审计局	9	3439	3			936		14	8	
五大连池市审计局	41	3264	263			3001		29	33	15
嫩江县审计局	17	1845						34		
逊克县审计局	9	21481				1452		15	30	11
孙吴县审计局	34	545	13		32	521		34	82	
绥化市										
绥化市本级	49	120037	1761		16545	93343		67	51	
北林区审计局	8	3042	1470		327	163		8		
安达市审计局	53	377	73			2		53		
肇东市审计局	11	2389	264	532	3			10	3	
海伦市审计局	12	843	487					15	14	
望奎县审计局	14	12304	42		8	9215		21		
兰西县审计局	19	1700		5	37			27	44	
青冈县审计局	14	3966	296		1851	9		14	3	
庆安县审计局	38	860	3					69		
明水县审计局	26	6910	391			1583		42	6	
绥棱县审计局	26	2353	288		42	1087		46	2	
大兴安岭地区行署										
大兴安岭地区行署本级	34	113310	1755		443	191	15	46	22	12
加格达奇区审计局	12	10072	285		2	6514	1	16	37	12
新林区审计局	13	1854						13	31	22
松岭区审计局	9	1080						9	32	10
呼中区审计局	7	55			55			7	9	
呼玛县审计局	32	5741	117				6	32	56	20
塔河县审计局	24	5049						24	19	2
漠河县审计局	9	11983	72		9			9	6	

上海市

【上海市审计局】 2016年，上海市审计局公务员编制360人，实有318人。设17个内设机构，并按有关规定设置机关党委；下设审计科学研究所、审计培训中心、审计信息中心3个事业单位，实有30人。

领导成员

局　　长：田春华（—9月）
　　　　　王建平（9月—）
副 局 长：吴茵蝶　于万云　孙　琪
　　　　　徐　伟　段际凯
总审计师：林忠华（—11月）
市纪委驻局纪检组组长：沈荣华
巡 视 员：江小民
副巡视员：贾洪忠（2月—）

审计成果 2016年，上海市审计机关开展审计和审计调查项目921个，促进财政增收节支104.25亿元，核减不实投资金额13.20亿元。向纪检监察机关、司法机关和相关主管部门移送处理事项17件。推动建立健全制度246项。

国家重大政策措施贯彻落实跟踪审计 根据审计署的要求，围绕市委、市政府重大决策部署和重点工作，组织开展稳增长促改革调结构惠民生防风险重大政策跟踪审计，重点关注简政放权、就业创业、公共交通等政策落实情况，促进政策落地生根和发挥效应。

财政审计 上海市审计局对全口径预算执行及决算、15家市级部门预算执行及决算、重点专项资金、政府投资重大工程项目等组织开展审计；各区审计局围绕财政转型、提质增效，以预算管理和财政资金为主线，拓展财政审计的广度和深度。通过审计，推动财税政策落实，促进政府"用对钱""用好钱"，提高财政资金使用效益。

经济责任审计 上海市审计局完成57名市管领导干部（人员）的经济责任审计，区分党委政府、部门（单位）、企业等不同审计对象，分类制订审计工作方案，提高工作针对性。开展经济责任审计分类管理工作调研，研究推进经济责任审计工作深化发展。加强经济责任审计结果运用，促进领导干部履职尽责。

农业与资源环保审计 围绕"补短板"要求，聚焦区域生态环境综合治理、生态建设和环境保护，组织开展专项审计和审计调查，探索开展领导干部自然资源资产离任审计试点，促进生态文明建设，服务绿色发展。

民生资金（项目）审计 聚焦社保、就业、教育、养老、支农惠农等领域，加强对重点民生资金和项目的审计，切实维护人民群众根本利益。

信息化建设 稳步推进"上海数字化智能审计工程"建设，推进行业数据采集和审计方法制作实施。组建大数据综合分析团队，建成大数据集中分析室，在证券、财政、税务、社保、企业等领域审计中，利用大数据技术精准比对，发现疑点，查处问题。

制度建设 推动上海市委办公厅、市政府办公厅联合印发《关于本市实行审计全覆盖的实施意见》，构建与审计全覆盖相适应的工作机制。上海市审计局制定"十三五"审计工作发展规划，以及经济责任审计"十三五"规划、资源环境审计三年计划、审计信息化发展"十三五"规划等3个专项规划，形成"主规划＋专项规划"的中长期发展规划体系，明确阶段性的工作目标和主要任务。相关区委、区政府也继续加强审计制度建设。

内部审计 加强内部审计分类指导和内部审计成果利用，推动各相关单位加强内部审计机构设置和内部审计队伍建设。推进内部审计质量评估工作开展，加大内部审计业务培训和考核力度。

审计公开 公开"十三五"上海市审计工作发展规划及其解读、年度重点审计项目计划、审计工作报告、审计整改报告等。全市审计机关公开政府投资建设项目竣工决算审计等241项单项审计结果，审计透明度进一步提高。

（撰稿人：黄　艳　朱　伟）

【黄浦区审计局】 2016年，黄浦区审计局实有60人。局长徐建荣，副局长朱润杰、虞海琴、李娜（8月—），纪检组长邓雨生（4月—）。设有办公室、人事教育监察科、综合计划科、审理法规科、财政金融审计科、行政事业审计科、固定资产投资审计科、党政领导干部经济责任审计科、企业领导人员经济责任审计科、经济贸易审计科、资源环保审计科、计算机审计科。

审计成果 2016年，黄浦区审计局完成审计项目35个。查出主要问题金额15.19亿元。提交审计信息32篇。提出审计建议145条。向社会公告审计结果17篇。

2016年，1个审计项目获得上海市审计机关优秀审计项目评比二等奖。

国家重大政策措施贯彻落实跟踪审计 制订稳增长等政策措施和区政府目标落实情况跟踪审计工作方案，跟踪检查政策措施落实情况和区政府目标完成情况，为推动区稳增长等政策措施落实到位，经济平稳较快发展发挥积极作用。

财政审计 开展2015年度黄浦区本级预算执行审计，重点关注财政资金使用效益和财政政策的落实情况。组织对7个部门2015年预算执行情况进行审计，进一步促进完善各部门综合预算管理，降低行政运行成本，增强行政效能，完善“三资”管理。

经济责任审计 完成对11名区管领导干部（人员）的经济责任审计，全面监督检查领导干部履行经济责任过程和效果、执行方针政策和遵守财经法纪等情况，进一步促进领导干部守法守纪守规尽责，更好地科学履行经济责任，依法行政。

固定资产投资审计 完成5个政府投资项目审计，促进规范项目建设管理，提高资金使用绩效。

专项资金审计 对事业单位资金、资产、资源管理情况开展专项审计调查，摸清“三资”管理现状及底数。

审计整改 加大对被审计单位整改落实的跟踪检查力度，制订黄浦区审计局2016年审计整改跟踪检查工作方案，落实跟踪检查负责人，建立审计整改台账，实行“问题清单”和“整改清单”对接机制，每季度上报审计整改情况报表，对审计整改情况进行集中和动态管理。

内部审计 制定《2016年黄浦区内部审计工作要点》，整合内部审计资源，发挥整体合力，规范内部审计工作，充分发挥内部审计工作在加强单位内部管理和控制、提高经济效益和反腐倡廉等方面的积极作用。 （撰稿人：曹　群）

【徐汇区审计局】 2016年，徐汇区审计局人员编制34人，实有33人。局长翁国雷，副局长赵洪英、王海燕（9月—），纪检组长赵洪英。设有办公室、法规科、财政审计科、经济责任审计科（内部审计指导科）、绩效审计科、固定资产投资审计科、企业审计科。

审计成果 2016年，徐汇区审计局完成审计项目和审计调查项目47个。查出主要问题金额2.54亿元；促进财政增收节支1049万元。移送司法机关、纪检监察机关和有关部门处理事项1件。出具审计报告和专项审计调查报告82篇；提交审计信息131篇。提出审计建议62条。向社会公告审计结果19篇。首次启动被审计单位整改结果的公告制，试点公开被审计单位审计整改情况。

2016年，1个审计项目获得上海市审计机关优秀审计项目评比三等奖。

国家重大政策措施贯彻落实跟踪审计 制订徐汇区审计局关于本区稳增长等政策措施落实情况跟踪审计工作总体计划，完成稳增长促发展保民生政策落实情况的审计调查。对科技资金政策、环保资金管理等重点领域和重点内容开展审计调查，推进制度完善、机制健全和管理规范。

财政审计 完成2015年度徐汇区本级财政预算执行审计、9家预算单位的部门预算执行审计、7家预算单位151个项目的预算经费使用情况审计调查，对公共财政支出绩效和财政政策的实施效果进行监督，促进财政资金发挥最大使用效益。

经济责任审计 完成对33名区管领导干部（人员）的经济责任审计，重点围绕领导干部履职情况，着力揭示和反映重大违法违规、重大失职渎职、重大决策失当，以及不作为、慢作为、假作为、乱作为等问题，强化对权力运行的监督制约。

固定资产投资审计 完成8个政府投资项目竣工决算审计，对高估冒算的工程费用进行纠正，建立完善的签证审核机制，确保项目投资额得到有效控制。

专项资金审计 对区科技产业发展专项资金使用绩效、区环保政策落实及相关专项经费使用等开展审计调查，发挥审计的预警、预防作用。

审计整改 发挥审计整改联席会议的平台作用，完善审计整改清单制，实行对账销号制度，共对 34 家单位审计发现的问题进行回访检查。

内部审计 通过对内部审计人员分层培训、分类指导等方法提升各部门内部审计工作水平，促进财政资金有效合理使用。（撰稿人：曹 娴）

【长宁区审计局】 2016 年，长宁区审计局人员编制 34 人，实有 33 人。局长邱军祺（—3 月）、徐姗姗（4 月—），副局长王智华、陆霓。设有办公室、法规科、行政事业审计科、固定资产投资审计科、经贸审计科、财政金融审计科、经济责任审计科。

审计成果 2016 年，长宁区审计局完成审计项目 27 个。查出主要问题金额 2.86 亿元；促进财政增收节支 862 万元。出具审计报告和专项审计调查报告 43 篇；提交审计信息 127 篇。提出审计建议 50 条。向社会公告审计结果 12 篇。首次向社会公告政府投资和以政府投资为主的建设项目竣工决算审计结果。

国家重大政策措施贯彻落实跟踪审计 完成政策措施贯彻落实跟踪审计 4 个。围绕区委、区政府重点任务，关注园林绿化、轨道交通、教育、保障性安居工程等领域资源环境保护、重点民生政策落实和资金使用情况，推进重大政策落实。

财政审计 完成 2015 年度长宁区本级财政预算执行和 15 家预算部门及其所属 35 家预算单位预算执行审计；完成长宁区国有资本经营预算收益收缴情况审计调查；借助大数据分析，全面反映区级财政预算执行情况。

经济责任审计 完成对 11 名区管领导干部（人员）经济责任审计。区分党政工作部门、企业等不同审计对象，分别制定经济责任审计评价指标，在国企经济责任审计中重点关注国企资产负债损益，评价国有资本资产负债真实性及保值增值情况，提高审计实效。

固定资产投资审计 分类完成 12 个政府投资项目竣工决算审计。

信息化建设 推进“审计综合信息管理系统”升级，打造覆盖审计对象管理、计划任务安排、审计项目进度把控、审计整改等审计作业全周期信息管理系统；升级联网审计平台，创建预算部门财政业务数据与财务数据分析接口；外聘技术专家在财政审计、经济责任审计等各审计业务中加大数据分析，固化查询、多维等常用分析模型。

内部审计 制定并印发《长宁区街镇内部审计工作实施意见》，首次抽调区相关单位内部审计人员参与局审计项目，推进对委办局、街镇和企业内部审计工作分类指导。长宁区属单位已设立内部审计机构 27 个，配备专职、兼职内部审计人员 120 人，共完成审计项目 902 个。

（撰稿人：高洁楠）

【静安区审计局】 2016 年，静安区审计局人员编制 39 人，实有 41 人。局长陈士林，副局长陈一、魏勇、张雪云、薛敏（—12 月），纪检组长魏勇。设有办公室、人事教育监察科、综合计划科、审理法规科、财政财务审计科、经济责任审计科、国有企业审计科、固定资产投资审计科、绩效审计科。

审计成果 2016 年，静安区审计局完成审计项目 42 个。查出主要问题金额 124.72 亿元；促进整改落实有关问题资金 2305 万元。移送纪检监察机关和有关部门处理事项 1 件，涉及 4 人。出具审计报告和专项审计调查报告 60 篇。提出审计建议 123 条。向社会公告审计结果 21 篇。

2016 年，1 个审计项目获得上海市审计机关优秀审计项目评比三等奖。

财政审计 分别对原闸北、原静安 2015 年财政开展“同级审”，并在此基础上形成新静安财政预算审计总报告，对发现的问题，注重从完善体制机制、促进规范管理角度，分析存在普遍性、倾向性问题的原因。总报告得到静安区政府的充分肯定。

经济责任审计 牵头制定出台《上海市静安区经济责任审计工作联席会议办公室工作规则》《上海市静安区经济责任审计工作联席会议议事规则》等制度，完成对 17 名区管领导干部（人员）的经济责任审计，重点关注被审计单位的事业发展（企业经营）、遵守国家法律法规、重大经济决策、内部管理、财务收支和遵守廉政规定等方面情况。

绩效审计 围绕生态文明建设，开展专项资金绩效审计，提出要进一步建立专项资金使用制度、完善绿化养护管理长效机制等审计建议。

（撰稿人：章云波）

【普陀区审计局】 2016年，普陀区审计局人员编制32人，实有30人。局长周勤毅（—9月）、黄继文（12月—），副局长黄继文（10—11月，主持工作）、王廉之、王春蕾，纪检组长王廉之（兼）。设有办公室、综合业务指导科、财政审计科、经济责任审计科、行政事业审计科、经济贸易审计科、固定资产投资审计科。

审计成果 2016年，普陀区审计局完成审计项目42个。查出管理不规范金额21.37亿元；促进财政增收节支93万元。出具审计报告和专项审计调查报告（含审计结果报告）65篇；提交审计信息35篇。提出审计建议86条。向社会公告审计结果9篇。

财政审计 以2015年度区级财政预算执行和其他财政收支审计、2个镇财政决算和其他财政收支审计为重点，突出政府全口径预算执行及决算草案审计，将公共财政预算、政府性基金预算、国有资本经营预算全部纳入审计范围。组织开展19个部门预算执行情况审计，加大对预算资金效益、存量资金情况、"三公"经费和会议费使用情况的审计力度，规范部门财政预决算管理和职能履行，推动财政资金合理配置、高效使用。

经济责任审计 完成对23名区管领导干部（人员）的经济责任审计，客观求实评价领导干部经济责任履行情况。

固定资产投资审计 委托中介机构开展8个政府投资项目竣工决算审计，重点关注工程招投标、投资控制、资金管理及使用、工程质量管理环节，规范投资管理。

专项资金审计 对区促进就业专项资金使用管理情况进行专项审计调查，督促完善扶持创业的补贴标准。

内部审计 加大内部审计工作的指导力度，促进基层单位有效开展内部审计工作。积极开展区内部审计工作人员培训，提升内部审计人员的业务素质，促进区域经济健康发展。

（撰稿人：应　迪）

【虹口区审计局】 2016年，虹口区审计局人员编制30人，实有27人。局长欧阳小平，副局长徐涛、周辉权（—10月）、景峥嵘（11月—），纪检组长周辉权（—6月，兼）、徐涛（6月—，兼）。设有办公室、综合法规科、业务审理科、财政金融审计科、经济责任审计科、城市建设审计科、国资国企审计科、政策执行审计科。

审计成果 2016年，虹口区审计局完成审计（调查）项目41个。查出主要问题金额3.41亿元。出具审计报告66篇；提交审计信息6篇。提出审计建议164条。

财政审计 开展2015年虹口区财政预算执行情况和其他财政收支情况的审计，关注全口径预算管理，推进各预算之间统筹协调。开展部门预算审计，注重财政制度和政策执行情况、内部控制和财务管理情况，关注"三公"经费及中央八项规定落实情况，摸清部门和下属单位资金家底。

经济责任审计 完成对27名区管领导干部（人员）的经济责任审计。根据本区机构设置新变化，综合考虑被审计单位公权力、公益性、公共关注度、管理资金量等情况，调整重点经济责任审计对象和一般经济责任审计对象。

固定资产投资审计 完成5个政府投资项目竣工决算审计，重点关注项目推进、资金筹集和使用、投资控制及工程结算、质量管理等情况，推进区重大政府投资项目平稳有序开展。

专项资金审计 完成2项审计调查，注重绩效审计，关注民生资金使用效益，深入分析公共资源配置等方面存在的问题，从体制、机制、制度层面提出审计意见和建议。

内部审计 指导、组织内部审计人员完成财政收支、经济责任、效益、基本建设等内部审计项目。

（撰稿人：严　卓）

【杨浦区审计局】 2016年，杨浦区审计局人员编制34人，实有34人。局长周兰萍，副局长贺东明、金迪（9月—），纪检组长贺东明（9月—，兼）。设有办公室、法规科、财政审计科、行政事业审计科、经济责任审计科、固定资产投资审计科、经贸审计科、鉴证审计科。

审计成果 2016年，杨浦区审计局完成审计项目38个，查出主要问题金额1.60亿元；促进财政增收节支1873万元。出具审计报告和专项审计调查报告56篇；提交审计信息2篇。提出审计建议 103 条。向社会公告审计结果 14 篇。

1 个审计项目获得上海市审计机关优秀审计项目评比二等奖。

财政审计 对 2015 年度杨浦区本级预算执行和其他财政收支情况、11 个单位预算执行和其他财政收支情况进行审计。针对审计发现的问题，提出规范预算管理、加快预算执行进度、分类梳理各类往来款项、加强公共设施和资产日常管理等审计建议。

经济责任审计 完成对 36 名区管领导干部（人员）的经济责任审计。针对审计发现问题，提出加强“三重一大”制度的执行力度、完善内部控制和管理、健全小型工程管理制度、加强政府购买服务管理、严肃财经纪律等审计建议。

固定资产投资审计 完成 3 个政府投资项目竣工决算审计，重点关注政府投资管理情况、各项政策的落实情况及财政资金使用的规范性、效益性，推动政府投资工作完善制度、规范管理。

专项资金审计 围绕重大民生工程和资金，开展跟踪审计和专项审计调查，提出针对性建议，促进制度完善、机制健全和管理规范，保障民生政策落实，支持社会公益事业发展。

（撰稿人：付　强）

【闵行区审计局】 2016 年，闵行区审计局人员编制 36 人，实有 34 人。局长王敏（—9 月）、周国强（9 月—），副局长马建国（—9 月）、陈志强（—8 月）、周明（8 月—）、任筱华，纪检组长封永平。设有办公室、综合法规科、财政审计科、经济责任审计科、固定资产投资审计科、经贸审计科和绩效审计科。

审计成果 2016 年，闵行区审计局完成重点审计项目 23 个。查出主要问题金额 24.91 亿元。出具审计报告和专项审计调查报告 23 篇。提出审计建议 74 条。向社会公告审计结果 12 篇，10 家被审计单位在闵行门户网站主动公开审计结果整改情况。

1 个审计项目获得上海市审计机关优秀审计项目评比三等奖。

国家重大政策措施贯彻落实跟踪审计 围绕教育、节能环保等主题，开展政策执行跟踪审计，揭示政策措施执行中的体制机制问题以及实施过程中的新情况和新问题，提出审计建议。

财政审计 对闵行区本级 2015 年预算执行和其他财政收支情况开展审计。对 5 家预算主管部门（单位）开展预算执行审计，对 2 家预算主管部门（单位）开展决算审计，共反映在预算执行管理、项目管理、资产管理等方面的 33 项问题，提出审计建议 17 条。

经济责任审计 完成对 11 名区管领导干部（人员）的经济责任审计，发现部分职能部门在行政处罚、政府采购招投标管理等方面存在亟待解决的问题 98 个，提出审计建议 30 条。

固定资产投资审计 完成 1 个政府投资项目竣工决算审计，提出在项目投资控制和资金管理、建设管理等方面的问题和建议。委托社会中介机构开展 35 个政府投资项目审计。

审计整改 闵行区委办、区府办联合印发《关于进一步建立健全审计整改制度的若干意见》，为新形势下加强整改工作提供强有力的制度保障。

内部审计 制订村干部经济责任审计工作方案，为内部审计机构开展审计提供专业支撑。制定《闵行区内部审计工作暂行规定》，扩大内部审计工作范围，逐步实现内部审计观念和方式的转型，不断提高内部审计工作质量。

（撰稿人：侯敏娜）

【宝山区审计局】 2016 年，宝山区审计局人员编制 34 人，实有 31 人。局长张晓宁，副局长邱大德、张海雁、张明华（11 月—）。设有办公室（人事科）、综合法规科、财政审计科、资源环保审计科、基建审计科、企业审计科、经济责任审计科。

审计成果 2016 年，宝山区审计局共开展审计和审计调查项目 30 个。查出主要问题金额 6.17 亿元。出具审计报告和专项审计调查报告 30 篇；提交审计信息 35 篇。提出审计建议 129 条；推动完善规章制度 12 项。向社会公告审计结果 11 篇。

1 个审计项目获得上海市审计机关优秀审计项目评比二等奖。

财政审计 对 7 个单位开展 2015 年度部门预算执行情况审计，持续关注中央八项规定精神落实情况，关注“收支两条线”管理、国库集中收付、政府集中采购、公务卡使用等规定执行情况，促进厉行节约、依法理财。

经济责任审计 完成对30名区管领导干部（人员）的经济责任审计，从完善重大经济决策、建设项目管理、资产资金资源管理、内部控制机制等方面提出建议。

固定资产投资审计 开展重大政府投资项目跟踪审计，发挥预警作用，完成134个政府投资项目竣工决算审计。

专项资金审计 围绕稳增长等措施落实情况开展跟踪审计，重点关注各单位相关财税、产业、民生等政策落实和实施效果。开展文化创意产业等4项审计调查，提出对策建议33条，促进相关部门修订5项制度，完善15项工作机制。

（撰稿人：张秀敏）

【嘉定区审计局】 2016年，嘉定区审计局人员编制37人，实有34人。局长柏永明，副局长谭思翔、徐青、苑鼎宏，纪检组长苑鼎宏（兼）。设有办公室、人事监察科（纪检监察室）、综合法规科、计算机审计与信息技术科、财政金融行政审计科、经贸审计科、经济责任审计科、农业与资源环保审计科、固定资产投资审计一科、固定资产投资审计二科、社会保障审计科。

审计成果 2016年，嘉定区审计局完成审计项目35个。查出主要问题金额103.10亿元；促进财政增收节支1.50亿元。出具审计报告和专项审计调查报告51篇；提交审计信息31篇。提出审计建议68条。

2016年，1个审计项目获得上海市审计机关优秀审计项目评比三等奖。

国家重大政策措施贯彻落实跟踪审计 制定关于落实稳增长等政策措施跟踪审计及资源环境审计有关事项的审计计划表，结合全年审计项目对节能降耗及产业结构调整、农业建设等多个方面进行跟踪审计。开展4个专项审计（调查）项目。

财政审计 对2015年度区本级预算执行和其他财政收支情况进行审计，提出加强财政科学化管理、提升资产管理水平、规范建设项目管理以及规范扶持资金用途等审计建议。

经济责任审计 完成对25名区管领导干部（人员）的经济责任审计。

固定资产投资审计 完成10个政府投资项目跟踪、竣工决算审计。委托社会中介机构完成政府投资审价项目1538个。

内部审计 内部审计机构共组织完成财务收支、经济效益、经济责任、基本建设等各类审计项目1785个，其中内部审计机构自行实施完成项目404个。

（撰稿人：陈一标）

【浦东新区审计局】 2016年，浦东新区审计局人员编制52人，实有52人。局长康晴华，副局长朱云（—6月）、吕军、马文清（7月—），总审计师朱慧，纪检组长吕军（兼）。设有办公室（组织人事处、综合法规处）、财政审计处（行政事业审计处）、经济责任审计处（内部审计工作指导处）、综合经济审计处、投资建设审计处（资源环保审计处）、绩效审计处（审计稽查处）；下设浦东新区审计管理与信息中心。

审计成果 2016年，浦东新区审计局完成审计项目101个。查出主要问题金额99.00亿元；促进财政增收节支12.32亿元。出具审计报告和专项审计调查报告121篇；提交审计信息386篇。提出审计建议130条。向社会公告审计结果56篇。

2016年，2个审计项目获得上海市审计机关优秀审计项目评比三等奖。

财政审计 对6个部门2015年度部门预算执行和其他财政收支情况，以及科技发展基金等政策执行和资金管理情况进行审计，进一步扩大财政“同级审”覆盖面。在审计中关注“三公”经费、会议费、培训费使用支出等情况，进一步促进财政资金的安全规范高效使用，促进廉洁政府俭朴政府建设。

经济责任审计 完成对34名区管领导干部（人员）的经济责任审计，加强对有关改革发展责任、民生保障责任、资源环境保护责任、廉政建设责任的定性分析和综合评价，推进区各级领导干部依法履职尽责和规范用权。

固定资产投资审计 完成78个政府投资项目竣工决算审计，对滨江森林公园二期等项目进行跟踪审计，开展领导干部自然资源资产离任审计试点工作，开展区农业示范区、农田水利建设、水环境治理等效益情况审计调查，推动生态文明建设。

企业审计 对区属国资国企运行情况进行审计，掌握有关国资运行和国企管理状况，维护国资安全和保值增值，推进国有企业深化改革和健康发展。对区属国有资本经营情况进行审计，关注经营决策、投资绩效、资产负债损益、内控制度、资源环保等关键要素，推动进一步完善制度和规范管理。

专项资金审计 开展政策落实情况跟踪审计，揭示有关制度机制不适应、不配套、不衔接，以及干部作风不作为、不落实、不尽责等问题，推动完善制度，促进政策措施落地生根和政令畅通。组织开展财政收支与绩效结合型审计项目，更加注重加强效益性、效果性评价分析，提出完善决策管理的审计建议。

内部审计 推动区委、区政府出台《浦东新区关于加强内部审计工作的意见》，注重从职能定位、使命任务、人员配备、考核培训等方面做出规定，促进加强区各单位内部审计机构和人员配备，强化基层内部审计“第一道关口”职能。

（撰稿人：姜学诗）

【金山区审计局】 2016 年，金山区审计局人员编制 32 人，实有 31 人。局长张娣芳，副局长李永革、胡炎培、朱萃新、陈建鲁，纪检组长胡炎培（兼）。设有办公室、法规审理科、财政审计科、行政事业审计科、经济责任审计科、固定资产投资审计科、国有资产鉴证审计科、内部审计指导科、绩效审计科、资源环保审计科。

审计成果 2016 年，金山区审计局完成审计项目 53 个。查出主要问题金额 33.47 亿元；促进财政增收节支 1170 万元。出具审计报告和专项审计调查报告 50 篇；提交审计信息 55 篇。提出审计建议 49 条。向社会公告审计结果 6 篇。

国家重大政策措施贯彻落实跟踪审计 按季度开展独立型政策措施落实情况跟踪审计，揭示淘汰落后产能、区域环境综合整治等政策落实中存在的典型性问题，有针对性地提出切实可行的审计建议。完成 7 个专项审计调查。

财政审计 完成 2015 年度区本级预算执行及其他财政收支情况审计、7 个部门 2015 年度预算执行情况审计。

经济责任审计 完成对 30 名区管领导干部（人员）的经济责任审计，组织召开区经济责任审计工作联席会议和经济责任审计集中进点会各 1 次。

固定资产投资审计 完成 18 个政府投资项目竣工决算审计。

信息化建设 分别建立部门预算执行审计滚动库、经济责任审计轮审库和政府投资审计储备库，对审计计划实施“三类建库”管理。

内部审计 全区内部审计机构共组织完成审计项目 1179 个，促进增收节支 2307 万元，被采纳审计意见 720 条。出台《金山区内部审计项目质量检查与考核实施办法》，规范内部审计项目操作程序。

（撰稿人：戚　峰）

【松江区审计局】 2016 年，松江区审计局人员编制 34 人，实有 32 人。局长沈日新（—8 月）、吴玲（9 月—），副局长汤巧芳（8 月—）、吴慰民、张皓（9 月—），纪检组长许方勇（—8 月）、汤巧芳（8 月—，兼）。设有办公室、综合业务科、财政金融审计科、行政事业审计科、社保资源审计科、经济责任审计科、国资经贸审计科、基本建设审计科、信息技术科。

审计成果 2016 年，松江区审计局完成审计项目 32 个。查出主要问题金额 3.42 亿元。移送司法机关处理事项 1 件，涉及 1 人。出具审计报告和专项审计调查报告 24 篇；提交审计信息 21 篇。提出审计建议 68 条。向社会公告审计结果 2 篇。

2016 年，2 个审计项目分别获得上海市审计机关优秀审计项目评比一等奖、三等奖。

财政审计 对 2015 年度松江区本级预算执行和其他财政收支情况进行审计，对 6 家单位 2015 年度预算执行及其他财政收支情况进行审计，利用大数据技术把财政资金的运行轨迹从预算到执行、从决算到公开全程纳入审计范围，关注制度建设、政策实施效果、廉政工作等内容。

经济责任审计 完成对 13 名区管领导干部（人员）的经济责任审计。

固定资产投资审计 完成 7 个政府投资项目竣工决算审计。

专项资金审计 开展 5 个专项审计（调查），

重点关注重大政策措施落实情况、民生资金使用管理情况。（撰稿人：杨辉兰）

【青浦区审计局】 2016 年，青浦区审计局人员编制 32 人，实有 32 人。局长王健（—7 月）、张国兴（7 月—），副局长赖伟春、章福生（6 月—）、朱民（—10 月）、汪畅（10 月—）。设有财政审计科、绩效审计科、经济责任审计科、经贸审计科、固定资产投资审计科、内部审计指导科、综合法规科、办公室。

审计成果 2016 年，青浦区审计局共开展审计和审计调查项目 105 个，组织中介机构开展政府投资项目竣工决算审计 256 个。审计（调查）资金总额 844.05 亿元；促进财政增收节支 6054 万元。提交审计信息 185 篇。提出审计建议 72 条。向社会公告审计结果 15 篇。

2016 年，1 个审计项目获得上海市审计机关优秀审计项目评比三等奖。

国家重大政策措施贯彻落实跟踪审计 围绕青浦区委、区政府的决策部署，在各项审计中关注政策落实情况，关注相关政策的制定、具体部署、执行进度、实施效果等情况，促进政策落地和进一步完善。

财政审计 对 2015 年度青浦区本级预算执行、6 个预算部门及所属单位预算执行等情况开展审计。

经济责任审计 完成对 20 名区管领导干部（人员）的经济责任审计。坚持经济责任审计工作综合报告制度。初步建立巡察与审计工作的联动机制，提高工作效率。

固定资产投资审计 完成 5 个政府投资项目跟踪审计、21 个区重大实事项目竣工决算审计。委托社会中介机构开展 256 个政府投资项目竣工决算审计。

农业与资源环保审计 开展领导干部自然资源资产离任审计试点，初步梳理建立相关指标，为进一步开展此类审计积累经验。组织开展 4 个专项审计调查，进一步严肃政策执行，发挥财政资金的使用效益。

内部审计 内部审计机构全年完成审计项目 1896 个。制订 2016 年度街镇、区属公司、行政单位 3 个内部审计指导推进计划，推进 6 家单位建立内部审计机构和内部审计制度。组织开展对 16 个单位 27 个项目质量的检查和评优，促进提升内部审计质量。（撰稿人：董 博）

【奉贤区审计局】 2016 年，奉贤区审计局人员编制 30 人，实有 26 人。局长苏徐平，副局长徐秋官、王斌、宋亮（10 月—），纪检组长洪德福。设有办公室、法规科、固定资产投资审计科、财政审计科、经济责任审计科、行政事业审计科、经贸审计科、审计中心。

审计成果 2016 年，奉贤区审计局完成审计项目 43 个。查出主要问题金额 40.93 亿元；审计促进整改落实有关问题资金 1.98 亿元。出具审计报告和专项审计调查报告 45 篇。向社会公告审计结果 16 篇。

2016 年，1 个审计项目获得上海市审计机关优秀审计项目评比三等奖。

财政审计 实施财政审计项目 9 个。根据新预算法要求，继续开展“全口径”预算管理审计，对 7 个部门开展预算执行审计。对奉贤区全区 336 个单位进行财务数据筛查，对 17 个单位的 83 个项目进行重点延伸和抽查，完善政府预算体系。

经济责任审计 完成对 26 名区管领导干部（人员）的经济责任审计，对被审计单位职能履行情况进行审查，揭示问题 65 个，提出意见建议 76 条。召开奉贤区经济责任审计工作领导小组会议，制订新一轮经济责任审计轮审计划。

固定资产投资审计 完成 8 个政府投资项目审计，委托社会中介机构完成 84 个政府投资项目竣工决算审计。修订奉贤区审计局关于委托社会中介机构和聘请外部专业人员参与政府审计管理办法，强化审计的质量控制。

企业审计 实施企业审计项目 4 个，利用计算机大数据审计，从海量数据中筛选审计疑点，提出审计建议。（撰稿人：郑伟丹）

【崇明区审计局】 2016 年，崇明区审计局人员编制 36 人，实有 36 人。局长施蕾，副局长李雷鸣、祖红耘，纪检组长李雷鸣（兼）。设有办公室、综合法规科、财政审计科、行政事业审计科、经贸审计科、经济责任审计科和固定资产投资审计科。

审计成果　2016 年，崇明区审计局完成审计项目 84 个。查出违规和管理不规范金额 56.34 亿元。出具审计报告和专项审计调查报告 84 篇；提交审计信息 9 篇。向社会公告审计结果 15 篇。

财政审计　对 2015 年度本级预算和其他财政收支情况实施审计。对 3 个部门 2015 年度部门预算执行和其他财政收支情况开展审计，延伸审计所属单位，针对发现的问题分别做出审计处理，出具审计决定，提出审计建议。

经济责任审计　完成对 21 名区管领导干部（人员）的经济责任审计。

固定资产投资审计　完成 59 个政府投资项目竣工决算审计。

专项资金审计　对 6 个专项资金使用管理情况开展审计，摸清项目资金的筹集、管理和使用情况，促进被审计单位进一步完善制度，规范管理，防范风险，确保资金安全运作。

内部审计　全区内部审计机构完成审计项目 723 个，促进增收节支 795 万元，提出建议意见被采纳 603 条。

（撰稿人：孙文渊）

2016 年上海市本级及所辖区、县(市)级审计工作统计表

金额单位:万元

审计机关	完成审计项目(个)	审计查出主要问题金额	审计处理情况					出具审计报告和审计调查报告(篇)	提出审计建议(条)	提交审计信息(篇)
			审计处理处罚				移送处理事项(件)			
			应上缴财政	应减少财政拨款或补贴	应归还原渠道资金	应调账处理金额				
上海市本级	143	9142741	243882	17452	4231	66623	8	175	765	134
黄浦区审计局	35	151915	3839	3384		66393		65	145	32
徐汇区审计局	47	25395	593	409	45	648	1	82	62	131
长宁区审计局	27	28566	862	544	61	282		43	50	127
静安区审计局	42	1247230	254				1	60	123	
普陀区审计局	42	213700						65	86	35
虹口区审计局	41	34117	1309		2974	7286		66	164	6
杨浦区审计局	38	15938	107	656	45	1357		56	103	2
闵行区审计局	23	249075	3196		8833			23	74	25
宝山区审计局	30	61682	18485	672		1190	0	30	129	35
嘉定区审计局	35	1031043	2080	12883				51	68	31
浦东新区审计局	101	989974	8060	30320	700	4409	6	121	130	386
金山区审计局	53	334705	458	698	13	13660		50	49	55
松江区审计局	32	34173					1	24		
青浦区审计局	105	4644079	2539	2291	91	1131		105	72	185
奉贤区审计局	43	409348	33		106	8379		45	40	
崇明区审计局	84	563372		6682				84	126	9

江苏省

【江苏省审计厅】 2016年，江苏省审计厅人员编制223人（其中行政编制135人、行政附属编制14人、事业编制74人），实有201人。设有办公室、法规处（审计督察处）、财政审计处、行政事业审计处、农业与资源环保审计处、固定资产投资审计处、金融审计处、企业审计处、社会保障审计处、外资运用审计处、经济责任审计局（内部审计指导处）、计算机审计处、人事教育处（离退休干部处）、机关党委；下设3个直属局、审计科研所、厅机关服务中心。另有省纪委派驻纪检组。

领导成员

厅　　长：顾树生

副 厅 长：葛笑天　褚宗明

　　　　　黄武秋　王晓红

总审计师：葛红民

纪检组长：鄂忠伟

审计成果 2016年，江苏省各级审计机关完成审计（调查）项目4470个，完成各级党委、政府及上级审计机关等交办、配合事项7363件。查出各类违规问题金额172.25亿元，促进增收节支和避免损失270亿元。向司法、纪检监察机关和有关部门移送处理事项293件。出具审计报告和专项审计调查报告5499篇；提交审计专题报告，综合性报告和信息简报等审计信息2717篇，被各级党委、政府和有关部门批示、采用2217篇（次），占比81.60%。向被审计单位或有关单位提出审计建议10703条，被采纳8606条，占比80.41%；推动被审计单位建立健全规章制度202项。向社会发布审计结果公告519篇。

2016年，江苏省审计系统首次被江苏省文明委命名为2013—2015年度省级文明行业。

国家重大政策措施贯彻落实跟踪审计 坚持把促进重大政策措施落实作为审计工作的首要任务，组织实施跟踪审计。一季度围绕“补短板”，将全省重大项目推进作为主攻方向，组织13个设区市审计局对纳入江苏省重大项目投资计划的2个机场、23个高速公路项目和国省干线公路项目（含73个子项目）推进情况开展跟踪审计。二季度围绕“降成本”，将降低实体经济企业成本作为主攻方向，组织全省审计机关对3332户企业降税、降费、降息和降低用工用电成本等有关政策措施落实情况进行跟踪审计。三季度围绕“惠民生”，组织全省审计机关对盐城龙卷风冰雹特别重大灾害救灾款物和灾后重建资金的筹集、使用、管理情况开展跟踪审计。四季度围绕“促改革”，组织全省审计机关对简政放权、放管结合、优化服务改革政策措施落实情况进行跟踪审计。省审计厅先后向省政府、审计署报送跟踪审计结果报告4篇，得到省委、省政府的重视和肯定，审计发现的问题被纳入省政府重点督查范围。

财政审计 围绕推动健全政府预算体系、提高财政资金使用绩效，对省财政厅、省地税局具体组织预算执行情况和121家省级一级预算单位预算执行和其他财政收支情况进行审计。重点关注一般公共预算、政府性基金预算、国有资本经营预算和社保基金预算编制、执行和调整情况，盘活财政存量资金政策落实情况，全口径预算管理、专项转移支付、政府债务管理情况，省级财政决算草案编制情况，地税部门执行国家税收政策、履行征管职责、强化稽查执法情况，省级部门预算、调整、执行、决算总体情况和中央八项规定、省委十项规定执行情况。探索“统一采集、集中分析、发现疑点、分散核查、系统研究”的数字化审计模式，充分运用审计信息化平台进行大数据分析，有效拓展“同级审”全覆盖的范围和深度。利用地税审计信息化平台对全省地税征管海量数据进行深入分析，实现地税部门税收征收管理情况审计全覆盖。利用部门预算执行审计信息化平台对省级121个一级预算单位2015年度预算执行总体情况进行全面分析和筛查比对，选择30个重点部门单位实施现场核查，有效提高审计效率。审计工作报告和审计结果报告得到省人大、省政府充分肯定，省长做出批示，省政府常务会议专题研究部署审计发现问题整改，并将审计发现问题整改工作纳入省政府重点督查范围。

经济责任审计 围绕权力运行和责任落实，创新组织管理方式，深入实施有重点的轮审计划，有序推进经济责任审计全覆盖。全省共审计领导干部1448人，查出领导干部负有直接责任的问题金额272.75亿元。按照“统一工作方案、统一业务培训、统一实施时间、统一处理原则、统一质量检查”的原则，分别制订地方党政、部门单位、高等院校、国有企业四类经济责任审计工作方案，明确工作要求。坚持党政同责、同责同审，加大“同步审”力度，提高“任中审”比重，推进“三责联审”和异地交叉审计。省审计厅根据省委组织部委托，组织对63名省管党政主要领导干部和高等院校、国有企业领导人员开展经济责任审计，共安排24名领导干部任中审计，24个“三责联审”项目，对19个经济责任审计项目实施异地交叉审计，有效提升经济责任审计的独立性和公开性。推进经济责任审计与预算执行、专项资金、资源环境等审计相结合，省审计厅结合徐州市党政主要领导经济责任审计，同步实施自然资源资产和生态环境审计。省审计厅选择徐州市、各设区市选择1个县（市、区）开展试点，深化试点内容，促进自然资源资产节约集约利用和生态环境安全。研究制订的《江苏省领导干部自然资源资产离任审计试点方案》，经省委全面深化改革领导小组第十九次会议审议通过，由省委办公厅、省政府办公厅印发执行。

固定资产投资审计 采取现场审计与联网审计相结合、支援地审计与受援地审计相结合、项目审计与资金审计相结合的方式，组织全省17个有援建任务的审计机关对江苏省对口支援新疆发展资金和项目开展跟踪审计，共出具审计报告60篇，提出审计建议123条，核减工程结算价款2.5亿元。对南京禄口国际机场二期工程建设项目竣工决算情况进行审计，对省人民医院扩建工程项目实施跟踪审计。

农业与资源环保审计 继续开展省级太湖水污染治理项目及资金跟踪审计，重点审计省级太湖治理专项切块地方资金及市县级配套资金分配、使用、管理及绩效情况，太湖水污染治理项目建设、管理、使用及项目完成情况和太湖治理目标任务完成情况和以前年度审计发现问题整改情况。

民生资金（项目）审计 以促进惠民政策贯彻落实，推动完善基本医疗保险制度为目标，组织开展基本医疗保险基金和医疗救助资金审计。根据审计署统一部署，对常州、淮安2个设区市本级和金坛区、溧阳市、淮阴区、金湖县4个县（区）2015年和2016年上半年医疗保险（含城镇职工基本医疗保险、城镇居民基本医疗保险、新型农村合作医疗、城乡大病保险）政策执行及基金筹集、管理、使用情况进行审计，重点关注基本医疗保险基金收支规模、结构和管理使用情况，以及制度运行和政策执行中存在的突出问题，移送案件线索7件。组织全省审计机关派出64个审计组，对64个设区市、县（市、区）保障性安居工程进行跟踪审计，重点审计棚户区改造及配套基础设施建设项目、保障性住房分配和管理情况，延伸调查457个村的1258户农村危房改造家庭，对366个安居工程项目的建设管理情况进行检查。组织苏北5市审计机关对12个省定经济薄弱县（市、区）省级财政专项扶贫资金的分配、管理和使用情况进行专项审计调查，查出挤占挪用省级财政扶贫资金1525万元。

企业和金融审计 对省农垦集团有限公司、省演艺集团有限公司、江苏高科技投资集团有限公司等国有企业进行审计，重点关注损益的真实性、企业负债、重大投资决策、重大物资采购、重大项目建设、重大资本运作等情况，维护国有资产安全，促进企业深化改革和科学发展。对华泰证券股份有限公司、省农村信用社联合社等国有金融企业开展审计，促进提高服务实体经济水平和金融风险防范能力。对省级工业和信息产业转型升级专项资金的分配、使用、管理和绩效情况进行专项审计调查。

外资运用审计 根据审计署授权，做好世界银行贷款江苏省供水及环境综合治理项目、世界银行贷款江苏省淮河流域重点平原洼地治理项目、亚洲开发银行贷款江苏盐城湿地保护项目和全球环境基金赠款缓解大城市拥堵和减少碳排放项目等4个外资审计项目，并对审计结果进行公告。

人财物管理改革试点 深入贯彻中办、国办《关于完善审计制度若干重大问题的框架意见》及相关配套文件精神，扎实有序推进审计机关人财物管理改革试点工作。7月28日，中共江苏省委、江苏省人民政府印发《江苏省审计机关人财物管理改革试点实施方案》（苏发〔2016〕33号）。8月26日，中共江苏省委、江苏省人民政府召开全省审计机关人财物管理改革试点工作部署会，省长出席会议并讲话，对推进改革试点做出全面部署。江苏省审计厅会同省委组织部等部门制定出台关于审计机关领导干部管理、机构编制和人员管理、经费和资产管理等3项配套文件，省审计厅研究制定关于审计业务管理的配套制度，构建与管理改革试点要求相适应的制度体系，为全面推开改革试点奠定良好基础。全省各级审计机关分别成立由主要领导任组长的管理改革试点工作领导小组，明确分工、落实责任，加强向党委政府的请示汇报、与相关部门的沟通协调、对业务工作的梳理衔接，形成有序推进的格局。

信息化建设 围绕“构建审计数据体系，提升审计全覆盖水平”的目标，把“大数据分析”作为审计工作新常态，落实金审工程三期项目立项审批，推进省级审计数据中心规划，充分发挥数字化审计分析平台的作用，部门预算执行审计子系统入选“智慧江苏示范工程”，建立起集中分析、分散核查的大数据审计模式。定期举行计算机审计攻关团队活动。与南京邮电大学合办第二期软件工程硕士班。截至年底，全省已有1297人取得审计署计算机审计中级水平考试合格证书。

（撰稿人：王新炎）

【南京市审计局】 2016年，南京市审计局人员编制205人，实有185人。局长施卫国（—6月）、姬桂玲（6月—），副局长林林、周奇、万晓义，总审计师朱益强，纪检组长赵镭裕，巡视员徐卫平、张德存（—11月），副巡视员李汝荣（—5月）、陈永康。设有办公室、法规处（审计督察处）、财政审计处、行政政法审计处、科教文审计处、农业审计处、资源环境审计处、固定资产投资审计处、企业和金融审计处、社会保障审计处、外资运用审计处、任期经济责任审计与内部审计指导处、计算机审计处、人事教育处（离退休干部处）、机关党委，另按有关规定设置纪检监察机构；下设南京市政府投资项目审计中心、南京市审计干部培训中心。

审计成果 2016年，南京市审计局完成审计项目66个。查出主要问题金额645.43亿元；审计处理处罚金额323.39亿元。移送司法机关、纪检监察机关和有关部门处理事项49件，涉及21人，金额3.39亿元。提出审计建议415条；推动完善规章制度26项。

2016年，南京市审计局被评为2013—2015年度江苏省文明单位、南京市文明单位。晓庄学院领导干部经济责任审计项目被评为审计署地方优秀审计项目。

国家重大政策措施贯彻落实跟踪审计 把政策跟踪审计作为审计工作的主线，围绕重大交通基础设施项目建设管理、降低实体经济企业成本、盘活财政存量资金以及行政审批改革等政策落实情况开展审计调查。对盐城特大龙卷风灾害捐赠款物开展跟踪审计。

财政审计 对市级公共财政预算等“四本预算”和108家部门预算执行情况实行审计全覆盖。组织实施8个专项资金审计，审计资金量占市本级专项资金预算安排的30%。8月17日，受市政府委托向市人大常委会做审计工作报告；12月28日，受市政府委托向市人大常委会报告2015年度市本级预算执行和政府投资建设项目审计查出问题整改情况。

经济责任审计 实施经济责任审计项目19个，其中任中审计9个。对55名新任领导干部开展任前告知，对4家单位开展离任交接督查。根据江苏省审计厅授权在鼓楼区开展自然资源资产离任审计试点。

固定资产投资审计 对保障房等15个项目开展竣工决（结）算审计，涉及资金612.51亿元；对长江五桥等22个项目开展跟踪审计，涉及金额1800亿元；对主城六区居民二次供水设施改造等3个项目开展专项审计调查。投资审计共核减31.18亿元，移送案件线索4件。

民生资金（项目）审计 围绕就业服务体系建设、基础教育均衡发展等方面安排民生审计项目38个，占全年审计项目数的45%。全面完成全市100个村（社区）经济运行情况专项审计，处理问题金额6.55亿元。开展全市耕地保护补贴资金专项审计调查，涉及资金6.85亿元。

审计整改 建立审计查出问题整改清单制，开发审计整改挂销号信息系统。督促被审计单位对上一年度审计查出问题整改到位158个，整改金额77.6亿元。2月25日，市人大出台《南京市人大常委会关于审计查出问题整改工作的监督办法》。9月20日，市政府召开第105次常务会听取审计整改情况。

（撰稿人：靳　乐）

【无锡市审计局】 2016年，无锡市审计局人员编制94人，实有88人。局长刘燕萍，副局长谢浩峻、潘海刚。设有办公室（信息处）、法制综合处（审计督察处）、财政审计处、金融审计处、行政事业审计处、社会保障审计处、企业审计处、农业与资源环保审计处、固定资产投资审计处、外资运用审计处、经济责任审计与内部审计指导处、计算机审计处、人事教育处、机关党委等职能处（室）。

审计成果 2016年，无锡市区两级审计机关完成审计项目257个。其中组织实施审计项目252个，参与实施审计项目5个。查出主要问题金额497.03亿元，其中违规金额31.79亿元、损失浪费金额1.16亿元、管理不规范金额464.09亿元；损益（收支）不实金额3.40亿元；审计处理处罚金额55.17亿元，其中应上缴财政20.74亿元、应减少财政拨款或补贴21.20亿元、应归还原渠道资金5.00亿元、应调账处理金额8.26亿元；审计发现非金额计量问题619个；审计促进整改落实有关问题金额20.29亿元，其中增收节支15.91亿元、已调账处理金额4.38亿元；审计促进拨付资金到位1150万元；审计后挽回（避免）损失13.21亿元。移送司法机关、纪检监察机关和有关部门处理事项57件，涉及13人，金额4839万元。出具审计报告和专项审计调查报告350篇，被批示、采用26篇；提交审计信息296篇，被批示、采用141篇。提出审计建议579条，被采纳572条；推动完善规章制度33项。向社会公告审计结果27篇。

2016年，无锡市审计局获得无锡市市级机关部门绩效管理和作风建设综合考评“二十佳”单位。无锡市太湖新城发展集团有限公司任期经济责任审计项目被审计署评为全国地方表彰审计项目。

国家重大政策措施贯彻落实跟踪审计 根据审计署和江苏省审计厅统一部署，围绕行政审批改革、投资审批改革、职业资格改革、商事制度改革和收费清理改革，开展企业降成本、盘活财政存量资金、“放管服”改革等政策落实情况跟踪审计。

财政审计 开展财政预算管理审计项目，促进政府全口径预算管理水平的提升。开展小微企业税费优惠政策执行情况以及土地出让金相关契税征缴情况检查，关注税务部门贯彻上级各项政策措施情况。对14个市级、35个市（县）区级部门实施部门预算审计。

经济责任审计 审计领导干部（人员）80人，其中任中审计36人，任中比例达45%。查出领导干部负有直接责任和主管责任的违规金额13.46亿元。

自然资源资产离任审计试点 紧扣土地和水两大资源，探索开展无锡锡山区、惠山区领导干部自然资源资产离任审计试点，收回欠缴土地出让金1.33亿元。

固定资产投资审计 对轨道交通工程、京沪高铁无锡东站站区配套工程等重大政府投资项目进行跟踪审计和决算审计，核减政府投资项目工程款38.02亿元。第六年对轨道交通工程连续跟踪审计，核减工程款1.2亿元，六年累计核减4.53亿元。

专项资金审计 实施专项资金审计或审计调查项目24个，涉及专项资金6.89亿元，审计内容包括民生改善、农业与资源环保、产业发展、经济转型等方面。

审计整改 加大审计整改执行力度，推进审计发现问题整改销号办法。截至年底，618个问题落实整改547个，整改率88.5%，其余71个问题因执行制度不严等，将在今后审计过程中确认被审计单位相关制度执行情况。

（撰稿人：伏小军）

【徐州市审计局】 2016年，徐州市审计局人员编制73人，实有81人。局长董明灿，副局长卢海良、冯志强、马绪明、屈哲、王锐英，纪检组长刘江明（—9月）。设有办公室、人事处、监察室、法规处、计算机审计处、财政金融审计处、行政事业审计处、社会保障审计处、企业审计处、农业与资源环保审计处、固定资产投资审计处、外资运用审计处、任期经济责任与内部审计指导处、城市土地经管审计处。

审计成果 2016年，徐州市县两级审计机关完成审计项目396个。查出主要问题金额96.92亿元，其中违规金额108.25亿元、损失浪费金额

3657万元、管理不规范金额86.06亿元；损益（收支）不实金额116.46亿元；审计处理处罚金额71.52亿元，其中应上缴财政7.63亿元、应减少财政拨款或补贴1325万元、应归还原渠道资金5.89亿元、应调账处理金额54.62亿元；审计发现非金额计量问题2258个；审计促进整改落实有关问题资金49.72亿元，其中增收节支9.67亿元；审计后挽回（避免）损失3637万元。移送司法机关、纪检监察机关和有关部门处理事项17件。出具审计报告和专项审计调查报告443篇，被批示、采用29篇；提交审计信息2170篇。提出审计建议1007条，被采纳829条。向社会公告审计结果5篇。

2016年，徐州市审计局获得“2013—2015年度江苏省文明单位”称号；获得徐州市市直机关和单位绩效考核优秀等次；“创新运用BIM技术开展政府投资审计”项目获得2016年度“徐州市创新奖”三等奖。6门网络课件入选审计署网络课件，其中2门课件被评为A类课件；4篇案例入选审计教学案例，其中1篇案例被评为甲等案例。

国家重大政策措施贯彻落实跟踪审计 对徐州至济宁高速公路江苏段、徐州至明光高速公路江苏段、徐州市观音机场二期3个工程的项目进展、资金使用、运营效果以及降低实体经济企业成本、盘活财政存量资金、“放管服”等改革政策措施落实情况进行跟踪审计，查出问题23个。提出审计建议30余条。

财政审计 对99个单位开展预算执行或财政决算审计，查出主要问题金额689.67亿元。

经济责任审计 实施230名党政负责同志任期和离任经济责任审计，查出违规金额82.58亿元、管理不规范金额267.24亿元；促进增收节支2.55亿元。

固定资产投资审计 对城市轨道交通、三环高架快速路、亿吨大港等56项工程开展跟踪审计和工程决（结）算审计，核减及节约工程投资2.70亿元。

民生资金（项目）审计 组织实施宿迁市本级城镇保障性安居工程跟踪审计、扶贫资金审计、住房公积金审计、市本级2015年度城镇职工养老保险基金审计、盐城龙卷风冰雹特别重大灾害救灾款物跟踪审计、金湖县医疗保险基金审计等项目，其中扶贫资金、住房公积金、城镇职工养老保险基金等专项审计项目，查出主要问题金额15.76亿元。

企业审计 对9个企业进行审计和审计调查，查出主要问题金额12.99亿元。

信息化建设 将BIM（建筑信息模型）技术应用到投资审计领域。先后在轨道交通1号线、2号线、亿吨大港、观音机场二期扩建等23个跟踪审计和结算审计项目中应用BIM技术开展审计，全市审计机关和社会协审机构已有179人取得BIM工程师资格证书。 （撰稿人：朱 真）

【常州市审计局】 2016年，常州市审计局人员编制77人，实有77人。局长钱亚明，副局长吕全斌、罗志敏、朱亦萍，总审计师王祥君，纪检组长范荣生，专职委员邹启堂。设有办公室、法制综合处、财政和金融审计处、行政事业处、经贸审计处、社会保障审计处、固定资产投资审计处、农业与水利环保审计处、外资审计处、经审指导处、计算机审计处、审计业务监督处、人教处、党总支和监察室。

审计成果 2016年，常州市区两级审计机关完成审计项目147个，其中组织实施审计项目138个，参与实施审计项目9个。查出主要问题金额258.99亿元，其中违规金额25.04亿元、损失浪费金额262万元、管理不规范金额23.39亿元；损益（收支）不实金额54.16亿元；审计处理处罚金额74.41亿元，其中应上缴财政20.37亿元、应减少财政拨款或补贴5.66亿元、应归还原渠道资金2.59亿元、应调账处理金额45.78亿元；审计发现非金额计量问题328个；审计促进整改落实有关问题金额14.47亿元，其中增收节支9.57亿元、已调账处理金额4.55亿元；审计促进拨付资金到位1003万元；审计后挽回（避免）损失187万元。移送司法机关、纪检监察机关和有关部门处理事项16件，涉及5人，金额2263万元。出具审计报告和专项审计调查报告259篇，被批示、采用112篇；提交审计信息29篇，被批示、采用20篇。提出审计建议457条，被采纳288条；推动完善规章制度70项。向社会公告审计结果10篇。

2016 年，常州市审计局被评为江苏省“文明单位”。

国家重大政策措施贯彻落实跟踪审计 按照审计署、省审计厅的统一部署，统筹全市审计力量分季度开展稳增长等重大政策措施落实情况跟踪审计，及时出具审计报告，全面完成审计任务。市审计局配合审计署驻地方特派员办事处开展节能减排、常隆地块和“地条钢”清理等事项的专项检查。

财政审计 贯彻全口径预算监督和全覆盖审计的要求，完成的预算执行审计项目，突出加强对“四本预算”的审计和检查，全面反映年度预算执行和其他财政收支及财政预算管理等情况，揭示 6 大类 19 个方面的问题。提出建议 13 条。市政府及有关部门采纳审计意见，完善制度文件 3 项。

经济责任审计 开展经济责任审计项目 77 个，涉及领导干部 91 人，查出部门（单位）违规金额 3.44 亿元。其中接受省审计厅委托开展苏州市吴中区跨市异地领导干部经济责任审计；首次对 6 名领导干部试行离任经济事项交接。市审计局向市委、市政府集中报送经济责任审计结果报告和上一年度审计整改综合报告，对市级内管干部的经济责任审计工作进行督查通报。

农业与资源环保审计 根据市人大交办，结合组织部委托的水利局经济责任审计，市审计局组织开展水利专项资金审计，推动出台《常州市农村水利工程项目建设管理细则（试行）》等具体整改制度 3 项。配合开展 2015、2016 年度农业专项资金检查工作，参与对太湖水污染 16 个治理项目的现场检查。

固定资产投资审计 对 437 个政府投资项目开展审计，通过审计共核减费用 10.25 亿元。市审计局对轨道交通 1 号线一期工程、文化广场、常溧高速、青果巷历史文化街区改造等 10 多个项目实施跟踪审计；全面完成中吴大道、高架二期、奔牛机场等 3 个重大工程的竣工决算审计；组织开展援疆建设项目和资金审计，对 2014 年以来 17 个援建项目分类开展竣工决算审计、阶段跟踪审计和财务收支审计，核减投资 1042 万元。

民生资金（项目）审计 围绕卫生惠民、教育均衡、医疗基金等方面开展一系列专项审计。市审计局组织审计组前往淮安、镇江等地交叉开展基本医疗保险基金和医疗救助资金专项审计、保障性安居工程审计等项目；对中医院、德安医院、妇幼保健医院实施专项审计；对市属学校建设三年行动计划实施情况进行专项审计调查；组织实施园林绿化专项资金、科技专项资金等审计项目，提出审计建议 16 条。

信息化建设 全面完成 OA 办公系统改造升级，加快开发地税审计系统和财政数据审计系统，上线试运行经济责任审计管理系统，强力推行在重大工程项目跟踪审计中运用政府投资项目审计管理系统，全面完成各类电子数据的采集和报送任务。

（撰稿人：陆华东）

【苏州市审计局】 2016 年，苏州市审计局人员编制 98 人，实有 83 人。局长孙和（—3 月）、黄正栋（3 月—），副局长周雨晨、陆旭东、徐敏华，总审计师吉宁，纪检组长张海昌。设有办公室、法制综合处（审计督察处）、财政金融审计处、行政事业审计处、农业与资源环保审计处、固定资产投资审计处、经贸审计处、社会保障审计处、外资运用审计处、任期经济责任审计与内部审计指导处、计算机审计处、信息处、组织人事处、监察室、苏州市经济责任审计中心。

审计成果 2016 年，苏州市区两级审计机关完成审计项目 405 个。查出主要问题金额 1535.56 亿元，其中违规金额 24.14 亿元、损失浪费金额 1.98 亿元、管理不规范金额 1509.44 亿元；损益不实金额 16.37 亿元；审计处理处罚金额 365.46 亿元，其中应上缴财政 226.45 亿元、应减少财政拨款或补贴 3.92 亿元、应归还原渠道资金 23.95 亿元、应调账处理金额 110.05 亿元；审计发现非金额计量问题 1761 个；审计促进整改落实有关问题金额 93.56 亿元，其中增收节支 34.54 亿元、已调账处理金额 57.84 亿元；审计促进拨付资金到位 86 万元；审计后挽回损失 4.21 亿元。移送司法机关、纪检监察机关和有关部门处理事项 15 件。出具审计报告和专项审计调查报告 528 篇，被批示、采用 47 篇；提交审计信息 67 篇，被批示、采用 53 篇。提出审计建议 1253 条。向社会公告审计结果 8 篇。

国家重大政策措施贯彻落实跟踪审计 对张

家港疏港高速公路、常熟至嘉兴高速公路昆山至吴江段两个工程项目的建设情况开展跟踪审计，发现项目存在资本金未按批复到位等问题。在降低实体经济企业成本政策落实情况、盘活财政存量资金政策落实情况等政策审计中，召开近30家企业座谈会，听取企业实行营改增后税收负担的变动情况，推动实体经济发展环境进一步优化。"6·23"盐城龙卷风冰雹特别重大灾害发生后，全力以赴做好救灾款物全过程跟踪审计。

财政审计 针对新预算法实施以来的新变化、新特点，创造性地开展财政审计，首次将决算草案编报情况纳入审计范围，关注全口径预算管理体系建设情况，关注财政存量资金盘活消化情况。全面梳理市本级62项专项资金，对农业、环保类专项资金实际使用情况进行摸底，全面审计苏州大市范围内契税及耕地占用税征收管理情况。继续对部门预算单位实行审计全覆盖，关注预算执行效率，助推市府办出台《关于推进苏州市绩效预算管理的实施意见》。

经济责任审计 对166名领导干部开展经济责任审计，其中任中审计64人。联合苏州市委组织部和市国资委实地调研46家部门国企近3年市内管干部经济责任审计工作。苏州市委书记、市长和常务副市长对调研情况做出一系列重要批示，市政府全文通报调研情况。苏州市委、市政府将探索实施自然资源资产离任审计工作纳入2016年苏州市经济体制和生态文明体制改革及2016年度苏州市生态文明建设工作要点之中，作为政府绩效工作考核内容之一。市审计局2016年开展常熟市自然资源资产离任审计试点，提出15条审计建议。

固定资产投资审计 完成工程投资审计项目134个，核减工程款8.99亿元。轨道一号线竣工决算审计专报、综合分析被市委书记和市长批示，促使轨道集团公司加强咨询单位编标质量控制和工程变更管理。对本届援疆工作组主持建设管理的霍尔果斯北社区邻里中心等3个交钥匙工程进行竣工决算审计，送审金额1.26亿元，核减金额1866万元。对七浦塘拓竣整治工程、常嘉高速、中环快速路等开展跟踪审计。

专项资金审计 开展的2013年至2015年体育产业引导资金审计，促使市财政和体育部门联合出台优化资金使用结构、完善申报评审流程的规定。开展市供销社经济责任审计，关注"三位一体"再生资源回收体系的建设运行情况；开展市商务局经济责任审计，关注服务外包专项资金和肉菜追溯体系运行情况，专题报告受到市政府主要领导的重视，市政府召开专题会议研究部署解决问题。

（撰稿人：王丽芳）

【南通市审计局】 2016年，南通市审计局人员编制99人，实有95人。局长顾宗瑜，副局长陈铭鑫、张亚萍、施宏伟、庄爱张，总审计师陆海燕，纪检组长丁旭东。设有财政金融审计处、行政事业审计处、农业与资源环保审计处、固定资产投资审计处、固定资产投资审计二处、经贸审计处、社会保障审计处、外资运用审计处、开发区审计处、经济责任审计处（内部审计指导处）、计算机审计处、办公室、法规综合处（审计督察处）、人事教育处、机关党委；下设固定资产投资审核中心。

审计成果 2016年，南通市县两级审计机关完成审计项目810个。查出主要问题金额600.40亿元，其中违规金额3.34亿元、损失浪费金额4051万元、管理不规范金额596.66亿元；损益（收支）不实金额51.84亿元；审计处理处罚金额85.94亿元，其中应上缴财政30.69亿元、应减少财政拨款或补贴33.69亿元、应归还原渠道资金7.73亿元、应缴纳其他资金1.21亿元、应调账处理金额12.61亿元；审计发现非金额计量问题967个；审计促进整改落实有关问题资金33.98亿元，其中增收节支29.54亿元、已调账处理金额2.23亿元、已缴纳其他资金580万元；审计促进拨付资金到位1.43亿元；审计后挽回（避免）损失25.25亿元。移送司法机关、纪检监察机关和有关部门处理事项63件。出具审计报告和专项审计调查报告1020篇，被批示、采用87篇（次）。提交审计信息66篇。提出审计建议973条。向社会公告审计结果349篇。

2016年，南通市审计局获"江苏省文明单位""全市党建工作先进单位"等称号。

财政审计 实施财政预算执行及决算审计，督促市财政收回市属平台公司及区级财政逾期借款4.90亿元，促使飞鹤公交公司40辆闲置的纯电动公交车投入运行，促进市财政将 2015 年国有资本经营支出预算 4751 万元补登录指标管理系统，市财政根据审计意见，归还从生育保险基金中违规列支的 600 万元退休职工独生子女一次性奖励资金。

经济责任审计 完成市级领导干部经济责任审计项目 22 个，出具审计报告的项目共查出违纪违规和管理不规范金额 227.57 亿元，移送案件线索 2 件。经济责任审计的定责进一步规范，如东县查出的 20 项问题、海门市查出的 14 项问题，不仅列入审计报告，而且区别界定主管责任和领导责任。组织市县两级审计机关对下属 8 个县（市）、区 96 个镇（街道、开发区）村级组织主要负责人经济责任审计情况进行调研，形成调研报告。

农业与资源环保审计 结合市环保局经济责任审计开展市级环境保护及环境监测能力建设项目绩效审计，揭示 88 家企业排污费征收管理不到位、环保项目资金使用不规范等问题，追收排污费、锅炉淘汰资金等 319 万元，促进被审计单位出台《南通市环境监察支队自动报警处警制度》等制度 3 项。继续跟踪南通经济技术开发区循环化改造中央补助资金项目，对 12 个项目进度进行跟踪审计，督促首批补助资金 6083 万元得以及时拨付。

固定资产投资审计 对市本级投资额为 67 亿元的工程进行审计，全年累计出具结算核定单 563 份，核减 3.45 亿元，核减率为 5.18%。市审计局组织开展县（市）、区大型公共建筑投资及建设情况专项审计调查，揭示涉审项目在履行建设程序、工程实施及建设管理等环节存在的管理不到位及违法违纪问题 51 个，查出违规违纪金额 13.6 亿元。继续推进援疆资金和项目跟踪审计。

民生资金（项目）审计 市县两级审计机关抽调 11 人参与省审计厅对常州市金坛区的医保基金审计。审计发现金坛区城镇职工基本医疗保险和城乡居民基本医疗保险方面存在的医保政策制度落实、医保改革措施推进、医保基金管理使用等方面的问题 27 个。

企业审计 开展国投公司、沿海集团等国有企业领导经济责任审计，通过审计，促进企业补缴土地使用税 1888 万元，再担保基金余额 1203 万元上缴财政，责令相关人员退回违规发放的补贴；促进企业出台《南通沿海开发集团有限公司下属公司“三重一大”事项报告备案管理办法》等 8 项制度。

专项资金审计 开展南通市国有资本投入及收益审计调查，发现部分企业少计利润 3.52 亿元、有的企业 7 亿元利润长期未分配、有的企业投资决策不规范近亿元资产形成潜在重大损失等问题；审计收缴部分企业未按规定缴纳国有资本收益和税费 1.55 亿元。组织实施市区照明管理绩效情况审计，促成 2266 万元国有资本经营收益入库，根据审计意见改进管理模式，一年可节省电费 80 万元。

（撰稿人：祝晓敏）

【连云港市审计局】 2016 年，连云港市审计局人员编制 92 人，实有 86 人。局长秦洁，副局长杨成功、刘林、刘永军（—10 月）、郑厚明、马强，总审计师刘善法（12 月—），纪检组长赵洁。设有办公室、法规处（审计督察处）、财政金融审计处、行政事业审计处、农业与资源环保审计处、固定资产投资审计处、企业审计处、社会保障审计处、外资运用审计处、任期经济责任审计和内部审计指导处、计算机审计处、人事教育处、机关党委、监察室，下设市经济责任审计局和市政府投资建设资金审核中心。

审计成果 2016 年，连云港市县两级审计机关审计单位 224 个。查出主要问题金额 252.07 亿元，其中违规金额 2.91 亿元、损失浪费金额 2565 万元、管理不规范金额 248.91 亿元；审计发现非金额计量问题 401 个；损益（收支）不实金额 12.87 亿元；审计期间整改金额 6843 万元；审计处理处罚 3.54 亿元，其中应上缴财政 5566 万元、应减少财政拨款或补贴 1.57 亿元、应归还原渠道资金 1026 万元、应缴纳其他资金 1388 万元、应调账处理金额 1.17 亿元；审计促进整改落实有关问题金额 2.36 亿元；审计促进拨付资金到位 388 万元；审计后挽回损失 1396 万元、核减工程投资 2.66 亿元。移送处理事项 4 件，移送处理人员 4 人。出具审计报告和专项审计报告 286 篇，被批示、采用 33 篇。提出审计建议 497 条，被采纳 426 条。向社会公告审计结果 45 篇，上报审计专报 6 期。

2016年，连云港市审计局被评为“2013—2015年度省级文明单位”；被连云港市委授予“先进基层党组织”称号；获2016年度市级机关绩效考核优秀等次。

国家重大政策措施贯彻落实跟踪审计 组织130余名审计人员对北疏港高速公路、降低实体经济企业成本、审批改革政策落实等进行跟踪审计。

财政审计 对市财政局、市地税局等5家单位2015年度预算执行情况进行审计，对市政府办公室等12家单位2013—2015年度部门预算执行情况进行审计。召开新闻发布会通报2015年度市级预算执行和其他财政收支审计及有关问题整改情况。

经济责任审计 对市水利局原局长等12名部门（单位）负责人开展离任审计或任中审计。在部分经济责任审计项目中，同步开展领导干部自然资源资产离任审计试点。

固定资产投资审计 对蔷薇湖生态净化暨应急水源工程等10个项目开展审计。

专项资金审计 对2014年至2015年市级土地储备资金、农业现代化工程资金等5项专项资金进行审计调查。

制度建设 出台《关于建立审计机关与行业监管部门协作机制的意见》《连云港市审计局法律顾问工作制度》。

队伍建设 通过专题党课、开展审计人员核心价值观培育、周五集中学习、“晒家风、正家规”、道德讲堂、普通党员讲党课等活动，开展“两学一做”学习教育。围绕“独立”学习主题开展集中学习45次，党组中心组学习会12次。组织审计人员业务培训184人次，选派4人赴省审计厅挂职锻炼，组织人员赴浙江大学进行研修培训，组织业务骨干参加审计系统财务、工程、财政审计等培训。 （撰稿人：仲崇鑫）

【淮安市审计局】 2016年，淮安市审计局人员编制77人（行政编制58人、行政附属编制6人、事业编制13人），实有72人（行政编制58人、行政附属编制1人、事业编制13人）。局长梁三元（—1月）、贺宝祥（1月—），副局长徐增道、冯长尧、蒋启波、狄运中，总审计师刘孝武，纪检组长贾洪军。设有办公室、法规处、财政金融审计处、行政事业审计处、社会保障审计处、农业与资源环保审计处、固定资产投资审计处、外资运用审计处、企业审计处、任期经济责任与内部审计指导处、计算机审计处、人事教育处、监察室；下设固定资产投资审计中心。

审计成果 2016年，淮安市县两级审计机关完成审计项目824个。查出主要问题金额169.27亿元，其中应上缴财政30.26亿元、应减少财政拨款或补贴5.84亿元、应归还原渠道资金18.53亿元、应调账处理金额13.67亿元。出具审计报告和专项审计调查报告936篇；提交审计信息872篇，被批示、采用654篇。提出审计建议1947条，被采纳1723条；推动完善规章制度27项。向社会公告审计结果18篇。

2016年，淮安市审计局被省文明委表彰为“2013—2015年度江苏省文明单位”；连续第十一年获淮安市“软环境与效能建设十佳单位”；获得淮安市服务科学跨越发展实绩考核优秀单位；创新创优项目获得淮安市一等奖。金湖县安置房管理情况专项审计调查项目获得江苏省审计厅优秀项目表彰。

国家重大政策措施贯彻落实跟踪审计 按季度对宿州至扬州高速公路（盱眙段）工程建设情况、降低实体经济企业成本及盘活财政存量资金、“放管服”改革措施落实等情况开展跟踪审计，推动供给侧结构性改革和各项改革措施落到实处。

财政审计 组织实施财政“同级审”项目106个，对市本级的预算执行形成“1＋4”框架机制（即市本级加4个功能区预算执行），首次实现审计区域范围全覆盖。市第七届人大常委会第32次会议全票通过审计工作报告。

经济责任审计 持续深化“组审合作”，在任中点审、离任即审、异地交叉审计成功实践的基础上，探索分类评价和审后联谈等方法，形成《淮安市领导干部任中点审暂行办法》《淮安市领导干部异地交叉审计暂行办法》。按照省审计厅的安排，组织对南京市高淳、栖霞两区原党政主要领导（副厅级）开展经济责任审计。对淮安区2013年至2015年耕地保护与节约集约用地责任进行试点审计。

固定资产投资审计 对淮安市有轨电车一期

工程、体育中心、里运河文化长廊、金融中心一期等154个政府投资项目开展跟踪和决算审计，项目送审金额55.57亿元，核减金额7.63亿元，审减率13.73%，促进项目实施单位建章立制8项。

民生资金（项目）审计 组织开展保障性安居工程、住房公积金、养老保险基金、盐城龙卷风救灾资金和市政府为民办10件实事等一系列专项审计。组织对淮阴区、涟水县、淮安区3个省级重点帮扶县的财政扶贫资金进行专项审计调查，为淮安市“阳光扶贫”平台的搭建摸清相关情况。

专项资金审计 组织对全市105个村（居）开展财务专项审计，查出违纪违规金额2.42亿元、管理不规范金额3.35亿元。审计期间，向市纪委移送违纪违法问题线索106件，涉及金额1.25亿元。（撰稿人：张路路）

【盐城市审计局】 2016年，盐城市审计局行政人员编制67人，实有67人。局长吴先国，副局长陈猷东、孙红青、刘秋凤，总审计师李树峰，纪检组长郑琳。设有办公室、机关党委、监察室、组织人事处、计算机审计处、法制处、督查执行处、固定资产投资审计一处、固定资产投资审计二处、财政金融审计处、任期经济责任审计办公室、经贸审计处、行政事业与社会保障审计处、农业与资源环保审计处；下设盐城市政府公共工程审计中心。

审计成果 2016年，盐城市县两级审计机关完成审计项目295个。查出主要问题金额573.36亿元；审计处理处罚金额57.02亿元，其中应上缴财政2.93亿元、应减少财政拨款2.71亿元、应归还原渠道资金14.44亿元、应调账处理金额36.94亿元。向纪检、检察、公安等部门移送案件线索34件。出具审计报告和审计调查报告337篇；提交审计信息材料467篇，获得市级以上领导批示46件，其中“6·23”阜宁射阳风雹灾害审计结果获得省委书记批示。提出审计建议727条，超过90%被采纳。

2016年，盐城市审计局和7个县（市、区）审计局获得全市目标任务考核综合先进单位。东台市审计局实施的东台市交通运输局原局长任期经济责任审计项目被审计署评为全国地方表彰审计项目。

国家重大政策措施贯彻落实跟踪审计 选取重大项目推进、降成本和“放管服”措施落实、存量资金盘活等专题开展审计。在降成本政策跟踪审计中，推动相关地区及时清退防洪保安资金等各项税费300多万元；在财政存量资金审计中，促进盘活闲置和分散资金4.7亿元；在政府性债务置换审计中，促进个人集资款的加快置换到位。

财政审计 以政府“全口径”预算的全覆盖监督为主线，对重点领域、重点部门、重点资金和重点事项进行审计。选取财政收入组织、政府性债务管理、国有资本经营绩效、人才发展资金使用、住房公积金筹集、罚没款物处置等多个专题，促进地税部门全面开展土地增值税清缴工作，在全市综合治税大会上受到表彰。

经济责任审计 召开全市领导干部经济责任审计联席会议，对9名兼职科级岗位的县处级领导开展审计，及时将重大问题报告地方党政主要领导及纪检监察部门，多名人员受到党纪、政纪处分，相关单位及时清退中央八项规定出台以来违规发放的奖金、福利上百万元。

自然资源资产离任审计试点 提请市委、市政府联合出台《关于开展地方党政主要领导干部自然资源资产离任审计工作的实施意见》。选择在全省富有特色、占比超过80%的盐田项目开展资源审计，审计结果得到市委、市政府主要领导批示。完成审计署“领导干部自然资源资产离任审计”课题研究，并做大会交流发言；承担完成《江苏省自然资源资产离任审计指南——国土篇》撰写任务。

固定资产投资审计 对重大民生工程开展重要节点跟踪审计，全市核减政府投资项目工程造价32.16亿元，在促进节约财政资金的同时，提升工程建设管理效益。全程跟踪监督内环高架路网项目，保障城市基础设施项目优质高效建成；对涉及大市区百万人口饮水安全的新水源地建设从前期征地拆迁全程介入，及时堵塞漏洞。

民生资金（项目）审计 在“6·23”阜宁射阳风雹灾害审计中，坚持“救灾款物运用到哪里，审计就跟踪到哪里”，提升款物接收管理、灾后重建工程的规范化和科学化水平，审计结果获得省委书记重要批示。

企业审计 对市国资委监管的12户国有控参股企业经营绩效、国有资本经营收益上缴使用情况进行审计，揭示部分企业未能实现国有资产保值增值目标、部分企业未能按照规定上缴国有资本收益、国有资本经营预算支出安排不够科学等问题。

审计整改 市委、市政府主要领导对审计发现问题的整改落实先后4次做出批示，听取审计机关提出的整改工作方案。市人大财经委、审计和财政部门联合召开整改专题会议，市政府督查机构向市直33家责任单位发出书面整改通知书和问题清单，限期整改到位。

信息化建设 自主研发优化完善政府投资项目审计管理平台，获得国家版权认证。在全市审计机关推广运用，累计有6400多个政府投资审计项目纳入平台。"部门预算执行审计系统"正式上线运行，实现对市本级430多家一、二级预算单位的全覆盖监管。 (撰稿人：郭　红　陶振华)

【扬州市审计局】 2016年，扬州市审计局人员编制64人（含纪检派驻2人，行政附属4人），实有55人。局长吴焱新，副局长蔡先建（—12月）、袁竹青、李永高、周春山、潘宝庆，总审计师高金松，纪检组长彭如桂。设有办公室、法规处、财政金融审计处、行政事业审计处、农业与资源环保审计处、固定资产投资审计处、企业审计处、社会保障审计处、外资运用审计处、任期经济责任审计与内部审计指导办公室、计算机审计处、人事教育处、监察室；下设扬州市固定资产投资审核中心。

审计成果 2016年，扬州市审计局共完成审计项目32个、交办事项23件。查出主要问题金额48.83亿元；审计发现非金额计量问题155个；审计促进整改落实有关问题金额9489万元；核减投资额3649万元。出具审计报告和专项审计调查报告33篇；提交审计信息被批示、采用58篇（次）。提出的审计建议被采纳339条。

2016年，扬州市审计局连续第四年被市委、市政府表彰为市级机关绩效管理和综合考评先进单位。

国家重大政策措施贯彻落实跟踪审计 按照省政府部署和省审计厅安排，按季组织实施重大交通基础设施建设项目推进、全市上半年降成本及盘活财政存量资金、"放管服"改革措施落实等情况，以及"6·23"盐城龙卷风冰雹特别重大灾害救灾款物管理使用情况跟踪审计，促进全市相关重大政策有效落实，审计结果报告及有关信息得到市主要领导批示。

财政审计 首次将市经济技术开发区、化工园区、蜀冈——瘦西湖风景名胜区、生态科技新城4个市级园区预算执行情况纳入大财政审计范围，实现市级财政预算执行区域范围的全覆盖。持续对部门"三公"经费预算执行情况进行重点审查，对超预算支出情况进行披露。市级预算执行审计有关要情信息和结果报告得到扬州市委、市政府主要领导批示，审计工作报告受到市人大常委会及委员好评；市人大常委会听取市级财政预算执行审计查出突出问题整改工作情况的汇报，要求相关部门和单位要强化审计整改。

经济责任审计 对邗江区、市司法局、市妇联、市工业资产公司等单位13名党政主要领导干部和国有企业领导人员实施经济责任审计，其中任中审计6人，占比为46.15%。对苏北人民医院党委书记和院长实施经济责任同步审计。在省审计厅授权下，对镇江市委原常委、镇江经济开发区党工委原书记履行经济责任情况实施异地交叉审计。结合经济责任审计，试点实施邗江区原区长自然资源资产离任审计。

固定资产投资审计 扬州市县两级审计机关共完成政府投资审计项目133个，审计项目投资额102.72亿元，核减投资额（工程款）16.49亿元。市审计局对新万福路、六圩污水处理厂三期、江都南路延伸工程、体育公园等10个工程项目实施决（结）算审计，核减工程款1.31亿元。对邗江南路改扩建工程、黄金坝闸扩建工程、头桥水厂扩建工程、观潮路跨古运河桥工程、对口支援新疆等5个项目实施跟踪审计，累计核减工程价款595万元。提出跟踪审计建议被采纳数十条。

民生资金（项目）审计 根据省审计厅的统一部署和安排，对泰州市本级2015年度城镇保障性安居工程实施跟踪审计，对常州市溧阳市基本医疗保险基金和医疗救助资金实施审计，发现的重大违纪违法案源线索依法移送纪检监察等有关部门。按照扬州市政府明确的年度审计工作重点，对市级软件及信息产业发展专项资金、环卫基础设施及城市管理专项资金、涉农“一折通”专项资金进行审计。

外资运用审计 根据上级审计机关统一部署和安排，参与实施英国国际发展部赠款中英发展知识伙伴关系项目、全球环境基金赠款中国气候智慧型主要粮食作物生产项目、全球环境基金/清洁能源融资伙伴基金赠款中国农村能源生态建设二期项目以及世界银行贷款淮河流域洼地治理等4个项目的外资审计。

专项审计调查 对扬州市国资委监管企业的国有资产管理和使用情况进行专项审计调查，审计反映的国有资产闲置等问题受到市政府高度重视，相关专报信息被市主要领导批示。对市级政府重大项目建设和管理情况、扬州市土地资源情况进行专项审计调查，促进政府投资项目规范管理，集约节约使用土地资源。（撰稿人：沈燕兵）

【镇江市审计局】 2016 年，镇江市审计局人员编制 61 人，实有 59 人。局长刘晓东，副局长蒋建军、孙浩琦、乔文兵，总审计师吴小红，纪检组长魏春林。设有办公室、法制综合处、人事教育处、纪检监察室、财政金融审计处、行政事业审计处、农业与资源环保审计处、固定资产投资审计处、企业审计处、社会保障审计处、外资运用审计处、经济责任审计与内部审计指导处、计算机审计处；下设镇江市经济责任审计中心、镇江市固定资产投资审计中心。

审计成果 2016 年，镇江市审计局完成重大政策落实情况跟踪审计 4 轮，开展本级预算执行审计和 8 个重点部门预算执行审计、6 个重点专项资金审计（调查），实施保障性安居工程、援疆资金、国外贷援款项目等跟踪审计项目 10 个、企业资产负债损益审计项目 2 个。

2016 年，镇江市获得“2013——2015 年度江苏省文明单位”荣誉称号；获得镇江市“六五”普法工作先进单位、法治政府建设先进单位、社会信用体系建设工作三等奖等荣誉；获得镇江市市直纪检监察机构先进集体；获得全省内部审计指导工作表彰单位、全省审计通联工作成绩突出单位。

国家重大政策措施贯彻落实跟踪审计 镇江市审计局对镇江至丹阳高速公路建设情况、镇江市本级财政存量资金盘活消化情况、盐城龙卷风特大灾害救灾款物筹集和管理使用情况、全市“放管服”政策落实情况进行审计。针对审计中发现的问题按季度向市领导专题汇报，审计报告被市政府主要领导批示 2 次。

财政审计 审计项目重点关注预算编制及执行、专项资金（基金）管理、结余结转资金管理、财政往来款管理等事项，提出的进一步推动养老保险改革和事业单位改革政策落实、加强财政对外借款管理等建议，得到财政部门的认可和整改落实。审计向市政府提交专报 5 篇，促进市政府及财政部门出台规范性文件 7 份。

经济责任审计 完成领导干部经济责任审计项目 13 个，涉及地方党政领导干部 5 人、行政单位和人民团体领导干部 7 人、企事业单位领导干部 1 人，涵盖离任审计、任中审计、党政领导同步审计、省管干部异地交叉审计、三责联审等类型，试点领导干部自然资源资产离任审计。移送案件线索 2 件。提出审计建议 32 条。

外资运用审计 对世界银行贷款江苏省供水及环境综合治理项目镇江、丹阳 2 个子项目开展审计。审计按照制水供水过程，现场检测取水、制水、检测、监控系统，摸清项目建设规模、报账提款、工程管理、资金来源、资金使用等情况。

（撰稿人：李晓凤）

【泰州市审计局】 2016 年，泰州市审计局行政编制 44 人，实有 42 人；行政附属编制 4 人，实有 3 人。局长刘汉秋，党组书记方捷，副局长叶兵、张连璋、顾军、于飞，总审计师孙宏伟，纪检组长刘卫国（—11 月）。设有办公室、法规处、审计督察处、财政金融审计处、行政事业审计处、社会保障审计处、农业与资源环保审计处、固定资产投资审计处、经贸审计处、外资运用审计处、经济责任审计办公室、计算机审计处、人事教育处、内部审计指导处；另有市纪委、监察局派驻纪检组、监察室；下设泰州市城市土地经营审计处。

审计成果 2016 年，泰州市区两级审计机关完成审计项目 367 个，其中组织实施审计项目 254

个，参与实施审计项目113个。查出主要问题金额1933.51亿元，其中违规金额61.51亿元、损失浪费金额532万元、管理不规范金额1867.58亿元；损益（收支）不实金额99.78亿元；审计处理处罚金额104.00亿元，其中应上缴财政22.12亿元、应减少财政拨款或补贴7.12亿元、应归还原渠道资金20.88亿元、应调账处理金额53.08亿元；审计发现非金额计量问题652个；审计促进整改落实有关问题金额13.76亿元，其中增收节支11.89亿元、已调账处理金额9058万元；审计促进拨付资金到位33万元；审计后挽回（避免）损失8.86亿元。移送司法机关、纪检监察机关和有关部门处理事项27件，涉及6人，金额4.61亿元。出具审计报告和专项审计调查报告350篇，被批示、采用7篇；提交审计信息401篇，被批示、采用14篇。提出审计建议886条，被采纳611条；推动完善规章制度96项。向社会公告审计结果53篇。

2016年，泰州市审计局被评为“2013—2015年度江苏省文明单位”、泰州市十佳人民满意机关、“六五”普法先进集体、社会综合治税工作先进单位。

国家重大政策措施贯彻落实跟踪审计 对中央和省、市降低实体经济企业成本、盘活财政存量资金、“放管服”等政策措施落实情况开展跟踪审计。制定供给侧结构性改革审计清单，列出11项工作任务、27个审计项目，细化时间表、路线图以及各项任务的关键节点，制订督查方案，完善追责机制。

财政审计 以推进公共资金审计监督全覆盖为抓手，开展部门预算执行审计，对泰州市本级重点审计8个部门，对20个部门进行核查，着重关注全口径预算编制执行、民生资金使用、存量资金盘活、地方政府性债务控制等内容。对下级财政开展决算审计，重点审计营改增、减轻和公平企业税负、地方政府性债务“去杠杆”等政策执行情况。

经济责任审计 完成94名领导干部经济责任审计，查出违规金额1.31亿元。审计中推行被审计单位应提供“1张资料清单+1套表格参考模板+个性化指标”的“1+1+”模式，促进被审计单位强化协作配合，提高审计效率。联合市委组织部、编办出台《泰州市党政领导干部“三责告知”实施办法》，构建“任前有告知、任中有检查、任期有联审”的领导干部履职监督管理体系。

农业与资源环保审计 开展大气污染防治专项审计调查、泰州市2012年至2015年6月土地出让收支审计等项目，开展自然资源资产离任审计试点，探索建立自然资源资产管理保护考核评价体系。

固定资产投资审计 以“发现问题、完善机制、维护国家资金安全”为目标，关注建设程序、规范施工、标后监管，开展固定资产投资审计，核减固定资产投资额23.17亿元。坚持日常远程联网审计与阶段性现场进驻审计相结合，完成援疆资金和项目跟踪审计任务。

民生资金（项目）审计 组织开展盐城龙卷风冰雹救灾款物跟踪审计、主城区机构养老服务设施建设与运行情况审计调查、全市彩票公益金管理使用情况审计调查，实施淮安市本级医保基金和医疗救助基金审计、保障性安居工程跟踪审计，促进民生政策落地、有效。

（撰稿人：刘　昂）

【宿迁市审计局】 2016年，宿迁市审计局人员编制36人，其中行政编制34人、附属编制2人；实有34人，其中行政32人、行政附属2人。局长沈家山，副局长乔学鹏、王新明、张建华、潘宏江，总审计师李中平，纪检组长刘洪山。设有办公室（人事教育处）、法规综合处（审计督察处）、经济责任审计室、计算机审计处、监察室、财政金融审计处、行政事业审计处、农业与资源环保审计处、固定资产投资审计处、企业审计处（外资运用审计处）、社会保障审计处；下设宿迁市经济责任审计中心（核定编制18个，实有17人）、固定资产投资审计评审中心（核定编制10个，实有7人）2个事业单位。

审计成果 2016年，宿迁市县两级审计机关完成审计项目246个。查出主要问题金额210.39亿元，其中违规金额12.74亿元、损失浪费金额1229万元、管理不规范金额197.53亿元；审计处理处罚金额7.90亿元，其中应上缴财政4386万元、应减少财政拨款或补贴1.45亿元、应归还原渠道资金1.88亿元、应调账处理金额5184万元。移送司法机关、纪检监察机关和有关部门处理事项 54 件，涉及 76 人。出具审计报告和专项审计调查报告 279 篇，被批示、采用 94 篇；提交审计信息 177 篇，被批示、采用 40 篇。提出审计建议 579 条；推动完善规章制度 59 项。向社会公告审计结果 69 篇。

2016 年，宿迁市审计局被评为“2013—2015 年度江苏省文明单位”“2015 年度宿迁市文明单位”“宿迁市 2016 年度扶贫工作先进单位”“宿迁市 2015 年度市级机关党建质量标准化管理先进单位”。

国家重大政策措施贯彻落实跟踪审计 对宿州至扬州高速公路（宿迁段）建设，降成本、“放管服”政策措施落实情况，盐城龙卷风重大灾害救灾款物等开展专题跟踪审计，延伸调查相关单位 30 多家，发放企业调查问卷 210 份，实地走访企业 43 家，提交跟踪审计报告 4 篇。

财政审计 完成财税部门和预算执行单位审计项目 55 个，查出预算编报不真实不完整 8061 万元、未按规定征收缴纳收入 5375 万元、资金滞留闲置 10.01 亿元。《建议加强房产交易税收征管》等 3 篇直报信息得到市主要领导批示，推动市财政制定出台《关于加快资金支付进度的通知》等制度。在市人大常委会审议意见落实满意度测评中，市审计局连续两年得分第一。

经济责任审计 完成 116 名领导干部经济责任审计，其中任中审计 21 人。在关注领导干部守法、守纪、守规、尽责情况的同时，把落实市委、市政府重大决策部署情况作为经济责任审计的重点。根据省审计厅安排，组织开展盐城市建湖县党政领导干部经济责任和自然资源资产离任审计试点。

固定资产投资审计 开展政府投资审计项目 946 个（包含评审项目），送审金额 74.61 亿元，核减工程款 11.57 亿元。对三台山森林公园扩面提质工程、马陵河综合整治等重大项目进行跟踪审计。

民生资金（项目）审计 对区域供水、保障性安居工程、省级财政扶贫资金等 29 个民生主题项目进行专项审计调查，审计资金总额 104.22 亿元，并及时移送相关案件线索。市纪委对审计机关移送的弄虚作假骗取扶贫资金等问题进行处理。

（撰稿人：仲　鹏）

2016 年江苏省所辖区、县(市)级审计工作统计表

金额单位：万元

审计机关	完成审计项目(个)	审计查出主要问题金额	审计处理情况					出具审计报告和审计调查报告(篇)	提出审计建议(条)	提交审计信息(篇)
			审计处理处罚				移送处理事项(件)			
			应上缴财政	应减少财政拨款或补贴	应归还原渠道资金	应调账处理金额				
南京市										
南京市本级	66	6454300	18935	166	1852514	1361496	49	89	415	325
玄武区审计局	15	11203			443	2201		26	29	10
秦淮区审计局	29	26440	921			909	3	47	50	50
建邺区审计局	8	58417						11	21	75
鼓楼区审计局	14	364369	4409	457	1051	5000	7	21	47	12
浦口区审计局	23	748074					1	34	4	15
栖霞区审计局	12							22	16	49

（续表）

审计机关	完成审计项目（个）	审计查出主要问题金额	审计处理情况					出具审计报告和审计调查报告（篇）	提出审计建议（条）	提交审计信息（篇）
			审计处理处罚				移送处理事项（件）			
			应上缴财政	应减少财政拨款或补贴	应归还原渠道资金	应调账处理金额				
雨花台区审计局	9	32807						17	27	
江宁区审计局	12	1524775						12	29	13
六合区审计局	18	197296	14		530		4	34	37	
溧水区审计局	19	321089	408					28	58	
高淳区审计局	25	207344			34321	122886		45	77	1
无锡市										
无锡市本级	78	4420402	187411	86055	42973	31430	41	111	243	113
锡山区审计局	59	75190	13641		50	22234	2	70	75	11
惠山区审计局	18	146499	164	12048	14	10601	1	21	58	10
滨湖区审计局	14	45465			321		1	28	25	51
梁溪区审计局										
新吴区审计局	7	26733		94600	6302			8	21	5
江阴市审计局	47	211154	971	14178			8	67	60	14
宜兴市审计局	34	44863	5239	5069		18368	4	45	97	92
徐州市										
徐州市本级	95	4865424	8834	52	35907	176534	5	49	36	587
鼓楼区审计局	14	16023						23	33	26
云龙区审计局	8	434	269					8	10	38
贾汪区审计局	34	17402						34	42	165
泉山区审计局	5	6742	248	499				10	7	28
铜山区审计局	59	412398	55260	186	227	352284		111	477	488
新沂市审计局	29	727978	5					43	83	128
邳州市审计局	22	7570						32	33	45
丰县审计局	59	3088149	10609		159	13820		62	174	44
沛县审计局	50	85116	1033	588	403	11	12	50	64	332
睢宁县审计局	21	464901	27		22228	3510		21	48	289
常州市										
常州市本级	30	822564	111388		6158	283610	9	46	88	7
天宁区审计局	8	95148	90			94597		19	32	
钟楼区审计局	2							4	6	
新北区审计局	12	103083	1225		637	27548		39	35	5
武进区审计局	22	494876	81319		14070			51	50	
金坛区审计局	34	377383	9647	56624	340	3293	7	44	129	17
溧阳市审计局	39	696921	46		4667	48732		56	117	
苏州市										
苏州市本级	42	9277841	76527	18047	223381	77224	1	66	181	20

（续表）

审计机关	完成审计项目（个）	审计查出主要问题金额	审计处理情况					出具审计报告和审计调查报告（篇）	提出审计建议（条）	提交审计信息（篇）
			审计处理处罚				移送处理事项（件）			
			应上缴财政	应减少财政拨款或补贴	应归还原渠道资金	应调账处理金额				
高新区（虎丘区）审计局	35	182471	305	717		177815		111	49	
吴中区审计局	55	116663	6				4	65	149	1
相城区审计局	28	154136	3036			3767		46	78	
姑苏区审计局	13							24	43	2
吴江区审计局	21	319302	1672			24853	3	33	64	1
常熟市审计局	31	377130	39744	2684		60	1	45	138	15
张家港市审计局	28	217389	29		15467	101572		37	124	1
昆山市审计局	122	4399768	2141786	17766	486	496702		115	276	25
太仓市审计局	32	311143	1385		118	218670	6	51	95	1
南通市										
南通市本级	128	3392991	30257	27789	75295	86978	7	182	175	19
崇川区审计局	19	49711	23305	65251	218		1	26	43	9
港闸区审计局	22	48247	222	6432		1505		47	64	6
通州区审计局	34	559944	45	63997	4	220	13	69	27	3
启东市审计局	114	80101	35	9630		35151	1	132	24	1
如皋市审计局	21	367981		102876	664	96	9	46	31	10
海门市审计局	40	334138	251266	16729		1004	5	55	117	1
海安县审计局	414	756426	1807	26411		103	27	439	458	13
如东县审计局	18	414433		17766	1161	1071		24	34	4
连云港市										
连云港市本级	25	779825	479		348	8861		30	70	19
连云区审计局	12	190949				78		19	30	
海州区审计局	24	63788						39	66	24
赣榆区审计局	75	318934	185	14389		2480		95	168	20
东海县审计局	29	77255	194					37	14	
灌云县审计局	22	53973	13		14		1	29	56	
灌南县审计局	37	1036021	4689	1326	584	333	3	37	93	
淮安市										
淮安市本级	50	1328709	284424	5227	181046	17467	1	77	157	486
淮安区审计局	23	23322	13				1	28		
淮阴区审计局	128	29365		27656	1525			128	197	
清江浦区审计局	33	3259						33	33	

（续表）

审计机关	完成审计项目（个）	审计查出主要问题金额	审计处理情况					出具审计报告和审计调查报告（篇）	提出审计建议（条）	提交审计信息（篇）
			审计处理处罚				移送处理事项（件）			
			应上缴财政	应减少财政拨款或补贴	应归还原渠道资金	应调账处理金额				
清河区审计局	67	34050						73	66	
洪泽区审计局	159	116322	4063	17049	2701	84003		193		
涟水县审计局	32	35361		174		35182		56	283	
盱眙县审计局	79	14878	19	8330				89	314	
金湖县审计局	253	107392	14069					259	897	
盐城市										
盐城市本级	54	2457362	2957	1749	87737	198619	10	61	116	168
亭湖区审计局	19	146972				286	1	19	58	12
盐都区审计局	19	347186	454	23081	33189	112	4	23	43	17
大丰区审计局	47	1044012	13075		904	84994	6	53	92	37
东台市审计局	21	60222	157				1	32	60	115
响水县审计局	28	560	15					33	40	11
阜宁县审计局	22	45353	1500			4680	2	22	63	10
滨海县审计局	12	332648	10686		21326	46285		17	77	16
射阳县审计局	33	705983	433	526	1206	34418	8	33	81	35
建湖县审计局	40	593337	86	1757			2	44	97	46
扬州市										
扬州市本级	32	488304			395	203913		33	510	49
广陵区审计局	15	43317		36852		1		15	174	3
邗江区审计局	69	181780		34458		30		69	94	8
江都区审计局	89	298687			1		1	89	206	89
仪征市审计局	37	72745						37	103	15
高邮市审计局	20	272487	4	1171				24	39	68
宝应县审计局	24	56651						36	62	
镇江市										
镇江市本级	40	5724733	63737	4975	387820	69542	13	52	95	
京口区审计局	17	188402				160174		17	49	8
润州区审计局	9	18781					1	9	13	6
丹徒区审计局	112	77560	1293	12291				112	260	86
丹阳市审计局	142	290003	824	35443	3966		1	168	81	
扬中市审计局	38	296026					2	38	71	
句容市审计局	58	341748	17859	17841	17			81	116	76
镇江新区审计局	8	13866				213		8	20	3

（续表）

审计机关	完成审计项目（个）	审计查出主要问题金额	审计处理情况					出具审计报告和审计调查报告（篇）	提出审计建议（条）	提交审计信息（篇）
			审计处理处罚				移送处理事项（件）			
			应上缴财政	应减少财政拨款或补贴	应归还原渠道资金	应调账处理金额				
泰州市										
泰州市本级	48	17300989	1266	38100	12962	108863	11	48	229	179
海陵区审计局	26	626426	55366		134393	395462	2	26	85	47
高港区审计局	19	32135	105	7		109	4	19	49	28
姜堰区审计局	50	404153	68019	12737	2561	10939	1	60	65	
兴化市审计局	40	247972	1518				6	58	151	102
靖江市审计局	42	70382			19384		2	67	117	
泰兴市审计局	48	617257	94888	20345	39450	15476	1	61	40	36
高新区审计局	94	35800						11	150	9
宿迁市										
宿迁市本级	33	1829886	3215			581	15	33	50	65
宿城区审计局	53	2863	127		36	89	4	53	86	19
宿豫区审计局	35	188000		14400			3	35	65	22
沭阳县审计局	34	53569	375		1281	1208	4	51	76	33
泗阳县审计局	44	155804	43	126	296	2197	24	51	80	20
泗洪县审计局	30	25459	626		17165	1109	4	34	38	18

浙江省

【浙江省审计厅】 2016 年，浙江省审计厅人员编制 216 人，实有 193 人。设有办公室、法规处、整改督查处、财政审计处、行政事业审计处、文化教育审计处、金融审计处、经贸审计处、外资审计处、农业审计处、环境资源审计处、社会保障审计处、投资审计一处、投资审计二处、经济责任审计一处、经济责任审计二处、经济责任审计三处、人事处、机关党委；下设计算机审计中心、省审计科研所。

领导成员

厅　　长：徐宇宁

副 厅 长：朱忠明　陈棉权　康跃西　陈焕昌　谢永刚

总审计师：金建培

纪检组长：庄莉萍

浙江省经济责任审计联席会议办公室主任：高占江

审计成果 2016 年，浙江省各级审计机关共完成审计项目 2771 个。查出主要问题金额 1755.16 亿元，其中违规金额 51.42 亿元、损失浪费金额 7.29 亿元、管理不规范金额 1696.44 亿元；损益（收支）不实金额 56.03 亿元；审计处理处罚金额 267.35 亿元，其中应上缴财政 40.73 亿元、应减少财政拨款或补贴 27.12 亿元、应归还原渠道资金 30.44 亿元、应调账处理金额 149.90 亿元；审计发现非金额计量问题 15424 个；审计促进整改落实有关问题金额 178.75 亿元，其中增收节支 73.25 亿元、已调账处理金额 80.26 亿元；审计促进拨付资金到位 4.40 亿元；审计后挽回（避免）损失 46.94 亿元。移送司法机关、纪检监察机关和有关部门处理事项 456 件，涉及 641 人、金额 20.08 亿元。出具审计报告和专项审计调查报告 3508 篇，被批示、采用 253 篇；提交审计信息 5951 篇，被批示、采用 3112 篇。提出审计建议 8433 条，被采纳 6225 条；推动完善规章制度 486 项。向社会公告审计结果 819 篇。

2016 年，浙江省各级审计机关有 1 个项目获审计署优秀项目、2 个项目获审计署表彰项目。

国家重大政策措施贯彻落实跟踪审计 省审计厅以政策跟踪审计统揽审计项目计划，采取“1 拖 12”的方式，共实施 12 个政策跟踪审计项目，推动中央和浙江省出台的各项政策措施落实到位。每个季度上报的审计报告都得到省政府主要领导批示，2 篇专报被国办采用。审计报告所反映的浙商创业创新审计调查揭示少数项目质量不够高、考核机制不够完善等问题，多位省领导做出重要批示，推动省浙商办及时修订简化相关考核办法，对 5 项制度进行完善。

财政审计 深入开展“四本预算”及政府性债务审计，推动健全全口径预决算管理体系。省审计厅“两个报告”揭示 74 个部门单位存在的问题，得到省政府主要领导充分肯定。《浙江省部分境外国企业务停滞亏损严重》被新华社《国内动态清样》采用；《人民日报》对浙江省开列审计“问题清单”，限期整改落实“销号”做出报道。

经济责任审计 全省对 1160 名领导干部实施经济责任审计，查出违规金额 21.76 亿元。市县党政主要领导经责审计结果为全省市县考核换届提供服务，得到省委组织部领导肯定。全力配合和保障审计署南京特派办对浙江省党政主要领导干部的经济责任审计，确保项目顺利实施。配合审计署上海特派办、南京特派办开展湖州市领导干部自然资源资产离任审计试点，并在开化县、桐庐县开展 2 个试点审计项目，获得省政府主要领导两次批示。推动完善经济责任审计制度，省经济责任审计工作联席会议讨论通过《浙江省部门和单位内部管理领导干部经济责任审计办法（试行)》。

农业与资源环保审计 深入开展“五水共治”审计。重点关注医疗废物和饮用水水源保护情况，审计报告、专报得到省领导批示，促进省环保厅加强饮用水水源地环境治理和生态保护，推动省环保厅与省卫生计生委建立医疗废物协同监管机制。

固定资产投资审计 加大对政府投资预算执行和竣工决算审计的力度，全省核减投资额 37.84 亿元。开展湖州市太嘉河水利工程预算执行审计和曹娥江至慈溪引水工程竣工决算审计，揭示工程存在重大质量隐患等问题，获得省领导的多次批示，有关单位及时对工程质量问题做返工补救，对违规的施工企业进行行业通报，对 6 名责任人给予党纪政纪处理。

民生资金（项目）审计 深入开展基本医疗保险基金审计，全省向纪检、公安、人力社保、卫生计生等有关单位移送问题线索 60 件，刑拘 17 人、批捕 24 人、取保候审 32 人，追回挤占挪用、骗取套取等资金 3.47 亿元；审计报告、专报等获得省领导批示 12 人次，有效推动医疗保险管理机制的完善，得到审计署的肯定。保障性安居工程跟踪审计揭示 37 个市县 261 户保障对象骗取住房保障待遇、向 56 个安居工程项目违规征收应减免税费 2.25 亿元等问题，全省移送问题线索 25 件。学前教育政策落实情况专项审计调查揭示部分地区财政投入未达到要求、对民办幼儿园扶持力度不足等问题，为省委、省政府建立完善公办幼儿园生均财政拨款制度、推进普惠性幼儿园发展提供建议参考。

其他审计项目 全省各级审计机关利用 3 年时间对全省 6474 家一级预算单位公务支出公款消费进行审计，提前 2 年完成全覆盖任务，审计报告、专报多次得到省领导的批示。开展全省特色小镇建设情况专项审计调查，反映全省第一批 37 个特色小镇创建中取得的成效和经验，揭示政策落实中存在的主要困难和瓶颈问题，为省委、省政府更好地推进特色小镇建设提供审计建议。

审计管理体制改革试点 认真贯彻中办发〔2015〕58 号文件和省委、省政府的精神，成立 3 个工作组加强调研，及时与组织、人事、编制、财政等相关部门进行沟通，听取市县党政领导和一线审计干部的意见建议，在此基础上起草实施方案并由省委、省政府印发，明确推进改革试点工作的 7 个方面 31 项具体措施。在全国 7 个试点省市中，浙江省第一个将实施方案上报审计署；

第一个以省委、省政府名义印发实施方案；第一个召开全省动员部署会，启动改革工作。同时，会同有关部门研究制定《浙江省审计机关机构编制专项统一管理办法》等10项配套制度，并研究解决改革试点的新情况、新问题，加强对改革试点工作的宣传培训，推进各项改革举措贯彻落实。

“审计整改落实年”活动 全省审计系统开展“审计整改落实年”活动，审计查出问题的整改率、审计移送事项的成案率、审计成果运用的转化率分别为95%、70%、76%，比上年平均提高5个百分点。5月，时任常务副省长袁家军代表省政府首次向省人大常委会报告审计工作报告查出问题的整改情况；11月，省政府首次专题召开审计工作报告反映问题整改工作电视电话会议。省审计厅针对2016年度审计工作报告反映的154个问题制定审计整改清单，细化分解到具体责任单位，推动被审计单位整改问题127个。

信息化建设 制定推进大数据审计工作的5个方面22条工作举措，推动省政府办公厅出台《关于定期报送审计电子数据有关事项的通知》，审计监督大数据应用示范工程被列入省政府大数据应用示范工程。2016年全省审计机关通过审计署计算机审计中级水平考试14人、通过省审计厅计算机审计中级水平考试96人，在经济责任审计、财政同级审、医保基金审计等10个重大项目中应用大数据技术取得丰硕成果。

党建工作 通过厅领导带头到审计一线上党课、冬季集训、党员微型党课、“一支部一特色”等方式，组织党员干部学习习近平总书记系列重要讲话精神，学习党章党规，引导党员干部边学边改、真做真改，严肃认真开展批评和自我批评。省审计厅机关党委（纪委）成功换届，2个支部被评为省直机关先进基层党组织，1名干部入选全省“万名好党员”。认真落实党风廉政建设主体责任，教育引导审计干部严格遵守《新形势下党内政治生活的若干准则》等党内法规，高标准执行中央八项规定精神、省委“28条办法”及审计“八不准”工作纪律，防止“四风”问题反弹回潮。

制度建设 根据省委十三届九次全会的部署，省审计厅提出“找准快补见效果”的工作要求，认真查找出工作中的7块“短板”，并对此制定“补短板”工作任务清单，明确49项具体措施和责任处室、完成时限。厅党组不定期听取责任处室情况汇报，部署落实“补短板”工作。省审计厅实行“双公告”制度，出台《浙江省审计机关审计结果公告管理办法》和《浙江省审计厅督促指导被审计单位主动公告整改结果办法》，并首次对截至2015年11月底已办结的17起审计移送事项的处理结果进行公告。省审计厅积极稳妥抓好公务用车制度改革和培训中心纳入统一管理改革；与省发改委联合印发《浙江省审计工作发展“十三五”规划》；有序推进审计志编纂工作；参加审计署修订审计法工作；全省各级审计机关退出各类议事协调机构共789个。

队伍建设 改进干部选拔任用、考核激励制度，培训全省审计人员1200多人次。开展全省优秀审计项目、优秀审计报告和“三创三评”评选活动，谱写“审计群英谱”，激励干部学优看齐、对标赶超。抽调干部参加省委省政府督查、省委巡视组巡视、省纪委办案等工作，选派干部进行交流挂职，促进审计干部全面锻炼、加快成长。另外，通过举办专题研讨会、开展征文比赛、审计文化上墙等专题活动，深入践行时任浙江省委书记习近平同志2006年提出的“以审计精神立身、以创新规范立业、以自身建设立信”总要求，有力推动审计干部提振精气神、展示新作为。

（撰稿人：陈振宇）

【杭州市审计局】 2016年，杭州市审计局人员编制95人，实有90人。局长骆寅，副局长吴志明、王军，总审计师王坚，纪检组长楼宏基，市经济责任审计联席会议办公室主任李行健，巡视员徐志龙。设有办公室、组织人事处、法规处、综合处、财政审计处、行政事业审计处、经贸审计处、农业与社会保障审计处、开发区与资源环保审计处、固定资产投资审计处、经济责任审计处、计算机审计处、文教审计处、机关党委；下设杭州市审计事业发展服务中心。

审计成果 2016年，杭州市审计局完成审计项目36个。查出主要问题金额1156.23亿元；损益（收支）不实3934万元；审计处理处罚金额18.07亿元；审计发现非金额计量问题342个；审计促进整改落实有关问题金额17.96亿元。移送司法机关、纪检监察机关和有关部门处理事项17件。出具审计报告和专项审计调查报告43篇，被批示、采用1篇；提交审计信息56篇，被批示、采用45篇。提出审计建议109条。向社会公告审计结果14篇。

2016年度，杭州市审计局被杭州市委、市政府授予“服务保障G20杭州峰会先进集体”光荣称号；在省审计厅年度考核中获得第一名，2个项目获得省审计厅优秀表彰项目。

国家重大政策措施贯彻落实跟踪审计 采用“1+7”的组织方式，紧紧抓住项目落地、资金保障、简政放权、政策落实、风险防范5个方面，在促进政策措施落实、破除改革障碍、提升资金绩效和安全等方面取得较好成效。撰写的信息被市政府采用并得到市领导批示。

经济责任审计 杭州市审计局对13个单位14名市管领导干部进行经济责任审计。会同组织、纪检部门对7个市直单位和国有企业“一把手”进行领导干部离任经济事项交接工作。建立727名市管和区、县（市）管领导干部经济责任审计档案，为组织部门选拔任用干部提供参考依据。

固定资产投资审计 杭州市审计局共核减投资额1.79亿元，并不断推进投资审计转型，连续七年被评为“杭州市政府重点项目推进优秀服务单位”。

民生资金（项目）审计 从民生资金管理、民生项目建设、民生政策制度3个方面提炼《2015年全市民生审计工作综合报告》，反映三大类10个方面的问题以及审计处理和整改情况，得到市领导的批示。

企业审计 关注企业领导决策及结果、企业内部管理及风险、政策执行及效果和问题的整改。撰写的信息得到市领导重要批示，推动市水务集团特许经营权历史遗留问题的解决。

专项资金审计 组织开展市属公立医院运营管理情况、市交通专项资金管理情况、学前教育政策执行情况等专项审计调查。开展公务支出公款消费审计，对30家一级预算单位进行重点审计。

审计科研 完成10个科研课题。《杭州市审计工作“十三五”规划研究》获全省2015—2016年度优秀论文评选一等奖。

内部审计 杭州市内部审计协会被评为2016年度全国社科组织先进单位。（撰稿人：戴鹏飞）

【宁波市审计局】 2016年，宁波市审计局人员编制97人（其中行政66人、事业31人），实有91人。局长陈佳强，副局长董国君（—2月）、张列群、徐善燧（10月—）、姚尧岳、李杰，总审计师何小宝，纪检组长聂咸俊，经济责任审计联席会议办公室主任金万贯，巡视员王勤学（—7月）、沈林桥。设有办公室、监察室、法规处、财政审计处、金融外资审计处、行政事业审计处、开发园区审计处、固定资产投资审计处、经济责任审计处、经贸审计处、审计整改督查处；下设经济责任审计服务中心、政府投资审计中心。

审计成果 2016年，宁波市县两级审计机关审计（调查）419个单位。查出主要问题金额311.47亿元、违规金额6.7亿元、损失浪费问题金额1100万元；通过审计为国家增收节支11.79亿元、核减投资额10.49亿元。移送司法、纪检监察机关或有关部门处理事项共73件，涉及人员43人。提交审计信息758篇。提出审计建议1441条，被采纳604条。向社会发布审计结果公告197篇。

国家重大政策措施贯彻落实跟踪审计 先后对9项政策措施落实情况进行跟踪审计，上报重大政策措施跟踪审计报告4篇，促进36个项目加快实施进度和加强管理，5.81亿元财政资金统筹使用以及加快配套资金到位。

财政审计 市审计局全年查出未按规定纳入预算管理资金1.40亿元、未按规定征缴收入2.11亿元、扩大开支范围或提高开支标准列支1.48亿元。市本级97家一级预算单位公务支出公款消费“三年轮审”计划全面完成，推动废改立相关制度478项。

固定资产投资审计 全市审计机关2016年开展工程建设项目审计153个，涉及项目投资额963.72亿元，核减投资额10.49亿元。

经济责任审计 全市完成对128家单位、131名领导干部（人员）的经济责任审计，揭示个别重大事项未经集体讨论等问题。首次对全市各县（市、区）公安局长经济责任履行情况进行交叉审计，揭示县级公安机关财务管理不规范等问题。

农业和资源环保审计 开展水污染防治资金、医疗废弃物处置、饮用水源地保护等资源环境类审计项目，揭示污染防治等方面存在的问题，促进加强资源环境管理。

民生资金审计 开展物业维修资金专项审计调查、学前教育政策落实情况专项审计调查，中心城区城市品质提升专项审计调查项目，揭示资金管理、政策落实不到位等问题，推动相关惠民政策落实。

企业审计 市审计局对宁波市商贸集团等31家市属国企实施审计，揭示国有企业经营管理和体制机制上存在的问题，为推动淘汰落后产能、加快僵尸企业处置，实现国企转型升级发挥重要作用。

队伍建设 举办“身边的感动——审计先锋”系列活动，评选出10个获奖团队和个人。创作的音乐快板《一路高歌审计情》入选机关文化节开幕式。建成审计书屋。 （撰稿人：胡荣亮）

【温州市审计局】 2016年，温州市审计局人员编制78人，实有73人。局长雷文东，副局长吴娜丽、陈健、尤业先、谢立，总审计师李秀峰，纪检组长潘建国，温州市经济责任审计工作联席会议办公室主任高勇。设有办公室、人事处、法制处、财政审计处、金融与外资审计处、行政事业审计处、经贸审计处、农业与资源环保审计处、固定资产投资审计处、温州市经济责任审计局、计算机审计处、机关党委；下设开发区审计处。

审计成果 2016年，温州市县两级审计机关完成审计项目264个。查出违规金额14.88亿元、损失浪费金额6811万元、管理不规范金额73.92亿元；审计期间整改金额9.89亿元、审计促进增收节支15.38亿元。移送处理事项111件，移送处理人员58人，移送金额3.04亿元。提出审计建议809条，被采纳584条。审计报告或信息被省领导批示6篇，被市领导批示13篇。

国家重大政策措施贯彻落实跟踪审计 保障性住房政策落实情况跟踪审计促成取消25户保障资格，加快2953套多余经济适用房分配；金华市浙商创业创新专项审计调查专报获得省领导批示。

财政审计 市本级财政“同级审”促成市财政局盘活税务经费12.91亿元；公务支出公款消费审计推动市政府出台制度7项，促成市纪委对审计发现问题单位进行核查，责成11家单位清退违规金额34.67万元，4家单位做出深刻书面检查。

经济责任审计 全市完成115个单位138名领导干部经济责任审计，查出违规金额5100万元、管理不规范金额11.20亿元，强化对权力运行的监督制约。

固定资产投资审计 政府投资项目审计揭示建设资金被占用等问题，并对47个单项工程进行审价定案，净核减金额4962万元；出具重点工程项目跟踪审计预审报告21份，核减金额4.67亿元。

民生资金（项目）审计 开展学前教育、医保基金等民生审计，促成出台5项管理制度。查处涉嫌骗取医保基金案件4起，至2016年底已逮捕9人、刑拘27人，追回、补充医保基金8801万元。信息专报获省领导批示。

企业审计 实现市属17家国有企业审计全覆盖，促成有关企业集团聘请中介清产核资审计、加快空置闲置资产出租等措施。向市政府反映2014年以来对4家社会类国企在运营管理中存在的问题，引起市政府重视并着手研究。

审计质量管理 深入开展“审计整改落实年”活动，实施审计整改挂销号制度，将审计问题整改纳入市政府对县级政府的考评，着力提升审计工作质量和价值。全市获省优秀审计项目4个，表彰项目2个。

信息化建设 实施“审计联网督改”工程，利用信息化联合督办审计整改，入选温州市2016年度优秀改革创新项目。坚持计算机审计和审计项目相融合，药店骗保审计方法列入审计署4个推广交流方法之一。

队伍建设 开展“两学一做”学习教育，组织开展业务培训、“夜学·月论坛”活动、“点菜下单”培训等，提升审计工作能力。全市共有4人被省审计厅评为查核问题能手。落实党风廉政建设主体责任，组织开展廉政谈话33人次。

（撰稿人：刘海泉）

【嘉兴市审计局】 2016年，嘉兴市审计局人员编制42人，实有44人。局长张永红，党组书记江强，副局长陈关华、邱锦月、蒋朝晖，总审计师叶常青，纪检组长冷海林。设有办公室、法规处、财政金融审计处、行政与社会保障审计处、经贸审计处、农业与资源环境审计处、固定资产投资审计处、经济责任审计处、直属分局、计算机审计中心、派驻纪检组。

审计成果 2016年，嘉兴市县两级审计机关完成审计项目188个。查出主要问题金额56.99亿元；损益（收支）不实金额9976万元；审计处理处罚金额2.23亿元；审计发现非金额计量问题1092个；审计促进整改落实有关问题金额1.65亿元；审计促进拨付资金到位509万元；审计后挽回（避免）损失3.57亿元。移送司法机关、纪检监察机关和有关部门处理事项6件，涉及4人，金额75万元。出具审计报告和专项调查报告216篇，被批示、采用28篇；提交审计信息331篇，被批示、采用116篇（次）。提出审计建议676条，被采纳555条；推动完善规章制度11项。向社会公告审计结果35篇。

2016年，嘉兴市审计局获得市级机关部门考核一等奖；6个项目被评为省审计厅优秀和表彰项目。

国家重大政策措施贯彻落实跟踪审计 组织实施7个政策措施贯彻落实跟踪审计项目，16篇审计报告和信息被市领导批示。

财政审计 审计工作报告揭示4大类49个问题，获得市人大肯定；市政府组织整改督查，出台制度14项；整改结果在市人大测评中满意和基本满意率首次达100%。

经济责任审计 全市对94名领导干部实施经责审计，查出问题金额2.9亿元，审计建议被采纳147条。市审计局首次组织2个项目“六责联审”试点；指导30个市级部门对81名内管干部开展经济责任审计。

农业与资源环保审计 全市开展“五水共治”同步审计，推动问题整改。市审计局开展市本级扶持村级集体经济政策落实情况专项审计调查，审计建议被吸收到市委、市政府文件之中。

固定资产投资审计 全市完成对1437项工程的造价审计，送审金额107.48亿元，净核减金额7.81亿元。开展2015年度保障性安居工程交叉审计，3篇信息被市领导批示。

民生资金审计 市审计局实施医保基金和医疗救助资金审计、定点民营医疗机构基本医疗专项审计调查，移送涉嫌骗保案1起，追回医保基金213万元，撰写的案例被审计署采用。

国企审计 市审计局实施公共交通运营管理情况审计调查，反映企业亏损现状及原因的审计信息得到市领导批示。组织实施市级国资营运公司固定资产管理审计调查，摸清资产总量和管理使用情况。

开发区审计 实施嘉兴港区领导干部任期经济责任审计，促使港区管委会出台4项制度，规范内部管理。

信息化建设 加紧大数据人才培养，2016年2人列为全省计算机审计专业领军人才、13人为骨干人才，通过计算机审计中级考试7人。18个项目运用大数据技术审计，8篇审计案例被省审计厅采用。

内部审计 抓好市内部审计协会平台建设，重点推动农村集体经济审计、内管干部经济责任审计；举办内部审计人员培训班8期，培训1562人次。 （撰稿人：吴国宗）

【湖州市审计局】 2016年，湖州市审计局人员编制36人，实有36人。局长童建华，副局长费林海、丁颂辉、汤晓龙，总审计师施瑜，经济责任审计联席会议办公室主任何斌。设有办公室、组织宣传人事处、法规处、财政金融审计处、行政事业与社会保障审计处、农业与资源环保审计处、经济贸易审计处、固定资产投资审计处、经济责任审计处；下设市国家建设项目审计中心、市审计局审计信息中心。

审计成果 2016年，湖州市审计机关完成审计项目72个。查出主要问题金额11.83亿元；损益（收支）不实3345万元；审计处理处罚金额7.64亿元；审计发现非金额计量问题176个；审计促进整改落实有关问题金额10.43亿元；审计后挽回（避免）损失5.83亿元。移送司法机关、纪检监察机关和有关部门处理事项12件，涉及2人，金额1549万元。出具审计报告和专项审计调查报告93篇；提交审计信息79篇，被批示、采用84篇。提出审计建议107条，被采纳99条；

推动完善规章制度 21 项。向社会公告审计结果41篇。

2016 年，湖州市审计局被市政府评为法治政府建设（依法行政）工作先进单位；湖州市文化广电新闻出版局经济责任审计项目获得省审计厅表彰。

国家重大政策措施贯彻落实跟踪审计 结合年度审计项目，对 8 项国家和省市重大政策进行跟踪审计。

财政审计 完成审计（调查）项目 18 个，查出主要问题金额 4.65 亿元。依法对 2015 年市本级财政预算执行和德清县财政决算进审计；根据市人大要求，开展市本级重点审查部门预算单位 2015 年预算执行结果专项审计调查。

经济责任审计 完成 15 名党政领导干部经济责任审计，同时对所在单位开展财政收支审计，查出违规金额 23 万元、管理不规范金额 1704 万元。

固定资产投资审计 完成审计项目 42 个，涉及项目投资总额 27.84 亿元，核减工程款 5.81 亿元。对奥体公园等 5 个政府重点投资项目进行跟踪审计；完成 2015 年保障性安居工程跟踪审计；赴新疆柯坪县对援疆项目、资金进行跟踪审计。

社会保障审计 完成审计项目 1 个，对基本医疗保险基金和医疗救助资金进行审计，涉及当年收入 20.22 亿元、支出 16.13 亿元。

企业审计 完成审计项目 1 个，查出问题金额 5586 万元。

专项资金审计 完成审计（调查）项目 10 个，涉及专项资金总额 26.3 亿元，查出主要问题金额 4893 万元。

信息化建设 投入信息化建设资金 200 余万元；部署完成“部门预算执行联网审计系统”等 6 个审计分析及管理平台。

审计科研 完成 2015 年度科研课题结项 33 个；立项课题 42 个，其中浙江省审计厅重点课题 1 个。

内部审计 161 个内部审计机构完成审计项目 2228 个，促进增收节支 1.16 亿元。

（撰稿人：仇　捷）

【绍兴市审计局】 2016 年，绍兴市审计局人员编制 37 个，实有 37 人。局长潘旺明，副局长郭春敖（—12 月）、施彪、王文伟，绍兴市经济责任审计工作联席会议办公室主任陈富根，党组成员章朔风，调研员郭春敖（12 月—），副调研员沈建辉（12 月—）。设有办公室、内审指导处、法规（综合、审理、整改督查）处、经济责任审计处、财政审计处、金融经贸审计处、行政事业与外资运用审计处、投资审计处、农业和环资审计处、社保审计处、开发区审计处、机关党总支；下设市政府投资项目审计中心、市计算机审计中心、市审计干部培训中心，共有事业编制 18 个，实有 16 人。

审计成果 2016 年，绍兴市县两级审计机关完成审计项目 168 个。查出主要问题金额 20.98 亿元；损益（收支）不实金额 9990 万元；审计处理处罚金额 2.91 亿元；审计发现非金额计量问题 1393 个；审计促进整改落实有关问题金额 2.89 亿元；审计后挽回（避免）损失 9799 万元。移送司法机关、纪检监察机关和有关部门处理事项 42 件，涉及 22 人。出具审计报告和专项审计调查报告 246 篇；提交审计信息 97 篇。提出审计建议 595 条；推动完善规章制度 5 项。

国家重大政策措施贯彻落实跟踪审计 组织开展学前教育政策、促进外贸稳定增长政策、浙商创业创新政策、诸暨市县域经济体制综合改革、医疗废物处置管理等政策专项审计调查。

财政审计 组织开展市本级 2015 年度财政预算执行和其他财政收支情况审计、新昌县 2015 年度财政决算审计。推行“1＋N”模式，与“同级审”同步实施小微企业三年成长计划政策落实情况等专项审计调查。

经济责任审计 全市对 113 名党政主要领导干部、企事业单位主要负责人开展经济责任审计。修订《绍兴市市管领导干部经济责任审计对象分类管理办法》《绍兴市领导干部经济责任审计结果运用实施办法》，编印《领导干部履行经济责任重点风险防范清单》（2016 版）。在市本级、柯桥区、新昌县同步推进领导干部自然资源资产离任审计试点。

农业与资源环保审计 组织 2016 年市本级饮用水水源保护、2014 年至 2015 年河道运营情况等专项审计调查。

固定资产投资审计　组织保障性安居工程、污水分质提标和印染废水集中预处理工程、对口援疆建设工程、镜湖旅游综合体项目预算执行、越城区和市属开发区 2015 年末资产情况等审计项目。

民生资金（项目）审计　组织公务支出公款消费情况、医疗保险基金、公共停车收费、电子政务建设资金等专项审计调查。

信息化建设　完成保障性安居工程跟踪审计等 8 个年度大数据审计重点项目，推进大数据联网审计，推动建立多行业、多部门审计所需数据的归集、共享机制。

相关工作　编制《绍兴市审计工作“十三五”发展规划》《绍兴市经济责任审计 2016—2020 年规划》。正式启动省以下审计机关人财物管理改革试点。开展“审计整改落实年”活动，出台《审计整改督查工作管理办法》。加强质量管理，制定《市本级审计项目后评估实施办法（试行）》《业务会议制度》《聘请外部人员参与审计工作管理办法》。推进内部审计机构设置，市本级 23 个行政部门以单设、挂牌等形式设置内部审计机构。

（撰稿人：裘立周）

【金华市审计局】　2016 年，金华市审计局人员编制 35 人，实有 33 人。局长董巧娟，副局长卢文浩、楼初阳、留义华、任川，总审计师留义华（兼），党组成员施关强，市经济责任审计联席会议办公室主任李虹。设有办公室、法规处、财政金融审计处、行政事业与社会保障审计处、经贸与外资审计处、农业与资源环保审计处、固定资产投资审计处、经济责任审计处；下设金华市经济责任和投资审计中心，事业编制 9 人，实有 8 人。

审计成果　2016 年，金华市审计局完成审计项目 40 个。查出主要问题金额 13.33 亿元；损益（收支）不实金额 203 万元；审计处理处罚金额 9.62 亿元；审计发现非金额计量问题 181 个；审计促进整改落实有关问题金额 6.30 亿元；审计促进拨付资金到位 4 万元；审计后挽回（避免）损失 5298 万元。移送司法机关、纪检监察机关和有关部门处理事项 8 件，涉及 3 人，金额 991 万元。出具审计报告和专项审计调查报告 56 篇，被批示、采用 35 篇；提交审计信息 26 篇，被批示、采用 26 篇。提出审计建议 101 条，被采纳 78 条；推动完善规章制度 8 项。向社会公告审计结果 2 篇。

2016 年，金华市审计局被评为市直单位绩效考评优秀单位和党风廉政建设考核先进市直单位；获得浙江省审计厅优秀审计项目 1 个、表彰项目 1 个。

国家重大政策措施贯彻落实跟踪审计　参与省审计厅组织的浙商创业创新审计调查，组织对学前教育政策落实情况、义乌市县域经济体制综合改革推进情况等进行审计调查，推动各项政策措施落实到位。

财政审计　推动财政部门对部门预决算公开情况进行监督检查和通报；促使财政部门建立单位项目执行进度通报制度，加快项目实施和资金拨付；促进统筹盘活财政资金 4 亿多元；报送的审计专报获得副省长批示。

经济责任审计　组织开展 11 个市直单位和 11 家事业单位经济责任审计，落实任前告知、年度报告、离任交接等各项制度，促进领导干部履职尽责。

金融审计　开展金华银行审计，推动完善内控制度。

农业与资源环保审计　开展医疗废物处置管理和饮用水水源保护区污染防治情况专项调查，推动市卫计委出台制度规范废物管理。开展农村生活垃圾分类减量项目第三轮抽查，促进规范管理，提高绩效。

固定资产投资审计　完成 18 个重大项目 48 个合同工程价款结算审计，净核减 6102 万元。开展 2015 年度保障性安居工程跟踪审计和高山头古城旅游开发项目跟踪审计，盘活闲置资金和住房，推动制度完善。

民生资金（项目）审计　开展医保基金、失业保险基金、移民资金、再就业资金审计，从完善体制机制层面提出建议，堵塞制度漏洞。

专项资金审计　公务支出公款消费三年轮审实现全覆盖，提出的 4 条建议被市长批示并印发各县（市、区）政府和市政府各部门。

信息化建设　建成市区政府性资金一体化审计数据分析平台，实现财政资金审计全过程跟踪。

内部审计 推动金华市人民政府出台《关于进一步加强内部审计工作的意见》，完成内部审计协会换届。

（撰稿人：黄 登）

【衢州市审计局】 2016年，衢州市审计局人员编制51人，实有46人。局长刘石平，副局长毛金有、周波，总审计师王国榕，党组成员王苏仙，经济责任审计局局长汪建文。设有办公室、法规处（审理处）、财政审计处、经贸社保审计处、外资金融审计处、行政事业审计处、环境资源与农业审计处、投资审计处、整改督查处；下设经济责任审计局、计算机审计中心。

审计成果 2016年，衢州市县两级审计机关完成审计项目140个。查出主要问题金额240.87亿元；损益（收支）不实金额1853万元；审计处理处罚金额1.38亿元；审计发现非金额计量问题1267个；审计促进整改落实有关问题金额9457万元；审计后挽回（避免）损失4493万元。移送司法机关、纪检监察机关和有关部门处理事项22件，涉及28人，金额343万元。出具审计报告和专项审计调查报告249篇，被批示、采用1篇；提交审计信息384篇，被批示、采用110篇。提出审计建议417条，被采纳322条；推动完善规章制度15项。向社会公告审计结果31篇。

2016年，衢州市审计局被评为县（处）级党委（党组）理论学习中心组先进单位。衢州市区存量土地资源管理情况专项审计调查项目获得浙江省审计厅优秀项目表彰。

财政审计 在财政审计工作报告中，共揭示6个方面59个突出问题，衢州市人大常委会第71次主任会议、第40次会议先后听取审议“两个报告”。

经济责任审计 修订完善《衢州市党政部门领导干部经济责任审计操作规程》《衢州市领导干部经济责任审计分类管理办法》，出台《衢州市经济责任审计2016—2020年工作规划》，建立经济责任审计工作向组织部的定期汇报机制。

农业与资源环保审计 制定出台《衢州市审计局关于进一步推进领导干部自然资源资产离任审计试点工作的意见》，在全市同步开展水资源管理使用审计。

民生资金（项目）审计 保障性安居工程跟踪审计中撰写的审计专报，得到市委书记、市长的批示，推动市级层面和部门出台完善制度5项。

信息化建设 对机房数据库进行扩容，制定出台《审计电子数据采集、存储和使用管理办法》。

相关工作 与市委宣传部联合组织首届“最美审计人”评选活动，编印《衢州市审计工作制度汇编》，制定出台《衢州市全面实施审计干部2016—2020年综合素质提升工程的实施意见》，每半月举办一期“审计大讲堂”，开办审计文化书屋。

（撰稿人：柳学铭）

【舟山市审计局】 2016年，舟山市审计局人员编制52人，实有52人。局长陆沧波，副局长刘晓国，总审计师钱宁，舟山市经济责任审计联席会议办公室主任翁维波。设有办公室、法规处（审计整改督查处）、财政金融审计处、经贸审计处、固定资产投资审计处、行政事业审计处、经济责任审计处（市经济责任审计联席会议办公室）、社保文教审计处、直属审计分局；下设舟山市计算机审计中心、舟山市政府投资项目审计中心。

审计成果 2016年，舟山市县两级审计机关完成审计项目125个。查出主要问题金额40.73亿元；损益（收支）不实184万元；审计处理处罚金额2.31亿元；审计发现非金额计量问题687个；审计促进整改落实有关问题资金1.36亿元；审计后挽回（避免）损失8269万元。移送司法机关、纪检监察机关和有关部门处理事项23件。出具审计报告和专项审计调查报告150篇，被批示、采用5篇；提交审计信息1032篇，被批示、采用460篇。提出审计建议374条。向社会公告审计结果10篇。

2016年，舟山市审计局获得省审计厅审计信息工作先进单位表彰；1个项目获省审计厅优秀项目、2个项目获省审计厅表彰项目。

国家重大政策措施贯彻落实跟踪审计 重点开展稳增长等政策措施、“五水共治”跟踪审计，上报的审计信息《当前饮用水水源缺乏统一管理监测体系亟待完善》被中共中央办公厅采用。

财政审计 重点开展政府性债务资金、财政转移支付资金、财政存量资金审计。审计移送新城征地拆迁指挥部出纳人员涉嫌贪污、挪用公款和会计人员涉嫌失职渎职行为等线索，2人被判刑。开展公务支出公款消费审计，促进出台《进一步规范和加强干部脱产教育培训管理工作的通知》《关于进一步做好因公出国（境）工作若干意见的通知》，上报的审计专报获得时任市委书记批示。

经济责任审计 全市完成经责审计项目46个。制定出台“三办法两制度”，首次运用经济责任审计联席会议督查审计整改、实施经济责任审计口头报告、举办市管领导干部离任经济事项集中交接会。上报的两篇审计信息分别获省得委书记和副省长批示。

固定资产投资审计 全市完成政府投资审计项目1173个，净核减5.21亿元，上报的3篇审计专报获得舟山市长批示。

民生资金（项目）审计 继续组织开展保障性安居工程跟踪审计，开展社区医疗卫生服务机构发展情况审计调查，促进出台《舟山市人民政府办公室关于推进责任医生签约服务加快分级诊疗制度建设的实施意见》。

企业审计 查明普陀市场管理服务有限公司“小金库”和公款私存等违法违纪问题，发送移送处理书7份，3名人员被立案侦查并判刑。参与全省浙商创业创新审计，助推湖州市收回漏收房租456.79万元，上报的两篇审计信息被市委、市政府《领导参阅》采用。

内部审计 总结推广内部审计交叉审计的先进经验，强化镇、街道、社区内部审计工作。组织内部审计会员单位积极参加业务培训、课题研讨活动，加强与对口民主党派的工作联系，推进内部审计职业化建设。（撰稿人：刘丹薇）

【台州市审计局】 2016年，台州市审计局人员编制51人，实有50人。局长吴一林，副局长汪毅华、郑必灼、彭雪君，总审计师王掌兴，纪检组长郭文明，党组成员瞿秀根，市经济责任审计工作联席会议办公室主任杨野群。设有办公室、法规处、审计整改督查处、经济责任审计处、财政审计处、行政事业与社会保障审计处、农业与资源环保审计处、经贸金融外资审计处、固定资产投资审计处；下设直属分局和审计信息中心。

审计成果 2016年，台州市审计机关完成审计项目233个。查出主要问题金额156.87亿元；损益（收支）不实1.37亿元；审计处理处罚金额7.86亿元；审计发现非金额计量问题2039个；审计促进整改落实有关问题金额7.50亿元；审计促进拨付资金到位1.55亿元；审计后挽回（避免）损失9153万元。移送司法机关、纪检监察机关和有关部门处理事项19件，涉及16人。出具审计报告和专项审计调查报告269篇，被批示、采用26篇；提交审计信息627篇，被批示、采用387篇。提出审计建议652条，被采纳518条；推动完善规章制度39项。向社会公告审计结果203篇。

国家重大政策措施贯彻落实跟踪审计 稳增长等政策措施跟踪审计一季度报告由台州市人民政府办公室全文转发至相关区（市）政府和市级主管部门，推进部门间信息共享机制不健全问题的整改。财政存量资金盘活情况跟踪审计促相关单位对5.70亿元财政资金进行清理盘活。“五水共治”审计调查报告得到3位市领导批示，促进市环保局、卫计委专门出台医疗废弃物管理制度2个。

财政审计 组织开展本级政府预算执行、地方税收收入征收管理审计，对椒江区财政决算进行审计，推动出台《台州市本级机关事业单位房产出租管理办法》等4个规范性文件。

经济责任审计 台州市审计局共完成44个单位、53名领导干部的经济责任审计，查出问题金额7.68亿元。市本级向市纪委、市检察院等单位移送案件线索7件，其中5件被相关部门立案调查。

固定资产投资审计 台州市县两级审计机关共派出10个审计组、92名审计人员开展2015年度保障性安居工程审计，共对162户违规保障房享受家庭做出相应处理，对14名工作人员进行追责问责。台州市本级先后完成台州市内环路工程、台州市对口支持新疆建设资金和项目等跟踪审计，对朱溪水库工程建设情况开展审计调查。

专项资金审计 完成台州市科技经费及涉企财政专项资金审计，促进市政府及有关部门出台《台州市科技型企业信贷风险补偿基金管理办法》等4个规范性文件，移送市检察院立案侦查8人，其中判刑2人、起诉6人。实施的基本医疗保险基金审计项目共移送公安机关案件线索3件、移送省人力资源社会保障厅案件线索3件。

信息化建设 2016年，完成财政审计分析系统项目建设；完成省审计厅交办的社保数据规划编制；全市共有4个案例、课件入选审计署2016年审计案例、课件。

（撰稿人：郑卫敏）

【丽水市审计局】 2016年，丽水市审计局人员编制49人，实有47人。局长潘建青，副局长陈锡星、傅代兴、阎家骥、颜登亮，总审计师刘松文，纪检组长傅绍林，市经济责任审计联席会议办公室主任楼玉祥。设有办公室、法制处、财政审计处、计算机审计处、行政事业审计处、农业审计处、经济责任审计处、文教卫审计处；下设直属分局（内审指导中心）和审计培训中心。

审计成果 2016年，丽水市县两级审计机关完成审计项目182个。查出主要问题金额113.39亿元；损益（收支）不实1600万元；审计处理处罚金额11.10亿元；审计发现非金额计量问题808个；审计促进整改落实有关问题金额10.49亿元；审计促进拨付资金到位632万元；审计后挽回（避免）损失11.26亿元。移送司法机关、纪检监察机关和有关部门处理事项19件，涉及25人，金额4.93亿元。出具审计报告和专项审计调查报告215篇，被批示、采用95篇；提交审计信息551篇，被批示、采用270篇。提出审计建议935条，被采纳760条；推动完善规章制度110项。向社会公告审计结果39篇。

2016年，丽水市审计机关在浙江省审计工作综合考核中排第四名，获得优秀奖；全市2个项目获得省审计厅优秀项目、4个项目获得表彰项目。

国家重大政策措施贯彻落实跟踪审计 全市派出27人组成审计组到温州开展浙商创业创新专项审计调查，移送案件1件，1人受到党纪处理。在景宁县县域经济综合改革推进情况审计调查中，发现财政专户7693万元财政资金结转两年以上未清理等问题。

财政审计 在市本级财政预算执行审计和财政存量资金审计中，发现未将福利彩票公益金的10%以上用于安排残疾人事业支出，1598万元上级转移支付指标未在规定期限内下达，3.94亿元项目结转资金因项目建设进度原因造成滞留等问题。

经济责任审计 全市审计机关对13名市管干部、108名县管干部开展经济责任审计，市本级完成29名领导干部离任交接工作。出台《丽水市乡镇（街道）党政主要领导干部自然资源资产审计工作指导意见（试行）》，在全市9个县（市、区）开展10个乡镇自然资源资产审计试点。

农业与资源环保审计 在本级饮用水水源保护专项审计调查中，发现水资源管理机构不完备、保护区配套设施不完善等问题。

固定资产投资审计 市本级完成政府投资项目35个，核减工程款1.88亿元，提出工程管理方面审计建议15条。

民生资金（项目）审计 在保障性安居工程跟踪审计中发现623套保障房闲置1年以上、209户保障对象不符合条件等问题，移送案件线索2件。市政府召开专题会议研究安置房建设滞后增加财政负担问题。

专项资金审计 在医疗废物处置管理情况专项调查中，对4家医院相关科室和人员涉嫌私设"小金库"问题进行移送处理。在全国医保基金审计中，移送案件线索4件，逮捕10人；2个事例被审计署综合报告采用；促使社保部门对近120家定点医药机构进行全面稽查。

内部审计 实施新一轮"三年轮审"计划，对于首次开展项目审计的单位，内审指导中心派人进行全程指导。全市5个内部审计项目获得全省优秀项目，3个项目获得表彰。

（撰稿人：叶伟平）

2016年浙江省所辖区、县(市)级审计工作统计表

金额单位:万元

审计机关	完成审计项目(个)	审计查出主要问题金额	审计处理情况					出具审计报告和审计调查报告(篇)	提出审计建议(条)	提交审计信息(篇)
			审计处理处罚				移送处理事项(件)			
			应上缴财政	应减少财政拨款或补贴	应归还原渠道资金	应调账处理金额				
杭州市										
杭州市本级	36	1156234	6462		1083	173111	17	43	109	56
上城区审计局	17	54950		11616				19	60	48
下城区审计局	25	76284	230	13614				33	77	30
江干区审计局	16	45831	44				3	25	41	36
拱墅区审计局	18	33454					1	25	54	3
西湖区审计局	18	88576	192	867	151		10	29	59	91
滨江区审计局	10	20225						10	37	2
萧山区审计局	34	270591	26265	1570	7097	22898	2	47	82	62
余杭区审计局	23	399049	2044		160	236542	15	31	73	75
富阳区审计局	25	99664	4386		191		16	25	84	33
建德市审计局	28	79238	3378		84		1	37	80	56
临安市审计局	20	2728	134					29	60	80
桐庐县审计局	28	43311			7		1	37	88	30
淳安县审计局	22	51172	8			136		32	47	26
宁波市										
宁波市本级	67	1597149	37395	15164	36449	345749	11	77	277	230
海曙区审计局	16	126603	1620		36	2	1	20	51	45
江北区审计局	48	162319	1004	56604	788	25268	3	49	40	58
北仑区审计局	35	100294	3233	6518	3319	29257	1	43	94	31
镇海区审计局	23	70800	8566		4505	260	2	31	69	33
鄞州区审计局	23	150086			639	13803	3	37	26	64
江东区审计局	9	53328		612		35237		9	25	22
奉化区审计局	45	356478	4281		23867	10813	2	45	368	72
余姚市审计局	61	89545	1157		536	14301	11	61	101	50
慈溪市审计局	27	182547	367		116	33928	37	28	91	101
象山县审计局	38	101971	179		8067	443	2	49	61	65
宁海县审计局	27	123605	395		36643	14275		27	163	26

（续表）

审计机关	完成审计项目（个）	审计查出主要问题金额	审计处理情况					出具审计报告和审计调查报告（篇）	提出审计建议（条）	提交审计信息（篇）
			审计处理处罚				移送处理事项（件）			
			应上缴财政	应减少财政拨款或补贴	应归还原渠道资金	应调账处理金额				
温州市										
温州市本级	61	213279	32201		47124	2629	31	62	183	215
鹿城区审计局	14	52950	437		39	170	3	16	45	110
龙湾区审计局	12	83667	8157		12107	58	2	12	37	5
瓯海区审计局	15	39822			488	1588	1	20	55	15
洞头区审计局	23	10221	1457	1551		387	2	23	46	84
瑞安市审计局	28	226583	48421	1778	1930		3	28	72	10
乐清市审计局	21	62201	5729	157	1159		3	21	91	45
永嘉县审计局	22	30505	568		1019	802	14	31	83	42
平阳县审计局	18	101037	402	33	1893	98691	2	23	26	153
苍南县审计局	27	8088				428	3	27	79	33
文成县审计局	9	43978	34676		170	575	2	14	25	3
泰顺县审计局	14	22537					45	16	67	71
嘉兴市										
嘉兴市本级	32	63093	5	1147	94	3637	1	49	131	102
南湖区审计局	15	23666						22	96	3
秀洲区审计局	24	15248			3			24	96	8
海宁市审计局	34	47406	1494		1930	3314	1	34	123	65
平湖市审计局	30	177378						23	56	39
桐乡市审计局	14	15385	18		22	4475	1	13	41	35
嘉善县审计局	21	111254	94		689		1	24	61	41
海盐县审计局	18	116420	4990		241		2	27	72	38
湖州市										
湖州市本级	72	118333	23	58111	13350	4611	12	93	107	79
吴兴区审计局	23	17179	744	12050	15		3	30	65	122
南浔区审计局	31	19312	1177	5311	5243	7756	2	42	58	65
德清县审计局	43	33114		14819	450	444	4	51	170	95
长兴县审计局	95	22120	659	21418			19	103	128	45
安吉县审计局	16	2367	27		22		2	25	16	83
绍兴市										
绍兴市本级	39	26409	3208			11230	15	51	144	13
越城区审计局	16	1738					2	16	42	
柯桥区审计局	31	21897	52	9747			13	47	99	79

（续表）

审计机关	完成审计项目（个）	审计查出主要问题金额	审计处理情况					出具审计报告和审计调查报告（篇）	提出审计建议（条）	提交审计信息（篇）
			审计处理处罚				移送处理事项（件）			
			应上缴财政	应减少财政拨款或补贴	应归还原渠道资金	应调账处理金额				
上虞区审计局	19	2205	23		6	1428	1	36	46	
诸暨市审计局	21	60574					1	82		1
嵊州市审计局	28	77460	314		222	1027	9	43	131	4
新昌县审计局	14	19500	459		1091		1	21	51	
金华市										
金华市本级	40	133315	420	5286	2755	67390	8	56	101	26
婺城区审计局	35	116291	59		80	25	3	43	79	11
金东区审计局	21	17241						32	40	3
兰溪市审计局	22	57062	125		109	224		30	95	23
义乌市审计局	35	128849	1025	2674	37	133		42	65	7
东阳市审计局	86	31139	743	5488	138		4	94	68	8
永康市审计局	29	10034	1		2982	7043		45	99	8
武义县审计局	45	55248	134	597	53	25		78	108	15
浦江县审计局	22	1691	42				2	41	37	2
磐安县审计局	27	18016	482		161	597		47	56	
衢州市										
衢州市本级	33	38898	76		3		7	48	108	18
柯城区审计局	6	17355						8	35	30
衢江区审计局	19	6065	172	20	29		7	25	50	95
江山市审计局	23	2290411	14	3	159		6	33	62	105
常山县审计局	21	42489						29	60	38
开化县审计局	20	1782	13		95	1658	1	25	59	26
龙游县审计局	18	11679	247	487	27	10731	1	81	43	72
舟山市										
舟山市本级	41	346007	7169		23	975	18	46	115	513
定海区审计局	23	17755	5	5357	50	10	1	31	70	146
普陀区审计局	24	12363	2815				2	27	99	112
岱山县审计局	18	22806	239				2	18	27	117
嵊泗县审计局	19	8416	3820	2524	24	59		28	63	144
台州市										
台州市本级	24	167145	32398		151	150	11	24	78	147
椒江区审计局	22	43524	8		471	232	1	29	74	83
黄岩区审计局	23	87904	344		374	2855		23	67	86

（续表）

审计机关	完成审计项目（个）	审计查出主要问题金额	审计处理情况					出具审计报告和审计调查报告（篇）	提出审计建议（条）	提交审计信息（篇）
			审计处理处罚				移送处理事项（件）			
			应上缴财政	应减少财政拨款或补贴	应归还原渠道资金	应调账处理金额				
路桥区审计局	13	11004	376			77		21	18	61
温岭市审计局	19	220467	188		302	16619	1	19	61	61
临海市审计局	28	248762	4794		137	87	2	38	97	39
玉环县审计局	52	550133	17	4612	34	522	2	57	120	64
三门县审计局	19	55584	123	3292	353		1	23	60	38
天台县审计局	19	75248	1071		186	33	1	19	42	39
仙居县审计局	14	108909	25		74			16	35	9
丽水市										
丽水市本级	30	714982	73970		286	2598	12	35	81	23
莲都区审计局	15	83556				95		3	49	12
龙泉市审计局	22	67362	1364		1	5		26	79	36
青田县审计局	17	103426	13				1	13	21	168
缙云县审计局	15	29164	240		13	11		20	42	78
遂昌县审计局	21	43571			52	0	1	34	31	17
松阳县审计局	9	5723				241		14	63	60
云和县审计局	19	42025	6704		230	270	2	24	53	148
庆元县审计局	17	30592	128		22	7	2	21	57	8
景宁畲族自治县审计局	17	13452				560	1	25	459	1

安徽省

【安徽省审计厅】 2016 年，安徽省审计厅人员编制 207 人，实有 196 人。设有办公室、综合法规处、审理处、财政审计一处、财政审计二处、财政审计三处、行政事业审计处、农业与资源环保审计处、固定资产投资审计处、金融审计处、企业审计处、社会保障审计处、外资运用审计处、审计信息技术运用处、人事教育处、机关党委（机关纪委）、省纪委驻厅纪检组、计划统计审计室、经济审计室、科技教育审计室、农业审计室、交通建设审计室、文化卫生审计室、新闻广电审计室，下设省经济责任审计局、省固定资产投资审计中心、省审计厅机关服务中心、省审计科研所、安徽审计职业学院、省审计学会、省内部审计师协会。

领导成员

厅　　长：戴克柱

副 厅 长：杨寿桃　何结华　程家楷

总审计师：方　正

纪检组长：贾宝明

省经济责任审计局局长：夏瑜保

巡 视 员：姜爱民

副巡视员：胡　健

审计成果　2016 年，在省委、省政府和审计署的坚强领导下，全省审计机关贯彻党中央国务院、省委省政府的决策部署，践行“三好三全面”“五个当好”要求，坚持以“会查、会写、会讲”“提面、提质、提效、提能”为目标，实现变压力为动力、变被动为主动、变封闭为公开、变自审为互审、变宽泛审为重点审的“五个转变”，有效发挥审计职能作用，全面推动安徽审计事业迈上新台阶。2016 年，安徽省审计机关共审计和专项审计调查 5898 个单位，查出违规问题金额 214.72 亿元、损失浪费问题金额 16.09 亿元、管理不规范金额 3132.15 亿元；审计促进整改落实有关问题金额 195.71 亿元，审计核减固定资产投资项目投资或结算额 91.70 亿元。移送司法、纪检监察机关和有关部门处理事项 165 件。

国家重大政策措施贯彻落实跟踪审计　坚持把中央和安徽省的重大政策措施执行情况作为审计监督的重要内容，揭示问题，提出建议，促进政策落实，保障政令畅通。组织全省审计机关实施重大政策措施落实情况跟踪审计，关注“调转促 4105”行动计划、战略性新兴产业集聚发展基地建设、“三个清单”、精准扶贫等相关的政策落实、资金使用、项目开展、经济社会效益情况等，审计促进财政专项资金整合统筹安排使用 437 万元，加快财政资金下达 4412 万元，落实地方配套资金 1510 万元，促进地方政府落实政策 9 项、建立健全相关制度 7 项，挽回和避免项目建设过程中的损失浪费 635 万元。将宏观政策措施落实情况作为预算执行、经济责任、政府投资、外资等审计项目的重要内容，密切关注简政放权、创新创业、生态环保、重大项目推进、扶持实体经济等 29 项政策措施落实情况，反映相关问题 278 个，涉及资金 142.78 亿元。

财政审计　加强对政府性资金的审计监督，推动健全政府预算体系，促进财政体制改革。省本级对“四大预算”执行、27 个省直部门预算执行情况进行审计，反映普遍性、倾向性、苗头性问题和经济运行风险隐患，并将 6 所省属高校审计、全省“三税”（耕地占用税、城镇土地使用税、土地增值税）征管审计调查、省级科技项目资金绩效审计调查、全省保障性安居工程跟踪审计、重大政策措施落实跟踪审计结果纳入审计工作报告，得到省人大、省政府的充分肯定。审计工作报告及审计发现问题整改情况报告在《安徽日报》等新闻媒体上全文公告，社会各界反响良好。

经济责任审计　贯彻落实中央两办经济责任审计规定及其实施细则和省委、省政府工作要求，围绕“权力”和“责任”两个重点，加强对重点地区、重点部门、重点单位和关键岗位主要领导干部经济责任审计覆盖。全省审计机关完成对 1279 人的经济责任审计，查出领导干部对违规行为负有直接责任、主管责任和领导责任的问题金额分别是 6.99 亿元、207.22 亿元和 1561.09 亿元。省本级实施 5 名地方党政领导干部、24 个省直部门单位负责人、12 所省属高校负责人、12 家省属企业领导人员经济责任审计。

自然资源资产离任审计试点　按照审计署统一安排，结合安徽实际和省委、省政府的要求，探索开展领导干部自然资源资产离任审计试点。省审计厅结合经济责任审计，组织实施芜湖市原市委书记自然资源资产离任审计试点，反映自然资源资产管理、生态环境保护、文化遗产保护等方面存在的问题，尝试对被审计领导干部进行责任界定，相关审计信息被省委办公厅、省委深改办和中央深改办采用。组织滁州市、安庆市审计局分别对全椒县、太湖县开展县级领导干部自然资源资产离任审计试点，将试点审计范围扩大至县（市、区）。指导市县审计机关推进自然资源资产离任审计试点工作，已有 7 个市出台相关的贯彻意见。

固定资产投资审计　围绕党委、政府中心工作和重大工程建设项目，及时有效开展工程造价、竣工决算、投资绩效和全过程跟踪审计。2016 年全省审计机关审计核减固定资产投资项目投资或结算额 91.70 亿元。省审计厅组织实施水利工程、对口援疆、高速公路、铁路、桥梁、综合楼、业务楼等 24 个重点工程项目的跟踪审计或竣工决算审计，对社会中介机构已审计的 3 个政府性投资建设项目进行复审。推进政府投资审计组织方式、审计内容的深化与变革，组织开展省本级政府性投资建设项目审计全覆盖专项检查，统筹国家审计、内部审计和社会审计资源，着力推进政府性投资建设项目审计全覆盖。

企业审计　密切关注国有企业产业优化升级、研发投入和自主创新、重大经济决策、财务收支的真实合法效益和负债情况，维护国有资产安全，防范国有资产流失。省审计厅对海螺集团、国元集团、铜陵有色、演艺集团、军工集团、省国资运营公司、皖维集团、建工集团、省盐业公司、国贸集团、淮海实业、省农垦集团12家省属企业进行审计，推进落实国有企业审计全覆盖，努力做到国企国资走到哪里，审计监督就要跟进到哪里，应审尽审、有审必严。

专项资金审计 组织全省审计机关640名审计人员，以异地交叉审计方式对2015年安徽省保障性安居工程进行跟踪审计，审计反映的问题涉及金额55.39亿元、涉及保障性住房3.56万套；针对审计发现问题向相关部门发出审计移送处理书14件，已有500余人被追究责任，审计成果受到审计署的肯定。组织实施全省财政扶贫专项资金审计调查，对全省70个有扶贫任务的县进行审计，促进精准扶贫政策落实，服务全省脱贫攻坚。组织实施全省基本医疗保险基金和医疗救助资金审计、淮南芜湖2市水污染防治专项资金审计，以及水环境治理和恢复、综合环境整治、新农村建设、农业综合开发、林业发展等方面14个国外贷援款项目审计，同时在经济责任审计、预算执行审计、政策跟踪审计中密切关注民生领域。省审计厅指导市县审计机关持续加强“三农”、扶贫、教育、医疗、卫生、就业等重点领域民生资金和项目审计，揭示问题，提出建议。

审计整改及成果利用 推动建立健全审计整改责任机制、报告机制、联动机制和跟踪检查机制，督促审计发现问题整改落实。省级财政预算和部门预算执行审计发现问题95个，涉及金额16.71亿元，已整改落实89个，涉及金额11.11亿元，其余正在持续进整改；对27个部门单位单独公告预算执行审计发现问题的整改结果。对审计工作报告反映的问题，共有511人受到党纪政纪处分或被追究责任。加强与有关部门的协作配合，形成监督合力，全年移送司法、纪检监察机关和有关部门处理事项165件。出具审计专题报告、综合性报告和提交信息简报5321篇，其中被党政领导和有关部门批示、采用2990篇（次）。被审计单位根据审计建议制定整改措施944项，建立健全规章制度161项。全年各级审计机关向社会发布审计结果公告1019篇。

信息化建设 建成并运行全省政府投资审计管理系统，建立定期报送审计电子数据机制。加快建设省级审计数据中心，组建审计数据分析团队。

审计科研 对“审计机关如何适应新常态、践行新理念研究”“深化地方党政领导干部经济责任审计研究”“如何适应审计职业化建设要求研究”“大数据在审计中的运用研究”等4个2016年度全省重点科研课题，在全省范围内进行公开招标。参与中国审计学会组织开展的合作课题“国家治理视角下的政策措施落实情况跟踪审计研究”，参加中国审计学会秘书处组织的课题研讨交流。

相关工作 在全省审计机关开展“审计理念创新年”活动，进一步树立服务发展理念、尚法求实理念、鼓励创新理念、科学统筹理念、开放透明理念，以新理念为指引，更加有效地履行审计监督职责。推进建立以审计机关为主导、主管部门自审为基础、社会审计为补充的审计全覆盖工作机制，以经济责任审计全覆盖为总抓手，统筹关注稳增长等政策措施、公共资金、国有资产、国有资源审计内容，加快完成审计全覆盖目标任务。发挥审计预防功能，实行审计工作联系制度、审计情况通报制度、审计结果公告制度，加强与被审计单位经常性对口联系，通过综合公告、单项公告、新闻发布会等形式公告审计结果，形成宣传、通报、公告相结合的引导、预警、惩戒机制，促使被审计单位及早发现问题，自觉纠正问题，主动预防问题，最大限度不出问题。提请安徽省两办出台《关于贯彻落实完善审计制度若干重大问题框架意见的实施意见》，思考谋划、衔接落实审计制度改革事项；提请省政府办公厅印发《关于加强内部审计工作的指导意见》，与省直有关部门单位联合出台经济责任审计、耕地保护审计、城乡规划审计、国有资金建设项目审计、水毁修复工程审计等方面规范性文件。强化审计队伍建设，始终把全面从严治党的要求与实际工作紧密结合起来，坚持“信念坚定、为民服务、勤政务实、敢于担当、清正廉洁”的好干部标准，健全干部队伍管理监督制度，从严求实。加强对审计人员的教育培训，实行案例和开放式教学，全年举办各类培训班、研讨班或专题讲座23期，培训 9700 多人次。

党建工作 树立“抓好党建是最大政绩”理念，将党建工作与业务工作同谋划、同部署、同落实，压紧压实全面从严治党的主体责任和监督责任。深入学习中国特色社会主义理论体系，特别是习近平总书记系列重要讲话和视察安徽时的重要讲话，坚定理想信念，切实增强“四个自信”。履行“一岗双责”“一案双查”要求，突出重点抓教育，把握关键抓监督，盯住节点抓经常，探索实践监督执纪“四种形态”抓早抓小，出台“两个责任”清单、述廉述责办法、考核办法、约谈办法等制度，加强审计机关党风廉洁建设。建立健全党建工作机制，落实统战、意识形态工作责任，严格党的组织生活制度，推进“党支部建在审计点”，开展党支部书记“联述联评联考”。落实党管干部的原则，建立平时考核、年度综合考核、人事管理系统“三位一体”的管理模式，健全审计项目实施管理考核、机关处室及公务员考核、科级干部职位晋升、平时表现报告、审计功劳簿等制度，坚持择优选拔任用干部。全面落实中央巡视组巡视“回头看”反馈意见、省委第二专项巡视组巡视省审计厅反馈意见整改工作，挂图作战，对账销号。

内部审计 安徽省内部审计协会在省审计厅党组领导和中国内部审计协会指导下，共开展审计项目 2.92 万个，审计总金额 9498.3 亿元，增收节支 58.5 亿元，提出审计意见和建议 3.1 万条，建议给予行政处分 249 人，移送案件线索 20 件。省政府办公厅印发《关于加强内部审计工作的指导意见》，要求符合条件的部门单位设立内审机构，或授权本单位除财务部门以外的设有机构履行内审职责。省纪委、省委组织部等十部门联合印发《安徽省部门和单位内部管理领导干部经济责任审计实施办法（试行）》明确，审计结果作为内管干部考核、任免或者聘用、奖惩的重要依据，审计报告等结论性文件存入被审计内管干部本人档案。安徽省内部审计协会已经设立教育、能源、金融和卫生计生 4 个分会；被省民管局、省社科联等单位联合表彰为省级“百优社会组织”，被中国内部审计协会评选为“全国内审宣传工作先进单位”。在安徽省审计厅和安徽省总工会联合开展的第二次内部审计“双先”评选表彰活动中，6 名优秀内部审计人员被授予安徽省“五一劳动奖章”荣誉称号。（撰稿人：张劲东）

【合肥市审计局】 2016 年，合肥市审计局人员编制 132 人，实有 110 人。党组书记、局长程林，党组成员、副局长昂朝晖、郭洪群，总审计师张仁山，党组成员、纪检组长钱昌雨，党组成员、市经济责任审计局局长徐伟。设有办公室、综合处、法规审理处、监察室、机关党委、审计信息技术应用处、财政审计处、金融审计处、行政事业审计处、经贸审计处、农业与资源环保审计处、社会保障审计处、固定资产投资审计处、外资运用审计处；下设合肥市经济责任审计局、合肥市审计局直属分局 2 个直属行政机构，下属事业单位合肥市投资审计中心，另设立科教文卫审计室、建设审计室、农业派出审计室 3 个派出审计室。

审计成果 2016 年，合肥市县两级审计机关完成审计项目 228 个。查出主要问题金额 243.17 亿元，其中违规金额 21.03 亿元、损失浪费金额 435 万元、管理不规范金额 222.09 亿元；损益（收支）不实金额 222.09 亿元；审计处理处罚金额 24.85 亿元，其中应上缴财政 3.26 亿元、应减少财政拨款或补贴 1.30 亿元、应归还原渠道资金 4665 万元、应调账处理金额 19.17 亿元；审计发现非金额计量问题 1712 个；审计促进整改落实有关问题金额 14.79 亿元，其中增收节支 2.17 亿元、已调账处理金额 11.48 亿元；审计促进拨付资金到位 4761 万元；审计后挽回（避免）损失 771 万元。移送司法机关、纪检监察机关和有关部门处理事项 18 件，涉及 17 人，金额 1.63 亿元。出具审计报告和专项审计调查报告 371 篇，被批示、采用 371 篇；提交审计信息 1868 篇，被批示、采用 1490 篇。提出审计建议 876 条，被采纳 798 条；推动完善规章制度 798 项。向社会公告审计结果 280 篇。

2016 年度，合肥市审计局被省审计厅表彰为全省审计机关实施“争先进位工程”先进集体、档案工作先进单位、信息工作考评先进单位、第七届全省审计机关精神文明单位；被合肥市人民政府表彰为政（行）风评议先进单位、政府网站工作先进单位、政务公开工作先进单位、2011—

2015 年度全市法制宣传教育先进集体等荣誉。实施的巢湖市民政局局长任期经济责任审计项目被审计署评为优秀审计项目；瑶海区区长任期经济责任审计项目被省审计厅评为优秀审计项目。

国家重大政策措施贯彻落实跟踪审计 按照省审计厅稳增长促改革调结构惠民生防风险政策落实情况跟踪审计的总体部署，累计开展 13 项（次）政策措施落实情况跟踪审计，分别向省审计厅和合肥市政府报送跟踪审计报告，市领导做出 4 次批示。

财政审计 完成市财政局、市地税局 2 个部门 2015 年度市级预算执行和其他财政收支情况审计；完成四大开发区 2015 年预算执行审计；完成对省巢湖管理局、市工商行政管理局等 6 个部门 2015 年度预算执行情况的审计和对市工商行政管理局等 4 个部门的决算（草案）审签。完成对包河区人民政府 2015 年度财政决算审计。受市政府委托，于 6 月 29 日向市十五届人大常委会第二十六次会议做 2015 年度市级预算执行和其他财政收支审计工作报告。

经济责任审计 开展对包河区、肥西县、市司法局、市环保局等 12 个单位的 13 名领导干部任期经济责任履行情况审计。对 12 个单位和部门的 13 名领导干部开展离任交接，授权县（市）审计局对 5 个县（市）公安局局长开展任期经济责任审计，指导市教育局、市公安局对系统内部管理的市属学校校长和公安局下属的二级机构开展内管干部审计。将机构设置、编制使用、资源环保审计等纳入审计内容。推动开展村居负责人经济责任审计。配合省审计厅完成对国元集团原负责人任期经济责任审计工作。

金融审计 参加对国元集团本部、国元证券、国元信托等单位审计。配合相关部门做好融资性担保公司、小额贷款公司筹建、开业、变更审批等工作，加强日常监管。为合肥市非法集资处置风险排查工作提供业务指导，促进农村金融体系完善和发展。

固定资产投资审计 开展轨道交通 1 号、2 号、3 号线等 22 个项目跟踪审计，完成京福高铁巢湖东站配套工程等 9 个项目跟踪审计。全年审结单项工程价款项目 643 个，涉及审计政府投资建设项目投资额 102.22 亿元，经审计核减投资额 2.65 亿元。配合水毁工程三年修复建设计划，对水毁工程修复建设开展审计。

专项资金审计 完成对合肥市 2015 年扶持产业发展“1＋3＋5”（1 个若干规定、3 个管理办法、5 项具体政策）政策体系、扶持光伏产业发展政策的落实情况及资金使用情况等 10 个项目的专项审计调查。完成审计署组织实施的 2016 年度保障性安居工程跟踪审计和医疗保险基金审计。完成省审计厅部署的耕地占用税、土地使用税和土地增值税征管情况专项审计调查，安徽省水污染防治专项资金审计和 4 个外资公证审计项目。完成市政府交办的黄标车专项奖励基金审计、原滨湖新区建设指挥部办公室账务审计等 5 个项目的审计。

信息化建设 利用金审工程一、二期的建设成果，部署审计管理系统（OA）、现场审计实施系统（AO）、财政资金数字化审计系统、经济责任审计管理系统、投资审计管理系统、审计数据分析中心等 6 个审计管理平台以及数据容灾备份中心。建立数据定期报送制度，利用“大数据”“云计算”等理念和技术，加大业务数据与财务数据、单位数据与行业数据以及跨行业、跨领域数据的综合比对和关联分析，提高运用信息化技术查核问题、评价判断、宏观分析、感知经济风险的能力。

审计整改 坚持审计项目计划、执行、审理、整改工作四分离机制，严格执行《合肥市审计局审计整改操作规程》，明确抓整改的专职部门和操作程序，采取“建立台账、专人跟踪、逐项督改、清单销号、专文报告”的方式建立整改检查跟踪机制，落实“整改销号”和向市政府报告制度。

审计科研 中标安徽省审计学会公开招标的“大数据在审计中的运用研究”课题，完成撰稿任务。围绕“十三五”审计工作发展规划若干问题研究、审计机关如何适应新常态、践行新理念、审计全覆盖、审计工作“提面、提能、提质、提效”若干问题研究等 13 个重点课题，发动全市审计系统青年审计人员开展审计理论研究，征集到科研论文 98 篇；经评选，对《我国政府环境审计存在的问题与对策研究》等 51 篇审计科研优秀论文给予表彰。

内部审计 出台合肥市内部审计协会“十三

五”发展规划纲要，制订《全市内审工作“环境优化年”主题活动实施方案》，稳步推进全市内部审计“环境优化年”活动。建立有247位内部审计人员组成的内部审计人才库，先后组织特约审计员和内部审计人员近20人次参与到审计机关的审计项目中。组织开展全市优秀内部审计项目评选，择优推荐2个项目参加省级评选并获得表彰。组织110人参加省内部审计协会举办的后续教育培训，组织内部审计人员参加CIA考试、CCSA考试。向省内部审计协会报送全省重点课题论文9篇。（撰稿人：韩　苹）

【芜湖市审计局】　2016年，芜湖市审计局人员编制61人，实有61人。局长徐茂环，副局长韩小萍（—12月）、张自道、杨凛、王钢，总审计师张文清，纪检组长戴鸣（—7月）、邢光玉（10月—），经济责任审计局局长吴勇。设有办公室、人事教育科、监察室、经济责任审计局、综合法规科、内部审计指导监督科、行政事业审计科、社会保障审计科、农业与资源环保审计科、财政审计科、金融审计科、固定资产投资审计科、经贸审计科、外资运用审计科；下设固定资产投资审计中心（计算机审计中心）。

审计成果　2016年，芜湖市县两级审计机关完成审计项目259个。查出主要问题金额63.20亿元，其中减少财政拨款补贴9200万元、调账和归还原渠道资金19.06亿元、上缴财政26.86亿元。移送司法机关、纪检监察机关和有关部门处理事项3件。出具审计报告和专项审计调查报告315篇。提出审计建议930条。向社会公告审计结果82篇。

2016年度，芜湖市审计局被评为安徽省审计机关“审计理念创新年”活动先进集体、芜湖市法制宣传教育工作先进集体。

国家重大政策措施贯彻落实跟踪审计　芜湖市审计机关对农业现代化推进工程、创新驱动发展工程等7项工程开展审计。加强对2015年以来政策跟踪审计中发现问题的督促整改力度，有效推动各项决策部署和政策措施尽快落到实处、取得实效。

财政审计　芜湖市审计局通过采集财政一体化平台电子数据，对87家市直单位会计财务数据进行分析审计，重点加强对预算编制科学性、追加调整规范性和财政资金使用效益等方面的监督，推动所有政府性收支纳入财政预算管理。

经济责任审计　芜湖市县两级审计机关对162名领导干部实施经济责任审计。芜湖市审计局分别与国土、水务、林业部门联合出台领导干部耕地、水资源、林业资源的保护责任审计办法，初步构建领导干部自然资源资产责任的审计框架。

固定资产投资审计　出台《芜湖市政府投资项目工程变更暂行管理办法》，规范政府投资项目建设中的变更行为。同时，芜湖市审计局会同市财政局制定《芜湖市政府投资建设项目审价咨询服务机构监督管理办法》，对审价咨询机构在参与政府投资审核过程中必须遵循的行业操作规范、国家审计作业程序、作业规范、职业道德和审计纪律进行规范。（撰稿人：邱　威）

【蚌埠市审计局】　2016年，蚌埠市审计局人员编制73人（含市经济责任审计局10人，市政府投融资审计中心10人），实有70人。局长王莉敏，副局长周勤、戚大庆，总审计师汤瑶泉，纪检组长佘建军，经济责任审计局局长韩继文（—6月）。设有办公室、综合法规科、财政审计科、金融审计科、行政事业审计科、企业审计科、农业与资源环保审计科、社会保障审计科、固定资产投资审计科、外资运用审计科、计算机审计科、派出审计一室、派出审计二室、人事教育科、机关党委、监察室；下设市经济责任审计局、市政府投融资审计中心。

审计成果　2016年，蚌埠市县两级审计机关完成审计项目282个。查出主要问题金额100.79亿元，其中违规金额4.84亿元、损失浪费金额6万元、管理不规范金额95.95亿元；损益（收支）不实金额40.61亿元；审计处理处罚金额6.35亿元，其中应上缴财政5.28亿元、应减少财政拨款或补贴8501万元、应归还原渠道资金1672万元、应调账处理金额338万元；审计发现非金额计量问题228个；审计促进整改落实有关问题金额1.17亿元，其中增收节支1.13亿元、已调账处理金额85万元；审计促进拨付资金到位1479万元；审计后挽回（避免）损失49万元。移送司法机关、纪检监察机关和有关部门处理事项26件，涉及 7 人，金额 1377 万元。出具审计报告和专项审计调查报告 324 篇，被批示、采用 15 篇；提交审计信息 416 篇，被批示、采用 196 篇。提出审计建议 553 条，被采纳 475 条。向社会公告审计结果 55 篇。

国家重大政策措施贯彻落实跟踪审计 对 20 多项重大政策措施贯彻落实情况进行 4 次跟踪审计。抽查单位 267 个，抽查资金总量 42.32 亿元，抽查项目 181 个，涉及项目总投资额 143.27 亿元，有效促进国家重大政策措施和宏观调控部署的贯彻和落实。

财政审计 加强对重大政策措施落实、财政管理制度执行效果、重大违规违法问题和中央八项规定执行情况的审计监督，完成预算执行和财政决算审计项目 95 个，查出主要问题金额 93.18 亿元。

经济责任审计 审计领导干部 69 人，其中任中审计 25 人、离任审计 44 人。审计查出主要问题金额 77.68 亿元，其中应负直接责任金额 365 万元、应负主管责任金额 6.91 亿元、应负领导责任金额 70.73 亿元。

固定资产投资审计 完成固定资产投资审计项目 143 个，审计项目投资额 7.97 亿元，核减投资额（工程款）9754 万元。

民生资金（项目）审计 对阜阳市保障性安居工程进行跟踪审计，促进阜阳市县两级出台完善管理制度 5 项，追回财政资金 2000 多万元（涉及个人 800 多万元）。该项目被评为安徽省 2016 年度表彰审计项目。

企业审计 完成企业审计项目 2 个，查出问题金额 195 万元。

专项资金审计 完成专项资金审计和审计调查项目 13 个，审计专项资金总额 14.99 亿元，查出主要问题金额 5.88 亿元。

信息化建设 完成审计管理系统国产化升级改造、安徽省投资审计平台建设、档案管理系统的部署。部署审计专网安全防护系统，提升数据中心机房质量，切实优化审计信息化工作环境，为大数据审计提供有力支撑。

审计科研 论文“审计整改责任体系建设与审计环境影响研究”获得蚌埠市第七次社会科学优秀成果三等奖。“政府性资金审计监督全覆盖现状及对策研究”获安徽省 2016 年社会科学成果二等奖。

（撰稿人：朱　杰）

【淮南市审计局】 2016 年，淮南市审计局人员编制 75 人，实有 63 人。局长陈寅，副局长王林、宋道河、王宜君，总审计师李宗林，纪检组长杨勇，市经济责任审计局局长陶保华，副调研员杨庆国、范淮涛。设有办公室、人事教育科、监察室、机关党委、综合法规科、审理科、计算机审计科、财政金融审计科、经贸审计科、社保审计科、行政事业审计科、农业与资源环保审计科、外资运用审计科、固定资产投资审计科、科教文审计科及经济技术开发区、山南新区 2 个直属分局；下设市经济责任审计局和固定资产投资审计中心、审计干部培训中心。

审计成果 2016 年，淮南市审计局共查出违规金额 7.76 亿元、管理不规范金额 53.66 亿元；促进增收节支 4.80 亿元。移送案件线索 9 件，其中受到党纪政纪处理 4 人。50 篇审计报告、信息被市领导批示，为促进淮南经济社会平稳较快发展提供有效审计监督服务。

2016 年，淮南市审计局连续 10 年被评为全市目标考核优秀单位，获得全省审计机关“审计理念创新年”第一名。

财政审计 依托财政信息大平台，利用财政联网审计系统和数据分析技术手段，对淮南市本级 154 家一级预算单位进行综合审计分析，同时对 12 家单位的 2015 年部门预算执行情况进行重点审计，首次实现部门预算执行审计的全覆盖。

经济责任审计 对截至 2015 年底尚未安排经济责任审计的 128 个市管单位的主要负责人排出具体实施的时间表，按时完成全年 68 名县级以上领导干部经济责任审计任务。查出问题金额 5.85 亿元，增收节支 2545 万元。移交纪检监察等部门查处案件 9 起，给予党纪政纪处分的 4 人。其中，毛集实验区原区长经济责任审计项目获安徽省表彰审计项目。

固定资产投资审计 围绕淮南市委、市政府确定的重大投资项目，对孔李淮河大桥、淮上淮河大桥等 23 项在建工程进行全过程跟踪审计；对山南新区南纬四路下穿隧道、朝阳路改造工程等 64 个项目进行竣工决算审计，审计核减工程款

4.7亿元。

专项资金审计 重点审计创新驱动发展、县域经济振兴工程、农业现代化推进工程、服务业加快发展、加快扶贫脱贫工作、民营经济提升工程等6个方面政策措施的落实情况。抽查36个政府部门、8个县区、45个项目，涉及财政资金2.67亿元。

相关工作 在淮南市审计局机关党总支的基础上成立机关党委，组织开展“两学一做”学习教育、“讲看齐、见行动”学习研讨，出台从严治党落实意见，印发“三个清单”。强化党风廉洁教育，建立约谈问责机制。淮南市审计局党组被授予全省第四批学习型党组织建设示范点；党建课题被评为市委重点管理课题研究成果二等奖。

（撰稿人：崔　燕　周　楠）

【马鞍山市审计局】 2016年，马鞍山市审计局人员编制50人（事业编制10人），实有45人（事业编制6人）。局长马建亭，副局长王明营、王斌、金桂兰，总审计师何祥俊，纪检组长吴春，经济责任审计局局长马友发。设有办公室、综合调研科、党总支、法规审理科、监察室、计算机审计中心、经济责任审计局、开发区审计分局、财政审计科、固定资产投资审计科、经济社会建设审计科、企业审计科；下设市工程价款结算审计中心。

审计成果 2016年，马鞍山市审计局完成审计（调查）项目31个。查出违规金额40万元、损失浪费金额26万元、管理不规范金额6.65亿元；审计为财政增收节支179万元，其中已减少财政拨款或补贴128万元、已上缴财政50万元；核减政府投资建设项目造价340万元；审计发现非金额计量问题16个。向有关部门移送问题线索2件。提交上报审计信息143篇，被批示、采用112篇。提出审计建议40条，被采纳23条。向社会公告审计结果21篇。

财政审计 组织开展对市财政局具体组织2015年度市本级预算执行和其他财政收支情况审计，对市环保局、市水利局、市民政局、市规划局等4个部门进行预算执行审计，组织开展耕地占用税、土地使用税和土地增值税征管情况专项审计调查，全面反映市本级预算执行总体情况，对重点资金、重点项目、重点领域进行检查。

经济责任审计 以监督制约领导干部经济决策权为主线，推行对同一单位不同审计项目实行“前后任联审”或“1＋N”审计项目整合模式，安排含山县委党校等2个单位负责人前后任经济责任联审；坚持“党政同责、同责同审”的原则，安排雨山区等4个单位党政主要负责人经济责任同步审计。全年完成对15名领导干部的经济责任审计，查出管理不规范金额1.77亿元、违规金额40万元、损失浪费金额26万元。

固定资产投资审计 首次开展全市政府投资建设项目管理专项审计调查，重点延伸马鞍山市60个“调转促”重点项目，揭露政府投资建设项目中存在的问题和管理漏洞，从管理、规范角度提出审计建议和意见。审计成果得到时任市长充分肯定，做出“审计建议针对性强，请有关单位认真吸纳，改进工作”的批示。

专项资金审计 围绕政府中心工作和上级审计机关要求，针对党委、政府、社会关注的热点，加强对关系人民群众切身利益的专项资金的审计和审计调查，完成保障性安居工程跟踪、“三税”征管情况、世界银行贷款慈湖河环境治理项目等审计（调查）项目、梅山路二期项目土地征收成本审计。在部门预算执行审计中延伸审计排污费、福彩公益金、河道工程修建维护管理费等专项资金。（撰稿人：周香和　葛　辉　芮绍文）

【淮北市审计局】 2016年，淮北市审计局人员编制65人，实有63人。局长赵拥军，副局长徐君、陈玉健，总审计师周玉贞，纪检组长孟祥龙，经济责任审计局局长朱金亮。设有办公室（综合法规科）、人事教育科、审计整改监督科、审理科、财政金融审计科、固定资产投资审计科、行政事业审计科、农业与资源环保审计科、社会保障审计科、企业审计科、经济责任审计局；经济责任审计局下设3个副科级职能科室，分别为计划管理科、党政领导干部经济责任审计科、企业领导人员经济责任审计科。下设市计算机审计中心、市投资审计局。另设有市审计局淮北经济开发区分局，接受市审计局和淮北经济开发区管委会双重领导。

审计成果 2016年，淮北市县两级审计机关完成审计项目118个。查出主要问题金额100.13亿元，其中违规金额7.13亿元、管理不规范金额93.00亿元；损益（收支）不实金额194万元；审计处理处罚金额21.12亿元，其中应上缴财政3.62亿元、应减少财政拨款或补贴333万元、应归还原渠道资金1.98亿元、应调账处理金额9.96亿元；审计发现非金额计量问题194个；审计促进整改落实有关问题金额20.15亿元，其中增收节支4.02亿元、已调账处理金额9.48亿元。移送司法机关、纪检监察机关和有关部门处理事项23件。出具审计报告和专项审计调查报告137篇，被批示、采用16篇。提交审计信息198篇，被批示、采用49篇。提出审计建议288条。

2016年，淮北市审计局被安徽省审计厅评为"审计理念创新年"先进集体；被淮北市委评为政风行风民主评议先进单位、全市先进基层党组织；被淮北市政府评为全市依法行政示范单位、全市"六五"普法先进单位。亳州市保障性安居工程审计项目、濉溪县开发区原主任任期经济责任审计项目，被安徽省审计厅评为优秀审计项目。

国家重大政策措施贯彻落实跟踪审计　按照省审计厅统一部署，组织实施创新驱动发展工程、县域经济振兴工程政策措施落实情况跟踪审计，加快脱贫扶贫工程、民营经济提升工程落实情况跟踪审计。针对未及时制订实施方案、部分政策措施落实不到位等问题，分析原因，提出建议。连续两年上报省审计厅的问题数量和质量均排前列，获省审计厅表扬。提交的关于扶贫脱贫工程存在问题及建议的审计专报，受到市领导高度重视，批示要求相关部门单位积极整改。

财政审计　组织实施淮北市本级财政预算执行情况审计和市地税局税收征管情况审计以及市中级人民法院等7个部门、单位的预算执行情况审计，查出部分公共预算支出未实行国库集中支付、账户管理有待清理整顿、对个别部门政府采购项目审批监管不严格、化整为零规避公开招标等问题。5月，向淮北市人大常委会提交审计工作报告，得到市人大的充分肯定和高度评价；审计建议受到市政府领导的高度重视，市财政部门开展账户清理、盘活资产等多项工作。

经济责任审计　全年完成经济责任审计项目31个，查出违规问题金额9080万元。着力推进领导干部履行经济责任审计监督全覆盖，试行审计对象分类管理，实现领导干部任期内轮审一遍。突出对党政主要领导干部和经济活动总量较大、掌握和使用财政资金较多的政府部门、国有和国有控股企业及镇党委、政府等重点部门单位的主要领导干部经济责任履行情况审计，实现有步骤、有重点、有深度、有成效的全覆盖。4月中旬，淮北市召开市经济责任审计工作领导小组会议，调整领导小组，由市长任组长，市委副书记任副组长，市政府、市纪委相关领导任成员，加强组织领导。

固定资产投资审计　开展工程造价、竣工决算和跟踪审计，实现政府投资审计全覆盖，揭示在招标投标、质量管理、材料供应、合同管理、造价控制、进度管理等方面存在的问题，促进建筑市场的规范。淮北市审计局完成结算审计、设计变更审计、预算审查等292个项目，核减工程款2.34亿元；对126个建设项目实施跟踪审计，深入施工现场2.52万人次，发出审计意见单4份，核减工程进度款5234万元。

民生资金（项目）审计　紧盯扶贫资金、征地拆迁、惠农补贴、教育医疗、危旧房改造、工程建设等重点领域，查处侵害群众利益的不正之风和腐败问题。组织实施城镇保障性安居工程、贫困残疾人生活特别救助与康复工程、加强社会救助保障困难群众基本生活、基本医疗保险基金和医疗救助资金等民生工程实施情况审计，查出民生政策落实、扶贫政策落实等方面存在的分配不公、损公肥私、优亲厚友等问题。结合开展自然资源审计，在节能补助资金审计中，发现一起涉嫌骗取财政资金103万元的案件线索，及时上报市政府领导，并将相关线索移送公安机关，1名犯罪嫌疑人已被拘捕。按照省审计厅统一部署，组织实施淮北市城镇保障性安居工程跟踪审计、濉溪县扶贫资金审计等。

相关工作　从严治党，抓牢机关党建工作，落实"四个意识"，坚定信念，解放思想，改进作风、促进工作。抓好党风廉政建设，开展审前教育、审中提醒、现场督查和廉政回访；加强政府投资审计廉政风险防控，着力规范政府投资建设项目审计行为。淮北市审计局全年抽调审计干部18人次，支持和配合省、市纪委开展巡视、巡查、案件查办工作。开展建设学习型机关、道德讲堂、青年讲堂、参观反腐倡廉警示教育基地、走进红色教育基地等活动，进一步增强党员干部党性意识、廉政意识和纪律意识。根据省审计厅统一部署，在全市审计机关开展“审计理念创新年”活动，起草推进领导干部履行经济责任审计监督全覆盖、领导干部自然资源资产离任审计试点、开展审计巡查等方面的规范性文件，统筹推进审计全覆盖。创新计划编制，创新项目实施，创新报告形式。加强干部轮岗交流工作，优化干部队伍结构。修订完善局机关工作人员年度综合量化考核办法，科学评价每个审计人员的工作实绩，并与评先评优相挂钩，营造干事创业、争先进位的良好氛围。（撰稿人：惠　薏）

【铜陵市审计局】　2016年，铜陵市审计局人员编制47人，实有49人。局长姚刘杰，副局长丁兴虎（12月—）、王华、王世清、叶明胜（—9月），总审计师何素珍（—11月）、朱永宏（12月—），纪检组长李应刚，市经济责任审计局局长朱永宏（—11月），调研员宋同英，副调研员刘崧梓（11月—）。设有办公室、综合法规科、财政金融审计科、企业审计科、行政事业审计科、资源环保审计科、社会保障审计科、农业经济审计科、投资审计科、文化教育审计科、计算机审计科、人事教育科、市经济责任审计局、监察室；下设铜陵市政府性投资审计中心。

审计成果　2016年，铜陵市县两级审计机关完成审计项目163个，其中组织实施审计项目160个，参与实施审计项目3个。查出主要问题金额13.94亿元，其中违规金额1039万元、损失浪费金额2.08亿元、管理不规范金额11.76亿元；损益（收支）不实金额76万元；审计处理处罚金额6608万元，其中应上缴财政451万元、应归还原渠道资金1130万元、应调账处理金额3546万元；审计发现非金额计量问题82个；审计促进整改落实有关问题金额3936万元，其中增收节支835万元、已调账处理金额3100万元。移送司法机关、纪检监察机关和有关部门处理事项5件，涉及5人，金额473万元。出具审计报告和专项审计调查报告163篇。提出审计建议222条，被采纳46条。

2016年，铜陵市审计局被安徽省审计厅评为第七届全省审计机关精神文明先进集体；铜陵市审计局机关书屋获得省文明办、省机关工委、省总工会表彰，被评为第二批安徽省“百佳机关书屋”；铜陵市审计局实施的市第四人民医院经济责任审计项目被安徽省审计厅评为优秀项目。

国家重大政策措施贯彻落实跟踪审计　按季度组织开展4次跟踪审计，围绕创新驱动发展、县域经济振兴、民营经济提升、园区转型升级工程等40项内容进行审计。

财政审计　开展铜陵市财税部门组织市本级2015年度预算执行审计，揭示公共财政预算管理、政府基金预算管理等9个方面共50个问题。对铜陵市直部门84个市财政一级预算单位预算执行、固定资产管理情况进行专项审计调查，开展行政事业单位资产清理盘活工作。牵头开展市行政事业单位存量资产清查盘活工作。完成原铜官山区、狮子山区财政决算审计调查。

经济责任审计　组织审计14名县处级领导干部、1个村负责人，对3个单位实行离任交接。推进自然资源资产离任审计试点，铜陵市委、市政府印发《关于加强领导干部自然资源资产离任审计试点工作的意见》，铜陵市审计局结合原铜陵县主要领导经济责任审计开展试点。

固定资产投资审计　对203个政府投资建设项目进行价款结算审计，送审金额24.46亿元，核减工程造价1.46亿元；对在建的22个重点工程项目进行跟踪审计。组织开展2015年度小型水利工程改造提升项目审计调查。市政府出台《铜陵市国家建设项目审计监督办法》。

民生资金（项目）审计　组织开展2016年度铜陵市保障性安居工程跟踪审计、枞阳县2014年至2016年财政扶贫资金专项审计调查。

外资运用审计　依据安徽省审计厅安排，对世界银行贷款——宣城承接东部地区产业转移基地基础设施示范项目2015年度财务收支和项目执行情况进行审计。

企业审计　组织对铜陵市华盛化工投资公司、铜陵市建设投资公司、铜陵市发展投资公司、普济圩农场2015年度经营业绩进行审计。

专项资金审计　组织开展全市“三项税收”专项审计调查、2015年度市本级政府性债务审计调查、节能减排项目资金审计、文明创建经费审计调查。配合省专项检查开展农村秸秆焚烧专项资金检查。

信息化建设 建成铜陵审计数据中心和审计数据分析平台，铜陵市审计局创新大数据审计模式暨落实数字化审计做法案例在全省审计信息化研讨会上做经验交流。

相关工作 开展"两学一做"学习教育和"讲看齐、见行动"学习讨论。开展"审计理论创新年"活动。召开2016年全市村级审计业务座谈会。铜陵市、县审计局向枞阳县戚矶村、大青山村派驻村扶贫干部，市审计局机关干部职工包户60户。

内部审计 全市内部审计机构共完成审计项目245个，审计总金额428亿元，促进增收节支1.50亿元，提出建议意见被采纳397条。

（撰稿人：朱美和）

【安庆市审计局】 2016年，安庆市审计局人员编制71人（含事业编制21人），实有64人。局长朱菊云，党组书记朱训道，副局长何炜、汪传华、汪定节，纪检组长邱银台（—7月），市经济责任审计局局长沈遵如，经济技术开发区分局局长章蓓蕾，固定资产投资审计中心主任蒋泽贤，副调研员叶青。设有市经济责任审计局、办公室、人事教育科、综合法规科、财政审计科、金融和社会保障审计科、行政事业审计科、企业审计科、农业与资源环保审计科、固定资产投资审计科、外资运用审计科、审计信息管理科、机关党总支；下设投资审计中心、安庆市审计局经济技术开发区分局。

审计成果 2016年，安庆市县两级审计机关共实施审计（调查）项目520个。通过审计促进财政增收节支4.07亿元，其中上缴财政1039万元、减少财政拨款或补贴4642万元、归还原渠道资金1317万元、核减工程投资2.86亿元。移送纪检监察和有关部门处理事项10件，35人分别被纪检机关立案查处和有关部门处理，其中已有24人受到党纪政纪处分、8人被有关部门处理、3人被检察机关提起诉讼。提交审计专题报告、综合性报告和信息简报及各类信息共计404篇，被上级有关部门采用144篇（次）。

2016年，安庆市审计局被安徽省审计厅评为全省审计机关开展"审计理念创新年"活动先进集体、安徽省审计机关精神文明单位；安庆市审计局实施的安庆市某局原局长任职期间经济责任履行情况审计项目被安徽省审计厅评为表彰项目。

财政审计 完成53个单位的预算执行和财政决算审计，其中预算执行审计项目53个，财政决算审计项目1个；延伸审计调查单位34个，审计查出主要问题金额44.01亿元。

固定资产投资审计 对200个单位（工程项目）进行审计或审计调查，审计项目投资完成20.28亿元，核减工程投资额2.69亿元。

经济责任审计 全市审计经济责任人83人，其中县处级领导16人、县处级以下领导67人；任中审计18人。查出违规金额1.42亿元，为财政增收节支2005万元。

专项资金审计 开展专项资金审计项目12个，审计调查12项，查出主要问题金额14.99亿元，核减投资额1710万元。

审计整改 审计整改落实情况纳入被审计单位年度目标责任考核和被审计单位主要领导干部考核。建立约谈被审计单位主要负责人制度，审计机关可以约谈或提请纪检机关、组织部门约谈审计发现的问题情节较为严重的单位主要负责人。

（撰稿人：储　君）

【黄山市审计局】 2016年，黄山市审计局人员编制26人，实有26人。局长徐东海，副局长程浩良、汪桂进、方霞，总审计师余根长，纪检组长黄峰，经济责任审计局局长汪利兵，副调研员梅文秋。设有办公室（审计信息技术应用科）、综合法规科、财政金融审计科、行政事业审计科（农业资源环保审计科）、社保外资审计科（民生工程审计科）、固定资产投资审计科、经贸审计科、经济责任审计局。

审计成果 2016年，黄山市县两级审计机关完成审计项目595个。查出违规金额16.68亿元，其中应上缴财政4695万元、应减少财政拨款或补贴3.12亿元、应归还原渠道资金2.64亿元、应调账处理金额9689万元。移送司法机关、纪检监察部门处理事项1件。出具审计工作报告583篇；提交信息388篇。提出审计建议640条。

国家重大政策措施贯彻落实跟踪审计 根据审计署的统一部署，黄山市审计局组织开展4次跟踪审计，内容涉及创新驱动发展工程、县域经济振兴工程、农业现代化推进工程、服务业加快发展工程等方面。抽查192个政府部门、7个县区、9个单位、19个项目，涉及财政资金7.25亿元。跟踪审计结果及时向安徽省审计厅上报，并对审计中发现的问题督促被审计单位进行整改落实。

财政审计 在开展黄山市本级预算执行和其他财政收支情况审计基础上，对黄山市林业局、市民政局、市民族宗教局等部门预算执行情况实施重点审计，延伸审计单位12个。查出违规违纪金额2770万元、管理不规范金额3.45亿元，收缴及退回原资金渠道2.1亿元；要求审计整改问题21个，已整改问题18个。出具审计报告9篇。在反映和查处问题的同时，注重从体制、机制、制度层面提出建议。根据安徽省审计厅统一安排，开展耕地占用税、土地使用税和土地增值税征管情况专项审计调查。在审计工作中，加强对贯彻落实中央八项规定精神、落实市政府“三查三单”制度情况及“三公”经费、会议费和楼堂馆所清理等情况的监督检查。

经济责任审计 根据黄山市委办、市政府办出台的《关于进一步加强经济责任审计工作的实施意见》精神，会同干部监管部门对经济责任审计对象进行全面梳理，科学制订审计计划，推进经济责任审计监督全覆盖，形成“任中审计为主，离任审计为辅、离任经济责任交接为补充”的格局。共安排黄山市本级经济责任审计项目10个。其中，区县党政主要负责人经济责任审计项目2个，市直部门单位主要负责人经济责任审计项目5个，授权县（区）公安局、法院、开发区主要负责人经济责任审计项目3个。

固定资产投资审计 黄山市本级工程决算审计报审结项目166个（含历年项目），审计项目总金额7.13亿元，审计核减1.02亿元，核减比例为14.31%。为进一步规范招标工程量清单和控制价编制，开展对政府投资项目招标工程量清单和控制价审核，全年完成标前审核项目17个，送审控制价15.52亿元，审核调整金额5235万元，其中核减控制价项目12个，核减额4891万元；核增控制价项目5个，核增额344万元。

专项审计 加大对“三农”、教育、医疗、社保、保障性住房、扶贫等资金和项目的审计力度，实施棚改工程专项资金跟踪审计，提交的《中心城区棚改工程跟踪审计所发现的问题及建议》《市博村林场新建安置房尚有43套闲置问题应引起重视》等审计专报，被市委书记、市长批示。根据市政府要求，开展对重点工程月潭水库建设项目跟踪审计，重点关注建设项目资金管理使用、建设程序履行及投资绩效情况。（撰稿人：夏　曙）

【滁州市审计局】 2016年，滁州市审计局人员编制67人（其中行政编制47人、事业编制20人），实有62人（其中行政编制人员42人、事业编制人员20人）。局长、党组书记杜永珍，副局长杨庆毅、朱哲、宋洪波，总审计师高中伟，纪检组长赵永学（11月—），经济责任审计局局长郭德泉，调研员李庆彬、黄本明（—11月），副调研员付卫民（—11月）。设有办公室、综合调研科、财政金融审计科、农业与资源环保审计科、投资外资审计科、经贸审计科、社会保障审计科、法规审理科、经济责任审计局、信息技术科、固定资产投资审计中心、监察室。

审计成果 2016年，滁州市县两级审计机关完成审计项目538个。查出主要问题金额34.46亿元，其中违规金额7.25亿元、损失浪费金额600万元、管理不规范金额27.14亿元；损益（收支）不实金额1.31亿元；审计处理处罚金额18.03亿元，其中应上缴财政6.6亿元、应减少财政拨款或补贴4.89亿元、应归还原渠道资金2.1亿元、应调账处理金额3.64亿元；审计发现非金额计量问题259个；审计促进整改落实有关问题金额12.7亿元，其中增收节支8.35亿元、已调账处理金额3.47亿元；审计促进拨付资金到位1.34亿元；审计后挽回（避免）损失10.37亿元。移送司法机关、纪检监察机关和有关部门处理事项19件，涉及10人，金额1.97亿元。出具审计报告和专项审计调查报告609篇，被批示、采用14篇；提交审计信息839篇，被批示、采用209篇。提出审计建议1156条，被采纳998条；推动完善规章制度22项。向社会公告审计结果98篇。2月15日，市委常委会专题听取审计工作情况汇报，并对审计工作给予充分肯定。

2016年，滁州市审计局党总支被中共滁州市委评为全市先进基层党组织。滁州市审计局先后被中共滁州市委、滁州市人民政府评为全市2016年度脱贫攻坚先进集体、2015年度全市人口和计划生育目标管理责任制和综合治理先进单位、2015年度全市综治工作（平安建设）先进单位；被滁州市人民政府评为2015年度依法行政考核一等奖、2015年度全市民生工程实施先进单位、市直单位目标绩效考评一等奖；被安徽省审计厅评为全省审计机关实施“争先进位工程”先进集体、全省审计机关实施“审计理念创新年”活动先进集体、全省审计信息工作先进单位、2016年内部审计宣传工作先进单位、全省审计机关精神文明单位；被安徽省审计厅、安徽省档案局评为档案管理工作先进单位；滁州市审计局政府投资项目审计工作获滁州市人民政府通报表彰。由滁州市审计局组织实施的合肥市2015年保障性安居工程跟踪审计项目被安徽省审计厅评为优秀审计项目。

国家重大政策措施贯彻落实跟踪审计 组织对19大类60余项国家重大政策措施实施情况进行持续的跟踪审计。按季度对涉及面广、资金量大、落实难度大的水利、城市基础设施、棚户区改造、农村饮水安全、高标准农田和精准扶贫等方面的重点项目进行跟踪审计。向县（市、区）政府及市直主管部门发出审计发现问题整改建议函，并通报审计情况，推动10余项重点工程加快建设，审计结果受到安徽省审计厅通报表扬。

财政审计 组织实施滁州市本级和11家市直单位2015年度预算执行情况审计。8月7日，滁州市第五届人大常委会第二十六次会议听取并审议审计工作报告；12月27日，中共滁州市委常委、常务副市长朱诚向市人大常委会做审计发现问题整改情况的工作报告。组织实施税收征管和“三税”征管情况专项审计调查等。

经济责任审计 对159名领导干部实施经济责任审计，其中任中审计38个、离任审计121个。查出主要问题金额9.05亿元，促进增收节支2788万元。移送处理事项1件。提出审计建议489条，被审计单位采纳436条。滁州审计机关对被审计对象进行梳理，建立分类管理办法，扩大任中审计比例，确保对重点部门、单位以及关键岗位的领导干部任期内至少审计1次。建立审计、纪委等部门经济责任审计与巡查工作联动机制，实现边审边巡、资源共享、结果共用。滁州市审计局在全省经济责任审计工作培训研讨会上做典型经验交流。

自然资源资产离任审计试点 根据安徽省审计厅的统一部署，滁州市审计局承担并实施领导干部自然资源资产离任审计试点工作。滁州市出台《关于开展领导干部自然资源资产离任审计试点工作的实施意见》，成立由市长任组长、市委副书记任副组长、相关部门负责人为成员的领导小组。安徽省审计厅在全椒县召开现场会，滁州市审计局在会上做领导干部自然资源资产离任审计试点经验介绍。

固定资产投资审计 滁州市审计局完成政府投资结算审计项目358个，送审价70.87亿元，审定价60.12亿元，核减额10.75亿元，核减率15.17%。清单控制价审核项目72个，原编控制价20.46亿元，修正偏差3785万元。制订《滁州市政府投资项目竣工结算审计结果第三方复核工作方案》，组织社会中介机构对已完成的政府投资项目竣工结算审计结果进行第三方复核，进一步规范程序，降低风险。

民生资金（项目）审计 组织实施财政扶贫专项资金审计调查以及农村安全饮水工程专项审计调查等项目。在对明光、定远、凤阳三县（市）扶贫资金专项审计调查中，审计组对19个乡镇41个扶贫项目进行延伸审计调查。

外资运用审计 按照安徽省审计厅的统一安排，组织实施对世界银行贷款安徽省林业综合发展项目（安徽省南谯区子项目）和亚洲开发银行贷款安徽省公路发展项目S312（皖苏交界至天长段）的2015年度财务收支和项目执行情况的审计。审计查出管理不规范金额3299.97万元。提出审计建议3条。

审计整改 中共滁州市委反腐败协调领导小组办公室以1号文件印发《关于对审计查出问题整改情况进行督查的通知》，对2013年至2015年审计发现问题整改情况进行跟踪督查，由市委反腐败协调领导小组办公室牵头，从市纪委、市审计局、市财政局等部门抽调20余人，成立5个督查组，对10个重点单位和10个重点投资项目审计查出问题整改情况进行督查，8个县（市、区）也同步开展整改督查，推动审计发现问题整改落到实处。

信息化建设 经市编委研究同意，滁州市审计局设立信息技术科。年内完成OA（审计管理系统）国产化改造，软硬件设施全部更新，投资审计管理系统投入使用。成立滁州市审计局大数据审计应用攻关领导小组，分别围绕财政、社保、行政事业、其他审计四大类组建4个攻关小组进行课题研究，在实施审计项目中"以点带面"，不断提高信息化审计水平。

队伍建设 滁州市审计局与南京审计大学政府审计学院签署审计教学科研合作框架协议，设立研究生实习基地，滁州市常务副市长、南京审计大学副校长共同为实习基地揭牌。滁州市审计局为南京审计大学政府审计学院提供2名研究生实习岗位，配备指导老师帮助其完成实习课题研究。组织全市120余名审计干部在南京审计大学开展审计理论及业务知识培训。

（撰稿人：吕　钢）

【阜阳市审计局】 2016年，阜阳市审计局人员编制68人，实有60人。局长武杰，副局长马晓峰、方向阳，总审计师胡玲玲，纪检组长李刚，调研员李援朝。设有办公室、财政金融审计科、农业资源环保与外资运用审计科、经济贸易审计科、行政事业与社会保障审计科、监察室、综合法规科、人事教育科、机关党委、审理科、审计信息技术应用科、经济责任审计局、固定资产投资审计中心和经济技术开发区审计分局。

审计成果 2016年，阜阳市县两级审计机关完成审计项目1113个。查出主要问题金额236.77亿元，其中违规金额15.61亿元、损失浪费金额63万元、管理不规范金额221.15亿元；损益（收支）不实金额11.42亿元；审计处理处罚金额16.21亿元，其中应上缴财政11.78亿元、应减少财政拨款或补贴1433万元、应归还原渠道资金3.31亿元、应调账处理金额1.21亿元；审计发现非金额计量问题246个；审计促进整改落实有关问题金额2810万元，其中增收节支2548万元、已调账处理金额171万元；审计促进拨付资金到位1.08亿元；审计后挽回（避免）损失4731万元。出具审计报告和专项审计调查报告356篇，被批示、采用25篇。提出审计建议1978条，被采纳1808条；推动完善规章制度1项。

国家重大政策措施贯彻落实跟踪审计 阜阳市审计机关围绕各时段、各部门、各区域的重大政策措施开展跟踪审计工作，时时掌握新动态，解决新问题，扎实做好跟踪审计工作，确保审计质量和效果，并按要求每季度上报工作开展情况。

财政审计 阜阳市本级财政"同级审"工作共组织实施14个审计项目，重点推进对政府全口径预算的全覆盖监督，预算执行审计工作报告重点揭露财政支出预算管理不规范、财政资金沉淀以及在重大政策措施落实跟踪审计和政府投资项目管理及其他审计中发现的问题，提出切实可行的意见和建议。

经济责任审计 按照"全面推进、突出重点、健全制度、规范管理、提高质量、深化发展"的要求，扎实有序地开展经济责任审计。阜阳市审计局完成14名党政领导干部的经济责任审计，同时按照《阜阳市村级组织主要负责人经济责任审计办法（试行）》，要求各县（市、区）审计机关根据实际情况，每年至少安排2个乡镇党政领导经济责任审计，每个乡镇延伸审计2—3个行政村（办事处）负责人经济责任审计，有侧重的将城乡接合部、涉及园区建设、拆迁资金量大、民生工程资金多的乡镇（办事处）作为审计重点。

固定资产投资审计 阜阳市审计局（含开发区分局）完成政府投资审计项目132个，项目审计资金11.29亿元，审减金额8451.02万元，综合审减率7.48%。出具审计报告56份，被批示、采用的报告和信息10篇（次）。提出审计建议162条。对重点项目、疑难项目及争议较大的项目，采取召开外部专家论证会等方式，创造条件，妥善解决历史遗留疑难问题。

民生资金（项目）审计 围绕阜阳市实施的33项民生工程，重点对一事一议财政奖补、小型水利工程改造提升、农村公路危桥加固改造等从资金使用、工程项目建设管理等方面开展专项资金审计；对城镇保障性安居工程的投资、建设、分配、运营等情况进行审计。（撰稿人：王志龙）

【宿州市审计局】 2016年，宿州市审计局实有干部职工55人。局长胡兴无，副局长孙勇、华颖涛，总审计师张钰生，纪检组长陈立新，经济责任审计局局长张奇，固定资产投资审计局局长张浩，调研员郭贤生、梁兆强，副调研员牛海宽。设有办公室、综合法规科、机关党总支、监察室、审计信息化管理科、财政金融审计科、行政事业审计科、农业与资源环保审计科、企业与外资审计科、社会保障审计科、人事教育与内部审计指导科、经开区审计分局、宿州马鞍山现代产业园区审计分局；下设经济责任审计局、固定资产投资审计局。

审计成果 2016年，宿州市审计局完成审计及专项审计调查项目386个。查出主要问题金额53.59亿元，其中违规金额4.90亿元、管理不规范金额48.69亿元；审计促进整改落实有关问题金额28.32亿元。移送纪检、检察以及主管部门处理事项24件，移送处理人员63人。

国家重大政策措施贯彻落实跟踪审计 组织市县两级审计机关开展4次稳增长等政策措施落实情况跟踪审计，共审计26个市直政府部门、5个县区、36个单位、18个项目，涉及财政资金2.90亿元。发现问题8个，促进7个重大项目加快施工进度，节约财政资金635万元。对蚌埠市三县四区2015年保障性安居工程（含各类棚户区改造、农村危房改造和廉租住房、公共租赁住房等保障性住房）及配套基础设施的计划、投资、建设、分配、运营等情况进行审计，延伸调查134个村的254户农村危房改造家庭，对26个安居工程项目的建设管理情况进行重点检查，共查出各类问题88个、问题金额67.31亿元，涉及家庭10323户、保障房16992套、土地面积70.45万平方米；审计期间追回被骗取、挪用资金137万元，取消保障对象资格或调整保障待遇户数316户，追回违规领取补贴补助222万元，清退违规分配使用的保障性住房46套，以提高租金、补收差价等方式整改的保障性住房106套。

财政审计 对宿州市财政局、教体局、发改委、林业局、住房公积金管理中心等9个市直部门预算执行情况进行专项审计及延伸审计调查，审计查出各类问题金额2.5亿元。统一组织埇桥区、萧县、砀山县、灵璧县、泗县审计机关对2015年整顿关闭地方煤矿补助专项资金、民生类农业政策性保险资金开展专项延伸审计调查，按照宿州市政府安排，统一抽调人员结合县区市管干部经济责任审计，采取“上审下”“交叉审计”方式对5个县区2015年至2016年6月的财政扶贫专项资金进行审计，查出一批违纪违规及管理不规范问题。组织开展耕地占用税、土地使用税和土地增值税征管情况专项审计调查。对2014—2015年度“三税”征管、收入增减、税收优惠政策与产业发展政策等方面存在的问题进行监督检查，与地税局、财政局、国土局联合制定下发《关于加强土地税收管理工作的通知》，建立三部门土地税收管理协作机制，实现涉税信息共享。

经济责任审计 完成经济责任计划项目53个，涉及领导干部52人，审计查出主要问题金额共计1.73亿元，其中违规金额1872万元、管理不规范金额1.54亿元；上缴财政147万元。移送处理案件线索2件。结合萧县原县长离任审计开展自然资源资产离任审计试点。

固定资产投资审计 共审结345个项目，送审总价款72.15亿元，审定价款67.31亿元，审减价款4.83亿元，审减率6.70%，其中控制价审计项目137个，送审价款31.73亿元，审定价款29.37亿元，审减额2.36亿元，审减率7.43%；结算审计项目共计208个，送审价款40.42亿元，审定价款37.94亿元，审减额2.48亿元，审减率6.13%。

企业审计 组织开展对宿州中燃公司、宿州市房地产交易中心2015年度市级国有资本经营预算执行情况的延伸审计调查。结合经济责任审计对市城投集团公司、交通投资公司、教育投资公司、宿马投资公司、高新投资公司、工业投资公司6家融资平台公司财务收支情况进行延伸审计。

（撰稿人：丁树宝）

【六安市审计局】 2016年，六安市审计局人员编制25人，实有22人。党组书记周仁孟，副局长涂成富（主持工作）、王家保、朱维清，总审计师胡正才，纪检组长唐锐。设有办公室（人教科）、综合法规科、财政审计科、行政事业审计科、社会保障审计科、经贸审计科、农业与资源环保审计科、审计信息技术应用审计科、金融与外资审计科、审理科；下设事业单位：六安市经济责任审计局，事业编制6人，实有5人；六安市投资审计局，事业编制11人，实有10人；六安市审计局直属分局，事业编制6人，实有5人。

审计成果 2016年，六安市县两级审计机关完成审计项目226个（不含政府投资审计项目），其中组织实施审计项目202个，参与实施审计项目24个。查出主要问题金额82.17亿元，其中违规金额12.43亿元、损失浪费金额2999万元、管理不规范金额69.44亿元；损益（收支）不实金额9397万元；审计处理处罚金额21.18亿元，其中应上缴财政3.94亿元、应减少财政拨款或补贴734万元、应归还原渠道资金1.85亿元、应调账处理金额15.19亿元；审计发现非金额计量问题292个；审计促进整改落实有关问题金额37.20亿元，其中增收节支1.04亿元、已调账处理金额7.38亿元；审计促进拨付资金到位2.32亿元；审计后挽回（避免）损失27.02亿元。移送司法机关、纪检监察机关和有关部门处理事项20件。出具审计报告和专项审计调查报告240篇，被批示、采用69篇；提交审计信息415篇，被批示、采用433篇。提出审计建议632条。向社会公告审计结果79篇。

2016年，六安市审计局分别获得省文明单位、市文明单位、市政府目标管理绩效考核先进单位、2011—2015年度"法律六进"示范点等26项荣誉称号。

国家重大政策措施贯彻落实跟踪审计 开展稳增长促改革调结构惠民生防风险19大类64项政策落实跟踪审计工作，共实施4批次，抽审61个项目和131个部门单位，审计发现问题8个，涉及财政资金11.09亿元。

财政审计 六安市县两级审计机关组织开展2015年度财政预算执行审计，推动各项财政改革政策贯彻落实，促进政府财政等部门完善制度20余项。

经济责任审计 六安市县两级审计机关共对119名主要领导干部开展经济责任审计，查出纠正处理不规范资金26.43亿元。向党委、政府提出审计建议243条。

固定资产投资审计 六安市县两级审计机关开展637个政府投资审计项目，查出主要问题金额7.74亿元，核减政府投资金额12.72亿元，进一步加强对建设单位指导，促进被审计单位提升管理水平。

外资运用审计 完成省审计厅安排的世界银行贷款淮河流域重点平原洼地治理项目正阳农场子项目等3个外资公证审计项目，得到安徽省审计厅外资处的肯定。

专项资金审计 完成全市耕地占用税、土地使用税、土地增值税征管情况专项审计调查，促进市地税局追缴税款2167万元；完成对2015年度保障性安居工程跟踪交叉审计；开展对各县区城镇居民医保基金与新农合基金专项审计；开展全市美丽乡村专项资金审计；完成旅游产业发展资金专项审计调查；开展全市环保专项资金审计调查。

信息化建设 组织全市审计机关对财政数据进行采集，开展的居民医保和新农合审计案例入选省审计厅数据分析研讨班案例库选编。组织全市审计电子数据采集分析培训，对各级审计机关内网IP地址段进行扩容和重新分段。

内部审计 六安市内部审计机构完成审计项目914个，审计总金额121.08亿元，增收节支8834万元。建议给予行政处分1人，实际给予行政处分1人。提出建议意见被采纳443条。

（撰稿人：王启丽）

【亳州市审计局】 2016年，亳州市审计局人员编制56人，实有45人。局长李迎春，副局长王玉红、赵峰、袁芬。设有办公室、综合法规科、财政审计科、行政事业和社会保障审计科、农业与外资审计科、经贸与金融审计科、经济责任审计局；下设固定资产投资审计中心（计算机审计中心）。

审计成果 2016年，亳州市审计局完成审计项目218个。查出违规金额28.69亿元、损失浪费金额3628万元、管理不规范金额395.28亿元；核减政府投资额1.51亿元；增收节支2.06亿元。向纪检监察机关和有关部门移送案件线索13件。提出审计建议208条；促进被审计单位制定整改措施57项。

国家重大政策措施贯彻落实跟踪审计 亳州市完成全市稳增长促改革调结构惠民生防风险等政策落实情况跟踪审计，审计涉及7个领域、政策措施 21 项、财政资金 7.10 亿元，出具审计报告 15 篇。审计发现的问题在整改期限内进行整改。

财政审计 实施对市本级 2015 年度预算执行和其他财政财务收支审计；对全市耕地占用税、土地使用税、土地增值税征管情况进行专项资金调查，对亳州市粮食局等 10 个部门 2015 年度公务支出和公款消费情况进行专项审计调查。促进补缴税金 1600 多万元，下达移送处理通知书 5 件，追缴税收及土地出让金 1703 万元，追回财政专项资金 325 万元，有 6 个单位及相关责任人受到责任追究。向市检察院移送线索 2 件，向市纪检监察机关移送线索 3 件。

经济责任审计 审计县处级领导干部 23 人，查出违规金额 7.64 亿元、损失浪费金额 3594 万元。起草《亳州市关于推进领导干部经济责任审计监督全覆盖的工作方案》《亳州市领导干部经济责任告知办法（试行）》。指导完成 25 名乡镇主要负责人和 473 名村级组织主要负责人经济责任审计。

固定资产投资审计 完成投资审计项目 185 个，核减政府投资额 1.46 亿元，审减率 8.02%。实施南部新区公园水系治理建设等 5 个重大工程跟踪审计项目，提出合理化建议 25 条。

民生资金（项目）审计 在对淮南市 2015 年度保障性安居工程跟踪审计中，追回资金 289 万元。检察机关立案查处 2 起，纪检监察机关立案查处 4 起，纪律处分 84 人。在对全市 2015 年高标准基本农田建设项目财务竣工决算审计中，核减工程结算价款 500 多万元。在对谯城区承担市本级 22 个征地拆迁项目资金结算审计中，移送亳州市纪律检查委员会线索 6 件、公安局线索 1 件、国土局线索 1 件。

信息化建设 在亳州市保障性安居工程审计、全省统一组织的“三税”审计和医疗保险基金审计中，亳州市审计局使用 AO 和 OA 两个软件，充分应用计算机分析技术，采用数据集中采集、统一分析、分散核查等方式，缩短审计时间，提高审计效率。

审计科研 亳州市审计学会与安徽省审计职业技术学院合作组成课题组，中标安徽省审计厅 2016 年度重点科研课题“大数据环境下审计变革及审计模式创新研究”。课题分析大数据环境下审计变革现状，从六个方面研究应对变革的对策，论述大数据环境下审计模式创新的目标和措施，对于推动审计信息化建设具有一定的理论价值和现实意义。

相关工作 开展“两学一做”学习教育，将学习党章、党规、十八大精神、习近平总书记系列重要讲话与审计工作深度融合，集中学习 14 次，专题研讨 6 次，知识测试 5 次，局领导班子成员讲党课 5 场、微型党课 7 场，组织观看市纪委制作的党风廉政专题教育片 3 场，组织机关全体党员到小岗村干部教育基地参观 1 次，到市反腐倡廉警示教育基地参观 2 次。全面落实党风廉政建设第一责任人的责任，制定出台党风廉政建设工作实施意见和工作责任清单，签订责任书，完善工作机制，提高全员廉洁从政意识。

（撰稿人：代鹏山　郭建国）

【池州市审计局】 2016 年，池州市审计局人员编制 29 人，实有 28 人。局长徐友华，副局长胡以民、桂良友，总审计师杨正发，纪检组长胡以民，调研员吴明楣。设有办公室、综合法规科、财政审计科、行政事业审计科、经贸审计科、农业与资源环保审计科、审计信息技术应用科、经济责任局、市政府投资审计中心。

审计成果 2016 年，池州市审计局完成审计或审计调查项目 27 个。查出违规问题金额 1.34 亿元、管理不规范金额 26.22 亿元；揭示管理程序不规范、项目质量有重大缺陷等非金额计量问题 66 个。移送有关部门处理事项 9 件。提交各类审计报告 35 篇，被批示、采用审计报告和专项审计调查报告 9 篇。提出改进管理、完善制度的审计建议 58 条，促进被审计单位积极整改。

2016 年，池州市审计局评为社会治安综合治理先进单位、市直机关单位作风评议满意单位、池州市文明单位；池州市审计局网站被评为池州市优秀政府网站。

财政审计 安排对市直 24 家预算单位 2015 年度公务支出和公款消费情况的审计，加强对中央八项规定精神、省委三十条和市委二十条规定执行情况的检查。安排对 2013 年至 2015 年财政扶持市本级企业（实体经济）专项资金绩效审计调查，监督检查公共资金使用的合法合规、项目推进情况以及财政支出对事业发展、提高经济社会环境效益的效果。

经济责任审计 对10名重要岗位和部门的领导干部进行经济责任审计；结合年度预算执行审计，对24名一般部门的领导干部同步进行任期经济责任审计，实现离任领导干部经济责任审计全覆盖。研究出台《领导干部自然资源资产离任审计（试点）实施意见》，对两个单位进行试点审计，探索方法，积累经验。

农业与资源环保审计 完成中德财政合作天柱山生态多样性项目2015年度财务收支和项目执行情况审计；参加安徽省审计厅组织的芜湖市水污染防治资金管理使用情况的审计；配合池州市财政局对全市财政扶贫资金进行专项检查；配合池州市农委对全市标准化畜禽养殖项目进行专项检查。

固定资产投资审计 对2008年以来财政投资3000万元以上的22个工程项目安排决算审计，已完成15个，报审金额为11.64亿元，审定金额为9.31亿元，审计核减2.33亿元，平均核减率20.05%。对S321西沿（高岭至牛头山段）道路工程、G318南陵界至木镇段改造工程和1017人防指挥所项目进行跟踪审计，工程总投资4.25亿元。复核建设单位报送审计项目34个，报审资金1.16亿元，核减造价金额1123.10万元，平均核减率9.7%。

相关工作 以“两学一做”学习教育为抓手，坚持学用结合、知行合一，坚持问题导向、注重实效，坚持领导带头、以上率下。以遵守党章、党规为基本要求，以习近平总书记系列重要讲话精神武装头脑为根本任务，教育引导党员自觉按照党员标准规范言行，进一步增强政治意识、大局意识、核心意识和看齐意识，勇于担当，充分发挥审计监督作用。

内部审计 提请市政府印发《池州市本级机关事业单位内部审计全覆盖的实施意见》，发挥内部审计在规范管理、防范风险、完善治理等方面的自我监管作用，不断提升内部审计在加强权力制约、构筑惩防体系方面的监督保障功能，推动机关事业单位内部审计全覆盖。指导江南产业集中区、池州市卫计委、市教体局、市住建委等财政财务收支数额较大或下属单位较多的行政机关，以及公立医院、高等学校等规模较大的事业单位开展内部审计工作，开展内管干部经济责任审计。

（撰稿人：周　杰）

【宣城市审计局】 2016年，宣城市审计局人员编制43人，实有38人。局长蔡修定，副局长章捷、丁宏林，总审计师肖远会，纪检组长张贤才，经济责任审计局局长李诗银，副调研员刘星、程国成、程林。设有办公室、综合法规科、财政审计一科、财政审计二科、市经济责任审计局、金融与外资审计科、企业与社会保障审计科、审计信息技术应用科；下设市政府投资项目审计中心。

审计成果 2016年，宣城市县两级审计机关完成审计项目1041个。查出主要问题金额39.78亿元，其中违规金额1.86亿元、损失浪费金额1635万元、管理不规范金额37.76亿元；损益（收支）不实金额1.57亿元；审计处理处罚金额8.36亿元，其中应上缴财政1640万元、应减少财政拨款或补贴4.20亿元、应归还原渠道资金8959万元、应调账处理金额2.57亿元；审计发现非金额计量问题206个；审计促进整改落实有关问题金额6.81亿元，其中增收节支4.38亿元、已调账处理金额2.17亿元；审计促进拨付资金到位9万元；审计后挽回（避免）损失5.26亿元。移送司法机关、纪检监察机关和有关部门处理事项6件，涉及3人。出具审计报告和专项审计调查报告1119篇，被批示、采用1092篇；提交审计信息344篇，被批示、采用237篇。提出审计建议1942条，被采纳1816条。向社会公告审计结果65篇。

2016年，宣城市审计局被安徽省审计厅评为第七届全省审计机关精神文明单位。

国家重大政策措施贯彻落实跟踪审计 对168个政府部门和单位实施稳增长促改革调结构惠民生防风险政策措施落实情况进行跟踪审计。

财政审计 宣城市审计局先后对宣城市财政局、市地税局、市经济技术开发区、市国库2015年度预算执行情况实施审计，对宣城市药监局等17个部门预算单位2015年度预算执行情况进行审计，完成芜湖地区卫生学校、芜湖市镜湖口腔医院财务收支等项目的审计。

经济责任审计 宣城市审计局安排实施12名领导干部的经济责任审计，实施10名领导干部“短、平、快”的审计监督核查。

其他审计项目 对世界银行贷款林业综合发展项目宣州区子项目、中德财政合作安徽森林可持续经营绩溪县子项目进行审计；对宣城市彩金湖新区、开发区桂花园污水处理池征迁资金进行审计；组织5个县区审计机关对2014年至2016年的财政专项扶贫资金进行专项审计。完成22个政府投资项目竣工决算审计，涉审金额13.90亿元。

交办工作 宣城市审计局做好包保帮扶、文明创建、政务公开、人才培训等各项工作，全市审计工作发展取得新进步。宣城市审计局完成招商引资4837万元。

（撰稿人：蒋佩珊）

2016年安徽省所辖区、县(市)级审计工作统计表

金额单位：万元

审计机关	完成审计项目（个）	审计查出主要问题金额	审计处理情况					出具审计报告和审计调查报告（篇）	提出审计建议（条）	提交审计信息（篇）
			审计处理处罚				移送处理事项（件）			
			应上缴财政	应减少财政拨款或补贴	应归还原渠道资金	应调账处理金额				
合肥市										
合肥市本级	41	1127564	26893	13032	296	131631	7	78	113	1001
瑶海区审计局	12	17661					1	12	11	89
庐阳区审计局	21	176592						21	113	
蜀山区审计局	14	230118	69		20	813		14	47	79
包河区审计局	7	277027	204		44	13894	2	18	63	34
巢湖市审计局	35	203544						35	178	7
长丰县审计局	49	86187	171		156	34050	1	50	92	4
肥东县审计局	10	51911	37				4	10	34	631
肥西县审计局	19	215585	182				2	19	13	5
庐江县审计局	21	51835	5025		4147	10775	1	115	212	19
芜湖市										
芜湖市本级	34	331636	261790	6585	49438	3629	1	51	101	121
镜湖区审计局	8	14553						8	20	78
弋江区审计局	17	6752		228	383	5872		30	54	28
鸠江区审计局	18	847	2			816		18	72	51
三山区审计局	28	137						28	68	25
芜湖县审计局	55	201923	575	2387	82476	280	2	75	118	12
繁昌县审计局	28	3920	1096		10	49		31	201	35
南陵县审计局	28	47573			24951	22622		28	108	10
无为县审计局	43	24668	5295		72			46	188	51

（续表）

审计机关	完成审计项目（个）	审计查出主要问题金额	审计处理情况					出具审计报告和审计调查报告（篇）	提出审计建议（条）	提交审计信息（篇）
			审计处理处罚				移送处理事项（件）			
			应上缴财政	应减少财政拨款或补贴	应归还原渠道资金	应调账处理金额				
蚌埠市										
蚌埠市本级	41	823719	47368	498	76		13	52	121	226
龙子湖区审计局	10	411						13	21	
蚌山区审计局	21	466	7	66	156	203		17	34	
禹会区审计局	16	19506		43	7		3	25	30	
淮上区审计局	6	492			400	80		6	27	17
怀远县审计局	49	76330	5316	1618	1000	52	10	49	144	17
五河县审计局	51	27329	7		3			51	3	
固镇县审计局	88	59648	135	6274	29	1		111	173	156
淮南市										
淮南市本级	59	409446	2173	10499	3455	77834	9	59	222	296
大通区审计局	40	41900	5	277		5040		40	64	3
田家庵区审计局	21	193		193				21	21	16
谢家集区审计局	117	1004	89	326		587		117	520	25
八公山区审计局	112	855		855				112	231	36
潘集区审计局	13	6591	31	1256	250	2211		13	15	23
凤台县审计局	108	2734	50	2578				108	199	49
寿县审计局	36	143947	2345	10767	2342	25		36	145	32
毛集实验区审计局	176	6243		6243				176	247	25
马鞍山市										
马鞍山市本级	31	66572	50	128			2		40	143
花山区审计局	36	1669		806				36	104	24
雨山区审计局	43	4690						43	72	
博望区审计局	44	4042	102					44	55	
当涂县审计局	281	58878		24713	14			297	359	29
含山县审计局	105	40135			67		3	115	287	141
和县审计局	22	78235					2	32	93	98
淮北市										
淮北市本级	65	496639	11188		4322	7871	5	65	131	173
杜集区审计局	7	25141	319		12377	509		13	24	
相山区审计局	2	107794		333	2979	91011		4	10	
烈山区审计局	17	119815	11384					29	48	
濉溪县审计局	27	251899	13274		110	189	4	26	75	25

（续表）

审计机关	完成审计项目（个）	审计查出主要问题金额	审计处理情况					出具审计报告和审计调查报告（篇）	提出审计建议（条）	提交审计信息（篇）
			审计处理处罚				移送处理事项（件）			
			应上缴财政	应减少财政拨款或补贴	应归还原渠道资金	应调账处理金额				
铜陵市										
铜陵市本级	34	74190	266		399	445	5	40	73	11
铜官区审计局	8	187						8	30	
义安区审计局	80	61093	8215					77	18	
郊区审计局	5	3936	105		730	3101		5	17	7
枞阳县审计局	33	7457	80					33	84	30
安庆市										
安庆市本级	84	423976	223	1260	540	296	7	88	262	319
迎江区审计局	73	3258	1					73	85	2
大观区审计局	13	11955	5070		2	2852		12	48	11
宜秀区审计局	5	103545	1889	382	3			4	31	5
桐城市审计局	20	67586	56342		165	51	2	44	18	7
怀宁县审计局	89	25475	49					88	216	4
潜山县审计局	96	24319	281				1	105	167	66
太湖县审计局	23	3747	10	728		20		26		
宿松县审计局	75	10112	5	529	17			75	182	36
望江县审计局	28	35973	983	4677	16879	733		90	136	4
岳西县审计局	14	3678	2					18	14	2
黄山市										
黄山市本级	98	69732	2005	11481	26279	9508		78	95	86
屯溪区审计局	101	52593		321				26	62	10
黄山区审计局	57	1167		1167				82	87	80
徽州区审计局	78	7472	50	3247	2	62		85	80	25
歙县审计局	55	7358	622	1660	2	60		78	96	66
休宁县审计局	83	19718	38	11004				67	60	47
黟县审计局	82	7762	1980	1320	119	59	1	80	120	30
祁门县审计局	41	1008		1008				87	40	44
滁州市										
滁州市本级	60	207572	58894	11781	14462	27740	6	85	169	596
琅琊区审计局	60	13526	283	7789		735		74	72	46
南谯区审计局	98	6722	6	6367	2	256		98		52
天长市审计局	124	36507	93	12252			12	149	333	50
明光市审计局	32	14861						39	180	22

（续表）

审计机关	完成审计项目（个）	审计查出主要问题金额	审计处理情况					出具审计报告和审计调查报告（篇）	提出审计建议（条）	提交审计信息（篇）
			审计处理处罚				移送处理事项（件）			
			应上缴财政	应减少财政拨款或补贴	应归还原渠道资金	应调账处理金额				
来安县审计局	40	15007	907	669	5862	7668		40	111	4
全椒县审计局	44	23466	492	9756	691			44	42	9
定远县审计局	49	19996	104	299			1	49	140	60
凤阳县审计局	31	6949	5353					31	109	
阜阳市										
阜阳市本级	87	2028396	109793	439	27411	1570		38	260	3
颍州区审计局	64	12692	956	924	4860	6240		40	169	54
颍东区审计局	132	349	2			36		4	196	
颍泉区审计局	52	23115	3906	70	814	4102		70	74	
界首市审计局	162	21953	20			193		28	173	
临泉县审计局	127	151918						95	163	20
太和县审计局	60	6421	2959					29	109	22
阜南县审计局	192	8079	129		24			37	64	
颍上县审计局	237	114773						15	770	
宿州市										
宿州市本级	386	535895					24			977
埇桥区审计局	657	284997					5		208	201
砀山县审计局	427	772459					2		22	10
萧县审计局	289	713645					8		97	220
灵璧县审计局	324	501050							60	
泗县审计局	577	804933					1		24	6
六安市										
六安市本级	31	544215	12553		53	30052	10	48	136	206
金安区审计局	27	75843	248		1095	13440	1	27	124	18
裕安区审计局	20	3031	137		539	552		23	78	8
叶集区审计局	24	4199	15		29	4		24	29	9
霍邱县审计局	26	5615		69				26	80	115
舒城县审计局	17	140788	23528		15867	100660	2	17	54	13
金寨县审计局	39	31054	2088	665	627	7151	6	33	109	15
霍山县审计局	42	16969	835		226	86	1	42	22	31
亳州市										
亳州市本级	218	4243307	3597		17022	103		229	208	
谯城区审计局	282	343093	644		7893	620		282	472	33

（续表）

审计机关	完成审计项目（个）	审计查出主要问题金额	审计处理情况					出具审计报告和审计调查报告（篇）	提出审计建议（条）	提交审计信息（篇）
			审计处理处罚				移送处理事项（件）			
			应上缴财政	应减少财政拨款或补贴	应归还原渠道资金	应调账处理金额				
涡阳县审计局	306	25736	21					322	405	
蒙城县审计局	31	920942	60		9	44		47	145	
利辛县审计局	81	26745	24	100				86	178	126
池州市										
池州市本级	27	275678		8536	5036	93671	9	35	58	74
贵池区审计局	17	273552	4092		1655	1364		20	165	39
东至县审计局	21	5445	48			37		22	38	2
石台县审计局	18	9874		1154			1	18	33	8
青阳县审计局	51	183321	7	1404	12334	117385		51	82	22
宣城市										
宣城市本级	52	289238	629	4583	3413	1229	1	57	155	30
宣州区审计局	170	11847	718	4708	163	5239		167	270	52
宁国市审计局	209	22027	127	3710	394	18		223	438	51
郎溪县审计局	188	34249	64	23545	28		1	210	278	57
泾县审计局	114	29479	97	2647	4961	18444	4	126	267	2
绩溪县审计局	187	3585	1	2849		735		200	380	132
旌德县审计局	121	7337	3	7045	235	205		127	154	20

福建省

【福建省审计厅】 2016 年，福建省审计厅人员编制 243 人，实有 231 人。设有办公室、法规处、综合处、经济责任审计处（福建省经济责任审计工作联席会议办公室与其合署办公）、计算机审计处、财政审计处、金融审计处、行政事业审计处、经贸审计处（中央属单位审计处）、农业与资源环保审计处、社会保障审计处、固定资产投资审计处、外经贸审计处、人事处、经济执法审计处、教育审计处、卫生社保审计处、政法审计处、机关事务审计处、建设审计处、农林水审计处和科文体审计处，并按照有关规定设立机关党委和驻厅纪检组；下设事业单位福建省审计厅审计举报中心、福建省审计科研所（加挂福建省政府投资项目和国外贷援款项目审计服务中心）和福建省审计厅计算机应用中心。

领导成员

厅　　长：姜榕兴（—9 月）

　　　　　杨　红（9 月—）

副 厅 长：王成章　吴克昌

总审计师：林建苍

纪检组长：谢　宝（—5 月）

　　　　　林亚贵（5 月—）

副巡视员：傅　明

审计成果 2016 年，福建省各级审计机关共完成审计和审计调查项目 3093 个。查出违规金额 41.95 亿元。审计处理应上缴财政 29.42 亿元、应减少财政拨款或补贴 8.81 亿元、应归还原渠道资金 42.73 亿元、应调账处理金额 63.74 亿元；

审计发现非金额计量问题 10399 个；审计促进整改落实资金 106.32 亿元，其中增收节支 57.45 亿元、已调账处理金额 21.71 亿元；审计促进拨付资金到位 12.08 亿元；审计后挽回（避免）损失 12.17 亿元。移送司法机关、纪检监察机关和有关部门处理事项 179 件，涉及 232 人，金额 9.65 亿元。出具审计报告和专项审计调查报告 4075 篇；提交审计信息 5692 篇，被批示、采用 4190 篇（次）。提出审计建议 7808 条，被采纳 5461 条。向社会公告审计结果 18 篇。

2016 年，福建省审计厅蝉联全国文明单位称号。漳州市审计局实施的漳州市残疾人联合会原理事长任期经济责任审计项目被审计署评为地方表彰审计项目。

国家重大政策措施贯彻落实跟踪审计　全省审计机关组织 676 名审计人员开展政策跟踪审计工作，全年投入工作量计 40940 人/天，抽查 2991 个单位，涉及资金总量 3490.11 亿元，抽查项目 1188 个（次），涉及总投资额 2739.35 亿元。对金融支持实体经济特别是中小微企业政策落实情况等 13 个专题、148 个省重点建设项目和中央赋予福建的特殊政策及福建省配套措施执行情况等开展跟踪审计，截至年底，全省已整改问题 628 个，追回财政资金 527.89 万元，促进落实资金 799.11 万元，促进高校毕业生就业、营改增等重大政策落实 29 项，建立健全制度 16 项。组织开展全省产业转型升级扶持实体经济政策落实情况专项审计调查，延伸审计 180 家企业，发现福建省在产业转型过程中面临的生产性服务业水平较低、企业自主研发能力不足、部分产业产能过剩严重、个别财税扶持政策未得到有效落实、资金补助项目审核把关不严、工业与信息化龙头企业管理机制以及切块资金管理制度不完善等主要困难和问题，审计综合报告得到省政府的高度重视。开展扶贫审计，福建省审计厅专门成立扶贫审计工作组，制订全省扶贫审计中长期工作规划和年度工作方案。配合纪检机关开展扶贫资金专项检查，投入审计人员 311 人，抽查部门 1014 个，涉及扶贫资金 77.89 亿元；组织全省三级审计机关，对 66 个县（市、区）精准扶贫开展情况进行专项审计调查，以部门 20 类扶贫资金为主要审计内容，由各设区市审计局组织本辖区相关县（市、区）审计局开展交叉审计。

财政审计　全省审计机关对 676 个部门、单位预算执行情况开展审计，延伸审计 1233 个单位。利用财政联网审计数据分析平台，对省级财政和 153 个一级预算单位的年初预算细化、待分配资金细化和结余结转存量资金管理方面的电子数据开展疑点分析和核查；对海洋经济发展、战略性新兴产业两个单列编制预算专项资金进行审计；开展“社会保障和就业支出”科目审计试点，以科目审计为抓手推动省市县审计三级联动。福建省十二届人大常委会第二十四次会议听取审计工作报告，审议认为福建省审计厅依法开展审计监督，工作深入细致，指出转移支付资金管理不够规范、统筹存量资金使用效率不高、部门财务管理不严等问题，提出的审计建议有针对性。福建省政府高度重视审计发现问题的整改落实，两次向人大常委会报告上一年度省本级预算执行和其他财政收支审计发现问题整改落实情况。

经济责任审计　全省审计机关完成经济责任审计项目 849 个，涉及 1055 名领导干部，其中任中审计 310 人、离任审计 745 人。福建省审计厅分别制订省直部门主要领导干部、设区市法院院长、省管企业领导人员、县市区党政主要领导干部及高等院校领导干部等不同类型经济责任审计工作方案，加强对全省经济责任审计工作的指导，探索尝试新的责任界定方式。联合省纪委和省委组织部组成督查组，连续 4 年对上一年度经济责任审计发现问题整改情况开展检查，抽查 10 家被审计单位，审计决定书的整改率为 100%。审计报告反映问题的整改率为 79%。审计建议采纳率为 93.5%。制定完善制度办法 163 项。为防止审计问题屡查屡犯，福建省审计厅与省国资委联合开展省管国企领导人员任期经济责任审计案例宣讲，以案释法，寓财经政策、法规于案例之中，既起到警示作用，又达到培训目的。

自然资源资产离任审计试点　围绕助力生态文明建设，完善跨部门审计协作机制，坚持“开门搞审计”，创新技术方法，完善自然资源资产管理与生态保护评价指标体系，构建自然资源资产数据库与数据分析平台，加快推进领导干部自然资源资产离任审计试点。福建省委办公厅、省政府办公厅印发贯彻落实开展领导干部自然资源资产离任审计试点方案的实施意见，为保障审计试点工作提供有力指导。组织对莆田市和闽清县、光泽县、仙游县自然资源资产离任审计试点工作，注重结合福建山海地域特色，把海洋资源作为重点关注内容之一，从约束性指标和目标任务完成、自然资源资产开发利用管理、相关资金征收管理使用、生态环境保护治理、基础数据管理5个方面揭示问题，探索与生态环境损害责任追究办法相衔接的、由各层级各部门各单位及相关责任人共同承担责任的责任链条，构建完整的生态保护制度体系。

固定资产投资审计 全省审计机关完成889个重点政府投资项目审计，涉及项目投资额1501.43亿元。福建省审计厅组织省市两级审计机关、省交通运输厅内部审计机构开展17条高速公路建设项目跟踪审计或竣工决算审计，概算投资额657.82亿元，审计查出资本金未及时足额到位、多计工程款、个别项目未按规定公开招投标、勘察设计不到位、合同文件存在差错漏、财务和征迁管理不规范、个别项目结算争议大等问题，下达审计决定书15份，出具审计报告17份，出具审计移送处理书3份，提出审计建议57条，审计后节约投资3.64亿元。为规范福建省公共投资审计工作，更好地服务福建省经济社会发展大局，出台《福建省审计厅关于进一步加强公共投资审计工作的意见》，进一步明确公共投资审计的主要任务，提出推进公共投资审计全覆盖、创新公共投资审计技术方法、维护公共投资审计独立性、加强公共投资审计风险防控、强化公共投资审计队伍建设等工作要求。

民生资金（项目）审计 全省审计机关派出88个审计组、442名审计人员，实施2015年度全省保障性安居工程跟踪审计，检查306个安居工程项目的建设管理情况，延伸调查639个村的2605户农村危房改造家庭。福建省审计厅组织10个审计组176名审计人员，对省本级、3个市本级和8个县（市、区）2015年和2016年上半年医疗保险政策制度落实和改革措施推进情况，以及基金筹集管理使用情况进行审计，审计人力资源社会保障、卫生计生等主管部门及征收经办机构，以及民政、财政、地税、食品药品监督管理、扶贫等部门，延伸审计40个定点医疗机构、47个定点零售药店和1个药品医疗器械生产企业。组织7个设区市审计局对“十二五”期间闽江、九龙江流域水污染防治资金进行交叉审计，审计涉及46个县（市、区），以及发改、财政、环保等主管部门和项目建设单位；重点延伸157个乡镇、133家工矿企业、165个养殖场、493户农户、45个水源保护区、75个污水处理厂和33个垃圾处理场；审计财政资金58.73亿元，抽查建设项目604个。组织全省审计机关开展2015年度全省森林生态效益补偿资金和林下经济利用资金两次涉农资金“最后一公里”专项督查，推动中央八项规定精神深入落实“1+X”专项督查活动。

信息化建设 完善省级审计数据中心和行业数据库，按照审计署的部署建立健全定期向审计机关报送电子数据机制。加强审计数据分析平台建设，完善地方金融机构审计数据分析平台，建设高速公路建设项目审计平台，逐步投入运用。制定审计业务电子数据管理办法、数据分析团队管理办法，完善计算机审计制度。建立计算机数据分析人员和审计业务骨干共139人的非专职跨行业数据分析团队，成立11个行业数据分析组。

机关建设 福建省审计厅组织开展内部制度清理工作，修订完善管理制度26项；紧贴审计机关实际，深入开展“两学一做”学习教育，工作成果得到省直机关工委的充分肯定，并在福建省省直机关“两学一做”推进会上做典型交流；制定《党风廉政建设主体责任清单》，在厅机关开展“崇德尚廉、遵规守纪”廉政主题教育活动。

（撰稿人：王康力）

【福州市审计局】 2016年，福州市审计局人员编制91人，实有83人。局长林良云，副局长郑生明、刘小红、林光明，纪检组长史丹青，经济责任审计工作联席会议办公室主任刘小红（兼），副调研员潘忠杰、翁国荣、林芳、潘玉宁（—5月）、林先（2月—）。设有办公室、综合业务处、法规处、财政金融审计处、行政事业审计处、固定资产投资审计处、经贸审计处、社会保障审计处、农业与资源环保审计处、经济责任审计处、园区经济审计处、计算机审计处、人事处、局机关党委会和驻局纪检组、监察室；下设福州市政府固定资产投资审计中心。

审计成果 2016年，福州市县两级审计机关完成审计和审计调查项目315个，其中组织实施审计项目307个，参与实施审计项目8个。查出主要问题金额113.67亿元；审计处理处罚金额13.62亿元，其中应上缴财政2.48亿元、应减少财政拨款或补贴1143万元、应归还原渠道资金3.78亿元、应调账处理金额7.21亿元；审计后促进整改落实有关问题金额4.75亿元，其中增收节支4.23亿元、已调账处理金额2088万元；审计后挽回（避免）损失和促进拨付资金到位4568万元。移送处理事项8件，涉及金额560万元。出具审计（调查）报告402篇；审计信息被批示、采用330篇（次）。

2016年，福州市审计局蝉联中央文明办“全国文明单位”称号；被评为市党建工作先进单位、市平安单位、市重点项目建设服务奖；获全省审计系统审计信息化建设运用、审计统计和信息宣传工作第一名。6个审计项目被评为全省优秀表彰项目。福州市审计学会获得全国大中城市社科组织先进单位称号。

国家重大政策措施贯彻落实跟踪审计 分季度持续开展13个专题专项政策落实情况跟踪审计，涉及251个省市重点建设项目，促进政策落实到位9项，盘活财政存量资金等36.20亿元。对福州市76个攻坚重大项目落实情况跟踪审计检查，揭示反映项目问题42个，协调推进项目进度22项，规范20项工程招投标程序履行。

财政审计 对138个部门（单位）进行预算执行与决算审计，查出主要问题金额69.25亿元。对福州市215个部门（单位）2015年度公用经费管理使用情况专项审计检查，处理和纠正公务接待、人员编制、车辆管理不规范，公款私存等问题。福州市政府印发《关于进一步加强审计整改落实工作的实施意见》；福州市人大首次听取和审议市政府领导报告“同级审”整改工作。

经济责任审计 对88个单位的95名党政及国有企业领导人员进行任期经济责任审计，其中离任审计59人、任中审计36人。查出主要问题金额34.31亿元。移送有关部门处理事项2件，涉及金额50.36万元。对闽清县、建瓯市开展领导干部自然资源资产离任审计试点。首次将领导干部经济责任审计结果和审计发现问题整改落实工作列入2016年党风廉政建设责任制检查考核内容。

固定资产投资审计 对22个政府投资项目进行审计和跟踪审计，查出主要问题金额2.37亿元，处理和纠正未公开招投标、目标未完成、基建程序和资金管理不规范、多计征收补偿款等问题，完善制度3项。此外，7个县（市）区政府投资审计中心开展3606个工程项目造价审计，净核减、投资额14.35亿元。

民生资金和农业与资源环保审计 对55个重点民生和环境项目（资金）进行审计（调查），查出主要问题金额6.81亿元。对“尼伯特”灾后重建开展跟踪审计，督促闽清和永泰县1410受灾农户春节前回迁入住。开展精准扶贫、涉农资金专项审计（检查）和“1＋X＋Y”［市纪委督查小组＋市直有关职能部门＋各县（市）区纪委和市直各单位纪检组］专项督查，移送侵害群众利益等问题线索17件。保障性安居工程审计取消保障资格或调整待遇209户，交付和清退住房1470套，加快项目建设18个。（撰稿人：方韶玲）

【厦门市审计局】 2016年，厦门市审计局人员编制89人，实有83人。局长林起核，副局长陈爱忠、花育明，总审计师洪再福，纪检组长贾兆营，党组成员卢晓聪、刘海山。设有办公室、审理处、人事处、经济责任审计处（市经济责任审计工作联席会议办公室）、财政审计处、行政事业审计处、农业与资源环保审计处、社会保障审计处、固定资产投资审计处、金融与外资审计处（计算机审计处）、企业审计处、机关党委、纪检监察室。

审计成果 2016年，厦门市县两级审计机关完成审计项目223个，其中审计项目195个，专项审计调查28个。查出违规金额3.11亿元、损失浪费金额5191万元；审计发现非金额计量问题953个；损益（收支）不实金额5.76亿元；审计处理应上缴财政2.78亿元、应减少财政拨款或补贴1462万元、应归还原渠道资金4.50亿元、应调账处理金额4.30亿元；审计促进整改落实有关问题金额6.16亿元，其中已上缴财政9758万元、已归还原渠道资金2.62亿元、已调账处理金额2.46亿元。向司法、纪检监察及有关部门移送处理事项24件。出具审计报告和审计结果报告366篇；提交审计信息489篇，被批示、采用331篇(次)。提出审计建议739条，被采纳452条。

国家重大政策措施贯彻落实跟踪审计　持续组织对中央和省、市稳增长促改革调结构惠民生防风险政策措施落实情况开展跟踪审计。抽查市直部门22个、区6个、单位155个，抽查资金总量513.87亿元，其中存量资金23.57亿元；共抽查项目146个，抽查项目总投资额305.95亿元。审计发现问题49个，涉及资金5.59亿元。

财政审计　开展2015年厦门市本级预算执行情况审计、部门预算执行审计和决算审签以及其他财政收支情况审计。重点关注财政支出绩效、存量资金盘活、重大政策落实、"三公"经费使用等方面情况。审计揭示和查处部分单位非税收入未及时上缴、违规发放奖金补贴、未严格执行政府采购、部分资产管理不到位、违规招租造成损失等问题，移送纪检监察等有关单位处理事项4件。

经济责任审计　对144名领导干部开展经济责任审计，查出主要问题金额12.42亿元，移送纪检监察等有关单位处理事项2件。制定《厦门党政机关（部门、单位）经济责任审计的内容、方法和评价》等系列规范性文件，打破经济责任审计局限在财政财务收支领域的框框，紧扣领导干部履职尽责情况，为进一步做好经济责任审计工作提供翔实的操作指南。

农业与资源环保审计　对九龙江流域漳州段水污染防治专项资金、同安区自然资源资产、全市生态风景林工程建设情况、厦门坂头国有防护林场林地出租情况以及市水利局、诏安县领导干部经济责任等6个项目进行审计或审计调查。探索领导干部自然资源资产离任审计方式方法，推动领导干部切实履行自然资源资产管理和生态环境保护责任，促进自然资源资产节约集约利用。

民生资金（项目）审计　完成保障房、安置房、就业补助、医院、菜篮子工程等17个涉及民生领域的项目、资金、单位的审计任务。查出和纠正挤占挪用、损失浪费等损害人民群众利益的突出问题，推动各项惠民政策措施落到实处，维护群众切身利益，促进经济社会协调发展。针对"十二五"菜篮子工程建设审计结果，报送《我市蔬菜保供稳价机制有待完善》审计专报，得到市长的批示。在对第三医院进行审计中，通过对厦门市卫计委市民健康信息系统和市社保中心医保基金管理信息系统进行数据分析，发现部分社保卡在多家医疗机构的门诊刷卡行为存在异常，涉嫌盗刷医保基金问题。问题披露后引起市委、市政府的高度重视，市公安局立案侦查。

（撰稿人：郭芙榕）

【莆田市审计局】　2016年，莆田市审计局人员编制46人，实有43人。局长黄锦华，副局长张文庆、蔡振华、陈建华，总审计师邓超庸，纪检组长俞碧玲，副调研员陈国忠、林金顺。设有办公室、监察室、法制科、财政金融审计科、社会保障审计科、经济责任审计室、经济责任审计联席会议办公室、行政事业审计科、农业与资源环保审计科、经贸审计科、固定资产投资审计科、特派审计室、计算机应用中心、政府投资审计中心、驻北岸湄洲岛审计室。

审计成果　2016年，莆田市审计机关完成审计项目332个。查出主要问题金额38.85亿元，其中违规金额2.05亿元、损失浪费金额1518万元、管理不规范金额36.66亿元；损益（收支）不实金额6.17亿元；审计处理处罚金额2.25亿元，其中应上缴财政4000万元、应减少财政拨款或补贴8183万元、应归还原渠道资金725万元、应调账处理金额7192万元；审计发现非金额计量问题885个；审计促进整改落实有关问题金额1.81亿元，其中增收节支1.03亿元、已调账处理金额6038万元；审计后挽回（避免）损失8194万元。移送司法机关、纪检监察机关和有关部门处理事项16件，涉及9人，金额385万元。出具审计报告和专项审计调查报告374篇，被批示、采用219篇；提交审计信息634篇，被批示、采用455篇（次）。提出审计建议577条，被采纳502条。

2016年，莆田市审计局被莆田市委、市政府评为一类平安单位、2015年度绩效评估优秀等次。2个审计项目被福建省审计厅评为全省优秀审计项目、1个审计项目被评为全省表彰审计项目。

国家重大政策措施贯彻落实跟踪审计　重点

审计12个省重点项目及8个方面政策措施落实情况，揭示重点项目建设进度迟缓、项目资金使用管理不规范、安居工程金融扶持政策落实不到位等突出问题。提出的审计建议得到市、县（区）领导肯定。

财政审计 完成预算执行审计项目48个，审计单位48个，延伸67个下属单位，揭示预算收支管理不到位、预算绩效管理不规范、财政资金清理盘活不及时、政府采购监管不严等问题。市、县（区）人大常委会均对2015年度本级预算执行和其他财政收支审计工作报告给予充分肯定和高度评价。

经济责任审计 全市审计机关对40个单位、54名领导干部开展经济责任审计，查出主要问题金额27.84亿元。结合乡镇党委换届，对10个乡镇20名党政主要领导干部开展任期经济责任审计，揭示违规发放津补贴、费用支出把关不严、肢解工程规避公开招投标等问题，为组织人事部门考察选拔干部提供依据。

自然资源资产离任审计试点 8月，莆田市审计局根据福建省审计厅安排，开展仙游县领导干部自然资源资产离任审计试点，在揭示问题、督促整改、促进完善、探索创新等方面取得明显成效，为下一步全面推进奠定基础。

固定资产投资审计 全市完成政府性投资审计项目218个，投资额15.21亿元，核减投资额9378万元，查出主要问题金额2.10亿元。通过审计，揭示在项目招投标、合同签订及履约、工程建设管理等方面的问题。

民生资金（项目）审计 开展安置房建设、棚户区改造、医保基金、扶贫救灾、城乡低保方面民生资金和项目审计96个，揭示挤占挪用、截留资金、损失浪费、监管不力、效益不佳等问题，促使相关单位制定完善相关制度，规范资金管理。

交办任务 配合莆田市纪委开展推动全面从严治党向基层延伸让人民群众有更多获得感专项检查、中央八项规定精神深入落实“1+X”专项督查、2015年度涉农资金“最后一公里”专项督查，以及巡视、巡察工作，揭示扶贫资金使用范围不合规，部分民生资金结余过多，“三公”经费及会议、培训费使用管理不规范，截留、挪用财政专项资金等问题。（撰稿人：翁梅娟）

【三明市审计局】 2016年，三明市审计局人员编制51人，实有人数47人。局长卢维沙（4月—），副局长林寿佰、郭澍锡、周永东，总审计师罗发淦，纪检组长林明芳，副调研员林建明、徐小华。设有办公室、人事教育科、法规科、任期经济责任审计科、财政金融审计科、社会保障审计科、固定资产投资审计科等11个科室；下设三明市网络审计工作站。

审计成果 2016年，三明市县两级审计机关完成审计项目379个。查出主要问题金额37.77亿元，其中违规金额1.94亿元、损失浪费金额55万元、管理不规范金额35.83亿元；损益（收支）不实金额9.43亿元；审计处理处罚金额20.75亿元，其中应上缴财政1.71亿元、应减少财政拨款或补贴1.68亿元、应归还原渠道资金7.89亿元、应调账处理金额9.28亿元；审计发现非金额计量问题897个；审计促进整改落实有关问题金额9.96亿元，其中增收节支3.55亿元、已调账处理金额6.10亿元；审计促进拨付资金到位3964万元；审计后挽回（避免）损失1.68亿元。移送司法机关、纪检监察机关和有关部门处理事项10件，涉及5人，金额1.07亿元。出具审计报告和专项审计调查报告497篇，被批示、采用1篇；提交审计信息427篇，被批示、采用286篇（次）。提出审计建议827条，被采纳534条。

2016年，三明市审计局被三明市委、市政府评为文明单位、平安先进单位。三明市审计局实施的2014年度本级预算执行及其他财政收支情况审计项目，被福建省审计厅评为表彰审计项目。

国家重大政策措施贯彻落实跟踪审计 重点围绕简政放权政策落实、财政存量资金盘活使用、农信系统营改增政策执行、重大项目推进政策扶持、灾后重建资金管理使用、资源环境保护资金使用等六方面的内容，对64个省重点建设项目开展跟踪审计，市财政局共盘活市本级存量资金6.31亿元，通过持续的跟踪审计，着力反映政策落实不到位、项目建设缓慢、管理不规范等问题，研究提出解决问题的对策。

财政审计 以促进“税源培植、财政增收、支出增效、规范管理”为目标，组织预算执行审计项目98个，查出主要问题金额21.56亿元。三明市审计局实施2015年度税收征管审计以及重点纳税行业审计调查，审计结果引起市政府的重视，出台《关于进一步明确市本级固定收入企业税收预算级次的通知》《关于确定市本级重大项目企业名单的通知》两个文件，进一步规范市区财政管理体制，增加市本级财政收入。

经济责任审计 建立与组织、纪检部门提前沟通机制和轮审制度。以重大决策、履职尽责、管理绩效为重点内容，对119个单位的131名领导干部开展经济责任审计，查出问题金额5.65亿元。移送纪检监察机关1人，涉案金额50万元。出具审计报告和审计结果报告233篇。提出审计建议254条，被采纳160条。

金融审计 按照福建省审计厅统一部署，完成尤溪县农信社和沙县农商行的2015年度资产负债损益情况的审计，揭示金融贷款风险隐患以及经营管理中存在的薄弱环节，报送三明市政府，为防范全市金融风险提供审计支持。完成三元、尤溪和将乐三地的世界银行农村公路贷款审计。

农业审计 组织全市审计力量，开展生态效益补偿资金和林下套用资金的“最后一公里”专项督查、全市精准扶贫专项审计调查，揭示扶贫资金制度建设、资金筹集管理使用中存在的困难和问题，切实保障扶贫资金安全有效，推动精准扶贫政策措施落地，促进林业、财政等部门整改，规范资金项目管理。

固定资产投资审计 跟踪政府重大建设项目，持续开展三明沙县机场跟踪审计、建泰高速公路决算审计、B05安置房和西江路审计，以及援疆项目和资金审计。共完成投资项目审计757个，审计工程总造价45.56亿元，核减工程造价6.21亿元。

民生资金（项目）审计 开展全市保障性安居工程、全国医保基金、闽江流域（福州段）水污染防治资金交叉审计等民生项目审计。在保障性安居工程审计工作中，创新形式，采取以上审下、异地交叉、领导挂包、中期协调、全面推进等多种方式，为全市开展“大兵团统一作战”积累成功经验。所反映的问题促使三明市政府制定完善《三明市棚户区改造管理办法》等5项规范性文件。

（撰稿人：林慧升）

【泉州市审计局】 2016年，泉州市审计局人员编制55人，实有54人。党组书记蔡思红（—8月）、骆振军（8月—），局长蔡思红（—11月）、骆振军（11月—），副局长骆振军（—11月）、徐情根（—7月）、黄清安（11月—），总审计师李锦忠，纪检组长蔡正确，副调研员何锦田。设有办公室、综合科、法制科、经济责任审计科、财政金融审计科、行政事业审计科、企业审计科、固定资产投资审计科、计算机审计科、机关党总支，以及驻局纪检监察室；6月经批准新设立计算机审计中心，编制4人，实有1人。

审计成果 2016年，泉州市县两级审计机关完成审计项目406个。查出违规金额2.90亿元；审计处理应上缴财政2.73亿元、应减少财政拨款或补贴1726万元；审计促进整改落实有关问题金额17.19亿元；审计挽回（避免）损失8136万元。移送处理事项5件。出具审计报告和专项审计调查报告481篇，被批示、采用167篇；提交审计信息890篇，被批示、采用1361篇（次）。提出审计建议1209条，被采纳928条；推动完善规章制度138项。

2016年，泉州市审计局实施的2个项目和晋江市、安溪县审计局实施的4个审计项目，被福建省审计厅评为全省优秀审计项目。

国家重大政策措施贯彻落实跟踪审计 泉州市确定20个稳增长专项任务开展跟踪审计，立足项目落地、资金保障、简政放权、政策落实、风险防范“五个抓手”，重点关注“三去一降一补”任务落实，揭示政策落实、项目落地过程中存在的问题。

财政审计 围绕民生项目存量资金、社会保障和就业支出、产业转型升级扶持实体经济政策落实等方面，对72个单位开展预算执行审计，延伸182个单位，查出主要问题33.93亿元，促进财政资金提高绩效。通过对民生财政存量资金审计，摸清截至2015年末民生项目财政存量资金的规模、种类等基本情况，以及2015年财政及主管部门统筹、使用以往年度存量资金的情况。

经济责任审计 完成88名领导干部经济责任审计项目，涉及领导干部100人，其中任中审计15人，查出违规金额3896万元。探索县区党政领导自然资源资产离任审计试点，增加对森林、海域使用、环境资源保护等的审计。开展对中泉国际经济技术合作（集团）有限公司、泉州港务集团有限公司2家国企领导人任期经济责任审计，审计结果报告得到市委书记、市长的重视和签批，发现的经营管理问题移送主管部门处理。

金融审计 组织对泉州市农商行和南安市农商行资产负债损益进行审计，揭示经营管理中存在的薄弱环节和风险隐患，促进两家金融机构从制度层面、流程层面、操作层面进行全面整改，进一步完善信用风险防控和贷款管理办法等规定。

固定资产投资审计 组织对全市2015年城镇保障性安居工程进行跟踪审计，延伸调查244个村的499户农村危房改造家庭，对28个安居工程项目的建设管理情况进行检查。通过审计，取消58户违规享受的保障性住房待遇，纠正套取资金、冒领农村危改款项等问题。实施晋石高速公路工程竣工决算审计、援藏援疆项目和资金审计，对晋石高速相关设计单位和设计人员违规履职问题及时移送省交通厅处理。

民生资金（项目）审计 组织开展对南安市、安溪县、永春县和德化县扶贫资金专项审计，揭示截留、滞留资金等侵害群众利益问题。开展全市医保经办机构整合审计，促进医疗保障管理体制改革。开展全市社会保障和就业支出资金审计，揭示资金管理不完善、政策落实不到位等问题。

专项资金审计 对市县两级14个纪检监察机关2013—2015年度“三公”经费和涉案款物管理方面进行专门审计，促进党委工作部门加强预算管理，完善财政资金管理制度。

交办任务 配合泉州市政府开展闽侨实业投资有限公司资产清算、清资核产工作；配合省市巡视巡察工作，参与市委对第一批2个单位的巡察；联合市纪委开展涉农资金“最后一公里”专项督查、全市森林生态效益补偿资金、扶贫资金专项督查和“1+X”专项督查等。

信息化建设 加快实施金审三期建设，可行性研究报告暨初步设计方案获专家评审通过，立项申请获批。制定《泉州市审计局审计业务电子数据管理办法》《泉州市审计局数据分析团队管理暂行办法》，为加强数据综合分析奠定制度保障。

（撰稿人：张志文）

【漳州市审计局】 2016年，漳州市审计局人员编制65人、实有50人。局长郭进福，副局长张孔亮、陈少凡、郑清松，总审计师曾妙玲，驻市发改委纪检组副组长魏素云，市经济责任审计工作联席会议办公室主任高振强，副调研员张毅（—3月）、吴春金。设有办公室、法制科、经济责任审计科、财政金融审计科、行政事业审计科、经贸外经审计科、农业与资源环保审计科、社会保障审计科、固定资产投资审计科、开发区审计科（含台商投资区审计办事处）、机关党委；下设事业单位漳州市审计局计算机应用技术中心、漳州市审计局固定资产投资审计中心、政府性资金风险防控中心。

审计成果 2016年，漳州市县两级审计机关完成审计项目368个。查出主要问题金额119.48亿元，其中违规金额6.17亿元、损失浪费金额339万元、管理不规范金额113.27亿元；损益（收支）不实金额25.91亿元；审计处理处罚金额13.50亿元，其中应上缴财政2.84亿元、应减少财政拨款或补贴5698万元、应归还原渠道资金8.08亿元、应调账处理金额1.64亿元；审计发现非金额计量问题1130个；审计促进整改落实有关问题金额7.57亿元，其中增收节支7.10亿元、已调账处理金额4477万元；审计促进拨付资金到位2065万元；审计后挽回（避免）损失2.13亿元。移送司法机关、纪检监察机关和有关部门处理事项28件，涉及11人，金额2.05亿元。出具审计报告和专项审计调查报告463篇；提交审计信息203篇，被批示、采用116篇（次）。提出审计建议945条，被采纳762条。

2016年，漳州市审计局实施的漳州市残疾人联合会原理事长任期经济责任审计项目，被审计署、省审计厅分别评为全国地方表彰审计项目、全省优秀审计项目。南靖县审计局实施的南靖县公安局2012—2014年度招待费专项审计项目、云霄县审计局实施的云霄县2014年度县财政本级预算执行情况审计项目、东山县审计局实施的东山县中医院2013年度财务收支审计项目被福建省审计厅评为全省优秀审计项目。

国家重大政策措施贯彻落实跟踪审计 开展市直行政单位机构编制管理情况专项审计调查、促进大中型物流企业发展政策措施落实情况跟踪审计等12个专题审计。

财政审计 组织实施58个各级财政部门、预算执行单位及其他相关单位的预算执行情况审计。其中，漳州市审计局实施的“同级审”，率先开展联网审计，通过对财政各业务数据进行分析对比和筛选，查出财政部门国库集中支付监管不到位，公务卡使用率低、预算指标下达不及时、部分单位以现金发放津贴补贴和奖金等问题。审计结果向市政府反映的机关事业单位委托旅行社办理公务活动服务、行政事业单位公务用车租赁、行政事业单位资产划转国有企业管理、基本医疗保险基金征缴管理、行政事业单位公务消费发票监管等问题，以及提出的合理性建议，均得到市政府主要领导的批示肯定。

经济责任审计 对泰宁县和漳浦县检察院、法院等93个单位、108名领导干部进行经济责任审计，查出领导干部应负直接责任的违规问题金额91万元、应负主管责任的违规金额1.95亿元、应负领导责任的违规金额6367万元。

企业及金融审计 开展漳州发展、香港漳龙等14家国有企业审计项目，查出主要问题金额14.42亿元。开展漳州农商行和长泰农商行资产负债损益审计等3个金融审计项目，共查出主要问题金额3.20亿元。

固定资产投资审计 对援疆项目和资金、漳州南联络线建设项目等66个各级政府重点投资项目进行审计和跟踪审计，核减工程价款1.24亿元。

民生资金（项目）审计 完成社会保障和就业支出专项审计等30个项目审计或专项审计调查。

信息化建设 制定《漳州市2015—2017年审计信息化发展意见》，建成财政子系统并投入使用，地税、公积金、社保等子系统项目也陆续开始实施。在福建省审计厅2015年度数字化审计机关建设水平评价考核中，漳州市审计局获得第三名，并获得AO应用实例优秀奖4篇、应用奖17篇、鼓励奖17篇，计算机审计方法优秀奖3篇、鼓励奖22篇。《揭开残疾人康复训练机构骗取财政资金的内幕》《测量技术与计算机辅助软件在政府投资项目审计中的应用》被审计署选取为审计干部网络学院课件。全市累计通过审计署计算机中级培训考试26人。（撰稿人：李伟光）

【南平市审计局】 2016年，南平市审计局人员编制64人，实有59人。局长陈建新，副局长刘剑锋、陈卷宝，总审计师上官登川，纪检组长陈代安，副调研员李华。设有办公室、法规科、经济责任审计科、财政金融审计科、行政事业审计科、经贸审计科、固定资产投资审计科、社会保障审计科、机关党委、南平市监察局派驻监察室；派出机构有南平市审计局武夷新区分局；下设南平市固定资产投资审计中心、南平市计算机审计中心。

审计成果 2016年，南平市县两级审计机关完成审计项目335个。查出主要问题金额74.94亿元，其中违规金额3.78亿元、损失浪费金额4649万元、管理不规范金额70.69亿元；审计处理处罚金额13.97亿元，其中应上缴财政6.85亿元、应减少财政拨款或补贴1.53亿元、应归还原渠道资金2.15亿元、应调账处理金额3.32亿元；审计发现非金额计量问题1030个；审计促进整改落实有关问题金额11.16亿元，其中增收节支9.26亿元、已调账处理金额1.88亿元；审计促进拨付资金到位1654万元；审计后挽回（避免）损失1.85亿元。移送司法机关、纪检监察机关和有关部门处理事项62件，涉及92人，金额3.03亿元。出具审计报告和专项审计调查报告421篇；提交审计信息980篇，被批示、采用755篇（次）。提出审计建议764条，被采纳597条。

2016年，南平市审计局获得市级五一劳动奖状单位、全市先进基层党组织等，被南平市委、市政府评为绩效管理工作监管与服务类政府部门序列第一名。南平市审计局组织实施的建阳区2012—2014年度政府投资项目预算执行审计项目被福建省审计厅评为优秀项目。

国家重大政策措施贯彻落实跟踪审计 统筹全市审计资源，抽调南平市县两级审计机关120余名业务骨干，组成10余个审计组，检查65个部门单位，共查出问题金额4562万元。

财政审计 对61个预算执行单位开展审计和审计调查，并延伸审计单位75个，查出主要问题金额22.70亿元。

经济责任审计 完成经济责任审计项目78

个，审计经济责任人92人，共查出问题金额24.34亿元。开展光泽县党政领导干部自然资源资产离任审计试点，查出主要问题金额9311万元。在全省率先开展乡镇层级领导干部自然资源资产离任审计试点，形成《南平市审计局林地利用现状数据库在领导干部自然资源资产离任审计中的应用》实例。初步形成《乡（镇）领导干部自然资源资产——森林资源资产管理情况审计指南》，建立南平市自然资源资产审计数据综合分析平台。

企业审计 重点实施对13家县市国有企业的审计，延伸审计单位19个，查出主要问题金额5.01亿元。对福建南平农村商业银行股份有限公司2015年度资产负债损益情况开展审计，查出主要问题金额8.54亿元。

固定资产投资审计 完成固定资产投资审计项目135个，核减投资额3.67亿元。建立工程投资审计参审工程造价咨询单位名录库，深化重点项目审计"绿色通道"机制。

民生资金（项目）审计 对涉及保障性安居工程的住房城乡建设、发展改革、财政、国土资源等7个部门进行重点审计，推进城镇棚户区和城乡危房改造及配套基础设施建设。调配市县两级审计机关人员63人，对南平市10县（市、区）精准扶贫开展情况进行专项审计调查，查出违规违纪金额1.33亿元。

信息化建设 组织全市46名审计业务骨干赴南京审计大学，进行计算机审计应用专题培训。南平全市已通过审计署计算机中级考试人员22人，初步组建起一支计算机审计专业人才队伍。在金融审计、自然资源审计中充分发挥数据分析团队作用，及时总结经验成果，27个计算机审计应用实例、39个计算机审计方法获省审计厅表彰。

相关工作 推进"两学一做"学习教育，组织全局党员到武夷山大安村红色革命旧址接受革命传统教育，到建阳监狱接受廉政警示现场教育。完善南平市审计系统党建工作千分制量化考评体系，建设"书香审计"电子平台，打造"互联网+党建"学习模式，开展"送学进点"活动，为出差审计党员学习提供便利，全年累计送学13次，受益党员达120余人次。建立临时党支部制度，抓好审计项目点上党员学习教育管理。"一县一品牌、一支部一品牌"创建工作取得初步成效。南平市审计局、武夷学院联合课题组"风险导向审计在高校领导干部经济责任审计全覆盖中的运用"中标福建省审计厅科研项目。

（撰稿人：陈薛良）

【龙岩市审计局】 2016年，龙岩市审计局人员编制51人，实有49人。局长邱河清（—11月）、郑贵豪（12月—），副局长黄文安、王思水、钟江泓、陈振书、程建茂（—8月），总审计师赖日章，纪检组长傅闽，调研员钟江泓（兼）、段渭景，副调研员张彩俤。设有办公室、综合计划与法规科、财政金融审计科、经贸外资审计科、行政事业审计科、农业与资源环保审计科、固定资产投资审计科、经济责任审计科、社会保障审计科；直属事业单位有计算机辅助审计中心与审计举报中心、固定资产投资审计中心；另设单位有经济责任审计联席会议办公室；龙岩市纪委、监察局派驻龙岩市审计局纪检组、监察室。

审计成果 2016年，龙岩市县两级审计机关完成审计项目263个。查出主要问题金额172.60亿元，其中应上缴财政7.42亿元、应减少财政拨款或补贴1.17亿元、应归还原渠道资金3.99亿元、应缴纳其他资金3497万元、应调账处理金额15.19亿元。移送司法机关、纪检监察机关和有关部门处理事项5件。出具审计报告和专项审计调查报告364篇；提交审计专题、综合性报告和审计信息912篇，被批示、采用180篇（次）。提出审计建议723条，被采纳244条；促进被审计单位建立健全规章制度1项。

2016年，龙岩市审计局被中国时代经济出版社评为审计通联工作优秀单位；被福建省审计厅评为全省审计信息宣传工作先进单位、全省审计统计工作开展较好的单位；2015年度绩效考核工作获得优秀等次。

国家重大政策措施贯彻落实跟踪审计 开展全市贯彻落实稳增长促改革调结构惠民生防风险政策措施情况跟踪审计，对市本级贯彻国家支持原中央苏区（龙岩）各种政策落实情况、产业转型升级扶持实体经济等方面进行专项审计。

财政审计 对65个部门、事业单位预算执行情况开展审计，查出主要问题金额 86.37 亿元。

经济责任审计 完成经济责任审计项目 87 个，被审计领导干部 107 人。查出主要问题金额 66.90 亿元，其中违规金额 1.57 亿元、管理不规范金额 65.33 亿元。

固定资产投资审计 完成投资审计项目 1019 个，送审工程造价 62.66 亿元，核减造价 5.52 亿元。其中送审结算造价 38.67 亿元、核减造价 3.31 亿元；送审预算控制价 23.96 亿元、核减预算造价 2.21 亿元。开展援藏和援疆项目跟踪审计。

民生资金（项目）审计 开展全市保障性安居工程跟踪审计；对全市 2015 年底有建档立卡贫困人口的 8 个县（市、区）精准扶贫开展情况进行专项审计调查；开展 2015 年度涉农资金“最后一公里”专项督查工作，主要抽查森林生态效益补偿资金和林下经济利用资金的使用管理情况，涉及金额 7532 万元。

专项资金审计 对坎市、培丰、高陂、虎岗、东肖、红坊 6 个乡镇截至 2015 年 12 月 31 日的债权债务认定情况进行审计；对上杭农村商业银行、长汀县农村信用合作社联合社 2015 年度资产负债损益情况进行审计；开展古田小城镇建设资金专项审计调查。

信息化建设 启动金审工程三期建设，构建市级数据中心、数据分析平台、联网审计系统，建立定期报送数据制度和市级数据积累机制。

（撰稿人：代春燕）

【宁德市审计局】 2016 年，宁德市审计局人员编制 44 人，实有 44 人。党组书记吴敏（—7 月）、曾家庆（7 月—），局长吴敏（—8 月）、黄颖倩（8 月—），副局长陈端浦、谢坚、吴纯强，总审计师林挺仲，纪检组长汤万冰，经济责任审计联席会议办公室主任郑司扬，副调研员钱冠中。设有办公室、法规科、财政金融审计科、行政事业审计科、经贸审计科、农业与资源环保审计科、社会保障审计科、经济责任审计科、固定资产投资审计科、监察室；下设宁德市固定资产投资审计中心、宁德市网络审计工作站。

审计成果 2016 年，宁德市县两级审计机关完成审计和审计调查项目（单位）355 个。查出主要问题金额 80.50 亿元，其中违规金额 2.50 亿元、损失浪费金额 2922 万元、管理不规范金额 77.71 亿元；损益（收支）不实金额 16.44 亿元；审计处理处罚金额 2.61 亿元，其中应上缴财政 2988 万元、应减少财政拨款或补贴 1.32 亿元、应归还原渠道资金 4824 万元、应缴纳其他资金 2709 万元、应调账处理金额 2354 万元；审计发现非金额计量问题 630 个；审计促进整改落实有关问题金额 2.52 亿元，其中增收节支 1.73 亿元、已调账处理金额 2354 万元；审计促进拨付资金到位 2835 万元；审计后挽回（避免）损失 1.76 亿元。移送司法机关、纪检监察机关和有关部门处理事项 16 件，涉及 11 人，金额 669 万元。出具审计报告和专项审计调查报告 532 篇；提交审计信息 292 篇，被批示、采用 288 篇（次）。提出审计建议 822 条，被采纳 648 条；推动完善规章制度 1 项。

2016 年，宁德市县两级审计机关 1 篇 AO（现场审计实施系统）实例获得全省 AO 应用实例优秀奖、3 篇 AO 实例获得全省 AO 应用奖、6 篇 AO 实例获得全省鼓励奖；1 篇计算机审计方法获得全省计算机审计方法优秀奖、4 篇获得鼓励奖。《公交公司审计中的计算机数据分析》课件入选审计署网络干部学院 A 类课件。

国家重大政策措施贯彻落实跟踪审计 抽查 394 个部门单位，171 个项目，抽查资金 21.58 亿元。发现线索 7 件，依法移送相关部门。

财政审计 对 53 个单位开展预算执行审计，查出问题金额 52.23 亿元。宁德市人民政府首次向市人大常委会第三十八次会议做审计发现问题的整改报告。

经济责任审计 对 106 个单位 152 名党政领导干部、事业单位领导人员开展经济责任审计，查出违规金额 2.00 亿元、管理不规范金额 11.98 亿元。市本级经济责任审计报告得到宁德市委书记的批示。拓展领导干部自然资源资产离任审计试点成果，经验做法在审计署 2016 年领导干部自然资源资产离任审计试点工作审前培训班交流。11 月，中央改革办督查组在福鼎督查调研时，肯定宁德审计试点工作起到示范作用。新疆、海南、江西等省（自治区）审计机关派员现场参观学习。

固定资产投资审计 对 151 个项目开展结算

审计，延伸审计51个单位，查出主要问题金额8.62亿元，核减项目投资额1.70亿元，对建设资金不落实、工程价款不实等问题，依法做出相应处理处罚决定。

民生资金（项目）审计 对用于民生的财政存量资金盘活使用情况、社会保障和就业支出、产业转型升级扶持实体经济政策落实等项目开展专项审计或调查，涉及72个部门单位、46个安居工程项目、41个村212户农村危房改造家庭。采取交叉审计方式开展专项审计调查，涉及财政、发改、民政等10个部门22项中央和省级专项扶贫资金15.21亿元，市县两级扶贫资金2.64亿元，延伸调查35个乡镇，105个行政村。与政府办建立重大审计事项报告机制，多次得到宁德市长和市委分管领导的批示，宁德市副市长专程到审计机关进行调研。

专项督查 开展涉农资金“最后一公里”专项督查，检查9个县（市、区）等20个乡镇、41个行政村、274户和1家国有林场森林生态效益补偿资金和林下经济利用资金流向，发现专项资金拨付不及时、层层滞留，涉嫌截留、挪用等问题，督查结果受到市长高度重视，责成相关单位抓好整改。根据宁德市纪委的安排开展落实中央八项规定精神的“1+X”专项督查（市纪委督查+职能部门职责范围内督查），将督查内容和结果列入审计报告，移送问题线索10件，受到宁德市纪委通报表扬。

相关工作 认真开展“两学一做”学习教育活动，强化审计系统上下联动，推进党建“三级联创”，坚持党风廉政建设责任制，狠抓“两个责任”落实，健全综合治理和平安创建。厘清“两个责任清单”，加强审计全过程管理，成立审计现场临时党小组。开展“红色记忆”“廉洁家风家训”等教育活动，做客“数字宁德”开辟审计文化长廊，加强审计干部思想政治教育。举办培训班3期，培训210人次，8人通过计算机中级考试，5人入选福建省审计厅数据分析团队。宁德市审计局保持第十二届“市级文明单位”称号。

（撰稿人：林晓丽）

【平潭综合实验区廉政办公室】 2016年，平潭综合实验区廉政办公室设有审计监督室，人员编制10人，实有8人。主任郑晓东，副主任陈存国，审计监督室主任丁元恩、副主任阳泽伟；下设审计事务中心。

审计成果 2016年，平潭综合实验区廉政办2016年完成审计项目31个，查出主要问题金额39.48亿元，涉及调账处理金额562万元。出具审计报告61篇；提交审计信息3篇。提出审计建议106条。

国家重大政策措施贯彻落实跟踪审计 按照全省稳增长审计工作部署，实验区廉政办对省重点工程12个项目进行跟踪审计，并对自贸区政策落实情况跟踪审计调查。出具审计报告17份，得到平潭综合实验区管委会领导批示4份；报送的稳增长审计信息被《中国审计报》采用。审计揭露的项目建设进展缓慢、项目资金滞留多、有些工程未实行招标等问题得到区管委会领导高度重视。通过审计有效推动重点工程项目的建设进度和优惠政策措施的落实，取得良好的审计效果。

财政审计 对2015年度平潭综合实验区（县）本级财政预算执行和其他财政收支情况审计，重点审计预算收支执行、国库集中支付管理、重点项目预算执行、政府债务置换资金和投资基金使用管理和教育、卫生、民政、水利部分专项资金使用管理等。揭露在预算编制、执行和资金管理方面存在的突出问题，涉及问题金额19.51亿元。提出完善机制和制度的意见建议，推进政府全口径预算和财政改革。

经济责任审计 开展18个单位经济责任审计，涉及40名党政干部和国有企业领导，其中党委领导19人、政府领导17人、国有企业领导4人；属于任中审计18人、离任审计22人。审计查出管理不规范金额20.29亿元。提出审计建议51条。通过审计，有效强化对领导干部经济权力的制约和监督，推进领导干部树立正确的政绩观，促进党风廉政建设以及领导干部科学决策、民主决策和依法决策。

固定资产投资审计 对7个已完工且造价已审结的工程项目进行决算审计。出具审计报告9份，下达审计决定书3份，挽回政府性资金损失1352万元，移送处理1人。在完成审计任务基础上，对审计发现的合同签订不规范、执行不到位、造成国有资产流失或区管委会利益受损等问题进行分析汇总，形成关于区政府性投资项目审计发现主要问题的综合报告。

审计整改 推动管委会出台《关于建立审计整改落实工作制度的通知》，加大对审计发现问题的整改力度，健全完善政府领导、部门负责、审计督促、各有关方面协调配合的审计整改长效机制，维护审计权威。实验区管委会主要领导高度重视审计工作，管委会主任办公会议专门通报2016年工程领域审计发现的主要问题，区管委会主任要求相关单位切实整改，对整改不到位的要严肃问责。

（撰稿人：陈存国）

2016年福建省所辖区、县(市)级审计工作统计表

金额单位:万元

审计机关	完成审计项目(个)	审计查出主要问题金额	审计处理情况					出具审计报告和审计调查报告(篇)	提出审计建议(条)	提交审计信息(篇)
			审计处理处罚				移送处理事项(件)			
			应上缴财政	应减少财政拨款或补贴	应归还原渠道资金	应调账处理金额				
福州市										
福州市本级	89	499016	10083	1143	5383	57582	4	114	291	407
鼓楼区审计局	19	48816	44		6775	11	2	16	40	53
台江区审计局	14	21054			4064	54		17	32	41
仓山区审计局	11	41411	437		62			16	35	45
马尾区审计局	16	12064	541		4061	1369		22	38	51
晋安区审计局	8	20126	16		64	1		9	17	20
福清市审计局	29	262321			445			39	76	
长乐市审计局	38	23070	1		12949	115	1	53	79	72
闽侯县审计局	20	46460	294		1013			25	64	23
连江县审计局	29	26581	844		1433	12957		34	80	
罗源县审计局	18	59205	190					25	55	
闽清县审计局	8	63322	12356		888		1	8	26	50
永泰县审计局	16	13226	6		688			24	42	13
厦门市										
厦门市本级	98	488426	11955	587	14516	41353	18	139	329	320
思明区审计局	21	14489	8163		2874			31	51	
海沧区审计局	22	20002	401		63	260		49	81	31
湖里区审计局	17	10791	1		50		3	28	74	17
集美区审计局	13	19760	6223		10721	38	1	26	39	45
同安区审计局	31	2301	450		20			62	86	30
翔安区审计局	21	49969	591	875	16723	1369	2	31	79	46
莆田市										
莆田市本级	54	288639	795	3498	600	1271	16	82	163	96
城厢区审计局	17	16665	663		4	4942		17	48	30

（续表）

审计机关	完成审计项目（个）	审计查出主要问题金额	审计处理情况					出具审计报告和审计调查报告（篇）	提出审计建议（条）	提交审计信息（篇）
			审计处理处罚				移送处理事项（件）			
			应上缴财政	应减少财政拨款或补贴	应归还原渠道资金	应调账处理金额				
涵江区审计局	9	15619	532		3			13	36	65
荔城区审计局	12	28345	1880		35			15	43	8
秀屿区审计局	220	35811	11	4685	83	980		220	219	435
仙游县审计局	20	3403	118					27	68	
三明市										
三明市本级	55	110792	9241	4767	74043	9739	3	72	272	185
梅列区审计局	13	28616	57					20	35	
三元区审计局	12	3696	300		28	140		18	21	24
永安市审计局	14	33661			1146			20	24	20
明溪县审计局	29	3119		53	332	523		43	81	
清流县审计局	31	25972	15	3127	45	17	1	36	68	
宁化县审计局	84	11211	23	2410	1872	57	1	96	136	55
大田县审计局	28	73624	6770		564	38540	3	43	57	29
尤溪县审计局	26	3706	203	30	261	1539	1	44	11	9
沙县审计局	20	63852	350	4393	361	42029		26	38	32
将乐县审计局	39	7179		1988	28			42	11	19
泰宁县审计局	14	1306	75		22	160		18	28	22
建宁县审计局	14	10989	15		151	6	1	19	45	32
泉州市										
泉州市本级	39	431301	10381		7076	185933	1	43	137	110
鲤城区审计局	68	6376	2	682	1	1	2	73	152	124
丰泽区审计局	18	4647		301				18	63	102
洛江区审计局	47	6183	2					47	70	25
泉港区审计局	17	70022			419			20	40	55
石狮市审计局	27	55292	1175		108			41	68	12
晋江市审计局	36	89965	5224	730	23	558	1	44	133	172
南安市审计局	38	60105			200			38	167	160
惠安县审计局	21	19335	350			396		21	65	2
安溪县审计局	41	32967	10016		16	7587		58	142	8
永春县审计局	24	89779	188	13	528	409	1	30	82	33
德化县审计局	30	6678	2		1090			48	90	87
漳州市										
漳州市本级	58	481062	19104	4680	77426	15129	9	72	192	35

（续表）

审计机关	完成审计项目（个）	审计查出主要问题金额	审计处理情况					出具审计报告和审计调查报告（篇）	提出审计建议（条）	提交审计信息（篇）
			审计处理处罚				移送处理事项（件）			
			应上缴财政	应减少财政拨款或补贴	应归还原渠道资金	应调账处理金额				
芗城区审计局	21	9307	448	453	226	19		29	46	
龙文区审计局	27	34288	442				3	30	81	
龙海市审计局	20	81360	196		141			24	69	
云霄县审计局	17	33201	489		61	11		23	36	1
漳浦县审计局	45	417244	885				7	53	66	35
诏安县审计局	29	44868	155		612	18	1	34	86	
长泰县审计局	22	9468	2998	102	5	108	5	29	59	
东山县审计局	25	9418	419	129	340	22		34	55	3
南靖县审计局	35	20701	429	334	48		2	47	100	34
平和县审计局	45	18551	1554		25			56	72	43
华安县审计局	24	35284	1312		1935	1054	1	32	83	52
南平市										
南平市本级	120	547686	63411	10427	15044	795	14	136	245	493
延平区审计局	12	55869	1631	184	214	150	5	19	18	163
建阳区审计局	36	8191		2806				37	63	50
邵武市审计局	21	16638	214		1439		10	38	48	30
武夷山市审计局	13	21237	822		1503	3955	11	22	43	2
建瓯市审计局	22	46843	1436		2070		9	31	69	46
顺昌县审计局	15	15281	455	30	4	12021	1	17	44	14
浦城县审计局	10	4551	60		4	1763	1	14	43	20
光泽县审计局	16	1946	269		1	7	2	23	18	120
松溪县审计局	17	26179	173		53	12562	7	23	48	22
政和县审计局	53	4959	40	1805	1125	1989	2	61	125	20
龙岩市										
龙岩市本级	52	919703	8851	8661	30642	67357		62	147	238
新罗区审计局	47	20978	5475	2063			1	59	71	4
永定区审计局	42	49591	1633	935	6406	32910		54	144	133
漳平市审计局	12	28548	343		34	457		20	47	165
长汀县审计局	29	35450	650		317	490		45	47	48
上杭县审计局	35	422351	57229		2098	44348	4	54	103	73
武平县审计局	23	180355	56		341	6042		35	63	250

（续表）

审计机关	完成审计项目（个）	审计查出主要问题金额	审计处理情况					出具审计报告和审计调查报告（篇）	提出审计建议（条）	提交审计信息（篇）
			审计处理处罚				移送处理事项（件）			
			应上缴财政	应减少财政拨款或补贴	应归还原渠道资金	应调账处理金额				
连城县审计局	23	68989	10	4	59	269		35	101	1
宁德市										
宁德市本级	58	235017	302	3276	1330	222	9	66	118	225
蕉城区审计局	21	1310	30					49	74	
福安市审计局	59	459427	118	5481	571		1	82	66	30
福鼎市审计局	29	10743	207	2152	1371	15		27	66	
霞浦县审计局	28	19042					5	34	76	
古田县审计局	30	13885	2	149				110	123	
屏南县审计局	51	29488	1437	2136		654	1	64	83	2
寿宁县审计局	15	21291	43					16	32	
周宁县审计局	11	1948	15		315	1462		18	38	10
柘荣县审计局	53	12878	835		1237			66	146	25
省直辖										
平潭综合实验区廉政办公室	31	394812				562		61	106	3

江西省

【江西省审计厅】 2016年，江西省审计厅人员编制216人，实有188人。设有办公室、综合处、法规审理处、电子数据审计办公室、财政与金融审计处、行政事业审计一处、行政事业审计二处、农业审计处、资源环保审计处、固定资产投资审计一处、固定资产投资审计二处、经贸审计一处、经贸审计二处、社会保障审计处、外资运用审计处、经济责任审计处、政法审计处、教育审计处、人事处、机关党委；还设有机关后勤服务中心、信息中心、审计干部培训中心和庐山培训基地。

领导成员

厅　　长：王殿军（—4月）

　　　　　辜华荣（4月—）

副 厅 长：刘　达　邹水成

　　　　　章丁万（—10月）　胡志勇

总审计师：刘斌良

纪检组长：徐　鸿

省经济责任工作领导小组办公室专职副主任：

　　　　　黄正宇

巡 视 员：何萍高（—11月）

副巡视员：伍金条（—7月）

审计成果 2016年，江西省共审计（调查）6278个项目。查出各类违规问题金额239.68亿元；促进整改落实有关问题资金143.69亿元，其中已上缴金额财政资金66.12亿元。出具审计报告和专项审计调查报告7452篇；向地方党委、政府上报综合报告、审计要情、审计专报等审计信息2061篇，被批示、采用771篇。提出审计建议11372条，被审计单位采纳7010条。审计在保障重大决策部署贯彻落实、维护民生利益、推动深化改革、促进经济发展、推进廉政建设等方面发挥积极作用。

国家重大政策措施贯彻落实跟踪审计 为更好地促进省委、省政府“大众创业、万众创新”决策部署贯彻落实，省本级组织实施非税收入、就业资金、科技专项资金、标准厂房建设资金、战略性新兴产业引导资金5个财政专项资金审计调查，从政策执行、制度设计、管理体制等方面揭露深层次矛盾和问题，及时向省政府呈报审计综合报告，从体制机制和制度层面提出政策建议。

财政审计 全年完成审计及审计调查项目3296个，查出主要问题金额1733.73亿元、损失浪费金额1.59亿元。围绕深化财税改革、规范收入征管、提高资金绩效、防范财政风险，组织开展预算执行、财政专项资金、税收征管等审计，重点关注财政财务收支的真实、合法和绩效情况，专项资金管理情况，“三公”经费、会议费、培训费的管理使用情况。

经济责任审计 审计1481个单位，2492名经济责任人，查出违规金额13.06亿元、管理不规范金额1355.56亿元、损失浪费金额1250万元。省审计厅组织实施九江市原市长等24名厅级领导干部经济责任审计，重点关注领导干部贯彻执行有关方针政策和决策部署、推动部门事业发展情况、重大经济决策情况，以及遵守有关廉洁从政规定情况。2016年是江西省集中换届之年，全省审计机关认真贯彻执行有关经济责任审计规定，推进经济责任审计工作深化发展，促进领导干部理好财、用好权、尽好责。

资源环保审计 探索开展领导干部自然资源资产离任审计试点工作。按照审计署统一部署，省本级组织实施水污染防治专项资金审计，针对资金被挤占挪用、项目管理不规范、水环境存在风险隐患等问题，向省政府提交审计综合报告，推动水污染防治政策措施落实。

民生资金（项目）审计 围绕江西省打赢脱贫攻坚战的总体任务要求，省、市两级审计机关加大对涉及群众切身利益的扶贫、教育、“三农”等资金和项目的审计力度，对赣南等原中央苏区和特困片区58个县财政扶贫资金进行审计调查，揭示贫困户识别不精准、监督机制流于形式、资金分配“撒胡椒面”、群众利益被侵占等问题，严肃查处优亲厚友、违规骗取资金、私存私放资金等违法违纪问题。全省审计机关连续4年对保障性安居工程进行跟踪审计，揭示在项目建设、政策落实、资金使用、住房分配和资产运营等方面存在的问题。根据审计署统一部署，全省审计机关派出112个审计组、800多名审计人员，对省本级、11个设区市本级和100个县医保基金筹集管理使用情况进行全覆盖审计，全省医保基金审计共发现问题金额43.91亿元，移送问题案件线索71件，涉及金额1.76亿元。

企业和金融审计 完成审计及审计调查单位20个，查出主要问题金额2093万元。围绕推动企业完善治理、规范经营、防范风险、提高效益，省审计厅组织实施省出版集团财务收支审计、省高速公路投资集团资产负债损益审计。在省高速公路投资集团审计中，充分运用“中央企业预警系统审计软件”对财务状况进行分析，揭示集团在公路投资建设、经营和资金等方面存在的系统性潜在风险。

信息化审计 探索大数据环境下的审计工作新模式，推进数字化审计，省审计厅整合计算机审计资源，成立电子数据审计办公室，打破数据与业务“两张皮”的现状，实现信息技术与审计业务的有效融合。同时，选拔一批既熟悉审计业务又精通计算机的业务骨干充实电子数据审计办公室。

创新审计组织方式 省审计厅打破部门、人员和业务管理界限，以审计项目为平台整合审计力量，实行审计组长统一竞聘，在全厅范围内配置人员，集中力量实施审计，充分激发审计人员主观能动性和争先创优的意识。同时，探索结合型审计组织方式，将领导干部经济责任审计与自然资源资产审计、医保基金审计有机结合，实现成果共享互用。

队伍建设 省审计厅开展赴井冈山接受革命传统教育活动，以深入推进“两学一做”学习教育活动，引导全厅党员继承和发扬井冈山精神，进一步增强政治意识、大局意识、核心意识和看齐意识，坚定理想信念，改进工作作风。省审计厅联合省委组织部、省公务员局组成5个督查组，组织开展“加强审计机关公务员队伍建设，切实把好审计机关公务员进口关”专项督查工作。根据专项督查中发现的一些基层审计机关专业化建设薄弱、人员进口把关不严、专业结构不合理等问题，省审计厅专门下发通知，要求市县审计机关在地方党委、政府换届中，要与有关方面加强沟通协调，严格把好人员进口关。

内部审计 江西省内部审计协会于9月10日批准成立高校分会，并于9月19日召开成立大会，会议选举省内部审计协会高校分会第一届委员会，审议、通过协会章程和分会成立后的工作安排。在加强分类指导方面，分别举办全省内部审计信息化建设交流会、高校内部审计工作座谈会及制度建设专题交流会。组织开展全国内部审计信息化优秀成果展示活动推荐工作，省内部审计协会向中国内部审计协会推荐的5篇优秀论文，均获得奖项，其中上饶市烟草专卖局撰写的《烟草行业基于信息化审计系统的管理审计》获得全国“内部审计信息化优秀成果”。举办优秀审计案例展示活动总结交流活动，5家单位就其推选的案例在会上做交流。举办全省内部经济责任审计专题培训班、全省内部审计业务高级研修班、高校分会首届高校审计骨干人员培训班等。完成对全省内部审计协会、分会会员单位内部审计人员基本情况的统计。继续抓好内部审计人员后续教育培训及CIA考试报名宣传及后续管理，全省参加网上后续教育培训共400人次。

（撰稿人：叶　敏）

【南昌市审计局】 2016年，南昌市审计局人员编制85人，实有85人。局长万仁如，副局长詹善平、张根全、彭艳云，纪检组长刘承万（—9月），南昌市经济责任审计工作领导小组办公室主任徐宝华，调研员赵波、郑克里、刘承万（9月—），副调研员廖金红、肖林。设有办公室、人事教育处、综合处、法规处、审计信息处、财政与金融审计处、行政事业审计处、经贸审计处、农业与资源环保审计处、固定资产投资审计处、社会保障审计处、综合审计一处、综合审计二处、经济责任审计室（市经济责任审计工作领导小组办公室）、机关党委、监察室（—8月）；下设南昌市审计干部培训中心。

审计成果 2016年，南昌市县两级审计机关完成审计项目383个。查出主要问题金额550.95亿元，其中违规金额6.79亿元、管理不规范金额544.16亿元；损益（收支）不实金额10.03亿元；审计处理处罚金额71.10亿元，其中应上缴财政56.31亿元、应减少财政拨款或补贴306万元、应归还原渠道资金9287万元、应调账处理金额13.82亿元；审计促进整改落实有关问题金额70.96亿元，其中增收节支57.18亿元、已调账处理金额13.76亿元；审计促进拨付资金到位14.55亿元；审计后挽回（避免）损失8776万元。移送司法机关、纪检监察机关和有关部门处理事项6件，涉及5人。出具审计报告和专项审计调查报告415篇，被批示、采用25篇；提交审计信息420篇，被批示、采用201篇。提出审计建议1016条，被采纳764条。

2016年，南昌市审计局被评为江西省第十四届文明单位，江铃汽车集团公司原董事长任期经济责任审计项目和南昌县2014年度县本级预算执行和其他财政收支情况审计项目被评为2016年度全省审计机关优秀审计项目。

国家重大政策措施贯彻落实跟踪审计 市本级共抽查单位47个，重点对棚户区改造、脱贫攻坚和减轻企业负担等方面政策的落实情况进行跟踪审计。

财政审计 对市本级2015年度预算执行情况和5家市直单位财务收支进行审计，审计工作报告得到市人大高度评价，召开整改专题会议；促进出台《南昌市县域经济发展专项资金管理办法》。

经济责任审计 对13名县区党政主要领导干部进行审计；首次召开南昌市经济责任审计工作联席会议，审签出台《南昌市经济责任审计工作联席会议制度》。

农业与资源环保审计 成立村级财务管理运行情况专项审计工作领导小组，整合审计机关力量，组成10个审计组，采取交叉审计方式，开展南昌市村级财务管理运行情况审计工作，重点关注村集体资源、资产、资金情况。

固定资产投资审计 开展对胡惠元堤东延和江西银行金融大厦竣工结算审计；对花卉园艺博览交易会场馆建设工程、赣东大堤风光带景观工程进行跟踪审计。

民生资金（项目）审计 组织开展医疗保险基金审计，发现案件线索1件，移送公安机关处理；在南昌市保障性安居工程审计中，重点调查四县政府所属的有关部门，对19个安居工程项目的建设管理情况进行检查。

外资运用审计 对亚洲开发银行贷款、CEF赠款农村能源生态建设二期项目、世界银行贷款可持续发展农业项目、世界银行贷款江西鄱阳湖生态经济区及流域城镇发展示范项目2015年度执行情况进行审计。

专项资金审计 对南昌市移民资金及扶贫资金管理及使用情况进行审计，发现并披露专项资金在拨付进度、支付方式和财务核算等方面问题，提出合理化建议9条。

交办任务 重点检查20个单位的"小金库"，查出涉嫌问题8个；完成对"鄱湖明珠·中国水都"建设推进指挥部资产负债情况审计调查工作。

信息化建设 南昌市审计管理系统国产化升级与改造项目通过验收正式投入应用；机关内部文件管理在审计管理系统中完成，实现以OA为主的机关无纸化办公；建立点、面结合的审计与督导模式和计算机指挥管理平台。

审计科研 开展4个课题研究，选送的"基层审计机关投资审计风险及规范研究"的课题，经江西省审计学会评审，准予结题。

相关工作 开展"两学一做"学习教育，重点实施"连心、强基、模范"三大工程，大力开展"党建+"工作；组织审计人员参加网上培训7000个学时，依托南京审计大学对全市审计系统干部进行轮训，各类培训共计457人次。

内部审计 完成各类审计项目1367个，查出管理不规范金额9362万元，促进增收节支1921万元。移送违纪线索1件，审计约谈2人次；扣减奖励性绩效工资处罚和行政处罚796人次。提出建议意见被采纳652条。 （撰稿人：范梅生）

【景德镇市审计局】 2016年，景德镇市审计局人员编制35人，实有35人。局长王国华（—11月）、周镇清（11月—），副局长陈志坚、王桦、汪晓敏，总审计师占玉芳，纪检组长詹镕文（—12月）、鲍桂顺（12月—），市经济责任领导小组办公室专职副主任吴新国，副调研员王民森、章琍。设有办公室、综合管理科、法规审理科、财政与金融审计科、固定资产投资审计科、经贸审计科、农业与资源环保审计科、行政事业审计科、经济责任审计科、外资与园区审计科、社会保障资金审计科；下设信息中心、工程投资决算审计中心。

审计成果 2016年，景德镇市审计局完成审计项目65个。查出违规金额4248万元、管理不规范金额35.28亿元；督促归还原渠道资金2768万元；促进财政增收节支3058万元；核减工程造价2543万元。移送纪检监察部门或主管部门处理事项18件。出具审计报告65篇；被采用审计信息114篇。提出审计意见建议并被采纳79条。景德镇市市委、市政府主要领导对景德镇市审计局关于扶贫专项资金、景德镇市昌江区教育专项资金2篇审计专报做出重要批示。

国家重大政策措施贯彻落实跟踪审计 配合省审计厅对景德镇市本级、市昌江区医疗保险基金进行审计，审计发现问题41个，查出违规金额4.62亿元，移送案件5起。完成审计署统一组织的2015年城镇保障性安居工程跟踪审计项目，节约330万元建设利息成本，移送纪检监察或主管部门处理事项4件。根据国务院统一安排，完成景德镇市本级2016年前三个季度的稳增长促改革调结构惠民生政策措施落实情况跟踪审计，独立完成省审计厅统一组织的亚行贷款、CCF赠款江西林业发展审计项目。

财政审计 市审计局对16个部门预算执行、财务收支情况进行审计，并向有关主管部门发出审计移送处理书4份。景德镇市政府专题布置审计整改，市审计局发放审计整改督办函，推动报告反映的27个问题得到整改落实。在对景德镇市昌江区政府财政收支审计中，推动景德镇市昌江区政府出台财政直接支付方面文件1个，督促银行执行优惠利率、补发社保资金利息110万元。

经济责任审计 市审计局共完成38名领导干部经济责任审计，起草《领导干部离任经济事项交接办法》，由景德镇市纪委、市委组织部和市经济责任审计领导小组办公室联合发文。

固定资产投资审计 市审计局对景德镇市本级政府投资的工程项目进行专项审计调查，形成审计调查专报上报景德镇市委市政府，累计核减工程造价及评估价格共计2543万元，并向有关主管部门发出审计移送处理书5份。

（撰稿人：李　俊）

【萍乡市审计局】　2016年，萍乡市审计局人员编制43人（其中事业编制5人），实有37人。局长朱广仁（—9月）、黄百灵（10月—），副局长张增良（—9月）、彭青兰、袁东鸿，总审计师蔡常萍，纪检组长胡磊（—9月），经济责任审计办公室主任汤晓伟，调研员邓克坚、张增良（9月—），副调研员杨生元、钟杰兰、张月萍。设有办公室、综合法规科、经贸与财政金融审计科、行政事业审计科、农业与资源环保审计科、固定资产投资审计科、社会保障审计科、经济责任审计科、机关党总支；下设政府投资项目审计中心。

审计成果　2016年，萍乡市审计局共完成审计项目127个。查出主要问题金额235.73亿元，其中违规金额10.21亿元、管理不规范金额224.08亿元；审计处理处罚金额15.19亿元，其中应上缴财政1409万元、应归还原渠道资金1.56亿元、应调账处理金额11.80亿元；审计发现非金额计量问题51个；审计促进整改落实有关问题金额15.03亿元，其中增收节支239万元、已调账处理金额9.91亿元。移送司法机关、纪检监察机关和有关部门处理事项7件。出具审计报告和专项审计调查报告127篇；提交审计信息5篇，被批示、采用2篇。提出审计建议83条。

国家重大政策措施贯彻落实跟踪审计　抽查22个部门及单位，延伸到5个县区及武功山、经开区两个管理委员会，检查30个项目，发现挤占挪用、违规套取、违规享受待遇虚报冒领农村危房改造资金等问题42个。

财政审计　实施萍乡市本级及经济技术开发区、7个市直部门的预算执行情况审计，重点审计公共财政预算、基金预算、财政专户资金、预算执行情况，揭示国有资产处置收入未及时纳入预算管理、财政非税收入未及时清理缴入国库、预备费的使用未按规定编制动用方案、部分预算资金拨付不及时等问题，涉及问题金额5.98亿元。

经济责任审计　全年完成项目21个，主要加强对财政供养人员超编、领导干部超配和机构设置、招商引资中违规返还土地出让金、财政财务管理、专项资金使用管理、落实中央八项规定等方面的审计监督。

固定资产投资审计　全年审计结算项目114个，送审金额合计5.14亿元，审减金额1.14亿元，审减率22.12%。审计中通过规范操作程序、加大协审管理力度，提高审计效率，维护建设领域经济秩序。

专项资金审计　配合省审计厅对萍乡市市本级（含开发区）、安源区、湘东区“十二五”期间水污染防治专项资金管理使用情况进行审计。审计发现项目闲置造成损失浪费、财政专项资金未能有效使用、项目施工未依法公开招投标、代征的城市污水处理费资金未上缴国库等问题，问题已全部整改。

（撰稿人：王明娇）

【九江市审计局】　2016年，九江市审计局人员编制80人，实有86人。局长胡伟华，副局长何斌、汪建荣、李建国、钱炎如，总审计师杨利发，开发区审计分局局长湛新民，经济责任审计处处长曹素芳，副调研员陈义远。设有办公室、综合科、法规科、人事科、政工部、经济责任审计处、财政金融审计科、行政事业审计科、社会保障审计科、经贸审计科、外资运用与园区审计科、固定资产投资审计一科、固定资产投资审计二科、农业与资源环保审计科；下设信息中心、培训中心、九江经济技术开发区审计分局。

审计成果　2016年，九江市县两级审计机关完成审计项目1116个，其中市本级91个。查出主要问题金额148.12亿元，其中违规金额3.02亿元、损失浪费金额104万元、管理不规范金额145.09亿元；损益（收支）不实8.32亿元；审计处理处罚金额39.74亿元，其中应上缴财政1.53亿元、应减少财政拨款或补贴3.98亿元、应归还原渠道资金4.03亿元、应调账处理金额28.47亿元；审计发现非金额计量问题485个；审计促进整改落实有关问题金额33.73亿元，其中增收节支5.52亿元、已调账处理金额26.31亿元；审计促进拨付资金到位2075万元；审计后挽回（避免）损失5.71亿元。移送司法机关、纪检监察机关和有关部门处理事项44件。出具审计报告和专项审计调查报告1236篇，被批示、采用51篇；提交审计信息278篇，被批示、采用138篇。提出审计建议1753条。

财政审计 九江市县两级审计机关共审计111个部门单位，延伸审计4个单位，出具审计报告131篇，查出主要问题金额71.48亿元。

经济责任审计 九江市县两级审计机关共审计领导干部186人，其中任中审计43人，发现违规问题金额1.87亿元。

农业与资源环保审计 市审计局对武宁县、都昌县、彭泽县、德安县开展农业综合开发产业化经营资金进行审计。

固定资产投资审计 九江市县两级审计机关共审计建设项目635个，核减投资额6.82亿元。

民生资金（项目）审计 九江市县两级审计机关开展社会保障资金审计项目3个，查出问题金额1707万元。

外资运用审计 市审计局协助省审计厅开展世界银行贷款等外资项目审计。

企业审计 九江市县两级审计机关共对8个企业进行审计，查出主要问题金额1.91亿元。

专项资金审计 九江市县两级审计机关共对41个单位22.09亿元的专项资金进行审计或审计调查，查出主要问题金额4.38亿元，出具审计报告37篇。

信息化建设 全市审计机关中6人取得计算机中级资格，AO审计覆盖率93%，OA办公覆盖率99%，开展联网审计项目2个。

（撰稿人：胡 齐）

【新余市审计局】 2016年，新余市审计局人员编制49人，实有49人。局长夏文成（—10月）、饶程（10月—），副局长彭多林、周永平、曾长生，总审计师粮小毛，副调研员肖亮（—8月）、廖志强。设有人秘科、综合法规科、财政金融审计科、行政事业审计科、农业资源环保审计科、固定资产投资审计科、经济贸易审计科、经济责任审计科、审计信息中心、政府投资项目审计中心。

审计成果 2016年，新余市审计局共完成审计项目50个。查出管理不规范金额25.93亿元、违纪违规金额236.5万元、应上缴财政114.5万元。向市、县区纪检监察机关等部门移送案件线索10件。出具审计工作报告78篇，其中被市委、市政府领导批示6篇；撰写审计专报4篇。提出审计建议275条。

2016年，新余市审计局获2016年度全市宣传思想文化工作先进单位、全市农业农村和扶贫开发工作先进集体、重点项目帮扶优秀单位。1个审计项目获得2016年全省优秀审计项目表彰。

国家重大政策措施贯彻落实跟踪审计 围绕新余市打赢翻身仗目标，对"先照后证"、房产去库存、高新区标准化园区建设等方面进行审计，从政策执行、管理体制等方面揭露深层次矛盾和问题。围绕改革发展目标，对社会信用体系建设、乡镇公共资源交易体制改革等进行跟踪审计，从体制机制层面提出促进改革的审计建议。

财政审计 关注市本级预算执行和其他财政收支情况，以促进规范管理、提高财政资金使用绩效、建立公共财政制度为目标，揭示预算资金不到位、财政代管资金管理不规范等问题。提交的审计工作报告和审计结果报告得到市人大、市政府的充分肯定。

经济责任审计 扎实开展经济责任审计，对市城管、林业、水务、商务4部门主要负责同志进行任中经济责任审计，将审计监督关口前移，更好发挥审计的预警和预防作用。全年审计领导干部24人，查出各类违规金额99万元。

自然资源资产离任审计试点 以市委办、市政府办名义出台《领导干部自然资源资产责任审计暂行办法》；出具双林镇、罗坊镇党委主要负责人任职期间自然资源资产离任审计报告，江西新闻联播两次头条报道，《人民日报》、新华社陆续给予报道。

固定资产投资审计 完成政府投资审计项目3个，发现问题金额1942万元，在中介机构审核、财政部门复核的基础上，审减工程款197万元，揭示工程项目未履行招投标程序、环评审批手续等问题。

民生资金（项目）审计 开展全市保障性安居工程跟踪审计，移送市纪检监察机关和有关部门案件线索4件，各级各部门已对75名相关责任人员进行问责。全市扶贫资金审计查出个人骗取医保基金5.62万元、定点医疗机构骗取套取医保基金16.88万元、违规使用医保基金76万元，追缴骗保资金归还原基金账户22.5万元，追究3个医疗保险经办机构相关人员的责任，骗取医疗保险基金的1个医院移送有关部门处理。

专项资金审计 关注专项资金绩效情况，完成市总工会、市公安局等8个部门专项资金绩效审计，从促进加强市级专项资金预算绩效管理、强化支出责任等方面提出审计建议。

交办任务 承办市委、市政府部署的招商引资、重点项目帮扶、重点企业帮扶、精准扶贫帮扶、新农村建设帮扶、防洪等多项工作。同时，完成市委、市政府交办的如市委巡视、县区换届改选督查、工程领域"违插"专项治理排查、第二轮车改等20多项工作任务。

队伍建设 鼓励干部职工在职深造，全年有2人通过高级审计师资格考试，其中1人被认定为新余市高层次人才。2人通过审计署计算机中级考试，1人通过注册会计师考试。

（撰稿人：石志刚）

【鹰潭市审计局】 2016年，鹰潭市审计局人员编制21人，实有21人。局长吴建辉（—12月）、杨芳（12月—），副局长王国军、李金生，总审计师阮春玲，纪检组长叶国琼（—12月），调研员王惠斌、祝木水，副调研员姚美娟（—11月），副县级纪检、监察员沈美英。设有办公室、综合法制科、财政与金融审计科、文教与政法审计科、农业与资源环保审计科、投资建设与社会保障审计科、经贸审计科、经济责任审计科，监察室、机关党支部；下设市政府基本建设审计中心（鹰潭市审计信息中心），人员编制13人，实有9人。

审计成果 2016年，鹰潭市审计局完成审计项目33个。查出主要问题金额14.34亿元，其中违规金额335万元、管理不规范金额14.31亿元；损益（收支）不实金额132万元；审计处理处罚金额3203万元，其中应上缴财政297万元、应调账处理金额2868万元；审计发现非金额计量问题154个。出具审计报告和专项审计调查报告46篇。提出审计建议96条，被采纳88条；推动完善规章制度29项。

2016年，鹰潭市2014年度市本级财政预算执行及其他财政收支情况审计项目获得江西省审计厅优秀项目表彰。

国家重大政策措施贯彻落实跟踪审计 重点关注所涉及单位的各项稳增长等重大政策落实情况，通过跟踪审计基本摸清全市落实措施的具体内容、执行进度、存在问题，以及取得的实际成效。

财政审计 重点关注税收征管、预算编制、专项资金分配使用、"三公"经费和会议费管理使用情况，组织实施2015年度市级财政预算执行及其他财政财务收支审计，对市林业局、市安监局、鹰潭日报社、市广播电视台等单位部门的2015年度预算执行情况进行审计。

经济责任审计 重点关注领导干部遵守有关法律法规及本部门重大政策贯彻落实情况、预算执行和其他财政财务收支情况、落实中央八项规定精神以及遵守有关廉政规定等情况。实施团市委原书记、鹰潭日报社原社长、市社保局原局长等经济责任审计项目19个。同时，开展领导干部自然资源资产离任审计试点工作。

固定资产投资审计 进一步规范政府投资审计的工作流程，切实强化对工程造价咨询库中19家协审单位的工作指导和检查考核，切实提高政府投资项目审计质量和审计效率。实施市民广场工程、铜产品检验中心等政府投资项目审计66个（含子项目），提升政府投资绩效。

民生资金（项目）审计 实施全市2015年保障性安居工程跟踪审计，贵溪市、余江县2014年至2015年财政专项扶贫资金审计调查，贵溪市、余江县2015年至2016年上半年医疗保险基金审计等关系群众利益和民生改善的专项资金审计，促进发挥专项资金应有的效益。

信息化建设 完成鹰潭市政府投资项目审计管理系统的建设，完善OA系统中审计对象与法律法规库建设，运用计算机辅助审计方法拓展审计成果，增强信息化环境下查找和分析问题的能力。对审计项目实施网上跟踪审理，总结提炼计算机审计方法和应用实例。 （撰稿人：黄晓华）

【赣州市审计局】 2016年，赣州市审计局人员编制49人，实有45人。局长曾鸣华（—10月）、朱敏（10月—），副局长郭德明、赖欣、谢忠祥，总审计师罗淑芳，纪检组长王斌，经济责任审计工作联席会议办公室专职主任彭洪德，调研员李加淳，副调研员郭竞。设有办公室、行政事业审计科、经贸审计科、经济责任审计科、社会保障审计科、财政金融审计科、农业资源环保审计科、外资运用审计科、固定资产投资审计科、信息科、法规科、党总支、监察室；下设市经济责任审计工作办公室。

审计成果 2016 年，赣州市审计局完成审计项目 131 个。查出主要问题金额 124.41 亿元。移送司法机关等有关部门处理事项 19 件。出具审计报告和专项审计调查报告 228 篇；提交审计信息 140 篇。提出审计建议 361 条，被审计单位采纳 218 条。

2016 年，赣州市审计局获得省第十四届文明单位、全省法治宣传教育先进单位、省公共机构节约能源资源示范单位等表彰。赣州市港航管理处处长任职期间经济责任审计项目获得江西省审计厅优秀项目表彰。

国家重大政策措施贯彻落实跟踪审计 对稀土矿山地质环境恢复治理和特大型地质灾害防治工程中央补助资金、营改增政策落实情况等开展专项审计（调查），通过审计促进 22 个项目开工。

财政审计 完成 2015 年度市本级财政“同级审”和 3 个部门的预算执行审计，促使相关单位停止不合理的涉企收费项目 3 个。

经济责任审计 审计经济责任人 81 人。将市审计干部培训中心更名为市经济责任审计工作办公室，增加编制 3 人。

农业与资源环保审计 对崇义县等 7 个县（区）财政专项扶贫资金和精准扶贫帮扶资金进行审计调查，审计发现问题金额 1.35 亿元。

固定资产投资审计 实施兴赣高速征地拆迁等投资审计项目 9 个，核减投资额 39.8 亿元。

民生资金（项目）审计 开展全市保障性安居工程交叉审计，发现违法违纪线索 17 件，涉及问题金额 2211 万元。对医保基金进行交叉审计，发现问题金额 3.35 亿元，涉嫌违法违纪案件线索 11 件 11 人。

外资运用审计 对兴国、瑞金等 6 个县市亚洲开发银行贷款、世界银行贷款项目进行审计。

信息化建设 成立大数据审计组，对市人民医院书记院长任中经济责任审计进行大数据审计。

审计科研 完成“农村集体经济组织审计的探索和实践”等调研课题。

相关工作 组织培训 20 余期、1000 余人次。建立与省、市、县各审计机关的对口联系机制。出台《审计组执行廉政规定实施细则（试行）》，为“以制度管人管事”奠定基础。

（撰稿人：吴尚才）

【吉安市审计局】 2016 年，吉安市审计局人员编制 35 人，实有 39 人。局长黄进，副局长黄廉传、罗忠华、周共和，总审计师肖军。设有办公室、综合审理科、财政金融审计科、经贸审计科、行政事业审计科、农业资源环保审计科、固定资产投资审计科、经济责任审计科、社会保障外资运用审计科，另设有局机关党总支（专职）副书记 1 名，经责审计工作联席会议办公室副主任 1 名；下设计算机审计中心（实有 4 人，编制数 2 人）。

审计成果 2016 年，吉安市审计局完成审计（调查）项目 70 个。查出问题金额 7917 万元、管理不规范金额 7896 万元；审计发现非金额计量问题 49 个；核减工程造价 962 万元。移送案件线索 13 件，共 28 人。出具交审计综合报告和专题调查报告 61 篇。

国家重大政策措施贯彻落实跟踪审计 促进政策落实，项目落地，加快推进项目准备到位，实行“三个结合”（即稳增长跟踪审计与经济责任审计相结合、与财政收支管理审计相结合、与部门预算执行审计相结合）的审计方式，推进稳增长政策落实跟踪审计工作的顺利开展。

财政审计 分别对市财政局、市地方税务局、市农业局等 13 个市级部门（单位）2015 年度预算执行情况进行审计，并延伸审计所属单位。审计查出预算收入未及时入库、专项资金拨付不及时、部分单位违规发放补助等问题。

经济责任审计 分别对 26 个县级领导干部开展经济责任审计，重点对领导干部贯彻执行经济工作方针政策和重大决策部署、重大投资项目、自然资源资产管理及生态环境保护及遵守有关廉洁从政规定情况进行审计。

自然资源资产离任审计试点 根据吉安市关

于生态文明先行示范区的要求，结合遂川县委书记、县长任中经济责任审计项目，开展遂川县自然资源资产责任履行情况审计试点。重点审计遂川县自然资源资产开发利用保护、生态环境保护预警机制建立及执行等情况。

固定资产投资审计 重点审计17个重大投资项目。通过审计，核减造价962万元，核减率为8.05%，审计决定收缴漏缴税费21.47万元。同时派出14个审计组对吉安市2015年保障性安居工程及配套基础设施建设等情况进行审计，审计共查出179个问题，对发现违法违纪问题线索，移送市发改委及市银监局予以查处，有效促进保障性安居工程的规范化建设及管理。

民生资金（项目）审计 根据审计署和江西省审计厅的统一安排，全市审计机关共投入审计人员100余人，组成12个审计组对全市医疗保险资金进行审计。通过审计，及时发现全市医保资金管理使用中存在的问题，移送案件线索9件，并提出审计整改建议。先后开展对永丰县、峡江县、吉水县、新干县、吉州区、青原区、安福县、泰和县8个非国定贫困县（区）财政扶贫专项资金的审计，审计查出吉水县和新干县2件案件线索，涉及资金60余万元，并移交纪委处理。

脱贫攻坚帮扶工作 全年为扶贫挂点的3个行政自然村争取到帮扶资金56万余元，先后建起村民广场、村卫生所，实施村道路的修建和土坯房的改造，同时发展黑木耳、有机果蔬、林下养殖等产业，有效地为村民增项增收，帮扶效果显著。经上级组织评定，其中塘南村实现脱贫。

（撰稿人：段学思）

【宜春市审计局】 2016年，宜春市审计局人员编制60人，实有58人。局长孙国琴，副局长邓余平、陈琪、樊秀江，总审计师王孝军，纪检组长程小军，调研员彭泽荣（—1月），副调研员肖平。设有秘书科、综合法规科、财政与金融审计科、行政事业审计科、政法社保审计科、农业与资源环保审计科、固定资产投资审计科、经贸审计科、经济责任审计一科、经济责任审计二科、信息科、机关党总支、监察室和工程决算审计中心。

审计成果 2016年，宜春市县两级审计机关完成审计项目1076个，其中组织实施审计项目1050个，参与实施审计项目26个。查出主要问题金额82.05亿元，其中违规金额1.34亿元、管理不规范金额80.71亿元；损益（收支）不实金额21.16亿元；审计处理处罚金额1.41亿元，其中应上缴财政3150万元、应归还原资金渠道8932万元、应调账处理金额2010万元；审计发现非金额计量问题419个；审计促进整改落实有关问题金额1.29亿元，其中增收节支1.09亿元、已调账处理金额2010万元。移送司法机关、纪检监察机关和有关部门处理事项28件，涉及37人，金额1606万元。出具审计报告和专项审计调查报告1220篇，被批示、采用12篇；提交审计信息400篇，被批示、采用364篇。提出审计建议1845条，被采纳1730条；推动完善规章制度26项。

2016年度，宜春市审计局实施的樟树等九县（市、区）“三院”专项资金审计调查项目获得审计署地方表彰项目、江西省审计厅优秀审计项目第一名。

国家重大政策措施贯彻落实跟踪审计 重点对脱贫攻坚政策、营改增政策、促进就业创业政策、新农村建设、农村饮水安全工程、重大水利工程建设等8项政策落实情况进行跟踪审计，积极推动相关政策措施的落实。

财政审计 市县两级审计机关分别对本级财政预算执行情况和50个部门（单位）预算执行情况进行审计；分别对高安市、樟树市、靖安县、万载县4个县（市）和75个乡镇进行财政决算审计。

经济责任审计 市县两级审计机关对334名领导干部任期经济责任进行审计，其中任中审计76人、离任审计258人。探索领导干部自然资源资产离任审计，开展铜鼓县原县长自然资源资产离任审计试点。

固定资产投资审计 市县两级审计机关对547个政府投资项目（含单项）进行工程竣工结算审计，审计工程投资总额45.81亿元，核减工程造价7.97亿元。

民生资金（项目）审计 市县两级审计机关开展2015年全市保障性安居工程跟踪审计、九县市2015年和2016年上半年医疗保险基金专项审计、袁州区和樟树市2014年至2015年财政扶贫资金专项审计调查等民生审计。审计后，向纪检监察机关和司法机关移送案件线索 20 件，其中 13 人受到党纪政纪处分，1 人被追究刑事责任；追回被骗取资金 966 万元、取消违规享受住房保障对象资格 748 户、清退违规分配保障性住房 23 套、追回违规领取补贴 94 万元、促进资金安排到位 4430 万元。（撰稿人：贯　菁）

【抚州市审计局】 2016 年，抚州市审计局人员编制 47 人，实有 44 人；其中高级职称 10 人、中级职称 22 人。党组书记刘冰冰（—9 月）、魏建平（9 月—），局长魏建平（兼），副局长刘冰冰（9 月—）、吴晓兰、李兆龙、万高峰、杨心灵，总审计师陈国华，副调研员曾希国，副处级干部邹贵章。设有人事秘书科、综合法规科、财政金融审计科、行政事业审计科、经贸审计科、固定资产投资审计科、经济责任审计科、农业资源环境审计科；下设培训中心、信息中心、审核中心 3 个事业单位及审计学会。

审计成果 2016 年，抚州市县两级审计机关共完成审计（调查）项目 972 个。查出各类违规金额 13.5 亿元；审计处理决定应上缴财政 1.1 亿元、应减少财政拨款或补贴 1.3 亿元、应归还原渠道资金 1.5 亿元、应调账处理金额 1.8 亿元。向纪检监察机关、司法机关及有关部门移送案件线索 9 件，被追究刑事拘留 3 人。出具审计专题（综合性）报告 965 篇；各类审计信息、调研文章被各级党委、政府领导和上级审计机关采用 573 篇。向党委、政府报送审计要情 20 篇，得到党委、政府主要领导批示 40 次；建议有关部门处理 14 件，提出审计建议 1000 条。

2016 年度，抚州市审计局第 14 次被江西省委、省政府评为江西省文明单位，被抚州市委、市政府被评为绩效管理优秀单位，授予“四进四联四帮”活动市直先进单位、创建江西省文明城市先进集体、社会管理综合治理目标管理先进单位、抚州市公共机构节能先进单位、抚州市计划生育工作先进单位等荣誉称号。

国家重大政策措施贯彻落实跟踪审计 按照审计署和省审计厅的统一部署，完成对抚州市 2015 年城镇保障性安居工程建设情况及 2016 年稳增长等政策措施落实情况跟踪审计，对崇仁、金溪、广昌、南丰等 4 个县世界银行、亚洲开发银行贷款项目进行审计；对 2016 年全市医保基金进行审计调查；对宜黄、金溪等 7 个县开展扶贫资金专项资金审计。

财政审计 抚州市审计机关重点关注财政资金的存量和增量，政府非税收入征管，“三公”经费、会议费使用和楼堂馆所建设等内容，市人大常委会对市级 2015 年度财政预算执行和其他财政收支的审计工作报告及问题整改报告给予充分肯定。

固定资产投资审计 全市审计机关严格履行审计程序，充分利用先进技术，通过公开招投标合理借助中介力量参与审计，施行复核制度，集体研究审计结论，使工程决算审计结果依法、可信、公正、透明。同时，为防止审计风险，市政府聘请第三方机构抽查市审计局出具的工程项目审计报告，监督工程审计报告质量。

经济责任审计 抚州市审计局对换届的 44 名领导干部实施任期经济责任审计，对市统计局局长、抚州一中校长等领导干部开展任中审计。

自然资源资产离任审计试点 抚州市审计局完成对资溪县领导干部自然资源资产离任审计试点，依法出具审计报告。研究制定《抚州市关于开展领导干部自然资源资产离任审计专项办法》。

专项资金审计 关注财政涉农资金结存情况审计，发现大量项目资金滞留在县级财政和项目主管部门，其中结存资金超过 1 亿元的县（区）有 5 个，超过 1 亿元的涉农部门有水利、扶贫、农业、林业和交通。市审计局提出审计意见及建议，市政府主要领导做出重要批示，要求被审计单位进行整改。

脱贫攻坚帮扶工作 抚州市审计局挂点帮扶抚州市临川区湖南乡坪山村，形成旅游业、加工业、种植业、养殖业四大产业；开展道路、水利、路灯等一系列工程建设，着力改善坪山村的生产生活条件和生活环境，得到当地百姓的赞誉和挂点市领导的肯定。

内部审计 抚州市审计局成立抚州市内部审计专家人才库，吸收抚州市 14 个内部审计协会会员单位的 19 名具有中高级职称的财务、审计、工程人员参加；定期组织全市内部审计有关人员参加内部审计准则培训，推荐抚州市内部审计协会

优秀审计项目及优秀论文。（撰稿人：杨志波）

【上饶市审计局】 2016年，上饶市审计局人员编制56人，实有53人。局长刘书宗（—4月）、朱建业（12月—），副局长董岚（—12月）、周锋、卢兴、郑明军（—10月），总审计师李长水，纪检组长陈建农（—8月），经济责任审计室主任王正华。设有办公室、法规科、财政金融审计科、行政事业和社会保障审计科、经贸审计科、固定资产投资审计科、农业资源环保审计科、经济责任审计科、机关党委；下设信息中心、基本建设审计中心、经济责任审计中心、经济技术开发区审计中心等事业单位。

审计成果 2016年，上饶市县两级审计机关完成审计项目980个。查出主要问题金额179.48亿元；审计处理处罚金额16.79亿元；审计促进整改落实有关问题金额2133万元；审计后挽回（避免）损失2.88亿元。移送处理事项9件，涉及11人。出具审计报告和专项审计调查报告1286篇；提交审计信息157篇，被批示、采用48篇。提出审计建议1927条，被采纳827条。

2016年，上饶市审计局实施的中共德兴市委书记经济责任审计等3个项目获得江西省审计厅优秀项目表彰。

国家重大政策措施贯彻落实跟踪审计 对上饶市加大保障性安居工程建设力度、促进生态环境保护、实现精准扶贫等政策措施落实方面进行跟踪审计，抽查44个项目，涉及投资总额6.99亿元，所反映的问题均已进行整改。

财政审计 对上饶市369个单位或部门进行预算执行或财政决算审计，查出主要问题金额184.08亿元，揭示出预算编报不真实不完整2.17亿元、违规变更调整预算2.62亿元、未按规定纳入预算管理7.22亿元、未按规定征收缴纳收入2.50亿元、资金滞留闲置5777万元。

经济责任审计 对上饶市306名党政机关领导干部和国有企业领导人进行经济责任审计，其中任中经济责任审计117人，审计查出主要问题金额77.22亿元，已上缴财政612万元，促进增收节支1549万元。

金融审计 对上饶市1个市属金融机构进行审计，查出主要问题金额为2268万元。

固定资产投资审计 对上饶市554个政府投资项目开展审计，项目投资额64.48亿元，完成投资额64.48亿元，核减投资额2.88亿元。

民生资金（项目）审计 对上饶市23个相关部门开展医疗保险审计，查出主要问题金额2.86亿元。

专项资金审计 对上饶市32个单位（项目）开展专项资金审计和审计调查，审计专项资金总额6.31亿元。审计查出主要问题金额90.92亿元，其中虚报冒领1411万元、资金落实不到位2696万元、资金滞留闲置3.46亿元。

信息化建设 上饶市审计机关共有22名（市本级有9名）审计人员通过审计署计算机中级认证考试。全市审计机关对OA系统进行升级改造。

审计科研 提交的“领导干部自然资源资产离任审计问题探讨”科研课题在江西省审计学会年度审计科研课题评审中获得第二名。

相关工作 党建工作注重抓好党员教育和党务培训等工作，完成换届选举工作。建立“一把手”总负责，其他领导“一岗双责”制度，开通市局党风廉政微信群，建立科级干部廉勤档案。加大干部培养力度，先后安排40余名审计干部参加跟班学习和专业知识培训。（撰稿人：胡跃明）

2016年江西省所辖区、县(市)级审计工作统计表

金额单位:万元

审计机关	完成审计项目(个)	审计查出主要问题金额	审计处理情况					出具审计报告和审计调查报告(篇)	提出审计建议(条)	提交审计信息(篇)
			审计处理处罚				移送处理事项(件)			
			应上缴财政	应减少财政拨款或补贴	应归还原渠道资金	应调账处理金额				
南昌市										
南昌市本级	68	5228065	562671			9064	6	100	233	257
东湖区审计局	36	306		306				36	51	
西湖区审计局	16	15955	38					16	73	53
青云谱区审计局	26	14297	90					24	134	82
湾里区审计局	14	15938						10	45	12
青山湖区审计局	23	48675						23	67	
新建区审计局	69	9862			5			69	143	
南昌县审计局	45	165917			142	137637		43		2
安义县审计局	16	3354	50			557		24	41	
进贤县审计局	70	7129	211		75			70	229	14
景德镇市										
景德镇市本级	65	4248	3058		2768		18	65	79	114
昌江区审计局	18	900	70					18	90	10
珠山区审计局	23	6359	36					23	97	9
乐平市审计局	159	265	265	2816	5137	167	1	159	260	6
浮梁县审计局	24	6389	3					24	63	
萍乡市										
萍乡市本级	127	2357281	1409		15622	117981	7	127	83	5
安源区审计局	23	304314	236		2327	56		24	57	
湘东区审计局	52	12769	838	39	4034	7214		111	165	
莲花县审计局	61	1768	21		897	850		61	66	32
上栗县审计局	23	1521	6		1092	29		24	42	
芦溪县审计局	42	4951	188		2914	76		42	125	8
九江市										
九江市本级	91	485133	1185			19417		94	290	
濂溪区审计局	116	333266	20	19382				116		
浔阳区审计局	41	467	89					38	38	
瑞昌市审计局	6	21552	5		78	21374		10	16	
共青城市审计局	37	162433	1111	1768	47	158595		33		
庐山市审计局	69	13565	52	2012	796	700		74	285	2

（续表）

审计机关	完成审计项目（个）	审计查出主要问题金额	审计处理情况					出具审计报告和审计调查报告（篇）	提出审计建议（条）	提交审计信息（篇）
			审计处理处罚				移送处理事项（件）			
			应上缴财政	应减少财政拨款或补贴	应归还原渠道资金	应调账处理金额				
九江县审计局	106	78125	54	43777	142	697		159	43	15
武宁县审计局	129	1783		1783				128		
修水县审计局										
永修县审计局	63	20252	42	2338	854	15456	1	96	121	
德安县审计局	145	130573	39	2961		291		177	323	83
都昌县审计局	24	725	53		32	138		24		
湖口县审计局	88	3417	85	3017	152	141		88	112	
彭泽县审计局	34	293360	95					33	164	2
开发区审计分局	11	16679			25	1025	43	10	43	56
庐山审计处	84	1044	120	1024	20	104		87		
新余市										
新余市本级	50	259272	115		45		10	78	275	79
渝水区审计局	22	8994	46					34	69	
分宜县审计局	44	160	561					44	133	3
鹰潭市										
鹰潭市本级	33	143409	297		37	2868		46	96	
月湖区审计局	36	17680	1	1748	20			43	155	
贵溪市审计局	59	311576	3239	552	276	8		62	235	
余江县审计局	39	20774	38		34	74		54	89	
赣州市										
赣州市本级	131	1244186	134		12455	130	19	228	361	140
章贡区审计局	25	4124	66					30	71	80
南康区审计局	47	68870	108					88	150	10
赣县区审计局	41	5009	50		86	48		78	47	35
瑞金市审计局	54	18760		13396				54	121	32
信丰县审计局	21	51721	11					21	59	23
大余县审计局	79	1482	119				1	132	64	12
上犹县审计局	44	5970	71					55	106	114
崇义县审计局	41	4579	92		559	56		84	95	10
安远县审计局	47	5329	169		226	310		47	340	130
龙南县审计局	74	73689	135					143	70	93
定南县审计局	60	19758	156		20			60	26	22
全南县审计局	38	2481	18					38	37	10

（续表）

审计机关	完成审计项目（个）	审计查出主要问题金额	审计处理情况					出具审计报告和审计调查报告（篇）	提出审计建议（条）	提交审计信息（篇）
			审计处理处罚				移送处理事项（件）			
			应上缴财政	应减少财政拨款或补贴	应归还原渠道资金	应调账处理金额				
宁都县审计局	71	11961	147					76	100	30
于都县审计局	24	1480	39					40	26	20
兴国县审计局	32	53513	20		605	167		32	31	54
会昌县审计局	135	20302	202				2	153	120	145
寻乌县审计局	17	57651	142		1	3988		17	27	35
石城县审计局	38	829	102		477	111		38	59	14
吉安市										
吉安市本级	34	2308214	57332		40257	1614	2	35	79	1
吉州区审计局	95	5754	53					93	159	
青原区审计局	79	63563	35					78	79	
吉安县审计局	134	4205	192		4161			175	127	113
井冈山市审计局	79	1170	60	302	813	14		92	75	
吉水县审计局	107	12866	207	12436				103	169	
峡江县审计局	23	754	223		4	8		24	32	
新干县审计局	58	4281	84					55	190	38
永丰县审计局	70	7381	61		876	4968		70	17	3
泰和县审计局	21	65878	54990		10834	50		21	28	
遂川县审计局	40	5216	1154				1	40	68	
万安县审计局	42	46686	72		35	109		56	50	
安福县审计局	154	15694	602		102	2269		153	113	
永新县审计局	81	8415	55		2050	6072		81	208	
宜春市										
宜春市本级	254	607324	875		1249		21	287	571	156
袁州区审计局	49	12096	156		392	981		49	63	26
丰城市审计局	65	16743	313				7	113	19	21
樟树市审计局	50	5318	58					50	102	19
高安市审计局	49	49835	645					49	118	34
奉新县审计局	56	18433	86					70	133	26
万载县审计局	147	40772	649		7271	1029		173	181	16
上高县审计局	75	18602	194					75	212	31
宜丰县审计局	164	6180	14					168	193	24
靖安县审计局	82	28953	76		20			82	130	14
铜鼓县审计局	85	16253	84					104	123	33

（续表）

审计机关	完成审计项目（个）	审计查出主要问题金额	审计处理情况					出具审计报告和审计调查报告（篇）	提出审计建议（条）	提交审计信息（篇）
			审计处理处罚				移送处理事项（件）			
			应上缴财政	应减少财政拨款或补贴	应归还原渠道资金	应调账处理金额				
抚州市										
抚州市本级	103	109000	9522	4139	6749	5943	9	98	217	90
临川区审计局	81	5236	163		233	253		81	165	10
东乡区审计局	59	3260	107		873	2281		59	72	132
南城县审计局	46	1456	466	2137	863	328		46	96	186
黎川县审计局	64	2959	180	3400	2960	2890		64	62	52
南丰县审计局	183	236	32	2	73	36		183	46	10
崇仁县审计局	26	4200	460	1100	550	2200		26	16	24
乐安县审计局	83	974	75	977	30	135		80	76	26
宜黄县审计局	177	1603	33	458	376	736		177	12	24
金溪县审计局	81	2170	25		1517			82	136	
资溪县审计局	23	4101	54		698	3624		23	19	12
广昌县审计局	46	116	42	1438	52	33		46	83	7
上饶市										
上饶市本级	106	589921	552	3813	38075		9	154	296	22
信州区审计局	39	28359		1001		26807		48	77	
广丰区审计局	140	3572503	28	2505	1682	60		186	421	7
德兴市审计局	79	2256	47	1963	28			113	173	25
上饶县审计局	29	22708	108	824	1003	12837		49	51	
玉山县审计局	116	51406	28	8767	14			125	74	
铅山县审计局	27	15089	78		8273	556		48	80	
横峰县审计局	15	202776		318	17			22	43	6
弋阳县审计局	141	123200	6	1959				141	335	18
余干县审计局	24	95918	12		7817	911		41	65	56
鄱阳县审计局	36	37609	3		3478	28909		63	52	4
万年县审计局	74	15584	83	1646	1498	6125		101	140	22
婺源县审计局	154	237483	6	6034	5			195	120	10

山东省

【山东省审计厅】 2016年，山东省审计厅人员编制322人，其中行政编制219人；实有271人，其中行政编制196人。设有办公室、法规处、人事处、项目管理处、执行处、离退休干部处、机关党委、财政审计处、行政事业审计综合处、行政事业审计一处、行政事业审计二处、农业与资源环保审计处、固定资产投资审计一处、固定资产投资审计二处、金融审计处、企业审计一处、企业审计二处、社会保障审计处、外资运用审计处、电子数据审计处、经济责任审计办公室、经济责任审计一处、经济责任审计二处、经济责任审计三处。

领导成员

厅　　长：马青山

副 厅 长：魏惠育　王修歧（—1月）
　　　　　杨统海　姜　芳　栾心勇

总审计师：鲁玉芹

纪检组长：崔良桐

经济责任审计办公室主任：许庆豪

巡 视 员：黄利明

副巡视员：孙明禄　孙承明

审计成果 2016年，山东省各级审计机关共审计单位9669个。查出主要问题金额11919.72亿元，其中违规金额590.64亿元、损失浪费金额16.3亿元、管理不规范金额11312.78亿元；损益（收支）不实1085.19亿元；审计处理处罚金额1897.58亿元，其中应上缴财政318.99亿元、应减少财政拨款或补贴103.1亿元、应归还原渠道资金182.91亿元、应调账处理金额1258.09亿元；审计发现非金额计量问题17507个；审计促进整改落实有关问题金额924.24亿元，其中增收节支296.54亿元、已调账处理金额512.28亿元；审计促进拨付资金到位30.17亿元；审计后挽回（避免）损失113.57亿元。移送司法机关、纪检监察机关和有关部门处理事项1017件。出具审计报告和专项审计调查报告12831篇，被批示、采用101篇；提交审计信息5759篇，被批示、采用2880篇。提出审计建议17101条，被采纳10630条；促进被审计单位制定整改措施2297项、建立健全规章制度319项。向社会公告审计结果188篇。

2016年，山东省审计厅和淄博、潍坊、济宁、威海、临沂5市审计局继续保持“全国文明单位”和“全国文明机关”荣誉称号。

国家重大政策措施贯彻落实跟踪审计 围绕服务供给侧结构性改革，持续开展政策落实跟踪审计。选取简政放权、营改增等20项重点政策进行审计，重点关注落实效果，反映制度性问题，按月报告审计结果，持续跟踪整改，促进政策红利向发展成果转化。全年督促完成建设项目708个、加快实施进度项目15个，促进财政资金统筹使用和重点资金到位4.68亿元，促进简政放权44项，建立健全制度23项。省领导先后19次对审计结果做出批示。

财政审计 围绕提高资金绩效，深化财政审计。推广运用三级联动方式，开展预算执行和决算草案、税收征管、财政收入状况等审计，同时密切关注中央八项规定精神落实情况，加大政府投资项目审计力度，促进财政应收尽收、资金高效使用，助力从严管党治党。在全国率先开展预算绩效管理专项审计调查，审查预算编制、执行、管理等全过程绩效管控的实际效果，推动完善制度、深化改革。

经济责任审计 围绕推进全面从严治党，加大经济责任审计全覆盖力度。基本建成省级经济责任审计对象数据库，制定干部任前经济责任告知、年度报告、离任交接等办法，织密履职监督制度网络。采取同步审计、直接审计、授权审计和现场督导相结合方式，全省完成3844名领导干部经济责任审计，保持经济责任审计全覆盖的常态化。规范和推进村级负责人经济责任审计，实现领导干部审计对象全覆盖，并发挥审计优势，与组织部门联合开展村级审计督查试点，推进全面从严治党向基层延伸。

自然资源资产离任审计试点 围绕推进落实资源环境保护责任，扎实开展领导干部自然资源资产离任审计试点。重点培育“胶州经验”，召开现场会总结推广，指导各地启动审计试点，全省共开展试点项目68个，促进资源环境保护。“胶州经验”被审计署在全国推介。省委办公厅、省政府办公厅印发《关于开展领导干部自然资源资产离任审计试点工作的实施意见》，为加强和规范全省试点工作提供制度保障。

企业、金融、外资审计 围绕防范和化解风险隐患，加强企业、金融和外资审计。在对钢铁、煤矿、交通、重工等领域国有企业审计基础上，选择8户省管企业，开展境外投资绩效专项审计调查，关注境外国有资产的安全和效益，实现境外审计“破题”。还对融资性担保公司、农信社等进行专项审计调查，促进金融服务实体经济，防范区域性金融风险。组织12个国外贷援款项目审计，促进外资有效利用。

民生资金（项目）审计 围绕保障和改善民生，强化扶贫、社保等民生审计。加大对脱贫攻坚的审计支持力度，创新工作模式，成立派驻省扶贫办审计处，并延伸复制该模式，推动脱贫任务重的7个市、20个县设立审计监督组，将审计监督“嵌入”脱贫攻坚全过程，突出源头防控、事中监督，对问题早发现、早提醒、早纠正，增强审计实效性。启动为期5年的全省精准扶贫政策落实跟踪审计，相关做法得到国务院扶贫办的充分肯定和推介。组织开展保障性安居工程、医保基金等审计，维护群众切身利益。

住房审计整改 落实省政府部署，全力跟踪督促全省机关事业单位建购职工住房审计发现问题的整改，全省收缴财政资金61.30亿元，清退、整改多占住房286套，清退违规使用周转房85套，解决一些历史遗留问题，推进山东省全面从严治党和全省住房制度改革，受到省政府充分肯定，一批先进集体和个人受到表彰奖励。

内部审计 加强内部审计工作指导，组织对1940个行政事业单位、国有企业开展内部审计专项督查和内管干部经济责任审计情况调查，推动重视和加强内部审计工作。全省已建内部审计机构8493个，配备内部审计人员23141人，完成审计项目97198个，促进增收节支182.51亿元；建议给予行政处分1362人；向司法机关移送案件线索14件，涉及334人。

人财物管理改革试点 全面启动省以下审计机关人财物管理改革试点工作，坚持统筹规划，稳妥推进，基本完成管理改革试点任务，构建起管理改革新机制框架。制订“十三五”山东审计工作发展规划、审计计划管理办法等制度，指导各级编制2017年审计项目计划，实现全省审计项目计划统一管理。协调和会同组织、财政、编办等部门，有序推进市县审计机关干部管理、经费和资产上划、机构和人员编制上划等，做好各项基础工作。对下建立局长例会制度，搭建起管理、交流工作新平台。

规范化建设 围绕提升审计监督质量，改进审计业务管理。对照审计新理念，改进审计评判标准，集中梳理以往审计中不宜再作问题反映的常规问题或根据形势发展需重新分析定性的新问题，引导审计人员更好地理解把握和践行新理念。严把审理审核关，对不符合新理念的问题及时纠偏，促进运用新标准来处理改革发展中出现的新情况新问题。在业务处室设置综合管理岗，加强审计业务研究，强化质量源头管控，实现综合审核关口前移。持续推进审计报告通俗化，更好地满足使用者需求。4个审计项目被审计署评为全国优秀、表彰审计项目，获奖数量居全国首位。

信息化建设 围绕提升审计工作效率，推进审计技术手段创新。顺应大数据技术发展趋势，建立省级审计数据中心，运用地理信息系统等外部信息和技术资源，开展跨行业、跨系统、跨层级数据分析，为审计项目提供强有力的信息支撑。在财政、社保等领域，广泛运用“大数据”审计模式，实现非现场数据分析与现场核查的有机结合，提高审计精准度和效率。在省、市审计机关设立数据分析岗，组建数据分析团队，实行“平时分散、战时集中”管理，成为全省审计工作“数字化战略支援部队”。省审计厅开展大数据审计的经验做法在审计署专题研讨会上做典型发言。

党建工作 深入学习党的十八届六中全会精神，深刻领会全面从严治党和习近平总书记核心地位的重大意义，切实增强“四个意识”特别是核心意识、看齐意识。厅党组认真履行全面从严治党主体责任，把党的建设提上重要议事日程，把方向、管大局，抓班子、带队伍，切实发挥领导核心作用。扎实开展“两学一做”学习教育，组织全体党员学习原著，参加德廉知识测试，参观山东根据地审计展馆，举办党课展讲、“信仰的力量”演讲比赛等活动，强化理想信念，提高政治素养。

廉政建设 召开全省审计机关党风廉政建设工作会议，举办党风廉政建设形势专题研究分析会、党风党纪专题教育培训会，以身边案例开展警示教育，压实廉政责任，强化底线意识。集中修订机关规章制度，扎紧审计权力运行的制度笼子。严格执纪问责，加强廉政巡查和审计纪律回访，运用监督执纪“四种形态”，对苗头性问题及时咬耳扯袖、红脸出汗，对违纪问题“零容忍”、严肃处理问责。自觉接受巡视，正确对待“政治体检”，坚持边巡边改，做到彻底整改、不留后患。

队伍建设 完善干部选拔任用和考核激励机制，树立重实绩、敢担当的用人导向，选拔调整一批领导干部和业务骨干。加大干部挂职交流和教育培训力度，在援疆、巡视、住房审计整改、扶贫审计、“第一书记”帮包等工作中，培养锻炼一批优秀干部。省审计厅“第一书记”工作组在省委组织部专题会议上做典型发言。

（撰稿人：于 力 陈晓蓉 冉 瑾）

【济南市审计局】 2016 年，济南市审计局人员编制 169 人（其中行政编制 157 人、工勤人员编制 12 人），实有 157 人。局长孙竹兮，副局长唐军、吕思修（—1 月）、刘继强、丁小玲、仪红军、张传堂、于洋，总审计师仪红军（兼），经济责任审计办公室主任张振江，副巡视员吴冬梅、杨光星、张峻峰。设有办公室、法规处、组织人事处、财政审计处、金融审计处、行政事业审计一处、行政事业审计二处、行政事业审计三处、农业与资源环保审计处、固定资产投资审计一处、固定资产投资审计二处、固定资产投资审计三处、企业审计一处、企业审计二处、社会保障审计处、外资运用审计处、计算机审计技术处（信息处）；市经济责任审计办公室下设综合处、行政事业经济责任审计处和企业经济责任审计处；按照有关规定设机关党委、工会等。

审计成果 2016 年，济南市县审计机关共完成审计和审计调查项目 425 个。查出问题金额 506.03 亿元，其中违规金额 8.33 亿元、损失浪费金额 102 万元、管理不规范金额 497.69 亿元；损益（收支）不实金额 107.23 亿元；审计处理处罚金额 11.89 亿元，其中应上缴财政 4.66 亿元、应减少财政拨款或补贴 2.43 亿元、应归还原渠道资金 0.85 亿元、应调账处理金额 3.06 亿元；审计发现非金额计量问题 1448 个；审计促进整改落实有关问题金额 13.76 亿元，其中增收节支 6.56 亿元、已调账处理金额 4.27 亿元；审计促进拨付资金到位 730 万元；审计后挽回（避免）损失 4.54 亿元。提交审计报告、信息 882 篇，被批示、采用 529 篇（次）。移送案件线索 24 件。提出审计建议 1124 条。向社会公告审计结果 33 件。

国家重大政策措施贯彻落实跟踪审计 围绕推进供给侧结构性改革和去产能、去库存、去杠杆、降成本、补短板五大任务的落实，对创业创新、精准扶贫、简政放权、生态环境保护、小微企业发展等 10 项政策落实情况进行审计。审计推动各县区安排专项扶贫资金 1.3 亿元，比上年增长 2.1 倍。推动投入创业投资引导类资金 4.27 亿元，通过基金投资吸引社会资本 11.72 亿元。

财政审计 全市开展预算执行审计项目 109 个，查出违规金额 5.35 亿元、管理不规范金额 242.69 亿元，审计处理应上缴财政 3.47 亿元。市审计局主要对市财政局、市人社局、市交通运输局、市农业局等 13 个预算单位及所属 38 个二、三级单位进行预算执行审计，促进部门单位上缴各类财政资金 2.93 亿元；通过调整会计科目、规范资金管理等方式落实整改 11.63 亿元。

经济责任审计 全市对 194 名领导干部进行经济责任审计，查出承担相应责任的问题金额 364.39 亿元。启动村（社区）负责人经济责任审计，通过把村务财务、经济活动、为民服务等问题审计清楚，找准、抓住、解决好影响村（社区）运行的突出问题，推动全面从严治党向基层延伸。首次将审计干部培训纳入市委组织部年度干部培训计划，邀请审计署、南京审计大学、省审计厅、市直有关部门专家、领导授课，有效提高审计人员经济责任审计的理论水平和实战能力。

民生资金（项目）审计 围绕保障民生、改善民生、发展民生主题，强化民生资金和项目的审计，重点开展土地储备资金、城市污水处理、大气污染防治、华山片区开发建设、海绵城市试点区域建设等审计和审计调查，更加注重规范民生资金管理和运行，推动提高财政资金的使用效率，发现和揭示发展中的风险隐患，及时纠正侵害群众利益的问题，防止苗头性问题转化为趋势性问题，保障改善民生的支出。

信息化建设 印发《济南市审计机关审计业务电子数据管理办法（试行）》，完善济南市审计数据管理平台和审计数据分析平台，提高平台数据存储能力和数字化审计程度。首次全面采集社保数据，涵盖全市参保的640万人、9万家企业的基本信息，打通社保数据采集通道。

审计科研 围绕市委、市政府工作中心和经济社会发展大局，组织开展审计科研工作，在济南市社科联发布的第三十次、第三十一次社会科学优秀成果奖评选结果中，有6项课题获奖，其中二等奖2项，三等奖4项。

（撰稿人：于　超　宋　欣）

【青岛市审计局】 2016年，青岛市审计局人员编制184人，实有158人。局长侯杰，副局长王大平、黄勇（—3月）、王健、孙可君、潘强（6月—），总审计师管卫东，纪检组长于卫东，经济责任审计办公室主任张祚锡，政府投资审计专业局局长张伟，副巡视员史祖平、孙开芬。设有办公室、法规处、人事处、财政审计处、行政事业审计综合处、行政事业审计一处、行政事业审计二处、农业与资源环保审计处、金融审计处、企业审计综合处、企业审计一处、企业审计二处、社会保障审计处、外资运用审计处、经济责任审计办公室、政府投资审计专业局（内设投资审计综合处、投资审计一处、投资审计二处、投资审计三处）、机关党委；下设青岛市审计局计算机信息中心（事业编制6人，实有3人）、青岛审计干部培训基地（事业编制13人，实有10人）。

审计成果 2016年，青岛市审计局完成审计项目94个。查出主要问题金额1066.06亿元，其中违规金额9.14亿元、损失浪费金额19万元、管理不规范金额1056.92亿元；损益（收支）不实金额261.88亿元；审计期间整改金额11.13亿元；审计处理处罚金额241.84亿元，其中应上缴财政8.26亿元、应减少财政拨款或补贴13.80亿元、应归还原渠道资金450万元、应调账处理金额219.68亿元；审计发现非金额计量问题303个；审计促进整改落实有关问题金额14.27亿元，其中增收节支14.27亿元、已调账处理金额35万元；审计后挽回（避免）损失13.80亿元；核减投资额13.80亿元。移送司法机关、纪检监察机关和有关部门处理事项46件，涉及20人、金额125.03亿元。出具审计报告和专项审计调查报告130篇，其中出具审计专题、综合性报告50篇，被批示、采用66篇；提交审计信息209篇。提出审计建议252条，被采纳101条。向社会公告审计结果2篇。

国家重大政策措施贯彻落实跟踪审计 青岛市审计机关按照审计署和省审计厅部署，对城镇保障性安居工程建设、精准扶贫等12项政策措施落实情况开展审计调查，同时组织10个区（市）审计局对本地区稳增长等政策措施落实情况进行跟踪审计。累计审计部门单位630个、涉及资金1586.69亿元；抽查项目538个、涉及投资8146.99亿元。审计发现个别区（市）政府、有关部门在政策落实、项目推进、资金绩效等方面存在问题。推动重点建设项目加快实施13个、落实政策10项、财政资金下拨到位1.47亿元、收回财政结转结余资金4.09亿元。

财政审计 完成财政审计项目33个。查出主要问题金额827.60亿元，其中预算编报不真实不完整15.71亿元、预算编制批复不规范4.71亿元、未按规定纳入预算管理62.53亿元、隐瞒转移截留资金9281万元、违规改变项目计划和资金用途13.14亿元、未按规定征提基金1.00亿元、资金滞留闲置2.56亿元、虚报冒领212万元、虚列支出13.93亿元、违规出借财政资金1.65亿元、决算草案编报不真实不完整500万元、违规招投标2792万元、违规收取费用204万元、账外资产2266万元、会计核算不实246.24亿元、其他问题金额466.03亿元。

经济责任审计 完成经济责任审计项目24个。查出主要问题金额654.08亿元，其中违规金额6.20亿元、损失浪费金额19万元、管理不规范金额647.88亿元。

企业和金融审计 完成企业和金融审计项目6个。查出主要问题金额118.98亿元，其中违规经营111.08亿元、资产质量不实327万元、财务收支核算不实3.34亿元、账外资产6501万元、其他问题金额3.88亿元。

固定资产投资审计 完成固定资产投资审计

项目24个，项目投资额745.53亿元，核减投资额13.80亿元。查出主要问题金额86.87亿元，其中未按规定征收缴纳收入180万元、违规改变项目计划和资金用途1651万元、未按规定征提基金349万元、资金滞留闲置666万元、扩大开支范围或提高开支标准列支2210万元、工程结算款不实13.80亿元、会计核算不实909万元、其他问题金额72.47亿元。

民生资金（项目）审计 完成民生资金（项目）审计项目4个。查出主要问题金额11.14亿元，其中未按规定征收、缴存社保费和公积金3505万元，财政资金不到位不落实44万元，其他问题金额10.78亿元。

外资运用审计 完成外资运用审计项目1个，项目投资额7.32亿元（其中外资3.11亿元），查出主要问题金额1.22亿元。

专项资金审计 完成审计项目26个，审计专项资金总额500.27亿元。查出主要问题金额20.26亿元，其中违规变更调整预算262万元、未按规定征收缴纳收入6669万元、违规改变项目计划和资金用途58万元、资金滞留闲置2804万元、擅自处置国有资产2.72亿元、会计核算不实1.44亿元、其他问题金额14.80亿元。

信息化建设 青岛市审计机关完成审计数据中心升级扩容；启动青岛市金审工程三期项目建设；创新研发政策措施落实跟踪审计大数据综合作业平台，实现信息资源积累共享、工作任务统筹协调、业务审计在线操作、项目及资金动态监测、两级机关互动交流等功能。

审计科研 青岛审计学会中标成为中国审计学会“领导干部自然资源资产离任审计研究”课题研究合作单位，完成山东省审计厅课题“大数据环境下审计方法创新研究”研究。组织撰写的《大数据环境下审计技术方法》入选审计署论文集，撰写的《海洋自然资源资产离任审计研究试点报告》《拓展深化国有企业审计研究》分别获得山东省审计厅论文研究成果二、三等奖。

相关工作 青岛市审计局修订《机关党建工作意见》《机关党建工作责任制》《机关党支部工作考核办法》等11项制度，完成机关21个党支部换届选举，核实党费缴纳基数，组织补缴党费，规范和加强机关党建工作。深化文明创建活动，全市审计机关有7个省级文明单位、4个市级文明标兵单位。制订落实党风廉政建设“两个责任”工作方案，梳理“两个责任”清单，明确各级主体责任和监督责任131条，构建七级责任体系，开展警示教育、参观党史馆、红色基地等活动，营造崇廉倡廉良好氛围。深入开展“两学一做”学习教育，倡导争做“四讲四有”和“学习型、忠诚型、实干型、创新型、纯洁型”审计干部。与南京审计大学签订协议，合作共建研究生工作站和本科生实习基地，探索审计人才培养新模式。

内部审计 青岛市内部审计机构共完成内部审计项目7005个，审计资金总额1716.50亿元，促进增收节支6.63亿元，提出建议意见被采纳8785条。截至年底，全市建立专兼职乡镇和民营企业内部审计机构161个，配备专兼职内部审计人员609人，完成审计项目2889个，审计资金总额206.07亿元，促进增收节支1.92亿元；提出建议意见被采纳1636条。（撰稿人：潘铎印）

【淄博市审计局】 2016年，淄博市审计局人员编制147人，实有120人。局长侯全明（—4月）、勾东升（4月—），副局长杜贞耐、梅立凯、房虹，总审计师荆开学，工会主席冯树清，市公共投资审计局局长刘可贵。设有办公室、人事科、机关党委、法规科、计算机审计管理科、审计执行科、内审指导科、财政审计科、金融社保审计科、行政事业审计科、经贸审计科、农业与资源环保审计科、外资运用审计科、政法审计科、科教文卫审计科、经济责任审计办公室、经济责任审计办公室一科、经济责任审计办公室二科、市公共投资审计局、审计干部培训中心。

审计成果 2016年，淄博市审计机关完成审计项目680个，其中组织实施审计项目658个，参与实施审计项目22个。查出主要问题金额495.46亿元，其中违规金额86.95亿元、损失浪费金额289万元、管理不规范金额408.48亿元；审计查出损益（收支）不实金额30.46亿元；审计处理处罚金额66.89亿元，其中应上缴财政20.77亿元、应减少财政拨款或补贴4.54亿元、应归还原渠道资金16.51亿元、应调账处理金额22.07亿元；审计发现非金额计量问题1651个；审计促进整改落实有关问题金额44.05亿元，其中增收节支21.18亿元、已调账处理金额19.84亿元；审计促进拨付资金到位7.73亿元；审计后挽回（避免）损失4.67亿元。移送司法机关、纪检监察机关和有关部门处理事项90件。出具审计报告和专项审计调查报告838篇，被批示、采用18篇；提交审计信息60篇，被批示、采用54篇。提出审计建议955条。

2016年，淄博市部分区县2012年至2014年涉农政策措施落实与资金使用绩效情况专项审计调查项目获得山东省审计厅优秀项目表彰。中共淄博市委在全市推广推介淄博市淄川区村居审计工作经验，拓展形成以政府指导、镇办自主、中介辅助的村居审计模式。

国家重大政策措施贯彻落实跟踪审计 完成审计署统一部署的保障性安居工程跟踪审计、基本医疗保险基金和医疗救助资金审计等项目。完成山东省审计厅统一组织的扶贫、金融改革等稳增长13项政策跟踪审计、部门购建房审计整改等任务。

财政审计 实施123个部门的预算执行审计，84个单位的财政决算审计，查出主要问题金额299.85亿元。预算执行审计采用“市县一体化”组织模式，对13个市县两级系统单位统一审计，对决算草案与预算执行的差异进行分析，为人大决算审查提供重要依据。淄博市审计局受市政府委托，向淄博市人大常委会报告市级预算执行审计整改情况。

经济责任审计 实施327名领导干部经济责任审计，查出违规金额40.83亿元。淄博市县两级审计局联动，完成山东省审计厅委托淄博市审计局实施的6名省管干部经济责任审计。淄博市审计机关在对领导干部进行经济责任审计时，科学界定被审计领导干部和班子其他人员应承担责任，以审计报告“通俗化”为突破口，提升审计报告和成果运用质量。

金融审计 淄博市审计局对淄川区、临淄区、沂源县8家农信社进行审计调查，促进对被审计单位以往年度发现问题的整改落实。

固定资产投资审计 开展191个政府投资项目的审计，共核减投资额4.62亿元。淄博市金融服务中心资产和债权债务情况审计专题报告得到淄博市常务副市长重要批示。

专项资金审计 统筹实施资源环境政策落实与资金绩效审计调查，将资源环保审计融入预算执行审计、政策审计、专项审计调查、经济责任审计、政府投资审计等各专业审计中，助力生态淄博建设。淄博市审计局完成全市第一批绿动力专项资金的拨付、资金管理等情况的跟踪审计，上报政府的审计专报得到淄博市市长的批示。

信息化建设 搭建审计数据管理平台和分析平台，投资16万元开发建设审计移动办公系统，投资100万元完成视频会商系统的升级改造。淄博市审计机关选派6人参加审计署计算机中级培训，计算机审计能力不断提高。

（撰稿人：翟慎军　李忠颖）

【枣庄市审计局】 2016年，枣庄市审计局人员编制64人，实有61人。局长杨家国（—2月）、刘志才（2月—），副局长于晨、曹昭普、韩荣昌，市经济责任审计办公室主任许国强，调研员李黎，副调研员张鲁平、张本良。设有办公室、法制科、人事科、财政审计科、行政事业审计科、农业与资源环保审计科、固定资产投资审计科、金融与外资审计科、企业审计科、社会保障审计科、计算机审计管理科；下设枣庄市经济责任审计办公室、枣庄市政府投资审计办公室。

审计成果 2016年，枣庄市审计机关完成审计项目262个。查出主要问题金额200.83亿元，其中违规金额42.80亿元、管理不规范金额158.03亿元；损益（收支）不实13.09亿元；审计处理处罚金额49.89亿元，其中应上缴财政8.44亿元、应归还原渠道资金2.28亿元、应调账处理金额38.24亿元；审计发现非金额计量问题513个；审计促进整改落实有关问题金额20.41亿元，其中增收节支2.93亿元、已调账处理金额17.11亿元；审计促进拨付资金到位1.42亿元；审计后挽回（避免）损失246万元。出具审计报告和专项审计调查报告331篇，被批示、采用2篇，提交审计信息170篇，被批示、采用74篇。提出审计建议732条。

国家重大政策措施落实跟踪审计 实施减轻和公平企业税负、促进内贸流通健康发展、社会救助、发展养老健康服务业等12项政策措施落实情况的跟踪审计，推动重大项目建设，促进资金统筹使用和制度完善。

财政审计 全市完成预算执行审计项目53个，延伸审计单位34个，查出主要问题金额44.41亿元；组织联动财政数字化审计，当年查出的问题全部督促整改到位。对台儿庄区、山亭区人民政府财政决算情况实施审计，促进提高财政决算水平。

经济责任审计 全市完成领导干部经济责任审计项目98个，促进增收节支1453万元。总结推广山亭区村居干部审计试点工作经验，完成薛城区原区长水资源离任审计。推动出台《关于严禁用公款支付个人手机套餐费用的通知》《关于进一步加强工会经费收支管理的通知》等文件。

金融审计 对枣庄市融资担保有限公司、山东至能投资担保有限公司和枣庄农商行开展审计调查，促进地方金融机构的持续健康发展。对石嘴子水库、农村能源生态建设、枣庄洼地治理等3个利用世界银行或亚洲开发银行外资情况进行财务收支和外资公证审计，促进外资安全有效利用。

固定资产投资审计 全市完成投资审计项目43个，审减金额727万元，审减率17.26%。主要开展庄里水库建设、南水北调续建配套（滕州供水单元）、农村饮水安全等重大项目工程、市民中心工程、城市污水处理绩效情况审计，审计的宏观性和建设性作用得到较好发挥。

企业审计 全市开展企业和地方金融审计12个，查出主要问题金额2.52亿元。对丰源集团、福兴集团和宇兴旅游开发有限公司等企业的审计促进国企改革与供给侧改革顺利推进。

专项资金审计 审计单位28个，查出主要问题金额2.32亿元。主要实施扶贫专项资金、保障性安居工程、医疗保险基金、解决普通中小学大班额问题等资金和项目的审计。推动出台鼓励区（市）改革扶贫项目资金管理办法的指导意见，提出多方位解决资金、加强师资建设等审计建议。

（撰稿人：江庆玉）

【东营市审计局】 2016年，东营市审计局实有72人。党组书记、局长曲同德，副局长杨忠起、冯培勤（—7月）、成志强、张安民（7—），总审计师张冬梅，东营经济技术开发区分局党组书记张波，东营经济技术开发区分局局长温绍云，东营市政府投资审计办公室主任李志山，东营市经济责任审计办公室主任王利民，调研员李玉平（—5月），副调研员王国军、李建华、任德海。设有办公室（人事教育科与其合署）、法规科、财政审计科、行政事业审计科、农业与资源环保审计科、金融审计科、社会保障审计科、经济责任审计办公室、政府投资审计办公室、审计执行科，派出机构东营经济技术开发区审计分局（挂东营港开发区审计分局牌子）；下设东营市计算机审计中心、东营市内部审计师协会。

审计成果 2016年，东营市县两级审计机关完成审计项目106个。审计查出主要问题金额207.47亿元，其中违规金额1.47亿元、管理不规范金额206.00亿元；审计处理处罚5.64亿元，其中应上缴财政金额3.73亿元、应归还原渠道资金5458万元、应缴纳其他资金4480万元、应调账处理金额9101万元；审计促进整改落实有关问题金额8.30亿元，其中增收节支4.61亿元（已上缴财政金额3.69亿元）。出具审计报告和专项审计调查报告152篇。提出审计建议166条。

国家重大政策措施贯彻落实跟踪审计 对精准扶贫、盘活存量、产业调整、重大建设项目等政策落实情况开展跟踪审计，累计查处各类问题92个。提出审计建议39条。促进完善各项制度办法2项，市政府主要领导批示10件。

财政审计 2016年，对市财政局、市地税局等19个单位进行审计，延伸审计单位52个，审计查出主要问题金额107.59亿元。结合经济责任审计对河口区、利津县等5个单位进行审计，延伸审计单位19个，查出主要问题金额7.95亿元。共对59个行政事业单位进行审计，延伸审计单位41个，查出主要问题金额68.03亿元。

经济责任审计 对56名领导干部实施经济责任审计，查出违规和管理不规范问题金额82.10亿元。

固定资产投资审计 市审计局将政府投资和以政府投资为主的建设项目全部纳入审计监督管理。对全市重点项目实施跟踪审计；对广南水库、金湖银河等125个项目实施工程结算审计，涉及资金总额240.20亿元，查出各类违规金额48.07亿元，为政府直接节约建设资金3.11亿元。

金融审计 市审计局对市5个金融项目开展专项审计调查，查出主要问题金额19.69亿元。其中，对垦利农村商业银行进行信贷业务风险的专项审计调查，查出农商行在执行国家宏观信贷政策方面等突出问题8项，分别向公安机关和东营银监局移送问题线索各1件。

民生资金（项目）审计 对基本医疗保险基金和医疗救助资金审计等开展审计2个，延伸审计单位26个，查出主要问题金额8923万元。

内部审计 全市共有内审机构96个，其中专职机构68个；内审人员326人，其中专职人员222人。全年完成审计项目719个，其中财务收支审计192个、效益审计131个、经济责任审计117个、内部控制评审96个、信息系统审计1个、基本建设审计118个、其他审计64个。审计总金额5.24亿元，增收节支3825万元。提出建议意见被采纳850条。（撰稿人：蔡 玲）

【烟台市审计局】 2016年，烟台市审计局人员编制80人，实有73人。局长王清东，副局长董瑞锋、钟方新、翟宇翔，总审计师常宗杰，调研员张邦业。设有办公室、法规科、财政审计科、经贸审计科、社会保障审计科、农业与资源环保审计科、外资运用审计科、金融审计科、人事教育科、信息管理科、内审指导科；另设有行政事业审计一科（行政事业）、行政事业审计二科（重点建设项目）、行政事业审计三科（公检法司）、行政事业审计四科（科教文卫），烟台市经济责任审计办公室（内设企业审计科和行政事业审计科及审计执行科），和烟台市政府投资审计服务中心（事业编制11人，实有6人）。

审计成果 2016年，烟台市县两级审计机关完成审计项目589个。查出主要问题金额455亿元，其中违规金额28.1亿元、损失浪费金额14万元、管理不规范金额426.9亿元；损益（收支）不实金额15.7亿元；审计处理处罚金额38.8亿元，其中应上缴财政27.8亿元、应减少财政拨款或补贴7708万元、应归还原渠道资金1亿元、应调账处理金额8.6亿元；审计发现非金额计量问题594个；审计促进整改落实有关问题金额8.5亿元，其中增收节支7.7亿元、已调账处理金额5267万元；审计促进拨付资金到位2103万元；审计后挽回（避免）损失7911万元。移送司法机关、纪检监察机关和有关部门处理事项17件，涉及7人，金额20.2亿元。出具审计报告和专项审计调查报告917篇，被批示、采用1篇；提交审计信息461篇，被批示、采用230篇。提出审计建议460条，被采纳103条；推动完善规章制度1项。

2016年，烟台市审计局继续保持“省级文明单位”荣誉称号，被授予全市“科学发展杰出贡献奖”。

国家重大政策措施贯彻落实跟踪审计 全市审计机关聚焦各级重大政策措施和重点工作任务落实，上下联动，分项实施，完成保障性安居工程、精准扶贫、促进内贸流通、简政放权以及大众创业、万众创新政策措施落实情况等12项政策措施落实情况跟踪审计，为推动资金落实、项目实施、政策落地，促进全市经济社会健康发展发挥重要作用。

财政审计 烟台市审计局共对市直17个部门及其所属73个单位进行预算执行审计，同步组织实施市级行政事业单位房产管理情况和市级预算单位信息系统情况等5个专项审计调查，促进进一步规范财政预算管理，有效提高财政资金使用效益。

经济责任审计 烟台市审计局根据省审计厅授权，完成对7个市直部门和4个县（市区）共12名省管领导干部经济责任审计，并同步对4个县（市区）政府主要领导实施经济责任审计；根据组织部门委托，完成对56个部门单位主要领导的任中、离任经济责任审计，并对烟台银行、蓝天控股等金融机构和市属企业主要负责人进行经济责任审计；市级审计机关确定1个县级市、2个县级审计机关各自选取1个乡镇开展领导干部自然资源资产离任审计试点。

固定资产投资审计 烟台市审计局加大对投资规模大、领导重视、群众关注的重点投资项目的审计力度，组织对全市的省重点项目和“蓝黄资金”项目实施情况进行专题审计调查，并对烟台市城铁南站、芝罘站建设情况和东部新区部分市政道路及配套工程项目建设情况进行审计，共审减工程款3136万元，有力推进政府投资建设项目的规范管理。

民生资金（项目）审计　组织全市审计机关对保障性安居工程及配套基础设施的计划、投资、建设、分配、运营等情况进行跟踪审计，对市本级和2个县级市的医疗保险基金进行审计，对全市公办养老机构财政财务收支情况进行审计，完成解决城镇普通中小学大班额问题专项审计调查和市本级污水处理厂经济效益情况审计调查工作。

金融审计　烟台市审计局完成对烟台融资担保有限责任公司2014年至2015年经营管理情况专项审计调查，组织对龙口、招远、莱阳、蓬莱、长岛等5个县市农商行2014至2015年信贷风险管控情况进行专项审计调查，有效防范金融风险，推动全市经济社会健康安全运行。

企业审计　推进企业审计监督全覆盖，组织全市审计机关全面摸清全市市属、县属国有及国有控股企业现状。

专项资金审计　协助、配合省审计厅对烟台市原党政主要领导离任经济责任审计、市委组织部主要领导离任经济责任审计，审计署驻济南特派办对烟台市部分外贸企业出口退税进行审计调查工作等多个审计项目；组织对蓬莱市部分村精准扶贫政策落实情况、龙口市部分扶贫村低保政策落实情况进行专项审计调查；根据市委、市政府要求，对全市住建系统、城管系统实施全面审计；对烟台SOS儿童村、山东省职业教育发展等4个项目进行外资公证审计。

信息化建设　推进智慧审计建设，建立审计业务数据定期采集报送制度，通过公务员考试引进1名信息化专业人才，组织13名审计人员参加全省计算机审计中级培训。

审计科研　围绕提高新常态下审计工作质效，注重加强审计理论创新，申报的“海洋自然资源资产离任审计研究试点报告”“浅议‘智慧审计’在环保减排审计中的新常态”研究论文分获全省2014年至2015年优秀审计论文和研究成果二、三等奖，实施的“新常态下推进审计职业化建设基本途径探究”课题得到上级审计机关的充分肯定。

相关工作　深入开展“两学一做”专题学习教育，在全市“两学一做”学习教育推进会上做典型发言；探索在驻外审计组建立临时党组织的经验做法被全市推广学习。推进审计文化建设，作为指定部门，承办全市先进文化建设现场推进会，来自市直机关各部门的100余人现场参观学习审计文化建设成果，现场以《加强审计文化建设推动审计事业发展》为主题做经验介绍。

（撰稿人：朱荣华）

【潍坊市审计局】　2016年，潍坊市审计局人员编制100人，实有98人。局长宫智，副局长刘树龙、李宏德、陶德义，总审计师郑栋强，调研员高敬禄。设有办公室、组织人事科、研究室，法制科、财政审计科、行政事业审计科、农业审计科、资源环保审计科、社会保障审计科、金融审计科、经贸与外资运用审计科、计算机审计管理科、市经济责任审计办公室、审计结果执行科；下设潍坊市审计局派出审计处和潍坊市政府性投资审计中心。

审计成果　2016年，潍坊市县两级审计机关完成审计项目1062个。查出主要问题金额662.26亿元，其中违规金额7.47亿元、损失浪费金额417万元、管理不规范金额654.75亿元；损益（收支）不实金额115.63亿元；审计处理处罚金额118.41亿元，其中应上缴财政2.75亿元、应减少财政拨款或补贴21.48亿元、应归还原渠道资金9677万元、应调账处理金额92.45亿元；审计发现非金额计量问题1138个；审计促进整改落实有关问题金额25.59亿元，其中增收节支21.21亿元、已调账处理金额1.31亿元；审计后挽回损失21.09亿元。移送司法机关、纪检监察机关和有关部门处理事项141件，210人受到处理处分。出具审计报告和专项审计调查报告1371篇；提交审计信息714篇，被采用295篇。提出审计建议1352条。向社会公告审计结果4篇。

国家重大政策措施贯彻落实跟踪审计　根据上级审计机关统一安排，组织实施全市稳增长促改革调结构惠民生防风险政策措施落实情况跟踪审计。审计中，重点抓住资金、项目和政策“三条主线”，健全领导体制、协调机制和工作机制“三个机制”，对全市简政放权放管结合、财政支持大众创业万众创新、营改增等10余个方面的政策措施落实情况进行全面审计。

财政审计　全面加强对政府全口径预算的审查和监督，组织对2015年度市级预算执行情况审计，揭示预算编制不细化、转移支付资金未及时下达、部分部门单位项目资金结转结余较多、税收征管不严等问题。税收征管审计中发现，地税部门少征收房产税、土地使用税、个人所得税、代开发票管理不规范等问题。提报的审计工作报告分别得到人大、政府的充分肯定，审计结果得到社会各界广泛关注。组织全市审计机关开展2016年财政收入状况审计调查工作，对全市188户重点税源企业税款缴纳情况进行检查，审计核实欠缴税款金额1001万元。

经济责任审计　完成领导干部经济责任审计项目406个，查出主要问题金额409亿元，针对被审计单位存在的问题和薄弱环节提出整改意见和审计建议695条。完成山东科技职业学院、潍坊职业学院、潍坊交通职业学院、潍坊技师学院和市公安局负责人等省管干部的经济责任审计，完成对诸城、安丘、坊子3个市（区）党政主要负责人的同步经济责任审计。根据省委组织部要求，与市委组织部联合下发《关于全面开展村级督查工作的意见》，全面推进农村和社区审计试点工作。

金融审计　组织开展对潍坊农村商业银行、安丘农村商业银行、昌乐农村商业银行、寿光农村商业银行信贷业务风险管控情况专项审计调查。完成对潍坊市再担保股份有限公司、潍坊市信用融资担保有限责任公司和汇银担保有限公司经营管理情况的专项审计调查工作，发现在法人治理、合规经营、制度建设和风险防控等方面问题。开展金融支持实体经济推进供给侧结构性改革政策落实情况跟踪审计，发现住房置业担保机构等方面存在的风险隐患，及时揭示相关金融机构在风险管控中的薄弱环节。

固定资产投资审计　完成审计项目452个，工程提报值109.22亿元，核减投资额21.55亿元；同时加大对项目建设管理、资金使用、投资绩效的审计力度，充分发挥投资审计在促进财政增收节支、提高资金使用效益方面的重要作用。其中，市审计局集中力量重点突破的白浪河综合治理、文化艺术中心、潍坊市公安局警官体能训练基地3个项目，送审总造价约60.72亿元，审计核减造价13.55亿元，摸清项目建设的真实造价，为市领导决策提供重要参考，并且有效预防和化解社会矛盾的发生。市审计局组织对“引黄入白”“引黄入峡”等市政府重点建设工程进行全程跟踪审计，及时查处、纠正项目建设过程中存在的违法违规问题，切实提高项目建设效果和投资效益。

民生资金（项目）审计　组织对全市保障性安居工程进行跟踪审计，查出任务管理、政策落实、资金管理使用、分配和运营管理等方面问题，促进收回违规销售挪用城镇保障性住房1610套，取消农村危房改造保障资格106户，追回资金132万元。组织对市本级和高密市、临朐县医疗保险政策制度落实和改革措施推进情况以及基金筹集管理使用情况进行审计，发现政策落实、制度改革、基金管理等问题，促进政策落地、医保制度体系完善，规范医保基金管理使用。组织对市本级、昌乐县、昌邑市解决大班额问题工作开展情况专项审计调查，发现规划编制、融资建设、平台管理等方面问题，促进城镇学校大班额问题的加快解决。

（撰稿人：张同波）

【济宁市审计局】　2016年，济宁市审计局人员编制90人，实有80人。局长胡良民，副局长王岱峰、孙进、苏桂双，总审计师王忠东，经济责任审计办公室主任胡忠启，政府投资审计处主任张扬，副调研员王相武。设有办公室、人事科、法制审理科、财政审计科、企业审计科、农业与资源环保审计科、社会保障审计科、信息科、行政事业审计一科、行政事业审计二科、行政事业审计三科、行政事业审计四科、行政事业审计五科、行政事业审计六科、审计结果执行科、内审指导科、经济责任审计办公室、北湖旅游度假区分局；下设济宁市政府投资审计处、济宁市高新技术产业开发区分局。

审计成果　2016年，济宁市审计局完成审计项目181个。查出主要问题金额289.53亿元，其中违规金额11.44亿元、损失浪费金额103万元、管理不规范金额278.07亿元；损益（收支）不实金额9.96亿元；审计处理处罚金额16.83亿元，其中应上缴财政10.91亿元、应减少财政拨款或补贴1.59亿元、应归还原渠道资金1.01亿元、应调账处理金额9104万元；审计发现非金额计量问题333个；审计促进整改落实有关问题金额

7.14亿元，其中增收节支6.92亿元、已调账处理金额2187万元；审计促进拨付资金到位249万元；审计后挽回（避免）损失1.59亿元。移送司法机关、纪检监察机关和有关部门处理事项36件，涉及9人，金额52.88亿元。出具审计报告和专项审计调查报告210篇，被批示、采用13篇；提交审计信息159篇，被批示、采用36篇。提出审计建议264条，被采纳212条。

国家重大政策措施贯彻落实跟踪审计 组织对保障性安居工程、精准扶贫、扶持小微企业健康发展等12项政策落实情况进行专项跟踪审计，促进中央、省、市重大决策部署的贯彻落实。

财政审计 组织开展2016年度市本级及各县（市、区）级预算执行审计和税收征管审计，关注财税政策贯彻落实、政府债务管理、存量资金盘活使用，推动新预算法的贯彻实施。

经济责任审计 组织对38名市管领导干部进行经济责任审计，开展省审计厅授权的9位省管干部的经济责任审计，推进村居主要负责人经济责任审计。

金融、企业审计 对3家融资性担保公司、6家市属国有企业的经营管理情况和12家农村商业银行股份有限公司信贷业务风险管控情况进行审计。

固定资产投资审计 对94个市本级政府投资项目进行跟踪审计，出具竣工决算审计报告44份，审减工程造价1.59亿元，综合审减率14.23%。

民生资金（项目）审计 开展对社保救助、教育卫生、公交出行、涉农补贴等民生领域资金和项目的专项审计，维护人民群众的切身利益。

（撰稿人：李成才）

【泰安市审计局】 2016年，泰安市审计局人员编制81人，实有69人。局长马纯勇，副局长刘安、程波、王燕华、吴思，总审计师靳印龙，经济责任审计办公室主任孟恒新，政府投资审计专业局局长张伟，调研员张仁安，副调研员汪培秋。设有办公室、人事科、法规科、财政审计科、金融审计科、行政事业审计一科、行政事业审计二科、社会保障审计科、农业与资源环保审计科、经贸审计科、派出审计科、经济责任审计办公室、政府投资审计专业局、计算机审计技术中心。

审计成果 2016年，泰安市县两级审计机关完成审计项目204个。查出违规金额11.95亿元，促进增收节支3.62亿元。移送司法机关、纪检监察机关和有关部门处理事项6件。提交综合报告和信息专报141篇，被市委、市政府和上级审计机关采用、批示77篇（次）。向被审计单位提出建议被采纳152条；促进制定整改措施136项。

国家重大政策措施贯彻落实跟踪审计 组织开展政策落实情况跟踪审计，涉及保障性安居工程、推进简政放权、重大水利工程建设、支持小微企业发展等多项具体政策。揭示政策措施不完善、不配套、不衔接以及违法违纪等问题，提出审计整改的意见建议，促进政策落实到位。

财政审计 审计预算执行部门198个，延伸审计相关单位74个。重点关注财政资金的安全和使用效益，揭示财政资金在管理、分配、使用等方面存在的突出问题，提出改进建议。结合部门预算执行审计，加大对中央八项规定精神以及省委、市委相关规定落实情况的监督力度，开展“三公”经费、津补贴发放等专题审计。审计工作报告和结果报告得到同级人大、政府的肯定。

经济责任审计 实行审计对象分类管理、离任经济责任事项交接等制度，建立起市县联网、分级管理的经济责任审计对象数据库。全年审计领导干部105人，接受省审计厅委托审计省管干部7人，查出违规问题金额12.57亿元。

自然资源资产离任审计试点 市审计局和岱岳区、宁阳县审计局结合实际，开展领导干部自然资源资产离任审计试点工作，探索审计方法，积累工作经验。12月，市委办公室、市政府办公室出台《关于开展领导干部自然资源资产离任审计试点工作的实施意见》，为加强和规范泰安市试点工作提供制度保障。

固定资产投资审计 对174个重点项目进行审计，审减金额1.72亿元。市审计局对已竣工26个项目进行结算审计，在中介机构初审的基础上，再审减2284万元。对市复员退伍军人精神病院改扩建工程和市政中心人防工程进行竣工决算审计，审减工程造价251万元。对援疆资金和建设项目进行跟踪审计，审计援疆资金1.38亿元；促进建购职工住房专项审计整改落实，推动市直部门28

个问题、县（市、区）72 个问题全部整改完成，整改问题资金 5.32 亿元，清退住房 13 套，纠正违规使用周转房 10 套。

民生资金（项目）审计 对精准扶贫、农村饮水安全、社会救助资金、医疗保险基金等开展审计和调查。审计专项资金总额 20.51 亿元，发现侵害群众利益金额 4770 万元，反映政策落实、资金使用、项目管理等方面存在的突出问题和风险隐患。有关部门认真整改审计查出的问题，推进惠民政策落实。

内部审计 市县审计机关切实加强对内部审计工作的指导，充分发挥内部审计协会的桥梁和纽带作用，推动内部审计工作全面发展。2016 年全市共有内部审计机构 226 个，内部审计人员 644 人，完成审计项目 2833 个，提出意见建议被采纳 2060 条，促进增收节支 4.24 亿元。

（撰稿人：杨　宁）

【威海市审计局】 2016 年，威海市审计局人员编制 42 人，实有 38 人。局长王子明（—2 月）、王树芳（2 月—），副局长李峰（—9 月）、孙思深、宋忠勇（4—9 月）、张永孝（—6 月）、王以威（—4 月）、李宁（9 月—）、王晓辉（6 月—），总审计师秦之泰，经济责任审计办公室主任李峰（—9 月）、副主任房元芹，政府投资审计中心主任侯志勇（6 月—），调研员黄涛。设有办公室、政工科（与办公室合署办公）、法制科、执行科、财政金融审计科、行政事业审计科、经贸审计科、农业环保审计科、外资运用审计科、信息科、威海市经济责任审计办公室，经济责任审计办公室下设经济责任审计一科、经济责任审计二科、经济责任审计三科；下设威海市内部审计指导中心、威海市政府投资审计中心。

审计成果 2016 年，威海市县两级审计机关完成审计项目 395 个。查出主要问题金额 1177.90 亿元，其中违规金额 10.67 亿元、损失浪费金额 2631 万元、管理不规范金额 1166.96 亿元；损益（收支）不实金额 150.03 亿元；审计处理处罚金额 563.46 亿元，其中应上缴财政 10.5 亿元、应减少财政拨款或补贴 7.13 亿元、应归还原渠道资金 8330 万元、应调账处理金额 544.98 亿元；审计发现非金额计量问题 778 个；审计促进整改落实有关问题金额 338.04 亿元，其中增收节支 8.90 亿元、已调账处理金额 329.14 亿元；审计促进拨付资金到位 10.25 亿元；审计后挽回（避免）损失 8.35 亿元。移送司法机关、纪检监察机关和有关部门处理事项 14 件，涉及 5 人，金额 61.67 亿元。出具审计报告和专项审计调查报告 723 篇，被批示、采用 13 篇；提交审计信息 200 篇，被批示、采用 98 篇。提出审计建议 723 条，被采纳 414 条；推动完善规章制度 13 项。向社会公告审计结果 8 篇。

2016 年，威海市审计局继续保持“全国文明单位”荣誉称号，并被山东省总工会授予全省“富民兴鲁”劳动奖状；文登区审计局、乳山市审计局被山东省文明委授予“省级文明单位”；荣成市审计局实施的荣成市镇街经管站业务开展情况专项审计被山东省审计厅评为 2016 年度省级优秀审计项目，威海市审计局实施的威海经区公安局经济责任审计获得 2016 年度山东省审计厅表扬项目。

国家重大政策措施贯彻落实跟踪审计 全市审计机关按照全国统一部署，结合区域经济社会发展实际，统筹项目计划安排，按需整合审计力量，组织开展保障性安居工程、农商行业务风险管控、小贷公司经营管理、财政扶持企业及支农资金、医保基金等方面的审计。

财政审计 全市审计机关组织对 2015 年度同级财政预算管理及执行情况进行审计，集中关注财政预算编制、财政资金分配、管理、使用等方面情况，共审计单位 107 个，查出主要问题金额 102 亿元，促进增收节支 5.3 亿元，移送纪检监察机关及有关部门处理事项 4 件。威海市审计局首次将火炬高技术产业开发区、经济技术开发区、临港经济技术开发区 3 个国家级开发区纳入市级审计大盘子，实现市级预算执行审计全覆盖。

经济责任审计 威海市审计局修订完善《经济责任审计分类管理办法》《离任交接管理办法》《经济责任审计工作联席会议议事规则》等规范性制度文件，加强分类管理、狠抓审前调查、严格审计程序等方面进行任务优化、制度重构和流程再造。2016 年，全市完成经济责任审计项目 271 个，查处违规和管理不规范金额 246 亿元，提出并被采纳审计建议 216 条。

固定资产投资审计 全市审计机关开展政府投资项目财务决算审计，持续加强对城建、交通、水利等重大设施建设情况的审计，共对70多个工程项目进行审计，促进节约财政资金8.2亿元。威海市审计局实施的农村饮水安全跟踪审计、地下管网跟踪审计、城市污水处理绩效审计等审计成果，分别被省、市政府主要领导批示。

信息化建设 威海市审计局制订2016年至2018年信息化发展规划、威海智慧审计数据平台项目建设方案，组织开发具备区域特色的经济责任审计管理系统和政府投资审计管理系统，着力构建集数据共享分析、决策指挥调度、现场跟踪管理等于一体的智慧审计平台。结合金审工程，将财政、社保、地税和住房公积金4个行业纳入范畴，全面完成所属各区市简版数据分析平台的优化升级。

人财物管理改革试点 全市审计机关严格落实全省审计机关管理体制改革试点方案要求，分级成立改革领导小组和协调机构，妥善抓好政策解读和工作对接。按时完成机构编制清理核查及上报、项目经费上划基数测算等任务，做好机关“三定”各项前期工作，保证改革期间全市审计机关的思想稳定、队伍稳定和工作运行平稳。

购买服务方式创新 威海市审计局总结购买社会服务经验，探索实行专职辅助审计模式，参照事业单位招考管理方法，从人员编制备案、经费开支保障、招录程序设置、日常工作评价以及绩效考核等方面，成功建立一整套行之有效的制度，建立起相对稳定的协审队伍。有关探索受到上级肯定，审计署《审计工作通讯》第34期（总第1023期）和山东省审计厅《关于转发威海市审计局建立专业化、稳定化协审队伍的工作做法的通知》并分别给予转发推广。

内部审计 开展内部审计督查和内管干部经济责任审计情况调查，培训内部审计人员7000多人次，举办交流研讨活动9次。各内部审计单位全年完成各类审计项目1万多个，促进增收节支4.9亿元。 （撰稿人：于云龙）

【日照市审计局】 2016年，日照市审计局人员编制79人，实有53人。局长刘树东，副局长阚士梅、李兆勇、王茂森，市经济责任审计办公室主任高振强（—11月），副调研员张传相。设有办公室、法规科、审计执行科（与内部审计指导科合署）、财政金融审计科、行政事业审计科、农业与资源环保审计科、固定资产投资审计科、企业外资审计科、社会保障审计科；另设日照市经济责任审计办公室（加挂日照市固定资产投资审计办公室的牌子）。

审计成果 2016年，日照市县两级审计机关完成审计项目304个。查出主要问题金额216.72亿元，其中违规金额18.87亿元、损失浪费金额231万元、管理不规范金额197.83亿元；损益（收支）不实金额30.73亿元；审计处理处罚金额15.21亿元，其中应上缴财政5.67亿元、应减少财政拨款或补贴3.35亿元、应归还原渠道资金4.92亿元、应调账处理金额1.27亿元；审计发现非金额计量问题955个；审计促进整改落实有关问题金额5.63亿元，其中增收节支5.15亿元、已调账处理金额4754万元；审计促进拨付资金到位9002万元；审计后挽回（避免）损失1.84亿元。移送司法机关、纪检监察机关和有关部门处理事项24件。出具审计报告和专项审计调查报告419篇，被批示、采用2篇；提交审计信息229篇，被批示、采用78篇。提出审计建议516条，被采纳365条；推动完善规章制度4项。

2016年，日照市审计局被授予“山东省文明单位”“日照市经济社会发展综合考核先进单位”“全省建购职工住房审计先进集体”等荣誉称号。

国家重大政策措施贯彻落实跟踪审计 组织对简政放权、政府职能转变、创业创新、金融支持实体经济、减轻企业负担等11项政策措施落实情况进行审计。结合审计建议，日照市政府办公室印发《2016年推进简政放权、放管结合、优化服务、转变政府职能工作方案》。按照审计移送线索，纪检监察机关查处骗取区域战略推进、服务业发展等专项资金的案件。

财政、金融审计 组织对财政部门组织预算、地税系统税收征管、部门单位预算执行、融资担保公司经营管理及东港农商银行信贷风险管控等情况进行审计和调查，发现111家纳税企业少缴税款1.2亿元，促进收缴入库税款4819万元。

经济责任审计 建立健全“任前告知、任中审计、离任审计、离任交接”四位一体的审计机制，推进经济责任审计全覆盖，全市审计领导干部144人，审计发现违规金额149亿元，其中领导干部应负主管责任金额17.5亿元、应负领导责任金额129亿元。

固定资产投资审计 深化政府投资审计全覆盖，组织对飞机场、图书馆、沭水东调、科技馆、中心商务区安置区、淄博路建设等重大城建、绿化、道路建设项目进行审计，共审计工程报审额10.07亿元，审减工程造价1.71亿元。

民生资金（项目）审计 组织对保障性安居工程、基本医疗保险基金和医疗救助资金、城市污水处理、精准扶贫、农村人口饮水安全等资金项目进行审计和调查，揭示和查处挤占挪用、损失浪费和损害群众利益等问题。

企业审计 日照市审计局起草《关于加强市属国有企业审计监督工作的意见》，日照市委办公室、市政府办公室予以转发执行。日照市审计局组织对日照港集团有限公司资产负债损益暨绩效情况进行审计，审计资产总额540亿元，涉及二、三级子公司100余个。针对审计发现的问题，日照市成立日照港集团整顿改革工作领导小组。

（撰稿人：商晓峰）

【莱芜市审计局】 2016年，莱芜市审计局人员编制71人，实有67人。局长吕振宝，副局长杨文安、王聚圣，总审计师韩秀君，经济责任审计办公室主任徐吉杰，政府投资审计办公室主任亓燕，副调研员田晶。设有办公室、法规科、财政审计科、农业与资源环保审计科、企业审计科、社会保障审计科、执行科；下设经济责任审计办公室、政府投资审计办公室、审计监督检查处和审计信息中心。

审计成果 2016年，莱芜市审计局完成审计项目325个。查出主要问题金额343.26亿元，其中违规金额11.17亿元；审计发现非金额计量问题984个；审计处理应上缴财政4.16亿元、应归还原渠道资金10.13亿元；审减各类工程资金6957万元。移交案件线索15件。提交审计综合性报告、审计专报和信息368篇。提出整改意见和建议1192条。

国家重大政策措施贯彻落实跟踪审计 采取“统一组织、上下联动、分工合作”的模式，对稳增长促改革调结构惠民生等12个方面政策措施落实情况进行跟踪审计，揭示项目资金闲置、规划编制不完善、建设进度滞后等突出问题。

财政审计 组织实施市级财税管理、13个部门预算执行、政府采购管理等审计项目，反映预算审核管理不严、资金使用绩效不高、少征漏征增值税等问题，相关部门单位采纳审计建议20条，制度完善制度6项。

经济责任审计 全年完成经济责任审计项目45个，查出违规金额和管理不规范金额66.02亿元，发现非金额计量问题171个，提出审计建议50条。完成村级经济责任审计项目232个，共揭示7大类2484个问题，查出违规违纪金额5.24亿元，化解上访隐患14起，推动上交或退回资金193万元。在高庄、牛泉2个乡镇开展自然资源资产离任审计试点，实现一次审计出多个成果的目的。

金融审计 对农信社银行化改革情况、融资性担保公司经营管理情况进行审计，揭示相关风险隐患，有效防范金融风险的发生。对莱商银行进行审计，收缴退回各类资金1.54亿元，促使修订完善制度16项，处理相关责任人77人。

农业与资源环保审计 对世界银行贷款雪野旅游区生态造林、重点流域水污染防治、城市污水处理绩效情况进行审计，针对项目管理中存在的薄弱环节提出改进建议，促使被审计单位加强内部管理，完善制度措施。

固定资产投资审计 对高新区高创中心等3个项目进行结算审计，对市医院扩建等3个项目进行跟踪审计，审减工程造价6957万元。

专项资金审计 对保障性安居工程、全民创业培训基金、慈善基金等进行审计，揭示制度运行和政策执行中存在的问题，深入分析原因，提出完善政策制度和加强管理的审计建议，促进惠民政策贯彻落实。

信息化建设 拓展OA、AO系统应用的广度和深度，OA利用率不断提高，计划内审计项目实现OA、AO全交互。对74个部门单位信息系统进行审计，发现问题52项。（撰稿人：孔德勤）

【临沂市审计局】 2016年，临沂市审计局人员编制86人，实有85人。局长李枝叶，副局长王宏祥、杨忠森、谢国光、朱海英，市经济责任审计办公室主任张金堂，市经济责任审计办公室党总支书记殷宗建，市经济责任审计办公室副主任赵琳、叶庆红，市重点建设项目审计办公室主任张现东，调研员陆光平，副调研员陈德法、吴清军、李进。设有办公室、法制科、人事科（机关党委）、审计执行科、财政审计科、金融审计科、社会保障审计科、行政事业审计综合科、行政事业审计一科、行政事业审计二科、企业审计科、固定资产投资审计科、农业与资源环保审计科；下设经济责任审计办公室、重点建设项目审计办公室、审计计算机中心。

审计成果 2016年，临沂市县两级审计机关共完成审计项目944个。查出问题金额805.6亿元，其中违规金额154亿元、损失浪费金额1.6亿元、管理不规范金额650亿元；损益（收入）不实金额67.57亿元；审计处理处罚金额176亿元，其中应上缴财政87亿元、应减少财政拨款或补贴2.08亿元、应归还原资金渠道4.86亿元、应缴纳其他资金6336万元、应调账处理金额81.2亿元；审计发现非金额计量问题1162个；审计促进整改落实有关问题金额3.3亿元，其中增收节支4442万元、已调账处理金额2.84亿元；审计后挽回损失1083万元。提交审计信息688篇，被批示、采用347篇。提出审计建议2492条。

国家重大政策措施贯彻落实跟踪审计 按照审计署和省审计厅的统一部署，对市本级及12个县区2016年贯彻落实稳增长促改革调结构惠民生防风险政策措施落实情况进行跟踪审计。围绕项目落地、资金保障、简政放权、政策落实、风险防范等5个方面，重点关注重大建设项目推进、支持创业创新、经济结构优化调整、精准扶贫和民生保障政策落实等情况，揭示和查处不作为、慢作为、假作为、乱作为等问题。

财政审计 对128个部门单位2015年度预算执行、中央八项规定执行情况和预算绩效管理情况进行审计，查出主要问题金额342亿元；对57个县区、乡镇开展财政决算审计，查出主要问题金额20.6亿元；对全市地税征收管理情况进行审计；结合预算执行审计，开展全市财政上下联动数字化专题审计、市直预算单位信息系统专项审计调查。

经济责任审计 对465个部门单位主要负责人进行任期经济责任审计，认定领导干部应负直接责任、主管责任和领导责任的问题金额106亿元，对53名市管领导干部实行离任交接。对3990个村居9081个项目10134名村居干部开展经济责任审计，查出各类问题金额159亿元。移交处理农村干部1405人，成功化解信访问题661个。

固定资产投资审计 对临沂市城市建设工程推进办公室、火车站片区开发建设指挥部、老城区重点片区征收改造协调推进办公室实施派驻审计；对临沂一中北城新校区工程建设指挥部、东风东关棚户区改造工程建设协调推进小组、临沂城区水环境综合整治工程指挥部进行跟踪审计。全市完成政府投资工程审计项目1605个，核减工程造价8亿元。

民生资金（项目）审计 对精准扶贫、“三农”、社保、国外贷援款等民生资金和项目开展审计，涉及1046个部门单位，查出主要问题金额273.7亿元。按照审计署统一要求，开展保障性安居工程跟踪审计；对城镇职工基本医疗保险资金进行审计，查出主要问题金额1.2亿元。创新精准扶贫审计方式，在全市审计系统抽调4名业务骨干力量充实到市扶贫领导小组下设的扶贫审计组，专门制定精准扶贫跟踪审计实施意见，为精准扶贫提供“贴身”的审计服务。从全市审计系统抽调80多名审计人员，成立16个督查审计组，采取市县联动、异地交叉审计的方式，对全市16个县区的脱贫攻坚重点工作落实情况开展督查审计。

机关建设 扎实开展“两学一做”专题教育，解决党员队伍在思想、组织、作风、纪律等方面存在的突出问题。做好“第一书记”到村任职工作和“结亲连心”活动。全面落实党风廉政建设责任制和“一岗双责”制，健全完善廉政风险防控机制，加强对审计现场的跟踪监督和对重点环节的监控，用铁的纪律打造廉洁审计队伍。临沂市审计局被表彰为“全国文明单位”。

（撰稿人：纪　政）

【德州市审计局】 2016年，德州市审计局人员编制96人，实有73人。局长刘清云，副局长刘国芹、张秀国、梁富修，总审计师邵东，经济责任审计办公室主任王力同，经济责任审计办公室副主任于成学、赵国强，调研员戴希祥，副调研员穆耀民、黄洁。设有办公室、人事科、法规科、执行科、财政金融审计科、行政事业审计科、企业与外资运用审计科、农业与资源环保审计科、社会保障审计科、电子数据审计科和科教文卫审计科，派出机构经济技术开发区分局、运河经济开发区分局；下设德州市经济责任审计办公室、内审指导中心、政府投资审计中心。

审计成果 2016年，德州市县两级审计机关完成审计（调查）项目330个。查出主要问题金额496.43亿元，其中违规金额29.50亿元、损失浪费金额6862万元、管理不规范金额466.25亿元；损益（收支）不实金额13.66亿元；审计处理处罚金额92.44亿元，其中应上缴财政17.11亿元、应减少财政拨款或补贴6.32亿元、应归还原渠道资金37.02亿元、应调账处理金额31.79亿元；审计发现非金额计量问题1256个；审计促进整改落实有关问题金额37.32亿元，其中增收节支36.18亿元、已调账处理金额1.13亿元；审计促进拨付资金到位2.01亿元；审计后挽回（避免）损失6.54亿元。移送司法机关、纪检监察机关和有关部门处理事件251件。出具审计报告和专项审计调查报告441篇；提交审计信息456篇，被批示、采用106篇。提出审计建议560条。

2016年，齐河县民政局2013年至2015年6月财政财务收支情况审计项目获得审计署优秀项目表彰；齐河县民政局2013年至2015年6月财政财务收支情况审计、德州市2014年度税收征管和经费收支情况审计、禹城市2014年度市级预算执行和其他财政收支情况审计等项目获得山东省审计厅优秀项目表彰。

国家重大政策措施贯彻落实跟踪审计 以政策审计为中心、以项目实施为载体、以资金流向为主线，开展减轻和公平企业负担政策落实情况等10余项政策跟踪审计，促进国家重大决策部署和有关政策措施的贯彻落实。

财政审计 对2015年市级预算执行和其他财政收支情况进行审计，延伸审计3个县、7个部门、129项资金，查出问题金额22.60亿元。开展地税税收征管审计，重点审查税收政策贯彻执行情况、税收征管质量、发票管理和使用情况等，发现问题金额2.20亿元。

经济责任审计 采取“同步审”“交叉审”“授权审”等方式，完成136名领导干部经济责任审计。县委书记、县长的同步审计的审计报告被作为范本转发省审计厅各审计组。联合市委组织部出台《关于进一步加强乡镇党委书记监督的意见》，对基层腐败现象查深查透，移送处理镇村干部82人。结合德州主体功能区定位以及自然资源资产禀赋特点，对部分县、乡党委政府主要领导开展自然资源资产离任审计试点。

金融审计 开展德州银行、农商行和融资性担保公司专项审计调查，发现各类问题金额182亿元，就规范管理提出改进意见，防范、化解金融风险，优化全市金融环境。

固定资产投资审计 开展投资审计项目68个，审减6亿元。其中，市审计局开展的经九路等7个项目审减4.2亿元，审减率20%。

民生资金（项目）审计 开展保障性安居工程、脱贫攻坚、医疗保险基金等专项审计，揭示违背政策、损害群众利益等问题，督促相关部门切实整改，保障专项资金发挥最大效益。

内部审计 立足“帮、改、促、训”，组织全市内部审计人员参加各类培训10期，培训1200人次，对191个单位开展专项督查，推动全市内部审计工作规范化，连续3年考核名列全省第一。内部审计论文被评为全国二等奖，推送的信息化成果获得全国内部审计信息化优秀成果表彰。

（撰稿人：张育源）

【聊城市审计局】 2016年，聊城市审计局人员编制84人，实有80人。局长王连申，副局长张斌、周玉明、张朝彩。设有办公室、人事科、法制科（加挂内审指导科）、财政金融审计科、社会保障审计科、企业审计科（加挂外资审计科）、农业与资源环保审计科、行政事业审计科、开发区审计分局、监察室、机关党总支；下设经济责任审计办公室、政府投资审计专业局、派出教育审计办公室、派出卫生审计办公室、派出政法审计办公室、派出城建审计办公室、审计科研所、审计培训中心、审计信息化办公室。

审计成果 2016年，聊城市县两级审计机关完成审计项目287个。查出主要问题金额426.44

亿元，其中违规金额 17.25 亿元、管理不规范金额 409.19 亿元；损益（收支）不实金额 20.22 亿元；审计处理处罚金额 28 亿元，其中应上缴财政 7.16 亿元、应减少财政拨款或补贴 1.80 亿元、应归还原渠道资金 8.32 亿元、应调账处理金额 10.58 亿元；审计发现非金额计量问题 687 个；审计促进整改落实有关问题金额 4.90 亿元，其中增收节支 3.06 亿元、已调账处理金额 1.75 亿元；审计促进拨付资金到位 101.57 万元；审计后挽回（避免）损失 1.72 亿元。移送司法机关、纪检监察机关和有关部门处理事项 206 件。提交审计信息 292 篇，被采用 188 篇。提出审计建议 839 条。

财政审计 全市一盘棋开展预算执行审计，选择 10 多项重点专项资金和涉企资金开展三级联动，查出管理不规范金额 145 亿元。预算执行审计项目获得全省优秀项目。地税审计查出偷漏税金 1.54 亿元，有效促进财政管理体制的完善和预算管理水平的提高。

固定资产投资审计 围绕政府重大投资建设项目，关注工程建设质量，强化造价审核控制，审减项目投资上亿元，有效节约财政建设资金；市政府采纳审计建议，制定完善政府投资项目管理办法，并就投资管理平台建设进行明确规定。完成中介机构备选库、复核库建设，全市政府投资项目审计管理平台建成使用，为提高审计效率、推进投资审计转型打下坚实基础。

经济责任审计 全市对 80 名党政和国有企业领导干部进行审计，其中任中审计 25 人、离任审计 55 人，查出问题金额 104 亿元，出具审计报告和结果报告 125 个，为推进从严治党发挥积极作用。全面推开村级审计工作，全年对 816 个村开展审计，审计资金 12 亿元，查出问题金额 1.8 亿元，移送案件线索和部门处理事项 173 件，39 个村 134 名村干部受到处理，有效化解基层信访等干群矛盾 11 起。

专项资金审计 将民生项目作为重点，在全市开展脱贫攻坚、保障性安居工程、农村饮水安全、中小学大班额及全面改革等 17 项民生资金和项目的审计，促进上级民生政策的有效落实和民生资金的安全合理使用。（撰稿人：侯莉薇）

【滨州市审计局】 2016 年，滨州市审计局人员编制 99 人，实有 82 人。局长丁希安，副局长申立新、孙宝臣、孙玉芬，总审计师王爱云。设有办公室、人事科、法规科（审计执行科与其合署办公）、财政金融审计科、行政事业审计科、经贸审计科、农业审计科（资源环境审计科与其合署办公）、外资审计科、社会保障审计科、机关党委和经济技术开发区审计分局、高新技术产业开发区审计分局、北海经济开发区审计分局；下设经济责任审计办公室、政府投资项目审计办公室、计算机信息管理中心、内部审计指导中心、审计举报服务中心、经济技术开发区分局政府投资项目审计评估中心、高新技术产业开发区分局政府投资项目审计评估中心、北海经济开发区分局政府投资项目审计评估中心。

审计成果 2016 年，滨州市审计局完成审计项目 85 个。查出主要问题金额 108.04 亿元，其中违规金额 9.87 亿元、损失浪费金额 50 万元、管理不规范金额 98.16 亿元；损益不实金额 900 万元；审计处理处罚金额 17.56 亿元，其中应上缴财政 3.81 亿元、应减少财政拨款或补贴 1501 万元、应归还原渠道资金 2.27 亿元、应调账处理金额 6.34 亿元；审计发现非金额计量问题 280 个；审计促进整改落实有关问题金额 2.99 亿元，其中增收节支 3984 万元、已调账处理金额 1.23 亿元。移送有关部门处理事项 32 件。出具审计报告和专项审计调查报告 132 篇，被批示、采用 3 篇；提交审计信息 168 篇。提出审计建议 198 条。

财政审计 完成 16 个部门单位的预算执行审计和 9 个县、乡级人民政府财政决算审计（调查），查出未落实“收支两条线”和专户管理规定、违规改变资金用途、扩大开支范围或提高开支标准列支等违规违纪金额 26.46 亿元。完成行政事业审计（调查）单位 39 个，查出预算编制不真实不完整、预算批复不规范、未按规定纳入预算管理、未按规定征收交纳收入等违规违纪金额 61.51 亿元，出具审计报告（调查）76 篇。

固定资产投资审计 通过对提报值 2.16 亿元的 4 个重点工程建设项目的竣工决算和跟踪审计，核减工程造价 3315 万元。

民生资金（项目）审计 开展医保政策运行情况审计调查项目 3 个，延伸审计单位 11 个，审计查出主要问题金额 3.28 亿元。

企业审计 完成阳信县农村信用社、无棣县农村信用社、滨州农商行信贷业务风险管控专项审计调查等企业金融类审计项目4个，查出资产质量不实、违规经营和账外资产等违规违纪金额15.40亿元。

经济责任审计 完成47名市直党政机关、企事业单位、乡镇主要负责人离任和任中审计，查出主要问题金额85.60亿元，其中领导干部应负主管责任金额14.75亿元、应负领导责任金额70.85亿元；审计发现侵害人民群众利益1.78亿元，整改落实后促进增收节支178万元，参考审计结果得到肯定或使用的被审计领导干部35人。

专项资金审计 开展保障性安居工程等审计调查项目10个，延伸审计单位113个，审计专项资金总额2.25亿元，查出违规违纪金额1.04亿元。

内部审计 滨州市有内部审计机构251个，专职机构138个；内部审计人员1148人，专职人员579人。全市审计机关指导内部审计机构完成审计项目4281个，审计总金额42.55亿元，促进增收节支金额2.94亿元，提出意见建议被采纳2795条。 （撰稿人：王玉山　吕增祥）

【菏泽市审计局】 2016年，菏泽市审计局人员编制80人，实有78人。局长杨晓玲，副局长李永垠、毛宝军、房福胜、樊廷卷，总审计师袁文增，经济责任审计办公室主任晁秀喜，投资中心主任王清刚，经济责任审计办公室副主任陈先波、刘兴海，副调研员汪如春。设有办公室、法规科、人事科、财政审计科、行政事业审计科、农业与资源环保审计科、固定资产投资审计科、金融审计科、企业审计科、社会保障审计科、外资运用审计科、政法审计科、经济责任审计办公室、投资审计中心、审计信息中心。

审计成果 2016年，菏泽市县两级审计机关完成审计项目836个。其中组织实施审计项目802个，参与实施审计项目34个。查出主要问题金额330.55亿元，其中违规金额40.20亿元、损失浪费金额5026万元、管理不规范金额289.85亿元；损益（收支）不实金额11.79亿元；审计处理处罚金额38.42亿元，其中应上缴财政6.83亿元、应减少财政拨款或补贴5.46亿元、应归还原渠道资金16.34亿元、应调账处理金额9.02亿元；审计发现非金额计量问题1140个；审计促进整改落实有关问题金额23.03亿元，其中增收节支19.12亿元、已调账处理金额3.49亿元；审计促进拨付资金到位2079万元；审计后挽回（避免）损失8.18亿元。移送司法机关、纪检监察机关和有关部门处理事项52件，涉及61人，金额2.19亿元。出具审计报告和专项审计调查报告1005篇，被批示、采用17篇；提交审计信息784篇，被批示、采用信息432篇。提出审计建议1518条，被采纳1149条；推动完善规章制度8项。向社会公告审计结果5篇。

国家重大政策措施贯彻落实跟踪审计 组织开展加快棚户区改造、加大保障性安居工程建设，实行精准扶贫、减少农村贫困人口等12项政策措施落实情况跟踪审计，共查出13大类72个问题，提出改进意见54条，促进落实整改51项，引起党委政府高度重视，市政府领导多次批示，为促进资金落实、项目实施、政策落地和追责问责发挥重要作用。

财政审计 运用财政数字化审计平台，以全部政府性资金为主线，重点关注财税政策落实、预算编制和执行管理、财政资金统筹使用等情况，并将违反中央八项规定精神、国务院“约法三章”精神，以及“三公”经费、公车改革等情况纳入审计监督视野，强化审计数据分析和疑点查核，使财政运行轨迹更加明晰。

经济责任审计 坚持党政同责、同责同审，实行分类管理，在全市范围内推行村居干部经济责任审计。审计领导干部254人，查出违规违纪金额58.41亿元，其中应负直接责任金额6475万元。

金融审计 开展融资性担保公司经营管理情况专项审计调查，摸清菏泽市融资担保行业整体运行状况，揭露融资担保企业存在的违规问题，促进规范融资性担保公司的经营行为，有效防范金融风险。

固定资产投资审计 按照服务重点民生项目、重大基础设施建设、经济主战场的思路，以重点政府投资项目、重要民生工程为切入点，坚持跟踪审计与工程决（结）算审计相结合。持续开展重大基础建设和重大民生工程项目跟踪审计，共审减工程造价金额 9.15 亿元，审减率达 28.72%，进一步促进投资项目管理，规范建设秩序，为政府节约大量的建设资金。

民生资金（项目）审计 围绕党委、政府确定实施的民生实事，顺着资金流向，加大对扶贫资金、“三农”、社会保障、教育、医疗等重点民生资金和项目的审计力度。配合审计署开展全国基本医疗保险基金和医疗救助资金审计，组织开展保障性安居工程、精准扶贫、全市城镇普通中小学大班额、全市养老服务业、社会救助资金等专项审计，查出并促进解决民生政策落实不到位、项目推进缓慢、截留侵占资金等突出问题 90 多项。

企业审计 组织开展菏泽交通集团 2015 年度财务收支审计，了解企业遵守财经法纪情况，审查是否存在偷税漏税问题，揭示企业经营管理中存在的突出风险和薄弱环节，保障国有资产安全完整，增强企业的竞争力和可持续发展能力。

信息化建设 为实现预算执行审计现代化和推动公共资金审计的全覆盖，搭载完善财政审计分析平台，建立指标、支付、预算审计分析系统，提高现场审计工作效率，解决以往预算执行单位审计覆盖面窄、数据深度挖掘浅、横向整合少的问题。建成覆盖财政、地税、社保、工商等行业数据的全市审计数据系统，数据归集和分析实现常态化。

（撰稿人：张 琰）

2016 年山东省所辖区、县(市)级审计工作统计表

金额单位:万元

审计机关	完成审计项目(个)	审计查出主要问题金额	审计处理情况					出具审计报告和审计调查报告(篇)	提出审计建议(条)	提交审计信息(篇)
			审计处理处罚				移送处理事项(件)			
			应上缴财政	应减少财政拨款或补贴	应归还原渠道资金	应调账处理金额				
济南市										
济南市本级	83	4334622	22842		6006	59	12	110	252	118
历下区审计局	35	141090	11705	16069	75	65	2	44	48	52
市中区审计局	22	198392	89			24		22	56	11
槐荫区审计局	33	52587	154	200	591	226	2	33	42	12
天桥区审计局	33	39404	8		1845	4000	7	41	176	12
历城区审计局	54	62915	1443	6114	4			70	132	56
长清区审计局	61	80726	580	1894		25275		84	206	11
章丘区审计局	7	3552						2		14
平阴县审计局	38	64055	20			23		65	48	13
济阳县审计局	25	43479	8066					40	91	10
商河县审计局	34	39465	1693			899	1	40	73	22
青岛市										
青岛市本级	94	10660644	82593	138002	450	2196813	46	130	252	209
市南区审计局	70	204346	158	2905		812		81	116	64
市北区审计局	163	658994	1994	18900	1		2	163	247	114
黄岛区审计局	232	445627	26000	17548	369	401710	13	247	205	197

（续表）

审计机关	完成审计项目（个）	审计查出主要问题金额	审计处理情况					出具审计报告和审计调查报告（篇）	提出审计建议（条）	提交审计信息（篇）
			审计处理处罚				移送处理事项（件）			
			应上缴财政	应减少财政拨款或补贴	应归还原渠道资金	应调账处理金额				
崂山区审计局	105	643426	50760	9959		80139	2	105	52	30
李沧区审计局	152	529398		30981	19105			165	290	20
城阳区审计局	191	1276923	1342	13958	222887	77277	22	206	144	
胶州市审计局	77	682044	57954	20892			2	94	158	13
即墨市审计局	86	793260	24756	26633	67	15813		141	137	90
平度市审计局	135	27732	133	9172	4037	1776		154	206	81
莱西市审计局	41	67205	1880	2993	2132	48514	2	56	24	43
淄博市										
淄博市本级	98	2351881	141171	10793	140209	34781	17	135	174	33
淄川区审计局	104	213680	2946	8919	1374	930	17	145	31	2
张店区审计局	162	1075488	16507	9074	5915	31031	35	177	197	3
博山区审计局	87	99492		2052			1	79	49	
临淄区审计局	25	231259	1398	3004	17555	127361	1	25		
周村区审计局	45	81465	535	4628	33	57	9	58	129	7
桓台县审计局	50	85929	4693	3874	36			71	112	
高青县审计局	44	20044	73	737	1	3213		63	93	10
沂源县审计局	52	221146	39984	586		23309	5	72	120	5
高新区审计局	13	574187	382	1713	3		5	13	50	
枣庄市										
枣庄市本级	67	525546	44963	2	345	136905	5	72	190	29
市中区审计局	25	73533	1350	44	20270	47901		26	62	17
薛城区审计局	23	26625	2931			8	1	31	55	49
峄城区审计局	21	240667	101		68	103384		24	43	1
台儿庄区审计局	39	80777	2709		1342	7093		59	102	25
山亭区审计局	42	110507	15597		209	47187		43	124	6
滕州市审计局	45	950660	16772		516	39963	5	76	156	43
东营市										
东营市本级	106	2074664	37316		5458	9101	14	152	166	4
东营区审计局	29	76928	1928	3484	4569	67	1	43	58	
河口区审计局	33	41221	2850		1	12513	1	40	61	
垦利区审计局	16	34328	7	91	423	4224		23	37	
利津县审计局	28	15903	34	3405	4	8332		38	37	
广饶县审计局	44	144983	2099			8357		88	25	1

（续表）

审计机关	完成审计项目（个）	审计查出主要问题金额	审计处理情况					出具审计报告和审计调查报告（篇）	提出审计建议（条）	提交审计信息（篇）
			审计处理处罚				移送处理事项（件）			
			应上缴财政	应减少财政拨款或补贴	应归还原渠道资金	应调账处理金额				
烟台市										
烟台市本级	98	3873737	217220	3136	8015	18571	10	152	147	92
芝罘区审计局	41	121334	1383		37	49343		66	21	51
福山区审计局	48	35059	972	1579	146		1	69	13	12
牟平区审计局	34	7742	1369	245	9	1239		53	42	28
莱山区审计局	19	39720	1710					27	27	14
龙口市审计局	99	6998	2527				6	144	12	147
莱阳市审计局	38	220123	9905			2250		64	76	3
莱州市审计局	31	9729	1665	75	1849	5763		52	23	
蓬莱市审计局	25	21291	18408	2671	1	69		38	11	15
招远市审计局	29	136736	10402			8773		41	24	37
栖霞市审计局	20	9027	6842					34	8	1
海阳市审计局	69	8470	4923			56		122	11	20
长岛县审计局	20	50903	282			11		31	23	35
开发区审计局	13	8932	2					16	32	6
潍坊市										
潍坊市本级	356	2871414	2004	172296	6860	21681	103	410	370	
潍城区审计局	41	63862			2750	4071		65	59	60
寒亭区审计局	18	47855						18	38	3
坊子区审计局	32	13310		461		46		45	65	289
奎文区审计局	27	124898	178	5885				44	18	9
青州市审计局	63	23788	768			4782	0	117	80	36
诸城市审计局	45	628692	85		15		19	75	88	135
寿光市审计局	97	281066	457	5908		7006	2	129	187	70
安丘市审计局	47	746149	442	1122		134422		82	123	
高密市审计局	67	1457459	23386	2830	18	735783	11	67	146	2
昌邑市审计局	83	160417	77	8024		9137		83	79	1
临朐县审计局	62	24087	10	11301		7021	3	87	25	62
昌乐县审计局	20	171623	71			76	3	25	46	42
高新技术开发区审计局	95	7925		7010	34	522		107	15	5
滨海经济技术开发区审计局	9	74	1					17	13	

（续表）

审计机关	完成审计项目（个）	审计查出主要问题金额	审计处理情况					出具审计报告和审计调查报告（篇）	提出审计建议（条）	提交审计信息（篇）
			审计处理处罚				移送处理事项（件）			
			应上缴财政	应减少财政拨款或补贴	应归还原渠道资金	应调账处理金额				
济宁市										
济宁市本级	181	2895251	109082	15883	10146	9104	36	210	264	159
任城区审计局	138	73103	10396	30849		185		157	22	
兖州区审计局	30	176128		11451			1	55	80	20
曲阜市审计局	85	145110	54	14089	4037	7400	40	85	225	66
邹城市审计局	209	389498	897	33480	11		2	234	400	98
微山县审计局	66	16167	3987	11626			1	70	153	
鱼台县审计局	57	158813	2	1433	14468			71	80	
金乡县审计局	95	14428		14416				95	285	
嘉祥县审计局	62	224025	269	4427				78	105	1
汶上县审计局	78	41007	18	5204	300	6147	12	101	185	
泗水县审计局	61	404519	14826	4103		1		74	2	36
梁山县审计局	69	306592	156	14915	16459	721		103	125	65
太白湖区审计局	28	98459		10081				29		34
泰安市										
泰安市本级	63	1140888	54369	199	156	58801	4	92	97	136
泰山区审计局	15	107441	53			514		25	30	13
岱岳区审计局	15	85898	382	66	4500	1286	1	38	78	13
新泰市审计局	21	40465			37	4892		28	58	
肥城市审计局	35	32011	1701		2765	205		45	45	34
宁阳县审计局	25	80895	8			291		30	36	
东平县审计局	30	2787	11		188	33	1	43	109	
威海市										
威海市本级	106	7390896	86424	60487	8140	3521064	10	212	319	87
环翠区审计局	42	122081	2563		65	537		78	56	3
文登区审计局	85	2731736	13018	1724	104	1783943	3	147	165	30
荣成市审计局	60	950223	2002	8910	1	85197	1	109	114	78
乳山市审计局	36	481327	26			4426		61	12	
火炬高技术产业开发区审计局	16	27137	477	147	20	71		24	22	
经济技术开发审计局	32	20877	398	42				58	8	2
石岛管理区审计局	18	54705	64			54558		34	27	

（续表）

审计机关	完成审计项目（个）	审计查出主要问题金额	审计处理情况					出具审计报告和审计调查报告（篇）	提出审计建议（条）	提交审计信息（篇）
			审计处理处罚				移送处理事项（件）			
			应上缴财政	应减少财政拨款或补贴	应归还原渠道资金	应调账处理金额				
日照市										
日照市本级	97	1666107	51580	17112	45250	9101	17	126	213	4
东港区审计局	102	139282	2268	6460	3	27	5	134	109	132
岚山区审计局	25	214003	661	468	59	147		24	32	
五莲县审计局	35	44194		3980				60	65	3
莒县审计局	45	103604	2218	5489	3841	3473	2	75	97	90
莱芜市										
莱芜市本级	325	3432630	41555		101347	180	15	325	1192	43
莱城区审计局	286	18948	2847	1312	13282		1	286	1100	23
钢城区审计局	142	35615	506		327	9791	12	175	1014	25
临沂市										
临沂市本级	118	6266524	709021	19835	46581	780336	19	140	320	56
兰山区审计局	58	109684	79164		43	1690	1	85	122	52
罗庄区审计局	76	394204	43586		310			92	243	72
河东区审计局	84	97445	36414		237		8	119	227	36
沂南县审计局	100	315020	54			7		155	209	94
郯城县审计局	92	131469	91				1	151	284	73
沂水县审计局	66	27897	91		552	627		116	105	
兰陵县审计局	54	185594	31					95	141	
费县审计局	50	154021	651	816		226		72	155	88
平邑县审计局	30	27506	385		176			51	98	2
莒南县审计局	30	56631	237		1			37	70	
蒙阴县审计局	115	75263	85		66	1886		168	338	15
临沭县审计局	71	209588	1671	199	709	27958		124	180	200
德州市										
德州市本级	77	3241081	72407	29837	223779	307783	99	117	66	25
德城区审计局	17	32007	1690		7	290	17	24	52	17
陵城区审计局	27	11128	1172	378	2	2233	2	27	19	131
乐陵市审计局	24	131324	1465	1610		75	22	33	63	
禹城市审计局	33	590308	24328	5526	33441	945	9	41	87	24
宁津县审计局	10	11075	5197		1	171		16	25	
庆云县审计局	10	5735	1379		36		1	19	27	12
临邑县审计局	33	304363	40472	16271	86546		55	32	24	

（续表）

审计机关	完成审计项目（个）	审计查出主要问题金额	审计处理情况					出具审计报告和审计调查报告（篇）	提出审计建议（条）	提交审计信息（篇）
			审计处理处罚				移送处理事项（件）			
			应上缴财政	应减少财政拨款或补贴	应归还原渠道资金	应调账处理金额				
齐河县审计局	17	151682	709	5707	3806		19	21	34	10
平原县审计局	23	134691	13549	196	750	2497	13	34	61	36
夏津县审计局	40	90870	6105	273	14419	3915	2	55	76	25
武城县审计局	19	260443	2704	4978	5781	17	12	22	26	176
聊城市										
聊城市本级	49	3168173	31867	4417	80603	44054	139	64	170	106
东昌府区审计局	25	110686	570	244	58106	3561	5	34	88	60
临清市审计局	15	4340	155	631	49		3	16	46	
阳谷县审计局	43	62576	2429	1034	206	265	1	48	108	
莘县审计局	20	44383	199				3	16	58	
茌平县审计局	44	550023	26675	4546	521	157	19	68	122	158
东阿县审计局	43	165412	8029	6522	420	53426	19	47	128	
冠县审计局	24	84015	1673	860	2	1317	13	24	67	74
高唐县审计局	25	75037	6			2998	1	24	54	
滨州市										
滨州市本级	85	1080362	38095	1501	22713	63413	32	132	198	168
滨城区审计局	17	44192	85		17	173		24	29	51
沾化区审计局	48	248361	20289	4822	756	1601	2	63	98	52
惠民县审计局	14	10036	2368	294	2336	9068		22	55	14
阳信县审计局	22	31124	100	4655	130	174		28	43	36
无棣县审计局	46	500335	325	2593	188	156	1	67	105	1
博兴县审计局	78	488667	75	14122	56926	351293		94	99	
邹平县审计局	39	43615	669	6329	4	30735	3	63	41	
菏泽市										
菏泽市本级	102	1861916	28868	2421	54823	82332	3	147	362	130
牡丹区审计局	26	41422	27					26	77	22
定陶区审计局	48	74331	72	7633	29	179	12	55	130	74
曹县审计局	71	103177	8924	10711	2648	164	10	92	99	226
单县审计局	50	557653	793	4287	34549	1172	6	60	103	230
成武县审计局	180	207328	27476	28343	30	249	18	182	186	6
巨野县审计局	40	171686	29	1179	16800	307	1	55	112	2
郓城县审计局	239	225517	2077		54538	5693	2	302	244	21
鄄城县审计局	38	67114	27					38	110	68
东明县审计局	42	36785	46			60		48	95	5

河南省

【河南省审计厅】 2016年，河南省审计厅行政编制191人，实有177人；事业编制143人，实有114人。设有办公室、法规处、财政审计一处、财政审计二处、行政事业审计一处、行政事业审计二处、行政事业审计三处、农业与资源环保审计处、投资审计一处、投资审计二处、金融审计处、企业审计处、社会保障审计处、经贸和外资运用审计处、经济责任审计局（设有经济责任审计一处、经济责任审计二处）、人事教育处、机关党委、离退休干部工作处，另设有省纪委派驻纪检组。9月，经河南省机构编制委员会办公室批复同意，厅机关加挂审计督察处、内部审计指导处牌子，下设政策研究室、计算机审计中心、审计干部培训中心、厅机关服务中心。

领导成员

厅　　长：刘　荃

副 厅 长：陈　静　李笃明

胡汉阳（11月—）

孙志安　周　凯

总审计师：郭日宪（—8月）

纪检组长：常东义

经济责任审计局局长：吴晓春

副巡视员：卢周亭（—6月）

李少宏（2月—）

审计成果 2016年，河南省审计机关共对6748个单位进行审计。查出违规金额299.04亿元、损失浪费金额8.08亿元；损益或财政收支不实金额1012.78亿元；通过审计为国家增收节支63.22亿元。向纪检监察机关、司法机关和有关部门移送案件线索和有关事项1151件，涉及3056人。向被审计单位或有关单位提出审计建议16871条，被审计单位采纳12679条，制定整改措施932项。

国家重大政策措施贯彻落实跟踪审计 组织全省审计机关围绕政策落实、项目推进、资金保障、简政放权、风险防范5个方面，按季度对生态环境保护、“三去一降一补”、精准扶贫等9项政策措施落实情况进行跟踪审计。发现个别地方和部门推动简政放权力度不够；部分建设项目开工不及时、建设推进缓慢；个别项目闲置或效益不佳等问题。通过审计，促进“放管服”事项落实55项，盘活财政存量资金34.52亿元，督促项目建设资金到位47.8亿元，推进1885个项目加快进度，促进71.86亿元闲置政府债券资金发挥效益。

财政审计 组织实施2015年度省级预算执行和其他财政收支审计，全省“一盘棋”同步开展地方政府债券、盘活财政资金、支持产业集聚区发展和先进制造业、农村义务教育薄弱学校改造补助专项资金等5个专项审计，“上下联动”组织对全省地税系统实施税收征管审计，对省财政厅组织预算执行情况实施审计。发现部分省级专项资金清理整合不到位、涉企财政资金分配环节监管不严、预算编报和执行不规范、驾校行业税收征管薄弱等问题。省地税局根据审计发现问题，向纳税人追征各种税款30531.8万元。省审计厅、省监察厅牵头组织全省省级预算执行和财政收支审计查出问题专项整改工作。9月27日，厅长刘荃受省政府委托，在河南省第十二届人民代表大会常务委员会第24次会议上做《关于2015年度省级预算执行和其他财政收支的审计工作报告》。

经济责任审计 全省审计机关坚持党政同责同审，对2116名领导干部进行经济责任审计，其中河南省审计厅对36名省管领导干部进行经济责任审计。查出领导干部负有直接责任的违规金额4.26亿元，向纪检监察机关、司法机关和有关部门移送一批案件线索。河南省审计厅联合中共河南省委组织部印发《关于加强经济责任审计促进干部监督工作的通知》，对经济责任审计计划制订、现场实施、结果反馈、整改落实、结果运用及追责问责等提出明确要求，建立审计结果通报制度，对领导干部经济责任审计做出进一步的规范。

金融和企事业单位审计 河南省审计厅组织对河南城际铁路公司、河南水利投资集团公司、河南投资集团公司等国有企业进行审计，组织开展全省“三去一降一补”情况专项调查。发现并督促纠正企业投资决策失误、违规招投标、违规发放工资福利、超标准缴存公积金、公款高档消费、内部控制不严等问题。组织对某市农信社进行审计，发现各类违规金额近 90.00 亿元，对违规发放贷款等 17 类问题线索移送有关部门查处。组织对有关高校进行审计，发现收入管理不规范、公款旅游或公款报销因私费用、大宗物品购置和工程建设中未严格执行政府采购和招投标规定等问题。

农业与资源环保审计　按照省委、省政府要求，河南省审计厅牵头组织对固始等 8 个县的贫困人口建档立卡精准识别情况进行专项审计调查，并针对审计发现的主要问题，向省委、省政府主要领导专题报送《审计情况反映》。采取“上下联动，左右互动”的审计方式，结合第三季度生态环境保护政策措施跟踪审计、水污染防治资金审计和省环保厅经济责任审计，组织实施全省生态环境保护政策执行情况行业审计，涉及项目 1841 个，资金 85.4 亿多元。按照审计署的统一部署，结合安阳市市长经济责任审计开展领导干部自然资源资产离任审计试点工作，组织指导郑州市、洛阳市审计局同步开展试点。

固定资产投资审计　组织对全省城镇棚户区和城乡危房改造等各项保障性安居工程建设、黄河滩区居民迁建试点、大型水库建设、高速公路、新郑国际机场二期改扩建等进行审计，重点关注资金管理使用、征地拆迁、招投标、项目绩效等情况，揭示部分地区未按期完成城镇安居工程建设任务、部分已建成保障性住房长期空置、部分施工单位招投标不规范、多计工程价款、偷工减料等违法违规问题。

民生资金（项目）审计　组织开展全省医疗保险基金审计，查出违规金额 25.66 亿元，移送案件线索 40 件，涉及 238 人。组织对部分市县民生补贴资金的发放和使用、省属 6 家公立医院财务收支等情况进行审计，促进富民惠民政策落实，维护群众切身利益。

外资运用审计　按照审计署的安排，河南省审计厅履行国外贷援款项目年度对外公证审计职能，完成审计署授权审计项目 13 个，按照时限要求出具审计报告。主要发现因地方配套资金不到位、滞留项目资金导致项目进展缓慢，涉嫌套取项目资金、虚假招投标、项目管理混乱等问题。有关地市和部门积极整改，促进全省利用外资质量的提高，保证项目顺利推进。

信息化建设　完成省以下财政等相关部门的数据归集工作，努力推进省直预算单位数据全覆盖，共采集、处理、分析各类审计账套 5000 余个，数据量达 6TB。组织计算机审计中心与业务处相互配合，完成预算执行、贫困人口精准识别、医保基金等审计项目 57 个，推动审计一线作业和后台数据分析一体化。完成全省审计信息化“三年三批”建设任务，共有 141 个县级审计机关完成信息化建设任务。　（撰稿人：王　伟）

【郑州市审计局】　2016 年，郑州市审计局人员编制 164 人，实有 160 人。局长冯明杰，副局长徐平、桑富强、于士营、谢书明、郭全民、乔德宁，总审计师骆杉，副调研员王凯河、刘兆煜。设有办公室、督查办、文宣办、项目办、信息中心、机关党委、督察室、组织人事处、政策法规处、老干部处、行政事业一处、行政事业二处、投资处、审计投资中心、综合审计一部、综合审计二部、审计学会服务中心、财政处、农水处、金融处、企业处、社保处、外资处、经责处、经责中心、内审协会。

审计成果　2016 年，郑州市县两级审计机关完成审计和审计调查项目 1272 个。查出违规金额 49.09 亿元、管理不规范金额 251.49 亿元；发现非金额计量问题 1103 个；审减政府投资额 12.57 亿元；促进财政增收节支 16.01 亿元。移送有关部门处理事项 25 件，涉及人员 12 人。提出审计建议 2323 条，被采纳 1491 条。

国家重大政策措施贯彻落实跟踪审计　结合同级预算执行情况审计，对郑州市所属 11 个县（市、区）贯彻落实稳增长促改革调结构惠民生等政策措施落实情况进行跟踪审计。配合河南省审计厅开展对 2014 年至 2016 年农村公路三年行动计划乡村通畅工程专项审计调查。组织开展煤炭行业关于去产能、去库存、去杠杆、降成本、补短板五大任务推进实施情况专项审计调查。

财政审计　郑州市审计局对郑州市 2015 年度财政预算执行和其他财政收支情况进行审计，开展地方政府债券资金管理使用情况等五个专项审计。对 72 家单位开展会议活动费、“三公”经费、“小金库”、楼堂馆所建设及正版软件应用专项审计。采取纳税数据分析筛查、重点企业抽查、重点税种全面检查等方式进行审计，为财政增收7485万元。

经济责任审计 对231名党政领导干部进行经济责任审计，查出违纪违规金额4.46亿元、管理不规范金额101.73亿元。完成惠济区、登封市党政主要领导干部经济责任及自然资源资产现场审计工作。

固定资产投资和企业审计 开展投资审计项目956个，送审投资额130.40亿元，审计核减造价12.57亿元，审减率9.63%。其中，郑州市金水路准快速工程跟踪结算审计—1标—2标送审金额50574万元，审减金额5754万元，审减率11.38%；航海路综合整治工程竣工决算送审金额9243万元，审减金额1400万元，审减率15.15%。

民生资金（项目）审计 开展对环卫工投入及补贴资金、改善贫困地区义务教育薄弱学校基本办学条件专项资金和郑州市出租车运营及管理专项审计调查，发挥服务领导决策的参谋作用。

（撰稿人：陈泽如）

【开封市审计局】 2016年，开封市审计局人员编制72人，实有65人。局长翟放，副局长孙黎、赵守红、王珂、宋平均、湛静、罗永福，总审计师倪金宝，纪检组长赵伟，经责办主任刘齐心，调研员张同安。设有办公室、法制科、财政金融审计科、行政事业审计科、经贸审计科、农业与资源环保审计科、固定资产投资审计科、外资运用审计科、社会保障审计科、经济责任审计科、人事教育科、纪检监察室；下设审计科研所和审计服务中心。

审计成果 2016年，开封市县两级审计机关完成审计和审计调查单位290。查出违规金额3.13亿元、管理不规范金额40.73亿元；促进整改落实有关问题金额2.14亿元，其中已上缴财政4822万元、已归还原渠道资金1463万元、已缴纳其他资金83万元、已调账处理金额1.50亿元。向有关部门移送处理事项29件。

国家重大政策措施贯彻落实跟踪审计 重点关注生态环保、保障性安居工程、城市基础设施、交通运输等重点项目实施情况，重点资金保障和使用情况，简政放权推进情况，财税、产业和精准扶贫等7项政策落实情况。与开封市督查局共同组织对市行政服务中心等2个单位取消和下放行政审批事项、推进简政放权政策措施落实情况审计发现问题的整改情况进行联合督查。

财政审计 对开封市财政预算执行和其他财政收支情况进行审计，开展地方政府债券资金管理使用情况等5个专项审计，组织各县区审计局同步开展本级财政预算执行审计。审计预算执行单位55个，查出主要问题金额33.08亿元；审计财政决算单位8个，查出主要问题金额3.66亿元。

固定资产投资审计 组织对政府交办和群众关注的78个政府投资重点建设项目进行跟踪审计，当年完成的122个项目（含往年）送审金额23.03亿元，审定金额21.22亿元，审减金额1.81亿元，审减率为7.86%。完成2015年城镇保障性安居工程跟踪审计，有关部门和单位按要求进行整改落实。

经济责任审计 开展86名领导干部经济责任审计，其中开封市审计局对27名领导干部进行经济责任审计。查出违规金额1.01亿元、管理不规范金额2.88亿元，为加强领导干部监督管理提供依据。

（撰稿人：刘江航）

【洛阳市审计局】 2016年，洛阳市审计局人员编制79人，实有70人。局长马春强，副局长李修新、李雅红、徐军智（1月—），总审计师程军，纪检组长刘广勇。设有办公室、法规科（审计督查科）、财政审计科、金融审计科、行政事业审计科、企业审计科、农业与资源环保审计科、社会保障审计科、固定资产投资审计一科、固定资产投资审计二科、经贸和外资运用审计科、经济责任审计办公室、人事科、机关党委、监察室、计算机审计中心。

审计成果 2016年，洛阳市县两级审计机关审计（审计调查）单位954个。查出违规问题金额18.83亿元、管理不规范金额300.07亿元；通过审计，为国家增收节支4.81亿元，核减政府投资建设项目结算额1.55亿元。向纪检监察、司法机关和有关部门移送案件线索77件，涉及金额23.87亿元，移送处理人员502人，已有461人受到党纪政纪处理。促进被审计单位建立健全规章制度98项。

国家重大政策措施贯彻落实跟踪审计 对67个部门312个项目实施跟踪审计，促进新开工、完工项目87个，加快审批或实施进度项目14个；促进财政资金加快下达1.40亿元，收回结转结余资金3.70亿元；促进完善制度10项；有134人受到党纪、政纪处理或被依法追究责任。

财政审计 洛阳市审计局完成市本级财政预算执行、地方税收征管、部门预算执行、地方政府债券资金、惠农资金等审计项目，查出违规问题金额9.20亿元。

经济责任审计 审计领导干部304人，查出违规问题金额2.24亿元、管理不规范金额28.55亿元。洛阳市审计局共审计领导干部32人，其中对14名领导干部实施任中审计。结合栾川县县长经济责任审计，开展领导干部自然资源资产离任审计试点。

固定资产投资审计 对洛阳市引黄入洛工程、310国道洛阳市境段改建工程、洛吉快速通道黄河桥工程、洛阳市东环路一期建设工程等省市重点项目实施跟踪审计；对龙脖水库除险加固工程、洛阳市滨河北路建设工程等项目实施竣工决算审计；对20多个园林绿化项目开展审计调查。共核减政府投资建设项目结算额1.55亿元。

专项资金审计 对27家洛阳市本级融资平台公司和相关国有独资或控股企业、事业单位进行专项审计调查，查明27家融资平台公司共有债务473.54亿元，为洛阳市政府防控融资风险提供决策依据。

信息化建设 实现审计会商系统、审计数据综合分析系统全覆盖，提高全市审计系统会议培训及审计数据传输的即时性、便捷性和经济性。洛阳市审计局归集市以下财政相关数据及所有市直预算单位财务、业务数据，总数据量为51.4G。

（撰稿人：王锦志）

【平顶山市审计局】 2016年，平顶山市审计局人员编制92人，实有83人。局长张恩河，副局长邵小红、王家民，总审计师郭旭光，纪检组长张绍周，经济责任审计局局长马鹏飞。设有办公室、人事科、法制科、财政审计一科、财政审计二科、金融审计科、行政事业审计科、农业与资源环保审计科、社会保障审计科、投资审计一科、投资审计二科、经贸和外资运用审计科、经济责任审计局、计算机信息科、离退休干部工作科、监察室、机关党委；下设市审计科研所。

审计成果 2016年，平顶山市县两级审计机关完成审计项目373个。查出主要问题金额109.19亿元，其中违规金额12.34亿元、管理不规范金额96.83亿元；损益（收支）不实金额5.50亿元；审计促进整改落实有关问题金额18.58亿元，其中增收节支1.65亿元、已上缴财政1.16亿元、已归还原渠道资金4874万元、已调账处理金额16.29亿元。移送司法机关、纪检监察机关和有关部门处理事项25件。出具审计报告和专项审计调查报告373篇，被批示、采用32篇；提交审计信息65篇，被批示、采用32篇。提出审计建议862条。

国家重大政策措施贯彻落实跟踪审计 采取市县两级审计机关上下联动的审计方式，共查出涉及财政支持稳增长政策措施落实、城镇基础建设政策措施落实等方面的问题118个，促进项目资金拨付4451万元，督促加快项目进度182个，撤销合并财政专户9个。

财政审计 对有关预算执行单位进行审计，通过审计整改，促进增收节支2.10亿元，盘活财政存量资金1.07亿元，及时置换政府债券资金1.16亿元，采纳审计建议9条，完善制度6项。

经济责任审计 完成经济责任审计项目93个，查出违规金额5873万元、管理不规范金额2.02亿元。移交案件线索2件。

农业与资源环保审计 组织实施精准扶贫政策措施落实情况跟踪审计调查、大气污染治理环保专项审计等项目。

固定资产投资审计 按照《平顶山市政府投资建设项目审计监督若干规定》，完成竣工决算、工程结算审计项目285个，审计核减工程造价1.74亿元。移送纪检、司法等部门案件线索7件，处理相关责任人13人。

民生资金（项目）审计 重点开展保障性安居工程、住房公积金、基本医疗保险基金、生态环境保护、精准扶贫、农村公路等项目的审计调查。

信息化建设 市县两级审计机关全部完成审

计信息化建设和视频会商系统建设任务，对全市财政数据进行采集上报，在地税、医保、精准扶贫审计中，加大业务数据与财务数据、单位数据与行业数据以及跨行业、跨领域数据的综合对比和关联分析力度。（撰稿人：黑相伟）

【安阳市审计局】 2016年，安阳市审计局人员编制92人，实有88人。局长郭河山，副局长李著亮、高星闯、郝保旺，总审计师陈永太，纪检组长郭虎山。设有办公室、法规科、财政审计科、金融审计科、行政政法审计科、企业与外资运用审计科、农业与资源环保审计科、社会保障审计科、教科文卫审计科、信息技术科、人事教育科、经济责任审计办公室、政府投资审计办公室。

审计成果 2016年，安阳市审计局完成审计（调查）项目51个。查出违规金额9.26亿元、管理不规范金额23.8亿元；审计处理上缴财政资金4.51亿元；促进增收节支3.23亿元；促进拨付资金到位1.21亿元。向纪检监察、司法机关和有关部门移交案件线索45件，给予相关人员党政纪处分和组织处理196人，追究刑事责任7人。提出审计建议123条，被采纳86条。向社会公告审计结果35篇。审计专报和审计报告被市领导批示21篇。

国家重大政策措施贯彻落实跟踪审计 完成简政放权、生态环保、精准扶贫等9大类172项问题的审计，已整改到位135项，促进资金拨付到位1.37亿元，收回结转结存资金1.90亿元，促进15个建设项目加快施工进度，3个项目及时竣工。

财政审计 首次将市四大班子及副厅级以上13个重点单位纳入预算执行审计范围，共完成50个部门和单位的财政预算执行审计，揭示部门预算编制不规范、不科学，公用经费超预算，存量资金清理不彻底等问题。发挥“一拖N”上下联动审计效应，查出企业预征税款、混级串库等问题金额3000余万元。

经济责任审计 完成经济责任审计项目25个，对29名经济责任审计对象进行经济责任审计调查，查出各类违纪违规金额2.19亿元，上缴财政资金415万元，促进规范重大经济决策议事规则和资产管理制度5项。

金融审计 完成审计项目8个，查出违纪违规金额8917万元，上缴财政21.8万元。

农业与资源环保审计 完成审计项目10个，查出主要问题金额5978万元，其中违规金额11万元、管理不规范金额5967万元。

固定资产投资审计 完成审计项目7个，查出违规金额5.73亿元，已上缴财政1.64亿元，审减工程造价4183万元。移送司法机关、纪检监察部门处理事项20件。

民生资金（项目）审计 完成审计项目4个，查出违规金额9.77亿元；移送纪检监察部门处理事项1件，建议有关部门处理事项6件。

企业与外资运用审计 完成审计项目14个，查出违规金额7633万元，已收缴国库240万元，促进整改落实到位1618.58万元。

信息化建设 对安阳市级390个部门单位、794个账套的相关数据进行采集，共采集数据44.3G，基本建成安阳市审计数据库。

（撰稿人：龚　琳　邓全香）

【鹤壁市审计局】 2016年，鹤壁市审计局行政编制39人，实有37人；事业编制30人，实有25人。局长李习和，副局长李路平、高国防、曹崇华，总审计师吴超，纪检组长张华民，调研员王志贤。设有办公室、法规科、财政审计一科、财政审计二科、社会保障审计科、经贸审计科、农业资源审计科、行政事业审计科、固定资产投资审计科、机关党委；下设计算机审计中心、经济责任审计中心、审计评价中心，市纪委派驻纪检检查组。

审计成果 2016年，鹤壁市审计局完成审计项目22个。查出违纪违规问题金额2387万元、管理不规范金额42.61亿元。移送案件线索20件。提出审计建议94条。向社会公告审计结果15篇。

国家重大政策措施贯彻落实跟踪审计 对取消和下放行政审批事项、生态环境保护、公路建设等方面政策措施落实情况进行跟踪审计，涉及有关单位及部门80余个，查出生态环境项目配套资金未到位等方面的典型问题34项。

财政审计 对预算执行和决算草案、税收征管和重点专项资金管理使用等情况开展审计，关注中央八项规定精神落实情况，密切关注财政资金存量和增量调控，盘活存量资金1362万元。

经济责任审计 制订《党政领导干部经济责任同步审计实施方案》，推动党政主要领导干部任期经济责任同步审计。修订《市本级经济责任审计对象分类及项目计划管理办法》，稳步推进经济责任审计全覆盖。加强审计结果应用，推动将经济责任审计结果和整改情况纳入所在单位领导班子民主生活会、党风廉政建设责任制检查考核内容，作为领导班子成员述职述廉、年度考核、任职考核重要依据。全年共完成12个单位领导干部经济责任审计项目。

民生资金（项目）审计 组织开展基本医疗保险基金和医疗救助资金审计。持续开展城镇保障性安居工程审计，延伸至65个村207户农村危房改造家庭，移送案件线索3件，17人受到党内警告、行政警告、行政记过等处分。

信息化建设 按照硬件环境等级保护要求，将审计管理系统（OA系统）整体迁至鹤壁市云计算中心，实现系统应用平稳过渡。

（撰稿人：李金明）

【新乡市审计局】 2016年，新乡市审计局人员编制78人，实有66人。局长邓京平，副局长牟振斌、周彦斌、贺成运，总审计师熊睿浩，纪检组长张俊涛，经济责任审计办公室主任赵晓阳，副调研员赵文中。设有办公室、法规科（审计督察科）、财政审计一科、财政审计二科、行政事业审计一科、行政事业审计二科、行政事业审计三科、农业与资源环保审计科、投资审计一科、投资审计二科、金融审计科、企业经贸外资运用审计科、社会保障审计科、经济责任审计办公室、人事教育科、离退休干部工作科；下设新乡市审计信息中心（市政府投资审计服务中心）。

审计成果 2016年，新乡市县两级审计机关完成审计项目903个。查出主要问题金额61.05亿元，其中违规金额20.91亿元、损失浪费金额1229万元、管理不规范金额40.02亿元；损益（收支）不实金额9.54亿元；审计促进整改落实有关问题金额9.65亿元；促进拨付资金到位160万元；审计后挽回（避免）损失5979万元。移送司法机关、纪检监察机关和有关部门处理事项70件，涉及47人、金额3037万元。

2016年，新乡市审计局成功实现“省级文明单位”四届连创，被评为“省级文明单位标兵”荣誉称号。实施的开封市土地出让收支和耕地保护情况审计项目获得审计署表彰。

国家重大政策措施贯彻落实跟踪审计 印发《新乡市人民政府关于加强稳增长等政策措施落实情况跟踪审计工作的意见》和《新乡市人民政府办公室关于加强稳增长等政策跟踪审计整改工作的意见》。四个季度7个领域共查出管理不规范金额5.72亿元，审计期间整改金额2111万元，审计促进整改落实有关问题金额3.32亿元。

财政审计 实施8个专项审计（调查）项目，查出管理不规范金额11.23亿元，审计期间整改金额5.96亿元，审计处理处罚金额5.96亿元，增收节支5.96亿元。

经济责任审计 完成132名领导干部经济责任审计，其中包括7名县（市、区）审计局长经责审计。查出违规金额2.35亿元、损失浪费金额192万元、管理不规范金额4.90亿元。

固定资产投资审计 完成政府投资审计项目657个，审计金额13.86亿元，审减额2.23亿元，审减率16%。

（撰稿人：李旭日）

【焦作市审计局】 2016年，焦作市审计局人员编制65人，实有63人。局长闫万国，副局长尹柯玲、申文燕、王庆宝、范景致、司军江，纪检组长王天富。设有办公室、法规科、财政审计科、农业与资源环保审计科、固定资产投资审计科、经贸审计科、社会保障审计科、外资运用审计科、行政事业审计一科、行政事业审计二科、行政事业审计三科、人事科、离退休干部工作科和纪委监察局派驻室（纪检监察室）；下设市经济责任审计局、市基本建设工程预决算审计中心。

审计成果 2016年，焦作市县两级审计机关完成审计项目346个。查出违规金额37.53亿元；审计处理应上缴财政1.05亿元、应归还原渠道资金1.44亿元、应调账处理金额10.81亿元；已上缴财政1321万元、已归还原渠道资金3652万元、已调账处理金额183万元。

国家重大政策措施贯彻落实跟踪审计 对

"三去一降一补"等6项重大政策措施落实情况进行跟踪审计，涉及相关单位97个，中央和省级资金261.14亿元，项目1471个。通过审计，促进178个建设项目加快工程进度，7.32亿元滞留资金拨付到位，有关部门根据审计建议减少审批前置条件、审批环节6项。

财政审计 重点对市本级2015年度财政预算执行、地方税收征管、10个部门预算执行等进行审计。促进各级各部门盘活资金11.02亿元，完善各类制度15项，催缴税款和滞纳金1461.48万元。

经济责任审计 出台《关于规范经济责任审计有关业务事项的通知》，明确审计谈话程序、责任界定范围和内容。对20名领导干部实施经济责任审计。

固定资产投资审计 完成太极体育中心、省道S309获轵线获嘉交界至温县大练线段改建工程、沁北引黄灌区工程、市人民医院示教病房楼等7个政府性投资建设项目的竣工决算审计，涉及建设资金27.34亿元，核减工程造价6.78亿元。

民生资金（项目）审计 重点安排保障性住房、农村义务教育薄弱学校改造补助资金、涉农资金、农村饮水安全工程、就业资金、爱心一日捐、科技资金、林业生态及创森资金8个民生和专项资金审计项目。通过审计，促进收回违规享受的培训补贴、岗位补贴、社保补贴、保障性住房补贴、高中学生助学金和小额担保贷款贴息资金等42.6万元。

企业审计 按照国有资本审计监督全覆盖的要求，开展对市属国有资本经营情况的专项审计调查，以及对轮胎集团和万方集团资产负债损益情况的审计。

信息化建设 建设《审计业务管理和质量控制系统》，包括领导决策、审计现场管理、业务支撑、成果利用、风险防范5个子系统。

（撰稿人：喻新军）

【濮阳市审计局】 2016年，濮阳市审计局人员编制91人，实有89人。局长李保国，副局长鲁付民、林松、王万东、辛同诗，总审计师徐中领，纪检组长孟凡奇，经济责任审计中心主任刘俊民，调研员张正选，副调研员孙兆山、熊延铭。设有办公室、法规科（审计督察科）、财政审计一科、财政审计二科、行政事业审计一科、行政事业审计二科、农业与资源环保审计科、投资审计一科、投资审计二科、社会保障审计科、经贸和外资运用审计科（企业金融审计科）、人事教育科、机关党总支、离退休干部工作科；下设濮阳市经济责任审计中心、市审计局计算机审计中心、机关后勤服务中心。

审计成果 2016年，濮阳市县两级审计机关完成审计项目313个。查出主要问题金额265.26亿元，其中违规金额4.29亿元、管理不规范金额260.97亿元；损益（收支）不实金额1.72亿元；审计促进整改落实有关问题金额5.30亿元。移送司法机关、纪检监察机关和有关部门处理事项309件，涉及551人。出具审计报告和专项审计调查报告379篇，被批示、采用23篇；提交审计信息386篇，被批示、采用198篇。提出审计建议1252条，被采纳1178条。向社会公告结果64篇。

2016年，濮阳市审计局在河南省审计业务工作综合考核中获得第一名。

国家重大政策措施贯彻落实跟踪审计 开展财政支持稳增长、生态环境保护、公路项目、实行精准扶贫等7个方面的政策措施落实情况跟踪审计，发现28个公路建设项目开工不及时、建设推进慢，专项资金滞留1516万元以及违规收费等问题，促进25个农村公路建设项目开工建成，农村饮水安全工程项目资金拨付到位890万元。

财政审计 完成2015年度预算执行审计、财政决算审计和财政财务收支审计等项目16个，查出预算编制不细化、不科学，预算资金下达不及时、使用绩效低以及专项资金滞留、挪用等问题。经有关部门整改，促进资金拨付使用2.80亿元，财政资金整合3.27亿元。

经济责任审计 完成98名领导干部经济责任审计，其中离任审计86个、任中审计12个。查出违规金额4819万元，其中领导干部应负直接责任金额540万元。向被审计单位提出审计建议368条，被采纳332条。

固定资产投资审计 审计建设资金总额36.48亿元，查出各类违规金额2.94亿元，促进拨付征地拆迁补偿资金7.74亿元，核减工程投资2254万元。移送纪检、司法等部门案件线索3件。

民生资金（项目）审计 濮阳市精准扶贫资金审计发现产业扶贫项目进展缓慢、贫困人口识别不精准、资金落实不到位、拨付不及时等问题。保障性安居工程跟踪审计发现骗取住房补贴或实物配租、不符合条件家庭违规享受保障性住房、资金滞留闲置以及挤占挪用棚户区改造资金等问题。开展社会救助资金审计调查，濮阳县、南乐县、范县对98名责任人员给予党政纪处分。

信息化建设 投资80多万元对审计管理系统、审计数据分中心进行信息等级保护测评，更新电脑、打印机等信息化装备。濮阳市上报计算机审计案例数量和获奖数量位居全省第一，被河南省审计厅评为信息化建设和应用先进单位和计算机审计典型案例优秀组织奖。

（撰稿人：孔丽娜）

【许昌市审计局】 2016年，许昌市审计局人员编制42人，实有44人。局长燕万年，副局长贾付栓（6月—）、孟国强、朱臣峰、胡宝梅、张楠（3—6月），纪检组长高留彬，经济责任审计办公室主任刘中伟，调研员曹颖建、申宝，副调研员王开一、黄喜全。设有办公室、政策法规科、人事科、财政科、金融科、行政事业科、经贸科、农业科、社保科、固定资产投资科、外资科、经责办；下设许昌市政府投资建设项目审计中心。

审计成果 2016年，许昌市县两级审计机关完成审计项目325个。查出主要问题金额43.34亿元，其中违规金额12.50亿元、损失浪费金额1073.14万元、管理不规范金额30.73亿元；审计处理处罚金额6.21亿元，其中应上缴财政1.14亿元、应减少财政拨款或补贴72万元、应归还原渠道资金1.89亿元、应调账处理金额3.18亿元；审计发现非金额计量问题221个；审计促进整改落实有关问题金额14.41亿元，其中增收节支2.92亿元、已调账处理金额2.07亿元；审计促进拨付资金到位6796万元；审计后挽回（避免）损失7498万元。出具审计报告和专项审计调查报告326篇，被批示、采用21篇；提交审计信息257篇，被批示、采用155篇。提出审计建议858条，被采纳726条；推动完善规章制度61项。向社会公告审计结果95篇。

国家重大政策措施贯彻落实跟踪审计 围绕简政放权、棚户区改造、财政支持稳增长、城镇基础设施、公路建设、精准扶贫、“三去一降一补”等政策措施落实情况开展审计，促进出台新政策33项、完善制度27项，督促拨付资金8.6亿元，促进项目开工或加快实施53个。开展城镇保障性安居工程跟踪审计，促进分配或入住保障房1426套，促进增收节支或减少损失浪费资金2.4亿元。

财政审计 围绕预算执行、盘活财政资金、税收征管、产业集聚区财税政策、贫困地区义务教育薄弱学校改造、先进制造业、地方政府债券等政策开展预算执行和其他财政收支情况审计，促进上缴入库财政收入1157万元、收回闲置或被侵占资金8732万元。对市工商局、药监局、质监局等下划市级管理部门，开展资产负债及财政财务收支情况审计。

经济责任审计 对204个地方和单位的领导干部进行经济责任审计，开展领导干部自然资源资产离任审计试点。

固定资产投资审计 对政府投资建设项目实行审计全覆盖，审减工程结算价3.18亿元，规范政府投资行为。（撰稿人：徐文政 焦文秀）

【漯河市审计局】 2016年，漯河市审计局人员编制93人，实有82人。局长陈会伟，副局长刘冠东、史秋学、崔凤罗、李军，纪检组长蒋伟，经济责任审计办公室主任屈耀伟，调研员李东升、陈银坤，副调研员屈钦宇、张万友。设有办公室、法规科、财政金融审计科、行政事业审计科、经贸审计科、农业与资源环保审计科、社会保障审计科、固定资产投资审计科、外资运用审计科、政府派出机构审计科、经济责任审计办公室、监察室；下设漯河市审计信息中心、漯河市审计服务中心、漯河市政府投资建设项目审计服务中心。

审计成果 2016年，漯河市县两级审计机关完成审计及审计调查项目157个。查出各类违规问题金额4.10亿元、管理不规范金额3.20亿元；

审计促进整改落实有关问题金额2.80亿元，其中增收节支3037万元。移送案件线索27件，56名相关责任人受到党政纪处分、组织处理或移送司法机关。向党委、政府提交报告、专报270多篇，得到市县领导批示60多篇。市审计局向市委、市政府出具审计报告、审计专报等88篇，12篇得到市领导批示。

国家重大政策措施贯彻落实跟踪审计 组织开展重大政策执行跟踪审计，取消下放行政审批事项469项，促进拨付项目资金5.70亿元，推动棚户区改造进程，农村环境连片整治、污水处理设施建设、小型农田水利设施建设、精准扶贫精准脱贫等工作得到有效推进。开展生态环境保护政策措施落实情况审计调查。开展保障性安居工程跟踪审计。

财政审计 组织开展预算执行审计，对地方政府债券资金管理使用等5个专项进行审计，在税收征管审计中，补征税款及滞纳金773万元。完成全市教育费附加征收管理使用情况和第十三届食品博览会财政专项资金审计。

其他审计项目 完成太白山路沙河桥、澧河桥预算执行审计，人民路道路改造工程等8个项目竣工结算审计。完成市城投公司、经投公司和房投公司2014—2015年度资产负债损益审计。对149名领导干部进行经济责任审计。

信息化建设 推进第二批县级审计机关信息化建设工作，建设视频会商系统。推进数据归集工作，组建大数据分析团队。（撰稿人：钮军伟）

【三门峡市审计局】 2016年，三门峡市审计局人员编制57人，实有49人。局长范社民，副局长刘树军（—9月）、侯功亮、白提高、张楠（—2月）、王永生（2月—），经济责任审计办公室主任张丰明，固定资产投资审计中心主任薛全生，调研员尚秀丽、周国谦、刘树军（9月—），副调研员柳海峰。设有办公室、法规科、财政金融审计科、行政事业审计一科、行政事业审计二科、农业与资源环保审计科、经贸和外资运用审计科、社会保障审计科、经济责任审计办公室、机关党总支和1个总审计师职位；下设固定资产投资审计中心、计算机审计中心。

审计成果 2016年，三门峡市县两级审计机关完成审计项目174个。查出主要问题金额79.32亿元，其中违规金额3.75亿元、管理不规范金额75.57亿元；损益（收支）不实金额3.22亿元；审计促进整改落实有关问题金额4.08亿元，其中增收节支2085万元、已调账处理金额2.32亿元；审计促进拨付资金到位1488万元；审计后挽回（避免）损失2129万元。移送司法机关、纪检监察机关和有关部门处理事项26件，涉及49人，金额5776万元。出具审计报告和专项审计调查报告159篇，被批示、采用11篇。提出审计建议366条，被采纳276条。向社会公告审计结果246篇。

国家重大政策措施贯彻落实跟踪审计 对简政放权、财政支持稳增长、生态环境保护、农村公路、城镇基础设施、精准扶贫、去产能五大任务等8项政策措施落实情况进行审计，揭示政策部署执行和落实效果、资金管理使用等方面问题83个。

财政审计 完成预算执行、决算、税收征管、财政财务收支审计项目58个，揭示预算编制不科学、超预算列支、“三公一费”控制不严格、应缴未缴非税收入、人为调节税收进度、违规扩大开支范围和提高开支标准等问题。

经济责任审计 对31名领导干部进行经济责任审计，查出应负直接责任问题金额1.32亿元。

固定资产投资审计 对三门峡市职教园区、迎宾花园、中心商务区等7个重点项目进行持续跟踪审计，对43个项目进行预结算审计，核减投资额3225万元。

民生资金（项目）审计 开展基本医疗保险基金审计，完成城镇居民医疗保险和新型农村合作医疗保险合并前对医保中心的审计；开展保障性安居工程跟踪审计。

信息化建设 整合数据资源，做好数据采集、转换和规范存储等工作；总结和推广计算机审计经验，利用分析平台进行数据分析；3个县（市、区）审计局按照县级审计机关信息化建设标准完成信息化基础建设和会商系统建设。

（撰稿人：武云景）

【南阳市审计局】 2016年，南阳市审计局人员编制52人，实有51人。局长黄乐，副局长余耀伟、鲁德岑、孔雪飞、王匡，纪检组长杨长杰，经济责任审计局局长李冬晓，调研员方向，副调研员舒建立、王刚、张清怀。设有办公室、法规科、人事教育科、信息管理科、财政审计科、金融审计科、行政事业审计一科、行政事业审计二科、投资审计一科、投资审计二科、经贸和外资运用审计科、农业与资源环保审计科、社会保障审计科；下辖南阳市经济责任审计局（事业单位，设有综合科、党政审计一科、党政审计二科、企业审计科、县区审计科）。

审计成果 2016 年，南阳市县两级审计机关对 592 个单位进行审计（审计调查）。查出违规问题金额 89.7 亿元；促进增收节支 17.56 亿元。向司法机关、纪检监察机关和有关部门移送违法违纪案件线索或事项 70 件，共涉及相关责任人 40 人，有关部门已查处 17 起，处理 17 人。审计报告、审计要情被各级党委、政府领导批示 262 篇。提出的审计建议被有关单位采纳 498 条。

国家重大政策措施贯彻落实跟踪审计 围绕简政放权、财政资金调查、城市基础设施、农村公路、环保、扶贫等政策措施落实情况开展跟踪审计，促进重大建设项目加快推进 353 个，收回结转结余资金 1.19 亿元、加快财政资金下达 1.11 亿元、落实配套资金 1.98 亿元。

财政审计 组织实施 2015 年度本级财政预算执行审计以及 71 个单位 2015 年预算执行审计和 1 个县级财政决算审计。

经济责任审计 组织开展对 43 名（涉及 45 个部门）领导干部的经济责任审计。

固定资产投资审计 审计政府投资建设工程项目 29 个，审减投资 2395 万元。

信息化建设 网上成文、办文、阅文率达到 100%。建成审计交换中心，完成机房设施及系统的等级测评工作。 （撰稿人：谢 健）

【商丘市审计局】 2016 年，商丘市审计局行政编制 47 人，工勤编制 4 人，事业编制 18 人，实有 71 人。局长姚文生，局党组书记陈书英（10 月—），副局长吕义军、刘艳芳、朱彦强、陈广银、张凤元（10 月—），纪检组长谢颖，经济责任审计局局长刘振营，调研员陈国立、冯永刚、张永建，副调研员张建新、葛春河、焦海生。设有财政审计科、经贸审计科、固定资产投资审计科、行政事业审计一科、行政事业审计二科、社会保障审计科、农业与资源环保审计科、金融与外资审计科、经济责任审计局（设有审计一科、审计二科、审计三科）、办公室、法规科、人事科、信息科、机关党委；市纪委派驻纪检监察室；下设商丘市政府投资建设项目审计中心。

审计成果 2016 年，商丘市审计局开展审计项目 40 个。查出主要问题金额 215.33 亿元，其中违规金额 97.53 亿元、损失浪费金额 29 万元、管理不规范金额 117.80 亿元；促进整改落实有关问题金额 170.30 亿元；促进拨付资金到位金额 2.79 亿元；挽回（避免）损失金额 5882 万元，核减投资额 16 万元。移送处理事项 51 件、涉及人员 139 人。提出审计建议 223 条，被采纳 212 条；促进被审计单位出台规章制度 81 个。

国家重大政策措施贯彻落实跟踪审计 持续开展 8 个专题的政策落实情况跟踪审计，发现问题 922 个，涉及问题金额 14.47 亿元，移交纪检监察部门 2 人，给予党内警告处分 2 人。

财政审计 对 12 个部门和单位 2015 年度本级预算执行和其他财政收支情况进行审计。对柘城县和睢阳区政府 2015 年度财政决算和其他财政收支情况进行审计，揭示财政收入不真实、资金使用不规范等方面问题。

经济责任审计 完成经济责任审计项目 20 个。配合组织部门、纪检部门对“带病提拔”“突击提拔”干部问题开展预防整治活动，以适当方式向其提供审计结果以及其他情况。

固定资产投资审计 对市儿童福利院项目竣工决算审计，查出违纪金额 670 万元，审减工程价款 15 万元；对三义寨引黄灌区续建配套与节水改造 2013 年工程项目进行审计，查出违规金额 60 万元、管理不规范金额 27 万元。

民生资金（项目）审计 对 2015 年保障性安居工程情况进行审计，查出主要问题金额 1.38 亿元，促进整改落实问题金额 577 万元，移送处理线索 24 件，涉及 77 人。

专项审计调查 对商丘正源水务及相关企业经营状况进行专项审计调查，发现违规金额 1.10 亿元、管理不规范金额 1.07 亿元，移送处理事项 2 件，移送金额 956 万元，挽回损失金额 115 万

元。（撰稿人：薛　源）

【信阳市审计局】　2016年，信阳市审计局人员编制79人，实有73人。局长杨淑萍，副局长马彦忠、唐阳志、贾作平、万展武，总审计师卢世银，纪检组长孙晓莉，经济责任审计办公室主任赵树高。设有办公室、法规科、人事科、监察室、机关党委，财政金融、行政事业、农业与资源环保、固定资产投资、工商企业、社会保障、外资运用审计科，经济责任审计办公室、派出机构审计办公室；下设审计科研培训中心、投资建设项目审计中心。

审计成果　2016年，信阳市审计局共审计（审计调查）单位24个，促进增收节支1.51亿元。移送案件线索（事项）43件。提交审计报告、要情和信息592篇（次）。

2016年，信阳市审计局实施的市本级预算执行审计项目被审计署评为全国地方表彰审计项目；保障安居工程跟踪审计全省排名第一，并在全国保障安居工程审计会议上做典型发言。

国家重大政策措施贯彻落实跟踪审计　对市本级、潢川县、罗山县进行生态环境保护措施落实情况专项审计，抽查“碧水项目”14个、“蓝天项目”8个，涉及总量减排的企业17户，发现部分污水处理厂、生活垃圾处理场等升级改造工程进展缓慢、滞留专项资金等问题。对全市规划、城建等65个部门、61个项目开展城市基础设施建设情况专项审计。

财政审计　对市财政局、市地税局等14个单位开展本级财政预算执行审计，着重检查财政政策贯彻落实情况和参与预算资金分配及项目支出的管理绩效等情况。对罗山、淮滨等县开展财政决算审计，重点检查财政收支真实合法和绩效、政府债务的清理化解、财政存量资金盘活等情况。

经济责任审计　对2012年以来未进行过任期经济责任审计的13名市直预算单位主要领导、5名县区委书记县区长、8名县区公检法“三长”开展经济责任审计，实现经济责任审计全覆盖。

固定资产投资审计　组织对2015年城镇保障性安居工程进行跟踪审计，发现违规享受住房保障待遇、专项资金闲置逾1年、招投标程序违规等问题。完成城市污泥无害化处置工程、污水厂一期改造升级工程、信阳地质博物馆等6个建设项目竣工决算审计，审计金额6.38亿元，审减造价2.30亿元。（撰稿人：王　猛）

【周口市审计局】　2016年，周口市审计局人员编制60人，实有70人。局长武仲坦，副局长张贵成、翟建伟、马培新、张建伟，总审计师魏学忠，纪检组长李耀杰。设有办公室、法制科、人老科、财政金融审计科、行政事业审计一科、行政事业审计二科、经贸审计科、农林水审计科、固定资产投资审计科、外资运用审计科、社会保障审计科、纪检监察室、经济责任审计办公室和机关党委。

审计成果　2016年，周口市审计局完成审计（专项审计调查）项目41个。查出主要问题金额105.27亿元，其中违规金额3.34亿元、管理不规范金额101.93亿元、损失浪费金额34万元；促进整改落实有关问题金额8363万元；审计后挽回（避免）损失2250万元。审计移送处理事项19件。

国家重大政策措施落实情况跟踪审计　通过对23个方面80多项政策涉及的700多个单位的审计，促进新开工、完工项目57个，加快实施进度项目204个，促进资金拨付1.67亿元，促进地方财政资金配套到位3332万元，促进取消、下放行政审批事项等74项，促进完善制度50多项，出台风险防范措施20多项。

财政审计　完成市公安局、工商局、质监局、药监局等16个部门预算执行情况审计项目，发现预算预留比例较大、部分项目预算安排不够精细、预算执行率低、预算支出不均衡等问题。

经济责任审计　完成24名领导干部经济责任审计，查出各类有问题金额27.65亿元。

固定资产投资审计　完成市体育场建设工程等9个重点投资项目的竣工决算审计和市东外环路等6个跟踪审计项目，审减资金总额1.07亿元，综合审减率14%。

民生资金（项目）审计　开展全市城镇保障性安居工程跟踪审计。组织所辖9个县（市、区）审计局组成9个审计组对全市农村公路三年行动计划乡村通畅工程进行专项审计调查。开展2014—2015年度农村义务教育薄弱学习改造专项

资金专项审计调查。 （撰稿人：周孟教）

【驻马店市审计局】 2016年，驻马店市审计局人员编制73人，实有66人。局长李向伟，副局长罗宇威、刘晓东、宋超燕、汪永华、林丽娜，总审计师王文通，纪检组长李焕军，经济责任审计局局长黎文春。设有办公室、法制综合科、财税金融审计科、经贸审计科、行政事业审计科、农业与资源环保审计科、固定资产投资审计科、社会保障资金审计科、外资运用审计科、纪检监察室、机关党委、经济责任审计局、审计科研所和计算机审计中心。

审计成果 2016年，驻马店市县两级审计机关共完成审计项目608个。查出主要问题金额274.14亿元，其中违规金额16.06亿元、管理不规范金额281.29亿元；审计促进整改落实有关问题金额10.60亿元，其中增收节支6.97亿元、已调账处理金额1363万元。出具审计报告和专项审计调查报告54篇；提交审计信息131篇，被批示、采用46篇。提出审计建议1914条。

国家重大政策措施贯彻落实跟踪审计 组织100多人组成11个审计组，每季度开展政策落实情况跟踪审计，发现在生态环保、精准扶贫、重点资金保障等方面问题45个。

财政审计 审计预算执行单位514个，审计查出主要问题金额290.41亿元，出具审计报告479篇。

经济责任审计 对109名领导干部进行经济责任审计，查出问题金额93.88亿元。提出审计建议447条，被采纳282条。

金融审计 审计单位3个，查出主要问题金额3589万元。

民生资金（项目）审计 开展民生资金审计项目7个。在对全市种植业农业保险资金专项审计中，发现部分乡镇涉嫌虚假投保、重复投保、村干部滞留保险理赔款等问题。在对先进制造业发展的专项资金审计中，发现企业套取专项资金、项目资金未及时下拨及使用效益考评制度缺失等问题，追回被套取的专项资金191万元。

专项资金审计 对市直2014年城镇保障性安居工程进行跟踪审计，查出在资金管理、工程用地、项目招标和住房分配等方面的7大类23项问题。

信息化建设 实现省市县三级联网和局内部联网。八县两区审计局全部安装远程审计会议协商系统，完成县级审计信息化建设的三年规划目标。征集6篇计算机审计案例和审计方法实例。

（撰稿人：罗城伟）

【济源市审计局】 2016年，济源市审计局人员编制81人，实有71人。局长孔庆功，副局长王陆平、李建成、樊其程、许梦玲，纪检组长孙恒文。设有办公室（人事教育科）、法规科、财政金融审计科（信息技术科）、行政事业审计科、农业与资源环保审计科、社会保障审计科、经贸与外资运用审计科、投资审计科，按有关规定设置纪检（监察）机构；下设经济责任审计局、基本建设审计中心。

审计成果 2016年，济源市审计局组织开展审计和审计调查项目112个。查出违规和管理不规范金额5.97亿元；促进财政增收3432万元；核减投资或结算额8675万元。出具移送处理书34份，77人受到党政纪处分，5人被有关部门移送公安机关。提交审计要情、审计建议、整改通知书31份，被市领导批示20篇（次）。

国家重大政策措施贯彻落实跟踪审计 围绕项目落地、资金保障、政策落实、风险防范等关键环节，持续跟踪审计中央和省重大政策措施落实情况，在农村公路三年行动计划乡村通畅工程审计中，向市政府报送《“富民路”“连心桥”，惠民工程实事要办实》的审计要情。

财政审计 同步开展济源市本级预算执行、地方政府债券资金管理使用情况等5个专项和地税征管审计项目，加强对财政、地税、社保等数据的对比分析，加大延伸审计调查力度，促进出台、修订《关于财政对外借款管理暂行办法》《关于预算支出指标管理办法》等规范性文件。

经济责任审计 建立分行业、分领域的经济责任审计对象数据库，探索、推进党政领导干部自然资源资产离任审计，共对8个部门10名领导干部进行经济责任审计。

固定资产投资审计 审计工程项目80个，审减投资8675万元，其中跟踪审计审减4555万元，决算审计核减4120万元。

民生资金（项目）审计 实施 2015 年度城镇保障性安居工程、基本医疗保险和医疗救助资金、残疾人就业保障金管理使用情况、实行精准扶贫减少农村贫困人口政策措施落实情况等 12 项民生项目和资金的审计和审计调查。

信息化建设 规范电子数据的采集和报送工作，加大广联达工程造价软件、互联网百度和谷歌地图测距、地理信息技术、卫星遥感影像、数据叠加对比分析等信息技术应用力度。

内部审计 济源市人民政府办公室印发《关于进一步加强内部审计工作的意见》和《济源市内部审计工作暂行办法》，进一步推动内部审计工作的制度化和规范化。（撰稿人：李雁河）

2016 年河南省所辖区、县(市)级审计工作统计表

金额单位：万元

审计机关	完成审计项目（个）	审计查出主要问题金额	审计处理情况					出具审计报告和审计调查报告（篇）	提出审计建议（条）	提交审计信息（篇）
			审计处理处罚				移送处理事项（件）			
			应上缴财政	应减少财政拨款或补贴	应归还原渠道资金	应调账处理金额				
郑州市										
郑州市本级	180	3010920	10026	7306	7164	9685	9	85	1190	531
中原区审计局	85	4007							93	
二七区审计局	196	2505							48	
管城回族区审计局	106	44345							348	
金水区审计局	113	50582							256	
上街区审计局	44	2335	879						61	
惠济区审计局	93	13905								18
巩义市审计局	85	181011	21			144	5	109	85	57
荥阳市审计局	75	8400	18377				1		104	153
新密市审计局	95	77178	548		19		2	47	175	
新郑市审计局	126	11300	292				1	206	147	
登封市审计局	25	10407	396				7	33	78	2
中牟县审计局	134	4835	3406						68	
开封市										
开封市本级	32	152349	4377		1550	2375	16		31	1
龙亭区审计局	4	7013	1			1				
顺河回族区审计局	10	322	3					16	23	
鼓楼区审计局	17	5840	6						19	
禹王台区审计局	18	14541	5				2		28	39
祥符区审计局	49	5741	79							

（续表）

审计机关	完成审计项目（个）	审计查出主要问题金额	审计处理情况					出具审计报告和审计调查报告（篇）	提出审计建议（条）	提交审计信息（篇）
			审计处理处罚				移送处理事项（件）			
			应上缴财政	应减少财政拨款或补贴	应归还原渠道资金	应调账处理金额				
杞县审计局	62	21798	115		168				290	
通许县审计局	49	193986	1774	42	83386				100	
尉氏县审计局	51	15754	357		644	14335	2		76	39
兰考县审计局	36	268676	89			433	9	36	103	30
新区审计局	8	21970	16						23	
洛阳市										
洛阳市本级	42	2523725	69704	12	18426	71231	67	40	149	17
老城区审计局	19	2877	2859		15	2		19	31	6
西工区审计局	36	16204				12		36	1	
瀍河回族区审计局	66	90	4					65	8	
涧西区审计局	21	49834	129	35				21	31	21
吉利区审计局	24	3392						24	28	
洛龙区审计局	32	1205	3					32	37	
偃师市审计局	50	33030	1664		19453			49	80	21
孟津县审计局	160	46316	88					160	436	
新安县审计局	40	3203	26	1308		1		36	66	
栾川县审计局	42	286235	6624		46	279564		36	25	
嵩县审计局	100	71572	20	2291	53	53		100	80	3
汝阳县审计局	56	8559	62	1672	159	5255		53	138	1
宜阳县审计局	64	26917	28				2	64		19
洛宁县审计局	128	9560	45		50	1310		128	78	
伊川县审计局	74	106229	37	50		371	8	74	79	
高新区审计局										
平顶山市										
平顶山市本级	50	356234	60137	3511	4137	5409	20	55	108	65
新华区审计局	7	4742	3					16		6
卫东区审计局	15	38718						15	46	7
石龙区审计局	14	8793						14	62	36
湛河区审计局	40	14632	3		11344	229		40	26	20
舞钢市审计局	46	402075	20					71	105	16

（续表）

审计机关	完成审计项目（个）	审计查出主要问题金额	审计处理情况					出具审计报告和审计调查报告（篇）	提出审计建议（条）	提交审计信息（篇）
			审计处理处罚				移送处理事项（件）			
			应上缴财政	应减少财政拨款或补贴	应归还原渠道资金	应调账处理金额				
汝州市审计局	89	316365	2624		93	1817	42	105	354	5
宝丰县审计局	98	36274	21	4788	235	1255	3	197	275	18
叶县审计局	51	98733	42	5	4874	39		61	59	20
鲁山县审计局	15	150995	2			713		39	15	14
郏县审计局	46	20357	10411	757		4567	2	156	80	75
安阳市										
安阳市本级	51	92600	45100	328000	32300	12100	45	51	123	121
文峰区审计局	18	445	4					18	33	4
北关区审计局	15	21626	4000					16	37	
殷都区审计局	7	827	86					7	22	30
龙安区审计局	16	756	53			5		16	40	5
林州市审计局	114	7290	459	1728			20	114	155	62
安阳县审计局	51	22874	724				1	51	121	117
汤阴县审计局	63	94221	1752	1465	554	62427	1	63	182	60
滑县审计局	59	19112	16	274	1	2087	2	73	117	66
内黄县审计局	21	121148	23	40	261	27982	1	21	67	68
鹤壁市										
鹤壁市本级	22	518125	7695		646	1775	20	32	94	122
鹤山区审计局	3	28658						3	17	2
山城区审计局	10	3294						19	25	55
淇滨区审计局	12	5124						16	13	12
浚县审计局	7	139015	5		4		1	10	17	
淇县审计局	46	31958	23					58	60	12
新乡市										
新乡市本级	30	326391	11321		63874	36784	30	45	76	11
红旗区审计局	56	447						63	46	
卫滨区审计局	24	54567	10					25	62	
凤泉区审计局	67	7287	16		6063	448		76	108	
牧野区审计局	52	22716					1	50	43	
卫辉市审计局	43	14633	67					59	99	

（续表）

审计机关	完成审计项目（个）	审计查出主要问题金额	审计处理情况					出具审计报告和审计调查报告（篇）	提出审计建议（条）	提交审计信息（篇）
			审计处理处罚				移送处理事项（件）			
			应上缴财政	应减少财政拨款或补贴	应归还原渠道资金	应调账处理金额				
辉县市审计局	239	98048	146	15	6225	3825	12	236	340	
新乡县审计局	119	51733	67				1	130	66	
获嘉县审计局	81	8776	169					85	133	
原阳县审计局	92	6043	396	12	228	103	21	88	145	
延津县审计局	84	18478			1	48		84	77	
封丘县审计局	16	1413		68			5	16	39	
长垣县审计局	76	14950	789	1915	4326	2093	8	47	68	35
焦作市										
焦作市本级	57	1005722	9571		1579	75455	39	60	76	16
解放区审计局	29	7787	76					34	90	2
中站区审计局	20	56366	225	201	3	11790			60	
马村区审计局	14	8583	11					9	11	
山阳区审计局	11	1697	4			27		11	19	1
沁阳市审计局	51	381772	223		652	183	5	52	158	
孟州市审计局	29	101021	32					30	25	
修武县审计局	41	29610	286	90				41	92	
博爱县审计局	20	42508	75		20			12	10	
武陟县审计局	53	36970	100					58	146	9
温县审计局	26	32298	16		255		3	27	80	5
濮阳市										
濮阳市本级	59	1480037	20807		1642	1011	113	83	195	137
华龙区审计局	38	139480	1161				19	39	131	27
清丰县审计局	34	35646	60		18	4708	25	34	129	1
南乐县审计局	39	255090	2732		5575	17251	25	49	96	5
范县审计局	19	255246	19				9	19	58	
台前县审计局	45	112772	109				70	60	158	
濮阳县审计局	79	374348	147			1239	48	95	485	216
许昌市										
许昌市本级	39	78193	10961		2948	3299	3	39	142	18
魏都区审计局	33	11000	68	72	50	8810		33	104	22

（续表）

审计机关	完成审计项目（个）	审计查出主要问题金额	审计处理情况					出具审计报告和审计调查报告（篇）	提出审计建议（条）	提交审计信息（篇）
			审计处理处罚				移送处理事项（件）			
			应上缴财政	应减少财政拨款或补贴	应归还原渠道资金	应调账处理金额				
建安区审计局	53	23221	162					53	110	133
禹州市审计局	55	87309				5211		55	165	1
长葛市审计局	33	47462	52		15803	12168		33	92	13
鄢陵县审计局	37	91388	49					38	28	51
襄城县审计局	75	94782	63		96	2324		75	217	19
漯河市										
漯河市本级	68	43241	10386	2192	12030	773	13	119	60	131
源汇区审计局	17	7896			4136	53		17		2
郾城区审计局	19	15310	61	322	798	79		29	46	40
召陵区审计局	15	713	1		62	8		15	37	30
舞阳县审计局	12	5693	108	523	3	4330		20	43	9
临颍县审计局	26	845	13			115		27	36	65
三门峡市										
三门峡市本级	66	324144	975		138166	7788	26	81	81	18
湖滨区审计局	10	14150	12210	63	331	1507		8	30	2
陕州区审计局	21	92505	8		271			10	55	
义马市审计局	22	10126						9	48	3
灵宝市审计局	17	213448	384	355	7	141		16	49	1
渑池县审计局	17	26933	12	2				16	59	
卢氏县审计局	21	111875	2			20695		19	44	
南阳市										
南阳市本级	41	292572	62012		58660	104756	65	41	272	410
宛城区审计局	20	23493	912		102	8810		20	51	6
卧龙区审计局	36	20249	12956					36	97	38
邓州市审计局	34	25288	2054	331	101	745	11	28	85	51
南召县审计局	46	42800	310	610			2	21	83	26
方城县审计局	85	137804	173		135	2910	4	85	385	56
西峡县审计局	8	20860	15		1			8	22	8
镇平县审计局	41	221834	39761	40696	14851	124351	46	41	165	173
内乡县审计局	23	21447	2594	127	2734	4239	13	29	105	26

（续表）

审计机关	完成审计项目（个）	审计查出主要问题金额	审计处理情况					出具审计报告和审计调查报告（篇）	提出审计建议（条）	提交审计信息（篇）
			审计处理处罚				移送处理事项（件）			
			应上缴财政	应减少财政拨款或补贴	应归还原渠道资金	应调账处理金额				
淅川县审计局	33	358	62		12			33	78	11
社旗县审计局	22	16586	12706		1300	1691		22	96	23
唐河县审计局	10	88915	66		50	50	1	10		
新野县审计局	168	2100			1465	635	9	168	506	35
桐柏县审计局	59	8394	60	4082	4252		4	59	180	20
商丘市										
商丘市本级	40	2153299	9621		3668	4117	54	52	223	134
梁园区审计局	32	228300	63				2	32	117	23
睢阳区审计局	49	17335	72		1		7	49	155	47
永城市审计局	33	99157	110		234	7760	31	33	230	93
民权县审计局	29	32190	226		513	3960	22	29	156	15
睢县审计局	15	20218	92		17	484	13	15	61	89
宁陵县审计局	31	33051	7200		4454	7690		31	85	
柘城县审计局	33	11048	49			5263	105	33	141	121
虞城县审计局	4	22200		8057	2202	5910		28	64	7
夏邑县审计局	46	44446	138		15	7294	10	46	188	143
信阳市										
信阳市本级	33	558447	32391	6602	80951	47865	36	33	97	135
浉河区审计局	16	70863	9		19			16	42	78
平桥区审计局	39	23670	190		560			39	55	88
罗山县审计局	36	6675	1913		543	556	3	36	63	65
光山县审计局	8	8632	2	508	4383	3693		8	52	72
新县审计局	23	7858	172			158		23	42	83
商城县审计局	42	63833	11			170		42	66	54
固始县审计局	45	108447	6604		954	11600	6	77	432	17
潢川县审计局	26	9354	38				4	26	33	65
淮滨县审计局	10	12918	7344		338	3		10	42	78
息县审计局	12	81500	42					12	34	66
周口市										
周口市本级	41	1052681	5109	933	7256	5591	19	41	80	

（续表）

审计机关	完成审计项目（个）	审计查出主要问题金额	审计处理情况					出具审计报告和审计调查报告（篇）	提出审计建议（条）	提交审计信息（篇）
			审计处理处罚				移送处理事项（件）			
			应上缴财政	应减少财政拨款或补贴	应归还原渠道资金	应调账处理金额				
川汇区审计局	22	42020					1	22	60	
项城市审计局	37	18485	51		25		2	37	88	
扶沟县审计局	12	27759	34		602		3	22		
西华县审计局	31	583	17		12				54	
商水县审计局	18	2877	47		91				53	
沈丘县审计局	56	300898	16378			29099	1		26	
郸城县审计局	32	11909	14						68	
淮阳县审计局	61	134471	44					61	28	
太康县审计局	42	9309	64		32	195		42		
鹿邑县审计局	60	208247	2825		88	95371	5	60	308	38
驻马店市										
驻马店市本级	52	1638624	59548		77678	22221	15	52	19	108
驿城区审计局	51	50026	55					49	168	8
西平县审计局	90	399940	96					90	263	12
上蔡县审计局	123	15796	216				5	123	395	36
平舆县审计局	35	30299	1					29	103	
正阳县审计局	42	45964	58			1236	5	50	322	21
确山县审计局	44	441652	98		1	54		21	101	20
泌阳县审计局	67	3421	105					65	132	
汝南县审计局	37	91270	40					37	145	45
遂平县审计局	41	15178	52		214	71	4	43	174	22
新蔡县审计局	48	66676	64		144			48	210	9
开发区审计局	26	9188	4				3	26	80	22
省直辖										
济源市审计局	112	59700	3285	665	6290	1867	34	102	158	260

湖北省

【湖北省审计厅】 2016年，湖北省审计厅人员编制157人，实有154人。设有办公室、人事处、综合处、法规处、财政审计处、金融审计处、行政事业审计处、经贸审计处、农业与资源环保审计处、社会保障审计处、固定资产投资审计处、外资运用审计处、机关党委、离退休干部处、经济责任审计局（内设综合协调处、地方党政领导干部经济责任审计处、省直党政部门领导干部经济责任审计处、省属高校领导人员经济责任审计处、省属企业领导人员经济责任审计处），另设有派出发展计划及投资审计处、派出经贸审计一处、派出经贸审计二处、派出科教卫审计处、派出政法审计处、派出农林水审计处、派出经济执法审计处、派出新闻出版及文化审计处、派出综合审计一处、派出综合审计二处；下设计算机审计中心、机关后勤服务中心、审计科研所、企事业单位内部审计指导中心和审计干部培训中心。

领导成员

党组书记、厅长：张永祥

副 厅 长：周德刚　陈智斌　刘彩霞
　　　　　蔡　伟　焦跃华

总审计师：汤汉琴

省纪委驻厅纪检组组长：冯兴国

经济责任审计局局长：刘永庆

副巡视员：汤昌平（—4月）
　　　　　张文慧　高　军

审计成果 2016年，湖北省审计机关完成审计项目5863个，其中组织实施审计项目5828个，专项审计调查项目35个。查出主要问题金额3506.10亿元，其中违规金额394.13亿元、损失浪费金额7.68亿元、管理不规范金额3104.29亿元；损益（收支）不实金额223.48亿元；审计处理处罚金额783.29亿元，其中应上缴财政109.52亿元、应减少财政拨款或补贴32.79亿元、应归还原渠道资金236.83亿元、应调账处理金额348.00亿元；审计发现非金额计量问题217690个；审计促进整改落实有关问题金额585.02亿元，其中增收节支134.13亿元、已调账处理金额171.01亿元；审计促进拨付资金到位82.99亿元；审计后挽回（避免）损失38.64亿元。移送司法机关、纪检监察机关和有关部门处理事项334件，涉及703人、金额87.22亿元。出具审计报告和专项审计调查报告5863篇，被批示、采用294篇；提交审计信息7900篇，被批示、采用3419篇。提出审计建议13673条，被采纳11663条；推动完善规章制度852项。向社会公告审计结果162篇。

2016年，湖北省审计厅先后获得全国文明单位、全国法制宣传教育先进单位、省级文明单位、省直机关目标责任制考核优秀单位、省直机关党建工作先进单位、全省社会治安综合治理优胜单位、全省落实党风廉政建设责任制推进惩治和预防腐败体系建设检查考核优秀单位。湖北省审计厅实施的湖北省粮食局储备粮管理情况审计项目被审计署评为地方表彰审计项目。

国家重大政策措施贯彻落实跟踪审计 根据国务院、审计署和省政府的统一部署，组织对全省贯彻国家重大政策措施落实情况开展跟踪审计。采取独立立项审计与行业审计及“上审下”与“同级审”相结合的方式，抓住简政放权政策措施落实、社会投资重点建设项目、高标准农田、县级公立医院综合改革、市县保障性安居工程建设、市县相关金融政策落实、省经信委管理的中央、省级涉企专项资金管理使用、医保基金统筹管理及政策措施落实、中等职业技术学校国家资助资金管理使用情况等重点进行核查。审计发现，部分行政审批事项清理不到位、协会学会管理混乱、项目进展较缓慢、药品价格虚高、医保支付制度改革进展缓慢、保障性住房分配管理不够规范等突出问题。审计后，全省各级检察机关对315人进行追责；各级各部门先后清理部门审批职能、出台审批事项清单、清理和取消一批涉企收费项目；项目资金使用和建设进度明显加快，推动国家重大政策措施的贯彻落实。

财政审计 完成省本级，110个省直部门及所属486个二、三级预算单位2015年度预算编制和执行情况审计。审计结果表明，省本级预算执行总体情况较好，但审计发现省财政及相关职能部门在组织省级预算执行中仍存在部分专项资金跨部门整合不到位、部分专项资金分配用时较长以及部分财政资金未及时使用形成存量资金等问题。根据审计情况，省财政厅修订《省级项目支出预算管理办法》，下发《关于进一步完善财政资金分配使用审批规程的通知》，规范和简化资金审批流程，并将2015年及以前年度的省级项目结余资金61.25亿元全部收回总预算重新安排使用。采取“集中分析、重点核查”的数字化审计方法，对省直部门及所属二、三级预算单位开展部门预算全覆盖审计，为全覆盖审计由理论走向实践做出成功的示范。通过审计，首次全面掌握各部门预算执行的总体情况和趋势特点，并就预算编制不完整、不科学，执行不规范，改变项目资金用途，“三公”经费和会议费管理不严格等问题进行重点揭示和反映。查出部分单位存在预算编制与执行不规范、违反财经纪律等问题金额15.58亿元，截至9月底，共整改问题金额114.87亿元，占应整改问题金额的83.5%。

完成20个县（市）县级公立医院综合改革情况的审计调查，延伸审计155个单位。审计查出县级公立医院综合改革过程中存在的政府财政投入、建立取消药品加成补偿机制、深化医保支付方式改革、建立公立医院运行新机制等方面改革推进力度不大，改革措施落实不到位，以及医院违规收费、部分医院科室私设“账外账”、支出管理不严等资产财务管理混乱等违纪违规问题金额39.11亿元。向纪检和司法机关移送案件线索4件，涉案6人。组织对武汉铁路桥梁学校、湖北东风技师学院等50所中职学校2014年至2016年6月助学金等国家资助资金管理使用情况进行审计。审计发现多报虚报学生人数骗取套取国家资助资金，挤占、截留、挪用专项资金等违纪违规问题，以及学校违规收费损害学生利益，资金使用混乱等违反财经纪律等问题金额1.38亿元。开展省本级及全省151家公安局、128家法院和130家检察院截至2016年6月底债务及在建工程资金缺口情况的审计调查。审计调查核实，公检法债务总额15.18亿元，审减债务8.04亿元；在建工程项目建设资金缺口22.56亿元，审减1.22亿元。审计调查发现，产生债务和建设资金缺口的主要原因有部分建设项目超面积、超投资概算；项目建设周期长、建设费用逐年提高；上级下达的建设标准偏低，无法满足实际建设要求；省级财政配套资金落实不到位。组织开展湖北省2015年度药品集中招标采购政策执行情况专项审计调查，揭示集中采购中标挂网药品价格虚高加重患者药费负担等突出问题，剖析药品招标价格虚高的形成原因，提出改革药品招标采购制度设计和压降药品价格的对策建议。

经济责任审计 全省对1433名领导干部开展经济责任审计，其中省本级审计领导干部99人。通过审计，查出各类违纪违规问题金额611.00亿元，其中省本级查出374.00亿元。上报的审计情况被各级党委、政府及相关部门批示采用425份（次），建立完善规章制度693项。截至年底，审计查出问题已整改70%，共处理上缴财政13.72亿元，追回违规违约拨付使用借用资金24.3亿元，督促拨付财政资金30.73亿元，调账纠正等其他处理金额126.00亿元。向纪检、司法机关移送各类经济案件线索244件，涉及317人。

金融审计 组织对全省18个县（市、区）“稳促调惠防”相关金融政策落实情况进行审计调查。反映各地政府及其部门以及金融机构在相关金融政策落实中存在的问题，重点揭示小微企业融资难融资贵的现状及其原因。向纪检、司法机关移送线索5件，涉及金额449万元，涉案人员20人。组织完成领导干部借公款存放谋取私利专项检查工作，检查发现159家单位公款存放未经集体决策，将公款存放到领导干部亲属或特定关系人任职的银行；93家单位公款理财未经集体决策，高息贷款低息理财造成利差损失；95家单位公款私存为他人揽储，私设“小金库”谋取私利；192家单位资金出借程序不规范，借款长期挂账未收回，造成资金损失或潜在损失等问题，向省纪委移送线索56件，涉案人员62人。省委常委、纪委书记多次听取检查情况汇报，中纪委就检查结果进行专题调研。

农业与资源环保审计 组织对116个市州县2013年1月至2016年6月自然资源资产管理和生态环境保护情况进行全面审计，同时在鄂州市、神农架林区等7个地方进行深层次试点探索。通过审计，初步掌握全省主要自然资源资产实物量及生态环境质量状况，审计揭示各地自然资源资产管理和生态环境保护中存在违法占用土地林地、盗伐滥伐林木、违规排放污水、非法采沙、采矿、大气污染防治及其他环境保护工作还存在薄弱环节等突出问题。审计后，湖北省在生态环境保护制度建设方面进行较大突破，先后制定出台《湖北省贯彻〈党政领导干部生态环境损害责任追究办法（试行）〉实施细则》《湖北省自然资源和生态环境违法行为举报暂行办法》《湖北省党政领导干部保护自然资源和生态环境行为警示》《湖北省生态环境保护补偿机制实施意见》等意见和办法。完成全省 2011—2014 年度三峡库区宜昌市及所属的猇亭区、夷陵区、秭归县、兴山县，恩施州及所属的巴东县，荆州市及所属的荆州区、公安县、石首市、松滋市、监利县和咸宁市所属的崇阳县、赤壁市建设管理情况的审计，共审计项目 408 个，项目计划总投资 144.18 亿元，其中中央补助资金 47.38 亿元（实际到位 46.11 亿元）、地方配套资金 37.98 亿元，实际完成投资 77.58 亿元。审计发现部分项目进展缓慢、中央补助资金结存等问题，省审计厅及时督促省移民局等有关主管部门和相关地方采取有力措施加强整改，取得明显成效。对全省 2013 年至 2015 年高标准基本农田土地整理项目和低丘岗地改造项目建设的情况进行审计，在重点抽查的 12 个县（市、区）项目实施及资金管理使用情况审计中，发现部分地方项目建设进度缓慢、滞留资金和挤占挪用资金用来弥补单位经费等问题金额 310.86 万元。

固定资产投资审计 完成麻竹高速襄阳东段、黄鄂高速团风段、麻武穴高速、东湖通道（红庙立交—梅园）、东湖通道（梅园—喻家湖路）等 8 个项目和湖北省老干部活动中心、省老年人大学、省民主党派机关大院综合改造等建设项目的审计。审计总金额 202.90 亿元，查出招投标管理不规范、违规分包工程、挤占挪用建设资金、多计多结工程价款等违纪违规问题金额 12.29 亿元，向纪检监察部门移送涉嫌严重违纪和违法犯罪案件线索 19 件，涉及 52 人、金额 8595 万元。完成对湖北省肿瘤医院门诊综合楼、省 518 工程、省应急救援指挥中心、省安全生产技术支撑中心等 6 个政府投资项目的审计，发现项目主要存在基建程序执行不严、概算编制和执行不规范、招投标程序不合规、项目监管乏力、工程造价控制不严和财务管理薄弱等问题金额 6.69 亿元。向司法机关移送并处理涉嫌渎职犯罪的案件线索 1 件。完成湖北省支持新疆发展资金和项目跟踪、第七批援藏项目资金的审计，并按程序向社会公告审计结果。审计核实省安排援疆资金总额 3.19 亿元，援建项目 56 个，已全额拨付到位，资金管理使用总体规范。除发现少数项目存在基建程序不严格、工程管理不规范、项目推进缓慢资金闲置等问题外，未发现突出违纪违规的问题。联合西藏自治区山南市审计局完成第七批援藏项目资金的审计，发现部分项目执行中存在应缴未缴援藏项目结余、项目概算评审费管理不规范、未按规定进行政府采购、未按规定招投标、个别项目工程质量存在安全隐患等问题，涉及问题金额 1694 万元。完成省无线电管理委员会办公室建设的省无线电监测网扩容升级（一期）项目审计，发现该项目存在未经批准擅自改变建筑物主体结构、施工单位多计多报工程价款、违反合同约定提前支付跟踪审计费 4.54 万元的问题。

民生资金（项目）审计 开展全省 2015 年保障性安居工程及配套基础设施的计划、投资、建设、分配、运营和管理情况审计，延伸审计 657 个村 2368 户农村危房改造家庭及 533 个安居工程项目的建设管理情况。审计查出部分安居工程存在目标任务管理、工程政策落实、资金管理使用、住房保障分配、工程运营等方面的问题，涉及问题金额 11.40 亿元。共向纪检监察和司法机关移送案件线索 17 件，涉案 48 人，已处理 17 人。审计情况引起国务院、审计署、省委和省政府的高度重视，国务院对湖北省保障房存在的严重违纪违规问题进行问责，省委、省政府领导先后对审计专报做出重要批示。组织对全省 104 个市州县 2015 年至 2016 年上半年基本医疗保险（含城镇职工基本医疗保险、城镇居民基本医疗保险、新型农村合作医疗保险、城乡大病保险）政策制度落实和改革措施推进以及基金筹集管理使用情况进行审计。发现部分县市在医保政策制度执行和改革措施推进中医保基金收支管理以及医保经办管理等方面存在违纪违规问题，涉及问题金额 76.34 亿元。向纪检监察和司法机关移送案件线索 79 件，涉案 238 人，已受到处理 11 人。完成省扶贫基金会、省红十字会、省慈善总会和省妇女儿童发展基金会等 4 个单位 2015 年“扶贫日”活动捐赠资金管理使用情况审计。通过审计查出募捐资金结存、未及时拨付使用及财务手续不健全支出无票据等问题，涉及问题金额 1647.22 万元。完成 28 个县（市区）和 68 个插花片区县 2014 年至 2016 年 3 月扶贫资金管理使用情况的审计，发现部分地方存在虚报套取、挪用及超出政策规定范围使用财政专项扶贫资金 1.81 亿元等问题。针对发现的问题，依法依规进行处理，追回违纪违规扶贫资金 1.63 亿元。向纪检检察机关移送案件线索 30 件，追责问责 349 人。审计后，相关省、县、市根据审计提出的意见和建议，建立、修订和完善制度和办法 32 项。完成武汉、襄阳和荆门市漳河新区 2011 年至 2015 年财政安排的水污染防治相关专项资金的分配、拨付和使用情况的审计，审计摸清“十二五”期间 3 个市区水污染防治资金管理使用和项目实施完成情况，查出水污染防治资金结存未使用及闲置问题 1.42 亿元、30 个项目未及时开完工和建成后未正常运行以及在水环境污染方面存在的排污口未截污、农村面源污染、投肥养殖污染、船舶餐饮污染等问题。

外资运用审计 完成 11 个国外贷援款项目公证审计。审计项目投资总额 385.56 亿元人民币，截至 2015 年底，实际到位资金 270.42 亿元，其中国外贷援款 4.94 亿美元（折合人民 32 亿元），国内配套资金 238.42 亿元，已完成投资 284.72 亿元，占计划的 73.8%。审计发现，部分项目建设进展缓慢，仅完成计划投资的 31%；部分项目未经公开招标，直接与勘察设计、工程建设单位签订施工合同，涉及金额 2186 万元；部分项目违法转包分包，涉及金额 5.59 亿元；有的施工单位多计多报工程款和拆迁补偿资金 817 万元等问题。

企业审计 完成 2015 年华创会专项经费、鄂东长江公路大桥项目中央车购税资金结余、省煤炭投资开发公司重大逾期债权情况、武汉城市圈城际铁路运营损益情况审计和省经信委 2012 年至 2015 年涉企专项资金管理使用情况专项审计调查，审计调查涉及省经信委负责管理的中央和省级 17 个专项资金，共计 28.46 亿元，实地抽查 101 家企业及单位，涉及资金 4.56 亿元。在延伸审计调查部分地方政府相关部门时，发现部分企业及单位存在项目实际未实施或实施不到位、虚编项目申报资料，滞留、欠拨及挪用财政补助资金，主管部门审核把关、监管验收不到位，少数中小企业服务中心存在无依据收费等违规问题，涉及问题专项资金 6800 万元。对审计发现的问题，提出有针对性的意见和建议，相关部门和企业进行积极整改，并建立完善相关管理制度 5 项。武汉城市圈城际铁路运营损益情况审计核实武汉城市圈城际铁路 2015 年度运营净亏损 15.17 亿元，审增 1.03 亿元；摸清武汉城市圈城际铁路运营损益情况，揭露运营中存在的损益不实以及违纪违规等问题，涉及资金 15.93 亿元。

信息化建设 完成数据中心机房建设，启动全省审计计划项目管理和审计对象两个软件开发。举办三期计算机中级培训班，参加培训人员 150 人，截至年底，已有 518 人通过审计署计算机中级水平考试，获得审计署高级数据分析师证书 4 人。多项课题和技术获得审计署认可，探索的医保大数据审计经验在全国大数据审计研讨班做典型发言，受审计署委托开发的财政预算执行模拟实验室项目在南京审计大学师资班进行演示，3 篇信息化方面的研究论文入选审计署论文集。

审计科研 组织完成审计署 2014—2015 年度“审计报告改革研究”课题，中国审计学会的“领导干部自然资源资产离任审计研究”课题。组织完成湖北省审计厅的“构建统一管理体制下具有湖北特色的审计监督体系研究”和“领导干部自然资源资产离任审计运行机制研究”等两项课题。

内部审计 全省共有内部审计机构 4206 个，其中专职机构 2369 个；内部审计人员 11512 人，其中专职内部审计人员 5703 人。全年完成审计项目 45362 个，审计总金额 5360.12 亿元；增收节支 38.1 亿元；提出建议意见被采纳 35766 条；建议给予行政处分 749 人，实际给予行政处分 627 人；向司法机关移送案件 15 起 6 人。组织报名参加国际注册内部审计师资格考试 372 人，通过 81 人，通过率为 22%。举办全省内部审计人员审计理论及写作、内部审计高级研修班、继续教育培训班，参加培训人员 998 人。（撰稿人：吴建中）

【武汉市审计局】 2016 年，武汉市审计局人员编制 202 人，实有 185 人。局长王清华，副局长易晓、刘东喜、陈华林，总审计师吴方（11 月—），纪检组长王劲松（—8 月），副巡视员肖文军（—6月）。设有办公室、综合处、法制处、财政审计处、金融审计处、行政事业审计处、经贸审计处、农业与资源环保审计处、社会保障审计处、固定资产投资审计处、重点建设项目审计处、外资运用审计处、经济责任审计处、计算机审计处、政治处、机关党委，另设有派出发展计划及投资审计处、派出经贸审计处、派出科教卫审计处、派出开发区审计处、派出农林水审计处、派出经济执法审计处、派出综合审计处；下设政府投资项目审计中心和武汉市审计学会、武汉市内部审计师协会。

审计成果 2016年，武汉市区两级审计机关共完成审计项目532个。查出主要问题金额813.85亿元；审计处理处罚金额59.39亿元，其中应上缴财政12.32亿元、应减少财政拨款或补贴899万元、应归还原渠道资金11.62亿元、应调账处理金额35.36亿元。移送司法机关、纪检监察机关和有关部门处理事项108件，涉及59人、金额52.21亿元。出具审计报告和专项审计调查报告532篇，被批示、采用44篇；提交审计信息833篇，被批示、采用365篇。促进被审计单位建立健全规章制度59项。颁布实施《武汉市审计局行政强制自由裁量权程序执行标准》和《重大行政决策程序规定》2个规范性文件，修订出台《武汉市政府投资项目审计条例》。

武汉市审计局实施的武汉市7万亩蔬菜基地设施建设情况绩效审计项目获审计署优秀项目表彰和省审计厅优秀项目一等奖，东湖新技术开发区豹澥街办事处2014年度财政决算及其他财政收支审计获省审计厅优秀项目二等奖。

财政审计 开展社保基金预算管理审计调查，实现对财政“四本预算”全覆盖审计。依托大数据技术对95家一级预算单位和相关二级预算单位进行审计，实现对部门预算执行审计的完全覆盖。加强对市本级、区级、街乡镇财政运行审计，实现三级财政管理审计，促进财政全口径预决算管理和财政资金使用绩效。

经济责任审计 根据组织部门委托审计领导干部30人，重点加强对政策制度执行、工程建设、公共资源交易、国有资产转让处置、廉洁自律等方面的审计监督，加大审计跟踪问效力度，9名领导干部（含地厅级干部1名）受到问责。按照武汉市委组织部要求，对千余名拟任领导干部和“两代表一委员”候选人的审计情况出具回复意见，防止带病提拔、任用。

民生和资源环保审计 重点实施城市水环境保护、保障性安居工程、中心城区中小学配建工程等项目审计，探索开展自然资源资产离任审计试点，对土地出让、耕地保护等进行专项审计。水环境保护绩效审计与已完成的城市污水、垃圾处理、空气质量改善等项目审计，形成“固体、液体、气体”资源环境专题，系统评价该领域的经济、社会和环境效益，促进问题整改、制度完善和效益提高。

固定资产投资审计 对二七长江大桥、轨道交通4号线和8号线等项目进行审计，审计概算投资总额突破1000亿元，审减工程建设成本27.43亿元。14人受到党纪政纪处理，26名专家被暂停评标资格。深化拓展政府投资项目“三位一体”审计模式，配合武汉市人大修订《武汉市政府投资项目审计条例》，制定《市级政府投资项目审计全覆盖“十三五”专项规划》。

企业审计 重点对10家国有企业的财务收支、重大经营决策、内部控制制度、廉政纪律等情况开展审计监督，揭示部分国企在决策制度和程序、股权转让、对外投资等方面存在的问题，2名局级干部被武汉市纪委立案调查，2名相关人员因涉嫌滥用职权被司法机关逮捕。

专项资金审计 重点审计市级战略性新兴产业引导基金、市文化企业信贷风险池基金，监督检查其政策执行、资金使用、项目实施等情况，推动有关部门制定完善《武汉市市级财政专项资金管理办法》等制度办法。

信息化建设 探索大数据审计技术方法，构建行业审计平台，开发31个部门预算数据库分析模型，完善地税全模块化和财政联网、公积金联网审计模式，建立经济责任审计综合管理系统，大幅提高审计效率。（撰稿人：安　昌）

【黄石市审计局】 2016年，黄石市审计局人员编制55人，实有45人。局长王雨银，副局长吴有祥、夏明省、徐锦坤、翁世成、张才大，总审计师毛鹏程（—12月），经济责任审计局局长戚军，政府投资审计局局长刘合雄，调研员曹敏。设有办公室、政工科（机关党委办公室）、综合科、财政金融审计科、行政事业审计科、经贸审计科、农业与资源环保审计科、社会保障审计科、外资运用审计科、法制科（督办执行室）、信息化审计科、黄石市经济责任审计局；下设黄石市政府投资审计局、黄石市经济技术开发区审计分局。

审计成果 2016年，黄石市区两级审计机关完成审计项目521个，其中组织实施审计项目503个，参与实施审计项目18个。查出主要问题金额73.37亿元，其中违规金额4.79亿元、管理不规范金额68.58亿元；损益（收支）不实金额11.66亿元；审计处理处罚金额31.68亿元，其中应上缴财政4.75亿元、应减少财政拨款或补贴2.07亿元、应归还原渠道资金4900万元、应调账处理金额24.37亿元；审计发现非金额计量问题523个；审计促进整改落实有关问题金额1.38亿元，其中增收节支1.29亿元、已调账处理金额821万元；审计后挽回（避免）损失6.17亿元。移送司法机关、纪检监察机关和有关部门处理事项32件，涉及22人，金额3817万元。出具审计报告和专项审计调查报告506篇，被批示、采用42篇；提交审计信息599篇，被批示、采用345篇。提出审计建议574条，被采纳562条；推动完善规章制度7项。

2016年，黄石市审计局获得省级卫生先进单位等11项表彰；组织开展的黄石市地方储备粮管理、红安县退耕还林资金审计项目获得省审计厅优秀项目表彰。

国家重大政策措施贯彻落实跟踪审计 组织全市稳增长等政策措施落实情况跟踪审计，揭露行政简政放权、行政事业性收费、学会协会管理和重点项目落地等方面存在的问题。并对政策措施落实中的不作为、慢作为、乱作为等典型问题的责任人员进行督办问责。

财政审计 利用大数据分析方法，对73个市本级部门单位实行预算执行审计监督全覆盖，揭示17个方面的问题，查出违纪违规和管理不规范金额2.07亿元。促进市本级25家预算单位完善管理制度28项。

经济责任审计 对64名领导干部开展经济责任审计，查出违纪违规和管理不规范金额4.27亿元。全市运用经济责任审计成果问责115人。

金融审计 组织对大冶市开展金融政策落实情况的专项审计调查，走访、座谈调查334家中小微企业，查出违纪违规问题金额2.37亿元。

农业与资源环保审计 组织对蕲春县、远安县、长阳县开展扶贫资金审计。在蕲春县扶贫资金审计中，查出各类违纪违规问题金额5894万元，移送案件线索1件。清查不符合贫困条件3663户14387人，追回被虚报冒领扶贫搬迁资金23.25万元。

固定资产投资审计 修改完善《政府投资审计办法》，对政府投资审计实行分级分层管理，加大政府重大投资项目跟踪审计力度，印发《黄石市重大政府投资项目跟踪审计工作方案》。共审计投资额45.13亿元，审减投资额8.02亿元。

民生资金（项目）审计 组织对保障性安居工程、大冶市和阳新县医疗保险基金、城镇居民医疗保险和新型农村合作医疗基金等18项民生资金和项目进行审计，着力查处侵害群众利益问题。完成武汉市利用亚洲开发银行贷款城市环境改善建设交叉审计项目，得到湖北省审计厅充分肯定。

企业审计 对黄石市工矿集团资产负债损益进行审计调查，审计发现黄石市工矿集团存货盘亏3013万元、产权转让款1205万元长期未收回、违规发放企业负责人奖金补助134万元、白条送礼119万元以及虚开增值税发票140万元等严重违纪违规问题。

专项资金审计 组织对黄石市市本级2012—2015年度科技专项资金进行审计调查，重点抽查24家项目承担单位的105个项目，涉及科技经费1931万元。审计专报被黄石市政府主要领导批示，并被黄石市纪委作为问政依据和背景资料，在黄石电视台电视问政节目中向全市直播。

信息化建设 运用大数据分析方法，对黄石市市本级部门单位实行预算执行审计监督全覆盖；上传财政预算执行等5个行业的6个数据库，进一步提升审计信息化水平。

相关工作 组织开展“学党章党规、学系列讲话，做合格党员”学习教育，定期以党支部为单位，组织开展“党员三日十”活动。通过“四对照四查摆”，深入剖析党员个人存在的问题，明确整改措施，建立整改“销号”制度，全面改进审计党员队伍作风。

内部审计　健全内部审计组织管理体系，建立黄石市内部审计协会和两个县的内部审计协会。黄石市内部审计协会团体会员单位发展到68家，个人会员数有500多人。组织举办内部审计培训班3期120余人。（撰稿人：陈　健）

【十堰市审计局】　2016年，十堰市审计局人员编制112人，实有104人。局长陈勇，副局长金华、祁国凯、陆高明、叶大余，总审计师李坚，纪检组长何仁权（—10月），经济责任审计局局长王祖秀，固定资产投资审计局局长李爱龙，工会主席张利山。设有办公室、综合科、人事教育科、法规科、老干科、监察室、财政审计科、金融审计科、外资审计科、农业与资源环保审计科、行政事业审计科、经贸审计科，另设有派出综合审计办事处、文卫审计办事处、农林水审计办事处、经济执法审计办事处、政法审计办事处、科教审计办事处；下设经济责任审计局、固定资产投资审计局、社会保障审计局、白浪经济开发区分局、计算机中心和内部审计指导中心。

审计成果　2016年，十堰市县两级审计机关完成审计项目431个，其中组织实施审计项目401个，参与实施审计项目30个。查出主要问题金额56.92亿元，其中违规金额32.87亿元、损失浪费金额266万元、管理不规范金额24.03亿元；损益（收支）不实金额6.8亿元；审计处理处罚金额19.56亿元，其中应上缴财政3.46亿元、应减少财政拨款或补贴2.52亿元、应归还原渠道资金2.01亿元、应调账处理金额11.5亿元；审计发现非金额计量问题601个；审计促进整改落实有关问题金额38.4亿元，其中增收节支6.74亿元、已调账处理金额26.22亿元；审计促进拨付资金到位1.36亿元；审计后挽回（避免）损失2.51亿元。移送司法机关、纪检监察机关和有关部门处理事项115件。出具审计报告和专项审计调查报告431篇，被批示、采用78篇；提交审计信息629篇，被批示、采用297篇。提出审计建议922条。向社会公告审计结果137篇。

2016年，十堰市县两级审计机关先后获得全国法治宣传教育先进单位等市以上荣誉26项。十堰市审计局在2016年度全省审计工作目标量化考核中位列市州第一名。

国家重大政策措施贯彻落实跟踪审计　对全市“稳促调惠防”政策措施落实情况进行跟踪审计，完成南漳县、竹溪县“稳促调惠防”政策落实情况的审计和专项审计调查。

财政审计　完成市本级财政、市卫计委等市直60家单位预算执行与财务收支情况审计及市建材、纺织、轻工等6个行业促进中心的改革资产移交审计，查出预算编制不科学、“三公”经费超预算、预算执行率低、专项资金效益不高等问题。代市政府做的《2015年度市本级预算执行和其他财政收支的审计工作报告》在市人大常委会上获高票通过。

经济责任审计　完成市水利局等13个市直部门（单位）主要领导的经济责任审计及云梦县、宜城市两地党政主要负责人经济责任审计，查出设置“账外账”、虚假事项核销等问题。领导干部经济责任审计追责问责做法在全省纪检监察系统大会上作经验交流。首次运用审计成果对近三年接受过审计的132名“两代表一委员”候选人进行综合评价。

农业与资源环保审计　开展市本级及9县市区领导干部自然资源资产离任审计试点，实地深入各地76个部门、78个乡镇（场、区）、175个村组和21家企业，对617处土地林地、环保设施等进行实地勘验，查出一批污染环境、无证开采等典型问题。

固定资产投资审计　开展各类投资审计项目175个，涉及资金104.92亿元，为政府投资项目审减工程价款和征迁补偿款3.40亿元。移送案件线索2件。建立政府投资审计的中介机构库和专家库；创新的土石方“双核审计法”得到副市长批示肯定。

民生资金（项目）审计　组织开展9县市区医保基金、全市保障性安居工程、4县农机补贴，国际贷款农发项目等4项民生资金审计。抽调131人次组成9个审计组对襄阳、阳新、通山的扶贫资金，大冶公立医院改革，随州医保资金，襄阳、孝感中职中专国家资助专项资金等13个项目进行审计。全市保障性安居工程、扶贫资金和医保基金等审计结果得到市委、市政府主要领导批示，肯定审计成效，要求严肃整改追责。

信息化建设 搭建社保和公积金联网审计平台，扎实推进行业数据库建设。采集到370个一级和二级预算单位的电子数据，数据量达到1200G，覆盖绝大部分被审计对象的财务软件和业务数据库。探索应用云计算、数据挖掘、智能分析等新兴技术，加大业务数据与财务数据、单位数据与行业数据以及跨行业、跨领域数据的多方位比对分析。

内部审计 全市内部审计协会有会员单位70个，内部审计从业人员245人，完成审计项目980个，审计总金额18.04亿元，提出并被单位领导采纳的审计建议50条。（撰稿人：卢智炎）

【宜昌市审计局】 2016年，宜昌市审计局人员编制77人，实有74人。局长李鹏宇，副局长方正国、李德信、潘兴华、金勇、冯正宏（10月—），总审计师张宜平，纪检组长刘玉清（—7月），市经济责任审计局局长宋银教。设有办公室、人事科（机关党委办公室与其合署办公）、综合审理科、审计执行督查科、社会保障审计科、农业与资源环保审计科、财政审计科、行政事业审计科、金融外资运用审计科、经贸审计科、固定资产投资审计科（加挂市政府投资审计局）；下设宜昌市经济责任审计局，内设办公室、一科、二科、三科。

审计成果 2016年，宜昌市审计局完成审计项目135个。查出主要问题金额96.28亿元，其中违规金额18.28亿元、损失浪费金额500万元、管理不规范金额77.95亿元；审计处理处罚金额19.53亿元，其中应上缴财政3.28亿元、应归还原渠道资金296万元、应缴纳其他资金14.83亿元、应调账处理金额1.39亿元。向各级纪检、监察和司法机关移送违纪违规问题线索15件，涉案48人，涉及资金4433万元。

国家重大政策措施贯彻落实跟踪审计 完成沙洋县“稳促调惠防”政策执行跟踪审计，对223项行政审批和190项行政事业性收费事项进行审查，对26.04亿元重点建设项目实施情况进行延伸调查，提出审计建议11条，促进简政放权、重点项目落地等相关政策落实。

财政审计 对市财政局、市国土局等16家单位开展预算执行审计，延伸113家单位，查出问题金额88.75亿元。向市政府报送审计专报4篇，移送案件线索4件，审计结果报告和审计工作报告得到市政府和市人大常委会的充分肯定。对近3年行政事业审计、政府投资审计查出的普遍性、倾向性问题，市领导先后3次组织市直相关部门召开专题会议，由审计部门通报情况，督促各部门单位对照排查权力运行风险，查缺补漏规范管理。

经济责任审计 对14名领导干部进行经济责任审计，查出问题金额1.90亿元，其中应负领导责任金额1.86亿元、应负直接责任金额271万元、应负主管责任金额199万元；配合市纪委问责125人，其中党纪政纪处理80人，通报批评、诫勉谈话等方式处理45人。组织对神农架林区以及市本级和8个县市区实施自然资源资产离任审计试点。运用地理信息系统软件和大数据分析比对等手段查出问题180多个。在省级以上党政媒体刊载经验文章20篇，向党委、政府报送审计要情9篇，提出审计建议近30条。

固定资产投资审计 完成政府投资审计项目74个，审核工程投资额7.22亿元，审减工程投资额6900万元，审减率9.56%，审计查出主要问题金额1.18亿元。其中，跟踪审计现场提出审计建议254条，建设单位采纳整改188条。

民生资金（项目）审计 完成扶贫资金、保障房、医保、公立医院改革等各类民生资金审计14项，审计专项资金总额24.59亿元，查出主要问题金额1.71亿元。移送经济案件线索11件，涉案金额3100余万元，涉案人员50人。

信息化建设 运用大数据技术推动审计监督全覆盖，完成市财政、地税、社保、公积金中心、残联、发改委、农业等单位的业务数据收集整理，行业数据库建设稳步推进。完成全市296家单位2015年369套财务数据采集转换，将所有使用财政资金的单位纳入监督范围。利用市级平台开展跨行业、跨系统、跨部门的大数据综合比对和关联分析，为审计组快速锁定问题线索提供数据支撑。向省审计厅提交5篇计算机审计关联比对分析案例并进行交流。（撰稿人：沈　阳）

【襄阳市审计局】 2016年，襄阳市审计局行政编制54人，实有48人；工勤人员4人，实有4

人。局长尚显强（—12月）、张珍(12月—)，副局长孙全华（—9月）、柏松俊（9月—）、胡国志、王洪波、旺庆（4月—），总审计师潘武森。设有办公室、综合科、法规和执行科、审理科、信息化建设科、财政金融审计科、行政事业审计科、经贸审计科、农业和资源环保审计科、社会保障审计科、外资运用审计科、人事监察科；下设襄阳市经济责任审计局和襄阳市政府投资审计局。

审计成果 2016年，襄阳市县两级审计机关完成审计项目436个（不含政府投资审计项目)。查出主要问题金额280.55亿元；审计处理处罚金额33.43亿元，其中应上缴财政6900万元、应减少财政拨款或补贴7500万元、应归还原渠道资金12.14亿元、应调账处理金额19.85亿元。移送司法机关、纪检监察机关和有关部门处理事项207件。出具审计报告和专项审计调查报告371篇；提交审计信息1661篇。提出审计建议816条。

2016年，襄阳市审计局获得省级文明单位、全省档案工作目标管理省特级先进单位等荣誉称号。

国家重大政策措施贯彻落实跟踪审计 开展松滋市稳增长促改革调结构惠民生防风险政策措施落实情况跟踪审计和宜城市相关金融政策审计调查，查出行政审批政策不到位及乱收费等相关政策落实不到位问题，移交案件线索2件。完成市本级及全市稳增长促改革调结构惠民生防风险政策措施落实情况跟踪审计及汇总工作。

财政审计 开展市本级财政（预算执行）审计，查出预算变更调整事项较多、超收部分未按规定使用、未按规定全部公开预算编制事项、未按要求报告财政绩效情况、预算编制不够完整、收入未及时解缴入库、应纳入结余资金管理的款项挂非税收入待解户、部分预算单位未纳入国库集中支付管理8个方面的问题。襄阳市审计局开展市直19个部门及其所属29个二、三级单位预算执行情况全覆盖审计，查出预算编制不精细、部分单位支出超预算、部分单位未严格落实“收支两条线”管理制度、少数单位扩大开支范围或虚列收支、财务核算与管理仍然薄弱等方面的问题。开展南漳县、保康县2015年财政预决算及财政收支管理情况审计，查出财政决算草案编制、预算编制与执行、财政资金管理、财政政策执行及管理4个方面的问题。

经济责任审计 襄阳市审计局完成市本级领导干部经济责任审计项目25个，市本级问责27人，其中党内警告和严重警告11人、诫勉谈话10人、移送司法1人。开展随州市长经济责任审计，开展宜昌市夷陵区、恩施州恩施市、十堰市茅箭区党政领导干部经济责任审计和自然资源资产离任审计试点。开展襄阳市本级自然资源资产离任审计试点，查出涉及土地资源、森林资源、水资源、大气污染防治及其他环境保护等方面的问题。

农业与资源环保审计 开展恩施州来凤县、鹤峰县，武汉市本级及新洲区、江夏区、蔡甸区、黄陂区和随州市曾都区、高新技术产业园区、大洪山风景名胜区、广水市、随县的扶贫专项资金审计，查出滞留、虚报、骗取扶贫专项资金等各类违法违纪问题金额2.06亿元。开展襄阳市区2011年至2015年安排、拨付和使用财政安排的水污染防治资金情况审计，查出资金闲置未用、项目未按期完工、城镇污水处理等方面的问题。

固定资产投资审计 完成政府投资审计项目768个，报审金额137.17亿元，审减金额23.36亿元，审减率17.03%。审计后，加强和规范政府投资项目征收补偿预算，加强和规范政府投资项目标底控制价的监督，加大政府购买中介服务力度。

民生资金（项目）审计 完成市本级2015年度保障性安居工程审计和全市安居工程审计情况的汇总上报工作。开展孝感市本级医疗保险基金审计，查出保障水平不到位、未应保尽保、医药价格不规范、基金筹集不到位、医保基金支出使用及经办管理不到位等问题金额1.38亿元。开展全市住房公积金联网、基本养老保险基金联网、基本医疗保险基金联网等审计任务。

外资运用审计 开展亚洲开发银行贷款黄石市水污染综合治理2015年度财务收支及项目执行情况审计，查出违反国家法规或贷款协定、内部控制、项目管理等方面的问题。开展引丹工程局法国开发署贷款项目结算造价审计，查出配套资金不到位、法国开发署贷款小水电打捆项目向内部职工借款等问题，对6个项目审减额合计1332万元，审减率2.29%。

专项资金审计 开展潜江市2012年至2015年县级公立医院综合改革情况审计调查和潜江市中心医院2015年度收费政策和财务管理情况审计，发现潜江市医改过程中，在医院管理体制改革、补偿机制、医药采购、人事编制、收入分配、医保支付制度、分级诊疗等方面的问题，潜江市中心医院在收费政策执行、财务管理、内部控制和药品、医用耗材以及设备采购等方面存在问题，涉及违规金额8436万元。开展随州技师学院、随州机电工程学校以及随州市曾都应用技术学校助学金等国家资助资金审计，查出在国家资助政策执行、收费政策执行、财务收支及管理、学校办学及学籍管理等问题金额2267万元。

信息化建设 在全省率先完成社保基金联网审计系统（养老保险和医疗保险两个险种）的部署工作。采集70多个一级预算单位和200多个二级预算单位的400多套财务电子数据，以及全市所有预算单位近3年的国库集中支付数据、指标管理数据、非税收入等数据。派出7人参加审计署计算机中级培训，通过考试5人。

（撰稿人：马 波）

【鄂州市审计局】 2016年，鄂州市审计局人员编制54人，实有50人。局长肖运香，副局长何贤江（—4月）、李志鹏、周锦文、范金双（9月—），总审计师许志勤，纪检组长范金双（—9月），经济责任审计局局长周锦文，政府投资审计局局长黄永忠，调研员李向平。设有办公室、监察室、综合信息科、法规科、财政金融审计科、行政事业审计科、农业与资源环保审计科、经贸审计科、社会保障审计科；下设经济责任审计局、政府投资审计局和派出审计一科、二科、三科、四科。

审计成果 2016年，鄂州市审计局共完成审计72个（不包括511个政府投资审计项目）。查出各类问题金额38.24亿元；促进问题整改落实24.72亿元，其中促进上缴财政和减少财政拨款（补贴）9300万元、归还原渠道资金8.47亿元、调账处理14.78亿元；政府投资审计直接促进节减项目建设投资4.76亿元。

2016年，鄂州市审计局先后获得全国文明单位、全省最佳文明单位、档案工作目标管理省特级先进单位、全市目标责任制考核先进单位、全市社会管理综合治理优胜单位、市直机关党建工作先进单位、全市计划生育目标管理考核先进单位、鄂州市首批法治创建先进单位等荣誉表彰。

财政审计 完成对市本级税收政策执行和20个部门单位预算执行等情况的审计，实施对市直公立医院、普通高中和公检法系统债务以及市经信委涉企专项资金管理使用情况的审计调查。市政府直接领衔督导审计查出问题的整改工作，问题整改落实率总体达93.6%。

经济责任审计 对市直17个部门单位（乡镇）的25名领导干部实施经济责任审计，查出其任期内所在单位违纪违规和管理不规范问题金额6.35亿元。根据审计结果情况，向市纪委、市监察局提出对13家被审计单位16名领导干部进行严肃问责的建议，其中责令做出书面检查16人、诫勉谈话7人。

自然资源资产离任审计试点 鄂州市全面实施自然资源资产离任审计试点，在梁子湖区进行深层次领导干部自然资源资产离任审计试点。省委办公厅在《湖北今日重要信息》和《工作简报》上分别刊发鄂州市试点工作经验信息；省审计厅和审计署分别派出调研组，总结鄂州经验；市审计局会同省审计厅撰写的鄂州市自然资源资产离任审计试点调研报告《绿色发展是实现换道超越的必由之路》，得到时任省委书记李鸿忠的充分肯定，省委《调查与研究》也进行全文刊发；审计试点有力促进鄂州生态环境保护和绿色发展。制定出台《鄂州市领导干部保护生态环境和自然资源警示手册》《鄂州市损害自然资源违法行为举报奖励暂行办法》和《拆除湖库围栏围网养殖工作方案和饮水水源保护意见》。

固定资产投资审计 完成政府投资审计（调查）项目511个，审计资金总额36.49亿元，为政府节省投资4.76亿元。其中，预算审计项目314个，送审金额17.98亿元，审减预算投资总额1.23亿元；决（结）算审计项目151个，送审金额12.91亿元，审减结算资金3.09亿元；专项审计调查项目4个，审计调查金额3.14亿元，审减投资30万元；征收补偿项目42个，审核补偿征收资金2.46亿元，核减补偿金额4400万元。

专项资金审计 完成团风县、房县、武穴市、通城县和潜江市等地稳增长促改革调结构惠民生防风险政策落实情况跟踪审计、扶贫资金审计、城镇保障性安居工程跟踪审计等27个，移送违纪违规问题案件线索32件。 （撰稿人：周红兵）

【荆门市审计局】 2016年，荆门市审计局人员编制67人，实有70人（含2名工勤人员）。党组书记谢继先，局长陈芝凤，副局长刘海泉、张汉城、刘洪斌，总审计师周军，纪检组长吴玉金（—6月），工会主席吴波粼，调研员肖正兰、李亚林、祝军、吴玉金（6月—），副调研员马忠玲（10月—）。设有办公室、综合科、法规审理科、人事科、财政审计科、行政事业审计科、社保审计科、金融外资审计科、经贸审计科、农业与资源环保审计科；下设市经济责任审计局、市政府投资审计局、市计算机审计中心。

审计成果 2016年，荆门市审计局完成审计项目228个，其中组织实施审计项目173个，参与实施审计项目55个。查出主要问题金额199.93亿元，其中违规金额9.65亿元、损失浪费金额556万元、管理不规范金额190.23亿元；损益（收支）不实金额31.17亿元；审计处理处罚金额13.84亿元，其中应上缴财政7.55亿元、应减少财政拨款或补贴1.83亿元、应归还原渠道资金6614万元、应调账处理金额3.51亿元；审计发现非金额计量问题507个；审计促进整改落实有关问题金额4.37亿元，其中增收节支3.35亿元、已调账处理金额9559万元；审计后挽回（避免）损失1.83亿元。移送司法机关、纪检监察机关和有关部门处理事项33件，涉及48人，金额1.91亿元。出具审计报告和专项审计调查报告173篇，被批示、采用16篇；提交审计信息68篇，被批示、采用43篇。提出审计建议359条，被采纳342条；推动完善规章制度16项。

2016年，荆门市审计局获得湖北省委宣传部表彰，被评为全省法治宣传教育先进普法办荣誉称号。荆门市政府投资审计局党支部被湖北省委表彰为全省先进基层党组织。荆门市畜牧局原局长任期经济责任审计项目获得审计署优秀审计项目表彰。

国家重大政策措施贯彻落实跟踪审计 对巴东县、市本级及京山县2015年至2016年第一季度“稳促调惠防”政策措施落实情况进行审计，其中实施的京山县“稳促调惠防”金融政策落实审计调查项目获湖北省审计厅表彰。

财政审计 首次运用大数据审计方式，使部门预算执行审计面从上年审计11个部门扩展到71个部门。通过比对财政指标系统与国库支付系统数据，发现3个年度69个单位预算执行率低于50%，审计促进相关部门加快预算执行进度，提高财政资金使用效益。预算单位特色账户审计促进财政部门规范管理，撤销账户67个，清理归并资金3.60亿元。

经济责任审计 市纪委依据经济责任审计结果及问责建议，对5名领导干部给予党纪政纪处分，其中县级干部4人。在漳河新区自然资源资产离任审计试点中突出水资源保护这一重点，运用地理信息等新技术手段，审计层次深，效果好，得到审计署和省审计厅的肯定。

固定资产投资审计 完成象山大道及三条高速公路出入口沿线综合整治等14个重点项目跟踪审计；对荆门市消防应急指挥中心、荆门市第一人民医院南院一期工程等70个已完工项目进行结算审计，审减投资9800万元；对海慧沟拆违控违、东西外环新增建设用地等80个项目开展征迁资金审计，审减1.11亿元。

民生资金（项目）审计 保障性安居工程审计查出骗取农村危房改造资金补助、违规改变保障房用途等问题。移送案件线索4件，已受到党纪政纪处分4人。开展对黄冈市所属8个县（市、区）扶贫资金使用审计，查出扶贫资金使用不精准、虚报套取扶贫资金、扶贫工程建设管理不严等问题。向纪检司法部门移送案件线索3件，被问责51人。

企业审计 荆门市综合房地产开发公司审计项目移送案件线索2件，提交的审计专报《国企改制存在四大突出问题应予规范》被市委书记、市长批示，要求迅速整改，其债权债务专项清理情况被荆门市政府采纳并作为下半年国企改制参照范例。荆门市城市建设投资公司资产和债务清理审计移送案件线索2件，党内警告处分1人。

专项资金审计 完成漳河新区移民资金管理、荆门市殡葬管理所收费等5个专项审计调查项目，查出挪用、套取等问题金额近8000万元；完成世界银行贷款汉江流域水污染防治沙洋城市垃圾处理项目跟踪审计项目。

交办任务 先后完成市康复医院医疗服务收支情况、市公交集团财务收支等31项交办审计任务。受荆门市人大的委托，对荆门市财政局、荆门市公安局等4个被评议部门开展财政收支审计，为人大评议提供重要依据。

信息化建设 加快建设“一个中心、一大网络、四大系统”，建成审计数据中心，从不同系统、不同渠道收集各类数据，按行业、单位、年度以目录方式储存；建成一个网络，实现省、市、县三级审计机关和财税、人社、公积金管理等部门互联互通；完善审计管理、现场实施、财税联网分析、社保联网分析四个系统。

党建工作 荆门市审计局承办由湖北省审计厅主办的道德讲堂，聚焦模范人物肖正兰，通过学模范、谈感悟、做承诺、作点评等环节全方位展示肖正兰忠诚审计、敢于担当、无私奉献的“三好”形象。推行党风廉政建设“两个责任”清单管理，建立起横向到边纵向到底的责任体系，打造出紧密相连环环相扣的责任链条。对6类35项88个廉政风险点进行重新排查，编印《荆门市审计局审计廉政风险防控指南》。

（撰稿人：贺婷婷）

【孝感市审计局】 2016年，孝感市审计局人员编制59人，实有59人。局长阳明军（—11月）、金正谋（12月—），副局长田卫民、梁和平、陈鸿杰（—12月）、褚艺红（1月—）、杨辉（11月—），总审计师陈国庆（4月—），纪检组长李保权（—2）、杨辉（4月—），市经济责任审计局局长彭斌，副调研员朱耀琴（7月—）、杨爱国、黄惠芬。设有党群工作（人事）科、综合科、法制与审理科、财政审计科、金融外资审计科、行政事业审计科、农业与资源环保审计科、社会保障（挂经贸审计科牌子）审计科；下设孝感市经济责任审计局综合科、审计一科、审计二科、审计三科，孝感市政府投资审计局。

审计成果 2016年，孝感市县两级审计机关完成审计项目721个，其中组织实施审计项目711个，参与实施审计项目10个。查出主要问题金额100.57亿元，其中违规金额23.23亿元、管理不规范金额77.33亿元；审计处理处罚金额71.18亿元，其中挽回或避免损失10.45亿元。移送司法机关、纪检监察机关和有关部门处理事项9件。出具审计报告和专项审计调查报告721篇；提交审计信息461篇，被批示、采用174篇。提出审计建议2496条。向社会公告审计结果19篇。

2016年，孝感市审计局先后获得湖北省“六五”普法先进单位、湖北省卫生先进单位、2015年度全省审计工作量化考核优胜单位、2015年度市直目标考核优胜单位、孝感市党建工作先进单位、孝感市2015年度党风廉政建设先进单位等22项荣誉。

国家重大政策措施贯彻落实跟踪审计 组织并完成市本级和荆州石首市政府及相关部门“稳促调惠防”政策措施落实情况审计。审计查出市本级未按规定取消行政审批事项11项，违规收费55万元；高标准基本农田建设项目有28个项目未按计划时间完成等问题，通过审计有效保障政令畅通。

财政审计 组织并完成2015年度市本级财政预算执行和财政决算草案审计，以及37个市直部门预算执行审计。查出预算编制不够细化、盘活资金存量不足、政府基金预算分配和管理衔接不够、违规列支个人支出等问题金额13.89亿元。针对审计发现问题，提出加强财政财务管理的意见和建议；通过审计整改，有效地促进财政资金使用绩效。

经济责任审计 共对12名市管领导干部开展经济责任审计，同时按照《孝感市离任党政领导干部“三责联交”实施办法》的规定，组织并参与多个部门（单位）离任领导干部的经济责任交接。针对审计查出的问题，对相关负有直接责任、分管责任和领导责任的人员提出问责追责建议。

农业与资源环保审计 完成对市本级、十堰市郧阳区和郧西县、咸宁市咸安区和崇阳县扶贫资金审计，以及市本级和6个县市区的自然资源资产离任审计试点，审计查出扶贫资金整合不到位、贫困人口精准识别不细致、扶贫资金拨付和管理不严格等问题。

固定资产投资审计 组织并完成市政府交办的政府投资建设项目前期费用、招标控制价、工程竣工决（结）算审计176项，审计预算及投资总额27.65亿元，审计核实金额23.71亿元，审减额3.94亿元。通过审计，为政府节约大量的建设资金，促进提高政府投资管理水平和资金使用效益。

民生资金（项目）审计 完成对市本级及孝南、孝昌两区县2015年度城镇保障性安居工程跟踪审计，以及市本级城镇职工居民及新型农村合作医疗大病保险专项资金审计。查出安居工程建设任务和政策落实不到位、资金管理和使用存在漏洞、住房分配和后续管理不严格、商保公司大病医疗理赔不规范等问题，通过审计督促整改，有效地维护人民群众利益。

内部审计 孝感市有专兼职内部审计机构470个，配备专兼职内部审计人员1391人，其中专职机构241个，专职人员520人。完成内部审计项目3226个，审计总金额3.80亿元，促进增收节支1.50亿元。提出的审计建议意见被采纳4200余条。（撰稿人：罗登科）

【荆州市审计局】 2016年，荆州市审计局人员编制82人，实有72人。党组书记、局长胡祥英，副局长李翠峰（10月—）、黄发斌（11月—）、吴方俊，总审计师汤从华（—1月）、杨光忠（10月—），纪检组长周祖兵（—6月），工会主席王诗银，党组成员周祖兵。设有办公室、人事科、综合科、法规科、机关党委、财政金融审计科、行政事业审计科、经贸审计科、农业与资源环保审计科、社会保障审计科、固定资产投资审计科、外资运用审计科、计算机审计科、派出一科、派出二科、派出三科、派出四科、派出五科；下设市经济责任和市政府投资审计局。

审计成果 2016年，荆州市审计机关完成审计项目329个。查出主要问题金额281.9亿元，其中违规金额2.00亿元、管理不规范金额279.39亿元；损益（收支）不实金额12.02亿元；审计处理处罚金额7.85亿元，其中应上缴财政0.66亿元、应减少财政拨款或补贴0.11亿元、应归还原渠道资金2.1亿元、应调账处理金额2.43亿元；审计发现非金额计量问题509个；审计促进整改落实有关问题金额4.94亿元，其中增收节支1.41亿元、已调账处理金额1.39亿元；审计促进拨付资金到位0.55亿元；审计后挽回（避免）损失2.57亿元。移送司法机关、纪检监察机关和有关部门处理事项138件。审计信息宣传稿件被省级及以上媒体批示采用797篇（次）。22篇（次）研究论文被省级以上中文核心期刊采用，在《荆州日报》开办12期“聚焦审计”专栏，解读审计政策、宣传审计动态、反映审计成果、展示审计风采。

2016年，荆州市审计局获得全市绩效考核优秀单位、全市社会治安综合治理目标管理优胜单位、全市“三八”红旗先进集体、先进市直驻村扶贫工作队、全市信访工作目标责任制先进单位、2015年度全省审计工作量化考核优秀等次、全省审计调研成果一等奖、公立医院综合改革审计项目量化考核全省第一名等20项集体荣誉。

国家重大政策措施贯彻落实跟踪审计 全市审计机关在2016年稳增长政策措施跟踪审计中，揭示和反映政策执行中的违纪违法违规行为，争取各级党政部门、纪检监察部门的协调、配合，加大对审计发现问题的整改力度，有力推进政策落实。

财政审计 以财政审计大格局为统领，密切关注财政政策贯彻落实、财政存量资金盘活、专项资金统筹整合等情况，推行预算执行审计向预算编制和财政资金绩效延伸，促进加强预算管理，提高预算编制的科学性，维护预算的严肃性。审计工作报告得到市、县人大常委会高度评价并全票或高票表决通过。

经济责任审计 对156名领导干部进行经济责任审计，其中市本级16人，向纪检监察和司法部门移送案件线索16件，问责追责干部33人。在自然资源资产离任审计试点中，统筹利用各方面的专项装备、专业人才、专业科技手段和专业数据信息等资源，整合优势、形成合力，以新的“技审”工作方法推动审计监督有效实施，确保审计结果专业、准确、权威。审计反映情况及建议引起政府及相关部门高度重视，采取措施推动边审边改取得实效。

金融审计 对洪湖市金融政策落实情况进行专项审计调查。调查对象涉及洪湖市人民政府相关部门、金融监管机构及当地银行、担保公司、政府融资平台，以“点面结合”的方式抽样，调查走访300家中小微企业，有力助推进国家金融政策落实。

固定资产投资审计 对347个政府投资建设项目开展结算或竣工决算审计，送审金额48.96亿元，为政府审减节约投资4.57亿元，审减率达9.34%。

民生资金（项目）审计 完成宣恩、咸丰、荆门等地的扶贫资金专项审计，竹山县公立医院综合改革审计调查，移送案件线索9件。对8个县市区的医保基金实施审计，向市检察院、市纪委、市公安局移送违法违纪案件线索10件。

外资运用审计 完成世界银行贷款汉江流域水污染防治洪湖垃圾处理场外资审计项目，参与审计署对国家发改委和华夏银行审计项目2个，履行"对外公证""对内监督"的审计职责，推进外资的利用，为地方政府节约项目投资成本。

交办任务 紧扣党委、政府高度关注的事项和关心的问题，完成信访件调查66件、历史遗留问题审计调查39件；完成改革、发展、民生事项调查103件，完成工程竣工财务决算审计、项目结算审计复核等200多件。各地审计机关派员参与省委巡视组巡视、投资项目审计跟踪、纪委查案办案等工作，取得明显成效。

信息化建设 全年完成对市、县1000多家预算单位的数据归集，基本实现对所有预算单位的全覆盖；建成涵盖公积金、社保、医保、财政、地税、房管、医院等重点行业、重点系统、重点被审计单位的审计电子数据库39个；8个县（市、区）审计机关与当地财政部门联网，实现对财政国库收入、非税收入以及财政资金支出等情况的实时监督；加强数据对比分析，形成审计疑点数据记录13000多条；上报省审计厅财政、地税、社保、医保等系统计算机审计案例51例；22项创新经验获省审计厅认可，《贫困人口建档立卡真实性审查方法》《公立医院大型医疗设备绩效审计方法》等15例行业审计技术方法在全省推广。

相关工作 以深化"两学一做"学习教育活动为契机，加大审计队伍教育培训力度，先后举办全市审计系统集中培训，参训2400余人次。全市开展优秀审计项目评比检查、"最美审计人"和"业务领军人物"评选活动，激励全体审计人员爱岗敬业、钻研业务。各地审计机关结合中心工作精心组织各项主题活动，开展党建、文明创建活动。

内部审计 组织3批123名内部审计人员参加省内部审计协会组织举办的培训活动；组织推荐4篇内部审计论文获省2016年内部审计理论研讨论文一等奖1个、二等奖1个、三等奖2个，并获得湖北省内部审计理论研讨组织奖。

（撰稿人：龚倩芸）

【黄冈市审计局】 2016年，黄冈市审计局人员编制54人，实有48人。局长叶俊甫，副局长吴长林（—9月）、董瑞成（7月—）、郭教育、张立平、缪丞，总审计师雷友华，纪检组长舒迎进（—6月），经济责任审计局局长周少勤。设有财政审计科、金融审计科、行政事业审计科、社会保障审计科、固定资产投资审计科、农业与资源环保审计科、经贸审计科、外资审计科、办公室、政工科、综合法规科；下设市经济责任审计局。

审计成果 2016年，黄冈市县两级审计机关完成审计项目472个。查出主要问题金额140.45亿元，其中违规金额33.03亿元、管理不规范金额107.42亿元；损益（收支）不实金额4.93亿元；审计处理处罚金额39.92亿元，其中应上缴财政3.64亿元、应减少财政拨款或补贴2.95亿元、应归还原渠道资金19.42亿元、应调账处理金额13.27亿元；审计发现非金额计量问题402个；审计促进整改落实有关问题金额12.74亿元，其中增收节支9.15亿元、已调账处理金额1.67亿元；审计促进拨付资金到位7.56亿元；审计后挽回（避免）损失3.43亿元。移送司法机关、纪检监察机关和有关部门处理事项57件，涉及74人，金额4.3亿元。出具审计报告和专项审计调查报告472篇，被批示、采用45篇；提交审计信息737篇，被批示、采用277篇。提出审计建议1450条，被采纳1379条。向社会公告审计结果13篇。

2016年，黄冈市审计局获得省审计厅量化考核优秀等次、市政府目标责任考核优秀等次。实施的宜城市2013年至2014年种粮补贴资金审计、黄冈市2012年至2014年地方储备粮管理情况审计项目分别获得省审计厅优秀审计项目一等奖和二等奖。

国家重大政策措施贯彻落实跟踪审计 组织对全市稳增长等政策措施落实情况进行跟踪审计，派出审计组对黄石市稳增长等政策措施落实情况进行审计，对黄梅县金融政策执行情况进行审计调查，促进政令畅通。

财政审计 组织对213个财税部门和行政事业单位预算执行、财务收支情况进行审计，查出主要问题金额112.51亿元。

经济责任审计 组织开展160名领导干部经济责任审计，查出违规、管理不规范和损失浪费问题金额13.99亿元。组织实施鄂州市、龙感湖国家级自然保护区的自然资源资产试点审计，组织开展市本级和黄州、团风、浠水、罗田、英山、蕲春、黄梅7个县区的自然资源资产离任审计试点。

固定资产投资审计 组织对540个政府投资建设项目进行竣工决算或拦标价审计，共计核减投资额5891万元，其中市审计局完成49个政府投资审计项目，核减投资额1184万元。

专项资金审计 组织开展全市保障性安居工程项目审计，鄂州市本级和全市11个县（市、区）医保基金审计，派出审计组实施建始、巴东及黄石、鄂州扶贫资金审计，武汉市3所中职学校国家资助资金审计。

交办任务 实施完成280件上级机关交办和有关部门委托审计事项，查出主要问题金额4.08亿元。

“两学一做”学习教育 深入组织开展“两学一做”学习教育，将“两学一做”与精准扶贫、“三万”（万名干部进万村惠万民）活动、抗洪救灾、队伍建设有机结合，推动各项工作更好开展。黄冈市审计局在“三万”活动考核中位列政府部门第一名，被市委、市政府表彰为2016年度全市驻村帮扶工作先进集体。（撰稿人：付后裕）

【咸宁市审计局】 2016年，咸宁市审计局人员编制73人，实有60人。局长陈礼高，副局长张旺宝（—7月）、王三国、熊振兴、付冬、廖志军（7月—），总审计师李真丽，经济责任审计局局长陈卫军，政府投资审计局局长潘和，党组成员李德春，副调研员江红（9月—）。设有办公室、人事科、综合科、法规科、纪检监察室、计算机中心、机关党委、老干部科、工会、财政审计科、金融外资审计科、行政事业审计科、社会保障审计科、经贸审计科、农业与资源环保审计科、固定资产投资审计科；下设经济责任审计局、政府投资审计局。

审计成果 2016年，咸宁市审计机关完成审计项目301个，其中组织实施审计项目231个，参与实施审计项目70个。查出主要问题金额55.62亿元，其中违规金额12.36亿元、管理不规范金额43.26亿元；损益（收支）不实金额4500万元；审计处理处罚金额35.79亿元，其中应上缴财政1.48亿元、应减少财政拨款或补贴333万元、应归还原渠道资金4.51亿元、应调账处理金额29.33亿元；审计发现非金额计量问题239个；审计促进整改落实有关问题金额34.10亿元，其中增收节支4.52亿元、已调账处理金额29.20亿元；审计促进拨付资金到位61万元；审计后挽回（避免）损失2.33亿元。移送司法机关、纪检监察机关和有关部门处理事项72件，涉及206人，金额1.14亿元。出具审计报告和专项审计调查报告225篇；提交审计信息1070篇，被批示、采用218篇。提出审计建议493条，被采纳297条；推动完善规章制度13项。

2016年，咸宁金融教学案例被审计署评为优秀案例在全国推广。咸宁市审计局获得湖北省级文明单位、全省审计工作量化考核优秀等次等荣誉称号。

国家重大政策措施贯彻落实跟踪审计 组织对恩施州和市本级“稳促调惠防”政策措施落实情况及“稳促调惠防”中相关金融政策贯彻落实情况进行跟踪审计。查出部分工程管理不够规范，少数地方未按规定及时清理取消或承接行政审批事项、违规收费等政策落实不力、中小微企业融资难等问题，促进政令畅通及金融政策的落实。在对赤壁市“稳促调惠防”相关金融政策落实情况进行审计调查中发现政府融资平台违规举债、政府性担保公司执行政策不到位、小微企业融资难度仍然较大、金融机构对小微企业贷款相对不足、信贷政策落实不到位等方面的问题。

财政审计 运用信息化手段，进行大数据分析，通过财政系统数据与各部门核算数据进行关联比对分析，采取就地审计和延伸调查核实相结合的方式，重点对市财政局、市交通局等 10 个市直部门进行审计，结合数据分析疑点对 170 多家市直预算单位进行延伸调查核实，掌握市本级及市直财政预算执行总体情况，揭示 16 个方面的问题，有针对性地提出健全财政管理的意见和建议。

经济责任审计 完成市物价局等 12 个单位主要负责人，鄂州市、随县党政领导，鄂州市检察院检察长，麻城市党政领导经济责任审计及授权 6 个县（市区）审计局对 12 个乡镇的党政领导的经济责任审计。查出各类违纪违规问题金额 2.87 亿元。对 101 名领导干部及相关工作人员进行问责，其中立案调查 22 人。

自然资源资产离任审计试点 组织对市本级及咸安、嘉鱼、通山领导干部自然资源资产离任审计试点，探索水污染防治、矿产资源开发利用等审计方式方法，摸清底数，揭示问题。审计发现有 72 家单位违规占用土地 314.45 公顷；26 家单位违规闲置土地 138.96 公顷；75 人和 44 家单位违规占用林地 57.47 公顷；还存在滥伐林木、部分村民违规在江河、湖泊养殖、围栏围网气污染防治的主要约束性指标未全面完成等问题。

固定资产投资审计 咸宁市审计局共完成政府投资审计项目 190 个，其中完成计划审计项目 126 个，交办事项 64 个，送审金额 23.26 亿元，审减金额 2.51 亿元，审减率达 10.79%。向纪检、司法机关移送案件线索 4 件，涉案 3 人，涉案金额 1163 万元。

民生资金（项目）审计 组织对孝昌、大悟等 9 个行政区域扶贫资金，大冶、阳新中等职业学校国家资助专项资金，咸宁市本级和 6 个县（市、区）保障性安居工程，神农架林区及市本级和 6 个县（市、区）医疗保险基金，1 个县级公立医院综合改革，赤壁、崇阳三峡后续工作规划实施，以及援疆资金等情况进行审计，及时查处侵害群众利益和发生在群众身边的违纪违法问题，有效维护广大人民群众的切身利益。其中，孝昌县县级公立医院综合改革存在药品和耗材“二次议价”收入未真正让利于患者、违规收费、自行网下采购药品、医院医改后仍举债建设和购买设备等方面的问题，涉及违纪违规问题金额 2.32 亿元。

交办任务 完成省市相关部门及单位临时交办和安排的工作，共计 45 项，其中完成省里交办的工作 10 项，咸宁市委、市政府交办的工作 35 项。着重对咸宁市城市发展集团公司、咸宁市高新投集团和咸嘉新城管委会及附属公司资产负债损益情况进行审计调查。

信息化建设 完成财政、税收、社保、公积金及政府投资审计五大行业数据更新。在原有数据的基础上，采集 2015 年财政预算编审、财政指标管理、国库集中支付、总预算会计账、财政决算报表、非税收入数据以及 172 家市直预算单位财务核算数据。全市选送审计干部参加计算机、会计、投资、信息等各类培训班 62 人次，31 人取得审计署计算机中级证书。

相关工作 深入进行“两学一做”学习教育，开展主题党日＋精准扶贫、做“四讲四有”合格党员等活动。落实全面从严治党和党风廉政建设主体责任，完善责任体系；组织学习《准则》《条例》等党内法规，加强警示教育，严格执行审计“八不准”工作纪律。（撰稿人：金显威）

【随州市审计局】 2016 年，随州市审计局人员编制 37 人，实有 42 人。局长黄安一，副局长廖朝宏、敖殷、梁随朝（—1 月）、齐新月，总审计师刘大江，经济责任审计局长敖宏伟，政府投资审计局长沈勇，副处级调研员黄旭洪、曾琼枝、郭芸。设有办公室、综合科、政工人事科、法规科、财政外资审计科、投资审计科、社会保障资金审计科、行政事业审计科、金融经贸审计科、农业资源环保审计科、计算机电子数据审计科；下设市政府投资审计局、市经济责任审计局。

审计成果 2016 年，随州市审计局完成审计项目 162 个，其中组织实施审计项目 139 个，参与实施审计项目 23 个。查出主要问题金额 19.29 亿元，其中违规金额 1.01 亿元、损失浪费金额 6500 万元、管理不规范金额 17.63 亿元；损益（收支）不实金额 118 万元；审计处理处罚金额 16.78 亿元，其中应上缴财政 1.71 亿元、应减少财政拨款或补贴 2256 万元、应归还原渠道资金 4.24 亿元、应调账处理金额 9.83 亿元；审计发现非金额计量问题 52 个；审计促进整改落实有关问题金额 11.17 亿元，其中增收节支 9100 万元、已调账处理金额 9600 万元；审计促进拨付资金到位2万元；审计后挽回（避免）损失7600万元。移送司法机关、纪检监察机关和有关部门处理事项8件，涉及8人、金额5700万元。出具审计报告和专项审计调查报告139篇，被批示、采用17篇；提交审计信息231篇，被批示、采用129篇。提出审计建议213条，被采纳204条；推动完善规章制度39项。向社会公告审计结果13篇。

2016年，随州市审计局被评为全市综合目标考核优胜单位、党风廉政建设合格单位、档案工作目标管理省特级、扶贫工作考核突出单位，社会综合治理工作先进单位和文明单位等。

财政审计 首次探索实施市直58个部门预算执行审计全覆盖工作，并对其中20个部门及部分所属单位相关年度的财政财务收支情况进行审计。审计表明，各单位财经管理工作逐步规范和强化，“三公”经费和会议费支出总额同比继续下降。审计查出的主要问题资金总额同比下降30%。

经济责任审计 对随州市16个单位主要领导干部开展经济责任审计，揭露各部门和单位存在的预算控制管理不严格、挤占挪用专项资金、违规收费和摊派、少缴漏缴各类财政资金、内部控制及财务管理不规范等8个方面的突出问题金额近2亿元，界定负有领导责任的问题金额1.80亿余元，提出审计建议91条，被采纳82条。完成襄州区书记、区长经济责任审计和领导干部自然资源资产离任审计试点，随州市本级及广水市2013年1月至2016年6月主要自然资源资产管理和生态环境保护情况审计任务。

固定资产投资审计 完成中国武汉国际博览会“随州展园”、规划展览馆、鹿鹤大道等122个政府投资建设项目造价审计，送审总造价13.56亿元，审减1.16亿元，平均审减率为8.55%。完成东护城河治理房屋征收评估、清河丽景公租房回购成本、东裕彩印包装厂资产评估、蒋家岗水泥厂资产评估等13个项目审计任务，核实成本造价，为政府节约补偿和回购资金1440余万元。

民生资金（项目）审计 开展随州市城镇保障性安居工程跟踪审计、精准扶贫资金和项目审计、基本医疗保险基金和医疗救助资金审计，揭示各地保障房分配管理存在漏洞、工程建设管理不到位、建档立卡贫困人口系统管理不规范、民生专项资金使用效益不高等各类问题10余项，涉及问题金额3亿余元。审计结果得到各级各地领导的高度重视，多次进行批示和整改督办，有力促进和保障民生，维护群众切身利益。

企业审计 对东风汽车公司董事长进行经济责任审计，开展东风汽车公司提能增效审计；完成随州市公共交通有限责任公司2013—2015年度成品油价格补助专项资金审计。完成湖北同星农业有限公司资产负债清理认定，对同星农业重组后的资产负债情况进行调查核实，为政府化债维稳工作提供决策依据。

交办任务 配合市纪委开展财务报销违规问题专项治理、惠民政策落实情况监督检查和防止领导干部公款存放谋取私利专项检查工作，配合人社部门开展违规发放津补贴或福利问题专项整治工作。

信息化建设 建设完成移动云办公系统。实现大数据审计方式方法的新突破，在数据采集、比对分析、成果运用等方面取得显著成效。在联网审计数据分析系统中建立基础查询模型、预算批复、预算收支、预算结余、国库资金管理、总预算会计管理、关联模型7类72个模型。

（撰稿人：任德平）

【恩施土家族苗族自治州审计局】 2016年，恩施土家族苗族自治州审计局人员编制40人，工勤编制1人，实有40人。党组书记、局长李伟（—9月），党组书记彭元洪（12月—），副局长李东平、徐青安、杨清利（—3月）、魏长甲（—9月），纪检组长高升德（—7月），经济责任审计局局长魏长甲（—9月，兼）、杨岸军（7月—），副调研员向东红，正县级干部高升德（7月—）。设有办公室、综合与法规科、行政事业审计科、社会保障审计科、农业与资源环保审计科、经贸审计科、财政金融审计科、固定资产投资与外资审计科、国家建设项目审计科、计算机信息与服务科；下设有经济责任审计局、恩施土家族苗族自治州政府投资审计局、恩施土家族苗族自治州计算机审计中心。

审计成果 2016年，恩施土家族苗族自治州（以下简称恩施州）两级审计机关完成审计项目521个，其中组织实施审计项目509个，参与实施审计项目12个。查出主要问题金额158.87亿元，其中违规金额 12.01 亿元、损失浪费金额 394 万元、管理不规范金额 146.83 亿元；损益（收支）不实金额 1.54 亿元；审计处理处罚金额 68.62 亿元，其中应上缴财政 17.15 亿元、应减少财政拨款或补贴 946 万元、应归还原渠道资金 37.98 亿元、应调账处理金额 9.31 亿元；审计发现非金额计量问题 279 个；审计促进整改落实有关问题金额 21.42 亿元，其中增收节支 1.11 亿元、已调账处理金额 62 万元；审计促进拨付资金到位 140 万元；审计后挽回（避免）损失 3 万元。移送司法机关、纪检监察机关和有关部门处理事项 56 件，涉及 46 人、金额 5.27 亿元。出具审计报告和专项审计调查报告 509 篇，被批示、采用 17 篇；提交审计信息 467 篇，被批示、采用 293 篇。提出审计建议 223 条，被采纳 98 条。向社会公告审计结果 15 篇。

2016 年，恩施州审计局先后被表彰为先进基层党组织、目标责任制考核先进单位、党风廉政建设先进单位、2013—2014 年度文明系统等。荆州市本级 2014 年度医疗保险基金审计项目获得省审计厅优秀项目表彰。

国家重大政策措施贯彻落实跟踪审计 组织完成对襄阳市第一季度“稳促调惠防”情况跟踪审计、恩施州本级“稳促调惠防”情况跟踪审计，对利川市“稳促调惠防”中相关金融政策贯彻落实情况开展审计调查。

财政审计 组织完成州本级预算执行和州财政局预算执行及其他财务收支审计、州本级税收执行情况审计。查出无预算或超预算拨款、虚增和虚减预算收支、政府采购管理不规范、“三公”经费等问题金额 52.6 亿元。

经济责任审计 组织完成对州民宗委、食药监局、恩施日报社、州中心医院、州公共资源交易中心等单位主要负责人经济责任审计以及全州 5 个县市自然资源资产离任审计试点。查出主要问题金额 1.02 亿元，其中违规金额 99 万元、管理不规范金额 1.01 亿元。

固定资产投资审计 组织对州经济开发区西区规划 6 号路（虎民路南段）、州行政服务中心建设、州中心医院新区一期等项目开展跟踪审计。完成政府投资审计项目 30 个，送审金额 4.05 亿元，核减投资额 5700 万元。

民生资金（项目）审计 组织完成罗田县、英山县扶贫资金审计、插花地区精准扶贫审计，完成州本级和其他 4 个县市城镇保障性安居工程跟踪审计、基本医疗保险基金和医疗救助资金审计，共审计单位 8 个，延伸审计单位 109 个，查出主要问题金额 3.73 亿元。

专项资金审计 组织完成高校和中职院校国家资助专项资金审计、对恩施州 8 个县市城投公司资产负债损益情况进行审计，查出未按规定征收缴纳收入、违规改变项目计划和资金用途、资金滞留闲置、虚报冒领等问题，涉及违规金额 1.33 亿元。

信息化建设 为各县市审计机关解决财政联网采集系统的模板维护，就财政联网工作流程、工作机制进行规范。为审计组实施数字化审计提供技术支撑，先后为审计组进行总预算会计、非税数据、财务数据、业务数据等系统数据的远程采集转换，转换账套 97 套。拟订《恩施州大数据审计一体化平台总体建设方案》，报省审计厅审批。

内部审计 全州设有内部审计机构 139 个，内部审计人员 307 人，完成审计项目 2706 个，审计总金额 54.99 亿元，增收节支 5500 万元。提出建议意见被采纳 1671 条。（撰稿人：何美娜）

【仙桃市审计局】 2016 年，仙桃市审计局人员编制 44 人，实有 43 人。局长丁俊林，副局长彭国黎、张文杰、杨新华、杨成红、邓飞，总审计师邓飞（兼），工会主席李红艳。设有办公室、综合科、法规审理科、计算机中心、财政审计科、金融外资审计科、行政事业审计科、经贸和社会保障审计科、农业与资源环保审计科、经济责任审计科、固定资产投资审计科；下设经济责任审计局、投资审计中心。

审计成果 2016 年，仙桃市审计局完成审计项目 32 个，其中组织实施审计项目 22 个，参与实施审计项目 10 个。查出主要问题金额 11.78 亿元，其中违规金额 2600 万元、管理不规范金额 11.51 亿元；审计处理处罚金额 9.36 亿元，其中应归还原渠道资金 7.34 亿元、应调账处理金额 719 万元、应缴纳其他资金 1.95 亿元；审计发现非计量问题 28 个；审计促进整改落实有关问题金额9.36亿元，其中增收节支7.34亿元、已调账处理金额719万元、已缴纳其他资金1.95亿元；审计促进资金拨付到位734万元；审计后挽回（避免）损失51万元。移送司法机关、纪检监察机关和有关部门处理事项10件，涉及12人、金额7223万元。出具审计报告和专项审计调查报告32篇；提交审计信息12篇，被批示、采用21篇。提出审计建议53条，被采纳42条。向社会公告审计结果2篇。

2016年，仙桃市审计局获得省审计厅表彰，被评为2015年度全省审计工作量化考核优秀等次单位、2015年度全省审计信息宣传工作优秀等次单位、2016年度审计宣传通联工作先进单位。随州市曾都区2014年度医疗保险基金审计项目获得2015年度全省优秀审计项目三等奖。获得仙桃市委、市政府表彰，被评为市直单位综合考核优秀单位、2015年度落实党风廉政建设责任制优秀单位、2015年度党建工作优秀单位、2015年度全市社会管理综合治理工作优秀单位、2015年度宣传思想文化工作考核优秀单位。

国家重大政策措施贯彻落实跟踪审计 把加强对宏观调控政策执行情况的审计监督，促进仙桃经济平稳较快发展作为2016年审计工作的重要任务，跟踪关注政策措施的落实情况，及时发现和纠正有令不行、有禁不止行为，保证政令畅通。通过审计，指出少数单位在简政放权和大型项目建设中存在的违规收费、资金拨付不及时、项目建设进展缓慢等问题，督促相关部门迅速进行整改，促进政策作用有效发挥。

财政审计 以全部政府性资金审计为载体，充分运用财政联网审计平台，关注财政资金使用绩效。通过审计查出市级预算执行中应收未收土地出让金、欠拨财政专项资金、违规出借财政资金、公务卡结算制度执行不力、政府性债务持续增长、部分单位违规集资、违规发放奖金补助、“三公”经费超预算等问题。市人大常委会对市审计局代表市政府做的审计工作报告予以高度评价，市审计局在市人大常委会专题会议中被评议为最满意单位。

经济责任审计 完成经济责任审计项目10个，查出各类违纪违规问题金额1.27亿元；开展领导干部自然资源资产离任审计试点项目2个，指出部分镇办水资源保护不到位、生活污水随意排放等问题。根据经济责任审计情况，共对9名相关责任人进行诫勉谈话，对13家单位整改情况进行后续跟踪监督，推进完善制度17个。

农业与资源环保审计 开展保康、兴山和秭归县扶贫资金审计，查出将非贫困人口纳入建档立卡申报贫困户、扶贫资金使用不精准、虚报项目支出套取扶贫资金等问题，提出要切实加强精准扶贫年度资金整合、制定统筹使用财政资金管理具体办法、加强项目申报与规划衔接配套等审计建议。

固定资产投资审计 围绕仙桃市委、市政府“四城同创”“开发建设南城新区”等发展战略安排审计项目。通过建设项目竣工决算审计、项目建设全程跟踪审计等方式，进一步推进政府重点投资项目审计覆盖面。完成政府投资审计项目93个，审计投资总金额9.47亿元，审减金额1.95亿元，审减率达20.65%，有效确保政府资金安全、规范、效益。

民生资金（项目）审计 对城镇保障性安居工程、医疗保险基金和医疗救助资金、新农合基金等进行审计，查出农村危房改造资金发放不及时、违规分配保障性住房、医保政策落实不到位、重复参保参合、重复报销医疗费用等问题。向仙桃市委、市政府主要领导报送7篇审计情况专报，使一些带普遍、倾向性的问题得到及时的纠正和处理，确保政府的惠民政策落到实处。

信息化建设 归集行业数据，对每年审计项目中关联比对性较强的社保、住房公积金、地税的业务数据进行批量分析处理，形成2012年至2015年社保、住房公积金、地税、财政四大行业数据库及第三方基础数据。部署专网专线专机接入，建立小型数据中心，数据总量达60G，为数据审计奠定良好的基础。开展计算机审计，总结形成《数据分析在医院收费政策执行审计中的应用》《公共财政支出预算审计案例—坐支非税收入》等计算机审计经验。（撰稿人：昌　盛）

【潜江市审计局】 2016年，潜江市审计局人员编制77人，实有63人。局长、党组书记陈庆忠，党组副书记张绪新，副局长周进、李先祥、袁振平（10月—），工会主任雷春林，党组成员徐江红。设有办公室、综合科、计算机审计科、人事教育科、财政金融审计科、经济责任审计分局（行政事业审计科）、审计一分局（社会保障与外资审计科）、审计二分局（农业与资源环保审计科）、审计三分局（经贸审计科）、投资审计分局（固定资产投资审计科）。

审计成果 2016年，潜江市审计局完成审计项目54个。查出主要问题金额19.73亿元，其中违规金额3.20亿元、损失浪费金额26万元、管理不规范金额18.53亿元；审计发现非金额计量问题12个；损益（收支）不实金额6400万元；审计处理处罚金额3.03亿元，其中应上缴财政179万元、应归还原渠道资金1.47亿元、应调账处理金额1.54亿元；审计促进整改落实有关问题资金1.97亿元，其中增收节支4300万元、已调账处理金额1.54亿元。移送司法机关、纪检监察机关和有关部门处理事项16件。提交审计信息271篇，被批示、采用87篇。提出审计建议171条。向社会公告审计结果1篇。

2016年，潜江市审计局被上级机关授予2011年至2015年全省法制宣传教育先进单位、优秀基层党组织、全市党建工作优秀单位、社会治安综合治理优秀单位、全市目标管理考核优秀单位等17项荣誉称号。

国家重大政策措施贯彻落实跟踪审计 组织对稳增长促改革调结构惠民生防风险政策措施落实情况和大型建设项目落地及推进政策措施落实情况的跟踪审计。在审计中关注行政审批、简政放权、营改增等改革推进措施，最大限度激发市场活力和社会创造力，形成大众创业、万众创新的良好环境。通过采取建立“稳促调惠防”信息平台等措施，促进28个项目开工建设，涉及资金2.40亿元；通过制定整改清单督促减轻企业负担、化解产能过剩等6个方面的问题整改到位。

财政审计 对2015年市本级预算执行情况和20个部门预算编制和执行情况进行审计。通过审计督促财政部门建立项目绩效评估机制，对10万元以上项目支出绩效申报实现全覆盖，着力推行中期财政规划管理，探索同步编制部门2016年至2018年支出规划；撤销、合并财政专户6个。清理整合财政存量资金4.90亿元；促进本级财政增收节支6.39亿元。制定完善规章制度15项。18家部门及有关所属单位通过调整账目、上缴财政、向个人清退等方式整改到位资金9300万元，占查出违规金额1.29亿元的72.35%。

经济责任审计 完成29个地方、部门（单位）40名党政主要领导干部的经济责任审计，查出违纪违规及管理不规范问题金额7.39亿元。

自然资源资产离任审计试点 组织开展潜江经济开发区和后湖管理区自然资源资产审计试点。从摸清自然资源资产现状、底数、质量等基础情况入手，依托水务、国土、林业、环保等相关部门和单位的专业支撑，通过座谈会、个别谈话、查阅资料、网络搜索、走访调查等方式方法，搜集业务资料和电子数据1000多份，调查了解明显损毁自然资源资产、破坏生态环境的违法违规问题。针对审计中发现的土地闲置、汉江河道非法采沙、违规网箱养殖等自然资源资产管理和生态环境保护中存在的问题，督促相关部门和单位制订落实整改方案9个，健全完善相关规章制度3项。

固定资产投资审计 审计工程决算项目377个，送审资金总额28.21亿元，审定资金总额25.00亿元，审减金额3.21亿元，综合审减率11.39%。完成中国供销（潜江）农商大市场项目投资方潜江农商市场前期投入等12个项目的审计；对紫月路管网工程、潜江市委党校整体搬迁工程等13个政府投资建设项目进行跟踪审计。

专项资金审计 组织对潜江市“稳促调惠防”政策措施落实情况、城镇保障性安居工程、援疆资金及项目、监利县公立医院综合改革情况、仙桃市“稳促调惠防”中相关金融政策贯彻落实情况、建始县和利川市高校及中职院校国家资助专项资金、五峰土家族自治县和谷城县扶贫资金、仙桃市基本医疗保险基金和医疗救助资金等11个项目进行审计或者审计调查，基本摸清上述资金归集、管理和使用情况，并针对性地提出审计意见和建议，促进被审计单位进一步完善制度，规范管理，防范风险，确保专项资金的安全、效益。

交办任务 完成市慈善总会财务收支、市政府政务服务中心行政审批电子监察系统配套项目、第六届龙虾节财务收支、2015年全国剧本创作交易会财务收支、市中小学教师继续教育中心、市技工学校、市卫生学校、市职业教育中心、市食品药品监督检验所、市产品质量监督检验所、市房地产交易市场管理处、市房地产管理局广华分局债权债务清理 12 个市委、市政府交办的审计任务。

信息化建设 建设和更新地方财政审计、地税征管审计、经济责任审计、社保审计、新型农村合作医疗审计、住房公积金审计、房地产审计、公立医院审计、民政低保资金审计 9 个行业数据库，实现历年数据持续积累。运用查询分析、趋势分析、关联分析、数据挖掘等技术建立数据分析模型，开展数据式审计。

内部审计 组织开展内部审计信息化优秀成果评选展示活动和内部审计理论研讨交流活动，组织 50 多人次参加省内部审计师协会举办的内部审计培训班。协同市城管部门举办一期 40 多人参加的业务培训班。 （撰稿人：汪海滨）

【天门市审计局】 2016 年，天门市审计局人员编制 41 人，实有 37 人。党组书记、局长刘水平，副局长郑国宏、郭坤（—12 月）、陈爱红、段茂顺，总审计师方福祥（—12 月）、林茂国，党组成员张昌宏，天门市经济责任审计局局长陈国荣，天门市投资审计中心主任蒋雄才。设有办公室、计算机审理中心、财政金融审计科、社保审计科、经贸审计科、农业审计科、行政事业审计科、投资审计科；下设天门市经济责任审计局和天门市投资审计中心。

审计成果 2016 年，天门市审计局完成审计项目 37 个。查出主要问题金额 27.83 亿元，其中违规金额 1.09 亿元、管理不规范金额 26.74 亿元；损益（收支）不实金额 4600 万元；审计处理处罚金额 1.12 亿元，其中应上缴财政 770 万元、应归还原渠道资金 3700 万元、应调账处理金额 6800 万元；审计发现非金额计量问题 23 个；促进增收节支 4400 万元；已调账处理金额 6800 万元。移送司法机关、纪检监察机关和有关部门处理事项 6 件，涉及 22 人。出具审计报告和专项审计调查报告 37 篇；提交审计信息 28 篇，被批示、采用 18 篇。提出审计建议 90 条，被采纳 79 条。

2016 年，天门市审计局被市委、市政府评为党风廉政建设优秀单位、社会治安综合治理工作优秀单位等。

固定重大政策措施贯彻落实跟踪审计 围绕国务院、省政府 2013 年以来出台的政策措施落实情况开展 2014—2016 年度跟踪审计调查。审计调查表明：天门市 2015 年度招商引资 50 户，比上年增长 61.29%；在清理行政事业性收费和政府基金方面，2014—2015 年度共取消和暂停征收行政事业性收费项目 24 项、暂停征收政府性基金 4 项，方便企业和人民群众，减轻企业和人民群众的负担；2014—2015 年度共完成各类建设项目 36 项，截至 2 月底，已竣工项目 11 项，占建设项目计划的 35.48%。

财政审计 对 2015 年市本级预算执行情况实施审计，对市发改委、市科技局等 24 个单位进行延伸审计，查出主要问题金额 25.95 亿元；提出健全预算标准体系、夯实预算执行基础、强化收入征管工作、做实财政收支、严格政府债务管理、防控财政运行风险等审计建议。

经济责任审计 完成 15 个部门单位 17 名党政领导干部的经济责任审计，查出各类违纪违规问题金额 1.88 亿元。向纪委移送案件线索 4 件，已处理 6 人。出具审计报告 15 篇。提出审计建议被采纳 50 条。

固定资产投资审计 完成投资审计项目 48 个，送审金额 9.42 亿元，审减金额 8000 万元。完成工程决（结）算审计项目 43 个，其中房屋建筑工程项目 21 个、市政工程项目 13 个、公路桥梁项目 8 个、水利工程项目 1 个。

党建工作 开展“两学一做”学习教育、主题党日、红色教育、道德讲堂等活动，坚定干部队伍理想信念。完善“三会一课”和党员领导干部双重组织生活会制度，严格党内组织生活，建立审计组临时党支部制度。细化责任，明晰职责，将廉政建设工作与审计业务工作同布置、同落实、同考核，切实履行“一岗双责”。实行审前谈话制度、审中巡察制度和审后回访制度，对审计行为进行全方位、立体式防控。实行审计廉政监察员制度，对包括分管领导在内的全体审计组成员工作中的一言一行进行全程跟进督查，发现问题及时提醒警示。

内部审计 全市设有内部审计机构 19 个，内部审计人员 72 人。完成各项审计（调查）项目 48 个，审计总金额 1.85 亿元，增收节支 215 万元。

提出意见建议被采纳96条。（撰稿人：陈　实）

【神农架林区审计局】　2016年，神农架林区审计局人员编制29人，实有27人。局长刘忠君，副局长刘运生、王栋梁，总审计师祝正罡。设有办公室、法规科、财政与金融审计科、经贸审计科、行政事业与外资运用审计科、农业与资源环保审计科、固定资产投资审计科；下设林区经济责任审计局、林区政府投资项目审计局、林区直属审计分局、计算机中心。

审计成果　2016年，神农架林区审计局完成审计项目195个。查出各类管理不规范金额17.48亿元，移送纪检监察处理事项2件，涉及金额306万元。出具审计报告和专项审计调查报告205篇。提出审计建议110条。

2016年，神农架林区审计局被评为全区综合目标管理一等奖，获得法治建设、基层党组织先进单位和社会治安综合治理优秀单位等荣誉称号。

国家重大政策措施贯彻落实跟踪审计　完成2015年城镇保障性安居工程跟踪审计、2016年“稳促调惠防”政策措施落实情况跟踪审计，提出审计建议6条。开展潜江市“稳促调惠防”相关金融政策落实情况审计工作。

财政审计　完成林区2015年财政预算执行及其他财政收支审计，查出各类违纪违规及管理不规范金额9.37亿元。完成区地税局2015年度地税征管及财政收支情况审计，查出各类违纪违规及管理不规范金额2.62亿元。完成林区发改委、住建委、人社局等15个部门的预算执行及财务收支审计，查出各类违纪违规及管理不规范金额5.06亿元。

经济责任审计　完成林区民政局、发改委、实验小学、实验中学、人社局等23个单位主要领导任中经济责任审计，查出违纪违规和管理不规范金额1.88亿元。完成宜都市领导干部自然资源资产离任审计试点。

固定资产投资审计　完成红花坪电站更新改造工程、红坪镇派出办公楼改造工程、下谷乡路满荆楚绿色示范乡绿化工程等68个项目的工程决算审计，查出各类违纪违规和管理不规范金额3400万元；实施下谷乡板桥河村特色居民带样板房改造试点项目、大九湖公共租赁房项目工程、九湖中心学校附属工程等91个工程项目的拦标价审计，核减投资额829万元。

企业审计　完成城市建设投资开发有限公司、神发水电有限公司、中小企业信用担保有限公司、神农旅游投资集团、森源环保水务公司、神林林业开发集团等6家国有企业资产负债损益及政府目标责任落实情况审计，查出违纪违规和管理不规范金额1907万元。

信息化建设　启动金审三期工程，对机房和会议室、审计信息系统进行改造升级，提高审计系统和会议系统运行效率；全力提高OA（审计管理系统）、AO（现场审计实施系统）系统应用，规范管理内网，开展电子数据分析。

内部审计　全区设有内部审计协会单位会员35个、个人会员68人。组织36名内部审计人员参加内部审计培训和继续教育培训。

（撰稿人：朱丽莉）

2016年湖北省所辖区、县(市)级审计工作统计表

金额单位:万元

审计机关	完成审计项目(个)	审计查出主要问题金额	审计处理情况					出具审计报告和审计调查报告(篇)	提出审计建议(条)	提交审计信息(篇)
			审计处理处罚				移送处理事项(件)			
			应上缴财政	应减少财政拨款或补贴	应归还原渠道资金	应调账处理金额				
武汉市										
武汉市本级	77	3285808	70055		50372	125961	64	77	313	189
江岸区审计局	36	11439	9628		3	293	4	36	93	12
江汉区审计局	40	223078	4998	852	46271	5358	11	40	126	162
硚口区审计局	28	99199	15					28	80	19
汉阳区审计局	24	192573	22301		3	5339		24	90	64
武昌区审计局	158	77112					1	158	53	106
青山区审计局	30	161615	2101	36	963	215	14	30	84	30
洪山区审计局	20	748130	3273		5	3940		20	50	58
东西湖区审计局	15	303455				143		15	61	7
汉南区审计局	7	57992		11	7	148	3	7	22	
蔡甸区审计局	19	78755	17		7089	23	2	19	70	24
江夏区审计局	26	1288769	371		749	66020	4	26	81	89
黄陂区审计局	23	263103	10453		10568	144355		23	70	52
新洲区审计局	29	1347509	30		165	1771	5	29	71	21
黄石市										
黄石市本级	80	417789	44715		6		16	80	245	274
黄石港区审计局	43	6407					6	43	33	56
西塞山区审计局	28	2762	230	39	411	49	2	25	27	52
下陆区审计局	113	4539	2324	414	77	5	5	113	122	57
铁山区审计局	23	13232			670	179		11	18	6
大冶市审计局	153	21310	20		12		3	153	77	67
阳新县审计局	81	267693	217	20287	3765	243424		81	52	87
十堰市										
十堰市本级	155	264852	611		1945	14101	41	155	224	35
茅箭区审计局	9	3655						9	19	9
张湾区审计局	34	1997	114		44	91		34	68	
郧阳区审计局	21	71741	5233	23487	1787	34036	20	21	259	225
丹江口市审计局	31	9480	160	100	6143	661	7	31	105	127
郧西县审计局	35	3737	118		3229	33	8	35	92	14

（续表）

审计机关	完成审计项目（个）	审计查出主要问题金额	审计处理情况					出具审计报告和审计调查报告（篇）	提出审计建议（条）	提交审计信息（篇）
			审计处理处罚				移送处理事项（件）			
			应上缴财政	应减少财政拨款或补贴	应归还原渠道资金	应调账处理金额				
竹山县审计局	43	176077	28274	387	638	49161	8	43	107	51
竹溪县审计局	68	3344	32		1704	170	6	68	16	151
房县审计局	20	25721	26	1253	4570	17178	25	20	10	17
武当山特区审计局	15	8645	55			257		15	22	
宜昌市										
宜昌市本级	135	962844	32795	34	296	13948	15	135	548	252
西陵区审计局	13	5381	532				2	13	48	20
伍家岗区审计局	9	67488	40			67448	1	10	31	1
点军区审计局	33	15560		1326	2082	908	2	33	82	61
猇亭区审计局	20	34087	27772	6656	1200	19816	3	21	31	28
夷陵区审计局	167	123316	26721		24025	72568	4	167	65	59
宜都市审计局	97	129177	13521	1433	115743	21292	5	27	89	15
当阳市审计局	30	120164		2052		18	3	30	157	184
枝江市审计局	82	51882	4317	4844	1243	39935	3	82	15	15
远安县审计局	22	52785	2943	20	919	54	2	22	72	3
兴山县审计局	24	99191	1865		974	91429	7	24	45	75
秭归县审计局	38	82044		1257	75	2310	2	38	80	142
长阳土家族自治县审计局	124	31549	1552		5498	1141	4	124	45	10
五峰土家族自治县审计局	37	124185	12006	9571	98750	1377	14	37	56	63
襄阳市										
襄阳市本级	84	2043344	1153	953	3869	1365	24	84	213	39
襄城区审计局	22	105134	54		30173		53	7	10	76
樊城区审计局	12	17354			51	4	1	12	29	12
襄州区审计局	67	83726	298	87	32903	14312		67	115	27
老河口市审计局	62	32890	182		14223	18483	11	62	134	155
枣阳市审计局	52	22999	143	3500	7313	7314	66	20	53	72
宜城市审计局	17	284678	10		15	702	16	17	39	1167
南漳县审计局	79	124131	15	2944	59	120797	20	61	113	20
谷城县审计局	10	3644			1040	215	6	10	39	77
保康县审计局	31	87550	5060		31724	35291	10	31	71	16
鄂州市										
鄂州市本级	72	382370	33143	9376	71538	175454		72	189	265

（续表）

审计机关	完成审计项目（个）	审计查出主要问题金额	审计处理情况					出具审计报告和审计调查报告（篇）	提出审计建议（条）	提交审计信息（篇）
			审计处理处罚				移送处理事项（件）			
			应上缴财政	应减少财政拨款或补贴	应归还原渠道资金	应调账处理金额				
梁子湖区审计局	28	31382	1148	1723	363	587	2	28	36	34
华容区审计局	17	197336	6506	226	62617	128017		17	72	35
鄂城区审计局	11	6516	10	5677		12416		11	20	32
荆门市										
荆门市本级	228	1999291	75534	18332	6614	35100	33	173	359	68
东宝区审计局	62	11623	2			1091	17	62	59	68
掇刀区审计局	38	18872	2840		8042	8109	3	38	42	138
钟祥市审计局	92	124221	86		5194		12	94	186	10
京山县审计局	53	72355	84		74	87	3	53	151	116
沙洋县审计局	55	159271	12	25491	5837	2071	8	55	146	32
屈家岭管理区审计局	52	17938					3	52	20	22
孝感市										
孝感市本级	165	257418	483	38312	35487	182325	2	165	721	5
孝南区审计局	89	46047	21937	17830	38	5033		89	243	69
应城市审计局	79	34513	12942	1732	1174	2475		79	169	43
安陆市审计局	143	211343	6		16111	189971	4	143	208	35
汉川市审计局	39	313741	81042	139	21982	10472		39	62	265
孝昌县审计局	132	23703	77	13715	205	4466	3	132	417	14
大悟县审计局	34	35689	9		8103	9184		34	577	16
云梦县审计局	40	83226	7		8703	15846		40	99	14
荆州市										
荆州市本级	43	425467	4829	125	2089	9168	17	43	192	171
沙市区审计局	12	6002	341		3245	1825	2	12	9	4
荆州区审计局	18	29862	82	746	2770	6409	19	18	60	18
石首市审计局	39	131123		121	7708	3222	15	39	122	175
洪湖市审计局	82	31372	170	70	196	2296	18	30	58	13
松滋市审计局	25	1339780			1891		28	25	65	5
公安县审计局	33	329078	108		1191	3	6	33	92	
监利县审计局	52	312419	478		1577		15	52	136	42
江陵县审计局	25	213874	637		290	1350	18	25	77	91

（续表）

审计机关	完成审计项目（个）	审计查出主要问题金额	审计处理情况					出具审计报告和审计调查报告（篇）	提出审计建议（条）	提交审计信息（篇）
			审计处理处罚				移送处理事项（件）			
			应上缴财政	应减少财政拨款或补贴	应归还原渠道资金	应调账处理金额				
黄冈市										
黄冈市本级	77	38763	1725	436	10259	24631	8	77	27	4
黄州区审计局	36	18695	11974		1639	3071	12	36	92	336
麻城市审计局	30	229539	12637		19178	4915	10	30	38	17
武穴市审计局	14	204435	29					14	40	105
团风县审计局	7	225	2		57	26		7	15	2
红安县审计局	20	245793	42	167	149599	91277	5	20		
罗田县审计局	30	68730	127				1	30	30	30
英山县审计局	24	41238	9321		10557	8769		24	61	2
浠水县审计局	130	112832	110	28787	151		7	130	841	150
蕲春县审计局	23	313327	224		2734		12	23	154	53
黄梅县审计局	81	130922	247	109			2	81	152	38
咸宁市										
咸宁市本级	141	181459	9758		3741	4485	17	69	82	542
咸安区审计局	16	1922	342	333	174	358		16		283
赤壁市审计局	36	14392	450		72	3330	9	35	286	10
嘉鱼县审计局	39	32219	3635		1242	16387	5	39	18	17
通城县审计局	15	89115	231		35757	51799		14		4
崇阳县审计局	16	217472	205		707	215974	7	14	37	206
通山县审计局	38	19606	171		3401	1010	34	70	64	8
随州市										
随州市本级	139	192913	17061	2256	42366	98262	8	139	213	231
曾都区审计局	88	19400	337	6372	3680	8650	3	88	192	168
广水市审计局	208	254774	21	188		3791	5	208	109	45
随县审计局	103	126325	255	6713	6627	10874		55	290	503
恩施土家族苗族自治州										
恩施土家族苗族自治州本级	56	587317	7272		299	5969	10	56	65	275
恩施市审计局	29	549984	144151	61	378982	2302	31	29	26	22
利川市审计局	149	70874	766		297	69685		149	17	89
建始县审计局	6	541						6	8	
巴东县审计局	10	3791	3329		175	287	4	10	18	31

（续表）

审计机关	完成审计项目（个）	审计查出主要问题金额	审计处理情况					出具审计报告和审计调查报告（篇）	提出审计建议（条）	提交审计信息（篇）
			审计处理处罚				移送处理事项（件）			
			应上缴财政	应减少财政拨款或补贴	应归还原渠道资金	应调账处理金额				
宣恩县审计局	23	320	86		49			23	9	4
咸丰县审计局	7	193699	10845	885	8	14800		7	24	7
来凤县审计局	191	21399	5014			10	6	191	30	30
鹤峰县审计局	38	160808	5		26	18	5	38	26	9

湖南省

【湖南省审计厅】 2016年，湖南省审计厅人员编制288人，实有276人。设有办公室、法规处、审理处、财政审计一处、财政审计二处、财政审计三处、社会保障审计处、金融审计处、行政事业审计一处、行政事业审计二处、行政事业审计三处、经贸审计一处、经贸审计二处、经贸审计三处、资源环保审计处、农业审计处、固定资产投资审计一处、固定资产投资审计二处、外资运用与境外审计处、经济责任审计一处、经济责任审计二处、经济责任审计三处、综合计划处、审计执行处、审计技术处、人事处、机关党委（工会）、纪检组监察室、离退休人员管理服务处；下设机关后勤服务中心、内部审计指导中心、国外贷援款项目审计服务中心、审计科研培训所。

领导成员

厅　长：胡章胜

副 厅 长：张晓菊　陈庆林（6月—）

方再启　陈博彰　王小华

总审计师：陈庆林（—6月）

段培安（6月—）

纪检组长：张双春

省经济责任审计工作领导小组办公室专职副主任：傅向明

副巡视员：潘苏中（—12月）

谢元发（4月—7月）

审计成果 2016年，湖南省审计机关共审计单位6171个。查出各类违规、损失浪费问题金额407亿元；处理上缴财政和减少财政拨款260亿元、归还原渠道资金79亿元；审减投资135亿元。向纪检监察和司法机关移送案件线索568件，涉案金额43亿元，移送处理574人，其中省审计厅移送案件线索65件，移送处理175人。全省审计信息被各级党委、政府批示采用3487篇（次），向被审计单位和有关部门提出审计建议11830条，85%被采纳。省审计厅上报的审计要情、情况专报、综合报告被省委、省政府主要领导批示50多篇（次）。

2016年，审计署表彰的15个地方优秀审计项目中，湖南省获得2个。

国家重大政策措施贯彻落实跟踪审计 以项目落地、资金保障、简政放权、政策落实、风险防范为抓手，开展稳增长等政策措施落实情况的跟踪审计，全省每季度突出做好2至3个重点政策的审计，如精准扶贫、供给侧结构性改革、重大基础设施建设、产业转型升级、财政资金统筹等政策措施的落实情况等，审深审透。审计查出部分重点项目推进缓慢、部分财政存量资金未及时盘活、少数行政审批事项未及时清理取消等政策措施落实不力的问题，促进相关政策措施的落地生根。

财政审计 全省审计机关共组织对1198个财税部门和行政事业单位开展预算执行及财务收支审计，重点关注各项财政改革措施相互协调配合、财政预决算编制和预算执行、专项资金管理等方面存在的问题。省审计厅重点对省财政厅、省发改委、省国资委等18个部门单位进行审计。在省级预算执行审计整改中，配合省人大首次对整改情况开展满意度测评，测评满意率均在75%以上，最高的达到98.25%，成效显著。审计工作报告指出问题的整改情况于11月下旬向省人大常委会报告后依法向社会进行公告，《湖南日报》、《潇湘晨报》、湖南卫视、湖南经视等10多家媒体进行重点报道，收到良好的社会反响。

经济责任审计 全省审计机关共组织对2050名领导干部开展经济责任审计，重点关注领导干部所在单位的资金资源资产、政策执行、经济决策、内部管理以及领导干部落实作风建设规定、廉洁自律等情况，为有关部门加强干部监督管理提供重要依据。省审计厅提请省委办公厅、省政府办公厅下发《湖南省领导干部自然资源资产离任审计试点实施方案》，开展对株洲市、嘉禾县、新晃县党政主要领导自然资源资产离任试点审计，对审计内容和重点、审计评价、审计结果运用等进行全面探索。加强对全省审计工作统筹管理，对14名县市区党政主要领导干部实施经济责任审计，采取大循环方式，异地交叉实施审计，有效提升审计质量。

固定资产投资审计 全省审计机关完成对2546个政府投资项目开展跟踪或竣工决算审计，重点关注项目管理、工程质量和建设资金使用等情况，促进项目的规范管理，节省建设资金。省审计厅组织湖南省支援新疆发展资金和项目的跟踪审计，促进援疆资金的规范高效使用；组织部分重大投资超概算10%的建设项目开展调概审计，出台政府重大建设项目概算调整审计暂行办法，为省发改委、省财政厅等部门及时科学调整概算提供依据。

民生资金（项目）审计 重点对全省保障性安居工程、全省医疗保险基金和医疗救助资金、国有农垦企业、精准扶贫、森林生态效益补偿资金、农村饮水安全资金、科技专项资金、国外贷援款等项目和资金开展专项审计，促进民生政策的落实，有效维护民生民利。省审计厅出台《关于进一步加强扶贫审计促进精准扶贫精准脱贫政策落实的实施意见》，建立扶贫审计定期轮审制度；直接对全省51个扶贫开发工作重点县落实扶贫政策措施和扶贫资金使用情况实施审计，每年审计50%的县，做到两年轮审一次；对上述审计范围以外的其他扶贫项目和资金，由市州审计机关组织力量进行审计，确保审计监督全覆盖。年内已完成第一批安排的19个县扶贫开发专项审计。

交办任务 全省审计机关共完成各级党委、政府及相关部门交办、委托审计事项1129件，推动相关工作的开展。省审计厅抽调人员参与省委、省政府督查，省纪委、省法院、省检察院办案，巡视办巡视，以及配合其他部门相关工作等共20多批次。对审计中发现的重大疑点问题和案件线索，力求查深查透，审计报告已成为巡视工作的重要参考依据，审计在反腐倡廉建设中的职能作用得到进一步发挥。

信息化建设 运用金审工程一、二期建设成果，建立全省大数据自动收集还原系统，加大数据集中和分析力度，对全省财政、工商、地税、医保、扶贫、住房公积金等大数据进行综合关联分析，查出一批问题疑点，提高核查问题的精准度。在医保审计中，通过对人口数据、社保数据、民政数据、医疗数据、药企相关数据的综合分析，锁定疑点问题1350个，实际查出问题800余个，实现精准打击，大幅提升全覆盖的精准度。

相关工作 开展“两学一做”学习教育，采取专题学习、专家辅导、书记上党课等多种形式，切实加强理论学习，深入践行“四讲四有”，“四个意识”进一步增强，理想信念进一步坚定，思想作风进一步转变。加强党风廉政建设，各级审计机关进一步强化“一把手”的第一责任，严格落实班子成员“一岗双责”，层层传导压力，层层压实责任。省审计厅接受省委第六巡视组的专项巡视，做到不遮掩、不护短，针对巡视反馈的意见，对查出的问题及时整改。省审计厅加强干部教育培训工作，先后举办县市区审计局长、审计业务骨干、知识结构调整、计算机技术等培训班15期，培训干部800多人次；开展“送教上门”14批，培训人员1900多人次。市县审计机关结合自身实际，采取年中集训、专题讲座、案例教学等多种方式提高干部队伍素质。

内部审计 省审计厅出台《省级内部审计人才库管理办法》，将省直行政、事业单位、省属企业、省管高校等院校、中央驻湘单位等单位从事内部审计工作的骨干人员纳入人才库，加强管理，明确选用内部审计人员的具体程序、工作要求和廉政纪律等，使内部审计人员参与国家审计规范化，已从内部审计人才库选调28人，参与7个审计项目及巡视工作，有效地盘活助力国家审计的内部审计资源。

（撰稿人：廖湖波　兰志荣　张景珣）

【长沙市审计局】 2016年，长沙市审计局人员编制115人，实有113人。局长李伟群，副局长段安娜、黄永健（—8月）、彭保刚、曹旨，总审计师关士麟，纪检组长陈再旭，工会主席钟宏杰。设有办公室、法规审理处、审计计划执行处、政策跟踪审计处、财政审计一处、财政审计二处、金融与社会保障审计处、行政事业审计处、国有资产审计处、农业审计处、资源环保审计处、外资运用审计处、经济责任审计一处、经济责任审计二处、经济责任审计三处、内部审计指导处、审计技术处、人事处、机关党委、监察室、政府投资审计专业局；下设重点项目审计中心。

审计成果 2016年，长沙市审计局完成审计项目935个（含政府投资审计项目877个）。查出违规金额58.07亿元；督促上缴财政金额7.89亿元；核减投资额45.37亿元。移送案件及问题线索29起。审计要情、报告、信息被省级以上媒体采用110余篇，被市级以上领导批示30多篇（次）。向社会公告审计结果11篇。

2016年，长沙市审计局获得全省市州审计机关工作目标管理考核一等奖，继续保持“全国文明单位”荣誉称号。长沙市公安局2014年度预算执行及其他财政财务收支审计项目、长沙市农业局2014年度预算执行及其他财政财务收支审计项目获得湖南省审计厅优秀审计项目。

国家重大政策措施贯彻落实跟踪审计 在市级审计机关率先成立政策跟踪审计处，按季度对9个区县（市）开展政策跟踪审计，重点关注去产能、去库存、去杠杆、降成本、补短板任务落实，审计调查110多个单位、2个省级园区，抽查近50个项目，涉及资金近400亿元，揭示部分项目进展缓慢、部分项目建成后未发挥预期效益、相关配套政策措施亟待完善健全、PPP项目运作亟待规范等问题，推动资金落实、项目实施、政策落地。

财政审计 在湖南省率先建成覆盖全市的财政联网审计系统，在对103家单位、27万余条财务数据以及近4年财政专项资金的明细进行集中分析比对的基础上，重点对市财政和28个市直部门的预算执行及决算草案情况进行审计，揭示市本级财政基金、非税收入未按规定及时划解入库等问题。长沙市审计局组织对湘江新区、长沙高新区、金霞开发区、雨花经开区、宁乡经开区等5个园区开展专项审计或延伸审计，促进园区经济持续健康发展；组织对湖南粮食集团、长房集团、城开公司3家市属国有企业进行审计，促进国有资产保值增值。

经济责任审计 对18个单位的28名市管党政正职开展经济责任审计，重点关注领导干部所在单位的资金资源资产、政策执行、经济决策、内部管理及领导干部落实作风建设规定、廉洁自律等情况，促进领导干部依法履职尽责。探索自然资源资产离任审计，制定《关于党政领导干部自然资源资产责任审计的暂行办法》，对审计对象、内容、方式和评价进行明确规定。

固定资产投资审计 完成政府投资审计项目877个，核减投资额45.37亿元，综合核减率17.50%，为政府节约大量财政资金。对地铁3、4、5号线，国际会展中心等20个重大项目进行跟踪审计，确保财政资金安全、高效使用。

专项资金审计 组织对产业发展类专项资金使用情况开展专项审计，调查单位107家、涉及市本级补助资金3.48亿元，揭示骗取财政专项资金等问题。对普通教育“免”“补”及收费政策执行情况开展专项审计，重点调查30所学校和幼儿园，揭示19所学校违规收费、个别学校私设“小金库”等问题。

内部审计 发放《长沙市内部审计工作规定》5000余册，组织培训内部审计人员700余人次，指导市国资委、市公安局等市直部门单位开展内部审计项目50余个，促进规范内部管理。

审计成果运用 完成市领导临时交办审计事项20件，向市委、市政府报送审计专报、审计要情21篇，推动党委、人大、政府出台规范性文件20余项；下达《审计决定书》19份、《审计督促整改函》38份，特别是针对审计发现的627个具体问题，建立审计发现问题的整改台账，实行问题“销号”制，持续跟踪督促整改；移送案件和问题线索29件，相关部门已立案23起，处分47人、刑拘1人。

审计质量控制 长沙市审计局制定《审计项目实施方案审定办法（试行）》《审计现场监督办法》《审计项目现场跟踪审理试点方案》等业务制度，提高现场审计效率和质量。完善政府投资审计“三审审结制”，制定《政府投资审计项目退窗暂行规定》。重建造价咨询中介机构库，实行购买服务随机摇号机制，建立政府投资审计价格动态数据库、项目经济指标库、问题库。

（撰稿人：夏海军）

【株洲市审计局】 2016年，株洲市审计局人员编制83人，实有64人。局长刘方，副局长唐哲文、邓海林、戴勇、王小琴、颜梦香，总审计师龚军军，纪检组长王翔，经济责任审计领导小组办公室副主任刘运华，副调研员沈大毛，市国家投资审计处处长李荣贵。设有办公室、人事教育科、审计技术科、内部审计管理科、法制审理科、财政审计科、金融与社会保障审计科、行政事业审计科、固定资产投资审计科、外资运用审计科、农业与环保审计科、经贸审计科、经济责任审计一科、经济责任审计二科、政府平台公司审计科；下设株洲市国家投资审计处；按规定和章程设立机关党委、纪检监察室。

审计成果 2016年，株洲市县两级审计机关共完成审计项目345个。查出主要问题金额262.68亿元，其中违规金额52.75亿元、损失浪费金额4980万元、管理不规范金额209.42亿元；损益（收支）不实金额10.46亿元；审计处理处罚金额149.18亿元，其中应上缴财政51.57亿元（罚没219万元）、应减少财政拨款或补贴1276万元、应归还原渠道资金11.56亿元、应调账处理金额84.92亿元；审计发现非金额计量问题432个；审计促进整改落实有关问题金额52.34亿元，其中增收节支39.03亿元、已调账处理金额12.59亿元；审计促进拨付资金到位1.53亿元；审计后挽回（避免）损失1278万元。移送司法机关、纪检监察机关和有关部门处理事项30件，涉及11人、金额20.58亿元。出具审计报告及专项调查报告407篇，被批示、采用2篇；提交审计信息115篇，被批示、采用47篇。提出审计建议731条，被采纳708条。向社会公告审计结果7篇。

2016年，株洲市审计局被评为全省依法行政工作先进集体荣誉称号，并成功通过湖南省文明标兵单位评选验收和公示。株洲中心医院项目建设情况专项审计调查项目、株洲市供销合作联合社郭敏祥同志任期经济责任审计项目、株洲市荷塘区城管局局长任期经济责任审计项目和株洲市茶陵县林业局局长任期经济责任审计项目获得湖南省审计厅表彰项目。

国家重大政策措施贯彻落实跟踪审计 着重构建落实省审计厅部署审计、开展专项审计、结合其他项目审计、定期汇总专报的政策审计新格局。全年分季度有重点地完成辖区内各县市区政策措施落实情况跟踪审计。同时，为规范株洲市的涉企收费行为，推动减税降费政策落地，组织对全市涉企行政事业性收费情况，对2016年来市区的65个重点建设新建项目、20个提前推进项目的落地情况进行专项审计调查，为市政府组织清理整顿行业协会与行政机关脱钩等的决策提供依据。

财政审计 对全市59个财税部门和行政事业单位开展审计，审计工作报告和整改报告得到各级人大常委会的高度评价。市本级针对审计发现的预算编制执行以及专项资金存在“小、散、乱”的问题提出进一步加强预算编制执行和管理以及对专项资金进行“三个一批”清理规范的建议，助推出台《关于2016—2018年推进市本级财政资金统筹使用的实施意见》。

经济责任审计 对全市104名单位主要负责人实施审计，查出各类问题金额42.49亿元，处理上缴财政资金606万元，向税务部门清缴税费377万元。向纪检监察、主管部门等移送案件线索25件。市审计局提出经济责任审计模块化、标准化理念，出台相关操作办法，简化领导干部离任经济事项交接制度，有助于推动经济责任审计全覆盖；按照省审计厅统一安排，组织实施浏阳市委书记、市长的任期经济责任审计。

固定资产投资审计 市审计局出台《株洲市政府投资项目审计监督办法》，对城市五区征拆办、湘江大道（一期）项目征拆资金、市北环路新建工程建设项目工程概算、水竹湖安置房预算执行进行审计，完成结算审计项目222个，送审金额15.65亿元，审定金额15.17亿元，核减金额4800万元；对项目建设单位以及参与工程建设的设计、施工、监理、地质勘探等机构的违规问题，依法依规进行处理，并移送行业主管部门给予记不良、进黑名单乃至给予资质吊销和限制市场准入的处罚。

民生资金（项目）审计 按照审计署和省审计厅的统一安排部署，统筹全市审计力量，按照“上审下”和“交叉审”的组织方式，对市本级及10个县市区保障性安居工程进行跟踪审计；对全市医保基金以及20多家公立医院、社区卫生服务中心以及部分定点药店、诊所和民营医院医保相关情况进行审计，促进民生保障政策的执行和落地。

企业审计 重点完成对市城发集团、市湘江集团、市教投集团的审计，在审计中形成一整套有株洲特色的平台公司审计方法和评价指标，对政府规范平台公司管理、有效防控和化解政府债务风险有积极作用。（撰稿人：冯 立）

【湘潭市审计局】 2016年，湘潭市审计局人员编制73人，实有67人。局长张伯文，副局长何爱莲、刘凤舞、罗百慧，总审计师康海湘，纪检组长周云，工会主席石志刚，党组成员陈本好。设有办公室、综合计划科、法制审理科、人事科、机关党委、监察室、财金审计一科、财金审计二科、经济责任审计科、行政事业审计科、经贸审计科、农业与资源环保审计科、社保审计科、审计执行科、计算机技术管理科和内部审计管理科；下设湘潭市国家建设项目审计监督中心。

审计成果 2016年，湘潭市县两级审计机关完成审计项目385个，其中组织实施审计项目383个，参与实施审计项目2个。查出主要问题金额197.10亿元，其中违规金额8.87亿元、管理不规范金额188.23亿元；损益（收支）不实金额3.95亿元；审计处理处罚金额19.64亿元，其中应上缴财政4.85亿元、应减少财政拨款或补贴381万元、应归还原渠道资金2.02亿元、应调账处理金额12.04亿元；审计发现非金额计量问题196个；审计促进整改落实有关问题资金8.79亿元，其中增收节支6578万元、已调账处理金额7.97亿元；审计促进拨付资金到位2.55亿元；审计后挽回（避免）损失7.77亿元。移送司法机关、纪检监察机关和有关部门处理事项28件，涉及54人、金额867万元。出具审计报告和专项审计调查报告461篇，被批示、采用27篇；提交审计信息200篇，被批示、采用157篇。提出审计建议398条，被采纳383条；推动完善规章制度21项。向社会公告审计结果7篇。

国家重大政策措施贯彻落实跟踪审计 以政策贯彻执行和实施效果为工作主线，分季度对湘潭县、湘乡市、韶山市、雨湖区开展政策跟踪审计，及时发现和纠正有令不行、有禁不止等问题，督促有关部门和县市区认真进行整改，推动政策措施落到实处。

财政审计 完成财政审计项目119个，查出部分预算支出安排不合规、部分专项资金使用不合规等问题。“两个报告”成果得到人大、政府充分肯定，政府对“同级审”问题进行限期整改，各项整改任务基本落实。

经济责任审计 完成经济责任审计项目65个，审计党政领导干部和企事业单位领导人员78人，查出违规问题金额9117万元、管理不规范金额2.17亿元，促进领导干部守法守纪守规尽责。

固定资产投资审计 完成投资结算审计项目221个，审计金额32.08亿元，核减投资额7.73亿元，平均审减率24.09%。

专项资金审计 组织开展对保障性安居工程、医保资金、农村饮水安全工程、农机购置补贴等专项资金的审计和审计调查，审计专项资金总额9.43亿元。（撰稿人：王海文）

【衡阳市审计局】 2016年，衡阳市审计局人员编制90人，实有80人。局长李艳丽，副局长李鹏飞、廖义伟、邱文，总审计师李焕勇，纪检组长许常礼，领导干部经济责任审计中心主任段小军，固定资产投资审计中心主任彭云生，工会主席周紫娟，副调研员唐中南（—9月）。设有办公室、组织人事科、离退休人员管理服务科、法规审理科、财政审计科、行政事业审计科、经贸审计科、农业与国土资源环保审计科、金融与社会保障审计科、外资外经审计科、内部审计指导科、审计技术科、行政科、监察室；下设经济责任审计中心（下设经济责任审计一、二、三科）、固定资产投资审计中心（下设固定资产投资审计一、二、三科）。

审计成果 2016年，衡阳市审计局完成审计项目115个。查出主要问题金额35.34亿元；审计处理处罚金额6.56亿元。移送司法机关、纪检监察机关和有关部门处理事项45件。出具审计报告和专项审计调查报告115篇，被批示、采用46篇。

2016年，衡阳市审计局被省审计厅评为全省审计工作目标管理考核优秀等次单位，被省文明委员会评为省级文明标兵单位，被省法制办评为全省依法行政示范单位，被省妇女联合会评为全省巾帼建功先进集体。

国家重大政策措施贯彻落实跟踪审计 对衡阳、祁东、常宁、珠晖4个县市区稳增长等政策措施落实情况进行审计，重点揭露项目推进、简政放权、扶贫政策落实等方面存在的突出问题，查处索拿卡要、乱收费等典型案例。

财政审计 对市财政局、地税局、教育局等8个单位和市本级土地整理资金、市本级开放型经济发展资金、农机购置补贴专项资金等3项专项资金开展审计，清缴入库9.80亿元。审计报告和审计整改报告受到市人大常委会的充分肯定，并在市政府门户网进行公告。

经济责任审计 对市教育局、广播电视台等单位9名领导干部实施经济责任审计，查出违规金额和管理不规范金额1.60亿元。提出审计建议23条。对嘉禾县书记、县长经济责任履行情况和任期内自然资源资产进行审计，得到省审计厅的充分肯定。

固定资产投资审计 对16个征地拆迁项目进行跟踪审计，查出并追回挤占挪用、拆借征拆资金4481万元。对75个政府投资工程进行结算审计，在财政评审的基础上，核减金额6735万元。

民生资金（项目）审计 对保障性安居工程、医保基金等民生资金进行审计。其中在医保基金审计中，移送纪检监察机关等相关职能部门违纪违规问题线索8件。 （撰稿人：邹东亮）

【邵阳市审计局】 2016年，邵阳市审计局人员编制58人，实有70人。党组书记、局长申建伟，副局长李伯升、刘喆、宇向东、阳海贵（—6月）、袁连文，总审计师朱良华，纪检组长阳海贵（—6月，兼）。设有办公室、财政审计科、金融外资与社会保障审计科、行政事业审计科、农业和资源环保审计科、经贸审计科、固定资产投资审计一科、固定资产投资审计二科、经责审计一科、经责审计二科、政工科、法制审理科、计划执行科、纪检监察室；下设内部审计管理办公室、邵阳市基本建设投资审计中心。

审计成果 2016年，邵阳市县两级审计机关完成审计项目408个。查出主要问题金额138.98亿元，其中违规金额18.22亿元、损失浪费金额425万元、管理不规范金额120.71亿元；损益（收支）不实29.64亿元；审计处理处罚金额100.78亿元，其中应上缴财政3.26亿元、应减少财政拨款或补贴1.53亿元、应归还原渠道资金33.31亿元、应调账处理金额57.43亿元；审计发现非金额计量问题575个；审计促进整改落实有关问题金额38.25亿元，其中增收节支14.80亿元、已调账处理金额17.04亿元；审计后挽回（避免）损失3.89亿元。移送司法机关、纪检监察机关和有关部门处理事项33件。出具审计报告和专项审计调查报告615篇，被批示、采用2篇；提交审计信息640篇，被批示、采用464篇。提出审计建议955条。向社会公告审计结果61篇。

财政审计 完成预算执行、财政决算审计项目158个，查出主要问题金额123.20亿元，其中，违规变更调整预算5112万元、未按规定纳入预算管理9.77亿元、未按规定征收缴纳收入17.83亿元、违规改变项目计划和资金用途4.15亿元、资金滞留闲置2.19亿元、决算草案不真实不完整3.27亿元。完成对157个行政事业单位的审计和审计调查，查出主要问题金额5.05亿元，其中，违规改变项目计划和资金用途3357万元、乱收费乱摊派乱罚款1808万元、扩大开支范围或提高开支标准列支465万元。

经济责任审计 完成对160个单位195名领导干部的经济责任审计，查出主要问题金额7.88亿元，其中违规金额1.61亿元、管理不规范金额6.22亿元。

固定资产投资审计 完成41个国家建设项目工程造价审计，核减投资额2.71亿元。查出主要问题金额 5.97 亿元，其中多计工程结算款 1.89 亿元。

民生资金（项目）审计 完成 12 个单位的审计和审计调查，查出主要问题金额 2.06 亿元。

企业审计 完成对 8 个单位的审计和审计调查，查出主要问题金额 1721 万元，其中虚报或隐瞒转移收入 317 万元。

专项资金审计 完成对 32 个单位的审计和审计调查，查出主要问题金额 2.53 亿元，其中资金滞留闲置 6440 万元。（撰稿人：王佑梅）

【岳阳市审计局】 2016 年，岳阳市审计局人员编制 80 人，实有 77 人。党组书记、局长谌亚忠，副局长杨如松、李星吾、陈超、丁湘平，总审计师干忠叶，纪检组长曾建国，党组成员万春霞，调研员张锐，副调研员胡昂、罗友才。设有办公室、综合计划科、人事科、机关党委、监察室、内审指导科、工会、审计技术科、法规审理科、行政事业审计一科、行政事业审计二科、农业与资源环保审计科、经贸外资审计科、经济责任审计科、财政金融审计科、固定资产投资审计科以及开发区分局和直属分局；下设审计服务中心。

审计成果 2016 年，岳阳市审计局完成审计项目 70 个，其中组织实施审计项目 65 个，参与实施审计项目 5 个。查出主要问题金额 59.52 亿元，其中违规金额 6.34 亿元、损失浪费金额 398 万元、管理不规范金额 53.14 亿元；损益（收支）不实金额 8943 万元；审计处理处罚金额 11.20 亿元，其中应上缴财政 6930 万元、应减少财政拨款或补贴 669 万元、应归还原渠道资金 2800 万元、应调账处理金额 9.74 亿元；审计发现非金额计量问题 1056 个；审计促进整改落实有关问题金额 1.28 亿元，其中增收节支 4097 万元、已调账处理金额 1361 万元；审计后挽回（避免）损失 1179 万元。移送司法机关、纪检监察机关和有关部门处理事项 32 件，涉及 26 人。出具审计报告和专项审计调查报告 40 篇，被批示、采用 2 篇；提交审计信息 190 篇，被批示、采用 3 篇。提出审计建议 119 条，被采纳 103 条。向社会公告审计结果 2 篇。

2016 年，岳阳市审计局实施的岳阳市规划局 2014 年城市基础设施配套征收管理使用情况专项审计调查、湘阴县审计局实施的湘阴县新型农村合作医疗管理办公室 2014 年度财政收支和新型农村合作医疗基金绩效情况审计获得湖南省审计厅表彰项目；华容县审计局实施的华容县万庾镇人民政府 2013—2014 年度财政决算情况审计调查项目获湖南省审计厅优秀项目。

国家重大政策措施贯彻落实跟踪审计 完成稳增长等政策措施落实情况跟踪审计 8 个，审计资金总额超 100 亿元，重点审计简政放权政策执行情况、涉企优惠政策执行情况等 6 类问题。并将各单位整改结果上报湖南省审计厅。出台 5 个洞庭湖生态经济区水环境综合治理专项行动方案。

财政审计 重点审计市人大机关等 9 部门和经开区等 4 区预算执行情况，查出问题 248 个、问题金额 145.14 亿元。从体制机制层面提出切实可行的建议 54 条。

经济责任审计 完成经济责任审计项目 11 个，查出问题金额 9.80 亿元，其中领导干部应负直接责任金额 804 万元、主管责任 4.60 亿元、领导责任 5.10 亿元。向有关部门移送案件线索 6 件，2 人受到党内警告处分。

固定资产投资审计 对岳阳三荷机场等 3 个重点项目政策措施贯彻落实情况进行审计，完成滨湖路道路工程等 129 个工程结算审计项目，在工程项目经过建设单位初审、市财政评审办或社会中介机构复审的基础上，再次核减不合理工程造价 2519 万元。完成征地拆迁补偿个案审计项目 30 个，审定土地成本和个案补偿金额 7360 万元，核减补偿金额 1188 万元。

民生资金（项目）审计 对全市城镇保障性安居工程及配套基础设施的计划、投资、建设、分配、运营等情况进行审计，完成安居工程项目 190 个，补充安排专项资金 450.23 万元，退回多收取税费 39.89 万元，促进闲置住房投入使用 553 套，移送案件线索 3 件。查出违纪违规问题金额 7.51 亿元，移送案件线索 6 件。

交办任务 组织 15 人历时 2 个月完成湖南省审计厅交办的国外贷援款公证项目 4 个，湖南省株洲市攸县县委书记、县长经济责任项目 1 个。完成岳阳市中心城区棚户（旧城）区改造跟踪审计等投资项目 6 个。

相关工作 整理计算机审计成果22个、财务系统模板3个。审计信息被省以上媒体采用42篇，被湖南省审计厅网站采用95篇，被岳阳市人民政府网站采用85篇，3篇案例入选审计署培训案例库，4门网络课件入选审计署作为全国审计机关网络培训课件。共编辑《审计要情》《审计专报》25篇。 （撰稿人：戴 农）

【常德市审计局】 2016年，常德市审计局人员编制66人，实有63人。局长张克武，副局长李新辉、李卫、谷素君、陈位明、张峰、周罗生，总审计师李卫（兼），纪检组长鄢辉霞，工会主席聂国骏，经济责任审计工作领导小组办公室专职副主任苏以政，政府投资审计专业处主任杨甫成，调研员廖华春，副调研员钱敏。设有办公室、人事科、综合计划科、法制科、审理科、审计执行科、审计查证一科、审计查证二科、审计查证三科、审计查证四科、审计查证五科、审计查证六科、经济责任审计一科、经济责任审计二科、内部审计指导科、审计技术科，按有关规定设置机关党委、纪检（监察）机构；下设市审计局政府投资审计专业处。

审计成果 2016年，常德市县两级审计机关共完成审计项目477个。查出主要问题金额189.1亿元，其中违规金额25.8亿元；审计处理处罚上缴财政金额11.1亿元；减少财政拨款或补贴3.4亿元；归还原渠道资金11.2亿元；调账处理金额17.7亿元。移送处理事项142件。出具审计报告和审计调查报告824篇；提交审计信息918篇，被批示、采用382篇。提出审计建议1313条。向社会公告审计结果349篇。

2016年，常德市审计局被评为湖南省满意公务员集体、湖南省文明标兵单位、湖南省审计机关目标管理先进单位、常德市市直绩效评估优秀单位。2014年保障性安居工程审计项目获得审计署优秀项目表彰。

国家重大政策措施贯彻落实跟踪审计 对4个区县落实稳增长政策情况实施审计，着重反映政策错位、功能异化、效果不佳等问题，查处武陵区相关部门和乡镇侵害渔民利益的行为。

财政审计 预算执行审计与地方战略、社会热点、财政管理密切融合，对12家部门单位、1个国家级开发区、6个专项资金中存在的预算执行、环境保护、债务管理、资金绩效等问题进行“点穴式”披露。

经济责任审计 对240个单位的主要负责人实施审计，“三责联审”、离任交接方式成为常态。首次对环境污染治理进行系统性的调查分析，对乡镇站所、行政村、居委会负责人经济责任审计进行探索。

固定资产投资审计 审计政府投资项目453个，审减7.5亿元。与市发改委、市住建局共同建立市本级国有投融资平台公司自营项目审计监督制度，对PPP项目的审计监督进行探索。

民生资金（项目）审计 组织实施全市2015年城镇保障性安居工程跟踪审计、农村饮水安全资金审计、医保基金审计，移送处理案件线索、事项23件，38人受到党纪政纪处分或被移交检察机关。

信息化建设 智慧联网审计系统、移动审计办公系统、网络安全防御系统、OA审计管理系统国产化改造、电信专线网络建设全面完成。

（撰稿人：杜盼盼）

【张家界市审计局】 2016年，张家界市审计局人员编制23人。局长向洁，副局长汤敬丁、申迎香、刘阳，总审计师高智，纪检组长田胜勇。设有办公室（法制科）、综合计划科、财政审计科、行政事业审计科、农业与资源环保审计科、企业外资审计科、建设资金审计科、经济责任审计处、审计执行科、审计技术科、按有关规定设置监察室；下设市建设项目审计中心。

审计成果 2016年，张家界市县两级审计机关完成审计项目140个。查出主要问题金额93.99亿元，其中违规金额10.34亿元、损失浪费金额2030万元、管理不规范金额83.44亿元；损益（收支）不实金额4.64亿元；审计处理处罚金额8.86亿元，其中应上缴财政1.86亿元、应减少财政拨款或补贴1.14亿元、应归还原渠道资金2.47亿元、应缴纳其他资金396万元、应调账处理金额3.36亿元；审计促进整改落实有关问题金额6.36亿元，其中增收节支1.52亿元、已缴纳其他资金266万元、已调账处理金额3.04亿元；审计促进拨付资金到位4943万元；审计后挽回

(避免) 损失2.19亿元。移送司法机关、纪检监察机关和有关部门处理事项18件。出具审计报告和专项审计调查报告等179篇；提交审计信息144篇，被批示、采用112篇 (次)。提出审计建议338条。向社会公告审计结果6篇。

2016年，张家界市审计局及4个区县审计局均被评为市级以上文明单位。其中，张家界市审计局通过湖南省文明标兵单位的验收，慈利县审计局、桑植县审计局顺利通过湖南省文明单位验收，永定区审计局顺利通过湖南省文明单位复查验收。

国家重大政策措施贯彻落实跟踪审计 完成张家界市本级及永定区、武陵源区、慈利县、桑植县稳增长促改革调结构惠民生政策措施落实情况跟踪审计，查出部分重点项目推进缓慢、部分财政存量资金未及时盘活、少数行政审批事项未及时清理取消等政策措施落实不力等问题。

财政审计 对25个财税部门和行政事业单位开展预算执行及财务收支审计，重点关注各项财政改革措施相互协调配合、财政预决算编制和预算执行、专项资金管理等方面存在的问题，提高财政资金使用效益。张家界市人大六届28次会议对《关于2015年市本级预算执行和其他财政收支情况的审计工作报告》审议通过，针对审计查出的问题，提出“要认真查找原因，明确整改责任，落实整改措施，切实整改到位”的审议意见。

经济责任审计 共对53名领导干部开展经济责任审计，对13名市管领导干部离任经济事项进行交接审查。在经济责任审计中，重点关注领导干部所在单位的资金资源资产、政策执行、经济决策、内部管理以及领导干部落实作风建设规定、廉洁自律等情况，为组织部门加强干部监督管理提供重要依据。在离任交接审查中，张家界市审计局以问题为导向，发现存在问题后即立项进行财务收支审计，对相关问题进行处理。在湖南省审计厅委托的中共安乡县委书记、安乡县人民政府县长任职期间经济责任审计项目中，向省纪委移送案件线索1件，问责2起。

固定资产投资审计 对51个政府投资项目开展跟踪或工程决 (结) 算审计，审计核减工程投资额2.07亿元。对市纪委办案基地、市人民医院新院区、张家界一中新校区建设资金和项目实施跟踪审计，前移审计监督关口，指出和纠正建设工程管理中存在的问题。完成张家界市博物馆、张家界市技工学校新校区、张家界至桑植二级公路等建设项目审计30个，送审工程造价金额11.03亿元，审定工程造价金额9.81亿元，审减工程投资额1.22亿元，审减率11.03%。

民生资金 (项目) 审计 组织开展保障性安居工程、医保资金审计。针对安居工程中存在的已取得用地批准的安居工程项目未取得建设用地规划许可证、工程规划许可证即开工建设，挤占保障性安居工程专项资金，未按规定及时发放农村危房改造补助资金，违规扩大范围审批住房保障资格和待遇，违规享受农村危房改造待遇等问题，共提出审计建议18条。在桑植县医保资金审计中，查出医保政策制度落实、医保改革措施推进、医保基金管理使用和其他方面存在的突出问题和制度、机制层面上的重大内控管理缺陷。

交办任务 配合张家界市纪委开展“雁过拔毛”式腐败问题专项治理，通过审计发现并移送案件线索4件。先后抽调7人次，参加省委巡视组对湖南省新物产集团有限公司，湖南省轻工盐业集团有限责任公司、湖南司法警官职业学院、湖南省省粮食局、邵阳职业技术学院，湘南幼儿师范专科学校、张家界航空职工技术学院等单位的巡视工作，牵头负责被巡视单位的财务专项检查及参与线索核查工作，工作成绩得到省委巡视组的充分肯定。

(撰稿人：李美林)

【益阳市审计局】 2016年，益阳市审计局人员编制55人，实有53人。党组书记、局长刘凌云，副局长谭超美、刘俊科、吴常青、杨茜，总审计师李立贤，纪检组长张彤，市经济责任领导小组办公室专职副主任李良平。设有办公室、法规科 (审理科)、财政审计科、领导干部经济责任审计科、行政事业审计科、农业与资源环保审计科、经贸审计科、社保金融审计科、政府投资审计科、审计技术科 (审计计划科)、审计执行科、内部审计指导科、人事科。

审计成果 2016年，益阳市县两级审计机关完成审计项目292个。查出主要问题金额232.86亿元，其中违规金额12.43亿元、损失浪费金额3206万元、管理不规范金额220.10亿元；损益

(收支)不实金额23.40亿元；审计处理处罚金额24.56亿元，其中应上缴财政7854万元、应减少财政拨款或补贴3095万元、应归还原渠道资金15.13亿元、应调账处理金额8.25亿元；审计发现非金额计量问题1309个；审计促进整改落实有关问题金额16.60亿元，其中增收节支9.35亿元、已调账处理金额7.13亿元；审计促进拨付资金到位2.48亿元；审计后挽回(避免)损失4.01亿元。移送司法机关、纪检监察机关和有关部门处理事项106件，涉及45人、金额9324万元。出具审计报告和专项审计调查报告414篇，被批示、采用7篇；提交审计信息50篇，被批示、采用32篇。提出审计建议674条，被采纳655条；推动完善规章制度19项。向社会公告审计结果102篇。

2016年，益阳市审计局继续保持“湖南省文明单位”荣誉称号，被中共益阳市直属机关工作委员会评为市直机关党建工作绩效考评先进单位，被市委、市政府授予平安单位称号。

国家重大政策措施贯彻落实跟踪审计　益阳市审计局完成7个区县(市)稳增长等政策措施贯彻落实情况跟踪审计。

财政审计　对132个行政事业单位开展预算执行和财务收支审计。益阳市审计局对市本级、高新区、大通湖区、东部新区和市发改委等9个部门单位进行预算执行审计；对赫山区、安化县、南县进行财政决算审计。

经济责任审计　对106名领导干部开展经济责任审计。益阳市审计局对16名县处级领导干部和3名区县审计局长实施经济责任审计。协助市纪委开展7个区、县(市)换届党政领导干部经济责任事项审查。

农业与资源环保审计　完成2014年至2015年救灾备荒种子储备专项资金管理使用和2014年至2015年农村饮水安全专项资金筹集、管理、使用情况的审计调查项目。

固定资产投资审计　对294个政府投资建设项目实施跟踪审计或竣工决算审计，核减工程造价4.14亿元。益阳市审计局对益阳市“一江三路”、“一园两中心”、资江风貌带建设等重点项目和建设资金实施全过程跟踪审计。

民生资金(项目)审计　对市本级和8个区县(市)城镇保障性安居工程、桃江县等4个区县医保资金、益马等4条高速公路征地拆迁资金、赫山区扶贫资金等重点民生资金和项目进行专项审计。

外资运用审计　完成世界银行贷款益阳市沧水铺农村经济综合开发示范镇项目2015年度执行情况及财务收支审计。

企业审计　完成红旗化工厂留守处、应电设备厂留守处等国企改制遗留问题和湖南惠通融资担保公司违规经营情况的审计调查。

专项资金审计　完成2013年至2015年铁路建设、洞庭湖生态经济区发展战略推进、“十三五”规划编制等专项资金的审计。

(撰稿人：周　丹)

【郴州市审计局】　2016年，郴州市审计局人员编制51人，实有50人。党组书记、局长段小卿，副局长韩湘萍、黄卿(—9月)、焦能飞(9月—)、罗发旺、雷飞飞、曹世香，总审计师匡少兵，纪检组长肖敦武，经济责任审计领导小组办公室专职副主任谭南燕，工会主席罗湘粤。设有办公室、法规审理科、财政金融审计科、行政事业审计科、农业外资审计科、经贸审计科、固定资产投资审计科、经济责任审计(一、二)科、审计技术科、开发园区审计科、政工科、监察室、审计执行科。

审计成果　2016年，郴州市县两级审计机关共完成审计项目1218个。查出主要问题金额184.73亿元，其中应上缴财政9.88亿元、应减少财政拨款或补贴19.16亿元、应归还渠道资金32.57亿元、应调账处理金额11.47亿元。移送司法机关、纪检监察和有关部门处理事项72件。出具审计报告和审计调查报告1358篇。撰写审计信息211篇。提出审计建议1056条。

国家重大政策措施贯彻落实跟踪审计　围绕项目落地、简政放权、资金保障、政策落实、风险防范、精准扶贫等重点，对宜章、桂阳、安仁、临武等4个县进行稳增长政策执行审计。配合审计署特派办、省审计厅对市本级开展政策执行审计，揭示和查出不作为、慢作为、假作为、乱作为等问题，推进中央政策惠及民生，保障地方经济平稳有序运行。

财政审计　完成市本级预算执行、5个部门预算执行审计和安仁县2014—2015年度财务决算审计，重点关注财税政策执行、财政预算体系完善、财政支出结构优化、财政存量资金使用、专项资金整合，以及中央八项规定精神贯彻落实等情况。

经济责任审计　完成151个部门（单位）184名领导干部的经济责任审计，查出主要问题金额7.04亿元。出具审计报告和审计结果报告290篇(次)。向有关单位提出审计建议328条，被采纳或运用306条。

固定资产投资审计　实施重大政府投资项目跟踪审计，政府投资100万元以上竣工结算审计项目必审，由审计部门统一下发通知，统一组织开展审计，统一出具审计征求意见稿和报告，统一下发审计决定和督促整改。2016年，全市完成786个固定资产投资项目的竣工结算审计，审计核减资金达到17.89亿元。

专项资金审计　完成全市保障性安居工程专项资金、基本医疗保险基金、企业军转干生活困难补助资金、农业综合开发资金、农网改造专项资金、水利建设基金、住房公积金等的审计，重点关注资金使用和项目实施，着力揭示和反映挤占挪用、虚报冒领、高估冒算等突出问题，促进被审计单位规范管理，有效维护人民群众利益。

（撰稿人：曹永兵）

【永州市审计局】　2016年，永州市审计局人员编制58人，实有53人。局长龚跃林，副局长雷玖夏、王平波、曾庆廉，总审计师蒋跃军，纪检组长胡剑平，市经济责任审计工作领导小组办公室专职副主任唐亚平，调研员何先旺（—7月）、柏玉（8月—），副调研员周湘丽（9月—）。设有办公室、审计技术科、综合计划科、政工科、法规审理科、经济责任审计室、财政金融审计科、行政事业审计科、社会保障审计科、固定资产投资审计科、经贸审计科、农业资源环保外资审计科、内审指导科、审计执行科、监察室，归口管理市政府投资审计中心。

审计成果　2016年，永州市县两级审计机关共完成审计（调查）项目446个。查出主要问题金额108.21亿元，其中违规金额11.76亿元、损失浪费金额800万元、管理不规范金额96.44亿元；损益（收支）不实金额6.44亿元；审计处理处罚金额34.47亿元，其中应上缴财政12.50亿元、应减少财政拨款或补贴2400万元、应归还原渠道资金7.21亿元、应调账处理金额14.36亿元；审计发现非金额计量问题204个；审计促进整改落实有关问题金额27.58亿元，其中增收节支12.16亿元、已调账处理金额14.3亿元；审计促进拨付资金到位4.46亿元；审计后挽回（避免）损失6.38亿元。移送司法机关、纪检监察机关和有关部门处理事项31件，涉及32人、金额9500万元。出具审计报告和专项审计调查报告431篇，被批示、采用112篇；提交审计信息302篇，被批示、采用175篇。提出审计建议905条，被采纳892条；推动完善规章制度46项。向社会公告审计结果13篇。

2016年，永州市审计局获得全市党风廉政建设和反腐败、精准扶贫、“雁过拔毛”式腐败问题专项整治等工作先进单位表彰。永州市金洞管理区主任任期经济责任审计、江华县2013—2014年度新型农村合作医疗基金审计项目获得省审计厅优秀项目。

财政审计　拓展财政审计的广度和深度，将所有政府性资金纳入审计监督视野，共审计预算执行单位73个，揭示预决算编制、公共财政收支、政府性基金收支、重点专项资金使用及管理、绩效评价管理、部门预算执行，以及落实作风建设新的规章制度等方面存在的问题，并从深化财政管理改革、培育新的经济增长点、依法征缴征管、健全审计问题整改长效机制等方面提出审计建议。

民生资金（项目）审计　组织全市审计机关持续对保障性安居工程开展跟踪审计，对全市基本医疗保险基金和医疗救助资金进行专项审计，充分揭露问题并逐月督促县区政府及其部门落实整改，移送违纪违规问题线索3件。市审计局对成品油价格改革财政补贴资金进行专项审计，查出骗取、套取财政补贴资金等问题，移送违纪违规问题线索5件。

（撰稿人：刘斌凌）

【怀化市审计局】　2016年，怀化市审计局人员编制69人，实有61人。局长周汝谦（—2

月）、骆磊（8 月—），副局长刘序国、刘圣平、杨承连、姜小祥、宋先鸿、潘海波，总审计师杨春洪，纪检组长谭庆津。设有办公室、法制科、人事科、综合计划科、财政金融审计科、行政事业审计科、经贸与外资运用审计科、固定资产投资审计科、农业与资源环保审计科、审计技术科、经济责任审计室、内部审计指导科、监察室、机关党委办；下设怀化市建设项目审计中心。

审计成果 2016 年，怀化市县两级审计机关完成审计及审计调查项目 851 个。查出违规金额 10.59 亿元、损失浪费金额 732 万元、管理不规范金额 309.06 亿元，促进增收节支 12.34 亿元；通过审计处理上缴财政 3.51 亿元；核减投资额 8.27 亿元；移送案件线索 25 件。其中怀化市审计局完成审计及审计调查项目 76 个。查出违规金额 5.69 亿元、管理不规范金额 162.92 亿元；促进增收节支 6.31 亿元；核减投资额 3.41 亿元。审计提出建议 147 条，被采纳 104 条。

国家重大政策措施贯彻落实跟踪审计 对 12 个县市区的政策执行情况进行审计，提出审计建议，促进健全制度，强化管理，推动政策落地生根和不断完善。

财政审计 进一步强化财政预算执行审计，加大对重点资金、重点部门、重点领域的审计监督，有效提高财政资金使用绩效。对怀化市本级预算执行审计发现财政滞留闲置资金 9.5 亿元。

经济责任审计 对 202 名领导干部实施经济责任审计，发现领导干部应负直接责任金额 978 万元。

固定资产投资审计 完成投资审计项目 458 个，核减投资额 8.27 亿元，其中市本级核减投资额 3.4 亿元，平均核减率 11.85%。

民生资金（项目）审计 开展保障性安居工程跟踪、基本医疗和社会保险、财政扶贫资金等民生项目审计，发现和处理侵害人民群众利益的行为，涉及金额 8951 万元。

交办任务 按照市领导交办，怀化市审计局对 9 个县市区开展行政事业性收费专项审计调查，查出乱收费金额 1.12 亿元。各县市区根据审计建议出台禁止乱收费、乱摊派、乱罚款行为的相关规定。

（撰稿人：邹永红 唐 明）

【娄底市审计局】 2016 年，娄底市审计局人员编制 66 人，实有 64 人。党组书记王洪江，局长彭淑媛，副局长曾志伟、周海良、王志彪、殷革华，总审计师刘峰，纪检组长许湘华，领导干部经济责任审计处主任邹国民。设有办公室、综合管理科、人事科、法规科、财政审计科、金融与社会保障审计科、行政事业审计科、经贸审计科、农业与资源环境审计科、投资外资审计科、计算机审计科、工程审计科、监察室、机关党委、工会、领导干部经济责任审计处；下设建设（技改）建设项目审计监督中心。

审计成果 2016 年，娄底市县两级审计机关完成审计项目 235 个，其中组织实施审计项目 226 个，参与实施审计项目 9 个。查出主要问题金额 83.50 亿元，其中违规金额 11.44 亿元、损失浪费金额 1.99 亿元、管理不规范金额 70.07 亿元；损益（收支）不实金额 3488 万元；审计处理处罚金额 17.64 亿元，其中应上缴财政 3.61 亿元、应减少财政拨款或补贴 6989 万元、应归还原渠道资金 1.30 亿元、应调账处理金额 2.90 亿元；审计发现非金额计量问题 631 个；审计促进整改落实有关问题金额 6.09 亿元，其中增收节支 1.56 亿元、已调账处理金额 2.96 亿元；审计促进拨付资金到位 3.77 亿元；审计后挽回（避免）损失 5.98 亿元。移送司法机关、纪检监察机关和有关部门处理事项 32 件。出具审计报告和专项审计调查报告 341 篇，被批示、采用 8 篇；提交审计信息 628 篇，被批示、采用 503 篇。提出审计建议 658 条。向社会公告审计结果 11 篇。

2016 年，娄底市审计局被评为全国模范职工之家、湖南省“六五”普法依法治理工作先进单位、湖南省三八红旗集体、湖南省省级文明卫生单位、娄底市党委信息先进单位、娄底市中心城区“文明院落”。娄底市本级 2014 年度预算执行及其他财政收支审计项目被湖南省审计厅评为湖南省优秀审计项目。

国家重大政策措施贯彻落实跟踪审计 对冷水江“两供两治”（供水、供气，污水治理、垃圾治理）设施建设、娄底市垃圾填埋场建设、双峰县水利资金和基础设施建设、涟源市园区建设和省市重点工程等进行跟踪审计，着重关注重大项目落地、重点资金保障、重大政策落实情况。

财政审计　突出政府预算管理、政府债务、专项资金、税费成本、财税收入征管等重点领域和关键环节审计，督促提高财政资金使用绩效，从2016年起，财政审计整改列入市政府常务会议固定议题。

经济责任审计　完成对129个单位165名领导干部的经济责任审计，其中任中审计56人，离任审计109人。配合审计署进行领导干部自然资源资产离任审计扩大试点工作。

固定资产投资审计　推行竣工决算审计项目"必审制""二审定审制"和"三级复核制"，引入社会力量参与政府投资审计。娄底市审计局完成固定资产投资项目结算审计342个，送审金额22.92亿元，审定金额20.15亿元，核减1.04亿元，核减率15.4%。

专项资金审计　开展保障性安居工程审计、医疗保险基金审计、农机购置补贴专项资金审计等民生审计（调查）项目，重点关注资金的分配、管理和使用情况，揭露和查处重大违法违纪问题，向检察院、纪检监察部门移送案件线索24件。

（撰稿人：曹阿乔）

【湘西土家族苗族自治州审计局】　2016年，湘西土家族苗族自治州审计局人员编制54人（其中行政编制37人、工勤编制4人、事业编制13人），实有43人（其中行政编制33人、工勤编制3人、事业编制7人）。党组书记向能武，局长印钊，副局长肖远湘（—12月）、龚道君、万前荣，纪检组长高光忠，经济责任审计领导小组办公室专职副主任阙剑平。设有办公室、法规科、审理科、财政审计科、行政事业与外资运用审计科、经贸金融社保审计科、农业与资源环保审计科、固定资产投资审计科、经济责任审计室、人事科、审计技术科、审计执行科和州政府投资审计中心，设离退休人员管理服务科、直属机关党委。按有关规定设置纪检监察机构。

审计成果　2016年，湘西土家族苗族自治州审计局完成审计项目57个。查出主要问题金额49.38亿元，其中违规金额3.03亿元、损失浪费金额231万元、管理不规范金额46.33亿元；损益（收支）不实金额1.50亿元；审计处理处罚金额3.35亿元，其中应上缴财政2655万元、应减少财政拨款或补贴1.47亿元、应归还原渠道资金7970万元、应调账处理金额8174万元；审计发现非金额计量问题144个；审计促进整改落实有关问题金额1.75亿元，其中增收节支1.66亿元、已调账处理金额815万元；审计促进拨付资金到位2.36亿元；审计后挽回（避免）损失1.43亿元。向纪检监察机关移送案件线索6件。出具审计报告和专项审计调查报告59篇；提交审计信息146篇，被批示、采用12篇。提出审计建议162条。向社会公告审计结果2篇。

国家重大政策措施贯彻落实跟踪审计　对吉首市、泸溪县、凤凰县、古丈县、花垣县、保靖县、永顺县7个县政策措施贯彻落实情况进行跟踪审计。

财政审计　对11个州直部门单位预算执行、税收征管和吉首市、永顺县、古丈县财政决算进行审计，并向社会公示审计结果。

经济责任审计　对桑植县党政主要负责人和州公路局、州移民局、州科技局、州妇幼保健院、团结报社主要负责人实施任期经济责任审计。

固定资产投资审计　重点实施60个州政府投资建设项目竣工结算审计，6个政府重点投资建设项目跟踪审计。

民生资金（项目）审计　对全州城镇保障性安居工程，医疗保险基金，吉首市、永顺县、古丈县扶贫资金，9个州交通建设指挥部征拆资金等开展专项审计。

企业审计　对吉首华泰公司进行专项审计。

信息化建设　实现公文内网审批、办理和传阅100%；建立计生、车辆、公积金、社保等外部数据库。

（撰稿人：唐海龙）

2016年湖南省所辖区、县(市)级审计工作统计表

金额单位:万元

审计机关	完成审计项目(个)	审计查出主要问题金额	审计处理情况						出具审计报告和审计调查报告(篇)	提出审计建议(条)	提交审计信息(篇)
			审计处理处罚				移送处理事项(件)				
			应上缴财政	应减少财政拨款或补贴	应归还原渠道资金	应调账处理金额					
长沙市											
长沙市本级	935	8664038	504512	277464	30038	129467	28		935	158	154
芙蓉区审计局	385	1046756	1279	19632	27	133836	10		385	98	23
天心区审计局	347	434988	82		9096		4		347	47	45
岳麓区审计局	72	162772	3755		98	10186	9		72	44	45
开福区审计局	388	76109	135	7	166	11495	2		388	56	38
雨花区审计局	119	7298	20	1685	34				119	50	5
望城区审计局	154	351153	2783		160	102	5		154	101	35
浏阳市审计局	1162	168934	4867		3513	1438	5		1162	87	31
长沙县审计局	207	59486	2		7		2		207	61	74
宁乡县审计局	22	712635	78670		171	987	17		22	116	50
株洲市											
株洲市本级	33	1268981	248927		9638	319340	23		48	98	42
荷塘区审计局	14	72080	9		55	50921			14	38	
芦淞区审计局	14	5581	15			205	2		26	44	30
石峰区审计局	26	71397	269		12356	3965			86	89	16
天元区审计局	138	142151	22923		55	73806	2		97	120	5
醴陵市审计局	26	15077	46	1276	119	5410			35	45	19
株洲县审计局	30	157632	25645		15421	3302	4		33	81	
攸县审计局	14	376774	170666		75355				14	129	
茶陵县审计局	34	118082	46402		2077	31994	9		26	66	12
炎陵县审计局	29	58307	23		138	26457			34	31	22
湘潭市											
湘潭市本级	65	1698610	3387	1		105181	13		75	135	100
雨湖区审计局	13	33512	14						23	27	12
岳塘区审计局	63	9099	32		142	6576	4		77	114	9
湘乡市审计局	46	54482	39701	227	183	2841			64	5	18
韶山市审计局	74	61400	48	152	19515	5733			86	52	14
湘潭县审计局	124	113907	5366		320	100	11		138	65	47

（续表）

审计机关	完成审计项目（个）	审计查出主要问题金额	审计处理情况					出具审计报告和审计调查报告（篇）	提出审计建议（条）	提交审计信息（篇）
			审计处理处罚				移送处理事项（件）			
			应上缴财政	应减少财政拨款或补贴	应归还原渠道资金	应调账处理金额				
衡阳市										
衡阳市本级	115	353404	671		57608	7302	45	115	246	235
珠晖区审计局	10	13368	2016		943	10409	1	10	21	3
雁峰区审计局	85	1361	276		351	6		11	19	7
石鼓区审计局	27	42	12				3	37	26	120
蒸湘区审计局	74	9279	36		6043	2581		75	7	25
南岳区审计局	17	3454	290	905			6	20	12	20
常宁市审计局	28	3705	2679		530	2	19	33	64	8
衡阳县审计局	61	2037	133	108	579	1217	12	61	245	20
衡南县审计局	102	16800	589	16	1346	891	16	102	175	46
衡山县审计局	56	48910	5		37507	1660	5	56	92	21
衡东县审计局	88	86085	14199		3896	66815	23	119	184	103
祁东县审计局	47	15314	230		458	706	6	77	89	35
邵阳市										
邵阳市本级	56	670559	1563		188464	349663	3	49	131	107
双清区审计局	12	40409	226		1156	301	2	20	46	28
大祥区审计局	13	23430	1421		250			13	24	27
北塔区审计局	10	22525	265		38122	12080		10	49	
武冈市审计局	58	33066	633	114	10424	6660	8	57	104	42
邵东县审计局	39	121355	419		3499	10666		39	160	69
新邵县审计局	27	85442	587	5949	3933	31679		173	25	6
邵阳县审计局	35	37314	549		903	3518	2	51	80	85
隆回县审计局	27	25546	514	4982	1329	15128	3	40	87	33
洞口县审计局	75	114659	25204		50919	33662	6	75	126	64
绥宁县审计局	20	49132	237	2555	544	8	4	20	22	35
新宁县审计局	36	91921	731	1523	558	74613	4	51	81	86
城步苗族自治县审计局	17	74374	264	138	33036	36312	1	17	20	58
岳阳市										
岳阳市本级	42	595155	6930	669	2800	97414	7	40	119	190
岳阳楼区审计局	40	50825	136		85	3		43	82	14
云溪区审计局	43	271129	210	81	574	329		74	252	20
君山区审计局	12	920	106	53	2	246		25	3	6

（续表）

审计机关	完成审计项目（个）	审计查出主要问题金额	审计处理情况					出具审计报告和审计调查报告（篇）	提出审计建议（条）	提交审计信息（篇）
			审计处理处罚				移送处理事项（件）			
			应上缴财政	应减少财政拨款或补贴	应归还原渠道资金	应调账处理金额				
汨罗市审计局	65	258588	341	155	837	59	3	37	54	28
岳阳县审计局	56	18761	72	3633	578	1418		46	100	
华容县审计局	56	53398	2577	1616	3387	12829		55	59	92
湘阴县审计局	23	257894	765	23	123707	3175		23	60	126
临湘市审计局	35	61287	205	13	1485	14183		59	179	28
平江县审计局	41	99043	23875	16	36	12501	1	44	123	32
屈原管理区审计局	9	6972	5031		129	673		6		
常德市										
常德市本级	75	1205441	69425	11731	80670	3833	39	117	241	123
武陵区审计局	37	21781	83	351	2025	11536	11	60	95	64
鼎城区审计局	61	106816	1094	19732	16313	8330		122	178	93
津市市审计局	32	26907	300	1342	163		10	51	100	3
安乡县审计局	38	19663	899		1247	10933	11	65	94	35
汉寿县审计局	34	119315	538		4542	85357	17	39	86	286
澧县审计局	39	193081	99		2336	32923	5	61	156	61
临澧县审计局	29	69499	37811		298	4186	13	47	76	9
桃源县审计局	92	58002	425	526	190	2418	22	161	197	85
石门县审计局	40	70915	361		4515	17473	14	101	90	159
张家界市										
张家界市本级	60	409696	3105		1820	12124	15	61	161	60
永定区审计局	23	50061	19	11278	13423	8815	2	34	37	33
武陵源区审计局	8	47660	15115		7000	2810		16	17	13
慈利县审计局	20	403407	195	80	1976	8961	9	27	47	19
桑植县审计局	31	29059	128		449	878		41	79	19
益阳市										
益阳市本级	76	1611385	5481	45	34279	46986	88	114	198	12
资阳区审计局	24	91470	435	95	74611	645	2	31	65	3
赫山区审计局	30	81695	334	2903	438	121		44	82	8
沅江市审计局	26	140976	42		2086	24198	1	48	63	5
南县审计局	35	149148	122	52	376		2	48	91	6
桃江县审计局	45	113147	1267		39027	1064	7	64	92	7
安化县审计局	30	80148	169		500	2317	1	32	34	2
高新区审计分局	16	59557	2		2	6871	4	16	20	4

（续表）

审计机关	完成审计项目（个）	审计查出主要问题金额	审计处理情况					出具审计报告和审计调查报告（篇）	提出审计建议（条）	提交审计信息（篇）
			审计处理处罚				移送处理事项（件）			
			应上缴财政	应减少财政拨款或补贴	应归还原渠道资金	应调账处理金额				
大通湖审计分局	10	1103	2			334	1	17	29	3
郴州市										
郴州市本级	211	439693	78558	97325	230	4671	22	223	288	38
北湖区审计局	70	170054	169	10439	1		6	76	12	3
苏仙区审计局	92	264835	252	4733	299	147	7	125	96	64
资兴市审计局	259	43877	369	5391	30366	6220	8	262	65	39
桂阳县审计局	111	321320	140	23391	257575	43081	2	126	47	24
宜章县审计局	102	25795	2477	9219	18	158	6	119	96	10
永兴县审计局	68	212552	729	6346	21537	12437	6	71	126	2
嘉禾县审计局	63	161384	4143	11387	14879	38661	3	85	152	
临武县审计局	35	1820	47	1379		88		35	32	
汝城县审计局	72	124291	10846	10068	58	9200	8	83	69	9
桂东县审计局	76	5477	138	1543	75			91	47	
安仁县审计局	59	76230	897	10404	656		4	62	26	22
永州市										
永州市本级	39	558789	87522	154	65	3645	11	39	84	19
零陵区审计局	30	103317	18589		63631	17439	7	30	50	60
冷水滩区审计局	42	86761	12420		149	1557		42	78	10
祁阳县审计局	49	49346	3911	288	966	43	2	50	88	47
东安县审计局	12	14298	199	3	32	12835	1	12	33	3
双牌县审计局	18	6277	29	1529	63	194	2	18	40	11
道县审计局	31	37457	103		86	14510		32	51	5
江永县审计局	78	2704	127	387	90	924	2	78	125	3
宁远县审计局	75	4084	74		584	2787		74	213	6
蓝山县审计局	12	104530	326		23	1025	1	12	28	26
新田县审计局	13	1693	66		12	532	5	22	91	14
江华瑶族自治县审计局	47	113800	1719		6607	102599		47	44	113
怀化市										
怀化市本级	61	1686129	48311	31569	5909	72540	2	71	147	9
鹤城区审计局	56	58225	4994	9368	10	22		143	79	20
洪江市审计局	25	40168	150		23	448	1	39	23	24
洪江区审计局	17	20576	104	559	1475	303		22	38	1

（续表）

审计机关	完成审计项目（个）	审计查出主要问题金额	审计处理情况					出具审计报告和审计调查报告（篇）	提出审计建议（条）	提交审计信息（篇）
			审计处理处罚				移送处理事项（件）			
			应上缴财政	应减少财政拨款或补贴	应归还原渠道资金	应调账处理金额				
中方县审计局	35	329455	2479	4797	12003	6083	13	46	111	87
沅陵县审计局	28	166695	108		350	233	3	49	87	59
辰溪县审计局	27	31254	117		193	3182		34	63	
溆浦县审计局	94	28303	579	12077	77	607	5	122	258	86
会同县审计局	56	4197	96	1251	755			64	110	18
麻阳苗族自治县审计局	48	72878	34	2126	1005	487	1	48	51	
新晃侗族自治县审计局	114	20591	24	3767				116	163	
芷江侗族自治县审计局	201	470855	187	5910	321	320		36	49	5
靖州苗族侗族自治县审计局	46	116552	143	929	111	58		44	117	50
通道侗族自治县审计局	43	151432	5019	3610	33301	5333		124	40	31
娄底市										
娄底市本级	38	315314	34815		6068	2199	48	49	121	100
娄星区审计局	33	80363	257		843	20048		54	84	167
冷水江市审计局	32	117143	214		3155	3978	10	39	83	51
涟源市审计局	47	104567	132	6988	2460	127	2	47	115	73
双峰县审计局	31	102180	51		217	2673	3	56	99	120
新化县审计局	45	115405	653	1	248		10	96	156	117
湘西土家族苗族自治州										
湘西土家族苗族自治州本级	57	493793	2655	14729	7970	8174	6	59	162	146
吉首市审计局	20	118680	926	3695	80536	5394		26	50	46
泸溪县审计局	17	72694	86	4671				23	42	42
凤凰县审计局	19	228369	414	7345	107841	6930		26	28	25
花垣县审计局	15	82196		314				22	49	46
保靖县审计局	23	216642	186	1656	520	7692	1	21	59	49
古丈县审计局	26	46285	157	1578		2300		32	23	23
永顺县审计局	20	44605	45	5419	16416	7833		30	34	34
龙山县审计局	24	98750	19	1628	5373	62676	1	33	48	46

广东省

【广东省审计厅】 2016年，广东省审计厅人员编制323人。设有办公室、综合计划处、法规审理处、经济责任审计处、财政金融审计处、税务审计处、行政政法审计处、教科文审计处、农业与资源环保审计处、固定资产投资审计处、企业审计处（境外审计处）、社会保障审计处、外资运用审计处、整改监督处、人事处（与机关党委办公室合署）等内设机构及直属行政单位绩效审计分局，并设广东省计算机审计中心、广东省内部审计指导中心等直属事业单位和经济责任审计中心。

领导成员

厅　　长：何丽娟

副 厅 长：陈　剑　卢荣春

　　　　　黄建勋　骆贵全

总审计师：刘柱棠（1月—）

纪检组长：陈钟鹏（—6月）

　　　　　张穗汉（6月—）

省经济责任审计工作联席会议办公室主任：

　　　　　李业章

副巡视员：杨国光　吴鸿驹（—8月）

　　　　　黄　菁（1月—）

副厅级干部：张群声（1月—7月）

　　　　　　冯祥雄（11月—）

审计成果　2016年，广东省审计机关开展审计和审计调查项目4443个。查出违规问题金额273.73亿元、侵害群众利益问题金额27.85亿元、损失浪费金额22.10亿元、管理不规范金额5504.01亿元；为国家增收节支247.60亿元，其中上缴财政131.56亿元、减少财政拨款或补贴69.31亿元、归还原渠道资金46.73亿元；审计后挽回或避免损失76.67亿元。向司法、纪检监察机关和有关部门移送处理事项426件，涉及金额115.35亿元。出具审计报告10143篇；提交审计专题报告、综合性报告、信息简报2052篇，其中提交重要审计信息144篇。推动被审计单位建立健全规章制度416项。

人财物管理改革试点　广东省委、省政府印发《〈广东省关于完善审计制度若干重大问题的实施意见〉及相关配套文件的通知》，广东省委组织部印发《〈我省审计体制改革试点市、县审计局领导班子成员选拔任用工作的若干意见〉的通知》，广东省财政厅、省审计厅出台《关于印发〈广东省审计机关财物管理改革实施方案〉的通知》等系列配套文件。广东省审计厅根据中央和系列配套文件相关要求，出台和修订第一批12项改革试点配套办法，涵盖审计计划管理、审计机关考核、审计质量控制等审计工作方面，有序推开市、县（区）级审计机关人财物管理改革试点工作。

国家重大政策措施落实情况跟踪审计　组织全省审计机关开展重大政策措施落实跟踪审计，重点审计重大项目推进、工业转型升级、粤东西北振兴发展、创新驱动发展战略和简政放权等政策措施的落实情况。审计结果表明，各地区、各部门积极采取措施，推进经济发展稳中有进、稳中向好、稳中提质。

财政审计　广东省审计厅对2015年度省级财政管理情况开展重点审计。审计结果表明，有关部门在经济下行压力较大形势下，着力组织收入，科学安排支出，较好地发挥财政保障功能。审计发现部分资金预算管理使用不够规范，部分转移支付资金和省级专项转移支付资金下达不够及时，部分省级财政专项资金由于项目计划或分配方案未及时下达、施工条件不具备等原因滞留在下级财政或项目单位。

组织对省地税局和湛江、茂名、阳江、云浮、韶关、梅州、清远、河源8市的土地增值税税收政策执行情况进行审计调查；对湛江、茂名、阳江、云浮4市财政决算税收征管情况进行审计。发现部分市应征未征税费8.62亿元，涉及耕地占用税、土地增值税和土地使用税等；个别市未办理缓征税款手续，缓征耕地占用税、契税等税款3.11亿元；个别地区违规征税1.72亿元；个别市未对符合清算条件的32个房地产项目进行土地增值税清算，影响税款及时入库。

全省审计机关开展财政决算审计和审计调查项目299个，延伸审计单位461个，查出主要问题金额936.82亿元。出具审计报告601篇。组织对阳江、湛江、茂名、云浮4个市2014年度财政决算进行审计，对佛山市南海区等22个县（市、区）2012 年至 2015 年 6 月财政收支管理情况进行审计。发现存在少列、多列预算收入和预算支出，未严格执行预算审批程序，财政资金管理不严格，相关政策执行不到位等问题。

全省审计机关完成预算执行审计项目（含经济责任审计，下同）976 个，延伸审计单位 1970 个。查出主要问题金额 2188.22 亿元，其中预算编制批复不规范金额 63.11 亿元。出具审计报告 1131 份。组织对 30 家省级单位 2015 年度部门预算执行情况进行审计，延伸其所属 50 个下属单位，涉及资金总额 163.37 亿元（含延伸以前年度资金）。审计结果表明，相关部门单位预算执行和资金使用总体情况较好，但存在部门单位预决算编制不够完整、细化，年中追加预算比例较高，以拨代支或虚列支出以及未严格执行“收支两条线”管理规定等问题。

经济责任审计 对 2011 个单位、2263 名领导干部开展经济责任审计。其中，党委领导干部 384 人、政府领导干部 411 人，国有企业领导人员及其他 111 人。查出违规金额 264.48 亿元、损失浪费金额 14.52 亿元、管理不规范金额 2108.16 亿元。根据审计结果，经济责任人被移送纪检监察机关 3 人。同时，扩大县委书记、县长经济责任异地交叉同步审计。

固定资产投资审计 组织对潮州供水枢纽工作、揭阳潮汕机场、粤湘高速博罗至深圳段、汕揭高速潮州段等 4 个重大投资项目进行竣工决算审计。发现个别项目多计工程成本 7.7 亿元，个别项目因建设管理不到位增加工程成本 4080 万元，24 个分项工程或服务合同未按规定招标，29 个分项工程或服务合同评标不合规等问题。

民生资金（项目）审计 组织对保障性安居工程、住房公积金管理和使用情况等项目进行审计，组织对省级重金属污染防治资金、黄标车提前淘汰补贴和奖励资金和乡镇卫生院“五个一”设备配置情况进行专项审计调查。

组织全省审计机关对 2013 年至 2015 年全省 511 家公立医院甲类、乙类设备和单价 100 万元以上其他大型医用设备管理使用情况进行绩效审计调查。审计结果表明，近 3 年，广东省公立医院仍存在职能部门履职不到位、部分设备采购和安装周期较长、大型医用设备和操作专业人才资源配置区域性不均衡等问题。

专项资金审计 组织对部分省直单位以及广州、深圳、佛山、惠州、东莞、云浮、顺德 7 个市（区）2013—2015 年度协同创新与平台建设等 15 项与落实创新取得发展战略密切相关的省级科技专项资金进行审计调查。审计发现：有关市县财政部门和科技部门未按规定时限拨付省级科技资金；科技部门对部分科研项目合同管理书对比申报书涉及总经费投入、项目执行期、主要技术和社会效益指标等内容的变更审批缺乏有效控制。

援疆审计 组织广州、佛山、东莞等市审计局对 2014 年 10 月至 2015 年 9 月广东省对口支援新疆发展资金及项目建设管理情况进行审计。审计结果表明，广东省对口支援新疆工作和援疆项目较好地推动当地经济社会发展及民生改善，同时发现部分项目建设进度缓慢，截至 2015 年 7 月底，有 6 个 2014 年度的援建项目未按计划完成，涉及投资 1.05 亿元；1 个项目 500 万元设备产权未按规定划转使用单位，1 个项目以新建项目名义申请援疆资金 110 万元，用于弥补建设资金缺口；部分项目未严格履行基本建设程序。

企业审计 组织对省水电集团、省盐业集团、省珠影集团、省二轻集团 4 家省属国有企业进行审计，涉及资产总额 222.28 亿元；对省金融办和省粤科、物资、盐业、商贸和丝纺等省属国有企业发起设立的 5 家省属小额贷款公司 2013 年至 2015 年运营情况进行专项审计调查，涉及资产总额 19.7 亿元。

外资运用审计 广东省审计厅对 9 个国外贷援款项目 2014 年度财务收支和项目执行情况进行审计，涉及国外贷援款总额 2.63 亿美元。审计结果表明，广东省利用贷援款开展农业面源污染治理、促进城乡社保一体化、农村经济建设和交通运输升级等方面取得较好效果。

审计整改 广东省审计厅审计查出需整改问题 2339 条。其中，2315 条审计发现问题已完成和正在执行整改，督促被审计单位上缴各级财政资金 38.82 亿元，归还原资金渠道 80.85 亿元，督促各部门拨付滞留资金 40.31 亿元，调整会计账目涉及金额 481.46 亿元，其他已整改金额 636.24 亿元；根据审计项目建议，督促被审计单位和主管部门完善各项制度 279 项，处理相关责任人员 108 人。被审计单位制定整改措施 2397 项。

内部审计 广东省内部审计机构开展内部审计项目 7.41 万个，审计总金额 22014.15 亿元，增收节支 1.36 亿元。建议给予行政处分 198 人，实际给予行政处分 197 人，向司法机关移交案件 21 件、人员 65 人。提出并被采纳意见 4.4 万条。

（撰稿人：钟征华）

【广州市审计局】 2016 年，广州市审计局行政编制 153 人、事业编制 35 人，实有 175 人。局长冯慧光，副局长陈宝雄（—12 月）、严健蓓、刘南群、陈启书（12 月—），总审计师丘雷（12 月—），纪检组长张志鹏，巡视员陈宝雄（12 月—），副巡视员李家禄、张敏笙、张祥生。设有办公室、法规审理处、财政税务审计处、行政事业审计处、电子数据审计处、固定资产投资审计处、企业审计处、社会保障审计处、农业与资源环境审计处、经济责任审计管理处、整改执法监督处、绩效审计处、人事处（与机关党委合署办公）；下设机关服务中心和审计信息中心。

审计成果 2016 年，广州市区两级审计机关开展审计和审计调查项目 312 个。查出违规问题金额 6.92 亿元、侵害群众利益问题金额 1360 万元、损失浪费金额 6.02 亿元、管理不规范金额 816.78 亿元；为国家增收节支 3.59 亿元，其中上缴财政 3.02 亿元、归还原渠道资金 5693 万元；审计后挽回或避免损失 4058 万元。向司法、纪检监察机关和有关部门移送处理事项 29 件，涉及金额 7.43 亿元。出具审计报告 443 篇；提交审计专题报告、综合性报告、信息简报 149 篇。推动被审计单位建立健全规章制度 47 项。

国家重大政策措施贯彻落实跟踪审计 组织市区两级审计机关审计人员 385 人次，对全市 2016 年落实国家和省重大政策措施情况开展跟踪审计。重点从促进重大建设项目加快推进、促进财政资金统筹使用和重点资金到位、促进简政放权、促进重大政策落实以及防范风险方面和完善体制机制等方面开展，共发现各类需要整改的问题 47 个，发出整改函或审计报告 18 份，促进相关单位及时整改。至 2016 年底，已经到整改期限的 44 个问题全部完成整改。

财政审计 开展花都区、荔湾区 2015 年度财政决算审计，开展广州市 23 个部门预算执行审计，部门预算执行审计数量较 2015 年增加 15 个。组建跨业务处的数据分析团队，开展统一集中的审计数据分析，开发利用 61 个审计模型，发现 75 个方面的审计疑点。

经济责任审计 制定《广州市党政主要领导干部和国有企业领导人员经济责任审计操作规程（试行）》及党政部门、地方党委政府、国有企业 3 个审计指引。对 25 名市管领导干部开展经济责任审计，组织 11 个区审计局共同开展 26 个镇（街）党政主要领导干部经济责任异地同步审计，授权区审计局对 11 个区检察院检察长进行审计，扩大经济责任审计覆盖面。

企业、金融审计 对广州银行、万联证券进行审计，开展小额贷款公司审计调查和金融机构运行风险审计调查，促进市属企业和金融机构规范经营，为防范金融风险、做大做强全市国有企业和金融业发挥审计保障作用。

农业与资源环保审计 开展广州市集中式饮用水源地保护情况、全市自然资源资产情况审计调查，利用无人机航拍影像和谷歌、百度地图遥感卫星影像，通过“3S”技术（遥感技术、地理信息系统技术、全球定位系统技术）快速获取资源环境审计所需数据并进行数据处理，做到既摸清整体情况，又突出重点，审计指出问题和审计建议得到市水务局、市环保局高度重视。

固定资产投资审计 制定《关于开展广州市政府投资重点建设项目审计全覆盖工作的意见》。对广佛地铁首通段、东濠涌综合整治工程等重大政府投资项目开展审计，重点关注投资项目概算、预算评审。开展广州国际金融城起步区金融方城基坑支护及土石方工程预算评审审计。

民生资金（项目）审计 开展 2013—2015 年度广州市失业保险基金等民生审计，派出 17 名审计人员参与审计署广州特派办组织的 2015 年度城镇保障性安居工程跟踪审计。在经济责任审计、区级财政决算审计等审计项目中，将扶贫资金管理和使用作为重点审计内容。

企业审计 对广州市水投集团、万宝集团等 9 户企业以及市文资办监管的 11 户企业、广州市交委监管的10户企业开展审计或者审计调查。

（撰稿人：陈　思）

【韶关市审计局】　2016年，韶关市审计局人员编制45人。局长陈大川（4月—），副局长陈大川（—3月）、李秋月、毛考清、钟定鸿（11月—），总审计师钟定鸿（—10月），纪检组长徐进平，副调研员苏国强。设有办公室（计算机审计室）、法规审理科、经济责任审计办公室、财税金融审计科、行政事业审计科、农业与资源环保审计科、经贸外资审计科、固定资产投资审计科。

审计成果　2016年，韶关市县两级审计机关开展审计和审计调查项目279个。查出违规问题金额4011万元、侵害群众利益问题金额225万元、管理不规范金额64.68亿元；为国家增收节支3237万元，其中上缴财政629万元、归还原渠道资金2609万元。出具审计报告471篇；提交审计专题报告、综合性报告、信息简报150篇，其中提交重要审计信息25篇。推动被审计单位建立健全规章制度5项。

国家重大政策措施贯彻落实跟踪审计　组织开展稳增长促改革调结构惠民生防风险政策措施落实情况跟踪审计，重点围绕推动韶关振兴发展战略、市委十一届九次全会确定的“三大主题”、芙蓉新城“三年基本成城”发展战略落实情况开展跟踪审计。

财政审计　韶关市审计局首次利用韶关市公共财政综合管理平台，取得237个市级预算单位的财政财务核算电子数据进行审计，审计发现财政资金统筹使用力度有待加强、市级财政尚未对预算执行单位的财政存量资金进行清理、部分县级财政存量资金规模较大等问题。

经济责任审计　韶关市审计局完成对53名领导干部的经济责任审计，查出管理不规范金额7.64亿元、违规金额2832万元。向纪检监察机关等有关部门提供违纪违规线索17件。提出审计建议153条，被采纳146条。

民生资金（项目）审计　对住房公积金、基本医疗保险基金、广东省水污染防治资金、保障性安居工程等重点民生项目开展审计，发现存在违规审批发放贷款和违规审批造成超额提取住房公积金等严重违规等问题。（撰稿人：朱　超）

【深圳市审计局】　2016年，深圳市审计局人员编制190人，实有175人。局长陈倩雯，党组书记何锐军，副局长沈安利、张美秀，副巡视员张志忠。设有办公室、综合处、审理处、财政处、金融处、行政处、资金处、企业处、资源环境处；下设深圳市审计局经济责任审计专业局、深圳市审计局政府投资审计专业局。

审计成果　2016年，深圳市区两级审计机关开展审计和审计调查项目560个。查出违规问题金额24.74亿元、损失浪费金额2824万元、管理不规范金额251.39亿元；为国家增收节支85.68亿元，其中上缴财政8.56亿元、减少财政拨款或补贴65.45亿元、归还原渠道资金11.68亿元；审计后挽回或避免损失66.02亿元。向司法、纪检监察机关和有关部门移送处理事项52件，涉及金额5.09亿元。出具审计报告4241篇；提交审计专题报告、综合性报告、信息简报153篇，其中提交重要审计信息50篇。推动被审计单位建立健全规章制度20项。

国家重大政策措施贯彻落实跟踪审计　落实2016年重大政策措施落实情况跟踪审计工作，把政策跟踪审计按季度分解为4个项目列入年度审计项目计划，抽查38个单位和43个政府投资项目，涉及财政资金1419.49亿元。每季度汇总审计结果向市政府和上级审计机关反映，推进国家重大政策取得实效。

财政审计　利用市财政委国库集中支付系统数据库和被审计调查部门的财务系统数据开展预算执行审计，覆盖深圳市本级100个一级预算单位及其下属单位共计455个，重点审计各预算单位购买服务支出，着力反映全口径预算编制和执行、国企境外投资、重大政策措施贯彻落实、政府投资项目建设、保障性住房安居工程等方面存在的问题。

绩效审计　开展绩效审计项目9个，涵盖食品安全、治水提质、公共交通、医疗卫生、资源管理等方面，其中对食品药品安全重大民生工程资金、机动车道路临时停放设施规划建设及运营管理、河道底泥处理的审计监督均属首次开展。审计对涉及的使用资金效果进行全面评价，对发现的问题进行深度分析，有针对性地提出审计意见和建议，为有关各方改进工作提供重要参考，推动深圳城市管理治理的进一步完善。

经济责任审计 深圳市审计局共完成经济责任审计项目31个，查出违规金额16.20亿元、管理不规范金额29.32亿元，提出审计建议83条。其中，完成17个街道的党委政府20名主要领导干部的任期经济责任异地同步审计。

自然资源资产离任审计试点 深圳市审计局在坪山区、龙华区开展领导干部自然资源资产离任审计试点工作，重点监督检查被审计领导干部任职期间是否建立健全资源环境管理体系，自然资源资产是否有序开发、节约集约利用，是否存在重大损失浪费、重大生态破坏和环境污染等问题，编制《深圳市领导干部自然资源资产离任审计实施细则（试行）》。

固定资产投资审计 完成3826个投资项目审计，涉及金额786.89亿元，核减28.11亿元。出具审计报告3958份、跟踪审计建议函35份，发出移送处理书10份。

审计结果运用 进一步加强对审计整改工作的督促检查，依法检查审计整改落实情况，加强与政府督查部门的整改信息共享，对长期整改落实不到位的，报请市政府纳入督查范围和政府绩效考评，推动深化审计结果运用，提升审计影响力和权威性。

人财物管理改革试点 配合广东省审计厅推进省以下地方审计机关人财物统一管理改革试点，开展清理退出议事协调机构和政府投资项目管理改革，取消工程标底审计，对投资超亿元的建设项目全程跟踪管控，简化授权管理程序，深化和改进政府投资项目审计，推动投资审计工作向法治化迈进。

内部审计 全市内部审计机构完成审计项目7460个，其中财务收支审计项目95个、效益审计项目70个、经济责任审计项目245个、内部控制评审项目204个、基本建设审计项目5581个、信息系统审计项目9个、其他审计项目1256个。审计总金额1762.7亿元，增收节支2.29亿元。提出建议意见被采纳2921条，建议给予行政处分12人，实际给予处分19人。4个项目获得广东省内部审计协会优秀奖，1个信息化成果被中国内部审计协会评为优秀，参加内部审计信息化优秀成果展示活动总结交流大会。（撰稿人：凌春杰）

【珠海市审计局】 2016年，珠海市审计局人员编制61人，实有52人。局长戴伟辉，副局长胡艳华、张跃进、苏牧、邓榜成。设有办公室、政策法规科、经济责任审计科、财政税务审计科、行政事业审计科、资源环保与绩效审计科、固定资产投资审计科、企业审计科、整改监督科、内部审计指导科、数据分析科及直属分局、横琴分局2个派出局。

审计成果 2016年，珠海市区两级审计机关开展审计和审计调查项目117个。查出违规问题金额2.56亿元、损失浪费金额5572万元、管理不规范金额146.56亿元；为国家增收节支2494万元，其中上缴财政2332万元、减少财政拨款或补贴96万元、归还原渠道资金65万元；审计后挽回或避免损失6227万元。向司法、纪检监察机关和有关部门移送处理事项25件，涉及金额11.63亿元。出具审计报告172篇；提交审计专题报告、综合性报告、信息简报50篇，其中提交重要审计信息4篇。

国家重大政策措施贯彻落实跟踪审计 对供给侧结构改革、地方金融机构风险、营改增、小微企业享受优惠政策、存量资金清理盘活等系列重大政策措施的落实情况进行跟踪审计，揭示问题45个。提出促进政策落实的意见建议27条，其中被市长批示5条。

财政审计 完成预算执行和财政决算（专项审计调查）审计项目12个，查出问题金额120.46亿元。首次采用大数据审计手段对市财政国库支付中心管理的247家一、二级预算单位分配使用财政资金的数据进行比对分析，查出滥用职权、铺张浪费、税收征缴和侵害群众利益等方面问题31个。提出审计建议19条。首次组织市、区审计机关对市区两级财政预算执行进行审计，首次在全省地级市开展市本级财政决算草案审计。

经济责任审计 完成对58名领导干部的离任或任中经济责任审计，建立审前共商、审中互动、审后运用的工作机制，形成审计监督合力，查出主要问题金额11.39亿元，其中违规金额1700万元、损失浪费金额3100万元、管理不规范金额10.91亿元。在2016年换届选举中，回复市委组织、市纪委关于拟提拔使用干部审计情况的函询单26份，审计结果运用力度进一步加大。

固定资产投资审计 完成对交通基础设施、市政基础设施、生态保护、农村基础设施、公共教育等36个政府投资项目审计，占全年全部审计项目的31%，项目投资额71.14亿元，核减投资额6200万元。查出主要问题金额11.93亿元。

民生资金（项目）审计 完成医疗保险基金审计和精准扶贫专项审计2个项目，揭示医疗单位违规收费、部分困难群体未纳入医保、公立医院药品采购不规范等9个问题。通过审计阳江市、茂名市和珠海市斗门区的9个镇、16个贫困村的扶贫资金使用情况和对48户贫困户进行入户调查，查出虚报、冒领、挪用扶贫资金，擅自调整扶贫项目，扶贫政策落实不力等问题17个，查出不符合条件的扶贫对象1079人，揭示扶贫资金闲置1203万元。

企业审计 完成国有企业及国有资本审计项目8个，查出问题金额5.84亿元。通过向市委、市政府主要领导反映审计要情，向纪检部门移交案件线索等方式，推动纪委、检察院查处某集团原董事长等10名领导干部。针对过往国企审计"重董事长，轻总经理"的弊端，在全省地级市中率先开展国有企业董事长总经理履行经济责任同步审。

专项资金审计 珠海市审计机关完成对9个单位开展的专项资金审计或者审计调查，同时延伸单位120个，审计涉及资金总额91.86亿元，查出主要问题金额84.34亿元。

审计整改 珠海市审计局设立整改监督科，让审计整改工作从"碎片化"向机制化转变，通过完善审计整改督查工作机制，强化审计发现问题的整改工作。

内部审计 珠海市内部审计机构完成审计项目3294个，审计总金额2462.20亿元，增收节支4500万元。建议给予行政处分2人，实际给予行政处分2人；向司法机关移送案件1起，向司法机关移送1人。提出建议意见被采纳2012条。

（撰稿人：黄健梅）

【汕头市审计局】 2016年，汕头市审计局人员编制73人，实有62人。局长谷元新，副局长吴军、郭旭、吴少青、吴小琦、谢叙淦，总审计师杨光胜，纪检组长林炎光，调研员谢火燕、陈艾龙、黄师杰（—6月）、林惠娟，副处级领导干部卢晓云。设有办公室（与机关党委办公室合署）、综合法规科（整改监督科）、财政金融审计科、行政政法审计科、企业审计科、固定资产投资审计科、教科文审计科、农业与资源环保审计科、社会保障审计科；下设经济责任和绩效审计分局、计算机审计中心。

审计成果 2016年，汕头市县两级审计机关开展审计和审计调查项目249个。查出违规问题金额3083万元、侵害群众利益问题金额107万元、损失浪费金额300万元、管理不规范金额120.53亿元；为国家增收节支1.61亿元，其中上缴财政741万元、减少财政拨款或补贴1.48亿元、归还原渠道资金594万元；审计后挽回或避免损失1.57亿元。向司法、纪检监察机关和有关部门移送处理事项11件，涉及金额1112万元。出具审计报告350篇；提交审计专题报告、综合性报告、信息简报17篇。

国家重大政策措施贯彻落实跟踪审计 汕头市审计局在政策措施贯彻落实跟踪审计中发现，个别区县公租房未达到规定的开工标准，未能按计划完成任务；部分保障对象审核、审批手续不完善；部分保障性住房空置超过一年。

财政审计 组织对龙湖区、濠江区、澄海区、潮阳区、南澳县财政局2015年度贯彻执行情况的专项审计调查，发现预算执行过程中存在的普遍性问题15项。预算支出联网审计监督发现，预算支出联网监督未按照全口径对财政资金实行监督，财政预算执行一体化系统反映每一笔预算支出的信息不够细化等问题。

经济责任审计 汕头市审计局审计领导干部28人，查出管理不规范金额8.18亿元。对8个乡镇（街道）党政主要领导干部开展经济责任异地同步审计，审计覆盖面扩大到16%以上；加强对区县开展乡镇领导干部经济责任审计工作指导，对区县开展乡镇领导干部同步审计进行业务规范。

固定资产投资审计 汕头市审计局对市中心医院门诊医技综合楼和急诊综合楼工程项目、市特殊教育学校第一期建设项目等投资审计项目进行审计，发现送审造价虚高、多计工程量等问题，审计核减工程结算造价 1.08 亿元。

民生资金（项目）审计 汕头市审计局组织对潮阳区 2015 年城镇保障性安居工程的跟踪审计，对汕头市 2016 年国家、省、市重大政策措施去库存落实情况的跟踪审计，发现潮阳区在完成 2015 年安居工程开工任务、安居工程资金使用、收取长期租赁租金、保障性安居工程资金管理、住房保障基础工作、保障性住房退出管理机制、保障性住房分配方案、出台的公租房分配实施方案、公租房安置对象、安居工程运营管理、安居工程建设管理、职工住房货币补贴发放工作推进、推行棚改安置货币化、去库存周期和结构性等方面存在的问题。

审计整改 汕头市政府责成各整改责任单位对照整改责任清单，每月向市政府报送审计整改进度并抄送市审计局，加大整改问责力度，放大审计整改的社会关注效应。（撰稿人：张卫红）

【佛山市审计局】 2016 年，佛山市审计局人员编制 44 人。局长何内，副局长温美球、杜惠萍、金娥，总审计师谢慧茹，纪检组长董长文，经济责任审计联席会议办公室主任蓝杰，调研员杨耀松（—11 月）。设有办公室、法规审理科、经济责任审计科、财税审计科、行政事业审计科、固定资产投资审计科、企业审计科、社会保障审计科、绩效审计科。

审计成果 2016 年，佛山市区两级审计机关开展审计和审计调查项目 111 个。查出违规问题金额 3.72 亿元、侵害群众利益问题金额 715 万元、损失浪费金额 4160 万元、管理不规范金额 116.24 亿元；为国家增收节支 1.02 亿元，其中上缴财政 5000 万元、减少财政拨款或补贴 1363 万元、归还原渠道资金 3845 万元；审计后挽回或避免损失 1497 万元。向司法、纪检监察机关和有关部门移送处理事项 35 件，涉及金额 7.58 亿元。出具审计报告 142 篇；提交审计专题报告、综合性报告、信息简报 165 篇。推动被审计单位建立健全规章制度 55 项。

国家重大政策措施贯彻落实跟踪审计 组织全市审计机关对佛山市 2016 年落实国家和省重大政策措施情况进行跟踪审计。重点审计供给侧结构性改革、工业转型升级三年行动计划政策落实情况、重大建设项目推进情况、金融机构运营风险等 12 个专题内容。

财政审计 完成 36 个单位预决算审计，延伸审计单位 193 个，查出主要问题金额 97.39 亿元。佛山市审计局对市本级 2015 年度财政预算执行和高明区 2015 年度财政决算等进行审计，查出主要问题金额 47.18 亿元；发现部门预算编制不够完整、项目资金发挥效益不理想、内部监督约束机制不健全、资产存在安全风险等问题。

经济责任审计 对 22 个单位 32 名领导干部进行经济责任审计，其中县处级 9 人、乡科级 23 人。查出违规金额 2.42 亿元、损失浪费金额 1468 万元、管理不规范金额 11.28 亿元。开展 8 个镇街主要领导干部经济责任异地同步交叉审计。审计专报得到市委书记的重要批示。提请佛山市委制定《关于深化基层党风廉政建设综合治理的若干意见》。向市纪检监察机关移送涉嫌违纪违规问题和线索 6 件。

固定资产投资审计 对魁奇路东延线二期资金筹集使用和建设管理情况、祖庙修缮工程、佛科院新校园工程项目、妇女儿童医院工程、粮食储备库重点工程等 12 个重大投资项目进行审计，查出问题金额 1.5 亿元，发现 1 个项目结算送审虚高 1477 万元，结算金额核减率 44.32%，1 个项目出现违法分包等问题。

民生资金（项目）审计 对 14 个单位项目资金进行审计，延伸审计单位 44 个。佛山市审计局对禅城区 2015 年度住宅专项维修金进行专项审计调查，通过审计，从机制体制上提出审计建议，促进落实惠民政策。佛山市审计局协助省审计厅完成佛山市医疗保险基金、城镇保障性安居工程审计。

援疆审计 佛山市审计局派出审计组，对 2016 年 7 月底对口支援新疆伽师县资金和项目管理情况进行跟踪审计，针对审计发现的问题，提出健全财务管理、提高资金使用效益等审计建议 2 条。

企业审计 佛山市审计局完成对市属国有企业路桥建设有限公司的审计，重点披露工程招标、下属企业经营管理、大额资金运用等环节存在的问题，提出完善企业还贷机制等审计建议 4 条。

（撰稿人：沈淑珍）

【江门市审计局】 2016年，江门市审计局人员编制42人。党组书记郭建红（—11月）、陈新汉（11月—），局长郭建红，副局长陈伟文（—9月）、梁小玲、凌健能（11月—）、林文宇，总审计师梁兆政，纪检组长林伟雄。设有办公室、法规审理科、经济责任审计科、财政审计科、行政事业审计科、固定资产投资审计科、企业审计科、社会保障审计科和绩效审计科。

审计成果 2016年，江门市区两级审计机关开展审计和审计调查项目284个。查出违规问题金额704万元、侵害群众利益问题金额1183万元、损失浪费金额8530万元、管理不规范金额125.06亿元；为国家增收节支810万元，其中上缴财政524万元、减少财政拨款或补贴186万元、归还原渠道资金100万元；审计后挽回或避免损失212万元。向司法、纪检监察机关和有关部门移送处理事项6件，涉及金额219万元。出具审计报告555篇；提交审计专题报告、综合性报告、信息简报71篇，其中提交重要审计信息1篇。推动被审计单位建立健全规章制度19项。

国家重大政策措施贯彻落实跟踪审计 组织全市审计机关开展稳增长等政策措施落实情况跟踪审计，揭示问题41个，其中重大项目推进方面问题12个、政策落实方面问题12个、经济领域风险防范方面问题5个；推动重大建设项目加快推进，促进建成完工项目2个，加快实施进度项目10个，加强管理项目7个。

财政审计 组织对2015年市本级财政预算执行情况和其他财政收支情况进行审计，发现部分项目支出率低、有30个单位未按规定开立和使用公务卡、非税收入财政专户资金缴库时间滞后等问题。

完成预算执行审计项目（含财政决算审计，下同）25个，延伸审计单位65个。查出主要问题金额60.49亿元，其中预算编制批复不规范金额2668万元、资金滞留闲置6844万元。出具审计报告和专项审计调查报告37篇。审计发现存在部分预算未落实到具体部门或项目、未编制国有资本经营预算、部分项目支出率比较低、部分非税收入未及时缴入国库等问题。

经济责任审计 对203名领导干部开展经济责任审计，查出违规金额901万元、损失浪费金额1.7亿元、管理不规范金额46.54亿元，出具审计报告和审计结果报告383篇，提出审计建议633条，被采纳586条。首次开展镇街党政主要领导干部任期经济责任异地同步审计，审计镇（街）15个，领导干部30人。

自然资源资产离任审计试点 按照广东省开展领导干部自然资源资产离任审计试点的工作部署，江门市审计局对开平市委书记、市长任职期间履行自然资源资产管理和生态环境保护相关责任情况进行审计试点，重点审计森林资源和水资源，审计查出部分政策措施落实不到位、未及时征收水资源费等问题。

固定资产投资审计 组织对江门大道及配套道路建设项目开展跟踪审计，揭示征地拆迁、管线迁改、项目审批和工程管理、资金运营等方面存在的问题，推进项目建设。以委托中介机构的方式对江顺大桥工程6个建设项目进行9个半年回购价款审计，核减金额197万元，核减率0.40%。

民生资金（项目）审计 对城镇保障性安居工程、就业专项资金、精准扶贫与村级公共服务均等化专项资金进行审计，发现部分公共租赁住房空置、资金使用率较低、村集体财务核算不规范等问题。

审计整改 江门市审计机关促进整改落实有关问题资金6808万元，其中督促被审计单位上缴各级财政资金523万元、调整会计账目涉及金额5354万元；审计促进拨付资金到位2326万元。督促被审计单位和主管部门制定整改措施315项、完善各项制度19项。 （撰稿人：温志芳）

【湛江市审计局】 2016年，湛江市审计局人员编制58人，实有51人。局长符强，副局长庞彩虹、宋进耀、喻树武、王忠，纪检组长陈苏平，副调研员李驰。设有办公室、法规审理科、经济责任审计科、财税金融审计科、行政事业审计科、经贸审计科、固定资产投资审计科、社会保障审计科、绩效审计科和直属分局。

审计成果 2016年，湛江市县两级审计机关开展审计和审计调查项目172个。查出违规问题金额1.56亿元、侵害群众利益问题金额202万元、损失浪费金额97万元、管理不规范金额211.16亿元；为国家增收节支801万元，其中上缴财政345万元、减少财政拨款或补贴4万元、归还原渠道资金452万元；审计后挽回或避免损失1691万元。向司法、纪检监察机关和有关部门移送处理事项8件，涉及金额6262万元。出具审计报告272篇；提交审计专题报告、综合性报告、信息简报93篇。

国家重大政策措施贯彻落实跟踪审计 开展国家重大政策措施贯彻落实跟踪审计，重点关注去产能、去库存、去杠杆、降成本、补短板任务落实，以及创业创新、促进转型升级、精准扶贫、节能环保等领域政策措施的贯彻情况和效果。

财政审计 完成财政类审计项目166个，延伸审计单位283个，其中预算执行51个、财政决算11个、行政事业审计75个、专项资金审计25个、投资审计4个。湛江市审计局实施市本级预算执行和其他财政收支情况审计和15个部门预算执行审计，对40个单位公务支出、公款消费和公车改革前后公车运行费用情况进行审计调查。对赤坎区、遂溪县政府2011年至2015年财政决算审计。

经济责任审计 完成经济责任审计单位88个，涉及99人（任中审计40人），其中党委政府40人、党委政府部门32人、审判机关1人、事业单位21人、国有企业5人。查出主要问题金额13.27亿元。湛江市审计局组织对湛江市工商局局长等32个市直机关、企事业单位及县（市、区）党政主要领导干部经济责任审计，授权县（市、区）审计局或交叉审计的市管领导干部13项26人。

金融、企业审计 对城市商业银行、农村信用合作联社和村镇银行三类地方金融机构的运行风险进行审计调查，揭示存在风险隐患，提出审计意见和建议，维护金融安全。完成企业类审计6个，延伸审计单位13个，查出主要问题金额2.04亿元。

固定资产投资审计 湛江市审计局实施对湛江市实验中学学生宿舍楼项目、三岭山森林公园及控制区环园路、湛江市机电学校教学楼和湛江市振兴整治工程4项竣工结算审计和湛江中心人民医院迁建项目的跟踪审计，从各个环节和源头上防范各类违法违纪现象的发生，促进提高工程建设管理水平和投资效益。

民生资金（项目）审计 对湛江市10件民生实事完成情况、救灾复产资金、鹤地水库污染综合整治资金、雷州青年运河灌区续建配套与节水改造工程、农业资源量化指标和保障性住房以及全市基本医疗保险基金、医疗救助资金等民生资金和项目进行审计，重点监督检查政策执行、资金使用、项目实施等情况，涉及专项资金总额39.76亿元，查出主要问题金额17.69亿元。

内部审计 全市设立内部审计机构44个，完成审计项目7470个，其中财务收支审计151个、效益审计26个、经济责任审计146个、内部控制评审17个、信息系统审计133个、基本建设审计2285个，审计总金额16.02亿元。提出建议意见被采纳1534条。

（撰稿人：关南全）

【茂名市审计局】 2016年，茂名市审计局人员编制41人，实有40人。局长黄晓文，副局长李家胜、梁文超、柯筱兰，总审计师冯广周，副调研员赖贤海、罗华。设有办公室、综合审计科、财税金融社保审计科、行政事业审计科、经贸审计科、农业与资源环保审计科、固定资产投资审计科、经济责任审计科。

审计成果 2016年，茂名市县两级审计机关开展审计和审计调查项目220个。查出违规问题金额14.55亿元、侵害群众利益问题金额2868万元、损失浪费金额32万元、管理不规范金额126.22亿元；为国家增收节支3.68亿元，其中上缴财政3.03亿元、减少财政拨款或补贴2603万元、归还原渠道资金3924万元；审计后挽回或避免损失898万元。向司法、纪检监察机关和有关部门移送处理事项10件，涉及金额441万元。出具审计报告381篇；提交审计专题报告、综合性报告、信息简报32篇，其中重要审计信息3篇。

国家重大政策措施贯彻落实跟踪审计 茂名市审计机关组织开展“三去一降一补”、创新驱动发展战略、工业转型升级、粤东西北地区振兴发展战略、简政放权、小额贷款公司运营等重大政策措施落实情况跟踪审计，着力查处不作为、慢作为、乱作为、假作为等问题，及时向茂名市政府和省审计厅上报跟踪审计结果，加强审计整改跟踪问责。

财政审计 根据全口径公共财政资金审计要求，将一般公共预算、政府性基金预算、国有资本经营预算和社会保险基金预算等全部政府性资金纳入财政审计范围，拓展部门预算执行情况延伸审计，加大财政存量资金和政府性债务审计力度，推行县级财政决算轮审，加强对重点部门和重点资金的日常监督，完成预算执行审计项目（含财政决算审计）58 个，延伸审计单位 148 个，查出主要问题金额 129.88 亿元；审计处理上缴财政金额 4.13 亿元。加强对资金集中、影响面广的行政事业单位的审计，对 123 个行政事业单位财务收支进行审计，专项审计调查单位 4 个，延伸审计单位 75 个，查出主要问题金额 8.8 亿元、违规金额 2.72 亿元。

经济责任审计 对重点部门、重点行业、重点单位主要领导干部进行经济责任审计，稳步推进镇级党政主要领导干部经济责任异地同步审计，审计领导干部 161 人，其中县处级领导干部 27 人、乡科级领导干部 128 人、地方国有企业领导人员 6 人。审计中重点关注和反映领导干部在重大事项决策、资金资产管理、自然资源资产开发利用、政府投资建设、机构编制管理、遵守中央八项规定精神等方面存在的问题，查出主要问题金额 10.43 亿元，其中违规金额 1.46 亿元、管理不规范金额 8.95 亿元、损失浪费 146 万元；应负直接责任金额 741 万元、应负主管责任金额金额 3.39 亿元、应负领导责任金额 6.97 亿元。审计发现侵害人民群众利益 1914 万元。移送纪检监察机关 1 人。

固定资产投资审计 茂名市审计局完成茂名市西城片区西城西路北段新建工程项目竣工结算审计等 8 个政府重大投资建设项目竣工决算审计，核减投资额 787 万元。实现政府投资审计重点由工程造价审计向工程建设合规性审计转变，揭示建设进度、工程质量、征地拆迁、工程招投标、成本核算及投资管理体制机制等方面存在的薄弱环节和风险隐患。

企业审计 对茂名滨海酒店管理有限公司、市文化传媒集团等 13 个企业单位开展审计，查出财务收支核算不实等主要问题金额 1.41 亿元。

（撰稿人：黄秋华）

【肇庆市审计局】 2016 年，肇庆市审计局人员编制 47 人，实有 43 人。局长何炼生，副局长周敏华、苏汉中、谢秋萍、李铖，总审计师闲建中，市经济责任审计联席会议办公室主任余卓怡。设有办公室（与纪检组、监察室合署）、综合法规科、财税金融审计科、行政政法事业审计科、农业与资源及社会保障审计科、企业与外资运用审计科、固定资产投资审计科、经济责任审计科和审计中心。

审计成果 2016 年，肇庆市县两级审计机关开展审计和审计调查项目 180 个。查出违规问题金额 2.68 亿元、侵害群众利益问题金额 5992 万元、损失浪费金额 7088 万元、管理不规范金额 109.65 亿元；为国家增收节支 4294 万元，其中上缴财政 3841 万元、归还原渠道资金 454 万元；审计后挽回或避免损失 3 万元。向司法、纪检监察机关和有关部门移送处理事项 6 件，涉及金额 306 万元。出具审计报告 271 篇；提交审计专题报告、综合性报告、信息简报 130 篇。推动被审计单位建立健全规章制度 7 项。

国家重大政策措施贯彻落实跟踪审计 将贯彻执行国家和省、市重大政策措施情况的跟踪审计作为首要任务，重点关注肇庆市 2015 年农村危房改造工程建设、2015 年地方政府债务风险和政府债券及企业债券的资金管理使用、小额贷款公司 2013 年至 2015 年运营、工业转型升级三年行动计划政策落实、“三去一降一补”措施落实、地方金融机构运行风险等 10 个方面的政策措施落实情况，就审计发现的问题加强督促整改。

财政审计 深化财政资金全口径审计监督，对 43 个预算执行和 11 个财政决算项目进行审计，重点关注财政政策贯彻落实、财政支出绩效、存量资金盘活、专项资金整合和统筹安排使用情况，促进减少财政资金沉淀，推动财政资金合理配置、高效使用。

经济责任审计 完成 91 名党政领导干部经济责任审计，查出违规金额 2.21 亿元、管理不规范金额 1.93 亿元。组织全市审计机关开展对 8 个乡镇镇委书记镇长经济责任异地同步审计。

民生资金（项目）审计 完成专项资金审计项目13个，包括对鼎湖等6个县（市、区）2015年保障性安居工程及配套基础设施的计划、投资、建设、分配、运营等情况跟踪审计，肇庆市2015年和2016年上半年医疗保险政策制度落实和改革措施推进情况以及基金筹集管理使用情况审计，肇庆市2016年精准扶贫精准脱贫跟踪审计等。

审计整改 推动各被审计单位在审计期间自行整改问题金额4.31亿元。肇庆市审计局首次将市本级预算执行及其他财政收支情况审计查出问题的整改情况向社会公开。

内部审计 全市设有内部审计机构313个，其中专职机构37个；内部审计人员879人，其中专职人员82人。完成内部审计项目2224个，为国家增收节支488万元，审计意见和建议被采纳513条。（撰稿人：严颖璐）

【惠州市审计局】 2016年，惠州市审计局人员编制48人。局长冯起忠（—11月）、陈雪梅（11月—），副局长骆英华、赖巨龙、叶肖彬、李思，纪检组长黄咏，副调研员雷玉霖、王启彝。设有办公室、法规审理科（惠州市审计学会、惠州市内部审计协会）、综合信息科、财政税务审计科、专项资金审计科、经济责任审计科、固定资产投资审计科、企业审计科、审计督察科。

审计成果 2016年，惠州市县两级审计机关开展审计和审计调查项目381个。查出违规问题金额3.18亿元、侵害群众利益问题金额1593万元、管理不规范金额56.03亿元；为国家增收节支1.98亿元，其中上缴财政6125亿元、减少财政拨款或补贴4829万元、归还原渠道资金8836万元；审计后挽回或避免损失6597万元。向司法、纪检监察机关和有关部门移送处理事项42件，涉及金额3856万元。出具审计报告511篇；提交审计专题报告、综合性报告、信息简报158篇。推动被审计单位建立健全规章制度54项。

国家重大政策贯彻贯彻落实跟踪审计 组织市县两级审计机关派出8个审计组累计131人（次），对市本级及7个县（区）2016年贯彻落实国家和省重大政策措施和宏观调控部署情况进行跟踪审计，抽查资金总量69.59亿元，审计发现问题金额8.45亿元，出具全市跟踪审计报告4份，审计发现问题18个，提出审计建议18条，促进各相关责任单位和部门出台规章制度等4项。

财政审计 对2015年度一般公共预算、政府性基金预算、国有资本经营预算、社会保险基金预算执行情况进行审计。组织对21个市直单位进行2015年度部门预算执行审计，延伸审计有关单位22个，审计结果表明，21个单位预算编制、执行及管理逐步规范，财务管理和会计核算水平逐步提高，“三公”经费共支出1673万元，比上年减少155万元，下降8.5%。

经济责任审计 惠州市审计局完成经济责任审计项目21个，审计党政领导干部27人、国有企业领导干部1人，查出违规金额7303万元。移送有关部门处理事项9件。完成对惠城区桥西街道办事处、惠阳区沙田镇、惠东县多祝镇、博罗县湖镇镇、龙门县龙华镇、大亚湾开发区霞涌街道办事处以及仲恺高新区潼桥镇等7个乡镇（街道）党政主要领导干部开展经济责任异地同步审计。

固定资产投资审计 惠州市审计局开展政府投资审计项目26个，审计发现问题金额2.24亿元，核减政府投资结算额、减少财政支出2616万元，促进规范和完善各类管理事项41项。

民生资金（项目）审计 完成医疗保险基金审计、城镇保障性安居工程跟踪审计、交通设施建设专项资金审计、人力资源和社会保障专项资金管理使用情况审计4个重点民生资金审计项目。对市2015年和2016年上半年医疗保险（含城镇职工基本医疗保险、城镇居民基本医疗保险、城乡大病保险）政策制度落实和改革措施推进情况，以及基金筹集管理使用情况进行审计。发现部分困难群体未参加基本医疗保险、部分参保单位欠缴医疗保险基金等问题。组织对市本级、惠阳区、惠东县、龙门县、仲恺高新区2015年保障性安居工程的计划、投资、建设、分配、运营等情况进行跟踪审计，发现个别项目未及时办理建设工程规划许可证、建筑工程施工许可证，农村危房改造补助款拨付不够及时，保障性住房使用比例偏低等问题。

企业审计 惠州市审计局开展重点国有和国有控股企业审计，实施企业审计（调查）项目3个，查出主要问题金额7086万元。移送有关部门处理事项3件。完成对市属28家重点国有及国有控股企业的第一遍轮审。

审计整改 惠州市政府召开市审计执法联席会议，部署对审计查出问题整改工作。市监察局、市审计局、市政府督查办跟踪督查整改情况，促进增收节支7508万元，其中已上缴财政4297万元、已减少财政拨款或补贴金额2603万元、已归还原渠道资金608万元，并账、调账等账务处理金额5083万元。促成有关部门和被审计单位出台旨在加强管理、堵塞漏洞的具体措施196项。

审计结果公告 惠州市审计局公开审计结果公告3个，涉及第五届广东省少数民族传统体育运动会专项资金审计、惠州市本级及部分县（区）2013—2014年度残疾人就业保障金管理使用效益情况审计和惠州市2014年度22个部门（单位）财政预算执行情况的审计结果，公告在审计局网站同步公开，主动接受社会监督。

（撰稿人：刘文娜）

【梅州市审计局】 2016年，梅州市审计局人员编制49人，实有43人。局长刘耿灵（—12月）、黄立强（12月—），副局长刘鸿涛、丘加悦、杨伟南、温爱生，总审计师练清万，调研员王玉良（—8月），副调研员徐位平、凌静娜、杨等新、张敬浩。设有办公室、综合与法规审理科、财政金融审计科、行政事业审计科、经济责任审计科、固定资产投资审计科、经贸审计科、农业与资源环保审计科；梅州市经济责任审计联席会议办公室设在梅州市审计局，在经济责任审计科挂牌；下设梅州市审计局绩效审计室、计算机审计中心。

审计成果 2016年，梅州市县两级审计机关开展审计和审计调查项目292个。查出违规问题金额1.23亿元、侵害群众利益问题金额129万元、管理不规范金额57.21亿元；为国家增收节支1.58亿元，其中上缴财政1794万元，减少财政拨款或补贴1163万元、归还原渠道资金1.28亿元；审计后挽回或避免损失1204万元。向司法、纪检监察机关和有关部门移送处理事项19件，涉及金额5425万元。出具审计报告482篇；提交审计专题报告、综合性报告、信息简报49篇，其中提交重要审计信息5篇。

国家重大政策措施贯彻落实跟踪审计 开展梅州市政府性债务风险、财政存量资金清理盘活、供给侧结构性改革专项行动、新时期精准扶贫精准脱贫三年行动计划等17个专题落实情况跟踪审计。

财政审计 开展梅州市本级公共财政预算、政府性基金预算、社会保险基金预算、国有资本经营预算等全口径财政预算审计。开展梅州市直12个一级预算单位部门预算执行情况审计。开展梅县区、大埔县2015年度财政决算审计。加强对执行中央八项规定的监督，开展“三公”经费及会议费、培训费的审计，着力揭示违规问题，规范“三公”经费支出。审计表明，实施审计的12个部门预算执行单位，“三公”经费及会议费、培训费支出比例与上年相比均有较大下降。

经济责任审计 对21名处级、174名科级干部和2名企业负责人进行经济责任审计。首次派出8个审计组，对全市8个镇的党委书记、镇长经济责任进行异地交叉审计。

固定资产投资审计 开展梅江区白宫河等山区中小河流治理、梅州城区客都大桥建设等24个政府投资项目审计，揭示和反映项目在招投标、项目实施、项目决算等方面存在的问题，促进提高建设项目管理水平和投资效益。

民生资金（项目）审计 对全市城镇保障性安居工程，4个县（区）、2个林场2014年至2015年林业四项专项资金，4个县（市、区）中小河流治理专项资金，全市2011年至2015年水污染防治资金等进行审计，揭示和反映民生资金使用和管理中存在的典型性、倾向性、普遍性问题。

（撰稿人：张世钦）

【汕尾市审计局】 2016年，汕尾市审计局人员编制39人，实有35人。局长李林顺，副局长赵国华、李明训、纪永坤，总审计师吴燕。设有办公室、法规审理科、财税金融审计科、行政事业审计科、农业与资源环保审计科、经济贸易审计科、固定资产投资审计科、整改监督科和经济责任审计办公室。

审计成果 2016年，汕尾市县两级审计机关开展审计和审计调查项目158个。查出违规问题金额1.81亿元、侵害群众利益问题金额356万元、管理不规范金额13.2亿元；为国家增收节支1.7亿元，其中上缴财政1.58亿元、减少财政拨款或补贴1033万元、归还原渠道资金168万元；审计后挽回或避免损失1016万元。出具审计报告227篇；提交审计专题报告、综合性报告、信息简报101篇，其中提交重要审计信息18篇。推动被审计单位建立健全规章制度2项。

国家重大政策措施贯彻落实跟踪审计 开展对全市农业资源环保量化指标完成情况、保障性安居工程建设推进情况、政府债务情况、省市重点项目、民生实事政策落实情况、取消和下放行政审批事项推进简政放权政策措施落实情况、精准扶贫精准脱贫情况、小额贷款公司运营情况、旅游投资和消费政策落实情况以及供给侧结构性改革任务落实情况等跟踪审计，共涉及163个单位、53个项目，涉及财政资金64.91亿元。

财政审计 汕尾市审计局对市本级财政预算执行情况和15个市直部门的预算执行情况进行审计，揭示和查出市级预算部门单位在预算执行中实际支出普遍大于年度预算、往来款长期挂账、政府采购制度执行不严格、财务处理不够规范等问题。提出审计整改意见和建议。

经济责任审计 推行经济责任“一体化”审计，对9名县处级领导干部进行经济责任审计，对6个乡镇（街道）的镇委书记、镇长（党工委书记、主任）开展任期经济责任进行同步审计。

固定资产投资审计 开展对汕尾大道升级改造工程、汕尾火车站站前广场及周边配套道路跟踪审计，促进工程建设项目的规范管理。

专项资金审计 开展市本级2011年至2015年水污染防治资金审计，揭示水污染防治资金管理和项目实施中存在的问题和风险隐患，提出加强和改进水污染防治工作合理化建议，推动相关政策措施完善，提高水污染专项资金使用效益，促进加强水资源环境保护。

审计整改 汕尾市审计局建立审计查出问题整改资料库，进一步促使被审计单位对审计查出问题进行整改落实，取得显著成效，2015年审计查出问题整改落实率达97%。通过审计整改，已促进增收节支549万元、归还原渠道资金8651万元、拨付滞留资金1.1亿元、盘活存量资金4934万元、调整账务4842万元；处理有关责任人2人。审计建议绝大部分被采纳，促进完善规章制度18项。

（撰稿人：王伟展）

【河源市审计局】 2016年，河源市审计局人员编制40人。局长黄敏，副局长王超良、何国平，总审计师谢统鹏，纪检组长黄炳忠，副调研员何镜雄。设有办公室、财税审计科、行政事业审计科、经济贸易审计科、农业与资源环保科、基建外资审计科、政策法规科、经济责任审计科、社会保障资金审计科、纪检监察室、绩效分局；下设市经济责任审计中心。

审计成果 2016年，河源市县两级审计机关开展审计和审计调查项目192个。查出违规问题金额5159万元、侵害群众利益问题金额205万元、管理不规范金额85.50亿元；为国家增收节支165万元，其中上缴财政21万元、归还原渠道资金144万元。向司法、纪检监察机关和有关部门移送处理事项3件，涉及金额5432万元。出具审计报告253篇；提交审计专题报告、综合性报告、信息简报70篇。

国家重大政策措施贯彻落实跟踪审计 组织全市审计机关持续开展落实稳增长等政策措施情况跟踪审计。采取“1拖N”审计模式，把政策跟踪审计统筹纳入到各类审计项目中，重点关注贯彻落实教育创强、高校毕业生就业创业等政策措施落实情况，把稳增长调结构促改革惠民生防风险等一系列政策措施贯穿于审计全过程。组织开展小额贷款公司运营风险、创新驱动发展、“三去一降一补”、地方金融机构运行风险等专题审计，促进政令畅通、经济平稳运行和社会健康发展。

财政审计 将一般公共预算、政府性基金预算、国有资本经营预算和社会保险基金预算等全部政府性资金纳入审计监督范围，完成本级预算执行审计项目7个、县级财政决算项目2个、部门预算执行审计（调查）项目37个。

经济责任审计 对121名领导干部进行经济责任审计，其中党委工作部门领导干部7人、政府工作部门领导干部30人、检察机关领导干部4人、事业单位领导干部30人、人民团体负责人1人、乡镇党委政府领导49人。查出管理不规范金额8.60亿元、违规金额1546万元。出具审计报告和审计结果报告 218 篇。提出审计建议 312 条。以异地交叉审计方式开展对 6 个乡镇的镇委书记、镇长经济责任同步审计，提高领导干部依法行政和履职尽责能力。

固定资产投资审计 完成固定资产投资审计（调查）项目 5 个，审计总金额 1.01 亿元，发现问题金额 419 万元；促进项目加强管理，规范政府投资行为。

民生资金（项目）审计 组织开展河源市 2016 年精准扶贫精准脱贫政策措施落实情况跟踪审计，重点对河源市申报的 255 个相对贫困村 14595 户贫困户 120974 人的识别、建档立卡和扶贫资金筹集及使用、精准扶贫政策制定与执行、精准扶贫工作机制建立及执行等方面进行审计。

专项资金审计 重点对市本级 2015 年下达的企业开发成本补助资金、民营企业发展专项资金、“十二五”迎国检公路项目建设资金、农村基层组织工作经费、城乡居民低保资金、重点优抚对象参加合作医疗资金、东江流域水环境综合整治奖补资金、生态示范村建设专项资金、计划生育技术服务专项经费、农村部分计划生育家庭奖励经费、教育强市“以奖代补”资金、一村一法律顾问经费等 12 项专项资金的管理和使用情况开展审计调查。 （撰稿人：李奇志）

【阳江市审计局】 2016 年，阳江市审计局人员编制 54 人。局长谢英杰，副局长陈小敏、明康颂、林志远，总审计师茅卫华，调研员黄华贤，副调研员陈永辉、陈文沛。设有办公室、法规审理整改科、经济责任审计科、财税金融审计科、行政事业审计科、农业与资源环保审计科、固定资产投资审计科、绩效审计科；下设阳江市经济责任审计中心（加挂计算机审计技术中心牌子）和阳江市基建审计中心。

审计成果 2016 年，阳江市县两级审计机关开展审计和审计调查项目 129 个。查出违规问题金额 1.52 亿元、侵害群众利益问题金额 1.47 亿元、管理不规范金额 141.23 亿元；为国家增收节支 2963 万元，其中上缴财政 2259 万元、减少财政拨款或补贴 607 万元、归还原渠道资金 96 万元；审计后挽回或避免损失 634 万元。向司法、纪检监察机关和有关部门移送处理事项 3 件，涉及金额 50 万元。出具审计报告 184 篇；提交审计专题报告、综合性报告、信息简报 38 篇。

国家重大政策措施贯彻落实跟踪审计 组织全市审计机关开展 2016 年国家和省重大政策措施落实情况跟踪审计，把供给侧结构性改革和精准扶贫精准脱贫作为重点，共完成专题审计 11 个。通过审计，提高政策的制定和执行质量，强化政策管理，促进政策目标实现。

财政审计 完成预算执行审计项目 39 个、财政决算项目 2 个，延伸审计单位 112 个；查出主要问题金额 49.11 亿元，其中预算编制批复不规范金额 6.2 亿元；出具审计报告和专项审计调查报告 42 篇。完成行政事业单位审计项目 60 个，延伸审计单位 39 个，查出主要问题金额 92.34 亿元，出具审计报告和专项审计调查报告 115 篇，揭示和反映行政事业单位存在的财政财务收支和资金管理等问题。

经济责任审计 对 57 个单位、58 名领导干部开展经济责任审计，其中县处级领导 30 人，乡科级领导 27 人，地方企业、金融机构领导 1 人。审计查出应负领导责任违规金额 7177 万元、应负领导责任管理不规范金额 91.37 亿元。提出审计建议 191 条，被采纳 89 条。

固定资产投资审计 完成政府投资项目审计 10 项，审计工程结算价款总额 2.2 亿元，在阳江市财政部门审核的基础上，审计核减工程款 523 万元，平均核减率为 2.37%。

专项资金审计 完成专项资金审计（调查）项目 11 个，延伸审计单位 15 个，审计专项资金总额 28.55 亿元，查出主要问题金额 1.05 亿元。出具审计报告和专项审计调查报告 8 篇，促进各项政策的贯彻落实，确保资金安全、高效运作。

审计整改 阳江市审计局督办指导有关部门、单位和地方进行整改，通过整改促进增收节支 5.49 亿元。 （撰稿人：冯名泽）

【清远市审计局】 2016 年，清远市审计局人员编制 29 人，实有 28 人。局长冯小华，副局长杨志辉、陈小菊、练贤聪，副调研员谭素艳。设有办公室、政策法规科、经济责任审计科、财税金融审计科、行政事业审计科（与农业与资源环保审计科合署）、固定资产投资审计科和企业审计科。

审计成果 2016年，清远市审计机关开展审计和审计调查项目156个。查出违规问题金额2.68亿元、侵害群众利益问题金额3382万元、损失浪费金额7088万元、管理不规范金额109.65亿元；为国家增收节支1356万元，其中上缴财政1333万元、减少财政拨款或补贴24万元；审计后挽回或避免损失722万元。向司法、纪检监察机关和有关部门移送处理事项19件，涉及金额2.16亿元。出具审计报告288篇；提交审计专题报告、综合性报告、信息简报157篇，其中提交重要审计信息3篇。

财政审计 清远市审计机关共完成预算执行审计项目36个，查出主要问题金额70.49亿元；完成财政决算审计项目25个，查出主要问题金额22.09亿元。审计行政事业单位73个，发现预算编制不真实不完整1.97亿元、未按规定征收缴纳收入711万元、未落实“收支两条线”和专户管理规定1142万元、违规改变项目计划和资金用途85万元、扩大开支范围或提高开支标准列支2634万元。

经济责任审计 清远市审计机关共审计领导干部117人，审计查出违规金额7919万元、管理不规范金额28.12亿元；为财政增收节支658万元。

固定资产投资审计 完成飞来湖防灾减灾综合工程——市政道路二、三标段等8个工程结算审计，投资额4.92亿元，核减投资额1141万元，核减率2%。

企业审计 审计（或调查）企业单位2个。审计查出主要问题金额1.01亿元，包括财务收支核算不实115万元、其他问题金额1亿元。

专项资金审计 对2011年至2015年广东省水污染防治资金、清远市抽水蓄能电站征地移民资金管理使用情况审计、清远市清城区东城街道办事处征地拆迁遗留历史欠账问题等进行审计（调查），涉及专项资金审计（调查）单位11个，审计专项资金总额31.58亿元，查出主要问题金额7451万元。（撰稿人：盘可君）

【东莞市审计局】 2016年，东莞市审计局人员编制57人，实有50人。局长卢炳辉，副局长王汝铭、何志宇、赵志丹、谭丽珍（12月—），总审计师何建东，市纪委派驻市审计局纪检组组长梁洁玲，经济责任审计工作联席会议办公室主任谢宇鹏，调研员梁渠森，副调研员欧高峰。设有办公室、综合法规科、财政金融审计科、固定资产投资审计科、行政事业审计科、经贸审计科、内审指导科和基层审计分局、经济责任审计分局。

审计成果 2016年，东莞市审计局开展审计和审计调查项目49个。查出违规问题金额1.13亿元、侵害群众利益问题金额139万元、损失浪费金额5912万元、管理不规范金额201.95亿元；为国家增收节支5798万元，其中上缴财政4422万元、归还原渠道资金1375万元；审计后挽回或避免损失435万元。向司法、纪检监察机关和有关部门移送处理事项8件，涉及金额5026万元。出具审计报告55篇；提交审计专题报告、综合性报告、信息简报53篇，其中提交重要审计信息1篇。推动被审计单位建立健全规章制度41项。

国家重大政策措施贯彻落实跟踪审计 开展10项国家和省市重大政策措施落实情况跟踪审计，累计投入1342人/日工作量，抽查部门单位、企业132个，依法揭示政策执行过程中存在落实不到位、落实难等各类问题，审计综合报告得到市政府相关领导的重要批示。

财政审计 开展2015年度市级财政预算执行情况审计，共完成审计项目11个，审计部门单位近100个，对个别专项资金预算执行率低、部分财政资金监管缺失等问题进行揭示和反映，提出审计意见和建议。

经济责任审计 完成对15名领导干部的经济责任审计，重点审计领导干部在土地交易、工程投资、“三公”经费使用等重点领域和关键环节用权履责情况。

固定资产投资审计 开展交通堵塞点改造等4个重大投资项目开展审计，揭示影响政府工程投资规模和功能发挥等深层次原因，从工程绩效等角度进行分析，反映相关问题。

专项资金审计 对民办学校免费义务教育补助等民生政策、资金落实使用情况进行审计，揭示和反映部分资金未落实到位出现闲置等问题，提出审计意见。

内部审计 加强内部审计工作指导，增强基层纪检监察审计监督的合力。东莞市 187 个内部审计机构全年开展财政财务收支、经济责任等各类型审计项目 1962 个，提出审计意见建议 5090 条；组织 200 多人次镇街内部审计人员参加各类培训和审计实践，有效提升内部审计人员素质。

（撰稿人：梁文彪）

【中山市审计局】 2016 年，中山市审计局人员编制 60 人。局长林东（—8 月）、李庆（8 月—），副局长陈福成、杨伟文、冯欣荣、林文正，纪检组长巫颖洁，总审计师梁广凡，经济责任审计办公室主任陈玉全，副调研员王梓明、钟汝梧。设有办公室、综合计划和法规审理科、经济责任审计办公室、财政税务审计科、行政事业审计科、社会保障审计科、农业与资源环保审计科、固定资产投资审计科、企业审计科、人事科、绩效审计与整改监督科及内部审计指导中心。

审计成果 2016 年，中山市审计局开展审计和审计调查项目 49 个。查出违规问题金额 10.18 亿元、侵害群众利益问题金额 2003 万元、损失浪费金额 6565 万元、管理不规范金额 172.96 亿元；为国家增收节支 7825 万元，其中上缴财政 7549 万元、减少财政拨款或补贴 15 万元、归还原渠道资金 261 万元；审计后挽回或避免损失 217 万元。向司法、纪检监察机关和有关部门移送处理事项 7 件，涉及金额 3.93 亿元。出具审计报告 83 篇；提交审计专题报告、综合性报告、信息简报 140 篇，其中提交重要审计信息 14 篇。

国家重大政策措施贯彻落实跟踪审计 完成 12 项国家重大政策措施贯彻落实跟踪审计，向有关单位发出 20 份审计发现问题整改函、4 篇季度审计报告并及时跟进和督促整改。

财政审计 重点审查公务支出、公款消费和公车改革情况，揭示和反映财政预算缺乏刚性约束力、政府采购行为不规范、非税收入管理存在漏洞等问题，提出改革和完善建议，促进减少财政资金沉淀。

经济责任审计 完成对 26 名领导干部的经济责任审计，查出违规金额 9.19 亿元、损失浪费金额 207 万元、管理不规范金额 75.15 亿元。向市纪委移送违法违纪线索 3 件。提出审计意见及建议 33 条。向中山市政府报送专题报告或审计要情 13 篇。

国家资产投资审计 组织开展中山市西北组团职业学校一期工程、市档案信息中心工程等重大投资项目审计，共核减投资额 265 万元，揭示部分工程投资控制较薄弱、工程管理制度执行不到位等问题。

专项资金审计 开展城镇安居工程、住房公积金、市级财政经营性物业、空间规划项目、水利等专项资金审计或审计调查，发现政府保障性住房空置情况较为严重，住房公积金缴存监管不严格，未按要求接收公建配套物业，空间规划项目立项审批、验收管理不严格等问题。

审计整改 中山市政府组织召开预算执行审计查出问题整改工作会议，督促审计发现问题的整改落实，促进完善制度、规范管理。审计查出需整改问题 498 个，涉及金额 183.8 亿元；督促被审计单位上缴各级财政资金 7549 万元，调整会计账目涉及金额 4620 万元，其他已整改金额 276 万元；督促被审计单位和主管部门完善各项制度 14 项。

内部审计 中山市内部审计机构开展审计项目 2685 个，审计总金额 159.06 亿元，促进增收节支 1.14 亿元。建议给予行政处分 4 人，实际给予行政处分 4 人；向司法机关移交案件 1 件、人员 1 人。提出并被采纳的意见 3456 条。

（撰稿人：郭文芳）

【潮州市审计局】 2016 年，潮州市审计局人员编制 44 人，实有 41 人。局长邱怀球，副局长蔡舜娜、杨桂生、刘建春、王铿，总审计师曾锐松。设有办公室、政策法规科、财税金融审计科、固定资产投资审计科、行政事业审计科、工交商贸审计科、经济责任审计一科、经济责任审计二科；下设潮州市审计信息中心。

审计成果 2016 年，潮州市县两级审计机关开展审计和审计调查项目 80 个。查出违规问题金额 6643 万元、管理不规范金额 46.47 亿元；为国家增收节支 2978 万元，其中上缴财政 2811 万元、归还原渠道资金 167 万元；审计后挽回或避免损失 333 万元。向司法、纪检监察机关和有关部门移送处理事项 6 件，涉及金额 2884 万元。出具审计报告 119 篇；提交审计专题报告、综合性报告、信息简报20篇。推动被审计单位建立健全规章制度1项。

国家重大政策措施贯彻落实跟踪审计 对潮州市2016年度贯彻落实国家和省重大政策措施情况进行跟踪审计，重点跟踪审计小额贷款公司运营风险、地方金融机构运行风险和政策资金保障，新时期精准扶贫精准脱贫三年攻坚行动计划落实，汽车、养老家政、旅游、文化体育产业等消费热点支持政策落实，去产能、去库存、去杠杆、降成本和补短板专项行动计划落实，实验室、孵化器、新型研发机构、高新技术企业培育情况等方面内容。

财政审计 对2015年市本级预算执行和其他财政收支进行审计，发现市本级全口径预算存在的联网监督系统实时开放的数据不完整、部分政府性基金预算指标录入不够规范、预算实际执行与年初预算仍存在一定偏差、财政与社保两个部门反映的社保基金收入数和存款额不一致等问题。

经济责任审计 对60名领导干部实施经济责任审计，查出违规金额975万元、管理不规范金额16.1亿元、侵害人民群众利益482万元。移交纪检监察机关数量线索14件，移交其他部门数量1件。出具审计报告和审计结果报告118篇；向被审计单位提出审计建议98条；在一定范围内通报审计结果数量20篇。向党委、政府提交各种经济责任审计报告和信息数量66篇。

农业与资源环保审计 潮州市审计局对潮州市2011年至2015年水污染防治资金投入、拨付、使用和项目实施情况进行审计调查，督促相关部门加强跟踪监督，加快建设进度，严格审核水污染防治相关项目的申请资料。

民生资金（项目）审计 开展2015年保障性安居工程审计、2016年医疗保险基金审计、2016年精准扶贫精准脱贫跟踪审计。审计发现存在保障性住房分配和使用管理不完善、后续维护管理不到位、部分保障性住房长期空置、资金存量过大等问题；部分公立医院违规加价销售药品和医用耗材、违规收取诊疗项目和医用服务设施费用等问题；部分无劳动能力贫困户未纳入低保、部分精准扶贫户没有参加2016年基本医疗保险等问题。

审计整改 潮州市审计局对21个达到整改期限的被审计（调查）单位存在问题整改情况进行跟踪检查，提出审计建议24条，得到相关地区、部门重视并加以采纳。

内部审计 2016年，潮州市编办下发进一步健全市直政府工作部门内部审计机构设置问题的通知，市直政府部门内部审计机构全面挂牌，主要部门配备专职机构和人员，实现内部审计机构设置全覆盖。

（撰稿人：杨　丹）

【揭阳市审计局】 2016年，揭阳市审计局人员编制40人，实有42人。局长郑旭亮，副局长丁有民（—9月）、洪泽坤、黄跃（9月—）、钟少贞，总审计师郭少斌，纪检组长黄跃（—8月），市经济责任审计联席会议办公室主任林树宏。设有办公室、综合科、财税金融审计科（加挂外资运用审计科）、行政事业审计科、经济责任审计办公室（与揭阳市经济责任审计工作领导小组办公室合署办公）、固定资产投资审计科、经贸审计科、社会保障审计科、农业资源和环保审计科、整改监督科和直属分局；下设揭阳市审计信息管理办公室（编制3人，实有2人）、揭阳市审计局经济责任审计中心（编制3人，实有1人）。

审计成果 2016年，揭阳市县两级审计机关开展审计和审计调查项目159个。查出违规问题金额2672万元、侵害群众利益问题金额979万元、管理不规范金额82.62亿元；为国家增收节支180万元，其中上缴财政134万元、归还原渠道资金46万元；审计后挽回或避免损失15万元。向司法、纪检监察机关和有关部门移送处理事项19件，涉及金额5461万元。出具审计报告238篇；提交审计专题报告、综合性报告、信息简报122篇。

国家重大政策措施贯彻落实跟踪审计 按季度组织实施对中央和省重大政策措施落实情况的跟踪审计，指出重大政策措施落实过程中存在的未及时制定相关措施、个别项目资金筹措不理想、项目推进缓慢、未按时完成工作目标等主要问题，研究提出对策和建议，及时发出整改函，推动有关重大措施落实到位。

财政审计 组织实施本级财政预算、部门预算执行和决算草案情况的审计，重点关注盘活消化财政存量资金和政府置换债券资金等情况，对财政预算编制、资金收支管理方面存在的不足提出改进建议。

经济责任审计 实施121名单位领导人的经济责任审计，查出违规金额2192万元、管理不规范金额11.89亿元。依法查处重大经济事项未经集体研究决策、没有按规定实行招标或政府集中采购、违规发放津贴补贴、经费支出和现金管理不严格等问题，准确界定责任，促进领导干部依法行政。

民生资金（项目）审计 开展2015年城镇保障性安居工程跟踪审计、水污染防治资金专项审计调查和医疗保险基金的审计，揭示住房保障退出机制仍不健全、信息档案资料不完整、保障房建成闲置，水资源环境保护控制目标未完成，保障房和环保资金管理、项目建设手续不规范，医疗保险未实现应保尽保、重复参保、统筹级次低，以及医疗机构违规收费等问题。对发现问题分别依法进行处理并提出改进建议，促进惠民政策的落实。（撰稿人：陈钦丰）

【云浮市审计局】 2016年，云浮市审计局公务员编制25人，行政执法编制4人、工勤人员编制3人，实有公务员25人、行政执法编制1人、工勤人员5人。局长曾树荣，副局长冯杰焕、莫剑平，总审计师李菊，纪检组长叶伟强（—6月）、杨冠锋（7月—）。设有办公室、政策法规科、财税审计科、金融与社会保障审计科、行政事业审计科、企业审计科、农业与资源环保审计科、固定资产投资与外资运用审计科、经济责任审计科、绩效审计科。

审计成果 2016年，云浮市县两级审计机关开展审计和审计调查项目177个。查出违规问题金额3980万元、损失浪费金额79万元、管理不规范金额80.19亿元；为国家增收节支3668万元，其中上缴财政1520万元、减少财政拨款或补贴2145万元、归还原渠道资金3万元；审计后挽回或避免损失2168万元。向司法、纪检监察机关和有关部门移送处理事项1件。出具审计报告204篇；提交审计专题报告、综合性报告、信息简报50篇。

国家重大政策措施贯彻落实跟踪审计 围绕促进重大建设项目加快推进、促进财政资金统筹使用、促进重大政策贯彻落实、促进简政放权、促进防范经济领域风险隐患等方面开展跟踪审计。

财政审计 完成预算执行审计项目27个，查出主要问题金额66.36亿元；完成财政决算审计项目1个，查出主要问题金额7.36亿元。促进依法理财、科学理财和民主理财，加强和规范预算管理。开展行政事业审计和审计调查项目36个，查出主要问题金额1.12亿元，其中违规变更调整预算1370万元、未落实“收支两条线”和专户管理规定229万元、违规改变项目计划和资金用途216万元、扩大开支范围或提高开支标准列支537万元。

经济责任审计 审计领导干部30人，其中任中审计15人，查出违规金额302万元、管理不规范金额7114万元。提出审计建议94条，被采纳84条。

农业与资源环保审计 对2011年至2015年全市水污染防治资金进行审计，发现在政策制定及执行方面存在未及时下达主要污染物总量控制指标，水污染防治资金投入、拨付、使用方面存在水污染防治资金投入与《水更清计划》衔接不够等问题。

固定资产投资审计 开展固定投资审计项目74个，审计项目投资额2.93亿元，完成投资额2.93亿元，核减投资额2144万元。开展企业审计2个，查出主要问题金额552万元。

民生资金（项目）审计 组织全市审计机关对云浮市本级、云城区、新兴县的医保基金进行审计，审计发现在医保政策制度落实方面存在未实现应保尽保、报销政策执行不到位、对部分定点医院付费总额控制指标调增额过大、少报销或重复报销医保费用、异地就医即时结算率过低、重复参保等问题。

专项资金审计 组织开展保障性安居工程跟踪审计、人防系统防空地下室易地建设费专项审计调查、水污染防治资金审计、医保基金审计等重大民生审计项目，审计34个单位，延伸审计69个单位，审计专项资金总额17.02亿元，审计查出主要问题3.67亿元，有效促进民生资金及时高效使用，惠民政策有效落实。（撰稿人：梁美红）

2016年广东省所辖地级审计工作统计表

金额单位：万元

审计机关	完成审计项目（个）	审计查出主要问题金额	审计处理情况					出具审计报告和审计调查报告（篇）	提出审计建议（条）	提交审计信息（篇）
			审计处理处罚				移送处理事项（件）			
			应上缴财政	应减少财政拨款或补贴	应归还原渠道资金	应调账处理金额				
广州市审计局	312	8297174					29	443		149
韶关市审计局	279	650851					37	471		150
深圳市审计局	560	2764068					52	4241		153
珠海市审计局	117	1496660					25	172		50
汕头市审计局	249	1208713					11	350		17
佛山市审计局	111	1203765					35	142		165
江门市审计局	284	1259876					6	555		71
湛江市审计局	172	2127255					8	272		93
茂名市审计局	220	1407705					10	381		32
肇庆市审计局	180	899679					6	271		130
惠州市审计局	381	592029					42	511		158
梅州市审计局	292	584426					19	482		49
汕尾市审计局	158	150104						227		101
河源市审计局	192	860132					3	253		70
阳江市审计局	129	1427426					3	184		38
清远市审计局	156	1130423					19	288		157
东莞市审计局	49	2036716					8	55		53
中山市审计局	49	1837997					7	83		140
潮州市审计局	80	471328					6	119		20
揭阳市审计局	159	828915					19	238		122
云浮市审计局	177	805971					1	204		50

广西壮族自治区

【广西壮族自治区审计厅】 2016年，广西壮族自治区审计厅人员行政编制164人，实有160人；事业编制56人，实有48人。设有办公室、法规处、财政审计处、行政事业审计处、农业与资源环保审计处、固定资产投资审计处、金融审计处、企业审计处、社会保障审计处、外资运用审计处、经济责任审计局、人事处、机关党委、离退休人员工作处等内审机构；另设派出发展计划审计处、派出经济贸易审计处、派出教育科学审计处、派出政法审计处、派出资源环保审计处、派出民政社保审计处、派出交通建设审计处、派出农业水利林业审计处、派出文化体育新闻审计处、派出卫生计划生育审计处、派出工商质监审计处、派出旅游民族事务审计处；下设有机关服务中心、内部审计指导中心、科学研究所、审计培训中心；自治区纪委、监察厅在自治区审计厅派驻纪检监察室。

领导成员

厅　　长：何小聪

副 厅 长：吴　云（—11月）

　　　　　陆　斌　陈勇新

总审计师：刘一原

纪检组长：张永如（—6月）

经济责任审计局局长：周国彪

巡 视 员：吴　云（—11月）

审计成果 2016年，广西各级审计机关完成审计（调查）项目5557个。查出主要问题金额1690.17亿元；审计处理应上缴财政56.76亿元、应减少财政拨款或补贴36.52亿元、应归还原渠道资金98.87亿元、应缴纳其他资金22.14亿元、应调账处理金额230.59亿元；核减投资额64.26亿元；审计后挽回（避免）损失26.15亿元。移送处理事项269件，涉及人员1035人、金额8.01亿元。出具审计报告和专项审计调查报告7625篇，被批示、采用1471篇；提交审计信息774篇，被批示、采用406篇。提出审计建议7379条。向社会公布审计结果29篇。

2016年，自治区审计厅实施的2014年本级预算执行审计项目被审计署评为地方优秀审计项目；钦州市审计局实施的新农合专项资金审计调查项目被审计署评为地方表彰审计项目。柳州市审计局在全区第三届人民满意的公务员（集体）和记一等功公务员（集体）评选中获人民满意的公务员集体，廖石金被自治区记公务员一等功；平南县审计局、昭平县审计局被自治区记公务员集体一等功。

国家重大政策措施贯彻落实跟踪审计 根据审计署统一部署，组织各级审计机关对贯彻落实中央、自治区重大政策措施情况开展跟踪审计，审计发现全区农民工创业担保贷款贴息资金支出进度缓慢、农民工创业园建设进度滞后、“惠企贷”等涉企优惠政策落实不到位、水污染防治项目建设缓慢、部分重大建设项目用地指标尚未落实和融资借款资金大量闲置未发挥效益、未落实“收支两条线”和专户管理规定、乱收费乱摊派乱罚款、违规收取费用等59个问题，查出问题金额303.29亿元。审计共披露问题458个，至年底已有363个问题整改完毕。

财政审计 广西各级审计机关审计（调查）436个单位的预算执行情况，查出主要问题金额582.22亿元。其中，自治区审计厅对12个单位的预算执行情况进行审计或者审计调查，查出主要问题金额46.75亿元。自治区审计厅实施自治区财政厅具体组织2015年度自治区本级预算执行和其他财政收支审计，发现部分预算单位现金支付差旅费、部门整体支出绩效评价管理不细化不严格、事业收入未编入部门预算；部分国有企业应缴未缴国有资本经营收益、应缴未缴非税收入、“三公”经费和会议费培训费超预算支出；部分地税部门未按规定足额征收税款、小微企业税收优惠政策执行不到位；农民工创业担保贷款贴息资金支出进度缓慢；中小企业发展专项资金分配管理不规范等问题。向自治区纪委移送案件线索1件，涉案人员3人。

广西各级审计机关审计（调查）57个单位的财政决算情况，查出主要问题金额50.03亿元。其中自治区审计厅审计1个单位的财政决算情况，查出主要问题金额20.92亿元。发现个别市存在无预算拨款、应缴未缴预算收入、未按规定提取水利建设基金、以“先征后返”形式减免土地出让金、往来款项未及时清理、部分预算单位列支业务接待费报销凭据不全、部分预算单位违规发放宣传报道工作奖励金等问题。

广西各级审计机关审计（调查）行政事业单位648个，查出主要问题金额247.74亿元，其中自治区审计厅审计（调查）单位19个，查出主要问题金额66.05亿元。

经济责任审计 全区各级审计机关审计单位710个，审计领导干部673人，查出主要问题金额619.44亿元。其中自治区审计厅审计单位25个，审计领导干部25人，查出主要问题金额363.76亿元。自治区审计厅对自治区工商行政管理局、交通运输厅、旅游发展委员会主要领导干部履行经济责任情况等进行审计，发现预算编制不准确、无预算支出、融资租赁未报主管部门批准、部分项目未进行政府采购、未按规定使用公务卡进行结算、不按规定使用项目资金、科研项目未按时结题、长期挂账往来款不及时清理、部分资产未入固定资产账、部分工程内部管理控制制度存在漏洞、多计工程费用、超职数配备领导干部、部分项目资金使用不规范等问题。

金融审计 自治区审计厅组织实施广西农村信用社部分市县资产质量专项审计调查项目，对防城港市区联社、广西东兴农村商业银行和钦州市区农村信用社联社的信贷资产和投向进行审计调查。审计发现3家县级农合机构存在贷款逾期增加，贷款五级分类结果不够准确；不良贷款风险增大，不良贷款率上升；未按规定对关联客户进行集团授信，增大经营风险；贷款“三查”制度执行不到位，未按规定对相关事项进行严格审查等方面的问题。涉及违规金额2.83亿元，管理不规范金额4.94亿元。

固定资产投资审计 全区各级审计机关审计（调查）单位3982个，查出主要问题金额63.58亿元，审计投资额1927.89亿元，核减投资额62.46亿元。其中自治区审计厅审计（调查）单位48个，审计投资额1477.06亿元，核减投资额1.70亿元。自治区审计厅对全区28条公路、6个民用建筑、3个水务建设、4个内河航道整治等41个建设项目实施全过程跟踪审计，查出部分工程项目未按规定公开招标、部分项目施工单位现场管理不严、施工不规范、监理单位未严格履行职责、部分完成项目存在质量缺陷、征地拆迁工作进展缓慢影响工程进度、工程款拨付及预付款管理不规范等问题202个，涉及金额4.69亿元，核减工程款1.55亿元，挽回和避免损失3.99亿元。

民生资金（项目）审计 根据审计署的统一部署，广西各级审计机关对2015年全区保障性安居工程及配套基础设施的计划、投资、建设、分配、运营等情况进行审计，发现部分市县存在相关税费减免政策落实不到位、资金管理和使用不规范、工程项目建设管理不规范、棚改及配套设施建设滞后、保障性住房分配使用不规范等问题，违规和管理不规范问题金额204.23亿元。向各级纪检监察、公安等部门移送案件线索60件，涉案人员101人（含处级以上3人），涉案金额4.70亿元。根据审计署2016年开展全国性医疗保险基金审计的部署，自治区审计厅直接派出7个审计组对自治区本级、南宁市本级、宾阳县、隆安县、贵港市本级、桂平市、平南县城镇职工基本医疗保险、城镇居民基本医疗保险和新型农村合作医疗保险基金进行审计，发现部分县市存在城乡居民未实现应保尽保，重复参保，参保人员重复报销，定点医疗机构违规收费和药品加成，医疗机构通过分解住院、挂床住院、虚开药品等虚假就医方式套取医疗保险基金，虚报城镇居民保险或新型农村合作医疗保险参保人数等多获上级补助资金，扩大范围支出医保基金等违规和管理不规范问题，涉及金额4.01亿元。向纪检监察、公安等部门移送案件线索28件，涉案金额达4215.81万元。

外资运用审计 审计（调查）11个运用外资的单位，查出主要问题金额8.46亿元。自治区审计厅对国际农业发展基金贷款广西农业综合开发与利用项目、亚洲开发银行贷款西南边境城市发展项目、亚洲开发银行贷款广西百色综合城市环境改善项目、亚洲开发银行贷款梧州城市发展项目、亚洲开发银行贷款西南边境城市发展项目、世界银行贷款桂林市环境综合治理项目、世界银行贷款广西柳州环境综合治理二期项目、世界银行贷款广西南宁城乡环境综合整治等项目进行审计，发现部分县项目单位将国际农业发展基金回补资金用于非项目用途、部分项目支出未履行规定审批程序、存在多计量支付施工单位工程款、未按规定存缴农民工工资保证金及建安劳保费、未按规定进行招标、部分工程预算未经过财政评审、内控管理不到位、会计核算不实、回补资金被闲置、货物设备采购管理不规范、项目收益被截留等问题。

企业审计 全区各级审计机关对50个企业进行审计或者审计调查，查出主要问题金额457.98亿元。其中自治区审计厅审计（调查）6个企业，查出主要问题金额304.24亿元。由审计厅实施的广西铁路投资集团有限责任公司2015年度财务收支审计项目，查出主要问题金额6.48亿元，揭露被审计企业下属的小额贷款公司和担保公司变相拆分放贷1亿元、通过加收咨询费变相提高贷款利率获利4621万元、超额担保1.90亿元及下属贸易公司擅自向民营企业发放借款2.20亿元等问题。

专项资金审计 广西各级审计机关对353个使用专项资金的单位进行审计（调查），查出主要问题金额262.10亿元。其中自治区审计厅审计（调查）单位12个，查出主要问题金额90.89亿元。

对全区25个自治区扶贫开发工作重点县（市、区）2014年至2015年财政扶贫资金的分配、管理和使用情况进行审计。查出财政扶贫资金在分配、管理、使用环节存在问题313个，涉及滞留滞拨财政扶贫资金、未按规定配套项目资金、系统中存在为不符合扶贫标准的对象建档立卡、向非建档立卡贫困户实施扶贫政策扶持、未按规定组织当地农民参与以工代赈工程建设、违反规定转包工程项目、未按计划完成扶贫基础设施项目建设等问题，违规金额1.18亿元。向纪检监察、检察、公安机关移送涉案线索81件，涉及人员163人，金额2922.24万元。

对2014—2015年度自治区优质高产高糖糖料蔗基地建设资金管理使用情况进行审计调查，审计调查金额42.06亿元。查出建设资金在管理使用环节存在问题104个，涉及未按规定制定项目建设和运行管护制度、未按自治区标准或者超范围发放甘蔗良种补贴资金、重复申报取得或者骗取财政补助资金、违规支付或者挪用项目资金、县级配套资金未到位等问题，违规金额3.23亿元。

对自治区和各市县财政安排的“美丽广西·生态乡村”财政专项资金、财政管理的社会捐赠资金进行审计调查，审计调查金额44.38亿元。查出全区各类生态乡村专项资金结存率为51.12%、42个县（市、区）存在工程实施进度缓慢现象、5个县（市、区）挤占挪用专项资金用于单位工作经费等支出、6个县（市、区）未按规定执行政府采购和招投标、22个县（市、区）村屯绿化项目管护不到位导致树苗存活率低等问题，违规金额26.03亿元。

审计质量管理 参照审计署审计现场管理办法，对《广西壮族自治区审计机关审计现场管理暂行办法》进行修订。参照审计署优秀项目评选办法，对《广西壮族自治区审计机关优秀审计项目评选办法》进行修订，调整适用范围，修改表彰方式、评分内容和标准，增加统一组织的专项审计（调查）项目的评选。根据审计法等有关法律法规，代自治区人民政府起草的《关于规范全区政府投资审计工作的指导意见》已经以自治区人民政府文件印发、执行。

信息化建设 自治区审计厅开发的广西数字化审计业务管理平台，已录入2012年以来的财政、地税、工商、财政供养人员及公积金等系统数据，形成涵盖125个预算单位、3300个年度账套、数量近3T的大数据集合。建立有区直部门信息库、全区企业信息库、区管领导干部库、地方金融机构库等4个被审计对象数据库；建立财政国库集中支付数据库和地税征管、工商注册登记、财政供养人员、公安车辆、电网、社保等行业标准化数据库。在审计署2015年度第三次全国审计机关审计技术创新情况专题调研中，全区4篇典型审计技术创新案例入选。在2016年审计署课件及教学案例征集活动中，自治区审计厅组织报送的8门信息技术应用课件入围。

审计科研 自治区审计厅会同广西审计学会组织完成“广西贯彻落实关于完善审计制度若干重大问题的框架意见政策研究”等25个广西审计重点课题研究任务。会同广西审计学会组织评选并推荐3篇论文参加中国审计学会召开的大数据环境下审计技术方法专题研讨会。组织推荐1篇论文参加自治区社科联的社会科学创新与发展专题研讨会征文活动。会同广西审计学会以通信方式举办广西审计管理专题研讨会，征集论文74篇，评出获奖论文26篇。组织出版《2016年广西审计重点课题论文集》《广西审计管理专题论文集》。组织完成《广西审计年鉴·2014》《广西审计年鉴·2015》的编撰；向《广西通志·审计志（1993—2005）》《中国审计年鉴》《广西年鉴》《广西社会科学年鉴》《广西图鉴》等史志类工具书提供有关广西审计内容的条目。

队伍建设 自治区审计厅举办各类培训班31期，培训人员2094人次。选派105人次参加自治区党校、自治区机关工委、自治区公务员局等部门组织培训、学习；组织全厅155名机关编制人员完成公务员网络学习培训任务。组织44人次参加审计署组织的业务培训；选派38人次参加审计署举办的市县审计局长培训；选派2名市县审计局干部到审计署成都特派办、长沙特派办挂职锻炼；组织12人次参加中国审计报社新闻业务培训；组织全区750多名审计干部完成审计网络学习培训任务。组织全区审计系统72人参加南京审计大学审计学专业函授本科班学习，13人参加北京交通大学工程项目审计方向会计硕士专业学位课程进修班学习。

内部审计 全区共有内部审计机构573个，内部审计人员3404人。共完成审计项目55874个，审计总金额12360.47亿元。提出建议意见被采纳14437条。选送5篇论文参加全国内部审计理论研讨活动评选，全部获奖，自治区内部审计协会获得优秀组织奖。

（撰稿人：彭斯慧　胡玮洋）

【南宁市审计局】 2016年，南宁市审计局人员编制66人，实有63人。局长边作新（—5月）、徐铭斯（7月—），副局长杨连业、黄辉武、李生明，总审计师梁露霞，党总支书记唐爱武，经济责任审计办公室主任李栋沛。设有办公室、人事科、法规科、机关党总支、行政事业审计科、外资运用审计科、财政金融审计科、社会保障审计科、企业审计科、农业与资源环保审计科、固定资产投资审计科、经济责任审计办公室；下设南宁市公共投资审计中心。

审计成果 2016年，南宁市县两级审计机关完成审计（调查）项目310个。查出主要问题金额412.63亿元，其中违规金额13.27亿元、管理不规范金额399.35亿元；应上缴财政14.98亿元，已上缴2.42亿元；应归还原渠道资金6.17亿元，已归还1057万元；应缴纳其他资金1.24亿元，已缴纳33万元；应调账处理金额48.59亿元，已调账7475万元。核减投资额13.32亿元。移送处理事项4件。出具审计报告和专项审计调查报告1991篇，被批示、采用1158篇（次）；提交审计信息86篇，被批示、采用26篇（次）。提出审计建议777条，被采纳453条。移送司法机关、纪检监察等部门处理线索15件。

国家重大政策措施贯彻落实跟踪审计 抽查政府重大投资项目14个，审计或延伸审计（调查）单位近70个。发现问题26个，查出问题金额4.34亿元，其中违规金额0.26亿元、管理不规范金额4.08亿元。移送案件线索2件。出具重大政策措施落实情况跟踪审计（季度）报告4份。上报审计信息2篇，均获得南宁市领导批示。

财政审计 完成127个单位的预算执行情况审计（调查），查出主要问题金额74.06亿元。南宁市审计局完成75个预算执行审计项目，查出主要问题金额57.98亿元。其中对市财政局2015年度市本级预算执行和其他财政收支情况项目，查出主要问题金额2.17亿元，发现财政专户利息收入和绿化保证金历年未及时上缴国库、一些预算单位未使用公务卡结算、行政事业单位公务租用车辆的相关管理办法未正式出台等问题。

对87个行政事业单位进行审计（调查），查出主要问题金额85.50亿元，发现虚列开支、扩大开支范围、改变资金用途等主要问题。

经济责任审计 对142名领导干部进行领导干部经济责任审计，查出主要问题金额156.98亿元，违规金额11.09亿元，移送事项4件，提交审计要情3份。审计中发现往来款项长期挂账未处理、会计核算不规范、结余资金未及时上缴、未按预算规定使用财政资金、政府采购不规范等普遍性问题。

固定资产投资审计 审计投资项目单位28个，核减投资额13.21亿元。完成政府投资结算审计项目13642个，审计金额138.67亿元，核减工程款18.07亿元。其中南宁市公共投资审计中心审结工程结算项目 348 个，审计金额 30.07 亿元，核减工程造价 3.14 亿元。

民生资金（项目）审计 根据自治区审计厅统一部署，南宁市审计局完成 2015 年南宁市保障性安居工程跟踪审计工作，共检查安居工程项目 150 个，延伸调查 190 个村的 402 户农村危房改造家庭。审计发现部分县（区）项目未严格执行基本建设程序、项目建设管理不到位、违规享受保障待遇、违规领取农村危房改造补助资金等问题。向相关部门移送案件 1 件。

企业审计 开展企业审计项目 21 个，查出主要问题金额 135.19 亿元。南宁市审计局结合 8 家国有企业领导人的经济责任审计对相关企业进行审计。对广西某有限公司 2012 年至 2015 年资产负债情况进行的审计中，发现公司存在未按规定结转固定资产并计提折旧，少计生产成本等问题，揭示 20 万吨项目未能按工程进度计划建设、建设投资超计划总投资、内部管理不够规范等风险。

专项资金审计 完成民生资金专项审计调查项目 41 个，发现问题金额 89.87 亿元，向有关部门移送案件 2 件，上报相关审计信息专报 8 篇。南宁市审计局及武鸣等 6 县（区）审计局共同对南宁市 2014—2015 年度优质高产高糖糖料蔗基地建设资金管理使用情况进行审计调查，发现项目建设推进慢、项目建设不符合基地建设标准、未按规定进行招标或政府采购、补贴发放不规范、项目资金结存较大等问题。 （撰稿人：吴丽霞）

【柳州市审计局】 2016 年，柳州市审计局人员编制 105 人，实有 94 人。局长罗品文，副局长戴卫平、陈钧、刘秋文，总审计师李怡，纪检组长覃柳青，经济责任审计局局长廖凤英。设有办公室、人事科、法规科、财政金融审计科、行政事业审计科、经贸审计科、农业与资源环保审计科、社会保障审计科、固定资产投资审计科、经济责任审计局；下设柳州市政府投资项目审计中心。

审计成果 2016 年，柳州市县两级审计机关完成审计项目 638 个。查出主要问题金额 33.95 亿元，审计处理应上缴财政 1.59 亿元、应减少财政拨款或补贴 7.23 亿元、应归还原渠道资金 5.40 亿元、应调账处理金额 13.80 亿元；已上缴财政 1.32 亿元、已减少财政拨款或补贴 7.12 亿元、已归还原渠道资金 2.79 亿元、已调账处理金额 11.28 亿元。移送司法机关、纪检监察部门处理事项 18 件，建议有关部门处理事项 1 件。提交审计信息 11 篇，被采用 1 篇。

财政审计 完成财政审计项目 40 个，查出主要问题金额 20.91 亿元。审计实施中围绕提高财政资金绩效主线，关注重点资金、重点部门、重点领域，把握、提升审计工作的总体性、宏观性和建设性，集中反映和揭示财政资金运行中体制、机制和管理上存在的问题。柳州市审计局组织实施的稳增长促改革调结构惠民生等政策措施落实情况跟踪审计，重点关注保障性安居工程、自治区地方政府债务资金管理使用情况等，审计涉及金额 81.72 亿元，查出主要问题金额 8163 万元，揭露个别部门、个别项目存在进度缓慢、未及时下达资金预算指标、项目资金未能及时安排支出等问题。

完成行政事业审计项目 59 个，查出主要问题金额 2.49 亿元。审计加大对权力集中、资金密集、资源富集、资产聚集的重点部门、重点岗位和关键环节的力度，关注和揭露以权谋私、失职渎职、贪污受贿、内幕交易的问题。

经济责任审计 注重与市纪委、市委组织部等部门沟通，根据干部监督管理的需要，科学协调安排、调整年度经济责任审计项目计划。对 60 个单位的领导干部进行经济责任审计，查出主要问题金额 2.63 亿元，其中违规金额 3586 万元中应负直接责任金额 10 万元、应负主管责任金额 201 万元、应负领导责任金额 3374 万元，损失浪费金额 6604 万元，管理不规范金额 1.61 亿元。柳州市审计局组织实施的融水县县长任期经济责任审计，探索以任期自然资源资产经济责任为主要审计内容，首次运用地理信息技术分析处理林业部门森林资源信息数据，判断森林资源开发利用与保护的状况。

固定资产投资审计 审计（调查）单位 498 个，查出主要问题金额 7.13 亿元，审计项目完成投资额 108.61 亿元，核减投资额 7.05 亿元。投资审计坚持以“揭露问题、规范管理、提高绩效、维护安全”为目标，加强对政府重大投资项目审计监督。柳州市审计局对官塘大桥工程、落久水利枢纽工程、环江滨水大道工程等12个重点项目实施全过程跟踪审计。重点关注和评价项目经济、环境和社会效益；关注项目建设质量和安全，督促建设、施工、监理等参建单位认真履行职责；关注项目内部控制制度的建立健全，推进工程建设领域的规范化管理；加大工程管理重点环节的监督力度，揭露和查处违法问题。

专项资金审计 完成专项资金审计（调查）项目36个，审计专项资金总额38.28亿元，查出主要问题金额2.64亿元。审计项目包括保障性安居工程、财政扶贫资金等民生资金项目和养殖倍增计划等产业项目，审计不仅关注民生资金的分配、管理和使用等情况，也关注强民惠民政策的实施效果和绩效。柳州市审计局完成专项资金审计项目10个，审计专项资金总额20.66亿元，查出主要问题金额1.99亿元，其中违规改变项目计划和资金用途3152万元、虚报冒领487万元、损失浪费金额2127万元。（撰稿人：杨靖云）

【桂林市审计局】 2016年，桂林市审计局人员编制114人，实有99人。局长江建和，副局长唐正柱、赵素云、全宏星，总审计师张志文，纪检组长罗伟强。设有办公室、法规科、财政金融审计科、行政事业审计科、经贸审计科、农业与资源环保审计科、社会保障审计科、固定资产投资审计一科、固定资产投资审计二科、旅游外资审计科、经济责任审计办公室、人事教育科、综合信息科、纪检监察室；下设桂林市公共投资项目审计中心、桂林市审计干部培训中心。

审计成果 2016年，桂林市县两级审计机关完成审计项目231个。查出主要问题金额118.54亿元，其中违规金额7.37亿元、管理不规范金额110.99亿元；审计处理应上缴财政2.71亿元，已上缴660万元；应归还原渠道资金3848万元，已归还788万元；应缴纳其他资金393万元；应调账处理金额14.86亿元，已调账处理金额5.48亿元；核减投资额15.50亿元。出具审计报告和专项审计调查报告241篇，被批示、采用17篇（次）；提交审计信息24篇，被批示、采用16篇（次）。提出审计建议593条，被采纳410条。

国家重大政策措施贯彻落实跟踪审计 组织成立23个审计小组对桂林全市政策落实情况同步开展跟踪审计，出具审计报告4篇，查出问题22个，揭示市、县两级在重大政策执行中存在的农民工创业担保贷款贴息资金使用不及时、个别重大建设项目推进慢、地方政府债券支出不及时等主要问题22个，促进17个重大建设项目加快推进，促进收回及统筹使用财政资金19.87亿元，促进简政放权27项，建立健全制度4项。审计结果报告多次得到市领导的批示。

财政审计 对75个单位的预算执行情况进行审计（调查），查出问题金额97.83亿元，出具审计报告77篇。通过审计，发现支出预算不够细化、部分投资计划下达滞后、未及时征收部分单位土地使用税、6个一级预算单位“三公”经费同比增长、部分单位未按规定实行公务卡结算等问题。

审计（调查）60个行政事业单位，查出问题金额2.02亿元，出具审计报告75篇。在桂林市农业局审计项目中，发现将应在账内反映的公款1332万元以个人名义开立账户存储、无预算扩大开支范围、未按标准进行采购、未及时清理往来账等问题。

经济责任审计 审计（调查）领导干部83人，查出主要问题金额5.32亿元，其中桂林市审计局审计领导干部21人，查出违规金额9386万元、损失浪费金额1707万元、管理不规范金额2.68亿元；其中应负直接责任金额3293万元、应负主管责任资金2.04亿元、应负领导责任金额1.42亿元。在对桂林电视台原台长经济责任审计中，发现未规范执行广告折扣审批程序、下属的金视公司银行存款账实不符、门面收入管理混乱、往来账长期未清理、内部控制不健全等问题。

农业与资源环保审计 桂林市审计局根据自治区审计厅的统一部署，对资源、灌阳两个自治区级贫困县财政扶贫资金分配、管理和使用情况进行审计，审计金额3.35亿元。查出贫困户建档立卡不符合标准要求、非建档立卡贫困户享受扶贫政策扶持、未按规定足额支付以工代赈劳务报酬、扶贫生态移民搬迁农户超标准建设住房等53个问题，向纪检监察、公安机关移送涉案线索8件，涉及人员16人。

固定资产投资审计 全市共审计（调查）单位40个，核减投资额15.50亿元。其中桂林市审计局开展政府投资项目审计 37 个，项目投资额 287.03 亿元，核减工程价款 15.5 亿元。桂林市审计局继续跟踪审计桂阳公路国道 321 工程，预算审计送审金额 27.55 亿元，审定金额 15.97 亿元，核减金额 11.59 亿元。

民生资金（项目）审计 根据审计署对保障性安居工程审计的统一部署，对 132 个工程项目和 294 个村委会的 699 户农村危房改造家庭进行检查。通过审计，发现配套基础设施建设滞后导致已建成保障性住房项目不能交付使用，个别农村危旧房改造对象虚报家庭收入、房屋面积等资料骗取住房保障待遇，违规转借、出租保障性住房，部分农村危改房补助对象档案资料不齐全等问题 77 个，涉及资金 1.09 亿元、保障房 8179 套。

企业审计 审计（调查）企业 4 个，查出主要问题金额 1.19 亿元。其中桂林市审计局调查（审计）企业 3 个，查出主要问题金额 9050 万元。桂林市审计局对市公共交通有限公司 2015 年度资产负债损益情况审计中，发现在财务费用中列支应由母公司承担的利息、往来账未及时清理、票据管理存在漏洞、公交业务管理信息系统较陈旧等问题。

专项资金审计 对 39 个管理使用专项资金的单位开展审计或者审计调查，查出主要问题金额 6.72 亿元。其中桂林市审计局完成审计（调查）项目 11 个，查出主要问题金额 5.59 亿元。桂林市审计局在对“美丽广西·清洁乡村”活动财政专项资金进行的专项审计中，发现部分县区专项资金支付进度缓慢，资金结存量较大、专项资金用于弥补日常公用经费、部分项目施工进度缓慢、部分项目缺乏规划和后期管护等问题。

（撰稿人：何　静）

【梧州市审计局】 2016 年，梧州市审计局人员编制 53 人，实有 50 人。党组书记、局长覃宏岩，副局长蒙泽江、彭雪梅、卢秋诚，总审计师麦庆，纪检组长何际铭，经济责任审计分局局长吴素鸣。设有办公室、经济责任审计分局、财政金融审计科、行政事业审计科、社会保障审计科、农业与资源环保审计科、经贸审计科、固定资产投资审计科、外资运用审计科、法规科、监察室；下设梧州市政府投资审计中心。

审计成果 2016 年，梧州市县两级审计机关完成审计项目 129 个。查出主要问题金额 69.54 亿元，其中违规金额 3.86 亿元、管理不规范金额 65.68 亿元；审计处理应上缴财政 4.18 亿元、应减少财政拨款或补贴 1593 万元、应归还原渠道资金 13.58 亿元、应缴纳其他资金 1.53 亿元、应调账处理金额 21.08 亿元；审计促进增收节支 1.19 亿元。向有关部门移送处理事项 26 件，涉及问题线索 48 条，截至年底予以立案 51 人。向梧州市委信息科、市政府信息科报送信息 30 篇，被采用 8 篇，得到市领导批示 5 篇。

国家重大政策措施贯彻落实跟踪审计 梧州市审计局完成农民工创业担保贷款贴息资金管理使用情况、农民工创业园建设情况、稳定岗位补贴拨付情况、2015 年乡村教师生活补助计划专项奖补资金拨付情况、财政存量资金、财政专户管理情况、地方政府债务资金管理情况、行政事业性收费减免政策执行情况等重大政策落实情况跟踪审计项目。通过审计，促进稳增长等有关政策进一步落到实处，促使有关部门加强资金管理，促进重大项目工程安全顺利推进。

财政审计 对 15 个单位进行预算执行审计，查出主要问题金额 27.36 亿元；完成财政决算审计 4 项，查出主要问题金额 475 万元。梧州市审计局完成对市财政的预算执行及其他财政收支和决算草案情况的“同级审”，延伸审计部分专项财政补贴资金的管理和拨付及使用情况、政府采购情况、“三公”经费支出情况、税收征管情况，发现存在应缴未缴资金占用费收入、无财力安排导致支出挂账、专项转移支付结余资金较大、执行不到位、暂付款压缩未达要求、政府性基金预算支出执行率低等问题。“同级审”反映的 12 类 47 个问题，梧州市财政局等单位已采取整改措施，整改到位金额 36.82 亿元。

对 60 个行政事业单位进行审计，查出主要问题金额 13.51 亿元。查出未按规定纳入预算管理 2030 万元、未按规定征收缴纳收入 5766 万元、资金滞留闲置 1.35 亿元、会计核算不实 8658 万元。

经济责任审计 对 49 个单位的主要领导干部进行经济责任审计，查出主要问题金额 13.03 亿元，其中违规金额1.49亿元，其中应负直接责任金额28万元、应负主管责任金额9022万元、应负领导责任金额5848万元，损失浪费金额10万元，管理不规范金额11.54亿元。审计发现个别单位存在公职或参公人员违规领取津补贴、公款私存现象；个别企业违规决策造成国有资产损失，违规使用专项资金；个别单位不及时确认收入、非税收入未及时上缴财政等问题。

农业与资源环保审计 组织安排梧州市财政扶贫资金审计、梧州市可再生能源建筑示范项目资金审计调查、长洲区原区长任职期间履行环境保护情况审计3个项目。其中在财政扶贫资金审计项目中，梧州市审计局组织全市审计力量对苍梧县、藤县、蒙山县、龙圩区2014年至2015年财政扶贫资金的分配、管理和使用情况进行审计，重点抽查23个乡（镇）、62个贫困村，分别占该市乡（镇）总数和贫困村总数的58.97%、34.07%；抽查扶贫项目546个，涉及财政扶贫资金8338万元，分别占该市2年来扶贫项目总数和财政扶贫资金投入数的34.02%和43.48%。审计后，向纪检监察部门移送问题线索25条，至年底予以立案15人。

固定资产投资审计 审计（调查）18个单位，查出主要问题金额1.52亿元。核减投资额7.94亿元。发现被审计单位存在未严格执行项目基本建设程序、未按规定缴纳有关税费以及相关的保证金、未严格执行招投标的相关规定、财务核算不够规范等问题。梧州市审计局安排重点建设项目审计总金额8.33亿元，审计查出问题39个，涉及违纪违规金额1.32亿元、管理不规范金额1.23亿元，应补缴建筑安装工程劳动保险费699万元和农民工保证金140万元，促进增收节支8.19万元（补缴印花税），提出审计建议15条。

民生资金（项目）审计 梧州市审计局派出8个审计组，对2015年全市保障性安居工程及配套基础设施的计划、投资、建设、分配、运营情况进行审计，涉及住房城乡建设、发展改革、财政、国土资源、规划、市政等10多个部门，审计安居工程项目79个，延伸调查70个村的181户农村危房改造家庭。审计发现存在相关职能部门履职不到位、相关单位违反规定擅自改变保障房用途、个别村干部违反廉政纪律向群众要好处、部分保障房项目未按规定时限完成任务等问题。根据审计结果予以立案43人，移送司法机关处理1人，行政撤职1人，开除党籍1人，党内严重警告处分2人，党内警告处分30人，责令检讨1人，诫勉谈话7人。

专项资金审计 审计32个管理使用专项资金的单位，发现问题金额27.10亿元，出具专项审计调查报告12篇，向有关部门移送案件2件。梧州市审计局组织安排农民工创业政策落实情况审计调查、市本级养老保险政策落实情况审计调查、第六届广西园林园艺博览会项目建设资金管理和使用情况专项审计调查、梧州市可再生能源建筑示范项目资金审计调查等4个专项资金审计项目，发现资金闲置现象普遍存在，部分资金使用不规范，执行扶贫政策把关不严格，管理不规范，部分乡镇单位及公职人员有涉嫌套取资金、贪污公款、伪造合格证明和单位公章、违规串标、骗取危房改造资金、违规经商等问题。

（撰稿人：黎振华）

【北海市审计局】 2016年，北海市审计局人员编制42人，实有39人。局长彭有朋（—5月），副局长刘文惠、李小文、王海强（—9月），总审计师唐冰，纪检组长米小林（—7月）。设有办公室、法规科、监察室、电子政务管理科、财政金融审计科、固定资产投资审计科、行政事业审计科、经济贸易企业审计科、外资运用审计科、社会保障审计科、交通与建设审计科、农业与资源环保审计科。

审计成果 2016年，北海市县两级审计机关完成审计项目229个。查出主要问题金额19.68亿元，其中违规金额3.74亿元、管理不规范金额15.94亿元；应上缴财政0.65亿元，已上缴0.15亿元；应减少财政拨款或补贴1.26亿元，已减少1.23亿元；应归还原渠道资金3.91亿元，已归还3.17万元；应缴纳其他资金339万元；应调账处理金额0.90亿元，已调账0.26亿元；核减投资额1.26亿元。出具审计报告和专项审计调查报告239篇；提交审计信息18篇，被批示、采用4篇（次）。提出审计建议594条，被采纳478条。

国家重大政策措施贯彻落实跟踪审计 市县

两级审计机关对北海市贯彻落实国家重大政策措施和宏观调控部署情况进行跟踪审计，重点审计北海市 2015 年保障性安居工程、农民工创业担保贷款贴息资金、农民工创业园建设项目补贴资金、自治区地方政府债务资金、自治区 2014 至 2015 年优质高产高糖糖料蔗基地建设、北海市 2015 年自治区层面统筹推进、水污染防治资金管理使用、降低实体经济企业成本措施落实、重点建设项目推进情况、盘活存量资金及财政专项基金审核和统筹等重大项目，对以前跟踪审计反映问题的整改情况进行检查。投入审计人员 115 人次，抽查单位 98 个、项目 238 个，揭示问题 33 个，查出问题金额 10.17 亿元，发现部分项目建设手续不完善，部分项目变更超概算、调整建设内容未及时报批，某县（区）乡镇污水处理厂项目未按规定安排支付配套资金等问题。

财政审计 完成 9 个单位的预算执行情况审计，查出主要问题金额 6.14 亿元。其中北海市审计局审计（调查）4 个单位预算执行情况，查出主要问题金额 1148 万元。北海市审计局执行的 2015 年度本级预算执行和其他财政收支情况审计，发现土地出让金未及时分配下达到相关单位、部分教育附加费支出不符合规定、结转的超两年项目资金未清理收回统筹管理、部分财政补助和税费减免政策落实不到位、部分不符合条件家庭违规享受住房保障待遇等问题。

经济责任审计 开展经济责任审计项目 25 个，涉及 25 个单位的 25 名领导干部，查出主要问题金额 3.33 亿元。其中北海市审计局审计（调查）单位 14 个，审计领导干部 14 人，查出主要问题金额 1.27 亿元。经济责任审计中发现育林基金未按规定的比例上缴市财政、超范围使用育林基金、部分结余和结转两年以上的林业专项资金未及时清理收回、辖区范围内个别区域水质差、辖区内没有取水许可证的 18 口自备水井未关闭、污水处理项目建设手续不完善等问题。

固定资产投资审计 完成固定资产投资审计项目 174 个，查出主要问题金额 1.96 亿元。其中北海市审计局审计 60 个单位，查出主要问题金额 1.71 亿元。北海市审计局实施的迎春城市道路景观亮化项目竣工决算审计发现项目往来款项未及时清理收回等问题。

专项资金审计 审计管理使用专项资金的单位 17 个，查出主要问题金额 4.69 亿元，其中北海市审计 8 个单位，查出主要问题金额 4.16 亿元。北海市审计局对市本级扶贫资金进行的专项审计调查中，发现用于扶贫精准识别的各项补助标准不统一、发放依据不足、村级财务核算管理不规范等问题；在“美丽广西・生态乡村”活动市本级财政专项资金的审计调查中，发现项目实施进度和专项资金支出进度慢、报销票据不规范等问题。

（撰稿人：徐慧洁）

【防城港市审计局】 2016 年，防城港市审计局人员编制 32 人，实有 31 人。局长赵蕾，副局长李毓森、周铁军、凌荣，纪检组长黄慧萍，经济责任审计分局局长李忆文。设有办公室、法规科、财政和社保审计科、行政事业审计科、农业环保和企业审计科、经济责任审计分局、固定资产投资审计科。

审计成果 2016 年，防城港市县两级审计机关完成审计项目 492 个。查出主要问题金额 15.91 亿元；审计处理决定应上缴财政 10.48 亿元、应减少财政拨款或补贴 2.11 亿元、应归还原渠道资金 1.34 亿元、应缴纳其他资金 7647 万元、应调账处理金额 1.11 亿元；核减投资额 1.34 亿元；审计后挽回（避免）损失 5962 万元。出具审计报告和专项审计调查报告 576 篇，被批示、采用 4 篇（次）；提交审计信息 2 篇，被批示、采用 2 篇（次）。提出审计建议 693 条，被采纳 122 条。其中防城港市审计局审计（调查）单位 93 个，查出主要问题金额 4.57 亿元；审计处理决定应减少财政拨款或补贴 5247 万元，应归还原渠道资金 1.30 亿元、应缴纳其他资金 16 万元、应调账处理金额 7932 万元；核减投资额 6470 万元；审计后挽回（避免）损失 1.18 亿元。出具审计报告和专项审计调查报告 95 篇；提交审计信息 2 篇，被批示、采用 2 篇（次）。提出审计建议 157 条，被采纳 80 条。

财政审计 完成对 5 个单位的预算执行情况审计，查出主要问题金额 13.48 亿元。防城港市审计局实施防城港市财政局 2015 年度市本级预算执行和其他财政收支情况审计项目，查出主要问题金额 1.07 亿元，发现存在国库集中支付管理有待加强、部门政府采购预算约束力有待提高、预算编制不完整、专项资金管理有待进一步规范等问题。

审计行政事业单位14个，查出主要问题金额7810万元，其中防城港市审计局审计9个单位，查出主要问题金额6440万元。

经济责任审计 完成经济责任审计项目13个，涉及13个单位的12名领导干部，查出主要问题金额6224万元。其中防城港市审计局审计9个单位的9名领导干部，查出主要问题金额6023万元。防城港市审计局对港口区原区长、民政局原局长、卫计委原主任、国资委原主任、人防办主任、招商局长等开展经济责任审计，发现挤占挪用资金、未按规定批复所属二层单位预算、财政结余结转资金较大、资金使用率偏低等问题。

固定资产投资审计 完成固定资产投资审计项目466个，审计项目投资额11.72亿元，核减工程款1.34亿元。其中防城港市审计局完成政府投资审计项目78个，审计项目投资额6.16亿元，核减工程款6470万元。（撰稿人：邓英俊）

【钦州市审计局】 2016年，钦州市审计局人员编制56人，实有46人。局长钟翔（—11月）、张日辉（12月—），副局长陈洪珊、谭灵坚、郑康，总审计师刘海伟（—8月），纪检组长张梅。设有办公室、法规综合科、财税审计科、行政事业审计科、固定资产投资审计科、企业审计科、农业与资源环境审计科、社会保障审计科、经济责任审计分局、金融外资审计科；下设钦州市公共投资审计中心、钦州市经济责任审计办公室。

审计成果 2016年，钦州市县两级审计机关完成审计项目2211个。查出主要问题金额56.81亿元；审计处理决定应上缴财政1.48亿元、应归还原渠道资金3.84亿元、应调账处理金额21.46亿元。移送司法机关、纪检监察部门处理事项40件，移送处理人员50人。出具审计报告和专项审计调查报告208篇，被采用6篇。其中，钦州市审计局完成审计项目64个，查出主要问题金额37.19亿元；审计处理决定应上缴财政6716万元、应归还原渠道资金3.76亿元、应调账处理金额21.43亿元。移送司法机关、纪检监察部门处理事项18件，移送处理人员25人。提交审计工作报告、信息139篇，被采用82篇。

财政审计 完成对11个单位的预算执行情况审计，查出主要问题金额20.90亿元，其中钦州市审计局审计4个单位，查出主要问题金额3.50亿元。钦州市审计局实施钦州市本级2015年度预算执行和其他财政收支及财政决算（草案）情况审计，查出主要问题金额2.33亿元，发现存在部分单位预算编制不规范、未按规定上缴非税收入、应缴未缴土地出让金、未按规定使用公务卡结算支出、应缴未缴税费236.02万元、虚报骗取财政补助资金等问题。

审计行政事业单位34个，查出主要问题金额17.89亿元，其中钦州市审计局共完成行政事业审计9个，查出主要问题金额17.19亿元。钦州市审计局实施灵山县人民医院2014—2015年度财政财务收支情况审计项目，查出主要问题金额3.20亿元，发现存在未如实反映公务接待费、未正确核算待摊费用、未及时上缴非税收入、医疗服务项目多收费、医疗设备采购招投标弄虚作假、工程项目投资超概算等问题。

经济责任审计 完成经济责任审计项目33个，涉及33个单位的35名领导干部，查出主要问题金额30.68亿元。其中钦州市审计局审计8个单位，审计领导干部6人，查出问题金额29.95亿元。钦州市审计局实施灵山县人民政府县长任期经济责任审计项目，查出主要问题金额10.76亿元，发现违规将国库资金调入专户、挤占挪用和截留财政专项资金等问题。

固定资产投资审计 完成固定资产投资审计项目140个，审计项目投资额46.27亿元，核减投资额1.71亿元。其中钦州市审计局审计项目39个，项目投资额46.27亿元，核减投资额1.21亿元。钦州市审计局实施钦州学校新校区建设2016年跟踪审计项目，查出主要问题22个，涉及金额1.16亿元，发现存在账外管理资金、管理人员涉嫌私用款项、建设单位管理费超标准、未严格执行基本建设程序、工程未经工程质量竣工验收就投入使用、部分单项工程擅自扩大项目建设规模等问题。

专项资金审计 审计23个管理使用专项资金的单位，查出主要问题金额16.83亿元。其中钦州市审计局完成专项资金审计项目10个，查出问题金额15.31亿元。钦州市审计局实施全市水库移民专项资金审计项目，查出主要问题金额2848.28万元。移送纪检监察部门线索8件。审计发现存在重复申报旧房改造资金、未经公开招标签订工程设计合同、工程项目实际投资额超概算、签证不实多计多付工程价款等问题。

（撰稿人：杨　纯）

【贵港市审计局】　2016年，贵港市审计局人员编制48人，实有43人。局长张立文（—6月）、杨伟明（6月—），副局长伍勤、彭毅云，纪检组长黄开泽。设有办公室、财政金融审计科、行政事业审计科、社保与资源环境审计科、经济责任审计局、固定资产投资审计科、法规科、计算机信息科；下设贵港市公共投资审计中心。

审计成果　2016年，贵港市县两级审计机关完成审计项目1303个。查出主要问题金额19.65亿元，审计处理应上缴财政3405万元、应减少财政拨款或补贴2.03亿元、应归还原渠道资金2740万元、应缴纳其他资金2.73亿元、应调账处理金额3.70亿元，已上缴财政626万元、已减少财政拨款或补贴2.15亿元、已归还原渠道资金717万元、已调账处理金额9515万元。移送司法机关、纪检监察部门处理事项10件，涉及人员5人、金额1.35亿元。提出审计建议341条，被采纳325条。

财政审计　完成预算执行情况审计项目5个，查出主要问题金额2.75亿元；完成财政决算审计项目2个，查出主要问题金额11.39亿元。贵港市审计局实施市本级2015年度预算执行情况和其他财政收支情况审计项目，查出主要问题金额4.86亿元，发现结转资金支出进度较慢、未及时上缴非税收入、经费支出不规范、零余额账户使用不合规、预决算公开不规范等问题。

采用与经济责任审计结合的方式审计行政事业单位33个，查出主要问题金额2.76亿元。发现个人超标准报销电话费、违规报销非公务车辆费用、超范围支出工作经费、部分费用报销手续不完善、应缴未缴非税收入并坐支、超限额使用现金、未按规定执行政府采购、执行重大经济事项集体决策制度不到位、会计核算不规范等问题。

经济责任审计　对26个单位的领导干部开展经济责任审计，查出主要问题金额1.14亿元，其中违规金额1796万元，应负主管责任金额52万元、应负领导责任金额1743万元，管理不规范金额9565万元。贵港市审计局实施的港北区人民政府区长任职期间经济责任审计项目，查出主要问题金额3179.47万元，发现个别项目用地未缴土地出让金、违规向BOT项目支付资金、违规出借财政资金、水利基本建设项目未及时进行竣工结算及决算、高标准农田建设项目工程进度缓慢、项目资金闲置、未完成部分经济指标任务等问题，移送司法机关处理事项1件，涉及金额650万元。

固定资产投资审计　审计（调查）固定资产投资项目1250个，查出主要问题金额2.15亿元，核减投资额2.15亿元。贵港市审计局对市文化艺术中心、罗泊湾大桥、青云大桥等重大政府投资项目实行现场跟踪审计，促进建设工程规范运作。实施贵港市荷城初级中学建设工程项目Ⅲ标段结算审计项目，送审造价1810.32万元，审定造价1130.41万元，审减679.91万元，审减率37.56%。

民生资金（项目）审计　审计（调查）单位5个，查出主要问题金额1697万元，移送司法机关、纪检监察部门处理事项3件。贵港市审计局实施桂平市2015年保障性安居工程跟踪审计项目，发现存在村干部克扣截留农村危房改造财政补助资金、部分不符合条件家庭违规享受住房保障待遇、应收未收土地出让收入等问题，移送司法机关、纪检监察部门处理事项2件。

专项资金审计　对管理使用专项资金的7个单位开展审计（调查），发现问题金额1786万元。出具专项审计调查报告5篇。贵港市审计局实施2014年至2015年桂平市财政扶贫资金管理和使用情况审计项目，查出主要问题金额241万元，发现违规或多发放“雨露计划”补助、多发放百香果种植补助、贫困户信息系统中身份证信息不规范、未按规定发放以工代赈劳务报酬、部分人员不符合建档立卡标准等问题。

（撰稿人：王育红）

【玉林市审计局】　2016年，玉林市审计局人员编制46人，实有42人。局长李克，副局长王熙、劳林灵、陈任诗，总审计师梁武波，纪检组长吕智能，经济责任审计分局局长曾敏。设有秘书科、法规科、财政税务审计科、行政事业审计科、综合经济审计科、社会保障审计科、固定资产投资审计科、经济责任审计分局、园区审计科、数据审计科、监察室；下设玉林市政府投资审计办公室。

审计成果 2016年，玉林市县两级审计机关完成审计项目223个。查出主要问题金额83.89亿元，其中违规金额20.38亿元、管理不规范金额63.51亿元。应上缴财政4.86亿元，已上缴546万元；应减少财政拨款或补贴1.10亿元，已减少0.39亿元；应归还原渠道资金8.93亿元，已归还0.19亿元；应缴纳其他资金170万元，已缴纳74万元；应调账处理金额6.11亿元，已调账2.83亿元；核减投资额1.06亿元。移送处理事项31件。出具审计报告和专项审计调查报告236篇；提交审计信息20篇；被批示、采用6篇(次)。提出审计建议427条，被采纳296条。

2016年，玉林市水环境综合治理工程（郁江引水）跟踪审计项目被广西壮族自治区审计厅评为优秀审计项目二等奖。玉林市审计局党支部获得玉林市“先进基层党组织”称号。

财政审计 对25个单位实施预算执行审计，查出主要问题金额67.02亿元，其中玉林市审计局审计（调查）2个单位的预算执行情况，查出主要问题金额1.34亿元。玉林市审计局实施本级预算执行情况审计，发现未编制国有资本经营预算、预算约束力不强、部分专项存量资金未及时清理、部分财政收入不真实、部分土地出让金未及时征收入库、财政借款逾期多年未能收回等问题。

审计行政事业单位51个，查出主要问题金额8.80亿元，其中玉林市审计局审计行政事业单位18个，查出主要问题金额8.08亿元。玉林市审计局对市人力资源和社会保障管理局2015年财务收支的审计，发现购买货物及服务未按规定办理政府采购手续、购置办公椅未入固定资产账等问题。

经济责任审计 完成经济责任审计项目48个，涉及48个单位，审计领导干部46人，查出主要问题金额1.99亿元。其中玉林市审计局完成项目9个，查出主要问题金额1.02亿元。玉林市审计局实施第一人民医院院长任期经济责任审计，发现重大资金使用决策未见医院领导班子集体讨论会议记录、购买银行理财产品未经领导批示；违规收费、坐支租金收入、购买固定资产尚未取得相应资产的产权；重复利用固定资产进行融资，单位贷款融资负债金额较大，占资产总额的89.45%，借出资金数额巨大，占资产总额的40.75%。

固定资产投资审计 完成固定资产投资审计项目113个，查出主要问题金额2.48亿元。其中玉林市审计局完成9个，项目投资额18.37亿元，完成投资额15.27亿元，核减投资额（工程款）6004万元，查出主要问题金额6374万元。向项目主管部门、公安部门移送案件（线索）5起。玉林市审计局实施江南岭塘廉租公租住房项目工程竣工结算审计，发现投标存在严重不平衡报价、未按招标文件签订合同等问题。

民生资金（项目）审计 完成社会保障审计项目21个，查出主要问题金额7.38亿元。其中玉林市审计局完成7个，查出主要问题金额6.91亿元。市县两级审计机关开展玉林市2015年保障性安居工程跟踪审计，发现未按时完成安居工程建设任务、保障性安居工程项目贷款资金闲置1年以上、未办理工程质量监督手续即开工建设等问题，有1984套已竣工验收的保障性住房长期空置未发挥效益，376套保障房欠缴6个月以上的租金，303户家庭违规享受实物配租。

专项资金审计 审计30个管理使用专项资金的单位，查出主要问题金额2.66亿元。其中玉林市审计局审计19个，查出主要问题金额1.65亿元。玉林市审计局对2014年至2015年财政扶贫资金进行审计，查出财政扶贫资金问题53个，问题金额1.66亿元，占审计金额的48.58%，向纪检监察、公安机关移送涉案线索11件，涉及人员27人。开展玉林市“美丽广西·清洁乡村”专项资金审计调查，发现以其他凭证代替发票使用、部分项目建设推进缓慢、部分项目效益不理想、资金使用率低、个别村屯绿化项目未按村屯绿化作业设计地点进行种植等问题。

（撰稿人：梁　毅）

【百色市审计局】 2016年，百色市审计局人员编制51人，实有46人。局长黄武能，副局长谭荣先（—8月）、潘秋玲、黄彧、蔡伯伦（10月—），总审计师黄受飞，纪检组长张祥俭（—7月）、唐毓汉（9月—）。设有办公室、财政金融审计科、法规科、行政事业审计科、农业与资源环保审计科、社会保障审计科、经贸审计科、固定资产投资审计科、经济责任审计科、监察室；下设百色市政府投资审计办公室、百色市经济责任审计分局。

审计成果 2016年，百色市县两级审计机关完成审计项目123个，查出主要问题金额61.96亿元，其中违规金额11.35亿元、管理不规范金额45.53亿元；应上缴财政1.94亿元，已上缴0.99亿元；应减少财政拨款或补贴2.14亿元，已减少2.14亿元；应归还原渠道资金5.90亿元，已归还0.44亿元；应调账处理金额6.75亿元，已调账0.49亿元；核减投资额2.20亿元。移送处理事项21件。出具审计报告和专项审计调查报告134篇；提交审计信息196篇，被批示、采用55篇（次）。提出审计建议401条，被采纳198条。

2016年，百色市审计局实施的广西右江矿务局有限公司2013年至2014年财务收支审计项目被广西壮族自治区审计厅评为优秀审计项目。

财政审计 对21个单位开展财政预算执行情况审计，查出主要问题金额34.32亿元。百色市审计局对市本级2015年度财政预算执行和其他财政收支进行审计，发现应征未征非税收入、应缴未缴非税收入、坐支应缴未缴的非税收入；欠拨专项资金、出借财政国库资金未及时收回；虚开发票套取资金用于杧果育苗、苗木收入私存私放，部分用于发放职工福利；长期无偿出租国有土地；未按规定办理政府采购等。

经济责任审计 开展经济责任审计项目31个，涉及31个单位的29名领导干部，查出主要问题金额6.50亿元。其中百色市审计局完成审计项目6个，审计领导干部6人，查出主要问题金额2.21亿元。在百色市交通运输局局长任期经济责任审计中发现超发公路建设驻地工地加班费、住勤费，重复发放在职抽调人员工资，未按实际出勤人数、天数提取工地伙食费补助，将历年结余专项资金借给建设办，挪用专项资金，支付农村老旧渡船更新专项奖励资金未取得合法发票报账等。在西林县人民政府原县长自然资源资产离任审计试点中，发现耕地占优补劣、宫保府景区旅游基础设施建设项目未批先建、未制定耕地土壤污染防治措施、部分年度污水排放部分指标超标、挤占挪用育林基金、挤占挪用森林植被恢复费专项资金等问题。向纪检监察部门移送案件线索3件，涉及金额844.03万元，涉及19人。

固定资产投资审计 完成固定资产投资审计项目15个，查出主要问题金额5207万元。百色市审计局开展市文化科技中心B区项目竣工决算审计，发现多计工程造价、工程合同签订不规范、《招标控制价评审报告》在开工后出具等问题。

民生资金（项目）审计 完成社会保障审计项目2个，查出主要问题金额70万元。在平果县2015年城镇保障性安居工程跟踪审计中，发现某乡镇挤占挪用安居工程专项资金、部分安居工程专项资金存在"以拨作支"现象；查出11户农户以虚假材料申报危房改造补助金，违规审批认定农村危房改造对象58户并发放危改补助，4户农户重复申请危房改造补助等问题。

企业审计 完成对7户企业的审计，查出主要问题金额16.16亿元，其中百色市审计局审计企业5户。百色市审计局在右江矿务局有限公司2013年至2014年财务收支审计中，发现欠缴五险一金1.63亿元，挪用职工个人养老统筹基金（个人缴纳部分）5600万元用于公司运营，以及重大投资决策失当造成损失浪费、虚开增值税专用发票、多支付研发费用、未公开招投标等问题。通过审计移送，该企业原董事长、总经理叶某被自治区检察院依法批捕，被开除党籍、公职，1名副总经理被公安机关批捕。

专项资金审计 审计39个使用管理专项资金的单位，查出主要问题金额4.01亿元。其中百色市审计局审计13个单位，查出主要问题金额2.12亿元。百色市审计局实施右江区2013年至2015年财政扶贫资金分配、管理和使用情况审计，查出主要问题金额972万元。向纪检监察机关移送有关人员涉嫌虚报骗取、贪污挪用扶贫资金，工作失职等违纪违法案件线索5件，涉及金额112万元。

（撰稿人：陆青松）

【贺州市审计局】 2016年，贺州市审计局人员编制46人，实有43人。局长谢庆丰（—7月）、古培林（7月—），副局长李红征（6月—）、黄自珍、谢义总审计师吴荣林，纪检组长刘文忠（—6月）。设有办公室（监察室）、法规科、企业审计科、财政金融审计科、行政事业单位审计科、固定资产投资科、经济责任审计分局、政府投资审计中心及审计信息管理中心。

审计成果 2016年，贺州市县两级审计机关完成审计项目157个，查出主要问题金额73.17亿元，其中违规金额1.16亿元、管理不规范金额72.01亿元；应上缴财政0.49亿元；应减少财政拨款或补贴10.99亿元；应归还原渠道资金0.61亿元，已归还0.39亿元；应缴纳其他资金0.78亿元，已缴纳203万元；应调账处理金额2.29亿元；核减投资额1.82亿元。移送处理事项30件。出具审计报告和专项审计调查报告122篇；提交审计信息21篇，被批示、采用10篇（次）。提出审计建议286条，被采纳109条。

财政审计 完成25个单位的预算执行情况审计项目，查出主要问题金额46.58亿元。其中贺州市审计局审计（调查）9个单位预算执行情况，查出主要问题金额21.76亿元。在对2015年度贺州市本级预算执行及其他财政财务收支情况的审计中，发现预算收入未及时缴入国库、政府性基金收入质量不高、暂付款科目余额较大等问题。

经济责任审计 完成经济责任审计项目62个，涉及领导干部62人，查出主要问题金额20.06亿元。其中贺州市审计局审计（调查）单位13个，审计领导干部13人，查出主要问题金额17.49亿元。在对贺州市疾病预防控制中心主任的任中经济责任审计，发现财政资金使用进度缓慢、部门预算编制内容不规范、内部控制制度执行不到位等问题。对昭平县原县长的自然资源资产离任审计试点中，发现生态公益林补助发放不及时、林业专项资金结余较大、行政处罚案件办理不规范等问题。

固定资产投资审计 完成固定资产投资审计项目49个，查出主要问题金额2.35亿元，其中贺州市审计局审计（调查）单位30个，查出主要问题金额1.25亿元，核减投资额8363万元。在贺州至姑婆山公路工程BT项目工程竣工结算审计中，发现建设单位和监理单位审核不严、概预算编报不够规范等问题。

专项资金审计 完成对管理使用专项资金的8个单位的审计，查出主要问题金额2.67亿元。其中贺州市审计局审计（调查）单位4个，查出主要问题金额1.80亿元。在钟山县2014年至2015年财政扶贫资金审计中，发现将不符合扶贫标准的对象纳入建档立卡管理、违规向不符合条件的对象发放扶贫物资、部分扶贫工程项目进展缓慢等问题。

（撰稿人：练 军）

【河池市审计局】 2016年，河池市审计局人员编制38人，实有34人。局长乔彩荣，副局长黄汉龙、尹治山（—5月）、蒙红宁（5月—），纪检组长梁彩艳（—5月），总审计师覃慧琴，政府投资审计中心主任韦景升，经济责任审计分局局长刘素群（—12月）。设有办公室、法规科、财政金融审计科、行政事业审计科、社会保障审计科、企业与外资运用审计科、农业与资源环保审计科、固定资产投资审计科、经济责任审计分局、计算机审计与信息管理办公室；下设河池市政府投资审计中心。

审计成果 2016年，河池市县两级审计机关完成审计项目652个。查出主要问题金额107.81亿元，其中违规金额37.80亿元、管理不规范金额69.98亿元；应上缴财政3.64亿元，已上3.58亿元；应减少财政拨款或补贴0.96亿元，已减少0.65亿元；应归还原渠道资金42.92亿元，已归还3163万元；应缴纳其他资金0.56亿元；应调账处理金额84.84亿元，已调账1.52亿元；核减投资额2.02亿元。移送处理事项24件。出具审计报告和专项审计调查报告646篇；提交审计信息22篇，被批示、采用6篇（次）。提出审计建议734条，被采纳620条。

2016年，河池市审计局获得自治区党委组织部授予“2014—2015年度全区美丽广西乡村建设（扶贫）工作先进后盾单位”荣誉称号，河池市审计局驻村工作队员获“贫困村党组织第一书记优秀个人”荣誉称号。

财政审计 完成42个单位的预算执行情况审计，查出主要问题金额92.32亿元。其中河池市审计局审计（调查）9个单位的预算执行情况，查出主要问题金额 84.39 亿元。河池市审计局实施宜州市人民政府 2015 年度财政决算进行审计，发现非税收入未及时缴库、历年经费结余未按规定收回国库盘活使用、无预算拨款、未按规定提取水利建设基金、以“先征后返”形式减免土地出让金、违规办理退库、未及时拨付专项资金、虚减基金支出、往来款项未及时清理等问题。

经济责任审计 完成经济责任审计项目 41 个，涉及 41 个单位的 39 名领导干部，查出主要问题金额 2.14 亿元。其中河池市审计局审计（调查）单位 6 个，审计领导干部 7 人，查出主要问题金额 1.35 亿元。对宜州市原市长的自然资源资产离任审计试点中，发现出让国有土地使用权未实行招拍挂、违规减免土地出让收入、违规用国有划拨土地开发经营性房地产项目并入市销售、应缴未缴育林基金、未批先用土地、土地复垦复绿比率过低、林业部门与国土部门提供的耕地与基本农田数据不准确、森林蓄积量调查统计数据不准确等问题。

固定资产投资审计 完成固定资产投资审计项目 513 个，审计金额 22.28 亿元，核减投资额 2.02 亿元，审计查出主要问题金额 1.44 亿元。其中河池市审计局审计（调查）单位 22 个，审计查出主要问题金额 6991 万元。对罗城仫佬族自治县小长安镇罗东村崖宜屯至相思林公路等 9 项工程的竣工结算审计发现，项目未经招标签订施工合同、未按规定办理工程施工质量监督手续、项目验收未严格按规定程序进行、施工单位弄虚作假骗取中标、无合同依据支付项目工程款至个人账户等问题。

民生资金（项目）审计 完成的金城江区、南丹县和天峨县 2014 年至 2015 年财政扶贫资金审计项目，查出主要问题金额 1.62 亿元，移送处理案件 8 件，涉案人员 21 人、金额 346 万元。开展河池市 2015 年保障性安居工程审计项目，检查工程及配套基础设施的计划、投资、建设、分配、运营等情况，发现农村危房改造重大违法违纪和经济犯罪线索 12 件，涉及问题金额 336.98 万元，移送纪委和检察机关立案查处 21 人；追回违规领取的农村危房改造补助资金 46.83 万元，退还多收取税费 254.50 万元，取消保障资格或调整待遇 105 户，追回补贴补助 33.05 万元；清理收回被违规分配使用住房 17 套。

企业审计 完成 4 个企业审计项目，查出主要问题金额 1624 万元。其中河池市审计局审计（调查）单位 2 个，查出主要问题金额 23 万元。在对河池市城市投资建设发展有限公司 2014—2015 年度财务收支的审计中，发现违规开设银行账户、违规办理委托贷款、未按规定用途使用公司债务资金和贷款资金、虚增无形资产、在建工程挂账未及时清理等问题。 （撰稿人：杨　素）

【来宾市审计局】 2016 年，来宾市审计局人员编制 45 人，实有 42 人。局长韦祖乾，副局长吴运生、钟世权，总审计师覃锦平，纪检组长陆春庆，调研员朱双明。设有办公室（加挂纪检监察室）、法规科、财政金融审计科、行政事业审计科、固定资产投资审计科、农业与资源环保审计科、经贸审计科和经济责任审计分局；下设政府投资审计中心。

审计成果 2016 年，来宾市县两级审计机关完成审计项目 630 个。查出主要问题金额 13.37 亿元，其中违规金额 1.07 亿元、管理不规范金额 12.30 亿元；应上缴财政 1.16 亿元，已上缴 12 万元；应减少财政拨款或补贴 3.72 亿元，已减少 1.83 亿元；应归还原渠道资金 73 万元，已归还 37 万元；应缴纳其他资金 33 万元；应调账处理金额 1069 万元，已调账 240 万元；核减投资额 4.62 亿元。移送处理事项 10 件。出具审计报告和专项审计调查报告 623 篇。提交审计信息 2 篇。提出审计建议 243 条，被采纳 84 条。

2016 年，来宾市审计局被评为自治区文明单位。

财政审计 完成对 6 个单位的预算执行情况审计，查出主要问题金额 2.35 亿元。来宾市审计局实施 2015 年度来宾市本级预算执行和其他财政收支情况审计，发现部分预算项目资金支出执行缓慢、部分地方政府债务资金管理使用不合规、95 个项目未签订四方协议、使用一般债券偿还存量专项债务、预算执行单位应缴未缴非税收入、预算执行单位虚列支出等问题。

经济责任审计 完成 16 个经济责任审计项目，涉及 16 个单位的 15 名领导干部，查出主要问题金额 5.31 亿元。其中来宾市审计局审计（调查）单位7个，审计领导干部7人，查出主要问题金额5.27亿元。在对某局原局长、党组书记的经济责任审计中，发现使用部门经费承担应由职工个人缴纳的城镇职工基本医疗保险费、已出让国有土地但未及时足额征收土地出让收入、未缴财政土地出让金等问题。在对合山市长开展的任期自然资源资产离任审计试点中，发现未按时完成矿山地质环境治理规划目标、饮用水备用水源保护及供水工程进度缓慢等问题。

专项资金审计 审计管理使用专项资金的单位13个，查出主要问题金额1.88亿元。其中来宾市审计局审计9个单位，查出主要问题金额1.87亿元。在对武宣县2014年至2015年财政扶贫资金的分配、管理和使用情况的审计中，发现不符合建档立卡标准1292人、违规发放和使用扶贫资金、违规使用财政扶贫资金项目管理费、财政扶贫资金未分账核算和往来账长期挂账未清理等问题。（撰稿人：苏庆勇）

【崇左市审计局】 2016年，崇左市审计局人员编制43人，实有34人。局长裴希明（—6月）、李剑（7月—），副局长黄财政、伍春（—6月）、冯艺刚（—5月）、韦青培（6月—），总审计师梁敬东，纪检组长许扬鹏，崇左市政府性投资审计办公室主任韦青培（—5月）、梁海珠（7月—），经济责任审计分局局长黄一航。设有办公室、法规科、财政金融审计科、行政事业审计科、社会保障审计科、企业审计科、固定资产投资审计科；下设崇左市政府性投资审计办公室、经济责任审计分局。

审计成果 2016年，崇左市县两级审计机关完成审计项目119个。查出主要问题金额49.37亿元，其中违规金额0.80亿元、管理不规范金额48.56亿元；应上缴财政0.63亿元，已上缴0.11亿元；应减少财政拨款或补贴80万元；应归还原渠道资金0.53亿元，已归还20万元；应缴纳其他资金0.53亿元；应调账处理金额0.61亿元，已调账0.15亿元；核减投资额0.58亿元。移送处理事项13件。出具审计报告和专项审计调查报告116篇；提交审计信息24篇。提出审计建议305条，被采纳144条。

2016年度，崇左市审计局被自治区审计厅评为全区审计机关信息宣传工作先进单位。宁明县审计局被自治区精神文明建设委员会授予自治区文明单位。

财政审计 对22个单位开展预算执行情况审计，查出主要问题金额29.49亿元。其中崇左市审计局审计10个单位，查出主要问题金额10.05亿元。崇左市审计局实施的2015年度本级财政预算执行情况审计，发现政府性基金收入预算编制不合理、预算执行率低、上级政府性基金专项补助收入未编入政府性基金收入预算、部分预算收入未及时上缴国库、重复列财政支出、未按预算使用政府新增债券资金、部分专项资金支出进度缓慢等问题。

经济责任审计 完成经济责任审计项目31个，涉及31个单位的32名领导干部，查出主要问题金额3.35亿元。其中崇左市审计局审计8个单位，审计领导干部9人，查出主要问题金额2.43亿元。在崇左市住房和城乡建设委员会主任任期经济责任审计中，发现个人长期借用公款未归还、滞留上级下拨的专项资金、违反规定扩大开支范围、无发票列支资金等问题。延伸审计发现崇左市住建委下属单位存在截留社会保险基金、应缴未缴非税收入、未经批准购置制式服装及标志、挪用财政专项资金等问题。

固定资产投资审计 完成固定资产投资审计项目40个，查出主要问题金额6900万元。其中崇左市审计局审计15个单位，查出主要问题金额5800万元。崇左市审计局实施的园林园艺博览会项目跟踪审计，发现未及时收回园博园PPP项目建设的到期借款、未按规定取得施工许可证、归龙阁工程更换项目经理未经审批等问题。崇左市审计局实施警察训练学校工程结算审计，送审造价为2385万元，审定造价为1994万元，核减391万元。

民生资金（项目）审计 完成社会保障审计项目7个，查出主要问题金额2.82亿元，向纪委监察部门移交违法违纪和经济犯罪问题线索4件，涉及人员6人、金额10.51万元。崇左市审计局实施的扶绥县保障性安居工程跟踪审计，发现部分保障性安居工程建设程序不规范不完整、部分上报完成开工任务的项目未达到开工标准、有的资金闲置超过1年、未完成2015年保障性住房分配入住任务、农村危房改造工作监督管理不到位、部分村委会违规向危房改造资金补助对象收取清洁赞助费、同一注册监理工程师同时担任 6 项保障性安居工程总监理工程师等问题。

专项资金审计 审计使用管理专项资金的单位 17 个，查出主要问题金额 9.39 亿元。其中崇左市审计局审计（调查）单位 3 个，查出主要问题金额 3006 万元。崇左市审计局审计实施宁明县 2014 年至 2015 年财政扶贫资金管理和使用情况审计，发现认定的扶贫对象中有 320 人不符合建档立卡标准、县民族局扶贫资金未按规定分账核算、扶贫项目资金支出票据不合规、部分预付项目款项和往来账款长期挂账未及时结算、扶贫项目货物采购招投标管理不规范、县扶贫办道路建设工程未达到设计规模、村屯道路建设项目未达到要求、扶贫基础设施建设项目设计施工图未报建设主管部门审批、工程项目未按规定编制设计图和竣工图等问题。（撰稿人：王素云）

2016 年广西壮族自治区所辖区、县(市)级审计工作统计表

金额单位:万元

审计机关	完成审计项目(个)	审计查出主要问题金额	审计处理情况					出具审计报告和审计调查报告(篇)	提出审计建议(条)	提交审计信息(篇)
			审计处理处罚				移送处理事项(件)			
			应上缴财政	应减少财政拨款或补贴	应归还原渠道资金	应调账处理金额				
南宁市										
南宁市本级	133	3915341	123022		59354	469860	4	65	361	71
兴宁区审计局	7	11949					2	9	16	
青秀区审计局	21	19779	15567		4	1045		21	49	
江南区审计局	18	17627					2	18	44	
西乡塘区审计局	11	543	11					14	10	
良庆区审计局	24	20802	765		2312	13756		36	64	2
邕宁区审计局	9	900	427			472		6	12	11
武鸣区审计局	16	5099				530		14	35	
隆安县审计局	11	5649	67		9	87		601	40	
马山县审计局	13	10429	9887			113	2	14	57	
上林县审计局	17	21277	8		29			15	18	
宾阳县审计局	17	82462	3					1166	50	2
横县审计局	13	14477	25					12	21	
柳州市										
柳州市本级	93	181963	9814	44141	6979	98341	17	62	140	9
城中区审计局	130	1386	296	1016	44	22		132	128	2
鱼峰区审计局	23	1856	40	319		1143		7	80	
柳南区审计局	123	24735	62	2476		22196		122		
柳北区审计局	11	834		611		50		13	16	

（续表）

审计机关	完成审计项目（个）	审计查出主要问题金额	审计处理情况					出具审计报告和审计调查报告（篇）	提出审计建议（条）	提交审计信息（篇）
			审计处理处罚				移送处理事项（件）			
			应上缴财政	应减少财政拨款或补贴	应归还原渠道资金	应调账处理金额				
柳江县审计局	26	5724	403	4480	281	534		32	31	
柳城县审计局	15	56354	125	4486	22535	436		8	14	
鹿寨县审计局	62	25848	66	1246	23785	689		56	97	
融安县审计局	46	7704	237	1403	65	4048		46	33	
融水苗族自治县审计局	94	18426	3708	4859	332	4646	1	96	123	
三江侗族自治县审计局	15	14648	1171	7296		5920		20		
桂林市										
桂林市本级	82	126212	507		989	40614	10	79	194	9
秀峰区审计局	3	6688			1688			3	14	
叠彩区审计局	3	320						3	3	
象山区审计局	4	64967						4	23	
七星区审计局	1						1	1	7	
雁山区审计局	2	1			1			2	2	
临桂区审计局	9	63481			77	89		9	40	
阳朔县审计局	11	163501	1			15132		9	25	
灵川县审计局	10	29749	63	28483		28		9	54	
全州县审计局	15	29338	9015			18867		19	21	15
兴安县审计局	9	196180	19			202		9	15	
永福县审计局	7	335258						10	18	
灌阳县审计局	13	31714	208		201	30303		13	39	
龙胜各族自治县审计局	12	5380	4		30	2847	6	12	35	
资源县审计局	11	59657	16712		1	36988		18	33	
平乐县审计局	13	70271	3		853	3113		21	27	
荔浦县审计局	13	3						1		
恭城瑶族自治县审计局	13	911	533		3	374		19	43	
梧州市										
梧州市本级	43	451720	21579	120	135286	206569	21	179	177	
万秀区审计局	4	1008	818			184		4	10	
长洲区审计局	5	8						5	18	
龙圩区审计局	4	27230					1	4		

（续表）

审计机关	完成审计项目（个）	审计查出主要问题金额	审计处理情况					出具审计报告和审计调查报告（篇）	提出审计建议（条）	提交审计信息（篇）
			审计处理处罚				移送处理事项（件）			
			应上缴财政	应减少财政拨款或补贴	应归还原渠道资金	应调账处理金额				
岑溪市审计局	24	3551	31		455	3064		32	11	
苍梧县审计局	18	183118	19065	1473	16			85	175	23
藤县审计局	22	18017	261		17	1002	4	200	61	
蒙山县审计局	9	10746						6	24	
北海市										
北海市本级	87	107082	5030	9999	38033	7801		97	298	17
海城区审计局	35	5096	473	393				35	56	
银海区审计局	54	73065	965	1117				54	95	
铁山港区审计局	30	5690		975		1		30	107	1
合浦县审计局	23	5855	3	90	1101	1189		23	38	
防城港市										
防城港市本级	93	45716	19535	5247	12983	7932	4	95	157	2
港口区审计局	77	4603		2053	2	2547		78	140	
防城区审计局	113	85598	84618	886	10	83		113		
东兴市审计局	62	21310	659	11625	418			62	26	
上思县审计局	142	1700	33	1146		520		141	243	
钦州市										
钦州市本级	64	371860	6716		37552	214299	18	56	88	139
钦南区审计局	87	10639	413		25	45	5	88	22	
钦北区审计局	8	12842	5354		817	56	12	13	31	
灵山县审计局	7	239	1			13	1	7	13	
浦北县审计局	44	172524	2302		39	147	4	43	31	
贵港市										
贵港市本级	124	75057	3008	5757	1237	3652	8	133	179	
港北区审计办事处	223	27619	2	1259		64	1	223	21	
港南区审计办事处	150	6770	354	6	18	3889		151		
覃塘区审计办事处	493	2492		2452		29		495		
桂平市审计局	182	75548		4979		29276		182		
平南县审计局	131	8973	39	5835	1484	49	1	139	141	78
玉林市										
玉林市本级	50	144609	794	5564	4053	8691	19	49	117	9
玉州区审计局	20	129753	1980	3670	85208	28242	12	20	56	5

（续表）

审计机关	完成审计项目（个）	审计查出主要问题金额	审计处理情况					出具审计报告和审计调查报告（篇）	提出审计建议（条）	提交审计信息（篇）
			审计处理处罚				移送处理事项（件）			
			应上缴财政	应减少财政拨款或补贴	应归还原渠道资金	应调账处理金额				
福绵区审计局	13	932	37	138	16	4		14	28	
北流市审计局	13	80644	45530			1245		21	23	
容县审计局	29	181186	178	197	17	22500		29	65	
陆川县审计局	81	121446	33	1447		458		79	97	1
博白县审计局	15	149259	16					23	41	5
兴业县审计局	2	31087						1		
百色市										
百色市本级	24	228801	3264	20975	11185	2621	16	33	69	
右江区审计局	14	101116			36878	64237	1	13	94	187
靖西市审计局	3	17182	19					3		
田阳县审计局	12	24900			52			10	28	1
田东县审计局	10	3566							11	
平果县审计局	10	128613	12					9	31	
德保县审计局	5	24680						5	12	5
那坡县审计局	9	30871	1853		363	383	1	9	21	
凌云县审计局	6	13174					1	21	17	
乐业县审计局	6	2633	45			129		9	11	3
田林县审计局	9	16853	2421		9860	84		7	56	
西林县审计局	8	5151	4623	452		76		8	28	
隆林各族自治县审计局	7	22041	7194		619	15	2	7	23	
贺州市										
贺州市本级	56	436453	3009		2457	1900		49	140	
八步区审计局	14	5803	179		833	849		14	32	21
平桂管理区审计局	20	777	88	93	10	14		19	39	
昭平县审计局	24	22280	1611	299	21	20184			45	
钟山县审计局	14	113238		109573	2730			13		
富川瑶族自治县审计局	29	153139	27					27	30	
河池市										
河池市本级	58	960312	34760	2641	424025	793256	17	55	243	11
金城江区审计局	93	15875	5	582	4500	10455		92	4	
宜州区审计局	40	2040	28			6	6	44	50	
南丹县审计局	115	2174						115		

（续表）

审计机关	完成审计项目（个）	审计查出主要问题金额	审计处理情况					出具审计报告和审计调查报告（篇）	提出审计建议（条）	提交审计信息（篇）
			审计处理处罚				移送处理事项（件）			
			应上缴财政	应减少财政拨款或补贴	应归还原渠道资金	应调账处理金额				
天峨县审计局	7							102	205	
凤山县审计局	9	742	262	11		468		9	6	
东兰县审计局	110	6688	17	3874	197	2599		100	145	9
罗城仫佬族自治县审计局	16	2379	44			2186		15	12	1
环江毛南族自治县审计局	55	4732	125	2496	29	636		53	13	
巴马瑶族自治县审计局	123	15119	396	2	91	2043		35	48	
都安瑶族自治县审计局	19	67620	694		27	36705		19	8	1
大化瑶族自治县审计局	7	424	79		304		1	7		
来宾市										
来宾市本级	56	94587	10985	10245	56	547	10	52	34	1
兴宾区审计局	179	18883		18883				177	174	1
合山市审计局	8	2205	319	1320	16	307		8	7	
忻城县审计局	114	7824	274	989		122		114	3	
象州县审计局	130	2027	12	1796				130	25	
武宣县审计局	53	7185		3018				52		
金秀瑶族自治县审计局	90	1021	5	897		91		90		
崇左市										
崇左市本级	43	185550	1490		5230	780	7	47	93	
江州区审计局	8	75500	201		11	2486		7	27	
凭祥市审计局	10	2896	1083		3	587		10	23	24
扶绥县审计局	12	31510					1	12	28	
宁明县审计局	15	143786						10	27	
龙州县审计局	7	37898					3	5	19	
大新县审计局	12	14325	3570		34	367	2	15	44	60
天等县审计局	12	2195		80		1914		10	44	

海南省

【海南省审计厅】 2016年，海南省审计厅人员编制119人，实有123人。设有办公室（含老干部工作处）、组织人事处（含机关党委、机关工会、机关团委）、政策法规处（内部审计监督指导处）、财政审计处、金融审计处、行政政法审计处、农业审计处（农垦审计处）、资源环境审计处、教科文卫审计处、社会保障审计处、政府投资审计处、企业审计处、经济责任审计处、电子数据审计处；下设海南省审计科研所。

领导成员

厅　　长：张震华

副 厅 长：林长彬　刘劲松

　　　　　邓伟强　李映红

总审计师：贺庆华

省经济责任审计联席会议办公室主任：

　　　　　王生辉

副巡视员：王旭平　周　云

审计成果 2016年，海南省审计机关完成审计项目1079个。查出主要问题金额780.41亿元，其中违规金额12.21亿元、损失浪费金额25.36亿元、管理不规范金额742.84亿元；审计处理处罚金额89.17亿元，其中应上缴财政7.95亿元、应减少财政拨款或补贴7.45亿元、应归还原渠道资金9.83亿元、应调账处理金额63.95亿元；审计发现非金额计量问题2657个；审计促进整改落实有关问题金额20.59亿元，其中增收节支10.43亿元；审计后挽回（避免）损失10.16亿元。移送司法机关、纪检监察机关和有关部门处理事项45件，涉及80人，金额6.88亿元。出具审计报告和专项审计调查报告1266篇，被批示、采用21篇；提交审计信息412篇，被批示、采用298篇。提出审计建议3087条，被采纳2068条；推动完善规章制度7项。

2016年，海南省审计厅获得省委、省政府等省有关部门表彰11项，其中韦萃在省委、省政府“人民满意公务员”活动中记个人一等功，曾盛家庭被海南省妇联、省文明委分别评为2016年度海南省最美家庭和第一届全省文明家庭，王珠霞获得“全省档案系统先进工作者”荣誉称号并记个人三等功。

国家重大政策措施贯彻落实跟踪审计 全省审计机关紧紧围绕“三去一降一补”，组织开展全省2016年国家重大政策措施落实情况跟踪审计，共抽查单位814个，涉及资金336.45亿元；抽查项目1816个，涉及项目总投资额958.48亿元；发现问题228个；促进落实取消、合并行政审批事项41项，下放行政审批事项74项，减少审批前置条件、审批环节213项。开展“三大园区”行政审批、“多规合一”改革试点和“两个暂停”政策落实等跟踪审计，揭示政策执行的风险隐患和存在问题，指出问题症结，分析政策执行产生的影响，促进政策措施的贯彻落实；开展7个市县教育、卫生、棚户区改造、城市基础设施等省属重点建设项目跟踪审计，涉及总投资812亿元，通过审计加快项目审批4个，促进新开工项目24个、建成完工项目7个；开展全省财政存量资金情况跟踪审计，揭示2481万元资金长期闲置、6.40亿元资金被挤占挪用的问题，促使1.10亿元资金整合，5284万元资金通过整合后使用；推动建章立制12项，其中由省政府颁布执行4项；对全省18个市县债券使用情况跟踪审计，加快市县债券资金的使用效率，收回结转结存资金金额4亿元，加快财政资金下达1.20亿元。

财政审计 围绕2015年度海南省本级政府预算收支的真实性、合法性、效益性开展审计。审计显示海南省全年一般公共预算用于民生的资金246.27亿元，占总支出的75.8%。审计发现地方政府债务支出进度慢，当年新增债券支出仅完成59.1%；国库现金管理不规范，国库资金调出后未及时在商业银行转为定期存款，滞留活期存款户过长造成利息损失，国库资金定期存款本金未按规定在到期日划入国库，国库资金理财收入未及时足额划回国库；11个市县违规截留国有土地出让金收入17.89亿元；未在规定时间内完成财政资金分配或收回总预算统筹240.70亿元；全省财政存量资金规模较大，省本级有18.5亿元资金应盘活未盘活。

省审计厅适时调整部门预算执行审计重点，在保持对“三公”经费审计的同时，重点查处违反“厉行节约”相关文件规定开支会议培训费、办公费、水电费等问题。审计发现25个部门2015年实际支出“三公”经费比上年减少的同时，有5个部门培训费、办公费和水电费超预算支出336万元；有6个部门在自查时表示没有违反财经纪律事项，但实际存在虚列支出转移财政资金到酒店消费的严重违反中央八项规定行为。

围绕建安企业和资源税的征收管理、营改增以及执行减税、税收优惠政策落实情况、历年审计整改情况、稽查工作开展情况开展税收征管审计，全省延伸审计调查332户纳税人，涉及审计金额15.54亿元，查出193户纳税人少缴税款1.06亿元，占抽查纳税户数的58.13%，发现一些在税收政策执行和征管工作中存在的问题。

高校审计　对海南大学、海南师范大学、海南省广播电视大学3所高等院校进行审计，发现财政资金使用管理不规范，违规支出财政资金357万元、应缴未缴非税收入188万元、违规收取交换生费用95万元、专项资金闲置2.53亿元；科研经费使用管理不规范，涉及金额184万元，其中以虚假事项、虚假资料、虚假发票开支科研经费84万元，海南师范大学非财政拨款的横向科研经费开支随意性大，海南大学114万元科研物资采购验收把关不严。审计促进出台各项管理制度7项。

经济责任审计　完成领导干部经济责任审计项目210个，查出各类问题843个，涉及金额72.00亿元，其中应负直接责任问题金额1.50亿元；向纪检监察部门移送案件线索15件。开展澄迈、琼中2个县领导干部自然资源资产离任审计试点，利用地理信息技术、无人机等新技术手段，查出违法违规问题42个，问题金额1145万元。昌江县审计局开展昌化江和珠碧江两条“母亲河”流域的生态环境保护审计，发现河堤两岸出现崩塌安全隐患、国家矿产资源直接损失等问题，得到县政府的高度肯定。

固定资产投资审计　全省完成3036个政府投资项目审计，投资金额350.00亿元，发现问题金额30.38亿元。及时跟进省领导交办的文昌航天发射场配套区项目、6个渔港建设项目、国家南海博物馆项目等11个省重点投资项目审计。参与全省服务社会投资百日大行动督查和考核工作，对三亚市和乐东县进行督查，推动两市县加快重点项目建设，受到省领导充分肯定。

民生资金（项目）审计　开展保障性安居工程、为民办实事、医疗保险资金等民生资金审计项目，向纪检监察机关及有关主管部门移送案件线索11件，涉及33人、金额3.14亿元。

开展对扶贫政策措施落实和扶贫资金使用情况的跟踪审计。出台《为打赢“十三五”脱贫攻坚战发挥审计保障职能的意见》等5个文件，健全扶贫审计工作机制，对重点扶贫县进行密集审计，半月出一次报告，有力促进省财政完善扶贫资金支出“绿色通道”，加快支出进度，督促市县政府整合各类扶贫资金，提高扶贫资金使用绩效，防止侵吞挤占挪用扶贫资金。

继续开展保障性安居工程跟踪审计，审计结果表明：2015年全省保障性安居工程筹集建设资金46.32亿元，完成开工任务3.94万套，基本建成任务4.26万套，农村危房改造新开工4.41万户，竣工4.41万户，均超额完成国家下达任务。审计发现存在政策落实不到位、资金使用管理不规范、住房分配管理不严格、保障房运营管理不善、工程建设管理不合规等问题，查处违纪违规问题16.30亿元。

省审计厅组织因“电母”台风受灾严重的10个市县审计局，对救灾资金和物资的筹集、分配拨付、管理和使用情况进行跟踪审计。审计查明，占筹集资金的99.08%的救灾资金已完成分配，63.77%的救灾资金已完成支出；已发放完毕的救灾物资折款442万元，结存救灾物资折款仅17万元。审计中也发现有些部门和单位存在救灾资金支出进度缓慢、挪用救灾资金以及救灾款物管理使用不规范等问题。针对审计发现的问题，10个市县审计局已根据国家法规与政策提出相应的处理意见，并提出审计建议。

专项审计调查　省审计厅牵头组织11个审计组对省委、省政府2016年“为民办实事十大事项”的进展情况进行专项审计调查，涉及28个具体任务，审计对象涉及住建、扶贫、民政、教育、水务等15个责任部门和单位，还延伸调查部分市县和项目单位。通过审计，反映十大事项的完成情况，指出部分项目存在进度滞后、部分任务完成指标未达到目标、一些工程存在质量隐患、计划与项目实际脱节等问题，通过分析原因，提出解决办法，向省政府提交专报，促进省委、省政府部署的惠民政策的贯彻落实，也为省委、省政府决策提供参考。

省审计厅对白沙县南开乡坡告村、道银村生态扶贫移民项目进行跟踪审计。审计发现部分移民资金整合不到位、安置补偿政策落实不到位、部分项目建设存在工程质量安全隐患、施工合同签订滞后影响项目支出进度等问题。白沙县委、县政府及相关责任单位已采纳审计建议，采取措施逐项整改。

企业审计 省审计厅组织开展企业审计项目3个，共查出管理不规范金额66万元、损失浪费金额662万元。发现投资决策不当造成商铺闲置、土地资产权属不清、部分土地长期被无偿使用、部分资产租赁未续签或无合同、租金长期不调整、对下属单位监管不到位等相关非金额计量问题10个。

信息化建设 制定海南审计“十三五”工作发展规划和中长期审计项目计划；成立电子数据审计处，搭建大数据审计“一个中心两个平台”，实现财政指标数据与支付数据的横向和纵向贯通，建立1182个审计对象项目库；建成电子数据分析指挥室/数据中心机房；完成光纤网络和4G移动网络全省（不含三沙市）覆盖；与省测绘局达成战略合作框架协议，落实数据采集利用，支持自然资源资产离任审计项目。

队伍建设 围绕“两学一做”学习教育，通过“适应新常态、践行新理念”大讨论、六大审计课题研究活动，增强党员的党性意识，推动党建工作与审计工作有机融合，强化队伍建设。用活用好干部交流机制，加大轮岗力度，审计干部在对外交流中得到提拔、任用。推行审计业务“四分离”，审计管理更加科学。从严从紧抓党风廉政建设，抓小抓早加强干部队伍作风建设，做好审计廉政回访工作。省审计厅社会保障审计处党支部被省直机关工委评为先进党支部，海口市审计局被评为全省先进基层党组织，东方市审计局、屯昌县审计局在本市县党风政风行风评比中分别获得第一名、第二名。（撰稿人：高　原）

【海口市审计局】 2016年，海口市审计局人员编制40人，实有37人。局长冯明，副局长曹德静，总审计师刘桂云，副调研员周勇、李经民。设有财政审计处、政府投资审计处、经济责任审计处、行政事业审计处、社会保障审计处、农业资源环保审计处、企业审计处、政策法规处、办公室；下设海口市工程项目审计中心。

审计成果 2016年，海口市区两级审计关机关完成审计项目及交办项目323个。查出问题金额144.90亿元。发现问题382个，移送违法违纪案件线索5件。提出整改建议367条。

国家重大政策措施贯彻落实跟踪审计 对简政放权、“多规合一”改革、为民办实事、城镇内河（湖）水污染治理等项目开展跟踪审计，发现政策实施过程中存在的问题22个，提出审计建议10条。对2家市属国企开展审计，发现违规金额18万元、管理不规范金额3.00亿元，促进收回款项630万元。对潜在损失风险提出审计建议，促进国有企业经营提质增效和投资安全。

财政审计 以“1＋N”项目形式开展2015年度海口市本级预算执行审计，同时开展财政存量资金、政府债券资金、地方税收征管、教育专项资金及部门预算执行等9个审计项目，运用数据比对手段，实施“全链条”审计延伸至资金使用最末端。审计摸清2015年海口地方政府债券、债务以及存量资金的规模、结构情况，披露问题61个，查出违规金额3300万元、管理不规范金额130.62亿元，督促查征税收入库2400万元，移送案件线索1件。

经济责任审计 组织开展经济责任项目审计6个，核定领导者应负主管责任金额3900万元、应负领导责任金额2.98亿元，提出审计建议17条。审计结果报告获得市领导重视，市长专题听取经济责任审计发现问题的汇报，并对2015年至2016年接受经济责任审计的16个单位的23名领导干部（含现任领导）进行集体谈话，要求各单位负责同志要严格落实审计问题整改“一把手”责任制，正视审计发现的问题，对账销号。

固定资产投资审计 按照市政府统一部署，安排75个项目包括153个跟踪审计项目，实行责任领导负责制，按投资领域分工，发挥审计中心专业技术核心作用，统筹组织社会审计资源，快速推进。完成结算项目267个，送审金额59.16亿元，核减金额6.03亿元。

民生资金（项目）审计 开展保障性安居工程跟踪审计，查出问题 26 个，涉及金额 1.70 亿元。发现职能部门工作人员勾结社会人员、收受好处费骗取保障待遇及补贴的案件线索 3 件，移送 6 人，有 1 人受到党内警告处分，1 人被解聘处理。编发的审计要情得到省领导的重要批示。审计报告反映的问题被审计署纳入《2015 年保障性安居工程跟踪审计结果》公告。该项目被海南省审计厅评为 2016 年度表彰审计项目。

（撰稿人：黎鹏霄）

【三亚市审计局】 2016 年，三亚市审计局人员编制 36 人，实有 33 人。局长吴海峰，副局长麦军、廖沙，总审计师汪祥山，经济责任审计室主任杨明宝，调研员黄良志，副调研员林由源、云大强、郑辉贤。设有办公室、行政事业审计科、财政审计科、企业审计科、农业与资源环保审计科、经济责任审计室、固定资产投资审计科、法规一科、法规二科；下设三亚市政府投资审计中心。

审计成果 2016 年，三亚市审计局完成审计项目 262 个。查出主要问题金额 43.85 亿元，其中违规金额 4.71 亿元、损失浪费金额 4600 万元、管理不规范金额 38.68 亿元；审计处理处罚金额 25.75 亿元，其中应上缴财政 4.13 亿元、应减少财政拨款或补贴 13.18 亿元、应归还原渠道资金 7.46 亿元、应调账处理金额 9800 万元；审计发现非金额计量问题 220 个；审计促进增收节支 14.42 亿元，其中已上缴财政 1.24 亿元、已减少财政拨款或补贴 13.18 亿元。移送司法机关、纪检监察机关和有关部门处理事项 4 件，涉及金额 1.85 亿元。出具审计报告和专项审计调查报告 262 篇，被批示 7 篇；提交审计信息 41 篇，被采用 9 篇。提出审计建议 178 条。

财政审计 完成财政审计项目 5 个。在三亚市本级财政预算执行和其他财政收支情况审计中，揭露 3.24 亿元非税收入未及时足额征收入库、开行贷款滞留金额过大、使用率低、每年提前提款产生利息额较大等问题；在税收审计中，查出应缴未缴营业税、企业所得税、土地增值税、土地使用税、资源税、耕地占用税、契税等 1671 万元问题。

经济责任审计 完成经济责任审计项目 10 个，查出主要问题金额 10.22 亿元，其中应负领导责任金额 9.92 亿元、应负主管责任金额 3000 万元。促成三亚市经济责任审计联席会议办公室出台《三亚市经济责任审计对象分级分类管理办法（试行）》《三亚市党政主要领导干部和国有企业领导人员离任经济事项交接办法（试行）》，为下一步落实对领导干部履行经济责任情况实行审计全覆盖提供制度保障。

固定资产投资审计 实施公共投资审计项目 239 个，送审金额 45.50 亿元，审减金额 13.18 亿元，核减率 29%。审计中重点查处投资建设领域弄虚作假等违法违规问题，揭露公共投资建设项目合同管理不规范、违反基本建设程序、成本控制乏力等突出问题。

专项资金审计 开展基层村委会专项审计调查，揭露部分基层村委会存在的法律意识淡薄、三资委托管理机构未能充分发挥监督把关作用、超规定期限出租集体土地等问题。

（撰稿人：羊建权）

【儋州市审计局】 2016 年，儋州市审计局人员编制 30 人，实有 28 人。党组书记、局长何良婵（—3 月）、王凌融（3 月—），副局长谭必丹（3 月—）、梁启辉，副调研员覃景标。设有办公室、法制科、财政金融审计科、行政事业审计科、社会保险审计科、经济责任审计科和政府投资审计科；下设政府投资审计中心。

审计成果 2016 年，儋州市审计局开展审计项目 35 个，查出问题金额 3.79 亿元。提出审计建议 152 条，促进被审计单位建章立制 12 项，为财政增收节支 1360 万元。配合省审计厅在儋州市开展医疗保险、环境保护、保障性住房、扶贫资金等审计项目 4 个；配合市纪委查办案件 3 起。

国家重大政策措施贯彻落实跟踪审计 关注国家宏观调控政策落实、省委省政府“多规合一”改革、重点项目建设开工、行政审批等方面安排的稳增长、简政放权政策落实情况跟踪审计项目，通过审计，发现项目投资进度缓慢等问题。

财政审计 对儋州市财政部门具体组织预算执行情况、财政存量资金实施审计，发现应缴未缴预算收入 1.30 亿元、无预算拨款 2.01 亿元、未及时收回预拨农民小额贷款财政贴息结余资金400万元、占用村级为民办实事专项资金29万元，以及存在的债券资金不按项目实际需求分配、债券资金支付进度慢、债券资金用于经常性支出、预算编制不够规范、农民小额贷款财政贴息资金审批手续不完整、预算单位资金支出进度缓慢等问题。对儋州市地税局2015年税收征管实施审计，共查出漏征漏缴税款274万元，发现税源管控不到位等问题。对省地税局第三稽查局2012—2015年度稽查工作进行审计，发现未入库税款3234万元、未制订年度稽查工作计划、未建立案源信息档案及分类管理、档案管理不规范等问题。

经济责任审计 实施领导干部经济责任审计项目25个，完成6个，发现公车运行维护费超预算支出、未严格执行“一支笔”财务审批制度等问题。

固定资产投资审计 实施项目31个，揭露工程建设领域中存在的管理不规范、验收不严格、监理单位履职不到位、工程进度慢、项目超概算、竣工结算资料不完整等问题，发现虚报工程造价1316万元。

民生资金（项目）审计 对昌江县保障性住房情况实行交叉审计，发现存在2015年农村危房改造发放补贴率低、骗取住房保障待遇、公职人员家庭违规享受危房改造补贴、重复领取农村危房改造补助资金、非五保户以五保户身份享受农村危房改造补贴、无危房户违规享受危房改造补助资金、虚报收入违规享受农村危房改造补贴等问题。

审计整改 成立审计整改落实和检查工作领导小组，把审计整改与项目计划完成、审计查处问题等放在同等重要的位置，开展专项整改行动2次，督促16家被审计单位加大审计整改力度，整改落实率达86%。

其他工作 由儋州市审计局牵头，市农技中心、农业执法大队、档案局、盐业公司、黄泥沟管委会、那大镇等单位参加，到那大伏波西路各责任路段整治“六乱”、督促落实“门前三包”责任制。全局抽调三分之一的干部，参与儋州市“一创五建”检查组；抽调1人参与儋州市扶贫工作组驻点，1人挂职村第一书记。

扶贫工作 承担光村镇扁墩、挺进村委会7个自然村33户贫困户的脱贫任务。按市委、市政府“3＋1”工作要求，开展贫困户信息核查、入户访谈、子女上学教育帮扶、重病救助申请、低保办理、残疾人补助申请、危房改造、外出务工、产业调查与申请、养殖种苗的维护与种养等工作，帮助贫困户解放思想，克服“等靠要”的坏习惯，自力更生劳动脱贫。在有限的经费中投入16.5万元帮助贫困户开办合作社、建设猪栏羊栏。33户贫困户都已实现“两不愁三保障”，达到脱贫标准。

队伍建设 开展“两学一做”学习教育，教育和引导党员尊崇党章、遵守党规，切实打造一支信念坚定、忠诚可靠的审计队伍。以巡视发现问题为契机，集中力量对往年“零问题”审计项目进行复查，发现存在问题32个。配合市纪委对“零问题”项目的审查，提交报告、说明等材料共16份。强化审计业务学习，修改完善《审计执法责任规定》《审计项目复核》《审计项目考核测评》《审计工作流程》等规章制度，进一步规范审计行为，保证审计项目质量，防范审计风险。推动市委办、市政府办印发《儋州市强化领导干部经济责任审计暂行办法》。

（撰稿人：羊文壮）

2016 年海南省所辖区、县(市)级审计工作统计表

金额单位:万元

审计机关	完成审计项目(个)	审计查出主要问题金额	审计处理情况					出具审计报告和审计调查报告(篇)	提出审计建议(条)	提交审计信息(篇)
			审计处理处罚				移送处理事项(件)			
			应上缴财政	应减少财政拨款或补贴	应归还原渠道资金	应调账处理金额				
海口市										
海口市本级	46	1505756	2411		16380	6363	3	49	105	4
秀英区审计局	8	599	62			538		8	11	4
龙华区审计局	7	9249	265		256	17	1	8	24	2
琼山区审计局	358	96580	1101	4332	7772	2	2	364	383	9
美兰区审计局	11	27176		1508	1774	23893		11	37	
三亚市										
三亚市本级	262	438532	41288	131800	74571	9819	4	262	176	52
儋州市										
儋州市本级	35	378576	303	1052	2408			42	104	28
省直辖										
五指山市审计局	92	32928		15952				62	127	1
琼海市审计局	25	83905	3350		20		1	26	55	2
文昌市审计局	71	25402	20123	3278	16	371	2	76	109	11
万宁市审计局	92	241031		4099				98	451	
东方市审计局	70	3240	265	2915	30	3		70	84	15
定安县审计局	60	160364	1722	1452	225	156957		60	114	
屯昌县审计局	18	13861	357		999	6167	1	23	76	50
澄迈县审计局	74	580957	381	11411	1	302092	1	85	165	10
临高县审计局	12	215913	2497		7686	1	1	12	34	3
白沙黎族自治县审计局	15	4747		3464				27	149	
昌江黎族自治县审计局	24	96054	54		5		2	24	81	4
乐东黎族自治县审计局	6	323490	833	138	1660	21		8	33	2
陵水黎族自治县审计局	11	19335	51	8		9	11	126	390	
保亭黎族苗族自治县审计局	57	12254	9395	2618		241	1	57	54	2
琼中黎族苗族自治县审计局	161	10797	39		18	32		10	33	4

重庆市

【重庆市审计局】 2016年，重庆市审计局人员编制300人，实有286人。设有办公室、综合处、法规处、经济责任审计处、财政审计处、金融审计处、固定资产投资审计处、行政事业审计处、经贸审计处、农业审计处、社会保障审计处、外资运用审计处、工业审计处、市政建设审计处、教科文审计处、商贸审计处、资源环保审计处、交通审计处、移民审计处、内部审计管理处、计算机应用管理处、人事处、机关党委（与机关工会、机关团委合署办公）、离退休人员工作处；下设重庆市审计中心。另有市纪委派驻市审计局纪检组，市经济责任审计工作联席会议办公室设在市审计局。

领导成员

局　　长：袁天长

副 局 长：邓开伟　丁时勇

李新建（—11月）

戴　希　黄家登

纪检组长：张海坤

总审计师：朋　薇

市经济责任审计工作联席会议办公室主任：

李嘉荣（11月—）

巡 视 员：李新建（11月—）

审计成果 2016年，重庆市区两级审计机关完成审计项目4492个。查出主要问题金额4631.67亿元，其中违规金额626.50亿元、损失浪费金额23.11亿元、管理不规范金额3982.06亿元；审计处理处罚金额1046.05亿元，其中应上缴财政413.47亿元、应减少财政拨款或补贴18.34亿元、应归还原渠道资金192.19亿元、应调账处理金额422.06亿元；审计发现非金额计量问题7483个；审计促进整改落实有关问题金额1004.98亿元，其中增收节支346.89亿元、已调账处理金额656.45亿元；审计促进拨付资金到位26.24亿元；审计后挽回（避免）损失89.60亿元。移送司法机关、纪检监察机关和有关部门处理事项538件，涉及823人、金额35.85亿元。出具审计报告和专项审计调查报告5112篇，被批示、采用1080篇；提交审计信息2180篇，被批示、采用1711篇。提出审计建议10536条，被采纳9699条；推动完善规章制度259项。向社会公告审计结果11篇。

重庆市审计局本级完成审计项目83个，其中组织实施审计项目79个，参与实施审计项目4个。查出主要问题金额1991.77亿元，其中违规金额58.94亿元、损失浪费金额20.91亿元、管理不规范金额1911.92亿元；审计处理处罚金额77.69亿元，其中应上缴财政35.11亿元、应减少财政拨款或补贴6269万元、应归还原渠道资金21.83亿元、应调账处理金额20.12亿元；审计发现非金额计量问题1523个；审计促进整改落实有关问题金额403.62亿元，其中增收节支58.65亿元、已调账处理金额344.95亿元；审计促进拨付资金到位7645万元；审计后挽回（避免）损失68万元。移送司法机关、纪检监察机关和有关部门处理事项53件，涉及103人、金额17.75亿元。出具审计报告和专项审计调查报告166篇，被批示、采用29篇；提交审计信息27篇，被批示、采用18篇。提出审计建议211条，被采纳135条；推动完善规章制度111项。向社会公告审计结果3篇。

2016年，重庆市审计局组织实施的大足区区委书记、区长任期经济责任审计获得审计署表彰审计项目。

国家重大政策措施贯彻落实跟踪审计 按照党中央、国务院及审计署部署，全市审计机关对稳增长促改革调结构惠民生防风险政策措施和简政放权、“三去一降一补”目标任务、民生实事执行情况等持续进行跟踪审计。抽查1484个部门及企事业单位、224个乡镇（街道）、980个项目，涉及资金1164.80亿元。审计发现在简政放权、重点建设项目、重点民生实事推进落实等方面，部分区县及市级单位还存在违规增设行政许可前置条件，未及时按规定调整或取消行政审批事项，违规向企业收费或收取保证金，在建项目推进缓慢、未达确定进度，财政配套资金不到位，滞留资金、闲置设施以及部分涉及改革事项的配套措施不够完善等问题。对审计指出的问题，有关部门和区县已整改。

财政审计 对市级财政预算执行和决算草案编报情况进行审计，延伸抽查55个市级部门及企事业单位；组织区县审计机关同步对38个区县及两江新区、万盛经开区财政进行审计，发现存在预算编制及批复不够规范、预算分配不够合理、预算执行不够规范、决算草案编报不够准确、非税收入管理不够到位等问题。对38个区县和两江新区（含原北部新区）、万盛经开区地税局，以及148个税务所负责征管的契税、营业税、个人所得税等税种征缴情况进行审计，延伸抽查1429户纳税人，发现存在部分区县税务机关少征或多征税款、个别税收征管执行不到位等问题。对65个市级部门（单位）预算执行情况进行审计，延伸抽查23个相关单位，发现存在部分单位以前年度结转结余资金未编入年初预算、项目预算编制不细化或立项依据不充分、“三公”经费和会议费、培训费超预算、超范围列支、转移或隐匿结转结余资金等问题。对38个区县和两江新区、万盛经开区财政决算情况进行审计，发现存在部分区县未及时征收土地出让金和城市建设配套费等收入、挤占挪用专项资金、通过即征即返以拨作支等方式列收列支或延迟缴库、通过往来账核算等方式少列收支等问题。

固定资产投资审计 对13个市级重点建设项目进行竣工决算或概预算执行审计，送审总额682.50亿元，审减投资额26.80亿元，审减率3.9%；审计发现存在多计工程量价款、多计其他建设成本、部分项目未公开招标或由无相应资质的单位承建以及违规转分包、违反主合同签订补充协议等问题。对概算投资总额为729亿元的重庆轨道交通环线二期及四、五、十号线一期工程进行跟踪审计，发现存在工程建设初设概算上报审批滞后、部分控制节点工程进度缓慢、对施工和监理单位监管不到位以及建设材料进场验收制度执行不严格等问题。对10所市属高校新校区建设进行专项审计调查，发现存在违规转包、私人挂靠承接工程、部分项目建设手续不完善以及因现场管理缺位、合同执行不严导致增大投资等问题。

企业审计 对9户市级国有企业财务收支情况进行审计，重点抽查所属的66个单位，发现存在企业出借或支付不合规资金，闲置资产，企业收入、利润不实等问题。对2013年至2014年市级财政安排的19.10亿元民营经济发展资金、工业振兴资金进行审计调查，重点抽查市级主管部门与20个区县的117个项目，发现存在部分企业超标准、超范围安排项目资金，部分项目单位和主管部门挤占挪用资金以及项目实施进度缓慢等问题。

专项资金审计 对全市28个区县和万盛经开区2015年城镇保障性安居工程、农村危房改造项目推进及资金情况进行审计，重点抽查59个工程和2508户农村危房改造农户，发现存在部分区县保障性安居工程配套资金未落实、违规获取农村危房改造资金、部分对象违规享受保障性住房补贴农村危房改造补助资金、保障对象租赁补贴未及时发放等问题。对农业综合开发资金、特色效益农业资金、农资综合补贴和粮食直补资金等农业专项资金，小Ⅱ型病险水库除险加固资金，酉酬水电站和乌江彭水水电站库区移民资金进行审计调查，发现套取滞留或挤占挪用专项资金、违规重复发放补助资金以及闲置资金、部分项目未按时开工或完工、重大设计变更未报批、勘测设计未招标或工程违规转包以及多结算工程款、移民复建项目尚未实施等问题。对部分市属高校科研经费及所属单位进行审计调查，重点抽查31个二级单位及所属的12家企业，发现存在科研成果转化率和资金使用率不高、项目未按时结题以及多头重复申报科研项目等问题。对彩票公益金进行审计调查，重点抽查使用彩票公益金的282个乡镇和单位、360个资助项目、4815名受益人，发现存在区县部分单位虚报、挤占挪用以及违规安排彩票公益金等问题。

审计管理体制改革试点 根据中共中央办公厅、国务院办公厅印发《关于完善审计制度若干重大问题的框架意见》及相关配套文件（中办发〔2015〕58号）的通知精神，重庆被列为全国省以下地方审计机关人财物管理改革7个试点省市之一。市审计局严格按照党中央和市委、市政府部署要求，结合本市实际，稳妥有序推进全市审计机关人财物管理改革试点。7月26日，市委、市政府印发《重庆全市审计机关人财物管理改革试点实施方案》，8月10日召开动员部署视频会，全面启动全市审计管理改革试点工作。年底前，出台区县审计机关领导干部任免、编制管理、经费资产划转等后续配套制度办法，全面完成机构编制、经费资产划转以及120名区县审计人员的统一招录工作。全市审计项目计划已实行统一报批，改革试点平稳推进。

审计整改 对审计发现的问题，重庆市审计局已依法出具审计报告、下达审计决定，要求有关单位及时整改。对涉及政策、制度和管理运行机制方面的重要问题和经济运行中的新情况、新问题，市政府责成相关部门结合有关改革措施推进，统筹研究解决。对尚未整改到位的问题，市政府已责成市审计局与有关部门加强对审计整改情况的跟踪督查，严格督促审计整改落实到位。

内部审计 2016年，重庆市各部门、各企事业单位设有内部审计机构2557个，其中专职机构842个；配备内部审计人员8112人，其中专职审计人员2355人。全市各级内部审计机构共完成审计项目27600个，促进增收节支36.62亿元。给予行政处分72人，向司法机关移送案件线索5件，涉及9人。提出的建议和意见被采纳1.93万余条。（撰稿人：*石纹碧*）

【万州区审计局】 2016年，万州区审计局人员编制53人，实有49人。局长蔡森川，副局长陈建云、吴明忠（—10月）、张忠玲，纪检组长邓天旗，经济责任审计工作联席会议办公室主任程驰，调研员祁怀中（—1月），副调研员吴永坤（—6月）、蔡斌（8月—）、彭芳（8—9月）。设有办公室、纪检组、综合法制科、经济责任审计科、财政审计科、投资审计一科、投资审计二科、投资审计三科、行政事业审计科、经贸审计科、农业审计科、社会保障审计科；下设万州区审计中心。

审计成果 2016年，万州区审计局完成审计项目91个，其中组织实施审计项目81个，参与实施审计项目10个。查出主要问题金额159.90亿元，其中违规金额24.58亿元、管理不规范金额135.32亿元；损益（收支）不实金额1.12亿元；审计处理处罚金额27.47亿元，其中应上缴财政24.45亿元、应归还原渠道资金1367万元、应调账处理金额2.89亿元；审计促进整改落实有关问题金额14.81亿元，其中增收节支12.52亿元、已调账处理金额2.28亿元；审计后挽回（避免）损失6109万元。移送司法机关、纪检监察机关和有关部门处理事项72件，涉及10人、金额418万元。出具审计报告和专项审计调查报告91篇，被批示、采用29篇；提交审计信息60篇，被批示、采用78篇。提出审计建议208条，被采纳197条；推动完善规章制度7项。向社会公告审计结果1篇。

2016年，万州区审计局获得全市区县审计机关综合考核一等奖。万州建筑工程总公司总经理任期经济责任审计项目获得区县审计局优秀项目表彰；万州区校安工程竣工决算审计项目获得区县审计局优良项目表彰。2015年保障性安居工程跟踪审计和巫溪县2015年度扶贫资金管理使用情况审计项目获得重庆市审计局行业优秀项目表彰。

国家重大政策措施贯彻落实跟踪审计 开展重点项目建设情况、实施创新驱动发展战略、十大战略性新兴产业培育发展、商事制度改革等近20个方面政策跟踪审计，检查部门和单位30余个，出具跟踪审计报告3篇。

财政审计 开展对区财政局和区地税局本级财政预算执行及决算草案审计、区交委等14个区级部门单位预算执行审计、16个单位财政财务收支审计、7个镇乡（街道）财政决算审计。财政预算执行审计工作报告获得区人大常委会全票审议通过。

经济责任审计 完成区司法局等20个部门、镇乡（街道）、企事业单位27名领导干部任期经济责任审计。

固定资产投资审计 完成塘坊新城区渝万高铁南广场、新田疏港大道等14个重大项目跟踪审计，完成校安工程、经开区盐化园边仙大桥等43个重点项目、公益设施建设项目的决（结）算审计，审计投资总额17.57亿元，核减工程投资额1.69亿元。

民生资金（项目）审计 完成2015年度保障性安居跟踪工程，配合开展对巫山县和巫溪县2015年度扶贫资金管理使用情况的审计。

外资运用审计 开展云阳县世界银行贷款扶贫第五期项目2015年财务收支和项目执行情况审计。

企业（金融）审计 开展万州建筑总公司、天然气公司等5家国有企业和微型企业融资担保公司等4家担保公司2015年资产负债损益审计，促进出台《重庆市万州建筑工程总公司外联工程业务管理办法》《进一步加强担保业务风险管理工作的意见》等7项内控管理制度。

专项资金审计 开展2014—2015年度卫生计生重点专项资金、万州区发展和改革委2015年度政府性投资执行情况等审计项目。

内部审计 万州区各部门、各企事业单位设有内部审计机构162个，配备专兼职内部审计人员407人。完成审计项目3593个，审计总金额187.74亿元，促进增收节支7.86亿元，提出审计建议被采纳1077条。 （撰稿人：付 勇）

【涪陵区审计局】 2016年，涪陵区审计局人员编制55人，实有49人。局长王平，副局长周德勇、陈仁勇、蒋青峰，纪检组长王六一（—10月）。设有办公室、组织人事教育科、法制科、财政审计科、固定资产投资审计科、经济责任审计科、行政事业审计科、金融外资审计科、经贸审计科、农业与生态环保审计科、社会保障审计科；下设涪陵区审计中心。

审计成果 2016年，涪陵区审计局完成审计项目114个，其中组织实施审计项目104个，参与实施审计项目10个。查出主要问题金额107.82亿元，其中违规金额12.13亿元、管理不规范金额95.69亿元；审计处理处罚金额43.15亿元，其中应上缴财政5.24亿元、应减少财政拨款或补贴2.97亿元、应归还原渠道资金1.85亿元、应调账处理金额33.10亿元；审计发现非金额计量问题12个；审计促进整改落实有关问题金额43.15亿元，其中增收节支10.05亿元、已调账处理金额33.10亿元；审计促进拨付资金到位1.16亿元；审计后挽回（避免）损失6.93亿元。移送司法机关、纪检监察机关和有关部门处理事项33件。出具审计报告和专项审计调查报告114篇，被批示127篇；提交审计信息177篇，被批示、采用181篇。提出审计建议236条。

2016年，实施的涪陵区清溪镇2011—2013年度三峡后续项目专项资金审计项目和重庆市白涛化工园区开发（集团）有限公司2011年9月至2014年12月资产负债损益审计项目获得重庆市审计局优良项目表彰。涪陵区审计局被评为重庆市审计机关2015年度综合目标考核一等奖。涪陵区审计局被中共涪陵区委、涪陵区人民政府表彰为重庆市涪陵区2015年度扶贫攻坚成绩突出集体荣誉称号。

国家重大政策措施贯彻落实跟踪审计 完成每月下达的跟踪审计任务，审计发现8个单位存在的15个问题已督促整改到位。

财政审计 完成区本级财政、税收预算执行和5个乡镇财政决算审计，运用数据分析系统对39个部门（单位）预算执行进行同步审计，查出23类问题，涉及金额15.00亿元。促成区政府出台全面推行预算绩效管理的意见，启动财政资金使用绩效评价等工作。

经济责任审计 对28名领导干部实施经济责任审计。全面推行离任交接制度，督促53名领导干部完善离任交接手续。调整充实区经济责任审计工作联席会议办公室成员单位，完善工作规则。

固定资产投资审计 规范政府投资项目决（结）算审查工作，扩大审计监督范围，完成76个工程竣工决（结）算审计，对13个重大工程实施跟踪审计，核减投资2.97亿元，审减率11.7%。

企业审计 完成7户国企集团财务收支审计，移送查办3名高管涉嫌受贿大要案线索，促进政府进一步改进完善投资项目代建管理办法和控制投融资成本方法。完成293户国有企业资产管理专项审计调查。

专项资金审计 完成安居性保障住房、扶贫资金、卫生计生专项、小微企业扶持等方面的审计，配合区纪委对民政、残联专项资金问题开展调查，查处通报5起侵占残疾人补助资金案例。

信息化建设 完成财政及部门预算执行审计数据分析系统建设并投入使用，自主建立审计方法模型179个。建立定期采集报送审计电子数据机制，完成区级预算单位3个年度财务数据采集和存储。

内部审计 涪陵区部门、单位设有内部审计机构68个，配备内部审计人员307人。全年完成审计项目587个，其中财务收支审计89个、效益审计75个、经济责任审计48个、内部控制评审

27个、信息系统审计2个、基本建设审计266个、其他审计80个。审计总金额161.23亿元，增收节支3.41亿元。提出合理化建议被单位领导采纳474条。（撰稿人：胡　俊）

【渝中区审计局】 2016年，渝中区审计局行政编制24人，实有19人；事业编制30人，实有4人。局长付红，副局长胡曦、高亚男、曾春艳（12月—）。设有综合科、综合审计科、法制科、财政金融审计科、行政事业审计科、投资审计科和经济责任审计科；下设渝中区审计中心。

审计成果 2016年，渝中区审计局完成审计项目76个，其中组织实施审计项目71个，参与实施审计项目5个。查出问题金额92.88亿元，其中违规金额2.15亿元、管理不规范金额90.73亿元；追回财政资金1.94亿元，挽回损失421万元，审减投资额3114万元。出具审计报告和专项审计报告76篇，被批示13篇；提交审计信息24篇，被采用31篇（次）；提交审计要情、专报17篇，区级领导批示14篇。区领导及相关部门采纳审计建议78条；促成区委、区政府和相关部门出台规范性文件5个。

2016年，渝中区财政局2015年度财政预算执行和编制决算（草案）情况审计项目获得市审计局优秀项目表彰。渝中区审计局获得重庆市审计局综合目标考核二等奖。

国家重大政策措施贯彻落实跟踪审计 按照全市的部署，对涉及渝中区24个区级部门的14项稳增长促改革调结构惠民生防风险的政策措施进行跟踪审计，查出问题金额3037.49万元。提出整改建议11条，已全部整改到位。

财政审计 2015年财政预算执行情况审计的重点为市级财政转移支付分配管理、财政存量资金、政府性债务、财政决算草案编制。地方税收预算执行审计重点对渝中区地税局负责征管的个人所得税、驾校营业税等税收征管情况进行审计，延伸调查10个基层税务所，核查482户纳税人，实地延伸核查纳税人52户。

经济责任审计 对24名处级领导干部实施经济责任审计，查出违规金额1313万元、损失浪费金额83万元、管理不规范金额1861万元，增收节支206万元。

固定资产投资审计 对31个政府投资项目出具工程竣工决算审计报告，项目送审金额6.53亿元，审定金额5.65亿元，审减金额8825万元，审减率13.51%；其中审减10%以上的项目有12个，审减额6907万元，占总审减额的78.3%。对29个拆迁片区涉及的资金约62.50亿元开展专项审计调查，查出问题金额666万元。提出审计建议14条。

企业审计 对区国有企业资产管理情况进行审计调查。调查采取自查填报、抽查审核、重点延伸的方式开展，调查对象涵盖渝中区国资委、区级部门的国有独资和国有资本占控股或主导地位的独立核算法人企业（不含供销社及其他集体所有制企业）。审计调查结果表明，渝中区各级国企主管部门近年来以管资本为主深化国资管理体制改革，完善企业重大事项报告制度，建立国资监管机构的权力清单和责任清单，取得较好的效果。

专项资金审计 实施渝中区2012—2014年度彩票公益金专项资金专项审计调查。

审计科研 审计课题"基于全覆盖背景下的联网审计研究"获重庆市审计学会表彰三等奖。

内部审计 出台《渝中区人民政府关于进一步加强内部审计工作的意见》，渝中区新增内部审计机构28个、内部审计人员42人，实施内部审计项目139项。会同区民政局、区人力社保局在社区"两委"换届之际实时启动街道社区的内部审计工作，以统一编制实施方案、举办专题培训、制定审计措施等方式，确保实现审计目标。

（撰稿人：唐　红）

【大渡口区审计局】 2016年，大渡口区审计局人员编制22人，实有20人。局长龙子武，副局长刘厚成（—10月）、吴蔚翔、单珺，纪检组长吴蔚翔（兼），副调研员陈静。设有办公室、综合法制科、财政国资审计科、行政事业审计科、经济责任审计联席会议办公室（经济责任审计科）；下设审计中心。

审计成果 2016年，大渡口区审计局完成审计项目30个，其中组织实施审计项目23个，参与实施审计项目7个。查出主要问题金额35.16亿元，其中违规金额9.40亿元、损失浪费金额

914万元、管理不规范金额25.67亿元；损益（收支）不实金额615万元；审计处理处罚金额9.90亿元，其中应上缴财政6240万元、应归还原渠道资金8.63亿元、应调账处理金额6381万元；审计发现非金额计量问题100个；审计促进整改落实有关问题金额9.90亿元，其中增收节支9.26亿元、已调账处理金额6381万元；审计后挽回（避免）损失4949万元。移送司法机关、纪检监察机关和有关部门处理事项5件，涉及2人、金额1118万元。出具审计报告和专项审计调查报告32篇，被批示、采用1篇；提交审计信息34篇，被批示、采用18篇。提出审计建议120条，被采纳120条；推动完善规章制度23项。向社会公告审计结果1篇。

2016年，大渡口区审计局被大渡口区委表彰为“区级先进基层党组织”。

国家重大政策措施贯彻落实跟踪审计 审计行政审批、创新驱动发展战略、重大项目建设推进等政策落实情况，查出问题金额8.55亿元。

财政审计 完成上年度区级预算执行、区地税局税收预算执行、18个单位的部门预算执行、区工商分局部门预算执行、跳磴镇财政决算等5个财政审计项目，查出问题金额18.81亿元。区人大常委会首次对审计工作报告反映问题进行专题询问，预算执行审计工作报告首次向社会公开。

经济责任审计 对8个单位、10名领导干部开展任期经济责任审计，对14名领导干部办理离任经济责任事项交接手续。联合区纪委等单位出台《大渡口区经济责任审计工作联席会议议事规则》《大渡口区经济责任审计工作联席会办公室工作规则》。

固定资产投资审计 完成投资审计13项，审减金额6381万元。参与重庆市审计局统一组织的发改委系统重点建设项目管理暨2015年度财政财务收支审计。

民生资金（项目）审计 运用大数据审计手段，开展2014—2015年度卫生计生重点专项资金审计。

企业审计 参与重庆市审计局统一组织的区属国有企业资产管理审计调查。

信息化建设 成立大渡口区审计局信息化建设工作领导小组和办公室，组建数据分析组，建立大数据分析室，制定《2016年信息化工作重点和分工》《电子数据管理使用办法》等制度。

审计科研 组织撰写“区县级及以下党政领导干部任期经济责任审计中的责任界定研究”科研课题。

相关工作 组织大渡口区审计财经知识专题培训，全区一级、二级预算单位和内部审计机构相关人员共计400余人参加培训。

内部审计 全区设有内部审计机构16个，配备内部审计人员70人。完成审计项目57个，促进增收节支7万元，提出的建议和意见被采纳74条，给予1人行政警告处分。（撰稿人：覃 琴）

【江北区审计局】 2016年，江北区审计局人员编制33人，实有27人。局长魏成发，副局长盛建波、陈世滨，纪检组长罗翠渝，经济责任审计工作联席会议办公室主任胡建。设有办公室、财政审计科、企业审计科、经济责任审计科、行政事业审计科、固定资产投资审计科、法制科；下设重庆市江北区审计中心。

审计成果 2016年，江北区审计局完成审计项目100个，其中组织实施审计项目93个，参与实施审计项目7个。查出主要问题金额197.65亿元，其中违规金额30.08亿元、管理不规范金额167.57亿元；损益（收支）不实金额202万元；审计处理处罚金额41.11亿元，其中应上缴财政1.75亿元、应归还原渠道资金28.42亿元、应调账处理金额10.94亿元；审计发现非金额计量问题90个；审计促进整改落实有关问题金额33.59亿元，其中增收节支30.01亿元、已调账处理金额3.58亿元；审计后挽回（避免）损失1.18亿元。移送司法机关、纪检监察机关和有关部门处理事项21件，涉及22人、金额2812万元。出具审计报告和专项审计调查报告100篇，被批示、采用51篇；提交审计信息58篇，被批示、采用39篇。提出审计建议164条，被采纳161条；推动完善规章制度3项。向社会公告审计结果1篇。

2016年，江北区审计局实施的江北区征地办2005—2014年度财政财务收支审计项目获得重庆市审计局优秀项目表彰。

国家重大政策措施贯彻落实跟踪审计 开展重大决策部署贯彻落实情况审计，促进政令畅通，推动政策落实。

财政审计 构筑“三中心”数字化审计组织模式，重塑审计业务流程，构建分析模型83个，对江北区82个一级单位以及69个二级单位实行审计全覆盖。

经济责任审计 完成经济责任审计项目6个，查出违规金额675万元、管理不规范金额4.33亿元。审计项目按照“五个统一”模式组织开展，有效提升经济责任审计工作规范化水平和效率。

固定资产投资审计 运用“互联网+”投资审计新模式，对审计对量过程实现监督管理，对中介机构备案人员实现职称、执业资格与照片的对照管理，对江北区的九大工程开展跟踪审计，全年提交政府投资审计报告88篇，为政府节省财政资金1.18亿元。

企业审计 开展全区国有企业资产管理情况审计调查，摸清全区国有企业底数，客观反映国有资本布局结构、经营状况，以及国企改革、监管的现状。

信息化建设 “互联网+”审计平台上线并试运行，采集整理全区所有190个独立核算的一、二级单位238套财务电子数据和20个单位的48种业务数据。

相关工作 履行党风廉政建设“两个责任”，深入开展“两学一做”学习教育，落实“三会一课”制度。推进“三年素质提升行动”，通过举办江北审计微论坛、“四个课堂”、上派挂职等多种方式，74人次参加审计队伍业务能力培训。

内部审计 督促江北全区36家重点内部审计单位成立内部审计委员会，确定由175名内部审计人员组成的内部审计人员库。完成内部审计项目93个，审计金额29.99亿元。

（撰稿人：陈　诗）

【沙坪坝区审计局】 2016年，沙坪坝区审计局人员编制34人，实有30人。局长赵卫红，副局长许兵、林国勇、廖承东，正处级干部李春雷。设有办公室、财政审计科、行政事业审计科、经济责任审计科、固定资产投资审计科、法制科；下设沙坪坝区审计中心。

审计成果 2016年，沙坪坝区审计局完成审计项目32个，其中组织实施审计项目24个，参与实施审计项目8个。查出主要问题金额40.55亿元，其中违规金额9.28亿元、管理不规范金额31.27亿元；审计处理处罚金额40.55亿元，其中应上缴财政1.41亿元、应减少财政拨款或补贴7.87亿元、应归还原渠道资金28万元、应调账处理金额31.27亿元；审计发现非金额计量问题67个；审计促进整改落实有关问题金额40.55亿元，其中增收节支9.28亿元、已调账处理金额31.27亿元；审计促进拨付资金到位16万元；审计后挽回（避免）损失2200万元。移送处理事项2件，涉及金额570万元。出具审计报告和专项审计调查报告31篇，被批示、采用14篇；提交审计信息92篇，被批示、采用43篇。提出审计建议102条，被采纳102条；推动完善规章制度5项。

国家重大政策措施贯彻落实跟踪审计 检查48个部门、23个项目，重点关注去产能、补齐基础设施短板、减轻企业负担、督促民生实事政策措施落实情况，发现上级转移支付资金未及时下达、渝富地块违法建筑拆除工作进展缓慢、招投标工作不规范等问题。

财政审计 开展财政审计项目4个，查出问题金额31.78亿元。

经济责任审计 开展经济责任审计项目12个，查出问题金额1.89亿元。加强与区委组织部的工作对接，建立完善党政领导干部离任交接制度，以组织部名义下发《离任经济责任事项交接通知书》27份。

固定资产投资审计 开展固定资产投资审计项目9个，核减工程造价和土地成本1753万元，审减率11.98%。促进出台完善《关于进一步规范应急工程项目管理工作的通知》等5项规章制度。

企业审计 对1个企业开展资产、负债、损益真实性审计，查出问题金额3016万元。审计对企业执行会计法、公司法及工程建设管理相关规定的情况进行评价，为党委、政府决策提供参考。

专项资金审计 开展专项资金审计项目5个，审计专项资金总额3.91亿元。针对专项资金使用不规范、使用效率不高等问题提出建议，促进相关部门完善相关内控制度。

信息化建设 开发财政及部门预算执行审计

数据分析系统平台；完善沙坪坝区数据管理系统；建设政府投资项目跟踪审计管理系统；开发内部资料共享系统；完善天眼内网设备监控平台。出台《沙坪坝区审计局联网审计管理制度（总则）》；修订完善《沙坪坝区审计局数据管理中心制度》《沙坪坝区审计局数据管理中心工作制度》等 4 项管理操作细则。

审计科研 与西南大学、西南政法大学管理学院开展政校合作，借助高校科研理论基础，合作完成审计科研课题 3 个；接受西南政法大学教师 6 人次到沙坪坝区审计局开展课题调研。

内部审计 沙坪坝区各部门、各单位设有内部审计机构 117 个，其中专职机构 11 个；配备内部审计人员 202 人，其中专职人员 33 人。完成审计项目 715 个，审计总金额 29 万元。

（撰稿人：李 缇）

【九龙坡区审计局】 2016 年，九龙坡区审计局人员编制 37 人，实有 31 人。局长彭觉贵（7 月—），副局长李霞、兰华、姜道云，纪检组长刘昆，经济责任审计工作联席会议办公室主任章丽（4 月—），局长助理文豪（挂职）。设有办公室、综合法制科、内部审计管理科、财政金融审计科、行政事业审计科、经济责任审计科、固定资产投资审计科；下设审计中心。

审计成果 2016 年，九龙坡审计局完成审计项目 158 个，其中组织实施 150 个，参与实施 8 个。查出主要问题金额 33.98 亿元，其中违规金额 4.26 亿元、管理不规范金额 29.72 亿元；损益（收支）不实金额 9.72 亿元；审计处理处罚金额 7.78 亿元，其中应上缴财政 3.79 亿元、应归还原渠道资金 669 万元、应缴纳其他资金 2332 万元、应调账处理金额 3.69 亿元；审计发现非金额计量问题 208 个；审计促进整改落实有关问题金额 7.73 亿元，其中增收节支 3.81 亿元、已缴纳其他资金 2434 万元，已调账处理金额 3.68 亿元；审计后挽回（避免）损失 3.47 亿元。移送司法机关、纪检监察机关和有关部门处理事项 12 件。出具审计报告和专项审计调查报告 162 篇。提交审计信息 18 篇。提出审计建议 236 条。向社会公告审计结果 2 篇。

2016 年，九龙坡区审计局获重庆市审计机关综合目标考核一等奖；被评为九龙坡区机关党建工作先进单位标兵、九龙坡区学习型党组织示范点。九龙坡区 2015 年度财政预算执行和编制决算（草案）情况审计、九龙坡区 2015 年度地方税收预算执行审计、九龙坡区市政园林局局长任期经济责任审计项目获市审计局优秀项目表彰。

国家重大政策措施贯彻落实跟踪审计 围绕重点民生事项完成及重大项目建设推进情况等，开展国家重大政策措施贯彻落实跟踪审计项目 20 个。

财政审计 围绕转移支付分配、存量资金、政府债务、决算草案编制四个方面开展财政预算执行和编制决算（草案）情况审计项目，促进增收节支 3.82 亿元，查出 3 家企业骗取财政补助资金 70 万元。移送公安机关、主管部门处理事项 3 件，移送人员 2 人。以营业税、个人所得税和相关税收政策执行情况为审计重点开展税收审计，查出营业税、耕地占用税征缴中存在的盲区，以审促收 2149 万元。

经济责任审计 完成 11 个单位、15 名领导干部的经济责任审计，查出违规金额 3786 万元、管理不规范金额 1.33 亿元。建立多部门协作配合、联合整改、约谈问责三项机制。

固定资产投资审计 完成投资审计项目 119 个，审减政府投资 3.43 亿元。自主开发部署建设项目审计管理系统，实现跟踪审计动态管理，通过计算机终端和手机终端 APP 运用该系统，对 35 个在建跟踪审计项目实施管控。

企业审计 完成 2015 年度全区国有企业资产管理情况审计调查，摸清全区国有企业底数，揭示国有企业监管、经营、融资、财务核算等方面问题。

信息化建设 部署完成财政及部门预算执行审计数据分析系统，采集并标准化部门预算、指标管理、国库集中支付、财政总会计核算和 94 个一级预算单位会计核算数据，在财政组织预算执行和 21 个部门预算执行审计项目中全面应用。建成 8 个工作台位的数据分析室。

内部审计 九龙坡区部门、单位内部审计机构完成审计项目 155 个，审计监控资金 267 亿元，提出审计管理建议 235 条，发现管理不规范金额 2761 万元，增加经济效益 596 万元，发挥内部审计强化财务基础工作、规范单位内部管理的作用。

（撰稿人：张利群）

【南岸区审计局】 2016年，南岸区审计局人员编制20人，实有17人。局长卢盛国，副局长赵勇、杨柳、王凌颖，纪检组长刘柳，经济责任审计工作联席会议办公室主任蔺艳。设有办公室、财政审计科（固定资产投资审计科）、经济责任审计工作联席会议办公室（经济责任审计科）、行政事业审计科、企财社保审计科；下设南岸区经济责任审计中心。

审计成果 2016年，南岸区审计局完成审计项目44个，其中组织实施审计项目36个，参与实施审计项目8个。查出主要问题金额64.63亿元，其中违规金额3329万元、管理不规范金额64.30亿元；损益（收支）不实金额167万元；审计处理处罚金额6122万元，其中应上缴财政3003万元、应减少财政拨款或补贴1526万元、应归还原渠道资金69万元、应调账处理金额1523万元；审计发现非金额计量问题101个；审计促进整改落实有关问题金额5879万元，其中增收节支4320万元、已调账处理金额1526万元；审计后挽回（避免）损失1.16亿元。出具审计报告和专项审计调查报告43篇，被批示、采用1篇；提交审计信息108篇，被批示、采用20篇。提出审计建议106条，被采纳69条；推动完善规章制度4项。

国家重大政策措施贯彻落实跟踪审计 抽查40多个部门单位，核查财政性资金7.45亿元，深入检查部门履职、重大工程项目建设进度、营改增政策落实等方面的情况。

财政审计 审计9个项目，发现和纠正涉及部门预算执行中主要问题金额62.10亿元，其中管理不规范金额62.05亿元、违规金额518万元。

经济责任审计 审计7个项目，完成对10名区管主要领导干部的经济责任审计。查出问题金额2.30亿元，其中违规金额1.29亿元（应负主管责任金额105万元、应负领导责任金额1.27亿元），管理不规范金额1.01亿元（应负主管责任金额3138万元、应负领导责任金额6992万元）。对违反财政财务制度规定的行为，依法依规做出审计决定，进行处理。

固定资产投资审计 审计24个项目，完成投资额17.81亿元，核减投资额1.15亿元，核减率6.5%，揭示管理不规范金额1.39亿元。提出审计建议70条。

企业审计 开展对迎龙环湖等3家国有企业2012年至2015年资产负债情况的审计，促进相关部门出台《南岸区区属国有企业管理暂行办法》等3项制度。

信息化建设 初步完成大数据分析室的硬件建设，服务器和相应软件调试完毕，初步实现数据的归集、转换和分析等功能。引进并使用投资审计管理软件，利用软件实时数据申报、传输、记录、比对等功能，及时掌握审计现场动态。

相关工作 落实党风廉政建设“两个责任”；践行“两学一做”学习教育；通过送温暖及“金秋助学”等活动落实帮扶资金4.8万元；组织开展和参加各种业务培训14次；与重庆工商大学会计学院签订合作协议书。

内部审计 全区部门、单位内部审计机构完成审计项目835个，其中财务收支审计222个、效益审计8个、经济责任审计77个、内部控制评审78个、信息系统审计7个、基本建设审计244个、其他审计199个。审计总金额154.59亿元，促进增收节支2400万元，提出审计建议397条。

（撰稿人：刘 畅）

【北碚区审计局】 2016年，北碚区审计局人员编制32人，实有32人。局长李厚杰，副局长唐小勤、廖振华、张渝玲，纪检组长侯相红，经济责任审计工作联席会议办公室主任张筱枫。设有办公室、财政审计科、行政事业审计科、经济责任审计科、法规科、投资审计科。

审计成果 2016年，北碚区审计局完成审计项目80个，其中组织实施审计项目75个，参与实施审计项目5个。查出主要问题金额102.24亿元，其中违规金额1.46亿元、管理不规范金额100.78亿元；损益（收支）不实金额3086万元；审计处理处罚金额2.57亿元，其中应上缴财政1.46亿元、应归还原渠道资金1万元、应调账处理金额1.11亿元；审计发现非金额计量问题98个；审计促进整改落实有关问题金额2.45亿元，其中增收节支1.34亿元、已调账处理金额1.11

亿元；审计后挽回（避免）损失 1.11 亿元。出具审计报告和专项审计调查报告 82 篇，被批示、采用 9 篇；提交审计信息 17 篇，被批示、采用 5 篇。提出审计建议 220 条，被采纳 220 条。

2016 年，北碚区审计局获重庆市审计局综合目标考核二等奖。承担的亚洲开发银行贷款重庆市统筹城乡基础设施建设示范项目 2015 年度财务收支和项目执行情况审计获得重庆市审计局行业审计优秀项目。

国家重大政策措施贯彻落实跟踪审计 落实《北碚区审计项目五年轮审规划》，以服务创新驱动发展战略、重点民生实事、重大建设项目实施、行政审批制度改革、“三去一降一补”等重大政策措施为切入点，抽查部门（镇街）36 个、企业 23 个，涉及资金 17.34 亿元，提出审计建议 11 条。

财政审计 完成财政财务收支审计项目 21 个。对两江新区蔡家管委会、新城管委会等全部园区管委会及园区平台公司进行预算执行和财政财务收支审计，实现对园区审计全覆盖，涉及资产 507 亿元、资金 33 亿元。开展国有企业资产管理情况专项审计调查，涉及企业 106 个。开展城市配套费、农村连片环境整治等专项资金审计，涉及资金 5.90 亿元，确保重大资金运行安全。

经济责任审计 完成 8 个单位主要领导的经济责任审计。按照“党政同责、同责同审”的规定，重点检查贯彻党和国家方针政策及上级党委政府的决策部署、重大决策和内部管控制度的执行及本人遵守廉政有关规定情况。

固定资产投资审计 关注工程项目融资方式、工程招投标、建设管理等情况，完成北碚龙凤大道二期项目、北碚 2010 年至 2012 年城市综合整治等工程竣工决（结）算审计项目 41 个，送审金额 17.66 亿元，审减金额 1.13 亿元，审减率 6.37%。关注重大遗留问题的妥善处置，完成区政府交办的任务，对歇马广川公司项目、静观花园二社土地联合整治等遗留项目进行核查，提出审计意见和建议 10 余条。

内部审计 北碚区部门、单位内部审计机构实施审计项目 733 个，涉及资金 54.18 亿元，为所在单位增收节支 4125 万元。提出建议被采纳 511 条。组织人员学习培训 264 次，有效提升内部审计人员的能力和水平。配合换届选举工作，组织指导全区各镇街开展内部审计，实现村（居）经济责任审计全覆盖。强化内部审计工作考核，形成检查报告，专题向区委、区政府汇报。

（撰稿人：马洪涛）

【綦江区审计局】 2016 年，綦江区审计局人员编制 43 人，实有 39 人。局长郑平，副局长陈正好、尹政权、唐启平（—8 月）、吴秀兵（8 月—），纪检组长杨云德，綦江区经济责任审计工作联席会议办公室主任李开强。设有办公室、法制内审科、行政审计科、财政审计科、企业事业审计科、投资审计科、经济责任审计科、綦江区经济责任审计工作联席会议办公室；下设綦江区审计中心。

审计成果 2016 年，綦江区审计局完成审计项目 105 个，其中组织实施审计项目 104 个，参与实施审计项目 1 个。查出主要问题金额 247.16 亿元，其中违规金额 124.93 亿元、损失浪费金额 445 万元、管理不规范金额 122.19 亿元；损益（收支）不实金额 5206 万元；审计处理处罚金额 124.97 亿元，其中应上缴财政 116.10 亿元、应减少财政拨款或补贴 375 万元、应归还原渠道资金 7.03 亿元、应调账处理金额 1.81 亿元；审计发现非金额计量问题 124 个；审计促进整改落实有关问题金额 12.71 亿元，其中增收节支 11.22 亿元、已调账处理金额 1.49 亿元；审计促进拨付资金到位 2.56 亿元；审计后挽回（避免）损失 1.35 亿元。移送司法机关、纪检监察机关和有关部门处理事项 20 件，涉及 3 人、金额 2651 万元。出具审计报告和专项审计调查报告 106 篇，被批示、采用 44 篇；提交审计信息 109 篇，被批示、采用 35 篇。提出审计建议 232 条，被采纳 226 条；推动完善规章制度 29 项。向社会公告审计结果 2 篇。

2016 年，2014 年度本级预算执行和决算草案审计项目获得审计署 2016 年度地方优秀审计项目。綦江区审计局获得全市审计工作一等奖。

国家重大政策措施贯彻落实跟踪审计 组织开展稳增长促改革调结构惠民生防风险政策落实情况跟踪审计。发现个别部门违规收费增加企业负担、违规设置行政审批许可前置条件、落实房地产去库存“防风险”工作履职不到位等问题。

财政审计 对綦江区2015年部门预算执行及其他财政收支情况进行审计，查出存在应收未收3.30亿元，财政供养人员领取统发工资的同时又领取养老保险等问题，涉及金额95万元。

经济责任审计 完成19个单位、23名党政主要领导干部和事业单位领导人员的经济责任审计，查出违规决策、履行财经纪律不力等6大类履职尽责不到位的情况，涉及123个问题；违纪违规等金额1.32亿元。

固定资产投资审计 完成157个政府投资项目审计，总送审额13.58亿元，核减工程造价款1.42亿元，审减率达10.4%，节约大量建设资金。

民生资金（项目）审计 完成5个民生资金使用情况的审计。

企业审计 对五大国有融资公司进行资产负债损益审计，查出违纪违规金额和管理不规范金额9.40亿元，责令上缴财政金额104万元，自行清退、收回金额11万元，追收债权2394万元，账务调整4945万元。向企业主管部门、区地税局移送线索2件。提出整改意见和建议30条；促使企业出台相关制度、办法19项。

专项资金审计 完成专项资金审计项目9个，揭示工程建设缓慢、资金闲置滞留、部分专项资金使用单位存在白条支付等问题。

内部审计 綦江区部门、单位内部审计机构查出问题金额4252万元，其中管理不规范金额4000万元、违规金额252万元。移送处理事项4件，党纪政纪处分3人。内部整改上缴财政资金0.97万元、归还原渠道资金18万元、调账处理金额1806万元。提出审计建议235条。

（撰稿人：曾小灵）

【大足区审计局】 2016年，大足区审计局人员编制44人，实有33人。局长黄珍扬，党组书记唐生彬（—9月），副局长邓施全、刘朝树、欧洋，纪检组长陈清伦，经责办主任黎娟，副调研员罗代光、姚晓红、胡正权。设有办公室、综合法制科、财政审计科、行政事业审计科、社会保障审计科、资源环保审计科、经济责任审计科、固定资产投资审计科；下设大足区审计中心。

审计成果 2016年，大足区审计局完成审计项目146个，其中组织实施审计项目139个，参与实施审计项目7个。查出主要问题金额36.69亿元，其中违规金额27.71亿元、管理不规范金额8.99亿元；审计处理应上缴财政25.16亿元、应归还原渠道资金2.54亿元、应调账处理金额2.85亿元，促进增收节支9.48亿元。移送司法机关、纪检监察机关和有关部门处理事项3件。检察、纪检监察机关立案查处3件；出具审计报告和专项审计调查报告146篇，被批示、采用24篇；提交审计信息74篇，被批示、采用25篇。提出审计建议270条，被采纳261条，推动完善制度2项。向社会公告审计结果1篇。

2016年，大足区审计局被重庆市审计局评为2016年综合目标考核一等奖。2015年稳增长等政策措施落实情况跟踪审计项目被重庆市审计局评为优秀项目；2014年度区级财政预算执行和编制决算（草案）审计项目被重庆市审计局评为优良审计项目。

国家重大政策措施贯彻落实跟踪审计 全年实施审计项目23个，抽查18个部门、6个单位，涉及资金45.63亿元，促进财税、金融、产业、民生、简政放权等政策措施的落实。

财政审计 以本级财政预算执行审计为重点，延伸审查17个部门、单位预算执行情况，促使出台两项制度。开展2015年税收预算执行审计。

经济责任审计 将22篇经济责任审计结果报告装入个人廉政档案；完成42名领导的经济责任事项离任交接。

固定资产投资审计 对85个政府投资项目进行竣工决（结）算审计，审减工程投资2.82亿元，平均审减率8.69%。

民生资金（项目）审计 完成2015年保障性安居工程跟踪审计项目，查出主要问题金额39万元；完成2015年度扶贫资金管理使用情况审计项目，查出主要问题金额2695万元。

企业审计 完成重庆大足城乡建设投资集团有限公司董事长、总经理任期经济责任暨2014年度资产负债损益审计项目，查出主要问题金额1.97亿元；完成重庆大足国有资产经营管理集团有限公司总经理任期经济责任暨2015年度资产负债损益审计项目，查出主要问题金额3.58亿元。

相关工作 开展“两学一做”学习教育，全面落实从严治党主体责任，对5名新进审计机关干部和4名新任岗位干部进行廉政谈话；对17个"同级审"项目廉政回访"全覆盖"，好评率达100%。选派6名干部参加上级机关组织的业务提高和管理提升培训，150余人次参加区级组织的各类培训；5人通过各类职称、资格考试。

内部审计 大足区部门、单位设有内部审计机构44个，内部审计管理重点单位明确专兼职内部审计人员220人。完成审计项目232个，审计总金额16.39亿元，增收节支560万元，被采纳审计建议意见206条。（撰稿人：彭吉丽）

【渝北区审计局】 2016年，渝北区审计局人员编制35人，实有29人。局长李梅，副局长刘晓东、欧林（3月—）、刘静（3月—），纪检组长谢贤友，党组成员张彬，调研员曾泉，副调研员桂木元。设有办公室、综合审计科、财政审计科、行政事业审计科、经济责任审计科、经贸社保审计科和投资审计科；下设渝北区审计中心。

审计成果 2016年，渝北区审计局完成审计项目247个，其中组织实施审计项目239个，参与实施审计项目8个。查出主要问题金额52.61亿元，其中违规金额12.92亿元、管理不规范金额39.69亿元；损益（收支）不实金额25.66亿元；审计处理处罚金额14.60亿元，其中应上缴财政1.53亿元、应归还原渠道资金4430万元、应调账处理金额12.63亿元；审计发现非金额计量问题674个；审计促进整改落实有关问题金额13.66亿元，其中增收节支1.97亿元、已调账处理金额11.69亿元；审计促进拨付资金到位5万元；审计后挽回（避免）损失9067万元。移送司法机关、纪检监察机关和有关部门处理事项5件，涉及6人、金额1765万元。出具审计报告和专项审计调查报告247篇，被批示、采用28篇；提交审计信息74篇，被批示、采用74篇。提出审计建议437条，被采纳437条。向社会公告审计结果1篇、整改结果1篇。

2016年，渝北区2015年度地方税收预算执行情况审计项目获得重庆市审计局优良项目表彰。

国家重大政策措施贯彻落实跟踪审计 完成取消下放行政审批事项政策执行情况、涉企经营服务收费和行政事业性收费执行情况、市级重点项目建设情况等17项政策措施落实情况的审计，抽查88个部门单位、57个项目，涉及财政资金43亿元；审计查出区市政园林局无依据向企业收费、李家花园隧道改造工程项目建设程序不规范等15个问题，涉及资金10.10亿元。

财政审计 对区级财政、地方税收、区工商分局、涪陵区发展改革委、区市政园林局等15个部门单位预算执行情况进行审计，查出问题金额29.70亿元，其中未按规定缴纳收入1.9亿元。完成渝北区2014年至2015年卫生计生重点专项资金、渝北区2015年度扶贫资金等2项专项资金的审计和审计调查，查出问题金额520万元。

经济责任审计 完成洛碛镇、农业园区、空港新城、区残联和区公管办等5个单位、8名党政负责人经济责任审计，查出问题金额11.10亿元，其中违规金额9848万元。

固定资产投资审计 完成结算审计项目243个，送审金额20.44亿元，审减金额1.30亿元。备案项目423个，备案金额1.20亿元。完成跟踪审计项目2个，出具竣工决算审计报告，审核造价1.15亿元，节约造价298万元；审计13个在建项目，审核投资额30.13亿元，出具审计建议函63份。

企业审计 对空港新城公司和渝港公司开展资产负债损益审计，审计查出问题金额35.30亿元，其中收支不实金额4.62亿元。审计发现企业内部控制管理不够完善、工程建设程序违规、经营及资产管理存在风险隐患等问题。

信息化建设 建成数据分析室，开发"渝北区审计数据管理系统"并上线运行，建立审计数据定期采集机制，采集存储102个单位2013年至2015年的财务数据和业务数据。

内部审计 渝北区93个部门、单位建立内部审计机构，配备专兼职内部审计人员213人。全年完成99个项目审计，审计金额29.63亿元，实现增收节支1.38亿元。提出审计建议103条，被采纳103条。（撰稿人：段荣华）

【巴南区审计局】 2016年，巴南区审计局人员编制35人，实有32人。局长罗今成，副局长黄均、苏小平、刘方宇，纪检组长曹际宏，经济责任审计工作联席会议办公室主任李蓉。设有办公室、财政审计科、行政事业审计科、经济责任审计科、投资审计科、综合法制科、审计中心。

审计成果 2016年，巴南区审计局全年完成审计项目86个，其中组织实施审计项目77个，参与实施审计项目9个。查出主要问题金额21.00亿元，其中违规金额9.21亿元、管理不规范金额11.79亿元；损益（收支）不实金额512万元；审计处理处罚金额13.54亿元，其中应上缴财政6393万元、应缴纳其他资金52万元、应归还原渠道资金9.90亿元、应调账处理金额3.00亿元；审计发现非金额计量问题77个；审计促进整改落实有关问题资金13.52亿元，其中增收节支10.52亿元、已缴纳其他资金52万元、已调账处理金额3.00亿元；审计后避免损失2.72亿元。移送司法机关、纪检监察机关和有关部门处理事项24件。出具审计报告和专项审计调查报告86篇；提交审计信息59篇，被批示、采用33篇（次）。提出审计建议264条。

2016年，巴南区审计局被市审计局评为2016年度全市审计工作年度综合目标考核一等奖；被区委、区政府评为2016年度区管领导班子先进集体。

国家重大政策措施贯彻落实跟踪审计 创新"1+N"审计模式，将其他审计项目与政策措施贯彻落实跟踪审计结合开展，揭示工程建设项目交易服务费缴纳政策不够严密、区级财政资金拨付不到位、相关职能部门管理不规范、进出口品种单一、出口规模和总量不足、缺乏深化商贸流通领域改革创新工作的有效手段和途径等问题。

财政审计 以本级财税征收、资金分配、转移支付、资金审批拨付、预留财力安排及预算追加、存量资金结构及债务管理等情况为重点，完成审计项目10个，查出管理不规范金额4.40亿元、违规金额8.53亿元。审计揭示列收列支比重偏大、行政事业性收费未做到应收尽收、借出财政资金不及时归还可能转化为财政风险等问题。

经济责任审计 对15个单位、19名领导干部实施任期经济责任审计，查出管理不规范金额4.69亿元、违规金额6254万元，上缴罚没收入640万元，向主管部门移送相关线索11件。

固定资产投资审计 完成审计项目60个，送审金额24.30亿元，审减金额2.80亿元，审减率达11.52%，揭示建设项目成本不实、高估冒算、不按规定招投标等问题，提高政府投资质量和效益。

专项资金审计 以保障和改善民生为目标，开展2015年度扶贫资金、2014—2015年度卫生计生重点专项资金等项目，查出管理不规范金额2602万元。

内部审计 巴南区部门、单位设内部审计机构82个，其中专职机构19个；配备内部审计人员211人，其中专职审计人员34人。各内部审计机构共完成审计项目170个，促进增收节支1297万元，提出的建议和意见被采纳501条。

（撰稿人：徐景昌）

【黔江区审计局】 2016年，黔江区审计局人员编制44人，实有41人。局长秦建川，副局长任国林、王明昌、王海军（—7月）、施方林，纪检组长杨春亚，经济责任审计工作联席会议办公室主任石晓红，调研员王海军（7月—），副调研员肖玉昌、龙林平。设有办公室、法制科、财政审计科、行政事业审计科、农业与资源环保审计科、经济责任审计科、固定资产投资审计科、企业审计科、政府债务及金融外资审计科、内部审计管理科；下设审计中心。

审计成果 2016年，黔江区审计局完成审计项目197个，其中组织实施审计项目188个，参与实施审计项目9个。查出主要问题金额40.45亿元，其中违规金额14.91亿元、管理不规范金额25.54亿元；损益（收支）不实金额4.78亿元；审计处理处罚金额14.56亿元，其中应上缴财政1.48亿元、应归还原渠道资金10.60亿元、应调账处理金额2.48亿元；审计发现非金额计量问题74个；审计促进整改落实有关问题金额5.47亿元，其中增收节支3.00亿元、已调账处理金额2.47亿元；审计后挽回（避免）损失2.47亿元。移送司法机关、纪检监察机关和有关部门处理事项3件，涉及12人、金额2.45万元。出具审计报告和专项审计调查报告76篇，被批示、采用39篇；提交审计信息100篇，被批示、采用26篇。提出审计建议199条，被采纳199条；推动完善规章制度15项。

2016年，黔江区审计局2015保障性安居工程跟踪审计、2016年稳增长等政策措施落实情况跟踪审计、秀山县亚行贷款审计、重庆市统筹城乡基础设施建设示范项目2016年度财务收支和项目执行情况审计等4个项目，获得重庆市审计局行业审计优秀项目表彰。

国家重大政策措施贯彻落实跟踪审计 促进统筹使用财政资金18092万元、非税收入及时缴库613万元。

财政审计 督促财政入库滞缴的非税收入1.32亿元，统筹盘活存量资金2.23亿元。

经济责任审计 涉及问题金额1.59亿元，18名领导干部应负直接责任金额1287万元，49名领导干部应负主管责任金额1.02亿元，14名领导干部应负领导责任金额4494万元。

固定资产投资审计 完成审计项目168个，送审金额16.04亿元，审减投资额2.44亿元。

民生资金（项目）审计 对黔江区2015年度城镇保障性安居工程进行审计，问题线索移送区纪委。

企业审计 对87家国有及控股企业2015年度资产情况进行审计，查出重大决策未经集体研究等问题。

专项资金审计 对2014—2015年度卫生计生重点专项资金、黔江区中心医院2015年至2016年6月资产负债损益情况进行审计，查出专项资金长期闲置等问题。

信息化建设 投入38万元改造大数据审计办公室。

审计科研 撰写的“基层审计机关职业化发展存在的问题与对策分析”等2个课题项目被重庆市审计学会评为三等奖。

相关工作 组织“两学一做”专题学习12次；开展扶贫慰问4次；开展创卫志愿活动50次。派出18名审计人员到南京等地参加业务培训；开展党员各种形式的学习28次；修订《黔江区审计结论落实办法（试行）》等制度。

内部审计 黔江区内部审计机构完成审计项目283个，审计资金总额121.35亿元，促进增收节支531万元。提出的审计建议被采纳539条。

（撰稿人：王　迪）

【长寿区审计局】 2016年，长寿区审计局人员编制44人，实有38人。局长聂华甫，副局长黄忠勇、李敏、陈小钢（—11月）、舒畅（12月—），纪检组长陈湧健，调研员余永惠，副调研员周华军、杨川。设有办公室、财政审计科、行政事业审计科、经济责任和内部审计管理科、固定资产投资审计科、审计信息化科、经济责任审计工作联席会议办公室；下设审计中心。

审计成果 2016年，长寿区审计局完成审计项目139个，其中组织实施审计项目128个，参与实施审计项目11个。查出主要问题金额39.79亿元，其中违规金额3.53亿元、管理不规范金额36.25亿元；损益（收支）不实金额1.10亿元；审计处理处罚金额5.21亿元，其中应上缴财政9867万元、应归还原渠道资金1.70亿元、应缴纳其他资金8321万元、应调账处理金额1.68亿元；审计发现非金额计量问题102个；审计促进整改落实有关问题金额5.19亿元，其中增收节支2.66亿元、已调账处理金额1.70亿元；审计促进拨付资金到位9万元；审计后挽回（避免）损失5.19亿元。移送司法机关、纪检监察机关和有关部门处理事项10件，涉及1人，金额979万元。出具审计报告和专项审计调查报告139篇，被批示、采用17篇；提交审计信息94篇，被批示、采用21篇。提出审计建议223条，被采纳223条；推动完善规章制度38项。向社会公告审计结果2篇。

2016年，长寿区审计局获得重庆市审计局综合目标考核第一片区二等奖表彰；重大政策措施落实跟踪审计、保障性安居工程跟踪审计、外资审计项目获得重庆市审计局行业审计优秀项目表彰。

国家重大政策措施贯彻落实跟踪审计 对48个机关事业单位、10户企业进行审计调查，揭示制度性问题3个，撰写专题报告5篇，促进完善区级管理制度2个、行业主管部门规范性文件5个。

财政审计 对11个区级预算单位同步开展部门预算执行审计，推动出台管理制度、规范措施18项。审计中首次将绩效评价的理念和绩效审计的技术手段用于财政审计，直接推动相关管理工作的规范。

经济责任审计 开展区管领导干部任期经济

责任审计项目10个，查出违规违纪金额1888万元，促进整改制度性问题5项、管理不规范问题10类。

固定资产投资审计 开展政府投资工程造价审计项目118个，审减政府投资1.68亿元，综合审减率10.35%。

民生资金（项目）审计 通过开展民生资金项目审计，规范13项相关管理制度，规范管理资金2621万元，上缴财政815万元。移送检察机关问题线索1件。

外资运用审计 参与重庆市审计局统一组织的外资运用审计项目1个。

企业审计 对67户国有企业开展审计调查，揭示体制机制问题4个、管理经营问题7个。

信息化建设 投资50万元建成30平方米数据分析室，达到测试运行状态；与专业数据服务公司签订平台建设和人才培养协议。

内部审计 推动长寿区政府印发《关于进一步加强内部审计工作的实施意见》，兑现全区内部审计机构人员的岗位津贴，在3个区级部门和1个街镇新设内部审计科室。全年完成内部审计项目282个，移送处理事项23件，涉及26人。

（撰稿人：赵 勇）

【江津区审计局】 2016年，江津区审计局人员编制52人，实有45人。局长张进洪，副局长陆成林、曹树容、廖胤，纪检组长刘德福，经济责任审计工作联席会议办公室主任刘燕，副调研员陈家富。设有办公室、综合科、监察室、财政审计科、社会保障审计科、专项资金审计科、政府投资审计科、区经济责任审计工作联席会议办公室；下设审计中心。

审计成果 2016年，江津区审计局完成审计项目219个，其中组织实施审计项目211个，参与实施审计项目8个。查出主要问题金额41.05亿元，其中违规金额2318万元、损失浪费金额135万元、管理不规范金额40.81亿元；审计处理处罚金额2.61亿元，其中应上缴财政金额887万元、应归还原渠道资金4441万元、应调账处理金额2.08亿元；审计发现非金额计量问题343个；审计促进整改落实有关问题金额2.61亿元，其中增收节支5251万元、已调账处理金额2.08亿元；审计后挽回（避免）损失2.18亿元。出具审计报告和专项审计调查报告219篇；提交审计信息46篇，被批示、采用36篇。提出审计建议926条。

国家重大政策措施贯彻落实跟踪审计 按照重庆市审计局统一编制的审计工作方案，实施降成本、积极财政政策等10项审计，发现政策落实过程中存在问题5个，已整改到位4个。

财政审计 审计单位11个，查出主要问题金额1.60亿元，提出审计意见和建议21条。

经济责任审计 完成27个单位、66名主要领导干部的经济责任审计，其中包括镇街领导24人、政府工作部门17人、事业单位领导12人、其他领导12人、国有企业领导1人。审计揭示部分审计对象对资金资产管理不严、项目建设管理不规范、履行财务监管职责不到位等问题，查出违规金额2103万元、损失浪费金额130万元、管理不规范金额12.14亿元。

固定资产投资审计 完成政府投资审计项目174个，审计政府投资总额30.99亿元，核减工程造价1.98亿元。审计中注意中介机构入库，加强对其考核管理。

企业审计 完成企业资产、负债、损益审计项目1个，发现被审计单位存在违规经营、违规出借金额、少计少缴税费、会计信息失真、财务管理薄弱、投资效益差、资产损益不实等问题，查出主要问题金额8339万元。

专项资金审计 完成专项资金审计项目6个，发现违背“收支两条线”和专户管理、改变项目计划和用途、资金滞留闲置、违规采购和违规使用发票等问题，查出主要问题金额26.58亿元。

内部审计 全区部门、单位设立内部审计机构58个，其中专职机构11个；配备内部审计人员332人，其中专职审计人员40人。各内部审计机构完成审计项目372个，促进增收节支1.12亿元。提出审计建议585条。（撰稿人：彭 翔）

【合川区审计局】 2016年，合川区审计局人员编制51人，实有46人。局长屈直，副局长伍振华、易再兴（—6月）、陈忠（6月—）、陈余（3月—），纪检组长李建忠，调研员李关海，副调研员王益众（—8月）、谭华、李永惠、邹勇、罗弋奕、程倩。设有办公室、法制科、财政金融审计科、行政事业审计科、专项资金审计科、经济责任审计科、基本建设投资审计科、信息建设科、内部审计指导科；下设合川区审计中心。

审计成果 2016 年，合川区审计局完成审计项目 101 个，其中组织实施审计项目 92 个，参与实施审计项目 9 个。查出主要问题金额 38.69 亿元，其中违规金额 17.86 亿元、损失浪费金额 41 万元、管理不规范金额 20.82 亿元；损益（收支）不实金额 5824 万元；审计处理处罚金额 17.76 亿元，其中应上缴财政 16.51 亿元、应减少财政拨款或补贴 1.05 亿元、应归还原渠道资金 324 万元、应调账处理金额 971 万元；审计发现非金额计量问题 356 个；审计促进整改落实有关问题金额 7.93 亿元，其中增收节支 7.87 亿元、已调账处理金额 35 万元；审计后挽回（避免）损失 7.93 亿元。移送司法机关、纪检监察机关和有关部门处理事项 49 件，涉及 37 人、金额 2354 万元。出具审计报告和专项审计调查报告 101 篇，被批示、采用 60 篇；提交审计信息 180 篇，被批示、采用 206 篇（次）。提出审计建议 538 条，被采纳 376 条；推动完善规章制度 6 项。

2016 年，合阳城街道党工委原书记和原主任任期经济责任审计项目获得重庆市审计局优秀项目表彰，合川工业投资（集团）有限公司董事长经济责任审计项目获得重庆市审计局优良项目表彰。

国家重大政策措施贯彻落实跟踪审计 通过审计项目实施，促进相关部门取消违规行政事业性收费 2 项，推进 9 万吨及以下煤矿的全部关闭，促进主管部门及时制定并落实商品房去库存配套措施。

财政审计 运用大数据审计模式对区级部门预算执行审计实现全覆盖，重点审计单位 45 个，共揭示问题 20 类，查出问题金额 3.42 亿元；审计挽回（避免）损失 8268 万元，促进盘活存量资金 4965 万元。移送案件线索 13 件。提出并被采纳审计建议 53 条。

经济责任审计 完成 16 个单位、26 名党政主要负责人经济责任审计，查出违规金额 10.82 亿元，其中应负主管责任金额 646 万元、应负领导责任金额 10.75 亿元；损失浪费金额 570 万元；管理不规范金额 6.99 亿元。

固定资产投资审计 完成投资 200 万元以上政府投资工程竣工决（结）算审计项目 82 个，审结金额 18.31 亿元，审减金额 9580 万元。

专项资金审计 通过审计查出问题金额 1.06 亿元，处理处罚金额 512 万元，查出虚报冒领、违规享受各类补助资金 84 万元，促进归还原渠道资金 245 万元。移送司法机关、纪检监察和有关部门处理事项 4 件。提出审计建议 10 条；完善管理制度措施 6 项。

相关工作 制定人才队伍建设 2016—2018 三年规划，要求局内 45 周岁以下的干部职工明确三年内职称晋升和学历提升目标，提升审计骨干队伍的职业化、专业化水平。

内部审计 合川区部门、单位内部审计机构共审计项目 482 个，审计总金额 14.78 亿元，促进增收节支 1626 万元，年度内核查中介机构报告共 105 个。 （撰稿人：陈倩云）

【永川区审计局】 2016 年，永川区审计局人员编制 43 人，实有 33 人。局长龙晓燕（7 月—），副局长王永群、刘荣，纪检组长杨泽露。设有办公室、法规科、行政事业审计科、经济责任审计科、社保与农业审计科、财政审计科；下设永川区投资审计中心。

审计成果 2016 年，永川区审计局完成审计项目 167 个，其中组织实施审计项目 161 个，参与实施审计项目 6 个。查出主要问题金额 110.00 亿元，其中违规金额 12.72 亿元、损失浪费金额 38 万元、管理不规范金额 97.27 亿元；损益（收支）不实金额 3267 万元；审计处理处罚金额 82.76 亿元，其中应上缴财政 9.93 亿元、应归还原渠道资金 2.79 亿元、应调账处理金额 69.91 亿元；审计发现非金额计量问题 156 个；审计促进整改落实有关问题金额 8.80 亿元，其中增收节支 6.91 亿元、已调账处理金额 1.90 亿元；审计后挽回（避免）损失 1.80 亿元。移送司法机关、纪检监察机关和有关部门处理事项 20 件，涉及 7 人、金额 1.36 亿元。出具审计报告和专项审计调查报告 167 篇，被批示、采用 5 篇；提交审计信息 28 篇，被批示、采用 7 篇。提出审计建议 509 条，被采纳 439 条。

2016年，永川区审计局获得全市审计系统目标考核一等奖表彰。吉安镇经济责任审计项目获得全市审计系统优秀项目表彰，税收征管审计项目获得全市审计系统优良项目表彰，稳增长、财政“同级审”、税收征管等3个项目获得全市行业审计优秀项目表彰。

国家重大政策措施贯彻落实跟踪审计 抽查31个部门、25个项目，发现问题37个，其中19个问题纳入重庆市审计局督查通报查处，查出违规金额1.68亿元。提出审计建议促进区政府出台《关于进一步支持实体经济发展的意见》。

财政审计 以长期挂账和财政结存资金为重点内容，推进存量资金审计。完成14个区级部门的预算执行审计，发现未及时解缴非税收入、未及时收回出借资金、未按规定征缴纳收入、扩大开支范围、违规出借财政资金等主要问题金额23.90亿元。

经济责任审计 完成16个单位、27名党政领导干部的审计。查出工程建设、招投标、专项资金等决策、履职方面主要问题金额2.59亿元，增收节支、上缴财政资金54万元。审计移送线索1件。促进被审计单位采纳审计建议21条。报送的《镇街财政决算列报不真实应引起重视》等4份专报得到区政府主要领导批示。

固定资产投资审计 完成投资审计117个单位，送审金额26.54亿元，审减额1.80亿元，审减率6.8%，查出主要问题金额2.47亿元，其中工程结算款多计1.80亿元、投资概预算编报不规范5921万元、管理不善造成损失浪费金额38万元。审计揭示在建设项目立项、工程变更、结算价超中标价等管理方面的突出问题，促进区政府《永川区政府投资项目管理办法》的出台。

企业审计 审计7个单位，查出主要问题金额64.58亿元，其中违规出借资金908万元、资产质量不实5.51亿元、财务收支核算不实46.58亿元、其他问题金额12.40亿元，揭示企业存在少计或虚列成本、少计少缴税费问题。

专项资金审计 对城区河道整治、水库建设以及改厕改水、危旧房改造、山坪塘整治等关系群众生活实事的6个专项资金进行审计，查出滞留、挤占、套取专项资金等问题金额15.69亿元。

内部审计 永川各部门、单位设立内部审计机构55个，其中专职机构10个；配备内部审计人员203人，其中专职审计人员16人。各内部审计机构共完成审计项目280个，审计总金额12.10亿元，促进增收节支560万元，提出的建议和意见被采纳356条。（撰稿人：李金明）

【南川区审计局】 2016年，南川区审计局人员编制35人，实有34人。局长王连禄，副局长刘虹、金华、陈娟，纪检组长娄忠敏，经济责任审计工作联席会议办公室主任王华娟，调研员陈纯秀、余碧容，副调研员唐继伦、尹家琪。设有办公室、政策法规科、财政审计科、行政事业审计科、经济责任审计和内审指导科、固定资产投资审计科、经贸审计科、经济责任审计工作联席会议办公室；下设审计中心。

审计成果 2016年，南川区审计局完成审计项目128个，其中组织实施审计项目119个，参与实施审计项目9个。查出主要问题金额26.92亿元，其中违规金额8494万元、管理不规范金额26.07亿元；损益（收支）不实金额1137万元；审计处理处罚金额5.73亿元，其中应上缴财政6605万元、应归还原渠道资金1562万元、应调账处理金额4.91亿元；审计发现非金额计量问题34个；审计促进整改落实有关问题金额5.57亿元，其中增收节支8168万元、已调账处理金额4.75亿元；审计促进拨付资金到位1872万元；审计后挽回（避免）损失5.43亿元。移送司法机关、纪检监察机关和有关部门处理事项5件，涉及10人、金额3425万元。出具审计报告和专项审计调查报告125篇，被批示、采用16篇；提交审计信息71篇，被批示、采用136篇（次）。提出审计建议212条，被采纳212条；推动完善规章制度5项。向社会公告审计结果1篇。

2016年，南川区审计局在重庆市审计机关综合目标考核中获二等奖；2015年保障性安居工程跟踪审计项目被重庆市审计局评为优秀项目。

国家重大政策措施贯彻落实跟踪审计 抽查部门和单位34个，涉及资金52.21亿元。发现问题19个，提出的建议和意见被采纳19条。

财政审计 完成23个单位财政预决算情况审计项目，查出主要问题金额21.30亿元，其中管理不规范金额20.65亿元。移送案件线索1件。

提出的建议和意见被采纳 64 条。

经济责任审计 完成 7 个单位、10 名领导干部经济责任审计，查出主要问题金额 1558 万元、管理不规范金额 1381 万元，促进增收节支 152 万元，提出的建议和意见被采纳 19 条。

固定资产投资审计 完成工程审计项目 88 个，核减投资额 4.67 亿元，综合审减率 23.43%，最高审减率达 69.15%。提出的建议和意见被采纳 119 条。

民生资金（项目）审计 完成南川区 2015 年城镇保障性安居工程跟踪审计，追回违规获取的保障性住房 17 套，住房补贴 1416 万元，提出的建议和意见被采纳 3 条。参与完成重庆特派办开展的基本医疗保险基金和医疗救助资金审计。参与完成南川区 2015 年度扶贫资金审计。

企业审计 完成国有企业资产管理审计调查项目，摸清企业资产总额 390.60 亿元，净利润 19.76 亿元，上缴税金 2.61 亿元，上缴国有资本经营收益 115 万元。

专项资金审计 完成南川区 2014 年度慈善资金专项审计，纠正出借基金不合规、多计基金利息收入、挪用慈善资金等问题金额 847 万元。完成南川区 2015 年度农业综合开发产业化经营财政补助资金专项审计，落实区级配套资金 24 万元。完成武隆区发展改革委重点建设项目管理暨 2015 年度财政财务收支审计。

信息化建设 促成区政府出台《重庆市南川区审计电子数据采集使用管理办法（试行）》。完成南川区财政及部门预算数字化审计分析系统的采购工作。

内部审计 南川区各部门、单位共设有内部审计机构 21 个，其中专职机构 5 个；配备审计人员 63 人，其中专职人员 13 人。各内部审计机构完成审计项目 625 个，促进增收节支 1276 万元，提出的建议和意见被采纳 896 条。

（撰稿人：罗源棋）

【璧山区审计局】 2016 年，重庆市璧山区审计局人员编制 35 人，实有 33 人。局长舒朝勇，副局长杨用明、龚建烈，经济责任审计联席会议办公室主任刘诚（—11 月），调研员黄志强、周大勇。设有办公室、法规科、财政金融审计科、经济责任审计科、行政事业审计科、投资审计科；下设审计中心。

审计成果 2016 年，璧山区审计局完成审计项目 135 个。查出主要问题金额 160.11 亿元，其中违规金额 34.10 亿元、管理不规范金额 126.01 亿元；损益（收支）不实金额 2 万元；审计决定处理处罚金额 35.37 亿元，其中应上缴财政 34.11 亿元、应归还原渠道资金 193 万元；审计发现非金额计量问题 68 个；审计促进整改落实有关问题资金 15.97 亿元，其中已上缴财政 14.71 亿元、已调账处理金额 1.24 亿元；审计后挽回（避免）损失 15.85 亿元。移送司法机关案件线索 2 件（立案 1 起、逮捕 1 人、判刑 1 人）、纪检监察机关线索 1 件、有关部门处理 3 件（免职 1 人）。出具审计报告 135 篇；提出审计建议 204 条，被采纳 200 条；提交审计信息 139 篇，被批示、采用 43 篇。

国家重大政策措施贯彻落实跟踪审计 重点审计区国土、行政服务中心、水务、环保、城乡建委等 5 个部门贯彻落实国家和地方重大政策措施情况，查出应收未收到期土地出让收入 34.02 亿元、不符合规定收取征地管理和权属调查费 21 万元等问题。

财政审计 开展 2015 年度璧山区本级财政预算执行和编制决算（草案）情况审计及区国土、发展改革委、环保等 23 个部门的预算执行情况审计，查出主要问题金额 145.58 亿元，其中未按规定纳入预算管理 296 万元、未按规定征收缴纳收入 34.15 亿元、违规改变项目计划和资金用途 8 万元、虚报冒领 111 万元、虚列支出 2 万元、扩大开支范围或提高开支标准列支 10 万元、违规收取费用 32 万元、账外资产 103 万元。

经济责任审计 受区委组织部委托，组织开展 11 个单位、14 名党政领导干部的任期经济责任审计，其中离任审计 5 人、任中审计 9 人。查出主要问题金额 6659 万元，其中违规金额 98 万元、管理不规范金额 6561 万元；促进增收节支 91 万元，其中上缴财政 79 万元、归还原渠道资金 12 万元。

固定资产投资审计 完成政府投资审计项目 111 个，送审金额 17.88 亿元，审定投资金额 16.69 亿元，审计核减投资金额 1.19 亿元，综合审减率6.66%。

民生资金（项目）审计 开展民生资金项目审计2个，查出主要问题金额226万元，其中未按规定征收缴纳收入26万元、资金滞留闲置153万元、虚报冒领13万元。

专项资金审计 开展专项资金审计4个，查出主要问题金额1705万元，其中资金滞留闲置874万元、虚报冒领152万元、扩大开支范围或提高开支标准列支185万元。

信息化建设 完善数据存储和分析中心建设，加强与中软公司协调配合，完成财政联网审计平台建设和软件安装。

内部审计 2016年，璧山区各内部审计机构共完成审计项目20个，促进增收节支145万元。

（撰稿人：何泽兴）

【铜梁区审计局】 2016年，铜梁区审计局人员编制31人，实有28人。局长刘志（—6月）、罗昌西（6月—），副局长刘黎、向红、骆辉（11月—），纪检组长徐德富，副调研员姚永春、冷华琼、蒲克福。设有办公室（法制科）、财金和企业审计科、经济责任审计科、行政事业审计科、固定资产投资审计科及区经济责任审计联席会议办公室；下设铜梁区审计中心。

审计成果 2016年，铜梁区审计局完成审计项目150个，其中组织实施审计项目141个，参与实施审计项目9个。查出主要问题金额41.98亿元，其中违规金额19.52亿元、管理不规范金额22.46亿元；损益（收支）不实金额1865万元；审计处理处罚金额20.26亿元，其中应上缴财政19.51亿元、应归还原渠道资金159万元、应调账处理金额7382万元；审计发现非金额计量问题583个；审计促进整改落实有关问题金额10.17亿元，其中增收节支9.44亿元，已调账处理金额7382万元；审计后挽回（避免）损失7382万元。出具审计报告和专项审计调查报告150篇；提交审计信息78篇，被批示、采用15篇。提出审计建议227条，被采纳191条；推动完善规章制度3项。

国家重大政策措施贯彻落实跟踪审计 重点关注行政审批、商事制度改革、科技创新等一系列国家重大政策措施。结合铜梁区经济发展，对区2015年至2016年部分重点工程建设项目进行跟踪审计，促进国家和地方重大政策措施在铜梁区的贯彻落实。

财政审计 完成财政预算执行审计项目9个、财政决算审计项目2个，查出主要问题金额39.74亿元。

经济责任审计 开展4个单位、6名党政领导干部的经济责任审计，查出主要问题金额1.89亿元。

固定资产投资审计 加强对重点建设项目审计监督，深入推进100万元以上政府投资项目竣工结算审计和5000万元以上重大民生项目跟踪审计，开展政府投资审计项目结算审计131个，核减投资额7382万元。

民生资金（项目）审计 围绕扶贫资金、卫生计生重点专项资金、农业项目专项资金，关注财政专项资金的分配情况及运用成效，完成专项资金审计（调查）项目3个，延伸审计单位83个，审计专项资金总额3.77亿元，查出主要问题金额3418万元。

外资运用审计 整合财务、工程审计力量组成审计组，围绕项目建设程序、合同执行、建设管理等，对亚洲开发银行贷款重庆市统筹城乡基础设施建设示范项目涪陵子项目2014—2015年度财务收支和项目执行情况进行审计。

企业审计 对1个企业的资产、负债、损益情况进行审计，查出主要问题金额593万元，发现资产质量不实、财务收支核算不实等问题。

信息化建设 组织力量对全区审计对象的基本情况、财务数据、业务资料等进行逐一梳理，加大硬件投入，建成专用机房、数据分析室和信息中心，筹备开展大数据审计。

内部审计 全区部门、单位设立内部审计机构21个，其中专职机构2个；配备内部审计人员68人，其中专职审计人员5人。各内部审计机构完成审计项目599个，促进增收节支1069万元，提出的建议和意见被采纳212条。

（撰稿人：刘　琳）

【潼南区审计局】 2016年，潼南区审计局人员编制37人，实有32人。局长杨德海，副局长李晓兰、陈建明、莫刚，纪检组长陈世军，调研员袁成佑，副调研员王劲松、傅强。设有办公室、法规科、财政金融审计科、专项资金审计科、投资审计科、经济责任审计工作联席会议办公室；下设审计中心。

审计成果 2016 年，潼南区审计局完成审计项目 352 个。查出主要问题金额 53.30 亿元，其中违规金额 3.04 亿元、损失浪费金额 60 万元、管理不规范金额 50.25 亿元；损益（收支）不实金额 4.35 亿元；审计处理处罚金额 7.59 亿元，其中应上缴财政 3.28 亿元、应减少财政拨款或补贴 20 万元、应归还原渠道资金 1.18 亿元、应调账处理金额 3.13 亿元；审计发现非金额计量问题 94 个；审计促进整改落实有关问题金额 7.56 亿元，其中增收节支 4.44 亿元、已调账处理金额 3.13 亿元；审计促进拨付资金到位 19.24 亿元；审计后挽回（避免）损失 3.38 亿元。移送司法机关、纪检监察机关和有关部门处理事项 7 件，涉及 5 人、金额 596 万元。出具审计报告和专项审计调查报告 354 篇，被批示、采用 29 篇；提交审计信息 36 篇，被批示、采用 30 篇。提出审计建议 258 条，被采纳 240 条；推动完善规章制度 7 项。向社会公告审计结果 2 篇。

2016 年，潼南区审计局被重庆市审计局评为综合目标考核一等奖。2015 年度财政预算执行和编制决算（草案）情况审计、2015 年度地方税收预算执行审计项目获得重庆市审计局优秀项目。

国家重大政策措施贯彻落实跟踪审计 对 15 个国家重大政策措施贯彻落实情况进行跟踪审计，确保国务院各项政策措施和市委、市政府确定的重大战略、重大改革、重点工作任务落实到位。

财政审计 完成财政预算执行审计 6 个，发现潼南区地税局少征缴各类税款 4820 万元、3 所学校违规发放精神文明奖 13.5 万元、10 名公职人员经商办企业等问题，已移送相关部门处理。

经济责任审计 对 15 个单位、21 名领导干部实施经济责任审计。发现部分机关事业单位女职工产假期间双重享受生育生活津贴和工资待遇，涉及 148 个单位、579 万元，区委、区政府主要领导批示责成区财政局、区审计局、区人力社保局立即行文对此问题进行纠正，并在全区范围内进行清理，对重复享受的待遇清退后上缴国库，已上缴国库 430 万元。

固定资产投资审计 完成投资审计项目 324 个，送审金额 15.82 亿元，审定金额 14.18 亿元，审减金额 1.65 亿元，平均审减率 10.40%。

专项资金审计 完成专项资金审计项目 5 个。审计发现财政供养人员隐瞒个人真实收入，违规申请并享受廉租住房租赁补贴问题，依法移送区纪委和区国土房管局进行处理，公安立案侦查。

企业审计 完成对国有企业资产管理审计调查和区锦阳道桥工程有限责任公司、区水利水电工程建设有限公司的审计。针对发现的问题，建议撤销区水利水电工程建设有限公司，建议被区政府采纳。

信息化建设 组建业务骨干为成员的数据分析团队，修改和完善数据审计模板 100 多个。

内部审计 潼南区部门、单位内部审计机构完成审计项目 375 个，其中财务收支审计 50 个、经济责任审计 43 个、内部控制制度评审 4 个、基本建设审计 259 个、其他审计 19 个，审计总金额 10.10 亿元，促进增收节支 335 万元，提出审计建议被采纳 54 条。 （撰稿人：何　理）

【荣昌区审计局】 2016 年，荣昌区审计局人员编制 37 人，实有 31 人。局长刘定朝，副局长杨勇、杜冬梅，纪检组长邓文成，经济责任审计工作联席会议办公室主任李晓燕，局长助理刘君建，调研员李恭林（1 月—），副调研员李可农、李恭林（—1 月）。设有办公室、综合科、行政事业科、财政金融科、经济责任审计科、经济责任审计工作联席会议办公室、监察室；下设审计中心。

审计成果 2016 年，荣昌区审计局完成审计项目 64 个，其中组织实施审计项目 56 个，参与实施审计项目 8 个。查出主要问题金额 13.66 亿元，其中违规金额 2.75 亿元、管理不规范金额 10.91 亿元；损益（收支）不实金额 213 万元；审计处理处罚金额 3.11 亿元，其中应上缴财政 2.71 亿元、应归还原渠道资金 283 万元、应调账处理金额 3747 万元；审计发现非金额计量问题 110 个；审计促进整改落实有关问题金额 2.77 亿元，其中增收节支 2.41 亿元、已调账处理金额 3561 万元；审计后挽回（避免）损失 3561 万元。移送司法机关、纪检监察机关和有关部门处理事项2件，涉及1人、金额124万元。出具审计报告和专项审计调查报告69篇，被批示、采用35篇；提交审计信息12篇，被批示、采用12篇。提出审计建议234条，被采纳234条；推动完善规章制度11项。

2016年，荣昌区审计局实施的2014年度税收预算执行情况项目、2013—2014年度农资综合补贴和粮食直补资金审计调查项目、荣昌区民政局局长任期经济责任审计项目，被重庆市审计局评为审计优秀项目。

国家重大政策措施贯彻落实跟踪审计 对“降成本”相关政策措施落实、积极财政政策落实等情况进行审计，发现政策落实不到位等问题，相关部门依据审计意见，出台规范性文件1件。

财政审计 开展2015年度区级财政预算执行和编制决算（草案）情况审计、地方税收预算执行情况审计、19个区级部门预算执行和其他财政收支审计及2个镇街的财政决算审计，促成区政府出台管理办法3个。

经济责任审计 对6个单位、10名党政主要领导干部进行经济责任审计，发现问题101个，查出主要问题金额1.12亿元，其中违规金额7052万元、管理不规范金额4152万元。出具审计报告和审计结果报告20篇，被领导批示7篇。

固定资产投资审计 完成荣直路工业园区段建设工程等29个政府投资项目审计，审计政府投资额4.82亿元，审定政府投资额4.46亿元，核减投资额3561万元，审减率7.39%。18篇审计报告和审计结果报告被批示。提出审计建议56条。

民生资金（项目）审计 实施荣昌区城镇保障性安居工程跟踪审计、荣昌区2015年度扶贫资金管理使用情况审计，揭示民生资金使用管理中存在的问题，提出加快项目实施进度、加强扶贫工作精准认定等审计建议。

信息化建设 建成数据分析室，建设完成财政及部门预算执行审计数字化审计平台，组建数字化分析团队，在项目实施中积极运用数字化审计，提升审计工作质量和效率。

审计科研 荣昌区审计局课题组完成的“国家审计职业保障的现状及完善路径”课题论文被重庆市审计学会评为一等奖。

内部审计 荣昌区部门、单位设有独立内部审计机构4个，合署办公内部审计机构44个，另有12个单位授权内设机构履行内部审计职责；配备专职内部审计人员14人，兼职内部审计人员213人。各内部审计机构实施审计项目334个，审计总金额287.74亿元，促进增收节支525万元。提出意见建议被采纳618条。

（撰稿人：胡乃元）

【开州区审计局】 2016年，开州区审计局人员编制43人，实有29人。局长宋定学，副局长庞辉、姜平、王忠芬、林应才（—8月），审计中心主任王学武（—11月）。设有党政办公室、法规审理科、政策执行科、财政金融科、行政事业科、政府投资科、经济责任科、社会保障科、内审管理科、信息技术科；下设开州区审计中心。

审计成果 2016年，开州区审计局完成审计（调查）项目128个，其中组织实施审计项目122个，参与实施审计项目6个。查出违规金额15.24亿元、损失浪费金额502万元、管理不规范金额78.41亿元；损益（收支）不实金额6925万元；审计处理处罚金额24.88亿元，其中应上缴财政6.17亿元、应减少财政拨款或补贴9883万元、应归还原渠道资金1.24亿元、应调账处理金额16.48亿元；审计发现非金额计量问题429个；审计促进整改落实有关问题金额21.07亿元，其中增收节支5.80亿元、已调账处理金额15.26亿元；审计后挽回（避免）损失6144万元。移送司法机关、纪检监察机关和有关部门处理事项41件，涉及45人、金额2.64亿元。出具审计报告和专项审计调查报告128篇，被批示、采用97篇；提交审计信息6篇，被批示、采用73篇。提出审计建议230条，被采纳196条；推动完善规章制度31项。

2016年，开州区审计局被重庆市审计局评为综合目标考核一等奖。开县文化委员会等33个县级部门（单位）2015年度预算执行和决算（草案）以及其他财政收支情况审计项目获得重庆市审计局优秀项目；开县九龙山镇人民政府等20个乡镇2015年度预算执行和决算（草案）及其他财政收支情况审计项目获得重庆市审计局优良项目。

国家重大政策措施贯彻落实跟踪审计 对32

个部门（单位）涉及22项重大政策措施落实情况进行跟踪审计。出具审计报告4篇、审计结果通知书15份；撰写专报3篇；促进区委、区政府完善制度3项。

财政审计　完成预算执行及决算草案审计、税务审计等项目23个，延伸审计单位278个。查出主要问题金额63.13亿元，其中预算编报不真实不完整金额1242万元、违规变更调整预算金额2003万元、未按规定征收缴纳收入金额4.44亿元、隐瞒转移截留资金8342万元。

完成行政事业单位的财政、财务收支情况审计项目3个。查出主要问题金额1.01亿元，其中未按规定征收缴纳收入金额50万元、资金滞留闲置金额5218万元、违规采购金额3262万元、乱收费乱摊派乱罚款218万元。

经济责任审计　完成25名区管领导干部任期经济责任审计，其中乡镇党政领导干部12人、政府工作部门9人、事业单位2人、国有企业2人。审计查出主要问题金额13.98亿元，其中违规金额1.23亿元、管理不规范金额12.72亿元、增收节支5312万元。出具审计报告和审计结果报告22篇。

固定资产投资审计　完成审计项目100个，审计政府投资金额15.62亿元，减少政府投资金额1.04亿元，综合审减率6.6%。移送案件线索41件，其中移送纪检、监察、司法机关8件，涉及21人。提交审计信息12篇、审计专报2篇。

专项资金审计　完成卫生计生重点专项资金等审计项目2个（延伸审计单位26个），查出主要问题金额2.16亿元，其中未规定征收缴纳收入金额24万元、未落实“收支两条线”和专户管理规定金额359万元、滞留闲置资金275万元、违规采购金额463万元、超规模超标准项目金额3388万元、其他问题金额1.70亿元。

审计科研　完成审计科研课题6篇，其中“立足大数据审计模式推进审计监督全覆盖”获重庆市审计学会二等奖，“PPP运行中的问题及审计对策探究”等3篇获重庆市审计学会三等奖。

内部审计　开州区部门、单位设有内部审计机构44个，其中专职机构6个；配备内部审计人员189人，其中专职内审人员15人。开展乡镇往来款项专项审计调查、村干部经济责任等审计项目553个，审计总金额52.70亿元，促进增收节支371万元。

（撰稿人：廖益山）

【梁平区审计局】　2016年，梁平区审计局人员编制36人，实有31人。局长涂善俊，副局长程伟、高保勇、刘坚，纪检组长廖忠文，副调研员孔令。设有办公室、综合法制科、财政审计科、行政事业审计科、投资审计科、经济责任审计科、计算机应用审计科；下设区审计中心。

审计成果　2016年，梁平区审计局完成审计项目124个，其中组织实施审计项目114个，参与实施审计项目10个。查出主要问题金额63.62亿元，其中违规金额6.40亿元、管理不规范金额57.22亿元；损益（收支）不实金额1682万元；审计处理处罚金额9.77亿元，其中应上缴财政6.36亿元、应归还原渠道资金330万元、应调账处理金额3.10亿元；审计发现非金额计量问题18个；审计促进整改落实有关问题金额7.67亿元，其中增收节支4.59亿元、已调账处理金额2.81亿元；审计后挽回（避免）损失1.48亿元。移送司法机关、纪检监察机关和有关部门处理事项8件，涉及2人、金额340万元。出具审计报告和专项审计调查报告124篇，被批示、采用80篇。提出审计建议171条，被采纳171条；推动完善规章制度1项。向社会公告审计结果2篇。

国家重大政策措施贯彻落实跟踪审计　促进区政府出台众创空间、农村污水处理设施运行监管相关政策措施2项，推进体育馆和游泳馆工程、渝万铁路梁平南站交通枢纽工程等2个重大项目工程的建设，推进国土房管局、公共资源招投标交易中心等4个部门涉企收费优惠政策的落实。

财政审计　完成财政预算执行审计项目10个，查出主要问题金额58.26亿元。揭示少计少缴税费、人为调节收入进度、资金滞留闲置、账外资产等问题。

经济责任审计　对12个单位、19名党政主要领导干部开展任期经济责任审计。查出主要问题金额9326万元，其中违规金额200万元、管理不规范金额9126万元。

固定资产投资审计　完成政府投资审计项目77个，送审金额16.47亿元，审减工程款1.47亿元，审减率8.9%。

企业审计 完成企业审计项目3个，审计发现企业少申报缴纳印花税、企业所得税，超比例担保，担保保证金未进行专户核算，少计提准备金等企业经营和财务管理方面存在的问题，涉及主要问题金额4843万元。

专项资金审计 完成专项资金审计（调查）项目7个，揭示未按规定征收缴纳收入、违规改变项目计划和资金用途等问题，查处主要问题金额2.16亿元。

信息化建设 建成大数据分析室，建立审计数据定期上报制度，采集2012年至2015年财务数据和业务数据130G，完成数字化审计分析平台项目建设，建立财政审计模型180个，部门审计模型181个。

内部审计 梁平区部门、单位设有内部审计机构65个，其中专职机构8个；配备内部审计人员257人，其中专职审计人员25人。2016年，各内部审计机构共完成审计项目401个，促进增收节支595万元，提出的建议和意见被采纳390条。

（撰稿人：蒋德平）

【武隆区审计局】 2016年，武隆区审计局人员编制25人，实有22人。局长龚文，副局长刘太友、谭建梅、谢成甫，纪检组长苏永国，经济责任审计工作联席会办公室主任蔡洁（3月—），副调研员谭明波。设有办公室、政策法规科、财政金融审计科、行政事业和社会保障审计科、农业和资源环保审计科、经济责任审计和内部审计管理科、固定资产投资和外资审计科；下设审计中心。

审计成果 2016年，武隆区审计局完成审计项目58个，其中组织实施审计项目52个，参与实施审计项目6个。查出主要问题金额27.73亿元，其中违规金额7.20亿元、管理不规范金额21亿元；损益（收支）不实金额4653万元；审计处理处罚金额7.76亿元，其中应上缴财政1.78亿元、应归还原渠道资金5.27亿元、应调账处理金额7113万元；审计发现非金额计量问题275个；审计促进整改落实有关问题金额7.33亿元，其中增收节支6.70亿元、已调账处理金额6289万元；审计后挽回（避免）损失6289万元。移送有关部门处理事项2件，涉及2人、金额22万元。出具审计报告和专项审计调查报告63篇，被批示、采用22篇；提交审计信息28篇，被批示、采用4篇。提出审计建议192条，被采纳179条。

2016年，武隆区审计局获得重庆市审计机关综合目标考核二等奖。

国家重大政策措施贯彻落实跟踪审计 对涉企经营服务收费、涉企行政事业收费、防空地下室易地建设费、户外广告场地占用费、武隆仙女山机场建设项目、凤来谷众创空间项目等事项进行审计，提交综合报告4篇。

财政审计 开展本级财政预算执行和编制决算草案情况的审计，对组织部、人力资源和社会保障局、林业局等12个部门预算执行情况进行延伸，查出问题金额21.08亿元，促进增收节支5.51亿元。

经济责任审计 开展对民政局、江口镇人民政府、武隆中学等12个单位、19名主要领导干部的经济责任审计，查出问题金额1.57亿元。

农业和资源环保审计 开展本级财政涉农项目专项资金使用情况审计调查、农业综合开发项目审计、农村土地整治项目审计、水土保持项目审计等7个项目。

固定资产投资审计 对金鼎山隧道工程、S421五岔路至土地段路面改造工程、公安消防站建设项目等14个民生工程和重点建设项目进行竣工决算审计，对羊角场镇危岩滑坡避险搬迁新址土地整治项目等10个重点建设项目开展跟踪审计，对工业园区基础设施BT融资建设工程等3个重大工程开展结算审计，审计投资额10.27亿元，核减工程投资金额6625万元。

民生资金（项目）审计 关注惠民政策和惠民资金的落实，开展城镇保障性安居工程跟踪审计、卫生计生专项资金审计调查、三峡后续工作专项资金审计调查等专项审计调查项目4个，审计专项资金7.38亿元，查出问题金额1.89亿元。

外资审计 参与酉阳县世界银行贷款、全球环境基金赠款扶贫第五期项目的外资运用审计。

企业审计 开展国有企业资产管理情况审计调查，揭示国有企业基础信息不清、国有企业内部控制体系不健全、国有资产使用效益低下等问题。

内部审计 进一步加强内部审计工作的指导

和管理，推动重点国有企业建立和完善内部审计工作机制。武隆区各内部审计机构完成审计项目173个，促进增收节支694万元。

（撰稿人：苏永胜　徐　静）

【城口县审计局】　2016年，城口县审计局人员编制24人，实有24人。局长王克云，副局长汪元媛、袁其飞，纪检组长熊学东，经济责任审计办公室主任王旭。设有办公室、法制监督科、财政审计科、经济责任审计科、专项资金审计科、固定资产投资审计科；下设城口县审计中心。

审计成果　2016年，城口县审计局完成审计项目60个，其中组织实施审计项目60个。查出主要问题金额30.51亿元，其中违规金额3.72亿元、管理不规范金额26.78亿元；损益（收支）不实金额2.25亿元；审计处理处罚金额2.57亿元，其中应上缴财政1.13亿元、应归还原渠道资金3816万元、应调账处理金额1.06亿元；审计发现非金额计量问题97个；审计促进整改落实有关问题金额1.65亿元，其中增收节支6288万元、已调账处理金额9543万元。移送司法机关、纪检监察机关和有关部门处理事项1件。出具审计报告和专项审计调查报告60篇，被批示、采用2篇。提出审计建议172条，被采纳16条。

国家重大政策措施贯彻落实跟踪审计　重点对降成本、增加有效供给、“三去一降一补”等重大政策措施落实情况进行审计，涉及财政资金1.99亿元。揭示部分政策落实不到位的问题，持续跟踪问题整改落实，促进盘活财政资金2229万元，收回违规出借的借款5750万元。促进县委、县政府出台专项贯彻意见2个。

财政审计　重点对县本级预算执行情况、地方税收管理、部门预算执行及乡镇财政决算情况进行审计。揭示预算管理不规范、违规出借财政资金、未及时征收财政收入等问题，提出细化财政预算管理、盘活财政存量资金、完善政府专项资金管理健全重大政策落实长效机制的意见和建议。

经济责任审计　对22个部门和乡镇领导干部交接实行离任交接备案管理，对17名党政主要领导干部及国有企业领导人员实施经济责任审计，查出违规金额6581万元，促进增收节支4250万元。提出审计建议54条。

农业与资源环保审计　开展林业资金专项审计调查，审计资金总额1.42亿元，查出主要问题金额1160万元，对森林生态效益补偿资金中管理制度不健全、林农权责不对等问题，形成审计要情上报县委、县政府。

固定资产投资审计　对市政建设、交通道路和基础设施建设等33个县政府重点建设项目开展投资审计，送审金额3.76亿元，核减投资额1982万元；揭示部分工程项目在建设程序、工程价款结算、竣工财务决算等方面存在的问题。公开招标，建立中介机构备选库，出台委托社会中介机构参与政府投资项目审计的操作流程3个，规范中介机构的使用。对6个社会中介机构开展报告核查。

内部审计　指导内部审计机构完成内审项目9个，审计总金额7925万元，促进增收节支391万元，建议给予行政处分1个，实际给予行政处分1人。提出建议意见29条。（撰稿人：冉　茂）

【丰都县审计局】　2016年，丰都县审计局人员编制40人，实有33人。局长秦宗成，副局长吴小平、熊伟，纪检组长陈丽莉，固定资产投资审计中心主任张增新，县审计中心主任张华。设有办公室、综合法制科、财政金融审计科、行政事业审计科、企业审计科、经济责任审计科、固定资产投资审计科、移民资金审计科；下设丰都县审计中心、丰都县固定资产投资审计中心。

审计成果　2016年，丰都县审计局完成审计项目188个，其中组织实施审计项目179个，参与实施审计项目9个。查出主要问题金额33.31亿元，其中违规金额9.05亿元、管理不规范金额24.26亿元；审计发现非金额计量问题28个；审计处理处罚金额8.54亿元，其中应上缴财政6.93亿元、应减少财政拨款或补贴45万元、应归还原渠道资金3581万元、应调账处理金额1.25亿元；审计促进整改落实有关问题金额8.54亿元，其中增收节支7.29亿元、已调账处理金额1.25亿元；审计后挽回（避免）损失1.23亿元。移送司法机关、纪检监察机关和有关部门处理事项7件，涉及131人、金额255万元。出具审计报告和专项审计调查报告188篇，被批示、采用16篇；提交审计信息125篇，被批示、采用107篇。提出审计建议71条，被采纳71条；推动完善规章制度10项。向社会公告审计结果1篇。

2016年，丰都县审计局在重庆市2016年审计机关年度综合目标考核中获得二等奖；在丰都县2015年综合目标考核中获得一等奖。丰都县2015年度县级预算执行情况和编制决算（草案）审计项目被重庆市审计局评为优秀项目；与城口县审计局共同实施的城口县2015年度扶贫资金管理使用情况审计项目被重庆市审计局评为行业优秀项目。

国家重大政策措施贯彻落实跟踪审计　重点对商事制度改革、营改增政策落实情况、财政存量资金盘活情况、市级重大项目开展情况进行跟踪审计。全年抽查38个单位、10个部门、10个项目，涉及资金6.66亿元。

财政审计　创新审计方法，利用大数据审计，将县本级预算执行及全县18个部门预算执行、5个镇乡街财政决算审计有机结合，高效完成审计任务。

经济责任审计　完成9个单位、15名党政领导干部的经济责任审计，查出主要问题金额1187万元，其中违规金额222万元、管理不规范金额965万元，促进增收节支99万元。

农业与资源环保审计　对丰都县畜禽粪污综合利用试点项目资金、污染防治补助资金、污染减排专项资金管理使用情况进行审计。

固定资产投资审计　全年对136个政府投资项目进行审计，工程送审金额12.29亿元，审定价11.09亿元，核减工程造价1.20亿元，综合审减率为9.76%。

民生资金（项目）审计　对全县残疾人就业保障金、城镇保障性安居工程、扶贫资金、卫生计生重点专项资金4个民生资金和民生实事项目进行专项审计。

企业审计　对丰都县国有企业资产管理进行审计调查，共调查19个主管部门、70家国有企业，对丰都县17家企业进行重点解剖分析。

专项资金审计　对全县城市建设配套费、石漠化综合治理、垃圾处理费、三峡库区基金、农业综合开发项目5个专项资金项目的管理使用情况进行审计，审计查出应收未收城市建设配套费1.67亿元。

审计科研　组织审计人员开展审计理论研究，共撰写审计理论文章2篇，其中《加快信息化建设推动大数据审计》被《重庆审计》杂志刊登。

内部审计　抽调5名内部审计人员参与审计。全县完成内部审计项目90个，审计总金额3.12亿元，促进增收节支825万元。提出建议意见被采纳85条。（撰稿人：颜东平　冉城莉　李　勤）

【垫江县审计局】　2016年，垫江县审计局人员编制19人，实有19人。局长曾庆超，副局长朱华章、周兴福、白云，纪检组长罗志陶，审计中心主任李一奎。设有办公室、法制科、财政金融审计科、行政事业审计科、固定资产投资审计科、经贸审计科、经济责任审计科；下设垫江县审计中心。

审计成果　2016年，垫江县审计局完成审计项目104个，其中组织实施审计项目100个，参与实施审计项目4个。查出主要问题金额20.75亿元，其中违规金额13.76亿元、管理不规范金额6.99亿元；损益（收支）不实金额3201万元；审计处理处罚金额15.83亿元，其中应上缴财政13.91亿元、应归还原渠道资金1.06亿元、应调账处理金额8656万元；审计发现非金额计量问题84个；审计促进整改落实有关问题金额11.32亿元，其中增收节支10.45亿元、已调账处理金额8656万元；审计促进拨付资金到位865万元；审计后挽回（避免）损失14万元。移送司法机关、纪检监察机关和有关部门处理事项6件，涉及3人、金额3344万元。出具审计报告和专项审计调查报告98篇；提交审计信息65篇，被批示、采用44篇。提出审计建议361条，被采纳356条。

国家重大政策措施贯彻落实跟踪审计　按照市审计局的统一部署，组建5个审计小组开展政策落实审计调查，及时将审计发现的问题上报给市审计局，垫江县委、县政府领导高度重视，督促相关部门及时进行整改。

财政审计　完成2015年度县级财政预算执行及其他财政财务收支审计、垫江县地方税务局2015年度税收预算执行审计和县工业园区等4个部门财政预算执行审计及6个乡镇的财政决算审计，查出主要问题金额15.80亿元。

固定资产投资审计 采取自行审计、委托审计等多种方式，进一步促进政府投资的重点民生工程审计全覆盖，完成重点工程项目审计 64 个，审计投资总额 4.60 亿元，核减政府投资 2223 万元。

经济责任审计 完成县文化委主任、县永平镇人民政府等 10 个单位、16 名领导干部的经济责任审计，对领导干部应负的经济责任进行合理的界定，对乡镇党委书记、镇长任期内的经济社会发展业绩进行科学评价。

专项资金审计 开展县农业综合开发资金、2015 年度长垫对口帮扶项目资金等两项审计，审计专项资金总额 1.51 亿元，促使相关单位和部门建立健全专项资金长效管理机制。

信息化建设 建成大数据审计分析室，成立大数据审计分析团队，购买相关设施设备，新招录计算机审计专业人才 2 人，为全面推进大数据审计工作奠定基础。

内部审计 垫江县部门、单位设有内部审计机构 56 个，其中专职机构 8 个；配备内部审计人员 126 人，其中专职人员 16 人。垫江县审计局对 4 家中介机构和 8 个单位内部审计机构出具的审计报告进行专项核查。 （撰稿人：李一奎）

【忠县审计局】 2016 年，忠县审计局人员编制 42 人，实有 33 人。局长成耕耘，副局长肖晓明、范宏、沈仁平，纪检组长王洪春。设有办公室、监察室、综合法规科、经济责任审计科、财政金融审计科、外资移民投资审计科、行政事业审计科；下设政府投资审计中心、经济责任审计中心。

审计成果 2016 年，忠县审计局完成审计项目 370 个。查出主要问题金额 88.38 亿元，其中违规金额 51.55 亿元、损失浪费金额 73 万元、管理不规范金额 36.82 亿元；损益（收支）不实金额 3574 万元；审计处理处罚金额 50.53 亿元，其中应上缴财政 33.03 亿元、应归还原渠道资金 14.65 亿元、应调账处理金额 2.85 亿元；审计发现非金额计量问题 264 个；审计促进整改落实有关问题金额 18.70 亿元，其中增收节支 15.84 亿元、已调账处理金额 2.85 亿元；审计后挽回（避免）损失 1.73 亿元。移送司法机关、纪检监察机关和有关部门处理事项 11 件，涉及 17 人、金额 8583 万元。出具审计报告和专项审计调查报告 371 篇，被批示、采用 17 篇；提交审计信息 43 篇，被批示、采用 35 篇。提出审计建议 927 条，被采纳 927 条；推动完善规章制度 17 项。

2016 年，忠县审计局被重庆市审计局评为综合目标考核一等奖。2014 年度财政预算执行和编制决算草案项目、2014 年度税收预算执行项目、2012 年至 2014 年彩票公益金审计调查项目、国外贷援款审计项目、忠县国土房管局 2013 年至 2015 年财政财务收支审计项目被重庆市审计局评为优秀项目。

国家重大政策措施贯彻落实跟踪审计 完成跟踪审计 12 次，揭示问题 20 多个，部分问题被重庆市审计局作为典型问题汇总上报审计署。

财政审计 从预算编制、执行、调整、决算、绩效等环节入手，重点关注资金的分配、使用、绩效，查出主要问题金额 87.23 亿元。

经济责任审计 落实轮审规划，完善经济责任审计综合分析研判制度，增强经济责任审计结果运用效果，审计领导干部 28 人，涉及部门 26 个，查出主要问题金额 12.64 亿元，促进增收节支 1936 万元。

固定资产投资审计 实现政府投资项目审计全覆盖，完成政府投资项目审计 481 个，审减 1.17 亿元；跟踪审计项目 75 个，节约政府投资 7840 万元；复核政府投资审计项目 310 个，复核审减 2351 万元。

外资运用审计 将国际金融组织贷款项目审计与政府性债务审计紧密结合，整合审计资源、培训、成果和经验，取得较好成效。

企业审计 完成 4 个企业的资产、负债、损益审计，查出主要问题金额 1.15 亿元，其中财务收支核算不实金额 365 万元，其他问题金额 1.12 亿元。

信息化建设 制订落实《忠县信息化建设三年实施计划》，与软件公司合作建设大数据分析平台。落实县政府出台的定期报送审计电子数据文件，狠抓数据采集、验收、归集环节，提升大数据分析和资源共享能力。

内部审计 忠县各部门、单位设有内部审计机构 114 个，配备内部审计人员 296 人。完成 5

名事业单位法人的经济责任交叉审计。忠县审计局等利用内部审计结果查处15人。

（撰稿人：张　瑶）

【云阳县审计局】　2016年，云阳县审计局人员编制41人，实有26人。局长秦茂涛，副局长姜翠平、韩家骧、向定成，纪检组长孙毅。设有办公室、财政金融审计科、行政事业审计科、农业外资审计科、经济责任审计科、固定资产投资与经贸审计科；下设审计中心。

审计成果　2016年，云阳县审计局完成审计项目50个，其中组织实施审计项目39个，参与实施审计项目11个。查出主要问题金额62.87亿元，其中违规金额27.32亿元、管理不规范金额35.55亿元；损益（收支）不实金额2万元；审计处理处罚金额2.66亿元，其中应上缴财政7.16亿元、应减少财政拨款或补贴6371万元、应归还原渠道资金18.82亿元、应调账处理金额204万元；审计发现非金额计量问题108个；审计促进整改落实有关问题金额10.16亿元，其中增收节支10.14亿元、已调账处理金额55万元；审计后挽回（避免）损失6.31亿元。移送司法机关、纪检监察机关和有关部门处理事项6件，涉及67人、金额816万元。出具审计报告和专项审计调查报告48篇，被批示、采用48篇；提交审计信息61篇，被批示、采用43篇。提出审计建议169条，被采纳169条。

2016年，云阳县审计局被重庆市审计局评为综合目标考核一等奖。

国家重大政策措施贯彻落实跟踪审计　对财政存量资金盘活消化、营改增政策落实等情况进行跟踪审计，揭示行政审批事项未全部进驻行政服务中心办理、放宽市场准入后续监管制度建立不完善等问题，并督促整改。

财政审计　开展2015年度云阳县本级财政预算执行和编制决算（草案）情况审计、2015年度税收预算执行情况审计，首次实现县乡审计全覆盖。

经济责任审计　对3个乡镇、6个县属部门共16名党政主要领导干部进行经济责任审计。审计项目由审财务为主向审履职转变，全面反映决策、管理、执行、监督和廉政情况。县委、县政府主要领导对4件专报做出批示。

固定资产投资审计　开展竣工决算审计项目16个。在严格量价审核的同时，重点关注招投标、建设管理等情况，加大问题揭露力度，每季度将政府投资建设项目结算审查结果以专报形式报送县委、县政府。

民生资金（项目）审计　实施保障性安居工程审计和卫生计生专项资金审计，揭示骗取保障性住房和套取、挤占挪用卫生计生专项资金等问题。

信息化建设　建立数据分析室，构建财政及部门预算执行审计数据分析平台，组建大数据审计分析团队。

相关工作　云阳县“四大班子”领导先后12次听取审计工作汇报，县政府常务会议听取“审计监督制度的发展与改革”专题报告。开展“两学一做”学习教育，签订廉政建设目标责任书和承诺书，落实“一岗双责”，开展谈话提醒，保持作风建设“零投诉”。完成人财物统管改革试点的有关准备，县审计中心升格为副科级事业单位，增加编制，新招录一批工作人员。

内部审计　云阳县审计局组织内部审计人员参加全市业务培训和镇乡经济责任审计、全市扶贫资金交叉审计。县政府督查室对内部审计工作进行专项督查。

（撰稿人：张　玮）

【奉节县审计局】　2016年，奉节县审计局人员编制43人，实有32人。局长刘廷权，副局长刘刚、周斌、肖斌，副调研员吴佑生、周治萍、叶小年、雷廷雄。设有办公室、行政社保审计科、财政投资审计科、经济责任审计科、农业及城乡建设审计科、政策法规科、内审科；下设投资审计中心。

审计成果　2016年，奉节县审计局共完成审计项目61个，其中组织实施审计项目56个，参与实施审计项目5个。查出主要问题金额14.15亿元，其中违规金额3753万元、管理不规范金额13.78亿元；损益（收支）不实金额223万元；审计处理处罚金额1.45亿元，其中应上缴财政2382万元、应归还原渠道资金4373万元、应调账处理金额7726万元；审计发现非金额计量问题80个；审计促进整改落实有关问题金额1.45亿元，其中增收节支 3402 万元、已调账处理金额 1.08 亿元；审计后挽回（避免）损失 1.13 亿元。移送司法机关、纪检监察机关和有关部门处理事项 11 件，涉及 69 人、金额 3.03 亿元。出具审计报告和专项审计调查报告 61 篇，被批示、采用 10 篇；提交审计信息 10 篇，被批示、采用 3 篇。提出审计建议 177 条，被采纳 177 条。

国家重大政策措施贯彻落实跟踪审计 重点审计行政审批行为规范情况、涉企经营服务及行政事业性收费执行情况、民生实事及房地产去库存等工作目标任务完成情况，审计整改基本完成。

财政审计 实施重庆市地方税务局 2015 年度税收预算执行情况审计、重庆市工商局系统 2015 年度部门预算执行和其他财政财务收支审计等项目 3 个，查出主要问题金额 805 万元。

经济责任审计 实施经济责任审计项目 11 个，其中乡镇（街道）7 个，涉及领导干部共 13 人；县级部门、事业单位 4 个，涉及领导干部 4 人。审计查出主要问题金额 1.29 亿元。

固定资产投资审计 完成投资效益审计项目 41 个，项目投资额 12.68 亿元，完成投资额 11.53 亿元，核减工程价款 1.15 亿元，查出主要问题金额 1.23 亿元。

企业审计 对重庆市奉节县兴农融资担保有限责任公司进行专项审计调查，查出问题金额 2.81 亿元，其中违规经营金额为 2031 万元。

专项资金审计 完成重庆市卫生计生、城镇保障性安居工程等专项资金审计项目 2 个，审计专项资金总额 3.76 亿元，查出主要问题金额 1016 万元。

信息化建设 推进审计信息化建设，组建信息化数字分析团队，初步建立被审单位数据定期报送和采集机制，归集储存财政等 11 个部门、30 个相关数据，在 2016 年实施的 9 个项目审计中得以应用。

相关工作 坚持抓党建带业务、抓业务促党建，做到党建和业务工作同部署、同检查、同考核、同落实。坚持思想建党和制度治党紧密结合，运用监督执纪"四种形态"，从源头预防违纪违规行为发生。坚持作风建设永远在路上，持续纠正"四风"、改进作风、倡导新风。

内部审计 奉节县部门、单位设有内部审计机构 43 个，其中专职机构 4 个；配备内部审计人员 211 人，其中专职审计人员 5 人。各内部审计机构共完成审计项目 649 个，审计资金总额 15.71 亿元，促进增收节支 427 万元。

（撰稿人：雷　丹）

【巫山县审计局】 2016 年，巫山县审计局人员编制 31 人，实有 28 人。局长熊跃权，副局长谭艳、冯军、唐宇，纪检组长王世权，经济责任审计联席会办公室主任陆忠贵。设有办公室、综合科、财政金融审计科、行政事业审计科、经济责任审计科、固定资产投资审计科、经济责任科和投资审计中心。

审计成果 2016 年，巫山县审计局完成审计项目 62 个，其中组织实施审计项目 53 个，参与实施审计项目 9 个。查出问题金额 20.46 亿元，其中违规金额 1.17 亿元、损失浪费金额 40 万元、管理不规范金额 19.29 亿元；审计处理处罚金额 1.02 亿元，其中应上缴财政 5322 万元、应减少财政拨款或补贴 4024 万元、应归还原渠道资金 881 万元；审计发现非金额计量问题 170 个；审计促进整改落实有关问题金额 7348 万元；其中增收节支 7334 万元。移送司法机关、纪检监察机关和有关部门处理事项 10 件。出具审计报告和专项审计调查报告 62 篇，被批示 39 篇；提交审计信息 3 篇，被采用 1 篇。提出审计建议 164 条，被采纳 131 条。

2016 年，巫山县审计局在重庆市审计系统 2016 年度综合目标考核中获二等奖。

国家重大政策措施落实情况跟踪审计 对贯彻落实国家重大政策措施情况进行跟踪审计，重点审计降成本、增加有效供给、优化煤炭产业结构、农村公路建设、房地产去库存等相关政策落实情况，抽查县发展改革委、县国土房管局等 15 个县级部门、单位，涉及财政资金 3.03 亿元，其中中央资金 2.65 亿元、市级和区（县）级资金 3835 万元。

财政审计 开展县财政本级预算执行审计、5 个部门预算执行审计和卫生计生重点专项资金、保障性安居工程跟踪审计，按市审计局安排抽调 1 人参加重庆特派办开展的医保资金审计，抽调 6 人参加市审计局开展的扶贫资金审计。揭示农村危旧房改造任务未完成、未按规定发放廉租住房租赁补贴、违规享受小额担保贷款贴息、财政出借资金未及时收回、财政账户违规销户以及应征未征少征少缴税款8640万元等问题，促成县城乡建委制定《危旧房改造投资建设项目管理办法》。

经济责任审计 开展经济责任审计项目9个，涉及4个县级部门、5个乡镇，14名党政领导干部。在换届前完成巫山县全部341个村（居）主要负责人的经济责任审计，实现对村（居）干部任期经济责任审计的全覆盖。审计发现问题金额1.63亿元，其中违规金额101万元、管理不规范金额1.62亿元。

固定资产投资审计 完成90个政府投资建设项目竣工决（结）算审计，送审金额10.41亿元，审减金额6106万元，审减率为5.86%。提出审计建议76条，被县领导批示项目27个。完成委托中介实施项目61个，送审金额4.28亿元，审减金额2211万元，对1家出具虚假报告的中介组织列入黑名单并通报全县。固定资产投资审计项目揭示施工单位多计多报工程款、多付工程款、未取得符合规定的发票、资金结算不规范、未履行基本建设程序等问题。

信息化建设 出台《加强审计信息化建设实施意见》，建立大数据审计分析室，成立5个数据分析小组，集中采集县财政信息系统数据库备份数据和预算编制、政府采购、非税收入等电子表格数据；采集20个单位的第三方外部电子数据；采集纳入2016年审计计划的财政、财务、业务、管理数据。

内部审计 巫山县各内部审计机构完成审计项目305个，审计总金额6.18亿元，促进增收节支174万元，提出建议意见被采纳94条。巫山县审计局编制内部审计业务模板格式，规范内部审计业务工作；组织45个内部审计单位、58名内审业务人员在县内开展业务规范培训，组织内部审计机构参加重庆市内审协会组织的8项培训计71人次。 （撰稿人：黄绍珉）

【巫溪县审计局】 2016年，巫溪县审计局人员编制31人，实有25人。局长冉立新，副局长许建川、童清沛、谭清泉，纪检组长姚谊厚（12月—），经济责任审计工作联席会议办公室主任冉文宁，副调研员万学明。设有办公室、综合法规科、财政金融审计科、行政事业审计科、固定资产投资审计科、经济责任审计科；下设审计中心。

审计成果 2016年，巫溪县审计局完成审计项目69个，其中组织实施审计项目63个，参与实施审计项目6个。查出主要问题金额38.19亿元，其中违规金额1.96亿元、损失浪费金额91万元、管理不规范金额36.21亿元；损益（收支）不实金额1.09亿元；审计处理处罚金额21.63亿元，其中应上缴财政1.87亿元、应归还原渠道资金1.11亿元、应调账处理金额18.65亿元；审计发现非金额计量问题210个；审计促进整改落实有关问题金额21.36亿元，其中增收节支2.81亿元、已调账处理金额18.55亿元。移送司法机关、纪检监察机关和有关部门处理事项40件，涉及9人、金额3.55亿元。出具审计报告和专项审计调查报告69篇；提交审计信息4篇，被批示、采用4篇。提出审计建议193条，被采纳193条。

2016年，巫溪县审计局获得重庆市2016年度综合目标考核一等奖；被重庆市人民政府法制办、重庆市人力资源社会保障局评为重庆市依法行政先进单位。巫溪县卫生和计划生育委员会主任任期经济责任暨单位财政财务收支审计项目被重庆市审计局评为优良项目，2016年重大政策措施落实情况跟踪审计项目获得重庆市审计局统一组织审计项目优秀项目。

国家重大政策措施贯彻落实跟踪审计 抽查单位53个，抽查项目69个，发现问题25个，涉及资金3.94亿元。

财政审计 完成2015年度预算执行和编制决算（草案）情况和2015年度税收预算执行情况审计。

经济责任审计 开展20个部门、25名党政领导干部任期经济责任审计，对领导干部履行任期内经济责任进行客观评价。移送案件线索7件。

固定资产投资审计 完成政府投资审计项目115个，项目送审金额7.27亿元，审定金额6.55亿元，审减7154万元，审减率9.8%。移送问题线索25件。其中，巫溪县审计局出具审计报告30篇，审减结算金额4974万元，审减率8.9%。

民生资金（项目）审计 完成2015年度保障

性安居工程审计，参与审计2015年度财政扶贫资金审计、2015年度全国医疗保险基金审计项目。

企业审计 完成薯光农业科技开发有限公司和巫溪县教育建筑工程公司资产负债损益审计、巫溪县信德资产运营有限责任公司董事长任期经济责任审计。

专项资金审计 完成2015年度全县国有企业资产管理情况审计调查、2014年至2015年卫生计生重点专项资金审计。

信息化建设 制订《信息化建设方案》，建成大数据分析室、财政预算执行审计数据平台，建立数据分析模型320个。

相关工作 开展“两学一做”学习教育，做到集中学习与自学、查找问题与及时整改、“两学一做”与促进审计工作、“两学一做”与脱贫攻坚相结合。开展3次专题讨论，安排5次党课，召开组织生活会、民主生活会。

内部审计 巫溪县部门、单位成立内部审计机构110个，配备内部审计人员242人（其中专职人员为37人）。完成审计项目587个，审计总金额23.61亿元，促进增收节支5038万元，提出审计建议294条。（撰稿人：曾　婧）

【石柱土家族自治县审计局】 2016年，石柱土家族自治县审计局人员编制31人，实有27人。局长张平，副局长向前、廖俊忠，纪检组长谭生钊，经济责任审计工作联席会议办公室主任谭春林，审计中心主任王金宁。设有机构办公室、政策法规科、经济责任审计科、行政事业审计科、财政金融审计科、基建经贸外资审计科、内部审计指导科；下设石柱土家族自治县审计中心。

审计成果 2016年，石柱县审计局完成审计项目432个，其中组织实施审计项目422个，参与实施审计项目10个。查出主要问题金额29.89亿元，其中违规金额19.18亿元、管理不规范金额10.70亿元；审计处理处罚金额26.48亿元，其中应上缴财政5.65亿元、应减少财政拨款或补贴11万元、应归还原渠道资金13.50亿元、应调账处理金额7.33亿元；审计发现非金额计量问题42个；审计促进整改落实有关问题金额22.00亿元，其中增收节支14.68亿元、已调账处理金额7.31亿元。移送司法机关、纪检监察机关和有关部门处理事项10件，涉及44人、金额922万元。出具审计报告和专项审计调查报告445篇，被批示、采用59篇（次）；提交审计信息17篇，被批示、采用34篇（次）。提出审计建议374条，被采纳359条。向社会公告审计结果1篇。

2016年，石柱县审计局获得重庆市审计综合考核一等奖；获得县委、县政府记集体三等功。2016年重大政策措施跟踪审计项目和2015年扶贫资金管理使用项目获得重庆审计局优秀项目表彰。

国家重大政策措施贯彻落实跟踪审计 开展重大政策措施跟踪审计8次，涉及行政审批等14个方面，市级重大建设项目1个，抽审41个部门、22个乡镇、4个企业及28个项目，涉及资金50.52亿元，其中财政资金10.60亿元。审计发现问题33个，移送县纪委案件1件，已处理1件。通过审计促进政府及单位完善制度10项。

财政审计 开展2015年石柱县财政预算管理及决算草案情况审计，对县林业局等8个县级部门开展预算执行和财政财务收支情况审计，揭示预算制度执行不规范、资金使用不规范、财经制度执行不到位、内部管理不规范等4个问题。

经济责任审计 开展10个单位21名领导干部的经济责任审计，查出问题金额2.63亿元，其中违规金额829万元、管理不规范金额2.55亿元。

固定资产投资审计 完成农村道路通畅工程等13类共计408个项目的结算审计，投资金额16.92亿元，审减金额2.17亿元，审减率12.85%。

民生资金（项目）审计 审计2015年用于专项扶贫等民生资金25.92亿元，城镇安居工程和农村危房改造资金6932万元。审计发现56个家庭违规享受住房保障待遇，208户应退未退继续享受住房保障待遇，77户保障对象未按期缴纳廉租房租金。

专项资金审计 对石柱县本级2015年预算安排的现代农业发展、旅游发展、城市建设维护、工业发展等四项切块资金进行审计，资金总额1.20亿元。审计发现项目计划针对性不强、资金安排分散、资金监管不到位以及项目实施缓慢等主要问题。

交办任务　全面完成县审计局机关人财物统一管理改革的机构编制及经费划转市级工作。

信息化建设　建成财政及部门预算执行审计数据分析平台，县政府行文规范财务、业务数据的采集、存贮、管理及查询规程，将财政预算执行等相关数据，录入数据库存贮，尝试和探索运用数字化审计。

内部审计　全县部门单位设有内部审计机构87个，配备专兼职人员226人。开展2轮12人次实战演练培训，完成审计项目59个，审计总金额11.41亿元，促进增收节支271万元。提出审计建议238条，被采纳226条。（撰稿人：李云泉）

【秀山土家族苗族自治县审计局】　2016年，秀山土家族苗族自治县审计局人员编制35人，实有27人。局长雷天军，副局长余秀祥、刘军、张玉芬，纪检组长杨诚。设有办公室、法规科、行政事业审计科、财政金融审计科、经贸外资审计科、经济责任审计科、固定资产投资审计科、审计中心、固定资产投资审计中心。

审计成果　2016年，秀山土家族苗族自治县审计局完成审计项目121个，其中组织实施审计项目113个，参与实施项目审计8个。查出主要问题金额165.54亿元，其中违规金额3.16亿元、损失浪费金额330万元、管理不规范金额162.34亿元；损益不实金额4567万元；审计处理处罚金额152.24亿元，其中应上缴财政2.29亿元、应归还原渠道资金11.85亿元，应调账处理金额138.09亿元；审计发现非金额计量问题117个；审计促进整改落实有关问题金额148.11亿元，其中增收节支13.97亿元。移送有关部门处理事项1件。出具审计报告和专项审计调查报告117篇，被批示、采用58篇；提交审计信息92篇，被批示、采用39篇。提出审计建议331条。向社会公告审计结果2篇。

国家重大政策措施贯彻落实跟踪审计　重点审计稳增长等政策措施和简政放权、“三去一降一补”、民生实事执行情况，抽查36个部门、2个街道、2个社区、21个企业、135个项目，揭示违规进行投资审批、部分单位简政放权政策措施执行不到位等问题。县委、县政府要求相关单位按照审计报告严肃整改。

财政审计　审计9个单位，查出主要问题金额13.84亿元，针对存在的问题提出审计意见和建议35条。

经济责任审计　完成8名主要领导干部任期经济责任审计，查出主要问题金额3.86亿元。通过审计，强化对领导干部执行财经纪律的监督，为干部监督管理部门提供考核、评价、监督和使用的参考依据。

固定资产投资审计　完成基本建设项目审计100个，审计政府投资14.73亿元，核减工程价款2.16亿元。对10个重点项目实施跟踪审计。

民生资金（项目）审计　开展民生资金审计项目2个，查出挤占挪用、损失浪费等问题，提出强化资金管理、提高资金使用效益等审计建议。

企业审计　完成国有企业审计7个，揭示企业在经营管理、重大经济决策中的问题，为推进国企改革提供决策依据。

信息化建设　建成县财政及部门预算执行审计数据分析系统，建立数据定期报送机制，采集113个单位数据428G。

内部审计　秀山县部门、单位设立内部审计机构50个，配备内部审计人员182人，其中专职审计人员42人。各内部审计机构完成审计项目581个，提出审计建议926条，促进增收节支1.71亿元。（撰稿人：侯少宏）

【酉阳土家族苗族自治县审计局】　2016年，酉阳土家族苗族自治县审计局（以下简称酉阳县审计局）人员编制39人，实有34人。局长张鹰，副局长冉鹏霜、倪亚梅（11月—），纪检组长梁胜举，副调研员田维君（8月—）。设有办公室、法规科、行政事业审计科、财政金融审计科、经济责任审计科、投资审计科；下设酉阳土家族苗族自治县审计中心。

审计成果　2016年，酉阳县审计局完成审计项目90个，其中组织实施审计项目85个，参与实施审计项目5个。查出主要问题金额59.22亿元，其中违规金额873万元、管理不规范金额59.13亿元；损益（收支）不实金额1006万元；审计处理处罚金额15.02亿元，其中应上缴财政7.76亿元、应减少财政拨款或补贴1410万元、应归还原渠道资金6226万元、应调账处理金额

6.49 亿元；审计发现非金额计量问题 65 个；审计促进整改落实有关问题金额 9.75 亿元，其中增收节支 3.24 亿元、已调账处理金额 6.49 亿元；审计促进拨付资金到位 3732 万元；审计后挽回（避免）损失 4.94 亿元。移送司法机关、纪检监察机关和有关部门处理事项 5 件，涉及 5 人、金额 94 万元。出具审计报告和专项审计调查报告 87 篇，被批示、采用 1 篇；提交审计信息 1 篇，被批示、采用 1 篇。提出审计建议 196 条，被采纳 196 条。

2016 年，酉阳县审计局获得酉阳县委表彰，被评为扶贫先进集体荣誉称号。

国家重大政策措施贯彻落实跟踪审计 实施酉阳县 4 个季度的重大政策跟踪审计，涉及 32 个部门、16 个单位、37 个项目，涉及资金 4.10 亿元。

财政审计 实施县财政局、县地税局、县城乡建委、县经信委、县安监局、县国土房管局、县环保局、县人力社保局等 8 个重点部门预算执行审计，查出问题金额 52.86 亿元。出具审计报告 8 篇。

经济责任审计 实施 19 名党政领导干部的经济责任审计，查出问题金额 1.25 亿元。出具审计报告 11 篇。

固定资产投资审计 完成固定资产投资审计项目 65 个，查出问题金额 4.95 亿元。出具审计报告 65 篇。

专项资金审计 实施县 2014—2015 年度卫生计生重点专项资金审计，参与丰都县发展改革委重点建设项目管理及 2015 年度财政财务收支审计工作，查出问题金额 1182 万元。

信息化建设 启动酉阳县财政暨部门预算执行审计数据分析平台建设，开发行业数字化审计子系统，构建审计模型。

相关工作 严格遵守“一岗双责”、双重组织生活、重大事项报告等制度；发挥党支部作用，开展“三会一课”等组织生活。落实从严治党主体责任，执行中央八项规定精神、审计“八不准”工作纪律，严格执纪问责。注重业务培训，提升职工的专业技能，截至 2016 年底已有 19 人取得中级审计师、会计师、建造师资格。

（撰稿人：冉承平　吴昱彤）

【彭水苗族土家族自治县审计局】 2016 年，彭水苗族土家族自治县审计局人员编制 31 人，实有 27 人。局长张和奎，副局长廖建华、尤文锋、李昕屿（5 月—），纪检组长陈敬蓉（—11 月），副调研员陈敬蓉（11 月—）。设有办公室、经责审计科、财政金融审计科、投资审计科、行政事业审计科；下设审计中心。

审计成果 2016 年，彭水苗族土家族自治县审计局完成审计项目 82 个，其中组织实施审计项目 78 个，参与实施审计项目 4 个。查出主要问题金额 119.84 亿元，其中违规金额 33.52 亿元、损失浪费金额 1.61 亿元、管理不规范金额 84.71 亿元；损益（收支）不实金额 978 万元；审计处理处罚金额 37.71 亿元，其中应上缴财政 4.11 亿元、应减少财政拨款或补贴 1.62 亿元、应归还原渠道资金 23.00 亿元、应调账处理金额 8.98 亿元；审计发现非金额计量问题 35 个；审计促进整改落实有关问题金额 14.95 亿元，其中增收节支 10.68 亿元、已调账处理金额 4.27 亿元；审计后挽回（避免）损失 7392 万元。移送司法机关、纪检监察机关和有关部门处理事项 19 件，涉及 65 人、金额 4336 万元。出具审计报告和专项审计调查报告 83 篇，被批示、采用 46 篇；提交审计信息 67 篇，被批示、采用 32 篇。提出审计建议 222 条，被采纳 212 条。向社会公告审计结果 2 篇。

2016 年，彭水苗族土家族自治县审计局获得重庆市审计局综合目标考核二等奖表彰；被评为彭水县财税审计、国土房管、城乡规划等工作先进集体荣誉称号。

国家重大政策措施贯彻落实跟踪审计 开展对重大政策措施贯彻落实情况跟踪审计，抽查全县部门单位 34 个，发现各部门在贯彻落实国家重大政策措施方面存在的问题 10 个。提交审计结果通知书 10 份。

财政审计 对县财政局、县地税局 2015 年度本级预算执行情况开展审计；完成对县人力社保局、县统计局、县扶贫办等 19 个部门的预算执行审计；整合审计力量，与经济责任审计同步开展，完成县城乡建委、高谷镇、走马乡等 8 个部门（乡镇）的决算审计。

经济责任审计 受县委组织部委托，对全县

13个单位的23名主要领导干部开展经济责任审计，查出主要问题金额4.31亿元，其中违规金额1.85亿元、损失浪费金额644万元、管理不规范金额2.39亿元。

固定资产投资审计 完成投资项目审计35个，送审金额13.44亿元，核减金额2.60亿元，审减率达19.36%。针对审计发现的突出问题，从体制、机制和管理层面分析问题原因，提出针对性意见和建议，促进被审计单位提高管理水平。

企业审计 完成重庆市审计局统一组织的国有企业资产管理情况审计调查项目，审计对象涵盖县国资管理部门、县级部门的国有独资和国有资本占控股或主导地位的独立核算法人企业共41家，重点调查企业资产管理方式、经营状况、国有资本经营收益缴纳、企业融资规模及成本等情况，基本摸清全县国有企业家底和资产管理情况。

专项资金审计 完成2014—2015年度财政扶贫资金专项审计、2014—2015年度卫生计生重点专项资金审计，揭露财政资金收支管用中存在的突出问题，提出整改建议，涉嫌违纪违法问题已移送相关部门处理。

信息化建设 争取信息化建设资金，完成数据分析平台搭建，构建适合的数字化审计系统，正式投入使用。通过大数据审计，盘活存量资金2000万元，收缴应缴未缴财政收入419万元，促进税收入库1097万元。查出公务员违规经商办企业49人，清退重复领取工资津贴等涉及人员786人，退缴入库500万元。

内部审计 组织70名内部审计人员参加业务培训，指导完成全县296个行政村村级领导干部经济责任审计；会同政府督查室对县教委、福冠公司等14个部门单位的内部审计工作进行督查；开展内部审计工作考核评比，建立内部审计项目评优评先制度。 （撰稿人：黄迎梅）

【万盛经济开发区审计局】 2016年，万盛经济开发区审计局人员编制36人，实有20人。局长胡小成，副局长朱启学、唐勇、李曦。设有办公室、法制科、财政财务审计科、经济责任审计科、固定资产投资审计科；下设投资建设项目审计中心。

审计成果 2016年，万盛经济开发区审计局完成审计项目62个，其中组织实施审计项目54个，参与实施审计项目8个。查出主要问题金额23.81亿元，其中违规金额305万元、损失浪费金额3296万元、管理不规范金额23.45亿元；损益（收支）不实金额6.60亿元；审计处理处罚金额1.39亿元，其中应上缴财政179万元、应归还原渠道资金124万元、应调账处理金额1.36亿元；审计发现非金额计量问题80个；审计促进整改落实有关问题金额212万元，其中增收节支212万元；审计促进拨付资金到位1.86亿元；审计后挽回（避免）损失212万元。出具审计报告和专项审计调查报告62篇，被批示10篇；提交审计信息34篇，被批示、采用17篇。提出审计建议44条，被采纳30条。

国家重大政策措施贯彻落实跟踪审计 共提交3期审计报告，查出问题11个，查出管理不规范金额2.27亿元，整改金额1.46亿元，有效推动相关政策措施的贯彻落实。

财政审计 完成本级预算执行情况审计、区地税局2015年税收预算执行情况审计等3个审计项目。在对区地税局2015年税收预算执行情况审计中，坚持以问题为导向，运用数据比对分析等手段，查出某驾校少缴税款15万元，某建筑企业虚假出资1400万元。

经济责任审计 完成9名党政主要领导干部的经济责任审计，查出专项资金使用进度缓慢，公车运行、公务接待超预算等问题，涉及金额6552万元。提出审计建议10条。

固定资产投资审计 完成审计项目49个，共审计投资8.35亿元，审减1.16亿元，工程结算审减率13.87%。发现问题53个，提出审计建议29条。通过制发《国家投资建设项目未落实审计监督机制通报》，有效遏制施工单位虚报浮报结算等问题。

民生资金（项目）审计 开展保障性安居工程审计、财政扶贫资金审计，查出主要问题金额4919万元，其中违规金额174万元、管理不规范金额4745万元；审计处理处罚金额174万元，其中应上缴财政174万元，已上缴财政158万元；审计促进拨付资金到位3995万元。

企业审计 安排并实施企业审计项目3个，对摸清家底、揭示风险、发现问题、促进规范管理起到积极作用。整合内部审计、社会机构力量完成全区70多户国有企业的审计调查工作，为今后国有企业审计工作积累经验。

专项资金审计 实施2014—2016年度卫生计生重点专项资金就业创业资金审计等3个审计项目，重点关注专项资金的分配、拨付和使用情况，发现管理不规范金额681万元。

信息化建设 推进信息化硬件平台建设和数据采集分析系统建设，有序开展2016年财政及部门预算大数据审计。

内部审计 万盛经济开发区审计局指导区内24个单位设立内审科，审计总金额8588万元，促进增收节支12万元，提出审计管理建议并被采纳12条。

（撰稿人：张 敬）

【两江新区审计局】 2016年，两江新区审计局人员编制5人，实有5人。局长谢毅，副局长裴家勇（2月—）、盈德华、谢芳（4月—），调研员杨清惠。设有办公室、投资审计组、经责审计组、财务审计组和监督组。

审计成果 2016年，两江新区审计局完成审计项目30个，其中组织实施审计项目27个，参与实施审计项目3个。查出主要问题金额14.25亿元，其中违规金额9588万元、管理不规范金额13.29亿元；损益（收支）不实金额1246万元；审计处理处罚金额10.71亿元，其中应上缴财政7.35亿元、应减少财政拨款或补贴1.79亿元、应归还原渠道资金4298万元、应调账处理金额1.15亿元；审计发现非金额计量问题68个；审计促进整改落实有关问题金额10.74亿元，其中增收节支9.57亿元、已调账处理金额1.15亿元；审计后挽回（避免）损失113万元。移送司法机关、纪检监察机关和有关部门处理事项1件，涉及3人、金额23.5万元。出具审计报告和专项审计调查报告30篇，被批示、采用30篇；提交审计信息24篇，被批示、采用25篇（次）。提出审计建议128条，被采纳128条。

2016年，两江新区审计局获重庆市审计局综合目标考核二等奖。

国家重大政策措施贯彻落实跟踪审计 年内对“降成本”、政府债券资金使用、减轻企业负担等重大政策措施落实情况，以及两江新区水土片区冷热网等3个重大项目建设推进情况进行跟踪审计，抽查34个单位（项目），涉及财政资金106.04亿元。审计发现的3个问题均全部整改到位。

财政审计 完成预算执行审计项目5个，查出问题金额4496万元，发现基本建设已决算项目未纳入资产管理等问题51个，提出审计建议27条，下达审计决定1项，上缴财政569万元。完成国有企业财务收支审计项目2个，发现产权关系不明确等问题23个，提出加强国有资产风险管控等审计建议11条。实施财政存量资金审计，审计促进整改落实有关问题金额7.05亿元。

经济责任审计 完成9名区管干部的经济责任审计。审计重点关注“三公”经费、民生实事、依法行政、廉政勤政等群众关心的问题，审计范围涵盖街道、机关事业单位及国有企业等多个行业，审计查出问题金额6164万元，发现预算超支等问题130个。提出规范国有资产管理等审计建议72条，下达审计决定2项，上缴财政1868万元。

固定资产投资审计 完成政府投资审计项目10个，送审金额46.17亿元，审定投资金额44.37亿元，审减金额1.80亿元，审减率3.90%。

（撰稿人：沈 玥）

2016年重庆市本级及所辖区、县(市)级审计工作统计表

金额单位:万元

审计机关	完成审计项目(个)	审计查出主要问题金额	审计处理情况					出具审计报告和审计调查报告(篇)	提出审计建议(条)	提交审计信息(篇)
			审计处理处罚				移送处理事项(件)			
			应上缴财政	应减少财政拨款或补贴	应归还原渠道资金	应调账处理金额				
重庆市本级	83	19917681	351098	6269	218276	201245	53	166	211	27
万州区审计局	91	1599002	244475		1367	28853	72	91	208	60
涪陵区审计局	114	1078182	52352	29665	18520	330997	33	114	236	177
渝中区审计局	76	928829	3532	505	15092	4744	7	76	78	24
大渡口区审计局	30	351612	6240		86344	6381	5	32	120	34
江北区审计局	100	1976486	17517		284151	109434	21	100	164	58
沙坪坝区审计局	32	405510	14136	78653	28	312691	2	31	102	92
九龙坡区审计局	158	339796	37865		669	36918	12	162	236	18
南岸区审计局	44	646347	3003	1526	69	1523		43	106	108
北碚区审计局	80	1022399	14645		1	11088	10	82	220	17
綦江区审计局	105	2471583	1160974	375	70252	18110	20	106	232	109
大足区审计局	146	366943	251629		25449	28514	3	146	270	24
渝北区审计局	247	526086	15257		4430	126279	5	247	437	74
巴南区审计局	86	209961	6393		99021	29960	14	86	264	59
黔江区审计局	197	404513	14820		105971	24775	3	76	199	100
长寿区审计局	139	397866	9867		17020	16843	10	139	223	94
江津区审计局	219	410544	887		4441	20837		219	926	46
合川区审计局	101	386916	165123	10510	324	971	49	101	538	180
永川区审计局	167	1099955	99315		27901	699107	20	167	509	28
南川区审计局	128	269218	6605		1562	49102	5	125	212	71
璧山区审计局	135	1601062	341101		193	12418	6	135	204	139
铜梁区审计局	150	419787	195098		159	7382		150	227	78
潼南区审计局	352	532954	32764	20	11801	31285	7	354	258	36
荣昌区审计局	64	136636	27102		283	3747	2	69	234	12
开州区审计局	128	691817	61687	9883	12421	164821	41	128	230	6
梁平区审计局	124	636155	63590		330	30975	8	124	171	
武隆区审计局	58	277291	17828		52693	7113	2	63	192	28

（续表）

审计机关	完成审计项目（个）	审计查出主要问题金额	审计处理情况					出具审计报告和审计调查报告（篇）	提出审计建议（条）	提交审计信息（篇）
			审计处理处罚				移送处理事项（件）			
			应上缴财政	应减少财政拨款或补贴	应归还原渠道资金	应调账处理金额				
城口县审计局	60	305056	11342		3816	10558	1	60	172	
丰都县审计局	188	333109	69295	45	3581	12459	7	188	71	125
垫江县审计局	104	207499	139073		10597	8656	6	98	361	65
忠县审计局	370	883841	330279		146462	28535	11	371	927	43
云阳县审计局	50	628660	71606	6371	188160	204	6	48	169	61
奉节县审计局	61	141494	2382		4373	7726	11	61	177	10
巫山县审计局	62	204605	5322	4024	881		10	62	164	59
巫溪县审计局	69	381858	18700		11067	186514	40	69	193	4
石柱土家族自治县审计局	432	298889	56542	11	135022	73257	10	445	374	17
秀山土家族苗族自治县审计局	121	1655377	22855		118503	1380882	1	117	331	92
酉阳土家族苗族自治县审计局	90	592188	77607	1410	6226	64913	5	87	196	1
彭水苗族土家族自治县审计局	82	1198361	41082	16238	229970	89797	19	83	222	67
万盛经开区审计局	62	238111	179		124	13573		62	44	34
两江新区审计局	30	142469	73461	17866	4298	11511	1	30	128	24

四川省

【四川省审计厅】 2016 年，四川省审计厅人员编制 248 人（含事业编制 69 人），实有 215 人（含事业人员 43 人）。设有办公室、综合与计划管理处、法规处、内部审计监督指导处（审计执行督查处）、电子数据审计处、财政审计处、行政政法审计处、教科文卫审计处、农业与资源环保审计处、固定资产投资审计处、企业与金融审计处、社会保障审计处、外资运用审计处、经济责任审计处、人事处、离退休人员工作处；并按省委有关规定设有机关党办，派驻机构——驻厅纪检组，下设直属审计局、四川省审计科学研究所、机关服务中心（省审计干部培训中心）、计算机技术中心、政府投资审计中心。

领导成员

厅　　长：黄　河

副 厅 长：杨书军（—8 月）　蔡文强
唐　萍　陶志伟　廖代永
戴华虎（6 月—）

总审计师：康东进（2 月—）

纪检组长：曹晓雪

机关党委书记：陈代勇

副巡视员：杜华国　青　敏
胡　晓（7 月—）

纪检组副组长、监察室主任：
曾永生（1 月—）

审计成果　2016 年，四川省审计机关完成审计项目 9567 个。查出主要问题金额 3461.45 亿元，其中违规金额 215.89 亿元、损失浪费金额

2.80亿元、管理不规范金额3242.76亿元；损益（收支）不实金额107.12亿元；审计处理处罚金额586.19亿元，其中应上缴财政94.98亿元、应减少财政拨款或补贴47.61亿元、应归还原渠道资金132.27亿元、应调账处理金额184.61亿元；审计发现非金额计量问题318878个；审计促进整改落实有关问题金额371.23亿元，其中增收节支174.69亿元、已调账处理金额120.91亿元；审计促进拨付资金到位29.02亿元；审计后挽回（避免）损失77.38亿元。移送司法机关、纪检监察机关和有关部门处理事项569件，涉及570人、金额28.59亿元。出具审计报告和专项审计调查报告9996篇，被批示、采用280篇；提交审计信息4313篇，被批示、采用2360篇。提出审计建议20311条，被采纳15785条；推动完善规章制度226项。向社会公告审计结果926篇。

国家重大政策措施贯彻落实跟踪审计 先后组织4000多人次，对重大项目和脱贫攻坚、简政放权等政策措施落实情况开展跟踪审计，按季形成审计报告和要情专报，揭示问题，提出对策，推动整改落实、政策落地，在稳增长促改革调结构惠民生防风险等方面发挥较好的监督保障作用。

财政审计 对59个省级单位开展部门预算执行审计和决算草案审签，组织对产业发展、投资引导等资金和20个市（州）、139个县税收征管情况进行专项审计，扩大对一般公共预算和政府性基金、国有资本经营、社会保险基金预算执行情况的审计覆盖面，促进提高财政管理水平、深化财政改革、健全税收征管机制。省级预算执行审计项目更好地对接省人大监督工作的需要，其常委会组成人员认为，审计敢于讲真话实话，敢于较真碰硬，体现严肃、认真、负责的态度，对审计工作表示满意。

经济责任审计 对1426名党政领导干部和企业领导人员开展经济责任审计，首次将城乡规划执行情况纳入必审内容，采取授权市级审计机关“上审下”和“跨市交叉审”方式创新组织实施模式，进一步扩大经济责任审计覆盖范围，有效提升质量效率。首次由四川省政府办公厅通报领导干部履行经济责任方面的普遍性问题，经济责任审计在服务全面从严治党、推进反腐倡廉上的作用更加突显。

企业和金融审计 组织对四川产业振兴发展投资基金有限公司、四川华西集团有限责任公司董事长开展经济责任审计，对四川产业发展开展专项审计调查，以资本运营、重大投资、治理结构为审计重点，严肃查处利益输送、失职渎职等问题，促进健全国有资本监管制度。组织对15家农村信用合作社资产负债损益开展审计，防范地方金融风险和财政风险。

农业与资源环保审计 组织对绵阳、广元、遂宁、南充、达州、巴中、资阳7个市本级及所辖45个县（市、区）和简阳市水污染防治资金进行专项审计，在广元市、广元市昭化区、成都市大邑县开展领导干部自然资源资产离任审计试点，制订出台《四川省领导干部自然资源资产离任审计试点实施方案》。省审计厅直接审计的项目查出问题金额4.78亿元。出具审计报告、审计综合报告等5篇。提出并被采纳审计建议13条，省领导批示2件。

固定资产投资审计 全省审计政府投资项目5429个，核减投资额92.22亿元，加强对重点建设项目的跟踪审计和竣工决算的审计，突出对参建单位履职尽责情况的监督，加大违法违规问题追责力度。继续对环境资源保护、基础设施建设等领域利用外资情况实施公证审计，促进提高外资运用绩效。

民生资金（项目）审计 组织对大小凉山彝区财政扶贫资金和88个贫困县易地扶贫搬迁、地质灾害避险搬迁专项资金进行审计，对20个市（州）本级、175个县（市、区）保障性安居工程进行跟踪审计，开展基本医疗保险基金、医疗救助资金审计和水污染防治专项资金审计。审计对套取骗取扶贫资金、民营医院骗保、危害环境安全等问题进行严肃查处，推动精准扶贫、民生保障、资源环境保护等政策落实。继续抓好芦山地震、康定地震灾后恢复重建跟踪审计，推动阳光重建、廉洁重建、高效重建。

外资运用审计 完成审计署授权的国外贷援款公证审计项目7个，港澳援助项目竣工决算审计项目1个。出具审计报告和专项审计调查报告12篇；提交审计信息9篇。提出审计建议23条。向社会公告审计结果9篇。审计查出主要问题金额7083万元，其中违规金额40万元、管理不规范金额7043万元；审计发现非金额计量问题27个；审计处理处罚金额286万元；审计促进整改落实有关问题资金25万元。在对中德财政合作四川森林可持续经营项目审计中发现两个林场未按贷款协定的规定确定劳务队伍的问题并移送纪委监察机关进一步查处，两个林场的负责人分别受到撤职、降级和行政记过处分。

交办任务 制订并提请四川省委办公厅、四川省人民政府办公厅出台《四川省贯彻〈关于完善审计制度若干重大问题的框架意见〉的实施方案》，推动中央关于完善审计制度的各项改革举措在四川省全面落实。按照中纪委调查组和省纪委要求，先后承办专案和协助调查等10余件，参加落实中央和省委改进工作作风、密切联系群众有关规定执行情况，切实解决乱发钱物、"小金库"等专项检查20次，抽派30余人次参与纪委办案工作。

信息化建设 推进以大数据运用为核心的审计信息化建设，加快构建审计大数据中心，依托省级财政、地税等联网审计系统探索省市县三级共享的数字化审计平台，拓展关联数据分析的运用范围和深度，利用地理信息系统（GIS）技术开展自然资源资产离任审计试点。

相关工作 围绕"两学一做"学习教育开展"适应新形势，践行新理念，更好发挥审计监督职能"和"合格党员具体标准、不合格党员具体表现"大讨论。坚持围绕业务抓党建，抓好党建促业务，强化政治理论学习和思想政治工作，严肃党内政治生活，强化党内监督，引导审计人员进一步坚定理想信念、提高党性觉悟、牢固树立"四个意识"，不忘初心，当干事先锋。构建具有审计特色的惩防体系，严格执行廉洁从审规章制度，督促审计人员严守政治纪律和政治规矩。建立以职位为基础、职责为中心、业务能力为标准、工作实绩为导向的考核制度，把政治强、业务精、作风优、纪律严的优秀干部选出来用起来。组织开展"能力提升年"活动，加强上挂下派、轮岗交流、实战培训，办好"审计大讲堂"和能力提高班、专业拓展班、基本技能班，提高全省审计队伍的实战能力、综合素质。

内部审计 代省政府向省人大常委会提交《四川省内部审计条例贯彻落实情况报告》。根据省委、省政府全面深化改革工作台账和省人大审议意见，研究出台《四川省人民政府办公厅关于进一步加强和改进内部审计工作的意见》，提出7个方面的改进办法和措施，为促进四川省内部审计制度体系建设进一步健全完善，推动全省内部审计工作开展奠定良好基础。

（撰稿人：董　华　李　历）

【成都市审计局】 2016年，成都市审计局人员编制152人，实有137人。局长曾军，副局长古建桥（—10月）、李永平（9月—）、何敏、葛云伦、曾京（—8月），总审计师邓勉，纪检组长夏邦林，机关党委书记蒲元和，成都市经济责任审计局局长张树权。设有办公室、法规处、财政审计处、行政政法审计处、教科文卫审计处、农业与资源环保审计处、固定资产投资审计处、企业与金融审计处、社会保障审计处、综合与计划管理处、电子数据审计处、内部审计监督指导处、政策跟踪审计处、人事处、市纪委（市监察局）派驻市审计局纪检组（监察室）；下设成都市经济责任审计局（设有经济责任审计局一处、经济责任审计局二处、经济责任审计局三处）、成都市政府投资审计中心。

审计成果 2016年，成都市县两级审计机关共审计单位2092个。查出主要问题金额586.98亿元；审计后挽回（避免）损失24.42亿元；核减投资额29.09亿元。向纪检监察机关和有关部门移送问题线索72件，涉及50人、金额2.65亿元，已有9人受到党纪政纪处分，12人受到其他有关部门处理。出具审计（调查）报告2097篇。促进被审计单位根据审计建议制定整改措施266项，建立完善规章制度129项。

2016年，成都市审计局实施的郫县县委书记、县长任期经济责任审计项目被审计署评为全国表彰审计项目，被四川省审计厅评为四川省优秀审计项目。

国家重大政策措施贯彻落实跟踪审计 将财政专项资金、国有企业、重大政府投资项目列为对象，开展稳增长专项跟踪审计，揭示反映财政存量资金盘活、政府债务风险防控、重大项目建设等18个方面存在的问题。

财政审计 开展2015年度市县两级财政预算

执行、税收征管审计，以及对政府采购、“三公”经费等项目的审计监督。对194个单位的财政预决算情况进行审计，查出主要问题金额291.37亿元。

经济责任审计 完成278名领导干部的经济责任审计，查出违规金额38.15亿元、管理不规范金额199.24亿元。在大邑县开展领导干部自然资源资产离任审计试点。

固定资产投资审计 对18个重评项目、地铁5号线、天府国际机场等政府重大投资项目开展跟踪审计。共审计政府投资项目1584个，审计投资完成额306.6亿元，核减投资额29.09亿元。

民生资金（项目）审计 开展保障性安居工程、五城区“四改六治理”老旧院落改造、成都市基本医疗保险基金、村级公共服务和社会管理等审计项目，查出问题金额2.32亿元，发现问题线索54个。

信息化建设 研发审计现场管理绩效跟踪平台、现场管理系统APP。采集地税、社保、工商等重点行业领域电子数据20类，建立成都市审计局大数据分析室。

审计科研 2个课题中标入围四川省审计理论研究课题招标。在《中国审计》《现代审计》《中国审计报》等报纸杂志发表文章20余篇。

（撰稿人：王小青　刘仁福）

【自贡市审计局】 2016年，自贡市审计局人员编制52人，实有46人。局长何忠，副局长江鸿、张碧辉、赵嗣利，总审计师罗宏，纪检组长卢敏（—12月）。设有办公室、法制科、财政审计科、农业与资源环保（外资）审计科、经济责任审计科、企业审计科、基本建设投资审计科、行政事业审计科、电子数据审计科、监察室、组织人事科、机关党总支；下设自贡市政府投资审计中心。

审计成果 2016年，自贡市县两级审计机关完成审计项目464个。查出主要问题金额32.74亿元，其中违规金额4.49亿元、损失浪费金额98万元、管理不规范金额28.24亿元；损益（收支）不实金额3.92亿元；审计处理处罚金额29.97亿元，其中应上缴财政3.46亿元、应减少财政拨款或补贴2.81亿元、应归还原渠道资金10.37亿元、应调账处理金额8.04亿元；审计发现非金额计量问题127个；审计促进整改落实有关问题金额24.07亿元，其中增收节支14.15亿元、已调账处理金额5.81亿元；审计后挽回（避免）损失1.47亿元。移送司法机关、纪检监察机关和有关部门处理事项12件，涉及25人、金额470万元。出具审计报告和专项审计调查报告490篇；提交审计信息331篇。提出审计建议587条，被采纳419条。向社会公告审计结果29篇。

2016年，自贡市审计局被自贡市委、市政府评为党风廉政建设责任制考核优秀单位；被四川省审计厅评为全省审计工作绩效考核优秀单位；4个单项考评获得四川省审计厅优秀单项表彰。

国家重大政策措施贯彻落实跟踪审计 围绕中央和省市各项政策措施落实和重大项目建设落地开展跟踪审计，促进盘活各类财政资金2亿元。

财政审计 开展地方财政预、决算审计、税务审计和部门预算执行、行政事业审计项目104个。建立地税联网审计系统，积极尝试运用。

经济责任审计 开展48个部门（单位）领导干部经济责任审计。

固定资产投资审计 全年完成投资审计项目300个，核减投资额2.81亿元；出台《关于进一步加强和改进政府投资建设项目审计工作的通知》。

民生资金（项目）审计 完成农村饮水工程资金管理使用情况专项审计调查；开展城镇保障性安居工程、扶贫资金、医保基金等审计项目。

相关工作 以“两学一做”为载体抓党的建设，以完善机制制度抓审计质量建设，以审计能力提升抓队伍建设。开展自贡市内部审计工作摸底调研，形成调研报告。在《现代审计》上刊登文章8篇。

（撰稿人：杨　瑶）

【攀枝花市审计局】 2016年，攀枝花市审计局人员编制61人，实有47人。局长张雷，副局长程兴国、曾妍妍、汪沛川，总审计师顾民，纪检组长杨兆雄。设有12个职能科（室）、分局。

审计成果 2016年，攀枝花市县两级审计机关完成审计项目及调查194个，其中审计项目175个、审计调查项目19个。查出违规金额5.26亿元、管理不规范金额51.10亿元；审计处理应上缴财政收入 5.22 亿元、应减少财政拨款和补贴 1.45 亿元、应归还原渠道资金 1.35 亿元、应缴纳其他资金 417 万元、应调账处理金额 30.24 亿元，核减工程投资 2.89 亿元；审计促进整改落实有关问题资金 36.88 亿元，其中增收节支 5.99 亿元、已缴纳其他资金 3105 万元、已调账处理金额 27.34 亿元。移送处理事项 4 件，移送处理金额 197 万元。出具审计报告和专项审计调查报告 196 篇，被批示、采用 28 篇。提交审计信息 293 篇，被批示、采用 77 篇。提出审计建议 581 条，被审计单位采纳 456 条。向社会公告审计结果 20 篇。

2016 年，攀枝花市审计局等联合实施的资阳市土地出让收支和耕地保护情况审计项目被审计署评为表彰项目。

财政审计 开展 38 个预算执行情况审计，查出违规金额 4.44 亿元、管理不规范金额 19.88 亿元。攀枝花市审计局受攀枝花市政府委托向攀枝花市人大常委会做审计工作报告及审计查出问题整改情况的报告，通过大会的审议。

经济责任审计 完成经济责任审计项目 48 个，查出违规金额 223 万元、管理不规范金额 6075 万元。

固定资产投资审计 贯彻投资审计“转思路、转方式、转职能”的要求，通过审计核减投资额 2.89 亿元。

专项资金审计（调查） 组织攀枝花市本级和 5 个县（区）的城镇保障性安居工程跟踪审计，根据不同的重点事项，完成 4 个季度宏观政策措施落实情况的跟踪审计。对米易县、盐边县和仁和区 2014 年至 2016 年 6 月精准扶贫政策贯彻落实情况开展审计调查。（撰稿人：胡昌惠）

【泸州市审计局】 2016 年，泸州市审计局人员编制 72 人，实有 60 人。局长靳地胜（—9 月）、龚百川（9 月—），副局长殷廷彪（—10 月）、叶青（—2 月）、宋革会、温水源，总审计师毛能均，纪检组长李发扬，机关党委书记古刚，泸州市审计局经济责任审计分局局长周刁兵。设有办公室、法规科、内部审计监督指导科、审计执行督查科、财政审计科、行政事业审计科、农业外资审计科、固定资产投资审计科、金融审计科、企业审计科、社会保障审计科、人事科、监察室、计算机技术中心、泸州市审计局经济责任审计分局、泸州市政府投资审计服务中心；下设经济责任审计分局、泸州市政府投资审计服务中心和计算机技术中心。

审计成果 2016 年，泸州市县两级审计机关完成审计项目 180 个。查出主要问题金额 97.30 亿元，其中违规金额 1.64 亿元、损失浪费金额 548.9 万元、管理不规范金额 95.60 亿元；损益（收支）不实金额 6.63 亿元；审计处理处罚金额 12.02 亿元，其中应上缴财政 6525 万元、应减少财政拨款或补贴 9072 万元、应归还原渠道资金 5665 万元、应调账处理金额 1.60 亿元；审计发现非金额计量问题 143 个；审计促进整改落实有关问题金额 10.52 亿元，其中增收节支 1.54 亿元、已调账处理金额 1.40 亿元；审计促进拨付资金到位 129 万元；审计后挽回（避免）损失 9441 万元。移送司法机关、纪检监察机关和有关部门处理事项 26 件，涉及 29 人、金额 1.09 亿元。出具审计报告和专项审计调查报告 195 篇，被批示、采用 17 篇；提交审计信息 166 篇，被批示、采用 66 篇。提出审计建议 538 条，被采纳 352 条；推动完善规章制度 9 项。向社会公告审计结果 74 篇。

2016 年，泸州市审计局 2016 年度审计业务工作绩效考核被评为四川省优秀单位。泸州市审计局实施的乌蒙山片区财政专项扶贫资金审计项目被审计署评为表彰项目，被四川省审计厅评为优秀审计项目。扶贫资金审计、保障性安居工程跟踪审计等 4 个单项工作被四川省审计厅评为优秀。

国家重大政策措施贯彻落实跟踪审计 以项目落地、资金保障、简政放权、政策落实、风险防范为抓手，突出“三去一降一补”五大重点任务，持续开展跟踪审计，推动 16 个项目加快实施进度、加强建设管理，促进收回结转结余资金 4.85 亿元、加快财政资金分配下达 1.86 亿元。

财政审计 完成审计和调查项目 88 个，其中财政预算执行审计 57 个、财政决算审计 14 个、行政事业审计 17 个，查出主要问题金额 86.43 亿元。

经济责任审计 对 48 名党政领导干部和国有企事业单位领导人员开展经济责任审计，查出主要问题金额 3.95 亿元。

固定资产投资审计 完成计划内投资审计项目 46 个，核减投资额（工程款）1.30 亿元。

民生资金（项目）审计 完成民生审计项目 12 个，查处“小官贪腐”等发生在群众身边的违法违纪问题，查出主要问题金额 6.68 亿元。

信息化建设 推进以大数据运用为核心的审计信息化建设，提高运用信息化技术查核问题、评价判断、宏观分析的能力。以市政府办公室名义印发《泸州市联网审计监督办法（试行）》。1 篇计算机审计案例获四川省审计厅优秀奖。

内部审计 加强内部审计工作指导服务，促进健全内部审计机构，完善内部审计制度，强化内部审计职能。泸州市内部审计协会被泸州市社科联评为优秀协会。（撰稿人：先春平）

【德阳市审计局】 2016 年，德阳市审计局人员编制 75 人，实有 66 人。局长向庆田，副局长张泽琴、李晖、杨龙虎，总审计师唐绍银，纪检组长段存林，机关党委书记余锡贵。设有办公室、政工人事科、监察室、政策法规科（内审社审监督指导科）、财政审计科、行政事业和社保审计科、农业和外资审计科、金融和企业审计科、投资审计科、经济责任审计分局、政府投资审计中心、审计信息管理中心。

审计成果 2016 年，德阳市县两级审计机关完成审计项目 414 个。查出主要问题金额 134.13 亿元，其中违规金额 5.37 亿元、损失浪费金额 1004 万元、管理不规范金额 121.52 亿元；审计处理处罚金额 14.45 亿元，其中应上缴财政 3.80 亿元、应减少财政拨款或补贴 7514 万元、应归还原渠道资金 1.62 亿元、应缴纳其他资金 1877 万元、应调账处理金额 8.09 亿元；审计促进整改落实有关问题资金 10.95 亿元，其中增收节支 4.92 亿元、已缴纳其他资金 1755 万元、已调账处理金额 5.81 亿元；审计促进拨付资金到位 6519 万元；审计后挽回（避免）损失 2.24 亿元。移送司法机关、纪检监察机关和有关部门处理事项 11 件。出具审计专题、综合性报告 33 篇，被批示、采用 34 篇；提交审计信息 361 篇，被批示、采用 266 篇。提出审计建议 743 条，被采纳 627 条。向社会公告审计结果 26 篇。

国家重大政策措施贯彻落实跟踪审计 组织实施政策措施落实情况跟踪审计，先后投入 325 人次、现场工作量达 5996 天次，抽查项目 388 个，抽查资金 287.20 亿元。德阳市审计局对 19 个市级部门（单位）执行中央八项规定精神情况开展专项审计调查。

财政审计 完成财政预算执行审计项目 8 个、财政决算审计项目 30 个、部门单位 2015 年度预算执行情况审计 28 个。德阳市审计局首次对德阳市纪委机关（监察局）、市委组织部、市委宣传部开展预算执行审计。

经济责任审计 对 74 名领导干部实施经济责任审计，其中党政主要领导 26 人，查出主要问题金额 9.93 亿元。德阳市审计局首次对“四大班子”办公室主任开展经济责任审计。

固定资产投资审计 对 1615 个政府投资项目进行竣工决（结）算审计，审减金额 3.62 亿元。对 69 个项目进行跟踪审计。

专项资金审计 完成 2015 年度城镇保障性安居工程跟踪审计、基本医疗保险基金审计等项目。完成交办、配合任务 114 个。（撰稿人：王建国）

【绵阳市审计局】 2016 年，绵阳市审计局人员编制 92 人，实有 73 人。局长王刚（1 月—），副局长郭兴林（—11 月）、张勇、冯庆友，总审计师康运金，纪检组长杜桢荣（—8 月），机关党委书记曹蓉，绵阳市园区经济审计局局长何渝，绵阳市经济责任审计局局长刘厚伟。设有办公室、法规科、内部审计监督指导科、财政审计科、行政事业审计科、农业与资源环保审计科、固定资产投资与外资运用审计科、金融与社会保障审计科、企业审计科、人事科；下设市园区经济审计局、市经济责任审计局、绵阳市审计信息中心。

审计成果 2016 年，绵阳市县两级审计机关完成审计项目 656 个。查出主要问题金额 101.48 亿元，其中违规金额 1.25 亿元、管理不规范金额 100.23 亿元；审计发现非金额计量问题 608 个；核减投资额 9.36 亿元；审计已上缴财政 1.17 亿元、已减少财政拨款或补贴 9.36 亿元、已归还原渠道资金 6714 万元、已调账处理金额 1.39 亿元；挽回避免损失 9.37 亿元。移送司法、纪检监察机关和有关部门处理事件 40 件。

国家重大政策措施贯彻落实跟踪审计 派出审计人员 255 人次，抽查全市 155 个省、市重点项目推进和完成情况，查出违规金额 3.88 亿元。对绵阳市本级和 9 个县市区 2016 年保障性安居工程进行跟踪审计，检查 2012 年至 2015 年跟踪审计发现的问题整改情况，调查项目 39 个、居（村）委会 276 个和家庭 475 户，审计资金 64.73 亿元，发现问题 125 个，涉及问题项目 52 个、管理不规范金额 10.97 亿元、保障对象 7068 户、保障性住房 21951 套，提出审计建议 37 条。

财政审计 完成预算执行审计项目 99 个，延伸审计部门单位 126 个，查出管理不规范金额 51.14 亿元。结合预算执行审计、决算草案审签、经济责任审计等项目审计，对绵阳市 76 个党政机关、事业单位的公务支出和公款消费情况进行审计检查。

固定资产投资审计 对 472 个政府投资项目进行审计，送审投资额 95.95 亿元，审减投资 10.83 亿元，审减率为 11.29%。完成欧洲投资银行优惠紧急贷款灾后重建武引沉抗水库灌区配套工程外资项目的竣工决算审计；完成世界银行优惠紧急贷款游仙区城镇基础设施灾后恢复重建项目（第二批）松垭河堤工程和世界银行优惠紧急贷款涪城、游仙区城镇市政基础设施建设及卫生项目等 3 个外资项目的财务公证审计。

民生资金（项目）审计 对绵阳市本级和 9 个县市区 2011 年至 2015 年水污染资金进行审计，抽查水污染防治项目 140 个，对资金使用管理、项目建设进展、水环境污染存在的重大风险隐患、规划编制实施等方面存在的问题进行督促整改。对北川县、平武县 2014 年至 2015 年易地扶贫搬迁和地质灾害避险搬迁安置专项资金进行审计，延伸调查 13 个乡镇 87 个村，走访调查农户 413 户。对涪城区、游仙区 9 家医院医疗保险基金进行审计，查出问题 29 个，查出违法违规金额 1.15 亿元。提出审计建议 8 条。

经济责任审计 对 61 名领导干部开展经济责任审计，查出违规金额 752 万元、管理不规范金额 9.76 亿元，提出审计建议 188 条。

（撰稿人：杨馨皓）

【广元市审计局】 2016 年，广元市审计局人员编制 70 人，实有 67 人。局长陈勇（—11 月）、周杰（11 月—），副局长梁义兮、张焕良、昝鹏程，总审计师韩和林，纪检组长张华潼，广元市经济责任审计办公室主任王晓蓉，机关党委书记高明。设有办公室、法规科、内部审计监督指导科、经济责任审计科、财政审计科、行政事业审计科、农业与资源环保审计科、固定资产投资审计科、金融外资运用审计科、企业审计科、社会保障审计科、人事科、监察室、机关党委、直属审计分局、审计信息中心、投资审计中心。

审计成果 2016 年，广元市审计局完成审计项目 116 个，其中组织实施审计项目 85 个，参与实施审计项目 31 个。查出主要问题金额 24.56 亿元，其中违规金额 23 万元、损失浪费金额 41 万元、管理不规范金额 24.56 亿元；损益（收支）不实金额 1.96 亿元；审计处理处罚金额 3.46 亿元，其中应上缴财政 1.69 亿元、应减少财政拨款或补贴 1.46 亿元、应归还原渠道资金 2065 万元、应调账处理金额 1032 万元；审计发现非金额计量问题 104 个；审计促进整改落实有关问题金额 2.93 亿元，其中增收节支 2.78 亿元、已调账处理金额 551 万元；审计促进拨付资金到位 767 万元；审计后挽回（避免）损失 1.46 亿元。移送司法机关、纪检监察机关和有关部门处理事项 4 件，涉及 7 人、金额 78 万元。出具审计报告和专项审计调查报告 116 篇，被批示、采用 116 篇；提交审计信息 68 篇，被批示、采用 39 篇。提出审计建议 433 条，被采纳 401 条；推动完善规章制度 17 项。向社会公告审计结果 13 篇。

2016 年，广元市审计局被四川省审计厅评为 2016 年度审计信息化运用优秀单位。苍溪县 2013—2014 年度城市基础设施配套费征收使用情况审计调查项目被四川省审计厅评为表彰项目。

国家重大政策措施贯彻落实跟踪审计 抽查单位部门 192 个，涉及资金 107 亿元，发现问题 22 个。

财政审计 完成广元市本级 2015 年度财政预算执行审计及决算草案审签、地税收入征管审计和 6 个部门预算执行审计及决算草案审签。

经济责任审计 完成 10 个单位 11 名领导干部和昭化区委书记、区长任期经济责任审计。

固定资产投资审计 完成广元至陕川界高速

公路项目竣工决算审计、52 个重大建设项目审计。

民生资金（项目）审计 完成城镇保障性安居工程跟踪审计、7 个县区易地扶贫搬迁工程和地质灾害防灾避险搬迁安置工程专项资金审计。完成 7 个县区水污染防治专项资金审计。

外资运用审计 分别完成朝天区和昭化区的世界银行优惠紧急贷款城镇基础设施项目公证审计、世界银行优惠紧急贷款卫生项目公证审计。

企业、金融审计 完成广元市市级行政事业单位 2015 年经营性资产管理和对外出租情况专项审计调查、广元市城市建设综合开发公司资产负债损益审计。完成广元市工贸集团 2011 年至 2015 年资产负债损益审计。完成利州区农村信用社资产负债损益审计。

其他工作 完成 62 个领导交办事项。城镇土地使用税审计实例获得四川省审计厅表彰，《旺苍县 2015 年保障性安居工程计算机审计思路》一文被审计署门户网站采用，《雷同的病历》一文被审计署社会保障审计司编入《医疗保险基金审计案例汇编》。

内部审计 完成内部审计项目 1408 个，促进增收节支 6289 万元；乡镇审计站完成审计项目 59 个，提出建议 90 条。 （撰稿人：王银贤）

【遂宁市审计局】 2016 年，遂宁市审计局人员编制 48 人（其中行政编制 33 人，事业编制 15 人），实有 39 人。局长蔡立春，副局长何玉毅、邓兵、敬杰秀，总审计师杨晓春，纪检组长左成弘（—10 月），经济责任审计分局局长李顺通。设有办公室、监察室、人事教育科、法规科、财政审计科、行政事业审计科、内审监督与外资审计科、农业与资源环保审计科、投资审计科、企业金融审计科、社会保障审计科、综合信息建设科、经济责任审计科和投资中心。5 月 27 日新成立遂宁市审计局电子审计技术中心。

审计成果 2016 年，遂宁市县两级审计机关完成审计项目 130 个。查出主要问题金额 35.73 亿元；审计后挽回（避免）损失 2.18 亿元。提出审计建议意见 347 条，被采纳 286 条。向社会公告审计结果 33 篇。

2016 年，遂宁市审计局参与的 2015 年全国土地出让收支和耕地保护情况审计项目获得审计署表彰。遂宁市审计局被四川省科研所评为 2016 年度《现代审计》宣传工作效果良好单位。

国家重大政策措施贯彻落实跟踪审计 对保障性安居工程及配套基础设施建设进行重点跟踪审计，发现保障住房分配管理不规范等 96 个问题，涉及资金量 1.84 亿元。

财政审计 组织开展 2015 年度遂宁市本级财政预算执行和其他财政收支情况审计，发现问题金额 7.39 亿元。开展地税系统 2015 年度税收征管审计，发现问题金额 12.29 亿元。完成市交运局等 6 个市级部门 2015 年度决算审签审计项目。

经济责任审计 对乐至县县委书记、县长进行经济责任同步审计；对遂宁市交通运输局等 7 个单位的主要负责人进经济责任审计，查出问题金额 2.54 亿元。

固定资产投资审计 完成凤台大桥等 23 个项目、投资总额 86.76 亿元的竣工决（结）算审计，审减投资 4.22 亿元。完成投资总额 55.52 亿元在建工程项目的阶段性跟踪审计。

民生资金（项目）审计 连续第六年对遂宁市本级住宅维修专项资金开展审计，查出问题金额 2700 万元。开展全市水污染防治专项资金审计，发现主要问题金额 2.56 亿元。

企业金融审计 完成四川大英农商行 2015 年度资产负债和损益情况审计，涉及金额 2.81 亿元。

专项资金审计 完成对遂宁市住房和城乡建设局实施的 2015 年至 2016 年 9 月底城市基础设施建设项目的专项审计调查。完成遂宁市综治委铁路护路联防工作小组办公室 2014 年至 2015 年铁路护路联防资金使用、管理情况的审计。完成大英县国土局、安居区国土局实施的高石村等 20 个村土地整理项目审计，送审总金额 6239 万元，审减问题金额 420 万元。组织开展全市中小学生营养改善计划、“三公”经费审计调查。

交办任务 完成审计署交办的《审计项目精细化管理》视频课件，被纳入课件资源库管理。派出 77 人次协助四川省审计厅和省、市纪委办案，配合开展遂宁市行政机关严肃财经纪律和私设“小金库”检查，配合开展遂宁市卫计系统执行财经纪律专项检查。

其他工作 全员参加审计署3个网络专题培训班、四川省审计厅举办的演讲比赛和审计大讲堂，组织两期领导干部专题学习培训班。促成深圳市腾达丰电子有限公司落地遂宁经开区。做好农村联系点帮扶工作，所联系的贫困村率先脱贫。

内部审计 遂宁市有专兼职合署办公等各种形式的内部审计机构52个，其中专职内部审计机构23个，内部审计人员178人。

（撰稿人：张兴隆）

【内江市审计局】 2016年，内江市审计局人员编制53人，实有49人。局长何勇，副局长蔡涤、葛明、王应全，总审计师马燕，纪检组长黄京力，机关党委书记柳大鹏。设有办公室、机关党委办、法规科、财政审计科、行政事业审计科、农业与资源环保审计科、固定资产投资审计科、金融审计科、企业审计科、社会保障与外资运用审计科、人事（政工）科、经济责任审计分局，市监察局派驻监察室；下设固定资产投资审计分局、审计信息中心。

审计成果 2016年，内江市县两级审计机关完成审计项目227个。查出主要问题金额118.37亿元，其中违规金额27.52亿元、管理不规范金额90.83亿元；损益（收支）不实金额9.32亿元；审计处理处罚金额32.79亿元，其中应上缴财政4.21亿元、应归还原渠道资金22.52亿元、应调账处理金额5.27亿元；审计发现非金额计量问题862个；审计促进整改落实有关问题金额32.79亿元，其中增收节支26.73亿元、已调账处理金额5.26亿元，审计后挽回（避免）损失3.08亿元，移送司法机关、纪检监察机关和有关部门处理事项22件。出具审计报告和专项审计调查报告227篇；提交审计信息93篇，被批示、采用51篇（次）。提出审计建议754条。

国家重大政策措施落实跟踪审计 以稳增长促改革调结构惠民生防风险为重点，继续对全市2015年保障性安居工程（含各类棚户区改造、廉租住房和公共租赁住房、经济适用住房、限价商品住房等保障性住房）及配套基础设施的计划、投资、建设、分配、运营等情况进行审计，查出安居工程问题金额1.23亿元。督促对审计发现的问题及时纠正整改，保障民生工程顺利推进。

财政审计 开展预算执行审计项目46个，查出问题金额65.65亿元。其中，内江市审计局完成2015年度市财政局同级预算执行审计、市地税局税收征管审计、市中区人民政府2015财政决算审计，以及市质监局、市外事侨务旅游局、市科技局、市城管执法局的预算执行（含决算草案）等5个审计项目，查出问题金额30.38亿元，促进市财政增收1.08亿元。

固定资产投资审计 完成竣工决（结）算审计项目428个（含计划外），审计项目总投资54.89亿元，审减投资6.33亿元；移送主管部门问责处理7件。其中，内江市审计局完成市污水处理厂二期、东桐路北段土地整理、市防洪堤景观、汉安大道东延线道路等政府投资工程竣工决算审计项目40个（含计划外），审计总投资17.94亿元，在督促业主扣减投资1.78亿元的基础上审减投资1.08亿元。

经济责任审计 开展经济责任审计项目64个，查出问题金额8.76亿元。其中，内江市审计局完成内江一中、市外事侨务旅游局、市科技局、市城管执法局、市经开区公安分局、泸州纳溪区委区政府等7个单位主要领导的经济责任审计，延伸审计其所管辖的部分单位，查出问题金额5642万元。

（撰稿人：赖常禄）

【乐山市审计局】 2016年，乐山市审计局人员编制71人，实有59人。局长吴小怡（—5月）、周明德（5月—），副局长宋红玢、陈学焦、张强（—10月）、何振华（10月—），总审计师何棱，纪检组长雷邦军，机关党委书记金中强。设有办公室、法规科、综合科、财政审计科、电子数据审计科、行政事业审计科、社保审计科、固定资产投资审计科、农业与资源环保审计科、企业金融与外资审计科、乐山市经济责任审计分局、监察室；下设事业单位乐山市政府投资审计中心（乐山市审计信息化中心）。

审计成果 2016年，乐山市县两级审计机关完成审计项目321个。查出主要问题金额156.04亿元，其中违规金额7.57亿元、损失浪费金额59万元、管理不规范金额148.46亿元；损益（收支）不实金额3.62亿元；审计处理处罚金额51.16亿元，其中应上缴财政1.46亿元、应减少财政拨款或补贴 9401 万元、应归还原渠道资金 6.88 亿元、应调账处理金额 23.62 亿元；审计促进整改落实有关问题金额 21.92 亿元，其中增收节支 3.30 亿元、已调账处理金额 1.26 亿元；审计促进拨付资金到位 1.05 亿元；审计后挽回（避免）损失 1.15 亿元。移送司法机关、纪检监察机关和有关部门处理事项 27 件，涉及 8 人、金额 3.03 亿元。出具审计报告和专项审计调查报告 359 篇，被批示、采用 6 篇；提交审计信息 115 篇，被批示、采用 84 篇。提出审计建议 887 条，被采纳 596 条；推动完善规章制度 4 项。向社会公告审计结果 51 篇。

2016 年，乐山市审计局编制的《医院计算机方法体系》被评为四川省审计厅优秀案例。

国家重大政策措施贯彻落实跟踪审计 对脱贫攻坚、简政放权、重大项目审批和建设等党委、政府重大决策部署贯彻落实情况进行跟踪审计，审计或延伸调查各类单位 370 个，审计项目 151 个，抽查资金 42.87 亿元。

财政审计 完成 2015 年同级财政预算执行情况审计和部门决算草案审签，组织对工业节能节水、淘汰落后产能、战略性新兴产业及高端成长型产业等资金开展专项审计调查，延伸审计抽查单位 254 个。

经济责任审计 对 46 名领导干部进行经济责任审计，发现违法违纪线索 5 件，移送纪委 3 件，移送其他部门 2 件。

固定资产投资审计 落实投资审计“三转”工作要求，对 182 个建设项目进行跟踪审计和竣工决算审计，核减投资额 1.82 亿元。

民生资金（项目）审计 对“三县一区”大小凉山彝区财政专项扶贫资金、乌蒙山区易地扶贫搬迁和地质灾害避险搬迁安置资金开展专项审计，审计各类项目 171 个，审计资金 8.5 亿元。对 10 个区县 2015 年保障性安居工程和农村危房改造情况进行审计。

企业审计 首次组织市县审计机关全面实施市、县国有企业审计，对 144 户国有企业 2015 年度的资产、负债、损益情况进行审计，审计总金额 1050.04 亿元。

信息化建设 计算机数据分析覆盖面扩大，上报四川省审计厅审计信息化应用案例 16 个，组织编写的《地税审计操作指南》被四川省审计厅作为经验推广。

（撰稿人：郑　伟）

【南充市审计局】 2016 年，南充市审计局人员编制 68 人（含事业编制 16 人），实有 63 人（含事业编制 13 人）。局长陈勇，副局长张彦、王天配、陆斌，总审计师岳有普，经济责任审计办公室主任陈长清。设有办公室、人事科、法规科、财政审计科、农业与资源环保审计科、行政事业审计科、社会保障审计科、金融外资审计科、企业审计科、固定资产投资审计科、内部审计监督指导科、经济责任审计办公室、政策措施落实跟踪审计科、审计计划综合及审计结果执行科、机关党委、监察室；下设南充市政府投资审计中心、南充市审计信息技术服务中心。

审计成果 2016 年，南充市审计局完成审计项目 128 个，查出问题金额 45.46 亿元。查出并移送重大违法违纪线索 18 件。出具审计报告和专项审计调查报告 101 篇；提交审计信息 40 篇，领导批示审计工作 30 篇（次）。提出审计建议 157 条。

2016 年，南充市审计局被四川省审计厅评为优秀单位；被南充市委、市政府评为年度目标考核一等奖。中共阆中市委书记、市长任期经济责任审计项目被四川省审计厅评为优秀项目。2016 年度宏观政策措施落实情况跟踪审计项目、2015 年保障性安居工程跟踪审计项目、扶贫资金审计项目、县（区）党政主要领导干部经济责任审计项目受到四川省审计厅表彰。

国家重大政策措施贯彻落实跟踪审计 重点聚焦 5 个领域 46 项具体政策措施开展跟踪审计，涉及财政资金 75.14 亿元，揭示各类问题 131 个，促进 23 个重大项目加快实施，收回或纠正违规金额 1.81 亿元，规范行政审批类事项 18 项，促进清理或取消 65 项。

财政审计 完成南充市本级财政预算执行审计，对农口系统和下放地方的原垂管部门等共 12 个单位开展部门决算草案审签审计。

经济责任审计 对 9 名领导干部进行经济责任审计，有效推动领导干部理好财、用好权、尽好责。

固定资产投资审计 完成政府投资决（结）

算审计项目 99 个，核减高估冒算投资额 1.39 亿元，平均审减率达 9.2%。创新推出投资审计“三转”阆中经验，四川省投资审计工作“三转”推进会在南充市阆中市召开。

民生资金（项目）审计 检查安居工程项目 67 个，归还原渠道资金 973 万元，追回补贴、补助资金 438 万元，腾退收回保障性住房 173 套，促进加快地质灾害避险搬迁安置 327 户，清理不符条件 34 户，整改不规范资金 645 万元。对顺庆、阆中、蓬安等 8 个县（市、区）水污染防治专项资金进行审计。

信息化建设 成立大数据审计组，出台《标准化数据定期采集报送制度》和《电子数据管理办法》。（撰稿人：满逢春）

【眉山市审计局】 2016 年，眉山市审计局公务员编制 28 人、工勤编制 1 人，实有公务员 28 人、工勤人员 1 人。局长彭惠琴（—6 月）、杨志忠（6 月—），副局长张征、刘志勇、兰可、魏聂（—6 月），总审计师张亚平，纪检组长李建辉，经济责任审计分局局长辜青霞（—12 月），副调研员周京慧、廖伯成、刘卫红、郑伟、黄保安（—9 月）。设有办公室、人事监察科、经责一科、经责二科、财政审计科、法制科、农业与资源环保审计科、社会保障审计科、行政事业审计科、企业审计科、金融审计科、投资分局；下设市审计局直属分局，编制 25 人，实有 25 人。

审计成果 2016 年，眉山市县两级审计机关完成审计项目 1151 个，其中计划内项目 217 个，党政交办项目 934 个。查出违规金额 7900 万元；促进增收节支和挽回损失 8.84 亿元。移送司法、纪检等机关线索 30 件 41 人。审计提出建议 464 条，被采纳 415 条。

2016 年，眉山市审计局组织参与的南充市土地出让收支和耕地保护情况审计项目获得审计署优秀项目表彰；丹棱县书记县长经济责任审计项目被四川省审计厅评为优秀项目，眉山市人防办经济责任审计项目被四川省审计厅评为信息化优秀项目。

国家重大政策措施贯彻落实跟踪审计 对财税政策落实、重点项目建设和简政放权等情况进行跟踪审计，收回结转结存资金 1326 万元，加快财政资金下达 3.21 亿元，推动 4 个扶贫项目落地。

财政审计 完成 2015 年眉山市市本级预算执行及其他财政收支情况审计、2015 年市本级财政决算（草案）编制审计、眉山市地方税务局 2015 年度预算执行及税收征管情况审计。完成市财政局、市林业局、市民政局、市环境保护局 4 个部门决算草案审签。

经济责任审计 完成市财政局、市环境保护局、市林业局、市民政局、市司法局、市投资促进局、市住房公积金管理中心、黑龙滩风景区管理委员会党工委书记主任、眉山日报社、通济堰管理处等 11 个经济责任审计项目。

固定资产投资审计 送审项目 30 个，送审概算投资额 33.94 亿元，送审投资额 25.94 亿元，审定投资额 22.83 亿元。

民生资金（项目）审计 对眉山市十大民生工程及 20 件民生大事进行跟踪审计，对 2015 保障性安居工程进行交叉跟踪审计，完成 2015 年农村居民进城落户购房补贴专项资金审计。选派 3 名业务骨干参加自贡市医保基金审计。

外资运用审计 组织对世界银行贷款四川小城镇发展项目、中德财政合作四川森林可持续经营项目进行审计。

企业、金融审计 完成眉山发展（控股）有限责任公司 2014 年至 2015 年资产负债损益审计。对仁寿县农村信用合作联社 2015 年资产负债损益情况进行审计。

信息化建设 举办计算机审计中级培训“眉山班”，眉山市审计联网系统一期工程建设并投入运行。（撰稿人：黄 雨）

【宜宾市审计局】 2016 年，宜宾市审计局人员编制 67 人，实有 59 人。局长李勤，副局长肖军、尹昌文（—4 月）、许波，总审计师邓维莲，纪检组长何钦元，经济责任审计分局局长魏伟，副调研员孙蓉、黄琍，副县级非领导职务刘瑶。设有办公室、人事科、监察室、政策法规科、财政审计科、经济责任审计科、企业与金融审计科、行政事业审计科、社会保障审计科、农业与资源环保外资审计科、固定资产投资审计科、宜宾市投资审计中心和宜宾市审计信息中心。

审计成果 2016年，宜宾市县两级审计机关完成审计项目312个。查出违规金额9.63亿元、管理不规范金额65.95亿元、损益（收支）不实金额1.90亿元，对其中19.00亿元问题金额做出处理处罚决定。目前已整改落实问题资金5.05亿元，促进财政增收节支2.90亿元，挽回（避免）损失1.06亿元，核减投资1.75亿元。向司法、纪检、监察和有关部门移送审计事项74件，涉及金额1.40亿元，涉及人员48人；有23件审计移送事项已处理，23人受到党纪政纪处分，30人受到其他相应处理。向各级党委、政府出具审计报告和提交信息等197篇，被批示、采用71篇。向被审计单位提出审计建议680条，被采纳432条；促进建章立制19项。向社会公告审计结果93篇。

国家重大政策措施贯彻落实跟踪审计 加强对重大项目的跟踪审计，关注存量资金统筹盘活实效，促进市财政将清理的公共预算结余和基金结转结余1.15亿元调入预算稳定调节金统筹使用，将上级转移支付存量资金264万元按规定上交省财政，将部门结余1268万元收缴国库。

财政审计 完成财政预算执行审计项目59个，延伸审计单位39个，查出主要问题金额54.63亿元；完成财政决算审计项目28个，查出主要问题金额4.02亿元。完成行政事业审计项目71个，延伸审计单位4个，查出主要问题金额18.23亿元。

经济责任审计 对94位领导干部开展经济责任审计，其中任中审计59人、离任审计35人，查出主要问题金额22.76亿元。向社会公告审计结果19篇，在一定范围内通报审计结果18篇（次）。

固定资产投资审计 完成审计和专项审计调查项目229个，延伸审计单位8个，核减投资额（工程款）2.45亿元，查出主要问题金额4.08亿元。

民生资金（项目）审计 审计查出违规及管理不规范问题金额960万元，移送审计线索5件，推动有关地方和主管部门建立健全机制制度35项。

企业审计 完成审计和专项审计调查项目4个，查出主要问题金额1.11亿元。

专项资金审计 完成社会保障专项审计调查项目1个；完成金融审计和专项审计调查项目2个，查出主要问题金额9846万元。完成专项资金审计和专项审计调查项目33个，延伸审计单位142个，查出主要问题金额1.76亿元。

信息化建设 收集和入库703个被审计单位财务数据及39个被审计单位业务数据；形成审计信息化应用成果115项，其中审计信息化应用案例104项、无项目审计案例5项、计算机审计方法体系1套、审计类创新软件5项。

内部审计 宜宾市共有内部审计机构49个，其中独立设立9个，与财务部门合署设立16个，与其他部门合署设立24个；在财务部门明确内部审计监督职能专职机构79个。内部审计人员实有185人，其中在编人员133人。

（撰稿人：钟 红）

【广安市审计局】 2016年，广安市审计局人员编制46人，实有42人。局长李茂军，副局长唐素珍（—3月）、黎毅翔、蒋锡德、唐思平（3月—），总审计师蔡曦（3月—），纪检组长唐思平（—2月），经济责任审计分局局长符家果（11月—）。设有办公室、人事科、政策法规科、综合与计划管理科、财政金融审计科、行政政法审计科、教科文卫审计科、农业与资源环保审计科、固定资产投资与外资运用审计科、经贸审计科、社会保障审计科、经济责任审计分局；下设政府投资审计中心、审计信息中心。

审计成果 2016年，广安市县两级审计机关完成审计项目869个。查出主要问题金额117.08亿元；挽回（避免）损失4.28亿元。移送司法机关、纪检监察机关和有关部门处理事项27件。出具审计报告和专项审计调查报告918篇；提交审计信息92篇。提出审计建议1626条；推动完善规章制度28项。向社会公告审计结果67篇、审计整改结果5篇。其中，市本级完成审计项目74个，查出主要问题金额55.05亿元；挽回（避免）经济损失10.74亿元。移送司法机关、纪检监察机关和有关部门处理事项14件。向社会公告审计结果7篇、审计整改结果5篇。

2016年，岳池县审计局组织实施的2014年度岳池县本级财政预算管理和执行情况的审计项目，被四川省审计厅评为表彰项目。

国家重大政策措施贯彻落实跟踪审计 组织对重大项目和脱贫攻坚、简政放权等政策措施落实情况的跟踪审计，对市委、市政府重大决策部署的落实执行情况开展审计监督。

财政审计 组织开展同级财政预算执行及税收征管情况审计。广安市审计局对广安市城管执法局等6个部门开展预算执行审计和决算草案审签，对广安区财政运行风险进行专项审计调查，对27个单位开展财务收支和存量资金专项检查。

经济责任审计 完成经济责任审计项目64个，审计领导干部67人。向纪检监察机关和有关主管部门移送案件线索18件。

金融审计 组织对四川华蓥农村商业银行股份有限公司2015年度资产负债损益情况进行就地审计。

固定资产投资审计 审计政府投资建设项目721个（其中广安市审计局40个），核减投资额4.20亿元，审减率7.8%。广安市审计局研究制定《社会服务机构参与政府投资建设项目审计的管理办法》，对参审社会服务机构实现管、用分离。

民生资金（项目）审计 组织对广安市保障性安居工程进行跟踪审计，对6个贫困区市县易地扶贫搬迁和地质灾害避险搬迁安置工程专项资金进行审计。

审计整改 广安市政府常务会首次专题研究部署审计整改工作，广安市政府领导对问题比较突出的被审计单位主要负责人进行约谈。武胜县政府、广安市司法局等5个单位向社会公开审计整改结果，年度审计处理结果报告在广安市人大常委会上全票通过。

队伍建设 制定出台《广安市审计局加强学习型审计机关建设的实施意见》，举办“审计小讲堂”5期。成功举办广安市审计系统职工运动会和“适应新常态、践行新理念、展示新风貌”主题演讲比赛。

（撰稿人：邓建均）

【达州市审计局】 2016年，达州市审计局人员编制43人，实有44人。局长徐云川，副局长李刚、胡若东（7月—）、屈戈林、蒋普辉（7月—），总审计师王雷（7月—），纪检组长何川，机关党委书记刘登奎。设有职能科室13个，下属参公管理事业单位1个，公益一类事业单位2个。

审计成果 2016年，达州市县两级审计机关共审计单位1068个，发现问题并已得到整改3869个，促进财政增收节支和避免损失29.96亿元。向纪检监察机关移送案件线索21件，受到党纪政纪处分35人。出具审计报告或专题报告865篇。

国家重大政策措施贯彻落实跟踪审计 按照每季度1个主题持续开展跟踪审计，报送专题报告4篇，推动解决问题48个。

财政审计 开展市级预算执行、决算草案编制、地税征管情况审计；对达州市机动车驾驶培训学校税收缴纳情况进行重点调查，审计后补征营业税150余万元。对35个达州市市级部门滥发钱物和私设“小金库”整治情况进行抽查，连续5年对农村中小学生营养改善计划执行情况进行督查。

经济责任审计 完成领导干部经济责任审计项目90个，移送纪检监察机关案件线索6件，移交有关部门核查处理问题3个。

金融审计 对达察州市中小企业担保公司、达州市创达路桥建设有限公司进行审计；对达州市或有债务转化为政府债务进行甄别核实；会同达州市银监局对达州市农村信用社不良资产风险分类真实性进行核查。

农业与资源环保审计 对万源市寨子河水库、大竹县龙潭水库等2个重点水利投资项目进行审计调查；对达州市水污染防治专项资金进行审计。

固定资产投资审计 完成政府投资项目竣工决（结）算审计378个，审减金额5.72亿元；完成党委、政府临时交办任务113个，节约财政资金1.83亿元。

民生资金（项目）审计 对达州市易地扶贫搬迁和地质灾害防灾避险搬迁安置专项资金进行审计，达州市政府主要领导2次对审计结果做出批示。对达州市保障性安居工程进行跟踪审计，达州市政府专题召开会议通报审计情况，达州市政府主要领导要求“务必将整改措施落到实处”。

企业审计 对5家市属国有粮食企业进行审计，向达州市政府提出有针对性的意见建议35条，达州市政府领导2次专题研究审计结果。

信息化建设 建立达州市审计数据中心，印发加强信息化审计的意见，成立6个数据分析小

组。2016年被四川省审计厅表彰为信息化运用优秀单位。（撰稿人：曹春城）

【雅安市审计局】 2016年，雅安市审计局人员编制61人，实有48人。局长王锐，副局长郑文翔、陈浮、李春，总审计师张晓东，纪检组长岑进，机关党总支书记白彬，固定资产投资审计分局局长肖强。设有办公室、固定资产投资审计分局、经济责任审计分局、人事科（监察室）、法规科、企业金融科、财政审计科、行政事业审计科、社会保障审计科、农业外资环保审计科；下设政府投资审计中心和电子数据审计中心。

审计成果 2016年，雅安市县两级审计机关完成审计（调查）项目1976个。查出主要问题金额42.02亿元，处理处罚应上缴财政4亿元，调账处理管理不规范金额4.39亿元，纠正挤占挪用归还原渠道资金5.51亿元。移送纪检部门重大违纪违规问题和经济案件线索19件。

2016年，雅安市审计局获市委、市政府2015年度绩效考核一等奖。

灾后重建跟踪审计 派出审计人员1521人次，组成295个审计组，对规划总投资301.70亿元的362个项目进行跟踪审计，对规划总投资434.71亿元的2183个（次）项目进行审计调查，共出具审计报告452篇。发出审计情况通报84份，审计建议书199份。提出审计建议907条；促进42项规章制度建立健全。按照四川省审计厅的统一组织，实施对口支援审计，全年完成70个对口援助结算审计项目，送审金额4.38亿元，审减高估冒算投资3909万元，综合审减率8.93%。

国家重大政策措施贯彻落实跟踪审计 持续开展重大政策措施落实跟踪审计，促进36项行政审批事项简化程序、下放落实到位。开展城镇保障性安居工程跟踪审计，延伸调查41个村的207户农村危房改造家庭，对12个安居工程项目的建设管理情况进行检查，促进及时调整、提高资金使用效率618万元。

财政审计 开展2015年度雅安市本级财政预算管理情况，雅安市地税局税收征管情况审计；对雨城区2015年度财政预算管理情况进行审计；组织对6个雅安市市级部门和单位的部门预算执行审计，并对其中3个单位开展部门决算草案审签。查出管理不规范金额2.17亿元，处理上缴财政903万元。

经济责任审计 实施3名部门主要领导和1名企业领导人员经济责任审计，查出有问题金额192万元。完成九龙县县委书记、县长任期经济责任审计项目，查出管理不规范金额4.98亿元、违纪违规金额274万元。移交纪委案件线索6件。

民生资金（项目）审计 对雅安市2014年至2015年财政专项扶贫资金和整合用于财政专项扶贫项目的其他资金6605万元进行审计，共审计44个单位、88个扶贫项目，纠正使用不规范金额260万元，促进规范管理金额93万元，应归还原渠道资金105万元。

固定资产投资审计 完成竣工决（结）算审计项目1635个，项目概算总投资为90.83亿元，送审金额50.04亿元，审减金额4.75亿元，平均审减率9.50%。完成决算审计项目138个，项目概算总投资为10.80亿元，送审金额6.90亿元，审减金额2467万元，平均审减率3.58%。

信息化建设 完成审计综合管理系统（OA系统）国产化升级，完成标准化机关建设和办公楼全光网络（FTTO）部署。通过审计署计算机中级考试2人，上报计算机审计方法6篇、审计分析报告6篇。（撰稿人：张　薛）

【巴中市审计局】 2016年，巴中市审计局人员编制56人，实有52人。局长黄拥军，副局长李水清、李三荣、易旭东，总审计师刘迎春（3月—），纪检组长刘朝文。设有办公室、法制科、人事教育科、电子数据审计科、综合与计划管理科、财政审计科、行政事业审计科、社会保障审计科、企业与金融审计科、农业审计科、经济责任审计分局、固定资产投资审计分局、投资审计中心、审计信息中心、驻经开区审计分局。

审计成果 2016年，巴中市审计局完成审计项目50个。查出主要问题金额43.78亿元，督促有关地方单位归还原渠道资金2.63亿元。提交各类审计信息155篇。提出审计建议被采纳169条。

国家重大政策措施贯彻落实跟踪审计 聚焦省20件民生大事、市10件民生实事、市十二条、新房九条等稳增长促改革调结构惠民生等各项政策措施落实情况，持续开展跟踪审计。通过审计发现督促整改问题 51 个，通过跟踪审计形成稳增长政策措施专项报告 4 篇。提出审计建议被采纳 13 条，促进出台《巴中市稳定经济增长考核问责暂行办法》等规范性文件 3 件。

财政审计 完成巴中市本级财政管理审计，查出管理不规范金额 27.62 亿元；对 5 个部门及其下属 17 个单位预算执行进行延伸审计，查出管理不规范金额 4.18 亿元；揭示应报未报、执行税务稽查决定不严格等问题，促成入库各类税费 1.74 亿元。提出整改建议被采纳 23 条，为巴中市人大常委会审查监督预决算提供真实依据。

经济责任审计 完成 7 名领导干部经济责任审计，查出违规违纪金额 2.93 亿元，促进完善规章制度 33 个；对通江县党政主要领导经济责任开展同步审计。

金融与企业审计 对四川秦巴新城投资集团有限公司、巴中市交通投资公司进行专项审计调查，对巴中农商行进行专项审计，发现并督促整改问题 48 个，提出建议并被采纳 36 条。

固定资产投资审计 按照政府投资审计“转思路、转职能、转方式”要求，纠正“凡投必审”、简易程序审计、只审结算等原有思维，从只注重工程造价审减向对项目建设程序、资金管理、质量管理、相关单位履职尽责等全方位审计转变。完成政府投资项目审计 22 个，节约财政资金 1.32 亿元。

民生资金（项目）审计 关注精准脱贫、低保救助、“三农”等方面损害群众利益的突出问题，聚焦精准扶贫项目实效和涉农资金整合，实施易地扶贫搬迁和地质灾害避险搬迁安置专项资金、水污染防治资金审计，覆盖 33 个资金主管部门，延伸调查项目 307 个，审计资金 13.25 亿元，规范资金管理 3.90 亿元。 （撰稿人：李怡玲）

【资阳市审计局】 2016 年，资阳市审计局人员编制 54 人，实有 48 人，其中行政编制 38 人，实有 35 人；事业编制 16 人（资阳市投资审计中心），实有 13 人。局长文富洲，副局长廖念俊、王志友、段有阔、刘小军，总审计师田碧清，纪检组长王忠，经济责任审计办公室主任邓晓燕，投资审计中心主任韩志林。设有办公室、人事科、政策法规科（内部审计监督指导科）、财政审计科、行政事业审计科、经济责任审计科、农业与资源环保审计科、企业和金融审计科、社会保障审计科、电子数据审计科，代管资阳市投资审计中心；资阳市领导干部经济责任审计工作联席会议办公室设在资阳市审计局。

审计成果 2016 年，资阳市县两级审计机关完成审计和审计调查项目 437 个（含工程结算项目）。查出主要问题金额 55.49 亿元，审计核减政府工程投资额 4.73 亿元。移送纪检监察机关及相关部门审计发现线索 24 件。审计提出建议 266 条，被采纳 213 条。其中，市本级共完成审计和审计调查项目 76 个（含工程结算项目），查出主要问题金额 34.89 亿元，审计核减政府工程投资额 2.04 亿元。移送纪检监察机关及相关部门审计发现线索 3 件。审计提出建议 166 条，被采纳 121 条。

国家重大政策措施贯彻落实跟踪审计 实施 2015 年度保障房安居工程、2016 年稳增长政策措施落实情况跟踪审计等项目。

财政审计 完成同级财政和部门预算执行、财政决算审计或审计调查项目 51 个，查出主要问题金额 41.52 亿元。其中，资阳市审计局完成项目 10 个，查出主要问题金额 25.32 亿元。

经济责任审计 对 22 名领导干部实施经济责任审计，查出主要问题金额 4826 万元；违规金额 844 万元中应负领导责任金额 321 万元、应负主管责任金额 461 万元、负直接责任金额 62 万元；管理不规范金额 3982 万元中应负领导责任金额 3199 万元、应负主管责任 681 万元、应负直接责任金额 102 万元。资阳市审计局审计领导干部 7 人，查出主要问题金额 910 万元。

固定资产投资审计 完成投资审计项目 391 个（含工程概结算项目），送审金额 49.59 亿元，审计核减投资额 4.73 亿元，审减率为 9.5%。其中，资阳市审计局审结项目 52 个（含工程结算项目），送审金额 23.97 亿元，审计核减投资额 2.04 亿元，审减率为 8.52%。

专项资金审计 完成专项资金审计项目 30 个，审计专项资金额 14.76 亿元，查出主要问题金额 8.13 亿元。其中，资阳市审计局完成审计项目 14 个，审计专项资金额 13.23 亿元，查出主要问题金额 8.01 亿元。

信息化建设 向财政、税务、工商、社会保障、公安、交警等有关部门采集财务和相关业务数据；组织市、县（区）审计局人员赴宜宾市学习，在安岳县召开资阳市审计信息化建设现场会。

相关工作 资阳市委书记主持召开全市审计整改工作专题会，市长主持召开市政府常务会议，安排部署审计整改；资阳市审计局配合省委第四巡视组、协助资阳市委，开展巡视、巡察工作；全年依法向监察机关和相关部门移送线索和相关资料24件，其中市本级移送3件。

（撰稿人：林天植）

【阿坝藏族羌族自治州审计局】 2016年，阿坝藏族羌族自治州（以下简称阿坝州）审计局人员编制42人，实有40人。局长张建，副局长杨国彬、张泽宇，纪检组长罗秀英，阿坝州经济责任审计工作联席会议办公室主任韩卫东。设有办公室、法规科、财政金融审计科、行政事业审计科、企业审计科、固定资产投资审计科、经济责任审计科、审计信息科、监察室、固定资产投资审计中心。

审计成果 2016年，阿坝州县两级审计机关完成审计（或审计调查）项目998个。查出违规金额1.77亿元、管理不规范金额8417万元；非金额计量问题93个；通过审计处理，减少财政拨款或补贴3354万元、归还原渠道资金640万元、缴纳其他资金1167万元、调账处理金额3037万元；审减工程造价2.12亿元。移送纪检监察机关立案审查25件31人。

国家重大政策措施贯彻落实跟踪审计 围绕阿坝州各部门贯彻落实国务院、省政府、州政府出台的一系列稳增长促改革调结构惠民生防风险政策措施，以及省委、省政府“项目年”、脱贫攻坚等重大决策部署，以项目落地、资金保障、简政放权、政策落实、风险防范为抓手，按照年度审计项目计划安排，每季度确定一个主攻方向、聚焦一个重点方面，持续开展政策措施落实情况跟踪审计，推动政策措施落地见效。在开展每季度跟踪审计的同时，关注以往审计发现问题的整改落实情况。

财政审计 对126个单位的财政预算执行情况进行审计。阿坝州审计局对州财政、州体育局、州委党校、州广电中心的预算执行实施审计。

经济责任审计 采取部门预算执行审计与经济责任审计同步开展、分段报告的方式，组织开展领导干部经济责任审计。阿坝州审计局开展州体育局局长、州委党校常务副校长、州广电中心主任的经济责任审计工作。经省审计厅授权，统筹全州审计力量对金川县县委书记、县长经济责任进行审计。

固定资产投资审计 采取竣工决算审计、竣工结算审计、跟踪审计、专项审计调查等审计方式，完成政府性投资审计项目860个，送审投资46.14亿元，审计核减造价2.12亿元，审减率4.6%。其中竣工结算审计项目824个，送审额23.30亿元，审减金额2.03亿元，审减率8.7%；竣工决算审计项目29个，送审金额1.62亿元，审减金额929万元，审减率5.7%；跟踪审计项目3个，送审金额1088万元，审减金额25万元，审减率2.25%；专项审计调查项目4个，送审金额21.11亿元。

专项资金审计 开展城镇保障性住房审计、全州易地扶贫搬迁工程和地质灾害防灾避险搬迁安置工程专项资金审计，完成全州国家天然草原退牧还草工程实施情况的专项审计。阿坝州审计局对汶川县、茂县、马尔康市、黑水县和金川县的易地扶贫搬迁工程和地质灾害防灾避险搬迁安置工程专项资金实施审计。 （撰稿人：邓维学）

【甘孜藏族自治州审计局】 2016年，甘孜藏族自治州审计局人员编制41人，实有38人。局长辛勤，副局长陈军、吴建刚、汪孝竹（—7月），总审计师何琼英，纪检组长梁红，副调研员王明强。设有办公室、法规科、财政金融审计科、行政事业审计科、固定资产投资审计科、企业审计科、农业资源环保审计科、社会保障审计科、经济责任审计分局、审计执行监督科（内部审计监督指导科）；下设州审计信息和投资审计中心。

审计成果 2016年，甘孜藏族自治州（以下简称甘孜州）审计机关完成审计项目686个。查出主要问题金额30.76亿元，其中违规金额1.39亿元、管理不规范金额29.38亿元；损益（收支）不实金额2.16亿元；审计处理处罚金额4.24亿元，其中应上缴财政971万元、应减少财政拨款或补贴 1.91 亿元、应归还原渠道资金 5544 万元、应调账处理金额 1.64 亿元；审计发现非金额计量问题 547 个；审计促进整改落实有关问题金额 7353 万元，其中增收节支 6866 万元、已调账处理金额 114 万元；审计后挽回（避免）损失 2.22 亿元。移送司法机关、纪检监察机关和有关部门处理事项 9 件，涉及金额 434 万元。出具审计报告和专项审计调查报告 686 篇，被批示、采用 79 篇；提交审计信息 387 篇，被批示、采用 59 篇。提出审计建议 2159 条，被采纳 1719 条。

2016 年，甘孜州审计局组织实施的甘孜县 2014 年度财政收支情况审计项目被审计署评为表彰审计项目、被四川省审计厅评为优秀审计项目。

国家政策措施贯彻落实跟踪审计 围绕保障性安居工程等政策措施落实情况开展跟踪审计，揭示保障房建设进度缓慢、精准脱贫政策落实不到位等方面问题 20 余个。

财政审计 完成 2016 年财政（预算执行）及财政决算审计项目 104 个，查出预算编报不真实不完整 3460 万元，未按规定纳入预算管理 19 万元，未按规定征收、缴纳预算收入 399 万元。完成行政事业单位审计项目 78 个，查出主要问题金额 8111 万元。

经济责任审计 完成经济责任审计项目 83 个，查出违规金额 697 万元、管理不规范金额 6592 万元。

固定资产投资审计 完成康定“11·22”地震灾后恢复重建跟踪审计等固定资产投资审计项目 305 个，发出审计建议函 55 件，项目总投资 59.23 亿元，核减工程结算款 2.16 亿元。

民生资金（项目）审计 开展社会保险基金电子数据采集，完成九龙县 2015 年 1 月至 2016 年 9 月医疗保险基金和医疗救助基金审计。

专项资金审计 完成草原生态保护补助奖励、国家天然草原退牧还草专项资金审计调查项目 28 个。完成易地扶贫搬迁工程和地质灾害防灾避险搬迁安置工程、藏传佛教寺庙财务监督检查等专项资金审计及调查项目 146 个，查出问题金额 9176 万元。

信息化建设 完成甘孜州 2015 年度社保数据的采集、转换、分析工作；利用计算机技术开展社保基金收支情况跟踪审计项目被四川省审计厅评为全省信息化应用表彰项目。

相关工作 争取州政府支持，扩大甘孜州审计局业务办公用房 2750 平方米，较原有面积增加 217.27%，规划送达审计室、电子数据分析室、视频业务会商室。增设甘孜州审计局内部审计执行监督科，配备人员 3 人，完成 2016 年度审计决定执行情况监督检查。招录州县审计信息技术人员和投资审计中心人员 67 人。在四川省审计厅支持下，在四川师范大学举办甘孜州审计业务专项培训班。

（撰稿人：童红英　刘玉瑶　吴艾芳　林咏峰）

【凉山彝族自治州审计局】 2016 年，凉山彝族自治州审计局人员编制 75 人，实有 69 人。局长刘斌，副局长李伟玲、伍皎辉、胡晓华，纪检组长龙建平，机关党委书记胡国亮，经济责任分局局长刘亚良。设有办公室、人事科、法规科、财政审计科、外资与金融审计科、固定资产投资审计科、行政事业审计科、农业与资源环保审计科、企业审计科、内部审计指导科、社会保障审计科、经济责任直属分局、监察室和信息中心。

审计成果 2016 年，凉山彝族自治州（以下简称凉山州）审计机关完成审计项目 662 个。查出主要问题金额 45.37 亿元，其中违规金额 2.73 亿元、管理不规范金额 42.63 亿元；审计处理处罚金额 10.02 亿元；审计促进增收节支 5.46 亿元，其中应上缴财政 6740 万元、应减少财政拨款或补贴 4.73 亿元、应归还原渠道资金 629 万元；审计核减投资额 4.75 亿元；审计后挽回（避免）损失 4.58 亿元。移送司法机关、纪检监察机关和有关部门处理事项 20 件。出具审计报告和专项审计报告 1709 篇，被批示、采用 1489 篇。提出审计建议 462 条，被批示、采用 114 条。向社会公告审计结果 25 篇。

国家重大政策措施贯彻落实跟踪审计 围绕促进稳增长促改革调结构惠民生防风险政策落实，组织 294 名审计人员对贯彻落实国家重大政策措施和宏观调控部署情况进行 3 次跟踪审计，共抽查 382 个政府部门、企业和个体工商户，285 个正在实施的项目，抽查资金总额 183.90 亿元，抽查项目总投资额 182.20 亿元。通过审计，揭示一些政策落实不到位、要素保障不到位等问题，提出审计建议 872 条，引起州、县（市）两级党委、政府的高度重视。

财政审计 开展财政预算执行和决算审计项目 242 个，延伸审计单位 293 个，共查出问题金额 34.37 亿元，依法做出相应的处理处罚。

经济责任审计 对 85 名领导干部进行经济责任审计，其中任中审计 33 人、离任审计 52 人。审计查出主要问题金额 8.39 亿元，其中违规金额 1.29 亿元，包括应负主管责任金额 1666 万元、应负领导责任金额 1.12 亿元；管理不规范金额 7.10 亿元，包括应负直接责任金额 33 万元、应负主管责任金额 6.08 亿元、应负领导责任金额 1.02 亿元。

固定资产投资审计 审计投资项目 334 个，查出主要问题金额 5.07 亿元、工程结算不实（多记）金额 4.67 亿元；审计核减工程造价 4.67 亿元，审减率为 13%。

民生资金（项目）审计 组织 10 个审计组，对 9 个国家级贫困县 2014 年至 2015 年财政专项扶贫资金和易地扶贫搬迁工程及地质灾害搬迁安置专项资金项目、1 个国家级贫困县的易地扶贫搬迁和地质灾害搬迁安置项目进行审计，审计查出各类违规及管理不规范金额 8480 万元，占审计总金额的 3.25%。对最低生活保障、“三农”、教育、医疗、救灾、就业、保障性安居工程等民生资金和项目进行审计，揭示社保体系运行、政策目标落实、资金管理使用等方面存在的问题。

（撰稿人：张保权）

2016 年四川省所辖区、县(市)级审计工作统计表

金额单位：万元

审计机关	完成审计项目（个）	审计查出主要问题金额	审计处理情况					出具审计报告和审计调查报告（篇）	提出审计建议（条）	提交审计信息（篇）
			审计处理处罚				移送处理事项（件）			
			应上缴财政	应减少财政拨款或补贴	应归还原渠道资金	应调账处理金额				
成都市										
成都市本级	73	3230211	45956			1608	20	74	145	72
锦江区审计局	54	3228		14044	986	19198		54	120	3
青羊区审计局	92	62104	2550		2	426		92	163	51
金牛区审计局	214	62568						190	12	43
武侯区审计局	112	32897	1515		500		1	112	67	1
成华区审计局	47	69570	100		324	308	3	47	92	3
龙泉驿区审计局	41	169291	5402		4647	685	7	43	219	81
青白江区审计局	18	18850	98		31		1	18	42	137
新都区审计局	10	3697						10	65	35
温江区审计局	112	489672	10965	10784			10	114	186	58
双流区审计局	48	125783	4					49	76	
郫都区审计局	31	94691	1246				3	31	74	94
都江堰市审计局	78	76549	8		16		5	78	97	195
彭州市审计局	154	337753	284				5	154	99	155
邛崃市审计局	59	8580	185		23	5971	8	59	85	

（续表）

审计机关	完成审计项目（个）	审计查出主要问题金额	审计处理情况					出具审计报告和审计调查报告（篇）	提出审计建议（条）	提交审计信息（篇）
			审计处理处罚				移送处理事项（件）			
			应上缴财政	应减少财政拨款或补贴	应归还原渠道资金	应调账处理金额				
崇州市审计局	137	93551	3745		25828	63976	4	137	74	
简阳市审计局	53	299978	10411	10998	42709	1288	3	53	152	40
金堂县审计局	36	10440	508		60		14	36	80	188
大邑县审计局	28	547810	6669					28	30	
浦江县审计局	89	22031	32					89	93	55
新津县审计局	12	92918				278		12	19	45
高新区审计局	580	113289						580	92	2
天府新区审计局	49	7425						49	29	22
自贡市										
自贡市本级	49	120371	18331	15164	162	63616	12	52	146	191
自流井区审计局	107	4518	765	1499		2016		108	130	20
贡井区审计局	81	14345	61	2208	29	12001		82	37	20
大安区审计局	14	25493	12311	1222		105		14	54	12
沿滩区审计局	38	22536	317	740	15357	12		39	63	22
荣县审计局	108	10007	2688	2358	59	158		119	62	31
富顺县审计局	67	130136	175	4911	88082	2511		76	95	35
攀枝花市										
攀枝花市本级	61	353270	40581	7875	12319	232295	2	61	228	106
东区审计局	34	41314	402	2295	63	38553	2	34	108	35
西区审计局	15	1370	811	459		99		16	30	27
仁和区审计局	23	39297	4022	3641	348	31246		25	69	35
米易县审计局	31	102020	2404	179	734	219		31	58	65
盐边县审计局	30	19577	3937	78	12	27		29	88	25
泸州市										
泸州市本级	37	194393	230	2418	1131	4271	20	37	67	32
江阳区审计局	17	19417	43		35	1669		17	78	4
纳溪区审计局	22	11299	1200	5759	2809	337	2	22	123	
龙马潭区审计局	19	11043	4589		110	1601		19	58	58
泸县审计局	28	128872	413		633			28	51	16
合江县审计局	17	266390	13		15	124		17	63	5
叙永县审计局	13	70649	29		498	5527	2	13	31	19
古蔺县审计局	27	270918	9	895	433	2421	2	27	67	32

（续表）

审计机关	完成审计项目（个）	审计查出主要问题金额	审计处理情况					出具审计报告和审计调查报告（篇）	提出审计建议（条）	提交审计信息（篇）
			审计处理处罚				移送处理事项（件）			
			应上缴财政	应减少财政拨款或补贴	应归还原渠道资金	应调账处理金额				
德阳市										
德阳市本级	63	130295	9266	68	66	352	8	74	217	210
旌阳区审计局	30	37995	7404		9971	746		30	82	20
广汉市审计局	43	476135	7204	399		79128		43	72	61
什邡市审计局	28	212326	769	7096	757	111		28	61	4
绵竹市审计局	21	227976	2982		2	27		21	80	10
中江县审计局	38	224583	10155		19	357	1	38	157	35
罗江县审计局	18	28851	176	17	5413	221	2	24	74	76
经开区审计局	163	3132			3132					
绵阳市										
绵阳市本级	100	442281	3906	34623	20		13	100	227	20
涪城区审计局	62	33076	682	3703	34	11830	7	62	96	78
游仙区审计局	71	23622		7344		5	3	71	128	1
安州区审计局	61	32429	65	8870		75	5	61	65	21
江油市审计局	45	47097	5159	4516	112	62	1	45	81	61
三台县审计局	105	271445	1988	8019	6629	12	7	105	202	2
盐亭县审计局	50	85700		3000	415	5		50	50	
梓潼县审计局	27	43845	4	5859			3	27	162	4
北川羌族自治县审计局	32	24219	708	12644		2063		32	132	
平武县审计局	103	11117	1	4962		38	1	103	179	21
广元市										
广元市本级	116	245649	16917	14622	2065	1032	4	116	433	68
利州区审计局	34	23686	1669	9584	3541	7787	14	38	331	196
昭化区审计局	20	18538	14150	211	1700	2476	5	25	75	25
朝天区审计局	19	23798	13592	706	127	1094		19	56	
旺苍县审计局	35	5300	297	428	43	266		35	116	55
青川县审计局	65			3448				65	195	
剑阁县审计局	13	6732	762	1693	1169	941	6	12	51	33
苍溪县审计局	199	7140	3000	2100		141	25	199	603	74
遂宁市										
遂宁市本级	53	164156	7173	374	968	66360	12	53	81	10
船山区审计局	10	64055	25043	387	4128	8627		10	61	28

（续表）

审计机关	完成审计项目（个）	审计查出主要问题金额	审计处理情况					出具审计报告和审计调查报告（篇）	提出审计建议（条）	提交审计信息（篇）
			审计处理处罚				移送处理事项（件）			
			应上缴财政	应减少财政拨款或补贴	应归还原渠道资金	应调账处理金额				
安居区审计局	14	25147	19	19349		5775	3	14	82	20
蓬溪县审计局	10	29724	312	867	280	28263		10	17	
射洪县审计局	32	55135	9251		8	27744	1	32	47	1
大英县审计局	11	19127	22	742		17591		11	39	
内江市										
内江市本级	30	505428	3883		224694	24340	5	30	106	6
市中区审计局	20	165237	6			583		20	63	38
东兴区审计局	28	192112			6	1175		28	100	
威远县审计局	52	128788	183			1018	7	52	122	
资中县审计局	71	75120	274		504	19883	8	71	251	4
隆昌县审计局	26	117064	37743			5720	2	26	112	45
乐山市										
乐山市本级	39	997637	10595	640	56	54593	12	41	121	32
市中区审计局	8	63594	68	55	51993		1	10	19	6
沙湾区审计局	22	2207	13	1475	53	652		28	82	12
五通桥区审计局	23	22267	585	3503	29	15112	3	36	43	
金口河区审计局	14	216		216				14	44	
峨眉山市审计局	23	86051					3	22	83	33
犍为县审计局	10	145267	2668	332			1	13	18	1
井研县审计局	57	1238		1219		11		66	143	
夹江县审计局	19	12054				1577		19	71	5
沐川县审计局	29	175180	215	1623	16398	156943		30	98	
峨边彝族自治县审计局	20	5598	445	333	190	4322		20	84	24
马边彝族自治县审计局	62	64167	33		66	2993	7	68	93	2
南充市										
南充市本级	128	454590	34069	11713	11424	7661	18	101	157	40
顺庆区审计局	20	252976	546	673	6	27377	2	20	42	7
高坪区审计局	248	185686	938	9891	72	16	1	264	395	15
嘉陵区审计局	47	13546		1812				54	133	3
阆中市审计局	36	209249	49	8740		10		47	151	38
南部县审计局	92	70997	120	9370				93	183	12

（续表）

审计机关	完成审计项目（个）	审计查出主要问题金额	审计处理情况					出具审计报告和审计调查报告（篇）	提出审计建议（条）	提交审计信息（篇）
			审计处理处罚				移送处理事项（件）			
			应上缴财政	应减少财政拨款或补贴	应归还原渠道资金	应调账处理金额				
营山县审计局	136	7550	1	2598	4	72		152	244	16
蓬安县审计局	188	13660	6	3541	5	9562		191	207	6
仪陇县审计局	83	40005	23667	2180	2	10		94	103	2
西充县审计局	118	126400	446	4849		39	4	125	110	7
眉山市										
眉山市本级	45	446427	10688	29338	128	1413	23	56	80	48
东坡区审计局	24	15227	40	315	275	330	2	37	60	75
彭山区审计局	17	23240	17749	2306		2498		29	77	35
仁寿县审计局	30	263089	27	488	21111	216	4	41	37	2
洪雅县审计局	16	105493	96	96	3	103	1	23	27	
丹棱县审计局	73	17792	7196	7196	683	2	8642		137	144
青神县审计局	12	16088		76		1328		17	39	
宜宾市										
宜宾市本级	48	248758	4912	263	28423	10101	43	55	114	93
翠屏区审计局	84	15190	93	4375	2482	2031	2	89	42	10
南溪区审计局	56	40757	5	7396	301	51	11	58	140	1
宜宾县审计局	35	126416	6272	870	163	143		47	58	15
江安县审计局	43	40178	616	5742		37	7	57	72	51
长宁县审计局	18	49919	1774		132	45776		18	49	7
高县审计局	19	7748	267	218	66	228	4	20	44	32
珙县审计局	40	10217	2479		107	5210	7	53	151	84
筠连县审计局	17	100191	10058		9	1011	3	18	50	39
兴文县审计局	42	175013	23	713	6	1357	12	47	100	3
屏山县审计局	25	33773	191	820	2	491		25	55	2
广安市										
广安市本级	74	550518	7708	4755	41850	24084	14	75	104	8
广安区审计局	131	82606	3313	9667	11	31476	2	131	289	46
前锋区审计局	83	219388	214	2035	4	3399		86	94	
华蓥市审计局	115	36224	12021		995	5708	3	126	314	
岳池县审计局	298	38459	753		115	10337	3	299	407	35
武胜县审计局	114	25412	17	6004	12448	805	4	150	244	1
邻水县审计局	54	217430	403	214	87	34	1	54	174	2

（续表）

审计机关	完成审计项目（个）	审计查出主要问题金额	审计处理情况					出具审计报告和审计调查报告（篇）	提出审计建议（条）	提交审计信息（篇）
			审计处理处罚				移送处理事项（件）			
			应上缴财政	应减少财政拨款或补贴	应归还原渠道资金	应调账处理金额				
达州市										
达州市本级	98	1117673	29	30916	188244	297837	17	106	876	268
通川区审计局	15	72212	1265	3302	32	67613	2	15	99	12
达川区审计局	405	11379	642	7923	864	1119	3	405	89	12
万源市审计局	27	201298	24		187505	1782	1	12	46	32
宣汉县审计局	116	284292	4	5660		507		116	198	23
开江县审计局	93	89617	26			18362	1	93	84	49
大竹县审计局	160	7528	27	1346	11	569	8	160	195	56
渠县审计局	118	123700	130			17227	3	118	85	59
雅安市										
雅安市本级	49	39715	20796		1192	17723	3	49	119	97
雨城区审计局	478	22311	3627		110	254	2	478	101	47
名山区审计局	309	13030	713		6101	47		309	274	28
荥经县审计局	273	9503	3898		55	4938	1	273	296	66
汉源县审计局	190	37169	6851		4544	16308	4	190	644	43
石棉县审计局	83	4078	631		12		3	83	243	30
天全县审计局	148	177276	2075		1278	140	1	148	300	
芦山县审计局	235	91383	1284		41845	4487	5	235	712	97
宝兴县审计局	211	25719						211	637	4
巴中市										
巴中市本级	50	437789	6092	952	26340	9649	34	50	169	155
巴州区审计局	118	23322	3135	2735	5832	7642	3	28	97	99
恩阳区审计局	15	101902	2		99738	64		15	49	18
通江县审计局	134	138420	3292	16960	9050	74	3	100	163	28
南江县审计局	114	18175	1097	829	332	10363		114	271	189
平昌县审计局	14	58518	303	2	135	182	1	14	60	97
资阳市										
资阳市本级	76	348856	8914		6017	16379	3	44	116	78
雁江区审计局	52	31256	13440	4036		13779	5	16	53	56
安岳县审计局	123	79900	6089	3853		15998	8	123	62	20
乐至县审计局	184	6112	233	3653	4057	54	18	46	52	43

（续表）

审计机关	完成审计项目（个）	审计查出主要问题金额	审计处理情况					出具审计报告和审计调查报告（篇）	提出审计建议（条）	提交审计信息（篇）
			审计处理处罚				移送处理事项（件）			
			应上缴财政	应减少财政拨款或补贴	应归还原渠道资金	应调账处理金额				
阿坝藏族羌族自治州										
阿坝藏族羌族自治州本级	26	25914	16839	1857	74	6561	7	29	87	32
马尔康市审计局	31	3515	19	3274	2	216		33	69	26
汶川县审计局	11							14	26	23
理县审计局	13	161			35	125	1	16	51	20
茂县审计局	9	112	112					9	29	15
松潘县审计局	12	51	8			42		12	31	23
九寨沟县审计局	26	1324	39	145				26	43	23
金川县审计局	31	412		404	8			33	92	18
小金县审计局	15	155			15	88	1	18	40	21
黑水县审计局	12	290	2	288				13	32	21
壤塘县审计局	22	1215	416	286	495	16		24	39	36
阿坝县审计局	9							9	23	18
若尔盖县审计局	12							13	22	15
红原县审计局	11	2447			7	2412		11	23	19
甘孜藏族自治州										
甘孜藏族自治州本级	60	4101	326	2770	489		6	60	274	131
康定市审计局	52	4438	210	3026	365	218		52	191	16
泸定县审计局	36	506						36	92	17
丹巴县审计局	47	1711					2	47	120	18
九龙县审计局	34	3218		2397				34	83	11
雅江县审计局	39	3995	135	1510		23		39	280	19
道孚县审计局	34	36519		824				34	75	16
炉霍县审计局	27	421	152	165				27	163	15
甘孜县审计局	31	21780		545		14555		31	69	16
新龙县审计局	46	9668	29		922			46	81	12
德格县审计局	24	641	87	332		220		24	60	18
白玉县审计局	31	4902						31	75	16
石渠县审计局	26	191723			626			26	52	10
色达县审计局	32	893				884		32	51	10
理塘县审计局	25	1306	15	220				25	50	5

（续表）

审计机关	完成审计项目（个）	审计查出主要问题金额	审计处理情况					出具审计报告和审计调查报告（篇）	提出审计建议（条）	提交审计信息（篇）
			审计处理处罚				移送处理事项（件）			
			应上缴财政	应减少财政拨款或补贴	应归还原渠道资金	应调账处理金额				
巴塘县审计局	52	10481	9	2779	4547	366		52	188	16
乡城县审计局	22	2890		468				22	81	18
稻城县审计局	40	6113	3	986	70			40	117	6
得荣县审计局	28	2328	1	641	64	1031	1	28	68	17
凉山彝族自治州										
凉山彝族自治州本级	30	188870	632	660	11394	5966	2	30	104	113
西昌市审计局	87	107477	1756	35246	90	4361	16	87	219	128
木里藏族自治县审计局	17	3269	26	171	2	2544		17	41	1
盐源县审计局	30	21326	996	329	8	28		30	71	9
德昌县审计局	84	24270	189	1259		494		84	208	5
会理县审计局	19	29967	303	901	23	159		19	35	22
会东县审计局	45	8686	330	1719	7	1920		45	135	35
宁南县审计局	26	20977	254	1575	1	2		26	54	
普格县审计局	37	5766		755		5010		37	108	
布拖县审计局	15	3933		362	4	3550		15	39	12
金阳县审计局	21	3058	16	280	38	2722		21	44	1
昭觉县审计局	26	716		181		533		26	81	26
喜德县审计局	62	10023	7	1252	35	437		62	153	
冕宁县审计局	20	3944	57	318	35	145		20	45	82
越西县审计局	39	6640	91	2321	186	1599		39	81	5
甘洛县审计局	38	937	1	530	68	22	2	38	51	23
美姑县审计局	28	985	240	317	15	410		28	128	
雷波县审计局	38	10158	2132	361				38	112	

贵州省

【贵州省审计厅】 2016 年，贵州省审计厅人员编制 217 人，实有 173 人。设有办公室、法规处、财政审计处、行政事业审计处、农业与资源环保审计处、固定资产投资审计局（设有一、二处）、金融审计处、经济责任审计局（设有一、二、三处）、企业审计处、社会保障审计处、外资运用审计处、人事处，另设机关党委、离退休干部处、纪检监察机构；下设发展统计审计处、国资及经济和信息审计处、教育审计处、科技审计处、政法民（族）宗（教）审计处、国土环保审计处、人力资源民政审计处、建设审计处、交通审计处、农林水审计处、文体卫新闻审计处、经济执法及外事旅游审计处等派出审计机构，同时设有审计培训中心、审计信息技术服务中心、机关服务中心、政府投资审计中心等直属事业单位。

领导成员

厅　　长：张如飞

副 厅 长：游明进（—7月）　卢　伟

孙福强　李　凌（—7月）

机关党委书记：严贵林

省领导干部经济责任审计联席会议办公室主任：胡立平

省纪委派驻省审计厅纪检监察员：葛木兰

巡 视 员：张　杰（—12月）

副巡视员：陈其富

正厅级干部：吕建军

审计成果　2016年，全省各级审计机关共审计单位2636个。向司法、纪检监察机关及有关部门移送处理事项238件、涉及人员245人，为国家增收节支77.88亿元；核减工程投资64.64亿元，为推动贵州地方经济社会发展和促进党风廉政建设发挥重要作用。

2016年，铜仁市实施的思南县县委书记、县长任期经济责任审计项目被审计署评为地方优秀审计项目。

国家重大政策措施贯彻落实跟踪审计　组织全省各级审计机关聚焦中央和省委、省政府重大决策部署落实情况，突出财政扶贫资金、易地扶贫搬迁、以工代赈资金等重点领域审计，按月实施、分季报告，建立整改协调推进机制，推进项目建设，促进财政资金的保障到位和规范使用。其中，省审计厅上报的贵州省2016年1—4季度稳增长政策落实情况跟踪审计工作报告得到多位省领导的重要批示。

财政审计　全省各级审计机关完成财政预算执行审计项目728个、财政决算审计项目101个，如实揭露预算执行率低、统筹盘活资金力度不够造成资金闲置等问题，从体制、机制、制度上提出合理化建议，审计成果得到各级人大常委会充分肯定。5位省领导对省级预算执行和其他财政收支审计结果报告做出重要批示。常务副省长主持召开专题会议部署审计发现问题的整改落实工作，有力地促进审计发现问题的整改落实。贵州省审计厅厅长张如飞受省政府委托向省十二届人大常委会做的《关于2016年度贵州省省级预算执行和其他财政收支的审计工作报告》，得到省人大常委会的充分肯定。

经济责任审计　全省审计机关完成对467名党政领导和企事业单位领导干部的经济责任审计，审计结果被有关部门充分运用，在揭露和惩治腐败、促进党风廉政建设、推进干部监督管理体制改革、规范权力运行等方面发挥积极作用。省审计厅在对某国有企业原总经理经济责任审计中，为国家挽回直接经济损失8687万元，防止6亿多元国有资产流失，问题线索移送给纪检监察机关后，相关责任人被立案查处。铜仁市建立领导干部经济责任审计实施办法和领导干部任期经济责任轮审制度；贵阳市审计局采取与贵州大学自然资源课题组合作方式，创新领导干部经济责任审计方法，提升审计质量和水平。

自然资源资产离任审计试点　中共贵州省委办公厅、贵州省人民政府办公厅印发《贵州省开展领导干部自然资源资产责任审计试点实施方案（暂行）》，对试点意义、总体要求、主要任务、审计重点、保障措施等事项给予明确。开展12个领导干部自然资源资产离任审计试点，查出违纪违规金额40.58亿元，向有关部门移送案件线索11件，提出审计建议68条。

固定资产投资审计　全省完成投资审计项目1164个，核减工程投资64.64亿元。省审计厅实施的贵阳龙洞堡国际机场扩建工程项目跟踪审计，揭示项目建设管理、工程造价控制等方面存在的问题，并提出具体的处理意见，揭示的问题和提出的处理意见得到省领导的重要批示。铜仁市审计局对某市政基础设施工程结算审计，核减工程投资9452万元、核减率达38.19%，节约大量公共建设资金。

外资运用审计　省审计厅完成7项国外贷援款项目审计，查出违法违规问题金额9081万元。江口县1人在日元贷款项目中因违法违纪被司法机关立案查处，1人及3个单位被通报批评或诫勉谈话。对2015年外资审计发现问题的整改情况进行督促检查。按照审计署的要求，省审计厅将外资审计结果继续在审计厅门户网站上进行公告。

专项资金审计　按照省委、省政府和审计署的要求，完成医疗保险基金、保障性安居工程和水污染防治资金等民生资金项目审计。医疗保险基金审计查出问题金额 27.75 亿元，移送案件线索 13 件；保障性安居工程审计促进分配闲置的保障性住房 4030 套，统筹盘活闲置资金 2.79 亿元。贵阳市审计局结合实际开展教育经费管理使用情况审计调查，六盘水市审计局开展就业资金等专项审计。全省完成专项资金审计 279 个，查出主要问题金额 75.77 亿元。省审计厅上报的医疗保险基金审计和水污染防治资金审计综合报告得到省领导的重要批示。

审计质量管理　省审计厅对《贵州省扶贫资金审计条例》进行修订，使扶贫资金审计内容和范围更加精准，方式更加多样，更加突出建立健全审计发现问题整改责任机制和大数据技术应用，保证项目实施效果和审计质量。省审计厅组织市（州）、省直管县（市）审计局法制工作人员，以及审计厅业务骨干共 40 余人对全省 33 个项目进行交叉检查，考评结果予以通报并督促整改，推动各级审计机关依法审计、文明审计。组织开展全省优秀审计项目评选活动，共评选出优秀审计项目和表彰项目 12 个，其中厅机关 4 个，各市（州）审计机关 8 个。贵州省审计厅在政府法制办组织的依法行政工作考核中，综合得分为 95 分。

信息化建设　全省审计机关派出 17 人参加审计署计算机审计中级培训，7 人通过考试并获得审计署计算机审计中级资格。省审计厅机关启动省政府电子政务外网应用推广工作，基本实现所有非涉密文书和资料在省政府电子政务外网的传输和处理。加强信息安全管理，保障信息网络系统的正常运行。

人财物管理改革试点　贵州省委、省政府印发《贵州省审计机关人财物管理改革试点实施方案》及配套文件，于 9 月 1 日正式施行。实施方案就干部管理、机构编制管理、经费管理及人员管理等相关工作进行细化，体现贵州特色和亮点。省委组织部、省审计厅下发《贵州省审计机关人财物管理改革试点实施方案责任分解表》，明确 9 大项、82 小项改革任务，确立时间表、路线图。明确地方审计机关领导班子考核、地方审计机关绩效目标考核、审计计划管理、审计质量控制、审计公告管理等办法或制度，整合全省审计机关审计资源的优势已见成效。

队伍建设　省审计厅公开招考录用公务员、接收 3 名军转干部到审计厅工作补充干部队伍；选调 27 名基层审计机关人员到省审计厅跟班学习。组织 1146 人参加审计专业技术职称考试，其中 22 人初级考试合格，89 人中级考试合格，19 人高级考试合格，9 人经评定获得高级审计师资格。组织开展投资审计、扶贫资金审计、外资审计等多种形式的审计人员业务培训，培训干部 3000 人次。（撰稿人：陈迎春）

【贵阳市审计局】　2016 年，贵阳市审计局人员编制 109 人，实有 94 人。局长周毅，副局长罗继荣、王雄伟，总审计师朱云进，纪检组长向静，机关党委书记李晓林。设有办公室、法规处、财政审计处、固定资产投资审计一处、固定资产投资审计二处、经济责任审计处、行政事业审计处、外资与农业与资源审计处、社会保障审计处、绩效审计处、企业审计处、人事处、计算机审计处、离退休干部处、机关党委办公室。

审计成果　2016 年，贵阳市县两级审计机关完成审计项目 164 个。查出主要问题金额 107.39 亿元，其中违规金额 7.53 亿元、管理不规范金额 99.84 亿元；审计处理处罚金额 11.71 亿元，其中应上缴财政 9129 万元、应减少财政拨款或补贴 2801 万元、应归还原渠道资金 2.05 亿元、应缴纳其他资金 1.05 亿元、应调账处理金额 7.42 亿元；审计促进整改落实有关问题金额 4.03 亿元，其中增收节支 8405 万元、已调账处理金额 688 万元；审计促进拨付资金到位 2405 万元；审计后挽回（避免）损失 2.92 亿元。移送司法机关、纪检监察机关和有关部门处理事项 12 件。出具审计报告和专项审计调查报告 164 篇，被批示、采用 16 篇；提交审计信息 717 篇，被批示、采用 396 篇。提出审计建议 468 条。

财政审计　审计预算执行单位 54 个，延伸审计有关单位 41 个，查出主要问题金额 32.39 亿元。贵阳市政府对审计查出的问题高度重视，要求各部门、各单位从制度、机制和管理等方面深入分析问题，认真落实审计整改。结合预算执行审计工作，贵阳市审计局对 9 个预算单位开展 2016 年度贯彻落实中央八项规定、国务院“约法三章”和省委十项规定、市委二十九条实施细则情况的审计。

经济责任审计 完成经济责任审计项目38个，查出违规金额8475万元、管理不规范金额61.99亿元。根据市委组织部委托，贵阳市审计局开展对市直机关事务管理局、市司法局、市实验三中等部门和单位领导干部任期经济责任的审计。按照“党政同责、同责同审”的原则要求，组织开展乌当区区委书记、区长的任期经济责任同步审计，开启贵阳市“党政同责、同责同审”审计试点。

农业与资源环保审计 组织开展对贵阳市9个区（市、县）“美丽乡村·四在农家”（富在农家增收入、学在农家长本领、美在农家爽精神、乐在农家展新貌）基础设施建设六项（小康路、小康水、小康房、小康电、小康讯、小康寨）行动计划的审计，重点审查项目资金计划、到位及使用管理情况。根据审计署及省审计厅的工作部署和要求，组织全市审计机关对“十二五”期间水污染防治资金财政投入情况进行调查摸底。贵阳市审计局与贵州大学自然资源课题组合作，开展对息烽县领导干部自然资源资产责任情况试点审计，利用高校的专业技术资源及专家提供的相关技术支持，运用大数据、地理信息技术及统计分析法，为审计查处违规违法用地、突破土地红线指标、矿山越界超规模开采、营造林项目擅自调整以及面积不实等问题提供依据，取得较好的成效。

固定资产投资审计 完成政府投资项目审计339个，核减投资额21.25亿元。贵阳市审计局下属的审计评审中心共完成审计评审项目497个，审计评审金额239.47亿元，审定金额224.55亿元，核减14.92亿元，核减率6.23%。

民生资金（项目）审计 贵阳市审计局对已经建成的贵阳市社保基金联网审计系统中的42个医疗保险审计模型，逐一进行分析比对，提出修改和完善系统的思路和建议，为即将开展的医保基金审计做好准备。

专项资金审计 组织开展贵阳市2013年至2015年技术研究与开发资金、贵阳金竹粮食储备仓库2015年度供应金竹镇水淹区农民粮食价差及费用情况的专项审计和审计调查，促进专项资金的合理有效使用。

信息化建设 全面完成贵阳市财政联网审计系统和审计对象库项目建设工作，在“同级审”和其他专项审计工作中投入试运行，实现财政相关审计工作的远程审计与现场审计、动态审计与静态审计、事中审计与事后审计相结合，提高审计工作效率和质量。完成审计对象库建设工作，录入400多家贵阳市所有一级预算单位、部分二级预算单位及部分市级国有企业的基础信息。按照市委、市政府有关工作要求，全面推进“数据铁笼”工程建设，完成相关工作方案并通过专家评审，取得市发改委对贵阳市审计局“数据铁笼”项目实施方案的批复。（撰稿人：张旭丽）

【六盘水市审计局】 2016年，六盘水市审计局人员编制69人，实有46人。党组书记、局长代云盘，副局长卢德正、李成培、董巍娜、张立敏，总审计师王小月，纪检组长邵建梅，经济责任审计联席会议办公室主任张立敏（兼），六盘水市政府投资审计中心主任王坤平。设有办公室、政策法规科、财政审计科、行政事业审计一科、行政事业审计二科、农业与资源环保审计科、固定资产投资审计一科、固定资产投资审计二科、金融与外资审计科、经济责任审计一科、经济责任审计二科、企业审计科、社会保障审计科；下设六盘水市政府投资审计中心。

审计成果 2016年，六盘水市县两级审计机关完成审计项目302个。查出主要问题金额194.86亿元，其中违规金额9.75亿元、管理不规范金额185.10亿元；损益（收支）不实金额4.40亿元；审计处理处罚金额56.98亿元，其中应上缴财政7200万元、应减少财政拨款或补贴87万元、应归还原渠道资金24.55亿元、应调账处理金额26.10亿元；审计发现非金额计量问题172个；审计促进整改落实有关问题金额13.36亿元，其中增收节支4.16亿元、已调账处理金额2.89亿元；审计后挽回（避免）损失6.47亿元。移送司法机关、纪检监察机关和有关部门处理事项5件，涉及1人、金额24万元。提交审计信息383篇，被批示、采用204篇。提出审计建议628条，被采纳315条。

2016年，六盘水市审计局获得2016年度贵州省审计系统绩效目标考核一等奖，获得六盘水市直机关目标考核优秀等次。

国家重大政策措施贯彻落实跟踪审计 完成国家重大政策措施落实情况跟踪审计 7 期，发现问题 70 个，其中政策落实问题 16 个、资金管理使用问题 19 个、项目建设管理问题 35 个。移送主管部门处理问责 3 人，移送纪检监察机关重大违纪违规线索 2 件。

财政审计 完成市县两级财政预算执行和 37 个部门预算执行情况审计，查出预算编报不真实不完整 3.49 亿元、未按规定征收缴纳收入 5.98 亿元、资金滞留闲置 9.82 亿元、资金不到位不落实 15.13 亿元等问题，有效促进规范部门预算编制管理。

经济责任审计 完成 32 名党委、政府部门及企事业单位主要领导任期经济责任审计，查出违规金额 1.58 亿元、管理不规范金额 115.89 亿元，促进增收节支 2489 万元。

农业与资源环保审计 实施钟山区党政主要领导干部自然资源资产责任审计试点，查出违规违纪金额 1564 万元、管理不规范金额 9332 万元。对领导干部履行土地、森林、矿产、水资源等自然资源资产管理和生态环境保护责任情况进行审计评价和责任界定，有效加强自然资源资产管理。

固定资产投资审计 完成政府性投资审计项目 461 个（含 254 个预算审查），审计金额 101.64 亿元，核减投资 13.68 亿元，有效促进加快项目进度，节约成本，提高财政资金使用效益和政府投资管理水平。

专项资金审计 完成专项资金审计 27 个，查出主要问题金额 18.89 亿元，发现挤占挪用、弄虚作假、手续不完善等问题，有效促进民生政策落实落地，规范专项资金管理，提高资金使用效益，维护人民群众利益。 （撰稿人：舒运绍）

【遵义市审计局】 2016 年，遵义市审计局人员编制 35 人，实有 31 人。党组书记、局长翁永厚，副局长李镇薇、张辉，总审计师付同涛，调研员雷以怀，副调研员周显能。设有办公室、固定资产投资审计科、财政金融审计科、经贸审计科、经济责任审计科、农业与资源环保审计科、行政事业审计科、政策法规科、计算机技术审计科。

审计成果 2016 年，遵义市县两级审计机关完成审计项目 263 个。查出主要问题金额 96.45 亿元，其中违规金额 38.39 亿元、损失浪费金额 3466 万元、管理不规范金额 57.71 亿元；损益（收支）不实金额 3460 万元；审计处理处罚金额 15.81 亿元，其中应上缴财政 6.84 亿元、应减少财政拨款或补贴 2.03 亿元、应归还原渠道资金 3.96 亿元、应调账处理 2.72 亿元；审计发现非金额计量问题 466 个；审计促进整改落实有关问题金额 14.28 亿元，其中增收节支 11.69 亿元、已调账处理金额 2.02 亿元；审计促进拨付资金到位 3866 万元；审计后挽回（避免）损失 1.80 亿元。移送司法机关、纪检监察机关和有关部门处理事项 25 件，涉及 5 人、金额 3114 万元。出具审计报告和专项审计调查报告 336 篇，被批示、采用 11 篇；提交审计信息 612 篇，被批示、采用 228 篇。提出审计建议 1080 条，被采纳 919 条。向社会公告审计结果 12 篇。

2016 年，遵义市审计机关获得贵州省审计系统 2015 年度绩效目标考核一等奖。遵义市审计局被遵义市委、市政府评为“遵义市第六届（2013—2015 年）文明单位”，获遵义市直机关 2015 年度绩效目标考核一等奖。务川县审计局组织实施的务川县财政局 2014 年度财政预算执行和其他财政收支审计项目获省审计厅表彰。

国家重大政策措施贯彻落实跟踪审计 根据审计署和省审计厅的统一部署，组织全市审计机关对遵义市扶贫生态移民工程项目建设情况、财政专项扶贫资金使用情况、扶贫生态移民住房入住及闲置情况、易地扶贫搬迁项目开工建设及资金到位使用情况、以工代赈项目资金管理使用和项目建设情况、“小康路”项目资金管理使用和项目建设情况进行跟踪审计。审计中，着力监督检查各县区、各部门落实稳增长等相关政策措施的具体部署、执行进度和实际效果等情况，把供给侧结构性改革中“三去一降一补”政策措施作为监督的着力点，重点关注创业创新、扩大有效投资、促进转型升级、推进新型城镇化、节能环保及大扶贫战略等重点领域政策措施的贯彻执行情况和效果，揭示和查处不作为、慢作为、乱作为和弄虚作假等问题。

财政审计 完成预算执行情况和决算审计项

目共计117个，其中预算执行100个，财政决算17个。查出主要问题金额58.88亿元。审计以促进盘活财政存量资金、提高财政资金使用效益为目标，关注财政收支结构的合理性、支出的有效性、预决算的规范性，揭示预算执行率较低、预算编报不真实不完整、未按规定征收缴纳收入、资金滞留闲置、违规套取和使用资金等问题。在部门预算执行审计中，结合人大常委会对部门的评议工作，重点检查部门预算编制和执行情况。

经济责任审计 对50名领导干部开展经济责任审计，其中党委领导干部11人、政府领导干部19人、政府工作部门领导干部18人、国有企业领导干部2人。查出主要问题金额39.95亿元，其中违规金额12.92亿元、损失浪费金额3466万元、管理不规范金额26.68亿元，移送案件线索2件。遵义市审计局对桐梓县自然资源资产责任进行就地审计，重点审计桐梓县土地资源和矿产资源情况。

固定资产投资审计 结合本地区工作实际，对当地经济发展有重大影响的重大工程项目进行审计，完成政府投资审计项目104个，审减金额2.28亿元，审减率为14.53%。

民生资金（项目）审计 组织完成城镇保障性安居工程跟踪审计和扶贫资金审计；派员参与省审计厅组织的医疗保险基金和医疗救助资金审计；部分区县审计机关结合当地实际，完成水污染防治及相关专项资金审计。共完成民生资金审计35个，查出主要问题金额4.42亿元。审计中重点关注公共资金、公共资产的公平合理分配、资源利用等情况，揭示有关民生资金被虚报冒领、套取骗取、违规使用或闲置浪费等情况，在查处违法违纪问题的同时，揭示政策执行中的问题及成因，提出处理意见。

外资运用审计 遵义市审计局抽调审计人员参加省审计厅组织的世界银行贷款贵阳市农村公路项目审计。组成审计组对岑巩县日本国际协力银行贷款贵州省环境发展与教育项目2015年度财务收支和项目执行情况开展审计，并出具小组报告。抽调审计人员参加审计署组织的外资项目审计。

企业和金融审计 完成企业金融类审计项目2个，审计查出主要问题金额10.49亿元。

相关工作 遵义市审计机关共完成交办、配合事项680件，查出主要问题金额4490万元。开展“两学一做”教育活动，学习十八届六中全会精神，落实从严治党要求，扎实开展机关党建工作。加强党风廉政建设，筑牢拒腐防线。完成审计机关人财物统一管理改革试点的前期准备，推进审计机关各项建设。（撰稿人：李　励）

【安顺市审计局】 2016年，安顺市审计局人员编制48人，其中行政编制30人、工勤人员编制4人、事业编制14人；实有人数38人，其中行政编制26人、工勤人员编制3人、事业编制9人。局长郑玉和，副局长甘宗祥、徐晓艳、汪泽荣，总审计师陈敏，纪检组长徐家猛，固定资产投资审计中心主任陈华，经济责任审计联席会议办公室主任吴宏祥。设有办公室等10个科（室）和安顺市经济责任审计联席会议办公室、安顺市固定资产投资审计中心。

审计成果 2016年，安顺市县两级审计机关完成268个单位的审计、跟踪审计或审计调查项目。查出主要问题金额61.30亿元；审计处理处罚金额2.60亿元。审计促进整改落实有关问题金额6.90亿元；促进拨付资金到位3.41亿元，审计后挽回（避免）损失5.81亿元。移送处理事项11件，涉及37人，移送处理金额1875万元。

国家重大政策措施贯彻落实跟踪审计 按照省审计厅统一部署，组织重大政策措施落实情况跟踪审计，围绕大扶贫、大数据战略等中心工作，重点对扶贫生态移民资金、财政扶贫资金、易地扶贫搬迁资金管理使用情况开展审计，对审计发现有关问题及时报告，督促整改。

财政审计 对安顺市2015年度级财政预算执行和部门预算执行情况开展审计。向市政府专题报告审计结果，向市人大常委会做审计工作报告。

经济责任审计 完成对市商务局局长、市林业局局长、市第一高级中学校长、市交通建设投资公司董事长兼党委书记、平坝区（含原平坝县期间）党政主要领导的任期经济责任审计，开展对平坝区（含原平坝县期间）领导干部自然资源资产责任审计。

固定资产投资审计 围绕重大项目、重点资金、重要部门，对黄果树悬挂式轨道交通项目（一期）、安顺市"引千入虹"建设项目、安顺市体育中心等重点项目持续开展跟踪审计。

民生资金（项目）审计 组织开展安顺市2015年城镇保障性安居工程跟踪审计；组织开展水污染防治资金专项审计；对市级改革改制资金专户历年运营管理情况开展专项审计；对世界银行贷款贵州文化和自然遗产保护与发展项目进行审计。（撰稿人：李　皓）

【毕节市审计局】 2016年，毕节市审计局人员编制72人，实有55人。局长朱平，副局长李明祥、陈志勇、项学新，总审计师杨大莲，纪检组长李华，政府投资审计中心主任陈国忠。设有办公室、法制科、信息科、财政农业审计科、经济责任审计科、企业审计科、行政事业审计科、固定资产投资审计科；下设毕节市政府投资审计中心和毕节市经济责任审计办公室。

审计成果 2016年，毕节市审计局完成计划审计项目22个。查出主要问题金额71.02亿元，其中违规金额17.36亿元、损失浪费金额645万元、管理不规范金额53.60亿元；审计处理处罚金额16.48亿元，其中应上缴财政8.41亿元、应减少财政拨款或补贴2.79亿元、应归还原渠道资金1.70亿元、应调账处理金额5086万元；审计发现非金额计量问题240个；审计促进拨付资金到位1.47亿元；审计后挽回（避免）损失2.79亿元。移送司法机关、纪检监督机关和有关部门处理事项27件。出具审计报告和专项审计调查报告64篇，被批示、采用10篇。提出审计建议119条，被采纳29条；推动完善规章制度16项。向社会公告审计结果2篇。

国家重大政策措施贯彻落实跟踪审计 持续开展政策落实跟踪审计，聚焦中央、省、市重大决策部署的落实情况，突出财政扶贫资金、异地扶贫搬迁资金、以工代赈资金等审计重点，按月实施跟踪审计，分期提交报告，建立整改协调机制，推动项目建设，促进财政资金的保障到位和规范使用。

财政审计 毕节市审计局完成财政预算执行审计项目4个，县区审计机关完成54个。通过审计，揭露预算执行力低、统筹盘活资金力度不够、造成资金闲置等问题，从体制、机制、制度和管理的层面提出合理化建议，审计成果得到被审计单位的运用、人大常委会的充分肯定。

经济责任审计 毕节市审计局对6名县处级领导干部进行经济责任审计，县（区）审计机关对45名乡科级领导干部进行经济责任审计。移送纪检监察、检察机关和相关部门事项15件，涉及人员16人，涉及金额1623万元。完成金沙县领导干部自然资源资产离任审计试点工作，查出违规违纪金额1.84亿元。向有关部门移送案件线索24件。提出审计建议6条。贵州省审计厅向省人民政府报送的自然资源资产离任审计情况报告中，有5处提及金沙县自然资源资产离任审计试点工作情况，报告得到省领导的肯定。

固定资产投资审计 毕节市审计局完成决（结）算审计项目91个（自审项目29个），送审金额42.03亿元，审定金额35.98亿元，平均审减率14.4%。

民生资金（项目）审计 组织全市审计机关开展留守儿童专项资金、保障性安居工程等项目审计。全市留守儿童资金审计调查结果向社会公告后，获得普遍认可。

信息化建设 通过对审计管理系统OA的推广使用，实现与上下级之间工作方面的工作沟通与交流；开展财政数据的采集分析工作，着力推广SQL Server、Oracle等数据库软件的使用，以满足大数据环境对审计的新要求。在金沙县自然资源资产离任审计试点中使用大数据审计方法，有效提高审计效率。（撰稿人：蒋　贤）

【铜仁市审计局】 2016年，铜仁市审计局人员编制63人，实有56人。局长任廷跃，副局长田仁华、文玉宏、姚茂海，总审计师陈静，纪检组长田峰，经济责任审计联席会议办公室主任庞晓旭（4月—）。设有办公室、审计质量监督科、监察室、财政金融审计科、农业外资审计科、固定资产投资审计科、经贸审计科、行政事业审计科、经济责任审计一科、经济责任审计二科；下设铜仁市固定资产投资审计评审中心、审计信息中心。

审计成果 2016年，铜仁市县两级审计机关完成审计项目376个。查出主要问题金额159.38

亿元，其中违规金额 31.23 亿元、损失浪费金额 575 万元、管理不规范金额 128.09 亿元；审计处理处罚金额 33.40 亿元，其中应上缴财政 16.32 亿元、应归还原渠道资金 9.05 亿元、应调账处理金额 7.54 亿元；审计促进整改落实有关问题金额 12.85 亿元，其中增收节支 4.30 亿元、已调账处理金额 5.32 亿元；审计促进拨付资金到位 8311 万元。移送司法机关、纪检监察机关和有关部门处理事项 55 件，涉及 20 人、金额 8.90 亿元。提交审计信息 461 篇，被采用 234 篇。

财政审计 完成审计项目 106 个，查出未按规定征收缴纳收入 7973 万元、违规改变项目计划和资金用途 2906 万元、虚列支出 4.45 亿元、决算草案编制不规范 1.02 亿元。铜仁市审计局对本级 2015 年度预算执行和其他财政收支情况的审计，查出铜仁市梵净山投资有限公司及其子公司经营管理国有资产有关收入应缴未缴市级财政 725 万元，玉屏侗族自治县财政局非税收入未按规定缴存国库 920 万元、预算支出不实 2.24 亿元，审计依法做出责成其全额上缴财政、限期将非税收入缴入国库和调账的处理。

经济责任审计 完成审计项目 65 个，审计领导干部 87 人，其中县处级 11 人、乡科级 75 人、国有企业 1 人。查出违规金额中应负直接责任金额 1227 万元、应负主管责任金额 2.63 亿元、应负领导责任金额 25.73 亿元，管理不规范金额中应负直接责任金额 153 万元、应负主管责任金额 6.58 亿元、应负领导责任金额 19.66 亿元。在对书记、县长经济责任的同步审计中，查出松桃苗族自治县国土局应收未收土地出让价款 10.55 亿元及违约金 1.27 亿元，石阡县投资促进局将财政资金 3441 万元违规出借给 3 家招商引资企业用于缴纳土地出让金，审计机关依法做出责成有关县政府督促相关部门对欠缴的土地出让价款、违约金限期清收到位和归还原渠道资金的处理。

固定资产投资审计 完成审计项目 159 个，审计项目投资总额 48.13 亿元，查出工程结算款不实多计 8.17 亿元，核减决（结）算投资额 8.17 亿元，总核减率为 16.97%。德江县中等职业学校整体搬迁工程竣工决算审计项目中，送审工程投资额 2.27 亿元，审定工程投资额 1.95 亿元，审计核减 3152 万元，核减率为 13.91%；松桃苗族自治县工业园区标准厂房工程竣工结算审计项目中，送审工程投资额 1.52 亿元，审定工程投资额 1.32 亿元，审计核减 1989 万元，核减率为 13.12%。审计依法对上述问题做出核减决（结）算工程款的处理。

专项资金审计 完成审计项目 43 个，查出未落实“收支两条线”和专户管理规定 5316 万元、违规改变项目计划和资金用途 2416 万元、资金滞留闲置 4317 万元，审计依法做出上缴财政专户和归还原渠道资金的处理。 （撰稿人：朱亚明）

【黔西南布依族苗族自治州审计局】 2016 年，黔西南布依族苗族自治州审计局人员编制 51 人（其中行政编制 22 人，工勤编制 3 人，事业编制 26 人），实有 39 人。局长雷宪春，副局长沈浩廷、龙敏，总审计师张亚非，州领导干部经济责任审计联席会议办公室主任张时龙。设有办公室、人教科、法规科、财政编制金融审计科、行政事业外资审计科、农林水资源环保社保审计科（政策落实跟踪审计科）、企业审计科、固定资产投资审计科、经济责任审计一科、经济责任审计二科、监察室；下设州政府性投资建设项目前置审计中心、决算审核中心（加挂州国家基本建设预结算审核中心）和审计信息技术服务中心。

审计成果 2016 年，黔西南布依族苗族自治州（以下简称黔西南州）审计机关完成审计项目 113 个，查出主要问题金额 71.48 亿元，其中违规金额 9800 万元、管理不规范金额 70.50 亿元；审计处理处罚金额 16.34 亿元，其中应上缴财政 4500 万元、应归还原渠道资金 12.22 亿元、应调账处理金额 3.04 亿元。移送司法、纪检监察和有关部门处理事项 11 件。出具审计报告 113 篇，被批示 22 篇。提出审计建议 277 条。向社会公告审计结果 14 篇。1 个审计项目课件入选国家审计署教学案例。

国家重大政策措施贯彻落实跟踪审计 按照省审计厅统一部署，通过“上审下”的方式进行跟踪审计，重点跟踪监督扶贫和生态移民项目资金政策。共抽查 118 个政府部门、43 个乡镇以及 76 个扶贫生态移民搬迁安置移民点。

财政审计 审计财税部门和金库单位 27 个，对 12 个部门单位进行延伸审计，查出问题 81 个，涉及违规金额8.42亿元、管理不规范金额59.29亿元，提出审计意见和建议83条。黔西南州审计局受州政府委托，向州第七届人大常委会第三十五次会议做关于2015年度州本级预算执行和其他财政收支的审计工作报告。

经济责任审计 完成经济责任审计项目36个，查出违纪违规金额3.46亿元、管理不规范金额13.57亿元，向纪委等部门移交涉嫌经济问题11个，移送40人。配合州委组织部完成离任的县处级领导干部监交工作22项，监交资产类总金额近40.99亿元。对册亨县2014年至2015年自然资源资产责任情况继续进行试点审计，主要内容包括2013年至2015年自然资源资产和生态环境建设的基本情况、开发利用、出让转让、专项资金管理使用等。

固定资产投资审计 完成政府性投资前置审计项目384个，审减节约投资7.35亿元；完成竣工结算审计项目605个，审减或节约支出2.56亿元。两项共节约投资支出9.91亿元。

民生资金（项目）审计 组织全州2015年城镇保障性安居工程情况审计。组织全州城乡居民基本医疗保险基金审计。

专项资金审计 开展巴白公路审计工作，提出审计建议推动历史遗留问题化解。对酒金教育城项目建设和资金管理进行审计调查，促进酒金教育城财务及项目规范管理。（撰稿人：刘崇方）

【黔东南苗族侗族自治州审计局】 2016年，黔东南苗族侗族自治州审计局人员编制61人，实有48人。党组书记张恩莲（—1月），党组书记、局长李昌钦（1月—），副局长欧勤远、刘才泉、周小燕，总审计师李志军，纪检组长李万秉，经济责任审计办公室主任朱珠，州政府投资前置审计中心主任龙家茂。设有办公室、法制科、财政金融审计科、行政事、业审计科、固定资产投资审计局、企业与外资运用审计科、农业与资源环保审计科、监察室；下设经济责任审计办公室（下设经济责任审计一科、审计二科、审计三科）、黔东南州政府投资前置审计中心（下设投资审计一科、审计二科）。

审计成果 2016年，黔东南苗族侗族自治州（以下简称黔东南州）审计机关完成各类审计项目286个。查出主要问题金额108.50亿元，其中违规金额4.06亿元、管理不规范金额104.44亿元；审计处理处罚金额5.69亿元；审计发现非金额计量问题513个；审计促进整改落实有关问题金额5.27亿元。移送处理事项24件，移送处理人员16人。提交审计信息905篇，被批示、采用683篇（次）。提出审计建议772条，被采纳766条。

财政审计 完成财政预算执行情况审计项目171个，延伸相关预算执行部门审计38个。查出主要问题金额73.63亿元，其中违规变更调整预算1.28亿元、未按规定纳入预算管理1.05亿元、违规改变项目计划和资金用途5.58亿元、资金滞留闲置11.05亿元、决算草案编报不真实不完整1.88亿元、资金不到位不落实1.02亿元。完成行政事业单位财务收支审计项目39个，查出主要问题金额27.27亿元，其中未按规定纳入预算管理348万元、未按规定征收缴纳收入5715万元（其中少缴税费1591万元）、资金滞留闲置6.23亿元、虚列支出1.03亿元、会计核算不实502万元、未落实被征地农民社会保障金2271万元。

经济责任审计 2016年，完成领导干部经济责任审计项目61个，审计领导干部72人，其中党委21个21人、政府12个23人、政府工作部门22个22人、事业单位5个5人、人民团体1个1人。查出主要问题金额26.44亿元，提出审计建议227条，被采纳226条。

固定资产投资审计 完成政府投资项目概（预）算审查1117个，审查金额121.94亿元，核减金额18.68亿元；完成政府投资项目竣工决算审计项目2008个，审计金额81.71亿元，核减金额8.58亿元。全年累计为政府投资节约资金27.44亿元。

专项资金审计 完成专项资金审计（调查）项目43个，延伸审计单位35个，审计专项资金总额26.18亿元。查出主要问题金额3.47亿元，其中未按规定纳入预算管理1708万元、未落实“收支两条线”和专户管理规定3976万元、资金滞留闲置1.37亿元、资金不到位不落实9041万元。

（撰稿人：田洪波）

【黔南布依族苗族自治州审计局】 2016年，黔南布依族苗族自治州审计局人员编制49人，实有37人。局长管跃敏（—8月）、李先文（8月—），副局长罗宪平、林雪洪，总审计师冯丽芳，纪检组长司文丽，州经济责任审计联席会议办公室主任杨爱民，调研员管跃敏（9月—）。设有办公室、法规科、财政金融审计科、社保与行政事业审计科、农业与资源环保审计科、经济责任审计科、经贸外资审计科、固定资产投资审计科；下设固定资产投资审计服务中心。

审计成果 2016年，黔南布依族苗族自治州（以下简称黔南州）审计机关完成审计项目1193个（其中完成政府交办事项649个）。查出主要问题金额70.07亿元，其中违规金额19.98亿元、损失浪费金额378万元、管理不规范金额50.05亿元；损益（收支）不实金额2亿元；审计处理处罚金额28.7亿元，其中应上缴财政3.22亿元、应减少财政拨款或补贴3.12亿元、应归还原渠道资金14.46亿元、应调账处理金额2.05亿元；审计发现非金额计量问题282个；审计促进整改落实有关问题金额9.68亿元，其中增收节支8.72亿元、已调账处理金额2423万元；审计促进拨付资金到位9080万元；审计后挽回（避免）损失6.44亿元。移送司法机关、纪检监察机关和有关部门处理事项30件，涉及36人、金额6396万元。出具审计报告和专项审计调查报告544篇，被批示、采用130篇；提交审计信息345篇，被批示、采用212篇。提出审计建议748条，被采纳638条；推动完善规章制度3项。向社会公告审计结果4篇。

2016年，黔南州审计局获得贵州省审计机关年度目标考核一等奖，获得黔南州州级单位目标考评优秀奖。黔南州审计局实施的平塘县2012—2014年度领导干部自然资源资产责任审计项目被贵州省审计厅评为优秀项目；荔波县审计局实施的县卫生和食品药品监督管理局局长任期经济责任审计项目被贵州省审计厅评为表彰项目。

国家重大政策措施贯彻落实跟踪审计 组织全州开展9次稳增长政策落实跟踪审计，重点审查扶贫生态移民、财政专项扶贫、以工代赈等政策执行情况。审计揭示工程建设方面存在工程进度缓慢、未按规定招投标、未批先建、未严格执行基本建设程序；资金管理使用上存在配套资金不到位、资金报账率低、结余资金过大未能发挥效益；政策执行方面存在精准识别不够、建档立卡户占比较低等问题。审计促进整改问题85项，涉及资金3.60亿元。审计结果得到黔南州政府高度重视。

财政审计 完成40个预算执行审计项目和2个专项审计调查，查出主要问题金额24.6亿元。黔南州审计局审计州财政、地税、国库、移民局等单位的预算执行和财务收支情况，同时开展州本级财政“三公”经费安排使用情况审计。6月21日，向黔南州人大常委会做的《黔南州人民政府关于2015年州本级财政预算执行和其他财政收支情况的审计工作报告》获全票通过。

经济责任审计 完成对43名领导干部的经济责任审计，其中党委11人、政府10人、党委工作部门1人、政府工作部门16人、事业单位4人、国有企业1人；县处级领导干部6人、乡科级领导干部20人。查出主要问题金额28.68亿元，其中违规金额14.08亿元、管理不规范金额14.6亿元。根据贵州省审计厅以及黔南州委、州政府交办的全面深化改革任务，黔南州审计局对三都、惠水两县开展自然资源资产责任审计试点。通过审计基本摸清三都、惠水两县自然资源资产情况，对自然资源资产数量和质量进行评价；揭示自然资源资产开发、利用、保护存在的违法违规问题；查找影响自然资源资产保护利用等方面的制度漏洞，从加强管理和完善体制机制等方面提出审计建议；促进生态环境保护政策法规意识的提高，规范管理和有效运用自然资源资产。

固定资产投资审计 加强对政府投资建设项目的预算、在建、竣工决算全过程跟踪审计，完成投资审计项目和交办项目649个，审计项目完成投资额24.25亿元，核减投资额9.56亿元。黔南州审计局定期向黔南州委、州政府报送重大项目跟踪审计工作动态，对建设单位管理不到位、工程材料计价不规范、隐蔽工程签证不完整、工程资料编制不规范等问题，及时提出审计意见和建议，要求及时整改、完善。

民生资金（项目）审计 按照审计署、省审计厅的统一部署，组织对黔南州本级和13个县

（市、区）保障性安居工程进行跟踪审计，审计揭示保障性安居工程任务完成、政策落实、资金管理和使用、住房保障分配管理、运营管理、质量管理等方面的问题。

专项资金审计 审计专项资金类项目 27 个，审计资金总额 7.15 亿元，查出主要问题金额 2.52 亿元。完成价调基金管理使用情况审计和易地扶贫搬迁工程跟踪审计等。揭示基金安排使用不当和挪用、易地扶贫搬迁工程配套资金不到位、资金报账和支付率低、工程进度缓慢、未严格招投标、未批先建、边设计边施工、超面积建房等问题。

相关工作 黔南州审计局结合系统党建和党建品牌创建，践行“三严三实”，深入开展“两学一做”学习教育，围绕庆祝建党 95 周年安排“八个一”系列活动（一次进村访贫问苦、一次专题党课、一次审计系统知识竞赛、一次实现留守儿童“微心愿”活动、一次接受传统革命再教育、一次支部书记上党课、一次全州审计系统先进基层党组织和优秀共产党员评选表彰、一次专题报告会）。黔南州审计局党支部被州委、州直机关工委分别评为先进基层党组织，并被黔南州直机关工委授予“十佳党建品牌”荣誉称号。抓好党风廉政建设“两个责任”落实，州审计局党组与县（市）审计局签订责任书，要求县（市）审计机关党组书记切实履行好第一责任人职责，把从严治党和党风廉政建设目标责任与审计业务的目标责任同部署、同落实、同检查、同考核。同时，加强内部管理规范化，促进中央八项规定落地生根，有效防止“四风”反弹。（撰稿人：王继咏）

2016 年贵州省所辖区、县(市)级审计工作统计表

金额单位：万元

审计机关	完成审计项目（个）	审计查出主要问题金额	审计处理情况					出具审计报告和审计调查报告（篇）	提出审计建议（条）	提交审计信息（篇）
			审计处理处罚				移送处理事项（件）			
			应上缴财政	应减少财政拨款或补贴	应归还原渠道资金	应调账处理金额				
贵阳市										
贵阳市本级	43	284818	5155		12877	40366	10	44	154	94
南明区审计局	11	428	413		7	6		11	31	88
云岩区审计局	22	43977					1	22	65	82
花溪区审计局	16	1835	35		167	1374		16	57	78
乌当区审计局	16	5424		2692	43	69		16	31	103
白云区审计局	14	623803	2306		4564	32077		14	35	187
清镇市审计局	5	19736						5	25	26
开阳县审计局	15	18066	82	109	2804	251		15	31	30
息烽县审计局	11	1149	1138			11		11	84	41
修文县审计局	11	74647						11	28	69
六盘水市										
六盘水市本级	53	989081	4812		29861	2733	4	53	120	200
钟山区审计局	34	319238	359		13860	219023		34	98	17

（续表）

审计机关	完成审计项目（个）	审计查出主要问题金额	审计处理情况					出具审计报告和审计调查报告（篇）	提出审计建议（条）	提交审计信息（篇）
			审计处理处罚				移送处理事项（件）			
			应上缴财政	应减少财政拨款或补贴	应归还原渠道资金	应调账处理金额				
六枝特区审计局	34	58364	1980		1556	28617		36	163	40
水城县审计局	70	23313	47		577			70	146	68
盘县审计局	111	558569	27	87	199639	10612	1	111	101	73
遵义市										
遵义市本级	27	546544	51299	25	15940	1969	7	84	467	38
红花岗区审计局	35	8797	124	8123	540	20		35	17	36
汇川区审计局	9	46		46				9	22	86
播州区审计局	11	20622	12160	6423	1622	355		16	25	38
赤水市审计局	14	10350	476	1913	563	1492	2	18	30	24
仁怀市审计局	10	161025						10	40	36
桐梓县审计局	11	20020	192		2594	6946	5	11	36	42
绥阳县审计局	8	1187	13		315	62	5	8	25	36
正安县审计局	13	13112		903	480		2	15	37	36
道真仡佬族苗族自治县审计局	24	10418	29		28	618		24	16	36
务川仡佬族苗族自治县审计局	15	70575	2193	19	427	3378	2	15	54	36
凤冈县审计局	10	4226	1184		98			10	22	36
湄潭县审计局	7	3331	36		1159	418		7	22	38
余庆县审计局	31	20933	45	1049	4434	11735	2	36	119	36
习水县审计局	34	65968	693	1755	7476	203		34	123	31
新蒲新区审计局	4	7367			3875			4	25	36
安顺市										
安顺市本级	55	253791	9353		1398	1572	6	66	163	65
西秀区审计局	42	19496	2		14529	3112	2	42	57	57
平坝区审计局	49	20674					5	49	89	12
普定县审计局	21	211898			614		2	21	72	29
镇宁布依族苗族自治县审计局	34	70554	20		420	87		34	84	26
关岭布依族苗族自治县审计局	10	1923		454	233	411		10	24	25
紫云苗族布依族自治县审计局	11	42031		1024	181			11	30	22
开发区审计局	19	9388						19	56	16

（续表）

审计机关	完成审计项目（个）	审计查出主要问题金额	审计处理情况					出具审计报告和审计调查报告（篇）	提出审计建议（条）	提交审计信息（篇）
			审计处理处罚				移送处理事项（件）			
			应上缴财政	应减少财政拨款或补贴	应归还原渠道资金	应调账处理金额				
黄果树风景名胜区审计局	71	40299	3		53	102	3	71	83	38
毕节市										
毕节市本级	22	710160	84076	27927	16970	5086	27	64	119	41
七星关区审计局	10	22149	1677		18009	1843	7	10	16	2
大方县审计局	13	73979	21175	72	52643	89	4	13	65	6
黔西县审计局	15	117506	243	878	180	989	2	15	43	24
金沙县审计局	14	127228	8883	124	10752	52896	2	19	22	19
织金县审计局	16	456887	252	403	3753	639	1	16	26	23
纳雍县审计局	19	69363	1630	67516	217		1	10	19	28
威宁彝族回族苗族自治县审计局	19	19963	362		796	14		17		43
赫章县审计局	14	36700	150	2740	510	170	1	14	32	36
百里杜鹃审计局	8	10399	648		1			8	24	88
铜仁市										
铜仁市本级	61	588557	150558		58416		27	63	150	61
碧江区审计局	37	20961	2702			294		37	40	13
万山区审计局	18	11014	462		3	3		18	50	40
江口县审计局	22	72678	92		118		3	22	54	21
玉屏侗族自治县审计局	32	205720	924			22594	2	32	76	21
石阡县审计局	32	63964	689		117	44701	9	32	86	52
思南县审计局	45	287301	612		3594	92	2	45	129	38
印江土家族苗族自治县审计局	29	129457	5435		1337	7297	6	29	72	93
德江县审计局	39	64613	322		221	271	2	39	95	64
沿河土家族自治县审计局	18	118358	1312		23791	2	1	18	67	13
松桃苗族自治县审计局	43	31171	121		2901	156	3	43	107	45
黔西南布依族苗族自治州										
黔西南布依族苗族自治州本级	23	55592	4540		61	1430	1	23	61	205
兴义市审计局	10	117083	4233		100763	10606		10	29	60
兴仁县审计局	12	188181					3	12	20	35

（续表）

审计机关	完成审计项目（个）	审计查出主要问题金额	审计处理情况					出具审计报告和审计调查报告（篇）	提出审计建议（条）	提交审计信息（篇）
			审计处理处罚				移送处理事项（件）			
			应上缴财政	应减少财政拨款或补贴	应归还原渠道资金	应调账处理金额				
普安县审计局	13	97432	6		5060	1518		13	21	27
晴隆县审计局	8	37351						8	32	18
贞丰县审计局	7	3	1		2			7	23	38
望谟县审计局	14	179114	14		396		3	14	29	24
册亨县审计局	12	36423		47	15926	16808	3	12	40	30
安龙县审计局	14	3631	2		8		1	14	22	16
义龙新区审计局										10
黔东南苗族侗族自治州										
黔东南苗族侗族自治州本级	34	264886	453		597	817	7	34	121	102
凯里市审计局	17	3649	156		1	1284		17	29	3
黄平县审计局	14	24518	10		375	6964	2	14	27	49
施秉县审计局	14	45750	53					14	18	24
三穗县审计局	20	16331	1257	187	33	7251	2	20	118	84
镇远县审计局	17	45894	166			21	1	17	18	65
岑巩县审计局	17	59824	561		51	798		17	73	94
天柱县审计局	14	16640	1691		7	501	1	14	31	53
锦屏县审计局	13	117334	288		5	647		13	32	46
剑河县审计局	17	37932	34			19		17	22	38
台江县审计局	14	14554		570	1387	86		14	34	29
黎平县审计局	19	57189	21		16	9368	1	19	52	28
榕江县审计局	16	24282	7140		79	110	5	16	33	98
从江县审计局	13	1479	1			80	2	13	42	45
雷山县审计局	20	279844	199				1	20	36	50
麻江县审计局	13	6592	294		1097	336	2	13	45	92
丹寨县审计局	14	68330	65		616	811		14	41	5
黔南布依族苗族自治州										
黔南布依族苗族自治州本级	15	383627	24893	980	83568		4	15	52	
都匀市审计局	8	30500	1		92	440		8	25	101
福泉市审计局	9	5374	81			230	1	9		
荔波县审计局	100	24935	295	1456	9759	11368		100	10	

（续表）

审计机关	完成审计项目（个）	审计查出主要问题金额	审计处理情况					出具审计报告和审计调查报告（篇）	提出审计建议（条）	提交审计信息（篇）
			审计处理处罚				移送处理事项（件）			
			应上缴财政	应减少财政拨款或补贴	应归还原渠道资金	应调账处理金额				
贵定县审计局	9	23934	35					9	26	30
瓮安县审计局	4	53468	599		1450	314	1	4		
独山县审计局	62	40346	5810	8510	18143	7743	1	60	221	57
平塘县审计局	12	43050	5		65	52	1	12	56	
罗甸县审计局	131	53390	1	2603	23626	232		131	205	
长顺县审计局	8	13234	40		7749	9		8	65	1
龙里县审计局	159	10153	443	7432	21	83	3	159	53	121
惠水县审计局	5	10722	1	8897	383		4	5	15	1
三都水族自治县审计局	28	8138	113	1332		38	15	28	25	36

云南省

【云南省审计厅】 2016年，云南省审计厅行政编制195人，实有188人；事业编制69人，实有65人。设有云南省经济责任审计局（下辖经济责任审计一处、经济责任审计二处、经济责任审计三处）、云南省政府投资审计局（下辖政府投资审计一处、政府投资审计二处）、办公室、计划财务处、人事处、法规处、审理督查处、财政审计处、金融审计处、行政事业审计处、社会保障审计处、企业审计处、农业与资源环保审计处、涉外审计处、派出审计一处、派出审计二处、派出审计三处、派出审计四处、派出审计五处、派出审计六处、派出审计七处、派出审计八处、派出审计九处、派出审计十处、派出审计十一处和机关党委、离退休人员办公室；下设厅机关服务中心、审计科研培训中心、计算机技术中心、内部审计指导中心等直属事业单位。省纪委在省审计厅派驻纪检组。

领导成员

厅　　长：刘　明（—5月）
　　　　　吴绍吉（5月—）
副 厅 长：谢　健　苏　莉
　　　　　李　芸　杨晓源
总审计师：谢　凡
纪检组长：龚学艺
巡 视 员：任晓珍
副巡视员：黄应艳（11月—）

审计成果 2016年，云南省审计机关共审计单位1.3万个。查出违规问题金额282.04亿元、损失浪费问题金额8.86亿元、管理不规范问题金额1751.27亿元；损益或收支不实问题金额183.73亿元；促进增收节支193.74亿元，其中已上缴财政72.77亿元、已减少财政拨款或补贴25.59亿元、已归还原渠道资金95.38亿元；审计后核减固定资产投资102.33亿元；挽回或避免经济损失59.8亿元。向司法、纪检监察及有关部门移送事项371件，涉及人员192人。出具审计报告13815篇；提交审计专题报告、综合性报告和信息简报共6832篇，被批示、采用3513篇（次）。向被审计单位或有关单位提出审计建议29333条，被采纳26538条；被审计单位根据审计建议制定整改措施627项，建立健全规章制度362项。向社会发布审计结果公告5758篇。

国家重大政策措施贯彻落实跟踪审计 树立大局意识，按照审计署确定的“放管服”、脱贫攻坚、积极财政政策、盘活财政存量资金等10个方面审计重点和省政府关于地方政府债券资金管理使用情况、大众创业万众创新、城市棚户区改造等22条稳增长措施，开展重大政策措施落实情况跟踪审计，审计单位2501个、建设项目3297个，揭示问题42个，涉及问题金额47.11亿元，向省政府和审计署上报审计报告4篇，为省委、省政府提供重要决策参考，审计署给予充分肯定。

财政审计 首次同步开展省级财政和20个部门决算草案审计，实现财政决算与部门决算的有效衔接；首次采取“集中分析、分散核查”的数字化审计方式，对19个省级部门和单位开展预算执行审计；在部门预算执行审计中首次开展业务管理情况审计，促进部门提高业务管理水平和工作绩效。特别是对全省民政系统预算执行“一条线”审计，延伸审计单位228个，查出问题金额20.66亿元。移送涉嫌犯罪和违纪线索14件。省人大常委会在审议审计工作报告和审计整改报告时，给予高度评价。

经济责任审计 全省各级审计机关审计领导干部1018人，其中省审计厅审计18名省管领导干部。在审计署的统一部署下，根据中办、国办《开展领导干部自然资源资产离任审计试点方案》和云南省《开展领导干部自然资源资产离任审计试点实施方案》，省审计厅对昭通市原党政“一把手”开展自然资源资产离任审计试点，指导大理白族自治州、普洱市审计局各选择1个县（市）开展审计试点。保山、楚雄、德宏、玉溪等州（市）审计机关探索开展村委会主任经济责任审计。

资源环保审计 完成水污染防治、九大高原湖泊治理、退耕还林、地质灾害防治等环保资金审计。按照审计署的统一部署，组织对13个州（市）本级、29个县（市、区）“十二五”期间财政投入水污染防治资金管理使用情况进行审计，揭示挤占、挪用、骗取、截留水污染专项资金等问题，省委、省政府主要领导对此极为重视，多次批示要求加强整改、完善制度，保护好美丽家园。

固定资产投资审计 围绕“五网”建设和云南省政府年度20项重大建设项目，开展政府投资审计项目9306个，核减工程建设成本102.33亿元。其中，省审计厅完成昆明新机场等10个项目竣工决算审计、丘北清平水库等8个项目跟踪审计，对全省“路网”建设情况进行专项审计调查；对鲁甸等8个地震灾区恢复重建项目开展跟踪审计，揭示规划编制不合理、资金缺口大、项目管理不到位等问题，省政府已批复《鲁甸6.5级地震灾后恢复重建项目优化调整方案》。省审计厅举办全省投资审计前沿理论和热点问题研讨班，部署今后一个时期全省投资审计工作。

民生资金（项目）审计 围绕省政府年度10件惠民实事，组织开展全省“十二五”养老服务体系建设、残疾人就业保障、艾滋病防治、移民安置、科技资金、保障性住房、医保资金、易地扶贫搬迁和精准扶贫精准脱贫政策落实情况等审计。对4个州（市）的医保资金审计，揭示在制度落实、改革措施推进和基金筹集管理等方面共671个问题，查出重大违法违纪问题线索69件，涉及金额2.29亿元，省委书记听取汇报并要求立即进行整改。对2016年12个脱贫摘帽县的对标对表审计，揭示脱贫攻坚规划滞后等9个方面的问题，省委书记多次做出批示，要求省扶贫办对账销号抓好整改。省审计厅组织开展的保障性住房、医保资金审计受到审计署领导的表扬。

企业审计 按照“分类整改、分段报告”的原则，2次向省政府报告26家省属国有企业及金融机构审计查出问题的整改情况，促进整改落实到位、问责到位。审计促进各企业及金融机构共上缴财政2701万元，补缴税款1626万元，收回、追回资金28.07亿元，盘活资产4621万元，清退各项资金8457万元。建立完善规章制度696项。对604名相关责任人进行追责问责。对云南报业传媒（集团）和云南广电传媒集团进行审计，实现对省属文化企业的审计全覆盖。

审计整改 进一步完善与人大、纪检监察、巡视、检察、督查、公安、财政、税务及行业主管等部门的审计整改联动机制。省人大常委会出台《关于改进审计查出问题整改情况向省人大常委会报告机制的意见》，省检察院与省审计厅出台《关于在反腐败工作中加强协作配合的意见》，建立联席会议制度，协调重大案件查办。各级审计机关坚持“三个区分”（审慎区分无意过失与明知故犯、工作失误与失职渎职、探索实践与以权谋私），主动把审计监督融入反腐倡廉建设中。省审计厅抽调21人次配合纪检部门查办一批重大违纪违法案件。各级各部门对审计查出问题的问责力度持续加大，969名责任人受到问责处理。

信息化建设 首次采取“集中分析、分散核查”的数字化审计方式，对19个省级部门和单位开展预算执行审计，分8批次向各审计组下发35个方面共1万多条疑点数据，共抽查预算资金268.81亿元，实现计算机技术与审计业务深度融合。在审计署组织开展的全省医保基金审计工作中，坚持“数据先行、集中分析、锁定疑点”的工作方式，完成全省医保审计所需的医保、新农合、人社、卫生、民政和多家医院大数据跨行业的采集、转换和分析工作，为审计组发现重大案件线索提供重要的技术支持。举办2期省级计算机审计中级培训班、1期州市级审计机关领导干部信息化素质提升班、1期信息系统审计培训班，截至年底，全省通过省审计厅计算机中级考试的人员达到1207人，通过审计署计算机中级考试的有146人，7人取得国际信息系统审计师资格。金审工程三期云南建设项目得到省发改委、省财政厅的批复立项，省审计厅与云南财经大学联合筹建“云南省数据业务审计研究中心”。

脱贫攻坚帮扶工作 按照省委领导的要求，省审计厅牵头承担省级和中央驻滇单位挂联会泽县精准扶贫工作职责，组织召开2次工作例会，推动11家挂联单位共为会泽县协调扶贫资金1.93亿元。帮助挂钩扶贫点会泽县乐业镇协调落实项目23个、资金3200余万元；筹集200万元建立“送母分犊”基金；筹措150万元发展辣椒产业，发放种苗补助、搭建电商平台，确保建档立卡的263户贫困户脱贫摘帽。

机关建设 严守党的政治纪律和政治规矩，坚持一手抓制度完善，一手抓贯彻执行，推动全面从严治党常态化、长效化。注重完善和落实党建工作责任制，建立健全党员履职考评机制，不断丰富“互联网+党建”工作形式。落实“三会一课”、民主生活会、组织生活会、民主评议党员、谈心谈话、“党费日”等制度。牢固树立全省审计工作“一盘棋”、全省审计机关“一家人”的理念，持续推进人财物管理改革试点工作，强化对下级审计机关的领导。全面提升队伍素质，强化厅校合作，在云南大学成立审计研究中心，在省外院校培训中增加浙江大学，举办18期培训班强化提升审计干部专业胜任能力和综合素质，为审计事业持续发展培养人才、积蓄能量。

（撰稿人：褚文勋）

【昆明市审计局】 2016年，昆明市审计局人员编制141人，实有125人。局长李冰晶，党组书记郭增敏（—4月）、蔡刚（4月—），副局长林英、后文杰、王雷，总审计师陈林，机关党委书记李坤云（—11月）、王雷（11月—，兼），昆明市领导干部任期经济责任审计领导小组办公室主任杜建宝。设有办公室、法规处、财政审计处、金融审计处、行政事业审计处、企业审计处、农业与资源环保审计处、社会保障审计处、固定资产投资审计处、涉外审计处、信息处、审计执行检查处、昆明市内部审计管理办公室、经济责任审计一处、经济责任审计二处、经济责任审计三处、人事教育处（离退休人员办公室）、机关党委及昆明市审计局政府投资审计中心。

审计成果 2016年，昆明市县两级审计机关完成审计项目886个。查出主要问题金额244.02亿元，其中违规金额16.56亿元、损失浪费金额1.14亿元、管理不规范金额226.32亿元；损益（收支）不实金额3.91亿元；审计处理处罚金额50.96亿元，其中应上缴财政14.29亿元、应减少财政拨款或补贴9598万元、应归还原渠道资金4.28亿元、应调账处理金额24.34亿元；审计发现非金额计量问题290个；审计促进整改落实有关问题金额42.08亿元，其中增收节支14.94亿元、已调账处理金额20.37亿元；审计促进拨付资金到位1万元；审计后挽回（避免）损失20.87亿元。移送司法机关、纪检监察机关和有关部门处理事项20件，涉及7人、金额2699万元。出具审计报告和专项审计调查报告958篇，被批示、采用1篇；提交审计信息2529篇，被批示、采用1267篇。提出审计建议2976条，被采纳2580条；推动完善规章制度44项。向社会公告审计结果630篇。

国家重大政策措施贯彻落实跟踪审计 昆明市县审计机关投入60余人，对全市稳增长促改革调结构惠民生防风险等重大政策措施落实情况进行跟踪审计。完成财政存量资金审计、城市棚户区改造和农村危房改造审计、食品安全法规政策执行情况审计、精准扶贫精准脱贫政策落实情况跟踪审计等16个项目，对审计发现的应缴未缴财政存量资金、应缴未缴县财政农村危房改造及地震安居工程结转结余资金和收取额外费用、行政事业性收费政策未执行、未及时建立食品安全综合监控体系等问题，提出审计处理意见，明确存在问题的主体责任，提出审计建议。

财政审计 对2015年度市本级预算执行和决算草案编制情况进行审计，发现昆明市财政局2015年年末政府性基金结余结转13项，有8项超过财政部对政府性基金预算结余结转资金的限额规定；非税收入未及时上缴国库纳入预算管理12.36亿元；专户往来款长期挂账未清理6.79亿元；市本级应收未收土地出让收入4.77亿元等问题。

对昆明市地方税务局2015年度税收征收管理及税收政策执行情况进行联网审计，延伸审计调查36家企业和单位。审计发现耕地占用税存在多征少征情况，部分小微企业未按政策享受营业税、教育费附加、地方教育费附加及借款合同印花税减免，部分房地产项目土地增值税清算不规范等问题。

对12个市级部门及部分所属单位的预算执行、2个部门和2008年以来市级预算规划类及暂缓实施类项目前期经费、昆明铁路枢纽改扩建等工程的财务收支情况进行审计。发现应缴未缴财政资金人民币1.03亿元、港币2040万元、美元38万元、欧元2万元；未按规定用途使用资金762万元；项目资金闲置1357万元；预算管理不规范等问题。

经济责任审计 对23名市管领导干部实施经济责任审计，查出主要问题金额16.14亿元，其中管理不规范金额13.67亿元、违规金额2.47亿元。开展2个领导干部自然资源资产离任审计试点项目，单独出具自然资源资产离任审计报告。研究制定《昆明市县处级领导干部经济责任审计分类管理办法（暂行）》和《昆明市领导干部自然资源资产离任审计中长期工作实施意见》。

固定资产投资审计 对36个市重点建设项目实施竣工决（结）算审计，对1个重点建设项目实施总投资超概原因分析专题审计调查，组织相关县（区）审计局对昆铁枢纽改扩建工程、云桂铁路、长昆铁路、昆玉铁路等项目的征地拆迁开展跟踪审计。完成政府投资决（结）算审计项目31个，审计金额203.09亿元，依照审计法律法规以及建设工程管理制度规定调整工程投资15.99亿元，占决（结）算报审金额7.87%，提出审计建议118条。完成土地储备支出评审项目22个，评审面积2220.71亩，评审额48.38亿元，调减投资21.50亿元，提出审计建议79条。

民生资金（项目）审计 组织对昆明市民政系统2015年度预算执行情况审计及昆明市“十二五”社会养老服务体系建设情况专项审计，共查出各种问题金额2.49亿元，促进财政增收节支1.12亿元，纠正违规金额1.38亿元。提出审计建议50条。通过审计，促进市民政系统建立健全有关预算管理、优抚抚恤金发放、养老机构建设运营、固定资产管理等方面的内控制度21项。

根据市政府对落实城市公立医院综合改革要求，对市属8家医院药品加成进行核查，核查结果为发改部门调整医疗服务价格，以及取消药品加成后财政部门如何完善财政补偿机制提供可靠依据。

对昆明市扶贫办和禄劝县、寻甸县、东川区、倘甸“两区”扶贫办2013年至2016年6月财政扶贫资金情况进行审计，对昆明市10个县区精准扶贫精准脱贫政策落实情况进行跟踪审计，对禄劝县2016年易地扶贫搬迁和脱贫攻坚项目进行跟踪审计，审计涉及资金总额70.37亿元，审计查出主要问题金额2824万元，提出审计建议16条。

对富民、晋宁、宜良、寻甸、禄劝、石林6个县2015年度保障性安居工程进行跟踪审计。审计表明，实际完成城镇安居工程基本建成任务3263套。审计发现财政补助政策落实不到位、保障性住房非税收入未按规定上缴财政、将不符合保障条件家庭纳入城镇保障性住房保障范围、竣工验收的保障性住房空置超过一年、保障性住房租金收缴困难等问题。

组织10个县（区）审计局对全市农村危房改造和抗震安居工程进行跟踪审计，审计结果表明：2015年，全市实施农村危房改造工程拆除重建计划任务32715户，实际完成32145户；审计发现滞拨项目资金、市级配套资金不到位、项目实施中向农户收取额外费用、不符合条件家庭申领危房改造补助、未按相关规定实施农村危房改造工程等问题。

信息化建设 完成信息门户网站的改版、迁建及微信公众平台的建设工作。开发建设《领导干部经济责任审计管理系统》，完成老旧计算机硬件设备的更换和移动办公网络升级换代。开展财政信息系统审计探索研究，提升计算机审计能力，强化在审计项目中的运用，提高审计效率。

审计职能调整 根据《中共云南省省委办公厅、云南省人民政府办公厅关于云南滇中新区管理运行机制有关事项的批复》文件精神，滇中新区审计局将安宁市、嵩明县（滇源街道办事处和阿子营街道办事处除外）辖区范围内的审计职能职责和审计事务，整体移交昆明市审计局。4月20日，昆明市审计局同滇中新区审计局签订移交协议。

人财物管理改革试点 根据中共云南省委、云南省人民政府印发的《关于完善审计制度若干重大问题的实施意见》及相关配套文件的通知精神，昆明市审计局成立人财物管理改革试点工作领导小组，建立局领导挂钩联系县（市、区）制度，多次召开会议研究人财物管理改革试点工作，扎实开展改革调研，多次与组织、财政等部门对接，切实做好编制、工资、经费、资产等基础信息上报。及时向省审计厅和市委市政府汇报人财物管理改革存在的问题和意见建议，为开展好改革试点工作打牢基础。同时严明工作纪律，讲政治、顾大局，确保思想统一、队伍稳定、审计工作不受影响。

脱贫攻坚帮扶工作 按照市委、市政府统筹区域发展与精准扶贫的战略部署，落实产业扶贫、安居工程扶贫、重点村建设等扶贫开发措施，共计协调项目资金364万元，自筹资金25万元，扶贫日组织干部职工捐款4.45万元，节日慰问投入资金5万元，为市审计局挂钩帮扶的禄劝县马鹿塘村委会、红德村委会建设发展和贫困人员的帮扶做出应有的努力。（撰稿人：牟显福）

【曲靖市审计局】 2016年，曲靖市审计局人员编制56人，实有54人。局长郭建春，副局长张乔明、王清林、徐安民，经济责任审计局局长李启功，副调研员陈健、缪仑、陈守忠。设有办公室、法制科、科技信息科、财政审计科、经济责任审计一科、经济责任审计二科、固定资产投资审计科、政府投资前置审计科、经贸审计科、社会保障审计科、行政事业审计科、农业与资源环保审计科、金融与外资运用审计科。

审计成果 2016年，曲靖市县两级审计机关完成审计项目926个。查出违规金额5.26亿元、管理不规范金额30.10亿元；促进增收节支4.16亿元，其中收缴财政3.41亿元、归还原资金渠道6993万元、调整账务549万元。政府投资建设项目全过程跟踪审计核减工程投资13.94亿元。审计后移送司法机关处理1件、移送纪检监察机关处理6件、移送有关部门处理4件，涉及金额5368万元，相关部门已给予6人党纪政纪处分。

2016年，曲靖市审计局被市政府表彰为全市审计机关先进集体、全市档案系统先进集体、创建国家园林城市先进集体；曲靖经济开发区预算执行审计等3个项目被省审计厅表彰为全省优秀项目。

国家重大政策措施贯彻落实跟踪审计 曲靖市人民政府出台《关于认真做好2016年稳增长促改革调结构惠民生防风险政策措施落实情况跟踪审计工作的通知》，市审计局出台稳增长等政策跟踪审计工作考评办法，实现政策措施落实情况跟踪审计全覆盖。重点专项审计财政存量资金盘活清理、食品安全政策落实、小型农田水利实施、民政政策落实、地方债务举借使用、精准扶贫等政策措施落实情况。对审计发现的问题，被审计单位积极采纳审计建议，及时整改落实。

财政审计 完成财政预算执行审计项目162个，查出主要问题金额32.50亿元；完成县（市、区）、乡镇财政决算审计项目53个，查出主要问题金额9.70亿元。审计查出政府性债务管理制度不健全、政府债务管理系统数据更新不及时、部分债务未纳入预算管理、违反规定使用债券等问题。揭示耕地占用税欠缴问题突出、小微企业税收优惠政策落实不到位等问题和18个部门预算单位未严格执行“收支两条线”管理规定、应缴未缴非税收入、违规发放津贴补贴、结余资金未缴交财政等方面的问题。

经济责任审计 完成经济责任审计项目88个，其中任中审计15个、离任审计73个；共对全市88名领导干部开展经济责任审计，其中县处级领导干部20人、乡科级领导干部60人。查出违规金额2496万元，其中应负直接责任金额5万元、应负主管责任金额2132万元、应负领导责任金额358万元；查出管理不规范金额7130万元；审计发现侵害群众利益1187万元；促进增收节支468万元。

固定资产投资审计 完成政府投资项目前置审计项目1322个，报审拦标价99.49亿元，前置审计价89.12亿元，核减额10.37亿元，核减率10.43%。其中，市审计局完成前置审计项目121个，报审拦标价12.61亿元，前置审计价10.38亿元，核减额2.23亿元，核减率17.66%。完成工程竣工决算审计项目572个，核减工程款3.70亿元。保障性安居工程审计共抽查68个单位、47个项目，延伸调查225个村668户农村危房改造，涉及财政资金13.07亿元。针对审计发现部分棚户区改造项目启动困难、推进缓慢，少数县未按规定筹集建设资金等问题，市委书记和市长分别做出批示，要求及时整改落实到位。

专项资金审计 组织完成民政救灾救济、社会养老服务、医疗保险、水污染防治等专项资金审计项目76个，审计专项资金总额50.04亿元，查出主要问题金额3.29亿元。审计查出全市民政系统违纪违规问题金额3286万元，市救助站违反规定购买高档香烟、虚报冒领差旅费、购买购物卡等问题移交市民政局后，对市救助站进行通报，诫勉谈话2人，降职处分1人，责令2人做出书面检查；责令虚报冒领差旅费的15名工作人员做出书面检查，清退多报销差旅费12万元，市纪委对单位领导和相关责任人员进行问责。

信息化建设 完善计算机应用考评办法，以OA、AO系统为基础，全面推进计算机审计技术应用。全市报送省审计厅计算机审计方法121篇，5篇获得优秀奖，42篇获得入选奖；报送信息系统审计案例21篇，7篇获得优秀奖，14篇获得入选奖；在国家级刊物发表计算机理论文章28篇，在省级刊物发表1篇，9个地税联网审计模块通过专家评审，编写公安系统财务数据采集模块1个。开展计算机、审计业务培训3期，培训人数180余人次，1人通过审计署计算机中级考试，1人取得软件工程硕士学位，1人取得信息系统监理师中级职称。

（撰稿人：陈守忠）

【玉溪市审计局】 2016年，玉溪市审计局人员编制72人，实有68人。局长曾敏，副局长杨海明、李国录、许立贞，副处级调研员王宇、刘家伟。设有办公室、法规科、信息科、财政金融审计科、经济责任审计一科、经济责任审计二科、农业与资源环保审计科、经贸与社会保障审计科、行政与科教文卫审计科、固定资产投资前置审计科、固定资产投资决算审计科。

审计成果 2016年，玉溪市审计机关完成审计项目932个。查出主要问题金额161.99亿元，其中违规金额7.02亿元、损失浪费金额698万元、管理不规范金额154.90亿元；收缴财政金额2.71亿元，归还原渠道资金329万元，核减工程投资额7.92亿元；为国家增收节支10.66亿元；审计发现非金额计量问题320个。移送司法机关、纪检监察机关和有关部门处理事项47件，涉及18人、金额8475万元。出具审计报告和专项审计调查报告1001篇；提交审计信息297篇，被批示、采用220篇（次）。推动完善规章制度9项。向社会公告审计结果810篇。

2016年，获得审计署2016年课件及教学案例甲等案例1篇，审计工作信息被审计署采用1篇、被省政府采用1篇，计算机技术应用被省审计厅评为二等奖，审计项目获全省优秀1项、表彰1项。

国家重大政策措施贯彻落实跟踪审计 完成全省财政存量资金情况、城市棚户区和农村危房改造情况、食品安全法规政策执行情况、农村小型水利建设项目完工情况、民政系统预算执行情况、地方债券安排使用及绩效情况、精准脱贫政策落实情况跟踪审计等12个稳增长等政策跟踪审计项目。

经济责任审计 按照党政同责、同责同审要求，审计领导干部79人，其中市本级23人、县区56人。完成市属7个投融资公司领导经济责任审计，探索江川区原县长履行自然资源资产管理责任首个试点项目审计，推开全市七县二区村（社区）主要负责人经济责任试点审计。向省审计厅、市委组织部回复领导干部审计廉政意见 963 人次。

固定资产投资审计 对晋红高速公路、新三公路、泷水塘老工业片区改造项目、荷花池片区城市综合体土地收储项目、东片区暨“三湖”生态保护水资源配置应急工程、“三湖”“十二五”期间水污染治理项目等重大项目开展审计。完成固定资产投资审计项目 730 个，其中结算审计 422 个、前置审计 308 个，核减工程投资 7.92 亿元，其中市本局核减 4.12 亿元，县级核减 3.80 亿元。

民生资金（项目）审计 对全市七县二区保障性安居工程进行跟踪审计，开展江川区财政扶贫资金审计、全国医疗保险基金审计等社会保障项目审计。按照市委、市政府安排，对玉溪市本级和七县二区城镇居民基本医疗保险基金、新型农村合作医疗基金及相关资金收支结余和债权债务进行审计。

信息化建设 结合经济责任审计、财政审计及公共投资审计，对玉溪市高速公路联网收费信息系统、玉溪市房产管理信息系统、澄江县基于居民健康卡互联互通试点及全市推广应用项目等实施信息系统审计。建立玉溪市审计局审计对象数据库。1 人获得全国审计数据分析师、1 人获得国际注册信息系统审计师。

相关工作 推进玉溪市审计机关人财物制度改革试点，按照要求进度完成人事、财务、资产等事项改革基础工作；清理退出临时议事协调结构；建立玉溪市领导干部自然资源资产离任审计制度；完善玉溪市公务支出和公款消费审计制度；形成以市委、市政府、市人大共同督促推进审计整改的机制。向新平县戛洒镇耀南村委会派驻扶贫工作队长，推动村两委换届工作。举办财政、领导干部自然资源资产和村（社区）领导干部经济责任审计、投资、信息系统、宣传思想等培训学习 7 个班次。选派 5 人到省审计厅、县区审计局、乡镇社区挂职锻炼。 （撰稿人：段旭晖）

【保山市审计局】 2016 年，保山市审计局人员编制 43 人，实有 35 人。局长、党组书记李东伟，副局长李红霞、胡艳顺、杨国寿，总审计师杨浩波。设有办公室、财政金融审计科、行政事业审计科、农业与资源环保审计科、社会保障审计科、经济责任审计一科、经济责任审计二科、经贸审计科、固定资产投资审计一科、固定资产投资审计二科、电子数据审计科、法规科、内审指导科。

审计成果 2016 年，保山市县两级审计机关完成审计（调查）项目 907 个。查出主要问题金额 45.71 亿元，其中违规金额 15.78 亿元、管理不规范金额 29.93 亿元；损益（收支）不实金额 1.17 亿元；审计处理处罚金额 27.97 亿元，其中应上缴财政 5.71 亿元、应减少财政拨款和补贴 2.43 亿元、应归还原渠道资金 8.67 亿元、应缴纳其他资金 2.64 亿元、应调账处理金额 8.53 亿元；审计发现非金额计量问题 244 个；审计促进整改落实有关问题金额 25.05 亿元，其中增收节支 13.92 亿元、已缴纳其他资金 2.64 亿元、已调账处理金额 8.50 亿元；审计促进拨付资金到位 5715 万元；审计后挽回（避免）损失 3.90 亿元。移送司法机关、纪检监察机关和有关部门处理事项 20 件，涉及 22 人、金额 1192 万元。出具审计报告和专项审计调查报告 971 篇；提交审计信息 292 篇，被批示、采用 183 篇。提出审计建议 1982 条，被采纳 1978 条。向社会公告审计结果 476 篇。

2016 年，保山市昌宁县审计局实施的昌宁县村级财务收支情况专项审计调查项目被审计署评为优秀项目。隆阳区审计局实施的隆阳区杨柳乡乡长任职期间经济责任审计、昌宁县审计局实施的昌宁县村级财务收支情况专项审计调查、昌宁县林业局 2013—2014 年度预算执行及其他财政收支情况审计等 3 个项目被云南省审计厅评为优秀项目表彰。2 篇医院信息系统审计案例被云南省审计厅评为优秀审计案例。

国家重大政策措施贯彻落实跟踪审计 组织全市审计机关完成农村小型农田水利建设项目、财政存量资金、食品安全法规政策执行、地方债券安排使用及绩效、城市棚户区改造、农村危房改造、社会养老保险体系建设、精准脱贫工作等 8 个专项重大政策措施落实情况的跟踪审计。

财政审计 完成财政预决算审计项目 57 个，查出主要问题金额 22.73 亿元，提出完善预决算管理、规范专项资金管理、加快财政支出进度、盘活财政存量资金的审计意见和建议。对昌宁县及部分园区托管乡镇开展财政决算审计及其他财政收支审计，对全市民政及交警部门开展“一条线”审计。

经济责任审计 对68名领导干部开展经济责任审计，查出违规问题金额3.38亿元，其中应负主管责任金额7397万元、应负领导责任金额2.64亿元，在一定范围内通报审计结果8次。首次开展县委书记、县长同步审计，并探索试行领导干部自然资源资产离任审计试点。

固定资产投资审计 组织实施653个政府投资审计项目，项目投资额140.77亿元，累计核减投资额（工程款）8.19亿元，其中概（预）算投资7.19亿元、决（结）算投资9913万元，审计核减率达5.81%。

民生资金（项目）审计 开展住房、医疗、扶贫、农业、环保等方面的民生资金和专项审计（调查）项目102个，延伸审计单位266个，审计资金总额312.34亿元，查出主要问题金额5.40亿元。开展保障性安居工程跟踪审计，组织全市审计机关开展脱贫攻坚政策跟踪审计，全面开展村级财务审计调查，隆阳区、昌宁县实现对村级财务审计调查的全覆盖。

企业审计 完成企业审计项目3个，查出违规使用财政资金、财务收支核算不实、账外资产等问题金额7858万元。

信息化建设 实现与各级审计机关和国家电子政务网络中心、数据中心、政府各部门的网络互联和资源共享。

机关建设 开展“两学一做”学习教育，落实“三会一课”、交心谈心、党费日、党员积分管理等制度；实行审计公示制度，落实审计回访制度，全市审计机关审计执法和审计廉政工作继续保持“零投诉”“零举报”“零案件”纪录。全市审计机关保持省、市级“文明行业”称号，市审计局保持“全国文明单位”、5县（市、区）审计局保持“省级文明单位”称号。与南京审计大学合作举办1期61人参加的业务培训班，选派人员参加审计署和省审计厅举办的各类专题培训27个40人次；参加上级审计机关举办的各项专题视频培训学习300多人次，选派2批8名县（市、区）审计局业务骨干到市审计局挂职锻炼。全市审计机关已有59人取得中级以上专业技术职称。

内部审计 保山市全市设有内部审计机构113个，其中33个专职机构；配备安排审计人员353人，其中专职人员72人。全年完成审计项目1034个，促进增收节支328万元，提出建议意见被采纳370条。

（撰稿人：王绍婷）

【昭通市审计局】 2016年，昭通市审计局人员编制76人，其中行政编制34人、事业编制42人；实有62人，其中公务员29人、机关工勤3人，事业人员30人。党组书记、局长李绍军，副局长赵萍、王兴宝、郑成才、李文胜，市领导干部任期经济责任审计领导小组办公室主任工作秦绍平，副调研员曹廷义。设有办公室、法制科、财政审计科、固定资产投资审计科、固定资产投资前置审计科、外资金融审计科、行政事业审计科、社会保障审计科、农业与资源环保审计科、领导干部经济责任审计一科、领导干部经济责任审计二科；下设审计计算机技术中心、投资审计中心。

审计成果 2016年，昭通市县两级审计机关完成审计项目925个。查出主要问题金额48.73亿元，应上缴财政金额7634万元，应减少财政拨款或补贴金额2.23亿元，应归还原渠道资金11.10亿元，应调账处理金额2.29亿元，审减投资额15.79亿元。移送或移交违法违规问题和经济问题线索7件。出具审计报告和审计调查报告894篇；提交审计信息247篇。向党委、政府提交审计专题、综合性报告12篇，被批示、采用10篇。提出审计建议1301条，被采纳1058条。

2016年，昭通市审计局组织实施的昭通日报社总编辑任职期间履行经济责任审计项目被云南省审计厅评为优秀审计项目；彝良县人民政府2014年度财政决算情况审计项目、绥江县人民政府2014年度财政决算情况审计项目受到云南省审计厅表彰奖励。

国家重大政策措施贯彻落实跟踪审计 组织开展稳增长促改革调结构惠民生防风险政策措施和宏观调控政策的具体部署、执行进度、实际效果等情况的审计项目64个，重点审计食品安全政策措施落实情况、小型农田水利重点建设县政策措施落实情况、保障性住房政策措施落实情况、财政存量资金清理政策措施落实情况、地方政府性债务管理使用情况、精准扶贫精准脱贫政策措施落实情况、大众创业万众创新重大政策措施落实等内容。

财政审计 完成审计项目113个，查出违规金额10.61亿元、管理不规范金额8.30亿元、损失浪费金额330万元。其中市审计局完成对市本级预算执行和市交警支队、市工商局、市交通局3个部门预算执行情况审计，市本级和11个县（区）税收征管情况联网审计，组织完成巧家县、鲁甸县财政决算审计。

经济责任审计 根据市、县组织部门的委托，审计领导干部84人。其中，市审计局完成对市民政局、市民族宗教事务局、市交警支队、市交通局、市扶贫办、市供销社、市工商局、市中医院8个部门主要领导，巧家县、鲁甸县县委书记、县长和公安局局长、检察院检察长、法院院长的任期经济责任审计。

固定资产投资审计 完成审计项目694个，核减固定资产投资额15.79亿元，审减率8.47%。其中市审计局完成政府投资项目竣工决算审计15个，送审投资额126.31亿元，审减投资额6.29亿元，审减率4.98%；政府投资项目招标控制价审计121个，送审投资额60.07亿元，审减投资额9.50亿元，审减率15.81%。

企业审计 按照市人民政府的安排，市审计局组织对高原生物产业公司、粮油集团、交投集团、开投公司、城投公司等13户市属国有企业资产、负债、损益等情况进行审计，重点检查企业资产、负债、损益和财务收支活动的真实性、完整性、合法性和效益性，企业经营情况、财务情况、重大经济决策情况、内部管理情况和企业领导人员廉洁自律等情况，及时反映企业经营管理问题和体制机制问题，为市委、市政府加强对市属国有企业的领导和管理提供决策依据。

专项资金审计 根据省审计厅和市委、市政府的统一安排，开展全市城镇保障性安居工程跟踪审计、医疗保险基金审计、民政资金审计、2016年全市脱贫攻坚三季度跟踪审计、全市易地扶贫搬迁三年行动计划2016年跟踪审计等53个专项资金审计项目，审计专项资金51.67亿元。

信息化建设 推进金审工程三期建设，研发审计系统软件5个，编写审计实用性小工具软件8个，开展信息系统审计项目10个，编写地税联网审计模块8个，在国家级刊物发表审计信息化建设理论文章4篇。

相关工作 认真贯彻落实中央和省委、市委全面从严治党工作部署，严格按照“两学一做”学、做、立、改要求，肩负“两个责任”，践行“四种形态”，坚持不懈刹风正纪，全面锤炼政治合格、执行纪律合格、品德合格、发挥作用合格审计干部队伍。机关作风建设、党建工作、党风廉政建设、社管综治和平安创建等工作被昭通市委考评为优秀单位。 （撰稿人：杜永富）

【丽江市审计局】 2016年，丽江市审计局人员编制38人，其中行政编制23人、事业编制11人、工勤编制4人；实有32人，其中公务员21人、事业人员8人、工勤人员3人。局长赵怀，副局长陈秀英、冷德华、李新梅，经济责任领导办公室主任周启彬，副调研员木少志。设有办公室、法规科、财金审计科、农业与资源环保审计科、经贸投资审计科、行政事业审计科、内审指导科、经济责任审计办公室、电子数据审计科；下设固定资产投资审计中心。

审计成果 2016年，丽江市县两级审计机关完成审计（调查）项目507个。查出问题金额34.54亿元；审计处理应上缴财政3.41亿元、应减少财政拨款或补贴1.12亿元、应归还原渠道资金1.37亿元、应调账处理金额22.49亿元。移送纪检监察机关处理事项1件。出具审计报告和专项审计调查报告484篇。提出审计建议1424条。提交审计信息188篇。向社会公告审计结果156篇。丽江市审计局报送的审计报告、审计信息、审计专报和重情有16篇得到市委、市政府主要领导的批示。

2016年，丽江市审计局获得2016年度云南省审计机关计算机技术应用考评一等奖和最佳进步奖。丽江市实验学校原校长任职期间经济责任审计项目和永胜县林业局2013—2014年度预算执行和其他财政财务收支情况审计项目获得云南省审计厅表彰。

国家重大政策措施贯彻落实跟踪审计 重点对2016年脱贫摘帽的玉龙县及全市脱贫攻坚各项政策措施落实、脱贫目标任务完成、项目资金的管理使用和绩效、扶贫项目的建设情况进行跟踪审计。通过跟踪审计，推动上级扶贫政策的落实和扶贫相关政策的出台，充分发挥审计监督服务脱贫攻坚的积极作用。集中全市审计力量，组织开展财政存量资金、食品安全政策执行情况、“十二五”水污染治理资金政策措施落实情况、2015年地方政府性债务管理使用情况等跟踪审计。

财政审计 对36个单位和部门开展预算执行审计，查出问题金额25.35亿元。在开展民政系统预算执行“一条线”审计中，延伸审计单位36个，审计资金总额8.87亿元，审计其他资金2579万元，查出问题金额1.33亿元。按照省审计厅的要求，针对审计查出问题的整改落实，组织两次民政审计“回头看”，审计查出问题得到有效整改。丽江市人大常委会在审议审计工作报告和审计整改报告时，给予高度评价和充分肯定。

经济责任审计 完成23名领导干部的经济责任审计，查出主要问题金额1.81亿元。为开展好领导干部自然资源资产离任审计，采取以审代训的方式，选派审计人员参加昭通市领导干部自然资源资产离任审计试点工作。

固定资产投资审计 全市政府投资审计核减工程投资3.04亿元，其中招标控制价审计核减工程投资8780万元，跟踪审计、竣工决算审计核减工程建设成本2.17亿元。

民生资金（项目）审计 完成专项资金审计项目73个，查出问题金额3.43亿元。重点完成2015年度城镇保障性安居工程跟踪审计、移民资金审计、“十二五”期间水污染防治资金管理使用情况审计，易地扶贫搬迁和精准扶贫精准脱贫政策落实情况审计，在审计任务重、人手紧的情况下，抽调审计骨干参加省审计厅统一组织的基本医疗保险基金和医疗救助资金审计。

信息化建设 通过明确责任、细化目标任务、强化考核、完善奖励机制等方式，督促各科室、区县较好地完成计算机运用考核目标任务。获得2016年度云南省审计机关计算机技术应用考评一等奖和最佳进步奖，在全省计算机运用考评中位居第二。加强信息化人才培养，选派审计人员参加审计署和省审计厅组织的计算机中级培训。

机关建设 全面从严治党要求落到实处，严格遵守政治纪律和政治规矩，强化“四个意识”，机关建设取得成效。丽江市审计局在党风廉政建设、综治维稳、老干部、政府执行力等项工作中均被评为优秀单位，丽江市审计局党总支被丽江市直机关工委评为先进基层党组织。

（撰稿人：陈友莲）

【普洱市审计局】 2016年，普洱市审计局人员编制42人（行政编制30人，工勤编制3人，事业编制9人），实有39人。局长段萍，副局长罗恒林、李海鹰、宋春、胡庆明，总审计师刘永一。设有办公室、法规科、财政金融审计科、行政事业审计科、农业与资源环保审计科、固定资产投资审计科、社会保障与外资审计科、计算机运用审计科、经济责任审计一科、经济责任审计二科、内部审计指导科；下设普洱市政府投资审计中心。

审计成果 2016年，普洱市县两级审计机关完成审计项目619个。查出主要问题金额124.32亿元，其中违规金额5.46亿元、管理不规范金额118.86亿元；通过审计整改，挽回（避免）损失4100万元，核减工程投资额1.57亿元。移送纪检监察机关和有关部门处理事项40件，涉及5人、金额58.28亿元。报送审计报告、信息219篇，被领导批示和有关部门采用94篇。提出审计建议1819条，被采纳1758条。向社会公告审计结果486篇。

国家重大政策措施贯彻落实跟踪审计 根据审计署和省审计厅的统一安排，完成财政存量资金、农田水利建设和各类棚户区改造及配套基础设施建设等政策落实情况跟踪审计。抽查项目878个，上报审计报告6篇，揭示滞留债券置换资金，挪用农村危房改造资金，小型农田水利、食品药品建设、扶贫等项目推进缓慢等各类问题14个。提出审计建议16条。

财政审计 采取“横向全覆盖、纵向一条线”的审计方式，对全市民政系统2015年度预算执行和其他财政财务收支及决算草案编制情况进行审计。开展部门预算执行和其他财政收支审计65个，查出主要问题金额22.86亿元。

经济责任审计 完成经济责任审计项目64个，涉及领导干部63人，查出主要问题金额2.98亿元。组织开展澜沧县领导干部任期自然资源资产履职情况的审计试点，在总结审计试点经验的基础上，市委、市政府出台《普洱市开展领导干部自然资源资产离任审计试点实施方案》。

固定资产投资审计 完成投资审计369项，审计投资额27.74亿元，核减投资额1.57亿元。完成15家造价（财务）公司的入围招标，规范购买社会中介服务参与政府投资审计工作。成功承办全省投资审计前沿理论和热点问题研讨班。

民生资金（项目）审计 完成景谷6.6级地震民房恢复重建跟踪审计任务，稳步推进基础设施恢复重建项目跟踪审计。组织开展以西盟、孟连两县边境民族特困地区农村安居工程建设为重点的农村安居房建设跟踪审计。组织保障性安居工程审计项目、宁洱县精准扶贫精准脱贫审计项目。完成专项资金审计项目86个，查出主要问题金额1.79亿元。

企业审计 实现对25家市属国有企业和企业化管理事业单位全覆盖审计，查出问题金额91.43亿元。移送纪检机关及有关部门案件线索24件。审计提出意见和建议74条。通过审计，进一步摸清家底，促进国有企业的规范管理。

人财物管理改革试点 普洱市审计局加大请示汇报、沟通协调、统筹推进的力度，在市委、市政府和省审计厅的正确领导下，在市委组织部、市委编办、市财政局、市人社局等相关部门的大力支持配合下，实现编制、人员、工资待遇、省级财政保障部门预算的统一管理。

内部审计 市政府制定下发《关于进一步加强内部审计工作的意见》，促进内部审计与国家审计协调发展，在一定程度上缓解审计监督全覆盖中国家审计力量资源不足的现实问题。

机关建设 深入开展“两学一做”学习教育，先后组织开展向《宪法》宣誓活动，建党95周年纪念活动和爱国主义教育基地体验试教育，增强审计干部的思想政治意识。落实党组党风廉政建设主体责任，健全“一岗双责”机制，全面启动推行权力清单和责任清单制度工作，强化廉政风险防控。强化审计干部警示教育，持续开展廉政文化进家庭活动和正科领导干部述职述廉工作。按照云审工程二期建设的要求，注重审计干部能力建设，组织参与上级审计机关开展的新任局长、新进人员、计算机运用等教育培训36人次，组织开展全市审计机关视频培训5期900余人次，开展科级以上干部在线学习42人次，参加审计署网络教育培训220余人次，开展宪法及法律宣传培训考试37人次。

扶贫工作 普洱市审计局抽调下派墨江县泗南江镇西岐村驻村扶贫工作队员3人，投入人力52人次，开展遍访、回访及建档立卡“回头看”精准识别抽查工作5次。自筹经费投入挂包村资金共计12.39万元，协调一批涉及产业发展、道路交通、集镇饮水、环境综合整治、群众文化活动场所建设等项目，争取项目资金155万元。

（撰稿人：朱　勇）

【临沧市审计局】 2016年，临沧市审计局人员编制29人，实有48人（公务员45人、工勤人员3人）。局长杨世吉（—5月）、吴杰（6月—），副局长邓绍华、字绍和、郑国琼、樊亚楠。设有办公室、法制科、财政金融审计科、行政事业审计科、农业审计科、资源环保审计科、固定资产投资审计一科、固定资产投资审计二科、固定资产投资审计三科、领导干部任期经济责任审计一科、领导干部任期经济责任审计二科、领导干部任期经济责任审计三科、社会保障审计科、信息化科。

审计成果 2016年，临沧市审计局完成审计项目70个。查出主要问题金额19.14亿元，其中违规金额2.69亿元、管理不规范金额16.45亿元；审计处理处罚金额8.36亿元，其中应上缴财政1.35亿元、应减少财政拨款或补贴32万元、应归还原渠道资金5.64亿元、应缴纳其他资金260万元、应调账处理金额1.35亿元；审计促进整改落实有关问题金额7.99亿元，其中增收节支6.97亿元、已缴纳其他资金346万元、已调账处理金额9882万元；审计后挽回（避免）损失9517万元。移送司法机关、纪检监察机关和有关部门处理事项8件，涉及金额993万元。出具审计报告和专项审计调查报告72篇，被批示、采用5篇；提交审计信息106篇，被批示、采用92篇。提出审计建议188条，被采纳188条；推动完善规章制度6项。向社会公告审计结果60篇。

2016年，临沧市审计局连续第12年被市委、市政府评为党风廉政建设责任制优秀单位、档案工作优秀单位，继续保持“省级文明单位”“文明行业”等荣誉称号；被省审计厅授予全省审计机关2016年度计算机应用三等奖、最佳进步奖。临沧市审计局关于对凤庆县人民政府2013—2014年度农村义务教育专项资金审计被云南省审计厅评为优秀项目。

财政审计 不断创新财政预算执行审计工作方法，将财政预算执行审计与专项资金审计、经济责任审计有机结合，探索实践地税联网审计，规范财政财务收支行为。完成预算执行审计项目39个，通过审计，揭示未按规定纳入预算管理、未按规定征收缴纳收入、未落实“收支两条线”和专户管理规定、违规改变项目计划和资金用途、扩大开支范围或提高开支标准列支等资金使用方面的问题，查出主要问题金额3.04亿元。

固定资产投资审计 结合全市重大项目建设情况，开展政府投资审计项目14个，其中完成临沧师范高等专科学校“专升本”工程一期建设项目竣工决算、缅宁大道建设项目竣工决算等项目审计，报审项目投资额7.29亿元，核减工程建设成本6420万元。建立政府投资审计项目统计台账，完成《临沧市政府投资建设项目审计管理办法》《临沧市重大建设项目跟踪审计实施办法（试行）》《临沧市政府投资建设项目委托社会中介机构参与项目审计实施办法（试行）》等投资审计制度的起草论证工作。

经济责任审计 召开工作领导小组会议或联席会议4次，完成4名县处级领导经济责任审计，其中涉及党政领导和部门领导3人、事业单位领导1人。出具审计报告和审计结果报告6篇；提交送信息6篇，提出审计建议并被各级党委、政府及部门采纳6条。

专项资金审计 按照上级审计机关的统一部署，组织开展全市“十二五”养老服务体系建设、艾滋病防治、易地扶贫搬迁和脱贫攻坚政策落实情况及全市民政系统、农村义务教育、保障性安居工程、扶贫专项资金等审计项目。在全市民政系统审计中，坚持“数字化、大项目、一条线”审计思路，采取“上审下”“交叉审”相结合的组织方式和统一计划、统一组织、统一方案、统一程序、统一处理的“五统一”工作模式，抽调42名审计人员，成立11个审计组，覆盖全市民政部门预算执行，涉及市县相关单位27个、乡镇58个，揭示财务管理混乱、违规享受城乡低保、擅自改变资金用途、项目建设滞后等问题，查出问题金额2.83亿元。移送违纪违规线索5件6人，审计结果引起各级有关部门高度重视，11名相关人员受到纪检监察机关处分和问责，查出问题得到有效整改落实。抽调11名业务骨干赴楚雄彝族自治州参加2016年全国医疗保险基金审计，配合省审计厅审计组开展科技资金专项审计。

信息化建设 通过组团向先进州市学习、加强硬件设施建设、“以审代训、审训结合”等方式狠抓信息化工作，提升审计信息化水平。《临沧市妇幼保健院信息系统审计案例》《临沧市公安局交通警察支队信息系统审计案例》入选全省2016年度优秀信息系统审计案例，在全省审计机关2016年度计算机技术应用综合考评中获得全省第六名。

党风廉政建设 制定《中共临沧市审计局党组落实党风廉政建设主体责任的实施办法》，组织召开全市审计系统党风廉政工作会议，层层签订党风廉政建设责任书。开展提拔、轮岗科级干部廉政谈话和任前谈话，落实主要领导带头讲廉政党课制度。严格执行“三重一大”制度。完善领导干部直接联系群众工作总结报告制度。

（撰稿人：陈丽娴）

【楚雄彝族自治州审计局】 2016年，楚雄彝族自治州（以下简称楚雄州）审计局人员编制38人，实有50人。党组书记阿明仙（—4月）、刘平（4月—），局长刘平，副局长徐永金、胡晓雯、李秋洪、陈绍能、陶光明、顾姝倩。设有办公室、人事培训科、局党总支办公室、总审计师室、信息科、法规科、财政审计科、行政事业审计科、农业与资源环保审计科、社会保障审计科、经贸审计科、固定资产投资审计一科、固定资产投资审计二科、金融与外资运用审计科、经济责任审计一科、经济责任审计二科、派出审计一科、派出审计二科、派出审计三科、派出审计四科、派出审计五科、派出审计六科。

审计成果 2016年，楚雄州县两级审计机关共完成审计项目878个。查出违规金额6.80亿元、管理不规范金额131.90亿元；审计处理处罚应上缴财政3.33亿元、应减少财政拨款或补贴

1.77亿元、应归还原渠道资金1893万元；审计核减政府投资2.50亿元。移送纪检监察机关及有关部门处理事项37件，移送处理金额1.46亿元。提出并被采纳审计建议1816条；促进被审计单位建立健全规章制度106项。公告审计结果496个。

国家重大政策措施贯彻落实跟踪审计 组织开展财政存量资金审计、政府债务审计、保障性安居工程跟踪审计、食品安全政策执行情况跟踪审计、小型农田水利重点县建设项目跟踪审计等重大政策措施落实情况审计，直接跟踪审计部门和单位121个，延伸审计部门和单位336个，向州政府和省审计厅提交重大政策跟踪审计综合报告10篇。跟踪审计发现问题81个，提出审计建议28条。

财政审计 组织开展州县两级预算执行和其他财政收支情况审计、地方税收征收管理及税收政策执行情况审计，全州民政系统预算执行和其他财政财务收支审计，州水务局、州政务服务管理局、州保密局等3个州级部门预算执行情况和决算草案编制情况审计。通过审计揭示问题，提出整改意见和建议，向州人民政府上报审计结果报告，受州人民政府委托向州人大常委会做审计工作报告和审计查出问题整改情况报告，为人大常委会加强预算监督，有关部门改进财务管理工作提供重要的参考依据。

经济责任审计 开展领导干部经济责任审计项目113个，开展离任交接项目41个，查出问题金额8.03亿元，其中违规金额1.47亿元（涉及直接责任415万元、主管责任4939万元、领导责任9305万元）、管理不规范金额6.56亿元，已上缴财政7609万元，已归还原资金渠道617万元。

自然资源资产离任审计试点 实施自然资源资产离任审计试点11个（州级2个、县市级9个）。通过开展自然资源资产离任审计试点工作，揭示领导干部在自然资源资产监管职责履行、制度建设、资金管理使用等方面存在的问题，加强自然资源资产管理、保护好生态、推动绿色发展。

固定资产投资审计 完成投资审计项目548个，审计投资额82.32亿元，核减政府投资2.50亿元，揭示部分建设项目投资超计划、挤占项目建设资金等问题。

民生资金（项目）审计 重点组织开展全州农村危房改造和抗震安居工程审计、全州医疗保险基金审计、全州精准扶贫精准脱贫政策落实情况跟踪审计、牟定县脱贫攻坚跟踪审计等项目。通过审计，揭示政策执行、资金管理使用和项目执行等方面存在的问题。

企业审计 组织对楚雄州开发投资有限公司、楚雄锦星酒店有限公司的资产负债损益进行审计。通过审计掌握企业资产负债情况，揭示影响企业发展的体制机制制度层面的问题，查处企业在经营活动中存在的违法违纪问题。

相关工作 组织开展“两学一做”学习教育，坚持学用结合、知行合一，坚持问题导向、注重实效，抓实基层组织建设，发挥党员干部的先锋模范带头作用，完成上级审计机关和州委政府安排的重大审计工作任务。加强干部培训教育，提升计算机审计水平，提高审计队伍素质。推进党风廉政建设和反腐败工作，进一步提升审计执法水平。

内部审计 研究制订楚雄州内部审计协会年度工作计划。组织楚雄州内部审计协会各会员单位撰写审计理论文章，参加业务培训。报经批准成立楚雄州内部审计协会党支部。

（撰稿人：杨崇显）

【红河哈尼族彝族自治州审计局】 2016年，红河哈尼族彝族自治州（以下简称红河州）审计局人员编制55人，实有55人。局长李朝晖，副局长解友发、何仕华、陈红欣、张德文。设有办公室、人事科、法规科、经济责任审计一科、经济责任审计二科、事业企业审计科、固定资产投资审计科、行政政法审计科、财政金融审计科、农业与环保审计科、社会保障审计科；下设计算机技术中心、投资审计中心。

审计成果 2016年，红河州县两级审计机关完成审计项目785个，其中组织实施审计项目785个。查出主要问题金额84.68亿元，其中违规金额10.11亿元、损失浪费金额743万元、管理不规范金额74.49亿元；损益（收支）不实金额2.39亿元；审计处理处罚金额15.34亿元，其中应上缴财政4.82亿元、应减少财政拨款或补贴2.42亿元、应归还原渠道资金4.19亿元、应调账处理金额3.91亿元；审计发现非金额计量问题

354个；审计促进整改落实有关问题金额11.91亿元，其中增收节支8.29亿元、已调账处理金额3.62亿元；审计促进拨付资金到位162万元；审计后挽回（避免）损失2.59亿元。移送司法机关、纪检监察机关和有关部门处理事项26件，涉及15人、金额4999万元。出具审计报告和专项审计调查报告947篇；提交审计信息360篇，被批示、采用190篇。提出审计建议1964条，被采纳1813条。向社会公告审计结果172篇。

2016年，屏边县2013年至2014年农村义务教育专项资金审计项目被云南省审计厅评为优秀项目。

国家重大政策措施贯彻落实跟踪审计 按照审计署的部署，以推动稳增长促改革调结构惠民生防风险政策措施落实到位，促进经济平稳运行、健康发展和转型升级为目标，对相关部门和地区与稳增长密切相关的重大项目建设进度、资金保障、简政放权等情况开展跟踪审计。

财政审计 完成预（决）算执行审计项目108个，查出主要问题金额67.53亿元。

经济责任审计 完成162个单位166名领导干部的经济责任审计，查出主要问题金额40.41亿元。

固定资产投资审计 共完成固定资产投资审计项目344个，项目投资额35.82亿元，完成投资额33.22亿元，核减投资额（工程款）2.60亿元。

专项资金审计 完成专项资金审计项目141个，审计资金总额80.17亿元，查出主要问题金额5.79亿元。

相关工作 以落实全面从严治党要求为主线，突出抓好"两学一做"学习教育、"基层党建推进年"等重点工作，党组中心组集中学习12次，党课教育7次，学习习近平总书记系列重要讲话专题讲座5次。厘清领导班子及班子成员党风廉政建设主体责任清单，强化主体责任意识，举办廉政课堂4次，知识讲坛2次。（撰稿人：杨建明）

【文山壮族苗族自治州审计局】 2016年，文山壮族苗族自治州审计局人员编制48人，实有45人。局长何淑清，副局长陆明会、李云山、李洪光、朱丽琼，总审计师甘志林。设有办公室、综合法规科、人教科、经济责任审计局、行政事业审计科、企业金融审计科、农业资金审计科、社会保障资金审计科、固定资产投资审计科、固定资产投资审计中心、计算机技术中心。

审计成果 2016年，文山壮族苗族自治州（以下简称文山州）审计机关完成审计项目1157个（其中州审计局235个）。查出各类问题金额82.34亿元（其中州审计局38.03亿元）；审计处理已缴财政金额10亿元（其中州审计局7.65亿元）；核减工程投资8.2亿元（其中州审计局5.87亿元）。移送案件12件（其中州审计局6件）。提交审计综合报告及信息简报552篇，被批示、采用273篇。提出审计建议2030条，被采纳1884条。公告审计结果858篇。

国家重大政策措施贯彻落实跟踪审计 对文山州盘活财政存量资金情况进行审计，发现9715万元存量资金未收回财政统筹使用。对2016年一季度保障性安居工程政策措施落实情况进行审计，查出涉嫌贪污国家资金、违规享受危房改造资金补助、冒领危房改造资金等问题，移送州纪委事项2件，涉及3人。对州本级和各县（市）2015年度地方政府债务管理使用情况进行审计，查出存在违规举借政府债务、置换债券资金长期闲置、债务单位未按规定用途使用置换债券资金和置换债务时未按规定签订协议等问题。对州直28个部门（单位）截至2016年二季度精准扶贫精准脱贫政策落实情况进行跟踪审计，查出农村危房改造贷款风险补偿机制未建立、集中安置点同步搬迁户比例过高、项目建设推进迟缓、管理工作不规范、补助标准不符合上级规定、未执行招投标和"三重一大"制度等问题。提出建议3条。

财政审计 完成财政预决算审计76个（其中州本级13个），查出主要问题金额50.08亿元。州审计局按要求向州人大常委会分别做本级预算执行和其他财政收支情况审计工作报告、审计发现问题整改情况报告，审计工作得到委员们的充分肯定，并提出审议意见。

经济责任审计 根据组织部门委托，先后对40名（其中州本级5个）党政领导干部进行任期经济责任审计，出具审计结果报告40篇。查出各类问题金额4.40亿元，其中应负主管责任金额2600万元、应负领导责任金额4.13亿元、应负直接责任金额103万元。

固定资产投资审计 完成政府性投资建设项目审计919个（其中州本级195个），送审额111.51亿元（其中州本级76.21亿元），核减投资额8.20亿元（州本级5.90亿元），审减率为7%（州本级8%）。

民生资金（项目）审计 对保障性安居工程进行跟踪审计，查出各类问题金额2124万元，揭示存在虚报完成安居工程任务、保障性住房长期空置未发挥效益、项目用地未批先建、工程项目程序手续不完善等问题。对文山市和丘北县“十二五”期间水污染防治项目进行审计，发现农村生活饮用水存在安全隐患、普者黑景区湖泊水质呈下降趋势、可溶性剧毒废渣存放场所不合规、对水源地和城区周边河道的保护和管理不到位、医疗废物处置能力不足等问题，并提出整改建议。

（撰稿人：李　蕊）

【西双版纳傣族自治州审计局】 2016年，西双版纳傣族自治州审计局人员编制26人，实有23人。局长周娜，副局长安永祥、蒋凌云。设有办公室、法规科、财政审计科、经贸审计科、经济责任审计科、固定资产投资审计科、电子数据审计科、社保审计科；下设西双版纳傣族自治州内部审计指导中心。

审计成果 2016年，西双版纳傣族自治州（以下简称西双版纳州）审计机关完成审计项目402个。查出主要问题金额28.46亿元，其中违规金额6.50亿元、损失浪费金额1万元、管理不规范金额21.96亿元；损益（收支）不实金额1.26亿元；审计处理处罚金额12.00亿元，其中应上缴财政3.27亿元、应减少财政拨款或补贴2.17亿元、应归还原渠道资金256万元、应调账处理金额6.45亿元；审计发现非金额计量问题333个；审计促进整改落实有关问题金额10.66亿元，其中增收节支5.66亿元、已调账处理金额4.53亿元；审计后挽回（避免）损失2.20亿元。移送司法机关、纪检监察机关和有关部门处理事项3件，涉及金额81万元。出具审计报告和专项审计调查报告422篇；提交审计信息156篇，被批示、采用27篇。提出审计建议1103条，被采纳1063条；推动完善规章制度1项。向社会公告审计结果68篇。

2016年，西双版纳州审计局党支部获得州级先进基层党组织表彰，党风廉政建设考核为优秀。景洪市审计局2014年市级预算执行和其他财政收支审计项目被评为云南省审计厅优秀项目。

国家重大政策措施贯彻落实跟踪审计 对食品安全、存量资金、农村小型水利、城市棚户区改造、农村危房改造、扶贫资金等政策落实情况进行跟踪审计，着力解决贯彻落实中央和省、州委重大决策部署中存在的突出问题，促进政令畅通、政策落地生根。

财政审计 完成26个预算执行审计项目，延伸审计单位48个，查出主要问题金额20.85亿元。

固定资产投资审计 开展328个政府投资建设项目审计，完成投资额33.61亿元，核减工程投资2.54亿元，其中前置审计核减7138万元、竣工决算核减1.83亿元。

经济责任审计 探索“1＋N”审计模式，草拟2个制度，报经州委、州政府批准实施。完成对16名领导干部的经济责任审计，共查出问题金额1.00亿元。移送纪检监察机关1人。

专项资金审计 完成30个专项资金审计，审计总额23.01亿元，查出主要问题金额2.72亿元。对勐海县、勐腊县开展脱贫攻坚跟踪审计，对审计发现的问题向州政府进行专题汇报并提出审计建议，助推西双版纳州“十三五”脱贫攻坚任务顺利完成。

内部审计 按照发挥“两类”组织党组织政治核心作用的要求，成立中共西双版纳州内部审计协会党支部，有党员93名。

信息化建设 成立电子数据审计科，从人员培训、数据采集、数据管理等方面抓落实，推进审计数据应用取得成效。（撰稿人：李蔚兰）

【大理白族自治州审计局】 2016年，大理白族自治州（以下简称大理州）审计局人员编制36人，实有60人。局长彭云宁，副局长施黄、梁育鸿、沈万炳，总审计师柴建荣。设有办公室、财政金融审计科、经济责任审计一科、经济责任审计二科、审计项目管理科、法规科、经贸审计科、审计成果运用科、行政事业审计科、农业与资源环保审计科、前置审计科、固定资产投资审计科、电子数据审计科、社会保障审计科和大理海东开发管理委员会审计分局、大理创新园区审计分局派出分局。

审计成果 2016年，大理州审计局完成审计项目439个。查出主要问题金额58.10亿元，其中违规金额11.98亿元、损失浪费金额1689万元、管理不规范金额45.95亿元；损益（收支）不实金额4.94亿元；审计处理处罚金额7.36亿元，其中应上缴财政2.47亿元、应减少财政拨款或补贴1795万元、应归还原渠道资金2389万元、应调账处理金额4671万元；审计发现非金额计量问题72个；审计促进整改落实有关问题金额2.44亿元，其中增收节支8922万元、已调账处理金额4637万元；审计促进拨付资金到位719万元；审计后挽回（避免）损失4.20亿元。移送司法机关、纪检监察机关和有关部门处理事项7件，涉及1人，移送处理金额181万元。出具审计报告和专项审计调查报告438篇；提交审计信息4篇，被批示、采用2篇。提出审计建议338条，被采纳331条。向社会公告审计结果346篇。

国家重大政策措施贯彻落实跟踪审计 按照审计署的要求，大理州县两级审计机关开展防治艾滋病工作政策落实情况、九湖治理及水污染防治、云南省2015年第五批至第七批小型农田水利重点县建设项目、安居工程、脱贫攻坚等稳增长促改革调结构惠民生防风险政策措施落实情况的跟踪审计。

财政审计 大理州审计局完成2015年度州本级财政预算执行和8个州级单位的预算执行审计、地税系统2015年度税收征管联网审计项目、民政系统预算执行审计。

经济责任审计 完成27名领导干部的经济责任审计。其中党委领导4人、政府领导4人、政府工作部门领导16人、事业单位领导2人、人民团体领导1人。查出违规金额、损失浪费金额、管理不规范金额8663万元。

固定资产投资审计 大理州县两级审计机关完成固定资产投资审计项目2472个，项目投资金额105.45亿元，审计核减投资金额2.01亿元。其中，前置审计核减4.93亿元，决（结）算审计核减2.08亿元。

自然资源资产离任审计试点 大理州县两级审计机关开展自然资源资产离任审计试点项目13个。其中，大理州审计局实施大理市市长自然资源资产离任审计，12县（市）审计局各安排1名乡镇长的自然资源资源资产离任审计。

（撰稿人：黄曙生）

【德宏傣族景颇族自治州审计局】 2016年，德宏傣族景颇族自治州审计局人员编制35人，实有35人。局长杨善武，副局长杨常纪、摆岩相补。设有办公室、法制科、行政事业审计科、农业与资源环保审计科、财政金融审计科、社会保障审计科、固定资产投资审计科、领导干部任期经济责任审计一科、领导干部任期经济责任审计二科、投资项目审计中心。

审计成果 2016年，德宏傣族景颇族自治州（以下简称德宏州）审计机关共完成审计项目242个。查出违规金额10.25亿元、管理不规范金额90.92亿元；通过审计，为国家增收节支2.96亿元，调账处理金额3.41亿元，核减固定资产投资额6171万元，为被审计单位挽回或避免经济损失1817万元。移送司法、纪检监察和其他部门处理事项5件，涉及金额271万元。共出具审计报告259篇；提交审计专题、综合性报告和信息简报377篇，其中被党政领导和有关部门批示、采用175篇（次）。向被审计单位或有关单位提出审计建议599条，被采纳597条。向社会公布审计结果公告79篇。

国家重大政策措施贯彻落实跟踪审计 对全州稳增长促改革调结构惠民生防风险政策措施落实情况持续开展跟踪审计，完成精准扶贫、食品安全、防治艾滋病、沿边金融综合改革实验区建设等政策跟踪审计项目40个，审计单位80个，延伸抽查项目、单位、企业142个，审计查出问题金额35.16亿元。

财政审计 对财政部门实施的2015年度本级预算执行情况、地税部门实施的2015年度地方税收征管情况进行审计；对德宏州民政局、住建局、教育局等47个行政事业单位的2015年度部门预算执行情况进行审计。查出主要问题金额64.50亿元。针对存在问题，审计提出强化主体责任盘活财政存量资金、严格执行年度预算和用款计划拨款、培植税源继续做好营改增后续工作、强化审计整改等意见和建议。

经济责任审计 以"为民务实清廉"作为监督重点，围绕"四权一廉"，逐步提升经济责任审计项目中任中审计的比例。审计领导干部 18 人，其中任中审计 7 人，查出违规金额 587 万元、管理不规范金额 4744 万元，促进增收节支 138 万元。提出审计建议 51 条。

固定资产投资审计 落实政府投资项目必审制度和跟踪审计制度，克服审计资源匮乏困难，整合社会中介力量，围绕"一带一路"重大项目开展竣工决算和跟踪审计。完成芒市机场大道改扩建工程、德宏州幼儿园教学楼、德宏州民族一中教学楼、德宏州人民医院内科大楼等 64 个投资项目审计，审计投资总额 11.21 亿元，查出主要问题金额 1.09 亿元，核减投资额 6171 万元。

民生项目（资金）审计 完成审计署和省审计厅统一组织的保障性安居工程、水污染防治资金等全国全省性民生项目审计。统一组织实施脱贫攻坚资金、易地扶贫搬迁政策资金、阿昌族整乡推进整族帮扶等重要惠民项目的审计，共完成民生项目审计 95 个，审计专项资金总额 130.31 亿元，查出问题金额 5.64 亿元，核减投资额 1670 万元。

（撰稿人：李志远）

【怒江傈僳族自治州审计局】 2016 年，怒江傈僳族自治州审计局人员编制 42 人（其中事业编制 12 人），实有 42 人。局长杨勇强，副局长陈坤良、赵书云、杨金艳。设有办公室、法制综合科、财政金融审计科、行政事业审计科、农业与资源环保审计科、企业与外资审计科、社会保障审计科、经济责任审计一科、经济责任审计二科、计算机审计应用科、计划统计科、怒江州固定资产投资审计中心。

审计成果 2016 年，怒江傈僳族自治州（以下简称怒江州）审计机关完成审计项目 175 个，其中组织实施审计项目 130 个，参与实施审计项目 45 个。查出主要问题金额 19.78 亿元，其中违规金额 2.39 亿元、管理不规范金额 17.40 亿元；损益（收支）不实金额 4485 万元；审计处理处罚金额 6.32 亿元，其中应上缴财政 2586 万元、应减少财政拨款或补贴 733 万元、应归还原渠道资金 1.38 亿元、应调账处理金额 4.60 亿元；审计发现非金额计量问题 791 个；审计促进整改落实有关问题金额 4.73 亿元，其中增收节支 3195 万元、已调账处理金额 4.35 亿元；审计后挽回（避免）损失 1048 万元。移送司法机关、纪检监察机关和有关部门处理事项 33 件，涉及 7 人、金额 5.63 亿元。出具审计报告和专项审计调查报告 175 篇；提交审计信息 60 篇，被批示、采用 3 篇。提出审计建议 540 条，被采纳 443 条。向社会公告审计结果 36 篇。

2016 年，怒江州审计局、泸水市审计局、福贡县审计局、贡山县审计局被评为第十批"怒江州文明单位"称号。兰坪县 2013 年至 2014 年农村义务教育专项资金审计项目被云南省审计厅评为表彰项目。

国家重大政策措施贯彻落实跟踪审计 完成审计项目 22 个，查出主要问题金额 1053 万元；揭示落实政策、建立健全管理体制、使用资金等方面存在的问题，服务党委、政府宏观决策。

财政审计 完成审计项目 36 个，查出主要问题金额 6.32 亿元。开展民政部门"一条线"审计，对"十二五"社会养老服务体系建设项目资金进行重点审查，移送纪检监察机关处理事项 2 件，涉及 4 人、金额 442 万元。怒江州州长对地方政府债务管理使用情况审计结果做出重要批示，有力推动整改落实。

经济责任审计 对 23 名州、县（市）领导干部履行经济责任情况进行审计，移送纪检监察机关和有关部门处理事项 29 件，涉及 3 人、金额 5.02 亿元。9 月，中共怒江州委办公室、怒江州人民政府办公室印发《怒江州领导干部自然资源资产离任审计试点实施方案》。10 月，怒江州审计局首次对泸水市原县长履行自然资源资产管理责任情况进行审计试点。

农业与资源环保审计 完成审计项目 6 个，查出主要问题金额 74 万元。对怒江州本级、泸水市、兰坪县"十二五"期间水污染防治资金进行审计，揭示违规改变资金用途、环保违法违规建设项目未完成整改、项目未及时实施等问题。

固定资产投资审计 通过招标，选择 15 家中介机构参与固定资产投资审计，完成审计项目 72 个，送审投资额 7.43 亿元，核减投资额 5384 万元，移送有关部门处理事项1件，有效规范项目管理、节约政府投资。

民生资金（项目）审计 完成审计项目12个，查出主要问题金额2.07亿元。怒江州审计局对泸水市脱贫攻坚工程专项资金进行跟踪审计，组织四县（市）审计局对全州2013年至2015年脱贫攻坚五大工程44个项目任务落实情况、资金分配管理使用情况进行跟踪审计，怒江州州委书记、州长、副州长分别对审计结果做出重要批示，各县（市）人民政府强化责任，及时采取措施进行整改。

专项资金审计 完成审计项目4个，查出主要问题金额18万元。

信息化建设 投入52万元开展信息系统硬件设施建设，组织2期审计信息化培训班，搭载怒江州公安局交警支队2015年预算执行情况审计项目对信息系统进行审计，为开展大数据审计工作奠定基础。

相关工作 深化全面从严治党，深入开展“两学一做”学习教育，严抓党风廉政建设，强化法治建设，着力打造审计特色精神文明，有序推进省以下审计机关人财物管理改革试点工作。改善审计队伍人才结构，2016年怒江州审计机关新进工程造价、审计会计、计算机、法律专业的公务员、事业编制人员25人。 （撰稿人：刘 婕）

【迪庆藏族自治州审计局】 2016年，迪庆州藏族自治州审计局人员编制31人，实有22人。局长杨继文，副局长张柱能、傅冰（7月—）、和集义，总审计师王文珍（11月—）。设有办公室、综合法规科、行政事业审计科、财政金融审计科、固定资产投资审计科、经济责任审计科、政府投资审计中心和计算机技术中心。

审计成果 2016年，迪庆州藏族自治州（以下简称迪庆州）审计机关完成审计项目170个，其中审计项目168个，专项审计调查2个。查出主要问题金额14.67亿元，其中违规金额2.41亿元、管理不规范金额12.26亿元；审计处理处罚金额7.63亿元，其中应上缴财政7397万元、应归还原渠道资金1.42亿元、应调账处理金额5.47亿元；审计发现非金额计量问题75个；审计促进整改落实有关问题金额7.82亿元，其中增收节支9712万元、已上缴财政6218万元、已调账处理金额5.07亿元；审计后挽回（避免）损失3572万元。移送司法机关、纪检监察机关和有关部门处理事项1件。出具审计报告和专项审计调查报告170篇；提交审计信息156篇。提出审计建议462条，被采纳346条。向社会公告审计结果105篇。

国家重大政策措施贯彻落实跟踪审计 开展国家重大政策措施贯彻落实跟踪审计，重点关注政策措施在各部门、各领域、各行业的执行情况，对违规行为督促纠正，促进依法行政。对于一些可能存在的风险点提前预防，筑牢防线；在风险实际发生前，及时对政策执行风险进行预警，并提出有针对性的建议使其“预防和减少损失”的实际效果落到实处。

财政审计 开展财政预算执行审计，促进深化财政体制改革，维护公共资金安全和公共资金使用效益的发挥，盘活存量，用活增量，进一步规范财政管理和税收征管。

经济责任审计 迪庆州州委、州政府对迪庆州经济责任审计工作领导小组成员进行调整充实，迪庆州委办、迪庆州政府办下发《迪庆州州管领导干部经济责任审计对象分类管理办法（试行）》《迪庆州领导干部离任经济责任事项交接办法（试行）》，为进一步加强领导干部经济责任审计工作奠定基础。在开展领导干部经济责任审计时，围绕委托内容，抓住风险、质量、廉政线，运用评价体系试点审计成果，重点对被审计领导干部执行经济决策权、经济管理权、经济执行权、经济监督权和个人遵守廉洁从政（业）规定情况进行检查，对其领导干部经济责任情况做出客观公正、实事求是的审计评价，推动经济责任审计工作向规范化、制度化、科学化方向发展。

农业与资源环保审计 探索试点领导干部自然资源资产离任审计，完成对香格里拉市原市长任职期间自然资源资产责任履行情况的审计。

固定资产投资审计 研究制定《迪庆州审计机关聘请中介机构及专业人员参与项目审计工作管理实施办法（试行）》《迪庆州审计局聘用社会中介机构和专业人员参与政府审计费用计费暂行规定》，进一步规范聘请社会中介机构参与政府审计程序，开展第一批（2016年至2018年）社会中介服务机构入围资格公开招标；在固定资产投资审计中始终坚持依法审计、实事求是、保证质量、廉洁高效，规范建设单位的管理，对重大项目的“真实、合法、效益”进行有效监督。

专项资金审计 通过开展文化产业专项资金筹集、管理、分配和使用情况，州本级“十二五”期间水污染防治资金等专项资金审计项目，关注财政专项资金使用效益的发挥，揭示财政专项资金管理使用中存在的问题。

信息化建设 采取多种措施推进和规范信息化工作，派出人员参加各级审计机关组织的计算机知识培训，自行组织计算机应用专题培训，提高迪庆州审计人员编写计算机审计方法和计算机审计案例水平，推进审计信息化应用进一步提升。

相关工作 深入开展“两学一做”学习教育；落实党风廉政两个责任，切实改进工作作风；推进基层党组织建设，加强党的思想建设工作；提高依法行政意识；开展政务环境整治行动，参与行政执法检查；做好精准扶贫、综治维稳、平安创建工作；强化审计整改，确保审计结果有效落实。

（撰稿人：郑永平）

2016年云南省所辖区、县(市)级审计工作统计表

金额单位:万元

审计机关	完成审计项目(个)	审计查出主要问题金额	审计处理情况					出具审计报告和审计调查报告(篇)	提出审计建议(条)	提交审计信息(篇)
			审计处理处罚				移送处理事项(件)			
			应上缴财政	应减少财政拨款或补贴	应归还原渠道资金	应调账处理金额				
昆明市										
昆明市本级	108	1708018	55654	44	32301	207925	4	122	568	1491
五华区审计局	13	78251	1051	115		69	2	16	132	76
盘龙区审计局	65	31251	12527		68	18547		65	194	29
官渡区审计局	32	296672	3282	910		1290		45	85	73
西山区审计局	45	5087	870	2727	23	630		54	107	111
东川区审计局	50	15208	13124	1435	130	41		52	123	2
呈贡区审计局	55	13140	6344		20	6775	3	57	200	1
晋宁区审计局	26	54890	30972	5	139	217	2	31	298	190
安宁市审计局	41	4633			14	4510		41	396	168
富民县审计局	68	167024	1765			1064	6	74	45	185
宜良县审计局	56	4720	1293		863	1911	1	66	165	107
石林彝族自治县审计局	113	2787		1713	183			108	207	44
嵩明县审计局	62	2963	341			307		68	161	
禄劝彝族苗族自治县审计局	51	16734	5105	2646	8869	112		51	180	1
寻甸回族彝族自治县审计局	101	38794	10605		211		2	108	115	51

（续表）

审计机关	完成审计项目（个）	审计查出主要问题金额	审计处理情况					出具审计报告和审计调查报告（篇）	提出审计建议（条）	提交审计信息（篇）
			审计处理处罚				移送处理事项（件）			
			应上缴财政	应减少财政拨款或补贴	应归还原渠道资金	应调账处理金额				
曲靖市										
曲靖市本级	151	168112	14931		1435		4	171	232	67
麒麟区审计局	78	56281	774		29	71		87	201	60
沾益区审计局	59	38164	8703		4	4	3	62	136	65
宣威市审计局	75	14543	1554					82	145	34
马龙县审计局	110	8906	2355		26			112	216	46
陆良县审计局	103	2930	175					121	242	
师宗县审计局	85	25609	465		4704			87	153	51
罗平县审计局	85	7132	658		755	161	2	97	187	40
富源县审计局	92	23256	1661	6	8	231	2	105	220	10
会泽县审计局	88	8691	2801		27			96	14	35
玉溪市										
玉溪市本级	156	127825	32801		3988	2727	20	172	247	160
红塔区审计局	104	248952	4005		44	72	1	109	321	20
江川区审计局	89	42169	122		60	1142	2	95	112	
澄江县审计局	91	19697	986		41	2	6	91	305	20
通海县审计局	75	37282	1524		2	1326	1	84	98	24
华宁县审计局	102	58386	1392	14	5		4	107	96	17
易门县审计局	90	6561	906		31	81	4	96	155	9
峨山彝族自治县审计局	109	24176	565		8	689	4	117	141	9
新平彝族傣族自治县审计局	52	16008	12206				5	58	61	
元江哈尼族彝族傣族自治县审计局	64	38877	1125		238	294		72	172	38
保山市										
保山市本级	93	119983	9060	16189	48702	2889	4	104	173	76
隆阳区审计局	138	215956	41923		37037	37805		144	188	35
腾冲市审计局	159	36768	4		4	17516	1	176	293	62
施甸县审计局	218	28585	518	1	132	21120	2	221	393	13
龙陵县审计局	96	8535	3797		71	4632	4	96	97	56
昌宁县审计局	203	47277	1820	8095	719	1291	9	230	838	50
昭通市										
昭通市本级	94	310170	757	22007	38440			93	399	136

（续表）

审计机关	完成审计项目（个）	审计查出主要问题金额	审计处理情况					出具审计报告和审计调查报告（篇）	提出审计建议（条）	提交审计信息（篇）
			审计处理处罚				移送处理事项（件）			
			应上缴财政	应减少财政拨款或补贴	应归还原渠道资金	应调账处理金额				
昭阳区审计局	426	16508			757	5183		426	60	
鲁甸县审计局	17	5862	250					16	32	
巧家县审计局	135	16965	32		3293	53		122	56	
盐津县审计局	21	21599	510		348	967		20	79	
大关县审计局	59	5303	82		1322	3830	1	60	124	34
永善县审计局	10	72319	719		62895	8057		2	54	
绥江县审计局	47	4195	96	279	680	3138	3	44	126	
镇雄县审计局	24	3076	2264		190	620		21	181	73
彝良县审计局	44	14240	771		3057			43	83	
威信县审计局	27	1457	559	42	13	366	2	26	63	4
水富县审计局	21	15608	1594		51	657	1	21	44	
丽江市										
丽江市本级	52	76295	20411	11229	1630	32340		52	127	62
古城区审计局	109	183665	8		11920	148760		86	325	36
玉龙纳西族自治县审计局	161	19344	7094			3998		161	364	40
永胜县审计局	57	5238	57		74	1247		57	390	26
华坪县审计局	97	19992	5181		11		1	97	125	18
宁蒗彝族自治县审计局	31	40823	1357		99	38516		31	93	6
普洱市										
普洱市本级	86	1089233	17604	5322	11811	107118	29	102	292	84
思茅区审计局	33	34072	3118	488	285	30182	2	33	86	45
宁洱哈尼族彝族自治县审计局	42	1604	389	934	4	277		46	112	76
墨江哈尼族自治县审计局	69	21573	3480	1037	257	418	3	79	270	18
景东彝族自治县审计局	135	14506	5503	1624	304	39		135	295	39
景谷傣族彝族自治县审计局	75	4874	1229	2200	21	77		78	181	12
镇沅彝族哈尼族拉祜族自治县审计局	25	6792	1317	1486				25	61	11
江城哈尼族彝族自治县审计局	53	33345	2458	599		10837	4	57	140	1

（续表）

审计机关	完成审计项目（个）	审计查出主要问题金额	审计处理情况					出具审计报告和审计调查报告（篇）	提出审计建议（条）	提交审计信息（篇）
			审计处理处罚				移送处理事项（件）			
			应上缴财政	应减少财政拨款或补贴	应归还原渠道资金	应调账处理金额				
孟连傣族拉祜族佤族自治县审计局	36	15952	31	1676	61	46	1	40	101	8
澜沧拉祜族自治县审计局	56	27012	2391	1122	3337	18959	1	60	228	11
西盟佤族自治县审计局	24	15409	43	595	5			24	83	8
临沧市										
临沧市本级	70	191389	13482	32	56373	13466	8	72	188	106
临翔区审计局	42	44441	791		58	1250		42	85	43
凤庆县审计局	43	179400	1821		45554	539		43	127	14
云县审计局	42	2428	1250		193	301		42	99	52
永德县审计局	40	19049	870		373	8510		40	155	17
双江拉祜族佤族布朗族傣族自治县审计局	18	14527	51		6012	8398	2	8	17	
耿马傣族佤族自治县审计局	12	28824	388		365	111	5	16	45	23
沧源佤族自治县审计局	24	26294	3189		3842	1266	3	27	72	64
楚雄彝族自治州										
楚雄彝族自治州本级	74	984781	9912	1449	30	2367	12	87	219	49
楚雄市审计局	80	60908	7470	4156	24	307		90	259	3
双柏县审计局	94	69708	1229	2899	90	59		104	328	
牟定县审计局	75	18842	1151	1063	406	1035	4	87	86	
南华县审计局	58	14756	6		68			64	164	31
姚安县审计局	85	10812	1323		98	1998	1	95	144	1
大姚县审计局	64	64127	3794	883	162		4	73	209	38
永仁县审计局	114	17000	2590	634	19	6910		123	206	
元谋县审计局	68	36443	2695	819	148	15	5	77	55	166
武定县审计局	75	9498	2718	3171	476	29	4	83	36	
禄丰县审计局	91	100301	398	2602	372	95728	7	101	272	75
红河哈尼族彝族自治州										
红河哈尼族彝族自治州本级	80	461926	22990	122	22318	11807	14	111	276	128
个旧市审计局	60	6235	444	746	28		4	82	108	57

（续表）

审计机关	完成审计项目（个）	审计查出主要问题金额	审计处理情况					出具审计报告和审计调查报告（篇）	提出审计建议（条）	提交审计信息（篇）
			审计处理处罚				移送处理事项（件）			
			应上缴财政	应减少财政拨款或补贴	应归还原渠道资金	应调账处理金额				
开远市审计局	27	3926	683	617	69	1529		37	92	54
蒙自市审计局	48	19136	1522	442	415	6548		53	124	25
弥勒县审计局	118	39074	1548	14112	24	8619		129	176	
屏边苗族自治县审计局	43	3200	424	1419	5	328		53	112	
建水县审计局	49	158944	408	463	441	30	3	59	174	29
石屏县审计局	84	58865	28	3310	471	6258		86	255	36
泸西县审计局	40	27568	17425	345	9694	103		45	103	2
元阳县审计局	59	6802	1604	1065	36		1	76	124	2
红河县审计局	55	2467	214	1565	262	29	2	62	130	
金平苗族瑶族傣族自治县审计局	47	23666	222	32	1599	1502	2	66	130	2
绿春县审计局	47	9345	722		68	2326		57	103	
河口瑶族自治县审计局	28	25667			6420			31	57	25
文山壮族苗族自治州										
文山壮族苗族自治州本级	235	380313	95492	59351	85604	48126	6	239	382	105
文山市审计局	101	235332	168	2618	57	6		106	154	30
砚山县审计局	97	22596	476	2010	108	12591		100	97	29
西畴县审计局	117	20157	1461		4	13123		124	182	83
麻栗坡县审计局	118	68015	2872	2414	4	7431	2	123	204	48
马关县审计局	148	17132	11859	2815	15	654		156	207	33
丘北县审计局	97	20794	585	1412	14613	71	2	101	290	102
广南县审计局	122	23283	9261	7723	584	14	1	126	183	38
富宁县审计局	122	35828	779	1595	291	232	1	122	331	84
西双版纳傣族自治州										
西双版纳傣族自治州本级	80	63130	5722	12930	118	7891		80	234	40
景洪市审计局	150	130818	6958	7157	24	12858	3	156	424	53
勐海县审计局	106	75227	18449	962	13	41859		110	228	43
勐腊县审计局	66	15438	1586	631	101	1849		76	217	20

（续表）

审计机关	完成审计项目（个）	审计查出主要问题金额	审计处理情况					出具审计报告和审计调查报告（篇）	提出审计建议（条）	提交审计信息（篇）
			审计处理处罚				移送处理事项（件）			
			应上缴财政	应减少财政拨款或补贴	应归还原渠道资金	应调账处理金额				
大理白族自治州										
大理白族自治州本级	439	580976	24710	1795	2389	4671	7	438	338	4
大理市审计局	222	141475	22035	14199	902	379		223		40
漾濞彝族自治县审计局	182	12811	336			540		185	123	48
祥云县审计局	102	52191	1623	18	267	46088	3	101	118	20
宾川县审计局	616	9844	101		46	59		624	1314	30
弥渡县审计局	158	5787	632	747		3401		158	188	24
南涧彝族自治县审计局	330	2206	526		390	4844		329	36	
巍山彝族回族自治县审计局	123	27189	684		16331	136	2	123	36	27
永平县审计局	268	1018	441	561	12			268	754	36
云龙县审计局	195	6647	376					195	218	
洱源县审计局	273	104198	1185		655		1	271	924	1
剑川县审计局	178	7752	1639		87	1787		178	357	
鹤庆县审计局	382	3819	2		355	1263		380	855	
德宏傣族景颇族自治州										
德宏傣族景颇族自治州本级	39	428889	4	959	18	190		40	116	114
瑞丽市审计局	56	38715	95		72	532		59	144	65
芒市审计局	51	359254	26296		2314	33017	3	54	113	87
梁河县审计局	25	81635	69	237	571	358	2	27	66	40
盈江县审计局	38	92903	698	19				43	100	50
陇川县审计局	33	10313	623	10	20	3083		36	60	21
怒江傈僳族自治州										
怒江傈僳族自治州本级	38	98160	118		2010	24937	27	38	96	29
泸水市审计局	20	27527	482		11169	4186	1	20	42	5
福贡县审计局	53	30402	1315	487	76	14242	2	53	219	7
贡山独龙族怒族自治县审计局	42	11788	128				2	42	125	5
兰坪白族普米族自治县审计局	22	29956	545	246	499	2590	1	22	58	14

（续表）

审计机关	完成审计项目（个）	审计查出主要问题金额	审计处理情况：审计处理处罚：应上缴财政	应减少财政拨款或补贴	应归还原渠道资金	应调账处理金额	移送处理事项（件）	出具审计报告和审计调查报告（篇）	提出审计建议（条）	提交审计信息（篇）
迪庆藏族自治州										
迪庆藏族自治州本级	35	81077	4607		5310	44541		35	78	40
香格里拉市审计局	38	12906	752		5112	6948		38	116	70
德钦县审计局	34	39034	519		12		1	34	88	
维西傈僳族自治县	63	13674	1519		3784	3163		63	64	46

西藏自治区

【西藏自治区审计厅】 2016年，西藏自治区审计厅人员编制165人，实有118人。设有办公室（计划财务处）、政工人事处（机关党委）、法规处、经济责任审计局、行政事业审计处、财政金融审计处、企业审计处、社会保障审计处、固定资产投资审计处、农业与资源环保审计处、教科文卫审计处、党群政法审计处、审计督查处和政府投资审计中心、后勤服务中心、信息中心（审计干部培训中心）。

领导成员

党组书记、副厅长：次　多（1月—）

党组副书记、厅长：孙秀春

党组成员、副厅长：王洪勇　尹摇山

拉巴次仁（1月—）

祝遵宏（12月—）

党组成员、纪检组长：扎西卓玛（5月—）

副巡视员：徐俊琴

审计成果 2016年，西藏自治区审计机关共审计（调查）单位和项目218个，查出各类问题金额1003.46亿元，促进增收节支3.24亿元，促进拨付资金到位17.00亿元。出具提交审计报告、综合报告和信息448篇，被各级党委、政府主要领导批示采用20余篇（次）。提出审计建议632条。促进有关部门建立健全制度28项。

2016年，西藏自治区审计厅获得中共西藏自治区委员会、西藏自治区人民政府表彰，被评为“西藏自治区创先争优强基础惠民生活动优秀组织单位”荣誉称号。

国家重大政策措施贯彻落实跟踪审计 围绕项目落地、资金保障、简政放权、政策落实、风险防范五个抓手，结合全区经济社会发展实际，持续开展全区政策措施落实情况跟踪审计，发现和纠正有令不行、有禁不止等行为，为确保区党委政府重大部署落实和政令畅通发挥重要作用。

财政审计 围绕提高财政资金绩效这条主线，加大对重点资金、重点部门、重点领域的审计监督，集中揭示反映财政资金运行中存在的违纪违规问题和涉及体制机制管理问题，有效发挥审计在维护财经秩序、深化财政管理改革中的积极作用。“两个报告”得到各级人大、政府充分肯定。自治区主要领导先后对“两个报告”及审计整改工作做出重要批示。区本级预算执行审计发现问题整改情况首次向自治区人大常委会报告，报告中提到的24个方面的问题绝大部分得到及时整改。

经济责任审计 完成对111名领导干部的经济责任审计，查出领导干部负有责任的问题金额31.67亿元。审计中注重把握权力运用与责任追究两个方面，拓宽审计的广度和深度，着力关注领导干部贯彻政策措施、重大经济决策、财政管理、国资管理、土地管理、民生和环境保护等方面的履职情况。

自然资源资产离任审计试点　组织起草《西藏自治区自然资源资产离任审计试点工作实施意见》；开展林芝市领导干部自然资源资产离任审计试点，揭示自然资源资产开发管理和生态环境保护中存在的突出问题以及风险隐患。在其他审计项目中，也重点关注资源环境保护内容。

固定资产投资审计　政府投资审计项目共核减投资额8559万元。开展的尼泊尔"4·25"地震日喀则灾后重建、江北公路改建工程和扎囊大桥新建工程等审计项目，揭示项目资金管理、建设管理等方面的问题，对项目的经济效益、社会效益和环境效益做出客观评价。

民生资金（项目）审计　对保障性安居工程、基本医疗保险基金、财政扶贫资金等民生项目和资金进行审计，把保障和改善民生作为着力点，揭示民生资金在分配、管理和使用中存在的问题，增进富民惠民政策的实施效果。

违纪违法问题查处　发挥审计在维护经济秩序和反腐败工作中的作用，把查处重大违纪违法问题线索作为审计机关的重要职责，向纪检、国税等有关部门移送案件线索和问题事项48件。西藏自治区审计厅与自治区纪委、公安厅、检察院、国税局4家单位建立协作配合工作机制，增强查处涉嫌重大违纪违法问题的合力。

机关建设　按照全面从严治党的要求，树立正确的选人用人导向，按照好干部标准选人用人，向区党委推荐副厅级领导干部，厅内民主推荐提拔一批处级。加强业务培训，妥善处理工学矛盾，采取自主培训、委托审计署培训等方式，提高审计人员的专业技能，全区审计机关367人，人均参加各类培训超过15天。组织全区审计人员学习领会中办、国办《关于完善审计制度若干重大问题的框架意见》，开展"适应新常态，践行新理念，更好地履行审计监督职责"大讨论，谋划审计事业长远发展；区党委政府出台西藏自治区《关于完善审计制度若干重大问题的意见》。在自治区党委政府和有关部门支持下，审计厅增加人员编制50名、内设机构5个，有效解决区审计厅人员少与工作任务繁重的矛盾。与审计署、教育部等部门密切沟通，落实委托南京审计大学从2016年起连续5年每年定向为西藏审计机关招收培养50名审计相关专业本科生的相关事项，第一批46名学生已于2016年9月入学。

（撰稿人：翟继巍）

【拉萨市审计局】　2016年，拉萨市审计局人员编制48人，实有43人。局长次旦（—9月）、彭多（11月—），副局长史勇（—8月）、赵文生（10月—）、格桑平措、黄益强（7月—），经济责任审计处处长曲松，副调研员黄兴奎（6月—）、罗素彬（6月—）。设有办公室、法规科、财政金融审计科、基本建设投资审计科、行政事业审计科、经济责任审计处、经贸企业审计科、农业与资源环保审计科、信息中心。

审计成果　2016年，拉萨市审计局完成审计项目23个，其中计划内项目16个，计划外项目5个，配合区审计厅项目2个。审计总金额268.31亿元，通过审计共查出违纪违规金额1711万元、管理不规范金额8260万元；审计处理应上缴财政资金1307万元（其中本级财政1158万元、县级财政148万元），已上缴财政892万元（其中已上缴市财政776万元、已上缴县财政116万元）；归还原渠道资金1107万元；自行纠正资金7557万元。出具审计报告、决定45篇。提出审计建议55条，被采纳55条。

2016年，拉萨市审计局被自治区党委、自治区人民政府评为西藏自治区创先争优强基础惠民生活动先进单位。

财政审计　完成拉萨市2015年市本级预算执行情况和其他财政收支情况审计；开展堆龙德庆区2013年至2015年预算执行情况和财政收支审计；对全市相关部门的预算执行情况及其他财政收支等方面进行延伸审计。按照国务院统一部署和审计署统一要求，对拉萨市2016年贯彻落实稳增长促改革调结构惠民生防风险政策措施落实情况进行跟踪审计，促进有关政策的落实。审计总金额254.38亿元，审计查出违规违纪资金103万元，其中应上缴财政资金51万元，加强管理自行纠正资金52万元。提出审计建议3条，被审计单位采纳3条。

完成拉萨市委办公厅2011年至2015年财政财务收支情况审计、拉萨市政府办公厅2013年至2015年财政财务收支情况审计、拉萨市政法委2013年至2015年财政财务收支情况审计、曲水县政法委2014年至2015年护路经费收支情况审计和拉萨市2015年城镇保障性安居工程跟踪审计。审计总金额9.42亿元，查出违规违纪金额794万元、管理不规范金额3859万元；应上缴财政474万元、应归还原渠道资金84万元、加强管理自行纠正资金4095万元。提出审计建议28条，被审计单位采纳28条。

经济责任审计 完成拉萨市商务局书记和局长任期经济责任审计、拉萨市安监局书记和局长任期经济责任审计。审计总金额6718万元，查出管理不规范金额351万元，其中应上缴财政302万元、应归还原渠道资金3万元、加强管理自行纠正资金45万元。提出审计建议8条，被审计单位采纳8条。

固定资产投资审计 完成拉萨市堆龙德庆县109国道县城建设工程决算审计、东城区三路市政工程项目竣工决算审计、拉萨市委党校迁建项目竣工决算审计、拉萨市教师继续教育学校建设项目竣工决算审计。审计总金额3.12亿元，查出违规违纪金额814万元、管理不规范金额3785万元，其中应上缴财政415万元、应归还原渠道资金1020万元、加强管理自行纠正资金3165万元。提出审计建议13条，被审计单位采纳13条。

专项资金审计 完成拉萨市2014年农业综合开发土地治理项目资金审计、拉萨市2014年整乡推进扶贫开发项目资金审计。审计总金额7208万元，查出管理不规范金额265万元，其中应上缴财政65万元、加强管理自行纠正资金200万元。提出审计建议3条，被审计单位采纳3条。

（撰稿人：沈士虹）

【日喀则市审计局】 2016年，日喀则市审计局人员编制60人，实有49人。局长徐伟，副局长次仁、边巴次仁、尼玛多吉、刘德安、成善忠、孙庆利，纪检组长扎西卓玛，经济责任审计处处长平措。设有经济责任审计处、办公室（政工人事科）、法规科、财政金融审计科、行政事业审计科、社会保障审计科、市直经济责任审计科、县区经济责任审计科、固定资产投资审计科、经贸企业审计科、农业与资源环保审计科、机关后勤服务中心、信息网络中心、政府投资审计中心。

审计成果 2016年，日喀则市审计局完成审计项目26个。查出主要问题金额20.97亿元，其中违规金额14.74亿元、管理不规范金额6.23亿元；审计处理应上缴财政资金6915万元、应调账金额17.81亿元；审计发现非金额剂量问题61个；增收节支5300万元；审计促进拨付资金到位17.00亿元。移送纪检监察机关和有关部门处理事项2件，涉及1人、金额16万元。出具审计报告和专项审计调查报告68篇；提交审计信息78篇，被批示、采用8篇。提出审计建议112条。

2016年，日喀则市审计局被自治区党委、自治区人民政府评为西藏自治区第五批优秀驻村工作组织单位。

国家重大政策措施贯彻落跟踪审计 对2016年度第二、第四季度国家重大政策措施落实情况进行跟踪审计，查出配套资金未及时划入指定账户、产业项目未及时开工等4个非金额剂量问题。

财政审计 对日喀则市本级和康马县2015年度财政预算执行和其他财政收支情况进行审计。查出财政支出不真实、滞留财政收入、滞留应拨付的专项资金、执行法定和各项政策性配套不规范、财政预算资金拨付率低、捐赠资金管理不规范等问题和违规金额19.05亿元。

经济责任审计 对17名党政领导干部（其中地厅级1人、县处级9人、乡科级7人）和2名企业领导人员进行经济责任审计。通过审计，查出领导干部负有责任的问题金额1.16亿元。针对领导干部在履行经济责任中存在的突出问题，提出审计意见和建议43条。

固定资产投资审计 对日喀则市人民政府办公室2015年度公共租赁房建设项目、日喀则市第二高级中学综合实验楼建设项目、桑珠孜区农业综合开发江当灌区节水配套改造工程项目等3个政府投资项目和303个援藏项目进行审计，审计金额16.29亿元，发现违纪违规和管理不规范金额7500万元，审计处理应上缴财政150万元。向被审计单位提出37条审计建议。

民生资金（项目）审计 对日喀则市2015年度保障性安居工程进行审计，审计查处应收未收保障性住房资金和廉租住房租赁补贴结余等问题金额100万元。

（撰稿人：次仁德吉）

【昌都市审计局】 2016年，昌都市审计局行政编制44人。党组书记周卫东，党组副书记、局长益西群培，副局长吴波、王学琼，副调研员土登扎西、任邦珍。设有办公室、法规监督科、财政金融审计科、行政事业审计、社会保障审计科、经贸农业与资源环保审计科、固定资产投资审计科和经济责任审计处、经济责任审计一、二、三科。

审计成果 2016年，昌都市审计局完成审计项目18个，审计和审计调查涉及单位54个，查出各类问题金额3.70亿元；审计处理应上缴财政2547万元、应归还原渠道资金2783万元、应调账处理金额4150万元。移送纪检监察、公安、检察等案件线索20件，涉及人员14人，涉嫌违纪金额475万元。提出合理化审计建议59条。

财政审计 完成对市粮食局、文物局的财政财务收支审计，查出各类问题金额3585万元，其中应调账处理金额13万元。提出审计建议11条。

社会保障审计 完成2015年城镇保障性安居工程项目跟踪审计，查出各类问题金额1342万元，其中应上缴财政201万元。提出审计建议4条。

经济责任审计 完成经济责任审计项目12个，查出各类问题金额3.14亿元，其中应上缴财政2330万元、应归还渠道2775万元、应调账处理资金4137万元，提出合理化审计建议44条。

（撰稿人：罗时兵）

【林芝市审计局】 2016年，林芝市审计局人员编制41人（行政编制39人，事业编制2人），实有34人。党组书记玉珍（—5月）、泽旺江村（5月—），党组副书记、局长夏世红（—5月）、刘应萍（5月—），副局长泽旺江村（—5月）、刘应萍（—5月）、尼玛仓决、李友金，纪检组负责人尼玛仓决（兼），经济责任审计处处长李萍。设有经济责任审计处（下设经济责任审计一科、经济责任审计二科）、办公室、政工人事科、法规科、行政事业社会保障审计科、财政金融审计科、固定资产投资审计科以及经贸、农业与资源环保审计科。

审计成果 2016年，林芝市审计局完成计划审计项目18个。查出主要问题金额17.40亿元，其中违规金额16.33亿元、损失浪费金39万元、管理不规范金额1.06亿元；损益（收支）不实金额14.74亿元；审计处理处罚金额15.30亿元，其中应上缴财政7948万元、应减少财政拨款或补贴100万元、应归还原渠道资金2.19亿元、应调账处理金额12.30亿元；审计发现非金额计量问题35个；审计促进整改落实有关问题金额2.40亿元，其中增收节支2.18亿元、已调账处理金额2082万元。出具审计报告和专项审计调查报告15篇；提交审计信息47篇。提出审计建议52条，被采纳38条。

2016年，林芝市审计局被自治区党委、自治区人民政府评为西藏自治区创先争优强基础惠民生活动优秀组织单位；驻连别村工作队被自治区党委、自治区人民政府评为西藏自治区创先争优强基础惠民生活动先进驻村（居）工作队。

国家重大政策措施贯彻落实跟踪审计 根据《西藏自治区2016年国家重大政策措施落实情况跟踪审计工作指导意见》的要求，对林芝市2016年第一季度到第四季度稳增长促改革调结构惠民生防风险政策措施落实情况进行跟踪审计，共审计市直4个部门、7个县区。派出8个审计组，对林芝市市本级及7个县（区）2015年保障性安居工程（含各类棚户区改造、农村危房改造和廉租住房、公共租赁住房）及配套基础设施的计划、投资、建设、分配、运营等情况进行审计，涉及资金2.72亿元，保障性安居工程住房6938套（含农村危房改造）。

财政审计 开展林芝市本级财政2015年预算执行和其他财政收支审计、林芝市财政局2015年部门预算执行审计，通过审计，发现存在滞留应缴资金、闲置资金、虚列支出等违规问题，涉及违规金额10.64亿元。提出审计建议7条。对米林县人民政府2014年至2015年决算和其他财政收支开展审计，发现在预算管理、执行和其他财政收支方面存在的违纪违规和管理不规范等问题。

经济责任审计 完成对市委、市政府、市总工会、市司法局、市信访局、市教育局、市农牧局、市人社局等8个单位主要领导干部的任期经济责任审计，查出领导干部负有责任的问题金额8226万元。出具审计报告8篇，下达审计决定8份。

固定资产投资审计 对林芝市城乡和住房建设局建设的七彩林芝幸福湿地公园一期工程进行

审计，涉及资金 892.42 万元，查出项目存在履行基建程序、工程项目管理等方面的违规问题，针对问题提出审计建议 1 条。对林芝市农牧局实施的 2015 年优质高产奶牛养殖与繁育示范项目进行审计，发现存在借款实施项目、未按概算批复实施项目等违规问题，针对问题提出审计建议 2 条。对林芝市市本级及 7 个县（区）2015 年保障性安居工程进行审计。

专项资金审计 根据自治区审计厅统一部署，林芝市审计局选派 10 名人员开展对拉萨市达孜县财政运行专项审计调查和拉萨市达孜县县委书记和县长履行经济责任情况审计；抽调 12 名审计业务骨干协助审计厅开展 2012 年至 2015 年区直单位贯彻执行中央有关政策措施和财政收支情况专项审计调查、全区学前至高中阶段 2013 年至 2014 年教育“三包”经费审计、乡村公路审计、日喀则市“4·25”地震灾区灾后恢复重建跟踪审计、基本医疗保险基金审计等项目。

（撰稿人：黄 华）

【山南市审计局】 2016 年，山南市审计局人员编制 44 人，实有 47 人（含 3 名援藏干部）。党组书记、副局长张洪林，党组副书记、局长巴桑次仁，副局长夏朝红、索朗达杰、张文宗、秦好、丁传立，总审计师王显琼。设有经济责任审计处，办公室、法规科、财政金融审计科、行政事业审计科、社会保障审计科、固定资产投资审计科、经贸外资审计科、农业与资源环保审计科、派出审计一科、派出审计二科、派出审计三科、派出审计四科；下设审计信息中心。

审计成果 2016 年，山南市审计局共完成审计（调查）项目 23 个，其中组织实施审计项目 17 个，参与审计项目 6 个。查出主要问题金额 2.94 亿元，其中违规金额 1.05 亿元、管理不规范金额 1.89 亿元；审计处理上缴市国库 1905 万元、上缴县国库 1982 万元、归还原渠道资金 6489 万元、指明要求纠正金额 758 万元、应调账处理金额 1.41 亿元。向市纪委移送案件 1 件，涉及金额 91.54 万元。出具审计报告和专项审计调查报告 49 篇；上报专题报告、信息 91 篇。提出审计建议 104 条，被采纳 23 条。

国家重大政策措施贯彻落实跟踪审计 重点对城镇保障性安居工程进行跟踪审计，关注各类城镇保障性安居工程的投资、建设、分配、运营等情况，促进资金到位、项目落地、政策生效，定期向市政府和区审计厅汇总上报全市政策落实跟踪审计结果。

财政审计 对 1 个县 2014—2015 年度财政预算执行及其他财政收支情况进行审计，查出主要问题金额 9407 万元（违规金额 149 万元、管理不规范金额 9258 万元），其中上缴县国库资金 47 万元、归还原渠道资金 46 万元、调账处理金额 7116 万元、指明要求纠正资金 86 万元。提出审计建议 4 条。配合区审计厅对波密县财政预算执行情况进行审计。对 12 个县（区）人民政府及地直相关部门 2013 年至 2016 年 8 月财政存量资金及结转结余情况进行专项审计调查，提出审计建议 4 条。

经济责任审计 对市直 4 个部门主要领导任期经济责任履行情况进行审计，查出主要问题金额 1.05 亿元（违规金额 1080 万元、管理不规范金额 9404 万元），其中上缴市国库资金 447 万元、上缴县国库资金 47 万元、归还原渠道资金 541 万元、指明要求纠正资金 393 万元、应调账处理金额 6943 万元。移送市纪委案件线索 1 件，涉及金额 91.54 万元。提出审计建议 11 条。配合区审计厅对波密县县委书记、县长经济责任进行交叉审计。

固定资产投资审计 对湖北、湖南、安徽三省援藏项目，贡嘎县德吉新村小康示范村建设项目资金及工程管理情况进行审计，查出主要问题金额 3051 万元（违规金额 2771 万元、管理不规范金额 279 万元），其中上缴市国库 1103 万元、上缴县国库 1667 万元、指明要求纠正资金 279 万元、归还原渠道资金 0.46 万元。共提出审计建议 42 条。

专项资金审计 对全市城乡低保专项资金进行审计调查，对城镇保障性安居工程进行跟踪审计（含 13 个子项目），对西藏自治区成立 50 周年大庆活动经费管理使用情况进行审计，查出主要问题金额 6477 万元，其中上缴市国库 355 万元、上缴县国库 221 万元、应归还原渠道资金 5901 万元，提出审计建议 43 条。配合区审计厅对基本医疗保险基金和医疗救助基金进行审计。

（撰稿人：蒋艳华）

【那曲地区审计局】 2016年，那曲地区审计局审计局人员编制29人，实有27人。党组书记、副局长索朗央金，党组副书记、局长张福林（—7月）、嘎多罗布（7月—），副局长万里（—4月）、俞继业（5月—）、次仁罗布、桑嘎扎西、方燕青，纪检组长秦衍华，经济责任审计处处长白玛欧珠。设有经济责任审计处、财政金融审计科、固定资产投资审计科、行政事业审计科、政策法规科、办公室，办公室下设后勤服务中心。

审计成果 2016年，那曲地区审计局完成审计项目33个，其中组织实施审计项目32个，参与实施审计项目1个。查出主要问题金额15.65亿元，其中违规金额1.05亿元、管理不规范金额14.60亿元；审计处理处罚金额6695万元，其中应上缴财政5741万元、应归还原渠道资金953万元；审计发现非金额计量问题15个；审计促进增收节支5726万元；审计促进拨付资金到位1.60亿元。移送司法机关、纪检监察机关和有关部门处理事项2件，涉及1人。出具审计报告和专项审计调查报告32篇；提交审计信息60篇。提出审计建议90条。

2016年，那曲地区审计局被中共那曲地委、那曲地区行署评为那曲地区2015年度经济社会目标管理责任制考评先进单位、那曲地区争先创优强基础惠民生活动优秀组织单位；那曲地区审计局党组获得中共那曲地区直属机关工委颁发的2015年度机关党建工作述职评议考核进步奖；那曲地区审计局党支部被中共那曲地区直属机关工委评为先进基层党组织；2014年度那曲地区本级财政预算和其他财政财务收支情况审计项目被西藏自治区审计厅评为优秀审计项目。

国家重大政策措施贯彻落实跟踪审计 对地区发改委、农牧局、财政局、住建局进行重大项目落地、重点资金保障以及简政放权推行情况跟踪审计，发现存在挪用项目资金、项目进度缓慢方面的问题，出具审计报告3篇。

财政审计 对那曲地区本级上年度预算执行和其他财政收支情况进行审计，查出预算编制不完整，系列支出、存量资金未统筹等管理不规范金额共计4.34亿元，未及时上缴国库，垫付工程款等违规金额共计6435万元。对尼玛县2015年度预算执行情况及其他财政财务收支进行审计，查出在预算编制和执行中存在预算编制不完整、违规调整预算、虚列支出等问题金额1.04亿元；经济事务决策和管理存在存量资金未及时统筹、往来款项清理不及时、违规使用扶贫项目管理费、基建项目超概算、挪用项目资金、无来源垫付、政府采购不规范等问题，涉及金额4509万元；财政财务收支存在私存私放、应缴未缴、未及时解缴税款等问题，涉及金额1348万元。

经济责任审计 对那曲地区粮食局原局长、那曲地区原发改委主任、地区财政局原党组书记等24人进行离任审计，查出擅自处置国有资产、未及时上缴国库、盘活存量资金不够及时等问题。那曲地区审计局按照审计职权进行处理处罚，将地区粮食局擅自处置国有资产和挪用公款归个人使用情况移送纪检监察机关，将地区林业局擅自处置国有资产情况移送地区财政处理，提出审计意见和建议60多条。按照自治区审计厅统一安排，对山南市加查县原县委书记和原县长进行离任审计。

民生资金（项目）审计 对那曲地区本级及11个县保障性安居工程项目资金进行审计，出具审计报告12篇，揭示部分安居工程项目基建手续不完善、配套基础设施实施和资金不到位等问题。

企业审计 对西藏雄巴拉曲神水藏药有限公司资产、负债及所有者权益进行审计，查出问题金额35万元，其中管理不规范金额（投资挂往来账）15万元、违规金额（擅自办理借贷）20万元。

专项资金审计 对2015年安多县教育专项资金和“三包”经费使用情况进行审计，发现教育局“三包”经费和基建资金专户未设明细账、上报学生人数与实际在册学生数有差距、固定资产管理不规范等问题，出具审计报告1篇，审计决定书1篇。

（撰稿人：巴桑次仁）

【阿里地区审计局】 2016年，阿里地区审计局人员编制36人，实有28人。党组书记、副局长庞兴圃，党组副书记、局长罗杰，副局长谢天芳，经济责任审计处处长普布，调研员桑杰多吉。设有行政办公室、法规科、经济责任审计处、行政事业和社会保障审计科（财政金融审计科）、固定资产投资审计科、农业与资源环保审计科、派出审计一科、派出审计二科和政府投资审计中心。

审计成果 2016 年，阿里地区审计局完成审计项目 54 个。查出主要问题金额 6.92 亿元，其中违规金额 5.14 亿元、管理不规范金额 1.78 亿元、损失浪费金额 32 万元；审计处理处罚金额 3200 万元，其中应上缴财政 2638 万元、应归还原渠道资金 317 万元；全年共促进增收节支 1600 余万元，核减投资金额 400 余万元。出具审计报告 54 篇。提出审计建议 163 条，被采纳 163 条。

国家重大政策措施贯彻落实跟踪审计 实施阿里地区 2015 年度保障性安居工程和稳增长等政策措施落实情况跟踪审计，查出主要问题金额 7264 万元，其中违规金额 5476 万元、管理不规范金额 1788 万元；审计处理处罚金额 179 万元。提出审计建议 20 条，被采纳 20 条。

财政审计 完成对札达县、革吉县 2015 年度财政决算执行及其他财政财务收支情况审计，普兰县 2013 年至 2015 年援藏资金审计，噶尔县 2013 年至 2016 年援藏资金及政府投资项目专项审计，革吉县 2013 年、2014 年农业综合开发土地治理项目资金审计，改则县 2013 年、2014 年农业综合开发土地治理项目资金审计，札达县 2013 年、2014 年农业蔬菜基地新建项目审计等项目，查出主要问题金额 2.45 亿元，其中违规金额 1.93 亿元、管理不规范金额 5213 万元；审计处理处罚金额 423 万元，其中应上缴财政 327 万元、应归还原渠道资金 94 万元。提出审计建议 42 条，被采纳 42 条。按照自治区审计厅统一安排，完成日喀则市亚东县财政运行情况审计调查交叉审计，配合自治区审计厅审计工作小组完成阿里地区学前至高中阶段 2013 年至 2014 年教育“三包”经费审计 2 个项目。

固定资产投资审计 完成阿里地区公安处指挥中心信息化建设、阿里地区公安处维稳指挥中心业务技术用房、行署地级干部周转房、普兰县塔尔钦风景旅游区 500 千瓦太阳能光伏电站、狮泉河污水处理及配套管网工程和普兰县“4·25”尼泊尔地震灾后恢复重建等 10 个项目竣工决算审计和专项审计调查，查出主要问题金额 2.88 亿元，其中违规金额 2.10 亿元、管理不规范金额 7814 万元；审计处理处罚金额 1538 万元，其中应上缴财政 1387 万元、应归还原渠道资金 87 万元。提出审计建议 61 条，被采纳 61 条。

经济责任审计 完成阿里地区科技局原党组副书记、局长，地区国土局原党组副书记、局长，措勤县县委原副书记、县长，地区教育局（体育局）原党组副书记、局长等 10 人的任期经济责任审计，查出主要问题金额 8568 万元，其中违规金额 5588 万元（应负直接责任金额 1046 万元、应负主管责任金额 4144 万元、应负领导责任金额 398 万元）、管理不规范金额 2948 万元（应负直接责任金额 239 万元、应负主管责任金额 1221 万元、应负领导责任金额 1488 万元）、损失浪费金额 32 万元（应负直接责任金额 32 万元）；审计处理处罚金额 1060 万元，其中应上缴财政 924 万元、应归还原渠道资金 136 万元。提出审计建议 40 条，被采纳 40 条。按照自治区审计厅统一安排，完成亚东县县委书记、政府县长经济责任交叉审计项目。

机关建设 开展“两学一做”学习教育，学习自治区第九次党代会精神，围绕地委、行署的中心工作履职尽责。坚持党要管党、从严治党，认真履行“一岗双责”，全面落实主体责任，加强领导班子建设，切实增强领导班子和干部的政治担当、责任意识。开展审计廉洁回访，促进审计人员廉洁从审。组织全局审计人员学习领会中办、国办《关于完善审计制度若干重大问题的框架意见》及相关配套文件和地区党委、政府《关于完善审计制度若干重大问题的意见》精神，以及地委、行署结合阿里地区实际出台的《关于完善审计制度若干重大问题的意见》，做到认识到位、行动自觉、步调一致。妥善处理工学矛盾，开展业务培训，邀请审计署审计专家进行专题讲课，派出 1 人到审计署进行为期 1 年的挂职学习，选派 6 人到南京审计大学进行相关审计业务知识培训，全局人均参加各类培训超过 15 天。审计工作得到地委、行署的进一步重视和支持，除主要领导专门听取审计工作情况汇报外，2016 年还第一次向人大地工委做审计工作开展情况报告。地区审计局新增 2 个内设机构，增聘 4 名投资审计专业人员。

（撰稿人：洛桑达瓦）

2016年西藏自治区所辖地级审计工作统计表

金额单位：万元

审计机关	完成审计项目（个）	审计查出主要问题金额	审计处理情况					出具审计报告和审计调查报告（篇）	提出审计建议（条）	提交审计信息（篇）
			审计处理处罚				移送处理事项（件）			
			应上缴财政	应减少财政拨款或补贴	应归还原渠道资金	应调账处理金额				
拉萨市审计局	23	1711	1017		1104	6734		25	55	124
日喀则市审计局	26	209733	6915		177	178121	2	68	112	78
昌都市审计局	18	36964	2547		2783	4150	20	18	59	260
林芝市审计局	18	173994	7948	100	21944	123019		15	52	47
山南市审计局	23	29419	3888		6489	14059	1	49	104	91
那曲地区审计局	33	156494	5741		953		2	32	90	60
阿里地区审计局	54	69152	2638		317			54	163	15

陕西省

【陕西省审计厅】 2016年，陕西省审计厅人员编制279人（其中行政编制206人，事业编制73人），实有244人。设有办公室、法规审理处、财政审计处、金融审计处、行政事业审计处与资源环保审计处、社会保障审计处、固定资产投资审计处、外资运用审计处、企业审计处、农业计处、经济责任审计一处、经济责任审计二处、人事处、机关党委、离退休人员服务管理处、派出市县财政审计处、派出经济执法审计处、派出教育科技审计处、派出经济贸易审计处、派出农林水利审计处、派出民政社保审计处、派出交通建设审计处、派出外事外贸审计处、派出发展统计审计处、派出国资监管审计处；下设研究所、报送审计中心、计算机技术信息中心3个直属事业单位，另设省纪委驻厅纪检组。

领导成员

厅　　长：李　健

党组书记：徐宗一（—7月）

　　　　　李　健（7月—）

副 厅 长：张海成　马玉红

　　　　　赵宝田　汪迎杰（—7月）

总审计师：王志高

纪检组长：尤　磊

副巡视员：阎观臻

审计成果 2016年，陕西全省审计机关完成审计项目9539个。查出主要问题金额1931.75亿元，其中违规金额414.10亿元、损失浪费金额4.91亿元、管理不规范金额1512.75亿元；损益（收支）不实金额106.02亿元；审计处理处罚金额273.66亿元，其中应上缴财政35.83亿元、应减少财政拨款或补贴12.97亿元、应归还原渠道资金74.90亿元、应调账处理金额141.84亿元；审计发现非金额计量问题17385个；审计促进整改落实有关问题金额106.42亿元，其中增收节支47.78亿元、已调账处理金额41.31亿元；审计促进拨付资金到位2175万元；审计后挽回（避免）损失11.52亿元。移送司法机关、纪检监察机关和有关部门处理事项509件，涉及552人、金额14.89亿元。出具审计报告和专项审计调查报告10104篇，被批示、采用448篇；提交审计信息1268篇，被批示、采用1071篇。提出审计建议14233条，被采纳10159条；推动完善规章制度19项。向社会公告审计结果549篇。

2016年，陕西省审计厅被陕西省政府评为全省保障性安居工程建设工作先进单位、2015 年度陕南地区移民搬迁工作先进单位。

国家重大政策措施贯彻落实跟踪审计 全省各级审计机关每季度确定一个主攻方向、聚焦一个重点方面，持续开展政策落实情况跟踪审计。审计中围绕项目落地、资金保障、简政放权、政策落实、风险防范 5 个方面，重点关注创业创新、扩大有效投资、促进转型升级、推进新型城镇化、电子商务、节能环保等重点领域政策措施的贯彻情况和效果，揭示和查处不作为、慢作为、假作为、乱作为等问题。每季度向审计署上报跟踪审计情况，推动供给侧结构性改革和“三去一降一补”五大任务的落实。

财政审计 组织同级预算执行和下级政府财政决算、税收征管等审计，统一组织全省公务用车制度改革审计。查出违规改变项目计划和资金用途金额 38.82 亿元、损失浪费金额 4.90 亿元。省审计厅开展对省财政厅、省地税局、延安市政府和铜川市政府等 12 个预算执行单位的审计，对省教育厅等 30 个省级预算执行部门和单位开展内审自查，对省总工会等 15 个省级预算执行部门和单位开展审计抽查。对省级部门公务用车制度改革情况开展专项审计调查，重点抽查 52 个省级参改部门公务用车管理使用、车改补贴发放和车辆公务交通费开支等情况，向省政府提交《陕西省审计厅关于省级部门公务用车制度改革情况专项审计调查报告》。安康市审计局探索组织开展村级财务审计。

经济责任审计 全省审计机关共对 1999 名领导干部实施经济责任审计，其中地厅级 20 人、县处级 422 人、乡科级 1459 人；任中审计 691 人、离任审计 1308 人。通过审计，查出领导干部负有直接责任的问题金额 25.97 亿元，8 名被审计领导干部和 2 名其他人员被移送纪检监察机关处理。省审计厅探索开展对宝鸡市原市委书记、原市长任期经济责任履行情况审计。渭南市审计局采取“五统一、两集中”的方式，连续两年对全市 11 个县级法院院长和检察院检察长进行经济责任同步审计，发现县级检法两院体制机制方面存在的共性问题。

自然资源资产离任审计试点 省审计厅开展对咸阳市自然资源资产管理和生态环境保护领导干部责任履行情况试点审计，组织宝鸡、渭南、汉中、咸阳市审计局对太白、华阴、汉台、乾县开展审计试点，其余设区市审计局对 1 个县区开展审计试点。在自然资源资产离任审计试点中坚持审计项目与课题研究相结合，依托北斗高分卫星遥感影像数据源，利用地理信息技术、遥感技术和北斗卫星定位、测绘技术实施审计。组织开展全省水污染防治专项资金审计。

固定资产投资审计 全省审计机关共核减工程价款 43.78 亿元。审计中重点关注项目立项决策审批、征地拆迁、环境保护、工程招投标等重点环节，对东庄水库、引汉济渭、西安北至机场城际轨道工程等重大基础设施项目开展跟踪审计，促进加快项目建设进度，规范和完善重大项目管理。

民生资金（项目）审计 组织全省市、县（区）审计机关开展精准扶贫专项资金（含移民搬迁资金）、医疗保险基金、保障性安居工程审计。省审计厅抽调省市县审计机关 733 名审计人员，组成 103 个审计组，采取“上审下”、“交叉审”、联合编组、“同级审”等方式，对除省本级和西安市以外的 9 个设区市及 94 个县（市、区）医保基金开展审计，查出骗取医疗保险基金等重大违法违纪和经济犯罪等问题线索，移送纪检、检察和主管部门等进一步查处。在移民搬迁审计中移送案件线索 17 件，问责 68 人。派出 105 个审计组、630 名审计人员持续开展全省城镇保障性安居工程跟踪审计。各市县审计机关开展住房公积金、救灾救急资金、救灾款物和灾后重建资金管理使用情况等民生审计项目，在促进管好用好民生资金、落实惠民政策等方面发挥积极作用。

外资运用审计 完成世界银行贷款/全球环境基金赠款陕西扶贫第五期项目、德国复兴信贷银行贷款陕西榆林长城沿线沙地治理及生物多样性保护项目、亚洲开发银行贷款秦岭生态和生物资源保护项目等外资公证审计 8 个，向审计署和国外贷援款机构出具中英文审计报告。

企业和金融审计 全省审计机关对 124 个重点企业和金融单位实施审计，查出违规经营金额 10.46 亿元。省审计厅开展对省地方电力（集团）有限公司 2014 年度资产负债损益审计、陕西日报传媒集团 2014 年度资产负债损益审计和陕西医药控股集团2014年度资产负债损益审计。咸阳市审计局首次对9家市属企业进行全覆盖审计。审计过程中，重点关注企业重大投资决策、重大项目建设、重大资本运作、混合所有制改革推进等情况。以防范区域性金融风险为目标，加大对地方金融机构的审计力度。省审计厅实现金融机构审计全覆盖。审计过程中，采取“表格总体控制、被审单位自查、审计重点抽查”的全新审计模式，查出违规违纪及管理不规范问题金额41.14亿元，移送涉嫌骗贷的案件线索1件。

交办任务 按照陕西省政府要求，省审计厅与省纪委、省政府督查室联合开展陕西省原党政主要领导干部经济责任审计查出问题的跟踪整改，对12个部门和2个设区市进行检查，上报整改结果情况。做好省级单位驻留坝县扶贫团牵头工作，选派驻村工作队、第一书记和挂职扶贫副县长，落实包村扶贫和组织干部职工结对帮扶贫困户。省审计厅获得全省驻村联户扶贫工作优秀等次，选派的驻村第一书记获得全省百名优秀驻村第一书记。

信息化建设 实现审计专网省市县三级互联，建立财政审计数据分析系统，大项目管理平台不断完善。加强计算机审计和管理系统建设，应用地方税务和农信社审计分析系统，推进信息系统审计，建立全省审计对象数据库信息管理系统、审计质量控制系统。计算机审计方法和AO应用实例水平不断提升，全省审计人员的计算机审计能力和成效稳步提高。

相关工作 坚持党组中心组学习制度，全年共集体学习12次，厅领导为全厅党员干部集中进行党课专题辅导4次，撰写学习体会14篇；班子成员开展调查研究，形成调查报告10篇，其中1篇调研报告获得二等奖。坚持党组统一领导下的领导分工负责制，严格执行厅党组决策程序和厅机关工作规则，坚持重大事项集体研究、会议决定。制定印发《问责追责办法》《审计现场质量控制系统实施暂行办法》，落实“三项机制”实施办法，出台审计机关追赶超越实施方案。坚持党管干部原则，完善选人用人机制，组织开展两批处级干部选拔工作，得到干部职工的充分认可。开展“两学一做”学习教育，研究制订厅机关实施方案，领导班子带头发挥示范作用，组织举办两期处级干部“两学一做”学习班。分批安排厅领导深入市县调研，指导基层“两学一做”工作并宣讲党的十八届六中全会精神。组织开展“学条例、守准则、做表率”等系列主题教育活动。组队参加省直机关“学党章、学条例、守准则”知识竞赛，获得集体二等奖；参加省直机关“两学一做”知识竞赛，获得集体三等奖。以“对标定位、晋级争星”为抓手，狠抓党支部和党员队伍建设。坚持以问题为导向，在健全组织、落实制度、发挥作用上下功夫。1个支部被评为省直机关先进基层党组织，2个支部被评为五星级党支部。年底组织完成厅机关委员会和各党支部的换届选举工作。全面推行党员管理积分制，加强对党员干部的日常教育和监管，督促党员干部履职尽责，发挥模范带头作用。建立和修订厅机关精神文明建设各项制度，引导各处室、单位争创文明处室，1个处室被评为全省人民满意公务员示范单位。严格落实党风廉政建设厅党组的主体责任和纪检组的监督责任。制定领导班子成员落实党风廉政建设的主体责任清单，明确分工和责任。严格落实《廉政准则》，明确领导履行“一岗双责”的具体任务，厅领导和各部门签订廉政责任书。加强廉政教育，不断增强廉政建设“高压线”意识。加强监督检查和源头防腐，严格执行厅机关外勤经费自理、报送审计、审计权力分设、审计纪律“八不准”，落实领导干部个人重大事项报告制度。坚持依法审计，严肃查处侵害群众利益的不正之风和腐败问题，各级审计机关向纪检监察检察和主管部门等移送处理事项、涉及人员、涉及金额分别比上年增长34%、96%和206%。注重加强意识形态工作，定期分析研判意识形态领域情况，加强对各类意识形态阵地的管理，切实维护网络意识形态安全，研究出台加强保密管理等7项制度。注重领导、组织对意识形态领域重大问题的处置，对错误思潮和言论敢抓敢管、及时发声。加强信息发布和对外宣传，全年在省以上新闻媒体发表信息50余篇，编写审计简报32期，在门户网站编发信息420余篇，有效扩大审计影响。

（撰稿人：黄　松）

【西安市审计局】　2016年，西安市审计局人员编制88人，实有79人。局长李永奇，副局长马少民、王建军、阎金平，总审计师贺成志，纪检组长白丽萍。设有办公室、组织人事处、财政金融审计处、行政事业审计处、农业与资源环境审计处、固定资产投资审计一处、固定资产投资审计二处、企业审计处、社会保障与外资运用审计处、经济责任审计一处、经济责任审计二处、审理稽核处、审计整改处，按照党章规定设置机关党的机构；下设西安市计算机审计信息中心。

审计成果　2016年，西安市县两级审计机关完成审计和审计调查项目809个。查出主要问题金额435亿元，其中违规金额83.78亿元、管理不规范金额396亿元；促进财政增收节支28.4亿元。移送司法机关、纪检监察部门和有关部门处理事项84件，涉及133人、金额20543.8万元。出具审计报告和审计调查报告838篇，被批示、采用56篇；提交审计信息592篇，被批示、采用150篇。提出审计建议1358条，被采纳1299条；促进被审计单位制定和完善制度措施78项。向社会公告审计结果92篇。

2016年，西安市审计局被评为2016年度全市目标责任考核优秀单位、政风行风建设优秀单位。4个审计项目、2篇审计综合报告、3篇计算机AO实例、1篇计算机审计方法被陕西省审计厅评为优秀。

国家重大政策措施贯彻落实跟踪审计　组织对13个方面稳增长促改革调结构惠民生防风险政策落实情况开展跟踪审计，对审计中发现的养老服务、社会救助、招商引资、“放管服”改革、内贸政策落实中的问题，及时督促整改，促进政令畅通和有关政策、资金、项目落实，推动西安经济社会健康发展。

财政审计　全市审计机关对282个部门单位的预算执行情况开展审计，延伸审计188个单位。查出违规变更调整预算6.72亿元、预算编报不真实不完整12.25亿元、未按规定缴纳收入14.97亿元及违规改变项目计划和资金用途等问题。西安市审计局对8个重点部门实施重点审计，对20个部门单位开展审计调查，延伸调查相关单位49个，查出违规金额12.77亿元。向纪检等部门移送案件线索10件。组织对科技研发和工业发展两项财政专项资金进行专项审计，向司法机关移送案件线索6件，向纪检机关移送案件线索1件。

经济责任审计　全市审计机关开展经济责任审计项目323个，其中西安市审计局经济责任审计项目7个，查出领导干部负有直接责任的问题金额1024万元。向有关部门移送案件线索2件。起草并经市委办公厅、市政府办公厅向全市印发《关于开展领导干部自然资源资产离任审计试点的实施办法》，经市政府批准建立自然资源资产离任审计联席会议制度，在长安区开展领导干部自然资源资产离任审计试点。

农业与资源环保审计　完成对5个涉农区县2014—2015年度精准扶贫专项资金跟踪审计，发现贫困人口精准识别不准、套取截留挪用骗取扶贫资金等问题，向市纪委移送案件线索19件，57人受到党政纪处分。审计提出的意见和建议均被采纳，促进相关部门加强管理，切实维护群众根本利益。

固定资产投资审计　全市审计机关开展重大建设项目跟踪审计、工程竣工决（结）算审计及审计调查项目275个，发现问题金额17.98亿元，核减工程投资额6.75亿元。向有关部门移送案件线索5件。西安市审计局开展李家河水库、米家崖廉租房、环城南路下穿立交桥、公办幼儿园和中小学校安工程等投资项目审计项目28个，涉及资金139.47亿元，审减工程造价2.27亿元。移送案件线索4件。

民生资金（项目）审计　完成对全市2014—2015年度住房公积金归集管理使用情况项目审计，查出重复缴存公积金、超规定缴存公积金、违规提取公积金、违规向拥有3套以上房产人员发放贷款等问题，向有关部门移交案件线索1件。对农村中小学生营养改善资金管理使用情况进行审计，坚持以问题为导向，对有关区县进行延伸审计调查，发现多起违规招标问题，向市纪委移送案件线索2件。

企业审计　完成对2013—2015年度工业发展专项资金审计调查。审计查出5个方面34类问题，涉及资金1.50亿元。提出审计建议多条。市政府召开专题会议研究审计意见和建议，主管部门出台3项关于加强工业发展专项资金的管理办法。

（撰稿人：张良忠）

【铜川市审计局】 2016年，铜川市审计局人员编制56人，实有51人。局长路秦洲，副局长季铜章、付俊楼，纪检组长李建民，省审计厅铜川审计处（铜川市固定资产投资审计局）副处长（副局长）张民堂、吴宝华。设有办公室、法规审理科、行政事业审计科、财政金融审计科、经贸审计科、农业与资源环保审计科、社会保障审计科和经济责任审计局；下设固定资产投资审计局、内审管理中心、计算机信息中心。

审计成果 2016年，铜川市审计局共完成审计（调查）单位和项目49个。查出违规金额397万元、管理不规范金额14.75亿元；审计收缴资金17万元，核减工程造价3633万元。移送有关部门处理事项18件。

国家重大政策措施贯彻落实跟踪审计 组织全市审计机关对简政放权、节能环保、棚户区改造等20项政策落实情况进行跟踪审计。通过审计，督促7个项目到位建设资金2660万元，3个项目实现整合提高投资效益，提出促进经济社会发展的审计建议30条。

财政审计 完成市本级2015年预算执行和税收计划完成情况审计，开展市本级2015年度财政存量资金情况专项审计调查。组织市国资委等30个单位对2014－2015年度预算执行情况开展自查，结合预算执行审计对市编办等12个单位进行重点抽审。

经济责任审计 完成9名县级领导干部经济责任审计，开展宜君县党政主要领导同步审计。在宜君县党政主要领导经济责任审计中开展自然资源资产离任审计试点。

固定资产投资审计 对铜川植物园、大同公益性公墓等8个重点建设项目开展决算审计，审计投资总额2.44亿元，审计核减工程价款3633万元，追回超付工程款25万元，查出超概算金额904万元。向有关部门移送案件线索7件。

民生资金（项目）审计 完成安居工程跟踪审计，向有关部门移交案件线索6件，涉及27人，收回违规领取农村危房改造资金8.75万元。完成全市基本医疗保险基金和医疗救助资金审计，向区县政府移交案件线索5件。完成全市2015年度美丽乡村建设项目资金管理、使用及效益情况审计。

企业审计 完成市中小企业融资担保有限公司2015年度资产负债损益审计，市新耀污水处理厂运营情况审计调查，市新华书店、耀州区新华书店和宜君县新华书店2015年度资产负债损益情况审计。 （撰稿人：王书胜）

【宝鸡市审计局】 2016年，宝鸡市审计局人员编制66人，实有66人。局长景东成，副局长王兴英、汪彩玲、刘红霞，总审计师谭鸿彬，纪检组长董兴功，宝鸡审计处处长陈金仓。设有办公室、法规内审管理科、财政金融审计科、行政事业审计科、农业和资源环保审计科、固定资产投资审计一科、固定资产投资审计二科、企业审计科、社会保障审计科、经济责任审计科、政策审计科、宝鸡审计处和监察室、机关党委；下设宝鸡市计算机审计信息中心。

审计成果 2016年，宝鸡市县两级审计机关完成审计项目494个。查出管理不规范金额30.11亿元、违规金额21.50亿元；核减投资额6.63亿元。提出审计建议1190条，被审计单位采纳431条。公告审计结果68篇。

国家重大政策措施贯彻落实跟踪审计 分季度对全市落实金融支持实体经济、减轻企业负担等15个方面的宏观政策措施进行跟踪审计，针对落实不到位、项目推进慢等19个问题提出审计建议，推进政策落实。

财政审计 完成13个预算执行单位审计项目，促进上缴财政资金2.30亿元，完善内部管理制度10项。市本级财政预算执行及其他财政收支审计工作得到市人大充分肯定，审计工作报告和整改情况报告满意度达100%。

经济责任审计 贯彻落实中央七部委经济责任审计实施细则，重点检查领导干部执行国家经济工作方针政策、中央八项规定、党风廉政建设、机构编制、自然资源资产和重大经济决策履职尽责情况。全年完成7个县区党政领导、市级部门事业单位负责人经济责任审计，向组织部门提出加强干部管理的建议21条。

固定资产投资审计 以规范投资行为、加强项目管理、提高资金使用效益为着力点，市本级全年实施政府重点投资建设项目13个，审计资金

38.10 亿元，审减金额 4.60 亿元，审减率 8.28%。

民生资金（项目）审计 加大民生资金审计力度，安居工程审计追回违规领取补贴 42 万元，向纪检监察部门移送案件线索 14 件，87 名相关责任人受到党政纪处分。医保基金审计发现医保政策落实、改革措施推进、基金管理使用等方面问题 17 个，提出意见建议 26 条。精准扶贫专项资金及移民搬迁跟踪审计查出管理不规范金额 3759 万元。

信息化建设 推进计算机审计，保障性安居工程审计、医保基金审计全面采用计算机技术，审计工作成效显著提高。投资近 300 万元建成全市审计机关高清视频会商系统。邀请省审计厅专家开展 OA（审计管理系统）办公系统应用培训 300 人次，全市上报省审计厅 AO（现场审计实施系统）应用方法和实例 45 篇。

队伍建设 把“两学一做”学习教育作为政治任务，开展集体学习和专题讨论，切实增强“四个意识”。修订完善局党组中心组学习制度、科室考核细则，制定问责办法、“三项机制”实施办法，用制度管权管人管事，干部作风进一步转变。开展“双千联企”“扶贫包抓”“美丽乡村建设”等帮扶工作。（撰稿人：白松涛）

【咸阳市审计局】 2016 年，咸阳市审计局行政编制 65 人，实有 61 人；事业编制 10 人，实有 7 人。局长刘爱侠，副局长郭建军、张建伟、张梦华，总审计师樊延平，纪检组长刘毓，省审计厅驻咸阳审计处处长何初国。设有秘书科、审计质量督导室、法规审理科、财政金融审计科、社会保障审计科、行政事业审计科、企业审计科、农业与环保资源审计科、固定资产投资审计一科、固定资产投资审计二科、经济责任党政审计科、经济责任企事业审计科、陕西省审计厅咸阳审计处省属企事业审计科、纪检监察室、咸阳市内部审计管理中心、咸阳市审计局计算机审计中心。

审计成果 2016 年，咸阳市县两级审计机关共审计（调查）单位和项目 1166 个。查出主要问题金额 77.1 亿元，核减投资额 7.1 亿元。移送处理事项 16 件。提交审计信息 292 篇（次），被批示、采用 68 篇。提出审计建议 1801 条，被采纳 1571 条。发布审计结果公告 306 篇。

2016 年，咸阳市审计局 2014 年度本级财政预算执行和其他财政收支情况审计结果报告，被评为全省优秀综合报告。

国家重大政策措施贯彻落实跟踪审计 以项目落地、资金保障、简政放权、政策落实、风险防范为抓手，将推进政策落实作为主攻方向，重点审计财政存量资金、简政放权、“三农”政策、生态环境保护等 18 个方面政策措施落实情况，抽查 22 个政府部门、13 个县区，涉及资金 10.3 亿元。

财政审计 完成 2015 年度本级预算执行情况和其他财政收支审计任务 138 个、财政决算 39 个，查出主要问题金额 76.07 亿元。市审计局完成对市委办、人大办、政府办、政协办四大办公室预算执行情况审计。开展对 319 个行政事业单位财务收支审计。

经济责任审计 完成 148 个单位、160 名领导干部任期经济责任审计，其中任中审计 59 人、离任审计 101 人。查出主要问题金额 2.80 亿元，为党委政府换届提供参考依据。探索实施乾县党委政府自然资源、资产审计试点审计。

固定资产投资审计 完成对 325 个使用预算内投资资金、专项建设资金、政府举借资金的重大项目跟踪审计、概算调整、最高限价和竣工决算审计，核减投资额 7.10 亿元，核减率为 9.2%。

民生资金（项目）审计 完成对扶贫、“三农”、社会保障、教育、就业、医疗等民生资金和项目的审计，持续开展城镇保障性安居工程跟踪审计，对 2015 年度咸阳市医疗保险政策制度落实和改革措施推进情况等项目开展审计调查，发现大量重复参保、重复报销及骗保等问题。

企业审计 完成陕西八方纺织有限公司等 23 户国有企业审计，查出资产闲置 9.04 亿元、财务收支核算不实金额 6158 万元、账外资产 79 万元。

信息化建设 咸阳市审计局投资 103 万元为县区配发信息化设备，实施金审工程三期建设，开通市县两级审计机关高清视频会议系统。市县两级审计机关上报省审计厅 AO 应用实例 9 篇，计算机审计方法 3 篇。

内部审计 全市共对 52 个预算执行单位开展

内部审计自查，揭示和反映当前市及市以下财政管理中存在的突出问题。咸阳市审计局内部审计自查和抽查综合报告得到市政府主要领导批示。

（撰稿人：康　伟）

【渭南市审计局】　2016年，渭南市审计局人员编制83人，实有83人。局长王建军，副局长马德民、王忠义、朱福秦、胡振江，总审计师李美娟，经检组长袁崇义，经济责任审计局局长陈展羽，陕西省审计厅渭南审计处副处长张健。设有办公室、经济责任审计局、固定资产投资审计处、法规科、财政金融审计科、行政事业审计科、农业与资源环保审计科、经贸与社会保障审计科、驻渭单位审计科、报送审计督察科、监察室、内审中心、计算机信息中心。

审计成果　2016年，渭南市县两级审计机关实施审计项目287个，促进增收节支和挽回损失5841万元，核减工程建设资金2.12亿元。移送纪检监察机关和有关部门案件线索35件。提交审计工作报告和重要信息170篇（条），被批示、采用80篇（条）。

2016年，渭南市审计局被渭南市委、市政府评为年度考核先进单位。

国家重大政策措施贯彻落实跟踪审计　紧抓重大项目建设推进、资金保障、简政放权3个主线，持续开展政策落实跟踪审计，并将跟踪审计内容拓展到政策、决策、运营、管理、风险等宏观层面。全年推进完工项目8个，落实到位资金5187万元。

财政审计　完成临渭区、潼关县的财政决算审计，市财政局、市地税局、经开区、卤阳湖2015年市级预算执行和其他财政收支审计，市农业局、市人社局、市民政局、市移民局等12个部门及所属51个下属单位预算执行和其他财政收支审计。

经济责任审计　完成4个县（市）党政主要领导干部任期经济责任“同步审”和6个市直部门主要领导干部经济责任审计，采取“五统一、两集中”的方式，连续两年对全市11个县级法院院长和检察院检察长进行经济责任同步审计。

农业与资源环保审计　完成华州区等7县（市、区）“十二五”期间水污染防治目标任务完成情况以及防治资金管理使用情况全面审计，查出各类违规及管理不规范金额3.76亿元。完成省审计厅组织的华阴市自然资源资产管理和生态环境保护领导干部责任履职情况试点审计。开展对合阳县政府原县长自然资源资产离任审计试点。

固定资产投资审计　实施渭河右岸树赤段、渭南中心城市煤改气工程等34个投资项目审计，审结项目7个，核减投资额2.12亿元，核减率10.48%。

民生资金（项目）审计　完成2015年保障性安居工程跟踪审计，对全市868户农村危房改造家庭及98个安居工程项目进行检查，发现部分县市安居工程项目程序不规范、违规享受保障待遇等问题。组织开展全市扶贫移民搬迁专项资金和项目审计，审计资金总额1.68亿元，查出各类违规及管理不规范金额3968万元。实施市、县两级医疗保险基金行业审计，涉及资金总额29.70亿元，查出各类违规违纪金额4227万元。

企业审计　完成渭南市10个新华书店的资产负债损益审计，按时提交审计报告，移交案件线索2件。承担省审计厅对陕西建工有限公司董事长、总经理任期经济责任审计的部分审计工作。

（撰稿人：马笃祥）

【延安市审计局】　2016年，延安市审计局人员编制84人（包括延安市经济责任审计局、省审计厅延安审计处、延安市固定资产投资审计处），实有80人。局长张建朝，副局长屈宏、郑春阳，总审计师刘宏伟，纪检组长齐统贤。设有政秘科、法制科、行政事业审计科、财政金融审计科、农业与资源环保审计科、派出新区审计室、监察室、市直企业审计处；内部审计管理中心、审计信息中心、机关总支；经济责任审计局党政事业审计科、企业审计科；审计处行政事业审计科，固定资产投资审计处一科、二科、三科、概算审计科。

审计成果　2016年，延安市县两级审计机关完成审计项目（调查）1783个。查出问题金额432.64亿元，其中违规金额219.62亿元、管理不规范金额212.96亿元；审计处理应上缴财政8.29亿元、应归还原渠道资金4.46亿元、应调账处理 28.67 亿元；核减工程投资额 8.20 亿元。提出审计建议 1473 条，被采纳 1053 条。

财政审计 对 629 个部门单位进行预算执行和财政收支审计，查出主要问题金额 368.19 亿元。对市直 61 个部门单位预算执行情况进行审计与单位自查，审计查出主要问题金额 171.70 亿元。

经济责任审计 完成对 288 名领导干部经济责任审计，其中任中审计 162 人、离任审计 126 人，任中审计比例有较大幅度提高。审计查出主要问题金额 97.05 亿元，其中违规金额中应负主管责任金额 6.83 亿元、应负领导责任金额 67.58 亿元；管理不规范金额中应负主管责任金额 3.24 亿元，应负领导责任金额 19.34 亿元。市审计局完成对 4 个县区党政主要领导和市本级 5 个单位共 15 名领导干部经济责任审计，查出主要问题金额 91.87 亿元，其中违规金额 72.98 亿元、管理不规范金额 18.88 亿元。移送案件线索 3 件。

固定资产投资审计 完成投资审计项目 1077 个，审计项目投资额 280.26 亿元，实际完成投资额 72.98 亿元，核减工程投资额 8.19 亿元。

专项资金审计 完成全市保障性安居工程、延河综合治理项目、全市治沟造地重大工程项目、“水污染防治”专项资金审计、精准扶贫专项资金跟踪审计（含移民搬迁专项资金审计）和全市医保基金审计。查出主要问题金额 8.11 亿元。通过审计，揭示资金滞留闲置、资金落实不到位、项目管理不规范等问题。（撰稿人：刘建国）

【汉中市审计局】 2016 年，汉中市审计局行政编制 45 人、事业编制 13 人、工勤编制 5 人，实有 48 人。局长庄长宁，副局长刘义成、马海波（12 月—）、陈文红（5 月—），总审计师毛林（5 月—），纪检组长曹华，经济责任审计处处长袁怀兰，固定资产投资中心主任彭泽鑫。设有陕西省审计厅汉中审计处、经济责任审计处、办公室（包括监察室、机关事务所）、法制审理科、经贸金融审计科、中央与省属企事业审计科、财政审计科、行政事业审计科、农业与资源环保审计科、社会保障资金审计科、外资运用审计科，经济责任审计处下设经济责任审计一科、经济责任审计二科；下设汉中市固定资产投资审计中心，内设投资一科、投资二科、信息办。

审计成果 2016 年，汉中市审计局完成审计和审计调查项目 95 个。查出违规金额 11.47 亿元、损失浪费金额 101 万元、管理不规范金额 26.33 亿元；审计后收缴财政资金 972 万元，核减投资额 1.69 亿元。移送重大违纪线索 77 件。2016 年市审计局获得市委、市政府“2015 年精神文明单位标兵”称号、市政府年度目标考核优秀单位。

国家重大政策措施贯彻落实跟踪审计 开展稳增长政策措施落实情况跟踪审计，围绕促进项目落地、资金保障、简政放权、政策落实、风险防范，结合汉中经济社会发展实际，确定审计重点。全年累计抽查项目资金 82.62 亿元，促进重大项目加快推进 3 个，促进财政资金拨付 1428 万元。

财政审计 完成市本级 2015 年度预算执行及其他财政收支情况审计和汉台区、南郑县、佛坪县人民政府 2015 年度财政收支决算审计。审计查出违规金额 10.62 亿元。

经济责任审计 汉中市审计局对 26 名县处级领导干部实施经济责任审计，查出违规金额 489 万元、管理不规范金额 5691 万元；对汉台区党政主要领导同志 2012 年 12 月至 2016 年 6 月履行自然资源资产管理和生态环境保护责任情况进行审计试点。

固定资产投资审计 完成 15 项固定资产投资审计，重点关注项目落地、开工建设、资金到位、项目概算决算等情况，揭示反映项目应开工未开工、进展缓慢、超概算巨大及重大违法违规等问题。审计总金额 7.04 亿元，查出违纪违规金额 7963 万元。

民生资金（项目）审计 派出 12 个审计组 169 名审计人员，对汉中市本级和 11 个县区医保基金开展审计，审计延伸调查 54 个定点医疗机构、142 个定点零售药店、2 个经营企业等相关单位；共查出 4 大类 42 个问题，涉及金额 3.26 亿元。发现的重大违法违纪问题线索 3 件。

企业审计 完成对西部机场、陕西汉中机械化公司等 5 家企业的审计，查出内外勾结、利益输送、贱卖国有资产等违法违纪问题，通过审计查出违规违纪金额 8988 万元。（撰稿人：熊建华）

【榆林市审计局】 2016年，榆林市审计局人员编制76人，实有76人。局长张宇，副局长强少炜、冯占廷、张随平，总审计师曹炯，纪检组长任耀东。设有政秘科、法规科、财政金融科、行政事业科、社会保障科、农业与资源环境保护科、企业科、开发区科、教科文科、省属企事业科、固定资产投资一科、固定资产投资二科、经责办党政科、经责办企事业科、信息科。

审计成果 2016年，榆林市县两级审计机关完成审计项目2140个。查出主要问题金额282.45亿元，其中违规金额11.16亿元、损失浪费金额81万元、管理不规范金额271.28亿元；损益（收支）不实金额9.15亿元；审计处理处罚金额10.08亿元，其中应上缴财政7457万元、应减少财政拨款或补贴3.44亿元、应归还原渠道资金3.38亿元、应调账处理金额2.50亿元；审计发现非金额计量问题726个；审计促进整改落实有关问题金额9.68亿元，其中增收节支7.56亿元、已调账处理金额2.11亿元；审计促进拨付资金到位5万元；审计后挽回损失4.51亿元。移送违法违纪问题线索101件。出具审计报告和专项审计调查报告2250篇；提交审计信息108篇。提出审计建议3363条，被采纳2292条；促进建立健全规章制度114项。

2016年，榆林市审计局连续五年被评为目标责任考核优秀单位。

国家重大政策措施贯彻落实跟踪审计 围绕促进重大建设项目加快推进、财政资金统筹使用、重大政策贯彻落实、简政放权、防范经济领域风险隐患等方面开展审计，按季报告审计结果，坚持“边审计、边整改”，持续跟踪整改，促进政策红利向发展成果转化。

财政审计 开展预算执行、税收征管等审计，同时密切关注中央八项规定精神落实情况，助力从严管党治党。审计工作报告得到市人大常委会好评，要求要强化审计监督，推动榆林市预算执行和财政收支管理进一步规范。

经济责任审计 开展榆林职业技术学院原党委书记和院长的同步审计。探索经济责任审计与财政、企业、资源环境、民生审计一体化的方式方法，由微观审计向微观与宏观审计相结合转变。在实施府谷县委书记、县长同步审计过程中开展领导干部自然资源资产离任审计的试点。

固定资产投资审计 全市开展投资预决算审计项目1993个，核减投资10.28亿元。榆林市审计局与榆林市发改委、榆林市财政局共同印发《关于贯彻实施〈陕西省国家建设项目审计条例〉有关意见的通知》，对市本级投资审计进行以“放管服”为重点的全面改革。

民生资金（项目）审计 组织开展城镇保障性安居工程审计、基本医疗保险审计和移民搬迁等专项资金审计，突出源头防控、事中监督，对问题早发现、早提醒、早纠正，增强审计实效性。

企业审计 对榆林市城投公司和部分子公司2012—2015年度各项资产、负债及所有者权益的真实性、合法性情况开展审计。

（撰稿人：温翊伶）

【安康市审计局】 2016年，安康市审计局人员编制51人，实有51人。局长李均，副局长陈国进、刘昕玫、郭锋，总审计师杨宁，纪检组长兰天安，省属企事业审计处处长陈国进（兼）、副处长张本财，市经济责任审计处长刘际和。设有省属企事业审计处（下设事业审计科与企业审计科）、经济责任审计处（下设党政领导审计科与事业领导审计科）、政办科、监察室、法制科、财政金融审计科、行政事业审计科、经贸与社保审计科、农业与资源环保审计科、固定资产投资审计一科、固定资产投资审计二科、计算机审计中心。

审计成果 2016年，安康市县两级审计机关完成审计项目992个，其中组织实施审计项目82个。查出主要问题金额71.27亿元，其中违规金额10.56亿元、损失浪费金额14万元、管理不规范金额60.71亿元；损益（收支）不实金额13.67亿元；审计处理处罚金额38.42亿元，其中应上缴财政资金4167万元、应减少财政拨款或补贴1.16亿元、应归还原渠道资金7.29亿元、应调账处理金额29.09亿元；审计发现非金额计量问题412个；审计促进整改落实有关问题金额26.31亿元，其中增收节支2.13亿元、已调账处理金额18.73亿元；审计促进拨付资金到位256万元；审计后挽回损失1.02亿元。移送司法机关、纪检监察机关和有关部门处理事项144件，涉及160人。出具审计报告和专项审计调查报告1041篇，被批示、采用28篇；提交审计信息97篇，被批示、采用28篇。市本级提出审计建议332条，被采纳148条；推动完善规章制度29项。

2016年，安康市审计局被陕西省委表彰为全省先进基层党组织；被省委组织部、省委宣传部、省人社厅、省公务员管理局命名为全省首批人民满意的公务员示范单位；被市委、市政府表彰为安康市第五届先进集体。3个项目获得陕西省审计厅优秀项目表彰。

国家重大政策措施贯彻落实跟踪审计 组织开展对全市10个县区以及市直部门贯彻落实稳增长政策措施落实情况跟踪审计。

财政审计 组织财政“同级审”，完成市财政、地税部门预算执行及绩效审计。完成交通、卫生、公安、林业、质监五大系统预算执行审计。完成白河县、镇坪县、平利县、岚皋县财政决算审计。

经济责任审计 完成经济责任审计项目20个。把自然资源资产审计内容纳入白河县县委书记、县长经济责任审计项目中试点。

农业与资源环保审计 完成陕南移民搬迁（脱贫）专项资金审计和2011年至2015年水污染防治资金专项审计。

固定资产投资审计 对市本级100万元以上的政府投资项目实行全覆盖审计，对1000万元以上的政府投资项目实行跟踪审计。

民生资金（项目）审计 完成2015年度城镇保障性安居工程跟踪审计、基本医疗保险基金和医疗救助资金审计。

村级财务审计 完成10个镇207个村财务审计试点。在安康市10个县（区）140个镇办1545个村249个社区，推进村级财务审计全覆盖，截至年底大部分县区已完成首轮村级财务审计。

审计科研 完成陕西省重点审计科研课题“关于村级财务国家审计全覆盖推广模式下的探索性研究”和安康市重点科研课题“关于市县镇三级国家全覆盖审计网络建设的探索性研究”。

（撰稿人：李 响）

【商洛市审计局】 2016年，商洛市审计局人员编制51人，实有49人。局长卫星（—11月）、李久敏（12月—），副局长赵晓伟、徐丹红，总审计师郭正，纪检组长于天翔，陕西省审计厅商洛审计处副处长王代军，调研员卫星（12月—）、杨朝英。设有办公室、审理稽核科、财政金融审计科、行政事业审计科、农业与资源保护审计科、固定资产投资审计科、经贸审计科、社会保障审计科、经济责任审计办公室、监察室；下设商洛市内部审计管理中心、商洛市审计信息中心；陕西省审计厅商洛审计处设有审计处办公室、审计处一科、审计处二科。

审计成果 2016年，商洛市县两级审计机关完成审计项目456个。查出主要问题金额65.30亿元，其中违规金额8.33亿元、损失浪费金额20万元、管理不规范金额56.97亿元；损益（收支）不实3.95亿元；审计处理处罚金额15.08亿元，其中应上缴财政3428万元、应减少财政拨款或补贴898万元、应归还原渠道资金13.23亿元、应调账处理金额1.23亿元；审计发现非金额计量问题468个；审计促进整改落实有关问题金额3.55亿元，其中增收节支2.44亿元、已调账处理金额5853万元；审计后挽回（避免）损失4362万元。移送司法机关、纪检监察机关和有关部门处理事项16件，移送处理12人。出具审计报告和专项审计调查报告490篇，被批示、采用4篇；提交审计信息21篇，被批示、采用15篇。提出审计建议890条，向社会公告审计结果65篇。

2016年，商洛市审计局被市委、市政府命名为市级文明行业先进单位；被省审计厅表彰为2015年度全省保障性安居工程跟踪审计工作先进单位、2016年度全省审计宣传工作先进单位。

国家重大政策措施贯彻落实跟踪审计 对重大工程项目建设、脱贫攻坚、积极财政政策落实、“放管服”改革深化等情况实施跟踪审计，促进中央、省、市重大政策的有效落实，消除风险隐患、促进经济健康运行。

财政审计 完成对商州区和丹凤县2014—2015年度财政收支审计、商洛市本级2015年度财政预算执行及其他财政收支情况审计。

经济责任审计 实施商南县党政主要领导干部任期内自然资源资产审计试点。全市审计机关共完成经济责任审计项目182个，促进领导干部遵规守纪、履职尽责。

固定资产投资审计 开展对商洛市中心医院住院大楼建设项目竣工决算审计，核减工程造价358万元。完成商洛市幼儿园综合楼工程竣工决算审计，发现投资完成额不实、超付工程价款等问题，提出相关建议，促进规范管理。

民生资金（项目）审计 完成对商洛市本级和7个县（区）医疗保险政策制度落实及基金筹集管理使用情况审计，移交案件线索2件。开展全市2015年保障性安居工程审计和2015年度陕南移民搬迁专项资金收支、管理使用情况审计。

（撰稿人：李怡斌）

2016年陕西省所辖区、县(市)级审计工作统计表

金额单位:万元

审计机关	完成审计项目(个)	审计查出主要问题金额	审计处理情况					出具审计报告和审计调查报告(篇)	提出审计建议(条)	提交审计信息(篇)
			审计处理处罚				移送处理事项(件)			
			应上缴财政	应减少财政拨款或补贴	应归还原渠道资金	应调账处理金额				
西安市										
西安市本级	61	3955484	154235	370	41769	255938	53	61	193	220
新城区审计局	27	646	165					27	27	23
碑林区审计局	34	10531			1672		3	37	30	46
莲湖区审计局	36	3376	1700		112	63		37	128	23
灞桥区审计局	79	1570	1191			192		79	52	14
未央区审计局	39	38314	52			79	3	39	84	39
雁塔区审计局	40	20690	68			142	3	40	123	42
阎良区审计局	78	47465	2360		1727	43378		85	89	27
临潼区审计局	26	104618	32229		1111	9293		26	53	24
长安区审计局	98	46236	35669		3998	3		96	117	48
高陵区审计局	101	7722	27				4	101	183	4
鄠邑区审计局	65	76400	17		7	1334		85	169	47
蓝田县审计局	31	14961	1960		90	118	18	31	84	31
周至县审计局	47	24446	2	1764	1708	510		47	26	4
铜川市										
铜川市本级	49	147921	17	1	77	1889	18	49	67	184
王益区审计局	26	1819	117			1702	1	25	62	60
印台区审计局	70	64316		814		63502		70	129	13
耀州区审计局	98	419783	21		1542	15920	1	98	73	49
宜君县审计局	31	1104	17	246		86	1	31	91	18

（续表）

审计机关	完成审计项目（个）	审计查出主要问题金额	审计处理情况					出具审计报告和审计调查报告（篇）	提出审计建议（条）	提交审计信息（篇）
			审计处理处罚				移送处理事项（件）			
			应上缴财政	应减少财政拨款或补贴	应归还原渠道资金	应调账处理金额				
宝鸡市										
宝鸡市本级	56	291340	1252	4939	13436	98858	41	79	157	85
渭滨区审计局	28	2330			234	22	5	41	92	14
金台区审计局	29	16432	11			322	2	35	87	23
陈仓区审计局	51	384	13			1026	3	51	51	17
凤翔县审计局	77	7105	1831	2023	251	3000	3	77	154	10
岐山县审计局	40	39172	38					40	63	5
扶风县审计局	27	31237	6578	300	2181	16791		27	96	3
眉县审计局	35	54591	14	1192	21201	32184	2	29	42	12
陇县审计局	36	2136	5		64	841	2	36	81	2
千阳县审计局	26	22565	8		700	1298	2	26	106	2
麟游县审计局	44	8293	568			7	4	44	78	41
凤县审计局	43	39244	53			176	1	43	105	55
太白县审计局	45	12969	18		127	391	2	45	78	41
咸阳市										
咸阳市本级	36	398218	144	22230	5388	120604	11	49	104	21
秦都区审计局	79	18825	30	7420	1			79	45	10
渭城区审计局	37	16069	7	3266	10676	329		37	80	
兴平市审计局	52	223256	26	118	198	25663	1	69	129	
三原县审计局	65	9368	11		569	8428		65	58	4
泾阳县审计局	40	3355	29					44	141	
乾县审计局	22	17511	21					27	54	28
礼泉县审计局	58	20556	48			211		85	127	11
永寿县审计局	45	7343	34		62	795		91	93	20
彬县审计局	228	27400	8087	23300	292	6331		242	244	3
长武县审计局	203	1106	25			1069	3	203	285	33
旬邑县审计局	139	19618			125	11827		139	162	131
淳化县审计局	74	8575	18	413	3	4545		74	122	3
武功县审计局	88	3706	2	783		64	1	88	157	28
渭南市										
渭南市本级	42	312321	9107	989	118949	33176	35	57	143	70
临渭区审计局	26	1940	28					28	92	
华州区审计局	70	3688	1848					70	71	26

（续表）

审计机关	完成审计项目（个）	审计查出主要问题金额	审计处理情况					出具审计报告和审计调查报告（篇）	提出审计建议（条）	提交审计信息（篇）
			审计处理处罚				移送处理事项（件）			
			应上缴财政	应减少财政拨款或补贴	应归还原渠道资金	应调账处理金额				
华阴市审计局	74	2621	89					69		
潼关县审计局	68	1149	18		6		1	68		
大荔县审计局	36	432	5					36	87	
合阳县审计局	50	18711	238					50		
澄城县审计局	62	6774	204					62		
蒲城县审计局	113	26908	103		14			111	469	
白水县审计局	42	6261	37		558	1569		42	101	
富平县审计局	25	6541	784	116		2435		23	76	1
延安市										
延安市本级	154	3855178	72591		38650	258553	11	154	229	17
宝塔区审计局	116	34078				695		86	469	15
安塞区审计局	457	9347	22				4	457	20	10
延长县审计局	223	8934	28					223	425	
延川县审计局	174	20646	5				8	174	128	5
子长县审计局	142	210533	39	4211	93	10156		142	389	20
志丹县审计局	51	1816						51	27	
吴起县审计局	192	4292	1		885			189	130	15
甘泉县审计局	114	35400	23		851			114	217	13
富县审计局	109	17844	9			17834		135	168	
洛川县审计局	91	38075	143		1810	7137	1	90	93	3
宜川县审计局	115	27412		5850				85	146	10
黄龙县审计局	66	80687		1937	49			66	124	
黄陵县审计局	137	54217	9		4188		1	137	229	5
汉中市										
汉中市本级	95	299198	773		1102	1343	78	96	256	1
汉台区审计局	52	35085	61			28	5	147	85	9
南郑县审计局	141	59171	2848		23741	6506	11	163	326	13
城固县审计局	52	50488	90	721	531		23	54	103	2
洋县审计局	239	5006	975		186	832	8	265	434	14
西乡县审计局	75	73214	356	430	905	609	3	92	117	
勉县审计局	29	1952	1033		897	61	4	27	99	240
宁强县审计局	68	31191	21	3	7549	86	2	67	132	
略阳县审计局	56	12266	56	1228			3	57	119	

（续表）

审计机关	完成审计项目（个）	审计查出主要问题金额	审计处理情况					出具审计报告和审计调查报告（篇）	提出审计建议（条）	提交审计信息（篇）
			审计处理处罚				移送处理事项（件）			
			应上缴财政	应减少财政拨款或补贴	应归还原渠道资金	应调账处理金额				
镇巴县审计局	113	34810	146	2484			8	180	89	3
留坝县审计局	22	24329	198	10	2678	19750	1	22	102	1
佛坪县审计局	53	6686	6	46			23	57	141	96
榆林市										
榆林市本级	233	1042694	4814	566	2281	3878	24	254	497	35
榆阳区审计局	266	13695	734	14	6159		5	266	781	30
横山区审计局	98	204469	1539	4013	4598	20536	24	98	157	5
神木县审计局	179	19000	1895	248	125	228	9	179	253	10
府谷县审计局	213	431674	7				17	213	346	12
靖边县审计局	263	12493					7	158	455	12
定边县审计局	190	337023	12	27096	4	545	12	221	45	32
绥德县审计局	43	5041	6				1	95	84	8
米脂县审计局	159	17055	1				2	159	156	12
佳县审计局	122	76969		1130	6	36	4	122	187	18
吴堡县审计局	61	4537	5					61	100	
清涧县审计局	410	11865	11		38		8	425	111	12
子洲县审计局	243	87094	37				9	243	513	7
安康市										
安康市本级	85	392895	2196		56766	233882	107	91	332	21
汉滨区审计局	270	85164	147	9144	411	2268	4	283		
汉阴县审计局	33	6372	12	26	319	1690	3	46	63	
石泉县审计局	26	13851	3	82	25	11	2	26	39	
宁陕县审计局	23	51742	8			101		29	46	
紫阳县审计局	78	24803		2006		106		78	49	
岚皋县审计局	34	30363	23			550	5	39	78	
平利县审计局	65	43636	711		14902	4599	7	71	130	21
镇坪县审计局	75	13538	7		119	90	5	75	78	
旬阳县审计局	236	2893	962		73	823		236	376	55
白河县审计局	67	47486	94	300	246	46729	11	67	65	
商洛市										
商洛市本级	50	224844	3172		126483	3366	3	54	70	1
商州区审计局	84	10538	31		3	70		82	126	
洛南县审计局	73	137293	92		24			91	380	

（续表）

审计机关	完成审计项目（个）	审计查出主要问题金额	审计处理情况					出具审计报告和审计调查报告（篇）	提出审计建议（条）	提交审计信息（篇）
			审计处理处罚				移送处理事项（件）			
			应上缴财政	应减少财政拨款或补贴	应归还原渠道资金	应调账处理金额				
丹凤县审计局	37	52055	13		3307	3522	11	43	66	1
商南县审计局	35	182192	21	898	140	173		36	74	14
山阳县审计局	43	24943	67		1298	4925	2	38	33	
镇安县审计局	69	15996	22		961	266		64	80	2
柞水县审计局	65	5096	8		44			82	61	5

甘肃省

【甘肃省审计厅】 2016 年，甘肃省审计厅人员编制 244 人，实有 216 人。设有办公室、法规处、审计监督处、社会审计核查处、经济责任审计工作办公室、经济责任审计一处、经济责任审计二处、经济责任审计三处、财政审计处、行政事业审计处、农业审计处、资源环境保护审计处、固定资产投资审计一处、固定资产投资审计二处、金融审计处、企业审计处、社会保障审计处、外资运用审计处、人事处、老干部工作处、机关党委；下设机关后勤服务中心、审计科研培训中心、电子数据审计中心；省纪委、监察厅驻审计厅纪检监察室。

领导成员

厅　　长：白文晖（4 月—）

副 厅 长：成荣生（10 月—）　周继军

　　　　　张　奇（6 月—）　魏　炜

总审计师：李洁丽

纪检组长：王建设（—3 月）

　　　　　罗卫东（8 月—）

经济责任审计办公室主任：苏　琦

巡 视 员：边　恺（—12 月）

副巡视员：李　虹

审计成果 2016 年，甘肃省各级审计机关共审计和审计调查项目 8084 个，同比增长 4.26%。查出违规问题金额 5078 亿元、管理不规范金额 1230.19 亿元，同比增长 27.07%；通过审计处理，已上缴财政资金 32.31 亿元，同比增长 24.62%；促进增收节支 63.39 亿元。向各级党委政府和上级审计机关出具审计报告、提交审计信息等 3059 篇。向被审计单位提出审计建议 11319 条，同比增长 4.43%。

国家重大政策措施贯彻落实跟踪审计 组织 13 个审计组 242 人对 13 个市州及所属 23 个县区进行审计。共抽查部门单位 764 个、项目 1008 个，涉及资金 608.62 亿元，发现问题 1370 个。通过审计，促进重大建设项目开工、加快实施进度 206 个，促进财政资金统筹使用和拨付到位 21.89 亿元；简政放权 57 项，推动重大政策落实 69 项，建立健全制度 103 项；给予诫勉谈话等处理 1745 人，党纪政纪处分 986 人，免职、降级、辞退等 106 人。

财政审计 依法对省级预算执行和其他财政收支情况，特别是对资金量大、项目多的财政、发改等 15 个部门和单位进行审计。受省政府委托，向省人大常委会分别做 2015 年度省级预算执行和其他财政收支的审计工作报告、整改落实情况报告，省人大常委会给予充分肯定，认为是近年来反映问题最深刻、涉及面最广、力度最大的审计工作报告。在《甘肃日报》、审计厅门户网站等媒体公告审计结果，引起社会各界的广泛关注。针对预算执行审计中发现的部分省直部门所属企业薪酬管理不规范等问题，组织力量对省住建厅等 6 个单位所属的 12 户企业薪酬管理情况进行延伸审计，提出审计建议，省长批示要求分管副省长牵头整改，省人社厅会同省政府国资委提出规范工资收入和完善企业管理体制的意见。

自然资源资产离任审计试点 审计署将陇南市和迭部县、阿克塞县确定为全国第一批领导干部自然资源资产离任审计试点市县，省审计厅成立资源环境保护审计处，对陇南市党政主要领导干部任职以来有关自然资源资产开发利用和生态环境保护职责进行试审计，并对省重点开发区的成县和限制开发区的康县延伸。加强对迭部县、阿克塞县试点现场的指导，为全面推行领导干部自然资源资产离任审计积累经验。

经济责任审计 根据市县乡党政领导班子换届的实际情况，把经济责任审计重点放在资金、项目、管理职责较重的省直厅局、事业单位、金融机构和省属国有企业“一把手”上，做到应审尽审。采取“1拖3”（经济责任审计和预算执行审计、专项审计、投资项目审计相结合）的方式，对26个党政部门、事业单位和国有企业的28名领导干部进行经济责任审计，发现违纪违规问题81个，涉及资金37.41亿元。向省检察院移送案件线索1个，涉及1人。对5个部门单位主要领导干部首次采取离任经济责任事项交接办法完成审计。在经济责任审计中注重发现苗头性、倾向性问题，实施延伸审计，审深审透。针对在省直厅局长经济责任审计中发现的省级产业基金运行管理不畅等问题，组织10个审计组，集中对省级12项产业基金进行专项审计调查。根据审计结果，省政府召开专题会议研究，制定加强和改进政府投资基金管理的意见。

固定资产投资审计 对成武高速公路、省民航机场建设等33个重大投资项目进行审计，审计资金总额576亿元，查出管理不规范金额52.76亿元，核减投资额2.64亿元。尝试对敦煌文博会重大建设项目进行全程跟踪审计，派出2个审计组27人，历时半年，对9个重点项目进行现场跟踪审计。对省农村信用合作社的8个重大投资项目进行专项审计，将发现的经济问题线索移送省纪委进一步查处。

民生资金（项目）审计 组织72个审计组600多人，对14个市州2015年保障性安居工程进行审计，延伸审计调查777个村的6765户农村危房改造家庭，检查420个安居工程项目的建设管理情况。针对审计发现的5大类21个问题，会同省住建厅下发关于加强全省城镇保障性安居工程建设风险防控的通知，同时加大整改督查力度。组织14个审计组420多人，对14个市州2016年保障性安居工程进行审计。

派出2个审计组44人，对定西市本级和安定区、庆阳市本级和西峰区2015年至2016年上半年医疗保险政策制度落实和改革措施推进以及基金管理使用情况进行审计，揭示存在的问题4大类29个，提出审计建议和限期整改要求。对14个市州定点医疗机构HIS系统的数据进行采集。

组织开展13个市州的17个县区精准扶贫贷款和互助资金审计，涉及资金75.32亿元。查出违纪违规问题18类，涉及金额9.39亿元，督促各市州进行整改，将整改情况上报省政府。为进一步做好扶贫审计工作，提请省政府办公厅印发《关于进一步强化扶贫审计促进脱贫攻坚“一号工程”政策落实的通知》，就强化扶贫审计工作提出具体要求。派出86个审计组400多人，对全省2015年城乡居民最低生活保障资金进行审计，延伸审计调查1066个街道办事处、居委会、村委会及4337户城乡低保家庭，清退不符合保障条件9235户2.57万人，追回资金2345万元，追责46人。

其他审计项目 组织开展窑街煤电、靖远煤业、甘肃电投资产负债损益情况审计，揭示经营效益下降、亏损严重等问题及其原因，促进深化企业改革、提质增效。对问题较多的企业进行延伸审计，发现因投资决策造成重大损失等问题，及时向省委、省政府报告。省长做出批示，要求省政府国资委向相关企业逐一反馈审计情况，健全投资风险评估机制和相应责任追究机制。对汶川地震灾后恢复重建等18项外资项目进行公证审计，促进国外贷援款项目发挥效益。

法制建设 运用法治思维和法治方式统领谋划审计工作，始终做到严格规范公正文明执法。自觉接受党委、人大、政府的领导和监督，定期报告工作。带头尊法学法守法用法，开展“六五”普法工作，省审计厅被表彰为全省“六五”普法先进单位。

审计整改和成果运用 省长要求各地各部门高度重视审计工作，支持审计工作，对审计发现的问题列出清单，建立台账，对账销号，盯住整改落实，及时公告审计结果、审计报告整改情况。省审计厅按照省长批示精神，坚持举一反三，强化制度建设。对审计中发现的倾向性和重大违纪违法问题线索及重点部门单位主要负责人经责审计情况等，采用审计专报的形式呈送省委书记和省长审阅。省长对每期审计报告和专报都做出批示，提出要求，省审计厅跟踪督促相关部门持续整改，确保落实到位。加大审计结果公告力度，对除涉密和经济责任审计外的审计结果分不同层次在相关媒体进行公告，接受社会监督，促进被审计单位主动落实审计决定，全年共公布18个单位20个审计结果。向纪检监察、检察机关及有关部门移送案件线索303件，移送处理人员241人。

创新组织方式和技术方法　审慎推进向社会购买审计服务工作，推广应用“同步审”“联动审”“一拖N”等审计新模式，实现一组多审、一审多果、一果多用。推进以大数据为核心的审计信息化建设，按照1个平台、2个通道、3个中心、6个系统和1个安全保障体系的建设项目内容，形成覆盖省、市、县三级的审计信息化系统。甘肃省审计系统信息化建设第三期工程项目可行性研究报告已经通过省发改委批复。

学习教育　扎实开展“两学一做”学习教育，制定《甘肃省审计厅工作规则》，并印制成“口袋书”，便于职工随身携带，及时查阅。针对厅机关纪律作风方面存在的问题，从10月上旬开始，利用两个月时间在厅机关集中开展纪律作风教育整顿活动，着力整治领导班子和党员干部存在的“庸懒散慢”“等拖靠躲”等突出问题，厅领导查摆突出问题18条，各党支部查摆突出问题36条，党员干部查摆突出问题115条。深入学习贯彻党的十八届六中全会精神，厅党组开展专题学习会集中学习交流，邀请省委宣讲团专家专题辅导。

队伍建设　贯彻落实中办、国办《关于完善审计制度若干重大问题的框架意见》及相关配套文件、审计署办公厅《关于进一步加强扶贫审计促进精准扶贫精准脱贫政策落实的意见》，为进一步推进甘肃省脱贫攻坚“一号工程”顺利实施，在省委、省政府的关心下，与省编办多次协调，在全省县级审计局设立副科级事业单位“三农”资金审计中心，主要监督检查精准扶贫和“三农”资金管理使用情况，共调剂落实人员编制608人。

双联行动　省审计厅把双联行动作为联系群众、为民办实事和锻炼干部的平台，选派8名优秀年轻干部到8个联系村驻村帮扶。先后7次召开会议部署8个双联村精准脱贫和双联行动，重点完善基础设施、扶持发展支柱产业、帮助贫困户精准脱贫，共争取资金2000多万元，实施项目23个，帮办实事40多件。省审计厅被省委、省政府表彰为“全省双联行动组织奖”。

（撰稿人：张卫东　梁馨予）

【兰州市审计局】　2016年，兰州市审计局人员编制108人，实有111人。局长罗建峰，副局长李佐新、张永花、王新晖（6月—），纪检组长包永胜，经责分局局长魏晓洲。设有机关党委、办公室、人事处、监察室、法规处、计算机审计处、财政金融审计处、行政事业审计处、企业审计处、农业审计处、三农资金审计处、资源环境保护审计处、社会保障审计处、内部审计监督处、社会审计核查处、审计执法监督处、园区审计处、经济责任审计分局、经济责任审计一处、经济责任审计二处、经济责任审计三处、政府投资建设项目审计办公室、新区审计分局、工程项目结决算审计处。

审计成果　2016年，兰州市审计局组织实施各类审计项目和事项804个。查出主要问题金额28.86亿元，其中违规金额1.82亿元、管理不规范金额27.04亿元；损益（收支）不实金额7.30亿元；审计处理处罚金额12.06亿元，其中应上缴财政2.33亿元、应归还原渠道资金5394万元、应调账处理金额3.91亿元；审计发现非金额计量问题84个。移送司法机关、纪检监察机关和有关部门处理事项13件。出具审计报告和专项审计调查报告64篇；提交审计信息218篇，被批示218篇。提出审计建议197条，被采纳128条；推动完善规章制度30项。

2016年，兰州市审计局在甘肃省审计厅年度目标管理考核中位列全省第一。兰州市审计局组织实施的市少年儿童活动中心主任任职以来经济责任履行情况审计获得甘肃省审计厅优秀项目表彰；兰州市城关区审计局实施的区财政局2014年度预算执行和其他财政收支情况审计获得甘肃省审计厅表彰审计项目。

国家重大政策措施贯彻落实跟踪审计 对兰州市本级及所辖三县五区重大政策措施落实情况进行跟踪审计，查出政策执行不够到位、个别项目进度缓慢、财政存量资金未盘活等问题59个。

财政审计 共审计市财政局、市地税局等一二级预算单位32个，延伸审计相关单位60个。对兰州互联网新闻中心、市大数据服务管理局等4个单位财务收支进行审计。2015年度市级财政预算执行和其他财政收支审计工作报告得到人大常委会的充分肯定和积极评价。

经济责任审计 根据市委组织部的委托，对市商务局、市司法局等单位的领导干部进行经济责任审计项目33个，实施领导干部离任交接事项8件。

固定资产投资审计 对兰州重离子肿瘤治疗中心工程建设项目等86个重点工程项目跟踪审计；安排563个项目实施决（结）算审计，完成368个，送审金额34.56亿元，审定金额30.85亿元，审减金额3.71亿元，审减率10.74%。

民生资金（项目）审计 完成学生资助专项资金、兰州新区2015年度征地拆迁及养老保险基金联网审计，组织实施城关区等5个县区及兰州新区的城乡居民最低生活保障资金、永登县2015年精准扶贫专项贷款和村级互助资金、榆中县等4个县区及武都区2015年保障性安居工程跟踪审计等7个项目。

企业审计 对兰州市交通发展建设有限责任公司、兰州威立雅水务集团等4家企业分别进行财务收支、资产负债损益、经营管理等情况的专项审计。

交办任务 对南山路道路两侧剩余土地使用管理情况等109件事项进行审计或审计调查；协助市政协、市委组织部实施1091名换届代表、委员和拟提拔任用干部的经济责任核查；参与市人大对年度财政预算执行的专项检查工作。

信息化建设 通过“建好团队、收好数据、做好分析、核好疑点、用好成果”五项举措，初步搭建数据分析平台，组建专业数据分析团队，实现审计作业与大数据技术的有机融合，审计效能得到大幅提升，形成具有兰州特色的大数据审计模式。

相关工作 兰州市审计局被兰州市委、市政府评为兰州市脱贫攻坚和双联行动先进单位，在兰州市双联行动和驻村帮扶工作队考核中，兰州市审计局和局驻八门寺村驻村工作队均被评为优秀等级；在2016年度市直机关党建目标考核中获得优秀等次；档案室通过省档案局考核验收，被评为全省审计系统特级档案室；承办甘肃省第十七期计算机审计中级培训班，合格率达91.83%；在兰州市8个县区审计局分别设立“三农”资金审计中心，调剂核定编制55人。在各级新闻媒体和政府门户网站发表文章信息262篇。

（撰稿人：张青松）

【嘉峪关市审计局】 2016年，嘉峪关市审计局人员编制28人，实有30人。局长石晓辉，副局长王继红，总审计师赵明，纪检组长鱼辉，基建投资审核专员相炎军，调研员芦勇，副调研员茹作臻、高廷秀。设有办公室、法制科、经济责任审计科、行政事业审计科、社保金融审计科、社会审计核查科、经贸审计科、固定资产投资审计科；下设基建审核中心。

审计成果 2016年，嘉峪关市审计局完成审计项目39个，其中组织实施审计项目37个，参与实施审计项目2个。查出主要问题金额9207万元，其中违规金额2537万元、管理不规范金额6670万元；审计处理处罚金额367万元，其中应上缴财政70万元、应调账处理金额296万元；审计发现非金额计量问题23个；审计促进整改落实有关问题金额296万元，其中已调账处理金额296万元。出具审计报告和专项审计调查报告39篇；提交审计信息48篇。提出审计建议70条。向社会公告审计结果1篇。

国家重大政策措施贯彻落实跟踪审计 完成嘉峪关市2016年第二季度政策措施落实情况的跟踪审计。配合甘肃省审计厅和张掖市审计局对嘉峪关市2016年第三季度政策措施落实情况进行跟踪审计。

财政审计 完成对2015年度嘉峪关市级预算执行和其他财政收支情况及地方税收征管情况审计。重点对嘉峪关市司法局等7个部门及二级单位的预算执行情况进行审计，共审计资金9456万元，查出违规违纪和管理不规范金额1080万元，上缴财政资金 69 万元。提出审计建议 20 条。

经济责任审计 开展经济责任审计项目 10 个，共审计资金 16.85 亿元，查出违规违纪和管理不规范金额 292 万元。提出审计建议 9 条。

固定资产投资审计 完成嘉峪关市第四中学综合教学楼项目竣工决算等 19 个建设项目竣工决算审计，共审计资金 5.31 亿元，核减工程造价为政府节约资金 5410 万元。

民生资金（项目）审计 完成金昌市本级及金川区、永昌县 2015 年城镇保障性安居工程跟踪审计，嘉峪关市 2015 年度财政专项扶贫资金使用情况审计，嘉峪关市 2015 年度城乡居民最低生活保障资金审计，共审计资金 1.45 亿元，查出违规违纪和管理不规范金额 2244 万元。提出审计建议 10 条。

专项资金审计 完成嘉峪关市 2015 年度住房公积金归集管理使用及执行住房公积金制度政策情况的审计，共审计资金 2789 万元，提出审计建议 1 条。 （撰稿人：王颢凯）

【金昌市审计局】 2016 年，金昌市审计局人员编制 27 人，实有 27 人。党组书记、局长张正平，副局长梁福山，总审计师彭淑瑞，纪检组长张天钰，市经济责任审计联席会议办公室主任谢淑霞。设有办公室、法制科、经济责任审计科、财政审计科、行政事业审计科、企业和社会保障审计科、基本建设审计科（农业和资源环境审计科与其合署）、固定资产投资审核中心。

审计成果 2016 年，金昌市审计局完成审计项目 39 个。查出违规金额 399.63 万元、管理不规范金额 3.42 亿元，核减投资额 2281 万元。移交市纪委案件 1 件。发表各类审计信息 57 篇。提出审计建议 98 条。向社会公告审计结果 1 篇。

国家重大政策措施贯彻落实跟踪审计 抽调 15 人参加省审计厅统一组织的对白银市本级、白银区及靖远县 2016 年政策措施落实情况跟踪审计。完成全市 2016 年度第二季度稳增长促改革调结构惠民生防风险政策措施落实情况跟踪审计，查出管理不规范金额 396.47 万元。完成对白银市本级、平川区及靖远县 2015 年保障性安居工程的跟踪审计，查出管理不规范金额 1.63 亿元，发现基本建设审批手续不齐全、项目未按规定履行招投标程序、不符合条件家庭违规享受住房保障待遇等问题。

财政审计 重点对市财政局、市人社局、市民政局、市环保局、市粮食局、市食药局、市委党校、市残联等 8 个单位 2015 年度预算执行情况进行审计，共查出各类管理不规范金额 1.62 亿元；受市政府委托，于 10 月 25 日向市人大常委会做审计工作报告。完成市政府办公室 2015 年度财政收支情况审计。完成市政府 4 家驻外办事处 2014 年至 2015 年财政财务收支情况审计。

经济责任审计 完成市委党校、市环保局、市食药监局及金化集团等 8 个单位领导干部经济责任审计（其中任中审计 4 个），共查出违规金额 400 万元、管理不规范金额 1312 万元。

固定资产投资审计 完成市环境监测和执法业务用房改扩建项目、市纪委办案点工程及市公安局业务技术用房等竣工决算审计项目 11 个，送审值 1.22 亿元，审定值 9919 万元，核减投资额 2281 万元。

专项资金审计 完成永昌县 2015 年精准扶贫专项贷款和村级互助资金管理使用情况的审计，查出管理不规范金额 48.41 万元。完成全市 2015 年度城乡居民最低生活保障资金审计，查出违规享受低保待遇 85 户。完成 2015 年度全市住房公积金审计，查出管理不规范金额 2.4 万元。完成金昌市 2014 年农业清洁生产示范项目资金使用及绩效情况审计，查出管理不规范金额 111.9 万元。

（撰稿人：李文辉）

【白银市审计局】 2016 年，白银市审计局人员编制 45 人，实有 35 人。局长杨子明，副局长王世勇、马志武、李文辉、史文娟，总审计师杨玉杰，经济责任审计办公室主任杨子松。设有办公室、法规科、财政金融审计科、农业和资源环保审计科、社会保障审计科、固定资产投资审计科、行政事业审计科、计算机信息审计科，下设白银市经济责任审计办公室和白银市基本建设审计中心。

审计成果 2016 年，白银市审计局完成审计项目 66 个，完成招标控制价审计项目 64 个。查出主要问题金额 5.85 亿元，其中违规金额 6514 万元、损失浪费金额 80 万元、管理不规范金额

5.19亿元；审计发现非金额计量问题116个；通过审计处理，应上缴财政资金6652万元，核减工程投资3432万元，应归还原渠道资金632万元、应调账处理金额1.45亿元、应缴纳其他资金3190万元。向有关单位移送问题16个，问责处理9人。向市委、市政府和省审计厅提交综合、专题审计报告、要情、信息102篇（次）。向被审计单位提出审计建议132条。

国家重大政策措施贯彻落实跟踪审计 共审计全市112个政府部门，审计项目93个，涉及资金75.67亿元，发现问题117个，移送问题2件。通过审计促进财政专项资金拨付2.01亿元，17个重大建设项目加快推进，统筹使用资金1.86亿元。

财政审计 审计单位11个。查出违规金额4313万元、管理不规范金额3.29亿元；审计处理应上缴财政4313万元、应归还原渠道资金62万元、应缴纳其他资金100万元、应调账处理金额1.30亿元；已上缴财政629万元、已调账处理金额1.01亿元。出具审计报告11篇。提出审计建议23条。

经济责任审计 审计单位26个。查出违规金额33万元、管理不规范金额8134万元；审计处理应上缴财政33万元、应归还原渠道资金41万元、应缴纳其他资金3090万元、应调账处理金额1341万元；已上缴财政17万元，已归还原渠道资金3万元、已调账处理金额588万元；审计发现非金额计量问题19个。出具审计报告52篇。提出审计建议61条。

固定资产投资审计 共完成工程项目竣工决算审计15个，审定工程造价3.30亿元，核减工程造价1596万元。完成招标控制价审计64个，审定招标控制价4.28亿元，核减控制价1836万元。

专项资金审计 审计单位9个。查出违规金额2018万元、管理不规范金额3612万元；审计处理应上缴财政2017.85万元、应归还原渠道资金519.57万元、应调账处理金额16.24万元、已上缴财政1124.9万元、已归还原渠道资金40.71万元、已调账处理金额29.36万元；审计发现非金额计量问题32个。出具审计报告9篇。提出审计建议35条。

相关工作 选派19人参加审计署和省审计厅组织的业务培训，选派50多人次参与审计厅组织的重大审计项目。

（撰稿人：李生军）

【天水市审计局】 2016年，天水市审计局人员编制74人，实有72人。局长薄海明，副局长胡敬东、付新顺、焦继军，总审计师马群，调研员葛南翔、张意志。设有14个业务科室，下设天水市经济责任审计办公室（内设经责一科、经责二科、事项交接办），天水市电子数据审计中心（内设办公室、电子数据科、计算机审计科）。

审计成果 2016年，天水市审计局完成审计项目103个。查出主要问题金额14.54亿元，其中违规金额3.62亿元、管理不规范金额10.92亿元；损益（收支）不实金额3409万元；审计处理处罚金额8.43亿元，其中应上缴财政2.51亿元、应减少财政拨款或补贴2591万元、应归还原渠道资金1.49亿元、应调账处理金额4.13亿元；审计发现非金额计量问题194个；审计促进整改落实有关问题金额7.55亿元，其中增收节支4.18亿元、已调账处理金额3.35亿元；审计促进拨付资金到位69万元；审计后挽回（避免）损失2591万元。移送司法机关、纪检监察机关和有关部门处理事项14件。出具审计报告和专项审计调查报告101篇，被批示、采用68篇；提交审计信息457篇，被批示、采用194篇。提出审计建议237条。向社会公告审计结果8篇。

2016年，天水市审计局被评为“省级文明单位”荣誉称号；在甘肃省2016年度目标管理考核中取得第二名。由天水市审计局电子数据审计中心实施的麦积区常委、马跑泉镇党委书记、麦积区马跑泉镇镇长任中经济责任履行情况审计项目获得省审计厅优秀项目表彰。

国家重大政策措施贯彻落实跟踪审计 完成审计项目16个，查出主要问题金额9812万元，其中违规金额637万元、管理不规范金额9175万元；审计发现非金额计量问题95个；审计处理处罚金额9812万元，其中应上缴财政583万元、应归还原渠道资金1366万元、应调账处理金额7863万元；审计促进整改落实资金2524万元，其中已上缴财政0.04万元、已归还原渠道资金1066万元、已调账处理金额1458万元。移送有关部门处理事项2件。提出审计建议16条。

财政审计 完成预算执行审计项目11个，查出主要问题金额1.91亿元，其中违规金额1.74亿元、管理不规范金额1669万元；损益（收支）不实金额1191万元；审计发现非金额计量问题16个；审计促进整改落实有关问题金额1.79亿元，其中已上缴财政1.74亿元、已调账处理金额258万元。移送有关部门处理事项1件，提出审计建议34条。完成财政决算审计项目1个，查出主要问题金额5.70亿元，其中违规金额7313万元、管理不规范金额4.96亿元；损益（收支）不实431万元；审计发现非金额计量问题12个，移送有关部门处理事项1件，提出审计建议6条。

经济责任审计 完成审计项目20个。查出主要问题金额1.39亿元，其中违规金额2530万元、管理不规范金额1.14亿元、损益（收支）不实金额1787万元；审计发现非金额计量问题20个；审计处理处罚金额1.17亿元，其中应上缴财政788万元、应归还原渠道资金7734万元、应调账处理金额3134万元。移送有关部门处理事项13件。提出审计建议64条。

固定资产投资审计 完成审计项目37个。查出主要问题金额2591万元，项目投资额8.02亿元，完成投资额7.76亿元，核减工程投资额2591万元；审计发现非金额计量问题1个；审计处理处罚2591万元。提出审计建议68条。

民生资金（项目）审计 完成审计项目15个。查出主要问题金额3.51亿元，其中违规金额6139万元、管理不规范金额2.89亿元；审计发现非金额计量问题34个。移送有关部门处理事项55件。提出审计建议52条。

专项资金审计 完成审计项目3个。查出主要问题金额7972万元，其中违规金额2111万元、管理不规范金额5861万元；审计处理处罚金额3.33亿元；审计发现非金额计量问题16个。提出审计建议13条。

信息化建设 投入资金进行金审工程建设，实行内、外网分离，定期对“防火墙”等安全设备和软件的安全进行检查和分析，不定期地对电脑、存储设备进行信息安全检测，保证信息系统的安全运行。建立天水市审计局对外网站，实时动态宣传，扩大审计影响力度。强化运用审计管理系统，全面进行公文和项目管理，提高无纸化办公和广利效率。推广应用现场审计实施系统，对审计项目进行科学化管理，并对条件成熟的被审计单位进行计算机辅助审计，提高审计效率。应用审计计划管理系统进行项目管理，准确、有效地展现审计成果。提出推进以大数据审计为核心的审计信息化建设，建立数字化审计指挥平台、大数据综合分析平台，前移审计监督关口。设立天水市电子数据审计中心。

审计科研 完成“基层审计机关风险防控体系研究”科研课题，以权力风险和廉政风险为主线，从权力运行、廉政风险的角度揭示审计风险的表现形式，从内部和外部两个层面深入分析引发国家审计风险的主要原因。

党建工作 持续开展“两学一做”学习教育，严格执行《天水市审计局落实党风廉政建设主体责任实施意见》，明确党组书记“第一责任人”和科室、审计组长“一岗双责”要求，将党风廉政建设与审计工作同部署、同落实、同考核，把审计组廉政建设作为重点，与科室签订《党风廉政建设目标责任书》，与审计组签订《审计组人员遵守廉政规定承诺书》，公示审计纪律，设立举报电话，对审计组进行廉政监督回访检查，全年无一例违纪案件。

相关工作 在全市审计系统开展“审计质量年”活动，出台《关于进一步提高审计工作质量的实施意见》，有效管控项目实施过程，推行审计项目工时定额管理制度，加强项目现场计算机审计AO与OA交互管理，严格落实审计项目质量层层负责制。全年向相关部门报送《天水审计信息》284篇；向市委、市政府主要领导呈送《审计要情》39期，及时反映审计中发现的重要情况。尝试审计公告制度，发布审计结果公告8期，推动政务公开，增强社会各界对审计工作的监督和公信度。评选“十佳”优秀审计组长和“十佳”优秀审计能手和优秀审计项目，进一步激发一线审计人员爱岗敬业、钻研业务的工作热情。开展“双联”行动和精准扶贫工作，强化包抓措施，持续发力攻坚。在“大走访、回头看”活动中，组织68名干部职工对渭南镇营房、西湖湾等4个联系村527户农户进行走访，建立工作台账和“爱心联系卡”。围绕“两学一做”，开展“党员进村入户为贫困户办实事”主题实践活动，全局46名党员干部为贫困户自愿捐赠7200元；为营房、西湖湾两个村协调落实投资约260万元；完成两个帮扶村农村饮水、道路硬化、文化广场和亮化工程等基础设施工程；引导营房、西湖湾两个村的农户投资10万元扶持种植大樱桃250亩13200株；挂职村支部第一书记、工作队队长祁建荣被省委、省政府评为2015年度全省双联行动和驻村帮扶工作先进个人，挂职村支部第一书记、工作队队长秦汉被市委宣传部评为第四季度“最美天水人·十大人物”和市政府帮扶先进个人。

内部审计 制定下发《2016年度全市内部审计工作的安排意见》，对全市的内部审计工作进行规范和指导。2016年，全市共有内部审计机构26个（其中专职机构13个），内审人员80人（其中专职人员33人），完成审计项目111个，审计总金额26.79亿元，增收节支1.69亿元，提出审计建议113条。（撰稿人：县光明　倪琼洁）

【武威市审计局】 2016年，武威市审计局人员编制34人，实有29人。局长赵新辉（—1月）、李天忠（4月—），副局长马忠民、祁贵，纪检组长李镜（—6月），市经济责任审计局局长刘立新，调研员李镜（6月—），副调研员曹海宇。设有办公室、法规科、财政金融审计科、经济责任审计一科、经济责任审计二科、行政事业审计科、农业和资源环保审计科、社会保障审计科、固定资产投资审计科和武威市审计局投资审计中心。

审计成果 2016年，武威市县两级审计机关完成审计项目565个。查出主要问题金额44.06亿元，其中违规金额3.45亿元、管理不规范金额40.61亿元；损益（收支）不实金额4139万元；审计处理处罚金额3.20亿元，其中应上缴财政1.29亿元、应归还原渠道资金1.11亿元、应调账处理金额5214万元；审计发现非金额计量问题361个；审计促进整改落实有关问题金额2.67亿元，其中增收节支2.03亿元、已调账处理金额3663万元；审计促进拨付资金到位1076万元。移送司法机关、纪检监察机关和有关部门处理事项66件。出具审计报告和专项审计调查报告566篇，被批示、采用105篇。提出审计建议546条。厅级以上报纸杂志和新闻媒体采用审计信息38篇。向社会公告审计结果1篇。

国家重大政策措施贯彻落实跟踪审计 开展第二季度、第三季度跟踪审计，共发现问题103个，督促整改落实89个。参与张掖市2016年落实重大政策措施情况审计。

财政审计 完成财政预算执行审计49个，全面公开2015年度市级财政预算执行及其他财政收支审计结果。加强对“三公”经费、会议费等公务支出、公款消费的审计监督。

经济责任审计 审计领导干部248人，查出问题金额1.54亿元。在全市县区法院系统开展“三责联审”试点审计。对86名拟提拔任用或转任重要岗位领导干部进行廉政审查。

农业与资源环保审计 主要对精准扶贫和财政扶贫资金、保障性安居工程、低保资金、新型农村社区进行审计。市委常委会专题听取扶贫资金审计情况，安排审计发现问题整改工作。对扶贫资金项目实行一季度一检查，年底进行全面审计。

固定资产投资审计 开展全市重大建设项目审计调查，调查中央和省、市重大建设项目100个，重点反映投资项目超概算现象严重、土地出让金收缴不及时、建设进度缓慢等项目和资金管理方面存在的问题。

信息化建设 广泛运用AO和OA进行项目管理或审计分析，交互计划项目69个，网上办结公文159件，阅文总数达到2422次。

（撰稿人：蔡　峰）

【张掖市审计局】 2016年，张掖市审计局人员编制45人，实有39人。局长俞文海（5月—），副局长王天荣、龙建国、刘煜（1月—），总审计师王维力（1月—），调研员赵光源（1月—），副调研员谭运忠（1月—），经济责任审计工作联席会议办公室专职副主任陈维文（1月—）。设有办公室、综合法制科、财政金融审计科、行政事业审计科、经济责任审计一科、经济责任审计二科、固定资产投资审计科、外资经贸审计科、农业与资源环保审计科、社会保障审计科、信息化管理科，及所属市经济责任审计工作联席会议办公室（下设经济责任审计综合科）、市审计核查整改办公室。

审计成果 2016年，张掖市县两级审计机关完成审计项目320个，其中组织实施审计项目279个，参与实施审计项目41个。查出主要问题金额26.54亿元，其中违规金额1.41亿元、管理不规范金额25.12亿元；损益（收支）不实金额1811万元；审计处理处罚金额4.10亿元，其中应上缴财政8011万元、应减少财政拨款或补贴442万元、应归还原渠道资金431万元、应调账处理金额3.21亿元；审计发现非金额计量问题104个；审计促进整改落实有关问题金额2.94亿元，其中增收节支7046万元、已调账处理金额2.24亿元；审计促进拨付资金到位73万元；审计后挽回（避免）损失140万元。移送司法机关、纪检监察机关和有关部门处理事项44件，涉及164人、金额8037万元。出具审计报告和专项审计调查报告341篇，被批示、采用169篇；提交审计信息375篇，被批示、采用269篇。提出审计建议511条，被采纳479条；推动完善规章制度31项。向社会公告审计结果2篇。

2016年，张掖市审计局被中宣部、司法部表彰为2011—2015年全国法制宣传教育先进单位，2个审计项目被评为全省优秀审计项目，1个项目被表彰为全省内部审计优秀项目，先后受到审计署和省、市各类表彰10项。

财政审计 以部门预算、国库集中收付、政府采购、国有资本经营预算等财政政策和法规的贯彻执行为突破口，对市级财政、税收、预算执行、领导干部经济责任、政府投资及专项资金等27个单位及31个项目进行全面部署，统筹安排，对财政资金投放效益、拨付时效和部门预算执行绩效等情况开展审计，在依法依规处理审计查出问题的同时，围绕管理、绩效、政策落实等方面，就进一步加强市级预算管理提出意见建议。受张掖市政府委托，张掖市审计局代表市政府向市人大常委会做的《2015年度市级财政预算执行和其他财政财务收支情况的审计工作报告》及《审计查出问题整改情况报告》以高满意率通过审议，受到与会委员的高度评价。

固定资产投资审计 根据张掖市委、市政府关于加强对重点建设项目和重大民生保障基础设施建设工程审计监督的要求，加强对政府重视、群众关心、社会关注的重大政府投资项目的审计，重点关注项目立项批复、工程招投标、工程建设管理和资金使用等环节，对黑河河道城区段治理、张掖大剧院、G227线东六路改建工程等投资上亿元的项目实施跟踪审计。全力推进政府投资项目购买社会审计服务工作，研究制定《张掖市审计局政府投资建设项目购买社会审计服务管理办法》，以公开招标的方式与15家社会审计服务机构签订入围协议，建立社会审计机构库。委托5家机构对张掖大剧院土建工程、草滩庄水闸枢组除险加固工程、黑河流域城区段综合治理工程及丹霞地质博物馆工程开展造价、结算或竣工决算审计。

经济责任审计 对市委党校、市科协、山丹培校、驻北京及上海联络处等16个单位领导干部的经济责任及绩效情况进行审计。审计以领导干部守法守纪守规尽责情况为重点，围绕政令是否畅通、决策是否科学、执行是否高效、资源配置是否公开透明、管理是否规范有序、廉洁自律各项规定执行是否到位等方面开展审计工作。按照市委《县处级领导干部离任经济责任事项交接办法》，履行经责办联系协调和审计部门的监督职责，组织督促12个离任单位做好财务、资产等的清理登记，并协调纪检、组织、财政开展离任交接工作，使领导干部走得清楚，接得明白，实现“阳光交接”。

专项资金审计 按照甘肃省审计厅统一安排部署，抽调全市审计机关34人，组成9个审计组，分别对张掖市本级及所属6个县区财政专项扶贫资金、甘州区城乡居民最低生活保障资金、山丹县2015年精准扶贫专项贷款和村级互助资金管理使用情况开展审计，重点监督检查民生政策落实情况，全面把握财政资金分配、管理和使用情况，坚持从政策制度、资金分配、项目建设一直追踪到群众个人是否真正得到实惠，揭露和查处严重损害群众利益的问题，揭示和反映政策落实不到位、资金分配不合理、管理不严格、制度不完善等问题。

交办任务 根据甘肃省审计厅统一安排，组织对市本级2016年第二季度贯彻落实国家稳增长等政策措施和宏观调控部署情况进行跟踪审计，重点审计张掖市本级重大工程项目G227甘州城区经民乐生态工业园区至山丹乐东一级公路改建工程。采取“上审下”和“交叉审”的方式，组织全市25名审计人员，对张掖市第三季度重大政策措施落实情况进行跟踪审计。在配合协调做好甘肃省审计厅对张掖市2016年重大政策措施落实跟踪审计及整改工作的同时，抽调全市审计机关16名业务骨干，参加省审计厅对嘉峪关市、酒泉市2016年重大政策措施落实跟踪审计工作。抽调3名业务骨干，参加省审计厅对庆阳、定西市医保基金审计。抽调全市审计机关34人开展对武威市本级和凉州区、民勤县、古浪县、天祝县保障性安居工程审计。抽调人员对张掖市集中供热有限责任公司资产负债及经营损益情况、市玉米原种场资产负债损益情况和全市2011年至2015年对口帮扶支援肃南藏区资金、张掖市天然林保护二期工程项目资金及森林生态效益补偿基金、全市小微企业创业创新基地城市示范专项资金管理使用情况进行审计，延伸审计六县区“两创示范”办公室及专项资金使用单位的资金管理使用情况。抽调人员分4个审计组，完成市属机关事业单位和国有企业11个农场的资产和经营管理情况审计工作，全面摸清国有农场家底，为市属机关事业单位和国有企业农场改革顺利推进当好“助手”和“参谋”。抽调人员参加市委巡查组对全市部分乡镇的巡查工作。

队伍建设 张掖市审计局党组始终坚持把加强领导班子建设和干部队伍建设作为提升审计工作水平的关键来抓，坚持把加强政治学习作为履行工作职责、提升能力素质的前提和基础，严格落实党组中心组学习制度，深化“两学一做”学习教育，进一步增强班子成员“四个意识”，修订完善《中共张掖市审计局党组工作规则》，进一步对局党组工作进行明确和细化，确保党组工作应尽职责不漏项、具体行政事务不包揽。为干部职工搭建学习平台，建立和完善干部学习教育的奖励机制，与年度考核、选拔使用、评先评优等挂钩，鼓励和支持干部参加职称考试、学历教育和各类培训。共举办各类业务培训班4场次，业务研讨6场次，全系统选派28人（次）参加审计署、省审计厅举办的业务培训；以异地办班的形式组织全市审计系统62名业务骨干在南京审计大学举办为期一周的业务培训。强化作风廉政建设，营造廉洁从审的良好环境，年内共对78人（次）开展审前廉政谈话，对13个被审计单位进行回访调查，坚守党纪国法和道德品质“两条底线”，确保纪律刚性约束。2016年，张掖市审计局被中宣部、司法部表彰为“2011—2015年全国法制宣传教育先进单位”。全力争取协调，按时间节点要求落实六县区审计局“三农”资金审计中心人员编制30人。

内部审计 全市共完成内部审计项目299个（其中企业5个、行政206个、事业56个、其他32个），审计资金4.32亿元，增收节支162万元，提出建议意见并被采纳489条，内部审计工作逐步实现制度化和规范化。

（撰稿人：贺天刚　杨立明）

【平凉市审计局】 2016年，平凉市审计局人员编制49人，实有45人。局长王旺德，副局长席瑞林、李博、杨尚辉，总审计师王耀军，纪检组长韩建华，调研员朱江，副调研员李修范。设有办公室、法制科、财金审计科、投资审计科、经贸审计科、经济责任审计科、行政事业审计科、农业审计科、社会审计核查科、宏观政策审计科、电子审计中心。

审计成果 2016年，平凉市县两级审计机关完成审计项目361个，查出主要问题金额62.35亿元，其中违规金额21.98亿元、管理不规范金额40.37亿元；损益（收支）不实金额1.70亿元；审计处理处罚金额21.79亿元，其中应上缴财政13.04亿元、应归还原渠道资金5.80亿元、应调账处理金额2.95亿元；审计发现非金额计量问题296个；审计促进整改落实有关问题资金21.58亿元，其中增收节支18.40亿元、已调账处理金额2.93亿元。出具审计报告和专项审计调查报告459篇；提交信息论文591篇。提出审计建议772条。

国家重大政策措施贯彻落实跟踪审计 以围绕国务院和省委、省政府重大政策措施和宏观调控部署贯彻落实为目标，开展重大政策措施贯彻落实跟踪审计项目6个，查出主要问题金额13.65亿元，推动重大政策措施和宏观调控部署落实到位。

财政审计 围绕优化财政支出结构、规范转移支付资金管理和提高财政资金的使用效益，开展对本级财政预算执行审计项目98个，查出主要问题金额36.57亿元，促进完善财政预算管理，提升财政资金使用效益，发挥审计监督的促进作用。以行政事业单位财政财务收支真实性、合法性为重点，完成审计项目5个，查出主要问题金额3693万元，有效促进行政事业单位预算执行的合规性。

经济责任审计 围绕领导干部执行政策、推动发展、科学决策、依法行政、廉洁自律，组织对187名领导干部开展经济责任审计，发现领导干部应负领导责任主要问题金额4.40亿元。

农业与资源环保审计 以推动精准扶贫、精准脱贫政策措施落地生根和环保专项资金的规范使用为目标，组织开展全市扶贫专项和环保专项资金审计项目16个，查出主要问题金额4.86亿元，有效地促进国家精准扶贫与资源环保政策的贯彻落实。

固定资产投资审计 以规范政府重大投资管理水平和资金使用效益为目标，对20个政府投资项目资金管理、使用进行审计，查出主要问题金额5349万元，核减工程投资59万元。

民生资金（项目）审计 根据省审计厅安排部署，整合全市审计资源，组织实施对泾川县、灵台县、崇信县和庄浪县2015年度保障性安居工程的跟踪审计项目4个，查出主要问题金额2948万元。配合省审计厅完成庆阳市、西峰区、镇原县和华池县2015年度保障性安居工程跟踪审计。完成社会保障审计项目8个，查出主要问题金额9221万元，发挥审计为政府分忧、为百姓解难，保障人民群众基本生活权益、维护社会的稳定和促进社会和谐的作用。

企业审计 完成审计项目1个，查出主要问题金额99万元，本着"审帮促"相结合的原则，对企业的资产质量、债务风险、经营状况进行综合对比分析，提出加强管理、规范核算、提高效益的意见建议。

专项资金审计 树立"民本审计"理念，完成对"三农"、教育、住房等重点民生项目和资金的审计项目16个，查出主要问题金额7260万元，揭示和反映体制、机制、制度方面存在的问题，从加强资金管理、健全完善制度等方面提出整改建议。

交办任务 根据党委、政府的安排，配合其他单位完成交办配合事项审计247个，受到各级党委政府好评。

信息化建设 利用OA管理系统，交互运用办理来文来电；开展35岁以下审计人员培训85人次，69人通过计算机审计中级水平考试，138人通过审计署AO认证考试。

内部审计 2016年完成内部审计项目245个，通过审计促进增收节支660万元，有效规范单位内部财务管理行为。组织全市内部审计人员参加省内部审计协会在平凉和南京审计大学举办的培训班2期，培训108人。平凉市审计局连续五年被评为全省内审理论研讨优秀组织单位，所推荐的理论文章多篇获奖。 （撰稿人：王其红）

【酒泉市审计局】 2016年，酒泉市审计局人员编制33人，其中行政编制32人、工勤编制1人；实有32人，其中行政编制31人、工勤编制1人。局长刘红艺，副局长张东平（—4月）、李际平、白嘉念（6月—）、郭建荣（7月—），总审计师李建华，纪检组长李冬梅（—5月），市经济责任审计联席会议办公室主任李翠萍（6月—），市经济责任审计联席会议办公室专职副主任白嘉念（—6月），调研员张东平（4月—），副调研员李发宏、程军。设有办公室、综合法制科、经济责任审计一科（酒泉市经济责任审计联席会议办公室）、经济责任审计二科、财政金融审计科、行政事业审计科、经贸审计科、农业与资源环境审计科、社会保障审计科、固定资产投资与外资运用审计科、计算机审计管理科、社会审计核查与内部审计监督科；下设酒泉市政府投资审计中心。

审计成果 2016年，酒泉市审计局完成审计项目79个，审计和延伸审计单位182个。共查出违纪违规和管理不规范金额7.58亿元，促进财政增收节支2.8亿元，其中查出应缴税金5万元、应缴各项非税收入1.79亿元，核减工程造价1.01亿元。向纪检监察、税务等部门移送问题线索38件，涉及金额3839万元。提交审计报告、审计综合报告和审计要情、审计专报116篇。被市委、政府领导批示71篇。提出合理化审计意见和建议109条；促进市委市政府出台办法意见28项。在国家和省市级有关刊物刊登审计论文和信息报道152篇。

2016年，酒泉市审计局被甘肃省审计厅授予2015年度全省目标管理考核先进单位和2015年度全省稳增长落实审计先进集体；被酒泉团市委、文明办授予“青年文明号”；酒泉市审计局党支部被酒泉市委授予先进基层党组织荣誉称号。

国家重大政策措施贯彻落实跟踪审计 组织市县两级审计机关，对前三季度酒泉市市本级及所属7个县（市、区）2016年简政放权、传统产业改造提升、脱贫攻坚、财政资金统筹使用、“放管服”等政策措施贯彻落实及重大项目推进情况进行跟踪审计，发现和纠正行政审批等事项下放、承接、落实不到位，建设项目推进缓慢，工程建设审批手续不完善等问题。抽调市县两级审计机关16人配合省审计厅，完成武威市重大政策措施贯彻落实情况跟踪审计。

财政审计 开展2015年度酒泉市市本级预算执行和其他财政收支情况审计。审计中重点关注预算编制的科学性和预算执行的严肃性，检查财政收入的真实性，财政支出的合规性、效益性以及地方政府债务等，着力从促进提高公共资金绩效、盘活存量、优化增量，整合专项、优化支出结构等方面反映和揭示资金配置使用中存在的问题，以健全完善管理制度。结合领导干部经济责任审计，延伸审计酒泉市环保局、卫计委等30个预算执行单位，对2015年度市级税收征管情况实施审计，分别向酒泉市政府和酒泉市人大提交“两个报告”。11月，受酒泉市政府委托，在酒泉市三届人大第39次常委会上做《2015年度市级财政预算执行和其他财政收支审计的工作报告》，得到酒泉市人大常委会委员的一致肯定和好评。

经济责任审计 根据酒泉市委组织部委托，对酒泉市教育局、民政局、水务局、统计局等28个部门单位主要领导干部进行经济责任履行和机构编制情况审计；对玉门市玉门镇、敦煌市沙洲镇等4个高配乡镇（副县级）书记、镇长经济责任履行情况实施同步审计，有效地推动领导干部依法行政、守规尽责。同时，及时督促8个部门单位已调整转任、离任的领导干部办理交接手续。

自然资源资产离任审计试点 酒泉市审计局实施阿克塞县领导干部自然资源资产离任审计试点，对阿克塞县矿产资源和草原资源进行重点审计，摸清阿克塞县党政主要领导干部任期内矿产资源和草原资源实物量和生态环境质量状态变化情况，揭示阿克塞县资源环境领域存在的违纪违规问题，取得较好的效果，得到甘肃省审计厅的高度评价。同时，向甘肃省审计厅报送矿产资源和草原资源审计技术方法2篇、草原资源审计操作指引1篇，在全省自然资源资产离任审计座谈会和全省自然资源资产离任审计培训班上进行经验交流。

固定资产投资审计 酒泉市审计局采取组织实施与购买社会服务相结合的方式，对酒泉市博物馆建设项目、北大河河道治理工程、丝路公园景观绿化工程、酒泉城区联产热电集中供热工程等20个政府投资项目进行竣工决算审计和跟踪审计，核减工程造价1.01亿元，核减率达到7.8%。查出部分工程超概算、招投标不规范、建设手续不完整等工程建设领域的突出问题。通过酒泉市公共资源交易中心平台，面向全国公开招标，建成由25家社会中介组织组成的中介机构备选库。酒泉市审计局通过公共资源交易中心平台，购买社会服务开展政府投资审计项目26个。

民生资金（项目）审计 酒泉市审计局组织市县两级审计机关，对武威市及其凉州区、古浪县城镇保障性安居工程进行跟踪审计，并对酒泉市所属玉门、瓜州、敦煌、肃北、阿克塞5个县（市）的城镇保障性安居工程实施交叉审计；对2015年度瓜州县精准扶贫专项贷款及村级互助资金、酒泉市城乡居民最低生活保障资金管理使用情况进行审计；组织市县两级审计机关完成酒泉市基本医疗保险基金和医疗救助资金审计的数据采集上报工作。根据甘肃省审计厅统一安排部署，酒泉市审计局抽调市县两级审计业务骨干34人，对张掖市及其所辖5县1区2016年度保障性安居工程进行跟踪审计。

交办任务 根据酒泉市委、市政府的安排，完成酒泉市接待局政务接待经费及经费收支情况、会展中心视频会议系统及灯光升级改造工程等21个小型工程项目造价的审核工作，并出具审计意见。

信息化建设 广泛应用OA审计管理系统，做到市县两级审计机关审计项目和文书管理OA

全覆盖，推广运用计算机审计，在财政、地税、社保、医疗卫生、农业、固定资产投资审计等方面都取得显著成效和经验。由酒泉市政府发文，确保酒泉市审计电子数据采集报送工作全面完成。酒泉市审计局被列为甘肃省大数据审计平台建设第一批试点单位，起草制订酒泉市审计局大数据审计平台建设方案（草案），并抽调市县两级审计机关6名计算机审计骨干参加全省大数据审计分析人才库，抽选24名计算机审计中坚力量组建酒泉市大数据审计分析团队。开展联网审计，加大数据集中分析力度，通过民生社保监察审计电子平台对基本养老保险基金和住房公积金实施远程、动态联网审计，全年发现住房公积金及养老保险审计疑点信息记录44项10.78万条，发出核查通知10次，通过核实、确认问题记录18项6.93万条，实现事前、事中、事后的全过程动态监督和简单的“集中分析、分散核查”模式。

审计科研 将科研课题内容融入审计项目，完成《基层审计机关审计监督全覆盖的实现途径和方法研究》《资源环境审计问题研究》《网络经济下审计内容和审计方法研究》《党政领导干部经济责任界定研究》4个科研课题，经省审计厅组织的专家评审，1个课题获得二等奖，2个课题获理论创新奖。11月，向甘肃省审计厅申报2017年科研课题7个。

社会审计核查及内部审计工作 酒泉市审计局对2家社会审计机构完成的金塔县慈善协会财务收支审计项目等2个项目开展核查，从执业原则、工作程序、审计结论及审计意见是否公允等方面，发表核查结论及评价，促进社会审计机构依法、诚信、规范执业。通过组织培训、现场教学、评优树模、帮助建立工作制度，促进内部审计工作有效开展。

审计整改 贯彻落实甘肃省及酒泉市《关于进一步加强审计整改工作的意见》精神，加大审计整改力度，建立整改台账，落实工作责任，并建成政府通报督促、部门联合督查、人大监督问询等机制，促进审计查出问题切实整改。酒泉市直112个部门单位审计和专项检查查出的398个问题，已整改落实386个，整改率96.98%；7个县（市、区）审计和专项检查查出的254个问题，已整改落实243个，整改率95.67%。

（撰稿人：白玉玮　于建华）

【庆阳市审计局】 2016年，庆阳市审计局人员编制37人，实有36人。局长曹维斌，副局长李崇峰、汪彦锋、王芳，庆阳市经济责任审计办公室主任李国科，调研员刘俊峰（—10月），副县级审计员魏平征。设有人事秘书科、纪检监察室、综合法制科、社会审计核查科、财政金融审计科、行政事业审计科、基建外资审计科、经贸社保审计科、农业环保审计科；下设经济责任审计办公室、经济责任审计联席会议办公室和市政府投资项目审计中心。

审计成果 2016年，庆阳市县两级审计机关完成审计项目447个，其中组织实施的审计项目443个。查出主要问题金额22.04亿元，其中违规金额2.18亿元、管理不规范金额19.86亿元；损益（收支）不实金额2.19亿元；审计处理处罚金额4.87亿元，其中应上缴财政3102万元、应减少财政拨款或补贴4279万元、应归还原渠道资金283万元、应调账处理金额4.11亿元；审计发现非金额计量问题130个；审计促进整改落实有关问题金额2.69亿元，其中增收节支5208万元、已调账处理金额1.71亿元；审计后挽回（避免）损失315万元。移送司法机关、纪检监察机关和有关部门处理事项14件。出具审计报告和专项审计调查报告446篇，被批示、采用265篇；提交审计信息604篇，被批示、采用535篇。审计提出建议652条。

国家重大政策措施贯彻落实跟踪审计 对庆阳市6个县2016年稳增长等政策措施落实情况进行跟踪审计，围绕各阶段重点任务完成、重要政策执行、重大项目建设、重点资金管理和推进简政放权情况进行，发现政策执行不到位、项目管理不规范、资金管理使用不符合要求、重点项目建设进度缓慢、财政存量资金还没有完全盘活等问题61个。通过整改促进资金到位6938万元，促进项目开工，加快工程进度，完工、竣工验收项目52个，盘活、收缴资金261万元。

财政审计 对113个部门和单位的预算执行、转移支付、专项资金、税收征管等进行审计。庆阳市、县（区）审计机关向同级人大常委会做预算执行情况的审计工作报告9次，引起被审计单位的高度重视和社会各界的广泛关注，为全面把握财政资金分管用情况，检查预算执行的有效性，提高财政资金使用效益和财政财务管理水平起到促进作用。全市完成财政决算和预算执行项目126个。

经济责任审计 以贯彻落实中央、省、市经济责任审计“规定办法”和“实施细则”为重点，紧扣权力运行和责任落实，建立以任中审计为主导、任中审计与离任审计相结合的工作机制，加强对权力集中部门和资金、资产、资源密集领域领导干部的监督审计。通过审计，准确界定领导干部任期所承担的经济责任，对促进领导干部遵纪守法尽责起到积极的推动作用。全市完成经济责任审计项目128个，其中庆阳市审计局完成25个。

固定资产投资审计 把投资项目审计作为节约政府投资、减少损失浪费的重要手段，对政府重大投资项目实行竣工决算审计，依据立项批复、招标文书、施工合同和补充协议等资料，加强对工程造价、合同外增减工程、隐蔽工程和现场施工签证的审查审核，重点核实工程造价的真实性、建设资金使用的合规性、建设程序的合法性，提出合理化意见建议，促进建设单位加强项目管理，提高项目管理水平。全市完成投资项目审计116个，共核减工程造价2981万元，其中庆阳市审计局完成投资项目审计4个，核减工程造价1527万元。

民生资金（项目）审计 全市审计机关切实加大对财政扶贫资金、教育、医疗、救灾、最低生活保障等民生资金和项目的审计力度，揭示和反映挤占挪用、损失浪费、管理不善、效益不佳等问题，推动强农惠农富民政策落实到位。根据市政府安排，对庆阳宾馆、庆阳市劳务办驻深圳工作站、庆阳市农业大厦等4个单位的资产负债损益及全市2016年公务支出和公款消费、教育经费投入及管理使用情况进行审计，帮助被审计单位及时查找管理漏洞，健全内部控制制度，提高经营管理水平。（撰稿人：王　旭）

【定西市审计局】 2016年，定西市审计局人员编制37人，实有33人。局长岳余之，副局长张晓伟、潘欣（—5月）、谢晓妍、李宏军，总审计师张华荣，纪检组长张新，经济责任审计办公室主任郑晓炜。设有办公室、法规监核科、财政金融审计科、行政事业企业审计科、农业与资源环保审计科、固定资产投资审计科、社会保障审计科、经济责任审计办公室（下设经济责任审计一科、经济责任审计二科）；下设定西市审计局计算机审计中心。

审计成果 2016年，定西市审计局完成审计项目66个。查出主要问题金额9.63亿元，其中违规金额49万元、管理不规范金额9.63亿元；审计处理处罚金额1.75亿元，其中应上缴财政1681万元、应减少财政拨款或补贴9376万元、应归还原渠道资金5041万元、应缴纳其他资金1206万元、应调账处理金额203万元；审计发现非金额计量问题64个；审计促进整改落实有关问题金额1.59亿元；审计促进拨付资金到位342万元；审计后挽回（避免）损失9389万元。移送有关部门处理事项5件，涉及金额91万元。出具审计报告和专项审计调查报告77篇，被批示、采用32篇。提出审计建议173条，被采纳167条。向社会公告审计结果1篇。

国家重大政策措施贯彻落实跟踪审计 围绕国家重大决策部署的落实，从“放管服”改革措施落实、重大项目推进、减轻企业负担、盘活财政存量资金和资源环境保护等方面，对临洮、渭源、通渭3个县2016年重大政策措施落实情况进行跟踪审计，查出部分项目配套资金未落实、进展缓慢、未批先建、资金闲置等问题金额4.97亿元；对以前年度跟踪审计发现问题的整改落实情况进行督促检查，做到边搞审计、边督整改，促进政策措施的落实。

财政审计 以促进深化财税改革、优化支出结构和提高资金绩效为目标，对市财政局、地税局、发改委、住建局、林业局、民政局、食药监局、工商局、质监局、广播电视台等10个部门和单位2015年度预算执行和其他财政收支情况进行审计，查出应征未征或未及时解缴非税收入、挤占项目前期费等问题金额4416万元；审计结果依法向市人大常委会进行报告，并通过定西党政网等媒体进行公告。以盘活财政存量、优化财政资金增量、调整财政支出结构、促进提高资金使用绩效防范财政风险为目标，对陇西县2015年度财政决算情况进行审计，查出未及时上缴财政收入、应收未收财政资金、财政存量资金未盘活使用等问题金额2.5亿元。

经济责任审计 以强化对权力运行的制约和监督，促进领导干部守法、守纪、守规、尽责为目标，对市档案局、粮食局、城乡规划局、食药监局、环保局、城投办、社保局、民政局、老干局、机动车检测站和安定区审计局等11个部门和单位原任主要负责人进行经济责任审计，查出漏缴税金、账外资金、坐支非税收入等问题金额1198万元，移送有关部门处理事项3件，涉及金额73万元。

固定资产投资审计 依据《定西市国家建设项目审计监督办法》，利用社会审计机构力量，完成引洮一期陇通农村供水工程等23个政府性投资项目竣工决算审计，审计项目完成投资额14.96亿元，核减投资额（工程款）9372万元。坚持把灾后重建项目审计作为重中之重，建立定期通报、定期督查等机制，加强与上级审计机关沟通协调，督促县区审计机关加快审计进度，做到完工1项、审计1项，全市实施的1431个灾后重建项目已报审1404个，已完成竣工决算审计1224项，累计核减资金2.27亿元，其中城乡居民住房、防灾减灾、生态环境修复等项目全部完成审计。

民生资金（项目）审计 按照统一安排部署，运用“上审下”“交叉审”和“联合审”等方式，对渭源、漳县、岷县3个县2015年度保障性安居工程进行跟踪审计，查出部分县未完成农村危房改造任务、保障性住房配租配售收入未实行“收支两条线”管理、未及时兑付农村危房改造补助资金等问题金额385万元；对岷县2015年度精准扶贫专项贷款和村级互助资金管理使用情况进行审计，查出贷款对象不精准、资金使用不规范等问题金额4854万元；对全市7县区2015年度城乡低保资金进行审计，查出不符合条件家庭领取低保金、财政部门拨付资金不及时等问题金额210万元。

其他审计项目 完成对市自来水公司资产负债损益审计、拟撤销的市政府驻外办事机构资产和债权债务审计等党委、政府交办事项。

（撰稿人：王昆山）

【陇南市审计局】 2016年，陇南市审计局人员编制49人，实有37人。局长张荣中，副局长秦汝宁、王东红、李晖，总审计师张俭，经济责任审计办公室主任李红易。设有经济责任审计办公室、办公室、法制（审理）科、财政审计科、社会保障审计科、外资和企业审计科、政府投资审计科、经责审计一科、经责审计二科、社会和内部审计监督核查科、行政事业审计科、资源环保审计科、三农资金审计中心、审计信息中心。

审计成果 2016年，陇南市审计局共完成审计项目102个，其中组织实施审计项目102个。审计查出各类违规金额45.67亿元、管理不规范金额44.89亿元；损益（收支）不实金额6716万元；审计处理处罚金额13.56亿元，其中应上缴财政4.25亿元、应归还原渠道资金5.30亿元、应调账处理金额3.67亿元；审计发现非金额计量问题1658个；审计促进整改落实有关问题金额8.85亿元，其中增收节支6.74亿元、已调账处理金额1.77亿元；审计促进拨付资金到位1.34亿元。移送有关部门处理事项4件。出具审计报告102篇；提交审计信息68篇，被批示、采用64篇（次）。提出审计建议103条。

2016年，陇南市审计局实施的宕昌县2013—2015年度财政扶贫资金审计项目被甘肃省审计厅评为全省优秀审计项目；陇南市审计局财政审计科被甘肃省审计厅评为2016年国家重大政策措施贯彻落实跟踪审计先进集体。

国家重大政策措施贯彻落实跟踪审计 对陇南六县开展2016年第二、三、四季度的重大政策落实跟踪审计，审计涉及单位288个、项目401个、资金130.42亿元。查出问题226个，其中财政资金未按时到位1.73亿元、财政存量资金盘活不到位4.78亿元、挤占挪用财政资金3093万元。通过审计推进重大项目开工20项、加快进度63项、完工11项、竣工决算和验收4项，促进资金到位1.61亿元，规范管理资金2.39亿元，问责处理事项43个，问责808人。

财政审计 完成市本级2015年度财政预算执行情况审计。查出主要问题金额34.60亿元，其中违规金额4899万元、管理不规范金额34.07亿元；损益（收支）不实金额6716万元；审计促进整改落实有关问题资金额 2.98 亿元，其中增收节支 1.80 亿元、已调账处理金额 1.18 亿元；审计促进拨付资金到位 8362 万元。

经济责任审计 完成 49 名县级领导干部经济责任审计，查出主要问题金额 8800 万元；促进整改落实有关问题资金 6516 万元，其中增收节支 1090 万元、已调账处理金额 5426 万元。

固定资产投资审计 完成固定资产投资项目竣工决算审计 13 个，查出主要问题金额 3729 万元，核减工程造价 401 万元。

民生资金（项目）审计 组织全市审计机关完成全市 2013—2015 年度财政扶贫资金审计，查出主要问题金额 5.88 亿元，其中违规金额 2482 万元、管理不规范金额 5.63 亿元；审计促进整改落实问题金额 1.68 亿元，其中增收节支 1.30 亿元；促进拨付资金到位 3247 万元。陇南市审计局完成陇南 5 县和天水市本级及 3 县区 2015 年城镇保障性安居工程跟踪审计，查出主要问题金额 3.93 亿元，其中违规金额 50 万元、管理不规范金额 3.92 亿元；审计促进整改落实有关问题金额 3.54 亿元；促进拨付资金到位 1839 万元。通过审计确保民生资金安全有效使用和项目建设规范运行。

信息化建设 按照省审计厅的统一部署，完成第二期金审工程硬件建设任务，聘请省审计厅专家对全市审计机关开展为期一周的金审工程培训，把计算机 AO 审计作为数据分析运用的基础，探索建立审计大数据系统。

交办任务 按照市委要求，扎实开展精准扶贫精准脱贫工作，共协调资金 1125 万元，建成文化广场 2 个，新建村小学 2 处、卫生室 1 处，硬化开通道路 35 公里。扶持发展以桔梗、苦参等为主的中药材 500 亩、散养土鸡户 30 户，完成 8000 株核桃树的高枝换优工作，改善双联村生产生活的条件，增加农民收入。成县索池乡花泉村和鸡峰镇张塄村、两河村 3 个村已通过省、市脱贫验收。

相关工作 坚持抓班子、带队伍，把从严治党、廉政建设作为班子队伍建设的重要抓手，打造政治强、业务精、作风实、纪律严的审计干部队伍，把“两学一做”学习教育作为提高干部职工政治思想觉悟的重要载体，党员领导干部带头，组织全局干部职工深入学习党章、廉洁自律准则、纪律处分条例等党内法规和习近平总书记系列重要讲话精神。层层传导压力，建立《党风廉政建设主体责任清单》，明确和细化党组的主体责任、班子其他成员职责范围内的领导责任，狠抓落实，从严治党。把廉政建设同审计业务工作同部署、同落实、同检查、同考核，通过签订责任书，集体约谈、述纪述廉述作风等措施，加强监督检查，规范权力运行，加强对“三重一大”事项的监督，层层传导压力。开展审前廉政谈话，坚持廉政监督员制度和廉政回访制度，形成从严治党的高压态势。重视业务培训，派员参加审计署、审计厅举办的业务技能培训 15 次 460 人次，自行组织审计业务培训 8 次 265 人次。协调组建“三农”资金审计中心，9 个县区审计局全部成立“三农”资金审计中心，市审计局成立“三农”资金审计科，全市落实事业编制 83 人，并配合省审计厅为各县区招考工作人员 33 人，有效充实“三农”审计力量。（撰稿人：赵贵林）

【临夏回族自治州审计局】 2016 年，临夏回族自治州审计局人员编制 86 人，实有 82 人。局长金存智（—11 月）、戴永华（11 月—），副局长崔永奎、罗宏志、马黎明，总审计师何临平，经济责任审计办公室主任宗淑芳。设有人事秘书科、法规科、财政金融审计科、行政事业审计科、农业与资源环保审计科、社会保障审计科、固定资产投资审计科，内设经济责任审计办公室（下设经济责任审计一科、经济责任审计二科）；下设州审计局计算机信息中心。

审计成果 2016 年，临夏回族自治州（以下简称临夏州）审计局完成审计项目 114 个。查出主要问题金额 14.10 亿元，其中违规金额 7588 万元、管理不规范金额 13.34 亿元；审计处理处罚金额 4.08 亿元，其中应上缴财政 213 万元、应归还原渠道资金 4.05 亿元、应调账处理金额 37 万元；审计发现非金额计量问题 23 个；审计促进整改落实有关问题金额 6309 万元，其中增收节支 34 万元、已调账处理金额 6275 万元。出具审计报告和专项审计调查报告 114 篇；提交审计信息 28 篇，被批示、采用 38 篇。提出审计建议 312 条，被采纳 254 条。

国家重大政策措施贯彻落实跟踪审计 按照审计署和省审计厅的统一部署，对6个县年内稳增长促改革调结构惠民生防风险政策措施落实情况进行跟踪审计；对全州上年城乡低保资金的筹集、管理、使用和相关政策落实情况进行审计，促进国家各项政策措施的贯彻落实。

财政审计 组织人员对上年州级财政预算执行和其他财政收支情况进行审计，延伸审计9个单位预算执行及其他财政财务收支情况，对17个涉及经济责任审计的单位同步实施预算执行审计，揭示预算管理、转移支付分配、财税政策执行等方面的问题，促进财政管理的规范化。

经济责任审计 根据临夏州委组织部的委托，完成经济责任审计项目40个，其中任中审计14个、离任审计26个，完成现场审计33个。针对审计中发现的各类问题，督促被审计单位及时进行整改，完善内控制度，有效发挥经济责任审计的预警作用，促进党风廉政建设和反腐败工作的深入开展。

固定资产投资审计 完成重点建设项目竣工决算审计23个，核减工程价款6275万元，查处固定资产投资方面存在的违规问题，有效节约财政资金。

民生资金（项目）审计 根据审计署和省审计厅统一安排，组织人员对甘南藏族自治州3县市和临夏州5个县上年城镇保障性安居工程的投资、建设、分配、运营等情况进行审计。

专项资金审计 对康乐县上年精准扶贫专项贷款和村级互助资金管理使用情况进行审计，对审计发现的问题依法进行处理处罚，提出针对性建议。根据临夏州委巡察办的要求，对临夏中学2013年至2016年以来择校费收缴管理使用情况进行专项审计，为促进政策落实、推动制度完善、维护群众利益发挥积极作用，促进各项惠民政策资金的落实。

信息化建设 针对计算机网络安全知识和临夏全州审计系统网络安全方面的问题，组织州县市审计机关对上年所有审计项目AO（现场审计实施系统）数据包进行集中补录，全部上传到OA（审计管理系统）中。对公文流转中存在的问题进行通报和整改，同时协调电信局对网站全面进行改版更新，增加政务信息公开等相关内容，确保网站内容和结构更趋简洁、合理。

（撰稿人：马娅莉）

【甘南藏族自治州审计局】 2016年，甘南藏族自治州审计局人员编制51人，实有51人。党组书记、局长李世忠，副局长安玉荣（—10月）、牛勇、陈克明，总审计师贺荣华，经济责任审计局局长吕保平，调研员范元龙、宫永祯，副调研员行燕。设有办公室、法规和内部审计监督科、社会审计核查科、财政金融审计科、行政事业审计科、农业和资源环保审计科、固定资产投资审计科、企业审计科、社会保障审计科、计算机信息审计科；下设州经济责任审计局（内设经济责任审计一科、二科、三科）。

审计成果 2016年，甘南藏族自治州（以下简称甘南州）审计机关共完成审计和审计调查项目741个。查出主要问题金额8.67亿元，其中违规金额6909万元、管理不规范金额7.97亿元；审计处理应归还原渠道资金1427万元、应调账处理金额1.13亿元。共核减投资额1.07亿元。出具审计（调查）报告741篇；提交审计专题、综合性报告和信息简报77篇，被批示、采用16篇（次）。提出建议1044条，被采纳764条。

2016年，甘南州审计局共完成审计和审计调查项目155个，审计查出主要问题金额1.64亿元，其中违规金额103万元、管理不规范金额1.63亿元；审计处理应归还原渠道资金187万元、应调账处理金额7006万元；核减投资额6783万元。出具审计（调查）报告155篇；提交审计专题、综合性报告和信息简报37篇，被批示、采用10多篇（次）。提出建议242条，被采纳128条。

国家重大政策措施贯彻落实跟踪审计 抽调全州审计机关150多人次组成审计组，完成甘南州第二季度重大政策措施落实情况跟踪审计；完成碌曲县第三季度重大政策措施落实情况跟踪审计；完成夏河县第四季度重大政策措施落实情况跟踪审计；配合省审计厅完成对临夏州本级、临夏市、临夏县第二季度重大政策措施落实情况跟踪审计；完成省审计厅对甘南州本级、合作市、迭部县第三季度重大政策措施落实情况跟踪审计及问题整改汇总工作。

财政审计　全州审计机关共对49个部门和单位的预算执行情况进行审计。州审计局重点对州财政局、州住建局和合作市政府等14个单位的预算执行和财务收支情况进行审计，延伸审计13个二级单位的财务收支情况。

农业与资源环保审计　按照省审计厅安排，州审计局派出审计组对迭部县森林资源资产情况进行试点审计，针对审计中发现的落实生态文明建设相关政策措施不到位、重要约束性指标和目标任务未完成以及在项目建设和资金管理中存在问题，责成迭部县政府对相关责任人进行问责，建立评价指标体系，落实相关责任、完善体制机制。

经济责任审计　全州审计机关结合州、县、乡换届工作，共对254名领导干部进行经济责任审计。州审计局主要对州交通局、州委农办、州水电局、舟曲县纪委等50个部门开展经济责任审计，查出问题金额2334万元。

固定资产投资审计　全州审计机关共完成投资审计项目262个，送审项目投资总额18.17亿元，审定投资总额17.15亿元，审计核减投资1.02亿元。州审计局重点抽审甘南大剧院、州幼儿园教学楼、州委党校教学楼等57个政府重大投资项目，送审金额9.58亿元，审定投资总额8.90亿元，审计核减工程款6783万元。

民生资金（项目）审计　全州审计机关共完成专项资金审计和审计调查项目124个，审计专项资金总额17.88亿元。重点对全州城乡低保资金管理使用情况进行审计，涉及全州七县一市财政、民政等18个单位、99个乡镇；采用交叉审计方式，对临夏州，临夏市、临夏县和广河县2015年度保障性安居工程进行审计。对玛曲、夏河两县2015年农村饮水安全工程、藏区规划外新出现农村饮水不安全人口项目进行专项审计，并开展绩效审计评价。

交办任务　完成甘南州委组织部委托对全州579名“两代表一委员”资格审查中涉及审计工作的情况；配合甘南州纪委开展巡察和执法检查工作、配合各项目建设主管部门进行工程验收、招投标监管等工作。

信息化建设　配合省审计厅完成金审工程二期建设，选派审计人员参加省审计厅和审计署组织开展的各类计算机和大数据审计培训班，派专人赴兰州市审计局观摩学习大数据审计，提高信息化条件下审计人员的实战能力。

（撰稿人：张　楠）

【甘肃矿区审计局】　2016年，甘肃矿区审计局人员编制9人，实有6人。副局长杜瑞军。设有综合科、企业审计科。

审计成果　2016年，矿区审计局完成审计项目2个，审计资金量146万元，审计发现非金额计量问题3个，出具审计工作报告7篇。提出审计建议2条。

固定资产投资审计　对甘肃矿区卫生和计划委员会的甘肃矿区急救中心项目竣工财务决算进行审计，出具审计报告。重点关注项目的批复情况、各项政策的落实执行情况、政策目标实现情况以及内部控制制度的执行情况、专项资金的管理及使用情况，揭示专项资金管理和使用中存在的问题，提出审计建议2条，被采纳2条。对甘肃矿区工商局办公楼修缮与政务大厅、视频会议室装修工程竣工财务决算进行审计，对项目资金管理、使用情况、设备材料采购、招投标情况等进行重点审查。

交办任务　根据甘肃省审计厅安排，组织人员完成甘肃矿区医疗保险基金相关数据的收集、整理、上报。

相关工作　在巩固群众路线教育实践活动和“三严三实”专题教育成果的基础上，把“两学一做”学习教育引向深入。强化审计人员教育培训力度，参加上级部门组织的各种培训班。本年度14人次参加11个培训班的学习，全体审计人员参加会计人员继续教育培训。（撰稿人：柴雪映）

2016年甘肃省所辖区、县(市)级审计工作统计表

金额单位:万元

审计机关	完成审计项目(个)	审计查出主要问题金额	审计处理情况						出具审计报告和审计调查报告(篇)	提出审计建议(条)	提交审计信息(篇)
			审计处理处罚				移送处理事项(件)				
			应上缴财政	应减少财政拨款或补贴	应归还原渠道资金	应调账处理金额					
兰州市											
兰州市本级	804	288609	23341		5394	39064	13		64	197	218
城关区审计局	83	4302	25	4236	36				83	63	
七里河区审计局	230	3075			1	3074			230	57	122
西固区审计局	26	3891	1	109					26	62	
安宁区审计局	9	18447	4908		13	13525					5
红古区审计局	10	60548	76						10	27	
永登县审计局	37	34109	9461	372	23150	44			37	53	
皋兰县审计局	18	3551	15	2422	519	595			18	30	10
榆中县审计局	95	2042					2		95	36	9
嘉峪关市											
嘉峪关市本级	39	9207	70			296			39	70	48
金昌市											
金昌市本级	39	34599	58			910	1		37	98	57
金川区审计局	30	8284	39		863		1		30	81	25
永昌县审计局	40	8751	194	1287	81	7189			59	54	2
白银市											
白银市本级	66	58457	6652	3432	632	14491	16		91	132	104
白银区审计局	38	42393	4854	4867	2417	12131	1		56	64	39
平川区审计局	34	23539	591	57	1	17532	3		54	142	44
靖远县审计局	68	33475	4409	695	66	11			117	94	27
会宁县审计局	43	39128	80	1848	22	22	2		49	131	41
景泰县审计局	40	58393	13893	146	294	1200			63	97	35
天水市											
天水市本级	103	145419	25134	2591	14950	41324	22		103	237	457
秦州区审计局	107	7858	1	718	27	1537	1		107	225	75
麦积区审计局	73	23098	982	402		17250			73	191	74

（续表）

审计机关	完成审计项目（个）	审计查出主要问题金额	审计处理情况					出具审计报告和审计调查报告（篇）	提出审计建议（条）	提交审计信息（篇）
			审计处理处罚				移送处理事项（件）			
			应上缴财政	应减少财政拨款或补贴	应归还原渠道资金	应调账处理金额				
清水县审计局	39	35540	22337	384	21	9208	1	39	65	2
秦安县审计局	108	17955	797	1015	1133	8557		108	217	30
甘谷县审计局	70	4046	65	315	1	819	1	70	92	
武山县审计局	140	3298	110	857	89	1484		140	352	
张家川回族自治县审计局	23	7018	122		265	1908		23	64	24
武威市										
武威市本级	99	301484	7980		3973		22	99	166	45
凉州区审计局	103	82840	3247		1962		20	103	113	32
民勤县审计局	103	35889	285		35		13	103	44	28
古浪县审计局	137	9181	470		37	1551	11	137	196	15
天祝藏族自治县审计局	123	11179	9706		5117	3663		123	27	27
张掖市										
张掖市本级	76	18368	535		244	9134	10	76	174	86
甘州区审计局	46	22497	528			85		44	112	51
肃南裕固族自治县审计局	31	44158	39				1	29	25	41
民乐县审计局	35	26656	23		18	21672		31	59	48
临泽县审计局	50	30100	6078			335	3	48	40	59
高台县审计局	38	119379	159	442	30	502	32	53	37	34
山丹县审计局	44	9240	649		139	403	1	42	66	56
平凉市										
平凉市本级	81	337463	113082		18410	327	1	104	189	136
崆峒区审计局	44	92594	7440		1119	603	9	65	121	69
泾川县审计局	31	20256	1571		4			41	7	14
灵台县审计局	46	14208	6		28		29	81	149	69
崇信县审计局	23	25965	534		45	25346		23	61	110
华亭县审计局	46	36810	1		2	2	13	46	119	89
庄浪县审计局	30	45791	6780		38357	322		41	10	63
静宁县审计局	58	50401	967		119	2859	40	58	116	41
酒泉市										
酒泉市本级	79	75766	17905	10100	11841	8706	38	113	109	152
肃州区审计局	118	59441	46	908	27	5149		129	51	34

（续表）

审计机关	完成审计项目（个）	审计查出主要问题金额	审计处理情况					出具审计报告和审计调查报告（篇）	提出审计建议（条）	提交审计信息（篇）
			审计处理处罚				移送处理事项（件）			
			应上缴财政	应减少财政拨款或补贴	应归还原渠道资金	应调账处理金额				
玉门市审计局	85	23195	5137	3419	427	284		57	79	137
敦煌市审计局	44	34097	22605	1509	3	465	6	50	84	74
金塔县审计局	70	25221	133	1831	112	200	4	86	89	168
瓜州县审计局	86	29623	7638	6336	43		8	86	268	559
肃北蒙古族自治县审计局	30	4583	4	825	219	3473	1	37	60	56
阿克塞哈萨克族自治县审计局	300	13306	8723			1410			324	120
庆阳市										
庆阳市本级	56	29197	1418	1526	108	10156	8	56	90	84
西峰区审计局	82	11652	22	1955	5			82	58	58
庆城县审计局	52	27609	638		17			52	145	140
环县审计局	34	7716	71	533	14	4928		34	76	65
华池县审计局	43	5601	8		7		6	43	43	40
合水县审计局	52	99719						52	50	34
正宁县审计局	44	3483	7					44	16	13
宁县审计局	37	9576	921	265	132	329		36	103	99
镇原县审计局	47	25861	17			25641		47	71	71
定西市										
定西市本级	107	213569	19456	10587	108071	57535	5	126	110	102
安定区审计局	74	89750	5		19	92		74	143	51
通渭县审计局	127	57586	464	108	676	8951		127	186	
陇西县审计局	250	111415	325	2442	933	107346		282	432	1
渭源县审计局	192	32031	4951		22941	3631		192	27	
临洮县审计局	326	101854	330		702	98693		326	33	2
漳县审计局	244	20090	9898	4246	537	17		249	340	108
岷县审计局	214	32589	20	4013	83	233	1	229		
陇南市										
陇南市本级	102	456679	42517		53018	36733	4	102	103	103
武都区审计局	98	50625	76		247	72		98	166	166
成县审计局	63	33915						63	43	43
文县审计局	255	41712			2	317		255	439	393
宕昌县审计局	200	1744	1	1740			4	200	197	197

（续表）

审计机关	完成审计项目（个）	审计查出主要问题金额	审计处理情况					出具审计报告和审计调查报告（篇）	提出审计建议（条）	提交审计信息（篇）
			审计处理处罚				移送处理事项（件）			
			应上缴财政	应减少财政拨款或补贴	应归还原渠道资金	应调账处理金额				
康县审计局	32	4578	475		3521	582		32	12	12
西和县审计局	54	34749	134		18	507		54	19	19
礼县审计局	73	1270	50		3	1194		73	119	95
徽县审计局	132	2643	12	2630			1	132	207	174
两当县审计局	22							24	5	5
临夏回族自治州										
临夏回族自治州本级	114	141010	213		40551	37		114	312	28
临夏市审计局	92	7598	193		514	2439	2	92	196	19
临夏县审计局	101	1117	42			1055		101	94	22
康乐县审计局	95	1256	189		49	1017		95	132	6
永靖县审计局	99	7356	63		4	4837		99	122	8
广河县审计局	84	1532	26		3	1501		84	50	13
和政县审计局	134	199	115			199		134	23	12
东乡族自治县审计局	116	27827						116	151	7
积石山保安族东乡族撒拉族自治县审计局	87	14158	746		48	4628		87	47	8
甘南藏族自治州										
甘南藏族自治州本级	89	122162	405		150	3811		89	186	52
合作市审计局	56	1013	2		53	948		56	81	
临潭县审计局	23	96	1					23	11	
卓尼县审计局	89	7923	350		176	1791		89	44	
舟曲县审计局	45	19601	80					45	74	15
迭部县审计局	88	7506	170		1009	5266		88	55	13
玛曲县审计局	47	285	22					47	77	
碌曲县审计局	20							20	49	
夏河县审计局	55	1374	32		1229			55	92	
甘肃矿区										
甘肃矿区审计局	2							2	2	

青海省

【青海省审计厅】 2016年，青海省审计厅人员编制147人，实有136人。设有办公室、政策法规处、财政审计处、行政事业与社会保障审计处、农业与资源环保审计处、固定资产投资审计处、经贸与外资运用审计处、计算机审计处、人事处、机关党委、机关纪委、经济责任审计局一处、经济责任审计局二处、审计信息中心、后勤服务中心、派出审计一局、派出审计二局、派出审计三局、派出审计四局。

领导成员

厅　长：王继卿

副厅长：朱　清　卫　强　张得庆
　　　　竺向东

总审计师：何世海

纪检组长：曹国宁（—10月）
　　　　　多吉南杰（10月—）

审计成果 2016年，青海省审计厅共完成审计项目40个。查出主要问题金额90.83亿元，其中违规金额4.69亿元、损失浪费金额1700万元、管理不规范金额85.97亿元；损益（收支）不实金额12.20亿元；审计处理处罚金额12.93亿元，其中应上缴财政1.25亿元、应归还原渠道资金2.17亿元、应缴纳其他资金4.53亿元、应调账处理金额4.98亿元；审计发现非金额计量问题1608个；审计促进整改落实有关问题资金5400万元，其中增收节支2400万元、已归还原渠道资金1800万元、已调账处理金额2700万元。移送司法机关、纪检检察机关和有关部门问题线索19件，移送人员23人。与上年比较，项目实施数、查出问题金额数和移送问题线索数分别增长14%、55.7%和46%，实现较大幅度增长。出具审计报告和专项审计调查报告55篇，被批示、采用11篇；提交审计信息127篇，被批示、采用104篇。提出审计建议106条。向社会公告审计结果20篇。

2016年，青海省审计厅相继获得“省级文明单位”“全省机关党建工作先进单位”“青海省民族团结进步先进区创建工作优秀单位”等荣誉称号，在全省2016年度目标责任考核中被评为优秀等次，在2016年度全省党风廉政建设责任制检查考核中被评为优秀等次。

国家重大政策措施贯彻落实跟踪审计 按照审计署统一安排部署，围绕宏观政策要稳、产业政策要准、微观政策要活、改革政策要实、社会政策要托底的总体要求，采取“1＋N”审计模式，组织全省各级审计机关按季度对各地各部门贯彻落实国家和省委、省政府重大政策措施情况进行跟踪审计，审计覆盖全省8个市（州）本级和16个省直部门单位，延伸审计36个县，涉及“三去一降一补”五大重点任务及金融支持实体经济、营改增、“放管服”等12类36项政策、126个项目，着力反映结构性、体制机制性缺陷，揭示责任履行不力、资金使用效率低下、项目进展迟缓等影响政策效果的问题，督促盘活项目资金、加快项目进度、完善制度规定，有效推动供给侧结构性改革，保障政令畅通，增强重大政策的权威性和执行力。审计报告引起各方面高度重视，省委、省政府领导多次做出批示，省政府督查室将审计发现问题整改列入重点督查事项。

财政审计 以维护财经秩序、强化收支监管、提高资金绩效、促进厉行勤俭节约为目标，从促进公共资金科学管理的角度综合评价、揭示问题、促进依法理财等方面开展财政预算执行情况、专项资金分配下达及制度建立、政府采购结余结转、“三公”经费公开等情况的财政审计，深入揭示和分析专项资金“碎片化”、财政管理绩效有待提高、部分专项资金管理制度亟须完善等问题，促进省级财政整合专项资金10.70亿元、盘活存量资金5.57亿元，督促新建和修订财政专项资金管理办法112项。对省统计局、省科技厅等部门预算执行情况进行审计，揭示违规套取和使用资金、部分预算执行缓慢及“三公”经费和会议费等管理制度执行不到位的问题，督促有关部门归还原渠道资金、追缴资金。

经济责任审计 坚持党政同责、同责同审，围绕“权力运行”和“责任落实”，对海东市、玉树藏族自治州、省水利厅、青海民族大学、省国有资产投资管理有限公司等政府、部门和企业的17名领导干部进行经济责任审计，重点关注领导干部履行发展、环保、民生、安全、绩效等责任情况，及时发现并纠正随意决策、滥用职权、浪费资源、以权谋私等现象和问题。探索领导干部自然资源资产离任审计试点，根据青海省主体功能区定位以及自然资源资产禀赋等特点，在自然资源分布较为广泛的海东市、民和县及海西藏族自治州茫崖行委开展审计试点，重点加强对矿产、森林等自然资源和重要生态环境保护事项的责任审计，深入揭示个别生态项目规划编制不科学和资金投入不足、个别工程建设项目违规占用林地、个别环境治理项目进展缓慢等问题，并对领导干部进行相应的审计评价和责任界定。

金融审计　关注金融领域的风险隐患，针对部分金融机构不良贷款过高、部分地区创业贷款担保基金管理不严等问题，提出预警性建议，促进相关单位出台多项风险防范措施。

农业与资源环保审计　组织开展全省扶贫政策实施及资金管理使用情况审计调查，与省财政厅联合组织开展2016年财政扶贫资金监督检查。从政策要求、预算安排、资金拨付追踪到项目，揭示个别扶贫项目未达到预期效果、个别部门单位违规使用扶贫资金、个别社区干部套取低保资金等问题，加大追责问责力度，保障精准扶贫、精准脱贫举措到位。印发《青海省审计厅关于加强生态环境审计工作的意见》，对各级审计机关监督检查土地、矿产、水资源、森林等相关情况，促进落实最严格的环境保护制度提出要求，组织实施109项中小河流治理工程专项审计调查和青海湖流域周边地区生态环境综合治理项目审计，并在其他审计项目中密切关注“三农”政策落实、节能环保措施、环保项目实施、生态建设资金使用、农业基础设施等情况。

固定资产投资审计　围绕优化投资结构、强化基础支撑，加大基础性、公益性、战略性建设项目的审计力度，完成锡铁山至北霍布逊地方铁路项目竣工决算审计，揭示项目管理不规范、高估冒算、多计工程价款等问题，核减不实投资额532万元。完成德令哈至香日德公路建设项目审计等项目，揭示部分项目未批先建、违规招投标、质量缺陷及挤占建设资金等问题，督促修订不合时宜的制度规定。完成海东市核心区基础设施建设、西宁市中心广场北扩工程等项目审计，揭示招标投标、成本控制、建设程序、工程质量等方面的突出问题，向有关部门移送部分单位涉嫌串通投标等违规问题。

民生资金（项目）审计　组织全省各级审计机关对2015年全省城镇保障性安居工程建设情况进行跟踪审计，反映安居工程总体情况和主要成效，查出并纠正部分安居工程资金被套取挪用、筹集和拨付不到位、优惠政策未落实，以及分配不公、审核不严、退出机制不健全等问题，推动安居工程依法有序建设和管理。组织开展全省基本医疗保险基金和医疗救助资金审计，揭示部分医保制度整合不到位、资金发放和管理不规范等问题；向公安机关移送骗取医疗保险基金的问题线索。

外资运用审计　完成西宁环境综合治理项目利用世界银行贷款、青海省职业教育利用科威特政府贷款等6个外资项目审计，揭示配套资金未及时足额到位、多付合同价外工程款、未批先建等问题。

企业审计　审计省国有资产投资管理有限公司等大型国有企业，及时堵塞企业管理漏洞。

专项资金审计　组织开展省本级公务用车制度改革情况审计调查，深入核查车改后车辆编制核定与实际保留车辆是否一致、是否存在占用下属单位车辆、取消车辆是否按规定拍卖等情况，严防车改后违规使用保留车辆和公车私用等问题的发生，推动公务用车改革政策落实到位。

交办任务　贯彻《关于完善审计制度若干重大问题的框架意见》及相关配套文件精神，强化对下级审计机关的业务管理，出台《青海省政府购买审计服务实施办法》，建立《审计工作情况》通报机制。会同相关部门开展全省重点项目的督查工作。深入推进民族团结进步先进区创建工作，扎实开展结对精准扶贫和“高原美丽乡村”建设。

信息化建设　加快计算机审计应用系统的开发引入力度，全省金审工程三期建设通过省级批复立项，审计移动办公系统已纳入政府采购计划。强化信息系统安全防护，保障审计专网、审计内网的信息安全。探索推进“总体分析、分散核查、系统研究”的数字化审计方式，选取有条件的业务领域开展数据综合分析，加大各类数据的关联分析，提升审计效能。

审计科研　围绕全面从严治党中审计的职能

定位、深化审计制度改革、重大政策审计等重大课题，组织开展2016—2017年度审计科研课题的征集和申报，立项17个课题。整理2014—2015年度结项审计科研课题，编辑《青海审计研究报告》。

内部审计 召开全省审计学会七届四次理事会；组织3期内部审计人员培训班。

相关工作 开展“两学一做”学习教育，开展“学思践悟”主题活动，接受省委专项巡视，审计系统党的建设和党风廉政建设不断加强。强化法治思维和依法行政，强化审计程序、审计质量、审计文书规范管理，推行首问负责、服务承诺、限时办结等制度。强化对下级审计机关的业务指导，审计队伍能力素质进一步提升，10个基层审计机关先后受到省级表彰奖励。

（撰稿人：黄朝强）

【西宁市审计局】 2016年，西宁市审计局人员编制72人，实有70人。局长于勇（—2月）、冯振满（2月—），副局长顾焕平（—4月）、李学虎（4月—）、刘建红、李红（7月—），总审计师顾焕平（—11月）。设有办公室、政策法规处、财政金融审计处、行政事业审计处、经贸与外资运用审计处、农业资源与环保审计处、固定资产投资审计处、社会保障审计处、计算机审计处、经济责任审计局办公室。

审计成果 2016年，西宁市审计机关共完成审计项目132个。查出违规金额1.38亿元、管理不规范金额40.10亿元；审计处理处罚金额1.01亿元；出具审计报告和专项审计调查报告132篇，被批示、采用2篇；提交审计信息962篇，被批示、采用74篇。提出审计建议199条，被采纳125条。

2016年，西宁市审计局被授予全市2016年度目标责任绩效考核优秀领导班子荣誉称号，西宁市审计局党支部获得全市先进基层党组织光荣称号。

国家重大政策措施贯彻落实跟踪审计 组织开展国家重大政策措施落实情况跟踪审计。抽查部门、单位80个，项目45个，涉及财政资金60.39亿元。发现存在项目未实施、未按期完工等12个问题，提出针对性的意见和建议8条。西宁市政府高度重视对审计结果的利用，参考审计建议制定出台《西宁市贫困家庭大学生资助实施办法》《西宁市信用担保集团组建方案》，有效促进重大政策措施的落实。

财政审计 重点开展2015年度西宁市本级财政预算执行审计、湟中县人民政府财政决算审计及市政府办公厅预算执行审计。揭示部分重点项目资金预算未执行、部分单位部门预算未按规定实现公开信息等31个问题，并提出针对性的意见和建议10条，督促相关部门和单位进行整改。

经济责任审计 全市完成领导干部经济责任审计项目22个，其中县级领导干部6人、科级领导干部16人。查出违规金额6166万元。制订《领导干部自然资源资产责任审计试点工作方案》。

固定资产投资审计 对西宁市中心广场北扩等3个项目进行跟踪审计；对市火烧沟流域综合治理工程等4个项目进行竣工决（结）算审计，审减金额9075万元，审减率7.06%，对审计中发现的部分建设项目设计施工未招投标、施工单位多报工程结算、多计利息费用等13个问题提出针对性的意见和建议，督促相关建设单位进行整改。

民生资金（项目）审计 开展全市2015年保障性安居工程跟踪审计，揭示项目资金使用不规范、滞留沉淀等5个问题，提出针对性的意见和建议4条。开展全市扶贫政策实施及资金管理使用情况审计调查，揭示未按规定履行招投标和政府采购程序、未经批准擅自改变项目实施内容等10个问题。提出审计意见和建议3条。

企业审计 对西宁供水（集团）有限责任公司2015年度资产、负债和损益情况进行审计，对审计发现的存在会计账务处理不规范、收入不能按规定及时入账等3个问题，督促相关单位进行整改。

交办任务 抽调审计干部参与审计署统一组织的全国基本医疗保险基金审计和省审计厅组织的全省水污染防治专项资金的审计项目；完成西宁市政府交办的市国有资产监督管理委员会第一、第三污水处理厂清算和补偿项目审计工作。

（撰稿人：李文娟）

【海东市审计局】 2016年，海东市审计局人员编制16人，实有16人。局长赵晓静，副局长熊成芳、莫方霞。设有办公室、政策法规科、财政审计科、行政事业与社会保障审计科、农业与资源环保审计科；下设经济责任审计中心。

审计成果 2016年，海东市审计局完成审计（调查）项目17个，其中组织实施审计项目12个，参与实施审计项目5个。查出主要问题金额3265万元，其中违规金额189万元、管理不规范金额3076万元；审计处理处罚金额3265万元，其中应上缴财政22万元、应归还原渠道资金1463万元、应调账处理金额1780万元。出具审计报告和专项审计调查报告17篇，被批示、采用1篇；提交审计信息24篇，被批示、采用6篇。提出审计建议42条。向社会公告审计结果4篇。

2016年，海东市审计局被青海省精神文明建设指导委员会授予“2013—2015年度文明单位标兵”称号。

国家重大政策措施贯彻落实跟踪审计 围绕贯彻落实国家重大政策措施和宏观调控部署情况，重点审计财政存量资金及结转项目资金、重大项目建设进展、营改增、社会救助、保障困难群众基本生活、促进高校毕业生就业创业、减轻企业负担、夯实农业基础、推进现代农业发展政策等措施落实情况，抽查55个单位、178个项目，涉及财政资金24.07亿元。

财政审计 对海东市本级2015年度财政预算执行和其他财政收支情况进行审计，延伸审计市委政法委、市卫计委等9个部门。审计发现部分预算执行单位购置固定资产管理不规范、资金结存量大、库存现金超出规定的存量数额、“三公”经费超支、往来款项清理不及时、会计核算不规范等问题。

经济责任审计 完成海东市委办公室、市财政局、市农业发展委员会、平安区委、化隆县委等5个单位（部门）的领导干部任期经济责任审计，在促进完善干部监督管理机制、客观公正评价干部业绩、促进领导干部依法行政和廉洁自律等方面发挥作用，为各级党委考察任用干部提供参考依据。对民和县原县长任期自然资源资产（森林资源）进行试审。

固定资产投资审计 通过政府购买服务方式聘请中介机构对平安区2015年基础设施建设项目和海之东农牧产业开发有限公司2015年8月至2016年底“黄河彩篮”项目进行审计。

民生资金（项目）审计 组织市、县（区）审计机关对海东工业园区及各县（区）2015年城镇保障性安居工程的投资、建设、分配、运营情况进行跟踪审计。对审计发现的住房困难家庭应保未保、住房补贴发放不及时、挤占工程资金、住房销售收入未纳入预算等问题，提出工作意见建议。

专项资金审计 组织市县（区）审计机关对农业发展资金、农业技术推广项目资金、农业综合开发项目资金、道路硬化、渠道维修、新型农民科技培训补助费、社会化体系建设等28项专项资金进行审计，针对管理不规范金额等问题，提出审计建议。

相关工作 按照“精简、管用、便民”原则，对现有制度重申15项，修订完善24项，明确审计行使的36项权力事项依据及责任。深入开展审计队伍建设、党风廉政建设、普法依法治理、创先争优活动、作风建设、精神文明建设等工作。

（撰稿人：李伶业）

【海北藏族自治州审计局】 2016年，海北藏族自治州审计局人员编制12人，实有11人。局长李刚，副局长黄金刚、宏选（—8月）。设有办公室、财政审计科、经贸投资审计科、行政事业审计科、经济责任审计局（科）。

审计成果 2016年，海北藏族自治州（以下简称海北州）审计机关完成审计项目86个。查出主要问题金额1.95亿元，其中违规金额246万元、管理不规范金额1.93亿元；审计处理应缴财政912万元，已缴财政912万元；发现非金额问题22个；损益（收支）不实金额15万元。提交审计信息203篇，被采用102篇。

国家重大政策措施贯彻落实跟踪审计 围绕贯彻落实国家重大政策措施和宏观调控部署情况，重点关注政策执行、重大项目、重点资金、民生落实、简政放权等情况，持续开展跟踪审计。

财政审计 开展6个部门的预算执行审计，首次采用纵深到底和下审一级的审计资金“一条线”法，对全州农牧系统的专项资金的管理使用情况进行审计，审计对象涵盖州县农牧主管局，下属二、三级预算单位和部分施工单位，项目建成后的使用单位等，审计覆盖面相比上年扩大3倍。

农业审计　对全州200多个行政村的“美丽乡村”建设项目进行审计或审计调查，涉及农牧民户数为50996户，涉及资金11亿元。以招投标方式购买社会审计服务，对全州水利项目进行工程项目审计。

民生资金（项目）审计　根据省审计厅安排，抽调审计人员，完成海南藏族自治州本级及共和县住房和城乡建设局2015年度保障性安居工程交叉审计工作。门源、祁连、刚察3县完成2015年度保障性安居工程项目交叉审计工作。

专项资金审计　开展对州本级、门源县和海晏县2015年至2016年6月扶贫政策实施及资金管理使用情况的审计调查。海北州审计局指导海晏县审计局创新审计方式方法，用新的理念指导和推进审计工作，聘请社会中介机构对海晏县“十二五”以来的46个项目进行审计，确保专项资金的安全使用和及时到位，做到专款专用。

相关工作　开展“两学一做”，贯彻落实党风廉政建设责任制，加强审计队伍建设工作，推进民族团结进步创建工作，全面推行政务公开工作。

（撰稿人：王海蓉）

【黄南藏族自治州审计局】　2016年，黄南藏族自治州审计局人员编制19人，实有16人。局长雷延鹏，副局长哈进芬、李义起。设有综合科、行政事业与社会保障审计科、农牧与资源环保审计科、财政经贸审计科、经济责任审计科、州投资审计中心。

审计成果　2016年，黄南藏族自治州（以下简称黄南州）审计机关完成119个单位的审计和审计调查。查出主要问题金额17.21亿元，其中违规金额3187万元、管理不规范金额16.89亿元；审计处理处罚金额3.19亿元，其中应上缴财政2352万元、应归还原资金渠道资金1.46亿元、应调账处理金额1.48亿元、应缴纳其他资金139万元；审计促进整改落实有关问题金额3.19亿元，其中增收节支1.70亿元、已调账处理金额1.48亿元、已缴纳其他资金139万元。出具审计报告和专题审计调查报告128篇。

国家重大政策措施贯彻落实跟踪审计　组织全州审计力量对黄南州2016年贯彻落实国家重大政策措施和宏观调控部署情况进行跟踪审计，涉及49个单位105个项目，资金总金额17.09亿元。

财政审计　开展州本级预算执行情况和其他财政收支情况审计，重点审计黄南州本级财政预算调整、预算执行和决算，延伸审计州财政局财政收支、州档案局和州图书馆业务用房基本建设专项资金、黄南州三江源办公室2014—2015年度培训项目资金管理使用情况。开展泽库、同仁两县政府2014—2015年度预算执行情况和决算以及其他财政收支情况审计，延伸审计泽库县经济商务和城乡建设局。开展黄南州儿童福利院、环境保护局、国土资源局、人力资源和社会保障局财务收支审计，对审计发现部分单位资产疏于管理、财务管理和账户处理不规范、往来款项清理不及时等问题，及时进行督促整改。

经济责任审计　把握“权力运行”和“责任落实”，将经济责任审计与财务收支审计、预算执行审计、专项资金审计相结合，开展黄南州纪委原副书记、州监察局局长等7人的离任经济责任审计，查出违规金额435万元、管理不规范金额9849万元，收缴财政374万元。

专项资金审计　按照省审计厅统一部署，对泽库县、河南县2015年城镇保障性安居工程及配套设施的计划、投资、建设、分配、运营等情况进行审计，重点审计调查住房城乡建设、发展改革、财政、国土资源、民政等部门，延伸调查58户农村危房改造家庭，对3个安居工程项目进行检查。对黄南州本级及所属4个县2015年草原生态保护补助奖励机制资金、牧草良种补贴资金、草原管护人员工资、标准化饲草基地建设资金、草原奖补试点项目资金、草地生态畜牧业试验区建设资金、绩效奖励资金及培训资金等进行专项审计，对30个乡镇2326户进行实地抽查。

（撰稿人：刘丽丽）

【海南藏族自治州审计局】　2016年，海南藏族自治州审计局人员编制23人，实有24人。局长李建琪，副局长胡忠民、牟生桂（8月—）、多杰才旦（—8月）。设有办公室、法规科、财税金融审计科、行政事业与社会保障审计科、外资运用及固定资产投资审计科、经济责任审计科、农牧与资源环保审计科；下设建设项目投资审计中心。

审计成果 2016 年，海南藏族自治州审计局（以下简称海南州）完成审计项目 22 个。查出主要问题金额 391 万元，其中违规金额 384 万元、管理不规范金额 7 万元；审计处理处罚金额 391 万元，其中应上缴财政 384 万元、应调账处理金额 7 万元；已上缴财政 384 万元、已调账处理金额 7 万元。

2016 年，海南州审计局被青海省精神文明指导委员会授予“2013—2015 年度省级文明单位”称号。

国家重大政策措施贯彻落实跟踪审计 按照审计署和省审计厅部署，对贵南县存量资金规模、城市基础设施建设、小微企业和“三农”、鼓励社会投资、“放管服”政策措施落实情况进行跟踪审计，审计发现财政政策引导作用发挥不够、未定期清理结余结转资金，个别项目进展缓慢、工程项目验收不及时，个别项目前期工作滞后、项目审查和项目设计工作进展缓慢等问题，并督促相关部门进行整改落实。

财政审计 对 2015 年度州本级财政预算执行情况进行审计，同时审计州移民安置局的部门预算执行情况。对以前年度暂存款及结余 374 万元，下达审计决定，全额收缴国库。审计关注财政资金的存量和增量，促进盘活存量资金，优化增量支出结构，检查中央八项规定和国务院“约法三章”等规章制度的执行情况。

经济责任审计 完成领导干部经济责任审计项目 34 个，其中县处级党政机关、事业单位 9 个，乡科级党政机关、事业单位 25 个；被审计对象中，县处级领导干部 9 人，乡科级领导干部 25 人。查出被审计对象任职期间单位违纪违规金额 8 万元、管理不规范金额 7 万元。

民生资金（项目）审计 按照省审计厅统一安排，组织辖区各县审计局对海北州本级及海晏县 2015 年保障性安居工程项目进行交叉审计，重点审计 2015 年保障性安居工程及配套基础设施的计划、投资、建设、分配、运营情况，棚户区改造及配套基础设施建设项目、保障性住房分配和管理情况。

（撰稿人：纳玉宏）

【果洛藏族自治州审计局】 2016 年，果洛藏族自治州审计局人员编制 10 人，实有 9 人。局长党周吉，副局长管全军、陈启福。设有综合科、综合审计科、财政审计科、企业与投资审计科。

审计成果 2016 年，果洛藏族自治州（以下简称果洛州）两级审计机关完成审计和审计调查项目 102 个，其中组织实施审计项目 97 个，参与实施审计项目 5 个。查出主要问题金额 2.42 亿元，其中违规金额 208 万元、损失浪费金额 12 万元、管理不规范金额 2.40 亿元；损益（收支）不实金额 54 万元；审计处理处罚金额 385 万元，其中应上缴财政 97 万元、应归还原渠道资金 54 万元、应调账处理金额 210 万元；审计发现非金额计量问题 9 个；审计促进整改落实有关问题金额 1029 万元。移送相关部门处理事项 1 件，涉及金额 23 万元。出具审计报告和专项审计调查报告 72 篇。提出审计建议 105 条。

2016 年，果洛州审计局及玛沁县审计局获得青海省精神文明建设指导委员会表彰，被评为省级精神文明单位。

国家重大政策措施贯彻落实跟踪审计 按照审计署和省审计厅统一部署，按季度开展国家重大政策措施贯彻落实跟踪审计。通过审计，摸清政策措施执行情况，促进政策贯彻落实。

财政审计 开展 2015 年州本级预算执行审计，揭示相关问题，促进提高财政资金管理水平和使用效益；开展林业、交通、工会、州红十字会等单位财政财务收支情况审计项目。

经济责任审计 完成领导干部经济责任审计项目 6 个，查出违规金额 11 万元、管理不规范金额 292 万元。其中州本级开展 2 个，查出管理不规范金额 92 万元，促进领导干部依法严格履职和廉洁自律，维护财经秩序。

民生资金（项目）审计 开展 2015 年城镇保障性安居工程跟踪审计，推动符合州情实际的住房保障和供应体系目标的实现；开展全州 2015 年至 2016 年扶贫政策实施及资金管理使用情况审计调查，揭露影响和损害群众利益的突出问题，促进精准扶贫政策落实的全面到位。

专项资金审计 开展全州党政机关和事业单

位“三公”经费和会议费办公用房情况审计；开展全州住房公积金归集管理使用和增值收益分配情况审计调查；配合完成全州公安机关中央和省级转移支付资金划拨、管理和使用情况专项审计调查工作。

相关工作 组织17人赴上海参加援建资金管理培训班，选送3人到省审计厅交流锻炼，组织干部职工开展政治理论学习和业务知识学习；完善管理制度，健全业务质量考核、审计计划制订等业务制度，开展审计机关内部审计，强化内部管理，规范审计执法行为。 （撰稿人：吕 剑）

【玉树藏族自治州审计局】 2016年，玉树藏族自治州审计局人员编制15人，实有10人。局长赵玉良，副局长王秀红、龙保。设有办公室、固定资产投资审计科、农牧环保审计科、行政事业与社会保障审计科、财税金融审计科、经济责任审计中心。

审计成果 2016年，玉树藏族自治州（以下简称玉树州）审计局完成审计项目26个，查出主要问题金额4.14亿元，其中违规金额282万元、管理不规范金额4.11亿元；审计处理处罚6879万元，其中应上缴财政2783万元、应归还原渠道资金4万元、应调账处理金额4091万元，对1家责任单位和1名责任领导处以4.5万元的罚款。移送处理事项1件。出具审计报告和专项审计调查报告37篇；提出审计建议45条，被审计单位采纳45条。

2016年，玉树州审计局被青海省精神文明建设指导委员会评为2013—2015年度文明单位。

国家重大政策措施贯彻落实跟踪审计 对全州稳增长促改革调结构惠民生防风险政策措施落实情况进行跟踪审计。通过跟踪审计发现部分建设项目进度缓慢、部分项目结余资金未及时上缴财政、个别项目自筹资金未到位等问题，及时向州政府做专题报告，督促相关部门单位认真整改，为强化政策措施落实、管好用好专项资金提供参考。

财政审计 完成2015年度玉树州本级预算执行、杂多县2015年财政决算和州住房公积金管理中心、州公安局、可可西里自然保护区管理局等7个部门单位财政财务收支项目审计。针对审计发现的未按规定设置预备费、给非预算单位拨款、往来账清理不及时、部分专户结余资金等未及时上缴国库等问题，提出完善预算编制、规范预算执行、加强专项资金监督管理、规范财政理财行为、建立跟踪问效机制等审计建议。

经济责任审计 完成对州教育局、州文体局、州老干局、州经商委、州水利局、州人社局、州食药监局、州三江源报社8个单位领导干部的任期经济责任审计，客观地评价领导干部贯彻执行国家法律法规、促进各项事业科学发展、内部管理制度制定、重大经济决策、预算执行和其他财务收支等方面情况，揭露部分单位不合规发票报账、违规报销车费、固定资产入账不及时、白条报账、无依据发放福利、往来款清理不及时等问题，对责任单位和责任领导给予相应处罚，提出审计建议。

固定资产投资审计 紧跟政府投资走向，对玉树县巴曲河一期防洪工程、治多县牧民新村东迁户安全饮水工程、曲麻莱县城镇供水工程、囊谦县中小学标准化建设等6个项目竣工决算进行审计。重点对项目建设资金的到位及管理使用情况、项目完成情况和现场变更签证情况进行审计，发现部分项目存在多计工程量、工程量变动较大、工程价款高估冒算、多支工程款等问题，审计核减工程价款127万元。

民生资金（项目）审计 按照审计署、省审计厅的安排部署，完成玉树州2015年城镇保障性安居工程跟踪审计。重点对玉树州本级及一市五县2015年城镇保障性安居工程的投资、建设、分配、运营等情况进行审计，针对审计发现部分地区单位棚户区改造开工任务未完成、保障性公共租赁住房新建建设任务未实施、建设资金滞留在公租房专户中、配套资金未到位、违规享受农村奖励性住房补助、保障性住房闲置、部分保障对象基础档案资料不完整等问题，提出审计建议，违规享受补助情况移交至当地纪委进行处理。

（撰稿人：柴文福）

【海西蒙古族藏族自治州审计局】 2016年，海西蒙古族藏族自治州审计局人员编制24人，实有22人。党组书记高海源，局长刘凤莲，副局长李占鳌、刘涛，纪检组长李忠建。设有办公室、经济责任审计局、财金行政事业审计科、固定资产投资企业审计科、农林牧水审计科；下设海西州政府投资审计中心。

审计成果 2016 年，海西蒙古族藏族自治州（以下简称海西州）两级审计机关完成审计项目 240 个。查出主要问题金额 3.39 亿元，其中违规金额 177 万元、管理不规范金额 3.36 亿元；损益（收支）不实金额 3337 万元；审计处理处罚金额 6661 万元，其中应上缴财政 2014 万元、罚没 81 万元、应归还原渠道资金 2511 万元、应调账处理金额 2131 万元；审计发现非金额计量问题 580 个；审计促进整改落实有关问题金额 4499 万元，其中增收节支 3223 万元、已调账处理金额 1173 万元。移送司法机关、纪检监察机关和有关部门处理事项 2 件。出具审计报告和专项审计调查报告 325 篇，被批示、采用 6 篇；提交审计信息 17 篇。提出审计建议 583 条。向社会公告审计结果 3 篇。

国家重大政策措施贯彻落实跟踪审计 以促进经济平稳运行、健康发展和转型升级为目标，每月进行跟踪审计，关注重点任务完成、重要政策执行、重大建设项目进展、重点资金落实和使用、推进简政放权政策落实、重大违法违纪问题和跟踪审计发现问题整改落实等情况，有效提高各单位政策落实力度和资金的合规使用。

财政审计 完成 2015 年度海西州本级预算执行和其他财政收支、海西州扶贫开发局 2014—2015 年度财务收支审计 2 个项目审计，延伸审计海西州统筹城乡发展委员会、驻西宁第二干休所 2015 年度财政财务收支情况。

经济责任审计 完成海西州政府、州工商局、州住房公积金管理中心、州工商联、州财政局、州安监局、州金融办、州老干局、州经协办（州招商局）、州红十字会、州能源局、州直机关工委、州质监局、格尔木市审计局、德令哈市检察院、德令哈市审计局、乌兰县检察院、都兰县审计局、木里煤田管理局、大柴旦行委、州经济和发展改革委员会、茫崖工委、茫崖行委公安局 23 个单位领导干部经济责任审计（其中任中审计项目 6 个）。

固定资产投资审计 完成柏树山景区景观大门、海西州重大灾害应急救援支队战勤保障大队业务用房、柏树山景区现代海西、蒙藏文明、高原沃土一期景观工程、德令哈新区市民广场及景观、德令哈新区道路与排水（三段标）、海西州藏传佛教僧人培训中心、海西州人民医院高压氧舱、海西州职业技术学校图书馆及计算机中心、海西州公安局维稳指挥中心和业务建设项目附属配套设施、海西州德令哈新区共用电、德令哈湿地生态修复等工程项目结算（决算）审计。

专项资金审计 完成水污染防治、基本医疗保险基金和医疗救助、扶贫政策落实及资金管理使用情况、2015 年全州城市污水处理设施建设、海西州住房公积金管理中心 2015 年度住房公积金管理等 5 个项目审计。 （撰稿人：王学平）

2016 年青海省所辖区、县（市）级审计工作统计表

金额单位：万元

审计机关	完成审计项目（个）	审计查出主要问题金额	审计处理情况					出具审计报告和审计调查报告（篇）	提出审计建议（条）	提交审计信息（篇）
			审计处理处罚				移送处理事项（件）			
			应上缴财政	应减少财政拨款或补贴	应归还原渠道资金	应调账处理金额				
西宁市										
西宁市本级	24	221960	211		89	3039		24	22	
城东区审计局	6	51454	53		9	256		6	16	
城中区审计局	7	10047						7		

（续表）

审计机关	完成审计项目（个）	审计查出主要问题金额	审计处理情况					出具审计报告和审计调查报告（篇）	提出审计建议（条）	提交审计信息（篇）
			审计处理处罚				移送处理事项（件）			
			应上缴财政	应减少财政拨款或补贴	应归还原渠道资金	应调账处理金额				
城西区审计局	12	115278	269					12	55	
城北区审计局	15	784	107			285		14	33	
大通回族土族自治县审计局	26	1185						26	1	
湟中县审计局	19	13957			4	5633		14	24	
湟源县审计局	23	112	1		37	71		21	46	
海东市										
海东市本级	17	3265	22		1463	1780		17	22	24
乐都区审计局	26	2895	109	662	446	1678		26	33	32
平安区审计局	29	2110	148		666	1296		29	27	33
民和回族土族自治县审计局	32	2816	219	144	200	2253		32	24	38
互助土族自治县审计局	28	1833	164	27	862	780		28	22	19
化隆回族自治县审计局	13	722	27		102	593		13	16	17
循化撒拉族自治县审计局	12	608	14			594		12	19	21
海北藏族自治州										
海北藏族自治州本级	10	4835						13	21	54
门源回族自治县审计局	10	71344						12	23	21
祁连县审计局	19	1105	912					21	10	57
海晏县审计局	36	2631						44	39	58
刚察县审计局	11							15	23	32
黄南藏族自治州										
黄南藏族自治州本级	24	153239	1911		1869	9627		31	68	29
同仁县审计局	63	549	176			337		63	81	56
尖扎县审计局	16	17685	189		12746	4549		16	43	28
泽库县审计局	6	548	50		4	282		8	24	35
河南蒙古族自治县审计局	10	75	23			23		10	37	46
海南藏族自治州										
海南藏族自治州本级	22	391	384			7		31	27	36

（续表）

审计机关	完成审计项目（个）	审计查出主要问题金额	审计处理情况					出具审计报告和审计调查报告（篇）	提出审计建议（条）	提交审计信息（篇）
			审计处理处罚				移送处理事项（件）			
			应上缴财政	应减少财政拨款或补贴	应归还原渠道资金	应调账处理金额				
共和县审计局	76	1135	1133					82	69	
同德县审计局	24	5394	392		4742	650		30	21	60
贵德县审计局	22	120	15			6		23	43	6
兴海县审计局	20	6	2					36	29	3
贵南县审计局	10	33				32		15	7	113
果洛藏族自治州										
果洛藏族自治州本级	12	18127			32			12	47	
玛沁县审计局	9	5491	15			58		9	25	11
班玛县审计局	19							19	9	
甘德县审计局	18	394	70		21	151		18	30	8
达日县审计局	16							16	9	
久治县审计局	15							15	24	
玛多县审计局	13	184					1		23	
玉树藏族自治州										
玉树藏族自治州本级	41	44407	3626		6	4139	2	49	115	45
玉树市审计局	26	19232	29			6791		30	75	
杂多县审计局	14	4126	1117		50	625		14	42	9
称多县审计局	30							55	60	8
治多县审计局	27	171	58			19		42	111	8
囊谦县审计局	31	389	2					44	129	1
曲麻莱县审计局	21	29						21	33	2
海西蒙古族藏族自治州										
海西蒙古族藏族自治州本级	45	11969	596		270	123		65	108	1
格尔木市审计局	66	7025	860		288	1063		81	266	
德令哈市审计局	42	1453	43		1300	14		54	64	
乌兰县审计局	22	226	201			25		27	25	
都兰县审计局	16	12496	247		644	222	2	22	29	
天峻县审计局	13	720	27		9	684		19	30	1
茫崖行委审计局	9	35	35					15		
冷湖行委审计局	8	5	5		311			10		
大柴旦行委审计局	19							32	61	15

宁夏回族自治区

【宁夏回族自治区审计厅】 2016年，宁夏回族自治区审计厅行政编制95人，实有92人；事业编制48人，实有43人。设有财政金融审计处、行政事业审计处、企业审计处、农业与资源环保审计处、社会保障审计处、重大项目投资审计处、外资运用审计处、经济责任审计局、计算机与公共投资审计处、政策执行审计处和办公室、社会审计管理监督与法规审理处、机关党委；下设科研培训中心、信息中心、计算机审计监督局。

领导成员：

党组书记、厅长：尹全洲

副 厅 长：胡仲秋 刘 佳

宋卫中 张 龙（4月—）

纪检组长：朗治钧

经济责任审计局局长：宋晋钧

巡 视 员：马 健（—12月）

胡仲秋（8月—，兼）

副巡视员：马 其

审计成果 2016年，全自治区审计机关共审计或者审计调查单位718个。出具审计报告879篇，提出审计建议1127条。完成政策跟踪审计等5个全国性重大审计项目；实施信息化建设资金审计等42个自治区重要专项审计；对自治区财政及区安监局、区妇联等131个部门、单位进行预算执行审计；完成149个基本建设项目审计，最高核减率达25.87%；完成全区财政扶贫资金等21个民生资金和专项资金的审计调查；对312名领导干部进行经济责任审计；完成8家国有企业和金融机构审计。

2016年，全区审计系统被评为“自治区文明行业”。自治区审计厅第四次获得全国文明单位。

审计署组织审计项目 在审计署统一组织下，全区审计机关全力完成医保基金审计等5项全国性重大审计和9个外资公证审计，为深化改革、促进发展发挥积极作用。完成重大政策措施贯彻落实情况跟踪审计，揭示经济社会运行中的突出矛盾和风险隐患，关注改革发展中的新情况、新问题，保障政令畅通。开展2016年全区医疗保险基金审计；组织实施自治区人社厅、财政厅的基本医疗保险基金审计；对银川市及所辖6个市县（区）和石嘴山市及所辖3个市县（区）医疗保险基金开展审计，促进医保政策落地，强化医保基金管理、使用。实施保障性安居工程跟踪审计，检查工程及配套设施计划、投资、建设、分配、运营等情况，延伸调查170个村的731户农村危房改造家庭，对86个安居工程项目的建设情况进行调查。对吴忠市主要领导干部进行自然资源资产离任审计试点，揭示水源地保护不到位等问题。完成银川、吴忠市“十二五”水污染防治资金审计，提出确保规划目标有效执行，加快项目建设进度，提高资金使用效益等审计建议。完成世界银行贷款宁夏高速公路建设项目等9个国外贷援款项目公证审计。

财政审计 在自治区本级财政预算执行审计中揭示财政预算管理中“代编预算”过高、财政资金管理使用中存在挤占挪用、滞留、虚列支出、违规出借等问题，促使财政预算编制工作向规范化、科学化迈进，加快支出进度，提高财政管理水平。

经济责任审计 全区审计机关加大同步审计、任中审计力度，共对312名领导干部进行经济责任审计，揭示领导干部用权履职方面的不规范行为，为党管干部提供参考。

固定资产投资审计 全区审计机关围绕自治区发展目标和重点领域资金投向实施审计，加大政府投资项目决算审计和跟踪审计力度，完成宁夏中南部城乡饮水安全水源和连通工程等149个基本建设项目审计。在核减政府投资项目资金方面发挥巨大作用，推动政府投资项目顺利实施。

民生资金（项目）审计 全区审计机关围绕文化教育、涉农扶贫、医疗救助等重点民生资金和项目，对全区生态移民工程、财政扶贫资金等21个民生和专项资金进行审计，促进惠民政策的落实。

企业和地方金融机构审计 自治区审计厅对8家国有企业和金融机构进行审计，真实准确反映国有企业经营成果，促进国有企业和地方金融机构深化改革，加快发展。

交办任务 先后组织实施42个自治区党委、政府交办的重要审计任务，审计结果得到自治区党委、政府的认可和肯定。

审计整改 全区各市县（区）政府、各相关部门和单位普遍重视落实审计结果，纠正存在的问题。根据审计建议，注重从体制上、机制上解决工作中存在的问题，制定完善相关制度规定，审计整改工作成效显现。（撰稿人：金 荣）

【银川市审计局】 2016 年，银川市审计局人员编制 55 人，实有 49 人。局长昝世英（4 月—），副局长张国华、章志、郭文斌，纪检组长李金鹏，经济责任审计局局长章志（兼）。设有财政金融审计处、固定资产投资审计处、经济责任审计处、政策跟踪审计处、综合处。

审计成果 2016 年，银川市审计局完成审计项目 62 个。查出主要问题金额 63.29 亿元，其中违规金额 3.27 亿元、管理不规范金额 60.02 亿元；审计处理处罚金额 2.06 亿元，其中应上缴财政 5294 万元、应归还原渠道资金 2524 万元、应调账处理金额 1.22 亿元；审计促进整改落实有关问题金额 2.01 亿元，其中增收节支 582 万元、已调账处理金额 1.22 亿元；审计促进拨付资金到位 2524 万元。移送司法机关、纪检监察机关和有关部门处理事项 7 件。出具审计报告和专项审计调查报告 48 篇；提交审计信息 105 篇。提出审计建议 126 条。

2016 年，本级非税收入收缴管理情况专项审计调查项目被审计署评为表彰项目；银川市行政事业单位信息化建设项目管理运行情况审计调查项目被宁夏审计厅评为重大专项优秀审计项目；银川市所辖各市县 2015 年度保障性安居工程跟踪审计项目被宁夏审计厅评为表彰审计项目。

财政审计 完成 2015 年度市本级财政预算执行及其他财政收支审计和银川市国土资源局等 10 个部门财政预算执行情况审计，延伸审计 176 个财政预算单位。重点揭示预决算（草案）编报不规范、部门预算执行不严格、财政存量资金未清理盘活、预算执行部门未按规定足额上缴预算收入、挤占挪用专项资等问题，针对问题提出审计建议，对违纪违规行为进行处理处罚。

经济责任审计 受银川市委组织部委托，对 27 名领导干部进行经济责任审计，重点监督检查领导干部贯彻执行党和国家经济方针政策、决策部署情况，遵守有关法律法规和财经纪律等情况。审计发现部分单位存在政策制度执行不到位、非税收入未及时足额收缴、违规收费等问题。

固定资产投资审计 对银川市 6 个政府投资建设项目竣工决算进行审计，项目送审值 17.74 亿元，审计确认 15.30 亿元，审减投资额 2.43 亿元，审减率 13.72%。审计中发现建设项目管理不规范、违规收取保证金、财务核算不规范等问题。

企业审计 对银川市公共交通公司、宁夏四维金盾保安押运服务有限公司等 6 家国有企业进行审计。对审计发现的无依据支付借款及利息、对外投资成立公司未取得市国资委正式批文、部分收费未纳入单位统一核算等问题进行查处，重大问题移送相关部门调查处理。

（撰稿人：张 瑞）

【石嘴山市审计局】 2016 年，石嘴山市审计局人员编制 48 人，实有 42 人。局长梁涛，副局长王立山、徐大伟、杨珍、张惠勇。设有办公室、社会审计管理监督与法规审理科、经济责任审计局、财政金融审计科、行政事业审计科、社会保障审计科、重大项目投资审计科、企业审计科、计算机与公共投资审计科。

审计成果 2016 年，石嘴山市审计局完成审计项目 57 个。查出主要问题金额 24.78 亿元，其中违规金额 8399 万元、管理不规范金额 23.94 亿元；审计处理处罚金额 2.47 亿元，其中应上缴财政 1.12 亿元、应归还原渠道资金 7535 万元、应缴纳其他资金 3631 万元、应调账处理金额 2309 万元；审计发现非金额计量问题 174 个；审计促进整改落实有问题金额 6511 万元，其中增收节支 4580 万元、已调账处理金额 653 万元；审计后挽回（避免）损失 1010 万元。移送纪检监察机关处理事项 2 件、有关部事项 3 件，移送处理人员 1 人。出具审计报告和专项审计调查报 69 篇；提交审计信息 330 篇，被采用 153 篇。提出审计建议 130 条，其中建议制定修改部门规定 1 条。

2016 年，石嘴山市审计局获得第四届全国文明单位。市第一中学原校长任期经济责任审计项目被自治区审计厅评为重大专项优秀审计项目，宁夏石运汽车运输有限公司 2012 年至 2014 年经营收益和国有产权保值增值情况审计项目被自治区审计厅评为优秀审计项目。

财政审计 完成预算执行审计项目33个，在规范市财政预算执行和预算管理的同时，注重对市属国有企业经营收益、农村环境连片综合整治、文化产业发展、教育专项资金、保障性住房建设等重点资金进行审计。通过整改，建立健全相关管理制度。

经济责任审计 对13名领导干部实施任中经济责任审计，对15名领导干部实施离任审计，办理领导干部离任交接事项152项，向市纪委移交案件线索2件。

固定资产投资审计 以“项目跟踪公示制”方式，对重点建设项目关键环节进行跟踪问效。开展对星海中学、示范性综合实践基地、第一医院综合楼等9个投资项目、10.5亿元资金全程跟踪审计，现场监督，防范隐蔽性工程多计工程量、虚报运输距离、高套材料定额、监理造假等问题，节约政府投资4994万元。全年政府重点投资项目竣工决算审计项目核减工程价款2.1亿元。

民生资金（项目）审计 对平罗县、大武口区重点项目建设进展情况、财政资金支出进度情况、生态环保政策落实情况、地方债务情况、落实“去产能”情况、落实“先照后证”改革后加强事中事后监督管理情况、扶贫资金到位使用情况、简政放权落实情况和以前发现问题整改情况等进行跟踪审计，涉及88个部门单位、38个重点项目。开展保障性住房审计，对全市保障性住房向上追溯到2007年，盘清家底。

企业审计 对宁夏石运汽车运输有限公司2012年至2014年经营收益和国有产权保值增值情况进行审计；对市属7家国有独资公司和2家国有参控股公司2013年至2015年经营收益管理使用情况进行审计。审计发现的问题线索形成审计专报上报市委、市政府，市委主要领导做重要批示。

专项审计调查 围绕产业、民生实施专项审计调查，涉及被调查项目（单位）246个。调查发现部分学校工程竣工使用多年未决算、学校违规收费较普遍、教学设备投入不均衡，资金使用效益不佳；已建成的29座农村垃圾收集及中转站未使用，资产闲置3480万元，设备管理不善、丢失、质量差；建设、代建、监理等单位弄虚作假，套取专项资金等问题。督促相关单位对审计揭示的问题进行整改。

（撰稿人：马维清）

【吴忠市审计局】 2016年，吴忠市审计局人员编制31人（行政编制29人，工勤编制2人），实有30人。局长拜萍，副局长马克林、李鹏、梁吉鸿、孙培军。设有办公室、经济责任审计局、财政审计科、行政农业审计科、经贸投资审计科、法规科。

审计成果 2016年，吴忠市审计局完成审计项目83个。查出问题金额2.91亿元，其中违规金额1.11亿元、损失浪费金额50万元、管理不规范金额1.80亿元；审计处理处罚金额2.87亿元，其中应上缴财政资金1499万元、应归还原资金渠道2469万元、应缴纳其他资金738万元、应调账处理2.40亿元。移送处理事项17件。

2016年，吴忠市审计局被自治区文明委命名为自治区级文明单位，被吴忠市委授予“吴忠市巾帼文明岗”称号、吴忠市“六五”普法先进集体。利通区人民政府管理的市区住宅专项维修资金交存、使用及管理情况的专项审计调查项目被自治区审计厅评为优秀审计项目。

国家重大政策措施贯彻落实跟踪审计 按照审计署和自治区审计厅统一部署，对吴忠市利通区、同心县、盐池县、红寺堡区2016年第一、二、三季度贯彻落实国家重大政策措施和宏观调控部署情况进行跟踪审计。在存量资金审计中发现未按规定清理收回财政以前年度结余结转资金、虚列财政支出、未及时下达上级专项转移支付资金、清理收回以前年度财政专户存量资金未及时安排使用等问题；在重点建设项目跟踪审计中发现有两个县区4个项目未按期实施进展缓慢、5个项目未按期完工等问题。

财政审计 组织开展2015年度市本级财政预算执行审计，对市财政局、环保局等7个部门（单位）的预算执行情况进行审计，重点关注政府性债务还本付息情况、预算编制及批复情况、财政存量资金清理及重新安排使用情况、财政总预算暂付款消化情况，对各部门压缩“三公”经费、降低行政成本的政策执行情况进行检查。

经济责任审计 受市委组织部委托，对45名部门领导干部履行经济责任情况进行审计，重点关注领导干部贯彻执行法律法规、国家重大方针政策及决策部署、重大投资项目建设和管理、落实中央八项规定情况。吴忠市委办公室下发《关于贯彻落实〈自治区贯彻落实中央党政领导干部和国有企业领导人员经济责任审计规定实施细则〉的通知》。

固定资产投资审计　开展吴忠市人民医院迁建项目、市幼儿园新建项目跟踪审计和市本级、青铜峡市、盐池县、同心县、红寺堡区保障性安居工程跟踪审计。在保障性安居工程审计中，揭示吴忠市各县（市、区）在保障性安居工程目标任务完成、棚户区改造和配套基础设施建设、保障性住房分配和后续管理、资金筹集、管理和使用等方面存在的问题。通过督促整改，全市共取消或调整 82 户因家庭收入、住房等条件发生变化，未按规定及时退出的保障对象待遇；追缴违规领取的住房补贴资金 5.31 万元，收回保障性住房 10 套，追缴公租房欠缴租金 80.92 万元并上缴财政；将 557 套空置的保障性住房投入分配使用；补办 4 宗安居工程建设用地手续。

（撰稿人：蒲建芳）

【固原市审计局】　2016 年，固原市审计局人员编制 20 人，实有 20 人。局长景清海（1 月—），副局长李国安、魏长军、蒙卫斌。设有办公室、法规审理和社会审计管理监督科、财政金融和社保审计科、行政事业与农业资源环保审计科、投资与企业审计科、经济责任审计局。

审计成果　2016 年，固原市县两级审计机关完成审计项目 123 个（其中：政府投资项目 65 个）。查出主要问题金额 5.01 亿元，其中违规金额 4828 万元、管理不规范金额 4.53 亿元；审计处理处罚金额 2.56 亿元，其中应上缴财政 1628 万元、应归还原渠道资金 5810 万元、应缴纳其他资金 1.81 亿元；审计发现非金额计量问题 84 个；下达审计决定 20 份。提出审计建议 59 条。

2016 年，固原市审计局连续第三年在群众网络评议机关和干部作风活动中获得全市行政执法和管理部门第一名。隆德县审计局实施的隆德县 2015 年度本级财政预算执行和其他财政收支情况审计项目被自治区审计厅评为优秀审计项目，原州区审计局实施的原州区妇幼保健计划生育服务中心主任任期经济责任审计项目被自治区审计厅评为表彰审计项目。

财政审计　组织实施 2015 年度市本级预算执行审计，完成 10 个部门（单位）的预算执行和财务收支审计，查出管理不规范金额 1.83 亿元，提出审计建议 3 条。完成 5 个单位“三公”经费审计调查。

经济责任审计　受市委组织部的委托，完成对人社局等 27 个单位领导干部经济责任审计，共查出管理不规范金额 6037 万元，提出审计建议 14 条。

固定资产投资审计　贯彻执行《宁夏回族自治区政府投资项目审计办法》，全面加强政府投资建设项目审计监督，完成政府投资项目竣工决算审计 65 个，送审总造价 12.80 亿元，核减造价 5401 万元。

民生资金（项目）审计　对社会养老保险基金、医疗保险基金、住房公积金的管理使用和效益情况进行审计，查出管理不规范金额 5687 万元，提出审计建议 1 条。

专项资金审计　采取县（区）“同级交叉审”的方式，统一组织，完成市本级、原州区、西吉县、隆德县、泾源县、彭阳县的城镇保障性安居工程跟踪审计，查出问题金额 1.14 亿元，其中违规金额 4198 万元、管理不规范金额 7243 万元，提出审计建议 23 条。完成原州区和西吉、隆德、泾源、彭阳县的生态移民跟踪审计，查出问题金额 8628 万元，其中违规金额 630 万元、管理不规范金额 7998 万元，提出审计建议 18 条。对 2015 年市财政扶持产业发展引导资金管理使用情况和古雁岭森林公园进行审计调查，确保资金安全、发挥效益。

（撰稿人：李秋艳）

【中卫市审计局】　2016 年，中卫市审计局行政编制 20 人，后勤服务事业编制 1 人；实有行政人员 17 人，后勤服务事业人员 1 人。局长魏列忠，副局长鲍成文、张军、李书东（—9 月）、吴金柱（10 月—）。设有办公室、法规审理科、财贸审计科、行政事业审计科、农业与环保审计科、固定资产投资审计科（加挂政府投资项目科）、经济责任审计局、政策执行科。

审计成果 2016年，中卫市县两级审计机关完成各类审计项目231个。查出管理不规范金额5.94亿元，核减工程造价2.42亿元。通过审计，移送财政等主管部门违规案件1件，移送市纪委1件，移送检察院1件。提交审计信息172篇，被《中国审计报》《宁夏审计》《中卫日报》等报刊和各类新闻网站采用86篇。向市直有关部门提出审计建议112条。向社会公告审计结果31篇。

2016年，中卫市审计局获得第四届全国文明单位。中卫市审计局实施的海兴开发区2015年保障性安居工程跟踪审计项目被自治区审计厅评为优秀审计项目；中卫市审计局实施的沙坡头区人民医院院长任期经济责任审计项目、中宁县审计局实施的中宁县鸣沙镇中心卫生院2015年财务收支审计项目被自治区审计厅评为表彰审计项目。

国家重大政策措施贯彻落实跟踪审计 对市本级及两县一区稳增长等政策执行情况进行5次跟踪审计，实行市、县（区）上下联动工作机制，检查重大项目落地建设进度，摸清财政存量资金管理使用情况，关注行政审批、简政放权政策措施落实，通过对重点部门进行延伸审计或审计调查，推进稳增长等政策的有效执行。

财政审计 加强对政府全口径预（决）算的审计监督，将全部政府性资金纳入本级预算执行审计范围，重点突出资金使用的安全性和效益性，完成预算执行审计12个，延伸审计部门（单位）15个，查出各类违规和管理不规范金额3.72亿元，向财政部门移送资产管理不规范案件线索1件，提出审计意见和建议35条。

经济责任审计 全面推进党政领导干部和国有企业负责人经济责任审计，检查领导干部守法守规尽责情况，突出经济责任审计“结果”，妥善处理审计中发现的问题。全年完成经济责任审计项目16个，查出各类违规和管理不规范金额2.22亿元。向纪检监察机关移送违规线索1件。提出审计意见和建议65条。

固定资产投资审计 进一步规范投资审计工作程序，统一审计业务流程和操作规范，强化中介机构库管理，共委托中介机构完成投资项目审计196个，送审金额26.93亿元，审减金额2.42亿元，综合审减率8.98%。

企业审计 对中卫市应理城乡市政产业（集团）公司及其下属公司、旅游产业集团公司、宁夏西部云基地科技有限公司等企业2015年度资产、负债、损益情况进行专项审计调查，重点关注国有及国有参股企业资产负债损益的真实性、完整性和企业管理中存在的问题，针对协议投资落实不到位、股权收益未分配、经营决策、资产处置不规范等审计中发现的问题。提出审计建议12条。

专项资金审计 开展市老年活动中心、沙坡头区敬老院等基本养老服务体系建设、生态移民和农业综合开发、保障性住房等7项专项资金审计。向检察机关移送违法案件1起。

（撰稿人：陈淑兰）

2016年宁夏回族自治区所辖区、县(市)级审计工作统计表

金额单位:万元

审计机关	完成审计项目(个)	审计查出主要问题金额	审计处理情况					出具审计报告和审计调查报告(篇)	提出审计建议(条)	提交审计信息(篇)
			审计处理处罚				移送处理事项(件)			
			应上缴财政	应减少财政拨款或补贴	应归还原渠道资金	应调账处理金额				
银川市										
银川市本级	62	632903	5294		2524	12176	7	48	126	105
兴庆区审计局	10	145819	105		190	16573		10	51	15

（续表）

审计机关	完成审计项目（个）	审计查出主要问题金额	审计处理情况					出具审计报告和审计调查报告（篇）	提出审计建议（条）	提交审计信息（篇）
			审计处理处罚				移送处理事项（件）			
			应上缴财政	应减少财政拨款或补贴	应归还原渠道资金	应调账处理金额				
西夏区审计局	23	26332	59			50	2	23	33	96
金凤区审计局	14	98606			32	1		14	44	23
灵武市审计局	20	42357	78		127	25	1	34	58	31
永宁县审计局	17	323114	473		134536	189	1	33	35	43
贺兰县审计局	30	1422	13		908			61	183	41
石嘴山市										
石嘴山市本级	57	247801	11186	9	7535	2309	5	69	130	330
大武口区审计局	12	68285	2		2			21	24	126
惠农区审计局	9	22215	378			116		15		29
平罗县审计局	120	56469	1286	13196		10282	26	131	71	257
吴忠市										
吴忠市本级	83	29125	1499		2469	24007	17	83	71	72
利通区审计局	9	3824	226					9	5	6
红寺堡区审计局	12	6250	563					12	8	10
青铜峡市审计局	28	18276	1230			71	3	28	20	25
盐池县审计局	23	15796	1510		330		5	23	15	16
同心县审计局	21	6210	652				2	21	10	32
固原市										
固定市本级	123	50082	1628		5810			50	59	14
原州区审计局	33	15931						33	80	10
西吉县审计局	12	8333	6		144	600		12	24	8
隆德县审计局	13	112325			438			25	26	4
泾源县审计局	16	19818	14237			1505		32	22	
彭阳县审计局	20	3393						419	26	12
中卫市										
中卫市本级	48	59366	21755	3609	15718		3	48	122	102
沙坡头区审计局	2	35				35		2	7	2
中宁县审计局	13	366220	8321		3437	1493	2	19	33	160
海原县审计局	19	128	2		11	116		19	11	

新疆维吾尔自治区

【新疆维吾尔自治区审计厅】 2016年，新疆维吾尔自治区审计厅（以下简称新疆审计厅）人员编制272人，实有246人。设有办公室、法制处、督察处、财政审计处、行政事业审计处、农业与资源环保审计处、金融审计处、企业审计处、社会保障审计处、外资运用审计处、经济责任审计一处、经济责任审计二处、经济责任审计三处、计划财务处、人事处、内部审计管理处；机关党委、离退休干部工作处；派出审计一处、派出审计二处、派出审计三处、派出审计四处、派出审计五处、派出审计六处；下设固定资产投资审计局、计算机技术中心、机关服务中心、审计干部宣传教育中心、审计科研所。

领导成员

党组书记、副厅长：沙拉买提·买买提明

党组副书记、厅长：李　成

党组成员、副厅长：维力功　宣国苗

薛　江

冯　力（1月—）

杨任杰

总审计师：王　璐

自治区经济责任审计联席会议办公室主任：

刘　博

副巡视员：袁　成（12月—）　郭部员

张　崟　柳海云（1月—）

审计成果 2016年，新疆全区审计机关完成审计项目3551个。查出主要问题金额1225.09亿元，其中违规金额103.69亿元、损失浪费金额2200万元、管理不规范金额1121.18亿元；损益（收支）不实金额84.24亿元；审计处理处罚金额130.6亿元，其中应上缴财政40.77亿元、应减少财政拨款或补贴10.33亿元、应归还原渠道资金43.32亿元、应调账处理金额31.15亿元；审计发现非金额计量问题5798个；审计促进整改落实有关问题金额54.76亿元，其中增收节支37.64亿元、已调账处理金额14.02亿元；审计促进拨付资金到位2.29亿元；审计后挽回（避免）损失13.71亿元。移送司法机关、纪检监察机关和有关部门处理事项227件。出具审计报告和专项审计调查报告3971篇；提交审计信息4375篇，被批示、采用2627篇。提出审计建议7674条。向社会公告审计结果70篇。

2016年，新疆审计厅保持“自治区文明单位”称号；被第十三届全国冬运会组委会评为十三届全国冬季运动会先进单位；被自治区党委保密委员会和自治区国家保密局评为自治区保密自查自评工作先进单位；被中国时代经济出版社评为审计宣传工作先进单位。

国家重大政策措施贯彻落实跟踪审计 围绕项目落地、资金保障、简政放权、政策落实、风险防范“五个抓手”，组织全区审计机关对14个地（州、市）2016年贯彻落实中央、自治区重大政策措施和宏观调控部署情况进行跟踪审计。重点审计住房和城乡建设、水利、财政等部门，涉及取消和下放行政审批事项、推进简政放权，加快棚户区改造、加大保障性安居工程建设力度，加快城市基础设施建设，促进生态环境保护和节能环保产业发展，营改增财税改革等27个方面政策措施落实情况，严肃查处政策不落实，以及重大履职不到位等问题。

财政审计 以促进完善全口径预算管理体系、健全透明预算制度、优化支出结构、保障财政资金安全、提高财政资金使用绩效为目标，围绕预算执行的真实性、完整性和科学性，探索联网审计方式，深化财政审计。全区完成预算执行审计465个、财政决算审计113个。审计查出部分地县税务部门征收依据不充分、部分企业通过代开发票偷逃税款、自治区外贸发展基金管理存在漏洞等问题，自治区地税局、财政厅据此制定修订相关管理制度。

经济责任审计 全区审计机关共审计领导干部948人，针对2015年经济责任审计中查出的问题，在全区范围内实名通报审计结果，促进审计整改，加大监督问责，扩大审计影响。按照审计署的要求，新疆审计厅对1个地州和2个县市开展领导干部自然资源资产离任审计试点，与相关部门协调协作，利用卫星测绘、遥感数据等信息化手段，吸纳相关专业人员参与，形成合力，为逐步推开领导干部自然资源资产离任审计进行有益尝试。

固定资产投资审计　全区审计机关对水利、道路、灾后重建等1976个政府投资重点项目进行审计，核减投资额29.35亿元，规范工程建设管理。持续推进12个地（州、市）及所辖县（市）审计机关以“上审下”“联合审”“委托审”等方式开展援疆审计工作，同时还组织区内各级审计机关对2014年至2015年援疆项目跟踪审计整改落实情况进行逐条落实并反馈有关部门。吐鲁番市审计局梳理援疆项目整改落实情况，并代政府形成反馈材料，报送湖南省审计厅，有力推动审计整改。进一步规范投资审计外聘人员管理，新疆审计厅制定出台《审计项目外聘投资审计人员管理暂行办法（试行）》。博尔塔拉蒙古自治州、昌吉回族自治州、哈密市等审计局也制定相关规定和办法。

民生资金（项目）审计　围绕自治区第七个民生建设年的25类100项重点民生工程，结合审计署审计项目计划安排，确定民生资金审计项目和重点。组织全区审计机关对2015年保障性安居工程进行审计，通过取消或调整保障资格、腾退保障性住房、追回补助补贴资金等方式对不符合条件享受的2719户进行整改，推动政策落实公平有效。对自治区本级、乌鲁木齐市2015年和2016年上半年医保资金进行审计，促使医疗保险管理部门进一步完善智能监控审核系统。对24个县（市）的50个乡（镇）惠民政策落实及资金管理使用情况进行审计，涉及惠民资金30.10亿元，揭示各地惠农项目资金管理及落实精准扶贫政策中存在的资金沉淀、滞拨或兑付不及时，项目未公开招投标、虚假招投标、违规转包等突出问题，向自治区纪委移送线索后，自治区纪委立案查处42人。

外资运用审计　开展外资公证审计项目10个，项目投资额103.34亿元，其中运用外资50.73亿元。通过审计，揭露问题、促进管理、完善机制、堵塞漏洞，保证国外贷援款资金有效使用。

企业审计　对32个国有企业进行审计，查出主要问题金额29.43亿元。审计项目对规范本地区企业财务收支活动的真实性、合法性，完善企业内部管理和实现经营目标发挥重要作用。

专项资金审计　全区开展专项资金审计项目327个，审计专项资金总额314.63亿元，查出主要问题金额35.23亿元。重点关注政策要求、预算安排、资金拨付和使用，通过揭示和查处问题，推动专项资金落实到位并发挥效益，促进资金规范管理，项目建设顺利。

审计整改　推动将审计结果及整改情况纳入自治区党委对干部年度考核的内容之中，以建立审计整改长效机制和联动机制。对自治区发改委、财政厅、地税局、环保厅、畜牧科学院等10个部门单位审计整改情况进行督查，推动审计查出问题的整改落实。受自治区政府委托，向自治区人大常委会报告2015年度自治区本级预算执行和其他财政收支审计查出问题整改情况。

交办任务　新疆审计厅完成交办任务9项，办理协助自治区纪检委专案组、协助自治区巡视组、配合自治区扶贫开发领导小组办公室贫困退出验收核查、协助自治区党委组织部资产清查、协助自治区“访惠聚”（访民情、惠民生、聚民心）活动领导小组办公室村级惠民生工程项目指导检查等专项工作。

信息化建设　加强全区审计信息化建设统筹规划，加大对区内市县审计机关信息化建设支持力度，推进以大数据为核心的审计信息化建设。在已建成金审一、二期工程的基础上，加快实施金审三期工程。完善全区审计大数据平台，包括“一个中心两个平台”，即审计数据中心、全疆审计数据云平台和援疆项目审计管理平台。建设审计数据分析室，加强联网审计，提高审计延伸核查的精准度，为现场审计提供技术支撑和保障。

审计科研　实行重点课题责任目标管理，出台《自治区审计厅重点科研课题管理办法》。改进审计理论实务和审计技术方法研究，提高审计理论成果转化，提升服务审计实践的能力，把审计理论研究与审计项目充分结合，注重理论的实践性应用性，论文《委托中介机构开展政府投资项目审计现状与对策研究》和《“全覆盖”背景下新疆审计资源整合选择》分别获得自治区人民政府第十一届哲学社会科学奖三等奖、优秀奖。提高《新疆审计》杂志办刊水平，为全区审计干部搭建交流平台。

党建工作　新疆审计厅全面贯彻落实党的十八大和十八届三中、四中、五中、六中全会精神，深入学习贯彻习近平总书记系列重要讲话精神、特别是在第二次中央新疆工作座谈会上的重要讲话和视察新疆时的重要讲话精神，深入学习贯彻自治区党委系列会议精神和自治区第九次党代会精神，开展“两学一做”学习教育，牢牢把握坚定不移推进全面从严治党总目标，紧密围绕服务中心、建设队伍“两大任务”，坚持思想教育从严、纪律要求从严、作风建设从严，坚持客观求实、问题导向、鼓励创新、推动改革，不断强化四个意识。全面贯彻自治区纪委工作安排，积极落实“三转”，聚焦反腐倡廉中心任务，逐级明确廉政责任，采取灵活多样的方式加强党员干部教育和监督，强化廉政责任的考核监督，狠抓巡视整改意见建议的落实。扎实推进“访惠聚”工作，开展“民族团结进步年”“民族团结一家亲”活动。新疆审计厅被自治区宣传部、自治区依法治区领导小组办公室、自治区司法厅评为2011—2015年自治区法治宣传教育先进集体。

队伍建设 严格按照标准，从严管理队伍，做好干部选拔任用工作，注重在复杂环境和反分裂斗争一线培养、考验、选拔干部，特别是把积极参与自治区“访惠聚”驻村工作等在县乡基层、艰苦边远地区工作经历，作为培养干部的重要渠道、选拔干部的重要来源、提拔使用干部的重要条件。加大干部培训力度，新疆审计厅全年举办各类培训班14期，培训1282人次；选送31批146名审计干部赴审计署及中央党校、自治区党校进修学习，选派11名审计干部到审计署挂职锻炼，审计干部综合素质提升明显，业务技能和审计能力提高显著。严格审计全过程质量管理，从审计方案、审计证据和审计底稿、审计报告以及审计程序等环节入手，强化审计实施各环节控制，完善并严格执行审计项目审理、审计业务会议制度，防范审计风险。加强与纪检、组织等部门沟通协调，研究制定《自治区审计厅审计移送处理事项管理办法》，规范审计移送处理行为。

内部审计 全区内部审计机构完成审计项目5049个，审计总金额2434亿元，增收节支2.95亿元。提出建议意见被采纳7169条。建议给予行政处分92人，实际给予行政处分92人。促进各部门单位完善内部管理，提高效益。

（撰稿人：李 喜）

【乌鲁木齐市审计局】 2016年，乌鲁木齐市审计局人员编制140人，实有129人。党组书记、副局长成兴中，局长黎忠，副局长樊伟、白莉，总审计师李里，纪检组长杨明，经济责任审计室主任许建平。设有办公室、政治处、政策法规处、综合计划处、经济责任审计室、财政审计处、固定资产投资审计处、行政事业审计处、科教文卫审计处、政法审计处、企业审计处、农牧与资源环保审计处、社会保障审计处、外资运用与金融审计处、督察处、纪检监察室、审计信息中心、政府投资审计中心。

审计成果 2016年，乌鲁木齐市县两级审计机关完成审计项目150个。查出主要问题金额110.15亿元，其中违规金额3.30亿元、损失浪费金额173万元、管理不规范金额106.83亿元；损益（收支）不实金额9.48亿元；审计处理处罚金额31.46亿元，其中应上缴财政4.18亿元、应减少财政拨款或补贴4504万元、应归还原渠道资金22.78亿元、应调账处理金额4.05亿元；审计发现非金额计量问题486个；审计促进整改落实有关问题金额4.07亿元，其中增收节支8492万元、已调账处理金额3.11亿元；审计后挽回（避免）损失5311万元。移送司法机关、纪检监察机关和有关部门处理事项11件，金额5591万元。出具审计报告和专项审计调查报告179篇，被批示、采用11篇；提交审计信息239篇，被批示、采用52篇。提出审计建议411条，被采纳289条。

2016年，乌鲁木齐市审计局被市委、市政府评为“群众满意好班子”。

国家重大政策措施贯彻落实跟踪审计 围绕财政资金统筹整合、“放管服”、惠农、保障性住房、促进就业、重大项目推进等方面，开展重大政策措施贯彻落实情况跟踪审计，推动健全、完善政策措施。

财政审计 完成审计项目23个，查出主要问题金额95.16亿元。6月，乌鲁木齐市人大常委会审议通过2015年度市本级预算执行和其他财政收支的审计工作报告并给予高度评价。

经济责任审计 完成32个单位33名领导干部经济责任审计，查出主要问题金额6.66亿元。

固定资产投资审计 完成政府投资审计项目48个，审计项目投资总额29.70亿元，审计核减投资额3.14亿元。完成市委、市政府交办的小额投资审计项目73个，查出主要问题金额1.85亿元。

民生资金（项目）审计 完成城镇保障性安居工程、安居富民工程、设施农业建设资金等民生项目审计，审计专项资金总额22.23亿元，促进惠民政策有效落实。

企业审计 完成乌鲁木齐市3家公交企业2015年度成本规制及财政补贴测算结果的审计调查，助推国有企业落实宏观政策、加强经营管理、防控重大风险、提高经济效益。

信息化建设 完成金审工程一、二期建设，推行现场审计实施系统（AO），部署审计管理系统（OA）及远程会商系统，实现署、自治区、市、县的四级互联互通。（撰稿人：肖　杨）

【克拉玛依市审计局】 2016年，克拉玛依市审计局人员编制33人（其中行政编制28人、事业编制5人），实有28人。副局长张毅、房文祖、罗莉莉，总审计师房文祖（兼）。设有办公室、法制监察科、财政审计科、经贸与金融审计科、行政事业与社会保障审计科、经济责任审计科、固定资产投资审计科、农业资源与环保审计科和经济责任审计室。

审计成果 2016年，克拉玛依市县两级审计机关共完成审计（调查）项目41个。查出问题金额13.28亿元、违规金额2.15亿元；促进增收节支4035万元。审计提出建议106条，被采纳102条；促进相关单位修订及完善各项管理制度5项。

国家重大政策措施贯彻落实跟踪审计 对城市基础设施建设、生态环境保护和节能环保产业发展、营改增财税改革等12个方面进行重大政策措施贯彻落实情况跟踪审计，持续跟进，督促整改，推动重大决策部署和政策措施落实到位。

财政审计 开展部门预算执行审计，发现专项结余资金长期闲置、违规使用、虚列支出，违规列支“三公”经费，非税收入上缴不及时，资产管理不到位等问题。通过对审计查出问题的整改，解决税收征缴、耕地占用税合法征收存在的问题、防范大额现金支付中存在的风险隐患，促进出台《克拉玛依市市级预算单位公务卡使用考核管理暂行办法》。

经济责任审计 审计21个单位23名领导干部，查出主要问题金额3.84亿元。

固定资产投资审计 完成审计项目5个，审计项目投资额5.71亿元，核减投资额702万元。克拉玛依市审计局对克拉玛依市文体中心部分场馆开展概（预）算执行情况审计，根据审计建议，克拉玛依市工程建设管理局进一步加快竣工决算工作的实施、建立和修订相关监管机制，监督代建单位健全完善内部控制制度。为整合资源，进一步规范投资审计外聘人员管理，克拉玛依市审计局修订《市审计局聘请外部人员参与政府投资项目审计工作质量控制和业务考核办法》。

（撰稿人：王　龙）

【吐鲁番市审计局】 2016年，吐鲁番市审计局人员编制33人，实有29人。党组书记、副局长戴万成，党组副书记、局长郭红兵，副局长田桂林、马晖（湖南援疆干部），调研员艾尔肯·艾木都拉，副调研员索成英。设有办公室、法规科等9个职能部门。

审计成果 2016年，吐鲁番市县两级审计机关完成审计项目90个。查出主要问题金额25.89亿元，其中违规金额8.67亿元、管理不规范金额17.22亿元；损益（收支）不实金额6.69亿元；审计处理处罚金额1.07亿元，其中应上缴财政218万元、应减少财政拨款或补贴1.03亿元、应归还原渠道资金134万元；审计后挽回（避免）损失1.07亿元；审计发现非金额计量问题41个。出具审计报告和专项审计调查报告106篇；提交审计信息3篇，被批示、采用1篇。提出审计建议137条，被采纳116条。

2016年，吐鲁番市审计局被吐鲁番市委评为先进基层党组织、自治区文明单位、民族团结进步模范单位、“六好”党支部。鄯善县审计局被评为自治区精神文明单位、市民族团结创建先进集体。

国家重大政策措施贯彻落实跟踪审计 结合全市经济社会发展实际，揭露部分单位在贯彻落实国家重大政策方面执行不到位、项目执行缓慢等问题，针对跟踪审计中发现的问题，吐鲁番市及各区县审计局及时向相关部门提出整改建议，确保国家和自治区的各项政策在吐鲁番市得到有效贯彻落实。

财政审计 完成预算执行审计项目7个，查出主要问题金额11.92亿元，促进规范管理，维护财政安全，防范财政风险，推动各项税收政策措施落实，加强税收征管、规范税收优惠行为。

经济责任审计 完成审计项目28个，审计领导干部39人，查出主要问题金额12.48亿元。强化对领导干部特别是主要领导干部、人财物管理使用、关键岗位的监督，逐步加大任中审计比重，不断完善经济责任审计联席会议制度。

固定资产投资审计 对54个项目进行工程结算审计，核减投资额1.04亿元，通过审计，进一步规范全市项目单位基本建设程序，为地方财政节约大量资金，有效避免财政资金的损失浪费。同期开展湖南对口援疆资金和项目跟踪审计。

专项资金审计 开展专项资金审计项目1个，审计查出主要问题金额2303万元。

（撰稿人：黄利君）

【哈密市审计局】 2016年，哈密市审计局人员编制41人，实有33人。党组书记、副局长许咸敏，党组副书记、局长骆东鹏，副局长艾合买提·买买提、李生华、时常胜（援疆干部），总审计师谢云飞，副调研员艾尼瓦尔·依明。设有办公室、督察科、法制科、财政金融审计科、固定资产投资审计科、经济责任审计科、行政事业审计科、农牧与资源环保审计科、企业审计科；下设哈密市经济责任审计办公室、哈密市固定资产投资审计中心、哈密市审计信息技术室。

审计成果 2016年，哈密市县两级审计机关完成审计项目200个。查出主要问题金额18.96亿元，其中违规金额8252万元、管理不规范金额18.14亿元；审计处理处罚金额6.73亿元，其中应上缴财政3897万元、应减少财政拨款或补贴2.53亿元、应归还原渠道资金5397万元、应调账处理金额3.12亿元；审计促进整改落实有关问题金额3.33亿元，其中增收节支2.63亿元、已调账处理金额4070万元；审计后挽回损失2.61亿元。移送司法机关、纪检监察机关和有关部门处理事项13件。出具审计报告和报送审计调查报告207篇；提交审计信息89篇，被批示、采用35篇。提出审计建议441条，被采纳87条。

国家重大政策措施贯彻落实跟踪审计 持续对重大政策措施落实情况进行跟踪审计，把审计监督的切入点聚焦服务“去产能、去库存、去杠杆、降成本、补短板”五大任务上，推动供给侧结构性改革政策落实。

财政审计 完成预算执行审计项目15个，审计查出主要问题金额8.30亿元。

经济责任审计 完成经济责任审计项目22个，被审计领导干部32人，查出主要问题金额4.01亿元。

固定资产投资审计 完成固定资产投资审计项目157个，查出主要问题金额3.33亿元，核减投资额2.52亿元。

民生资金（项目）审计 围绕领导关心和社会关注的热点问题，以保障和改善民生，促进社会公平正义、稳定和谐为目标，加强民生资金审计，完成专项资金审计项目9个，审计专项资金2.18亿元，查出主要问题金额3727万元。

（撰稿人：张海武）

【昌吉回族自治州审计局】 2016年，昌吉回族自治州审计局人员编制56人，实有46人。党组书记马文新（7月—），局长黄建新，副局长肖莉，总审计师张民杰，纪检组长张永信，经济责任审计专职主任吴辉。设有政府投资审计中心、办公室、法制科、农业资源环保与社会保障科、经贸与金融审计科、财政审计科、督察科、经济责任审计科、行政事业审计科。

审计成果 2016年，昌吉回族自治州（以下简称昌吉州）审计机关完成审计项目313个。查出违规金额5.48亿元、管理不规范金额29.88亿元；审计处理处罚金额9.30亿元；审计促进整改落实有关问题金额8.78亿元。移送司法机关、纪检监察机关和有关部门处理事项51件。提交审计信息515篇，被批示、采用408篇。提出审计建议834条，被采纳764条。

国家重大政策措施贯彻落实跟踪审计 重点审计财政、扶贫、住建、民政、人社等部门，涉及27个方面政策措施落实情况。

财政审计 完成预算执行审计和审计调查项

目31个，财政决算审计和审计调查项目24个，查出主要问题金额18.43亿元。

经济责任审计 审计63个单位108名领导干部，查出主要问题金额11.76亿元。

固定资产投资审计 完成投资审计项目156个，核减投资额1.57亿元。重点对投资金额较大、群众关注度较高、关系百姓利益的政府投资项目进行全过程跟踪审计。

民生资金（项目）审计 开展保障性安居工程审计、医疗保险基金审计、惠农政策落实和资金管理情况审计。

企业审计 完成审计项目5个，查出主要问题金额2.94亿元。

交办任务 根据昌吉州党委的安排，协助相关部门开展新疆印象西域国际文化旅游产业园重组工作；配合纪检委、组织部、巡查组、考核办、扶贫办等多部门做好审计服务工作。

信息化建设 抓好计算机审计中级和AO认证考试等相关教育培训工作，加强审计信息化培训，加强计算机技术应用。

内部审计 加强对内部审计业务工作的指导和监督，昌吉市所属7个县市均成立内部审计工作站，部分单位和乡镇建立内部审计机构，建立健全制度，发挥内部审计职能。

（撰稿人：王玉强）

【博尔塔拉蒙古自治州审计局】 2016年，博尔塔拉蒙古自治州审计局人员编制38人，实有38人。党组书记、副局长欧友提，局长刘玉玲，副局长韩军，周娟，州政府投资审计中心主任王京辉，副调研员沈菊仙、王祥照。设有州政府投资审计中心、办公室、法制科、经济责任审计科、财政审计科、行政事业审计科经贸审计科、计算机审计科。

审计成果 2016年，博尔塔拉蒙古自治州审计机关完成重大工程项目审计36个。查出主要问题金额11.52亿元，其中违规金额6264万元、管理不规范金额10.90亿元；损益（收支）不实金额4183万元；审计处理处罚金额5.08亿元，其中应上缴财政4.25亿元、应归还原渠道资金6303万元、应调账处理金额2027万元；审计发现非金额计量问题55个；审计促进整改落实有关问题金额16万元，其中增收节支15万元；审计后挽回（避免）损失5832万元。移送司法机关、纪检监察机关和有关部门处理事项2件，涉及金额27万元。出具审计报告和专项审计调查报告31篇；提交审计信息54篇，被批示、采用27篇。提出审计建议65条，被采纳33条。

国家重大政策措施贯彻落实跟踪审计 按期报告审计结果，及时揭示和反映政策措施不适应、不配套、落实不到位等问题，全州开展跟踪审计4次，检查重大政策措施贯彻落实情况23项。

财政审计 完成审计项目11个，查出主要问题金额11.24亿元。全面深化财政预算执行审计，加强对部门“三公”经费支出情况的审计监督，促进厉行节约和规范管理，确保财政资金安全高效使用。

经济责任审计 对8个单位的主要领导经济责任进行审计，强化对权力运行的监督和制约，拓展领导干部经济责任审计。结合作风建设“三项治理”及“小金库”专项治理工作，强化对权力运行的监督制约。

固定资产投资审计 开展政府投资审计项目8个，项目投资额563万元，核减政府投资额90万元。加强对委托社会中介机构的管理，进一步防范风险、提高项目委托审计质量。

民生资金审计 对棚户区改造及配套基础设施建设项目、保障性住房分配和管理情况进行审计，以保证各项惠民政策落实到位。

（撰稿人：姜　楠）

【巴音郭楞蒙古自治州审计局】 2016年，巴音郭楞蒙古自治州审计局人员编制56人，实有52人。党组书记年卫东，局长那永刚，副局长丁伟雄（援疆干部），总审计师陈志军，纪检组长李建和，经济责任审计处处长耿志强，固定资产投资审计处处长铁木尔巴图，调研员韩贵兵、韩志民。设有办公室、法制科、财政审计科、行政事业与社保审计科、经贸审计科、金融与外资审计科、农业资源与环保审计科、纪检监察室、自治州经济责任审计处、自治州固定资产投资审计处、计算机审计中心。

审计成果 2016年，巴音郭楞州蒙古自治州两级审计机关完成审计项目213个。查出主要问题金额59.53亿元，其中违规金额2.14亿元、管理不规范金额57.39亿元；损益（收支）不实金额4.06亿元；审计处理处罚金额3.54亿元，其中应上缴财政2.41亿元、应减少财政拨款或补贴4231万元、应归还原渠道资金601万元、应调账处理金额4267万元；审计发现非金额计量问题418个；审计促进整改落实有关问题金额3.15亿元，其中增收节支2.69亿元、已调账处理金额3507万元；审计促进拨付资金到位1.19亿元；审计后挽回（避免）损失6978万元。移送司法机关、纪检监察机关和有关部门处理事项16件，金额1710万元。出具审计报告和专项审计调查报告249篇，被批示、采用78篇；提交审计信息1573篇，被批示、采用1219篇。提出审计建议649条，被采纳568条；推动完善规章制度1项。向社会公告审计结果1篇。

国家重大政策措施贯彻落实跟踪审计　围绕项目落地、资金保障、简政放权、政策落实、风险防范五个抓手，开展国家重大政策措施贯彻落实跟踪审计，促进重大政策有效落实。

财政审计　完成审计项目68个，查出主要问题金额54.27亿元。

经济责任审计　对34个单位51名领导开展经济责任审计，查出主要问题金额5.81亿元。

农业与资源环保审计　组织对和静县莫呼查汗河北水库建设项目进行审计。在若羌县试点开展领导干部自然资源资产责任审计。

固定资产投资审计　完成审计项目89个，审计项目投资额5.37亿元，核减投资额4205万元。

民生资金（项目）审计　围绕扶贫开发工作目标，组织实施新型农牧区合作医疗基金、保障性安居工程、扶贫专项资金、惠民政策及资金等民生项目和资金审计，切实促进相关惠民政策落到实处。

企业审计　完成审计项目4个，查出主要问题金额6512万元。

专项资金审计　完成审计项目21个，查出主要问题金额2.30亿元。

信息化建设　全面实现OA（审计管理系统）审计署、审计厅、地州、县（市）四级互联互通，AO（现场审计实施系统）在审计中得到广泛应用。　　（撰稿人：邓　华）

【阿克苏地区审计局】　2016年，阿克苏地区审计局人员编制67人，实有57人。党组书记罗合曼·托乎提，局长刘艳，副局长黄疆萍、潘志勇。设有财政金融审计科、文行科、农林水牧外资审计科、经贸审计科、法制科、人事教育科、计算机审计中心、办公室、地区经济责任审计中心和地区政府投资审计中心。

审计成果　2016年，阿克苏地区审计机关完成审计项目513个。查出主要问题金额86.25亿元，其中违规金额2.01亿元、管理不规范金额84.25亿元；损益（收支）不实金额1.16亿元；审计处理处罚金额12.00亿元，其中应上缴财政1.68亿元、应减少财政拨款或补贴1.27亿元、应归还原渠道资金2.61亿元、应调账处理金额6.44亿元；审计促进整改落实有关问题金额7.74亿元，其中增收节支3.67亿元、已调账处理金额4.05亿元；审计后挽回（避免）损失1.28亿元、核减投资额3.76亿元。移送司法机关、纪检监察机关和有关部门处理事项30件。出具审计报告和专项审计调查报告534篇，被批示、采用41篇；提交审计信息343篇，被批示、采用466篇（次）。提出审计建议1135条，被采纳845条。

国家重大政策措施贯彻落实跟踪审计　组织本地区审计机关对2016年贯彻落实国家重大政策措施情况进行跟踪审计并加强整改。

财政审计　完成财政审计项目51个，审计查出主要问题金额57.51亿元。

经济责任审计　审计64个单位85名领导干部，审计查出主要问题金额8.54亿元。

固定资产投资审计　对水利、工程建设等312个投资项目进行审计，核减投资额3.76亿元。

专项资金审计　完成审计项目60个，审计查出主要问题金额3.02亿元，涉及保障性安居住房工程、住房公积金、乡镇惠农政策及资金、城乡居民大病补充医疗保险基金等专项审计。

信息化建设　建立审计内网、审计会商系统和审计政务外网，加大计算机信息技术在审计业务工作中的推广运用，加强信息化安全管理。

相关工作　严格落实领导干部“一岗双责”制度，严格落实领导带班、干部值班制度。确保审计工作有序、规范执行。严格审计全过程质量管理，完善审计业务会议制度，严格执行审计项目审理制度，强化质量控制，强化审计实施各环节控制，规范审计行为，防范审计风险。

（撰稿人：张松龄）

【克孜勒苏柯尔克孜自治州审计局】 2016年，克孜勒苏柯尔克孜自治州审计局人员编制41人，实有39人。党组书记、副局长吐尔洪·依热力，局长赵永忠，副局长亚生江·艾力、李淼，纪检组长李淼（兼），副调研员张永先、刘艳娥。设有办公室、纪检监察室、法制科、财政金融审计科、固定资产投资审计科、行政事业审计科、农业与资源环保审计科、经济责任审计科、经贸审计科、社会保障审计科、计算机中心、经济责任审计中心、固定资产投资审计中心。

审计成果 2016年，克孜勒苏柯尔克孜州县两级审计机关完成审计项目15个。查出主要问题金额15.15亿元，其中违规金额3.06亿元、管理不规范金额12.08亿元。移送司法机关、纪检监察机关和有关部门处理事项2件。提交审计信息1篇，被批示、采用1篇。提出审计建议18条，被采纳13条。

财政审计 完成财政审计项目5个，查出主要问题金额14.47亿元。

经济责任审计 审计6个单位6名领导干部，查出主要问题金额1508万元。

专项资金审计 完成审计项目2个，查出主要问题金额4153万元。（撰稿人：郭　君）

【喀什地区审计局】 2016年，喀什地区审计局人员编制53人，实有45人。局长尚军，副局长热夏提·阿不拉、赵东岳、何晓燕、夏榕（援疆干部）。设有行政办公室、法制科、财政审计科、金融外资审计科、行政事业审计科、农林水牧审计科、固定资产投资审计科、经济责任审计一科、经济责任审计二科、人事教育科、审计督察科、社会保障与经贸审计科和计算机中心、固定资产投资审核中心。

审计成果 2016年，喀什地县两级审计机关完成审计项目1122个。查出主要问题金额70.93亿元，其中违规金额5.46亿元、损失浪费金额1014万元、管理不规范金额65.37亿元；损益（收支）不实金额2.48亿元；审计处理处罚金额10.20亿元，其中应上缴财政2.07亿元、应减少财政拨款2.08亿元、应归还原渠道资金1.07亿元、应缴纳其他资金5124万元、应调账处理金额4.48亿元；审计发现非金额计量问题747个；审计促进整改落实有关问题金额4.20亿元，其中增收节支2.81亿元、已上缴财政7384万元、已减少财政拨款1.57亿元、已归还原渠道5071万元；审计后挽回（避免）损失4.34亿元。移送司法机关、纪检监察机关和有关部门处理事项25件。出具审计报告和专项审计调查报告1237篇，被批示、采用9篇；提交审计信息219篇；向社会公告审计结果1篇。提出审计建议1967条。

财政审计 完成审计项目76个，查出主要问题金额30.67亿元。将财政审计与重大政策措施贯彻落实跟踪审计相结合，按照“项目落地、资金保障、简政放权、政策落实、风险防范”的要求，坚持每个季度确定一个主题，加强审计监督，促进重大政策措施有效落实。

固定资产投资审计 完成政府投资审计项目872个，项目总投资79.99亿元，完成投资额53.68亿元。审计查出主要问题金额6.20亿元，核减投资额5.39亿元。将对口援疆项目审计作为首要政治任务，建立受援方、支援方、援疆前方指挥部“三位一体”的良好协调联合机制，充分发挥当地审计机关主体作用，在下达《四省市对口援疆项目审计实施方案》的基础上，按照“五统一”要求，采取“上审下”“联合审”“独立审”或“委托单方审”等多种模式，抽调精干审计力量组成由国家审计和社会中介机构人员参加的审计组对“交支票”“合作共建”“拼盘”项目进行跟踪审计，共审计对口援疆项目176个，涉及资金42.58亿元，达到审计全覆盖，确保援疆项目工程优质、资金安全、干部安全。

经济责任审计 审计124个单位261名领导干部，查出主要问题金额39.24亿元。

专项资金审计 完成审计项目63个，查出主要问题金额6.20亿元。重点对保障性安居工程、扶贫开发专项资金、就业和培训资金、乡（镇）村惠民政策及资金等重点民生工程进行审计。

（撰稿人：刘　军）

【和田地区审计局】 2016年，和田地区审计局人员编制35人，实有28人。党组书记、副局长刘新英，局长艾热提·热介甫，副局长毛建新、艾力·艾沙（—12月）、殷晓亮（—11月），纪检组长毛建新（兼），副调研员李文玲（11月—）、周民。设有办公室、财政审计科、农牧审计科、经济责任审计科、行政事业审计科、社会保障审计科、固定资产投资审计中心。

审计成果 2016年，和田地县两级审计机关完成审计项目86个。查出主要问题金额51.43亿元，其中违规金额1.24亿元、损失浪费金额178万元、管理不规范金额50.17亿元；审计处理处罚金额2.38亿元，其中应上缴财政2481万元、应归还原渠道资金1.93亿元。出具审计报告和审计调查报告100篇；提交审计信息240篇，被采用67篇。提出审计建议256条，被采纳164条。

国家重大政策措施贯彻落实跟踪审计 和田地区审计机关每季度确定一个主攻方向，聚焦一个重点方面开展审计。主要对棚户区改造、营改增、"放管服"改革等情况进行检查，共抽查158个单位，涉及财政资金15.39亿元。

财政审计 完成审计项目48个，查出主要问题金额46.13亿元。

经济责任审计 审计18个单位32名领导干部，查出主要问题金额1.68亿元。

固定资产投资审计 完成审计项目3个，涉及投资额506万元。促进各项政策措施落实到位，促进资金管理和项目建设规范有序。

专项资金审计 完成审计项目12个，审计专项资金总额4.72亿元，查出主要问题金额4084万元。

相关工作 扎实开展"两学一做"学习教育，落实学习制度，提高党员政治思想理论水平。深入开展"访惠聚""民族团结一家亲"工作。落实党风廉政建设责任制，不断改进工作作风。保证反腐败工作各项任务落到实处，增强党员干部牢固树立法纪观念、廉政意识和纪律意识，促进依法文明审计。（撰稿人：刘志东）

【伊犁哈萨克自治州审计局】 2016年，伊犁哈萨克自治州审计局人员编制63人，实有51人。党组书记、副局长陈洁，局长胡尔曼哈力·洪海，副局长王全胜、卞子竹（—12月），纪检组长王军强（—5月）、赵江山（5月—）。设有办公室、法制处、财政金融审计处、行政事业审计处、农业与资源环保审计处、社会保障审计处、固定资产投资审计处、经贸审计处、经济责任审计处、老干部工作处；下设固定资产投资审计中心、计算机技术中心。

审计成果 2016年，伊犁哈萨克自治州（以下简称伊犁州）审计机关完成审计项目377个。查出主要问题金额128.72亿元，其中违规金额33.54亿元、损失浪费金额49万元、管理不规范金额95.17亿元；损益（收支）不实金额10.19亿元；审计处理处罚金额19.61亿元，其中应上缴财政18.05亿元、应减少财政拨款或补贴2984万元、应归还原渠道资金1976万元、应调账处理金额7218万元；审计发现非金额计量问题504个；审计促进整改落实有关问题金额18.80亿元，其中增收节支18.26亿元、已调账处理金额2241万元；审计促进资金拨付到位12万元；审计后挽回（避免）损失3471万元。移送司法机关、纪检监察机关和有关部门处理事项9件。出具审计报告、专项审计调查报告426篇，被批示、采用56篇；提交审计信息511篇，被批示、采用99篇。提出审计建议858条，被采纳680条。向社会公告审计结果55篇。

2016年，伊犁州审计局获得伊犁州直属机关工委表彰，被评为"民族团结进步先进基层党组织"。

国家重大政策措施贯彻落实跟踪审计 对中央54项政策措施涉及的35个相关部门单位进行跟踪审计，重点关注中央、自治区政策执行、重大建设项目进度、政府部门推进简政放权等情况。

财政审计 完成预算执行审计项目100个、财政决算审计项目25个，查出主要问题金额111.36亿元。

经济责任审计 审计95个单位163名党政领导干部及企业负责人，查出主要问题金额33.91亿元。

固定资产投资审计 完成固定资产投资审计项目96个，涉及项目投资总额25.67亿元，核减投资额4.10亿元，查出主要问题金额3.25亿元。

企业审计 审计企业单位3个，查出主要问题金额4785万元。

专项资金审计 开展专项资金审计项目51个，审计专项资金总额4.68亿元，查出主要问题金额2.67亿元。

信息化建设 新增1台DD2200大容量存储设备，连接州党委电子政务内网线路1条，完成机房千兆网络线路改造，实现内网可即时访问审计署、审计厅网站。上报现场审计实施系统（AO）应用实例和计算机审计方法18篇。

（撰稿人：朱宏文）

【塔城地区审计局】 2016年，塔城地区审计局人员编制33人，实有27人。党组书记叶尔肯·赛达合买提（—7月），局长丁正全，副局长程和新，总审计师廖军，纪检组长陈学芳，经济责任审计联席会议办公室主任王志红，副调研员王秀英（4月—）。设有办公室、法制科、财政金融审计科、文教行政事业审计科、经贸审计科、固定资产投资审计科、经济责任审计科、督察审理科、社会保险科；下设固定资产投资审计中心。

审计成果 2016年，塔城区县两级审计机关完成审计项目171个。查出主要问题金额40.55亿元，其中违规金额4.35亿元；审计处理处罚金额5748万元，其中应上缴财政1379万元、应归还原渠道资金19万元、应调账处理金额3704万元。移送司法机关、纪检监察机关和有关部门处理事项17件。出具审计报告和专项审计调查报告171篇；提交审计信息83篇。提出审计建议263条。

国家重大政策措施贯彻落实跟踪审计 重点开展保障性安居工程跟踪审计、乡（镇）惠农政策落实及资金管理使用情况审计等项目，审计发现重大项目推进落实方面存在的问题18个，政策落实及资金管理方面存在的问题15个，涉及金额9788万元。

财政审计 完成审计项目21个，其中预算执行审计项目20个、财政决算审计项目1个，查出问题金额35.38亿元。

经济责任审计 完成经济责任审计项目21个，查出主要问题金额1.06亿元。

固定资产投资审计 完成审计项目115个，查出主要问题金额9239万元。

信息化建设 成立数据分析应用中心，建立定期报送电子数据长效机制，构筑“横向到边、纵向到底”的财政资金监督网络，塔城地区行政公署印发《关于审计电子数据采集和报送的实施方案》，采集103个地直单位财务数据4.12GB，采集财政、住房公积金、畜牧、城乡居民医疗保险、车辆、工商等业务数据4.73GB。

相关工作 塔城地区审计局认真履行党组书记抓党建第一责任人责任，落实“三重一大”“四不直接管”和支部“三会一课”制度，深入开展“两学一做”学习教育；扎实做好“精准扶贫”“民族团结一家亲”工作。在全地区审计系统组织开展遵守党纪党规，遵守财经法纪，落实中央八项规定、自治区十项规定、地委七条意见及等情况交叉大检查，有错必纠，立即整改。完成自治区纪委交办的裕民县2008年至2014年42个投资项目审计调查，塔城地区行署交办的1个债务审计项目。

（撰稿人：翁丹丹）

【阿勒泰地区审计局】 2016年，阿勒泰地区审计局人员编制39人，实有35人。党组书记、副局长刘洛阳，局长许玲，副局长张跃平，总审计师姜淑英，纪检组长塔斯肯·哈孜泰，经济责任审计联席会议办公室主任姜淑英（兼）。设有办公室、监察综合室、法制科、督察和内部审计管理科、财政金融审计科、行政事业和社会保障审计科、农业与资源环保审计科、固定资产投资、外资和企业审计科、经济责任审计中心。

审计成果 2016年，阿勒泰地县两级审计机关完成审计项目98个，其中组织实施审计项目72个，参与实施审计项目26个。查出主要问题金额25.56亿元，其中违规金额6.23亿元、管理不规范金额19.33亿元；损益（收支）不实金额1723万元；审计处理处罚金额9.73亿元，其中应上缴财政1.39亿元、应归还原渠道资金3.26亿元、应调账处理金额2.98亿元；审计发现非金额计量问题334个；审计促进整改落实有关问题金额1.56亿元，其中增收节支8928万元、已调账处理金额6667万元；审计促进拨付资金到位622万元，审计后挽回（避免）损失979万元。移送司法机关、纪检监察机关和有关部门处理事项2件，金额41万元。出具审计报告和专项审计调查报告115篇，被批示、采用27篇；提交审计信息474篇，被批示、采用审计信息228篇；提出审计建议156条，被采纳66条；推动完善规章制度14项。向社会公告审计结果7篇。

2016年，阿勒泰地区审计局获得自治区文明单位、阿勒泰地区民族团结进步模范单位、脱贫攻坚工作定点帮扶先进集体等表彰。阿勒泰地区审计机关实施的保障性安居工程审计项目被新疆审计厅被评为第二名（全区范围）。

国家重大政策措施贯彻落实跟踪审计 审计涉及单位200个、项目186个、资金35.05亿元。

财政审计 完成审计项目25个，查出主要问题金额22.32亿元。

经济责任审计 开展14个单位26名领导干部的经济责任审计，查出主要问题金额3.41亿元。

固定资产投资审计 完成审计项目30个，查出主要问题金额5698万元，核减投资额（工程款）914万元。

民生资金（项目）审计 完成审计项目24个，延伸审计单位83个，审计专项资金总额10.44亿元，查出主要问题金额5145万元。

专项资金审计 完成审计项目8个，查出主要问题金额262万元。

交办任务 完成地委、行署及各部门交办配合工作436项，查出主要问题金额7720万元，审计后挽回（避免）损失410万元。

信息化建设 推进审计管理及现场审计系统的应用，举办计算机审计交流会，上报计算机审计实例、方法31篇，获奖8篇。

内部审计 召开全地区内部审计工作交流会，协助指导内部审计工作。（撰稿人：张　丽）

【石河子市审计局】 2016年，石河子市审计局人员编制68人，实有65人。党组书记、局长杨全义（—5月）、刘文（5月—），副局长方玉凤、魏建新（8月—）、禹延（5月—）、乔林（6月—），中心主任段志江、沈芳、钱玉玲（8月—）、余红（8月—）。设有7个职能科室、4个派出审计中心（内设一科、二科、综合科）。

审计成果 2016年，石河子市审计局完成审计和审计调查项目12个。查出主要问题金额2298万元，其中违规金额162万元、管理不规范金额2136万元；损益（收支）不实金额2万元；审计处理处罚金额198万元，其中应归还原渠道资金129万元、应调账处理金额69万元；审计发现非金额计量问题19个；审计促进整改落实有关问题金额198万元，其中增收节支129万元、已调账处理金额69万元。移送司法机关、纪检监察机关和有关部门处理事项2件。出具审计报告和专项审计调查报告16篇；提交审计信息2篇，被批示、采用2篇。提出审计建议21条，被批示、采用17条。

国家重大政策措施贯彻落实跟踪审计 主要审计10个方面20项政策，涉及单位33个，抽查资金16.00亿元，抽查项目15个，涉及财政资金近10亿元，审计促进新开工、完工或加快实施进度项目10个，促进财政资金加快下达4.75亿元，落实配套资金3753万元。

财政审计 完成财政审计项目5个，查出主要问题金额2152万元。完成专项资金审计项目1个，查出主要问题金额2万元。

经济责任审计 审计4个单位4名领导干部，查出主要问题金额28万元。

民生资金（项目）审计 对学前教育政策及资金管理、蔬菜粮油副食品便民直销点运营管理情况开展专项审计调查。

企业审计 完成审计项目1个，审计查出主要问题金额114万元。

相关工作 加强党建和党风廉政建设工作，开展“两学一做”学习教育，强化审计培训，提升审计队伍政治素质和业务能力。上报的2篇AO审计应用实例分别获审计署应用奖和鼓励奖，获得石河子市文明礼仪知识竞赛三等奖。

（撰稿人：张建超）

2016 年新疆维吾尔自治区所辖区、县(市)级审计工作统计表

金额单位:万元

审计机关	完成审计项目(个)	审计查出主要问题金额	审计处理情况					出具审计报告和审计调查报告(篇)	提出审计建议(条)	提交审计信息(篇)
			审计处理处罚				移送处理事项(件)			
			应上缴财政	应减少财政拨款或补贴	应归还原渠道资金	应调账处理金额				
乌鲁木齐市										
乌鲁木齐市本级	30	136069	29321	4197	5179	30028	11	42	125	48
天山区审计局	11	7203			69	19		9	34	10
沙依巴克区审计局	7	2126			60			9	23	13
新市(高新技术开发)区审计局	19	5430				53		19		
水磨沟区审计局	14	242372		115	222082	59		20	29	106
头屯河(经济技术开发)区审计局	35	678442			358	6021		37	123	
达坂城区审计局	9	101						14	25	
米东区审计局	12	3788	19	192	27	139		14	26	
乌鲁木齐县审计局	13	26002	12411			4195		15	26	62
克拉玛依市										
克拉玛依市本级	17	58936	2024		9070	956		27	46	4
独山子区审计局	12	43484						12	28	
克拉玛依区审计局	6	16485	8	351		140		12	14	
白碱滩区审计局	6	13942						6	18	
乌尔禾区审计局										
吐鲁番市										
吐鲁番市本级	27	51368	2	2025				33	30	
高昌区审计局	9	156317	213		51		2	6	32	2
鄯善县审计局	54	51213	3	8308	83			67	75	1
托克逊县审计局										
哈密市										
哈密市本级	16	74172	16	6071		4460		16	35	82
伊州区审计局	103	83754	2231	14668	824	23324	13	112	256	7
巴里坤哈萨克自治县审计局	39	6927	35	2259	4501	29		37	61	
伊吾县审计局	42	24760	1615	2279	72	3359		42	89	
昌吉回族自治州										
昌吉回族自治州本级	43	46865	438	566	197	3266	10	65	124	66

（续表）

审计机关	完成审计项目（个）	审计查出主要问题金额	审计处理情况					出具审计报告和审计调查报告（篇）	提出审计建议（条）	提交审计信息（篇）
			审计处理处罚				移送处理事项（件）			
			应上缴财政	应减少财政拨款或补贴	应归还原渠道资金	应调账处理金额				
昌吉市审计局	18	54793	429	431	732	478	5	31	69	36
阜康市审计局	35	71136	82	2344			11	47	285	50
呼图壁县审计局	25	3287	259	390	147	312		33	134	8
玛纳斯县审计局	29	36505	72	8006	12934	13263		33	35	16
奇台县审计局	23	35438	30	196	103		3	34	70	105
吉木萨尔县审计局	107	64257	14	3860	24		6	112	36	37
木垒哈萨克自治县审计局	33	41263	4085	4219	2050	30416	16	48	81	197
博尔塔拉蒙古自治州										
博尔塔拉蒙古自治州本级	5	35408	27113		6303	1764		5	5	40
博乐市审计局	8	50202	15382					6	12	14
精河县审计局	16	28671					1	13	32	
温泉县审计局	7	925				263	1	7	16	
巴音郭楞蒙古自治州										
巴音郭楞蒙古自治州本级	19	55069	6604		563	3169	4	32	59	153
库尔勒市审计局	15	266235	7603	239		973		16	33	110
轮台县审计局	60	102200	60	792	37	122	10	64	105	287
尉犁县审计局	14	12369	5240	169			1	14	26	88
若羌县审计局	15	5362						15	69	18
且末县审计局	34	15493		2362				37	196	180
焉耆回族自治县审计局	18	21979		321		1	1	20	51	253
和静县审计局	13	37224	4585					19	39	115
和硕县审计局	11	38642	18	137				13	31	102
博湖县审计局	14	40710		209				19	40	267
阿克苏地区										
阿克苏地区本级	58	113517	9		2788	38		81	125	23
阿克苏市审计局	29	274228	8721			64		29	57	43
温宿县审计局	32	11079	6605		3844	108	1	26	130	79
库车县审计局	90	95104	969	12680	32		5	96	271	
沙雅县审计局	16	82797	10		19191	63578	8	16	58	

（续表）

审计机关	完成审计项目（个）	审计查出主要问题金额	审计处理情况					出具审计报告和审计调查报告（篇）	提出审计建议（条）	提交审计信息（篇）
			审计处理处罚				移送处理事项（件）			
			应上缴财政	应减少财政拨款或补贴	应归还原渠道资金	应调账处理金额				
新和县审计局	9	156149						10	29	
拜城县审计局	18	80507	2				4	18	65	
乌什县审计局	23	7501	9					20	36	
阿瓦提县审计局	227	40690	214		29		12	227	318	198
柯坪县审计局	11	974	214		178	580		11	46	
克孜勒苏柯尔克孜自治州										
克孜勒苏柯尔克孜自治州本级	15	151536	2179		9065	1578	2	15	18	1
阿图什市审计局										
阿克陶县审计局										
阿合奇县审计局										
乌恰县审计局										
喀什地区										
喀什地区本级	162	261002	3689		506	16888	14	232	489	10
喀什市审计局	11	154287	394		176	1791	1	14	24	54
疏附县审计局	74	29515	741		63	2348		82	50	
疏勒县审计局	87	56365					2	90	130	
英吉沙县审计局	110	49004	3269	3196	3120		1	115	51	6
泽普县审计局	82	13092	4931	4427	124			82	10	
莎车县审计局	183	48240	6797	8480	1274		7	196	671	
叶城县审计局	220	56711			1262	7197		222	486	
麦盖提县审计局	21	1520						26	35	52
岳普湖县审计局	74	9204	287	264	2135	1373		80	3	
伽师县审计局	23	7979						23	8	96
巴楚县审计局	64	21522	553	4451	1169	15139		64	10	
塔什库尔干塔吉克自治县审计局	11	854			836	17		11		1
和田地区										
和田地区本级	15	16972	439		44	644	2	17	42	30
和田市审计局	20	40606	63		309			19	43	
和田县审计局	7	2820	975		21		2	9	25	
墨玉县审计局	2	18812			18812			2	7	
皮山县审计局	13	387795	39		20			13	44	147

（续表）

审计机关	完成审计项目（个）	审计查出主要问题金额	审计处理情况					出具审计报告和审计调查报告（篇）	提出审计建议（条）	提交审计信息（篇）
			审计处理处罚				移送处理事项（件）			
			应上缴财政	应减少财政拨款或补贴	应归还原渠道资金	应调账处理金额				
洛浦县审计局	1	1662				10		1	2	26
策勒县审计局	7	15291	933		53		7	7	17	
于田县审计局	11	21532	30			1334		15	43	
民丰县审计局	10	8868						17	33	37
伊犁哈萨克自治州										
伊犁哈萨克自治州本级	41	341538	499		1631	3367	2	42	129	60
伊宁市审计局	33	584067	177805		32			33	100	11
奎屯市审计局	36	109106	894	2985		2200		49	63	40
伊宁县审计局	41	12971	506			521	2	49	62	49
察布查尔锡伯自治县审计局	42	10449	198			325		42	63	4
霍城县审计局	25	62032	19			806	2	32	46	4
巩留县审计局	63	92448	40					79	134	146
新源县审计局	16	19525	414		292		1	16	83	85
昭苏县审计局	19	25299	21		19		2	19	50	22
特克斯县审计局	23	22059	15					27	63	55
尼勒克县审计局	38	7652	45					38	65	35
塔城地区										
塔城地区本级										
塔城市审计局	32	2951	16		5	93		32	16	1
乌苏市审计局	34	62245						37	61	37
额敏县审计局	14	11972	12						22	1
沙湾县审计局	26	178353				2353	4	19	61	6
托里县审计局	26	15267	131			328	2	35	72	12
裕民县审计局	28	104744	1220		14	781	1	32		21
和布克赛尔蒙古自治县审计局	11	29963				149	1	10	31	5
阿勒泰地区										
阿勒泰地区本级	14	10720			54	846		13	17	24
阿勒泰市审计局	12	63744			30474			15	19	77
布尔津县审计局	10	22269	9451		411	1185		11	4	67
富蕴县审计局	20	66438	1546					25	46	39

（续表）

审计机关	完成审计项目（个）	审计查出主要问题金额	审计处理情况					出具审计报告和审计调查报告（篇）	提出审计建议（条）	提交审计信息（篇）
			审计处理处罚				移送处理事项（件）			
			应上缴财政	应减少财政拨款或补贴	应归还原渠道资金	应调账处理金额				
福海县审计局	9	20869					1	14	11	67
哈巴河县审计局	6	8323	314					2	3	112
青河县审计局	8	45198			6	21957		10	17	
吉木乃县审计局	19	18062	2557		1679	5827	1	25	39	88
自治区直辖										
石河子市审计局	12	2298			129	69	2	16	21	2

新疆生产建设兵团

【新疆生产建设兵团审计局】 2016年，新疆生产建设兵团审计局人员编制33人，实有27人。设有办公室（审计信息化处）、法制处（审计整改监督处）、财金审计处、社会保障暨专项资金审计处、企业审计处、固定资产投资审计处、经济责任审计处、资源环保审计处。

领导成员

党组书记、局　长：梅新顺

党组成员、副局长：向春华　丁　峰

代　斌（援疆干部）

副巡视员：焦　平

审计成果 2016年，兵、师两级审计机关共完成审计（调查）项目674个。查出主要问题金额145.43亿元，其中违规金额27.84亿元、损失浪费金额3.94亿元、管理不规范金额113.65亿元；审计发现侵害人民群众利益5556万元；审计期间整改金额9299万元。移送处理事项38件，处理47人，其中兵团审计局移送处理事项9件，处理30人。出具审计报告、专项审计调查报告710篇，被批示、采用49篇。

对口援疆项目审计 兵团审计局组织12个师审计局30名审计人员对支援兵团发展的资金和项目进行跟踪审计。审计援疆项目149个，投资额41.11亿元，核减工程款0.42亿元。审计发现部分建设项目前期手续不规范、工程勘察施工未进行招投标或招标不规范、建设项目结算管理不规范、多计及超付工程款、建设项目资金不到位、建设项目进展缓慢、监理履职不到位、监督不严格等问题。

国家重大政策措施贯彻落实跟踪审计 兵团审计局组织兵、师两级审计机关95人对406个单位212个项目开展重大政策落实情况跟踪审计，发现问题207个，揭露体制、机制层面的问题，提出审计建议，将整改难度大、长期整改不到位的问题及时移交相关部门，全年跟踪审计报告被兵团主要领导明确批示3次，第二季度审计报告经兵团领导批示，以《信息专报》形式印发全兵团，加大对重大政策落实情况的督查、整改落实工作。

财政审计 兵团审计局组织兵、师47名审计人员，对3个师、2个单位实施2015年度部门预算执行暨党政领导任中同步经济责任、公务支出、公开消费、稳增长跟踪、固定资产投资、企业等项目审计。揭示部分被审计单位在预算管理、固定资产管理、企业管理、财政财务收支中存在的问题，提出多项审计建议。审计移送师纪检案件线索2件。对查出的问题，兵团审计局依据法律、法规进行处理、通报。

兵团审计局组织兵、师审计人员实施2016年度兵团公务支出和公款消费审计。审计情况表明，兵团各级相关管理制度在逐渐完善，公务支出和公款消费得到有效控制。审计揭示部分师和单位违规发放各类补贴、奖励、评审费、劳务费等管理不规范，超编，占用下属单位车辆，基层单位公务接待相关规定未落实，无公函接待较为普遍等问题。审计结果在全兵团范围内进行通报，敦促各单位的问题整改。

经济责任审计 对5个师9名党政主要领导进行任中或任期经济责任审计，对兵团14个师21名党政领导进行离任审计。审计坚持问题导向，狠抓对重大违法违纪、重大损失浪费、重大风险隐患、重大履职不到位的查处。审计移送纪检监察机关事项2件、司法机关事项1件、相关主管部门事项2件。3名领导干部受到党纪处分、4名领导干部受到政纪处分。

自然资源试点审计 兵团审计局对1个师土地资源资产管理情况试点审计，查出部分项目审批立项程序不规范、未经审批占用林地7.1085公顷、37.41公顷土地闲置两年以上未收回、财务核算不规范等问题。提出审计整改建议，要求限期整改。

农业审计 兵团审计局组织兵、师16名审计人员对4个师2015年棉花补贴资金和团场农牧职工社会保险缴费中央财政补助减负资金管理使用情况进行专项审计调查。发现违规超范围发放价格补贴资金3526万元，植棉职工多售棉花量超过测产量4%部分发放补贴1877万元，部分团场多扣绵籽水分、杂质和绵籽收购价差，9667万元籽棉没有兑现到种植者，未能采取有效措施控制棉花外流，测产表和籽棉收购结算信息系统关键数据不实，内部管理较为混乱等问题。兵团审计局督促违规单位整改，完善制度，收回违规资金，对相关责任人进行严肃处理。

民生资金（项目）审计 兵团审计局组织兵、师86名审计人员，对兵团本级、14个师本级和34个团场2015年至2016年上半年医疗保险制度落实和改革措施推进情况进行审计。查出3985名特困供养、城乡低保人员未参加基本医疗保险，医疗机构违规加价销售药品1396.78万元，公立医疗机构重复收费违规多收取诊疗项目费用、医用服务设施费用131.81万元，医保险种间重复参保多获得财政缴费补助资金213.44万元，少缴医疗保险费338.61万元，职工医保基金银行账户存款未享受优惠利率共损失利息收入671.39万元等问题，移送案件线索1件。

兵团审计局组织师（市）审计局对兵团2015年度保障性安居工程及配套基础设施的计划、投资、建设、分配、运营等情况进行审计，查出部分团场未完成城镇安居工程建设和危房改造任务、棚改货币化安置政策落实不到位、棚户区改造实施不到位、项目进展缓慢、安居工程土地供应管理不到位、部分师团落实审批快速通道政策不到位、部分安居工程专项资金使用效益不高、部分已建成保障性住房长期空置未发挥效益等问题。提出审计建议，要求限期抓好问题整改。综合审计报告按时上报审计署。

企业审计调查 兵团审计局组织兵、师42名审计人员对13个师发电企业运营情况进行审计调查，涉及“十二五”期间兵团电源规划、建设情况、电力行业的管理情况，重点审计调查火电企业的运营管理情况。通过审计调查，基本摸清兵团电源、电网的分布、规模、发电、输配电等情况，揭示兵团电力企业发展存在的主要问题，提出审计建议。

2月，兵团审计局对部分师2015年至2016年9月末国有资本经营和投资情况进行审计调查。调查主要涉及师级被投资企业（公司）、投资额、投资收益等情况。查出国有资本运营效果不佳，投资收益低，为被投资企业（公司）借款、垫资而形成的债权等问题，揭示停产、重组和破产、清算企业（公司）的问题，审计对存在问题的成因进行分析，提出建议。形成《部分师国有资本经营和投资亟待提高》专题报告报送兵团。

优秀审计项目评选 7月，兵团审计局组织兵、师13名审计业务骨干，开展兵团审计机关优秀审计项目评选工作，选送参评项目20个，对7个优秀审计项目及3个审计项目给予通报表彰。推荐2个审计项目参评全国地方优秀审计项目，第十二师审计局1个经济责任审计项目获得审计署年度表彰的地方优秀审计项目，这是多年来兵团审计系统第一次获得审计署通报表彰优秀审计项目的最高荣誉。

审计整改 兵团审计局开展对2015年度审计发现问题整改情况进行监督检查，3月底前形成审计整改报告上报兵团。进一步追踪落实近三年被审计单位审计整改情况，对2013年以来兵团审计局组织实施并下达审计决定要求整改的20个审计（调查）项目发现问题整改情况，审计移送案件线索处理情况进行逐一督查落实，形成汇总报告上报兵团，经兵团主要领导批示后，以《审计通报》印发兵团各级严格执行。

财经纪律大检查 兵团审计局抽调9人配合兵团财务局进行兵团财经纪律大检查工作，查出部分兵团机关部门、师（市）、院（校）等单位违规发放津补贴、奖金，违规发放慰问费，加班费，私设“小金库”，违规使用专项资金，公务接待管理不规范，大宗物资未履行政府采购，超标准列支培训费等问题，提出整改意见，上报兵团领导。大部分违规单位已进行整改，到年底收回不规范资金，严肃财经纪律。

配合国务院第三次大督查 根据职责分工，兵团审计局进一步跟踪国家重大政策贯彻落实跟踪审计发现问题整改情况，形成专题材料报送兵团办公厅督查室，选派人员配合发展改革委、国资委等部门对2个师开展现场督查工作。

“访惠聚”工作 2016年度，兵团审计局派出副巡视员焦平到阿克苏阿瓦提县英艾日克乡托万克栏杆村、副调研员卜希龙到44团6连进行“访惠聚”工作，工作队开展走访入户活动；加大“去极端化”工作力度，多措并举，维护社会稳定工作；加强党组织建设，发挥核心堡垒作用；审计局从筹措资金、解群众疾苦、改善民生环境方面开展扶贫工作。当地社会治安状况明显转好，职工群众物质文化生活得到提升，呈现民族团结的较好局面。

“民族团结一家亲”活动 11月10日，兵团审计局党组书记、局长梅新顺组织兵团审计局25名干部到第三师四十四团6连进行“民族团结一家亲”结对认亲活动。兵团审计局每位干部自费给结对子群众送去大米、面粉、清油，干部们走进结亲群众家中，详细了解结亲户的家庭人口、生活生产、经济收入、面临的困难等情况，签订“民族团结一家亲”连心卡，互留联系方式，并和“亲戚”们共拍“全家福”。

审计培训 兵团审计局利用审计署“智力援疆、送教上门”和“走出去”等多种培训方式，组织兵、师两级审计机关共计580人次分别参加22类培训，组织收看收听审计署视频会议12次，自行组织的大型培训2次，派出14人参加2016年春季、秋季兵团干部教育培训举办的培训班。

（撰稿人：翟秋志）

【第一师阿拉尔市审计局】 2016年，第一师阿拉尔市审计局人员编制36人，实有31人（含两个农牧团场审计中心）。局长邓凯平，副局长万丛书、邹桂霞。设有财金固定资产投资科、综合审计科、法制科。

审计成果 2016年，第一师阿拉尔市审计局完成审计项目57个。查出违规金额118万元、损失浪费金额311万元、管理不规范金额3.44亿元，挽回（避免）损失427万元，核减投资额1523万元，上缴财政765万元；整改落实金额1775万元。提出审计建议335条；推动建立健全规章制度1项。

财政审计 完成师（市）本级预算执行情况和6个单位2015年度的预算执行情况审计，提出审计建议，对预算管理不规范等问题，依据相关法律法规进行处理。

经济责任审计 对10名县处级党政领导进行经济责任同步审计，对其任职期间经济责任的履行情况进行实事求是的审计评价，认定其应承担的责任。

固定资产投资审计 对师（市）地域内的32个工程项目进行竣工决算审计，审计发现部分项目建设程序、管理不规范等问题，审计核减投资额1523万元。提出审计建议，敦促整改落实。

民生资金（项目）审计 对师属3个部门的专项资金使用、管理情况进行审计，揭示民生资金（项目）管理上存在的一些问题，提出相应的审计建议，促进民生资金的规范使用。

（撰稿人：史瑞捷）

【第二师铁门关市审计局】 2016年，第二师铁门关市审计局人员编制28人，实有27人（含1个农牧团场审计中心）。局长黄燕，副局长金银花。设有财经社保审计科、投资审计科、企业审计科。

审计成果 2016年，第二师铁门关市审计局完成审计（调查）项目39个。查出管理不规范金额11.94亿元、违规金额52.95万元，核减工程款582万元。出具审计（调查）报告39篇，出具审计决定书1份，下达审计整改通知书9份。审计发现问题117个，提出建议被采纳67条。

国家重大政策措施贯彻落实跟踪审计 师（市）审计局成立重大政策措施落实跟踪专项审计小组，重点关注简政放权、放管结合、财政存量、脱贫攻坚、“双创”等政策措施的落实情况，揭示工程手续不全、进度控制不够、存量清理不足、扶贫收益率低等问题，并提出多项审计建议，敦促政策的落实。

财政审计 实施师（市）2015年本级预算执行情况、2015年度“三公”消费情况跟踪审计。揭示问题78个，查出管理不规范金额64480万元，审减投资582万元。提出审计建议56条。

民生资金（项目）审计 对2015年度5个民生项目进行审计，涉及63个单位，查出管理不规范金额54879万元。提出审计建议13条。揭示未及时制订资金分配方案、未体现“多缴多补”等问题，提出多项审计建议，要求整改落实。

（撰稿人：顾楠希）

【第三师图木舒克市审计局】 2016年，第三师图木舒克市审计局人员编制45人，实有29人（含3个派出审计中心）。局长何小强，副局长：朱媛、王进、贾霞云。

审计成果 2016年，第三师图木舒克市审计局完成审计（调查）项目57个。查出违规金额6128万元。出具综合审计报告19篇；提交审计要情2篇。提出审计建议22条，被采纳22条。

财政审计 对师（市）预算执行及师所属单位财政收支情况进行审计，发现土地出让金征收不到位、应征未征土地出让收入1469.29万元、2015年欠缴各类税款95.42万元等问题。提出审计建议，问题已整改到位。

经济责任审计 对师属8名县处级党政领导干部进行经济责任离任审计，针对问题，提出审计建议。

固定资产投资审计 完成师属10个单位开发项目竣工决算审计，发现个别项目超付工程款、多计工程款、工程结余资金未及时上缴、项目设计费未进行招投标等问题。

民生资金（项目）审计 完成师（市）3个民生资金（项目）审计。查出套取医保统筹基金150.11万元、基本医疗保险基金银行账户存款未享受优惠利率、损失利息收入390.66万元，超范围发放社保补助资金98.61万元等问题。移送司法机关处理事项1件。少计付的利息已逐步收回，超范围发放的社保补助资金已收回师财务局。

援疆审计 对广东省对口支援第三师发展资金及重点建设方面31个项目资金进行跟踪审计，确保援建资金规范使用。（撰稿人：王 峰）

【第四师可克达拉市审计局】 2016年，第四师可克达拉市审计局人员编制31人，实有29人（含3个派出审计中心）。局长孟新伟，副局长张荣华。

审计成果 2016年，第四师可克达拉市审计局完成审计（调查）项目84个。查出问题金额2.56亿元、管理不规范金额1.37亿元，挽回（避免）损失7945万元，净调减单位决算上报利润3716.93万元。移送处理事项4件。提出审计建议65条，递交“审计要情”报告2篇。2个审计项目获得兵团审计局表彰。

财政审计 完成师（市）公共预算执行及其他财务收支等18个审计项目，查出损失浪费金额1905.84万元，挽回（避免）损失7852.26万元，净调减单位决算上报利润3541.98万元，罚款及收缴款项2.76万元。移送处理事项2件。

经济责任审计 完成师属县处级党政领导干部经济责任审计项目20个。出具审计报告，界定责任，移送处理事项1件。

固定资产投资审计 完成固定资产投资竣工决算审计项目30个，投资总金额10.54亿元，审减投资额0.81亿元。

民生资金（项目）审计 开展师（市）民生资金（项目）审计2个，对个别安居工程目标任务脱离实际、保障房空置积压、资金落实不到位等问题进行揭示，指出医保政策制度落实中未实现应保尽保、违规收取诊疗服务费用、重复参保和个人套取医保基金等问题。提出审计建议，敦促整改落实。

企业审计 对师直属15个企业开展资产、负债、损益情况审计。查出管理不规范金额1.37亿元、损失浪费金额33.86万元、调减利润174.95

万元，移送处理事项1件。（撰稿人：张建新）

【第五师双河市审计局】 2016年，第五师双河市审计局人员编制25人，实有20人（含2个农牧团场审计中心）。局长余平安，副局长李菊萍、罗红梅。设有经济责任审计科、固定资产审计科、财金审计科、企业审计科。

审计成果 2016年，第五师双河市审计局完成审计（调查）项目83个。查出违规金额198万元、管理不规范金额4.20亿元，核减投资348万元。出具审计（专项）报告73篇；提交专报审计信息3篇。提出审计建议36条，被采纳36条。

财政审计 对师（市）本级预算执行情况进行审计，针对预算批复时间缓慢、预算编制不够细化、部分部门单位及团场会计核算薄弱等5个方面的问题，提出审计建议4条。

固定资产投资审计 完成师政府投资项目审计56个，审减投资额348万元。

经济责任审计 对23名师属县处级党政领导干部开展任期经济责任审计。查出违规金额183万元、管理不规范金额1876万元。

专项资金审计 对3个专项资金进行审计，查出违规问题金额15万元。

援疆审计 对师（市）22个援疆项目进行跟踪审计，针对审计问题，审计敦促师相关部门采取6项措施加强督促检查。

（撰稿人：富　静）

【第六师五家渠市审计局】 2016年，第六师五家渠市审计局人员编制37人，实有33人（含3个农牧团场审计中心）。党组书记、局长李宏图，副局长李娜（8月—）、王苏平（8月—）、纪检组长李娜（8月—，兼）。设有办公室、法制科、财金审计科、企业经责审计科、计算机科、行政事业审计科、投资审计科。

审计成果 2016年，第六师五家渠市审计局完成审计（调查）项目55个。查出违规金额8779万元、管理不规范金额2.49亿元；发现非金额计量问题257个；审计处理处罚金额1.65亿元，审计整改落实问题资金1.36亿元。移送事项15件，问责15人，移送金额718.64万元。出具审计报告55篇；提交审计信息5篇。提出审计建议166条。

财政审计 完成审计项目5个，查出预算编报不真实资金400万元、预算批复不规范资金37129万元、未按规定纳入预算管理资金785万元、未按规定征收缴纳收入资金104万元、资金滞留闲置4100万元、违规使用发票6万元、虚列支出137万元、扩大开支范围或提高开支标准列支25万元、账外资产79万元、会计核算不实961万元、其他不规范金额3936万元。

完成15个行政事业单位审计，查出违规经营金额437万元、违规出借资金200万元、资产质量不实资金1.07亿元、资产闲置130万元，未按规定报批建设项目资金97万元、违规使用财政资金597万元、财务收支核算不实资金2512万元，账外资产9317万元、其他问题金额4.39亿元。

经济责任审计 对32名县处级党政领导干部进行离任经济责任审计。查出违规金额7270万元、管理不规范金额8.3亿元。

民生资金（项目）审计 对2015年度师（市）保障房项目进行审计，查出违纪违规金额2.75亿元。

企业审计 审计1个企业，查出违规经营金额1503万元、财务收支不实金额248万元、账外金额180万元，其他问题金额13.41亿元。

（撰稿人：丁梅华）

【第七师审计局】 2016年，第七师审计局人员编制28人，实有28人（含3个农牧团场审计中心）。局长张明炜，副局长奚玉龙，副调研员张泽廷。

审计成果 2016年，第七师审计局完成审计项目50个。查出问题金额9330万元；发现非金额计量问题153个；审计处理应归还原渠道资金359万元、应缴纳其他资金1447万元；核减投资额1.79亿元。移送案件线索1件。出具审计专题报告3篇。提出审计建议165条。

财政审计 对师本级和11个团场财政（务）预算执行情况进行审计，揭示财政资金管理不规范、资产管理不规范、违规采购等八类139个问题，向师领导上报专项报告，师领导明确批示，敦促被审计单位整改。

经济责任审计 开展8名县处级领导干部经

济责任审计，审计对部分团场违规承担的领导干部周转房用费用、医疗费用及部分团领导违规领取津补贴进行全部清退。

固定资产投资审计 对师援疆资金和项目进行审计，揭示个别项目进展缓慢、援助资金未安排使用、合同中未约定预留质量保修金的额度等问题，督促项目单位对问题及时整改。

民生资金（项目）审计 对师民生资金进行审计调查，揭示超范围发放社会保险缴费补助资金、一线土地承包职工社会保险缴费不足、团场垫支负担重等问题，提出多项审计建议，得到主管部门采纳。

企业审计 对师属1个企业2015年度资产负债损益情况进行审计，发现会计报表合并不规范、财政拨款管理不规范、整合部分师属企业股权关系尚未理顺、部分对外投资无收益等问题，敦促审计整改。

相关工作 开展脱贫攻坚和“民族团结一家亲”活动；组织审计干部捐助化肥10吨、衣物100余件，提供生产周转资金4万元等为困难职工解决生产生活困难；与北方集团公司共同投入12万元为130团13连、15连修整道路6条，解决职工群众的出行困难。 （撰稿人：杨建芳）

【第八师石河子市审计局】 2016年，第八师石河子市审计局人员编制68人，实有65人（含4个农牧团场审计中心）。党组书记、局长杨全义（—5月）、刘文（5月—），副局长方玉凤、魏建新（8月—）、禹延（5月—）、乔林（挂职，6月—）。设有综合科（办公室）、法制科、财金审计科、行政事业审计科、企业审计科、固定资产投资审计科、经济责任审计科。

审计成果 2016年，第八师石河子市审计局完成审计（调查）项目68个。查出违规金额4011万元、损失浪费金额13万元、管理不规范金额12.27亿元；发现非金额计量问题79个；损益（收支）不实金额2万元；侵害人民群众利益8万元。移送处理事项8件，涉及5人。出具审计（调查）报告81篇，专题审计报告1篇。提出建议104条，被采纳79条。

国家重大政策措施贯彻落实跟踪审计 审计10个方面20项政策，涉及单位33个，抽查资金16亿元，抽查项目15个，促进新开工、完工或加快实施进度项目10个，促进财政资金加快下达4.75亿元，落实配套资金3753万元。

财政审计 完成2015年度师（市）本级预算执行、14个农牧团场、6个部门2015年度预算执行情况的审计。查出预算编制不够科学、准确，预算变更较多，虚开发票虚增成本，少缴所得税等问题。

经济责任审计 完成17名县处级领导干部离任经济责任审计。查出违规金额2171万元、管理不规范金额3183万元。审计提出建议16条，被采纳14条。

固定资产投资审计 完成投资建设审计项目645个。查出管理不规范金额7860.89万元，净核减9818.84万元；工程造价审核项目406个，审减金额4.70亿元，挽回损失资金4.70亿元。

农牧团场和企业审计 对师属14个团场、2个水管处2015年度资产负债损益情况和预算执行情况进行审计。发现个别团场违规侵占、挪用资金等问题。向相关被审计单位提出整改建议，及时安排整改。 （撰稿人：张建超）

【第九师审计局】 2016年，第九师审计局人员编制25人，实有24人（含两个农牧团场审计中心）。局长吴新国，副局长张艳丽、涂海滨。

审计成果 2016年，第九师审计局完成审计项目40个。查出违规金额6154万元、损失浪费金额107万元、管理不规范金额1.61亿元，应上缴财政9万元、责令归还原渠道资金4314万元、调账处理金额1.04亿元。移送案件2起，涉及8人、金额3011万元。出具审计（专题）报告42篇，被师领导批示7篇；提出审计建议80条。

2016年，被评为兵团审计系统先进集体。

国家重大政策措施贯彻落实跟踪审计 发现和纠正基本建设项目程序不合规、资金管理使用不规范、项目超规模建设、滞留财政补贴专项资金等问题。

财政审计 审计查出公务接待管理规定执行不到位、违规发放考核奖励和通信补贴、超标准装修干部周转房等问题。

经济责任审计 开展11名县处级领导干部任期经济责任审计，首次将自然资源资产的开发、利用和保护纳入经济责任审计监督范围。

固定资产投资审计 开展固定资产投资审计项目105个，核减施工单位工程造价8351万元。

企业审计 审计揭示九师发电企业因决策失误、管理不当造成投资浪费、效益不佳等问题；查出工程招标有限责任公司超标准、超范围发放招标评审费、调节企业利润、内部重要管理制度缺失等问题。

交办任务 安排7人次参加兵团审计局统一组织的审计和优秀项目评审工作，参加兵团2016年第二轮巡视工作。

基础建设 结合部门绩效考核、“两学一做”学习教育及“民族团结一家亲”活动，加强审计干部党员党性教育，健全各项工作制度，保证审计质量。 （撰稿人：王红军）

【第十师北屯市审计局】 2016年，第十师北屯市审计局人员编制25人，实有25人（含2个派出审计中心）。局长韩光俊，副局长蒋桂华，调研员蒋红，副调研员涂志刚。设有法制科、经责审计科。

审计成果 2016年，第十师北屯市审计局完成审计项目33个。查出违规金额1.45亿元、管理不规范金额9.93亿元、损失浪费金额5552万元；损益（收支）不实金额6086万元、调账处理金额4.5亿元；核减工程投资5.3亿元；发现非金额计量问题102个。移送案件线索2件。出具审计报告33篇；上报信息30篇，被采用23篇。提出审计意见和建议被采纳99条。

国家重大政策措施贯彻落实跟踪审计 组织4期重大政策措施落实情况审计，重点关注“三去一降一补”贯彻情况，紧抓项目落地、简政放权等方面的问题，推动各项决策部署的贯彻落实。

财政审计 实施师（市）本级预算执行和其他财政财务收支情况的审计。揭示财政管理、税收征管过程中存在的问题，提出建议。向市人大常委会提交本级预算执行和其他财政收支审计报告。

经济责任审计 对9名县处级领导干部进行任期经济责任的审计，确保审计质量和效果。

固定资产投资审计 对公共基础设施、民生工程、兴边富民等项目资金结算、决算、实施管理情况进行审计，发现多计工程款、未按施工程序规范管理、施工手续不完善、未及时发挥效益等问题，审减工程造价5.3亿元。督促其建立健全管理制度，规范建设程序。

企业审计 对8个团场和15个国有及国有控股企业进行审计，揭示财务管理中存在的问题和运行管理中的风险隐患，提出审计建议，敦促整改落实。

专项资金审计 对发电企业运营情况、医疗保险基金进行审计，揭示发电企业运营管理、医保政策落实、改革过程中存在的困难和问题，提出审计整改建议，督促被审计单位进行整改。

（撰稿人：陈孟雪）

【第十一师（建工师）审计局】 2016年，建工师审计局人员编制15人（含1个审计中心），实有9人。局长曹建辉，副局长张燕。

审计成果 2016年，建工师审计局完成审计项目16个。查出违规金额1.1亿元，已整改金额2589万元。出具审计报告16篇。提出审计建议，敦促整改落实。获得兵团审计系统先进单位。

经济责任审计 对6名处级领导干部进行经济责任审计，查处未严格执行“三重一大”制度、未严格执行双签制等问题。

固定资产投资审计 对师属4个单位进行投资项目审计，发现部分工程项目未单独核算、前后期手续不全、存在边建边补、建完还未补完手续的情况、个别项目未及时竣工决算并转固定资产等问题。

企业审计 审计师属5个企业，查处部分企业债务核算烦冗、清理不及时、个人借款挂账金额较大等问题。

专项资金审计 审计发现部分企业未完成城镇安居工程建设任务和危房改造任务、部分保障房建设项目前期手续不全、保障房资金未及时分配等问题，敦促被审计单位已将资金及时分配到位。

内部审计 完成审计项目31个，提出审计建议185条，均被采纳。

其他事项 开展师财务局开展财经纪律检查工作，提出有效建议。抽调人员参加兵团审计局经济责任审计1个、企业审计3个、专项审计2

个，共计13人次。（撰稿人：王光灿）

【第十二师审计局】 2016年，第十二师审计局人员编制16人（含1个审计中心），实有16人。局长林海英，副局长徐建军。设有固定资产审计科、经济责任审计科。

审计成果 2016年，第十二师审计局完成审计（调查）项目49个。查出违规金额105.66万元、管理不规范金额7.05亿元；发现非金额计量问题115个。移送处理事项2件。出具审计报告49篇；提交审计信息4篇。

2016年，1个审计项目获得审计署地方优秀审计项目表彰。被评为兵团审计系统先进集体。

国家重大政策措施贯彻落实跟踪审计 对师2016年度贯彻落实各项政策措施情况进行跟踪审计。揭示各类问题12个，问责相关单位23个。

经济责任审计 对5名处级领导干部进行任期经济责任审计，移送违规事项2件。提出财务管理、内部管理、国有资产监督管理中存在的问题，敦促整改落实。

固定资产投资审计 开展竣工财务决算审计28个，查出问题金额1543.02万元。提出审计建议，敦促整改落实。

民生资金（项目）审计 对医疗保险政策制度落实、改革措施推进、基金筹集管理使用情况进行审计，揭示部分医疗机构未执行药物加价"零差率"仍享受国家补贴的违规金额83万元、社保机构多支付医保基金30万元等问题。提出多项审计建议，敦促整改落实。（撰稿人：林海英）

【第十三师审计局】 2016年，第十三师审计局人员编制23人，实有21人（含2个审计中心）。局长徐进萍，副局长海东青。

审计成果 2016年，第十三师审计局完成审计项目68个。查出违规金额6132万元、管理不规范金额6.7亿元；发现非金额计量问题126个；调账处理金额2798万元、归还原渠道资金491万元。审计移送事项3件。出具审计报告68篇。提出审计建议135条。

财政审计 对18个预算单位进行审计，查出个别单位存在预算编制不科学、"三公"经费超支、报销票据不规范、违规发放津补贴等问题，查出问题金额7.32亿元，责令追回各项津补贴57万元、调账处理金额513万元、自行纠正资金6.79亿元。

经济责任审计 对12名处级主要领导干部进行离任经济责任审计。

固定资产投资审计 对12个固定资产项目进行审计，查出个别项目存在建设管理不到位、内控制度不健全、建设程序不规范、工程质量保证金签订不合规等问题，审计认定核减792.29万元。

企业审计 对9个师属企业进行审计，查出个别单位存在违规发放补贴、违规使用专项资金、超范围超限额使用现金等问题，问题金额1.21亿元；责令追回资金403.34万元、调账处理金额181.34万元、自行纠正资金1.1亿元。

（撰稿人：李杉杉）

【第十四师昆玉市审计局】 2016年，第十四师昆玉市审计局人员编制10人，实有9人（含一个农牧团场审计中心）。局长庞开洪，副局长郭建盛。

审计成果 2016年，第十四师昆玉市审计局完成审计项目23个，查出问题金额239万元。出具审计报告23篇。提出审计建议48条，被采纳37条，敦促被审计单位对审计整改的落实。

国家重大政策措施贯彻落实跟踪审计 对6个重大项目进行跟踪审计，审计发现部分工程招投标程序不规范、超范围列支工程款、建设进度缓慢，扶贫项目资金在管理上存在资金拨付与工程建设进度不符问题。

财政审计 对师属11个单位实施2015年度"三公"经费审计，查出违规报销公务消费、超标准接待、送礼品等问题，要求各单位抓好自查自纠和问题整改落实。

经济责任审计 对10个单位处级党政领导进行离任经济责任审计，发现个别单位超预算列支费用、资金管理不规范等问题。

民生资金（项目）审计 对本级及4个团场2015年至2016年上半年医疗保险进行审计。审计揭示部分困难群体未参加基本医疗保险现象、未应保尽保、未实施城镇居民医保门诊统筹、定点机构骗取套取医保基金、医保基金银行账户存款未享受优惠利率等问题。

对口援疆项目审计 完成对口支援 2015 年度建设项目跟踪审计，查出未拨资金 1180 万元，项目存在前期工作滞后、资金管理不够规范和项目管理薄弱等问题。

（撰稿人：胡赣江）

2016 年新疆生产建设兵团所辖师级审计工作统计表

金额单位：万元

审计机关	完成审计项目（个）	审计查出主要问题金额	审计处理情况					出具审计报告和审计调查报告（篇）	提出审计建议（条）	提交审计信息（篇）
			审计处理处罚				移送处理事项（件）			
			应上缴财政	应减少财政拨款或补贴	应归还原渠道资金	应调账处理金额				
第一师阿拉尔市审计局	57	34882				3063		57	335	18
第二师铁门关市审计局	39	119452				64693		39	67	21
第三师图木舒克市审计局	57	6128			264	36		19	22	2
第四师可克达拉市审计局	84	25635	118		233	3717	4	84	65	6
第五师双河市审计局	83	42201			9	41679		73	36	3
第六师五家渠市审计局	55	257372	204		476	15471	15	55	166	5
第七师审计局	50	9330	6		359	7520	1	50	165	
第八师石河子市审计局	68	126681			164	261	8	81	104	3
第九师审计局	40	22383	9		4314	10359	2	42	80	2
第十师北屯市审计局	33	113784	11		3	17	2	33	99	30
第十一师（建工师）审计局	16	10917				8		16	28	
第十二师审计局	49	70605	70		17	19	2	49	108	4
第十三师审计局	68	6132			491	2798	3	72	135	
第十四师昆玉市审计局	23	239			48	125		23	48	

科研、培训、出版、学术团体

【审计署审计科研所】 2016年，审计署审计科研所人员编制57人，实有38人。设有办公室、审计基础理论研究处、审计技术方法研究处、审计管理研究处和审计法制研究处。主要职责是：进行审计基础理论、应用理论和技术方法的研究。研究方向以实证应用研究为主，兼顾审计理论的创新和发展；从适应国民经济宏观需要出发，研究审计工作的自身提高和为国民经济发展服务的途径；围绕审计署布置的中心工作，特别是财政审计、金融审计、企业审计工作，开展理论与实践相结合的审计研究。

领导成员

所　长：姜江华（11月—）

副 所 长：姜江华（主持工作，—11月）

杜光宇（9月—）

刘力云　彭新林（—9月）

工作综述 2016年，审计署审计科研所（以下简称科研所）在审计署党组的领导下，致力于为审计中心工作服务，改善审计科研学术环境，科研所改革，开展、组织审计署重点课题研究，撰写印发《审计研究报告》，编译《国外审计动态》，组织编写审计理论、技术方法书籍，管理博士后工作站，组织协调审计机关的审计科研工作。10月，审计署党组书记、审计长刘家义到科研所调研座谈，在讲话中提出科研所要成为审计署的智库，并对审计科研提出了三点要求：一要明确方向，坚持正确的政治方向，坚持以马列主义、毛泽东思想、中国特色社会主义理论为指导，坚持开展具有中国特色的社会主义审计理论研究；二要解放思想、改进方法，要突破框框、从实际出发，要贴近实践、坚持问题导向，要多学用活、多学科融合，要多做比较研究，要聚焦中心，服务中心；三要专心致志，心无旁骛。

政策和制度制定 研究、草拟并经审计署领导批准出台《审计署关于进一步优化审计科研学术环境的意见》。《意见》中提出了六个方面的意见：加强对审计科研工作的领导；提供良好的组织保障、加强对审计实践的理论总结和提炼；推进审计实践总结与理论研究一体化、改进科研管理和项目组织方式；构建审计科研新机制、建立健全科研激励机制；充分调动审计科研人员的积极性和创造性、创新科研人才培养机制；促进优秀人才脱颖而出、建立学术诚信监督机制，引导树立良好学风。《意见》为全国审计机关进一步优化审计科研学术环境，增强审计科研人员的积极性和创造性，提升科研能力和水平提供指导。按照审计署的内部规章制度清理的统一部署，完成对《审计署优秀博士学位论文评选规定》和《审计署重点科研课题管理规定》的修订。根据内部管理需要，制定《人员行为规范》《关于建立加强思想作风建设长效机制的几点意见》《工作事项督办办法》《保密规定》《礼品礼金登记和管理办法》等制度。

机构改革 根据中办、国办《关于进一步深化事业单位人事制度改革的意见》《事业单位人事管理条例》和《审计署关于推进直属事业单位改革的几点意见》的精神和要求，科研所成立领导小组，进行事业单位改革。起草有关岗位目标责任、岗位聘任、业绩考核、绩效工资、干部交流等5项具体实施办法，报经审计署人事教育司批准后，逐项实施，落到实处。

重点课题研究 继续组织《中国共产党审计工作史》的编写，根据审计署部分离退休老领导、老司局长提出的意见，对书稿进行修改完善，增补十八大以来中国共产党审计工作史，送审稿已经完成，编写成果得到中央党史研究室的充分肯定。继续进行《中国国家审计学》的编写，组织相关人员对前稿进行多次修改，并送南京审计大学征求专家意见。组织《审计技巧》丛书的出版，牵头实施审稿工作，年内已经出版17本。组织编写《中外国家审计比较研究》，以美国、英国、德国、法国、意大利、澳大利亚、加拿大、俄罗斯、巴西、印度、日本和韩国12个国家为样本，从国家政治经济法律制度与国家审计的关系、国家审计理念、国家审计体制、国家审计管理4个方面进行比较研究，完成研究报告的初稿。

其他审计科研课题研究 配合贯彻落实中办、国办《关于完善审计制度若干重大问题的框架意见》《国务院关于加强审计工作的意见》和审计署的中心工作，从完善审计制度、深化国有企业审计、审计工作适应新常态践行新理念等角度进行系列研究。开展审计过程中的自由裁量权及审计风险防控、非现场审计理念及实现路径等课题的研究。与署机关有关业务司、特派办、地方审计机关等协作完成司法系统财物统一管理改革下审计工作研究、矿产资源审计研究等科研课题。

全年撰写《审计研究报告》48期，包括完善审计制度、深化国有企业审计、适应新常态践行新理念、大数据审计4个系列报告，以及其他审计研究报告。其中，《提高审计工作效能研究》报告对加强大数据环境下的长期、中期和过渡期规划以及建立健全案件线索统一分析管理机制、项目质量控制和责任追究等机制，改进移送和会商、轮岗等制度，提出对策建议。审计长刘家义对该研究报告做出批示并要求印发各位署领导及有关司局领导同志研酌。

《国外审计动态》编译 全年编译《国外审计动态》19期，重点关注美国审计署、俄罗斯联邦审计院的审计活动，供开展国外政府审计跟踪研究；介绍英国、美国、澳大利亚、加拿大4个国家最高审计机关的外部审计制度；编译美国审计署审计报告要览、美国审计署关注突发事件应急管理的重点及启示、《俄罗斯联邦审计院法》修订的主要内容与评析、国外对审计机关的外部审计制度及启示等审计动态。在编译《美国加强信息安全的主要做法及对我国的启示》《信息安全产业存在的主要问题及审计探讨基础》上形成的审计信息，被审计署两期重要信息要目采用，上报中办、国办。

科研协作会议 组织召开有各省、自治区、直辖市审计厅局科研所长参加的全国审计科研协作会。会议明确近期理论研究的目标方向和形势任务，通报科研所2016年度课题研究进展情况和协作研究的意向，围绕审计科研工作方向与任务、课题协作研究方式和内容以及科研方法和成果，进行交流讨论。

优秀博士学位论文评选 根据《审计署优秀博士学位论文评选规定》，组织开展2016年度审计署优秀博士学位论文评选，对收到的9篇论文进行评选，评出3篇审计署优秀博士论文。

博士后工作站 新招收博士后4名，通过出站答辩的博士后5名，完成1名博士后的中期考核。在站博士后在CSSCI（中文社会科学引文索引）刊上发表论文9篇，获得省部级以上基金资助3项，参加相关学术交流10余次，7位博士后不同程度地参与审计实践工作。

（撰稿人：陆晓晖）

【审计干部培训中心（审计宣传中心）】

2016年，审计署审计干部培训中心（审计宣传中心）人员编制38人，实有29人。设有办公室、培训一处、培训二处、培训三处、职业发展处、考试处（考试中心）、电教处。主要职责是：负责承办和组织实施审计系统在职干部培训工作；负责审计干部职业教育教材及相关教材编写的组织协调与出版发行工作；负责组织实施全国审计专业技术资格考试工作；负责审计干部网络教育培训工作；负责审计署音像资料、教学片拍摄制作及音像档案保管工作；负责管理怀柔干部培训基地。7月，审计干部培训中心加挂审计署审计宣传中心牌子，增加为审计宣传工作提供支持辅助的职能。

领导成员

主　任：魏　强（11月—，兼）

副主任：班东启（—11月）

　　　　俞国庆（6月—）

　　　　曹志勇　刘　瑛（—11月）

工作综述 2016年，审计干部培训中心（审计宣传中心）全面贯彻党的十八大和十八届三中、四中、五中、六中全会精神，深入学习贯彻习近平总书记系列重要讲话精神，在署党组的领导下，严格落实全面从严治党主体责任，认真履职尽责，推进职能调整，顺利完成全年各项工作任务。加挂审计署审计宣传中心牌子后，认真落实署党组决策部署和署领导关于工作交接的指示要求，与有关单位加强沟通、密切合作，确保在向教育学院等单位移交与培训有关的职能过程中，工作交接有序、资料交接完整、资产交接不流失。

经过多年的积累，干部培训中心现有审计案例944个，案例教学师资568人；审计模拟实验室建有教学平台1个、子系统4个；网络培训课件641个，累计3312学时，网络课件体系初步建立，已可以依托课件库组织专题网络培训班。

培训项目 全年组织实施40期面授培训项目，组织实施13批次选派业务师资上门培训项目，接受面授培训4637人次、49993人/天。举办网络培训班4期，共计培训36277人次。培训项目的安排、组织、实施，始终坚持需求导向理念，坚持培训方式创新，坚持从严管理，新录用公务员初任培训、市县审计局长培训、案例教学师资培训、审计组长主审培训、提升审计案件突破能力培训、送教上门培训等均取得很好的成效。

教材及教学产品 加大教材、教学产品建设应用力度，向全国审计机关征集审计教学案例，最终评出137个案例进入案例库，审计教学案例库得到充实和完善，为审计教学实践和成果提升提供新的支撑，为后续各类培训和教材编写等工作打下坚实的基础。完成面向全国审计机关的课件征集。完成《财政审计读本》等6本行业审计读本的编写出版工作。完成审计模拟实验室新增工程项目管理教学培训系统等5个开发项目。牵头开发建设的审计干部培训信息管理系统，已完成系统功能开发、试运行测试和系统终验，具备使用条件。参与网络培训平台、考试网等4家网站整合和培训考试业务融合工作。

考试组织 组织完成2016年度审计专业技术资格考试教材的修订、出版，圆满完成考务组织、征题命题、试卷印制、阅卷、考试成绩下发、成绩合格证书制作下发、成绩公布、考务费收缴等系列工作。2016年审计专业技术资格考试报名人数首次突破5万人，同比增长14.6%。保持自干部培训中心负责组织实施审计专业技术资格考试以来从未发生重大事故的纪录。

审计宣传 配合办公厅等单位做好第三季度政策跟踪审计结果公告、全国审计工作会议宣传报道等重点任务，起草制订相关方案并认真组织实施；联系媒体，协助完成各项采访工作。学习业务规章、操作规范，接手审计署门户网站、政务微信运营和网络舆情监测等工作。完成《审计故事》等多部系列宣传专题片的创作制作。深化音像制作和电化教育工作。全年共计拍摄编辑各类视音频档案类资料264小时、新闻类资料53小时。

党建工作 全面落实主体责任和从严治党要求，扎实开展“两学一做”学习教育。根据署党组要求制订“两学一做”学习教育计划，组织全体党员认真学习党章党规，学习习近平总书记系列重要讲话，通过开展集中学习、专题研讨、主题联学和现场教育等多种活动，加强思想理论建设，促使中心党员始终用党员标准严格要求自己。严格党内组织生活制度，全年召开党员大会4次、党支部委员会11次（包括换届前的党总支委员会9次）、党员干部集中学习会议13次，领导班子成员给全体党员干部讲党课5次；召开巡视整改专题组织生活会，开展党小组活动，完善各项支部活动记录。按规定及时完成基层党建重点任务，进行党费核查清理、失联党员排查，原党总支撤销后，及时选举成立干部培训中心党支部。持续加强党风廉政建设，中心研究制定落实全面从严治党实施办法、落实党风廉政建设主体责任和监督责任实施办法等制度，干部培训中心领导与各处室负责人签订落实党风廉政建设责任承诺书，与每个党员签订履职尽责承诺书，把全面从严治党要求落实到每名党员。按照署党组统一安排，配合中央专项巡视、审计署党组内部巡视，建立台账，逐项整改巡视反馈的问题，按照时限全部完成整改任务。

队伍建设 持续优化干部队伍结构，派出5名干部在办公厅、派出局、教育学院等单位进行交流，增加多岗位经历；派出多名干部参加审计项目，增加审计知识；招聘3名新闻类专业的硕士应届毕业生，宣传专业能力建设。结合职能调整，完善、细化工作程序和工作制度，分门别类制定工作流程和标准，尽快适应新的工作任务。

贯彻落实《审计署关于推进直属事业单位改革的几点意见》，起草制订实施方案及5项配套制度，促进目标责任制、岗位聘任制、业绩考核制、绩效工资制和双向交流制的建立和施行。

（撰稿人：韩　磊）

【审计署计算机技术中心】　2016年，审计署计算机技术中心人员编制50人，实有27人。设有办公室、网络管理处、系统运行处、信息系统审计处、数据管理处、安全保密处、国家审计仿真实验室、标准化处。主要职责是：组织协调、指导管理、监督审计系统的信息化建设；履行金审工程的立项和开工建设程序；具体组织和协调项目实施工作，负责项目资金使用审批；组织编制计算机审计规范和技术标准；组织开发与推广应用审计软件和管理软件；为署机关提供计算机技术服务，配合业务司、派出审计局开展计算机审计和辅助审计业务；管理、维护审计署的内部网络、因特网站和计算机设备，协调指导审计系统的计算机系统管理维护工作；组织计算机培训和考试。

领导成员

主　任：杨蕴毅

副主任：杨　莉　陈丽华

金审工程　按照国家电子政务工程"十二五"规划和署领导指示精神，金审工程三期项目申报工作顺利完成。8月1日，国家发改委发出《关于金审工程三期项目（中央投资部分）初步设计方案和投资概算的批复》，批复项目投资41072万元。其后按照金审工程三期建设规划和相关建设制度，完成工程招标公司的选择、总集成商招标书的编写并发布招标公告，以及急需的计算、存储、网络和安全设备的采购。

数据分析支持保障　计算机技术中心为满足审计中"运用大数据技术，推动组织模式创新，实现跨专业跨领域的数据融合"的要求，为大数据环境下审计数据的综合分析提供技术支持和技术保障。配备服务器、存储阵列96台套，有效容量853T，为电子数据审计司开展数据报送和分析工作提供硬件支持。建设数据分析局域网，规划设计异地数据分析网络，以审计干部教育学院为试点，组建300M广域网络，搭建远程数据分析环境，开展数据分析测试。

配合电子数据审计司及相关司局，完成对财政、税务、金融、企业、工商、社保等多个领域、多个行业审计电子数据的归集，通过数据转换工具、数据处理脚本等多种数据处理手段，对Oracle、SQL server、DB2、Mysql、Sybase、Excel、TXT等异构格式近510TB的数据进行接收、恢复、迁移转换和清洗，形成统一管理的面向多种审计应用的数据库，分析环境，解决了数据来源复杂造成的数据格式不同、数据库版本不同、数据标准规范不统一的难题。

计算机技术中心配合软件开发人员构建虚拟化云平台系统，经过6次系统升级，配合部署62个虚拟服务器，测试超过300个功能点，解决应用问题35个，协助完成18个功能以及性能改进，有效地满足审计署特派办利用数据分析网远程上报数据、远程进行数据分析的需求。

审计项目支持　参与审计项目，推动计算机技术在审计中的应用。计算机技术中心对城镇保障性安居工程跟踪审计、中央部门预算执行等情况审计等7个审计项目提供技术支持，为6个审计项目部署计算机审计分析环境。根据32张审计报表的需求，制作审计数据采集模板7套，组织编写12种校验关系模型480个，保证数据采集模板中数据逻辑关系的正确性和可用性。组织编写280个数据分析模型，使用测试数据对审计报告数据分析模型的准确性和可用性进行测试，确保审计报告所用数据的准确性。派员参加元阳县扶贫跟踪审计项目、丰宁县扶贫改革政策跟踪审计项目以及科技部2016年度预算执行审计项目的现场审计工作。

配合财政审计司、税收征管审计司和派出局，开展中央部门预算执行联网审计系统进行部署与应用，提供2016年度预算执行审计工作的数据采集和转换支持。

计算机审计技术支持　对各业务司和派出局使用AO、联网审计系统进行技术支持，署机关迁入新址后，对联网审计系统拨号回传模式重新配置，使之及时正常工作。全年为署机关业务司、派出局、特派办采集转换AO数据账套364个。

管理金审工程服务组，支持地方审计机关和特派办AO和OA的应用。金审工程服务组全年解决各类问题5744个，其中OA问题4529个、AO问题412个、其他问题803个，提供现场服务3196次。完成金审工程服务网站统一整合。

应用系统运行维护 保障署机关审计专网和审计内网服务器设备和终端计算机设备正常运行。坚持日常监控和巡检制度，定期对办公楼内5个机房以及服务器、存储和空调等设备，怀柔同城备份机房，长沙异地备份机房进行网上巡检或现场巡视，第一时间发现和处理问题。全年未出现大的运行事故。结合新办公楼的实际情况，修订《计算机事务紧急情况处置预案》《审计内网机房管理办法》。

保障审计署审计专网OA、审计内网OA及各个应用系统的正常运行，负责两套OA约1500用户、两套即时通讯软件RTX约5000用户的增删改维护操作，维护各司局部门文书、计划和统计管理员、档案管理员权限。保障交换中心、联网审计、远程站等子系统的正常运行，为相关应用提供支持。对宏观经济信息等资讯软件的数据自动加载更新进行监控，定期向各省级审计机关和各特派办发送更新数据包、升级包。

署机关迁入新址后，对连接18个特派办审计内网的网络设备和安全设备进行排查，对CA认证网关和OA应用系统进行调整优化，并组织各特派办计算机处进行反复调试优化和多轮测试，测试数据表明，登录速度、公文流转页面响应速度均有显著的提高，年底对硬件进行升级，提高系统运行稳定性。

协助18个特派办服务器和应用系统的远程巡检和运维工作，紧急处理特派办OA服务器宕机15次，减轻各特派办计算机审计处的运维压力。负责西藏自治区审计厅信息系统的远程运行维护工作，包括每周定期检查西藏自治区审计厅OA运行、数据库备份情况，及时清理数据库磁盘空间，保障系统正常工作。

定期进行系统灾备及应急演练。每月对怀柔和长沙两个备份中心备份数据进行一次数据验证，定期对署机关和特派办UWS系统保护盾进行巡检和应急恢复演练，全年共形成灾备检查月报12份、巡检报告12份和应急演练报告3份。

完成2016年度硬件设备和软件服务的续保，合同金额共计700余万元；组织实施550台套服务器、存储、安全设备的日常保修管理。承担终端设备的维修维护，全年制发迷彩U锁501只，维护迷彩U锁719人次；维修维护计算机打印机2560台次。

应用系统安全 保障审计署局域网、审计广域网和各接入网的正常运行，全年没有发生重大安全事件。协调组织委托国家信息安全工程技术研究中心对因特网接入网进行攻击测试，并根据测试情况进行安全整改。维护一、二级瑞星反病毒管理中心，保证其正常运行；支持、监督、指导特派办、省级审计机关二级瑞星反病毒管理中心运行维护工作。完成WindowsXP系统补丁测试、分发。

根据公安部关于开展国家级重要信息系统和重点网站安全执法相关工作的要求，组织实施审计署重要信息系统和政府网站安全自查，接受公安部的现场检查。根据信息系统分级保护管理有关规定，组织实施审计署涉密网分级保护风险评估工作，接受保密测评中心的现场测评。

完成重要节点信息系统安保工作，定期开展网站系统灾备应急恢复演练；按照工作计划对网站进行渗透扫描。在G20峰会期间，开展针对门户网站的应急演练工作，实行领导带班的7×24小时值班制度，对门户网站系统的运行状态进行严密监测，做好监测记录，全方位加强网络安全保障工作。

应用系统研发 完成移动审计支撑系统（安全客户端系统）的开发，组织内部测试，对软件安装操作界面和流程进行反复优化，达到一键式安装的效果。向公安部三所提交软件安全测评，针对测评意见进行修改完善。完成审计项目管理APP软件改造，在外资项目、扶贫项目等署统一组织大项目中得到使用。完成地方财政收支项目中审计分析模型、接口开发和数据维护工具改造等任务，通过项目第三方测试和软件安全评估。对联网审计系统进行完善，优化预算执行数据处理程序及部分数据库表结构，数据加载和数据访问速度得到明显提高。按照法规司要求，完成审计移送统计分析系统的建设工作，正式上线运行，署机关各业务司、各派出局、各特派办分别通过该系统完成本单位审计移送事项的上报工作。按照培训中心要求，完成审计干部培训信息管理系统的建设工作，系统正式上线运行。审计数字博物馆项目进行项目预验收，开始部署试用。继续组织相关单位完善全国企业投资关系可视化分析工具，在各业务司、派出局、特派办授权人员中使用1.5万余次。继续开展审计对象相关信息搜索工具的小范围试用。

计算机培训　结合近年来的审计需求以及与中级班学员座谈的反馈，厘清中级及数据分析师课程的统一关系，并以突出审计实用性，为审计大数据分析服务为宗旨，修订、发布《计算机审计中级培训大纲2016版》，完成系列中级培训教材的改版工作。举办第四期审计数据分析师高级培训，培训学员39人。组织计算机审计中级培训班三期，培训学员310人；全年共组织计算机审计中级水平考试四次，783人参加考试，304人通过，获得计算机审计中级培训考试合格证书。组织神州通用数据库培训师资设计符合审计人员特点的教学大纲、教学安排，在审计干部教育学院举办审计数据分析能力提高——国产数据库培训班，历时5天，培训学员40人。

信息化科研　继续紧密结合审计实践，推动组织模式创新，开展跨专业跨领域的数据融合，探索以数字化审计作业平台和数字化指挥系统为业务支撑的国家审计云，初步完成一批有代表性的计算机审计工具，体现仿真实验前沿技术研究与审计实践相结合的特色。

按照国务院关于加强审计工作的意见精神及审计署的安排，对《信息系统审计指南》进行修订，经审计署法规司审核及相应的修改完善，4月底国家审计指南专家委员会召开会议，采取记名票决方式通过指南，确定指南按照评审意见做适当修改后按规定程序发布。至7月1日已形成修改稿，提交国家审计指南专家委员会办公室（法规司）进行书面审核。

成功申报北京市自然科学基金依托单位，至此计算机技术中心已经成为国家级、省级两级自然科学基金的依托单位，初步形成较为完整的自然基金申报平台。合作申报的北京市社科基金获得批准，国家自然科学基金重大研究计划的培育项目正式启动，获得“国家自然科学基金委员会—广东省政府联合基金超级计算科学应用研究专项”的滚动支持。

以利用前沿技术为审计建议提供决策支持的应用成果，获得2016年“天河之星”天河二号优秀应用成果奖。

对外合作交流　审计署计算机技术中心是“审计数据采集”国际标准（ISO/PC 295）项目委员会秘书处及ISO/PC 295对口单位。牵头制订工作计划，主动与各国沟通，协调各国立场，与国家标准委协调，集中国内力量研究标准制定，保障项目按进度开展。2月，ISO/PC 295工作组第一次会议召开，其后组织召开15次国际的ISO/PC 295工作组会议、若干次国内专家组会议。5月，中美进行为期一周的双边沟通，而后在南京召开有来自中国、美国、俄罗斯、加拿大、日本等9个国家和1个国际组织的专家参加的会议，确立工作组每两周沟通一次的工作机制，并对标准的框架结构形成初步共识。至10月，秘书处组织多次工作组会议，就中美双方标准的异同、草案应包含的内容、起草方案工作等重要内容进行讨论。在中方协商引导下，草案主体内容基本达成一致，中美双方牵头起草形成工作草案第一稿。11月，在纽约开展的中美双边会议及ISO/PC 295第十三次工作组会议上，基本解决了草案主体内容的争议，进入草案第二稿起草阶段。

参与计算机审计国际交流活动，介绍中国计算机审计的现状和发展趋势，扩大中国审计信息化建设的国际影响。10月，以《中国计算机审计技术发展及其在大数据时代的展望》为题，向越南访华代表团做情况介绍；11月，派员参加中国审计署赴泰国交流代表团，分别以《金审工程规划建设方法》《中国典型计算机审计软件技术》为题做情况介绍；12月以《中国审计实践中计算机审计技术的应用及其展望》为题，向蒙古访华代表团做情况介绍。

新办公楼搬迁　3月审计署机关由北露园1号搬迁至金中都南街17号，计算中心机房设备及应用系统也相应全部搬迁。搬迁时，计算机技术中心全体员工、各集成厂商工程师统一听从指挥、各尽其责、相互配合，组织有力，部署严密，按照事先制订的迁移方案实施。为保障审计业务工作不受影响，搬迁工作都安排在晚上和周末分批次进行，并在搬迁前提前通知使用数据的司局及相关审计人员。设备搬迁采用专车专人负责押运，保证电子数据的安全性。机房搬迁工作做到设备、资产无一丢失、无一破损；电子数据无一损失，存储系统提前使用；应用系统提前恢复、审计署官网秒级切换；互联网接入网提前三天开通；审计专网、内网比原计划提前一天投入使用。取得审计署领导、审计人员均满意的效果，也得到部委信息中心同行的好评。（撰稿人：曹洪泽）

【中共审计署党校、审计署审计干部教育学院】 2016年，中共审计署党校（以下简称署党校）、审计署审计干部教育学院（以下简称教育学院）人员编制25人，实有11人（截至年底，不包括12名交流干部）。设有综合事务部、教务部、教研部、信息化部、考试部。

领导成员

署 党 校：

校　　长：刘家义

第一副校长：李晓钟

常务副校长：彭华彰

教育学院：

院　　长：刘家义（—9月）

彭华彰（9月—）

副 院 长：彭华彰（主持工作，—9月）

王晓峥　曹　山（6月—）

工作综述 教育学院成立于2011年8月，是审计署为加强国家审计人员的教育培训，培养和造就高素质职业化队伍而主办的培训机构。2015年12月，经中编办批复，教育学院加挂中共审计署党校牌子，署党校和教育学院共享一切资源。2016年12月，署党校、教育学院全面承担审计署教育培训任务，成为审计署唯一的教育培训机构，培训类型涵盖党性教育、审计业务、计算机应用和国际培训等多个领域，同时承担全国审计专业技术资格考试等职责。

落实全面从严治党主体责任 署党校、教育学院充分发挥党总支的政治引领作用，坚持以党建工作统领各项工作，把党建工作和教育培训工作一起部署、一起落实、一起检查、一起考核，推进党校和教育培训事业稳步发展。

强化责任担当，推动责任落实。党总支切实履行全面从严治党主体责任，党总支书记履行第一责任人职责，班子成员增强“一岗双责”意识，履行分管范围内的责任。组织党员承诺践诺活动，全体党员向党总支签署《履职尽责承诺书》，层层传导压力。2016年，党总支组织专题学习9次、专题讨论4次、专题党课8次，切实增强党总支委员、党支部（含临时党支部）书记和委员以及培训班党建联系人的主体责任意识，加强对全体党员干部的教育引导，形成全面从严治党的良好氛围。

规范组织生活，加强组织建设。一是落实“三会一课”、民主生活会和组织生活会、谈心谈话、民主评议党员、领导干部请示报告等制度。创新组织生活形式，丰富组织生活内容，提高组织生活质量，增强党内政治生活的政治性、时代性、原则性、战斗性。加强党支部建设，尤其是抓好临时党支部建设，充分发挥基层党组织的战斗堡垒作用，推动中央精神在广大学员中“落地生根”，推动审计署党组各项决策部署迅速贯彻落实。2016年，署党校、教育学院共成立23个培训班临时党支部。党总支多次组织临时党支部座谈，对培训班党建工作给予指导和帮助，全面推进培训班党建工作。

严格执纪问责，推进党风廉政建设。健全完善廉政责任体系，强化内部监督，加强风险防控，持续开展反腐倡廉工作，做好正面宣传和警示教育；支持和配合审计署党组派驻纪检组长切实履行监督职责，发挥党总支和党支部纪检委员的监督作用，进一步用好监督执纪“四种形态”，切实加强批评和自我批评，让“咬耳扯袖”“红脸出汗”成为常态。

坚持制度治党，构建党建工作长效机制。结合署党校、教育学院党总支工作实际，不断强化党员干部特别是党员领导干部依规治党的理念，推动党章和其他党内法规有效落实。制定完善署党校管理办法、党总支工作规则、党总支落实全面从严治党实施办法、临时党支部建设办法等党建工作制度办法。

开展党校和教育培训工作 2016年，署党校、教育学院共举办培训班36期，培训学员4267人次、11.02万人/天，其中署党校举办培训班12期，培训学员2093人次、1.82万人/天。此外，承办由署国际司、培训中心等单位举办的培训班、会议共25期（次），培训学员（参会人员）约

2000人次、1.8万人/天。

坚持党校姓党，推进党校工作。严守党的政治纪律和政治规矩，一切教学、教研和办学活动都坚持党性原则、遵循党的政治路线；注重理论联系实际，深入开展调查研究，弘扬求真务实、民主讨论、创新进取等优良风气；不断总结经验，探索和把握党校教育规律、干部成长规律，着力提高党校办学水平；建立健全党校管理制度，加强校风学风建设，对学员严格要求、严格管理、严格教育。注重完善教学布局，突出党的理论教育和党性教育的主课地位；不断强化党的理论教育，提高党员干部分析和解决实际问题的能力；深入进行党性教育，引导党员干部自觉净化思想灵魂，认真践行“三严三实”要求，保持共产党人的政治本色；扎实开展党章党规党纪教育，推动学员把党章作为加强党性修养的根本遵循，自觉用党规党纪规范言行。2016年，成功举办7期党员干部专题培训班暨“两学一做”示范教育班、3期学习贯彻党的十八届六中全会精神专题培训班和中央党校中央国家机关分校2016年秋季学期署党校处级干部进修班。

注重教学质量，深化教育培训。坚持审计职业教育与国民教育深度融合发展的理念，落实年度培训项目计划，高质量完成各项培训工作任务；不断总结基础班、提高班、研讨班教学规律，提高业务类培训班的层次和水平；深化案例教学，推广模拟实验教学，发展网络培训，完善“以审代训、审训结合”等培训方式，打造高端培训品牌，切实提高培训成效。2016年，署党校、教育学院举办“学术大讲堂”活动7期，邀请知名专家为广大学员解析时政热点、传播主流文化。

充实培训内容，完善课程体系，推进课程库建设。统筹安排理论武装、法纪观念、作风建设和业务能力四项培训内容，努力实现“四个提升”，即使学员的党性修养、法纪意识、作风水平和审计能力得到全面提升。推进课程体系建设，着力完善课程库。采取集体备课、理论研讨、公开试讲等方式，改进完善已有班次的课程设计，系统设计新开设班次的课程安排；重点开发教学案例、模拟实验课程，优化专业基础班、提高班的课程体系；开设政治理论、政策法规、科学人文素养、公文写作、文艺体育等公共课程，研究开发公共课程体系。

强化教学管理，培育优良学风。探索教研教务岗位制管理，划分工作岗位，明确岗位职责，梳理规范流程，实现培训信息共享，降低沟通成本，提高工作效率；深化考试管理、评估管理、教师考评管理等工作，制定教学质量考核与激励办法、考试工作管理办法等，充分发挥激励作用，调动各方面积极性，确保教学质量；修订完善学员管理手册、教学管理手册，狠抓班风学风教风建设；加强教学档案管理，提高教务管理标准化水平。

推进师资库建设，特别是加强核心师资团队的建设；不断加大教研力度，推进案例库和教材建设；创新评估形式，切实加强教学评估，加大评估结果的运用，不断提升培训成效。

推进校（院）内部管理工作　坚持民主集中制原则，加强班子建设。署党校、教育学院始终坚持和完善集体领导和个人分工负责相结合，保证决策的科学化和民主化。凡属校（院）重大问题，都按照集体领导、民主集中、个别酝酿、会议决定的原则，由校（院）长办公会议或党总支委员会会议集体讨论做出决定。2016年，先后召开校（院）长办公会议23次、党总支委员会会议26次。署党校、教育学院领导班子成员根据分工，切实履行职责，参与集体决策，认真执行集体做出的各项决定，相互支持、相互补台，形成合力。

健全制度体系，实现规范化管理。健全完善制度体系。结合教育培训、综合管理、党建和队伍建设等工作，按照科学、务实、简便、管用的原则，制定和修订完善各项制度办法。逐步建立一套完备的制度体系，确保各项工作有章可循、有据可依，提高管理的科学化水平。2016年，共制定出台19项制度，包括署党校、教育学院预算和财务管理办法等。加大制度执行力度，坚持以制度管权、管事、管人，提升各项工作的规范化水平，增强干部职工法治观念和程序意识。建立科学的办事流程，提高办事效率。

加强队伍建设，打造过硬团队。坚持民主集中制原则，加强校（院）、部门两级班子建设。加强专兼职队伍建设，公开招录一批适应署党校、教育学院工作要求的人才上岗入职，争取审计署机关和派出机构的优秀干部前来交流挂职，量才适用、人尽其才。加强对干部职工的日常培训，着力提升党员干部的理论素养、党性修养和业务能力，践行“三严三实”要求，持续改进干部队伍作风。

加强信息化建设，打造“数字化”学院。统筹安排、精心部署，全面推进信息化建设各项工作。完善校（院）信息化发展规划，通过信息化建设优化资源配置，提高工作效率；依托审计署计算机中心和中国时代经济出版社，充分整合资源，建设审计专业技术资格考试系统和校（院）教务管理系统；扎实推进校（院）信息安全建设，夯实信息安全基础；推进网络培训和审计模拟实验室建设，加强审计模拟实验室推广应用；承接好审计署计算机审计中级培训和审计数据分析师高级培训工作，确保培训质量不下降。

优化发展环境　与南京审计大学深入合作，进一步完善深化合作领导小组联席会议机制，2016年召开多次协调会议，研究深度合作的系列问题；双方签订教学和后勤管理委托协议，理顺合作机制，规范运行管理，为教学中心工作提供保障；加强沟通协调，积极推动“三证办理”、资产移交等事项的收尾工作；切实加强理论研究、教学管理、课程开发、师资培养等方面的合作，为探索审计职业教育与国民教育深度融合发展开拓思路、发展共赢。

与署机关各单位、各派出审计局、各特派员办事处和各直属单位及地方审计机关密切合作，争取各单位在课程设计、案例开发、培训教学、预算编制、财务管理、人员招聘、党务工作、后勤服务、信息化建设等方面对署党校、教育学院的大力支持。

与各级党校、行政学院、审计专业硕士培养院校、其他高校和科研院所积极合作，拓宽课程、师资等教学资源的来源渠道，学习先进的办学思路和经验。

（撰稿人：丁传栋）

【审计博物馆】　2016年，审计博物馆人员编制10人，在编2人，聘用人员11人。设有综合管理部、展陈部。审计署博物馆的宗旨和任务是：收藏审计历史文物、文献和史料，展示中国审计三千多年的发展脉络，普及审计知识，传播审计文化，增强社会民主法治意识，开展爱国主义教育、反腐倡廉教育、中华传统文化教育，服务审计史研究、审计理论研究、审计文化研究。

领导成员

副馆长：鹿云飞、华海峰

专题展览　为纪念中国共产党成立95周年，铭记中国共产党在革命战争年代创建和领导审计事业的发展历程，宣传早期共产党审计人物的光辉形象，传承审计优良传统和革命精神，审计博物馆首次运用研究成果举办专题展览。审计博物馆请有关专家对搜集整理的100多篇新中国成立前我党审计工作领导人的生平事迹进行审查、修订，开设了“红色审计　薪火相传”专题展览。该展览在审计署办公厅、机关党委的配合下，同时在审计署新办公楼大厅展出，审计署官方网站和微信公众号陆续推送专题展览的内容。举办“铭记——全国地方审计机关初建时期实物展”，该展览以地方审计机关为主题，展出近年来审计博物馆组织文物联络员专项征集的成果，生动再现审计机关组建初期“筚路蓝缕，以启山林”的审计创业图。为优化展览效果，审计博物馆还制定统一的讲解服务标准，细化参观接待流程，同时制定员工文明守则和投诉处理制度，善待每一位前来参观的观众。

藏品征集　继续多渠道广泛征集审计藏品，统一组织全国地方审计机关开展内部审计和社会审计实物征集，共征集到实物969件。与中国内部审计协会合作，向有关中央单位内部审计机构开展实物征集，国家税务总局督察内审司和中国太平洋保险集团公司审计中心移交有关实物和电子文档，委托南京审计大学搜集有关原南京审计学院的相关实物。审计博物馆主动向相关单位或个人征集到34批次共552件藏品。

博物馆建设　对展陈内容进行补充和完善，进一步优化展陈布局，形成一层古代审计、二层近代审计、三层新中国审计、地下一层临时展览的展陈格局，使展陈体系更加科学，展陈内容更为丰富。有序开展审计数字博物馆建设，经过半年的调研分析、系统设计、系统测试和安装调试，审计数字博物馆管理系统已正式验收并上线运行。采用全景技术和三维建模两种方式建设的虚拟博物馆，已经具备加载于审计专网试运行的条件。

博物馆业务培训 强化队伍建设提升能力素质。博物馆坚持围绕主业，有计划有步骤安排人员参加第七届中国博物馆及相关产品与技术博览会、江苏省文物局组织的博物馆行业研讨会，组织前往中国第二历史档案馆、北京大学历史系等单位进行调研，前往国家博物馆、中国革命军事博物馆等单位参观学习并收集长征期间的财经审计工作文献、图片，邀请博物馆行业的专家为干部职工开展业务培训。

党建工作 学习党的十八届六中全会精神，扎实推进“两学一做”学习教育，党支部书记、纪检委员分别参加审计署党校组织的“两学一做”示范班，党员和入党积极分子深入学习党章、党内法规。开展理想信念教育，学习杨善洲等先进典型事迹，创新学习教育形式，与中铁大桥局在沪通铁路大桥施工现场开展主题联学。加强党纪教育，原原本本学习《关于新形势下党内政治生活的若干准则》《中国共产党党内监督条例》《中国共产党廉洁自律准则》等，开展专题研讨，落实全面从严治党主体责任和监督责任；审计博物馆主要领导与党员干部签订落实党风廉政建设责任承诺书、与普通职工签订廉政承诺书，明确在开展业务工作中必须严格执行各项廉政规定，不碰红线。把党的建设抓紧、抓牢、抓实、抓严，坚持把党建工作与业务工作同研究、同规划、同布置、同检查、同考核、同问责；认真执行“三会一课”制度，党支部书记给全体干部职工上党课，每月至少召开一次党支部会议。针对审计署第三巡视组发现的问题，审计博物馆及时与审计署办公厅、机关党委、南京特派办机关党委沟通协调，了解相关政策；还邀请南京特派办纪检组长、财务主管人员到南通，共同分析研究巡视发现的问题，制订有关整改方案；审计博物馆党支部牵头，逐一明确整改措施、整改时限，责任到人，年内按时完成整改并形成长效机制。

内部管理 学习贯彻领导班子和干部队伍建设专题研讨班精神，深刻理解“没有昨天的严，就没有今天的审计队伍；没有今天的审计队伍，就没有明天的审计事业”的深刻内涵，强化队伍建设。坚持民主集中制原则，对重大事项，坚持集体领导、民主集中、个别酝酿、会议决定，在充分信任尊重的基础上达成共识。加强思想政治工作，凝神聚气，在业务工作和日常管理中听取干部职工意见建议，掌握员工所思所想，加强教育疏导，调动干部职工工作积极性，营造和谐向上的工作氛围。对审计博物馆规章制度进行梳理、修订、完善，形成45项管理制度，责任细化到每个具体岗位、逐层落实到每个人；对财务制度的修订厘清日常资金的支付方式，完善现金支付制度，减少现金支出。根据社会治安综合治理的有关要求，博物馆严格保安、消防值班和安全设施巡查制度，切实加强安全防范。组织志愿者活动和“小小讲解员”活动，丰富审计博物馆的讲解方式。（撰稿人：汤　菁）

【国外贷援款项目审计服务中心】 2016年，国外贷援款项目审计服务中心（以下简称贷援款审计中心）人员编制20人，实有14人。设有综合管理部、审计一部、审计二部、审计三部。主要职责是：为中国政府借用和接受的国外贷援款项目提供高质量的审计、咨询、培训等专业服务，防范政府外债风险，促进国外贷援款项目管理。业务范围包括世界银行、亚洲开发银行、联合国开发计划署等国际组织和日本、意大利、英国等外国政府在华贷款和援助项目的审计、咨询和培训等业务。

领导成员

主　　任：李凤雏（兼）

副 主 任：辛　风（—11月）

　　　　　刘　瑛（11月—）

审计成果 2016年，贷援款审计中心完成国外贷援款项目37个，发现虚报冒领、资金滞留闲置、合同管理和会计核算不规范等问题20个，涉及金额1.01亿元。移送司法机关、纪检监察机关和有关部门处理事项2件。出具审计报告52篇，其中贷援款审计中心自审项目审计报告37篇，外资运用审计司和各特派办送交贷援款审计中心复核后出具的审计报告15篇。编发审计简报2篇。提出审计建议20条。出具审计建议函1份。

国外贷援款项目审计 贷援款审计中心对中央各部委管理和执行的37个国外贷援款项目进行公证审计，在审计过程中以促进优化利用外资结构，提高利用外资综合质量为目标，坚持“强化监督、严格执法、提高质量、内外合一、如实披露”的原则，落实“外资进来就是内资，外资内资一起审”的外资审计工作要求，按照世界银行、亚洲开发银行、全球环境基金等国际组织要求，依据中国国家审计准则和国际审计准则，探索依法审计与报表鉴证、对内监督与对外公证的有机结合，全面履行审计监督、公证和评价职能。为充分发挥审计监督作用，促进国外贷援款项目审计发现问题整改落实，向社会公告 51 个利用国外贷援款项目 2015 年度财务收支和项目执行情况的审计结果，引起社会公众、国外贷援款方的高度关注，有效促进审计发现问题整改落实。

其他审计项目 在完成贷援款审计工作任务的同时，服从统一安排，服务审计工作大局，先后派出 21 人次参加署统一组织实施的项目审计；10 人次参加署经济责任审计司组织的审计厅（局）长和特派员经济责任审计；派出 11 人配合外资运用审计司开展 2016 年国外贷援款项目审计质量检查和调研工作。

理论研究 贷援款审计中心开展“国外贷援款项目财务报表审计技术方法”课题研究，参与编写《外资审计读本》。参加署重大课题研究，完成“发挥审计促进国家重大决策部署落实的保障作用研究”课题研究任务，参与全国社会科学基金重点课题“编制自然资源资产负债表与生态环境损害责任终身追究制研究”，负责部分章节的撰写工作。通过开展理论研究，及时总结审计实践中好的做法经验，提高审计人员理论水平，拓宽审计人员思路和视野，为今后更好地开展国外贷援款项目审计工作提供科学指导。

审计管理创新 在外资运用审计司的支持协调下，抽调 17 名地方审计机关外资审计人员参加国外贷援款项目审计工作，将外资中心人员与抽调人员统一编组、统一管理，相互之间取长补短，提高审计工作效率，同时地方审计人员也获得宝贵的经验。项目审计时，对于执行单位为一家的项目，贷援款审计中心实行通过统一发出审计通知书、统一组织审计力量、统一审计工作进度、统一审计重点、统一反映审计成果的“五统一”审计组织方式，集中审计资源，抓住重点环节和重要事项，加大对共性问题的查处力度，取得较好的成效。

信息化建设 通过信息化手段创新审计技术方法，提升审计工作效率，审计过程中充分利用自主开发的审计项目管理系统和审计指挥中心，将两个系统之间信息共享，实现从审计计划管理到审计档案归档各环节的全过程全方位信息化管理，大幅提升工作效率。年内对审计项目管理系统进行升级完善，在原有功能的基础上，对报告复核流程、待办事项等功能进行优化，提高效率，操控更人性化。

内部管理 结合国外贷援款审计工作实际，组织对《制度汇编》（2012 版）进行修订，将原有的 25 项制度修订整合为项目管理、绩效考核、人事管理、财务资产管理、安全保密、党建工作 6 项综合制度，使工作目标更加清晰，内容更加充实，适用性和操作性更强，便于干部职工对照执行。贷援款审计中心与外资运用审计司共同研究制定《关于坚持民主集中制原则发扬党内民主和保障党员权利的实施意见》和《党支部工作规则》，明确领导班子成员、各处室负责人和支部委员的廉政风险防控责任，以及审计组临时党支部、审计组组长、审计组主审在党风廉政建设方面应承担的职责。加强人才培养，贷援款审计中心选派 9 人分别参加世界银行、国际农发基金和审计署组织的业务培训，1 人按照“跟班学习、参与管理”的要求参加外资审计人员工程投资审计基础班培训。选派 1 人担任国际标准化组织审计数据采集项目委员会秘书，并在第一次全体会议上被推选为审计数据采集工作组召集人。

（撰稿人：马　勇）

【中国审计报社】 2016 年，中国审计报社人员编制 30 人，实有 29 人。设有办公室、总编室、新闻部、专刊部、技术信息部、记者部、财务部、发行部、广告部。主要职责是：宣传党中央、国务院关于审计工作的指示精神，和国家的财经政策和审计法规；宣传审计署的重大决策和工作部署，深入报道国家审计在推动完善国家治理中发挥的重大作用，不断增强审计的社会影响力；报道审计工作动态，传播、交流审计工作经验，介绍先进的审计理论与方法，推动各级审计机关和内审机构的信息交流和能力建设；披露审计典型案件，分析解读审计中发现的国家经济社会运行中的重点、难点和热点问题；宣传审计优秀典型，弘扬审计精神，推进审计文化建设。

领导成员

副 社 长：黄　峥（主持工作）
　　　　　孔凡青　赵　萍（9月—）
　　　　　赵晓强
副总编辑：赵晓强（兼）
纪检组长：武晓晨（—9月）

工作综述　2016年，中国审计报社在审计署党组的正确领导下，认真学习宣传贯彻党的十八大和十八届三中、四中、五中、六中全会精神、习近平总书记系列重要讲话精神和治国理政新理念新思想新战略，扎实开展“两学一做”学习教育，落实全面从严治党主体责任，围绕审计中心工作，忠诚履行审计宣传职责，加强审计新闻宣传队伍建设，着力推进审计宣传工作提质增效。

审计宣传　报社着力于做好党中央、国务院以及审计署重要政策方针的宣传。对全国“两会”、审计署贯彻党的十八届六中全会精神等重要活动进行报道，完成审计长向人大做工作报告、中央巡视组进驻审计署开展专项巡视等采访报道任务90多次。开辟《学习贯彻党的十八届六中全会精神》《践行“两学一做”》《“两学一做”大家谈》等栏目，对各级审计机关贯彻学习践行的做法进行详细报道，共刊登消息80余篇、评论40余篇。

做好重点审计工作推进实施情况的报道，开设《努力实现审计监督全覆盖》《探索自然资源资产审计》等栏目，搭建宣传审计成果、促进审计经验交流的平台。派出记者赴陕西安康和山东胶州进行调研采访，撰写大型通讯，对实行全覆盖和推进自然资源资产离任审计的推进情况、典型经验、取得的成效等进行宣传；在头版头条刊登《徐州市审计局在投资审计创新使用BIM技术实现远程实时审计》等文章，对基层审计机关审计创新进行挖掘、介绍、宣传。

做好精准扶贫、精准脱贫的报道，为打响脱贫攻坚战全面建成小康社会讲好审计故事。刊登《海南省要求支持贫困县统筹整合使用财政涉农资金》《采纳审计建议　优化扶贫模式　单县制定财政专项扶贫资金管理办法》等省级和市县级审计机关的消息报道50余篇，宣传审计工作服务精准扶贫脱贫发挥的职能作用；与办公厅、机关党委联合在一版开设“扶贫·审计在行动”专栏，重点报道审计署在审计扶贫和扶贫审计等方面的成效。在一版和三版刊登审计机关扶贫工作纪实，对审计署和各地审计机关的扶贫工作开展情况、先进典型人物事迹成效进行报道，刊登《二道河子村的“老于头”——第一书记下乡记》等人物通讯近50篇。

提升报纸质量　深入基层，提高新闻报道吸引力、感染力。以《人物》栏目报道为载体，以整版形式，多角度多层面展现审计人员风采，从不同视角记录审计人员工作生活状态。加强与审计科研所、中国审计学会、北京大学、南京审计大学等科研院所和高等院校的联系，建立审计宣传专家库；在学习周刊版与南京审计大学合作新开设《新视野》栏目，财经周刊版开设《学者声音》《经济观察》等栏目，围绕经济社会热点问题，刊登专家学者的观点，特别是在全国两会、审计长向全国人大作审计工作报告等时段，发出本报声音，提高报道的权威性。及时调整版面，增设《热点追踪》《内审时评》《对话》《海外资讯》等栏目。打造精品栏目，讲好审计故事，在周末特刊版继续推动审计小小说的创作，用艺术形式讲好中国审计故事，挖掘并吸引大批作者参与创作。持续推进中国审计报全媒体二期工程建设，争取中央财政文化发展专项资金500万元，用于报社审计移动传播服务平台项目的建设，提升审计资讯发布和信息服务的现代化水平，适应媒体融合发展方式。

报纸发行　同时面向国家审计机关、内部审计机构拓展发行。中国审计报社与中国时代经济出版社联合召开南北片两个通联（通讯员、联络员）宣传工作会议、审计文化书屋建设工作座谈会，强化审计机关和审计人员的宣传意识，在全国范围内提升《中国审计报》的影响力，扩大报纸发行数量。同时致力于在国有企业、金融机构等的内部审计部门扩大联系面，开拓发行市场。此外，还向每位审计署特约审计员、中国审计学会系统外常务理事赠送一份《中国审计报》。通过努力，2017年报纸订阅量达到13.6万份。

党建工作　以“两学一做”学习教育活动为统领，狠抓党建工作，落实全面从严治党主体责任。夯实常态化的学习机制，包括讲党课、开展座谈、摘抄党章、制作展板、学习讨论等。创新学习方法，建立党支部工作微信群，将党的知识、相关制度要求、支部工作动态等及时推送给全体党员，便于随时随地学习，及时交流心得；组织党员参观“双清别墅”教育基地，重温入党誓词，接受革命传统教育；组织召开报社青年专题座谈会，联合署办公厅和宣传中心，以“两学一做”为主题开展演讲活动，与西安特派办在北京的中船审计组临时党支部开展主题联学活动。根据中央第二巡视组专项巡视、审计署党组内部巡视反馈的问题，建立整改台账，除需要持续整改的问题外，其他问题均已按时整改完毕。

队伍建设 强化领导班子带队伍谋发展的能力，中国审计报社领导班子通过集体学习、交流研讨、自学等方式，增强履行职责所需的各项能力，增强“四个意识”，坚决贯彻落实署党组的决策部署，切实履行党风廉政建设责任制，坚持民主集中制，凡“三重一大”事项，均由社务会集体研究决定。着力打造敢于担当的中层干部队伍，倡导和鼓励中层管理人员加强专业学习并参加专业技术职务考评，不断提升专业胜任能力；坚持正确的选人用人导向，按照信念坚定、为民服务、勤政务实、敢于担当、清正廉洁的好干部标准和《党政领导干部选拔任用工作条例》以及审计署选拔任用干部的有关规定，选拔聘用两名中层管理人员。着力培养高素质的新闻采编队伍，加强采编人员自采能力，选派编辑深入审计一线采写新闻报道；举办3次专题讲座，邀请审计科研所专家到报社讲课，提升新闻采编人员的审计知识素养。全年与出版社联合举办6期通讯员培训班，共培训通讯员及本报记者500余人次，促进通讯员新闻业务水平的提高。

内部管理 继续坚持和完善编前会制度，固定召开周一、周四例会，保持严格的编务管理不松懈。依靠制度加强作风管理，制定印发《中国审计报社廉政档案管理办法》《中国审计报社兼职纪检监察员工作制度》《中国审计报社关于进一步加强遵守新闻纪律的通知》《中国审计报社礼品礼金登记处理规定》等多项制度规定，进一步完善廉政制度体系。强化信息安全管理，开展软件正版化检查，卸载可能存在隐患的非正版软件；配合审计署保密办对报社涉密人员进行保密审查，对报社重点骨干网络及相关终端设备逐一进行自查。加强人事档案规范化管理，增设人事专职人员，着手完善人事档案，逐条查找缺项进行补充。

（撰稿人：梁明蕙）

【中国时代经济出版社】 2016年，中国时代经济出版社实有员工65人。设有办公室、总编室、财务部、人力资源与行政管理部、《中国审计》编辑部、《中国审计》记者部、图书编辑一部、图书编辑二部、图书编辑三部、外版图书编辑部、数字出版部、大客户部、发行部。

领导成员

社长兼总编辑：董维明

副 社 长：乔晚根

纪检组长：郑云龙

工作综述 2016年，中国时代经济出版社（以下简称出版社）坚持“立足审计，服务经济”的工作定位和“打造优秀专业出版社”的发展方向，开展“两学一做”学习教育，深刻领会党的十八大以来历次中央全会精神特别是党的十八届六中全会精神，落实全面从严治党主体责任。以“二次创业、转型升级”发展目标为引领，充分利用互联网技术及数字出版形式，加强审计知识资源开发建设，构建立体化的审计宣传出版工作新格局。

审计宣传与期刊出版 出版社坚持“党媒姓党”原则，立足《中国审计》杂志宣传主阵地，全力讲好中国审计故事。一是突出政治理论学习的宣传。加大对审计署深入学习贯彻党的十八届六中全会、中央纪委七次全会精神和习近平总书记系列重要讲话精神，以及“两学一做”学习教育成果、加强机关党建等工作的宣传力度，展示审计机关不断增强“四个意识”取得的理论和实践成果。二是继续突出对审计署重大审计活动、重要审计事项、重点审计成果的宣传，同时加大对地方先进审计经验的推介，力求突出主题、把握重点。三是加大对审计署和地方各级审计机关在加强审计干部队伍建设方面的宣传报道力度，尤其是审计机关近年来加强领导班子建设、坚持正确的选人用人导向、完善干部选拔制度和考核工作体系等方面的经验措施。四是突出对审计机关持续推进审计制度改革的宣传，重点加强对审计机关推进审计全覆盖、审计职业化建设、自然资源资产离任审计和审计法治化建设等方面的报道力度。

审计文化建设与图书出版　着力加强以审计图书为核心的图书品牌建设，集合优势资源，不断提高核心竞争力。一是继续与商务印书馆和美国威立公司合作，成功输出《中国特色社会主义审计制度研究》一书的英文版权，使国外读者能够深入地了解中国特色社会主义审计体制是如何丰富和完善社会主义市场经济体制的。二是紧跟审计工作形势要求，出版高品质审计专业图书。密切关注审计理论研究和审计实践创新的最新成果，不断调整图书出版结构，进一步明确以审计专业为核心价值的图书出版发展模式，形成具有鲜明审计特色的图书系列。《创业者的足迹》《国家审计案例故事》等图书具有总结和传承意义，“审计技巧丛书”“行业审计读本丛书”社会效益与经济效益表现良好。三是积极策划、出版审计专业教育方向的教材和辅导用书，主动服务审计职业化建设。

信息化建设与审计知识服务　积极贯彻中央提出的建设“立体多样、融合发展的现代传播体系”的要求，结合审计宣传工作需要，加速数字出版转型升级，推动传统出版与新媒体新技术深度融合。年初，审计数字出版二期项目正式启动，重点提升“平台技术架构、内容管理能力、社内管理信息化能力、书刊编纂业务信息化能力”，推动从技术建设向运营推广工作转变。按照审计署的统一规划，原审计考试网、审计干部网络培训学院网、中国审计数字出版网、中国审计新闻网4个网站在出版社原有数字传媒平台的基础上，整合成中国审计数字在线网，6月28日正式上线。截至12月31日，开通网上文化书屋667家，用户3.65万人，新网站累计访问用户69.31万人次（最高日访问用户2.27万人次），浏览量1497.70万，数据流量61.32TB。相比网站整合之前，新网站的用户活跃度、内容多样性、学习时长等均有较大幅度提升，取得较好的社会效益。

内部管理与队伍建设　着力加强队伍建设，规范经营管理，不断激发企业创新发展的活力。坚持公平公正公开的选人用人机制。坚持以品德能力为核心、经营业绩为导向的队伍建设思路，打造干实事、有作为、敢担当的干部队伍。严格实施员工教育培训计划，员工受训覆盖面达到85%。建立健全各项制度，提升内部管理水平。对涉及全社经营管理的多项规章制度进行梳理、完善，为出版社进一步依法依规开展业务活动提供制度保障。

“两学一做”学习教育　出版社党委在审计署党组的正确领导下，发挥政治核心作用，把学习贯彻党的十八届六中全会精神纳入“两学一做”学习教育重要内容，严格按照中央、审计署党组部署，紧密结合审计宣传出版工作实际和干部队伍特点，严格落实学习教育各项计划，采取多种形式推动学习教育不断深入，取得显著成效。认真学习党章党规，学习习近平总书记系列重要讲话精神，全体党员干部加深对严肃党内政治生活、严明纪律规矩的理解，为巩固整改成效、加强企业党建工作、推进全面从严治党在企业的落地提供认识基础和思想保证。严肃认真整改中央、审计署两级巡视发现的问题。严格落实党内政治生活各项要求，坚持“三会一课”制度。通过党员责任区、党员先锋岗、党员承诺、“两优一先”评选表彰和志愿者服务等多种方式，为党员服务群众、加强党性锻炼搭建平台。

党风廉政建设　通过建章立制防范廉洁从业风险。出版社陆续修订图书生产流程及质量保障等规章制度，加大对重要采购、印刷发行各个环节的管控，严格审批流程，做到该上会研究的上会研究，该走政府采购的走政府采购，确保重要采购、印刷厂商确定、发行广告经费收支等业务工作均在阳光下操作，防止腐败问题的发生。

（撰稿人：郭蓉蓉）

【中国审计学会】　2016年，中国审计学会共有单位会员171个、个人会员1825人。学会第七届理事会有理事176人、常务理事58人。学会设有计算机审计分会、审计教育分会、环境审计专业委员会、学术委员会、编辑委员会、培训委员会等分支机构。学会办事机构为秘书处，人员编制8人，实有7人；学会主办《审计研究》杂志，设《审计研究》编辑部。中国审计学会的主要业务范围是：组织和开展审计学术研究活动；举办审计及相关领域的培训班；组织编写、出版审计书刊；研究介绍外国先进审计经验，开展国际学术交流。

领导成员

会　　长：董大胜

副 会 长：高培勇　谢　平　王家新
　　　　　耿建新　蔡　春　张继勋
　　　　　姜江华

秘 书 长：姜江华（兼）

副秘书长：周维培　刘力云　尹　平
　　　　　尚　锐　丁　雁　张广春
　　　　　杨　莉

工作综述　2016年，中国审计学会认真学习贯彻党的十八大和十八届三中、四中、五中、六中全会精神以及《国务院关于加强审计工作的意见》《关于完善审计制度若干重大问题的框架意见》和全国审计工作会议精神，以中国特色社会主义理论体系为指导，深入贯彻落实《四个全面》战略布局和要求，围绕审计工作中心，组织开展审计理论研究和交流，大力推动理论创新和研究成果转化，不断丰富和发展中国特色社会主义审计理论体系，进一步增强学会的凝聚力和影响力，为审计事业科学发展提供理论支撑，为充分发挥审计在国家治理中的基石和重要保障作用提供智力支持。

审计科研课题　组织审计署2016—2017年度重点科研课题的公开招标、立项评审。评审结果报经审计署批准后，确定5个课题研究方向，即：审计全覆盖、领导干部自然资源资产离任审计、审计机关如何适应新常态践行新理念更好地服务国家治理现代化和‘四个全面’战略布局、审计技术方法和组织方式创新、国家审计在党和国家监督体系中的地位和作用，设置10个立项课题。组织对审计署2015—2016年度重点科研课题的中期检查和结项评审。检查和评审过程中，检查组专家对11项中期检查课题提出修改完善建议；评审组专家同意3个课题结项，10个课题修改后结项，2个课题不结项。审计长刘家义对中国审计学会严格控制课题研究质量的做法给予充分肯定。确定由中国审计学会、21个省级审计学会和18个特派办审计理论研究会与中国人民大学合作开展领导干部自然资源资产离任审计研究、政策措施落实情况跟踪审计理论与实务研究两个课题研究，完成课题研究成果的汇报交流。中国审计学会结合形势发展需要，设立新形势下如何更好发挥审计学会组织作用课题组。课题组调研、走访全国省级审计学会和审计署特派办理论研究会以及中国财政学会、中国计算机学会和中国监察学会，结合中国审计学会的发展定位，对学会发展过程中存在的问题进行梳理，在研究报告中，对中国审计学会如何发展、如何增强学会会员的向心力、如何改进学会工作等提出对策建议。

专题研讨　3月，召开省级审计学会及审计署特派办审计理论研究会秘书长座谈会。与会代表结合审计署领导贯彻十八届五中全会精神的讲话，就审计学会工作和审计理论研究工作交流体会。学会秘书处对代表的发言进行归纳，总结提出“审计理论研究工作要适应新常态，组织开展群众性理论研究要转变观念，要深入研究审计工作在国家经济社会发展大局中发挥作用的着力点和具体途径，要依托审计项目开展研究型审计，审计学会组织要有新作为”等观点，得到审计署领导的批示和肯定。5月，举办中国特色社会主义审计理论研讨班。110名来自各地审计机关和审计专业硕士培养院校的代表参加研讨。研讨班学员聆听审计长刘家义以《坚定自信、奋勇前进》为题的“两学一做”党课，听取董大胜会长所做的《国家治理与国家审计——基于马克思主义国家观和中国国情的分析》、国家发展改革委宏观经济研究院专家所做的《“十三五”规划战略性重大问题解读》、审计署审计科研所专家所做的《当前审计理论研究的主要任务》《国家审计的发展与创新》和《中国特色社会主义审计理论研究》专题报告。参加研讨的代表尤其是来自高校的老师普遍反映通过此次培训，加深对中国特色社会主义审计理论的理解，对近些年审计工作创新与发展有了更加深刻的认识，对于在实际工作中更好地贯彻落实审计署党组的决策部署很有帮助。7月，召开“大数据环境下审计技术方法”专题研讨会，审计署党组成员、副审计长袁野，中国审计学会会长董大胜出席会议并讲话。研讨会交流的议题有：审计大数据的特征、发展趋势及国家审计面临的挑战；审计技术方法的最新做法和经验总结；“五个关联”的实现路径、审计证据的特征及取证方法；大数据审计的风险控制；促进审计技术方法创新的政策建议，以及大数据技术方法在政策实施跟踪、财政、金融、企业、农业、社会保障等审计领域中的具体应用。还与北京工商大学联合召开完善国有企业审计监督制度专题研讨会，就国有企业审计全覆盖的制度安排、管资本背景下国有企业外部审计、国有企业审计思路创新、国有企业审计的国际经验借鉴、国有企业绩效审计、地方公益型国有企业的审计监督制度完善和文化类国有企业监管制度完善等进行研讨。

学术交流 在河南郑州举办"2016 海峡两岸暨港澳地区审计理论与实务"研讨会，围绕"提高审计工作效能""PPP 审计""资源环境审计"3 个专题进行研讨，来自海峡两岸暨港澳地区的 18 位代表参加会议。

《审计研究》编辑出版 全年编辑出版 6 期《审计研究》杂志，刊登论文 100 篇左右，总计 155 万余字。编辑部秉持理论联系实际的办刊方针和为审计理论创新服务、为审计事业科学发展服务的办刊宗旨，继续坚持匿名评审制度及学术不端检测制度，对所刊登论文严格把关。采取的保证刊物质量措施还有：邀请学会常务理事或理事中的年轻专家学者和实务工作者审稿，扩充审稿专家队伍；对编辑人员进行培训，进一步提升编辑业务水平；办好专题栏目，围绕热点问题如国有企业审计、政策措施贯彻落实情况审计、领导干部自然资源资产离任审计等，每期开设一个专题，刊载 2—3 篇文章。《审计研究》编辑部 11 月在重庆召开"提高学术质量和办刊水平"座谈会，与会者对于进一步做好《审计研究》杂志的编辑出版工作提出意见和建议。《审计研究》杂志通过全国哲学社会科学规划办公室 2016 年度考核，2017 年将继续获得国家社科基金资助。

分支机构活动 审计教育分会以审计创新与发展为主题，在新疆财经大学举办中国审计学会教育分会 2016 年学术年会，出版第 5 期和第 6 期《中国审计评论》，刊载论文 20 篇。计算机审计分会组织编写《信息系统审计法规知识选编》，开展计算机审计法规知识课题研究，着手进行计算机审计分会换届的前期准备工作。环境审计专业委员会承担审计署重点科研课题领导干部自然资源资产离任审计研究，结合领导干部自然资源资产离任审计试点实践，组织开展审计技术方法研究，初步形成土地、矿产、水、森林资源和生态环境保护领域的审计操作指引，组成矿产资源审计指南编写组，完成指南大纲的草拟。

（撰稿人：赵 娜）

【南京审计大学】 南京审计大学始建于 1983 年，1987 年更名为南京审计学院，2002 年原南京金融高等专科学校并入，2011 年成为教育部、财政部、审计署和江苏省共建高校，2015 年经教育部批准更名为南京审计大学。

南京审计大学是唯一以审计命名的全日制普通本科院校，2007 年学校以优秀等级通过教育部本科教学工作水平评估，2011 年获批为全国首批审计硕士专业学位授权单位，2013 年获批为硕士学位（学术学位）授权单位。

学校设置国际审计学院、会计学院等 20 个专业学院（教学部），政府审计学院、审计与评估研究院等 5 个特色学院（研究院）。设有 33 个本科专业，其中，政治学、经济学与哲学专业和贸易经济专业为 2016 年本科专业。

南京审计大学现有全日制在校本科生、研究生、留学生共 1.5 万余名；专任教师 975 人，其中，正高职称 152 人，具有博士学位 480 人。拥有浦口、莫愁两个校区，占地 145 公顷。审计署审计干部教育学院建于浦口校区。

南京审计大学拥有长江学者奖励计划 9 人、享受政府特殊津贴专家 7 人、省部级有突出贡献中青年专家 7 人、教育部新世纪优秀人才支持计划 3 人，以及各类专家；拥有现代审计理论与方法研究、区域金融创新研究、价值链分工的经济效应研究、马克思主义与当代中国学术发展研究等科技创新团队；拥有现代审计发展研究中心、金融风险管理研究中心等江苏省高校哲学社会科学研究基地；拥有公共工程审计、审计信息工程、金融工程等省级重点实验室。

南京审计大学主办的《审计与经济研究》为全国中文核心期刊、CSSCI 来源期刊、RCCSE 中国核心学术期刊、全国高校"精品社科期刊"、人大复印报刊资料重要转载来源期刊。《南京审计大学学报》为全国高校优秀社科期刊、RCCSE 中国核心学术期刊。

领导成员

党委书记：王家新

党委副书记：晏维龙　吴朝国　张建红

纪委书记：吴朝国

党委常委：王家新　晏维龙　吴朝国
　　　　　张建红　尹　平　郭宏之
　　　　　王会金　张金城　张建红
　　　　　时　现　裴　育　杭连生
　　　　　李　群

校　　长：晏维龙

副 校 长：尹　平　郭宏之
　　　　　王会金　张金城
　　　　　张建红　时　现　裴　育
　　　　　杭连生（9月—）

专业水平　2016年底，南京审计大学33个本科专业中，审计学、金融学、财政学为教育部特色专业建设点，审计学、金融学专业为教育部专业综合改革试点项目；审计学、金融学类、财政学类、工商管理类、管理科学与工程类为江苏省“十二五”重点专业，审计学、金融学、财政学为江苏省高校品牌专业；财政学、会计学、工商管理、国际经济与贸易、信息管理与信息系统为江苏省特色专业；审计学教学团队为国家级教学团队；审计学教学团队、金融学核心课程教学团队为江苏省高校优秀教学团队；金融学专业复合型应用性金融人才培养模式创新实验基地为江苏省高等教育人才培养模式创新实验基地。现代审计科学和应用经济学入选江苏省高校优势学科建设工程二期项目，理论经济学入选“十三五”江苏省重点（培育）学科；马克思主义理论、数学、统计学、计算机科学与技术、公共管理等5个学科入选“十三五”江苏省重点（建设）学科。

科研项目　2016年南京审计大学主持包括国家社科基金重大招标项目在内的国家社科基金、国家自然科学基金项目26项，省部级科研项目41项，主持审计署重点科研项目2项。据不完全统计，2016年在《经济研究》发表论文1篇，被SSCI1区收录论文1篇，在CSSCI/CSCD以上刊物发表论文147篇，在北大核心期刊发表论文198篇，出版学术专著16部，获得包括教育部高等学校科学研究优秀成果奖（人文社科）和江苏省哲学社会科学优秀成果在内的省部级以上科研成果奖10项。

4月，在南京审计大学举办“审计全覆盖视域下的国家审计监督与审计法修改完善”学术研讨会；6月举办“Workshop on high frequency data，network data and related fields”国际学术研讨会；7月举办“Data Envelopment Analysis International Conference 2016：Methodology Advances & Applications in Governance and Management”国际学术研讨会；12月举办“国家治理与公共政策审计”研讨会和“第二届全国公共工程审计理论与实务研讨会”。

首届亚非拉硕士留学生　6月24日，审计长刘家义与时任教育部部长袁贵仁，签署谅解备忘录，设立中国政府审计奖学金项目，为亚非拉等发展中国家培养审计专业硕士人才。审计署决定委托南京审计大学承担培养工作。10月，“中国政府审计奖学金”项目首届硕士50名留学生入学。首批亚非拉硕士留学生来自4个大洲、35个国家的审计官员，他们将在南京审计大学攻读为期两年的审计专业硕士。

外国审计长来访　3月2日，伊朗最高审计法院副院长基尤马斯·达乌迪先生一行到南京审计大学访问交流。6月25日，金砖国家最高审计机关领导人到南京审计大学为第四届审计长奖学金获得者颁奖并参加印度、巴西、南非的三位审计长受聘南京审计大学荣誉教授仪式。10月20日，坦桑尼亚国家审计长、坦桑尼亚国家社会基金保障会审计委员会和电讯公司审计委员会主席、南京审计大学荣誉教授穆萨·祖玛·阿萨德为学校审计硕士研究生做报告。

教育国际化　南京审计大学积极推进教育国际化，与最高审计机关国际组织（INTOSAI）、最高审计机关亚洲组织（ASOSAI）、国际内部审计师协会（IIA）等国际行业组织，美国、法国等十几个国家和地区的最高审计机关、高等学校建立了广泛的合作关系。学校被IIA认证为中国唯一的内部审计教育伙伴（IAEP）合作级高校，被英国特许公认会计师公会（ACCA）评为白金级培训机构。2016年，教师赴境外高校及最高审计机关进行学术交流、访学培训逾100人次；学生赴境外高校学习交流、参加国际会议、学科性竞赛、海外志愿者活动逾340人次；克罗地亚奥西耶克大学校长泽利科·图尔卡利等 300 余名国外专家学者来校访问交流。

新校名石揭幕 3 月 21 日，更名后的南京审计大学新校名石在原址揭幕，新的校名仍然由南京审计大学名誉校长、新中国第四任审计长、全国政协原副主席李金华题写。校名石正面为“南京审计大学”鎏金校名，校名石背面沿用原有“诚信、求是、笃学、致公”题字。校名石整体风格保持原有风格，山石恒久而沉稳，久经风雨，岿然不动；水流善动而不息，静可视照，动则浩渺。一静一动的组合是南京审计大学以山铸仁，以水凝智的新象征。（撰稿人：杨凤春）

【中国内部审计协会】 2016 年，中国内部审计协会（以下简称协会）秘书处共有在职员工 27 人。设有综合业务部、准则与学术部、职业教育部、公共宣传部、书刊服务部和国际事务部。

领导成员

名誉会长：李金华

会　　长：余效明（—7 月）

副 会 长：鲍国明　佟吉禄　刘志远
郝志远（—7 月）　高　林
沈　莹（—7 月）
贾文勤（—7 月）　赵　宏

秘 书 长：鲍国明（兼）

副秘书长：沈立强

工作综述 2016 年，协会全面贯彻落实党的十八大和十八届历次全会精神，认真贯彻落实审计署党组的决策部署，紧紧围绕“服务、管理、宣传、交流”的办会宗旨，全力做好脱钩改革及各项业务工作，推动内部审计事业不断向前发展。

脱钩改革 2015 年 8 月，行业协会商会与行政机关脱钩全国电视电话会议召开后，审计署党组研究决定，协会作为唯一由审计署主管的全国性行业协会，参加全国性行业协会商会第一批试点。在审计署的领导下，协会认真落实脱钩实施方案，配合审计署脱钩工作组其他成员单位的工作，全面完成机构、职能、资产财务、人员管理、党建外事以及分会等方面的脱钩事项。协会具体完成对协会及各分会的资产清查、草拟占用行政办公用房清理腾退方案、理事以上人员的清理调整、秘书处在编人员的分流安置、党建和外事工作的移交对接、主办杂志主管单位变更、社团法人登记变更等事项。

协会脱钩试点工作得到协会商会与行政机关脱钩工作组及其办公室的肯定。审计署报送的协会脱钩实施方案，成为民政部向其他脱钩试点单位推荐的范本。在 8 月召开的全国协会商会第一批脱钩试点工作推进会上，协会做题为《勇做协会脱钩改革的弄潮儿》的经验介绍。11 月，根据全国行业协会商会与行政机关脱钩联合工作组的批复，协会完成与审计署的脱钩。

脱钩改革为协会发展成为依法设立、自主办会、服务为本、治理规范、行为自律的现代社会组织奠定基础。

完善中国内部审计准则体系 1 月，协会发布《第 2205 号内部审计具体准则——经济责任审计》《第 2308 号内部审计具体准则——审计档案工作》两项新准则，为指导内部审计工作提供新规范。完成新准则《内部审计业务外包管理》的初稿草拟工作，正式启动《建设项目审计指南》《审计报告指南》《高校内部审计指南》《经济责任审计指南》等实务指南的全面修订。

审计署内部审计重点科研课题结项 协会继续组织好 2015—2016 年度审计署内部审计重点科研课题研究工作。3 月，组织召开课题中期检查汇报会，7 个中标课题组的负责人到会汇报，听取学术委员会专家的中期检查意见。11 月，召开课题结项评审会，学术委员会的专家进行结项评审验收。课题结项报告已通过审计署审核批准。

群众性内部审计理论研讨 2 月至 8 月，协会组织开展以“经济新常态下内部审计如何更好地发挥作用”为主题的群众性理论研讨活动，共征集到论文 293 篇。协会组织学术委员会对提交的论文进行评选，评定出 242 篇获奖论文，其中一等奖 10 篇、二等奖 40 篇、三等奖 95 篇、提名奖 97 篇。同时，根据各会员单位申报的组织过程及论文获奖情况，评选 25 家单位获得优秀论文组织奖。

统计调研工作 根据审计署要求，开展全国内部审计情况 2016 年度统计工作，为分析研究内部审计发展现状提供基础数据。协会分别赴广东、上海、内蒙古、浙江等地，对当地的内部审计工作及协会工作进行实地调研，掌握第一手资料。

职业教育培训 全年举办高管类、专题类、行业类、实操类四大类别 21 个主题，总计 64 期面授培训班。同时，开设内部审计人员后续教育、CIA 考试辅导、审计师（初、中、高级）考试网络辅导三大类别，总计 28 科网络培训课程。全年共计培训内部审计人员 1 万余人次。

国际资格证书考试组织工作 全年开展 4 次国际注册内部审计师资格证书（CIA）、内部控制自我评估专业资格证书（CCSA）的计算机考试，预约总科数为 24859 科次，实际参考 21283 科次，2643 人获得 CIA 资格，24 人获得 CCSA 资格。6 月，在乌鲁木齐、兰州、银川、西宁及海口增设 CIA 考试考场。截至 2016 年底全国除西藏外，各省、自治区、直辖市均设有考场，方便考生的报考。

内部审计业务分类指导 开展内部审计信息化优秀成果展示活动。4 月至 12 月，协会组织开展“内部审计信息化优秀成果”展示活动，协会各分会、地方内部审计（师）协会和会员单位内部审计机构积极响应，提交参评论文 144 篇。经专家评审，北京汽车集团有限公司审计部的“特大型企业集团以审计体制变革为导向，构建高效能内部审计信息平台”等 85 篇论文获得“内部审计信息化优秀成果”。

举办第四届金融行业会员单位交流活动。9 月，协会在北京举办以“提升内部审计能力，合理保证企业经营目标的实现”为主题的第四届金融行业会员单位交流活动，来自金融机构的代表共 80 余人参加。活动期间推选国家开发银行、太平洋保险（集团）股份有限公司和国泰君安证券股份有限公司为第二轮金融行业会员单位交流活动的轮值主席单位。

举办“面向未来的内部审计”专题报告会。11 月，协会在北京举办“面向未来的内部审计”专题报告会，特邀国际内部审计师协会（IIA）秘书长兼 CEO 理查德·钱伯斯、国际信息系统审计协会（ISACA）中国专家委员会专家陈伟、IIA 考试开发部总监毕颖等 3 位内部审计专家做主题演讲。报告会为我国内部审计人员学习借鉴国际内部审计先进理念和最佳实务，加强沟通交流，提供了一次很好的机会，得到与会人员的高度评价。来自全国各行业的 380 位内部审计工作者参加了报告会。

国际和海峡两岸交流 参加内部审计国际组织的会议。国际内部审计师协会（IIA）2016 年全球委员会和年会 7 月在美国纽约召开，副会长兼秘书长鲍国明带队参加会议。会议期间，鲍国明与 IIA 的有关领导和工作人员就 CIA 考试等协会工作交换意见。

深化海峡两岸内部审计交流研讨。11 月，第十六届海峡两岸内部审计研讨会在台北举行，协会派出由副秘书长沈立强为团长的 10 人大陆代表团参加。研讨会上，来自海峡两岸的 50 余名内部审计工作者及专家学者围绕“网络安全与审计”的主题进行交流和研讨。

出版宣传 改进《中国内部审计》杂志出版发行工作。协会对杂志进行全新改版，增大理论版块的版面，提升杂志的学术性和理论性。杂志发行量达到 5.3 万份。与中国邮政集团联合开发通过手机 APP 阅读的杂志数字刊，启用纸质媒体与数字媒体复合发行的新模式，为用户提供更加便捷的阅读方式。

扩大网络媒体宣传。协会的官方网站作为传播信息的主要窗口，内容日趋丰富，更新更加及时。协会微信公众号成为及时高效的新型宣传平台，为广大内部审计人员提供内部审计动态、权威考试资讯、专业培训信息。全年点击量达到 440 余万次，日点击量最高时达 2.4 万次，关注人数过万。

自身建设 深入推进协会党建工作。协会党支部组织广大党员积极投身“两学一做”学习教育。先后派出 3 人次参加上级党组织“两学一做”学习教育培训班，围绕“两学一做”、纪念中国共产党成立 95 周年、纪念中国工农红军长征胜利 80 周年、学习十八届六中全会精神等主题，组织开展自学原文、讲党课、集体朗诵、知识竞赛、研讨交流、观看教育辅导视频等多种形式的学习教育活动。支部书记与党员干部签订党风廉政责任书。自觉接受审计署党组对协会的巡视，配合中央巡视组对署党组的巡视工作，深刻查摆反思存在的问题和不足，坚决落实整改。在脱钩改革等协会中心工作中，充分发挥党支部的战斗堡垒作用和党员的先锋模范作用。

召开理事会和常务理事会等工作会议。协会

召开第六届理事会第六次会议、第七次会议和第六届第十次、第十一次常务理事会，按照脱钩改革工作要求审议理事人员调整和协会分会撤销的议案，并向理事和会员单位汇报协会各项工作情况。3月，在无锡召开地方内部审计协会会长秘书长会议；7月，在呼和浩特举办内部审计通联宣传、统计和CIA考试工作研讨班。

获得全国性职业类社团4A级评定。3月，民政部委托第三方机构对协会进行等级评估，评估组对协会2011年以来的工作给予充分肯定，并指出存在的问题与不足。经民政部全国性社会组织评估委员会终评和公示，10月，协会获得全国性职业类社团4A等级。

发布《中国内部审计协会2016至2020年工作发展规划》（以下简称规划）。协会于上年启动规划的编制工作，广泛征求各位专家、地方协会和部分会员单位意见，于7月第六届理事会第六次会议审议通过。规划明确了未来五年协会工作的指导思想、总体目标和主要任务。

（撰稿人：张博文）

审计理论与科研

科研成果综述

2016年，在署党组的领导下，审计理论与科研工作围绕贯彻落实中办、国办《关于完善审计制度若干重大问题的框架意见》和署党组的工作中心，重点开展完善审计制度系列研究、深化国有企业审计系列研究、大数据审计系列研究、适应新常态践行新理念系列研究，同时，完成完善国家审计质量控制制度、非现场审计理念及实现路径、司法系统财物统一管理改革下审计工作、矿产资源审计等课题的研究，开展国外审计的研究，形成审计研究报告、国外审计动态等科研成果。

一、审计全覆盖工作机制研究

该研究阐释了审计全覆盖的含义，提出按照“四有”原则创新审计全覆盖工作机制，构建完善与审计全覆盖工作机制相适应的制度。

（一）正确理解审计全覆盖

审计全覆盖包含如下基本含义：

1. 国家审计监督的全覆盖。“审计全覆盖”特指国家审计的全覆盖。国家审计的本质特征可以确保国家审计取得充分适当的审计证据，得出保证程度更高的审计结论和提出更加专业严谨的审计建议。

2. 全面履行审计职责的全覆盖。凡是法律法规规定属于审计机关审计职责范围内应该审计的对象和内容都要进行审计，做到“应审尽审”，并做到“凡审必严、严肃问责”。

3. 全面发挥审计作用的全覆盖。审计全覆盖的范围和对象为公共资金、国有资产、国有资源、领导干部经济责任履行情况，体现国家审计的全面性特征。

4. 一定周期内的全覆盖。根据2015年12月全国审计工作会议的要求，审计全覆盖周期为今后五年，与“十三五”规划的期间相一致。然而，审计全覆盖周期不是一成不变的，随着审计事业的发展，未来的审计全覆盖周期应越来越短。

（二）按照“四有”原则创新审计全覆盖工作机制

审计全覆盖，是有重点、有步骤、有深度、有成效（以下简称“四有”）的全覆盖。它既是一个不断推进的过程，又是要实现的结果状态。对于审计全覆盖工作机制来说，“四有”之间互相关联、相辅相成，不可孤立理解。从关系上来看，有重点是审计全覆盖工作机制的首要环节，有步骤是构成审计全覆盖工作机制的核心内容，有深度是对审计全覆盖工作机制运行的质量要求，有成效是对审计全覆盖工作机制运行的结果要求。

1. 有重点的全覆盖工作机制。

对审计重点的理解，应以审计目标为依据，能够影响审计目标实现程度的领域就是审计重点领域。确定审计全覆盖的工作重点应遵循以下三个标准：①围绕党政工作中心是确定审计重点的一项基本标准，是指确定审计重点时要围绕党中央、国务院工作中心，找准与改革任务密切相关的重点领域、重点单位、重大决策、重点资金、重点项目、重点岗位、重点环节，与当前经济社会发展的阶段性重点保持高度一致。②增值是指把能够增加经济价值、社会价值和生态环境价值的领域作为审计重点，不同的审计对象侧重于不同的增值目标选择。③风险是指确定审计重点时要密切关注经济社会运行中出现的各类风险和隐患，将经济社会发展中的高风险领域确定为审计的重点领域。

公共资金审计的重点应包括：根据公共资金性质和规模确定的重点、根据公共资金绩效影响确定的重点、根据公共资金受关注程度确定的重点。经营性国有资产审计的重点应包括：贯彻执行国家重大政策措施和宏观调控部署情况、根据国有资本的规模和质量确定的重点、根据国有资产经营风险管理情况确定的重点。国有资源审计的重点应包括：根据国有资源的开发利用政策确定的重点、根据国有资源稀缺性、战略性和分布情况确定的重点、根据国有资源的可持续性风险隐患确定的重点。领导干部经济责任审计的重点主要包括：一是加强对重点领域重要部门和关键岗位领导干部的监督；二是加强对提供公共服务的窗口单位领导干部的监督；三是加强对领导干部廉政风险的监督。

2. 有步骤的全覆盖工作机制。

从广义上讲，“有步骤”是指在一定时间周期内实现审计全覆盖的各种程序和方式方法，包含战略规划、年度计划，审计方案、审计组织管理等内容。实现有计划、有步骤的全覆盖首先要清楚审计现状，了解与“应审尽审”全覆盖目标之间的差距。

“有步骤”的审计全覆盖工作机制的总体架构为：以政策执行跟踪审计为主线，以预算执行审计为龙头，以数据审计为基础，从公共资金到国有资产、国有资源和经济责任，分级分层，上下联动，逐步推进审计全覆盖。

审计全覆盖工作机制总体架构的关键内容是创新审计组织管理模式，创新审计组织管理模式应坚持“七个一体化”和“六大转变”，其最终目标是创立中国特色综合审计模式。“七个一体化”，就是在审计内容和范围上，形成财政、金融、企业、经济责任、资源环境、民生审计一体化，境内与境外审计一体化。在审计资源整合上，形成审计发展规划、年度计划、项目方案、组织实施一体化，审计一线作业与后台数据分析一体化，审计业务操作与理论研究一体化。在审计作用发挥上，形成查处问题与促进发展、分析原因与推进改革、促进整改与推动问责一体化，惩治腐败与促进廉政、揭示风险与维护安全、促进公平正义与推进民主法治一体化。“六大转变”，就是实现由单点离散审计向多点联动审计转变、由局部审计向全覆盖审计转变、由静态审计向静态与动态审计相结合转变、由事后审计向事后与事中审计相结合转变、由现场审计向现场审计与非现场审计相结合转变、由微观审计向微观与宏观审计相结合转变。

3. 有深度的全覆盖工作机制。

“有深度”是指保证审计工作机制运行的状态质量。主要包括两层含义：一是保证审计管理工作质量，即从宏观层面保证审计产品对经济社会发展的贡献程度和服务水平。二是保证审计项目质量，即从操作层面保证审计选项、立项、准备、实施、报告、归档等工作，严格遵循审计法和国家审计准则等法律法规要求。

实现“有深度”的全覆盖工作机制，要区分重点与非重点审计领域（或项目），对不同的审计领域（或项目）应有不同的工作要求。在一定时期内处理好重点与非重点的关系，按照不同标准区分，做到统筹兼顾，才能节约资源，提高效率。

针对重点与非重点领域或事项，采用不同的“深度”标准：一是程序上，应在审计法中区分一般程序和简易程序，不同的审计事项采用不同的审计程序，为审计简易程序提供法律上的依据。二是实质上，非重点审计项目的审计内容应做相应调整，对审计工作底稿、审计报告等审计文书做适当简化，提高效率。

4. 有成效的全覆盖工作机制。

审计全覆盖不仅是审计对象的全覆盖，更是审计作用的全覆盖。通过建立有成效的审计全覆盖工作机制，更好地发挥审计监督作用。建立审计全覆盖工作机制，必须坚持有成效的原则。

与没有实行审计全覆盖相比，实行审计全覆盖至少可以从以下五个方面更好地发挥审计监督作用：一是消除了审计的盲区和死角，有利于更好地发挥审计的威慑力。二是从总体上全面把握被审计领域情况，有助于从宏观上提出审计决策建议，更好地服务宏观决策。三是突出重点，放眼全局，通过“以点带面”，更好地发挥审计在完善体制机制和制度方面的作用。四是有助于更好地开展跨地区、跨行业、跨部门的绩效审计，进而提高公共资金、国有资产和国有资源的使用效益。五是有利于树立科学的国家审计观，更好地为协调推进“四个全面”战略布局服务。

（三）完善与审计全覆盖工作机制相适应的制度

按照有重点、有步骤、有深度、有成效的原则创新审计工作机制，必须加强制度建设，为这种全覆盖工作机制提供制度保障。同时，还应针对审计全覆盖工作机制的要求，努力争取其他部门的协调配合，加强审计机关自身之外的相关制度建设。

1. 创新大数据审计组织管理制度，确保"有步骤"审计全覆盖。一是要建立起与大数据审计工作模式相适应的数据归集、管理和应用组织管理制度。二是在此基础上健全与大数据审计工作模式相适应的项目计划、项目实施、项目管理、项目后评估等方面组织管理制度。三是同时还要注意保持两类组织管理制度之间的相互衔接和一体化。应当重点关注计划管理制度、人员管理和人员分工制度、单位和个人绩效考核制度，以及数据审计管理和现场审计管理相结合的管理制度等方面的制度创新，最终形成与审计全覆盖相适应的组织机构和管理制度。

2. 制定重要性指南，确保"有重点"审计全覆盖。与传统审计相比，其重要性更加突出全局性要求和全局中的地位的重要性。建议完善国家审计准则，并在此基础上进一步制定审计重要性指南。在重要性指南中，可以对重要性的定义、目标、基本要求、基本原则，以及在审计计划、审计实施、审计报告中的具体运用进行详细讲解和系统阐述，以便更好地指导推进审计全覆盖工作。

3. 建立繁简分流制度，确保"有深度"审计全覆盖。在审计法中增加简易审计程序的规定，在审计实际工作中结合重点原则和风险评估，对重点和非重点不同类型的审计项目进行繁简分流，分别适用一般程序和简易程序，可以为有效推进审计全覆盖提供重要的制度保障。

4. 完善成果管理制度，确保"有成效"审计全覆盖。在审计全覆盖条件下，由于审计成果的丰富性和多样化，在审计成果报送对象和应用方面，也需要形成新的制度；对审计成果评价和考核方式也将发生变化，需要结合新的审计组织管理方式和绩效评价导向进行重新设计；为了上下联动和全国"一盘棋"，在不涉及国家秘密、商业秘密和个人隐私的前提下，应当建立审计成果和信息共享机制，加强各级审计机关、不同审计项目之间的沟通交流，推进成果共享和经验共享。

5. 完善多方协调配合机制，加强审计全覆盖外部制度建设。一是争取党委和政府的支持。二是加强与内部审计和社会审计的协调配合。三是在经济责任审计方面，领导干部经济责任履行情况的审计全覆盖，还有赖于组织部门的委托，必须加强与组织部门协调配合，完善经济责任审计计划管理。四是在国有资产审计方面，加强与国有资产监督管理部门的协调配合，实现企业国有资产审计监督全覆盖。加强与干部管理部门的协调配合，实现企业领导人员经济责任审计全覆盖。

6. 建立审计全覆盖评价制度，持续改进审计全覆盖工作机制。建立科学合理的评价指标体系，对审计全覆盖开展第三方评估，以促进实现审计全覆盖目标。

二、完善审计结果运用制度研究

该研究对照有关规定中关于完善审计结果运用制度的要求，分析了审计结果运用面临的挑战，根据调研情况，从审计结果生产、沟通传导、运用机制等三个方面归纳了当前影响审计结果运用的问题，并在此基础上，提出了进一步完善审计结果运用制度的建议。

（一）审计结果的运用途径分析

1. 审计结果的提供者和主要运用者。审计结果的提供者、运用者、结果载体及运用效果评价是四个紧密相连、不可分割的必要环节或关键要素。其中，审计结果的提供者决定审计结果的范围、质量和深度；审计结果的运用者确定运用哪些信息和如何运用；审计结果的载体规定审计产品的表现形式、反映内容；运用效果评价则是对审计产品运用价值的综合评判。审计结果的提供者是审计机关，审计结果的主要需求者或运用者包括党委、政府、人大、纪检司法部门、组织人事部门、被审计单位、有关主管部门及社会公众。

2. 审计结果的形式。国家审计结果主要分为以下三种形式。一是体现在反映国家审计结果的对外发送的审计法律文书之中的审计结果。二是体现在向本级政府、人大和上级审计机关报送的审计文书之中的审计结果。三是根据审计法等规定，向社会公众公布审计管辖范围内重要事项的审计结果。

3. 审计结果运用的途径。审计结果运用有两个环节，一是把审计结果传递到运用者手中，二是运用者真正运用审计结果。审计结果运用途径主要有：党委、政府运用审计结果进行决策。纪检监察、司法机关运用审计结果查处案件。组织人事部门运用审计结果评价考核使用干部。主管部门运用审计结果加强管理、完善制度。有关部门运用审计结果进行问责。被审计单位整改审计发现的问题和规范管理。媒体和公众运用审计结果进行社会监督。

（二）审计结果运用面临的挑战和主要问题

1. 面临的挑战。实施审计监督全覆盖，审计资源紧张、审计力量相对不足的矛盾将更加突出，完成任务所必需的现场实施时间通常被压缩，如果项目统筹和技术方法不当，审计结果的质量可能受到影响。强化上级审计机关对下级审计机关的领导，在更高层次和更大范围促进审计结果运用，这对审计质量提出了更高的要求。审计机关审计项目计划由省级审计机关统一管理，统筹组织本地区审计机关力量，开展好涉及全局的重大项目审计，这对省级审计机关加强项目统筹和管理，确保审计结果质量提出了更高要求。

2. 当前影响审计结果运用的主要问题。

审计结果生产方面：审计结果的质量需要进一步提高。当前影响审计结果质量的主要问题有：一是审计人员受自身知识结构和业务水平的限制，在一些审计调查类项目上缺乏专业判断能力，提出的问题不精准，改进的建议可操作性不强。二是在审计计划编制方面，由于审计需求变化较快，计划未能紧扣实际需求，计划确定的审计目标难以充分实现。三是不同层级审计机关的审计人员素质和条件各不相同，审计结果质量参差不齐，进一步进行综合分析深加工的难度较大。

审计结果沟通传导方面：①审计结果的共享不足。一是过程性的审计结果共享不足。二是缺乏审计结果共享数据库。三是缺乏审计结果的共享交流平台。②审计结果上报中的遗漏。在“双重管理”体制下，地方审计机关受到多方面因素制约，可能会考虑当地的形象、利益带来的压力或阻挠干预，或对自身财务、人事等方面的考虑，使得某些审计结果出现漏报、瞒报，对审计结果运用形成障碍。③审计结果的公开程度不够。从审计实践来看，地方审计机关审计公告力度有限，特别是经济责任审计结果公告力度有限，难以满足社会公众对审计结果的迫切需求，影响审计结果的运用。

审计结果运用机制方面：①审计结果运用规范性不够。②审计结果运用的协调、协作不够紧密。当前对于审计与外部部门协作方面，还没有从制度设计上，规定党委、政府和其他部门必须结合自身职责利用审计结果的一些具体要求和措施，审计结果运用缺乏约束力。③审计结果运用的反馈与回应不够及时。在实际工作中，有些部门将审计结果的运用情况以适当方式反馈给审计机关的主动性不够，审计结果运用情况往往需要审计机关主动收集。④被审计单位主要负责人作为审计发现问题整改第一责任人履职不到位，存在应付、被动运用审计结果的现象。

（三）完善审计结果运用制度的建议

1. 以结果运用为导向组织实施审计。①以结果运用为导向科学制订审计计划。要紧密围绕党和政府面临的经济社会发展所急需解决的问题，同时，还应结合纪检监察机关的反腐重点、被审计单位、社会公众等的需要，科学合理地制订审计计划。②以结果运用为导向开展现场审计。要以一体化审计即以结果为导向串联审计实施的全过程。③以结果运用为导向撰写审计报告。关注审计结果的针对性，要有大局意识，在党委、政府重点关注的领域，提出有针对性、有价值的审计结果。

2. 建立健全审计结果运用综合分析制度。①建立健全审计综合分析的职能机构。②建立健全审计综合分析的业务协调制度。③建立健全审计综合分析结果上报制度。

3. 建立健全审计结果管理信息系统。①系统梳理审计结果的基本要素。②构建审计结果管理信息系统。③在审计结果管理信息系统上共享审计结果。

4. 建立健全审计结果运用的考核评价制度。①科学制定审计结果运用的评价标准。②将审计结果运用与审计人员职称评定和职位晋升结合起来。③制定全国性审计结果运用考核评价制度。

5. 建立健全审计结果运用的反馈和回应制度。①建立审计结果登记制度。②建立审计结果运用反馈和回应制度。③建立审计结果运用反馈定期分析制度。

6. 完善审计结果运用联席会议制度。①建立政府层面的审计结果运用联席会议制度。②完善审计结果运用联席会议的组织机构。③形成各部门共同促进审计结果运用的协调机制。

7. 完善审计发现问题整改落实机制。①进一步落实审计署向全国人大当面报告和人大问询责任单位制度。②进一步完善与被审计单位的沟通协调机制。③进一步完善被审计单位整改问题的销号机制。④建立健全被审计单位整改落实的总结回顾机制。⑤建立健全促进被审计单位整改的综合整治机制。

8. 完善审计结果报告与公告制度。①加强对审计结果报告和审计结果公告的立法。②明确审计结果公告和报告的程序和范围。③加大对审计结果公告的解释和宣传力度。

三、推进审计职业化建设研究

该研究围绕完善审计制度、保障依法独立行使审计监督权，论述了当前审计人员管理中存在的问题和解决措施，提出了积极稳妥推进审计职业化建设的建议。

（一）着眼保障依法独立行使审计监督权，推进审计职业化建设

当前审计机关和审计人员依法独立行使审计监督权仍面临一些制约。现实中，审计监督仍受到一些单位和个人的干预、阻挠，审计人员有时难以依法独立开展审计工作。同时，审计人员个人对行政领导具有一定的依附关系，难以防止其干预审计工作。这些问题反映了国家审计履行职责仍面临一些障碍，不利于审计机关和审计人员依法独立行使审计监督权，难以有效维护审计公信力和权威性。

需要构建一套系统完备的职业化制度体系，推动审计人员行为标准化、法治化、科学化，推动审计人员管理的规范化，清晰界定不同岗位审计人员责任，尽可能排除外界干预，实现审计工作运行和审计人员管理的“非人格化”，以维护审计履行职责的法定性、专业性、独立性、公正性。

（二）推行人员分类管理，夯实审计人员管理现代化基础

实行人员分类管理是确保审计机关和审计人员依法独立履行审计监督权的前提和重要基础，有利于推进审计人员管理现代化。

1. 当前审计人员分类管理方面存在的主要问题。长期以来，各级审计机关内部行政管理岗位和审计业务岗位的边界不清晰，没有明确区分不同性质岗位的工作职责、工作要求、工作条件、工作权力、任职资格等内容。同时，目前审计人员分类管理方式比较简单，未对行政管理人员和审计业务人员进行分类管理。

2. 以岗位分类管理为依托，推进审计人员分类管理。需要根据审计职业特点，进一步理顺审计机关内部不同岗位的职责，明确审计业务流程关键节点的工作任务和任职资格条件，严格职责边界，强化专业化分工管理。①以职位分类为抓手，推进岗位分类管理，优化审计机关内部职权配置。②以岗位分类管理为基础，将审计人员划分为综合管理类公务员和审计专业技术类公务员两类。③合理确定综合管理类公务员和审计专业技术类公务员的数量比例。④以审计专业技术资格为依托，建立专业技术类公务员职务序列，划分审计专业技术类公务员的能力等级体系。

（三）健全选用条件和程序，构建科学有效的选用制度

审计机关的监督能力和水平取决于审计队伍的素质和能力，而这又取决于审计机关选人用人制度。

1. 当前选人用人制度存在的主要问题。对于如何衡量专业知识和业务能力，不同岗位的审计人员应具备什么样的专业知识和业务能力缺乏详细规定。尚未建立全国审计机关统一的选人用人标准和程序。同时，不同地区、不同层级审计机关在人员选用条件上设置不同的门槛，不利于各级审计机关自身的履职尽责。

2. 规范选用条件和程序，严格审计人员进入门槛。需要形成全国统一的选用标准，进一步规范和严格各级审计机关选人用人标准和程序，以便于合理调配不同地区、不同层级审计机关人员。①建立全国统一的审计专业技术类公务员选用标准。②改革省以下地方审计机关审计专业技术类公务员的选用程序。③针对不同层次审计人员设置有区别的选用标准。

（四）完善职业保障制度，维护并提高审计人员胜任能力

职业保障是为确保审计人员依法独立行使监督权而形成的关于身份、物质、权力等方面的规

范总和，主要包括物质保障、权力保障、地位保障、能力保障等内容。

1. 当前职业保障制度存在的主要问题。首先，物质保障不到位。其次，履职尽责会受到各种阻挠。最后，教育培训保障不到位。

2. 保障职业权力和地位，增强职业荣誉感和稳定性。①保障审计机关和审计人员的职业权力、地位和安全。应制定其他行政机关、社会团体和个人干预审计活动的负面清单，并建立责任追究机制；建立各级党委和政府定期听取审计工作情况汇报的机制制度；防范审计机关内部的行政干预，出台审计机关领导人员干预审计活动、插手具体审计事项处理的记录、通报和责任追究的制度；细化审计法第 15 条“审计机关负责人依照法定程序任免，审计机关负责人没有违法失职或者其他不符合任职条件的情况的，不得随意撤换”的规定。②强化审计机关和审计人员的物质保障。推进省域内审计人员同城、同岗位、同待遇，建立薪酬待遇定期调整增长机制；探索综合管理类公务员与审计专业技术类公务员有差别的薪酬体系；进一步规范专业技术职称评选标准和程序；细化审计法第 11 条“审计机关履行职责所必需的经费，应当列入财政预算，由本级人民政府予以保证”的规定。③完善职业教育培训体系，持续提升审计人员胜任能力。健全职业教育培训体系；提高培训内容的针对性；开拓网络培训、微信平台、手机互联网等新的培训方式；各级审计机关应主动承担审计人员的资格认定、考试、培训等费用，并保障其必备的学习时间。

（五）健全职业约束机制，维护审计公信力和权威性

职业约束机制是围绕审计行为制定的道德准则、行为准则，以及对审计机关和审计人员行为进行考核、监督、惩戒等一系列规范的总和，是职业化建设的重要内容。

1. 当前审计职业约束机制存在的主要问题。部分审计人员违反工作纪律、廉政纪律、保密纪律的问题时有发生，甚至个别审计人员徇私枉法，严重影响审计机关公信力和权威性。处于不同岗位的审计人员权责仍没有完全厘清，不同层级审计人员的责任分工也不够明确。

2. 将审计权力关进制度的笼子里，增强审计公信力。①进一步规范审计人员职业行为。定期组织对各级审计机关尤其是基层审计机关审计法律法规执行情况、“八不准”工作纪律遵守情况的监督检查，全面规范审计人员职业行为。②建立健全内外部监督相结合的职业监督机制。有效规范审计业务流程，细化各环节的岗位责任，实行审计报告质量终身负责制和重大事项责任倒查制；完善审计项目质量评估体系；定期向各级党委、人大常委会及专门委员会、政协常委会及专门委员会汇报重大审计项目结果；推动各级审计机关普遍建立特约审计员制度。③改善职业绩效考核机制。应对综合管理类公务员和审计专业技术类公务员分类考核，并对组长、主审、复核及其他业务人员进行分类考核，考核审计组其他人员取证、做出专业判断的能力等；改进政绩业绩评价标准体系。

（六）积极稳妥推进审计职业化建设

要在党和政府领导下，周密做好前期准备和评估，审慎选择重点和突破口，分步稳妥推进，持续提高审计干部管理的规范化、科学化、现代化水平，维护审计权威性和公信力。

1. 全面理解审计职业化建设的重大意义。应以审计职业化建设为抓手，形成标准化、规范化、科学化的制度框架，开启审计机关内部的深层次改革创新，建立健全保障依法独立行使审计监督权的基础性制度，为推动国家治理现代化提供更坚实的可靠力量。

2. 定期评估职业化建设过程中面临的各类复杂情况。要全面摸清现实情况，掌握各级审计机关审计人员的专业、年龄、工作经历、审计工作年限、专业技术资格等方面的总体情况。各类举措出台前要尽可能充分论证，明确全国统一的处理原则，不同问题之间要有机衔接。要定期合理评估，及时了解审计职业化措施引起的新变化，恰当判断变化的长期影响。

3. 恰当处理职业化建设前后制度之间的衔接问题。比如，人员分类管理中，谁被划为审计专业技术类公务员，人员分类后，部分审计机关审计专业技术类公务员数量和素质达不到要求怎么解决，如何在工资待遇、教育培训、职业晋升等方面更加凸显审计专业技术类公务员的职业特性。

4. 加强与其他改革的协同性。要抛弃一步到

位、毕其功于一役的想法和做法，瞄准方向、分步实施、先易后难、步步为营，紧密结合现实条件，环环相扣，切实达到改革的目的。要进一步明确省级审计机关、省级人社部门、省级组织部门、市县级党委政府、市县级人社部门、市县级组织部门的人事权力关系。应充分认识到只有将完善国家审计制度置于健全党和国家监督体系整体框架下，与行政管理体制改革相结合，更加明确审计机关与党委政府、人大、社会公众等主要利益相关者的关系，形成稳定的法治框架，才更有助于保障审计机关依法独立行使审计监督权。

四、“四个全面”战略布局下国家审计发展定位研究

该研究以“四个全面”战略布局下国家审计怎样发展为核心，从理论上明晰国家审计的本质定位，优势定位、职能的基本定位，探讨国家审计发展的战略着力点，诠释应建立和完善的相关制度安排。

（一）“四个全面”战略布局下国家审计的基本定位

要从理论上辨清国家审计因何而来，又向何处而去。

1. 国家审计的本质定位。

“四个全面”战略布局下，国家审计是党和国家权力运行制约和监督体系的重要组成部分。

①从马克思主义政治经济学的角度，权力的核心是配置资源。资源配置选择了国家配置，这种国家力量标志着资源由谁拥有，由谁分配，怎样拥有，怎样分配，如何收益，就演变成一种权力，一种纯粹的政治进程。

②国家审计是对公共资源的占有、使用、收益和处分的过程和结果进行监督，其实质就是对国家权力运行的监督。从资源配置有效性，政治发展的角度，加强对权力运行的监督至关重要。国家审计正是以独立第三方的资格监督权力运行，保证权力配置资源的有效性。

③财政是国家治理的基础和重要支柱，国家审计对权力的监督自始至终以财政为核心。国家审计需要深刻理解财政在推进国家治理体系和治理能力现代化进程中的作用，真正从政治的高度审视财政，紧紧围绕财政运行核心，以“财”推动“政”的现代化进程，以“政”实现“财”的配制科学合理。

2. 国家审计的优势定位。

优势决定了国家审计能做什么，能做成什么。

①国家审计的组织地位优势。国家审计组织地位优势源于法律规定和其本身的特质。宪法权威性：国家审计产生由宪法规定，决定了国家审计在权力监督体系地位的权威性与不可替代；职能专门性：国家审计机关是国家的专门监督机关，职能的专门性决定了国家审计的组织地位的不可或缺性；特质独立性：独立性既是国家审计的组织地位优势，也是国家审计的效能优势。

②国家审计的效能优势。国家审计的效能优势是国家权力监督能力现代化的重要表现。专业性：国家审计的实施是一种专家行为，具有很强的专业特性；关联综合性：国家审计对权力监督的领域和层次涉及国计民生的各个领域，涉及微观、中观、宏观的各个层次；真实公正性：数据信息采集的全面真实，评价的客观公正是国家审计的基本目标和基本行为准则。专业性、关联综合性、真实公正性决定国家审计在党和国家权力监督体系中的效力权威性。

3. 国家审计职能的基本定位。

国家审计应将监督的基本层面与权力配置资源的主要形式有机结合。

①真实、全面、完整反映政策与法律实施的现实，为政策与法律的进一步调整提供可靠有效的数据信息。对政策与法律的制定过程、执行结果现实情况进行表述，是真实性审计和合法性审计的必然要求与反映，是国家审计监督权力行使有效性的基本作用层面。

②对政策与法律的过程和结果进行实质效用评价，为政策及法律的进一步调整提供切实有效的建议和解决方案。对政策与法律的制定过程和执行结果进行实质效用评价，是效益性和效果性审计的必然反映，是国家审计作用层次的升华，是国家审计在实现国家治理体系和国家治理现代化进程中发挥独特作用的重要体现。

（二）“四个全面”战略布局下，深化国家审计的主要着力点

在“四个全面”战略布局下，国家审计应从国家治理的角度，围绕权力配置资源的主要方面，理解新常态，研究新问题，合理布局，不断调整

和深化国家审计实施的主要方面和着力点。

1. 从党和国家发展战略着眼，积极探索对关系国家发展的战略规划进行审计，注重财政政策与金融政策的效应分析，促进宏观调控方式的优化。国家审计应针对我国所出台的一系列发展规划，包括重要事项的国家发展规划、行业发展规划、区域发展规划等开展政策性分析。通过战略规划、货币政策与财政政策之间的关系影响分析，提高财政货币等相关政策选择的针对性、准确性和可执行性，促进以财政政策和货币政策为主的产业政策、区域政策、投资政策、消费政策、价格政策协调配合的政策体系的完善。

2. 做深做透财政审计，以财政审计为支点，促进政府职能转变和能力提升，促进资源的优化配置，实现国家治理体系和治理能力现代化。国家审计需要以新的思维和视野，从权力运行的角度认识和理解财政审计。应当关注财政收支的规模变化和结构变化。一是分析和考量政府行为的政治价值取向，政府行为对国家经济社会发展的影响。二是透析国家财政支出政策对于经济增长的影响，税负水平与增长速度间的关系，中央财政与地方财政的结构性问题，财政收入与支出之间搭配组合的状态和趋势对经济发展的影响等。三是透析国家战略的实施情况。四是分析国家扶贫政策的制定和实施效果。

3. 深化金融审计，注重金融服务实体经济的发展，注重国内市场与国际市场的联动效应，注重金融创新与防范金融风险，维护金融安全。国家审计应当通过所掌握的实体经济主体与金融机构之间的数据关系，结合对实体经济主体经营方向的考量和业务分析把握，能够对金融机构如何有效地促进实体经济的发展提出有价值的建设性意见。金融审计应当有一种大视野，能够及时把握国际金融市场的发展动向和趋势，为国家金融的健康发展，防范金融风险和危机提供前瞻性的权威意见。

4. 深化国有企业审计，开展对国有企业整体发展状况的专项审计，维护国有企业对于社会主义公有制经济发展的战略地位，注重区分国有资产经营管理与国有资产监督管理，充分发挥国家审计的监督效能。深化国有企业审计，应当首先对深化国有企业改革有明确的理论认识。应当对国有企业的整体发展状况进行专项审计，包括行业分布、利润税收状况、资产股权结构、经营管理、社会责任等，促进和维护国有经济在国民经济中发挥主导作用。国家审计应当在创新国有资产管理体制中发挥重要作用，要体现国家审计在国有资产经营管理和监督管理上的不同与优势。

5. 以经济责任审计为支点，多角度考量领导干部的履职责任，深刻理解领导干部自然资源资产离任审计的内涵。①进一步理解和加强对领导干部履职责任的多角度宽视野考量。应当以经济责任审计为支点，对领导干部的履职责任进行多角度宽视野的考察分析，促进领导干部从党性和责任的角度树立正确的权力观。②拓宽视野认识和探索领导干部自然资源资产离任审计。自然资源资产离任审计是一项复杂的系统工程。从政治战略角度认识自然资源资产离任审计；从政府公共管理的角度认识自然资源资产离任审计；从经济的角度认识自然资源资产离任审计；从生态与环境的角度认识自然资源资产离任审计。

6. 正确认识国家审计反腐败与促进发展关系，积极由反腐败治标贡献转向法治思维下的制度治本贡献，深化和提升国家审计在反腐败中的作用。国家审计必须正确认识和处理好反腐败与促进发展的关系，处理好发现问题，查处大案要案与审计基础性工作的关系。国家审计应以财政资金支出有效性审计为支点，对国家反腐败工作规划进行有效性审查，对涉及反腐败的法律法规进行有效性审查，分析各种措施之间有机联系性、衔接程度、影响程度和合力效应。

（三）“四个全面”战略布局下变革和完善相关国家审计制度的思考

1.“四个全面”战略布局下，坚持和加强党对审计工作的领导。国家审计应当在党的领导下，以坚定的政治定力，高度的政治自觉，以法治思维和法治方式有效推动各项制度措施的稳步落实，完成党和国家关于加强审计工作的总体部署。国家审计应当顺合从严治党契机，从严治审，不断强化审计人员的党性修养，锻造一支政治素养强、业务技术精、作风纪律优的审计干部队伍。

2. 切实重视智库建设，以智库思维助推国家审计成果影响力。应当明确怎样建设智库，重视智库构成人员的能力；应当明确国家审计智库作用与国家审计发挥智库式作用的关系；要强调应用对策研究与基本理论研究有机结合；要强调智库独立思维之精神和独立思维之能力。

3. 建立健全政策审计制度体系，提升政策审计成果的科学性。政策审计的核心是对政策的评价。①政策评价标准制度。政策的评价标准总体上有：投入工作量、绩效、效率、充分性、公平性、适当性、执行力、社会发展总目标。国家审计在进行政策分析评价时，应当根据评价标准，所涉及的政策事实，设计一定的指标体系。②政策评价主体制度。从国家审计实施而言，不同实施阶段，参与政策评价的主体不同，所发挥的作用也不同。一线审计人员对政策事实的初步判断，影响着国家审计政策评价结果的公正性和权威性；总体负责部门的审计人员对所汇总的数据信息的把握、理解和运用，将直接影响政策评价结果的价值程度；专门承担数据分析部门的人员要具有深厚的各领域的理论功底和理论分析能力；智库人员是国家审计实施政策评价的核心。③技术方法制度。政策评价的技术方法依据不同的政策事实，不同的政策分析阶段，不同的政策目标，采取不同的技术分析方法。国家审计应当在政策审计中根据审计的特点，创新技术方法，以科学的方法增强国家审计分析结果的权威性。

4. 深化审计人才管理制度，提升审计人员整体素质能力。国家审计在审计队伍建设上既要从普遍性的角度，着力于整体审计人员队伍建设，更要从特殊性的角度，加强和深化审计人才队伍的建设。①探索和推行审计职业化。职业化建设关键制度之一是根据国家审计的职业特点，确定国家审计的选拔和遴选制度。职业化建设关键制度之二是如何确定审计人员的职业等级，依据怎样的标准去确定，划分清楚职业等级与公务员职级的联系与区别。审计职业化建设关键制度之三是如何依据职业等级确定国家审计的工作制度，确定什么样的工作制度才能充分保证国家审计的实施。②国家审计人才管理制度。切实建立有效的各层级审计人员发展计划，并严格遵守。根据国家审计的特点，创新分类改革的模式，发挥专业技术资格的实质效用。建立适当的后勤保障机制。审计项目安排应当尽量有一个缓冲期。建立良好的组织文化。

5. 注重国家审计的软实力建设，树立“公正·发展”的审计价值理念。价值理念是国家审计软实力的核心，在软实力建设上，首要是树立“公正·发展”的审计价值理念。国家审计的“公正”价值理念：一是以维护公平正义的法治思维，以对国家、社会和人民的责任感，判别国家政策的制度安排，判别权力行使的效果是否有益于人民获得更多的满足感和幸福感，发展是否真正是为了人民，依靠人民，成果由人民共享。二是国家审计应当通过依法尽职作为，促进各治理主体对国家和社会发展的责任。国家审计的“发展”价值理念：一是充分认识发展是国家强盛，人民获得福祉的重要保证。二是国家审计不是单向度地唯发现问题和揭露问题，而是通过对问题的发现和揭露寻求更合理的资源配置和利用方式。

五、国外国有企业审计情况与借鉴

该研究在对美国、英国、法国、德国、加拿大、澳大利亚、俄罗斯、意大利八国最高审计机关国有企业审计的审计依据、对象和范围、审计内容和重点、审计方式与方法、审计结果运用等五个方面进行研究的基础上，归纳提炼了上述国家国有企业审计工作的特点和经验做法，结合我国新一轮国有企业改革的要求，提出了加强和改进我国国有企业审计工作的建议。

（一）国外国有企业审计的基本情况

1. 审计依据。这些国家审计机关对国有企业开展审计的依据主要包括对审计机关权限职责做出规定的法律法规、对国有企业及其监管做出规定的法律法规，以及规范审计行为的审计准则等。为了规范最高审计机关对国有企业审计的具体行为，各国还制定了审计准则或指南。有的国家法律还对审计机关监督国家参股企业做出了详细规定。

2. 审计对象和范围。各国国有企业审计的对象和范围主要依据相应的国家法律、审计法律法规和国有企业监管要求而确定，按照国有企业类型、国有资金使用情况、国有资产监管主体和企业负责人来划分。大部分国家（美国、英国、加拿大、澳大利亚等）审计机关按照国有企业类型确定审计对象。各国国有企业审计的范围主要是根据审计类型而确定，主要包括财务收支审计和绩效审计（专项审计）。其中，绩效审计还根据各国国有企业改革不同阶段和管理体制不同而各有侧重。

3. 审计内容和重点。①财务收支审计的内容和重点。这些国家的最高审计机关对国有企业进行财务审计的内容基本相同，主要审计财务报表和财务收支活动。②绩效审计的内容和重点。由于国有企业审计的对象和范围各有侧重，各国国有企业改革和国有企业市场化程度、政府监管等存在不同，各国审计机关对国有企业绩效审计的内容和重点存在较大差异。如对于处于私有化阶段的国有企业，国家审计机关比较关注私有化过程、私有化政策和方式的合理性、有效性。在国有企业的市场化和公司治理不断完善后，大部分国家将公司治理、内部控制、风险管理、重点业务管理和绩效等作为审计的重点。对国有企业的内部管理、项目管理和经营活动进行审计；对国家重大经济政策执行情况进行评价；将国有企业私有化改革作为绩效审计的重点；强调对国有资产监管情况进行审计，注重维护政府作为出资人的权益，比较有代表性的是英国审计署、法国审计法院、德国联邦审计院；对国有企业相关负责人进行审计：有的国家最高审计机关国有企业审计内容还涉及相关负责人和企业薪酬体制、可持续发展等。

4. 审计方式与方法。各国最高审计机关国有企业财务审计和绩效审计所运用的方式方法不尽相同。①财务审计外包给会计师事务所，并注重对会计师事务所审计质量的核查。美国审计署、加拿大审计署、德国联邦审计院、法国审计法院、澳大利亚审计署都不同程度地将国有企业的财务审计外包给会计师事务所。②有些国家采用风险导向审计方法。③探索新的审计方式与方法。各国在国有企业绩效审计方面，除了采取调查、检查、分析、报送审计、就地审计等常规方式方法外，还积极探索新的方式方法。比较典型的是英国审计署，形成了比较成熟的绩效审计工作流程和方法。

5. 审计结果运用。①国有企业审计报告和结果向社会公开。各国通常都将审计报告通过互联网或召开新闻发布会等形式向公众公开。②国有企业审计结果提交议会用于问责。美国、英国、澳大利亚、加拿大等国审计机关都将其国有企业审计结果以不同形式提供给最重要的使用者议会，包括议会中的专门委员会（如英国的公共账目委员会）及全体议员，以协助议会开展对政府的问责。③国有企业审计报告提交给被审计单位和有关部门用于改进企业治理。各国审计机关还将审计报告报送给被审计单位和有关部门，提出审计整改建议，帮助被审计单位整改，促进有关部门加强管理。此外，有的国家审计机关强调对国有企业审计结果的总体分析和经验总结。

（二）国外国有企业审计的特点和做法

1. 以立法和制度来保障审计机关的国有企业审计权限。各国都通过不同层面的法律法规，明确规定审计机关对国有企业审计的权责、对象、范围及审计成果运用等。有些国家还制定了规范国有企业经营管理的行业法律（如英国、澳大利亚），甚至对每一家国有企业的建立、管理和改革都设立专门法案（如美国），明确规定了国有企业审计的目标、重点和要求。

2. 按照国有企业类型分别确定审计目标和审计重点。不同类型国有企业所处竞争领域、经营管理目标不同，国家持股情况不同，决定了审计机关国有企业审计的目标和重点存在较大差异。在国有企业私有化阶段，为了保障改革的顺利进行，大部分国家审计机关将私有化过程、私有化政策作为审计重点。大部分国家审计机关主要是根据国家独资、控股、参股国有企业分别确定审计内容和重点。

3. 多角度的专项审计是国有企业审计的主要方式。各国审计机关都在法律授权范围内，多角度地对国有企业开展专项审计，专项审计重点关注：国有企业内部控制、公司治理、项目管理、风险防控、资金使用绩效等方面，在国有企业市场化过程中重点监督私有化过程、私有化政策的落实，对国家政策在国有企业的贯彻落实发表建议和意见。大部分国家（如美国、英国、澳大利亚等）都强调审计机关对国有企业的专项审计在维护国家安全，保护政府作为持股人的利益，增加社会效益，促进实现企业良好治理和改进经营绩效等方面的作用。

4. 注重对国有企业出资人进行审计。有些国家注重对国有资产出资人职责履行情况进行审计。

5. 对国有企业私有化全过程进行跟踪审计。在 20 世纪 80 年代西方私有化浪潮下，这些国家在不同程度上都经历了国有企业私有化历程，各国审计机关是这一历程的重要参与者。

6. 注重审计报告公开和审计结果运用。各国审计机关国有企业审计报告重点反映企业运行管理中存在的问题和缺陷，并提出改进治理、加强财务管理和提升运营绩效的审计建议。绝大多数国家审计机关通过网站向社会公开国有企业审计报告等审计成果信息，有的国家还定期向新闻媒体提供有关国有企业审计工作的信息。

7. 注重利用注册会计师审计成果并加强对其审计成果质量的检查。由于大部分国家的最高审计机关将国有企业的财务收支审计工作部分或者整体外包给注册会计师事务所，因此这些国家的审计机关都以不同方式加强对注册会计师开展国有企业财务收支审计工作的监督和审计成果质量的检查。

（三）对完善我国国有企业审计的建议

我国审计机关应该按照以“管资本”为主的监管要求，进一步明确我国国有企业审计工作的定位，构建完备有效的国有资本审计监督制度，实现国有资产审计监督全覆盖；在审计法赋予审计机关对国有企业资产负债损益和国有企业领导人员任期经济责任进行审计的职责范围内，贯彻“全面审计、突出重点”的原则，重点关注国有企业贯彻落实国家宏观调控政策和重大决策部署情况，国有资本运作和监管主体职责履行情况，混合所有制改革和产权流转过程中国有资本的保值增值情况，国有企业领导人员任期经济责任履行情况。完善国有企业审计监督制度，进一步完善对国有企业和国有资本投资、运营和监管部门的财务审计和专项审计，加大国有企业领导人员任期经济责任审计力度，改进国有资本经营预算审计，同时加强对社会审计机构对国有企业审计报告的核查力度，改革国有企业审计报告制度，推进审计结果公开，充分发挥审计机关国有企业审计的保障和监督作用。

1. 完善法律法规和制度，明确审计机关对所有形式的国有资本进行审计的权限。对国有资本占企业（股本）总额的比例在50%以下，且国有资本投资主体不拥有实际控制权的企业，相关法律法规对审计权的赋予并不明确。审计机关应借鉴国外国有企业审计的经验，通过推进修订和完善国有资产管理法律法规和制度，促进完善国有企业管理主体的规章制度，写入公司章程或者国有企业混合所有制改革合同（协议）中等方式，明确审计机关对所有国有资本的审计权限。

2. 以管资本为主线，对投资、运营、管理和使用国有资产的有关单位或企业，以及负责国有资产监管的部门等实现审计监督全覆盖。第一，对制订国家发展规划、产业政策和国有资本收益管理规则的政府部门进行审计。第二，对国有资产监管机构代表本级人民政府依法履行出资人职责进行审计。第三，对国有资本投资、运营公司进行审计。第四，对一般国有企业进行审计。

3. 对不同功能的国有企业分别确定审计目标和审计重点。对主业处于充分竞争行业和领域的商业类国有企业，审计目标主要是促进国有资产保值增值和提高企业的市场竞争能力；对主业处于关系国家安全、国民经济命脉的重要行业和关键领域、主要承担重大专项任务的商业类国有企业，审计目标主要是在促进国有资本保值增值的前提下，促进服务国家战略、保障国家安全和国民经济运行、发展前瞻性战略产业以及特殊任务的完成。对公益类国有企业，审计目标主要是促进其保障民生、服务社会、提供公共产品和服务，提高公共服务效率和能力。

4. 以财务收支审计、领导人员任期经济责任审计、专项审计、国有资本经营预算审计为主，构建国有企业审计类型体系。①财务收支审计：建立经常性的国有企业年度财务收支审计制度，不论是采用审计机关直接审计还是外包给社会审计机构的方式，实行每年审计一次。②领导人员任期经济责任审计：进一步加强和改进国有资本管理主体、国有资本投资运营机构和国有企业领导人员的任期经济责任审计工作。③专项审计：主要是对企业贯彻落实国家重大决策部署和重大投资项目、重要专项资金的审计。同时，审计机关也应对公司治理结构和机制开展专项审计，推进公司治理结构的完善。④国有资本经营预算审计：审查国有企业国有资本经营收益上缴、国有资产管理部门管理和分配国有资本经营收益的情况。

5. 重点对国有企业混合所有制改革全过程实施跟踪审计，促进国有企业产权规范流转，防止国有资产流失。审计机关应当紧跟混合所有制改革进程，对国家政策落实情况和国有企业改革的重点环节，实施跟踪审计。

6. 加大审计结果公告力度，探索实行国有资本审计专门报告制度。审计机关要积极推进领导人员经济责任审计结果、财务收支审计结果、专项审计结果、国有资本经营预算审计结果的公开，提高国有资本管理、运营的透明度，督促整改，落实人民群众的知情权。探索实行审计机关每年专门向人大报告一次国有资本审计工作情况的制度。

7. 加大对社会审计机构为国有企业出具的相关审计报告核查的力度，公开核查结果，督促社会审计机构提高业务质量和诚信执业。审计机关应当制定具体办法，落实这一规定。

六、审计数据分析技术创新已成为审计创新的最突出特点

该研究对审计数据分析技术创新案例进行了分类，并介绍相关内容，分析当前审计数据分析技术创新发展的主要特点，提出促进审计数据分析技术创新的政策建议。

（一）审计数据分析技术创新的主要类别和内容

通过对 2015 年第三次全国审计机关审计技术创新专题调研中数据分析创新案例的梳理，说明在大数据时代背景下，各个审计专业领域都已经认识到大数据、云计算等技术在提高审计效率、实现审计全覆盖中的重要意义，开始探索性应用。但从该项技术创新发展阶段看，这些前沿技术在审计行业的应用还处于初步探索阶段，拥有巨大创新发展空间。

总体来看，大数据和云计算技术、数据综合分析利用技术和数据采集技术创新案例的数量是创新案例数量最多的三个技术领域，是当前数据分析领域创新的重点和热点。数据库技术中已经开展国产数据库的应用，审计数据库应用将实现以国产数据库为主。地方审计机关是联网审计技术创新的主力。AO 软件在地方审计机关的审计工作中正在不断地丰富和完善。审计数据分析领域对前沿技术的创新和探索正在逐步推进。相对成熟的数据分析技术在审计行业仍具有较高的创新价值和创新空间。

（二）审计数据分析技术创新的主要特点

1. 审计数据分析多层次、系统化技术创新格局初步形成。构建了多层次的审计数据分析技术创新体系。该体系以数据库技术为核心，从数据采集、预处理，到联网审计、数据综合分析利用，再到数据可视化、数据挖掘算法，构建的审计数据全流程分析体系。其中数据库技术是审计数据分析技术创新的基础，大数据、数据挖掘等技术与具体审计问题相结合是审计数据分析技术创新的主攻方向。

2. 审计数据分析技术创新应用领域广泛。从综合情况来看，审计数据分析技术创新广泛应用于固定资产投资审计、金融审计、企业审计、社会保障审计、税收审计、预算执行审计、资源环保审计、经济责任审计、专项审计、海关审计、外资运用审计、境外审计和通用类审计。也就是当前所有的审计应用领域中均应用了审计数据分析技术。

3. 审计数据分析前沿性技术创新有待进一步发展。审计实践人员和审计科研人员应密切合作，确定需要解决的重点审计数据分析问题，集中优势智力资源和物质资源定点突破，一步一个脚印地扎实推进审计数据分析前沿性技术的创新发展。

（三）促进审计数据分析技术创新的政策建议

1. 进一步加强审计大数据标准体系和审计大数据分析云平台标准体系建设。审计大数据标准体系建设既包括结构化数据的标准化，也包括非结构化数据的标准化建设。审计云计算平台是一个强大的"云"网络，连接了大量并发的网络计算和服务，可利用虚拟化技术扩展每一个服务器的能力，将各自的资源通过云计算平台结合起来，提供超级计算和储存能力。

2. 进一步加大审计数据分析技术推广力度。数据分析技术创新和技术推广应齐头并进，避免出现重创新、轻推广现象。一是要建立常态化的审计数据分析技术创新案例的总结、推广机制。二是要建立审计数据分析技术创新案例深度开发机制。三是要建立全国性的审计数据分析技术创新应用案例库。四是要建立全国审计数据分析技术创新人员交流平台。五是要定期开展面对面的审计数据分析创新案例培训和研讨。

3. 结合审计职业化建设构建审计数据分析技

术创新人才队伍。一是在审计职业化建设过程中，要设立审计数据分析等审计信息技术人才专业岗位和等级序列。二是在审计数据分析技术创新攻关的关键环节，可通过灵活的政策，提供人力资源保障。

七、基于国家审计观视角的国家审计保障作用研究——兼论“三个区分”的理论依据和现实意义

该研究论述了审计署党组关于适应新常态、践行新理念提出的“三个区分”的理论依据和现实意义，阐述了新时期国家审计保障作用的核心是保障生产关系革新、促进生产力发展，针对审计人员认识中的一些误区，厘清了国家审计建设性保障作用与批判性保障作用、依法审计和审计独立性之间的关系。

（一）国家审计观视角下的国家审计保障作用

在国家审计观的视角下，国家审计是推动国家治理体系和治理能力现代化的重要保障，保障作用是由国家审计的本质和目标决定的国家审计的根本作用。

1. 国家审计保障作用是国家审计观的内涵之一。国家审计通过独立公正地核查国家治理各领域各类经济活动，发挥预防、揭示和抵御的“免疫系统”功能，对推动国家治理体系和治理能力现代化提供重要的基石支撑和保障作用。国家审计的一切作用归根结底都是对国家治理体系规范和高效运转的保障作用，国家审计的各种职能履行和功能发挥，都是最终实现保障作用的有效路径。

2. 国家审计客观发展规律和阶段性特征是影响国家审计保障作用的内在动因。

一是审计查账论对国家审计保障作用的影响。在以查账论为主流观点的阶段，国家审计的保障作用被局限于账目上的查错纠弊，这一阶段，国家审计在经济社会发展、国家政治法律制度建设及国家治理中的重要作用往往被忽视。二是经济监督论或经济控制论对国家审计保障作用的影响。在以这两项理论为主流观点的阶段，国家审计的保障作用主要是通过在经济领域特别是对于具体经济行为和经济事项的监督评价、对于具体违法违规问题的查处和“纠偏”来实现的。这一阶段，国家审计的保障作用偏重于强调经济领域的作用，对于国家审计在政治、文化、社会、环境建设领域和宏观层面的重要作用强调不够。三是权力制约论对国家审计保障作用的影响。权力制约论提出后，国家审计保障作用的领域得到了拓展，从经济领域跨越到政治、社会等领域思考审计问题，但这一观点强调了审计的制约性作用，对于国家审计推动和促进权力运行的建设性作用重视不够。四是民主法治论对国家审计保障作用的影响。民主法治论是从更高层面、更宽范围对国家审计作为一种制度安排所进行的抽象和概括，但这一观点不符合国家审计发展的全部特征，与审计产生和发展的逻辑起点不甚相符。

在国家审计观的视角下，国家审计保障作用是指国家审计对国家治理体系和治理能力现代化的保障作用。其内涵包括两个层面：一是批判性的保障作用，重在通过监督和制约行政权力运行状况，对违反国家财经法纪的行为予以深刻揭露、严肃查处，查错纠弊、防范风险，反向推进国家治理进程。二是建设性的保障作用，重在通过鼓励改革创新、建立容错提醒机制、反映体制机制制度问题，正向推动国家改革发展，为党和国家提供决策参考，推动将国家的制度优势转化为治理效能。

3. 国家治理需求变化是影响国家审计保障作用的外在动因。

国家审计作为国家治理系统重要的子系统之一，是为满足国家治理的客观需要而产生和发展起来的，国家治理的需求是影响国家审计作用机制最重要的外在动因。由于经济社会发展的需求不同，不同国家在不同的经济社会发展阶段，由于国家治理需求不同，其审计制度安排是不同的，国家审计在经济社会发展中发挥作用的机制都有很大差异。国家审计的发展是顺应历史趋势的结果，而国家审计保障作用的变化是国家审计发展的突出表现。

新的物质生产方式下，国家治理对国家审计作用机制提出了新的要求，一方面，仍然要求国家审计加强批判性，严肃查处违法违规问题并主动向社会公开；另一方面，我国经济社会各领域的全面深度变革过程中，出现了大量改革发展过程中的创新举措和应变措施，出现了一些改革创新过程中不可预知的风险和失败，更是对现行存在重大体制性障碍、制度性缺陷和法律法规滞后的全面检验，都需要国家审计发挥建设性的保障作用，加强正向的判断、鼓励、容错和提醒，这是新时期国家治理对国家审计保障作用的要求。

（二）新时期国家审计保障作用侧重于建设性保障作用

国家审计的客观发展规律和国家治理的新时期需求都要求国家审计保障作用中的正向推动的建设性保障作用应当予以突出和强化。建设性保障作用的核心是保障生产关系革新、促进生产力发展，其具体内涵主要体现在鼓励改革创新、建立容错机制、推动法制革新三个方面。

1. 鼓励改革创新。鼓励改革创新是正向发挥建设性保障作用最重要的内容。鼓励创新和推动改革已经成为当前审计工作的重中之重，其关键内涵在于“两个准确”。一是“准确识别出发展中的积极探索和创新举措”。即对于审计工作中遇到的一些突破原有制度和规定的做法，能够准确判断出是否属于改革发展中必要的创新举措和应变措施。二是“准确选择如何鼓励发展中的积极探索和创新举措”。鼓励和支持应当包括两个方面，一方面是帮助引导，另一方面是反映困难。

2. 建立容错机制。建立一个规范完善的国家审计容错机制是保障作用的重要支柱，其核心是包容必要试错，机制架构主要包括“区分必要试错＋分级审计提醒”。一是“区分必要试错”。其首要任务是准确将必要试错和违法违纪行为做出区分。在全面调查了解的基础上加以区分，即将先行先试与明知故犯的违纪违法行为，探索性试验中的失误同我行我素的违纪违法行为，推动发展的无意过失同谋取私利的违纪违法行为区分开来。二是“审计提醒”。对于必要试错也绝不是放任不管，而是启动“审计提醒”。即要按照试错造成的损害程度予以关注或做出提醒。

3. 推动法制革新。应当把推动法规制度创新作为发挥国家审计保障作用的重要内容和目标。一是对于制度空白领域，及时推动将成熟的创新举措总结上升为法律制度。二是对于制约和阻碍改革的制度缺陷，要及时推动改进和完善。

（三）厘清当前对国家审计建设性保障作用的几个认识误区

1. 建设性的国家审计保障作用与批判性的国家审计保障作用之间的关系。事实上，国家审计的一切作用归根结底都是保障作用，批判性和建设性只是实现保障作用的两个方向，通过不同的作用机理共同推动完善国家治理。在实际运用中，正反双向的保障作用既相互区别又相互联系，是相辅相成不可分割的关系，甚至综合运用、互动互补、缺一不可。一是对立统一。建设性保障作用和批判性保障作用兼顾了矛盾的两个方面，是相互对立又是相互统一的，其对立是指工作角度的不同，一个重在“保创新促改革”，一个重在“纠重错防隐患”，其统一是共同服务于推动完善国家治理的目标，任何把二者割裂开来或者顾此失彼的做法都是不正确的。二是综合运用。在实际审计工作中，建设性保障作用和批判性保障作用都不是孤立存在的，即使侧重于建设性保障作用的全面深化改革的当前时点，也要根据实际情况将批判性保障作用的准确性、彻底性、震慑性和建设性保障作用的主动性和前置性充分结合、综合运用。

2. 国家审计建设性保障作用与依法审计之间的关系。国家审计发挥保障作用必须以依法审计为基础和前提，努力维护和促进法治发挥应有作用。第一，依法审计是国家审计发挥建设性保障作用的基础和前提。第二，国家审计建设性保障作用重点关注法律空白和法律冲突状态下如何依法审计的问题。

3. 国家审计建设性保障作用与审计独立性之间的关系。第一，国家审计建设性保障作用与审计独立性在目标和价值取向上具有一致性。第二，审计独立性是组织的独立性，体现在宪法地位和制度设计，国家审计建设性保障作用不影响审计独立性。第三，审计独立性是更好发挥国家审计建设性保障作用的重要支撑。

八、构建以审计监督为纽带的党和国家权力监督合力机制研究

该研究基于对我国党和国家权力监督体系内容、特点和现状分析，立足审计监督的特点和法定优势，提出以审计监督为纽带的党和国家权力监督合力机制构想。

（一）我国党和国家权力监督体系概述

政府运用公共权力对稀缺公共资源进行配置的过程中，必然存在权力滥用和寻租的空间，从而产生了对权力运行和资源配置进行监督和制约的客观需要，由国家授权专司监督之职的机构和

人员也随之应运而生。

1. 我国党和国家权力监督体系的主要内容。

党的十八届四中全会明确提出了新时期行政权力运行监督体系的具体内容，即“加强党内监督、人大监督、民主监督、行政监督、司法监督、审计监督、社会监督、舆论监督制度建设，努力形成科学有效的权力运行制约和监督体系，增强监督合力和实效”。根据监督主体和权力形式的不同，可以将这八种监督制度分为三类。

①政党监督（包括党内监督和民主监督）。首先，中国共产党作为执政党，坚决实行严格的党内监督。其次，各民主党派通过政治协商、参政议政实行民主监督。

②国家机关监督（包括人大监督、行政监督、司法监督、审计监督）。人大监督是决策系统对执行系统的监督；行政监督是执行系统的内部监督；司法监督是指国家专门机构依据法律设定的职权和程序，运用法律裁判纠纷以及监督法律实施的行为；审计监督是一项宪法确定的基础性制度安排。

③公众监督（包括舆论监督、社会监督）。舆论监督主要指新闻舆论监督；社会监督主要指社会团体和公民个人的监督行为。

2. 我国党和国家权力监督体系的主要特征。一是坚持党的领导。在中国共产党的核心力量作用下，政党监督、国家治理系统监督和公众监督能够形成互相协调、互相支持、取长补短、为国家发展进步凝聚共识的“磁场”，形成一个有凝聚力、向心力和监督合力的权力监督体系。二是坚持人民主体地位。在我国党和国家权力监督体系中，任何一种监督形式都是通过法律授权代表人民行使的，人民是权力监督的根本主体。三是坚持全面复合型的监督网络。各监督主体组成了网状的复合结构，既包括自上而下、自下而上的监督，又包括内部和外部的监督，还包括监督主体之间的相互监督。四是坚持各司其职各尽其责。各监督主体不断强化监督意识，依法依规履行监督职责，并不断突出监督重点，加强对重点环节、重点领域、重要部门、关键岗位尤其是“一把手”的监督，对行政权力的行使进行全过程的监督。

（二）构建党和国家权力监督合力机制的必要性

1. 构建权力监督合力机制是党和国家的明确要求。长期以来，党和国家高度重视对权力的制约监督，并结合实践逐步加深了对各监督主体间协作配合的思考。

2. 世界各国普遍高度重视权力监督的多元配合。从古希腊罗马时期的公民大会监督、元老院与司法监督、行政监察弹劾三大机制相互协作制衡，到近现代资本主义国家以议会监督、行政监督、司法监督为核心，违宪审查机构、行政裁判所、反贪委、廉政官、审计署等独立监督机构协作配合的监督模式。

3. 当前我国党和国家权力监督体系在发挥合力方面存在着亟须解决的突出问题。①监督主体多元，作用分散、职能交叉、重复监督问题突出。一是监督作用分散，重点聚焦不够突出；二是监督职能交叉，重复监督情况时有发生。②体制机制保障不足，缺少畅通的沟通协调机制。一是监督联动不够有力；二是监督合作机制不够健全。③存在信息壁垒，缺少工作信息和工作成果共享。一是信息共享不够；二是信息公开不够。出现上述问题的主要原因在于，一是法律制度层面，各监督主体的职能边界还不够清晰；二是体制机制层面，缺少对协作配合沟通机制的顶层设计。

（三）审计监督具有发挥合力机制纽带作用的法定优势

从法律和行政效益的视角来看，根据宪法和审计法规定，国家审计与各监督主体之间都有法定协作机制和沟通协调渠道；从发挥实效的视角来看，国家审计发挥作用的主要机理就是与政党监督、国家机关监督和公众监督相配合。

1. 审计监督与司法监督、党内监督、行政监督的法定衔接。①法定的监督与被监督关系。司法机关、党的纪律检查机关、行政机关都是国家审计的监督对象。②法定的提请协助权和移送处理权。③综合的审计成果利用机制。审计机关不断拓展成果利用渠道，使相关监督主体能及时了解有关情况，加强对被审计单位和其他有关部门的管理与监督。④稳定的联络员和案件会商制度。公安机关、检察机关和党的纪律检查机关已与审计机关之间建立了稳定的联络员制度和案件会商制度，并向审计机关派出特约联络员，对于审计机关发现的案件线索提供专业意见。

2. 审计监督与人大监督、民主监督的法定衔接。①审计工作报告制度和问询制度。②特约审计员制度。通过建立特约审计员协商制度、通报制度和工作例会制度，与民主监督密切配合。③人大代表建议和政协委员提案答复制度。围绕人大代表和政协委员关切的相关问题，审计署加强与相关代表、委员的联系沟通，实现审计监督与人大监督、民主监督的协调配合。

3. 审计监督与社会监督、舆论监督的法定衔接。审计机关实行审计结果公开制度。一方面，为人民群众和新闻媒体有效进行监督提供内容，保障其知情权；另一方面，引导社会公众对被审计单位开展间接监督，并借助强大的社会舆论力量。

4. 审计监督与其他监督主体实现信息共享的法定和信息优势。在法律授权方面，要求提供资料权是法定的审计权限。在信息安全和成本方面，国家审计机关近年来高度重视信息化建设。

需要注意的是，在审计实践中，由于缺少必要的顶层设计，协作配合上仍然存在比较明显的问题。如提请协助权难以真正落实，法律法规并未对协助的方式、时限和答复等内容做出具体规定。移送会商制度缺乏主动性，只要对方不同意就无法移送；如果对方提出补证，就只能去补证，失去了审计监督与司法监督协作的意义。

（四）以审计监督为纽带的权力监督合力机制构想

1. 构建以审计监督为纽带的计划阶段沟通协作机制。①建立党和国家权力监督体系联席会议机制。会议可以由审计机关召集，各监督主体特别是政党监督和国家治理系统监督主体参加。②充分利用联席会议机制梳理职责权限。各监督主体在梳理权力清单的基础上，对法律法规赋予的职责权限进行集中磋商，并对交叉重叠部分商讨交换意见，在达成合意的基础上抓紧启动法律法规修订工作。③充分利用联席会议机制明确年度监督计划。各监督主体可以对上一年度监督工作情况进行总结，同时对本年度监督整体规划和各监督主体具体工作计划进行磋商。

2. 构建以审计监督为纽带的实施阶段沟通协作机制。①建立监督工作信息沟通协作平台。该平台主要包括四个部分，一是监督工作计划共享；二是工作信息实时共享；三是提请协助信息实时共享；四是协作情况督办。②明确各监督主体工作冲突时的解决原则。一是外部监督优于内部监督；二是全面监督优于专项监督；三是重点行业、重点领域和关键环节可以组织专项联合监督。

3. 构建以审计监督为纽带的成果阶段信息共享机制。监督成果可以分为两类，一是问题类成果，二是经验做法类成果。①经验做法类成果共享机制。一是根据两办意见要求，审计机关应当建立健全数据定期报送制度，加大数据集中度。二是可以根据数据共享需要，各监督主体在加强信息安全的基础上，对党内监督、司法监督、审计监督等专门监督部门开放端口，提供查询和分析权限。②问题类监督成果移送机制。一是对于以往发现的苗头性、倾向性问题，数额大、危害大、影响大的问题，模式化、规律化的问题，体制机制制度层面的问题，及时进行梳理并共享，供其他监督主体参考和分析研究。二是对于监督工作中发现的重大违法违纪线索，应当进行纵向和横向分类。③加强对监督工作的信息公开。各监督主体可以选择分别进行监督信息公开或联合进行信息公开。

4. 构建权力监督合力机制评估制度。一方面，各监督主体在相互监督制约中要充分考虑协作配合情况及合力机制运行情况；另一方面，审计机关作为纽带单位应当汇总各监督主体对权力监督合力机制运行情况、存在问题的评估。同时，需要注意的是，各监督主体要牢固树立“监督者更要接受监督”意识，以“正人先正己”的政治自信和责任担当主动接受监督，加强彼此的监督制约。

九、审计工作报告制度：推动完善国家治理重要渠道——党的十八大以来审计工作报告制度落实情况研究

该研究采用实证研究等方法，比较全面地梳理了审计工作报告制度沿革及主要内容，总结归纳了审计工作报告制度取得的主要成效及经验，分析了审计工作报告制度需要改进和完善的方面并提出相关意见建议。

（一）审计工作报告制度沿革及主要内容

1994年审计法首次确立审计工作报告制度，2006年修订后的审计法补充了整改报告等内容，

同年出台的人大常委会监督法也对审计工作报告制度做出了规定。

审计工作报告制度主要包括报告、审议、整改和公开等内容。其中报告指审计机关受本级人民政府委托，每年向本级人民代表大会常务委员会提出审计工作报告。审议指人大常务委员会每年审查和批准决算的同时，听取和审议审计工作报告，审议意见交由本级人民政府研究处理，常务委员会认为必要时，可以对审计工作报告做出决议。整改指在人大常委会会议听取和审议审计工作报告后的6个月内，审计机关受国务院委托向全国人大常委会报告审计查出问题整改情况。公开指对审计工作报告及单项结果报告、审计整改报告、人大决议及审议意见、对整改专题询问情况，及时、全面向社会公开。

审计工作报告制度的核心是向人大常委会提出的综合性报告文本——审计工作报告。审计工作报告全称为《关于××年度预算执行和其他财政收支的审计工作报告》，主要包括正文及附件。

（二）审计工作报告制度取得的主要成效及经验

审计工作报告已经成为全国人大常委会进行预算审查和监督的重要依据、党中央国务院和有关部门做出决策和推进深化改革的重要参考、媒体和社会公众参与国家治理的重要途径。

1. 把促进发展贯穿始终，充分发挥重大政策落实“督查员”作用。一是牢固树立并践行创新、协调、绿色、开放、共享五大发展理念。二是以推动重大政策措施落实为主线，加大跟踪审计结果反映力度。三是立足于维护国家经济安全，着力揭示突出矛盾和潜在风险。四是着眼于实现全面发展，促进改善民生。

2. 把推进改革贯穿始终，充分发挥全面深化改革“催化剂”作用。一是正确对待和处理改革中的新情况新问题。二是不断推动中央财政管理改革，促进建立统一、完整的政府财政预决算管理制度。三是积极推动重点领域和关键环节的体制机制改革。

3. 把推进法治贯穿始终，充分发挥法治体系“捍卫者”作用。一是着眼于不断完善法规制度体系，积极提出审计建议。二是着眼于执法必严、违法必究，健全审计发现问题的整改问责机制。

4. 把推动全面从严治党贯穿始终，充分发挥反腐“利剑”作用。一是着眼于惩治腐败，加大对重大违法违纪问题的揭露和查处力度。二是着眼于完善反腐倡廉长效机制，关注重大违法违纪行为的特点和规律。

从审计署的视角来看，总结起来，有5条值得长期坚持的经验。一是立足国家审计观，把审计工作报告制度作为推动完善国家治理的重要载体。二是坚持问题导向，全面深入揭示经济社会运行中的问题和风险。三是着眼推动深化改革，对关系体制机制的重大问题持续关注，久久为功。四是大力推动整改落实，形成党和国家监督体系合力。五是加强客观正面的舆论宣传，引导社会公众聚焦审计工作报告核心内容。

（三）审计工作报告制度需要改进和完善的方面

1. 审计工作报告内容方面。一是审计工作报告题目难以涵盖审计工作全部成果。二是审计工作报告反映的预算执行审计情况覆盖面还不够。三是对中央决算草案的审计结果还应进一步强化。

2. 报告机制方面。一是现行报告机制没有给决算草案审计预留足够的时间。二是现行报告机制缺少对财政部报告当年预算执行情况的呼应或衔接。

3. 审议机制方面。一是人大常委会对财政管理、预算执行之外的其他重点领域审计成果关注度不高。二是审议不够深入，人大决议过于简短。十年来人大常委会从未就审计工作报告单独做出过决议。

4. 整改机制方面。一是部分被审计单位的整改主体责任意识淡薄，对审计查出问题整改不够积极。二是人大常委会的整改监督责任还需进一步强化。三是审计整改长效机制还需要进一步健全。如整改责任不明确，又如问责追责不到位，再如对于中央已经提出的一些改革内容尚未通过立法予以明确。此外，实践中一些行之有效的做法尚未制度化。

（四）进一步改进和完善审计工作报告制度的建议

1. 加快修订完善审计法律法规，为进一步完善审计工作报告制度提供法律保障。一是确保将党和国家完善审计工作报告制度的重大决策部署在法律层面得到确认。二是对于法律规定与实践不相适应的内容，尽快进行调整。

2. 进一步完善审计工作报告机制，切实发挥在推动完善国家治理进程中的实效。一是适当调整提交报告的时间。二是进一步完善审议机制。三是进一步完善整改机制。四是进一步完善审计结果公开机制。

3. 进一步落实中共中央办公厅、国务院办公厅印发《关于完善审计制度若干重大问题的框架意见》及《关于实行审计全覆盖的实施意见》等相关配套文件等重要政策精神，提升审计工作报告内容的层次和水平。一是进一步加强和改进预算执行审计。第一，加大探索开展科目审计的力度。第二，要把绩效理念贯穿审计工作始终，促进提高绩效管理水平。第三，要进一步提高预算执行审计覆盖面。第四，要将预算执行审计与决算草案审计紧密结合起来，统一目标、统一方案、统一口径。二是加大决算草案审计力度。既要全面审计，又要突出重点，在审计方法上重点关注差异。三是积极探索开展权责发生制政府综合财务报告审计。

十、美国审计署伤残保险审计及其启示

该研究介绍了美国审计署伤残保险审计情况，并提出了我国开展相关审计工作的启示。

（一）美国审计署伤残保险审计情况

2012 年 4 月至 2016 年 2 月，美国审计署对社会保障伤残保险项目有关情况进行了审计，并提出相关建议。这些审计建议对美国优化伤残保险项目，促进持续伤残资格复核，完善社会保障制度都起到了不可忽视的作用。

审计伤残资格鉴定工作。一是采取措施优化伤残资格复核工作。二是通过优化领取人资格复核工作来增加资金结余。美国审计署建议，社会保障署要继续把成本节约作为优化持续伤残资格复核工作的一部分，要分析该项工作存在问题的根本原因并追踪存在误差的数据。社会保障署承诺执行审计报告中提出的可行性建议，审计署将对执行情况开展后续跟踪审计。

2. 审计法律法规及有关工作机制运行情况。一是同时领取多份伤残补偿金的伤残军人资格复核。二是不能甄别申领人工作情况而多付伤残金。美国审计署建议，社会保障署有必要建立一种机制并评估其成本与可行性，同时恰当实施这一机制。

3. 审计对代理机构的监管情况。审计内容涉及三个方面：第一，州及地方政府和社会私营机构签署代理合同情况；第二，对比各种代理行为的地区差别；第三，督促代理机构遵守相关规定。美国审计署建议，社会保障署应加强有关数据库建设，监控代理机构的各种不良发展趋势及行为。此外，社会保障署可以适度加强与各州及地方政府、私营机构等第三方代理机构的合作。

（二）美国伤残保险审计对我国的启示

1. 加强持续伤残资格鉴定工作审计，从源头上预防伤残保障资金管理使用的违法违规问题。具体审计内容可包括三个方面：一是审计社会保障主管部门及相关机构是否认真贯彻落实国家伤残保障政策，高效开展伤残保障相关工作；二是审计社会保障主管部门及其他相关机构是否定期开展伤残资格复核工作，是否采取措施不断优化伤残资格鉴定工作；三是审计社会保障主管部门及其他相关机构在支付伤残保障金时，是否严格按照规定、标准核查受益人资格，是否采取有效措施避免资金多付、错付等情况发生。

2. 审计伤残保障项目相关法律法规及机制运行情况，推动建立健全有关法律法规及各项运行机制。具体审计内容有：一是审计伤残保障项目现有法律法规及实施机制运行情况，通过揭示存在问题并提出进一步改进措施建议；二是审计伤残保障资格鉴定工作机制运行情况，检验各管理部门是否采用并优化相关措施，有效开展伤残资格鉴定及复核工作；三是审计各管理部门是否根据实践需要建立并健全有关机制，动态管理伤残保障受益人基本情况，从而不断优化伤残保障项目管理。

3. 合理开展相关机构监管工作审计，督促相关机构依法履职尽责。一是要审计社会保障主管部门是否督促相关机构切实贯彻落实国家社会保障政策措施，是否督促相关机构依法开展伤残保障工作；二是要审计社会保障主管部门是否督促相关机构重视并依法开展伤残资格鉴定与定期复核工作；三是要审计社会保障主管部门是否督促相关机构依法管理、使用伤残保障金。同时，审计内容还应关注社会保障主管部门是否顺应大数

据时代趋势，及时、完整构建伤残人员基本情况的数据库，便于监管相关机构履职尽责情况。

论文摘登

【省委书记省长经济责任审计中扶贫脱贫责任审计研究】 2015年11月23日，中共中央政治局召开会议，审议通过了《关于打赢脱贫攻坚战的决定》。会上，云南、贵州等22个脱贫任务重的省份的省委书记、省长向中央签订了《脱贫攻坚责任书》。

2015年12月8日，中共中央办公厅、国务院办公厅印发了《关于完善审计制度若干重大问题的框架意见》及《关于实行审计全覆盖的实施意见》等相关配套文件，明确提出了对领导干部履行经济责任情况实行审计全覆盖的要求。审计机关应当根据中央新的要求，在省委书记和省长经济责任审计中，将扶贫脱贫责任履行情况作为审计重点内容之一。

为深入研究省委书记省长扶贫脱贫责任审计内容，课题组先后与国务院扶贫办、贵州省扶贫办、贵州省审计厅、审计署农林水利审计局、审计署驻昆明特派办等单位的有关同志进行了座谈，对书记省长扶贫脱贫责任审计的指导思想、目标、内容和应当重点关注的问题进行了研讨。

一、书记省长扶贫脱贫责任审计的指导思想和目标

书记省长扶贫脱贫责任审计的指导思想是：全面贯彻落实党的十八大和十八届二中、三中、四中、五中全会精神，深入贯彻落实习近平总书记系列重要讲话精神和在中央扶贫工作会议上的重要指示，按照中办、国办《关于完善审计制度若干重大问题的框架意见》和国务院《关于加强审计工作的意见》的要求，围绕“四个全面”战略布局，切实贯彻创新、协调、绿色、开放、共享的发展理念，以《中国农村扶贫开发纲要(2011—2020年)》和《关于打赢脱贫攻坚战的决定》为核心，通过对书记省长扶贫脱贫责任履行情况进行审计，促进领导干部履职尽责，促进实现扶贫脱贫目标。

书记省长扶贫脱贫责任审计的目标是：以书记、省（市）长任职期间履行脱贫攻坚责任的情况为主线，以书记、省长与中央签订的《脱贫攻坚责任书》内容为基础，以全省脱贫攻坚工作的重大事项为重点，审查书记、省（市）长任职期间贯彻执行党和国家关于脱贫工作的重大方针政策及决策部署，促进本地区脱贫工作发展的履职尽责情况及《脱贫攻坚责任书》任务完成情况，以问题为导向，注重发现和揭示地方脱贫工作中存在的主要问题和风险隐患，深入分析原因，提出建议，客观评价省委书记、省长在脱贫攻坚责任履行过程中所做工作和存在的主要问题，促进领导干部严格履职，推进中央脱贫攻坚方针政策和决策部署的贯彻落实，促进地方脱贫攻坚年度目标和总体目标的完成。

二、书记省长扶贫脱贫责任审计的内容

在22个脱贫任务重的省份的书记、省长向中央签订的《脱贫攻坚责任书》上，明确了各省2014年的贫困县数量和建档立卡农村贫困人口数量，主要承诺四种脱贫攻坚责任：一是坚决贯彻落实中央关于脱贫攻坚的决策部署，把扶贫开发作为重大政治任务，严格执行脱贫攻坚一把手负责制，带领全省人民坚决打赢脱贫攻坚战；二是认真实施精准扶贫精准脱贫方略，制订“十三五”脱贫攻坚规划和年度减贫计划，逐级分解，落实到县到村到户到人；三是到2020年，确保现行标准下农村贫困人口实现脱贫，贫困县全部摘帽，解决区域性整体贫困；四是每年向党中央、国务院报告扶贫脱贫情况，接受监督考核。综合考虑这四种责任和审计工作实际，书记省长脱贫责任审计的内容主要有以下几个方面：

（一）贫困人口脱贫、贫困县摘帽、区域性整体贫困问题解决等脱贫攻坚责任目标完成情况

《关于打赢脱贫攻坚战的决定》提出了“到2020年，稳定实现农村贫困人口不愁吃、不愁穿，义务教育、基本医疗和住房安全有保障。实现贫困地区农民人均可支配收入增长幅度高于全国平均水平，基本公共服务主要领域指标接近全国平均水平。确保我国现行标准下农村贫困人口实现脱贫，贫困县全部摘帽，解决区域性整体贫困”的总体目标。

对脱贫攻坚责任年度目标和总体目标完成情

况进行审计，审计机关应查阅有关文件和会议纪要，审查是否按照《关于打赢脱贫攻坚战的决定》和《脱贫攻坚责任书》，对贫困人口脱贫和贫困县摘帽的责任分解到县、乡、村（组）和贫困人员，把扶贫脱贫任务布置到县、乡、村（组），落实到户到人，并按年度分解贫困人口脱贫、贫困县摘帽任务，并为完成任务制定具体的措施。审查年度目标的完成情况，分析没有完成的原因，并提出建议。审查2020年总目标的完成进度情况。

审查贫困人口退出程序、方式和标准的科学性、合理性和可操作性，抽查脱贫人员退出是否达到了脱贫标准；审查贫困县退出标准、程序、核查办法的恰当性，抽查贫困县摘帽是否达到了摘帽标准。

审查《脱贫攻坚责任书》中承诺的任务与省（区、市）制订的“十三五”脱贫攻坚规划的衔接情况，对于衔接不好的，要分析原因，提出建议。例如，在贵州省委书记、省长与中央签订的《脱贫攻坚责任书》中，2014年贵州省有贫困县66个，建档立卡农村贫困人口746万。2015年4月，贵州省制订的“33668”扶贫攻坚行动计划（2015—2020年）完成的任务，则是到2020年解决全省50个国家扶贫开发工作重点县，623万贫困人口的脱贫问题，两者相差123万人。审计机关要关注贵州省是否根据《脱贫攻坚责任书》的要求重新制订了规划。

（二）贯彻执行中央关于打赢脱贫攻坚战决策部署的情况

主要审查国家相关政策措施落实是否及时到位、有效，是否制订了有针对性的脱贫规划、方案和计划，是否有明确的路线图、时间表和责任单位，是否建立了有效的工作机制，监督检查是否到位，是否存在不作为、乱作为和慢作为的问题等。

1. 脱贫攻坚战略和政策措施执行情况及效果。

一是精准扶贫、精准脱贫方略实施情况。审计机关要关注省级“十三五”脱贫攻坚规划和年度减贫计划的制订情况；减贫计划逐年分解、逐级分解，市、县逐级立下军令状，层层落实脱贫攻坚责任，每年向省委、省政府专题报告扶贫脱贫进展的情况，省负总责、市县抓落实、重在乡村的层层传导工作压力机制的执行情况；贫困人口脱贫、贫困村退出、贫困乡（镇）摘帽、贫困县摘帽等退出制度的制定及其执行情况；扶贫计划和任务容量的扩容弹性，以容纳计划期新增贫困人口的情况。

二是“六个精准”相关政策落实情况。根据对扶贫脱贫工作“扶持对象精准、项目安排精准、资金使用精准、措施到户精准、因村派人精准、脱贫成效精准”的要求，审计机关要关注：是否对贫困人口准确识别、建档立卡、动态管理等；扶贫项目、措施和资金是否与贫困识别结果相衔接，是否根据致贫原因和脱贫需求，对贫困人口实行分类扶持等；驻村工作队（组）是否覆盖全部贫困村，每个贫困户是否都有帮扶责任人；审查精准扶贫信息平台的建设和运行情况，是否存在贫困人口信息不完整、档案资料不齐全、帮扶措施不具体等情况。

三是“五个一批”脱贫攻坚行动计划落实情况。在“发展生产脱贫一批”方面，审计机关要关注：扶贫措施与当地资源、贫困人口、扶持项目相匹配的程度，实地勘察种养业、加工业、旅游业、流通业、劳务经济等扶贫项目的运营情况；贫困县、贫困乡镇规划建设农业示范园区，通过发展特色农产品生产增加贫困群众收入的情况；注意发现决策失误导致项目失败，项目投入与覆盖贫困户不匹配的情况。

在“易地搬迁脱贫一批”和“生态补偿脱贫一批”方面，审计机关要关注：对贫困人口比例高、生存条件恶劣的自然村庄和村民组实施整村（组）搬迁，对零散分布的贫困户实施插花搬迁的情况。是否合理规划移民安置点，解决好移民住房、医疗、社保、子女就学等问题；贫困地区退耕还林还草等重大生态工程建设，以生态补偿方式让有劳动能力的就地转化为生态保护工人情况；评价搬得出、稳得住、能发展、可致富目标实现情况。

在“发展教育脱贫一批”方面，审计机关要关注：义务教育均衡发展和基本普及十五年教育的情况，压减行政经费用于支持教育，各级教育经费继续向贫困地区、基础教育倾斜，特岗计划、国培计划向贫困地区倾斜的情况；贫困家庭学生就读普通高中、中职学校、普通高校资助体系建设的情况；资源合理配置，全面改善贫困地区农村义务教育薄弱学校办学条件，实施贫困乡村教师支持计划的情况；发展职业教育，“雨露计划”，帮助贫困家庭子女培训就业的情况。

在“社会保障兜底一批”方面，审计机关要关注：逐年提高农村低保标准，稳步提升托底保障水平，逐步推进农村低保标准与扶贫标准“两线合一”，到2020年农村低保与扶贫两个标准实现统一的情况；对符合条件的贫困家庭做到应保尽保的情况。

四是每年向党中央、国务院报告扶贫脱贫情况，以及接受监督考核的情况。审计机关要审查省委、省政府是否按规定每年向党中央、国务院全面、如实报告扶贫脱贫情况，包括年度目标的完成情况，执行中央政策的情况，是否存在执行不到位的情况，省（自治区、直辖市）制定的政策措施的针对性和有效性，并把省（区、市）制订的“十三五”脱贫攻坚计划中年度计划完成的任务与每年向中央报告实际完成的任务进行比较，对于没有完成任务的，要分析原因，提出建议。同时关注有关部门对省（区、市）扶贫脱贫工作的监督考核情况以及省（区、市）的整改情况。

2. 脱贫攻坚战全社会力量的整合情况。

脱贫攻坚是全社会的责任，除了各级党委和政府把扶贫开发工作作为重大政治任务来抓外，还有东西部扶贫协作机制，中央国家机关、企事业单位定点扶贫机制，民营企业、社会组织、个人参与扶贫开发机制。省（区、市）在脱贫攻坚战中处于核心地位，负有整合社会力量，发挥脱贫攻坚合力的责任。因此，在审计东部地区书记省长经济责任审计时，也应关注上述有关情况。

审计机关要关注：东西部扶贫协作的精准对接情况，使帮扶资金主要用于贫困村、贫困户；以企业合作为载体的扶贫协作共建产业园区的情况，为东部人才、资金、技术向贫困地区流动提供政策支持的情况；东部经济强县（市）与扶贫协作省份的国家扶贫开发工作重点县开展结对帮扶，“携手奔小康”的情况；中央企业定点帮扶贫困革命老区县“百县万村”活动的情况；支持民营企业、社会组织、个人参与扶贫开发，实现社会帮扶资源和精准扶贫有效对接的情况。

3. 扶贫开发与低保制度的有效衔接情况。

到2020年，实现7000万农村贫困人口的脱贫问题实际上包括两个方面：一是对有劳动能力的贫困人口，通过扶贫开发解决5000万左右贫困人口脱贫；二是对完全或部分丧失劳动能力的2000多万人口全部纳入农村低保制度覆盖范围，实行社保政策兜底脱贫，到2020年低保线和脱贫线两线合一。审计机关要关注：新增完全或部分丧失劳动能力的人员是否都纳入了低保，收入从低于低保线到高于低保线的贫困人口是否及时从低保户中退出，收入从高于低保线到低于低保线的贫困人口是否纳入低保户中，并实地核查进入或退出低保贫困人员的真实性。

4. 金融扶贫政策措施的执行情况。

《关于打赢脱贫攻坚战的决定》提出要加大金融扶贫力度，鼓励和引导商业性、政策性、开发性、合作性等各类金融机构加大对扶贫开发的金融支持。审计机关应关注各省（区、市）是否建立和完善省级扶贫开发投融资主体；是否支持农村信用社、村镇银行等金融机构为贫困户提供免抵押、免担保扶贫小额信贷，由财政按基础利率贴息；是否支持贫困地区培育发展农民资金互助组织，开展农民合作社信用合作试点；是否支持贫困地区设立扶贫贷款风险补偿基金；是否支持贫困地区设立政府出资的融资担保机构，重点开展扶贫担保业务；是否以支持贫困地区发展和贫困农户增收为核心，创新金融服务产品，健全了金融服务体系；是否加大创业担保贷款、助学贷款、妇女小额贷款、康复扶贫贷款实施力度；是否加强贫困地区金融服务基础设施建设，优化金融生态环境等。

5. 前期扶贫成果的检验。

根据扶贫计划和进度，对之前年度已经完成脱贫任务的人口、地区的扶贫效果进行检查，是否存在返贫的风险。对确实脱贫的地区，总结经验，以供审计建议参考。

（三）扶贫资金的拨付管理和使用情况

扶贫资金包括：中央和地方财政预算安排的发展资金、以工代赈资金、易地扶贫搬迁资金、少数民族发展资金、“三西”农业建设专项补助资金、国有贫困农场和林场扶贫资金、扶贫贷款贴息资金，以及中央彩票公益金用于扶贫的整村推进、小额信贷资金等。

审计机关应掌握省（区、市）扶贫资金收支规模、资金来源、类型结构、资金投向以及涉及的主管部门和相关管理规定。应对扶贫资金的拨付和管理环节进行全面审查，并在资金的使用环节，选择资金量大且相当集中的项目进行抽查，具体包括以下几个方面：

1. 资金的增长、下达、整合情况。审查省级财政与中央财政专项扶贫资金投入相适应增长机制的建立情况；省级政府建立工作考核和资金绩效评价体系，把对市、县的考核和评价结果作为资金分配重要因素的情况；省级政府简化资金拨付流程，盘活用好结余结转资金，加快财政专项扶贫资金拨付进度和扶贫项目实施进度的情况；省级政府立足实际，以脱贫攻坚规划和重大扶贫项目为平台，整合扶贫和相关涉农资金，做到资金统筹安排，集中使用，发挥合力，使突出贫困问题得到有效解决的情况。

2. 资金申报情况。根据项目分类和资金规模，在掌握是否建立重点扶贫项目库、项目立项是否符合当地实际、立项项目是否在项目库中、是否进行可行性论证并报批的基础上，重点关注项目资金申报程序的合规性，审查是否存在重复申报、多头申报、虚假申报等现象。

重点关注在资金项目申报环节，公职人员利用职权内外勾结，谋取私利，违规核报项目，造成有关单位和个人虚假或重复申报项目等问题，在项目审批环节，是否存在先批后报、报小批大、超范围批复、不符合条件批准和超标准批准等异常审批，谋取个人或小团体利益。主管部门有无利用掌握专项资金分配的权力，通过下属单位或通过公职人员及其亲属，直接或变相向项目实施单位以咨询费等名义违规收费，为单位或个人谋取不当利益等问题。

3. 资金分配情况。主要审查：资金分配办法和程序是否公平合理规范；资金分配环节是否存在平均分配和“撒胡椒面”的现象；是否存在徇私舞弊，优亲厚友、戴帽下达等方式安排资金，致使资金未出门就改变了用途的情况；是否存在利益输送和照顾下属企事业单位或关系单位的情况；资金分配是否存在以权谋私、贪污贿赂等问题。要延伸抽查安排到民营企业的大额扶贫资金使用情况。

4. 资金拨付情况。主要审查：财政部门或项目主管部门是否按规定及时、足额拨付资金，有无截留、滞拨扶贫资金，使用扶贫资金平衡预算，是否存在财政拨款时用扶贫款抵扣财政借款的情况；是否存在将扶贫资金列支后从国库转入财政专户及其他单位账户，资金大量在财政专户、扶贫主管部门专户或项目实施单位结存，以及资金拨付不及时影响扶贫项目实施等问题。

5. 资金使用情况。重点审查：扶贫资金使用的合规性，包括有无用扶贫资金弥补财政赤字、修建楼堂馆所或公务接待等其他挤占挪用扶贫资金的问题；改变、调整资金用途是否按程序报批，资金整合是否符合有关规定；是否存在使用虚假合同或人员名单虚报冒领、套取侵占、贪污私分扶贫资金等重大违法违规问题；是否存在相关企业利用关系取得资金，向有关单位和人员输送利益等问题；是否存在向不符合扶贫条件的对象发放补贴，编造虚假事项冒领骗取补贴资金，挪作他用；是否存在利用虚假合同、银行对账单、提高贴息率等套取贴现资金，以及将贴息贷款用于购买理财产品、偿还借款、对外借款等非扶贫用途等问题。但是对于资金整合的情况，要具体问题具体分析，正确区别挪用与整合，遵照 2014 年全国审计工作会议精神，只要用于脱贫扶贫的事项就不能一概否定。

（四）扶贫项目的运行情况

在扶贫项目的审计中，应重点抽查资金投入大、影响大的项目，抽查比例可视情况而定。具体包括以下几个方面：

1. 项目审批权限下放和项目公开的情况。主要审查：从 2015 年起，绝大部分项目审批权限是否下放到县，少数不适合下放到县级政府审批的项目是否于 2015 年 6 月底前报国务院备案；省、市财政专项扶贫资金使用管理相关部门是否将政策规定、资金使用等情况向社会公开；抽查县级政府是否按有关规定在本地政府门户网站或主要媒体公告公示资金安排和项目建设情况，公告公示内容是否包括项目名称、资金来源、资金规模、实施地点、建设内容、实施期限、预期目标、项目实施结果、实施单位及责任人、举报电话等。

2. 扶贫开发项目实施的合规性。重点审查：建设项目的实施是否按规定进行了招投标；扶贫项目建设目标和内容是否符合地方实际，项目实施过程中审查是否按批准的项目计划执行，有无擅自改变项目计划，导致项目建设偏离扶贫政策目标或建设项目质量差、存在重大损失浪费等问题。材料、设备的购入是否实行了政府采购；项目建设中是否存在由于决策失误、管理不善或工程质量差等问题造成损失浪费；是否存在事故隐患、资金使用效益低下甚至损害农民利益、破坏生态环境等问题；扶贫项目是否落实到贫困户，项目选址是否科学可行，因地制宜，产业扶贫项目是否有效带动贫困户脱贫增收，“公司＋农户”项目的贫困农户收益及占比情况；扶贫项目形成的资产是否被公司或大户无偿占有或使用，项目建成后是否按规定验收，是否存在虚假验收，项目建成后是否落实后续管护措施；有关责任单位是否切实履行管护责任，是否存在项目未实施或不能正常使用，造成资金闲置或损失浪费等问题。

3. 审查项目实施效果。应围绕重点项目、重点产业、重点单位、重点乡村加大抽查力度，点面结合，注重从资金使用、产业扶贫、项目实施、资源利用等方面，客观全面反映和评价扶贫项目产生的经济效益、社会效益及生态效益，尤其是扶贫项目在促进贫困地区群众增产增收，推动农村经济社会发展方面的重要作用。

三、扶贫脱贫责任审计应重点关注的几个问题

在对书记省长扶贫脱贫责任审计中，除上述审计内容之外，审计人员还应重点关注扶贫脱贫责任履行的实际效果，即扶贫脱贫责任履行的真实性、统筹性、可持续性、整体协调性、公平性等方面的内容。

（一）扶贫脱贫责任履行的真实性

为确保到2020年前我国现行标准下的7000万农村贫困人口实现脱贫，贫困县全部摘帽，解决区域性整体贫困，而非“数字脱贫”，审计中必须高度关注省级政府履行脱贫责任的真实性。重点关注贫困人口建档立卡的真实性、贫困人口脱贫退出的真实性等。

对于贫困人口建档立卡工作，重点审查：省级相关部门对贫困人口、贫困村规模逐级分解到村到户情况和市县两级的培训、专项督查情况；县级具体组织乡（镇）村两级的建档立卡工作和贫困户、贫困村的确定情况。审计人员可以抽查贫困人口档案，重点审查是否存在关系户、照顾户等虚假情况，以及是否存在贫困人口应建档而没有建档的情况。可利用大数据技术，对比财政供养人口数据、企业工商登记数据、公安部门车辆数据、住建部门房屋数据以及社保部门数据，发现贫困人口识别不精准等疑点并进行实地核查。

对于贫困人口脱贫退出管理工作，应重点关注国家制定的贫困人口退出的有关程序、标准、政策是否得到有效的执行。对脱贫人口进行抽样审查，重点关注是否存在为完成国家脱贫任务而做的“假退出”，是否存在不符合退出标准的贫困人口“被退出”的情况，以及对脱贫后返贫的贫困人口是否得以重新入库。

（二）扶贫脱贫资金使用的统筹性

在审计过程中，审计机关应综合考虑多方面因素，注重扶贫工作实效。特别是在专项资金使用的审计中，应突出使用效果导向，避免死抠条条框框，鼓励地方政府合理统筹使用资金的行为，实现扶贫资金运用效果的最大化。审计中应注重揭示和反映有关扶贫脱贫资金、涉农资金的统筹整合使用情况，包括是否以脱贫攻坚规划和重大扶贫项目为平台，对“目标接近、资金投入方向类同、资金管理方法相近的专项转移支付”和对“上级政府下达的专项转移支付，下级政府可在不改变资金类级科目用途的基础上，发挥贴近基层的优势，结合本级安排的相关专项情况，加大整合力度，将支持方向相同、扶持领域相关的专项转移支付”整合使用，以及是否按照权责一致原则，支持连片特困地区县和国家扶贫开发工作重点县围绕本县突出问题，以扶贫规划为引领，以重点扶贫项目为平台，把专项扶贫资金、相关涉农资金和社会帮扶资金捆绑集中使用。

（三）扶贫脱贫责任履行的可持续性

脱贫责任履行的可持续性是指省级机关相关脱贫的政策、配套措施和实施效果能否持续发挥作用。脱贫责任履行的可持续性关系到贫困问题能否得到真正解决，关系到中央关于脱贫攻坚战能否取得真正胜利。

在脱贫责任的可持续性方面，应重点关注：地方政府脱贫的政策配套措施是否具有针对性，

是否能够根据情况精准有效地解决造成贫困的根本原因；省级政府对贫困人口状况和造成贫困原因的分析，针对不同贫困原因制定的政策配套措施的有效性，特别是贫困边缘人群脱贫的可持续性。审计人员可以抽查部分贫困人口档案，检查档案中致贫原因的记录是否齐全，针对不同对象制定的产业扶持、转移就业、易地搬迁、教育支持、医疗救助等扶贫措施是否精准；审计人员还可以抽查部分脱贫人口的案例，持续跟进案例中脱贫后返贫的比率，来评价地方政府脱贫责任履行的可持续性情况。

（四）扶贫脱贫责任履行的整体协调性

扶贫脱贫责任履行的整体协调性包括扶贫工作与政府经济社会发展、基础设施建设、制度建设等是否协调一致，脱贫后贫困户的就业、住房、医疗、环保等是否协调一致。

审计中应关注：省级政府是否将扶贫工作发展规划与地方政府经济社会发展的整体规划协调一致；是否结合“十三五”经济社会发展实际，制定更加倾斜的配套政策措施，把扶贫开发作为经济社会发展规划的主要内容，促进扶贫开发和经济社会协调发展；地方政府扶贫工作的政策配套措施是否符合地方经济社会的长远发展；地方扶贫脱贫工作的效果是否可持续。

审计还应高度关注地方扶贫综合治理体系的建设情况，包括三个方面：一是扶贫治理综合性目标的设置情况，关注在当前人均收入指标的基础上，是否增加就业、住房、医疗、治安、环保等保障情况的综合性指标。二是扶贫脱贫综合配套措施的实施情况，关注地方是否根据不同贫困户的致贫原因，综合采用医疗、教育、产业扶持等多种脱贫综合措施，来帮助贫困户实现脱贫，重点关注贫困户脱贫后由于教育、住房、医疗保障跟不上导致重新返贫的情况。三是脱贫后扶持和巩固情况，关注贫困户脱贫后，地方政府对脱贫户的教育、医疗、住房、就业保障措施是否及时跟进，实现扶贫责任的综合性治理。特别注意返贫户无法适应新生活导致社会治安不稳定的情况，以及由于整体搬迁等脱贫措施导致环境恶化的情况等。

（五）扶贫脱贫责任履行的公平性

在国家精准扶贫的新战略下，各地应将国家的扶贫政策与地方扶贫工作实际结合起来，制订适合于地方特点的扶贫工作整体方案，但应防止地方区域差异和扶贫责任履行造成新的不公平。目前全国建档立卡工作基本完成，全国12.8万个贫困村的驻村帮扶工作队和第一书记的选派工作也已经完成，第一书记进驻工作正在积极推进，全国扶贫“一盘棋”的局面已经形成。然而在扶贫工作具体实施过程中，在“六个精准”方面还存在县域间进度、进程和精准水平和效果上的差异。审计中应首先关注地区间扶贫工作的均衡发展，尽量避免由于政策差异导致地区间出现新的不公平。审计中可以根据地区间贫困状况的差异，重点关注各地方政府是否实事求是、因地制宜地推进脱贫工作。

在关注脱贫工作整体公平性的同时，审计机关还应关注地方政府是否根据当地实际，制定客观、公正的标准，实施差异化扶持，优化扶贫资源配置，做到扶贫措施更加具有针对性。

（撰稿人：省委书记省长经济责任审计扶贫脱贫责任审计研究课题组

执笔人：王长友、隋学深、李俊、李培培）

【完善国家审计质量控制制度研究】 审计质量是指审计工作过程及其结果的优劣程度。广义的审计质量是指审计工作的总体质量，包括管理工作和审计业务工作质量；狭义的审计质量是指审计业务工作，即审计项目质量，包括计划、准备、实施、报告、归档等一系列环节的工作效果和实现审计目标的程度。本报告所研究的审计质量，侧重于审计业务工作的主要环节和审计成果的水平、风险和效益方面。国家审计质量既要衡量审计程序遵循相关制度的程度，又要考虑审计结果的真实可靠性、经济社会影响力及对于完善国家治理体系，推动国家治理能力现代化的程度。

为了规范和指导审计机关与审计人员执行审计业务的行为，保证审计质量，防范审计风险，发挥审计保障国家经济和社会健康运行的“免疫系统”功能，根据《中华人民共和国审计法》《中华人民共和国审计法实施条例》和其他有关法律法规，审计署于2011年1月1日起实施了《国家审计准则》。在此准则的指导下，审计机关在审计工作中还需遵循一系列审计质量控制相关制度，如《审计机关审计项目计划管理规定》《审计现场管理》《审计结果公告》《审计现场突发事件处置》《责任追究》和《优秀审计项目评选》等审计业务内部管理制度。《国家审计准则》实施五年来，我国审计机关审计质量控制和风险防范方面的工作水平有较大幅度提升。然而，在全面深化改革和推进依法治国的进程中，审计环境发生了巨大变化，国家治理对于审计工作提出的要求越来越高，审计实务中还存在一些方面的具体问题，不同程度地影响着审计质量，形成了一定的审计风险。审计机关必须认真审视自身工作中存在的问题，分析根本性原因，以完善制度，实现职能的有效发挥和科学跨越式发展。

一、当前审计实务中存在的主要问题

审计质量很难精确衡量，它是多方面因素综合作用的结果。审计工作的水平与审计机关审计人员的工作态度、工作经验及技术能力等密切相关，这些因素在审计日常业务和审计成果中体现出来，在不同程度上影响审计质量。下面，根据审计署法规司在审计项目审理、审计质量检查和优秀审计项目评选中掌握的情况，结合我们赴上海特派办、成都特派办以及陕西、甘肃、上海、浙江四省市不同层级地方审计机关调研了解的情况，分四个方面对审计实务中存在的影响审计质量的具体问题进行简要陈述。

（一）履职尽责方面

在履职尽责方面，主要是依法履职尽责不够到位问题，包括：

1. 一些审计人员工作态度懈怠，被动懒散，致使审计工作效率低、质量低，产生较大的风险隐患。这方面问题主要表现在：

（1）将社会审计中介机构出具的报告，甚至被审计单位的总结报告的内容直接写入审计报告，作为审计发现的问题。

（2）将部分审计工作交给被审计单位去完成，把审计需填报的表格交给被审计单位填报，对填报结果不认真核查，甚至让被审计单位代拟审计评价意见。

（3）开展应付式、走过场、花架子式的审计，认为审计工作是一个到时间需例行的形式，在一定程度上充当了违法违规者的“保护伞”。

（4）审计工作实施前期的调查了解仅仅局限于被审计单位的基本情况，而业务活动及其目标、业务管理体制、相关内部控制及其执行情况等内容往往被忽略，收集的资料不够全面。由此形成的调查了解记录不能较好地反映被审计单位的情况。

（5）部分审计实施方案流于形式，指导意义不强，甚至照搬审计工作方案。一些审计实施方案内容相似，只注重形式上的完整。具体表现在审计实施方案对重点审计事项的主要审计步骤和方法不够详细，审计的重点和目标不明确，没有很好地理解工作方案和项目计划的主要目标，没有将工作方案与具体审计项目的实际情况相结合，缺乏实质性内容。个别审计项目甚至出现“先实施审计后编制方案”的现象，对审计实施中发现的应调整实施方案的事项，审计人员追求方便简单，未按规定及时调整方案，有的虽然调整了但未按规定报批。

（6）工作标准低，进取意识弱，满足于一知半解，导致查核问题不够深入、结论认定不够准确、原因分析不够透彻、提出建议不够实际。

2. 一些审计人员在内外部压力面前，畏惧退缩，未做到应审尽审，凡审必严，严重影响审计结果和质量。这方面问题主要表现在：

（1）在法定职责权限内的事项该查未查，查出来的问题没有如实报告，或报告后不依法进行处理。

（2）在请托、说情、威胁等各种干扰面前不坚守原则，在审计时避重就轻，不敢碰硬，对查出的重大问题线索隐瞒不报，或不依法办理移送。

3. 一些审计人员违反廉洁自律规定，以权谋私，歪曲审计结论和篡改成果。如个别人拿审计查出的问题做交易，徇私枉法。

4. 一些审计人员工作能力不足，造成审计质量较低，工作水平及效果差。这方面问题主要表现在：

（1）审计人员在审计时，不能客观地认识和判断审计发现的问题，而是机械地理解法律规定，导致审计定性、处理脱离实际，影响审计监督职能作用发挥。如对一些符合改革方向但突破原有制度和规定的创新举措，也简单作为违规问题认定并进行查处，影响了审计促改革、促发展的作用。

(2) 在审计中遇到难度大的任务，或者面对新情况新问题时，感到自身能力不足不会审，缺乏攻坚克难的勇气。如稳增长政策跟踪审计，有的审计人员面对涉及各行各业的政策，缺乏做好工作的信心和动力，有畏难情绪。

(3) 执行审计实施方案要求的审计事项时，抽样不科学，导致最后对被审计单位的财务报表、经营管理、重大决策未能给出整体性和系统性的审计结论。

5. 一些审计机关为了在考评中获得较高分数，开展"急功近利型"审计，只关注"大案要案"，而忽略审计实施方案确定的其他重要事项的审计，导致审计实施方案执行不到位，重要事项应审未审。

（二）依法审计方面

在依法审计方面，主要是超越法定职权或违反法定审计程序的问题，包括：

1. 擅自扩大审计范围，影响审计项目资源的合理安排运用，带来风险隐患，降低审计质量。这方面问题主要表现在：

为了追求案件线索，有的审计人员超出审计法定监督范围延伸调查某些事项，把延伸调查某个事项变成对被延伸单位的全面审计。如，审计国有企业时对延伸的民营企业开展全面审计，或审计财政专项资金时对延伸的企业开展全面审计。这样尽管有的审计项目成果比较丰富，但其查处的案件线索可能均非被审计单位的涉嫌犯罪问题，而真正被审计单位本身存在的涉嫌犯罪问题的领域却未涉及，蕴含着很大的审计风险。如在某金融审计项目中，审计组花费大量精力，最终查实的是李某（不是该金融机构的工作人员）合同诈骗某商贸公司105万元的案件线索。

2. 超越审计权限，干扰和影响了被审计单位或相关人员的正常工作，致使审计不能有效发挥作用，降低审计工作质量。这方面问题主要表现在：

(1) 审计中要求被审计单位或被调查单位提供与审计事项无关的情况和资料。

(2) 在没有证据表明相关人员与违法违纪问题有关的情况下，查询其个人信息和银行账户。

(3) 不符合规定，甚至长期无故地将被审计单位以及相关单位的经营资料、管理资料和会计核算资料等压在审计组手里，导致影响其经营活动。

(4) 违规干涉被审计单位的经营活动或管理活动。

(5) 参与被审计单位工程概算编制、招投标管理、竣工验收等管理活动，甚至直接对施工单位下达核减工程款、罚款等处理决定，并与审计经费挂钩。

(6) 审计机关安排审计人员参与各类与审计法定职责无关的议事协调机构、招商引资等工作，有些工作内容甚至影响到审计的独立性。

3. 违反法定审计程序，影响国家审计权威性和审计秩序，进而影响审计工作效率和质量。这方面问题主要表现在：

(1) 在延伸调查时，个别审计人员不按规定提供审计通知书副本，且不出示任何证件，直接到有关单位要求提供账册资料。

(2) 未经批准随意查封被审计单位的办公室、保险柜，随意查询单位账户和个人存款。

(3) 在未得到被审计单位授权的情况下私自进入被审计单位计算机信息系统，下载数据。

(4) 对被审计单位做出大额罚款决定前，没有依法履行审计听证程序。

(5) 审计决定书不按规定告知被审计单位救济途径和期限，或者告知的救济途径和期限存在错误。

(6) 有些审计机关收到举报材料后，未经批准或未经计划安排，擅自对举报事项进行审计，审计后不报告核查结果。

(7) 对审计报告征求意见程序不重视，没有以审计机关的名义征求被审计单位意见，或对被审计单位提出的反馈意见不认真研究核实，造成审计风险隐患。

4. 审计方式不得当，给审计工作的开展带来负面影响，进而降低审计质量，导致审计风险的产生。这方面问题主要表现在：

(1) 审计过程中，有些审计人员以谈话为名，长时间不让被审计单位相关人员回家。

(2) 审计过程中不听取被审计单位的合理意见和解释，以各种理由不接受被审计单位人员正常反映事实情况。

（三）审计内部管理方面

在审计管理方面，主要是审计机关和审计组内部管理薄弱，风险管控不到位，包括：

1. 审计参与人员的选择不够审慎和严格。这方面问题主要表现在：

(1) 对可能影响审计独立性的情况，没有采取回避或追加复核等相应措施应对。

(2) 选择性地确定审计业务会参加人员，不让有不同意见的人员参加会议。

(3) 一些项目的审计组组长在人员的分工安排上凭自己的主观臆断确定，既不征求审计组其他成员的意见，也不考虑审计人员的专业特长，导致审计分工不够合理，责任分担不清晰。

2. 审计结论成果等的质量控制不到位，对审计事项、信息审核审理把关不严。这方面问题主要表现在：

(1) 组长审核、业务部门复核形同虚设。根据《国家审计准则》的相关规定，要求审计组组长对审计工作底稿进行审核，审计组所在的业务部门对审计报告进行复核。但从现行准则实施到现在，很少发现审计工作底稿有“责成进一步补证”或“责成纠正不恰当审计结论”的审核意见，也很少发现业务部门出具有不同意见的复核意见，但审理时却发现这样那样的问题，这从一个侧面反映了组长审核、业务部门复核程序流于形式。

(2) 审计工作底稿不完整，未按《国家审计准则》的要求规范操作。如缺少审计过程的记录、仅编制查出问题的事项的底稿、多个问题编制一个底稿等。

(3) 一些事项的证据资料不充分，有的属于未取得核心证据，有的属于证据缺乏关联性，难以形成有效的证据链。

(4) 将被审计单位提供的整改报告直接作为审计整改检查报告，对具体事项没有要求提供证明材料。

(5) 表述不清，审核不规范，定性用语不准确，重要管理事项记录不全等。

3. 审计档案归档不合规、不全面、不及时，有的后补审计材料。这方面问题主要表现在：

(1) 在项目结束后对一些重大问题线索补证取得的资料没有归入审计档案，有些还未查实的问题或线索的资料散落在个人手中，没有进行登记管理，有的审计取证材料原件尚未归档就被外单位调阅取走。

(2) 对于一些金额较小的审计项目，因内容简单，审计周期较短，审计中实际上并没有形成完整的审计记录材料。有些审计机关在审计工作结束后，为了应付档案检查，事后补充调查了解记录、重要管理事项记录等审计记录材料，使其流于形式，未起到应有的作用。甚至一些审计机关为了满足计算机化审计检查的要求，做完审计工作后，专门安排人员将其录入电脑，以体现其审计信息化的表面形式。

4. 审计机关的信息系统未得到充分、及时利用，造成审计组和审计机关业务部门、审计机关负责人之间的信息不对称。各级审计机关已广泛应用审计 AO 系统，但在实际操作中因网络不畅等原因，AO 系统只起到审计记录的作用，未能在第一时间将审计工作底稿传输到 OA 系统，造成审计业务部门和审计机关负责人还是主要依靠传统的书面汇报和口头汇报了解情况，不能及时、全面掌握审计情况。

5. 大数据联网分析结果运用不充分，规范化程度不高。审计机关在执行联网审计时，审计实施标准和要求不一，导致被审计单位的抵触，以及审计人员的主观和随意。一些审计机关按照自身的项目情况和主观理解实施，影响了联网审计效率和效果。

6. 保密意识薄弱，不按规定对涉密资料和介质进行严格管理，该标密级的没有标密级，该标高密的标低密，甚至有些资料打印好以后手写“绝密”“机密”字样；有些审计机关内部不同部门之间人员违反规定相互打听有关审计情况和信息。

7. 聘请外部人员参与审计方面的管理不规范，且对其工作的质量控制没有具体要求。个别审计组未经批准擅自借用被审计单位内部审计人员、社会审计人员或其他相关人员参与审计，甚至让这些人员承担涉密等审计事项。

8. 审计机关对内监督不严，对违反廉政纪律的问题没有及时发现，或者发现了没有及时追责问责。

9. 审计结果公告具有随意性。有的审计机关实行“选择性”公告，哪些项目公告和哪些内容公告均由个别领导决定。

（四）审计成果反映方面

在审计成果反映方面，主要是在审计报告、信息等的编写、修改中，在报告或信息的审计评价、处理意见、整改建议等内容中暴露出来的问题。这方面问题主要表现在：

1. 在审计报告编写和修改的过程中，个别审计人员出于这样那样的目的，瞒报或淡化审计发现的问题，甚至提供不全面的信息乃至虚假信息，导致对审计发现问题定性不准确或处理不到位。

2. 有些业务部门人员搁置积压审计信息，不及时复核处理，要么放在一边不管，要么照顾性地采纳使用，使审计成果反映的问题不够详尽。

3. 有些审计组对审计实施方案重视不够，不依据审计实施方案进行审计和撰写审计报告，造成实施方案、现场实施以及审计报告各行其是，审计报告内容与审计实施方案关联度差。

4. 有的审计报告对审计查出的问题不进行归纳分类，全部简单罗列，未按照问题的严重程度编排顺序，导致重点和主要问题不够突出；一些问题定性依据的法规引用不够恰当和准确。

5. 有的审计机关对于同一类审计项目报告中的同一类问题，同等问题没有同等对待。有些审计项目下达了审计决定书，有些审计项目未下达审计决定书。

6. 审计评价标准不一，引起公众和被审计单位的质疑，导致权威性降低。有的评价意见千篇一律，缺乏针对性；有的评价不当，措辞不当，夸大或淡化了问题的严重程度；有的针对未经审计的或缺乏证据支撑的事项发表审计评价，不利于规避审计风险；有的审计评价意见与报告查出问题相互矛盾，影响审计报告质量。

7. 有的审计报告提出的建议缺乏针对性，与审计查出的问题关联性不强；有的建议缺乏可操作性，泛泛而谈，没能明确应该怎样做。如“建议加强学习，提高认识”“建议进一步加强管理，完善制度”，等等。此类建议缺乏实际作用和效果。

二、产生上述问题的制度层面原因

上述问题是多个因素综合作用的结果，产生原因多种多样，直接或间接地影响审计质量。这其中既有审计人员主观方面的原因，如能力、经验、意识等，也有客观方面的原因，如制度不合理、不完善，系统条件不满足等；既存在审计机关的内部因素，也有审计外部环境的影响。下面主要从审计质量控制制度层面进行分析。

（一）审计质量控制责任相关制度不健全

审计组组长责任落实不到位，是当前产生诸多质量问题的主要原因。一方面，现行体制机制下，审计组组长的资格认定和准入条件没有明确规定，且组长职责的执行刚性不够。审计组组长一般由审计机关行政领导“挂名”担任，组长或是不善于审计实务工作，或是没有充足的时间投入审计实务工作，不能参加或仅“过场式”参加审计项目的现场审计，将现场的全面工作交给现场负责人或者主审，一些现场负责人负责多个审计点的工作，且现场负责人和主审没有决策权，需“听命”于组长。这在很大程度上导致组长负责制不能高效高质地发挥作用。另一方面，现行制度下审计工作的最终成果，是经多部门筛选取舍后的综合结果，审计组组长难以对审计证据和结果的取舍发表意见，审计意见通常由业务部门和审理部门决定，致使组长对审计项目到底应承担多大的审计风险责任范围难以确定。

质量控制责任不明确，责任划分交叉重叠，是产生履职尽责不够到位及一些审计成果质量较低等相关问题的关键原因。现行复核审核审理制度对审计质量控制各环节在不同岗位上的具体责任划分不够明确具体，规定不清晰。《国家审计准则》第一百零九条、第一百四十一条、第一百四十三条中，分别对审计组组长、业务部门和审理部门的审核复核审理内容做出规定，但是规定的内容雷同，均是“审计目标是否实现；事实是否清楚、数据是否正确；审计证据是否适当、充分”，等等。制度中要求人人负责，而实际执行时往往将把关关口后推，人人都无法做到负责，成了审计工作底稿、审计报告、审计信息等审计工作成果的“二传手”。调研中，我们发现，从《国家审计准则》实施至今，几乎没有派出机构的业务部门出具不同意见的二级复核意见的文字记录，把关责任更多地转移到了审理部门。

（二）审计项目计划调整协调及时间管理不到位

第一，由于审计计划制订和调整中沟通协调不到位，审计项目计划调整幅度较大，追加项目多，致使项目审计周期缩短，人员压力大和疲惫作战，审计质量降低。调查中发现，一些地方审计机关执行的实际年度审计项目与年初计划对照，全年实际审计项目执行数量最高能达到年初计划的两倍左右，大量工作内容的增加使得审计人员压力较大，身心疲惫。额外增加的项目一部分来自上级机关，一部分来自本级政府。审计人员面对调整后增多的工作量，一般采取加班，或缩短原计划项目的审计时间，或者购买社会审计服务，这在很大程度上产生了履职尽责不到位、违反审计程序等问题的可能性。地方审计机关中，省级审计机关计划调整幅度小一些，越是审计人员紧缺的市级、区县级审计机关，项目追加幅度越大。计划调整幅度为15.4%～94.9%。调研中抽取的地方审计机关项目计划数与实际完成数见下表。

2014年陕西省和甘肃省部分地方审计机关项目计划及完成情况表

（单位：个）

陕西省审计机关			甘肃省审计机关		
地方机关	年初计划	实际完成	地方机关	年初计划	实际完成
全省	7430	8444	全省	5626	6869
省本级	65	75	省本级	80	102
韩城市本级	78	115	张掖市本级	31	64
延安全市	862	1680	肃南县	22	31
延安市本级	96	109	临泽县	33	48

上述情况由多方面因素决定，其中两方面的沟通协调不到位比较关键：一方面，制订年初计划前，地方审计机关未做到与政府相关部门的充分沟通。例如，当年的经责审计项目，在年初没有充分考虑到根据本级政府人事调整和政府工作相关情况与组织部门沟通确定，而是在年中随意增加。尤其是，由于领导换届调离等情况，基层审计机关追加的经责项目较多；另一方面，由于上级重要临时性任务的下达致使审计机关上下级之间层层追加新的项目，该过程中未做到及时高效沟通、综合协调和全面统筹管理，打乱了地方审计机关原计划项目的执行，不能产生较好的审计效果。

第二，现行审计计划制度，对于审计项目时间的执行刚性不够，缺乏对审计项目计划执行过程的精细化跟踪和管理。项目实施的时间控制随意性较大，容易造成审计效率低下，在审计项目后评估中缺乏对时间量的足够重视。在项目计划中没有刚性的时间规定，时间调整和延后，没有规范的审批措施和程序，调整的主观性较大。一些项目前期，甚至到了项目中期，还在同时解决上一个或者是上几个项目的遗留问题，审计人员的角色在不同的项目内容中频繁转换，不利于提高效率和控制工作质量。

第三，审计项目的后期审理审定的时间无法保障。通过对某特派办调研发现，项目实际执行中，由于审计组审计现场结束时点不明确，审计组为了完成更多的审计内容，多出成果，往往会压缩项目后期的复核、审理、审定、印发等的时间，若涉及多个层次的汇总，需要的时间更多，就会越发压缩后期时间，影响审计质量控制的效果。

（三）审计规范化要求不够明确

现行《国家审计准则》和质量控制相关制度中对于审计规范的要求不够明确，未针对审计项目的不同特点进行具体区分，相关审计指南不够完善及大数据辅助审计的程序规范存在缺失情况。

第一，现行《国家审计准则》和相关制度的部分条款，在执行中存在一定程度的主观随意性，一些规范不可量化或者具体化，没有具体标准，执行中的刚性不够强。例如，《国家审计准则》第五十四条规定“审计组由审计组组长和其他成员组成。审计组实行审计组组长负责制。审计组组长由审计机关确定，审计组组长可以根据需要在审计组成员中确定主审，主审应当履行其规定职责和审计组组长委托履行的其他职责”，对于审计组组长负责制的内涵等没有明确说明，对组长、主审的选任条件没有明确规定，相关辅助制度也不够完善，在审计项目的实际执行中具有很大随意性；又如，第四章审计实施的第七十二条，“审计组应当评估被审计单位存在重要问题的可能性，以确定审计事项和审计应对措施”。在何种情况下，产生重要问题的多大程度的可能性方面，为审计人员和审计管理人员留有主观随意空间，往往在内外部多种要素的综合压力下，造成工作疏漏，质量降低。审计执行规范标准化程度较低，在一定程度上制约了其实际指导性。

第二，审计准则关于审计规范化方面的一些要求没有区分不同层级审计机关的不同项目特点，是地方基层审计机关将审计规范流于形式，后补审计材料的根源。审计署与地方审计机关的审计业务具有不同的特点，审计项目存在明显的差异。审计署的业务多为重大审计项目，规模大，综合性强；而地方审计机关，尤其是区县级审计机关的项目数目多，规模小。我国市县（区）级审计机关负责的被审计单位数量较多，但多数被审计单位的会计业务量很少，项目属于小微项目。目前，全国34个省级单位，2862个县级单位，均采用同一审计准则，对于所有层级审计项目的审计程序“一刀切”，《国家审计准则》主要针对审计署和省级的“大项目”制定，每个项目的具体程序及审计文书要求较多和细，对于小微项目而言，准则规定分工过细、过于繁杂，造成了地方审计机关的审计人员在审计形式上的负担。基层审计机关业务人员少，为了追求工作程序上的全面完整，使有限的审计资源不能充分发挥作用，对于审计效率和效果无益。

第三，重要事项缺乏具体明确的审计方法和步骤。当前，审计机关就某些审计领域尚未建立完善的审计指南，对重要事项如何审还没有明确规定，缺乏对重要事项的程序、内容、方法的审计操作规范。如，江西省鄱阳县财政资金被挪用一案，审计人员对财政专户进行审计时，对专户资金应履行怎样的审计程序，无论是《国家审计准则》还是相关的指南均未做出明确规定，不利于审计工作的规范，也不利于新手熟悉审计业务。

第四，大数据条件下的审计工作程序和规范不明确。大数据审计作为一种新兴的审计方式，即将成为未来发展趋势。目前审计机关在大数据审计方面还没有完善具体的组织方式、审计程序及规范。虽然一些领域的联网审计系统已经建立起来，但审计制度还未能满足实施联网审计工作的需要。当前，审计机关对于大数据环境下审计的相关制度缺乏统一规定。如，对是否送达或何时送达审计通知书，发现问题如何取证，审计成果如何利用，如何进行整改等，没有明确规定。这在很大程度上造成数据分析结果运用不充分，贻误审计时机，造成信息资源浪费，带来审计风险隐患。例如，某市审计局分析大数据时，发现医院数据“杜冷丁”药品的异常出售情况，但当时没有安排审计该医院，因此无法取证和核实，无法将问题编入审计报告。

（四）审计公告相关制度不够完善

目前审计系统在审计（调查）结果公开指南及公开目录的制定和更新方面还不够及时和完善。国务院令第492号《政府信息公开条例》第二章中规定，“涉及公民、法人或者其他组织切身利益的”或“需要社会公众广泛知晓或者参与的”政府信息应当主动公开，县级以上各级人民政府及其部门重点公开“重大建设项目的批准和实施情况；扶贫、教育、医疗、社会保障、促进就业等方面的政策、措施及其实施情况；环境保护、公共卫生、安全生产、食品药品、产品质量的监督检查情况”，设区的市级人民政府及其部门重点公开“城乡建设和管理的重大事项；社会公益事业建设情况；征收或者征用土地、房屋拆迁及其补偿、补助费用的发放、使用情况；抢险救灾、优抚、救济、社会捐助等款物的管理、使用和分配情况”。可见，除涉及国家秘密、商业秘密和个人隐私情况外，公告审计结果是审计机关的义务，而审计法第三十六条规定“审计机关可以向政府有关部门通报或者向社会公布审计结果”，将审计结果公开作为审计机关的权限。这与《政府信息公开条例》不一致。审计结果公告相关制度中，未具体明确不同层级的审计机关公布审计结果的审计项目情况，如，何种层级的审计机关公布审计结果的审计项目数量所占的比例，或审计项目满足什么具体特征标准必须公开等等，致使审计机关（尤其是地方审计机关）在执行公告制度时出现前述一些问题。目前，审计工作中也没有相应的计划对此进行预先安排，对被审计单位进行通知。

此外，国家审计未健全审计（调查）结果公开工作考核制度、社会评议及责任追究制度，没有对审计（调查）结果公开工作进行考核、评议。审计结果公开的主观性致使公告制度对于质量控制的“倒逼”作用未得到有效发挥。并且，一些地方审计机关因未公开审计结果而不断被申请行政复议，提起行政诉讼，扰乱了正常审计工作和质量控制。

（五）考核标准的合理性有待提升

一是现行考核制度的指标体系存在一些弊端，对于要情要目的评分比重较高，致使审计人员将主要精力集中在查案件线索上，花费在做审计报告上的时间仅占项目时间的1/5到1/3。时间不能充分保障，给审计报告质量带来较大影响。

二是审计署机关各部门年度考核办法设计分值时，忽略了不同地域不同类型的审计项目特点。考核制度的导向在事实上重案件线索而轻审计报告，尽管按《国家审计准则》的要求制订了审计工作方案或审计实施方案，既对审计报告的质量也对案件线索的查处提出了明确的要求，但是在对特派办考核的分数设置上明显是重审计要情要目等审计成果，而近年来由一个特派办独立形成审计要目的情况较少。因此，能拉开考核差距的往往是审计要情，一个审计要情的得分甚至超过一份审计报告被采用的全部案例的得分，客观上造成审计组忽视审计实施方案中对得出审计报告结论有重大影响的一些审计事项的实施。

三是在当前考核制度下，审计机关为了追求各自部门的业绩最大化，不同单位之间，甚至大审计项目在同一审计组内部不同单位之间彼此设防，信息资源共享不够充分，影响了审计效率和质量。如，某审计组由3个特派办联合组成，各办之间找借口不提供对方需要的资料，甚至出现不同单位之间对于关键信息故意删掉的情况，办与办之间信息封锁较为严重。同一个审计机关内部，不同处室之间同样存在类似问题。

（六）审计队伍能力建设方面存在不足

审计质量与审计人员的审计能力紧密相关。我国处于经济结构调整的重要社会转型期，同时大数据技术空前发展，审计内外部环境发生了巨大变化，国家和社会对于审计工作的要求大幅提高，审计人员的专业技能、工作经验和社会价值观等还不能完全适应当前审计工作的需要，致使一些审计质量问题出现。从深层次分析，这与职业化改革不到位有很大关系。

第一，审计人员准入制度不健全，聘任资格条件和编制执行不一。在一些地方审计机关中，地方政府相关部门进行人事统筹安排时，并未充分考虑人员的知识技能和专业背景，一部分审计业务人员来自军转干部或者转调自其他部门，不具备相关工作经验和专业技能，业务能力较弱，不能很快独立开展工作；由于公务员编制所限，占有一定比例的审计业务人员编入事业编制（地方区县级审计机关事业编制的审计人员达到50%左右），这种编制性质对于审计工作的开展具有一定的不良影响。

第二，现行教育培训制度刚性不够，审计人员的知识技能得不到及时更新。在审计任务繁重紧凑的现实情况下，审计人员没有充足的时间进行学习和参加培训。尤其是审计业务骨干，在一个项目没有彻底结束时又承担起下一个项目的审计工作，身负多担，其参加学习和培训的机会更是少于普通审计人员，往往得不到系统的培训机会。在2015年度审计署组织的一个处级人员培训班（共87个学员）中，30—40岁之间仅占16.1%，而审计业务中做调查取证等基础性工作的主力往往是这一年龄段的人员，他们的工作任务量较大，培训机会较少。目前，地方审计机关和审计署的审计人员审计能力水平很不均衡，差异较大。并且在地方审计机关人员培训中这种业务上的主力人员得不到充分系统培训的情况更加突出，致使一些地方基层审计机关人员的专业技能较低，审计基本功较差。

第三，人员流动机制不健全，发展方向及职业规划不明确。在审计人员的专业化发展方面，相关政策不够明确和健全。审计人员入职后无职业规划，其未来发展方向往往取决于个体的努力程度和机遇。部分审计人员的职业归属感不够强，思想情绪不够稳定，在很大程度上致使目前一些骨干人员流失的现象。审计职业化制度尚未实施，人才流动机制尚未建立，科学的人力资源管理系统有待构建。

三、进一步完善审计质量控制制度的建议

在全面深化改革，推进依法治国的新时期，我国进入经济体制机制创新、社会转型升级的“新常态”，国家审计环境发生了较大变化，国家审计质量控制所依据的制度政策日益显现出一些不够完善的地方，影响和制约了审计质量控制的效果，甚至造成较大的审计风险。针对上述问题及产生问题的主要原因，现就审计质量控制制度的完善提出以下对策建议：

（一）清晰划分岗位责任，完善项目质量控制责任制

清晰划分不同岗位之间的责任。审计组内设组长、主审、法规人员（报告的复核审理）、计算机审计人员（信息化系统检查）及专业领域主管人员（技术核定）等，建立审计人员责任清单制度，不同岗位均有清晰的责任清单，责任细分到人，工作底稿及不同环节的把关由相关人员签字负责。

明确责、权、利，健全组长负责制。制定明确的审计组组长的资格认定和准入条件，在组长选择上淡化行政级别，以保证组长所具有的业务能力和现场工作时间。清晰界定审计组组长的职责范围，并给予相应的权力，建立相应的激励约束机制。项目责任终身追究。组长对审计项目的总体质量负责，包括审计前期调查研究、审计实施方案编制、审计组成员的确定和分工、现场审计实施和管理、审计工作底稿审核、审计报告及审计决定等审计文书撰写、案件线索移送等环节，制定详细的责任要求。同时，要给予审计组长相应的权限。如审计人员的配置和奖惩措施，以及报送成果的决策权等。建立审计组组长责任考核监督相关办法及激励约束机制。

大型审计项目可以实行第三方评估验收制度。第三方可由政策领域专家、不参与该项目审计的经验丰富的“行家里手”或相关中介机构等组成。制定审计项目评价和验收标准，按不同责任范围进行抽检，追究相应责任。明确规定审计质量检查的内容，提出检查建议和意见，递交详细的检查结果。

（二）完善沟通协调机制，保证审计计划执行稳定性

第一，加强审计计划的基础工作，建立审计对象基础数据库，将审计对象进行分类管理和规划，采用当前先进的信息技术进行系统管理。科学制订审计计划，在综合考虑审计项目需求的基础上，根据审计资源做好中长期审计规划和年度计划，减少临时增加审计项目的随意性。在制订年度审计计划时，切实缓解“资源”与“质量”的冲突。审计资源与质量控制冲突比较大的审计机关，尤其应当在制订全年审计计划时留有余地，根据本机关的审计资源“量力而行”，不能制订超出自身资源的项目计划。

第二，建立计划调整的部门间沟通机制。例如，安排预算执行审计项目以外的其他项目，应当尽早与上级审计机关沟通，尽可能结合上级审计机关的项目来安排本机关的项目；安排经济责任审计项目，尽可能在年初与地方政府和党委组织部沟通，对于集中换届审计的情况尽可能分散在两个年度审计。

第三，由于外部环境的改变，必须增加的临时性审计项目，尝试建立购买服务制度，将购买服务的经费列入年度预算，并按政府采购程序购买服务。

（三）总结审计工作经验，切实加强审计规范化建设

第一，充分考虑不同层级审计机关的审计项目特点，进一步修订完善《国家审计准则》。审计准则的制定要充分考虑审计主体和客体的不同特点。审计程序和规范执行中暴露出的弊端已经影响了审计工作效率和质量。因此，审计质量控制相关制度的完善，需要考虑不同审计主体的业务特点，做到各有侧重。在对地方区县级审计机关的业务进行程序规范时，要根据审计准则和有关法律法规设定简易的审计规范或审计文书，合并或简化审计程序。例如，每年一次的预算执行审计，被审计单位情况没有太大的变化，可以简化审计前期调查了解、审计工作方案和实施方案编制的工作，可以合并发出审计通知书；如果被审计单位的会计业务量很少，可以简化相应的审计规范和相应的审计文书。其他审计项目也可以按这个原则实施。简易审计程序、规范或审计文书适用于小型项目。审计署和省级审计机关应当尽快开发、具体制定可以简化、可以省略或可以合并的程序和规范，以及可以合并或简化的文书模板，并将简化的规范和文书形成审计指南，在市县级审计机关试行。

第二，健全审计指南体系，明确重要事项的审计方法。审计准则仅是一些原则及程序性内容，需要相应的“程序指南”性质的配套文件，才具有更强的可操作性，成为现场实施审计程序的基

本指导文件。审计程序指南应达到提高审计人员的业务水平和能力，有效地控制审计质量的目标。审计人员依照指南的规范，可以清楚地了解和明确每一个具体审计项目应当查阅哪些会计账户（科目）及其相关资料，如何做出专业判断，判断的依据是什么，审计证据要收集哪些资料，每个审计事项的工作底稿如何编制，审计报告的标准格式等；规定不同人员完成的任务性质，达到的不同要求以及惩罚措施等。

第三，规范大数据条件下的审计工作，实现审计程序信息化创新。当前大数据技术空前高速发展，大数据审计成为满足全覆盖审计要求和提高审计效能的重要审计模式。现行审计制度和审计程序已不能完全适应大数据审计模式，对于大数据条件下的审计周期、取证方式方法、整改情况的跟踪等问题应做出详细说明和规定，针对大数据环境下审计的特点制定新的审计流程，以推进大数据技术广泛运用和数字化审计方式快速推广。

规范大数据环境下的审计工作，制定适应大数据审计的工作流程，需做到下述四点。一是做到“总体分析”。大数据审计应按照确定的审计周期，定期通过审计平台系统，采用先进的数据挖掘和分析技术，从全局视角对被审计单位实施系统全面的监督，以服务于国家治理，保障社会经济系统的健康运行。二是做到“发现疑点”。明确规定审计人员实施数据分析审计的规范，制定相关工作标准，利用查询分析、挖掘分析、多维分析等多种手段及时发现疑点。在结构化数据与非结构化数据综合运用的大数据环境下进行审计工作，应明确规定，联网审计对数据的下载更新时间和周期，充分利用其持续的综合分析和预警功能发现问题线索。进一步完善 AO 数据分析审计功能，对采集的电子数据进行审计，发现的疑点保存在疑点管理的未落实疑点单元中，审计人员对其进行详细检查。三是做到“分散核实”。实施大数据审计，审计机关应统一制定电子化的“审计取证单”模板，供审计人员实施审计取证时应用。在取证工作中，应将实施审计中发现的疑点整理出来，为核对原始凭证和进一步取证提供依据。审计人员将发现问题的情况一一核实，填写在审计取证单中，然后再加载到 AO 之中。四是做到“系统研究”。利用并完善 AO 的审计证据管理功能，将能够电子化管理的各类审计证据纳入 AO 统一管理。审计人员将审计过程中发现的疑点进行分析汇总，进行关联分析，以发现系统性问题，并将与其相关的账表、凭证或审计中间表转换出来，作为核对原始凭证和采取其他方式取证的依据。此外，为了保证大数据条件下的审计成果有效应用，使审计过程中发现的问题得到及时纠正，完善《审计建议函》制度，对基本要素、编写内容、文本格式等做出明确详细的规定。

（四）完善审计公告制度，充分发挥社会监督的作用

以《政府信息公开条例》为依据，及时修订审计法，并完善审计（调查）结果公告制度，编制、公布审计（调查）结果公开指南和信息公开目录，加强更新工作。明确不同层级的审计机关公布审计结果的审计项目情况。制定公布标准和数量比例。结合现行办法，建立和完善严格的保密审查制度，以及预先计划和提前通知机制。建立审计（调查）结果公开工作考核制度、社会评议及责任追究制度，定期对审计（调查）结果公开工作进行考核、评议。审计（调查）结果公开工作由确定的部门负责，要组织、协调有关单位建立健全信息的发布协调机制，形成畅通高效的公开沟通渠道，使社会监督对审计质量的“倒逼”作用得以充分发挥。

（五）坚持程序与结果并重，完善审计项目考核制度

审计程序对审计结果具有重要的影响，同时两者之间还存在一定的差异。这种差异实质体现为程序审计质量和结果审计质量在现实中的不同利益导向。当前审计实务工作中暴露出来的问题，反映出成果考核制度对于审计结果的过于重视，即所谓的“一俊遮百丑”，应该妥善处理发现大案要案线索与质量控制的关系。

一方面，加强程序过程遵循方面的分值，尤其是对项目方案制订以及对审前调查研究过程的考核。或者，可以制定和试行发现大案要案线索等结果的质量控制和程序质量控制两套考核指标体系、评分标准，各自独立考核和计分，分别评估发现大案要案线索的工作情况和质量控制情况。另一方面，继续完善考核制度指标体系，使其更加科学合理。考核制度的分值要考虑查处案件的

结果、移送的层级，以及案件的社会影响力。业绩考核制度中，加强对于错报案件的惩罚机制力度，以起到充分的督促控质作用。

此外，由于审计对象的差异会影响结果审计质量，因此在建立结果审计质量指标体系和进行质量评价时，要排除审计对象的差异对审计结果的影响，以便客观准确地评价审计工作成果，调动审计人员的工作积极性。

（六）完善职业保障制度，加快推进审计职业化建设

第一，在《国家审计准则》中，对于审计机关和审计人员的资格条件、职业要求和职业道德，应明确不同层级的人员要求，使规定条款更有针对性。如，审计机关层面、审计部门负责人层面、审计组组长层面和审计人员层面在相关规定方面要根据业务工作内容有所区别。对于地方基层审计机关，加强对人员录用条件的规定，对其审计相关知识技能和工作经验要制定硬性考核条件。

第二，针对目前审计系统中人员流失的问题，完善人事管理制度迫在眉睫，除了加快推进审计职业化外，还要针对审计人员自身工作、生活现状，制定增强其职业归属感，热爱审计事业，稳定思想情绪的相关管理措施。如，建立人力资源管理系统，登录更新人员信息，相关部门给予关注，并解决存在的困难和问题。又如，人事部门为审计人员制订职业发展规划，明确其发展方向，制订交流学习计划；后勤服务部门为不同的审计人员解决其生活、学习难题，打消审计人员的后顾之忧，使其能够专心工作，致力发展。

第三，制定明确具体的培训制度，加强其执行刚性。结合审计职业化制度，制订不同层次和专业方向的审计人员培训计划，将年度培训计划具体到人，将业务骨干作为重点培养对象，对其培训计划的调整要经过对口责任人的审批。审计业务培训班的目标设置要增强科学性和针对性，培训班对于学员资格的要求应严格具体。

（撰稿人：完善国家审计质量控制制度研究课题组　执笔人：孙颖）

【提高审计工作效能研究】 中办、国办《关于完善审计制度若干重大问题的框架意见》（以下简称两办意见）指出，要建立健全与审计全覆盖相适应的工作机制，提高审计能力和效率。审计长刘家义致全署干部职工公开信要求全署同志围绕“如何创新审计技术方法和组织方式，提高审计质量和工作效率”这一主题深入思考、深入研究。为全面了解目前审计署审计工作效能情况，科研所与成都办组成联合课题组，深入沈阳办、成都办、长春办开展调研，采取个别谈话、集中座谈、问卷调查等方法收集第一手资料，梳理问题，分析原因，并提出相应建议。

一、影响审计工作效能的突出问题

党的十八大以来，在以习近平同志为核心的党中央的正确领导下，在中国特色社会主义审计理论指导下，审计事业取得了质的飞跃，在推进国家治理现代化中发挥了基石和重要保障作用。在履职尽责方面，署机关和各特派办积极探索，勇于创新，积累了很多好的做法和经验，审计工作效能整体较好且逐年提升。随着党中央、国务院对审计工作提出新定位、新要求，迫切需要提升审计效能。而当前审计工作的许多环节还存在不同程度的低效率、无用功问题，不能完全适应新时期新阶段国家审计的要求，亟待研究解决。

（一）数据管理使用共享方面

近年来，大数据运用在审计项目中效果十分明显，但在数据管理、使用、共享等方面仍然存在不少问题。

1. 对数据的集中管理和使用机制还不健全。

目前，署统一要求对定期采集的财政、工商、税务、社保等数据采取集中管理、报批使用的机制。从这一机制的实际效果来看：一方面电子数据审计司人力有限，采集到的数据处理缓慢，还不能全部实现远程查询和综合分析。另一方面集中管理机制要求特派办不能留存集中采集的数据，开展审计项目时，层层报批申请使用数据，往往周期过长影响审计进度。

2. 数据信息共享存在问题。

从目前的审计工作看，数据信息共享在 3 个层面上仍然存在障碍和阻塞。一是国家各监管部门之间信息共享不够。十八届四中全会提出，要努力形成科学有效的权力运行制约和监督体系，增强合力和实效。但目前各监督主体之间的信息壁垒仍然存在，信息不对称情况下既容易出现重复检查，也增加了各自的监督或管理成本。二是

各行业审计之间信息共享不够。长期以来，各行业审计一直呈现分散割据式的特点，数据的存放、保管基本是“谁审计、谁负责”，各业务条线形成的数据分析方法和审计软件也互不相关，尽管随着专门数据集中管理部门的成立，逐步增加了数据的集中度，但距离两办意见提出的“跨行业、跨领域数据的综合比对和关联分析”要求还有较大距离。三是各审计单位之间信息共享不够。有的审计单位异地交叉审计或者异地调查取证遇到困难，希望与驻在单位数据共享时往往存在障碍和困难，如有的数据管理比较发达的单位对于其他地区的数据管理安全、交接和转移安全等存在担心。

（二）项目组织安排方面

不少审计人员认为，目前项目组织安排的合理性和科学性不高，审计工作方案缺乏刚性和指导性，存在大而全的现象，对审计工作效能影响较大。

1. 审计资源配置要求不够合理。

在人力资源配置上，近年来很多审计项目都提出较高的人力配备要求，各个项目加起来明显超出特派办的人力资源配置能力，部分审计干部特别是业务骨干在多个项目“挂名”，实际上无法真正参与项目审计工作。在时间资源配置上，各审计项目特别是临时交办项目时间不断压缩，如彩票资金审计、稳增长跟踪审计要求 1 个月内完成现场审计、征求意见并出具报告，存量资金审计要求 1 周内完成现场审计并出具报告，造成几个项目在同一时间叠加，部分审计人员甚至被迫使用私人关系压缩被审计单位法定反馈意见时间。

2. 审计工作方案刚性不够强。

调研中普遍反映，目前的审计项目特别是统一组织的大项目，前期工作不到位，审计工作方案刚性不够强。问卷调查结果显示，50%的审计人员认为当前统一组织项目最影响工作效能的问题是方案内容、重点及附表的标准、口径等要求经常变化。

一是前期工作特别是试点审计工作不够深透。试审单位的选择、试审方案的制订缺少深入研讨和论证；在摸清情况、厘清思路、积累经验、探索方式方法等方面做得还不到位，导致审计工作方案制订过程中可参考的经验不足，研究论证不到位，内容大而全，重点不突出，影响审计的深度和实效。

二是临时追加或改变审计内容和重点。有的审计项目进点后又临时改变审计内容或追加要求；有的审计项目现场审计临近结束时又追加查证内容；有时审计报告提交后再次要求更新数据；审计人员消耗大量时间重新理解要求、重新向被审计单位解释沟通、重新填报、反复校验。

3. 审计实施方案作用有限。

一方面，审计工作方案规定较细，除统一组织大项目外，很多审计组直接按照工作方案部署审计工作，实施方案基本照抄工作方案内容，实际价值不大。另一方面，准则对审计实施方案规定的内容较多，特别是审计应对措施十分详细，包括评估内部控制、评估信息系统、主要审计步骤和方法、审计时间、审计人员和其他必要措施。而在编写审计实施方案阶段就要求写明审计应对措施既不现实，又消耗精力，很多审计组采取后补审计实施方案的做法。

（三）现场审计管理方面

审计人员普遍认为现场审计工作量过大。主要体现在非现场审计工作不充分，现场管理科学性不够，特派办之间、办内各处之间一定程度上存在各自为战现象。

1. 非现场审计工作不充分。

一是审前准备阶段。审计人员普遍强调提前准备、做好非现场审计工作的重要性，有的特派员表示，“让 3 个人提前工作 1 个月比 30 个人扑在现场 1 周效率要高”。出于保密等多种因素考虑，有的审计项目特派办无法提前知道自己的审计对象和范围，不能提前做好准备工作；此外，审计署一般提前 3 天印发审计通知书，没有通知书作为凭据，特派办无法提前采集数据和收集资料。很多可以在审前准备阶段经由非现场审计完成的工作，如了解基本情况、数据分析和关联比对等，只能等到现场审计阶段处理，造成现场审计阶段时间过长，工作量异常繁重，又因为等资料、不熟悉情况，造成“窝工”。

二是审计实施阶段。从客观条件上来看，目前各特派办根据审计署统一要求采集的数据按照有关规定要全部上收，而目前远程数据分析的硬件设施条件尚不具备，特派办难以开展非现场分析，非现场审计工作实际发挥的作用和价值有限。从主观条件上来看，专职计算机人才较少，普通审计干部即使通过计算机中级培训，一般也只能使用简单的SQL语句进行对比分析，缺少更加深入和复杂的大数据处理、多维分析、数据挖掘等数据处理和分析能力，影响了“总体分析、发现疑点、分散核查、系统研究”的计算机审计方法的应用效果。

2. 现场审计调查取证存在一定问题。

一是调查了解记录后补问题较突出。调查了解环节不是审计实施过程中一个独立区分的环节，在审计过程中遇到新的单位、新的情况随时会启动调查了解环节，准则规定的内容较多且与方案、底稿重复。审计实践中，相当多的审计项目都是在调查取证结束后甚至现场审计结束后，才后补调查了解记录。

二是银行账户查询效率较低。一方面，银行查询效率普遍较低或拖延推诿，有的银行需要1周甚至1个月以上才反馈银行账户的查询结果。另一方面，银行账户查询办法规定的审批环节多，审批权限过于集中。查询个人银行账户（特别是一级账户）需要经过主审、组长、办领导、业务司、署领导5级签字，特别是在业务司呈报署领导阶段一般采取集中报批，耗时较长。

三是公车改革后带来新问题。审计调查取证，特别是延伸调查需要跑很多单位，甚至要深入村镇、田间地头、工厂矿山。但公车改革后，审计机关没有工作用车；向被审计单位借车，目前大部分被审计单位也同样进行车改；乘坐公共交通工具，携带电脑和银行账户查询单等机密文件保密安全得不到保障，况且目前很多农村和偏远地区不通公交；乘坐出租车或包车费用较高，驾乘人员也不愿意去偏远地区，外勤经费中的交通费用又严重不足，审计工作在交通方面缺少保障，问题较为突出。

3. 人员配置和现场管理的科学性有待加强。

一是现场审计时间偏长，出差较多。问卷调查结果显示，41%的审计干部在审计现场每天工作10～12小时，人均出差200天左右，个别骨干出差时间超过300天。

二是审计组人员配置和管理科学性不够。有的审计组现场负责人和主审人选不合适，如业务不熟悉，能力不强，不善于管理，分工不合理等。有的审计组新人较多，骨干较少，老中青搭配不合理，业务构成有欠缺。如调研的某财政收支审计小组5个人，除组长经验丰富、能力较强外，其余分别为2名新入职的同志和2名年轻的地方审计机关交流干部，几乎都没有独立完成核查工作的能力，组长不得不在审计现场临时组织学习预算法等基本知识，审计深度和质量都受到了影响。

三是轮岗过于频繁，急缺专门人才。处级干部和业务骨干大面积轮岗，审计人员得到多岗位综合锻炼的同时，也造成审计队伍中精通某一行业的专家型人才紧缺。此外，轮岗后的处室负责人和业务骨干，存在行业不熟悉、情况不了解、原有经验方法不适应等情况，从骨干变为新手，一定程度上影响审计的质量和效率。

4. 现场审计结束后待查案件线索过多，后续工作耗时耗力。

一个审计项目现场审计结束后往往保留较多待查案件线索，主要包括三类：一是已经基本查清，报送到复核审理审核部门要求继续补证的；二是已经完成大部分问题的核查，但证据链还不完整的；三是刚刚发现的案件线索，没有来得及核查或者经主审、现场负责人判断与审计目标关系不大、可查性不高的。对于这些案件线索，特别是最后一类，出于对审计成果的期待和对监督不到位风险的担心，往往在现场审计结束后仍不舍得放弃，占用了审计骨干大量时间，也影响了新项目的开展。

（四）复核审理审核方面

复核审理审核环节存在的主要问题是，权责过于集中、各环节耗时长、重复工作多、与办案部门会商较为被动。

1. 复核审理审核权责过于集中，耗时较长。

目前质量控制权责主要集中在复核审理审核部门，特别是案件线索信息都需要报送署相关部门，逐级审核后再区分哪些以审计署名义移送，哪些以特派办名义移送，大量工作集中在业务司、法规司、政研室。同时，各环节职责没有区分，工作内容重复，一方面使得质量控制责任被推向下一环节，特派办内部质量控制事实上失去意义；另一方面耗时较长，导致审计信息的价值边际递减。

2. 复核审理审核各环节重复工作多，反复修改、反复补证情况比较普遍。

尽管特派办报出的审计报告或者审计信息都经过办内审理机构审理、业务会议讨论、特派员签发，但复核审理审核每个环节仍然需要重新进行全面审查，审计人员需要在每一个环节向每一个复核、审理人员反复介绍背景和过程、回答询问，甚至反复补充材料和证据。121 名填写调查问卷的审计干部中，78%的审计干部表示有同一审计项目被反复要求补充资料 3 次以上的经历。

3. 与办案部门的会商制度缺少主动性，增加了审计机关自身的风险。

目前与公安、纪检、检察部门的案件会商过程中，审计机关一般不掌握移送处理的主动权，只要对方具体工作人员不同意就无法移送，对方提出补证，就只能去补证。无形中将审计工作中查出案件线索的证据要求等同于办案部门的司法标准，超出了法定审计手段所能达到的范围和程度，导致有的案件线索囿于审计手段无法移送，增加了审计监督不作为风险；有的审计人员缺少案件查办的经验，补证过程中打草惊蛇，增加了犯罪嫌疑人串供、毁灭或伪造证据甚至逃跑的风险。

此外，在审计过程中，部分被审计单位拖延、推诿、拒绝提供资料特别是电子数据资料；部分相关单位对于审计延伸取证特别是异地取证和网络数据取证不予配合或增设关卡；除金融机构外很多行业自身信息化程度低，数据环境差，提供数据不完整或数据碎片化严重。这些情况也都为审计工作开展、数据采集和使用带来困难，影响审计工作效能。

二、影响审计工作效能问题的主要原因分析

（一）审计署层面

1. 对于大数据环境下审计工作的研究不够深入，特别是对数据系统建设期和过渡期的数据使用管理考虑不周。一是缺少科学的数据规划。除了国家审计数据系统和数字化审计平台等远景之外，还应当制订更加贴近实际的中短期规划，深入了解各行业、系统自身的数据环境，分类制订数据环境建设规划。二是缺少数据建设期和过渡期的数据使用管理制度。以目前的人力和技术来看，建立完善的数据定期采集机制、完善海量数据整理，乃至建成国家审计数据系统和数字化审计平台，是一个不可能一蹴而就的长期过程。在这个以数据积累和系统建设等基础工作为主的建设期内，各特派办既不能使用统一数据管理的成果，又失去了自行保存、使用、分析数据的权限，影响了审计从静态到动态、从现场向非现场的转变，延缓了信息化技术在审计工作中的运用和普及，也造成了工作上的不便和信息资源的闲置浪费，亟须出台一系列数据建设期和过渡期的使用和管理制度。

2. 岗位责任规定不明确和问责不到位。

一是各环节和岗位责任区分不清晰。《国家审计准则》规定，审计机关实行分级质量控制。但七级质量控制环节之间，每个环节的各个岗位之间的职责相似，责任区分不明确。如根据《国家审计准则》的规定，审计组组长、业务部门和审理机构的职责都包含审核全部结论性文件材料，（《国家审计准则》第六章审计质量控制和责任第一百七十四条至第一百八十五条）每个环节都要对事实、证据、定性和处理依据进行全面审核，甚至每个环节内部不同岗位也要重复审核。不仅增加了流程和时间，而且容易出现责任往下一环节推、责任不落实，大量工作集中到最后环节，从而导致了目前对审计工作效能影响较大的反复补证、复核审理审核时间长等问题。

二是各环节和岗位问责不到位。2013 年出台的《审计署工作规则》中就已经提出要进一步完善审计项目质量责任追究制度，明确问责范围，规范问责程序，严格责任追究。但事实上，一方面责任追究制度还没有完善；另一方面在实践中，各环节对于上一环节出现的事实不清、证据不足、审核把关不到位问题，一般只是采取退回修改，做不到追责问责，在一定程度上既增加了返工的工作量，也放任了各环节履行责任不到位的情况。

3. 考核机制的科学性需要进一步增强。

考核机制中互斥的分值设计使得各个特派办之间竞争大于合作。新修订的考核制度为了保证审计成果主要贡献者的分数不被摊薄，减少“搭车”现象，规定案件线索查处过程中，起主要作用和次要作用的特派办按照比例分摊成果的分值，即参与合作的特派办越多，能分到的“蛋糕”越小。此外，各特派办承担的项目数量不同，很多审计干部表示，就像农民分地一样，多占有土地可以广种薄收，而减少审计项目就像失去部分土地，单产总是有限的，再大的本事也很难提高总产量。目前的考核办法只对产出成果进行考核，对成果与计划分工之间的匹配关系、投入产出比考虑不足。

4. 部分现行制度规定不够科学合理。

部分制度规定不够科学或者与实践脱节。如《国家审计准则》对于调查了解记录、审计实施方案和审计取证单内容的规定与审计实践脱节；会商制度中对审计机关移送处理权的保护不到位，没有处理好工作协调和法定权限之间的关系，导致实践中只要与之会商的相关单位具体工作人员提出异议，审计机关只好退回补证或者取消移送，事实上失去了法定移送处理权的主动性，审计权力没有得到真正落实。

（二）特派办层面

1. 现场审计与非现场审计结合不够，对于大数据环境下的审计工作还需要进一步适应。

目前大数据审计已经初见效果，但应用还不够广泛，与刘家义审计长提出的“七个一体化”中“审计一线作业与后台数据分析一体化”差距较大。对于部分审计组，非现场审计工作比重过低，甚至将电子数据只是视为账册的另一种形式，仍然保留传统手工审计的方法，在审计手段上还是习惯于传统的从会议纪要、举报信甚至银行账户中寻找线索。深入综合比对不够，以海量数据为基础的多维数据关联分析不够，从大数据中挖掘有价值的数据不够，利用大数据分析拓展审计的深度和广度还处在摸索阶段，效率难以明显提高。

2. 审计人员能力不足，对审计人员的督导和培训不够。

一是缺少人才培养规划。各特派办每年招录新人较多，从调查问卷结果来看，25%的审计干部在特派办工作不超过3年。但特派办缺少有步骤、有计划的人才培养规划，新入职的审计干部对于国家审计的基本法规、基本流程和方法，国家重要政治经济政策，各行业的基本情况没有系统学习和掌握，在审计现场，也只能向经验丰富的审计干部请教，影响了年轻审计干部的成长速度。

二是缺少持续专门培训。特派办整体上缺少持续学习培训的机制，审计署组织的各类培训班也只能视工作情况轮流或者控制参加。同时，有的培训班内容与实践脱节，如计算机中级培训10多年来培训内容变化不大，理论入门内容多，实践内容少或与实践脱节。如对于数据库语言，目前大部分被审计单位的数据库都已经使用oracle语言，而中级培训班仍在讲授SQL server语言。

三是对项目审计结束后的总结重视不够。目前，年中和年终集中整训事实上已经取消，每个审计项目匆匆结束后缺少必要的成果、经验和方法总结，导致一些审计干部还是年复一年吃老本，新制度、新政策、新知识更新不到位，影响了队伍整体素质的提高。

3. 现场管理和组织协调不力。

特派办负责人或审计现场负责人的工作思路和管理能力十分重要，如果审计重点把握不准，审计思路不清晰，人员配置和审计措施不合理，现场审计管理和组织协调不够科学，就会出现“打乱仗”情况，影响工作效能。如某办曾经在经责审计项目中对于发现的问题线索，只按照时间、批次和难易程度核查，耗费了大量人力和时间，查出了很多四、五级单位乡科级干部的问题，但偏离了审计目标，查出的问题无法纳入审计报告。

4. 轮岗制度亟待进一步完善。

轮岗制度优点在于有效防范廉政风险，缺点在于影响精通某一行业或领域的专业性审计人才培养。从目前的审计环境来看，廉政风险防控机制比较完善，审计队伍整体廉政情况较好，但审计任务的难度和复杂程度不断增加，需要更多精通某个审计领域的领军人才和骨干人才。面对这一形势，轮岗制度亟待进一步研究完善。

三、提高审计工作效能建议

提高审计工作效能是一项复杂的系统工程，更是一项长期的艰巨任务，要从根本上解决这一问题，必须依靠科技手段，加快实现大数据环境下审计方式方法的转变。本文仅就调研发现的实际问题及其原因分析提出建议，以期对减少无用功和低效率事项、优化审计工作流程有所裨益。

（一）审计署层面

1. 加强对大数据环境下审计工作规划。

一是长期规划。即按照《关于实行审计全覆盖的实施意见》要求，规划建立健全数据定期报送制度，加大数据集中度，构建数字化审计指挥平台、大数据综合分析平台、审计综合作业平台、模拟仿真实验室和综合服务支撑系统，构建国家和省级审计数据中心，推进上下级审计机关之间网络互联、审计机关与审计现场之间信息共享，推进实时监控、动态监测的联网审计。

二是中期规划。即根据不同行业系统的数据环境，因地制宜分类制订相应的数据环境建设规划，做好基础工作。如金融行业的特点是行业本身信息化水平较高、同质性较高，但数据存储量大、信息维护难，所以采取了由被审计单位搭建数据环境和数据平台，提供数据更新和维护的方法。但其他行业能否借鉴其经验，采取何种方式搭建数据环境，还需要深入研究论证。

三是过渡期规划。主要指当前数据系统建设期内数据采集、管理和实用的相关问题。可以考虑除银行等敏感涉密数据外，允许特派办暂时保留集中采集数据的相关备份，并严格记录查询和使用过程，保证特派办的工作需要。一旦数据系统建立完善，各特派办应当立即删除保留数据。同时，在密网建立数据申请使用审批平台，能够在线提交申请，电子审批，便于统计、管理，减少审计人员路途奔波。

2. 加强审计项目组织管理的科学性。

一是进一步研究和深化试点审计工作。试点单位选择要有代表性；试点审计目标要以确定审计重点、探索审计工作方法为主，核查案件线索问题为辅；试点审计组要配置各参审特派办经验丰富的审计人员，为参审特派办储备业务骨干；试点审计过程中，要加强和项目领导小组之间的沟通联系，力争为审计工作方案提供全面的参考意见。在试点审计经验的基础上起草审计工作方案，充分交由各参审办业务骨干研究论证，充分向相关行业监管部门、其他监督部门征询意见。审计工作方案附表不必急于制订，可以由各审计组在审计过程中提出建议，在中期汇报时集中讨论确定后下发，以确保附表科学性、实用性。

二是加强审计项目组织管理。要充分考虑不同地区之间的差别，充分考虑审计目标、重点和资源配置，对审计时间和被审计单位配合时间进行有效评估，科学安排多个特派办共同参与的项目，若 2 个以上特派办参与，由业务司统一组织。统一组织的大项目审计过程中，不得随意追加任务或变更要求，确需修改审计工作方案，应报署领导审批。

三是加强非现场审计工作的科学性。加强审前准备工作，“早准备胜过多上人”。审计项目对象、范围、分工一经确定，尽早告知各特派办审计对象和审计范围，尽早发放审计通知书，并在通知书中注明进点时间和允许提前收集数据资料，保证特派办可以统筹规划，提前进行数据资料采集和分析。

3. 抓紧修订审计法律法规。近年来，一些审计管理体制和运行机制中存在的突出问题已经纳入全面深化改革和全面推进依法治国进程逐步予以解决，如相关部门应当根据审计工作需要提供电子资料、建立健全数据定期报送制度、加强审计职业化建设、推动实行审计全覆盖等与审计工作效能关系密切的内容，已经在 48 号文、两办意见等规范性文件中规定，亟待上升为审计法律法规。此外，对于现行法律制度中一些滞后于审计实践发展的规定，如进一步明确有关单位和个人的协助配合义务和责任追究，进一步完善审计机关职责、权限、程序、法律责任等，也需要尽快启动法律法规修改工作，对审计法和审计法实施条例进行修改完善。

4. 改进项目质量控制和责任追究方案。应当在重新深入研究各个环节责任的基础上，尽快明确对各个环节的责任划分和问责程序。提出以下 3 种方案建议。

方案一：完善审计组组长负责制。即审计组组长负责审计项目全面工作，包括配置资源、制订方案、确定思路，督导管理审计组人员，审计组组长自行确定质量控制方法，对审计项目的质量负全部责任。署内业务部门负责统一组织大项目的组织协调、经验分享、综合报告汇总和日常监督，署内审理机构负责法规适用方面的咨询和定期质量检查。一旦在检查中发现相关质量问题，署内项目质量责任追究委员会应当提起质询，听取多方意见后决定是否进行问责。

方案二：完善分级质量控制。在维持现行分级质量控制体系的前提下，压缩层级和环节，明确责任范围。如原七级质量控制体系中的审计组成员、主审和审计组组长可以合并为审计组环节，审计组环节要对审计结论的事实和证据部分承担全部责任；业务部门对审计结果是否符合审计工作方案要求承担全部责任，并核查上一环节责任履行情况；审理机构对法律法规适用情况承担全部责任，并核查前两个环节责任履行情况。在核查中发现上一环节的问题，可以采取提醒关注、退回修改等方式予以注明，一旦提醒或者退回超过规定次数，署内项目质量责任追究委员会应当组织对相应责任环节提起质询，听取多方意见后决定是否进行问责。

方案三：实行分类与集中相结合的审理复核制。设定科学的分类标准，如除党中央国务院交办项目、统一组织的大项目和重大专项审计项目之外，其他审计项目的审计报告可以由特派办审理审核；一定金额、情节标准以下，可以以特派办名义移送的案件信息由特派办审理审核。在科学分类的基础上，对于应当由审计署相关部门负责复核审理审核的审计报告和审计信息，采取集中审理审核制，即由复核、审理、审核部门及相关署内专家或署领导组成若干个审理审核小组，将报送的审计报告、案件线索和审计信息分批安排上会。审计组派人进行陈述、证据展示，由审核小组集中对报告和信息中的问题事实和定性处理部分进行询问、讨论。审理审核小组可以做出三类决定，一类是认可主要事实和定性处理意见，提出表述性修改意见，要求审计组根据意见修改；一类是认可主要事实，但需要补充相关证据或与相关部门会商，要求审计组限期补充证据或安排与相关部门会商后再次提交上会；一类是不认可事实、定性，或认为该问题不适宜列入审计报告或不应当办理要情、移送，决定将问题从报告中删除，或将审计信息退回。

5. 完善考核机制。

应当重新慎重研究评估考核机制的目标、作用和影响。现行考核机制是偏重量化指标，减少主观判断，方便理解和操作，但对于一个单位一年的整体工作来看，仅通过量化指标打分容易使“画像”失真。建议将考核机制改为定量考核和定性考核相结合，定量考核部分保持目前的量化打分考核方式，进一步完善分值设置；定性考核以署领导组成的考核委员会集体评估讨论为主，集中听取各特派员的述职以及相关部门的评估意见，并进行深入讨论确定定性考核等级。定性考核确定 2～3 个等级，在每个等级内再按照定量分数排名。这样，既能够围绕审计工作目标和要求对各单位工作开展整体评估，避免某个考核指标决定了整个考核结果和排位，又能够进一步明确审计工作目标和重点，鼓励各单位增强协作，充分发挥内部合力，避免各自设防带来的内部消耗。

6. 建立案件线索统一分析和管理机制。

目前，成都办建立的后续案件线索备查机制、沈阳办建立的审计督办事项清单销号机制，都能够比较有效地对审计发现问题进行管理、追踪。建议全署建立案件线索统一分析和管理机制，各特派办应当将各审计项目发现的案件线索及时登记、集中分析。对于现场审计结束后仍然待查的案件线索，除已经进入业务司局复核或者审理机构审理要求补证的，以及特派办业务会议审核认为不马上核查存在重大风险隐患的，一律集中归入待查问题和信息库，统一管理分析，统筹安排到以后审计项目一并核查，既不要无限制牵涉人力资源，也避免线索被放弃或忘记的监督不到位风险。

7. 改进和完善相关制度。

一是移送和会商制度。应当建立常态化的工作协调机制，明确案件移送标准，明确移送处理权的法定性和主动性，明确接收机关的协助配合义务。

二是银行账户查询办法。建议首先充分利用采集的金融机构等电子数据，履行审批手续后到署进行多层账户查询分析和关联分析；其次可以考虑区分不同情况，根据“谁查询、谁举证；谁审批、谁负责”的原则划分审批权限，并规定相应审批程序。另外，建议开发电子审批系统，审计人员在线提交申请和证明材料，逐级电子审批，既保留记录，便于随时监督和检查，又便于远程审批，减少审计人员旅途奔波，提高工作效率。

三是轮岗制度。应当鼓励自主申请轮岗，同时提高强制轮岗年限，明确轮岗时本处室应当至少有 50％的人员具有本行业审计长期工作经验。

四是人员临时抽调制度。人员临时抽调办法应当对临时抽调人员参加专项工作、统一组织大项目安排特派办人员到项目办公室工作等相关事项进行规范，明确临时抽调人员时间和比例不得超过一定数量和比例，明确申请和审批程序等。

8. 改进相关业务文书。

一是精简调查了解记录。建议压缩内容，清晰记录人员分工和调查了解过程即可，减少不必要的工作量。

二是改进审计实施方案。建议删除审计实施方案中关于审计应对措施的规定，实施方案明确审计目标、审计范围、审计重点、审计分工即可。审计步骤和方法、审计人员、审计时间等内容可以在工作底稿中写明，减少重复工作。有些相对较小的审计项目，可以不制订审计实施方案，直接按照审计工作方案实施审计。

三是完善审计取证单。建议要求必须列明审计结论和定性、处罚依据，充分体现阳光执法。被审计单位如果有不同意见应在取证单中注明并附上相关证据，如不采纳被审计单位意见也应说明理由一并在取证单和底稿中注明，尽量在现场解决实质性争议。

9. 完善职业保障机制。

加强公车改革后审计工作用车保障，参照其他执法单位申请配备审计执法用车，或者在外勤经费中增加用车专项经费保障；恢复年中集中整训，加强工作总结交流；进一步落实休假制度，做好统一安排，严格落实年休假、探亲假、婚丧假、生育假、法定假日等休假制度，妥善处理好休假和工作之间的关系；在政策范围内加强对审计干部家庭、生活困难的关心帮助。

（二）特派办层面

1. 加强技术方法创新。

一是加强审计组整体进点前的“先遣队”准备。建议在审前培训阶段，先派 2～3 人小分队进点，收集资料，摸清情况，明确重点，为审计组整体开展工作做好准备，减少现场审计工作时间，提高工作效率。

二是加强信息技术在审计工作中的运用。构建大数据审计工作模式，通过搭建综合数据分析平台，开展关联分析，从多个维度分析相关环节的疑点线索，扩大审计监督的广度和深度，提高审计精准打击的效率，也减少对查询银行账户、证券账户、房产手段的依赖。

三是树立信息共享意识，逐步适应未来信息化发展环境。伴随着信息化的飞速发展，数据的大集中、大关联、大计算将是未来信息化环境下审计工作的主要模式，数据的集中海量化、海量共享化、共享融合化、融合精细化将是数据资源能够发挥最佳效益的必然途径。因此，审计人员应当从思想上和能力上做好应对信息化环境下审计工作的准备，特别是打破思想壁垒，支持数据共享，打破审计组之间、特派办之间内部制约信息共享的障碍，真正形成审计的数据海洋，提升审计作用和效能。

2. 加强审计干部的能力培养。

一是强化审前培训。统一组织项目的，在统一视频培训班结束后，至少组织 3 天左右高质量的审前培训。培训内容主要包括：消化理解审计工作方案，集中学习相关法律法规、行业政策和知识，熟悉了解被审计单位基本情况，了解专家学者前沿观点，梳理总结过往审计经验和前期非现场审计工作成果，强调廉政、保密等纪律要求。通过审前培训，确保每一位审计干部带着行业背景知识进点，带着问题进点，带着方向和思路进点，与被审计单位人员不说外行话。

二是加强审计现场的业务指导。在现有审计实务导师制的基础上，明确审计现场的督导机制，保证每一位工作 3 年以下的审计干部能够有指定 2 至 3 名经验丰富的审计人员对其进行指导和带领，加强调查取证、沟通谈话、获取资料等各个环节方法技巧的督导和帮助，加快人才培养。特派办加强扁平化管理，办领导驻扎一线，加强对现场的管理、指导和对审计干部特别是年轻干部的督导。

三是加强项目总结分析。建立项目总结制度，确保每个审计项目结束后能够通过一定方式进行总结，组长、现场负责人、主审、一线审计人员和审理部门，通过不同的角度对项目审计过程中的经验、教训、技术方法加以总结，以总结促反思和能力提升，以真实项目作为案例答疑解惑，有效提升审计干部的实战能力。

四是加强集中整训和专门培训。制订特派办整体人才培养计划，明确持续教育培训要求。恢复年中的集中整训制度，集中学习法律法规政策和相关行业知识，聘请相关专家进行专门辅导，增强审计干部之间的交流，增强干部集体归属感。

（撰稿人：审计署审计科研所、成都特派办联合课题组　　执笔人：刘誉泽）

【出资人监督不同于出资人审计】 深化国有企业改革是全面深化改革的核心内容之一。十八届三中全会以来，党中央国务院对新时期全面深化国有企业改革做出了全面部署。2015 年 8 月，中央印发《中共中央国务院关于深化国有企业改革的指导意见》，在加强对国有企业的外部监督方面，要求建立健全高效协同的外部监督机制，强化出资人监督，健全国有资本审计监督体系和制度，实行企业国有资产审计监督全覆盖，建立对企业国有资本的经常性审计制度。同年 10 月，国务院办公厅印发《关于加强和改进企业国有资产监督防止国有资产流失的意见》，提出要切实强化国有企业内部监督、出资人监督和审计、纪检监察、巡视监督以及社会监督，严格责任追究，加快形成全面覆盖、分工明确、协同配合、制约有力的国有资产监督体系。同时，学界和有关方面在深化国有企业改革、加强国有资产监管、确保国有资产安全方面做了大量研究，提出了许多意见建议。其中有一种观点提出，国有资产监督管理机构应大力开展对其所监管的国有企业的出资人审计。

课题组研究认为，出资人监督不同于出资人审计，对国有企业的出资人审计只能是国家审计机关的审计。由国有资产监督管理机构对国有企业开展出资人审计这一观点，将出资人监督直接等同于出资人审计，模糊了出资人监督和审计监督的概念。它在理论上容易引起认识混乱，在法律上严重侵蚀宪法法律赋予审计机关的审计监督权，在实践上不利于国有资产安全完整保值增值目标的实现，在方向上不符合行政管理体制改革和国有企业改革的精神，弊害极多，实不可取，应当引起有关方面高度重视。

首先，从理论上讲，对国有企业的出资人审计只能是国家审计机关的审计，由国有资产监督管理机构对国有企业开展出资人审计的提法缺乏学理和法理依据，不够科学严谨，容易引起人们对国家审计认识的混乱。

根据审计实施主体和审计权来源的不同，世界各国和国际审计组织普遍将审计划分为三大类：一是国家审计，理论界基于国家学说和财政理论又称政府审计、公共审计或者公共部门审计，指的是审计机关根据法律授权代表国家实施的审计；二是内部审计，指的是单位、部门内部设立的审计机构根据本单位本部门授权开展的审计；三是社会审计，指的是作为社会中介机构的会计师事务所根据所受委托实施的审计。我国接受了将审计划分为国家审计、内部审计、社会审计三大类的公认理论，并在立法上对这一理论予以确认。在我国审计法中，规定了审计机关的审计、内部审计和社会审计机构的审计，即国家审计、内部审计和社会审计。而且，审计法第二十九条和第三十条明确了国家审计与内部审计、社会审计的关系，即审计机关对内部审计具有指导和监督职责，对社会审计具有对其出具的相关审计报告的核查职责。由此可见，无论国内还是国外，无论学理上还是立法上，世界各国审计均只有国家审计、社会审计和内部审计三种类型（相对于内部审计而言，国家审计、社会审计属于外部审计），并不存在其他类型的审计，出资人审计这一概念不够科学严谨。

同时，由国有资产监督管理机构对国有企业开展出资人审计的提法，也容易引起人们对国家审计认识的混乱。在我国，国有企业的出资人就是国家，即全体国民。企业国有资产法第四条规定，国务院和地方人民政府代表国家对国家出资企业履行出资人职责，享有出资人权益。因此，从法理上讲，对国有企业的出资人审计只能是国家审计，即审计机关的审计。从这个意义上说，如果使用国有企业出资人审计这个概念，实质上是指审计机关代表国家对国有企业开展的国家审计。事实上，根据我国宪法和法律，审计机关已经在依法履行出资人审计的职责。如果在审计机关的审计之外，又提出由国有资产监督管理机构对其监管的国有企业开展所谓的出资人审计，就容易让人们误以为在审计机关对国有企业的审计之外又有了新的国家审计，即对国有企业的审计有两个国家审计，这是十分不妥的，在理论上容易造成混乱。

其次，从法律上讲，如果由国有资产监督管理机构对国有企业开展所谓的出资人审计，将明显与宪法和法律的规定相抵触，严重侵犯、肢解宪法法律赋予审计机关的审计监督权，与全面依法治国的要求相悖。

审计监督是党和国家监督体系的重要组成部分，审计机关是国家依照宪法设立的独立行使审计监督权的专门监督机关。审计机关对国有企业的审计监督权是宪法和法律明确授予的。

一是宪法以国家根本大法的形式，赋予了审计机关对国有企业的审计监督权。宪法第九十一条明确规定，国务院设立审计机关，对国务院各部门和地方各级政府的财政收支，对国家的财政金融机构和企业事业组织的财务收支，进行审计监督；审计机关在国务院总理领导下，依照法律规定独立行使审计监督权，不受其他行政机关、社会团体和个人的干涉。

二是在宪法规定的基础上，审计法第二十条、第二十五条进一步明确了审计机关对国有企业资产负债损益及其领导人员经济责任履行情况的审计监督权。其中，第二十条规定，审计机关对国有企业的资产、负债、损益，进行审计监督；第二十五条规定，审计机关按照国家有关规定，对国家机关和依法属于审计机关审计监督对象的其他单位的主要负责人，在任职期间对本地区、本部门或者本单位的财政收支、财务收支以及有关经济活动应负经济责任的履行情况，进行审计监督。

三是作为企业国有资产监管的基本法律，企业国有资产法也明确了审计机关对国有企业的审计监督权，同时，对审计机关的审计职责和国有资产监督管理机构的监管职责作了明确划分。该法第六十五条规定，国务院和地方人民政府审计机关依照《中华人民共和国审计法》的规定，对国有资本经营预算的执行情况和属于审计监督对象的国有出资企业进行审计监督。第六十七条规定，履行出资人职责的机构根据需要，可以委托会计师事务所对国有独资企业、国有独资公司的年度财务会计报告进行审计，或者通过国有资本控股公司的股东会、股东大会决议，由国有资本控股公司聘请会计师事务所对公司的年度财务会计报告进行审计，维护出资人权益。上述委托或聘请会计师事务所实施的审计，属于社会审计范畴，而不是审计机关实施的国家审计。

四是国家赋予国有资产监督管理机构的是对国有企业的监督管理职责，并没有赋予国有资产监督管理机构对国有企业进行审计监督的职责。《国务院国有资产监督管理委员会主要职责内设机构和人员编制规定》规定了国资委的监管职责，即根据国务院授权，依照《中华人民共和国公司法》等法律和行政法规履行出资人职责；通过统计、稽核对所监管国有资产的保值增值情况进行监管。《中共中央国务院关于深化国有企业改革的指导意见》提出，要强化出资人监督，加强对企业关键业务、改革重点领域、国有资本运营重要环节以及境外国有资产的监督。同时，该指导意见将出资人监督与审计监督等外部监督并列，要求整合出资人监督、外派监事会监督、审计监督、纪检监察、巡视等监督力量，建立监督工作会商机制，加强统筹，创新方式，共享资源，减少重复检查，提高监督效能。

可见，现有法律法规对国有资产审计监督职责的规定是十分明确的。审计机关对国有企业的审计监督权是法定的、专有的、排他的，其他任何政府部门、机关均无权对国有企业进行审计监督。从国际上看，由国家审计机关对国有企业进行审计也是国际惯例，美国、英国、法国、德国、意大利、俄罗斯等主要国家均通过立法规定审计机关对国有企业进行审计。如果由国有资产监督管理机构对国有企业进行所谓出资人审计，将明显违反宪法和法律的规定，严重侵犯、肢解审计机关对国有企业的审计监督权，与党的十八大以来中央提出的“全面推进依法治国”“坚持依法治国首先要坚持依宪治国，坚持依法执政首先要坚持依宪执政”“法无授权不可为”等精神相悖，同时，也不符合国际惯例。

再次，从实践上讲，如果由国有资产监督管理机构对国有企业开展所谓的出资人审计，势必将国家对国有企业的审计人为割裂为审计机关的审计和国有资产监督管理机构的审计，造成不必要的重复审计、多头审计，难以落实党中央国务院关于审计监督全覆盖的要求，既加重国有企业负担，也无助于维护国有资产安全完整、确保国有资产保值增值这一根本目标的实现。

十八届四中全会指出，当前法治建设存在的一个突出问题是“多头执法”。如前所述，就国有企业审计监督而言，审计机关是宪法和法律授权的国家专门监督机关。如果在审计机关的审计监督之外，再由国有资产监督管理机构对国有企业开展所谓的出资人审计，势必造成重复审计、多头审计，难以落实党中央国务院关于审计监督全覆盖的要求，浪费国家有限的审计资源，加重国有企业的负担。而且，由于审计机关与国有资产监督管理机构的审计监督标准和力度不完全相同，可能导致国有企业同等情况得不到同等对待、同样问题得不到同样处理，有时甚至可能出现二者审计结论不一、各执一词的现象，影响审计监督的权威性，损害政府公信力。

国家审计是国家治理的基石和重要保障，审计监督是党和国家监督体系的重要组成部分。作为国家政治制度的重要组成部分，从其发挥作用的机理看，审计监督具有法定性、独立性、全面性和专业性等特征。在审计工作中，审计机关不仅关注国有企业资产负债损益的真实合规和效益情况，更加注重揭露重大违法违纪案件线索和反映体制机制制度问题，更有助于维护国有资产的安全完整和保值增值。从审计机关审计情况看，目前国有企业存在的突出问题，主要是对权力运行缺乏有效监督制约，重大违法违规问题多发频发；重大决策制度不健全、执行不到位，违规决策造成重大损失浪费；法人治理结构不完善，内部控制和财务管理比较混乱；片面追求规模扩张，发展后劲不足；贯彻落实国家宏观调控政策不到位等。

目前，国有资产监督管理机构组织的对国有企业的审计，主要是委托会计师事务所开展的。而作为社会中介机构的会计师事务所，是根据所受委托实施审计并收取费用，即通过服务委托方，完成受托审计任务，收取协议约定的费用，其根本目的在于保证社会审计机构实现盈利、保持永续经营。社会审计的总体目标是“对财务报表整体是否不存在由于舞弊或错误导致的重大错报获取合理保证，使得注册会计师能够对财务报表是否在所有重大方面按照适用的财务报告编制基础编制发表审计意见”，重点关注的是被审计单位财务会计报告的真实性、公允性，其受托出具的审计报告和审计咨询报告在社会经济活动中主要发挥鉴证和服务的作用，没有法定强制力。与国家审计相比，由于职能不同，社会审计无法起到加强对国有企业的监督，揭示和查处国有企业存在的国有企业及有关人员违法经营、贪污受贿、重大投资决策失误、重大损失浪费、重大国有资产流失、重大环境污染等重大违法违纪问题以及有关体制机制制度方面重大问题的作用。从国际国内情况看，一些知名会计师事务所受经济利益驱使，与被审计企业勾结串通，掩盖事实，出具虚假审计报告的行为时有发生。实践证明，国有资产监督管理机构委托会计师事务所对国有企业领导人员实施经济责任审计，达不到通过经济责任审计推动领导干部守法、守纪、守规、尽责，加强对领导干部行使权力的制约和监督，推进党风廉政建设和反腐败工作，推进国家治理体系和治理能力现代化的目的，难以实现建立健全国有企业审计监督制度、确保国有资产安全、为国有企业健康发展保驾护航的目标。因此，当前十分有必要按照党中央国务院要求，适应国企国资改革发展新形势，强化审计机关对国有企业的审计监督，实现对国有企业及其领导人员经济责任履行情况的审计监督全覆盖，充分发挥审计机关在推动国有企业改革、维护国有资产安全、确保国有资产保值增值等方面的作用。

最后，从改革方向上讲，如果在审计机关的审计监督之外，再由国有资产监督管理机构对国有企业开展所谓的出资人审计，将造成国有资产监督管理机构的监管职责与审计机关的审计监督职责重叠，不利于决策权、执行权、监督权既相互制约又相互协调，不符合行政管理体制改革和国有企业改革的方向。

党的十八大提出，要“建设职能科学、结构优化、廉洁高效、人民满意的服务型政府”，“要确保决策权、执行权、监督权既相互制约又相互协调”。十八届三中全会提出，要“整合执法主体”，“着力解决权责交叉、多头执法问题，建立权责统一、权威高效的行政执法体制”，“完善国有资产管理体制，以管资本为主加强国有资产监管”。十八届四中全会提出，要完善审计制度，保障依法独立行使审计监督权。2013 年 3 月的《国务院机构改革和职能转变方案》要求，要“减少部门职责交叉和分散。最大限度地整合分散在国务院不同部门相同或相似的职责，理顺部门职责关系”。《中共中央国务院关于深化国有企业改革的指导意见》提出，要“以管资本为主推进国有资产监管机构职能转变。国有资产监管机构要准确把握依法履行出资人职责的定位，科学界定国有资产出资人监管的边界，建立监管权力清单和责任清单，实现以管企业为主向以管资本为主的转变。该管的要科学管理、决不缺位，重点管好国有资本布局、规范资本运作、提高资本回报、维护资本安全；不该管的要依法放权、决不越位”，“将配合承担的公共管理职能归位于相关政府部门和单位”。如果由国有资产监督管理机构对国有企业开展所谓的出资人审计，其监管职能势必与宪法法律赋予审计机关的审计监督权相混淆、职能相重叠。而且，国有资产监督管理机构如果在对国有企业进行监管的同时又对其实施审计监督，也无法保证实施审计监督所必须具备的独立性。因此，由国有资产监督管理机构对国有企业开展出资人审计，不利于实现决策权、执行权、监督权既相互制约又相互协调，不符合我国行政管理体制改革和国有企业改革的方向。

综上所述，出资人监督不同于出资人审计，对国有企业的出资人审计，只能是国家审计机关的审计。由国有资产监督管理机构对其所监管的国有企业进行出资人审计的观点，模糊了出资人监督和审计监督的概念，不符合全面依法治国的要求，不符合全面深化改革的方向，实不可取。当前，要根据全面深化改革、全面依法治国的要求，彻底理顺审计机关对国有企业的审计监督职责和国有资产监督管理机构对国有企业的监管职责的关系。通过顶层制度设计，建立职责分明、权责统一、高效协同的国有企业监督机制，切实解决现实中存在的权责交叉、多头审计的问题，确保审计机关依法独立行使审计监督权、国有资产监督管理机构依法履行对国有企业的监管职责。

（撰稿人：审计署审计科研所国有企业审计研究课题组　执笔人：彭新林）

【国家审计促进政府财务报告制度改革的政策建议】 2013 年 11 月党的十八届三中全会通过的《中共中央关于全面深化改革若干重大问题的决定》提出“建立权责发生制的政府综合财务报告制度”。2014 年 12 月，国务院批转财政部《权责发生制政府综合财务报告制度改革方案》（国发〔2014〕63 号）（以下简称《改革方案》），其中建立“政府财务报告审计制度”是权责发生制政府财务报告改革中的重要内容。政府财务报告审计制度包括审计的主体、对象、内容、权限、程序、法律责任等方面。政府财务报告反映的是与政府财务状况、运行情况和现金流量等有关的信息。关于政府财务报告的审计，《改革方案》明确指出：“审计部门要按规定组织做好政府财务报告审计工作。”因而，审计机关应当跟踪关注改革进程和出现的新情况，对权责发生制政府财务报告审计进行研究和实践探索，提出相应的措施，更好地发挥国家审计在国家治理中的基石和重要保障作用。

一、政府财务报告制度改革的进展情况

我国目前的政府会计核算和政府财政报告，实行的是以收付实现制为基础的预算会计体系和决算报告制度，主要包括财政总预算会计制度、行政单位会计制度和事业单位会计准则制度，会计报表包括资产负债表、收入支出表、财政拨款收入支出表等，反映政府年度预算执行情况和结果，对加强财政资金管理和监督发挥了重要的基础性作用。然而，随着经济社会的发展，现有预算会计体系和决算报告制度难以适应新形势新情况的需要，主要表现在无法全面反映政府资产负债和成本费用情况，不利于加强政府资产管理、降低行政成本，难以满足建立现代财政制度、促进财政长期可持续发展的要求。在这样的背景下所进行的政府财务报告制度改革，要求建立以权责发生制会计核算为基础，以编制政府资产负债表、收入费用表等报表为核心的权责发生制政府财务报告制度，形成收付实现制预算会计和决算报告、与权责发生制财务会计和财务报告的政府会计体系，全面、清晰反映政府预算执行信息和财务信息，为加强政府资产管理、完善政府绩效考核、提高政府决策能力、防范政府债务风险等提供更全面的信息支撑，促进财政的可持续性和保障国家经济安全。

《改革方案》确立了改革的任务主要包括四个方面：建立健全政府会计核算体系、政府财务报告体系、政府财务报告审计和公开机制、政府财务报告分析应用体系。按照《改革方案》所确定的时间表和路线图，先行试点、逐步推进，2014

年至2015年重点是建立健全政府会计准则体系和财务报告制度框架体系，清查核实政府资产负债信息，开展政府综合财务报告信息系统建设；2016年至2017年，在前期准备的基础上，开展政府综合财务报告编制试点；2018年至2020年，在试点工作基础上，全面开展政府综合财务报告编制工作，建立健全政府财务报告分析应用体系，制定发布政府财务报告审计制度、公开制度，在2020年前建立起具有中国特色的政府会计准则体系和权责发生制政府综合财务报告制度。

政府财务报告主要包括政府综合财务报告和政府部门财务报告。2015年10月财政部发布《政府会计准则——基本准则》，具体规定了政府财务报告的构成应当包括财务报表和其他应当在财务报告中披露的相关信息和资料。财务报表是对政府会计主体财务状况、运行情况和现金流量等信息的结构性表述，包括会计报表和附注，会计报表至少应当包括资产负债表、收入费用表和现金流量表。从反映内容看，现行政府决算报告与《改革方案》中的政府财务报告在本质上是相同的，都是资金的运行和结果，区别在于会计目标和核算基础所带来的核算范围、确认标准、计量方法和报告内容等方面的差异，以分别满足不同信息使用者的需要。

早在2010年12月，财政部就印发了《2010年度权责发生制政府综合财务报告试编办法》，要求部分省、直辖市、计划单列市试编2010年度权责发生制政府综合财务报告，之后各地陆续开始试编政府财务报告。2015年11月，财政部印发了《政府财务报告编制办法（试行）》。同年12月，财政部印发了《政府综合财务报告编制操作指南（试行）》和《政府部门财务报告编制操作指南（试行）》，分别用于指导政府综合财务报告和政府部门财务报告编制试点工作，并确定2016年工作任务是，确定试点范围、组织开发政府财务报告信息系统、开展培训等，从2017年起开始编制2016年度政府财务报告。

需要关注的是，在逐步推进政府财务报告制度改革的同时，财政部门通过多种途径致力于构建公共部门注册会计师审计制度，大力推动注册会计师进行政府财务报告审计和其他公共部门财务报告审计。财政部制订了推进公共部门注册会计师审计的计划，包括制定政府购买服务支持注册会计师行业发展的管理办法，以及推动建立公共部门注册会计师审计制度，力争从法制体系和体制机制上破除注册会计师实施公共部门审计的准入障碍。同时，在中央和地方层面加快公共部门注册会计师审计试点。财政部还成立了财政部会计司牵头、中国注册会计师协会、6省市财政部门、6家大型会计师事务所组成的研究组，开展了公共部门注册会计师审计制度研究，发布专题研究报告，提出“公共部门年度财务报告（含政府综合财务报告和部门财务报告，以及其他公共部门财务报告）须经注册会计师审计”的核心观点，并建议在《中华人民共和国预算法实施条例》中明确政府综合财务报告和部门财务报告应当经会计师事务所审计，以及在《中华人民共和国注册会计师法》修订时将公共部门注册会计师审计列为法定业务等，并具体提出了注册会计师进行政府财务报告审计的实施方式和保障机制。

二、政府财务报告制度改革对国家审计提出的新问题和新挑战

（一）关于建立政府财务报告审计制度

政府部门财务报告和政府综合财务报告应保证信息的真实性、完整性及合规性，并经审计机关审计。《改革方案》要求：“部门财务报告及其审计报告，报送本级政府财政部门，并按规定向社会公开。政府综合财务报告及其审计报告，报送本级人民代表大会常务委员会备案，并按规定向社会公开。”政府财务报告审计是政府财务信息真实可靠的保障，与其相关的一系列审计问题，如审计范围和内容、审计权限、审计准则、审计方法、审计报告的编制和作用、审计风险和审计责任、审计成果运用等，构成了政府财务报告审计制度。应当研究并建立科学的政府财务报告审计制度，为进行政府财务报告审计构建制度基础和实施规范，有效发挥审计的职能作用。政府财务报告审计制度的建立是一项综合而有序的系统工程，需要深入细致的研究。截至目前，我国审计机关尚未开展政府财务报告审计的系统化研究。

1.政府财务报告审计目标。

在审计目标上，政府财务报告审计不同于审计机关通常开展的财政财务收支审计。从一般含义上来说，财务报告审计是对财务报告是否在所有重大方面按照适用的财务报告编制基础进行编制发表审计意见，以提高财务报告预期使用者对财务报告的信赖程度。财务报告审计需要评估重大错报风险，并以统计抽样为基础，对财务报告整体发表审计意见。最高审计机关国际组织2013年发布的《财务审计基本原则》(ISSAI－200）指出：财务报告审计的目的是增强报告使用人对于财务报告的可信度；审计人员对财务报告在所有重大方面是否按照适用的财务报告框架编制，或者在所有重大方面是否按照公允表达财务报告框架编制，发表审计意见。考虑财务报告审计的一般含义，和政府财务报告应当保证信息的真实性、完整性及合规性的要求，以及审计机关承担着监督与问责、推动制度完善的责任，政府财务报告审计的目标应当是既对政府财务报告是否真实完整和规范、有无漏报瞒报发表审计意见，又要揭示违纪违法问题，提出整改建议，其作用在于既促进政府财务报告信息的真实完整可靠，又推动政府机构不断改进管理和完善制度。

当前审计机关开展的预算执行审计、决算草案审计、财政存量资金审计、地方政府性债务审计、专项资金审计、经济责任审计等，也可以获得政府财政财务收支状况以及相关信息，但是这些审计不同于政府财务报告审计。一是审计的总量不完整，且无法通过统计抽样分析从已审计的资金数量上推断总体情况，并就被审计对象总体发表无保留的或者其他类型的审计意见。以预算执行审计为例，预算执行审计所抽查审计的资金总体数量和规模，占财政资金的比例不高，且各部门不均衡。2015年度中央预算执行审计，审计了42个中央部门及241家所属单位，审计财政支出预算1891.62亿元，占这些部门支出预算总额的36%。而2015年度中央部门单位预算执行审计中，审计外交部本级及所属单位2015年度财政拨款占部门财政拨款总额的58.94%、审计工业和信息化部本级及所属单位2015年度财政拨款占部门财政拨款总额的31.89%、审计教育部本级及所属单位2015年度财政拨款只占部门财政拨款总额的12.12%。二是在审计目标上，预算执行审计侧重于发现违纪违法问题，督促纠正和整改，确保预算收支和内部管理遵守相关法律法规的要求。三是审计内容在某一时期可能偏重于某些方面。例如预算执行审计，当年可能偏重于审查“三公”经费支出，次年可能偏重于审查会议差旅费等。

2.政府财务报告审计实施。

政府财务报告审计的对象包括政府部门财务报告和政府综合财务报告，工作量非常大。当前与政府财务报告审计具有相似性的审计项目是部门预算执行审计和部门决算草案审计、财政部门预算执行审计和财政部门决算草案审计。近年来，审计机关在中央部门预算执行审计中，推进预算执行审计与决算草案审计相结合，以全面反映部门预算执行总体情况，对开展预算执行审计的部门全部进行决算草案审计，通过对部门预算执行的全过程监督，从总体上反映部门预算执行与预算的差异度及其原因。在审计机关实现审计全覆盖、审计任务重而审计资源有限的情况下，有必要将政府财务报告审计和预算执行审计、决算草案审计等现有审计项目有机结合起来，有效实施政府财务报告审计。

（二）关于审计机关的政府财务报告审计主体地位

宪法和法律关于审计机关对财政财务收支进行审计的规定，已经包含了审计机关对政府财务报告进行审计的权力，因此政府财务报告的审计主体是审计机关，这一点是非常明确的。很多专家也认为政府财务报告审计的主体或者说主导权应当在审计机关，不存在“谁来审计政府财务报告”的问题。

但要考虑到，政府部门财务报告和政府综合财务报告审计之中蕴含巨大的市场利益和社会效应，因而会成为其他部门和机构争取政府财务报告审计业务的动机。具体来说，如果财政部门所提出的立法建议得到采纳，必然会对审计机关的主体地位和职能作用、政府财务报告审计格局带来影响。第一，可能带来对政府财务报告的重复审计，使被审计单位无所适从，增加负担。第二，容易造成相关责任不清、审计标准不统一等问题。第三，不利于审计机关加强对政府财务报告审计成果的运用。审计机关如果不能全面掌握政府财务报告审计情况，则难以获得全面完整的审计结果信息，不利于综合分析。

应当注意到，新的《中华人民共和国预算法

实施条例》即将出台。出台后的条例是否会出现影响审计机关政府财务报告审计主体地位的条款，是审计机关需要加以关注的。

三、国外政府财务报告审计主要由国家审计负责实施

综观世界各国的政府财务报告审计，不论是从国家审计的基本理念来看，从相关法律制度规定的审计部门职责权限来看，还是从政府财务报告审计的实践来看，政府财务报告的审计都是由国家审计机关进行，政府财务审计是国家审计的重要职责，在有些国家甚至成为核心内容。虽然在一些国家注册会计师不同程度地参与政府财务报告的审计，但是审计机关都拥有政府财务报告审计的主导权，包括审计政府综合财务报告、审计政府部门财务报告或者对由其他机构审计的政府部门财务报告进行检查，以确保审计质量和水平符合政府财务审计准则要求。具体来说，可以分为以下三种情况：

第一种情况：由国家审计进行政府财务报告的审计，如澳大利亚、新西兰、意大利、瑞典等。以意大利为例，裁判账目的均衡性，是意大利审计法院最传统的和古老的职能之一。根据有关法律，审计法院审查国家的总账目（即资产负债表和实账户），将收入和支出的结果和预算法进行比较，并开展部门资产负债表和资本资产管理的审计。审计法院不仅审计中央政府部门，而且还审计地区政府、地方当局和其他的自治实体和机构。同时，随着有关确定预算立法的演进，审计法院扩展了对于国家总账目年度报告的评价。审计法院根据审计的结果，以分析为基础，发布中央政府财务报表与收入和支出程序的规范性，以及遵守账目原则健全性的有关证明，向议会提供与政策制定和公众舆论有关的中央政府支出管理各个主要方面的信息。

第二种情况：由国家审计进行政府财务报告的审计，允许引入外部审计力量，如加拿大、英国等。以加拿大为例，加拿大审计署核查政府各部门及所属单位是否有适当的账目记录及其所提供的财务信息是否准确，对政府财务报表的总体真实性、公允性发表意见。加拿大联邦政府现行财务报表是名为“公共账目”的报表体系。政府年度账目及财务报表审计是明确政府责任、对政府问责的重要工具。由于财务报表审计的工作量很大，加拿大审计署通常直接审计政府各部门的财务报表，将部分政府所属事业性组织财务报表审计业务外包给会计师事务所，同时审计署对会计师事务所的工作质量进行控制，对其审计工作底稿与审计报告等业务资料进行复核。

第三种情况：由国家审计进行政府综合财务报告的审计，政府部门财务报告由审计机关或者注册会计师进行审计，如美国。美国审计署负责对联邦政府年度合并财务报表进行审计，对于各联邦机构的财务报表，如果机构设有监察长办公室，则可以根据监察长办公室的决定，由监察长办公室或独立的外部审计师来完成机构财务报表审计；否则，根据行政机构负责人的决定，由独立外部审计师来完成此项审计。审计署审计长可以检查监察长办公室或外部审计师所实施的机构财务报表审计质量，可以根据自己的判断或在国会某个专门委员会的要求之下，对机构财务报表进行审计。尽管监察长办公室也有权对注册会计师实施的政府财务报告审计质量进行监督，但是审计署拥有对监察长办公室、机构审计局、注册会计师的政府财务报告审计质量的最终审查权。审计署主要评价注册会计师的独立性和客观性、专业胜任能力、审计职责履行情况，并且不定期地公布审计报告核查结果。

四、审计机关开展政府财务报告审计的几点建议

在政府财务报告制度改革进程中，审计署和省（区、市）审计厅（局）已经积极参与并推进改革取得预期成效。例如参与政府会计准则的制定、对政府财务报告编制指南（征求意见稿）提出修改建议等。但应当看到，政府财务报告制度改革给审计机关带来的新问题新挑战，审计机关需要抓紧研究探索，为政府财务报告审计的实施做好充分的准备。

（一）从推进国家治理的高度充分认识政府财务报告审计的重要性和必要性

政府财务报告审计可以成为国家审计加强监督、强化问责、保障经济安全的重要途径。政府财务报告综合全面地反映了政府及各部门资产负债、收入费用、运行成本、现金流量等财务信息。审计机关通过政府财务报告审计，有助于促进政府财务信息真实可靠，提高政府信息的价值和可利用性；有助于对政府财务管理的做法进行评价，提出改进管理的措施，促进加强单位内部预算、资产和绩效管理；可以分析政府的财务状况、运行成本和财政中长期可持续发展水平，帮助发现、识别和管理财政风险，保障国家财政安全；可以作为评价领导干部履责情况和问责的重要依据。

近几年来，国家审计开展了政府性债务审计、财政存量资金审计和“三公”经费审计等多项有关国家资产、负债和政府财政收支的审计活动，揭示了存在的问题并公告审计结果，对于摸清情况，防控风险，保障国家财政安全和提高财政管理水平及效率发挥了积极的作用。由于政府财务报告对政府资产负债和收入支出等进行了更系统全面地反映和披露，因此开展政府财务报告审计将更有助于揭示风险隐患，促进可持续发展，推动国家治理现代化。

（二）积极参与政府财务报告制度改革的相关工作

建立政府财务报告审计制度，首先需要制定相关规则，主要包括政府财务报告审计的主体、内容、目标，审计准则与审计实施，政府财务报告审计的质量检查与监督，政府财务报告审计结果的报告与公开等。总揽世界主要国家的政府会计改革进程，审计机关或是政府会计改革的主导者，或是政府会计改革的推动者，或是政府会计改革的咨询者，或者参与政府会计改革规则的制定，在本国的政府会计改革中起到了重要的作用。我国审计机关应深度参与政府会计改革进程，以法律赋权、专业水平、机构权威性等优势，维护政府会计改革中的审计主导权力，突出加强审计机关的职能和责任，为审计机关在政府财务报告审计制度安排中赢得主动。

（三）加强政府财务报告审计的系统性研究

按照政府财务报告制度改革方案，2018 年至 2020 年将制定发布政府财务报告审计制度、公开制度，在 2020 年前建立起具有中国特色的政府会计准则体系和权责发生制政府综合财务报告制度。政府财务报告审计制度内容复杂，既包含政府财务报告审计专业问题，又涉及审计部门与人大、国务院、财政部门、被审计单位等之间的关系。

在审计组织方式上，审计机关开展政府财务报告审计，必须和现有预算执行审计与决算草案审计有机结合，并合理配备审计人员，统筹安排实施。预算法明确规定，“县级以上政府审计部门依法对预算执行、决算实行审计监督。对预算执行和其他财政收支的审计工作报告应当向社会公开”；“国务院财政部门编制中央决算草案，经国务院审计部门审计后，报国务院审定，由国务院提请全国人民代表大会常务委员会审查和批准”。审计机关应当同时组织开展预算执行审计、决算草案审计和政府财务报告审计，并根据不同的审计目标出具相应的审计报告，分别报国务院、人大常委会和财政部门，做到“一果多用”。

在审计技术方面，大数据技术可以帮助政府财务报告审计工作更好地实现其审计目标。可以根据政府财务报告审计的特点，建立相应跨领域的采集数据和规划标准、财务信息关联分析和风险分析模型，逐步构建政府财务报告审计的大数据分析体系，提高审计的效率和效果。

同时，开展政府财务报告审计带来审计机关业务量增加，必要时，审计机关还可以考虑在总结以往运用社会力量参与审计项目经验的基础上，探索如何向注册会计师购买政府财务报告审计服务。

针对以上情况，审计机关有必要将研究制定政府财务报告审计制度提上日程，规划政府财务报告审计制度的研究内容和进程，组织相关人员开展调研和论证，形成系统化和可实施的报告，并通过研究报告的发布，表达审计机关的观点和建议，推动政府财务报告制度改革的有序进行。

（四）在正在修订的审计法中明确审计机关对政府财务报告的审计职责

政府财务报告审计作为今后审计机关重要任务，在法律规范上还没有专门涉及。随着政府财务报告开始编制，应及时将政府财务报告审计纳入审计法律法规和国家审计准则的范畴，明确其成为审计机关的一项重要审计业务。从世界主要国家的相关法律法规来看，都明确规定了审计机关对政府财务报告的审计职责。当前，审计机关可以利用修订审计法的契机，将政府财务报告审计的审计职责权限纳入其中，为今后开展政府财务报告审计获得明确的法律授权。同时，审计机关要进一步研究政府财务报告审计指南，为政府财务报告审计的具体实施提供专业指导。

（五）适时开展政府财务报告审计的试点

当前各地财政部门正在进行政府财务报告的试编工作，同时财政部正在推进政府财务报告的编制试点。审计机关可以对此情况进行跟踪调研，获得具体翔实的财务报告编制信息，在调研的基础上选择具有条件的省（区、市）适时开展审计试点。通过试点发现可能存在的问题，探索审计的方法和审计结果如何应用，为制定政府财务报告审计具体实施规则和编制审计报告积累经验和基础，为正式开展政府财务报告审计做好准备。

（六）做好审计人员的专业培训

政府财务报告审计在审计目标、审计技术和方法、审计风险观念方面都不同于通常进行的财政财务收支审计。审计人员需要学习政府会计准则和制度、政府绩效管理相关内容，掌握大数据的应用，完善知识结构，适应审计机关在政府财务报告审计、政府财务报告信息分析应用等方面的要求。为此，需要制订人员培训计划，对培训进度和内容做出安排。

另外，对于审计机关从事政府财务报告审计的人员，是否应当具备相关的资质，以及应当具备什么资质和胜任能力，审计机关也需要研究。国外一些国家要求审计机关从事政府财务报告审计的人员应当具备相应的执业资格。如英国要求审计人员应是英格兰及威尔士特许会计师协会、苏格兰特许会计师协会、执业会计师协会、公共财政与会计协会、爱尔兰特许会计师协会等得到认可的会计师协会的成员。美国则规定：从事财务审计或鉴证业务的审计人员应当是执业注册会计师，或供职于注册会计师事务所、政府审计机构，或在某些有多种注册系统的州注册的执业会计师。我国审计机关可以根据政府财务报告审计的具体情况，明确审计人员的能力要求。

（撰稿人：陆晓晖）

【国外对审计机关的外部审计制度及启示】

为进一步完善审计制度，加强对审计机关的监督，2015 年 12 月中共中央办公厅、国务院办公厅印发的《关于完善审计制度若干重大问题的框架意见》，明确提出要“探索建立对审计机关的外部审计制度”。对审计机关的外部审计，是指独立于审计机关之外的审计机构对审计机关实施的审计。建立对审计机关的外部审计制度有科学的理论依据，是我国审计实践发展的客观要求，同时也符合世界各国审计的发展趋势。

第一，从理论依据上讲，健全的治理结构是完善审计制度的基本前提。国家审计是国家治理的基石和重要保障，促进完善国家治理是审计机关的重要使命。打铁还需自身硬，审计机关要推进完善国家治理，发挥国家治理的基石和重要保障作用，其自身要有一个完善的治理结构。完善审计机关的治理结构，必须要解决“谁来审计审计者”的问题。建立对审计机关的外部审计制度，不仅可以完善审计机关治理结构，而且还可以为提高审计工作效率，为确保审计机关更加有效履行审计监督职责创造有利条件。

第二，从现实需要看，建立对审计机关的外部审计监督制度是实行审计全覆盖和建立政府财务报告审计制度的必然要求。实行审计全覆盖，要求凡是涉及管理、分配、使用公共资金、国有资产、国有资源的部门、单位和个人，都要自觉接受审计。审计机关在开展审计过程中自身也需要使用公共资金和国有资产，因而也要接受审计监督。目前我国正在着手建立的政府财务报告审计制度，必然涉及谁来对审计机关的财务报告进行审计的问题，这也是推动建立对审计机关的外部审计制度的一个最重要、最直接的因素。

2014 年 8 月新修订的预算法要求各级政府财政部门应当按年度编制以权责发生制为基础的政府综合财务报告。2015 年 12 月国务院批转了财政部《权责发生制政府综合财务报告制度改革方案》，其中建立健全政府财务报告审计和公开机制是改革方案的四大任务之一。按照目前财政部已发布的政府会计基本准则和政府财务报告编制办法，我国审计机关也是政府财务报告主体，必须编制部门财务报告，并接受审计。

第三，世界审计组织的相关规定。在世界审计组织制定的最高审计机关国际准则体系中，有两个文件与此相关：一是国际准则，即《透明和责任原则》(ISSAI20)，其中第九条原则规定，“最高审计机关可以利用外部的和独立的建议提高自身工作的质量和信誉”，包括外部专家的建议，独立的外部评价和同业审查等。二是专项指南，即《同业审查指南》(ISSAI5600)，同业审查（peer review)，是指由一个或几个国外最高审计机关对某国最高审计机关审计业务或履行职责情况进行的审查。这种审查是自愿进行的，审查结果也没有强制执行力，其主要目的是确保最高审计机关遵守适用职业准则和相关规定，分享审计经验，保障审计质量，提高审计机关的信誉。尽管世界审计组织没有关于对各国最高审计机关的外部审计制度的专门规定，但是世界上一些主要国家还是建立了对审计机关的外部审计制度。

一、对英国审计署的外部审计制度

根据英国《1983年国家审计法》的规定，议会的公共账目委员会（Public accounts Commission）负责对英国审计署的监督检查和相关工作，除了负责审批英国审计署的预算、讨论审计长的报告和任命审计署理事会非执行理事外，还有一项重要职责就是任命英国审计署的外部审计师。

英国审计署的外部审计师，必须具备一定的资格：一是必须成为一个或多个指定的审计团体的成员，这些指定的审计团体有：英格兰和威尔士特许会计师协会，苏格兰特许会计师协会，执业会计师联合会，英国公共财政和会计师特许协会，爱尔兰特许会计师协会，以及在联合王国设立并经议会批准的从事相关业务的其他会计师团体。二是要符合公共账目委员会批准的其他资格要求。三是符合英国《2006年公司法》关于法定审计师的资格和独立性要求的相关规定。外部审计师的报酬和其他相关事项由公共账目委员会确定，外部审计师的报酬在审计署的经费中列支。

《2011年预算责任和国家审计法》对英国审计署的外部审计做出了进一步的规定，外部审计师必须对英国审计署每个财年的资源账户进行审计。外部审计师对审计署开展审计时所拥有的相关检查权限，与《2000年政府资源和账户法》规定的审计署主计审计长在检查其他部门资源账户时拥有的权限相同，如有权检查财务报表是否真实公允、资金资源的使用是否符合议会既定的目标、财务交易是否合规等，如果改变检查权限的性质和行使范围，需要报告议会下院。外部审计师有权在任何合理的时间查阅审计所需的全部文件资料，如其认为对审计确有必要，有权要求持有或负责该文件资料的任何人员提供相关信息和解释。

外部审计师除了对审计署的资源账户审计（即财务审计）外，还有权对审计署使用资源的经济性、效率性和效果性进行检查，也就是对审计署开展绩效审计。

外部审计报告，要提交给公共账目委员会，由公共账目委员会呈送议会下院。

二、对美国审计署的外部审计制度

美国审计署的外部审计制度，除了聘请外部独立审计师对财务报表进行审计外，还有监察长审计、审计咨询委员会，以及外部同业审查等相关制度安排。

1. 聘请外部独立审计师进行财务报表审计。

美国审计署不属于美国联邦政府合并财务报告的报告主体，也没有法律要求美国审计署必须提供其自身的经过审计的财务报表。然而美国审计署一直致力于推动政府部门健全财务管理的同时，也以身作则加强自身的财务管理，并从1988年开始聘请外部独立审计师，对1987年度财务报表进行了审计。独立审计师根据一般公认会计准则和政府审计准则对美国审计署的财务报表进行审计。独立审计师负责对美国审计署的财务报表是否符合美国公认会计原则发表意见。美国审计署根据一般公认的做法，每5年更换一次外部独立审计师，以确保外部独立审计师能够对其财务运营进行客观的审查。

2. 设立监察长办公室负责绩效审计和其他监督。

根据《2008年美国审计署法案》的规定，在美国审计署设立监察长办公室，监察长由审计长任命。监察长接受审计长的全面监督并向他报告工作。监察长可以由审计长撤换，如果撤换须向国会参众两院做出书面说明，但审计长不得阻碍或者禁止监察长履行任何职责和职能。

监察长办公室的职责是：(1) 监督美国审计署的审计工作是否符合公认的政府审计准则和调查美国审计署的有关事宜。(2) 进行领导协调并提供政策建议，提高美国审计署的经济性、效率性和有效性。(3) 使审计长和国会能够全面、及时地了解到在美国审计署的项目和日常管理中存在的舞弊和其他严重问题、滥用职权以及缺陷。

监察长与审计长具有开展审计工作时相同的权限，有权查阅美国审计署所有的记录、报告、审计工作、审查工作、文件、底稿、建议或其他与美国审计署项目和日常工作有关的材料。监察长可以对美国审计署的项目和日常工作的管理状况进行调查和报告。监察长在履行职责时可以直接、立即与审计长接触；在有充分的根据相信发生了违反联邦刑事法时，可以向司法部长报告。在监察长认为合适时，可以接受、审阅和调查美国审计署工作人员提出的有关可能存在的任何与构成违反法律、法规或者条例、管理不善或者严重浪费资金活动有关的投诉或者信息。监察长每半年向审计长提交一次工作报告。审计长在接到此报告 30 天内，应当将监察长的半年度报告和审计长认为适当的任何意见，递交给美国国会。

3. 审计咨询委员会。

审计咨询委员会是由独立于美国审计署的外部知名人士组成的专业委员会。审计咨询委员会的成员通常在公共服务或商业领域具有一定的威望，并且是财务或法律方面的专家。审计咨询委员会的职责是协助审计长对美国审计署的财务运营情况进行监督。审计咨询委员会的主要任务有：（1）会同美国审计署的管理人员、监察长和外部独立审计师，就对美国审计署外部财务审计的范围、财务内部控制的有效性和那些可能对财务报表构成重大影响的合规性问题等，进行讨论和沟通；（2）对外部独立审计师、监察长所发现的审计问题进行审核，并对美国审计署采取的应对措施进行跟踪检查，从而确保美国审计署能够采取适当的措施进行整改；（3）负责对美国审计署每年发布的绩效和责任报告的草稿进行审核和提出建议。

4. 外部同业审查。

根据美国政府审计准则的要求，为确保审计工作质量，美国审计署至少每隔三年要安排一次外部同业审查，由独立机构依据一般公认政府审计准则对美国审计署的审计质量控制制度进行审查，确定其质量控制制度是否设计合理和运行有效。同业审查包括查阅审计工作底稿、功能测试和员工访谈。外部同业审查的审查报告要对外公开，在美国审计署网站上可以查阅到自 2004 年以来发布的历次同业审查的审查结果报告。

三、对澳大利亚审计署的外部审计制度

澳大利亚《1997 年审计长法》，确立了对澳大利亚审计署进行外部审计的独立审计师的法律地位，对外部独立审计师的任命、职责权限、审计业务类型和审计报告等相关事项做出了规定。

澳大利亚审计署的外部独立审计师须经公共账目和审计联合委员会的批准，由总理推荐，总督任命。外部独立审计师的职位是兼职而不是全职，现任外部独立审计师彼得·凡·董恩（Peter van Dongen）先生，同时也是普华永道澳大利亚保证业务合伙人和普华永道澳大利亚执行委员会成员。外部独立审计师的费用和津贴由总理决定，其任期至少 3 年，但不超过 5 年。由于行为不当或身体原因，应参众两院的要求，总督可以免除独立审计师的职务，如果独立审计师本人破产或陷入债务纠纷，审计长也可以免除独立审计师的职务。外部独立审计师的职位出现空缺时，总理可以任命代理独立审计师暂行其职责。

外部独立审计师的职责是对澳大利亚审计署的财务报表进行审计和对其开展绩效审计。根据《1951 年公共账目和审计联合委员会法》的规定，外部独立审计师在履行对审计署进行审计的职责时，应考虑公共账目和审计联合委员会确定的审计重点。

外部独立审计师在审计过程中拥有的权限和审计长开展审计时所拥有的权限相同。

澳大利亚审计署每年都要按照会计准则和其他相关要求编制年度财务报表，并送外部独立审计师审计。外部审计师可以在任何时候对审计署实施绩效审计。在开展财务审计时，外部审计师必须对审计署的财务报表发表意见，并撰写审计报告，呈送给总理。同时，要把包含年度财务报表及其审计报告的澳大利亚审计署年度报告送交国会。

在开展绩效审计时，审计报告草稿，必须送审计长征求意见，如果审计长在收到审计报告后 28 天内给出书面意见，在撰写最终审计报告时，外部独立审计师必须认真考虑这些意见。在完成审计报告后，外部独立审计师应尽快提交参议院和众议院各一份，同时报送一份给总理。外部独立审计师也可以把审计报告送给其他任何一个部门的部长。

四、对加拿大审计署的外部审计制度

加拿大审计署的外部审计制度，除了外部独立审计师外，还有审计委员会、国际同业审查等制度安排。加拿大财政委员会（Treasury Board）[财政委员会是加拿大女王枢密院的内阁委员会，成立于1867年，1869年被赋予法定职权，主要负责加拿大政府的责任与道德、人员与行政管理、财务管理、主计事务，以及批准政府法规和法令等方面的工作。财政委员会的办事机构是财政委员会秘书处（Treasury Board of Canada Secretariat），早期是财政部的一个内设机构，1966年起财政委员会秘书处成为加拿大政府的一个独立的部级单位。]在对加拿大审计署的外部审计中发挥着重要作用。

1. 财政委员会任命独立审计师对审计署的财务报表进行审计。

根据加拿大审计长法的规定，由财政委员会任命的一名合格审计师，负责对审计署的收入和支出进行审计，并且每年向众议院提交审计报告。审计报告必须在每年12月31日或之前报送财政委员会主席，由财政委员会主席在收到审计报告后的15日内提交众议院。如果众议院正在休会，应于复会后的前15日中的任何一天提交。在审计长法中，没有对外部独立审计师的任命、任期、薪酬、职责权限等做出进一步的规定。

经过审计的财务报表和独立审计师的审计报告，是加拿大审计署年度绩效报告的一部分。

2. 外部审计委员会的职责。

根据加拿大财务管理法的规定和财政委员会制定的内部审计政策，政府部门和机构普遍设立了审计委员会。加拿大审计署也不例外，设立了外部审计委员会，负责向审计长提供独立客观的建议并对审计署的内部控制和责任机制提供指导。

审计署外部审计委员会的具体职责包括：审查审计署遵循法律、法规、政策和道德准则的情况；审查审计署的风险预测和风险管理安排；审查审计署的内部控制；监督审计署的内部审计和外部审计情况，以及审计署的业务自查情况；审查审计署的财务报表管理情况，并向审计长提出是否批准这些财务报表的建议；审查审计署的重要报告，如年度审计计划和审计重点报告、年度绩效报告，并提出审查意见。

审计委员会每年发布工作报告，总结其履行职责的情况，提出审查发现的问题、建议和相关结论。

3. 外部同业审查。

加拿大审计署还自愿接受独立的外部审查，定期邀请外部机构对其工作质量检查确认。最近一次外部同业审查是2009年，由澳大利亚审计署带领的一个国际同业审查团队对加拿大审计署工作情况进行了审查，这也是接受的第二次国际同业审查。

五、国外对审计机关的外部审计制度的特点及启示

上述四个国家对审计署的外部审计制度，具有如下共同特点：

1. 对审计机关外部审计师有职业资格和任职期限提出明确要求。要求其在业界享有崇高威望，有较高的专业水平，一般来自比较著名的会计师事务所，如在英国，对事务所的范围都有明确的规定。外部审计师是兼职，同时还在某个事务所任职或是某个事务所的成员，而且出于独立性的考虑，外部审计师的任期不超过5年。例如，澳大利亚审计长法明确规定审计署的外部审计师为兼职，规定外部审计师的任期为3至5年。美国审计署的外部审计师则是5年轮换一次。

2. 外部审计师一般由与审计署关系密切的议会委员会或相关国家领导人任命，增强了外部审计师的权威性。例如，英国审计署的外部审计师是由议会的公共账目委员会任命；澳大利亚审计署的外部审计师是经公共账目和审计联合委员会的批准，由总理推荐，总督任命。

3. 外部审计师的职责权限由法律规定。如英国、澳大利亚、加拿大都是在审计法或审计长法中规定了外部审计师的职责和权限，并且规定在审计期间，外部审计师拥有审计长在开展同类审计时所具有的权限。

4. 外部审计师的主要职责是财务报表审计，有的也开展绩效审计。如英国审计署和澳大利亚审计署的外部审计师，除对审计署开展财务报表审计外，还有权对审计署开展绩效审计。美国审计署和加拿大审计署的外部审计师虽然不开展绩效审计，但是有其他制度安排对他们的绩效进行监督，如美国审计署的监察长可以对美国审计署进行绩效审计和其他合规性检查，加拿大审计署则有外部审计委员会负责这方面的检查。

5. 外部审计师的审计报告提交国会和有关部门，并且向社会公开。

从上述国外对审计机关的外部审计制度中，我们至少可以得到三点启示：

一是审计机关外部审计制度的核心是外部审计师制度，外部审计师应当具有专业性、独立性和权威性，外部审计师的职权法定，外部审计师的基本业务是开展财务报表审计。同时，其他的外部审计制度安排，如审计委员会、检察长、同业审查等，也对审计机关起到了重要的监督作用。

二是每个国家都有自己的特色。对英国审计署、澳大利亚审计署、加拿大审计署来说，负责任命外部审计师的具体机关和程序各不相同，美国审计署则自行聘任。在其他的外部审计制度方面，美国审计署有监察长审计和审计咨询委员会，而加拿大审计署则有审计委员会。这些特色都与各自国家的政治体制、审计制度和政府财政财务管理制度的特点有关。

三是立足国情，建立中国特色的对审计机关的外部审计制度。对我国审计机关的监督分为外部监督和内部监督，外部监督主要有党委监督、人大监督、政府监督、社会监督和舆论监督；内部监督包括同级审计机关内部监督和上级审计机关的监督，以及各种审计质量内部控制制度。在此基础上，积极探索建立具有中国特色的对审计机关的外部审计制度，加强同级党委和政府及上级审计机关的领导，健全对审计机关主要领导干部的经济责任审计制度，完善聘请民主党派和无党派人士担任特约审计员制度。

（撰稿人：崔孟修）

重要财经审计法规文件

中共中央办公厅　国务院办公厅印发《关于进一步完善中央财政科研项目资金管理等政策的若干意见》

新华社北京7月31日电　近日，中共中央办公厅、国务院办公厅印发了《关于进一步完善中央财政科研项目资金管理等政策的若干意见》，并发出通知，要求各地区各部门结合实际认真贯彻落实。

《关于进一步完善中央财政科研项目资金管理等政策的若干意见》全文如下。

《中共中央、国务院关于深化体制机制改革加快实施创新驱动发展战略的若干意见》和《国务院关于改进加强中央财政科研项目和资金管理的若干意见》印发以来，有力激发了创新创造活力，促进了科技事业发展，但也存在一些改革措施落实不到位、科研项目资金管理不够完善等问题。为贯彻落实中央关于深化改革创新、形成充满活力的科技管理和运行机制的要求，进一步完善中央财政科研项目资金管理等政策，现提出以下意见。

一、总体要求

全面贯彻落实党的十八大和十八届三中、四中、五中全会及全国科技创新大会精神，以邓小平理论、“三个代表”重要思想、科学发展观为指导，深入学习贯彻习近平总书记系列重要讲话精神，按照党中央、国务院决策部署，牢固树立和贯彻落实创新、协调、绿色、开放、共享的发展理念，深入实施创新驱动发展战略，促进大众创业、万众创新，进一步推进简政放权、放管结合、优化服务，改革和创新科研经费使用和管理方式，促进形成充满活力的科技管理和运行机制，以深化改革更好激发广大科研人员积极性。

——坚持以人为本。以调动科研人员积极性和创造性为出发点和落脚点，强化激励机制，加大激励力度，激发创新创造活力。

——坚持遵循规律。按照科研活动规律和财政预算管理要求，完善管理政策，优化管理流程，改进管理方式，适应科研活动实际需要。

——坚持“放管服”结合。进一步简政放权、放管结合、优化服务，扩大高校、科研院所在科研项目资金、差旅会议、基本建设、科研仪器设备采购等方面的管理权限，为科研人员潜心研究营造良好环境。同时，加强事中事后监管，严肃查处违法违纪问题。

——坚持政策落实落地。细化实化政策规定，加强督查，狠抓落实，打通政策执行中的“堵点”，增强科研人员改革的成就感和获得感。

二、改进中央财政科研项目资金管理

（一）简化预算编制，下放预算调剂权限。根据科研活动规律和特点，改进预算编制方法，实行部门预算批复前项目资金预拨制度，保证科研人员及时使用项目资金。下放预算调剂权限，在项目总预算不变的情况下，将直接费用中的材料费、测试化验加工费、燃料动力费、出版/文献/信息传播/知识产权事务费及其他支出预算调剂权下放给项目承担单位。简化预算编制科目，合并会议费、差旅费、国际合作与交流费科目，由科研人员结合科研活动实际需要编制预算并按规定统筹安排使用，其中不超过直接费用10%的，不需要提供预算测算依据。

（二）提高间接费用比重，加大绩效激励力度。中央财政科技计划（专项、基金等）中实行公开竞争方式的研发类项目，均要设立间接费用，核定比例可以提高到不超过直接费用扣除设备购置费的一定比例：500万元以下的部分为20%，

500万元至1000万元的部分为15%，1000万元以上的部分为13%。加大对科研人员的激励力度，取消绩效支出比例限制。项目承担单位在统筹安排间接费用时，要处理好合理分摊间接成本和对科研人员激励的关系，绩效支出安排与科研人员在项目工作中的实际贡献挂钩。

（三）明确劳务费开支范围，不设比例限制。参与项目研究的研究生、博士后、访问学者以及项目聘用的研究人员、科研辅助人员等，均可开支劳务费。项目聘用人员的劳务费开支标准，参照当地科学研究和技术服务业从业人员平均工资水平，根据其在项目研究中承担的工作任务确定，其社会保险补助纳入劳务费科目列支。劳务费预算不设比例限制，由项目承担单位和科研人员据实编制。

（四）改进结转结余资金留用处理方式。项目实施期间，年度剩余资金可结转下一年度继续使用。项目完成任务目标并通过验收后，结余资金按规定留归项目承担单位使用，在2年内由项目承担单位统筹安排用于科研活动的直接支出；2年后未使用完的，按规定收回。

（五）自主规范管理横向经费。项目承担单位以市场委托方式取得的横向经费，纳入单位财务统一管理，由项目承担单位按照委托方要求或合同约定管理使用。

三、完善中央高校、科研院所差旅会议管理

（一）改进中央高校、科研院所教学科研人员差旅费管理。中央高校、科研院所可根据教学、科研、管理工作实际需要，按照精简高效、厉行节约的原则，研究制定差旅费管理办法，合理确定教学科研人员乘坐交通工具等级和住宿费标准。对于难以取得住宿费发票的，中央高校、科研院所在确保真实性的前提下，据实报销城市间交通费，并按规定标准发放伙食补助费和市内交通费。

（二）完善中央高校、科研院所会议管理。中央高校、科研院所因教学、科研需要举办的业务性会议（如学术会议、研讨会、评审会、座谈会、答辩会等），会议次数、天数、人数以及会议费开支范围、标准等，由中央高校、科研院所按照实事求是、精简高效、厉行节约的原则确定。会议代表参加会议所发生的城市间交通费，原则上按差旅费管理规定由所在单位报销；因工作需要，邀请国内外专家、学者和有关人员参加会议，对确需负担的城市间交通费、国际旅费，可由主办单位在会议费等费用中报销。

四、完善中央高校、科研院所科研仪器设备采购管理

（一）改进中央高校、科研院所政府采购管理。中央高校、科研院所可自行采购科研仪器设备，自行选择科研仪器设备评审专家。财政部要简化政府采购项目预算调剂和变更政府采购方式审批流程。中央高校、科研院所要切实做好设备采购的监督管理，做到全程公开、透明、可追溯。

（二）优化进口仪器设备采购服务。对中央高校、科研院所采购进口仪器设备实行备案制管理。继续落实进口科研教学用品免税政策。

五、完善中央高校、科研院所基本建设项目管理

（一）扩大中央高校、科研院所基本建设项目管理权限。对中央高校、科研院所利用自有资金、不申请政府投资建设的项目，由中央高校、科研院所自主决策，报主管部门备案，不再进行审批。国家发展改革委和中央高校、科研院所主管部门要加强对中央高校、科研院所基本建设项目的指导和监督检查。

（二）简化中央高校、科研院所基本建设项目审批程序。中央高校、科研院所主管部门要指导中央高校、科研院所编制五年建设规划，对列入规划的基本建设项目不再审批项目建议书。简化中央高校、科研院所基本建设项目城乡规划、用地以及环评、能评等审批手续，缩短审批周期。

六、规范管理，改进服务

（一）强化法人责任，规范资金管理。项目承担单位要认真落实国家有关政策规定，按照权责一致的要求，强化自我约束和自我规范，确保接得住、管得好。制定内部管理办法，落实项目预算调剂、间接费用统筹使用、劳务费分配管理、结余资金使用等管理权限；加强预算审核把关，规范财务支出行为，完善内部风险防控机制，强化资金使用绩效评价，保障资金使用安全规范有效；实行内部公开制度，主动公开项目预算、预算调剂、资金使用（重点是间接费用、外拨资金、结余资金使用）、研究成果等情况。

（二）加强统筹协调，精简检查评审。科技

部、项目主管部门、财政部要加强对科研项目资金监督的制度规范、年度计划、结果运用等的统筹协调，建立职责明确、分工负责的协同工作机制。科技部、项目主管部门要加快清理规范委托中介机构对科研项目开展的各种检查评审，加强对前期已经开展相关检查结果的使用，推进检查结果共享，减少检查数量，改进检查方式，避免重复检查、多头检查、过度检查。

（三）创新服务方式，让科研人员潜心从事科学研究。项目承担单位要建立健全科研财务助理制度，为科研人员在项目预算编制和调剂、经费支出、财务决算和验收等方面提供专业化服务，科研财务助理所需费用可由项目承担单位根据情况通过科研项目资金等渠道解决。充分利用信息化手段，建立健全单位内部科研、财务部门和项目负责人共享的信息平台，提高科研管理效率和便利化程度。制定符合科研实际需要的内部报销规定，切实解决野外考察、心理测试等科研活动中无法取得发票或财政性票据，以及邀请外国专家来华参加学术交流发生费用等的报销问题。

七、加强制度建设和工作督查，确保政策措施落地见效

（一）尽快出台操作性强的实施细则。项目主管部门要完善预算编制指南，指导项目承担单位和科研人员科学合理编制项目预算；制定预算评估评审工作细则，优化评估程序和方法，规范评估行为，建立健全与项目申请者及时沟通反馈机制；制定财务验收工作细则，规范委托中介机构开展的财务检查。2016 年 9 月 1 日前，中央高校、科研院所要制定出台差旅费、会议费内部管理办法，其主管部门要加强工作指导和统筹；2016 年年底前，项目主管部门要制定出台相关实施细则，项目承担单位要制定或修订科研项目资金内部管理办法和报销规定。以后年度承担科研项目的单位要于当年制定出台相关管理办法和规定。

（二）加强对政策措施落实情况的督查指导。财政部、科技部要适时组织开展对项目承担单位科研项目资金等管理权限落实、内部管理办法制定、创新服务方式、内控机制建设、相关事项内部公开等情况的督查，对督查情况以适当方式进行通报，并将督查结果纳入信用管理，与间接费用核定、结余资金留用等挂钩。审计机关要依法开展对政策措施落实情况和财政资金的审计监督。项目主管部门要督促指导所属单位完善内部管理，确保国家政策规定落到实处。

财政部、中央级社科类科研项目主管部门要结合社会科学研究的规律和特点，参照本意见尽快修订中央级社科类科研项目资金管理办法。

各地区要参照本意见精神，结合实际，加快推进科研项目资金管理改革等各项工作。

中华人民共和国国务院令

第 667 号

《全国社会保障基金条例》已经 2016 年 2 月 3 日国务院第 122 次常务会议通过，现予公布，自 2016 年 5 月 1 日起施行。

总　理　李克强
2016 年 3 月 10 日

全国社会保障基金条例

第一章　总　　则

第一条　为了规范全国社会保障基金的管理运营，加强对全国社会保障基金的监督，在保证安全的前提下实现保值增值，根据《中华人民共和国社会保险法》，制定本条例。

第二条　国家设立全国社会保障基金。

全国社会保障基金由中央财政预算拨款、国有资本划转、基金投资收益和以国务院批准的其他方式筹集的资金构成。

第三条　全国社会保障基金是国家社会保障储备基金，用于人口老龄化高峰时期的养老保险等社会保障支出的补充、调剂。

第四条　国家根据人口老龄化趋势和经济社

会发展状况，确定和调整全国社会保障基金规模。

全国社会保障基金的筹集和使用方案，由国务院确定。

第五条 国务院财政部门、国务院社会保险行政部门负责拟定全国社会保障基金的管理运营办法，报国务院批准后施行。

全国社会保障基金理事会负责全国社会保障基金的管理运营。

第二章 全国社会保障基金的管理运营

第六条 全国社会保障基金理事会应当审慎、稳健管理运营全国社会保障基金，按照国务院批准的比例在境内外市场投资运营全国社会保障基金。

全国社会保障基金理事会投资运营全国社会保障基金，应当坚持安全性、收益性和长期性原则，在国务院批准的固定收益类、股票类和未上市股权类等资产种类及其比例幅度内合理配置资产。

第七条 全国社会保障基金理事会制订全国社会保障基金的资产配置计划、确定重大投资项目，应当进行风险评估，并集体讨论决定。

全国社会保障基金理事会应当制定风险管理和内部控制办法，在管理运营的各个环节对风险进行识别、衡量、评估、监测和应对，有效防范和控制风险。风险管理和内部控制办法应当报国务院财政部门、国务院社会保险行政部门备案。

全国社会保障基金理事会应当依法制定会计核算办法，并报国务院财政部门审核批准。

第八条 全国社会保障基金理事会应当定期向国务院财政部门、国务院社会保险行政部门报告全国社会保障基金管理运营情况，提交财务会计报告。

第九条 全国社会保障基金理事会可以将全国社会保障基金委托投资或者以国务院批准的其他方式投资。

第十条 全国社会保障基金理事会将全国社会保障基金委托投资的，应当选择符合法定条件的专业投资管理机构、专业托管机构分别担任全国社会保障基金投资管理人、托管人。

全国社会保障基金理事会应当按照公开、公平、公正的原则选聘投资管理人、托管人，发布选聘信息、组织专家评审、集体讨论决定并公布选聘结果。

全国社会保障基金理事会应当制定投资管理人、托管人选聘办法，并报国务院财政部门、国务院社会保险行政部门备案。

第十一条 全国社会保障基金理事会应当与聘任的投资管理人、托管人分别签订委托投资合同、托管合同，并报国务院财政部门、国务院社会保险行政部门、国务院外汇管理部门、国务院证券监督管理机构、国务院银行业监督管理机构备案。

第十二条 全国社会保障基金理事会应当制定投资管理人、托管人考评办法，根据考评办法对投资管理人投资、托管人保管全国社会保障基金的情况进行考评。考评结果作为是否继续聘任的依据。

第十三条 全国社会保障基金投资管理人履行下列职责：

（一）运用全国社会保障基金进行投资；

（二）按照规定提取全国社会保障基金投资管理风险准备金；

（三）向全国社会保障基金理事会报告投资情况；

（四）法律、行政法规和国务院有关部门规章规定的其他职责。

第十四条 全国社会保障基金托管人履行下列职责：

（一）安全保管全国社会保障基金财产；

（二）按照托管合同的约定，根据全国社会保障基金投资管理人的投资指令，及时办理清算、交割事宜；

（三）按照规定和托管合同的约定，监督全国社会保障基金投资管理人的投资；

（四）执行全国社会保障基金理事会的指令，并报告托管情况；

（五）法律、行政法规和国务院有关部门规章规定的其他职责。

第十五条 全国社会保障基金财产应当独立于全国社会保障基金理事会、投资管理人、托管人的固有财产，独立于投资管理人投资和托管人保管的其他财产。

第十六条 全国社会保障基金投资管理人、托管人不得有下列行为：

（一）将全国社会保障基金财产混同于其他财产投资、保管；

（二）泄露因职务便利获取的全国社会保障基金未公开的信息，利用该信息从事或者明示、暗示他人从事相关交易活动；

（三）法律、行政法规和国务院有关部门规章禁止的其他行为。

第十七条 全国社会保障基金按照国家规定享受税收优惠。

第三章 全国社会保障基金的监督

第十八条 国家建立健全全国社会保障基金监督制度。

任何单位和个人不得侵占、挪用或者违规投资运营全国社会保障基金。

第十九条 国务院财政部门、国务院社会保险行政部门按照各自职责对全国社会保障基金的收支、管理和投资运营情况实施监督；发现存在问题的，应当依法处理；不属于本部门职责范围的，应当依法移送国务院外汇管理部门、国务院证券监督管理机构、国务院银行业监督管理机构等有关部门处理。

第二十条 国务院外汇管理部门、国务院证券监督管理机构、国务院银行业监督管理机构按照各自职责对投资管理人投资、托管人保管全国社会保障基金情况实施监督；发现违法违规行为的，应当依法处理，并及时通知国务院财政部门、国务院社会保险行政部门。

第二十一条 对全国社会保障基金境外投资管理人、托管人的监督，由国务院证券监督管理机构、国务院银行业监督管理机构按照与投资管理人、托管人所在国家或者地区有关监督管理机构签署的合作文件的规定执行。

第二十二条 审计署应当对全国社会保障基金每年至少进行一次审计。审计结果应当向社会公布。

第二十三条 全国社会保障基金理事会应当通过公开招标的方式选聘会计师事务所，对全国社会保障基金进行审计。

第二十四条 全国社会保障基金理事会应当通过其官方网站、全国范围内发行的报纸每年向社会公布全国社会保障基金的收支、管理和投资运营情况，接受社会监督。

第四章 法律责任

第二十五条 全国社会保障基金境内投资管理人、托管人违反本条例第十六条、第十八条第二款规定的，由国务院证券监督管理机构、国务院银行业监督管理机构责令改正，没收违法所得，并处违法所得1倍以上5倍以下罚款；没有违法所得或者违法所得不足100万元的，并处10万元以上100万元以下罚款；对直接负责的主管人员和其他直接责任人员给予警告，暂停或者撤销有关从业资格，并处3万元以上30万元以下罚款；构成犯罪的，依法追究刑事责任。

第二十六条 全国社会保障基金理事会违反本条例规定的，由国务院财政部门、国务院社会保险行政部门责令改正；对直接负责的主管人员和其他直接责任人员依法给予处分；构成犯罪的，依法追究刑事责任。

第二十七条 国家工作人员在全国社会保障基金管理运营、监督工作中滥用职权、玩忽职守、徇私舞弊的，依法给予处分；构成犯罪的，依法追究刑事责任。

第二十八条 违反本条例规定，给全国社会保障基金造成损失的，依法承担赔偿责任。

第五章 附 则

第二十九条 经国务院批准，全国社会保障基金理事会可以接受省级人民政府的委托管理运营社会保险基金；受托管理运营社会保险基金，按照国务院有关社会保险基金投资管理的规定执行。

第三十条 本条例自2016年5月1日起施行。

国务院办公厅关于支持贫困县开展统筹整合使用财政涉农资金试点的意见

国办发〔2016〕22 号

各省、自治区、直辖市人民政府，国务院各部委、各直属机构：

为贯彻落实《中共中央　国务院关于打赢脱贫攻坚战的决定》精神，优化财政涉农资金供给机制，进一步提高资金使用效益，保障贫困县集中资源打赢脱贫攻坚战，经国务院同意，现就支持贫困县开展统筹整合使用财政涉农资金试点提出以下意见。

一、总体要求

（一）指导思想。全面贯彻党的十八大和十八届三中、四中、五中全会精神，深入贯彻习近平总书记系列重要讲话精神，紧紧围绕“五位一体”总体布局和“四个全面”战略布局，牢固树立创新、协调、绿色、开放、共享的新发展理念，认真落实党中央、国务院决策部署，坚持精准扶贫、精准脱贫基本方略，实行中央统筹、省负总责、市县抓落实的工作机制，改革财政涉农资金管理使用机制，赋予贫困县统筹整合使用财政涉农资金的自主权。

（二）试点目标。通过试点，形成“多个渠道引水、一个龙头放水”的扶贫投入新格局，激发贫困县内生动力，支持贫困县围绕突出问题，以摘帽销号为目标，以脱贫成效为导向，以扶贫规划为引领，以重点扶贫项目为平台，统筹整合使用财政涉农资金，撬动金融资本和社会帮扶资金投入扶贫开发，提高资金使用精准度和效益，确保如期完成脱贫攻坚任务。

（三）基本原则。

——渠道不变，充分授权。对纳入统筹整合使用范围的财政涉农资金，中央和省、市级有关部门仍按照原渠道下达，资金项目审批权限完全下放到贫困县。

——省负总责，强化监督。中央有关部门主要负责政策制定、资金下达、制度建设和监督考核。省级扶贫开发领导小组对试点工作负总责，重点抓好试点选择、上下衔接、组织协调、督促检查等工作。

——县抓落实，权责匹配。贫困县作为实施主体，根据本地脱贫攻坚规划，统筹整合使用财政涉农资金，并承担资金安全、规范、有效使用的具体责任。

——精准发力，注重实效。贫困县财政涉农资金统筹整合使用要与脱贫成效紧密挂钩，精确瞄准建档立卡贫困人口，着力增强贫困人口自我发展能力，改善贫困人口生产生活条件。

二、试点范围

2016 年，各省（区、市）在连片特困地区县和国家扶贫开发工作重点县范围内，优先选择领导班子强、工作基础好、脱贫攻坚任务重的贫困县开展试点，试点贫困县数量不少于贫困县总数的三分之一，具备条件的可扩大试点范围。2017 年，推广到全部贫困县。

三、资金范围

统筹整合使用的资金范围是各级财政安排用于农业生产发展和农村基础设施建设等方面资金。中央层面主要有：财政专项扶贫资金、农田水利设施建设和水土保持补助资金、现代农业生产发展资金、农业技术推广与服务补助资金、林业补助资金、农业综合开发补助资金、农村综合改革转移支付、新增建设用地土地有偿使用费安排的高标准基本农田建设补助资金、农村环境连片整治示范资金、车辆购置税收入补助地方用于一般公路建设项目资金（支持农村公路部分）、农村危房改造补助资金、中央专项彩票公益金支持扶贫资金、产粮大县奖励资金、生猪（牛羊）调出大县奖励资金（省级统筹部分）、农业资源及生态保护补助资金（对农民的直接补贴除外）、服务业发展专项资金（支持新农村现代流通服务网络工程部分）、江河湖库水系综合整治资金、全国山洪灾害防治经费、旅游发展基金，以及中央预算内投资用于“三农”建设部分（不包括重大引调水工程、重点水源工程、江河湖泊治理骨干重大工程、跨界河流开发治理工程、新建大型灌区、大中型灌区续建配套和节水改造、大中型病险水库水闸除险加固、生态建设方面的支出）。教育、医疗、卫生等社会事业方面资金，也要结合脱贫攻坚任务和贫困人口变化情况，完善资金安排使用机制，精准有效使用资金。

各省（区、市）、市（地）要结合本地实际，明确本级财政安排的涉农资金中贫困县可统筹整合使用的资金范围，进一步加大统筹整合力度。

四、工作措施

（一）增强贫困县财政保障能力。中央和省级财政优化转移支付结构，明显加大对贫困地区的转移支付力度，扩大一般性转移支付规模和比例，提升贫困县财政保障能力。清理整合目标接近、资金投入方向类同、资金管理方式相近的专项转移支付，推进部门内部资金的统筹整合使用。对具有地域管理信息优势的项目，主要采取因素法分配相关转移支付资金，便于贫困县统筹安排使用。进一步加强预算执行管理，提高提前下达转移支付预计数比例，按因素法分配且金额相对固定的转移支付提前下达的预计数比例要达到90%，其他专项转移支付提前下达的预计数原则上不能低于上年度执行数的70%，便于地方统筹编制预算。中央对地方一般性转移支付在全国人大批准预算后30日内正式下达，专项转移支付在90日内正式下达。省级政府接到中央转移支付后，应在30日内正式下达到县级以上地方各级政府。有条件的地方要进一步加快转移支付预算下达进度。

（二）加大对贫困县倾斜支持力度。按照政府扶贫投入力度要与脱贫攻坚任务相适应的要求，中央和省、市级财政要在切实增加扶贫投入基础上，进一步向贫困县倾斜，将脱贫攻坚作为资金分配的重要参考因素。原则上用于贫困地区、贫困人口的资金增幅不低于该项资金的平均增幅，确保完成“两不愁、三保障”（不愁吃、不愁穿，义务教育、基本医疗和住房安全有保障）的目标任务。有关部门和地方不得限定资金在贫困县的具体用途，干扰统筹整合使用资金的，要严肃追究责任。

（三）发挥贫困县统筹整合使用资金主体作用。贫困县要坚持目标导向和问题导向，编制好本地脱贫攻坚规划，做好与全国脱贫攻坚规划、各部门专项规划的衔接，以规划引领投入，凝聚扶贫合力。要结合各部门政策目标和工作任务，依据本地脱贫攻坚规划，充分发挥贴近脱贫攻坚一线、管理信息充分的优势，区分轻重缓急，确定好重点扶贫项目和建设任务，统筹安排好相关涉农资金，交由县级相关部门具体落实。资金统筹整合使用要与脱贫任务挂钩，按照脱贫效益最大化原则配置资源，将脱贫成效作为衡量资金统筹整合使用工作成果的主要标准。要加强脱贫攻坚项目储备，加快相关涉农资金安排进度，项目成熟一个资金到位一个，年度计划的建设任务应在接到上级转移支付后一年内完成，确保不出现资金滞留问题。

（四）创新财政涉农资金使用机制。贫困县要积极探索开展产业扶贫、资产收益扶贫等机制创新，借鉴易地扶贫搬迁筹资模式，通过政府和社会资本合作、政府购买服务、贷款贴息、设立产业发展基金等有效方式，充分发挥财政资金引导作用和杠杆作用，撬动更多金融资本、社会帮扶资金参与脱贫攻坚。在选择扶贫项目时，要充分尊重贫困群众的意愿，积极推广群众民主议事决策机制，优先安排贫困人口参与积极性高、意愿强烈的扶贫项目，有条件的可吸收贫困村、贫困户代表参与项目评选和建设管理。各级有关部门要加强指导、服务和监督。

（五）构建资金统筹整合使用制度体系。中央和省、市级有关部门要及时修订完善各项制度，取消限制资金统筹整合使用的相关规定。贫困县要制定统筹整合使用财政涉农资金具体办法，明确部门分工、操作程序、资金用途、监管措施。对统筹整合使用的资金，贫困县要结合脱贫攻坚规划和各部门专项规划，在农业生产发展和农村基础设施建设范围（即统筹整合使用的财政涉农资金用途）内，提出包括主要目标和具体建设任务在内的资金统筹整合使用方案，认真组织实施。相关资金按上述办法调整用途，各部门应予以认可。贫困县资金统筹整合使用方案确定后，要及时报省级扶贫开发领导小组备案，省级扶贫开发领导小组向中央相关部门通报，各部门要将其作为加强指导、监督问责的重要依据。

五、组织保障

（一）建立沟通协调机制。在各级扶贫开发领导小组的统一领导下，建立有关部门广泛参与的工作协调机制，确定部门职责分工，研究纳入统筹整合使用的具体资金范围，明确对贫困地区、贫困人口倾斜支持政策，取消限制资金统筹整合使用管理要求，定期或不定期召开会议交流情况，解决工作中遇到的实际问题。各级有关部门要加强对试点工作的指导，强化试点工作培训，深入开展调查研究，总结推广好的经验做法。贫困县要及时研究处理具体操作层面遇到的问题，注意积累可借鉴的经验，发掘可复制的典型，并及时向上级扶贫开发领导小组和有关部门报告。

（二）加强规划有效衔接。各级发展改革、扶贫部门要科学编制脱贫攻坚规划，各有关部门要按照脱贫攻坚要求及时调整完善相关专项规划，实现脱贫攻坚规划与部门专项规划的有效衔接，保障按计划完成脱贫任务。部门专项规划与脱贫攻坚规划不一致的，应当区分具体情况研究处理，原则上以脱贫攻坚规划为准。

（三）全面推行公开公示制度。推进政务公开，各级有关部门应将涉农资金政策文件、管理制度、资金分配、工作进度等信息及时向社会公开。贫困县要在本地政府门户网站和主要媒体公开统筹整合使用的涉农资金来源、用途和项目建设等情况，并实施扶贫项目行政村公示制度，接受社会监督。

（四）实行严格监督评价。各级政府要把纳入统筹整合范围的财政涉农资金作为监管重点。贫困县对财政涉农资金管理监督负首要责任，贫困村第一书记、驻村工作队、村委会要深度参与涉农资金和项目的管理监督。各级审计、财政等部门要加大对贫困县的审计和监督检查力度，并对贫困县监管职责落实情况进行跟踪问效，对地方探索实践资金统筹整合使用、提高资金使用效益给予大力支持。探索引入第三方独立监督，引导贫困人口主动参与，构建多元化资金监管机制。各级扶贫、财政、发展改革部门要加强对资金统筹整合使用的绩效评价，并将其纳入扶贫开发工作成效考核，评价、考核结果以本级扶贫开发领导小组名义通报。对试点工作成效好、资金使用效益高的地方，在分配财政专项扶贫资金时给予奖励和倾斜；对不作为、乱作为等行为，严肃追究相关人员责任。

国务院办公厅

2016年4月12日

国务院办公厅关于建立国有企业违规经营投资责任追究制度的意见

国办发〔2016〕63号

各省、自治区、直辖市人民政府，国务院各部委、各直属机构：

根据《中共中央 国务院关于深化国有企业改革的指导意见》《国务院办公厅关于加强和改进企业国有资产监督防止国有资产流失的意见》（国办发〔2015〕79号）等要求，为落实国有资本保值增值责任，完善国有资产监管，防止国有资产流失，经国务院同意，现就建立国有企业违规经营投资责任追究制度提出以下意见。

一、总体要求

（一）指导思想。全面贯彻党的十八大和十八届三中、四中、五中全会精神，按照“五位一体”总体布局和“四个全面”战略布局，牢固树立和贯彻落实创新、协调、绿色、开放、共享的发展理念，深入贯彻习近平总书记系列重要讲话精神，认真落实党中央、国务院决策部署，坚持社会主义市场经济改革方向，按照完善现代企业制度的要求，以提高国有企业运行质量和经济效益为目标，以强化对权力集中、资金密集、资源富集、资产聚集部门和岗位的监督为重点，严格问责、完善机制，构建权责清晰、约束有效的经营投资责任体系，全面推进依法治企，健全协调运转、有效制衡的法人治理结构，提高国有资本效率、增强国有企业活力、防止国有资产流失，实现国有资本保值增值。

（二）基本原则。

1. 依法合规、违规必究。以国家法律法规为准绳，严格执行企业内部管理规定，对违反规定、未履行或未正确履行职责造成国有资产损失以及其他严重不良后果的国有企业经营管理有关人员，严格界定违规经营投资责任，严肃追究问责，实行重大决策终身责任追究制度。

2. 分级组织、分类处理。履行出资人职责的机构和国有企业按照国有资产分级管理要求和干部管理权限，分别组织开展责任追究工作。对违纪违法行为，严格依纪依法处理。

3. 客观公正、责罚适当。在充分调查核实和责任认定的基础上，既考虑量的标准也考虑质的不同，实事求是地确定资产损失程度和责任追究范围，恰当公正地处理相关责任人。

4. 惩教结合、纠建并举。在严肃追究违规经营投资责任的同时，加强案例总结和警示教育，不断完善规章制度，及时堵塞经营管理漏洞，建立问责长效机制，提高国有企业经营管理水平。

（三）主要目标。在2017年年底前，国有企业违规经营投资责任追究制度和责任倒查机制基本形成，责任追究的范围、标准、程序和方式清晰规范，责任追究工作实现有章可循。在2020年年底前，全面建立覆盖各级履行出资人职责的机构及国有企业的责任追究工作体系，形成职责明确、流程清晰、规范有序的责任追究工作机制，对相关责任人及时追究问责，国有企业经营投资责任意识和责任约束显著增强。

二、责任追究范围

国有企业经营管理有关人员违反国家法律法规和企业内部管理规定，未履行或未正确履行职责致使发生下列情形造成国有资产损失以及其他严重不良后果的，应当追究责任：

（一）集团管控方面。所属子企业发生重大违纪违法问题，造成重大资产损失，影响其持续经营能力或造成严重不良后果；未履行或未正确履行职责致使集团发生较大资产损失，对生产经营、财务状况产生重大影响；对集团重大风险隐患、内控缺陷等问题失察，或虽发现但没有及时报告、处理，造成重大风险等。

（二）购销管理方面。未按照规定订立、履行合同，未履行或未正确履行职责致使合同标的价格明显不公允；交易行为虚假或违规开展“空转”贸易；利用关联交易输送利益；未按照规定进行招标或未执行招标结果；违反规定提供赊销信用、资质、担保（含抵押、质押等）或预付款项，利用业务预付或物资交易等方式变相融资或投资；违规开展商品期货、期权等衍生业务；未按规定对应收款项及时追索或采取有效保全措施等。

（三）工程承包建设方面。未按规定对合同标的进行调查论证，未经授权或超越授权投标，中标价格严重低于成本，造成企业资产损失；违反规定擅自签订或变更合同，合同约定未经严格审查，存在重大疏漏；工程物资未按规定招标；违反规定转包、分包；工程组织管理混乱，致使工程质量不达标，工程成本严重超支；违反合同约定超计价、超进度付款等。

（四）转让产权、上市公司股权和资产方面。未按规定履行决策和审批程序或超越授权范围转让；财务审计和资产评估违反相关规定；组织提供和披露虚假信息，操纵中介机构出具虚假财务审计、资产评估鉴证结果；未按相关规定执行回避制度，造成资产损失；违反相关规定和公开公平交易原则，低价转让企业产权、上市公司股权和资产等。

（五）固定资产投资方面。未按规定进行可行性研究或风险分析；项目概算未经严格审查，严重偏离实际；未按规定履行决策和审批程序擅自投资，造成资产损失；购建项目未按规定招标，干预或操纵招标；外部环境发生重大变化，未按规定及时调整投资方案并采取止损措施；擅自变更工程设计、建设内容；项目管理混乱，致使建设严重拖期、成本明显高于同类项目等。

（六）投资并购方面。投资并购未按规定开展尽职调查，或尽职调查未进行风险分析等，存在重大疏漏；财务审计、资产评估或估值违反相关规定，或投资并购过程中授意、指使中介机构或有关单位出具虚假报告；未按规定履行决策和审批程序，决策未充分考虑重大风险因素，未制定风险防范预案；违规以各种形式为其他合资合作方提供垫资，或通过高溢价并购等手段向关联方输送利益；投资合同、协议及标的企业公司章程中国有权益保护条款缺失，对标的企业管理失控；投资参股后未行使股东权利，发生重大变化未及时采取止损措施；违反合同约定提前支付并购价款等。

（七）改组改制方面。未按规定履行决策和审批程序；未按规定组织开展清产核资、财务审计和资产评估；故意转移、隐匿国有资产或向中介机构提供虚假信息，操纵中介机构出具虚假清产核资、财务审计与资产评估鉴证结果；将国有资产以明显不公允低价折股、出售或无偿分给其他单位或个人；在发展混合所有制经济、实施员工持股计划等改组改制过程中变相套取、私分国有股权；未按规定收取国有资产转让价款；改制后的公司章程中国有权益保护条款缺失等。

（八）资金管理方面。违反决策和审批程序或超越权限批准资金支出；设立“小金库”；违规集资、发行股票（债券）、捐赠、担保、委托理财、拆借资金或开立信用证、办理银行票据；虚列支出套取资金；违规以个人名义留存资金、收支结算、开立银行账户；违规超发、滥发职工薪酬福利；因财务内控缺失，发生侵占、盗取、欺诈等。

（九）风险管理方面。内控及风险管理制度缺失，内控流程存在重大缺陷或内部控制执行不力；对经营投资重大风险未能及时分析、识别、评估、预警和应对；对企业规章制度、经济合同和重要决策的法律审核不到位；过度负债危及企业持续经营，恶意逃废金融债务；瞒报、漏报重大风险及风险损失事件，指使编制虚假财务报告，企业账实严重不符等。

（十）其他违反规定，应当追究责任的情形。

三、资产损失认定

对国有企业经营投资发生的资产损失，应当在调查核实的基础上，依据有关规定认定损失金额及影响。

（一）资产损失包括直接损失和间接损失。直接损失是与相关人员行为有直接因果关系的损失金额及影响。间接损失是由相关人员行为引发或导致的，除直接损失外、能够确认计量的其他损失金额及影响。

（二）资产损失分为一般资产损失、较大资产损失和重大资产损失。涉及违纪违法和犯罪行为查处的损失标准，遵照相关党内法规和国家法律法规的规定执行；涉及其他责任追究处理的，由履行出资人职责的机构和国有企业根据实际情况制定资产损失程度划分标准。

（三）资产损失的金额及影响，可根据司法、行政机关出具的书面文件，具有相应资质的会计师事务所、资产评估机构、律师事务所等中介机构出具的专项审计、评估或鉴证报告，以及企业内部证明材料等进行综合研判认定。相关经营投资虽尚未形成事实损失，经中介机构评估在可预见未来将发生的损失，可以认定为或有资产损失。

四、经营投资责任认定

国有企业经营管理有关人员任职期间违反规定，未履行或未正确履行职责造成国有资产损失以及其他严重不良后果的，应当追究其相应责任；已调任其他岗位或退休的，应当纳入责任追究范围，实行重大决策终身责任追究制度。经营投资责任根据工作职责划分为直接责任、主管责任和领导责任。

（一）直接责任是指相关人员在其工作职责范围内，违反规定，未履行或未正确履行职责，对造成的资产损失或其他不良后果起决定性直接作用时应当承担的责任。

企业负责人存在以下情形的，应当承担直接责任：本人或与他人共同违反国家法律法规和企业内部管理规定；授意、指使、强令、纵容、包庇下属人员违反国家法律法规和企业内部管理规定；未经民主决策、相关会议讨论或文件传签、报审等规定程序，直接决定、批准、组织实施重大经济事项，并造成重大资产损失或其他严重不良后果；主持相关会议讨论或以文件传签等其他方式研究时，在多数人不同意的情况下，直接决定、批准、组织实施重大经济事项，造成重大资产损失或其他严重不良后果；将按有关法律法规制度应作为第一责任人（总负责）的事项、签订的有关目标责任事项或应当履行的其他重要职责，授权（委托）其他领导干部决策且决策不当或决策失误造成重大资产损失或其他严重不良后果；其他失职、渎职和应当承担直接责任的行为。

（二）主管责任是指相关人员在其直接主管（分管）工作职责范围内，违反规定，未履行或未正确履行职责，对造成的资产损失或不良后果应当承担的责任。

（三）领导责任是指主要负责人在其工作职责范围内，违反规定，未履行或未正确履行职责，对造成的资产损失或不良后果应当承担的责任。

五、责任追究处理

（一）根据资产损失程度、问题性质等，对相关责任人采取组织处理、扣减薪酬、禁入限制、纪律处分、移送司法机关等方式处理。

1．组织处理。包括批评教育、责令书面检查、通报批评、诫勉、停职、调离工作岗位、降职、改任非领导职务、责令辞职、免职等。

2. 扣减薪酬。扣减和追索绩效年薪或任期激励收入，终止或收回中长期激励收益，取消参加中长期激励资格等。

3. 禁入限制。五年内直至终身不得担任国有企业董事、监事、高级管理人员。

4. 纪律处分。由相应的纪检监察机关依法依规查处。

5. 移送司法机关处理。依据国家有关法律规定，移送司法机关依法查处。

以上处理方式可以单独使用，也可以合并使用。

（二）国有企业发生资产损失，经过查证核实和责任认定后，除依据有关规定移送司法机关处理外，应当按以下方式处理：

1. 发生较大资产损失的，对直接责任人和主管责任人给予通报批评、诫勉、停职、调离工作岗位、降职等处理，同时按照以下标准扣减薪酬：扣减和追索责任认定年度50%—100%的绩效年薪、扣减和追索责任认定年度（含）前三年50%—100%的任期激励收入并延期支付绩效年薪，终止尚未行使的中长期激励权益、上缴责任认定年度及前一年度的全部中长期激励收益、五年内不得参加企业新的中长期激励。

对领导责任人给予通报批评、诫勉、停职、调离工作岗位等处理，同时按照以下标准扣减薪酬：扣减和追索责任认定年度30%—70%的绩效年薪、扣减和追索责任认定年度（含）前三年30%—70%的任期激励收入并延期支付绩效年薪，终止尚未行使的中长期激励权益、三年内不得参加企业新的中长期激励。

2. 发生重大资产损失的，对直接责任人和主管责任人给予降职、改任非领导职务、责令辞职、免职和禁入限制等处理，同时按照以下标准扣减薪酬：扣减和追索责任认定年度100%的绩效年薪、扣减和追索责任认定年度（含）前三年100%的任期激励收入并延期支付绩效年薪，终止尚未行使的中长期激励权益、上缴责任认定年度（含）前三年的全部中长期激励收益、不得参加企业新的中长期激励。

对领导责任人给予调离工作岗位、降职、改任非领导职务、责令辞职、免职和禁入限制等处理，同时按照以下标准扣减薪酬：扣减和追索责任认定年度70%—100%的绩效年薪、扣减和追索责任认定年度（含）前三年70%—100%的任期激励收入并延期支付绩效年薪，终止尚未行使的中长期激励权益、上缴责任认定年度（含）前三年的全部中长期激励收益、五年内不得参加企业新的中长期激励。

3. 责任人在责任认定年度已不在本企业领取绩效年薪的，按离职前一年度全部绩效年薪及前三年任期激励收入总和计算，参照上述标准追索扣回其薪酬。

4. 对同一事件、同一责任人的薪酬扣减和追索，按照党纪政纪处分、责任追究等扣减薪酬处理的最高标准执行，但不合并使用。

（三）对资产损失频繁发生、金额巨大、后果严重、影响恶劣的，未及时采取措施或措施不力导致资产损失扩大的，以及瞒报、谎报资产损失的，应当从重处理。对及时采取措施减少、挽回损失并消除不良影响的，可以适当从轻处理。

（四）国有企业违规经营投资责任追究处理的具体标准，由各级履行出资人职责的机构根据资产损失程度、应当承担责任等情况，依照本意见制定。

六、责任追究工作的组织实施

（一）开展国有企业违规经营投资责任追究工作，应当遵循以下程序：

1. 受理。资产损失一经发现，应当立即按管辖规定及相关程序报告。受理部门应当对掌握的资产损失线索进行初步核实，属于责任追究范围的，应当及时启动责任追究工作。

2. 调查。受理部门应当按照职责权限及时组织开展调查，核查资产损失及相关业务情况、核实损失金额和损失情形、查清损失原因、认定相应责任、提出整改措施等，必要时可经批准组成联合调查组进行核查，并出具资产损失情况调查报告。

3. 处理。根据调查事实，依照管辖规定移送有关部门，按照管理权限和相关程序对相关责任人追究责任。相关责任人对处理决定有异议的，有权提出申诉，但申诉期间不停止原处理决定的执行。责任追究调查情况及处理结果在一定范围内公开。

4. 整改。发生资产损失的国有企业应当认真总结吸取教训，落实整改措施，堵塞管理漏洞，建立健全防范损失的长效机制。

（二）责任追究工作原则上按照干部管理权限组织开展，一般资产损失由本企业依据相关规定自行开展责任追究工作，上级企业或履行出资人职责的机构认为有必要的，可直接组织开展；达到较大或重大资产损失标准的，应当由上级企业或履行出资人职责的机构开展责任追究工作；多次发生重大资产损失或造成其他严重不良影响、资产损失金额特别巨大且危及企业生存发展的，应当由履行出资人职责的机构开展责任追究工作。

（三）对违反规定，未履行或未正确履行职责造成国有资产损失的董事，除依法承担赔偿责任外，应当依照公司法、公司章程及本意见规定对其进行处理。对重大资产损失负有直接责任的董事，应及时调整或解聘。

（四）经营投资责任调查期间，对相关责任人未支付或兑现的绩效年薪、任期激励收入、中长期激励收益等均应暂停支付或兑现；对有可能影响调查工作顺利开展的相关责任人，可视情采取停职、调离工作岗位、免职等措施。

（五）对发生安全生产、环境污染责任事故和重大不稳定事件的，按照国家有关规定另行处理。

七、工作要求

（一）各级履行出资人职责的机构要明确所出资企业负责人在经营投资活动中须履行的职责，引导其树立责任意识和风险意识，依法经营，廉洁从业，坚持职业操守，履职尽责，规范经营投资决策，维护国有资产安全。国有企业要依据公司法规定完善公司章程，建立健全重大决策评估、决策事项履职记录、决策过错认定等配套制度，细化各类经营投资责任清单，明确岗位职责和履职程序，不断提高经营投资责任管理的规范化、科学化水平。履行出资人职责的机构和国有企业应在有关外聘董事、职业经理人聘任合同中，明确违规经营投资责任追究的原则要求。

（二）各级履行出资人职责的机构和国有企业要按照本意见要求，建立健全违规经营投资责任追究制度，细化经营投资责任追究的原则、范围、依据、启动机制、程序、方式、标准和职责，保障违规经营投资责任追究工作有章可循、规范有序。国有企业违规经营投资责任追究制度应当报履行出资人职责的机构备案。

（三）国有企业要充分发挥党组织、审计、财务、法律、人力资源、巡视、纪检监察等部门的监督作用，形成联合实施、协同联动、规范有序的责任追究工作机制，重要情况和问题及时向履行出资人职责的机构报告。履行出资人职责的机构要加强与外派监事会、巡视组、审计机关、纪检监察机关、司法机关的协同配合，共同做好国有企业违规经营投资责任追究工作。对国有企业违规经营投资等重大违法违纪违规问题应当发现而未发现或敷衍不追、隐匿不报、查处不力的，严格追究企业和履行出资人职责的机构有关人员的失职渎职责任。

（四）各级履行出资人职责的机构和国有企业要做好国有企业违规经营投资责任追究相关制度的宣传解释工作，凝聚社会共识，为深入开展责任追究工作营造良好氛围；要结合对具体案例的调查处理，在适当范围进行总结和通报，探索向社会公开调查处理情况，接受社会监督，充分发挥警示教育作用。

本意见适用于国有及国有控股企业违规经营投资责任追究工作。金融、文化等国有企业违规经营投资责任追究工作，中央另有规定的依其规定执行。

国务院办公厅

2016 年 8 月 2 日

国务院关于推进中央与地方财政事权和支出责任划分改革的指导意见

国发〔2016〕49 号

各省、自治区、直辖市人民政府，国务院各部委、各直属机构：

合理划分中央与地方财政事权和支出责任是政府有效提供基本公共服务的前提和保障，是建立现代财政制度的重要内容，是推进国家治理体系和治理能力现代化的客观需要。根据党的十八大和十八届三中、四中、五中全会提出的建立事权和支出责任相适应的制度、适度加强中央事权和支出责任、推进各级政府事权规范化法律化的要求，按照党中央、国务院决策部署，现就推进中央与地方财政事权和支出责任划分改革提出如下指导意见。

一、推进财政事权和支出责任划分改革的必要性

财政事权是一级政府应承担的运用财政资金提供基本公共服务的任务和职责，支出责任是政府履行财政事权的支出义务和保障。改革开放以来，中央与地方财政关系经历了从高度集中的统收统支到“分灶吃饭”、包干制，再到分税制财政体制的变化，财政事权和支出责任划分逐渐明确，特别是1994年实施的分税制改革，初步构建了中国特色社会主义制度下中央与地方财政事权和支出责任划分的体系框架，为我国建立现代财政制度奠定了良好基础。总体看，我国财政事权和支出责任划分为坚持党的领导、人民主体地位、依法治国提供了有效保障，调动了各方面的积极性，对完善社会主义市场经济体制、保障和改善民生、促进社会公平正义，以及解决经济社会发展中的突出矛盾和问题发挥了重要作用。

但也要看到，新的形势下，现行的中央与地方财政事权和支出责任划分还不同程度存在不清晰、不合理、不规范等问题，主要表现在：政府职能定位不清，一些本可由市场调节或社会提供的事务，财政包揽过多，同时一些本应由政府承担的基本公共服务，财政承担不够；中央与地方财政事权和支出责任划分不尽合理，一些本应由中央直接负责的事务交给地方承担，一些宜由地方负责的事务，中央承担过多，地方没有担负起相应的支出责任；不少中央和地方提供基本公共服务的职责交叉重叠，共同承担的事项较多；省以下财政事权和支出责任划分不尽规范；有的财政事权和支出责任划分缺乏法律依据，法治化、规范化程度不高。

这种状况不利于充分发挥市场在资源配置中的决定性作用，不利于政府有效提供基本公共服务，与建立健全现代财政制度、推动国家治理体系和治理能力现代化的要求不相适应，必须积极推进中央与地方财政事权和支出责任划分改革。

二、指导思想、总体要求和划分原则

（一）指导思想。

高举中国特色社会主义伟大旗帜，全面贯彻党的十八大和十八届三中、四中、五中全会精神，深入贯彻习近平总书记系列重要讲话精神，适应、把握和引领经济发展新常态，坚持“五位一体”总体布局和“四个全面”战略布局，牢固树立和贯彻落实创新、协调、绿色、开放、共享的发展理念，遵循宪法和政府组织法的相关规定，按照完善社会主义市场经济体制总体要求和深化财税体制改革总体方案，立足全局、着眼长远、统筹规划、分步实施，科学合理划分中央与地方财政事权和支出责任，形成中央领导、合理授权、依法规范、运转高效的财政事权和支出责任划分模式，落实基本公共服务提供责任，提高基本公共服务供给效率，促进各级政府更好履职尽责。

（二）总体要求。

1. 坚持中国特色社会主义道路和党的领导。通过合理划分中央与地方在基本公共服务提供方面的任务和职责，形成科学合理、职责明确的财政事权和支出责任划分体系，充分发挥中国特色社会主义制度在维护社会公平正义和促进共同富裕方面的优势，确保党的路线、方针、政策得到贯彻落实，为加强和改善党的领导提供更好保障。

2. 坚持财政事权由中央决定。在完善中央决策、地方执行的机制基础上，明确中央在财政事权确认和划分上的决定权，适度加强中央政府承担基本公共服务的职责和能力，维护中央权威。要切实落实地方政府在中央授权范围内履行财政事权的责任，最大限度减少中央对微观事务的直接管理，发挥地方政府因地制宜加强区域内事务管理的优势，调动和保护地方干事创业的积极性和主动性。

3. 坚持有利于健全社会主义市场经济体制。要正确处理政府与市场、政府与社会的关系，合理确定政府提供基本公共服务的范围和方式，将应由市场或社会承担的事务，交由市场主体或社会力量承担；对应由政府提供的基本公共服务，要明确承担财政事权和支出责任的相应政府层级，促进社会主义市场经济体制不断完善，使市场在资源配置中的决定性作用得到充分发挥。

4. 坚持法治化规范化道路。要将中央与地方财政事权和支出责任划分基本规范以法律和行政法规的形式规定，将地方各级政府间的财政事权和支出责任划分相关制度以地方性法规、政府规章的形式规定，逐步实现政府间财政事权和支出责任划分法治化、规范化，让行政权力在法律和制度的框架内运行，加快推进依法治国、依法行政。

5. 坚持积极稳妥统筹推进。要从积极稳妥推进中央与地方事权和支出责任划分改革的全局出发，先在财政事权和支出责任划分上突破，为建立科学规范的政府间关系创造基础性条件。要处理好改革与稳定发展、总体设计与分步实施、当前与长远的关系，准确把握各项改革措施出台的时机、力度和节奏，加强中央与地方之间以及各部门之间的协同合作，形成合力，确保改革扎实推进，务求实效。

（三）划分原则。

1. 体现基本公共服务受益范围。体现国家主权、维护统一市场以及受益范围覆盖全国的基本公共服务由中央负责，地区性基本公共服务由地方负责，跨省（区、市）的基本公共服务由中央与地方共同负责。

2. 兼顾政府职能和行政效率。结合我国现有中央与地方政府职能配置和机构设置，更多、更好发挥地方政府尤其是县级政府组织能力强、贴近基层、获取信息便利的优势，将所需信息量大、信息复杂且获取困难的基本公共服务优先作为地方的财政事权，提高行政效率，降低行政成本。信息比较容易获取和甄别的全国性基本公共服务宜作为中央的财政事权。

3. 实现权、责、利相统一。在中央统一领导下，适宜由中央承担的财政事权执行权要上划，加强中央的财政事权执行能力；适宜由地方承担的财政事权决策权要下放，减少中央部门代地方决策事项，保证地方有效管理区域内事务。要明确共同财政事权中央与地方各自承担的职责，将财政事权履行涉及的战略规划、政策决定、执行实施、监督评价等各环节在中央与地方间做出合理安排，做到财政事权履行权责明确和全过程覆盖。

4. 激励地方政府主动作为。通过有效授权，合理确定地方财政事权，使基本公共服务受益范围与政府管辖区域保持一致，激励地方各级政府尽力做好辖区范围内的基本公共服务提供和保障，避免出现地方政府不作为或因追求局部利益而损害其他地区利益或整体利益的行为。

5. 做到支出责任与财政事权相适应。按照“谁的财政事权谁承担支出责任”的原则，确定各级政府支出责任。对属于中央并由中央组织实施的财政事权，原则上由中央承担支出责任；对属于地方并由地方组织实施的财政事权，原则上由地方承担支出责任；对属于中央与地方共同财政事权，根据基本公共服务的受益范围、影响程度，区分情况确定中央和地方的支出责任以及承担方式。

三、改革的主要内容

（一）推进中央与地方财政事权划分。

1. 适度加强中央的财政事权。坚持基本公共服务的普惠性、保基本、均等化方向，加强中央在保障国家安全、维护全国统一市场、体现社会公平正义、推动区域协调发展等方面的财政事权。强化中央的财政事权履行责任，中央的财政事权原则上由中央直接行使。中央的财政事权确需委托地方行使的，报经党中央、国务院批准后，由有关职能部门委托地方行使，并制定相应的法律法规予以明确。对中央委托地方行使的财政事权，受委托地方在委托范围内，以委托单位的名义行使职权，承担相应的法律责任，并接受委托单位的监督。

要逐步将国防、外交、国家安全、出入境管理、国防公路、国界河湖治理、全国性重大传染病防治、全国性大通道、全国性战略性自然资源使用和保护等基本公共服务确定或上划为中央的财政事权。

2. 保障地方履行财政事权。加强地方政府公共服务、社会管理等职责。将直接面向基层、量大面广、与当地居民密切相关、由地方提供更方便有效的基本公共服务确定为地方的财政事权，赋予地方政府充分自主权，依法保障地方的财政事权履行，更好地满足地方基本公共服务需求。地方的财政事权由地方行使，中央对地方的财政事权履行提出规范性要求，并通过法律法规的形式予以明确。

要逐步将社会治安、市政交通、农村公路、城乡社区事务等受益范围地域性强、信息较为复杂且主要与当地居民密切相关的基本公共服务确定为地方的财政事权。

3. 减少并规范中央与地方共同财政事权。考虑到我国人口和民族众多、幅员辽阔、发展不平衡的国情和经济社会发展的阶段性要求，需要更多发挥中央在保障公民基本权利、提供基本公共服务方面的作用，因此应保有比成熟市场经济国家相对多一些的中央与地方共同财政事权。但在现阶段，针对中央与地方共同财政事权过多且不规范的情况，必须逐步减少并规范中央与地方共同财政事权，并根据基本公共服务的受益范围、影响程度，按事权构成要素、实施环节，分解细化各级政府承担的职责，避免由于职责不清造成互相推诿。

要逐步将义务教育、高等教育、科技研发、公共文化、基本养老保险、基本医疗和公共卫生、城乡居民基本医疗保险、就业、粮食安全、跨省（区、市）重大基础设施项目建设和环境保护与治理等体现中央战略意图、跨省（区、市）且具有地域管理信息优势的基本公共服务确定为中央与地方共同财政事权，并明确各承担主体的职责。

4. 建立财政事权划分动态调整机制。财政事权划分要根据客观条件变化进行动态调整。在条件成熟时，将全国范围内环境质量监测和对全国生态具有基础性、战略性作用的生态环境保护等基本公共服务，逐步上划为中央的财政事权。对新增及尚未明确划分的基本公共服务，要根据社会主义市场经济体制改革进展、经济社会发展需求以及各级政府财力增长情况，将应由市场或社会承担的事务交由市场主体或社会力量承担，将应由政府提供的基本公共服务统筹研究划分为中央财政事权、地方财政事权或中央与地方共同财政事权。

（二）完善中央与地方支出责任划分。

1. 中央的财政事权由中央承担支出责任。属于中央的财政事权，应当由中央财政安排经费，中央各职能部门和直属机构不得要求地方安排配套资金。中央的财政事权如委托地方行使，要通过中央专项转移支付安排相应经费。

2. 地方的财政事权由地方承担支出责任。属于地方的财政事权原则上由地方通过自有财力安排。对地方政府履行财政事权、落实支出责任存在的收支缺口，除部分资本性支出通过依法发行政府性债券等方式安排外，主要通过上级政府给予的一般性转移支付弥补。地方的财政事权如委托中央机构行使，地方政府应负担相应经费。

3. 中央与地方共同财政事权区分情况划分支出责任。根据基本公共服务的属性，体现国民待遇和公民权利、涉及全国统一市场和要素自由流动的财政事权，如基本养老保险、基本公共卫生服务、义务教育等，可以研究制定全国统一标准，并由中央与地方按比例或以中央为主承担支出责任；对受益范围较广、信息相对复杂的财政事权，如跨省（区、市）重大基础设施项目建设、环境保护与治理、公共文化等，根据财政事权外溢程度，由中央和地方按比例或中央给予适当补助方式承担支出责任；对中央和地方有各自机构承担相应职责的财政事权，如科技研发、高等教育等，中央和地方各自承担相应支出责任；对中央承担监督管理、出台规划、制定标准等职责，地方承担具体执行等职责的财政事权，中央与地方各自承担相应支出责任。

（三）加快省以下财政事权和支出责任划分。

省级政府要参照中央做法，结合当地实际，按照财政事权划分原则合理确定省以下政府间财政事权。将部分适宜由更高一级政府承担的基本公共服务职能上移，明确省级政府在保持区域内经济社会稳定、促进经济协调发展、推进区域内基本公共服务均等化等方面的职责。将有关居民生活、社会治安、城乡建设、公共设施管理等适宜由基层政府发挥信息、管理优势的基本公共服务职能下移，强化基层政府贯彻执行国家政策和上级政府政策的责任。

省级政府要根据省以下财政事权划分、财政体制及基层政府财力状况，合理确定省以下各级政府的支出责任，避免将过多支出责任交给基层政府承担。

四、保障和配套措施

（一）加强与相关改革的协同配套。

财政事权和支出责任划分与教育、社会保障、医疗卫生等各项改革紧密相连、不可分割。要将财政事权和支出责任划分改革与加快推进相关领域改革相结合，既通过相关领域改革为推进财政事权和支出责任划分创造条件，又将财政事权和支出责任划分改革体现和充实到各领域改革中，形成良性互动、协同推进的局面。

（二）明确政府间财政事权划分争议的处理。

中央与地方财政事权划分争议由中央裁定，已明确属于省以下的财政事权划分争议由省级政府裁定。明确中央与地方共同财政事权和中央委托地方行使的财政事权设置的原则、程序、范围和责任，减少划分中的争议。

（三）完善中央与地方收入划分和对地方转移支付制度。

加快研究制定中央与地方收入划分总体方案，推动进一步理顺中央与地方的财政分配关系，形成财力与事权相匹配的财政体制。进一步完善中央对地方转移支付制度，清理整合与财政事权划分不相匹配的中央对地方转移支付，增强财力薄弱地区尤其是老少边穷地区的财力。严格控制引导类、救济类、应急类专项转移支付，对保留的专项转移支付进行甄别，属于地方财政事权的划入一般性转移支付。

（四）及时推动相关部门职责调整。

按照一项财政事权归口一个部门牵头负责的原则，合理划分部门职责，理顺部门分工，妥善解决跨部门财政事权划分不清晰和重复交叉问题，处理好中央和省级政府垂直管理机构与地方政府的职责关系，为更好履行政府公共服务职能提供保障。

（五）督促地方切实履行财政事权。

随着中央与地方财政事权和支出责任划分改革的推进，地方的财政事权将逐渐明确。对属于地方的财政事权，地方政府必须履行到位，确保基本公共服务的有效提供。中央要在法律法规的框架下加强监督考核和绩效评价，强化地方政府履行财政事权的责任。

五、职责分工和时间安排

（一）职责分工。

财政部、中央编办等有关部门主要负责组织、协调、指导、督促推进中央与地方财政事权和支出责任划分改革工作。各职能部门要落实部门主体责任，根据本指导意见，在广泛征求有关部门和地方意见基础上，研究提出本部门所涉及的基本公共服务领域改革具体实施方案，按程序报请党中央、国务院批准后实施。

在改革实施过程中，有关部门要妥善处理中央与地方财政事权和支出责任划分带来的职能调整以及人员、资产划转等事项，积极配合推动制订或修改相关法律、行政法规中关于财政事权和支出责任划分的规定。

各省级人民政府要参照本指导意见的总体要求和基本原则，根据本地实际情况，结合财税体制改革要求和中央与地方财政事权和支出责任划分改革的进程，制定省以下财政事权和支出责任划分改革方案，组织推动本地区省以下财政事权和支出责任划分改革工作。

（二）时间安排。

1.2016 年。有关部门要按照本指导意见要求，研究制订相关基本公共服务领域改革具体实施方案。选取国防、国家安全、外交、公共安全等基本公共服务领域率先启动财政事权和支出责任划分改革。同时，部署推进省以下相关领域财政事权和支出责任划分改革。

2.2017—2018 年。总结相关领域中央与地方财政事权和支出责任划分改革经验，结合实际、循序渐进，争取在教育、医疗卫生、环境保护、交通运输等基本公共服务领域取得突破性进展。参照中央改革进程，加快推进省以下相关领域财政事权和支出责任划分改革。

3.2019—2020 年。基本完成主要领域改革，形成中央与地方财政事权和支出责任划分的清晰框架。及时总结改革成果，梳理需要上升为法律法规的内容，适时制修订相关法律、行政法规，研究起草政府间财政关系法，推动形成保障财政事权和支出责任划分科学合理的法律体系。督促地方完成主要领域改革，形成省以下财政事权和支出责任划分的清晰框架。

中央与地方财政事权和支出责任划分改革是建立科学规范政府间关系的核心内容，是完善国家治理结构的一项基础性、系统性工程，对全面深化经济体制改革具有重要的推动作用。各地区、各部门要充分认识推进这项改革工作的重要性、紧迫性、艰巨性，把思想和行动统一到党中央、国务院决策部署上来，以高度的责任感、使命感和改革创新精神，周密安排部署，切实履行职责，密切协调配合，积极稳妥推进中央与地方财政事权和支出责任划分改革，为建立健全现代财政制度、推进国家治理体系和治理能力现代化、落实“四个全面”战略布局提供有力保障。

国务院
2016年8月16日

国务院关于全民所有自然资源资产有偿使用制度改革的指导意见

国发〔2016〕82号

各省、自治区、直辖市人民政府，国务院各部委、各直属机构：

全民所有自然资源是宪法和法律规定属于国家所有的各类自然资源，主要包括国有土地资源、水资源、矿产资源、国有森林资源、国有草原资源、海域海岛资源等。自然资源资产有偿使用制度是生态文明制度体系的一项核心制度。改革开放以来，我国全民所有自然资源资产有偿使用制度逐步建立，在促进自然资源保护和合理利用、维护所有者权益方面发挥了积极作用，但由于有偿使用制度不完善、监管力度不足，还存在市场配置资源的决定性作用发挥不充分、所有权人不到位、所有权人权益不落实等突出问题。按照生态文明体制改革总体部署，为健全完善全民所有自然资源资产有偿使用制度，现提出以下意见。

一、总体要求

（一）指导思想。全面贯彻党的十八大和十八届三中、四中、五中、六中全会精神，深入贯彻习近平总书记系列重要讲话精神和治国理政新理念新思想新战略，认真落实党中央、国务院决策部署，统筹推进“五位一体”总体布局和协调推进“四个全面”战略布局，牢固树立和贯彻落实创新、协调、绿色、开放、共享的发展理念，坚持发挥市场配置资源的决定性作用和更好发挥政府作用，以保护优先、合理利用、维护权益和解决问题为导向，以依法管理、用途管制为前提，以明晰产权、丰富权能为基础，以市场配置、完善规则为重点，以开展试点、健全法制为路径，以创新方式、加强监管为保障，加快建立健全全民所有自然资源资产有偿使用制度，努力提升自然资源保护和合理利用水平，切实维护国家所有者权益，为建设美丽中国提供重要制度保障。

（二）基本原则。

保护优先、合理利用。树立尊重自然、顺应自然、保护自然的理念，坚持保护和发展相统一，在发展中保护、在保护中发展。正确处理资源保护与开发利用的关系，对需要严格保护的自然资源，严禁开发利用；对可开发利用的全民所有自然资源，使用者要遵守用途管制，履行保护和合理利用自然资源的法定义务。除国家法律和政策规定可划拨或无偿使用的情形外，全面实行有偿使用，切实增强使用者合理利用和有效保护自然资源的意识和内在动力。

两权分离、扩权赋能。适应经济社会发展多元化需求和自然资源资产多用途属性，在坚持全民所有制的前提下，创新全民所有自然资源资产所有权实现形式，推动所有权和使用权分离，完善全民所有自然资源资产使用权体系，丰富自然资源资产使用权权利类型，适度扩大使用权的出让、转让、出租、担保、入股等权能，夯实全民所有自然资源资产有偿使用的权利基础。

市场配置、完善规则。充分发挥市场配置资源的决定性作用，按照公开、公平、公正和竞争择优的要求，明确全民所有自然资源资产有偿使用准入条件、方式和程序，鼓励竞争性出让，规范协议出让，支持探索多样化有偿使用方式，推动将全民所有自然资源资产有偿使用逐步纳入统一的公共资源交易平台，完善全民所有自然资源资产价格评估方法和管理制度，构建完善价格形成机制，建立健全有偿使用信息公开和服务制度，确保国家所有者权益得到充分有效维护。

明确权责、分级行使。全民所有自然资源资产有偿使用试点可依照现行法律规定和管理体制，明确全民所有自然资源资产有偿处置的主体，在试点地区可结合实际，合理划分中央和地方政府对全民所有自然资源资产的处置权限，创新管理体制，明确和落实主体责任，实现效率和公平相统一。

创新方式、强化监管。建立健全市场主体信用评价制度，强化自然资源主管部门和财政等部门协同，发挥纪检监察、司法、审计等机构作用，完善国家自然资源资产管理体制和自然资源监管体制，创新管理方式方法，健全完善责任追究机制，实现对全民所有自然资源资产有偿使用全程动态有效监管，确保将有效保护和合理利用资源、维护国家所有者权益的各项要求落到实处。

（三）主要目标。到 2020 年，基本建立产权明晰、权能丰富、规则完善、监管有效、权益落实的全民所有自然资源资产有偿使用制度，使全民所有自然资源资产使用权体系更加完善，市场配置资源的决定性作用和政府的服务监管作用充分发挥，所有者和使用者权益得到切实维护，自然资源保护和合理利用水平显著提升，实现自然资源开发利用和保护的生态、经济、社会效益相统一。

二、各领域重点任务

（四）完善国有土地资源有偿使用制度。全面落实规划土地功能分区和保护利用的要求，优化土地利用布局，规范经营性土地有偿使用。对生态功能重要的国有土地，要坚持保护优先，其中依照法律规定和规划允许进行经营性开发利用的，应设立更加严格的审批条件和程序，并全面实行有偿使用，切实防止无偿或过度占用。完善国有建设用地有偿使用制度。扩大国有建设用地有偿使用范围，加快修订《划拨用地目录》。完善国有建设用地使用权权能和有偿使用方式。鼓励可以使用划拨用地的公共服务项目有偿使用国有建设用地。事业单位等改制为企业的，允许实行国有企业改制土地资产处置政策。探索建立国有农用地有偿使用制度。明晰国有农用地使用权，明确国有农用地的使用方式、供应方式、范围、期限、条件和程序。对国有农场、林场（区）、牧场改革中涉及的国有农用地，参照国有企业改制土地资产处置相关规定，采取国有农用地使用权出让、租赁、作价出资（入股）、划拨、授权经营等方式处置。通过有偿方式取得的国有建设用地、农用地使用权，可以转让、出租、作价出资（入股）、担保等。

（五）完善水资源有偿使用制度。落实最严格水资源管理制度，严守水资源开发利用控制、用水效率控制、水功能区限制纳污三条红线，强化水资源节约利用与保护，加强水资源监控。维持江河的合理流量和湖泊、水库以及地下水体的合理水位，维护水体生态功能。健全水资源费征收制度，综合考虑当地水资源状况、经济发展水平、社会承受能力以及不同产业和行业取用水的差别特点，区分地表水和地下水，支持低消耗用水、鼓励回收利用水、限制超量取用水，合理调整水资源费征收标准，大幅提高地下水特别是水资源紧缺和超采地区的地下水水资源费征收标准，严格控制和合理利用地下水。严格水资源费征收管理，按照规定的征收范围、对象、标准和程序征收，确保应收尽收，任何单位和个人不得擅自减免、缓征或停征水资源费。推进水资源税改革试点。鼓励通过依法规范设立的水权交易平台开展水权交易，区域水权交易或者交易量较大的取水权交易应通过水权交易平台公开公平公正进行，充分发挥市场在水资源配置中的作用。

（六）完善矿产资源有偿使用制度。全面落实禁止和限制设立探矿权、采矿权的有关规定，强化矿产资源保护。改革完善矿产资源有偿使用制度，明确矿产资源国家所有者权益的具体实现形式，建立矿产资源国家权益金制度。完善矿业权有偿出让制度，在矿业权出让环节，取消探矿权价款、采矿权价款，征收矿业权出让收益。进一步扩大矿业权竞争性出让范围，除协议出让等特殊情形外，对所有矿业权一律以招标、拍卖、挂牌方式出让。严格限制矿业权协议出让，规范协议出让管理，严格协议出让的具体情形和范围。完善矿业权分级分类出让制度，合理划分各级国土资源部门的矿业权出让审批权限。完善矿业权有偿占用制度，在矿业权占有环节，将探矿权、采矿权使用费调整为矿业权占用费。合理确定探矿权占用费收取标准，建立累进动态调整机制，利用经济手段有效遏制“圈而不探”等行为。根据矿产品价格变动情况和经济发展需要，适时调整采矿权占用费标准。完善矿产资源税费制度，落实全面推进资源税改革的要求，提高矿产资源综合利用效率，促进资源合理开发利用和有效保护。

（七）建立国有森林资源有偿使用制度。严格执行森林资源保护政策，充分发挥森林资源在生态建设中的主体作用。国有天然林和公益林、国家公园、自然保护区、风景名胜区、森林公园、国家湿地公园、国家沙漠公园的国有林地和林木资源资产不得出让。对确需经营利用的森林资源资产，确定有偿使用的范围、期限、条件、程序和方式。对国有森林经营单位的国有林地使用权，原则上按照划拨用地方式管理。研究制定国有林区、林场改革涉及的国有林地使用权有偿使用的具体办法。推进国有林地使用权确权登记工作，切实维护国有林区、国有林场确权登记颁证成果的权威性和合法性。通过租赁、特许经营等方式积极发展森林旅游。本着尊重历史、照顾现实的原则，全面清理规范已经发生的国有森林资源流转行为。

（八）建立国有草原资源有偿使用制度。依法依规严格保护草原生态，健全基本草原保护制度，任何单位和个人不得擅自征用、占用基本草原或改变其用途，严控建设占用和非牧使用。全民所有制单位改制涉及的国有划拨草原使用权，按照国有农用地改革政策实行有偿使用。稳定和完善国有草原承包经营制度，规范国有草原承包经营权流转。对已确定给农村集体经济组织使用的国有草原，继续依照现有土地承包经营方式落实国有草原承包经营权。国有草原承包经营权向农村集体经济组织以外单位和个人流转的，应按有关规定实行有偿使用。加快推进国有草原确权登记颁证工作。

（九）完善海域海岛有偿使用制度。完善海域有偿使用制度。坚持生态优先，严格落实海洋国土空间的生态保护红线，提高用海生态门槛。严格实行围填海总量控制制度，确保大陆自然岸线保有率不低于35%。完善海域有偿使用分级、分类管理制度，适应经济社会发展多元化需求，完善海域使用权出让、转让、抵押、出租、作价出资（入股）等权能。坚持多种有偿出让方式并举，逐步提高经营性用海市场化出让比例，明确市场化出让范围、方式和程序，完善海域使用权出让价格评估制度和技术标准，将生态环境损害成本纳入价格形成机制。调整海域使用金征收标准，完善海域等级、海域使用金征收范围和方式，建立海域使用金征收标准动态调整机制。开展海域资源现状调查与评价，科学评估海域生态价值、资源价值和开发潜力。完善无居民海岛有偿使用制度。坚持科学规划、保护优先、合理开发、永续利用，严格生态保护措施，避免破坏海岛及其周边海域生态系统，严控无居民海岛自然岸线开发利用，禁止开发利用领海基点保护范围内海岛区域和海洋自然保护区核心区及缓冲区、海洋特别保护区的重点保护区和预留区以及具有特殊保护价值的无居民海岛。明确无居民海岛有偿使用的范围、条件、程序和权利体系，完善无居民海岛使用权出让制度，探索赋予无居民海岛使用权依法转让、出租等权能。研究制定无居民海岛使用权招标、拍卖、挂牌出让有关规定。鼓励地方结合实际推进旅游娱乐、工业等经营性用岛采取招标、拍卖、挂牌等市场化方式出让。建立完善无居民海岛使用权出让价格评估管理制度和技术标准，建立无居民海岛使用权出让最低价标准动态调整机制。

三、加大改革统筹协调和组织实施力度

（十）加强与相关改革的衔接协调。推进全民所有自然资源资产有偿使用制度改革，要切实加强与自然资源产权制度、自然资源统一确权登记制度、国土空间用途管制制度、空间规划体系、自然资源管理体制、资源税费制度、生态保护补偿制度、创新政府配置资源方式、统一的公共资源交易平台建设、政府资产报告制度等相关改革的衔接协调，增强改革的系统性、整体性和协同性。

（十一）系统部署改革试点。稳妥推进矿业权出让制度等各相关改革试点。试点重点在国家生态文明试验区、健全国家自然资源资产管理体制试点地区和其他具备条件的地区进行，其中确需突破现行法律、行政法规、国务院文件和国务院批准的部门规章的，要按程序报批，取得授权后实施。各相关部门要加强指导，做好总结评估，发现问题及时纠偏。

（十二）统筹推进法治建设。立足生态文明体制改革全局，以完善全民所有自然资源资产使用权体系和有偿使用制度为重点，推进完善土地、水、矿产、森林、草原、海域、无居民海岛等全民所有自然资源资产有偿使用的法律法规体系。开展对全民所有自然资源资产有偿使用不规范行为的清理排查。对于法律制度完善的，要及时纠正不规范行为和违法行为。对于法律存在缺位或不完善的，各地区、各部门要在发现问题、总结经验的基础上，按程序推动相关法律法规立改废释。

（十三）协同开展资产清查核算。以各类自然资源调查评价和统计监测为基础，推进全民所有自然资源资产清查核算，研究完善相关指标体系、标准规范和技术规程，做好与自然资源资产负债表编制工作的衔接，建立全民所有自然资源资产目录清单、台账和动态更新机制，全面、准确、及时掌握我国全民所有自然资源资产"家底"，为全面推进有偿使用和监管提供依据。

（十四）强化组织实施。各地区、各部门要高度重视，充分认识全民所有自然资源资产有偿使用制度改革对于生态文明建设的重要意义，切实加强组织领导和细化落实，按照党中央、国务院关于生态文明体制改革总体部署和本意见要求，抓紧研究制订具体实施方案。地方各级政府要结合实际，加强研究和探索，为深化全民所有自然资源资产有偿使用制度改革提供实践支撑。各有关部门要按照职责分工，各司其职，密切配合，明确责任主体和时间进度，加强协调指导，确保各具体领域改革任务落到实处。国土资源部要牵头建立部际协调机制，加强对全民所有自然资源资产有偿使用制度改革工作的统筹指导和督促落实，及时研究改革中出现的新情况、新问题，重大问题和工作进展情况及时向国务院报告。

国务院
2016 年 12 月 29 日

财政部　国家税务总局关于全面推开营业税改征增值税试点的通知

财税〔2016〕36 号

各省、自治区、直辖市、计划单列市财政厅（局）、国家税务局、地方税务局，新疆生产建设兵团财务局：

经国务院批准，自 2016 年 5 月 1 日起，在全国范围内全面推开营业税改征增值税（以下称营改增）试点，建筑业、房地产业、金融业、生活服务业等全部营业税纳税人，纳入试点范围，由缴纳营业税改为缴纳增值税。现将《营业税改征增值税试点实施办法》《营业税改征增值税试点有关事项的规定》《营业税改征增值税试点过渡政策的规定》和《跨境应税行为适用增值税零税率和免税政策的规定》印发你们，请遵照执行。

本通知附件规定的内容，除另有规定执行时间外，自 2016 年 5 月 1 日起执行。《财政部　国家税务总局关于将铁路运输和邮政业纳入营业税改征增值税试点的通知》（财税〔2013〕106 号）、《财政部　国家税务总局关于铁路运输和邮政业营业税改征增值税试点有关政策的补充通知》（财税〔2013〕121 号）、《财政部　国家税务总局关于将电信业纳入营业税改征增值税试点的通知》（财税〔2014〕43 号）、《财政部　国家税务总局关于国际水路运输增值税零税率政策的补充通知》（财税〔2014〕50 号）和《财政部　国家税务总局关于影视等出口服务适用增值税零税率政策的通知》（财税〔2015〕118 号），除另有规定的条款外，相应废止。

各地要高度重视营改增试点工作，切实加强试点工作的组织领导，周密安排，明确责任，采取各种有效措施，做好试点前的各项准备以及试点过程中的监测分析和宣传解释等工作，确保改革的平稳、有序、顺利进行。遇到问题请及时向财政部和国家税务总局反映。

附件：1. 营业税改征增值税试点实施办法

2. 营业税改征增值税试点有关事项的规定（略）

3. 营业税改征增值税试点过渡政策的规定（略）

4. 跨境应税行为适用增值税零税率和免税政策的规定（略）

财政部　国家税务总局
2016 年 3 月 23 日

附件1：

营业税改征增值税试点实施办法

第一章 纳税人和扣缴义务人

第一条 在中华人民共和国境内（以下称境内）销售服务、无形资产或者不动产（以下称应税行为）的单位和个人，为增值税纳税人，应当按照本办法缴纳增值税，不缴纳营业税。

单位，是指企业、行政单位、事业单位、军事单位、社会团体及其他单位。

个人，是指个体工商户和其他个人。

第二条 单位以承包、承租、挂靠方式经营的，承包人、承租人、挂靠人（以下统称承包人）以发包人、出租人、被挂靠人（以下统称发包人）名义对外经营并由发包人承担相关法律责任的，以该发包人为纳税人。否则，以承包人为纳税人。

第三条 纳税人分为一般纳税人和小规模纳税人。

应税行为的年应征增值税销售额（以下称应税销售额）超过财政部和国家税务总局规定标准的纳税人为一般纳税人，未超过规定标准的纳税人为小规模纳税人。

年应税销售额超过规定标准的其他个人不属于一般纳税人。年应税销售额超过规定标准但不经常发生应税行为的单位和个体工商户可选择按照小规模纳税人纳税。

第四条 年应税销售额未超过规定标准的纳税人，会计核算健全，能够提供准确税务资料的，可以向主管税务机关办理一般纳税人资格登记，成为一般纳税人。

会计核算健全，是指能够按照国家统一的会计制度规定设置账簿，根据合法、有效凭证核算。

第五条 符合一般纳税人条件的纳税人应当向主管税务机关办理一般纳税人资格登记。具体登记办法由国家税务总局制定。

除国家税务总局另有规定外，一经登记为一般纳税人后，不得转为小规模纳税人。

第六条 中华人民共和国境外（以下称境外）单位或者个人在境内发生应税行为，在境内未设有经营机构的，以购买方为增值税扣缴义务人。财政部和国家税务总局另有规定的除外。

第七条 两个或者两个以上的纳税人，经财政部和国家税务总局批准可以视为一个纳税人合并纳税。具体办法由财政部和国家税务总局另行制定。

第八条 纳税人应当按照国家统一的会计制度进行增值税会计核算。

第二章 征税范围

第九条 应税行为的具体范围，按照本办法所附的《销售服务、无形资产、不动产注释》执行。

第十条 销售服务、无形资产或者不动产，是指有偿提供服务、有偿转让无形资产或者不动产，但属于下列非经营活动的情形除外：

（一）行政单位收取的同时满足以下条件的政府性基金或者行政事业性收费。

1. 由国务院或者财政部批准设立的政府性基金，由国务院或者省级人民政府及其财政、价格主管部门批准设立的行政事业性收费；

2. 收取时开具省级以上（含省级）财政部门监（印）制的财政票据；

3. 所收款项全额上缴财政。

（二）单位或者个体工商户聘用的员工为本单位或者雇主提供取得工资的服务。

（三）单位或者个体工商户为聘用的员工提供服务。

（四）财政部和国家税务总局规定的其他情形。

第十一条 有偿，是指取得货币、货物或者其他经济利益。

第十二条 在境内销售服务、无形资产或者不动产，是指：

（一）服务（租赁不动产除外）或者无形资产（自然资源使用权除外）的销售方或者购买方在境内；

（二）所销售或者租赁的不动产在境内；

（三）所销售自然资源使用权的自然资源在

境内；

（四）财政部和国家税务总局规定的其他情形。

第十三条 下列情形不属于在境内销售服务或者无形资产：

（一）境外单位或者个人向境内单位或者个人销售完全在境外发生的服务。

（二）境外单位或者个人向境内单位或者个人销售完全在境外使用的无形资产。

（三）境外单位或者个人向境内单位或者个人出租完全在境外使用的有形动产。

（四）财政部和国家税务总局规定的其他情形。

第十四条 下列情形视同销售服务、无形资产或者不动产：

（一）单位或者个体工商户向其他单位或者个人无偿提供服务，但用于公益事业或者以社会公众为对象的除外。

（二）单位或者个人向其他单位或者个人无偿转让无形资产或者不动产，但用于公益事业或者以社会公众为对象的除外。

（三）财政部和国家税务总局规定的其他情形。

第三章 税率和征收率

第十五条 增值税税率：

（一）纳税人发生应税行为，除本条第（二）项、第（三）项、第（四）项规定外，税率为6%。

（二）提供交通运输、邮政、基础电信、建筑、不动产租赁服务，销售不动产，转让土地使用权，税率为11%。

（三）提供有形动产租赁服务，税率为17%。

（四）境内单位和个人发生的跨境应税行为，税率为零。具体范围由财政部和国家税务总局另行规定。

第十六条 增值税征收率为3%，财政部和国家税务总局另有规定的除外。

第四章 应纳税额的计算

第一节 一般性规定

第十七条 增值税的计税方法，包括一般计税方法和简易计税方法。

第十八条 一般纳税人发生应税行为适用一般计税方法计税。

一般纳税人发生财政部和国家税务总局规定的特定应税行为，可以选择适用简易计税方法计税，但一经选择，36个月内不得变更。

第十九条 小规模纳税人发生应税行为适用简易计税方法计税。

第二十条 境外单位或者个人在境内发生应税行为，在境内未设有经营机构的，扣缴义务人按照下列公式计算应扣缴税额：

应扣缴税额＝购买方支付的价款÷（1＋税率）×税率

第二节 一般计税方法

第二十一条 一般计税方法的应纳税额，是指当期销项税额抵扣当期进项税额后的余额。应纳税额计算公式：

应纳税额＝当期销项税额－当期进项税额

当期销项税额小于当期进项税额不足抵扣时，其不足部分可以结转下期继续抵扣。

第二十二条 销项税额，是指纳税人发生应税行为按照销售额和增值税税率计算并收取的增值税额。销项税额计算公式：

销项税额＝销售额×税率

第二十三条 一般计税方法的销售额不包括销项税额，纳税人采用销售额和销项税额合并定价方法的，按照下列公式计算销售额：

销售额＝含税销售额÷（1＋税率）

第二十四条 进项税额，是指纳税人购进货物、加工修理修配劳务、服务、无形资产或者不动产，支付或者负担的增值税额。

第二十五条 下列进项税额准予从销项税额中抵扣：

（一）从销售方取得的增值税专用发票（含税控机动车销售统一发票，下同）上注明的增值税额。

（二）从海关取得的海关进口增值税专用缴款书上注明的增值税额。

（三）购进农产品，除取得增值税专用发票或者海关进口增值税专用缴款书外，按照农产品收购发票或者销售发票上注明的农产品买价和13%

的扣除率计算的进项税额。计算公式为：

进项税额＝买价×扣除率

买价，是指纳税人购进农产品在农产品收购发票或者销售发票上注明的价款和按照规定缴纳的烟叶税。

购进农产品，按照《农产品增值税进项税额核定扣除试点实施办法》抵扣进项税额的除外。

（四）从境外单位或者个人购进服务、无形资产或者不动产，自税务机关或者扣缴义务人取得的解缴税款的完税凭证上注明的增值税额。

第二十六条 纳税人取得的增值税扣税凭证不符合法律、行政法规或者国家税务总局有关规定的，其进项税额不得从销项税额中抵扣。

增值税扣税凭证，是指增值税专用发票、海关进口增值税专用缴款书、农产品收购发票、农产品销售发票和完税凭证。

纳税人凭完税凭证抵扣进项税额的，应当具备书面合同、付款证明和境外单位的对账单或者发票。资料不全的，其进项税额不得从销项税额中抵扣。

第二十七条 下列项目的进项税额不得从销项税额中抵扣：

（一）用于简易计税方法计税项目、免征增值税项目、集体福利或者个人消费的购进货物、加工修理修配劳务、服务、无形资产和不动产。其中涉及的固定资产、无形资产、不动产，仅指专用于上述项目的固定资产、无形资产（不包括其他权益性无形资产）、不动产。

纳税人的交际应酬消费属于个人消费。

（二）非正常损失的购进货物，以及相关的加工修理修配劳务和交通运输服务。

（三）非正常损失的在产品、产成品所耗用的购进货物（不包括固定资产）、加工修理修配劳务和交通运输服务。

（四）非正常损失的不动产，以及该不动产所耗用的购进货物、设计服务和建筑服务。

（五）非正常损失的不动产在建工程所耗用的购进货物、设计服务和建筑服务。

纳税人新建、改建、扩建、修缮、装饰不动产，均属于不动产在建工程。

（六）购进的旅客运输服务、贷款服务、餐饮服务、居民日常服务和娱乐服务。

（七）财政部和国家税务总局规定的其他情形。

本条第（四）项、第（五）项所称货物，是指构成不动产实体的材料和设备，包括建筑装饰材料和给排水、采暖、卫生、通风、照明、通信、煤气、消防、中央空调、电梯、电气、智能化楼宇设备及配套设施。

第二十八条 不动产、无形资产的具体范围，按照本办法所附的《销售服务、无形资产或者不动产注释》执行。

固定资产，是指使用期限超过 12 个月的机器、机械、运输工具以及其他与生产经营有关的设备、工具、器具等有形动产。

非正常损失，是指因管理不善造成货物被盗、丢失、霉烂变质，以及因违反法律法规造成货物或者不动产被依法没收、销毁、拆除的情形。

第二十九条 适用一般计税方法的纳税人，兼营简易计税方法计税项目、免征增值税项目而无法划分不得抵扣的进项税额，按照下列公式计算不得抵扣的进项税额：

不得抵扣的进项税额＝当期无法划分的全部进项税额×（当期简易计税方法计税项目销售额＋免征增值税项目销售额）÷当期全部销售额

主管税务机关可以按照上述公式依据年度数据对不得抵扣的进项税额进行清算。

第三十条 已抵扣进项税额的购进货物（不含固定资产）、劳务、服务，发生本办法第二十七条规定情形（简易计税方法计税项目、免征增值税项目除外）的，应当将该进项税额从当期进项税额中扣减；无法确定该进项税额的，按照当期实际成本计算应扣减的进项税额。

第三十一条 已抵扣进项税额的固定资产、无形资产或者不动产，发生本办法第二十七条规定情形的，按照下列公式计算不得抵扣的进项税额：

不得抵扣的进项税额＝固定资产、无形资产或者不动产净值×适用税率

固定资产、无形资产或者不动产净值，是指纳税人根据财务会计制度计提折旧或摊销后的余额。

第三十二条 纳税人适用一般计税方法计税的，因销售折让、中止或者退回而退还给购买方

的增值税额，应当从当期的销项税额中扣减；因销售折让、中止或者退回而收回的增值税额，应当从当期的进项税额中扣减。

第三十三条 有下列情形之一者，应当按照销售额和增值税税率计算应纳税额，不得抵扣进项税额，也不得使用增值税专用发票：

（一）一般纳税人会计核算不健全，或者不能够提供准确税务资料的。

（二）应当办理一般纳税人资格登记而未办理的。

第三节 简易计税方法

第三十四条 简易计税方法的应纳税额，是指按照销售额和增值税征收率计算的增值税额，不得抵扣进项税额。应纳税额计算公式：

应纳税额＝销售额×征收率

第三十五条 简易计税方法的销售额不包括其应纳税额，纳税人采用销售额和应纳税额合并定价方法的，按照下列公式计算销售额：

销售额＝含税销售额÷（1＋征收率）

第三十六条 纳税人适用简易计税方法计税的，因销售折让、中止或者退回而退还给购买方的销售额，应当从当期销售额中扣减。扣减当期销售额后仍有余额造成多缴的税款，可以从以后的应纳税额中扣减。

第四节 销售额的确定

第三十七条 销售额，是指纳税人发生应税行为取得的全部价款和价外费用，财政部和国家税务总局另有规定的除外。

价外费用，是指价外收取的各种性质的收费，但不包括以下项目：

（一）代为收取并符合本办法第十条规定的政府性基金或者行政事业性收费。

（二）以委托方名义开具发票代委托方收取的款项。

第三十八条 销售额以人民币计算。

纳税人按照人民币以外的货币结算销售额的，应当折合成人民币计算，折合率可以选择销售额发生的当天或者当月 1 日的人民币汇率中间价。纳税人应当在事先确定采用何种折合率，确定后 12 个月内不得变更。

第三十九条 纳税人兼营销售货物、劳务、服务、无形资产或者不动产，适用不同税率或者征收率的，应当分别核算适用不同税率或者征收率的销售额；未分别核算的，从高适用税率。

第四十条 一项销售行为如果既涉及服务又涉及货物，为混合销售。从事货物的生产、批发或者零售的单位和个体工商户的混合销售行为，按照销售货物缴纳增值税；其他单位和个体工商户的混合销售行为，按照销售服务缴纳增值税。

本条所称从事货物的生产、批发或者零售的单位和个体工商户，包括以从事货物的生产、批发或者零售为主，并兼营销售服务的单位和个体工商户在内。

第四十一条 纳税人兼营免税、减税项目的，应当分别核算免税、减税项目的销售额；未分别核算的，不得免税、减税。

第四十二条 纳税人发生应税行为，开具增值税专用发票后，发生开票有误或者销售折让、中止、退回等情形的，应当按照国家税务总局的规定开具红字增值税专用发票；未按照规定开具红字增值税专用发票的，不得按照本办法第三十二条和第三十六条的规定扣减销项税额或者销售额。

第四十三条 纳税人发生应税行为，将价款和折扣额在同一张发票上分别注明的，以折扣后的价款为销售额；未在同一张发票上分别注明的，以价款为销售额，不得扣减折扣额。

第四十四条 纳税人发生应税行为价格明显偏低或者偏高且不具有合理商业目的的，或者发生本办法第十四条所列行为而无销售额的，主管税务机关有权按照下列顺序确定销售额：

（一）按照纳税人最近时期销售同类服务、无形资产或者不动产的平均价格确定。

（二）按照其他纳税人最近时期销售同类服务、无形资产或者不动产的平均价格确定。

（三）按照组成计税价格确定。组成计税价格的公式为：

组成计税价格＝成本×（1＋成本利润率）

成本利润率由国家税务总局确定。

不具有合理商业目的，是指以谋取税收利益为主要目的，通过人为安排，减少、免除、推迟缴纳增值税税款，或者增加退还增值税税款。

第五章　纳税义务、扣缴义务发生时间和纳税地点

第四十五条　增值税纳税义务、扣缴义务发生时间为：

（一）纳税人发生应税行为并收讫销售款项或者取得索取销售款项凭据的当天；先开具发票的，为开具发票的当天。

收讫销售款项，是指纳税人销售服务、无形资产、不动产过程中或者完成后收到款项。

取得索取销售款项凭据的当天，是指书面合同确定的付款日期；未签订书面合同或者书面合同未确定付款日期的，为服务、无形资产转让完成的当天或者不动产权属变更的当天。

（二）纳税人提供建筑服务、租赁服务采取预收款方式的，其纳税义务发生时间为收到预收款的当天。

（三）纳税人从事金融商品转让的，为金融商品所有权转移的当天。

（四）纳税人发生本办法第十四条规定情形的，其纳税义务发生时间为服务、无形资产转让完成的当天或者不动产权属变更的当天。

（五）增值税扣缴义务发生时间为纳税人增值税纳税义务发生的当天。

第四十六条　增值税纳税地点为：

（一）固定业户应当向其机构所在地或者居住地主管税务机关申报纳税。总机构和分支机构不在同一县（市）的，应当分别向各自所在地的主管税务机关申报纳税；经财政部和国家税务总局或者其授权的财政和税务机关批准，可以由总机构汇总向总机构所在地的主管税务机关申报纳税。

（二）非固定业户应当向应税行为发生地主管税务机关申报纳税；未申报纳税的，由其机构所在地或者居住地主管税务机关补征税款。

（三）其他个人提供建筑服务，销售或者租赁不动产，转让自然资源使用权，应向建筑服务发生地、不动产所在地、自然资源所在地主管税务机关申报纳税。

（四）扣缴义务人应当向其机构所在地或者居住地主管税务机关申报缴纳扣缴的税款。

第四十七条　增值税的纳税期限分别为1日、3日、5日、10日、15日、1个月或者1个季度。纳税人的具体纳税期限，由主管税务机关根据纳税人应纳税额的大小分别核定。以1个季度为纳税期限的规定适用于小规模纳税人、银行、财务公司、信托投资公司、信用社，以及财政部和国家税务总局规定的其他纳税人。不能按照固定期限纳税的，可以按次纳税。

纳税人以1个月或者1个季度为1个纳税期的，自期满之日起15日内申报纳税；以1日、3日、5日、10日或者15日为1个纳税期的，自期满之日起5日内预缴税款，于次月1日起15日内申报纳税并结清上月应纳税款。

扣缴义务人解缴税款的期限，按照前两款规定执行。

第六章　税收减免的处理

第四十八条　纳税人发生应税行为适用免税、减税规定的，可以放弃免税、减税，依照本办法的规定缴纳增值税。放弃免税、减税后，36个月内不得再申请免税、减税。

纳税人发生应税行为同时适用免税和零税率规定的，纳税人可以选择适用免税或者零税率。

第四十九条　个人发生应税行为的销售额未达到增值税起征点的，免征增值税；达到起征点的，全额计算缴纳增值税。

增值税起征点不适用于登记为一般纳税人的个体工商户。

第五十条　增值税起征点幅度如下：

（一）按期纳税的，为月销售额5000～20000元（含本数）。

（二）按次纳税的，为每次（日）销售额300～500元（含本数）。

起征点的调整由财政部和国家税务总局规定。省、自治区、直辖市财政厅（局）和国家税务局应当在规定的幅度内，根据实际情况确定本地区适用的起征点，并报财政部和国家税务总局备案。

对增值税小规模纳税人中月销售额未达到2万元的企业或非企业性单位，免征增值税。2017年12月31日前，对月销售额2万元（含本数）至3万元的增值税小规模纳税人，免征增值税。

第七章　征收管理

第五十一条　营业税改征的增值税，由国家税务局负责征收。纳税人销售取得的不动产和其他个人出租不动产的增值税，国家税务局暂委托地方税务局代为征收。

第五十二条　纳税人发生适用零税率的应税行为，应当按期向主管税务机关申报办理退（免）税，具体办法由财政部和国家税务总局制定。

第五十三条　纳税人发生应税行为，应当向索取增值税专用发票的购买方开具增值税专用发票，并在增值税专用发票上分别注明销售额和销项税额。

属于下列情形之一的，不得开具增值税专用发票：

（一）向消费者个人销售服务、无形资产或者不动产。

（二）适用免征增值税规定的应税行为。

第五十四条　小规模纳税人发生应税行为，购买方索取增值税专用发票的，可以向主管税务机关申请代开。

第五十五条　纳税人增值税的征收管理，按照本办法和《中华人民共和国税收征收管理法》及现行增值税征收管理有关规定执行。

附：销售服务、无形资产、不动产注释

附：

销售服务、无形资产、不动产注释

一、销售服务

销售服务，是指提供交通运输服务、邮政服务、电信服务、建筑服务、金融服务、现代服务、生活服务。

（一）交通运输服务。

交通运输服务，是指利用运输工具将货物或者旅客送达目的地，使其空间位置得到转移的业务活动。包括陆路运输服务、水路运输服务、航空运输服务和管道运输服务。

1. 陆路运输服务。

陆路运输服务，是指通过陆路（地上或者地下）运送货物或者旅客的运输业务活动，包括铁路运输服务和其他陆路运输服务。

（1）铁路运输服务，是指通过铁路运送货物或者旅客的运输业务活动。

（2）其他陆路运输服务，是指铁路运输以外的陆路运输业务活动。包括公路运输、缆车运输、索道运输、地铁运输、城市轻轨运输等。

出租车公司向使用本公司自有出租车的出租车司机收取的管理费用，按照陆路运输服务缴纳增值税。

2. 水路运输服务。

水路运输服务，是指通过江、河、湖、川等天然、人工水道或者海洋航道运送货物或者旅客的运输业务活动。

水路运输的程租、期租业务，属于水路运输服务。

程租业务，是指运输企业为租船人完成某一特定航次的运输任务并收取租赁费的业务。

期租业务，是指运输企业将配备有操作人员的船舶承租给他人使用一定期限，承租期内听候承租方调遣，不论是否经营，均按天向承租方收取租赁费，发生的固定费用均由船东负担的业务。

3. 航空运输服务。

航空运输服务，是指通过空中航线运送货物或者旅客的运输业务活动。

航空运输的湿租业务，属于航空运输服务。

湿租业务，是指航空运输企业将配备有机组人员的飞机承租给他人使用一定期限，承租期内听候承租方调遣，不论是否经营，均按一定标准向承租方收取租赁费，发生的固定费用均由承租方承担的业务。

航天运输服务，按照航空运输服务缴纳增值税。

航天运输服务，是指利用火箭等载体将卫星、空间探测器等空间飞行器发射到空间轨道的业务活动。

4. 管道运输服务。

管道运输服务，是指通过管道设施输送气体、液体、固体物质的运输业务活动。

无运输工具承运业务，按照交通运输服务缴

纳增值税。

无运输工具承运业务，是指经营者以承运人身份与托运人签订运输服务合同，收取运费并承担承运人责任，然后委托实际承运人完成运输服务的经营活动。

（二）邮政服务。

邮政服务，是指中国邮政集团公司及其所属邮政企业提供邮件寄递、邮政汇兑和机要通信等邮政基本服务的业务活动。包括邮政普遍服务、邮政特殊服务和其他邮政服务。

1. 邮政普遍服务。

邮政普遍服务，是指函件、包裹等邮件寄递，以及邮票发行、报刊发行和邮政汇兑等业务活动。

函件，是指信函、印刷品、邮资封片卡、无名址函件和邮政小包等。

包裹，是指按照封装上的名址递送给特定个人或者单位的独立封装的物品，其重量不超过50千克，任何一边的尺寸不超过150厘米，长、宽、高合计不超过300厘米。

2. 邮政特殊服务。

邮政特殊服务，是指义务兵平常信函、机要通信、盲人读物和革命烈士遗物的寄递等业务活动。

3. 其他邮政服务。

其他邮政服务，是指邮册等邮品销售、邮政代理等业务活动。

（三）电信服务。

电信服务，是指利用有线、无线的电磁系统或者光电系统等各种通信网络资源，提供语音通话服务，传送、发射、接收或者应用图像、短信等电子数据和信息的业务活动。包括基础电信服务和增值电信服务。

1. 基础电信服务。

基础电信服务，是指利用固网、移动网、卫星、互联网，提供语音通话服务的业务活动，以及出租或者出售带宽、波长等网络元素的业务活动。

2. 增值电信服务。

增值电信服务，是指利用固网、移动网、卫星、互联网、有线电视网络，提供短信和彩信服务、电子数据和信息的传输及应用服务、互联网接入服务等业务活动。

卫星电视信号落地转接服务，按照增值电信服务缴纳增值税。

（四）建筑服务。

建筑服务，是指各类建筑物、构筑物及其附属设施的建造、修缮、装饰，线路、管道、设备、设施等的安装以及其他工程作业的业务活动。包括工程服务、安装服务、修缮服务、装饰服务和其他建筑服务。

1. 工程服务。

工程服务，是指新建、改建各种建筑物、构筑物的工程作业，包括与建筑物相连的各种设备或者支柱、操作平台的安装或者装设工程作业，以及各种窑炉和金属结构工程作业。

2. 安装服务。

安装服务，是指生产设备、动力设备、起重设备、运输设备、传动设备、医疗实验设备以及其他各种设备、设施的装配、安置工程作业，包括与被安装设备相连的工作台、梯子、栏杆的装设工程作业，以及被安装设备的绝缘、防腐、保温、油漆等工程作业。

固定电话、有线电视、宽带、水、电、燃气、暖气等经营者向用户收取的安装费、初装费、开户费、扩容费以及类似收费，按照安装服务缴纳增值税。

3. 修缮服务。

修缮服务，是指对建筑物、构筑物进行修补、加固、养护、改善，使之恢复原来的使用价值或者延长其使用期限的工程作业。

4. 装饰服务。

装饰服务，是指对建筑物、构筑物进行修饰装修，使之美观或者具有特定用途的工程作业。

5. 其他建筑服务。

其他建筑服务，是指上列工程作业之外的各种工程作业服务，如钻井（打井）、拆除建筑物或者构筑物、平整土地、园林绿化、疏浚（不包括航道疏浚）、建筑物平移、搭脚手架、爆破、矿山穿孔、表面附着物（包括岩层、土层、沙层等）剥离和清理等工程作业。

（五）金融服务。

金融服务，是指经营金融保险的业务活动。包括贷款服务、直接收费金融服务、保险服务和金融商品转让。

1. 贷款服务。

贷款，是指将资金贷与他人使用而取得利息收入的业务活动。

各种占用、拆借资金取得的收入，包括金融商品持有期间（含到期）利息（保本收益、报酬、资金占用费、补偿金等）收入、信用卡透支利息收入、买入返售金融商品利息收入、融资融券收取的利息收入，以及融资性售后回租、押汇、罚息、票据贴现、转贷等业务取得的利息及利息性质的收入，按照贷款服务缴纳增值税。

融资性售后回租，是指承租方以融资为目的，将资产出售给从事融资性售后回租业务的企业后，从事融资性售后回租业务的企业将该资产出租给承租方的业务活动。

以货币资金投资收取的固定利润或者保底利润，按照贷款服务缴纳增值税。

2. 直接收费金融服务。

直接收费金融服务，是指为货币资金融通及其他金融业务提供相关服务并且收取费用的业务活动。包括提供货币兑换、账户管理、电子银行、信用卡、信用证、财务担保、资产管理、信托管理、基金管理、金融交易场所（平台）管理、资金结算、资金清算、金融支付等服务。

3. 保险服务。

保险服务，是指投保人根据合同约定，向保险人支付保险费，保险人对于合同约定的可能发生的事故因其发生所造成的财产损失承担赔偿保险金责任，或者当被保险人死亡、伤残、疾病或者达到合同约定的年龄、期限等条件时承担给付保险金责任的商业保险行为。包括人身保险服务和财产保险服务。

人身保险服务，是指以人的寿命和身体为保险标的的保险业务活动。

财产保险服务，是指以财产及其有关利益为保险标的的保险业务活动。

4. 金融商品转让。

金融商品转让，是指转让外汇、有价证券、非货物期货和其他金融商品所有权的业务活动。

其他金融商品转让包括基金、信托、理财产品等各类资产管理产品和各种金融衍生品的转让。

（六）现代服务。

现代服务，是指围绕制造业、文化产业、现代物流产业等提供技术性、知识性服务的业务活动。包括研发和技术服务、信息技术服务、文化创意服务、物流辅助服务、租赁服务、鉴证咨询服务、广播影视服务、商务辅助服务和其他现代服务。

1. 研发和技术服务。

研发和技术服务，包括研发服务、合同能源管理服务、工程勘察勘探服务、专业技术服务。

（1）研发服务，也称技术开发服务，是指就新技术、新产品、新工艺或者新材料及其系统进行研究与试验开发的业务活动。

（2）合同能源管理服务，是指节能服务公司与用能单位以契约形式约定节能目标，节能服务公司提供必要的服务，用能单位以节能效果支付节能服务公司投入及其合理报酬的业务活动。

（3）工程勘察勘探服务，是指在采矿、工程施工前后，对地形、地质构造、地下资源蕴藏情况进行实地调查的业务活动。

（4）专业技术服务，是指气象服务、地震服务、海洋服务、测绘服务、城市规划、环境与生态监测服务等专项技术服务。

2. 信息技术服务。

信息技术服务，是指利用计算机、通信网络等技术对信息进行生产、收集、处理、加工、存储、运输、检索和利用，并提供信息服务的业务活动。包括软件服务、电路设计及测试服务、信息系统服务、业务流程管理服务和信息系统增值服务。

（1）软件服务，是指提供软件开发服务、软件维护服务、软件测试服务的业务活动。

（2）电路设计及测试服务，是指提供集成电路和电子电路产品设计、测试及相关技术支持服务的业务活动。

（3）信息系统服务，是指提供信息系统集成、网络管理、网站内容维护、桌面管理与维护、信息系统应用、基础信息技术管理平台整合、信息技术基础设施管理、数据中心、托管中心、信息安全服务、在线杀毒、虚拟主机等业务活动。包括网站对非自有的网络游戏提供的网络运营服务。

（4）业务流程管理服务，是指依托信息技术提供的人力资源管理、财务经济管理、审计管理、税务管理、物流信息管理、经营信息管理和呼叫中心等服务的活动。

（5）信息系统增值服务，是指利用信息系统资源为用户附加提供的信息技术服务。包括数据处理、分析和整合、数据库管理、数据备份、数据存储、容灾服务、电子商务平台等。

3. 文化创意服务。

文化创意服务，包括设计服务、知识产权服务、广告服务和会议展览服务。

（1）设计服务，是指把计划、规划、设想通过文字、语言、图画、声音、视觉等形式传递出来的业务活动。包括工业设计、内部管理设计、业务运作设计、供应链设计、造型设计、服装设计、环境设计、平面设计、包装设计、动漫设计、网游设计、展示设计、网站设计、机械设计、工程设计、广告设计、创意策划、文印晒图等。

（2）知识产权服务，是指处理知识产权事务的业务活动。包括对专利、商标、著作权、软件、集成电路布图设计的登记、鉴定、评估、认证、检索服务。

（3）广告服务，是指利用图书、报纸、杂志、广播、电视、电影、幻灯、路牌、招贴、橱窗、霓虹灯、灯箱、互联网等各种形式为客户的商品、经营服务项目、文体节目或者通告、声明等委托事项进行宣传和提供相关服务的业务活动。包括广告代理和广告的发布、播映、宣传、展示等。

（4）会议展览服务，是指为商品流通、促销、展示、经贸洽谈、民间交流、企业沟通、国际往来等举办或者组织安排的各类展览和会议的业务活动。

4. 物流辅助服务。

物流辅助服务，包括航空服务、港口码头服务、货运客运场站服务、打捞救助服务、装卸搬运服务、仓储服务和收派服务。

（1）航空服务，包括航空地面服务和通用航空服务。

航空地面服务，是指航空公司、飞机场、民航管理局、航站等向在境内航行或者在境内机场停留的境内外飞机或者其他飞行器提供的导航等劳务性地面服务的业务活动。包括旅客安全检查服务、停机坪管理服务、机场候机厅管理服务、飞机清洗消毒服务、空中飞行管理服务、飞机起降服务、飞行通信服务、地面信号服务、飞机安全服务、飞机跑道管理服务、空中交通管理服务等。

通用航空服务，是指为专业工作提供飞行服务的业务活动，包括航空摄影、航空培训、航空测量、航空勘探、航空护林、航空吊挂播撒、航空降雨、航空气象探测、航空海洋监测、航空科学实验等。

（2）港口码头服务，是指港务船舶调度服务、船舶通信服务、航道管理服务、航道疏浚服务、灯塔管理服务、航标管理服务、船舶引航服务、理货服务、系解缆服务、停泊和移泊服务、海上船舶溢油清除服务、水上交通管理服务、船只专业清洗消毒检测服务和防止船只漏油服务等为船只提供服务的业务活动。

港口设施经营人收取的港口设施保安费按照港口码头服务缴纳增值税。

（3）货运客运场站服务，是指货运客运场站提供货物配载服务、运输组织服务、中转换乘服务、车辆调度服务、票务服务、货物打包整理、铁路线路使用服务、加挂铁路客车服务、铁路行包专列发送服务、铁路到达和中转服务、铁路车辆编解服务、车辆挂运服务、铁路接触网服务、铁路机车牵引服务等业务活动。

（4）打捞救助服务，是指提供船舶人员救助、船舶财产救助、水上救助和沉船沉物打捞服务的业务活动。

（5）装卸搬运服务，是指使用装卸搬运工具或者人力、畜力将货物在运输工具之间、装卸现场之间或者运输工具与装卸现场之间进行装卸和搬运的业务活动。

（6）仓储服务，是指利用仓库、货场或者其他场所代客贮放、保管货物的业务活动。

（7）收派服务，是指接受寄件人委托，在承诺的时限内完成函件和包裹的收件、分拣、派送服务的业务活动。

收件服务，是指从寄件人收取函件和包裹，并运送到服务提供方同城的集散中心的业务活动。

分拣服务，是指服务提供方在其集散中心对函件和包裹进行归类、分发的业务活动。

派送服务，是指服务提供方从其集散中心将函件和包裹送达同城的收件人的业务活动。

5. 租赁服务。

租赁服务，包括融资租赁服务和经营租赁服务。

（1）融资租赁服务，是指具有融资性质和所有权转移特点的租赁活动。即出租人根据承租人所要求的规格、型号、性能等条件购入有形动产或者不动产租赁给承租人，合同期内租赁物所有权属于出租人，承租人只拥有使用权，合同期满付清租金后，承租人有权按照残值购入租赁物，以拥有其所有权。不论出租人是否将租赁物销售给承租人，均属于融资租赁。

按照标的物的不同，融资租赁服务可分为有形动产融资租赁服务和不动产融资租赁服务。

融资性售后回租不按照本税目缴纳增值税。

（2）经营租赁服务，是指在约定时间内将有形动产或者不动产转让他人使用且租赁物所有权不变更的业务活动。

按照标的物的不同，经营租赁服务可分为有形动产经营租赁服务和不动产经营租赁服务。

将建筑物、构筑物等不动产或者飞机、车辆等有形动产的广告位出租给其他单位或者个人用于发布广告，按照经营租赁服务缴纳增值税。

车辆停放服务、道路通行服务（包括过路费、过桥费、过闸费等）等按照不动产经营租赁服务缴纳增值税。

水路运输的光租业务、航空运输的干租业务，属于经营租赁。

光租业务，是指运输企业将船舶在约定的时间内出租给他人使用，不配备操作人员，不承担运输过程中发生的各项费用，只收取固定租赁费的业务活动。

干租业务，是指航空运输企业将飞机在约定的时间内出租给他人使用，不配备机组人员，不承担运输过程中发生的各项费用，只收取固定租赁费的业务活动。

6. 鉴证咨询服务。

鉴证咨询服务，包括认证服务、鉴证服务和咨询服务。

（1）认证服务，是指具有专业资质的单位利用检测、检验、计量等技术，证明产品、服务、管理体系符合相关技术规范、相关技术规范的强制性要求或者标准的业务活动。

（2）鉴证服务，是指具有专业资质的单位受托对相关事项进行鉴证，发表具有证明力的意见的业务活动。包括会计鉴证、税务鉴证、法律鉴证、职业技能鉴定、工程造价鉴证、工程监理、资产评估、环境评估、房地产土地评估、建筑图纸审核、医疗事故鉴定等。

（3）咨询服务，是指提供信息、建议、策划、顾问等服务的活动。包括金融、软件、技术、财务、税收、法律、内部管理、业务运作、流程管理、健康等方面的咨询。

翻译服务和市场调查服务按照咨询服务缴纳增值税。

7. 广播影视服务。

广播影视服务，包括广播影视节目（作品）的制作服务、发行服务和播映（含放映，下同）服务。

（1）广播影视节目（作品）制作服务，是指进行专题（特别节目）、专栏、综艺、体育、动画片、广播剧、电视剧、电影等广播影视节目和作品制作的服务。具体包括与广播影视节目和作品相关的策划、采编、拍摄、录音、音视频文字图片素材制作、场景布置、后期的剪辑、翻译（编译）、字幕制作、片头、片尾、片花制作、特效制作、影片修复、编目和确权等业务活动。

（2）广播影视节目（作品）发行服务，是指以分账、买断、委托等方式，向影院、电台、电视台、网站等单位和个人发行广播影视节目（作品）以及转让体育赛事等活动的报道及播映权的业务活动。

（3）广播影视节目（作品）播映服务，是指在影院、剧院、录像厅及其他场所播映广播影视节目（作品），以及通过电台、电视台、卫星通信、互联网、有线电视等无线或者有线装置播映广播影视节目（作品）的业务活动。

8. 商务辅助服务。

商务辅助服务，包括企业管理服务、经纪代理服务、人力资源服务、安全保护服务。

（1）企业管理服务，是指提供总部管理、投资与资产管理、市场管理、物业管理、日常综合管理等服务的业务活动。

（2）经纪代理服务，是指各类经纪、中介、代理服务。包括金融代理、知识产权代理、货物运输代理、代理报关、法律代理、房地产中介、职业中介、婚姻中介、代理记账、拍卖等。

货物运输代理服务，是指接受货物收货人、发货人、船舶所有人、船舶承租人或者船舶经营人的委托，以委托人的名义，为委托人办理货物运输、装卸、仓储和船舶进出港口、引航、靠泊等相关手续的业务活动。

代理报关服务，是指接受进出口货物的收、发货人委托，代为办理报关手续的业务活动。

(3) 人力资源服务，是指提供公共就业、劳务派遣、人才委托招聘、劳动力外包等服务的业务活动。

(4) 安全保护服务，是指提供保护人身安全和财产安全，维护社会治安等的业务活动。包括场所住宅保安、特种保安、安全系统监控以及其他安保服务。

9. 其他现代服务。

其他现代服务，是指除研发和技术服务、信息技术服务、文化创意服务、物流辅助服务、租赁服务、鉴证咨询服务、广播影视服务和商务辅助服务以外的现代服务。

(七) 生活服务。

生活服务，是指为满足城乡居民日常生活需求提供的各类服务活动。包括文化体育服务、教育医疗服务、旅游娱乐服务、餐饮住宿服务、居民日常服务和其他生活服务。

1. 文化体育服务。

文化体育服务，包括文化服务和体育服务。

(1) 文化服务，是指为满足社会公众文化生活需求提供的各种服务。包括：文艺创作、文艺表演、文化比赛，图书馆的图书和资料借阅，档案馆的档案管理，文物及非物质遗产保护，组织举办宗教活动、科技活动、文化活动，提供游览场所。

(2) 体育服务，是指组织举办体育比赛、体育表演、体育活动，以及提供体育训练、体育指导、体育管理的业务活动。

2. 教育医疗服务。

教育医疗服务，包括教育服务和医疗服务。

(1) 教育服务，是指提供学历教育服务、非学历教育服务、教育辅助服务的业务活动。

学历教育服务，是指根据教育行政管理部门确定或者认可的招生和教学计划组织教学，并颁发相应学历证书的业务活动。包括初等教育、初级中等教育、高级中等教育、高等教育等。

非学历教育服务，包括学前教育、各类培训、演讲、讲座、报告会等。

教育辅助服务，包括教育测评、考试、招生等服务。

(2) 医疗服务，是指提供医学检查、诊断、治疗、康复、预防、保健、接生、计划生育、防疫服务等方面的服务，以及与这些服务有关的提供药品、医用材料器具、救护车、病房住宿和伙食的业务。

3. 旅游娱乐服务。

旅游娱乐服务，包括旅游服务和娱乐服务。

(1) 旅游服务，是指根据旅游者的要求，组织安排交通、游览、住宿、餐饮、购物、文娱、商务等服务的业务活动。

(2) 娱乐服务，是指为娱乐活动同时提供场所和服务的业务。

具体包括：歌厅、舞厅、夜总会、酒吧、台球、高尔夫球、保龄球、游艺（包括射击、狩猎、跑马、游戏机、蹦极、卡丁车、热气球、动力伞、射箭、飞镖）。

4. 餐饮住宿服务。

餐饮住宿服务，包括餐饮服务和住宿服务。

(1) 餐饮服务，是指通过同时提供饮食和饮食场所的方式为消费者提供饮食消费服务的业务活动。

(2) 住宿服务，是指提供住宿场所及配套服务等的活动。包括宾馆、旅馆、旅社、度假村和其他经营性住宿场所提供的住宿服务。

5. 居民日常服务。

居民日常服务，是指主要为满足居民个人及其家庭日常生活需求提供的服务，包括市容市政管理、家政、婚庆、养老、殡葬、照料和护理、救助救济、美容美发、按摩、桑拿、氧吧、足疗、沐浴、洗染、摄影扩印等服务。

6. 其他生活服务。

其他生活服务，是指除文化体育服务、教育医疗服务、旅游娱乐服务、餐饮住宿服务和居民日常服务之外的生活服务。

二、销售无形资产

销售无形资产，是指转让无形资产所有权或

者使用权的业务活动。无形资产，是指不具实物形态，但能带来经济利益的资产，包括技术、商标、著作权、商誉、自然资源使用权和其他权益性无形资产。

技术，包括专利技术和非专利技术。

自然资源使用权，包括土地使用权、海域使用权、探矿权、采矿权、取水权和其他自然资源使用权。

其他权益性无形资产，包括基础设施资产经营权、公共事业特许权、配额、经营权（包括特许经营权、连锁经营权、其他经营权）、经销权、分销权、代理权、会员权、席位权、网络游戏虚拟道具、域名、名称权、肖像权、冠名权、转会费等。

三、销售不动产

销售不动产，是指转让不动产所有权的业务活动。不动产，是指不能移动或者移动后会引起性质、形状改变的财产，包括建筑物、构筑物等。

建筑物，包括住宅、商业营业用房、办公楼等可供居住、工作或者进行其他活动的建造物。

构筑物，包括道路、桥梁、隧道、水坝等建造物。

转让建筑物有限产权或者永久使用权的，转让在建的建筑物或者构筑物所有权的，以及在转让建筑物或者构筑物时一并转让其所占土地的使用权的，按照销售不动产缴纳增值税。

中华人民共和国财政部令

第 81 号

《基本建设财务规则》已经财政部部务会议审议通过，现予公布，自 2016 年 9 月 1 日起施行。

部　长　**楼继伟**
2016 年 4 月 26 日

基本建设财务规则

第一章　总　则

第一条　为了规范基本建设财务行为，加强基本建设财务管理，提高财政资金使用效益，保障财政资金安全，制定本规则。

第二条　本规则适用于行政事业单位的基本建设财务行为，以及国有和国有控股企业使用财政资金的基本建设财务行为。

基本建设是指以新增工程效益或者扩大生产能力为主要目的的新建、续建、改扩建、迁建、大型维修改造工程及相关工作。

第三条　基本建设财务管理应当严格执行国家有关法律、行政法规和财务规章制度，坚持勤俭节约、量力而行、讲求实效，正确处理资金使用效益与资金供给的关系。

第四条　基本建设财务管理的主要任务是：

（一）依法筹集和使用基本建设项目（以下简称项目）建设资金，防范财务风险；

（二）合理编制项目资金预算，加强预算审核，严格预算执行；

（三）加强项目核算管理，规范和控制建设成本；

（四）及时准确编制项目竣工财务决算，全面反映基本建设财务状况；

（五）加强对基本建设活动的财务控制和监督，实施绩效评价。

第五条　财政部负责制定并指导实施基本建设财务管理制度。

各级财政部门负责对基本建设财务活动实施全过程管理和监督。

第六条　各级项目主管部门（含一级预算单位，下同）应当会同财政部门，加强本部门或者本行业基本建设财务管理和监督，指导和督促项目建设单位做好基本建设财务管理的基础工作。

第七条　项目建设单位应当做好以下基本建设财务管理的基础工作：

（一）建立、健全本单位基本建设财务管理制度和内部控制制度；

（二）按项目单独核算，按照规定将核算情况纳入单位账簿和财务报表；

（三）按照规定编制项目资金预算，根据批准的项目概（预）算做好核算管理，及时掌握建设进度，定期进行财产物资清查，做好核算资料档案管理；

（四）按照规定向财政部门、项目主管部门报送基本建设财务报表和资料；

（五）及时办理工程价款结算，编报项目竣工财务决算，办理资产交付使用手续；

（六）财政部门和项目主管部门要求的其他工作。

按照规定实行代理记账和项目代建制的，代理记账单位和代建单位应当配合项目建设单位做好项目财务管理的基础工作。

第二章　建设资金筹集与使用管理

第八条　建设资金是指为满足项目建设需要筹集和使用的资金，按照来源分为财政资金和自筹资金。其中，财政资金包括一般公共预算安排的基本建设投资资金和其他专项建设资金，政府性基金预算安排的建设资金，政府依法举债取得的建设资金，以及国有资本经营预算安排的基本建设项目资金。

第九条　财政资金管理应当遵循专款专用原则，严格按照批准的项目预算执行，不得挤占挪用。

财政部门应当会同项目主管部门加强项目财政资金的监督管理。

第十条　财政资金的支付，按照国库集中支付制度有关规定和合同约定，综合考虑项目财政资金预算、建设进度等因素执行。

第十一条　项目建设单位应当根据批准的项目概（预）算、年度投资计划和预算、建设进度等控制项目投资规模。

第十二条　项目建设单位在决策阶段应当明确建设资金来源，落实建设资金，合理控制筹资成本。非经营性项目建设资金按照国家有关规定筹集；经营性项目在防范风险的前提下，可以多渠道筹集。

具体项目的经营性和非经营性性质划分，由项目主管部门会同财政部门根据项目建设目的、运营模式和盈利能力等因素核定。

第十三条　核定为经营性项目的，项目建设单位应当按照国家有关固定资产投资项目资本管理的规定，筹集一定比例的非债务性资金作为项目资本。

在项目建设期间，项目资本的投资者除依法转让、依法终止外，不得以任何方式抽走出资。

经营性项目的投资者以实物、知识产权、土地使用权等非货币财产作价出资的，应当委托具有专业能力的资产评估机构依法评估作价。

第十四条　项目建设单位取得的财政资金，区分以下情况处理：

经营性项目具备企业法人资格的，按照国家有关企业财务规定处理。不具备企业法人资格的，属于国家直接投资的，作为项目国家资本管理；属于投资补助的，国家拨款时对权属有规定的，按照规定执行，没有规定的，由项目投资者享有；属于有偿性资助的，作为项目负债管理。

经营性项目取得的财政贴息，项目建设期间收到的，冲减项目建设成本；项目竣工后收到的，按照国家财务、会计制度的有关规定处理。

非经营性项目取得的财政资金，按照国家行政、事业单位财务、会计制度的有关规定处理。

第十五条　项目收到的社会捐赠，有捐赠协议或者捐赠者有指定要求的，按照协议或者要求处理；无协议和要求的，按照国家财务、会计制度的有关规定处理。

第三章　预算管理

第十六条　项目建设单位编制项目预算应当以批准的概算为基础，按照项目实际建设资金需求编制，并控制在批准的概算总投资规模、范围和标准以内。

项目建设单位应当细化项目预算，分解项目各年度预算和财政资金预算需求。涉及政府采购的，应当按照规定编制政府采购预算。

项目资金预算应当纳入项目主管部门的部门预算或者国有资本经营预算统一管理。列入部门预算的项目，一般应当从项目库中产生。

第十七条 项目建设单位应当根据项目概算、建设工期、年度投资和自筹资金计划、以前年度项目各类资金结转情况等，提出项目财政资金预算建议数，按照规定程序经项目主管部门审核汇总报财政部门。

项目建设单位根据财政部门下达的预算控制数编制预算，由项目主管部门审核汇总报财政部门，经法定程序审核批复后执行。

第十八条 项目建设单位应当严格执行项目财政资金预算。对发生停建、缓建、迁移、合并、分立、重大设计变更等变动事项和其他特殊情况确需调整的项目，项目建设单位应当按照规定程序报项目主管部门审核后，向财政部门申请调整项目财政资金预算。

第十九条 财政部门应当加强财政资金预算审核和执行管理，严格预算约束。

财政资金预算安排应当以项目以前年度财政资金预算执行情况、项目预算评审意见和绩效评价结果作为重要依据。项目财政资金未按预算要求执行的，按照有关规定调减或者收回。

第二十条 项目主管部门应当按照预算管理规定，督促和指导项目建设单位做好项目财政资金预算编制、执行和调整，严格审核项目财政资金预算、细化预算和预算调整的申请，及时掌握项目预算执行动态，跟踪分析项目进度，按照要求向财政部门报送执行情况。

第四章 建设成本管理

第二十一条 建设成本是指按照批准的建设内容由项目建设资金安排的各项支出，包括建筑安装工程投资支出、设备投资支出、待摊投资支出和其他投资支出。

建筑安装工程投资支出是指项目建设单位按照批准的建设内容发生的建筑工程和安装工程的实际成本。

设备投资支出是指项目建设单位按照批准的建设内容发生的各种设备的实际成本。

待摊投资支出是指项目建设单位按照批准的建设内容发生的，应当分摊计入相关资产价值的各项费用和税金支出。

其他投资支出是指项目建设单位按照批准的建设内容发生的房屋购置支出，基本畜禽、林木等的购置、饲养、培育支出，办公生活用家具、器具购置支出，软件研发和不能计入设备投资的软件购置等支出。

第二十二条 项目建设单位应当严格控制建设成本的范围、标准和支出责任，以下支出不得列入项目建设成本：

（一）超过批准建设内容发生的支出；

（二）不符合合同协议的支出；

（三）非法收费和摊派；

（四）无发票或者发票项目不全、无审批手续、无责任人员签字的支出；

（五）因设计单位、施工单位、供货单位等原因造成的工程报废等损失，以及未按照规定报经批准的损失；

（六）项目符合规定的验收条件之日起3个月后发生的支出；

（七）其他不属于本项目应当负担的支出。

第二十三条 财政资金用于项目前期工作经费部分，在项目批准建设后，列入项目建设成本。

没有被批准或者批准后又被取消的项目，财政资金如有结余，全部缴回国库。

第五章 基建收入管理

第二十四条 基建收入是指在基本建设过程中形成的各项工程建设副产品变价收入、负荷试车和试运行收入以及其他收入。

工程建设副产品变价收入包括矿山建设中的矿产品收入，油气、油田钻井建设中的原油气收入，林业工程建设中的路影材收入，以及其他项目建设过程中产生或者伴生的副产品、试验产品的变价收入。

负荷试车和试运行收入包括水利、电力建设移交生产前的供水、供电、供热收入，原材料、机电轻纺、农林建设移交生产前的产品收入，交通临时运营收入等。

其他收入包括项目总体建设尚未完成或者移交生产，但其中部分工程简易投产而发生的经营性收入等。

符合验收条件而未按照规定及时办理竣工验收的经营性项目所实现的收入，不得作为项目基建收入管理。

第二十五条 项目所取得的基建收入扣除相关费用并依法纳税后，其净收入按照国家财务、会计制度的有关规定处理。

第二十六条 项目发生的各项索赔、违约金等收入，首先用于弥补工程损失，结余部分按照国家财务、会计制度的有关规定处理。

第六章 工程价款结算管理

第二十七条 工程价款结算是指依据基本建设工程发承包合同等进行工程预付款、进度款、竣工价款结算的活动。

第二十八条 项目建设单位应当严格按照合同约定和工程价款结算程序支付工程款。竣工价款结算一般应当在项目竣工验收后2个月内完成，大型项目一般不得超过3个月。

第二十九条 项目建设单位可以与施工单位在合同中约定按照不超过工程价款结算总额的5%预留工程质量保证金，待工程交付使用缺陷责任期满后清算。资信好的施工单位可以用银行保函替代工程质量保证金。

第三十条 项目主管部门应当会同财政部门加强工程价款结算的监督，重点审查工程招投标文件、工程量及各项费用的计取、合同协议、施工变更签证、人工和材料价差、工程索赔等。

第七章 竣工财务决算管理

第三十一条 项目竣工财务决算是正确核定项目资产价值、反映竣工项目建设成果的文件，是办理资产移交和产权登记的依据，包括竣工财务决算报表、竣工财务决算说明书以及相关材料。

项目竣工财务决算应当数字准确、内容完整。竣工财务决算的编制要求另行规定。

第三十二条 项目年度资金使用情况应当按照要求编入部门决算或者国有资本经营决算。

第三十三条 项目建设单位在项目竣工后，应当及时编制项目竣工财务决算，并按照规定报送项目主管部门。

项目设计、施工、监理等单位应当配合项目建设单位做好相关工作。

建设周期长、建设内容多的大型项目，单项工程竣工具备交付使用条件的，可以编报单项工程竣工财务决算，项目全部竣工后应当编报竣工财务总决算。

第三十四条 在编制项目竣工财务决算前，项目建设单位应当认真做好各项清理工作，包括账目核对及账务调整、财产物资核实处理、债权实现和债务清偿、档案资料归集整理等。

第三十五条 在编制项目竣工财务决算时，项目建设单位应当按照规定将待摊投资支出按合理比例分摊计入交付使用资产价值、转出投资价值和待核销基建支出。

第三十六条 项目竣工财务决算审核、批复管理职责和程序要求由同级财政部门确定。

第三十七条 财政部门和项目主管部门对项目竣工财务决算实行先审核、后批复的办法，可以委托预算评审机构或者有专业能力的社会中介机构进行审核。对符合条件的，应当在6个月内批复。

第三十八条 项目一般不得预留尾工工程，确需预留尾工工程的，尾工工程投资不得超过批准的项目概（预）算总投资的5%。

项目主管部门应当督促项目建设单位抓紧实施项目尾工工程，加强对尾工工程资金使用的监督管理。

第三十九条 已具备竣工验收条件的项目，应当及时组织验收，移交生产和使用。

第四十条 项目隶属关系发生变化时，应当按照规定及时办理财务关系划转，主要包括各项资金来源、已交付使用资产、在建工程、结余资金、各项债权及债务等的清理交接。

第八章 资产交付管理

第四十一条 资产交付是指项目竣工验收合格后，将形成的资产交付或者转交生产使用单位的行为。

交付使用的资产包括固定资产、流动资产、无形资产等。

第四十二条 项目竣工验收合格后应当及时办理资产交付使用手续，并依据批复的项目竣工财务决算进行账务调整。

第四十三条 非经营性项目发生的江河清障疏浚、航道整治、飞播造林、退耕还林（草）、封山（沙）育林（草）、水土保持、城市绿化、毁损道路修复、护坡及清理等不能形成资产的支出，以及项目未被批准、项目取消和项目报废前已发生的支出，作为待核销基建支出处理；形成资产产权归属本单位的，计入交付使用资产价值；形成资产产权不归属本单位的，作为转出投资处理。

非经营性项目发生的农村沼气工程、农村安全饮水工程、农村危房改造工程、游牧民定居工程、渔民上岸工程等涉及家庭或者个人的支出，形成资产产权归属家庭或者个人的，作为待核销基建支出处理；形成资产产权归属本单位的，计入交付使用资产价值；形成资产产权归属其他单位的，作为转出投资处理。

第四十四条 非经营性项目为项目配套建设的专用设施，包括专用道路、专用通信设施、专用电力设施、地下管道等，产权归属本单位的，计入交付使用资产价值；产权不归属本单位的，作为转出投资处理。

非经营性项目移民安置补偿中由项目建设单位负责建设并形成的实物资产，产权归属集体或者单位的，作为转出投资处理；产权归属移民的，作为待核销基建支出处理。

第四十五条 经营性项目发生的项目取消和报废等不能形成资产的支出，以及设备采购和系统集成（软件）中包含的交付使用后运行维护等费用，按照国家财务、会计制度的有关规定处理。

第四十六条 经营性项目为项目配套建设的专用设施，包括专用铁路线、专用道路、专用通信设施、专用电力设施、地下管道、专用码头等，项目建设单位应当与有关部门明确产权关系，并按照国家财务、会计制度的有关规定处理。

第九章　结余资金管理

第四十七条 结余资金是指项目竣工结余的建设资金，不包括工程抵扣的增值税进项税额资金。

第四十八条 经营性项目结余资金，转入单位的相关资产。

非经营性项目结余资金，首先用于归还项目贷款。如有结余，按照项目资金来源属于财政资金的部分，应当在项目竣工验收合格后 3 个月内，按照预算管理制度有关规定收回财政。

第四十九条 项目终止、报废或者未按照批准的建设内容建设形成的剩余建设资金中，按照项目实际资金来源比例确认的财政资金应当收回财政。

第十章　绩效评价

第五十条 项目绩效评价是指财政部门、项目主管部门根据设定的项目绩效目标，运用科学合理的评价方法和评价标准，对项目建设全过程中资金筹集、使用及核算的规范性、有效性，以及投入运营效果等进行评价的活动。

第五十一条 项目绩效评价应当坚持科学规范、公正公开、分级分类和绩效相关的原则，坚持经济效益、社会效益和生态效益相结合的原则。

第五十二条 项目绩效评价应当重点对项目建设成本、工程造价、投资控制、达产能力与设计能力差异、偿债能力、持续经营能力等实施绩效评价，根据管理需要和项目特点选用社会效益指标、财务效益指标、工程质量指标、建设工期指标、资金来源指标、资金使用指标、实际投资回收期指标、实际单位生产（营运）能力投资指标等评价指标。

第五十三条 财政部门负责制定项目绩效评价管理办法，对项目绩效评价工作进行指导和监督，选择部分项目开展重点绩效评价，依法公开绩效评价结果。绩效评价结果作为项目财政资金预算安排和资金拨付的重要依据。

第五十四条 项目主管部门会同财政部门按照有关规定，制定本部门或者本行业项目绩效评价具体实施办法，建立具体的绩效评价指标体系，确定项目绩效目标，具体组织实施本部门或者本行业绩效评价工作，并向财政部门报送绩效评价结果。

第十一章　监督管理

第五十五条 项目监督管理主要包括对项目资金筹集与使用、预算编制与执行、建设成本控制、工程价款结算、竣工财务决算编报审核、资产交付等的监督管理。

第五十六条 项目建设单位应当建立、健全内部控制和项目财务信息报告制度，依法接受财政部门和项目主管部门等的财务监督管理。

第五十七条 财政部门和项目主管部门应当加强项目的监督管理，采取事前、事中、事后相结合，日常监督与专项监督相结合的方式，对项目财务行为实施全过程监督管理。

第五十八条 财政部门应当加强对基本建设财政资金形成的资产的管理，按照规定对项目资产开展登记、核算、评估、处置、统计、报告等资产管理基础工作。

第五十九条 对于违反本规则的基本建设财务行为，依照《中华人民共和国预算法》《财政违法行为处罚处分条例》等有关规定追究责任。

第十二章 附 则

第六十条 接受国家经常性资助的社会力量举办的公益服务性组织和社会团体的基本建设财务行为，以及非国有企业使用财政资金的基本建设财务行为，参照本规则执行。

使用外国政府及国际金融组织贷款的基本建设财务行为执行本规则。国家另有规定的，从其规定。

第六十一条 项目建设内容仅为设备购置的，不执行本规则；项目建设内容以设备购置、房屋及其他建筑物购置为主并附有部分建筑安装工程的，可以简化执行本规则。

经营性项目的项目资本中，财政资金所占比例未超过50%的，项目建设单位可以简化执行本规则，但应当按照要求向财政部门、项目主管部门报送相关财务资料。国家另有规定的，从其规定。

第六十二条 中央项目主管部门和各省、自治区、直辖市、计划单列市财政厅（局）可以根据本规则，结合本行业、本地区的项目情况，制定具体实施办法并报财政部备案。

第六十三条 本规则自2016年9月1日起施行。2002年9月27日财政部发布的《基本建设财务管理规定》（财建〔2002〕394号）及其解释同时废止。

本规则施行前财政部制定的有关规定与本规则不一致的，按照本规则执行。《企业财务通则》（财政部令第41号）、《金融企业财务规则》（财政部令第42号）、《事业单位财务规则》（财政部令第68号）和《行政单位财务规则》（财政部令第71号）另有规定的，从其规定。

财政部 国家机关事务管理局
中共中央直属机关事务管理局
关于印发《中央和国家机关会议费管理办法》的通知

财行〔2016〕214号

党中央有关部门，国务院各部委、各直属机构，全国人大常委会办公厅，全国政协办公厅，高法院，高检院，各民主党派中央，全国工商联，有关人民团体：

为贯彻落实《党政机关厉行节约反对浪费条例》关于加强相关开支标准之间的衔接，建立开支标准调整机制的规定，进一步加强会议费管理，我们制定了《中央和国家机关会议费管理办法》。现印发给你们，从2016年7月1日起施行，请认真遵照执行。执行中有何问题，请及时向我们反映。

附件：中央和国家机关会议费管理办法

财政部 国家机关事务管理局
中共中央直属机关事务管理局
2016年6月29日

附件：

中央和国家机关会议费管理办法

第一章　总　　则

第一条　为进一步加强和规范中央和国家机关会议费管理，精简会议，改进会风，提高会议效率和质量，节约会议经费开支，制定本办法。

第二条　中央和国家机关会议的分类、审批和会议费管理等，适用本办法。

本办法所称中央和国家机关，是指党中央各部门，国务院各部委、各直属机构，全国人大常委会办公厅，全国政协办公厅，最高人民法院，最高人民检察院，各人民团体、各民主党派中央和全国工商联（以下简称各单位）。

第三条　各单位召开会议应当坚持厉行节约、反对浪费、规范简朴、务实高效的原则，严格控制会议数量和规模，规范会议费管理。

第四条　各单位召开的会议实行分类管理、分级审批。

第五条　各单位应当严格会议费预算管理，控制会议费预算规模。会议费预算应当细化到具体会议项目，执行中不得突破。会议费应当纳入部门预算，并单独列示。

第二章　会议分类和审批

第六条　中央和国家机关会议分类如下：

一类会议。是以党中央和国务院名义召开的，要求省、自治区、直辖市、计划单列市或中央部门负责同志参加的会议。

二类会议。是党中央和国务院各部委、各直属机构，最高人民法院，最高人民检察院，各人民团体召开的，要求省、自治区、直辖市、计划单列市有关厅（局）或本系统、直属机构负责同志参加的会议。

三类会议。是党中央和国务院各部委、各直属机构，最高人民法院，最高人民检察院，各人民团体及其所属内设机构召开的，要求省、自治区、直辖市、计划单列市有关厅（局）或本系统机构有关人员参加的会议。

四类会议。是指除上述一、二、三类会议以外的其他业务性会议，包括小型研讨会、座谈会、评审会等。

第七条　中央和国家机关会议按以下程序和要求进行审批：

一类会议。应当由主办单位报经党中央和国务院批准。会议总务、经费预算及费用结算等工作分别由中共中央直属机关事务管理局（以下简称中直管理局）和国家机关事务管理局（以下简称国管局）负责。

二类会议。党中央和国务院各部委、各直属机构，各人民团体应当于每年 12 月底前，将下一年度会议计划（包括会议名称、召开的理由、主要内容、时间地点、代表人数、工作人员数、所需经费及列支渠道等）送财政部审核会签，按程序经中央办公厅、国务院办公厅审核后报批。各单位召开二类会议原则上每年不超过 1 次。

三类会议。各单位应当建立会议计划编报和审批制度，年度会议计划（包括会议数量、会议名称、召开的理由、主要内容、时间地点、代表人数、工作人员数、所需经费及列支渠道等）经单位领导办公会或党组（党委）会审批后执行。

四类会议。由单位分管领导审核后列入单位年度会议计划。

年度会议计划一经批准，原则上不得调整。对党中央、国务院交办等确需临时增加的会议，按规定程序报批。

第八条　一类会议会期按照批准文件，根据工作需要从严控制；二、三、四类会议会期均不得超过 2 天；传达、布置类会议会期不得超过 1 天。

会议报到和离开时间，一、二、三类会议合计不得超过 2 天，四类会议合计不得超过 1 天。

第九条　各单位应当严格控制会议规模。

一类会议参会人员按照批准文件，根据会议性质和主要内容确定，严格限定会议代表和工作人员数量。

二类会议参会人员不得超过 300 人，其中，工作人员控制在会议代表人数的 15%以内；不请省、自治区、直辖市和中央部门主要负责同志、分管负责同志出席。

三类会议参会人员不得超过150人，其中，工作人员控制在会议代表人数的10%以内。

四类会议参会人员视内容而定，一般不得超过50人。

第十条 全国人大常委会办公厅、全国政协办公厅、各民主党派中央和全国工商联的会议分类、审批事项、会期及参会人员等，由上述部门依据法律法规、章程规定，参照第六条至第九条做出规定，并报财政部备案。

第十一条 各单位召开会议应当改进会议形式，充分运用电视电话、网络视频等现代信息技术手段，降低会议成本，提高会议效率。

传达、布置类会议优先采取电视电话、网络视频会议方式召开。电视电话、网络视频会议的主会场和分会场应当控制规模，节约费用支出。

第十二条 不能够采用电视电话、网络视频召开的会议实行定点管理。各单位会议应当到定点会议场所召开，按照协议价格结算费用。未纳入定点范围，价格低于会议综合定额标准的单位内部会议室、礼堂、宾馆、招待所、培训中心，可优先作为本单位或本系统会议场所。

无外地代表且会议规模能够在单位内部会议室安排的会议，原则上在单位内部会议室召开，不安排住宿。

第十三条 参会人员以在京单位为主的会议不得到京外召开。各单位不得到党中央、国务院明令禁止的风景名胜区召开会议。

第三章 会议费开支范围、标准和报销支付

第十四条 会议费开支范围包括会议住宿费、伙食费、会议场地租金、交通费、文件印刷费、医药费等。

前款所称交通费是指用于会议代表接送站，以及会议统一组织的代表考察、调研等发生的交通支出。

会议代表参加会议发生的城市间交通费，按照差旅费管理办法的规定回单位报销。

第十五条 会议费开支实行综合定额控制，各项费用之间可以调剂使用。

会议费综合定额标准如下：

单位：元/人天

会议类别	住宿费	伙食费	其他费用	合 计
一类会议	500	150	110	760
二类会议	400	150	100	650
三、四类会议	340	130	80	550

综合定额标准是会议费开支的上限。各单位应在综合定额标准以内结算报销。

第十六条 一类会议费在部门预算专项经费中列支，二、三、四类会议费原则上在部门预算公用经费中列支。

会议费由会议召开单位承担，不得向参会人员收取，不得以任何方式向下属机构、企事业单位、地方转嫁或摊派。

第十七条 各单位在会议结束后应当及时办理报销手续。会议费报销时应当提供会议审批文件、会议通知及实际参会人员签到表、定点会议场所等会议服务单位提供的费用原始明细单据、电子结算单等凭证。财务部门要严格按规定审核会议费开支，对未列入年度会议计划，以及超范围、超标准开支的经费不予报销。

第十八条 各单位会议费支付，应当严格按照国库集中支付制度和公务卡管理制度的有关规定执行，以银行转账或公务卡方式结算，禁止以现金方式结算。

具备条件的，会议费应当由单位财务部门直接结算。

第四章 会议费公示和年度报告制度

第十九条 各单位应当将非涉密会议的名称、主要内容、参会人数、经费开支等情况在单位内部公示或提供查询，具备条件的应当向社会公开。

第二十条 一级预算单位应当于每年3月底前，将本级和下属预算单位上年度会议计划和执行情况（包括会议名称、主要内容、时间地点、代表人数、工作人员数、经费开支及列支渠道等）汇总后报财政部。党中央各部门同时抄送中直管理局，国务院各部门同时抄送国管局。

第二十一条 财政部对各单位报送的会议年度报告进行汇总分析，针对执行中存在的问题，

及时完善相关制度。

第五章　管理职责

第二十二条　财政部的主要职责是：

（一）会同国管局、中直管理局等部门制定或修订中央本级会议费管理办法，并对执行情况进行监督检查；

（二）按规定对各单位报送的二类会议计划进行审核会签；

（三）对会议费支付结算实施动态监控；

（四）对各单位报送的会议年度报告进行汇总分析，提出加强管理的措施。

第二十三条　国管局的主要职责是：

（一）配合财政部制定或修订中央和国家机关会议费管理办法；

（二）负责国务院召开的一类会议的总务工作；

（三）配合财政部对国务院各部委、各直属机构会议费执行情况进行监督检查。

第二十四条　中直管理局的主要职责是：

（一）配合财政部制定或修订中央和国家机关会议费管理办法；

（二）负责党中央召开的一类会议的总务工作；

（三）配合财政部对中央各部门会议费执行情况进行监督检查。

第二十五条　各单位的主要职责是：

（一）负责制定本单位会议费管理的实施细则；

（二）负责单位年度会议计划编制和三类、四类会议的审批管理；

（三）负责安排会议预算并按规定管理、使用会议费，做好相应的财务管理和会计核算工作，对内部会议费报销进行审核把关，确保票据来源合法，内容真实、完整、合规；

（四）按规定报送会议年度报告，加强对本单位会议费使用的内控管理。

第六章　监督检查和责任追究

第二十六条　财政部、国管局、中直管理局会同有关部门对各单位会议费管理和使用情况进行监督检查。主要内容包括：

（一）会议计划的编报、审批是否符合规定；

（二）会议费开支范围和开支标准是否符合规定；

（三）会议费报销和支付是否符合规定；

（四）会议会期、规模是否符合规定，会议是否在规定的地点和场所召开；

（五）是否向下属机构、企事业单位或地方转嫁、摊派会议费；

（六）会议费管理和使用的其他情况。

第二十七条　严禁各单位借会议名义组织会餐或安排宴请；严禁套取会议费设立“小金库”；严禁在会议费中列支公务接待费。

各单位应严格执行会议用房标准，不得安排高档套房；会议用餐严格控制菜品种类、数量和分量，安排自助餐，严禁提供高档菜肴，不安排宴请，不上烟酒；会议会场一律不摆花草，不制作背景板，不提供水果。

不得使用会议费购置电脑、复印机、打印机、传真机等固定资产以及开支与本次会议无关的其他费用；不得组织会议代表旅游和与会议无关的参观；严禁组织高消费娱乐、健身活动；严禁以任何名义发放纪念品；不得额外配发洗漱用品。

第二十八条　违反本办法规定，有下列行为之一的，依法依规追究会议举办单位和相关人员的责任：

（一）计划外召开会议的；

（二）以虚报、冒领手段骗取会议费的；

（三）虚报会议人数、天数等进行报销的；

（四）违规扩大会议费开支范围，擅自提高会议费开支标准的；

（五）违规报销与会议无关费用的；

（六）其他违反本办法行为的。

有前款所列行为之一的，由财政部会同有关部门责令改正，追回资金，并经报批后予以通报。对直接负责的主管人员和相关负责人，报请其所在单位按规定给予行政处分。如行为涉嫌违法的，移交司法机关处理。

定点会议场所或单位内部宾馆、招待所、培训中心有关工作人员违反规定的，按照财政部定点会议场所管理的有关规定处理。

第七章　附　　则

第二十九条　各单位应当按照本办法规定，结合本单位业务特点和工作需要，制定会议费管理具体规定。

第三十条　党中央、国务院直属事业单位的会议费管理参照本办法执行。中央和国家机关各部门所属事业单位的会议费管理由各部门依据从严从紧原则参照本办法做出具体规定。

第三十一条　本办法由财政部负责解释，自2016年7月1日起施行。《中央和国家机关会议费管理办法》（财行〔2013〕286号）同时废止。

国务院国有资产监督管理委员会
财政部令

第32号

《企业国有资产交易监督管理办法》已经国务院国有资产监督管理委员会主任办公会议审议通过，并报经国务院同意，现予公布，自公布之日起施行。

国务院国有资产监督管理委员会主任　**肖亚庆**

财政部部长　**楼继伟**

2016年6月24日

企业国有资产交易监督管理办法

第一章　总　　则

第一条　为规范企业国有资产交易行为，加强企业国有资产交易监督管理，防止国有资产流失，根据《中华人民共和国企业国有资产法》《中华人民共和国公司法》《企业国有资产监督管理暂行条例》等有关法律法规，制定本办法。

第二条　企业国有资产交易应当遵守国家法律法规和政策规定，有利于国有经济布局和结构调整优化，充分发挥市场配置资源作用，遵循等价有偿和公开公平公正的原则，在依法设立的产权交易机构中公开进行，国家法律法规另有规定的从其规定。

第三条　本办法所称企业国有资产交易行为包括：

（一）履行出资人职责的机构、国有及国有控股企业、国有实际控制企业转让其对企业各种形式出资所形成权益的行为（以下称企业产权转让）；

（二）国有及国有控股企业、国有实际控制企业增加资本的行为（以下称企业增资），政府以增加资本金方式对国家出资企业的投入除外；

（三）国有及国有控股企业、国有实际控制企业的重大资产转让行为（以下称企业资产转让）。

第四条　本办法所称国有及国有控股企业、国有实际控制企业包括：

（一）政府部门、机构、事业单位出资设立的国有独资企业（公司），以及上述单位、企业直接或间接合计持股为100%的国有全资企业；

（二）本条第（一）款所列单位、企业单独或共同出资，合计拥有产（股）权比例超过50%，且其中之一为最大股东的企业；

（三）本条第（一）、（二）款所列企业对外出资，拥有股权比例超过50%的各级子企业；

（四）政府部门、机构、事业单位、单一国有及国有控股企业直接或间接持股比例未超过50%，但为第一大股东，并且通过股东协议、公司章程、董事会决议或者其他协议安排能够对其实际支配的企业。

第五条　企业国有资产交易标的应当权属清晰，不存在法律法规禁止或限制交易的情形。已设定担保物权的国有资产交易，应当符合《中华人民共和国物权法》《中华人民共和国担保法》等有关法律法规规定。涉及政府社会公共管理事项的，应当依法报政府有关部门审核。

第六条　国有资产监督管理机构（以下简称国资监管机构）负责所监管企业的国有资产交易监督管理；国家出资企业负责其各级子企业国有

资产交易的管理，定期向同级国资监管机构报告本企业的国有资产交易情况。

第二章　企业产权转让

第七条　国资监管机构负责审核国家出资企业的产权转让事项。其中，因产权转让致使国家不再拥有所出资企业控股权的，须由国资监管机构报本级人民政府批准。

第八条　国家出资企业应当制定其子企业产权转让管理制度，确定审批管理权限。其中，对主业处于关系国家安全、国民经济命脉的重要行业和关键领域，主要承担重大专项任务子企业的产权转让，须由国家出资企业报同级国资监管机构批准。

转让方为多家国有股东共同持股的企业，由其中持股比例最大的国有股东负责履行相关批准程序；各国有股东持股比例相同的，由相关股东协商后确定其中一家股东负责履行相关批准程序。

第九条　产权转让应当由转让方按照企业章程和企业内部管理制度进行决策，形成书面决议。国有控股和国有实际控制企业中国有股东委派的股东代表，应当按照本办法规定和委派单位的指示发表意见、行使表决权，并将履职情况和结果及时报告委派单位。

第十条　转让方应当按照企业发展战略做好产权转让的可行性研究和方案论证。产权转让涉及职工安置事项的，安置方案应当经职工代表大会或职工大会审议通过；涉及债权债务处置事项的，应当符合国家相关法律法规的规定。

第十一条　产权转让事项经批准后，由转让方委托会计师事务所对转让标的企业进行审计。涉及参股权转让不宜单独进行专项审计的，转让方应当取得转让标的企业最近一期年度审计报告。

第十二条　对按照有关法律法规要求必须进行资产评估的产权转让事项，转让方应当委托具有相应资质的评估机构对转让标的进行资产评估，产权转让价格应以经核准或备案的评估结果为基础确定。

第十三条　产权转让原则上通过产权市场公开进行。转让方可以根据企业实际情况和工作进度安排，采取信息预披露和正式披露相结合的方式，通过产权交易机构网站分阶段对外披露产权转让信息，公开征集受让方。其中正式披露信息时间不得少于20个工作日。

因产权转让导致转让标的企业的实际控制权发生转移的，转让方应当在转让行为获批后10个工作日内，通过产权交易机构进行信息预披露，时间不得少于20个工作日。

第十四条　产权转让原则上不得针对受让方设置资格条件，确需设置的，不得有明确指向性或违反公平竞争原则，所设资格条件相关内容应当在信息披露前报同级国资监管机构备案，国资监管机构在5个工作日内未反馈意见的视为同意。

第十五条　转让方披露信息包括但不限于以下内容：

（一）转让标的基本情况；

（二）转让标的企业的股东结构；

（三）产权转让行为的决策及批准情况；

（四）转让标的企业最近一个年度审计报告和最近一期财务报表中的主要财务指标数据，包括但不限于资产总额、负债总额、所有者权益、营业收入、净利润等（转让参股权的，披露最近一个年度审计报告中的相应数据）；

（五）受让方资格条件（适用于对受让方有特殊要求的情形）；

（六）交易条件、转让底价；

（七）企业管理层是否参与受让，有限责任公司原股东是否放弃优先受让权；

（八）竞价方式，受让方选择的相关评判标准；

（九）其他需要披露的事项。

其中信息预披露应当包括但不限于以上（一）、（二）、（三）、（四）、（五）款内容。

第十六条　转让方应当按照要求向产权交易机构提供披露信息内容的纸质文档材料，并对披露内容和所提供材料的真实性、完整性、准确性负责。产权交易机构应当对信息披露的规范性负责。

第十七条　产权转让项目首次正式信息披露的转让底价，不得低于经核准或备案的转让标的的评估结果。

第十八条　信息披露期满未征集到意向受让方的，可以延期或在降低转让底价、变更受让条件后重新进行信息披露。

降低转让底价或变更受让条件后重新披露信息的，披露时间不得少于20个工作日。新的转让底价低于评估结果的90%时，应当经转让行为批准单位书面同意。

第十九条 转让项目自首次正式披露信息之日起超过12个月未征集到合格受让方的，应当重新履行审计、资产评估以及信息披露等产权转让工作程序。

第二十条 在正式披露信息期间，转让方不得变更产权转让公告中公布的内容，由于非转让方原因或其他不可抗力因素导致可能对转让标的价值判断造成影响的，转让方应当及时调整补充披露信息内容，并相应延长信息披露时间。

第二十一条 产权交易机构负责意向受让方的登记工作，对意向受让方是否符合受让条件提出意见并反馈转让方。产权交易机构与转让方意见不一致的，由转让行为批准单位决定意向受让方是否符合受让条件。

第二十二条 产权转让信息披露期满、产生符合条件的意向受让方的，按照披露的竞价方式组织竞价。竞价可以采取拍卖、招投标、网络竞价以及其他竞价方式，且不得违反国家法律法规的规定。

第二十三条 受让方确定后，转让方与受让方应当签订产权交易合同，交易双方不得以交易期间企业经营性损益等理由对已达成的交易条件和交易价格进行调整。

第二十四条 产权转让导致国有股东持有上市公司股份间接转让的，应当同时遵守上市公司国有股权管理以及证券监管相关规定。

第二十五条 企业产权转让涉及交易主体资格审查、反垄断审查、特许经营权、国有划拨土地使用权、探矿权和采矿权等政府审批事项的，按照相关规定执行。

第二十六条 受让方为境外投资者的，应当符合外商投资产业指导目录和负面清单管理要求，以及外商投资安全审查有关规定。

第二十七条 交易价款应当以人民币计价，通过产权交易机构以货币进行结算。因特殊情况不能通过产权交易机构结算的，转让方应当向产权交易机构提供转让行为批准单位的书面意见以及受让方付款凭证。

第二十八条 交易价款原则上应当自合同生效之日起5个工作日内一次付清。

金额较大、一次付清确有困难的，可以采取分期付款方式。采用分期付款方式的，首期付款不得低于总价款的30%，并在合同生效之日起5个工作日内支付；其余款项应当提供转让方认可的合法有效担保，并按同期银行贷款利率支付延期付款期间的利息，付款期限不得超过1年。

第二十九条 产权交易合同生效后，产权交易机构应当将交易结果通过交易机构网站对外公告，公告内容包括交易标的名称、转让标的评估结果、转让底价、交易价格，公告期不少于5个工作日。

第三十条 产权交易合同生效，并且受让方按照合同约定支付交易价款后，产权交易机构应当及时为交易双方出具交易凭证。

第三十一条 以下情形的产权转让可以采取非公开协议转让方式：

（一）涉及主业处于关系国家安全、国民经济命脉的重要行业和关键领域企业的重组整合，对受让方有特殊要求，企业产权需要在国有及国有控股企业之间转让的，经国资监管机构批准，可以采取非公开协议转让方式；

（二）同一国家出资企业及其各级控股企业或实际控制企业之间因实施内部重组整合进行产权转让的，经该国家出资企业审议决策，可以采取非公开协议转让方式。

第三十二条 采取非公开协议转让方式转让企业产权，转让价格不得低于经核准或备案的评估结果。

以下情形按照《中华人民共和国公司法》、企业章程履行决策程序后，转让价格可以资产评估报告或最近一期审计报告确认的净资产值为基础确定，且不得低于经评估或审计的净资产值：

（一）同一国家出资企业内部实施重组整合，转让方和受让方为该国家出资企业及其直接或间接全资拥有的子企业；

（二）同一国有控股企业或国有实际控制企业内部实施重组整合，转让方和受让方为该国有控股企业或国有实际控制企业及其直接、间接全资拥有的子企业。

第三十三条 国资监管机构批准、国家出资企业审议决策采取非公开协议方式的企业产权转让行为时，应当审核下列文件：

（一）产权转让的有关决议文件。

（二）产权转让方案。

（三）采取非公开协议方式转让产权的必要性以及受让方情况。

（四）转让标的企业审计报告、资产评估报告及其核准或备案文件。其中属于第三十二条（一）、（二）款情形的，可以仅提供企业审计报告。

（五）产权转让协议。

（六）转让方、受让方和转让标的企业的国家出资企业产权登记表（证）。

（七）产权转让行为的法律意见书。

（八）其他必要的文件。

第三章 企业增资

第三十四条 国资监管机构负责审核国家出资企业的增资行为。其中，因增资致使国家不再拥有所出资企业控股权的，须由国资监管机构报本级人民政府批准。

第三十五条 国家出资企业决定其子企业的增资行为。其中，对主业处于关系国家安全、国民经济命脉的重要行业和关键领域，主要承担重大专项任务的子企业的增资行为，须由国家出资企业报同级国资监管机构批准。

增资企业为多家国有股东共同持股的企业，由其中持股比例最大的国有股东负责履行相关批准程序；各国有股东持股比例相同的，由相关股东协商后确定其中一家股东负责履行相关批准程序。

第三十六条 企业增资应当符合国家出资企业的发展战略，做好可行性研究，制订增资方案，明确募集资金金额、用途、投资方应具备的条件、选择标准和遴选方式等。增资后企业的股东数量须符合国家相关法律法规的规定。

第三十七条 企业增资应当由增资企业按照企业章程和内部管理制度进行决策，形成书面决议。国有控股、国有实际控制企业中国有股东委派的股东代表，应当按照本办法规定和委派单位的指示发表意见、行使表决权，并将履职情况和结果及时报告委派单位。

第三十八条 企业增资在完成决策批准程序后，应当由增资企业委托具有相应资质的中介机构开展审计和资产评估。

以下情形按照《中华人民共和国公司法》、企业章程履行决策程序后，可以依据评估报告或最近一期审计报告确定企业资本及股权比例：

（一）增资企业原股东同比例增资的；

（二）履行出资人职责的机构对国家出资企业增资的；

（三）国有控股或国有实际控制企业对其独资子企业增资的；

（四）增资企业和投资方均为国有独资或国有全资企业的。

第三十九条 企业增资通过产权交易机构网站对外披露信息公开征集投资方，时间不得少于40个工作日。信息披露内容包括但不限于：

（一）企业的基本情况；

（二）企业目前的股权结构；

（三）企业增资行为的决策及批准情况；

（四）近3年企业审计报告中的主要财务指标；

（五）企业拟募集资金金额和增资后的企业股权结构；

（六）募集资金用途；

（七）投资方的资格条件，以及投资金额和持股比例要求等；

（八）投资方的遴选方式；

（九）增资终止的条件；

（十）其他需要披露的事项。

第四十条 企业增资涉及上市公司实际控制人发生变更的，应当同时遵守上市公司国有股权管理以及证券监管相关规定。

第四十一条 产权交易机构接受增资企业的委托提供项目推介服务，负责意向投资方的登记工作，协助企业开展投资方资格审查。

第四十二条 通过资格审查的意向投资方数量较多时，可以采用竞价、竞争性谈判、综合评议等方式进行多轮次遴选。产权交易机构负责统一接收意向投资方的投标和报价文件，协助企业开展投资方遴选有关工作。企业董事会或股东会以资产评估结果为基础，结合意向投资方的条件和报价等因素审议选定投资方。

第四十三条 投资方以非货币资产出资的，应当经增资企业董事会或股东会审议同意，并委托具有相应资质的评估机构进行评估，确认投资方的出资金额。

第四十四条 增资协议签订并生效后，产权交易机构应当出具交易凭证，通过交易机构网站对外公告结果，公告内容包括投资方名称、投资金额、持股比例等，公告期不少于5个工作日。

第四十五条 以下情形经同级国资监管机构批准，可以采取非公开协议方式进行增资：

（一）因国有资本布局结构调整需要，由特定的国有及国有控股企业或国有实际控制企业参与增资；

（二）因国家出资企业与特定投资方建立战略合作伙伴或利益共同体需要，由该投资方参与国家出资企业或其子企业增资。

第四十六条 以下情形经国家出资企业审议决策，可以采取非公开协议方式进行增资：

（一）国家出资企业直接或指定其控股、实际控制的其他子企业参与增资；

（二）企业债权转为股权；

（三）企业原股东增资。

第四十七条 国资监管机构批准、国家出资企业审议决策采取非公开协议方式的企业增资行为时，应当审核下列文件：

（一）增资的有关决议文件；

（二）增资方案；

（三）采取非公开协议方式增资的必要性以及投资方情况；

（四）增资企业审计报告、资产评估报告及其核准或备案文件，其中属于第三十八条（一）、（二）、（三）、（四）款情形的，可以仅提供企业审计报告；

（五）增资协议；

（六）增资企业的国家出资企业产权登记表（证）；

（七）增资行为的法律意见书；

（八）其他必要的文件。

第四章　企业资产转让

第四十八条 企业一定金额以上的生产设备、房产、在建工程以及土地使用权、债权、知识产权等资产对外转让，应当按照企业内部管理制度履行相应决策程序后，在产权交易机构公开进行。涉及国家出资企业内部或特定行业的资产转让，确需在国有及国有控股、国有实际控制企业之间非公开转让的，由转让方逐级报国家出资企业审核批准。

第四十九条 国家出资企业负责制定本企业不同类型资产转让行为的内部管理制度，明确责任部门、管理权限、决策程序、工作流程，对其中应当在产权交易机构公开转让的资产种类、金额标准等做出具体规定，并报同级国资监管机构备案。

第五十条 转让方应当根据转让标的情况合理确定转让底价和转让信息公告期：

（一）转让底价高于100万元、低于1000万元的资产转让项目，信息公告期应不少于10个工作日；

（二）转让底价高于1000万元的资产转让项目，信息公告期应不少于20个工作日。

企业资产转让的具体工作流程参照本办法关于企业产权转让的规定执行。

第五十一条 除国家法律法规或相关规定另有要求的外，资产转让不得对受让方设置资格条件。

第五十二条 资产转让价款原则上一次性付清。

第五章　监督管理

第五十三条 国资监管机构及其他履行出资人职责的机构对企业国有资产交易履行以下监管职责：

（一）根据国家有关法律法规，制定企业国有资产交易监管制度和办法；

（二）按照本办法规定，审核批准企业产权转让、增资等事项；

（三）选择从事企业国有资产交易业务的产权

交易机构，并建立对交易机构的检查评审机制；

（四）对企业国有资产交易制度的贯彻落实情况进行监督检查；

（五）负责企业国有资产交易信息的收集、汇总、分析和上报工作；

（六）履行本级人民政府赋予的其他监管职责。

第五十四条 省级以上国资监管机构应当在全国范围选择开展企业国有资产交易业务的产权交易机构，并对外公布名单。选择的产权交易机构应当满足以下条件：

（一）严格遵守国家法律法规，未从事政府明令禁止开展的业务，未发生重大违法违规行为；

（二）交易管理制度、业务规则、收费标准等向社会公开，交易规则符合国有资产交易制度规定；

（三）拥有组织交易活动的场所、设施、信息发布渠道和专业人员，具备实施网络竞价的条件；

（四）具有较强的市场影响力，服务能力和水平能够满足企业国有资产交易的需要；

（五）信息化建设和管理水平满足国资监管机构对交易业务动态监测的要求；

（六）相关交易业务接受国资监管机构的监督检查。

第五十五条 国资监管机构应当对产权交易机构开展企业国有资产交易业务的情况进行动态监督。交易机构出现以下情形的，视情节轻重对其进行提醒、警告、通报、暂停直至停止委托从事相关业务：

（一）服务能力和服务水平较差，市场功能未得到充分发挥；

（二）在日常监管和定期检查评审中发现问题较多，且整改不及时或整改效果不明显；

（三）因违规操作、重大过失等导致企业国有资产在交易过程中出现损失；

（四）违反相关规定，被政府有关部门予以行政处罚而影响业务开展；

（五）拒绝接受国资监管机构对其相关业务开展监督检查；

（六）不能满足国资监管机构监管要求的其他情形。

第五十六条 国资监管机构发现转让方或增资企业未执行或违反相关规定、侵害国有权益的，应当责成其停止交易活动。

第五十七条 国资监管机构及其他履行出资人职责的机构应定期对国家出资企业及其控股和实际控制企业的国有资产交易情况进行检查和抽查，重点检查国家法律法规政策和企业内部管理制度的贯彻执行情况。

第六章　法律责任

第五十八条 企业国有资产交易过程中交易双方发生争议时，当事方可以向产权交易机构申请调解；调解无效时可以按照约定向仲裁机构申请仲裁或向人民法院提起诉讼。

第五十九条 企业国有资产交易应当严格执行“三重一大”决策机制。国资监管机构、国有及国有控股企业、国有实际控制企业的有关人员违反规定越权决策、批准相关交易事项，或者玩忽职守、以权谋私致使国有权益受到侵害的，由有关单位按照人事和干部管理权限给予相关责任人员相应处分；造成国有资产损失的，相关责任人员应当承担赔偿责任；构成犯罪的，依法追究其刑事责任。

第六十条 社会中介机构在为企业国有资产交易提供审计、资产评估和法律服务中存在违规执业行为的，有关国有企业应及时报告同级国资监管机构，国资监管机构可要求国有及国有控股企业、国有实际控制企业不得再委托其开展相关业务；情节严重的，由国资监管机构将有关情况通报其行业主管部门，建议给予其相应处罚。

第六十一条 产权交易机构在企业国有资产交易中弄虚作假或者玩忽职守、给企业造成损失的，应当承担赔偿责任，并依法追究直接责任人员的责任。

第七章　附　　则

第六十二条 政府部门、机构、事业单位持有的企业国有资产交易，按照现行监管体制，比照本办法管理。

第六十三条 金融、文化类国家出资企业的国有资产交易和上市公司的国有股权转让等行为，国家另有规定的，依照其规定。

第六十四条 国有资本投资、运营公司对各级子企业资产交易的监督管理，相应由各级人民政府或国资监管机构另行授权。

第六十五条 境外国有及国有控股企业、国有实际控制企业在境内投资企业的资产交易，比照本办法规定执行。

第六十六条 政府设立的各类股权投资基金投资形成企业产（股）权对外转让，按照有关法律法规规定执行。

第六十七条 本办法自发布之日起施行，现行企业国有资产交易监管相关规定与本办法不一致的，以本办法为准。

国务院国有资产监督管理委员会令

第 33 号

《中央企业负责人经营业绩考核办法》已经国务院国有资产监督管理委员会主任办公会议审议通过，并报经深化国有企业负责人薪酬制度改革工作领导小组同意，现予公布。本办法自公布之日起施行。

国务院国有资产监督管理委员会主任 **肖亚庆**

2016 年 12 月 8 日

中央企业负责人经营业绩考核办法

第一章 总 则

第一条 为切实履行企业国有资产出资人职责，维护所有者权益，落实国有资产保值增值责任，建立健全有效的激励和约束机制，引导中央企业提质增效升级，实现做强做优做大，根据《中华人民共和国企业国有资产法》《企业国有资产监督管理暂行条例》等有关法律法规和《中共中央 国务院关于深化国有企业改革的指导意见》以及深化中央管理企业负责人薪酬制度改革等有关规定，制定本办法。

第二条 本办法考核的中央企业负责人，是指经国务院授权由国务院国有资产监督管理委员会（以下简称国资委）履行出资人职责的国家出资企业（以下简称企业）中由中央和国资委管理的人员。

第三条 企业负责人经营业绩考核遵循以下原则：

（一）坚持依法依规。严格执行国家有关法律法规，按照权利、义务、责任相统一的要求，建立健全依法合规经营、可追溯的资产经营责任制。

（二）坚持市场化改革方向。根据市场经济的内在要求，遵循企业发展规律，实行与企业功能定位、经营性质和业务特点相适应的分类考核，提高考核的针对性和有效性。

（三）坚持与激励约束紧密结合。建立与企业负责人选任方式相匹配、与企业功能定位相适应、与经营业绩紧密挂钩的差异化激励约束机制。

（四）坚持短期目标与长远发展相统一。强化国际对标和行业对标，构建年度考核与任期考核相结合，立足当前、着眼长远的考核体系。

第四条 年度经营业绩考核和任期经营业绩考核采取由国资委主任或者其授权代表与企业主要负责人签订经营业绩责任书的方式进行。

第二章 考核导向

第五条 突出发展质量，引导企业牢固树立创新、协调、绿色、开放、共享的发展理念，主动适应和引领经济发展新常态，不断改善经营管理，实现高质量、可持续的发展。

第六条 注重资本运营效率，引导企业以提高经济效益为中心，优化资本布局、规范资本运作、提高资本回报、维护资本安全，提高价值创造能力。

第七条 准确界定企业功能，引导企业在服务国家战略目标、保障国家安全和国民经济运行、发展前瞻性战略性产业以及完成特殊任务中发挥重要作用，增强国有经济活力、放大国有资本功能。

第八条 坚持创新发展，引导企业深入实施创新驱动发展战略，强化自主创新，加强协同创新，大力推动大众创业万众创新，加快科技成果转化，提升核心竞争力。

第九条 重视国际化经营，引导企业积极稳妥参与“一带一路”重大项目建设，加强国际产能和装备制造合作，推动产品、技术、标准、服务走出去，规范、有序参与国际市场竞争，培育具有世界一流水平的跨国公司。

第十条 健全问责机制，引导企业科学决策，依法合规经营，防范经营风险，防止国有资产流失。

第三章 分类考核

第十一条 根据国有资本的战略定位和发展目标，结合企业实际，对不同功能和类别的企业，突出不同考核重点，合理设置经营业绩考核指标及权重，确定差异化考核标准，实施分类考核。

第十二条 对主业处于充分竞争行业和领域的商业类企业，以增强国有经济活力、放大国有资本功能、实现国有资本保值增值为导向，重点考核企业经济效益、资本回报水平和市场竞争能力，引导企业提高资本运营效率，提升价值创造力。鼓励企业积极承担社会责任。

第十三条 对主业处于关系国家安全、国民经济命脉的重要行业和关键领域、主要承担重大专项任务的商业类企业，以支持企业可持续发展和服务国家战略为导向，在保证合理回报和国有资本保值增值的基础上，加强对服务国家战略、保障国家安全和国民经济运行、发展前瞻性战略性产业以及完成重大专项任务情况的考核。适度调整经济效益指标和国有资本保值增值率指标考核权重，合理确定经济增加值指标的资本成本率。承担国家安全、行业共性技术或国家重大专项任务完成情况较差的企业，无特殊客观原因的，在业绩考核中予以扣分或降级处理。

第十四条 对公益类企业，以支持企业更好地保障民生、服务社会、提供公共产品和服务为导向，坚持经济效益和社会效益相结合，把社会效益放在首位，重点考核产品服务质量、成本控制、营运效率和保障能力。根据不同企业特点，有区别地将经济增加值和国有资本保值增值率指标纳入年度和任期考核，适当降低考核权重和回报要求。对社会效益指标引入第三方评价，评价结果较差的企业，根据具体情况，在业绩考核中予以扣分或降级处理。

第十五条 根据企业经营性质、发展阶段、管理短板和产业功能，设置有针对性的差异化考核指标。

第十六条 建立健全业绩考核特殊事项清单管理制度。将企业承担的保障国家安全、提供公共服务、发展重要前瞻性战略性产业、实施“走出去”重大战略项目等特殊事项列入管理清单，对当期经营业绩产生重大影响的特殊事项，在考核时予以适当处理。

第四章 目标管理

第十七条 国资委按照企业发展与国民经济发展速度相适应、与在国家经济建设中骨干地位作用相匹配、与做强做优做大要求相符合的原则，主导确定企业经营业绩总体目标（以下简称总体目标）。

第十八条 企业考核目标值应与总体目标相衔接，根据不同功能企业情况，以基准值为基础予以核定。

第十九条 年度考核基准值根据企业考核指标上年完成值、前三年完成值的平均值和外部因素、行业对标情况综合确定。

第二十条 年度利润总额、经济增加值（也称经济利润，下同）指标目标值设置为三档。

第一档：目标值达到历史最好水平，或者明显好于上年完成值且增幅高于企业总体目标。

第二档：目标值不低于基准值。

第三档：目标值低于基准值。

经行业对标，目标值处于国际优秀水平或国内领先水平的，不进入第三档目标。

第二十一条 国资委将企业年度利润总额、经济增加值指标目标值与考核计分、结果评级紧密结合。

第一档目标值，完成后指标得满分，同时根据目标值先进程度给予加分奖励。

第二档目标值，完成后正常计分。

第三档目标值，完成后加分受限，考核结果不得进入A级。

第二十二条 利润总额目标值与工资总额预算挂钩。

第一档目标值，工资总额预算高于上年水平。超额完成目标的，按照工资总额预算管理制度可以实施特别奖励。

第二档目标值，工资总额预算原则上不低于上年水平（目标值低于上年完成值较多的除外）。

第三档目标值，工资总额预算比上年应有所下降。

第二十三条 任期考核基准值根据上一任期完成值和上一任期第三年完成值综合确定。各项考核目标值经对标处于行业优秀水平的完成后得满分；考核目标值低于基准值的加分受限。

第五章 考核实施

第二十四条 企业负责人经营业绩考核工作在国资委领导下，由国资委业绩考核领导小组组织实施。

第二十五条 年度经营业绩考核以公历年为考核期，任期经营业绩考核以三年为考核期。

第二十六条 经营业绩责任书内容：

（一）双方的单位名称、职务和姓名；

（二）考核内容及指标；

（三）考核与奖惩；

（四）责任书的变更、解除和终止；

（五）其他需要约定的事项。

第二十七条 经营业绩责任书签订程序：

（一）考核期初，企业按照国资委经营业绩考核要求，将考核期内考核目标建议值和必要的说明材料报送国资委。

（二）国资委对考核目标建议值进行审核，并就考核目标值及有关内容同企业沟通后予以确定。

（三）由国资委主任或者其授权代表同企业主要负责人签订经营业绩责任书。

第二十八条 考核期中，国资委对经营业绩责任书执行情况实施动态监控，对考核目标完成进度不理想的企业提出预警。

第二十九条 建立重大事项报告制度。企业发生较大及以上生产安全事故、重大及以上突发环境事件、重大及以上质量事故、重大资产损失、重大法律纠纷案件、重大投融资和资产重组等，对经营业绩产生重大影响的，应及时向国资委报告，同时抄报派驻本企业监事会。

第三十条 经营业绩完成情况按照下列程序进行考核：

（一）考核期末，企业依据经审计的财务决算数据，形成经营业绩总结分析报告报送国资委，同时抄送派驻本企业监事会。

（二）国资委依据经审计并经审核的企业财务决算报告和经审查的统计数据，结合总结分析报告并听取监事会意见，对企业负责人考核目标的完成情况进行考核，形成考核与奖惩意见。

（三）国资委将考核与奖惩意见反馈给企业负责人所在企业。企业负责人对考核与奖惩意见有异议的，可及时向国资委反映。国资委将最终确认的考核结果在一定范围内公开。

第三十一条 落实董事会对经理层的经营业绩考核职权。

（一）由董事会考核经理层的企业，国资委与董事会授权代表签订年度和任期经营业绩责任书，董事会依据国资委考核要求并结合本企业实际对经理层实施经营业绩考核。

（二）国资委根据签订的经营业绩责任书和董事会企业考核目标完成情况，确定企业主要负责人年度和任期经营业绩考核得分和等级。

（三）董事会根据国资委确定的经营业绩考核结果，结合经理层个人履职绩效，确定经理层考核结果和薪酬分配方案。

第三十二条 董事会应制定、完善企业内部的经营业绩考核办法，报国资委备案。

第六章 奖 惩

第三十三条 年度经营业绩考核和任期经营业绩考核等级分为A、B、C、D四个级别。

第三十四条 国资委依据年度和任期经营业绩考核结果对企业负责人实施奖惩。经营业绩考核结果作为企业负责人薪酬分配的主要依据和职务任免的重要依据。

第三十五条 企业负责人的薪酬由基本年薪、

绩效年薪、任期激励收入三部分构成。基本年薪是企业负责人的年度基本收入。

第三十六条 对企业负责人实行物质激励与精神激励。物质激励主要包括与经营业绩考核结果挂钩的绩效年薪和任期激励收入。精神激励主要包括给予任期通报表扬等方式。

第三十七条 企业负责人的绩效年薪以基本年薪为基数，根据年度经营业绩考核结果并结合绩效年薪调节系数确定。

第三十八条 绩效年薪按照一定比例实施按月预发放。国资委依据年度经营业绩半年预评估结果对企业负责人预发绩效年薪予以调整，有关办法另行制定。

第三十九条 任期激励收入根据任期经营业绩考核结果，在不超过企业负责人任期内年薪总水平的30%以内确定。

第四十条 企业负责人年度综合考核评价为不胜任的，不得领取绩效年薪。任期综合考核评价为不胜任的，不得领取任期激励收入。

第四十一条 企业主要负责人的分配系数为1，其余被考核人的分配系数由企业根据各负责人的经营业绩考核结果，在0.6～0.9之间确定，适度拉开差距。分配方案报国资委审核备案后执行，同时抄送派驻本企业的监事会。

第四十二条 对取得重大科技创新成果、承担重大专项任务和社会参与做出突出贡献的，在年度经营业绩考核中给予加分奖励。

第四十三条 对经营业绩优秀及在科技创新、品牌建设、国际化经营、节能减排方面取得突出成绩的，经国资委评定后对企业予以任期激励。

第四十四条 连续两年年度经营业绩考核结果为D级或任期经营业绩考核结果为D级的企业，且无重大客观原因的，对企业负责人予以调整。

第四十五条 企业发生下列情形之一的，国资委根据具体情节给予降级或者扣分处理，并相应扣发或追索扣回企业法定代表人及相关负责人的绩效年薪或任期激励收入；情节严重的，给予纪律处分或者对企业负责人进行调整；涉嫌犯罪的，依法移送司法机关处理：

（一）违反《中华人民共和国会计法》《企业会计准则》等有关法律法规规章，虚报、瞒报财务状况的；

（二）企业法定代表人及相关负责人违反国家法律法规和规定，导致重大决策失误、较大及以上生产安全责任事故、重大质量责任事故、重大环境污染责任事故、重大违纪和法律纠纷案件、境外恶性竞争，造成重大不良影响或者国有资产损失的。

第七章 附 则

第四十六条 企业在考核期内发生清产核资、改制重组、主要负责人变动等情况，国资委可以根据具体情况变更经营业绩责任书的相关内容。

第四十七条 中央企业专职党组织负责人、纪委书记（纪检组组长）的考核有其他规定的，从其规定。

第四十八条 国有资本参股公司、被兼并企业中由国资委管理的企业负责人，其经营业绩考核参照本办法执行。具体经营业绩考核事项在经营业绩责任书中确定。

第四十九条 对新组建尚未进入正常经营、主要从事专项技术研发的企业和国有资本投资运营公司，经营业绩考核实行一企一策。

第五十条 各省、自治区、直辖市和新疆生产建设兵团国有资产监督管理机构，设区的市、自治州级国有资产监督管理机构对国家出资企业负责人的经营业绩考核，可参照本办法并结合实际制定具体规定。

第五十一条 本办法由国资委负责解释，具体实施方案另行制订。

第五十二条 本办法自公布之日起施行。《中央企业负责人经营业绩考核暂行办法》（国资委令第30号）同时废止。

审计署关于适应新常态践行新理念更好地履行审计监督职责的意见

审政研发〔2016〕20号

各省、自治区、直辖市和计划单列市、新疆生产建设兵团审计厅（局），署机关各单位、各特派员办事处、各派出审计局：

党的十八大以来，以习近平同志为总书记的党中央不断深化对共产党执政规律、社会主义建设规律、人类社会发展规律的认识，形成了一系列治国理政的新理念新思想新战略。全面学习贯彻党的十八大和十八届三中、四中、五中全会精神，深入学习贯彻习近平总书记系列重要讲话，认真学习贯彻李克强总理对审计工作的重要指示，认识新常态、适应新常态、引领新常态，对于开创审计工作新局面、更好地发挥审计在党和国家监督体系中的重要作用具有重大意义。为了适应新常态，践行新理念，坚持依法审计、实事求是，更好地履行审计监督职责，现提出以下意见：

一、深入学习领会中央精神，把思想和行动统一到中央重大决策部署上来。当前和今后一个时期，各级审计机关要把学习贯彻党的十八大和十八届三中、四中、五中全会精神，学习贯彻习近平总书记系列重要讲话，作为首要政治任务。

（一）组织深入学习。各级审计机关的主要负责同志要率先垂范，先学一步，带动全体审计人员深入学、反复学、及时学、持续学。认真组织“学党章党规、学系列讲话，做合格党员”学习教育，在审计系统开展“适应新常态、践行新理念”大讨论，积极采取中心组学习、集中培训、理论研讨、形势报告、党课教育等多种形式，营造浓厚的学习氛围。

（二）深刻领会精神实质。各级审计机关要原原本本地学习党的十八大以来历次全会报告、习近平总书记系列重要讲话、李克强总理对审计工作的重要指示，深刻领会经济发展新常态是基于我国发展阶段的科学判断，深刻领会创新、协调、绿色、开放、共享这五大发展理念集中体现了今后五年乃至更长时期我国的发展思路和发展方向，深刻领会供给侧结构性改革是经济发展新常态下解决我国调结构、转方式进程中的主要矛盾、根本问题和发展短板的着力点，深刻领会宏观政策要稳、产业政策要准、微观政策要活、改革政策要实、社会政策要托底这五大政策支柱是供给侧结构性改革顺利推进的重要条件，深刻领会去产能、去库存、去杠杆、降成本、补短板这五大重点任务是针对当前经济形势和发展需要的重要举措。

（三）切实统一思想和行动。通过学习，使全体审计干部切实理解和把握中央重大决策部署的战略意图及精神实质，及时掌握改革的新精神新进展，把思想统一到中央精神上来，把行动统一到中央的部署上来，把力量凝聚到实现中央确定的各项任务上来，做到认识到位、行动自觉、步调一致。

二、自觉适应新常态，践行新理念。各级审计机关要以新理念把握引领新常态，牢固树立创新、协调、绿色、开放、共享的发展理念，按照李克强总理对审计工作的重要指示，转变思想观念，转换思维方式，正确把握改革和发展中出现的新情况新问题，既不能以新出台的制度规定去衡量以前的老问题，也不能生搬硬套或机械地使用不符合改革发展要求的旧制度规定来衡量当前的创新事项，还要适时总结经验，推动有关方面建立容错机制。

（一）坚持客观求实。要严格遵循宪法和基本法律法规，以是否符合中央决定精神和重大改革方向作为审计定性判断的标准，把推进改革中因缺乏经验、先行先试出现的失误和错误，同明知故犯的违纪违法行为区分开来；把上级尚无限制的探索性试验中的失误和错误，同上级明令禁止后依然我行我素的违纪违法行为区分开来；把为推动发展的无意过失，同为谋取私利的违纪违法行为区分开来，审慎做出结论和处理。

（二）坚持问题导向。要严肃查处损害国家和人民利益、重大违纪违法、重大履职不到位、重大损失浪费、重大环境污染和资源毁损、重大风险隐患等问题，对以权谋私、假公济私、权钱交易、骗取财政资金、失职渎职、贪污受贿、内幕交易等违法犯罪问题，要始终坚持“零容忍”，坚决查处。

（三）坚持鼓励创新。要注重保护改革发展中的新生事物，对突破原有制度或规定，但有利于维护人民利益，有利于调结构、补短板、化解产能过剩，有利于降低企业成本、提质增效，有利于化解房地产库存，有利于扩大有效供给，有利于防范化解金融风险，有利于资源节约利用和保护生态环境，有利于推进财政资金统筹使用和提高资金绩效的创新举措，要坚决支持鼓励，积极促进规范和完善，大力推动形成新的制度规范。

（四）坚持推动改革。要关注影响改革发展的深层次问题，对制约和阻碍中央重大政策措施贯彻落实，制约和阻碍结构性改革推进，制约和阻碍创新创业、激发活力，制约和阻碍简政放权、政府职能转变，制约和阻碍转型升级、提高绩效等体制机制性问题，要及时反映，大力推动完善制度和深化改革。

三、进一步突出审计重点，推动深化改革和创新发展。各级审计机关要自觉服从经济社会发展大局，围绕党和国家工作中心开展工作，将推动中央重大决策部署贯彻落实作为重中之重，着力促进提高经济发展的质量和效益，着力促进供给侧结构性改革，着力促进改善宏观调控和调整产业结构，着力促进保障改善民生和保护生态环境，充分发挥审计在国家治理中的基石和重要保障作用。当前及今后一个时期，要重点抓好 8 个方面的工作：

（一）持续组织对国家重大政策措施落实情况的跟踪审计，重点关注去产能、去库存、去杠杆、降成本、补短板任务落实，以及创业创新、扩大有效投资、促进转型升级、推进新型城镇化、精准扶贫、电子商务、节能环保等领域政策措施的贯彻落实情况和效果，促进政令畅通。

（二）加强公共资金绩效审计，不仅要监督检查预决算管理法律法规和财经纪律执行情况，关注中央八项规定精神和国务院“约法三章”贯彻落实情况，更要关注财政支出绩效和积极财政政策的实施效果，坚决查处以“打酱油的钱不能打醋”等为借口导致资金长期闲置问题，促进整合专项、盘活存量、用好增量、优化结构、深化改革、提高绩效。

（三）加大对经济运行中风险隐患的审计力度，密切关注政府债务、银行信贷、企业投资负债、资本市场运行、互联网金融等方面的薄弱环节和风险隐患，加强对国有企业和国有金融机构的审计，促进企业深化改革、提质增效、做强主业，维护国家经济安全。

（四）加强对扶贫、卫生、教育、就业、社会保障等民生资金和项目的审计，重点监督检查政策执行、资金使用、项目实施等情况，更加关注相关领域改革发展中的新情况、新问题，更加关注公共资金、公共资产、公共服务的公平合理分配，促进国家惠民富民政策的落实，推动共享发展。

（五）加大资源环境审计力度，各项审计中都要关注资源节约集约循环利用和环境保护政策落实情况，开展领导干部自然资源资产离任审计，促进形成绿色发展方式和生活方式，推动绿色发展。

（六）深化领导干部经济责任审计，坚持党政同责、同责同审，全面推行党政主要领导干部经济责任同步审计，依法依纪反映不作为、慢作为、假作为、乱作为问题，促进依法行政。

（七）加大对权力集中、资金密集、资源富集、资产聚集的重点部门、重点岗位、重点环节的审计力度，严肃揭露和查处重大违纪违法问题，加强对腐败案件发生规律的剖析，推动铲除腐败滋生的土壤，促进廉政建设。

（八）加大对体制机制性问题的揭示和反映力度，根据中央出台的重大政策措施，及时跟踪检查有关部门规章和地方性法规修订完善情况，促进及时建立健全与新政策新要求相适应的新办法、新规则；对不合时宜、制约发展、阻碍政策落实的法律和行政法规，推动及时清理完善；对改革推进中出现的政策措施不衔接、不配套等问题，及时反映、提出建议，促进增强改革的系统性和协调性。

四、完善工作机制，改进审计方式方法。把中央要求落到实处，各级审计机关要坚持以改革创新的精神推动各项工作，始终保持审计工作活力，激发审计工作创造力，着力提高审计效率。

（一）加强经验总结和研究分析。要全面梳理和总结近年来工作开展情况，紧密结合新形势新任务新要求，深入查找在思想观念、思维方式、审计方式和判断标准等方面存在的不适应问题，制定符合自身实际的整改措施和路径，立行立改、创新提高。

（二）加强工作谋划和统筹。要细化明确各项审计和各个审计项目的思路、重点、方法、成果，制定有针对性、可操作性的发展规划和审计方案，及时做出系统规划、部署，并督促、指导落实到位。

（三）加强审计资源整合。要破除审计机关之间和审计机关各部门之间狭隘的“地盘”意识，横向纵向全方位推进审计工作高度融合，探索矩阵式沟通协调，推进扁平化业务管理，重要事项按规定及时报告，全面提升审计监督效能。

（四）完善审计业务评价考核体系。要将落实五大发展理念、促进创新改革成效作为评价审计工作业绩的重要标准，健全激励约束机制。

五、转变作风，提升审计能力。把中央要求落到实处，各级审计机关要始终坚持以品格为核心、作风为基础、能力为重点、业绩为导向，从严管理审计队伍，转变作风，提升审计能力。

（一）完善干部选拔任用机制。要将适应新常态、践行新理念的自觉意识和行动能力作为干部选拔任用的基本标准，建立落实能者上、庸者下、劣者汰的能上能下机制。

（二）不断提升审计能力。要大兴读书之风，大兴深入思考之风，大兴善于总结实践之风，完善审计职业教育培训体系，加大交流和轮岗力度，使审计人员具备过硬的基本功，敢于和善于审计，既能查处重大违纪违法问题，又善于推动体制机制制度完善。

（三）坚持依法文明审计。要严格遵守党的政治纪律、组织纪律、廉洁纪律、群众纪律、工作纪律和生活纪律，严格执行审计“八不准”工作纪律，既要无私无畏、敢于碰硬、勇于担当，又要谦虚谨慎、审慎客观、文明规范。

（四）严格审计质量控制。要讲究方法、严格程序，坚持平等待人、以理服人，充分听取被审计单位和有关方面意见，使审计结论更公允，让审计人员更有公信力。

审计署

2016年2月5日

审计署办公厅关于进一步加强扶贫审计促进精准扶贫精准脱贫政策落实的意见

审办农发〔2016〕68号

各省、自治区、直辖市和计划单列市、新疆生产建设兵团审计厅（局），署机关各单位、各特派员办事处、各派出审计局：

为深入贯彻落实中央扶贫开发工作会议精神和《中共中央 国务院关于打赢脱贫攻坚战的决定》要求，进一步做好扶贫审计工作，促进中央精准扶贫、精准脱贫的各项决策部署落到实处，现提出以下意见。

一、深刻认识到加强扶贫审计工作的极端重要性

扶贫开发事关全面建成小康社会，事关人民福祉，事关巩固党的执政基础，事关国家长治久安，事关我国国际形象。打赢脱贫攻坚战，是促进全体人民共享改革发展成果、实现共同富裕的重大举措，是体现中国特色社会主义制度优越性的重要标志，也是经济发展新常态下扩大国内需求、促进经济增长的重要途径。改革开放以来，我国成功走出了一条中国特色扶贫开发道路，使7亿农村贫困人口摆脱贫困，取得了举世瞩目的伟大成就，谱写了人类反贫困历史上的辉煌篇章。党的十八大以来，党中央围绕协调推进“四个全面”战略布局，深入贯彻创新、协调、绿色、开放、共享的发展理念，把精准扶贫、精准脱贫作为基本方略，出台了一系列关于扶贫开发的重大政策措施，不断开创扶贫开发事业新局面。当前，我国扶贫开发已进入啃硬骨头、攻坚拔寨的冲刺阶段，要如期实现到2020年现行标准下农村贫困人口脱贫、贫困县全部摘帽、解决区域性整体贫困的既定目标，加快补齐全面建成小康社会中的这块突出短板，时间十分紧迫、任务尤为艰巨。

扶贫资金是贫困群众的“救命钱”“保命钱”

和减贫脱贫的“助推剂”，一分一厘都不能乱花。党中央、国务院高度重视扶贫审计工作。习近平总书记指出，要加强扶贫资金阳光化管理，加强审计监管，集中整治和查处扶贫领域的职务犯罪，对挤占挪用、层层截留、虚报冒领、挥霍浪费扶贫资金的，要从严惩处。李克强总理强调，要严格资金监督管理，严惩违法违规行为，抓紧健全制度安排，确保扶贫资金在阳光下运行、真正用在扶贫开发上。“十三五”规划纲要明确提出，要建立扶贫政策落实情况跟踪审计机制。各级审计机关和广大审计干部要以强烈的政治责任感和高度的历史使命感，深刻认识到加强扶贫审计工作的极端重要性，自觉适应新常态、践行新理念，把扶贫审计工作作为一项重大政治任务来抓，把推动扶贫政策落实、规范扶贫资金管理、维护扶贫资金安全、提高扶贫资金绩效作为审计工作的着力点，进一步加大扶贫审计力度，更好地发挥审计在党和国家监督体系中的重要作用，保障脱贫攻坚目标如期实现。

二、适应新常态、践行新理念，切实贯彻扶贫审计工作原则

各级审计机关要深入学习贯彻党的十八大和十八届三中、四中、五中全会以及中央扶贫开发工作会议精神，深刻领会习近平总书记关于新时期扶贫开发工作的重要战略思想，按照李克强总理对审计工作的重要指示，紧紧围绕“十三五”期间脱贫攻坚目标，牢固树立和贯彻落实五大发展新理念，为打赢脱贫攻坚战做出应有的贡献。审计中要把握好以下原则：

（一）坚持客观求实。

要严格遵循扶贫相关法律法规，以是否符合中央决定精神和重大改革方向作为审计定性判断的标准，实事求是地揭示、分析和反映问题，做到“三个区分”，即把推进改革中因缺乏经验、先行先试出现的失误和错误，同明知故犯的违法违纪行为区分开来；把上级尚无明确限制的探索性试验中的失误和错误，同上级明令禁止后依然我行我素的违法违纪行为区分开来；把为推动发展的无意过失，同为谋取私利的违法违纪行为区分开来，审慎做出结论和处理。推动建立完善激励和容错、纠错机制。

（二）坚持依法审计。

要严肃查处损害国家和人民利益、重大违纪违法、重大履职不到位、重大损失浪费、重大环境污染和资源毁损、重大风险隐患等问题，对以权谋私、假公济私、权钱交易、骗取扶贫及相关涉农资金、失职渎职、贪污受贿等违法犯罪问题，要始终坚持“零容忍”，坚决查处。

（三）坚持鼓励创新。

要注重保护扶贫开发中的新生事物，对突破原有制度或规定，但有利于扶贫脱贫政策措施落实，有利于维护贫困群众利益，有利于推进财政资金统筹使用和提高资金绩效，有利于资源节约利用和保护生态环境的创新举措，要坚决支持，鼓励探索，积极促进规范和完善，大力推动形成新的制度规范。

（四）坚持推动改革。

要关注影响扶贫领域改革发展的深层次问题，对制约和阻碍中央扶贫开发政策措施贯彻落实，制约和阻碍简政放权、政府职能转变，制约和阻碍提高绩效等体制机制性问题，要及时反映，大力推动完善制度和深化改革。

三、进一步突出扶贫审计重点

各级审计机关在扶贫审计中，要紧紧围绕“十三五”期间脱贫攻坚的目标，沿着政策和资金两条主线，抓好以下工作：

（一）跟踪检查扶贫相关政策落实情况。

将精准扶贫、精准脱贫相关政策措施落实情况作为国家重大政策措施落实跟踪审计的重点内容，紧紧围绕扶持对象精准、项目安排精准、资金使用精准、措施到户精准、因村派人精准、脱贫成效精准的“六精准”要求，持续关注各地、各部门贯彻落实产业扶贫、生态保护扶贫、金融扶贫、教育扶贫、医疗救助扶贫、易地搬迁扶贫、社会扶贫、社保兜底扶贫等政策措施的进展和效果，着力揭露和查处责任不落实、机制不完善、方法不恰当，以及不作为、慢作为、假作为等问题，推动整改问责，促进各项政策措施落地生根、不断完善和发挥实效。在推动贫困县统筹整合使用财政涉农资金相关政策落实中，必须牢固树立脱贫实效导向，不仅要推动把“零钱”变“整钱”“死钱”变“活钱”，更要推动把“整钱”“活钱”用到建档立卡贫困人口脱贫上，促进提高脱贫成效。

（二）着力揭露和查处重大违纪违法问题。

要坚持问题导向，严格区分公与私，坚决查处虚报冒领、骗取套取、截留侵占、贪污私分、挥霍浪费扶贫资金，违反中央八项规定精神和国务院“约法三章”要求，将扶贫资金用于吃喝接待、公款旅游、奖金福利，以及有关主管部门和人员利用职权优亲厚友违规分配扶贫资金等问题，切实维护贫困群众利益。严肃查处借统筹整合之名，搞楼堂馆所、“政绩工程”“形象工程”等问题，切实保障统筹整合过程中的资金安全和绩效。在审计中，既要揭示一些部门和地方“情况不明决心大”胡乱花钱，造成浪费的问题，也要反映“前怕狼后怕虎”不敢花钱，贻误脱贫攻坚战机的问题。

（三）着力监督检查扶贫资金绩效情况。

对扶贫资金审计的重点要看是不是按照中央有关统筹整合使用财政资金的要求使用资金，是不是按照规范程序调整资金用途，是不是把资金真正用到扶贫开发上。要将绩效理念贯穿扶贫审计始终，循着资金流向，从政策要求、预算安排、资金拨付一直追踪到项目和个人，确保扶贫资金安全高效使用。要加大扶贫资金统筹整合使用情况审计力度，坚决支持贫困县围绕本县突出问题，以脱贫攻坚规划为引领，以重点扶贫项目为平台，把专项扶贫资金、相关涉农资金、社会帮扶资金捆绑使用，切实推动各级主管部门将资金项目审批权限完全下放到贫困县，推动贫困县从想方设法“要到钱”转变到下功夫“花好钱”上来。对继续限定财政涉农资金具体用途或干扰统筹整合使用资金，继续以“打酱油的钱不能买醋”“专款专用”等为借口，造成资金长期趴在账上难以发挥效果的问题，要坚决查处、坚决曝光，促进各级各部门在资金统筹整合使用中积极作为、有效作为，推动贫困县将资金真正用到扶贫开发、用到建档立卡贫困人口脱贫上来，切实发挥扶贫资金的使用效益。

（四）着力监督检查扶贫项目建设运营情况。

加大对整村推进、易地扶贫搬迁、特色产业发展、生态建设、村级道路畅通、饮水安全、危房改造、教育卫生等扶贫开发重点项目建设和运营效果的审计力度，重点揭露脱离实际、盲目决策，以及后续管护缺失等原因导致扶贫项目建成后废弃闲置，造成重大损失浪费、重大环境污染和资源毁损等突出问题，促进扶贫重点项目发挥实效。

（五）着力揭示和反映体制机制制度性问题。

密切关注扶贫开发工作中出现的新情况新问题，着力揭示和反映阻碍政策措施落实、制约资金整合的体制性障碍和制度性缺陷，积极提出对策建议，促进完善制度机制。同时，要注重发现和总结各地精准扶贫、精准脱贫工作中好的经验做法，积极推广运用。

四、切实加强领导，确保发挥审计成效

（一）统一思想提高认识。

各级审计机关要将思想统一到中央的决策部署上来，提高对加强扶贫审计工作极端重要性的认识，切实增强使命感和责任感。在审计工作中，要认真贯彻落实《中共中央　国务院关于打赢脱贫攻坚战的决定》《国务院办公厅关于支持贫困县开展统筹整合使用财政涉农资金试点的意见》，以及《审计署关于适应新常态践行新理念更好地履行审计监督职责的意见》《审计署办公厅关于加强审计监督进一步推动财政资金统筹使用的意见》等文件要求，主动适应新常态、践行新理念，切实做到把握原则、突出重点、扎实有效。

（二）加强组织领导。

各级审计机关要统筹谋划“十三五”时期本地区扶贫审计工作，科学制订计划，合理调配力量，提高审计效率，实现对扶贫开发政策、资金、项目进行有重点、有步骤、有深度、有成效的审计全覆盖。加强对全国扶贫审计工作的领导，各省（区、市）审计厅（局）要统筹组织本地区集中连片特困地区县、国家扶贫开发工作重点县扶贫审计工作，落实责任，整合力量，提高质量，务求实效。

（三）做好统筹协调。

各级审计机关要做好统筹协调，把加强扶贫审计，促进精准扶贫、精准脱贫政策措施落实的具体内容和工作原则，统筹纳入到稳增长等政策措施落实情况跟踪审计、领导干部经济责任审计、财政收支审计等各类审计项目中，协调审计资源和力量，确保本意见要求落到实处。

（四）严格审计纪律。

各级审计机关和广大审计人员要进一步加强

和改进工作作风，坚持依法审计、文明审计，严格遵守国家法律法规、审计工作纪律和各项廉政规定，严格规范审计程序，充分听取被审计单位和相关方面意见，维护审计机关良好形象，切实提高审计质量。要坚持党的群众路线，深入实际、深入基层、深入群众，获取第一手信息和资料，确保反映情况准、查处问题实。对审计发现的情况和问题，要按照规定及时、如实报告，不得拖延、隐匿和瞒报，重大情况随时报告。

（五）加强督促整改。

各级审计机关要针对审计发现的情况和问题，及时提出意见和建议，督促有关地区和部门及时整改，并依法向社会公告审计发现的问题和整改情况。

审计署办公厅
2016 年 5 月 16 日

审计署关于印发“十三五”国家审计工作发展规划的通知

审政研发〔2016〕55 号

各省、自治区、直辖市和计划单列市、新疆生产建设兵团审计厅（局），署机关各单位、各特派员办事处、各派出审计局：

为全面贯彻落实党的十八大和十八届三中、四中、五中全会精神，深入贯彻习近平总书记系列重要讲话精神，根据《国民经济和社会发展第十三个五年规划纲要》，审计署结合全国审计工作实际，制定了《“十三五”国家审计工作发展规划》，现予印发。

请各地区、各单位组织全体审计人员认真学习，进一步统一思想、提高认识，适应新常态、践行新理念，明确今后五年审计工作发展的目标和措施。根据规划提出的目标、任务和要求，从本地区、本单位实际出发，研究制定具体贯彻落实措施，狠抓落实，务求实效，推动审计事业又好又快发展，更好地发挥审计在党和国家监督体系中的重要作用，为协调推进“四个全面”战略布局、实现中华民族伟大复兴的中国梦做出更大贡献！

审计署
2016 年 5 月 17 日

“十三五”国家审计工作发展规划

为贯彻落实党的十八大和十八届三中、四中、五中全会精神，根据《国民经济和社会发展第十三个五年规划纲要》《国务院关于加强审计工作的意见》，中共中央办公厅、国务院办公厅《关于完善审计制度若干重大问题的框架意见》及相关配套文件，结合审计工作实际，制定“十三五”国家审计工作发展规划。

一、审计工作的指导思想。高举中国特色社会主义伟大旗帜，以马克思列宁主义、毛泽东思想、邓小平理论、“三个代表”重要思想、科学发展观为指导，深入贯彻习近平总书记系列重要讲话精神，牢固树立政治意识、大局意识、核心意识、看齐意识，着力贯彻落实创新、协调、绿色、开放、共享的发展理念，完善审计制度，加大审计力度，创新审计方式，提升审计能力，提高审计效率，依法独立行使审计监督权，更好地发挥审计在党和国家监督体系中的重要作用，为协调推进“四个全面”战略布局，实现中华民族伟大复兴的中国梦做出更大贡献。

二、审计工作的目标要求。按照协调推进“四个全面”战略布局的部署要求，围绕提高发展质量和效益这个中心，贯穿供给侧结构性改革这条主线，贯彻党政同责、同责同审要求，对公共资金、国有资产、国有资源和领导干部履行经济责任情况实行审计全覆盖，做到应审尽审、凡审必严、严肃问责。到 2020 年，基本形成与国家治理体系和治理能力现代化相适应的审计监督机制，使中国特色社会主义审计制度更加完善，更加充分发挥审计在保障国家重大决策部署贯彻落实、维护国家经济安全、推动深化改革、促进依法治国、推进廉政建设中的作用。

——形成有利于依法独立行使审计监督权的审计管理体制。加强全国审计工作统筹，强化上级审计机关对下级审计机关的领导，推进省以下地方审计机关人财物管理改革，优化审计机关内部架构，实现各层级审计资源的科学配置，推动建立健全履行法定审计职责保障机制，完善审计结果运用机制，自觉接受对审计机关的监督。推动修订审计法及其实施条例，完善国家审计准则和指南体系，明确各项审计应遵循的具体标准和程序，切实做到依法审计。

——健全与审计全覆盖相适应的工作机制。坚持科学规划、统筹安排、分类实施，在“十三五”期间，对依法属于审计监督范围的所有管理、分配、使用公共资金、国有资产、国有资源的部门和单位，以及党政主要领导干部和国有企事业单位领导人员履行经济责任情况实现有重点、有步骤、有深度、有成效的审计全覆盖，对重点部门、单位每年审计，其他审计对象至少审计1次，对重点地区、部门、单位以及关键岗位的领导干部任期内至少审计1次，对重大政策措施、重大投资项目、重点专项资金和重大突发事件开展跟踪审计。

——建立具有审计职业特点的审计人员管理制度。加强审计机关领导班子和干部队伍建设，健全审计干部培养和管理机制，打造一支政治强、业务精、作风优、纪律严的审计铁军。推进审计职业化建设，建立分类科学、权责一致的审计人员管理制度和职业保障机制，确保审计队伍专业化水平。

——大力推行现代综合审计模式。树立科学的国家审计观，创新审计管理模式和组织方式，形成财政、金融、企业、经济责任、资源环境、民生审计一体化，境内与境外审计一体化，审计发展规划、年度计划、项目方案、组织实施一体化，审计一线作业与后台数据分析一体化，审计实践总结与理论研究一体化，查处问题与促进发展、分析原因与推进改革、促进整改与推动问责一体化，惩治腐败与促进廉政、揭示风险与维护安全、促进公平正义与推进民主法治一体化。全面推广“总体分析、发现疑点、分散核实、系统研究”的数字化审计方式，努力实现由单点离散审计向多点联动审计转变、由局部审计向全覆盖审计转变、由静态审计向静态与动态审计相结合转变、由事后审计向事后与事中审计相结合转变、由现场审计向现场审计与非现场审计相结合转变、由微观审计向微观与宏观审计相结合转变。

三、审计工作的基本原则。适应新常态，践行新理念，正确把握改革和发展中出现的新情况新问题，既不能以新出台的制度规定去衡量以前的老问题，也不能生搬硬套或机械地使用不符合改革发展要求的旧制度规定来衡量当前的创新事项。

——坚持依法审计。树立法治理念，强化法治思维，做到审计程序合法、审计方式遵法、审计标准依法、审计保障用法。严格遵循宪法和基本法律法规，以是否符合中央决定精神和重大改革方向作为审计定性判断的标准。

——坚持问题导向。严肃查处损害国家和人民利益、重大违纪违法、重大履职不到位、重大损失浪费、重大环境污染和资源毁损、重大风险隐患等问题，对以权谋私、假公济私、权钱交易、骗取财政资金、失职渎职、贪污受贿、内幕交易等违法犯罪问题，做到“零容忍”。

——坚持客观求实。实事求是地揭示、分析和反映问题，做到“三个区分”，即区分是主观故意违纪违规还是过失犯错，区分是政策制度、法规不完善还是有意违规，区分是改革探索中出现的失误还是以权谋私等。

——坚持鼓励创新。注重保护改革发展中的新生事物，对突破原有制度或规定，但有利于维护人民利益，有利于调结构、补短板、化解产能过剩，有利于降低企业成本、提质增效，有利于化解房地产库存，有利于扩大有效供给，有利于防范化解金融风险，有利于资源节约利用和保护生态环境，有利于推进财政资金统筹使用和提高资金绩效的创新举措，要坚决支持鼓励，积极促进规范和完善，大力推动形成新的制度规范。

——坚持推动改革。密切关注影响改革发展的深层次问题，对制约和阻碍中央重大政策措施贯彻落实，制约和阻碍结构性改革推进，制约和阻碍创新创业、激发活力，制约和阻碍简政放权、政府职能转变，制约和阻碍转型升级、提高绩效等体制机制性问题，要及时反映，大力推动完善制度和深化改革。

四、审计工作的主要任务。围绕党和国家工作中心，服务改革发展大局，从审计财政财务收支的真实、合法和效益入手，始终坚持“两手抓”，突出以下重点：

——着力维护人民根本利益。审计中要围绕实现好、维护好、发展好最广大人民根本利益，更加关注扶贫、教育、医疗、社保等民生政策落实情况，更加关注公共资源、公共资产、公共服务的公平合理分配，维护社会公平正义，推进共享发展。

——着力推动依法治国。审计中要围绕全面依法治国的重大部署，始终关注法律法规的执行情况，揭示有法不依、执法不严等问题，促进依法行政；反映法律法规不适应、不衔接、不配套等问题，提出加强法治建设的意见建议，促进加快建设法治经济和法治社会。

——着力推动深化改革。审计中要围绕全面深化改革的重大部署，始终关注改革部署的推进情况和创新探索，关注发展中的新情况、新问题，关注体制性机制性问题，积极提出解决突出问题和推动长远发展的建议，促进形成有利于创新的体制机制，推动创新发展。

——着力推动政策落实。审计中要围绕国家重大政策措施和宏观调控部署的贯彻落实，始终关注重大项目落地、重点资金保障、重大政策落实等情况，促进去产能、去库存、去杠杆、降成本、补短板，促进经济结构转型升级，推动协调发展。

——着力推动提高发展质量和效益。要把绩效理念贯穿审计工作始终，综合分析经济效益、社会效益和环境效益，促进加快转变经济发展方式，实现更高质量、更有效率、更加公平、更可持续的发展。

——着力推动生态文明建设。审计中要围绕加快推进生态文明建设的重大部署，始终关注资源节约集约循环利用和环境保护政策落实情况，促进形成绿色发展方式和生活方式，推动绿色发展。

——着力维护经济安全。审计中要密切关注经济社会运行中的薄弱环节，关注财政、政府债务、金融、能源、矿产资源、水资源、粮食、生态环保等方面的风险隐患，防范系统性和区域性风险；关注走出去、引进来过程中国有资产安全，促进提高开放型经济水平，推动开放发展。

——着力推动党风廉政建设和反腐败斗争。审计中对重大违纪违法问题，要重拳出击，一查到底。要查源头、查原因、查责任、查后果，深入研究分析腐败案件发生的规律，推动建立完善不敢腐、不能腐、不想腐的制度机制。

五、政策落实跟踪审计。以促进政策落实到位、不断完善、发挥实效为目标，着力推动项目落地、资金保障、简政放权、政策落实、风险防范，紧密结合不同时期、不同地区、不同行业、不同部门单位的实际情况，持续跟踪审计国家重大政策措施和宏观调控部署落实情况，发挥审计的保障作用。

——对各地区、各部门单位贯彻落实国家重大政策措施的具体部署、执行进度和实际效果进行审计，及时发现和纠正有令不行、有禁不止行为，促进政令畅通。

——加大对不作为、慢作为、假作为等重大履职不到位问题，以及重大失职渎职、重大损失浪费、重大风险隐患、重大违纪违法等问题的揭露和查处力度，推动整改问责。

——加大推动制度创新力度。根据中央出台的重大政策措施，及时跟踪有关部门规章和地方性法规修订完善情况，促进及时建立健全与新政策新要求相适应的新办法、新规则；对不合时宜、制约发展、阻碍政策落实的法律和行政法规，推动及时清理完善。

——加大推动深化改革力度。积极推动供给侧结构性改革。对改革发展过程中行之有效的积极探索和创新举措，要促进总结完善，推动形成新的制度机制；密切关注各领域改革措施不配套、不衔接甚至相互矛盾、抵消等问题，积极提出建设性意见，保障改革协调推进。

——创新政策落实跟踪审计的方式方法，不断完善操作规范、报告公告、整改问责等，到2017年形成高效健全的政策落实跟踪审计制度体系。

六、财政审计。以保障公共资金安全高效使用、促进建立健全现代财税制度、增强财政政策的有效性为目标，依法对政府的全部收入和支出、政府部门管理或其他单位受政府委托管理的资金，以及相关经济活动进行审计，切实增强财政审计的宏观性、整体性和建设性。

——加强财政预算执行及决算草案审计。每年对各级政府预算执行及决算草案进行审计，监督检查预决算的真实性、合法性和效益性，重点关注财税体制运行、财税政策执行、政府预算体系建设、重点专项资金管理使用、预算绩效管理、政府债务管理，以及推进政府资产报告制度、权责发生制政府综合财务报告制度、财政库底目标余额管理制度等情况。完善预算执行审计分阶段组织实施方式。探索开展科目审计。

——加强部门预算执行及决算草案审计。对各级党政工作部门、事业单位、人民团体等的部门预算执行和决算草案 5 年内至少审计 1 次，重点部门和单位每年审计，监督检查部门预决算的真实性、合法性和效益性，重点关注贯彻中央八项规定精神、国务院“约法三章”要求、“三公”经费和会议费支出等情况，促进严格预算约束，提高预算绩效管理水平。

——加强税收审计。对海关、国税、地税系统收入征管情况 5 年内至少审计 1 次，重点监督检查依法征收、税制改革、非税收入改革和征管体制改革推进，以及结构调整、科技创新、大众创业、环境保护等方面税收优惠政策落实情况及效果，推动清费立税，完善地方税体系，促进建立税种科学、结构优化、法律健全、规范公平、征管高效的现代税收制度。

——加强公共投资审计。对 2022 年北京冬奥会场馆等关系全局性、战略性、基础性的重大公共基础设施工程进行跟踪审计，加强对其他政府投资、政府与社会资本合作等方式建设的公共产品和公共服务项目审计，突出立项决策、项目审批、征地拆迁、环境保护、工程招投标、物资采购、资金管理使用和工程质量管理等重点环节，关注投资项目规划布局、投向结构和经济社会环境效益等情况，促进深化投融资体制改革、扩大有效投资、优化供给结构、提高投资绩效。

七、金融审计。以防风险、增效益、促改革为目标，依法对金融监管部门、金融机构、金融市场开展全方位、多层次审计监督，关注金融领域新业务、新市场、新动向，促进提高金融服务实体经济效率和支持经济转型的能力，推动建立安全高效的现代金融体系。

——对金融监管部门履行监管职责情况进行全面审计，重点关注落实宏观政策、细化监管措施、健全监管规则、提高监管绩效等方面存在的突出问题和薄弱环节，从体制机制制度层面分析原因、提出建议，促进完善适应现代金融市场发展的金融监管框架，推动构建货币政策与审慎管理相协调的金融管理体制。

——对国有及国有资本占控股或主导地位的金融机构 5 年内至少审计 1 次，重点关注资产负债损益、经营管理、业务创新、法人治理及内部控制等情况，促进金融机构依法合规经营，提高管理水平和服务质量，防范经营风险，增强核心竞争力。

——重点关注银行、证券、保险等金融机构贯彻落实国家重大政策措施情况，推动落实国家货币政策、产业政策等宏观调控政策措施，发展绿色金融、普惠金融、互联网金融，加强对中小微企业、农村特别是贫困地区的信贷、结算、保险等金融服务，更好地支持实体经济发展。

——密切关注货币市场、资本市场、外汇市场、保险市场等运行情况，及时揭示和反映重大风险隐患，促进健全监测预警、压力测试、评估处置和市场稳定机制，防范发生系统性、区域性金融风险。

八、企业审计。以促进国有企业提质增效、保值增值、做强做优做大为目标，依法对国有企业和国有资本实现审计全覆盖，推动国有企业深化改革，促进增强国有经济活力、控制力、影响力、抗风险能力，维护国有资本安全。

——对各级国有资产监管机构履行监管职责情况进行全面审计，推动以管企业为主向以管资本为主转变，建立国有资产出资人监管权力清单和责任清单，将配合承担的公共管理职能归位于相关政府部门和单位，促进完善各类国有资产管理体制。

——对国有资本投资、运营公司进行全面审计。密切关注国有资本投资、运营公司的设立及运转情况，加大对权力集中的重点岗位和资金密集、资源富集、资产聚集的重点领域、重要环节的审计力度，促进形成国有资本流动重组有效平台、优化国有资本布局、规范国有资本运作、提高国有资本配置和运行效率。

——对国有和国有资本占控股或主导地位的企业5年内至少审计1次。结合国有企业分类改革、国有资本授权经营体制改革等推进情况，区分国有企业功能类别、国有资本和国有资产规模、管理状况以及管理主体的战略地位等，确定重点审计对象和审计频次。审计中重点关注企业境内外国有资产的真实、完整和保值增值情况、资产负债损益情况、重大投资决策及投资绩效情况、发展潜力和风险隐患情况、企业法人治理及内部控制情况，遵守国家相关法律法规情况，促进国有企业加强经营管理，提高盈利能力。

——加强国有企业境外投资和境外国有资产审计。建立国有资本、国有企业境外投资审计制度，对投资、运营、管理和使用境外国有资产的有关企业和单位，以及负责境外国有资产监管的机构进行审计，重点监督检查贯彻执行国家重大经济政策措施和“走出去”战略部署情况、境外投资和经营管理等业务的决策流程和绩效情况、境外国有资产产权管理和国有资本保值增值情况，促进境外国有资产依法运营、安全可控、优质高效，推动健全完善境外国有资产监管体制机制和制度。

——关注国有企业贯彻落实国家重大政策措施情况，重点监督检查电力、石油、天然气、铁路、民航、电信、军工等领域国有企业服务国家战略、落实国家重大产业政策和产业布局调整等情况，对各项政策措施的实施情况及效果，推动增强国有经济的整体功能和效益。

——密切关注混合所有制改革、国有企业分类改革、公司制股份制改革等国有企业改革重点领域，着力检查相关改革措施的具体部署、责任落实、执行进度和实际效果等，促进国有企业改革依法有序推进，防止国有资产流失。

九、民生审计。以促进深化改革、保障和改善基本民生、维护人民利益为目标，加大对扶贫、“三农”、就业、社会保障、科技、文化、教育、救灾等民生资金和项目的审计力度，循着资金流向，从政策要求、预算安排、资金拨付追踪到项目和个人，确保惠民政策落地生根、不断完善和发挥实效。

——加强扶贫审计。对扶贫政策落实情况进行跟踪审计，重点监督检查脱贫工作责任制落实情况，精准扶贫、精准脱贫相关项目实施和资金管理使用情况，推动扶贫资金统筹整合使用，促进提高扶贫实效，打赢脱贫攻坚战。

——加强涉农审计。密切关注转变农业发展方式、推进农业结构调整、推进农村一二三产业融合发展、深化农村土地制度改革、实行耕地保护及轮作休耕、提高农业技术装备和信息化水平等重大政策措施落实情况，重点监督检查政策执行、资金使用、项目实施、资源利用等方面情况，推动涉农资金整合和统筹使用，促进强农惠农政策落到实处。

——加强社会保障审计。以养老保险、医疗保险为重点，加强社会保险基金管理使用和投资运营情况审计，揭示突出问题和风险隐患，保障基金安全规范运行，促进建立更加公平更可持续的社会保障制度。围绕新型城镇化目标，深化保障性安居工程审计，加大对住房公积金等住房保障资金、城镇棚户区和城乡危房改造项目的审计力度，推动建立健全以政府为主提供基本保障、以市场为主满足多层次需求的住房供应体系。加强社会救助、社会福利和优抚安置等方面审计，推动健全社会救助体系和社会福利制度，维护社会公平。

——加强教科文卫等领域审计。加强对教育、科技、文化、医药卫生等领域重点资金和项目的审计，重点监督检查政策落实、资金分配、项目实施等情况，及时反映相关领域改革中的新情况、新问题，促进规范管理、完善制度、提高绩效，推动深化科技管理体制等相关领域改革，健全国家基本公共服务制度，完善基本公共服务体系，提高义务教育、基本医疗、公共卫生、公共设施、公共文化等基本公共服务共建能力和共享水平。

——对重大突发性公共事项进行跟踪审计，重点监督检查有关资金、物资的筹集、分配、拨付、使用情况和有关项目的建设推进情况，保障重大突发性公共事项应急处置、预防预警、恢复重建等工作顺利进行。

十、资源环境审计。以促进全面节约和高效利用资源、加快改善生态环境为目标，依法对土地、矿产、水资源、森林、草原、海洋等国有自然资源，以及环境综合治理和生态保护修复等情况进行审计，加大对资源富集和毁损严重地区的审计力度，对重点国有资源、重大污染防治和生态系统保护项目实行审计全覆盖，推动加快生态文明建设。

——对重要自然资源开发利用及保护情况进行审计，重点监督检查土地、矿产、水资源、森林等相关政策制度执行情况，特别是约束性指标落实情况和资源高效利用机制建立情况，促进资源节约集约循环利用，提高资源利用综合效益。

——对重点领域、重点行业、重点地区污染防治情况进行审计，重点监督检查水、大气、土壤、重金属废弃物、核废弃物等污染防治行动计划执行情况，污染物减排约束性指标落实情况，环境治理基础制度改革情况，环境基础设施、环境治理保护重点工程建设情况，促进落实最严格的环境保护制度，推动形成政府、企业、公众共治的环境治理体系。

——对山水林田湖等自然生态系统保护和修复情况进行审计，重点监督检查退耕退牧还林还草、天然林资源保护、国家生态安全屏障保护修复、国土绿化行动、国土综合整治、防沙治沙和水土流失综合治理、湿地保护与恢复等重点生态工程建设情况和相关政策措施落实情况，推动自然生态系统的保护与修复，筑牢生态安全屏障。

——实行领导干部自然资源资产离任审计。在试点的基础上，2017 年制定《领导干部自然资源资产离任审计暂行规定》，2018 年起全面推开，2020 年建立起比较完善的自然资源资产离任审计制度。通过审计，促进切实履行自然资源资产管理和环境保护责任。

十一、经济责任审计。以促进领导干部守法、守纪、守规、尽责为目标，坚持“全面推进、突出重点、健全制度、规范管理、提高质量、深化发展”的工作思路，深化领导干部经济责任审计，完善经济责任审计结果运用机制，不断提高经济责任审计的质量和水平。

——对地方各级党委、政府、审判机关、检察机关，中央和地方各级党政工作部门、事业单位、人民团体等单位的党委（党组、党工委）和行政正职领导干部（包括主持工作 1 年以上的副职领导干部），国有企业法定代表人，以及不担任法定代表人但实际行使相应职权的企业主要领导人员履行经济责任情况进行审计，对重点地区、部门、单位的领导干部任期内至少审计 1 次，坚持任中审计与离任审计相结合，加大任中审计力度，全面推进党政主要领导干部经济责任同步审计。

——突出经济责任审计重点。立足权力运行与责任落实，分类别研究领导干部经济责任的内容，健全完善经济责任审计评价体系，重点监督检查领导干部贯彻执行党和国家经济方针政策、决策部署情况，遵守有关法律法规和财经纪律情况，本地区本部门本单位发展规划和政策措施制定、执行情况及效果，重大决策和内部控制制度的执行情况及效果，本人遵守党风廉政建设有关规定情况等，促进领导干部更好地践行五大发展理念，依法作为、主动作为、有效作为。

——深化经济责任审计结果运用。充分发挥经济责任审计工作联席会议（领导小组）的作用，健全经济责任审计情况通报、审计发现问题整改、审计结果公告等制度，推动将经济责任审计结果及整改情况纳入所在单位领导班子、民主生活会及党风廉政建设责任制检查考核的内容，作为领导班子成员述职述廉、年度考核、任职考核的重要依据。

十二、涉外审计。以促进完善对外开放战略布局、健全对外开放新机制、保障国家利益为目标，加强对外援助资金、驻外非经营性机构、利用外资审计，服务“走出去”战略，推进“一带一路”建设。

——加强对外援助资金审计。对组织管理我国政府对外无偿援助、无息贷款、优惠贷款的政府主管部门，国有金融机构等对外援助管理机构，以及在境内外实施援助项目的中方实施单位进行审计，重点监督检查贯彻执行国家对外援助方针政策和决策部署，对外援助资金预算执行，项目资金管理使用的真实、合法和效益等情况，促进提高对外援助资金规范使用和发挥最大效益。

——加强驻外非经营性机构审计。对我国驻外使领馆及各类驻外非经营性机构进行审计，重点监督检查预算执行和其他财政收支、财务收支的真实、合法和效益情况，国有资产的购建、管理、使用和处置等情况，促进规范预算和财务管理，提高资金使用绩效。

——加强利用外资审计。重点监督检查扩大开放领域、放宽准入限制等相关政策措施落实情况，国外贷援款项目管理和资金使用以及对外履约情况，关注新兴国际金融组织总体发展战略与业务开展等情况，促进优化利用外资结构，提高利用外资综合质量。

十三、加强和改进审计管理。围绕增强审计监督的独立性和整体合力，创新审计资源配置、业务管理和结果运用等机制，促进全国审计工作统筹部署、协调推进。

——强化上级审计机关对下级审计机关的领导。健全对下级审计机关的干部管理、重大事项报告、考核等方面制度。在稳步推进 7 个地区省以下地方审计机关人财物管理改革试点的基础上，总结经验、把握规律，到 2018 年形成一套较为成熟、规范、有效的省以下地方审计机关人财物管理制度和模式。

——加强审计计划统筹。摸清审计对象底数，分类确定审计重点和审计频次，对重点部门、单位以及关键岗位的领导干部加大审计频次，编制中长期审计项目计划，确保“十三五”期间实现有重点、有步骤、有深度、有成效的审计全覆盖。完善审计项目计划管理办法，明确省、市、县审计项目计划报批、备案的办法和具体要求。

——优化审计资源配置。推进跨层级、跨专业、跨区域审计资源的优化配置，加强各级审计机关、不同类型审计项目的统筹融合和相互衔接，建立审计成果和信息共享机制，提高审计监督整体效能。规范大型审计项目的组织实施和成果运用，加强审计现场科学管理，保证规范有序高效运行。

——完善审计结果运用机制。健全审计与组织人事、纪检监察、公安、检察以及其他有关主管单位的工作协调机制，制定进一步加强协作配合的实施意见，推动把审计监督与党管干部、纪律检查、追责问责结合起来。加强对审计发现问题整改情况的跟踪督促，推动改进各级人大常委会听取和审议审计查出突出问题整改情况报告机制。加强审计成果综合利用，提高审计成果利用的层次和水平。

——加大审计结果和信息公开力度。完善审计机关政府信息公开工作规定和审计结果公告办法。除涉及国家秘密、商业秘密、个人隐私以及公开后可能危及国家安全、公共安全、经济安全和社会稳定的信息外，依法依规全面公告审计结果，推动被审计单位公告整改结果。加强和改进审计宣传工作，讲好审计故事，办好审计机关所属媒体，注重运用新媒体，提高审计信息公开的及时性和广泛性。

——加强对内部审计的指导，强化对社会审计机构出具相关审计报告的核查，除涉密项目外，根据需要购买审计服务，并制定完善相应管理办法。

十四、加强审计队伍建设。以品德为核心、能力为重点、作风为基础、业绩为导向，全面加强审计队伍的政治、思想、组织、作风、纪律、能力和制度建设，打造审计铁军。到 2020 年，形成一套健全高效的审计人才培养、激励、评价和使用机制，审计队伍整体能力素质有较大提升，高端骨干人才数量有较大增长，人才总量和结构与审计事业发展总体要求基本适应。

——加强领导班子建设。认真落实《审计署 2015—2018 年领导班子建设规划》，全面加强审计机关各级领导班子政治建设，引导领导干部增强政治意识、大局意识、核心意识、看齐意识，始终忠诚于党、始终对组织坦诚、始终正确对待权力、始终牢记政治责任，严防“七个有之”，不断提高驾驭能力和领导能力。以“一把手”建设为重点，选优配强各级领导班子。加强人才梯队建设，健全后备干部动态管理机制，不断优化各级审计机关领导班子的经历、年龄、知识、专业等结构。

——加强干部队伍思想作风建设。强化思想政治教育，大力弘扬“责任、忠诚、清廉、依法、独立、奉献”的审计人员核心价值观，深入落实“实、高、新、严、细”的工作作风，锻造优良的政治品质，打造过硬的纪律作风，使审计队伍的政治素质和纪律作风再上一个新台阶。

——深化干部人事制度改革。完善干部选拔任用和轮岗交流机制，加大上下级审计机关之间干部交流力度，有计划地选派审计干部到其他单位挂职锻炼。上级审计机关要按照规定配合地方加强对下级审计机关的考核和考察。严格执行巡视工作条例和领导干部能上能下若干规定，加强对领导班子和领导干部的日常监督和管理，完善考核评价体系。严格执行领导干部报告个人有关事项规定。探索开展公务员个人平时考核。积极稳妥推进事业单位改革。继续做好离退休干部工作。

——推进审计职业化建设。建立符合审计职业特点、适应审计工作需要的审计人员管理制度，建立审计专业技术类公务员职务序列。完善审计人员选任机制，实行分类招录制度。对专业性较强的职位实行聘任制，制定聘任人员管理办法。设立正高级审计专业技术资格。健全审计职业保障机制和审计职业岗位责任追究机制。制定推进国家审计职业化建设实施方案，经中央批准后实施。到2020年，形成基本适应工作需要的审计职业化管理机制。

——完善审计职业教育培训体系。制定审计职业教育规划，建立审计干部继续教育和分类分级、分岗位培训制度。办好市县审计局长和省级审计机关处长培训班，5年内轮训一遍。继续办好新疆、西藏培训班。对西部地区送教上门，吸收一批中西部地区审计干部到审计署及派出机构参加审计项目，以审代训。加强审计干部教育培训网络平台建设，推进审计模拟实验室的建设和应用，加大审计案例教学的推广应用力度。建立审计人员职业发展规划，持续提升职业胜任能力。完善审计专业人才培养机制。

——加强审计干部教育学院建设和发展。立足审计工作需要和审计干部成长需要，科学设计审计干部教育培训课程、教案和培训班次，实施精品培训课程和精品教材工程，增强培训师资力量，推进审计职业教育与国民教育深度融合，不断提高教学管理水平和教育培训质量。

十五、落实全面从严治党和党风廉政建设主体责任。坚持思想建党、制度治党，认真履行全面从严治党和党风廉政建设主体责任，严守党的政治纪律和政治规矩，增强“四个意识”，自觉在思想上政治上行动上与党中央保持高度一致，对党绝对忠诚，为审计事业发展提供坚强的政治思想和组织保障。

——落实两个主体责任。强化审计机关各级党组织、各级领导班子及成员的全面从严治党主体责任，坚持把管党治党作为最大的政绩、第一位的工作抓实抓好。把党风廉政建设与审计业务工作同部署、同落实、同检查、同考核，建立并严格落实党风廉政建设主体责任台账制度，层层分工负责，层层传导压力，层层抓好落实。

——加强审计机关党的建设。坚持把党建工作与审计业务工作融为一体。抓好审计机关基层党组织建设，健全组织机构，完善组织设置，规范组织制度，切实发挥战斗堡垒作用。加强党员教育、监督和管理，增强党员意识，切实发挥先锋模范作用。严肃党内政治生活，严格执行民主集中制，各级党组织每年开展1次党性分析和民主评议党员，切实增强党内生活的政治性、原则性、战斗性。把意识形态工作作为党建工作重要内容，切实维护意识形态领域安全。制定加强审计队伍思想和作风建设的意见，做好新形势下的思想政治工作。加强审计一线党建工作，更好地发挥审计组临时党组织的监督、保障和服务功能。

——深入推进党风廉政建设。严格贯彻中央八项规定精神，坚持不懈纠正“四风”，建立健全作风建设长效机制。以树立正确的权力观、地位观、利益观为重点，把岗位廉政教育、职业道德教育和预防职务犯罪贯穿于领导干部培养和管理的全过程，深入学习贯彻党章、《中国共产党廉洁自律准则》和《中国共产党纪律处分条例》以及其他党规党纪，严格遵守党的政治纪律、组织纪律、廉洁纪律、群众纪律、工作纪律、生活纪律。丰富和改进廉政教育形式，健全审计廉政风险防控体系。加强审计现场管理，严格执行审计“八不准”工作纪律等规定。加大审计项目廉政回访等监督检查力度，对重大审计项目实行廉政跟踪检查。严格执纪问责，对违反廉政纪律的行为实行“一案双查”，既追究当事人责任，也追究相关领导责任。

——办好中共审计署党校。坚持服务中心、建设队伍，审计署对署机关和派出机构党员干部集中培训，5年内对处级以上党员干部轮训一遍，每年举办1期基层党组织书记培训班，重点开展马克思主义基本原理、中国特色社会主义理论体系、党的路线方针政策和党风党纪党规教育，强化思想理论武装，增强党性修养，坚定理想信念。适时开展对地方审计机关党员领导干部、重要党务工作者和模范党员的培训。

十六、推进审计法治化建设。以保障依法独立开展审计监督为目标，坚持依法审计、文明审计，加强审计质量控制，强化对审计监督权运行的制约和监督，不断完善审计法律法规和内部规章制度体系，使审计工作有章可循、有规可依。

——形成较为完备的审计法律法规体系。在广泛征求各方面意见的基础上，做好审计法及其实施条例修订相关工作。修订完善国家审计准则，制定、修订各专业领域的国家审计指南，适时做好其他审计法规、规章和地方性审计法规的制定和修订工作。

——形成健全的审计管理制度体系。健全审计业务管理、廉政建设、岗位考核、责任追究等内部管理制度，完善和落实重大事项报告制度，提高规范化管理水平。建立和落实审计规范性文件的起草、审查、集体审议、公开发布等制度，加强合法性审查，提高审计制度建设的程序化、科学化水平。

——建立健全审计业务质量控制机制。优化复核审理流程，分环节、分层级落实质量控制责任，对发现的重大审计质量问题，要按照权责一致的原则，严格实行责任追究制度。加强质量检查，上级审计机关要加强对下级审计机关审计质量的监督检查，定期通报监督检查情况。改进优秀审计项目评选，发挥好优秀审计项目的示范引领作用。

——强化对审计监督权运行的制约和监督。建立健全审计机关权力清单、责任清单制度，形成审计计划、实施、审理、报告等各环节既相互制约又协调有序的审计权力运行机制。严格落实干预审计工作行为登记报告等制度，增强纪律约束。完善审计机关主要领导干部经济责任审计，探索与省以下地方审计机关人财物管理改革相适应的经济责任审计组织方式。主动接受党委、人大、政府、政协监督，定期报告工作。推动建立对审计机关的外部审计制度。坚持阳光法则，提高审计工作的公开透明度，完善特约审计员制度，自觉接受社会监督。

——切实做到依法审计、文明审计。加强法治宣传教育，严格依照法定程序、方式、标准履行审计监督职责。坚持文明审计、客观求实，充分听取被审计单位和有关方面意见。各级审计机关不得参与可能影响依法独立进行审计监督的议事协调机构或工作。

十七、加快审计信息化建设。以提升审计能力和审计效率为目标，加大数据集中力度，完善国家审计数据中心，形成全国统一的审计信息系统。加大数据分析力度，拓展大数据技术运用，大幅提高运用信息化技术发现问题、评价判断、宏观分析的能力，形成“国家审计云”。

——加大数据集中和整合力度。建立健全数据采集与管理的制度规范和工作机制，到2020年实现对经济社会各类主要信息数据的全归集。完善审计业务电子数据管理办法。建立完善国家审计数据中心和省级审计数据分中心，大力推进各类数据的整合和标准化，地方审计机关收集的审计相关电子数据信息，按审计署规定的标准、方式、要求统一集中管理，逐步实现各级审计机关之间、审计机关与审计现场之间的信息共享，提升数据利用价值。建立审计数据灾备中心。

——加强大数据技术运用。积极应用“云计算”、数据挖掘、智能分析等新兴技术，提高审计效率。探索多维度、智能化数据分析方法。加强对各领域、各层级、各系统间数据的关联分析，增强判断评价宏观经济、感知经济风险等方面能力。大力推进联网审计。

——加强信息化建设项目审计。围绕国家大数据战略和“互联网+”行动，以提高财政资金使用效益和维护国家信息安全为重点，加大对政府部门、国有企事业单位信息化建设项目及信息系统审计力度，促进国家大数据战略的顺利实施。

——完成金审三期工程建设。制定统筹推进全国审计信息化建设指导意见。到2020年，基本建成数字化审计指挥平台、大数据综合分析平台、审计综合作业平台、模拟仿真实验室和综合服务支撑系统。加快推进审计机关公文处理、档案管理等各项工作的信息化，逐步实现审计计划编制、资源配置、组织管理、质量控制、成果利用等全过程的数字化。基本建成一体化信息综合服务支撑保障体系。实现审计机关设备和系统软件全部国产化。

十八、加强和改进审计理论研究。坚持总结规律、认识规律、运用规律，深化审计理论研究，力争推出一批有用、管用、好用的审计理论研究成果，更好服务和指导审计实践。到2020年，初步形成较为完善的中国特色社会主义审计理论体系。

——突出审计理论研究重点。加强对国家治理、国家战略、公共政策、宏观经济形势及审计监督对象和事项的研究，为更好发挥审计在国家治理中的基石和重要保障作用提供理论支撑、理论指导。加强审计基础理论研究，不断深化对国家审计本质和发展规律的认识。加强对审计实践的理论总结和提炼，把实践中形成的行之有效的做法和经验，总结升华为理论或制度规范，为审计实践提供有效指引。编写《中国国家审计学》《中国共产党审计工作史》《中国审计思想史》《中外国家审计比较研究》。

——加强审计理论研究人才队伍和其他基础建设。积极营造百花齐放、百家争鸣的理论研究氛围和优秀科研人才脱颖而出的人才成长环境，加强科研机构与业务部门的协作和人员交流，组织重点课题研究。深入推进高校审计学科建设、审计专业硕士学位管理、优秀审计博士论文评选、审计署博士后工作站建设。到2020年，形成一批审计学科带头人，凝聚一批在国内外有影响的国家审计理论专家，培养一批在理论研究上有建树的骨干。

——加强审计决策咨询智库建设。整合审计科研资源，加强各级审计科研所、学会、理论研究会等科研机构建设，着力为各级审计机关确定工作思路提供咨询建议，为解决实践中遇到的问题提供决策参考。建立健全不同层级科研机构间、科研机构与政策研究机构间的协作机制，围绕重大问题开展联合攻关，充分发挥审计智库服务决策的重要作用。加强审计博物馆建设。

十九、加强审计国际合作与交流。坚持服务国家利益，坚持互利共赢，在更大范围、更广领域、更高层次上参与并引领国际审计事务，积极扩大中国审计的国际话语权和影响力，不断提升中国审计在世界审计舞台上的地位。

——积极参与审计国际事务。认真履行世界审计组织主席职责，完成《世界审计组织章程》修订。有序推进国际标准化组织“审计数据采集”项目委员会工作，完成“审计数据采集”国际标准的制定。深层次参与亚洲及有关地区审计组织事务。

——推进审计领域多边双边外交。完善多边双边审计会晤机制，通过高层互访、培训、研讨会、项目合作、专家讲学等多种形式，加强与世界各国审计机关的广泛联系与合作，探索接收其他国家和地区审计官员到中国审计机关学习、实践，为发展中国家最高审计机关提供能力和信息共享。

——组织审计国际培训。持续开展对发展中国家，特别是周边、南太及非洲地区审计官员的培训，打造有中国特色的国际化审计培训品牌。在全国审计系统选派一批国际教员，执行境内外审计国际培训项目。办好接收国际留学生项目。

——加大审计对外宣传力度。在借鉴国际审计先进经验的同时，积极向国际社会推介中国特色社会主义审计理论和制度、模式与方法，传播中国审计理念，分享中国审计经验，展示中国软实力。

二十、切实抓好规划实施。各级审计机关要根据本规划要求，研究制定具体落实措施，切实加强组织领导，抓好规划实施，确保本规划确定的目标任务顺利完成。有关单位要加强监督检查、中期考核和效果评估，确保各项任务落实到位。

审计署关于审计工作更好地服务于创新型国家和世界科技强国建设的意见

审政研发〔2016〕61号

各省、自治区、直辖市和计划单列市、新疆生产建设兵团审计厅（局），署机关各单位、各特派员办事处、各派出审计局：

为深入贯彻落实全国科技创新大会精神，更好地服务于创新型国家和世界科技强国建设，现就做好相关审计工作提出以下意见：

一、充分认识推进科技创新的极端重要性。全国科技创新大会从战略和全局的高度，分析了我国科技创新所处的时代方位、时代定位和国际地位，明确了到2020年进入创新型国家行列，到2030年进入创新型国家前列，到新中国成立100年时成为世界科技强国的科技事业发展目标和战略部署。习近平总书记指出，科技兴则国家兴，科技强则国家强，实现“两个一百年”奋斗目标，实现中华民族伟大复兴的中国梦，必须坚持走中国特色自主创新道路。李克强总理强调，要发挥科技创新在全面创新中的引领作用，以体制机制改革激发创新活力，塑造更多依靠创新驱动的引领型发展。各级审计机关和广大审计人员要深入学习贯彻大会精神，把思想和行动统一到中央重大决策部署上来，增强责任感和使命感。要充分认识推进科技创新的极端重要性，进一步做好相关审计工作，促进科技创新政策措施落实，推进科技资金和科研项目管理创新，推动建立符合科技创新规律、有利于调动和保护科研人员积极性、有利于多出科技创新成果和成果转化的体制机制，为我国如期实现建设创新型国家和世界科技强国目标做出积极贡献。

二、着力把握科技创新的新要求。各级审计机关要以是否符合中央决定精神和重大改革方向作为审计定性判断的标准，深刻理解中央关于科技创新的总体部署和具体政策措施，领会精神实质，把握政策意图。要坚持客观求实，充分尊重科学研究灵感瞬间性、方式随意性、路径不确定性的特点，把因缺乏经验、先行先试出现的失误和错误，同明知故犯的违纪违法行为区分开来；把上级尚无限制的探索性试验中的失误和错误，同上级明令禁止后依然我行我素的违纪违法行为区分开来；把创新工作中的无意过失，同为谋取私利的违纪违法行为区分开来，实事求是地反映问题，客观审慎地做出审计处理和提出审计建议。

三、着力推动科技创新相关政策落实。审计中要持续关注各地、各部门贯彻落实创新驱动发展战略、大众创业万众创新、深化科技体制改革等政策情况，以及深化财政科技计划管理改革、健全促进科技成果转化机制、支持企业技术创新、建设创新型城市和区域创新中心等措施的进展和效果，关注国家重大科研基础设施和大型科研仪器开放共享、国家科技管理信息系统建设运行服务、科研信用管理制度建设、科研项目信息公开、知识产权运用保护、国家实验室建设和运行等情况，着力反映有关部门和地方贯彻中央政策措施不到位，有关体制机制不完善等问题，促进各项政策措施落地落实、不断完善和发挥实效。

四、着力推动建立完善科技管理和运行机制。审计中要关注各地区、各部门科技经费管理以及国家重点科技项目立项遴选情况，重点揭示立项遴选机制不公开不透明，项目安排分散重复等问题。关注科技成果转化机制建立健全情况，重点揭示兼职和离岗创业、收益分配、科技成果转让流程等配套制度不完善，成果所有权和使用权处置难，项目验收或结题不及时、走形式等，以及由此造成的科技人员创新创业积极性不足、科技成果有效转化率低等问题。关注推进重大科技决策制度化和改革科技评价制度等情况，推动完善符合科技创新规律的资源配置方式，促进形成充满活力的科技管理和运行机制。

五、着力推动科技项目预算和财务管理改革。审计中要关注财政科研项目主管部门落实简化项目预算编制、下放直接费用预算调剂权、大幅提高人员费用比例、增加用于人员激励的绩效支出等情况，关注各级政府财政、发展改革、教育、国土资源、环保等部门落实简化科研仪器设备采购管理、扩大中央高校和科研院所基建项目自主权、简化用地和环评等手续情况，关注中央高校、科研院所根据工作需要调整差旅会议管理规定、优化教学科研人员出国审批程序、强化自我约束意识、完善内控机制情况，重点揭示改革不到位或进展迟缓，简单套用行政预算和财务管理方法管理科技资源等问题，推动建立健全体现科研人员智力价值的科技经费分配制度，完善经费报销制度，促进科技经费更好地服务于人的创造性活动。

六、着力推动相关主管部门履职尽责。审计中要关注科技管理部门落实抓战略、抓规划、抓政策、抓服务要求，构建科技创新平台、改革科技评价制度、加强知识产权保护、推进科技成果转化等情况，重点揭示服务机制不健全、评价机制不科学、检查评审过多、管理信息系统滞后、科技成果转化激励机制不到位和转化平台不完善等问题，促进相关部门转变职能、推进科技领域的“放管服”改革，减少科技项目行政审批，真正赋予科研院所、高校和企业等开展科研更大的自主权，赋予领衔科技专家更大的技术路线决策权、经费支配权、资源调动权。

七、着力推动科技经费加大投入和有效使用。审计中要关注各级政府科技经费预算安排、资金拨付和使用情况，重点揭示财政科技投入不足、资金分配“小、散”、资金拨付不及时造成大量沉淀，以及科技资金“管得过死”等影响科研项目实施进度和效果的问题，促进加大财政科技投入、提高资金使用效益。关注国家财政、税收、金融等各项科技创新相关优惠政策执行情况，是否真正起到引导企业、单位、社会团体增加科技研发投入的作用。关注科技资金的安全，重点揭示相关部门和单位借科技项目之名，以权谋私、截留侵占、贪污私分、挥霍浪费科技资金，以及有关主管部门和人员在科技资金分配管理中利用职权违法违纪向特定关系人输送利益等问题。

八、着力推动鼓励创新和保护创新。审计中要贯彻中央关于鼓励创新、宽容失败的要求，注重保护科技创新中的新生事物，注重保护科技人员的创新性和积极性，注重维护科研人员的合法权益，推动完善保障和激励创新的分配制度。对突破原有制度或规定，但符合科技创新大会精神，有利于提升科技创新能力，有利于科技创新目标实现，有利于推动科技成果转化，有利于为经济发展注入新动力，有利于促进经济社会协调发展，有利于保障国家安全的创新举措，要坚决支持，鼓励探索。要积极发现破解科技创新难题的好做法好经验，促进总结和推广。

九、着力推动完善体制制度机制。审计中要贯彻科技体制及其相关体制改革要求，对制约和阻碍创新驱动发展战略贯彻落实，制约和阻碍“双创”环境优化，制约和阻碍提高科技资金绩效，制约和阻碍科技成果转化等体制机制性问题，要及时反映，推动破除制约创新的体制机制障碍。要关注影响科技创新的深层次问题，关注创新中出现的新情况新问题，推动完善科技制度和深化改革，促进形成新的制度或规定。

十、着力推动审计工作创新。各级审计机关要解放思想、锐意创新，推动审计理念思路的与时俱进、审计制度机制的与时俱进、审计方式方法的与时俱进。要加快审计信息化建设，广泛运用数字化审计方式，归集数据、分析数据、查找疑点、综合提炼，大幅提高审计的精准度和时效性。要注重从宏观层面进行大数据关联分析，提高研判宏观经济发展趋势、感知经济社会运行风险、发现违纪违法问题线索的能力。要加强对国家战略、公共政策、宏观经济形势的研究，加强审计实践的理论总结和提炼，提升审计工作的层次和水平。

审计署
2016 年 6 月 3 日

审计结果公告

中华人民共和国审计署 审计结果公告 （2016年第1号）

2015年11月稳增长促改革调结构惠民生防风险政策措施贯彻落实跟踪审计结果

（2016年1月12日公告）

2015年11月，审计署继续组织对31个省、自治区、直辖市（以下统称省）和29个中央部门、7户中央企业落实稳增长促改革调结构惠民生防风险政策措施情况的跟踪审计，重点审计了铁路、水利、保障性安居工程等重大项目推进，简政放权、重大政策落实以及部分资金管理等情况。

从审计情况看，相关部门和地区积极采取措施，切实落实简政放权、减轻中小企业负担等政策措施，取得较好成效。本次审计重点抽查了516个项目、中央资金553.3亿元，典型问题如下：

一、重点项目推进方面。一是88个铁路、水利、保障性安居工程、城市基础设施等项目进展缓慢。二是中国铁路总公司下属单位虚报投资完成额12.06亿元；1个省虚报2条高速公路投资完成额58.75亿元，1个省5个区县虚报完成改善农村通村公路里程1281.2公里；2个省2个区县虚报农村饮水安全目标任务完成量。三是4个省4个市（区）8246套竣工验收1年以上的保障性住房尚未分配入住；1个省2个县以前年度建成的农村饮用水安全工程未发挥效益。

二、重大政策落实方面。一是国家能源局华东监管局未按规定对4家企业的8台违建发电机组并网运行行为进行有效监管。二是广西壮族自治区崇左市支持农民工创业项目、内河船型标准化中拆解改造船舶和新建示范船工作推进缓慢。三是广东省有9606名不符合农村危房改造补助条件的人员列为补助对象；重庆市有569名不符合条件的人员领取低保金29.94万元；福建省仙游县38户非贫困户违规享受中央财政扶贫资金11.4万元。

三、简政放权方面。一是青岛、南京海关下属企事业单位运用政务平台系统数据，经营与海关履职相关业务向企业收费。二是全国中小企业股份转让系统收费未严格履行审批程序，增加中小企业负担。三是河南省部分地区的城建档案馆违规向建设单位收取城建档案保管费2587.56万元。四是山东省将企业预缴散装水泥专项资金作为办理行政许可前置条件，且超规定比例将专项资金用于人员经费支出。

四、资金管理方面。一是2个省相关部门审核把关不严，个别单位弄虚作假申请中央资金9044万元。二是财政部下达煤矿安全改造项目和煤矿重大灾害治理示范工程项目预算指标晚，影响相关工作进展。三是2015年度水污染防治专项资金落实到具体项目缓慢。四是16.46亿元国有资本经营预算资金长期结存未按计划使用。

本次还检查了前期跟踪审计发现问题的整改情况。从检查情况看，水利部、农业部、交通运输部、工商总局等中央部门和广西壮族自治区、贵州省、内蒙古自治区、甘肃省等地方人民政府高度重视跟踪审计反映的情况，及时采取措施、认真纠正问题，对一些单位和个人弄虚作假、不作为、乱作为、慢作为等问题，严肃追责问责，推动政策措施贯彻落实。

附件：1. 审计发现的主要问题

2. 整改取得较好效果的案例

附件 1：

审计发现的主要问题

一、重点建设项目推进方面

本月重点审计了铁路、水利、保障性安居工程、农村危房改造、农村公路、农村饮水安全工程推进情况，还关注了高速公路、跨河公路桥梁、城市污水处理设施等重大项目的推进情况。发现的主要问题有：

（一）铁路建设方面。

1. 中国铁路总公司下属单位虚报投资完成额 12.06 亿元。

序号	项目名称	涉及单位	上报投资完成额（万元）	实际投资完成额（万元）	虚报投资完成额（万元）
1	京广铁路自动闭塞、通信及牵引供电设备改造工程	北京铁路局石家庄指挥部	128100	22295.29	105804.71
2	通信基础网设施改造项目	哈尔滨铁路局	29120	25073.36	4046.64
3	达州车站扩能改造项目	成都铁路局达州指挥部	8852	5024	3828
4	重庆枢纽团结村站货场扩能改造工程项目	成都铁路局重庆建筑段	10542	7261.33	3280.67
5	南昌铁路局机务整备能力加强工程	南昌铁路局工程管理所	6764	5791.43	972.57
6	南昌铁路局通信基础网设施改造工程	南昌铁路局工程管理所	3536	2504.20	1031.80
7	阁老坝站南货场项目	成都铁路局工程管理所	4100	2427.75	1672.25

2. 部分计划 2015 年新开工铁路项目进展缓慢。可行性研究报告已获批复的 66 个拟新开工项目中，有 42 个尚未开工，涉及年度投资额 100.84 亿元。如中国铁路总公司下达 2015 年度计划新开工项目叙永至毕节铁路年度投资计划 13 亿元，但因各出资方未能就相关条款达成一致意见，导致投资计划无法落实到项目实施单位，至 10 月底仅完成前期投资 1414.45 万元，项目尚未开工。

3. 沈阳市未落实拆迁资金，导致沈西工业走廊火石岗至渤海铁路项目无法按期投入运营。该项目跨经沈阳、盘锦和鞍山 3 个市，计划投资 36.86 亿元，计划完工日期为 2015 年 3 月。至 2015 年 10 月底，因沈阳市政府尚未落实征地拆迁资金 113750 万元，征地拆迁无法开展，使沈阳段 52 公里铁路尚未开工，已完工的盘锦、鞍山段线路也无法按期投入运营。此外，辽宁省安排的该项目征地拆迁补助资金中，有 7950 万元被沈阳市辽中县政府挪用于基础设施建设等，有 5000 万元在沈阳市沈阳经济技术开发区财政局闲置 10 个月。

（二）水利工程方面。

抽查发现，2 项水利工程由于征地拆迁等工作不到位，导致项目进展缓慢。

序号	省份	项目名称	存在问题
1	浙江省	诸暨市高湖蓄滞洪区改造工程	2014 年 12 月，浙江省发展改革委批复建设诸暨市高湖蓄滞洪区改造工程，计划总投资 22.01 亿元，2015 年计划投资 1 亿元，截至 2015 年 10 月底，该项目征地拆迁工作尚处于前期准备阶段，累计完成投资 1317.79 万元，仅占 2015 年投资计划的 13.18%，工程建设进度缓慢
2	云南省	昆明市东川区轿子山水库工程	轿子山水库工程总投资为 6.64 亿元，2013 年至 2015 年，云南省和昆明市下达工程投资计划合计 2.2 亿元，要求主体工程于 2015 年底前开工。截至 2015 年 11 月 11 日，累计完成投资 7142 万元，核心部分拦河坝—溢洪道工程仍未开工

（三）保障性安居工程方面。

1.4个省4个市（区）竣工1年以上的8246套保障性住房尚未分配入住。

序号	省份	存在问题
1	河北省	唐山市2012年以前开工建设、2014年11月以前竣工验收的3533套廉租房和公租房尚未分配入住
2	重庆市	2012年12月，巴南区花溪苑廉租房完成1300套住房的竣工验收，截至2015年10月底，尚有417套未分配入住
3	陕西省	2012年至2014年10月底，西咸新区保障性住房共计竣工验收5300套，截至2015年10月底，尚有3641套未分配入住
4	辽宁省	2014年8月，大连高新技术产业园区管理委员会建设的1634套公租房竣工验收，截至2015年11月16日，尚有655套未分配入住

2. 黑龙江省漠河县保障性住房项目进展缓慢。2011年3月，大兴安岭地区漠河县人民政府在未摸底调查的情况下，决定在距离北极村8公里外的龙岛新建林区棚户区安置住房用于打造旅游名镇及安置部分居民等。6月，该棚户区改造项目正式开工。而入户调查显示，仅3成危旧房屋居民同意搬迁改造。2012年底该项目主体工程完工后，配套设施至今未建设完成，涉及24栋828套住房的8655.55万元投资。

（四）农村公路方面。

四川省达州市虚报完成改善农村通村公路里程1281.2公里。四川省达州市及5个下属区县交通运输局，将不属于农村通村公路统计范围且不符合村道建设标准的农户入户道路作为完成改善农村通村公路里程上报，共上报完成改善农村通村公路里程2838.8公里，比实际完成数1557.6公里多报1281.2公里。

（五）农村饮水安全工程方面。

1.2个省个别地区虚报农村饮水安全目标任务完成量。

序号	省份	地区	存在问题
1	黑龙江省	哈尔滨市双城区	2015年10月底，哈尔滨市双城区上报农村饮水工程已建成集中供水工程64处，完成投资8986万元，已解决13.32万农村居民饮水问题。经核实，上述64处集中供水工程中仍有11处未实现通水到户，占上报建成的17.19%，计划解决的39个屯、2.73万人饮水安全任务实际未完成，占上报解决饮水安全问题总人数的20.5%
2	辽宁省	沈阳市康平县	2015年10月底，辽宁省康平县上报农村饮水安全工程投资完成额7130万元。经核实，截至2015年11月12日，康平县农村饮水安全工程实际完成投资6805.62万元，虚报投资完成额324.38万元，虚报解决饮水安全人数3.01万人

2. 安徽省霍邱县、枞阳县以前年度建成的农村饮用水安全工程未发挥效益。一是霍邱县高镇自来水厂集中供水工程项目于2010年12月竣工验收，计划解决1.25万人饮水安全问题。2013年扈胡镇政府将该水厂交付第三方承包经营时，主供水管网渗漏导致无法正常供水，至2015年10月底仍处于停止供水状态，1.25万人饮水安全问题未实际解决。二是根据2012年枞阳县农村饮水安全工程实施方案，枞阳县农村饮水安全工程水质检测中心获批项目资金160.1万元，用于水质检测中心办公场所建设和设备购置，由于枞阳县水质检测中心没有配备具有相关资质的专业技术人员，至2015年10月底仍无法开展水质检测工作，2014年11月购置的水质监测设备闲置。

（六）5个省21个污水处理项目进展缓慢。其中，有5个项目由于地方自筹资金未到位等原因未开工；16个项目由于征地拆迁工作未完成、前期工作准备不充分等原因未按计划开工或完工。

省份	项目个数	项目名称	计划总投资（亿元）	存在问题
黑龙江省	4	林口县刁翎镇污水处理工程、古城镇污水处理工程、柳树镇污水处理工程、林口县污水处理厂再生利用工程	2	2013年8月，黑龙江省发展改革委下达中央预算内投资2590万元，计划2014年完工。截至2015年11月底，因地方自筹资金不到位，4个重点流域水污染治理项目仍未开工
贵州省	8	贵州赤水河流域四市（县）污水处理厂污泥集中安全处置工程等8个项目	2.27	由于征地拆迁未完成、前期论证工作不充分等，8个项目未按计划完工
四川省	1	乐山市第三污水处理厂配套管网项目	0.32	2012年9月收到中央专项资金，2013年3月立项，由于建设资金不足导致该项目截至2015年11月底仍未开工
辽宁省	1	抚顺县县城污水治理工程	0.51	该项目计划建设工期2014年4月至2015年9月。截至2015年11月底，污水处理厂主体工程已建成，但污水提升泵站、污水管网和中水回用管线尚未建设，实际完成投资2780万元，占计划总投资的54.28%
云南省	7	昆明主城北片排水管网完善工程（二环路外五华区）等7个项目	10.95	2011年9月至2015年10月底，7个项目共收到财政补助资金11200万元，由于项目所依托的城市道路项目和城中村改造计划推迟实施或反复调整等，截至2015年11月底，7个项目均未开工
合计	21		16.05	

此外，由于建成后环境监测不达标或配套设施不完善，致使已建成的昆明主城区城市污水处理厂污泥处理处置工程、西安国际港务区污水处理厂特许经营项目（一期）闲置，未发挥治理效果，涉及投资4.58亿元。

（七）北京市通州区马驹桥口岸项目进展缓慢。该项目于2011年2月启动，属于北京市“十二五”期间重点工程，按工程计划进度，应于2013年一季度取得土地使用权等并开工建设，于2015年12月竣工。但至2015年11月20日，该项目用地5个地块中，尚有3个地块未取得土地使用权，已取得土地使用权的2个地块也仍未开工建设。

（八）天津市自行改变海河下游通航标准，导致总投资10.23亿元的3个跨海河桥项目停工、116.87亿元的西外环高速公路项目进展缓慢。交通运输部1998年评定，海河干流为内河一级航道。而天津市2010年同意海河下游地区新建桥梁按照内河四级航道标准建设。此后开工建设的安阳道跨海河桥（总投资5.71亿元）、于新道跨海河桥（总投资3.45亿元）、唐津高速公路扩建工程跨海河桥（总投资1.07亿元）、西外环高速公路（总投资116.87亿元）的节点工程——跨海河特大桥4座桥梁，均按内河四级航道标准规划设计并施工。因通航标准调整未经交通运输部等批准，上述项目无法办理《中华人民共和国水上水下活动许可证》，被海河海事局停止水上作业，最长停工达43个月。

（九）甘肃省虚报2条高速公路投资完成额58.75亿元。2015年10月，甘肃省交通运输厅向交通运输部上报肃州至酒泉高速公路、白疙瘩（蒙甘界）至明水（甘新界）高速公路2个项目投资完成额36.5亿元、50亿元，共86.5亿元。经核实，上述2个项目实际完成投资仅分别为1.75亿元、26亿元，共虚报58.75亿元。

（十）河南省平顶山市石龙区9个独立工矿区改造搬迁项目进展缓慢，塌陷区内2000户居民无法按期入住安置小区、学生无法就近入学。2013年6月至2015年6月，国家发展改革委共批复平顶山市石龙区11个独立工矿区改造搬迁项目，计划总投资8.01亿元（含中央预算内投资1.9亿元和企业自筹6.11亿元），要求2015年4月底前全部开工，其中6个项目应于2015年6月底前完工。但至2015年10月底，由于4.88亿元企业自筹资金未到位，导致5个项目未按时开工、4个项目未按时完工，计划安置的塌陷区内2000户居民无法按期入住安置小区；计划容纳36个班、1620名学生食宿的1所中心小学未按期建成，塌陷区内学生无法就近入学。

（十一）教育部中央专项彩票公益金支持青少年校外活动场所建设项目进展缓慢。为落实《国家中长期教育改革和发展规划纲要（2010—2020年）》，2011年，教育部、财政部启动中央专项彩票公益金支持地级市示范性综合实践基地项目建设（以下简称示范基地项目），每个项目中央财政一次性补助3000万元。抽查发现，至2015年11月，有8个项目资金下达1年以上仍未开工，如上海市、黑龙江省牡丹江市、辽宁省鞍山市3个示范基地项目于2012年立项，由于方案审批耗时长、前期工作不充分、资金下达后多次变更建设地址等原因，将近3年仍未开工，中央财政资金8573.48万元闲置，其中牡丹江市示范基地项目已被取消资格。

二、重大政策落实方面

（一）国家能源局华东监管局未按规定对4家企业的8台违建发电机组并网运行行为进行有效监管。2005年10月至2007年7月，安徽华电六安电厂、皖能铜陵发电有限公司、宿州热电有限公司和上海奉贤燃机发电有限公司4家企业建设的8台发电机组（总装机容量1447.5兆瓦）未经核准也未取得发电类电力业务许可证即并网发电。2013年6月电力监管职能划归国家能源局后，国家能源局华东监管局未对上述事项进行有效监管。2013年至2015年11月20日期间，安徽省和上海市的相关单位在上述8台发电机组不具备并网发电资格的情况下，累计向其下达发电量计划108.08亿千瓦时，且发电计划均抄送国家能源局华东监管局，至2015年11月，上述发电计划已完成。

（二）广西壮族自治区崇左市支持农民工创业项目推进缓慢。至2015年11月，崇左市本级和各区县共收到自治区安排的农民工创业担保贷款贴息、农民工创业孵化基地补助、农民工创业园建设试点项目补助和农民工培训实训基地建设补助等2015年农民工创业扶持补助资金1254.12万元，因创业孵化基地和农民工创业园建设进度慢、农民工创业担保贷款基金和贷款对象未落实等原因，上述补助资金全部结存在市县财政，相关工作推进缓慢。

（三）内河船型标准化中拆解改造船舶、新建示范船工作进展缓慢。2013年8月，交通运输部、财政部会同全国18个省市联合制发《“十二五”期间推进全国内河船型标准化工作实施方案》，细化了“十二五”期间内河船型标准化率、节能减排与防污染指标和内河船舶平均吨位等标准化指标。截至2015年10月底，经船东申请，交通运输、财政主管部门核准，全国需拆解改造船舶共计19117艘，实际仅完成9233艘，占比48.3%；需新建示范船共计172艘，实际新建52艘，占比30.2%。2014年和2015年，国家财政安排内河船型标准化拆解改造新建补贴资金合计29.63亿元，至2015年10月，该项资金仅支付7.91亿元，占补贴资金的27%。

（四）广东省有9606名不符合条件的人员列为农村危房改造补助对象。广东省农村危房改造有关主管部门审核把关不严，将不符合农村危房改造补助条件的非贫困户1922人、除农村危房外还有其他住房的3575人、所居房屋危险等级不符合改造标准等条件的4109人列为补助对象。截至2015年11月20日，这些人员已有1708人所属房屋完成改造或验收，部分人员已经领取了补贴。

（五）重庆市有569名不符合条件的人员领取低保金29.94万元。2015年10月，重庆市有305名出资10万元以上经商办企业的企业股东不符合领取低保金条件，领取低保金14.92万元；有264名购买了轿车并在交通管理部门办理了车辆登记的个人不符合领取低保金条件，领取低保金15.02万元。

（六）福建省仙游县38户非贫困户违规享受中央财政扶贫资金11.4万元。其中，有25户拥有城镇商品房，有19户拥有汽车，有11户属于工商业主。

三、简政放权方面

（一）青岛、南京海关下属事业单位或企业运用政务平台系统数据等，经营与海关履职相关业务向企业收费。南京海关数据分中心下属江苏知贸网络科技有限公司、青岛海关数据分中心（以下分别简称江苏知贸公司、青岛数据分中心）通过“知贸通”“通关一点通”等软件，在代理报关企业按海关要求传输数据时，向企业提供规范化检查、数据校验等服务，并分别以每单最高12元、20元的标准向企业收费。其中，数据校验服务需要利用中国电子口岸平台等政务系统数据与之进行比对，且通过中国电子口岸政务平台服务器和线路传输。2014年，江苏知贸公司向代理报关企业提供上述服务收费涉及的报关单数占该关区同期报关单量的89%，2014年至2015年10月获得上述服务收入14015.3万元，收费业务利润率68.89%，并向南京海关数据分中心等股东单位分红7700万元（该企业股东均为南京海关所属单位或企业）；青岛关区内实际只有青岛数据分中心从事上述收费业务，2015年1月至10月该中心获得上述服务收入5346.2万元，收费业务利润率60.88%，并向青岛海关上缴4100万元。

（二）全国中小企业股份转让系统收费增加中小企业负担。2014年7月，全国中小企业股份转让系统设立面向挂牌企业的“挂牌仪式服务费”，对挂牌企业设定不同的收费档次，包括“基础套餐4万元、经济套餐6万元、精品套餐8万元”。截至2015年10月末，共收取挂牌仪式服务费4119.9万元。期间因提供挂牌仪式服务而实际发生的直接支出为376万元。

（三）河南省信阳、开封、三门峡三市的城建档案馆违规向建设单位收取城建档案保管费2587.56万元。城建档案管理部门属住房城乡建设或城市规划部门的直属事业单位，负责城市建设工程资料的收集、整理、登记、编目与保管工作。抽查发现，信阳、开封和三门峡三市的城建档案馆违反《国家档案局关于严格执行财政部发展改革委关于取消利用档案收费规定的通知》（档发〔2013〕3号）“全国各级档案部门（含各级各类档案馆）必须严格按照《通知》要求，立即停止所有利用档案收费，不得以任何理由拖延或者拒绝执行”的要求，对必须移交其保管的、不应收费的城建档案，自2014年1月至2015年10月末，向301家建设单位一次性预收10年至50年的档案保管费共计2587.56万元。

（四）山东省将企业预缴散装水泥专项资金作为办理行政许可前置条件，且超规定比例将专项资金用于人员经费支出。山东省2003年出台的《山东省散装水泥专项资金征收和使用实施细则》将预缴散装水泥专项资金作为建设单位办理规划、施工许可证的前置条件，占压了企业资金。2011年至2014年，山东省散装水泥专项资金支出24103.8万元，其中人员经费支出11785.39万元，占48.89%，不符合财政部、原国家经贸委《散装水泥专项资金征收和使用管理办法》（财综〔2002〕23号）“散装水泥、预拌混凝土等生产性开支不得少于当年散装水泥专项资金支出总额90%”的规定。

四、资金管理方面

（一）辽宁省个别企业弄虚作假申请中央补助资金3323万元。一是2014年9月，铁岭市佳信城市建设投资有限公司向国家发展改革委申请东北城区老工业区搬迁改造专项资金。所申请项目已于2012年4月进行开发并完成主体工程建设，但由于辽宁省铁岭市银州区发展改革局审核把关不严，该项目投资计划于2014年10月获得批复。2014年12月，铁岭市财政局将中央预算内资金2723万元拨付至铁岭市银州区财政局。截至2015年11月，中央资金2723万元已闲置10个月。二是铁岭天实机械有限公司用设计功能为食堂、宿舍、会议室且主体已完工的综合楼申报研发中心项目，申请东北城区老工业区搬迁改造专项资金600万元。由于辽宁省铁岭市银州区发展改革局审核把关不严，项目投资计划于2015年7月获得批复。2015年9月，该资金已拨付至铁岭市财政局。

（二）吉林省大安市交通运输局以已建成公路申请新建公路中央专项资金5721万元。2013年8月，为缓解地方财政压力、偿还已建成公路工程款等，吉林省大安市交通运输局将2012年已建成的9.54公里县级公路以新建公路列入2014年申报计划，吉林省交通运输厅等部门审核把关不严，于2014年9月获得中央专项资金5721万元。截至2015年10月，上述资金已由吉林省财政厅拨付至省交通运输厅，尚未拨付至大安市交通运输局。

（三）财政部下达投资计划预算指标过晚，影响地方项目建设进度。2015年7月21日，财政部收到国家发展改革委要求下达2015年煤矿安全改造项目和煤矿重大灾害治理示范工程项目中央预算内投资199882万元的特急文件，其中中央本级预算支出7967万元，专项转移支付191915万元。财政部10月15日才印发文件一并下达上述199882万元，距收到投资计划相隔86天。抽查黑龙江省发现，黑龙江省7月23日收到中央投资计划、10月26日收到中央预算文件，相隔95天，相关工作进展受到影响。

（四）2015年度水污染防治专项资金落实到具体项目缓慢，资金大量结存在地方财政部门。2015年7月，财政部下达17个省市2015年水污染防治专项资金预算50亿元，要求各省市按照相关规定将专项资金安排到具体项目。2015年7月28日，环境保护部、财政部办公厅发文要求有关省市于2015年8月20日前报送《水污染防治专项2015年度实施方案》，两部门2015年9月底组织专家对相关省市报送的方案及相关水体的年度实施方案进行技术指导，至11月5日，环境保护部向有关省市转发水污染防治专项实施方案技术指导意见，要求有关省市组织相关地市政府修改完善并批复相应水体实施方案。抽查江苏省、陕西省发现，截至2015年11月10日，7.51亿元专项资金仍未落实到具体项目。

（五）16.46亿元国有资本经营预算资金长期结存未按计划使用。审计抽查了13户国资委管理的中央企业2013年及以前年度国有资本预算使用情况，截至2015年10月底，有16.46亿元未按计划使用完毕，涉及9家企业的11个项目。其中：因项目选址变更、项目实施方案调整等原因导致项目实施进度慢未使用资金13.92亿元，因项目无法实现预期效益等原因导致项目停止实施未使用资金2.54亿元。上述资金结存时间1年以上2年以下的10.78亿元，2年以上的5.68亿元。

附件2：

整改取得较好效果的案例

一、水利部加快推进重大水利工程及农村饮水安全工程建设。水利部高度重视审计整改工作，及时召开落实审计报告专项工作会议，逐项研究制定具体整改措施，按照“一单位一单”的形式，逐项要求责任单位落实整改。为加快推进重大水利工程建设，成立了加快推进水利工程建设领导小组，与国家发展改革委联合印发了《加快推进重大水利工程建设任务分工方案》，印发了《关于加快推进水利工程建设实施意见》，与地方省级人民政府签订责任书，多次对中央水利建设投资计划执行情况进行月调度会商，明确整改事项和工作要求。截至2015年10月底，2014年安排的46项重大水利工程中央投资已完成377.9亿元，占年度投资计划的98.7%，对于尚未完成的2014年度投资计划，正在继续督促相关省份加快工程建设进度。对审计反映的部分地区虚报解决农村饮水安全人口问题，水利部共派出67个督查工作组，核查了2000多处工程建设情况，并对26个省发出整改通知，有力推动了工程建设。

二、农业部推动财务和项目管理工作规范化。农业部对审计发现的问题进行了全面通报，并印发通知要求各单位认真整改、及时纠正，严格执行相关制度规定。对审计中发现问题较多的下属单位开展了跟踪督导，及时掌握审计整改进度，提醒和督促有关单位严格按照审计要求在规定时间内完成整改；正在研究制定《农业部部门预算项目管理规则》《农业部部门决算审核细则》《农业部部门预算项目专项审计管理办法》，进一步推动财务和项目管理工作程序化、制度化、规范化。

三、交通运输部制定并落实《审计整改工作方案》。交通运输部高度重视审计发现问题的整改落实工作，多次召开会议要求部机关和各有关单位认真开展整改；研究制订了《审计整改工作方案》，强调以问题为导向，进一步健全完善各项制度和工作流程，加强财经纪律教育，加强督促检查；对审计查出的该部下属单位自定收费项目，对车辆生产企业开展的车型遴选试验收取申报费、检验费问题，已停止收费；对主管的潜水打捞协会仍在自行设置职业资格问题，已责成协会停止开展有关业务。

四、工商总局推动商事制度相关配套法律法规修订。工商总局高度重视“先照后证”改革后相关配套法律法规修订工作滞后的问题，从2015年5月开始，对涉及注册资本登记制度改革的部门规章和规范性文件进行了全面梳理，整理出涉及32个部门、98部部门规章的注册资本登记制度改革需修改文件目录，印送国务院各部委和各直属机构，供其清理工作参考。截至2015年9月底，有85个规章和规范性文件已经修改完成，102个规章和规范性文件已列入部门立法计划或正在修改等。

五、广西壮族自治区及时整改精准扶贫中存在的问题。审计指出广西壮族自治区马山县精准扶贫工作推进不力、大量扶贫资金结余、部分扶贫对象不符合建档立卡标准等问题后，自治区党委、政府均高度重视，立即开展相关整改工作。截至12月4日，已将以前年度结转结余的扶贫资金7056.14万元全部安排到186个项目，其中132个项目已完成建设，54个项目正在实施；追回52人违规获取的小额贷款贴息和城乡低保补助资金9.45万元后上缴国库；对马山县扶贫办、财政局、相关乡镇等单位有关责任人进行了严肃追责，共问责乡科级以下干部46人，其中立案26人，诫勉谈话16人，通报批评4人。

六、贵州省加快保障性住房配套设施建设。审计指出贵州省贵阳市15个保障房项目市政基础设施配套不完善，导致30855套保障性住房未能及时投入使用问题后，贵州省委、省政府以及贵阳市委、市政府对该问题迅速落实整改。一是贵州省政府下发《关于进一步加快保障性住房分配入住工作的紧急通知》，派出住建、监察、发展改革、督查等部门组成的调查工作组，开展现场调查、督促整改；二是贵阳市政府制定了《保障房配套基础设施建设责任分解表》，筹集资金，倒排工期，交叉作业，明确专班专人推进落实，截至12月上旬，已有3个项目3198套保障房整改完毕，达到入住条件并完成分配；三是启动问责程序，拟对涉及的慢作为干部进行问责。

七、内蒙古自治区加紧清理违规享受低保政策人员。审计指出内蒙古自治区884名财政供养人员违规享受低保问题后，内蒙古自治区领导高度重视，自治区民政厅印发《关于做好违规享受低保政策人员审计整改工作的通知》，对整改工作进行了安排部署。截至2015年11月底，制定出台了《内蒙古自治区社会救助办法》，完善了自治区社会救助政策体系；对49名相关责任人给予行政记大过、行政记过等处分，对有关旗县（市、区）政府领导人员进行了诫勉谈话；对其中个别故意隐瞒家庭收入和财产状况恶意骗保的对象，移交检察机关查处，并追回违规领取的资金上缴国库。

八、甘肃省庆阳市及时纠正违规收费行为。审计指出甘肃省庆阳市规划局将行政审批相关事项委托或变相指定庆阳市蓝创规划设计研究室办理，并违规收取费用的问题后，庆阳市立即责成规划局停止违规收费行为，并注销蓝创规划设计研究室。违规收取的费用在用于缴纳税款、偿还企业债务和支付注销费用之后，余额全部上缴国库。同时，给予庆阳市规划局时任党组书记、局长党内严重警告、行政撤职处分，给予庆阳市规划局党组成员、副局长撤销党内职务、行政撤职处分。

中华人民共和国审计署审计结果公告（2016年第2号）

审计署关于1724宗矿业权的审计结果

（2016年1月28日公告）

根据《中华人民共和国审计法》的规定，2015年，审计署对辽宁省、山东省、四川省、甘肃省、青海省和新疆维吾尔自治区（以下统称6省区）的煤炭、有色金属等矿业权及矿产资源相关资金管理情况进行了审计，重点抽查了6省区29970宗有效探矿权、采矿权（以下统称矿业权）中的1724宗（附件1），以及这些地区2013年至2014年矿业权价款和使用费等矿产资源资金收支情况，重要事项追溯到以前年度。总的来看，有关地方和部门重视矿产资源管理，能够贯彻落实矿业权有偿取得和矿产资源有偿使用相关法规制度，加强矿产资源规划管理和勘查开采监督，积极推动煤矿整顿关闭、矿产资源开发整合和矿业企业兼并重组，强化矿业权出（转）让交易和矿产资源相关资金征收管理，持续加大投入矿产资源勘查力度，取得了一定成效，资源保障程度和资源开发保护水平有所提高。但审计也发现，一些地方监管执法不严，有391宗矿业权在审批、出（转）让和开发管理中，存在违法违规损害国有资源资产和生态环境等问题。

一、矿业权审批和管理制度落实不到位，违规审批出让行为多发。抽查的矿业权中发现此类问题的有88宗（附件2）。具体包括：在未经价款评估、储量评审等情况下，违规批准转让处置42宗矿业权；违规批准设立、延续未按规定缩减勘查范围或矿区重叠等不符合条件的25宗矿业权；未按规定履行“招拍挂”程序，以协议方式定向出让18宗矿业权；采取“化大为小、化整为零”等方式，超越或规避审批权限审批出让3宗矿业权。

审计还发现，2006年至2014年，部分地方无序勘查开采，有的无证勘查开采或“圈而不探”，有的未经批准违规擅自改变勘查矿种，有的矿山企业安全生产、采矿许可等证件不全、违规未批先建，有的违规越界开采或“以采代探”非法开采，还有的超核定生产能力开采。

二、违规转让或收购矿业权，造成国有权益损失或相关企业个人获取不正当利益。抽查的矿业权中发现此类问题的有92宗（附件3），主要是国有矿业企业与民营矿业主在矿业权及相关股权交易中，通过不评估、干预评估、“先定价、后评估”、在改制重组时隐匿涉矿资产等方式，操控价格低卖高买。有的国有企业在矿产品交易中通过增加中间环节向特定对象输送利益，还有5户国有企业在收购有关境外矿产资源中，尽职调查和风险防范措施不到位，甚至违规操作，面临重大损失风险。从矿业权评估机构执业情况看，现行评估准则选择性操作空间大，有的评估机构借机按事先约定价格出具评估报告，监管部门却无法追究其责任，抽查发现6宗矿业权交易中存在按照委托方授意，调整评估方法、开采规模和储量等关键参数的问题，涉及7家评估机构。

三、违规利用勘查资料获取或开发矿业权，造成国有权益损失或相关企业个人获取不正当利益。抽查的矿业权中发现此类问题的有104宗（附件3），主要是国有地勘单位改制前积累的地质勘查资料等成果未有效归集管理，改制后被少数内部人掌控，利用这些非公开信息介入矿业权申报或交易，从中牟取私利。有的国有地勘单位或个人利用掌握的地勘数据和内部信息，以个别领导及职工持股企业名义低价取得矿业权，将国有权益转为小团体利益；有的国有地勘单位取得相关矿业权后，以合作勘查等方式不经评估低价转让给特定对象，涉嫌输送利益。从抽查情况分析看，地勘单位属性定位不清晰、改革不到位，一些地方由多部门分头管理，部门间权责界定不清、信息沟通不畅，监管缺位与过度干预并存，是违法违规问题多发的重要原因。目前，部分地方仍未制定矿产地清理制度或完成清理工作，国家出资探明矿产地的管理、登记、统计和报告制度尚未普遍建立和有效落实。

四、资源资产保护责任不落实，存在生态环境安全隐患。抽查的矿业权中发现此类问题的有107宗（附件4），主要是违反自然保护区管理等规定，违规批准在禁采区内设立63宗矿业权；有关自然保护区设立之前已经存在的44宗矿业权，在退出机制不健全的情况下，国土资源部门为其办理了延续审批手续。生态环境治理方面，2009年实施矿山地质环境治理恢复保证金制度以来，辽宁省和青海省保证金收缴管理不到位，有826户企业欠缴共12.75亿元；6省区还闲置滞留矿山地质环境治理等资金共24.31亿元。与此同时，由于配套资金不到位等原因，辽宁省、四川省、甘肃省至2014年底有12个矿山地质环境治理项目未如期开工或竣工。有的已实施项目还存在质量问题和安全隐患。

五、矿产资源收入征缴使用不规范问题仍然存在（附件5）。收入征缴方面，至2014年底，6省区国土资源等主管部门欠征的矿产资源收入（不含矿山地质环境治理恢复保证金）共计29.53亿元。资金使用方面，2009年至2015年，6省区未按规定用途使用和挤占挪用矿产资源相关资金6.28亿元，其中4.8亿元用于投资设立企业，0.6亿元违规出借给民营企业，0.88亿元用于人员经费等开支。

对上述问题，审计署已依法出具审计报告、下达审计决定。审计发现的涉嫌违法违纪问题线索，已经或正在依法移送有关部门进一步查处。

上述6省区正在按国土资源部统一部署，组织开展矿产资源领域专项整治行动，通过追缴、没收违法所得、按原渠道归还资金等措施，至2015年底，整改违法违规问题金额共计8.47亿元。下一步，审计署将继续跟踪整改情况。涉嫌违法违纪问题线索，待有关部门依法查处后再行公告。

附件：

1. 重点抽查的1724宗矿业权分布情况
2. 违规审批办理矿业权情况
3. 违规转让、收购或利用勘查资料开发矿业权情况
4. 资源资产保护责任未落实的矿业权情况
5. 欠征和违规使用矿产资源相关资金情况

附件1：

重点抽查的1724宗矿业权分布情况

序号	省份	矿业权宗数
1	新疆	702
2	山东	463
3	四川	168
4	甘肃	151
5	青海	135
6	辽宁	105
合计		1724

附件2：

违规审批办理矿业权情况

问题类型	省份	违规问题涉及的矿业权宗数	违规问题发生时间
一、在未经价款评估、储量评审等情况下，违规批准转让处置矿业权	辽宁	26	2002年至2014年
	新疆	8	2008年至2012年
	山东	5	2005年至2009年
	甘肃	2	2009年、2010年
	青海	1	2013年
	小计	42	
二、违规批准设立矿区重叠等不符合条件的或延续未按规定缩减勘查范围的矿业权	山东	2	2012年
	辽宁	8	2008年至2014年
	新疆	7	2008年
	青海	4	2011年至2013年
	四川	3	2011年至2013年
	甘肃	1	2007年
	小计	25	
三、未按规定履行“招拍挂”程序，以“申请在先”或协议方式定向出让矿业权	辽宁	7	2007年至2008年
	青海	5	2006年至2011年
	山东	3	2005年至2010年
	四川	2	2006年、2009年
	甘肃	1	2008年
	小计	18	
四、采取“化大为小、化整为零”等方式，超越或规避审批权限审批出让矿业权	四川	2	2007年
	甘肃	1	2013年
	小计	3	
合计		88	

附件3：

违规转让、收购或利用勘查资料开发矿业权情况

问题类型	省份	违规问题涉及的矿业权宗数	违规问题发生时间
一、违规转让或收购矿业权	青海	44	2002年至2014年
	山东	16	2009年至2013年
	四川	13	2006年至2014年
	甘肃	9	2007年至2010年
	辽宁	7	2006年至2010年
	新疆	3	2007年至2012年
	合计	92	
二、违规利用勘查资料获取或开发矿业权	新疆	44	2004年至2012年
	辽宁	25	2004年至2010年
	山东	23	2006年至2013年
	青海	8	2005年至2011年
	四川	4	2006年至2011年
	合计	104	

附件4：

资源资产保护责任未落实的矿业权情况

问题类型	省份	违规问题涉及的矿业权宗数	违规问题发生时间
违规在禁采区批准设立矿业权或为在自然保护区设立之前已经存在的矿业权办理延续手续	山东	49	2010年、2014年
	新疆	9	2002年至2014年
	青海	32	2003年
	四川	16	2008至2011年
	辽宁	1	2013年
	合计	107	

附件5：

欠征和违规使用矿产资源相关资金情况

问题类型	责任单位	主要违规问题	违规问题发生时间	违规金额（万元）
一、欠征矿产资源相关资金	山东省国土资源厅	欠征矿业权价款和矿产资源补偿费	截至2014年底	175333.16
	甘肃省国土资源厅	欠征采矿权价款和使用费	截至2015年5月底	1518.55
	甘肃省矿产资源补偿费征收管理办公室	欠征矿产资源补偿费	截至2015年5月底	251.75
	甘肃省肃北蒙古族自治县国土资源局	欠征矿产资源补偿费	截至2015年5月底	3241.44

（续表）

问题类型	责任单位	主要违规问题	违规问题发生时间	违规金额（万元）
一、欠征矿产资源相关资金	辽宁昌图县国土资源局	欠征探矿权价款	截至2015年6月底	4551.34
	辽宁清原满族自治县国土资源局	欠征矿业权价款	2013年和2014年	1600.57
	辽宁清原满族自治县国土资源局	欠征矿产资源补偿费	2013年和2014年	277.97
	辽宁本溪市国土资源局	欠征矿产资源补偿费	2009年至2014年	461.48
	辽宁丹东市国土资源局	欠征矿产资源补偿费	2013年和2014年	400.32
	辽宁建平县国土资源局	欠征矿产资源补偿费	2012年至2013年	181.38
	辽宁大连市国土资源局	欠征矿产资源补偿费	2013年和2014年	23.81
	青海省国土资源厅	欠征矿产资源补偿费、矿业权价款和使用费	截至2014年底	39706.02
	四川省国土资源厅	欠征采矿权价款	截至2014年底	7480.51
	四川凉山州国土资源局	欠征探矿权价款	截至2015年5月底	8000.00
	四川雅安市国土资源局	欠征采矿权价款	截至2014年底	872.28
	四川宜宾市国土资源局	欠征采矿权价款	截至2015年8月底	3322.00
	四川乐山市国土资源局	欠征采矿权价款	截至2014年底	2539.95
	四川雅安市国土资源局	欠征采矿权价款	截至2015年6月底	10000.00
	新疆维吾尔自治区国土资源厅	欠征采矿权价款	截至2014年底	35547.50
	合计			295310.03
二、违规使用矿产资源相关资金	甘肃省财政厅	将矿业权使用费和价款收入用于拨付企业国有资本金	2013年至2014年	48000.00
	青海省海西州发展投资有限责任公司	将海西州矿业权价款分成收入出借给青海碱业有限公司	2009年1月和3月	6000.00
	青海省海西州发展投资有限责任公司	将海西州矿业权价款分成用于购买矿业权	2010年11月	1800.00
	四川龙蟒集团有限责任公司和四川安宁铁钛股份有限公司	将中央财政矿产资源节约与综合利用等专项资金用于支付与项目建设无关的土地及林地补偿款等	2011年1月至2014年12月	5931.70
	四川川地矿业投资有限公司	将国外矿产资源风险勘查专项资金用于日常经费支出	2010年11月至2014年12月	517.94
	四川省地矿局一〇八地质队	将国外矿产资源风险勘查专项资金用于日常经费支出	2010年11月至2014年12月	5.76
	四川省地矿局川西北地质队	将国外矿产资源风险勘查专项资金用于与项目无关的支出	2010年9月至2014年12月	81.53
	成都理工大学	将中央地质调查项目资金用于个人出国支出	2013年4月至5月	12.00
	山东省煤田地质局物探测量队	将山东省财政厅安排的鲁西南含煤区页岩气资源潜力调查评价专项资金用于其他支出	2014年12月至2015年7月	550.00
	合计			62898.93

中华人民共和国审计署审计结果公告（2016年第3号）

2015年12月稳增长促改革调结构惠民生防风险政策措施贯彻落实跟踪审计结果

（2016年2月24日公告）

2015年，审计署以保障国家重大政策措施和宏观调控部署贯彻落实，促进经济平稳运行、健康发展和转型升级为目标，组织对31个省、自治区、直辖市（以下统称省）和29个中央部门、7户中央企业落实稳增长促改革调结构惠民生防风险重大政策措施情况持续进行跟踪审计，其中12月对1至11月审计查出问题的整改情况进行了跟踪核查，同时重点检查了民生、环保、交通等领域项目推进及简政放权、创业创新等政策措施落实等情况。现将有关情况报告如下：

一、2015年跟踪审计整改情况

2015年，各级审计机关在跟踪审计中检查各类项目共计7.28万个，累计抽查相关单位10.58万个，其中审计署直接派出的审计组检查项目5510个，抽查单位5286个，查出问题3260个。对审计查出的问题，审计机关在定期出具审计报告的同时，及时向社会公告并跟踪督促整改落实。

从跟踪审计的总体情况看，相关部门和地区认真贯彻落实党中央、国务院重大决策部署，主动适应经济发展新常态，深化经济体制改革，加快转方式调结构，强化民生保障和风险防控，推动重点工作取得积极进展。对审计查出的问题，有关部门和地区认真整改，对一些单位和个人不作为、慢作为、乱作为等问题，严肃追责问责，推动了政策措施贯彻落实。

（一）促进重大项目加快建设。对审计报告持续反映的铁路、水利、保障性住房等重大项目前期审批环节多、时间长、部分项目进展缓慢，以及虚报开工及完工量，已建成项目闲置等问题，相关部门和地区积极规范审批流程、加快项目建设、强化项目管理、促进项目尽快建成并投入使用。截至2015年末，已促进新开工、完工项目9408个，推动9454个项目加快了审批或实施进度。

（二）促进财政资金统筹盘活。对审计查出的部分地区和单位财政存量资金盘活力度不大、配套资金不到位以及财政资金拨付进度缓慢、支付不及时和使用效益不高等问题，各级财政部门通过分类整合、加快下拨等方式积极落实整改。截至2015年末，促进相关部门和地区加快下达财政资金5288.22亿元，落实配套资金551.36亿元，促进收回结转结余资金1144.25亿元，整合和统筹使用专项资金732.1亿元。

（三）推动落实简政放权。跟踪审计着力促进大众创业、万众创新相关政策措施落实，积极推动相关部门和地区清理、规范行政审批事项及相关中介服务收费，完善配套制度措施。2015年，促进相关部门和地区取消、合并、下放行政审批事项等134项，取消职业资格、企业资质认定等241项，停止或取消收费111项。

（四）促进重大政策措施贯彻落实。跟踪审计着力推进投融资体制改革，促进金融支持实体经济，促进缓解小微企业融资难、融资贵等问题；着力推动商事制度改革及通关便利化等政策落实，促进对外贸易、内贸流通健康发展；着力推动民生政策的贯彻实施，促进加快保障性住房的分配入住，清理违规享受低保、扶贫政策的人员。

（五）促进防范经济领域风险隐患。跟踪审计中关注了金融机构不良贷款资产变化、债券市场管理、支农再贷款管理等方面情况，推动相关部门对地方政府债务、债券市场等领域不断加强监管。有关部门和地方人民政府出台了风险防范方面措施26项。

（六）促进整肃不作为乱作为。针对跟踪审计中发现的不作为、慢作为、乱作为等问题，各地对2138人进行了追责问责，其中有549人受到党内严重警告、行政撤职等党纪、政纪处分，有1157人被诫勉谈话、约谈，有195人被通报批评，有67人被停职检查或做出书面检查。上述人员中有90人涉嫌违纪违法，审计机关已依法移送纪检监察机关或司法机关处理。

二、2015 年 12 月审计发现的主动作为事例及查出的问题

从 12 月的审计情况看，各部门、各地区在积极主动作为、推动创新发展等方面取得一些好的经验和做法，如浙江省出台文件，激励干部干事创业治理为官不为；重庆市、湖北省注重完善支持政策、优化发展环境，发挥企业在创新中的主体地位，大力推进科技成果转化；福建省平潭综合实验区将 147 项投资审批事项合并为 26 项、将 256 项申报材料精简到 17 项，大幅压缩审批时限，提高行政审批效率；广东省广州市南沙区通过“一口受理”平台开展并联审批，实现“十一证三章”联办；贵州省和广东省揭阳市、山东省即墨市积极落实“互联网+”战略，培育电商等产业，取得了明显成效；天津市建立中小微企业贷款风险补偿机制，鼓励金融机构支持中小微企业发展；青海省通过将中小企业发展等基金由直接拨付模式变为向企业增资入股，完善进入和退出机制，更加有效地为中小微企业服务；商务部结合“一带一路”战略和国际产能合作要求对企业加强指导，加快推进境外经贸合作区创新工程，已建成和正在推进的合作区 75 个，入区企业 1154 家，累计实现产值 419.7 亿美元。

审计也发现，有些部门和地区在政策落实中存在不到位的情况。主要是：

（一）部分民生保障工作落实不到位。一是吉林、辽宁 2 个省的 4 个县（市）有 684 万元扶贫资金未发挥效益；二是贵州、山东、广西 3 个省的部分农村饮水安全、老年公寓等项目，由于资金拨付不及时、前期准备不足等，项目未能按期开工或完工。

（二）个别项目进展缓慢。民航运行管理中心和气象中心建设工程因前期准备工作时间长等推进缓慢，1.17 亿元财政资金闲置；甘肃省兰州市北环路中段工程超工期 3 年多仍未建成。

（三）部分地区未按时完成节能环保方面工作任务。北京市未按时完成 2015 年公交车结构调整任务；黑龙江省部分重点燃煤企业锅炉环保设备安装使用不到位；江西省 2015 年矿井关闭退出工作未按期完成；广东、山西 2 个省的部分城市污水垃圾处理项目建设进度滞后。

（四）有些单位依托行政审批或认定事项违规收费。上海市城乡建设和管理委员会违规指定下属事业单位承办与初步设计审批相关的中介服务，并向企业收费 3980.9 万元；江苏省科技部门所属的 2 家事业单位代行行政职能开展技术合同登记认定工作时，收取服务费等 4682.3 万元；四川省松潘县人民政府成立公司违规收取施工单位自采砂石费用 438.93 万元。

附件：1. 审计发现问题整改情况

2. 一些部门、省（市）、单位落实政策的措施和做法

3. 12 月审计发现的政策落实不到位问题

附件 1：

审计发现问题整改情况

一、教育部抓紧已结题科研项目结账工作、盘活科研项目结存资金 20.03 亿元。审计指出教育部部分所属高校 5.02 万个已结题科研项目未结账、财政资金 23.93 亿元未及时盘活使用等问题后，教育部根据审计建议，立即要求各有关单位限期整改，对已结题未结账的科研项目进行认真清理，督促项目负责人及时办理科研项目结账手续。截至 2015 年末，65 所直属高校的 42754 个科研项目已办理结题结账，清理盘活资金 20.03 亿元。

二、海关总署及时清理自行设立的准入类职业资格。针对审计发现的未按规定清理自行设立的准入类职业资格问题，2015 年 8 月，海关总署印发《关于预归类服务试点工作相关问题的通知》（署税函〔2015〕338 号），明确海关总署对预归类服务单位及人员不再进行考试和资质授予，对从事预归类服务的单位及个人不设置准入门槛；11 月 20 日，发布《海关总署关于废止预归类服务有关文件的通知》（署税函〔2015〕492 号），规定不再对社会化预归类服务实施职能管理，并废止了以往有关预归类服务的文件。

三、能源局明确要求杜绝变相审批行为。针对向部分投资项目出具“同意开展前期工作”或“同意纳入规划”的复函等问题，能源局 2015 年 7

月召开专门会议，明确要求相关司局严格执行发展改革委等五部门《关于改进规范投资项目核准行为加强协同监管的通知》（发改投资〔2013〕2662号）要求，除核电、大型水利水电等特定项目外，坚决取消前期工作咨询复函等变相审批行为。

四、中国铁路总公司多措并举落实铁路项目建设任务。针对审计发现的问题，中国铁路总公司多次召开专题会议研究和部署整改工作，通过建立问题台账、下发督办通知等多种形式督导各部门和单位加强整改。截至2015年末，共推进43个拟新开工项目按期开工、36个在建项目加快进度、4个拟投产项目按期投产；促进73.84亿元建设资金落实到位，消化结存资金4.43亿元，纠正虚报投资19.29亿元。

五、北京市加快推进闲置土地处置。审计指出北京市及顺义区闲置土地处置不及时的问题后，北京市加快推进处置工作，建立健全了闲置土地处置工作机制，对8名责任人员做出行政警告、行政告诫等问责处理。截至2015年12月底，北京市本级及顺义区闲置土地中有36宗共计119.01公顷土地已开工建设，同时收回10宗共计18.47公顷土地使用权。

六、天津市加快散煤清洁化替代等项目建设。审计指出天津市散煤清洁化替代项目和农村地区推广先进民用炉具项目进展缓慢问题后，天津市人民政府及相关部门建立领导机制、明确责任主体、落实配套政策，积极推动项目进展，截至2015年10月底，天津市洁煤配送量已达到116.03万吨、先进民用炉具安装86.19万套，超额完成2015年任务目标。

七、山西、吉林、黑龙江、河南、广东5个省加快水利工程项目建设。审计指出山西省引调提水工程进展缓慢问题后，山西省委、省政府高度重视，立即研究整改方案，出台了项目建设实施细则和工程质量管理指导意见等，实行一周双报制度，动态跟踪工程进展情况，并对17名慢作为干部给予党纪、政纪处分及诫勉谈话、书面检查等问责处理。截至2015年末，2014年度抗旱应急引调提水工程70个项目全部完工，完成投资24202万元。

审计指出吉林省2014年度小型农田水利设施建设任务34万亩未完成、中央补助资金2.4亿元闲置问题后，吉林省人民政府积极整改，省水利厅、财政厅等及时组织项目县申报建设任务、下拨2.4亿元资金，并印发《关于进一步加快节水增粮行动项目资金结算和财政投资评审等工作的通知》，督促进一步加快工程建设和资金结算进度，加强项目资金管理，截至2015年末，34万亩项目的主体工程已基本完成。

审计指出黑龙江省水利厅审批周期长，导致5.58亿元“节水增粮行动”资金长期结存问题后，黑龙江省水利厅组织对全省各市县“节水增粮行动”项目进度进行了分类研究，通过加强督导加快项目建设进度，每10天对全省完成情况进行通报，并对建设进度缓慢的项目市县进行了约谈。截至2015年12月底，项目建设基本完成，累计完成投资27.25亿元，完成率99.89%。

审计指出河南省伊洛河治理项目2013年和2014年建设内容未开工、已到位的2.2亿元中央财政资金闲置问题后，河南省人民政府高度重视，积极组织整改：一是由省水利厅牵头成立督查督办领导小组，加强项目督导；二是整合各工程段项目建设管理局，增加管理人员，充实专业技术人员；三是加强统筹推进，附属物清点、土地丈量、补偿款拨付与工程招投标等工作齐头并进；四是启动问责程序，对9名慢作为干部进行问责。截至2015年12月底，洛阳段工程已完成全部建设任务，巩义段主体工程已基本完工。

审计指出广东省韩江高陂水利枢纽工程和珠江三角洲水资源配置工程2个重大水利工程前置审批事项较多、前期工作耗时较长问题后，广东省人民政府采取制定工作计划表、倒排工期、落实责任人等措施进行整改，韩江高陂水利枢纽工程在4个月内完成前期工作，实现了2015年开工建设的目标；珠江三角洲水资源配置工程也提前完成项目建议书报批工作。审计指出广东省河源市紫金县中坝镇圩镇虚报农村饮水安全工程完成量和投资完成额问题后，广东省制定省、市、县三级联动整改机制，落实整改措施，对问题涉及的紫金县和中坝镇圩镇有关领导进行责任追究并在全省通报，截至2015年末，虚报的工程量全部完成，实现了改善当地农村1.15万人饮水条件的目标。

八、大连市多方协调力促丹大快速铁路开通运营。审计指出丹大快速铁路（丹东—大连）施工遇阻问题后，对因建设丹大快速铁路造成城庄铁路（城子坦—庄河）客运损失等问题，大连市人民政府两次召集交通局、庄河市人民政府等有关单位专题研究、制订解决方案，对形成的损失进行评估，并与城庄铁路投资方协商解决土地、消防等方面问题。2015 年 12 月 17 日，丹大快速铁路按期完工并正式开通运营。截至 2016 年 1 月 3 日，丹大快速铁路 18 天内发送旅客 18.6 万人次。

九、吉林、浙江、河南 3 个省加快保障性住房分配工作。审计指出吉林省吉林市已建成的 929 套廉租房未及时分配的问题后，吉林市人民政府迅速落实整改，对 2 人分别给予党纪、政纪处分，对 1 人进行诫勉谈话，并及时完善公共租赁住房政策、扩大保障范围，制订保障性住房分配方案，截至 2015 年 12 月中旬，929 套廉租房已全部分配完毕。

审计指出浙江省杭州市萧山区 546 套公共租赁住房闲置超过 2 年问题后，萧山区人民政府高度重视，积极组织整改：一是扩大公共租赁住房申请范围，由中心城区扩大到全区；二是加快公共租赁住房推广工作，面向城镇中等偏下收入住房困难家庭、新就业大学毕业生、创业人员推广公共租赁住房；三是下调租金等级，通过上述措施，有效地消化了长期闲置的存量公共租赁住房，截至 2015 年底，上述 546 套闲置房屋中有 521 套已完成配租。

审计指出河南省新乡市 17 个保障性住房项目涉及有 3509 套公共租赁住房未及时分配的问题后，河南省及新乡市迅速落实整改，下发整改通知、成立调查小组，对涉及的县（市、区）公租房未分配问题进行调查处理，并对 19 人给予党纪、政纪处分，9 人进行诫勉谈话，截至 2015 年 12 月底，3509 套公租房已全部分配，1469 户已经入住。

十、福建、四川、青海 3 个省严肃处理套取中央补助资金问题。审计指出福建省华安县经贸局和财政局直接或串通企业骗取中央补助资金 4334.6 万元的问题后，福建省积极整改，截至 2015 年 12 月底，已追回资金 4274.72 万元，未追回的 59.88 万元由公安机关采取强制措施进行追缴，并对 9 名责任人员给予了党纪政纪处分；对涉嫌伪造、变造证明材料的社会机构，按程序移送公安机关依法查处。

审计指出四川省古蔺县和四川省酿酒研究所弄虚作假，获取中央补助资金问题后，四川省成立联合核查组对问题进行督查，截至 2015 年 12 月底，古蔺县 70 个应关闭矿山已全部关闭，所有证照全部注销完毕，2 名责任人员受到党纪政纪处分，7 名责任人员被诫勉谈话；对四川省酿酒研究所所长给予记大过处分并辞退直接责任人员，收回了中央中小企业发展专项资金 315 万元。

审计指出青海省海南州人民政府和原海东地区行政公署用虚假材料套取中央专项资金 6000 万元问题后，青海省认真研究部署并及时分解落实整改责任，对该问题涉及的 6 名责任人员给予党纪政纪处分，并强化项目建设管理，截至 2015 年末，海东地区项目已完成主体工程建设。

十一、甘肃省多个部门对扶贫对象进行认真复核并处理工作不到位的责任人员。审计指出甘肃省精准扶贫对象认定不准确等问题后，甘肃省各级人民政府认真整改，各市、州分别抽调专人对贫困人员建档立卡情况进行专项核查和督导检查；同时，甘肃省脱贫攻坚领导小组办公室印发了《关于深入开展贫困人口建档立卡“回头看”及审计发现问题整改工作的通知》，督促整改落实到位。截至 2015 年 12 月底，已将识别不精准的人员从甘肃精准扶贫大数据管理平台中剔除，对 33 人给予党纪政纪处分，另对 365 人给予诫勉谈话、通报批评等追责处理。

十二、宁夏回族自治区努力破解小微企业融资难融资贵问题。审计指出自治区小微企业融资渠道窄、成本高、难度大等问题后，自治区人民政府采取出台扶持政策、加大财政投入力度、加强与金融机构合作、积极培育融资性担保机构等多种方式，促进企业多渠道融资；探索试行小额贷款保证保险，开展小微企业信用评级工作，并将评级结果向金融机构推荐等创新手段，努力破解小微企业融资难融资贵问题。截至 2015 年 10 月，全区有 178 家小微企业提交申请，提出资金需求 7.96 亿元，已有 42 家企业通过银行审批，共获得贷款 1.58 亿元，其他企业正在按银行贷款程序办理。

附件 2：

一些部门、省（市）、单位落实政策的措施和做法

一、浙江省出台文件，激励干部干事创业治理为官不为。浙江省先后印发《关于激励干部干事创业治理为官不为的若干意见》《浙江省推进领导干部能上能下实施细则（试行）》等一系列文件，从大力提升干部干事创业能力、切实推动干部敢担当打胜仗、着力推进干部恪尽职守有作为、强化对为官不为干部的问责处理等方面，提出了具体举措：一方面建立推进改革容错免责机制，鼓励创新、宽容失败、允许试错、责任豁免，以支持保护敢抓敢管、坚持原则的干部；另一方面对工作中不负责任或疏于管理造成后果的严格执纪问责，公开通报典型案例，加强组织调整，对严重失职渎职涉嫌违法犯罪的，移送司法机关依法处理。

二、重庆市突出企业创新主体地位，提升企业技术创新水平。重庆市开展了市级企业技术中心培育专项行动，截至 2015 年底，全市共有国家级企业技术中心 21 家、市级企业技术中心 392 家，工业企业研发机构数达到 753 家，有研发机构的企业数占规模以上工业企业数量比重达到 12.3%。新产品产值超过 3500 亿元，增长 35%以上，对全市工业增长贡献率达 20%。

三、湖北省大力推进科技成果转化。湖北省先后制定《湖北省人民政府关于印发促进高校、院所科技成果转化暂行办法的通知》及 5 个实施细则、《湖北省人民政府关于推动高校院所科技人员服务企业研发活动的意见》等文件，提出通过改革企业委托研发项目经费管理方式，提高科研人员科研劳务收入比重，实行高校院所部分职称评定与服务企业挂钩等，进一步推动科技成果转化。2015 年 1 月至 9 月，全省共实施科技成果转化项目 1012 项，其中 19 项重大科技成果实现商业化转化，全省专利申请达到 50026 件，同比增长 38.51%。

四、福建省平潭综合实验区和广东省广州市南沙区大幅压缩审批办理时限。福建省平潭综合实验区试点实施"四个一"审批改革，即将投资项目从立项到竣工验收涉及的 147 项审批事项合并为 26 项，整合为规划选址与用地、工程可行性研究批复、施工设计与招投标、统一验收 4 个阶段，将审批涉及的 36 种表格合并为一个阶段一张申请表，将 256 项申报材料精简到 17 项，实行"一口受理、并联审查、一章审批"。截至 2015 年末，平潭片区已经有 71 个投资建设项目适用"四个一"模式，共出具《综合审批决定书》179 份，投资项目的审批办理时限压缩到 90 个工作日以内，整体行政效能提高近 3 倍。广东省广州市南沙区通过"一口受理"平台开展并联审批，实现工商、质监、国税、检验检疫等部门证照和公章、财务章、报检专用章"十一证三章"联办，大部分证、章均可在 1 个工作日内领取。

五、广东省揭阳市、山东省即墨市积极落实"互联网+"战略。广东省揭阳市通过制定电商管理条例、开展征信体系建设等工作，打造电商人才免费培训基地，推动电信运营、物流快递、公共交通等配套产业发展，着力打造军埔电商村为农村电商样板，截至 2015 年末，面积 0.53 平方公里、总人口 2800 多人的军埔村已开设各类网店 3000 多家，月成交额超过 1.50 亿元，村民人均月收入超过 5000 元。山东省即墨市通过搭建普惠型公共服务平台、成立品牌孵化中心，为企业提供创意设计、品牌运作、电商孵化、宣传推广等综合服务，引导纺织服装产业发展。截至 2015 年末，已累计培育各类企业 186 家，其中品牌孵化企业 52 家、设计师工作室 26 家、电商孵化企业 108 家，培育自主服装品牌 65 个，当年实现网上销售总额 3.2 亿元。

六、贵州省积极推动大数据产业发展，引领产业转型升级。贵州省通过实施"数据铁笼"等 15 个政府治理能力提升示范应用工程，建成电子政务云网上项目联审联批平台；成立贵阳大数据交易所、贵阳众筹金融交易所，推动大数据与三次产业融合；引进培育了货车帮、东方祥云等一批大数据优强企业。2015 年，贵阳呼叫中心产业发展迅速，新增 6 万个呼叫中心座席，提供 12 万个就业岗位。

七、天津市建立中小微企业贷款风险补偿机制，鼓励金融机构支持中小微企业发展。自 2015 年 1 月起，天津市建立中小微企业贷款风险补偿

机制，市本级及区县财政筹集60亿元资金作为贷款风险补偿金，鼓励金融机构向中小微企业发放信用贷款，向未曾取得金融机构贷款的中小微企业发放首笔贷款。金融机构向中小微企业发放的流动资金贷款和技术改造类项目贷款，一旦发生贷款损失，按50%的比例补偿贷款本金。同时，为更好地引导金融机构服务全市重点领域和产业，自2015年12月1日起，对经国家认定的高新技术企业中的中小企业、科技小巨人企业、出口型外贸中小企业、涉农中小微企业发放信用贷款发生的损失，按70%的比例进行补偿。

八、青海省创新中小微企业扶持办法助力企业发展。2014年9月，青海省成立泉汪投资管理有限公司，将中小微企业担保基金、中小企业发展、地方特色中小企业创业投资引导基金和外经贸发展基金等由直接拨付企业的模式变为向企业增资入股，并完善各项基金进入和退出机制，更加有效地为中小微企业服务。截至2015年底，泉汪投资管理有限公司已入股中小微企业86家、退出2家，共向中小微企业注入资金4.05亿元。

九、商务部发挥境外经贸合作区的载体作用，推动企业"走出去"。2015年，商务部结合"一带一路"战略和国际产能合作的要求，指导企业推进合作区建设，通过实施在建合作区项目月度进展情况统计制度、建立合作区招商推介工作机制，以吸引更多企业入园发展等，加快推进境外经贸合作区创新工程。截至2015年12月底，已经建成和正在推进的境外经贸合作区共计75个，分布在包括"一带一路"沿线国家在内的34个国家，累计完成投资181.8亿美元，入区企业1154家（其中中资控股企业723家），累计实现产值419.7亿美元，带动就业岗位1.5万个。

附件3：

12月审计发现的政策落实不到位问题

一、吉林、辽宁2个省的4个县（市）684万元扶贫资金未发挥效益。一是2014年，吉林省通榆县和靖宇县2个国家扶贫开发工作重点县共获得中央扶贫到户贷款贴息补助资金295万元，截至2015年末，因工作组织不力，上述中央扶贫贷款贴息补助尚未发放给贷款农户。二是2014年，辽宁省辽阳县和灯塔市（县级市）共收到财政扶贫专项资金581.50万元（其中中央财政资金90万元），截至2015年末，仅拨付192.50万元用于贫困劳动力技能培训等，其余389万元（其中中央财政资金45万元）仍在当地财政专户结存。

二、贵州省2014年以前建成的922眼地下水（机井）尚未投入使用，影响约64万农民的饮水改善。贵州省地下水（机井）利用工程主要用于保障农村饮用水安全，并兼顾灌溉、应急抗旱。由于项目推进协调时间长、资金拨付不及时等，截至2015年末，已打成井的水泵、蓄水池等地面配套设施未建成，导致2014年底前已打成的922眼井无法及时投入使用，影响约64万农村群众的饮水改善。

三、山东省鄄城县2011年至2015年建设的农村饮水安全工程未实现供水到户。2011年至2015年，山东省水利厅共安排鄄城县农村饮水安全工程总投资2.6亿元，其中中央预算内投资8669万元。截至2015年12月底，因市县未安排建设资金、对中央资金和省级配套资金拨付不及时等，净水厂建设进度缓慢，各乡镇加压泵站到村内管网也未连通，导致该县2011年至2015年建设的农村饮水安全工程均未实现供水到户，影响44.91万农村居民和13.36万学校师生饮水安全改善。

四、广西壮族自治区16个民生项目进展缓慢。审计抽查了2011年至2014年中央下达投资计划的30个民生项目，涉及中央预算内投资3.24亿元。由于前期工作准备不足等，截至2015年末，河池市社会养老服务中心老年公寓楼等16个项目未开工建设，1.66亿元中央财政资金闲置在各级财政。

五、民航局空管系统"十二五"规划重点工程前期费用1.17亿元长期闲置。民航运行管理中心和气象中心是民航"十二五"规划重点建设项目，2008年8月由发展改革委批复立项。由于2012年6月民航局才落实项目场址、项目投资估算超出立项批复等，截至2015年末，上述项目可行性研究报告仍未获批。2008年和2009年，民航局安排民航专项基金2.2亿元作为前期费用，截至2015年末仅支出299.26万元，其余资金因长期未使用上交财政部1亿元，还有1.17亿元仍闲置。

六、甘肃省兰州市北环路中段工程建设引入的企业不具备投资实力，项目超工期3年多仍未建成。为解决兰州市交通拥堵问题，2010年5月，兰州市决定以BT模式引入社会资本建设兰州市北环路中段工程，项目投资概算17.95亿元（后调整为26.23亿元），计划建设期为2011年3月至2012年9月。2011年1月，在西部中大建设集团有限公司不符合“公司净资产不少于5亿元”这一招标条件的情况下，兰州市人民政府与其签订《兰州市北环路工程政府采购项目投资合同》，并约定由市政府为该项目提供12.5亿元贷款担保。截至2015年底，在市政府通过违规担保等方式为西部中大建设集团有限公司提供19.32亿元建设资金的情况下，该项目仍因该公司投入资金不足以及征地拆迁进展缓慢等，超工期3年多未建成投运。

七、北京市2015年公交车结构调整任务未完成。根据《北京市2013—2017年清洁空气行动计划重点任务分解2015年工作措施》要求，北京市2015年应更新2500辆公交车（其中投入电驱动车1383辆），并建设与更新电驱动车辆相配套的172个充电桩。截至2015年末，因协调机制不完善、购车招标投标程序复杂、公交车充电桩建设缺乏行业主管部门的统筹规划等，仅完成194辆车更新任务，其余2306辆尚未更新；充电桩仅建成4个，剩余168个正在前期规划中。

八、黑龙江省部分重点燃煤企业锅炉环保设备安装和使用不到位。审计抽查哈尔滨市、齐齐哈尔市、牡丹江市、佳木斯市、大庆市和绥化市等地16户重点监测燃煤企业的77台总规模2.03万蒸吨/小时的锅炉改造情况发现，其中13台锅炉无脱硫设备，23台锅炉无脱硝设备，部分已安装环保设备的锅炉未正常运行。如绥化市绥化中盟热电有限公司和绥化市弘坤热力有限公司等2家工业企业，12台锅炉均未安装脱硝设备、8台锅炉未安装脱硫设备。

九、江西省2015年矿井关闭退出工作未按期完成。根据国家能源局、国家煤矿安全监察局下达的煤炭行业淘汰落后产能计划，2015年江西省应关闭退出矿井50处，淘汰落后产能110万吨/年。2015年8月，江西省将关闭退出计划指标分解下达至各产煤区的地市人民政府，并确定了50处关闭矿井名单。截至2015年末，尚有34处矿井未达到关闭标准。

十、广东省10个国家减排责任书项目未按期建设完成，省“十二五”重点减排规划中69个项目建设进度滞后。按照广东省人民政府与环境保护部签订的“十二五”减排责任书要求，广东省2015年应建成投运19座污水处理厂，截至2015年末，汕头市潮南区陈店镇污水处理厂等10座污水处理厂还未建成。同时，广东省2013年以来应重点推进、列入该省“十二五”规划的116座污水处理设施建设项目，截至2015年末，仍有79座（包含国家责任书中的10座）未建设完成，占比68.1%，其中28座未开工。

十一、山西省太原金世纪阳光水净化有限公司污水处理厂二期及再生水回用工程进展缓慢。2012年4月，山西省发展改革委批复太原金世纪阳光水净化有限公司污水处理厂二期及再生水回用工程可行性研究报告，计划总投资2.17亿元，建设工期为2012年至2014年。由于太原市经济技术开发区管委会推进项目不力、初步设计资料报送不及时且存在漏项等，污水处理厂二期工程于2015年7月才开工建设，截至2015年末完成投资额5391.04万元，进度缓慢；再生水回用工程尚未开工。

十二、上海市城乡建设和管理委员会违规指定下属事业单位承办与初步设计审批相关的中介服务收费。《上海市深基坑工程管理规定》要求，上海市达到一定开挖条件的深基坑工程在提交初步设计审批材料时，需提供经过专家评审的深基坑工程设计施工安全性报告。目前，深基坑工程设计施工安全性报告出具和专家评审工作，均由上海市城乡建设和管理委员会指定该委下属自收自支事业单位上海市城乡建设和管理委员会科学技术委员会办公室（以下简称市建委科技委办公室）承办。市建委科技委办公室通过与企业签订技术服务合同，对企业深基坑工程设计施工方案进行评审，并向企业收取费用。2014年和2015年，市建委科技委办公室共实施深基坑设计方案评审1364项，收入3980.9万元。

十三、江苏省科技部门所属事业单位代行行

政职能时收费。2013 年至 2015 年，江苏省高新技术创业服务中心和南京市科技成果转化服务中心（分别为江苏省科学技术厅和南京市科学技术委员会下属事业单位）受科技部门委托开展技术合同登记认定工作时，向申请合同登记的企业或个人收取服务费等共计 4682.3 万元。

十四、四川省松潘县人民政府成立公司违规收取施工单位自采沙石费用 438.93 万元。2009 年 8 月，四川省松潘县人民政府同意成立松潘县松州沙石经营有限责任公司（以下简称松州沙石公司），由其负责全县沙石资源的经营管理工作。2014 年 3 月至 2015 年 6 月，松州沙石公司除代政府部门收取国家规定的沙石资源相关税费以外，还以“沙石资源费”等名义，向 5 家在松潘县域内自采加工沙石的施工单位违规收费 438.93 万元。

中华人民共和国审计署审计结果公告（2016 年第 4 号）

2016 年第一季度 829 个单位 1796 个项目贯彻落实国家重大政策措施跟踪审计结果

（2016 年 5 月 17 日公告）

在 2016 年第一季度的国家重大政策措施贯彻落实跟踪审计中，审计署重点组织对 829 个单位、1796 个项目财政资金统筹使用情况进行了审计，并关注了以往审计发现问题的整改情况。总的看，相关部门和地方加大财政资金统筹和存量盘活力度，提高了资金使用效益，但一些单位和项目还有部分财政资金长期趴在账上，未能发挥资金效益。对 1 至 2 月份审计发现的影响财政资金统筹使用方面的 78 个问题、156.03 亿元资金，审计部门出具了整改建议函督促整改，截至一季度末，已整改 74 个问题、统筹盘活资金 155.28 亿元，尚未整改到位和 3 月份审计发现未及时统筹使用资金 97.08 亿元，审计部门正督促加快整改。

一、有关部门和地区采取的推进财政资金统筹使用的主要措施

从审计情况看，有关部门和地区认真落实国务院有关要求，进一步优化财政资金配置，盘活存量资金，推进财政资金统筹使用，及时整改审计发现的问题，主要采取了以下措施：

（一）改进专项资金管理。主要是减少了专项资金种类，改进了专项资金拨付方式。其中，北京市、吉林省分别将 79 项、159 项对区县的专项转移支付资金整合压缩为 54 项、70 项；甘肃省整合各类财政扶贫资金 408 亿元，直接切块下达到县，由各县级人民政府根据当地扶贫工作实际需要安排使用。

（二）强化重点资金统筹。主要是根据实际情况，对科技、农业、节能环保等领域性质相近的专项资金进行统筹使用。其中，科技部、农业部加大对本部门管理专项资金的整合力度，统筹使用工作取得明显进展；湖南、黑龙江、山东、陕西、广西、内蒙古、重庆、贵州、青海等省区对 65 项中央和地方涉农专项资金进行优化组合，统筹使用共计 553.46 亿元；云南省统筹使用环境保护领域 5 个专项资金 3.12 亿元。

（三）重点保障发展急需和民生支出。盘活后的存量资金，主要用于发展急需的重点领域和民生相关支出。其中，人力资源社会保障部、中国科学技术协会和天津、河北、福建等省市盘活历年结存财政资金 3.25 亿元，分别用于高层次中青年领军人才队伍建设、棚户区改造、卫生领域急需项目等。

同时，各部门、地区通过重新安排项目、收回结存资金等方式，整改审计发现的问题 74 个，统筹盘活财政资金 155.28 亿元。

二、财政资金统筹使用中存在的主要问题

从审计情况看，一些现行部门规章制度已不适应当前实际情况，尚未及时清理修订，使部分专项资金未能及时统筹或统筹后仍未及时使用，一些单位和项目还有部分财政资金长期趴在账上，未能发挥资金效益。

（一）有94.28亿元专项资金未及时安排使用发挥效益。一是部分项目实施过程发生调整变化或进展缓慢，但资金未按规定统筹使用，具体包括财政扶贫资金、城镇污水垃圾处理设施项目资金和一些地方投资项目2013年以前结转结余资金等，涉及88.82亿元；二是项目不具备实施条件或者已经完成，但资金未按规定统筹使用，具体包括自然灾害生活救助资金、高校毕业生“三支一扶”中央补助资金、农机购置补贴资金、全科医生临床培养基地中央专项资金、高产优质苜蓿示范建设资金等，涉及3.66亿元；三是1.8亿元环保电价款未及时安排使用。

（二）有1.41亿元专项资金统筹后仍未及时使用。一是对已按规定上缴统筹的存量资金又按原用途申请继续使用，但有152.55万元仍未及时形成支出；二是资金统筹后，仍有1.4亿元未及时形成支出。

（三）财政资金统筹不到位，造成资金短缺和资金闲置并存。主要是未能有效统筹使用各类农村住房搬迁专项资金，造成一方面1.39亿元财政资金结存，另一方面一些项目因自筹资金不足而建设进展缓慢。

附件：1. 审计发现问题整改的有关情况
2. 有关部门和地区推进财政资金统筹使用采取的具体措施
3. 审计发现财政资金闲置问题的具体情况

附件1：

审计发现问题整改的有关情况

一、加快项目建设进度，及时下拨财政存量资金

（一）2015年8月，审计指出截至2014年末车辆购置税补助公路、水路建设项目资金累计结转结余达640亿元的问题后，交通运输部高度重视，采取多项措施，推动各地化解存量资金。截至2016年3月末，结转结余的车辆购置税存量资金已完成支付573.3亿元，占结转结余资金总量的89.57%。

（二）2016年2月，审计指出吉林省珲春市2886.78万元保障性安居工程上级补助专项资金在财政部门结转2年以上未统筹使用问题后，珲春市积极加快推进项目建设，截至2016年3月末，已将上述资金拨付至建设单位用于项目建设。

二、统筹回收闲置资金，及时盘活财政存量资金

（一）2015年12月，审计指出安徽省合肥市本级人防易地建设费结存6.58亿元问题后，合肥市财政局于2016年2月25日将6.58亿元专户存储的资金全额缴入国库统筹使用。

（二）2016年2月，审计指出山西省财政厅对历年已安排给财政厅机关的补助经费9729.13万元未进行统筹安排和使用，导致资金长期闲置问题后，山西省财政厅积极整改，截至2016年3月末，除继续用于实物库等项目建设的资金外，其余3412.45万元已交回省级财政。

（三）2016年2月，审计指出辽宁省本溪市明山区财政局农业综合开发报账资金专户有217.24万元长期闲置，未按规定盘活问题后，明山区人民政府及时整改，当月将闲置的资金收回国库，并下拨用于城乡居民社会养老保险和基本公共卫生服务等方面支出。

附件2：

有关部门和地区推进财政资金统筹使用采取的具体措施

一、改进专项资金管理

（一）2015年，北京市按照“增一般、减专项、提绩效”的思路，进一步清理整合专项转移支付项目。一是对政策目标接近、资金投入方向类同、资金管理方式相近的项目进行合并；二是取消因政策到期、调整等不再继续实施的项目；三是对属于区县事权可由各区统筹安排的项目调入一般性转移支付。通过上述措施，市级财政对区县的专项转移支付项目由79项压缩至54项。

（二）2015年9月，吉林省出台《吉林省人民政府关于改革和完善省对市县转移支付制度的意见》等文件，推进省对市县专项转移支付资金统筹使用，并结合2016年省级财政预算编制，在严格规定列支级次、合理划分转移支付类型的基础上，对资金类同项目、政策到期项目、不再实施的项目分别进行整合、撤销，将省对市县专项转移支付由2015年的159项压缩至2016年的70项，压缩比例达56%。

（三）2015年，甘肃省出台《2015年全省推进“1236”扶贫攻坚行动资金整合方案》等文件，统筹整合农村饮水安全、交通支持、生态保护等财政扶贫资金440亿元，按照“管总量不管结构、管任务不管项目、管监督不管实施”的原则，将其中408亿元直接切块下达到县，增强了县级安排项目资金的自主性和整体性。

二、强化重点资金统筹

（一）2015年，科技部会同财政部将“863”计划、“973”计划、国家科技支撑计划、国际科技合作与交流专项资金，以及发展改革委、工业和信息化部管理的产业技术研究与开发资金和有关部门管理的公益性行业科研专项资金等整合归并为国家重点研发计划，集中用于解决国民经济和社会发展各主要领域的重大、核心、关键科技问题，并组织产、学、研优势力量协同攻关。截至2016年3月，已启动国家重点研发计划专项42个。

（二）2015年2月，财政部、农业部按照国务院部署启动试点改革，将良种补贴、种粮直补和农资综合补贴合并为“农业支持保护补贴”，统筹用于耕地地力保护和粮食适度规模经营，涉及转移支付资金1446亿元。

（三）2014年以来，云南省将原七彩云南保护专项资金、生态建设专项资金等5项资金整合为省级环境保护专项资金，通过竞争立项方式，集中统筹使用3.12亿元，用于地市地表水水质监测站建设等项目。

（四）2013年以来，湖南省长沙县整合使用农村生态环境建设项目资金、乡镇集镇污水处理资金等5类涉农资金1.19亿元，用于73个村和11个社区的农村环境综合整治工程，提高了资金使用效益。

（五）2014年至2015年，黑龙江省整合农业高产创建补助资金、基层农业技术推广体系改革与建设补助经费等专项资金5.61亿元，集中用于支持育秧大棚建设和水稻催芽车间项目，预计每年可新增水稻大棚育苗插秧面积200余万亩，出芽率提高15%至20%。

（六）2014年，山东省启动实施涉水涉地资金整合试点，将小型农田水利重点县建设、高标准基本农田土地整治等4项性质相同专项资金22.32亿元整合统筹使用，集中支持高标准农田建设，并按整体规划布局安排使用。

（七）2011年至2015年，陕西省级财政整合统筹使用扶贫资金等7项专项资金共计93.2亿元，用于陕南地区避灾移民搬迁项目中32.4万户移民搬迁安置建房等工作。

（八）2014年以来，内蒙古自治区整合中央和地方财政的农村危房改造、校舍维修与改造、农村公路建设、扶贫资金等各类涉农涉牧专项资金267.1亿元，集中用于危房改造、农村饮水安全等民生工程。

（九）2013年以来，重庆市由市发展改革委牵头，整合易地扶贫搬迁、生态搬迁、农村危房改造等专项资金45.1亿元，集中用于高山生态扶贫搬迁工作，截至2015年末，累计搬迁安置54.2万人。

（十）2014年以来，为建成500万亩优质高产高糖糖料蔗基地，广西壮族自治区将中央和自治区分散在国土资源、农业、水利等部门的土地整治、水利建设、甘蔗良种补贴等专项资金进行统筹，以“自治区双高基地建设补助资金”下达，并根据建设任务需求，由负责实施的县财政部门适当调剂，2014年至2015年已统筹下达建设资金40.16亿元。

（十一）2015年，贵州省湄潭县整合统筹中央财政安排的现代农业生产发展资金、财政专项扶贫资金、千亿斤粮食生产等8项涉农资金5839万元用于发展茶产业项目，新建标准化茶园2万亩，建设服务体系和物联网信息采集点，着力促进茶产业转型升级。

（十二）2015年，青海省出台政策，将中央财政支农资金、省级财政支农资金、省际对口援助资金、易地扶贫搬迁项目专项贷款等全部纳入省级支农资金盘子，集中整合使用支农专项资金78.2亿元，实行“多个渠道进水、一个龙头出水”，推动解决支农资金重复投入、分散使用等问题。

三、重点保障急需领域和民生支出

（一）2015年，人力资源社会保障部针对

"政府特殊津贴"项目结转资金较大的实际情况，积极与财政部沟通，将"政府特殊津贴"项目历年累计结转资金 1.2 亿元调整用于"国家高层次人才特殊支持计划——百千万工程领军人才"项目经费，截至 2015 年 12 月已支出 5700 万元。

（二）2015 年，中国科学技术协会统筹使用"主席基金"等 2003 至 2014 年度累计结转资金 1877 万元，用于"基层公共医疗设施建设、使用和管理政策措施落实情况第三方评估"和"虚拟现实科技馆研发"等项目。

（三）2015 年，天津市全面梳理教育相关专项资金结余结转情况，统筹整合学生资助、千人计划等 24 项教育专项资金 1.23 亿元，以一般转移支付方式拨付各区县，用于重点支持区县学校办学条件改善、师资队伍建设、教学质量提升等。

（四）2015 年，河北省石家庄市盘活统筹 2013 年度城镇化建设引导项目结余资金 1581.30 万元，用于 5 个区县农村面貌改造提升和节能炉具推广项目，以促进改造提升农村面貌、建设美丽乡村和缓解大气污染。

（五）2015 年，福建省卫生计生委对系统内财政存量资金开展 4 轮盘活清理工作，针对省级医学科研项目支出受科研进度影响、结存较大的情况，对所属 14 家医院在保障科研项目正常开展的基础上统筹资金 4777.46 万元，用于本年度急需的医疗设备购置等项目。

附件 3：

审计发现财政资金闲置问题的具体情况

一、有 94.28 亿元专项资金未及时安排使用发挥效益

（一）深圳市"市投区建"项目财政资金结存 88.74 亿元未使用。深圳市"市投区建"项目由市政府负责投资、区政府组织实施，资金由深圳市财政委员会通过财政专户核拨至各区财政局财政专户，由各区财政局支付至项目单位。截至 2016 年 3 月末，由于部分区未落实财政资金统筹盘活的要求，相关财政专户中 2013 年及以前年度形成的"市投区建"项目结存资金 88.74 亿元未使用。

（二）山东省曹县结存省级财政扶贫资金 351.6 万元。2013 年，山东省曹县计划开展芦笋种植等 20 个重点贫困村扶贫开发项目，获省级财政补贴 600 万元。截至 2016 年 3 月末，因项目变更建设内容及进展缓慢等，上述资金中有 351.6 万元未支出，结存在乡镇财政账户。

（三）甘肃省靖远县城镇污水垃圾处理设施及污水管网工程项目专项资金结存 525 万元。2013 年 7 月，中央财政拨付甘肃省靖远县生活垃圾卫生填埋场工程资金 750 万元，项目计划于 2014 年建设完成。截至 2016 年 3 月末，该项目处于停工状态，除预付施工单位工程款 225 万元外，其余中央专项资金 525 万元尚未使用，结存在靖远县财政局专户。

（四）江西省南昌市本级自然灾害生活救助资金结存 5769 万元。财政部、民政部《自然灾害生活救助资金管理暂行办法》（财社〔2011〕6 号）规定，该专项资金主要用于解决遭受自然灾害地区的农村居民无力克服的衣、食、住、医等临时困难等，资金专款专用。因南昌市近年无重大自然灾害发生，加之南昌市每年仍新增安排该专项资金，导致资金滚存结余逐年增加。截至 2016 年 3 月末，南昌市本级安排的自然灾害生活救助资金结存 9969 万元未统筹使用，其中 2013 年及以前结存 5769 万元。

（五）贵州省高校毕业生"三支一扶"中央补助专项经费结存 733.9 万元。2013 年 11 月，贵州省财政厅收到财政部下达的 2013 年高校毕业生"三支一扶"计划中央补助专项经费 2400 万元。截至 2016 年 3 月末，上述中央资金仍结存 733.9 万元未安排使用。

（六）四川省德阳市中江县中央农机购置补贴资金结存 790.49 万元。财政部、农业部《农业机械购置补贴专项资金使用管理暂行办法》（财农〔2005〕11 号）规定，农业机械购置补贴资金必须专款专用。截至 2016 年 3 月末，中江县 2013 年中央农机购置补贴资金已支付完毕，结余的 790.49 万元未使用。

（七）湖南省岳阳市一人民医院全科医生临床培养基地中央预算内投资结存 1700 万元。2013 年 6 月，国家发展改革委下达岳阳市一人民医院全科医生临床培养基地项目中央预算内投资 1700

万元，建设工期为2013年至2014年。截至2016年3月末，该项目因调整建设方案、迁址后建设用地未落实无法开工建设，1700万元中央资金结存在岳阳市一人民医院未使用。

（八）辽宁省瓦房店市复州河桥项目财政建设资金结存260万元。2013年12月，辽宁省瓦房店市财政局收到大河沿村复州河桥项目投资资金260万元，其中中央预算内投资234万元，省本级投资26万元，项目建设工期为2013年至2014年。截至2016年3月末，该项目尚未开工建设，上述260万元资金尚结存在瓦房店市财政局未支出。

（九）海南省农垦总局财政结余结转资金2.66亿元。截至2016年3月末，海南省农垦总局2013年及以前年度形成的财政结转结余资金2.66亿元，其中项目完工结算后结余资金2303.97万元，正在推进中或已完工待结算项目资金24182.84万元，尚未实施的项目资金158.34万元。

（十）河北省石家庄市高产优质苜蓿示范建设项目中央补助资金结存720万元。按照农业部办公厅、财政部办公厅印发的《2013年高产优质苜蓿示范建设项目实施指导意见》（农办财〔2013〕54号），中央高产优质苜蓿示范建设项目资金用于补助种植面积在3000亩以上的集中连片苜蓿种植项目。2014年和2015年，河北省石家庄市财政局收到中央高产优质苜蓿示范建设项目资金720万元，但该地区无符合条件项目，截至2016年3月末，上述资金仍结存在石家庄市财政局。

（十一）河南省燃煤发电机组停运环保设施环保电价款17995.93万元统筹后尚未使用。2012年至2015年，河南省财政厅收到燃煤机组停运环保设施形成的环保电价款24820.93万元。除2014年安排6825万元用于产业集聚区用电增量奖励外，截至2016年3月末，其余17995.93万元一直未安排使用。

二、1.41亿元专项资金统筹后仍未及时使用

（一）广东省体育局申请将已统筹的省体育局组织培训工作经费继续用于原项目，仍有152.55万元结存未使用。2015年3月，广东省体育局组织培训工作经费190.69万元因结转超过2年被省财政厅依规收回；7月，省体育局再次重新申报该项目并获批，计划按原用途继续用于一个周期为4年（2012年至2015年）的运动员、教练员及系统管理人员、专业技术人员培训工作。省财政厅要求上述资金须在2015年末前全部安排使用，但截至2016年3月末，该项目仍未开展，省财政厅再次收回38.14万元，其余152.55万元仍结存在省体育局未使用。

（二）福建省平潭综合实验区中央环保专项资金调整项目建设内容后，仍有829万元闲置未使用。2011年7月，财政部和环境保护部下达福建省平潭综合实验区竹屿湖水环境综合治理等项目中央补助资金5000万元。2013年环境保护部指出其以完工项目申报专项资金后，2014年平潭综合实验区在整改时，将闲置超过2年的专项资金调整用于新立项的“三十六脚湖水环境综合整治”项目。截至2016年3月末，因调整后的项目前期调研不充分、概算不合理，上述资金中仍有829万元资金闲置未用。

（三）宁夏回族自治区金太阳示范工程中央补助资金1.32亿元统筹后仍未支出。2013年，自治区财政厅收到2012年金太阳示范工程中央财政补助资金1.32亿元，用于吴忠金积工业园区20兆瓦屋顶光伏发电等2个项目建设。2015年9月，因项目一直未建设，吴忠市人民政府将1.32亿元计划统筹用于城市供水水质提标改造等工程。截至2016年3月末，1.32亿元资金仍结存在吴忠市财政局账户上未使用。

三、财政资金统筹不到位，资金短缺和资金闲置并存

2013年至2015年，山西省临县涉及农村住房搬迁的财政专项资金共4项，包括扶贫开发中心管理的易地扶贫搬迁资金、国土资源局管理的地质灾害治理搬迁资金、发展改革局管理的采煤沉陷区治理搬迁资金及以工代赈办公室管理的易地搬迁资金。上述资金政策目标接近、资金投向类同，当期实际到位资金20771.60万元，其中中央财政资金12466.77万元。由于上述资金分别由不同主管部门管理、各项资金补贴标准不同等，截至2016年3月末，临县人民政府未有效将各类资金统筹整合使用，有13936.57万元未能及时使用；而该县2015年易地搬迁项目有2686.24万元配套资金尚未到位，影响项目推进。

中华人民共和国审计署审计结果公告（2016年第5号）

中央部门单位 2015年度预算执行等情况审计结果

（2016年6月29日公告）

外交部2015年度预算执行等情况审计结果

根据《中华人民共和国审计法》的规定，2015年12月至2016年3月，审计署对外交部2015年度预算执行等情况进行了审计，重点审计了外交部本级和所属驻外机构服务中心（以下简称服务中心），并对有关事项进行了延伸审计。

一、基本情况

外交部为中央财政一级预算单位，部门预算由部本级和282个二级预算单位的预算组成。财政部批复外交部2015年度部门财政拨款预算支出为1269726.67万元，外交部决算草案反映的当年财政拨款支出1212804.3万元，其部门预算与执行结果的差异总额为56922.37万元，差异的具体情况见附表1。

本次审计外交部本级及所属单位2015年度财政拨款共计748389.83万元，占部门财政拨款总额的58.94%，审计查出问题对外交部2015年度预算执行结果的影响见附表2。

审计结果表明，外交部本级及本次审计的所属单位2015年度预算执行基本遵守了预算法及相关法律法规，财务管理和会计核算基本符合会计法及有关财会制度规定。对2014年度预算执行审计查出的问题，外交部已采取归还原资金渠道等措施进行整改，并对所属单位相关责任人给予免职、警告处理，出台6项制度加强公务接待等方面管理。相关整改情况，审计署受国务院委托已向全国人大常委会报告，并向社会公告。

二、审计发现的主要问题

（一）预算执行中存在的主要问题。

1.2015年，外交部本级未按规定将签证费等收入2134.31万元上缴国库。

2.2015年，外交部本级未按规定清理财政拨款结余资金1053.37万元。

3.2015年，外交部本级未按规定将已完成项目的剩余资金47.92万元作为结余资金管理。

4.2014年至2015年，外交部本级采用租赁方式，超编制配备公务用车1辆，2015年支付租金30万元。

5.2015年，外交部驻外机构部分资产采购未按规定纳入政府采购管理，涉及金额2904万元；外交部本级1个项目未按规定编制政府采购预算，涉及金额1001.73万元；外交部本级未经批准以单一来源方式采购设备，涉及金额198.72万元。

6.2015年，外交部本级2个项目当年预算1570万元，因未按项目实施进度向项目承担单位拨款，致使年底有1254.91万元资金结存在项目承担单位。

7.2015年，外交部本级4个项目未按实际支出金额编列决算，多计决算支出3721.29万元。

（二）其他方面问题。

所属服务中心供应处通过网站推广等形式向驻外使领馆等单位提供供货商经营服务信息，并向供货商收取宣传管理费，至2015年底取得收入324.24万元，未纳入服务中心账簿核算，其中2015年96.88万元。

三、审计处理情况和建议

对上述问题，审计署已依法出具了审计报告、下达了审计决定书。对签证费等收入未及时上缴国库问题，要求及时上缴；对未按规定清理结余资金和少计结余资金问题，要求尽快清理上报；对超编制配备公务用车问题，要求严格执行有关规定，退回租用车辆；对政府采购相关问题，要求尽快完善制度，加强政府采购预算编制管理；对未按项目进度拨款问题，要求严格按项目进度支付资金；对决算支出不实问题，要求调整相关会计账目和决算草案；对所属服务中心收入未在法定账簿核算问题，要求追回收入并调整有关会计账目。

针对审计发现的问题，审计署建议：外交部

应进一步规范预算编制，及时上缴各项政府性收入，统筹安排存量资金，严格执行政府采购有关规定，规范公务用车使用。

四、审计发现问题的整改情况

对审计发现的问题，外交部正在积极组织整改。部本级已将签证费等收入上缴国库 694.14 万元；已退回超编制租用车辆。具体整改结果由外交部向社会公告。

附表：1. 外交部 2015 年度财政拨款预算执行总体情况（略）

2. 外交部 2015 年度重点审计单位财政拨款预算执行情况（略）

发展改革委 2015 年度预算执行等情况审计结果

根据《中华人民共和国审计法》的规定，2015 年 5 月至 2016 年 3 月，审计署对发展改革委 2015 年度预算执行等情况进行了审计，并开展了预算执行审计分阶段实施试点，重点审计了发展改革委本级和所属国家应对气候变化战略研究和国际合作中心（以下简称气候中心）、药品价格评审中心、国家节能中心（以下简称节能中心）3 个单位，并对有关事项进行了延伸审计。

一、基本情况

发展改革委为中央财政一级预算单位，部门预算由发展改革委本级和 20 个二级预算单位的预算组成。财政部批复发展改革委 2015 年度部门财政拨款预算支出为 131961.73 万元，发展改革委决算草案反映的当年财政拨款支出 103611.11 万元，其部门预算与执行结果的差异总额为 28350.62 万元，差异的具体情况见附表 1。

本次审计发展改革委本级及所属单位 2015 年度财政拨款共计 97326.22 万元，占部门财政拨款总额的 73.75%，审计查出问题对发展改革委 2015 年度预算执行结果的影响见附表 2。

审计结果表明，发展改革委本级及本次审计的所属单位 2015 年度预算收支基本遵守了预算法及相关法律法规，财务管理和会计核算基本符合会计法及有关财会制度规定。对 2014 年度预算执行审计查出的问题，至 2015 年 10 月底，发展改革委已采取将资金上缴财政、归还原资金渠道等措施进行整改，并对相关责任人进行了相应处理，出台国有资产管理办法及实施细则等制度，以上整改情况审计署受国务院委托已向全国人大常委会报告，并向社会公告；2015 年 11 月以来，发展改革委继续加强整改工作，通过整改归还原资金渠道 67.22 万元，清退办公用房 1000 余平方米，出台规范差旅费管理的制度。

二、审计发现的主要问题

（一）预算执行中存在的主要问题。

1. 2015 年，发展改革委本级未将应纳入部门预算的委托咨询评估费支出 8415 万元纳入部门预算。

2. 未严格执行招投标规定，涉及金额 583.72 万元。

（1）2014 年，发展改革委培训中心下属北京国宏宾馆有限公司未经招标，直接委托 1 家公司实施装饰装修及水电安装工程，涉及金额 254.59 万元。

（2）2015 年，发展改革委本级在宏观经济信息资源库先导工程（以下简称先导工程）采购过程中，同中标方签订的 10 份服务合同金额与中标金额不符，涉及金额 329.13 万元；有 17 份合同签订时间晚于规定时间。

（3）2014 年，发展改革委本级将已确定中标单位的招标内容违规拆分为两个部分，分别与中标单位和另外 1 家公司签订合同。

3. 未实行政府采购，涉及金额 530 万元。

（1）2015 年，发展改革委本级未经政府采购，直接委托所属中国工程咨询协会承担工程咨询单位资格认定行政许可事项，涉及合同金额 256.5 万元。

（2）2015 年，发展改革委本级未经政府采购，直接委托 1 家招标代理机构实施中央投资项目招标代理机构资格管理工作，涉及合同金额 123.5 万元。

（3）2015 年，发展改革委本级未经政府采购程序，直接委托所属国际合作中心进行采购，涉及合同金额 150 万元。

4. 2015 年，发展改革委本级和所属气候中心在会议人数少于 50 人且无京外代表的情况下，未充分利用内部会议室，违规在所属招待所和外部宾馆召开会议并安排住宿，涉及金额 41.98 万元；

所属气候中心未按规定编制会议计划召开 196 个四类会议，涉及金额 160 万元，其中 8 个会议参会人数超出规定标准，累计超出 810 人。

5. 2013 年至 2015 年，所属节能中心在往来账中核算部分收支，涉及金额 64. 09 万元，其中 2015 年 10. 85 万元，造成少计决算收支。

（二）其他方面问题。

1. 2014 年至 2015 年，发展改革委本级未经报批，自行调整先导工程项目建设内容，涉及金额 626. 64 万元。至 2015 年底，已列支 179. 8 万元，其中 2015 年列支 140. 6 万元。

2. 2014 年至 2015 年，发展改革委本级购置的计算机设备等未按规定纳入本级法定账簿核算，而是计入所属机关服务中心相关账簿，涉及金额 136. 5 万元，其中 2015 年 33. 55 万元。

三、审计处理情况和建议

对上述问题，审计署已依法出具了审计报告、下达了审计决定书。对咨询评估费未纳入部门预算问题，要求将该项支出纳入部门预算；对未严格执行招投标规定问题，要求严格执行招投标法等相关规定；对未实行政府采购问题，要求完善政府采购程序，按照相关规定执行；对会议费管理使用中存在的问题，要求加强会议管理；对在往来账中核算部分收支问题，要求调整有关会计账目和决算草案；对未经报批自行调整项目建设内容问题，要求严格按照工程建设项目有关规定执行；对购置的计算机设备等未纳入本级法定账簿核算问题，要求调整有关资产账簿。

针对审计发现的问题，审计署建议：发展改革委应加强预算编制管理，严格执行政府采购程序以及招投标法的规定，严格会议费等管理和使用。

四、审计发现问题的整改情况

对审计发现的问题，发展改革委正在积极组织整改。对未经报批自行调整先导工程项目建设内容问题，委本级已上报项目调整方案，并于 2016 年 2 月获批。具体整改结果由发展改革委向社会公告。

附表：1. 发展改革委 2015 年度财政拨款预算执行总体情况（略）

2. 发展改革委 2015 年度重点审计单位财政拨款预算执行情况（略）

教育部 2015 年度预算执行等情况审计结果

根据《中华人民共和国审计法》的规定，2015 年 5 月至 2016 年 3 月，审计署对教育部 2015 年度预算执行等情况进行了审计，并开展了预算执行审计分阶段实施试点，重点审计了教育部本级和所属中国地质大学（北京）、全国高等学校学生信息咨询与就业指导中心（以下简称就业指导中心）、教育部留学服务中心（以下简称留学服务中心）3 个单位，并对有关事项进行了延伸审计。

一、基本情况

教育部为中央财政一级预算单位，部门预算由部本级和 111 个二级预算单位的预算组成。财政部批复教育部 2015 年度部门财政拨款预算支出为 13009464. 2 万元，教育部决算草案反映的当年财政拨款支出 12506423. 7 万元，其部门预算与执行结果的差异总额为 503040. 5 万元，差异的具体情况见附表 1。

本次审计教育部本级及所属单位 2015 年度财政拨款共计 1576212. 84 万元，占部门财政拨款总额的 12. 12%，审计查出问题对教育部 2015 年度预算执行结果的影响见附表 2。

审计结果表明，教育部本级及本次审计的所属单位 2015 年度预算收支基本遵守了预算法及相关法律法规，财务管理和会计核算基本符合会计法及有关财会制度规定。对 2014 年度预算执行审计查出的问题，至 2015 年 10 月底，教育部已采取将资金上缴财政、归还原资金渠道等措施进行整改，并出台制度加强预算和资产等方面管理，以上整改情况审计署受国务院委托已向全国人大常委会报告，并向社会公告；2015 年 11 月以来，教育部继续加强整改工作，所属中国教育科学研究院出台了 1 项预算管理制度，向教育部报送了房产出租审批材料，所属北京邮电大学出台了 1 项资产管理制度，对北邮科技大厦经营问题进行了整改。

二、审计发现的主要问题

（一）预算执行中存在的主要问题。

1. 2015 年，教育部本级收到所属国家留学基金管理委员会上交的合作项目款、违约赔偿收入等共计 28752.74 万元，未按规定纳入预算管理。

2.2015 年，教育部本级教育综合协调工作专项等 4 个项目未按规定完整报送项目申报材料，涉及金额 5830 万元。

3.2015 年，教育部本级未执行政府采购程序，直接委托 1 家公司承担宣传等工作，支付合同款 100 万元。

4.2015 年 12 月，教育部本级通过所属人民教育出版社向其下属企业拨付并列支财政专项资金 800 万元，年底全部结存在下属企业，造成部本级多计决算支出。

5.2014 年，所属留学服务中心违规组织两批营利性双跨（跨地区、跨部门）出国（境）团组，向参团单位收取费用 181.46 万元。

6.2014 年，所属基础教育课程教材发展中心超标准列支会议费 3.90 万元。

7.2014 年，所属留学服务中心无预算购置公务用车 1 辆，支出 11.4 万元。

8. 至 2015 年底，教育部拨付所属国家教育行政学院 1 项专项经费连续 3 年结转，形成结存资金 34.37 万元，未按规定清理上报财政部。

9.2013 年至 2014 年，所属中国教育学会未按规定公开招标，而是违规采用询价方式委托一所大学承担技术支持和服务平台部分研发等工作，涉及合同金额 603 万元。

10.2015 年，所属国家汉语国际推广领导小组办公室未按政府采购相关规定购买公务机票，涉及金额 345.89 万元。

（二）其他方面问题。

所属就业指导中心对外投资 800 万元未按规定办理审批和备案。

三、审计处理情况和建议

对上述问题，审计署已依法出具了审计报告、下达了审计决定书。对收入预算不完整的问题，要求加强预算编制管理；对项目申报材料不完整的问题，要求完善项目申报文本；对政府采购方面的问题，要求严格执行政府采购相关规定；对支出决算不实的问题，要求调整会计账目和决算草案；对组织营利性双跨出国（境）团组的问题，要求严格执行相关规定；对会议管理方面的问题，要求严格执行相关规定；对无预算购置公务用车的问题，要求加强公务用车预算管理；对结余资金清理不到位的问题，要求按规定清理上报；对于对外投资方面的问题，要求按规定办理审批、备案手续，严格执行资产管理办法。

针对审计发现的问题，审计署建议：教育部应加强预算编制管理，加大预算执行管理力度，完善内部管理，强化对所属单位监管。

四、审计发现问题的整改情况

对本次审计查出的问题，教育部正在积极组织整改。国家汉语国际推广领导小组办公室已经整改，今后严格执行公务机票购买相关规定。具体整改结果由教育部向社会公告。

附表：1. 教育部 2015 年度财政拨款预算执行总体情况（略）

2. 教育部 2015 年度重点审计单位财政拨款预算执行情况（略）

科技部 2015 年度
预算执行等情况审计结果

根据《中华人民共和国审计法》的规定，2015 年 5 月至 2016 年 3 月，审计署对科技部 2015 年度预算执行等情况进行了审计，并开展了预算执行审计分阶段实施试点，重点审计了科技部本级和所属机关服务中心、中国科学技术信息研究所（以下简称中信所）等 8 个单位，并对有关事项进行了延伸审计。

一、基本情况

科技部为中央财政一级预算单位，部门预算由部本级和 20 个二级预算单位的预算组成。财政部批复科技部 2015 年度部门财政拨款预算支出为 3532995.48 万元，科技部决算草案反映的当年财政拨款支出 3257300.38 万元，其部门预算与执行结果的差异总额为 275695.1 万元，差异的具体情况见附表 1。

本次审计科技部本级及所属单位 2015 年度财政拨款共计 2888263.23 万元，占部门财政拨款总额的 81.75%，审计查出问题对科技部 2015 年度预算执行结果的影响见附表 2。

审计结果表明，科技部本级及本次审计的所属单位 2015 年度预算收支基本遵守了预算法及相关法律法规，财务管理和会计核算基本符合会计法及有关财会制度规定。对2014年度预算执行审计查出的问题，至2015年10月底，科技部已采取股权退出、追缴款项及调整决算等措施进行整改，以上整改情况审计署受国务院委托已向全国人大常委会报告，并向社会公告；2015年11月以来，科技部继续加强整改工作，通过整改上缴财政7000万元，归还原资金渠道21万元；对基建项目未及时办理竣工决算等方面的问题，采取组织相关机构加快办理竣工手续等措施积极进行整改。

二、审计发现的主要问题

（一）预算执行中存在的主要问题。

1.2015年，科技部本级将2个项目的1070万元资金列支后拨付到所属单位，实际并未全部支出，造成支出不实812.43万元。

2.2013年至2015年，所属中信所违规发放职工福利费159.58万元，其中2015年46.73万元；2015年违规在项目经费中列支职工福利费2.47万元。

3.2015年，所属中信所在4个项目招标中，违规确定中标单位，涉及合同金额3149.8万元；所属中国生物技术发展中心购买公务机票未按规定执行政府采购程序，涉及金额3.22万元。

4.2015年，所属中信所未按规定将出借3471平方米办公楼事项在财务会计报告和决算草案中予以反映。

5.至2015年底，所属服务中心320平方米房产未纳入法定账簿核算。

6.2015年，所属火炬高技术产业开发中心违规支付职工学费2万元；违规将相关会议支出2.83万元和部分差旅费转由地方单位承担。

（二）其他方面问题。

至2015年底，所属中国生物技术发展中心2916平方米办公用房闲置7年，中信所将8422平方米闲置办公用房对外出租；与此同时，所属火炬高技术产业开发中心等6家单位使用2188.65万元财政资金租用8712.72平方米办公用房。

三、审计处理情况和建议

对上述问题，审计署已依法出具了审计报告、下达了审计决定书。对支出不实问题，要求严格执行有关规定，调整决算草案；对违规发放、列支职工福利费及支付职工学费问题，要求加强管理，杜绝类似问题再次发生；对政府采购问题，要求严格执行有关采购程序；对办公楼出借和房产核算问题，要求披露相关信息，调整会计账目和决算草案；对转由地方单位承担会议费等问题，要求偿付有关开支；对办公用房闲置与租用并存问题，要求科学统筹使用，提高国有资产和财政资金使用效益。

针对审计发现的问题，审计署建议：科技部应督促所属单位杜绝公款开支个人费用，严格执行会议费、差旅费管理制度，规范政府采购行为，准确编制决算，提高财政资金、资产使用效益，提高管理水平。

四、审计发现问题的整改情况

对审计发现的问题，科技部正在积极组织整改。具体整改结果由科技部向社会公告。

附表：1. 科技部2015年度财政拨款预算执行总体情况（略）

2. 科技部2015年度重点审计单位财政拨款预算执行情况（略）

工业和信息化部2015年度预算执行等情况审计结果

根据《中华人民共和国审计法》的规定，2015年12月至2016年3月，审计署对工业和信息化部2015年度预算执行等情况进行了审计，重点审计了工业和信息化部本级和所属北京市通信管理局、中国电子信息产业发展研究院等5个单位，并对有关事项进行了延伸审计。

一、基本情况

工业和信息化部为中央财政一级预算单位，部门预算由部本级和69个二级预算单位的预算组成。财政部批复工业和信息化部2015年度部门财政拨款预算支出为2666206.72万元，工业和信息化部决算草案反映的当年财政拨款支出2266501.63万元，其部门预算与执行结果的差异总额为399705.09万元，差异的具体情况见附表1。

本次审计工业和信息化部本级及所属单位2015年度财政拨款共计850334.13万元，占部门财政拨款总额的31.89%，审计查出问题对工业和信息化部2015年度预算执行结果的影响见附

表2。

审计结果表明，工业和信息化部本级及本次审计的所属单位2015年度预算收支基本遵守了预算法及相关法律法规，财务管理和会计核算基本符合会计法及有关财会制度规定。对2014年度预算执行审计查出的问题，工业和信息化部已采取将资金上缴财政、归还原资金渠道等措施进行整改。相关整改情况，审计署受国务院委托已向全国人大常委会报告，并向社会公告。

二、审计发现的主要问题

（一）预算执行中存在的主要问题。

1.2015年，工业和信息化部本级违规从零余额账户向所属单位实有资金账户划转资金14641.44万元。

2.2015年，工业和信息化部本级和所属北京市通信管理局违规将应由其承担的2个会议的会议费3.44万元转由参会单位承担。

3.2015年，工业和信息化部本级音像宣传片制作项目未按规定进行公开招标，直接委托所属单位承担，涉及金额138万元；所属北京市通信管理局的办公场所物业管理服务未按规定实行政府集中采购，涉及金额98.92万元。

4.2015年，工业和信息化部本级向所属机关服务中心拨付部机关搬迁项目财政拨款经费2000万元并全部列支，至年底实际签订搬迁相关合同金额1344.96万元，造成部本级多计决算支出655.04万元。

5.2015年，所属中国软件评测中心在会议实际未召开的情况下列支会议费，造成多计决算支出15万元。

（二）其他方面问题。

1.2015年，所属电子科学技术情报研究所未经审批出租房产，取得收入2356.22万元。

2.2012年4月至2015年，所属电子科学技术情报研究所3名干部违规在下属杂志社、出版公司兼职。

三、审计处理情况和建议

对上述问题，审计署已依法出具了审计报告、下达了审计决定书。对违规从零余额账户向实有资金账户拨款问题，要求今后严格执行财政国库集中支付制度；对由参会单位承担会议费问题，要求相关单位归还会议费并调整有关会计账目；对未严格执行政府采购程序的问题，要求今后严格执行政府采购规定；对决算支出不实问题，要求相关单位调整有关会计账目和决算草案；对未经批准出租房产的问题，要求严格履行报批手续；对个别干部违规兼职的问题，要求立即纠正，并全面清查党政领导干部兼职情况。

针对审计发现的问题，审计署建议：工业和信息化部应进一步提高预算编制的科学性和预算执行的规范性，加强对所属单位的监管和检查，提升所属单位人员预算和财务管理水平。

四、审计发现问题的整改情况

对审计发现的问题，工业和信息化部正在积极组织整改。具体整改结果由工业和信息化部向社会公告。

附表：1. 工业和信息化部2015年度财政拨款预算执行总体情况（略）

2. 工业和信息化部2015年度重点审计单位财政拨款预算执行情况（略）

国家民委2015年度预算执行等情况审计结果

根据《中华人民共和国审计法》的规定，2015年12月至2016年3月，审计署对国家民委2015年度预算执行等情况进行了审计，重点审计了国家民委本级和所属中央民族大学、民族文化宫等5个单位，并对有关事项进行了延伸审计。

一、基本情况

国家民委为中央财政一级预算单位，部门预算由委本级和20个二级预算单位的预算组成。财政部批复国家民委2015年度部门财政拨款预算支出为511307.65万元，国家民委决算草案反映的当年财政拨款支出467349.5万元，其部门预算与执行结果的差异总额为43958.15万元。差异的具体情况见附表1。

本次审计国家民委本级及所属单位2015年度财政拨款共计128745.25万元，占部门财政拨款总额的25.18%，审计查出问题对国家民委2015年度预算执行结果的影响见附表2。

审计结果表明，国家民委本级及本次审计的所属单位2015年度预算收支基本遵守了预算法及相关法律法规，财务管理和会计核算基本符合会计法及有关财会制度规定。对2014年度预算执行审计查出的问题，国家民委已责成相关单位尽快清理往来账、办理竣工决算等。相关整改情况，审计署受国务院委托已向全国人大常委会报告，并向社会公告。

二、审计发现的主要问题

（一）预算执行中存在的主要问题。

1.2015年，国家民委本级及所属民族文化宫在公务接待报销时，存在未按规定附接待公函或接待清单内容不完整等问题，涉及金额7.16万元。

2.2015年，少数民族发展资金由专项转移支付改为一般性转移支付后，清理整合不到位，实际使用中仍限定了资金用途和额度，涉及金额7.28亿元。

3.2012年和2015年，所属中央民族大学以办公费、会议费名义列支3.7万元，违规将资金存放在酒店用于餐饮支出，其中2015年2.2万元。

4.2015年，所属中央民族大学以虚假合同列支宣传片制作费7.3万元，相关制作事项实际未完成。

5.2014年和2015年，所属中央民族大学未按规定及时上缴资产处置收入34.79万元，其中2015年28.57万元，导致少计收入。

6.2015年，所属民族问题研究中心提前列支2016年专题报道等支出15万元，造成多计决算支出。

7.至2015年底，所属中央民族大学有4708平方米房产未按规定登记固定资产账。

（二）其他方面问题。

1.2010年，所属中央民族大学在项目建设中，存在未经充分论证、未按规定签订施工合同、工程设计不合理等问题，致使项目建成后无法正常使用，330.64万元支出和投资形成损失。

2.2015年，所属民族文化宫未按合同约定收取房屋租金等收入1010.13万元。

三、审计处理情况和建议

对上述问题，审计署已依法出具了审计报告、下达了审计决定书。对公务接待管理不规范问题，要求加强管理，严格执行相关规定；对专项资金整合不到位问题，要求严格执行相关规定；对违规列支办公费和会议费问题，要求追回相关资金并调整有关会计账目；对以虚假合同列支制作费问题，要求加强合同管理，严格支出审核；对未及时上缴资产处置收入问题，要求纠正并调整有关会计账目；对决算支出不实问题，要求调整有关会计账目和决算草案；对房产账实不符问题，要求加强资产管理补登资产；对于项目建设形成损失问题，要求加强管理提高资金使用效益；对于应收未收房屋租金等问题，要求尽快收回。

针对审计发现的问题，审计署建议：国家民委应进一步加强预算管理，严格预算执行，加强对所属单位的监督和管理，加强对专项资金的管理。

四、审计发现问题的整改情况

对审计发现的问题，国家民委正在积极组织整改。所属中央民族大学已追缴违规列支的剩余资金1.13万元，上缴资产处置收入34.79万元，并调整相关会计账目；民族文化宫已追回房屋租金65万元，调整相关会计账目，并就欠收租金向法院提起诉讼。具体整改结果由国家民委向社会公告。

附表：1. 国家民委2015年度财政拨款预算执行总体情况（略）

2. 国家民委2015年度重点审计单位财政拨款预算执行情况（略）

公安部2015年度
预算执行等情况审计结果

根据《中华人民共和国审计法》的规定，2015年12月至2016年3月，审计署对公安部2015年度预算执行等情况进行了审计，重点审计了公安部本级和所属第一研究所、户政管理研究中心等4个单位，并对有关事项进行了延伸审计。

一、基本情况

公安部为中央财政一级预算单位，部门预算由部本级和41个二级预算单位的预算组成。审计结果表明，2015年度公安部本级及本次审计的所属单位预算执行基本符合预算法及相关法律法规的规定，能够加大预算统筹力度，推进预算绩效管理，预算管理水平进一步加强。对2014年度预算执行审计查出的问题，公安部已采取将资金上缴财政、归还原资金渠道、调整会计账目，清退车辆等方式，全部整改到位。相关整改情况，审计署受国务院委托已向全国人大常委会报告，并向社会公告。

二、审计发现的主要问题

（一）预算执行中存在的主要问题。

1. 2015 年，公安部未按规定将所属机关服务中心等单位事业收入 11178.79 万元纳入部门预算管理。

2. 2015 年，公安部本级未按规定履行政府采购程序采购货物和服务，涉及采购支出 884.47 万元。

3. 2014 年至 2015 年，公安部将代地方采购物资的支出，纳入本级核算，造成本级多计支出 783.37 万元，其中 2015 年 539.61 万元。

4. 2015 年，所属第一研究所违规将因公出国（境）费用 4.71 万元转由其控股企业承担。

5. 2015 年，所属户政管理研究中心违规发放职工津补贴 77.50 万元；所属第一研究所以“专家评审费”名义，违规向本单位部分人员发放补贴 4.22 万元。

6. 2014 年，所属第一研究所违规从零余额账户向实有资金账户划转资金 110.51 万元。

（二）其他方面问题。

1. 至 2015 年底，公安部本级分别于 2006 年、2008 年和 2012 年竣工并交付使用的 3 个基建项目，仍未按规定办理竣工财务决算。

2. 至 2015 年底，所属公安部出入境证件核心技术中心未及时收回应收回的服务费收入 2245 万元。

3. 2013 年，所属北京出入境边防检查总站基建项目实际投资超出批复的概算 5935.31 万元。

4. 至 2015 年 5 月，公安部本级违规使用相关单位 8 辆公务用车。

三、审计处理情况和建议

对上述问题，审计署已依法出具了审计报告、下达了审计决定书。对预算编报不完整问题，要求严格按照规定范围编报预算；对未履行政府采购程序采购货物或服务问题，要求今后严格按程序进行政府采购；对会计核算不真实问题，要求归还原资金渠道，调整有关会计账目和决算草案；对因公出国（境）费用转由企业承担问题，要求归还费用，调整有关会计账目和决算草案；对违规发放津贴补贴问题，要求严格执行津贴补贴相关规定；对违规从零余额账户划转资金问题，要求归还原资金渠道；对未及时办理竣工财务决算问题，要求尽快完成竣工财务决算的编制工作，并按规定及时上报财政部审批；对应收未收事业收入问题，要求及时收取；对基建项目超概算问题，要求按规定及时履行报批手续；对于违规使用相关单位公务用车的问题，要求严格公务用车管理。

针对审计发现的问题，审计署建议：公安部应严格执行预算管理规定，提高预算编制的规范性和完整性，强化政府采购管理，加强基本建设项目管理。

四、审计发现问题的整改情况

对审计发现的问题，公安部正在积极组织整改。所属户政管理研究中心和第一研究所已收回违规发放的津补贴 81.72 万元；所属第一研究所已归还原资金渠道 110.51 万元；所属出入境证件核心技术中心已收回事业收入 2245 万元；部本级已退还全部违规使用车辆。具体整改结果由公安部向社会公告。

民政部 2015 年度
预算执行等情况审计结果

根据《中华人民共和国审计法》的规定，2015 年 6 月至 2016 年 3 月，审计署对民政部 2015 年度预算执行等情况进行了审计，并开展了预算执行审计分阶段实施试点，重点审计了民政部本级和所属全国老龄工作委员会办公室（以下简称全国老龄办）、国家康复辅具研究中心等 4 个单位，并对有关事项进行了延伸审计。

一、基本情况

民政部为中央财政一级预算单位，部门预算由部本级和 14 个二级预算单位的预算组成。财政部批复民政部 2015 年度部门财政拨款预算支出为 209530.45 万元，民政部决算草案反映的当年财政拨款支出 155949.31 万元，其部门预算与执行结果的差异总额为 53581.14 万元，差异的具体情况见附表 1。

本次审计民政部本级及所属单位 2015 年度财

政拨款共计 137752.78 万元，占部门财政拨款总额的 65.74%，审计查出问题对民政部 2015 年度预算执行结果的影响见附表 2。

审计结果表明，民政部本级及本次审计的所属单位 2015 年度预算收支基本遵守了预算法及相关法律法规，财务管理和会计核算基本符合会计法及有关财会制度规定。对 2014 年度预算执行审计查出的问题，至 2015 年 10 月底，民政部采取归还资金原渠道、调整会计账目、处理相关责任人等措施积极整改，以上整改情况审计署受国务院委托已向全国人大常委会报告，并向社会公告；2015 年 11 月以来，民政部继续加强整改工作，出台了 1 项规范经费支出方面的管理制度。

二、审计发现的主要问题

（一）预算执行中存在的主要问题。

1. 民政部未按规定将 2014 年已完成项目的结余资金 173.65 万元清理上报财政部。

2. 至 2015 年底，民政部 3 个项目因无法实施或推进缓慢等原因，造成预算资金结存 25259.61 万元。

3. 2015 年，所属档案资料馆和全国老龄办机关服务中心、老年人才信息中心预算编报不完整，涉及收入 1595.11 万元。

4. 2015 年，所属机关服务局和国家康复辅具研究中心及其附属康复医院购买物业服务未按规定进行公开招标，涉及资金 446.57 万元。

5. 2015 年，所属全国老龄办项目招标不规范，在投标商之间存在关联关系的情况下，招标确定技术服务公司，涉及资金 148.02 万元。

6. 2015 年，民政部主管的 2 个社会组织未经批准组织出国培训团组，并报销出国费用 39.2 万元。

7. 2013 年至 2014 年，所属全国老龄办下属老年人才信息中心违规购置公务用车 2 辆，涉及金额 59.8 万元。

8. 所属国家康复辅具研究中心已于 2010 年竣工验收并投入使用的基建工程，至 2016 年 3 月底仍未办理竣工决算，涉及资金 27074.5 万元。

9. 2011 年至 2015 年，所属全国老龄办下属单位以购买办公用品等名义列支 102.96 万元，实际用于购买礼品等，其中 2015 年 15.7 万元。

10. 2014 年至 2015 年，所属中国老龄产业协会举办博览会收入 2.27 万元，未按规定纳入法定账簿核算。

11. 2015 年，民政部本级向受其委托建设项目的地方民政部门拨付资金并列支 1704.42 万元，至年底有 1323.53 万元以备用金形式存放在受托单位，造成多计决算支出 1323.53 万元。

（二）其他方面问题。

1. 2011 年至 2015 年，民政部及所属全国老龄办下属老年人才信息中心无依据自行设立 3 项等级评定或认定等事项，收取管理费 1480 万元，其中 2015 年 700 万元。

2. 至 2015 年底，所属全国老龄办 1996 年购置的办公楼仍未取得房产证，涉及金额 8935.5 万元。

3. 2013 年至 2014 年，所属全国老龄办下属老年人才信息中心未经批准投资 1000 万元成立公司。

4. 至 2015 年底，所属中国老龄事业发展基金会 2011 年转让的对外投资 510 万元仍未办理股东变更登记手续。

5. 至 2015 年底，所属中国老龄事业发展基金会未按规定将 221 幅字画计入固定资产。

6. 2014 年至 2015 年，所属全国老龄办下属老年人才信息中心未经批准向私人企业出借资金 88 万元，其中 2015 年 50 万元。

三、审计处理情况和建议

对上述问题，审计署已依法出具了审计报告、下达了审计决定书。对结余资金未清理问题，要求清理上报财政部，并根据财政部审核意见办理；对项目预算资金结存大问题，要求加快推进项目执行，今后按实际需求申报预算；对预算编报不完整问题，要求今后严格按照规定编报部门预算；对招投标不规范问题，要求今后严格执行政府采购规定，规范政府采购行为；对未经批准组团出国问题，要求健全社会组织出国管理制度；对违规购置公务用车问题，要求按规定加强公务用车管理；对基建工程未办理竣工决算问题，要求积极协调有关单位，尽快办理竣工决算；对以办公用品等名义购买礼品等问题，要求相关单位严格执行财务制度规定；对收入未在法定账簿核算问题，要求加强收支监管，追回相关资金；对决算支出不实问题，要求调整有关会计账目和决算草案；对无依据自行设立等级评定或认定等事项问题，要求进一步清理评比达标表彰项目，取消自行设立事项；对办公楼未取得房产证问题，要求尽快办理有关手续，将办公楼纳入固定资产管理；对未经批准对外投资问题，要求加强对所属单位对外投资事项的监管；对转让对外投资未办理变更登记手续问题，要求尽快办理工商变更登记；对字画未计入固定资产问题，要求加强资产管理；对未经批准出借资金问题，要求加强管理，清理出借资金。

针对审计发现的问题，审计署建议：民政部应进一步加强对所属单位公务用车、出国（境）管理等情况的监督检查，规范预算编制，加强对主管的社会组织资产、费用管理以及相关经济业务活动的监管。

四、审计发现问题的整改情况

对审计发现的问题，民政部正在积极组织整改。对未按规定上报项目结余资金问题，民政部已上报财政部并提出调整申请，经财政部同意用于调整后的用途。具体整改结果由民政部向社会公告。

附表：1. 民政部 2015 年度财政拨款预算执行总体情况（略）

2. 民政部 2015 年度重点审计单位财政拨款预算执行情况（略）

司法部 2015 年度预算执行等情况审计结果

根据《中华人民共和国审计法》的规定，2015 年 12 月至 2016 年 3 月，审计署对司法部 2015 年度预算执行等情况进行了审计，重点审计了司法部本级和所属机关服务局、国家司法考试中心等 5 个单位，并对有关事项进行了延伸审计。

一、基本情况

司法部为中央财政一级预算单位，部门预算由部本级和 14 个二级预算单位的预算组成。审计结果表明，司法部本级及本次审计的所属单位 2015 年度预算收支基本符合预算法及相关法律法规，财务管理和会计核算基本符合会计法和财务制度的规定，财务管理工作进一步加强。对 2014 年度预算执行审计查出的问题，至 2015 年 10 月底，司法部已采取将资金上缴财政、归还原资金渠道等措施进行整改，并出台制度加强公务接待费等方面管理，以上整改情况审计署受国务院委托已向全国人大常委会报告，并向社会公告；2015 年 11 月以来，司法部继续加强整改工作，通过整改上缴财政 3352.22 万元，归还原资金渠道 3.98 万元，新出台 1 项规范公务接待费的管理制度。

二、审计发现的主要问题

（一）预算执行中存在的主要问题。

1. 2015 年，所属戒毒管理局将在部门预算中申请的项目预算资金 450 万元，全部下达到地方执行，上述资金用途与财政部已下达地方的专项补助资金的用途重复。

2. 2015 年，所属监狱管理局违规扩大开支范围，在公务接待费中列支人员误餐费 3.58 万元。

3. 2015 年，所属监狱管理局召开的 14 个四类会议未纳入年度会议计划，会议费支出 80.24 万元；所属戒毒管理局 1 个会议未按规定在党政机关会议定点饭店召开，会议费支出 17.30 万元。

4. 2015 年，司法部本级向所属中华全国律师协会拨付外事经费 70 万元，未按规定列入“三公”经费预算。

5. 2015 年，所属中华全国律师协会 5 个出国（境）团组相关人员超规定范围报销国内接送机费、境外城市内租车费等支出 3.39 万元。

6. 2015 年，所属国家司法考试中心违规向在职人员发放节日补贴 4.4 万元。

7. 2015 年，司法部本级印刷刊物未按规定选择定点印刷单位，涉及支出 78.89 万元。

8. 2015 年，司法部本级两部专题片制作未按规定执行政府采购程序，涉及支出 100 万元。

（二）其他方面问题。

2015 年，所属国家司法考试中心未按规定及时收缴相关单位欠缴的考试考务费 51.87 万元。

三、审计处理情况和建议

对上述问题，审计署已依法出具了审计报告、下达了审计决定书。对重复申请预算问题，要求今后严格按照预算法及相关规定执行；对超范围列支误餐费问题，要求调整有关会计账目和决算草案；对无计划和在非定点饭店召开会议问题，要求严格执行会议管理相关规定，调整有关会计账目和决算草案；对出国（境）费方面的问题，要求加强管理，严格按预算法及相关规定执行；对违规发放节日补贴问题，要求今后严格按相关规定执行；对未履行政府采购程序问题，要求今后严格执行政府采购程序；对未及时收缴考试考务费问题，要求尽快收缴。

针对审计发现的问题，审计署建议：司法部应加强“三公”经费和会议费的监督和管理，做到厉行节约；严格执行政府采购有关规定，规范政府购买服务项目的组织管理。

四、审计发现问题的整改情况

对审计发现的问题，司法部正在积极组织整改。部本级在编报2016年度部门预算时已取消重复申报的项目预算；所属中华全国律师协会相关人员已退回出国（境）交通费3.39万元；所属国家司法考试中心已收缴2015年度考试考务费51.87万元。具体整改结果由司法部向社会公告。

财政部2015年度预算执行等情况审计结果

根据《中华人民共和国审计法》的规定，2015年5月至2016年3月，审计署对财政部2015年度预算执行等情况进行了审计，并开展了预算执行审计分阶段实施试点，重点审计了财政部本级和所属机关服务中心、信息网络中心等6个单位，并对有关事项进行了延伸审计。

一、基本情况

财政部为中央财政一级预算单位，部门预算由部本级和59个二级预算单位的预算组成。财政部批复本部门2015年度部门财政拨款预算支出为1318299.39万元，财政部决算草案反映的当年财政拨款支出1274787.06万元，其部门预算与执行结果的差异总额为43512.33万元，差异的具体情况见附表1。

本次审计财政部本级及所属单位2015年度财政拨款共计1180160.15万元，占部门财政拨款总额的89.52%，审计查出问题对财政部2015年度预算执行结果的影响见附表2。

审计结果表明，财政部本级及本次审计的所属单位2015年预算收支基本遵守了预算法及相关法律法规，财务管理和会计核算基本符合会计法和相关财会制度规定。对2014年度预算执行审计查出的问题，财政部已采取将资金上缴财政、归还原渠道资金、退还所属单位资金等措施全部整改，并对相关责任人给予取消出访代表资格等处理。相关整改情况，审计署受国务院委托已向全国人大常委会报告，并向社会公告。

二、审计发现的主要问题

（一）预算执行中存在的主要问题。

1.2015年，财政部本级违规超出部门预算编制范围，将专项用于各省政府采购网站建设维护等支出资金1080万元，编入本部门预算。

2.至2015年底，财政部本级财政存量资金1777.53万元未按规定清理和上缴。

3.2015年，财政部本级因公出国（境）费预算编制不完整，将本级出国培训费120.89万元编入所属干部教育中心因公出国（境）费预算。

4.2014年和2015年，财政部本级和所属机关服务中心、国家农业综合开发评审中心、财政票据监管中心等单位，未严格执行政府采购相关规定采购工程、货物和服务，涉及金额1904.19万元，其中：未按规定公开招标，违规采用单一来源采购方式或直接签订合同方式实施政府采购1624.03万元；在未取得政府采购电子验收单的情况下支付资金280.16万元。

5.2014年和2015年，所属国家农业综合开发评审中心在部门预算中，违规为农业部、水利部等部门编列农业综合开发项目评审检查工作经费预算240万元。

6.2013年至2015年，所属信息网络中心违规使用零余额账户，垫付应由自有资金支出的代收款项等资金530万元，其中2015年239万元。

7.2015年，所属机关服务中心无偿使用下属企业车辆2辆。

8.2014年和2015年，所属会计资格评价中心和财政票据监管中心有165.02万元会议费报销未附原始明细单据，其中2015年66.99万元。

9.2014年和2015年，所属中国会计学会每年取得房屋出租收入70万元，未按规定开具税务发票并缴纳房产税等；2014年将出租收入和承租支出放在往来科目核算，造成少计收入和支出各70万元。

（二）其他方面问题。

1.至2015年底，财政部本级3500万元固定资产未按规定入账核算，形成账外资产；2012 年已办理竣工决算的办公用房，仍未纳入固定资产账核算，涉及金额 39174.14 万元。

2.2010 年以来，所属国家农业综合开发评审中心未经批准将 11871 万元国有资产委托给相关企业经营，未收取任何收益。

3.2015 年，所属信息网络中心未经批准将产权属于财政部机关的 650 平方米房产无偿出借给相关企业使用。

4.2014 年，财政部主管的社团中国总会计师协会将财政部委托其管理使用的行政房产对外出租，未按规定将租金收入 389.14 万元上缴财政。

三、审计处理情况和建议

对上述问题，审计署已依法出具了审计报告、下达了审计决定书。对部门预算编列补助地方支出预算问题，要求规范编制部门预算；对财政存量资金未按规定清理问题，要求清理上报；对部本级因公出国（境）经费预算不完整问题，要求规范编列因公出国（境）经费预算；对违反政府采购管理规定问题，要求严格执行政府采购相关规定；对部门预算中编列非预算单位支出预算问题，要求规范预算编报；对违规使用零余额账户垫付资金问题，要求归还零余额账户资金；对无偿使用下属企业车辆问题，要求相关单位及时清退；对会议费报销未附原始明细单据问题，要求加强管理，严格按规定审核会议费支出；对房租收入未缴税及收支在往来科目核算问题，要求补缴税金，将各项收支纳入预算管理；对固定资产未入账核算问题，要求入账核算；对未经批准委托经营国有资产问题，要求妥善处理国有资产委托运营问题，规范管理；对违规出借国有资产问题，要求规范管理，妥善处理出借房产；对房产出租收入未上缴财政问题，要求将收入扣除相关税费后上缴财政。

针对审计发现的问题，审计署建议：财政部应规范预算编制，提高财政资金的使用效益；加大对所属单位的监管力度，督促有关单位加强资产、政府采购、财务核算以及“三公”经费和会议费管理等。

四、审计发现问题的整改情况

对审计发现的问题，财政部正在积极组织整改。部本级财政存量资金已确认为结余资金并上报；已对 39174.14 万元办公用房补登入账；所属国家农业综合开发评审中心自 2016 年 1 月起依据政府采购电子验收单进行支付；所属信息网络中心已偿还零余额账户资金 230 万元；所属会计资格评价中心已按规定获取会议费用原始明细票据 83.44 万元。具体整改结果由财政部向社会公告。

附表：1. 财政部 2015 年度财政拨款预算执行总体情况（略）

2. 财政部 2015 年度重点审计单位财政拨款预算执行情况（略）

人力资源社会保障部 2015 年度预算执行等情况审计结果

根据《中华人民共和国审计法》的规定，2015 年 12 月至 2016 年 4 月，审计署对人力资源社会保障部 2015 年度预算执行等情况进行了审计，重点审计了人力资源社会保障部本级和所属机关服务中心、中国就业培训技术指导中心等 8 个单位，并对有关事项进行了延伸审计。

一、基本情况

人力资源社会保障部为中央财政一级预算单位，部门预算由部本级和 27 个二级预算单位的预算组成。财政部批复人力资源社会保障部 2015 年度部门财政拨款预算支出为 409423.33 万元，人力资源社会保障部决算草案反映当年财政拨款支出 323465.44 万元，其部门预算与执行结果的差异总额为 85957.89 万元，差异的具体情况见附表 1。

本次审计人力资源社会保障部本级及所属单位 2015 年度财政拨款共计 181108.65 万元，占部门财政拨款总额的 44.24%，审计查出问题对人力资源社会保障部 2015 年度预算执行结果的影响见附表 2。

审计结果表明，人力资源社会保障部本级及本次审计的所属单位 2015 年度预算收支基本遵守了预算法及相关法律法规，财务管理和会计核算基本符合会计法及有关财会制度规定。对 2014 年度预算执行审计查出的问题，至 2015 年 10 月底，人力资源社会保障部已采取将资金归还原资金渠道等措施进行整改，以上整改情况审计署受国务院委托已向全国人大常委会报告，并向社会公告；2015 年 11 月以来，人力资源社会保障部继续加强整改工作，通过整改归还原资金渠道22.77万元。

二、审计发现的主要问题

（一）预算执行中存在的主要问题。

1.2015年，所属社会保障能力建设中心违规组织双跨（跨地区、跨部门）出国（境）团组2个，并由参与地方社保业务信息系统开发的相关企业等单位承担出国（境）费用7.21万元。

2.2013年1月，所属中国社会保障杂志社购买18万元物资，用于向该杂志社以及中国劳动保障报社、社会保险事业管理中心职工发放福利，并使用虚假发票报销入账。

3.2013年和2014年，所属机关服务中心和中国就业培训技术指导中心未按规定实行政府集中采购，直接与物业管理公司和保洁服务公司签订服务合同，涉及采购支出740.22万元。

4.2015年，所属职业技能鉴定中心及下属公司使用不合规发票报销邮寄费、印刷费等7.69万元。

5.2015年，所属中国劳动保障科学研究院等5家单位决算支出编报不实，与实际支出相比，中国劳动保障科学研究院少编报943.40万元，其他4家单位多编报943.40万元。

6.2015年，所属中国劳动保障科学研究院扩大项目支出范围，在财政拨款项目经费中列支为外单位垫付的水电费和取暖费148.62万元。

（二）其他方面问题。

1.2013年至2015年，人力资源社会保障部本级及所属社会保险事业管理中心36名领导干部和工作人员，未经批准在所属企业和社团中兼职或兼职取酬58.42万元。

2.至2015年底，所属留学人员和专家服务中心违规将9套专供在站博士后研究人员居住的公寓，作为该中心办公和仓储用房等。

三、审计处理情况和建议

对上述问题，审计署已依法出具了审计报告、下达了审计决定书。对未经批准组织双跨出国（境）团组并由企业承担出国（境）费用、违规发放实物福利等问题，要求严格执行相关规定；对未按规定执行政府集中采购问题，要求严格执行政府集中采购相关规定；对使用不合规发票报销问题，要求加强财务审核管理，杜绝此类问题再次发生；对决算编报不实和扩大项目开支范围的问题，要求相关单位调整会计账目和决算草案；对违规兼职或兼职取酬问题，要求进行清理规范并严格执行相关规定；对违规使用博士后公寓问题，要求腾退违规使用的公寓。

对审计发现的问题，审计署建议：人力资源社会保障部应进一步强化“三公”经费管理，严格执行政府采购程序；加强对所属单位财务管理的指导和监督，加强票据管理。

四、审计发现问题的整改情况

对审计发现的问题，人力资源社会保障部正在积极组织整改。所属社会保险事业管理中心部分在职人员已将违规领取的兼职报酬4.9万元退回；所属留学人员和专家服务中心违规使用的博士后公寓已腾退4套；所属职业技能鉴定中心及下属公司已补充合规票据。具体整改结果由人力资源社会保障部向社会公告。

附表：1.人力资源社会保障部2015年度财政拨款预算执行总体情况（略）

2.人力资源社会保障部2015年度重点审计单位财政拨款预算执行情况（略）

国土资源部2015年度预算执行等情况审计结果

根据《中华人民共和国审计法》的规定，2015年12月至2016年3月，审计署对国土资源部2015年度预算执行等情况进行了审计，重点审计了国土资源部本级和所属中国地质调查局、中国国土资源航空物探遥感中心等18个单位，并对有关事项进行了延伸审计。

一、基本情况

国土资源部为中央财政一级预算单位，部门预算由部本级和68个二级预算单位的预算组成。财政部批复国土资源部2015年度部门财政拨款预算支出为1224538.41万元，国土资源部决算草案反映的当年财政拨款支出1006948.21万元，其部门预算与执行结果的差异总额为217590.2万元，差异的具体情况见附表1。

本次审计国土资源部本级及所属单位2015年度财政拨款共计628530.95万元，占部门财政拨款总额的 51.33%，审计查出问题对国土资源部 2015 年度预算执行结果的影响见附表 2。

审计结果表明，国土资源部本级及本次审计的所属单位 2015 年度预算收支基本遵守了预算法及相关法律法规，财务管理和会计核算基本符合会计法及有关财会制度规定。对于 2014 年度预算执行审计中查出的问题，至 2015 年 10 月底，国土资源部已采取将资金上缴财政、归还原资金渠道等措施进行整改，出台了项目预算工作指南等制度，加强了政府采购等方面的管理，以上整改情况审计署受国务院委托已向全国人大常委会报告，并向社会公告；2015 年 11 月以来，国土资源部继续加强整改工作，对所属单位未办理竣工决算等方面的问题，已要求其履行了报批程序。

二、审计发现的主要问题

（一）预算执行中存在的主要问题。

1. 未按规定上报结余资金 1753.99 万元。

（1）至 2016 年 3 月底，国土资源部本级和所属中国地质调查局油气资源调查中心（以下简称油气中心）等 5 家单位 23 个财政拨款项目结余 1114.39 万元，未按规定清理上报。

（2）至 2016 年 2 月底，国土资源部本级和所属中国地质调查局 2012 年和 2013 年申报的 3 个项目预算 2890 万元中，由于项目预算未细化到所属 5 家项目执行单位，有 639.6 万元在所属单位实有资金账户连续结转 3 年以上，未按规定清理上报。

2. 至 2016 年 2 月底，国土资源部和财政部 2011 年至 2015 年共同批复并下达的 4 个项目中央财政补助资金 10.42 亿元中，因项目规划调整和市场价格变化等原因，有 3.42 亿元闲置在项目单位或地方财政部门。

3. 2015 年，国土资源部本级和所属油气中心等 5 家单位计划外举办会议 21 个，会议费支出 66.23 万元；所属中国国土资源航空物探遥感中心等 2 家单位举办的 7 个四类会议超过规定天数，会议费支出 21.81 万元；所属中国地质调查局等 2 家单位在会议费中列支与会议无关支出 4.34 万元；所属信息中心在参会人员均为京内人员情况下，违规在外部酒店召开会议，会议费支出 3.6 万元；所属油气中心将部分会议超预算支出的费用在其他会议中报销，造成 15 个会议费用核算不实，涉及金额 38.2 万元。

4. 2014 年至 2015 年，所属油气中心等 4 家单位超标准配备公务用车 9 辆，涉及支出 126.17 万元，其中 2015 年 90.96 万元；2015 年，所属中国地质环境监测院（以下简称环境监测院）等 4 家单位超预算列支公务用车运行费 45.81 万元。

5. 2012 年至 2015 年，所属环境监测院开展的全国地质环境信息平台建设项目未按规定履行电子政务建设项目审批程序，涉及金额 1310 万元，其中 2015 年 100 万元。

6. 2015 年，所属机关文印室未按规定执行政府采购程序，直接向供货商采购印刷机 1 台，涉及金额 150 万元。

7. 2015 年，所属中国土地勘测规划院违反国库集中支付规定，以授权支付方式拨付项目建设费用 24516 万元。

8. 2015 年，所属中国地质调查局将本单位项目预算 400 万元安排下属发展研究中心代为编报，其中 195 万元未细化到项目具体执行单位。

9. 2015 年，所属环境监测院在 2 个财政拨款项目中重复申报相同工作内容，多获得项目预算 6 万元。

（二）其他方面问题。

1. 至 2015 年底，所属中国地质博物馆未设立统一管理的馆藏品登记台账，部分藏品记录不完整，其中 826 件藏品的名称等重要信息未登记或表述不清。

2. 至 2015 年底，所属环境监测院 2005 年至 2009 年购置的 10 台（套）空气压缩机、钻进设备等野外大型生产设备，价值 597.97 万元，自购置以来一直闲置。

3. 2015 年，所属土地整治中心租赁的 160 平方米办公用房闲置 1 年，涉及租金 20.44 万元。

4. 至 2015 年底，所属机关服务局未按规定将其开发完成的 1 项信息系统计入无形资产，涉及金额 26 万元。

5. 至 2015 年底，所属中国地质博物馆和中国地质科学院分别于 2011 年和 2012 年交付使用的两个项目未按规定办理竣工决算，涉及中央预算内投资共计 3408 万元。

6. 所属中国土地学会将本单位部分支出在中国土地勘测规划院核算，会计核算主体不规范。

三、审计处理情况和建议

对上述问题，审计署已依法出具了审计报告、下达了审计决定书。对未按规定上报结余资金的问题，要求将结余资金清理上报财政部并按财政部审核意见处理；对专项资金闲置的问题，要求配合财政部对项目进展情况进行核查，统筹安排剩余资金；对会议费管理方面的问题，要求严格执行相关规定，收回无关支出并调整会计账目和决算草案；对公务用车管理方面的问题，要求进行清理，严格执行经费预算；对未按规定履行电子政务建设项目审批程序问题，要求今后严格按规定开展信息系统建设工作；对未按规定执行政府采购程序和实施国库集中支付制度的问题，要求今后严格执行相关规定；对项目预算由下属单位编报且未细化的问题，要求今后加强预算编制管理；对重复申报财政项目资金问题，要求上缴相关资金并调整会计账目和决算草案；对馆藏品管理不到位问题，要求加强管理，确保资产安全；对设备及办公用房闲置问题，要求加强资产管理；对无形资产未入账问题，要求将无形资产入账并调整会计账目和决算草案；对基本建设项目未办理竣工决算问题，要求尽快办理；对会计核算不规范问题，要求统一会计主体，规范核算。

针对审计发现的问题，审计署建议：国土资源部应进一步规范预算管理，提高预算科学性和精细化水平；进一步加大对所属单位的监管力度，加强会议费和“三公”经费管理；进一步加强国有资产管理，保障资产安全和有效使用。

四、审计发现问题的整改情况

对审计发现的问题，国土资源部正在积极组织整改。所属油气中心等5家单位已调整决算报表，上报结余资金1114.39万元；所属油气中心等单位已对超标准配备的8辆公务用车进行了封存或清退；所属油气中心已将会议无关支出2.9万元退回，调整有关会计账目；所属土地整治中心已对闲置的办公用房进行了分配；所属中国地质调查局已将环境监测院闲置的7台（套）设备调拨到具体使用单位。具体整改结果由国土资源部向社会公告。

附表：1. 国土资源部2015年度财政拨款预算执行总体情况（略）

2. 国土资源部2015年度重点审计单位财政拨款预算执行情况（略）

环境保护部2015年度预算执行等情况审计结果

根据《中华人民共和国审计法》的规定，2015年12月至2016年3月，审计署对环境保护部2015年度预算执行等情况进行了审计，重点审计了环境保护部本级和所属中国环境监测总站（以下简称监测总站）、中国环境科学研究院（以下简称环科院）等13个单位，并对有关事项进行了延伸审计。

一、基本情况

环境保护部为中央财政一级预算单位，部门预算由部本级和37个二级预算单位的预算组成。财政部批复环境保护部2015年度部门财政拨款预算支出为930913.58万元，环境保护部决算草案反映的当年财政拨款支出810498.48万元，其部门预算与执行结果的差异总额为120415.10万元，差异的具体情况见附表1。

本次审计环境保护部本级及所属单位2015年度财政拨款共计862815.22万元，占部门财政拨款总额的92.68%，审计查出问题对环境保护部2015年度预算执行结果的影响见附表2。

审计结果表明，环境保护部本级及本次审计的所属单位2015年度预算收支基本遵守了预算法及相关法律法规，财务管理和会计核算基本符合会计法及有关财会制度规定。对2014年度预算执行审计查出的问题，至2015年10月底，环境保护部已采取将资金上缴财政、归还原资金渠道等措施进行整改，对相关责任人进行了处理，出台相关规章制度加强退（离）休领导干部在社会团体兼职等方面管理，以上整改情况审计署受国务院委托已向全国人大常委会报告，并向社会公告；2015年11月以来，环境保护部继续加强整改工作，对将项目经费或公用经费调剂用于人员支出等方面的问题，积极联系主管部门从体制机制上进行整改。

二、审计发现的主要问题

（一）预算执行中存在的主要问题。

1.2015年，所属核与辐射安全中心采取重复申报基本建设项目有关费用的方式多申领预算资金 1560 万元；所属环境规划院在项目预算中编报并支出与项目无关的中国环境科学学会会费 4 万元。

2. 2015 年，所属环境保护对外合作中心违规向全体职工发放节日补助 13.8 万元。

3. 2004 年以来，所属中日友好环境保护中心长期借用所投资企业的汽车 1 辆；2015 年，该中心在非中央国家机关机动车辆定点维修点或定点租赁供应商处维修、租用车辆，涉及金额 17.58 万元。

4. 2015 年，所属监测总站和环科院计划外召开 50 个会议，会议费支出 91.69 万元；环境保护部本级和所属环科院在非党政机关会议定点饭店召开会议 2 个，会议费支出 43.08 万元；所属环境规划院和监测总站超规定天数和人数召开会议，超预算支出会议费 15.16 万元；所属固体废物与化学品管理技术中心召开的 1 个会议超标准支出会议费等 3.24 万元。

5. 至 2015 年底，所属环科院以前年度 232 万元应结转收入未及时结转，长期在预收账款科目挂账，导致财务核算不能全面、真实反映预算执行情况。

（二）其他方面问题。

1. 至 2015 年底，环境保护部本级有 8 个以前年度已完工基建项目未按规定及时进行竣工决算，涉及金额 2.54 亿元。

2. 2013 年至 2016 年 3 月，环境保护部主管的中国环境科学学会未经批准自行设立 2 个职业资格并开展相关培训，共收费 4641.26 万元，其中 2015 年 651.48 万元。

3. 2013 年至 2015 年，环境保护部未经市场公开竞争，直接指定所属单位投资成立的企业开展认证工作，共收取认证费用 1.85 亿元，其中 2015 年 7052.87 万元。

4. 2015 年，环境保护部主管的中国环境科学学会培训收入 138.2 万元未纳入法定账簿核算。

5. 至 2015 年底，所属环科院对外投资 20 万元未纳入法定账簿核算；登记拥有的 320 项发明专利仅有 52 项纳入单位管理。

三、审计处理情况和建议

对上述问题，审计署已依法出具了审计报告、下达了审计决定书。对违规申请和编报预算问题，要求将重复申请的资金重新报批并按规定用途使用，将违规列支的资金归还原资金渠道，并调整有关会计账目和决算草案；对发放节日补助问题，要求今后严格执行相关规定；对长期借用其他单位车辆、非定点维修和租用车辆问题，要求清退借用车辆，严格执行政府采购程序；对会议管理和经费使用方面的问题，要求今后严格执行会议管理相关规定；对未及时确认收入问题，要求调整有关会计账目和决算草案；对未及时办理竣工决算问题，要求尽快办理；对设立职业资格并开展相关培训问题，要求按规定对职业资格认定和培训进行清理规范；对指定单位开展资格认证问题，要求推进该项认证的市场化；对培训收入和投资未在账上反映问题，要求登记入账并及时催收；对专利未纳入单位管理问题，要求加强专利资产管理。

针对审计发现的问题，审计署建议：环境保护部应强化监管，进一步提高所属单位财务核算和资产管理水平，清理规范职业资格设立和各类培训活动，会同有关部门进一步完善相关政策。

四、审计发现问题的整改情况

对审计发现的问题，环境保护部正在积极组织整改。所属环境规划院已归还项目经费中编列的中国环境科学学会会费 4 万元，并进行了账务调整；所属环境保护对外合作中心已清退违规发放的节日补助 12.9 万元；所属中日友好环境保护中心已归还借用企业的车辆；所属固体废物与化学品管理技术中心已将超标准列支的会议费等 1.6 万元归还原资金渠道；所属环科院清理并确认收入 232 万元；主管的中国环境科学学会已收回培训费 51.48 万元。具体整改结果由环境保护部向社会公告。

附表：1. 环境保护部 2015 年度财政拨款预算执行总体情况（略）

2. 环境保护部 2015 年度重点审计单位财政拨款预算执行情况（略）

住房城乡建设部2015年度预算执行等情况审计结果

根据《中华人民共和国审计法》的规定，2015年5月至2016年3月，审计署对住房城乡建设部2015年度预算执行等情况进行了审计，并开展了预算执行审计分阶段实施试点，重点审计了住房城乡建设部本级和所属全国市长研修学院（以下简称市长学院）、住房城乡建设部干部学院（以下简称干部学院）等6个单位，并对有关事项进行了延伸审计。

一、基本情况

住房城乡建设部为中央一级预算单位，部门预算由部本级和20个二级预算单位的预算组成。财政部批复住房城乡建设部2015年度部门财政拨款预算支出为119854.03万元，住房城乡建设部决算草案反映的当年财政拨款支出90213.19万元，其部门预算与执行结果的差异总额为29640.84万元，差异的具体情况见附表1。

本次审计住房城乡建设部本级及所属单位2015年度财政拨款共计77696.74万元，占部门财政拨款总额的65%，审计查出问题对住房城乡建设部2015年度预算执行结果的影响见附表2。

审计结果表明，住房城乡建设部本级及本次审计的所属单位2015年度预算收支基本遵守了预算法和相关法律法规，财务管理和会计核算基本符合会计法及有关财会制度规定。对2014年度预算执行审计查出的问题，至2015年10月底，住房城乡建设部已采取将资金上缴财政、归还原资金渠道、完善资产登记等措施整改，并处理了相关责任人，出台了加强资产等方面管理的8项制度，以上整改情况审计署受国务院委托已向全国人大常委会报告，并向社会公告；2015年11月以来，住房城乡建设部继续加强整改工作，通过整改上缴财政858.78万元，处理14人，制定资产管理等制度4个。

二、审计发现的主要问题

（一）预算执行中存在的主要问题。

1.2015年，住房城乡建设部本级违规将其召开的3个会议的会议费、专家咨询费和劳务费等支出19.08万元转由所属中国城市科学研究会承担。

2.2015年，所属中国建筑文化中心违规向本单位职工发放节日补贴82.70万元。

3.2014年至2015年，所属干部学院和市长学院未经批准，违规从零余额账户向实有资金账户划转财政资金913.12万元，其中2015年547.55万元。

4.2015年，住房城乡建设部在参与分配中央农村危房改造补助资金中，未严格执行资金管理办法规定，在缺少各省上报的危房改造任务、补助资金申请及实施方案的情况下，会同有关部门下达了危房改造任务和资金。

5.2015年，所属中国建设报社以提取组稿费的方式虚增事业支出420.2万元，造成决算草案多计事业支出。

6.2014年和2015年，所属中国建筑业协会项目管理委员会等2家单位未经批准组织2个双跨（跨地区、跨部门）出国（境）团组。

（二）其他方面问题。

1.2015年，所属中国建设报社利用新闻报道文章违规收费872.34万元。

2.2013年至2015年，所属干部学院未经批准对外出租房屋，收取租金643.13万元，其中2015年295万元。

3.2013年至2015年，所属中国建筑装饰协会等7家单位利用举办评比、达标、表彰等活动，违规收费3544.58万元，其中2015年356.91万元。

4.2014年7月至2015年10月，住房城乡建设部和个别国有企业的4名退休党员领导干部在所属中国建筑装饰协会兼职取酬244.51万元。

5.2012年至2015年，所属中国建筑装饰协会部分干部职工共计24人，与其他自然人共同出资成立公司并经营协会相关业务，从中获利1035万元。

6.2012年至2015年，所属中国建筑业协会项目管理委员会将部分收入在下属单位核算，造成少计收入554.29万元。

7.2012年至2015年，所属中国建筑业协会项目管理委员会及其下属北京昌平中建协项目管理培训中心将收入1942.78万元转移到中国建筑业协会工作人员参股的企业核算，从中列支成本费用957.46万元。

8.2012年至2014年，所属中国建筑业协会绿色施工分会使用内容不真实的发票报销支出31.12万元。

9.2012年至2015年，所属中国建筑业协会绿色施工分会账外存放资金67.56万元。

三、审计处理情况和建议

对上述问题，审计署已依法出具了审计报告，下达了审计决定书。对由所属单位承担会议费问题，要求归还会议费支出，调整有关会计账目和决算草案；对所属中国建筑文化中心发放节日补贴问题，要求今后严格执行相关规定；对违规从零余额账户向实有资金账户划转资金问题，要求今后严格执行相关管理规定；对专项转移支付资金分配问题，要求今后严格按资金管理办法分配；对虚增事业支出问题，要求调整有关会计账目和决算草案；对违规组织出国（境）团组问题，要求严格执行出国（境）管理的有关规定；对报社违规收费问题，要求严格执行有关规定；对所属干部学院未经批准出租房屋问题，要求严格执行相关规定；对利用举办评比达标表彰活动违规收费问题，要求进行清理并停止收费；对兼职取酬和投资民营企业经营业务获利问题，要求纠正违规行为；对少计收入和转移收入问题，要求收回资金，真实反映收支情况；对使用内容不真实发票报销、资金账外存放问题，要求纠正并进一步加强财务管理。

针对审计发现的问题，审计署建议：住房城乡建设部应进一步规范预算执行和财务管理，加强对主管社会团体经济活动的管理和监督，清理社会团体自行设立的评比表彰活动，确保各项活动合法合规。

四、审计发现问题的整改情况

住房城乡建设部在审计前开展了自查，并纠正了部分自查出的问题。对审计发现的问题，住房城乡建设部正在积极组织整改。所属中国建筑文化中心已将发放的节日补贴全部收回；中国建筑业协会项目管理委员会将转移收入结余资金985.32万元收回，相关单位正在办理注销手续；所属中国建筑业协会绿色施工分会已将使用内容不真实发票报销资金5.2万元、账外存放的资金67.56万元收回。具体整改结果由住房城乡建设部向社会公告。

附表：1. 住房城乡建设部2015年度财政拨款预算执行总体情况（略）

2. 住房城乡建设部2015年度重点审计单位财政拨款预算执行情况（略）

交通运输部2015年度预算执行等情况审计结果

根据《中华人民共和国审计法》的规定，2015年5月至2016年3月，审计署对交通运输部2015年度预算执行等情况进行了审计，并开展了预算执行审计分阶段实施试点，重点审计了交通运输部本级和所属救助打捞局、交通运输部科学研究院等5个单位，并对有关事项进行了延伸审计。

一、基本情况

交通运输部为中央财政一级预算单位，部门预算由部本级和24个二级预算单位的预算组成。财政部批复交通运输部2015年度部门财政拨款预算支出为2444450.39万元，交通运输部决算草案反映的当年财政拨款支出2308670.12万元，其部门预算与执行结果的差异总额为135780.27万元，差异的具体情况见附表1。

本次审计交通运输部本级及所属单位2015年度财政拨款267447.24万元，占部门财政拨款总额的10.94%，审计查出问题对交通运输部2015年度预算执行结果的影响见附表2。

审计结果表明，交通运输部本级及本次审计的所属单位2015年度预算收支基本遵守了预算法及相关法律法规，财务管理和会计核算基本符合会计法及有关财会制度规定。对2014年度预算执行审计发现的问题，至2015年10月底，交通运输部采取将资金上缴财政、归还原资金渠道、出台制度规范管理、处理相关责任人等措施积极整改，以上整改情况审计署受国务院委托已向全国人大常委会报告，并向社会公告；2015年11月以来，交通运输部继续加强整改工作，通过整改上缴财政578.54万元，处理7人。

二、审计发现的主要问题

（一）预算执行中存在的主要问题。

1.2015年，交通运输部审核不严，湖北、山东两省港航管理局向不符合条件的企业发放专项补助 672.67 万元。

2. 至 2015 年底，交通运输部本级 2820.49 万元资金长期闲置，未纳入预算管理；所属救助打捞局下属中国海洋工程公司未按规定清理项目结余资金 630 万元。

3. 2015 年，交通运输部本级年初预算 101570.3 万元未细化落实到具体项目，执行中才将 99789.3 万元予以细化，其余 1781 万元调减预算。

4. 2012 年至 2015 年，所属中国交通通信信息中心（以下简称通信中心）未经报批自行收费 25184.31 万元，其中 2015 年 24263.9 万元。

5. 2015 年，所属救助打捞局违规批准和组织下属 3 个救助局开展经营活动，取得收入 16884.7 万元。

6. 2015 年，所属救助打捞局未编制政府采购预算，实际实施政府采购 10112.9 万元。

7. 2010 年至 2015 年，所属通信中心下属公司在购买监理服务过程中，使用有关单位提供的假发票冲抵费用 84.44 万元。

8. 2015 年，所属通信中心等 6 家单位无预算或超预算列支会议费 141.26 万元；所属长江航道局等 3 个单位计划外召开会议 27 个，会议费支出 27.13 万元；所属天津水运工程科学研究所等 18 个单位违规在非党政机关会议定点饭店召开会议 248 个，会议费支出 289.56 万元；所属天津水运工程科学研究所等 2 个单位的 23 个会议超标准列支 20.49 万元。

9. 2015 年，所属东海救助局、南海救助局部分公务接待未按规定取得公函，涉及公务接待费支出 8.09 万元。

10. 交通运输部 2 辆公务用车未按规定申报纳入公务用车制度改革范围，至 2015 年底仍存放在下属单位；2015 年，所属长航公安局武汉分局等 9 个单位在公用经费和项目支出中，超预算列支公务用车购置和运行费 272.79 万元。

11. 所属通信中心下属 2 家事业单位未纳入部门预决算编制范围，2015 年收入 4928.67 万元，支出 4561.81 万元。

12. 2014 年和 2015 年，所属救助打捞局列支购买进口设备支出后，因设备未按计划交付，部分资金实际未支付，造成多计当年支出 1085.5 万元、5878.14 万元。

（二）其他方面问题。

2011 年至 2015 年，所属交通运输部科学研究院在受交通运输部委托开展“公交都市”称号评审、技术指导、验收审查工作的同时，为部分参评城市制订建设方案或实施规划，并以技术服务名义取得收入 1630.9 万元，其中 2015 年 282.5 万元。

三、审计处理情况和建议

对上述问题，审计署已依法出具了审计报告、下达了审计决定书。对向不符合条件的企业发放专项补助问题，要求核实清理；对结余资金未及时清理、闲置资金未纳入预算管理问题，要求加强结余资金管理，将闲置资金纳入预算安排；对项目预算编制不细化问题，要求今后按规定编制预算；对未经批准自行收费问题，要求进行清理，确需保留的尽快按程序报批；对违规经营取得收入问题，要求清理纠正；对未编制政府采购预算问题，要求今后规范政府采购预算编报；对虚假票据入账问题，要求核实清理并纠正；对“三公”经费和会议费管理使用不规范问题，要求今后严格执行相关规定；对未按规定申报和处置公务用车问题，要求如实申报；对事业单位未纳入预决算编制范围问题，要求按规定纳入预算管理；对支出不实问题，要求调整有关会计账目和决算草案；对开展评审等工作的同时取得相关收入问题，要求研究规范。

针对审计发现的问题，审计署建议：交通运输部应规范和细化预算编制，进一步加强对所属单位经营情况的管理和监督，切实强化“三公”经费和会议费管理，规范政府采购行为。

四、审计发现问题的整改情况

对审计发现的问题，交通运输部正在积极组织整改。部本级正在办理公务用车上缴手续，所属救助打捞局已将结余资金 630 万元上缴财政。具体整改结果由交通运输部向社会公告。

附表：1. 交通运输部 2015 年度财政拨款预算执行总体情况（略）

2. 交通运输部 2015 年度重点审计单位财政拨款预算执行情况（略）

水利部2015年度预算执行等情况审计结果

根据《中华人民共和国审计法》的规定，2015年5月至2016年3月，审计署对水利部2015年度预算执行等情况进行了审计，并开展了预算执行审计分阶段实施试点，重点审计了水利部本级和所属建设管理与质量安全中心（以下简称建安中心）、水利部水利水电规划设计总院等13个单位，并对有关事项进行了延伸审计。

一、基本情况

水利部为中央财政一级预算单位，部门预算由部本级和30个二级预算单位的预算组成。财政部批复水利部2015年度部门财政拨款预算支出为1220254.63万元，水利部决算草案反映的当年财政拨款支出1077280.80万元，其部门预算与执行结果的差异总额为142973.83万元，差异的具体情况见附表1。

本次审计水利部本级及所属单位2015年度财政拨款共计536731.07万元，占部门财政拨款总额的43.99%，审计查出问题对水利部2015年度预算执行结果的影响见附表2。

审计结果表明，水利部本级及本次审计的所属单位2015年度预算收支基本遵守了预算法及相关法律法规，财务管理和会计核算基本符合会计法及有关财会制度规定。对2014年度预算执行审计查出的问题，至2015年10月底，水利部已采取将资金上缴财政、归还原资金渠道等措施进行整改，并对相关责任人进行诫勉谈话、警告、免职等处理，出台3项制度加强水费收支、投资风险防控及评估评审活动等方面管理，以上整改情况审计署受国务院委托已向全国人大常委会报告，并向社会公告；2015年11月以来，水利部继续加强整改工作，通过整改归还原资金渠道1790万元，新出台制度1项。

二、审计发现的主要问题

（一）预算执行中存在的主要问题。

1.2015年，水利部本级委托5家单位承担水土保持设施项目验收技术评估工作，在委托工作未完成、也未验收的情况下，未严格执行合同约定的付款进度，提前支付合同款287.19万元。

2.2013年至2015年，所属建安中心等4家事业单位预算编制不准确，造成预算与相应决算草案差异24388.22万元，其中2015年10853.78万元。

3.2014年至2015年，所属珠江水利委员会下属珠江水利科学研究院等单位超预算列支公务接待费250.65万元，其中2015年107.17万元。

4.2015年，所属水利部人才资源开发中心未经审批收取职称评审费、高级技师评审费34.86万元。

5.2015年，所属中国水利水电科学研究院（以下简称水科院）未按规定执行政府采购程序购买保安服务344.93万元。

6.至2015年底，所属水科院将应计收入的项目结算款放在往来科目核算，造成少计收入834.5万元。

（二）其他方面问题。

1.2014年至2015年，水利部在所属单位对外出租、出借存量房产达4.94万平方米的情况下，为3家所属单位编制预算1126.99万元用于租用3处房产共计2474.95平方米，其中2015年635.35万元。

2.所属中国水利水电出版社2014年支出728.93万元购置的数据、软件等，至2015年底闲置未用；所属项目建设办公室2009年投入155.40万元开发完成的信息系统，至2016年3月尚未投入使用。

3.1998年至2015年，水利部本级未按规定报经批准将569.6平方米房产无偿出借给所属单位的下属公司；2009年至2015年，所属综合事业局未按规定报经批准将1299平方米房产无偿出借给下属公司。

4.2015年，所属水科院会议费、差旅费支出162.29万元，未按规定使用公务卡结算。

5.所属水利信息中心在部分业务数据使用过程中，未设置相应的安全等级保护制度，存在信息安全隐患。

三、审计处理情况和建议

对上述问题，审计署已依法出具了审计报告、下达了审计决定书。对未严格按合同约定支付合同款问题，要求今后严格履行合同；对预算编制不准确问题，要求加强预算编制管理；对超预算列支公务接待费问题，要求今后严格预算管理；对未经审批收取评审费问题，要求认真清理；对未执行政府采购程序购买服务问题，要求今后严格执行相关规定；对少计收入问题，要求调整相关会计账目和决算草案；对出租出借存量房产同时又使用财政资金租用房产，以及购置开发的数据、软件及信息系统闲置问题，要求加强对所属单位房产的优化配置，采取有效措施促进资产利用；对未经批准向下属企业无偿出借房产问题，要求加强资产管理，严格执行有关规定；对未按规定使用公务卡结算问题，要求今后严格执行公务卡结算相关规定；对信息安全问题，要求加强信息系统安全管理，确保数据信息安全。

针对审计发现的问题，审计署建议：水利部应加强预算管理，严格预算编制；优化服务，规范各类收费行为；加强内部管理，理顺事企关系；加强统筹管理，优化资产配置。

四、审计发现问题的整改情况

对审计发现的问题，水利部正在积极组织整改。所属中国水利水电出版社购置的数据、软件已通过验收并上线使用；珠江水利科学研究院等单位已收回超预算列支公务接待费 250.65 万元；所属水科院制定了科研项目使用公务卡结算管理办法，加强资金管理，规范支付业务。具体整改结果由水利部向社会公告。

附表：1. 水利部 2015 年度财政拨款预算执行总体情况（略）

2. 水利部 2015 年度重点审计单位财政拨款预算执行情况（略）

农业部 2015 年度预算执行等情况审计结果

根据《中华人民共和国审计法》的规定，2015 年 5 月至 2016 年 3 月，审计署对农业部 2015 年度预算执行等情况进行审计，并开展了预算执行审计分阶段实施试点，重点审计了农业部本级和所属中国农业科学院、财会服务中心等 12 个单位，并对有关事项进行了延伸审计。

一、基本情况

农业部为中央财政一级预算单位，部门预算由部本级和 47 个二级预算单位的预算组成。财政部批复农业部 2015 年度部门财政拨款预算支出为 2815817.7 万元，农业部决算草案反映的当年财政拨款支出 2371946.82 万元，其部门预算与执行结果的差异总额为 443870.88 万元，差异的具体情况见附表 1。

本次审计农业部本级及所属单位 2015 年度财政拨款共计 635521.89 万元，占部门财政拨款总额的 22.57%，审计查出问题对农业部 2015 年度预算执行结果的影响见附表 2。

审计结果表明，农业部本级及本次审计的所属单位 2015 年度预算收支基本遵守了预算法及相关法律法规，财务管理和会计核算基本符合会计法及有关财会制度规定。对 2014 年度预算执行审计查出的问题，至 2015 年 10 月底，农业部已采取将资金上缴财政、归还原资金渠道等措施进行整改，并对相关责任人进行了处理，出台课题经费预算综合定额标准等制度规定，以上整改情况审计署受国务院委托已向全国人大常委会报告，并向社会公告；2015 年 11 月以来，农业部继续加强整改工作，通过整改上缴财政 8229.67 万元，所属中国农业科学院已向中央编办申报解决所属事业机构编制、与相关单位协商收回对外出租的科技培训楼。

二、审计发现的主要问题

（一）预算执行中存在的主要问题。

1. 2015 年，农业部本级部门预算 2058 万元资金未及时细化到 5 家所属预算单位，影响预算执行进度，其中 4 家预算单位当年支出 15.23 万元，仅占预算资金 58 万元的 26.25%。

2. 2015 年，农业部本级计划外召开 14 个三、四类会议，会议费支出 160.91 万元；所属中国农业科学院召开的 18 个四类会议参会人数超出规定 845 人次，涉及会议费支出 57.79 万元。

3. 2015 年，所属中国农业科学院植物保护研究所报销的 24.46 万元境外住宿费无对应票据；未严格执行据实报销要求，导致多支付境外住宿费 7.53 万元。

4. 2013 年至 2015 年，所属中国农垦经济发展中心、农产品质量安全中心违规向在职人员发放节日补贴 60.7 万元，其中 2015 年 25.9 万元。

5. 2015 年，所属中国绿色食品发展中心和农业机械化技术开发推广总站取得技术支持、市场宣传服务等收入224.26万元，未按规定纳入单位统一核算。

（二）其他方面问题。

1.2015年，农业部在未批复初步设计和概算的情况下，先行下达所属单位基本建设项目中央投资计划1500万元。

2.至2015年底，所属中国农业科学院植物保护研究所的4个试验基地635亩划拨土地未按规定纳入法定账簿核算。

三、审计处理情况和建议

对上述问题，审计署已依法出具了审计报告、下达了审计决定书。对部门预算未及时细化问题，要求规范部门预算编制；对计划外及超标准召开会议问题，要求严格执行会议管理相关规定；对未据实报销住宿费问题，要求进行清理，收回多支付资金，调整有关会计账目和决算草案；对发放节日补贴问题，要求严格执行有关规定，规范职工福利发放；对收入未纳入单位统一核算问题，要求调整有关会计科目和决算草案；对未按规定下达基本建设项目投资计划问题，要求严格遵守基本建设项目审批程序，按规定下达投资计划；对划拨土地未入账核算问题，要求纳入单位统一核算。

针对审计发现的问题，审计署建议：农业部应加强预算管理，严格按照要求编制预算，规范“三公”经费和会议费支出，严格会议计划管理和控制参会人数。

四、审计发现问题的整改情况

对审计发现的问题，农业部正在积极组织整改。所属中国农垦经济发展中心和农产品质量安全中心已将发放的过节费58.1万元归还原资金渠道；所属中国绿色食品发展中心和农业机械化技术开发推广总站已将224.26万元收入纳入本单位统一核算。具体整改结果由农业部向社会公告。

附表：1. 农业部2015年度财政拨款预算执行总体情况（略）

2. 农业部2015年度重点审计单位财政拨款预算执行情况（略）

商务部2015年度预算执行等情况审计结果

根据《中华人民共和国审计法》的规定，2015年12月至2016年3月，审计署对商务部2015年度预算执行等情况进行了审计，重点审计了商务部本级和所属机关服务局、外贸发展事务局等6个单位，并对有关事项进行了延伸审计。

一、基本情况

商务部为中央财政一级预算单位，部门预算由部本级和166个二级预算单位的预算组成。财政部批复商务部2015年度部门财政拨款预算支出为2945182.12万元，商务部决算草案反映的当年财政拨款支出1818369.63万元，其部门预算与执行结果的差异总额为1126812.49万元，差异的具体情况见附表1。

本次审计商务部本级及所属单位2015年度财政拨款共计2197450.97万元，占部门财政拨款总额的74.61%，审计查出问题对商务部2015年度预算执行结果的影响见附表2。

审计结果表明，商务部本级及本次审计的所属单位2015年度预算收支基本遵守了预算法及相关法律法规，财务管理和会计核算基本符合会计法及有关财会制度规定。对2014年度预算执行审计查出的问题，至2015年10月底，商务部已采取归还原资金渠道、调整有关会计账目等措施进行整改，以上整改情况审计署受国务院委托已向全国人大常委会报告，并向社会公告；2015年11月以来，商务部继续加强整改工作，通过整改归还原资金渠道1707.82万元。

二、审计发现的主要问题

（一）预算执行中存在的主要问题。

1.2015年，商务部本级申报内贸工作经费项目预算未按规定细化落实到具体项目，致使1587.2万元资金当年结转未使用。

2.2015年，所属外贸发展事务局重复申报项目预算4510万元；所属国际贸易经济合作研究院多报财政补助人员25人，多申领人员经费100.91万元，当年全部列支。

3.至2015年底，商务部本级11个项目连续3年未使用的结余资金4120.51万元，未按规定清理上报财政部。

4. 2015 年，商务部未按规定将商务部文印中心纳入部门预决算编制范围，当年收入 548. 21 万元、支出 667. 47 万元。

5. 2015 年，所属外贸发展事务局将展览会收入和支出各 209. 24 万元放在往来科目核算，将委托 9 家单位招展的摊位费收入 4365. 94 万元、支出 3603. 74 万元放在合作单位核算，仅将分得的利润纳入账内核算，造成少计收入和支出；所属中国国际电子商务中心将服务收入 7812. 13 万元、支出 6109. 88 万元放在下属企业核算，未纳入预算管理。

6. 2015 年，所属外贸发展事务局违规向展会参团企业及组团单位收取组织服务费 48. 72 万元；2014 年，所属中国机电产品进出口商会违规多收取双跨（跨地区、跨部门）出国（境）团组费用 35. 06 万元。

7. 2015 年，商务部本级 1 个会议超标准支出会议费 14. 42 万元。

8. 2013 年至 2015 年，所属机关服务局违规无偿使用下属企业车辆 3 辆。

9. 2014 年至 2015 年，商务部参与分配的 2 个专项资金清理整合不到位，实际分配中仍分为多个细项，各细项的政策目标、使用范围、分配办法和管理方式等与整合前相同。

10. 2014 年，所属中国国际电子商务中心下属公司以不合规材料申报，违规多获取专项资金 114. 21 万元。

（二）其他方面问题。

1. 至 2015 年底，所属机关服务局有 17 辆车账面登记内容与实物不符，1 辆车由企业无偿使用。

2. 至 2015 年底，所属机关服务局长期投资账面反映情况与被投资单位相关工商、会计信息不符，涉及金额 14676. 93 万元。

3. 至 2015 年底，所属中国医药保健品进出口商会未按规定报经有关部门批准出租办公用房 1355. 7 平方米。

4. 2015 年，所属中国五矿化工进出口商会购买理财产品存在一定风险隐患，涉及资金 12650 万元。

5. 2015 年，所属中国国际电子商务中心北京代表处违规将单位资金 47 万元存放在员工个人账户，用于员工工资及日常备用金等支出。

6. 2013 年至 2015 年，商务部对其拥有的建筑面积为 1. 2 万多平方米的 1 处房产管理不到位，未全面掌握其出租和维护等情况。

7. 至 2015 年底，商务部本级及所属机关服务局往来款项 25779. 09 万元未及时清理。

三、审计处理情况和建议

对上述问题，审计署已依法出具了审计报告、下达了审计决定书。对预算编报方面问题，要求细化项目预算，将重复申报和多申领的财政资金上缴财政，并调整有关会计账目和决算草案；对结余资金未按规定进行清理问题，要求清理并上报财政部，并按财政部审核意见处理；对部分收支未纳入预算管理问题，要求今后将全部收支纳入预算管理；对于违规收取和多收取费用问题，要求进行清理；对会议超标准支出问题，要求今后严格控制标准；对占用下属企业车辆问题，要求进行清理；对部分专项资金清理整合不到位问题，要求商财政部切实有效整合专项资金；对所属企业多获取财政资金问题，要求归还原资金渠道；对车辆、长期投资、房产管理不规范、公款私存和往来款项未及时清理问题，要求进行清理，今后加强管理；对未经批准出租办公用房和购买理财产品问题，要求严格执行相关规定。

针对审计发现的问题，审计署建议：商务部应加强项目预算申报、执行管理，严格按照规定范围和标准控制支出，提高财政资金使用效益；加强国有资产出租、出借、对外投资及收益的管理，维护资产安全完整；切实推进专项资金统筹整合，发挥资金使用效益。

四、审计发现问题的整改情况

对审计发现的问题，商务部正在积极组织整改。所属外贸发展事务局已调减重复申报预算 4500 万元；少计展览会收支 209. 24 万元已调整有关会计账目和决算草案；所属外贸发展事务局违规收取的组织服务费 48. 72 万元、中国机电产品进出口商会多收取的双跨团组费 35. 06 万元已全部清退；所属中国国际电子商务中心已将服务收支余额 1702. 25 万元收回。具体整改结果由商务部向社会公告。

附表：1. 商务部 2015 年度财政拨款预算执行总体情况（略）

2. 商务部 2015 年度重点审计单位财政拨款预算执行情况（略）

文化部 2015 年度预算执行等情况审计结果

根据《中华人民共和国审计法》的规定，2015 年 12 月至 2016 年 3 月，审计署对文化部 2015 年度预算执行等情况进行了审计，重点审计了文化部本级和所属国家图书馆、中国艺术研究院、机关服务中心等 3 个单位，并对有关事项进行了延伸审计。

一、基本情况

文化部为中央财政一级预算单位，部门预算由文化部本级和 31 个二级预算单位的预算组成。财政部批复文化部 2015 年度部门财政拨款预算支出为 809648.34 万元，文化部决算草案反映的当年财政拨款支出 560947.82 万元，其部门预算与执行结果的差异总额为 248700.52 万元，差异的具体情况见附表 1。

本次审计文化部本级及所属单位 2015 年度财政拨款共计 330037.39 万元，占部门财政拨款总额的 40.76%，审计查出问题对文化部 2015 年度预算执行结果的影响见附表 2。

审计结果表明，文化部本级及本次审计的所属单位 2015 年度预算收支基本遵守了预算法及相关法律法规，财务管理和会计核算基本符合会计法及有关财会制度规定；强化内部管理和所属单位财务基础工作，健全内部监督机制，委托社会审计机构对所属单位进行全覆盖审计。对 2014 年度预算执行审计查出的问题，至 2015 年 10 月底，文化部已采取将资金上缴财政、归还原资金渠道等措施进行整改，以上整改情况审计署受国务院委托已向全国人大常委会报告，并向社会公告；2015 年 11 月以来，文化部继续加强整改工作，通过整改上缴财政 1903.65 万元，上报财政部核减 2016 年“一下”预算控制数 27.05 万元，新出台 2 项制度加强经费管理使用。

二、审计发现的主要问题

（一）预算执行中存在的主要问题。

1. 2015 年 6 月，文化部未按规定严格控制预算追加事项，向财政部申请追加的 1 项专项资金 2000 万元，至年底全部结存。

2. 2015 年，所属国家艺术基金管理中心的国家艺术基金项目财政资金年初结转 61717.32 万元，当年申请 8 亿元，年底结转 95228.95 万元，当年预算执行率仅 32.8%，文化部未按规定及时向财政部提出调减当年预算的建议。

3. 至 2015 年底，文化部未按规定及时清理 2012 年及以前年度项目结转资金 3207.81 万元。

4. 所属国家图书馆在申报一期维修改造工程项目时，将不应由财政资金安排的北京国图酒店有限公司维修改造工程一并打包申报，并于 2011 年获得财政部批复，至 2015 年底已支出 1679.84 万元。

5. 2014 年，所属国家图书馆 1 个出国（境）团组未经批准，擅自更改行程增加 1 个出访城市。

6. 2014 年至 2015 年，所属国家图书馆以注册费等名义违规向参会单位收取会议费 32.46 万元，其中 2015 年 21.48 万元。

7. 2015 年，所属中国艺术研究院培训收入 90.4 万元未纳入法定账簿核算。

8. 2015 年 12 月，所属国家京剧院未按项目进度拨款，违规一次性向项目委托单位拨付合同总价款 25 万元。

9. 2009 年至 2015 年，文化部本级购置的服务器、防火墙等设备及相关软件，未纳入法定账簿核算。

10. 2015 年 12 月，所属中国艺术研究院列支应计入 2016 年的展览场租费等，造成 2015 年决算支出多计 1288.09 万元。

（二）其他方面问题。

1. 至 2015 年底，所属海外中国文化中心以前年度固定资产变价收入 296.14 万元，未按规定上缴财政。

2. 所属国家图书馆一期维修改造工程项目中的后勤服务楼改扩建工程于 2014 年 8 月完工，实际超批复规模建设 2703.66 平方米。

3. 2006 年，所属机关服务中心收到土地拆迁安置补偿款 3000 万元，未按规定上缴财政，至 2015 年底结余 2984.79 万元。

4. 2015 年，所属机关服务中心违规对外出租文化部机关办公用房 16 处，取得收入 139.6 万元。

三、审计处理情况和建议

对上述问题，审计署已依法出具了审计报告、下达了审计决定书。对财政资金结存问题，要求严格控制预算追加事项，及时申请调减预算；对未按规定清理结余资金问题，要求将结余资金清理上报财政部，并根据财政部审核意见办理；对使用财政资金维修改造酒店问题，要求追回有关财政资金，调整会计账目；对未经批准增加出访城市问题，要求加强出国（境）团组管理；对违规收取会议费问题，要求严格按照会议管理相关规定执行；对培训收入未纳入法定账簿核算问题，要求纳入本单位统一核算，调整有关会计账目；对未按项目进度拨款问题，要求今后严格按项目进度拨款，并跟踪检查已拨出款项的使用情况；对购置的软硬件未计入资产、提前列支下年支出问题，要求调整有关会计账目和决算草案；对固定资产变价收入未上缴财政问题，要求将收入上缴财政；对超规模建设问题，要求严格按照相关规定执行；对未按规定上缴国有资产处置收入问题和违规出租办公用房问题，要求将有关收入上缴财政，今后严格执行相关规定。

针对审计发现的问题，审计署建议：文化部应进一步加强对财政结转结余资金的统筹和管理，督促所属单位遵守基本建设相关规定，进一步规范因公出国（境）和会议的管理，加强资产管理，规范资产核算和国有资产出租行为。

四、审计发现问题的整改情况

对审计发现的问题，文化部正在积极组织整改。所属中国艺术研究院已将培训收入 235.2 万元纳入单位账簿统一核算。具体整改结果由文化部向社会公告。

附表：1. 文化部 2015 年度财政拨款预算执行总体情况（略）

2. 文化部 2015 年度重点审计单位财政拨款预算执行情况（略）

卫生计生委 2015 年度预算执行等情况审计结果

根据《中华人民共和国审计法》的规定，2015 年 11 月至 2016 年 3 月，审计署对卫生计生委 2015 年度预算执行等情况进行了审计，重点审计了卫生计生委本级和所属中国人口宣传教育中心（以下简称宣教中心）、卫生发展研究中心（以下简称发展研究中心）等 7 个单位，并对有关事项进行了延伸审计。

一、基本情况

卫生计生委为中央财政一级预算单位，部门预算由委本级和 71 个二级预算单位的预算组成。财政部批复卫生计生委 2015 年度部门财政拨款预算支出为 1607091.29 万元，卫生计生委决算草案反映的当年财政拨款支出 1468508.26 万元，其部门预算与执行结果的差异总额为 138583.03 万元，差异的具体情况见附表 1。

本次审计卫生计生委本级及所属单位 2015 年度财政拨款共计 236020.82 万元，占部门财政拨款总额的 14.69%，审计查出问题对卫生计生委 2015 年度预算执行结果的影响见附表 2。

审计结果表明，卫生计生委本级及本次审计的所属单位 2015 年度预算收支基本遵守了预算法及相关法律法规，财务管理和会计核算基本符合会计法及有关财会制度规定。对 2014 年度预算执行审计查出的问题，至 2015 年 10 月底，卫生计生委已采取将资金上缴财政、归还原资金渠道等措施进行整改，并出台 4 项制度加强预算管理，以上整改情况审计署受国务院委托已向全国人大常委会报告，并向社会公告；2015 年 11 月以来，卫生计生委继续加强整改工作，出台 1 项制度规范账务核算管理，对所属国际交流与合作中心往来科目长期挂账未清理等问题，采取责任落实到人等措施进行清理。

二、审计发现的主要问题

（一）预算执行中存在的主要问题。

1. 2015 年，卫生计生委本级和所属药具管理中心（以下简称药具中心）部分办公设备购置、药具采购等项目未编报政府采购预算，涉及金额 5501.28 万元。

2. 至 2015 年底，所属卫生和计划生育监督中心电子政务项目未按规定报发展改革委审批，涉及资金 5850 万元，其中 2015 年 1000 万元。

3. 至 2015 年底，卫生计生委本级委托所属国家食品安全风险评估中心（以下简称食品安全评估中心）和发展研究中心承担的项目形成结余资金 1182.95 万元，未按规定及时进行清理。

4. 2005 年至 2015 年，卫生计生委本级在 1 项政府采购业务中，未按规定采用公开招标方式确定供应商名录，采购时所属药具中心仅向名录内的企业发送招标通知和标书，且未按规定发布评审结果，涉及金额 514684.42 万元，其中 2015 年 53547.42 万元。

5. 2012 年至 2015 年，所属药具中心在 1 项招标业务中，未按规定发布政府采购信息，自行组织评审确定具有投标资质的企业，涉及金额 1704.74 万元，其中 2015 年 424.43 万元。

6. 2015 年，所属食品安全评估中心未经政府采购，直接委托 3 家项目合作单位承担 3 个项目，合同金额 176.1 万元，当年实际支出 170.49 万元。

7. 2013 年 4 月，所属宣教中心未经批准购置设备，涉及金额 41.15 万元。

8. 2015 年，所属食品安全评估中心 6 人赴新西兰参加会议，未经批准前往另一城市；所属发展研究中心的 4 个出国（境）团组机票报销不合规，涉及机票款 8.4 万元。

9. 2015 年，所属宣教中心无偿使用 2 家下属企业车辆 3 台。

10. 2014 年至 2015 年，所属发展研究中心等 2 个单位召开的 4 个四类会议超规定人数 306 人，其中 2015 年 3 个、超规定人数 126 人；所属食品安全评估中心等 2 个单位超标准列支、超预算支出会议费 131.01 万元，其中 2015 年 17.07 万元；2015 年，所属食品安全评估中心在参会人员主要来自本单位或其他在京单位的情况下，违规在京外召开会议 4 次，会议费支出 16.97 万元。

11. 2013 年至 2015 年，所属发展研究中心违规发放节日补贴 136.36 万元，其中 2015 年 49.56 万元。

12. 至 2015 年底，所属食品安全评估中心和药具中心办公用房面积分别超标准 7842.24 平方米、596.48 平方米。

13. 2015 年，卫生计生委本级参与分配的 1 项专项转移支付资金时，未按规定对各省情况开展绩效考核并根据考核结果分配资金，涉及资金 21.15 亿元。

14. 至 2015 年底，所属发展研究中心和中华预防医学会在往来款科目核算取得的管理费等收入 7160.75 万元，造成决算草案少计收入。

15. 至 2015 年底，卫生计生委本级列支委托所属食品安全评估中心和发展研究中心实施的 69 个项目经费 1110.20 万元，实际未支出；所属食品安全评估中心列支并拨付给发展研究中心的项目经费 20 万元，实际未支出。上述两项导致多计 2015 年决算支出 1130.20 万元。

（二）其他方面问题。

1. 至 2015 年底，所属宣教中心未经报批将 758.68 平方米房产出借给企业使用；将 594.82 平方米房产出借给中国计划生育协会下属单位无偿使用。

2. 所属宣教中心使用财政资金 1170 万元建设的原国家人口计生委视频会议系统，2010 年至 2012 年仅使用召开 14 次会议，2013 年以来因设备故障等已不能正常使用。

3. 2007 年，所属宣教中心未经报批自行核销固定资产、应收账款、其他应收款等 1047.48 万元。

三、审计处理情况和建议

对上述问题，审计署已依法出具了审计报告、下达了审计决定书。对政府采购相关问题，要求加强政府采购预算管理，严格执行有关规定；对电子政务项目未按规定报批问题，要求今后严格执行有关审批规定；对结余资金未及时清理问题，要求及时将结余资金清理上报财政部，并根据财政部审核意见办理；对因公出国（境）方面存在的问题，要求今后严格执行有关规定，规范出国（境）管理；对公务用车管理方面存在的问题，要求按相关规定及时纠正；对会议费方面存在的问题，要求相关单位加强管理，今后严格执行有关规定；对违规发放节日补贴问题，要求今后严格执行相关规定；对超标准配备办公用房问题，要求按规定清退超标准办公用房；对专项资金分配方面存在的问题，要求加强项目绩效管理，并按规定分配资金；对在往来款科目核算收入和支出不实问题，要求调整有关会计账目和决算草案；对未经报批出租出借资产问题，要求今后严格执行相关规定；对国有资产使用率不高问题，要求加强资产使用管理，提高资产使用效率；对未经批准核销资产问题，要求今后加强固定资产处置管理，严格履行报批手续。

针对审计发现的问题，审计署建议：卫生计生委应加强结转结余资金统筹使用，规范招投标及政府采购；严格管理使用“三公”经费和会议费；加强对所属单位的业务培训和指导；加强国有资产管理，健全资金分配和使用绩效情况的监管机制。

四、审计发现问题的整改情况

卫生计生委在审计前开展了自查，并纠正了部分自查出的问题。对审计发现的问题，卫生计生委正在积极组织整改。委本级已将委托项目结余资金 32.20 万元收回；所属发展研究中心已将违规发放的节日补助 47.06 万元归还原资金渠道，补计收入 4731.31 万元，制定加强因公出国（境）和会议管理的办法；所属药具中心和食品安全评估中心已按规定清退超标准办公用房；所属宣教中心已退回违规使用的下属企业车辆；所属中华预防医学会已补计收入 1006.83 万元。具体整改结果由卫生计生委向社会公告。

附表：1. 卫生计生委 2015 年度财政拨款预算执行总体情况（略）

2. 卫生计生委 2015 年度重点审计单位财政拨款预算执行情况（略）

人民银行 2015 年度
财务收支等情况审计结果

根据《中华人民共和国审计法》的规定，2015 年 12 月至 2016 年 3 月，审计署对人民银行 2015 年度财务收支等情况进行了审计，重点审计了人民银行本级和部分所属单位，并对有关事项进行了延伸审计。

一、基本情况

人民银行为中央财政一级预算单位，部门预算由人民银行本级和 45 个二级预算单位的预算组成。审计结果表明，人民银行本级及本次审计的所属单位 2015 年度财务收支基本遵守了预算法及相关法律法规，财务管理和会计核算基本符合会计法和相关财务制度的规定。对 2014 年度财务收支审计查出的问题，至 2015 年 10 月底，人民银行已采取调整会计账目、清理长期挂账资金等措施进行整改，并对相关责任人进行严肃处理，出台加强外汇工作经费等专项资金管理的制度，提高预算执行的规范化水平，以上整改情况审计署受国务院委托已向全国人大常委会报告，并向社会公告；2015 年 11 月以来，人民银行继续加强整改工作，下发《中国人民银行办公厅关于进一步加强人员经费和工资管理的通知》，严格人员经费和工资管理，对分支机构人员经费预算与工资计划不匹配导致挤占串用等方面的问题，积极协调推动相关部门从体制机制上解决。

二、审计发现的主要问题

（一）预算执行中存在的主要问题。

1. 2015 年 12 月，人民银行本级在财政拨款结转科目中预提电子设备购置费、安全防卫费等各类费用 686.21 万元；所属人民银行营业管理部等 2 家单位虚列当年实际未发生的物业服务费、固定资产购置和装修费用等 1398.04 万元，造成多计支出。

2. 2015 年，人民银行本级和所属太原中心支行等 4 家单位将地方政府拨付的经费补助或奖励资金 1217.68 万元在往来科目或结转结余科目挂账，未作为收入核算，造成少计收入。

（二）其他财务收支中存在的主要问题。

1. 2013 年 5 月已竣工交付使用的党校改造项目，人民银行本级在建造期间未按规定单独建账核算，涉及项目总投资 1.09 亿元。

2. 2015 年，人民银行本级将以前年度预算结余资金 915.56 万元在“财政拨款结转”科目核算，未按有关规定予以清理；对“其他资金结转结余”科目中结转超过 1 年以上的资金未按规定及时收回或调整安排用于其他亟须安排的项目，2015 年底余额 3707.94 万元。

3. 2015 年，所属太原中心支行未将购买的 21.08 万元守押用通信设备计入固定资产账。

（三）所属企事业单位存在的主要问题。

1. 部分单位损益不实。

（1）中国金融出版社以预付货款方式支付的 2009 年至 2029 年土地租赁费 400 万元，未按规定在租期内摊销，造成 2009 年至 2015 年共少计成本 120 万元，其中 2015 年少计 20 万元。

（2）2015 年，上海黄金交易所在相关活动未举行完毕的情况下，为负责活动的平安银行和民生银行报销全部业务扶持费，造成多计支出

347.83万元。

（3）2015年，中国外汇交易中心未将收到的上海市国库支付中心奖励资金80万元计入当年收入，在往来科目核算，造成少计收入。

2. 部分单位预算及财务管理不合规。

（1）2008年以来，中国反洗钱监测分析中心（以下简称反洗钱中心）每年申请约3000万元预算资金专项用于系统建设和维护，但每年均有近千万元项目资金未按计划执行，导致逐年大量结转，至2015年底余额7188.89万元。

（2）2011年至2015年，反洗钱中心未经批准发放津补贴316万元，其中2015年71.92万元。

（3）2013年至2015年，上海黄金交易所等2家单位向非本单位人员发放津补贴246.57万元，其中2015年112.2万元。

（4）2012年至2015年，中国人民银行清算总中心（以下简称清算总中心）在申报工资总额计划时，因人数测算不准确等，造成累计多获批工资总额720.3万元（其中2015年234.64万元），已发放703.2万元。

（5）2015年，中国外汇交易中心超标准报销差旅费16.15万元。

（6）2015年，中国外汇交易中心超标准召开三类会议，涉及会议费支出34.89万元。

（7）至2015年底，中国外汇交易中心未按规定将国家外汇管理局划拨的准备基金、人民银行总行拨付的注册费和开办费等共计3.75亿元计入净资产，在"应付款"科目核算，造成少计净资产和多计负债。

（8）至2015年底，人民银行金融研究所未将装修过程中购买的家具家电计入固定资产账，涉及金额10.67万元。

（9）至2015年底，中国金融学会、中国金融会计学会未将对杂志社出资纳入长期股权投资核算，造成少计资产150万元。

3. 部分单位业务经营存在违规问题。

（1）2012年，中国外汇交易中心未报经人民银行批准，自行购置房产1407.23万元。

（2）2015年，中国外汇交易中心在已有房产闲置的情况下，与酒店签订长包房住房协议用于安置借调人员，支付住宿费62.99万元。

（3）至2015年底，清算总中心、上海黄金交易所因项目建设进展缓慢，造成土地闲置。

三、审计处理情况和建议

对上述问题，审计署已依法出具了审计报告、下达了审计决定书。对人民银行总行及分支机构、所属企事业单位支出不实、少计收入、少计资产和净资产、资金长期未清理等问题，要求调整有关会计账目和决算草案，严格执行有关规定；对会议费管理、所属企事业单位薪酬管理和资产管理中存在的问题，要求予以纠正，今后严格执行有关规定。

针对审计发现的问题，审计署建议：人民银行应进一步加强预算管理，严格遵守财经纪律；加大对所属单位的财务监管力度；规范基建项目管理，及时清理结转结余资金。

四、审计发现问题的整改情况

对审计发现的问题，人民银行正在积极组织整改，有关单位已对少计的3.25亿元净资产做了调账处理，已收回向非本单位人员发放的津补贴186.57万元。具体整改结果由人民银行向社会公告。

国资委2015年度预算执行等情况审计结果

根据《中华人民共和国审计法》的规定，2015年12月至2016年3月，审计署对国资委2015年度预算执行等情况进行了审计，重点审计了国资委本级和所属信息中心、新闻中心等7个单位，并对有关事项进行了延伸审计。

一、基本情况

国资委为中央财政一级预算单位，部门预算由委本级和45个二级预算单位的预算组成。财政部批复国资委2015年度部门财政拨款预算支出为323154.24万元，国资委决算草案反映的当年财政拨款支出284966.39万元，其部门预算与执行结果的差异总额为38187.85万元，差异的具体情况见附表1。

本次审计国资委本级及所属单位2015年度财政拨款共计100355.92万元，占部门财政拨款的31.06%，审计查出问题对国资委2015年度预算执行结果的影响见附表2。

审计结果表明，国资委本级及本次审计的所属单位预算收支基本遵守了预算法和其他财经法规，财务管理和会计核算基本符合会计法及有关财会制度规定。对2014年度预算执行审计查出的问题，至2015年10月底，国资委采取归还原资金渠道、督促所属单位完善规章制度、加强信息系统管理等措施进行整改，以上整改情况审计署受国务院委托已向全国人大常委会报告，并向社会公告；2015年11月以来，国资委继续加强整改工作，督促中央企业及时上报了《"三重一大"决策制度实施办法》，完成了信息系统安全保护等级确定。

二、审计发现的主要问题

（一）预算执行中存在的主要问题。

1. 由于国资委审核把关不严，2011年至2013年其安排的中央企业9个项目资金，因前期准备不充分、建设用地未落实等，至2015年底仍有14.76亿元结存未使用。

2. 2014年至2015年，国资委安排1户中央企业的3亿元预算资金被该企业违规购买银行理财产品，未严格履行监督检查职责。

3. 至2015年底，国资委本级及所属机关服务中心等2家事业单位的财政结余资金1174.1万元，未按盘活资金有关规定清理。

4. 至2015年底，国资委本级未按规定清理上交2辆公务用车。

5. 2015年，国资委本级及所属新闻中心未按规定在党政机关会议定点饭店召开会议2个、在外部宾馆召开会议2个，会议费支出15.05万元；2015年，所属中国有色金属工业协会会议费超预算支出849.3万元。

6. 2014年至2015年，所属中国大连高级经理学院未经审批向委托单位及个人收取培训费1.01亿元，其中2015年6086.77万元。

7. 2015年，所属新闻中心、机械机关服务中心转由下属单位或中央企业承担出国费用3.48万元。

8. 2015年，所属信息中心、中国有色金属工业协会将收取的会务费131.05万元直接在宾馆坐支，或由宾馆代管用于发放劳务费、支付场地租赁等，未纳入法定账簿核算。

9. 2015年，所属信息中心等4家事业单位未实行政府采购程序采购货物和服务等，涉及采购支出2637.73万元。

10. 2015年，国资委本级虚列检测系统运行维护项目支出20万元，多记资产680.78万元。

（二）其他方面问题。

1. 至2015年底，所属服务中心未按规定将已竣工交付使用的项目纳入固定资产账核算，涉及金额1.80亿元；所属中国大连高级经理学院未按规定及时办理基建项目竣工决算，涉及金额5.19亿元。

2. 至2015年底，所属中国有色金属工业协会及其代管单位未按规定核算受托管理资产9.81亿元，部分资产账面记录不完整；所属服务中心2处房产（共4252.89平方米）未登记入账；所属信息中心未经审批向下属企业无偿出借房产104.4平方米。

3. 2015年，国资委8名退休领导干部、所属有色金属技术经济研究院3名领导干部违规兼职取酬86.74万元；所属中国有色金属工业协会5名领导干部违规持有下属公司股份73.41万股，2015年取得分红11.01万元。

4. 2015年，所属干部教育培训中心违规计提企业年金16.76万元。

5. 2012年至2015年，国资委未严格落实中央企业重大投资活动报告制度，对3户中央企业上报的股权（产权）投资项目相关报告等材料存在的不完整等问题，未提出疑议或要求其纠正；对4户中央企业未经审核就对非主业项目投资的问题，未要求纠正或做出处理；对1户中央企业违规投资非主业项目的处理，未按规定进行责任追究。

三、审计处理情况和建议

对上述问题，审计署已依法出具了审计报告、下达了审计决定书。对预算资金管理中存在的问题，要求加强对执行情况审核和监督；对结余资金清理不到位问题，要求按规定清理上报；对"三公"经费和会议费管理使用中存在的问题，要求严格执行相关规定并退还出国费用；对未经审批收费问题，要求予以纠正；对收入未纳入法定账簿核算问题，要求按照相关财会制度核算；对未执行政府采购程序问题，要求严格执行相关规定；对虚列项目支出、多计资产问题，要求调整会计账目和决算草案；对资产管理方面问题，要求严格执行相关规定；对违规兼职取酬、持股以及违规计提企业年金问题，要求纠正违规问题，今后予以规范；对未严格落实中央企业重大投资活动报告、责任追究制度问题，要求按照相关规定加强管理。

针对审计发现的问题，审计署建议：国资委应依照规定程序和要求审核安排的预算项目，加强对预算执行情况的监督；进一步加强“三公”经费和会议费的管理，督促所属单位严格执行相关规定；全面清理各类结转结余资金，进一步加强资产管理，及时办理竣工决算；加强对所属单位管理，督促规范会计核算工作。

四、审计发现问题的整改情况

对审计发现的问题，国资委正在积极组织整改。具体整改结果由国资委向社会公告。

附表：1. 国资委 2015 年度财政拨款预算执行总体情况（略）

2. 国资委 2015 年度重点审计单位财政拨款预算执行情况（略）

海关总署 2015 年度预算执行等情况审计结果

根据《中华人民共和国审计法》的规定，2015 年 12 月至 2016 年 3 月，审计署对海关总署 2015 年度预算执行等情况进行了审计，重点审计了海关总署本级和所属深圳海关、大连海关等 10 个单位，并对有关事项进行了延伸审计。

一、基本情况

海关总署为中央财政一级预算单位，部门预算由署本级和 64 个二级预算单位的预算组成。财政部批复海关总署 2015 年度部门财政拨款预算支出为 2159401.45 万元，海关总署决算草案反映的当年财政拨款支出 1849938.58 万元，其部门预算与执行结果的差异总额为 309462.87 万元，差异的具体情况见附表 1。

本次审计海关总署本级及所属单位 2015 年度财政拨款共计 958342.27 万元，占部门财政拨款总额的 44.38%，审计查出问题对海关总署 2015 年度预算执行结果的影响见附表 2。

审计结果表明，海关总署本级及本次审计的所属单位 2015 年度预算收支基本遵守了预算法及相关法律法规，财务管理和会计核算基本符合会计法及有关财会制度规定。对 2014 年度预算执行审计查出的问题，至 2015 年 10 月底，海关总署已采取将资金上缴财政、归还原资金渠道等措施进行整改，以上整改情况审计署受国务院委托已向全国人大常委会报告，并向社会公告；2015 年 11 月以来，海关总署继续加强整改工作，所属机关服务中心将资产处置收入 2387.17 万元纳入了预算管理。

二、审计发现的主要问题

（一）预算执行中存在的主要问题。

1. 2015 年，海关总署在编制 14 个项目预算时，有 4 个项目不具备实施条件，10 个项目未充分考虑上年结转资金规模大等情况，年底形成结转资金 34282.58 万元；已连续结转 2 年以上的 8852.6 万元资金仍未有效盘活，影响财政资金及时发挥效益。

2. 海关总署中国海关博物馆总建筑面积 33000 平方米，其中办公用房、体能中心、车库等 20300 平方米，占总建筑面积的 61.52%，海关总署未按规定向国管局报告所属行政部门使用海关博物馆和租用海关招待所作为办公用房情况。至 2015 年底，海关总署本级办公用房超标准 8831.69 平方米，所属单位超标准 440545.95 平方米。

3. 2013 年至 2015 年，海关总署本级及所属单位超范围、超标准或自定标准发放津补贴等 4110.09 万元。

4. 2015 年，所属机关服务中心将 6 辆执法执勤用车用于机关后勤等一般公务活动；海关总署缉私局租用 2 台车辆用于执法，租车费用 35.86 万元。

5. 2015 年，海关总署本级 34.82 万元接待费支出未按规定附公务接待凭证等。

6. 至 2015 年底，所属全国海关教育培训中心等 5 个事业单位未按规定单独编制预算和独立核算。

7. 2011 年至 2015 年，所属昆明海关下属 12 家单位违规将走私物品处置收入 1197.95 万元存放账外，用于业务经费、发放福利等。

8. 2015 年，所属银川海关等 33 家单位违规将专项业务经费3713.32万元用于办公楼、食堂维修等项目。

9.2015年，海关总署本级及部分所属单位48029.71万元非税收入未按规定实行“收支两条线”管理。

10.2015年，所属兰州海关提前列支2016年支出102.37万元，导致多计当年决算支出。

11.2015年，所属重庆海关少计结余资金620.93万元。

（二）其他方面问题。

1.2012年至2015年，海关总署在实施金关工程（二期）项目中，未批先建部分项目，涉及资金1563.34万元；2015年，在金关工程（二期）项目支出中列支与项目无关经费409.22万元；2014年至2015年，所属全国海关信息中心等单位违规参与金关工程（二期）项目投标，中标金额7860.7万元，其中2015年2459万元。

2. 至2015年底，海关系统共有各类经济实体223家，其中6家企业仍违规使用含有“海关”字样的企业名称，有12名公务员违规兼任13家企业的法定代表人。

3. 至2015年底，海关总署缉私局31辆汽车长期未按规定进行固定资产登记，涉及金额827.6万元。

4. 至2015年底，所属南京海关未按规定追回2名长期脱岗人员“吃空饷”资金63.68万元。

5. 至2015年底，海关系统1.97万平方米出租出借办公用房未按规定清理到位，其中2015年收取租金544.31万元；所属长春海关无偿出借办公用房，据测算3年至少少收租金25.6万元，其中2015年9.6万元。

6. 至2015年底，所属大连海关下属鲅鱼圈海关违规将税款类保证金31亿元转存为定期存款。

7.2011年至2015年，所属兰州海关以中国电子口岸数据中心兰州分中心名义，违规集资建设经济适用住房386套。

三、审计处理情况和建议

对上述问题，审计署已依法出具了审计报告、下达了审计决定书。对部分项目预算编制未统筹考虑存量资金问题，要求科学合理编制项目预算，盘活存量资金；对办公用房方面的问题，要求清理腾退超标准办公用房；对违规发放津补贴问题，要求予以纠正；对公务用车、公务接待方面的问题，要求严格执行国家相关规定，杜绝此类问题再次发生；对事业单位未独立编制预算问题，要求相关单位单独编制预算；对收入未在账内反映问题，要求全面彻查，追回资金，追究相关人员责任；对项目经费使用方面的问题，要求加强管理，杜绝此类问题再次发生；对部分非税收入未实行“收支两条线”管理问题，要求上缴财政或商财政部研究解决；对多计决算支出和少计结余资金问题，要求调整有关会计账目和决算草案；对金关工程建设问题，要求严格执行项目管理和招投标相关法规，加强专项资金管理；对经济实体存在的问题，要求尽快清理规范；对长期未进行固定资产登记问题，要求补办资产登记手续；对未追回“吃空饷”资金问题，要求按规定追回资金并追究相关人员责任；对违规出租出借办公用房问题，要求按规定清理，防止国有资产流失；对税款保证金存为定期存款，要求按规定纠正，杜绝此类问题再次发生；对违规建设经济适用住房问题，要求依法依规处理。

针对审计发现的问题，审计署建议：海关总署应强化预算管理，加快盘活存量资金，严格执行“收支两条线”规定；加强“三公”经费管理，规范办公用房使用，清理并纠正违规发放津补贴等问题，保障国有资产安全。

四、审计发现问题的整改情况

海关总署在审计前开展了自查，并纠正了部分自查出的问题。对审计发现的问题，海关总署正在积极组织整改。所属缉私局已将31辆汽车进行固定资产登记。具体整改结果由海关总署向社会公告。

附表：1. 海关总署2015年度财政拨款预算执行总体情况（略）

2. 海关总署2015年度重点审计单位财政拨款预算执行情况（略）

税务总局2015年度预算执行等情况审计结果

根据《中华人民共和国审计法》的规定，2015年12月至2016年3月，审计署对税务总局

2015年度预算执行等情况进行了审计，重点审计了税务总局本级和所属中国税务杂志社、中国税务报社等6个单位，并对有关事项进行了延伸审计。

一、基本情况

税务总局为中央财政一级预算单位，部门预算由税务总局本级和43个二级预算单位的预算组成。财政部批复税务总局2015年度部门财政拨款预算支出为7423786.42万元，税务总局决算草案反映的当年财政拨款支出6373362.44万元，其部门预算与执行结果的差异总额为1050423.98万元，差异的具体情况见附表1。

本次审计税务总局本级及所属单位2015年度财政拨款共计402899.42万元，占部门财政拨款总额的5.43%，审计查出问题对税务总局2015年度预算执行结果的影响见附表2。

审计结果表明，税务总局本级及本次审计的所属单位2015年度预算收支基本遵守了预算法和其他财经法规，财务管理和会计核算基本符合会计法及有关财会制度规定；金税三期工程实施进度加快，较好地配合了税制改革需要。对2014年度预算执行审计查出的问题，税务总局已采取将资金上缴财政、归还原资金渠道等措施进行整改，整改金额28.3亿元，对38名相关责任人进行了处理，出台14项制度加强金税工程资金、专项经费等方面管理。相关整改情况，审计署受国务院委托已向全国人大常委会报告，并向社会公告。

二、审计发现的主要问题

（一）预算执行中存在的主要问题。

1.2010年至2015年，税务总局本级违规在专项经费中列支486.62万元用于部分人员支出，其中2015年87.4万元。此外，至2016年3月，税务总局本级个人差旅等借款累计195.05万元未按规定及时清理，其中98.81万元长达1年半。

2.2015年，税务总局在参与分配对地方专项补助经费时，违规向不在专项补助范围内的10个省市地方税务局安排专项补助1970万元。

3.2015年，税务总局本级在2014年申请的3个专项资金全部未动用的情况下，仍继续分别申请4000万元、1300万元和1700万元，当年仅支出2392.9万元、11.82万元和1655.02万元，影响财政资金及时发挥效益。

4.2015年，税务总局本级扩大支出范围列支云南等3个省的县级税务局以前年度组织的培训和税务宣传资料印刷费用547.45万元。

5.2015年，10个省的国家税务局违规在中国税务杂志社报销招待费、车辆使用费等费用60.08万元。

6.2015年，所属中国注册税务师协会在专项经费中列支与该专项无关的协会设备托管与网络带宽租用费等242.98万元。

7.在金税三期工程建设管理中，税务总局未严格执行招投标规定，存在违规将6个项目招标方式由公开招标调整为竞争性磋商、设置有利于部分投标单位的评标标准等问题；对部分合同变更把关不严，致使出现企业低价中标后变更合同等问题；统筹规划不够，未整合部分地税部门的信息系统；未经批准调整数据架构，造成第一批试点省市数据与后期试点省市数据难以互通，工程已逾期5年未能全部完成。

（二）其他方面问题。

1.基本建设管理中存在的问题。

（1）2010年至2015年，部分省市国家税务局批复立项的基本建设项目中，有50个综合业务办公用房维修改造项目不符合有关维修改造办公用房的规定年限和立项条件，涉及建筑面积共计293134.79平方米。

（2）2015年，税务总局批复的沈阳市国家税务局综合业务办公用房等新建和维修改造项目，存在装修超标准问题。

（3）至2016年3月底，衡阳市国家税务局综合业务用房有2174.91平方米闲置未使用。

（4）2015年，税务总局、省级国家税务局批复的保山市隆阳区国家税务局综合业务办公用房等2个项目土地利用效率有待提高。

2.2015年，税务总局部分退休干部在中国注册税务师协会等单位违规兼职取酬21.21万元。

3.2015年，所属中国税务杂志社违规在12个省级国家税务局设立通联站，开展新闻业务活动和刊物发行工作；中国税务报社为18名不具备资格的税务局人员发放了新闻记者证。

三、审计处理情况和建议

对上述问题，审计署已依法出具了审计报告、下达了审计决定书。对税务总局本级违规在专项经费中列支人员支出和个人借款长期未清理问题，要求进一步加强财务管理，严格执行有关规定；对超范围安排专项补助经费问题，要求严格执行相关管理办法；对扩大财政专项支出范围问题，要求严格按规定使用专项资金，调整有关会计账目和决算草案；对部分专项预算资金结存大的问题，要求进一步加强预算管理，科学合理编制项目预算，提高财政资金使用效益；对省国家税务局在中国税务杂志社报销招待费、车辆使用费等费用问题，要求退回资金，并调整相关会计账目和决算草案；对金税三期工程建设管理中存在的问题，要求严格招标管理和合同变更管理，统筹规划、统一组织，建立共享共用机制，提高资金使用效益；对基本建设管理存在的问题，要求加强建设管理和监督；对退休干部违规在社团兼职取酬问题，要求加强对所属社团的管理，杜绝此类问题再次发生；对违规设立通联站问题，要求按规定整改撤销，并提请相关主管部门撤销为不具备资格人员核发的新闻记者证。

针对审计发现的问题，审计署建议：税务总局应健全和完善内部控制制度，强化预算管理；统筹规划，加强金税三期工程管理；强化基本建设审批，从严控制办公楼等建设。

四、审计发现问题的整改情况

对审计发现的问题，税务总局正在积极组织整改。10省国家税务局已将在中国税务杂志社报销的费用全部退回；部分退休干部已退回兼职领取的报酬13.76万元；中国税务杂志社已撤销通联站。具体整改结果由税务总局向社会公告。

附表：1. 税务总局2015年度财政拨款预算执行总体情况（略）

2. 税务总局2015年度重点审计单位财政拨款预算执行情况（略）

新闻出版广电总局2015年度预算执行等情况审计结果

根据《中华人民共和国审计法》的规定，2015年12月至2016年3月，审计署对新闻出版广电总局2015年度预算执行等情况进行了审计，重点审计了新闻出版广电总局本级和所属国家电影事业发展专项资金管理委员会办公室（以下简称电影资金办）、国家出版基金规划管理办公室等8个单位，并对有关事项进行了延伸审计。

一、基本情况

新闻出版广电总局为中央财政一级预算单位，部门预算由局本级和35个二级预算单位的预算组成。财政部批复新闻出版广电总局2015年度部门财政拨款预算支出为1091749.98万元，新闻出版广电总局决算草案反映的当年财政拨款支出952917.23万元，其部门预算与执行结果的差异总额为138832.75万元，差异的具体情况见附表1。

本次审计新闻出版广电总局本级及所属单位2015年度财政拨款共计938805.89万元，占部门财政拨款总额的85.99%，审计查出问题对新闻出版广电总局2015年度预算执行结果的影响见附表2。

审计结果表明，新闻出版广电总局本级及本次审计的所属单位2015年度预算收支基本遵守了预算法及相关法律法规，财务管理和会计核算基本符合会计法及有关财会制度规定。

二、审计发现的主要问题

（一）预算执行中存在的主要问题。

1. 2015年，新闻出版广电总局本级在未收到项目申请书的情况下，就给156个项目安排专项资金，涉及金额23652.5万元。

2. 至2015年5月底，新闻出版广电总局本级5辆公务用车未按规定完成清退，涉及公车运行维护费等支出18.79万元。

3. 2015年，新闻出版广电总局本级会议费超预算支出4.41万元；所属无线电台管理局下属单位以会议名义购买食品等支出1.2万元。

4. 2015年，新闻出版广电总局本级未按合同约定的付款条件，提前支付2个节目译配（制）合同尾款655.05万元。

5. 2013年9月至2016年2月，所属国家出版基金规划管理办公室违规发放过节费23.1万元，其中2015年8.6万元。

6. 2015年，所属中国国际广播电台、国家广播电影电视总局机关服务中心等3个单位，违规从零余额账户向实有资金账户划转资金39686.67万元。

（二）其他方面问题。

1. 至2015年底，所属中国电影资料馆2006

年至2014年完工并交付使用的5个基建项目（总投资15100万元），未按规定纳入固定资产核算，其中4个项目尚未进行竣工决算。

2.2007年以来，所属中国电影资料馆将价值6163.13万元的设备交由中影电影数字制作基地有限公司北京影视后期制作分公司、电影数字节目管理中心无偿使用，其中111.74万元设备账实不符，257.90万元设备闲置，505.16万元设备已报废。

三、审计处理情况和建议

对上述问题，审计署已依法出具了审计报告、下达了审计决定书。对未按规定程序安排专项资金问题，要求严格执行相关规定；对未按规定清退公务用车问题，要求加强公务用车管理，严格执行相关规定；对会议费超预算超范围支出、违规发放过节费问题，要求严格执行相关规定；对违反合同约定提前支付尾款问题，要求加强合同管理，严格执行相关规定；对违反零余额账户有关规定划转资金问题，要求加强账户管理；对已交付使用的基建项目未转入固定资产核算问题，要求及时入账；对长期出借设备资产账实不符等问题，要求切实加强固定资产管理。

针对审计发现的问题，审计署建议：新闻出版广电总局应严格执行财经纪律和财会制度，切实加强“三公”经费和会议费管理，强化资产管理，保障资产安全完整。

四、审计发现问题的整改情况

对审计发现的问题，新闻出版广电总局正在积极组织整改。所属无线电台管理局下属单位已将超范围列支的0.9万元会议费归还原资金渠道。具体整改结果由新闻出版广电总局向社会公告。

附表：1. 新闻出版广电总局2015年度财政拨款预算执行总体情况（略）

2. 新闻出版广电总局2015年度重点审计单位财政拨款预算执行情况（略）

侨办2015年度
预算执行等情况审计结果

根据《中华人民共和国审计法》的规定，2015年12月至2016年3月，审计署对侨办2015年度预算执行等情况进行了审计，重点审计了侨办本级和所属中国新闻社、国务院侨务办公室侨务干部学校（以下简称侨务干校）等4个单位，并对有关事项进行了延伸审计。

一、基本情况

侨办为中央财政一级预算单位，部门预算由侨办本级和8个二级预算单位的预算组成。财政部批复侨办2015年度部门财政拨款预算支出为285406.7万元，侨办决算草案反映的当年财政拨款支出258597.71万元，其部门预算与执行结果的差异总额为26808.99万元，差异的具体情况见附表1。

本次审计侨办本级及所属单位2015年度财政拨款共计48905.17万元，占部门财政拨款总额的17.14%，审计查出问题对侨办2015年度预算执行结果的影响见附表2。

审计结果表明，侨办本级及本次审计的所属单位积极利用信息技术加强预决算管理，2015年度预算收支基本符合预算法及相关法律法规，财务管理和会计核算基本符合会计法及有关财会制度规定。

二、审计发现的主要问题

（一）预算执行中存在的主要问题。

1.2015年，侨办本级未按规定编制政府采购预算，实际实施政府采购522.38万元；将不符合单一来源采购条件的4个数据库建设项目以单一来源方式采购，直接委托所属单位实施，涉及金额233.54万元。

2.2014年，所属中国新闻社为规避招投标程序，违规将2个政府采购项目拆分为多批次进行采购，涉及金额519.84万元。

3.2010年和2015年，所属中国新闻社和机关服务中心采购摄影器材、印刷服务等未严格执行政府采购程序，涉及金额441.88万元，其中2015年172.39万元。

4.2013年至2015年，所属中国新闻社违规向本单位职工发放节日补贴763.95万元，其中2015年219.65万元。

5.2014年至2015年，侨办本级和所属侨务干校、中国新闻社委托开发的价值593.42万元办公软件、数据库等资产，未计入无形资产核算，其中2015年539.5万元。

6. 至2015年底，所属中国新闻社少计对下属企业投资651万元。

7. 2015年，所属侨务干校和中国新闻社下属单位将收到的课题费等93.6万元在往来科目核算，造成少计收入。

（二）其他方面问题。

1. 至2015年底，所属机关服务中心3年及以上应收款项629.38万元，所属中国新闻社下属《智族》杂志社5年以上往来款项281.25万元，均未按规定及时清理。

2. 至2015年底，侨办本级和所属机关服务中心固定资产财务账与实物账不符，分别相差268.41万元、56.27万元。

三、审计处理情况和建议

对上述问题，审计署已依法出具了审计报告、下达了审计决定书。对未按规定编制政府采购预算及政府采购不规范问题，要求今后加强管理，严格执行相关规定；对违规发放节日补贴问题，要求纠正违规行为，严格执行相关规定；对部分资产、投资、收入未入账问题，要求补计入账，调整有关会计账目和决算草案；对往来款项未及时清理问题，要求加强清理催收工作；对固定资产财务账与实物账不符问题，要求加强清查盘点，确保相符并调整有关会计账目和决算草案。

针对审计发现的问题，审计署建议：侨办应加强预算编报管理，完善政府采购预算编制；强化本级及所属单位资产管理，严格执行政府采购相关规定；加强对所属单位的财务监管，督促其严格执行法律法规，强化对收入等的管理。

四、审计发现问题的整改情况

对审计发现的问题，侨办正在积极组织整改。侨办本级、所属中国新闻社和侨务干校已将未计入无形资产的软件系统593.42万元补计入账；中国新闻社和侨务干校已将在往来科目核算的课题费等93.6万元计入收入；机关服务中心已对固定资产账卡不符问题进行了核对，调整了相关会计账目。具体整改结果由侨办向社会公告。

附表：1. 侨办2015年度财政拨款预算执行总体情况（略）

2. 侨办2015年度重点审计单位财政拨款预算执行情况（略）

国务院扶贫办2015年度预算执行等情况审计结果

根据《中华人民共和国审计法》的规定，2015年12月至2016年3月，审计署对国务院扶贫办2015年度预算执行等情况进行了审计，重点审计了国务院扶贫办本级和所属全国扶贫培训宣传中心（以下简称培训宣传中心）、中国国际扶贫中心（以下简称国际中心）等4个单位和主管的中国扶贫基金会等4家社会团体，并对有关事项进行了延伸审计。

一、基本情况

国务院扶贫办为中央财政一级预算单位，部门预算由国务院扶贫办本级和4个二级预算单位的预算组成。财政部批复国务院扶贫办2015年度部门财政拨款预算支出为9875.16万元，国务院扶贫办决算草案反映的当年财政拨款支出9496.1万元，其部门预算与执行结果的差异总额为379.06万元，差异的具体情况见附表1。

本次审计国务院扶贫办本级及所属单位2015年度财政拨款共计9875.16万元，占部门财政拨款总额的100%，审计查出问题对国务院扶贫办2015年度预算执行结果的影响见附表2。

审计结果表明，国务院扶贫办本级及本次审计的所属单位2015年度预算收支基本遵守了预算法及相关法律法规，财务管理和会计核算基本符合会计法及有关财会制度规定。

二、审计发现的主要问题

（一）预算执行中存在的主要问题。

1. 2015年，国务院扶贫办本级违规将应由自身承担的会计师事务所审计费用24万元转由所属信息中心承担。

2. 2015年，所属培训宣传中心使用自有资金违规无预算列支2人次出国培训费用9.72万元。

3. 2014年至2015年，所属中国扶贫发展中心（以下简称发展中心）无预算列支公务用车运行维护费22.62万元，其中2015年8万元。

4. 2014年至2015年，所属发展中心使用其房屋出租收入等违规向本单位职工发放节日补助74.62万元，其中2015年29.37万元。

5. 2015年，所属信息中心和培训宣传中心违规将办公室装修费、物业管理费、水电费等60.66万元转由国务院扶贫办主管的《中国扶贫》杂志社承担。

6. 至2015年底，所属国际中心2012年至2013年拨付《中国扶贫》杂志社的编撰费用形成结余63.55万元，未按规定及时清理上报。

7. 2014年和2015年，所属国际中心在《中国扶贫开发年鉴》项目中，违规向企业收取宣传服务费及代理费27万元，其中2015年22万元。

8. 至2016年3月，所属培训宣传中心未按规定向有关单位退还2014年至2015年多收取的出国培训费89.61万元，其中2015年37.45万元。

（二）其他方面问题。

至2015年底，所属国际中心于2008年竣工使用的综合楼未按规定登记固定资产。

三、审计处理情况和建议

对上述问题，审计署已依法出具了审计报告、下达了审计决定书。对由下属单位承担费用问题，要求今后严格执行国家相关规定；对无预算列支出国培训费、公务用车运行维护费和违规发放节日补助问题，要求严格执行有关规定，加强管理；对转由其他单位承担费用问题，要求支付相关费用并调整会计账目和决算草案；对未按规定清理上报结转结余资金问题，要求清理补报财政部，并按照财政部审核意见办理；对违规收取费用问题，要求停止收费行为；对未退还多收取出国培训费问题，要求退还费用并调整相关会计账目和决算草案；对固定资产未入账问题，要求按规定办理固定资产入账手续。

针对审计发现的问题，审计署建议：国务院扶贫办应科学合理编制预算，加强预算审核把关，完善经费管理和报销制度，严格控制“三公”经费支出，强化内部制度建设，加大对所属和主管单位的监管力度。

四、审计发现问题的整改情况

对审计发现的问题，国务院扶贫办正在积极组织整改，所属发展中心已停止发放过节费。具体整改结果由国务院扶贫办向社会公告。

附表：1. 国务院扶贫办2015年度财政拨款预算执行总体情况（略）

2. 国务院扶贫办2015年度重点审计单位财政拨款预算执行情况（略）

银监会2015年度预算执行等情况审计结果

根据《中华人民共和国审计法》的规定，2015年12月至2016年3月，审计署对银监会2015年度预算执行等情况进行了审计，重点审计了银监会本级和部分所属单位，并对有关事项进行了延伸审计。

一、基本情况

银监会为中央财政一级预算单位，部门预算由银监会本级和36个二级预算单位的预算组成。财政部批复银监会2015年度部门财政拨款预算支出为523279.67万元，银监会决算草案反映的当年财政拨款支出515783.45万元，其部门预算与执行结果的差异总额为7496.22万元，差异的具体情况见附表1。

本次审计银监会本级及所属单位2015年度财政拨款共计42354.89万元，占部门财政拨款总额的8.1%，审计查出问题对银监会2015年度预算执行结果的影响见附表2。

审计结果表明，银监会本级及本次审计的所属单位2015年度预算收支基本遵守了预算法及相关法律法规，财务管理和会计核算基本符合会计法和相关财务制度的规定。对2014年度预算执行审计查出的问题，至2015年10月底，银监会已采取资金上缴财政、归还原资金渠道、加强政府采购管理等措施进行整改，并对相关责任人进行了处理，以上整改情况审计署受国务院委托已向全国人大常委会报告，并向社会公告；2015年11月以来，银监会继续加强整改工作，通过整改归还原资金渠道1095.57万元；对所属山西银监局办公用房长期未办理产权过户手续问题，采取致函人民银行的措施积极进行整改。

二、审计发现的主要问题

（一）预算执行中存在的主要问题。

1. 2015年，银监会未经批准在年度工资总额计划外发放津补贴9909.03万元。

2. 2015年，银监会本级超预算列支出国费用114.07万元。

3. 2013年，银监会将11.87万元出国费用转由中国银行业协会承担。

4. 2014 年 7 月至 2015 年 3 月，所属浙江银监局在未进行公务用车制度改革的情况下，自行参照杭州市市级机关公务用车制度改革货币化补贴制度，违规向全局职工发放用车补贴共计 161.84 万元。

5. 2015 年，所属江苏银监局及下属 8 个地市分局收到地方政府财政补助资金 1387.82 万元，在往来科目“其他应付款”挂账，未纳入部门收入决算。

6. 2015 年，银监会机关多列支当年支出 822.37 万元，其中在“劳务费”科目列支应于 2016 年支出的劳务费 700 万元，在“物业管理费”科目列支 2016 年度办公楼物业管理费 122.37 万元。

（二）其他方面问题。

1. 2007 年至 2010 年，银监会培训中心廊坊教育基地（以下简称廊坊基地）陆续发生装修改造费用 14736.45 万元，已于 2010 年 3 月竣工并投入使用，但至 2016 年 3 月仍未在固定资产账面反映核算。

2. 2011 年 8 月，银监会未经财政部批准，委托中国银行业协会经营廊坊基地，经营期限 5 年，且合同中未约定收取资产使用费。

3. 2009 年至 2013 年，所属北京银监局支出 617.07 万元购置的 3 套交流干部用房长期闲置，与此同时该局 2010 年至 2015 年接收的异地交流干部又申请专门经费在宾馆住宿。

4. 2013 年至 2015 年，所属北京、浙江银监局 8 名公职人员违规兼职领取报酬 56.44 万元，其中 2015 年 25.74 万元。

5. 2015 年 1 月，银监会注销了信息中心和培训中心 2 个事业单位，但至 2016 年 3 月，两个单位相关账户仍未撤销。

三、审计处理情况和建议

对上述问题，审计署已依法出具了审计报告、下达了审计决定书。对工资总额计划外发放津补贴、支出不实问题，要求严格按照预算支出标准列支各项费用，调整会计账目和决算草案；对“三公”经费管理方面存在的问题，要求加强出国费管理，退回下属单位承担的出国费用并调整会计账目和决算草案，严格执行公车改革规定；对地方补助资金未纳入部门决算问题，要求调整有关会计账目和决算草案，真实准确反映收支情况；对固定资产管理和使用不规范问题，要求规范资产核算和管理，调整有关会计账目和决算草案；对违规兼职领取报酬问题，要求严格执行有关规定；对账户未及时撤销问题，要求按照规定及时撤销相关账户。

针对审计发现的问题，审计署建议：银监会应进一步加强预算管理，强化预算约束，严格按照预算规定的支出用途、范围和标准使用预算资金；规范财务核算，确保资产及时入账；加强财务管理，确保所属单位各项收入和支出核算的真实完整；进一步完善制度，加强内控管理。

四、审计发现问题的整改情况

对审计发现的问题，银监会正在积极组织整改。对职工兼职领取报酬的问题，所属浙江银监局已责成 4 名责任人退还违法所得 11.27 万元。具体整改结果由银监会向社会公告。

附表：1. 银监会 2015 年度财政拨款预算执行总体情况（略）

2. 银监会 2015 年度重点审计单位财政拨款预算执行情况（略）

证监会 2015 年度
预算执行等情况审计结果

根据《中华人民共和国审计法》的规定，2016 年 1 月至 3 月，审计署对证监会 2015 年度预算执行等情况进行了审计，重点审计了证监会本级和部分所属单位，并对有关事项进行了延伸审计。

一、基本情况

证监会为中央财政一级预算单位，部门预算由会本级和 38 个二级预算单位的预算组成。财政部批复证监会 2015 年度部门财政拨款预算支出为 119124.09 万元，证监会决算草案反映的当年财政拨款支出 111093.17 万元，其部门预算与执行结果的差异总额为 8030.92 万元，差异的具体情况见附表 1。

本次审计证监会本级及所属单位 2015 年度财政拨款共计 49976.12 万元，占部门财政拨款总额的 41.95%，审计查出问题对证监会 2015 年度预算执行结果的影响见附表 2。

审计结果表明，证监会本级及本次审计的所属单位2015年度预算收支基本遵守了预算法及相关法律法规，财务管理和会计核算基本符合会计法及有关财会制度规定。对2014年度预算执行审计查出的问题，证监会已采取调整会计账目、归还原资金渠道等措施进行整改。相关整改情况，审计署受国务院委托已向全国人大常委会报告，并向社会公告。

二、审计发现的主要问题

（一）预算执行中存在的主要问题。

1.2013年至2015年，证监会本级和所属北京证监局在“职工福利费”科目违规列支职工休假期间的机票、住宿等因私旅行费用合计1470.94万元，其中2015年501.85万元。

2.2013年至2015年，证监会本级在工资总额内已发放防暑降温费情况下，违规以防暑降温用品费名义向职工发放购物卡181.36万元，其中2015年58万元。

3.2013年以来，证监会未按财政结余资金管理相关规定，将拨付给中国期货业协会和中国证券业协会的考试费专项资金结余编入次年预算，至2015年底累计结余13393.21万元。

4.2015年，所属吉林证监局违反预算单位零余额账户管理的相关规定，从零余额账户提取现金合计236.46万元，用于归还本单位基本账户的垫支资金。

（二）其他方面问题。

1.2011年12月，所属北京证监局在未获得财政部批复情况下置换办公用房，并于2012年3月开始使用，涉及资产账面价值5473.59万元。

2.2003年，所属湖北证监局因办公大楼更新改造获得财政补贴资金72万元，分笔提现后存放账外。2011年，该局将上述问题作为“小金库”进行了专项清理并上报证监会，但截至2016年3月，仍有10万元未按规定上缴财政。

3.2012年12月，全国中小企业股份转让系统有限责任公司违规购置高档轿车2辆，涉及金额96.08万元。

4.2014年至2015年，上海证券交易所、深圳证券交易所违反公务接待应实行定点管理等相关规定，在非定点的五星级酒店安排公务接待，费用合计12.66万元，其中2015年6.83万元。

5.2014年至2015年，深圳证券交易所违反关于严格控制和规范各类评比达标表彰活动的相关规定，面向各地证监局和各地金融办举办“手拉手”“心连心”征文活动，并向所有向该交易所递交征文的人员发放奖励合计274.18万元，其中2015年88.5万元。

三、审计处理情况和建议

对上述问题，审计署已依法出具了审计报告，下达了审计决定书。对违规列支职工休假补贴、发放购物卡、从零余额账户提取现金、未经批准置换办公用房、在非定点酒店安排公务接待以及违规发放征文奖励等问题，要求严格执行相关规定；对账外存放资金整改不到位问题，要求将全部款项及时上缴财政；对结余资金未按规定编入次年预算问题，要求编入2017年度预算；对违规购置高档轿车问题，要求相关单位纠正。

针对审计发现的问题，审计署建议：证监会应严格预算执行，规范财政资金管理，加强对所属及相关单位预算执行等情况的监督检查，严格执行各项财经纪律。

四、审计发现问题的整改情况

对审计发现的问题，证监会正在积极组织整改。会本级和所属北京证监局自2016年起不再列支职工休假费用，并停止发放购物卡；证监会及相关协会已明确将考试费专项资金结余纳入预算；全国中小企业股份转让系统有限责任公司已将超标购置车辆拍卖；上海证券交易所、深圳证券交易所将进一步完善内部管理制度，严格执行相关规定。具体整改结果由证监会向社会公告。

附表：1. 证监会2015年度财政拨款预算执行总体情况（略）

2. 证监会2015年度重点审计单位财政拨款预算执行情况（略）

保监会2015年度预算执行等情况审计结果

根据《中华人民共和国审计法》的规定，2015年12月至2016年3月，审计署对保监会2015年度预算执行等情况进行了审计，重点审计了保监会本级和部分所属单位，并对有关事项进行了延伸审计。

一、基本情况

保监会为中央财政一级预算单位，部门预算由会本级和37个二级预算单位的预算组成。财政部批复保监会2015年度部门财政拨款预算支出为114273.34万元，保监会决算草案反映的当年财政拨款支出90855.08万元，其部门预算与执行结果的差异总额为23418.26万元，差异的具体情况见附表1。

本次审计保监会本级及所属单位2015年度财政拨款共计26882.57万元，占部门财政拨款总额的23.52%，审计查出问题对保监会2015年度预算执行结果的影响见附表2。

审计结果表明，保监会本级及本次审计的所属单位2015年度预算收支基本遵守了预算法及相关法律法规，财务管理和会计核算基本符合会计法及有关财会制度规定。对2014年度预算执行审计查出的问题，保监会已全部整改。相关整改情况，审计署受国务院委托已向全国人大常委会报告，并向社会公告。

二、审计发现的主要问题

（一）预算执行中存在的主要问题。

1.2015年，保监会本级举办了两期处级干部进修班，超出规定标准列支培训费共计119.6万元。

2.2015年11月，保监会培训中心举办“保险公司国际信用评级培训”，由人力资源社会保障部全额提供培训经费19万元，培训实际支出24.99万元，超出标准的5.99万元转由中国保险学会承担。

3.2013年至2014年，所属江西保监局将收到的地方财政拨款338.36万元，违规用于在工资总额外发放金融考核奖等奖金。

4.2013年至2015年，所属江苏、江西保监局人员超标准乘坐飞机、动车等交通工具共计146人次，涉及金额共计11.5万元。

5.2015年，所属上海保监局公务接待中存在无公函和接待清单等问题，涉及招待费支出23.22万元。

（二）其他方面问题。

2015年，保监会安排的因公出国（境）团组中，有38人次出国（境）的部分费用由在境内设立保险分支机构或经营保险业务的境外邀请方企业承担。

三、审计处理情况和建议

对上述问题，审计署已依法出具了审计报告。对超标准支出问题，要求加大财务指导和监督检查，严格控制支出标准；对违规发放奖金问题，要求严格执行有关规定，切实采取措施控制人员经费支出；对公务接待管理不规范问题，要求严格执行有关规定，规范公务接待。

针对审计发现的问题，审计署建议：保监会应进一步强化预算管理，遵守经费支出标准、规范奖金发放、严格公务接待管理。

四、审计发现问题的整改情况

对审计发现的问题，保监会正在积极组织整改。具体整改结果由保监会向社会公告。

附表：1. 保监会2015年度财政拨款预算执行总体情况（略）

2. 保监会2015年度重点审计单位财政拨款预算执行情况（略）

社保基金会2015年度预算执行等情况审计结果

根据《中华人民共和国审计法》的规定，2015年12月至2016年3月，审计署对社保基金会2015年度预算执行等情况进行了审计，并对有关事项进行了延伸审计。

一、基本情况

社保基金会为中央财政一级预算单位，部门预算由会本级预算组成。财政部批复社保基金会2015年度部门财政拨款预算支出为16236.64万元，社保基金会决算草案反映的当年财政拨款支出12983.86万元，其部门预算与执行结果的差异总额为3252.78万元，差异的具体情况见附表1。

本次审计社保基金会本级2015年度财政拨款共计16236.64万元，占部门财政拨款总额的100%，审计查出问题对社保基金会2015年度预算执行结果的影响见附表2。

至2015年底，社保基金会管理的基金总资产19138.21亿元，其中：直接投资8781.77亿元、占45.89%，委托投资10356.44亿元、占54.11%；总负债1171.7亿元；所有者权益17966.51亿元，其中归属于社保基金会的权益

15083.42亿元。2015年，财政性净拨入706.38亿元，其中：中央财政预算拨款200亿元，国有股减、转持划入179.04亿元，彩票公益金拨入327.34亿元。2015年，社保基金投资收益2294.61亿元，收益率15.19%。

审计结果表明，社保基金会2015年度预算收支基本遵守了预算法及相关法律法规，会计核算基本符合会计法、会计准则等规定。同时，积极参与我国社会保障体制重大改革研究工作，加强投资管理制度建设，不断优化资产配置，拓展投资范围，提高投资运营科学化水平，社保基金2015年度取得了较好收益，总体实现安全和保值增值目标。

对2014年度预算执行审计发现的问题，社保基金会积极采取措施整改。其中对未按规定执行政府集中采购程序问题，已取得财政部批复，同意其通过单一来源政府采购方式选择物业公司；对未在基金财务核算专项业务费支出问题，经财政部批复同意，自2016年起社保基金会专项业务费在社保基金财务中列支，中央财政不再安排部门预算。相关整改情况，审计署受国务院委托已向全国人大常委会报告，并向社会公告。

二、审计发现的主要问题

（一）预算执行中存在的主要问题。

1.2014年和2015年，社保基金会对外支付车位租赁费和停车管理费113.01万元，扣除职工个人已缴纳的车位租赁费27.05万元和单位自有车位的停车管理费29.52万元后，社保基金会在公用经费中列支应由职工个人承担的车位租赁费56.44万元，其中2015年34.24万元。

2.2015年，社保基金会在部门预算支出中列支与基金投资运营直接相关、应在基金财务中核算的法律顾问费、投资咨询费等专项业务费808.39万元，不符合有关社保基金与理事会单位财务分别建账、分别核算的规定。

（二）其他方面问题。

1.2015年，社保基金会委托的3家基金管理人，违反社保组合租用交易单元的股票交易佣金费率不高于万分之七的规定，其租用的5个交易单元佣金费率为万分之八，造成社保基金多支付交易佣金52.82万元。

2.2008年至2014年，社保基金对5项长期股权投资的会计核算存在期末估值不准确等问题，导致多计或少计长期股权投资账面价值，至2015年底长期股权投资账面价值净多计2471.28万元。

3.2013年以来，社保基金会违反其内部审计有关规定，未对特定投资事项进行年度审计立项、制订审计计划并出具审计报告，也未对2014年5月以后调离该会的8名处级以上人员进行离任审计。

三、审计处理情况和建议

对上述问题，审计署已依法出具了审计报告、下达了审计决定书。对在公用经费中列支应由职工个人承担的车位租赁费、在部门预算支出中列支社保基金专项业务费问题，要求社保基金会调整有关会计账目和决算草案。

针对审计发现的问题，审计署建议：社保基金会应进一步加强对各项支出的审核，规范事业支出范围，提高基金会计核算的准确性，督促管理人切实履行管理职责，进一步完善内控制度。

四、审计发现问题的整改情况

对审计发现的问题，社保基金会正在积极组织整改，已收回多支付的52.82万元交易佣金。具体整改结果由社保基金会向社会公告。

附表：1. 社保基金会2015年度财政拨款预算执行总体情况（略）

2. 社保基金会2015年度重点审计单位财政拨款预算执行情况（略）

中央纪委机关事务管理局2015年度预算执行等情况审计结果

根据《中华人民共和国审计法》的规定，2015年12月至2016年3月，审计署对中央纪委机关事务管理局（以下简称管理局）负责管理的中央纪委机关的2015年度预算执行等情况进行了审计，重点审计了管理局及中央纪委所属中国纪检监察学院、中国方正出版社等8个单位，并对有关事项进行了延伸审计。

一、基本情况

中央纪委机关为中央财政一级预算单位，部门预算由委机关本级和7个二级预算单位的预算组成。审计结果表明，管理局和本次审计的中央纪委所属单位2015年度预算收支基本遵守了预算法及相关法律法规，财务管理和会计核算基本符合会计法及有关财会制度规定。

二、审计发现的主要问题

（一）预算执行中存在的主要问题。

1. 2015年，管理局收到的资产处置收入42.02万元未按“收支两条线”规定上缴财政。

2. 2015年，中国纪检监察学院未严格执行政府采购规定，涉及采购支出29.12万元。

（二）其他方面问题。

至2015年底，所属中国方正出版社6年前出借的1100万元中，有600万元仍未收回。

三、审计处理情况和建议

对上述问题，审计署已依法出具了审计报告、下达了审计决定书。对资产处置收入未按规定上缴财政问题，要求上缴中央财政；对未按规定执行政府采购问题，要求今后严格执行政府采购有关规定；对出借资金未收回问题，要求加强对往来款项的清理催收，及时收回出借资金。

针对审计发现的问题，审计署建议：管理局应严格执行政府采购及“收支两条线”相关规定；加强对往来款项清理。

四、审计发现问题的整改情况

对审计发现的问题，管理局正在积极组织整改。具体整改结果由管理局向社会公告。

中央组织部
2015年度预算执行等情况审计结果

根据《中华人民共和国审计法》的规定，2015年12月至2016年3月，审计署对中央组织部2015年度预算执行等情况进行了审计，重点审计了中央组织部本级和所属党建研究所、领导干部考试与测评中心、党员教育中心3个单位，并对有关事项进行了延伸审计。

一、基本情况

中央组织部为中央财政一级预算单位，部门预算由部本级和7个二级预算单位的预算组成。审计结果表明，中央组织部本级及本次审计的所属单位2015年度预算收支基本遵守了预算法及相关法律法规，财务管理和会计核算基本符合会计法及有关财会制度规定。

二、审计发现的主要问题

（一）预算执行中存在的主要问题。

1. 所属党建读物出版社2012年取得1项专项资金800万元，由于相关工作进展缓慢，仅于2015年支出118.09万元，至2015年底，结转资金681.91万元未及时作为财政存量资金清理上报。

2. 所属北京万寿庄宾馆将代管的部本级8处房产对外出租，2014年至2015年取得出租收入411.75万元，未按规定上缴财政，其中2015年166.94万元。

（二）其他方面问题。

由于未及时办理清理核销手续，造成2015年底本级资产财务账与台账不符，相差751.69万元。

三、审计处理情况和建议

对上述问题，审计署已依法出具了审计报告、下达了审计决定书。对财政存量资金清理不到位问题，要求清理上报财政部，并根据财政部审核意见办理；对房产出租收入未上缴财政问题，要求将收入上缴财政；对资产财务账与台账不符问题，要求抓紧清理，确保账实相符、账账相符。

针对审计发现的问题，审计署建议：中央组织部应积极盘活财政存量资金，切实提高财政资金使用效益；加强国有资产管理，规范资产出租行为；定期核对会计账簿记录与实物，确保会计核算真实、准确、合规。

四、审计发现问题的整改情况

对审计发现的问题，中央组织部正在积极组织整改。中央组织部本级已将存量资金681.91万元上报财政部。具体整改结果由中央组织部向社会公告。

中央宣传部
2015年度预算执行等情况审计结果

根据《中华人民共和国审计法》的规定，2015年12月至2016年3月，审计署对中央宣传部2015年度预算执行等情况进行了审计，重点审计了中央宣传部本级和所属全国宣传干部学院、机关服务中心、中国思想政治工作研究会3个单位，并对有关事项进行了延伸审计。

一、基本情况

中央宣传部为中央财政一级预算单位，部门预算由部本级和3个二级预算单位的预算组成。审计结果表明，中央宣传部本级及本次审计的所属单位2015年度预算收支基本遵守了预算法及相关法律法规，财务管理和会计核算基本符合会计法及有关财会制度规定。

二、审计发现的主要问题

（一）预算执行中存在的主要问题。

1. 至2015年底，在中央宣传部本级2014年负责安排地方、部门的项目经费中，由于项目执行单位工作落实较慢等原因，有71647.85万元未及时支出，沉淀在执行单位。

2. 2015年，中央宣传部本级拨付3家新闻文化单位的专项资金中，由于检查不到位，有1388.77万元被3家单位调剂用于物业费以及其他与专项用途无关的日常运转等支出。

（二）其他方面问题。

至2015年底，中央宣传部本级和所属全国宣传干部学院3个2012年及以前年度竣工的基本建设项目未及时办理竣工财务决算，未纳入固定资产核算。

三、审计处理情况和建议

对上述问题，审计署已依法出具了审计报告、下达了审计决定书。对拨付的经费执行进度慢问题，要求加强资金管理，督促相关单位加快预算执行，提高资金使用效益；对拨付专项资金被调剂使用问题，要求加强管理和监督，责成资金使用单位严格支出；对基本建设项目未及时办理竣工财务决算并未纳入固定资产核算问题，要求尽快办理相关手续。

针对审计发现的问题，审计署建议：中央宣传部应加强项目资金支出管理，从严从紧管理专项资金，严格执行基本建设财务管理规定。

四、审计发现问题的整改情况

对审计发现的问题，中央宣传部正在积极组织整改。正在研究制定相关管理办法，加强对拨付专项资金的监督检查，督促任务承担单位提高预算执行的合规性。具体整改结果由中央宣传部向社会公告。

中央统战部
2015年度预算执行等情况审计结果

根据《中华人民共和国审计法》的规定，2015年12月至2016年3月，审计署对中央统战部2015年度预算执行等情况进行了审计，重点审计了中央统战部本级和所属干部培训中心等15个单位，并对有关事项进行了延伸审计。

一、基本情况

中央统战部为中央财政一级预算单位，部门预算由部本级和6个二级预算单位的预算组成。审计结果表明，中央统战部本级及本次审计的所属单位2015年度预算收支基本遵守了预算法及相关法律法规，财务管理和会计核算基本符合会计法及有关财会制度规定。

二、审计发现的主要问题

（一）2014年至2015年，所属2家单位采购印刷服务等未严格执行政府采购规定，涉及支出373.40万元。

（二）2010年至2013年，中央统战部本级取得其他收入350万元在下属单位往来账核算，未按规定纳入本级预算管理。

（三）2012年至2015年，所属干部培训中心2个维修改造项目未按规定履行公开招投标程序，涉及合同金额3654.50万元。

三、审计处理情况和建议

对上述问题，审计署已依法出具了审计报告、下达了审计决定书。对未严格执行政府采购规定、部分基建项目未履行公开招投标程序问题，要求严格执行相关规定，避免此类问题再次发生；对收入未纳入预算管理问题，要求纳入预算管理，并调整有关会计账目和决算草案。

针对审计发现的问题，审计署建议：中央统战部应加大对所属单位执行政府采购规定情况的监管力度，严格执行基本建设程序，保证项目质量，提高财政资金使用效益。

四、审计发现问题的整改情况

对审计发现的问题，中央统战部正在积极组织整改。1家所属单位已委托中共中央直属机关采购中心采购相关服务。具体整改结果由中央统战部向社会公告。

中共中央对外联络部
2015年度预算执行等情况审计结果

根据《中华人民共和国审计法》的规定，2015年12月至2016年3月，审计署对中共中央对外联络部（以下简称中联部）2015年度预算执行等情况进行了审计，重点审计了中联部本级和所属机关服务中心等5个单位，并对有关事项进行了延伸审计。

一、基本情况

中联部为中央财政一级预算单位，部门预算由部本级和5个二级预算单位的预算组成。审计结果表明，中联部本级及本次审计的所属单位2015年度预算收支基本遵守了预算法及相关法律法规，财务管理和会计核算基本符合会计法及有关财会制度规定。

二、审计发现的主要问题

（一）预算执行存在的主要问题。

1.2015年，中联部本级将应在因公出国（境）预算开支的费用在培训费、差旅费等科目列支，涉及金额30.61万元。

2.2015年12月，所属机关服务中心计提绩效工资等2050万元作为应付工资等挂账，造成多计事业支出。

（二）其他方面问题。

1.2015年1月至2月，所属当代世界研究中心等3个单位违规发放编辑劳务费20万元。

2.至2016年3月，所属机关服务中心2个2009年已完工的基本建设项目尚未纳入固定资产核算，涉及投资共计16245.99万元。

3.2009年9月，所属机关服务中心未报经批准，将综合服务楼7147平方米房屋对外出租，2015年取得出租收入449.22万元。

三、审计处理情况和建议

对上述问题，审计署已依法出具了审计报告、下达了审计决定书。对在其他科目列支因公出国（境）费和多计决算支出问题，要求调整相关会计账目和决算草案；对违规发放编辑劳务费问题，要求严格执行有关规定；对完工项目未计入固定资产核算问题，要求按规定登记固定资产账；对房产出租问题，要求严格执行相关规定。

针对审计发现的问题，审计署建议：中联部应加强预算管理，严格执行预算；加强对所属单位财务工作的监督和管理；加强完工项目和出租资产管理。

四、审计发现问题的整改情况

对审计发现的问题，中联部正在积极组织整改。部本级和所属机关服务中心已调整了相关会计科目和决算草案。具体整改结果由中联部向社会公告。

全国总工会2015年度预算执行等情况审计结果

根据《中华人民共和国审计法》的规定，2015年12月至2016年3月，审计署对全国总工会2015年度预算执行等情况进行了审计，重点审计了全国总工会本级和所属中国劳动关系学院、工人日报社、中国职工之家3个单位，并对有关事项进行了延伸审计。

一、基本情况

全国总工会为中央财政一级预算单位，部门预算由工会本级和7个二级预算单位的预算组成。审计结果表明，全国总工会及本次审计的所属单位2015年度预算收支基本遵守了预算法及相关法律法规，财务管理和会计核算基本符合会计法及有关财会制度规定。

二、审计发现的主要问题

（一）预算执行中存在的主要问题。

1.2013年至2015年，所属中国劳动关系学院未按规定对车辆维修和保养服务等项目实行政府集中采购，涉及金额61.68万元，其中2015年13.93万元。

2.至2015年底，所属中国劳动关系学院办公楼2013年装修支出944.62万元，未按规定计入固定资产核算。

（二）其他方面问题。

1.2011年至2015年，所属中国劳动关系学院未经审批出租房产，取得资产占用费2500万元，其中2015年500万元。

2.2014年至2015年，所属工人日报社在召开的会议中，违规向参会人员收取会议费16.62万元，其中2015年9.32万元；2012年至2015年，违规报销费用、发放个人劳务费19.35万元，其中2015年6.2万元。

3.2013年至2015年，所属中国劳动关系学院将收到的管理费、课题经费等2944.43万元在往来科目核算，造成少计收入，其中2015年1017.47万元。

4.2013年，所属中国劳动关系学院将应由该院支付的办公用品支出 40.52 万元在其下属劳动服务管理中心列支。

5.2014 年，所属中国职工之家将股权转让亏损和经营合同赔偿金计入以前年度“未分配利润”，造成虚增当年净利润 648.91 万元。

6.2013 年和 2014 年，所属中国职工之家将应计入固定资产投资的借款利息支出 27.08 万元计入“财务费用”科目，将属于“低值易耗品”支出的 88.20 万元计入“长期待摊费用”科目。

7. 至 2015 年底，所属中国劳动关系学院固定资产实物账与财务账不符，差异金额 302.36 万元。

8. 至 2015 年底，所属中国劳动关系学院内部个人暂借的网络线路租用等业务用款和个人用款挂账 3 年以上未及时清理，涉及金额 261.47 万元。

三、审计处理情况和建议

对上述问题，审计署已依法出具了审计报告、下达了审计决定书。对未实行政府集中采购问题，要求严格执行有关规定；对装修支出未计入固定资产问题，要求调整有关会计科目和决算草案；对未经审批将房产出租问题，要求今后严格执行审批程序、加强管理；对违规收取会议费、违规报销会议费问题，要求加强监督管理，严格执行国家有关规定，避免此类问题再次发生；对收入、支出核算不规范以及固定资产账账不符问题，要求严格按会计制度和会计准则进行核算，调整有关会计科目和决算草案；对内部个人借款长期挂账未清理问题，要求清理往来款项，及时收回借款。

针对审计发现的问题，审计署建议：全国总工会应加强预算管理，严格执行政府采购制度；加强对所属单位监管，强化内部资金管理，及时清理往来款项。

四、审计发现问题的整改情况

对审计发现的问题，全国总工会正在积极组织整改。具体整改结果由全国总工会向社会公告。

共青团中央
2015 年度预算执行等情况审计结果

根据《中华人民共和国审计法》的规定，2015 年 12 月至 2016 年 3 月，审计署对共青团中央 2015 年度预算执行等情况进行了审计，重点审计了共青团中央本级和所属共青团中央网络影视中心（以下简称网络影视中心）、中日青年交流中心等 9 个单位，并对有关事项进行了延伸审计。

一、基本情况

共青团中央为中央财政一级预算单位，部门预算由共青团中央本级和 1 个二级预算单位的预算组成。财政部批复共青团中央 2015 年度部门财政拨款预算支出为 72718.98 万元，共青团中央决算草案反映的当年财政拨款支出 64642.39 万元，其部门预算与执行结果的差异总额为 8076.59 万元，差异的具体情况见附表 1。

本次审计共青团中央本级及所属单位 2015 年度财政拨款共计 70720.09 万元，占部门财政拨款总额的 97.25%，审计查出问题对共青团中央 2015 年度预算执行结果的影响见附表 2。

审计结果表明，共青团中央本级及本次审计的所属单位 2015 年度预算收支基本遵守了预算法及相关法律法规，财务管理和会计核算基本符合会计法及有关财会制度规定。

二、审计发现的主要问题

（一）预算执行中存在的主要问题。

1.2015 年，共青团中央大学生志愿服务西部计划项目中的采购保险服务，未按规定编报政府采购预算，涉及金额 640.50 万元。

2.2012 年，共青团中央未按规定公开招标，直接确定专题片项目制作单位，涉及金额 346 万元。

3.2015 年，共青团中央未按规定确认以前年度结存的其他收入 536.22 万元，造成少计其他收入。

（二）其他方面问题。

1. 至 2015 年底，共青团中央固定资产财务账与台账余额不符，固定资产台账多计 4727.14 万元。

2.2009 年至 2015 年，所属中国青年政治学院未经报批出租房产，累计取得租金收入2515万元，其中2015年400万元。

3.2015年，所属网络影视中心、中青未来（北京）网络科技有限公司、中青网新媒体科技（北京）有限公司以办公用品等名义违规报销购买购物卡支出8.77万元；2013年至2014年，所属辉煌同达（北京）资产管理有限公司违规购买购物卡16.28万元。

4.2013年至2015年，所属中国青旅集团公司在下属企业签单消费83.60万元，报销凭证中未附接待清单等，其中2015年18.88万元。

5. 所属单位投资的4家公司中2家公司股票1998年已停止交易，2家公司分别于2003年、2005年注销清算，但至2016年1月，相关投资34万元和206.90万元未及时进行清理，仍在长期投资科目核算。

6. 所属中青创益投资管理有限公司2014年度会计决算报表反映不完整，未反映接受划转资产中尚未处置和无法清算处置部分。

三、审计处理情况和建议

对上述问题，审计署已依法出具了审计报告、下达了审计决定书。对未编报政府采购预算、未经招标采购服务问题，要求严格执行相关规定，加强预算编报和采购管理；对少计收入问题，要求按规定清理往来科目，调整决算草案；对固定资产财务账和台账不符、未经报批出租房产问题，要求严格执行相关规定，加强资产管理；对违规购买购物卡问题，要求严格执行相关规定，尽快清理和纠正；对签单消费问题，要求严格执行相关规定，加强公务接待管理；对投资未及时清理问题，要求进一步核实相关情况，按照规定程序进行清理；对财务管理不规范问题，要求进一步规范财务管理。

针对审计发现的问题，审计署建议：共青团中央应加强预算编制管理，完整准确编报政府采购预算；加强预算执行、政府采购和资产管理，严格遵守相关法规和履行规定程序；进一步加大对所属单位的监管力度，加强资金、资产管理，确保国有资产保值增值，督促健全内部制度，强化执纪监督，严格追究责任。

四、审计发现问题的整改情况

对审计发现的问题，共青团中央正在积极组织整改。对少计其他收入问题，共青团中央本级已调整了相关会计科目和决算草案；对固定资产财务账和台账不符问题，已查明房屋类资产差异原因；对违规购买购物卡问题，已收回资金16.28万元；对签单消费问题，所属中国青旅集团公司已暂停签单；对投资未及时清理问题，所属中国青年实业发展总公司已对2家公司34万元投资分别计提长期投资减值准备、按长期投资管理。具体整改结果由共青团中央向社会公告。

附表：1. 共青团中央2015年度财政拨款预算执行总体情况（略）

2. 共青团中央2015年度重点审计单位财政拨款预算执行情况（略）

全国妇联2015年度预算执行等情况审计结果

根据《中华人民共和国审计法》的规定，2015年12月至2016年3月，审计署对全国妇联2015年度预算执行等情况进行了审计，重点审计了全国妇联本级和所属中国妇女儿童博物馆、中国妇女外文期刊社等10个单位，并对有关事项进行了延伸审计。

一、基本情况

全国妇联为中央财政一级预算单位，部门预算由会本级和4个二级预算单位的预算组成。财政部批复全国妇联2015年度部门财政拨款预算支出为57354.54万元，全国妇联决算草案反映的当年财政拨款支出45888.04万元，其部门预算与执行结果的差异总额为11466.50万元，差异的具体情况见附表1。

本次审计全国妇联本级及所属单位2015年度财政拨款共计57354.54万元，占部门财政拨款总额的100%，审计查出问题对全国妇联2015年度预算执行结果的影响见附表2。

审计结果表明，全国妇联本级及本次审计的所属单位2015年度预算执行基本遵守了预算法及相关法律法规，财务管理和会计核算基本符合会计法及有关财会制度规定，能够认真整改以前年度审计发现的问题。

二、审计发现的主要问题

（一）预算执行中存在的主要问题。

1.2015年，全国妇联本级及所属中国妇女儿童博物馆因公出国（境）费超预算支出61.74万元，无预算支出30.72万元。

2.2015年，全国妇联本级为应当费用自理的所属单位及其他单位14人支付国际旅费及在国（境）外费用42.18万元；本级及所属单位组织的6个出国（境）团组中，19人未经批准延长在外停留时间共计41天。

3.2015年，全国妇联本级会议费超预算支出160.92万元。

4.2012年至2014年，全国妇联本级未按规定公开招标，直接确定基建项目勘察等单位，涉及金额432.63万元。

5.2011年至2015年，所属中国妇女外文期刊社未按规定公开招标，直接委托1家公司进行网站运营，共支付服务费1232.18万元，其中2015年288.94万元。

6.2011年至2015年，所属中国妇女儿童博物馆用财政资金购置的藏品1651.02万元未计入固定资产账，其中2015年560万元。

（二）其他方面问题。

1. 至2015年底，所属中国妇女活动中心将应作收入的1900万元在往来科目核算，造成少计收入。

2. 至2015年底，所属中国妇女活动中心下属好苑建国酒店将应冲减支出的157.74万元在往来科目核算，造成多计支出。

3. 至2015年底，所属中国儿童中心、中国妇女旅行社少计长期股权投资208万元。

4. 所属中国妇女报社将其使用的产权属于全国妇联的办公楼计入本单位固定资产账，涉及金额2233.43万元（含维修改造费用136.15万元），至2015年底计提折旧1806.91万元。

5. 所属中国妇女报社未按规定对1994年购置的4处原值63.38万元的京外房产进行产权登记，也未按规定进行定期清查。

三、审计处理情况和建议

对上述问题，审计署已依法出具了审计报告、下达了审计决定书。对因公出国（境）经费使用和团组管理中存在的问题，要求今后严格执行有关规定，加强“三公”经费预算执行管理；对会议费超预算支出问题，要求今后加强会议计划和预算管理，控制会议支出规模；对未按规定执行招投标问题，要求严格执行招投标相关规定、加强建设项目和采购服务等招投标管理；对购置藏品形成的固定资产未入账问题，要求登记固定资产账，调整部门决算草案；对少计收入、多计支出、少计长期股权投资、账实不符多计折旧费用问题，要求调整有关会计账目；对未按规定对京外房产进行产权登记并定期清查问题，要求加强对固定资产的管理，尽快清理相关资产，防止国有资产流失。

针对审计发现的问题，审计署建议：全国妇联应切实加强“三公”经费和会议费管理；严格履行招投标和政府采购规定，提高财政资金使用效益；切实履行主管部门财务监督管理职责，加强对本级和所属单位资产工作的核查、清理。

四、审计发现问题的整改情况

对审计发现的问题，全国妇联正在积极组织整改。全国妇联本级已追回为所属单位及其他单位人员支付的出国费用11.33万元；所属中国妇女外文期刊社已拟定2016年网站运营采购服务招标文件，着手招标事宜；所属中国妇女活动中心已对少计收入1900万元和多列支出157.74万元进行了账务调整；所属中国妇女旅行社已对少计长期股权投资100万元进行了账务调整。具体整改结果由全国妇联向社会公告。

附表：1. 全国妇联2015年度财政拨款预算执行总体情况（略）

2. 全国妇联2015年度重点审计单位财政拨款预算执行情况（略）

中国科协2015年度预算执行等情况审计结果

根据《中华人民共和国审计法》的规定，2015年12月至2016年3月，审计署对中国科协2015年度预算执行等情况进行了审计，重点审计了中国科协本级和所属青少年科技中心、企业创新服务中心等8个单位，并对有关事项进行了延伸审计。

一、基本情况

中国科协为中央财政一级预算单位，部门预算由中国科协本级和20个二级预算单位的预算组成。财政部批复中国科协2015年度部门财政拨款预算支出为178195.44万元，中国科协决算草案反映的当年财政拨款支出176191.64万元，其部门预算与执行结果的差异总额为2003.8万元，差异的具体情况见附表1。

本次审计中国科协本级及所属单位2015年度财政拨款共计167850.35万元，占部门财政拨款预算总额的94.19%，审计查出问题对中国科协2015年度预算执行结果的影响见附表2。

审计结果表明，中国科协本级及本次审计的所属单位2015年度预算收支基本遵守了预算法及相关法律法规，财务管理和会计核算基本符合会计法及有关财会制度规定。

二、审计发现的主要问题

（一）预算执行中存在的主要问题。

1.2015年，中国科协本级和所属中国科学技术馆等3家单位违规将本单位因公出国（境）费用14.2万元，转由外资企业等单位负担。

2.2015年，中国科协本级有1个三类会议参会人员超出规定的人数14人；有2个四类会议参会人员分别超出规定人数11人、79人。

3.2015年，中国科协本级在编制19个向社会公众提供网络科普服务的信息化建设事项政府采购文件时，未按规定征求社会公众对采购需求的意见，涉及金额18599.7万元。

4.2015年，中国科协本级未经政府采购程序，直接委托34个单位承办50个项目，涉及金额3664.3万元；未经公开招标，直接委托14个单位承办公民科学素质读本微动漫开发等19个项目，涉及金额7072.01万元。

5.2015年，所属中国科普研究所未经公开招标，直接委托1个出版社承办印装出版项目，合同金额600万元。

6.至2015年底，中国科协本级委托外单位承担的54个项目（合同金额1374万元）进展缓慢，未按约定期限完成，有1138.45万元资金未支出，影响财政资金使用效益。

7.2014年至2015年，中国科协本级预算控制不严，未能精确测算成本，委托5家单位承担的24个事项（合同金额2367.6万元）在项目完成后形成结余资金1220.36万元，占51.54%。

8.2015年，中国科协本级在委托相关单位承担的19个科普信息化建设事项尚未完成的情况下，提前开展终期考核，并在考核指标未完全实现的情况下提前验收，违规超进度支付合同尾款1859.97万元。

9.2015年，中国科协本级违规将应由2015年至2018年分年度安排预算的1200万元项目，全部编入2015年预算并获得财政部批复，当年全部支付给项目承担单位。至2015年底，有1184.93万元财政资金结存在项目承担单位。

（二）其他方面问题。

1.至2015年底，中国科协本级“其他应付款”科目10年以上挂账余额885.21万元、“其他应收款”科目10年以上挂账余额2580.97万元；所属企业创新服务中心应付款长期挂账余额1337.57万元，未按规定及时清理。

2.2015年，中国科协本级未经批准租用中国科技会堂57平方米办公用房1年，支付租金13.39万元。

3.至2015年底，所属中国科学技术馆未按规定将财政部2014年9月已批复竣工财务决算的中国科技馆新馆项目纳入固定资产账核算。

三、审计处理情况和建议

对上述问题，审计署已依法出具了审计报告、下达了审计决定书。对由外单位承担出国（境）费用问题，要求将相关费用退还相关单位并调整会计账目和决算草案，加强出国（境）经费管理；对会议人数超标准问题，要求今后严格执行相关规定，加强会议管理；对未按规定进行政府采购问题，要求今后严格执行有关规定；对财政资金年底结存问题，要求今后加强项目管理；对提前支付合同款项等问题，要求及时调整有关会计账目和决算草案，加强部门预算编制和项目管理；对往来款长期挂账问题，要求及时清理；对未经批准租用办公用房问题，要求对租用的办公用房进行全面清理，今后严格履行审批手续；对固定资产未及时入账问题，要求相关单位及时入账。

针对审计发现的问题，审计署建议：中国科协应加强预算管理，强化预算执行；健全和完善会议、出国（境）等内部管理制度；加强政府采购管理；建立健全内部控制制度。

四、审计发现问题的整改情况

对审计发现的问题，中国科协正在积极组

整改。科协本级和所属单位已将出国费用 14.2 万元退回相关单位，并调整有关会计账目；中国科协本级已清退租用的办公用房；所属中国科学技术馆已办理固定资产登记入账。具体整改结果由中国科协向社会公告。

附表：1. 中国科协 2015 年度财政拨款预算执行总体情况（略）

2. 中国科协 2015 年度重点审计单位财政拨款预算执行情况（略）

最高人民法院 2015 年度预算执行等情况审计结果

根据《中华人民共和国审计法》的规定，2015 年 12 月至 2016 年 3 月，审计署对最高人民法院 2015 年度预算执行等情况进行了审计，重点审计了最高人民法院本级和所属国家法官学院、机关服务中心等 6 个单位，并对有关事项进行了延伸审计。

一、基本情况

最高人民法院为中央财政一级预算单位，部门预算由院本级和 1 个二级预算单位的预算组成。审计结果表明，最高人民法院和本次审计的所属单位 2015 年度预算执行基本遵守了预算法及相关法律法规，财务管理和会计核算基本符合会计法及有关财会制度规定。

二、审计发现的主要问题

（一）预算执行中存在的主要问题。

1.2014 年至 2015 年，最高人民法院 8 个因公出国（境）团组超标准列支城市内交通费和其他费用 11.26 万元，其中 2015 年 8.24 万元；2 个因公出国（境）团组违反规定列支外单位人员费用 9.54 万元，其中 2015 年 2.13 万元。

2.2015 年，最高人民法院组织召开的 6 个会议未按规定在定点饭店召开，共支出会议费 121 万元；1 个会议参会人员超出规定人数，并由参会人员自行支付应由会议组织单位支付的会议费 34.65 万元。

3. 至 2016 年 1 月底，最高人民法院未按规定清理并向财政部上报财政存量资金 7066.48 万元。

4.2014 年至 2015 年，最高人民法院违规在部门机动经费中列支补助地方法院信息化建设项目、研究项目、地震救灾等款项 844.59 万元，其中 2015 年 414.59 万元。

5. 所属机关服务中心将属于最高人民法院机关的房产出租，2015 年收到房屋出租收入 200 万元，未按规定上缴财政。

6.2015 年，最高人民法院未将所属中国应用法学研究所核算的课题收入 169.45 万元、课题支出 176.21 万元在部门决算中反映；所属国家法官学院未将计划外学员培训和杂志销售收入 1234.96 万元、相关支出 1215.47 万元在单位决算中反映。

（二）其他方面问题。

2014 年至 2015 年，所属人民法院报社购置的电脑、手机等办公设备 117.24 万元未按规定纳入固定资产账核算，其中 2015 年 72.1 万元。

三、审计处理情况和建议

对上述问题，审计署已依法出具了审计报告、下达了审计决定书。对出国（境）费和会议费管理使用中存在的问题，要求加强管理，严格按照规定标准列支各项费用，退回向参会人员收取的会议费，调整会计账目和决算草案；对未按规定清理上报财政存量资金的问题，要求按规定清理上报；对在部门机动经费中列支对非所属预算单位补助的问题，要求严格按照预算法的有关规定使用财政资金；对房屋出租收入未上缴财政的问题，要求及时上缴国库，并调整有关会计账目和决算草案；对中国应用法学研究所课题收支和国家法官学院部分收支未纳入决算的问题，要求调整有关会计账目和决算草案；对人民法院报社购置固定资产未入账的问题，要求将购置的资产登记入账。

针对审计发现的问题，审计署建议：最高人民法院应进一步加强预算管理，增强预算约束力，加强对财政结余资金和国有资产管理，加大对所属单位财务工作的监督和检查力度。

四、审计发现问题的整改情况

对审计发现的问题，最高人民法院正在积极组织整改。对未按规定清理上报财政存量资金的问题，最高人民法院进行了认真清理，并已将资金清理及盘活计划上报财政部。具体整改结果由最高人民法院向社会公告。

最高人民检察院
2015年度预算执行等情况审计结果

根据《中华人民共和国审计法》的规定，2015年12月至2016年3月，审计署对最高人民检察院（以下简称高检院）2015年度预算执行等情况进行了审计，重点审计了高检院本级和所属机关服务中心、检察技术信息研究中心等5个单位，并对有关事项进行了延伸审计。

一、基本情况

高检院为中央财政一级预算单位，部门预算由院本级和4个二级预算单位的预算组成。审计结果表明，高检院本级及本次审计的所属单位2015年度预算收支基本遵守了预算法及相关法律法规，财务管理和会计核算基本符合会计法及有关财会制度规定。

二、审计发现的主要问题

（一）预算执行中存在的主要问题。

1.2015年，高检院在编报的会议计划之外召开会议8次，支出会议费101.84万元。

2.至2015年底，高检院本级未将应清理的车辆及时上缴国管局，造成超编制配备公务用车6辆。

3.至2015年底，所属机关服务中心未经批准出租高检院房产，取得的房租收入1445.48万元未按规定上缴财政。

4.2015年，所属机关服务中心采购物业服务未按规定进行公开招标，涉及合同金额248万元。

5.至2015年底，高检院2015年列支并向所属单位拨付资金中有146.51万元实际未支出，造成多计决算支出。

6.2015年，高检院本级未按规定将收到的其他部门拨付的课题费等31.45万元计入收入，而是在往来款科目核算，造成少计收入。

（二）其他方面问题。

至2015年底，高检院本级1996年至1999年投资3560万元形成的资产未按规定纳入固定资产账核算。

三、审计处理情况和建议

对上述问题，审计署已依法出具了审计报告、下达了审计决定书。对计划外召开会议问题，要求今后严格按国家规定执行；对超编制配备公务用车问题，要求退回超编使用的车辆；对未经批准出租房产且部分房租收入未按规定上缴财政问题，要求将相关收入上缴财政；对采购物业服务未按规定进行公开招标问题，要求今后严格执行招投标规定；对决算支出不实问题，要求调整有关会计账目和决算草案；对横向财政拨款未计收入问题，要求调整有关会计账目和决算草案；对投资形成的资产未纳入固定资产账核算问题，要求调整有关会计账目和决算草案。

针对审计发现的问题，审计署建议：高检院应加强会议计划管理，严格按预算开支会议费；建立健全日常监管机制，加大对所属单位的监督检查力度，加强政府采购管理和国有资产管理。

四、审计发现问题的整改情况

对审计发现的问题，高检院正在积极组织整改。院本级开展了固定资产全面清查盘点，并加强对所属单位政府采购的业务培训。具体整改结果由高检院向社会公告。

中华人民共和国审计署
审计结果公告
（2016年第6号）

审计署2015年度
预算执行等情况检查结果

（2016年6月29日公告）

为加强对审计署预算执行等情况的监督，2016年4月，审计署派出由行政政法审计司和特约审计员组成的检查组，对审计署2015年度预算执行等情况进行了检查，重点检查了办公厅管理的署本级和所属国外贷援款项目审计服务中心（以下简称外资中心）等6个单位，并对有关事项进行了延伸检查。

一、基本情况

审计署为中央财政一级预算单位，部门预算由办公厅管理的署本级预算和 28 个二级预算单位的预算组成。财政部批复审计署 2015 年度部门财政拨款预算支出为 172447.48 万元，审计署决算草案反映的当年财政拨款支出 155069.24 万元，其部门预算与执行结果的差异总额为 17378.24 万元，差异的具体情况见附表 1。

本次检查办公厅管理的署本级及所属单位 2015 年度财政拨款共计 84479.87 万元，占部门财政拨款总额的 48.99%，检查出的问题对审计署 2015 年度预算执行结果的影响见附表 2。

检查结果表明，办公厅管理的署本级及本次检查的所属单位 2015 年度预算收支基本遵守了预算法及相关法律法规，财务管理和会计核算基本符合会计法及有关财会制度规定。对 2014 年度预算执行检查查出的问题，办公厅已采取将资金上缴财政、调整有关会计账目等措施进行整改。相关整改情况，审计署受国务院委托已向全国人大常委会报告，并向社会公告。

二、检查发现的主要问题

（一）预算执行中存在的主要问题。

2015 年，所属外资中心、计算机技术中心、审计干部培训中心、审计科研所、中国审计学会 5 家单位在人员经费安排不足的情况下，在公用经费或项目支出中列支人员经费共计 621.36 万元。

（二）其他方面问题。

1. 2015 年，办公厅未将署本级应缴财政款项 17.42 万元及时上缴国库。

2. 至 2015 年底，因历史遗留事项，办公厅未将署本级历年代垫的事业单位人员和调出人员的物业供暖费 48.44 万元及时收回。

3. 2015 年，所属外资中心将 1 个课题的经费收入及支出在往来科目核算，造成少计收入 55.53 万元，少计支出 13.4 万元。

三、检查处理情况

对上述问题，检查组已按规定出具了检查报告。对使用公用经费等列支人员经费问题，要求严格按预算法及相关规定执行，同时商财政部解决人员经费不足问题；对应缴财政款项未及时上缴国库问题，要求今后严格按照规定执行；对历年代垫物业供暖费未收回的问题，要求进行专项清查，对未收回的欠费作挂账处理并进行催缴；对少计收入和支出问题，要求调整相应科目，今后严格按照规定执行。

四、检查发现问题的整改情况

对检查发现的问题，审计署正在积极组织整改。办公厅已将应缴财政款项 17.42 万元上缴国库，已研究提出对未收回历年代垫物业管理费的处置意见。具体整改结果由审计署向社会公告。

附表：1. 审计署 2015 年度财政拨款预算执行总体情况（略）

2. 审计署 2015 年度重点检查单位财政拨款预算执行情况（略）

中华人民共和国审计署审计结果公告（2016 年第 7 号）

审计署关于 40 个县财政扶贫资金的审计结果

（2016 年 6 月 29 日公告）

根据《中华人民共和国审计法》的规定，2016 年 2 月至 4 月，审计署对河北等 17 个省、直辖市的 40 个县、区（以下统称县，其中国家扶贫开发工作重点县 26 个）2013 年至 2015 年财政扶贫资金管理使用情况进行了审计，并检查了有关主管部门履行扶贫相关资金分配管理职责情况。审计共抽查扶贫资金 50.13 亿元，占 40 个县同期投入的 45.58%，涉及 364 个乡镇、1794 个行政村和 3046 个项目。现将审计结果公告如下：

一、审计发现的主要问题

从审计情况看，各级党委、政府认真落实党中央、国务院决策部署，坚持精准扶贫、精准脱贫基本方略，加大投入、监管和服务力度，提高了扶贫脱贫工作成效，但一些地方和部门扶贫资金及项目管理还存在薄弱环节，扶贫资金闲置和被侵占、损失浪费等问题在有些地方还比较突出。

（一）有8.43亿元扶贫资金长时间闲置。从审计情况看，扶贫资金分配管理中小、散问题仍较普遍，影响财政资金的引导作用，也不利于提高其使用绩效。至2016年3月底，抽查发现有8.43亿元扶贫资金结存1年以上未投入使用，其中2.6亿元闲置超过2年，最长的闲置超过15年，因项目取消或完成等原因形成的8795.29万元结余未按要求盘活使用。

（二）基层扶贫资金监管比较薄弱，1.38亿元被骗取套取或违规使用。由于项目及资金申报审核链条长，相关部门监管还不到位，对基层单位申报资料失实情况，缺乏有效的甄别和问责追责机制，造成资金流失损失。其中：29个县的59个单位和28名个人通过伪造合同、虚假发票列支、编造到户补贴发放表、虚报工程量、重复申报等方式，虚报冒领、骗取套取扶贫资金5573.13万元；14个县的财政、扶贫等部门和乡镇政府、村委会等20个单位违规将6091.35万元扶贫资金用于平衡预算、市政建设、宾馆改造等非扶贫领域；17个县的25个单位将扶贫资金2194.78万元用于弥补业务经费、发放福利等支出。

（三）7个单位在扶贫开发工作中违反规定收取项目推广费、设计费等1249.36万元，主要用于弥补经费等支出。

（四）扶贫项目管理不善，2.99亿元资金未发挥效益或形成损失浪费。其中，因项目建设缺乏有效质量控制，产业项目脱离当地实际，技术培训指导和后期管护不到位等，17个县的13个基础设施建设类扶贫工程和16个种养殖类产业扶贫项目，建成后质量不达标、闲置废弃或改作他用，或者种养殖成活率低，无法实现预期效果，涉及资金2.27亿元，已形成损失浪费2706.11万元；2个县使用财政扶贫资金设立的扶贫贷款担保基金，因借款人违约承担连带责任，形成损失7195.19万元。

（五）部分扶贫资金分配未充分考虑建档立卡贫困人口情况。有的扶贫资金分配尚未与建档立卡贫困人口数据建立有效衔接机制，在具体扶贫项目实施中，有的地方也未严格按规定条件筛选扶贫对象，扶贫资金使用和项目安排未充分瞄准建档立卡对象。

此外，审计还发现部分扶贫项目建设管理、财务核算等方面问题2.53亿元，主要是扶贫项目未按规定履行政府采购程序、违规转包分包、验收不及时不严格、扶贫资金在个人账户存放等。

二、审计处理和整改情况

对上述问题，审计署已依法出具审计报告，提出处理意见。审计发现的相关涉嫌违纪违法问题线索，已经或正在依法移送有关部门进一步调查处理。

对审计指出的问题，有关地方和部门高度重视，采取追缴资金、统筹整合、加快资金下拨等方式，已追回或盘活扶贫资金2.02亿元，有22人受到党政纪处理处分，制定、完善扶贫相关规章制度55项。其他问题正在进一步整改中，整改结果由有关地方向社会公告。

附件：1. 重点审计的40个县名单

2. 扶贫资金审计发现的主要问题

附件1：

重点审计的40个县名单

河北省：阜平县、涞源县

山西省：大宁县、临县

辽宁省：康平县、岫岩满族自治县、新宾满族自治县、桓仁满族自治县、凌海市、义县、昌图县、建平县

吉林省：通榆县、安图县

黑龙江省：绥滨县、林甸县、龙江县

江苏省：连云港市赣榆区

山东省：曹县、沂源县

河南省：滑县、汝阳县

湖北省：秭归县、长阳土家族自治县

湖南省：通道侗族自治县、城步苗族自治县

广东省：南雄市、新丰县

海南省：琼中黎族苗族自治县

重庆市：万州区、云阳县

四川省：越西县、宣汉县

云南省：寻甸回族彝族自治县、昆明市东川区、会泽县

陕西省：蒲城县、淳化县

甘肃省：宁县、会宁县

附件 2：

扶贫资金审计发现的主要问题

单位：万元

序号	县	骗取套取或违规使用扶贫资金			在扶贫开发工作中违规获取收入用于弥补经费等支出	扶贫资金未发挥效益或形成损失浪费		扶贫项目未按规定履行政府采购程序、违规转包分包、验收不及时不严格，扶贫资金在个人账户存放等问题
		通过伪造合同、虚假发票列支、编造到户补贴发放表、虚报工程量、重复申报等方式，虚报冒领、骗取套取扶贫资金	将扶贫资金用于平衡预算、市政建设、宾馆改造等非扶贫领域	将扶贫资金用于弥补业务经费、发放福利等支出		基础设施建设类扶贫工程和种养殖类产业扶贫项目建成后质量不达标、闲置废弃或改作他用，或者种养殖成活率低，无法实现预期效果或已形成损失浪费	财政扶贫资金设立的扶贫贷款担保基金因借款人违约承担连带责任形成损失	
1	阜平县	123.60		15.00		20801.87	2258.00	
2	涞源县	8.18		91.47	47.49	70.00	4937.19	
3	大宁县							883.66
4	临县			33.60				
5	康平县		8.69					37.00
6	岫岩县	16.60	15.60	3.43				
7	新宾县	7.20	47.51					
8	桓仁县					93.00		
9	凌海市		20.00					
10	义县							310.00
11	建平县	72.26						
12	通榆县							1997.50
13	安图县			25.43		240.00		1432.49
14	绥滨县	33.00		24.12				
15	林甸县	198.97		43.93				
16	龙江县	79.17		37.19		318.23		
17	赣榆区	2307.04	723.03			60.00		5613.02
18	曹县		70.00			60.00		410.00
19	沂源县	435.05						
20	滑县	257.70						821.02
21	汝阳县	35.50						425.00
22	虞城县	273.00						
23	潢川县	401.92						
24	固始县	255.00						

（续表）

序号	县	骗取套取或违规使用扶贫资金			在扶贫开发工作中违规获取收入用于弥补经费等支出	扶贫资金未发挥效益或形成损失浪费		扶贫项目未按规定履行政府采购程序、违规转包分包、验收不及时不严格，扶贫资金在个人账户存放等问题
		通过伪造合同、虚假发票列支、编造到户补贴发放表、虚报工程量、重复申报等方式，虚报冒领、骗取套取扶贫资金	将扶贫资金用于平衡预算、市政建设、宾馆改造等非扶贫领域	将扶贫资金用于弥补业务经费、发放福利等支出		基础设施建设类扶贫工程和种养殖类产业扶贫项目建成后质量不达标、闲置废弃或改作他用，或者种养殖成活率低，无法实现预期效果或已形成损失浪费	财政扶贫资金设立的扶贫贷款担保基金因借款人违约承担连带责任形成损失	
25	秭归县	61.68						10.12
26	长阳县		7.86			31.20		50.71
27	通道县	11.48		32.73				370.00
28	城步县	182.88	220.00	22.44		348.04		
29	南雄市		2826.19	192.44				
30	新丰县		2000.00	94.95				
31	琼中县				162.82	57.05		10.40
32	万州区	30.00		24.22		239.50		85.40
33	云阳县	50.07		55.81	51.40	100.00		2.25
34	越西县	189.45		1422.32				7487.60
35	宣汉县		21.85					2561.76
36	寻甸县	42.00		46.58		35.00		1750.54
37	东川区	44.21				99.30		
38	会泽县	173.84	40.03			73.32		100.00
39	昆明市			29.12				
40	蒲城县	45.50	8.22			50.00		690.90
41	淳化县	22.62				110.00		252.60
42	宁县	26.00						
43	会宁县	81.21	82.37					
44	民乐县	108.00						
45	湖南省扶贫办下属扶贫开发培训中心等3个单位				987.65			

注：表中包含就重点事项延伸审计的部分其他市县和单位

中华人民共和国审计署审计结果公告（2016年第8号）

工伤保险基金审计结果

（2016年6月29日公告）

根据《中华人民共和国审计法》的规定，2016年2月至3月，审计署对北京、山西、辽宁、吉林、黑龙江、上海、江苏、山东、河南、湖北、湖南、广东、重庆、四川、云南、陕西、甘肃等17个省、直辖市（以下统称省），2013年至2015年工伤保险政策执行情况和工伤保险基金的筹集、管理、使用情况进行了审计，重点审计了17个省的省本级和所属7个副省级城市、11个地级市（以下统称抽审地区）。

一、工伤保险基金基本情况

根据工伤保险行政部门和经办机构提供的数据，截至2015年底，35个抽审地区工伤保险参保人数6453.41万人，其中农民工2748.94万人。2013年至2015年，享受工伤保险待遇人数分别为52.58万人、54.9万人和53.81万人。

2013年至2015年，35个抽审地区工伤保险基金收入652.16亿元，其中保险费收入612.42亿元；支出533.34亿元，其中工伤保险待遇支出529.11亿元。至2015年底，35个抽审地区工伤保险基金累计结余418.15亿元。

二、工伤保险基金使用和管理的主要成效

审计结果表明，35个抽审地区认真贯彻落实国家工伤保险有关政策规定，较好地保障了职工权益，工伤保险基金总体安全。一是着力加强制度建设。35个抽审地区先后制定颁布了参保、认定鉴定、待遇支付等一系列配套政策和规章制度，为工伤保险事业的发展提供了有力支持。二是加快推进参保扩面。35个抽审地区2015年底工伤保险参保人数比2013年底增长了5.76%，工伤保险覆盖范围逐步扩大。三是保障水平稳步提高。2015年，35个抽审地区工伤职工人均享受一次性工亡补助金53.26万元、辅助器具安装配置费6431.88元，比2013年分别提高了20.03%、8.44%。

三、审计发现的主要问题

审计经过数据比对和现场核实，主要发现以下问题：

（一）工伤补偿和康复政策未完全落实到位。从参保情况看，17个省有17万个单位未按规定为114.95万名职工办理工伤保险；延伸调查的47户高风险企业的农民工平均参保率仅为49.48%；吉林等6个省有10.36万名“老工伤”人员未按规定纳入工伤保险。从先行支付制度执行情况看，有16个城市未执行从基金中先行垫付未参保职工工伤待遇的要求，造成工伤职工求偿困难；已实行先行支付制度的地区，出现经办机构向用人单位追偿难的问题，成功追偿事项仅占0.32%。从工伤康复政策落实情况看，35个抽审地区2015年工伤伤残鉴定18.37万人，仅有1.69万人（占9.2%）享受到工伤康复，有15个抽审地区尚未开展职业康复工作。

（二）工伤预防费和浮动费率制度建设及执行滞后。工伤预防费管理办法建设方面，按照2010年修订的《工伤保险条例》规定，工伤预防费管理办法应由人力资源社会保障部会同财政部、卫生计生委、安全监管总局等部门共同制定，但至今仍未出台。浮动费率机制落实方面，35个抽审地区中，有11个尚未出台工伤保险费率浮动办法。预防制度执行方面，此次审计的17个省所属全部224个地级以上城市中，仅有115个城市（占51.34%）使用工伤保险基金开展工伤预防工作；重点抽查的人力资源社会保障部2013年确定的14个工伤预防试点城市中，有4个尚未按照要求开展试点工作，另外10个实施工伤预防的试点城市预防支出仅占基金总支出的0.79%。

（三）骗取挪用工伤保险基金和管理不规范等问题。本次审计发现骗取冒领、挤占挪用、管理不规范等问题3.86亿元。其中：有17个医疗康复机构、131人编造虚假资料骗取基金6489.55万元；310名不再符合条件的人员冒领待遇358.21万元；29个财政保障经费的工伤保险行政部门和经办机构等单位挪用工伤保险基金

5596.71万元，用于本单位的人员经费和办公经费等；5个单位违规多征收或预收工伤保险费7061.34万元；37个经办机构向809人违规发放待遇1662.08万元；部分财政部门和经办机构少计基金收入、少报单位欠费等17406.51万元。

此次审计发现的骗取工伤保险基金等违纪违法问题线索，已经或正在移送有关部门进一步查处。

有关地方高度重视审计发现问题的整改工作，坚持边审计、边整改。截至2016年4月底，17个省已追回资金5784.94万元、补发待遇59.03万元、退回多收保险费186.63万元、补报欠费金额1107万元，其他问题正在进一步整改中。整改后，有关地方将自行向社会公告整改结果。审计署将跟踪后续整改情况，督促整改到位。

附件：工伤保险基金审计发现的违法违规问题明细表

附件：

工伤保险基金审计发现的违法违规问题明细表

问题类别	存在的问题及金额	问题整改情况
骗取套取基金	2013年至2015年，湖南省地矿医院等8家医院通过违规挂床方式，套取工伤保险基金6.29万元	正在整改中
	2013年至2015年，陕西省工伤康复中心通过虚增治疗次数方式，套取工伤保险基金99.16万元	正在整改中
	2013年至2015年，西安北车医院通过虚增和变更诊疗项目等方式，套取工伤保险基金93.72万元	正在整改中
	2014年7月至2016年2月，大唐陕西发电有限公司下属渭河热电厂1名工亡职工供养亲属死亡后，其子隐瞒其死亡事实，伪造证据进行生存认证，骗取工亡职工供养亲属抚恤金3.99万元	资金已全部追回
冒领待遇	2011年至2016年2月，四川省绵阳、德阳、达州等15个地市225名工亡职工供养亲属和2名工伤职工死亡，11名工亡职工供养亲属不再符合待遇享受条件后，他人冒领其工伤保险待遇286.99万元	已追回90.81万元
	2013年11月至2015年12月，潍坊市9名工亡职工供养亲属死亡后，他人冒领其工伤保险待遇7.99万元	资金已全部追回
	2011年12月至2015年12月，青岛市36名工亡职工供养亲属死亡后，他人冒领其工伤保险待遇34.12万元	正在整改中
	2013年至2015年，沈阳市2名工亡职工供养亲属和2名工伤职工死亡后，他人冒领其工伤保险待遇1.96万元	资金已全部追回
	2015年1月至2016年1月，西山煤电（集团）有限责任公司1名工伤职工死亡后，他人冒领其工伤保险待遇1.36万元	资金已全部追回
	2015年5月至12月，重庆市荣昌县等8个区县18名工伤职工死亡后，他人冒领其工伤保险待遇13.21万元	正在整改中
	2014年12月至2015年8月，兰州市1名工亡职工供养亲属和3名工伤职工死亡后，他人冒领其工伤保险待遇12.58万元	正在整改中

（续表）

问题类别	存在的问题及金额	问题整改情况
挤占挪用基金	2015年，青岛市社会保险事业局将工伤保险基金107.11万元，用于非工伤保险业务发生的印刷费、劳务费等支出	资金已全部收回
	2013年至2015年，武汉市人力资源社会保障局及14家下属单位将工伤保险基金4703.95万元，用于人员经费、办公经费等支出	资金已全部收回
	2013年至2014年，武汉市江夏区失业保险管理办公室将工伤保险基金14.6万元，用于江夏区人力资源社会保障局职工体检费支出	资金已全部收回
	2013年，潍坊市社会保险事业管理中心将工伤保险基金75.93万元，用于信息系统开发、设备采购等支出	资金已全部收回
	2013年至2015年，榆林市工伤保险经办中心将工伤保险基金140万元，用于给工伤预防工作成效较好的参保单位发放奖励	资金已全部收回
	2013年至2015年，曲靖市人力资源社会保障局将工伤保险基金248.04万元，用于装修费、会议费、办公经费等支出	正在整改中
	2013年至2015年，曲靖市麒麟区人力资源社会保障局将工伤保险基金135万元，用于办公经费等支出	正在整改中
	2013年至2015年，曲靖市麒麟区社会保险事业管理中心将工伤保险基金7.36万元，用于装修费、水电费等支出	正在整改中
	2013年至2015年，曲靖宣威市人力资源社会保障局将工伤保险基金5.58万元，用于办公经费、服装费等支出	正在整改中
	2013年至2015年，曲靖市富源县人力资源社会保障局将工伤保险基金39.63万元，用于公务用车运行维护费等支出	正在整改中
	2013年至2015年，曲靖市沾益县人力资源社会保障局将工伤保险基金65.84万元，用于办公经费等支出	正在整改中
	2013年至2015年，宝鸡市工伤保险事业管理处将工伤保险基金7.27万元，用于给个人和经办机构发放奖励	正在整改中
	2013年至2015年，南通市工伤保险服务中心将工伤保险基金9.18万元，用于给南通市（含区县）人力资源社会保障部门部分工作人员发放奖励	资金已全部收回
	2013年至2015年，郑州煤炭工业（集团）有限责任公司将工伤保险基金9.72万元，用于河南省劳动能力鉴定中心集中办理工伤认定发生的食宿、会务等费用支出	正在整改中
	2013年至2014年，东莞市住房城乡建设局安全监督站将工伤保险基金27.5万元，用于给各镇街住房城乡建设主管单位发放奖励	正在整改中

（续表）

问题类别	存在的问题及金额	问题整改情况
多征、预收保险费	2013年至2015年，太原市医疗保险管理服务中心多征收102家单位工伤保险费186.63万元	多征收保险费已退还
	2013年至2015年9月，云南省社会保险局多征收99家单位工伤保险费4332.6万元	正在整改中
	2013年至2015年，济宁市社会保险事业局多征收2家单位工伤保险费18.43万元	正在整改中
	2013年至2015年，吉林省社会医疗保险管理局向13名工亡职工所在单位继续征收其工伤保险费，导致多征收2846.69元	正在整改中
	2008年至2015年，长春市社会医疗保险管理局向88名工亡职工所在单位继续征收其工伤保险费，导致多征收3.11万元	正在整改中
	2015年，太原市医疗保险管理服务中心为完成当年工伤保险费征缴任务，提前预收6家单位工伤保险费6个月以上，合计2520.29万元	正在整改中
违规发放待遇	2013年至2015年，云南省社会保险局在300名工亡职工供养亲属和70名工伤职工死亡后，违规继续向其发放工伤保险待遇416.5万元	正在整改中
	2014年10月至2015年12月，青岛市社会保险事业局等4个社会保险经办机构在4名工亡职工供养亲属死亡后，违规继续向其发放工伤保险待遇4.26万元	资金已全部追回
	2013年至2015年，太原市医疗保险管理服务中心在20名工伤职工死亡后，违规继续向其发放工伤保险待遇28.57万元	已追回6.22万元
	2013年至2015年，国家电网陕西省电力公司工伤保险经办中心在3名工亡职工供养亲属死亡后，违规继续向其发放工伤保险待遇6.64万元	资金已全部追回
	2013年至2015年，西安铁路局工伤保险经办中心在10名工亡职工供养亲属死亡后，违规继续向其发放工伤保险待遇7.42万元	正在整改中
	2013年至2015年，重庆市荣昌县社会保险局等11家社会保险经办机构在24名工伤职工死亡后，违规继续向其发放工伤保险待遇14.9万元	正在整改中
	2013年至2015年，徐州市医疗保险基金管理中心在18名工亡职工供养亲属死亡后，违规继续向其发放工伤保险待遇18.99万元	正在整改中
	2014年至2015年，苏州昆山市社会保险基金管理中心在3名工亡职工供养亲属死亡后，违规继续向其发放工伤保险待遇4.69万元	正在整改中
	2014年至2015年，南通市工伤保险服务中心在1名工亡职工供养亲属和1名工伤职工死亡后，违规继续向其发放工伤保险待遇2.7万元	正在整改中
	2013年至2015年，镇江市社会保险基金支付中心在7名工亡职工供养亲属死亡后，违规继续向其发放工伤保险待遇2.35万元	正在整改中
	2013年1月至2016年1月，上海市社会保险事业管理中心在29名工亡职工供养亲属死亡后，违规继续向其发放工伤保险待遇23.61万元	正在整改中
	2013年至2015年，陕西煤业化工集团工伤保险经办中心在139名工亡职工供养亲属死亡和102名工亡职工供养亲属不再符合待遇享受条件后，违规继续向其发放工伤保险待遇237.58万元	正在整改中

（续表）

问题类别	存在的问题及金额	问题整改情况
违规发放待遇	2013年至2015年，苏州太仓市社会保险基金管理结算中心在4名工亡职工供养亲属年满18岁且未完全丧失劳动能力的情况下，违规继续向其发放工伤保险待遇1.78万元	正在整改中
	2013年至2015年，沈阳市社会养老和工伤保险管理局在5名工亡职工供养亲属退休领取养老金后，违规继续向其发放工伤保险待遇9.94万元	资金已全部追回
	2015年，武汉市医疗保险中心违规向医疗机构支付与4名工伤职工所受伤情无关的医疗费用11.67万元	资金已全部追回
	2013年至2015年，广元市医疗保险管理局重复向2名硅肺病参保职工支付医疗费用，导致多支付10.86万元	正在整改中
	2012年，阳江市社会保险基金管理局阳春市分局重复向1名工伤职工支付工伤保险待遇，导致多支付1.86万元	资金已全部追回
	2013年，辽宁省社会保险事业管理局向3名不符合待遇领取条件的事业单位人员违规发放工伤保险待遇13.06万元	资金已全部追回
	2015年，东莞市社会保障局违规向暂停参保单位的1名工亡职工亲属发放工伤保险待遇59.19万元	正在整改中
	2015年，保山市社会保险事业管理中心违规向医疗机构支付3名工伤职工发生的不属于目录范围的医药费用9.89万元	正在整改中
	截至2015年底，保山市施甸县人力资源社会保障局未足额支付1名工亡职工工伤保险待遇3.9万元	资金已发放到位
	截至2016年2月底，德阳市医疗保险局未足额支付德阳市天池集团公司18名工亡职工供养亲属工伤保险待遇44.01万元	资金已发放到位
	截至2016年2月底，太原市医疗保险管理服务中心未及时支付2名工亡职工工伤保险待遇5.61万元	资金已发放到位
	截至2016年2月底，阳江市社会保险基金管理局未及时补发1名工亡职工供养亲属提标待遇5.51万元	资金已发放到位
	2013年7月至2015年12月，长沙市工伤保险管理服务局将33名农民工的工伤保险长期待遇716.59万元改为一次性支付	正在整改中
少计基金收入、少报单位欠费等	2015年末，陕西西延铁路有限责任公司工伤保险经办中心工伤保险基金收入户中有71万元保险费收入未及时划入财政专户	正在整改中
	2015年末，广元市社会保险事业管理局工伤保险基金收入户中有176.31万元保险费收入未及时划入财政专户	正在整改中
	2014年，徐州市财政局少计工伤保险基金利息收入950万元	正在整改中
	2015年，长春市社会医疗保险管理局编制的社会保险业务统计报表少反映994家单位工伤保险欠费309.49万元	正在整改中
	2015年，哈尔滨市医疗保险管理中心编制的工伤保险基金决算报表少反映11787家单位工伤保险欠费9881.74万元	正在整改中

（续表）

问题类别	存在的问题及金额	问题整改情况
少计基金收入、少报单位欠费等	2015年，太原市医疗保险管理服务中心编制的工伤保险基金征缴情况统计报表少反映工伤保险欠费1107万元	已补报欠费金额
	2015年，广元市财政局编制的工伤保险基金决算报表少反映工伤保险欠费1451.88万元	正在整改中
	2015年，北京市社会保险基金管理中心编制的工伤保险基金决算报表少反映工伤保险欠费2884.68万元	正在整改中
	2013年，广东省财政厅采取“以拨代支”方式拨付工伤保险专项经费，截至2015年底相关资金结存在广东省人力资源社会保障厅、工伤康复中心、安全生产监督管理局等单位574.41万元	资金已全部收回

中华人民共和国审计署审计结果公告（2016年第9号）

2015年保障性安居工程跟踪审计结果

（2016年6月29日公告）

为促进党中央、国务院关于保障性安居工程政策的全面贯彻落实，2015年11月至2016年3月，审计署组织各级审计机关对2015年全国保障性安居工程（含公共租赁住房、经济适用住房、限价商品住房等保障性住房和各类棚户区改造、农村危房改造，以下统称安居工程）及配套基础设施的计划、投资、建设、分配、运营等情况进行了审计，重点检查了安居工程项目1.48万个，并对18.77万户农村危房改造实施情况进行了入户调查。现将审计结果公告如下：

一、安居工程实施的基本情况和主要成效

根据财政部门和有关单位提供的数据，2015年，全国各级财政共筹集安居工程资金6633.29亿元（其中中央财政2544.83亿元），项目单位等通过银行贷款、发行企业债券等社会融资方式筹集安居工程资金13725.35亿元。审计核查表明，2015年全国保障性住房、棚户区改造分别开工184.92万套、612.28万套，保障性住房和棚改安置住房基本建成715.89万套，农村危房改造开工440.1万户，分别完成当年目标任务的108.93%、104.96%、146.71%和101.87%。

从审计情况看，2015年，地方各级政府和相关部门认真贯彻落实党中央、国务院决策部署，积极推进城镇棚户区改造、农村危房改造等安居工程及配套基础设施建设，取得了显著的经济效益和社会效益。

（一）城乡住房保障体系不断健全。2015年，各地采取强化目标责任制管理、创新投融资方式、完善配套基础设施建设、实物保障与货币补贴并举等措施，保障性住房配置效率不断提高。2015年底，城镇享受住房保障待遇家庭达1433.69万户，当年改造农村危房440.1万户，比上年分别增长17%、62%，新增发放租赁补贴41.28万户，为在城镇稳定就业的外来务工人员提供公共租赁住房保障新增47.74万户，覆盖范围逐步扩大到城镇常住人口，促进了社会和谐稳定。

（二）安居工程住房有效供应明显增加。2015年，全国城镇安居工程开工任务、保障性住房和棚改安置住房基本建成任务完成率分别达到105.85%、146.71%，保障性住房和棚改安置住房竣工面积2.16亿平方米，占城镇住宅竣工面积的21.48%。各地加大力度改善公共租赁住房、棚改安置住房等新建住房的居住使用条件，全年新增入住400.58万套，另有418.18万户贫困农

户住上了安全住房，居住环境得到显著改善，多层次住房保障和供应体系的惠民效果更加明显。

（三）棚改及配套基础设施建设有序推进。2015年，各地新增拆迁棚户区3.57亿平方米，棚改安置住房新开工建设455.45万套，通过直接货币补偿、政府收购、组织购买存量商品房等方式安置棚户区居民156.84万户。中央财政补助各类棚户区改造及配套基础设施建设1464亿元，较上年增长41%，有力推动了棚户区改造及相关城市道路和公共交通、通信、供电、供水、供气、供热、污水与垃圾处理等城市基础设施建设，提升了城镇综合承载能力，为新型城镇化提供了重要支持。

（四）为稳增长调结构惠民生防风险发挥积极作用。2015年，各级财政用于城镇安居工程和农村危房改造的资金分别达5813.11亿元、528.43亿元，同比增长17%、40.6%。国家开发银行和农业发展银行当年共发放棚户区改造和农村危房改造项目贷款7805亿元，同比增长83%。全国城镇安居工程投资完成1.54万亿元，占城镇住宅投资的21.18%。通过棚改货币化安置等措施，全国消化库存商品房174.66万套。据测算，安居工程建设可拉动全社会投资增加2.09万亿元，并提供了大量就业岗位，为推动经济平稳健康发展发挥了重要作用。

二、审计发现的主要问题

从审计情况看，地方各级政府及相关部门和单位能够认真执行国家政策法规，住房城乡建设、财政等部门加强管理，地方各级政府强化问责，安居工程工作机制逐步健全，建设和管理趋于规范，总体情况较好，此次审计查出套取挪用城镇安居工程资金较上年减少78%。但审计也发现，一些地方和单位还存在管理不严格、执行政策不到位等问题。

（一）部分地区安居工程专项资金被套取挪用。187户补偿对象通过编造虚假产权资料等方式骗取征地拆迁补偿9617.88万元。102个单位以多报改造户数、重复申报、编造农户花名册等手段套取城镇安居工程财政资金2.72亿元、农村危房改造财政资金1.83亿元。142个单位挪用安居工程财政资金4.86亿元（含农村危房改造1847.64万元）、银行贷款和企业债券融资13.22亿元，用于弥补工作经费、修建公园场馆、房地产开发和平衡财政预算等支出。此外，41个基层经办机构和一些村镇干部以虚报冒领、截留克扣或收取“保证金”等方式，骗取、侵占危房改造补助资金1448.38万元（其中农村危房改造1247.12万元）。

（二）部分地区安居工程建设管理监督不够严格。1272个项目在勘察、设计、施工、监理等环节未依法履行工程招投标程序；809个项目存在未取得建设用地批准、违规以“毛地”供应、擅自改变土地用途或调整容积率等问题，涉及用地2309.27公顷；2663个项目未履行工程规划许可、环境安全性评价等基本建设审批程序，或未采取必要的质量控制措施，有的存在未按工程设计图纸和技术标准施工、住房使用功能或质量缺陷等问题。此外，75个项目建设和管理单位拖欠承建单位工程款22.03亿元；14个城镇安居工程项目因规划失误、管理不善等造成损失浪费或额外支出1.04亿元。

（三）部分地区税费减免和金融支持优惠不到位。232个市县891个城镇安居工程项目未按规定享受城市基础设施配套费等税费减免22.49亿元。32个市县71个城镇安居工程项目贷款等融资存在被银行等金融机构和融资平台公司加收融资中间费用、附加不合理条件限制使用等问题，额外增加成本费用1.85亿元，共涉及贷款等融资221.4亿元；14个市县17个廉租住房建设项目贷款未执行下浮10%的优惠利率，多承担利息2857万元，共涉及贷款36.73亿元。

（四）部分地区未全面落实棚改及配套建设等政策。348个棚户区改造项目存在货币化安置数据不实、未按计划实施、虚报抵顶任务完成量等问题，涉及住房22.94万套。335个项目直接相关的道路、供水、供电等配套基础设施建设滞后，造成19万套住房不能按期交付使用。726个市县有478.6亿元专项资金至2015年底结存未用超过1年，其中财政资金247.03亿元、银行贷款170.68亿元、企业债券等社会融资60.89亿元；34个设区城市未按规定将住房公积金增值收益余额上缴财政统筹用于公共租赁住房建设，124.95亿元结存在住房公积金管理中心。

（五）部分地区城乡住房保障资源分配使用不

合规。由于住房保障基础管理工作薄弱、资格审核和退出机制不够健全、保障对象动态管理还不到位、经办审核把关不严等原因，有4.85万户非贫困或已享受补助家庭获得农村危房改造补助4.24亿元，5.89万户家庭隐瞒收入、住房等信息通过审核或应退出未退出，违规享受城镇住房保障货币补贴6046.25万元、保障性住房实物配租（售）3.77万套，6544套保障性住房被违规销售或用于单位办公、对外出租经营等。

三、审计处理和整改情况

对上述问题，各级审计机关已依法出具审计报告、下达审计决定。审计发现的相关涉嫌违法违纪问题线索，已依法移送有关部门进一步调查处理。

对审计指出的问题，有关地方高度重视，积极组织整改。至2016年5月底，已追回被套取挪用资金12.94亿元，退还多收取税费5.96亿元，统筹安排和盘活资金177.42亿元，取消保障资格或调整待遇5.99万户，追回补贴补助2.89亿元，清理收回被违规分配使用住房1.59万套，完善配套设施促进住房交付使用2.78万套，规范管理和加快建设项目1720个，已对797名责任人员追究党纪政纪或法律责任，并出台或调整相关政策文件829个。其他问题正在进一步整改中，具体整改情况由各省分别组织向社会公告。

附件：审计发现的主要问题及初步整改情况

附件：

审计发现的主要问题及初步整改情况

序号	问题类型	单位/项目/保障对象	主要问题	初步整改情况
1	安居工程专项资金被套取挪用	齐齐哈尔市曙光新城清馨雅居项目	4人通过伪造土地证等方式，骗取补偿款660万元	已追回补偿资金129万元，其他正在整改中
2		海口市灵山镇片区旧城改造项目	37户家庭通过私刻税务部门公章、伪造营业执照等方式，骗取补偿款629.54万元	正在整改中
3		北京市房山区城关中心区棚户区改造项目	21户村民利用他人集体土地建设用地使用证违规重复享受拆迁安置补偿480.2万元	正在整改中
4		锦州市2015年滨海新区棚户区改造项目	7户村民通过伪造、篡改供用电合同或提供虚假资料等方式，骗取补偿款57.37万元	正在整改中
5		阜阳市颍上县滨河大道棚户区改造项目	2户拆迁户通过重复签订征收补偿安置协议或利用同名同姓的他人房地产征收价格评估单等方式，骗取补偿款22.63万元	已全部退还
6		淮北市烈山区马场街棚户区（缘山小区）二期项目	1户家庭通过虚构编造家庭成员住房公积金缴纳证明材料获取分户补偿资格，骗取补偿款13.66万元	正在整改中
7		北京市丰台区南苑棚户区改造D1地块项目、石榴庄回迁安置房项目	4户家庭利用虚假残疾人证骗取补偿款12万元，9户家庭利用虚假医疗诊断证明资料骗取补偿款45万元	9户家庭已退还补偿款27万元，其他正在整改中
8		桂平市西山镇佛荔村村干部	在为农户申请发放农村危房改造补助资金过程中，克扣农户补助资金2.32万元	正在整改中

（续表）

序号	问题类型	单位/项目/保障对象	主要问题	初步整改情况
9	安居工程专项资金被套取挪用	昆明市寻甸回族彝族自治县七星镇规划服务中心	违规向农村危房改造对象收取测绘费、配套费等 191.95 万元	已全部退还
10		常德市安乡县原种场	违规向农村危房改造对象收取保证金等 65.75 万元	已将收取保证金等形成的账外资金入账，上缴罚金 20 万元，并对原种场领导班子进行了调整
11		玉溪市华宁县盘溪镇小龙潭村委会	违规向农村危房改造对象收取建房押金 43 万元	已全部退还
12		腾冲市蒲川乡	违规向农村危房改造对象收取建房押金 40.6 万元	已全部退还
13		亳州市谯城区淝河镇大康村	违规向农村危房改造对象收取押金 13.84 万元	已全部退还
14		昆明市宜良县匡远街道办事处金梅社区、北古城镇安家桥社区居民委员会、狗街镇莲华社区居民委员会	违规向农村危房改造对象收取拆旧翻新费、基础设施建设费等 9.43 万元	正在整改中
15		宜春市万载县高村镇危改办，茭湖乡谢溪、槽头、东江、西源村委会	违规向农村危房改造对象收取资料费 3.9 万元	已全部退还
16		玉溪市江川区江城镇尹旗村委会	违规向农村危房改造对象收取危房改造建房图纸费、照相费及资料费 2.78 万元	已全部退还
17		连云港市赣榆区黑林镇建设管理所，土屋村居委会	违规向农村危房改造对象收取基础设施配套费和建设管理费 1.45 万元	已全部退还
18		恩施土家族苗族自治州巴东县住房和城乡建设局	将以前年度完工项目重复立项、重复上报，套取棚户区改造财政补助 8025 万元，资金结存在巴东县财政局专户账内	已全部追回
19		曲靖市麒麟区住房和城乡建设局	重复申报棚户区改造项目，违规获取安居工程专项资金 1755.58 万元	已将资金上缴区财政统筹用于安居工程项目
20		咸宁市通山县凤池社区项目、老轻机厂党校片区项目和金羊广场项目	虚报城市棚户区改造项目拆迁户数共计 1017 户，违规获取中央补助资金 1525.5 万元	正在整改中
21		巴中市南江县住房和城乡建设局	采取编造虚假项目资料的方式，套取安居工程配套基础设施建设中央财政补助资金 666 万元，资金结存在南江县财政局	已将资金用于安居工程项目建设

（续表）

序号	问题类型	单位/项目/保障对象	主要问题	初步整改情况
22	安居工程专项资金被套取挪用	兰州市安宁区沙井驿街道办事处	采取编造虚假档案资料的方式，套取农村危房改造财政补助资金 334.2 万元，用于新农村建设项目	已全部追回
23		绥化市海伦市 15 个村	采取编造虚假档案资料的方式，套取农村危房改造财政补助资金 268.15 万元，用于支付修建道路工程款等支出	已全部追回
24		达州市宣汉县明月乡等部分乡镇	采取重复申请、编造虚假档案资料等方式，套取农村危房改造中央财政补助资金 216.7 万元，用于新村聚居点等项目农宅的外观风貌建设	已全部追回
25		佳木斯市桦南县土龙山镇政府	采取虚报农村危房改造户数的方式，套取农村危房改造中央财政补助资金 135.55 万元，用于道路修建等支出	已全部追回
26		中卫市中宁县宁安镇、舟塔乡、余丁乡	采取编造虚假档案资料的方式，套取农村危房改造财政补助资金 3.6 万元，用于乡镇其他项目建设	已全部追回
27		温州市平阳县昆阳新农村建设投资有限公司	将安居工程贷款等融资 4.27 亿元，转账给昆阳镇政府用于弥补财政公共预算和基金预算赤字等	已归还 3.39 亿元，其他正在整改中
28		黄渡春申有限公司	将上海黄渡大型居住社区 3 号地块的安居工程贷款资金 2.3 亿元，用于美林别墅装修、绿化改造及工程尾款结算等支出	已全部归还
29		沈阳华锦资产经营有限公司	通过制作虚假批复文件等方式申请发行安居工程企业债券，将其中 12790 万元用于偿还借款本息、购买耕地指标、弥补经费等支出	已全部归还
30		彭泽县民德投资有限公司	将安居工程财政补助资金 10700 万元，出借给建筑商及项目负责人	已收回借款，并将利息上缴财政
31		新郑新区发展投资有限责任公司	采用虚假土地注资等方式申请发行安居工程企业债券，其中 7713.56 万元由财政部门统筹使用和弥补工作经费等支出	已全部归还
32		巴彦淖尔市杭锦后旗财政局	将安居工程财政补助资金 3564.3 万元，用于平衡预算	已全部拨付到项目单位
33		枣庄市高新技术产业开发区财政局	将安居工程财政补助资金 3257 万元，出借给东方光源集团有限公司和科旺电子有限公司	已全部归还
34		遂宁市河东开发建设投资有限公司	将安居工程银行贷款资金 3140.33 万元，用于支付体育中心工程款及土地价款	已全部归还
35		长沙经济技术开发区工程建设开发有限公司	将安居工程中央财政补助资金 3000 万元，支付给湖南省保障性安居工程开发建设有限公司用于购买理财产品	已全部归还
36		铁岭市开原市财政局	将安居工程财政补助资金 1390.51 万元，用于弥补行政办公经费	已全部归还

（续表）

序号	问题类型	单位/项目/保障对象	主要问题	初步整改情况
37	安居工程专项资金被套取挪用	孝感市孝南区朱湖办事处	将垦区危房改造配套基础设施建设资金 372.3 万元，用于朱湖湿地公园建设	已全部归还
38		萍乡市芦溪县新泉乡	将农村危房改造资金 80 万元，用于弥补乡镇办公经费等支出	已全部归还
39		咸宁市咸安区奶牛场	将农村危房改造资金 48.3 万元，用于修缮向阳湖文化名人核心区	已全部归还
40	安居工程建设管理监督不够严格	云南省城乡建设投资有限公司	曲靖印染厂片区棚户区改造项目施工未按规定履行公开招投标程序	正在整改中
41		湖北保利普提金置业有限公司	铁机村城中村改造项目拆迁及还建房建设未按规定履行公开招投标程序	正在整改中
42		长沙金时房地产开发有限责任公司	粟塘小区保障性住房项目勘察、设计、施工和监理未按规定履行公开招投标程序	正在整改中
43		济南旧城开发投资集团有限公司	文庄片区公共租赁住房项目钢材采购未按规定履行公开招投标程序	正在整改中
44		南京铁心房地产开发有限公司	雨花台区大定坊经济适用房项目设计和场地平整土方工程未按规定履行公开招投标程序	正在整改中
45		遂宁市船山区物流港天星坝片区棚户区改造天星安置小区（一期）项目	四川尧顺建设集团有限公司违规将工程合同造价 16262.59 万元的项目转包给个人	正在整改中
46		南京建工集团有限公司	作为代建单位的关联企业违规参加燕子矶新城保障房项目投标并中标	正在整改中
47		中国长城铝业公司	在不具备招标资质的情况下，违规对郑州市上街区中国长城铝业公司国有工矿棚户区改造项目配套基础设施工程的 11 个标段进行自主招标	正在整改中
48		西安市住房保障和房屋管理局	曹家堡公共租赁住房等 6 个安居工程项目由施工企业先行开工建设后补办虚假招投标手续，涉及招标代理费 523.18 万元	正在整改中
49		重庆市两江新区万寿安置房二期项目	未取得政府划拨用地批复的情况下开工建设，涉及用地面积 79984 平方米	已补办政府用地批复
50		武汉市武昌区姚家岭城中村改造 H6 项目	未取得建设用地批准的情况下开工建设，涉及用地面积 66754 平方米	已补办建设用地批准书
51		长白山管委会池北区回迁安置区常青二期（二小）项目	未取得建设用地批准的情况下开工建设，涉及用地面积 43055 平方米	正在整改中
52		亳州市涡阳县城市综合体安置小区项目	未取得建设用地批准的情况下开工建设，违法占用农用地 38495.26 平方米	已补办土地审批手续

（续表）

序号	问题类型	单位/项目/保障对象	主要问题	初步整改情况
53	安居工程建设管理监督不够严格	西安市丈八路廉租住房项目	未取得建设用地批准的情况下开工建设，违法占用农用地 37680.19 平方米	正在整改中
54		长春市宽城区龙阳街地块棚户区改造项目	未取得建设用地批准的情况下开工建设，涉及用地面积 17852 平方米	正在整改中
55		巴中市南江县惠民佳苑保障性住房建设项目	未取得建设用地批准的情况下开工建设，违法占用农用地 10400 平方米（含耕地 8503 平方米）	已补办建设用地批准手续
56		南京市中和村经济适用住房一期项目	违规将两个地块捆绑出让，供地 30286.8 平方米	正在整改中
57		上海市浦东新区曹路基地 E—1—1 地块征收安置房项目	违规以“毛地”方式向安居工程供地 57579.2 平方米，导致项目进展缓慢	正在整改中
58		南阳市社旗县房产开发有限公司	违规改变 238.68 平方米安居工程土地用途，用于商业地产开发	正在整改中
59		长沙市高新区公共租赁住房开发有限公司	麓城印象公共租赁住房项目 8798.52 平方米商业用房应缴未缴土地收益金 4.51 万元	正在整改中
60		青岛市城阳区丹山社区城中村改造项目	未取得建设工程规划许可证、建筑工程施工许可证等基本建设审批手续即开工建设，涉及住房 3076 套	正在整改中
61		深圳市金穗花园项目	未取得建设工程规划许可证等基本建设审批手续即开工建设，涉及住房 2124 套	正在整改中
62		常德市武陵区仙源保障房三期项目	未取得环境安全性评价、消防审核和建筑工程施工许可证等基本建设审批手续即开工建设，涉及住房 500 套	正在整改中
63		宁德狮虎能源科技有限公司公共租赁住房项目	未办理节能评估和审查等基本建设审批手续即开工建设，涉及住房 135 套	正在整改中
64		揭阳市蓝城区桂源家园棚户区改造项目	未取得可行性研究、环境安全性评价、建设工程规划许可证等基本建设审批手续即开工建设，涉及住房 100 套	正在整改中
65		绍兴市诸暨市应山保障性住房项目	存在总监理工程师到位率不足、部分监理人员无证上岗或无资质上岗、监理资料记录错误等问题，涉及住房 1067 套	已对监理公司做出暂停其在诸暨市内建筑工程监理投标资格 6 个月的处理

（续表）

序号	问题类型	单位/项目/保障对象	主要问题	初步整改情况
66	安居工程建设管理监督不够严格	鹤壁市浚县屯子镇明苑公租房项目	在厕所未安装洁具的情况下，违规办理竣工验收备案手续，涉及住房200套	已完成洁具安装
67		昆明市公共租赁住房项目	未办理竣工验收就交付使用，涉及住房4293套	已完成竣工验收
68		武汉市武昌区姚家岭城中村改造H6项目	未办理竣工验收就交付使用，涉及住房3002套	正在整改中
69		沈阳市惠民家园公共租赁住房项目	未办理竣工验收就交付使用，涉及住房1728套	正在整改中
70		阳泉市平定县冠山镇姜家沟棚户区改造一期项目	未按规定委托监理公司对工程建设进行监理，涉及住房744套	已按要求委托监理
71		新乡市新乡县古固寨城中村改造项目	未按规定委托监理公司对工程建设进行监理，涉及住房700套	正在整改中
72		南阳市内乡县牧原小区经济适用住房项目	建设单位擅自将容积率由1.67调整为1.87	正在整改中
73		忻州市宁武县龙凤小区项目	建设单位擅自将容积率由2.16调整为3.58	已对责任单位处以罚款184.87万元
74		吉安市永新县仰山安居小区、岩源花园、田南花园等安居工程项目	未做外墙保温层，涉及住房4769套	正在整改中
75		西宁市城东区城市棚户区改造项目	施工图设计未经审查擅自施工，涉及住房4514套	正在整改中
76		濮阳市濮阳县金堤小区棚户区改造项目	未进行节能评估和审查，涉及住房500套	已补办手续
77		佳木斯市十中南侧（东安家园）棚户区改造项目	消防设施配套不符合规定、未办理竣工验收就交付使用，涉及住房415套	正在整改中
78		许昌市襄城县汝河家园城中村改造项目	未办理节能评估和审查手续，涉及棚改安置住房348套	已补办手续
79		许昌市禹州市和谐家园小区公共租赁住房项目	未按照施工图纸要求进行消防给水及消火栓施工，涉及住房140套	已按施工图纸要求增加消防给水及消火栓
80		汉中市南郑县青树镇政府公租房项目	未按照施工图纸要求进行外墙内保温建筑节能方面的施工，涉及住房104套	正在整改中
81		信阳市新县大别山中药生态园科技园棚户区改造项目	图纸设计墙砖应采用混凝土多孔砖，实际使用烧结普通页岩砖，涉及住房258套	已督促施工单位按图纸设计施工整改
82		焦作市孟州市产业集聚区创业园公共租赁住房项目	存在墙面渗漏严重和外墙面墙皮多处脱落等质量问题，涉及住房216套	已组织施工、监理单位对防水进行了全面检查和处理，其他正在整改中

（续表）

序号	问题类型	单位/项目/保障对象	主要问题	初步整改情况
83	安居工程建设管理监督不够严格	信阳市平桥区惠安新城棚户区改造项目	存在屋面防水卷材未压入女儿墙预留槽内、部分塑钢窗变形和个别户墙面有渗水现象等质量问题，涉及住房180套	正在整改中
84		吕梁市棚户区改造方山指挥部	未按项目进度及时拨付安居工程建设工程款，拖欠24567.7万元	已支付工程款24122.61万元，其他正在整改中
85		定西市通渭县住房和城乡建设局	未按项目进度及时拨付安居工程建设工程款，拖欠9218.28万元	已支付工程款7639.29万元，其他正在整改中
86		淮南市城市建设投资有限责任公司	未按项目进度及时拨付安居工程建设工程款，拖欠3990万元	已全额支付
87		朔州市矿山救护大队	未按项目进度及时拨付安居工程建设工程款，拖欠2935.78万元	已支付工程款115万元，其他正在整改中
88		哈尔滨市群力西区民生尚都二期项目	目前已基本完成装修的1256套公共租赁住房因消防验收未通过而空置3年以上，期间建设单位承担取暖费、财务费用等支出7086.4万元	正在整改中
89		连云港市茗泰花园项目	因规划失误，项目建设地点调整，导致已支付的桩基础工程和设计费用449.8万元损失浪费	正在整改中
90		郑州市登封市廉租住房建设项目	因代建单位变更，导致重复支付项目设计、勘探等前期费用76.84万元	已在结算中扣除重复列支费用
91		运城市河津市九龙大街棚户区改造安置住房一期项目	因规划失误导致项目终止实施，造成前期支付的环评费等损失浪费8.8万元	正在整改中
92	税费减免和金融支持优惠不到位	郑州市财政局	未按规定减免260个安居工程项目行政事业性收费和政府性基金10.76亿元	正在整改中
93		南通市城乡建设局、南通市规划局、南通市墙体材料革新与建筑节能管理办公室、南通市散装水泥办公室	未按规定减免学士府一、二期工程项目城市基础设施配套费、人防易地建设费、白蚁防治费、墙体材料专项基金、散装水泥专项资金合计5420.15万元	已退还76.4万元，其他正在整改中

（续表）

序号	问题类型	单位/项目/保障对象	主要问题	初步整改情况
94	税费减免和金融支持优惠不到位	郑州市新郑市城乡规划和城市管理局	未按规定减免 5 个城市棚户区改造项目城市基础设施配套费 5381.72 万元	正在整改中
95		烟台经济技术开发区城乡和住房建设局	未按规定减免 B—15 小区项目城市基础设施配套费 5072.1 万元	资金已退还
96		西安市财政局	未按规定减免阳沟公共租赁住房项目城市基础设施配套费 4585.81 万元	正在整改中
97		上海市闵行区建筑节能办公室和闵行区散装水泥管理所	未按规定减免安居工程项目新型墙体材料专项基金和散装水泥专项资金共计 2570.93 万元	已退还 2389.22 万元，其他正在整改中
98		无锡市江阴市地方税务局	未按规定减免经济适用住房销售营业税及其附加、印花税 522.88 万元	资金已退还
99		合肥市肥东县人民防空办公室	未按规定减免和谐家园二期棚户区改造项目人防工程易地建设费 1307.4 万元	资金已退还
100		武汉市硚口区人民防空办公室	未按规定减免盛世长丰经济适用住房项目和风华园二期（邻里中心）保障房项目防空地下室易地建设费 578.33 万元	正在整改中
101		普洱市国土资源局	未按规定减免安居工程项目征地管理费、耕地开垦费、土地登记费等行政事业收费 410.32 万元	正在整改中
102		南京市白蚁防治所	未按规定减免 35 个经济适用住房项目白蚁防治费 203.07 万元	已出台文件免收新建经济适用住房白蚁防治费，其他正在整改中
103		中国建设银行永嘉县上塘支行	违规收取永嘉县三江新城投资有限公司安居工程项目融资顾问费、服务费等共计 772 万元	正在整改中
104		中国农业银行温岭支行等	违规收取保障房项目贷款财务顾问费等共计 603.03 万元	正在整改中
105		中国银行淮安城中支行	违规收取淮安生态新城置业有限公司和淮安新城房地产开发有限公司保障房项目贷款金融咨询服务费共计 417 万元	正在整改中
106		贵州凯里农村商业银行股份有限公司	未按规定执行优惠利率，多收取凯里市上马石廉租住房项目贷款利息 1467.08 万元	已退还多收利息

（续表）

序号	问题类型	单位/项目/保障对象	主要问题	初步整改情况
107	未全面落实棚改及配套建设等政策	郑州市国有工矿棚户区项目	任务下达与规划计划脱节，纳入年度改造计划的棚户区改造项目当年未下达建设任务，导致项目未按计划启动，涉及住房16086套	正在整改中
108		南阳市邓州市团结中路棚户区改造项目	因建设用地落实较晚等原因，项目未按计划启动，涉及住房3465套	已开工建设798套，签订房屋征收协议184户，其他正在整改中
109		内江市市中区滨江东路棚户区一期和容器厂片区棚户区改造项目	2014年实施的棚户区改造项目进展缓慢，至2015年底仅完成场地平整，涉及住房1450套	正在整改中
110		曲靖市麒麟区城市棚户区改造项目	将实际未开工的城市棚户区改造项目，作为2015年已完成的开工任务上报，涉及目标任务12767套	正在整改中
111		西安市八府庄园城中村改造二期等17个棚户区改造项目	将以实物建房形式安置的回迁房，作为完成货币化安置户数上报，涉及目标任务40736套	正在整改中
112		泰安市2015年棚户区改造项目	将以实物建房形式安置的回迁房，作为完成货币化安置户数上报，涉及目标任务2820套	已调整为实物安置
113		武威市凉州区2015年棚户区改造项目	将仅签订意向书而实际并未购买的商品房套数，作为完成货币化安置任务上报，涉及目标任务2613套	已整改2227套，其他正在整改中
114		乌海市乌达区朗峰住宅小区项目	实施货币化安置过程中，政府购买开发商的商品房未履行政府招标采购程序，且购买价格高于市场售价，涉及住房1307套	正在整改中
115		西安市未央区周河湾等10村棚户区改造项目	将汉长安城遗址历史街区保护项目实施中的拆迁安置房抵顶当年棚户区改造新开工任务5589套	正在整改中
116		宁波市北仑区2015年城市棚户区改造项目	将城市道路拓展、物流园区停车场、钢厂卫生防护区建设等项目实施中的房屋拆迁安置房抵顶棚户区改造任务2933套	正在整改中
117		济南市大学科技园安置房三期旧村改造项目	将实际未开工的城市棚户区改造项目，作为已完成的任务上报，涉及目标任务1972套	正在整改中
118		郑州市中原区城市棚户区改造项目	将实际未开工的城市棚户区改造项目，作为已完成的任务上报，涉及目标任务1760套	正在整改中
119		昭通市威信县2015年城市棚户区改造项目	将实际未开工的城市棚户区改造项目，作为已完成的任务上报，涉及目标任务1500套	正在整改中
120		济南市历城区彩石镇东彩石村居民安置用房项目	将实际未开工的城市棚户区改造项目，作为已完成的任务上报，涉及目标任务1150套	已加快建设进度达到开工标准

（续表）

序号	问题类型	单位/项目/保障对象	主要问题	初步整改情况
121	未全面落实棚改及配套建设等政策	济南市文庄片区公共租赁住房项目	因水电暖等市政配套设施建设滞后影响安居工程按期交付使用，涉及住房 6793 套	正在整改中
122		保山市隆阳区保障性住房项目	因配套基础设施建设滞后影响安居工程按期交付使用，涉及住房 6070 套	已完善配套设施建设促进 2375 套住房交付使用，其他正在整改中
123		鞍山市廉租住房和公共租赁住房项目	因配套基础设施建设滞后影响安居工程按期交付使用，涉及住房 5457 套	正在整改中
124		重庆市美丽阳光家园公共租赁住房项目	因配套道路建设滞后影响安居工程按期交付使用，涉及住房 5183 套	正在整改中
125		太原市西山煤电玉门小区棚户区改造等 6 个项目	因供水、供电、供热、小区内道路硬化、绿化等配套基础设施建设滞后影响安居工程按期交付使用，涉及住房 4721 套	已完善配套设施建设促进 1386 套住房交付使用，其他正在整改中
126		辽阳市北园新城一期、恒利新城和第一城项目	因配套基础设施建设滞后影响安居工程按期交付使用，涉及住房 3925 套	正在整改中
127		九江市开发区保障房项目	因部分楼栋消防验收及水电设施建设滞后影响安居工程按期交付使用，涉及住房 3903 套	正在整改中
128		白山市江源区松树小区、民意小区、砟子小区棚户区改造项目	因配套绿化和道路建设滞后影响安居工程按期交付使用，涉及住房 3314 套	正在整改中
129		武汉市武昌区余家湖村城中村改造东沙花园棚户区改造项目	因配套道路和煤气管道未接通影响安居工程按期交付使用，涉及住房 3300 套	正在整改中
130		九江市庐山区保障房项目	因供水、供电等配套基础设施建设滞后影响安居工程按期交付使用，涉及住房 3231 套	正在整改中
131		西安市灞桥区矿山路廉租住房项目	因市政道路、供水和供气等配套基础设施建设滞后影响安居工程按期交付使用，涉及住房 1749 套	正在整改中
132		郑州市登封市新店安置区棚户区改造项目	因市政道路、人防工程和供热等配套基础设施建设滞后影响安居工程按期交付使用，涉及住房 1178 套	已完善配套设施建设促进 1178 套住房交付使用
133		长春市绿园区宜居家园项目	因市政管网、供水和供电等配套基础设施建设滞后影响安居工程按期交付使用，涉及住房 1073 套	正在整改中
134		广州市芳村原高尔夫 G 地块 AF030448 项目	因给排水及排污系统等配套基础设施建设滞后影响安居工程按期交付使用，涉及住房 537 套	正在整改中

（续表）

序号	问题类型	单位/项目/保障对象	主要问题	初步整改情况
135	未全面落实棚改及配套建设等政策	遂宁市物流港桃花山棚户改造（一期公租房）工程项目	因供水、供电、供气和附属工程等配套基础设施建设滞后影响安居工程按期交付使用，涉及住房406套	正在整改中
136		淮安市金湖县闸东一期棚户区改造项目	因供水、供电及排雨、排污对外连接管网等配套基础设施建设滞后影响安居工程按期交付使用，涉及住房274套	正在整改中
137		韶关市财政局	收到的安居工程财政补助资金有64072.55万元至2015年底结存未用已超过1年	正在整改中
138		潍坊市财政局	收到的安居工程财政补助资金有43448.89万元至2015年底结存未用已超过1年	正在整改中
139		南充市南部县住房和城乡规划建设局	收到的安居工程财政补助资金有32770万元至2015年底结存未用已超过1年	已使用21692万元，其他正在整改中
140		西山煤电太原保障性住房建设有限公司	收到的棚户区改造配套基础设施建设中央财政补助资金有27332万元至2015年底结存未用已超过1年	已使用13155万元，其他正在整改中
141		西安市住房保障中心	收到的安居工程项目建设和配套基础设施市级财政资金有21998.03万元至2015年底结存未用已超过1年	已使用12245.27万元，其他正在整改中
142		昆明市滇池旅游度假区财政局	收到的棚户区改造配套基础设施建设中央财政补助资金有6349.61万元至2015年底结存未用已超过1年	已将资金用于城市棚户区周边路网建设
143		巴中市平昌县财政局	收到的农村危房改造资金有6229.89万元至2015年底结存未用已超过1年	已安排拨付和使用资金
144		云南省城乡建设投资有限公司	收到的国家开发银行棚户区改造贷款资金有141522.82万元至2015年底结存未用已超过1年	已支付使用42904万元，其他正在整改中
145		西宁城中铭润投资有限责任公司	收到的国家开发银行棚户区改造贷款资金有94200万元至2015年底结存未用已超过1年	已支付使用20000万元，其他正在整改中
146		常州高新技术产业开发区发展（集团）总公司	收到的安居工程企业债券资金有40000万元至2015年底结存未用已超过1年	正在整改中
147		吉林省长白山基础设施建设有限公司	收到的国家开发银行棚户区改造贷款资金有10454万元至2015年底结存未用已超过1年	正在整改中
148		酒泉市经济开发投资（集团）有限责任公司	收到的国家开发银行棚户区改造贷款资金有4500万元至2015年底结存未用已超过1年	已使用2662万元，其他正在整改中

（续表）

序号	问题类型	单位/项目/保障对象	主要问题	初步整改情况
149	未全面落实棚改及配套建设等政策	沈阳市新民市财政局	收到的安居工程财政补助资金有1579.84万元至2015年底结存未用已超过1年	已拨付使用400万元，其他正在整改中
150		上海市公积金管理中心	未按规定将转为城市廉租住房建设补充资金的住房公积金增值收益114.82亿元上缴财政统筹使用，造成资金长期闲置	正在整改中
151		江苏省省级机关住房资金管理中心	未按规定将住房公积金增值收益余额30799.93万元上缴财政统筹用于安居工程	正在整改中
152		吉安市住房公积金管理中心	未按规定将住房公积金增值收益余额6924.15万元上缴财政统筹用于安居工程	已上缴财政3971万元，其他正在整改中
153		六安市住房公积金管理中心	未按规定将住房公积金增值收益余额6168.99万元上缴财政统筹用于安居工程	正在整改中
154		漯河市住房公积金管理中心	未按规定将住房公积金增值收益余额6005.54万元上缴财政统筹用于安居工程	已上缴财政
155		平顶山市住房公积金管理中心	未按规定将住房公积金增值收益余额4865.21万元上缴财政统筹用于安居工程	已上缴财政
156		河源市住房公积金管理中心	未按规定将住房公积金增值收益余额1967.9万元上缴财政统筹用于安居工程	已上缴财政
157	住房保障资源分配使用不合规	昭通市镇雄县部分享受农村危房改造补助家庭	基础管理工作薄弱，相关部门审核把关不严，农村危房改造补助资金4346.91万元被违规重复发放给2094户家庭	正在整改中
158		白城市部分享受农村危房改造补助家庭	基础管理工作薄弱，相关部门审核把关不严，农村危房改造补助资金497.25万元被违规发放给392户非贫困家庭	已重新审核并取消392户保障资格，追回补助资金497.25万元
159		德州市乐陵市部分享受农村危房改造补助家庭	基础管理工作薄弱，相关部门审核把关不严，农村危房改造补助资金152.39万元被违规发放给174户非贫困家庭	已重新审核并取消174户保障资格，追回补助资金152.39万元
160		榆林市神木县部分享受农村危房改造补助家庭	基础管理工作薄弱，相关部门审核把关不严，农村危房改造补助资金233.45万元被违规发放给161户非贫困家庭	已重新审核并取消161户保障资格，追回补助资金50.8万元，其他正在整改中
161		南充市南部县部分享受农村危房改造补助家庭	基础管理工作薄弱，相关部门审核把关不严，农村危房改造补助资金203.71万元被违规发放给155户非贫困家庭	已重新审核并取消128户保障资格，追回补助资金116.68万元，对相关乡镇负责人及经办人通报批评，其他正在整改中
162		濮阳市濮阳县部分享受农村危房改造补助家庭	基础管理工作薄弱，相关部门审核把关不严，农村危房改造补助资金109.45万元被违规发放给144户非贫困家庭	已重新审核并取消86户保障资格，其他正在整改中

（续表）

序号	问题类型	单位/项目/保障对象	主要问题	初步整改情况
163	住房保障资源分配使用不合规	淮安市金湖县部分享受农村危房改造补助家庭	基础管理工作薄弱，相关部门审核把关不严，农村危房改造补助资金 131.31 万元被违规发放给 123 户非贫困家庭	已重新审核并取消 123 户保障资格，其他正在整改中
164		广州市增城区部分享受农村危房改造补助家庭	基础管理工作薄弱，相关部门审核把关不严，农村危房改造补助资金 89.1 万元被违规发放给 92 户非贫困家庭	已重新审核并取消 92 户保障资格，追回补助资金 89.1 万元
165		柳州市柳江县部分享受农村危房改造补助家庭	基础管理工作薄弱，相关部门审核把关不严，农村危房改造补助资金 45.17 万元被违规发放给 73 户非贫困家庭	正在整改中
166		重庆市黔江区部分城镇住房保障对象	个人申报材料不实，相关部门审核把关不严，318 户不符合保障条件违规享受住房保障待遇，其中 154 户领取廉租住房租赁补贴 65.72 万元，164 户获得廉租住房实物配租	已重新审核并取消 318 户保障资格，收回住房 83 套，其他正在整改中
167		吕梁市方山县部分城镇住房保障对象	个人申报材料不实，相关部门审核把关不严，205 户不符合保障条件违规领取廉租住房租赁补贴 41.9 万元	已重新审核并取消 205 户保障资格，追回补贴 41.9 万元
168		铁岭市部分城镇住房保障对象	个人申报材料不实，相关部门审核把关不严，112 户违规重复享受垦区危房改造保障待遇，涉及补助资金 196 万元	已重新审核并取消 112 户保障资格，其他正在整改中
169		福州市罗源县部分城镇住房保障对象	个人申报材料不实，相关部门审核把关不严，43 户不符合保障条件违规享受公共租赁住房实物配租	已重新审核并取消 43 户保障资格，并提高其租金标准
170		秦皇岛市卢龙县部分城镇住房保障对象	个人申报材料不实，相关部门审核把关不严，41 户不符合保障条件违规享受住房保障待遇，其中 26 户享受廉租住房实物配租，7 户享受公共租赁住房实物配租，8 户享受经济适用住房	已重新审核并取消 41 户保障资格，收回住房 41 套
171		巴中市南江县部分城镇住房保障对象	个人申报材料不实，相关部门审核把关不严，38 户不符合保障条件违规享受租赁补贴 13.58 万元	已重新审核并取消 38 户保障资格，追回补贴 13.58 万元
172		保定市蠡县部分城镇住房保障对象	个人申报材料不实，相关部门审核把关不严，28 户不符合保障条件违规享受住房保障待遇，其中 9 户享受廉租住房实物配租，19 户享受公共租赁住房实物配租	已重新审核并取消 28 户保障资格，其他正在整改中
173		上海市闵行区部分城镇住房保障对象	个人申报材料不实，相关部门审核把关不严，25 户享受经济适用住房实物配租家庭重复享受廉租住房租赁补贴 7.8 万元	已重新审核并取消 12 户保障资格，追回补贴 1.86 万元，其他正在整改中
174		兴隆林业局部分城镇住房保障对象	个人申报材料不实，相关部门审核把关不严，23 户重复享受廉租住房租赁补贴 1.73 万元	已重新审核并取消 23 户保障资格，追回补贴 1.73 万元

（续表）

序号	问题类型	单位/项目/保障对象	主要问题	初步整改情况
175	住房保障资源分配使用不合规	达州市宣汉县部分城镇住房保障对象	个人申报材料不实，相关部门审核把关不严，19户虚报家庭人口数违规多享受住房租赁补贴8.72万元	已重新审核并取消19户保障资格，追回补贴8.72万元
176		沈阳市皇姑区部分城镇住房保障对象	个人申报材料不实，相关部门审核把关不严，15户不符合保障条件违规享受经济适用住房补贴87万元	已重新审核并取消15户保障资格，追回补贴21万元
177		重庆市部分城镇住房保障对象	保障对象动态管理不到位，退出机制不健全，1477户不再符合保障条件未及时退出，仍违规享受公共租赁住房实物配租	已重新审核并取消1477户保障资格，收回住房111套，对1366户提高租金标准
178		本溪市部分城镇住房保障对象	保障对象动态管理不到位，退出机制不健全，1040户不再符合保障条件未及时退出，仍违规享受经济适用住房1040套	正在整改中
179		滁州市明光市部分城镇住房保障对象	保障对象动态管理不到位，退出机制不健全，791户不再符合保障条件未及时退出，仍违规获得公共租赁住房实物配租791套	已重新审核并取消791户保障资格，收回住房500套，对291户按市场价收取租金
180		厦门市部分城镇住房保障对象	保障对象动态管理不到位，退出机制不健全，727户不再符合保障条件未及时退出，仍违规享受保障性住房实物保障	正在整改中
181		孝感市孝昌县部分保障对象	保障对象动态管理不到位，退出机制不健全，467户不再符合保障条件未及时退出，仍违规享受住房租赁补贴6.04万元	已重新审核并取消467户保障资格，追回补贴3.04万元，其他正在整改中
182		中卫市中宁县部分城镇住房保障对象	保障对象动态管理不到位，退出机制不健全，182户不再符合保障条件未及时退出，其中5户违规享受住房租赁补贴2.52万元，177户享受廉租住房实物保障	已重新审核并取消182户保障资格，追回补贴2.52万元，收回住房8套，对146户改按公共租赁住房标准收取租金，其他正在整改中
183		固原市西吉县部分城镇住房保障对象	保障对象动态管理不到位，退出机制不健全，115户不再符合保障条件未及时退出，其中85户违规享受住房租赁补贴11.77万元，30户享受公共租赁住房实物配租30套	正在整改中
184		沈阳市沈河区部分城镇住房保障对象	保障对象动态管理不到位，退出机制不健全，86户不再符合经济适用住房保障条件未及时退出，其中85户违规领取货币补贴482.5万元，1户违规享受保障性住房	已重新审核并取消77户保障资格，追回补贴223.9万元，其他正在整改中

（续表）

序号	问题类型	单位/项目/保障对象	主要问题	初步整改情况
185	住房保障资源分配使用不合规	天津市部分城镇住房保障对象	保障对象动态管理不到位，退出机制不健全，51户不再符合保障条件未及时退出，仍违规享受租赁补贴22.38万元	已重新审核并取消51户保障资格，追回补贴22.38万元
186		深圳市部分城镇住房保障对象	保障对象动态管理不到位，退出机制不健全，41户不再符合保障条件未及时退出，仍违规享受安居型商品房6套、经济适用房35套	正在整改中
187		深圳市盐田区部分城镇住房保障对象	保障对象动态管理不到位，退出机制不健全，39户不再符合保障条件未及时退出，仍违规享受公共租赁住房实物配租	已重新审核并取消39户保障资格，收回住房39套
188		济南市部分城镇住房保障对象	保障对象动态管理不到位，退出机制不健全，20户不再符合保障条件未及时退出，其中4户违规享受公共租赁住房实物配租，16户违规享受公共租赁住房货币补贴	已重新审核并取消20户保障资格，其他正在整改中
189		南阳市内乡县2011年鹏翔花园经济适用住房项目	169套经济适用住房被开发企业违规向社会销售	已清理收回被违规销售的经济适用住房，重新按规定进行分配
190		三亚市同心家园十期项目	150套公共租赁住房被代建单位违规转租	已收回住房150套，并将违法所得46.29万元追缴入库
191		荆门市沙洋县曦晨花园公共租赁住房项目	112套公共租赁住房被县经济开发区和招商引资企业、创新创业平台等用作临时办公用房	正在整改中
192		赣州市宁都县城北廉租住房小区项目	96套廉租住房被出租给个人用于开办幼儿园	正在整改中
193		永州市零陵区虎子岭二期公共租赁住房项目	76套公共租赁住房被用作员工食堂和门面房	正在整改中
194		广州市金沙洲花园等4个保障性住房项目	65套保障性住房被用于政府部门临时办公用房或企事业单位小区服务用房	正在整改中
195		淮南市毛集区蓝领公寓一期项目	60套公共租赁住房被用作政府部门或企业临时办公用房	已清理收回
196		潍坊市寿光市新世纪家园小区公共租赁住房项目	40套公共租赁住房被整体出租给职业教育中心学校	正在整改中
197		遵义市凤冈县永安镇浪竹茶业园区2014年职工公共租赁住房项目	40套公共租赁住房被企业用作经营性用房	住房已收回并配租给职工
198		泸州经典彩色印务有限公司配建公共租赁住房项目	26套公共租赁住房被出租给事业单位用作临时办公用房	正在整改中

中华人民共和国审计署审计结果公告

（2016年第10号）

审计署关于883个水污染防治项目审计结果

（2016年6月29日公告）

根据《中华人民共和国审计法》的规定，2015年10月至2016年1月，审计署对北京、天津、山西、辽宁、吉林、黑龙江、上海、江苏、山东、河南、湖北、湖南、广东、重庆、四川、云南、陕西、甘肃等18个省、直辖市（以下统称省）的883个水污染防治项目进行了审计，并检查了这些地方水污染防治相关资金管理使用情况。从审计情况看，18个省采取积极措施推动水污染防治工作，落实主要污染物减排责任，加大资金投入，水污染防治取得积极成效。环保部门监测数据显示，18个省涉及的484个重点国控和省控断面中，2015年水质达标的有389个（占80%），其中Ⅲ类及以上水质的断面数量从2011年的242个增加至322个，增加了33%；Ⅴ类和劣Ⅴ类水质的断面数量从2011年的133个减少至77个，减少了32%。审计发现的主要问题：

一、区域性水环境保护压力较大。审计抽查长江经济带沿江区域的23个市县，城市生活污水有12%（年均4亿吨）未经处理直排长江；沿江373个港口中，有359个（占96%）未配备船舶垃圾接收点，260个（占70%）未配备污染应急处理设施。抽检89个市县的231个城乡集中式饮用水源地中，有124个（占53%）水质监测指标不达标；72个地下饮用水水源中有27个（占37%）存在超采现象。

二、预算分配与专项规划衔接不够。审计抽查18个省实施“十二五”水污染防治相关规划情况发现，9个省纳入规划的项目中有1684个（占44%）未得到中央相关补助，而7个省获得补助的2135个项目（相当于其规划项目的63%）不属于规划范围。这种状况，在一定程度上影响到规划项目的顺利推进。

三、有397个水污染防治项目没有达到预期效果。至2015年底，有276个（占31%）项目因前期准备不充分、配套设施不完善、资金支持不到位等未按期开（完）工；有121个（占13%）已完工项目因市场变化、论证不充分等未能及时发挥效益。

四、有176.21亿元财政资金未能有效使用。至2015年底，中央财政下达18个省水污染防治相关资金中，有143.59亿元结存在地方各级财政部门，未及时拨付到项目单位，其中4.22亿元滞留超过2年；12个省的地方主管部门和项目单位闲置资金29.28亿元，其中9.4亿元闲置3年以上；5个省由于前期准备不充分、决策不当等造成水污染防治相关资金损失浪费2.69亿元；6个省的9个项目单位通过编造虚假申报资料、报大建小等方式违规套取资金6531.57万元。

五、一些地区环保相关执法不严格。审计的18个省中，有3个省的53家企业偷排偷放、超标排放甚至直接向河道排放污水；4个省的16个农村环境整治项目设施损毁或管理不善；3个省的1782户畜禽（水产）养殖户污染整治不彻底。

对上述问题，审计署已依法出具审计报告，提出处理意见。审计发现的相关涉嫌违纪违法问题线索，已经或正在依法移送有关部门进一步调查处理。

对审计指出的问题，相关地方积极整改。至2016年4月底，18个省各级财政部门已将未及时拨付的财政资金23.45亿元拨付到位，盘活使用以前年度滞留财政资金1.45亿元，项目主管部门和实施单位支出闲置的财政资金6.57亿元用于水污染防治项目建设，归还原资金渠道2.60亿元。同时，还推动45个未及时开工的水污染防治项目开工建设，19个未及时完工项目已完工，促进13个已完工未发挥效益的项目正常达标运行。其他问题正在进一步整改中。整改结果由有关地方自行向社会公告。

附件：1. 拨付不及时（2年以内）的水污染防治相关资金

2. 拨付不及时（滞留2年以上）的水

污染防治相关资金

3. 水污染防治相关资金闲置情况

4. 水污染防治相关资金损失浪费情况

5. 水污染防治相关资金被套取情况

附件1：

拨付不及时（2年以内）的水污染防治相关资金

序号	省（直辖市、计划单列市）	截至2015年底财政资金未拨付金额（万元）
1	北京市	2802.67
2	天津市	6321
3	山西省	11100.33
4	辽宁省	140935.59
5	吉林省	75745.05
6	黑龙江省	45227.63
7	江苏省	167137.55
8	山东省	90957.87
9	河南省	78508.72
10	湖北省	103545.34
11	湖南省	157449.62
12	广东省	160428.19
13	重庆市	66742.85
14	四川省	99126.35
15	云南省	64567
16	陕西省	92086.92
17	甘肃省	24990.08
18	深圳市	6000
合计		1393672.76

附件2：

拨付不及时（滞留2年以上）的水污染防治相关资金

序号	部门	滞留资金额（万元）
1	辽宁省新民市财政局	180
2	辽宁省抚顺市东洲区财政局	402.04
3	辽宁省铁岭市昌图县财政局	4911.57
4	吉林省长春市财政局	1325
5	吉林省四平市财政局	3100
6	吉林省辉南县财政局	770
7	吉林省吉林市蛟河市财政局	1080
8	黑龙江省哈尔滨市松北区财政局	200

（续表）

序号	部门	滞留资金额（万元）
9	黑龙江省哈尔滨市道外区财政局	100
10	黑龙江省哈尔滨市香坊区财政局	300
11	黑龙江省富裕县财政局	1552.15
12	黑龙江省林口县财政局	2590
13	江苏省常州市武进区财政局	1527
14	江苏省溧阳市财政局	73
15	江苏省宜兴市财政局	466
16	江苏省江阴市财政局	827
17	江苏省盱眙县财政局	349
18	湖北省丹江口市财政局	2415
19	湖南省永兴县财政局	3000
20	广东省茂名市财政局	3969.66
21	广东省湛江市财政局	1969.68
22	重庆市涪陵区财政局	1445.84
23	四川省成都市温江区财政局	1511.69
24	四川省崇州市财政局	593.76
25	四川省乐山市市中区财政局	135.31
26	四川省资中县财政局	1046.9
27	四川省绵竹市财政局	2445.32
28	四川省武胜县财政局	2600
29	云南省陆良县财政局	853
30	云南省昆明市官渡区财政局	500
合计		42238.92

附件3：

水污染防治相关资金闲置情况

序号	主管部门或项目单位名称	闲置资金额（万元）
1	吉林省白城市住房和城乡建设局	36200
2	吉林省白城市发展改革委	520
3	吉林省白城市中兴城市基础设施建设有限公司	326.4
4	吉林省白城市新开城市建设集团有限公司	436.93
5	吉林省大安市住房和城乡建设局	1412
6	吉林省长春市长春净月建设发展有限公司	1026.7

（续表）

序号	主管部门或项目单位名称	闲置资金额（万元）
7	吉林省长春市长春净月开发区政府采购办公室	491.45
8	辽宁省新民市住房和城乡建设管理局、新民市动物卫生监督管理局、新民市环境保护局、新民市财政局	4450
9	辽宁省沈阳市环境保护局	400
10	辽宁省沈阳市环境保护局沈北新区分局	60
11	辽宁省抚顺市环境保护局	2662.8
12	黑龙江省绥化市发展改革委	2160
13	黑龙江省绥化市北林区环境保护局	2500
14	黑龙江省绥化市供排水有限公司	4140
15	黑龙江省哈尔滨市环境保护局	271
16	黑龙江省齐齐哈尔市垃圾处理公司	5135
17	黑龙江省齐齐哈尔市政排水工程有限公司	2040
18	江苏省泰州市姜堰区财政局环境保护局	766
19	江苏省泰州市姜堰环卫管理中心	422.96
20	山东省金乡县人工湿地管理办公室	924.6
21	山东省济宁市任城区环境保护局	5068.60
22	山东省菏泽市牡丹区水务局	2998.37
23	湖北省十堰市环境监察支队	500
24	湖北省十堰市环境监测站	320
25	湖北省十堰市茅箭区住房和城乡建设局	4500
26	湖北省十堰市茅箭区环境保护局	130
27	湖南省岳阳市平江县黄金开发总公司	390
28	重庆市长寿区环境保护局、大足区环境保护局	32890.31
29	重庆市大足区创佳公司、重庆市水务资产公司	135363.41
30	四川省乐山市城市建设投资有限公司	2950
31	四川省成都市温江区环境保护局	914.69
32	四川省崇州市水务局	1756.04
33	四川省隆昌县住房和城乡建设局	1193
34	云南省昆明市滇池投资有限责任公司	10421.93
35	云南省昆明市西山区水务局（环境综合治理工程）	3067.96
36	云南省昆明市西山区水务局（清水河、杨家河、太家河截污及水环境治理）	1304.84
37	云南省昆明市西山区水务局（金家河水系截污及水环境综合整治）	707.5
38	云南省昆明市空港投资开发有限责任公司	358.5
39	陕西省丹凤县住房和城乡建设局	892.3
40	陕西省商洛市城管局	1933.6
41	甘肃省白银市环境保护局	13000
42	甘肃省会宁县住房和城乡建设局	1500
43	甘肃省白银市白银有色集团股份有限公司	3800
44	甘肃省白银市平川区给排水公司	507
合计		292813.89

附件 4:

水污染防治相关资金损失浪费情况

序号	项目名称	损失浪费金额（万元）
1	山西省长治市三河一渠综合治理工程项目	896.25
2	山西省阳曲等 11 个县农村环境连片整治示范工程项目	363.02
3	山西省忻州市镀锌重金属污染防治项目	49.98
4	辽宁省抚顺市望花区塔峪镇污水处理设施项目和东洲污水处理厂项目	28.83
5	湖南省衡阳市钛白副产硫酸亚铁生产 5 万吨/年聚合硫酸铁工程项目	1200
6	云南省昆明市主城区城市污水处理厂污泥处理处置工程项目	22600
7	陕西省咸阳市城西快速干道工程项目	680
8	陕西省西安市第三污水处理厂扩建工程项目	480
9	陕西省西安市第四污水处理厂、第六污水处理厂和第十污水处理厂建设项目	580.28
合计		26878.36

附件 5:

水污染防治相关资金被套取情况

序号	项目名称	套取资金额（万元）
1	河南省安阳市富氧铅熔池熔炼环保技改工程项目	2902
2	湖南省衡阳市铬渣污染综合治理工程项目	120
3	湖南省郴州市固体废物管理及交易平台建设项目	98.88
4	广东省茂名市重金属污染防治项目	428.62
5	重庆市大足区江河湖泊生态环境保护项目和农村环境连片整治项目	1080
6	四川省内江市道路污水管网完善工程项目	460
7	四川省自贡市污水管网完善工程项目	630.07
8	陕西省商洛市污水管网建设项目	812
合计		6531.57

中华人民共和国审计署审计结果公告

（2016 年第 11 号）

审计署关于农林水专项资金审计结果

（2016 年 6 月 29 日公告）

根据《中华人民共和国审计法》的规定，2015 年 11 月至 2016 年 1 月，审计署对北京等 18 个省、直辖市和计划单列市（以下统称省）2013 年至 2015 年中央和地方财政安排的部分农林水资金的分配、管理和使用情况进行了审计，本次审计重点抽查了 69 个县（区）252.84 亿元农林水资金，涉及 442 个乡镇、2242 个行政村、1096 个项目或单位，同时抽查了各省本级农林水专项资金。现将审计结果公告如下：

一、审计发现的主要问题

从审计情况看，近年来各级党委政府高度重视农村农业发展，积极落实强农惠农富农政策，财政支农投入不断加大，2013 年至 2015 年，抽审县共投入中央和地方财政农林水专项资金 1137.37 亿元，涉农资金管理使用总体情况较好，各项强农惠农富农政策的落实对保障粮食安全、深化农村改革、促进农业生产和农民增收等发挥了积极作用。但审计也发现农林水专项资金还存在政策措施落实和资金分配拨付缓慢，统筹整合不到位，骗取套取资金，以及部分涉农资金使用效益不高甚至造成损失浪费等问题。主要问题为：

（一）部分政策措施落实和资金分配拨付缓慢，统筹整合不到位，涉及金额 75.26 亿元。

一是 13 个省由于相关主管部门前期准备不足、部门间沟通衔接不够等原因，部分惠农政策落实或项目进度缓慢，58.44 亿元财政资金未能及时拨付使用。

二是 9 个省的 16.82 亿元农林水资金未按要求有效统筹整合使用。其中：2 个省因有关部门沟通衔接不充分等原因，统筹整合农资综合补贴的工作未按要求完成进度，15.99 亿元资金未及时发挥效益；7 个省部分地区因项目资金结余等原因，8374.91 万元财政资金闲置两年以上未盘活统筹使用或未能实质整合。

（二）骗取套取农林水资金 5.71 亿元。

一是 16 个省的部分单位和个人通过伪造合同等资料、编造名单、重复申请等方式虚报冒领、骗取套取财政资金 36407 万元。

二是部分地方政府的 13 个主管单位、68 个乡镇及 16 名工作人员利用权力和职务便利，主动参与或协助申报单位和个人作假，导致 20697.64 万元财政资金被骗取套取，部分公职人员从中侵占财政资金。

（三）超标准范围发放资金、优亲厚友、以权谋私以及违反中央八项规定精神，涉及金额 5.68 亿元。

一是 11 个省相关主管部门把关不严，向不符合条件的单位和个人发放补贴 42759.59 万元。

二是 2 个省个别地区农业、水利部门及其工作人员利用职权插手项目分配，公款私存、优亲厚友，借机谋取小团体和个人利益等 8856.89 万元。

三是 3 个省的 4 个县农林水相关主管部门利用资金分配管理的便利谋取不当利益或违规收费，涉及金额 4492.96 万元。

四是 7 个省的地方政府和部门违反中央八项规定精神，720.11 万元财政资金被用于购车、工资性支出等。此外，3 个省违规获取的农林水专项资金中，还有 1329.79 万元用于招待支出和滥发福利等。

（四）涉农项目建设运营管理不规范、部分项目建成后效益不佳甚至形成损失浪费，涉及金额 37.18 亿元。

一是 6 个省部分地区涉农建设项目存在招投标程序不规范、违法转包给无资质个人并收取一定比例管理费、违规擅自改变建设内容、虚报投资完成额、多支付项目资金等问题，涉及资金 333412.28 万元。

二是 7 个省 8 个项目因重复建设、规划不合理等原因，建成后闲置或无法投入使用，造成 1006.37 万元财政资金损失浪费。

三是 7 个省 16 个项目因未按规划实施、项目质量不合格或管护不到位等原因，导致项目运营效果差或偏离资金政策目标，涉及项目建设资金37397.01万元。

二、审计处理和整改情况

对上述问题，审计署已依法出具审计报告，提出处理意见。对审计发现的相关涉嫌违纪违法问题线索，已经依法移送有关部门进一步调查处理。

有关地方政府对审计发现的问题高度重视，正在组织整改。至2016年5月底，已收回各类农林水专项资金1.58亿元，制定和完善规章制度35项，处理相关责任人49人，其他问题正在进一步整改中。整改结果由有关地方向社会公告。

附件：审计发现的主要问题

附件：

审计发现的主要问题

单位：万元

序号	县（市、区等）	资金分配拨付缓慢、统筹整合不到位				骗取套取农林水资金	超标准范围、优亲厚友、以权谋私等				涉农项目建设和运营管理不规范，部分项目建成后效益不佳及形成损失浪费		
		财政资金未能及时拨付使用	统筹整合推进缓慢	闲置两年以上未整合	资金未能实质整合		超标准超范围发放补助资金	优亲厚友等为特定关系人输送利益	利用职权谋取不当利益或违规收费	违反中央八项规定精神的支出	建设项目管理不规范	损失浪费	项目运营效果差或偏离政策目标
1	北京市大兴区					1162.39					319753.98	600	
2	顺义区					277.88							
3	通州区					360							
4	北京市农业局						13249.95						
5	山西省财政厅、晋中市财政局	2670.83											
6	祁县					9.53							12400
7	寿阳县					50.54							
8	山西省林业厅4家直属单位					183.03							
9	山西省本级、晋中市、昔阳县和寿阳县发展改革、农业、水利等部门	11768											

（续表）

序号	县（市、区等）	资金分配拨付缓慢、统筹整合不到位				骗取套取农林水资金	超标准超范围、优亲厚友、以权谋私等				涉农项目建设和运营管理不规范，部分项目建成后效益不佳及形成损失浪费		
		财政资金未能及时拨付使用	统筹整合推进缓慢	闲置两年以上未整合	资金未能实质整合		超标准超范围发放补助资金	优亲厚友等为特定关系人输送利益	利用职权谋取不当利益或违规收费	违反中央八项规定精神的支出	建设项目管理不规范	损失浪费	项目运营效果差或偏离政策目标
10	昌图县					164.98				0.88	147.71	2.73	12683
11	锦州市					50							
12	凌海市						342.46						3328
13	白山市					150							
14	白山市江源区									364			
15	长春市						836.32						
16	长春市九台区					58.4							
17	辽源市					858							
18	农安县					512.09							
19	通榆县	3697.76				590.46	68.5	240.84					118.32
20	榆树市	10500		2858.2		2047.34	334.29			30.23			
21	富锦市					2169.6							
22	克山县					13274.24							
23	龙江县	1252.13				1110.33	87.76						1467.64
24	同江市			997		2382.65							3117.52
25	同江市、龙江县					3081.72							
26	崇明县					510.13				201.2		40.51	
27	上海市金山区等	600				5063.18				36.22			
28	江苏省徐州市、盐城市等7地市					1103.04							
29	泗洪县	1500				1736.93	527.44						
30	兴化市	2599.73		937.51		499.85	535.22		312.55		10		

（续表）

序号	县（市、区等）	资金分配拨付缓慢、统筹整合不到位				骗取套取农林水资金	超标准范围、优亲厚友、以权谋私等				涉农项目建设和运营管理不规范，部分项目建成后效益不佳及形成损失浪费		
		财政资金未能及时拨付使用	统筹整合推进缓慢	闲置两年以上未整合	资金未能实质整合		超标准超范围发放补助资金	优亲厚友等为特定关系人输送利益	利用职权谋取不当利益或违规收费	违反中央八项规定精神的支出	建设项目管理不规范	损失浪费	项目运营效果差或偏离政策目标
31	江苏省财政厅	2808.31											
32	江苏省本级及相关地区	28011.44											
33	济宁、菏泽、淄博市	63600											
34	莱州市	8665.26				91.7							
35	滕州市					1231.93						158.97	
36	河南省财政厅	7284					25.44						
37	郑州市					196							
38	安阳县					268.8							
39	滑县					529.1							
40	淮阳县					1060							
41	罗山县					3.56	38.92			11.16		116.16	
42	麻城市	1975.15		103.64		943.93	178.79		185.13	7.77		28	1905
43	随县					1237.29			944.28	21.8			
44	慈利县					891.14							
45	花垣县					623.99							
46	澧县					6185.43		8616.05					
47	新化县					3695.36							
48	广东省财政厅、广东省海洋与渔业厅	340376											
49	汕尾、江门市所属5县			1480.32									
50	台山市					67	84.95						

（续表）

序号	县（市、区等）	资金分配拨付缓慢、统筹整合不到位				骗取套取农林水资金	超标准范围、优亲厚友、以权谋私等				涉农项目建设和运营管理不规范，部分项目建成后效益不佳及形成损失浪费		
		财政资金未能及时拨付使用	统筹整合推进缓慢	闲置两年以上未整合	资金未能实质整合		超标准超范围发放补助资金	优亲厚友等为特定关系人输送利益	利用职权谋取不当利益或违规收费	违反中央八项规定精神的支出	建设项目管理不规范	损失浪费	项目运营效果差或偏离政策目标
51	汕尾市城区、红海湾区、陆丰市、海丰县						8331.82						
52	新会市、台山市						913.32						
53	广东省林业厅、财政厅						1375						
54	连平县						181.66						
55	重庆市万州区						48.35						2269.2
56	云阳县	684.3							3051	26.85			
57	什邡市					280							
58	四川省46个县		69287.36										
59	宣汉县	101.51				8.8	627.24				3249.45		
60	中江县					176	292.66						
61	中江县、宣汉县										26.16		
62	四川省本级及相关地区	58087											
63	四川省农业厅						13059.58						
64	禄劝县					131.85							
65	弥勒市					121.09					485		
66	云南省财政厅		90571.35										
67	蓝田县					127.67	1619.92						
68	蒲城县				1835	359.9				20	9739.98	60	108.33
69	古浪县	40											
70	民乐县					1467.79							

（续表）

序号	县（市、区等）	资金分配拨付缓慢、统筹整合不到位				骗取套取农林水资金	超标准范围、优亲厚友、以权谋私等				涉农项目建设和运营管理不规范，部分项目建成后效益不佳及形成损失浪费		
		财政资金未能及时拨付使用	统筹整合推进缓慢	闲置两年以上未整合	资金未能实质整合		超标准超范围发放补助资金	优亲厚友等为特定关系人输送利益	利用职权谋取不当利益或违规收费	违反中央八项规定精神的支出	建设项目管理不规范	损失浪费	项目运营效果差或偏离政策目标
71	深圳市财政委员会、经济贸易和信息化委员会	38131.35		163.24									
合计		584352.77	159858.71	6539.91	1835	57104.64	42759.59	8856.89	4492.96	720.11	333412.28	1006.37	37397.01

注：表中包含就重点事项延伸审计的部分其他市县和单位。

中华人民共和国审计署审计结果公告（2016年第12号）

中国航空工业集团公司 2014年度财务收支审计结果

（2016年6月29日公告）

根据《中华人民共和国审计法》的规定，审计署2015年对中国航空工业集团公司（以下简称中航工业）2014年度财务收支情况进行了审计，重点审计了中航工业本部及中国航空技术国际控股有限公司（以下简称中航国际）等3家二级单位，并对有关事项进行了延伸和追溯。

一、基本情况

中航工业成立于2008年11月，主要从事航空装备、运输机、发动机、直升机、机载设备与系统、贸易物流、非银行金融等业务。据合并财务报表反映，中航工业2014年底拥有全资和控股子公司1937家、参股公司213家；注册资本640亿元，资产总额7996.16亿元，负债总额5230.7亿元，所有者权益2765.46亿元，资产负债率为65.42%；当年实现营业收入3863.83亿元、净利润143.27亿元，净资产收益率3.75%，国有资本保值增值率106.25%。

众环海华会计师事务所受中航工业委托对其2014年度合并财务报表进行审计，出具了标准无保留意见的审计报告，该审计报告在中国货币网公开。

审计署审计结果表明，中航工业按照加快航空产业基地建设和业务布局的发展战略，积极推动产业融合，构建现代企业制度和管理体系，完善法人治理结构，推进全面风险管理与内部控制体系建设。审计也发现，中航工业在财务管理和会计核算、企业重大决策和管理、廉洁从业、以前年度审计查出问题整改等方面存在一些问题。

二、审计发现的主要问题

（一）财务管理和会计核算方面。

1. 中航工业2014年度合并财务报表时，因合并范围不完整、关联方交易数据不准确等，多计资产14.15亿元、负债14.15亿元，多计收入10.59亿元、成本10.59亿元。

2. 2008年至2015年5月，所属西安飞机工业（集团）有限责任公司等2家企业超国家规定比例为职工缴存住房公积金 9.11 亿元，其中 2014 年多缴存 1.68 亿元。

3.2014 年，所属中航贵州飞机有限责任公司等 7 家企业因提前确认销售收入等，导致多计收入 7.16 亿元、成本费用 6.43 亿元。

4.2014 年底，所属中航特材工业（西安）有限公司在债务方已出现经营困难、资金链断裂、法院代管重整等情况下，仅计提坏账准备 3426.51 万元，少计提 3.91 亿元。

5. 所属原中国航空工业第二集团公司 2005 年未按规定将收到的 3 亿元拆迁补偿款入账核算，而是直接支出用于修建办公楼。该办公楼 2010 年 4 月达到预定的可使用状态后，形成的资产至 2014 年底仍未计入固定资产账。

6.2014 年，所属西安航空计算技术研究所将应冲减 2012 年至 2013 年费用的汇兑收益 1.78 亿元冲减当年费用，导致 2012 年和 2013 年多计费用 1.78 亿元，2014 年少计费用 1.78 亿元。

7.2009 年至 2014 年，中航工业本部及所属中航国际等 6 家单位违规超工资总额在费用中列支工资性补贴 1.2 亿元，其中 2014 年 0.27 亿元。

8.2014 年，所属西飞集团违规将研发支出形成的资产冲减负债，少计资产 1.11 亿元、负债 1.11 亿元。

9.2014 年，所属西安飞行自动控制研究所未及时冲销已经预付的采购款，多计资产、负债各 7820.81 万元。

10.2014 年，所属中航惠腾风电设备股份有限公司将 2011 年至 2012 年收到的 1134 万元土地补偿收入转作营业外收入，影响 2014 年经营业绩的真实性。

（二）企业重大决策和管理方面。

1.2008 年 6 月，中航工业未经批准，直接同意所属企业出资 3.36 亿元收购铁矿股权并追加建设投资，至 2014 年底累计投资 10.67 亿元。该项目因工程建设进度严重滞后等至今未投产，投资面临损失风险。

2.2008 年 7 月，中航工业未严格执行内部集体决策程序，批准所属企业投资 9.61 亿元建设玻璃生产线项目。项目建成后累计亏损 1.95 亿元，其中 2014 年亏损 1.54 亿元。

3.2011 年 11 月，中航工业未严格执行内部集体决策程序，批准所属企业出资 0.5 亿元对外收购股权。该被收购企业 2012 年至 2014 年累计亏损 6.31 亿元，其中 2014 年亏损 2.59 亿元。

4.2010 年至 2014 年，所属中国民用飞机开发有限公司等 5 家企业开展了 181.82 亿元融资性贸易业务，未收回的 41.88 亿元资金存在损失风险。

5.2010 年至 2015 年 4 月，所属中航国际等 6 家企业未经评估或未经集团审批对外收购企业股权等，涉及资金共计 150.79 亿元，其中 2014 年 54.78 亿元。

6.2008 年至 2014 年，所属中航国际上海公司等 6 家企业违规向外部单位提供担保、借款、发放委托贷款等，涉及资金共计 116.23 亿元，其中 2014 年 68.87 亿元。至 2014 年底，以上业务有 12.92 亿元面临损失风险。

7.2009 年 10 月，所属中航惠腾风电设备股份有限公司未经评估出资 1.01 亿元收购的境外公司 70%股权，因被收购方 2014 年 9 月进入破产清算程序，面临损失风险。

8.2010 年至 2015 年 6 月，所属贵阳航空发动机产业基地项目存在以邀请招标替代公开招标等违规问题，涉及金额 21.9 亿元，其中 2014 年 15.42 亿元。

9.2010 年至 2012 年 12 月，所属中航国际上海公司等 3 家企业未充分考虑中介机构风险提示，出资 5.04 亿元收购其他企业股权，形成严重亏损。

10.2011 年 7 月至 2015 年 6 月，所属中航信托股份有限公司出资 8.07 亿元购买本公司已出现风险的信托受益权，以及融资人资金周转困难的信托计划，其中 6.7 亿元面临损失风险。

11.2010 年，所属中航国际及其设立的项目公司在未按照合同约定取得高尔夫球场经营管理权的情况下，提前支付给对方企业资金补偿并完成球场改造。因对方企业拒不转让经营权，提前支付的补偿款及球场改造费用 1.51 亿元面临损失风险。

12. 至 2015 年 6 月，所属中航国际租赁有限公司未将因经营困难欠缴租金的 2 个融资租赁项目列入风险类资产管理，对未收回融资 3.96 亿元也未采取有效措施降低风险。

（三）廉洁从业方面。

1. 2011 年至 2014 年，中航工业本部存在高管多领取工资性补贴，以及超标准报销出国费和会议费等问题，涉及金额共计 409.84 万元，其中 2014 年 201.63 万元。

2. 2014 年，所属中航国际航空发展公司因公临时出国费用超标准 235.51 万元。

3. 2012 年至 2014 年 9 月，所属中航国际等 2 家单位存在公款列支高尔夫消费、超标准购置轿车等问题，涉及金额 219.74 万元，其中 2014 年 3.19 万元。

4. 2014 年，所属中航国际北京公司 1 名高管违反规定，由公司承担其就读高级工商管理硕士个人应交费用 2.16 万元。

（四）以前年度审计查出问题整改情况。

审计署 2009 年审计中指出，中航工业所属陕西华燕航空仪表有限公司违规对外出借资金 6120 万元。至 2015 年 6 月，有 320 万元尚未收回。

三、审计处理及整改情况

对此次审计发现的问题，审计署已依法出具了审计报告、下达了审计决定书。具体整改情况由中航工业自行公告。

审计中发现的相关违法违纪问题线索，已依法移送有关部门进一步调查处理。

中华人民共和国审计署审计结果公告（2016 年第 13 号）

中国电子科技集团公司 2014 年度财务收支审计结果

（2016 年 6 月 29 日公告）

根据《中华人民共和国审计法》的规定，审计署 2015 年对中国电子科技集团公司（以下简称中国电科）2014 年度财务收支情况进行了审计，重点审计了中国电科本部及中国电科第十四研究所、中国电科第三十八研究所（以下分别简称十四所、三十八所）等 24 家二级单位，并对有关事项进行了延伸和追溯。

一、基本情况

中国电科成立于 2002 年 3 月，主要从事通信等电子设备制造、软件开发及应用、电子技术研究和服务等业务。据合并财务报表反映，中国电科 2014 年底拥有全资和控股子公司 476 家、参股公司 58 家、科研事业单位 47 家；注册资本 57.75 亿元，资产总额 1876.71 亿元，负债总额 857.91 亿元，所有者权益 1018.8 亿元，资产负债率为 45.71%；当年实现营业收入 1293.61 亿元，净利润 110.18 亿元，净资产收益率 11.74%，国有资本保值增值率 111.75%。

众环海华会计师事务所受中国电科委托对其 2014 年度合并财务报表进行审计，出具了标准无保留意见的审计报告，该审计报告在中国货币网公开。

审计署审计结果表明，中国电科围绕电子产业、科技创新、国际化经营、资产经营和资本运作五大主业架构，着力发展安全电子、软件与信息服务等主导产业，注重加强基础性、前瞻性技术研究，实施中长期发展规划和技术创新，提高电子信息装备研发制造能力，加强企业成本控制和经营管理。审计也发现，中国电科在财务管理和会计核算、企业重大决策和管理、发展潜力、廉洁从业、以前年度审计查出问题整改等方面存在一些问题。

二、审计发现的主要问题

（一）财务管理和会计核算方面。

1. 中国电科 2014 年度合并财务报表时，因内部关联交易、内部往来抵销不充分，多计资产 7.34 亿元、负债 7.34 亿元，多计收入 21.73 亿元、成本费用 19.74 亿元，多计利润 1.99 亿元。

2. 2011 年至 2014 年，中国电科本部违规在管理费用中列支职工商业保险支出 5053.55 万元，其中 2014 年 252.76 万元。

3. 2011 年至 2014 年，所属第四十八研究所等 8 家单位通过签订虚假交易合同等方式虚增收入 20.41 亿元、成本 19.07 亿元，其中 2014 年虚增收入 5.79 亿元、成本 5.79 亿元。

4. 2011 年至 2014 年，所属三十八所等 10 家单位以餐费、节日补助等名义超工资总额在管理费用等科目中列支职工工资、奖金、补贴等共计 4.94 亿元，其中 2014 年 0.87 亿元。

5. 2014 年，所属十四所等 3 家单位未按权责发生制及时确认收入及成本费用，造成少计收入 3.2 亿元、成本费用 1.79 亿元。

6. 2011 年至 2015 年，中国电科本部及部分所属单位通过编造虚假业务等方式虚列支出，用于发放职工福利 1920.83 万元，其中 2014 年 227.53 万元。

7. 2012 年至 2014 年，所属第十八研究所未及时办理在建工程转列固定资产，造成少计提折旧累计 1246.19 万元，其中 2014 年 482.89 万元。

8. 2012 年 5 月，所属第十五研究所违规在科研成本中列支演出赞助费 100 万元。

（二）企业重大决策和管理方面。

1. 2012 年至 2013 年，中国电科未经可行性研究，先后批准所属单位建设厂房、收购土地，涉及投资总额 23.19 亿元，其中 1.33 亿元投资形成的资产闲置。

2. 2011 年至 2014 年，所属中电海康集团有限公司等 5 家单位未按规定报经集团批准投资 8 个项目、总额 16.96 亿元，其中 2014 年 0.42 亿元。

3. 2011 年至 2013 年，所属河北远东通信系统工程有限公司等 2 家单位未经集团批准，违规对外出借资金 2.17 亿元，其中 1.09 亿元面临损失风险。

4. 2011 年至 2012 年，所属中电海康集团有限公司等 2 家单位未经资产评估或备案，实施收购股权等 2 个投资项目，涉及金额 1.29 亿元。

5. 至 2014 年底，所属第十三研究所等 2 家单位未及时收回为职工垫付的购房款 7258.88 万元；2011 年至 2014 年，所属三十八所等 3 家单位违规为职工支付购房补贴共计 6856.59 万元，其中 2014 年 5498.52 万元。

6. 2011 年至 2014 年，所属第十三研究所等 3 家单位未经资产评估向 4 家职工持股企业转让国有土地，造成损失 314.52 万元；未经招投标向职工持股企业发包业务 9858.62 万元；违规放弃对 123.6 万股（初始出资 187.87 万元）职工股权的优先受让权。

7. 2011 年至 2014 年，所属第二十八研究所等 5 家单位存在串通投标、出借资质、多支付工程款等问题，涉及金额 4071 万元，其中 2014 年 779.09 万元。

8. 2015 年 2 月至 5 月，所属第四十七研究所对不合规的业务招待费等票据进行更换，隐匿或销毁原发票，涉及金额 32.25 万元；在完成结账后，修改 2014 年度财务系统中的记账凭证、重新编号且未保留修改痕迹，涉及记账凭证 43 张。

9. 2012 年底，所属第十五研究所向外单位支付 100 万元购买的 3 份技术研发报告未在相关项目中利用，且报告大部分内容实际是从互联网下载的。

10. 至 2014 年底，中国电科未按规定设置物资集中采购业务的归口管理部门，未建立物资集中采购管理制度，也未建立健全投资项目后评价体系和投资项目后评价制度。

11. 中国电科在信息化建设中，存在未编制信息化中长期规划、财务一体化项目建设进度滞后等问题。

（三）发展潜力方面。

1. 2009 年至 2010 年，所属湖南红太阳新能源科技有限公司等 2 家单位未对购买方资信等情况进行调查、也未履行正常合同评审流程，即签订总额为 6.6 亿元的出口贸易协议；且在未收到货款、买方未全额提供担保的情况下，即先行供货，至 2015 年 5 月有 3.71 亿元货款未收回，面临损失风险。

2. 2011 年至 2015 年，所属第五十四研究所等 4 家单位存在违规出借资金、代垫工程结算款、对外担保等问题，涉及 8827.07 万元，其中 2014 年 4163.86 万元。

（四）廉洁从业方面。

1. 2011 年至 2015 年，中国电科本部及部分所属单位采取虚列支出方式套取资金用于对外接待等，其中在中央八项规定出台之后发生 7662.54 万元。

2. 2011 年至 2014 年，中国电科本部及部分所属单位 6 名中层以上领导人员违规领取异地交流干部购房补贴 2809.31 万元，其中 2014 年 330.04 万元。

3. 至2015年6月，所属第十三研究所等2家单位19名中层及以上领导人员未按规定清退所持下属公司股权，涉及金额4356.84万元。

4. 2011年至2014年，所属三十八所等3家单位存在3名领导人员违规兼职取酬、4人违规到考察计划外的境外城市游览等问题，涉及金额144.11万元，其中2014年19.94万元。

（五）以前年度审计查出问题整改情况。

审计署2011年审计中指出，所属第四十一研究所52名中层及以上领导人员违规持有4家下属公司股权242.43万元。至2015年6月尚未完成清退。

三、审计处理及整改情况

对此次审计发现的问题，审计署已依法出具了审计报告、下达了审计决定书。中国电科具体整改情况由其自行公告。

审计中发现的相关违法违纪问题线索，已依法移送有关部门进一步调查处理。

中华人民共和国审计署审计结果公告（2016年第14号）

中国石油化工集团公司 2014年度财务收支审计结果

（2016年6月29日公告）

根据《中华人民共和国审计法》的规定，审计署2015年对中国石油化工集团公司（以下简称中国石化）2014年度财务收支情况进行了审计，重点审计了中国石化本部及中国石化集团国际石油勘探开发有限公司、中国石化集团石油商业储备有限公司（以下分别简称国勘公司、商业储备公司）等4家二级单位，并对有关事项进行了延伸和追溯。

一、基本情况

中国石化成立于1998年7月，主要从事石油天然气勘探开发、石油炼制、石油化工、成品油批发零售和石油石化工程的勘探设计、建筑施工等。据合并财务报表反映，中国石化2014年底拥有全资和控股子公司550家、参股公司819家；注册资本2748.67亿元，资产总额22283.66亿元，负债总额12777.07亿元，所有者权益9506.59亿元，资产负债率为57.34%；当年实现营业收入28899.34亿元，净利润451.49亿元，净资产收益率4.87%，国有资本保值增值率101.7%。

致同会计师事务所受中国石化委托对其2014年度合并财务报表进行审计，出具了标准无保留意见的审计报告。

审计署审计结果表明，中国石化按照资源、市场、一体化、国际化、差异化和绿色低碳六大发展战略积极推进结构调整，推动石油工程、炼化工程方面的公司进行重组上市，启动并完成油品销售业务的混合所有制改革，同时加强制度体系建设，完善招投标管理等方面规章制度，进一步健全法人治理结构。审计也发现，中国石化在财务管理和会计核算、企业重大决策和管理、发展潜力、廉洁从业、以前年度审计查出问题整改等方面存在一些问题。

二、审计发现的主要问题

（一）财务管理和会计核算方面。

1. 2011年至2014年，所属山东分公司等12家企业采取先销售给外部单位再回购但实物不转移等方式，虚构成品油购销业务，造成多计收入、成本各202.19亿元，其中2014年32.71亿元。

2. 2011年至2014年，中国石化本部及所属企业将应冲减以前年度损益的营业外支出在当期冲减、在会计报表合并过程中未按一贯性原则抵销内部销售利润，造成多计利润7.38亿元。

3. 2011年至2014年，所属中国石化炼油销售有限公司等2家企业存在超工资总额列支职工住房补贴等问题，造成多计费用1661.99万元，其中2014年1121.55万元。

4. 2011年至2014年，所属华中分公司将收到的地方政府奖励款202万元在账外直接发放给员工，其中2014年51万元。

5. 2011年至2014年，所属管道储运有限公司下辖项目部未经批准违规发放奖金 859.99 万元，其中 2014 年 107.4 万元。

（二）企业重大决策和管理方面。

1.2012 年至 2014 年，中国石化违规向 1 家不符合条件的系统内小炼油厂分配原油指标 267.63 万吨。

2.2012 年 7 月，中国石化出资 92.89 亿元收购境外项目 49%的股权，由于对项目风险因素估计不足，截至 2014 年底累计亏损 12.95 亿元。

3.2012 年 12 月，中国石化在未经合格中介机构进行资产评估的情况下，出资 34.9 亿元购置办公楼，截至 2015 年 7 月，已入驻办公。

4. 对下属企业管控方面存在的主要问题：

（1）2009 年 8 月至 2012 年 10 月，所属江苏分公司违规从无成品油批发和生产经营资质的企业采购成品油 29.28 万吨，涉及金额 25.59 亿元。

（2）2009 年至 2014 年，所属广州阳华置业有限公司为职工购置土地和建设住宅垫资 21.36 亿元，其中 2014 年 8.07 亿元。至 2015 年 6 月底，有 9.79 亿元尚未收回。

（3）2012 年以来，所属国勘公司境外勘探开发的部分区块在已投资 20.94 亿元、未发现经济可采储量的情况下，未及时对相关资产进行清理。

（4）2010 年至 2013 年，所属重庆分公司等 3 家企业未经资产评估，违规收购加油（气）站 19 座，涉及金额 5.92 亿元。

（5）2011 年底，所属河南分公司在可行性研究报告反映租赁 4 座加油站 25 年经营权面临亏损风险的情况下，仍签约租入上述 4 座加油站，约定租金 1.59 亿元，至 2015 年 7 月已支付租金 9523.2 万元，但上述加油站仍未投入运营。

（6）2012 年，所属上海石油化工股份有限公司未经环评审批，先行开工建设 2 个工程项目，总投资 1.82 亿元，至 2015 年 7 月仍未取得环评批复。

（7）2013 年 12 月，所属中原油田分公司在未列入投资计划的情况下，以 1.25 亿元的价格在呼和浩特市购买生活办公综合楼 1.32 万平方米。

（8）2007 年至 2015 年 4 月，所属石家庄炼化分公司等 4 家企业通过低价销售产品等方式，违规向关联改制企业让利 1.67 亿元，其中 2014 年 2171.13 万元。

（9）2010 年至 2014 年，所属贵州分公司等 2 家企业未经招标建设 133 座加油站，涉及金额 5.41 亿元，其中贵州分公司 2014 年 4256 万元。

（10）2011 年至 2014 年，所属西北分公司等 3 家企业 59 个项目存在应招标未招标等问题，涉及金额 4.77 亿元，其中 2014 年 3740.69 万元。

（11）2004 年至 2015 年 4 月，所属重庆分公司未经招标对外委托 204 个加油（气）站审批手续等服务事项，涉及金额 2.78 亿元，其中 2014 年 265 万元。

（12）2007 年至 2014 年，所属中原石油勘探局在没有明确费用标准的情况下，违规向关联改制企业支付委托服务费 9000 万元，其中 2014 年 1450 万元。

（13）2013 年至 2014 年，在无真实贸易的情况下，所属广东分公司向金融机构确认对关联改制企业的债务，后者以此办理贷款保理业务；至 2015 年 9 月，后者到期未归还银行贷款，广东分公司面临 5700 万元代偿风险。

（14）2012 年，所属广东分公司将应公开招标的项目，采用邀请招标方式，涉及金额 988.75 万元。

（15）2014 年，所属北京燕山石油化工有限公司（以下简称燕山石化）未按规定进行资产评估，将 7126.8 平方米房产对外出租。

5. 信息化建设方面。至 2014 年底，所属 88 家单位使用的财务集中核算系统和 95 家单位使用的企业资源计划（ERP）系统，不符合规定的接口标准。

（三）发展潜力方面。

1.2011 年至 2014 年，中国石化研发投入分别占主营业务收入的 0.28%、0.29%、0.3%和 0.3%，与监管部门要求的 1.8%存在较大差距。

2.2011 年至 2014 年，中国石化原油年加工能力由 2.43 亿吨增至 2.84 亿吨，但实际原油加工量仅由 2.2 亿吨增至 2.38 亿吨，原油加工能力超出实际加工量的趋势上升。

3. 因对市场变化、新技术应用等风险预估不足，2011 年至 2014 年，所属燕山石化等 8 家企业投资 72.91 亿元新建的 14 个化工项目，建成后未能正常投产导致资产闲置；燕山石化 50 万吨/年苯酚丙酮装置扩能改造等 5 个项目投入 4.39 亿元后即停建。

4. 截至2014年底，因土地规划变化、租赁合同到期等原因，中国石化还有停业需永久关闭的加油站1133座，存在较大处置压力；所属山东分公司等3个单位新收购或租赁的131座加油站中，有65座年销量未达预期。

5. 2011年至2014年，中国石化有29个境外项目的原油实际产量比可研产量低8992.34万吨，未达到预期目标。

（四）廉洁从业方面。

2013年和2014年，所属商业储备公司等5家企业存在违反中央八项规定精神购买烟酒礼品、公款接待等问题，涉及金额204.24万元。

（五）以前年度审计查出问题整改情况。

审计署2011年审计中指出，中国石化有25 827宗土地未取得土地使用权证。对此，中国石化组织进行了整改。但截至2015年底，仍有3202宗尚在办理土地使用权证。

三、审计处理及整改情况

对此次审计发现的问题，审计署已依法出具了审计报告、下达了审计决定书。中国石化具体整改情况由其自行公告。

审计中发现的相关违法违纪问题线索，已依法移送有关部门进一步调查处理。

中华人民共和国审计署审计结果公告

（2016年第15号）

中国海洋石油总公司 2014年度财务收支审计结果

（2016年6月29日公告）

根据《中华人民共和国审计法》的规定，审计署2015年对中国海洋石油总公司（以下简称中国海油）2014年度财务收支情况进行了审计，重点审计了中国海油本部及中国海洋石油有限公司、中海石油气电集团股份有限责任公司（以下分别简称海油有限公司、气电集团）等5家二级单位，并对有关事项进行了延伸和追溯。

一、基本情况

中国海油成立于1982年2月，主要从事原油、天然气勘探开发、开采，石油炼制、石油化工及其他化工产品的生产、储运及贸易，石油、天然气管道运输及贸易，相关工程技术研究与服务等。据合并财务报表反映，中国海油2014年底拥有全资和控股子公司499家、参股公司140家；注册资本949.32亿元，资产总额11193.74亿元，负债总额4754.83亿元，所有者权益6438.91亿元，资产负债率为42.48%；当年实现营业收入6116亿元，净利润791.73亿元，净资产收益率12.98%，国有资本保值增值率112.31%。

大华会计师事务所受中国海油委托对其2014年度合并财务报表进行审计，出具了标准无保留意见的审计报告，该审计报告在中国货币网公开。

审计署审计结果表明，中国海油制定了“二次跨越”发展纲要，明确了“两步走”的奋斗目标、重点工作和措施，不断完善法人治理结构，建立以全面风险管理为重点的内部控制体系，逐步提高公司发展质量和效益。审计也发现，中国海油在财务管理和会计核算、企业重大决策和管理、发展潜力、廉洁从业等方面存在一些问题。

二、审计发现的主要问题

（一）财务管理和会计核算方面。

1. 2014年，中国海油未将非正式员工薪酬7.16亿元纳入工资总额管理。

2. 2011年至2015年5月，中国海油违规在工资总额外发放员工奖金6086.72万元。

3. 2011年，中国海油本部多确认递延所得税资产1.94亿元。

4. 2010年至2014年，中海油（青岛）重质油加工工程技术研究中心有限公司未按规定期限分摊递延收益，多计收入2380.15万元，其中2014年476.81万元。

5. 至2014年底，中海油能源发展股份有限公司工程技术分公司未将一家境外子公司纳入合并财务报表，涉及资产总额1827.13万元。

6. 至2014年底，中海油销售公司（以下简称销售公司）未及时清理相关费用结余，累计多计成本费用1017.33万元；未及时清理2010年以前发生的、没有明确支付对象的其他应付款，少计收入535.07万元。

7. 2011年至2013年，中国海油本部用不合规发票报销礼品费用504万元。

8. 2011年至2014年，气电集团超工资总额在成本费用中列支员工交通费，造成多计成本费用165.99万元，其中2014年50.69万元。

（二）企业重大决策和管理方面。

1. 至2014年底，中国海油净利润、国内天然气产量、海外原油和天然气产量仅分别完成其“十二五”发展规划指标的49.45%、59.87%、57.89%、52.43%。

2. 至2015年6月底，中国海油4个重大项目进展缓慢，计划总投资77.49亿元，实际完成投资仅15.31亿元。

3. 2013年，海油有限公司未报发展改革委核准，即通过一个境外油田增产方案，至2014年底完成投资44.48亿元。

4. 至2015年4月，销售公司未经评估，签订收购加油站协议72份，合同金额19.4亿元，其中2014年9.33亿元。

5. 2011年，海油有限公司未按规定报中国海油批准且未经评估，以14.23亿元出售一家境外公司。

6. 至2014年，海油有限公司2011年以142.42亿元并购的一家境外公司，由于前期论证不充分等原因发生亏损累计6.21亿元。

7. 2012年，中国海油同意所属中海石油天野化工有限责任公司（以下简称天野公司）原料路线改造项目可行性研究报告；由于项目论证不充分，至2014年6月，该项目终止，实际完成投资1.06亿元，形成损失8492万元。

8. 2013年，中海石油化学股份有限公司（以下简称中海化学）收购一家境外公司部分股权，但未对溢价等条款充分论证；至2014年，该项投资潜亏2974.8万元。

9. 中国海油在未对相关风险提示采取必要防控措施的情况下，于2008年批准所属中海油新能源投资有限责任公司（以下简称新能源公司）的一项生物柴油项目投资，2012年建成竣工后即亏损，至2015年转让形成损失3.9亿元。

10. 2012年，海油有限公司并购管理委员会在参会人数未达到规定的情况下，采取由未参会人员会后书面投票同意的方式，决定一项境外股权收购项目。

11. 中国海油投资审查决策委员会等3个决策机构只有会议纪要、没有会议记录，且对“有条件赞成票”如何处理无明确规定。

12. 在工程项目管理方面存在的主要问题：

（1）2014年，所属中联煤层气有限责任公司在未办理环境影响评价等相关手续的情况下，开工建设总投资28.5亿元的山西古交邢家社区块煤层气开发项目，至2015年5月已完成投资1.09亿元。

（2）2011年至2014年，中国海油及所属13家企业应招标未招标，而是采用竞争性谈判等方式发包工程类项目15.33亿元，其中2014年7.34亿元。

（3）2013年，海洋石油工程股份有限公司（以下简称海油工程）违规将天津液化天然气（LNG）储罐总包工程中的保冷工程分包给资质已过期的企业，合同金额556万元。

（4）2008年，海油工程在未报发展改革委核准的情况下，开工建设青岛三期30万吨船坞及配套设施建设项目并于2011年完工，实际投资14.09亿元，至2014年底，因主要设施船坞及龙门吊闲置，已计提减值准备1.55亿元。

13. 在采购业务管理方面存在的主要问题：

（1）2011年至2014年，所属气电集团及其下属16家单位、中海石油炼化有限责任公司及其下属8家企业违规向公司认定的供应商范围之外的企业采购3.62亿元，其中2014年1亿元。

（2）2012年至2014年，中海油潮州能源有限公司（以下简称潮州能源）未报中国海油审批，采购天然气运输服务2.26亿元，其中2014年7866.15万元。

14. 资产管理方面存在的主要问题：

（1）2011年至2014年，所属潮州能源等2家单位违反中国海油规定，无合同销售液态天然气2.99万吨，共计1.57亿元，其中2014年8997.22万元。

（2）至2014年底，中国海油所属102家企业国有产权应登记未登记。

（3）2013年，潮州能源未经评估，将租赁的105亩集体土地及地上资产转租。

15. 在信息化建设方面，至2014年底，中国海油499家全资和控股子公司中，252家使用的企业资源计划（ERP）系统、48家使用的财务系统未实施国家标准数据接口；审计抽查采办信息系统中金额最大的58份合同，有23份存在错误记录，数据质量不高。

（三）发展潜力方面。

1. 自主创新方面。2011年至2014年，中国海油科技投入占主营业务收入的比重在1.11%至1.27%之间，研发投入占主营业务收入的比重在0.36%至0.55%之间，与监管部门要求的2.5%、1.8%存在差距。同时，至2014年底，中国海油"十二五"规划计划攻关完成的关键核心技术中仍有11项未完全掌握。

2. 境外投资方面。2014年，中国海油境外资产和收入规模分别占总资产和营业收入的42.98%、54.85%，但盈利能力弱，境外利润总额仅占合并利润总额的14.12%；设立的85家境外经营公司中，有16家公司亏损，亏损金额8.89亿元，其中4家连续3年以上亏损，累计亏损16.74亿元。

3. 风险管控方面存在的主要问题：

（1）按中国海油统计口径，2011年至2014年发生生产安全事故1080起（其中按安全监管总局口径统计，一般生产安全事故18起），个别事故还少报损失金额。

（2）至2014年底，气电集团有56家下属独立法人单位亏损共计11.33亿元（亏损面60.87%），销售公司有32家下属独立法人单位亏损共计2.58亿元（亏损面34.78%），总资产45.22亿元的新能源公司2011年至2014年累计亏损5.15亿元。

（3）中国海油2008年批复天野公司6万吨聚甲醛项目，2011年项目建成后市场已产能过剩，产品生产成本高于售价，投运后持续亏损，至2014年底已计提减值准备14.82亿元。

（4）至2015年6月，中海化学投资6.78亿元的阳坡泉煤矿和煤化工项目，因井下涌水事故、股东间纠纷等停产，面临损失5.11亿元。

（5）2011年至2014年，中国海油共发生315件法律诉讼案件，其中涉案金额5000万元以上案件35件。

（四）廉洁从业方面。

2013年至2014年，所属上海北海船务有限公司违反中央八项规定精神，列支高尔夫球消费费用46.27万元。

三、审计处理及整改情况

对此次审计发现的问题，审计署已依法出具了审计报告、下达了审计决定书。中国海油具体整改情况由其自行公告。

审计中发现的相关违法违纪问题线索，已依法移送有关部门进一步调查处理。

中华人民共和国审计署
审计结果公告
（2016年第16号）

中国电子信息产业集团有限公司 2014年度财务收支审计结果

（2016年6月29日公告）

根据《中华人民共和国审计法》的规定，审计署2015年对中国电子信息产业集团有限公司（以下简称中国电子）2014年度财务收支情况进行了审计，重点审计了中国电子本部及南京中电熊猫信息产业集团有限公司、中国中电国际信息服务有限公司（以下分别简称中电熊猫、中电信息）等7家二级单位，并对有关事项进行了延伸和追溯。

一、基本情况

中国电子成立于1989年5月，主要从事电子产品制造、电子产品贸易、服务和软件设计及应用等。据合并财务报表反映，中国电子2014年底拥有全资和控股子公司679家、参股公司84家、事业单位4家；注册资本124.82亿元，资产总额2343.17亿元，负债总额1731.73亿元，所有者权益611.44亿元，资产负债率为73.91%；当年实现营业收入2038.52亿元，净利润34.2亿元，净资产收益率5.62%，国有资本保值增值率111.2%。

大信会计师事务所受中国电子委托对其2014年度合并财务报表进行审计，出具了标准无保留意见的审计报告，该审计报告在中国货币网公开。

审计署审计结果表明，中国电子通过调整战略规划，集中发展信息安全、新型显示等五大主业板块，逐步完善法人治理，规范内部管理，调整优化资产结构，推动优质资产和业务上市。审计也发现，中国电子在财务管理和会计核算、企业重大决策和管理、发展潜力、廉洁从业等方面存在一些问题。

二、审计发现的主要问题

（一）财务管理和会计核算方面。

1.2014年，中国电子合并财务报表时，因范围不完整、内部关联交易抵销不正确等，造成少计资产2.86亿元、负债15.93亿元，多计所有者权益13.07亿元，多计收入0.47亿元，少计成本费用0.3亿元，多计利润0.77亿元。

2.2012年，所属南京中电熊猫液晶显示科技有限公司将应由2013年及以后年度摊销的递延收益8.4亿元计入当年营业外收入，导致2013年和2014年少计营业外收入各0.84亿元。

3.至2015年6月，所属中电熊猫用于下属3家子公司股权回购项目的专项资金2亿元，闲置超过2年。

4.所属深圳中电投资股份有限公司将2011年商铺出售收入6809.87万元及相关成本费用2628.13万元推迟到2012年确认，导致跨年度收支和利润核算不实。

5.2011年至2014年，中国电子本部和所属中国电子财务有限责任公司等3家企业超工资总额在管理费用等科目中列支职工过节费、奖金等工资性补贴，造成多计成本费用1675.93万元，其中2014年435.06万元。

6.2011年至2014年，所属中电信息等3家企业未及时清理应收未收商铺租金等，导致少计收入957.13万元，其中2014年少计326.04万元。

7.所属中国电子器材总公司2013年取得的抵偿欠付货款的30万股股票未入账核算，涉及金额423万元。

8.2014年，所属中电信息违规列支应由职工缴纳的个人所得税，涉及金额100.12万元。

9.2013年至2014年，所属武汉中元通信股份有限公司对销售费用报销审核不严，造成85.38万元假发票入账列支，其中2014年31万元。

10.2014年，所属中电信息等2家企业未按权责发生制核算房屋租金、水电费收入，造成少计收入76.41万元。

（二）企业重大决策和管理方面。

1.至2015年6月，所属南京中电熊猫液晶显示科技有限公司等3家企业因无使用计划、未及时取得房地产开发资质等，取得的31.48公顷工业用地、29.53公顷住宅用地闲置。

2.至2014年底，所属中国电子信息安全技术研究院有限公司计划投资15亿元的建设项目进展缓慢，到计划竣工期满仅完成投资3亿元。

3.2014年1月，中国电子在未经充分论证、未明确增发债券融资具体用途的情况下，同意所属中国电子控股有限公司将发行债券金额由15亿元增至27.5亿元，至2015年5月，增发资金中的9.99亿元仍然闲置，多承担利息1380.98万元。

4.2011年至2014年，所属南京中电熊猫液晶显示科技有限公司等6家企业的6个工程建设项目未按规定进行招标，涉及合同金额共计33.21亿元，其中2014年23.31亿元。

5.2013年5月至2014年，所属中电基础产品装备公司等2家企业违规对外提供融资1.8亿元，其中2014年1.59亿元。

6.所属南京熊猫信息产业有限公司2011年违反公司内控规定，在客户存在大量到期欠款、并且超过信用保险额度的情况下向其供货，部分货款无法收回形成损失6400.54万元。

7.2011年至2012年，所属南京中电熊猫家电有限公司以签订虚假采购协议、支付预付款的方式违规对外出借资金、违规向2家非金融机构办理银行承兑汇票贴现业务，共计5920.88万元，其中1048.8万元面临损失风险。

8.2011年至2014年，所属中国电子系统工程总公司违规对外出借施工资质，并从中收取管理费0.95亿元，其中2014年0.31亿元。

9.2012年9月，所属中电信息在公开拍卖下属企业股权过程中，未充分披露有关租赁合同期限等经营信息导致拍卖纠纷，通过减免租金等方式补偿收购方2344.43万元。

10.至2015年6月底，所属南京科瑞达电子装备有限责任公司对2008年到期的债权1000万元，一直未采取有效措施清收。

11.2011年至2014年，所属中国振华电子集团公司在与集团外企业合作过程中，未按章程规定派驻财务负责人，造成3500万元投资失去监管，面临损失风险。

12.至2014年底，中国电子未能按照信息化建设总体目标建成信息化管控平台，所属2家企业的会计核算软件数据接口设置不符合国家标准，19家企业未建立数据备份中心，15家企业未建立信息化考核机制。

（三）发展潜力方面。

1.2011年至2014年，中国电子科技投入占当年营业收入的比例未达到该集团"十二五规划"目标。

2.所属中电熊猫投资建设的液晶显示器件项目因前期论证不充分，从建成至2014年底累计发生经营性亏损29.27亿元。

3.所属上海中电振华晶体技术有限公司LED用蓝宝石晶体产业化技术研发项目未能实现预期目标，累计亏损4378万元。

（四）廉洁从业方面。

1.2011年至2014年，中国电子本部及2家所属单位26名领导人员违规领取奖金补贴及实物387.17万元，其中2014年204.69万元。

2.2013年至2014年，所属中电熊猫等4家单位违反中央八项规定精神，超标准购车、公款旅游、公款支付高尔夫球消费等，涉及金额240.85万元，其中2014年149.38万元。

3.至2015年6月，所属南京金宁电子集团有限公司等单位5名中层以上人员未按规定清退持有的下属公司股份，共计230.99万元。

三、审计处理及整改情况

对此次审计发现的问题，审计署已依法出具了审计报告、下达了审计决定书。中国电子具体整改情况由其自行公告。

审计中发现的相关违法违纪问题线索，已依法移送有关部门进一步调查处理。

中华人民共和国审计署审计结果公告（2016年第17号）

中国铝业公司2014年度财务收支审计结果

（2016年6月29日公告）

根据《中华人民共和国审计法》的规定，审计署2015年对中国铝业公司（以下简称中铝公司）2014年度财务收支情况进行了审计，重点审计了中铝公司本部及中国铝业股份有限公司、云南铜业（集团）有限公司（以下分别简称中铝股份、云铜集团）等4家二级单位，并对有关事项进行了延伸和追溯。

一、基本情况

中铝公司成立于2001年2月，主要从事矿产资源的勘察、开发及矿产品经营，有色金属冶炼、加工，相关贸易，勘察设计、工程建设总承包、建筑安装、设备制造、技术开发、咨询等工程技术服务。据合并财务报表反映，中铝公司2014年底拥有全资和控股子公司447家、参股公司124家；注册资本197.01亿元，资产总额4864.49亿元，负债总额4308.55亿元，所有者权益555.94亿元，资产负债率为88.57%；当年实现营业收入2798.54亿元，净利润－212.16亿元，净资产收益率－34.38%，国有资本保值增值率56.16%。

天职国际会计师事务所受中铝公司委托对其2014年度合并财务报表进行审计，出具了带强调事项段的无保留意见的审计报告，该审计报告在中国货币网公开。

审计署审计结果表明，中铝公司从铝产品单一化公司向多金属综合性矿业公司转型，推行企业经营管理目标责任制、市场化改革和运营转型，探索完善法人治理结构，推动重点专业领域的管理提升。审计也发现，中铝公司在财务管理和会计核算、企业重大决策和管理、发展潜力、廉洁从业等方面存在一些问题。

二、审计发现的主要问题

（一）财务管理和会计核算方面。

1. 2014 年，中铝公司在合并财务报表时未充分抵销所属企业间的关联往来和关联交易，导致多计资产 9.24 亿元、负债 7.21 亿元、所有者权益 2.03 亿元，多计收入 1.51 亿元、成本 1.34 亿元、利润 1623.36 万元。

2. 2009 年 11 月至 12 月，中铝公司以循环购销等方式虚增当年收入及成本，造成货物购销差价等损失 4069.48 万元。

3. 2014 年，所属云铜集团为完成业务考核目标，通过虚构购销业务，虚增当年收入及成本 42.04 亿元，造成货物购销差价损失 47.53 万元。

（二）企业重大决策和管理方面。

1. 2010 年，中铝公司未经评估、尽职调查和主管部门审批，违规批准所属山西铝厂等 2 家企业投资 5.42 亿元参股煤炭企业，并为其银行借款提供担保，因对方资金链面临断裂，形成 4.48 亿元连带偿债风险。

2. 2013 年，中铝公司未经主管部门批准，同意增加独立董事，降低派驻董事比例，放弃对外股权投资的实际控制权，引起会计核算方法改变，由此调增了所属企业利润 8.11 亿元。

3. 2010 年至 2012 年，中铝公司未经充分论证，批准投资内蒙古氧化铝等 2 个项目，后因经济性差等原因停建停产，造成损失和损失风险 11.46 亿元。

4. 2008 年，中铝公司贷款融资收购一家公司股权，至 2014 年底累计亏损 7.01 亿元。

5. 2010 年，中铝公司参与开发一宗铁矿项目，受合作方主导项目进展影响，未能掌控项目资源并形成有效制约，至 2014 年底被动承担项目延期而增加的利息费用 3.9 亿元。

6. 2006 年，中铝公司通过串通投标方式帮助合作方取得 989.8 亩土地，以 5670 万元价格购买了其中 226.8 亩，拟用于建设职工培训中心项目，2013 年退回上述土地并收回土地款和补偿金。

7. 对下属企业和参股企业管控方面存在的问题：

（1）所属中铝股份广西分公司等 3 家企业未按期完成脱硝改造工程，2014 年超标排放氮氧化物等污染物 2157.1 吨。

（2）至 2014 年底，所属中铝股份贵州分公司等 3 家企业未取得建设用地审批手续即开工建设有关项目，涉及土地 1289.79 亩。

（3）至 2015 年 8 月，所属山西碳素厂的 68 户棚户区改造任务因前期工作不到位，未被纳入地方计划并实施。

（4）所属中铝股份重庆分公司 2006 年投资建设 80 万吨氧化铝项目，因矿石品位低、含硫高及市场和管理等因素，至 2014 年 7 月底亏损 49.39 亿元。

（5）所属中铝股份 2011 年未经充分论证，批准投资新疆煤电铝项目，后因产能过剩被压缩等原因而停建，造成 9288.74 万元投资面临损失风险。

（6）所属中国铝业香港有限公司 2010 年未经上级公司批准对外开立信用证，涉及金额 2019.27 万元；2011 年，未经评估和核实资源储量收购铝土矿产，后因储量不实等导致项目停滞，1.93 亿元投资及借款面临损失风险。

（7）所属中铝矿业国际股份有限公司 2013 年投产的一宗铜矿项目因矿石表层剥离量未达到设计要求，试生产期增加费用 4.42 亿元。

（8）所属中铝股份贵州分公司 2011 年 5 月，未经评估收购了一宗煤矿 80%的股权，至 2014 年底支付收购款 2.34 亿元。

（9）所属中铝贵州矿业有限公司 2013 年 7 月，未经上级公司批准，同意参股企业收购 5 家煤炭企业股权，至 2014 年底支付收购款 3.19 亿元。

（10）2011 年至 2013 年，所属中铝国际贸易有限公司等 2 家企业未按合同约定或上级公司要求，违规发货和预付货款，涉及金额 2.34 亿元。

（11）2014 年，所属中铝华中铜业有限公司违规为其他企业开展虚假保理业务提供便利，面临赔付银行 2.15 亿元的资金风险。

（12）所属云铜集团未及时清理 2 家账外公司，涉及账面资产 1084.5 万元。

（13）2012 年至 2014 年，所属 2 家参股企业擅自对外提供担保 53.65 亿元，其中 2014 年 31.72 亿元；1 家参股企业长期从其他企业高息借款，至 2015 年 6 月余额 1.69 亿元。

（14）2010 年至 2013 年，所属中铝河南国际贸易有限公司违规为 8 家企业办理应收账款保理业务等，至 2015 年 6 月累计融资 46.06 亿元。

（15）2012 年至 2014 年，所属中铝国际贸易有限公司等 3 家企业违规对外出借资金、垫资建设和委托贷款共计 37.04 亿元，其中 2014 年 10.41 亿元；至 2015 年 6 月，尚有 9.86 亿元逾期未收回。

（16）2007 年至 2012 年，所属中铝股份重庆分公司等 4 家企业组织的 3 个项目未按规定公开招投标或招投标管理不规范，涉及金额 6.87 亿元。

8. 在信息化建设方面，至 2014 年 10 月，中铝公司本部及所属 80 多家企业分别存在财务信息系统未实现互联互通、个别信息系统闲置和未经授权访问、财务信息系统不具备符合国家标准要求的数据接口、“容灾”中心无法提供连续性服务等问题。

（三）发展潜力方面。

1. 2011 年至 2014 年，中铝公司科技投入比重分别为 1.56%、1.82%、1.31%、1.13%，研发投资比重分别为 1.33%、1.32%、0.76%、0.68%，与监管部门 2.5%、1.8%的要求均存在较大差距。

2. 至 2014 年 4 月，中铝公司有 972.35 亿元资产质量较差，包括连续 3 年亏损或资产负债率已超过 85%的企业资产、闲置 2 年以上的主业资产，以及待处置的停产或待清算资产等。

（四）廉洁从业方面。

1. 2012 年和 2014 年，中铝公司本部及所属云铜集团等 2 家单位违规购买 14 辆高档公务车，共计 654.44 万元，其中中央八项规定出台后购买 1 辆、金额 38 万元。

2. 2013 年至 2014 年，所属中铝河南国际贸易有限公司等 4 家单位违规列支高档烟酒等费用 134.48 万元，其中 2014 年 19.32 万元。

3. 2009 年至 2011 年，所属云铜集团等 2 家企业及其下属企业违规发放领导班子薪酬 588.17 万元。

4. 2012 年至 2013 年，所属中铝国际贸易有限公司超标准召开会议 2 个，费用共计 576.23 万元。

5. 至 2015 年 6 月，所属贵阳铝镁设计研究院有限公司 47 名中层以上党员干部违规持有职工持股企业 257.82 万元的股份。

6. 2006 年，中铝公司未按要求对企业住房分配货币化改革情况进行清理整改并上报结果，抽查有 2 名公司领导人员违规获得住房补贴，共计 241.61 万元。

三、审计处理及整改情况

对此次审计发现的问题，审计署已依法出具了审计报告、下达了审计决定书。中铝公司具体整改情况由其自行公告。

审计中发现的相关违法违纪问题线索，已依法移送有关部门进一步调查处理。

中华人民共和国审计署审计结果公告（2016 年第 18 号）

中国东方航空集团公司 2014 年度财务收支审计结果

（2016 年 6 月 29 日公告）

根据《中华人民共和国审计法》的规定，审计署 2015 年对中国东方航空集团公司（以下简称东航集团）2014 年度财务收支情况进行了审计，重点审计了东航集团本部及中国东方航空股份有限公司、上海东航投资有限公司（以下分别简称东航股份、东航投资公司）等 6 家二级单位，并对有关事项进行了延伸和追溯。

一、基本情况

东航集团成立于2002年8月，主要从事航空运输、通用航空、航空食品、进出口贸易、金融期货、传媒广告、旅游票务、酒店管理等。据合并财务报表反映，东航集团2014年底拥有全资和控股子公司127家、参股公司56家；注册资本148.76亿元，资产总额1791.9亿元，负债总额1490.46亿元，所有者权益301.44亿元，资产负债率为83.18%；当年实现营业收入947.45亿元，净利润21.81亿元，净资产收益率7.47%，国有资本保值增值率109.7%。

瑞华会计师事务所受东航集团委托对其2014年度合并财务报表进行审计，出具了标准无保留意见的审计报告，该审计报告在中国货币网公开。

审计署审计结果表明，东航集团围绕“打造世界一流、建设幸福东航”的战略目标，加强航线枢纽网络建设，优化机队结构，推进业务整合和转型，改进内部管理，强化飞行安全保障。审计也发现，东航集团在财务管理和会计核算、企业重大决策和管理、发展潜力、廉洁从业、以前年度审计查出问题整改等方面存在一些问题。

二、审计发现的主要问题

（一）财务管理和会计核算方面。

1.2009年至2014年，东航集团本部少计历史遗留债务产生的财务费用14.24亿元，其中2014年2.6亿元。

2.2010年至2014年，所属上海营业部将应支付的机票销售代理费直接冲抵机票销售收入，导致少计营业收入和营业成本各7.38亿元，其中2014年1.53亿元。

3.2014年，东航集团合并财务报表内部交易抵销不充分，导致多计资产2.26亿元，多计负债2.08亿元，多计收入1.11亿元，多计成本费用9295.95万元。

4.所属东航股份未按规定及时收回保险资金，至2015年6月底少计营业外收入3205.27万元。

5.至2015年6月底，东航集团未将2009年拨付下属单位的2800万元资本性补助确认为长期股权投资，而是作为往来款项核算，导致少计股权投资。

6.2014年底，所属上海营业部多预提机票销售代理手续费，导致多计成本费用1495.28万元。

7.2010年至2014年，所属东航投资公司等4家企业未将发放给职工的交通补贴等1075.23万元纳入工资总额管理，其中2014年356.17万元。

8.2005年至2013年，所属东方航空进出口有限公司违规为员工购买商业保险815.55万元。

9.2014年，所属北京分公司等4家企业代职工承担个人所得税，导致多计成本费用628.69万元。

10.2013年至2014年，所属上海东方航空实业有限公司向其下属单位转嫁业务招待费189.02万元，其中2014年106.91万元。

（二）企业重大决策和管理方面。

1.2010年，所属云南航空房地产开发经营有限公司未按规定退出房地产业务，投资6.09亿元开发房地产项目，并在项目建设期间违规确定3个标段（合同金额5.99亿元）的中标单位。该项目因资金不足等原因停工，至2014年底已计提减值准备1.21亿元。

2.2011年至2012年，所属东航投资公司、东方航空传媒股份有限公司未经集团批准，违规将1.91亿元资金用于股指期货等高风险投资。

3.2009年至2011年，所属韩国营业部原负责人通过编造虚假支出合同等方式非法侵占公司资金1.41亿元，2013年7月被韩国法院以受贿罪判处有期徒刑6年。至2015年6月底，上述资金仍未追回。

4.2011年至2014年，所属中国东方航空江苏有限公司将不符合公司制度规定的航线，经内部审批后对外承包经营，造成亏损4311.06万元。

5.2012年至2014年，所属上海营业部违规采取多支付奖励款或减免客票销售款等方式奖励4家机票代理机构1037.57万元，其中2014年25.54万元。

6.2008年1月至2015年4月，所属中国联合航空有限公司河北分公司等3家企业向“三产”企业派驻人员并承担其薪酬7997.59万元，还无偿提供部分房产和车辆供“三产”企业使用，其中2014年承担薪酬972.18万元。

7.2009年至2014年，所属东航投资公司等3家企业20个项目未按规定招标，涉及63份合同、金额3.05亿元，其中2014年0.29亿元。

8.2011年至2014年8月，所属上海东航置业有限公司对工程项目监管不到位，施工单位违规将工程项目转包给个人，涉及金额 5021.91 万元，并多结算工程款 1671.9 万元。

9.2013 年，所属东航股份虹桥西区配餐楼项目因设计不合理而改变用途，造成损失 168.49 万元，另有总值 972.87 万元的设备闲置。

10.2007 年，所属上海东方航空食品有限公司违规将不符合招标文件要求的企业确定为建设项目施工总承包商，并多结算工程款 8566 万元。

11. 所属上海东方航空食品有限公司未按规定招标，直接同上海东航伊人食品销售有限公司签订航空食品购货合同，2006 年至 2010 年累计购货 5.97 亿元。

12.2011 年至 2014 年，所属东方航空技术有限公司在库存航材一直未领用的情况下，持续从 29 家供应商采购 572 种相同航材，涉及金额 2385.31 万元，其中 2014 年 113.9 万元。

13. 所属中国货运航空有限公司未及时处理闲置航材，航材贬值严重，至 2015 年 6 月底，除已计提存货跌价准备 1.7 亿元、固定资产减值准备 3795.45 万元外，账面净值 4237.16 万元的剩余航材面临损失风险。

14.2013 年，所属东航旅业投资（集团）有限公司在原资产评估结果失效的情况下，未按规定重新评估，直接将 10 套房产作价 2531.98 万元对外转让。

15. 至 2015 年 6 月底，东航集团及所属单位 20.91 万平方米土地和房产未及时办理产权登记或变更手续。

16.2008 年和 2010 年东航集团分别启动对所属西北公司、云南公司的清算，至 2015 年 6 月仍未完成，上述两家公司 2014 年底账面资产共计 18.81 亿元。

17. 东航集团在信息化建设中，存在信息系统异地灾备中心建设滞后、信息化产品整体国产化率较低以及部分信息系统设计不合理等问题。

（三）发展潜力方面。

1.2012 年至 2014 年，东航集团科技投入分别为 272 万元、117 万元和 1925 万元，分别占同期主营业务收入的 0.003%、0.001%和 0.023%，与监管部门要求的 2.5%存在较大差距。

2. 东航集团航空运输主业受油价和汇率等市场因素影响较大，配套产业规模较小，应对市场波动风险能力偏弱。

3. 东航股份客票销售较为依赖代理商，2014 年客票直销比例仅为 23.2%，向代理商支付手续费 25.2 亿元。

（四）廉洁从业方面。

1.2012 年，所属地面服务部下设的后勤保障部对参与保洁项目竞标的一家企业给予“关照”，至 2015 年 6 月，地面服务部累计支付服务费 850.26 万元，其中 2014 年 283.96 万元。

2.2011 年以来，所属上海东方福达运输服务有限公司与特定关系企业开展业务；至 2015 年 6 月底，尚有 160.96 万元货运收入无法收回。

3.2009 年至 2015 年 6 月底，所属东方航空云南有限公司等 3 家单位 148 名管理人员违规持有关联企业股份，取得分红 35.56 万元。

4.2012 年至 2015 年初，所属东方航空进出口有限公司副总经理公款报销 11.17 万元打高尔夫球费用，其中 2014 年 4.5 万元。

（五）以前年度审计查出问题整改情况。

审计署 2009 年对东航集团审计中指出，所属中国东方航空西北公司等 2 家企业 1423.27 万元往来款长期挂账，未及时清理。此问题至此次审计时尚未完全整改。

三、审计处理及整改情况

对此次审计发现的问题，审计署已依法出具了审计报告、下达了审计决定书。东航集团具体整改情况由其自行公告。

审计发现的违纪违法问题线索，已依法移送有关部门进一步调查处理。

中华人民共和国审计署
审计结果公告
（2016年第19号）

中国南方航空集团公司
2014年度财务收支审计结果

（2016年6月29日公告）

根据《中华人民共和国审计法》的规定，审计署2015年对中国南方航空集团公司（以下简称南航集团）2014年度财务收支情况进行了审计，重点审计了南航集团本部及中国南方航空股份有限公司（以下简称南航股份）等2家二级单位，并对有关事项进行了延伸和追溯。

一、基本情况

南航集团成立于2002年10月，主要从事公共航空客、货、邮运输，航空器材及设备的维修和进出口，航空客货及地面代理、飞机租赁、航空培训与咨询等。据合并财务报表反映，南航集团2014年底拥有全资和控股子公司8家、参股公司33家；注册资本111.96亿元，资产总额1967.52亿元，负债总额1515.66亿元，所有者权益451.86亿元，资产负债率为77.03%；当年实现营业收入1091.8亿元，净利润30.83亿元，净资产收益率7.04%，国有资本保值增值率108.96%。

致同会计师事务所受南航集团委托对其2014年度合并财务报表进行审计，出具了标准无保留意见的审计报告，该审计报告在中国货币网公开。

审计署审计结果表明，南航集团生产规模稳步增长，客运量、货邮载运量、飞行小时数均有所上升，不断改进内部管理，努力保证安全飞行等方面也取得一定成效。审计也发现，南航集团在财务管理和会计核算、企业重大决策和管理、发展潜力、廉洁从业等方面存在一些问题。

二、审计发现的主要问题

（一）财务管理和会计核算方面。

1.2014年，所属广州白云国际物流有限公司等4家企业对关联交易信息披露不准确，涉及金额3.03亿元。

2.2010年至2012年，所属南航股份超工资总额向员工发放安全管理奖，多计成本费用1.17亿元。

3.2013年，所属南航股份将以前年度的货运延伸服务收入延迟确认为当年其他业务收入，导致2013年多计收入7746.82万元。

4.2009年11月至2014年6月，所属中国南方航空河南航空有限公司（以下简称河南公司）飞行部空勤食堂，违规将公司财务部拨入的1905.72万元资金转入以职工个人名义开设的账户支用，其中以现金、购物卡等方式向空勤等人员发放各类补助1076万元，列支招待费及礼品费66.43万元。

5.2009年至2013年，所属河南公司列支员工服装款404.17万元，未纳入工资总额管理。

（二）企业重大决策和管理方面。

1.2013年1月，南航股份未经总经理办公会集体决策，将1架A321飞机的采购付款方式由融资租赁变更为以自有资金支付，涉及金额2.7亿元。

2.2011年至2012年，所属广州南航建设有限公司对中国南方航空大厦项目工程的中标单位监管不严，中标单位违规层层转包给无资质的施工队，涉及金额5.77亿元。

3.1998年至2014年，所属沈阳维修基地在承担关联企业沈阳北方飞机维修有限公司维修业务中，少收人工等费用约1.23亿元。

4.2010年至2015年，所属建设开发有限公司2个房地产开发项目实际净利润1.1亿元，未达到预期收益目标。

5.2009年至2014年，所属河南公司在未按规定进行招标的情况下签订材料和服务采购合同33份，涉及金额8122.88万元，其中2014年900万元。

6.2013年4月，所属南航股份机务工程部在采购飞机座椅时，违规先与供应商进行实质性谈判，后再经邀请招标确定其为供货商，合同金额3278万元。

7.2010年4月，所属南航股份客舱部在事先与供应商签订供货合同后，再履行招标程序确定其中标，2012 年又未经公开招标确定其为供应商，至 2014 年底，累计接受供货额 2815.42 万元。

8.2011 年 7 月，所属南航股份客舱部在机舱洋酒采购公开招标中，使不具备资质的供应商通过审查并中标。至 2014 年 10 月，累计接受供货额 1893.67 万元。

9.2006 年至 2014 年，所属南阳姜营机场扩建工程建设指挥部在未按规定进行招标的情况下，签订工程建设和设备、服务采购等各类合同 7 份，涉及金额 827 万元。

10.2014 年 2 月，所属沈阳维修基地及机库建设工程指挥部在未按规定进行招标的情况下签订 1 份施工协议，涉及金额 444.71 万元。

11.2009 年至 2014 年，所属河南公司 11 个部门违规以部门名义对外签订 178 份合同，涉及金额 3413.65 万元，其中 2014 年 287.23 万元。

12.2009 年至 2014 年，所属河南公司在未签订相关服务合同的情况下，向 7 家酒店支付延误航班等服务费 27.07 万元，其中 2014 年 12.95 万元。

13.2009 年至 2014 年，所属河南公司未严格执行合同约定，对外多支付行李派送费 18.82 万元，其中 2014 年 4.77 万元。

14.2009 年至 2013 年，所属南航股份客舱部与供应商签订合同，将商品销售折扣折让 1047.43 万元，转为由供应商代管的合作基金，之后以报销费用等形式从中列支本单位人员出国培训费等 390.94 万元。至 2015 年 6 月，结余 656.49 万元。

15.2009 年 1 月，所属湖南分公司将机场出勤楼交由不具备资质的关联企业南天实业公司经营住宿业务。至 2014 年底，后者累计取得住宿收入 558.42 万元。

16.2011 年，所属三亚南航房地产开发有限公司未按规定退出房地产业务，启动“三亚南方航空区域总部综合体项目”。该项目因资金紧张等原因停工，前期投入 297.96 万元形成损失。

17.2012 年 8 月，南航集团将 3.29 万平方米土地无偿授权给关联企业河南航空实业发展有限公司经营管理，后者 2013 年和 2014 年从中取得收入 40.14 万元。

18.2013 年 1 月，所属三亚南航房地产开发有限公司以会务费名义，向旅行社支付新春茶话暨答谢会费用 11.59 万元。

19.2009 年至 2012 年，所属南航股份年度采购计划编制时间较晚、技术改造投资计划执行过程中调整变化大，计划指导性不强。

20. 所属南航股份在信息化建设中，存在部分系统开发未实现预期效果、部分信息系统国产化率低等问题。

（三）发展潜力方面。

1.2012 年至 2014 年，南航集团科技投入分别为 1.02 亿元、1.23 亿元、1.33 亿元，分别占同期主营业务收入的 0.10%、0.13%、0.12%，与监管部门要求的 2.5%存在较大差距。

2. 南航集团航空运输主业受油价和汇率等市场因素影响较大，配套产业规模较小，应对市场波动风险能力偏弱。

3. 所属南航股份客票销售较为依赖代理商，2014 年客票直销比例仅 18.88%，共向代理商支付手续费 32.52 亿元。

4. 所属南航股份 2011 年引进的 5 架空客 A380 飞机利用率低，运营持续亏损，加大了企业经营压力。

（四）廉洁从业方面。

1.2010 年至 2013 年，所属三亚南航房地产开发有限公司以公款支付高尔夫球消费 94.5 万元，其中中央八项规定出台后消费 48 次，支出 19.37 万元。

2.2012 年至 2013 年，所属湖南分公司在下属单位报销应由个人承担的餐费、会务费等支出 24.58 万元，其中中央八项规定出台后报销 17.68 万元。

三、审计处理及整改情况

对此次审计发现的问题，审计署已依法出具了审计报告、下达了审计决定书。南航集团具体整改情况由其自行公告。

审计中发现的相关违法违纪问题线索，已依法移送有关部门进一步调查处理。

中华人民共和国审计署
审计结果公告
（2016年第20号）

招商局集团有限公司
2014年度财务收支审计结果

（2016年6月29日公告）

根据《中华人民共和国审计法》的规定，审计署2015年对招商局集团有限公司（以下简称招商局集团）2014年度财务收支情况进行了审计，重点审计了招商局集团本部及所属招商局地产控股股份有限公司、招商局工业集团有限公司（以下分别简称招商地产、招商工业）等8家二级单位及其参股的招商银行股份有限公司（以下简称招商银行）总行，并对有关事项进行了延伸和追溯。

一、基本情况

招商局集团成立于1986年10月，主要从事交通运输、金融、房地产等业务。据合并财务报表反映，招商局集团2014年底拥有全资和控股子公司573家、参股公司260家；注册资本141.43亿元，资产总额6241.58亿元，负债总额3626.81亿元，所有者权益2614.77亿元，资产负债率为58.11%；当年实现营业收入932.75亿元，净利润278.92亿元；净资产收益率11.85%，国有资本保值增值率116.1%。

信永中和会计师事务所受招商局集团委托对其2014年度合并财务报表进行审计，出具了标准无保留意见的审计报告，该审计报告在中国货币网公开。

审计署审计结果表明，招商局集团不断完善战略管理体系，加强内部控制和成本管控，协调推动运输业整合重组，推进优化生产布局和工业区转型升级，促进产业转型和创新。审计也发现，招商局集团在财务管理和会计核算、企业重大决策和管理、发展潜力、廉洁从业、以前年度审计查出问题整改等方面存在一些问题。

二、审计发现的主要问题

（一）财务管理和会计核算方面。

1.2009年至2014年，招商局集团在合并财务报表时违规多计提坏账准备17.42亿元，其中2014年6.91亿元。

2.2014年，所属招商局集团（香港）有限公司违规少计衍生金融负债公允价值变动产生的投资收益5.72亿元。

3.2014年，所属招商局重工（江苏）有限公司在收购船厂过程中，有9400.44万元收入未按规定计入递延收益进行分摊，相应支出也未计入无形资产。

4.2010年至2014年，所属招商证券股份有限公司超工资总额列支员工奖金等2.6亿元，其中2014年0.71亿元。

5.2013年至2014年，招商银行违规将个人所得税代扣代缴手续费和国债发行手续费返还收入共计1.39亿元用于职工福利，其中2014年0.46亿元。

6.2007年至2014年，所属招商地产向招商局集团10名高管及其亲属销售房产总额4568.44万元，对此未按规定在财务报告中披露，其中2014年2705.12万元。

7.2012年，招商银行总行在公务用车改革尚未实施的情况下预提公务用车改革费用4000万元。至2015年5月，仍在往来科目挂账。

8.2012年，招商局集团参股的中国南山开发（集团）股份有限公司（以下简称南山集团）及其下属华南建材（深圳）有限公司应收未收股利分红1650万元，未按规定记作投资收益。

9.2007年至2015年5月，南山集团等2家企业对高管薪酬中的5311.6万元未按规定代扣代缴个人所得税，其中2014年涉及金额899.5万元。

10.2010年至2014年，所属漳州招商局码头有限公司等2家企业违规列支职工旅游费等共计647.73万元，其中2014年159.94万元。

11.2007年至2015年7月，所属招商局重庆交通科研设计院有限公司（以下简称重庆交科院）等3家单位私设“小金库”551.28万元，其中2014年291.93万元。至2015年7月，尚有余额141.13万元。

（二）企业重大决策和管理方面。

1.2010年至2014年，招商局集团在漳州开发区开发管理中，存在部分地块未按规定报经当地政府批准或进行价值评估即实施收储，以及低于收储成本出让等问题，涉及金额共计16.04亿元，其中2014年0.61亿元。

2.招商银行2014年新增小微企业贷款较上年下降57.95%，不符合监管相关要求。2012年至2014年，违规向办理贷款的小微企业收取中间业务费共计631.57万元，其中2014年300.91万元。

3.2010年至2012年，招商局集团未按规定报经批准即进行非主业投资，新建和改造4家酒店投资共计27.21亿元。

4.招商局集团2010年在未按规定履行决策程序且未经评估的情况下，出资4.93亿元收购净资产1.49亿元的3家外资冷链项目公司，至2014年计提减值准备1.72亿元，3家项目公司经营亏损5255.43万元。

5.2010年，招商局集团在项目所在地片区规划即将调整、项目规划设计方案未获得主管部门批准的情况下，违规批准所属单位开工建设一座仓库，因无法取得规划和施工许可于2011年7月停建，前期投入的2081.02万元面临损失风险。

6.招商银行2012年违规出资3.1亿元购置高档会所，原拟用于产品推介、休闲、娱乐等高端商务活动，至2015年底仍未予处置或有效利用。

7.2010年至2014年，所属招商工业等6家单位存在设备材料和服务采购等未按规定招标等问题，涉及金额599.66亿元，其中2014年170.98亿元。

8.2010年至2011年，所属重庆交科院未按规定报招商局集团批准，投资建设3个市政BT项目，合同金额27.1亿元。

9.2013年，所属招商国际未按规定报招商局集团批准，对一个境外BOT项目追加投资8400万美元。

10.2013年，所属招商局蛇口工业区有限公司（以下简称蛇口工业区）在3个建设项目招标中，违规向定标委员会成员推荐中标候选人，所推荐的中标候选人进入摇号阶段并中标，涉及合同总额8.59亿元。

11.2010年，所属蛇口工业区在明知前海规划即将调整的情况下，批准下属深圳市南油（集团）有限公司物通大楼项目开工建设，规划调整后其投入的269.52万元面临损失风险。

12.南山集团在未按规定报经董事会审批的情况下，2003年同意下属深圳市南山开发实业有限公司合作开发房地产项目，总投资7.83亿元；2010年同意下属雅致集成房屋股份有限公司将持有的一家公司股份按账面净值协议转让给个人。

13.2010年8月至2014年4月，所属招商局物流集团有限公司以合作经营名义，向2家无公路运输资质的企业融资694.71万元供其购买营运车辆，并违规与其开展外协运输业务，支付运费3.2亿多元。目前，部分车辆因涉及营运安全事故被提起诉讼，存在一定法律风险。

14.2012年，漳州开发区明知区内文化广场地下车位不能按期建设，仍安排所属公司出资9400万元向开发商购买其中部分车位，实际至2015年7月尚未开工；同年还向区内另一家企业多支付征地补偿款432.88万元，至2014年底仍未收回。

15.2012年，所属中国投资管理有限公司作为基金管理人以3000万元增资一家企业，因前期调查论证不充分，未能达到预期收益，至2015年7月，有1127.5万元投资款及利息仍未收回。

16.2012年至2014年6月，所属招商局资本投资有限责任公司董事会未按规定定期召开会议，仅在成立时召开过一次董事会。

17.在信息化建设方面，至2014年底，招商局集团32个等级保护评定级别为二级以上的信息系统未按规定在当地公安机关备案；招商局集团使用的一款会计核算软件未参加数据接口产品认证，无年度产品认证监督确认书；招商地产企业资源计划系统（ERP）管理员账号开设审批程序不规范，存在业务信息泄露或被篡改的隐患。

（三）发展潜力方面。

1.2010年至2014年，招商局集团科技投入占主营业务收入的比重分别仅为0.37%、0.37%、0.26%、0.26%和0.28%，研发投入占主营业务收入的比重分别仅为0.29%、0.35%、0.20%、0.24%和0.27%，与监管部门要求的2.5%和1.8%存在较大差距。

2. 所属重庆交科院2010年至2014年承担的64项专项课题中有29项未按期完成，占45.31%；2012年获准建设、计划3年完成的公路隧道建设技术国家工程实验室项目，实施进度滞后，至2015年6月仅完成投资938.41万元，占总投资的12.53%。

（四）廉洁从业方面。

1. 2013年至2014年，招商局集团本部违反中央八项规定精神购买购物卡6.03万元、列支高档酒水费用108.57万元，所属及参股单位购买购物卡、列支高档酒水费用共计3013万元，其中2014年2286.9万元。

2. 2013年至2014年，招商局集团本部违反中央八项规定精神支付高尔夫球卡管理、消费费用7.5万元，所属及参股单位支付670.2万元，其中2014年共计202.61万元。

3. 2010年至2014年，南山集团2名高管人员违规兼职取酬9.1万元，其中2014年3万元。

4. 2012年至2013年，南山集团超标准购买价值135.76万元和134.91万元的轿车各一辆，供公务使用。

5. 2013年，所属深圳招商房地产有限公司未按合同约定向招商地产1名高管收取购房延期付款违约金91.64万元。

6. 2008年至2009年，招商局集团3名高管在购买南山集团开发楼盘过程中，违规享受市场折扣之外的额外优惠，总计63.26万元。

（五）以前年度审计查出问题整改情况。

1. 审计署2011年审计中指出，招商地产未经招标将工程项目直接委托给下属深圳市招商建设有限公司，后者又违规转包。对此，招商地产未有效堵塞管理漏洞，2013年仍违规直接委托这家下属企业建设2个项目，合同金额7.92亿元中有4.36亿元违规转包。

2. 审计署2011年审计中指出，招商工业下属友联船厂（蛇口）有限公司向员工发放“总经理奖励基金”时未按规定代扣代缴个人所得税。对此，招商工业未有效堵塞管理漏洞，2012年至2014年发放“总经理奖励基金”293万元时，仍未代扣代缴个人所得税。

三、审计处理及整改情况

对此次审计发现的问题，审计署已依法出具了审计报告、下达了审计决定书。招商局集团具体整改情况由其自行公告。

审计中发现的相关违法违纪问题线索，已依法移送有关部门进一步调查处理。

中华人民共和国审计署
审计结果公告
（2016年第21号）

香港中旅（集团）有限公司2014年度财务收支审计结果

（2016年6月29日公告）

根据《中华人民共和国审计法》的规定，审计署2015年对香港中旅（集团）有限公司（以下简称港中旅集团）2014年度财务收支情况进行了审计，重点审计了港中旅集团本部及港中旅华贸国际物流股份有限公司（以下简称华贸公司）等5家二级单位，并对有关事项进行了延伸和追溯。

一、基本情况

港中旅集团成立于1985年10月，主要从事旅游及相关文化产业、实体投资（钢铁）、房地产开发经营、物流贸易等。据合并财务报表反映，港中旅集团2014年底拥有全资和控股子公司361家、参股公司23家；注册资本70.53亿元，资产总额981.02亿元，负债总额684.65亿元，所有者权益296.37亿元，资产负债率为69.79%；当年实现营业收入503.14亿元，净利润14.77亿元，净资产收益率5.14%，国有资本保值增值率102.5%。

大华会计师事务所受港中旅集团委托对其2014年度合并财务报表进行审计，出具了标准无保留意见的审计报告，该审计报告在中国货币网公开。

审计署审计结果表明，港中旅集团能够规划

全局发展、细化商业计划，完善集团产业布局，强化主业支撑地位，优化法人治理结构，初步形成了重大事项董事会决策制度。审计也发现，港中旅集团在财务管理和会计核算、企业重大决策和管理、发展潜力、廉洁从业等方面存在一些问题。

二、审计发现的主要问题

（一）财务管理和会计核算方面。

1. 2009 年至 2015 年 7 月，港中旅集团本部及所属 3 家单位违规申报或使用专项资金 20.84 亿元，其中 2014 年将本应用于产业升级改造的 3 亿元主要购买了理财产品。

2. 2006 年至 2015 年 6 月，所属陕西渭河发电有限公司等 4 家单位少计售电等收入 0.83 亿元，少计宣传推广费用等成本 0.91 亿元，多计住房公积金等成本 1.66 亿元，其中 2014 年少计收入 0.79 亿元，少计成本 0.29 亿元。

3. 2013 年至 2015 年 7 月，所属中旅国际会议展览有限公司违规使用已废止的发票等报销机票费用 6693.19 万元，其中 2014 年 2932.97 万元；2012 年至 2014 年 47 个已组织完成的旅行团，其收入 753.11 万元和支出 485.43 万元长期在往来款挂账，未及时清理并计入收入和支出。

（二）企业重大决策和管理方面。

1. 2007 年，港中旅集团未经集团董事会批准和发展改革委核准，违规建设计划总投资 41.36 亿元的青岛海泉湾度假区项目；并在土地竞买中，向竞争对手支付 2000 万元，使其退出竞买。至 2014 年底，该项目累计完成投资 27.87 亿元，因可行性研究不充分等造成亏损 2 亿元。

2. 2014 年，所属华贸公司未取得规划、用地、施工许可等手续，违规租用 82.44 亩农用地建设仓储设施，涉及投资金额 3575.51 万元。

3. 2011 年至 2014 年，港中旅集团未经董事会审批，对外发放委托贷款等合计 264 亿元，其中 2014 年 70 亿元。

4. 2010 年，港中旅集团未经董事会批准，为解决珠海海泉湾度假区一期项目连年亏损的经营困难，部署推进二期项目建设。至 2014 年底，一、二期项目累计完成投资 42.3 亿元，亏损共计 7.45 亿元。

5. 2011 年，所属港中旅（沈阳）置业有限公司未经资产评估，将 2005 年以 3361.22 万元摘牌取得的 95.32 亩土地置换给地方政府。

6. 2006 年至 2014 年，所属港中旅（青岛）海泉湾有限公司等 5 家企业的 216 个工程建设项目未按规定公开招投标，涉及金额 35.87 亿元，其中 2014 年 1.24 亿元。

7. 至 2014 年底，港中旅集团投资 8.65 亿元建设的陕西咸阳海泉湾度假区项目因可行性研究不充分，累计亏损 2.64 亿元。

8. 2007 年至 2008 年，所属港中旅（沈阳）置业有限公司“中旅国际小镇”项目中 4389.72 万元工程被违规转包；至 2014 年底，该项目因经营管理不善等，累计亏损 1.3 亿元。

9. 港中旅集团 2014 年制定的《集团项目招标管理办法》违反国家规定，将施工招标起始值由 200 万元提高至 300 万元。

10. 信息化建设方面，至 2015 年 6 月，港中旅集团本部及所属 3 家单位存在财务软件未建立国家标准数据接口、信息系统未建立异地数据备份等问题。

（三）发展潜力方面。

1. 2006 年至 2014 年，港中旅集团利润较为依赖钢铁业务；旅游主业产品创新不足，2012 年至 2014 年旅游业务利润主要来自老景区和老牌酒店。

2. 2011 年至 2014 年，港中旅集团科技投入比重分别为 0.0038%、0.08%、0%、0.05%，研发投资比重分别为 0.0038%、0.08%、0%、0.04%，与监管部门 2.5%、1.8%的要求均存在较大差距。

（四）廉洁从业方面。

1. 2013 年至 2015 年 5 月，港中旅集团部分高管人员违规在所属高尔夫球会消费 75.35 万元。

2. 2006 年至 2014 年，港中旅集团违规为高管人员发放服装津贴等 1923.89 万元，其中 2014 年 418.86 万元，中央八项规定出台后涉及集团领导班子成员的金额为 142.85 万元。

3. 2002 年至 2014 年，所属华贸公司等 2 家企业违规购买高尔夫球卡、购物卡等 793.1 万元，其中 2014 年 29.55 万元，中央八项规定出台后涉及金额 59.62 万元。

4. 2013 年至 2014 年，所属华贸公司超标准购车3辆，涉及金额181.46万元，其中2014年1辆，涉及金额45.67万元。

三、审计处理及整改情况

对此次审计发现的问题，审计署已依法出具了审计报告、下达了审计决定书。港中旅集团具体整改情况由其自行公告。

审计中发现的相关违法违纪问题线索，已依法移送有关部门进一步调查处理。

中华人民共和国审计署
审计结果公告
（2016年第22号）

中国农业银行股份有限公司2014年度资产负债损益审计结果

（2016年6月29日公告）

根据《中华人民共和国审计法》规定，审计署2015年对中国农业银行股份有限公司（以下简称农业银行）2014年度资产负债损益情况进行了审计，对有关事项进行了延伸和追溯；重点审计了总行和上海、浙江、江苏、广东、山东、四川和香港7家分行以及农银金融租赁有限公司（以下简称农银租赁）等下属子公司。

一、基本情况

农业银行于2010年7月完成沪港两地上市。据合并财务报表反映，农业银行2014年底资产总额159741.52亿元，负债总额149415.33亿元，所有者权益10326.19亿元；当年实现营业收入5208.58亿元，净利润1795.1亿元。

审计结果表明，农业银行能够贯彻落实国家经济金融政策，坚持并完善“面向三农、城乡联动、融入国际、服务多元”的发展战略，不断提升经营管理水平，但在财务收支、重大决策制定和执行、业务经营、风险管控和廉洁从业方面也存在一些薄弱环节。

二、审计发现的主要问题

（一）财务收支方面。

1.2012年至2014年，总行及6家分行在工资总额外通过“职工福利费”“劳动保护费”等科目列支伙食补贴、制装费等5.55亿元，其中2014年2亿元；总行还超过财政部规定标准，为职工多缴存住房公积金1.58亿元，其中2014年6043.47万元。

2.2014年，四川分行在未向担保方进行追偿情况下转让不良资产3.65亿元；浙江和广东分行以低于抵质押物评估值的价格转让不良资产32.04亿元。

3.2013年至2014年，浙江、山东、江苏、上海4家分行存在少计收入、多计支出等损益不实问题，涉及金额2357.67万元，其中2014年2254.88万元；山东、浙江、江苏3家分行存在会计核算不准确问题，涉及金额1.69亿元，其中2014年1.14亿元。

4.农业银行总行有109套住房从2010年至2014年底长期闲置；江苏分行至2015年5月底有131宗房产长期处于闲置或部分闲置状态；广东分行广州北秀支行2012年7月起租赁一处营业用房，因无法装修，至2014年8月一直处于闲置状态；农银财务有限公司于2013年计划撤销，其6799.5万港元存款等资产闲置近2年时间。

（二）重大决策制定和执行方面。

2014年，农业银行未经董事会审批，向农银租赁增资80亿元、向农银人寿保险股份有限公司（以下简称农银人寿）增资35.7亿元。农银人寿增资事项在未经该公司股东大会同意的情况下，先行支付增资资金9.99亿元；2012年至2014年期间农银人寿董事会人数为9至10人，未达到公司章程规定的11人。

（三）业务经营方面。

1.2012年至2014年，农业银行涉农贷款增速放缓，3年平均增幅12.43%，低于同业平均增幅4.92个百分点；未严格执行涉农贷款统计制度，将367.14亿元非涉农贷款按涉农贷款进行统计；农银租赁涉农租赁合同金额仅占该公司全部租赁业务的8.46%，未能体现服务“三农”特色。此外，抽查发现个别分支机构存在涉农贷款利率上浮情况。

2.“金穗惠农通”工程部分电子机具闲置，其中浙江分行2014年及以前年度安装的15746台电子机具中，有4215台自2015年以来无交易记录；北京等6家分行2012年至2014年发放的惠农卡共计开卡491.42万张，至2014年底，有345.5万张开卡后无交易或已销卡。

3.2012年至2014年，为规避信贷规模管理，总行和部分分行通过购买境外子公司农银国际控股有限公司信托计划收益权等多种方式，向境内企业融资1420.3亿元（2014年540.6亿元），部分投向限制性行业和领域；2014年在工业和信息化部公布当年淘汰落后和过剩产能企业名单后，农业银行仍向其中33户发放贷款35.35亿元；江苏分行在2012年至2014年期间，通过定向理财方式向火电、造纸等限制性行业和领域的企业提供融资87.55亿元。

4.2012年至2014年，农业银行单户授信500万元以下企业贷款分别下降2.76%、10.27%和3.20%；浙江等6家分行未严格执行国家对小微企业的划分标准，将非小微企业的贷款计入小微企业贷款中，涉及金额55.2亿元。

5.2012年至2014年，农银租赁在未实际提供咨询服务的情况下，向融资客户收取咨询服务费13.01亿元，其中2014年2.23亿元。

6.2010年至2014年，山东、江苏、浙江、广东、四川、上海6家分行向提供虚假资料、贸易背景不实等不符合条件的企业违规办理贷款、承兑汇票等信贷类业务182.32亿元，其中2014年142.84亿元。

7.2012年至2014年，北京、山东、浙江、四川4家分行未经审批代销理财产品、为无国际结算需求的企业办理外汇掉期等中间业务，涉及金额110.66亿元，其中2014年72.44亿元。

8.2012年至2014年，云南分行等29家分支机构未经审批，违规为客户融资出具“抽屉协议”性质的担保及回购承诺，涉及金额251.74亿元（其中2014年70.79亿元），已形成垫款8.5亿元。

9.2014年，浙江、江苏2家分行通过将同业存款按照一般对公存款核算等方式，违规办理存款业务19.35亿元。

10.2011年12月，农银租赁在租赁物不存在、项目手续不全等情况下，违规开展房地产售后回租业务5.5亿元。

（四）风险管理和内部控制方面。

1.2011年至2014年，四川分行等6家分支机构未严格执行贷前审核，致使部分企业以虚假财务报表、购销合同等手段从农业银行取得贷款；广东分行等7家分支机构贷后检查制度执行不严，导致部分贷款企业不按规定使用贷款资金。上述问题涉及贷款金额187.38亿元，其中2014年61.48亿元。

2.2012年至2014年，总行和上海分行在未按规定报备的情况下，将部分集中采购的项目采用竞争性谈判等非招标方式采购，涉及金额169.83亿元，其中2014年42.71亿元；总行和上海分行向以虚假资质文件入围等不符合条件的企业采购16.81亿元。此外，农业银行由内、外部专家随机组成的集中采购评审委员会未能按规定履行职责。

3.至2014年底，总行未及时出台差旅费管理相关制度；2013年至2014年，总行249个出国团组中有167个未列入年初因公出国计划。此外，还存在部分信息系统缺少必要的数据控制功能、农业银行年金理事会违约提前赎回理财产品、个别分支机构违反行内规定代客户划转资金等问题。

（五）廉洁从业方面。

1.2013年至2014年，四川分行租用成都双流机场头等舱休息室119.25平方米，实际使用8174人次（含员工），支付租金748.84万元，其中2014年274.77万元。

2.2013年至2014年，山东分行部分分支机构以会议费、培训费等名义支出397.98万元，用于购买烟酒等，其中2014年217.29万元。

三、审计处理及整改情况

对审计发现的问题，审计署已依法出具了审计报告，下达了审计决定书。农业银行正在组织整改，已制定、完善相关规章制度35项（其中总行6项），并对相关责任人进行了处理。具体整改结果由农业银行向社会公告。

本次审计发现的违法违纪问题线索，已依法移送有关部门进一步调查处理。

中华人民共和国审计署审计结果公告（2016年第23号）

中国光大集团股份公司2014年度资产负债损益审计结果

（2016年6月29日公告）

根据《中华人民共和国审计法》规定，审计署2015年对中国光大集团股份公司（以下简称光大集团）2014年度资产负债损益情况进行了审计，对有关事项进行了延伸和追溯；重点审计了光大集团本部以及所属中国光大银行股份有限公司、光大证券股份有限公司、光大永明人寿保险有限公司、中国光大集团有限公司、光大金控资产管理有限公司、光大兴陇信托有限责任公司、中国光大实业（集团）有限责任公司（以下分别简称光大银行、光大证券、光大永明保险、光大香港、光大金控、光大信托、光大实业）等7家子公司。

一、基本情况

光大集团2014年重组后，下设7家一级子公司，业务范围涵盖银行、证券、保险、信托等多个金融领域及环保等实业领域。据合并财务报表反映，光大集团2014年底资产总额29575.65亿元，负债总额27101.01亿元，所有者权益2474.64亿元；当年实现营业收入947.88亿元，净利润332.67亿元。

审计结果表明，光大集团积极建立健全公司治理机制，完成改革重组，加快实施综合化经营，资产规模逐年增长，盈利水平不断提高，但在财务收支、重大决策制定和执行、业务经营、风险管控和廉洁从业方面也存在一些薄弱环节。

二、审计发现的主要问题

（一）财务收支方面。

1.2014年，光大银行广州分行将应当列入“应收款项类投资”科目进行会计核算的业务列入其他科目，造成会计核算不准确，涉及金额3.52亿元；北京、济南、上海3家分行为完成年度利润考核指标，通过少计收入或多计支出调节损益3911.57万元；光大银行6家分支机构和光大证券在会议费中超范围列支日常营销等费用共计2416.17万元。

2.2007年11月至2014年底，光大集团、光大银行和光大实业超出国家规定的上限，为职工多缴纳住房公积金共计7662.86万元，其中2014年731.79万元。

3.2008年至2015年6月，光大银行、光大金控、光大证券及所属公司在工资总额外，为员工购买商业保险及发放就餐补助等共计6355.67万元，其中2014年1466.55万元。

（二）重大决策制定和执行方面。

1.2015年1月至8月，光大集团7家所属一级子公司按规定应上报集团研究的各类重大事项共计71项，实际仅上报14项。

2.2013年10月，光大永明保险第25次公司董事会决定以10亿元的价格购置商业楼，集团派出参加上述会议及决策的董事未按规定向集团报告。

3.2010年至2014年，光大香港部分重大事项未按规定以董事会会议方式决策，而是以书面决议方式由常驻香港的3位董事签署；光大香港所属中国光大控股有限公司和中国光大国际有限公司除重大人事任免上报光大香港审批外，重大决策事项均由各自董事会决策，与光大香港“三重一大”决策制度不符。

（三）业务经营方面。

1.2014年，光大银行杭州分行等6家分支机构违规向不符合贷款条件的项目、企业及个人发放贷款，涉及金额25.55亿元。

2.2011年3月至2013年5月，光大银行北京分行等7家分支机构违规办理无真实贸易背景的票据、信用证业务，涉及金额26.62亿元。

3.2012年至2014年，光大银行上海、杭州、广州3家分行未严格执行国家对小微企业的划分标准，将非小微企业的贷款计入小微企业贷款中，涉及金额13.81亿元，其中2014年4.4亿元；杭州分行发放的1.4亿元小微企业贷款资金，实际被为小微企业提供担保的大型企业套取，其中

2014 年 3608 万元。

4.2010 年 10 月至 2015 年 1 月，光大永明保险违规以承诺收益方式获取保费收入，涉及金额 14.79 亿元，其中 2014 年 1.18 亿元；其所属光大永明资产管理有限公司通过购买本公司发起设立的理财产品，变相运用自有资金进行股票投资共计 1 亿元。

5.2010 年 2 月至 2015 年 1 月，光大金控出资 1420 万元，通过控股子公司违规以普通合伙人身份成立合伙企业从事私募基金业务，其中 2014 年出资 190 万元。

6.2014 年 5 月至 2015 年 3 月，光大金控超出其经营范围发放贷款 1.5 亿元，其中 2014 年 1 亿元。

7.2014 年 12 月至 2015 年 1 月，光大信托违规使用自有资金垫付信托贷款客户的欠息并形成不良，涉及金额 2003.44 万元，其中 2014 年 995.94 万元。

（四）风险管理和内部控制方面。

1.2009 年至 2014 年，光大银行、光大永明保险未严格执行集中采购招标制度，存在未按规定公开招标、逆程序采购等问题，涉及金额 3.93 亿元，其中 2014 年 444.76 万元。

2.2014 年，光大银行成都分行等 5 家分支机构未严格落实贷后管理制度，致使 28.15 亿元信贷资金被挪用；粤沪地区分支机构未有效控制钢贸等行业风险，导致相关分支机构出现大量不良贷款。2013 年 1 月至 2015 年 6 月，累计处置不良贷款 45.22 亿元，其中 2014 年 14.59 亿元。

3.2014 年，光大银行广州、杭州、南京 3 家分行办理售汇业务时，存在对客户提交的贸易合同真实性审核不严等问题，涉及金额 45.39 亿元。

4.2013 年至 2014 年，光大银行合肥、北京、杭州 3 家分行通过同业业务规避监管要求或在办理同业业务时操作不规范，涉及金额 26 亿元。此外，还存在通过贷款、信用证等业务变相吸收存款等不规范行为。

5.2012 年至 2014 年，光大银行未根据信用卡持卡人资信状况、用卡情况和风险信息对授信额度进行动态管理，在 448 名客户所持信用卡已形成 1039.26 万元呆账并核销的情况下，未将其名下其他光大信用卡的 1608.48 万元消费及时转为不良，其中 2014 年 740.93 万元。

6. 光大银行个别从业人员存在违规行为，其中上海分行 2 名理财经理私自销售股权投资基金，至 2015 年 5 月底，该基金余额 1.54 亿元已无法兑付；上海分行 1 名客户经理违规利用其个人账户帮助朋友向其负责管理的对公授信客户借款 70 万元；大连分行有关人员及亲属违规从事高利放贷活动。

7. 在信息系统建设和管理方面，光大银行存在客户信息记录异常、邮件系统日志管理不符合监管要求以及部分外包开发的信息系统未按规定进行验收等问题；光大证券 2013 年因交易软件未经测试即直接上线进行实盘操作，导致重大风险事件发生。

（五）廉洁从业方面。

1.2008 年至 2012 年，光大银行超标准建设后台服务中心和装修办公楼，涉及金额 7407.33 万元；光大永明所属子公司购买高档汽车 1 辆，涉及金额 55.85 万元。

2.2013 年至 2015 年，光大银行、光大证券、光大金控和光大香港违规报销费用，存在违反中央八项规定精神情况，涉及金额共 216.89 万元。

（六）以前年度审计查出问题整改情况。

审计署 2007 年审计中指出，光大银行存在通过发票报销等方式在工资总额外向员工发放车改补贴的问题，光大银行未予纠正，此后继续发生 2270.17 万元；2009 年审计中指出，光大香港所属三亚亚龙湾球会公司存在违规租赁农用地建设高尔夫球场的问题，至今尚未完成整改。

三、审计处理及整改情况

对审计发现的问题，审计署已依法出具了审计报告，下达了审计决定书。光大集团建立整改台账，严格开展整改结果评价工作，已制定完善相关规章制度 94 项，并对相关责任人进行了处理。具体整改结果由光大集团向社会公告。

本次审计发现的违法违纪问题线索，已依法移送有关部门进一步调查处理。

中华人民共和国审计署审计结果公告（2016年第24号）

中国人民保险集团股份有限公司2014年度资产负债损益审计结果

（2016年6月29日公告）

根据《中华人民共和国审计法》规定，审计署2015年对中国人民保险集团股份有限公司（以下简称人保集团）2014年度资产负债损益情况进行了审计，对有关事项进行了延伸和追溯；重点审计了人保集团本部及所属中国人民财产保险股份有限公司、中国人民人寿保险股份有限公司、中国人民健康保险股份有限公司、人保资本投资管理有限公司、中盛国际保险经纪有限责任公司（以下分别简称人保财险、人保寿险、人保健康、人保资本、中盛国际）等7家子公司。

一、基本情况

人保集团为国有控股公司，下设12家子公司和2家驻外代表处，人保集团和人保财险均在香港上市。据合并财务报表反映，人保集团2014年底资产总额7820.54亿元，负债总额6569.11亿元，所有者权益1251.43亿元；当年营业收入3485.46亿元，净利润182.81亿元。

审计结果表明，人保集团能够贯彻落实国家经济金融政策，不断推动企业统筹发展，切实履行社会责任，2012年在香港实现整体上市，并连续2年获得财政部年度绩效评价“A类AAA级”评级，但在财务收支、重大决策制定和执行、业务经营、风险管控等方面也存在一些薄弱环节。

二、审计发现的主要问题

（一）财务收支方面。

1.2010年至2014年，人保财险各省级分公司多计提道路交通事故社会救助基金3.6亿元，且未在规定时限内上缴省级救助基金特设专户4.74亿元，其中2014年多计提0.92亿元、未上缴1.16亿元。

2.2010年至2014年，人保财险和中盛国际存在未将税务部门返还的代扣代缴个人所得税手续费计列收入等会计核算不规范问题，涉及金额4.46亿元，其中2014年2.03亿元。

3.2010年至2014年，人保集团本部及人保财险5家所属公司在工资总额外为职工购买商业保险及发放薪酬补贴1.8亿元，其中2014年1.19亿元。

4.2009年至2014年，人保集团本部及人保财险等6家所属公司超国家规定的上限为职工缴存住房公积金1.72亿元。2014年7月停止了上述做法。

5. 至2015年7月底，人保集团本部及人保财险、中盛国际应付职工福利费、高管退回的股票增值权计划等3.07亿元长期挂账，未及时清理。

6. 人保财险2006年未经批准办理企业年金，至2014年底本金及收益形成结余6.87亿元。

（二）重大决策制定和执行方面。

1.2013年10月至2015年4月，人保集团部分事项未严格履行公司章程规定的决策程序。

2. 至2014年底，人保健康未按规定成立资产负债管理委员会；中盛国际的子公司存在未制定“三重一大”等决策制度、监事长空缺且未召开过监事会会议等问题。

3.2009年1月至2015年6月，人保寿险等公司购置办公用房等事项存在未进行资产评估、未按规定报告和决策等问题，涉及金额10.47亿元，其中2014年3.36亿元。

（三）业务经营方面。

1. 至2015年7月底，人保集团未严格按照有关政策要求，开展住房反向抵押养老保险试点；“三农”保险中的家庭农用机械综合保险业务仅在吉林省开展，未推广至全国。

2.2011年1月至2015年6月，人保财险等公司通过虚列中介业务手续费等方式套取资金1.48亿元，用于业务支出等，其中2014年1.34亿元。

3.2009年1月至2015年5月，人保寿险等公司存在为不符合条件的投保人承保、超监管规定支付利息和无资质承保等问题，涉及金额8.6亿元，其中2014年2.57亿元。

4.2009年至2014年，人保寿险以明显低于向监管部门报备的费率，为本单位职工投保团体意外伤害保险、医疗险和寿险 781.92 万元，其中 2014 年 110.77 万元。

5. 2010 年至 2014 年，人保寿险等公司以“捐赠款”等名义向教育部门等支付费用以获得学生平安保险业务；人保财险等公司通过登录车险理赔系统获取车主信息等方式用于保险营销。

6. 至 2014 年底，人保财险未建立异地灾备系统；人保财险等公司部分信息系统存在设计缺陷，车险承保数据质量不高。

（四）风险管理和内部控制方面。

1. 至 2014 年底，人保集团未制定集中采购实施细则；人保健康未建立库存商品管理等制度，出入库登记管理不完整。

2. 至 2014 年底，人保集团未结合事权核定下设 2 家驻外代表处的年度预算，也未制定海外机构工作人员的薪酬标准和考核办法。

3. 2011 年至 2014 年，人保资本等公司对保险资金的实际投向监督不到位，致使借款企业未严格按合同约定用途使用资金 42.59 亿元，其中 2014 年 10.46 亿元。

（五）廉洁从业方面。

1. 2012 年 12 月至 2013 年，人保集团本部及所属人保投控、北京万春园有限责任公司支付 307.08 万元购买高档车 6 辆。

2. 2012 年至 2015 年，人保集团本部及所属 7 家公司支付 5381.3 万元定制金质、银质纪念章 96956 枚，部分用于对外赠送和发放给员工。

3. 2013 年 7 月，人保资本违反中央禁止到风景名胜区开会的规定，组织业务往来单位人员到吉林省白山市开会，共计支出 34.67 万元。

此外，人保集团还存在装修工程委托的施工企业不符合资质要求、下属公司股权和产权因历史原因未及时变更等问题。

三、审计处理及整改情况

对审计发现的问题，审计署已依法出具了审计报告，下达了审计决定书。人保集团正在组织整改，已制定、完善相关规章制度 89 项，并对相关责任人进行了处理。具体整改结果由人保集团向社会公告。

本次审计发现的违法违纪问题线索，已依法移送有关部门进一步调查处理。

中华人民共和国审计署
审计结果公告
（2016 年第 25 号）

中国人寿保险（集团）公司 2014 年度资产负债损益审计结果

（2016 年 6 月 29 日公告）

根据《中华人民共和国审计法》规定，审计署 2015 年对中国人寿保险（集团）公司（以下简称国寿集团）2014 年度资产负债损益情况进行了审计，对有关事项进行了延伸和追溯；重点审计了国寿集团本部及中国人寿保险股份有限公司、中国人寿财产保险股份有限公司、中国人寿养老保险股份有限公司、中国人寿资产管理有限公司、国寿投资控股有限公司（以下分别简称国寿股份、国寿财险、国寿养老、国寿资管、国寿投控）等 5 家子公司。

一、基本情况

国寿集团为国有独资公司，下设 7 家子公司和 1 家直属机构，其中国寿股份在纽约、香港、上海 3 地上市。据合并财务报表反映，国寿集团 2014 年底资产总额 27467.95 亿元，负债总额 25602.58 亿元，所有者权益 1865.37 亿元；当年实现营业收入 5375.83 亿元，净利润 206.24 亿元。

审计结果表明，国寿集团能够贯彻落实国家经济金融政策，不断提升经营管理水平，多项业务位居行业前列，但在财务收支、重大决策和执行、风险管控和廉洁从业方面也存在一些薄弱环节。

二、审计发现的主要问题

（一）财务收支方面。

1. 至 2014 年底，国寿集团本部对股改中承接的历史存量保单业务，未按会计准则规定的方法计提保险合同准备金。

2. 2012 年 3 月至 2014 年底，国寿集团本部和国寿股份等 5 家子公司超国家规定的上限为职工缴存住房公积金共计 31519.99 万元，其中 2014

年11564.22万元。审计指出后，国寿集团已于2015年7月停止超上限缴存住房公积金。

3.2013年至2015年6月，国寿集团本部和国寿股份、国寿资管、国寿投控3家子公司及个别下属机构在“福利费”科目中列支职工家庭财产险保费、物业费等7462.84万元，未纳入工资总额核算，其中2014年2557.53万元。

4.至2014年底，国寿集团本部有65套住房长期闲置或被不符合条件的职工低价租用。

5.2012年至2014年，国寿股份所属江苏、上海、广东、深圳4家省级分公司通过投保后退保的方式，累计虚增保费收入13.03亿元，其中2014年2.68亿元。

6.2014年，国寿股份违反权责发生制原则，将应在2014年和2015年分摊的广告费全部在当年列支，造成2014年多计支出3588.97万元。

7.2013年，国寿财险合肥、南京2家中心支公司通过退保再投保的方式拆分保单，将应计入2012年保费收入的632.47万元人为调节至2013年核算。

8.2012年4月至2014年底，国寿财险、国寿养老、国寿投控和中国人寿电子商务有限公司通过购买商业保险违规为职工设立补充养老保险，累计支出4833.87万元（单位承担3877.7万元），其中2014年1482.77万元。

（二）重大决策制定和执行方面。

1.2012年4月，国寿集团违规将债权投资计划审批流程予以简化，至2014年底，共有5个债权计划未经过集体审议直接由相关领导审批通过。

2.至2014年底，国寿集团有4个信托计划投资未按规定流程审批，涉及出资107.82亿元。

3.2012年4月至2015年4月，国寿集团本部有11个单笔100万元以上的采购事项未履行规定的集体决策程序，涉及金额2999.96万元，其中2014年850万元。

4.2013年至2015年6月，国寿集团、国寿股份、国寿投控和国寿资管等公司部分重大投资项目存在前期调查未尽职、项目未按规定程序审议、投资款被借款单位挪作他用等问题，涉及金额84.1亿元。

5.至2014年底，国寿股份未按集团要求制定“三重一大”事项实施细则。

（三）业务经营方面。

1.国寿集团未严格按照有关政策要求积极发展农业保险、小微企业贷款保证保险和投资养老服务领域，其中2014年承保农业保险仅占当年全国市场份额的0.97%；33家财险分支机构中只有7家开展了小微企业贷款保证保险业务，2014年保费收入仅484.84万元；2013年启动投资的4个养老项目，有3个项目至2015年6月尚未开工。

2.2013年至2014年，国寿财险郑州、南京、南通3家中心支公司通过虚挂中介业务、虚列费用等方式违规支付手续费2.33亿元，其中2014年2.32亿元。

3.2012年至2014年，国寿股份北京、广东2家省级分公司存在代客户签字、未尽告知义务等销售行为，涉及保单477件。

4.至2014年底，国寿股份北京、广东、深圳3家省级分公司部分员工通过个险、银保和电销渠道违规领取佣金845.98万元，其中2014年788.06万元。

5.2014年，国寿财险北京市分公司承保的8笔团体意外险中，有8634笔赔付对象不在承保名单内，涉及赔付金额564.65万元（占赔付总额的34%）。

6.2014年，国寿养老将2.39亿元企业年金投资于财务公司存款，超出国家规定的可投资品种范围。

7.2013年至2014年，国寿股份上海市分公司虚列会议费176.19万元用于销售支出，其中2014年83.6万元。

（四）风险管理和内部控制方面。

1.至2014年底，国寿投控董事会未按规定设独立董事。

2.至2014年底，国寿资管独立董事占董事会成员的比例未达到规定的三分之一以上；监事会成员2人，不符合监事会成员不得少于3人的要求。

3.至2015年6月，国寿集团本部及国寿资管等公司未按照国家相关要求及时制定完善公务接待、出国出境等管理办法。

4.至2015年6月，国寿集团集中采购项目评审人员未按规定从成员库中随机选择，而是由采购申请部门提出建议名单后，由相关部门直接指定。

5. 至2015年6月，国寿集团尚未按照监管部门的要求及时建立健全保险资金风险容忍度、资产质量量化指标等风险管理措施。

6. 信息系统建设方面，存在数据中心建设部分功能未达到监管要求、信息系统未有效利用，以及信息系统管理不能有效防范人为调节数据风险等问题。

此外，国寿集团未能严格执行其自身制定的责任追究制度等管理制度。

（五）廉洁从业方面。

1. 2014年，国寿养老将265平方米办公室改造为内部接待餐厅，总投资277.34万元，装修费标准达8962元/平方米。

2. 2014年，国寿财险在原青岛保监局局长退休后聘任其担任独立董事，并违规发放独立董事津贴。

三、审计处理及整改情况

对审计发现的问题，审计署已依法出具了审计报告，下达了审计决定书。国寿集团正在组织进行整改，已制定、完善相关规章制度28项，并对相关责任人进行了处理。具体整改结果由国寿集团向社会公告。

本次审计发现的违法违纪问题线索，已依法移送有关部门进一步调查处理。

中华人民共和国审计署
审计结果公告
（2016年第26号）

中国太平保险集团有限责任公司 2014年度资产负债损益审计结果

（2016年6月29日公告）

根据《中华人民共和国审计法》规定，审计署2015年对中国太平保险集团有限责任公司（以下简称太平集团）2014年度资产负债损益情况进行了审计，对有关事项进行了延伸和追溯；重点审计了太平集团本部及所属太平人寿保险有限公司、太平财产保险有限公司、太平资产管理有限公司、太平电子商务有限公司、太平养老保险股份有限公司（以下分别简称太平人寿、太平财险、太平资管、太平电商、太平养老）等5家子公司。

一、基本情况

太平集团为目前唯一一家总部设在香港的中央金融保险集团，拥有二级全资和控股公司20家。据合并财务报表反映，太平集团2014年底资产总额3531.44亿元，负债总额3139.45亿元，所有者权益391.99亿元；当年实现营业收入675.88亿元，净利润37.23亿元。

审计结果表明，太平集团能够贯彻落实国家经济金融政策，推进建立现代企业治理体系，突出发展核心主业，主要发展指标3年翻番增长，实现国有资产保值增值，但在财务收支、业务经营、风险管控和廉洁从业方面也存在一些薄弱环节。

二、审计发现的主要问题

（一）财务收支方面。

1. 2012年7月至2014年底，太平电商租赁的电话销售人员座席闲置，租金损失浪费3361.9万元，其中2014年841.5万元。

2. 2012年5月至2013年9月，太平财险违规使用工会经费发放职工福利235.84万元。

（二）业务经营方面。

1. 太平集团未严格按照有关政策要求积极发展农业保险和小微企业贷款保证保险，其中2014年承保农业保险仅占当年全国市场份额的0.08%；30家财险分支机构中仅有3家独立开展了小微企业贷款保证保险业务，2014年保费收入76.76万元。

2. 2008年6月至2015年2月，太平人寿和太平财险通过虚列广告费、会议费等套取资金2.54亿元，用于发放员工奖励和市场营销等，其中2014年0.46亿元。

3. 2012年至2014年，太平人寿和太平财险以旅游费、体检费等名义，给予投保人、被保险人和代理机构等业务合同约定之外的利益1.25亿元，其中2014年0.29亿元。

4. 2012年至2014年，太平财险将兼业保险代理机构自身投保的车险等直接业务作为代理业务核算，造成多支付代理手续费383.68万元，其中2014年120万元。

5. 2012年4月至2014年底，太平电商支付3723.61万元违规购买信息数据用于保险营销，其中2014年188万元。

6. 2012年4月至2015年3月，太平人寿未按规定由具有保险销售从业资格的银行人员开展“银行代理电话销售保险业务”，而是由太平人寿组织人员直接进驻银行开展业务，并支付相关人员费用1.55亿元。

7. 2012年9月至2014年10月，太平养老违反规定，未经被保险人父母许可，承保幼儿园为幼儿投保的人身保险，承保保额1.05亿元，收取保费12.01万元，其中2014年7.97万元。

（三）风险管理和内部控制方面。

1. 2012年4月至2014年底，太平资管有51笔共计188.69亿元的存款业务，未按公司内部规定事先对若干存款银行进行询价比较，直接选择有关银行开展存款业务，其中2014年73.89亿元。

2. 2011年12月至2015年4月，太平养老未按规定将委托人的团体医疗保险退保金5281.04万元退至委托人原保险产品缴费账户，而是直接转入其养老保障管理产品账户，其中2014年2450.25万元。

3. 2011年6月，太平养老在承保个别企业的养老保障管理计划时，未按规定严格审核委托人提供的设立养老保障管理计划所需履行决策程序的相关资料，为委托人规避政策监管提供了便利。

4. 信息系统建设方面，太平集团对网络接入、访问控制不够严格，网络安全存在隐患；太平资管信息管理系统不完善，交易系统未能及时预警账户资金余额不足的问题，存在流动性管理风险。

（四）廉洁从业方面。

1. 2012年4月以来，太平人寿四川分公司虚列支出套取资金324.08万元用于安排本公司职工及家属旅游，其中2014年128.88万元。

2. 太平财险云南分公司1名领导人员违反廉洁从业规定经商办企业，开办的企业与太平财险存在业务合作关系。

3. 至2015年6月，太平人寿及其北京、深圳和广西3家省级分公司于2002年至2012年购买的价值912万元高尔夫球卡尚未完成清退。

三、审计处理及整改情况

对审计发现的问题，审计署已依法出具了审计报告，下达了审计决定书。太平集团正在组织进行整改，已制定完善相关规章制度36项，并对相关责任人进行了处理。具体整改结果由太平集团向社会公告。

本次审计发现的其他问题线索，已依法移送有关部门进一步调查处理。

中华人民共和国审计署审计结果公告

（2016年第27号）

审计署移送至2016年6月已处理的39起违纪违法问题情况

（2016年6月29日公告）

审计署对移送有关部门和单位处理的违纪违法问题线索，定期跟踪了解其调查处理情况。现将至2016年6月已处理的39起违纪违法问题情况公告如下：

一、海南省人大常委会原副主任张力夫等人违规操作低价转让土地造成国有权益损失问题

审计发现，2003年至2006年，张力夫在担任海南省农垦总局党委书记期间，违规批准农垦总局所属国有农场以合作开发名义，低价转让划拨土地，造成国有权益损失。2015年4月，审计署将此线索移送中央纪委调查处理。至2016年3月，中央纪委给予张力夫开除党籍、退休待遇从副省部级降为副科级处分，已挽回经济损失1亿元。

二、山西纳克太阳能科技有限公司骗取银行贷款问题

审计发现，2011 年至 2012 年，山西纳克太阳能科技有限公司通过伪造工程承包合同和编制虚假财务报表等，从工商银行山西省分行万柏林支行骗取订单融资贷款 1.7 亿元，造成贷款损失 8000 多万元。2013 年 10 月，审计署将此线索移送公安部调查处理。2015 年 8 月，山西省高级人民法院以合同诈骗罪判处该公司法定代表人孔繁敏无期徒刑，以合同诈骗罪对该公司处以罚金 550 万元，追回赃款 8558.2 万元。

三、建设银行长沙迎宾路支行原行长杨帆与企业勾结骗取银行资金并从中收受贿赂问题

审计发现，2010 年至 2012 年，杨帆在办理湖南聚鑫源进出口有限公司（实际控制人陈定杰）授信和开立远期信用证过程中，隐瞒抵押不实等重大风险；该公司套取信用证资金后用于房地产开发和归还民间借贷，最终造成银行垫款 2.46 亿元，杨帆从中收受贿赂。2013 年 4 月，审计署将此线索移送公安部调查处理。2015 年 5 月，湖南省长沙市开福区人民法院以骗取金融票证罪、非国家工作人员受贿罪判处杨帆有期徒刑 4 年、罚金 5 万元；以骗取金融票证罪、对非国家工作人员行贿罪判处陈定杰有期徒刑 2 年、罚金 5 万元，判处该公司罚金 260 万元。

四、辽宁省盘山县棠树林子粮库骗取银行贷款问题

审计发现，2008 年至 2009 年，辽宁省盘山县粮食局所属国有棠树林子粮库采取虚构水稻购销贸易、编造虚假财务报表等手段，骗取中国农业发展银行盘山县支行贷款 9000 多万元。2013 年 9 月，审计署将此线索移送公安部调查处理。2015 年 11 月，辽宁省盘锦市兴隆台区人民法院以骗取贷款罪判处粮库原法定代表人纪福章有期徒刑 1 年 5 个月，处以罚金共计 11 万元，查封涉案资产 8102.68 万元。

五、新疆天盛实业有限公司骗取 6 家银行信贷资金问题

审计发现，2010 年至 2013 年，新疆天盛实业有限公司涉嫌以购买原材料、机器设备等名义，通过篡改报表、虚假抵押以及虚构贸易等手段，骗取中国银行等 6 家银行信贷资金。2013 年 8 月，审计署将此线索移送中央纪委和公安部调查处理。2015 年 7 月，新疆生产建设兵团第八师中级人民法院以骗取贷款罪判处 5 名责任人有期徒刑 2 年至 7 年不等，处以罚金 5 万元至 500 万元不等。

六、浙江省广业钢铁实业有限公司骗开承兑汇票问题

审计发现，2010 年至 2012 年，浙江省广业钢铁实业有限公司通过虚增收入、利润和担保企业净资产等手段，以采购物资等名义，从建设银行浙江滨江支行骗取开立 1 亿多元银行承兑汇票，办理贴现后用于归还民间借款等，造成银行垫款 8000 多万元。2013 年 4 月，审计署将此线索移送公安部调查处理。2015 年 5 月，浙江省杭州市滨江区人民法院以骗取贷款、票据承兑罪，判处 3 名责任人有期徒刑 2 年至 3 年不等、缓刑 3 年至 4 年不等，并处以罚金共计 16 万元；判处浙江省广业钢铁实业有限公司等 3 家公司罚金共计 210 万元。

七、上海卢工集邮品交易市场 7 家个体工商户非法经营支付结算业务问题

审计发现，2011 年至 2014 年，上海卢工集邮品交易市场 7 家个体工商户利用控制的空壳公司，为全国 600 余家企事业单位转移资金 18 亿多元，并从税务机关骗购发票向上述企事业单位虚开发票近 10 亿元。2014 年 7 月，审计署将此线索移送人民银行和公安部调查处理。2015 年，上海市崇明县人民法院以虚开发票罪，判处陈刚、陈渊忠等 11 名责任人有期徒刑 1 年至 4 年不等、罚金 58 万元，没收财产 522.8 万元，追回赃款 62 万元。

八、南昌、深圳等地 20 余户企业非法经营支付结算业务牟利问题

审计发现，2012 年至 2013 年，南昌、深圳等地 22 户空壳企业涉嫌经营巨额资金支付结算业务，并从中牟利。2013 年 5 月，审计署将此线索移送公安部调查处理。至 2016 年 3 月，江西省南昌市东湖区人民法院以非法经营罪判处上述公司实际控制人赵秋平有期徒刑 1 年、缓刑 1 年，没收违法所得和罚金各 10 万元。

九、上海市徐汇区体育彩票管理中心原负责人任保健收受相关企业钱款问题

审计发现，2008 年至 2013 年，徐汇区体育彩票管理中心将该区部分即开型体育彩票委托给上海业勤企业管理服务有限公司销售，期间该公司负责人曾向任保健转款。2015 年 2 月，审计署将此问题移送上海市人民检察院调查处理。2016 年 2 月，上海市徐汇区人民法院以受贿罪判处任保健有期徒刑 1 年、缓刑 1 年，并处罚金 1 万元，追回赃款 8.7 万元。

十、上海市奉贤区规划与土地管理局原局长杨汉荣等人利用职权非法牟利问题

审计发现，2005 年至 2013 年，杨汉荣等人涉嫌利用职务便利，违规向房地产企业供地或协助调增容积率，从中收受钱款，并通过下属企业私设“小金库”。2015 年 5 月，审计署将此线索移送上海市纪委调查处理。2015 年 11 月，上海市纪委等部门给予杨汉荣等 2 人开除党籍、开除公职处分，挽回损失 589 万余元，其涉嫌犯罪问题已提请司法机关调查处理。

十一、云南烟草保山香料烟有限责任公司原总经理兰应海等人违规操作向他人输送利益并从中收受钱款问题

审计发现，2011 年至 2013 年，云南烟草保山香料烟有限责任公司时任总经理兰应海、副总经理杨光辉在办理烟育苗业务中，涉嫌通过提供育苗款、相关设施和场地租金等向特定关系人输送利益，并从中收受钱款。2013 年 8 月，审计署将此线索移送纪检部门调查处理。至 2015 年 3 月，云南省德宏傣族景颇族自治州中级人民法院、陇川县人民法院分别判决兰应海犯滥用职权罪和贪污罪、杨光辉犯挪用公款罪和受贿罪，各处以有期徒刑 3 年、缓刑 5 年，没收财产共计 29.9 万元，追回赃款共计 179.22 万元。

十二、京石铁路客运专线有限责任公司原管理人员卜宗义利用职务便利非法牟利问题

审计发现，2010 年至 2011 年，卜宗义利用职务便利，协助不符合投标条件企业中标京石铁路客运专线、石武铁路客运专线中间站房钢构工程，并以咨询费名义从中收受财物。2013 年 8 月，审计署将此线索移送河北省人民检察院调查处理。2015 年 4 月，北京市第四中级人民法院以受贿罪判处卜宗义有期徒刑 10 年 6 个月，没收个人财产 30 万元，追回全部赃款 136 万元。

十三、云南省澜沧拉祜族自治县竹塘乡 2 名公职人员贪污扶贫资金问题

审计发现，2011 年至 2013 年，竹塘乡农业服务中心时任主任黄晓诗、大塘子村时任支部书记向小超，通过签订虚假合同、虚开发票等方式贪污扶贫资金。2013 年，审计署将此线索移送云南省政府调查处理。至 2015 年 1 月，云南省澜沧拉祜族自治县人民法院以贪污罪，判处黄晓诗有期徒刑 3 年、缓刑 4 年，判处向小超有期徒刑 2 年、缓刑 3 年，分别没收财产 1 万元和 4 万元，追回全部赃款 18.78 万元。

十四、四川席尔诺科技有限公司原总经理李勇为保障房项目供应安装假冒伪劣电梯问题

审计发现，2014 年 3 月，李勇在成都市牛龙路保障性住房建设项目中，通过伪造电梯采购合同、电梯合格证、铭牌等，供应安装不符合国家质量标准的电梯，存在重大安全隐患。2014 年 4 月，审计署将此线索移送四川省公安厅调查处理。2015 年 10 月，四川省成都市武侯区人民法院以合同诈骗罪判处李勇有期徒刑 4 年，并处罚金 4000 元。

十五、云南省勐海县有关负责人在土地占补平衡项目中违规决策造成国有权益损失问题

审计发现，2011 年至 2014 年，勐海县县长岩总、副县长李志伟在与土地开发整理企业签订合作协议中，违规将本应属于县政府所得收益划给企业，造成国有权益损失。2015 年 7 月，审计署将此问题移送云南省政府调查处理。2015 年 12 月，西双版纳傣族自治州纪委分别给予岩总、李志伟党内严重警告、党内警告处分，已挽回损失 1234.52 万元。

十六、国家林业局所属 2 家单位 3 名公职人员套取财政资金问题

审计发现，2007 年至 2013 年，国家林业局调查规划设计院监测一处处长于晓光、工作人员李俊杰、中国林业科学研究院资源信息所原所长助理张怀清等人，通过虚列人员工资、报销虚假劳务费等方式套取项目资金等。2014 年，审计署将上述问题移送国家林业局调查处理。至 2016 年 3 月，国家林业局调查规划设计院党委等对上述 3 名责任人给予留党察看、行政警告等处分，已挽回全部损失 1781.32 万元，并收回存款利息等 16.25 万元。

十七、18名公职人员骗取套取财政资金问题

审计发现，2008年至2014年，湖南常德、山西太原等地18名公职人员弄虚作假，骗取套取农村计划生育基础设施项目资金等财政资金，用于发放津补贴、新建办公楼等。2013年至2015年，审计署将上述问题分别移送湖南省纪委、太原市政府等调查处理。至2016年3月，湖南省纪委、太原市政府等分别对19名责任人给予党内严重警告、行政记过、诫勉谈话等处分，挽回损失101.03万元。

十八、63名公职人员违规参与营利性活动问题

审计发现，2011年至2014年，浙江、云南两地63名公职人员通过经营彩票投注站、接受企业聘任取酬等方式，违规参与营利性活动。2015年，审计署将上述问题分别移送浙江省纪委、云南省监察厅调查处理。至2016年2月，浙江省纪委、云南省监察厅对57名责任人进行了处理，其中免职1人、党内警告处分1人，通报批评8人、诫勉谈话31人，批评教育及谈话提醒16人，收缴违规所得13.71万元。

十九、中国地质调查局沈阳地质调查中心违规使用备用金问题

审计发现，2010年至2014年，沈阳地质调查中心将备用金由出纳员银行卡直接打入职工个人银行卡中，致使2300多万元资金被用于炒股、理财及购房周转等，400多万元被以劳务费等名义套取。2015年3月，审计署将此问题移送国土资源部调查处理。2016年2月，中国地质调查局党组纪检组等给予58名责任人撤销党内职务、行政警告、通报批评等处分，挽回损失3266.72万元。

二十、9家单位私设“小金库”问题

审计发现，2008年至2014年，湖南省桃源县国土资源局、娄底市双峰县虎塘救灾指挥部、中国人民银行怀化市中心支行、河北冶金建设集团有限公司、辽宁省锦州市残疾人联合会、海南省琼海市国土环境资源局、甘肃省福利彩票发行管理中心、中国工商银行山西交城支行、云南省泸西县国土资源局中枢分局9家单位，套取资金私设“小金库”，部分资金被用于发放津补贴、装修房屋、购买烟酒等。2014年至2015年，审计署将上述问题移送纪检监察等部门调查处理。至2016年3月，湖南省桃源县国土资源局原局长孔升、工商银行山西交城支行原行长梁普生等29名责任人已受到党内严重警告、免职、诫勉谈话等处分，挽回损失213.83万元。

二十一、广西、辽宁、安徽4家单位违规建设楼堂管所问题

审计发现，2009年至2014年，广西壮族自治区南宁市政府、辽宁省丹东市宽甸县人社局和住建局、安徽省蚌埠市龙子湖区政府存在以育苗大棚等名义建设高级接待用房，以及超标准、超面积建设办公楼等问题。2014年至2015年，审计署将上述问题分别移送广西壮族自治区纪委、辽宁省纪委等调查处理。至2015年12月，南宁市纪委等已给予8名责任人行政记大过、党内警告、诫勉谈话等处分，并处罚款6万多元。

二十二、山西省太原市住房公积金管理中心挪用公房出售收入增值收益超标购置办公楼问题

审计发现，2011年至2013年，太原市住房公积金管理中心挪用公房出售收入增值收益购置公积金中心办公楼，办公楼面积和装修标准严重超标。2014年6月，审计署将此问题移送太原市政府调查处理。2015年1月，太原市政府等部门给予相关责任人员行政记过、党内警告等处分。

二十三、福建省福州市仓山区8家单位通过下属公司违规购买使用车辆问题

审计发现，2008年至2012年，福州市仓山区区、镇（街道）8家单位通过下属公司违规购买使用小汽车、报销车辆使用费用等，还挤占保障性安居工程建设等财政资金。2013年4月，审计署将此问题移送福州市纪委调查处理。福州市纪委、仓山区政府等对10名责任人给予党内警告、行政降级、调离重要岗位、诫勉谈话等处分，责令相关责任单位做出深刻书面检查、规范公务用车管理。

二十四、中国检验检疫科学研究院综合检测中心违反八项规定精神滥发礼品问题

审计发现，2012年至2013年，中国检验检疫科学研究院综合检测中心通过虚开发票报销等手段，购买手机、平板电脑、购物卡等，用于发放给职工和赠送客户。2014年5月，审计署将此问题移送质检总局调查处理。至2016年2月，质

检总局直属机关纪委等已给予中国检验检疫科学研究院综合检测中心原主任陈彦长撤销党内职务、从副局级降为正处级处分。

二十五、交通运输部所属2家单位7名工作人员套取国有资金问题

审计发现，2011年至2014年，中国交通报社及下属北京中通广告公司的7名工作人员，通过虚构业务、使用虚假发票等套取国有资金。2015年8月，审计署将此问题移送交通运输部调查处理。2016年1月，交通运输部直属机关纪委等已给予7名责任人党内严重警告、免去试任职务、扣减绩效奖金等处分。

二十六、广西壮族自治区南宁市委办公厅原干部陈长翊利用职务便利为他人牟利问题

审计发现，2012年至2015年，陈长翊在担任该厅第一秘书科科长期间，向多家企业及其法定代表人借款，并利用其身份影响及职务便利，为上述企业和人员谋求工程项目、解决土地使用权、资产收购等提供帮助。2015年7月，审计署将此线索移送广西壮族自治区纪委调查处理。2015年9月，南宁市纪委等给予陈长翊开除党籍、开除公职处分。

二十七、辽宁省本溪满族自治县小市镇原党委书记杜庆辉等人挪用财政资金问题

审计发现，2011年至2013年，杜庆辉等人利用职务便利，挪用财政资金进行企业注册和房地产开发，造成损失1250万元。2015年7月，审计署将此线索移送辽宁省纪委调查处理。2016年3月，辽宁省本溪市监察局给予杜庆辉等2人行政警告处分。

二十八、山西省阳曲县林业局原局长孙玲芝侵占国有资产问题

审计发现，2000年至2013年，孙玲芝利用职务之便，私自将国营苗圃转入自己个人名下经营，并将苗圃地上附着物补偿费据为己有。2013年12月，审计署将此线索移送太原市政府调查处理。2015年6月，阳曲县纪委给予孙玲芝留党察看1年处分。

二十九、河北省大名县林业局局长武文亮等人变造保障房审批文件造成土地出让金损失问题

审计发现，2012年，武文亮和大名县发展改革局局长李进田等人在该县卫东国有林场危旧房改造项目中，变造项目总建筑面积，并出具虚假审批文件，造成项目承建单位少缴土地出让金100万多元。2015年5月，审计署将此线索移送河北省监察厅调查处理。2015年12月，邯郸市纪委、监察局给予武文亮党内严重警告、行政降级处分，给予李进田党内严重警告、行政记大过处分，给予其余2名责任人行政警告处分。

三十、辽宁省沈阳市沈北新区清泉街道办事处工作人员党福君等人骗取拆迁补偿款问题

审计发现，2011年，党福君等人在沈北新区清泉街道泥沟堡村拆迁工作中，与部分村民串通虚增和虚构房屋面积、提高补偿标准等，骗取拆迁补偿款。2013年1月，审计署将此问题移送沈阳市公安局调查处理。中共清泉街道机关支部委员会给予党福君党内警告处分，已追回拆迁补偿款35.65万元。

三十一、云南省体育彩票管理中心保山市销售管理部原主任杨毅坚利用职权为自己及亲友从事经营活动提供便利等问题

审计发现，2008年至2014年，杨毅坚在担任云南省体育彩票管理中心保山市销售管理部主任期间，存在利用职务便利为自己和亲友增设体彩销售网点、违规审批亲友及其他公职人员为即开彩票销售代表等问题。2015年5月，审计署将此线索移送云南省纪委调查处理。2015年10月，保山市隆阳区纪委给予杨毅坚党内警告处分。

三十二、广西壮族自治区南宁市青秀区民政局违规采购救灾物资问题

审计发现，2011年，青秀区民政局为规避公开招投标，经时任局长银焕能同意，将救灾物资采购项目拆分成2个项目向2家百货经营部采购。2012年9月，审计署将此问题移送南宁市青秀区纪委调查处理。南宁市青秀区纪委等已给予银焕能党内严重警告处分，并免去局长职务。

三十三、山西省太原市小店区小店街道办事处截留拆迁补偿款问题

审计发现，2012年至2014年，太原市小店区小店街道办事处在棚户区改造项目中，违规截留应上缴财政的拆迁补偿款，部分资金用于发放津补贴。2014年6月，审计署将此问题移送山西省监察厅调查处理。太原市小店区纪委、监察局给予小店街道办事处原主任米贵文等6名责任人撤销党内职务、行政撤职、党内严重警告、党内警告等处分。

三十四、大连市体育局调研员彭育宽在全民健身器材采购中玩忽职守问题

审计发现，2012 年至 2014 年，彭育宽在体育彩票公益金采购全民健身器材过程中，未严格履行监督职责，致使供应商调换品牌、以次充好牟利。2015 年 3 月，审计署将此问题移送辽宁省纪委调查处理。2015 年 12 月，大连市市直机关纪工委给予彭育宽留党察看处分。

三十五、广深铁路股份有限公司有关人员套取高铁建设资金问题

审计发现，2013 年至 2015 年，广深铁路股份有限公司广州南高铁工务段原副段长梁俊明等人，将多个高铁建设项目的轨道精测精调等工程非法转包给无资质的公司施工，并与这些公司串通套取高铁建设资金。2015 年 11 月，审计署将此问题移送广州铁路（集团）公司调查处理。2015 年 12 月，广州铁路（集团）公司给予梁俊明等 6 名责任人撤职、降级等处分。

三十六、上海张扬商业联合发展公司原总经理唐列宇滥用职权造成国有权益损失问题

审计发现，2002 年 11 月，唐列宇违反商品房销售规定，以总经理办公会形式决定员工低价购买本公司商品住宅，造成国有权益损失。2015 年 4 月，审计署将此问题移送上海市纪委调查处理。2015 年 9 月，中共上海陆家嘴（集团）有限公司委员会给予唐列宇撤销党内职务处分，并追缴其本人造成损失 83.23 万元。

三十七、中国金币总公司销售部原经理赵国民收受业务往来企业钱款问题

审计发现，2007 年至 2009 年，赵国民在担任中国长城硬币投资有限公司（香港）副总经理和中国金币总公司销售部经理期间，收受业务往来企业法定代表人提供的钱款（审计介入调查后退还）。2014 年 3 月，审计署将此问题移送人民银行调查处理。至 2016 年 3 月，中国金币总公司已给予赵国民开除党籍、解聘销售部经理职务处分。

三十八、管庆平等 3 人骗取农机购置补贴等问题

审计发现，2012 年至 2013 年，安徽东至县居民管庆平、王惠平，宁夏银川市居民纪武等人在申报农机购置补贴和拆迁补偿款过程中，提供虚假销售发票和伪造的国有土地使用权证等材料，有关部门未严格审核把关，造成财政资金被骗。2015 年，审计署将上述线索分别移送安徽省公安厅、宁夏回族自治区纪委调查处理。至 2015 年 12 月，管庆平被以诈骗罪判处有期徒刑 3 年、缓刑 5 年，罚金 5000 元，追回赃款 13.31 万元；王惠平被判处诈骗罪，免于刑事处罚；时任银川经济技术开发区土地储备中心主任党树森、副主任朱俊市被分别给予党内警告、行政记大过处分，已挽回损失 58.4 万元。

三十九、宁夏回族自治区银川市住房制度改革领导小组办公室原副主任张光绪利用职权为亲友获取保障房购买资格提供便利问题

审计发现，2002 年至 2009 年，张光绪在担任银川市住房制度改革领导小组办公室副主任期间，在其女儿等 2 人不符合保障条件的情况下，通过顶替他人资格等方式，违规批准其购买经济适用房 2 套。2015 年 5 月，审计署将此问题移送自治区纪委调查处理。2016 年 1 月，银川市监察局给予张光绪行政记过处分。

中华人民共和国审计署审计结果公告（2016 年第 28 号）

2016 年第二季度国家重大政策措施贯彻落实跟踪审计结果

（2016 年 8 月 3 日公告）

2016 年第二季度，审计署围绕推进供给侧结构性改革，重点关注“去产能、去库存、去杠杆、降成本、补短板”五大任务落实，审计了 1077 个单位 1633 个项目财政资金统筹使用、扶贫任务落实、“放管服”改革、重大项目建设以及营改增试点推进等情况，涉及中央资金2036.54亿元，并关注了以往审计发现问题的整改情况。对4月和5月审计发现涉及44.52亿元财政资金的182个问题，审计部门已向被审计单位出具了整改建议函。截至第二季度末，有关单位已整改其中涉及15.47亿元财政资金的72个问题。对尚未整改到位和6月份审计中发现的问题，审计部门正在督促加快整改。

一、有关部门和地方积极推进国家重大政策措施贯彻落实

围绕推进供给侧结构性改革，有关部门和地方结合各自工作实际积极主动开展工作，陆续出台配套政策措施和实施方案，着力培育新的发展动能，提高供给体系的质量和效率，保障和改善人民生活。审计了解到的主要措施有：

（一）推进简政放权、放管结合、优化服务改革，降低制度性成本。工商总局着力构建便捷有序的市场退出机制，降低退出成本；天津、黑龙江和贵州3省市分别通过深化相对集中行政许可权改革、促进科技产业化政策落地、扩大电力直接交易规模等方式优化服务，降低市场主体经营成本；全面推开营改增试点后部分企业税负下降明显。

（二）加强贫困县财政涉农资金统筹整合使用等民生工作，促进经济社会发展短板建设。江西、甘肃、重庆、湖北、云南等省市积极贯彻落实贫困县财政涉农资金统筹整合使用的要求，加大资金统筹整合使用力度；福建省出台办法强化扶贫专项资金使用管理责任追究；吉林省积极推行实施失能人员医疗照护保险制度；广西壮族自治区建立低保核对信息平台，提高低保救助精准度。

（三）加大审计发现问题整改力度，及时解决资金闲置、项目推进缓慢、违规收费等问题。截至2016年6月底，17个省市的38个县区或部门已盘活扶贫资金6.07亿元，占闲置扶贫资金总额的72%；文化部主管的社团停止自设的评奖活动；广东、黑龙江、吉林、深圳、宁波等地盘活90.74亿元财政存量资金用于发展急需等领域；四川省松潘县、重庆市云阳县及时退还违规摊派、收费资金72.64万元；辽宁、河南、山东及时推动污水处理、公路、供水项目建设，改善群众居住和出行条件。

二、审计发现的主要问题

（一）部分财政资金统筹盘活不到位或清退不及时。一是27.05亿元财政存量资金未及时统筹使用或清理盘活，具体包括涉农项目结余资金、以前年度偿债准备金、长期结存的财政专户资金、主管部门集中收入、中央预算内投资项目和留学人员科技活动择优资助资金等。二是1602万元土地纠纷保证金未及时清退给地方国土部门。

（二）部分地区和单位扶贫工作中存在任务落实不到位、违规使用资金、项目推进慢和效果不佳等问题。一是部分地区扶贫贷款贴息、产业扶贫、光伏扶贫等扶贫政策措施落实不到位。二是3个扶贫项目推进缓慢。三是433.47万元扶贫资金被违规套取或用于与扶贫任务无关的支出；9706.82万元扶贫资金闲置未及时发挥效益。四是27个扶贫项目效果不佳。

（三）“放管服”改革推进中存在的问题。一是职责履行、行政审批中介服务、进出口等环节仍存在违规收费、垄断性经营服务收费或重复收费，涉及资金2.01亿元。二是一些行政权力“未放开、接不住、没管好”，其中部分工业产品生产许可审批前置条件较多，7项考核、备案、资格认定事项未取消；基本医疗保险定点零售药店资格审查等9项行政审批和中介服务事项清理下放后未能有效承接；“先照后证”事后监管等3个方面存在重复监管或监管不到位。三是有的投资监管、医院信息系统贯通不及时或在线办理率低，影响政务服务效率和信息资源协同。

（四）一些重大项目存在建设进度慢、与相关规划或配套工程不衔接等问题。一是1个煤电项目违反国家煤电规划调控要求未经核准开工建设；2个项目未按时建设生活污水处理设施，导致河水水质遭受污染。二是6个项目进展迟缓，未发挥应有效用，涉及公租房、城市轨道交通、敬老院、教育信息系统、铁路支线及运河船闸建设。

附件：1. 有关部门和地方推进国家重大政策措施贯彻落实的具体举措

2. 审计发现问题整改的有关情况

3. 审计发现的具体问题

附件 1：

有关部门和地方推进国家重大政策措施贯彻落实的具体举措

一、推进简政放权、放管结合、优化服务改革，降低制度性成本方面

（一）工商总局着力构建便捷有序的市场退出机制。为进一步推进商事登记便利化，降低退出成本，工商总局进一步扩大了未开业企业及无债权债务企业简易注销改革试点范围，截至 2016 年 6 月末，已有天津、浙江和海南 3 个省市在全省（市）开展试点，广东等 14 个省在部分地区开展了试点。如 2016 年 1 月至 4 月，宁波市注销企业 3659 户，其中简易注销企业 878 户，占注销企业总数的 24%。

（二）天津市放大“一颗印章管审批”改革效应，深化相对集中行政许可权改革。天津市在滨海新区实行“一颗印章管审批”试点后，将相关做法在全市 16 个区县推广，通过规范审批标准化服务流程、建立统一的行政许可服务与绩效管理系统、探索行政许可事项合并同类项等方式，将原来平均由 26 个部门审批的 155 个事项集中到行政审批局一个单位办理，成为首个所有区县都实行“一颗印章管审批”的省级地区。

（三）黑龙江省进一步加大创新驱动发展战略落实力度。2015 年以来，黑龙江省针对本地高校科研成果落地难问题，加强了引导推动。省市两级财政与哈尔滨工业大学共同出资，成立以推动科技成果转化为主攻方向的哈工大机器人集团，生产 20 余类、100 多种工业机器人产品，2015 年实现销售收入 3.05 亿元。依托高校科研资源，该集团先后引入可孵化项目 34 个，促进 43 项科技成果产业化。

（四）贵州省扩大电力直接交易规模，降低工业企业生产成本。2016 年 4 月，贵州省成立贵州电力交易中心有限公司，将参与电力直接交易的工业企业用户扩大至报装容量 1000 千伏安以上的所有用户，使该省大工业用电价格每千瓦时平均下降 9.17 分。截至 2016 年 6 月，该省全部 22 户火电企业与 943 户工业企业签订了电力直接交易合同，涉及交易电量 417 亿千瓦时。

（五）全面推开营改增试点后餐饮业部分试点纳税人税负下降明显。如海鸿达（北京）餐饮管理有限公司 2016 年 5 月按缴纳营业税测算应纳税额为 464.59 万元，营改增试点后应纳增值税 259.24 万元，税负降低 205.35 万元，减税幅度为 44.2%；江苏小厨娘餐饮管理有限公司 2016 年 5 月按缴纳营业税测算应纳税额为 45.06 万元，营改增试点后应纳增值税 23.97 万元，税负降低 21.09 万元，减税幅度为 46.8%。

二、加强扶贫资金统筹等民生工作，促进经济社会发展短板建设

（一）各地积极推进财政涉农资金统筹使用。2016 年 4 月，国务院办公厅印发《关于支持贫困县开展统筹整合使用财政涉农资金试点的意见》（国办发〔2016〕22 号）。各省积极贯彻落实国务院部署，江西、甘肃、重庆、湖北 4 个省市在统筹使用 20 项中央财政资金的基础上，将部分地方财政资金纳入整合范围，加大统筹使用力度，其中，江西省将全省 58 个原中央苏区和特困片区县（市、区）全部纳入试点地区，把省级财政安排的 14 项资金纳入整合范围；甘肃省将全省 58 个集中连片特殊困难地区县全部纳入试点地区，把省级财政安排的 14 项资金纳入整合范围；重庆市将全市 14 个国家扶贫开发工作重点县全部纳入试点地区，把市级财政安排的 24 项资金纳入整合范围，并明确了具体操作程序，截至 2016 年 6 月，涪陵、南川、潼南、忠县 4 个区县已在市级资金层面开展试点工作；湖北省明确资金整合地域范围为全省 37 个贫困县，其他有建档立卡贫困村、贫困人口的县参照执行，县级可统筹使用的资金既包括中央、省、市（州）、县级财政性资金中的涉农项目资金，也包括经济建设、社会发展、支持企业发展等非涉农项目资金。

（二）云南省将统筹盘活的财政资金优先用于脱贫攻坚。2015 年 12 月，云南省人民政府办公厅印发《关于筹措新增专项扶贫资金有关事项的通知》，要求调整省级项目支出结构、清理沉淀资金，压缩不必要的专项资金，统筹优化财政资金用于脱贫攻坚。截至 2016 年 6 月末，云南省财政厅共下达省级财政专项扶贫资金 31 亿元，比 2015 年全年下达金额还多出 17.9 亿元。

（三）福建省出台办法强化扶贫专项资金使用

管理责任追究。2016 年 4 月，福建省出台《扶贫专项资金使用管理责任追究办法（试行）》，明确职责分工和问责机制，对扶贫专项资金使用管理领域相关问题明确了 12 种问责情形、5 种问责重点、11 种问责方式。该办法出台以来，福建省在扶贫专项资金方面新立案 36 件，涉及 50 人，其中 2 人已受到党纪处分。

（四）吉林省积极推行失能人员医疗照护保险制度。2015 年 5 月，长春市开始实施失能人员医疗照护保险制度，将长期失能人员和因病短期失能人员的 37 种照护项目纳入失能人员医疗照护保险范围，规定补偿比例达 80%至 90%，截至 2016 年 5 月，长春市已有 3892 名失能人员享受了医疗照护保险，支出照护保险基金 2619 万元。2016 年，吉林省人民政府在总结长春市取得经验的基础上，将失能人员医疗照护保险制度在全省范围内推广。

（五）广西壮族自治区建立低保核对信息平台，提高低保救助的精准度。2014 年 6 月，广西壮族自治区整合民政、房产、住房公积金等多个部门管理的数据信息，建立了低保核对信息平台，对拟纳入最低生活保障人员信息进行比对审核，根据核对结果出具社会救助审批意见。低保核对信息平台运行 2 年来，共核对申请享受低保待遇家庭 154 万户、404 万人次，累计核查出不符合低保条件人员 16 万人。

附件 2：

审计发现问题整改的有关情况

一、17 个省市的 38 个县区或部门加紧盘活闲置的扶贫资金

针对审计发现 17 个省市的 38 个县区或部门 8.43 亿元扶贫资金闲置问题，各省高度重视，要求相关地方、部门和单位限期整改。截至 2016 年 6 月末，已盘活资金 6.07 亿元（占 72%），其中 4.31 亿元加快了拨付或使用进度，1.76 亿元统筹整合用于其他扶贫项目；有关地方政府和单位修订完善加强扶贫资金管理等制度措施 23 项。

截至 2016 年 6 月末审计发现扶贫资金闲置问题的整改情况

序号	县（市、区）	闲置金额（万元）	整改情况（万元）		修订完善制度措施（项）
			继续拨付或使用	统筹整合使用	
1	河北省阜平县、涞源县	7072.20	1235.90	790	4
2	重庆市云阳县	2711.16	2169.16		1
3	重庆市万州区	222.34			
4	河南省汝阳县	4558.3	2871.79	1686.51	2
5	湖北省秭归县	2317.51	988.68	290.7	2
6	湖北省长阳土家族自治县	896.77	703.77	7	5
7	黑龙江省林甸县	30		30	
8	黑龙江省绥滨县	729.5	120.00	609.5	
9	黑龙江省龙江县	100			1
10	四川省越西县	15084.01	7300.19	136	1
11	四川省宣汉县	5891.43	5891.43		2
12	山西省大宁县、临县	14071.09	4836.97	9234.12	1
13	辽宁省桓仁县	950.5		950.5	
14	辽宁省沈北新区	232.68		232.68	

（续表）

序号	县（市、区）	闲置金额（万元）	整改情况（万元）		修订完善制度措施（项）
			继续拨付或使用	统筹整合使用	
15	辽宁省康平县	211.26	12.48	198.78	
16	辽宁省新宾满族自治县	225.14		225.14	
17	辽宁省建平县	35		35	
18	湖南省通道侗族自治县	127.84		127.84	
19	甘肃省会宁县	911.52	911.52		
20	甘肃省宁县	4270.69	3126.92	1143.77	
21	山东省曹县	811.6	811.60		
22	山东省沂源县	20		20	
23	山东省鄄城县	80	80.00		
24	云南省东川区	1788.27	401.51		
25	云南省寻甸回族彝族自治县	2464.28	106.10	54.43	
26	海南省林业厅	539		539	
27	海南省琼中黎族苗族自治县	20		20	
28	吉林省安图县	972.42	796.37	176.05	
29	吉林省通榆县	49.5		49.5	
30	江苏省赣榆区	607	607		
31	江苏省淮阴区	4003.15	2863.03	625	1
32	江苏省泗洪县	6864.3	6864.30		
33	广东省新丰县	3275.8			1
34	陕西省蒲城县	254.14	33.62	220.52	
35	陕西省淳化县	243	44.00	199	
36	陕西省蓝田县	1644.35	290.40		2
	合计	84285.75	43066.74	17601.04	23

二、文化部督促主管协会停止自设的评选活动

审计指出文化部主管的中国演艺设备技术协会未经批准、自行设立年度演艺设备行业优质工程评选、年度演艺设备行业强企评选后，文化部高度重视，积极督促上述单位整改，停止了违规自行举办的评选活动。

三、广东、黑龙江、吉林、深圳、宁波等地加快存量资金盘活使用

审计指出广东省将已统筹的财政专项资金继续安排用于原项目且仍未及时使用问题后，广东省财政厅收回了未支出的152.55万元资金。审计指出黑龙江省同江市人工草地建设牧草良种补贴260万元闲置2年未及时统筹问题后，同江市人民政府收回上述资金重新安排用于农村人畜饮水工程建设，截至2016年6月末已全部拨付到项目。审计指出吉林省吉林市老年康复中心老年养护楼项目中央补助资金450万元长期闲置问题后，吉林市人民政府组织召开专题会议研究整改，将闲置资金调整用于正在建设的吉林卫生学校易地新建项目。审计指出深圳市5个区“市投区建”资金结存88.74亿元问题后，各区立即制订结存资金盘活方案，将资金安排用于增加区属国有企业注册资本金、偿还政府性债务、解决历史工程欠款和教育等民生支出。审计指出浙江省宁波市1.91亿元廉租住房补充资金结余超过2年、未按规定纳入财政存量资金管理后，宁波市财政局于2016年5月30日将1.91亿元结余资金上缴国库，纳入公共预算管理。

四、四川、重庆两省（市）及时整改违规摊派收费问题并追究有关人员责任

审计指出四川省松潘县成兰铁路工程建设协调领导小组办公室向5家成兰铁路的施工单位摊派租车费用44万元问题后，阿坝藏族羌族自治州、松潘县高度重视，积极整改。截至2016年6月末，松潘县成兰铁路工程建设协调领导小组办公室已退回租用的车辆，并将摊派资金全部退还5家施工单位，阿坝藏族羌族自治州、松潘县纪检监察部门对相关责任人员进行了立案调查。审计指出重庆市云阳县建筑业协会通过“考培挂钩”违规收费89.65万元问题后，云阳县城乡建设委员会立即解除了对云阳县建筑业协会的相关授权，该协会已将扣除培训成本、考试费用及相关税费后结余的28.64万元退还相关企业。

五、辽宁、河南、山东3省及时推动项目建设，确保发挥项目效益

审计指出辽宁省抚顺市东洲污水处理厂配套管网工程验收后未及时办理移交手续问题后，东洲区人民政府召开专题会议，要求尽快完成工程移交，并组织专人落实相关工作，2016年3月16日，项目实施单位与东洲污水处理厂完成了交接排查工作，污水提升泵站正式启动运行。截至2016年6月25日，该项目累计处理污水约1.5万吨、减排4.50吨化学需氧量和0.23吨氨氮。审计指出河南省国道G106线潢川县城区段改建工程未按时开工、中央财政资金4852万元闲置未发挥效益问题后，河南省积极推动项目建设，截至2016年6月末已完成项目投资4231万元。审计指出南水北调东线一期工程山东省续建配套工程部分4个供水单元尚未开工建设、5个供水单元进展缓慢问题后，山东省人民政府对工程进行了挂牌督办，加大政策和资金支持，截至2016年5月底，9个供水单元累计完成投资66.15亿元，占批复概算总投资的78%。

附件3：

审计发现的具体问题

一、财政资金统筹盘活和管理方面

（一）2115.13万元涉农项目结余资金未统筹使用。截至2016年6月25日，广西壮族自治区隆安县和横县财政局以相关资金需“专款专用”为由，未对以前年度涉农项目结余资金统筹使用，其中隆安县1346.46万元、横县768.67万元。而隆安县震东扶贫生态移民片区西宁水厂进厂道路项目建设资金缺口达1425万元。

（二）20.13亿元偿债准备金结存在财政专户。自2015年起，江苏省南京市财政局安排专门预算资金用于偿还到期政府存量债务。但该市2014年及以前年度形成的偿债准备金仍存放在财政专户，未按要求优先用于偿还到期政府存量债务，截至2016年6月25日，资金余额20.13亿元。

（三）5亿元促进发展资金结存在财政专户超过3年。2012年10月，江西省南昌市财政局将5个专户中的5亿元促进发展资金转为一年期定期存款，并于每年到期后继续转存，截至2016年6月25日，上述资金结转超过3年仍未使用。

（四）13594.5万元主管部门集中收入应缴未缴结转超过3年。根据非税收入管理要求，主管部门集中收入应上缴相应级次国库并纳入预算管理。截至2016年6月25日，上海市人力资源和社会保障局、民政局分别有4345万元、9249.5万元集中收入在本单位账户结转超过3年。

（五）606.54万元财政存量资金结存超过2年未使用。2012年，湖北省武汉市财政局将农村饮用水安全资金专户和自筹基建资金专户销户后的余额751.17万元调入国库，截至2016年6月25日，上述资金中尚有606.54万元资金未安排使用。

（六）500万元国家文化和自然遗产保护设施建设资金结转超过2年。2013年8月，辽宁省海城市仙人洞遗址保护项目获得国家文化和自然遗产保护设施建设中央预算内投资500万元，项目工期为2013年3月至11月。截至2016年6月25日，该项目尚未开工，上述资金结存在市财政局。

（七）“留学人员科技活动择优资助”等 2 个项目 2414.71 万元结余资金未清理。截至 2016 年 6 月末，人力资源社会保障部对“留学人员科技活动择优资助”和“人力资源社会保障综合统计及专项调查”两个项目 2012 年及以前年度形成的 2414.71 万元财政资金结余未及时进行清理。

（八）1602 万元土地纠纷保证金未能及时清退。2007 年，贵州省盘县和云南省富源县国土部门为解决两县交界地区的村民房屋修缮、搬迁赔偿等采矿纠纷问题，向国土资源部上缴 2500 万元保证金，资金使用由国土资源部、贵州省、云南省共同成立协调机构决定。2010 年 10 月，解决上述问题涉及的鉴定和赔偿工作全部完成，共支出 961.34 万元。截至 2016 年 6 月末，在两省上交的保证金无继续使用用途的情况下，国土资源部未及时将剩余保证金及利息 1602 万元退回。

二、扶贫资金管理使用、项目推进及政策落实方面

（一）部分地区扶贫贷款贴息、产业扶贫、光伏扶贫等扶贫政策措施落实不到位。

相关政策措施落实不到位问题的具体情况

序号	政策措施	具体问题
1	小额贷款贴息	2011 年至 2015 年，广东省财政预算安排扶贫小额贷款贴息 3.25 亿元，在 14 个县开展扶贫小额贷款试点工作。截至 2015 年底，14 个试点县均未发生扶贫小额贷款贴息业务，试点工作未能推开
2	金融扶贫产业贷	截至 2015 年底，内蒙古自治区参加“金融扶贫产业贷”的 121 家单位已按期将 104850 万元贷款还本付息，自治区财政厅应对此安排贴息 2482 万元。截至 2016 年 6 月，实际仅安排贴息 747.2 万元，其余 1734.8 万元贴息尚未到位。审计指出问题后，内蒙古自治区扶贫办印发文件，要求加快扶贫贴息审核发放工作
3	核桃产业扶贫	2011 年至 2015 年，贵州省水城县、六枝特区分别安排财政扶贫资金 7876.96 万元、7409.4 万元，开展核桃产业扶贫项目。该项目采取连片规划种植方式，未区分贫困户与非贫困户，项目覆盖的贫困人口比重低，如六枝特区 2014 年、2015 年核桃产业扶贫项目涉及 53648 人中，有贫困人口 12388 人，仅占 23.09％
4	光伏扶贫	2015 年，山西省安排 5 个县开展光伏扶贫试点，已核准的 68 个光伏电站计划于 2015 年底前建设完成。截至 2016 年 5 月底，由于土地落实不到位等，4 个项目尚未开工建设，17 个已开工项目尚未建成
		2015 年，甘肃省选取 6 个县开展第一批光伏扶贫试点，每个县选取 200 户建档立卡贫困户建设分布式光伏发电设施，计划于 2015 年建成。截至 2016 年 5 月底，由于建设资金筹措不到位、相关部门工作推动不力等，4 个县未完成建设任务。清水县虽已建成发电，但由于未落实关于分布式光伏发电户售电可由国家电网公司所属企业开具发票的便民措施等，该县 2016 年 3 月 24 日开始并网发电的 200 户贫困户尚未获得售电收入 4.26 万元
		根据《宁夏回族自治区 2015 年光伏扶贫试点方案》及调整文件，2015 年宁夏回族自治区 51.57 兆瓦光伏扶贫项目应于 2015 年底前建成并网。由于资金筹措机制不完善，企业垫资建设积极性差等，截至 2016 年 6 月 25 日，实际建成并网 6.64 兆瓦，占计划规模的 12.88％；在建 32.28 兆瓦，占计划规模的 62.59％；其余 12.65 兆瓦未开工，占计划规模的 24.53％

（二）3 个扶贫项目推进缓慢。

扶贫项目推进缓慢问题的具体情况

序号	工作任务或项目名称	具体问题
1	“宽带乡村”试点工程	2014 年 6 月，国家发展改革委等 3 部委下发通知，在甘肃等 6 个省区组织实施“宽带乡村”试点工程（一期），项目实施期为 2014 年至 2016 年，要求到 2015 年实现 95%以上行政村通光缆、农村家庭宽带普及率达到 30%。由于甘肃省工程实施方案编制及审批耗时较长，截至 2016 年 6 月底工程未开工，44 个子项目尚处在初步设计阶段
2	名特优鱼类繁育养殖产业扶贫项目	2012 年 11 月，黑龙江省饶河县将 1000 万元产业扶贫资金用于名特优鱼类繁育养殖产业化扶贫项目建设，计划于 2013 年 11 月建成。由于项目前期论证不充分、主管部门工作推进缓慢等，截至 2016 年 6 月 25 日，该项目仍未建成运营
3	乌苏里江网箱养鱼产业扶贫项目	2014 年 10 月，黑龙江省饶河县将 100 万元少数民族发展资金用于乌苏里江网箱养鱼扶贫项目建设，计划于 2014 年 10 月完工。由于主管部门工作推进不力等，截至 2016 年 6 月 25 日，该项目还有 30 个网箱未完工，已完工的 70 个网箱也未投入使用

（三）433.47 万元扶贫资金被违规套取或用于与扶贫任务无关的支出。

违规使用扶贫资金问题的具体情况

序号	资金	具体问题
1	贫困劳动力技能培训资金	2015 年 11 月，辽宁省建昌县养马甸子乡通过编造虚假培训人员名单、开具虚假发票、编造虚假支出事项等方式，套取财政扶贫培训资金 3.92 万元在乡政府挂账
2	扶贫基金会开办资金、扶贫基金	2013 年至 2015 年，河北省扶贫基金会违规使用省级财政拨付的开办资金 20.11 万元，用于购买手机、车辆，并在扶贫基金中列支招待费用 3.64 万元
3	扶贫工作经费	截至 2015 年 12 月末，广东省紫金县扶贫办和东源县扶贫办违规将县级财政局拨付的扶贫经费用于接待费及人员津补贴支出，其中紫金县 53.87 万元、东源县 6.01 万元
4	产业扶贫资金	2013 年 9 月至 2016 年 5 月，贵州省赫章县将 345.92 万元中央财政专项扶贫资金安排用于博物馆和广场建设

（四）9706.82 万元财政扶贫资金因资金拨付缓慢、项目安排不合理等，未能及时发挥效益。其中闲置 2 年以上的有 3174.55 万元。

财政扶贫资金闲置问题的具体情况

序号	项目/专项资金	闲置金额（万元）			具体情况
		合计	闲置 1 年至 2 年	闲置 2 年以上	
1	移民康居工程资金、应统筹使用的财政专项扶贫资金	826.6	514.3	312.3	因建设地址变更、项目未及时实施等，截至 2016 年 6 月 25 日，辽宁省建昌县和兴城市共有 826.6 万元财政扶贫资金闲置 1 年以上
2	民族工艺品加工、民族游艺园项目资金	244	100	144	因征地拆迁工作推进缓慢及项目整体设计方案尚未完成等，截至 2016 年 6 月 25 日，黑龙江省饶河县共有 244 万元财政扶贫资金闲置 1 年以上

续表

序号	项目/专项资金	闲置金额（万元）			具体情况
		合计	闲置1年至2年	闲置2年以上	
3	奶山羊养殖等4个产业扶贫项目资金	277.23	150	127.23	截至2016年6月末，云南省江城县、威信县、巍山县、彝良县4个县的奶山羊养殖等4个产业扶贫项目在项目实施过程中，由于农户参与积极性不高、项目未启动等，导致277.23万元财政扶贫资金闲置1年以上
4	2014年度易地扶贫搬迁资金	736	736		截至2016年6月末，湖南省靖州县甘棠镇、中方县活水乡2014年度易地扶贫搬迁工程因前期工作不到位、需调整方案等推进缓慢，有736万元扶贫资金闲置1年以上
5	产业发展、贷款贴息及“雨露计划”等财政扶贫专项资金等	888.7	861.82	26.88	由于资金统筹整合不到位、部分资金分配审批时间过长、部分项目推进较慢未满足支付条件等，截至2016年6月25日，湖南省邵阳县、新邵县、平江县财政扶贫专项资金888.7万元闲置1年以上
6	2014年易地扶贫搬迁资金	794.94	794.94		由于项目前期审批工作推进缓慢等，截至2016年6月25日，广西壮族自治区昭平县北陀镇平恩村、良佑村和走马乡走马村2014年易地扶贫搬迁项目涉及资金794.94万元闲置1年以上
7	扶贫贷款贴息资金	216	216		截至2016年6月25日，青海省刚察县、大通回族土族自治县和海东市乐都区3个县（区）2014年度金融扶贫贷款贴息资金中有216万元闲置1年以上
8	整村推进、小额贷款贴息等资金	1353.95	293.18	1060.77	截至2016年6月25日，陕西省蓝田县有1353.95万元扶贫资金因缺少符合扶持产业开发条件的贫困户，以及原定的扶贫项目不具备实施条件等，闲置1年以上
9	核桃产业扶贫管理费、未及时结算的财政扶贫资金	3613.49	2242.38	1371.11	由于资金拨付缓慢，未及时验收完工项目等，截至2016年6月25日，贵州省水城县、正安县和铜仁市碧江区分别有400万元、2330.81万元、882.68万元财政专项扶贫资金闲置1年以上
10	溜索改桥及连接线新建工程等扶贫资金	755.91	623.65	132.26	由于项目进展缓慢，未及时统筹使用等，截至2016年6月末，四川省平武县收到上级财政2013年下达的扶贫补助资金中有132.26万元结存在财政专户；2014年10月获得的溜索改桥及连接线新建工程省级专项扶贫资金中有623.65万元闲置1年以上
	合计	9706.82	6532.27	3174.55	

（五）27个扶贫项目由于前期论证不充分或项目运营管理不到位等，未实现预期效益，涉及金额1317.28万元。

项目效益不佳甚至形成损失问题的具体情况

序号	项目	具体问题
1	少数民族特色村寨扶贫项目和水稻基地建设扶贫项目	2012年和2014年，黑龙江省饶河县少数民族特色村寨扶贫项目和水稻基地建设扶贫项目分别获得财政扶贫资金600万元和54万元。截至2016年6月25日，特色村寨项目自2014年9月建成后一直闲置，水稻基地项目建设的1栋日光温室自2015年8月建成后闲置至今、7栋大棚出租给非贫困户用于蔬菜种植，未能实现预期效益
2	生猪养殖等25个产业扶贫项目	2013年至2015年，云南省麻栗坡县等13个县的生猪养殖项目等25个产业扶贫项目，因县扶贫、财政等部门立项研究不充分、审核把关不严，导致种植养殖物被变卖或死亡，663.28万元扶贫资金未达到预期效益

三、“放管服”改革政策落实方面

（一）部分单位在职责履行、行政审批中介服务、进出口等环节仍存在违规收费、垄断性经营服务收费或重复收费，涉及金额2.01亿元。

违规收费问题的具体情况

序号	部门（单位）	收费事项	收费对象	违规收费情节	收费时间	收费金额（万元）
1	河南省商丘市公安局交通警察支队高速大队（原商丘市公安局交警三大队）及4个基层人民政府	临时用地工作经费、保通费等	郑州至徐州铁路客运专线部分施工企业	自立名目收费	2012年12月至2014年9月	112.31
2	四川省雅安市公安局交通警察支队	交通安全宣传费	雅安驾校、雨城驾校等9个单位	自立名目收费	2013年至2016年6月	863.19
3	四川省数字证书认证管理中心有限公司及其代理机构绵阳裕泰贸易有限公司	机构业务个人数字证书费	在绵阳市政务服务和公共资源交易服务中心平台上开展招投标业务的企业	未经批准收费	2013年至2016年6月	193.54
4	中国电力企业联合会所属科技中心	培训费、技术服务费	开展工业领域电力需求侧管理服务的机构和单位	自行设定资质评定事项并收取培训费、服务费	2015年	171.08
5	辽宁省沈阳市防雷检测中心	防雷装置设计技术评价费、防雷装置检测费	委托开展防雷装置设计技术评价及检测的单位	相应费用应由委托的审批部门保障，不应向申请人收取	2016年4月至6月25日	114.54
6	黑龙江省哈尔滨市城乡规划编制研究中心	规划控制线基础数据发布工作“工本费”	办理该项业务的项目单位	相应费用应由委托的审批部门保障，不应向申请人收取	2016年1月至6月25日	95.50
7	广东省地质灾害防治协会	“矿山地质环境保护与恢复治理方案”评审费	“方案”编制单位	评审费用应由委托的审批部门保障，不应向编制单位收取	2015年8月1日至2016年5月31日	20.66

海关事业单位所属经济实体或关联单位依托行政权力或资源经营服务收费具体情况

序号	部门（单位）	收费事项	收费对象	收费时间	收费金额（万元）
1	海关总署中国电子口岸数据中心所属经济实体	售卖电子口岸4项安全产品	使用中国电子口岸平台的进出口企业	2015年	6800.54
2	东方电子支付有限公司	海关税费电子支付系统第三方支付基本功能使用费、增值功能使用费	网上缴纳海关税费的企业	2015年	8296.82

此外，由于在征地过程中，国土部门和林业部门对林地面积的勘界依据不同，且山西省的上述两部门没有进行有效协调，导致2008年至2015年在山西省开展铁路建设的项目单位重复缴纳征地补偿费3489.02万元。

（二）部分考核、备案、资格认定事项未取消，前置审批条件多。

1. 部分工业产品生产许可审批前置条件较多。质检总局印发的相关工业产品生产许可的实施细则中，要求企业在办理工业产品生产许可证时提供不属于《中华人民共和国工业产品生产许可证管理条例》明确要求的环保证明、土地证明等资料作为审批前置条件，涉及20类、50种产品，造成企业在行政审批中手续烦琐。

2. 2015年9月，深圳市政府明确，深圳市交通运输委不再实施机动车驾驶员培训机构质量信誉考核、开设和撤销招生经营点（报名点）备案等5项工作。截至2016年6月末，深圳市交通运输委仍在开展上述考核、备案工作。

3. 20个建设项目安全预评价报告仍进行备案。安全监管总局2015年印发办法，对除该办法第七条规定以外的其他建设项目，生产经营单位安全生产条件和设施综合分析书面报告可采取备查方式。但贵州省未相应修订《贵州省冶金等工贸企业建设项目安全设施“三同时”监督管理实施办法》，2015年5月1日至2016年6月25日，贵州省、遵义市、贵安新区、贵阳市及其下属1个区的安全生产监督管理部门仍分别对20个建设项目安全预评价报告进行了备案或编号登记，并对有的报告出具了回复意见。

4. “QC小组活动诊断师”职业资格未实际取消。2014年，国务院发文取消了“QC小组活动诊断师”。经查，在未向有关部门申请备案的情况下，该职业资格实际已于2007年1月由国资委管理的中国机械工业质量管理协会以“全国性机械工业群众性质量管理活动诊断师”取代。2015年，该协会仍继续对“全国性机械工业群众性质量管理活动诊断师”进行续证登记，对新申报该职业资格的人员进行培训。

（三）部分行政审批和中介服务事项清理下放后未能有效承接。

1. “境外飞行员执照确认”等6项行政审批中介服务事项清理后配套保障措施未及时出台。2016年2月，国务院要求民航局“境外飞行员执照确认”等6项行政审批中介服务事项不再由申请人委托中介机构办理，改由审批部门委托有关机构开展技术性服务。截至2016年6月25日，民航局尚未出台与上述改革相配套的具体保障措施，导致有的委托机构使用自筹经费开展技术服务工作。

2. “人体器官移植医师执业资格认定”行政审批事项下放承接工作不到位。2014年7月，国务院要求将“人体器官移植医师执业资格认定”下放至省级卫生计生行政主管部门。由于指导该行政许可事项承接工作的相关文件尚未出台，截至2016年6月25日，仅陕西、甘肃、四川、重庆、广西、海南等6省区市制定了人体器官移植医师执业资格认定过渡期管理的文件、方案或流程并承接了相应工作；其余25个省尚未明确相关承接工作。

3. 基本医疗保险定点零售药店资格审查和基本医疗保险定点医疗机构资格审查事项（以下简称“两定资格审查”）取消后，承接工作不到位。2015年10月，国务院发文取消“两定资格审查”事项，并要求各地区、各部门切实加强事中事后监管。截至2016年6月末，河南省包括省本级在内的15个医疗统筹地区尚未制定并公开医药机构服务协议管理办法，暂停了各类医药机构的申请受理，2015年10月至2016年6月25日没有新的医药机构纳入协议管理，影响医保群众就医便利。

（四）重复监管与事中、事后监管不到位并存。

1. 酒类行业流通环节存在商务部门与食品药品监督部门重复监管。根据《食品经营许可管理办法》（2015年国家食品药品监督管理总局第17号令）相关规定，酒类在流通环节须取得食品经营许可证；而《酒类流通管理办法》（2005年商务部第25号令）同时要求，酒类流通实行经营者备案登记制度和溯源制度，造成部门重复监管。截至2016年6月末，除四川、广东、海南3个省将酒类流通管理职能整体划转至食品药品监督管理部门外，其他省仍要求酒类经营者在取得食品经营许可证后再进行酒类流通备案登记或行政许可。

2. “先照后证”改革后部分药品企业未及时纳入协同监管。2016年1月至5月，海南省海口市工商局和龙华区工商局按照“先照后证”登记设立的药品企业中，有19家药品企业的部分经营活动需要取得食品药品监管部门的药品生产或经营许可，而工商部门未按国务院要求履行“双告知”职责，及时告知食品药品监管部门企业登记情况。截至2016年6月，有5家企业未纳入食品药品监督部门的业务监管范围。

3. 监管不到位，2家水泥企业使用应淘汰的落后设备无证生产水泥57.15万吨。2013年以来，重庆云阳水泥股份有限公司、云阳县红旗水泥有限公司使用5台应淘汰的水泥磨机，无证生产水泥57.15万吨。重庆市云阳县人民政府在2015年5月已知晓云阳县红旗水泥有限公司生产许可证早已到期、夜间偷开生产的情况下，未采取有效监管措施制止上述企业无证生产的行为。

（五）信息平台建设不及时或在线办理率低，影响政务服务效率。

1. 63件行政许可事项未按要求实现“一个窗口”受理、网上办理，“阳光审批”工作落实不到位。2014年12月，国家能源局驻国家发展改革委政务服务大厅和行政审批在线办事系统上线运行以来，国家能源局共受理行政许可事项84件，其中63件未通过国家能源局驻国家发展改革委政务服务大厅和行政审批在线办事系统接收办理，也未主动公开受理进展情况。

2. 13个县（市）未纳入投资项目在线审批监管平台管理。2014年12月，国务院要求建设投资项目在线审批监管平台要实现全国范围的纵向贯通、覆盖全国，加快实现网上办理，2015年底之前试运行。截至2016年6月25日，江苏省投资项目在线审批监管平台未实现省、市、县三级全面纵向贯通，仍有滨海县等13个县（市）未纳入江苏省投资项目在线审批监管平台管理。

3. 14家医院电子病历系统建设未能完成，不利于推进区域内医疗卫生信息资源和业务协同。国务院要求医院积极推进以医院管理和电子病历为重点的医院信息系统建设，2015年底前基本完成，逐步实现医院基本业务信息系统的数据交换和共享。截至2016年6月25日，吉林省参与县级公立医院改革的75家医院中，有14家医院仍未建立电子病历系统。

四、重大项目建设方面

（一）茂名博贺2×100万千瓦超超临界燃煤发电工程项目未经核准开工建设。目前，我国对煤电项目实行国家控制规模、地方政府优选确定项目并在国家依据总量控制制定的建设规划内核准的管理办法。2011年12月至2013年5月，广东省发展改革委向国家能源局3次申请茂名博贺2×100万千瓦超超临界燃煤发电工程项目均未获批。2014年2月，广东粤电博贺煤电有限公司未经核准开工建设该项目，截至2016年6月，已累计完成投资32.73亿元。

（二）个别保障性住房项目未建设配套生活污水处理设施，造成生活污水污染河水水质。审计抽查了2009至2012年长春市朝阳区建成的保障性住房项目房屋5861套，截至2016年6月末，在未通过环评、未取得竣工验收手续的情况下分配入住4178套，因长春朝阳经济开发区管委会未及时推进配套污水处理设施建设，导致上述居民的生活污水直接排入下水管网，对周边河流水质造成影响。

（三）个别污水处理厂扩建工程进展缓慢，造成大量污水直接排入河道。2013年4月，甘肃省发展改革委批复了陇西县污水处理厂扩建工程，计划投资 6700 万元、2014 年建成。因陇西县人民政府推动征地拆迁工作不力、筹措建设资金不及时，项目直到 2015 年 9 月才开工，截至 2016 年 6 月仅完成投资 3300 万元。同时，由于污水处理能力不足，陇西县每日有 2500 吨至 3000 吨生活污水未经处理直接排入河道。

（四）北京市 4 个区公租房项目竣工及分配入住率较低。2015 年，住房城乡建设部办公厅《关于实行公共租赁住房分配入住目标管理的通知》（建办保函〔2015〕213 号）要求，“2012 年底前开工建设的公共租赁住房，原则上 2015 年底前 90%要完成分配入住”。2012 年，北京市朝阳、海淀、丰台、石景山 4 个区开工建设公租房 16560 套，截至 2016 年 6 月末，上述公租房竣工 5012 套、分配入住 3419 套，竣工率及分配入住率分别仅为 30.27%和 20.64%。

（五）昆明城市轨道交通 6 号线一期工程开通后运行效能低下。2009 年 9 月，昆明轨道交通集团有限公司未经批准启动 6 号线一期工程，并于 2012 年 6 月建成试运营。后经云南省发展改革委批复后，二期工程于 2014 年 7 月开工。截至 2016 年 6 月底，二期工程尚未建成，导致一期工程不能从机场直达城区、旅客换乘不便，客流持续减少，直至 2016 年 3 月停运，试运营期间累计亏损 4.61 亿元。

（六）个别敬老院项目逾期 3 年未完工。2012 年，财政部、国家发展改革委下达重庆市云阳县凤鸣镇新建敬老院项目中央预算内投资 400 万元，要求地方筹集配套资金 250 万元进行项目建设，并应于 2013 年完工。由于项目管理不规范、配套资金不到位等，该项目主体工程自 2014 年 1 月停工至今，已投入的财政资金未及时发挥效益。

（七）福州可门港铁路支线项目逾期 4 年未完工。福建福州可门港铁路支线项目投资总额 13.64 亿元，计划于 2011 年 10 月完工。截至 2016 年 6 月，因原计划开挖的土石方处理方案无法实施，导致该项目龟山段 3.2 公里线路尚未开工，可门港铁路支线项目逾期 4 年未完工。

（八）基础教育资源服务系统项目建设缓慢。根据《天津基础教育信息化“三通两平台”建设实施意见》规划，2014 年应完成“三通两平台”主要基础设施建设。截至 2016 年 6 月，“三通两平台”子项目“天津市基础教育资源服务系统”仅完成一期招标工作，尚未开始建设，2014 年到位的 3000 万元财政资金闲置。

（九）京杭运河微山南至峄城段复线船闸工程因未供地无法开工。京杭运河微山南至峄城段复线船闸工程分为韩庄复线船闸和万年复线船闸两项工程，于 2014 年 11 月获国家发展改革委批准，投资概算 12.17 亿元，应于 2015 年开工。截至 2016 年 5 月末，负责项目供地的山东省济宁市、枣庄市两地人民政府应落实的征地拆迁资金 1.09 亿元、1.73 亿元均未落实，无法按期向项目供地，造成工程未按时开工。

中华人民共和国审计署审计结果公告（2016 年第 29 号）

2016 年第三季度国家重大政策措施贯彻落实跟踪审计结果

（2016 年 11 月 25 日公告）

2016 年第三季度，审计署牢固树立和贯彻落实创新、协调、绿色、开放、共享的发展理念，紧紧围绕推进供给侧结构性改革和去产能、去库存、去杠杆、降成本、补短板五大任务落实，审计了 886 个单位 1142 个项目有关财政资金统筹使用、扶贫任务落实、深化“放管服”改革、涉企收费清理、重大项目建设等方面的情况，抽查资金 3423.58 亿元，涉及中央财政资金 1057.66 亿元，并对上半年审计查出问题整改情况进行了跟踪检查。从审计情况看，各有关地区和部门围绕推进供给侧结构性改革，积极主动作为，着力推动重点任务落实，认真整改审计查出的问题，取得较好成效，但也存在政策措施落实不到位的情况。具体情况公告如下：

一、上半年跟踪审计查出问题整改情况

今年上半年，审计署国家重大政策措施贯彻落实跟踪审计共反映了财政资金统筹使用、扶贫资金管理和重大项目推进、深化“放管服”改革等方面的80个典型问题，涉及金额135.64亿元。从跟踪检查整改情况看，有关地区和部门高度重视，将审计查出问题的整改与全面自查自纠相结合，以问题为导向，加强工作部署和统筹协调，狠抓整改，强化制度建设，建立健全长效机制。至2016年10月底，已完成64个问题的整改，16个问题正在整改，整改金额130.79亿元（占96.42%），其中统筹盘活财政资金122.51亿元，加快安排使用1.25亿元，追回套取、截留的扶贫资金444.72万元，加快项目建设推动5.32亿元资金发挥效益；停止和取消收费项目12项（涉及金额1.64亿元）并清退违规收费243.21万元，取消考核、备案、资格认定事项7项。部分问题未整改完成的主要原因是部分项目仍处于建设过程中；一些问题的整改落实需要多部门联动配合，正在抓紧统筹协调；一些政策文件的修订需要履行征求意见等程序，正在办理中。

二、2016年第三季度政策落实跟踪审计情况

从第三季度跟踪审计情况看，有关地区和部门认真贯彻党中央、国务院决策部署，围绕推进供给侧结构性改革，深化“放管服”改革，整合统筹财政资金，进一步加快了重大项目建设，推动了国家重大政策落实。贵州省、黑龙江省和国土资源部、环境保护部采取措施不断优化政府服务，降低企业物流、质量检验、采矿权行政审批中介服务等经营成本，取消在用机动车排放检测准入限制；吉林省、山西省积极推进钢铁、煤炭行业供给侧结构性调整，化解过剩产能工作；国家卫生计生委和河北、湖北、山东、浙江、海南等6个部门和地区在卫生扶贫、金融扶贫、涉农资金管理、清理整合财政资金以及跨省异地就医结算等方面加大工作力度，弥补社会发展短板。

与此同时，审计还发现有关地区和部门存在贯彻落实国家重大政策措施不到位的情况，主要体现在以下5个方面：

（一）财政资金统筹盘活方面。2013年及以前年度27.22亿元财政存量资金未及时统筹使用或清理盘活，结转时间超过2年，具体包括防范化解风险准备金、长期结存的财政专户资金等。

（二）扶贫政策措施落实方面。一是金融扶贫等3项扶贫政策措施落实中，存在扶贫到户贷款贴息执行进度较慢、农村义务教育阶段家庭经济困难寄宿生生活费补助政策执行不到位等问题；二是抽审10个省的部分地区扶贫资金统筹整合不到位，涉及易地扶贫搬迁、金融扶贫贷款财政贴息等资金1.47亿元；三是28个单位和11名个人通过伪造合同、虚假票据列支、虚报工程量等方式骗取套取、侵占扶贫资金，或在扶贫工作中借机牟利，涉及金额957.02万元；四是32个扶贫移民安置工程等扶贫项目效益不佳，涉及资金6371.87万元；五是烟叶产业基地公路硬化等5个扶贫项目推进缓慢，涉及财政资金1708.9万元。

（三）深化“放管服”改革方面。一是民用航空器部件修理人员资格认定等4项资质、资格认定许可事项应取消未取消；二是3项行政审批事项取消、下放后后续管理不到位或基层无力承接；三是个别地区行政审批前置条件清理规范不到位；四是个别地区电子政务平台利用率不高，影响投资效率。

（四）涉企收费清理规范方面。有关地区和部门仍存在违规收费或依托权力收费、行政审批中介服务性收费不规范等问题，涉及问题金额2.88亿元。一是4个省的11个单位在国家明令取消、停征、免征后仍违规继续征收或超标准征收9项行政事业性收费和政府性基金等税费，共计1.41亿元；二是2家单位依托行政权力或履职便利，违规向企业收费926.56万元；三是3项行政审批中介服务收费未按规定清理规范，仍由企业负担中介服务费1.35亿元；四是2家单位依托达标评比活动，自设名目向企业违规收费307.66万元。

（五）重大建设项目实施方面。本次抽查的重大建设项目中，31个项目由于规划不衔接、征地拆迁进展慢、地方建设资金不到位等原因建设进展较慢；3个基础设施建设项目完工后闲置或未达到预期效益。

附件：1. 上半年跟踪审计查出问题整改情况
2. 有关地区和部门推进国家重大政策措施贯彻落实的具体举措
3. 第三季度跟踪审计查出的主要问题

附件 1：

上半年跟踪审计查出问题整改情况

审计署在 2016 年第三季度的跟踪审计中检查了上半年审计查出问题的整改情况。至 2016 年 10 月底，有关地区和部门已整改问题金额 130.79 亿元，占查出问题总金额的 96.42%。

一、有关地区和部门积极采取举措落实整改

2016 年 7 月 27 日，李克强总理主持召开国务院常务会议，听取关于地方和部门推进重大项目落地审计情况汇报，要求抓紧整改审计发现的问题。会后，有关地区和部门高度重视，抓紧明确责任分工，迅速落实整改。

一是加强组织领导。有关地区和部门的主要领导同志高度重视审计发现问题整改工作。组织召开会议专题研究部署整改工作，成立整改工作领导小组，牵头抓总、全面统筹，并及时掌握整改动态，对整改情况进行检查验收；针对一些涉及多个地区和部门的问题，相关地区和部门加强多方联动，在抓好自身整改工作的同时，积极主动与相关单位加强沟通协调，促使整改做到全到位、真到位。

二是强化整改措施。各有关单位围绕审计发现问题进行自查自纠。对短期内能够解决的问题，列出时间节点，倒排工期，严格按照计划推进；对长期性、体制性问题，深入调研、找准症结，健全制度、强化措施，力争从根本上加以解决。国务院扶贫办和四川、甘肃等省专门成立工作组，对审计发现问题进行深入调查，督促各有关单位落实整改，并严肃追究有关人员责任。

三是健全长效机制。各地区和部门积极推广审计报告中反映的推动改革创新好的经验做法，并以整改审计查出的问题为契机，完善考核评价机制，对相关领域开展全面自查，举一反三，进一步排查问题隐患和薄弱环节，采取措施加强防范，杜绝问题再次发生。

二、具体整改情况

上半年跟踪审计反映了财政资金统筹使用、深化“放管服”改革和重大项目推进等方面的 80 个典型问题，涉及金额 135.64 亿元。至 2016 年 10 月底，64 个问题已完成整改，其余 16 个问题正在整改中，已完成整改金额 130.79 亿元。

（一）关于 11 个项目结存财政资金 94.28 亿元未及时安排使用发挥效益问题。山东等 9 省统筹盘活资金 93.85 亿元，用于扶贫、教育等项目支出；海南省、甘肃省、辽宁省加快项目推进，完成支出 4154.43 万元；还有 180 万元将按项目实施进度拨付使用。

（二）关于宁夏回族自治区、广东省、福建省 3 个项目 1.42 亿元专项资金统筹后仍未及时使用问题。财政部、广东省财政厅、福建平潭综合实验区管委会已将上述资金全部收回。

（三）关于山西省临县财政资金统筹 1.39 亿元不到位，资金短缺和资金闲置并存问题。临县财政局已印发文件对易地扶贫搬迁项目及以工代赈易地搬迁项目资金 1608.72 万元进行了统筹盘活，并加快了农村住房搬迁和采煤沉陷区治理项目实施进度。

（四）关于部分单位在职责履行、行政审批中介服务、进出口等环节仍存在违规收费、垄断性经营服务收费或重复收费问题。相关地区和部门全面停止、取消违规收费项目，辽宁、河南、广东 3 省返还违规收费 243.21 万元。

（五）关于部分考核、备案、资格认定事项未取消，审批前置条件多问题。国务院国资委、深圳市及贵州省相关地区取消了相关考核、备案、资格认定事项；质检总局对工业产品生产许可前置审批进行了简化，取消多项前置审批条件，优化相关审批程序，压缩了审批时限。

三、完善制度和健全长效机制情况

在整改审计查出问题的同时，相关地区和部门进一步完善了规章制度及考核机制。国务院扶贫办、国务院国资委、质检总局、民航局 4 个部门和河北、广东、河南、贵州、内蒙古 5 个省（区）完善和修订扶贫资金绩效评价、行政审批事项取消下放、部门财务管理等方面制度 15 项。如国务院扶贫办正会同财政部修订《财政扶贫资金绩效评价办法》，完善资金使用精准性的评价等考核指标，建立健全长效机制。

附件2：

有关地区和部门推进国家重大政策措施贯彻落实的具体举措

一、降低企业成本，推进“放管服”改革

（一）2016年3月，贵州省发行“黔通卡”，对通行省内高速公路的货运车辆实行通行费折扣优惠政策，并在此基础上对重点物流企业再给予特殊优惠，降低了物流成本。至2016年9月底，全省共办理货车“黔通卡”43.02万张，共计优惠1094.23万元，涉及贵州重点物流企业95家。

（二）2015年10月以来，黑龙江省集成全省23个国家级和省级质量监督检验机构的优质技术资源，为企业搭建产品质量检验检测的“质量服务公共平台”，使企业足不出户即可享受产品质量检验服务并取得检测报告，为企业简化了中间服务环节，节约了检测成本。

（三）矿产资源开发利用方案审查是“开采矿产资源审批”的前置条件，1999年以来审查费用由行政相对人承担。2016年6月，《国土资源部办公厅关于调整国土资源部发证采矿权的开发利用方案审查费收取方式的通知》（国土资厅函〔2016〕908号）明确，审查费用不再由行政相对人承担，由财政预算保障，至2016年9月底，已为企业减负145万元。

（四）2016年7月，环境保护部废止了原环保总局印发的《关于发布在用机动车排放污染物检测机构技术规范的通知》（环发〔2005〕15号），取消了该文件对开展在用机动车排放污染物定期检测的检测机构和从事排放污染物检测的检测人员的准入限制。

二、加大供给侧结构性改革力度，积极推进去产能

（一）2016年以来，吉林省采取召开专题会议研究、出台相关指导意见和实施方案等多项措施积极推进“三去一降一补”任务落实，将钢铁行业化解过剩产能任务落实到企业、项目、责任人，并妥善处理职工安置工作，引导钢铁企业去产能。至2016年8月底，吉林省已完成2016年化解钢铁行业过剩产能108万吨的任务，比全国统一规定的完成时限提前了3个月。

（二）2016年以来，山西省加快推进煤炭行业化解过剩产能工作，细化部门职责分工推动工作落实，省级财政在中央奖补资金基础上安排配套资金3.4亿元对化解过剩产能给予支持，对省内207座重组整合矿井进行停产停建整顿，重新确认生产煤矿产能，并实行减量化生产，政策初见成效。至2016年9月底，山西省2016年确定关闭退出的25座煤矿已全部停止了井下采掘。

三、加强财政专项资金管理，积极推进扶贫、医疗卫生等民生短板建设

（一）2015年以来，山东省从省级层面搭建资金整合平台，将中央和省级涉农资金整合起来，一揽子分配到县，以县为单位整体推进，建立了“统一政策要求、统一管理程序”的涉农资金管理机制。至2016年9月底，该省共整合中央和省级现代农业生产发展等资金10.77亿元，整建制推进140个县（市、区）项目建设，提高了涉农资金管理效益和效率。

（二）2016年，河北省出台了《河北省金融扶贫指导意见》，组织金融机构对62个贫困县实施“一帮一”脱贫，不脱贫不脱钩，并采取多种模式开展金融扶贫。一是协调中国人民保险集团股份有限公司，积极试点保险资金支农融资业务，采取“政府政策支持＋保险资金融资＋保险风险保障”的方式，为农户和农企提供农业保险和信贷资金支持，至2016年9月底，已投放支农融资金额1500多万元；二是协调中国农业银行河北省分行对农户贷款执行基准利率，至2016年9月底，开发出的“脱贫贷”“小康贷”等信贷产品已投放贷款2亿多元；三是协调石家庄股权交易所对河北省的国定贫困县挂牌企业给予费用减半，并提供“股权质押”“上市贷”等融资服务，至2016年9月底，已有30个贫困县的46家企业在石家庄股权交易所挂牌融资。

（三）2015年以来，湖北省协调湖北银监局及相关金融机构在全省探索实施“金融服务网格化”战略，通过建立“普惠金融网格化工作站”，借助网格化工作信息，筛选出贫困户和弱势群体，支持贫困地区基础设施建设、特色产业发展、移民搬迁安置等。如2015年中国农业发展银行湖北省分行通过普惠金融网格化工作站，为该省通城县授信易地搬迁贷款8亿元，帮助其贫困户脱贫

致富。

（四）2016年4月至7月，国家卫生计生委动员80万基层卫生计生工作人员，在建档立卡贫困人口数据的基础上，对45个重点病种和48个次重点病种，逐户、逐人、逐病开展因病致贫返贫情况的核实工作，建立了涵盖775万因病致贫返贫贫困户、1996万贫困人口的健康扶贫管理数据库，提高了健康扶贫精准度。

（五）2015年以来，浙江省杭州市积极进行财政专项资金管理改革，探索市级财政专项资金管理新模式。一是对有关市级财政专项资金管理的447项政策文件进行清理整合，撤销152项、调整整合148项、保留147项，压缩率为34%；二是将专项资金整合为产业发展、民生事业、政府投资等3大类21小类，并以此为基础形成市级财政专项资金管理清单，明确主管部门和预算金额，通过网络向社会公开；三是合理分配资金，集中财力聚焦重点，2015年和2016年分别在专项资金预算总规模中切块安排15.1亿元和17.6亿元，用于重大基础设施建设、重大体制改革等重点项目和工作。

（六）海南省积极推进跨省异地就医结算工作。至2016年9月底，海南省已与广东省等30个省（区、市）和新疆生产建设兵团的223个统筹区签订异地就医合作协议，跨省异地就医结算服务量由2010年41人次50万元，上升至2015年10912人次4839万元。

附件3：

第三季度跟踪审计查出的主要问题

一、财政资金统筹盘活方面

（一）至2016年9月底，教育部国家留学基金委“西部地区人才培养特别项目”结余资金1.79亿元，国土资源部土地勘测规划院“第二次全国土地调查项目”结余资金954.31万元，闲置超过2年未及时清理。

（二）至2016年9月底，广东省广州市财政局防范化解风险准备金专户中结转超过2年的存量资金为19.26亿元，未按规定优先用于偿还存量债务。

（三）根据非税收入管理要求，主管部门集中收入等应上缴相应级次国库并纳入预算管理。至2016年9月底，上海市民防办、质监局、体育局、卫生计生委分别有6050.51万元、5652.67万元、2303.7万元、134.63万元非税收入在本单位账户结转超过2年。

（四）至2016年9月底，天津市北辰区以新增建设用地土地有偿使用费专款专用为由，有3.26亿元财政资金结转超过2年。

（五）2011年至2015年，甘肃省财政厅共下达嘉峪关世界文化遗产保护工程——长城本体保护项目中央预算内资金2.68亿元，至2016年9月底，由于施工难度大等原因工程进展缓慢，中央预算内资金1.18亿元结转超过3年未使用。

（六）2013年2月，辽宁省鞍山市千山区财政局收到现代服务业综合试点项目中央财政补助资金1500万元，至2016年9月底，因城市规划调整项目未能实施，上述资金结存超过3年未使用。

（七）由于吉林省松原市财政局未及时将2013年彩票公益金分成资金692.68万元落实到具体的社会福利、体育等社会公益项目，至2016年9月底，上述资金结转超过2年未使用。

二、扶贫政策措施落实方面

（一）金融扶贫等3项扶贫政策措施落实不到位。

序号	政策措施	具体问题
1	金融扶贫政策	云南省部分金融扶贫政策落实不到位。一是2015年至2016年，元阳县193名建档立卡贫困户申请的490.28万元贷款应享受而未能享受到扶贫贴息政策，应贴息未贴息24.5万元；二是泸水县扶贫到户贷款贴息执行进度较慢，至2016年9月底，2014年收到的贴息资金200万元实际兑付19.26万元，2015年收到的贴息资金192.5万元实际兑付22.69万元；三是抽查发现云南省农信社、中国邮政储蓄银行云南省分行发放的扶贫到户贷款中建档立卡贫困户比例较低，如中国邮政储蓄银行云南省分行发放的金额6.01亿元12425笔到户小额扶贫贷款中，为建档立卡户发放1.03亿元2229笔，发放额占比17.14%
2	教育扶贫政策	广西壮族自治区部分地方农村义务教育家庭经济困难寄宿生生活费补助政策执行不到位。一是至2016年9月底，全区各市县共结余寄宿生生活费补助资金7859.77万元(其中2013年和2014年度结余6561.73万元)，未及时统筹安排使用；二是由于享受寄宿生补助学生受比例限制等原因，部分生活困难学生应享受未享受补助政策，抽查的桂平市共有743名建档立卡贫困子女、农村低保子女和孤儿等生活困难寄宿生未能享受补助；三是自治区扶贫建档立卡系统贫困人口学生子女“在校生状况”识别不精准，与全区学籍管理系统数据差异较大，有15.65万人未在学籍系统中
3	以工代赈政策	福建省建阳市莒口镇金山村至华家山乡村道路工程等56个项目，没有当地贫困农民或灾民参加建设，41个项目未公告劳务报酬发放情况

（二）部分地区扶贫资金统筹整合不到位。

一是《国务院办公厅关于支持贫困县开展统筹整合使用财政涉农资金试点的意见》（国办发〔2016〕22号）印发后，经抽查，至2016年9月，河北省33个、云南省64个、贵州省32个、湖南省10个试点贫困县尚未按要求制订资金统筹整合使用方案，导致试点贫困县财政涉农资金统筹整合使用推进较慢。

二是由于统筹整合不到位等原因，至2016年9月底，抽审青海、甘肃等8个省的部分县(市)，有1.47亿元扶贫资金闲置1年以上，其中9263.25万元结存2年以上，未能及时盘活统筹使用。

序号	涉及地区	具体问题	闲置金额（万元）	其中：闲置2年以上金额（万元）
1	甘肃省陇西县	至2016年9月底，因农户搬迁意愿发生变化、村镇规划调整、项目建设用地难以落实等原因，甘肃省陇西县2012年至2014年易地扶贫搬迁项目2951.3万元财政资金闲置2年以上	2951.30	2951.3
2	云南省泸水县、兰坪县、元阳县	至2016年9月底，因项目未实施、项目进展缓慢等，云南省泸水县、兰坪县、元阳县扶贫资金4470.09万元闲置1年以上，其中1136.73万元闲置2年以上	4470.09	1136.73
3	河南省息县、桐柏等29个县	至2016年9月底，河南省息县、桐柏等29个县2013年及以前的扶贫资金4488.2万元闲置超过2年	4488.20	4488.2

续表

序号	涉及地区	具体问题	闲置金额（万元）	其中：闲置2年以上金额（万元）
4	湖南省麻阳县	至2016年9月底，由于实施方案调整不及时等原因，湖南省麻阳县扶贫资金235.88万元闲置1年以上	235.88	0
5	青海省	至2016年9月底，青海省金融扶贫贷款财政贴息资金中713.33万元在各县（区）扶贫部门结存1年以上，其中结存2年以上资金65.31万元	713.33	65.31
6	江西省宁都县	至2016年9月底，由于扶贫项目未实施或进展缓慢等原因，江西省宁都县产业扶贫资金338万元闲置超过2年；宁都县扶贫办等单位2013年及以前年度扶贫资金112.7万元闲置超过2年	450.70	450.7
7	辽宁省岫岩满族自治县	至2016年9月底，辽宁省岫岩满族自治县到户扶贫资金680.71万元结存在县财政局，闲置超过1年	680.71	0
8	四川省壤塘县	至2016年9月底，由于项目进展缓慢，四川省壤塘县财政专项扶贫资金687.12万元闲置1年以上，其中闲置2年以上资金171.01万元	687.12	171.01
		合计	14677.33	9263.25

（三）28个单位和11名个人通过伪造合同、虚假票据列支、虚报工程量等方式骗取套取、侵占扶贫资金，或在扶贫工作中借机牟利，涉及金额957.02万元。

序号	涉及地区	具体问题	金额（万元）
1	云南省元阳县	2013年至2016年，云南省元阳县现代农业开发有限责任公司等2个单位通过虚报种植面积、虚报工程量等方式，套取扶贫贷款贴息等财政补助资金156.64万元	156.64
2	甘肃省环县、康乐县、渭源县	2013年至2015年，甘肃省环县、康乐县六合碧养殖专业合作社、康乐县德隆良种畜禽有限责任公司等9个企业、合作社，以及渭源县2名个人，通过重复申报或编造、伪造营业执照、贷款合同、帮扶协议、工资单等申报资料，骗取套取扶贫贷款贴息、农村危房改造补助等财政补贴资金439.8万元。此外，2009年至2016年，甘肃省环县7名村干部及村委会工作人员侵占、挪用村级扶贫互助资金6.8万元用于偿还个人贷款等支出	446.60
3	贵州省晴隆县	2014年和2015年，贵州省晴隆香馨茶叶有限公司使用虚假购茶发票报账套取扶贫资金100万元	100
4	宁夏盐池县	2015年5月，宁夏金钥匙职业技能培训中心编制虚假的学员考勤表等资料，骗取农村劳动力技能培训资金6.67万元	6.67
5	山西省临县	2012年至2014年，山西省临县扶贫开发中心、教育体育科技局审核把关和监管不严格，致使部分学校、学生违规申领雨露计划补助资金71.88万元。审计指出问题后，临县扶贫开发中心等部门已追回违规资金59.7万元	71.88

续表

序号	涉及地区	具体问题	金额（万元）
6	四川省小金县	2015年，四川省小金县新格乡绿康种植合作社通过编造虚假出资材料、虚假残疾人受益名单等，套取农村残疾人扶贫专项资金10万元	10
7	甘肃省	甘肃经济日报社宣传报道扶贫工作时借机收费。2013年至2016年9月，甘肃经济日报社在报道甘肃省扶贫工作典型事例和经验做法时，借机按照自行制定的“广告”收费标准，共向30家市县扶贫管理部门收取费用125.4万元，其中2015年开设的《“1236”扶贫攻坚系列报道》专栏和2016年开设的《脱贫攻坚在路上》专栏刊登扶贫宣传文章28篇，收取费用95万元，平均每篇收费高达3.4万元。相关市县扶贫管理部门用财政资金支付了上述费用	125.4
8	江西省寻乌县	2015年至2016年9月，江西省寻乌县农村信用联社和中国农业银行寻乌县支行在向贫困户发放产业扶贫贷款时，向998位贷款贫困户搭车推销保险28.77万元	28.77
9	云南省云龙县	2016年，云南省云龙县农村信用联社11个分社在发放扶贫到户贷款时，向612户贷款贫困户搭车推销人身意外伤害保险9.46万元，获得保险公司手续费返还2.65万元。2015年至2016年该县农村信用联社关坪分社有关人员在为贫困户贷款办理借新还旧业务时从中收取手续费1.6万元	11.06
合计			957.02

（四）32个扶贫项目因脱离当地实际，后期管护不到位或与贫困户利益联结机制未落实等原因，建成后闲置废弃或者种养殖成活率低，项目效益不佳，无法实现预期扶贫效果，甚至形成损失浪费，涉及资金6371.87万元。

序号	涉及地区	具体问题	金额（万元）
1	黑龙江省甘南县	2014年至2015年，黑龙江省甘南县共组织实施产业扶贫项目12个，计划帮扶3229个贫困户脱贫。至2016年9月，实际完成投资3592.29万元，由于部分项目未实现与具体帮扶对象有效对接、项目建设管理不到位等原因，实际仅对接245户帮扶贫困户，且均未实现脱贫目标	3592.29
2	陕西省商洛市	2012年至2015年，陕西省商洛民乐现代农业科技发展有限责任公司申报并获得“产业扶贫园区项目”等4个项目财政扶持资金1230万元，审计发现，项目实施方案中所附的1386.08亩土地租赁合同为虚构，公司实际与农户签订土地租赁约300亩，建设温室蔬菜大棚28个（占地88.3亩）、阴阳棚9个（占地16亩）、连栋温室3000平方米（占地4.5亩）、冷库902平方米，未实现预期建设目标	1230
3	云南省元阳县	2013年至2015年，由于前期论证不充分、配套措施不完善、技术指导不到位等原因，云南省元阳县攀枝花乡、上新城乡、沙拉托乡实施的7个种养殖项目建成后闲置或废弃，财政资金618.23万元未能发挥效益或面临损失	618.23

续表

序号	涉及地区	具体问题	金额（万元）
4	宁夏盐池县	2011年至2012年，宁夏盐池县投入扶贫移民安置工程建设资金417.16万元，在花马池镇十六堡新村建设标准化养殖棚圈共304座，因农民外出务工和牲畜市场价格低等原因，养殖棚圈闲置	417.16
5	贵州省晴隆县、贞丰县	2014至2015年，因后期管护不到位等，贵州省晴隆县、贞丰县实施的核桃、葡萄、大棚蔬菜等3个种植类产业扶贫项目苗木存活率低或未与贫困户建立利益联结机制，179.19万元财政资金未能发挥效益	179.19
6	重庆市丰都县、石柱县	2013年至2015年，重庆市丰都县、石柱县实施的中药材种植等5个产业扶贫项目，因后期管护不力等，项目荒废或苗木大量死亡，实施效果不佳，涉及财政扶贫资金共计335万元	335
合计			6371.87

（五）5个扶贫项目推进缓慢，涉及资金1708.9万元。

序号	涉及地区	具体问题	金额（万元）
1	黑龙江省甘南县	2014年2月，黑龙江省财政厅下达甘南县兴鲜米业项目资金计划785.5万元，其中少数民族发展资金273万元，项目单位配套512.5万元，建设内容包括厂房、库房及设备购置，项目计划于2015年底完工，预期带动228户贫困户脱贫增收。至2016年9月底，项目完成投资376.7万元，设备购置尚未完成，项目无法投入运营	785.5
2	湖北省宣恩县	2015年，湖北省宣恩县安排44万元财政扶贫资金用于长潭河乡梨子坪村烟叶产业基地公路硬化项目，计划竣工时间为2015年11月。至2016年9月，因沙石料准备不足等，该项目已停工，仅建设1.3公里，尚有1.7公里未动工	44
3	山东省巨野县	山东省巨野县万丰镇彭庄村优质核桃种植项目计划投资54.4万元，应于2015年5月完工，至2016年9月底，由于土地流转不到位等原因，项目未完成	54.4
4	贵州省兴仁县	2015年4月和11月，贵州省兴仁县分别下达财政扶贫资金240万元、585万元，用于1040亩中药材玫瑰种植和1882亩中药材园区2个产业扶贫项目，计划于2016年2月和3月完成，由于项目前期准备不充分，土地落实困难等，至2016年9月，两个项目实际仅完成计划种植面积的一半	825
合计			1708.90

三、深化“放管服”改革方面

（一）民用航空器部件修理人员资格认定等4项资质、资格认定许可事项应取消未取消。

序号	事项名称	取消依据	单位	具体问题
1	安全培训机构资格认可	国发〔2013〕19号	能源局	2014年以来，能源局在安全培训机构资格认可审批事项取消后，仍开展电力安全培训机构合格审查，并对1563名培训教师进行资格认定
2	民用航空器部件修理人员资格认定、国外（境外）民用航空器维修人员资格认定	国发〔2014〕5号	民航局	2014年1月以来，民航局未落实国务院取消民用航空器部件修理人员资格认定和国外（境外）民用航空器维修人员资格认定的要求，由交通运输部发布《民用航空器维修人员执照管理规则》（2016年交通运输部第32号令），对上述2项资格认定予以保留
3	信息系统工程监理工程师资格认定	国发〔2014〕5号	中国电子企业协会信息系统工程监理资质工作委员会	中国电子企业协会信息系统工程监理资质工作委员会2016年组织开展“信息系统工程监理工程师”登记管理工作，至2016年9月，共向2397人颁发证书

（二）3项行政审批事项取消、下放后，后续管理或承接不到位。

1.2015年10月，国务院发文取消“基本医疗保险定点医疗机构资格审查”和“基本医疗保险定点零售药店资格审查”。至2016年9月，贵州省本级、贵阳市、六盘水市、贵安新区、黔东南苗族侗族自治州等5个统筹区，未按要求及时制定并公开地方医药机构协议管理办法，经办机构与医药机构的协议管理不完善。

2.2013年12月，河北省石家庄市将“产地植物检疫、调运植物和植物产品检疫”行政许可事项由市农业局下放至县（市）、区农业管理部门，由于各区农业管理部门缺乏必要技术力量，不具备承接能力，采取委托的方式由市农业局办理。2016年4月，该项行政许可又被重新收回至石家庄市农业局办理，未实现该行政许可事项下放的预期改革目标。

（三）个别地区行政审批事项前置审批条件清理不到位。

2016年8月，四川省阿坝州发展改革委在企业基本建设投资项目核准事项中，仍保留了河流水电规划、水电资源开发权授予、水电资源有偿使用、留州电量4项前置审批事项，上述事项未在国务院办公厅印发的《精简审批事项规范中介服务实行企业投资项目网上并联核准制度的工作方案》（国办发〔2014〕59号）规定的《企业投资项目核准的前置审批事项及设定依据一览表》目录中。

（四）个别地区电子政务平台利用率不高，影响投资效率。

国务院要求投资项目在线审批监管平台在2015年底实现全国范围“纵向贯通”试运行。经抽查，2016年1月至9月，广西壮族自治区有11个县（区）未录入投资项目，45个县（区）录入项目数量在5个以下，其中21个县（区）仅录入1个。由于未实现与其他行政审批系统数据互通，导致同一审批事项在多个系统中多次信息录入、审批，降低了审批效率。至2016年8月底，湖南省新宁县、邵阳市大祥区2个县（区）未启用在线审批平台受理业务，张家界市市本级以及常德市鼎城区、华容县、茶陵县3个县（区）在线审批办结数量仍为零。

四、涉企收费清理规范方面

（一）4个省的11个单位在国家明令取消、停征、免征后仍违规继续征收或超标准征收9项行政事业性收费和政府性基金等税费，共计1.41亿元。

序号	收费单位	收费事项	收费时间	违反的规定	金额（万元）
1	辽宁省鞍山市房地产交易中心、鞍山市环境监测中心站、鞍山市国土资源局下属5个分局	住房交易手续费、环境监测服务费和土地登记费	2015年1月至2016年9月	《财政部国家发展改革委关于取消、停征和免征一批行政事业性收费的通知》（财税〔2014〕101号）规定：自2015年1月1日起，对小微企业（含个体工商户）免征住房交易手续费、环境监测服务费和土地登记费等42项中央级设立的行政事业性收费	26
2	湖南省耒阳市矿产品税费征收管理局	水土流失防治费、育林基金、耕地占用税、森林植被恢复费	2015年1月至2016年8月	财政部等部门《关于印发〈水土保持补偿费征收使用管理办法〉的通知》（财综〔2014〕8号）规定：2014年5月1日起原各地区征收的水土流失防治费等予以取消。《财政部关于取消、停征和整合部分政府性基金项目等有关问题的通知》（财税〔2016〕11号）规定：将育林基金征收标准降为零。《中华人民共和国耕地占用税暂行条例》和财政部、国家林业局《森林植被恢复费征收使用管理暂行办法》（财综〔2002〕73号）规定：耕地占用税和森林植被恢复费应根据占用耕地面积和占用林地面积征收	1092.33
3	河南省周口市住房和城乡建设局散装水泥管理办公室	散装水泥专项资金	2016年2月至9月	《财政部关于取消、停征和整合部分政府性基金项目等有关问题的通知》（财税〔2016〕11号）规定：自2016年2月1日起，将散装水泥专项资金并入新型墙体材料专项基金。停止向水泥生产企业征收散装水泥专项资金	250
4	上海市浦东新区国资委下属上海南汇汇集建设投资有限公司和上海浦东工程建设管理有限公司	预付款保证金	2016年7月至9月	《国务院办公厅关于清理规范工程建设领域保证金的通知》（国办发〔2016〕49号）规定：全面清理各类保证金。对建筑业企业在工程建设中需缴纳的保证金，除依法依规设立的投标保证金、履约保证金、工程质量保证金、农民工工资保证金外，其他保证金一律取消。对取消的保证金，自本通知印发之日起，一律停止收取	12737.44
合计					14105.77

（二）2家单位依托行政权力或履职便利，违规向企业收费926.56万元。

序号	收费单位	收费事项	收费时间	具体问题	金额（万元）
1	黑龙江省黑河市财政局	“资源综合利用增值税”退税返还资金	2012年至2014年	黑龙江省黑河市财政局在企业取得“资源综合利用增值税”退税后，与企业商定将已退税额按15%的比例缴回财政。2012年至2014年，共收取企业退税返还资金873.12万元	873.12
2	青海省工商行政管理事务咨询服务中心	企业设立、变更及注销代办费	2013年至2016年9月	青海省工商行政管理局下属事业单位出资成立的青海省工商行政管理事务咨询服务中心，依托青海省工商行政管理局的行政审批事项，违反规定代办企业设立、变更及注销等业务，向企业收取代办费53.44万元	53.44
合计					926.56

（三）3项行政审批中介服务事项清理规范不到位，仍由企业负担中介服务费1.35亿元。

序号	审批部门	中介服务收费事项	收费时间	违反规定	金额（万元）
1	湖南省住房和城乡建设厅及各市州住房城乡建设部门	施工图设计文件审查	2016年3月至9月	《湖南省人民政府关于第一批清理规范59项省政府部门行政审批中介服务事项的决定》（湘政发〔2016〕3号）规定：施工图设计审查不再由申请人委托有合法资质的机构审查，改为审批部门委托有合法资质的机构进行审查 《湖南省发展改革委关于取消、降标和放开一批涉企经营服务性收费的通知》（湘发改价服〔2016〕144号）规定：取消施工图审查服务费收费项目，审批部门在审批过程中委托开展的技术性服务活动，服务费用一律由审批部门支付并纳入部门预算	13105
2	黑龙江省发展改革委	项目评估评审费	2015年5月至2016年9月	《国务院办公厅关于清理规范国务院部门行政审批中介服务的通知》（国办发〔2015〕31号）规定：依照规定应由审批部门委托相关机构为其审批提供的技术性服务，纳入行政审批程序，一律由审批部门委托开展，不得增加或变相增加申请人的义务	106.6
3	江西省南昌市发展改革委	政府核准项目评估评审费	2014年6月至2016年9月	《政府核准投资项目管理办法》（2014年国家发展改革委第11号令）第十六条规定：评估费用由委托评估的项目核准机关承担 《国家发展改革委关于进一步放开建设项目专业服务价格的通知》（发改价格〔2015〕299号）第四条规定：有关评估评审费用等由委托评估评审的项目审批、核准或备案机关承担	334.73
合计					13546.33

（四）2家单位依托达标评比活动，自设名目向企业违规收费307.66万元。

序号	收费单位	依托收费事项	收费时间	具体问题	金额（万元）
1	北京市工程建设质量管理协会	北京市建筑、结构“长城杯”工程评比活动	2015年至2016年6月	北京市工程建设质量管理协会在开展北京市建筑、结构“长城杯”工程评比活动中，违反《社会组织评比达标表彰活动管理暂行规定》（国评组发〔2012〕2号）“社会组织不得在评选前后收取各种相关费用或者通过其他方式变相收费”的规定，要求参评建筑企业按照建筑规模缴纳咨询服务费，共计202.1万元	202.1
2	江西省建设工程质量监督管理局门户网站开发和维护单位	江西省优质建设工程奖	2014年至2016年5月	江西省住房和城乡建设厅违规开展江西省建设工程奖评选，同时违反《社会组织评比达标表彰活动管理暂行规定》（国评组发〔2012〕2号）“社会组织不得在评选前后收取各种相关费用或者通过其他方式变相收费”的规定，由江西省建设工程质量监督管理局门户网站开发和维护单位收取宣传费105.56万元	105.56
合计					307.66

五、重大建设项目实施方面

（一）个别地区和部门未及时确定设计调整方案，导致项目进展缓慢。新建兰州至甘南州合作市铁路项目于2014年12月开工建设，总投资103.8亿元，设计时速120公里/小时。2015年10月，甘肃省人民政府以兰合铁路设计时速与相连接的新建西宁至成都铁路不匹配等原因向中国铁路总公司申请将兰合铁路设计时速调整为200至250公里/小时。由于双方未及时研究确定建设标准调整方案，至2016年9月底，5个标段中仅1个标段累计完成投资2.62亿元，占项目概算总投资的2.52%，其余4个标段暂停招标或施工近1年。

（二）6个铁路项目因征地拆迁进展慢影响年度投资计划完成率。邯济铁路至胶济铁路联络线工程、秦沈铁路客运专线能力加强工程、锦承线义县至朝阳段扩能改造工程、锦承线朝阳至叶柏寿段扩能改造工程、高台山至阜新至锦州铁路新邱至义县段扩能改造工程和北京至沈阳客运专线北京段等6个项目2016年投资计划81.8亿元，因工作启动较晚、铁路项目单位未与地方政府就征地拆迁标准达成一致、工程建设临时用地未落实等原因造成征地拆迁工作推进缓慢，至2016年9月底，上述项目仅完成年度投资计划的15%、19.07%、19.29%、13.13%、27.5%和41.75%。

（三）部分项目因地方建设资金不到位影响建设进度。

一是山东省7个中央预算内投资大型灌区续建配套和节水改造工程项目总投资2.49亿元，其中市、县应配套资金1.22亿元，因9233万元配套资金不到位，应于2014年完成的项目至2016年9月底，仅完成投资计划的73.9%。二是辽宁省鞍山市惠民佳园小区等6个保障性安居工程项目因配套资金到位不及时，供水、供电、供暖等配套工程尚未完成，项目超期2年未完工。

（四）11个卫生、交通等建设项目因规划调整等原因进展缓慢。

一是甘肃省8个中央预算内投资卫生建设项目总投资1.06亿元，应在2015年前完工，由于城市规划调整、设计方案变更等原因，至2016年9月底仍未开工。二是浙江省三门县人民医院和浙江医院全科医生培养基地2个项目总投资4.61亿元，计划分别于2014年和2015年完工，由于三门县人民医院和浙江医院多次调整项目设计方案以及未有效推进项目建设，导致项目延迟两年才开工，建设进度严重滞后，至2016年9月，两个项目仅完成投资总额的36%和29%。三是江苏省芜申线高溧段航道整治工程新襟湖桥改建项目是交通运输部“十二五”期间长江黄金水道建设重点项目建设内容，概算投资4664万元，计划于2014年完工。因项目所在地南京市高淳区政府对设计方案反复提出修改意见，截至2016年9月底尚未开工。

（五）个别项目建成后闲置或未达到预期效益。

一是辽宁省鞍山市2013年至2014年交付立山区使用的551套廉租住房和303套公共租赁住房至今尚未分配使用，闲置时间超过2年。二是江西省景德镇市西瓜洲污水处理厂和乐平市污水处理厂一期扩建工程分别于2009年和2014年建设完成，实际完成投资1.09亿元。由于配套管网建设未完成等原因，两个污水处理厂污水处理量等主要指标未达到预期目标。

中华人民共和国审计署审计结果公告（2016年第30号）

关于2015年度中央预算执行和其他财政收支审计查出问题整改情况

（2016年12月23日公告）

关于2015年度中央预算执行和其他财政收支审计查出问题的整改情况，国务院已于2016年12月23日向全国人大常委会报告。现将整改情况公告如下：

一、关于整改工作的部署推进情况

2016年6月30日，十二届全国人大常委会第二十一次会议审议了《国务院关于2015年度中央预算执行和其他财政收支的审计工作报告》，要求高度重视审计查出问题的整改工作，严肃对违法违规问题进行追责和问责，着力加强制度建设，年底前向全国人大常委会报告整改情况。7月7日，李克强总理主持召开国务院常务会议专题研究部署整改工作，要求以整改审计查出的问题倒逼改革，针对一些年年审、年年存在的“顽疾”，抓住体制机制深化改革，从根子上解决问题；对以各种方式骗取财政资金、违反财政收支规定等行为严肃追责问责，铲除滋生腐败的土壤；强化对整改工作的督促检查，有关地方、部门和单位要对照审计查出问题，倒排时间表，按要求逐项、逐条整改，整改结果要于10月底前报国务院，并在向全国人大常委会报告后向社会公开。国务院办公厅将审计查出问题整改情况纳入督查督办事项。有关地方、部门和单位认真落实全国人大常委会和国务院要求，狠抓整改工作。

（一）着力落实整改主体责任。被审计的有关地方、部门和单位认真组织开展整改，及时制订整改方案和整改台账，实行定期检查和通报制度。有的召开党委（党组）会议或部务会议等专题部署整改；有的成立机构专门负责组织整改；有的将整改与“两学一做”学习教育结合，作为落实全面从严治党和党风廉政建设主体责任的重要抓手；有的将整改纳入绩效考核和内部巡视等工作，确保整改到位。

（二）着力强化整改督促检查。有关地方将整改纳入政府督查督办事项，有关主管部门也加强了对相关领域问题整改的督促检查。按照国务院要求，审计署向被审计单位下达专门整改通知，将审计工作报告反映的问题逐条分解，逐项明确整改单位、整改要求和完成时限，并将检查审计发现问题的整改落实情况纳入后续审计内容，持续跟踪督促。

（三）着力强化整改追责问责。有关地方、部门和单位在整改工作推进中，建立健全通报批评和追责问责机制，并不断强化审计结果运用，将审计结果和整改情况作为对相关单位及领导干部考核、奖惩的重要依据。对审计移送的违纪违法问题，有关部门及时组织查处，依纪依法追究有关人员责任。

（四）着力健全整改长效机制。有关地方、部门和单位在及时纠正违纪违法违规问题的同时，注重举一反三，通过规范管理、堵塞漏洞、完善制度等方式，不断提高预算和管理水平，力求从根本上遏制同类问题再发生。同时，认真研究审计反映的典型性、普遍性、倾向性问题和提出的审计建议，积极创新体制机制，完善了有关制度和风险防范措施。

二、关于整改落实的具体情况

从整改结果看，审计工作报告反映的问题大部分得到了纠正，对有关责任人员依纪依法进行了处理处分；对体制机制性问题，进一步完善了相关制度规范；对一些情况相对复杂、整改难度较大的问题，也落实了整改责任和进度安排。截至 2016 年 10 月底，整改问题金额共计 1605 亿元，整改率为 84.5%，处理处分 3229 人次；通过整改，促进增收节支和挽回损失等共计 976 亿元，制定完善制度 2116 项，有力地促进了国家重大政策措施贯彻落实，推动了依法行政和反腐倡廉建设，推进了深化改革和规范管理。

（一）聚焦规范财政管理，着力提升财政资金绩效。

1. 关于中央决算草案编报方面的问题。财政部研究改进了决算草案编制管理，一些问题在决算草案报请全国人大常委会审议前已整改完成。具体情况：一是对未报告预算级次变化情况、部分收入列报不够全面的问题，财政部已在决算草案中对主要科目的预算级次调整、按规定向部分企业退税等情况做了说明和披露。二是对据实结算处理不规范的问题，财政部将相关专项补助办法由“当年预拨，到期清算”改为事后“据实结算”，目前已完成部分资金的清算，有 4 项还在进一步清算，将于本年度完成。三是对未按要求报告财政资金绩效情况的问题，财政部在 2016 年度预算中加强了绩效管理，对部门项目支出和部分专项转移支付设定了绩效目标，明确了绩效要求。

2. 关于中央部门预算执行方面的问题。截至 2016 年 10 月底，有关部门整改违反财经制度规定问题金额共计 76.4 亿元、整改率为 98.6%，制定完善财务预算、经费管理、内部监督等方面制度 64 项。具体情况：

一是关于违规套取和使用资金等问题。主要通过将资金上缴国库、归还原资金渠道、退还费用、调减预算、完善制度等方式进行整改，并调整了相关账目。对重复申报项目或多报人数等取得财政资金的问题，通过将资金上缴国库、归还原渠道资金、调减预算等方式整改 6205.43 万元，并全面清理和规范了部门预算项目。对财政资金未纳入部门预算管理的问题，通过收回借款、归还原资金渠道、上缴国库等方式整改 2.43 亿元，并规范了预算管理范围和项目资金来源渠道，调整了有关账目。对未及时办理竣工决算、政府采购不规范等问题，通过归还原资金渠道、加快竣工决算等方式整改 59.47 亿元，完善制度 27 项。对利用部门权力或影响力取得收入的问题，停止违规评比、违规考试活动，取消了违规收费项目，清退收费 1034.04 万元，完善制度 9 项。

二是关于“三公”经费和会议费等问题。主要采取归还车辆、停止违规活动、退还费用、完善手续等措施进行整改。因公出国（境）方面，退回多收取的团组费用 35.06 万元和由企事业单位承担的费用 104.5 万元，调整账目涉及 30.61 万元，完善制度 5 项。公务用车方面，长期无偿占用的其他单位车辆已全部归还，将超标准购置的车辆拍卖、清退或封存，并严格公务用车运行费用预算管理，避免超预算问题再发生。公务接待方面，退回超标准列支、转嫁其他单位的接待费 63.66 万元，完善制度 4 项。会议费方面，退回超预算、超标准及由其他单位承担的会议费 65.24 万元，完善制度 15 项，并严格会议计划和费用报销等管理。

3. 关于财政资金绩效方面的问题。主要涉及预算安排、预算执行、税款征收和国库支付等方面，有关部门单位通过整改，加快了预算执行进度，提高了预算管理和财政资金使用绩效。具体情况：

一是关于预算执行进度慢、项目推进慢、资金结转多的问题。财政部在 2016 年度预算执行中，严格按规定时限下达一般公共预算，提前下达了政府性基金预算转移支付指标，国有资本经营预算部分转移支付采取“预拨加清算”方式管理。目前，一般公共预算等三本预算的执行进度均有所加快。同时，财政部督促有关部门和地方加强预算执行的监督检查，通过调减预算额度、加快项目执行、强化绩效管理等，已将 2015 年底结转结余的 26.95 亿元全部安排使用。

二是关于关税和进出口环节税征缴入库不及时、应转为税款的保证金超期未转的问题。海关总署通过推动“财关库银”横向联网工程建设运行，进一步加强了海关、银行和国库间的信息沟通，据海关总署统计，2016年8月银行滞压税款额较前7个月月均水平下降超过80%。相关关区对企业保证金进行核实清理，按规定解除担保或将保证金及时转税入库，并优化了作业流程，加强了日常监控。

三是关于财政授权支付范围划分不够明细的问题。财政部统一了基本支出和项目支出、政府采购支出和非政府采购支出的支付方式划分标准，加强大额资金支出审核和授权支付动态监控，并比照商业银行市场化收费标准修订国库集中支付银行代理手续费计付标准；在39个部门推行“基层预算单位+科目”的用款计划控制机制。

四是关于预算安排未充分考虑结转结余的问题。财政部印发《中央部门结转和结余资金管理办法》（财预〔2016〕18号），改进了结转结余资金管理模式，并核减3个部门有关项目的年度预算，明确从2016年起不再代编文化体制改革等项目预算。

（二）聚焦体制机制问题，促进加快形成适应深化改革要求的制度体系。

1. 关于中央财政管理方面的问题。主要涉及预算安排统筹协调和转移支付制度改革情况，有关部门采取了以下整改措施：

一是关于预算安排与项目安排衔接不够、多本预算间支出划分不够清晰、交叉安排项目支出的问题。财政部积极推进中央本级项目库建设，督促主管部门及早确定项目名单，完善相关资金管理办法，加强项目预算绩效管理，对在规定期限未确定具体项目的资金予以收回，并明确将对年底仍未使用的资金予以收回；取消了一般公共预算中与其他预算安排交叉重复的电信普遍服务资金。发展改革委在中央经济工作会议确定年度投资规模后，加快中央预算内投资计划下达，加大相关方面资金的统筹力度，并强化了事中和事后监管。

二是关于预算安排与专项规划衔接不够的问题。财政部会同有关部门以高标准农田建设为平台，在湖南省开展涉农资金整合试点，将根据试点情况及时总结经验予以推广、完善政策，促进与相关规划做好衔接。环境保护部在编制“十三五”重点流域水污染防治规划中，将进一步突出规划的统揽和引领作用，协调做好预算安排与规划衔接。

三是关于预算安排与制度规定衔接不够的问题。发展改革委按照“一专项一办法”的要求加快制定专项管理办法，已出台60多项办法，督促有关地方严格管理、完善手续、加快实施，并从2016年起不再安排农户科学储粮专项。财政部完善了相关专项资金管理办法，并在2016年预算安排中严格执行。

四是关于转移支付制度方面的问题。对一般性转移支付具有指定用途、专项转移支付多头管理的问题，财政部在提高一般性转移支付资金比例的同时，不再强调专款专用，清理取消“政策产业技术研究与开发”等已到期、外部形势发生变化的专项转移支付，要求农业综合开发专项做到分配主体统一、分配办法一致、申报审批程序唯一。对专项转移支付管理薄弱的问题，财政部进一步优化支出结构、规范资金分配管理；发展改革委对确需安排资金但分布范围广、单项资金少的项目，以及涉及补助县级的项目，原则上均采取“切块”或“打捆”方式下达，交由地方具体安排，并会同相关部门加强事中事后监管。对用虚假资料、违规多头申报等获得中央投资补助的问题，发展改革委在清理收回2340万元上缴国库的同时，采取列入“黑名单”等方式，对相关项目单位和企业予以惩戒；对农林水事务补助资金被骗取、侵占或损失浪费的问题，通过追回或盘活相关资金、严肃追责问责、建立健全制度等方式进行了整改，涉及金额13.11亿元。其中，湖南省已对澧县骗取种植业保险保费补贴问题中的8名责任人给予撤职、降职等处分，对其他有关人员的调查处理正在进行中。

2. 关于政策措施落实方面的问题。审计工作报告重点反映了制度规则、重大项目审批管理、财政资金统筹整合、政府投资基金、科研投入管理等方面制约政策落实的制度机制情况，提出了加快推进改革、进一步优化资源配置、加强财政收支统筹协调等建议。有关部门主要采取以下措施进行整改：

一是转变管理方式。对一些领域的制度规则

需要完善的问题，财政部在教育、农业、科技等重点事项预算支出实际安排中，对挂钩要求做了适当调整，防止资金运用低效、沉淀，正在组织研究修订与此相关的制度规定。对政府投资基金支持创新创业的作用未得到有效发挥的问题，财政部与发展改革委联合发文，要求基金管理机构定期清查，明确对至少 30 支基金进行清退处理，并研究制定绩效评价办法，通过对基金管理机构加强正向激励等，促进投资基金加快运用，截至 10 月底中央和地方创业投资基金已向有关项目新增投放 62.45 亿元，结存的资金正按项目协议约定依进度投放。对落实转变财政管理方式、加强财政收支统筹协调的建议，财政部会同有关主管部门加大力度推进项目资金、重点科目资金及有关部门资金统筹使用，并通过民族贸易和民族特需商品生产企业贷款贴息、创业担保贷款财政贴息奖补等措施，支持发展实体经济。

二是深化简政放权。对重大项目审批管理改革中存在的问题，有关部门认真落实国务院要求，将高速公路审批前置要件减至 7 项，其中 5 项改为开工前并联审批，具备条件的推行报建手续“先建后验”，取消 9 项指定由地方实施的审批事项；清理规范中介服务 81 项，对确有必要保留的实行清单管理，并采取允许申请人自行编制或改由审批部门委托有关机构编制等方式，减轻申请人费用负担；建设在线审批平台，加快纵向贯通，推行网上并联审批，采取提前告知相关审批要求等方式提高办理效率。

三是修订完善制度。对科研投入管理机制与科技创新要求不适应的问题，有关部门贯彻落实中共中央办公厅、国务院办公厅印发《关于进一步完善中央财政科研项目资金管理等政策的若干意见》的要求，采取了简化相关预算编制、下放管理权限、加大激励力度、加强制度建设、形成协同监督检查机制等措施，以避免重复检查、多头检查和过度检查。对健全财政管理体系的审计建议，《国务院关于推进中央与地方财政事权和支出责任划分改革的指导意见》（国发〔2016〕49 号）提出了改革的总体要求、划分原则、改革任务、保障措施以及改革时间表路线图等，选取国防、外交等基本公共服务领域率先启动改革。对加强财政收支统筹协调的审计建议，《国务院办公厅关于支持贫困县开展统筹整合使用财政涉农资金试点的意见》（国办发〔2016〕22 号）提出，试点地区要以重点扶贫项目为平台，统筹整合各级财政安排用于农业生产发展和农村基础设施建设等方面资金，撬动金融资本和社会帮扶资金投入扶贫开发，提高资金使用的精准度和效益，形成“多个渠道引水、一个龙头放水”的扶贫投入新格局；财政部加快完善影响财政资金统筹整合的法律法规和相关制度，从严控制设立专项转移支付项目，并在门户网站增设“中央对地方转移支付管理平台”，集中公开专项转移支付的主要内容，提高预算分配透明度。

四是完善配套措施。对实体经济融资等问题和优化财政支出结构的审计建议，财政部、银监会等部门结合落实“三去一降一补”任务出台一系列配套政策措施。去产能、去库存、去杠杆方面，设立工业企业结构调整专项奖补资金，印发资金管理办法，出台支持钢铁煤炭企业重组破产、化解过剩产能的财税会计和金融支持政策，有序开展市场化债转股，对商品房库存较大地区提高棚改货币化安置比例。降成本方面，全面推开营改增试点，阶段性降低企业职工基本养老保险和失业保险费率、住房公积金缴存比例，扩大日用消费品降税范围，取消、停征和整合部分政府性基金项目，扩大政府性基金、行政事业性收费免征范围，建立了收费基金、进出口环节收费等目录清单。补短板方面，全面实施农业三项补贴改革，积极推广农业信贷担保体系建设，推进棉花目标价格改革，实施农业种植结构调整和休养生息改革、玉米生产者补贴制度和大豆目标价格改革试点。银监会牵头制定《进一步加强小微企业金融服务工作方案》，出台改进小微企业金融服务的 20 条具体措施，加强“三个不低于”目标完成情况的监测、通报和考核，并督促银行业采取续贷、循环贷款等方式支持实体经济发展，推动利用应收账款融资服务平台、银税互动工作机制等，提高小微企业融资便利度。

（三）聚焦民生资金及项目绩效，积极推进惠民政策落实。

对审计工作报告反映的扶贫、农林水、保障性安居工程、工伤保险、水污染防治等资金违规分配、使用和相关项目推进慢、绩效不高等问题，有关地方主要采取以下措施进行整改：

一是追回或盘活相关资金。通过上缴国库、归还原资金渠道、收回贷款或借款等方式，追回被套取、侵占或损失浪费等资金12亿元，其中扶贫资金1.15亿元、保障性安居工程资金8.23亿元、工伤保险基金7529.95万元、农林水资金2.2亿元，并腾退收回住房、调整取消保障资格10.58万户（套）；通过收回后重新安排、加快项目实施、完善手续、加快下拨、调整计划等方式盘活闲置资金333.29亿元，其中扶贫资金7.88亿元（占93.5%）、保障性安居工程资金325.41亿元（占68%）；通过退回多征收保险费等方式，整改工伤保险基金财务管理不规范问题1.21亿元（占49.4%）。其余相关问题资金已做出清理、拨付或清收计划，正在抓紧实施。

二是推进加快政策落实和项目实施。对部分扶贫资金分配未充分考虑建档立卡贫困人口情况的问题，国务院扶贫办和财政部正在研究修订财政扶贫资金管理和分配办法，2016年在分配扶贫资金中，已将签订责任书的扶贫人口脱贫任务数和计划搬迁建档立卡贫困人口数作为分配依据，云南省寻甸县已收回向非建档立卡贫困户发放的贴息贷款等2724.48万元。通过完善配套设施，促进保障性安居工程交付使用17.35万套（占91%），并对存在未批先建、非法占地、未依法招投标等问题的3653个项目（占85.2%），采取完善手续或终止合同等方式进行了整改。对未按规定为职工办理工伤保险的问题，已为21万名在职职工和6.54万名“老工伤”人员补充办理了参保手续。对保障性安居工程项目未按规定享受税费减免、优惠利率或被加收中间费用等，通过退还费用、补充安排资金等整改261.72亿元（占93%）。

三是加大生态环境保护力度。对区域水环境压力大的问题，开展河湖专项治理等执法行动，规范中心城区岸线管理，搬迁沙石场、养殖船等污染源，依法实施涉水工程审查审批，推进加快污水处理厂和污水管网建设进度，提高城市污水收集率。对矿产资源开发及矿山环境恢复治理等方面问题，通过补办手续、注销采矿权、完善制度等方式整改347宗，处理15人。通过整改，盘活水污染防治资金92.9亿元（占53.7%），追缴入库矿业权相关资金10.68亿元，归还原资金渠道6.29亿元。

四是严肃追责问责。各地针对民生资金及项目审计查出的违纪违法问题，组织深入核实，依纪依法处理。截至2016年10月底，有1965人次受到党纪政纪处分，其中保障性安居工程涉及1591人，扶贫资金涉及153人次，农林水资金涉及211人次。

（四）聚焦重点领域和关键环节，及时化解经济运行中的风险隐患。

审计工作报告重点反映了地方政府债务、商业银行不良贷款、国有资产管理等领域存在的问题，提出继续强化地方政府债务管理，强化金融监管协作，防范财政金融风险等审计建议。有关部门主要采取以下措施进行整改：

1. 加强财政领域相关风险防范。具体措施：一是加强监督检查和协调。对地方发债融资未有效使用问题，财政部要求有关地方与债权人提前协商，及时掌握债务到期和存量债务提前置换协议签订情况，合理安排发债计划，对债务资金使用和偿还情况及时报备；对违规或变相举债问题，财政部组织开展专项核查、整改，督促严格落实地方政府债务限额管理要求，并进一步明确了地方政府不得担保承诺的相关要求。二是强化重点地区风险防控。财政部等部门加强了风险评估和预警，督促重点地区多渠道筹集资金，加快推进融资平台公司市场化转型和规范化运营，促进化解和严控地方政府性债务风险。三是健全风险防范预案。《国务院办公厅关于印发地方政府性债务风险应急处置预案的通知》（国办函〔2016〕88号）提出，明确地方政府的偿债责任，实现债权人、债务人依法分担债务风险，中央实行不救助原则，按照风险事件性质、影响范围和危害程度等将风险事件划分为四个等级，实行分级响应、分类处置，加强应急政策储备，推进风险防控科学化、精细化。

2. 加强金融领域相关风险防范。具体措施：一是拓宽不良资产处置渠道。银监会先后印发《关于规范金融资产管理公司不良资产收购业务的通知》（银监办发〔2016〕56号）、《关于适度调整地方资产管理公司有关政策的函》（银监办便函〔2016〕1738号），有序扩大化解不良资产批量转让受让的主体范围，强化金融资产管理公司的作用，适度引入地方资产管理公司参与不良资产处置；财政部印发《关于加快金融企业不良资产处置有关问题的通知》（财金〔2016〕88号），完善金融企业不良资产批量转让支持政策。二是引导规范处置方式。银监会研究制定防范理财和信托业务跨市场、跨业态风险传播的应对预案，发布《关于规范银行业金融机构信贷资产收益权转让业务的通知》（银监办发〔2016〕82号）。人民银行指导银行间市场交易商协会制定《不良贷款资产支持证券信息披露指引（试行）》，促进规范不良资产证券化信息披露。三是强化监管措施。银监会进一步规范了商业银行代理销售业务，明确了业务范围及与其他业务之间的风险隔离要求；制定《银行业金融机构创新业务后评估工作规程》，加强对潜在苗头性、趋势性风险的研判和应对，进一步明确对创新产品的监管标准；商业银行对符合条件的贷款进行重组和加固抵押、落实担保；相关金融机构采取冻结授信额度、诉讼清收、加强监控等措施整改违规经营问题457.42亿元，通过拍卖、封存、退赔等方式分类整改违反中央八项规定精神的问题，修订完善制度190项，处理485人次。

3. 加强国有资产领域相关风险防范。具体措施：一是《国务院办公厅关于建立国有企业违规经营投资责任追究制度的意见》（国办发〔2016〕63号）明确了资产损失、经营投资责任的认定标准和责任追究范围、处理等规定，对国有企业内部建立相应的责任追究制度提出了要求。二是国资委、人民银行、外汇局等8个主管部门对境外国有资产管理中存在的问题，开展专项检查，采取针对性措施加强风险管控，并督促企业建立健全境外资产管理制度，完善工程建设、物资采购和投资等方面的规章制度。三是对企业经营成果不实和造成国有资产重大损失、违反中央八项规定精神和廉洁从业规定的问题，基本得到整改，追缴违法所得、违规发放的津补贴、公款消费支出以及挽回或避免损失共计50.9亿元，处理763人次。

三、关于部分问题未完成整改的原因及下一步工作安排

从有关地方、部门和单位反映的情况看，有些问题尚未得到全面纠正，未完成整改的原因比较复杂，归纳起来主要有以下几种情况：

（一）相关重大改革正在统筹推进，整改工作需随着改革逐步深化。具体情况：一是涉及中央与地方财政事权和支出责任划分改革。财政领域中央与地方事权和支出责任改革已经启动，对转移支付管理、专项资金整合、中央预算内投资管理等方面存在问题的整改工作正在逐步推进，需要进一步明确部门职能、中央和地方责任，进一步规范管理；对政府性基金预算和一般公共预算交叉安排支出、涉农工程补偿标准低、相关激励考核机制不完善的问题，也需要在事权和支出责任划分等改革过程中逐步加以解决。二是涉及机构调整和政府职能转变。如事业单位分类改革正在积极推进或试点，与之密切相关的经费保障制度正在研究制定中，杜绝变相违规收费等问题也有赖于分类改革深入推进。三是涉及债务监管体系建设方面。预算法明确对地方政府债务实行限额管理，且只能通过发行地方政府债券的方式举借债务，但在债务监管体系尚不够完善、处理处罚机制尚不够健全的情况下，从根本上遏制地方政府债务管理中发生的违规问题，需要不断健全债务监管体系，完善与预算法要求相配套的政策措施。

（二）相关问题产生的历史背景或外部条件比较复杂，整改工作需要持续推进。具体情况：一是有些问题涉及前期相关发展规划未及时调整，或目标实现条件已不完全具备，调整安排预算资金需要审慎区分情况，并遵循一定的规范程序，如年度有关预算安排与“十二五”有关专项规划衔接不够、以前年度存量资金清理不到位等问题。二是有些问题涉及不可控的外部条件，简单或机械纠正容易造成较大损失或其他不利影响，如有关境外项目投资方面问题的整改，需要与有关方面充分沟通、协调，达成共识后方可进一步实施。三是有些问题涉及难以追溯调整的事项，时过境迁后纠正具体事项已无实际意义，而建立完善相关制度和问责机制需要深入研究，如对预算分配与制度规定衔接不够、预算下达不及时、执行慢等问题，有关部门将在以后年度预算分配与执行中予以改进。

（三）相关问题全面整改面临一些特殊困难。

具体情况：一是涉及历史遗留问题，整改难度大，如对未及时办理竣工决算、政府采购不规范等问题，由于有关单位债权或往来款形成较久，有的还涉及机构改革、经办人员屡经变更、相关资料缺失等，清理核实难度大，目前仍在梳理落实中。二是涉及特定阶段的特殊困难，如对部分矿业企业欠缴矿业权相关资金的问题，由于行业发展严重不景气，企业资金压力大，同时考虑落实去产能、去杠杆等重大任务要求，有的难以如期如数催收，只能要求企业明确缴款计划、承诺分期缴纳。

同时，对涉嫌违纪违法的事项，审计机关将查出的问题线索移送纪检监察部门或司法机关后，由于涉及履行有关法定程序，对责任单位、人员的处理处分，有关部门正在依纪依法调查处理。

对以上问题，有关地方、部门和单位对进一步整改做出了安排和承诺。下一步，将加强以下几方面工作：一是进一步加大整改推进力度。对尚未整改到位的问题，分类梳理、深入分析原因，制定切实有效的措施，确保整改落实。对历史遗留问题和特殊困难事项，加强与有关方面的沟通协调，积极稳妥推进。二是进一步加大改进管理、完善制度力度。对已经整改的问题，深入查找管理漏洞和制度根源，积极建章立制，巩固整改成果，推动整改的制度化、长效化。三是进一步加大改革创新力度。按照中央全面深化改革的相关部署和要求，积极推进相关重大改革举措落实，健全完善配套措施，切实建立健全适应新形势新要求的体制机制。审计署将按照国务院的要求，继续加强对整改的跟踪督促等工作，推动整改取得实效，切实提高预算管理和绩效水平。

附件：中央部门预算执行审计发现问题的整改情况

附件：

中央部门预算执行审计发现问题的整改情况

外交部2015年度预算执行等情况审计结果公告问题的整改情况

问题序号	公告的问题	整改情况
1	2015年，外交部本级未按规定将签证费等收入2134.31万元上缴国库。	外交部已办理规费上缴。
2	2015年，外交部本级未按规定清理财政拨款结余资金1053.37万元。	外交部已将上述资金全额清理上缴财政。
3	2015年，外交部本级未按规定将已完成项目的剩余资金47.92万元作为结余资金管理。	外交部已将上述资金全额清理上缴财政。
4	2014年至2015年，外交部本级采用租赁方式，超编制配备公务用车1辆，2015年支付租金30万元。	外交部已退租该车辆。
5	2015年，外交部驻外机构部分资产采购未按规定纳入政府采购管理，涉及金额2904万元；外交部本级1个项目未按规定编制政府采购预算，涉及金额1001.73万元；外交部本级未经批准以单一来源方式采购设备，涉及金额198.72万元。	外交部已制定、修订规章制度，将具备条件的政府集中采购目录范围内的驻外机构资产采购纳入政府采购管理，履行政府采购程序。2016年，外交部本级的1个项目已按照要求申报政府采购预算；将从加强设备采购整体规划入手，统筹采购需求，规范采购操作，严格履行变更政府采购方式的报批程序。

续表

问题序号	公告的问题	整改情况
6	2015 年，外交部本级 2 个项目当年预算 1570 万元，因未按项目实施进度向项目承担单位拨款，致使年底有 1254.91 万元资金结存在项目承担单位。	外交部将进一步明确项目承担单位的项目实施和资金使用管理权责，加大对项目执行和资金使用的监督检查力度。
7	2015 年，外交部本级 4 个项目未按实际支出金额编列决算，多计决算支出 3721.29 万元。	外交部已调整所涉及项目的支出数并相应调整部本级相关专项资金 2016 年年初结转数。
8	所属服务中心供应处通过网站推广等形式向驻外使领馆等单位提供供货商经营服务信息，并向供货商收取宣传管理费，至 2015 年底取得收入 324.24 万元，未纳入服务中心账簿核算，其中 2015 年 96.88 万元。	所属服务中心已收回宣传管理费 324.24 万元，在法定账簿核算收入。

发展改革委 2015 年度预算执行等情况审计结果公告问题的整改情况

问题序号	公告的问题	整改情况
1	2015 年，发展改革委本级未将应纳入部门预算的委托咨询评估费支出 8415 万元纳入部门预算。	已与财政部沟通，达成一致意见。
2	未严格执行招投标规定，涉及金额 583.72 万元。 （1）2014 年，发展改革委培训中心下属北京国宏宾馆有限公司未经招标，直接委托 1 家公司实施装饰装修及水电安装工程，涉及金额 254.59 万元。 （2）2015 年，发展改革委本级在宏观经济信息资源库先导工程（以下简称先导工程）采购过程中，同中标方签订的 10 份服务合同金额与中标金额不符，涉及金额 329.13 万元；有 17 份合同签订时间晚于规定时间。 （3）2014 年，发展改革委本级将已确定中标单位的招标内容违规拆分为两个部分，分别与中标单位和另外 1 家公司签订合同。	相关单位今后将严格执行招标投标法及实施细则等规定，规范招标、合同签署等方面工作流程，提高效率，杜绝再次出现违规情况。
3	未实行政府采购，涉及金额 530 万元。 （1）2015 年，发展改革委本级未经政府采购，直接委托所属中国工程咨询协会承担工程咨询单位资格认定行政许可事项，涉及合同金额 256.5 万元。 （2）2015 年，发展改革委本级未经政府采购，直接委托 1 家招标代理机构实施中央投资项目招标代理机构资格管理工作，涉及合同金额 123.5 万元。 （3）2015 年，发展改革委本级未经政府采购程序，直接委托所属国际合作中心进行采购，涉及合同金额 150 万元。	发展改革委已加强内部管理，今后严格执行政府采购相关规定，确保不再出现类似情况。

（续表）

问题序号	公告的问题	整改情况
4	2015年，发展改革委本级和所属气候中心在会议人数少于50人且无京外代表的情况下，未充分利用内部会议室，违规在所属招待所和外部宾馆召开会议并安排住宿，涉及金额41.98万元；所属气候中心未按规定编制会议计划召开196个四类会议，涉及金额160万元，其中8个会议参会人数超出规定标准，累计超出810人。	发展改革委本级和所属气候中心制定了相关整改措施，加强和规范会议管理，严格控制在外召开会议。无外地代表的会议且50人以内的，原则上在单位内部召开，如确因内部会议室无空闲，且会议无法改期的，需事先报分管领导审批，本着节约办公的原则就近在党政机关会议定点饭店召开。
5	2013年至2015年，所属节能中心在往来账中核算部分收支，涉及金额64.09万元，其中2015年10.85万元，造成少计决算收支。	所属节能中心已按照相关规定，完成了账务调整，确保相关款项、税费如实计入收支科目，并纳入预决算管理。
6	2014年至2015年，发展改革委本级未经报批，自行调整先导工程项目建设内容，涉及金额626.64万元。至2015年底，已列支179.8万元，其中2015年列支140.6万元。	发展改革委按规定上报了先导工程建设方案调整报告，2016年2月25日获得批复。
7	2014年至2015年，发展改革委本级购置的计算机设备等未按规定纳入本级法定账簿核算，而是计入所属机关服务中心相关账簿，涉及金额136.5万元，其中2015年33.55万元。	发展改革委已将购置的计算机设备等，从所属机关服务中心资产账簿调整到了本级资产账簿。今后严格按照规定做好资产账登记管理工作。

教育部2015年度预算执行等情况审计结果公告问题的整改情况

问题序号	公告的问题	整改情况
1	2015年，教育部本级收到所属国家留学基金管理委员会上交的合作项目款、违约赔偿收入等共计28752.74万元，未按规定纳入预算管理。	教育部在编制2016年部门预算时，已考虑各项收入预期情况，全部纳入年初预算。
2	2015年，教育部本级教育综合协调工作专项等4个项目未按规定完整报送项目申报材料，涉及金额5830万元。	教育部在编制2016年部门预算时，所有项目均编制了相应的项目文本。
3	2015年，教育部本级未执行政府采购程序，直接委托1家公司承担宣传等工作，支付合同款100万元。	教育部将在以后的政府采购事项中，严格执行相关规定，确保经费使用合理。
4	2015年12月，教育部本级通过所属人民教育出版社向其下属企业拨付并列支财政专项资金800万元，年底全部结存在下属企业，造成部本级多计决算支出。	教育部已调整账务。

（续表）

问题序号	公告的问题	整改情况
5	2014 年，所属留学服务中心违规组织两批营利性双跨（跨地区、跨部门）出国（境）团组，向参团单位收取费用 181.46 万元。	所属留学服务中心已停止对参团单位收费。
6	2014 年，所属基础教育课程教材发展中心超标准列支会议费 3.90 万元。	所属基础教育课程教材发展中心进一步完善了相关会议费管理制度，加强了审核、监督，严格按照规定标准开支会议费。
7	2014 年，所属留学服务中心无预算购置公务用车 1 辆，支出 11.4 万元。	所属留学服务中心已严格预算管理要求，避免类似问题再次发生。
8	至 2015 年底，教育部拨付所属国家教育行政学院 1 项专项经费连续 3 年结转，形成结存资金 34.37 万元，未按规定清理上报财政部。	所属国家教育行政学院已将结余资金 34.37 万元上缴财政。
9	2013 年至 2014 年，所属中国教育学会未按规定公开招标，而是违规采用询价方式委托一所大学承担技术支持和服务平台部分研发等工作，涉及合同金额 603 万元。	所属中国教育学会今后将按照规定进行公开招标。
10	2015 年，所属国家汉语国际推广领导小组办公室未按政府采购相关规定购买公务机票，涉及金额 345.89 万元。	所属国家汉语国际推广领导小组办公室今后将严格执行公务机票购买的相关规定。
11	所属就业指导中心对外投资 800 万元未按规定办理审批和备案。	所属就业指导中心已改进管理措施，修订相关制度规定，进一步明确职责分工、管理流程和工作规范，严格履行对外投资的审批和报备程序。

科技部 2015 年度预算执行等情况审计结果公告问题的整改情况

问题序号	公告的问题	整改情况
1	2015 年，科技部本级将 2 个项目的 1070 万元资金列支后拨付到所属单位，实际并未全部支出，造成支出不实 812.43 万元。	科技部将在 2016 年底编制部门决算时调整年初事项。
2	2013 年至 2015 年，所属中信所违规发放职工福利费 159.58 万元，其中 2015 年 46.73 万元；2015 年违规在项目经费中列支职工福利费 2.47 万元。	所属中信所已停止发放职工福利费，并将项目资金归还原渠道。

（续表）

问题序号	公告的问题	整改情况
3	2015年，所属中信所在4个项目招标中，违规确定中标单位，涉及合同金额3149.8万元；所属中国生物技术发展中心购买公务机票未按规定执行政府采购程序，涉及金额3.22万元。	科技部将加强监管，按照《中华人民共和国政府采购法》《中华人民共和国政府采购法实施条例》等规定，严格执行政府采购程序，确保政府采购行为客观、公正、合法、合规；所属中国生物技术发展中心将加强对机票的审核力度，避免类似问题再次发生。
4	2015年，所属中信所未按规定将出借3471平方米办公楼事项在财务会计报告和决算草案中予以反映。	所属中信所已在部门决算中填报出租出借房屋面积。
5	至2015年底，所属服务中心320平方米房产未纳入法定账簿核算。	所属服务中心已组织对该处房产价值进行评估，并按照评估的资产价值纳入中心账簿核算。
6	2015年，所属火炬高技术产业开发中心违规支付职工学费2万元；违规将相关会议支出2.83万元和部分差旅费转由地方单位承担。	所属火炬高技术产业开发中心将进一步加强内部管理，制定内部管理制度，确保此类问题不再发生；已将会议费退回原渠道并调整了账务，将严格执行财政部差旅费管理办法的相关规定，加强出差审批，规范差旅费报销管理。
8	至2015年底，所属中国生物技术发展中心2916平方米办公用房闲置7年，中信所将8422平方米闲置办公用房对外出租；与此同时，所属火炬高技术产业开发中心等6家单位使用2188.65万元财政资金租用8712.72平方米办公用房。	科技部正在积极协调有关方面，推进办公用房的优化使用。

工业和信息化部2015年度预算执行等情况审计结果公告问题的整改情况

问题序号	公告的问题	整改情况
1	2015年，工业和信息化部本级违规从零余额账户向所属单位实有资金账户划转资金14641.44万元。	工业和信息化部今后将严格遵守国库管理有关规定，并积极协调相关部门及时下达预算调整批复。
2	2015年，工业和信息化部本级和所属北京市通信管理局违规将应由其承担的2个会议的会议费3.44万元转由参会单位承担。	工业和信息化部本级和所属北京市通信管理局已将3.44万元退还参会单位，并对会计账目进行了调整。
3	2015年，工业和信息化部本级音像宣传片制作项目未按规定进行公开招标，直接委托所属单位承担，涉及金额138万元；所属北京市通信管理局的办公场所物业管理服务未按规定实行政府集中采购，涉及金额98.92万元。	工业和信息化部组织学习了相关法律法规，今后将严格落实政府采购程序，进一步完善审批手续，确保项目执行合规；所属北京市通信管理局今后将严格按照规定做好政府采购工作，杜绝违反政府采购程序问题发生。

（续表）

问题序号	公告的问题	整改情况
4	2015年，工业和信息化部本级向所属机关服务中心拨付部机关搬迁项目财政拨款经费2000万元并全部列支，至年底实际签订搬迁相关合同金额1344.96万元，造成部本级多计决算支出655.04万元。	工业和信息化部已调整相关账目655.04万元。截至2016年10月31日，该项目资金已全部支付。
5	2015年，所属中国软件评测中心在会议实际未召开的情况下列支会议费，造成多计决算支出15万元。	所属中国软件评测中心已收回资金15万元，并调整相关账目。
6	2015年，所属电子科学技术情报研究所未经审批出租房产，取得收入2356.22万元。	所属电子科学技术情报研究所已将相关手续补报工业和信息化部审核并上报财政部备案。
7	2012年4月至2015年，所属电子科学技术情报研究所3名干部违规在下属杂志社、出版公司兼职。	报经工业和信息化部审批，3名干部中的2名已不再担任下属出版公司董事职务，考虑到公司经营现状，1名仍继续担任法定代表人兼董事长。正在办理下属杂志社变更法定代表人和社长工商登记信息事宜。

国家民委2015年度预算执行等情况审计结果公告问题的整改情况

问题序号	公告的问题	整改情况
1	2015年，国家民委本级及所属民族文化宫在公务接待报销时，存在未按规定附接待公函或接待清单内容不完整等问题，涉及金额7.16万元。	国家民委本级及所属民族文化宫已修订《国家民委机关国内公务接待办法》《民族文化宫公务接待管理规定》。
2	2015年，少数民族发展资金由专项转移支付改为一般性转移支付后，清理整合不到位，实际使用中仍限定了资金用途和额度，涉及金额7.28亿元。	国家民委制定了《关于支持贫困县开展统筹整合使用少数民族发展资金工作的通知》，印发了《国家民委关于做好2016年度少数民族发展资金使用管理工作有关事项的通知》等规范性要求。
3	2012年和2015年，所属中央民族大学以办公费、会议费名义列支3.7万元，违规将资金存放在酒店用于餐饮支出，其中2015年2.2万元。	所属中央民族大学分别于2016年4月7日、2016年4月18日分两笔将资金全额退回原渠道，并调整了相关账目。
4	2015年，所属中央民族大学以虚假合同列支宣传片制作费7.3万元，相关制作事项实际未完成。	所属中央民族大学按照合同规范要求重新签订合同。2016年3月中旬合同签订内容全部制作完毕予以交付，2016年3月26日重新开具了制作费发票。
5	2014年和2015年，所属中央民族大学未按规定及时上缴资产处置收入34.79万元，其中2015年28.57万元，导致少计收入。	所属中央民族大学实际上缴资产处置收入36.89万元（含2013年2.10万元），调整了相关账目。
6	2015年，所属民族问题研究中心提前列支2016年专题报道等支出15万元，造成多计决算支出。	所属民族问题研究中心已调整有关会计账目。

（续表）

问题序号	公告的问题	整改情况
7	至2015年底，所属中央民族大学有4708平方米房产未按规定登记固定资产账。	相关房产已按规定登记固定资产账。
8	2010年，所属中央民族大学在项目建设中，存在未经充分论证、未按规定签订施工合同、工程设计不合理等问题，致使项目建成后无法正常使用，330.64万元支出和投资形成损失。	所属中央民族大学进一步加强科研经费管理制度建设，规范科研经费使用，及时修订完善了《中央民族大学科研项目经费管理办法》。
9	2015年，所属民族文化宫未按合同约定收取房屋租金等收入1010.13万元。	截至2016年11月3日，已经收回欠款619.63万元，剩余欠款依据法院调解将在2016年12月31日前付清。

公安部2015年度预算执行等情况审计结果公告问题的整改情况

问题序号	公告的问题	整改情况
1	2015年，公安部未按规定将所属机关服务中心等单位事业收入11178.79万元纳入部门预算管理。	公安部已按要求向财政部申请，将所属机关服务中心等单位纳入部门预算管理，今后将进一步加强预算管理工作。
2	2015年，公安部本级未按规定履行政府采购程序采购货物和服务，涉及采购支出884.47万元。	公安部将切实加强对政府采购相关政策规定的学习掌握，严格按照规定的方式和程序采购货物，确保依法依规采购。
3	2014年至2015年，公安部将代地方采购物资的支出，纳入本级核算，造成本级多计支出783.37万元，其中2015年539.61万元。	公安部已将2014年的243.76万元归还原资金渠道，将2015年的539.61万元的核算方式改为往来款核算，并向财政部上报了《关于修改2015年预算相关数据的函》。
4	2015年，所属第一研究所违规将因公出国（境）费用4.71万元转由其控股企业承担。	所属第一研究所已将应退回的出国费退回其控股企业，今后将进一步严格规范出国费用开支。
5	2015年，所属户政管理研究中心违规发放职工津补贴77.50万元；所属第一研究所以“专家评审费”名义，违规向本单位部分人员发放补贴4.22万元。	所属户政管理研究中心违规发放的津补贴已全部收回；所属第一研究所已将违规发放给在职人员的专家咨询费4.22万元在工资中予以收回，并已停止向在职人员发放该项补贴。
6	2014年，所属第一研究所违规从零余额账户向实有资金账户划转资金110.51万元。	所属第一研究所已将110.51万元从实有资金账户退还国库。
7	至2015年底，公安部本级分别于2006年、2008年和2012年竣工并交付使用的3个基建项目，仍未按规定办理竣工财务决算。	已向财政部报送了办公楼工程基本建设项目竣工财务决算报表；将尽快完成其他2个基建项目竣工财务决算等工作。

（续表）

问题序号	公告的问题	整改情况
8	至2015年底，所属公安部出入境证件核心技术中心未及时收回应收回的服务费收入2245万元。	所属公安部出入境证件核心技术中心应收回的服务费已全部收回，今后将逐步完善收入管理工作，确保各项收入应收尽收，及时入账。
9	2013年，所属北京出入境边防检查总站基建项目实际投资超出批复的概算5935.31万元。	公安部调增了基建项目的总投资概算，调增投资全部由北京出入境边防检查总站自筹解决。同时，对北京出入境边防检查总站的做法提出严肃批评，该站做了书面检讨。
10	至2015年5月，公安部本级违规使用相关单位8辆公务用车。	公安部已将借用的8辆公务用车退还原单位。

民政部2015年度预算执行等情况审计结果公告问题的整改情况

问题序号	公告的问题	整改情况
1	民政部未按规定将2014年已完成项目的结余资金173.65万元清理上报财政部。	民政部已将项目结余资金173.65万元全部清理上报财政部。
2	至2015年底，民政部3个项目因无法实施或推进缓慢等原因，造成预算资金结存25259.61万元。	民政部已终止其中一个项目，拟将剩余资金作为结余资金上缴财政部统筹使用，其余两个项目将加快实施进度。
3	2015年，所属档案资料馆和全国老龄办机关服务中心、老年人才信息中心预算编报不完整，涉及收入1595.11万元。	全国老龄办已向财政部申请将下属经费自理事业单位机关服务中心和老年人才信息中心纳入预算管理。
4	2015年，所属机关服务局和国家康复辅具研究中心及其附属康复医院购买物业服务未按规定进行公开招标，涉及资金446.57万元。	所属国家康复辅具研究中心及其附属康复医院已将物业管理改为自管，民政部机关服务局已将办公楼物业服务采用公开招标方式进行采购。
5	2015年，所属全国老龄办项目招标不规范，在投标商之间存在关联关系的情况下，招标确定技术服务公司，涉及资金148.02万元。	民政部已责成全国老龄办严格规范政府采购行为。
6	2015年，民政部主管的2个社会组织未经批准组织出国培训团组，并报销出国费用39.2万元。	民政部已与有关部门进行沟通，积极推动出台有关政策。
7	2013年至2014年，所属全国老龄办下属老年人才信息中心违规购置公务用车2辆，涉及金额59.8万元。	民政部已责成全国老龄办封存违规购置的车辆，加强公务用车管理。
8	所属国家康复辅具研究中心已于2010年竣工验收并投入使用的基建工程，至2016年3月底仍未办理竣工决算，涉及资金27074.5万元。	民政部已于2016年9月向财政部提交国家康复辅具研究中心基建工程的竣工决算报告。

（续表）

问题序号	公告的问题	整改情况
9	2011年至2015年，所属全国老龄办下属单位以购买办公用品等名义列支102.96万元，实际用于购买礼品等，其中2015年15.7万元。	全国老龄办党组已对相关责任人给予了纪律处分，并收回违规列支的费用，老龄办机关服务中心印发相关规定规范会计基础工作。
10	2014年至2015年，所属中国老龄产业协会举办博览会收入2.27万元，未按规定纳入法定账簿核算。	全国老龄办所属中国老龄产业协会已追回应得利润2.27万元，纳入法定账册核算。
11	2015年，民政部本级向受其委托建设项目的地方民政部门拨付资金并列支1704.42万元，至年底有1323.53万元以备用金形式存放在受托单位，造成多计决算支出1323.53万元。	民政部已调整相关账务，并拟在编制2016年决算（草案）时调整相关上年结转数。
12	2011年至2015年，民政部及所属全国老龄办下属老年人才信息中心无依据自行设立3项等级评定或认定等事项，收取管理费1480万元，其中2015年700万元。	民政部及全国老龄办取消了3项等级评定或认定事项。
13	至2015年底，所属全国老龄办1996年购置的办公楼仍未取得房产证，涉及金额8935.5万元。	全国老龄办已与主管部门商讨房产证办理及办公楼纳入固定资产管理等事项，拟抓紧筹集资金尽快结清尾款。
14	2013年至2014年，所属全国老龄办下属老年人才信息中心未经批准投资1000万元成立公司。	民政部已责成全国老龄办加强对所属单位对外投资事项的监管，不得擅自对外投资。
15	至2015年底，所属中国老龄事业发展基金会2011年转让的对外投资510万元仍未办理股东变更登记手续。	中国老龄事业发展基金会已办理股权变更登记手续。
16	至2015年底，所属中国老龄事业发展基金会未按规定将221幅字画计入固定资产。	中国老龄事业发展基金会已建立相关资产台账。
17	2014年至2015年，所属全国老龄办下属老年人才信息中心未经批准向私人企业出借资金88万元，其中2015年50万元。	全国老龄办下属老年人才信息中心已收回全部借款。

司法部2015年度预算执行等情况审计结果公告问题的整改情况

问题序号	公告的问题	整改情况
1	2015年，所属戒毒管理局将在部门预算中申请的项目预算资金450万元，全部下达到地方执行，上述资金用途与财政部已下达地方的专项补助资金的用途重复。	所属戒毒管理局经商财政部，对2015年部门预算项目进行了全面清理和规范，同时在编制2016年预算时不再申报该项目经费。

（续表）

问题序号	公告的问题	整改情况
2	2015年，所属监狱管理局违规扩大开支范围，在公务接待费中列支人员误餐费3.58万元。	司法部将严格执行相关规定，严格落实审批责任制，规范公务接待经费管理，坚决防止超范围列支公务接待费现象的再次发生。
3	2015年，所属监狱管理局召开的14个四类会议未纳入年度会议计划，会议费支出80.24万元；所属戒毒管理局1个会议未按规定在党政机关会议定点饭店召开，会议费支出17.30万元。	所属监狱管理局已调整了相关会计账目和决算草案，今后将进一步加强和规范会议费管理，严格履行会议计划报批程序，加强检查监督，不在非定点酒店召开会议。
4	2015年，司法部本级向所属中华全国律师协会拨付外事经费70万元，未按规定列入“三公”经费预算。	司法部在编制2017年部门预算时，未再编制外事经费项目预算，今后严格按照预算法及相关规定执行，强化预算约束，加强预算管理和监督。
5	2015年，所属中华全国律师协会5个出国（境）团组相关人员超规定范围报销国内接送机费、境外城市内租车费等支出3.39万元。	有关人员已全额退缴交通费3.39万元，司法部将督促中华全国律师协会今后加强管理，按规定报送出国（境）计划，严格执行出国费预算，不超标准列支。
6	2015年，所属国家司法考试中心违规向在职人员发放节日补贴4.4万元。	司法部已责成国家司法考试中心今后规范津补贴发放，严格按国家有关政策执行，杜绝此类问题再次发生。
7	2015年，司法部本级印刷刊物未按规定选择定点印刷单位，涉及支出78.89万元。	司法部按照中央国家机关政府采购中心规定的程序和要求，对2016年刊物印刷企业进行了重新招标，中标企业属于中央国家机关政府定点印刷企业，符合书刊类产品定点印刷资质。今后将严格按照政府采购定点印刷工作通知要求进行印刷品采购。
8	2015年，司法部本级两部专题片制作未按规定执行政府采购程序，涉及支出100万元。	司法部今后将严格按相关规定进行政府采购，坚决防止未履行政府采购程序采购服务现象的再次发生。
9	2015年，所属国家司法考试中心未按规定及时收缴相关单位欠缴的考试考务费51.87万元。	所属国家司法考试中心进一步加大了催缴力度，现已将2015年度欠缴的考务费全部上缴至中央财政汇缴专户。司法部已责成其今后及时征缴国家司法考试考务费，防止此类现象再次发生。

财政部2015年度预算执行等情况审计结果公告问题的整改情况

问题序号	公告的问题	整改情况
1	2015年，财政部本级违规超出部门预算编制范围，将专项用于各省政府采购网站建设维护等支出资金1080万元，编入本部门预算。	根据《财政部关于调整财政部2016年部门预算的通知》，财政部已将2016年地方分网建设经费预算交回中央财政，自2017年起不再编列相关经费预算。
2	至2015年底，财政部本级财政存量资金1777.53万元未按规定清理和上缴。	财政部已将上述存量资金确认为结余资金并上缴中央财政，同时相应调整了2015年度部门决算。

（续表）

问题序号	公告的问题	整改情况
3	2015年，财政部本级因公出国（境）费预算编制不完整，将本级出国培训费120.89万元编入所属干部教育中心因公出国（境）费预算。	财政部已进一步完善相关出国培训团组的管理，根据职责分工由所属干部教育中心承担出国培训并编制经费预算，按程序报批出国组团后安排相应的预算支出。
4	2014年和2015年，财政部本级和所属机关服务中心、国家农业综合开发评审中心、财政票据监管中心等单位，未严格执行政府采购相关规定采购工程、货物和服务，涉及金额1904.19万元，其中：未按规定公开招标，违规采用单一来源采购方式或直接签订合同方式实施政府采购1624.03万元；在未取得政府采购电子验收单的情况下支付资金280.16万元。	财政部本级和所属机关服务中心、国家农业综合开发评审中心、财政票据监管中心等单位已进一步加强管理，严格执行政府采购相关规定。
5	2014年和2015年，所属国家农业综合开发评审中心在部门预算中，违规为农业部、水利部等部门编列农业综合开发项目评审检查工作经费预算240万元。	所属国家农业综合开发评审中心已停止开支用于农业部、水利部等中央农口部门农业综合开发项目的审核检查工作经费，并根据《财政部关于调整财政部2016年部门预算的通知》，将2016年专项经费中的相关经费预算交回中央财政。自2017年起不再申请编列相关经费预算。
6	2013年至2015年，所属信息网络中心违规使用零余额账户，垫付应由自有资金支出的代收款项等资金530万元，其中2015年239万元。	所属信息网络中心已归还使用零余额账户垫付的资金。
7	2015年，所属机关服务中心无偿使用下属企业车辆2辆。	所属机关服务中心已将有关车辆交回下属企业。
8	2014年和2015年，所属会计资格评价中心和财政票据监管中心有165.02万元会议费报销未附原始明细单据，其中2015年66.99万元。	所属会计资格评价中心和财政票据监管中心已取得会议费用原始明细单据并按规定作为报销凭证装订入册。
9	2014年和2015年，所属中国会计学会每年取得房屋出租收入70万元，未按规定开具税务发票并缴纳房产税等；2014年将出租收入和承租支出放在往来科目核算，造成少计收入和支出各70万元。	所属中国会计学会已补缴了2014年和2015年取得房租收入应缴纳的房产税、城镇土地使用税及滞纳金，补正开具了2015年房租收入税务发票，并调整了有关会计账目，编制2016年部门决算时调整年初有关事项。
10	至2015年底，财政部本级3500万元固定资产未按规定入账核算，形成账外资产；2012年已办理竣工决算的办公用房，仍未纳入固定资产账核算，涉及金额39174.14万元。	财政部已将有关资产登记入账。
11	2010年以来，所属国家农业综合开发评审中心未经批准将11871万元国有资产委托给相关企业经营，未收取任何收益。	所属国家农业综合开发评审中心已按程序提出申请，将资产整体划出，充分发挥资产使用效益。

（续表）

问题序号	公告的问题	整改情况
12	2015 年，所属信息网络中心未经批准将产权属于财政部机关的 650 平方米房产无偿出借给相关企业使用。	所属信息网络中心已与相关企业就交回办公用房一事达成一致意见，目前正在搬迁，预计将在 1 个月内腾空并交回借用的办公用房。
13	2014 年，财政部主管的社团中国总会计师协会将财政部委托其管理使用的行政房产对外出租，未按规定将租金收入 389.14 万元上缴财政。	中国总会计师协会已将房租收入扣除印花税、营业税、城建税、教育费附加、企业所得税等相关税费后的余额 275.22 万元上缴中央财政。

人力资源社会保障部 2015 年度预算执行等情况审计结果公告问题的整改情况

问题序号	公告的问题	整改情况
1	2015 年，所属社会保障能力建设中心违规组织双跨（跨地区、跨部门）出国（境）团组 2 个，并由参与地方社保业务信息系统开发的相关企业等单位承担出国（境）费用 7.21 万元。	所属社会保障能力建设中心已退回由相关企业等承担的出境费用 7.21 万元。
2	2013 年 1 月，所属中国社会保障杂志社购买 18 万元物资，用于向该杂志社以及中国劳动保障报社、社会保险事业管理中心职工发放福利，并使用虚假发票报销入账。	所属中国社会保障杂志社向法院提起诉讼，经法院主持调解后，被告已按调解书要求提供真实发票，社保杂志社已更换原假发票，并退回领取的福利 7.84 万元。
3	2013 年和 2014 年，所属机关服务中心和中国就业培训技术指导中心未按规定实行政府集中采购，直接与物业管理公司和保洁服务公司签订服务合同，涉及采购支出 740.22 万元。	所属机关服务中心和中国就业培训技术指导中心已按照规定的程序，实施公开招标采购相关服务。
4	2015 年，所属职业技能鉴定中心及下属公司使用不合规发票报销邮寄费、印刷费等 7.69 万元。	所属职业技能鉴定中心及下属公司已将 12 张假发票替换为真实发票。
5	2015 年，所属中国劳动保障科学研究院等 5 家单位决算支出编报不实，与实际支出相比，中国劳动保障科学研究院少编报 943.40 万元，其他 4 家单位多编报 943.40 万元	所属中国劳动保障科学研究院等 5 家单位已按要求分别调整决算草案，调整后的决算草案与实际支出一致。
6	2015 年，所属中国劳动保障科学研究院扩大项目支出范围，在财政拨款项目经费中列支为外单位垫付的水电费和取暖费 148.62 万元。	所属中国劳动保障科学研究院已将 2015 年垫付外单位的水电费和取暖费 148.62 万元归还原资金渠道，并进行了会计账目处理，调整了决算草案。
7	2013 年至 2015 年，人力资源社会保障部本级及所属社会保险事业管理中心 36 名领导干部和工作人员，未经批准在所属企业和社团中兼职或兼职取酬 58.42 万元。	所属社会保险事业管理中心 25 名干部停止在社保杂志社兼职，已全部退回兼职领取的报酬；经批准在社团兼职的 11 名干部，已全部退回兼职领取的报酬。

（续表）

问题序号	公告的问题	整改情况
8	至2015年底，所属留学人员和专家服务中心违规将9套专供在站博士后研究人员居住的公寓，作为该中心办公和仓储用房等。	所属留学人员和专家服务中心已完成9套博士后公寓的腾退。

国土资源部2015年度预算执行等情况审计结果公告问题的整改情况

问题序号	公告的问题	整改情况
1	未按规定上报结余资金1753.99万元。 (1)至2016年3月底，国土资源部本级和所属中国地质调查局油气资源调查中心（以下简称油气中心）等5家单位23个财政拨款项目结余1114.39万元，未按规定清理上报。 (2)至2016年2月底，国土资源部本级和所属中国地质调查局2012年和2013年申报的3个项目预算2890万元中，由于项目预算未细化到所属5家项目执行单位，有639.6万元在所属单位实有资金账户连续结转3年以上，未按规定清理上报。	国土资源部已清理结余资金并上报财政部。
2	至2016年2月底，国土资源部和财政部2011年至2015年共同批复并下达的4个项目中央财政补助资金10.42亿元中，因项目规划调整和市场价格变化等原因，有3.42亿元闲置在项目单位或地方财政部门。	国土资源部已函告相关的省级国土资源管理部门，逐项对照整改，形成落实整改方案并严格执行。
3	2015年，国土资源部本级和所属油气中心等5家单位计划外举办会议21个，会议费支出66.23万元；所属中国地质调查局等2家单位在会议费中列支与会议无关支出4.34万元；所属信息中心在参会人员均为京内人员情况下，违规在外部酒店召开会议，会议费支出3.6万元；所属油气中心将部分会议超预算支出的费用在其他会议中报销，造成15个会议费用核算不实，涉及金额38.2万元。	国土资源部已责成进一步加强会议计划管理，严格执行会议费管理相关规定。
4	2015年，所属中国国土资源航空物探遥感中心等2家单位举办的7个四类会议超过规定天数，会议费支出21.81万元。	中国国土资源航空物探遥感中心已完成会议管理办法的修改，油气中心印发了《关于进一步规范会议管理的通知》，所属地调局责成两家单位进一步加强会议计划管理，严格执行会议费管理相关规定。
5	2014年至2015年，所属油气中心等4家单位超标准配备公务用车9辆，涉及支出126.17万元，其中2015年90.96万元；2015年，所属中国地质环境监测院（以下简称环境监测院）等4家单位超预算列支公务用车运行费45.81万元。	超标准配备的9辆公务用车已全部清退，国土资源部已责令相关单位加强公务用车管理，严格执行“三公经费”预算。

（续表）

问题序号	公告的问题	整改情况
6	2012年至2015年，所属环境监测院开展的全国地质环境信息平台建设项目未按规定履行电子政务建设项目审批程序，涉及金额1310万元，其中2015年100万元。	所属地调局已责令中国地质环境监测院今后的信息系统建设，严格按照相关规定，履行相关审批程序。
7	2015年，所属机关文印室未按规定执行政府采购程序，直接向供货商采购印刷机1台，涉及金额150万元。	国土资源部已责成机关文印室今后严格执行政府采购相关规定，杜绝此类问题再次发生。
8	2015年，所属中国土地勘测规划院违反国库集中支付规定，以授权支付方式拨付项目建设费用24516万元。	国土资源部已责成规划院今后严格执行国库集中支付管理相关规定，规范资金支付方式。
9	2015年，所属中国地质调查局将本单位项目预算400万元安排下属发展研究中心代为编报，其中195万元未细化到项目具体执行单位。	国土资源部已责成中国地质调查局今后加强预算编制管理，细化预算到项目执行单位。
10	2015年，所属环境监测院在2个财政拨款项目中重复申报相同工作内容，多获得项目预算6万元。	所属环境监测院已将多申报的6万元项目预算上缴财政，并进行了账务调整。
11	至2015年底，所属中国地质博物馆未设立统一管理的馆藏品登记台账，部分藏品记录不完整，其中826件藏品的名称等重要信息未登记或表述不清。	所属中国地质博物馆已严格按照规章制度管理，将现有藏品完整信息录入藏品管理系统，实现规范化管理。目前正在按照政府采购管理规定，进行招标工作，确定藏品管理系统的供应商。
12	至2015年底，所属环境监测院2005年至2009年购置的10台（套）空气压缩机、钻进设备等野外大型生产设备，价值597.97万元，自购置以来一直闲置。	所属环境监测院已向地调局申请统筹使用闲置设备，闲置的10台设备中，8台已办理调拨手续，设备已调入相关单位；2台已投入本单位相关项目工作使用。
13	2015年，所属土地整治中心租赁的160平方米办公用房闲置1年，涉及租金20.44万元。	所属土地整治中心已完成相关办公用房的改造工作，并于2016年5月投入使用。
14	至2015年底，所属机关服务局未按规定将其开发完成的1项信息系统计入无形资产，涉及金额26万元。	所属机关服务局已将相关无形资产补记入账。
15	至2015年底，所属中国地质博物馆和中国地质科学院分别于2011年和2012年交付使用的两个项目未按规定办理竣工决算，涉及中央预算内投资共计3408万元。	所属中国地质博物馆、中国地质科学院两个已交付使用的基本建设项目已完成项目竣工决算工作。
16	所属中国土地学会将本单位部分支出在中国土地勘测规划院核算，会计核算主体不规范。	国土资源部已责成中国土地勘测规划院、中国土地学会进一步明确会计核算主体。

环境保护部2015年度预算执行等情况审计结果公告问题的整改情况

问题序号	公告的问题	整改情况
1	2015年，所属核与辐射安全中心采取重复申报基本建设项目有关费用的方式多申领预算资金1560万元；所属环境规划院在项目预算中编报并支出与项目无关的中国环境科学学会会费4万元。	环境保护部已批准核与辐射安全中心，将2015年多申请的1560万元调整用于支付基地项目工程款，今后，将加大预算编报审查力度，确保预算申报材料完整准确，避免类似问题再次发生；所属环境规划院已将违规列支的4万元资金归还原资金渠道，并调整了相关会计账目。
2	2015年，所属环境保护对外合作中心违规向全体职工发放节日补助13.8万元。	所属环境保护对外合作中心将对在职员工违规发放的过节费全部清退到账。
3	2004年以来，所属中日友好环境保护中心长期借用所投资企业的汽车1辆；2015年，该中心在非中央国家机关机动车辆定点维修点或定点租赁供应商处维修、租用车辆，涉及金额17.58万元。	所属中日友好环境保护中心已将借用车辆归还所属企业。2016年租赁、维修车辆已执行政府采购。
4	2015年，所属监测总站和环科院计划外召开50个会议，会议费支出91.69万元；环境保护部本级和所属环科院在非党政机关会议定点饭店召开会议2个，会议费支出43.08万元；所属环境规划院和监测总站超规定天数和人数召开会议，超预算支出会议费15.16万元；所属固体废物与化学品管理技术中心召开的1个会议超标准支出会议费等3.24万元。	环境保护部先后印发一系列文件，正在拟定《环境保护部机关会议费管理办法》，进一步明确会议管理有关要求，严格工作纪律，强化落实责任。
5	至2015年底，所属环科院以前年度232万元应结转收入未及时结转，长期在预收账款科目挂账，导致财务核算不能全面、真实反映预算执行情况。	所属环科院已对往来款项进行清理，并将232万元确认收入。
6	至2015年底，环境保护部本级有8个以前年度已完工基建项目未按规定及时进行竣工决算，涉及金额2.54亿元。	环境保护部已委托会计师事务所完成竣工财务决算，正在报请财政部审批，今后，将加强基建项目管理，及时做好竣工验收和决算工作。
7	2013年至2016年3月，环境保护部主管的中国环境科学学会未经批准自行设立2个职业资格并开展相关培训，共收费4641.26万元，其中2015年651.48万元。	环境保护部已要求中国环境科学学会停止举办环境监理相关培训。
8	2013年至2015年，环境保护部未经市场公开竞争，直接指定所属单位投资成立的企业开展认证工作，共收取认证费用1.85亿元，其中2015年7052.87万元。	环境保护部已有序放开环境标志认证工作。
9	2015年，环境保护部主管的中国环境科学学会培训收入138.2万元未纳入法定账簿核算。	截至2016年10月，中国环境科学学会已完成结算55.58万元并纳入法定账簿核算，剩余82.62万元已做欠款入账，正在积极开展欠款的清缴工作。

（续表）

问题序号	公告的问题	整改情况
10	至2015年底，所属环科院对外投资20万元未纳入法定账簿核算；登记拥有的320项发明专利仅有52项纳入单位管理。	所属环科院已确认对外投资20万元，并对建院以来专利资产进行清查。

住房城乡建设部2015年度预算执行等情况审计结果公告问题的整改情况

问题序号	公告的问题	整改情况
1	2015年，住房城乡建设部本级违规将其召开的3个会议的会议费、专家咨询费和劳务费等支出19.08万元转由所属中国城市科学研究会承担。	住房城乡建设部本级已归还由下属单位承担的支出，并调整有关会计账目。
2	2015年，所属中国建筑文化中心违规向本单位职工发放节日补贴82.70万元。	所属中国建筑文化中心已将发放的节日补贴全部收回，并调整有关会计账目。
3	2014年至2015年，所属干部学院和市长学院未经批准，违规从零余额账户向实有资金账户划转财政资金913.12万元，其中2015年547.55万元。	所属干部学院和市长学院表示今后严格执行零余额账户管理的相关规定。
4	2015年，住房城乡建设部在参与分配中央农村危房改造补助资金中，未严格执行资金管理办法规定，在缺少各省上报的危房改造任务、补助资金申请及实施方案的情况下，会同有关部门下达了危房改造任务和资金。	住房城乡建设部会同财政部进行了认真研究，联合印发下达2016年中央财政农村危房改造补助资金的通知，在2016年农村危房改造任务资金分配中统筹考虑各省危房改造任务申请数，对分配方法进行调整和完善。
5	2015年，所属中国建设报社以提取组稿费的方式虚增事业支出420.2万元，造成决算草案多计事业支出。	所属中国建设报社已调整有关会计账目。
6	2014年和2015年，所属中国建筑业协会项目管理委员会等2家单位未经批准组织2个双跨（跨地区、跨部门）出国（境）团组。	2家单位今后将严格遵守并执行外事管理规定，杜绝此类问题再次发生。中国建筑装饰协会还决定出国人员的费用由个人负担并已收回，同时责成分管负责同志做出书面检查。
7	2015年，所属中国建设报社利用新闻报道文章违规收费872.34万元。	所属中国建设报社已成立内部稽核小组对违规收费严肃查处，并制定和完善相关规定，杜绝此类问题再次发生。
8	2013年至2015年，所属干部学院未经批准对外出租房屋，收取租金643.13万元，其中2015年295万元。	所属干部学院今后将严格执行相关规定，并按规定补办了相关手续。
9	2013年至2015年，所属中国建筑装饰协会等7家单位利用举办评比、达标、表彰等活动，违规收费3544.58万元，其中2015年356.91万元。	相关社团均表示停止收费，未经批准自行设立的活动全部停办。

（续表）

问题序号	公告的问题	整改情况
10	2014年7月至2015年10月，住房城乡建设部和个别国有企业的4名退休党员领导干部在所属中国建筑装饰协会兼职取酬244.51万元。	相关人员已将2014年7月至2016年6月领取的各项费用249.51万元全部退还中国建筑装饰协会。
11	2012年至2015年，所属中国建筑装饰协会部分干部职工共计24人，与其他自然人共同出资成立公司并经营协会相关业务，从中获利1035万元。	所属中国建筑装饰协会决定，将按规定把相关协会负责同志所持有的企业股份转由协会持股，分红所得全部退还协会。
12	2012年至2015年，所属中国建筑业协会项目管理委员会将部分收入在下属单位核算，造成少计收入554.29万元。	所属中国建筑业协会项目管理委员会已收回扣减成本后的余款287.33万元，并调整了有关会计账目。
13	2012年至2015年，所属中国建筑业协会项目管理委员会及其下属北京昌平中建协项目管理培训中心将收入1942.78万元转移到中国建筑业协会工作人员参股的企业核算，从中列支成本费用957.46万元。	该项资金扣减已支成本后的余款985.32万元已全部退回中国建筑业协会项目管理委员会及北京昌平中建协项目管理培训中心。
14	2012年至2014年，所属中国建筑业协会绿色施工分会使用内容不真实的发票报销支出31.12万元。	所属中国建筑业协会绿色施工分会已将资金全部收回，今后将进一步加强财务管理，杜绝此类问题发生。
15	2012年至2015年，所属中国建筑业协会绿色施工分会账外存放资金67.56万元。	所属中国建筑业协会绿色施工分会已全部收回账外存放资金。

交通运输部2015年度预算执行等情况审计结果公告问题的整改情况

问题序号	公告的问题	整改情况
1	2015年，交通运输部审核不严，湖北、山东两省港航管理局向不符合条件的企业发放专项补助672.67万元。	交通运输部向山东省、湖北省交通运输厅下发了紧急通知，要求其立即进行清理核实，并督促有关市级交通运输主管部门严格按照资金管理办法要求认真整改，配合当地财政部门尽快追回多发放的补助资金。两省已派出工作组或下发通知，相关企业已递交或承诺了退款计划。另外，交通运输部已委托第三方机构赴有关省份，对相关专项情况开展抽查。
2	至2015年底，交通运输部本级2820.49万元资金长期闲置，未纳入预算管理；所属救助打捞局下属中国海洋工程公司未按规定清理项目结余资金630万元。	交通运输部已于2016年4月13日将历史遗留资金转入部办公厅账户，由办公厅统一纳入部本级预算安排。所属救助打捞局630万元财政结余资金，已于2016年1月27日退回至交通运输部，并于2月2日按规定上缴财政部。

（续表）

问题序号	公告的问题	整改情况
3	2015年，交通运输部本级年初预算101570.3万元未细化落实到具体项目，执行中才将99789.3万元予以细化，其余1781万元调减预算。	交通运输部已于2015年6至9月将相关预算资金细化到具体项目，并报请主管部门同意，将剩余的预算额度1781万元全部调减。
4	2012年至2015年，所属中国交通通信信息中心未经报批自行收费25184.31万元，其中2015年24263.9万元。	交通运输部已责成通信中心尽快清理收费并按程序上报，已于2016年2月取得相关经营许可证，完成了有关收费的报备或报批工作。
5	2015年，所属救助打捞局违规批准和组织下属3个救助局开展经营活动，取得收入16884.7万元。	交通运输部已责成救助打捞局予以纠正，下属救助局的救助船舶《船舶营业运输证》已于2016年3月底停办。
6	2015年，所属救助打捞局未编制政府采购预算，实际实施政府采购10112.9万元。	交通运输部已责成救助打捞局规范政府采购预算编报，进一步加强政府采购管理，严格按照政府采购规定编报预算。
7	2010年至2015年，所属通信中心下属公司在购买监理服务过程中，使用有关单位提供的假发票冲抵费用84.44万元。	所属通信中心下属公司已终止了与相关公司的劳务服务协议，同时召开会议责令相关人员做出了深刻检查，并取得补开的合法发票。
8	2015年，所属通信中心等6家单位无预算或超预算列支会议费141.26万元；所属长江航道局等3个单位计划外召开会议27个，会议费支出27.13万元；所属天津水运工程科学研究所等18个单位违规在非党政机关会议定点饭店召开会议248个，会议费支出289.56万元；所属天津水运工程科学研究所等2个单位的23个会议超标准列支20.49万元。	交通运输部责成有关单位严格按照国家有关规定加强对会议费的管理，严格按照国家有关规定加强会议费报销的管理。所属通信信息中心等6家单位已印发相关规定，强化对有关费用的预算控制，要求对无预算、超预算的会议一律不予报销；所属长江航道局等单位要求对未纳入年度计划的会议一律不予报销；对于各项会议一律选择在单位内部会议室或党政机关会议定点饭店召开。
9	2015年，所属东海救助局、南海救助局部分公务接待未按规定取得公函，涉及公务接待费支出8.09万元。	交通运输部已责成相关单位严格按照国家有关规定加强公务接待管理，所属东海救助局自2016年起，严格按照规定规范公务接待；所属南海救助局自2016年5月起，严格按照该局出台的《国内公务接待管理办法》规范公务接待。
10	交通运输部2辆公务用车未按规定申报纳入公务用车制度改革范围，至2015年底仍存放在下属单位；2015年，所属长航公安局武汉分局等9个单位在公用经费和项目支出中，超预算列支公务用车购置和运行费272.79万元。	交通运输部已将其中1辆车进行了处置，处置收入25.1万元上缴国库；另外1辆车已上交国管局；已责成长航公安局加强对公务用车购置和运行费的管理，严格按照批复的预算执行。
11	所属通信中心下属2家事业单位未纳入部门预决算编制范围，2015年收入4928.67万元、支出4561.81万元。	所属通信中心已将下属2家事业单位纳入2015年部门决算和2016年度预算范围内。

（续表）

问题序号	公告的问题	整改情况
12	2014年和2015年，所属救助打捞局列支购买进口设备支出后，因设备未按计划交付，部分资金实际未支付，造成多计当年支出1085.5万元、5878.14万元。	所属救助打捞局已于2016年5月30日支付了有关项目合同尾款；项目结余资金4211.38万元，交通运输部已向财政部报送缴款申请函，待财政部批复后上交。
13	2011年至2015年，所属交通运输部科学研究院在受交通运输部委托开展“公交都市”称号评审、技术指导、验收审查工作的同时，为部分参评城市制订建设方案或实施规划，并以技术服务名义取得收入1630.9万元，其中2015年282.5万元。	交通运输部已停止委托交通运输部科学研究院开展国家“公交都市”建设示范工程相关技术支撑工作。

水利部2015年度预算执行等情况审计结果公告问题的整改情况

问题序号	公告的问题	整改情况
1	2015年，水利部本级委托5家单位承担水土保持设施项目验收技术评估工作，在委托工作未完成、也未验收的情况下，未严格执行合同约定的付款进度，提前支付合同款287.19万元。	水利部已对该项目完成验收、决算，并收回预付款31.95万元。今后将严格按照合同约定和实际工作完成情况支付款项。
2	2013年至2015年，所属建安中心等4家事业单位预算编制不准确，造成预算与相应决算草案差异24388.22万元,其中2015年10853.78万元。	所属建安中心等4家单位今后将加强预算编制管理，科学合理、细致严谨地预计收支，杜绝此类问题再次发生。
3	2014年至2015年，所属珠江水利委员会下属珠江水利科学研究院等单位超预算列支公务接待费250.65万元，其中2015年107.17万元。	所属珠江水利委员会超预算列支的公务接待费250.65万元已全部退回，今后将加强预算管理，严格执行“三公”经费全口径预算管理要求，严格公务接待费支出。
4	2015年，所属水利部人才资源开发中心未经审批收取职称评审费、高级技师评审费34.86万元。	所属水利部人才资源开发中心对收费项目进行了认真清理，已全面取消职称评审、高级技师评审收取的评审费。
5	2015年，所属中国水利水电科学研究院（以下简称水科院）未按规定执行政府采购程序购买保安服务344.93万元。	所属水科院在进行2016年采购时已按规定进行招标，今后严格按规定履行政府采购程序，杜绝此类问题再次发生。
6	至2015年底，所属水科院将应计收入的项目结算款放在往来科目核算，造成少计收入834.5万元。	所属水科院已按规定调整了相关会计账目，并印发了《中国水科院关于逾期未结题项目集中清理工作的通知》。

（续表）

问题序号	公告的问题	整改情况
7	2014年至2015年，水利部在所属单位对外出租、出借存量房产达4.94万平方米的情况下，为3家所属单位编制预算1126.99万元用于租用3处房产共计2474.95平方米，其中2015年635.35万元。	水利部已从水科院存量办公用房中调配1000平方米给建安中心使用。今后，将严格按照规定对办公用房进行配置管理，提高房产使用效率。
8	所属中国水利水电出版社2014年支出728.93万元购置的数据、软件等，至2015年底闲置未用；所属项目建设办公室2009年投入155.40万元开发完成的信息系统，至2016年3月尚未投入使用。	所属中国水利水电出版社对购买的设备进行了安装调试，目前设备已全部上线正常使用；所属项目建设办公室已启用开发的信息系统。
9	1998年至2015年，水利部本级未按规定报经批准将569.6平方米房产无偿出借给所属单位的下属公司；2009年至2015年，所属综合事业局未按规定报经批准将1299平方米房产无偿出借给下属公司。	综合事业局所属北京国泰新华实业有限公司和北京金御诚物业管理有限责任公司已腾退借用的房产。水利部及所属单位将按照国有资产管理的有关规定，进一步研究完善资产出借的管理措施，杜绝此类问题再次发生。
10	2015年，所属水科院会议费、差旅费支出162.29万元，未按规定使用公务卡结算。	所属水科院印发了《中国水科院关于加强科研项目使用公务卡结算的通知》，规范科研经费支付方式。
11	所属水利信息中心在部分业务数据使用过程中，未设置相应的安全等级保护制度，存在信息安全隐患。	所属水利信息中心根据国家安全等级保护制度要求进行用户类型划分，明确用户权限，根据业务需求合理分配用户，降低系统安全风险。

农业部2015年度预算执行等情况审计结果公告问题的整改情况

问题序号	公告的问题	整改情况
1	2015年，农业部本级部门预算2058万元资金未及时细化到5家所属预算单位，影响预算执行进度，其中4家预算单位当年支出15.23万元，仅占预算资金58万元的26.25%。	农业部制定了相应的内部控制制度，避免此类问题再次发生。
2	2015年，农业部本级计划外召开14个三、四类会议，会议费支出160.91万元；所属中国农业科学院召开的18个四类会议参会人数超出规定845人次，涉及会议费支出57.79万元。	农业部修订了《农业部会议费管理办法》，对会议计划对申报、调整、执行、财务报销、公开公示、监督检查和责任追究等做了进一步规范；所属农科院进一步加强了会议管理，严格控制会议规模，明确要求院机关各部门对于参会人数为50人以上的会议进行调减，避免此类问题再次发生。
3	2015年，所属中国农业科学院植物保护研究所报销的24.46万元境外住宿费无对应票据；未严格执行据实报销要求，导致多支付境外住宿费7.53万元。	所属中国农业科学院植物保护研究所重新核定了2015年发生的境外住宿费，收回多支付的境外住宿费7.53万元和无相应票据的境外住宿费15万元，调整了有关会计账目和决算草案。

（续表）

问题序号	公告的问题	整改情况
4	2013年至2015年，所属中国农垦经济发展中心、农产品质量安全中心违规向在职人员发放节日补贴60.7万元，其中2015年25.9万元。	所属中国农垦经济发展中心、农产品质量安全中心分别组织现有职工全额退回过节费42.3万元和15.8万元。
5	2015年，所属中国绿色食品发展中心和农业机械化技术开发推广总站取得技术支持、市场宣传服务等收入224.26万元，未按规定纳入单位统一核算。	所属中国绿色食品发展中心和农业机械化技术开发推广总站将2015年相关业务收支转入单位财务统一核算，并按要求调整了有关会计科目。
6	2015年，农业部在未批复初步设计和概算的情况下，先行下达所属单位基本建设项目中央投资计划1500万元。	农业部将进一步强化制度意识和依法行政意识，严格执行基本建设程序和相关管理规定，进一步规范并优化基本建设项目的项目申报、审批和资金下达等程序。
7	至2015年底，所属中国农业科学院植物保护研究所的4个试验基地635亩划拨土地未按规定纳入法定账簿核算。	所属中国农业科学院植物保护研究所已将4个试验基地划拨土地纳入法定账簿核算。

商务部2015年度预算执行等情况审计结果公告问题的整改情况

问题序号	公告的问题	整改情况
1	2015年，商务部本级申报内贸工作经费项目预算未按规定细化落实到具体项目，致使1587.2万元资金当年结转未使用。	商务部自2016年度预算编制开始，年初预算编制时全部进行细化申报预算。
2	2015年，所属外贸发展事务局重复申报项目预算4510万元；所属国际贸易经济合作研究院多报财政补助人员25人，多申领人员经费100.91万元，当年全部列支。	所属外贸发展局已调减预算4500万元，并于2016年6月将多申报的预算资金10万元上缴财政；所属国际贸易经济合作研究院已于2016年6月将多申领的100.91万元上缴财政，并调整了有关会计账目。
3	至2015年底，商务部本级11个项目连续3年未使用的结余资金4120.51万元，未按规定清理上报财政部。	截至2016年8月，商务部已将4120.51万元缴回国库。
4	2015年，商务部未按规定将商务部文印中心纳入部门预决算编制范围，当年收入548.21万元、支出667.47万元。	商务部已将文印中心纳入预决算编制范围，并已组织文印中心开展2017年度预算编报工作。
5	2015年，所属外贸发展事务局将展览会收入和支出各209.24万元放在往来科目核算，将委托9家单位招展的摊位费收入4365.94万元、支出3603.74万元放在合作单位核算，仅将分得的利润纳入账内核算，造成少计收入和支出；所属中国国际电子商务中心将服务收入7812.13万元、支出6109.88万元放在下属企业核算，未纳入预算管理。	所属外贸发展事务局已将挂账的209.24万元进行了清理，并调整了有关会计账目；中国国际电子商务中心下属公司已将2015年度外经贸专用网服务收支结余1702.25万元上交电子商务中心。

（续表）

问题序号	公告的问题	整改情况
6	2015 年，所属外贸发展事务局违规向展会参团企业及组团单位收取组织服务费 48.72 万元；2014 年，所属中国机电产品进出口商会违规多收取双跨（跨地区、跨部门）出国（境）团组费用 35.06 万元。	所属外贸发展事务局已将违规收费 48.72 万元全部退还参展企业；所属中国机电产品进出口商会已将多收取的费用 35.06 万元全部退还各参团企业。
7	2015 年，商务部本级 1 个会议超标准支出会议费 14.42 万元。	商务部今后将进一步加强在华国际会议管理，严格执行国际会议经费管理办法。
8	2013 年至 2015 年，所属机关服务局违规无偿使用下属企业车辆 3 辆。	所属机关服务局已于 2016 年 4 月将 3 辆车交回下属企业。
9	2014 年至 2015 年，商务部参与分配的 2 个专项资金清理整合不到位，实际分配中仍分为多个细项，各细项的政策目标、使用范围、分配办法和管理方式等与整合前相同。	商务部已与财政部积极沟通，进一步加大外经贸专项资金支持方向的清理整合力度，集中服务业发展专项资金支持重点，加强资金统筹使用。
10	2014 年，所属中国国际电子商务中心下属公司以不合规材料申报，违规多获取专项资金 114.21 万元。	所属中国国际电子商务中心下属公司已于 2016 年 8 月 11 日将违规获取的中央财政转移支付资金 114.21 万元退还。
11	至 2015 年底，所属机关服务局有 17 辆车账面登记内容与实物不符，1 辆车由企业无偿使用。	所属机关服务局已于 2016 年 7 月收回 1 辆被企业无偿占用的车辆；对 17 辆车进行了清理核查，其中 5 辆车已核实清楚并完成了账务处理，12 辆车正在完善账务处理手续。
12	至 2015 年底，所属机关服务局长期投资账面反映情况与被投资单位相关工商、会计信息不符，涉及金额 14676.93 万元。	所属机关服务局清理核实了相关投资情况。对已核实一致的投资 4450.85 万元进行了账务调整；对尚未核实一致的投资，已委托会计师事务所开展专项清理，并将根据会计师事务所的清理结果尽快予以处理。
13	至 2015 年底，所属中国医药保健品进出口商会未按规定报经有关部门批准出租办公用房 1355.7 平方米。	所属中国医药保健品进出口商会已就出租办公用房事项向商务部提出申请，商务部即根据相关规定于 2016 年 8 月 29 日就该事项报财政部审批。
14	2015 年，所属中国五矿化工进出口商会购买理财产品存在一定风险隐患，涉及资金 12650 万元。	所属中国五矿化工进出口商会已制订计划收回理财产品，至 2016 年 7 月，其中 4950 万元已按期回本付息，其余资金将于 2017 年 7 月前全部收回。
15	2015 年，所属中国国际电子商务中心北京代表处违规将单位资金 47 万元存放在员工个人账户，用于员工工资及日常备用金等支出。	所属中国国际电子商务中心北京代表处已于 2016 年 1 月撤销，用于管理备用金的个人银行卡也已销户。
16	2013 年至 2015 年，商务部对其拥有的建筑面积为 1.2 万多平方米的 1 处房产管理不到位，未全面掌握其出租和维护等情况。	商务部将进一步加强对该处房产管理使用情况的监管，确保国有资产的安全完整和保值增值。

（续表）

问题序号	公告的问题	整改情况
17	至2015年底，商务部本级及所属机关服务局往来款项25779.09万元未及时清理。	商务部已对25700万元借款进行了梳理和审核，并向财政部报送了处置方案；所属机关服务局已完成对应收账款79.09万元的清理工作，并于2016年9月进行了相应的账务处理。

文化部2015年度预算执行等情况审计结果公告问题的整改情况

问题序号	公告的问题	整改情况
1	2015年6月，文化部未按规定严格控制预算追加事项，向财政部申请追加的1项专项资金2000万元，至年底全部结存。	文化部抓紧消化结转资金，至2016年10月底该项结转资金已执行1487万元。
2	2015年，所属国家艺术基金管理中心的国家艺术基金项目财政资金年初结转61717.32万元，当年申请8亿元，年底结转95228.95万元，当年预算执行率仅32.8%，文化部未按规定及时向财政部提出调减当年预算的建议。	文化部已商财政部对国家艺术基金“十三五”总体预算安排进度进行了调整，并根据结转资金规模核定了2016年预算。
3	至2015年底，文化部未按规定及时清理2012年及以前年度项目结转资金3207.81万元。	文化部已将其中的756.99万元按要求交回中央财政，剩余的2450.82万元与财政部沟通，正在办理。
4	所属国家图书馆在申报一期维修改造工程项目时，将不应由财政资金安排的北京国图酒店有限公司维修改造工程一并打包申报，并于2011年获得财政部批复，至2015年底已支出1679.84万元。	所属国家图书馆计划于2016年起，使用北京国图酒店的年度经营利润逐年归还，2016年11月9日已归还149.8万元。
5	2014年，所属国家图书馆1个出国（境）团组未经批准，擅自更改行程增加1个出访城市。	所属国家图书馆专门召开会议，加强出访团组的管理，要求出访团组严格按照批准日程开展工作，不得擅自更改行程。
6	2014年至2015年，所属国家图书馆以注册费等名义违规向参会单位收取会议费32.46万元，其中2015年21.48万元。	所属国家图书馆对《国家图书馆会议费管理实施细则》进行了修订，明确“会议费由馆方或部门承担，不得向参会人员收取、不得以任何方式向其他机构和单位转嫁或摊派”。
7	2015年，所属中国艺术研究院培训收入90.4万元未纳入法定账簿核算。	该培训所有收支均已纳入所属中国艺术研究院财务统一核算管理。
8	2015年12月，所属国家京剧院未按项目进度拨款，违规一次性向项目委托单位拨付合同总价款25万元。	所属国家京剧院今后将加强内控管理，项目进度严格按照制度规定和合同预定执行，强化审核监督，加强部门间协调沟通。

（续表）

问题序号	公告的问题	整改情况
9	2009年至2015年，文化部本级购置的服务器、防火墙等设备及相关软件，未纳入法定账簿核算。	文化部已将其中的555.59万元资产登记入账。
10	2015年12月，所属中国艺术研究院列支应计入2016年的展览场租费等，造成2015年决算支出多计1288.09万元。	所属中国艺术研究院已调整了相关会计账目。
11	至2015年底，所属海外中国文化中心以前年度固定资产变价收入296.14万元，未按规定上缴财政。	文化部已将部分驻外文化机构资产处置收入279.96万元的上缴请示报送财政部，财政部正在审核。
12	所属国家图书馆一期维修改造工程项目中的后勤服务楼改扩建工程于2014年8月完工，实际超批复规模建设2703.66平方米。	所属国家图书馆今后将严格按照批准的建设规模办理各项手续，严格执行国家规定的基本建设程序。
13	2006年，所属机关服务中心收到土地拆迁安置补偿款3000万元，未按规定上缴财政，至2015年底结余2984.79万元。	欠款单位资金已到位，所属机关服务中心正在与欠款单位办理还款手续，待资金到位后按规定上缴财政。
14	2015年，所属机关服务中心违规对外出租文化部机关办公用房16处，取得收入139.6万元。	所属机关服务中心已将该笔收入扣减相关费用后剩余的15.5万元通过文化部本级财政专户上缴财政。

卫生计生委2015年度预算执行等情况审计结果公告问题的整改情况

问题序号	公告的问题	整改情况
1	2015年，卫生计生委本级和所属药具管理中心（以下简称药具中心）部分办公设备购置、药具采购等项目未编报政府采购预算，涉及金额5501.28万元。	卫生计生委本级已经组织各司局认真编报政府采购预算，所属药具中心从2016年起已将避孕药具政府采购编入部门预算，今后将严格执行相关法律法规，杜绝此类问题再次发生。
2	至2015年底，所属卫生和计划生育监督中心电子政务项目未按规定报发展改革委审批，涉及资金5850万元，其中2015年1000万元。	所属卫生和计划生育监督中心召开领导班子会专题研究，认真分析原因，系统梳理，修订流程。今后将严格执行有关规定，杜绝类似情况再次发生。
3	至2015年底，卫生计生委本级委托所属国家食品安全风险评估中心（以下简称食品安全评估中心）和发展研究中心承担的项目形成结余资金1182.95万元，未按规定及时进行清理。	所属发展研究中心和食品评估中心全面开展项目资金清理核实工作，发展研究中心对收入入账不及时、历史账目设置不清晰、账目清理不及时等1097.38万元项目资金，已按照相关规定进行账目调整；其余53.37万元结余资金，已按原渠道退回卫生计生委；食品评估中心将3个已完成项目结余资金共32.2万元按照原资金渠道退回卫生计生委。卫生计生委已按照部门预算管理要求，向财政部申请统筹使用上述退回资金。今后卫生计生委将督促有关单位严格执行项目经费管理办法，严格项目管理，避免此类问题再次发生。

（续表）

问题序号	公告的问题	整改情况
4	2005年至2015年，卫生计生委本级在1项政府采购业务中，未按规定采用公开招标方式确定供应商名录，采购时所属药具中心仅向名录内的企业发送招标通知和标书，且未按规定发布评审结果，涉及金额514684.42万元，其中2015年53547.42万元。	所属药具中心在2016年度政府采购中实行公开招标，在“中国政府采购网”上发布招标公告和中标公告，2016年3月1日以后签订的服务合同，今后将严格按照政府采购法规执行。
5	2012年至2015年，所属药具中心在1项招标业务中，未按规定发布政府采购信息，自行组织评审确定具有投标资质的企业，涉及金额1704.74万元，其中2015年424.43万元。	所属药具中心在现有药具检测服务合同履约到期后，自2017年起所有服务类采购将严格按照政府采购相关法规执行。
6	2015年，所属食品安全评估中心未经政府采购，直接委托3家项目合作单位承担3个项目，合同金额176.1万元，当年实际支出170.49万元。	所属食品安全评估中心召开专题办公会，印发了《关于成立政府采购工作领导小组的通知》和《关于加强采购专家评审的通知》，修订委托工作经费管理办法，完善本单位政府采购管理制度机制。今后将严格管理，规范执行。
7	2013年4月，所属宣教中心未经批准购置设备，涉及金额41.15万元。	所属宣教中心制定了《政府采购内部控制制度》，明确采购决策、实施、监管等责任。规范采购流程。今后将严格执行政府采购法规，规范政府采购管理。
8	2015年，所属食品安全评估中心6人赴新西兰参加会议，未经批准前往另一城市；所属发展研究中心的4个出国（境）团组机票报销不合规，涉及机票款8.4万元。	所属食品安全评估中心印发了《因公临时出国（境）管理办法》，分级负责，严格审批流程，强化责任追究；所属发展研究中心进行全员培训，今后将严格执行有关规定，规范因公出国（境）管理。
9	2015年，所属宣教中心无偿使用2家下属企业车辆3辆。	所属宣教中心已退回无偿使用的下属单位3辆汽车。今后将严格遵守《党政机关厉行节约反对浪费条例》和中央八项规定精神，加强公务用车纪律管理，避免此类问题再次发生。
10	2014年至2015年，所属发展研究中心等2个单位召开的4个四类会议超规定人数306人，其中2015年3个、超规定人数126人；所属食品安全评估中心等2个单位超标准列支、超预算支出会议费131.01万元，其中2015年17.07万元；2015年，所属食品安全评估中心在参会人员主要来自本单位或其他在京单位的情况下，违规在京外召开会议4次，会议费支出16.97万元。	所属发展研究中心等2个单位召开领导班子会议，制定印发《会议管理办法》，进一步加强会议费管理，规范审批流程，严格控制会议规模；所属食品安全评估中心等2个单位制定和印发了《会议管理办法》，加强会议费预算编制，严格会议支出，超标准、超范围费用一律不报销；所属食品安全评估中心制定了《工作会议制度》，明确要求原则上所有会议在京内召开。
11	2013年至2015年，所属发展研究中心违规发放节日补贴136.36万元，其中2015年49.56万元。	所属发展研究中心已收回违规发放节日补贴133.86万元，今后将严格执行中央八项规定精神，杜绝此类问题再次发生。

（续表）

问题序号	公告的问题	整改情况
12	至 2015 年底，所属食品安全评估中心和药具中心办公用房面积分别超标准 7842.24 平方米、596.48 平方米。	所属食品安全评估中心和药具中心重新测绘办公用房面积，根据相关规定进行调整搬迁，现已清退所有超标准配备办公用房。今后将严格执行办公用房规模和标准。
13	2015 年，卫生计生委本级参与分配的 1 项专项转移支付资金时，未按规定对各省情况开展绩效考核并根据考核结果分配资金，涉及资金 21.15 亿元。	卫生计生委会同财政部下达 2016 年中央转移支付资金时，已对上年度实施情况进行考核，并将考核结果与资金拨付挂钩，共核减补助资金 95 万元。今后卫生计生委将加强中央转移支付项目绩效管理，按照规定拨付资金。
14	至 2015 年底，所属发展研究中心和中华预防医学会在往来款科目核算取得的管理费等收入 7160.75 万元，造成决算草案少计收入。	所属发展研究中心已将往来科目中核算的项目资金 4731.31 万元全部补计收入。中华预防学会已将往来科目中 2429.44 万元结转收入，完善相关制度办法。今后，将加强单位预决算管理，严格执行有关规定。
15	至 2015 年底，卫生计生委本级列支委托所属食品安全评估中心和发展研究中心实施的 69 个项目经费 1110.20 万元，实际未支出；所属食品安全评估中心列支并拨付给发展研究中心的项目经费 20 万元，实际未支出。上述两项导致多计 2015 年决算支出 1130.20 万元。	所属食品安全评估中心和发展研究中心全面清理核实委托办事经费，将挂账资金据实列支或归还原资金渠道，调整相关账目；所属食品安全评估中心建立委托办事经费预算执行责任制，签订经费预算执行进度承诺书，并将预算执行纳入绩效工资考核范围；全面清理核实项目资金，收回发展研究中心未用的项目经费 20 万元。今后将严格按照有关规定，及时进行账务处理，加强预算执行管理，提高资金使用效益。
16	至 2015 年底，所属宣教中心未经报批将 758.68 平方米房产出借给企业使用；将 594.82 平方米房产出借给中国计划生育协会下属单位无偿使用。	按规定，所属宣教中心对出借给企业的房产正在组织价格评估，编制可行性研究报告，并履行相关审核审批手续；对中国计划生育协会下属单位无偿使用的房产，已多次沟通，共同研究尽快解决历史遗留问题。
17	所属宣教中心使用财政资金 1170 万元建设的原国家人口计生委视频会议系统，2010 年至 2012 年仅使用召开 14 次会议，2013 年以来因设备故障等已不能正常使用。	所属宣教中心修改完善了《固定资产业务内部控制制度》，明确部门职责和管理流程，加强资产使用管理，提高固定资产使用效率。
18	2007 年，所属宣教中心未经报批自行核销固定资产、应收账款、其他应收款等 1047.48 万元。	所属宣教中心结合 2016 年国有资产清查结果，进一步加强资产处置管理，严格履行处置报批手续。

人民银行2015年度财务收支等情况审计结果公告问题的整改情况

问题序号	公告的问题	整改情况
1	2015年12月，人民银行本级在财政拨款结转科目中预提电子设备购置费、安全防卫费等各类费用686.21万元；所属人民银行营业管理部等2家单位虚列当年实际未发生的物业服务费、固定资产购置和装修费用等1398.04万元，造成多计支出。	人民银行将进一步加强预算执行管理，根据项目进度支付相关费用。
2	2015年，人民银行本级和所属太原中心支行等4家单位将地方政府拨付的经费补助或奖励资金1217.68万元在往来科目或结转结余科目挂账，未作为收入核算，造成少计收入。	相关单位已将收入并账，部分资金归还原渠道，部分资金按照进度支付。
3	2013年5月已竣工交付使用的党校改造项目，人民银行本级在建造期间未按规定单独建账核算，涉及项目总投资1.09亿元。	人民银行将进一步加强维修改造项目管理。
4	2015年，人民银行本级将以前年度预算结余资金915.56万元在"财政拨款结转"科目核算，未按有关规定予以清理；对"其他资金结转结余"科目中结转超过1年以上的资金未按规定及时收回或调整安排用于其他亟须安排的项目，2015年底余额3707.94万元。	人民银行将按照相关政策规定对资金严格管理，结合项目进度及资金需求研究方案，尽快合理合规使用。
5	2015年，所属太原中心支行未将购买的21.08万元守押用通信设备计入固定资产账。	所属太原中心支行已将相关资产纳入固定资产核算。
6	中国金融出版社以预付货款方式支付的2009年至2029年土地租赁费400万元，未按规定在租期内摊销，造成2009年至2015年共少计成本120万元，其中2015年少计20万元。	中国金融出版社已调整账务，并严格按《企业会计准则》规定核算相关支出。
7	2015年，上海黄金交易所在相关活动未举行完毕的情况下，为负责活动的平安银行和民生银行报销全部业务扶持费，造成多计支出347.83万元。	上海黄金交易所已列支或退回相关资金，并调整账务。
8	2015年，中国外汇交易中心未将收到的上海市国库支付中心奖励资金80万元计入当年收入，在往来科目核算，造成少计收入。	中国外汇交易中心已将相关收入并账。
9	2008年以来，中国反洗钱监测分析中心（以下简称反洗钱中心）每年申请约3000万元预算资金专项用于系统建设和维护，但每年均有近千万元项目资金未按计划执行，导致逐年大量结转，至2015年底余额7188.89万元。	反洗钱中心将结合项目进展尽快按规定使用预算资金。

（续表）

问题序号	公告的问题	整改情况
10	2011年至2015年，反洗钱中心未经批准发放津补贴316万元，其中2015年71.92万元。	反洗钱中心已停发未经批准的津补贴。
11	2013年至2015年，上海黄金交易所等2家单位向非本单位人员发放津补贴246.57万元，其中2015年112.2万元。	上海黄金交易所等2家单位已收回发放的津贴。
12	2012年至2015年，中国人民银行清算总中心（以下简称清算总中心）在申报工资总额计划时，因人数测算不准确等，造成累计多获批工资总额720.3万元（其中2015年234.64万元），已发放703.2万元。	清算总中心核减了工资总额基数。
13	2015年，中国外汇交易中心超标准报销差旅费16.15万元。	中国外汇交易中心将进一步加强差旅费管理。
14	2015年，中国外汇交易中心超标准召开三类会议，涉及会议费支出34.89万元。	中国外汇交易中心已对有关责任人进行了严肃批评，并加强了会议管理。
15	至2015年底，中国外汇交易中心未按规定将国家外汇管理局划拨的准备基金、人民银行总行拨付的注册费和开办费等共计3.75亿元计入净资产，在“应付款”科目核算，造成少计净资产和多计负债。	中国外汇交易中心已调整账务。
16	至2015年底，人民银行金融研究所未将装修过程中购买的家具家电计入固定资产账，涉及金额10.67万元。	人民银行金融研究所将相关资产纳入固定资产核算管理。
17	至2015年底，中国金融学会、中国金融会计学会未将对杂志社出资纳入长期股权投资核算，造成少计资产150万元。	中国金融学会、中国金融会计学会将相关投资纳入本单位长期股权投资核算管理。
18	2012年，中国外汇交易中心未报经人民银行批准，自行购置房产1407.23万元。	中国外汇交易中心将严格按规定履行审批程序，杜绝问题再次发生。
19	2015年，中国外汇交易中心在已有房产闲置的情况下，与酒店签订长包房住房协议用于安置借调人员，支付住宿费62.99万元。	中国外汇交易中心将加强资产管理，提高资产使用效益。
20	至2015年底，清算总中心、上海黄金交易所因项目建设进展缓慢，造成土地闲置。	清算总中心、上海黄金交易所将积极与当地政府职能部门沟通协调，抓紧推进项目建设。

国资委2015年度预算执行等情况审计结果公告问题的整改情况

问题序号	公告的问题	整改情况
1	由于国资委审核把关不严，2011年至2013年其安排的中央企业9个项目资金，因前期准备不充分、建设用地未落实等，至2015年底仍有14.76亿元结存未使用。	9个项目结余的14.76亿元资金未在规定期限内使用完毕原因复杂，且多为地方政府土地规划调整、市场需求变化等原因造成，经过国资委与相关企业积极沟通，截至目前部分项目已经整改完毕，较2015年底新增支出9.87亿元，其余4.89亿元预计在年底前支出完毕。
2	2014年至2015年，国资委安排1户中央企业的3亿元预算资金被该企业违规购买银行理财产品，未严格履行监督检查职责。	国资委已责成相关企业对银行理财产品进行清理。
3	至2015年底，国资委本级及所属机关服务中心等2家事业单位的财政结余资金1174.1万元，未按盘活资金有关规定清理。	国资委就上述情况专门向财政部进行了说明，对于国资委信息中心以前年度的累计结余696.74万元，已按照《事业单位会计制度》规定进行了账目调整，并缴纳相关税金，今后将严格会计核算，避免再发生类似问题；对于国资委本级和机关服务中心资金结余正按程序开展工作，尽快上缴结余资金。
4	至2015年底，国资委本级未按规定清理上交2辆公务用车。	国资委已向国管局报送了《关于上交车辆的函》，并办理了车辆上交手续。
5	2015年，国资委本级及所属新闻中心未按规定在党政机关会议定点饭店召开会议2个、在外部宾馆召开会议2个，会议费支出15.05万元；2015年，所属中国有色金属工业协会会议费超预算支出849.3万元。	相关厅局和单位表示今后将严格审批召开各类会议，提高预算精细化水平，并按照相关要求，全面反映各类会议成本，确保以后不再出现类似问题。
6	2014年至2015年，所属中国大连高级经理学院未经审批向委托单位及个人收取培训费1.01亿元，其中2015年6086.77万元。	自2016年5月1日起，所属中国大连高级经理学院已停止使用“辽宁省非税收入统一收据”，按营改增相关规定向国税局申领“培训费”项目发票，培训收费开具增值税发票，缴纳增值税等相关税费。
7	2015年，所属新闻中心、机械机关服务中心转由下属单位或中央企业承担出国费用3.48万元。	相关单位已将出国费用退回，并调整了相关会计账目。
8	2015年，所属信息中心、中国有色金属工业协会将收取的会务费131.05万元直接在宾馆坐支，或由宾馆代管用于发放劳务费、支付场地租赁等，未纳入法定账簿核算。	相关单位将按照规定，将所有资金纳入账户管理，统一登记、核算。
9	2015年，所属信息中心等4家事业单位未实行政府采购程序采购货物和服务等，涉及采购支出2637.73万元。	相关单位积极完善内部政府采购管理办法，今后将严格采购程序、规范采购流程，确保符合规定要求。
10	2015年，国资委本级虚列检测系统运行维护项目支出20万元，多记资产680.78万元。	国资委已收回19.22万元债权清偿款，并对机关账务处理进行了调整，做到了账实相符。

（续表）

问题序号	公告的问题	整改情况
11	至2015年底，所属服务中心未按规定将已竣工交付使用的项目纳入固定资产账核算，涉及金额1.80亿元；所属中国大连高级经理学院未按规定及时办理基建项目竣工决算，涉及金额5.19亿元。	相关单位将尽早按规定办理固定资产交付使用手续，进行账务处理，纳入固定资产管理。
12	至2015年底，所属中国有色金属工业协会及其代管单位未按规定核算受托管理资产9.81亿元，部分资产账面记录不完整；所属服务中心2处房产（共4252.89平方米）未登记入账；所属信息中心未经审批向下属企业无偿出借房产104.4平方米。	目前正配合财政部对原有色总公司和原国家有色局时期形成的债权债务进行清查处理；所属服务中心2处房产，目前已完成初审，待确认入账价值后，将履行上报程序，经上级部门核批后正式入账；所属信息中心的下属企业正在落实公司注册变更迁出事项。
13	2015年，国资委8名退休领导干部、所属有色金属技术经济研究院3名领导干部违规兼职取酬86.74万元；所属中国有色金属工业协会5名领导干部违规持有下属公司股份73.41万股，2015年取得分红11.01万元。	相关人员已经退回兼职报酬，相关单位表示将严格执行有关规定，确保今后不再发生此类问题；关于中国有色金属工业协会5名领导干部违规持股的问题，其中2人已于2015年12月全部退出所持下属公司股份，另外2人辞去有色金属技术经济研究院职务（持股公司的上级单位），余1人辞去持股公司的职务，并退出所持有的股份。
14	2015年，所属干部教育培训中心违规计提企业年金16.76万元。	所属干部教育培训中心从2016年6月起，已停止计提企业年金。
15	2012年至2015年，国资委未严格落实中央企业重大投资活动报告制度，对3户中央企业上报的股权（产权）投资项目相关报告等材料存在的不完整等问题，未提出疑议或要求其纠正；对4户中央企业未经审核就对非主业项目投资的问题，未要求纠正或做出处理；对1户中央企业违规投资非主业项目的处理，未按规定进行责任追究。	国资委启动投资管理办法修订工作，以“管资本”为主加强投资监管，突出监管重点，明确权责，进一步落实监管责任和投资主体责任，进一步加强企业滚动发展规划审核，明确企业发展战略方向，要求企业投资活动符合企业发展战略，聚焦主业发展，加强企业年度投资计划审核，发现问题及时做出提示，要求企业整改，加快建设中央企业重大投资项目管理信息系统，进一步完善系统功能，加快培训有关人员，实现对中央企业投资计划的动态在线监督。

海关总署2015年度预算执行等情况审计结果公告问题的整改情况

问题序号	公告的问题	整改情况
1	2015年，海关总署在编制14个项目预算时，有4个项目不具备实施条件，10个项目未充分考虑上年结转资金规模大等情况，年底形成结转资金34282.58万元；已连续结转2年以上的8852.6万元资金仍未有效盘活，影响财政资金及时发挥效益。	海关总署已制定预算规程、加强预算项目审核评审，强化预算绩效管理，切实提高预算编制的科学性、准确性；要求各单位科学推进2016年预算执行进度；将2012年前形成的财政拨款结余资金交回财政部统筹使用；要求各单位准确预测资金结转情况，全部纳入部门预算。

（续表）

问题序号	公告的问题	整改情况
2	海关总署中国海关博物馆总建筑面积33000平方米，其中办公用房、体能中心、车库等20300平方米，占总建筑面积的61.52%，海关总署未按规定向国管局报告所属行政部门使用海关博物馆和租用海关招待所作为办公用房情况。至2015年底，海关总署本级办公用房超标准8831.69平方米，所属单位超标准440545.95平方米。	海关总署各部门均按要求将超标办公室清退完毕。
3	2013年至2015年，海关总署本级及所属单位超范围、超标准或自定标准发放津补贴等4110.09万元。	海关总署本级已全部停发违规津补贴，并对超范围发放的津补贴进行清退。要求全国海关严格执行相关规定，审计涉及的6个海关的8个问题，有7个问题已整改完毕，有1个正按计划清退。
4	2015年，所属机关服务中心将6辆执法执勤用车用于机关后勤等一般公务活动；海关总署缉私局租用2台车辆用于执法，租车费用35.86万元。	已进一步明确执法执勤车的适用范围及适用程序，严格执法执勤车网上预约派车制度，一车一档登记，适用情况每周通过机关管理网公示。
5	2015年，海关总署本级34.82万元接待费支出未按规定附公务接待凭证等。	海关总署完善了公务接待清单，要求今后国内公务每笔接待费支出必须附公务接待清单和公务接待函。
6	至2015年底，所属全国海关教育培训中心等5个事业单位未按规定单独编制预算和独立核算。	海关总署已要求5个事业单位按照规定程序办理相关手续，加快推进落实。
7	2011年至2015年，所属昆明海关下属12家单位违规将走私物品处置收入1197.95万元存放账外，用于业务经费、发放福利等。	海关总署已成立联合核查小组，两次赴昆明对有关情况进行实地核查。截至3月28日，已清退各类违规发放给个人的补贴福利71.92万元。核查结果及相关资料已移交中央纪委驻海关总署纪检组，将对相关责任人进行纪律审查和责任追究。
8	2015年，所属银川海关等33家单位违规将专项业务经费3713.32万元用于办公楼、食堂维修等项目。	在2017年至2019年三年预算编制中，已要求各海关单位按照专项经费管理规定的支出范围编制项目预算，并在预算执行时严格按照该范围进行列支。
9	2015年，海关总署本级及部分所属单位48029.71万元非税收入未按规定实行“收支两条线”管理。	海关总署已与财政部进行沟通，财政部正在研究。
10	2015年，所属兰州海关提前列支2016年支出102.37万元，导致多计当年决算支出。	所属兰州海关已调账整改。
11	2015年，所属重庆海关少计结余资金620.93万元。	所属重庆海关数据分中心2014年计提上缴上级支出368.37万元，已于2016年3月调账冲回；机关服务中心累计应缴代收252.56万元已全部上缴重庆海关。

（续表）

问题序号	公告的问题	整改情况
12	2012年至2015年，海关总署在实施金关工程（二期）项目中，未批先建部分项目，涉及资金1563.34万元；2015年，在金关工程（二期）项目支出中列支与项目无关经费409.22万元；2014年至2015年，所属全国海关信息中心等单位违规参与金关工程（二期）项目投标，中标金额7860.7万元，其中2015年2459万元。	海关总署将严格执行项目管理相关规定，已将初设建设内容变更情况和投资概算调整等情况报送发展改革委；同时，已于2015年11月研究决定今后所属事业单位不再参与海关信息化建设招投标工作。
13	至2015年底，海关系统共有各类经济实体223家，其中6家企业仍违规使用含有“海关”字样的企业名称，有12名公务员违规兼任13家企业的法定代表人。	海关总署已要求各单位进行自查，有关单位已按要求办理相关手续。12名在经济实体任职的公务员均已完成清理。
14	至2015年底，海关总署缉私局31辆汽车长期未按规定进行固定资产登记，涉及金额827.6万元。	已完成31辆机动车固定资产登记相关手续。
15	至2015年底，所属南京海关未按规定追回2名长期脱岗人员“吃空饷”资金63.68万元。	南京海关已协调江苏省公积金管理中心对2名“吃空饷”人员的公积金账户余额共计25.87万元进行了控制。同时已通过向地方法院提起民事诉讼等法律途径开展资金追缴。
16	至2015年底，海关系统1.97万平方米出租出借办公用房未按规定清理到位，其中2015年收取租金544.31万元；所属长春海关无偿出借办公用房，据测算3年至少少收租金25.6万元，其中2015年9.6万元。	30个出租出借办公用房项目已整改完成23个，7个正在整改。长春海关已将租金按规定全额上缴中央财政。
17	至2015年底，所属大连海关下属鲅鱼圈海关违规将税款类保证金31亿元转存为定期存款。	已立即停止将保证金继续转存，5月18日已将所有定期存款转出，目前鲅鱼圈海关定期存款账户余额为0。
18	2011年至2015年，所属兰州海关以中国电子口岸数据中心兰州分中心名义，违规集资建设经济适用住房386套。	中国电子口岸数据中心兰州分中心已经停止违规经济适用住房建设，并商兰州市政府制定了取消经济适用住房项目、按照市场化模式调整为普通商品房的整改方案。

税务总局2015年度预算执行等情况审计结果公告问题的整改情况

问题序号	公告的问题	整改情况
1	2010年至2015年，税务总局本级违规在专项经费中列支486.62万元用于部分人员支出，其中2015年87.4万元。此外，至2016年3月，税务总局本级个人差旅等借款累计195.05万元未按规定及时清理，其中98.81万元长达1年半。	税务总局正在抓紧进行报账处理，核销借款，今后将严格按规定执行。

（续表）

问题序号	公告的问题	整改情况
2	2015年，税务总局在参与分配对地方专项补助经费时，违规向不在专项补助范围内的10个省市地方税务局安排专项补助1970万元。	税务总局2016年已停止了向财政部提出超补助范围的分配建议。今后将严格按照规定向财政部提供符合经费补助条件的案件信息，提出资金分配建议。
3	2015年，税务总局本级在2014年申请的3个专项资金全部未动用的情况下，仍继续分别申请4000万元、1300万元和1700万元，当年仅支出2392.9万元、11.82万元和1655.02万元，影响财政资金及时发挥效益。	税务总局已申请调减预算，2018年将不再申请安排预算。
4	2015年，税务总局本级扩大支出范围列支云南等3个省的县级税务局以前年度组织的培训和税务宣传资料印刷费用547.45万元。	3个省国家税务局分别退回在税务总局报销的培训费和印刷费，总计547.45万元，并调整了有关会计账目。
5	2015年，10个省的国家税务局违规在中国税务杂志社报销招待费、车辆使用费等费用60.08万元。	至2016年4月13日，中国税务杂志社已追回60.08万元，并及时调整了相关会计账目和决算草案。
6	2015年，所属中国注册税务师协会在专项经费中列支与该专项无关的协会设备托管与网络带宽租用费等242.98万元。	所属中国注册税务师协会已调整有关会计账目，扩大支出范围的242.98万元已退回财政账户。因2015年财务决算报表和结余资金报表已上报财政部，待2017年初再行调整上述报表。
7	在金税三期工程建设管理中，税务总局未严格执行招投标规定，存在违规将6个项目招标方式由公开招标调整为竞争性磋商、设置有利于部分投标单位的评标标准等问题；对部分合同变更把关不严，致使出现企业低价中标后变更合同等问题；统筹规划不够，未整合部分地税部门的信息系统；未经批准调整数据架构，造成第一批试点省市数据与后期试点省市数据难以互通，工程已逾期5年未能全部完成。	对于第一个问题，税务总局将严格按照发展改革委批复的项目采购方式执行，确需调整的，将严格按照程序报批，对已承担金税三期工程的供应商，不得再参加金税三期工程的其他采购活动。对于第二个问题，税务总局专门进行了研究和梳理，采取多项措施加强管理，一是事先预防，采购需求须经充分论证后提出，并经专家评审论证，合同签订时须经法律顾问和第三方监理审核进一步确认；二是事中管控，合同执行过程中一旦出现困难，要及时分析原因，并采取有效措施妥善解决；三是事后追偿，合同变更的同时要按照规定进行追偿。对于第三个问题，通过推广金税三期征收管理系统，对税务总局现有业务系统进行替代，推进金税三期应用系统进一步与地税部门信息系统统筹整合。对于第四个问题，从金税三期数据架构设计入手，实现数据向税务总局集中，目前对已推广省份，从上线的第二个月开始已经实现数据向税务总局集中。
8	2010年至2015年，部分省市国家税务局批复立项的基本建设项目中，有50个综合业务办公用房维修改造项目不符合有关维修改造办公用房的规定年限和立项条件，涉及建筑面积共计293134.79平方米。	各省市国税局上报了整改报告。目前，这些项目均按照整改要求提供了立项审批制度规定的相关证明材料。今后，税务总局将按照基建管理规定对各省（区、市）国税局审批的基建项目严格审核把关，要求各省（区、市）国税局进一步加强项目论证和审批管理。

（续表）

问题序号	公告的问题	整改情况
9	2015 年，税务总局批复的沈阳市国家税务局综合业务办公用房等新建和维修改造项目，存在装修超标准问题。	辽宁省沈阳市国家税务局已将超标准部分拆除，并对相关责任人员按规定进行了处理。同时，完善和细化了管理制度，强化项目过程管理，健全内控机制。
10	至 2016 年 3 月底，衡阳市国家税务局综合业务用房有 2174.91 平方米闲置未使用。	湖南省衡阳市国税局办公楼增加了进驻单位，包括衡阳市国税局机关、衡阳市国税局稽查局及第一、第二稽查局，共进驻在职办公人员 211 人。
11	2015 年，税务总局、省级国家税务局批复的保山市隆阳区国家税务局综合业务办公用房等 2 个项目土地利用效率有待提高。	今后，税务总局将严格按照基建管理规定，切实强化建设用地管理，确保项目容积率符合规定。
12	2015 年，税务总局部分退休干部在中国注册税务师协会等单位违规兼职取酬 21.21 万元。	截至 2016 年 6 月 30 日，相关人员已将违规取得的资金全部退回。
13	2015 年，所属中国税务杂志社违规在 12 个省级国家税务局设立通联站，开展新闻业务活动和刊物发行工作；中国税务报社为 18 名不具备资格的税务局人员发放了新闻记者证。	2016 年 4 月 5 日，所属中国税务杂志社下发了《关于撤销中国税务杂志社合作办刊单位通联站的决定》，撤销各省通联站。中国税务报社已收回违规发放的 18 个记者证，并责成存在问题的记者站启动记者证注销程序。

新闻出版广电总局 2015 年度预算执行等情况审计结果公告问题的整改情况

问题序号	公告的问题	整改情况
1	2015 年，新闻出版广电总局本级在未收到项目申请书的情况下，就给 156 个项目安排专项资金，涉及金额 23652.5 万元。	总局本级制定印发了 2 项制度，进一步规范了专项资金的申报、评审和确定程序，明确了资金使用的具体要求。
2	至 2015 年 5 月底，新闻出版广电总局本级 5 辆公务用车未按规定完成清退，涉及公车运行维护费等支出 18.79 万元。	5 辆公车已于 2015 年底全部上缴国管局，今后严格遵守相关规定。
3	2015 年，新闻出版广电总局本级会议费超预算支出 4.41 万元；所属无线电台管理局下属单位以会议名义购买食品等支出 1.2 万元。	总局本级在今后的工作中将严格执行会议费管理的相关规定，不断提高会议计划编制的合理性和准确性。无线电台管理局下属单位已将应由工会经费列支的 0.9 万元购食品款归还原资金渠道。
4	2015 年，新闻出版广电总局本级未按合同约定的付款条件，提前支付 2 个节目译配（制）合同尾款 655.05 万元。	总局本级今后将加强合同管理，严格执行合同条款。

（续表）

问题序号	公告的问题	整改情况
5	2013年9月至2016年2月，所属国家出版基金规划管理办公室违规发放过节费23.1万元，其中2015年8.6万元。	所属国家出版基金规划管理办公室自2016年5月起停止发放节日补贴，并进一步规范工资发放。
6	2015年，所属中国国际广播电台、国家广播电影电视总局机关服务中心等3个单位，违规从零余额账户向实有资金账户划转资金39686.67万元。	2个单位自2016年4月起已不再向实有资金账户划转资金，1个单位除税款等已向相关部门申请作为特殊事项处理外，其他资金自2016年5月起已不再向实有资金账户划转。
7	至2015年底，所属中国电影资料馆2006年至2014年完工并交付使用的5个基建项目（总投资15100万元），未按规定纳入固定资产核算，其中4个项目尚未进行竣工决算。	3个已批复竣工财务决算的基建项目的交付使用资产全部转入固定资产核算，其余2个基建项目的交付使用资产已按预估价值转入固定资产核算。4个基建项目的竣工财务决算编制工作已全部完成。
8	2007年以来，所属中国电影资料馆将价值6163.13万元的设备交由中影电影数字制作基地有限公司北京影视后期制作分公司、电影数字节目管理中心无偿使用，其中111.74万元设备账实不符，257.90万元设备闲置，505.16万元设备已报废。	所属电影资料馆已将中影电影数字制作基地有限公司北京影视后期制作分公司无偿使用的设备收回；电影数字节目管理中心无偿使用的设备已向财政部申请办理出借手续。

侨办2015年度预算执行等情况审计结果公告问题的整改情况

问题序号	公告的问题	整改情况
1	2015年，侨办本级未按规定编制政府采购预算，实际实施政府采购522.38万元；将不符合单一来源采购条件的4个数据库建设项目以单一来源方式采购，直接委托所属单位实施，涉及金额233.54万元。	侨办加强相关部门的沟通协调，强化预算编制环节的管理，避免漏编情况再次发生，2016年已编制政府采购预算；同时严格执行政府采购相关规定，进一步强化采管分离，规范政府采购方式。
2	2014年，所属中国新闻社为规避招投标程序，违规将2个政府采购项目拆分为多批次进行采购，涉及金额519.84万元。	侨办已责令中国新闻社改正，进一步完善政府采购制度，上线“中央政府采购信息管理系统”，加强行管与财务、监察部门的协作，提高政府采购人员业务水平，严格执行政府采购相关规定，完善政府采购程序。
3	2010年和2015年，所属中国新闻社和机关服务中心采购摄影器材、印刷服务等未严格执行政府采购程序，涉及金额441.88万元，其中2015年172.39万元。	侨办已责成中国新闻社和机关服务中心严格执行政府采购相关规定，完善政府采购程序，杜绝此类问题再次发生。
4	2013年至2015年，所属中国新闻社违规向本单位职工发放节日补贴763.95万元，其中2015年219.65万元。	所属中国新闻社已停止发放所有节日补贴，社委会成员全额退回2013年至2015年所领取的节日补贴10.9万元。

（续表）

问题序号	公告的问题	整改情况
5	2014年至2015年，侨办本级和所属侨务干校、中国新闻社委托开发的价值593.42万元办公软件、数据库等资产，未计入无形资产核算，其中2015年539.5万元。	侨办本级及所属侨务干校、中国新闻社已补记资产和调整有关会计账目。
6	至2015年底，所属中国新闻社少计对下属企业投资651万元。	所属中国新闻社已补记对外投资并调整了有关会计账目。
7	2015年，所属侨务干校和中国新闻社下属单位将收到的课题费等93.6万元在往来科目核算，造成少计收入。	侨办已责成侨务干校和中国新闻社补记收入，调整有关会计账目。
8	至2015年底，所属机关服务中心3年及以上应收款项629.38万元，所属中国新闻社下属《智族》杂志社5年以上往来款项281.25万元，均未按规定及时清理。	侨办已责成中国新闻社和机关服务中心加强往来款清理催收工作，今后加强往来款项管理。机关服务中心成立专门机构将责任落实到具体部门和具体人，认真清理往来款项，目前已完成往来款清理238.5万元，其余390.88万元正在采取包括法律手段在内的各项措施加大清收和处理力度。中国新闻社下属《智族》杂志社已追回欠款6.25万元，因对方公司注销确认坏账并核销275万元。
9	至2015年底，侨办本级和所属机关服务中心固定资产财务账与实物账不符，分别相差268.41万元、56.27万元。	侨办本级结合财政部开展的2016年全国行政事业单位国有资产清查工作，完成了资产的核对，并将结果报送财政部，待财政部批复确认后，根据批复情况调整相关账目，；机关服务中心已核对并调整了相关会计账目。

国务院扶贫办2015年度预算执行等情况审计结果公告问题的整改情况

问题序号	公告的问题	整改情况
1	2015年，国务院扶贫办本级违规将应由自身承担的会计师事务所审计费用24万元转由所属信息中心承担。	2016年内部审计费用归口信息中心“全国财政专项扶贫资金绩效评价项目”。2017年起在办机关经费项目中统筹安排。
2	2015年，所属培训宣传中心使用自有资金违规无预算列支2人次出国培训费用9.72万元。	所属培训宣传中心今后严格执行相关规定，加强经费预算审核和出国培训费用管理，杜绝再发生此类问题。
3	2014年至2015年，所属中国扶贫发展中心无预算列支公务用车运行维护费22.62万元，其中2015年8万元。	所属中国扶贫发展中心对公务用车实行集中管理，发生的运行费用由自有资金解决。

（续表）

问题序号	公告的问题	整改情况
4	2014年至2015年，所属中国发展中心使用其房屋出租收入等违规向本单位职工发放节日补助74.62万元，其中2015年29.37万元。	所属中国发展中心已经取消过节费的发放，已制定印发《发展中心绩效考核管理办法（试行）》。
5	2015年，所属信息中心和培训宣传中心违规将办公室装修费、物业管理费、水电费等60.66万元转由国务院扶贫办主管的《中国扶贫》杂志社承担。	所属培训宣传中心已将50.66万元办公室装修费、物业管理费等支付给杂志社，并调整有关会计账目和决算草案。信息中心已按要求整改，今后将严格落实财经政策。
6	至2015年底，所属国际中心2012年至2013年拨付《中国扶贫》杂志社的编撰费用形成结余63.55万元，未按规定及时清理上报。	所属国际中心已收回杂志社退还的结余资金，正按相关规定办理手续。
7	2014年和2015年，所属国际中心在《中国扶贫开发年鉴》项目中，违规向企业收取宣传服务费及代理费27万元，其中2015年22万元。	所属国际中心已经停止收取相关费用，修订完善了《〈中国扶贫开发年鉴〉工作管理办法》，删除收费相关条款，增加厉行节约有关规定。
8	至2016年3月，所属培训宣传中心未按规定向有关单位退还2014年至2015年多收取的出国培训费89.61万元，其中2015年37.45万元。	所属培训宣传中心已退还多收取的出国培训费。
9	至2015年底，所属国际中心于2008年竣工使用的综合楼未按规定登记固定资产。	所属国际中心聘请了会计师事务所开展资产入账及清查盘点工作，完成资产暂估入账并加强综合楼资产管理相关工作。

银监会2015年度预算执行等情况审计结果公告问题的整改情况

问题序号	公告的问题	整改情况
1	2015年，银监会未经批准在年度工资总额计划外发放津补贴9909.03万元。	银监会将在以后年度纠正违规做法，将部分津补贴调整至人员经费列支。对涉及津补贴的其他问题，将积极推动人力资源社会保障部、财政部等部门尽快规范银监会津补贴管理。
2	2015年，银监会本级超预算列支出国费用114.07万元。	银监会将根据工作情况向财政部申请调增相应预算指标。
3	2013年，银监会将11.87万元出国费用转由中国银行业协会承担。	已向中国银行业协会退回有关出国费，并调整相关会计账目。
4	2014年7月至2015年3月，所属浙江银监局在未进行公务用车制度改革的情况下，自行参照杭州市市级机关公务用车制度改革货币化补贴制度，违规向全局职工发放用车补贴共计161.84万元。	所属浙江银监局自2015年4月起停止向职工发放公车补贴。

（续表）

问题序号	公告的问题	整改情况
5	2015年，所属江苏银监局及下属8个地市分局收到地方政府财政补助资金1387.82万元，在往来科目“其他应付款”挂账，未纳入部门收入决算。	所属江苏银监局及下属8个地市分局已纠正违规做法，调整相关会计账目。
6	2015年，银监会机关多列支当年支出822.37万元，其中在“劳务费”科目列支应于2016年支出的劳务费700万元，在“物业管理费”科目列支2016年度办公楼物业管理费122.37万元。	银监会已纠正违规做法，调整有关会计账目。
7	2007年至2010年，银监会培训中心廊坊教育基地陆续发生装修改造费用14736.45万元，已于2010年3月竣工并投入使用，但至2016年3月仍未在固定资产账面反映核算。	银监会培训中心廊坊教育基地已将装修改造支出纳入固定资产账内核算。
8	2011年8月，银监会未经财政部批准，委托中国银行业协会经营廊坊基地，经营期限5年，且合同中未约定收取资产使用费。	银监会将结合即将开展的党政机关和国有企事业单位培训疗养服务机构改革工作一并进行整改。
9	2009年至2013年，所属北京银监局支出617.07万元购置的3套交流干部用房长期闲置，与此同时该局2010年至2015年接收的异地交流干部又申请专门经费在宾馆住宿。	所属北京银监局已安排交流干部入住购置的交流干部用房。
10	2013年至2015年，所属北京、浙江银监局8名公职人员违规兼职领取报酬56.44万元，其中2015年25.74万元。	所属北京、浙江银监局相关人员已退回2015年领取的薪酬25.74万元。
11	2015年1月，银监会注销了信息中心和培训中心2个事业单位，但至2016年3月，两个单位相关账户仍未撤销。	银监会培训中心已完成银行账户撤销工作；信息中心正在进行事业单位法人注销登记工作，待完成后将及时撤销相关银行账户。

证监会2015年度预算执行等情况审计结果公告问题的整改情况

问题序号	公告的问题	整改情况
1	2013年至2015年，证监会本级和所属北京证监局在“职工福利费”科目违规列支职工休假期间的机票、住宿等因私旅行费用合计1470.94万元，其中2015年501.85万元。	证监会本级和所属北京证监局已取消休假费用安排。

（续表）

问题序号	公告的问题	整改情况
2	2013年至2015年，证监会本级在工资总额内已发放防暑降温费情况下，违规以防暑降温用品费名义向职工发放购物卡181.36万元，其中2015年58万元。	证监会本级已停止发放防暑降温购物卡。
3	2013年以来，证监会未按财政结余资金管理相关规定，将拨付给中国期货业协会和中国证券业协会的考试费专项资金结余编入次年预算，至2015年底累计结余13393.21万元。	证监会已将该项结余资金纳入预算范围。
4	2015年，所属吉林证监局违反预算单位零余额账户管理的相关规定，从零余额账户提取现金合计236.46万元，用于归还本单位基本账户的垫支资金。	所属吉林证监局将规范归垫资金管理，杜绝此类情况再次发生。
5	2011年12月，所属北京证监局在未获得财政部批复情况下置换办公用房，并于2012年3月开始使用，涉及资产账面价值5473.59万元。	所属北京证监局已向财政部递交置换申请，待取得批复。
6	2003年，所属湖北证监局因办公大楼更新改造获得财政补贴资金72万元，分笔提现后存放账外。2011年，该局将上述问题作为“小金库”进行了专项清理并上报证监会，但截至2016年3月，仍有10万元未按规定上缴财政。	所属湖北证监局已将该项资金按规定上缴财政。
7	2012年12月，全国中小企业股份转让系统有限责任公司违规购置高档轿车2辆，涉及金额96.08万元。	全国中小企业股份转让系统有限责任公司已将车辆拍卖处置。
8	2014年至2015年，上海证券交易所、深圳证券交易所违反公务接待应实行定点管理等相关规定，在非定点的五星级酒店安排公务接待，费用合计12.66万元，其中2015年6.83万元。	上海证券交易所、深圳证券交易所已明确相关管理规范。
9	2014年至2015年，深圳证券交易所违反关于严格控制和规范各类评比达标表彰活动的相关规定，面向各地证监局和各地金融办举办“手拉手”“心连心”征文活动，并向所有向该交易所递交征文的人员发放奖励合计274.18万元，其中2015年88.5万元。	深圳证券交易所已停办相关活动。

保监会2015年度预算执行等情况审计结果公告问题的整改情况

问题序号	公告的问题	整改情况
1	2015年，保监会本级举办了两期处级干部进修班，超出规定标准列支培训费共计119.6万元。	保监会将尽量压缩成本并控制在规定标准之内，严格执行培训经费管理相关规定。

（续表）

问题序号	公告的问题	整改情况
2	2015年11月，保监会培训中心举办“保险公司国际信用评级培训”，由人力资源社会保障部全额提供培训经费19万元，培训实际支出24.99万元，超出标准的5.99万元转由中国保险学会承担。	保监会已责成相关单位规范培训管理，严格执行培训费管理相关规定，加大对培训经费开支的财务检查和监督力度。
3	2013年至2014年，所属江西保监局将收到的地方财政拨款338.36万元，违规用于在工资总额外发放金融考核奖等奖金。	保监会已责成江西保监局严格按照有关规定执行，按照全口径预算管理原则，将地方财政拨款全部纳入预算管理、统筹安排。
4	2013年至2015年，所属江苏、江西保监局人员超标准乘坐飞机、动车等交通工具共计146人次，涉及金额共计11.5万元。	保监会已责成上述单位规范差旅管理，严格执行差旅费管理的相关规定，江苏、江西保监局已将相关人员超标准报销部分全部予以收回，并调整了相关会计科目。
5	2015年，所属上海保监局公务接待中存在无公函和接待清单等问题，涉及招待费支出23.22万元。	所属上海保监局明确对于不属于接待范围的活动不予公务接待，对于无接待公函的单位或个人不予公务接待，对于无财务票据、派出单位公函和接待清单的不予报销。
6	2015年，保监会安排的因公出国（境）团组中，有38人次出国（境）的部分费用由在境内设立保险分支机构或经营保险业务的境外邀请方企业承担。	保监会将严格遵照相关规定，从严审批出国计划，规范出国团组管理。

社保基金会2015年度预算执行等情况审计结果公告问题的整改情况

问题序号	公告的问题	整改情况
1	2014年和2015年，社保基金会对外支付车位租赁费和停车管理费113.01万元，扣除职工个人已缴纳的车位租赁费27.05万元和单位自有车位的停车管理费29.52万元后，社保基金会在公用经费中列支应由职工个人承担的车位租赁费56.44万元，其中2015年34.24万元。	从2016年1月开始，凡个人使用地下车位的干部职工，均交纳由个人承担的车位租赁费。2016年1至6月车位租赁费已全部收缴，从2016年7月起，将由办公厅机关财务处按月直接从个人工资中扣缴车位租赁费。
2	2015年，社保基金会在部门预算支出中列支与基金投资运营直接相关、应在基金财务中核算的法律顾问费、投资咨询费等专项业务费808.39万元，不符合有关社保基金与理事会单位财务分别建账、分别核算的规定。	2015年在编报2016年部门预算时，不再编报专项业务费预算，并报财政部批复同意。自2016年起社保基金专项业务费在社保基金中列支。
3	2015年，社保基金会委托的3家基金管理人，违反社保组合租用交易单元的股票交易佣金费率不高于万分之七的规定，其租用的5个交易单元佣金费率为万分之八，造成社保基金多支付交易佣金52.82万元。	相关投资管理人已按要求在2016年3月31日前退还了全部多支付的交易佣金，自2016年起定期报告社保组合交易佣金费率水平和执行情况。

（续表）

问题序号	公告的问题	整改情况
4	2008年至2014年，社保基金对5项长期股权投资的会计核算存在期末估值不准确等问题，导致多计或少计长期股权投资账面价值，至2015年底长期股权投资账面价值净多计2471.28万元。	2016年4月末，通过账务追溯调整的方式进行了纠正。今后，将继续严格执行社保基金会计核算办法及相关会计法规，并强化内部复核流程机制，做细做深对特殊业务核算办法的分析。
5	2013年以来，社保基金会违反其内部审计有关规定，未对特定投资事项进行年度审计立项、制订审计计划并出具审计报告，也未对2014年5月以后调离该会的8名处级以上人员进行离任审计。	已对《全国社会保障基金理事会内部审计工作暂行办法》进行修订。制订了2016年有关社保基金会内部审计工作立项和工作计划，按计划有序开展内部审计工作。今后将严格落实人员调离前的廉政风险审查，有效管控岗位廉政风险。

中国科协2015年度预算执行等情况审计结果公告问题的整改情况

问题序号	公告的问题	整改情况
1	2015年，中国科协本级和所属中国科学技术馆等3家单位违规将本单位因公出国（境）费用14.2万元，转由外资企业等单位负担。	已将上述款项退还有关单位。今后将严格按照年度出访计划进行审批，严格按照财政部、外交部《因公临时出国经费管理办法》对出国费用进行审核，凡不符合规定的，一律不予批准。
2	2015年，中国科协本级有1个三类会议参会人员超出规定的人数14人；有2个四类会议参会人员分别超出规定人数11人、79人。	今后将加强会议管理，严格执行会议管理相关规定，采用电视电话、视频直播等形式控制参会规模，对未列入年度会议计划以及超范围、超标准开支的经费一律不予报销。同时针对中国科协会议管理的特点，制定会议管理细则，改进会议方式。
3	2015年，中国科协本级在编制19个向社会公众提供网络科普服务的信息化建设事项政府采购文件时，未按规定征求社会公众对采购需求的意见，涉及金额18599.7万元。	中国科协正在制定政府采购管理细则，明确向社会公众提供公共服务的项目，须在采购前将项目实施方案在中国科协官网公开征求社会公众意见。就科普信息化建设事项，将严格按照规定，在2017年实施前征求社会公众对采购需求的意见。
4	2015年，中国科协本级未经政府采购程序，直接委托34个单位承办50个项目，涉及金额3664.3万元；未经公开招标，直接委托14个单位承办公民科学素质读本微动漫开发等19个项目，涉及金额7072.01万元。	中国科协高度重视，党组书记尚勇同志明确要求"对预算中列入政府采购内容和范围的事项要严格执行政府采购规定和采购程序，对达到政府采购目录限额标准的采购特别是服务类项目要严格履行政府采购程序"。2016年初，已在科协内网上线政府采购代理机构抽选系统。今后将进一步加强政府采购制度建设和政策培训，将政府采购相关要求落到实处。

（续表）

问题序号	公告的问题	整改情况
5	2015年，所属中国科普研究所未经公开招标，直接委托1个出版社承办印装出版项目，合同金额600万元。	所属中国科普研究所对此做了深刻检查，并举一反三开展自查，对近3年项目经费执行过程中政府采购实施情况，进行了全面检查。今后将严格执行政府采购相关规定，对120万元以上的采购项目必须采用公开招标。下一步，中国科协还将制定政府采购相关办法，加强对所属单位政府采购执行情况的监督检查。
6	至2015年底，中国科协本级委托外单位承担的54个项目（合同金额1374万元）进展缓慢，未按约定期限完成，有1138.45万元资金未支出，影响财政资金使用效益。	中国科协本级要求各项目承担单位制订工作计划和经费支出计划，加快项目执行，提高财政资金使用效益。截至10月中旬，已有37个项目共计695.69万元执行完毕，对未完成的17个项目，将加大督查力度，确保年底前完成。今后将加强项目管理，对项目执行缓慢等情形明确处理措施。
7	2014年至2015年，中国科协本级预算控制不严，未能精确测算成本，委托5家单位承担的24个事项（合同金额2367.6万元）在项目完成后形成结余资金1220.36万元，占51.54%。	中国科协本级通过与项目承担单位签订补充协议等方式继续执行结余资金。截至10月中旬，已有18个项目共计996.63万元执行完毕，对未完成的6个项目，将加大督查力度，确保年底前完成。今后将加强项目管理，结合项目特点和相关经费预算，综合物价、工资、税费等因素，合理测算安排政府购买服务所需支出，提高财政资金使用效益。
8	2015年，中国科协本级在委托相关单位承担的19个科普信息化建设事项尚未完成的情况下，提前开展终期考核，并在考核指标未完全实现的情况下提前验收，违规超进度支付合同尾款1859.97万元。	中国科协本级对相关项目进行了重点考核验收，截至目前所有考核指标均已全部实现。2016年已结合实际优化该项目资金的支付程序，项目资金将按照30%、30%、20%、20%的比例分别在合同签订、中期考核、年度考核、履约验收时拨付。今后将严格按照《科普信息化建设专项绩效考核管理办法（暂行）》，加强合同验收管理。
9	2015年，中国科协本级违规将应由2015年至2018年分年度安排预算的1200万元项目，全部编入2015年预算并获得财政部批复，当年全部支付给项目承担单位。至2015年底，有1184.93万元财政资金结存在项目承担单位。	2015年、2016年经费已按计划实施，2017年经费281.2万元已退回科协本级。今后将加强预算管理，严格根据年度任务量安排预算、支付资金。
10	至2015年底，中国科协本级“其他应付款”科目10年以上挂账余额885.21万元、“其他应收款”科目10年以上挂账余额2580.97万元；所属企业创新服务中心应付款长期挂账余额1337.57万元，未按规定及时清理。	中国科协聘请专业机构协助开展往来款清理。截至10月中旬，中国科协本级“其他应收款”已清理371.77万元，“其他应付款”已清理572.86万元，其余继续清理；所属企业创新服务中心应付款已清理1009.1万元，其余继续清理。
11	2015年，中国科协本级未经批准租用中国科技会堂57平方米办公用房1年，支付租金13.39万元。	中国科协已停租办公用房、收回租金。今后将对租用的办公用房进行全面清理，确需租用办公用房的，严格履行审批手续。

（续表）

问题序号	公告的问题	整改情况
12	至2015年底，所属中国科学技术馆未按规定将财政部2014年9月已批复竣工财务决算的中国科技馆新馆项目纳入固定资产账核算。	所属中国科学技术馆已按照规定进行账务处理。今后将加强对所属单位固定资产的管理，确保账实相符。

最高人民法院2015年度预算执行等情况审计结果公告问题的整改情况

问题序号	公告的问题	整改情况
1	2014年至2015年，最高人民法院8个因公出国（境）团组超标准列支城市内交通费和其他费用11.26万元，其中2015年8.24万元；2个因公出国（境）团组违反规定列支外单位人员费用9.54万元，其中2015年2.13万元。	一是相关单位认真学习了有关财经制度，对每个出国团组严格实行预算管理，不允许申报不符合规定项目和标准的经费预算；二是8月22日召开院长办公会议，确定严把出国各项费用支出关，规范报销手续，未经预算批准的项目和超标准的费用原则上不予报销，不再列支外单位人员出国费用。
2	2015年，最高人民法院组织召开的6个会议未按规定在定点饭店召开，共支出会议费121万元；1个会议参会人员超出规定人数，并由参会人员自行支付应由会议组织单位支付的会议费34.65万元。	健全完善了会议费管理制度：一是修改会议审批表，增加会议地点审核，严格执行会议在定点饭店召开的规定；二是严格执行会议管理办法，从严控制参会代表人数和工作人员人数；三是加强会议计划管理和预算管理，严格控制追加会议，增强预算执行的约束力。1个所属单位已将142个单位244人承担的会议费34.65万元全部逐一退回参会单位，并相应调整了会议账目和决算草案，修改发布了《常用经费开支规范》。
3	至2016年1月底，最高人民法院未按规定清理并向财政部上报财政存量资金7066.48万元。	8月16日上报财政部《最高人民法院司法行政装备管理局关于我院实有资金账户结转结余资金情况的报告》，待财政部批复后做规范处理
4	2014年至2015年，最高人民法院违规在部门机动经费中列支补助地方法院信息化建设项目、研究项目、地震救灾等款项844.59万元，其中2015年414.59万元。	将严格按照预算法的有关规定使用财政资金，从2016年开始，一律不再向非所属预算单位及下级法院拨付院联系点补助经费、抗洪抗震等救灾慰问补助、基建维修及信息化装备等各类补助经费。
5	所属机关服务中心将属于最高人民法院机关的房产出租，2015年收到房屋出租收入200万元，未按规定上缴财政。	所属机关服务中心已将上述房产租金收入200万元上缴财政部，正在制定相应的房屋租金管理制度。
6	2015年，最高人民法院未将所属中国应用法学研究所核算的课题收入169.45万元、课题支出176.21万元在部门决算中反映；所属国家法官学院未将计划外学员培训和杂志销售收入1234.96万元、相关支出1215.47万元在单位决算中反映。	经请示财政部，在报送2016年决算报表时调整2016年年初结转和结余数。此外，法研所还制定了《中国应用法学研究所委托（横向）课题管理办法》和《中国应用法学研究所科研事业发展基金管理办法》。国家法官学院将进一步强化预决算管理，将所有经费收支全部纳入预决算管理。

（续表）

问题序号	公告的问题	整改情况
7	2014年至2015年，所属人民法院报社购置的电脑、手机等办公设备117.24万元未按规定纳入固定资产账核算，其中2015年72.1万元。	人民法院报社（现更名为人民法院新闻传媒总社，以下简称总社）已于2016年2月调整了相关会计账簿，将记者站已经采购的设备纳入总社固定资产账内管理。同时对各记者站购买的办公设备进行全面核查、清点，纳入总社固定资产统一管理。总社还研究制定了《人民法院新闻传媒总社记者站经费管理办法》及《人民法院新闻传媒总社记者站固定资产管理办法》等文件，强化了制度规范建设。

最高人民检察院2015年度预算执行等情况审计结果公告问题的整改情况

问题序号	公告的问题	整改情况
1	2015年，高检院在编报的会议计划之外召开会议8次，支出会议费101.84万元。	高检院今后将严格执行中央规定，加强会议计划管理，严格会议审核程序，杜绝类似问题再次发生。
2	至2015年底，高检院本级未将应清理的车辆及时上缴国管局，造成超编制配备公务用车6辆。	高检院已将4辆超编制配备的公务用车上交国管局，2辆留为中央纪委驻高检院纪检组长和检委会专职委员用车。今后加强公务用车管理，杜绝类似问题再次发生。
3	至2015年底，所属机关服务中心未经批准出租高检院房产，取得的房租收入1445.48万元未按规定上缴财政。	2016年7月6日，所属机关服务中心已将房租收入1445.48万元上缴中央财政。
4	2015年，所属机关服务中心采购物业服务未按规定进行公开招标，涉及合同金额248万元。	所属机关服务中心今后将严格执行政府采购法等相关规定，认真编报政府采购预算，杜绝类似问题再次发生。
5	至2015年底，高检院2015年列支并向所属单位拨付资金中有146.51万元实际未支出，造成多计决算支出。	高检院已进行会计账目调整，并将在2016年决算中调整数据。
6	2015年，高检院本级未按规定将收到的其他部门拨付的课题费等31.45万元计入收入，而是在往来款科目核算，造成少计收入。	高检院已将31.45万元往来款全部计入“其他收入”核算，并将在2016年决算中调整数据。
7	至2015年底，高检院本级1996年至1999年投资3560万元形成的资产未按规定纳入固定资产账核算。	6月底，高检院本级已补记“固定资产”财务账3560万元，并将在2016年决算中调整数据。下一步，将根据清查结果调整相关会计账和资产台账。

中央纪委机关事务管理局2015年度预算执行等情况审计结果公告问题的整改情况

问题序号	公告的问题	整改情况
1	2015年，管理局收到的资产处置收入42.02万元未按"收支两条线"规定上缴财政。	2016年6月，中央纪委机关事务管理局将上述款项上缴中央财政。
2	2015年，中国纪检监察学院未严格执行政府采购规定，涉及采购支出29.12万元。	中国纪检监察学院今后将严格执行政府采购法的有关规定，避免此类问题再次发生。
3	至2015年底，所属中国方正出版社6年前出借的1100万元中，有600万元仍未收回。	所属中国方正出版社已收回上述款项。

中央组织部2015年度预算执行等情况审计结果公告问题的整改情况

问题序号	公告的问题	整改情况
1	所属党建读物出版社2012年取得1项专项资金800万元，由于相关工作进展缓慢，仅于2015年支出118.09万元，至2015年底，结转资金681.91万元未及时作为财政存量资金清理上报。	所属党建读物出版社结转资金681.91万元已按规定上缴了财政部。
2	所属北京万寿庄宾馆将代管的部本级8处房产对外出租，2014年至2015年取得出租收入411.75万元，未按规定上缴财政，其中2015年166.94万元。	8处出租房产扣除相关税费后收入余额305.36万元，已上缴国库。此外，上述房产需继续出租的正在向财政部申请办理出租审批手续。
3	由于未及时办理清理核销手续，造成2015年底本级资产财务账与台账不符，相差751.69万元。	已按相关规定和程序对账务进行了调整，已实现账实相符、账账相符。

中央宣传部2015年度预算执行等情况审计结果公告问题的整改情况

问题序号	公告的问题	整改情况
1	至2015年底，在中央宣传部本级2014年负责安排地方、部门的项目经费中，由于项目执行单位工作落实较慢等原因，有71647.85万元未及时支出，沉淀在执行单位。	一是制订有关项目建设方案并报中央批准，完成11个具体项目的预算评审工作并安排经费。二是审议批准有关项目绩效考评指标体系和工作方案，积极推动各项目承担单位提高项目执行的均衡性和进度。三是建立预算安排和预算执行挂钩机制，在各相关项目承担单位完成预算执行任务前，暂停拨付2016年度经费。
2	2015年，中央宣传部本级拨付3家新闻文化单位的专项资金中，由于检查不到位，有1388.77万元被3家单位调剂用于物业费以及其他与专项用途无关的日常运转等支出。	一是组织相关单位按审计意见完成了整改。二是严把2016年专项经费预算安排关。三是制定出台《中央宣传部专项工作任务经费监督检查暂行办法》，加强对拨付专项经费监督检查力度。

（续表）

问题序号	公告的问题	整改情况
3	至2015年底，中央宣传部本级和所属全国宣传干部学院3个2012年及以前年度竣工的基本建设项目未及时办理竣工财务决算，未纳入固定资产核算。	组织完成3个项目的竣工财务决算工作，并计入固定资产。

中央统战部2015年度预算执行等情况审计结果公告问题的整改情况

问题序号	公告的问题	整改情况
1	2014年至2015年，所属2家单位采购印刷服务等未严格执行政府采购规定，涉及支出373.40万元。	中央统战部要求所属单位今后严格执行政府采购有关规定，杜绝此类问题再次发生；1家所属单位2016年已委托中直采购中心完成采购。
2	2010年至2013年，中央统战部本级取得其他收入350万元在下属单位往来账核算，未按规定纳入本级预算管理。	下属单位已于2016年7月6日交回，并纳入中央统战部本级2017年预算。
3	2012年至2015年，所属干部培训中心2个维修改造项目未按规定履行公开招投标程序，涉及合同金额3654.50万元。	所属干部培训中心将严格执行相关规定，避免此类问题再次发生。

中共中央对外联络部2015年度预算执行等情况审计结果公告问题的整改情况

问题序号	公告的问题	整改情况
1	2015年，中联部本级将应在因公出国（境）预算开支的费用在培训费、差旅费等科目列支，涉及金额30.61万元。	中联部本级已将上述款项调整至出国经费科目列支，并调整了中联部2015年度决算草案。
2	2015年12月，所属机关服务中心计提绩效工资等2050万元作为应付工资等挂账，造成多计事业支出。	所属机关服务中心已对相关会计账目进行了调整，并调整了中联部2015年度决算草案。
3	2015年1月至2月，所属当代世界研究中心等3个单位违规发放编辑劳务费20万元。	中联部已对当代世界研究中心等3家单位参与图书编辑的人员进行认真核对，并按规定向税务机关申报补缴个人所得税13837.57元。
4	至2016年3月，所属机关服务中心2个2009年已完工的基本建设项目尚未纳入固定资产核算，涉及投资共计16245.99万元。	所属机关服务中心已编制完成2个项目竣工财务决算报表，并将项目资产估值入账。
5	2009年9月，所属机关服务中心未报经批准，将综合服务楼7147平方米房屋对外出租，2015年取得出租收入449.22万元。	中联部已商中直管理局有关部门，正在办理房屋出租报批手续。

共青团中央2015年度预算执行等情况审计结果公告问题的整改情况

问题序号	公告的问题	整改情况
1	2015年，共青团中央大学生志愿服务西部计划项目中的采购保险服务，未按规定编报政府采购预算，涉及金额640.50万元。	共青团中央在编制2016年、2017年部门预算时，严格按照相关规定要求，将应实施政府采购的项目和资金全部纳入政府采购预算编制范围。
2	2012年，共青团中央未按规定公开招标，直接确定专题片项目制作单位，涉及金额346万元。	2016年6月，共青团中央组织召开预算布置工作会议，进一步加强政府采购管理：一是明确要求机关各部门按照采购对象及金额的不同，分类组织好政府集中采购、机关统一采购和各部门的分散采购。二是对达到招投标限额的采购业务，严格履行招投标程序。三是对需要使用竞争性谈判、询价和单一来源等方式的采购业务，按规定先报财政部审批同意后再进行采购。
3	2015年，共青团中央未按规定确认以前年度结存的其他收入536.22万元，造成少计其他收入。	共青团中央已清理往来科目，将相关社会捐赠资金536.22万元由"暂存款"科目转到"其他收入"科目核算，调整了2015年度部门决算，且已经财政部会审通过。
4	至2015年底，共青团中央固定资产财务账与台账余额不符，固定资产台账多计4727.14万元。	共青团中央机关服务中心已查明房屋类资产差异原因，并调整了固定资产实物台账。
5	2009年至2015年，所属中国青年政治学院未经报批出租房产，累计取得租金收入2515万元，其中2015年400万元。	2016年6月20日，所属中国青年政治学院向中直管理局上报了《关于北京万年青宾馆租用部分中国青年政治学院学生公寓的报告》。截至2016年10月11日，正在等待批复。
6	2015年，所属网络影视中心、中青未来（北京）网络科技有限公司、中青网新媒体科技（北京）有限公司以办公用品等名义违规报销购买购物卡支出8.77万元；2013年至2014年，所属辉煌同达（北京）资产管理有限公司违规购买购物卡16.28万元。	2016年5月，所属团中央网络影视中心和中青未来（北京）网络科技有限公司、中青网新媒体科技（北京）有限公司相关人员已将8.77万元资金全部退回，并调整了相关会计账目，同时制定了《团中央网络影视中心落实审计意见、严格财务管理六项规定》，建立健全制度规定。 2016年4月，中国光华科技基金会（以下简称光华基金会）所属辉煌同达（北京）资产管理有限公司（2015年5月20日已注销）原负责人已将16.28万元资金全部退回，纳入光华基金会账务核算。同时，光华基金会制定了《中国光华科技基金会直属单位财务管理补充办法（试行）》，进一步加强对直属单位的财务管理。
7	2013年至2015年，所属中国青旅集团公司在下属企业签单消费83.60万元，报销凭证中未附接待清单等，其中2015年18.88万元。	自2015年11月起，所属中国青旅集团公司已停止在下属企业接待签单，并制定了《中国青旅集团公司公务接待管理制度（试行）》，进一步加强公务接待管理。

（续表）

问题序号	公告的问题	整改情况
8	所属单位投资的4家公司中2家公司股票1998年已停止交易，2家公司分别于2003年、2005年注销清算，但至2016年1月，相关投资34万元和206.90万元未及时进行清理，仍在长期投资科目核算。	所属1家公司已对两项股权投资进行了实地了解，已于2016年3月份对1项资产计提长期投资减值准备，并调整了相关会计账目。1家所属单位经党组扩大会议讨论决定，将挂在长期投资科目的2家已注销企业的剩余投资共计206.90万元作投资损失处理，并调整了相关会计账目。
9	所属中青创益投资管理有限公司2014年度会计决算报表反映不完整，未反映接受划转资产中尚未处置和无法清算处置部分。	中青创益投资管理有限公司成立了整改领导小组，制定了财务报表合并工作方案，并聘请事务所协助重新梳理编制2002年之后的历年财务会计报表，相关工作正在开展。2016年年度财务会计报表将对划转资产进行全口径申报。

全国妇联2015年度预算执行等情况审计结果公告问题的整改情况

问题序号	公告的问题	整改情况
1	2015年，全国妇联本级及所属中国妇女儿童博物馆因公出国（境）费超预算支出61.74万元，无预算支出30.72万元。	今后全国妇联将严格执行“三公”经费有关规定，避免超预算支出和无预算支出问题。
2	2015年，全国妇联本级为应当费用自理的所属单位及其他单位14人支付国际旅费及在国（境）外费用42.18万元；本级及所属单位组织的6个出国（境）团组中，19人未经批准延长在外停留时间共计41天。	涉及的42.18万元已全部收回。进一步完善相关管理制度和流程。印发了《关于重申并进一步规范全国妇联因公临时出国管理的通知》《中国妇女发展基金会外事工作管理规定》。
3	2015年，全国妇联本级会议费超预算支出160.92万元。	全国妇联本级会议费超预算支出是由于未将外事会议费纳入会议费预算管理，全国妇联正在向有关部门请示，争取今后将外事会议费纳入会议费预算管理。
4	2012年至2014年，全国妇联本级未按规定公开招标，直接确定基建项目勘察等单位，涉及金额432.63万元。	全国妇联今后将严格执行招投标相关规定，加强建设项目的招投标管理。
5	2011年至2015年，所属中国妇女外文期刊社未按规定公开招标，直接委托1家公司进行网站运营，共支付服务费1232.18万元，其中2015年288.94万元。	2016年初，所属中国妇女外文期刊社已公开招标，于2016年6月1日确定1家公司为中标单位，现该公司已开展运营服务。
6	2011年至2015年，所属中国妇女儿童博物馆用财政资金购置的藏品1651.02万元未计入固定资产账，其中2015年560万元。	所属中国妇女儿童博物馆已将1651.02万元藏品登记固定资产账，并对部门决算草案调整完毕。今后将严格按照财政部、国家文物局《文物事业单位财务制度》的相关规定，将文物资产及时登记固定资产账。

（续表）

问题序号	公告的问题	整改情况
7	至2015年底，所属中国妇女活动中心将应作收入的1900万元在往来科目核算，造成少计收入。	所属中国妇女活动中心已将1900万元记收入。
8	至2015年底，所属中国妇女活动中心下属好苑建国酒店将应冲减支出的157.74万元在往来科目核算，造成多计支出。	所属中国妇女活动中心已将157.74万元从其他应付款调到营业外收入。
9	至2015年底，所属中国儿童中心、中国妇女旅行社少计长期股权投资208万元。	所属中国儿童中心已将108万元计入长期股权投资科目。中国妇女旅行社已将与中国妇女活动中心共同投资设立北京好苑亿润物业管理有限公司的100万元出资计入长期股权投资科目。
10	所属中国妇女报社将其使用的产权属于全国妇联的办公楼计入本单位固定资产账，涉及金额2233.43万元（含维修改造费用136.15万元），至2015年底计提折旧1806.91万元。	该问题正在整改中，目前已完成房产测绘，其他正抓紧完成。
11	所属中国妇女报社未按规定对1994年购置的4处原值63.38万元的京外房产进行产权登记，也未按规定进行定期清查。	该问题正在整改中。所属中国妇女报社派专人前往4处京外房产实地调查情况，其中2处房产的手续已齐备并已做固定资产减少处置。

全国总工会2015年度预算执行等情况审计结果公告问题的整改情况

问题序号	公告的问题	整改情况
1	2013年至2015年，所属中国劳动关系学院未按规定对车辆维修和保养服务等项目实行政府集中采购，涉及金额61.68万元，其中2015年13.93万元。	一是修订了《中国劳动关系学院采购与招标管理暂行办法》，进一步规范政府采购行为。二是按照中央集中采购目录范围，实施车辆维修及保养服务采购，财务报销时必须附定点维修保养机构的明细清单，否则不予报销。
2	至2015年底，所属中国劳动关系学院办公楼2013年装修支出944.62万元，未按规定计入固定资产核算。	由于该办公楼的产权人为全国总工会，已由全国总工会机关资产管理部门（全总机关服务中心）进行了相应的账务处理，将装修支出944.62万元计入该办公楼原值，并调整了有关决算。
3	2011年至2015年，所属中国劳动关系学院未经审批出租房产，取得资产占用费2500万元，其中2015年500万元。	全国总工会对中国劳动关系学院提出了严肃批评。中国劳动关系学院采取竞争性谈判的方式确定了承租方，租金收入由500万元/年提高为600万元/年，有关情况向全国总工会做了备案。

（续表）

问题序号	公告的问题	整改情况
4	2014 年至 2015 年，所属工人日报社在召开的会议中，违规向参会人员收取会议费 16.62 万元，其中 2015 年 9.32 万元；2012 年至 2015 年，违规报销费用、发放个人劳务费 19.35 万元，其中 2015 年 6.2 万元。	所属工人日报社分党组已对相关部门和人员提出了严肃批评，责成相关责任人员做出深刻检查。同时，要求报社全体人员吸取教训，举一反三，牢固树立财经法纪意识，加强财务知识学习，增强严守财经法纪的自觉性。
5	2013 年至 2015 年，所属中国劳动关系学院将收到的管理费、课题经费等 2944.43 万元在往来科目核算，造成少计收入，其中 2015 年 1017.47 万元。	所属中国劳动关系学院已撤销了其所属劳动服务管理中心银行账户，资金余额均已转入中国劳动关系学院本级财务，实行统一核算、统一管理。同时修订了《中国劳动关系学院财务管理办法》，进一步加强会计基础工作。
6	2013 年，所属中国劳动关系学院将应由该院支付的办公用品支出 40.52 万元在其下属劳动服务管理中心列支。	所属中国劳动关系学院已撤销了其所属劳动服务管理中心银行账户，资金余额均已转入中国劳动关系学院本级账务，实行统一核算、统一管理。
7	2014 年，所属中国职工之家将股权转让亏损和经营合同赔偿金计入以前年度“未分配利润”，造成虚增当年净利润 648.91 万元。	全国总工会已责成中国职工之家今后要严格执行企业会计准则，规范会计核算行为，准确核算成本费用和经营成果。
8	2013 年和 2014 年，所属中国职工之家将应计入固定资产投资的借款利息支出 27.08 万元计入“财务费用”科目，将属于“低值易耗品”支出的 88.20 万元计入“长期待摊费用”科目。	所属中国职工之家按照要求进行了相应的账务调整，将属于建设期间的利息支出 27.08 万元调整至“在建工程—C 座”科目进行核算，将列入“长期待摊费用”的 88.20 万元低值易耗品支出调整为“管理费用—低值易耗品”科目进行核算。
9	至 2015 年底，所属中国劳动关系学院固定资产实物账与财务账不符，差异金额 302.36 万元。	所属中国劳动关系学院已经按照全国总工会的要求，查明了 302.36 万元固定资产账账不符的原因，根据不同情况进行了调整，并组织开展资产清查，彻底解决工会资产与国有资产界限不清、部分资产账实不符的问题。
10	至 2015 年底，所属中国劳动关系学院内部个人暂借的网络线路租用等业务用款和个人用款挂账 3 年以上未及时清理，涉及金额 261.47 万元。	全国总工会已责成中国劳动关系学院加大往来款项清理力度，及时收回个人借款。中国劳动关系学院已收回 177.17 万元；因时间长、情况特殊尚未归还的个人借款，已指定了专人正在积极清理催收。

审计署2015年度预算执行等情况检查整改情况

问题序号	公告的问题	整改情况
1	2015年，所属外资中心、计算机技术中心、审计干部培训中心、审计科研所、中国审计学会5家单位在人员经费安排不足的情况下，在公用经费或项目支出中列支人员经费共计621.36万元。	审计署已按规定制定措施，结合事业单位分类改革解决。
2	2015年，办公厅未将署本级应缴财政款项17.42万元及时上缴国库。	审计署已将应缴财政款项17.42万元上缴国库。
3	至2015年底，因历史遗留事项，办公厅未将署本级历年代垫的事业单位人员和调出人员的物业供暖费48.44万元及时收回。	审计署将代垫款项确认为应收款并调整有关会计账目，并对应收款进行催收。
4	2015年，所属外资中心将1个课题的经费收入及支出在往来科目核算，造成少计收入55.53万元，少计支出13.4万元。	审计署调整了相关会计账目，并按规定调整年初结转和结余数。

中华人民共和国审计署审计结果公告（2016年第31号）

审计署移送至2016年底已处理的违纪违法问题情况

（2016年12月28日公告）

审计署对移送有关部门单位处理的违纪违法问题线索，定期跟踪了解其调查处理情况。现将至2016年11月已有处理结果的违纪违法问题有关情况公告如下：

一、国家开发银行原监事长姚中民涉嫌利用职务便利为亲属谋利问题

审计发现，2005年至2014年，姚中民涉嫌在国家开发银行贷款业务中违规操作，为亲属谋取不正当利益。2014年8月，审计署将此线索移送中央纪委调查处理。2016年9月，中央纪委给予姚中民开除党籍、开除公职处分，将涉嫌犯罪问题、线索及所涉款物移送司法机关依法处理。

二、宁夏回族自治区原副主席白雪山涉嫌违规干预土地出让等问题

审计发现，2006年至2013年，白雪山涉嫌违规干预土地出让及征地补偿等事项，造成国有权益损失。2015年1月，审计署将此线索移送中央纪委调查处理。2015年12月，中央纪委给予白雪山开除党籍、开除公职处分，将涉嫌犯罪问题、线索及所涉款物移送司法机关依法处理。

三、中国黄金集团公司原总经理孙兆学、原总工程师杨志刚涉嫌受贿等问题

审计发现，2010年至2014年，孙兆学、杨志刚等人涉嫌违规操作矿业权并购、为特定企业项目开发提供资金支持，并从中牟利。2014年至2015年，审计署将上述线索移送中央纪委和最高人民检察院调查处理。至2016年12月，中央纪委已给予孙兆学开除党籍、开除公职处分，北京市第二中级人民法院、辽宁省铁岭市中级人民法院分别以受贿罪、巨额财产来源不明罪、非国家工作人员受贿罪，判处孙兆学、杨志刚有期徒刑16年和10年，没收个人财产350万元、罚金50万元，赃款赃物已全部追缴。

四、中国印钞造币总公司印钞部原主任曾建平涉嫌受贿问题

审计发现，2010 年至 2014 年间，中国印钞造币总公司部分设备和材料采购未经公开招标，曾建平涉嫌收受部分非公开招标供应商钱款。2014 年 7 月，审计署将此线索移送北京市人民检察院调查处理。2015 年 6 月，北京市第二中级人民法院以受贿罪判处曾建平有期徒刑 11 年，并处没收个人财产 11 万元，追缴 223.9 万元受贿违法所得上缴国库。

五、中海发展股份有限公司原总经理茅士家等人涉嫌为亲友非法牟利问题

审计发现，2004 年 11 月至 2013 年底，茅士家涉嫌伙同中海发展股份有限公司油轮公司副总经理刘后平等人，将石化油品运输业务违规交由亲属经营，使其从中获利。2014 年 3 月，审计署将此线索移送公安部调查处理。2014 年 12 月，上海市第一中级人民法院以为亲友非法牟利罪，判处茅士家有期徒刑 6 年，并处罚金 150 万元；以非国家工作人员受贿罪判处刘后平有期徒刑 3 年 6 个月，并处罚金 20 万元。

六、中国海运集团上海分公司原副总经理陈复江等人涉嫌非法经营同类营业问题

审计发现，2010 年 9 月至 2013 年 10 月，陈复江涉嫌利用分管中国海运集团上海分公司亚太、欧洲运输业务之便，在与苑琳琳等人合资设立海运企业后，违规给予该企业经营的特殊优惠，使其获取非法利益。2014 年 3 月，审计署将此线索移送公安部调查处理。2015 年 3 月，上海市虹口区中级人民法院以非法经营同类营业罪判处陈复江有期徒刑 4 年 6 个月，判处苑琳琳有期徒刑 4 年。

七、辽宁省丹东市住房和城乡建设委员会原工作人员姜凯华涉嫌滥用职权为亲友谋取棚改回迁安置房问题

审计发现，2010 年至 2011 年，姜凯华涉嫌滥用职权，为 4 名亲友谋取 8 套棚户区改造回迁安置房。2014 年 5 月，审计署将此线索移送辽宁省纪委调查处理。2014 年 12 月，辽宁省丹东市振兴区人民法院以滥用职权罪、贪污罪、诈骗罪判处姜凯华有期徒刑 18 年，并处没收财产 10 万元、罚金 3 万元；2015 年 12 月，丹东市有关部门给予姜凯华开除党籍、开除公职等处分。

八、四川惠信融通实业发展有限公司骗取棚改资金问题

审计发现，2013 年 8 月，四川惠信融通实业发展有限公司在成都市武侯区棚户区改造项目中，公司法定代表人邓俊如涉嫌指使员工伪造虚假安置补偿补充协议和现金领款单据等，骗取棚改资金。2014 年 4 月，审计署将此线索移送四川省公安厅调查处理。2015 年 12 月，四川省成都市武侯区人民法院以合同诈骗罪判处邓俊如有期徒刑 3 年、缓刑 4 年，并处罚金 3 万元；以合同诈骗罪对四川惠信融通实业发展有限公司处以罚金 10 万元。

九、陕西省延志吴高速公路建设管理处原副处长陈延秋等人涉嫌弄虚作假骗取拆迁补偿等问题

审计发现，2009 年至 2010 年，陕西省延志吴（延安市经志丹县至吴起县）高速公路建设管理处原副处长陈延秋等人，涉嫌弄虚作假骗取拆迁补偿；该项目招标投标过程中，中国对外建设有限公司等施工企业涉嫌出借或借用资质投标以及串通投标等问题。2015 年至 2016 年，审计署将这些线索分别移送陕西省人民检察院和交通运输部调查处理。2016 年 5 月，陕西省志丹县人民法院以贪污罪判处陈延秋等 6 人 2 年 6 个月至 10 年不等有期徒刑，共处罚金 190 万元。交通运输部门对有关施工企业予以通报，降低其全国综合信用评价等级、列入陕西省公路建设市场“黑名单”。

十、甘肃省定西市陇西县巩昌镇红星村党支部原书记张松涛等人涉嫌骗取征地补偿问题

审计发现，2011 年，张松涛及其叔张耀文涉嫌通过涂改征地丈量数据、虚报苗木数量等方式，骗取征地补偿。2015 年 3 月，审计署将此线索移送甘肃省人民检察院调查处理。2016 年 5 月，甘肃省漳县人民法院以贪污罪判处张松涛有期徒刑 3 年、缓刑 5 年，并处罚金 30 万元；判处张耀文有期徒刑 2 年、缓刑 3 年，并处罚金 15 万元。目前已追回赃款 92.61 万元。

十一、宁夏回族自治区银川市灵武市郝家桥镇人民武装部原部长周亮等人涉嫌受贿问题

审计发现，2011 年，周亮等人涉嫌在该市生

态移民安置征地补偿过程中，为马生云等被征地对象提供帮助，并收受其钱款。2015 年 3 月，审计署将此线索移送宁夏回族自治区人民检察院调查处理。至 2016 年 9 月，宁夏回族自治区灵武市人民法院等以受贿罪判处周亮等 5 人有期徒刑 1 年至 6 年 6 个月不等，以行贿罪判处马生云等 8 人有期徒刑 6 个月至 3 年不等，共处罚金 140 万元。

十二、福建省福州政龙制冷设备有限公司涉嫌弄虚作假偷逃税问题

审计发现，2013 年，福州政龙制冷设备有限公司涉嫌采取“大头小尾”的方式开具增值税普通发票少缴税款。2015 年 6 月，审计署将此线索移送福建省公安厅调查处理。2016 年 4 月，福建省福州市鼓楼区人民法院以虚开发票罪判处福州政龙制冷设备有限公司罚金 1 万元，判处公司法定代表人林政龙有期徒刑 1 年、缓刑 1 年，并处罚金 5000 元。

十三、湖南省澧县涉嫌弄虚作假骗取套取挪用财政资金问题

审计发现，2009 年至 2015 年，湖南省澧县人民政府、农业局、水利局等涉嫌通过虚假投保理赔、伪造资料以及串通投标等手段骗取套取资金等。2016 年 6 月，审计署将上述问题移送湖南省省委、省政府调查处理。2016 年 10 月，湖南省纪委等对 27 名责任人给予了开除党籍、行政撤职等党纪政纪处分，通过处理挽回损失 2200.42 万元。

十四、湖南省花垣县水土保持局原局长龙胜忠等人涉嫌骗取中央涉农资金问题

审计发现，2013 年，龙胜忠涉嫌与社会人员内外勾结，采取围标方式中标该县 2013 年坡耕地水土流失综合治理工程项目，由无技术与资质队伍施工并虚报工程完成量，骗取中央涉农资金。2016 年 1 月，审计署将此线索移送给湖南省省委、省政府调查处理。至 2016 年 10 月，湖南省纪委等对龙胜忠等 22 人给予开除党籍、行政开除等党纪政纪处分，其中 7 人被移送司法机关依法处理。通过处理已挽回损失 677.99 万元。

十五、湖北省随县 15 家合作社涉嫌骗取农机购置补贴资金问题

审计发现，2013 年至 2015 年，湖北省随县 15 家合作社涉嫌采取化整为零、编造虚假资料等骗取农机购置补贴资金，部分资金转给随县农机局用于建设办公大楼。2016 年 5 月，审计署将此问题移送湖北省纪委调查处理。2016 年 11 月，湖北省随县纪委、监察局给予随县农机局局长冷光付党内严重警告、行政降级处分，给予其余 5 名责任人党内严重警告、党内警告等处分。通过处理已挽回损失 534.39 万元。

十六、湖北省武汉世纪和谐农业机械有限公司等 12 家经销商涉嫌虚开发票套取农机购置补贴问题

审计发现，2013 年至 2014 年，武汉世纪和谐农业机械有限公司等 12 家经销商，涉嫌通过虚开发票等手段套取农机购置补贴。2016 年 2 月，审计署将此问题移送湖北省农机局调查处理。2016 年 9 月，湖北省农机局对 12 家经销商进行约谈，暂停其有关产品补贴资格，对其中 5 家经销商罚款 50.7 万元。

十七、湖北省麻城市 11 个单位涉嫌骗取财政涉农资金问题

审计发现，2006 年至 2015 年，湖北省麻城市 11 个单位涉嫌弄虚作假，虚报冒领粮食补贴、林业油价补贴等财政资金。2016 年，审计署将上述问题移送湖北省麻城市人民政府调查处理。至 2016 年 2 月，11 名责任人被给予党内严重警告、党内警告、行政记过等党纪政纪处分，骗取的资金 490.56 万元已全部追回。

十八、云南省红河州泸西县中枢镇土地整理领导小组办公室涉嫌套取土地整理项目资金问题

审计发现，2009 年 9 月，该办公室在组织实施土地整理项目中，涉嫌通过虚增工程量和重复列支经费等方式套取土地整理项目资金。2015 年，审计署将此问题移送云南省纪委调查处理。2015 年 5 月，泸西县纪委给予该中心会计留党察看 1 年处分。

十九、四川省宜宾市国土资源局翠屏区分局耕地保护科科长李文斌等人涉嫌套取土地整理项目资金问题

审计发现，2010 年至 2013 年，李文斌等人在实施土地整理项目中，涉嫌用假发票报销方式套取土地整理项目资金。2015 年 4 月，审计署将此问题移送四川省纪委调查处理。2015 年 12 月，宜宾市国土资源局党委给予李文斌开除党籍处分，给予翠屏区分局副局长潘伟党内警告处分，给予财务人员尹强留党察看 1 年和降低岗位等级处分。

二十、江苏省兴化市安丰镇人民政府及该镇合作经济经营管理站涉嫌骗取种植业补助资金问题

审计发现，2006 年至 2015 年，兴化市安丰镇人民政府及该镇合作经济经营管理站（以下简称农经站）涉嫌以 388 个未种地农户名义虚报水稻等种植面积，骗取水稻粮食直补、水稻良种补贴等种植业补助资金，作为安丰镇财政预算外收入和补充农经站工作经费。2016 年，审计署将此问题移送江苏省人民政府调查处理。2016 年 3 月，江苏省兴化市安丰镇纪委给予农经站时任站长杨福华党内严重警告处分，撤销站长职务，收缴违规资金 419.85 万元。

二十一、湖北省 4 个乡镇涉嫌套取、挪用扶贫资金问题

审计发现，2014 年至 2016 年，湖北省秭归县、长阳县的 4 个乡镇涉嫌弄虚作假套取、挪用财政扶贫资金。2016 年，审计署将上述问题分别移送湖北省秭归县、长阳县人民政府调查处理。至 2016 年 11 月，12 名责任人被给予党内警告处分，5 名责任人被诫勉谈话、批评教育和责令做出书面检查，套取、挪用的扶贫资金 69.54 万元已全部追回。

二十二、云南省开远市军供站涉嫌违规套取资金问题

审计发现，2012 年至 2014 年，开远市军供站涉嫌以购买军需物资、接待费等名义，从开远中福在线销售厅彩票销售发行费中套取现金。2015 年 1 月，审计署将此问题移送云南省纪委调查处理。2015 年 4 月，云南省开远市纪委给予军供站站长袁正卿党内严重警告处分。

二十三、重庆市垫江县 2 名公职人员涉嫌弄虚作假骗取征地拆迁安置补偿问题

审计发现，2012 年至 2013 年，垫江县公安局桂溪镇派出所副主任科员程小波等 2 名公职人员，涉嫌通过提供虚假资料等方式骗取征地拆迁安置补偿。2015 年 4 月，审计署将此问题移送重庆市纪委调查处理。2015 年 11 月，垫江县公安局对程小波进行诫勉谈话，调整其工作岗位；2 人骗取的 63.9 万元安置费已全部追回。

二十四、山东省淄博市林业局原副局长于学祥等人涉嫌骗取危旧房改造资金问题

审计发现，2011 年至 2014 年，于学祥和林业局所属林场的 3 名负责人涉嫌滥用职权，以林区危旧房改造名义，骗取中央和地方财政危旧房改造及配套资金。2015 年 5 月，审计署将此线索移送山东省纪委调查处理。2016 年 1 月，淄博市纪委、监察局分别给予于学祥等 4 人党内严重警告、行政记过处分。

二十五、5 个省区有关公职人员涉嫌玩忽职守致使财政资金被骗等问题

审计发现，2000 年至 2014 年，四川、黑龙江、重庆、辽宁、宁夏等地 10 个部门单位有关公职人员在工程建设、征地拆迁、土地整理等工作中，涉嫌玩忽职守造成资金被骗等问题。2015 年，审计署将上述问题分别移送各地纪检监察等部门调查处理。至 2016 年 11 月，19 名责任人被给予党内严重警告、党内警告、免职、行政记大过等党纪政纪处分。

二十六、山东省淄博市高新技术产业开发区规划建设土地局涉嫌把关不严致使棚改资金被骗问题

审计发现，2013 年，淄博市高新技术产业开发区规划建设土地局涉嫌在城市棚户区财政补助资金发放中，对申请资料审核把关不严，被南石和魏家 2 个社区骗取棚改资金。2015 年 5 月，审计署将此线索移送山东省纪委调查处理。至 2016 年 2 月，淄博市高新技术产业开发区监察局给予区规划建设土地局局长朱贻胜行政警告处分，给予其他 2 名责任人行政记过处分。

二十七、黑龙江省大庆市政府涉嫌违规出让土地造成国有权益损失问题

审计发现，2011 年至 2012 年，大庆市政府在推动大庆石油管理局与民营企业“以土地换项目”过程中，涉嫌违规以毛地、负地价等方式出让土地，导致国有权益损失。2015 年 9 月，审计署将此问题移送黑龙江省国土资源厅调查处理。2016 年 1 月，大庆市纪委等给予市国土资源收购中心时任主任姜庆开除党籍、开除公职处分，其他责任人员全部调离岗位。

二十八、宁夏回族自治区银川市永宁县委原书记夏夕云等涉嫌违规决策造成国有权益损失问题

审计发现，2007 年，夏夕云和永宁县县长李建军涉嫌在贺兰山东麓10万亩生态林基地开发等建设中违规决策，向企业多支付补偿款等，造成国有权益损失。2015年7月，审计署将此问题移送宁夏回族自治区纪委调查处理。2015年7月，宁夏回族自治区纪委等给予夏夕云开除党籍、开除公职处分，银川市委对李建军进行诫勉谈话。

二十九、贵州省赤水市经济开发区管委会党工委副书记李贵平及副主任廖晓波等人涉嫌违规返还土地出让金问题

审计发现，2013年，李贵平、廖晓波等人在处置赤水市天竹纸业有限公司原工业用地过程中，涉嫌违规决策返还土地出让收入，造成国有权益损失。2015年6月，审计署将此问题移送贵州省纪委调查处理。2016年5月，遵义市纪委对李贵平、廖晓波进行诫勉谈话。

三十、湖南省郴州市永兴县财政局原局长邓晓斌涉嫌滥用职权造成国有权益损失问题

审计发现，2008年，邓晓斌在担任永兴县柏林镇党委书记期间涉嫌滥用职权，签订显失公平的土地招商协议，造成土地收益流失。2015年9月，审计署将此问题移送湖南省纪委调查处理。2016年5月，永兴县纪委、监察局分别给予邓晓斌开除党籍、行政撤职处分。

三十一、重庆市原璧山县（现璧山区）常务副县长李文勇涉嫌违规决策回购土地造成国有权益损失问题

审计发现，2011年，李文勇未经集体研究，涉嫌违规决定回购重庆艾凯机电有限公司土地等资产并长期闲置，造成国有权益损失。2015年4月，审计署将此问题移送重庆市纪委调查处理。2016年3月，重庆市纪委对李文勇进行诫勉谈话，并追回全部641.35万元财政资金。

三十二、辽宁省3家企业涉嫌非法占用农田问题

审计发现，2007年至2013年，辽宁省沈阳市和盘锦市3家企业涉嫌非法占用基本农田9.98亩、占用农用地28.37亩。2015年12月，审计署将上述问题分别移送辽宁省国土资源厅和盘锦市人民政府调查处理。至2016年11月，辽宁省国土部门对3家企业罚款77.28万元，1家企业已拆除违法建筑物；盘锦市盘山县纪委对县国土资源局高升分局副局长于洪文给予党内警告处分。

三十三、宁夏回族自治区吴忠市、青铜峡市国土资源部门涉嫌在耕地占补平衡项目中弄虚作假造成财政资金损失问题

审计发现，2008年至2011年，吴忠市国土资源局、青铜峡市国土资源局等部门，涉嫌用已经整理好的耕地虚报占补平衡项目，或编造虚假资料伪造占补平衡项目，造成财政资金损失。2015年，审计署将上述问题分别移送宁夏回族自治区纪委、监察厅调查处理。至2016年9月，宁夏回族自治区国土资源厅党组和吴忠市纪委给予吴忠市国土资源局土地勘测利用技术中心原副主任马学文、青铜峡市土地开发整理中心主任徐月华等5人党内严重警告和党内警告处分，对青铜峡市市长冀晓翀等6人批评教育，责令做出书面检查，收缴违纪资金38.84万元。

三十四、黑龙江省、辽宁省国土部门工作人员涉嫌在土地管理中违规操作问题

审计发现，2012年至2014年，黑龙江省大庆市国土资源局时任局长李代民、辽宁省丹东市东港市国土资源局原局长李延平等人，涉嫌在土地管理中违规操作。2015年，审计署将上述问题移送黑龙江省监察厅和辽宁省丹东市人民政府调查处理。至2016年11月，黑龙江大庆市监察局给予李代民等2人记过处分；东港市纪委给予李延平党内严重警告处分。

三十五、贵州省贵阳市清镇市国有资产管理有限责任公司董事长刘凡林等人涉嫌违规处置国有资产问题

审计发现，2012年至2013年，刘凡林等人在处置国有土地及房产过程中，涉嫌违背清镇市政府要求，未将地上房产纳入处置范围，导致房产面临损失风险。2015年4月，审计署将此问题移送贵州省监察厅调查处理。2015年11月，清镇市纪委对刘凡林等5名责任人进行诫勉谈话。

三十六、重庆隆展钢结构工程有限公司涉嫌违规倒卖土地问题

审计发现，2008年11月，该企业涉嫌在低价获取50亩工业用地后转手倒卖，非法获利。2015年9月，审计署将此问题移送重庆市国土资源和房屋管理局调查处理。2016年1月，重庆市永川区国土资源和房屋管理局没收该公司非法所得240万元。

三十七、山东能源肥城矿业集团有限责任公司原董事长孔青等人涉嫌违规决策造成国有权益损失问题

审计发现，2012 年，孔青等人涉嫌违规决策，在未按规定进行资产评估的情况下，决定出资收购 29 个小煤矿，造成国有权益损失。2016 年 5 月，审计署将此问题移送山东省国资委调查处理。2016 年 11 月，山东省国资委纪委给予孔青留党察看 1 年处分，追缴孔青等 2 名责任人绩效工资 45.4 万元。

三十八、四川省泸州市江阳区华阳街道办事处原党工委书记牟正权涉嫌违规干预罚没款收入问题

审计发现，2010 年 4 月，在泸州市鑫鑫混凝土工程有限公司未缴纳罚没款的情况下，牟正权涉嫌违规要求街道办事处财政所为该公司出具已缴款的虚假收据。2015 年 4 月，审计署将此问题移送四川省纪委调查处理。2015 年 12 月，泸州市江阳区纪委给予牟正权党内警告处分。

三十九、有关部门单位涉嫌违规设置“小金库”问题

审计发现，2003 年至 2014 年，黑龙江省讷河市工业园区管委会和 2 个乡镇、齐齐哈尔市国土资源局富拉尔基区分局、嫩江县水务局、河北省地矿局第五地质大队等涉嫌通过截留收入、虚开发票以及发放临时工工资等名义，套取资金等设立“小金库”，用于发放职工福利、购买车辆等。2015 年，审计署将上述问题分别移送黑龙江省纪委、河北省纪委调查处理。至 2016 年 11 月，黑龙江省齐齐哈尔市纪委对讷河市管委会时任主任孙永久等 15 名责任人给予党内严重警告、党内警告等处分；黑河市监察局给予嫩江县水务局时任局长李军记过处分；唐山市纪委给予第五地质大队时任队长张占生党内严重警告处分；违规购置的车辆等已上交有关部门。

四十、宁夏回族自治区吴忠市部分公职人员涉嫌违规收受现金和购物卡问题

审计发现，2013 年，吴忠市 13 名政府工作人员及村干部涉嫌在利通区拆迁工作中，违规收受现金和购物卡。2015 年 4 月，审计署将此问题移送宁夏回族自治区纪委调查处理。至 2016 年 11 月，吴忠市纪委、利通区纪委等给予市住房城乡建设局产权所工作人员王利宁等 4 人留党察看 1 年至 2 年处分，沙向阳等 7 人党内严重警告处分，利通区上桥镇党委书记马玉磊等 3 人党内警告处分。

四十一、四川省泸州市土地统征和整理中心涉嫌违反八项规定精神购买高档白酒问题

审计发现，2013 年，该中心涉嫌违规动用 200 多万元征地拆迁工作经费购买高档白酒。2015 年 4 月，审计署将此问题移送四川省纪委调查处理。2015 年 12 月，泸州市监察局给予该中心主任胡汉兵行政警告处分。

四十二、重庆市江津区财政局涉嫌违反八项规定精神公款旅游等问题

审计发现，2013 年，江津区财政局涉嫌以考察名义组织全局职工公款旅游、购买预付卡发放职工福利。2015 年 3 月，审计署将此问题移送重庆市纪委调查处理。2016 年 3 月，重庆市纪委给予该局局长彭远华党内严重警告处分，给予纪检组长邹文兰党内警告处分。

四十三、山西省朔州市民政局涉嫌违反八项规定精神购置超标小轿车问题

审计发现，2012 年至 2013 年，朔州市民政局涉嫌违规购置 1 辆超标准小轿车，并向下属朔州市福利彩票发行中心摊派全部购车价款及税费。2015 年 5 月，审计署将此问题移送山西省纪委、监察厅调查处理。2015 年 9 月，朔州市纪委给予民政局局长李永强党内警告处分；朔州市民政局党组给予福利彩票发行中心主任杨林军党内警告处分。

四十四、深圳市龙岗区地税局原局长廖建子亲属涉嫌长期借用企业车辆问题

审计发现，2004 年至 2014 年，龙岗区地税局时任局长廖建子之子，涉嫌长期借用该区一家企业汽车。2015 年 5 月，审计署将此问题移送深圳市纪委调查处理。至 2015 年 12 月，深圳市纪委已给予廖建子党内严重警告处分；借用的车辆已退还，并补偿折旧 10 万元。

四十五、云南省德宏州陇川县国土资源局副局长雷相翁涉嫌高息出借资金问题

审计发现，2014 年，雷相翁向陇川县勐约乡克汤浪河东岸土地开发等项目承包人出借资金 100 万元，当年 8 月收回本息 120 万元，月息

2.86%。2015年7月，审计署将此问题移送云南省纪委调查处理。2015年12月，陇川县纪委已对雷相翁进行诫勉谈话。

四十六、水利部建设与管理司原副司长骆涛涉嫌挪用公款等问题

审计发现，2007年至2013年，骆涛涉嫌挪用公款及公款私存。2016年4月，审计署将此问题移送给水利部调查处理。2016年6月，水利部免去骆涛副司长职务，给予行政记大过处分，调离公务员队伍并责成其向水利部党组做出深刻书面检讨。

四十七、教育部直属机关党委原副书记周福成涉嫌违规兼职取酬问题

审计发现，2010年至2014年，周福成涉嫌未经批准违规出任2家公司董事长并领取报酬。2015年11月，审计署将此问题移送教育部调查处理。2016年5月，教育部对周福成进行诫勉谈话，违规领取的酬金100.48万元已全部退还。

四十八、河北省地质调查研究院院长裴晓东涉嫌违规兼职取酬问题

审计发现，2009年至2013年，裴晓东违规在河北一家矿业开发有限公司兼职，并领取董事薪酬180余万元。2015年4月，审计署将此问题移送河北省纪委调查处理。2016年1月，河北省地矿局给予裴晓东行政记过处分。

四十九、黑龙江省74名公职人员涉嫌违规兼职取酬问题

审计发现，2009年至2014年，哈尔滨市城乡规划局基础设施规划管理处原处长丛晶莹和大庆市让胡路区政府机关及全额拨款事业单位73名公职人员涉嫌违规在企业等兼职取酬。2015年，审计署将上述问题移送黑龙江省纪委、监察厅调查处理。2016年3月至5月，哈尔滨市直机关纪工委给予丛晶莹党内严重警告处分；大庆市纪委对让胡路区6名副处级以上干部进行了诫勉谈话，收缴违纪所得33.26万元。

五十、甘肃省福彩中心纪委原书记廖翔涉嫌违规经营投注站问题

审计发现，2012年至2014年，廖翔涉嫌违规经营福利彩票投注站，获得代销费。2015年2月，审计署将此线索移送甘肃省纪委调查处理。2016年1月，甘肃省民政厅给予廖翔党内警告处分，并免去其福利彩票发行管理中心党委委员、纪委书记职务。

五十一、浙江省财政厅副巡视员罗跃琴涉嫌违规经办企业问题

审计发现，2007年，罗跃琴涉嫌与他人共同出资210万元入股一家企业，至2014年2月共获得分红160多万元。2015年3月，审计署将此线索移送浙江省纪委调查处理。2016年9月，浙江省纪委给予罗跃琴党内警告处分，并收缴其全部违纪所得。

五十二、有关机关事业单位和国有企业工作人员涉嫌违规经商办企业的问题

审计发现，1999年至2016年4月，上海、四川、青海、黑龙江等地，以及国家海洋局下属中国极地研究中心、中广核太阳能德令哈有限公司等单位的12名工作人员，涉嫌违规经商办企业牟利。2015年至2016年，审计署将上述问题分别移送上海市、四川省、青海省、黑龙江省纪委和国家海洋局、中广核太阳能开发有限公司调查处理。至2016年11月，有关单位对上述12名责任人分别给予了党内严重警告、党内警告、行政除名、行政警告、诫勉谈话和批评教育等处理处分，其中4人已清退股权。

五十三、6家银行涉嫌违规开展贷款业务问题

审计发现，2012年至2013年，浦发银行昆明分行等6家银行涉嫌违规开展存贷挂钩、以贷收费等业务，涉及金额30多亿元。2015年5月，审计署将此问题移送银监会云南监管局调查处理。至2016年11月，银监会云南监管局分别对浦发银行昆明分行、广发银行昆明分行罚款20万元、50万元。

五十四、黑龙江省第五地质勘察院涉嫌偷逃税款问题

审计发现，2014年，黑龙江省第五地质勘察院涉嫌通过虚列费用等方式少缴税款。2014年12月，审计署将此问题移送黑龙江省地方税务局调查处理。至2015年3月，哈尔滨市地方税务局已追缴税款646万元。

审计署领导重要活动大事记

1月

4日下午 副审计长袁野在国务院出席国务院教育督导委员会第三次全体会议。财政司负责同志参加会议。

5日上午 中央经济责任审计工作联席会议办公室主任张通在京出席全国宣传部长工作会议。办公厅负责同志参加会议。

6日上午 审计长刘家义列席国务院第118次常务会议。

7日上午 副审计长孙宝厚赴审计干部教育学院出席2016年国际审计培训班开幕式。国际司主要负责同志参加开幕式。

7日下午 中央经济责任审计工作联席会议办公室主任张通在署机关主持召开专题会议，研究完善审计制度框架分工落实意见相关事宜。政策研究室（以下简称政研室）、法规司和经济责任审计司（以下简称经责司）负责同志参加会议。

8日下午 党组书记刘家义在署机关主持召开党组会议，传达中央有关文件精神，研究有关人事事项和有关文稿。党组成员孙宝厚、陈尘肇、张通、袁野、刘正均出席。总经济师、机关服务局（以下简称服务局）局长张力，署机关各业务司主要负责同志列席相关内容的研究。

8日下午 审计长刘家义在署机关主持召开审计长会议，研究《2016年春节前几项工作的安排（送审稿）》。副审计长孙宝厚、陈尘肇，中央经济责任审计工作联席会议办公室主任张通，副审计长袁野，党组成员、法规司司长刘正均出席。总经济师、服务局局长张力，办公厅、经责司、人事教育司（以下简称人教司）、机关党委、离退休干部办公室（以下简称离退休办）负责同志列席会议。

11日下午 副审计长孙宝厚在署机关主持召开专题会议，研究省级审计机关领导干部管理办法等文稿。总审计师李晓钟，党组成员、法规司司长刘正均出席。办公厅和人教司负责同志参加会议。

12日上午 审计长刘家义列席党的第十八届中央纪律检查委员会（以下简称中央纪委）第六次全体会议。

12日上午 副审计长陈尘肇在署机关主持召开领导干部自然资源资产离任审计座谈会。财政部、环境环保部、农业部、国家统计局相关司局负责同志，资源环境审计司（以下简称资环司）负责同志参加会议。

12日上午 中央经济责任审计工作联席会议办公室主任张通在署机关主持召开党政领导干部经济责任审计指南征求意见会。安徽等5省市负责同志，经责司负责同志参加会议。

12日下午 副审计长袁野在署机关主持召开专题会议，研究建立审计对象数据库有关工作。办公厅、电子数据审计司（以下简称数据司）、财政审计司（以下简称财政司）、金融审计司（以下简称金融司）、资环司和计算中心负责同志参加会议。

12日至14日 纪检组长郑振涛列席党的十八届中央纪委第六次全体会议。

13日上午 审计长刘家义列席国务院第119次常务会议。

13日上午 副审计长孙宝厚在署机关主持召开地方审计机关人财物管理改革试点工作会议。中央经济责任审计工作联席会议办公室主任张通出席。相关试点省（市）审计厅负责同志，办公厅、政研室、法规司、数据司和人教司负责同志参加会议。

14日上午 审计长刘家义出席中央有关会议。

14日上午 党组书记刘家义在署机关主持召开党组会议，学习传达中央有关文件精神，研究有关文稿，讨论湖北、福建、西藏审计厅3位厅长和京津冀、广州、济南特派员办事处（以下简称特派办）3位特派员的经济责任审计报告。党组成员孙宝厚、陈尘肇、张通、袁野和刘正均出席。总经济师、服务局局长张力，办公厅、政研室、经责司、人教司、机关党委负责同志列席相关内容的研究。

14日上午 副审计长孙宝厚在署机关主持召开西部地区和少数民族地区交流干部座谈会。在审计署交流的西部地区和少数民族地区干部，人教司负责同志参加会议。

14日上午 中央经济责任审计工作联席会议办公室主任张通在署机关会见中国太平保险集团董事长王滨一行。金融司负责同志参加会见。

14日上午 副审计长袁野出席国务院有关专题会议。

15日上午 审计长刘家义在署机关主持召开会议，传达党的第十八届中央纪委第六次全会精神。副审计长陈尘肇，中央经济责任审计工作联席会议办公室主任张通，副审计长袁野，总审计师李晓钟，纪检组长郑振涛，党组成员、法规司司长刘正均出席。署机关各单位、各特派员办事处、各派出审计局在京司局级以上干部参加会议。

15日上午 副审计长孙宝厚在京出席全国组织部长会议。人教司主要负责同志参加会议。

15日下午 审计长刘家义和总审计师李晓钟出席中央国家机关第30次党的工作会议暨第28次纪检工作会议。机关党委负责同志参加会议。

17日至19日 副审计长陈尘肇赴兰州、郑州和上海特派办进行专题民主生活会督导。

17日至21日 总审计师李晓钟赴长沙、南京、济南特派办和审计干部教育学院、审计博物馆（以下简称博物馆）进行专题民主生活会督导。

17日至21日 党组成员、法规司司长刘正均赴昆明、重庆和成都特派办进行专题民主生活会督导。

18日至21日 审计长刘家义在中共中央党校参加省部级主要领导干部学习贯彻党的十八届五中全会精神专题研讨班。

18日至20日 副审计长孙宝厚赴太原、西安特派办进行专题民主生活会督导。

18日至21日 中央经济责任审计工作联席会议办公室主任张通赴武汉、广州和深圳特派办进行专题民主生活会督导。

18日至20日 副审计长袁野赴沈阳、长春特派办进行专题民主生活会督导。

21日上午 副审计长孙宝厚在署机关会见联合国副秘书长吴红波一行。国际合作司（以下简称国际司）负责同志参加会见。

21日和22日上午 副审计长陈尘肇在署机关先后参加政研室、企业审计司（以下简称企业司）、服务局专题民主生活会。

22日上午 审计长刘家义列席国务院第120次常务会议。

22日至23日 总审计师李晓钟在京参加中央政法工作会议。

22日下午 审计署离退休干部新春团拜会在双榆树事业单位办公楼举行。审计长刘家义，副审计长孙宝厚、陈尘肇，中央经济责任审计工作联席会议办公室主任张通，副审计长袁野，总审计师李晓钟和党组成员、法规司司长刘正均出席。孙宝厚就2015年审计署工作情况向离退休同志进行通报。老干部工作领导小组成员单位主要负责同志参加团拜会。

25日上午 审计长刘家义出席国务院有关专题会议。

25日上午 受党组书记刘家义委托，副审计长陈尘肇在署机关主持召开党组会议，研究有关文稿和成立“中国共产党审计署党校”相关事宜。党组成员张通、袁野、李晓钟、郑振涛和刘正均出席。人教司和机关党委负责同志列席相关内容的研究。

25日 副审计长孙宝厚赴京津冀特派办进行专题民主生活会督导。

25日上午 副审计长袁野在署机关参加数据司和财政司专题民主生活会。

25日下午 副审计长陈尘肇在署机关参加办公厅和资环司专题民主生活会。

25日下午 中央经济责任审计工作联席会议

办公室主任张通参加中国时代经济出版社（以下简称出版社）专题民主生活会。

25 日下午 副审计长袁野在京参加地震气象审计局专题民主生活会。

26 日上午 审计署党组以深入学习十八届中央纪委第六次全会精神，进一步严明党的纪律和规矩，落实全面从严治党主体责任，切实加强审计机关党风廉政建设为主题进行 2016 年第一次专题学习。学习内容包括十八届中央纪委第六次全会文件、习近平总书记关于严明党的纪律和规矩论述摘编、习近平总书记在中央政治局“三严三实”专题民主生活会上的讲话。党组书记刘家义主持专题学习，党组成员孙宝厚、陈尘肇、张通、袁野、李晓钟、郑振涛和刘正均出席。总经济师、服务局局长张力，在京各单位主要负责同志列席专题学习。

26 日下午 审计署党风廉政建设领导小组会议在署机关召开。党组书记、党风廉政建设领导小组组长刘家义主持会议，党组成员孙宝厚、陈尘肇、张通、袁野、李晓钟、郑振涛和刘正均出席。党风廉政建设领导小组成员参加会议。

26 日下午 党组书记刘家义在署机关主持召开党组会议，研究有关人事事项。党组成员孙宝厚、陈尘肇、张通、袁野、李晓钟、郑振涛和刘正均出席。人教司和机关党委负责同志列席会议。

27 日上午 审计长刘家义列席国务院第 121 次常务会议。

27 日上午 中央经济责任审计工作联席会议办公室主任张通在署机关参加经责司和金融司专题民主生活会。

27 日上午 总审计师李晓钟在署机关会见全国人大常委会法工委副主任张荣顺一行。法规司和固定资产投资审计司（以下简称投资司）负责同志参加会见。

27 日下午 党组书记刘家义在署机关主持召开党组会议，研究有关人事事项，讨论关于审计署巡视机构设置及相关司局编制调整事项和有关文稿。党组成员孙宝厚、陈尘肇、张通、袁野、李晓钟、郑振涛和刘正均出席。办公厅、政研室、人教司、机关党委、驻署纪检组和审计署审计干部培训中心（以下简称培训中心）负责同志列席相关内容的研究。

28 日上午 全国审计机关深入学习贯彻党的十八届五中全会精神电视电话会议在署机关召开。审计长刘家义，副审计长陈尘肇，中央经济责任审计工作联席会议办公室主任张通，副审计长袁野，总审计师李晓钟，纪检组长郑振涛和党组成员、法规司司长刘正均出席。署机关各单位、各派出审计局全体干部在主会场，各特派员办事处，各省、自治区、直辖市及部分市县审计机关干部在分会场参加会议。

28 日下午 审计署 2016 年工伤保险基金审计视频培训在署机关举行，副审计长孙宝厚出席并讲话。相关业务司、各特派员办事处的主要领导、分管领导和承担工伤保险基金审计任务的全体干部参加培训。

29 日上午 中央经济责任审计工作联席会议办公室第五次会议在署机关召开，中央经济责任审计工作联席会议办公室主任张通主持会议并讲话。经责司负责同志，中央纪委、中央组织部、中央编办、人力资源社会保障部和国资委相关司（局、室）负责同志出席会议。

29 日上午 总审计师李晓钟在署机关参加法规司专题民主生活会。

29 日下午 审计署新春团拜会在署机关举行。审计长刘家义，副审计长孙宝厚、陈尘肇，中央经济责任审计工作联席会议办公室主任张通，副审计长袁野，总审计师李晓钟、纪检组长郑振涛和党组成员、法规司司长刘正均出席。署机关各单位、各派出审计局全体干部参加团拜会。

29 日下午 审计长刘家义列席中央政治局第 30 次集体学习。

2016 年春节前夕 受署党组委托，署领导分别到署老领导和离休干部家中逐一走访慰问。署离退休干部工作领导小组成员单位和相关司局负责同志参加走访慰问。

2 月

1 日 受署党组委托，总审计师李晓钟赴河北省顺平县开展扶贫慰问。办公厅、人教司、机关党委和服务局负责同志参加慰问活动。

1 日下午和 2 日上午 中央经济责任审计工作联席会议办公室主任张通先后参加中国审计报

社（以下简称报社）和投资司领导班子“三严三实”专题民主生活会。

2 日上午　审计长刘家义，副审计长陈尘肇和总审计师李晓钟赴双榆树事业单位办公楼看望慰问离退休办、审计署审计科研所（以下简称科研所）、培训中心、中国内部审计协会（以下简称内审协会）、中国审计学会（以下简称审计学会）和审计署国外贷援款项目审计服务中心（以下简称外资中心）干部职工。

2 日上午　副审计长袁野在署机关会见水利部副部长田学斌一行，就审计有关事项进行沟通。财政司和农林水利审计局主要负责同志参加会见。

2 日上午　总审计师李晓钟在署机关主持召开机关党委会。全体机关党委委员参加会议。

2 日上午　纪检组长郑振涛在署机关参加驻署纪检组领导班子“三严三实”专题民主生活会。

2 日下午　中央经济责任审计工作联席会议办公室主任张通赴中国投资有限责任公司列席该公司 2016 年度第一次董事会。金融司负责同志参加会议。

3 日上午　审计长刘家义列席国务院第 122 次常务会议。

3 日上午　副审计长孙宝厚在署机关主持召开处级干部座谈会。副审计长陈尘肇，中央经济责任审计工作联席会议办公室主任张通，副审计长袁野，总审计师李晓钟，纪检组长郑振涛，党组成员、法规司司长刘正均出席。署机关相关单位、派出审计局和特派员办事处 36 名处级干部参加座谈会。

3 日下午　审计长刘家义赴北京市审计局看望慰问干部职工。总经济师、服务局局长张力和办公厅主要负责同志参加慰问活动。

3 日下午　审计长刘家义和中央经济责任审计工作联席会议办公室主任张通赴出版社和报社看望慰问干部职工。办公厅主要负责同志参加慰问活动。

4 日下午　党组书记刘家义在署机关主持召开党组会议，讨论有关事项。党组成员孙宝厚、陈尘肇、张通、袁野、李晓钟、郑振涛和刘正均出席。政研室、法规司和各业务司负责同志列席会议。

14 日上午　审计长刘家义列席国务院第 123 次常务会议。

14 日下午　党组书记刘家义在署机关主持召开党组会议，研究有关人事事项，听取关于审计署各单位 2015 年年休假执行情况和 2016 年年休假计划以及关于 7 个试点省（市）人财物管理改革试点实施方案的反馈意见等有关情况的汇报，研究《中共审计署党组进一步完善中心组学习措施》等文稿。党组成员孙宝厚、陈尘肇、张通、袁野、李晓钟、郑振涛和刘正均出席。总经济师、服务局局长张力，办公厅、政研室、人教司、机关党委和科研所主要负责同志列席相关内容的研究。

14 日下午　审计长刘家义在署机关主持召开审计长会议，听取关于 2016—2017 年度审计署重点科研课题选题情况的汇报。副审计长孙宝厚、陈尘肇，中央经济责任审计工作联席会议办公室主任张通，副审计长袁野，总审计师李晓钟，纪检组长郑振涛，党组成员、法规司司长刘正均出席。办公厅、政研室、数据司和科研所主要负责同志列席会议。

14 日下午　审计长刘家义在署机关主持召开审计业务会议，研究有关审计工作方案。副审计长孙宝厚、陈尘肇，中央经济责任审计工作联席会议办公室主任张通，副审计长袁野，总审计师李晓钟，纪检组长郑振涛，党组成员、法规司司长刘正均出席会议。办公厅、政研室、财政司、农业审计司（以下简称农业司）和科研所主要负责同志列席会议。

15 日　党组书记刘家义在署机关主持召开署党组中心组 2016 年度第二次专题学习，党组成员孙宝厚、陈尘肇、张通、袁野、李晓钟、郑振涛和刘正均出席。专题学习以“以五大发展理念引领经济社会新常态，不断推动审计工作创新，为协调推进‘四个全面’战略布局服务”为主题，学习《中共中央关于制定国民经济和社会发展第十三个五年规划的建议》、习近平总书记在党的十八届五中全会上的讲话等内容。孙宝厚、陈尘肇、张通、袁野和刘正均同志分别做专题发言，其他党组成员交流学习体会。总经济师、服务局局长张力，署机关各司局、各派出审计局和在京直属单位主要负责同志列席专题学习。

15 日下午　党组书记刘家义在署机关主持召

开党组会议，传达中央有关文件精神，研究有关人事事项。党组成员孙宝厚、陈尘肇、张通、袁野、李晓钟、郑振涛、刘正均出席。总经济师、服务局局长张力，人教司和机关党委主要负责同志列席相关内容的研究。

16日上午 审计长刘家义列席国务院第124次常务会议。

16日 受署党组委托，副审计长陈尘肇在署机关主持召开会议，分别宣布关于办公厅和企业审计司（以下简称企业司）主要负责同志的任免决定。人教司主要负责同志参加会议。

17日至18日 审计长刘家义率中国审计代表团在泰国清迈出席泰国审计署主办的“国家廉政体系”国际研讨会，并做主旨发言。会议期间，参加泰国审计署成立100周年纪念活动，并会见泰国副总理威沙努·科岩。

17日上午 副审计长孙宝厚和党组成员、法规司司长刘正均在署机关出席案例培训研讨会。办公厅、法规司、财政司、投资司、社会保障审计司（以下简称社保司）、资环司、金融司、企业司、经责司、人教司和培训中心负责同志参加研讨会。

17日下午 总审计师李晓钟在署机关参加机关党委领导班子“三严三实”专题民主生活会。

19日至25日 审计署领导班子和干部队伍建设专题研讨班在审计干部教育学院举办。审计长刘家义出席开班仪式并做动员讲话。副审计长孙宝厚、陈尘肇，中央经济责任审计工作联席会议办公室主任张通，副审计长袁野，纪检组长郑振涛和党组成员、法规司司长刘正均出席。署机关各单位、各特派员办事处、各派出审计局司局级领导干部共200余人参加研讨班。

19日上午 总审计师李晓钟在京出席国务院有关专题会议。农业司负责同志参加会议。

23日上午 总审计师李晓钟在京出席国务院深入推进新型城镇化建设电视电话会议。资源环保审计局负责同志参加会议。

23日下午 审计长刘家义列席中央全面深化改革领导小组第21次会议。

24日上午 审计长刘家义列席国务院第125次常务会议。

26日上午 纪检组长郑振涛赴南京特派办进行工作调研。中央纪委驻署纪检组负责同志参加调研。

27日至29日 审计长刘家义赴贵州就扶贫开发工作和省以下审计机关人财物管理改革试点情况进行调研。人教司和机关党委主要负责同志参加调研。

29日下午 审计长刘家义在京会见来访的伊朗最高审计法院副院长基尤马斯·达乌迪一行。副审计长袁野参加会见。

29日上午 副审计长袁野在署机关会见西部中大建设集团董事长苏如春一行。财政司和兰州特派办主要负责同志参加会见。

3月

1日上午 总审计师李晓钟在署机关出席全国外资审计视频培训会议并讲话。外资运用审计司（以下简称外资司）主要负责同志参加会议。

1日上午 纪检组长郑振涛在京出席中央纪委派驻纪检组长座谈会。

2日上午 总审计师李晓钟在长沙与中央第五巡视组进行座谈。长沙特派办主要负责同志参加座谈。

2日下午 审计长刘家义在署机关主持召开地方审计机关人财物管理改革试点工作第3次会议。副审计长孙宝厚和纪检组长郑振涛出席。办公厅、政研室、法规司、数据司、人教司以及7个试点省（市）审计厅（局）负责同志参加会议。

2日下午 审计长刘家义和副审计长孙宝厚在署机关出席干部考察工作动员会。

2日至4日 中央经济责任审计工作联席会议办公室主任张通赴浙江省杭州市、绍兴市和温州市就经济责任审计工作开展情况进行调研。经责司主要负责同志参加调研。

3日 党组书记刘家义在署机关主持召开党组会议，传达中央有关文件精神，研究有关人事事项，研究《审计署“学党章党规、学系列讲话，做合格党员”学习教育实施方案》《中共审计署党组关于印发2016年中心组学习安排的通知》《审计署加大脱贫攻坚力度支持定点扶贫对口支援县开发建设工作方案》《中共审计署党组关于加强和改进审计署群团工作的实施意见》等文稿，党组成员孙宝厚、陈尘肇、袁野、李晓钟和郑振涛出席。总经济师、服务局局长张力，办公厅、政研室、人教司、机关党委和驻署纪检组负责同志列席相关内容的研究。

3 日下午 审计长刘家义在署机关主持召开审计长会议，听取署机关招待所开业有关情况的汇报。副审计长孙宝厚、陈尘肇、袁野，总审计师李晓钟和纪检组长郑振涛出席。总经济师、服务局局长张力，办公厅、人教司和培训中心主要负责同志列席会议。

4 日 副审计长孙宝厚在署机关主持召开会议，听取 2016 年工伤保险基金审计中期情况汇报。社保司主要负责同志和 18 个特派办负责同志参加会议。

4 日下午 副审计长袁野在署机关主持召开会议，听取最高人民法院、最高人民检察院和全国妇联审计组关于预算执行审计情况的汇报。行政政法审计司（以下简称行政司）主要负责同志参加会议。

5 日至 16 日 审计长刘家义在京列席十二届全国人大四次会议开幕会，第二次、第三次全体会议和闭幕会。

7 日上午 审计长刘家义在京出席十二届全国人大海南代表团全体会议。政研室主要负责同志参加会议。

8 日上午 审计署纪念三八国际妇女节暨表彰第四届巾帼建功先进个人、五好文明家庭、妇女之友大会在署机关召开，审计长刘家义出席会议并讲话。总审计师李晓钟主持会议，副审计长陈尘肇、中央经济责任审计工作联席会议办公室主任张通、副审计长袁野、纪检组长郑振涛出席会议并为获奖人员颁奖。署机关各单位、各派出审计局主要负责同志，全体女干部职工和获奖人员参加会议。

8 日上午、10 日下午、12 日下午和 14 日下午 副审计长孙宝厚在京列席全国政协十二届四次会议界别联组会议，第二次、第四次全体会议和闭幕式。

9 日下午 副审计长孙宝厚在双榆树事业单位办公楼出席科研所博士后中期汇报会。

9 日下午 总审计师李晓钟在京与中央第一巡视组进行座谈。广电通讯审计局主要负责同志参加座谈。

10 日 署党组派驻纪检组长述职会议在署机关召开。署党组听取派驻纪检组长 2015 年度述职报告，并进行点评。党组书记刘家义出席会议并讲话。党组成员孙宝厚、陈尘肇、张通、袁野、李晓钟和郑振涛出席。19 位派驻纪检组长，总经济师、服务局局长张力，办公厅、政研室、人教司、机关党委和驻署纪检组负责同志参加会议。

10 日上午 副审计长孙宝厚赴国家公务员局与人力资源社会保障部副部长，国家公务员局局长信长星进行工作会谈。人教司负责同志参加会谈。

11 日上午 副审计长袁野应邀到国家行政学院，为该院举办的厅局级干部打赢脱贫攻坚战专题研讨班学员做题为“加大扶贫资金审计力度，切实履行审计监督职责”的专题报告。

11 日下午 党组书记刘家义在署机关主持召开党组会议，研究有关文件和人事事项。党组成员孙宝厚、陈尘肇、张通、袁野、李晓钟和郑振涛出席。副审计长秦博勇，总经济师、服务局局长张力，数据司、人教司、机关党委和驻署纪检组负责同志列席会议。

11 日下午 审计长刘家义在署机关主持召开审计长会议，听取关于 2016 年度审计项目聚焦审计重点情况和新办公楼业务用房调配方案有关情况的汇报。副审计长孙宝厚、秦博勇、陈尘肇，中央经济责任审计工作联席会议办公室主任张通，副审计长袁野，总审计师李晓钟和纪检组长郑振涛出席。总经济师、服务局局长张力，办公厅、政研室、法规司、人教司、机关党委、驻署纪检组和计算中心负责同志列席会议。

13 日下午 副审计长陈尘肇在署机关主持召开会议，研究署机关办公楼迁址工作方案。总经济师、服务局局长张力，办公厅、数据司和计算中心主要负责同志参加会议。

14 日下午 副审计长袁野在署机关主持召开会议，听取财政部和发展改革委审计组工作情况汇报。财政司主要负责同志参加会议。

15 日上午 副审计长陈尘肇在署机关主持召开会议，研究有关审计工作方案。企业司主要负责同志参加会议。

15 日上午 中央经济责任审计工作联席会议

办公室主任张通在署机关会见国务院三峡办副主任陈飞一行，就召开三峡工程竣工验收会议有关事项进行沟通。投资司和资环司主要负责同志参加会见。

15 日下午 党组书记刘家义在署机关主持召开党组会议，研究有关文件。党组成员孙宝厚、陈尘肇、张通、袁野、李晓钟和郑振涛出席会议。

15 日下午 副审计长孙宝厚和陈尘肇在署机关出席署机关办公楼迁址工作动员会。署机关各单位主要负责同志参加会议。

16 日下午 党组书记刘家义在署机关主持召开党组会议，研究有关人事事项。党组成员孙宝厚、陈尘肇、张通、袁野、李晓钟和郑振涛出席。人教司、机关党委和驻署纪检组负责同志列席会议。

16 日下午 审计长刘家义在署机关主持召开审计长会议，研究《审计署关于进一步规范重大违纪违法问题线索登记管理规定（送审稿）》。副审计长孙宝厚、陈尘肇，中央经济责任审计工作联席会议办公室主任张通，副审计长袁野，总审计师李晓钟和纪检组长郑振涛出席。总经济师、服务局局长张力，办公厅、政研室、法规司、数据司、财政司、金融司、企业司和科研所负责同志列席会议。

16 日下午 中央经济责任审计工作联席会议办公室主任张通在署机关出席科研所博士后中期考核工作会议。

17 日上午 审计署召开宣传和保密工作会议。审计长刘家义出席会议并讲话。总审计师李晓钟主持会议。副审计长孙宝厚、陈尘肇和中央经济责任审计工作联席会议办公室主任张通出席会议。署机关各单位，各派出审计局主要负责同志参加会议。

17 日上午 审计长刘家义和副审计长孙宝厚在署机关会见澳门审计署审计长何永安一行。国际司主要负责同志参加会见。

17 日下午 副审计长孙宝厚和中央经济责任审计工作联席会议办公室主任张通赴国家公务员局与人力资源社会保障部副部长、国家公务员局局长信长星进行工作会谈。人教司主要负责同志参加会谈。

17 日下午 副审计长陈尘肇在署机关主持召开会议，研究矿产资源审计有关事宜。政研室、法规司、财政司和资环司负责同志参加会议。

17 日下午 纪检组长郑振涛在京出席中央纪委有关专题会议。

18 日上午 审计长刘家义列席国务院第 126 次常务会议。

18 日下午 副审计长陈尘肇赴发展改革委出席生态安全工作协调机制启动会。资环司主要负责同志参加会议。

19 日上午 副审计长孙宝厚在署机关出席审计署 2016 年公开招录国家公务员面试工作动员会。

21 日上午 《世界审计组织章程》修订特别工作组第一次会议在审计干部教育学院举行，世界审计组织主席、章程修订特别工作组主席、审计长刘家义出席开幕式并讲话，副审计长孙宝厚主持开幕式。世界审计组织秘书处、世界审计组织战略规划主任、各目标委员会主席和各地区审计组织主席和秘书长参加会议。

21 日下午 审计长刘家义为审计干部教育学院 2016 年度会计与经济基础等 4 个培训班 400 余名学员和南京审计大学近 600 名师生做主题报告。副审计长孙宝厚出席活动。

21 日至 23 日 纪检组长郑振涛赴太原特派办进行工作调研，其间，还前往呼和浩特市和太原市审计项目现场进行调研。驻署纪检组负责同志参加调研。

23 日下午 副审计长袁野在京出席第 24 届冬奥会工作领导小组第二次会议。

24 日上午 党组书记刘家义在署机关主持召开党组会议，研究有关人事事项和《审计署 2016 年巡视工作实施方案》等文稿。党组成员孙宝厚、陈尘肇、张通、袁野、李晓钟和刘正均出席。总经济师、服务局局长张力，办公厅、政研室、人教司、机关党委和驻署纪检组负责同志列席相关内容的研究。

24 日上午 审计长刘家义在署机关主持召开审计业务会议，研究有关审计工作方案。副审计长孙宝厚、陈尘肇，中央经济责任审计工作联席会议办公室主任张通，副审计长袁野，总审计师李晓钟和党组成员、法规司司长刘正均出席。总经济师、服务局局长张力，办公厅、政研室、数据司、投资司、企业司、境外审计司（以下简称境外司）、经责司和科研所主要负责同志列席会议。

25 日上午 中央经济责任审计工作部际联席会议第六次全体会议在署机关召开。审计长刘家义主持会议，中央纪委秘书长杨晓超、中央编办副主任李晓全、人力资源社会保障部副部长信长星、中央经济责任审计工作联席会议办公室主任张通、国资委副主任孟建民等联席会议成员出席会议。联席会议办公室成员参加会议。

26 日上午 署机关迁入丰台区金中都南街 17 号新址办公并举行升国旗仪式。全体署领导出席。署机关各单位和各派出审计局主要负责同志参加升国旗仪式。仪式结束后，全体署领导在办公楼内看望慰问干部职工。

28 日上午 审计长刘家义在京出席国务院第四次廉政工作会议。

28 日上午 副审计长陈尘肇在署机关会见福建省委常委、常务副省长张志南一行，就审计有关事项进行沟通。财政司和资环司负责同志参加会见。

28 日下午 党组书记刘家义在署机关主持召开党组会议，传达国务院第四次廉政工作会议精神。党组成员孙宝厚、陈尘肇、张通、袁野、李晓钟和郑振涛出席。副审计长秦博勇，总经济师、服务局局长张力，办公厅、政研室、法规司、人教司、机关党委和驻署纪检组负责同志列席会议。

29 日上午 全国审计机关党风廉政建设工作电视电话会议在署机关召开。会议传达学习国务院第四次廉政工作会议精神，总结 2015 年审计机关党风廉政建设工作，安排部署 2016 年工作任务。审计长刘家义主持会议并讲话。副审计长孙宝厚、秦博勇、陈尘肇，中央经济责任审计工作联席会议办公室主任张通，副审计长袁野，总审计师李晓钟、纪检组长郑振涛和党组成员、法规司司长刘正均出席。署机关各单位、各派出审计局全体同志和各特派员办事处主要负责同志在署机关主会场，各省、自治区、直辖市和计划单列市、新疆生产建设兵团审计厅（局）和各特派员办事处及有条件的市县审计机关全体同志在分会场参加会议。

29 日下午 审计长刘家义以“读原著学原文悟原理，做新时期合格共产党员”为题，为全国审计机关全体党员干部讲党课。副审计长孙宝厚、秦博勇、陈尘肇，中央经济责任审计工作联席会议办公室主任张通，副审计长袁野，总审计师李晓钟和党组成员、法规司司长刘正均出席。署机关各单位、各派出审计局全体同志和各特派员办事处主要负责同志在署机关主会场，全国各级审计机关干部在 2000 多个分会场收听收看党课。

29 日至 31 日 党组书记刘家义在署机关主持召开署党组 2016 年第一季度中心组学习会暨第三次专题学习。党组成员孙宝厚、陈尘肇、张通、袁野、李晓钟和刘正均出席。会议以“学习贯彻党的十八届五中全会和十二届全国人大四次会议精神，充分发挥审计监督职能，推动完成‘十三五’规划确定的各项目标任务”和“以党章为标尺，加强党性修养，坚定理想信念，牢固树立宗旨意识，切实发挥共产党员先锋模范作用”为主题，学习《中国共产党章程》、习近平总书记在党的十八届五中全会和十八届中央纪委六次全会上的讲话及李克强总理在十二届全国人大四次会议上所做的政府工作报告和国务院第四次廉政工作会议上的讲话等内容。孙宝厚和李晓钟同志做专题发言，其他党组成员和署领导交流学习体会。副审计长秦博勇，总经济师、服务局局长张力，署机关各单位、各派出审计局和各特派员办事处主要负责同志列席学习会。

30 日上午 审计长刘家义列席国务院第 127 次常务会议。

31 日上午 副审计长袁野出席国务院有关专题会议。财政司负责同志参加会议。

4 月

1 日上午 副审计长袁野在署机关主持召开会议，听取关于 2016 年地方党政领导干部经济责任审计工作中期汇报。财政司和各审计组负责同志参加会议。

5 日下午 审计长刘家义在署机关主持召开审计法起草工作领导小组第一次会议，听取关于审计法修订工作情况的汇报。副审计长袁野和总审计师李晓钟出席。起草工作领导小组成员参加会议。

5日下午 中央经济责任审计工作联席会议办公室主任张通在署机关会见证监会副主席方星海一行，就有关审计事项进行沟通。金融司主要负责同志参加会见。

5日晚上 总审计师李晓钟在署机关主持召开机关党委会。机关党委委员参加会议。

6日上午 审计长刘家义列席国务院第128次常务会议。

6日上午 副审计长孙宝厚在京出席中央"两学一做"学习教育工作座谈会。机关党委主要负责同志参加座谈会。

6日下午 中央经济责任审计工作联席会议办公室主任张通在京列席国务院长江三峡工程整体竣工验收委员会第二次全体会议。投资司主要负责同志参加会议。

7日上午 审计长刘家义以普通党员身份参加办公厅党总支第一党支部"两学一做"学习教育专题活动。

7日上午 副审计长秦博勇在署机关出席中印青年审计人员交流活动中方代表团启动会并做动员讲话。

7日下午 审计长刘家义和副审计长秦博勇在署机关会见老挝审计署审计长万通·西潘敦一行。办公厅、国际司和人教司主要负责同志参加会见。

7日至14日 中央经济责任审计工作联席会议办公室主任张通率中国审计代表团赴俄罗斯出席第十次中俄审计论坛，并访问蒙古审计署。

8日上午 副审计长孙宝厚在京出席全国地方审计机关审计文物联络员会议。博物馆负责同志参加会议。

8日下午 副审计长孙宝厚在署机关出席培训中心全体干部大会，研究贯彻落实审计长刘家义关于培训中心有关工作的批示精神。培训中心全体干部参加会议。

8日下午 副审计长孙宝厚在署机关主持召开会议，专题研究审计署党组和审计署的权力清单、责任清单、负面清单编制事宜。办公厅、政研室、法规司、人教司和机关党委负责同志参加会议。

11日上午 审计长刘家义在京列席李克强总理主持召开的经济形势座谈会。

11日下午 党组书记刘家义在署机关主持召开党组会议，传达中央有关文件精神。党组成员陈尘肇、张通、李晓钟、郑振涛和刘正均出席。

11日下午 副审计长孙宝厚在署机关主持召开地方审计机关人财物管理改革试点工作第5次会议。办公厅、政研室、数据司、法规司和人教司负责同志参加会议。

11日下午 副审计长陈尘肇在京出席国务院减轻企业负担部际联席会议。企业司主要负责同志参加会议。

11日至13日 纪检组长郑振涛赴兰州特派办开展工作调研。

11日至14日 总审计师李晓钟赴上海浦东干部学院参加中央国家机关部门机关党委书记"两学一做"专题培训研讨班。

12日上午 副审计长秦博勇在京出席全国文物工作会议。教科文卫审计司（以下简称教科司）主要负责同志参加会议。

12日上午 副审计长袁野在京出席政府综合财务报告制度座谈会。财政司主要负责同志参加座谈会。

12日下午 副审计长袁野在署机关会见最高人民法院副院长贺荣一行，就有关审计事项进行沟通。行政司主要负责同志参加会见。

13日上午 审计长刘家义列席国务院第129次常务会议。

13日上午 副审计长秦博勇在署机关出席领导干部自然资源资产离任审计试点工作研讨会。资环司，各省、自治区、直辖市审计厅（局）和特派办相关负责同志参加会议。

13日上午 副审计长陈尘肇在双榆树事业单位办公楼主持召开省部级干部住房清理工作协调会。总经济师、服务局局长张力参加会议。

13日下午 副审计长陈尘肇参加所在的企业司党支部党员大会。

14日上午 副审计长袁野在京出席全国人大预工委组织召开的深化财政转移支付制度改革座谈会。财政司主要负责同志参加座谈会。

14日下午 副审计长袁野在署机关会见最高人民检察院副检察长张常韧一行，就审计有关事项进行沟通。行政司和经济执法审计局负责同志参加会见。

15 日上午 副审计长袁野在署机关会见中央统战部副部长冉万祥一行，就有关审计事项进行沟通。行政司和经责司负责同志参加会见。

15 日下午 副审计长袁野在京出席贯彻实施国家安全法座谈会。

18 日上午 党组书记刘家义在署机关主持召开党组会议，传达中央有关文件精神，研究有关人事事项，听取关于开展优秀共产党员、优秀党务工作者和先进基层党组织评选表彰活动，调整审计署内设议事协调机构及变更《中国内部审计》杂志主管单位等情况的汇报。党组成员孙宝厚、陈尘肇、张通、袁野、李晓钟、郑振涛和刘正均出席。副审计长秦博勇，总经济师、服务局局长张力，办公厅、政研室、法规司、人教司、机关党委、驻署纪检组和内审协会负责同志列席相关内容的研究。

19 日上午 审计长刘家义在审计干部教育学院（以下简称教育学院），为市县审计局长培训班、计算机审计基础培训班等 4 个培训班学员作“坚守底线，提升境界”的主题报告。副审计长孙宝厚出席。江苏省审计厅、培训中心、教育学院、南京特派办和南京审计大学主要负责同志参加活动。

19 日上午 副审计长秦博勇在署机关会见肯尼亚国民议会议员、肯尼亚全国联盟党代表巩兹·莱伊先生率领的肯尼亚国民议会公共账目委员会代表团一行，并与代表团进行工作会谈。

19 日上午 中央经济责任审计工作联席会议办公室主任张通在署机关会见全国社保基金理事会理事长谢旭人一行，就有关审计事项进行沟通。金融司主要负责同志参加会见。

19 日下午 副审计长孙宝厚赴审计干部教育学院为 2016 年度第一期市县审计局长培训班学员授课。

19 日下午 副审计长陈尘肇参加所在的企业司党支部党员大会。

19 日至 20 日 副审计长孙宝厚赴审计干部教育学院出席上海合作组织参与国最高审计机关第一次研讨会开、闭幕式，并在开幕式上作主旨演讲。国际司主要负责同志参加上述活动。

19 日至 24 日 纪检组长郑振涛在京参加中央纪委派驻纪检组长培训班。

20 日上午 审计长刘家义列席国务院第 130 次常务会议。

20 日上午 副审计长陈尘肇主持召开署精神文明建设、社会管理综合治理及安全领导小组会议。总审计师李晓钟出席会议。领导小组各成员单位负责同志参加会议。

20 日下午 审计长刘家义在署机关主持召开审计法起草工作领导小组第二次会议。总审计师李晓钟出席。起草工作领导小组成员参加会议。

21 日上午 审计长刘家义，副审计长孙宝厚，总审计师李晓钟和纪检组长郑振涛在署机关出席审计署 2016 年巡视工作培训动员会。巡视组全体成员参加动员会。

21 日上午 副审计长孙宝厚在署机关会见人力资源社会保障部副部长、国家公务员局局长信长星一行，就有关审计事项进行沟通。社保司主要负责同志参加会见。

21 日上午 副审计长秦博勇赴审计干部教育学院为 2016 年度第一期市县审计局长培训班学员授课。

21 日上午 副审计长陈尘肇在署机关出席 2016 年度企业审计突破能力提高班暨 2016 年度企业审计视频培训会并讲话。

21 日下午 副审计长秦博勇赴南京特派办进行工作调研。

21 日下午 副审计长陈尘肇参加所在的企业司党支部党员大会。

21 日下午 副审计长陈尘肇在署机关主持召开会议，研究中央企业经济责任审计有关工作，听取前期数据分析情况汇报。企业司、数据司和相关特派办负责同志参加会议。

22 日上午 副审计长孙宝厚赴中央编办，与该办副主任李晓全进行工作会谈。人教司主要负责同志参加会谈。

22 日至 23 日 全国宗教工作会议在京召开，审计长刘家义出席 22 日上午的全体会议。总审计师李晓钟全程参加会议。

24 日至 26 日 审计长刘家义陪同李克强总理赴四川开展调研。

25 日 副审计长陈尘肇赴教育学院，为 2016 年度第一期市县审计局长培训班学员授课。

25 日上午 总审计师李晓钟在署机关主持召

开机关党委会。机关党委委员参加会议。

25日至30日 副审计长袁野率中国审计代表团赴巴西出席世界审计组织信息技术审计工作组第25次会议。

26日至28日 中央经济责任审计工作联席会议办公室主任张通在教育学院分别为2016年度第一期市县审计局长培训班、投资审计前沿问题和热点研讨班和商业银行审计基础班的学员授课，并开展研讨活动。投资司和金融司主要负责同志参加相关活动。

4月26日至5月3日 副审计长孙宝厚率中国审计代表团赴亚美尼亚出席世界审计组织国家关键指标工作组第9次会议，并访问伊朗最高审计法院。

27日上午 审计长刘家义列席国务院第131次常务会议。

27日上午 副审计长陈尘肇在署机关主持召开署信访举报工作领导小组会议。领导小组成员单位负责同志参加会议。

27日上午 副审计长陈尘肇在署机关主持召开会议，研究规范事业单位财务管理有关工作。办公厅主要负责同志参加会议。

27日上午 副审计长陈尘肇在署机关主持召开会议，研究有关经济责任审计结果公告事宜。办公厅、政研室、法规司、财政司、金融司、企业司、经责司和境外司负责同志参加会议。

27日上午 总审计师李晓钟在署机关主持召开机关党委会。机关党委委员参加会议。

27日下午 党组书记刘家义在署机关主持召开党组会议，传达中央有关文件精神，研究优秀共产党员、优秀党务工作者和先进基层党组织评选表彰人选名单。党组成员陈尘肇、李晓钟、郑振涛和刘正均出席。副审计长秦博勇，总经济师、服务局局长张力，办公厅、政研室、法规司、人教司、机关党委和驻署纪检组负责同志列席相关内容的研究。

28日上午 审计长刘家义列席中央政治局常委会会议。

28日上午 副审计长陈尘肇在署机关主持召开会议，通报有关文件检查情况。办公厅、政研室、财政司、行政司、农业司、企业司、外资司、国际司、人教司和政法审计局主要负责同志参加会议。

28日上午 总审计师李晓钟在署机关主持召开国家审计指南专家委员会会议，审议《信息系统审计指南（修订稿）》。国家审计指南专家委员会委员参加会议。

28日下午 副审计长陈尘肇在署机关会见华润集团董事长傅育宁一行。企业司负责同志参加会见。

29日上午 审计长刘家义在署机关主持召开专题会议，听取关于审计数据分析情况的汇报。副审计长秦博勇、陈尘肇，总审计师李晓钟，纪检组长郑振涛出席。总经济师、服务局局长张力，办公厅、政研室、法规司和各业务司负责同志以及在京各审计组负责同志参加会议。

5月

3日上午 总审计师李晓钟在署机关参加机关党委党支部集体学习。

3日下午 审计法修订工作专家座谈会在署机关召开，副审计长袁野，总审计师李晓钟和党组成员、法规司司长刘正均出席。法规司、数据司和科研所负责同志及相关专家参加座谈会。

4日上午 审计长刘家义列席国务院第132次常务会议。

4日下午 审计署召开纪念五四青年节座谈会，审计长刘家义与来自署机关、派出局和特派办的10余名青年审计干部代表座谈，总审计师李晓钟主持座谈会。办公厅、政研室和机关党委负责同志参加座谈会。

4日 副审计长孙宝厚和陈尘肇在京出席2016—2017年度审计署重点科研课题立项评审会。审计学会负责同志参加会议。

4日上午和5日上午 副审计长秦博勇在署机关主持召开资源环境审计座谈会，分别与湖南省环境保护厅和环境保护部土壤司负责同志就有关资源环境问题进行座谈。

4日上午 纪检组长郑振涛赴科学技术审计局调研。

4日下午 副审计长袁野在署机关主持召开会议，听取数据分析团队工作汇报。数据分析团队全体同志参加会议。

5日上午 审计长刘家义列席中央政治局常委会会议。

5日上午 副审计长陈尘肇在署机关主持召开会议，研究《审计署 2016 年至 2020 年审计全覆盖项目安排规划》和《审计机关审计项目管理规定》等文稿。副审计长袁野和党组成员、法规司司长刘正均出席。办公厅、政研室、法规司、各业务司和人教司负责同志参加会议。

5日上午 副审计长陈尘肇在署机关主持召开特派办考核工作领导小组会议，研究 2015 年度特派办考核工作。党组成员、法规司司长刘正均出席。办公厅、法规司、人教司和机关党委负责同志参加会议。

5日下午 副审计长孙宝厚在署机关出席 2016 年教材编写启动会。财政司、投资司、社保司、资环司、金融司、企业司、外资司、经责司和培训中心负责同志参加会议。

5日下午 副审计长陈尘肇和袁野在署机关召集会议，研究《审计业务电子数据授权管理方案》。办公厅、法规司、各业务司和计算中心负责同志参加会议。

6日 党组书记刘家义在署机关主持召开党组会议，研究有关人事事项，听取关于调整署内议事协调机构、修改《中共审计署党组工作规则》和《审计署工作规则》部分条款、修订《审计署机关文明司局评选办法》、变更《中国内部审计》杂志主管单位等有关情况的汇报，研究《“十三五”国家审计工作发展规划》《中共审计署党组权力清单、责任清单、负面清单》《审计署权力清单、责任清单、负面清单》《中共审计署党组关于贯彻落实中央领导同志批示件办理工作规定的办法》和《审计署 2015 年大事记》等文稿。党组成员孙宝厚、陈尘肇、张通、袁野、李晓钟、郑振涛和刘正均出席。副审计长秦博勇，总经济师、服务局局长张力，办公厅、政研室、法规司、数据司、人教司、机关党委、驻署纪检组、科研所、报社、出版社和内审协会负责同志及部分特约审计员列席相关内容的研究。

6日下午 审计长刘家义在署机关主持召开审计长会议，研究《关于优化审计科研学术环境的意见》等文稿。署领导孙宝厚、秦博勇、陈尘肇、张通、袁野、李晓钟、郑振涛和刘正均出席。总经济师、服务局局长张力，办公厅、政研室、法规司、人教司、机关党委和科研所负责同志列席会议。

6日下午 审计长刘家义在署机关主持召开审计业务会议，研究《2016 年领导干部自然资源资产离任审计试点工作方案（送审稿）》，听取关于成立审计署冬奥会跟踪审计工作领导小组及有关经济责任审计结果公告情况的汇报。署领导孙宝厚、秦博勇、陈尘肇、张通、袁野、李晓钟、郑振涛和刘正均出席。总经济师、服务局局长张力，办公厅、政研室、法规司、数据司、财政司、投资司、资环司、金融司、企业司、境外司、经责司和科研所负责同志列席相关内容的研究。

9日上午 国务院推进简政放权放管结合优化服务改革电视电话会议在京召开。审计长刘家义在主会场出席会议，署领导孙宝厚、秦博勇、陈尘肇、张通、袁野、李晓钟、郑振涛和刘正均在署机关分会场出席会议。署机关各单位、各派出审计局和特派办在京的副处级以上干部参加会议。

10日上午 党组书记刘家义在教育学院，以“坚定自信，奋勇前进”为题，为 2016 年度司局级党员干部专题培训班暨“两学一做”示范教育班、第二期市县审计局长培训班和中国特色社会主义审计理论研讨班及教育学院 4 个基础培训班的学员讲党课。副审计长孙宝厚主持党课。教育学院、培训中心、南京特派办和江苏省审计厅负责同志参加活动。

10日上午 副审计长袁野在署机关主持召开“适应新常态、践行新理念，更好地发挥审计监督作用”专家媒体座谈会。党组成员、法规司司长刘正均出席。办公厅、政研室和财政司主要负责同志及有关专家参加座谈会。

10日下午 副审计长孙宝厚在教育学院为 2016 年度司局级党员干部专题培训班暨“两学一做”示范教育班和第二期市县审计局长培训班学员授课。

10日下午 副审计长袁野在京出席国务院召开的支持贫困县开展统筹整合使用财政涉农资金试点电视电话会议。农业司主要负责同志参加会议。

11日上午 审计长刘家义列席国务院第 133

次常务会议。

11日上午 副审计长孙宝厚在署机关出席2015年度署机关考核工作会议。办公厅、政研室、法规司、数据司、人教司和机关党委负责同志参加会议。

11日上午 副审计长秦博勇在教育学院为2016年第二期市县审计局长培训班学员授课。

11日下午 审计长刘家义在署机关主持召开审计长会议，研究《审计署关于2015年度中央预算执行和其他财政收支的审计结果报告（送审稿）》。署领导孙宝厚、秦博勇、陈尘肇、袁野、李晓钟、郑振涛和刘正均出席。总经济师、服务局局长张力，办公厅、政研室、法规司、财政司和科研所负责同志列席会议。

11日下午 中央经济责任审计工作联席会议办公室主任张通在教育学院为第二期市县审计局长培训班学员授课。

12日上午 副审计长孙宝厚在署机关主持召开地方审计机关人财物管理改革试点工作会议。办公厅、政研室、法规司、数据司和人教司负责同志参加会议。

13日上午 党组书记刘家义在署机关主持召开党组会议，听取关于履行全面从严治党主体责任情况、领导班子和干部队伍建设情况、审计监督权力运行制约情况、贯彻落实中央八项规定精神和国务院“约法三章”要求有关情况及审计署党组巡视工作开展情况的汇报。党组成员孙宝厚、陈尘肇、张通、袁野、李晓钟、郑振涛和刘正均出席。副审计长秦博勇，办公厅、政研室、法规司、人教司、机关党委和驻署纪检组负责同志列席会议。

13日上午 审计长刘家义在署机关主持召开专题会议，传达中央有关文件精神。署领导孙宝厚、秦博勇、陈尘肇、张通、袁野、李晓钟、郑振涛和刘正均出席。署机关各单位、各派出审计局和特派办在京的副司局级以上干部参加会议。

13日下午 审计长刘家义在京出席全国妇联和中央国家机关工委联合举办的“家风建设在行动，家庭助廉”活动启动仪式并讲话。

13日下午 副审计长袁野在署机关会见全国人大预算工作委员会调研组一行，并进行座谈。政研室和财政司主要负责同志参加会见和座谈。

16日下午 审计长刘家义在京会见参加第七届中印青年审计人员交流活动的中印青年代表。副审计长秦博勇陪同参加会见。

16日 副审计长陈尘肇在教育学院分别为2016年度第二期市县审计局长培训班和第一期审计组组长案例研讨班、审计组主审案例研讨班及2016年度第一期处级党员干部专题培训班暨“两学一做”示范教育班学员授课。

16日下午 副审计长袁野在京出席国家教育体制改革领导小组第20次会议。教科司主要负责同志参加会议。

16日至18日 纪检组长郑振涛赴重庆特派办和成都特派办调研。

17日上午 总审计师李晓钟在教育学院为2016年度第一期处级党员干部专题培训班暨“两学一做”示范教育班和第二期市县审计局长培训班学员授课。

18日上午 审计长刘家义列席国务院第134次常务会议。

18日上午 副审计长陈尘肇在署机关主持召开保密委员会全体会议。保密委员会各成员单位及离退休办、科研所、报社、出版社、培训中心、审计学会和外资中心负责同志参加会议。

18日上午 副审计长陈尘肇在署机关会见内蒙古自治区党委副书记李佳，就有关审计事项进行沟通。

18日上午 副审计长袁野在署机关主持召开2016年第二季度国家重大政策措施落实情况跟踪审计视频培训。署机关相关业务司、各派出局主要负责同志在主会场，各省、自治区、直辖市和计划单列市审计厅（局），各特派办相关人员在分会场参加培训。

18日下午 副审计长袁野在京出席国务院专题会议。农业司主要负责同志参加会议。

19日下午 党组书记刘家义在署机关主持召开党组会议，研究有关人事事项及《审计署关于加强审计队伍思想和作风建设的意见》《审计署关于进一步加强和改进离退休干部工作的实施意见》等文稿。党组成员孙宝厚、陈尘肇、张通、袁野、李晓钟、郑振涛和刘正均出席。副审计长秦博勇，总经济师、服务局局长张力，办公厅、政研室、人教司、机关党委、离退休办和驻署纪检组负责同志列席相关内容的研究。

19日下午 审计长刘家义在署机关主持召开审计长会议，研究《审计署2015年度预算执行情况审计报告（送审稿）》。署领导孙宝厚、秦博勇、陈尘肇、张通、袁野、李晓钟、郑振涛和刘正均出席。总经济师、服务局局长张力，办公厅、政研室和行政司负责同志列席会议。

19日 副审计长陈尘肇在署机关听取2016年度企业审计情况阶段性汇报。各相关特派办负责同志参加会议。

19日上午 国家审计指南审定会在署机关召开，中央经济责任审计工作联席会议办公室主任张通，总审计师李晓钟和党组成员、法规司司长刘正均出席。国家审计指南委员会委员参加会议。

19日下午 副审计长秦博勇在署机关出席领导干部自然资源资产离任审计试点工作研讨会。资环司负责同志和国家统计局等8部委有关司局负责同志参加会议。

19日下午 副审计长袁野在京出席中央国家安全委员会专题会议。行政司主要负责同志参加会议。

20日 党组书记刘家义在署机关主持召开署党组2016年第四次专题学习。党组成员孙宝厚、陈尘肇、张通、袁野、李晓钟、郑振涛、刘正均出席。专题学习以“如何进一步强化党的观念，强化党员意识，更好发挥表率作用”为主题，学习《中国共产党章程》和《中国共产党党员权利保障条例》等内容。陈尘肇、张通和袁野同志做专题发言。其他党组成员和署领导交流学习体会。副审计长秦博勇，总经济师、服务局局长张力，署机关各单位、各派出审计局和各特派办主要负责同志列席专题学习。

21日 受署党组委托，副审计长陈尘肇赴沈阳特派办召开全体干部大会，宣布该办主要负责同志的职务任免决定。人教司负责同志参加会议。

21日下午 受署党组委托，中央经济责任审计工作联席会议办公室主任张通赴深圳特派办召开全体干部大会，宣布该办主要负责同志的任免决定。人教司负责同志参加会议。

22日至25日 审计长刘家义率中国审计代表团赴奥地利出席全球审计领导人会商机制第3次会议。其间，奥地利总统菲舍尔在维也纳霍夫堡宫举行仪式，授予审计长刘家义“奥地利共和国国家功勋大金质绶带勋章”。

22日上午 受署党组委托，中央经济责任审计工作联席会议办公室主任张通赴广州特派办召开全体干部大会，宣布该办主要负责同志的任免决定。人教司负责同志参加会议。

23日下午 副审计长陈尘肇在署机关参加企业司党支部专题学习。

23日下午 副审计长袁野在署机关会见贵州省副省长陈鸣明一行，就有关审计事项进行沟通。财政司和教育审计局主要负责同志参加会见。

24日上午 副审计长秦博勇在署机关主持召开领导干部自然资源资产离任审计专家座谈会。资环司负责同志和中国科学院、中国地质环境监测院等单位专家学者参加座谈会。

24日下午 副审计长孙宝厚在署机关会见国际会计师联合会会长奥莉薇亚·柯特丽一行。法规司和国际司负责同志参加会见。

24日下午 副审计长陈尘肇在教育学院为第三期市县审计局长班学员授课。

24日下午 中央经济责任审计工作联席会议办公室主任张通在教育学院为2016年度第二期处级党员干部专题培训班暨“两学一做”示范教育班学员授课。

25日 副审计长秦博勇在署机关主持召开2016年铁路项目审计中期汇报会。外资司和相关特派办负责同志参加会议。

25日上午 副审计长陈尘肇在署机关为分管部门同志讲党课。

25日上午 中央经济责任审计工作联席会议办公室主任张通在教育学院为第三期市县审计局长培训班学员授课。

25日上午 纪检组长郑振涛在京参加中央纪委机关“两学一做”党课活动。

25日下午 副审计长孙宝厚在署机关主持召开会议，专题研究有关中央文件的反馈意见。副审计长陈尘肇、袁野和纪检组长郑振涛出席。办公厅、政研室、法规司、人教司、机关党委和服务局负责同志参加会议。

26日至28日 审计长刘家义率中国审计代表团赴哈萨克斯坦首都阿斯塔纳出席上海合作组织成员国最高审计机关领导人第3次会议。

26日上午 副审计长孙宝厚在署机关主持召开2015年度署机关考核工作第二次会议。办公厅、政研室、法规司、数据司、人教司和机关党委负责同志参加会议。

26日上午 副审计长袁野在署机关会见中国民用航空局副局长董志毅一行，就有关审计事项进行沟通。财政司和交通运输审计局主要负责同志参加会见。

26日下午 副审计长袁野在署机关会见上海市常务副市长屠光绍一行，就有关审计事项进行沟通。财政司主要负责同志参加会见。

26日下午 纪检组长郑振涛赴资源环保审计局调研。

27日上午 副审计长袁野在京出席全国人大预算工作委员会工作会议，就2015年度中央预算执行和其他财政收支的审计工作报告有关情况进行介绍。政研室和财政司主要负责同志参加会议。

27日下午 受审计长刘家义委托，副审计长孙宝厚在京列席中央政治局第32次集体学习。

30日至31日 全国科技创新大会在北京召开。审计长刘家义出席30日的全体会议，副审计长袁野全程参加会议。

30日上午 副审计长孙宝厚在署机关主持召开2015年度署机关考核工作第三次会议。办公厅、政研室、法规司、数据司、人教司和机关党委负责同志参加会议。

30日下午 副审计长孙宝厚在署机关主持召开座谈会，就审计署权力清单、责任清单和负面清单听取署外有关单位意见。总审计师李晓钟出席。政研室、法规司、人教司、机关党委负责同志及中央组织部、中央编办、国务院法制办和国务院研究室有关司局负责同志参加座谈会。

30日 纪检组长郑振涛在教育学院为2016年度第三期处级党员干部专题培训班暨“两学一做”示范教育班和第三期市县审计局长培训班学员授课。

5月31日至6月4日 2016年度新任司局级干部任职培训班在署机关举办。培训期间，审计长刘家义与培训班学员进行任职集体谈话。副审计长孙宝厚、陈尘肇、袁野，总审计师李晓钟分别为新任司局级干部做“如何处理好正职与副职的关系”“司局级干部应具备的能力和素质”“司局级干部的创新能力建设”“认真学习党章，提高党性修养，切实发挥党员先锋模范作用”专题讲座，纪检组长郑振涛做廉政教育并进行廉政谈话。署机关各单位、各特派办、各派出审计局2015年以来提任的司局级干部25人参加培训。

31日上午 受审计长刘家义委托，副审计长孙宝厚在京出席全国人大财经委全体会议。政研室和财政司主要负责同志参加会议。

31日 纪检组长郑振涛赴上海特派办调研。

6月

1日上午 审计长刘家义列席国务院第135次常务会议。

1日下午 党组书记刘家义在署机关主持召开党组会议，研究有关人事事项，听取关于党中央国务院重点工作任务责任分工建议情况、署机关各部门和特派办2015年度考核情况的汇报，研究《审计署对省级审计机关考核办法（试行）》《审计署纪念中国共产党成立95周年系列活动方案》等文稿。党组成员孙宝厚、陈尘肇、张通、袁野和郑振涛出席。副审计长秦博勇，办公厅、政研室、法规司、财政司、农业司、资环司、企业司、人教司、机关党委和驻署纪检组负责同志列席相关内容的研究。

2日上午 审计长刘家义在署机关主持召开审计长会议，研究《审计署2016年至2020年审计全覆盖项目安排规划》《审计署保护国家秘密应急预案》《审计署“十三五”时期保密工作发展规划》等文稿，听取关于审计署涉密人员保密审查工作有关情况、《审计外勤经费管理办法》和《审计“八不准”工作纪律（释义）》修订建议的汇报。署领导秦博勇、陈尘肇、张通、袁野和李晓钟出席。办公厅、政研室、法规司、数据司、财政司、投资司、资环司、金融司、企业司、经责司、国际司、人教司、机关党委、驻署纪检组、服务局、计算中心和科研所负责同志列席相关内容的研究。

2日上午 审计长刘家义在署机关主持召开审计业务会议，研究有关审计报告。署领导秦博勇、陈尘肇、张通、袁野和李晓钟出席。办公厅、政研室、法规司、数据司、财政司、税收征管审计司（以下简称税收司）、金融司、企业司、经责司和科研所负责同志列席会议。

2日下午 党组书记刘家义在署机关主持召开党组扩大会议，传达全国科技创新大会会议精神。党组成员陈尘肇、张通、袁野、李晓钟、郑振涛和刘正均出席。副审计长秦博勇，办公厅、政研室、数据司、财政司、教科司、金融司、企业司、人教司和机关党委负责同志列席会议。

2日下午 副审计长孙宝厚在教育学院为第三期市县审计局长培训班学员授课。

2日下午 副审计长陈尘肇在署机关主持召开基建工作领导小组会议。办公厅、机关党委、服务局和计算中心负责同志参加会议。

6日上午 副审计长孙宝厚在署机关主持召开会议，专题研究已出台改革举措落实情况督察工作方案事宜。副审计长陈尘肇出席。办公厅、政研室、法规司、资环司和人教司负责同志参加会议。

6日上午 副审计长袁野赴海关总署拜会该署署长于广洲。税收司主要负责同志参加会见。

6日下午 副审计长袁野在署机关听取金审工程三期建设有关工作情况的汇报。数据司和计算中心主要负责同志参加会议。

7日 应澳门特别行政区行政长官崔世安邀请，审计长刘家义访问澳门，并发表题为“切实发挥国家审计在促进完善国家治理中的作用”的专题演讲。特区政府主要官员、行政会委员、全国人大代表、全国政协委员和第四届行政长官选举委员会委员等各界共约 300 人出席专题演讲会。

7日上午 经济责任审计领导小组会议在署机关召开，研究有关经济责任审计报告。中央经济责任审计工作联席会议办公室主任张通、副审计长袁野、总审计师李晓钟和党组成员、法规司司长刘正均出席。办公厅、政研室、法规司、数据司、财政司、行政司、教科司、资环司、金融司、企业司、境外司和经责司负责同志参加会议。

8日上午 审计长刘家义列席国务院第 136 次常务会议。

8日上午 陈尘肇和副审计长袁野在署机关召集会议，研究审计结果公告宣传有关工作。办公厅、政研室、法规司和各业务司负责同志参加会议。

8日上午 受署党组委托，副审计长袁野在农业司全体干部大会上宣布该司主要负责同志任免决定。人教司主要负责同志参加会议。

12日上午 副审计长秦博勇赴外交部与该部副部长张明就审计署设立中国政府审计奖学金的相关涉外事宜进行工作会谈。国际司负责同志参加会谈。

12日上午 副审计长陈尘肇赴国资委与该委副主任孟建民就有关事项进行工作会谈。企业司主要负责同志参加会谈。

12日下午 副审计长陈尘肇在署机关听取科研所领导班子关于 2016 年上半年审计科研工作情况的汇报。

13日上午 副审计长孙宝厚在署机关出席 2016 年度新疆、西藏审计机关双向交流工作总结大会暨挂职干部座谈会并讲话。人教司主要负责同志参加会议。

13日上午 中央经济责任审计工作联席会议办公室主任张通在京听取重点商业银行 2016 年贷款投放和经营管理情况专项审计调查工作情况的汇报。金融司主要负责同志参加会议。

14日上午 审计长刘家义列席中央政治局常委会会议。

14日下午 纪检组长郑振涛赴中国华能集团经济责任审计现场调研。

15日上午 审计长刘家义参加中央有关会议。

15日上午 受审计长刘家义委托，副审计长孙宝厚列席国务院第 137 次常务会议。

15日上午 副审计长陈尘肇在署机关主持召开会议，研究建立审计成果和信息共享机制有关事宜。办公厅、政研室、财政司、金融司、企业司负责同志参加会议。

15日上午 中央经济责任审计工作联席会议办公室主任张通和副审计长袁野在署机关出席冬奥会跟踪审计领导小组第一次会议。投资司、北京市审计局和河北省审计厅主要负责同志参加会议。

15日下午 党组书记刘家义在署机关主持召开党组会议，研究有关人事事项，听取办公厅、机关党委和驻署纪检组有关情况的汇报，研究《审计署履行全面从严治党主体责任等情况的报告》。党组成员孙宝厚、陈尘肇、张通、袁野、李晓钟和郑振涛出席。总经济师、服务局局长张力，办公厅、政研室、法规司、企业司、经责司、人教司、机关党委和驻署纪检组负责同志列席相关内容的研究。

16日下午 副审计长孙宝厚在教育学院为第四期市县审计局长培训班学员授课。

16日下午 副审计长袁野在署机关会见财政部副部长刘昆一行，就有关审计事项进行沟通。财政司和重庆特派办负责同志参加会见。

16日至17日 副审计长陈尘肇在署机关听取2016年企业经济责任审计情况中期汇报。企业司和各参审特派办负责同志参加会议。

17日上午 副审计长孙宝厚赴南京就2016年医疗保险基金试点审计工作进行调研。

17日上午 中央经济责任审计工作联席会议办公室主任张通在署机关会见浙江省常务副省长袁家军一行，就有关审计事项进行沟通。经责司和南京特派办主要负责同志参加会见。

17日上午 总审计师李晓钟在教育学院为2016年度第一期处以下党员干部专题培训班暨"两学一做"示范教育班学员授课。

17日下午 中央经济责任审计工作联席会议办公室主任张通在署机关会见银监会副主席曹宇一行，就有关审计事项进行沟通。金融司主要负责同志参加会见。

20日上午 总审计师李晓钟在京出席贵州省黔东南苗族侗族自治州建州60周年成就展活动。机关党委负责同志参加活动。

20日下午 副审计长陈尘肇在署机关会见国资委副主任孟建民一行，就有关审计事项进行沟通。企业司主要负责同志参加会见。

20日下午 中央经济责任审计工作联席会议办公室主任张通在教育学院为第四期市县审计局长培训班学员授课。

20日上午和21日下午 副审计长袁野在教育学院分别为第四期市县审计局长培训班和2016年度第二期处以下党员干部专题培训班暨"两学一做"示范教育班学员授课。

21日上午 副审计长陈尘肇在署机关会见黑龙江省人民政府秘书长李显刚，就有关审计事项进行沟通。财政司负责同志参加会见。

21日上午 署党组成员、总审计师、机关党委书记李晓钟在署机关主持召开机关党委会。机关党委委员参加会议。

21日下午 党组书记刘家义在署机关主持召开党组会议，研究有关专项工作。党组成员孙宝厚、陈尘肇、张通、袁野、郑振涛和刘正均出席。总经济师、服务局局长张力，办公厅、政研室、人教司和机关党委负责同志列席会议。

21日下午 中央经济责任审计工作联席会议办公室主任张通在杭州市分别拜会浙江省省委书记夏宝龙和省长李强，就有关审计事项进行沟通。南京特派办主要负责同志参加会见。

21日下午 纪检组长郑振涛赴中国石油天然气集团公司经济责任审计现场调研。

22日上午 审计长刘家义列席国务院第138次常务会议。

22日上午 副审计长陈尘肇在署机关会见黑龙江省委常委、常务副省长郝会龙一行，就有关审计事项进行沟通。财政司负责同志参加会见。

22日上午 副审计长陈尘肇在署机关会见海关总署副署长邹志武一行，就有关审计事项进行沟通。税收司主要负责同志参加会见。

22日上午 副审计长陈尘肇在署机关出席2016年度财务工作培训班并讲话。

22日上午 总审计师李晓钟在署机关会见北京市委常委、常务副市长李士祥一行，就有关审计事项进行沟通。财政司和京津冀特派办主要负责同志参加会见。

22日下午 审计长刘家义在京参加国务院"两学一做"学习教育活动。

22日下午 副审计长孙宝厚赴人力资源社会保障部，分别与该部副部长张义珍和汤涛进行工作会谈。人教司主要负责同志参加会谈。

22日下午 中央经济责任审计工作联席会议办公室主任张通在署机关会见保监会副主席陈文辉，就有关审计事项进行沟通。金融司主要负责同志参加会见。

23日上午 党组书记刘家义在署机关主持召开党组会议，研究有关人事事项，听取关于审计署"两学一做"学习教育阶段性情况、调整司局级干部任免发文字号及离退休干部党务工作者工作补贴发放等情况汇报。党组成员孙宝厚、陈尘肇、张通、袁野、郑振涛和李晓钟出席。总经济师、服务局局长张力，办公厅、政研室、法规司、人教司、机关党委和驻署纪检组负责同志列席相关内容的研究。

23日上午 审计长刘家义在署机关主持召开审计长会议，听取关于机关招待所暂缓开业有关情况的汇报。署领导孙宝厚、陈尘肇、张通、袁野、李晓钟和郑振涛出席。总经济师、服务局局长张力，办公厅、人教司、机关党委和驻署纪检组负责同志列席会议。

23日下午 中央经济责任审计工作联席会议办公室主任张通在署机关会见银监会主席尚福林，就有关审计事项进行沟通。金融司主要负责同志参加会见。

23日下午 中央经济责任审计工作联席会议办公室主任张通在署机关会见证监会副主席姜洋，就有关审计事项进行沟通。金融司主要负责同志参加会见。

24日上午 审计长刘家义在京出席金砖国家最高审计机关领导人第一次会议。副审计长孙宝厚陪同参加会议。

24日上午 总审计师李晓钟在京出席中央国家机关优秀共产党员、优秀党务工作者和先进基层党组织表彰大会。

24日下午 中央政治局常委、国务院副总理张高丽在中南海会见出席金砖国家最高审计机关领导人第一次会议的外方代表。审计长刘家义和副审计长孙宝厚参加会见。

24日下午 审计长刘家义与教育部部长袁贵仁在京就"中国政府审计奖学金"项目签署谅解备忘录。副审计长孙宝厚出席签字仪式。

24日下午 副审计长陈尘肇和总审计师李晓钟在署机关出席"立德立规建功立业"宣讲会。署机关各单位和各派出局全体干部职工以及离退休干部代表在主会场，各特派办全体干部职工在分会场，共计2500余人参加宣讲会。

25日上午 副审计长陈尘肇在署机关出席2016年审计署综合治理工作培训班并讲话。

25日下午 南京审计大学举行荣誉教授聘任仪式暨第四届"审计长奖学金"颁奖仪式，印度、巴西和南非审计长受聘担任南京审计大学荣誉教授。审计长刘家义出席聘任仪式并发表讲话，并携印度、巴西、南非和俄罗斯等金砖国家最高审计机关领导人向33名南京审计大学第四届"审计长奖学金"获得者颁发奖学金。副审计长孙宝厚陪同出席仪式。

27日上午 副审计长陈尘肇在教育学院出席"一带一路"沿线国家审计官员研修班开班仪式并致辞。

27日上午 中央经济责任审计工作联席会议办公室主任张通出席国务院专题会议。金融司主要负责同志参加会议。

27日下午 审计长刘家义列席中央全面深化改革领导小组第25次会议。

27日下午 中央经济责任审计工作联席会议办公室主任张通在署机关会见香港华人会计师公会访问团一行。国际司负责同志参加会见。

27日下午 副审计长袁野在署机关会见发展改革委副主任林念修一行，就有关审计事项进行沟通。财政司和资源环保审计局负责同志参加会见。

28日上午 党组书记刘家义在署机关主持召开党组会议，研究有关专项工作。党组成员孙宝厚、陈尘肇、张通、袁野、李晓钟、郑振涛出席。总经济师、服务局局长张力，办公厅、政研室、人教司、机关党委和驻署纪检组负责同志列席会议。

28日下午 审计长刘家义在署机关向部分署老领导通报中央第二巡视组专项巡视审计署党组有关工作安排。副审计长孙宝厚出席。办公厅主要负责同志参加会议。

28日下午 副审计长陈尘肇在署机关参加企业司党支部专题学习。

28日下午 中央经济责任审计工作联席会议办公室主任张通赴2022年冬奥会和冬残奥会组委会调研，与组委会执行副主席、北京市副市长张建东进行会谈。投资司主要负责同志参加调研。

28日下午 总审计师李晓钟在署机关参加机关党委党支部专题学习。

29日上午 根据中央统一部署，中央第二巡视组专项巡视审计署党组工作动员会在署机关召开，党组书记刘家义主持会议。中央第二巡视组全体成员，署党组成员孙宝厚、陈尘肇、张通、袁野、李晓钟、郑振涛和刘正均出席动员会。总经济师、服务局局长张力，署机关各单位、各派出局司局级干部和各特派办主要负责同志及在京的司局级干部列席会议。各特派办和教育学院处级以上干部在分会场参加会议。

29日上午 根据中央第二巡视组工作安排，审计署党组汇报会在署机关召开，党组书记刘家义主持会议。中央第二巡视组全体成员，署党组成员孙宝厚、陈尘肇、张通、袁野、李晓钟、郑振涛和刘正均出席会议。总经济师、服务局局长张力，办公厅、政研室、人教司、机关党委和驻署纪检组负责同志列席会议。

29日上午 受审计长刘家义委托，副审计长秦博勇列席国务院第139次常务会议。

29日中午 党组书记刘家义在署机关主持召开党组会议，研究有关专项工作。党组成员孙宝厚、陈尘肇、张通、袁野、李晓钟和郑振涛出席。副审计长秦博勇，总经济师、服务局局长张力，办公厅、人教司、机关党委和驻署纪检组负责同志列席会议。

29日下午 受国务院委托，审计长刘家义在第十二届全国人民代表大会常务委员会第二十一次会议上作《国务院关于2015年度中央预算执行和其他财政收支的审计工作报告》。副审计长袁野和政研室主要负责同志参加会议。

29日下午 纪检组长郑振涛在署机关参加驻署纪检组党支部组织生活会。

29日晚 审计长刘家义在京观看庆祝中国共产党成立95周年音乐会。

30日上午 总审计师李晓钟在署机关会见湖南省委常委、常务副省长陈向群一行，就有关审计事项进行沟通。长沙特派办负责同志参加会见。

30日下午 中央经济责任审计工作联席会议办公室主任张通在中国银行出席审计数据分析平台验收会议。金融司主要负责同志参加会议。

7月

1日上午 审计长刘家义在人民大会堂参加庆祝中国共产党成立95周年大会。

1日上午 副审计长孙宝厚在署机关会见交通运输部副部长何建中，就有关审计事项进行沟通。财政司和交通运输审计局负责同志参加会见。

1日下午 审计署召开纪念中国共产党成立95周年大会。审计长刘家义发表讲话，并带领全体党员重温入党誓词。会议表彰2014—2016年度审计署优秀共产党员、优秀党务工作者和先进基层党组织。副审计长孙宝厚主持会议，总审计师李晓钟宣读表彰决定。中央经济责任审计工作联席会议办公室主任张通、副审计长袁野、纪检组长郑振涛和部分署老领导出席会议。受表彰的优秀共产党员、优秀党务工作者和先进基层党组织代表，署机关各单位、各派出审计局全体党员干部职工，各特派办在京审计人员在主会场，各特派办和教育学院全体党员干部职工在分会场参加大会。

2日上午 副审计长陈尘肇在署机关出席科研所2016年博士后招聘面试工作。

4日上午 副审计长陈尘肇在京出席全国国有企业改革座谈会。企业司负责同志参加座谈会。

5日上午 副审计长陈尘肇在南京出席世界审计组织公共债务工作组年度会议并发表主旨演讲。

6日上午 副审计长秦博勇出席国务院专题会议。

6日上午 副审计长陈尘肇赴国资委与该委副主任孟建民进行工作会谈。企业司主要负责同志参加会谈。

6日上午 副审计长袁野在署机关参加财政司党支部专题学习。

6日上午 总审计师李晓钟在署机关会见山东省委常委、副省长孙伟一行，就有关审计事项进行沟通。财政司和济南特派办负责同志参加会见。

6日下午 党组书记刘家义在署机关主持召开党组会议，研究有关人事事项及《审计署“两学一做”学习教育领导小组办公室关于进一步扎实推进“两学一做”学习教育的通知》等文稿。党组成员孙宝厚、陈尘肇、张通、袁野、李晓钟和郑振涛出席。总经济师、服务局局长张力，办公厅、政研室、法规司、企业司、境外司、经责司、人教司、机关党委和驻署纪检组负责同志列席相关内容的研究。

6日下午 审计长刘家义在署机关主持召开审计长会议，听取关于修订《关于加强地方审计厅（局）情况报告工作的规定》、关于成立领导干部自然资源资产离任审计试点工作专家咨询组和关于启动审计数字博物馆机房建设有关情况的汇报，研究《审计机关审计项目计划管理规定》和《审计业务电子数据授权管理方案》等文稿。署领导孙宝厚、陈尘肇、张通、袁野、李晓钟和郑振涛出席。总经济师、服务局局长张力，办公厅、政研室、法规司、数据司、财政司、资环司、经责司、人教司、机关党委、驻署纪检组、计算中心、科研所和博物馆负责同志列席相关内容的研究。

6 日下午 审计长刘家义在署机关主持召开审计业务会议，研究有关审计工作方案。署领导孙宝厚、陈尘肇、张通、袁野、李晓钟和郑振涛出席。总经济师、服务局局长张力，办公厅、政研室、法规司、财政司、行政司、教科司、金融司、企业司、外资司和驻署纪检组负责同志列席会议。

6 日下午 副审计长孙宝厚在京出席 2016 年审计专业初中级资格考试命题工作预备会。

7 日下午 审计长刘家义列席国务院第 140 次常务会议。

7 日下午 副审计长陈尘肇在署机关会见河南省副省长赵建才一行，就有关审计事项进行沟通。郑州特派办主要负责同志参加会见。

7 日至 9 日 审计署党组 2016 年第二季度中心组学习暨基层党组织书记党建工作培训班在署机关举办，党组书记刘家义主持学习培训并讲话。党组成员孙宝厚、陈尘肇、袁野、李晓钟和郑振涛出席并分别谈学习体会。署机关各单位、各特派办、各派出审计局主要负责同志，各基层党组织书记以及在京司局级干部 200 余人参加学习培训。

11 日上午 总审计师李晓钟在京出席老挝审计署官员审计研修班开班式。政研室和国际司主要负责同志参加开班式。

11 日下午 受审计长刘家义委托，副审计长孙宝厚列席国务院召开的经济形势专家企业家座谈会。

11 日下午 副审计长孙宝厚在京出席 2016 年审计专业高级资格考试命审题工作预备会议。

12 日下午 中央经济责任审计工作联席会议办公室主任张通在署机关参加经责司党支部党员大会。

13 日上午 副审计长孙宝厚在京出席 2016 年审计专业初中高级资格考试命审题会议。

14 日下午 党组书记刘家义在署机关主持召开党组会议，研究有关人事事项和《哈尔滨特派办原特派员张军同志、重庆特派办原特派员尹树伟同志经济责任审计报告》，听取审计署巡视办关于 2016 年巡视工作及驻署纪检组有关情况的汇报。党组成员孙宝厚、陈尘肇、张通、袁野、李晓钟和郑振涛出席。办公厅、经责司、人教司、机关党委和驻署纪检组负责同志列席相关内容的研究。

14 日下午 审计长刘家义在署机关主持召开审计长会议，听取关于出版《审计参考》杂志等有关情况的汇报。署领导孙宝厚、陈尘肇、张通、袁野、李晓钟和郑振涛出席。办公厅、政研室、法规司、机关党委、驻署纪检组、科研所、报社和出版社负责同志列席相关内容的研究。

15 日上午 审计长刘家义参加办公厅第一党支部专题学习。

15 日上午 副审计长陈尘肇在署机关主持召开会议，就审计现场管理有关工作进行研究。办公厅、政研室、法规司、机关党委、科研所负责同志参加会议。

18 日下午 审计长刘家义参加国务院经济形势座谈会。

19 日上午 审计长刘家义列席国务院第 141 次常务会议。

19 日下午 “审计数据采集”国际标准项目部际工作协调小组成立大会在署机关召开。审计长刘家义出席会议并讲话。副审计长袁野主持会议。外交部、工业和信息化部、财政部、商务部、证监会、国家标准委、中国航天科技集团公司等协调小组成员单位负责同志出席会议。办公厅、政研室、数据司、国际司、计算中心、外资中心、南京审计大学负责同志及协调小组办公室成员参加会议。

20 日上午 审计长刘家义列席国务院第 142 次常务会议。

20 日上午 副审计长秦博勇出席 2016 年领导干部自然资源资产离任审计试点工作审前培训

班并讲话。

20日上午　副审计长秦博勇在署机关会见中国铁路总公司副总经理杨宇栋一行，就有关审计事项进行沟通。外资司主要负责同志参加会见。

20日下午　审计长刘家义参加中央组织部调研组选人用人情况座谈会。

21日上午　党组书记刘家义在署机关主持召开党组会议，传达习近平总书记有关讲话精神，研究有关人事事项。党组成员孙宝厚、陈尘肇、张通、袁野、李晓钟和郑振涛出席。副审计长秦博勇，总经济师、服务局局长张力，办公厅、政研室、法规司、人教司、机关党委和驻署纪检组负责同志列席相关内容的研究。

22日上午　审计长刘家义在署机关主持召开会议，研究有关专项工作。副审计长陈尘肇、中央经济责任审计工作联席会议办公室主任张通、副审计长袁野和总审计师李晓钟出席。办公厅、政研室、法规司、财政司、金融司、企业司和经责司负责同志参加会议。

22日　副审计长陈尘肇在署机关开展2016年中央企业领导人员经济责任审计调研。企业司主要负责同志及各参审特派办有关同志参加调研。

22日上午　中央经济责任审计工作联席会议办公室主任张通在署机关会见丝路基金有限公司董事长金琦一行，就有关审计事项进行沟通。金融司主要负责同志参加会见。

22日上午　副审计长袁野在署机关出席中国审计学会“大数据环境下审计技术方法”研讨会。

26日上午　党组书记刘家义在署机关主持召开党组会议，传达中央有关文件精神。党组成员孙宝厚、陈尘肇、张通、袁野、李晓钟和郑振涛出席。

26日上午　审计长刘家义在署机关主持召开审计业务会议，研究有关审计工作方案。署领导孙宝厚、秦博勇、陈尘肇、张通、袁野、李晓钟和郑振涛出席。总经济师、服务局局长张力，办公厅、政研室、法规司、数据司、财政司、教科司、投资司、社保司和科研所负责同志列席相关内容的研究。

27日上午　审计长刘家义列席国务院第143次常务会议。

27日上午　副审计长孙宝厚和中央经济责任审计工作联席会议办公室主任张通在署机关出席媒体专家座谈会，就出版社有关事项进行论证。办公厅、报社和出版社主要负责同志及部分媒体专家参加座谈会。

27日上午　副审计长孙宝厚和陈尘肇在署机关出席2016年享受政府特殊津贴推荐人选专家评议会。

28日　党组书记刘家义在署机关主持召开党组会议，传达国务院常务会议精神并研究贯彻意见，听取关于贯彻落实《关于完善审计制度若干重大问题的框架意见》及相关配套文件阶段性情况及下一步打算的汇报，研究有关人事事项及《中共审计署党组关于贯彻中央政治局改进工作作风密切联系群众八项规定精神的实施意见（修订稿）》《审计署2016年下半年16项重要工作清单》等文稿。党组成员孙宝厚、陈尘肇、张通、袁野、郑振涛和刘正均出席。副审计长秦博勇，总经济师、服务局局长张力，办公厅、政研室、法规司、各业务司、国际司、人教司、机关党委、驻署纪检组、科研所及部分特约审计员列席相关内容的研究。

28日上午　副审计长袁野出席全国人大预算工作委员会组织召开的预算法贯彻实施情况专题座谈会。财政司主要负责同志参加座谈会。

29日　审计署党组2016年第五次专题学习在署机关举办，党组书记刘家义主持专题学习并发言。党组成员孙宝厚、陈尘肇、张通、袁野、李晓钟、郑振涛出席。专题学习以“强化党纪党规意识，筑牢拒腐防变的防线”为主题，学习习近平总书记在庆祝中国共产党成立95周年大会上的讲话、《中国共产党章程》《中国共产党纪律处分条例》等内容。郑振涛同志对《中国共产党问责条例》进行解读，其他党组成员和署领导就学习习近平总书记“七一”讲话精神和问责条例等党纪党规，谈各自的学习体会。副审计长秦博勇，总经济师、服务局局长张力，署机关各单位、各派出审计局、在京直属单位主要负责同志和驻署纪检组负责同志列席专题学习。

8月

1日上午　全国医疗保险基金审计视频培训

班在署机关举办，审计长刘家义出席并讲话。副审计长孙宝厚讲解审计工作方案，副审计长袁野主持会议。办公厅、政研室、数据司、财政司、教科司、社保司、科研所和各派出审计局、各特派办主要负责同志及部分参审人员在主会场，各特派办和地方审计机关1.3万余名审计人员在分会场参加培训。

1日上午　审计长刘家义在署机关驻地慰问驻署武警官兵，并与武警官兵及来自署机关和派出局的10位军队转业干部代表进行座谈。署领导秦博勇、陈尘肇、张通、袁野和郑振涛出席。总经济师、服务局局长张力，办公厅和人教司主要负责同志参加慰问活动和座谈会。

1日下午　党组书记刘家义在署机关主持召开党组会议，传达中央有关文件精神，听取关于编制2017年“一上”预算及3年支出规划有关情况的汇报，研究《中共审计署党组关于严格执行领导干部个人有关事项报告制度情况的报告》等文稿。党组成员孙宝厚、陈尘肇、张通、袁野、郑振涛和李晓钟出席。副审计长秦博勇，总经济师、服务局局长张力，办公厅、政研室、人教司、机关党委和驻署纪检组负责同志列席相关内容的研究。

1日下午　8个专题工作组成立动员会在署机关召开，审计长刘家义出席会议并讲话，副审计长孙宝厚主持会议。署领导秦博勇、陈尘肇、张通、袁野、李晓钟和郑振涛出席。8个专题工作组成员参加会议。

1日下午　副审计长孙宝厚在署机关主持召开会议，研究布置第二专题工作组和第四专题工作组有关工作。副审计长陈尘肇出席。两个专题工作组全体人员参加会议。

1日下午　副审计长陈尘肇在署机关主持召开会议，研究审计现场管理、审计机关内部管理制度修订工作。办公厅、机关党委负责同志参加会议。

2日上午　署党组成员、总审计师、机关党委书记李晓钟在署机关主持召开机关党委会。机关党委委员参加会议。

4日上午　党组书记刘家义在署机关主持召开党组会议，传达中央有关文件精神，听取关于细化分配2016年暂列署本级机动经费等项目预算及调整预算和2016年享受政府特殊津贴人选推荐工作专家评议会相关情况的汇报。党组成员孙宝厚、陈尘肇、张通、袁野、郑振涛和李晓钟出席。副审计长秦博勇，总经济师、服务局局长张力，办公厅、政研室、法规司、财政司、人教司、机关党委、驻署纪检组和科研所负责同志列席相关内容的研究。

4日下午　副审计长孙宝厚在署机关主持召开会议，听取8个专题工作组工作进展情况汇报。副审计长陈尘肇、袁野和总审计师李晓钟出席。8个专题工作组负责同志参加会议。

5日上午　陈尘肇和副审计长袁野在署机关召集会议，听取涉企收费审计工作情况汇报。财政司、企业司和各参审特派办负责同志参加会议。

5日下午　副审计长陈尘肇在署机关主持召开会议，听取2016年中央企业领导人员经济责任审计工作情况汇报。企业司和各参审特派办负责同志参加会议。

8日上午　中央经济责任审计工作联席会议办公室主任张通在石家庄市出席河北省党政主要领导同志自然资源资产离任审计试点审计进点会。广州特派办主要负责同志参加会议。

8日上午　副审计长袁野在署机关主持召开会议，听取辽宁、黑龙江和吉林省审计组关于3省稳增长政策跟踪审计情况汇报。财政司、沈阳特派办、哈尔滨特派办和长春特派办主要负责同志参加会议。

9日上午　党组书记刘家义在署机关主持召开党组会议，研究中央有关文件。党组成员孙宝厚、陈尘肇、张通、袁野、郑振涛、李晓钟和刘正均出席会议。

9日下午　副审计长袁野在署机关主持召开会议，听取京津冀特派办、上海特派办和广州特派办经济责任审计有关情况汇报。财政司主要负责同志参加会议。

11日上午　审计署“七一”讲话精神学习交流会暨演讲活动在署机关召开，审计长刘家义出席并讲话。副审计长袁野和总审计师李晓钟出席。财政司和机关党委负责同志及各派出审计局全体在京人员参加大会。

11日下午　副审计长孙宝厚在署机关主持召开会议，传达审计长刘家义关于进一步加强干部人事工作的批示精神，并就有关事项进行研究部署。人教司全体干部参加会议。

16日上午 审计长刘家义列席国务院第144次常务会议。

16日下午 副审计长孙宝厚在署机关主持召开会议，研究落实审计长刘家义关于8个专题工作组有关情况的批示精神。副审计长陈尘肇出席。办公厅、数据司、经责司、人教司、服务局、计算中心、科研所负责同志及8个专题工作组负责同志参加会议。

17日上午 党组书记刘家义在署机关主持召开党组会议，传达国务院常务会议精神，研究有关人事事项及《关于从关爱、聚力、增添正能量上进一步做好老干部服务管理工作的具体措施》等文稿。党组成员孙宝厚、陈尘肇、张通、袁野、李晓钟和郑振涛出席。副审计长秦博勇，办公厅、政研室、法规司、人教司、机关党委、离退休办、驻署纪检组和服务局负责同志列席相关内容的研究。

17日上午 审计长刘家义在署机关主持召开审计长会议，研究《2015年度审计署绩效报告》。署领导孙宝厚、秦博勇、陈尘肇、张通、袁野、李晓钟和郑振涛出席。办公厅、政研室、法规司、人教司、机关党委、驻署纪检组、服务局、科研所负责同志和部分特约审计员列席会议。

17日下午 副审计长陈尘肇在署机关主持召开署基建工作领导小组会议。基建工作领导小组各成员单位负责同志参加会议。

19日至20日 全国卫生与健康大会在京召开，审计长刘家义出席19日召开的第一次、第二次全体会议，副审计长袁野全程参加会议。

19日上午 中央经济责任审计工作联席会议办公室主任张通在署机关会见证监会原主席肖钢，就有关事项进行沟通。金融司主要负责同志参加会见。

19日下午 副审计长陈尘肇在署机关主持召开署保密委员会会议。保密委员会各成员单位主要负责同志参加会议。

22日 2016年度高级审计师资格评审会议在京召开，审计长刘家义，副审计长孙宝厚和陈尘肇出席会议。

22日至23日 副审计长袁野赴贵州省贵阳市出席全国易地扶贫搬迁现场会。农业司负责同志参加会议。

24日上午 审计署党章党规知识竞赛在署机关举办，审计长刘家义出席并讲话。署领导孙宝厚、秦博勇、陈尘肇、张通、袁野、郑振涛和李晓钟出席。总经济师、服务局局长张力，署机关各单位、各派出审计局全体干部职工和特派办在京审计人员在主会场，各特派办、审计干部教育学院干部职工在分会场观看比赛。

24日下午 审计长刘家义列席国务院第145次常务会议。

24日下午 副审计长孙宝厚赴国家行政学院就医疗保险基金审计有关情况进行调研。社保司主要负责同志参加调研。

25日上午 党组书记刘家义在署机关主持召开党组会议，传达学习中央有关文件精神和国务院常务会议精神并研究贯彻落实意见，听取关于中央八项规定精神和纠正“四风”工作要求贯彻落实情况的汇报，研究有关人事事项。党组成员孙宝厚、陈尘肇、张通、袁野和郑振涛出席。副审计长秦博勇，总经济师、服务局局长张力，办公厅、政研室、法规司、财政司、农业司、金融司、企业司、人教司、机关党委和驻署纪检组负责同志列席相关内容的研究。

25日下午 审计长刘家义在京参加党和国家领导人会见第31届奥运会代表团全体成员活动。

25日下午 副审计长陈尘肇在署机关会见国资委主任肖亚庆一行，就有关事项进行沟通。企业司主要负责同志参加会见。

25日下午 副审计长陈尘肇赴海关总署拜会署长于广洲，就有关事项进行沟通。税收司主要负责同志参加会见。

26日 审计署党组2016年第六次专题学习在署机关举办。学习以“深入学习习近平总书记系列重要讲话精神，牢固树立‘四个意识’，坚定‘四个自信’，维护中央权威”为主题。党组书记刘家义主持专题学习，党组成员孙宝厚、陈尘肇、张通、袁野、郑振涛出席并交流学习体会。副审计长秦博勇，总经济师、服务局局长张力，署机关各单位、各派出审计局、在京直属单位主要负责同志和驻署纪检组负责同志列席专题学习。

28日下午 副审计长袁野在京出席国务院有

关专题会议。财政司主要负责同志参加会议。

29日下午 受审计长刘家义委托，副审计长孙宝厚主持召开干部大会，传达学习中央有关文件精神。署领导秦博勇、陈尘肇、张通、袁野、郑振涛出席。署机关各单位、各派出审计局和在京审计的特派办处级以上干部参加大会。

29日下午 副审计长秦博勇在署机关主持召开资源环境审计工作咨询专家聘任会暨领导干部自然资源资产离任审计试点工作座谈会。资环司负责同志和10名受聘专家参加会议。

8月29日至9月1日 纪检组长郑振涛先后赴武汉特派办和长沙特派办进行工作调研。

30日 2016年全国医疗保险基金审计中期汇报会在署机关召开，审计长刘家义出席会议并讲话，副审计长孙宝厚主持会议。社保司和18个特派办主要负责同志参加会议。

30日下午 受署党组委托，副审计长袁野赴民族宗教审计局主持召开全局干部大会，宣布该局主要负责同志职务任免决定。人教司主要负责同志参加会议。

31日上午 副审计长孙宝厚在署机关会见中央军委审计署副审计长刘允喜。人教司主要负责同志参加会见。

31日上午 副审计长袁野在署机关主持召开金审工程三期项目办工作会议。数据司和计算中心主要负责同志参加会议。

31日下午 党组书记刘家义在署机关主持召开党组会议，研究有关文件。党组成员孙宝厚、陈尘肇、张通、袁野、李晓钟、郑振涛和刘正均出席。副审计长秦博勇，总经济师、服务局局长张力，办公厅、政研室、人教司、机关党委和驻署纪检组负责同志列席会议。

9月

1日上午 审计长刘家义列席国务院第146次常务会议。

1日 审计长刘家义出席领导干部自然资源资产离任审计试点中期情况汇报会并作讲话。副审计长秦博勇主持会议。资环司和18个特派办负责同志参加会议。

1日上午 副审计长孙宝厚在署机关主持召开会议，听取10个省（市）审计厅（局）关于2016年医疗保险基金审计工作情况汇报。社保司主要负责同志参加会议。

1日至9日 副审计长袁野在中央党校参加省部级干部总体国家安全观专题研讨班。

1日至14日 审计署2016年度新录用公务员初任培训班在教育学院举办。其间，副审计长孙宝厚、陈尘肇和党组成员、法规司司长刘正均先后为培训班学员授课。

2日上午 中央纪委副书记、监察部部长黄树贤一行到署机关调研署党组履行全面从严治党主体责任情况并进行座谈，审计长刘家义主持座谈会，副审计长孙宝厚和纪检组长郑振涛出席。总经济师、服务局局长张力，办公厅、政研室、财政司、金融司、企业司、人教司、机关党委、资源环保审计局和驻署纪检组负责同志参加座谈会。

2日下午 副审计长孙宝厚在京参加2016年审计专业技术初中高级资格考试审校工作。

5日上午 副审计长孙宝厚在双榆树事业单位办公楼主持召开署离退休干部征求意见座谈会。署离退休干部工作领导小组成员单位主要负责同志参加座谈会。

6日上午 审计长刘家义在京出席第3届中美审计研讨会开幕式并发表主旨演讲，副审计长秦博勇主持开幕式。

7日上午 审计长刘家义列席国务院第147次常务会议。

7日上午 副审计长陈尘肇在署机关主持召开会议，研究企业审计工作。企业司主要负责同志参加会议。

8日上午 教育学院举办审计署2016年度新录用公务员初任培训班暨工程投资审计知识技能提高班等业务培训班专题交流会。审计长刘家义与学员们互动交流并做讲话。副审计长孙宝厚主持会议。政研室、人教司、机关党委、培训中心、教育学院、南京特派办、江苏省审计厅、南京审计大学负责同志及2016年度新录用公务员初任培训班、工程投资审计知识技能提高班、第二期会计与经济基础培训班、第三期计算机审计基础培训班全体学员以及南京审计大学部分师生共600余人参加交流会。

8日下午 审计长刘家义在教育学院就党建工作和干部队伍建设情况进行调研。副审计长孙宝厚和政研室、人教司、机关党委负责同志参加调研。

8日下午 审计长刘家义赴江苏调研审计机关领导班子建设和人财物管理改革试点工作。政研室、人教司和机关党委负责同志参加调研。

8日至9日上午 副审计长秦博勇在署机关主持召开会议，听取地方审计机关关于领导干部自然资源资产离任审计试点中期情况汇报。资环司及各省、自治区、直辖市和计划单列市、新疆生产建设兵团审计（厅）局负责同志参加会议。

8日至9日 中央经济责任审计工作联席会议办公室主任张通赴江西南昌出席2016年度审计宣传通联工作会议（东片区）并做调研。报社和出版社主要负责同志参加会议和调研活动。

9日下午 根据中央保密委员会办公室、国家保密局的工作安排，审计长刘家义，副审计长秦博勇、陈尘肇，纪检组长郑振涛，党组成员、法规司司长刘正均分别参加保密教育轮训。

12日上午 贯彻落实全国党委秘书长会议精神研讨班在署机关举办。审计长刘家义出席研讨班并讲话。副审计长陈尘肇主持研讨。署机关各单位、各派出审计局、各直属单位主要负责同志，各特派办分管办领导及办公室主任参加研讨班。

12日上午 副审计长孙宝厚在京出席中国注册会计师协会会长会议。

12日 副审计长秦博勇在京出席民建中央常委会会议。

13日下午 党组书记刘家义在署机关主持召开党组会议，听取驻署纪检组有关情况的汇报，研究有关人事事项和《审计署司处级国家工作人员宪法宣誓组织办法》等文稿。党组成员孙宝厚、陈尘肇、张通、李晓钟、郑振涛和刘正均出席。副审计长秦博勇，总经济师、服务局局长张力，办公厅、政研室、人教司、机关党委和驻署纪检组负责同志列席相关内容的研究。

14日上午 审计长刘家义列席国务院第148次常务会议。

14日下午 中央全面深化改革领导小组办公室常务副主任穆虹一行来署机关调研自然资源资产离任审计试点情况并进行座谈，审计长刘家义主持座谈会。副审计长秦博勇和政研室、资环司负责同志参加座谈会。

18日上午 审计长刘家义出席国务院首次举行的宪法宣誓仪式，副审计长秦博勇参加宣誓。

18日至30日 副审计长秦博勇作为国务院第十督查组副组长，赴广东省和海南省开展国务院第三次大督查。

19日上午 中央经济责任审计工作联席会议办公室主任张通在教育学院出席2016年收费公路资金管理使用情况审计培训班开班式。投资司主要负责同志参加开班式。

20日上午 党组书记刘家义在署机关主持召开党组会议，传达中央有关文件精神，研究有关人事事项。党组成员孙宝厚、陈尘肇、张通、袁野、李晓钟、郑振涛和刘正均出席。总经济师、服务局局长张力，人教司、机关党委和驻署纪检组负责同志列席相关内容的研究。

20日上午 审计长刘家义在署机关主持召开审计长会议，研究《全国医疗保险基金审计省级审计机关项目考核办法》《“十三五”国家审计信息化发展指导意见》等文稿，听取关于调整部分业务用房等情况的汇报。署领导孙宝厚、陈尘肇、张通、袁野、李晓钟、郑振涛和刘正均出席。总经济师、服务局局长张力，政研室、数据司、社保司、国际司、人教司和计算中心主要负责同志列席相关内容的研究。

20日下午 副审计长陈尘肇在署机关主持召开会议，研究部署全国审计工作会议筹备工作。办公厅、政研室、法规司、服务局、计算中心、科研所、报社、出版社、培训中心负责同志参加会议。

20日晚 审计长刘家义在京会见泰国国家审计委员会主席猜西·达初坦一行。

21日上午 审计长刘家义在署机关主持召开审计法修订工作领导小组第三次会议，总审计师李晓钟和党组成员、法规司司长刘正均出席。领导小组成员单位主要负责同志参加会议。

21日上午 副审计长陈尘肇在国务院小礼堂参加全国推行“双随机一公开”监管工作电视电话会议。

21日下午 副审计长孙宝厚和陈尘肇在署机关出席审计署2015—2016年度重点科研课题结项

评审会议。

21 日下午 副审计长陈尘肇在署机关主持召开署基建工作领导小组会议。办公厅、机关党委、服务局和计算中心负责同志参加会议。

22 日上午 国家保密局检查组一行到署机关检查保密自查自评工作落实情况并进行座谈，副审计长陈尘肇出席。办公厅和计算中心主要负责同志参加座谈。

22 日上午 中央经济责任审计工作联席会议办公室主任张通赴四川成都出席 2016 年度审计宣传通联工作会议（西片区）。报社和出版社主要负责同志参加会议。

22 日下午 审计长刘家义到科研所调研并进行座谈。

23 日上午 审计署首次宪法宣誓仪式在署机关举行。审计长刘家义监誓，副审计长孙宝厚主持宣誓仪式。署领导陈尘肇、张通、李晓钟、郑振涛和刘正均出席。署机关各单位、各派出审计局、各特派员办事处和各直属单位主要负责同志参加宣誓仪式。2016 年以来署党组任命的署机关、派出局、特派办和直属单位的 60 名司、处级干部依法进行宣誓。

23 日 审计署党组 2016 年第七次专题学习在署机关举行。学习以“强化党内巡视工作，更加严格党的纪律与规矩”为主题。党组书记刘家义主持专题学习，党组成员孙宝厚、陈尘肇、张通、李晓钟、郑振涛和刘正均出席。署机关各单位、各派出审计局、各特派员办事处和各直属单位主要负责同志列席专题学习。

26 日上午 副审计长孙宝厚赴中央纪委机关出席有关专题座谈会。办公厅主要负责同志参加座谈会。

26 日至 30 日 副审计长陈尘肇率中国审计代表团应邀对罗马尼亚审计院进行访问。

26 日至 30 日 署党组成员、法规司司长刘正均率中国审计代表团，赴马其顿斯科普里参加欧洲审计组织环境审计工作组第 14 次年度会议。

27 日上午 审计长刘家义在署机关听取扶贫资金审计工作情况汇报，副审计长袁野出席。数据司、财政司、农业司及参审特派办主要负责同志参加会议。

27 日上午 副审计长孙宝厚在署机关主持召开署离退休干部工作领导小组会议。署离退休干部工作领导小组成员单位负责同志参加会议。

27 日上午 总审计师李晓钟带队，组织在京各单位党员干部代表赴军事博物馆参观纪念红军长征胜利 80 周年主题展览。

9 月 27 日至 10 月 1 日 纪检组长郑振涛率中国审计代表团，赴德国参加世界审计组织反腐败反洗钱工作组会议。

28 日上午 副审计长孙宝厚赴环境保护部出席国务院环境保护督察工作领导小组会议。资环司负责同志参加会议。

29 日上午 审计长刘家义在京参加学习《胡锦涛文选》报告会。

29 日上午 副审计长孙宝厚在署机关出席《编制自然资源资产负债表与生态环境损害责任终身追究制研究》课题组研究情况汇报会。

30 日下午 副审计长孙宝厚、袁野和总审计师李晓钟分别参加保密教育轮训。

30 日晚 审计长刘家义在人民大会堂出席国务院举行的庆祝中华人民共和国成立六十七周年国庆招待会。

10 月

8 日下午 审计长刘家义列席国务院第 149 次常务会议。

9 日上午 副审计长孙宝厚在署机关会见广东省常务副省长徐少华一行，就广东省审计机关人财物管理改革试点工作进行会谈。政研室和人教司主要负责同志参加会见。

9 日上午 副审计长袁野在署机关出席扶贫审计动员会。各扶贫审计组全体成员参加会议。

10 日上午 审计长刘家义在京出席全国国有企业党的建设工作会议。

10 日上午 副审计长秦博勇在教育学院出席外资审计人员工程投资审计基础班开班仪式并讲话。

10 日上午 副审计长陈尘肇在署机关会见中国石油天然气集团公司总会计师刘跃珍一行，就有关审计事项进行会谈。企业司主要负责同志参加会见。

10 日上午 中央经济责任审计工作联席会议

办公室主任张通在署机关会见河北省常务副省长袁桐利一行，就有关审计事项进行会谈。广州特派办和资环司负责同志参加会见。

10日上午 副审计长袁野在署机关会见国家质量监督检验检疫总局副局长吴清海一行，就有关审计事项进行会谈。财政司、经济执法审计局和旅游侨务审计局负责同志参加会见。

10日下午 审计长刘家义在京会见越南审计署副审计长黄洪乐一行。国际司主要负责同志参加会见。

11日上午 党组书记刘家义在署机关主持召开党组会议，传达学习国务院常务会议精神，研究有关人事事项。党组成员孙宝厚、陈尘肇、张通、袁野、李晓钟、郑振涛和刘正均出席。副审计长秦博勇，总经济师、服务局局长张力，办公厅、政研室、法规司、人教司、机关党委和驻署纪检组负责同志列席相关议题的研究。

11日上午 副审计长秦博勇在署机关会见越南审计署副审计长黄洪乐一行。

11日上午 中央经济责任审计工作联席会议办公室主任张通在署机关会见河北省省长张庆伟一行，就有关审计事项进行会谈。广州特派办和资环司负责同志参加会见。

11日下午 副审计长陈尘肇在署机关会见哈尔滨电气集团公司董事长斯泽夫一行，就有关审计事项进行会谈。企业司主要负责同志参加会见。

12日上午 审计署召开干部推荐大会，署领导刘家义、孙宝厚、秦博勇、陈尘肇、张通、袁野、李晓钟、郑振涛和刘正均及退出领导班子的董大胜、石爱中和李勇库出席会议。总经济师、服务局局长张力，署机关各单位、各派出局司局级干部，各特派办和各直属单位主要负责同志参加会议。

12日下午 副审计长陈尘肇赴国资委，与该委副主任孟建民就有关事项进行会谈。企业司主要负责同志参加会谈。

13日上午 中央第二巡视组向党组书记、审计长刘家义反馈巡视情况会议在署机关召开。中央巡视工作领导小组负责同志，中央第二巡视组部分成员出席会议。

13日上午 中央第二巡视组专项巡视审计署党组情况反馈会议在署机关召开。审计长刘家义主持会议并代表署党组作表态发言。中央巡视工作领导小组负责同志，中央第二巡视组有关成员，署党组成员孙宝厚、陈尘肇、张通、袁野、李晓钟、郑振涛和刘正均出席。总经济师、服务局局长张力，署机关各单位、各派出审计局、各特派员办事处、各直属单位主要负责人，在京的各单位司局级干部列席会议。各特派办、教育学院、博物馆其他处级以上干部在分会场参加会议。

13日下午 党组书记刘家义在署机关主持召开党组会议，传达学习中央有关文件精神，研究部署巡视整改工作，研究有关人事事项。党组成员孙宝厚、陈尘肇、张通、袁野、李晓钟、郑振涛和刘正均出席。副审计长秦博勇，总经济师、服务局局长张力，办公厅、政研室、人教司、机关党委和驻署纪检组负责同志列席相关议题的研究。

13日下午 副审计长孙宝厚在署机关主持召开2016年全国审计专业技术资格考试巡视工作会议。人教司主要负责同志及参加巡考工作的同志参加会议。

13日下午 受署党组委托，副审计长袁野在行政司宣布该司主要负责同志任免决定。行政司全体同志参加会议。

13日至19日 副审计长秦博勇率中国审计代表团赴印度参加第23届中印审计研讨会，并出席亚洲审计组织环境审计委员会第6次研讨会暨第5次工作会议。

14日上午 审计长刘家义列席国务院第150次常务会议。

14日上午 副审计长袁野在署机关出席债务审计座谈会。财政部、发展改革委、人民银行、银监会有关人员参加座谈会。

14日下午 副审计长孙宝厚在署机关出席科研所青年干部读书会，并与大家交流读书体会。科研所全体同志参加读书会。

14日下午 副审计长陈尘肇参加企业司党支部的专题学习。

14日下午至16日 审计长刘家义赴新疆维吾尔自治区和新疆生产建设兵团调研。调研期间，分别与自治区审计干部、审计署挂职援疆干部和双向交流干部进行座谈。办公厅和人教司主要负责同志参加调研。

17日下午 审计长刘家义看望原中央顾问委员会委员、审计长于明涛同志，并送去中共中央、中央军委颁发的“中国工农红军长征胜利 80 周年”纪念章。

17日下午 副审计长陈尘肇在署机关主持召开会议，研究有关企业经济责任审计报告，并对相关审计信息进行会审。法规司、企业司和经责司负责同志参加会议。

17日至27日 2016 年非洲英语国家部级审计官员研讨班在教育学院举办。审计长刘家义出席开班式并作题为《中国审计理论与实践》的主题演讲。其间，署领导孙宝厚、秦博勇、陈尘肇、张通和李晓钟分别为学员做专题讲座。

18日下午 审计长刘家义参加国务院振兴东北经济座谈会。

18日下午 受署党组委托，副审计长陈尘肇赴上海特派办宣布该办主要负责同志任免决定。人教司负责同志参加会议。

19日上午 审计长刘家义列席国务院第 151 次常务会议。

19日上午 副审计长陈尘肇赴中共审计署党校，为处级党员干部进修班学员授课。

20日上午 党组书记刘家义在中共审计署党校为中央党校中央国家机关分校 2016 年秋季学期中共审计署党校处级干部进修班和教育学院外资审计人员工程投资审计基础等业务培训班学员讲授专题党课。南京特派办、审计署党校和教育学院负责同志聆听党课。

20日上午 受审计长刘家义委托，副审计长陈尘肇赴南京审计大学出席“中国政府审计奖学金项目”审计专业硕士班开学典礼并致辞。

21日上午 审计长刘家义在京出席纪念中国工农红军长征胜利80周年大会。

21日下午 党组书记刘家义在署机关主持召开党组会议，传达国务院常务会议精神，研究有关人事事项和《中共审计署党组关于印发中央专项巡视反馈意见整改方案的通知》等文稿。党组成员孙宝厚、陈尘肇、张通、袁野、李晓钟、郑振涛和刘正均出席。副审计长秦博勇，总经济师、服务局局长张力，办公厅、政研室、人教司、机关党委和驻署纪检组负责同志列席相关议题的研究。

22日至27日 总审计师李晓钟率中国审计代表团赴印度尼西亚出席世界审计组织环境审计工作组第 17 届大会。

24日至25日 中央经济责任审计工作联席会议办公室主任张通赴教育学院出席金融审计高级研讨班。金融司主要负责同志参加研讨班。

24日至27日 审计长刘家义在京出席中国共产党第十八届中央委员会第六次全体会议。

25日下午 副审计长袁野在京出席纪念我国恢复在联合国合法席位 45 周年招待会。

26日上午 副审计长孙宝厚在署机关主持召开会议，专题研究中央专项巡视整改有关工作。署领导陈尘肇、郑振涛和刘正均出席。办公厅、政研室、机关党委负责同志参加会议。

26日下午 副审计长孙宝厚在署机关出席《审计硕士专业学位授权点申请基本条件》研讨会。人教司主要负责同志及有关专家参加研讨会。

26日至27日 中央经济责任审计工作联席会议办公室主任张通赴江苏省南京、无锡调研经济责任审计工作。中央经济责任审计工作联席会议部分成员单位的同志和经责司主要负责同志参加调研。

28日上午 传达党的十八届六中全会精神暨进一步推进中央专项巡视整改工作会议在署机关召开。审计长刘家义出席会议并讲话。署领导孙宝厚、秦博勇、陈尘肇、张通、袁野、李晓钟、郑振涛和刘正均出席。署机关各单位、各派出审计局、在京各直属单位全体干部，各特派办在京参加审计的同志在署机关主会场，各特派办和教育学院其他同志在分会场参加会议。

28日下午 党组书记刘家义在署机关主持召开党组会议，传达学习中央有关文件和党的十八届六中全会精神。党组成员孙宝厚、陈尘肇、张通、袁野、李晓钟、郑振涛、李晓钟和刘正均出席。副审计长秦博勇，总经济师、服务局局长张力，办公厅、政研室、人教司、机关党委和驻署纪检组负责同志列席相关议题。

30日下午 副审计长孙宝厚赴教育学院为 2016 年度高级审计师研修班学员授课。

31日上午 审计长刘家义列席国务院第 152 次常务会议。副审计长秦博勇作为国务院第三次大督查第 10 组副组长列席相关议题。

31日上午 受党组书记刘家义委托，党组成员、副审计长孙宝厚在署机关主持召开党组会议，传达学习党的十八届六中全会精神。党组成员陈尘肇、张通、袁野、李晓钟和刘正均出席。总经济师、服务局局长张力，办公厅、政研室、人教司、机关党委和驻署纪检组负责同志列席会议。

31日下午 纪检组长郑振涛出席中央纪委机关组织的传达党的十八届六中全会精神会议。驻署纪检组司局级干部参加会议。

11月

1日上午 审计长刘家义在署机关会见印尼审计委员会委员艾迪·索帕迪一行。副审计长秦博勇参加会见。

1日上午 审计长刘家义主持召开审计宣传工作座谈会，署领导陈尘肇、张通、李晓钟出席。报社和出版社班子成员参加座谈会。总经济师、服务局局长张力，办公厅、政研室、法规司、人教司、机关党委、科研所负责同志列席座谈会。

1日下午 副审计长孙宝厚在署机关主持召开会议，专题研究培训中心编制和职能调整事宜。副审计长陈尘肇和总审计师李晓钟出席。办公厅、政研室、人教司和培训中心主要负责同志参加会议。

2日上午 受署党组委托，副审计长孙宝厚在培训中心全体干部大会上，宣布培训中心有关职能和编制调整的决定。副审计长陈尘肇出席。办公厅、人教司主要负责同志参加会议。

2日上午 副审计长陈尘肇在署机关参加济南特派办分党组关于中央专项巡视整改专题民主生活会。

2日下午 审计长刘家义在京参加学习贯彻党的十八届六中全会精神中央宣讲团动员会。

2日至4日 审计署党组中心组2016年第三季度学习（扩大会）在署机关召开。学习会以“学习贯彻党的十八届六中全会精神，严肃党内政治生活，深化党内监督，切实加强审计署党的建设”为主题，深入学习习近平总书记在党的十八届六中全会上的讲话、《关于新形势下党内政治生活的若干准则》《中国共产党党内监督条例》等内容。党组书记刘家义主持学习会并作动员讲话。党组成员孙宝厚、陈尘肇、张通、袁野、李晓钟、郑振涛和刘正均出席，副审计长秦博勇，总经济师、服务局局长张力，署机关各单位、各派出审计局、各特派员办事处、各直属单位副司局级党员干部和综合部门处级党员干部参加学习会。

3日下午 总审计师李晓钟在署机关会见审计署定点帮扶县贵州省丹寨县委书记、县长一行。农业司和机关党委负责同志参加会见。

4日上午 审计长刘家义在京参加学习贯彻党的十八届六中全会精神中央宣讲团首场宣讲报告会。

4日上午 副审计长袁野在人民大会堂出席中国宋庆龄基金会第七届理事会第一次会议。

4日下午 审计署召开全国审计机关学习宣传贯彻落实党的十八届六中全会和习近平总书记重要讲话精神视频会议，审计长刘家义出席会议并讲话。署领导孙宝厚、秦博勇、陈尘肇、张通、袁野、李晓钟、郑振涛和刘正均出席。署老领导吕培俭、王道成、翟熙贵、安国，总经济师、服务局局长张力，署机关各单位、各派出审计局、在京直属单位，驻署纪检组全体干部，各特派员办事处司局级干部，在京参加审计的特派办审计人员在主会场；各省、自治区、直辖市和计划单列市、新疆生产建设兵团审计厅（局）以及有视频转播条件的市、县级审计机关全体干部，各特派员办事处和教育学院其他同志，在分会场参加会议。

4日下午 副审计长袁野在署机关参加农业司党支部专题民主生活会。农业司党支部全体党员参加会议。

4日下午 党组成员、机关党委书记、总审计师李晓钟在署机关主持召开机关党委会。机关党委委员参加会议。

4日至6日 按照中央统一安排，中央宣讲团成员、审计署党组书记、审计长刘家义，赴重庆市和四川省对党的十八届六中全会精神做宣讲解读。

7日上午 中央经济责任审计工作联席会议办公室主任张通在署机关出席经济责任审计突破能力提高班开班仪式。经责司主要负责同志参加开班式。

7日至25日 审计署学习贯彻党的十八届六

中全会精神专题培训班在中共审计署党校举办，培训班共分 3 期，分别由署领导李晓钟、张通和孙宝厚带队并担任临时党支部书记，共 1600 名处级及以上党员干部参加培训。

8 日上午 审计长刘家义在京出席中央国家机关工委学习宣传贯彻党的十八届六中全会精神动员部署会暨贯彻落实全面从严治党要求党组（党委）书记座谈会，并作交流发言。

8 日上午 副审计长孙宝厚在京出席中国注册会计师协会第五届常务理事会第四次会议。

8 日上午 总审计师李晓钟在人民大会堂出席中央国家机关学习党的十八届六中全会精神动员会。机关党委负责同志参加会议。

9 日上午 审计长刘家义在署机关主持召开省以下地方审计机关人财物管理改革试点工作座谈会。副审计长孙宝厚和纪检组长郑振涛出席。7 个试点省（市）审计厅（局）和陕西省审计厅主要负责同志参加座谈。办公厅、政研室、法规司、数据司和人教司负责同志列席座谈会。

9 日 副审计长袁野出席全国人大常委会预算工作委员会关于 2015 年度审计查出突出问题整改情况的调研座谈会。财政司和农业司负责同志参加座谈会。

9 日至 24 日 审计署党组学习贯彻党的十八届六中全会精神专题学习讨论会在署机关召开，讨论会共分 12 个专题，每次讨论会由 1 名党组成员、2 名相关单位负责人和 1 名党员代表分别做专题发言，其他同志谈感想体会。学习讨论会由党组书记刘家义主持。

10 日上午 党组书记刘家义在署机关主持召开党组会议，研究有关人事事项和《中共审计署党组关于学习宣传贯彻党的十八届六中全会精神的报告》。党组成员孙宝厚、陈尘肇、张通、袁野、李晓钟、郑振涛和刘正均出席。副审计长秦博勇，总经济师、服务局局长张力，办公厅、政研室、人教司、机关党委和驻署纪检组负责同志列席相关议题的研究。

10 日上午 副审计长孙宝厚在署机关主持召开会议，专题研究审计署编制 2017 年中央文件和党内法规制定计划事宜。副审计长陈尘肇和党组成员、法规司司长刘正均出席。办公厅、政研室、人教司和机关党委负责同志参加会议。

11 日上午 审计长刘家义在人民大会堂参加纪念孙中山先生诞辰 150 周年大会。

11 日上午 副审计长孙宝厚在京出席 2016 年高级审计师资格考试阅卷工作会议。

14 日上午 中央国家机关工委在人民大会堂举办中央国家机关改革发展大讲堂——学习贯彻党的十八届六中全会精神第二场辅导报告会。审计长刘家义就《关于新形势下党内政治生活的若干准则》作专题辅导。

14 日下午 审计长刘家义参加国务院经济形势座谈会。

14 日 受审计长刘家义委托，中央经济责任审计工作联席会议办公室主任张通赴教育学院出席亚洲审计组织绩效审计培训班开幕式并致辞。来自亚洲 32 个国家最高审计机关的 40 名代表参加培训。

14 日至 18 日 副审计长陈尘肇在中央党校参加第 2 期省部级干部学习“两部党内法规”专题研讨班。

15 日 审计长刘家义列席国务院第 153 次、第 154 次常务会议。

16 日上午 审计长刘家义在署机关主持召开审计长会议，研究《审计署 2017 年度统一组织审计项目计划（草案）》，对《审计署机关会议管理规定》《审计机关公文处理规定》《异地延伸审计交通费管理办法（试行）》《审计现场管理办法》等制度进行修订。署领导孙宝厚、秦博勇、袁野、李晓钟和郑振涛出席。总经济师、服务局局长张力，办公厅、政研室、法规司、人教司、机关党委、驻署纪检组、科研所负责同志和部分特约审计员列席相关议题的研究。

16 日上午 审计长刘家义在署机关主持召开审计业务会议，研究有关文稿。署领导孙宝厚、秦博勇、袁野、李晓钟和郑振涛出席。总经济师、服务局局长张力，办公厅、政研室、法规司、数据司、财政司、税收司、投资司、企业司、境外司、经责司和科研所负责同志列席相关议题的研究。

16 日下午 审计长刘家义在京参加国务院专题会议。

17 日上午 审计长刘家义在署机关主持召开审计长会议，研究《领导干部自然资源资产离任审计暂行规定》。署领导孙宝厚、秦博勇、袁野、李晓钟和郑振涛出席。总经济师、服务局局长张力，办公厅、政研室、法规司、数据司、财政司、行政司、教科司、农业司、投资司、资环司、金融司、企业司、外资司、境外司、经责司、人教司和科研所负责同志列席会议。

17日上午 审计长刘家义在署机关主持召开审计业务会议，研究《领导干部自然资源资产离任审计试点情况报告》等文稿。署领导孙宝厚、秦博勇、袁野、李晓钟和郑振涛出席。总经济师、服务局局长张力，办公厅、政研室、法规司、数据司、财政司、资环司、社保司、经责司和科研所负责同志列席相关议题的研究。

17日下午 审计长刘家义参加国务院能源发展改革工作推进会议。

17日至18日 副审计长秦博勇赴审计署对口支援县江西赣州市会昌县调研。其间，出席由审计署、江西省审计厅、赣州市审计局共同捐资设立的“审爱助学金”2016年度发放仪式。办公厅和江西省审计厅负责同志参加上述活动。

18日上午 审计署召开专题宣讲会，审计长刘家义为离退休干部宣讲党的十八届六中全会精神。副审计长孙宝厚主持会议。

21日上午 审计长刘家义在署机关主持召开会议，专题听取中央专项巡视整改情况汇报。署领导秦博勇、陈尘肇、张通、袁野、李晓钟和郑振涛出席。署巡视整改工作领导小组成员参加会议。

21日下午 副审计长袁野在署机关主持召开会议，研究部署所分管单位进一步推进中央专项巡视发现问题整改工作。数据司、财政司、农业司、税收司、教科司、行政司、计算中心和各派出局主要负责同志参加会议。

22日上午 党组书记刘家义在署机关主持召开党组会议，研究有关人事事项和《审计署2015—2018年领导班子建设规划（修订稿）》《审计署关于贯彻落实干部选拔任用工作纪实制度的意见》和《审计署2017年度外事工作计划（草案）》等文稿。党组成员陈尘肇、张通、袁野、李晓钟和郑振涛出席。副审计长秦博勇，办公厅、政研室、法规司、国际司、人教司、机关党委和驻署纪检组负责同志列席相关议题的研究。

22日上午 审计长刘家义在署机关主持召开审计长会议，研究《2017年地方审计机关应重点抓好的主要工作任务》和《审计署怀柔干部培训基地改革试点工作实施方案》等文稿。署领导秦博勇、陈尘肇、张通、袁野、李晓钟和郑振涛出席。办公厅、政研室、法规司、人教司、机关党委、服务局和科研所负责同志列席相关议题的研究。

23日上午 审计长刘家义列席国务院第155次常务会议。

23日上午 副审计长陈尘肇在署机关主持召开署保密委会议。署保密委成员参加会议。

25日上午 审计长刘家义出席办公厅学习贯彻党的十八届六中全会精神、“两学一做”学习教育活动开展情况督导调研进点会。“两学一做”学习教育督导组成员和办公厅全体党员干部参加会议。

25日上午 副审计长陈尘肇在署机关参加企业司党支部学习贯彻党的十八届六中全会精神、“两学一做”学习教育活动开展情况督导调研进点会。“两学一做”学习教育督导组成员和企业司全体党员干部参加会议。

26日 党组书记刘家义在署机关主持召开审计署党组中央专项巡视整改专题民主生活会，党组成员孙宝厚、陈尘肇、张通、袁野、李晓钟、郑振涛和刘正均出席。副审计长秦博勇，署巡视整改工作领导小组成员列席会议。中央纪委机关、中央组织部、中央巡视办有关同志到会指导。

26日上午 总审计师李晓钟在署机关主持召开巡视工作领导小组办公室会议。巡视工作领导小组办公室成员参加会议。

28日上午 副审计长袁野参加财政司党支部学习贯彻党的十八届六中全会精神、“两学一做”学习教育活动开展情况督导调研进点会。“两学一做”学习教育督导组成员和财政司全体党员干部参加会议。

28日上午 党组成员、总审计师、机关党委书记李晓钟在署机关主持召开机关党委会。机关党委委员参加会议。

29日下午 审计长刘家义列席国务院第156次常务会议。

29日下午 副审计长袁野在署机关参加财政

司党支部专题民主生活会。财政司党支部全体成员参加会议。

12 月

1 日下午 党组书记刘家义在署机关主持召开党组会议，研究有关人事事项和《中共审计署党组关于进一步认真学习贯彻党的十八届六中全会精神深化“两学一做”学习教育的意见》《审计署党风廉政建设领导小组关于进一步完善署有关职能部门中央纪委驻审计署纪检组议事协调机制的意见》等文稿。党组成员孙宝厚、陈尘肇、张通、袁野、李晓钟和郑振涛出席。副审计长秦博勇，总经济师、服务局局长张力，办公厅、政研室、法规司、经责司、人教司、机关党委、驻署纪检组、报社和出版社负责同志列席相关议题的研究。

1 日至 2 日 审计署 2016 年保密工作培训班在署机关举办，审计长刘家义出席开班式并讲话。开班式上中央保密委员会、国家保密局负责同志应邀作专题讲座。署领导孙宝厚、秦博勇、陈尘肇、张通、袁野、李晓钟和郑振涛出席。署机关各单位、各派出审计局、在京各直属单位副司局级以上干部及保密培训班学员参加开班式。

2 日上午 2016 年保障性安居工程跟踪审计视频培训班在署机关举办，副审计长孙宝厚出席培训班并讲话。社保司全体人员在主会场，各省、自治区、直辖市和计划单列市、新疆生产建设兵团审计厅（局）主要负责同志、分管负责同志、项目主审和其他参审人员在分会场参加培训。

2 日上午 总审计师李晓钟在京参加中央国家机关工委专题会议。机关党委负责同志参加会议。

2 日下午 党组书记刘家义在署机关主持召开党组会议，研究有关人事事项和《关于审计工作的汇报提纲》《审计署关于贯彻落实国家“十三五”规划纲要分工任务的实施方案》等文稿。党组成员孙宝厚、陈尘肇、张通、袁野、李晓钟和郑振涛出席。副审计长秦博勇，总经济师、服务局局长张力，办公厅、政研室、法规司、财政司、农业司、资环司、企业司、境外司、经责司、人教司、机关党委和驻署纪检组负责同志列席相关议题的研究。

2 日下午 审计长刘家义在署机关主持召开审计业务会议，研究《2016 财政审计年度审计总体方案》。署领导孙宝厚、秦博勇、陈尘肇、张通、袁野、李晓钟和郑振涛出席。总经济师、服务局局长张力，办公厅、政研室、法规司、数据司、财政司和科研所负责同志列席会议。

4 日至 12 日 世界审计组织主席、审计长刘家义率中国审计代表团赴阿拉伯联合酋长国首都阿布扎比主持召开世界审计组织第 22 届大会及理事会第 68、69 次会议。其间，审计长刘家义获颁阿拉伯联合酋长国一级独立勋章。

5 日上午 总审计师李晓钟在署机关主持召开“开展学习贯彻党的十八届六中全会精神、深入推进‘两学一做’学习教育督导调研”工作动员会。督导组全体成员参加动员会。

5 日下午 受审计长刘家义委托，副审计长孙宝厚和陈尘肇列席中央全面深化改革领导小组第 30 次会议。

5 日至 8 日 中央经济责任审计工作联席会议办公室主任张通赴上海市、广东省深圳市对部分金融机构和金融审计工作进行调研。金融司主要负责同志参加调研。

6 日 副审计长袁野在中共审计署党校为处级干部进修班学员讲党课并与教科文卫审计研讨班学员座谈。

6 日下午 副审计长陈尘肇在署机关主持召开署公车改革领导小组会议。办公厅、财政司、人教司和服务局负责同志参加会议。

7 日上午 受审计长刘家义委托，副审计长孙宝厚在京参加全国高校思想政治工作会议。

7 日下午 受审计长刘家义委托，副审计长孙宝厚列席国务院第 157 次常务会议。

7 日下午 副审计长袁野在署机关主持召开会议，研究 2016 年度财政审计工作方案。办公厅、财政司、税收司、农业司和资环司主要负责同志参加会议。

8 日下午 副审计长孙宝厚在署机关主持召开会议，听取 8 个专题工作组工作开展情况的汇报。署领导秦博勇、陈尘肇和袁野出席。8 个专题工作组负责同志参加会议。

9 日下午 受党组书记刘家义委托，党组成员、副审计长孙宝厚在署机关主持召开党组会议，传达中央有关文件精神。党组成员陈尘肇、袁野、李晓钟和郑振涛出席会议。

9日下午 副审计长陈尘肇在署机关主持召开内审协会脱钩工作组会议。办公厅、法规司、财政司、国际司、人教司、机关党委、服务局和内审协会负责同志参加会议。

10日上午 纪检组长郑振涛参加中央纪委召开的部分纪检组长座谈会。

11日下午、15日下午、17日下午和20日下午 副审计长陈尘肇先后到中国铁道建筑总公司、中国铁路工程总公司、中国电力建设集团有限公司、中国中钢集团公司和中国有色矿业集团有限公司审计组驻地看望审计人员并对审计组党建、廉政、保密、安全等情况进行调研。企业司主要负责同志参加调研。

12日下午 党组书记刘家义在署机关主持召开党组会议，研究有关文稿。党组成员孙宝厚、陈尘肇、张通、袁野、李晓钟和郑振涛出席。副审计长秦博勇，办公厅、政研室、人教司、机关党委和驻署纪检组负责同志列席会议。

13日下午 副审计长孙宝厚在署机关为在京分管单位党员干部讲党课。社保司、人教司、离退休办和培训中心（宣传中心）全体党员干部聆听党课。

13日下午 副审计长陈尘肇在署机关主持召开审计署省部级干部住房清理领导小组会议。办公厅、人教司、离退休办和服务局负责同志参加会议。

14日至16日 审计长刘家义在京参加中央经济工作会议。

14日上午 副审计长袁野在署机关会见澳门特别行政区审计署代表团。数据司、国际司和计算中心负责同志参加会见。

14日下午 副审计长孙宝厚在署机关出席科研所专业技术职务聘任专家评审会。

14日下午 副审计长袁野在署机关主持召开会议，部署预算执行审计工作。财政司和各派出审计局主要负责同志参加会议。

15日下午 副审计长孙宝厚在署机关出席科研所博士后出站答辩会。

16日上午 副审计长陈尘肇在署机关主持召开署社会综合治理领导小组会议。总审计师李晓钟出席。署社会综合治理领导小组各成员单位负责同志参加会议。

16日上午 中央经济责任审计工作联席会议办公室主任张通在署机关为分管单位党员干部讲党课。投资司、金融司、经责司、报社和出版社全体党员干部聆听党课。

16日上午 副审计长袁野在署机关会见国家保密局调研组一行并进行座谈。办公厅、数据司和计算中心主要负责同志参加会见和座谈。

16日上午 副审计长袁野在署机关主持召开扶贫审计座谈会。各扶贫审计组和农业司负责同志参加座谈会。

16日下午 党组书记刘家义在署机关主持召开党组会议，传达中央经济工作会议精神，听取关于8个专题组制度修订和2016年组织地方审计机关审计工作经费支付建议等情况的汇报，研究有关人事事项和《中共审计署党组2016年度工作总结》《中共审计署党组2016年度民主生活会实施方案》等文稿。党组成员孙宝厚、陈尘肇、张通、袁野、李晓钟和郑振涛出席。副审计长秦博勇，总经济师、服务局局长张力，办公厅、政研室、法规司、人教司、机关党委、驻署纪检组负责同志和部分特约审计员列席相关议题的研究。

16日下午 审计长刘家义在署机关主持召开审计长会议，研究《全国审计工作会议方案》。署领导孙宝厚、秦博勇、陈尘肇、张通、袁野、李晓钟和郑振涛出席。总经济师、服务局局长张力，办公厅、政研室、法规司、企业司、境外司、经责司、国际司、人教司、机关党委、服务局、计算中心和科研所负责同志列席会议。

18日上午 副审计长孙宝厚在中共审计署党校为处级干部进修班学员讲党课。

19日上午 副审计长孙宝厚在教育学院为2016年度第二期审计组组长、主审案例培训班学员授课。

19日下午 党组书记刘家义在署机关主持召开党组会议，传达中央经济工作会议精神，研究有关人事事项和《中共审计署党组2016年度工作总结》《中共审计署党组关于2016年度干部选拔任用工作情况报告》等文稿。党组成员孙宝厚、陈尘肇、张通、李晓钟和郑振涛出席。副审计长秦博勇，总经济师、服务局局长张力，办公厅、政研室、法规司、人教司、机关党委、驻署纪检组负责同志列席相关议题的研究。

19日至20日 副审计长袁野在京参加中央农村工作会议。

20日上午、22日上午 党组书记刘家义在署机关主持召开座谈会，分别与署机关、派出局、直属单位和特派办党员、群众代表座谈，听取他们对署党组和党组成员工作的意见建议。党组成员孙宝厚、陈尘肇、袁野、李晓钟和郑振涛出席。副审计长秦博勇，总经济师、服务局局长张力，办公厅、政研室、人教司、机关党委、驻署纪检组负责同志参加座谈会。

20日下午 副审计长陈尘肇在署机关主持召开分管单位青年干部座谈会。办公厅、政研室、企业司、服务局和科研所等单位部分青年干部参加座谈会。

21日上午 审计长刘家义列席国务院第158次常务会议。

22日 大数据审计研讨班在署机关举办，审计长刘家义出席并讲话。署领导孙宝厚、秦博勇、陈尘肇、袁野和李晓钟出席。署机关各业务司、科研所、计算中心主要负责同志，各特派员办事处，各省、自治区、直辖市和计划单列市、新疆生产建设兵团审计厅（局）负责同志参加研讨班。

22日上午 国家审计数据中心与18个特派办联通启动仪式在署机关举行，审计长刘家义出席并讲话。副审计长袁野出席。数据司、计算中心主要负责同志，各特派员办事处，各省、自治区、直辖市和计划单列市、新疆生产建设兵团审计厅（局）负责同志参加启动仪式。

22日上午 中央经济责任审计工作联席会议办公室主任张通在中共审计署党校为处级干部进修班学员讲党课。

23日上午 受国务院委托，审计长刘家义向十二届全国人大常委会第二十五次会议作《关于2015年度中央预算执行和其他财政收支审计查出问题整改情况的报告》。副审计长袁野列席会议。

23日上午 副审计长孙宝厚在人民大会堂参加全国老干部工作先进集体和先进工作者表彰大会。

23日下午 审计长刘家义出席国务院西部地区开发领导小组会议。

23日下午 李克强总理听取审计署2016年度审计工作情况汇报。署领导刘家义、孙宝厚、秦博勇、陈尘肇、张通、袁野、李晓钟、郑振涛、刘正均以及办公厅和政研室主要负责同志参加汇报。

23日晚 党组书记刘家义在署机关主持召开党组会议，传达学习李克强总理在听取审计工作情况汇报时的讲话精神，研究有关文稿。党组成员孙宝厚、陈尘肇、张通、袁野、李晓钟、郑振涛和刘正均出席。副审计长秦博勇，办公厅、政研室、人教司、机关党委和驻署纪检组负责同志列席会议。

24日至25日 副审计长秦博勇赴石家庄市出席民建河北省委八届六次全委会议。

26日上午 署领导班子和署领导年度考核会议及“一报告两评议”会议在署机关召开，署领导刘家义、孙宝厚、秦博勇、陈尘肇、张通、袁野、李晓钟、郑振涛和刘正均出席。署机关各单位、各派出审计局、在京直属单位司局级干部，各特派员办事处、京外直属单位主要负责同志，署机关各单位、各派出审计局处室负责人参加会议。

26日下午 党组书记刘家义在署机关主持召开党组会议，听取驻署纪检组有关情况的汇报，研究有关人事事项和《审计署办公厅贯彻落实法治政府建设实施纲要（2015—2020年）实施方案主要工作部门分工意见》等文稿。党组成员孙宝厚、陈尘肇、张通、袁野、李晓钟和郑振涛出席。副审计长秦博勇，总经济师、服务局局长张力，办公厅、政研室、法规司、人教司、机关党委和驻署纪检组负责同志列席相关议题的研究。

26日下午 审计长刘家义在署机关主持召开审计长会议，研究《署机关2017年会议计划安排》和《审计署2017年度培训项目计划》等文稿。署领导孙宝厚、秦博勇、陈尘肇、张通、袁野、李晓钟和郑振涛出席。总经济师、服务局局长张力，办公厅、政研室、企业司、境外司、经责司、国际司、人教司、机关党委、计算中心和教育学院主要负责同志列席相关议题的研究。

27日下午 副审计长陈尘肇赴国资委，与国资委主任肖亚庆和副主任孟建民就有关事项进行会谈。企业司主要负责同志参加会谈。

27日至28日 副审计长袁野先后赴国家统计局、国务院港澳事务办公室、国家工商总局、人力资源社会保障部、农业部、科技部和国务院南水北调工程建设委员会办公室预算执行审计现场调研。财政司主要负责同志参加调研。

28日下午 审计长刘家义列席国务院第159次常务会议。

29日至30日 2016年全国审计工作会议在北京召开。会议的主要任务是深入贯彻党的十八大和十八届三中、四中、五中、六中全会精神，深入学习贯彻习近平总书记系列重要讲话精神，按照中央经济工作会议的部署和李克强总理的重要指示，总结2016年工作，研究部署下一步工作，更好地发挥审计在党和国家监督体系中的重要作用。审计长刘家义做工作报告，副审计长孙宝厚传达国务院领导同志听取审计署工作汇报时所做的重要指示，对会议进行总结；总审计师李晓钟宣读审计署关于表彰2016年优秀审计项目的决定。署领导秦博勇、陈尘肇、张通、袁野、郑振涛、刘正均，中央军委审计署副审计长刘允喜出席会议。各省、自治区、直辖市，各计划单列市、副省级省会城市、新疆生产建设兵团审计厅(局)，南京审计大学，署机关各单位、各派出审计局、各特派员办事处和各直属单位主要负责同志，署部分特约审计员和中央有关受邀单位代表参加会议。

29日下午 审计长刘家义参加国务院专项巡视整改情况汇报会。

30日上午 全面从严治党责任承诺书签字仪式在署机关举行，党组书记刘家义对承诺践诺提出要求，并与各特派办分党组书记，署机关各单位、各派出审计局、各直属单位党委、总支（支部）书记，中央纪委驻署纪检组党支部书记签订承诺书。党组成员、副审计长孙宝厚主持仪式。党组成员陈尘肇、张通、袁野、李晓钟、郑振涛和刘正均出席。副审计长秦博勇列席签字仪式。

30日下午 党组书记刘家义在署机关主持召开党组会议，传达学习中央有关文件，听取关于审计署2017年“一下”预算、推选2016年度全国三八红旗手及建议对部分单位职责分工进行调整等有关情况的汇报，研究有关人事事项。党组成员孙宝厚、陈尘肇、张通、袁野、李晓钟和郑振涛出席。副审计长秦博勇，总经济师、服务局局长张力，办公厅、政研室、法规司、财政司、人教司、机关党委和驻署纪检组负责同志列席相关议题的研究。

审计工作统计

审计工作综合情况统计表——全国审计机关

指标名称	计量单位	合计	审计署本级汇总	审计署派出局汇总	审计署特派办汇总	地方审计机关汇总
一、审计单位	个	137575	91	91	293	137100
审计	个	133768	91	91	293	133293
专项审计调查	个	3807				3807
二、审计查出主要问题金额	万元	1433520386	80853274	20610844	425378605	906677663
违规金额	万元	107044605	7201837	1098119	24527995	74216653
损失浪费金额	万元	9263327	2938	89827	5614514	3556048
管理不规范金额	万元	1317212598	73648497	19422897	395236097	828905107
三、审计发现非金额计量问题	个	1357682	347	617	25896	1330822
四、损益(收支)不实	万元	90245152	9144402	265958	11918172	68916620
五、审计发现侵害人民群众利益	万元	2172947			995840	1177107
六、审计期间整改金额	万元	32357732	2538117	102389	2569619	27147607
七、审计报告和专项审计调查报告	篇	163767	76	102	318	163271
被批示、采用审计报告和专项审计调查报告	篇·次	9216	11	17	7	9181
八、审计处理情况	—	—	—	—	—	—
审计处理处罚	万元	175859077	609173	1184831	32399314	141665759
其中:应上缴财政	万元	34604967	155460	208353	2417186	31823968
其中:罚没	万元	144520	1119		199	143202
应减少财政拨款或补贴	万元	7458853		29309	25954	7403590
应归还原渠道资金	万元	27210841	94423	98113	1429217	25589088
应缴纳其他资金	万元	7573883	2529	1440	301967	7267947
应调账处理金额	万元	99010533	356761	847616	28224990	69581166
移送处理事项	件	10829	12	13	131	10673

（续表）

指标名称	计量单位	合计	审计署本级汇总	审计署派出局汇总	审计署特派办汇总	地方审计机关汇总
司法机关	件	619	3		39	577
纪检监察机关	件	4524	1	1	65	4457
有关部门	件	5686	8	12	27	5639
移送处理人员	人	12236	11	11	227	11987
司法机关	人	764	2		52	710
其中:地厅级及以上	人	8	1		3	4
县处级	人	35	1			34
乡科级及以下	人	721			49	672
纪检监察机关	人	7372		1	145	7226
其中:地厅级及以上	人	28		1	14	13
县处级	人	294			28	266
乡科级及以下	人	7050			103	6947
有关部门	人	4100	9	10	30	4051
其中:地厅级及以上	人	24	4	6	7	7
县处级	人	83	2	2	5	74
乡科级及以下	人	3993	3	2	18	3970
移送处理金额	万元	19276061	2037077	15288	693251	16530444
司法机关	万元	803182	50600		254722	497860
纪检监察机关	万元	3366481		96	42027	3324358
有关部门	万元	15106399	1986477	15192	396503	12708227
九、审计处理结果落实情况	—	—	—	—	—	—
审计促进整改落实有关问题资金	万元	133116498	4387208	4297663	30217329	94214298
其中:增收节支	万元	41788082	142245	108362	6213766	35323710
已上缴财政	万元	23259702	142066	69615	5570944	17477077
已减少财政拨款或补贴	万元	6224349			590	6223759
已归还原渠道资金	万元	12304030	178	38747	642232	11622873
已缴纳其他资金	万元	3605430	88	37	442009	3163296
已调账处理金额	万元	38398215	255788	70825	1794680	36276921
审计促进拨付资金到位	万元	11048853			5414637	5634216
审计后挽回(避免)损失	万元	10553595	1445	115800	79485	10356865
核减投资额	万元	15190209				15190209
移送处理落实事项	件	2592	2	4	15	2571
司法机关已处理	件	154	1		3	150

（续表）

指标名称	计量单位	合计	审计署本级汇总	审计署派出局汇总	审计署特派办汇总	地方审计机关汇总
纪检监察机关已处理	件	1067			9	1058
有关部门已处理	件	1371	1	4	3	1363
移送处理落实人员	人	6632	1	46	74	6511
已追究刑事责任	人	213			3	210
已给予党纪政纪处分	人	3565		1	65	3499
有关部门已处理人员	人	2854	1	45	6	2802
十、审计成果利用情况	—	—	—	—	—	—
审计提出建议	条	277213	138	275	1519	275281
其中：建议制定修改部门规定	条	3954	1	31	34	3888
建议制定修改法律法规	条	315		3	5	307
被采纳审计建议	条	209947	114	222	932	208679
被审计单位制定整改措施	项	21430	178	134	1618	19500
被审计单位建立健全规章制度	项	4670	41	114	681	3834
促进修改法律法规	条	7			3	4
提交审计信息	篇	87490	76	106	1146	86162
审计专题、综合性报告	篇	12272	6	44	33	12189
信息简报	篇	57776	70	58	1097	56551
其中：重要审计信息	篇	7257	63	31	643	6520
被批示、采用审计信息	篇·次	48953	51	71	1294	47537
审计专题、综合性报告	篇·次	6741	5	25	5	6706
信息简报	篇·次	32775	46	46	1287	31396
其中：重要审计信息	篇·次	5335	44	31	1115	4145
审计信息移送案件事项	项	533	368	6	31	128
涉案人员	人	852	627	23	66	136
涉案金额	万元	73617566	72927410	10247	549298	130611
十一、向社会公告审计结果	篇	13420	31			13389
十二、被审计领导干部	人	38667	16	16	33	38602
其中：负直接责任问题金额	万元	51217498	319181	156667	40609960	10131689
涉嫌个人经济问题人数	人	23				23
金额	万元	7679				7679
十三、交办、配合事项	件	23007		9		22998
十四、审计机关	个	3178	1	20	18	3139
审计署及其派出机构	个	39	1	20	18	
省级审计机关	个	32				32

（续表）

指标名称	计量单位	合计	审计署本级汇总	审计署派出局汇总	审计署特派办汇总	地方审计机关汇总
地级审计机关	个	431				431
县级审计机关	个	2676				2676
十五、审计人员	人	100557	695	284	2433	97145
审计署及其派出机构	人	3412	695	284	2433	
省级审计机关	人	7488				7488
地级审计机关	人	24398				24398
县级审计机关	人	65259				65259

审计工作综合情况统计表——派出审计局

指标名称	单位	审计署派出局汇总	外交外事审计局	发展统计审计局	教育审计局	工业审计局	民族宗教审计局
一、审计单位	个	91	3	6	3	3	2
审计	个	91	3	6	3	3	2
专项审计调查	个						
二、审计查出主要问题金额	万元	20610844	18217	67076	8295687	657805	93208
违规金额	万元	1098119	4688	23492	769866	670	17542
损失浪费金额	万元	89827					331
管理不规范金额	万元	19422897	13529	43583	7525821	657135	75336
三、审计发现非金额计量问题	个	617		23	25	17	2
四、损益(收支)不实	万元	265958		9272	800		
五、审计发现侵害人民群众利益	万元						
六、审计期间整改金额	万元	102389	724	6519	346		101
七、审计报告和专项审计调查报告	篇	102	2	6	6	3	2
被批示、采用审计报告和专项审计调查报告	篇·次	17			4		2
八、审计处理情况	—	—	—	—	—	—	—
审计处理处罚	万元	1184831	4688	11979	70819	670	53
其中:应上缴财政	万元	208353	2134		3244		35
其中:罚没	万元						
应减少财政拨款或补贴	万元	29309			19961		
应归还原渠道资金	万元	98113	1500	67	18061		4
应缴纳其他资金	万元	1440					
应调账处理金额	万元	847616	1053	11913	29553	670	15
移送处理事项	件	13			4	1	
司法机关	件						
纪检监察机关	件	1					
有关部门	件	12			4	1	
移送处理人员	人	11			2	1	
司法机关	人						
其中:地厅级及以上	人						
县处级	人						
乡科级及以下	人						

（续表）

指标名称	单位	审计署派出局汇总	外交外事审计局	发展统计审计局	教育审计局	工业审计局	民族宗教审计局
纪检监察机关	人	1					
其中：地厅级及以上	人	1					
县处级	人						
乡科级及以下	人						
有关部门	人	10			2	1	
其中：地厅级及以上	人	6			2	1	
县处级	人	2					
乡科级及以下	人	2					
移送处理金额	万元	15288			449		
司法机关	万元						
纪检监察机关	万元	96					
有关部门	万元	15192			449		
九、审计处理结果落实情况	—	—	—	—	—	—	—
审计促进整改落实有关问题资金	万元	4297663		8485	4117202	670	1005
其中：增收节支	万元	108362		31	17953		3
已上缴财政	万元	69615					
已减少财政拨款或补贴	万元						
已归还原渠道资金	万元	38747		31	17953		3
已缴纳其他资金	万元	37					
已调账处理金额	万元	70825		8454	800	670	50
审计促进拨付资金到位	万元						
审计后挽回(避免)损失	万元	115800		31	17918		
核减投资额	万元						
移送处理落实事项	件	4			2		
司法机关已处理	件						
纪检监察机关已处理	件						
有关部门已处理	件	4			2		
移送处理落实人员	人	46			17		
已追究刑事责任	人						
已给予党纪政纪处分	人	1			1		
有关部门已处理人员	人	45			16		
十、审计成果利用情况	—	—	—	—	—	—	—
审计提出建议	条	275	3	15	29	11	12

（续表）

指标名称	单位	审计署派出局汇总	外交外事审计局	发展统计审计局	教育审计局	工业审计局	民族宗教审计局
其中：建议制定修改部门规定	条	31			8		
建议制定修改法律法规	条	3			3		
被采纳审计建议	条	222	3	15	29	11	9
被审计单位制定整改措施	项	134		18	30		
被审计单位建立健全规章制度	项	114		3	71		
促进修改法律法规	条						
提交审计信息	篇	106		7	28	1	6
审计专题、综合性报告	篇	44		3	8		2
信息简报	篇	58			20	1	4
其中：重要审计信息	篇	31			14		2
被批示、采用审计信息	篇·次	71		7	17		4
审计专题、综合性报告	篇·次	25		3			2
信息简报	篇·次	46		4	17		2
其中：重要审计信息	篇·次	31		4	10		2
审计信息移送案件事项	项	6			2		
涉案人员	人	23					
涉案金额	万元	10247			1200		
十一、交办、配合事项	件	9	1	1			

指标名称	单位	政法审计局	民政社保审计局	建设审计局	资源环保审计局	交通运输审计局	农林水利审计局
一、审计单位	个	3	8	5	9	6	8
审计	个	3	8	5	9	6	8
专项审计调查	个						
二、审计查出主要问题金额	万元	750632	55746	3668295	225774	490474	570707
违规金额	万元	982	11787	7109	7	5892	24431
损失浪费金额	万元						
管理不规范金额	万元	749650	43959	3661185	225767	484583	546276
三、审计发现非金额计量问题	个	17	9	12		313	31
四、损益(收支)不实	万元	155783	1326	974	26		
五、审计发现侵害人民群众利益	万元						
六、审计期间整改金额	万元	2629		1141	1118		982
七、审计报告和专项审计调查报告	篇	2	6	5	9	6	10
被批示、采用审计报告和专项审计调查报告	篇·次		3				
八、审计处理情况	—	—	—	—	—	—	—

（续表）

指标名称	单位	政法审计局	民政社保审计局	建设审计局	资源环保审计局	交通运输审计局	农林水利审计局
审计处理处罚	万元	443	9634	2379	2547	29764	31309
其中：应上缴财政	万元				2510		6964
其中：罚没	万元						
应减少财政拨款或补贴	万元		9348				
应归还原渠道资金	万元	359		1337	11	11813	81
应缴纳其他资金	万元			68			
应调账处理金额	万元	84	286	974	26	17950	24264
移送处理事项	件		1				
司法机关	件						
纪检监察机关	件						
有关部门	件		1				
移送处理人员	人		1				
司法机关	人						
其中：地厅级及以上	人						
县处级	人						
乡科级及以下	人						
纪检监察机关	人						
其中：地厅级及以上	人						
县处级	人						
乡科级及以下	人						
有关部门	人		1				
其中：地厅级及以上	人		1				
县处级	人						
乡科级及以下	人						
移送处理金额	万元		0				
司法机关	万元						
纪检监察机关	万元						
有关部门	万元		0				
九、审计处理结果落实情况	—	—	—	—	—	—	—
审计促进整改落实有关问题资金	万元	170		2395	1114		32836
其中：增收节支	万元	170		1353	1114		6981
已上缴财政	万元	52			1114		6900
已减少财政拨款或补贴	万元						

（续表）

指标名称	单位	政法审计局	民政社保审计局	建设审计局	资源环保审计局	交通运输审计局	农林水利审计局
已归还原渠道资金	万元	119		1353			81
已缴纳其他资金	万元						
已调账处理金额	万元			974			25652
审计促进拨付资金到位	万元						
审计后挽回(避免)损失	万元						7205
核减投资额	万元						
移送处理落实事项	件						
司法机关已处理	件						
纪检监察机关已处理	件						
有关部门已处理	件						
移送处理落实人员	人						
已追究刑事责任	人						
已给予党纪政纪处分	人						
有关部门已处理人员	人						
十、审计成果利用情况	—	—	—	—	—	—	—
审计提出建议	条	10	17	28	7	12	22
其中：建议制定修改部门规定	条		6				
建议制定修改法律法规	条						
被采纳审计建议	条	10	6	24	3	7	6
被审计单位制定整改措施	项		5	23	2		2
被审计单位建立健全规章制度	项		6	2			5
促进修改法律法规	条						
提交审计信息	篇	3				9	1
审计专题、综合性报告	篇					3	
信息简报	篇	3				6	1
其中：重要审计信息	篇					6	1
被批示、采用审计信息	篇·次					5	1
审计专题、综合性报告	篇·次					3	
信息简报	篇·次					2	1
其中：重要审计信息	篇·次					2	1
审计信息移送案件事项	项						
涉案人员	人						
涉案金额	万元						
十一、交办、配合事项	件	1	1				

（续表）

指标名称	单位	贸易审计局	文化体育审计局	卫生药品审计局	国资监管审计局	经济执法审计局	广电通讯审计局
一、审计单位	个	4	5	3	3	5	3
审计	个	4	5	3	3	5	3
专项审计调查	个						
二、审计查出主要问题金额	万元	855155	169928	554508	19971	183843	3670734
违规金额	万元	84680	10970	4743		63098	19802
损失浪费金额	万元					89200	297
管理不规范金额	万元	770475	158958	549766	19971	31545	3650635
三、审计发现非金额计量问题	个	20	18	13	9	23	18
四、损益(收支)不实	万元	14677	1378		4052		187
五、审计发现侵害人民群众利益	万元						
六、审计期间整改金额	万元	230		5817			67434
七、审计报告和专项审计调查报告	篇	7	5	7	4	6	5
被批示、采用审计报告和专项审计调查报告	篇·次			1		3	
八、审计处理情况	—	—	—	—	—	—	—
审计处理处罚	万元	92802	11060	5426	4996	46026	715348
其中:应上缴财政	万元	20846	7203	1183		40846	
其中:罚没	万元						
应减少财政拨款或补贴	万元						
应归还原渠道资金	万元	61558	1682	683			187
应缴纳其他资金	万元					1248	
应调账处理金额	万元	10399	2175	3560	4996	3932	715162
移送处理事项	件	2		1			1
司法机关	件						
纪检监察机关	件	1					
有关部门	件	1		1			1
移送处理人员	人	2		2			
司法机关	人						
其中:地厅级及以上	人						
县处级	人						
乡科级及以下	人						
纪检监察机关	人	1					
其中:地厅级及以上	人	1					
县处级	人						

（续表）

指标名称	单位	贸易审计局	文化体育审计局	卫生药品审计局	国资监管审计局	经济执法审计局	广电通讯审计局
乡科级及以下	人						
有关部门	人	1		2			
其中：地厅级及以上	人	1		1			
县处级	人			1			
乡科级及以下	人						
移送处理金额	万元	191					14592
司法机关	万元						
纪检监察机关	万元	96					
有关部门	万元	96					14592
九、审计处理结果落实情况	—	—	—	—	—	—	—
审计促进整改落实有关问题资金	万元	71669	2708	4239	6290	11190	8454
其中：增收节支	万元	71669	774	679		6010	
已上缴财政	万元	53709	772	95		6010	
已减少财政拨款或补贴	万元						
已归还原渠道资金	万元	17960	2	584			
已缴纳其他资金	万元						
已调账处理金额	万元		1934	3407	4996	3932	262
审计促进拨付资金到位	万元						
审计后挽回（避免）损失	万元					90645	
核减投资额	万元						
移送处理落实事项	件			1			
司法机关已处理	件						
纪检监察机关已处理	件						
有关部门已处理	件			1			
移送处理落实人员	人	1		8			
已追究刑事责任	人						
已给予党纪政纪处分	人						
有关部门已处理人员	人	1		8			
十、审计成果利用情况	—	—	—	—	—	—	—
审计提出建议	条	7	3	27	6	34	7
其中：建议制定修改部门规定	条				4	11	
建议制定修改法律法规	条						
被采纳审计建议	条	7	3	27	6	34	3

（续表）

指标名称	单位	贸易审计局	文化体育审计局	卫生药品审计局	国资监管审计局	经济执法审计局	广电通讯审计局
被审计单位制定整改措施	项			18	12	20	
被审计单位建立健全规章制度	项		1	12	8	3	3
促进修改法律法规	条						
提交审计信息	篇			11		11	6
审计专题、综合性报告	篇			11		11	
信息简报	篇						6
其中：重要审计信息	篇						2
被批示、采用审计信息	篇·次		6	2		10	3
审计专题、综合性报告	篇·次		2	2		10	
信息简报	篇·次		4				3
其中：重要审计信息	篇·次						3
审计信息移送案件事项	项						3
涉案人员	人						3
涉案金额	万元						4029
十一、交办、配合事项	件	1	1				2

指标名称	单位	旅游侨务审计局	地震气象审计局	科学技术审计局
一、审计单位	个	4	2	6
审计	个	4	2	6
专项审计调查	个			
二、审计查出主要问题金额	万元	21340	11223	230522
违规金额	万元	2471	10141	35750
损失浪费金额	万元			
管理不规范金额	万元	18869	1083	194772
三、审计发现非金额计量问题	个	19	35	13
四、损益(收支)不实	万元	5136		72346
五、审计发现侵害人民群众利益	万元			
六、审计期间整改金额	万元	14586		763
七、审计报告和专项审计调查报告	篇	3	1	7
被批示、采用审计报告和专项审计调查报告	篇·次			4
八、审计处理情况	—	—	—	—
审计处理处罚	万元	17461	3170	124257
其中：应上缴财政	万元		200	123189
其中：罚没	万元			

（续表）

指标名称	单位	旅游侨务审计局	地震气象审计局	科学技术审计局		
应减少财政拨款或补贴	万元					
应归还原渠道资金	万元	600	23	149		
应缴纳其他资金	万元	79		46		
应调账处理金额	万元	16782	2948	874		
移送处理事项	件			3		
司法机关	件					
纪检监察机关	件					
有关部门	件			3		
移送处理人员	人			3		
司法机关	人					
其中:地厅级及以上	人					
县处级	人					
乡科级及以下	人					
纪检监察机关	人					
其中:地厅级及以上	人					
县处级	人					
乡科级及以下	人					
有关部门	人			3		
其中:地厅级及以上	人					
县处级	人			1		
乡科级及以下	人			2		
移送处理金额	万元			55		
司法机关	万元					
纪检监察机关	万元					
有关部门	万元			55		
九、审计处理结果落实情况	—	—	—	—		
审计促进整改落实有关问题资金	万元	17419	10237	1580		
其中:增收节支	万元	600	257	768		
已上缴财政	万元		200	763		
已减少财政拨款或补贴	万元					
已归还原渠道资金	万元	600	57	5		
已缴纳其他资金	万元	37				

（续表）

指标名称	单位	旅游侨务审计局	地震气象审计局	科学技术审计局			
已调账处理金额	万元	16782	2913				
审计促进拨付资金到位	万元						
审计后挽回(避免)损失	万元						
核减投资额	万元						
移送处理落实事项	件		1				
司法机关已处理	件						
纪检监察机关已处理	件						
有关部门已处理	件		1				
移送处理落实人员	人		20				
已追究刑事责任	人						
已给予党纪政纪处分	人						
有关部门已处理人员	人		20				
十、审计成果利用情况	—	—	—	—			
审计提出建议	条	9	3	13			
其中:建议制定修改部门规定	条			2			
建议制定修改法律法规	条						
被采纳审计建议	条	6	3	10			
被审计单位制定整改措施	项			4			
被审计单位建立健全规章制度	项						
促进修改法律法规	条						
提交审计信息	篇	3	9	11			
审计专题、综合性报告	篇			6			
信息简报	篇	3	9	5			
其中:重要审计信息	篇	1		5			
被批示、采用审计信息	篇·次	2	6	8			
审计专题、综合性报告	篇·次			3			
信息简报	篇·次	2	6	5			
其中:重要审计信息	篇·次		4	5			
审计信息移送案件事项	项		1				
涉案人员	人		20				
涉案金额	万元		5018				
十一、交办、配合事项	件			1			

审计工作综合情况统计表——特派员办事处

指标名称	单位	审计署特派办汇总	京津冀特派办	太原特派办	沈阳特派办	哈尔滨特派办
一、审计单位	个	293	21	19	13	18
审计	个	293	21	19	13	18
专项审计调查	个					
二、审计查出主要问题金额	万元	425378605	35901495	28109459	46965665	25900053
违规金额	万元	24527995	1206496	40725	1588557	100638
损失浪费金额	万元	5614514	392761	506518	333993	24107
管理不规范金额	万元	395236097	34302238	27562215	45043114	25775307
三、审计发现非金额计量问题	个	25896	224	362	158	1169
四、损益(收支)不实	万元	11918172	279565	21		127149
五、审计发现侵害人民群众利益	万元	995840				
六、审计期间整改金额	万元	2569619	98314	168453	11310	40800
七、审计报告和专项审计调查报告	篇	318	25	22	13	18
被批示、采用审计报告和专项审计调查报告	篇·次	7		1		
八、审计处理情况	—	—	—	—	—	—
审计处理处罚	万元	32399314	744936	450133	894418	100850
其中:应上缴财政	万元	2417186	278		886222	
其中:罚没	万元	199				
应减少财政拨款或补贴	万元	25954				
应归还原渠道资金	万元	1429217	138152	553	8153	60316
应缴纳其他资金	万元	301967	91409		42	3714
应调账处理金额	万元	28224990	515098	449580		36820
移送处理事项	件	131	5	13	17	6
司法机关	件	39	3	4	6	
纪检监察机关	件	65	2	3	11	6
有关部门	件	27		6		
移送处理人员	人	227	8	23	51	14
司法机关	人	52	3	4	11	
其中:地厅级及以上	人	3				
县处级	人					
乡科级及以下	人	49	3	4	11	

（续表）

指标名称	单位	审计署特派办汇总	京津冀特派办	太原特派办	沈阳特派办	哈尔滨特派办
纪检监察机关	人	145	5	7	40	14
其中：地厅级及以上	人	14				
县处级	人	28	4		12	
乡科级及以下	人	103	1	7	28	14
有关部门	人	30		12		
其中：地厅级及以上	人	7		4		
县处级	人	5		3		
乡科级及以下	人	18		5		
移送处理金额	万元	693251	4256	17687	9300	2276
司法机关	万元	254722	1790	54	1024	
纪检监察机关	万元	42027	2466	704	8276	2276
有关部门	万元	396503		16929		
九、审计处理结果落实情况	—	—	—	—	—	—
审计促进整改落实有关问题资金	万元	30217329	4446222	3033472	466292	2040493
其中：增收节支	万元	6213766	365124	16661	4000	9367
已上缴财政	万元	5570944	128350	13666		2144
已减少财政拨款或补贴	万元	590				
已归还原渠道资金	万元	642232	236773	2995	4000	7223
已缴纳其他资金	万元	442009	29		414023	2003
已调账处理金额	万元	1794680	29951			81408
审计促进拨付资金到位	万元	5414637	807418	266926	10344	89224
审计后挽回（避免）损失	万元	79485		227		
核减投资额	万元					
移送处理落实事项	件	15				
司法机关已处理	件	3				
纪检监察机关已处理	件	9				
有关部门已处理	件	3				
移送处理落实人员	人	74				
已追究刑事责任	人	3				
已给予党纪政纪处分	人	65				
有关部门已处理人员	人	6				
十、审计成果利用情况	—	—	—	—	—	—
审计提出建议	条	1519	123	99	35	49

（续表）

指标名称	单位	审计署特派办汇总	京津冀特派办	太原特派办	沈阳特派办	哈尔滨特派办
其中：建议制定修改部门规定	条	34	1			3
建议制定修改法律法规	条	5				
被采纳审计建议	条	932	123	96	32	
被审计单位制定整改措施	项	1618	258	106		
被审计单位建立健全规章制度	项	681	59	17	12	31
促进修改法律法规	条	3				
提交审计信息	篇	1146	33	56	38	97
审计专题、综合性报告	篇	33			4	2
信息简报	篇	1097	33	56	34	85
其中：重要审计信息	篇	643	2	56	11	31
被批示、采用审计信息	篇·次	1294	89	78		118
审计专题、综合性报告	篇·次	5				
信息简报	篇·次	1287	89	78		118
其中：重要审计信息	篇·次	1115	87	78		114
审计信息移送案件事项	项	31				
涉案人员	人	66				
涉案金额	万元	549298				
十一、交办、配合事项	件					

指标名称	单位	上海特派办	南京特派办	武汉特派办	广州特派办	郑州特派办
一、审计单位	个	13	24	21	10	13
审计	个	13	24	21	10	13
专项审计调查	个					
二、审计查出主要问题金额	万元	15164951	14702475	6140330	5039795	22278556
违规金额	万元	3783895	1916618	510357	47434	3141188
损失浪费金额	万元	598035	124043	19360	1015	25471
管理不规范金额	万元	10783021	12661813	5610613	4991346	19111897
三、审计发现非金额计量问题	个	1589	359	752	1320	250
四、损益（收支）不实	万元	804536	392620	463019	48030	811452
五、审计发现侵害人民群众利益	万元	39703	1573	8510		
六、审计期间整改金额	万元	827868	264141	299814	6342	1505
七、审计报告和专项审计调查报告	篇	16	22	21	9	18
被批示、采用审计报告和专项审计调查报告	篇·次				1	
八、审计处理情况	—	—	—	—	—	—

（续表）

指标名称	单位	上海特派办	南京特派办	武汉特派办	广州特派办	郑州特派办
审计处理处罚	万元	216220	330719	91562	81711	795546
其中：应上缴财政	万元	94727	5773	10656	66922	521523
其中：罚没	万元					
应减少财政拨款或补贴	万元	30				
应归还原渠道资金	万元	84426	1674	9468	437	121408
应缴纳其他资金	万元		1133	3835		89163
应调账处理金额	万元	37037	322139	67603	14352	63452
移送处理事项	件		7	8	2	2
司法机关	件		1	5	1	
纪检监察机关	件		6	3	1	
有关部门	件					2
移送处理人员	人		9	14	8	1
司法机关	人		1	10	8	
其中：地厅级及以上	人					
县处级	人					
乡科级及以下	人		1	10	8	
纪检监察机关	人		8	4		
其中：地厅级及以上	人					
县处级	人			1		
乡科级及以下	人		8	3		
有关部门	人					1
其中：地厅级及以上	人					
县处级	人					
乡科级及以下	人					1
移送处理金额	万元		23053	2271	102	250
司法机关	万元		18600	961	102	
纪检监察机关	万元		4453	1310	0	
有关部门	万元					250
九、审计处理结果落实情况	—	—	—	—	—	—
审计促进整改落实有关问题资金	万元	30433	808915	71468	22	2211065
其中：增收节支	万元	28195	38795	46044	22	13600
已上缴财政	万元	22569	36924	4020	17	114

（续表）

指标名称	单位	上海特派办	南京特派办	武汉特派办	广州特派办	郑州特派办
已减少财政拨款或补贴	万元	8	260			
已归还原渠道资金	万元	5619	1612	42024	6	13487
已缴纳其他资金	万元	354	1133	2002		6912
已调账处理金额	万元			23422		309229
审计促进拨付资金到位	万元	30	1026716	294418	6	125928
审计后挽回(避免)损失	万元	2112	174			5671
核减投资额	万元					
移送处理落实事项	件	1	6			1
司法机关已处理	件		3			
纪检监察机关已处理	件	1	3			
有关部门已处理	件					1
移送处理落实人员	人		32	6		1
已追究刑事责任	人		3			
已给予党纪政纪处分	人		24	6		
有关部门已处理人员	人		5			1
十、审计成果利用情况	—	—	—	—	—	—
审计提出建议	条	81	99	143	27	64
其中：建议制定修改部门规定	条	1	3		2	
建议制定修改法律法规	条					
被采纳审计建议	条	11	68	115	27	68
被审计单位制定整改措施	项	50	167	31	90	122
被审计单位建立健全规章制度	项		14	217	14	101
促进修改法律法规	条					
提交审计信息	篇	10	86	67	27	61
审计专题、综合性报告	篇	2			1	
信息简报	篇	8	86	67	26	61
其中：重要审计信息	篇	4	64	34	13	27
被批示、采用审计信息	篇·次	5	126	100	4	41
审计专题、综合性报告	篇·次					4
信息简报	篇·次	5	126	100	4	37
其中：重要审计信息	篇·次	4	102	97	1	31
审计信息移送案件事项	项	1	20	2		
涉案人员	人	1	6	4		
涉案金额	万元	190240	34241	482		
十一、交办、配合事项	件					

（续表）

指标名称	单位	济南特派办	西安特派办	兰州特派办	昆明特派办	成都特派办
一、审计单位	个	13	19	14	19	13
审计	个	13	19	14	19	13
专项审计调查	个					
二、审计查出主要问题金额	万元	12617324	23530765	27534872	36383527	20491692
违规金额	万元	596524	556303	221621	1148066	1040
损失浪费金额	万元	1192986	1800	1433850	98372	14169
管理不规范金额	万元	10827813	22972662	25879401	35137089	20476482
三、审计发现非金额计量问题	个	176	226	395	4814	12416
四、损益(收支)不实	万元	993408	519748	117	1154931	92982
五、审计发现侵害人民群众利益	万元	4524	22000	55190		
六、审计期间整改金额	万元	6776	12197	1244	152447	97373
七、审计报告和专项审计调查报告	篇	15	19	15	23	11
被批示、采用审计报告和专项审计调查报告	篇·次	3				
八、审计处理情况	—	—	—	—	—	—
审计处理处罚	万元	470553	38538	20687469	2705828	44053
其中:应上缴财政	万元	15730		753		44053
其中:罚没	万元					
应减少财政拨款或补贴	万元					
应归还原渠道资金	万元	351625	7724	6984	198308	
应缴纳其他资金	万元	586	20698	32413	2960	
应调账处理金额	万元	102612	10115	20647319	2504560	
移送处理事项	件	4	5	4	10	12
司法机关	件	2		1	1	2
纪检监察机关	件	1	2	3	8	5
有关部门	件	1	3		1	5
移送处理人员	人	2	22	8	2	17
司法机关	人	1		1	1	3
其中:地厅级及以上	人	1				
县处级	人					
乡科级及以下	人			1	1	3
纪检监察机关	人	1	16	7	1	9
其中:地厅级及以上	人					
县处级	人		1			5

（续表）

指标名称	单位	济南特派办	西安特派办	兰州特派办	昆明特派办	成都特派办
乡科级及以下	人	1	15	7	1	4
有关部门	人		6			5
其中：地厅级及以上	人		1			1
县处级	人					
乡科级及以下	人		5			4
移送处理金额	万元	142177	423	73	1820	58063
司法机关	万元	17750		40	934	35
纪检监察机关	万元	27	5	33	698	7013
有关部门	万元	124400	418		188	51015
九、审计处理结果落实情况	—	—	—	—	—	—
审计促进整改落实有关问题资金	万元	1529559	468936	755878	307970	181174
其中：增收节支	万元	457220	9394	1833	10060	164543
已上缴财政	万元	309529	416		9618	58536
已减少财政拨款或补贴	万元					305
已归还原渠道资金	万元	147691	8979	1833	442	105701
已缴纳其他资金	万元		4715	15	1909	242
已调账处理金额	万元		389	1359	752	3596
审计促进拨付资金到位	万元	613615	147075	907170		540826
审计后挽回（避免）损失	万元		372			2613
核减投资额	万元					
移送处理落实事项	件					
司法机关已处理	件					
纪检监察机关已处理	件					
有关部门已处理	件					
移送处理落实人员	人					
已追究刑事责任	人					
已给予党纪政纪处分	人					
有关部门已处理人员	人					
十、审计成果利用情况	—	—	—	—	—	—
审计提出建议	条	84	40	240	187	17
其中：建议制定修改部门规定	条	3	1		2	
建议制定修改法律法规	条			3		
被采纳审计建议	条	84	40	37	55	

（续表）

指标名称	单位	济南特派办	西安特派办	兰州特派办	昆明特派办	成都特派办
被审计单位制定整改措施	项	110	239	69	18	
被审计单位建立健全规章制度	项	18	7	2	4	23
促进修改法律法规	条			1		
提交审计信息	篇	86	88	23	60	60
审计专题、综合性报告	篇	6	1	1		8
信息简报	篇	80	87	22	60	52
其中：重要审计信息	篇	44	71	5	18	17
被批示、采用审计信息	篇·次	61	199	69	38	18
审计专题、综合性报告	篇·次	1				
信息简报	篇·次	60	199	69	38	18
其中：重要审计信息	篇·次	59	195	43	3	8
审计信息移送案件事项	项	2	1			
涉案人员	人	1	14			
涉案金额	万元	49070	151700			
十一、交办、配合事项	件					

指标名称	单位	长沙特派办	深圳特派办	长春特派办	重庆特派办
一、审计单位	个	18	18	15	12
审计	个	18	18	15	12
专项审计调查	个				
二、审计查出主要问题金额	万元	14696794	54412359	27999138	7509357
违规金额	万元	1625992	6607577	1434665	300
损失浪费金额	万元	213900	62426	540507	31200
管理不规范金额	万元	12856902	47742357	26023966	7477857
三、审计发现非金额计量问题	个	1123	125	289	149
四、损益（收支）不实	万元	612281	1026511	4401236	190565
五、审计发现侵害人民群众利益	万元	729646		134694	
六、审计期间整改金额	万元	172517	124515	87888	196113
七、审计报告和专项审计调查报告	篇	21	21	16	13
被批示、采用审计报告和专项审计调查报告	篇·次		2		
八、审计处理情况	—	—	—	—	—
审计处理处罚	万元	1919117	508601	2318222	838
其中：应上缴财政	万元	707144	60944	2250	211
其中：罚没	万元		199		

（续表）

指标名称	单位	长沙 特派办	深圳 特派办	长春 特派办	重庆 特派办	
应减少财政拨款或补贴	万元	25924				
应归还原渠道资金	万元	8186	431265	538		
应缴纳其他资金	万元	41220	63	14726	6	
应调账处理金额	万元	1136643	16330	2300708	621	
移送处理事项	件	16		20		
司法机关	件	7		6		
纪检监察机关	件	9		5		
有关部门	件			9		
移送处理人员	人	32		16		
司法机关	人	6		3		
其中：地厅级及以上	人	2				
县处级	人					
乡科级及以下	人	4		3		
纪检监察机关	人	26		7		
其中：地厅级及以上	人	14				
县处级	人	3		2		
乡科级及以下	人	9		5		
有关部门	人			6		
其中：地厅级及以上	人			1		
县处级	人			2		
乡科级及以下	人			3		
移送处理金额	万元	182127		249374		
司法机关	万元	168555		44878		
纪检监察机关	万元	13571		1194		
有关部门	万元			203302		
九、审计处理结果落实情况	—	—	—	—	—	—
审计促进整改落实有关问题资金	万元	385115	5436034	1016869	7027411	
其中：增收节支	万元	10933	5007568	25667	4738	
已上缴财政	万元	3290	4973067	8507	180	
已减少财政拨款或补贴	万元	16				
已归还原渠道资金	万元	7628	34501	17160	4559	
已缴纳其他资金	万元		30	5579	3065	

（续表）

指标名称	单位	长沙特派办	深圳特派办	长春特派办	重庆特派办	
已调账处理金额	万元	13670	924	266435	1063545	
审计促进拨付资金到位	万元	297181	3549	169670	114540	
审计后挽回(避免)损失	万元	4670	59743	26	3878	
核减投资额	万元					
移送处理落实事项	件		1	6		
司法机关已处理	件					
纪检监察机关已处理	件		1	4		
有关部门已处理	件			2		
移送处理落实人员	人		35			
已追究刑事责任	人					
已给予党纪政纪处分	人		35			
有关部门已处理人员	人					
十、审计成果利用情况	—	—	—	—	—	
审计提出建议	条	50	53	67	61	
其中：建议制定修改部门规定	条		16	1	1	
建议制定修改法律法规	条		2			
被采纳审计建议	条	19	51	63	43	
被审计单位制定整改措施	项	197	10	73	78	
被审计单位建立健全规章制度	项	19	7	23	113	
促进修改法律法规	条			2		
提交审计信息	篇	99	53	48	154	
审计专题、综合性报告	篇		4	1	3	
信息简报	篇	93	49	47	151	
其中：重要审计信息	篇	65	16	30	135	
被批示、采用审计信息	篇·次	160	35	26	127	
审计专题、综合性报告	篇·次					
信息简报	篇·次	158	35	26	127	
其中：重要审计信息	篇·次	145	16	18	114	
审计信息移送案件事项	项		2		3	
涉案人员	人		36		4	
涉案金额	万元		265		123300	
十一、交办、配合事项	件					

审计工作综合情况统计表——地方审计机关

指标名称	单位	地方审计机关汇总	北京市	天津市	河北省	山西省
一、审计单位	个	137100	815	600	2727	5259
审计	个	133293	792	571	2716	5229
专项审计调查	个	3807	23	29	11	30
二、审计查出主要问题金额	万元	906677663	21580696	13091338	33433872	68923221
违规金额	万元	74216653	1720860	1247790	3800030	10272470
损失浪费金额	万元	3556048	49856	46009	8436	17006
管理不规范金额	万元	828905107	19809980	11797539	29625406	58633745
三、审计发现非金额计量问题	个	1330822	2552	1329	3448	9573
四、损益(收支)不实	万元	68916620	479247	537463	2809308	1587776
五、审计发现侵害人民群众利益	万元	1177107			4878	76
六、审计期间整改金额	万元	27147607	243965	231769	598451	588879
七、审计报告和专项审计调查报告	篇	163271	1037	802	3151	5289
被批示、采用审计报告和专项审计调查报告	篇·次	9181	84	100	77	268
八、审计处理情况	—	—	—	—	—	—
审计处理处罚	万元	141665759	510474	2156053	4303943	11031701
其中:应上缴财政	万元	31823968	14126	256169	984647	5074434
其中:罚没	万元	143202	12	2840	3482	28545
应减少财政拨款或补贴	万元	7403590	156930	123	276832	25784
应归还原渠道资金	万元	25589088	76031	1046916	934839	1197391
应缴纳其他资金	万元	7267947	5883	66360	23543	1744762
应调账处理金额	万元	69581166	257505	786486	2084083	2989329
移送处理事项	件	10673	91	62	412	609
司法机关	件	577	1	11	13	20
纪检监察机关	件	4457	6	5	155	125
有关部门	件	5639	84	46	244	464
移送处理人员	人	11987	5	47	69	174
司法机关	人	710	1	20	7	36
其中:地厅级及以上	人	4				3
县处级	人	34		3		5
乡科级及以下	人	672	1	17	7	28
纪检监察机关	人	7226	4	12	52	59

（续表）

指标名称	单位	地方审计机关汇总	北京市	天津市	河北省	山西省
其中：地厅级及以上	人	13		1	1	
县处级	人	266	2	1	15	14
乡科级及以下	人	6947	2	10	36	45
有关部门	人	4051		15	10	79
其中：地厅级及以上	人	7			1	1
县处级	人	74		6	5	8
乡科级及以下	人	3970		9	4	70
移送处理金额	万元	16530444	1777479	181339	381074	618142
司法机关	万元	497860	706	5109	21069	3738
纪检监察机关	万元	3324358	3072	8042	53905	9828
有关部门	万元	12708227	1773702	168187	306101	604577
九、审计处理结果落实情况	—	—	—	—	—	—
审计促进整改落实有关问题资金	万元	94214298	3858619	496479	2508695	2275283
其中：增收节支	万元	35323710	633835	275755	1288803	1655744
已上缴财政	万元	17477077	348119	68267	219476	1398677
已减少财政拨款或补贴	万元	6223759	143968	3	259323	6408
已归还原渠道资金	万元	11622873	141748	207484	810004	250659
已缴纳其他资金	万元	3163296	29350	66725	7658	110752
已调账处理金额	万元	36276921	244207	110656	1060209	228370
审计促进拨付资金到位	万元	5634216	1401	195734	47201	207369
审计后挽回（避免）损失	万元	10356865	26366	2165	198593	58259
核减投资额	万元	15190209	270823	10767	383031	401933
移送处理落实事项	件	2571	9	15	127	34
司法机关已处理	件	150		3	2	
纪检监察机关已处理	件	1058	1	4	69	2
有关部门已处理	件	1363	8	8	56	32
移送处理落实人员	人	6511	5	24	201	25
已追究刑事责任	人	210		5	1	
已给予党纪政纪处分	人	3499	4	11	92	5
有关部门已处理人员	人	2802	1	8	108	20
十、审计成果利用情况	—	—	—	—	—	—
审计提出建议	条	275281	2673	1124	5085	8806
其中：建议制定修改部门规定	条	3888	30	33	76	110
建议制定修改法律法规	条	307	4			

（续表）

指标名称	单位	地方审计机关汇总	北京市	天津市	河北省	山西省
被采纳审计建议	条	208679	2003	669	3236	4576
被审计单位制定整改措施	项	19500	920	104	72	257
被审计单位建立健全规章制度	项	3834	168	51	1	74
促进修改法律法规	条	4				
提交审计信息	篇	86162	1151	1330	1676	1063
审计专题、综合性报告	篇	12189	66	138	157	163
信息简报	篇	56551	809	756	865	768
其中：重要审计信息	篇	6520	138	327	116	8
被批示、采用审计信息	篇·次	47537	869	1179	661	248
审计专题、综合性报告	篇·次	6706	33	133	85	63
信息简报	篇·次	31396	641	674	411	180
其中：重要审计信息	篇·次	4145	85	200	50	2
审计信息移送案件事项	项	128		2		
涉案人员	人	136		1		
涉案金额	万元	130611		113		
十一、向社会公告审计结果	篇	13389	282		2	
十二、被审计领导干部	人	38602	220	328	698	1221
其中：负直接责任问题金额	万元	10131689	659020	10558	16916	97405
涉嫌个人经济问题人数	人	23				
金额	万元	7679				
十三、交办、配合事项	件	22998	93	115	11	54

指标名称	单位	内蒙古自治区	辽宁省	吉林省	黑龙江省	上海市
一、审计单位	个	3013	3980	2847	3700	920
审计	个	2955	3818	2801	3668	855
专项审计调查	个	58	162	46	32	65
二、审计查出主要问题金额	万元	9599045	39255398	8559591	13923111	19031528
违规金额	万元	2370328	2904403	1681791	729289	294849
损失浪费金额	万元	3022	68936	13691	13129	18055
管理不规范金额	万元	7225695	36282058	6864109	13180694	18718624
三、审计发现非金额计量问题	个	51592	26002	442643	5124	2496
四、损益(收支)不实	万元	450391	6447532	214300	146879	2447583
五、审计发现侵害人民群众利益	万元	3456	0	1	1449	112
六、审计期间整改金额	万元	134563	911520	109386	74423	4747976
七、审计报告和专项审计调查报告	篇	3154	4760	3509	5780	1180

（续表）

指标名称	单位	内蒙古自治区	辽宁省	吉林省	黑龙江省	上海市
被批示、采用审计报告和专项审计调查报告	篇·次	95	467	264	146	109
八、审计处理情况	—	—	—	—	—	—
审计处理处罚	万元	2486644	4132708	3221599	7001287	557895
其中：应上缴财政	万元	649725	761421	362488	374881	284846
其中：罚没	万元	896	4843	4737	1069	
应减少财政拨款或补贴	万元	195518	151481	90908	68242	73918
应归还原渠道资金	万元	925545	850532	972518	973339	17057
应缴纳其他资金	万元	188955	214253	58754	55424	38
应调账处理金额	万元	526900	2155021	1736932	5529401	182035
移送处理事项	件	555	199	48	253	17
司法机关	件	12	14		8	1
纪检监察机关	件	116	67	18	29	14
有关部门	件	427	118	30	216	2
移送处理人员	人	88	120	13	117	6
司法机关	人	13	16		1	1
其中：地厅级及以上	人					
县处级	人	2				
乡科级及以下	人	11	16		1	1
纪检监察机关	人	63	42	13	107	5
其中：地厅级及以上	人	1	1			
县处级	人	5	5	4		1
乡科级及以下	人	57	36	9	107	4
有关部门	人	12	62		9	
其中：地厅级及以上	人		1			
县处级	人	4	2		1	
乡科级及以下	人	8	59		8	
移送处理金额	万元	765221	198603	35228	170203	37433
司法机关	万元	3558	1020		72	4
纪检监察机关	万元	166476	18506	11986	12887	36946
有关部门	万元	595188	179077	23242	157244	483
九、审计处理结果落实情况	—	—	—	—	—	—
审计促进整改落实有关问题资金	万元	783051	10517663	1064402	956299	7417343
其中：增收节支	万元	641380	3920665	493020	608665	1040920

（续表）

指标名称	单位	内蒙古自治区	辽宁省	吉林省	黑龙江省	上海市
已上缴财政	万元	207778	3617911	164605	131460	820896
已减少财政拨款或补贴	万元	64417	132491	4348	54322	69146
已归还原渠道资金	万元	369184	170262	324067	422883	150879
已缴纳其他资金	万元	18593	4209	26166	3967	7654
已调账处理金额	万元	113890	5307046	537555	294991	2327963
审计促进拨付资金到位	万元	78310	819675	75773	232211	7397
审计后挽回(避免)损失	万元	60713	1124461	463764	58673	2533
核减投资额	万元	279767	316188	63428	91572	130366
移送处理落实事项	件	57	62	2	29	1
司法机关已处理	件	1	1	1		1
纪检监察机关已处理	件	7	15		9	
有关部门已处理	件	49	46	1	20	
移送处理落实人员	人	13	69		87	
已追究刑事责任	人	4	1		4	
已给予党纪政纪处分	人	3	61		16	
有关部门已处理人员	人	6	7		67	
十、审计成果利用情况	—	—	—	—	—	—
审计提出建议	条	4350	6377	2769	4630	2055
其中：建议制定修改部门规定	条	34	97	21	12	48
建议制定修改法律法规	条	7	6	30	2	3
被采纳审计建议	条	3029	4795	1430	4082	1278
被审计单位制定整改措施	项	211	1103	106	115	759
被审计单位建立健全规章制度	项	21	25		32	246
促进修改法律法规	条					
提交审计信息	篇	3080	1662	891	721	955
审计专题、综合性报告	篇	265	384	57	226	88
信息简报	篇	2640	760	703	374	858
其中：重要审计信息	篇	159	43	42	6	418
被批示、采用审计信息	篇·次	1581	718	290	299	481
审计专题、综合性报告	篇·次	57	267	45	37	51
信息简报	篇·次	1471	211	190	157	430
其中：重要审计信息	篇·次	82	15	18		133
审计信息移送案件事项	项	2	6			
涉案人员	人	4				
涉案金额	万元	1386	751			

（续表）

指标名称	单位	内蒙古自治区	辽宁省	吉林省	黑龙江省	上海市
十一、向社会公告审计结果	篇	10	9		26	184
十二、被审计领导干部	人	950	1589	1786	2207	423
其中：负直接责任问题金额	万元	62420	84522	5766	83538	13
涉嫌个人经济问题人数	人					
金额	万元					
十三、交办、配合事项	件	234	73	10	70	3

指标名称	单位	江苏省	浙江省	安徽省	福建省	江西省
一、审计单位	个	4471	2771	5898	3093	3345
审计	个	4287	2355	5690	2866	3320
专项审计调查	个	184	416	208	227	25
二、审计查出主要问题金额	万元	87805532	17551570	33629659	18043907	17568141
违规金额	万元	1723375	514225	2147215	419527	656290
损失浪费金额	万元	1263967	72903	160944	18202	15861
管理不规范金额	万元	84818190	16964442	31321500	17606323	16895990
三、审计发现非金额计量问题	个	11981	15424	7610	10399	14239
四、损益(收支)不实	万元	5920862	560281	1957086	1349477	2741616
五、审计发现侵害人民群众利益	万元	4121	17	2729	308	297
六、审计期间整改金额	万元	666823	736172	443602	301007	398016
七、审计报告和专项审计调查报告	篇	5500	3508	7359	4075	4158
被批示、采用审计报告和专项审计调查报告	篇·次	343	253	421	395	59
八、审计处理情况	—	—	—	—	—	—
审计处理处罚	万元	11407085	2673526	3687879	1500049	911635
其中：应上缴财政	万元	3684721	407347	856451	294213	273641
其中：罚没	万元	5881	634	3650	849	2927
应减少财政拨款或补贴	万元	840866	271175	445139	88082	53796
应归还原渠道资金	万元	1675316	304448	389781	427337	196510
应缴纳其他资金	万元	255986	191525	255608	53052	47258
应调账处理金额	万元	4950196	1499032	1740902	637365	340432
移送处理事项	件	293	456	165	179	99
司法机关	件	30	43	18	10	16
纪检监察机关	件	170	186	75	93	26
有关部门	件	93	227	72	76	57
移送处理人员	人	131	641	209	232	96

（续表）

指标名称	单位	江苏省	浙江省	安徽省	福建省	江西省
司法机关	人	19	40	11	7	35
其中：地厅级及以上	人	1				
县处级	人	1		2		
乡科级及以下	人	17	40	9	7	35
纪检监察机关	人	94	179	155	151	37
其中：地厅级及以上	人	1	1			
县处级	人	5	5	17	7	3
乡科级及以下	人	88	173	138	144	34
有关部门	人	18	422	43	74	24
其中：地厅级及以上	人			3		
县处级	人		1	2		1
乡科级及以下	人	18	421	38	74	23
移送处理金额	万元	260071	200753	539763	96522	60526
司法机关	万元	25566	10102	2059	5722	6577
纪检监察机关	万元	164247	75026	301955	27513	9914
有关部门	万元	70258	115625	235749	63287	44035
九、审计处理结果落实情况	—	—	—	—	—	—
审计促进整改落实有关问题资金	万元	5500883	1980726	1957086	1063248	493990
其中：增收节支	万元	1876463	832347	1051477	574469	147910
已上缴财政	万元	408799	413644	403712	174149	71397
已减少财政拨款或补贴	万元	730005	206321	425948	73078	34870
已归还原渠道资金	万元	737659	212382	221817	327242	41643
已缴纳其他资金	万元	149110	156742	204320	6286	916
已调账处理金额	万元	1532082	889528	571868	217125	268974
审计促进拨付资金到位	万元	88525	44034	77869	120785	162247
审计后挽回（避免）损失	万元	821615	469389	258145	121720	81193
核减投资额	万元	1864151	378359	917040	134416	543597
移送处理落实事项	件	60	152	45	35	4
司法机关已处理	件	12	19	4	3	
纪检监察机关已处理	件	24	50	18	17	3
有关部门已处理	件	24	83	23	15	1
移送处理落实人员	人	98	379	203	99	6
已追究刑事责任	人	9	20	9	6	
已给予党纪政纪处分	人	72	57	154	40	4

（续表）

指标名称	单位	江苏省	浙江省	安徽省	福建省	江西省
有关部门已处理人员	人	17	302	40	53	2
十、审计成果利用情况	—	—	—	—	—	—
审计提出建议	条	10727	8433	15347	7808	6048
其中：建议制定修改部门规定	条	24	253	152	28	88
建议制定修改法律法规	条	5	8	8	1	5
被采纳审计建议	条	8606	6225	12301	5461	3440
被审计单位制定整改措施	项	1002	713	944	786	113
被审计单位建立健全规章制度	项	173	489	161	194	7
促进修改法律法规	条					
提交审计信息	篇	2717	5953	5321	5692	1261
审计专题、综合性报告	篇	391	495	495	740	252
信息简报	篇	1846	4585	3522	4165	623
其中：重要审计信息	篇	854	83	591	135	39
被批示、采用审计信息	篇·次	2217	3116	2990	4190	409
审计专题、综合性报告	篇·次	253	402	274	398	124
信息简报	篇·次	1630	2327	1943	3357	171
其中：重要审计信息	篇·次	825	61	164	111	1
审计信息移送案件事项	项	1	3	5	1	2
涉案人员	人			30	1	1
涉案金额	万元		1278	2088	19	169
十一、向社会公告审计结果	篇	519	819	1019	18	3
十二、被审计领导干部	人	1449	1160	1279	1055	1583
其中：负直接责任问题金额	万元	2852021	344725	69875	35096	11060
涉嫌个人经济问题人数	人	1	1	3	1	
金额	万元		6	303	2	
十三、交办、配合事项	件	7363	10	928	128	78

指标名称	单位	山东省	河南省	湖北省	湖南省	广东省
一、审计单位	个	9668	6748	5863	6171	4443
审计	个	9098	6567	5828	6010	4228
专项审计调查	个	570	181	35	161	215
二、审计查出主要问题金额	万元	116420691	38349265	35061006	46904682	57998400
违规金额	万元	5813622	2990424	3941291	3925810	2737314
损失浪费金额	万元	162614	80842	76805	139273	220961
管理不规范金额	万元	110444455	35277998	31042910	42839599	55040125

（续表）

指标名称	单位	山东省	河南省	湖北省	湖南省	广东省
三、审计发现非金额计量问题	个	18993	10828	217690	14936	32755
四、损益（收支）不实	万元	10851891	10127753	2234795	2965465	6745381
五、审计发现侵害人民群众利益	万元	406089	2282	13138	438428	278496
六、审计期间整改金额	万元	1463849	997226	1502782	546931	1773036
七、审计报告和专项审计调查报告	篇	12800	7198	5863	7750	10143
被批示、采用审计报告和专项审计调查报告	篇·次	101	484	294	449	356
八、审计处理情况	—	—	—	—	—	—
审计处理处罚	万元	18700660	3994307	7832949	7724733	5815123
其中：应上缴财政	万元	3041778	834092	1095197	1905664	1815777
其中：罚没	万元	6609	21322	6314	20668	397
应减少财政拨款或补贴	万元	1030978	81778	327888	687174	707973
应归还原渠道资金	万元	1739637	886565	2368262	1884203	588966
应缴纳其他资金	万元	384970	283889	561646	287147	27292
应调账处理金额	万元	12503297	1907983	3479957	2960544	2675115
移送处理事项	件	1016	1151	900	566	426
司法机关	件	61	25	70	27	19
纪检监察机关	件	379	400	723	348	174
有关部门	件	576	726	107	191	233
移送处理人员	人	829	3056	1422	571	84
司法机关	人	51	10	140	27	6
其中：地厅级及以上	人					
县处级	人		2	2		
乡科级及以下	人	51	8	138	27	6
纪检监察机关	人	536	1373	1248	414	72
其中：地厅级及以上	人			1		
县处级	人	13	4	18	28	5
乡科级及以下	人	523	1369	1229	386	67
有关部门	人	242	1673	34	130	6
其中：地厅级及以上	人					
县处级	人	3	27	4	1	
乡科级及以下	人	239	1646	30	129	6
移送处理金额	万元	5105057	1095754	872236	425282	1153526
司法机关	万元	28690	7779	119659	5452	103813

（续表）

指标名称	单位	山东省	河南省	湖北省	湖南省	广东省
纪检监察机关	万元	48873	214468	505883	310942	538582
有关部门	万元	5027493	873507	246695	108887	511132
九、审计处理结果落实情况	—	—	—	—	—	—
审计促进整改落实有关问题资金	万元	9029251	2220704	5850157	3990246	5326256
其中：增收节支	万元	2932621	632157	1341266	2413571	2601486
已上缴财政	万元	1525412	314269	361775	988176	1422308
已减少财政拨款或补贴	万元	925658	49569	205923	632547	696917
已归还原渠道资金	万元	481552	268319	773568	792848	482260
已缴纳其他资金	万元	109849	55843	376946	36920	644
已调账处理金额	万元	4942417	1220657	1710731	1348521	1994207
审计促进拨付资金到位	万元	301712	70464	829923	670166	401757
审计后挽回（避免）损失	万元	1135726	44648	386406	1078252	766808
核减投资额	万元	1129977	279775	691181	1345863	774813
移送处理落实事项	件	278	340	334	109	51
司法机关已处理	件	9	9	27	10	7
纪检监察机关已处理	件	121	78	271	65	20
有关部门已处理	件	148	253	36	34	24
移送处理落实人员	人	637	2378	703	215	54
已追究刑事责任	人	15	13	42	20	6
已给予党纪政纪处分	人	288	1251	540	129	30
有关部门已处理人员	人	334	1114	121	66	18
十、审计成果利用情况	—	—	—	—	—	—
审计提出建议	条	17094	16871	13673	11831	14875
其中：建议制定修改部门规定	条	243	718	140		116
建议制定修改法律法规	条	12	5			
被采纳审计建议	条	10630	12679	11663	11216	10753
被审计单位制定整改措施	项	2297	932	1872	497	2602
被审计单位建立健全规章制度	项	319	70	150	173	434
促进修改法律法规	条		4			
提交审计信息	篇	5755	3124	7900	4962	2065
审计专题、综合性报告	篇	910	991	1539	658	660
信息简报	篇	3391	2001	4739	2575	1250
其中：重要审计信息	篇	830	91	420	346	145
被批示、采用审计信息	篇·次	2873	1740	3419	3038	610

（续表）

指标名称	单位	山东省	河南省	湖北省	湖南省	广东省
审计专题、综合性报告	篇·次	516	267	524	409	248
信息简报	篇·次	1652	1112	2162	1734	334
其中:重要审计信息	篇·次	355	30	227	226	114
审计信息移送案件事项	项	12	4	5	2	17
涉案人员	人	10	1	21	3	
涉案金额	万元	5706	462	16900	307	33023
十一、向社会公告审计结果	篇	188	430	162	963	1374
十二、被审计领导干部	人	3837	2116	1328	2050	2263
其中:负直接责任问题金额	万元	3192248	242372	200780	209002	1490388
涉嫌个人经济问题人数	人	1	1		2	1
金额	万元	20	3		181	13
十三、交办、配合事项	件	353	112	2036	1129	945

指标名称	单位	广西壮族自治区	海南省	重庆市	四川省	贵州省
一、审计单位	个	5557	1079	5067	9329	2641
审计	个	5315	1052	4998	9111	2619
专项审计调查	个	242	27	69	218	22
二、审计查出主要问题金额	万元	16901728	7804112	46316667	34021060	24819231
违规金额	万元	1641855	122149	6264958	2148285	4436951
损失浪费金额	万元	74152	253556	231131	20677	340602
管理不规范金额	万元	15185721	7428407	39820579	31852098	20041678
三、审计发现非金额计量问题	个	7687	2657	7483	318246	4425
四、损益(收支)不实	万元	1006323	70463	786979	1039135	534804
五、审计发现侵害人民群众利益	万元	3	61	126	421	7984
六、审计期间整改金额	万元	784691	101607	736350	1709962	223575
七、审计报告和专项审计调查报告	篇	7625	1266	5112	9721	2743
被批示、采用审计报告和专项审计调查报告	篇·次	1471	21	1080	275	191
八、审计处理情况	—	—	—	—	—	—
审计处理处罚	万元	4448811	891712	10460503	5753466	3318345
其中:应上缴财政	万元	567636	79459	4134649	908430	538102
其中:罚没	万元	4151	643	2457	489	1818
应减少财政拨款或补贴	万元	365221	74473	183377	444459	154897
应归还原渠道资金	万元	988719	98259	1921866	1323528	1140245
应缴纳其他资金	万元	221379	40	15917	1267880	228558

（续表）

指标名称	单位	广西壮族自治区	海南省	重庆市	四川省	贵州省
应调账处理金额	万元	2305854	639481	4204694	1809169	1256543
移送处理事项	件	269	45	538	525	238
司法机关	件	28	4	45	25	22
纪检监察机关	件	203	35	166	252	152
有关部门	件	38	6	327	248	64
移送处理人员	人	1035	80	823	560	245
司法机关	人	33	8	56	43	39
其中：地厅级及以上	人					
县处级	人	1		6	2	2
乡科级及以下	人	32	8	50	41	37
纪检监察机关	人	987	36	468	249	183
其中：地厅级及以上	人			2		3
县处级	人	11	6	33	10	9
乡科级及以下	人	976	30	433	239	171
有关部门	人	15	36	299	268	23
其中：地厅级及以上	人					1
县处级	人			1		
乡科级及以下	人	15	36	298	268	22
移送处理金额	万元	80106	68773	358499	255081	211616
司法机关	万元	9063	2425	38386	14995	24192
纪检监察机关	万元	67574	44466	93705	79669	163976
有关部门	万元	3470	21881	226407	160417	23448
九、审计处理结果落实情况	—	—	—	—	—	—
审计促进整改落实有关问题资金	万元	2768446	306439	10049784	3621781	1458826
其中：增收节支	万元	587139	104488	3468880	1681582	778842
已上缴财政	万元	126577	20399	1995951	579010	139704
已减少财政拨款或补贴	万元	207251	74279	193444	402052	51645
已归还原渠道资金	万元	253311	9810	1279486	700519	587493
已缴纳其他资金	万元	37967	1	15135	122512	70415
已调账处理金额	万元	534090	200884	6564525	1183071	296412
审计促进拨付资金到位	万元	81569	83	262446	284202	195017
审计后挽回(避免)损失	万元	261514	2114	896009	813781	275037
核减投资额	万元	642636	77691	778499	993926	647283
移送处理落实事项	件	32	7	210	111	23
司法机关已处理	件	1		19	3	4

（续表）

指标名称	单位	广西壮族自治区	海南省	重庆市	四川省	贵州省
纪检监察机关已处理	件	11	5	46	60	16
有关部门已处理	件	20	2	145	48	3
移送处理落实人员	人	30	18	148	271	35
已追究刑事责任	人		1	19	9	14
已给予党纪政纪处分	人	15	17	59	185	13
有关部门已处理人员	人	15		70	77	8
十、审计成果利用情况	—	—	—	—	—	—
审计提出建议	条	7075	3087	10536	19706	6207
其中：建议制定修改部门规定	条	123	14	460	201	93
建议制定修改法律法规	条	23		115	13	4
被采纳审计建议	条	4609	2068	9699	15307	4777
被审计单位制定整改措施	项	271	197	965	431	163
被审计单位建立健全规章制度	项	34	7	259	219	55
促进修改法律法规	条					
提交审计信息	篇	753	412	2180	4215	3757
审计专题、综合性报告	篇	249	79	411	484	427
信息简报	篇	406	324	1488	3522	2965
其中：重要审计信息	篇	180	70	186	271	106
被批示、采用审计信息	篇·次	401	298	1711	2298	2267
审计专题、综合性报告	篇·次	88	21	479	388	229
信息简报	篇·次	259	277	1109	1808	1909
其中：重要审计信息	篇·次	91	68	316	226	124
审计信息移送案件事项	项	20		5	19	
涉案人员	人	4		23	14	
涉案金额	万元	20451		55	33466	
十一、向社会公告审计结果	篇	11	3	11	884	24
十二、被审计领导干部	人	671	214	988	1377	469
其中：负直接责任问题金额	万元	11033	20518	22837	52823	32408
涉嫌个人经济问题人数	人	2		1	4	3
金额	万元	2646		102	819	80
十三、交办、配合事项	件	140	258	488	1105	3584

指标名称	单位	云南省	西藏自治区	陕西省	甘肃省	青海省
一、审计单位	个	13142	146	9539	8084	1259
审计	个	13043	142	9400	7991	1165

（续表）

指标名称	单位	云南省	西藏自治区	陕西省	甘肃省	青海省
专项审计调查	个	99	4	139	93	94
二、审计查出主要问题金额	万元	20421793	7129198	19317489	12810326	1723038
违规金额	万元	2820443	542913	4140974	507843	78035
损失浪费金额	万元	88638	2073	49063	508	1721
管理不规范金额	万元	17512713	6584212	15127451	12301975	1643282
三、审计发现非金额计量问题	个	52415	447	17385	5394	2483
四、损益(收支)不实	万元	1837338	565043	1060199	336531	147893
五、审计发现侵害人民群众利益	万元	4654		2426		
六、审计期间整改金额	万元	1071900	41678	322996	5476200	22756
七、审计报告和专项审计调查报告	篇	13815	187	10104	8604	1518
被批示、采用审计报告和专项审计调查报告	篇·次	158	17	448	374	13
八、审计处理情况	—	—	—	—	—	—
审计处理处罚	万元	4889840	5497458	2736623	1717522	208741
其中:应上缴财政	万元	806747	452027	358293	493460	25394
其中:罚没	万元	4668	301	5270	6352	246
应减少财政拨款或补贴	万元	244674	100	129737	111895	0
应归还原渠道资金	万元	858824	30958	749011	343354	42983
应缴纳其他资金	万元	454395	2141	81194	111563	45551
应调账处理金额	万元	2525200	5012233	1418388	657250	94812
移送处理事项	件	371	12	509	303	27
司法机关	件	32		7	3	2
纪检监察机关	件	147	5	175	60	13
有关部门	件	192	7	327	240	12
移送处理人员	人	192	4	552	241	10
司法机关	人	64		6	7	1
其中:地厅级及以上	人					
县处级	人	6				
乡科级及以下	人	58		6	7	1
纪检监察机关	人	82	2	127	171	9
其中:地厅级及以上	人	1				
县处级	人	9	1	7		
乡科级及以下	人	72	1	120	171	9
有关部门	人	46	2	419	63	

（续表）

指标名称	单位	云南省	西藏自治区	陕西省	甘肃省	青海省
其中：地厅级及以上	人					
县处级	人			3		
乡科级及以下	人	46	2	416	63	
移送处理金额	万元	883275	1900	148878	170353	128265
司法机关	万元	44932		412	193	3036
纪检监察机关	万元	113469	215	56262	99359	7303
有关部门	万元	724874	1685	92204	70801	117926
九、审计处理结果落实情况	—	—	—	—	—	—
审计促进整改落实有关问题资金	万元	4011843	1137	2845836	1114961	50339
其中：增收节支	万元	1937384	756	756839	633978	13086
已上缴财政	万元	727737	756	251940	323165	7403
已减少财政拨款或补贴	万元	255870		120970	107561	
已归还原渠道资金	万元	953777		383928	203252	5684
已缴纳其他资金	万元	113068		1371510	47857	6
已调账处理金额	万元	1451370		525918	401877	19362
审计促进拨付资金到位	万元	152333	573	69186	130736	
审计后挽回(避免)损失	万元	597987	709	115217	74569	1420
核减投资额	万元	1023254	464	437809	216388	27252
移送处理落实事项	件	111		205	83	1
司法机关已处理	件	5		5	1	1
纪检监察机关已处理	件	42		73	17	
有关部门已处理	件	64		127	65	
移送处理落实人员	人	88		367	324	3
已追究刑事责任	人			2	6	1
已给予党纪政纪处分	人	53		158	233	1
有关部门已处理人员	人	35		207	85	1
十、审计成果利用情况	—	—	—	—	—	—
审计提出建议	条	29333	589	14317	11319	2103
其中：建议制定修改部门规定	条	254	3	205	50	115
建议制定修改法律法规	条	11		24		13
被采纳审计建议	条	26538	173	10286	9379	1095
被审计单位制定整改措施	项	627		629	480	43
被审计单位建立健全规章制度	项	362	5	25	14	9
促进修改法律法规	条					
提交审计信息	篇	6832	87	1269	3059	1520

（续表）

指标名称	单位	云南省	西藏自治区	陕西省	甘肃省	青海省
审计专题、综合性报告	篇	810	2	430	392	34
信息简报	篇	3524	85	421	1976	1161
其中:重要审计信息	篇	215	1	28	344	96
被批示、采用审计信息	篇·次	3513	5	1072	2123	233
审计专题、综合性报告	篇·次	242	2	732	234	20
信息简报	篇·次	1754	3	233	1528	213
其中:重要审计信息	篇·次	209		63	204	18
审计信息移送案件事项	项	9		7	3	
涉案人员	人	4		1	18	
涉案金额	万元	14257		1	38	
十一、向社会公告审计结果	篇	5758		549	11	47
十二、被审计领导干部	人	1018	44	1999	2473	343
其中:负直接责任问题金额	万元	23799	1286	259746	621	1920
涉嫌个人经济问题人数	人					
金额	万元					
十三、交办、配合事项	件	2102	1	500	359	

指标名称	单位	宁夏回族自治区	新疆维吾尔自治区	新疆生产建设兵团	大连市	宁波市
一、审计单位	个	718	3551	656	305	419
审计	个	684	3492	627	280	374
专项审计调查	个	34	59	29	25	45
二、审计查出主要问题金额	万元	4977131	12250890	1454347	12052164	3114732
违规金额	万元	306099	1036867	278380	406359	66970
损失浪费金额	万元	1729	2249	39437		1126
管理不规范金额	万元	4669303	11211773	1136531	11645805	3046637
三、审计发现非金额计量问题	个	2253	5798	4535	834	2679
四、损益(收支)不实	万元	101224	842430	13174	2514646	127669
五、审计发现侵害人民群众利益	万元			5556		
六、审计期间整改金额	万元	27620	148601	9299	11751	120435
七、审计报告和专项审计调查报告	篇	879	3971	710	438	476
被批示、采用审计报告和专项审计调查报告	篇·次	32	287	49	36	32
八、审计处理情况	—	—	—	—	—	—
审计处理处罚	万元	439141	1305968	347378	364398	831582
其中:应上缴财政	万元	73202	407704	7246	293179	58204
其中:罚没	万元	125	981	27	2	20

（续表）

指标名称	单位	宁夏回族自治区	新疆维吾尔自治区	新疆生产建设兵团	大连市	宁波市
应减少财政拨款或补贴	万元	16841	103331		985	78900
应归还原渠道资金	万元	175559	433172	27420	52302	114970
应缴纳其他资金	万元	79526	50246	3212	10	56167
应调账处理金额	万元	94014	311515	309501	17922	523341
移送处理事项	件	72	227	40	38	73
司法机关	件		9	1	3	9
纪检监察机关	件	7	103	30	9	32
有关部门	件	65	115	9	26	32
移送处理人员	人	14	273	48	10	43
司法机关	人		11	1	1	15
其中：地厅级及以上	人					
县处级	人					
乡科级及以下	人		11	1	1	15
纪检监察机关	人	5	248	43	3	7
其中：地厅级及以上	人					
县处级	人	2	3	23	1	
乡科级及以下	人	3	245	20	2	7
有关部门	人	9	14	4	6	21
其中：地厅级及以上	人					
县处级	人	1	1	3		
乡科级及以下	人	8	13	1	6	21
移送处理金额	万元	125496	103701	20287	58093	13200
司法机关	万元		9433	97	871	1137
纪检监察机关	万元	5008	65865	8436	2389	9196
有关部门	万元	120488	28403	11753	54833	2866
九、审计处理结果落实情况	—	—	—	—	—	—
审计促进整改落实有关问题资金	万元	116920	547599	30008	393217	524693
其中：增收节支	万元	18619	376402	3162	324058	117907
已上缴财政	万元	16247	227287	70	271049	49722
已减少财政拨款或补贴	万元		95426		985	16489
已归还原渠道资金	万元	2371	53689	3092	52024	51695
已缴纳其他资金	万元	1273	10393	512		37092
已调账处理金额	万元	12468	140243	25702	69159	354099
审计促进拨付资金到位	万元		22931	2590	361	22646
审计后挽回（避免）损失	万元	19161	137077	2843	426	106645

（续表）

指标名称	单位	宁夏回族自治区	新疆维吾尔自治区	新疆生产建设兵团	大连市	宁波市
核减投资额	万元	24158	293545	20257	5405	104898
移送处理落实事项	件	3	32	9	29	14
司法机关已处理	件		1	1	1	2
纪检监察机关已处理	件	1	6	7	9	7
有关部门已处理	件	2	25	1	19	5
移送处理落实人员	人	8	14	9	62	25
已追究刑事责任	人		2	1	1	5
已给予党纪政纪处分	人	2	2	4	61	3
有关部门已处理人员	人	6	10	4		17
十、审计成果利用情况	—	—	—	—	—	—
审计提出建议	条	1127	7674	1632	853	1441
其中：建议制定修改部门规定	条	20	112	15	13	37
建议制定修改法律法规	条	4	2	2		
被采纳审计建议	条	521	4912	1243	853	604
被审计单位制定整改措施	项	87	187	15	967	101
被审计单位建立健全规章制度	项	17	33	7	11	113
促进修改法律法规	条					
提交审计信息	篇	393	4375	31	787	750
审计专题、综合性报告	篇	41	128	27	169	95
信息简报	篇	352	3093	4	147	655
其中：重要审计信息	篇	3	226	3		5
被批示、采用审计信息	篇·次	56	2627	5	349	452
审计专题、综合性报告	篇·次	28	54	3	108	68
信息简报	篇·次	28	1486	2	3	365
其中：重要审计信息	篇·次	12	114	1		3
审计信息移送案件事项	项		3			2
涉案人员	人					
涉案金额	万元		142			1278
十一、向社会公告审计结果	篇	13	70		3	197
十二、被审计领导干部	人	312	948	204	156	131
其中：负直接责任问题金额	万元	11414	24142	1415	8808	84
涉嫌个人经济问题人数	人	1	1			
金额	万元	3503				
十三、交办、配合事项	件	14	689	13		9

（续表）

指标名称	单位	厦门市	青岛市	深圳市		
一、审计单位	个	223	1274	560		
审计	个	195	1234	535		
专项审计调查	个	28	40	25		
二、审计查出主要问题金额	万元	605739	16488991	2764068		
违规金额	万元	31051	239848	247355		
损失浪费金额	万元	5192	163	2824		
管理不规范金额	万元	569496	16248981	2513889		
三、审计发现非金额计量问题	个	953	1222	4213		
四、损益(收支)不实	万元	57598	3229025	300634		
五、审计发现侵害人民群众利益	万元					
六、审计期间整改金额	万元	2101	217271	127607		
七、审计报告和专项审计调查报告	篇	366	1546	4241		
被批示、采用审计报告和专项审计调查报告	篇·次		5			
八、审计处理情况	—	—	—	—		
审计处理处罚	万元	117243	3702764	1368910		
其中:应上缴财政	万元	27787	222802	129937		
其中:罚没	万元					
应减少财政拨款或补贴	万元	1463	281277	654456		
应归还原渠道资金	万元	44971	249051	127895		
应缴纳其他资金	万元		41989			
应调账处理金额	万元	43022	2907645	456621		
移送处理事项	件	24	73	52		
司法机关	件	5	5	1		
纪检监察机关	件	6	15	4		
有关部门	件	13	53	47		
移送处理人员	人	34	22	3		
司法机关	人	1				
其中:地厅级及以上	人					
县处级	人					
乡科级及以下	人	1				
纪检监察机关	人	12	22	3		
其中:地厅级及以上	人					
县处级	人	4	4			

（续表）

指标名称	单位	厦门市	青岛市	深圳市		
乡科级及以下	人	8	18	3		
有关部门	人	21				
其中：地厅级及以上	人					
县处级	人					
乡科级及以下	人	21				
移送处理金额	万元	32151	1269295	50890		
司法机关	万元	1339	403	400		
纪检监察机关	万元	4408	4958	512		
有关部门	万元	26403	1263933	49978		
九、审计处理结果落实情况	—	—	—	—		
审计促进整改落实有关问题资金	万元	61648	358476	1289861		
其中：增收节支	万元	37020	291872	858687		
已上缴财政	万元	9758	8463	86707		
已减少财政拨款或补贴	万元	1031	281277	654478		
已归还原渠道资金	万元	26231	2133	117502		
已缴纳其他资金	万元					
已调账处理金额	万元	24628	66176	159187		
审计促进拨付资金到位	万元		216	92		
审计后挽回（避免）损失	万元	1031	281277	660218		
核减投资额	万元	1031	281277	659705		
移送处理落实事项	件	3	4	9		
司法机关已处理	件		1	1		
纪检监察机关已处理	件	2	1	1		
有关部门已处理	件	1	2	7		
移送处理落实人员	人	12	3			
已追究刑事责任	人		3			
已给予党纪政纪处分	人	6				
有关部门已处理人员	人	6				
十、审计成果利用情况	—	—	—	—		
审计提出建议	条	739	1755	4224		
其中：建议制定修改部门规定	条	8		21		
建议制定修改法律法规	条					
被采纳审计建议	条	452	991	2861		
被审计单位制定整改措施	项	8	9	317		

（续表）

指标名称	单位	厦门市	青岛市	深圳市		
被审计单位建立健全规章制度	项	9	1	30		
促进修改法律法规	条					
提交审计信息	篇	489	382	154		
审计专题、综合性报告	篇	90	83	11		
信息简报	篇	258	220	140		
其中：重要审计信息	篇	72		50		
被批示、采用审计信息	篇·次	331	96	130		
审计专题、综合性报告	篇·次	39	41	10		
信息简报	篇·次	200	43	119		
其中：重要审计信息	篇·次	51		46		
审计信息移送案件事项	项					
涉案人员	人					
涉案金额	万元					
十一、向社会公告审计结果	篇		2	1233		
十二、被审计领导干部	人	144	315	111		
其中：负直接责任问题金额	万元	0	81	604		
涉嫌个人经济问题人数	人					
金额	万元					
十三、交办、配合事项	件	10		9		

2016 年度内部审计情况统计表

指标名称	计量单位	合计
一、内审机构	个	75699
其中：专职机构	个	40047
二、内审人员	人	274342
其中：专职人员	人	145164
三、完成审计项目	个	2031445
财务收支审计	个	180736
效益审计	个	79388.5
经济责任审计	个	136597
内部控制评审	个	64908.5
信息系统审计	个	12033
基本建设审计	个	1193399
其他	个	364383
四、审计总金额	万元	7682593623.88
五、增收节支	万元	151496642.39
六、提出建议意见被采纳	条	1085927
七、建议给予行政处分	人	10771
八、实际给予行政处分	人	9934
九、向司法机关移送案件	件	255
人员	人	643

附　录

2016年审计署优秀审计项目和表彰审计项目

一、审计署优秀审计项目（10个）

1. 长春特派办、企业审计司、境外审计司、经济责任审计司、郑州特派办、成都特派办、太原特派办、固定资产投资审计司联合实施的中国石油化工集团公司原法定代表人任期经济责任审计

2. 沈阳特派办实施的辽宁省2015年贯彻落实稳增长促改革调结构惠民生防风险政策措施情况跟踪审计

3. 财政审计司、重庆特派办、武汉特派办、长沙特派办、沈阳特派办、上海特派办、发展统计审计局联合实施的发展改革委2014年度组织分配中央财政投资等情况审计

4. 西安特派办、财政审计司联合实施的陕西省党政主要领导干部任期经济责任审计

5. 金融审计司、南京特派办、西安特派办、上海特派办联合实施的中国人寿保险（集团）公司法定代表人任期经济责任审计

6. 长沙特派办实施的中国海洋石油总公司原法定代表人任期经济责任审计

7. 金融审计司、太原特派办、武汉特派办、郑州特派办联合实施的中国人民保险集团股份有限公司法定代表人任期经济责任审计

8. 济南特派办、成都特派办、金融审计司联合实施的中国光大集团股份有限公司法定代表人任期经济责任审计（集团本部、直属子公司、光大银行总行、北京分行）

9. 长春特派办实施的中国农业银行股份有限公司原法定代表人任期经济责任审计（山东省分行）

10. 金融审计司、重庆特派办、长沙特派办联合实施的中国农业银行股份有限公司原法定代表人任期经济责任审计（总行）

二、审计署表彰审计项目（16个）

1. 沈阳特派办实施的中国农业银行股份有限公司原法定代表人任期经济责任审计（上海市分行）

2. 教育审计局、财政审计司、政法审计局、建设审计局、贸易审计局、卫生药品审计局、国资监管审计局、济南特派办联合实施的教育部部长任期经济责任审计

3. 经济责任审计司、资源环保审计局、工业审计局、交通运输审计局、农林水利审计局联合实施的海洋局原局长任期经济责任审计

4. 南京特派办实施的安徽省国家税务局2013年至2014年税收征管情况审计

5. 兰州特派办实施的宁夏回族自治区党政主要领导干部任期经济责任审计

6. 南京特派办、财政审计司、经济责任审计司联合实施的安徽省党政主要领导干部任期经济责任审计

7. 长沙特派办、京津冀特派办、哈尔滨特派办联合实施的辽宁省2013年至2014年矿产资源开发利用保护及相关资金征管情况审计

8. 济南特派办、昆明特派办、兰州特派办联合实施的新疆维吾尔自治区2013年至2014年矿产资源开发利用保护及相关资金征管情况审计

9. 京津冀特派办实施的中国光大集团股份有限公司法定代表人任期经济责任审计（光大银行南京分行）

10. 重庆特派办实施的重庆市2015年贯彻落实稳增长促改革调结构惠民生防风险政策措施跟踪审计

11. 长春特派办实施的吉林省2015年贯彻落实稳增长促改革调结构惠民生防风险政策措施跟

踪审计

12. 上海特派办实施的招商局集团有限公司原法定代表人任期经济责任审计

13. 行政政法审计司实施的国管局 2014 年度预算执行和其他财政收支情况以及决算草案审计

14. 京津冀特派办实施的河北省党政主要领导干部任期经济责任审计

15. 武汉特派办实施的中国铝业公司原法定代表人任期经济责任审计

16. 固定资产投资审计司、成都特派办、重庆特派办、昆明特派办联合实施的长江三峡水利枢纽工程地下电站竣工财务决算审计

2016 年地方优秀审计项目和表彰审计项目

一、地方优秀审计项目（15 个）

1. 浙江省审计厅实施的浙江科技学院党委书记、原校长任期经济责任审计

2. 广西壮族自治区审计厅实施的自治区财政厅具体组织 2014 年度自治区本级预算执行和其他财政收支审计

3. 安徽省审计厅实施的安徽广播电视台 2011 年至 2013 年财务收支有关事项审计

4. 江苏省南京市审计局实施的南京晓庄学院原党委书记任期经济责任审计

5. 湖北省武汉市审计局实施的武汉市七万亩设施蔬菜基地建设情况绩效审计

6. 湖南省审计厅实施的道县 2012 年至 2014 年水库移民后期扶持资金审计

7. 湖南省常德市审计局实施的常德市本级 2014 年度城镇保障性安居工程跟踪审计

8. 内蒙古自治区阿拉善盟审计局实施的内蒙古雅布赖盐化集团有限公司原董事长任期经济责任审计

9. 新疆生产建设兵团第十二师审计局实施的新疆天恒基投资（集团）有限公司原董事长任期经济责任审计

10. 湖北省荆门市审计局实施的荆门市畜牧兽医局局长离任经济责任审计

11. 贵州省铜仁市审计局实施的思南县县委书记、县长任期经济责任审计

12. 重庆市綦江区审计局实施的綦江区财政局具体组织 2014 年度本级预算执行和决算（草案）审计

13. 云南省昌宁县审计局实施的昌宁县村级财务收支情况专项审计调查

14. 山东省商河县审计局实施的商河县乡镇（街道）政府 2013 年至 2014 年财政财务收支管理情况专项审计调查

15. 山东省齐河县审计局实施的齐河县民政局 2013 年至 2015 年 6 月财政财务收支情况审计

二、地方表彰审计项目（30 个）

1. 湖北省审计厅实施的湖北省粮食局 2012 年至 2014 年储备粮管理情况审计

2. 黑龙江省审计厅实施的龙江银行股份有限公司原董事长离任经济责任审计

3. 四川省成都市审计局实施的郫县县委书记、县长任期经济责任审计

4. 山东省审计厅实施的山东省高速公路收费政策及发展能力专项审计

5. 云南省审计厅实施的云南煤化工集团有限公司 2012 年至 2014 年度资产负债损益情况审计

6. 天津市审计局实施的津宁高速公路工程项目资金管理使用及建设实施情况审计

7. 内蒙古自治区审计厅实施的内蒙古日报社原党委书记（社长）、党委委员（副总编辑）任期经济责任审计

8. 广东省审计厅实施的梅州市中小河流治理专项资金管理和使用情况审计

9. 河南省审计厅实施的开封市 2013 年度财政决算和其他财政收支情况审计

10. 重庆市审计局实施的大足区区委书记、区长任期经济责任审计

11. 贵州省审计厅实施的贵州产业投资（集团）有限责任公司原总经理任期经济责任审计

12. 上海市审计局实施的光明食品（集团）有限公司 2011 年至 2013 年资产负债损益审计

13. 河南省信阳市审计局实施的信阳市财政局具体组织 2014 年度本级预算执行和其他财政收支情况审计

14. 江西省宜春市审计局实施的高安等九县市 2013 年至 2014 年敬老院、光荣院、福利院专

项资金审计调查

15. 四川省泸州市审计局实施的泸州市2013年至2014年乌蒙山片区财政专项扶贫资金审计

16. 河北省邯郸市审计局实施的邯郸市2013年至2014年新型农村合作医疗基金筹集管理使用情况审计

17. 江苏省无锡市审计局实施的无锡市太湖新城发展集团有限公司董事局主席任期经济责任审计

18. 广西壮族自治区钦州市审计局实施的钦州市2012年至2014年新型农村合作医疗基金筹集管理使用情况专项审计调查

19. 福建省漳州市审计局实施的漳州市残疾人联合会原理事长任期经济责任审计

20. 辽宁省锦州市审计局实施的锦州市属事业单位绩效管理专项审计调查

21. 四川省甘孜藏族自治州审计局实施的甘孜县2014年度财政收支情况审计

22. 广东省佛山市审计局实施的佛山市禅城区原区长任期经济责任审计

23. 宁夏回族自治区银川市审计局实施的银川市2014年度本级非税收入收缴管理情况专项审计调查

24. 吉林省松原市审计局实施的前郭县2012年至2014年"暖房子"工程审计

25. 浙江省仙居县审计局实施的仙居县农业产业化经营组织运营发展状况专项审计调查

26. 山东省胶州市审计局实施的胶州市里岔镇原党委书记任期经济责任和自然资源资产离任审计

27. 河北省涉县审计局实施的涉县财政局具体组织2014年度本级预算执行及其他财政收支情况审计

28. 安徽省巢湖市审计局实施的巢湖市民政局局长任期经济责任审计

29. 浙江省宁波市鄞州区审计局实施的2012年至2014年宁波市鄞州区国有企业经营情况专项审计调查

30. 江苏省东台市审计局实施的东台市交通运输局原局长任期经济责任审计

2014—2016年度审计署优秀共产党员

（共104名）

郝敬苏　办公厅计划统计处处长
曹　混　办公厅审计长办公室主任
宋方印　办公厅审计长办公室副科级秘书
许　君　政策研究室二处处长
王　芳　法规司审理二处处长
欧阳菁菁　电子数据审计司一处副处级审计员
肖振东　财政审计司一处处长
刘伟美　税收征管审计司二处主任科员
张　欣　行政政法审计司二处副处长
廖　丰　教科文卫审计司一处主任科员
高　宇　农业审计司二处处长
张　明　固定资产投资审计司一处正处级审计员
张　蕴　社会保障审计司二处副处长
高永宁　资源环境审计司三处处长
徐　权　金融审计司一处副处长
冯欣荣　企业审计司五处副处长
徐倍倍　外资运用审计司二处主任科员
胡永超　经济责任审计司四处主任科员
高天宇　国际合作司一处处长
刘　琨　人事教育司机关干部处主任科员
刘少杰　人事教育司综合处副主任科员
常　涓　机关党委办公室副调研员
姜千辉　离退休干部办公室综合处主任科员
陈皖平　退休干部
陈　钟　退休干部
王玉田　退休干部
李洪英　退休干部
张益兰　退休干部
王道森　离休干部
侯玉珍　退休干部
张培宏　离休干部
阎国良　退休干部
樊廉忠　退休干部
刘其良　退休干部
远　鸣　退休干部
孔繁涛　退休干部

刘　瑾　退休干部
张小成　中央纪委驻署纪检组纪检一室主任科员
李海瑜　外交外事审计局二处处长
徐宇华　发展统计审计局一处处长
张保国　教育审计局二处处长
焦广耀　科学技术审计局一处副主任科员
刘淑珍　工业审计局一处处长
何洁芸　民族宗教审计局一处主任科员
徐　钢　政法审计局二处副处级审计员
张　鹏　民政社保审计局一处主任科员
崔素珏　资源环保审计局二处主任科员
岑兆勇　建设审计局三处副处级审计员
许朝阳　交通运输审计局二处处长
米春云　农林水利审计局一处副处级审计员
曾贤善　贸易审计局一处副主任科员
冷晓茹　文化体育审计局一处主任科员
梁雁玲　经济执法审计局一处主任科员
邓雅勤　广电通讯审计局二处主任科员
胡　巍　旅游侨务审计局一处主任科员
刘路扬　地震气象审计局三处处长
彭德兴　机关服务局基建办公室主任
尹　跃　机关服务局服务一部副主任
孙玉明　机关服务局事业单位财务处七级职员
张　甜　计算机技术中心网络管理处工程师
戚艳霞　审计科研所审计技术方法研究处七级职员
王彪华　中国审计学会秘书处七级职员
许文宇　中国审计报社信息技术部主任助理
王松宝　中国时代经济出版社《中国审计》主编
李云玲　审计干部培训中心培训三处处长
郭　旭　中国内部审计协会公共宣传部编辑、记者
王璐璐　国外贷援款项目审计服务中心办公室七级职员
薛　华　审计干部教育学院综合事务部负责人
孙　强　京津冀特派办法规处处长
赵　鑫　京津冀特派办金融审计二处主任科员
杨志军　太原特派办财政审计处副处长
靳　辉　太原特派办企业审计处处长
张　静　沈阳特派办金融审计处副处长
于锡明　沈阳特派办机关党委原调研员
曲荣霞　哈尔滨特派办财政审计处副处长
周　伟　哈尔滨特派办行政事业审计处处长
刘　方　上海特派办财政审计处副处长
于新生　上海特派办人事教育处处长
稽旭珍　南京特派办社会保障审计处主任科员
姚明伟　南京特派办金融审计处主任科员
陈　超　武汉特派办财政审计处副处长
吴　昊　武汉特派办企业审计处处长
何忠燕　广州特派办金融审计处副处级审计员
罗沛聪　广州特派办外资运用审计处副主任科员
李全中　郑州特派办资源环保审计处主任科员
田　甜　郑州特派办金融审计处副处长
吴天赞　济南特派办资源环保审计处处长
王大涛　济南特派办计算机审计处主任科员
谭红燕　西安特派办法规处处长
于建科　西安特派办固定资产投资审计处主任科员
耿道乾　兰州特派办固定资产投资审计处副处长
贺国琪　兰州特派办金融审计处副主任科员
马　平　昆明特派办办公室主任
马艳飞　昆明特派办金融审计处主任科员
张永春　成都特派办财政审计处主任科员
唐可可　成都特派办社会保障审计处副处长
刘　方　长沙特派办固定资产投资审计处副处长
张　慧　长沙特派办社会保障审计处主任科员
化广辉　深圳特派办固定资产投资审计处副主任科员
陈　杰　深圳特派办外资运用审计处主任科员
霍　旋　长春特派办金融审计处处长
薛继征　长春特派办企业审计处副处长
张　明　重庆特派办金融审计处主任科员
张爱华　重庆特派办企业审计处主任科员

2014—2016 年度审计署优秀党务工作者

（共 54 名）

赵军卫　法规司党支部组织委员
朱雪飞　电子数据审计司党支部组织委员
张巧婷　财政审计司党支部组织委员兼纪检委员
雷　达　税收征管审计司党支部组织委员兼纪检委员
顿剑喾　教科文卫审计司党支部组织委员
冯　志　农业审计司党支部宣传委员
史小明　固定资产投资审计司党支部宣传委员
吴　星　社会保障审计司党支部组织委员
王　琳　资源环境审计司党支部宣传委员
刘斯恩　金融审计司党支部宣传委员
袁　阳　境外审计司党支部组织委员
周　洵　国际合作司党支部组织委员
安凤华　离退休干部第一党支部原书记
王占山　离退休干部第二党支部书记
杨文忠　离退休干部第三党支部书记
王德旺　离退休干部第四党支部组织委员
李占海　离退休干部第五党支部宣传委员
张友芳　离退休干部第六党支部副书记
金银康　离退休干部第七党支部书记
于振峰　中央纪委驻署纪检组党支部宣传委员
张　颖　教育审计局党支部宣传委员
韩殿友　工业审计局党支部组织委员
王　敏　民族宗教审计局党支部组织委员
郭艳丽　政法审计局党支部青年委员
佟　强　民政社保审计局党支部宣传委员
王中杰　资源环保审计局党支部纪检委员
张树峰　贸易审计局党支部宣传委员
廖　辉　广电通讯审计局党支部组织委员
王卓华　旅游侨务审计局党支部纪检委员
焦津强　地震气象审计局兼职党务工作者
叶君鳌　审计科研所党支部组织委员
石　晶　中国审计报社党支部宣传委员
范丽娜　中国时代经济出版社第一党支部组织委员兼纪检委员
赵德增　审计干部培训中心党总支组织委员、第二党支部书记
马　勇　国外贷援款项目审计服务中心党支部宣传委员兼纪检委员
杨明月　审计干部教育学院第二党支部书记
吴占利　京津冀特派办企业审计一处党支部书记
杜瑞娥　太原特派办办公室党支部副书记
刘　晶　沈阳特派办机关党委主任科员
高　勇　哈尔滨特派办金融审计处党支部书记
王小涵　上海特派办固定资产投资审计处党支部宣传委员
鞠仲敏　南京特派办机关党委副调研员
董　婷　武汉特派办机关党委主任科员
李梅竹　广州特派办机关党委主任科员
王建荣　郑州特派办机关党委调研员
赵　勇　济南特派办机关党委专职副书记、纪委书记
于海玉　西安特派办机关党委专职副书记、纪委书记
段连洲　兰州特派办机关党委专职副书记、纪委书记
李衡峰　昆明特派办机关党委专职副书记
杜林子　成都特派办机关党委主任科员
聂　欣　长沙特派办机关党委主任科员
于　玲　深圳特派办固定资产投资审计处党支部宣传委员
于大宇　长春特派办机关党委委员、纪委书记
费　怡　重庆特派办法规处党支部书记

2014—2016 年度审计署先进基层党组织

（共 28 个）

法规司党支部
财政审计司党支部
资源环境审计司党支部
金融审计司党支部
资源环保审计局党支部
广电通讯审计局党支部

离退休干部第二党支部
离退休干部第五党支部
审计科研所党支部
中国审计报社党支部
京津冀特派办外资运用审计处党支部
太原特派办金融审计处党支部
沈阳特派办财政审计处党支部
哈尔滨特派办金融审计处党支部
上海特派办金融审计一处党支部
南京特派办企业审计处党支部
武汉特派办企业审计处党支部
广州特派办机关党委党支部
郑州特派办金融审计处党支部
济南特派办企业审计处党支部
西安特派办财政审计处党支部
兰州特派办财政审计处党支部
昆明特派办固定资产投资审计处党支部
成都特派办金融审计处党支部
长沙特派办金融审计处党支部
深圳特派办金融审计处党支部
长春特派办机关党委
重庆特派办办公室党支部